NomosKommentar

Dr. Jürgen Klowait
Prof. Dr. Ulla Gläßer, LL.M. [Hrsg.]

Mediationsgesetz

Handkommentar

2. Auflage

Dr. Christof Berlin, Rechtsanwalt, Schlichter und Mediator | **Dr. Detlev Berning**, Steuerberater, Rechtsanwalt und Mediator | **Prof. Dr. Renate Dendorfer-Ditges**, LL.M., MBA, Rechtsanwältin, Schiedsrichterin und Mediatorin | **Prof. Dr. Ulla Gläßer**, LL.M., Europa-Universität Viadrina, Frankfurt (Oder) | **Nils Goltermann**, MM, Rechtsanwalt und Mediator | **Dr. Michael Groß**, Rechtsanwalt und Mediator | **Dr. Andreas Hacke**, Rechtsanwalt, Mediator und Schiedsrichter | **Dr. Ulrich Hagel**, Rechtsanwalt und Mediator | **Prof. Dr. Martin Jung**, Rechtsanwalt, Mediator und Schiedsrichter | **Prof. Dr. Lars Kirchhoff**, Europa-Universität Viadrina, Frankfurt (Oder) | **Dr. Jürgen Klowait**, Rechtsanwalt und Mediator | **Dr. Hans-Jörg Korte**, Vizepräsident des Verwaltungsgerichts Minden | **Prof. Dr. Kai von Lewinski**, Universität Passau | **Dr. Anna-Julka Lilja**, LL.M., Rechtsanwältin und Mediatorin | **Dr. Lambert Löer**, Vorsitzender Richter am Landgericht Paderborn | **Dr. Julian von Lucius**, LL.M., Rechtsanwalt und Mediator | **Roland Lukas**, Mediator und Vorsitzender von Einigungsstellen | **Christoph C. Paul**, Rechtsanwalt, Mediator und Notar | **Andreas Schmitz-Vornmoor**, Notar und Mediator | **Dr. Holger Thomas**, MM, Rechtsanwalt und Mediator | **Andreas Tietz**, Richter, Amtsgericht Erding | **Christoph Weber**, Rechtsanwalt und Mediator | **Prof. Dr. Domenik Henning Wendt**, LL.M., Frankfurt University of Applied Sciences

Nomos

Zitiervorschlag:
Klowait/Gläßer, HK-MediationsG/*Bearbeiter,*   Einl. Rn. ...
                                                 § ... Rn. ...
                                                 Teil 3, [A–O] Rn. ...

Die Deutsche Nationalbibliothek verzeichnet diese Publikation in
der Deutschen Nationalbibliografie; detaillierte bibliografische
Daten sind im Internet über http://dnb.d-nb.de abrufbar.

ISBN 978-3-8487-3474-0

2. Auflage 2018
© Nomos Verlagsgesellschaft, Baden-Baden 2018. Gedruckt in Deutschland.

Vorwort

Liebe Leserin, lieber Leser,

nachdem die Erstauflage dieses **Handkommentars zum Mediationsgesetz** in der Leserschaft überaus freundlich aufgenommen wurde, freuen wir – die Herausgeber, die Autoren und der Nomos-Verlag – uns, Ihnen unser Werk nun in seiner zweiten Auflage präsentieren zu können.

Die Zweitauflage wurde durchgängig aktualisiert, um zwischenzeitlichen Neuerungen in Gesetzgebung, Rechtsprechung und Literatur Rechnung zu tragen. So sind auch die Vorschriften des 2016 in Kraft getretenen Verbraucherstreitbeilegungsgesetzes berücksichtigt und Sie finden eine vollständige Kommentierung der am 1. September 2017 in Kraft getretenen neuen Ausbildungsverordnung für zertifizierte Mediatoren. Weiterhin sind die Ergebnisse des Ende Juli 2017 vorgelegten Evaluierungsberichtes zum MediationsG in dieser Neuauflage berücksichtigt und eingehend kommentiert.

Um zusätzliche praxisrelevante Bereiche und Themen der Mediation abzudecken, haben wir schließlich Beiträge zur Mediation in privaten Bausachen, in Erbangelegenheiten und in der steuerberatenden Praxis ebenso neu aufgenommen wie einen Beitrag zu Aspekten der Vertragsgestaltung im Kontext Mediation/ADR.

Bei all den Neuerungen haben wir die Grundkonzeption unseres Werkes jedoch bewusst nicht verändert. Zum einen werden in diesem Buch sowohl die Vorschriften des Mediationsgesetzes als auch sämtliche weitere Normen, die durch das „Gesetz zur Förderung der Mediation und anderer Verfahren der außergerichtlichen Konfliktbeilegung" in den Prozess- und Kostenordnungen der betroffenen Gerichtsbarkeiten neu eingeführt wurden, erläutert. Darüber hinaus haben wir zur besseren Einordnung der Regelungen des Mediationsgesetzes die Kommentierung der für Mediatoren relevanten Vorschriften des Rechtsdienstleistungsgesetzes sowie den gesonderten Beitrag zu den – durch das Mediationsgesetz nicht geregelten – Fragen zur Verjährungshemmung und zum Lauf von Ausschlussfristen beibehalten. Gleiches gilt für die Darstellung der Rechtsprechung zum Thema Mediation, die Ihnen als in sich geschlossener Beitrag nun auch einen komprimierten Überblick über die seit Inkrafttreten des MediationsG ergangenen Gerichtsentscheidungen bietet.

Das Buch, das Sie in den Händen halten, ist auch in seiner Neuauflage mehr als ein Kommentar. Im Anschluss an die einleitende Darstellung der Hintergründe des Mediationsgesetzes (Teil 1) und die Kommentierung aller relevanten Einzelvorschriften in Teil 2 finden Sie in Teil 3 eine Reihe von thematisch fokussierten Beiträgen zu besonders wichtigen Anwendungsfeldern der Mediation. Diese Beiträge, die wie eingangs dargestellt um einige neue Themen erweitert wurden, ermöglichen es Ihnen, sich bei Bedarf zunächst den Überblick über ein spezifisches Einsatzfeld der Mediation und die Auswirkungen des Mediationsgesetzes speziell in diesem Bereich zu verschaffen. Neben verschiedenen Einsatzgebieten der Wirtschaftsmediation unter Einbeziehung der Mediation im arbeitsrechtlichen Kontext finden Sie hier auch Abhandlungen zur Familien- und Scheidungsmediation, zu Mediation und Güterrichtermodell im Justizkontext, zur Mediation aus anwaltlicher und notarieller Perspektive, zum Verhältnis der Mediation zur Schiedsgerichtsbarkeit sowie nicht zuletzt zu einem Themenbereich, dem durch das 2016 verabschiedete Verbraucherstreitbeilegungsgesetz große Bedeutung zukommt, nämlich der alternativen Streitbeilegung in Verbraucherkonflikten. Die Kommentierung in Teil 2 ermöglicht daneben – sei es als Einstieg oder im zweiten Schritt nach Lektüre eines Schwerpunktbeitrages in Teil 3 – die Vertiefung von Einzelaspekten. Ergänzend finden sich relevante Gesetze und Dokumente im Anhang.

Bei all dem steht unverändert eine Perspektive im Mittelpunkt: nämlich Ihre, liebe Leserinnen und Leser! Es bleibt uns ein großes Anliegen, Ihnen ein gleichermaßen wissenschaftlich fundiertes wie praxistaugliches Nachschlagewerk an die Hand zu geben, das Ihren Bedürfnissen entspricht und Ihnen – in welchem Bereich auch immer Sie sich mit rechtlichen und praktischen Fragen der Mediation befassen – als kompetenter und verlässlicher Ratgeber zur Seite steht. Dieser Anspruch war auch für die Auswahl unserer angestammten wie neu hinzugekommenen Autorinnen und Autoren bestimmend, die durchgängig auf ihrem jeweiligen Gebiet fachliche Expertise mit praktischer Erfahrung vereinen.

So wie die Mediation ein dialogbasiertes Verfahren ist, soll sich auch dieser Kommentar in einem andauernden Kommunikationsprozess mit seinen Nutzern weiterentwickeln: Dieses Buch ist für Sie geschrieben worden und Sie können es durch Ihr Feedback mitgestalten. Wir freuen uns sehr, dass viele von Ihnen dieses Angebot bereits genutzt und uns Ihre Rückmeldungen zur Erstauflage haben zukommen lassen. Bitte teilen Sie uns auch weiterhin Ihre Erfahrungen mit dem Gebrauch dieses Buches mit – sei es als Lob, als Kritik oder natürlich sehr gerne auch als Anregung für künftige Auflagen. Wir freuen uns auf Ihre Rückmeldungen. Senden Sie diese bitte per E-Mail an **mediationskommentar@nomos.de**. Herzlichen Dank!

September 2017   *Jürgen Klowait und Ulla Gläßer*

Danksagung

An erster Stelle danken wir den Autorinnen und Autoren für ihre aktive Mitarbeit, ihre Geduld und Beharrlichkeit im Entstehungsprozess der Zweitauflage dieses Kommentars wie auch für ihren inhaltlichen Austausch untereinander, ohne den die gewünschte Vernetzung der Beiträge dieses Kommentars nicht möglich gewesen wäre.

Des Weiteren danken wir allen, die die Arbeit an diesem Kommentar auf der einen oder anderen Ebene begleitet und unterstützt haben. Unser besonderer Dank gilt hier mit Blick auf die Erstauflage Joanna Kublik für ihre Recherchen, ihre wertvolle Hilfe bei der Erstellung des Schlagwortverzeichnisses und ihre Unterstützung beim Formallektorat. Mit Blick auf die zweite Auflage danken wir Ellen Birkhahn und Claudia Kück für ihren Einsatz bei der Aktualisierung – sowie Dr. Marco Ganzhorn als projektverantwortlichem Lektor auf Seiten des Nomos Verlags für seine Sorgfalt, sein Mitdenken und seine geduldige Begleitung in der Überarbeitung des Werkes.

Nicht zuletzt danken wir den Nutzerinnen und Nutzern dieses Kommentars für ihre – erhoffte – Toleranz bezüglich der nicht geschlechtergerechten Sprache dieses Werkes. Die größtenteils verwendete traditionelle Schreibweise von generischen Personen- und Berufsbezeichnungen in der rein männlichen Form („Mediator(en)", „Rechtsanwälte" etc.) wurde mit Blick auf die sprachliche Vereinfachung gewählt, um häufige Dopplungen oder Irritationen im Lesefluss zu vermeiden.

Inhaltsübersicht

Teil 1
Einleitung

Teil 2
Kommentierung

**1. Gesetz zur Förderung der Mediation und anderer Verfahren der
außergerichtlichen Konfliktbeilegung**

Teil 3
Anwendungsfelder und Schnittstellen

Anhang

Bearbeiterverzeichnis

Dr. Christof Berlin
Rechtsanwalt, Schlichter und Mediator, Berlin

Dr. Detlev Berning
Rechtsanwalt und Mediator, Hannover

Prof. Dr. Renate Dendorfer-Ditges, LL.M., MBA
Rechtsanwältin, Schiedsrichterin und Mediatorin, München/Bonn

Prof. Dr. Ulla Gläßer, LL.M.
Europa-Universität Viadrina, Frankfurt (Oder)

Nils Goltermann, MM
Rechtsanwalt und Mediator, Frankfurt am Main

Dr. Michael Groß
Rechtsanwalt und Mediator, München

Dr. Andreas Hacke
Rechtsanwalt, Mediator und Schiedsrichter, Düsseldorf

Dr. Ulrich Hagel
Syndikusanwalt Bombardier und Mediator, Hennigsdorf

Prof. Dr. Martin Jung
Rechtsanwalt, Mediator und Schiedsrichter, Berlin

Prof. Dr. Lars Kirchhoff
Europa-Universität Viadrina, Frankfurt (Oder)

Dr. Jürgen Klowait
Rechtsanwalt und Mediator, Neuss

Dr. Hans-Jörg Korte
Vizepräsident des Verwaltungsgerichts Minden

Prof. Dr. Kai von Lewinski
Universität Passau

Dr. Anna-Julka Lilja, LL.M.
Rechtsanwältin und Mediatorin, Berlin

Dr. Lambert Löer
Vorsitzender Richter am Landgericht Paderborn

Dr. Julian von Lucius, LL.M.
Rechtsanwalt und Mediator, Berlin

Roland Lukas
roland lukas KONFLIKTLÖSUNGEN, Frankfurt am Main

Christoph Cornelius Paul
Rechtsanwalt, Mediator und Notar, Berlin

Andreas Schmitz-Vornmoor
Notar und Mediator, Remscheid

Dr. Holger Thomas, MM
Rechtsanwalt und Mediator, Frankfurt am Main

Andreas Tietz
Richter, Amtsgericht Erding

Christoph Weber
Rechtsanwalt und Mediator, Berlin

Prof. Dr. Domenik Henning Wendt, LL.M.
Frankfurt University of Applied Sciences, Frankfurt am Main

Verzeichnis der Einzelbearbeitungen

Abkürzungsverzeichnis

aA	anderer Ansicht
aaO	am angegebenen Ort
ABl.	Amtsblatt
abl.	ablehnend
Abs.	Absatz
Abschn.	Abschnitt
abw.	abweichend
ADAC	Allgemeiner Deutscher Automobil-Club
ADR	Alternative Dispute Resolution
ADR-RiLi	Richtlinie 2013/11/EU des Europäischen Parlaments und Rates vom 21. Mai 2013 über die alternative Beilegung verbraucher-rechtlicher Streitigkeiten und zur Änderung der Verord-nung (EG) Nr. 2006/2004 und der Richtlinie 2009/22/EG
aE	am Ende
aF	alte Fassung
AG	Amtsgericht
AGB	Allgemeine Geschäftsbedingung(en)
AGG	Allgemeines Gleichstellungsgesetz
AGGVG	Ausführungsgesetz zum Gerichtsverfassungsgesetz
AiB	Arbeitsrecht im Betrieb (Zeitschrift)
allg.	allgemein
allgA	allgemeine Ansicht
allgM	allgemeine Meinung
aM	anderer Meinung
Anh.	Anhang
Anm.	Anmerkung
AnwBl	Anwaltsblatt (Zeitschrift)
AO	Abgabenordnung
ArbGG	Arbeitsgerichtsgesetz
Art.	Artikel
AuA	Arbeit und Arbeitsrecht (Zeitschrift)
Aufl.	Auflage
ausdr.	ausdrücklich
ausf.	ausführlich
Az	Aktenzeichen
BAFM	Bundes-Arbeitsgemeinschaft für Familien-Mediation eV
BayVBL.	Bayerische Verwaltungsblätter (Zeitschrift)
BB	Betriebs-Berater (Zeitschrift)
Bd.	Band
BDSG	Bundesdatenschutzgesetz
Begr.	Begründung
Beil.	Beilage
Bek.	Bekanntmachung
ber.	berichtigt
bes.	besonders
Beschl.	Beschluss
bespr.	besprochen

bestr.	bestritten
BetrVG	Betriebsverfassungsgesetz
BeurkG	Beurkundungsgesetz
bez.	bezüglich
BGB	Bürgerliches Gesetzbuch
BGBl.	Bundesgesetzblatt
Bl.	Blatt
BIM	Building Information Modeling
BM	Bundesverband Mediation eV
BMJ	Bundesministerium der Justiz
BMWA	Bundesverband Mediation in Wirtschaft und Arbeitswelt eV
BNotK	Bundesnotarkammer
BNotO	Bundesnotarordnung
BORA	Berufsordnung der Rechtsanwälte
BOPA	Berufsordnung der Patentanwälte
BOStB	Berufsordnung der Steuerberater
BPersVG	Bundespersonalvertretungsgesetz
BRAK	Bundesrechtsanwaltskammer
BRAO	Bundesrechtsanwaltsordnung
BR-Drs.	Bundesrats-Drucksache
bspw	beispielsweise
BT-Drs.	Bundestags-Drucksache
BVerfGE	Entscheidungen des Bundesverfassungsgerichts
BVerfGG	Bundesverfassungsgerichtsgesetz
bzgl	bezüglich
bzw	beziehungsweise
ca.	circa
CfM	Centrale für Mediation
CoC	European Code of Conduct for Mediators (Europäischer Verhaltenskodex für Mediatoren)
CSR	Corporate Social Responsibility
CVM	Centrum für Verhandlungen und Mediation
DAA	Deutsche Anwaltakademie
DAI	Deutsches Anwaltsinstitut eV
DAV	Deutscher Anwaltverein
DB	Der Betrieb (Zeitschrift)
ders.	derselbe
DFfM	Deutsches Forum für Mediation eV
DGM	Deutsche Gesellschaft für Mediation
dh	das heißt
dies.	dieselbe(n)
DJT	Deutscher Juristentag
DLR	Europäische Dienstleistungsrichtlinie
DNotV	Deutscher Notarverein
DNotZ	Deutsche Notar-Zeitschrift (Zeitschrift)
Dok.	Dokument
DRiB	Deutscher Richterbund
DRiG	Deutsches Richtergesetz
Drs.	Drucksache

DStR	Deutsches Steuerrecht (Zeitschrift)
DStV	Deutscher Steuerberaterverband
DVBl.	Deutsches Verwaltungsblatt (Zeitschrift)
e.V.	eingetragener Verein
ebd	ebenda
EFTA	European Free Trade Association
EGZPO	Einführungsgesetz zur Zivilprozessordnung
Einf.	Einführung
eingetr.	eingetragen
Einl.	Einleitung
einschl.	einschließlich
einschr.	einschränkend
Entsch.	Entscheidung
entspr.	entsprechend
Entw.	Entwurf
ErfK	Erfurter Kommentar zum Arbeitsrecht, 13. Aufl. 2013
Erkl.	Erklärung
Erl.	Erlass; Erläuterung
etc.	et cetera
EuRAG	Gesetz über die Tätigkeit europäischer Rechtsanwälte in Deutschland
eV	eingetragener Verein
evtl	eventuell
EWE	Erwägen – Wissen – Ethik (Zeitschrift)
f., ff.	folgende, fortfolgende
FamFG	Familienverfahrensgesetz
FGO	Finanzgerichtsordnung
FGPrax	Praxis der Freiwilligen Gerichtsbarkeit (Zeitschrift)
Fn	Fußnote
FNA	Fundstellen Nachweis A (Sortierungsnummern deutscher Bundesgesetze)
FPR	Familie, Partnerschaft, Recht (Zeitschrift)
FS	Festschrift
FuR	Familie und Recht (Zeitschrift)
G	Gesetz
GBO	Grundbuchordnung
GDV	Gesamtverband der Deutschen Versicherungswirtschaft
geänd.	geändert
gem.	gemäß
GewO	Gewerbeordnung
GG	Grundgesetz
ggf	gegebenenfalls
GJLE/ZPR	German Journal of Legal Education/Zeitschrift für praktische Rechtswissenschaft (Zeitschrift)
GNotKG	Gerichts- und Notarkostengesetz
grds.	grundsätzlich
GRUR	Gewerblicher Rechtsschutz und Urheberrecht (Zeitschrift)
hA	herrschende Auffassung
HdB	Handbuch

HFR	Humboldt Forum Recht (Online-Zeitschrift)
hL	herrschende Lehre
hM	herrschende Meinung
Hrsg.	Herausgeber
hrsg.	herausgegeben
Hs	Halbsatz
iA	im Auftrag
ICC	International Chamber of Commerce (Internationale Handelskammer)
idF	in der Fassung
IDR	International Journal of Dispute Resolution (Zeitschrift)
idR	in der Regel
idS	in diesem Sinne
iE	im Ergebnis
ieS	im engeren Sinne
iHv	in Höhe von
inkl.	inklusive
insbes.	insbesondere
insg.	insgesamt
InsO	Insolvenzordnung
iS	im Sinne
iSd	im Sinne des/der
iSv	im Sinne von
iÜ	im Übrigen
iVm	in Verbindung mit
iwS	im weiteren Sinne
Kap.	Kapitel
KostO	Kostenordnung
krit.	kritisch
KritV	Die Kritische Vierteljahresschrift für Gesetzgebung und Rechtswissenschaft (Zeitschrift)
LAG	Landesarbeitsgericht
lit.	littera
Lit.	Literatur
LS	Leitsatz
LSG	Landessozialgericht
LTO	Legal Tribune Online (Online-Magazin)
M.A.	Master of Arts
m.Anm.	mit Anmerkung
M.M.	Master of Mediation
MarkenG	Markengesetz
MDR	Monatsschrift für Deutsches Recht (Zeitschrift)
mE	meines Erachtens
MediationsG	Mediationsgesetz
Med-RiLi	Richtlinie 2008/52/EG des Europäischen Parlaments und des Rates vom 21.5.2008 über bestimmte Aspekte der Mediation in Zivil- und Handelssachen
mind.	mindestens
Mitt.	Mitteilung(en)

MittBayNot	Mitteilungen der Bayerischen Notarvereins, der Notarkasse und der Landesnotarkammer Bayern (Zeitschrift)
mN	mit Nachweisen
MüKo	Münchner Kommentar
mwN	mit weiteren Nachweisen
mWv	mit Wirkung von
mzN	mit zahlreichen Nachweisen
nrkr	nicht rechtskräftig
nv	nicht veröffentlicht
Nachw.	Nachweise
nF	neue Fassung
NJW	Neue Juristische Wochenschrift (Zeitschrift)
No.	Nummer
NotBZ	Zeitschrift für die notarielle Beratungs- und Beurkundungspraxis (Zeitschrift)
Nov.	Novelle
Nr.	Nummer
NVwZ	Neue Zeitschrift für Verwaltungsrecht (Zeitschrift)
NZA	Neue Zeitschrift für Arbeitsrecht (Zeitschrift)
o.a.	oben angegeben, angeführt
oÄ	oder Ähnliches
o.g.	oben genannt
ODR-VO	Verordnung (EU) Nr. 524/2013 des Europäischen Parlaments und des Rates vom 21. Mai 2013 über die Online-Beilegung verbraucherrechtlicher Streitigkeiten und zur Änderung der Verordnung (EG) Nr. 2006/2004 und der Richtlinie 2009/22/EG (Verordnung über Online-Streitbeilegung in Verbraucherangelegenheiten)
OVG	Oberverwaltungsgericht
PAO	Patentanwaltsordnung
PatG	Patentgesetz
r+s	Recht und Schaden (Zeitschrift)
RabelsZ	Rabels Zeitschrift für ausländisches und internationales Privatrecht (Zeitschrift)
RBerG	Rechtsberatungsgesetz
RDG	Rechtsdienstleistungsgesetz
RefE	Referentenentwurf
RegE	Regierungsentwurf
resp.	respektive
RL	Richtlinie
Rn.	Randnummer
RNotZ	Rheinische Notar-Zeitschrift (Zeitschrift)
RRa	Reiserecht aktuell (Zeitschrift)
Rspr	Rechtsprechung
RTMKM	Round Table Mediation & Konfliktmanagement der Deutschen Wirtschaft
RVG	Rechtsanwaltsvergütungsgesetz
S.	Satz/Seite
s.	siehe

s.a.	siehe auch
s. o.	siehe oben
s. u.	siehe unten
SchAZtg	Schiedsamtszeitung (Zeitschrift)
SchiedsVZ	Zeitschrift für Schiedsverfahren (Zeitschrift)
SGB	Sozialgesetzbuch
SGG	Sozialgerichtsgesetz
Slg	Sammlung
sog.	sogenannt/sogenannt
StBerG	Steuerberatungsgesetz
StBp	Die steuerliche Betriebsprüfung (Zeitschrift)
StBW	Steuerberater Woche (Zeitschrift)
SteuK	Steuerrecht kurzgefasst (Zeitschrift)
StPO	Strafprozessordnung
TDM	Transnational Dispute Management
ThürVBl.	Thüringische Verwaltungsblätter (Zeitschrift)
Tz	Textziffer
ua	unter anderem
uam	und anderes mehr
uä	und ähnlich
uÄ	und Ähnliches
uE	unseres Erachtens
umstr.	umstritten
unstr.	unstreitig
UPR	Umwelt- und Planungsrecht (Zeitschrift)
USt.	Umsatzsteuer
usw	und so weiter
uU	unter Umständen
uVm	und Vieles mehr
UWG	Gesetz gegen den unlauteren Wettbewerb
v.	von/vom
vgl.	vergleiche
vorl.	vorläufig
VVG	Versicherungsvertragsgesetz
VwGO	Verwaltungsgerichtsordnung
WIPO	World Intellectual Property Organization
wN	weitere Nachweise
WPO	Wirtschaftsprüferordnung
WzS	Wege zur Sozialversicherung (Zeitschrift)
zB	zum Beispiel
ZEV	Zeitschrift für Erbrecht und Vermögensnachfolge (Zeitschrift)
ZFSH	Zeitschrift für die sozialrechtliche Praxis (Zeitschrift)
Ziff.	Ziffer
zit.	zitiert
ZivMediatG	Bundesgesetz über Mediation in Zivilrechtssachen (Österreich)
ZJS	Zeitschrift für das juristische Studium (Zeitschrift)
ZKM	Zeitschrift für Konfliktmanagement (Zeitschrift)
ZMediat-AusbV	Zertifizierte-Mediatoren-Ausbildungs-Verordnung

ZNotP	Zeitschrift für die Notarpraxis (Zeitschrift)
ZPO	Zivilprozessordnung
zT	zum Teil
zust.	zustimmend
zutr.	zutreffend
zw.	zweifelhaft
zzgl	zuzüglich

Übersicht zum Gesetzgebungsverfahren – Dokumente und Fundstellen

Dokument	Abkür-zung	Erschei-nungsda-tum	Offizielle Bezeichnung	Fundstelle (zuletzt jeweils abgerufen am 1.9.2017)
Referentenentwurf des Bundesministeriums der Justiz	RefE	4.8.2010		https://rsw.beck.de/docs/librariesprovider5/rsw-dokumente/RefE_Mediationsgesetz_20100803
BR: Gesetzentwurf, Urheber: Bundesregierung		4.2.2011	BR-Drucks. 60/11	http://dipbt.bundestag.de/dip21/brd/2011/0060-11.pdf
BR: Empfehlungen der Ausschüsse		8.3.2011	BR-Drucks. 60/1/11	http://dipbt.bundestag.de/dip21/brd/2011/0060-1-11.pdf
BR: Antrag des Landes Niedersachsen		15.3.2011	BR-Drucks. 60/2/11	http://dipbt.bundestag.de/dip21/brd/2011/0060-2-11.pdf
BR: Antrag des Freistaats Thüringen		15.3.2011	BR-Drucks. 60/3/11	http://dipbt.bundestag.de/dip21/brd/2011/0060-3-11.pdf
BR: Antrag des Landes Schleswig-Holstein		15.3.2011	BR-Drucks. 60/4/11	http://dipbt.bundestag.de/dip21/brd/2011/0060-4-11.pdf
BR: 1. Durchgang im Bundesrat		18.3.2011	BR-PlPr 881	http://dipbt.bundestag.de/dip21/brp/881.pdf S. 131 f., 157 ff.
BR: Stellungnahme des Bundesrates		18.3.2011	BR-Drucks. 60/11 (Beschluss)	http://dipbt.bundestag.de/dip21/brd/2011/0060-11B.pdf
BT: Gesetzentwurf der Bundesregierung	RegE	1.4.2011	BT-Drucks. 17/5335	http://dip21.bundestag.de/dip21/btd/17/053/1705335.pdf
BT: Gegenäußerung der Bundesregierung zu der Stellungnahme des Bundesrates		13.4.2011	BT-Drucks. 17/5496 (zu Drucks. 17/5335)	http://dip21.bundestag.de/dip21/btd/17/054/1705496.pdf
BT: 1. Beratung des von der Bundesregierung eingebrachten Gesetzes-entwurfs im Bundestag		14.4.2011	BT-PlPr 17/105	http://dipbt.bundestag.de/dip21/btp/17/17105.pdf S. 12053 ff.
BT: Öffentlichen Anhörung des Rechtsausschusses		25.5.2011	Rechtsaus-schuss Protokoll Nr. 51	http://www.bundesgerichtshof.de/SharedDocs/Downloads/DE/Bibliothek/Gesetzesmaterialien/17_wp/mediationsg/wortproto.pdf?__blob=publicationFile

Dokument	Abkür-zung	Erschei-nungsda-tum	Offizielle Bezeichnung	Fundstelle (zuletzt jeweils abgerufen am 1.9.2017)
BT: Beschlussempfehlung und Bericht des Rechtsausschusses		1.12.2011	BT-Drucks. 17/8058	http://dip21.bundestag.de/dip21/btd/17/080/1708058.pdf
BT: 2. und 3. Beratung des Bundestages und Annahme des Geset-zes in der Fassung der Beschlussempfeh-lung des Rechtsaus-schusses		15.12.2011	BT-PlPr 17/149	http://dip21.bundestag.de/dip21/btp/17/17149.pdf S. 17837 ff.
BR: Unterrichtung über Gesetzesbeschluss des BT		20.1.2012	BR-Drucks. 10/12	http://dipbt.bundestag.de/dip21/brd/2012/0010-12.pdf
BR: Empfehlungen der Ausschüsse		30.1.2012	BR-Drucks. 10/1/12	http://dipbt.bundestag.de/dip21/brd/2012/0010-1-12.pdf
BR: 2. Durchgang im Bundesrat		10.2.2012	BR-PlPr 892	http://dipbt.bundestag.de/dip21/brp/892.pdf S. 30 ff.
BR: Anrufung des Ver-mittlungsausschusses durch den Bundesrat		10.2.2012	BR-Drucks. 10/12 (Beschluss)	http://dipbt.bundestag.de/dip21/brd/2012/0010-12B.pdf
BT: Unterrichtung über die Anrufung des Vermittlungsaus-schusses		14.2.2012	BT-Drucks. 17/8680	http://dip21.bundestag.de/dip21/btd/17/086/1708680.pdf
BT: Beschlussempfehlung des Vermittlungsaus-schusses		27.6.2012	BT-Drucks. 17/10102	http://dip21.bundestag.de/dip21/btd/17/101/1710102.pdf
BT: Annahme der Be-schlussempfehlung des Vermittlungsaus-schusses		28.6.2012	BT-PlPr 17/187	http://dip21.bundestag.de/dip21/btp/17/17187.pdf S. 22359
BR: BR-Sitzung		29.6.2012	BR-PlPr 898	http://dipbt.bundestag.de/dip21/brp/898.pdf S. 295 f.
BR: Beschluss des Bun-desrates		29.6.2012	BR-Drucks. 377/12 (Beschluss)	http://dipbt.bundestag.de/dip21/brd/2012/0377-12B.pdf

Dokument	Abkürzung	Erschei-nungsda-tum	Offizielle Bezeichnung	Fundstelle (zuletzt jeweils abgerufen am 1.9.2017)
Verkündung des Gesetzes vom 21.7.2012 im Bundesgesetzblatt		25.7.2012	BGBl. 2012, Teil 1 Nr. 35, S. 1577	http://www.bgbl.de/xaver/bgbl/star t.xav?startbk=Bundesanzeiger_BG Bl&jumpTo=bgbl112s1577.pdf
Inkrafttreten des Mediationsgesetzes		26.7.2012		

EU-Quellen zum Thema Mediation und außergerichtliche Konfliktbeilegung

Dokument	Abkürzung	Erscheinungsdatum	Offizielle Bezeichnung	Fundstelle (zuletzt jeweils abgerufen am 16.4.2014)
Grünbuch über Alternative Verfahren zur Streitbeilegung im Zivil- und Handelsrecht	Grünbuch	19.4.2002	KOM(2002) 196 endgültig	http://eur-lex.europa.eu/legal-content/DE/TXT/?uri=CELEX:52002DC0196
European Code of Conduct for Mediators (Europäischer Verhaltenskodex für Mediatoren)	CoC	2.7.2004		http://ec.europa.eu/civiljustice/adr/adr_ec_code_conduct_de.pdf
Richtlinie über bestimmte Aspekte der Mediation in Zivil- und Handelssachen	EU-RiLi	21.5.2008	Richtlinie 2008/52/EG	http://eur-lex.europa.eu/LexUriServ/LexUriServ.do?uri=OJ:L:2008:136:0003:0008:De:PDF
Richtlinie über alternative Streitbeilegung in Verbraucherangelegenheiten	ADR-RiLi	21.5.2013	Richtlinie 2013/11/EU	http://eur-lex.europa.eu/LexUriServ/LexUriServ.do?uri=OJ:L:2013:165:0063:0079:DE:PDF
Verordnung über Online-Streitbeilegung in Verbraucherangelegenheiten	ODR-VO	21.5.2013	Verordnung (EU) Nr. 524/2013 D	https://beck-online.beck.de/?bcid=Y-100-G-EWG_VO_524_2013

Mediationsgesetz – Gesetzestext

Mediationsgesetz (MediationsG)[1]

Vom 21. Juli 2012 (BGBl. I S. 1577)
(FNA 302-7)
geändert durch Art. 135 Zehnte ZuständigkeitsanpassungsVO vom
31. August 2015 (BGBl. I S. 1474)

§ 1 Begriffsbestimmungen

(1) Mediation ist ein vertrauliches und strukturiertes Verfahren, bei dem Parteien mithilfe eines oder mehrerer Mediatoren freiwillig und eigenverantwortlich eine einvernehmliche Beilegung ihres Konflikts anstreben.

(2) Ein Mediator ist eine unabhängige und neutrale Person ohne Entscheidungsbefugnis, die die Parteien durch die Mediation führt.

§ 2 Verfahren; Aufgaben des Mediators

(1) Die Parteien wählen den Mediator aus.

(2) Der Mediator vergewissert sich, dass die Parteien die Grundsätze und den Ablauf des Mediationsverfahrens verstanden haben und freiwillig an der Mediation teilnehmen.

(3) [1]Der Mediator ist allen Parteien gleichermaßen verpflichtet. [2]Er fördert die Kommunikation der Parteien und gewährleistet, dass die Parteien in angemessener und fairer Weise in die Mediation eingebunden sind. [3]Er kann im allseitigen Einverständnis getrennte Gespräche mit den Parteien führen.

(4) Dritte können nur mit Zustimmung aller Parteien in die Mediation einbezogen werden.

(5) [1]Die Parteien können die Mediation jederzeit beenden. [2]Der Mediator kann die Mediation beenden, insbesondere wenn er der Auffassung ist, dass eine eigenverantwortliche Kommunikation oder eine Einigung der Parteien nicht zu erwarten ist.

(6) [1]Der Mediator wirkt im Falle einer Einigung darauf hin, dass die Parteien die Vereinbarung in Kenntnis der Sachlage treffen und ihren Inhalt verstehen. [2]Er hat die Parteien, die ohne fachliche Beratung an der Mediation teilnehmen, auf die Möglichkeit hinzuweisen, die Vereinbarung bei Bedarf durch externe Berater überprüfen zu lassen. [3]Mit Zustimmung der Parteien kann die erzielte Einigung in einer Abschlussvereinbarung dokumentiert werden.

---

1 Verkündet als Art. 1 G v. 21.7.2012 (BGBl. S. 1577); Inkrafttreten gem. Art. 9 dieses G am 26.7.2012.

§ 3 Offenbarungspflichten; Tätigkeitsbeschränkungen

(1) [1]Der Mediator hat den Parteien alle Umstände offenzulegen, die seine Unabhängigkeit und Neutralität beeinträchtigen können. [2]Er darf bei Vorliegen solcher Umstände nur als Mediator tätig werden, wenn die Parteien dem ausdrücklich zustimmen.

(2) [1]Als Mediator darf nicht tätig werden, wer vor der Mediation in derselben Sache für eine Partei tätig gewesen ist. [2]Der Mediator darf auch nicht während oder nach der Mediation für eine Partei in derselben Sache tätig werden.

(3) [1]Eine Person darf nicht als Mediator tätig werden, wenn eine mit ihr in derselben Berufsausübungs- oder Bürogemeinschaft verbundene andere Person vor der Mediation in derselben Sache für eine Partei tätig gewesen ist. [2]Eine solche andere Person darf auch nicht während oder nach der Mediation für eine Partei in derselben Sache tätig werden.

(4) Die Beschränkungen des Absatzes 3 gelten nicht, wenn sich die betroffenen Parteien im Einzelfall nach umfassender Information damit einverstanden erklärt haben und Belange der Rechtspflege dem nicht entgegenstehen.

(5) Der Mediator ist verpflichtet, die Parteien auf deren Verlangen über seinen fachlichen Hintergrund, seine Ausbildung und seine Erfahrung auf dem Gebiet der Mediation zu informieren.

§ 4 Verschwiegenheitspflicht

[1]Der Mediator und die in die Durchführung des Mediationsverfahrens eingebundenen Personen sind zur Verschwiegenheit verpflichtet, soweit gesetzlich nichts anderes geregelt ist. [2]Diese Pflicht bezieht sich auf alles, was ihnen in Ausübung ihrer Tätigkeit bekannt geworden ist. [3]Ungeachtet anderer gesetzlicher Regelungen über die Verschwiegenheitspflicht gilt sie nicht, soweit

1. die Offenlegung des Inhalts der im Mediationsverfahren erzielten Vereinbarung zur Umsetzung oder Vollstreckung dieser Vereinbarung erforderlich ist,
2. die Offenlegung aus vorrangigen Gründen der öffentlichen Ordnung (ordre public) geboten ist, insbesondere um eine Gefährdung des Wohles eines Kindes oder eine schwerwiegende Beeinträchtigung der physischen oder psychischen Integrität einer Person abzuwenden, oder
3. es sich um Tatsachen handelt, die offenkundig sind oder ihrer Bedeutung nach keiner Geheimhaltung bedürfen.

[4]Der Mediator hat die Parteien über den Umfang seiner Verschwiegenheitspflicht zu informieren.

§ 5 Aus- und Fortbildung des Mediators; zertifizierter Mediator

(1) [1]Der Mediator stellt in eigener Verantwortung durch eine geeignete Ausbildung und eine regelmäßige Fortbildung sicher, dass er über theoreti-

sche Kenntnisse sowie praktische Erfahrungen verfügt, um die Parteien in sachkundiger Weise durch die Mediation führen zu können. [2]Eine geeignete Ausbildung soll insbesondere vermitteln:

1. Kenntnisse über Grundlagen der Mediation sowie deren Ablauf und Rahmenbedingungen,
2. Verhandlungs- und Kommunikationstechniken,
3. Konfliktkompetenz,
4. Kenntnisse über das Recht der Mediation sowie über die Rolle des Rechts in der Mediation sowie
5. praktische Übungen, Rollenspiele und Supervision.

(2) Als zertifizierter Mediator darf sich bezeichnen, wer eine Ausbildung zum Mediator abgeschlossen hat, die den Anforderungen der Rechtsverordnung nach § 6 entspricht.

(3) Der zertifizierte Mediator hat sich entsprechend den Anforderungen der Rechtsverordnung nach § 6 fortzubilden.

§ 6 Verordnungsermächtigung

[1]Das Bundesministerium der Justiz und für Verbraucherschutz wird ermächtigt, durch Rechtsverordnung ohne Zustimmung des Bundesrates nähere Bestimmungen über die Ausbildung zum zertifizierten Mediator und über die Fortbildung des zertifizierten Mediators sowie Anforderungen an Aus- und Fortbildungseinrichtungen zu erlassen. [2]In der Rechtsverordnung nach Satz 1 können insbesondere festgelegt werden:

1. nähere Bestimmungen über die Inhalte der Ausbildung, wobei eine Ausbildung zum zertifizierten Mediator die in § 5 Absatz 1 Satz 2 aufgeführten Ausbildungsinhalte zu vermitteln hat, und über die erforderliche Praxiserfahrung;
2. nähere Bestimmungen über die Inhalte der Fortbildung;
3. Mindeststundenzahlen für die Aus- und Fortbildung;
4. zeitliche Abstände, in denen eine Fortbildung zu erfolgen hat;
5. Anforderungen an die in den Aus- und Fortbildungseinrichtungen eingesetzten Lehrkräfte;
6. Bestimmungen darüber, dass und in welcher Weise eine Aus- und Fortbildungseinrichtung die Teilnahme an einer Aus- und Fortbildungsveranstaltung zu zertifizieren hat;
7. Regelungen über den Abschluss der Ausbildung;
8. Übergangsbestimmungen für Personen, die bereits vor Inkrafttreten dieses Gesetzes als Mediatoren tätig sind.

§ 7 Wissenschaftliche Forschungsvorhaben; finanzielle Förderung der Mediation

(1) Bund und Länder können wissenschaftliche Forschungsvorhaben vereinbaren, um die Folgen einer finanziellen Förderung der Mediation für die Länder zu ermitteln.

(2) [1]Die Förderung kann im Rahmen der Forschungsvorhaben auf Antrag einer rechtsuchenden Person bewilligt werden, wenn diese nach ihren persönlichen und wirtschaftlichen Verhältnissen die Kosten einer Mediation nicht, nur zum Teil oder nur in Raten aufbringen kann und die beabsichtigte Rechtsverfolgung oder Rechtsverteidigung nicht mutwillig erscheint. [2]Über den Antrag entscheidet das für das Verfahren zuständige Gericht, sofern an diesem Gericht ein Forschungsvorhaben durchgeführt wird. [3]Die Entscheidung ist unanfechtbar. [4]Die Einzelheiten regeln die nach Absatz 1 zustande gekommenen Vereinbarungen zwischen Bund und Ländern.

(3) Die Bundesregierung unterrichtet den Deutschen Bundestag nach Abschluss der wissenschaftlichen Forschungsvorhaben über die gesammelten Erfahrungen und die gewonnenen Erkenntnisse.

§ 8 Evaluierung

(1) [1]Die Bundesregierung berichtet dem Deutschen Bundestag bis zum 26. Juli 2017, auch unter Berücksichtigung der kostenrechtlichen Länderöffnungsklauseln, über die Auswirkungen dieses Gesetzes auf die Entwicklung der Mediation in Deutschland und über die Situation der Aus- und Fortbildung der Mediatoren. [2]In dem Bericht ist insbesondere zu untersuchen und zu bewerten, ob aus Gründen der Qualitätssicherung und des Verbraucherschutzes weitere gesetzgeberische Maßnahmen auf dem Gebiet der Aus- und Fortbildung von Mediatoren notwendig sind.

(2) Sofern sich aus dem Bericht die Notwendigkeit gesetzgeberischer Maßnahmen ergibt, soll die Bundesregierung diese vorschlagen.

§ 9 Übergangsbestimmung

(1) Die Mediation in Zivilsachen durch einen nicht entscheidungsbefugten Richter während eines Gerichtsverfahrens, die vor dem 26. Juli 2012 an einem Gericht angeboten wird, kann unter Fortführung der bisher verwendeten Bezeichnung (gerichtlicher Mediator) bis zum 1. August 2013 weiterhin durchgeführt werden.

(2) Absatz 1 gilt entsprechend für die Mediation in der Verwaltungsgerichtsbarkeit, der Sozialgerichtsbarkeit, der Finanzgerichtsbarkeit und der Arbeitsgerichtsbarkeit.

Zertifizierte-Mediatoren-Ausbildungsverordnung – Verordnungstext

Verordnung über die Aus- und Fortbildung von zertifizierten Mediatoren (Zertifizierte-Mediatoren-Ausbildungsverordnung – ZMediatAusbV)

Vom 21. August 2016 (BGBl. I S. 1994)
(FNA 302-7-1)

Auf Grund des § 6 des Mediationsgesetzes, der durch Artikel 135 der Verordnung vom 31. August 2015 (BGBl. I S. 1474) geändert worden ist, verordnet das Bundesministerium der Justiz und für Verbraucherschutz:

§ 1 Anwendungsbereich

Diese Verordnung regelt
1. die Ausbildung zum zertifizierten Mediator,
2. die Fortbildung des zertifizierten Mediators sowie
3. Anforderungen an die Einrichtungen zur Aus- und Fortbildung nach den Nummern 1 und 2.

§ 2 Ausbildung zum zertifizierten Mediator

(1) Als zertifizierter Mediator darf sich nur bezeichnen, wer eine Ausbildung zum zertifizierten Mediator abgeschlossen hat.

(2) Die Ausbildung zum zertifizierten Mediator setzt sich zusammen aus einem Ausbildungslehrgang und einer Einzelsupervision im Anschluss an eine als Mediator oder Co-Mediator durchgeführte Mediation.

(3) Der Ausbildungslehrgang muss die in der Anlage aufgeführten Inhalte vermitteln und auch praktische Übungen und Rollenspiele umfassen.

(4) [1]Der Umfang des Ausbildungslehrgangs beträgt insgesamt mindestens 120 Präsenzzeitstunden. [2]Die jeweiligen Inhalte des Ausbildungslehrgangs müssen mindestens die in Spalte III der Anlage aufgeführten Zeitstunden umfassen.

(5) Während des Ausbildungslehrgangs oder innerhalb eines Jahres nach dessen erfolgreicher Beendigung müssen die Ausbildungteilnehmenden an einer Einzelsupervision im Anschluss an eine als Mediator oder Co-Mediator durchgeführte Mediation teilgenommen haben.

(6) [1]Über den erfolgreichen Abschluss der Ausbildung ist von der Ausbildungseinrichtung eine Bescheinigung auszustellen. [2]Die Bescheinigung darf erst ausgestellt werden, wenn der gesamte nach den Absätzen 3 und 4 vorgeschriebene Ausbildungslehrgang erfolgreich beendet und die Einzelsupervision nach Absatz 5 durchgeführt ist. [3]Die Bescheinigung muss enthalten:

1. Name, Vornamen und Geburtsdatum der Absolventin oder des Absolventen,
2. Name und Anschrift der Ausbildungseinrichtung,
3. Datum und Ort der Ausbildung,
4. gemäß Anlage vermittelte Inhalte des Ausbildungslehrgangs und die jeweils darauf verwendeten Zeitstunden,
5. Datum und Ort der durchgeführten Einzelsupervision sowie
6. Name und Anschrift des Supervisors.

§ 3 Fortbildungsveranstaltung

(1) [1]Der zertifizierte Mediator hat nach Abschluss der Ausbildung regelmäßig an Fortbildungsveranstaltungen teilzunehmen. [2]Der Umfang der Fortbildungsveranstaltungen beträgt innerhalb eines Zeitraums von vier Jahren mindestens 40 Zeitstunden. [3]Die Vierjahresfrist beginnt erstmals mit Ausstellung der Bescheinigung nach § 2 Absatz 6 zu laufen.

(2) Ziel der Fortbildungsveranstaltungen ist

1. eine Vertiefung und Aktualisierung einzelner in der Anlage aufgeführter Inhalte oder
2. eine Vertiefung von Kenntnissen und Fähigkeiten in besonderen Bereichen der Mediation.

(3) [1]Über die erfolgreiche Teilnahme an einer Fortbildungsveranstaltung ist von der Fortbildungseinrichtung eine Bescheinigung auszustellen. [2]Die Bescheinigung muss enthalten:

1. Name, Vornamen und Geburtsdatum der oder des Teilnehmenden,
2. Name und Anschrift der Fortbildungseinrichtung,
3. Datum und Ort der Fortbildungsveranstaltung sowie
4. vermittelte Fortbildungsinhalte und Dauer der Fortbildungsveranstaltung in Zeitstunden.

§ 4 Fortbildung durch Einzelsupervision

(1) [1]Innerhalb der zwei auf den Abschluss seiner Ausbildung nach § 2 folgenden Jahre hat der zertifizierte Mediator mindestens viermal an einer Einzelsupervision, jeweils im Anschluss an eine als Mediator oder Co-Mediator durchgeführte Mediation, teilzunehmen. [2]Die Zweijahresfrist beginnt mit Ausstellung der Bescheinigung nach § 2 Absatz 6 zu laufen.

(2) [1]Über jede nach Absatz 1 durchgeführte Einzelsupervision ist von dem Supervisor eine Bescheinigung auszustellen. [2]Diese Bescheinigung muss enthalten:

1. Name, Vornamen und Geburtsdatum des zertifizierten Mediators,
2. Datum und Ort der durchgeführten Einzelsupervision,
3. anonymisierte Angaben zur in der Einzelsupervision besprochenen Mediation sowie
4. Name und Anschrift des Supervisors.

§ 5 Anforderungen an Aus- und Fortbildungseinrichtungen

(1) Eine Ausbildung nach § 2 oder eine Fortbildung nach § 3 darf nur durchführen, wer sicherstellt, dass die dafür eingesetzten Lehrkräfte

1. über einen berufsqualifizierenden Abschluss einer Berufsausbildung oder eines Hochschulstudiums verfügen und
2. über die jeweils erforderlichen fachlichen Kenntnisse verfügen, um die in der Anlage aufgeführten oder sonstige Inhalte der Aus- oder Fortbildung zu vermitteln.

(2) Sofern eine Lehrkraft nur eingesetzt wird, um bestimmte Aus- oder Fortbildungsinhalte zu vermitteln, müssen sich ihre fachlichen Kenntnisse nur darauf beziehen.

§ 6 Gleichwertige im Ausland erworbene Qualifikation[1]

Als zertifizierter Mediator darf sich auch bezeichnen, wer

1. im Ausland eine Ausbildung zum Mediator im Umfang von mindestens 90 Zeitstunden abgeschlossen hat und
2. anschließend als Mediator oder Co-Mediator mindestens vier Mediationen durchgeführt hat.

§ 7 Übergangsbestimmungen

(1) Als zertifizierter Mediator darf sich bezeichnen, wer vor dem 26. Juli 2012 eine Ausbildung zum Mediator im Umfang von mindestens 90 Zeitstunden abgeschlossen und anschließend als Mediator oder Co-Mediator mindestens vier Mediationen durchgeführt hat.

(2) [1]Als zertifizierter Mediator darf sich auch bezeichnen, wer vor dem 1. September 2017 einen den Anforderungen des § 2 Absatz 3 und 4 genügenden Ausbildungslehrgang erfolgreich beendet hat und bis zum 1. Oktober 2018 an einer Einzelsupervision im Anschluss an eine als Mediator oder Co-Mediator durchgeführte Mediation teilgenommen hat. [2]Wird die Einzelsupervision erst nach dem 1. September 2017 durchgeführt, ist entsprechend § 4 Absatz 2 eine Bescheinigung auszustellen.

(3) [1]In den Fällen der Absätze 1 und 2 beginnen die Fristen des § 3 Absatz 1 Satz 3 und des § 4 Absatz 1 am 1. September 2017 zu laufen. [2]Im Fall

---

1 Amtl. Anm.: § 6 dieser Verordnung dient der Umsetzung der Richtlinie 2005/36/EG des Europäischen Parlaments und des Rates vom 7. September 2005 über die Anerkennung von Berufsqualifikationen (ABl. L 255 vom 30.9.2005 und S. 22, L 271 vom 16.10.2007, S. 18, L 93 vom 4.4.2008, S. 28, L 33 vom 3.2.2009, S. 49, L 305 vom 24.10.2014, S. 115), die zuletzt durch die Richtlinie 2013/55/EU (ABl. L 354 vom 28.12.2013, L 268 vom 15.10.2015, S. 35, L 95 vom 9.4.2016, S. 20) geändert worden ist, sowie der Richtlinie 2013/55/EU des Europäischen Parlaments und des Rates vom 20. November 2013 zur Änderung der Richtlinie 2005/36/EG über die Anerkennung von Berufsqualifikationen und der Verordnung (EU) Nr. 1024/2012 über die Verwaltungszusammenarbeit mit Hilfe des Binnenmarkt-Informationssystems („IMI-Verordnung") (ABl. L 354 vom 28.12.2013, S. 132, L 268 vom 15.10.2015, S. 35, L 95 vom 9.4.2016, S. 20).

des Absatzes 2 Satz 2 beginnen die Fristen abweichend von Satz 1 mit Ausstellen der Bescheinigung zu laufen.

§ 8 Inkrafttreten

Diese Verordnung tritt am 1. September 2017 in Kraft.

Anlage

Inhalte des Ausbildungslehrgangs

Nummer	Inhalt des Ausbildungslehrgangs	Stundenzahl (Zeitstunden)
I	II	III

1.	Einführung und Grundlagen der Mediation
	a) Grundlagen der Mediation
	   aa) Überblick über Prinzipien, Verfahrensablauf und Phasen der Mediation
	   bb) Überblick über Kommunikations- und Arbeitstechniken in der Mediation
	b) Abgrenzung der Mediation zum streitigen Verfahren und zu anderen alternativen Konfliktbeilegungsverfahren
	c) Überblick über die Anwendungsfelder der Mediation
		18 Stunden

2.	Ablauf und Rahmenbedingungen der Mediation
	a) Einzelheiten zu den Phasen der Mediation
	   aa) Mediationsvertrag
	   bb) Stoffsammlung
	   cc) Interessenerforschung
	   dd) Sammlung und Bewertung von Optionen
	   ee) Abschlussvereinbarung
	b) Besonderheiten unterschiedlicher Settings in der Mediation
	   aa) Einzelgespräche
	   bb) Co-/Teammediation, Mehrparteienmediation, Shuttle-Mediation
	   cc) Einbeziehung Dritter
	c) Weitere Rahmenbedingungen
	   aa) Vor- und Nachbereitung von Mediationsverfahren
	   bb) Dokumentation/Protokollführung
		30 Stunden

Num-mer	Inhalt des Ausbildungslehrgangs	Stunden-zahl (Zeitstun-den)
I	II	III
3.	Verhandlungstechniken und -kompetenz a) Grundlagen der Verhandlungsanalyse b) Verhandlungsführung und Verhandlungsmanagement: intuitives Verhandeln, Verhandlung nach dem Harvard-Konzept/integrative Verhandlungstechniken, distributive Verhandlungstechniken	12 Stunden
4.	Gesprächsführung, Kommunikationstechniken a) Grundlagen der Kommunikation b) Kommunikationstechniken (z.B. aktives Zuhören, Paraphrasieren, Fragetechniken, Verbalisieren, Reframing, verbale und nonverbale Kommunikation) c) Techniken zur Entwicklung und Bewertung von Lösungen (z.B. Brainstorming, Mindmapping, sonstige Kreativitätstechniken, Risikoanalyse) d) Visualisierungs- und Moderationstechniken e) Umgang mit schwierigen Situationen (z.B. Blockaden, Widerstände, Eskalationen, Machtungleichgewichte)	18 Stunden
5.	Konfliktkompetenz a) Konflikttheorie (Konfliktfaktoren, Konfliktdynamik und Konfliktanalyse; Eskalationsstufen; Konflikttypen) b) Erkennen von Konfliktdynamiken c) Interventionstechniken	12 Stunden
6.	Recht der Mediation a) Rechtliche Rahmenbedingungen: Mediatorvertrag, Berufsrecht, Verschwiegenheit, Vergütungsfragen, Haftung und Versicherung b) Einbettung in das Recht des jeweiligen Grundberufs c) Grundzüge des Rechtsdienstleistungsgesetzes	6 Stunden
7.	Recht in der Mediation a) Rolle des Rechts in der Mediation b) Abgrenzung von zulässiger rechtlicher Information und unzulässiger Rechtsberatung in der Mediation durch den Mediator c) Rolle des Mediators in Abgrenzung zu den Aufgaben des Parteianwalts d) Sensibilisierung für das Erkennen von rechtlich relevanten Sachverhalten bzw. von Situationen, in denen den Medianden die Inanspruchnahme externer recht-	12 Stunden

Nummer	Inhalt des Ausbildungslehrgangs	Stundenzahl (Zeitstunden)
I	II	III
	licher Beratung zu empfehlen ist, um eine informierte Entscheidung zu treffen e) Mitwirkung externer Berater in der Mediation f) Rechtliche Besonderheiten der Mitwirkung des Mediators bei der Abschlussvereinbarung g) Rechtliche Bedeutung und Durchsetzbarkeit der Abschlussvereinbarung unter Berücksichtigung der Vollstreckbarkeit	
8.	Persönliche Kompetenz, Haltung und Rollenverständnis a) Rollendefinition, Rollenkonflikte b) Aufgabe und Selbstverständnis des Mediators (insbesondere Wertschätzung, Respekt und innere Haltung) c) Allparteilichkeit, Neutralität und professionelle Distanz zu den Medianden und zum Konflikt d) Macht und Fairness in der Mediation e) Umgang mit eigenen Gefühlen f) Selbstreflexion (z.B. Bewusstheit über die eigenen Grenzen aufgrund der beruflichen Prägung und Sozialisation)	12 Stunden
Gesamt:		120 Stunden

Teil 1
Einleitung
1. Einführung

Literatur:

Ahrens, Dispute Boards – ADR-Verfahren im Vergleich – Teil 7, ZKM 2013, 72; *Alt-hammer/Meller-Hannich* (Hrsg.), VSBG – Verbraucherstreitbeilegungsgesetz, 2017; *Ballreich/Glasl*, Konfliktmanagement und Mediation in Organisationen, 2011; *Berlin*, Alternative Streitbeilegung in Verbraucherkonflikten, 2014; *Berlin/Isermann*, Konflikt-management im Business-to-Consumer-Kontext am Beispiel der Schlichtungsstelle für den öffentlichen Personenverkehr (söp), in: Gläßer/Kirchhoff/Wendenburg (Hrsg.), Konfliktmanagement in der Wirtschaft – Ansätze, Modelle, Systeme, 2014, S. 251 ff.; *ders.*, Verbraucher-ADR: Freiwilligkeit der Teilnahme und Verbindlichkeit des Ergeb-nisses im Lichte der AS-Richtlinie, ZKM 2013, 108; *Breidenbach./Gläßer*, Befähigung zum Schlichteramt? – Zum Erfordernis einer qualitätssichernden Ausbildung aller im Rahmen des neuen § 15 a EGZPO tätig werdenden Streitmittler, ZKM 2001, 11; *ders.*, Mediation – Thesen zur Notwendigkeit eines komplementären Konfliktbehandlungsan-satzes, FPR 1996, 3; *Bundesministerium der Justiz*, Leitlinien zur Umsetzung der europäischen Mediations-Richtlinie, ZKM 2008, 132; *Bundesregierung*, Bericht der Bundesregierung über die Auswirkungen des Mediationsgesetzes auf die Entwicklung der Mediation in Deutschland und über die Situation der Aus- und Fortbildung der Mediatoren – BT-Drs. 18/13178, 14.6.2017; *Busemann,* Das Mediationsgesetz in der Warteschleife – ein Zwischenruf, ZKM 2012, 55; *Conrad*, Schiedsgerichtsbarkeit und Wirtschaftsmediation bei energierechtlichen Konflikten, ZKM 2013, 82; *EBS Business School/Europa-Universität Viadrina*, Verhandlungsmanagement in Unternehmen in Deutschland: Von der Intuition zum System, 2016; *Eidenmüller/Bühring-Uhle/Nelle*, Verhandlungsmanagement – Analyse, Werkzeuge, Strategien, 2. Aufl. 2017; *Europa-Universität Viadrina/PricewaterhouseCoopers* (Hrsg.), Konfliktmanagement in der deutschen Wirtschaft – Entwicklungen eines Jahrzehnts, 2016; *Europa-Universität Viadrina/PricewaterhouseCoopers* (Hrsg.), Konfliktmanagement als Instrument werteo-rientierter Unternehmensführung, 2013; *Europa-Universität Viadrina/Pricewaterhouse-Coopers* (Hrsg.), Konfliktmanagement – Von den Elementen zum System, 2011; *Europa-Universität Viadrina/PricewaterhouseCoopers* (Hrsg.), Commercial Dispute Resolu-tion. Konfliktbearbeitungsverfahren im Vergleich, 2005 (abrufbar auf der Homepage des Instituts für Konfliktmanagement unter https://www.ikm.europa-uni.de/de/kernbe-reiche/wirtschaft/projekte/km_im_unternehmen/index.html (zuletzt abgerufen am 4.7.2017); *Ewig*, Das Grünbuch der EU über alternative Verfahren zur Streitbeilegung, ZKM 2002, 149; *Faller*, Systemdesign – Die Entwicklung von Konfliktmanagementsys-temen, in: Trenczek/Berning/Lenz (Hrsg.), Mediation und Konfliktmanagement, 2. Aufl. 2017, S. 222 ff.; *Fisher/Ury/Patton*, Das Harvard-Konzept. Der Klassiker der Verhand-lungstechnik, 24. Aufl. 2013 (1. Aufl. 1984); *Fritz/Pielsticker*, Mediationsgesetz – Kom-mentar, Handbuch, Mustertexte, 2013; *Glasl*, Konfliktmanagement: Ein Handbuch für Führungskräfte, Beraterinnen und Berater, 10. Aufl. 2011; *Gläßer*, Die Diskussion um die alternative Streitbeilegung in Verbrauchersachen, Konfliktdynamik 2017, 26; *dies.*, Corporate Mediation in Germany, European Company Law Journal 14, no. 2 (2017), 76; *dies.*, Mediative Interventionen, in: Haft/v. Schlieffen (Hrsg.), Handbuch Mediation – Verhandlungstechnik, Strategien, Einsatzgebiete, 3. Aufl. 2016, § 15; *dies.*, Verbrau-cher-ADR und Mediation, in: Althammer (Hrsg.), Verbraucherstreitbeilegung: Aktuelle Perspektiven für die Umsetzung der ADR-Richtlinie, 2015, S. 85 ff.; *dies.*, Auf dem Weg zu einem europäischen Verfahrensverständnis? Ein vergleichender Blick auf die Umset-zung der EU-Mediationsrichtlinie in Deutschland und Italien, in: Witzleb/Ellger/ Mankowski/Merkt/Remien (Hrsg.), Festschrift für Dieter Martiny zum 70. Geburtstag, 2014, S. 735 ff; *dies./Kirchhoff*, Konfliktmanagement deutscher Unternehmen 2005–2015, ZKM 2017, 44; *dies./Kirchhoff/Wendenburg*, Konfliktmanagement in der Wirt-schaft – Bestandsaufnahme und Entwicklungen, in: Gläßer/Kirchhoff/Wendenburg (Hrsg.), Konfliktmanagement in der Wirtschaft – Ansätze, Modelle, Systeme, 2014, S. 13 ff.; *dies,* Konfliktmanagement – Von den Elementen zum System: Studie von Price-waterhouseCoopers und der Europa-Universität Viadrina, ZKM 2011, 100; *dies.*, Plädoyer für ein interessenbasiertes Mediationsmodell, EWE 2009, 532; *dies.*, Mediative Begleitung einer Strategieentwicklung, ZKM 2007, 116; *dies./Kirchhoff*, Interessenermittlung – Spannungsfeld zwischen Präzision und Emotion, ZKM 2005, 130; *Goltermann/Hagel/Klowait/Levien*, „Das neue Mediationsgesetz" aus Unternehmenssicht – Teil 2, SchiedsVZ 2013, 41; *dies.*, „Das neue Mediationsgesetz" aus Unternehmenssicht – Teil 1, SchiedsVZ 2012, 299; *Graf-Schlicker*, Die EU-Richtlinie zur Mediation – zum Stand der Umsetzung, ZKM 2009, 86; *Greger*, Evaluative Konfliktregelungsverfahren, in: Trenczek/Berning/Lenz (Hrsg.), Mediation und Konfliktmanagement, 2. Aufl. 2017, S. 269; *ders./Unberath/Steffek*, Recht der alternativen Konfliktlösung, 2. Aufl. 2016; *Haft*, Verhandlung und Mediation, in: Haft/v. Schlieffen (Hrsg.), Handbuch Mediation – Verhandlungstechnik, Strategien, Einsatzgebiete, 3. Aufl. 2016, § 3; *ders./Stubbe*, Schiedsgutachten, 2007; *Hayungs*, ADR-Richtlinie und ODR-Verordnung, ZKM 2013, 86; *Hien*, Partizipation in Planungsverfahren, UPR 2012, 128; *Hirsch*, Schlichtung, ZKM 2013, 15; *Hopt/Steffek*, Mediation: Rechtstatsachen, Rechtsvergleich, Regelungen, 2008; *Kirchhoff*, Konfliktmanagement(-systeme) 2.0 – das Komponentenmodell in der Praxis, Konfliktdynamik 2012, 4; *Kirchhoff/Bühring-Uhle/Scherer*, Arbitration and Mediation in International Business, 2006; *Kirchhoff/Klowait*, Business Mediation, ADR and Conflict Management in the German Corporate Sector – Status, Development & Outlook, TDM, Vol. 11, issue 6, December 2014; *Klowait*, MediationsG und ZMediatAusbV – Wege und Irrwege im Labyrinth der Qualitätssicherung, ZKM 2017, 94; *ders.*, Corporate Pledge – Unternehmensinitiative für ein differenziertes Konfliktmanagement, ZKM 2016, 154; *ders.*, Corporate Pledges – Normierung des Konfliktverhaltens bei Business-to-Business Streitigkeiten, Konfliktdynamik 2016, 102; *ders.*, The Paradigm Shifts: A Guide to the Development of Dispute Resolution in Germany's Corporate Sector, in: Alternatives to the high costs of litigation, Vol. 33 No. 10 November 2015, 147; *ders.*, "Zertifizierter Mediator" – Empfehlenswertes Selbstmarketing oder unzulässige Irreführung?, ZKM 2015, 194; *ders.*, Die EU-Studie „Rebooting the Mediation Directive" – Vorbote eines neuen europäischen Mediationsrahmens?, ZKM 2014, 195; *ders.*, Innen- und Außendarstellung von Konfliktmanagement, in: Gläßer/Kirchhoff/Wendenburg (Hrsg.), Konfliktmanagement in der Wirtschaft – Ansätze, Modelle, Systeme, 2014, S. 147 ff.; *ders.*, Die Wegbereiter: Der Round Table Mediation & Konfliktmanagement der deutschen Wirtschaft, in: Dispute Resolution, Das Online Magazin, Ausgabe 4/2014, 35; *ders.*, Mediationsgesetz und europarechtliche Vorgaben, ZKM 2011, 149; *Lembcke*, Aktuelle Entwicklungen bei der Alternativen Streitbeilegung im Baurecht, NJW 2013, 1704; *Leutheusser-Schnarrenberger*, Die Mediations-Richtlinie und deren Implementierung, ZKM 2012, 72; *Niedostadek* (Hrsg.), Praxishandbuch Mediation – Ansatzpunkte und Impulse für den öffentlichen Bereich, 2010; *Paul*, Das erfreuliche Ende eines langen Gesetzgebungsverfahrens..., Interview mit Eberhard Carl, ZKM 2012, 132; *Paul*, Mediationsgesetz – Anhörung im Rechtsausschuss des Deutschen Bundestages, ZKM 2011, 119; *Ponschab/Dendorfer*, Konfliktmanagement im Unternehmen, in: Haft/v. Schlieffen (Hrsg.), Handbuch Mediation – Verhandlungstechnik, Strategien, Einsatzgebiete, 3. Aufl. 2016, § 36; *Reutter*, Die Achtsamkeit des Mediators, 2017; Roder/Röthemeyer/Braun, Verbraucherstreitbeilegungsgesetz (VSBG), 2017; *Röthemeyer*, Mediation. Grundlagen – Recht – Markt, 2015; *ders*, Die Schlichtung – ein Stiefkind der Gesetzgebung, ZKM 2013, 47; *Round Table Mediation & Konfliktmanagement der Deutschen Wirtschaft*, Positionspapier der deutschen Wirtschaft zur Umsetzung der EU-Mediationsrichtlinie, ZKM 2009, 147; *Sänger* (Hrsg.), Handkommentar ZPO, 7. Aufl. 2017; *Schäfer*, Mediation im öffentlichen Bereich, 2011; *Schmid*, Systemisches Coaching – Konzepte und Vorgehensweisen in der Persönlichkeitsberatung, 2004; *Schreyögg*, Coaching – Eine Einführung für Praxis und Ausbildung, 7. Aufl. 2012; *Schütze*, Schiedsgericht und Schiedsverfahren, 6. Aufl. 2016; *Schwartz/Wendenburg*, Verhandeln als Konfliktmanagement-Instrument, in: Gläßer/Kirchhoff/Wendenburg (Hrsg.), Konfliktmanagement in der Wirtschaft – Ansätze, Modelle, Systeme, 2014, S. 373 ff.; *Schweizer*, Kooperatives Verhandeln – die Alternative zum (Rechts-)Streit, in: Haft/v. Schlieffen (Hrsg.), Handbuch Mediation – Verhandlungstechnik, Strategien, Einsatzgebiete, 3. Aufl. 2016, § 5; *Steinbrecher*, Systemdesign: Grundlagen, Konzeption und Implementierung von Integrierten Konfliktmanagementsystemen in Unternehmen, 2008; *Trenczek*, Außergerichtliche Konfliktregelung (ADR) – Verfahren, Prinzipien und Modelle, in: ders./Berning/Lenz (Hrsg.), Mediation und Konfliktmanagement, 2. Aufl. 2017, S. 33 ff.; *Troja*, Umwelt und Konfliktmanagement, 2001; *Tymowski*, The Mediation Directive: European Implementation Assessment – In-depth Analysis, Generaldirektion Wissenschaftlicher Dienst, 2016; *Wagner*, Die Richtlinie über Alternative Streitbeilegung – Law Enforcement statt mediative Konfliktlösung, ZKM 2013, 104.

Mit dem am 26.7.2012 als Art. 1 des „Gesetzes zur Förderung der Media- **1** tion und anderer Verfahren der außergerichtlichen Konfliktbeilegung"[1] in Kraft getretenen Mediationsgesetz (kurz: MediationsG) wurde die Mediation in Deutschland erstmals auf eine gesetzliche Grundlage gestellt. Der deutsche Gesetzgeber schloss damit die Lücke, die zwischen der in den letzten Jahren faktisch zunehmenden Bedeutung des Verfahrens der Mediation, den bereits bestehenden Regelungs- und Umsetzungsvorgaben auf europäischer Ebene und dem bis dato zu attestierenden Fehlen eines nationalen Rechtsrahmens entstanden war.

I. Entstehungsgeschichte

Die Entstehungsgeschichte des MediationsG ist im Kontext europarechtli- **2** cher Vorgaben zur Förderung konsensualer Konfliktbeilegungsverfahren zu sehen. Diese werden nachfolgend kurz skizziert, gefolgt von einem Überblick über die wesentlichen Stationen und Kontroversen des bundesdeutschen Gesetzgebungsprozesses.

1. Europarechtliche Einflüsse. Das **Grünbuch über alternative Verfahren** **3** **zur Streitbeilegung im Zivil- und Handelsrecht,**[2] welches von der Europäischen Kommission am 19.4.2002 vorgelegt wurde, bildet den Auftakt einer Reihe von legislativen Maßnahmen, mit denen auf europarechtlicher Ebene die Mediation in den EU-Mitgliedstaaten gefördert und gestärkt werden soll. Nachdem die Kommission aufgrund einer Reihe von vorlaufenden Untersuchungen zu der Einschätzung gelangt war, dass die grenzüberschreitende Rechtsdurchsetzung durch langwierige und teure Gerichtsverfahren erheblich erschwert wird,[3] verfolgte das Grünbuch den Zweck, den EU-Bürgern durch die Förderung der alternativen Streitbeilegung – ins-

---

1 BGBl. I 2012, Nr. 35, S. 1577 ff.
2 Grünbuch der Kommission vom 19.4.2002 über Alternative Verfahren zur Streitbeilegung im Zivil- und Handelsrecht, KOM (2002) 196 endg.
3 Siehe hierzu *Ewig* ZKM 2002, 149 mwN.

besondere auch bei grenzüberschreitenden Sachverhalten – einen besseren Zugang zum Recht zu ermöglichen.[4] Hervorgehoben wurde daneben auch, dass die alternative Streitbeilegung sich wegen ihres konsensualen Charakters in besonderer Weise als Instrument zur Erhaltung des sozialen Friedens eigne.[5]

Mit den Grünbüchern der EU werden keine verbindlichen Rechtsnormen wie Richtlinien oder Verordnungen statuiert. Es handelt sich vielmehr um unverbindliche politische Handlungsinstrumente, deren Zielsetzung darin besteht, den aktuellen Stand zu bestimmten politischen Themen auf EU-Ebene aufzunehmen, Denkanstöße zu geben und die Mitgliedstaaten zur Stellungnahme aufzufordern. Anders als die sog Weißbücher unterbreiten die Grünbücher der EU auch keine konkreten Handlungsvorschläge für die Mitgliedstaaten und die Organe der EU. Gleichwohl bilden sie oft – so auch im Fall der Mediation – den Auftakt für spätere Gesetzgebungsinitiativen. Das Grünbuch über alternative Verfahren zur Streitbeilegung bezieht sich auf Zivil- und Handelssachen einschließlich des Arbeits- und Verbraucherrechts. Begrifflich versteht die Kommission unter „ADR-Verfahren" außergerichtliche Verfahren der Streitschlichtung unter Einschaltung eines neutralen Dritten mit Ausnahme der Schiedsgerichtsbarkeit. Die Mediation ist damit – neben anderen Verfahren wie beispielsweise der Schlichtung – eindeutig mit erfasst. Als Hauptgründe für das wachsende Interesse an ADR-Verfahren – insbesondere bei grenzüberschreitenden Streitigkeiten – sah die Kommission die Überlastung der Gerichte, die überlange Verfahrensdauer und die Komplexität und Intransparenz der Rechtsvorschriften.[6] Bereits im Rahmen des Grünbuches wurden bestimmte Grundsätze wie Freiwilligkeit, Vertraulichkeit, Unparteilichkeit und Prozessverantwortung des Dritten, Transparenz und Fairness als kennzeichnend für ADR-Verfahren beschrieben. Auch einige weitere Überlegungen erscheinen aus heutiger Sicht überraschend detailliert und vorausschauend, so etwa die Anregung von Verhaltenskodizes, die Diskussion der Aussetzung gerichtlicher Verfahren und der Unterbrechung von zivilprozessualen Fristen während der Durchführung von ADR-Verfahren, die Empfehlung, Qualitätsmindestnormen für Mediatoren festzuschreiben und diese über Gütesiegel- oder Zertifizierungsverfahren abzusichern[7] bis hin zur Reflektion über Fragen der Haftung des Mediators und der Vollstreckbarkeit von Mediationsvereinbarungen.

4   Im Jahre 2004 veröffentlichte die Europäische Kommission auf Grundlage der zahlreichen Stellungnahmen zum Grünbuch über alternative Verfahren zur Streitbeilegung im Zivil- und Handelsrecht und nach öffentlicher Anhörung der Regierungsvertreter der Mitgliedstaaten und Vertretern von Mediationsorganisationen den **European Code of Conduct for Mediators**

---

4 Grünbuch der Kommission vom 19.4.2002 über Alternative Verfahren zur Streitbeilegung im Zivil- und Handelsrecht, KOM (2002) 196 endg., Rn. 5-9.
5 Grünbuch der Kommission vom 19.4.2002 über Alternative Verfahren zur Streitbeilegung im Zivil- und Handelsrecht, KOM (2002) 196 endg., Rn. 10.
6 Grünbuch der Kommission vom 19.4.2002 über Alternative Verfahren zur Streitbeilegung im Zivil- und Handelsrecht, KOM (2002) 196 endg., Rn. 5.
7 Grünbuch der Kommission vom 19.4.2002 über Alternative Verfahren zur Streitbeilegung im Zivil- und Handelsrecht, KOM (2002) 196 endg., Rn. 54 ff.

(Europäischer Verhaltenskodex für Mediatoren).[8] In den Vorbemerkungen der EU-Kommission zu diesem Verhaltenskodex heißt es: „Der Verhaltenskodex für Mediatoren stellt eine Reihe von Prinzipien auf, denen sich die einzelnen Mediatoren freiwillig und in eigener Verantwortung unterwerfen können. Er soll auf alle Arten von Mediation in zivil- und handelsrechtlichen Angelegenheiten anwendbar sein. Auch Institutionen, die Mediationsdienste anbieten, können sich an den Kodex binden, indem sie von den Mediatoren, die unter der Schirmherrschaft ihrer Organisation handeln, verlangen, den Kodex zu achten. Die Befolgung des Kodexes lässt die berufsrechtlichen Regelungen der Mitgliedstaaten unberührt. Der Verhaltenskodex stellt nicht den offiziellen Standpunkt der Kommission dar. Die Kommission führt keinerlei Nachprüfungen durch, ob der Kodex tatsächlich eingehalten wird und übernimmt keinerlei Verantwortung in dieser Hinsicht, ebenso wenig wie für die Dienste, die diese Mediatoren oder Institutionen anbieten."[9]

Bei dem Verhaltenskodex handelt es sich also um ein unverbindliches Regelwerk, welches in eigenverantwortlicher Selbstverpflichtung von einzelnen Mediatoren oder Institutionen adaptiert werden kann. Etliche der Prinzipien des Verhaltenskodex wurden auch im MediationsG aufgegriffen – insbes. in den §§ 2 bis 4 (dazu → MediationsG § 2 Rn. 5 ff.).

Ebenfalls in Reaktion auf die Stellungnahmen und Anhörungen zum Grünbuch legte die Europäische Kommission den Vorschlag einer Richtlinie über bestimmte Aspekte der Mediation in Zivil- und Handelssachen vor. 2008 erfolgte die Verabschiedung der **Richtlinie 2008/52/EG des Europäischen Parlaments und des Rates vom 21.5.2008 über bestimmte Aspekte der Mediation in Zivil- und Handelssachen**[10] (im Folgenden „Med-RiLi"), welche am 13.6.2008 in Kraft trat (der Volltext dieser Richtlinie findet sich im Anhang). Die Med-RiLi gab den Gesetzgebern der EU-Mitgliedstaaten durch ihren Art. 12 auf, bis zum 20.5.2011 die Umsetzung der europarechtlichen Vorgaben zur Mediation in nationales Recht vorzunehmen. Mit der Med-RiLi wurde allerdings **keine umfassende Regelung der Mediation** angestrebt. So ist der Anwendungsbereich der Med-RiLi nach Art. 1 Abs. 2 S. 1 ausdrücklich auf *„grenzüberschreitende Streitigkeiten für Zivil- und Handelssachen"* beschränkt. Dieser zurückhaltende Ansatz der Kommission beruht im Wesentlichen auf dem **Subsidiaritätsprinzip** des Art. 5 Abs. 3 EUV (Ex-Art. 5 EGV), welches die Organe der Europäischen Union verpflichtet, nur dann tätig zu werden, wenn die Ziele der in Betracht kommenden Maßnahmen auf der Ebene der Mitgliedstaaten nicht zufriedenstellend verwirklicht werden können. Supranationalen Handlungsbedarf sah die Kommission vor diesem Hintergrund letztlich vor allem für grenzüberschreitende Streitigkeiten, und hier wiederum vorrangig bei Zivil- und Handelssachen.

5

8 Abrufbar unter http://ec.europa.eu/civiljustice/adr/adr_ec_code_conduct_de.pdf (zuletzt abgerufen am 1.3.2017).
9 Abrufbar unter http://ec.europa.eu/civiljustice/adr/adr_ec_code_conduct_de.pdf, S. 1 (zuletzt abgerufen am 1.3.2017).
10 ABl. L 136 v. 24.5.2008, 3 ff.

6   Entsprechend dieser Selbstbeschränkung des europäischen Gesetzgebers hätte eine richtlinienkonforme Umsetzung lediglich des Erlasses entsprechender nationaler Regelungen zur Ausgestaltung grenzüberschreitender Mediationen auf dem Gebiet der Zivil- und Handelssachen bedurft. Der bundesdeutsche Gesetzgeber hat sich hierauf allerdings nicht beschränkt, sondern er ist – wozu er europarechtlich befugt war[11] – in mehrfacher Hinsicht über den Katalog der verpflichtend umzusetzenden (Mindest-)Inhalte der Med-RiLi hinausgegangen. Insbesondere wurde mit dem MediationsG eine Regelung geschaffen, die nicht nur für **grenzüberschreitende Mediationen** Geltung beansprucht, sondern in gleicher Weise auch für **rein innerstaatliche Sachverhalte** gilt. Den Ansatz einer weitergehenden Regelung verfolgt der deutsche Gesetzgeber auch hinsichtlich des **sachlichen Anwendungsbereiches** des MediationsG. Über das Zivil- und Handelsrecht hinausgehend gilt das MediationsG auch für weitere Einsatzfelder der Mediation wie zB verwaltungs-, arbeits- oder sozialrechtliche Streitigkeiten sowie für Patent- und Markenangelegenheiten.

7   Auch materiell-rechtlich verfolgt die Med-RiLi nicht den Ansatz einer umfassenden Gestaltungsvorgabe für nationale Rechtsakte, sondern beschränkt sich auf Aspekte, denen vor dem Hintergrund ihres Regelungsanliegens – der Förderung der Mediation in Zivil- und Handelssachen im grenzüberschreitenden Bereich – besondere Bedeutung beigemessen wurde. Hierzu zählen neben einer Begriffsbestimmung der Mediation und des Mediators (Art. 3) sowie Vorgaben zur Qualitätssicherung (Art. 4) insbesondere die sogenannten „3 großen Vs", nämlich die Vorgaben zur Vollstreckbarkeit (Art. 6), Vertraulichkeit (Art. 7) und Verjährung (Art. 8).

8   Der deutsche Gesetzgeber hatte die am 20.5.2011 ablaufende Umsetzungsfrist mit dem erst am 26.7.2012 in Kraft getretenen MediationsG um mehr als ein Jahr überschritten. Einem Vertragsverletzungsverfahren wegen nicht rechtzeitiger Umsetzung einer Europäischen Richtlinie – wie im September 2012 von der Europäischen Kommission gegen Zypern und die Niederlande eingeleitet[12] – wurde damit gerade noch rechtzeitig entgegengewirkt. Die Ursachen für den eingetretenen Verzug in einer ablehnenden Haltung des deutschen Gesetzgebers der Mediation gegenüber zu suchen, wäre allerdings verfehlt – das Gegenteil ist der Fall: Alle am Gesetzgebungsprozess beteiligten Organe, Verbände, Kammern und Interessengruppen begrüßten die Einführung gesetzlicher Regelungen zur Mediation als solche ausdrücklich. Die Dauer des Gesetzgebungsverfahrens war eher dem Umstand geschuldet, dass das Bundesministerium für Justiz (BMJ) wie auch die im Nachgang beteiligten Gesetzgebungsorgane von Anfang an großen Wert auf eine Einbeziehung der maßgeblichen Interessengruppen, Verbände und berufsständischen Kammern legte. Diesen moderierenden Ansatz gerade bei einem Gesetz zu kritisieren, das im Kern auf die Herstellung eines Konsenses unter Berücksichtigung der individuellen Interessenlagen abzielt,

---

11 Hierzu *Round Table Mediation & Konfliktmanagement der Deutschen Wirtschaft* ZKM 2009, 147 (150).
12 Pressemitteilung der Europäischen Kommission vom 27.9.2012, abrufbar unter http://europa.eu/rapid/press-release_IP-12-1016_de.htm (zuletzt abgerufen am 20.06.2017).

wäre paradox. Der Preis, der hierfür zu zahlen war, bestand angesichts einiger zwischenzeitlich zu lösender Streitfragen (Näheres dazu sogleich unter → Rn. 12 ff.) dann allerdings in dem deutlich verspäteten Inkrafttreten des MediationsG.

Inzwischen ist die Richtlinie in allen Mitgliedsstaaten mit Ausnahme von Dänemark umgesetzt worden.[13] Zum Stand der Etablierung von Mediation in den verschiedenen Mitgliedsstaaten im Zuge der Richtlinien-Umsetzung wurden auf EU-Ebene seit 2014 eine Reihe von Studien veröffentlicht (→ MediationsG § 8 Rn. 10 ff.) und am 26.10.2016 der in Art. 11 der Med-RiLi geforderte Evaluationsbericht vorgelegt (zu dessen Inhalten → MediationsG § 8 Rn. 13 f., 48 ff.).   **8a**

2. Das bundesdeutsche Gesetzgebungsverfahren. Die Verzögerungen im   **9** nationalen Gesetzgebungsprozess waren maßgeblich auf lang anhaltende Kontroversen über im Wesentlichen **zwei Hauptstreitpunkte** zurückzuführen: einerseits den weiteren **Umgang mit Mediationsangeboten der Gerichte** und andererseits die **Ausgestaltung der Anforderungen an die Aus- und Fortbildung von Mediatoren** (dazu → MediationsG § 5 Rn. 7 ff.). Im Folgenden sollen nun die Meilensteine des deutschen Gesetzgebungsverfahrens im Überblick dargestellt werden.

Bereits vor Beginn des Gesetzgebungsverfahrens fanden grundlegende **Vorarbeiten** statt, von denen an erster Stelle ein im Auftrag des Bundesjustizministeriums erstelltes **rechtsvergleichendes Gutachten**[14] des **Max-Planck-Institutes für ausländisches und internationales Privatrecht** zu nennen ist, in welchem die Autoren die Regelungsansätze und Praxis der Mediation in einer Vielzahl europäischer und außereuropäischer Länder untersuchten. Das Gutachten untersucht dabei länderspezifisch jeweils die Themenkomplexe Definition und Regelungstypen, institutionelle Einbindung der Mediation in das Recht und Verfahren der Streitschlichtung, Struktur und Ablauf des Mediationsverfahrens, Mediation in besonderen Rechtsgebieten, Mediatoren, empirische Befunde und Regelungsprobleme.   **10**

Die kontrovers diskutierte Frage, ob der Erfolg der Mediation sich eher in einem Umfeld einstellt, das von umfassenden obligatorischen Regelungen gekennzeichnet ist, wird in rechtstatsächlicher Hinsicht unter Hinweis auf die ebenfalls nachhaltige Etablierung der Mediation in Ländern mit geringer hoheitlicher Regelungsintensität verneint.[15] Für die Akzeptanz der Mediation seien vielmehr attraktive Regelungen in Bezug auf ihre Kosten und Wirkungen, die Sicherung der Ergebnisse der Mediation und ihrer Vertraulichkeit sowie institutionell verankerte Anreize für die Mediationseinleitung entscheidend.

Der 67. **Deutsche Juristentag (DJT)** hatte sich 2008 ebenfalls mit der Mediation und weiteren Verfahren konsensualer Streitbeilegung beschäftigt

---

13 *Tymowski*, The Mediation Directive: European Implementation Assessment – Indepth Analysis, Generaldirektion Wissenschaftlicher Dienst, 2016, S. 5, abrufbar unter https://publications.europa.eu/de/publication-detail/-/publication/6be9cb68-c74a-11e6-a6db-01aa75ed71a1/language-en/format-PDF/source-31288178 (zuletzt abgerufen am 26.6.2017).
14 *Hopt/Steffek*, Mediation: Rechtstatsachen, Rechtsvergleich, Regelungen, 2008.
15 *Hopt/Steffek*, S. 82.

und zum Regelungsbedarf im Verfahrens- und Berufsrecht zahlreiche Beschlüsse[16] gefasst. Erste Einblicke in den Regelungsansatz des BMJ lieferten sodann die noch vor der Vorlage eines ersten Gesetzentwurfes im Jahre 2008 veröffentlichten „**Leitlinien des BMJ zur Umsetzung der europäischen Mediations-Richtlinie**".[17] Weiterhin berief das Bundesministerium der Justiz frühzeitig eine beratende, interdisziplinäre **Expertenkommission** ein, welche sich neben den in der Med-RiLi vorgegebenen Regelungspunkten insbesondere auch der Frage der Etablierung von allgemein verbindlichen Ausbildungsstandards widmete.[18]

11 Den formalen Auftakt des Gesetzgebungsprozesses zum MediationsG bildete dann der am 5.8.2010 vom BMJ vorgelegte **Referentenentwurf für ein Mediationsgesetz** (im Folgenden „Referentenentwurf").[19] Dieser Entwurf wurde nach einer Phase, in der zahlreiche Stellungnahmen dazu abgegeben wurden, mit wenigen Änderungen am 12.1.2011 von der Bundesregierung als Gesetzentwurf beschlossen.[20]

12 Trotz der grundsätzlich positiven Resonanz, auf welche sowohl der Referentenentwurf als auch der Gesetzentwurf der Bundesregierung stießen, zeichnete sich in den Stellungnahmen von Verbänden, berufsständischen Organisationen und vielen weiteren Interessengruppen schon bald ab, dass sowohl die in diesen Entwürfen noch vorgesehene Beibehaltung der gerichtsinternen Mediation als auch die – vielfach als zu unverbindlich und nicht weit genug gehend kritisierten – Vorgaben zur Aus- und Fortbildung des Mediators auf Widerstand stoßen würden.

13 Bezüglich der **Anforderungen an die Aus- und Fortbildung der Mediatoren** forderten die meisten Mediationsverbände wie auch einzelne Rechtsschutzversicherer möglichst weitgehende gesetzliche Vorgaben mit festgeschriebenen Inhalten und Mindeststundenzahlen der Ausbildung, da nur so eine wirksame Qualitätssicherung der Mediation erfolgen könne.[21] Die Gegenmeinung betonte, ein noch in der Entwicklung befindliches Verfahren wie die Mediation dürfe nicht überreguliert werden; man solle sich hier auf die Mechanismen des Marktes verlassen.[22] Die Aus- und Fortbildung könne – wie im Gesetzentwurf der Bundesregierung vorgesehen – auch deshalb

---

16 Abrufbar unter http://www.djt.de/fileadmin/downloads/67/djt_67_beschluesse.pdf, S. 22 ff. (zuletzt abgerufen am 1.3.2017).
17 *BMJ* ZKM 2008, 132; vgl. ferner *Graf-Schlicker* ZKM 2009, 86. Zu den dort erörterten Regelungsoptionen für die Aus- und Fortbildung der Mediatoren → MediationsG § 5 Rn. 15.
18 Vgl. die Stellungnahmen der Sachverständigen im Rahmen der Anhörung im Rechtsausschuss des Deutschen Bundestages vom 25.5.2011, abrufbar unter http://webarchiv.bundestag.de/cgi/show.php?fileToLoad=2180&id=1174 (zuletzt abgerufen am 1.3.2017). Ergänzend hierzu auch *Paul* ZKM 2011, 119.
19 Referentenentwurf des Bundesministeriums der Justiz für ein Gesetz zur Förderung der Mediation und anderer Verfahren der außergerichtlichen Konfliktbeilegung v. 4.8.2010, 12, abrufbar unter https://rsw.beck.de/docs/librariesprovider5/rsw-dokumente/RefE_Mediationsgesetz_20100803 (zuletzt abgerufen am 1.9.2017).
20 BT-Drs. 17/5335 (Begr. RegE).
21 Beispielhaft: Stellungnahme der BAFM zu dem Referentenentwurf des Bundesministeriums der Justiz bezüglich eines Gesetzes zur Förderung der Mediation und anderer Verfahren der außergerichtlichen Konfliktbeilegung vom 1.10.2010, S. 3 f.
22 *Round Table Mediation & Konfliktmanagement der Deutschen Wirtschaft* ZKM 2009, 147.

weitgehend der Eigenverantwortlichkeit der Mediatoren überlassen bleiben, weil weitergehende Restriktionen zum einen angesichts eines funktionierenden Ausbildungsmarktes mit starken Wettbewerbselementen nicht gerechtfertigt seien. Zum anderen würden die Verbraucher durch ihr Nachfrageverhalten mittelfristig gut ausgebildete Mediatoren präferieren und dadurch mittelbar Qualitätssicherung betreiben. Nicht zuletzt könnten mit Blick auf die angestrebte Förderung der grenzüberschreitenden Mediation restriktive Ausbildungsvorgaben sogar kontraproduktiv wirken, wenn sie im Ergebnis ein „Zwei-Klassen-System" von privilegierten und nicht privilegierten Mediatoren statuierten, welches in- und ausländische Mediatoren verschiedenen Rechtsfolgen unterwirft und damit der Einbeziehung nicht bundesdeutscher Mediatoren faktisch entgegenstünde.[23]

Die zweite Kontroverse entzündete sich an der Frage, ob bzw. in welcher Weise die von vielen Ländergerichtsbarkeiten bereits weit vor Inkrafttreten des MediationsG mit großem Ressourceneinsatz und hohem individuellen Engagement der beteiligten Richtermediatoren etablierte **gerichtsinterne Mediation** fortgeführt werden soll (dazu auch → K Rn. 11 ff.). Hier plädierte die Richterschaft mit Unterstützung der meisten Bundesländer für eine Beibehaltung der – im Gesetzentwurf der Bundesregierung zunächst auch noch vorgesehenen – gerichtsinternen Mediation, was überwiegend damit begründet wurde, diese habe sich bewährt und leiste einen wichtigen Beitrag zur Förderung der Mediation.[24] Dem widersprach die Forderung der Mediationsverbände und der Anwaltschaft, die gerichtsinterne Mediation möglichst abzuschaffen, da nur so die gesetzlich intendierte Stärkung der *außergerichtlichen* Konfliktbeilegung erreicht werden könne.[25] Als weiteres Argument gegen die gerichtsinterne Mediation wurde ins Feld geführt, dass die Vorhaltung eines für den Bürger kostenlosen gerichtlichen Mediationsverfahrens unzulässige Wettbewerbsnachteile für die freien Mediatoren mit sich bringe. 14

Der Stellungnahme des **Bundesrates** vom 18.3.2011 zu der ihm in Gestalt der BR-Drs. 60/11 übermittelten Fassung des Gesetzentwurfs der Bundesregierung[26] war zu entnehmen, dass der Bundesrat die im Referenten- und im Gesetzentwurf vorgesehene Stärkung sowohl der inner- als auch der außergerichtlichen Mediation begrüßte. In Bezug auf die Aus- und Fortbildungsvorgaben für Mediatorinnen und Mediatoren[27] regte er an, diese im weiteren Gesetzgebungsverlauf näher zu konkretisieren. Zudem plädierte 15

---

23 So ua der *Round Table Mediation & Konfliktmanagement der Deutschen Wirtschaft* ZKM 2009, 147 (148 f.). Ausführlich zum damaligen Streitstand → MediationsG § 5 Rn. 7 ff.

24 Stellungnahme des Deutschen Richterbundes zum Referentenentwurf, abrufbar unter http://www.drb.de/cms/index.php?id=664 (zuletzt abgerufen am 1.3.2017).

25 Stellungnahme der BRAK zum Referentenentwurf (im Folgenden "BRAK-Stellungnahme"), abrufbar unter http://www.brak.de/w/files/stellungnahmen/Stn27-2010.pdf (zuletzt abgerufen am 1.3.2017).

26 BR-Drs. 60/11(B).

27 Wie bereits in den Eingangsbemerkungen der Herausgeber erwähnt, wird in diesem Kommentar aus Gründen der sprachlichen Vereinfachung in der Regel allein die männliche Form gebraucht, wobei die weiblichen (Berufs-)Gruppenangehörigen immer mitgemeint sind. Um Letzteres zu verdeutlichen, greifen wir allerdings bisweilen auch – wie hier – auf die Doppelnennung zurück.

der Bundesrat für eine Reihe von Detailänderungen wie etwa die Aufnahme eines dispositiven Beweiserhebungs- bzw. Vortragsverbotes[28] zur Stärkung der Vertraulichkeit des Mediationsverfahrens.

16 Nachdem der Bundestag den Gesetzentwurf der Bundesregierung auf Basis der am 13.4.2011 erfolgten Gegenäußerung der Bundesregierung zu der Stellungnahme des Bundesrates[29] am 14.4.2011 in erster Lesung behandelt hatte, wurde er zur weiteren Beratung an den **Rechtsausschuss** überwiesen. Auch im Rahmen der Sitzung des Rechtsausschusses des Deutschen Bundestages vom 25.5.2011 bildete die Frage der Beibehaltung der gerichtsinternen Mediation einen der wesentlichen Streitpunkte. Nach wie vor standen sich hier einerseits die Positionen der Richterschaft und des Bundesrates in seiner Funktion als Repräsentant der Länder und andererseits derjenigen gegenüber, die aus den oben genannten Gründen für eine Abschaffung der gerichtsinternen Mediation plädierten. Ein Konsens hierzu konnte nicht hergestellt werden.

Letzteres gelang allerdings in Bezug auf die vorgesehene Erweiterung der Aus- und Fortbildungsregelungen für Mediatoren: Der bisherige § 5 Abs. 1 des Gesetzentwurfs wurde mit Aufnahme eines neuen S. 2 um einen Kriterienkatalog ergänzt, der auf eine Konkretisierung der Ausbildungserfordernisse abzielt; mit § 5 Abs. 2 und 3 iVm § 6 hielt das Konzept des zertifizierten Mediators Einzug in den Gesetzgebungsprozess.

17 Als Ergebnis der Anhörung legte der **Rechtsausschuss** am 1.12.2011 seine **Beschlussempfehlung**[30] vor, welche die bis dato im Rahmen von § 1 MediationsG-E definierte gerichtsinterne Mediation erstmals nicht mehr gesetzlich vorsah und stattdessen durch § 278 Abs. 5 ZPO und hierauf verweisende Bestimmungen in weiteren Prozessordnungen das sog Güterichtermodell (zur gerichtlichen Mediation und zum Güterichtermodell → K Rn. 1 ff.) einführte. Auf dieser Basis wurde das MediationsG am 15.12.2011 in zweiter und dritter Lesung beraten und vom Deutschen Bundestag am gleichen Tag in der Fassung der Beschlussempfehlung des Rechtsausschusses mit Zustimmung aller Fraktionen angenommen.

18 Der Deutsche Richterbund und die Justizministerkonferenz der Länder hatten sich bereits im Vorfeld klar für eine Beibehaltung und Festschreibung der gerichtsinternen Mediation ausgesprochen.[31] Es überraschte daher nicht, dass der Bundesrat am 10.2.2012 beschloss, zu dem vom Bundestag am 15. Dezember 2011 verabschiedeten Gesetz zur Förderung der Mediation und anderer Verfahren der außergerichtlichen Konfliktbeilegung[32] den Vermittlungsausschuss anzurufen[33] – mit dem Hauptziel, die gerichtsinterne Mediation gesetzlich festzuschreiben und in den vom Mediationsgesetz berührten Prozessordnungen zu verankern. Erst nach weiteren gut vier Monaten, nämlich am 25.6.2012, gelang es dann, im Vermitt-

---

28 Hierauf ebenfalls hinweisend: *Round Table Mediation & Konfliktmanagement der Deutschen Wirtschaft* ZKM 2009, 147 (151).
29 BT-Drs. 17/5496.
30 BT-Drs. 17/8058.
31 Vgl. hierzu auch *Busemann* ZKM 2012, 55 f.
32 BR-Drs. 10/12 vom 20.1.2012.
33 Siehe hierzu BR-Drs. 10/12(B).

lungsausschuss einen Kompromiss zu finden, der auch aus Sicht der Länderkammer akzeptabel erschien. Dieser mündete in die am 27.6.2012 vorgelegte **Beschlussempfehlung des Vermittlungsausschusses,**[34] die den Disput über die gerichtsinterne Mediation dahingehend auflöste, dass die Streichung der einschlägigen Definition in § 1 MediationsG zwar beibehalten wurde, mit Bezug auf den Güterichter durch entsprechende Ergänzungen in § 278 Abs. 5 ZPO und weiteren Prozessordnungen aber zugleich explizit klargestellt wurde, dass der Güterichter alle Methoden der Konfliktbeilegung *einschließlich der Mediation* einsetzen kann (→ K Rn. 19, 27). Nach Ablauf der durch § 9 MediationsG zugleich verfügten Übergangsfrist sind die Mediation einsetzenden Güterichter inzwischen allerdings nicht mehr befugt, sich als gerichtliche „Mediatoren" zu bezeichnen. Diese Begriffsführung ist seit dem 1.8.2013 exklusiv den außergerichtlichen Mediatoren vorbehalten.

Im Kontext der letztendlichen Einigung im Vermittlungsausschuss wurden mit Einfügung der §§ 69 b GKG und 61 a FamGKG zudem erstmals Ermächtigungsgrundlagen geschaffen, auf deren Basis die Länder im Bereich der Gerichtskosten durch landesrechtliche Rechtsverordnungen Anreize zur Nutzung der Mediation setzen können. **19**

So langwierig das Gesetzgebungsprocedere bis zu diesem Zeitpunkt war, so schnell folgten dann die weiteren Schritte bis zum Inkrafttreten des Gesetzes. Der Bundestag nahm die Beschlussempfehlung des Vermittlungsausschusses am 28.6.2012 an. Der Bundesrat beschloss schon am 29.6.2012,[35] auf einen Einspruch gegen das vom Bundestag beschlossene Gesetz[36] zu verzichten.[37] Damit trat das Gesetz zur Förderung der Mediation und anderer Verfahren der außergerichtlichen Konfliktbeilegung nach Maßgabe seines Art. 9 (Inkrafttreten) am Tag nach seiner Verkündung im Bundesgesetzblatt am 25.7.2012,[38] also am 26.7.2012, in Kraft. **20**

Der Erlass einer auf § 6 gestützten Rechtsverordnung zur Aus- und Fortbildung zertifizierter Mediatoren ließ anschließend allerdings noch lange auf sich warten. Nachdem das Bundesministerium für Justiz und Verbraucherschutz (BMJV) – nach vorheriger Anhörung der beteiligten Fachkreise und Verbände – bereits 2014 seinen Referentenentwurf einer Verordnung über die Aus- und Fortbildung von zertifizierten Mediatoren veröffentlicht hatte,[39] hat das BMJV erst am 21.8.2016 mit Erlass der **Verordnung über die Aus- und Fortbildung von zertifizierten Mediatoren** (ZMediatAusbV)[40] von seiner Ermächtigung aus § 6 in verbindlicher Weise Gebrauch gemacht. Die ZMediatAusbV ist ausweislich ihres § 8 am 1.9.2017 in Kraft getreten (→ ZMediatAusbV § 8 Rn. 1 mwN). Dass der Verordnungsgeber, **20a**

---

34 BR-Drs. 17/10102.
35 BR-Drs. 377/12(B).
36 BR-Drs. 377/12.
37 BR-Drs. 377/12(B).
38 BGBl. I 2012, Nr. 35, S. 1577.
39 Der Entwurf ist auf der Homepage des BMJV nicht mehr eingestellt, kann aber noch hier abgerufen werden: www.deutscher-mediationsrat.de/downloads/RVO_MedG.pdf (zuletzt abgerufen am 20.2.2017); eine eingehende Kommentierung des Referentenentwurfs findet sich in der Vorauflage dieses Kommentars.
40 BGBl. I 2016, Nr. 42, S. 1994 ff.

nachdem er zunächst über zwei Jahre nach Vorlage des Referentenentwurfs der ZMediatAusbV untätig geblieben war, dann vergleichsweise überraschend – ohne Vorankündigung, ohne Beteiligung der Fachkreise und Verbände sowie noch in Unkenntnis über Resultate der bereits angelaufenen Evaluierung der Aus- und Fortbildungsvorgaben des MediationsG – die ZMediatAusbV verabschiedet hat, dürfte seine Ursache in einem anderen Gesetz finden, nämlich in dem am 1.4.2016 in Kraft getretenen Verbraucherstreitbeilegungsgesetz (VSBG).[41] In letzter Minute dieses Gesetzgebungsverfahrens wurde § 6 Abs. 2 S. 2 VSBG nämlich noch dahingehend geändert, dass neben Volljuristen nunmehr auch „zertifizierten Mediatoren" die Berechtigung zugesprochen wurde, als Streitmittler im Sinne des VSBG tätig zu sein. Damit war der Begriff des zertifizierten Mediators gesetzlich einerseits zur Voraussetzung für die Tätigkeit als Streitmittler iSd VSBG erhoben worden, andererseits war seine Führung bis zum Inkrafttreten der seinerzeit noch nicht erlassenen ZMediatAusbV durch das MediationsG gesetzlich gesperrt.[42] Dem Druck, nach Inkrafttreten des VSBG nunmehr schnellstmöglich die ZMediatAusbV zu erlassen, hat sich das BMJV letztlich gebeugt (→ MediationsG § 6 Rn. 16 mwN).

20b Die in § 8 MediationsG vorgesehene **Evaluierung** wurde fristgerecht am 19.7.2017 vom Bundeskabinett beschlossen und veröffentlicht (→ MediationsG § 8 Rn. 16 ff.).[43] Der Evaluationsbericht besteht im Wesentlichen aus einer Auswertung von einschlägiger Rechtsprechung und Literatur, einer Reihe von empirischen Befunden zum Etablierungsstand von Mediation und zur Situation der Mediationsausbildung in Deutschland sowie einer Diskussion möglicher rechtliche Regulierungsoptionen für die weitere Förderung der Mediation (dazu im Einzelnen → MediationsG § 8 Rn. 27 ff.).

Die Ergebnisse der Evaluationsforschung werden von der Bundesregierung wie folgt zusammengefasst: „*[Der Bericht] zeigt, dass Mediation als alternatives Instrument der Konfliktbeilegung in Deutschland einen festen Platz in der Streitbeilegungslandschaft einnimmt, allerdings noch nicht in einem Maße genutzt wird, wie es wünschenswert wäre. Das Potential der Mediation ist noch nicht voll entfaltet.*"[44]

Ein unmittelbarer gesetzgeberischer Handlungsbedarf, insbesondere auf dem Gebiet der Aus- und Fortbildung von Mediatoren, ergibt sich allerdings aus Sicht der Bundesregierung aus dem Bericht nicht. Sowohl von einer allgemeinen Regelung der Mediationskostenhilfe als auch von Sonderregelungen zur Vollstreckbarkeit von Mediationsvereinbarungen rät der Bericht ab.[45]

---

41 BGBl. I 2016, S. 253.
42 Zu dieser Sperrwirkung *Klowait* ZKM 2015, 194 ff.; zu den auch nach Inkrafttreten der ZMediatAusbV bestehen bleibenden rechtlichen Bedenken zu § 6 VSBG vgl. Greger/Unberath/Steffek/*Greger* C. § 6 Rn. 7 f. sowie *Greger*, Zugang zur Tätigkeit des Streitmittlers (§ 6 VSBG), abrufbar unter http://www.schlichtungs-forum.de/grundlagen/einzelne-rechtsfragen/ (zuletzt abgerufen am 19.2.2017).
43 S. www.bmjv.de/SharedDocs/Artikel/DE/2017/071917_Bericht_Mediationsgesetz.html (zuletzt abgerufen am 21.10.2017).
44 *Bundesregierung*, Evaluationsbericht 2017, Vorspann S. 3.
45 *Bundesregierung*, Evaluationsbericht 2017, Vorspann S. 3.

II. Reichweite und Regelungsansatz des Gesetzes im Überblick

In seinem Ansatz geht das MediationsG weit über die nach der Med-RiLi **21** umzusetzenden Pflichtinhalte hinaus (→ Rn. 22). Andererseits enthält sich das Mediationsgesetz auch bestimmter Regelungen, die zur Erreichung des intendierten Gesetzeszwecks – der Förderung der Mediation – sinnvoll gewesen wären.[46] Geschuldet ist dies der offensichtlichen Haltung des Gesetzgebers, zwar mehr zu tun als europarechtlich gefordert, zugleich aber auch keine „Überregulierung" eines noch jungen und in der Entwicklung befindlichen Verfahrens wie der Mediation mit möglicherweise kontraproduktiven Wirkungen zu riskieren. Wie der Gesetzgeber diesen Balanceakt vollzogen hat, soll nun überblicksartig skizziert werden.

Der **Anwendungsbereich des MediationsG** ist in zweifacher Hinsicht weiter **22** gefasst als er zur bloßen Umsetzung der Vorgaben der Med-RiLi gefasst sein müsste: Das MediationsG gilt durchweg auch für bundesdeutsche Mediationen ohne jeden Bezug zu grenzüberschreitenden Streitigkeiten und in anderen Feldern als nur in Zivil- und Handelssachen. Es umfasst darüber hinaus auch verwaltungs-, arbeits-, finanz-, sozial-, patent- und markenrechtliche Streitigkeiten. Im Vergleich zu einer isolierten Regelung grenzüberschreitender Sachverhalte in Zivil- und Handelssachen ist dieser weite Ansatz sicher besser geeignet, der Mediation zu möglichst umfassender gesellschaftlicher Akzeptanz zu verhelfen und ihre Verbreitung effektiv zu fördern.[47] Auch dürfte es der Rechtssicherheit dienen, der Mediation im nationalen Rechtsraum einen nahezu[48] ubiquitär geltenden gesetzlichen Rahmen zu geben. Die Alternative hierzu hätte darin bestehen können, entweder ausschließlich den „Pflichtkatalog" der Med-RiLi umzusetzen und sich im Übrigen einer gesetzlichen Regelung weiterer Bereiche ganz zu enthalten oder aber spezifische gesetzliche Regelungen für einzelne Einsatzfelder der Mediation zu erlassen und damit letztlich aber die Gefahr einer Rechtszersplitterung in Kauf zu nehmen.

Gesetzgebungstechnisch erfolgt die Umsetzung der Mediations-Richtlinie **23** in Gestalt eines **Artikelgesetzes**. Dessen Art. 1 hat das MediationsG selbst zum Inhalt, gefolgt von Bestimmungen zur Änderung der Zivilprozessordnung (Art. 2), des Gesetzes über das Verfahren in Familiensachen und in Angelegenheiten der freiwilligen Gerichtsbarkeit (Art. 3), des Arbeitsgerichtsgesetzes (Art. 4), des Sozialgerichtsgesetzes (Art. 5), der Verwaltungsgerichtsordnung (Art. 6), des Gerichtskostengesetzes (Art. 7), des Gesetzes über Gerichtskosten in Familiensachen (Art. 7 a), der Finanzgerichtsordnung (Art. 8) sowie schließlich der Bestimmung des Zeitpunktes seines Inkrafttretens in Art. 9.

---

46 Hier wäre zB an ergänzende Vorgaben zur Stärkung des Vertraulichkeitsschutzes durch Statuierung eines Vortrags- und Beweisverwertungsgebotes sowie an klarer akzentuierte Regelungen zur Verjährungshemmung und zur Vollstreckbarkeit zu denken, vgl. hierzu *Goltermann/Hagel/Klowait/Levien* SchiedsVZ 2013, 48.
47 So eines der explizit Regelungsziele des MediationsG, vgl. hierzu schon den Referentenentwurf des Bundesministeriums der Justiz v. 4.8.2010, 12, abrufbar unter https://rsw.beck.de/docs/librariesprovider5/rsw-dokumente/RefE_Mediationsgesetz_20100803 (zuletzt abgerufen am 1.9.2017).
48 Einschränkungen gelten mangels Statuierung von mediationsbezogenen strafprozessualen Zeugnisverweigerungsrechten zB im Strafverfahrensrecht.

24 Der Ansatz, ein für alle Einsatzfelder der Mediation geltendes Gesetz zu schaffen, hat **regelungsmethodische Konsequenzen:** Zum einen ist ein **relativ hoher Abstraktionsgrad** der Regelungen erforderlich, damit diese ihre Qualität als geeignete Rechtsgrundlage für eine Vielzahl von Fallkonstellationen gleichermaßen entfalten können. Zum anderen ergibt sich daraus eine Selbstrestriktion dahingehend, dass von einer jeweils individuell zugeschnittenen Regelung unterschiedlicher Einsatzfelder der Mediation abgesehen wird und stattdessen eine Konzentration auf einen „Kernbestand" an ubiquitär geltenden Vorgaben erfolgt.

Dies birgt notwendigerweise die Gefahr in sich, dass sich der Bedeutungsgehalt allgemein formulierter Vorgaben mit Blick auf deren konkrete Auswirkungen in spezifischen Einsatzfeldern und -situationen der Mediation als interpretationsbedürftig erweist. Auch und gerade in derartigen Zweifelsfragen möchte der vorliegende Handkommentar ein hilfreicher Wegbegleiter sein und dem Leser mit wissenschaftlich fundierten und zugleich praxisorientierten Hinweisen zur Seite stehen (zum diesbezüglich interaktiven Ansatz des Kommentars → Rn. 66).

25 Beispielhaft sei hierzu auf bestimmte **Spezifika der innerbetrieblichen bzw. innerorganisatorischen Mediation** verwiesen (zur innerbetrieblichen Mediation → C Rn. 1 ff.). Dieses Einsatzfeld, welchem im Bereich der Wirtschaftsmediation in Bezug auf die Nachfrage derzeit noch deutlich größere Bedeutung beizumessen ist als der Mediation zwischen Unternehmen[49], gehörte sicher nicht zu den Erscheinungsformen der Mediation, die der Gesetzgeber bei Schaffung des MediationsG vorrangig vor Augen hatte.[50] Denn die in diesem Kontext typische Konstellation, dass die vertragliche Beauftragung und Finanzierung des Mediators nicht durch die mediationsbeteiligten Konfliktparteien, sondern durch das arbeitgebende Unternehmen bzw. die arbeitgebende Organisation(seinheit) erfolgt und dass hierarchisch bedingte Abhängigkeiten sowohl zwischen den Konfliktparteien (→ C Rn. 7) als auch zwischen Konfliktparteien und Auftraggeber bestehen können, wirft eine Reihe von Fragen auf, für die das Mediationsgesetz keine (unmittelbaren) Antworten bereithält (→ MediationsG § 2 Rn. 18, 60 und 75). Dies führt zu der Herausforderung, die gesetzlichen Vorgaben situationsadäquat unter Berücksichtigung der zahlreichen Besonderheiten der innerbetrieblichen Mediation zu interpretieren und ggf. auch aus der Praxiserfahrung heraus ergänzende methodische Empfehlungen auszusprechen (so exemplarisch → MediationsG § 2 Rn. 221 ff.).

---

49 Die Studienserie zum Konfliktmanagement in der deutschen Wirtschaft von PricewaterhouseCoopers und Europa-Universität Viadrina belegt, dass bei innerbetrieblichen Konflikten – insbesondere bei Großunternehmen – häufig Mediatoren hinzugezogen werden. *PricewaterhouseCoopers/Europa-Universität Viadrina*, Konfliktmanagement in der deutschen Wirtschaft – Entwicklungen eines Jahrzehnts, 2016, S. 57.
50 Offenkundig ging der Gesetzgeber von der idealtypischen Mediationskonstellation aus, in der zwei autonome Akteure mit Unterstützung eines von ihnen beauftragten Mediators in eine gleichberechtigte Verhandlung eintreten.

Auch die besonderen **Komplexitäten von Mediationsverfahren im öffentli-**   26
chen Bereich[51], in denen zumeist eine Vielzahl von Akteuren bzw. Interessengruppen beteiligt sind, die wiederum interne Entscheidungsfindungs-
bzw. Delegationsstrukturen aufweisen und die zT auch öffentlich-rechtlichen Bindungen unterliegen, fanden im Mediationsgesetz keine Berücksichtigung. Auf die Spezifika der Mediation in öffentlichen Planungs-, Verwal-
tungs- und Großverfahren kann wegen der stark ausgeprägten Besonderheiten des Verfahrensdesigns (oft gibt es hier lange Vorverfahren zur Auswahl der Mediatoren, zur Identifikation und Einbindung aller zu Beteili-
genden und zur Gestaltung des passenden Verfahrens) und der Verfahrensführung, in der häufig Anleihen bei Moderationstechniken notwendig sind,
in diesem Kommentar nur punktuell eingegangen werden (dazu zB → MediationsG § 2 Rn. 120 sowie den Überblicksbeitrag von Korte zu Mediation im Kontext der Verwaltungsgerichtsbarkeit → VwGO § 173 Rn. 3).

Überraschenderweise spielte das mit der Med-RiLi verfolgte und zwingend   27
umzusetzende Hauptziel, nämlich die **Förderung der *grenzüberschreiten-***
***den* Mediation** (in Zivil- und Handelssachen) im Gesetzgebungsverfahren
ebenso wenig eine zentrale Rolle wie die Auseinandersetzung mit der Frage, ob und welche **europarechtlichen Determinanten** bei der Statuierung
des deutschen MediationsG zu berücksichtigen sind.[52] Die vertiefte Beschäftigung mit diesen Themenkreisen hätte dabei durchaus nahe gelegen,
geht es letztlich doch um die Umsetzung europarechtlich geforderter Standards in nationales Recht. Dass eine solche Analyse durchaus lohnenswert
ist, um den Spielraum der Legislative wie auch die Grenzen zu definieren,
denen der deutsche Gesetzgeber unterliegt, wird beispielhaft an der Diskussion über die Qualitätssicherung der Mediation deutlich (dazu → MediationsG § 6 Rn. 9 ff.).

III. Mediation im Spektrum der Verfahren der außergerichtlichen Konfliktbeilegung

Das „Gesetz zur Förderung der Mediation und anderer Verfahren der au-   28
ßergerichtlichen Konfliktbeilegung" statuiert einen rechtlichen Rahmen für
die *Mediation*; „andere Verfahren der außergerichtlichen Konfliktbeilegung" regelt es entgegen seines insoweit verfehlten Titels jedoch – bis auf
die punktuellen Ausführungen zum Güterichtermodell (→ K Rn. 1 ff.) –
nicht. Angesichts der jeweils spezifischen Vorzüge der unterschiedlichen
Verfahren der außergerichtlichen Konfliktbeilegung und des zunehmenden
Bewusstseins für die Bedeutung der „richtigen" – dh die Verfahrensinteressen der Beteiligten bestmöglich abbildenden – Verfahrenswahl ist es bedauerlich, dass der Gesetzgeber sich hierzu bislang jeglicher Aktivität enthält.

Im Folgenden werden die in der Praxis bedeutsamsten „anderen Verfahren
der außergerichtlichen Konfliktbeilegung" mit ihren jeweiligen Charakte-

---

51 Dazu grundlegend zB *Schäfer*, Mediation im öffentlichen Bereich, 2011; *Niedosta-
    dek* (Hrsg.), Praxishandbuch Mediation – Ansatzpunkte und Impulse für den öf-
    fentlichen Bereich, 2010; *Hien* UPR 2012, 128; *Troja*, Umwelt und Konfliktma-
    nagement, 2001.
52 Hierzu *Klowait* ZKM 2011, 149.

ristika kurz skizziert.[53] In diesem Verfahrensspektrum wird die Mediation verortet und das Mediationsverständnis der Herausgeber dargestellt.

29 **1. Verhandlung.** Die mit Abstand am häufigsten genutzte Verfahrensweise zur Beilegung von Konflikten ist die – mit oder ohne Rechtsbeistand – zwischen den Parteien geführte **Verhandlung**.[54] Verhandlungen stellen zumeist den ersten Schritt auf dem Weg zu einer versuchten Konfliktlösung dar und bieten infolgedessen die Möglichkeit, frühzeitig und ohne Einbindung eines Dritten zu einer einvernehmlichen Lösung zu gelangen.[55] Das Potenzial, welches insbesondere im kooperativen Verhandeln nach dem **Harvard-Konzept**[56] begründet liegt,[57] wird in der Praxis zumeist allerdings nicht annähernd ausgeschöpft.[58] Verhandlungen und deren Vor- und Nachbereitung werden weitgehend unsystematisch betrachtet.[59] Entgegen den Empfehlungen des Harvard-Konzeptes wird in vielen Verhandlungen weder interessenorientiert (sondern rein positionsbezogen) verhandelt, noch wird die Sachebene von der Beziehungsebene klar getrennt. Anstatt im Rahmen der Verhandlung primär solche Optionen zu suchen und/oder gemeinsam zu entwickeln, die den Interessen beider Seiten bestmöglich im Sinne einer Win-win-Lösung entsprechen, wird zumeist distributiv, dh wechselseitig mit dem Ziel der möglichst weitgehenden Durchsetzung der eigenen Position zulasten der Realisierung der Position des Verhandlungspartners, verhandelt. Dies birgt die Gefahr des Scheiterns der Verhandlung in sich, wenn es nicht gelingt, einen Kompromiss zu erzielen, der für beide Seiten innerhalb ihres zuvor definierten „Einigungskorridors" liegt. Zudem kann sich auch ein vermeintlicher Verhandlungserfolg als Pyrrhus-Sieg herausstellen, wenn er entweder dem Gegenüber so viel abverlangt, dass die Geschäftsbeziehung Schaden nimmt, oder wenn die Fixierung auf die eigene Position bewirkt, dass das Potenzial einer weitergehenden Interessenverwirklichung und Wertschöpfung schlicht nicht gesehen bzw. nicht realisiert wird. Abhilfe kann die Professionalisierung des Verhandlungsmanagements schaffen, wodurch sich das Verständnis von Verhandlung weg vom punktuellen Ereignis hin zu einem komplexen, prozesshaften Geschehen wandelt.[60]

---

53 Siehe dazu auch die Übersichten bei *Trenczek* in: Trenczek/Berning/Lenz, S. 36 ff. sowie *Greger* in: Trenczek/Berning/Lenz, S. 269 ff.

54 So die Befunde der mit Blick auf den Umgang mit Konflikten zwischen Unternehmen von der Europa-Universität Viadrina gemeinsam mit PricewaterhouseCoopers durchgeführten Studie „Commercial Dispute Resolution. Konfliktbearbeitungsverfahren im Vergleich", abrufbar unter http://www.europa-uni.de/de/forschung/instit ut/institut_ikm/publikationen/Studie_Commcercial_Dispute_Resolution_2005.pdf (zuletzt abgerufen am 1.3.2017).

55 Zum Verhältnis von Verhandlung und Mediation *Haft* in: Haft/v. Schlieffen, § 3.

56 *Fisher/Ury/Patton*, Das Harvard-Konzept.

57 Siehe dazu *Eidenmüller/Bühring-Uhle/Nelle*, Verhandlungsmanagement – Analyse, Werkzeuge, Strategien sowie *Schweizer* in: Haft/v. Schlieffen, § 5.

58 Siehe dazu ausführlicher *Schwartz/Wendenburg* in: Gläßer/Kirchhoff/Wendenburg, Konfliktmanagement in der Wirtschaft, S. 357 ff.

59 *EBS Business School/Europa-Universität Viadrina*, Verhandlungsmanagement, 2016, S. 16 f.

60 *EBS Business School/Europa-Universität Viadrina*, Verhandlungsmanagement, 2016.

2. Schiedsgerichtsbarkeit. Bezieht man den Terminus gerichtlich in „au-   30
ßer*gerichtlich*" auf die staatliche Gerichtsbarkeit, so ist – trotz ihrer strukturell und verfahrensmäßig engen Anlehnung an selbige – die **private
Schiedsgerichtsbarkeit** als in der Wirtschaftspraxis bedeutsamste Form der
außergerichtlichen Konfliktbeilegung mit Drittbeteiligung an erster Stelle
zu nennen.[61] Anstelle eines staatlichen Gerichtes entscheiden hier Privatpersonen auf Grundlage einer von den Parteien ausgesprochenen Ermächtigung durch bindenden Schiedsspruch (§ 1055 ZPO) über den zugrundeliegenden Konflikt. Wie im Rahmen der staatlichen Gerichtsbarkeit handelt
es sich strukturell also um eine verbindliche Drittentscheidung, die auf Basis rechtlicher Kriterien erfolgt und die grundsätzlich – ebenso wie ein Urteil eines staatlichen Gerichtes – gegenüber der unterlegenen Partei vollstreckbar ist.[62] Unterschiede bestehen insbesondere darin, dass die Parteien
die Person des Schiedsrichters in der Regel selbst bestimmen, dass sie
grundsätzlich frei sind, das Verfahren zu gestalten (§ 1042 Abs. 3 ZPO)
und dass sie selbst über das zugrundeliegende Recht bestimmen können.

Die vorgenannten Unterschiede erklären den enormen Zulauf, den private   31
Schiedsgerichte bei – gerade auch grenzüberschreitenden – Wirtschaftsstreitigkeiten seit jeher zu verzeichnen haben, jedoch nur unvollständig.
Der Erfolg privater Schiedsverfahren und der maßgeblichen Schiedsge-
richtsinstitutionen wie etwa der Deutschen Institution für Schiedsgerichtsbarkeit (DIS) oder der International Chamber of Commerce (ICC)[63] beruht
in erster Linie auf verschiedenen, als nachteilig empfundenen Aspekten der
staatlichen Gerichtsbarkeit und der Suche der Wirtschaft nach Alternativen
hierzu. Hier sind vor allem die meist kürzere Verfahrensdauer von Schiedsverfahren (welche in erster Linie darauf zurückzuführen ist, dass es gegen
Schiedsgerichtsurteile keinen weiteren Instanzenzug gibt), die zumindest in
Relation zu mehrzügigen Verfahren der ordentlichen Gerichtsbarkeit geringeren Verfahrenskosten sowie der Umstand, dass Schiedsgerichtsverfahren
nicht öffentlich durchgeführt werden, zu nennen. Gerade in Wirtschaftsstreitigkeiten, bei denen es oftmals um sensible oder gar geheimhaltungsbe-
dürftige Themen geht, ist der Vorteil der Nichtöffentlichkeit des Verfahrens nicht zu unterschätzen. Zudem haben die Parteien in der Regel die
Möglichkeit, Schiedsrichter zu benennen, welche die aus ihrer Sicht notwendigen vertieften Rechts- und/oder Sachkenntnisse zum Streitfall mitbringen. Bei internationalen Vertragsbeziehungen kann ein weiteres Motiv
für die Vereinbarung eines Schiedsverfahrens schließlich auch im mangelnden Vertrauen in die staatliche Gerichtsbarkeit desjenigen Staates begründet liegen, nach welcher entstehende Konflikte in Abwesenheit einer abweichenden Parteivereinbarung zu entscheiden wären.

---

61 Zum Disput über die Einordnung der Schiedsgerichtsbarkeit in den Bereich der Al-
    ternative Dispute Resolution (ADR) → N Rn. 1 ff.
62 Umfassend zum Schiedsgerichtsverfahren *Schütze*, Schiedsgericht und Schiedsver-
    fahren, 2016 sowie *Kirchhoff/Bühring-Uhle/Scherer*, Arbitration and Mediation in
    International Business, 2006.
63 Hinzu treten zahlreiche weitere Institutionen, zum Teil auch mit branchenspezifi-
    scher Ausrichtung, wie etwa das mit einem klaren Fokus auf die Energiewirtschaft
    etablierte Energy Arbitration Center Switzerland (EACS), vgl. hierzu *Conrad* ZKM
    2013, 82.

32 **3. Schiedsgutachten.** Ebenso wie in der privaten Schiedsgerichtsbarkeit überantworten die Parteien einem Dritten die Entscheidung über ihren Konflikt, wenn dieser für sie ein **Schiedsgutachten**[64] erstellt. Die Ausgestaltung des Auftrages an den Schiedsgutachter, der zumeist einen für die Konfliktlösung wichtigen (insbesondere technischen, wirtschaftlichen oder juristischen) Teilaspekt begutachtet, können die Parteien grundsätzlich autonom vereinbaren.[65] Entsprechend vielfältig sind die Gestaltungsformen, in denen Schiedsgutachten eingeholt werden. Unterschieden werden kann dabei zunächst grob in Schiedsgutachten mit für die Parteien **verbindlicher Wirkung** und solche mit **unverbindlichem Empfehlungscharakter.** Erstere befinden sich sachlich in der Nähe zum Schiedsgerichtsverfahren, letztere weisen Ähnlichkeiten mit der Schlichtung auf (→ Rn. 37 ff.).

33 Im Rahmen von **Schiedsgutachten mit verbindlicher Wirkung,** die auch als „echte" oder „feststellende" Schiedsgutachten bezeichnet werden,[66] substituiert der Schiedsgutachter im Umfang seiner Beauftragung ebenso den staatlichen Richter, wie es der private Schiedsrichter im Rahmen der Schiedsgerichtsbarkeit tut. Möglich ist es ebenso, dem Schiedsgutachter die Bestimmung einer im Vertrag selbst nicht festgelegten oder nicht klar definierten Leistung zu übertragen – wie etwa die aufgrund veränderter Parameter vorzunehmende Preisanpassung bei Lieferverträgen mit langer Laufzeit. Die Rolle des Schiedsgutachters ist hier zugleich von gestaltenden Elementen gekennzeichnet.[67]

34 Nicht selten werden aber auch **Schiedsgutachten mit unverbindlichem Charakter** beauftragt, so etwa, wenn der Auftrag an den Schiedsgutachter lautet, den Parteien zu einer bestimmten Streitfrage einen „Vorschlag zum fairen Ausgleich" zu unterbreiten. Dies mag auf den ersten Blick paradox erscheinen und die Frage provozieren, warum die Parteien Zeit und Geld investieren, um letzten Endes doch „nur" eine unverbindliche Empfehlung zu erhalten. Die Praxis zeigt indessen, dass die Erstellung derartiger Schiedsgutachten trotz ihrer Unverbindlichkeit zu hohen Einigungsquoten führt. Dies steht und fällt naturgemäß mit der Neutralität und Kompetenz des Schiedsgutachters sowie mit der Überzeugungskraft des von ihm erstellten Gutachtens. Die Parteien erhalten auf diesem Wege – oftmals erstmalig nach langem, kontroversem Austausch jeweils subjektiv gefärbter und zumeist wechselseitig von Überoptimismus geprägter Sichtweise ihrer Positionen – eine objektive Beurteilung eines fachkundigen, kompetenten und neutralen Dritten.[68] Mit Blick auf die Alternative – nämlich die Führung eines langen und teuren Rechtsstreits mit Prozessrisiken für beide Parteien

---

64 Umfassend hierzu *Greger/Stubbe*, Schiedsgutachten, 2007.
65 Zu den Möglichkeiten des Einsatzes von (Schieds-)Gutachtern im Rahmen eines Mediationsverfahrens → MediationsG § 2 Rn. 182.
66 Greger/Unberath/Steffek/*Greger* D. Rn. 31, 32 mwN.
67 Greger/Unberath/Steffek/*Greger* D. Rn. 36.
68 Insoweit bestehen Parallelen zu dem – in Deutschland allerdings noch wenig verbreiteten – Verfahren der „early neutral evaluation". Hier holen die Parteien bewusst schon in einem frühen Stadium des Konfliktes die vorläufige und unverbindliche Expertise eines neutralen Dritten ein, um ihre Erfolgsaussichten in einem möglichen streitigen Verfahren besser einschätzen und ihr weiteres Handeln danach ausrichten zu können, vgl. hierzu Fritz/Pielsticker/*Fritz*, Andere Verfahren der außergerichtlichen Konfliktbeilegung I. Rn. 23 f.

– erscheint es dann oftmals vorzugswürdig, der Empfehlung des Schiedsgutachtens Folge zu leisten und den Konflikt auf dieser Basis beizulegen.

In beiden Varianten, also bei Gutachten mit und ohne verbindliche Wirkung, ist es möglich und nicht selten auch sinnvoll, auch mehrere Gutachter unterschiedlicher Herkunftsberufe gemeinsam mit der Erstellung eines Schiedsgutachtens zu beauftragen. Hängt die Entscheidung eines Konfliktes zB – wie häufig in Baurechtsstreitigkeiten – sowohl von technischen Feststellungen als auch von deren rechtlicher Einordnung ab, so liegt es nahe, ein „Gutachtergespann" mit entsprechenden professionellen Kenntnissen und Hintergründen einzusetzen. 35

Auch im Übrigen sind die Parteien frei, die Möglichkeiten, welche in der Erstellung von Schiedsgutachten liegen, kreativ im Sinne der beidseits angestrebten außergerichtlichen Lösung ihres Konfliktes zu nutzen. Ist beispielsweise die Verursachung und Zurechnung eines Schadens durch eine Partei unstreitig und geht es ausschließlich noch um die Höhe des daraus resultierenden Schadensersatzanspruches der anderen Vertragspartei, kann eine gute Alternative zu einer unter Umständen langjährigen und mit hohen Verfahrenskosten verbundenen Gerichtsstreitigkeit über die Höhe des geschuldeten Schadensersatzes darin liegen, dass die Parteien sich auf folgendes Procedere einigen: Jede Partei beauftragt eigenständig einen neutralen Schiedsgutachter, Feststellungen zur Höhe des Schadens zu treffen – und zwar mit der zwischen den Parteien vorab vereinbarten Maßgabe, dass eine Einigung „in der Mitte" zwischen den beiden ermittelten Schadenssummen erfolgt (Bsp.: Schadenshöhe gem. Gutachten 1 = 80.000 EUR versus Schadenshöhe gem. Gutachten 2 = 100.000 EUR => Einigung auf 90.000 EUR). Vergegenwärtigt man sich den hohen Anteil streitiger Gerichtsverfahren, die ohnehin durch einen gerichtlichen Vergleichsvorschlag beendet werden, so bietet das beschriebene Vorgehen unter Umständen einen Ansatz, der aus Sicht beider Parteien vorteilhaft sein kann.[69] 36

4. Schlichtung. Ähnlich wie bei einem unverbindlichen Schiedsgutachten wird auch im Rahmen der **Schlichtung** ein neutraler Dritter von den Parteien damit betraut, einen nicht bindenden Lösungsvorschlag zu unterbreiten.[70] Die Rolle des Schlichters unterscheidet sich aber zumeist dahingehend von der des Schiedsrichters und Schiedsgutachters, dass ein Schlichter vor seinem Schlichtungsspruch in der Regel zunächst als Vermittler agiert und darauf abzielt, die Parteien im Wege kooperativen Verhandelns bei ihrer Lösungsfindung zu unterstützen. Ein Schlichtungsspruch kann bei Erfolg seiner Bemühungen dann unter Umständen sogar entbehrlich sein. In dieser Ausprägung der Schlichtungstätigkeit bestehen gewisse Ähnlichkeiten zu der Tätigkeit des Mediators, von welcher der Schlichter sich aber neben einer in der Regel abweichenden Verfahrensgestaltung unter anderem auch dadurch unterscheidet, dass er konkrete Lösungsempfehlungen 37

---

69 Ein ähnliches Procedere liegt der sog „Final-Offer-Arbitration" zugrunde, hierzu → F Rn. 19 Fn. 14.
70 Grundlegende Literatur zur Schlichtung zB *Röthemeyer* ZKM 2013, 47; *Hirsch* ZKM 2013, 15; Fritz/Pielsticker/*Lembcke*, Andere Verfahren der außergerichtlichen Konfliktbeilegung IV. Rn. 1.

ausspricht und damit (Mit-)Verantwortung für die Inhalte der Konfliktlösung übernimmt.

38 Wie bei den zuvor genannten ADR-Verfahren kann auch die **individuell vereinbarte Schlichtung** nach dem übereinstimmenden Parteiwillen unterschiedlich ausgestaltet werden. Es obliegt grundsätzlich den Parteien, den Auftrag an den Schlichter zu spezifizieren und die zugrunde zu legenden Verfahrensbestimmungen – wie etwa die Vertraulichkeit – vorzugeben bzw. zu gestalten. Dies gilt uneingeschränkt für individuell vereinbarte Schlichtungen, während **obligatorische Schlichtungen** in gewissen Aspekten ihres Ablaufs gesetzlich vorgegeben sind. Solche gesetzlich geforderten Schlichtungen sehen eine Reihe von Bundesländern gestützt auf die Ermächtigungsgrundlage des § 15 a EGZPO für Nachbarrechtsstreitigkeiten, Ansprüche wegen Verletzung der persönlichen Ehre und vermögensrechtliche Ansprüche bis zu einem bestimmten, geringen Streitwert vor.[71] Wird hier das (Schlichtungs-)Verfahren vor den Gütestellen[72] nicht durchgeführt, wird eine gleichwohl erhobene Klage als unzulässig abgewiesen.

39 Die Parteiautonomie wird schließlich auch bei **institutionellen Schlichtungen** von vorgegebenen Verfahrensregeln überlagert. Die Bedeutung solcher institutionellen Schlichtungsstellen – wie sie jeweils branchenspezifisch zB bei Ärzte-, Architekten- und Rechtsanwaltskammern, aber auch in der Energie-, Telekommunikations-, Banken- und Versicherungswirtschaft sowie für den öffentlichen Personenverkehr[73] vorgehalten werden – nimmt stetig zu. Wie nicht zuletzt auch die jüngsten Rechtsakte der Europäischen Union im Bereich der alternativen Beilegung von Verbraucherangelegenheiten[74] zeigen, rückt dabei der **Aspekt des Schutzes des Verbrauchers** inklusive dessen leichterem Zugang zu ADR-Verfahren zunehmend in den Fokus.[75]

Das am 1.4.2016 in Kraft getretene Verbraucherstreitbeilegungsgesetz (VSBG) regelt die Rahmenbedingungen der Tätigkeit der Verbraucherschlichtungsstellen in Deutschland[76] und setzt dabei explizite Bezüge zur

---

71 Siehe zum gegenwärtigen Stand der Umsetzung des § 15 a EGZPO in Landesrecht HK-ZPO/*Saenger* EGZPO § 15 a Rn. 11. Zu mangelnden Ausbildungs- und Qualitätssicherungsvorgaben dieses Schlichtungsmodells des § 15 a EGZPO siehe *Breidenbach/Gläßer* ZKM 2001, 11.
72 Zur Möglichkeit von Mediatoren, als Gütestellen zu agieren, → MediationsG § 2 Rn. 315.
73 Siehe dazu *Berlin/Isermann*, in: Gläßer/Kirchhoff/Wendenburg, S. 243 ff. und *Berlin* ZKM 2013, 108 (letzteres auch allgemein zu Verbraucher-ADR).
74 Richtlinie über alternative Streitbeilegung in Verbraucherangelegenheiten (CDR-RL), Richtlinie 2013/11EU vom 21.5.2013, ABl. Nr. L 165, 63 sowie Verordnung über Online-Streitbeilegung in Verbraucherangelegenheiten (OS-VO), Verordnung 524/2013 vom 21.5.2013, ABl. Nr. L 165, 1. Zur CDR-RL → O Rn. 1 ff.; *Berlin* ZKM 2013, 108; *Wagner* ZKM 2013, 104.
75 Zu unterschiedlichen Institutionalisierungsformen und Qualitätskriterien der Verbraucherschlichtung siehe umfassend *Berlin*, Alternative Streitbeilegung in Verbraucherkonflikten, 2014. Eine Analyse und Bewertung der am dem Ansatz der Verbraucherschlichtung geübten Grundsatzkritik findet sich in *Gläßer* Konfliktdynamik 2017, 26 sowie *Gläßer*, Verbraucher-ADR und Mediation, in: Althammer, Verbraucherstreitbeilegung 2015, S. 85.
76 Siehe dazu die Kommentierungen von *Althammer/Meller-Hannich*, VSBG – Verbraucherstreitbeilegungsgesetz, 2017 sowie *Roder/Röthemeyer/Braun*, Verbraucherstreitbeilegungsgesetz (VSBG), 2017.

Mediation (→ O Rn. 1 ff.). So müssen die Streitmittler gem. § 6 Abs. 2 S. 2 VSBG die Befähigung zum Richteramt besitzen oder zertifizierter Mediator sein (→ Rn. 20); gem. § 18 VSBG sind die Vorschriften des MediationsG ergänzend anzuwenden, wenn der Streitmittler eine Mediation durchführt. Letzteres wird in der Verfahrensrealität der Verbraucherschlichtungen in Deutschland aber gegenwärtig kaum praktiziert, da andere, insbes. schriftlich durchführbare, Verfahrensformen für die Beilegung von Verbraucherstreitigkeiten als zeiteffizienter erachtet werden.

5. Dispute Boards. Eine speziell im Projekt- und Anlagenbaugeschäft überaus sinnvolle Variante eines ADR-Verfahrens besteht in der Einrichtung von sog **Dispute Boards.** Unter Dispute-Board-Verfahren versteht man vertraglich vereinbarte Verfahren zur Entscheidung, Schlichtung oder Prävention von Konflikten durch ein (in der Praxis meist dreiköpfiges) Gremium unabhängiger Dritter, welches entweder projektbegleitend (ständig) oder jeweils im konkreten Konfliktfall (ad hoc) tätig wird.[77] Dispute Boards finden sich in der Praxis zumeist in zwei Ausprägungen wieder, nämlich entweder als **Dispute Review Board** (DRB) oder als **Dispute Adjudication Board** (DAB). Kennzeichnend für ersteres ist, dass die DRB-Mitglieder *Empfehlungen* abgeben, welche bei Ausbleiben eines Widerspruches der Parteien innerhalb einer kurzen Frist verbindlich werden. Charakteristisch für ein Dispute Adjudication Board ist demgegenüber, dass dessen Mitglieder eine *Entscheidung* treffen, die vorläufig bindend ist, auf Widerspruch (mindestens) einer Partei aber in einem dann einzuleitenden Gerichts- oder Schiedsgerichtsverfahren überprüft werden kann. DRB-Verfahren stehen damit eher dem (zunächst) unverbindlichen Schiedsgutachten nahe, während DAB-Verfahren aufgrund ihres Entscheidungscharakters – der allerdings durch die nur vorläufige Bindungswirkung eingeschränkt ist – eine Verwandtschaft zum Schiedsgerichtsverfahren aufweisen. Speziell ständig eingerichtete Dispute Boards können durch die dauerhafte Projektbegleitung auch latent angelegte Konfliktkonstellationen so frühzeitig erkennen und lösen, dass ihnen darüber hinaus eine eigene Qualität im Bereich der **Konfliktprävention** zukommt.

6. Adjudikation. Abgesehen von ihrer Nutzung im Bereich von Dispute Adjudication Boards kommt der **Adjudikation** auch als eigenständige Verfahrensform Bedeutung zu.[78] Die Funktion des Adjudikators besteht darin, kurzfristig ein neutrales Expertenvotum abzugeben, dem eine vorläufige Bindungswirkung zukommt. Je nach Ausgestaltung der Adjudikationsabrede ist das Votum des Adjudikators entweder so lange verbindlich, bis es mit einer Klage (sei es vor der ordentlichen Gerichtsbarkeit oder vor einem privaten Schiedsgericht) angegriffen wird oder bis zu der streitgegenständlichen Frage eine (schieds-)gerichtliche Entscheidung ergangen ist. Wie letztlich alle ADR-Verfahren ist auch die Adjudikation einem Bedürfnis der Praxis entsprungen. Ihre vorwiegende Nutzung gerade bei großen Bauvorhaben verwundert nicht, kommt es doch gerade hier in besonderem Maße darauf an, bei oft komplexen und ineinander verwobenen Vertragsverhältnissen einer Vielzahl von Baubeteiligten schnelle Lösungen zu finden und

40

41

---

77 Allgemein zu Dispute Boards *Ahrens* ZKM 2013, 72.
78 *Lembcke* NJW 2013, 1704.

eine Blockade des weiteren Baufortschrittes zu vermeiden. Die Praxis zeigt dabei, dass die zunächst nur vorläufige Bindungswirkung des Votums des Adjudikators oftmals in eine endgültige erwächst, da die Parteien sich auf der Basis des Adjudikationsspruchs einvernehmlich einigen und auf die Einleitung eines nachfolgenden (Schieds-)Gerichtsverfahrens verzichten.

42   **7. Hybride ADR-Verfahren.** Dem Grundsatz der freien, privatautonomen Gestaltbarkeit folgend existieren selbstverständlich auch sog **hybride ADR-Verfahren**, also gemischte Verfahrensformen, die aus einzelnen Komponenten anderer Verfahren passgenau auf die Verfahrensinteressen der Parteien zugeschnitten werden. Letztlich sind hier alle denkbaren Verfahrenskombinationen möglich; es besteht also ein großer Gestaltungsspielraum auf der Ebene des Verfahrensdesigns. Entscheidend ist, dass die Verbindung der Verfahren und die gewählte Abfolge im Interesse der Parteien liegen.

43   Unter **Med-Arb-Verfahren**[79] wird die Kombination eines Mediationsverfahrens mit einem Schiedsgerichtsverfahren verstanden, wobei – zumeist aufgrund einer schon zu Verfahrensbeginn erfolgten Festlegung – von der Mediation, wenn diese nicht zu einer konsensualen Einigung führt, in ein Schiedsgerichtsverfahren übergegangen wird (→ N Rn. 35 ff.) Auf eine Personenidentität des neutralen Dritten in dem Sinne, dass der frühere Mediator anschließend auch die Rolle des Schiedsrichters übernimmt, sollte dabei jedoch möglichst verzichtet werden. Zum einen werden die Parteien sich im Rahmen des Mediationsverfahrens vermutlich nicht in der in einer Mediation gewünschten Art und Weise öffnen, wenn sie damit rechnen müssen, dass ihr Mediator später zum Schiedsrichter „mutiert" und als solcher nunmehr eine für sie verbindliche, autoritative Entscheidung trifft. Zum anderen leidet notwendigerweise auch die Rollenklarheit und Glaubwürdigkeit des neutralen Dritten, wenn und soweit die Parteien nicht sicher wissen, in welcher Funktion er letztlich zur Konfliktbeilegung final beitragen wird. Richtigerweise sehen bestimmte Verfahrensordnungen deshalb grundsätzlich eine strikte Rollentrennung und im Falle des Übergangs von einer Mediation zu einem Schiedsgerichtsverfahren auch einen personellen Wechsel vor.[80]

44   Verbleiben nach einem durchgeführten Schiedsgerichtsverfahren rechtlich nicht entscheidungsreife Teilaspekte des Streitstoffes oder beschränken die Parteien von vornehrein den Umfang des Schiedsverfahrens auf bestimmte Ansprüche, kann auch vereinbart werden, im Wege eines **Arb-Med-Verfahrens**[81] vorzugehen, den nicht zuvor schon schiedsgerichtlich verbindlich entschiedenen Teil des Konfliktes also im Wege der Mediation anzugehen (→ N Rn. 48). Die Empfehlung, die Person des Schiedsrichters von der des Mediators zu trennen, gilt auch hier. Zwar läge kein Verstoß gegen das Vorbefassungsverbot des § 3 Abs. 2 S. 1 MediationsG vor, da der Schiedsrichter in seiner Funktion nicht als Vertreter *einer* Partei in widerstreiten-

---

79 Kurzform für Mediation-Arbitration-Verfahren.
80 So lautet Art. 7 Abs. 3 der ICC-ADR-Rules: „Unless all of the parties agree otherwise in writing, a Neutral shall not act nor shall have acted in any judicial, arbitration or similar proceedings relating to the dispute which is or was the subject of the ADR proceedings, whether as a judge, as an arbitrator, as an expert or as a representative or advisor of a party."
81 Kurzform für Arbitration-Mediation-Verfahren.

den Interessen, sondern im gemeinsamen Auftrag *beider Parteien* als unparteiischer Dritter tätig wird (→ MediationsG § 3 Rn. 27). Notwendigerweise muss im Rahmen der Entscheidung des vorgelagerten Schiedsgerichtsverfahrens aber eine rechtliche Positionierung des Schiedsrichters erfolgen, welche sich schwerlich mit der von ihm als Mediator geforderten Allparteilichkeit vereinbaren ließe (dazu ausführlich → MediationsG § 2 Rn. 267 ff., 285 ff.).

Schließlich kann sich im Verlauf einer Mediation auch ergeben, dass hinsichtlich eines Teilaspektes des Konfliktstoffes eine verbindliche juristische Entscheidung erforderlich bzw. für den weiteren Mediationsverlauf zumindest hilfreich ist. In diesen Fällen ist es denkbar, im Wege des **Med-Arb-Med-Verfahrens**[82] vorzugehen, also nach der „eingeschobenen" verbindlichen (Schiedsgerichts-)Entscheidung über den fraglichen Teilaspekt das anfängliche Mediationsverfahren fortzusetzen. Umgekehrt ist auch die – zumindest formale – Einkleidung einer Mediation in ein Schiedsverfahren iS eines **Arb-Med-Arb-Verfahrens** denkbar. Diese Verfahrensform wird insbesondere dann diskutiert, wenn das Ergebnis einer grenzüberschreitenden Mediation als „Schiedsspruch mit vereinbartem Wortlaut" gefasst und damit die internationale Vollstreckbarkeit nach der New York Convention erreicht werden soll (→ N Rn. 55 ff.).   45

8. Typische Verfahrensformen im innerbetrieblichen Bereich. Während die vorgenannten Verfahren – bis auf die Verhandlung, die in zeitlicher Hinsicht wohl überall die erste Wahl der Konfliktbearbeitung darstellt – typischerweise vorwiegend im b2b-Bereich zum Einsatz kommen, ihre Domäne also bei Konfliktlagen zwischen Unternehmen bzw. Organisationen haben, sind auch im **innerbetrieblichen Bereich** Alternativen zur Mediation vorhanden.[83]   46

Innerbetrieblichen Konflikten wird oftmals mit **hierarchischen Entscheidungen** begegnet, beispielsweise durch eine arbeitsrechtliche Weisung des Vorgesetzten an den oder die ihm nachgeordneten Mitarbeiter. Dies ist ohne Zweifel eine schnelle, kostengünstige und effektive Form, Konflikte zu regeln (genauer: ein bestimmtes Verhalten in einem Konflikt einseitig anzuordnen) und ein als solches für Unternehmen und Organisationen unverzichtbares Führungsinstrument. Es stößt allerdings in bestimmten Fällen an Grenzen, was an folgendem Beispiel – zugleich zur Illustration weiterer denkbarer Konfliktbearbeitungsansätze – verdeutlicht werden soll: So mag etwa der Vorgesetzte eines Teams, dem es nicht entgangen ist, dass es seit geraumer Zeit innerhalb seines Teams Differenzen und Spannungen gibt, „anordnen" wollen, dass diese jetzt beendet seien – dass eine derartige Weisung ohne Analyse der Konfliktursachen und weitergehende Maßnahmen nur mäßig erfolgversprechend sein kann, liegt indessen auf der Hand.

Neben einer **Teammediation** käme in einem solchen Fall als „niedrigschwelligere" Eingriffsmöglichkeit beispielsweise auch die **Moderation** ei-   47

---

82 Kurzform für Mediation-Arbitration-Mediation-Verfahren.
83 Empirische Befunde zur Nutzungshäufigkeit und Wahrnehmung der unterschiedlichen Verfahrensarten, die bei Konflikten am Arbeitsplatz zur Verfügung stehen, finden sich in Europa-Universität Viadrina/PricewaterhouseCoopers, Konfliktmanagement in der deutschen Wirtschaft, 2016, S. 49 ff.

nes auf Klärung bedachten Teammeetings in Betracht. In diesem Fall würde ein neutraler Dritter mit der Organisation, Leitung und vor allem der zielorientierten und sachgerechten **Strukturierung des Diskussionsprozesses** auf der Verfahrensebene betraut.

48   Stellt sich im Verlauf eines solchen Prozesses heraus, dass ein einzelner Akteur Unterstützung in seinem individuellen Kommunikations-, Konflikt- oder Führungsverhalten bedarf, so könnte diese in Form eines **Coachings** erfolgen. Coaching wird nach der PAS 1029[84] als ein personenzentrierter Beratungs- und Betreuungsprozess definiert, der unterschiedliche Bedarfslagen des Coachingnehmers (auch: Coachee) umfassen kann, zeitlich begrenzt ist und als „Hilfe zur Selbsthilfe" zu verstehen ist.[85] Bereits aus vorstehender Definition folgt, dass Coaching in der Regel ein bilateraler Prozess zwischen Coach und Coachee ist und infolgedessen weniger als Verfahren für Konflikte zwischen mehreren Mitarbeitern eines Unternehmens in Betracht kommt.

49   Verortet man Mediation in dieser Verfahrenslandschaft, so sind folgende Charakteristika spezifisch für das Mediationsverfahren: **Mediation** kann als **eine durch Dritte, die Mediatoren, methodisch unterstützte Verhandlung** bezeichnet werden, da die verhandelnden Konfliktparteien volle inhaltliche Entscheidungshoheit behalten. Im Unterschied zu Schiedsrichtern und Schiedsgutachtern haben Mediatoren also keine Entscheidungsbefugnis über die Inhalte des Konfliktes. Anders als Schlichter bewerten sie auch den Sachverhalt und die Rechtslage nicht, sondern beschränken sich auf moderierende und kommunikationsfördernde Interventionen. Anders als ein reiner Moderations- oder Coachingprozess ist eine Mediation allerdings bereits strukturell auf eine Entscheidungsfindung der Beteiligten hin angelegt.

Im Unterschied zu „normalen" Verhandlungen folgen Mediationsverfahren einer bestimmten **Phasenstruktur** (dazu → MediationsG § 1 Rn. 10 und → MediationsG § 2 Rn. 81 ff.). Diese Struktur beinhaltet – zumindest nach dem in Deutschland vorherrschenden Mediationsmodell – als einen zentralen Arbeitsschritt die **Herausarbeitung der Interessen der Parteien**, welche dann wiederum als Maßstäbe für eine gute – iSv allseitig interessengerechte – Lösung fungieren.[86] Auch wenn die strikte **Interessenorientierung** der mediativen Konfliktlösung nicht explizit im Mediationsgesetz verankert wurde, legen wir als Herausgeber dieses Kommentars auf dieses (Alleinstellungs-)Merkmal der Mediation größten Wert, da darin unserer Ansicht nach das wertvolle Potenzial des Mediationsprozesses für die Generierung konsensualer, wertschöpfender, nachhaltiger Konfliktlösungen liegt.[87]

50   Das hier vertretene Mediationsverständnis geht auch noch in einem zweiten Aspekt über die gesetzliche Begriffsbestimmung in § 1 Abs. 1 Mediati-

---

84 Publicly Available Specification – eine Art Vorläufer einer DIN-Norm.
85 Allgemein zum Coaching: *Schmid*, Systemisches Coaching – Konzepte und Vorgehensweisen in der Persönlichkeitsberatung, 2004 sowie *Schreyögg*, Coaching – Eine Einführung für Praxis und Ausbildung, 2012.
86 Dazu → MediationsG § 2 Rn. 82 sowie umfassender zur Rolle der Interessen in der Mediation *Gläßer/Kirchhoff* ZKM 2005, 130.
87 Siehe dazu *Gläßer* EWE 2009, 532; ähnlich *Trenczek* in: Trenczek/Berning/Lenz, Rn. 49 f.

onsG hinaus. Aus unserer Praxiserfahrung heraus betrachten wir auch Fallkonstellationen, in denen (noch) kein manifester Konflikt, sondern „lediglich" ein gemeinsamer Entscheidungsbedarf der Beteiligten besteht,[88] als taugliche Gegenstände eines Mediationsverfahrens. Denn auch **Entscheidungsprozesse im Allgemeinen** können von der Unterstützung durch einen moderierenden Dritten, von der Phasenstruktur und Interessenorientierung des Mediationsverfahrens enorm profitieren. Dieses Potenzial des Mediationsverfahrens wird im Wirtschaftskontext zunehmend erkannt, so dass verstärkt Mediatoren auch zur Unterstützung von Vertragsgestaltung sowie von unternehmerischen Strategie- und Gestaltungsprozessen herangezogen werden.[89]

Insofern begreifen wir **Mediation als ein Verfahren strukturierter, interessenorientierter Entscheidungsfindung** – wobei „Entscheidungsfindung" als Oberbegriff betrachtet wird, unter den auch Konfliktbearbeitung subsumierbar ist. Denn letztlich kann jeder Konflikt als Entscheidungsbedarf – in der spezifischen Ausprägung durch (teilweise) widersprüchliche Positionen – gesehen werden.

In Abgrenzung zur Durchführung einer Mediation im Sinne des MediationsG – also eines Verfahrens, in dem allparteiliche Dritte (dazu im Einzelnen → MediationsG § 2 Rn. 105 ff.) mandatiert werden, um eine grds freiwillige, interessenorientierte Konfliktbearbeitung bzw Entscheidungsfindung zu strukturieren und zu moderieren (zu den Definitionsmerkmalen der Mediation → MediationsG § 1 Rn. 1 ff., zu den einzelnen Aspekten der Durchführung einer Mediation → MediationsG § 2 Rn. 45 ff.) – spricht man von „**mediativer Verfahrensgestaltung**" oder „**mediativem Handeln**", wenn unabhängig von der konkreten Verfahrensart und der Rolle der Handelnden gemäß zentraler Merkmale der Mediation vorgegangen wird:[90] Entscheidend sind hier auf struktureller Ebene die konsequente Ausrichtung auf die Interessen der Beteiligten als maßgebliches Entscheidungskriterium (dazu im Einzelnen → Einl. Rn. 49 mwN) und eine entsprechende phasenmäßige Strukturierung des Gesprächs bzw Verfahrens (dazu im Einzelnen → MediationsG § 2 Rn. 81 f.). Auf methodischer Ebene steht eine verständnissichernde Kommunikation (dazu im Einzelnen → MediationsG § 2 Rn. 126) im Mittelpunkt, die von einer offenen, respektvollen und grds wertschätzenden Haltung gegenüber den anderen Verfahrensbeteiligten getragen ist (dazu im Einzelnen → MediationsG § 2 Rn. 122).

Als **mediative Interventionen** werden methodische Vorgehensweisen bezeichnet, die typischerweise in Mediationen, aber auch in anderen Verfahrens- und Gesprächskontexten, die die soeben genannten Charakteristika erfüllen, angewandt werden können.[91]

50a

---

88 Die Grenzziehung zwischen bloßem Entscheidungsbedarf und Konflikt hängt natürlich maßgeblich von der zugrunde gelegten Konfliktdefinition ab.
89 Siehe dazu exemplarisch die Fallbeschreibung von *Gläßer* ZKM 2007, 116.
90 Mediativ handeln können Beteiligte und Dritte; so kann zB eine Verhandlung oder auch eine Schlichtung „mediativ" gestaltet werden.
91 *Gläßer*, Mediative Interventionen, in: Haft/v. Schlieffen, Handbuch Mediation, 3. Aufl. 2016, § 15.

IV. Konfliktmanagement und Konfliktmanagement-Systeme

51   Die vorstehend aufgezeigte Vielfalt der möglichen Konfliktbearbeitungsverfahren erklärt das zunehmende Interesse der Verfahrensnutzer (im Wirtschaftskontext insbes. der Unternehmen)[92] wie auch der Wissenschaft[93], die Möglichkeiten des Konfliktmanagements tiefer zu durchdringen.

Als **Konfliktmanagement** wird dabei **der systematische und institutionalisierte Umgang mit Konflikten** verstanden, durch den der Verlauf eines Konflikts gezielt beeinflusst wird; Auswahl und Gestaltung eines geeigneten Verfahrens sollen **Transparenz, Steuerbarkeit und Effizienz** der Konfliktbearbeitung sicherstellen.[94]

Der Aspekt der **passgenauen Verfahrenswahl** gewinnt dabei in der Praxis immer mehr an Bedeutung, wobei die einzelnen Verfahren nicht als in Konkurrenz zueinander stehend, sondern als sich gegenseitig komplementär ergänzend[95] zu sehen sind. Welches Verfahren am besten für einen konkreten Konfliktfall geeignet ist, bestimmt sich im Wesentlichen nach den Verfahrensinteressen der Beteiligten.[96] In diesem Sinne ist auch der Wandel in der Belegung des Akronyms ADR von „Alternative Dispute Resolution" zu „Appropriate Dispute Resolution" zu verstehen.

---

92   Siehe dazu insbes. die Aktivitäten des Round Table für Mediation & Konfliktmanagement der deutschen Wirtschaft unter www.rtmkm.de (zuletzt abgerufen am 7.7.2017) sowie die Darstellung bei → A Rn. 1 ff.

93   Siehe dazu insbes. die über ein Jahrzehnt (2005–2015) hinweg geführte, fünfteilige Studienserie der Europa-Universität Viadrina mit PricewaterhouseCoopers zu Entwicklungen im Konfliktmanagement der deutschen Wirtschaft; Zusammenfassungen des Ansatzes und der zentralen Ergebnisse dieser Studienserie finden sich in der Abschlussstudie *Europa-Universität Viadrina/PricewaterhouseCoopers*, Konfliktmanagement in der deutschen Wirtschaft, 2016, S. 12 ff. sowie bei *Gläßer*, Corporate Mediation in Germany, European Company Law Journal 14, no. 2 (2017), 76 und *Gläßer/Kirchhoff* ZKM 2017, 44.

94   So die Definition der Studie „Konfliktmanagement – Von den Elementen zum System", abrufbar unter https://www.ikm.europa-uni.de/de/publikationen/EUV_PwC_ Studie_Konfliktmanagement-Systeme_2011_DRUCK-V15.pdf (zuletzt abgerufen am 1.9.2017). Zur Konzeption der gesamten, über zehn Jahre laufenden Studienserie → A Rn. 7 ff. Der Begriff des Konfliktmanagements wird in der Literatur allerdings nicht einheitlich verwandt; siehe dazu exemplarisch *Ballreich/Glasl*, Konfliktmanagement und Mediation in Organisationen, 2011; *Ponschab/Dendorfer* in: Haft/v. Schlieffen, § 36; *Glasl,* Konfliktmanagement: Ein Handbuch für Führungskräfte, Beraterinnen und Berater, 10. Aufl. 2011; *Faller* in: Trenczek/Berning/Lenz, S. 222 ff.

95   Siehe zum Ansatz der Komplementarität mit Blick auf die Mediation *Breidenbach* FPR 1996, 3 ff.

96   Dazu näher *Gläßer/Kirchhoff* ZKM 2005, 130 (133).

Die unterschiedlichen Ansatzpunkte und Instrumente des Konfliktmanage-   52
ments lassen sich dabei sechs funktionalen Kategorien, sog **Komponenten,**
zuordnen:[97]

▶ **Konfliktanlaufstellen**

Konfliktanlaufstellen wie zB innerbetriebliche Konfliktlotsen, Ombudspersonen oder auch die Rechts- oder Personalabteilung sollen auftretende
Konflikte möglichst frühzeitig erfassen und dazu beitragen, dass ein Konflikt dem jeweils bestgeeigneten der verfügbaren Verfahren zugeleitet wird.

▶ **Systematische Maßnahmen- und Verfahrenswahl**

Die Auswahl der passenden Maßnahme bzw. des passenden Verfahrens zur
Konfliktbearbeitung sollte nicht rein intuitiv oder gewohnheitsbasiert, sondern kriteriengeleitet erfolgen.

▶ **Konfliktbearbeiter**

Für die Durchführung des ausgewählten Konfliktbearbeitungsverfahrens
müssen qualifizierte Verfahrensexperten zur Verfügung stehen. Dies können – je nach Verfahrensart und Konfliktkategorie – zB geschulte Inhouse-
Mediatoren, externe gelistete Schiedsrichter bzw. Mediatoren oder auch
die Mitarbeiter der Personal- oder Rechtsabteilung sein.

▶ **Verfahrensstandards**

Die Art und Weise der Durchführung eines Verfahrens sollte nicht vollständig ins Belieben des jeweiligen konkreten Konfliktbearbeiters gestellt sein.
Vielmehr sollte der zu erwartende Ablauf eines Verfahrens und die Rolle,
die der Konfliktbearbeiter dabei einnimmt, durch Verfahrensstandards definiert und transparent gemacht werden. Als Verfahrensstandards im Sinne
dieser Komponenten kommen sowohl selbst gestaltete unternehmensinterne Richtlinien als auch in Bezug genommene Ethik-Kodizes nationaler Verbände oder Verfahrensordnungen internationaler Organisationen wie zB
der ICC oder der WIPO in Betracht.

▶ **Qualitätssicherung**

Über die Verfahrensstandards hinausgehend müssen – entsprechend allgemeiner Managementregeln – auch für den Bereich Konfliktmanagement
weitere Instrumente der Qualitätssicherung eingeführt werden, um eine
systematische Weiterentwicklung dieses Bereichs zu ermöglichen. Grundlage dafür ist eine die grundsätzliche Vertraulichkeit von Konfliktbearbei-

---

97 Dieses sog Viadrina-Komponentenmodell des Konfliktmanagements wurde erst-
    mals in der 2011 von der Europa-Universität Viadrina und PricewaterhouseCoo-
    pers herausgegebenen Studie „Konfliktmanagement – Von den Elementen zum Sys-
    tem" (abrufbar auf der Homepage des Instituts für Konfliktmanagement unter
    http://www.europa-uni.de/de/forschung/institut/institut_ikm/publikationen/EUV_P
    wC_Studie_Konfliktmanagement-Systeme_2011_DRUCK-V15.pdf (zuletzt
    abgerufen am 1.3.2017)) veröffentlicht, siehe dazu auch *Gläßer* ZKM 2011, 100,
    und in der 2013 publizierten Folgestudie „Konfliktmanagement als Instrument
    werteorientierter Unternehmensführung" (Herausgeber: Europa-Universität Viadri-
    na / PricewaterhouseCoopers) weiterentwickelt (abrufbar auf der Homepage des
    Instituts für Konfliktmanagement unter http://www.europa-uni.de/de/forschung/ins
    titut/institut_ikm/publikationen/PwC_EUV_KMS-Studie-IV_131010_final.pdf
    (zuletzt abgerufen am 1.3.2017).

tungsverfahren berücksichtigende konsequente Dokumentation der gewählten Konfliktbearbeitungsformen und ihrer Effekte.

► **Innen- und Außendarstellung/Kommunikation**

Voraussetzung dafür, dass verfügbare Konfliktmanagement-Strukturen auch tatsächlich genutzt werden, ist ihre interne und externe Bekanntheit bei Mitarbeitern bzw. bei Kunden und Kooperationspartnern. Dafür bedarf es einer gezielten Innen- und Außendarstellung bestehender Angebote.[98]

Die vorgestellten Komponenten können – je nach Konfliktart, Kontext und Struktur der beteiligten Akteure – durch verschiedene, unterschiedlich aufwändige Elemente konkret ausgefüllt bzw. ausgestaltet werden.[99]

Je nach Bedarfs- und Ressourcenlage in einem Unternehmen können Konfliktmanagement-Strukturen selbstverständlich dadurch aufgebaut werden, dass (zunächst) – entsprechend der am dringendsten benötigten Funktion – nur ein einzelnes Element einer Komponente planvoll etabliert wird (**Konfliktmanagement-Programm**).

53 Von einem **Konfliktmanagement-System** kann nach dem Viadrina-Komponentenmodell[100] allerdings erst dann gesprochen werden, wenn **alle sechs** der oben aufgeführten **Komponenten durch entsprechende Elemente realisiert** worden sind und eine **Koordinations- und Controllinginstanz als siebte Komponente** hinzutritt, die die einzelnen Elemente systematisch vernetzt und ihr funktionales Zusammenspiel regelt und fördert.[101]

Die koordinierende Instanz selbst benötigt ein **Regelgefüge**, das das Zusammenspiel der Akteure, Instrumente und Prozesse der Konfliktprävention und -behandlung be- und vorschreibt. Das gesamte Gefüge des Konfliktmanagements sollte strukturell und explizit in dem unternehmerischen Leitbild bzw. der offiziellen **Unternehmenskultur** eingebettet sein.

---

98 *Klowait* in: Gläßer/Kirchhoff/Wendenburg, S. 145 ff.
99 Siehe dazu die Fallbeispiele in *Europa-Universität Viadrina/PricewaterhouseCoopers (Hrsg.)*, Konfliktmanagement – Von den Elementen zum System, S. 25 ff. (abrufbar auf der Homepage des Instituts für Konfliktmanagement unter http://www.europa-uni.de/de/forschung/institut/institut_ikm/publikationen/EUV_PwC_Studie_Konfliktmanagement-Systeme_2011_DRUCK-V15.pdf (zuletzt abgerufen am 1.3.2017)) sowie *Kirchhoff* Konfliktdynamik 2012, 4.
100 *Europa-Universität Viadrina/PricewaterhouseCoopers (Hrsg.)*, Konfliktmanagement – Von den Elementen zum System, S. 21 ff.; zur zwischenzeitlichen Weiterentwicklung des Viadrina-Komponentenmodells siehe *Europa-Universität Viadrina/PricewaterhouseCoopers (Hrsg.)*, Konfliktmanagement als Instrument werteorientierter Unternehmensführung, S. 16 ff. sowie *Gläßer/Kirchhoff/Wendenburg* in: Gläßer/Kirchhoff/Wendenburg, S. 13 ff.
101 Der Begriff des Konfliktmanagement-Systems wird in Literatur und Praxis allerdings bei weitem nicht ausschließlich in diesem Sinne verwendet; siehe hierzu exemplarisch *Faller* in: Trenczek/Berning/Lenz, S. 222 ff. oder *Steinbrecher*, Systemdesign: Grundlagen, Konzeption und Implementierung von Integrierten Konfliktmanagementsystemen in Unternehmen, 2008.

Abb. 1 – Viadrina-Komponentenmodell eines Konfliktmanagement-Systems (2013)[102]

Das sich aus diesen Komponenten ergebende Modell liefert eine Art „Blaupause" für die Konzeption von ganz unterschiedlich ausformbaren Konfliktmanagement-Programmen und -Systemen. Indem es gewissermaßen den Idealzustand eines vollständigen Systems abbildet und zugleich die individuellen Funktionen der einzelnen Komponenten verdeutlicht, ermöglicht es Unternehmen und Organisationen eine ressourcen- und bedarfsbezogene Entscheidung darüber, in welchem Umfang Konfliktmanagement-Aktivitäten mittel- und langfristig geplant werden und an welcher Stelle mit der Etablierung eines Konfliktmanagement-Programms begonnen werden sollte.

Das Modell erlaubt es zudem, die **Mediation präzise innerhalb des Konfliktmanagements zu verorten**, nämlich als eine derjenigen Methoden, die 54 auf Basis einer vorgelagerten, systematischen Verfahrenswahl von professionellen Konfliktbearbeitern mit Mediationskompetenz im konkreten Fall eingesetzt wird, wobei diese auf der Basis expliziter, sich zT aus dem MediationsG ergebender Verfahrensstandards arbeiten. Zugleich wird deutlich, dass ausgebildete Mediatoren in Unternehmen und Organisationen eine sehr wertvolle Funktion als Konfliktanlaufstelle einnehmen, auch wenn sie in einem konkreten Konfliktfall aus strukturellen oder rollenspe-

---

102 Siehe Europa-Universität Viadrina/PricewaterhouseCoopers (Hrsg.), Konfliktmanagement als Instrument wertorientierter Unternehmensführung, S. 18.

zifischen Gründen nicht selbst als interner Mediator tätig werden (können).

V. Fazit und Ausblick

55   Die außergerichtliche Konfliktbeilegung – mit ihr insbesondere das Verfahren der Mediation – ist in vielen gesellschaftlichen Bereichen zunehmend in den Blickpunkt gerückt. Diese Entwicklung wird sich fortsetzen und intensivieren. Sie erfährt, wie die vielfachen Initiativen und Rechtsakte zu ihrer Förderung belegen,[103] volle Unterstützung auf europäischer Ebene und wird auch von den Mitgliedstaaten begrüßt.

Das bundesdeutsche MediationsG markiert dabei nur den Startpunkt der gesetzlichen Ausformung der Mediation in Deutschland. Zum einen wird es seit dem 1.9.2017 – gestützt auf die Verordnungsermächtigung seines § 6 – durch die zu diesem Zeitpunkt in Kraft getretene ZMediatAusbV ergänzt (dazu → ZMediatAusbV § 1 Rn. 1 ff.). Darüber hinaus sollten die Ergebnisse der Evaluierung der Mediations-Richtlinie und des deutschen MediationsG, welche auf nationaler Ebene durch § 8 MediationsG und europarechtlich durch Art. 11 Med-RiLi vorgesehen ist (dazu → MediationsG § 8 Rn. 1 ff.), zu einer Nachbesserung der gegenwärtigen Regulierungssituation von Mediation führen.[104] Besonderes Augenmerk sollte in Bezug auf die Mediation bei all dem auf die nüchterne und objektive Analyse der – ausweislich der Bezeichnung des MediationsG auch für den deutschen Gesetzgeber zentralen – Ausgangsfrage gelegt werden, ob und inwieweit der jetzige Regelungsbestand sein Anliegen, die Mediation und andere außergerichtliche Verfahrensarten zu fördern, tatsächlich erreicht hat.

56   Die Dynamik der Entwicklung der außergerichtlichen Konfliktbeilegung hat sich weiter verstärkt; dies belegen auch empirische Studien, insbes. zur Etablierung von Konfliktmanagement-Strukturen in der deutschen Wirtschaft.[105] Bei Konflikten zwischen Unternehmen sollen differenzierte Streitbeilegungsklauseln[106] sowie die Initiative eines „Corporate Pledge" dazu beitragen, dass vor dem Gang zu Gericht verstärkt ADR-Verfahren ge-

---

103   Richtlinie 2013/11/EU des Europäischen Parlaments und des Rates vom 21.5.2013 über die alternative Beilegung verbraucherrechtlicher Streitigkeiten und zur Änderung der Verordnung (EG) Nr. 2006/2004 und der Richtlinie 2009/22/EG sowie Verordnung (EU) Nr. 524/2013 des Europäischen Parlaments und des Rates vom 21.5.2013 über die Online-Beilegung verbraucherrechtlicher Streitigkeiten und zur Änderung der Verordnung (EG) Nr. 2006/2004 und der Richtlinie 2009/22/EG (siehe auch Anhang).

104   Die Evaluierungsfrist des § 8 MediationsG verstrich am 26.7.2017, wohingegen die Kommission gem. Art. 11 Med-RiLi dem Europäischen Parlament, dem Rat und dem Europäischen Wirtschafts- und Sozialausschuss bereits bis zum 21.5.2016 einen Bericht über die Anwendung der Mediationsrichtlinie und ihrer Auswirkung in den Mitgliedstaaten vorzulegen hatte. Insoweit war die Evaluierungsfrist des § 8 unglücklich – weil nicht auf den Zeitpunkt der europarechtlich schon zuvor greifenden Überprüfung abgestimmt – gewählt.

105   *Europa-Universität Viadrina/PricewaterhouseCoopers*, Konfliktmanagement in der deutschen Wirtschaft – Entwicklungen eines Jahrzehnts, 2016.

106   Siehe dazu *Europa-Universität Viadrina/PricewaterhouseCoopers*, 2016, S. 45 f. und 84 f.

wählt werden.[107] Die Auslobung eines Preises für „Exzellenz in Mediation und Konfliktmanagement" durch den Round Table der Deutschen Wirtschaft für Mediation und Konfliktmanagement (RTMKM) soll Rechtsanwaltskanzleien dazu animieren, differenzierte und ausgereifte Dienstleistungen im Bereich Mediation und Konfliktmanagement anzubieten.[108] Die Konfliktsensibilität von Führungskräften und ihre Bereitschaft, die Unterstützung von allparteilichen Dritten bei inner- und außerbetrieblichen Konflikten in Anspruch zu nehmen, ist gestiegen.[109] Konfliktkompetenz als wesentliche Führungsqualität wird immer wichtiger. Neben den aktuellen rechtlichen Änderungen ebnen auch diese Veränderungen der Konfliktkultur in Unternehmen den Weg für den Einsatz von Mediation als alternativer Verfahrensform zur Lösung von Konflikten – und letztlich auch als Instrument der Konfliktprävention und des organisationellen Lernens.[110]

Angesichts der sehr unterschiedlichen Regelungsansätze und des durchaus auch divergierenden Mediationsverständnisses der der Umsetzung der Mediations-Richtlinie dienenden nationalen Rechtsakte der Mitgliedstaaten sollte zudem sorgfältig beobachtet werden, wo sich bei grenzüberschreitenden Mediationen, deren Regulierung die Richtlinie ja eigentlich gewidmet war, Friktionen und ggf. sogar Kollisionen ergeben.[111] **57**

VI. Konzept, Aufbau und Nutzbarkeit des Kommentars

Der vorliegende Kommentar soll mediationspraktische Fragen wissenschaftlich fundiert und vor dem Hintergrund des konkreten Erfahrungswissens seiner Autorinnen und Autoren beantworten. Dieses Konzept spiegelt sich auf mehreren Ebenen wider, angefangen mit dem Adressatenkreis, der mit dem vorliegenden Werk in erster Linie angesprochen werden soll, über die Konzeption und den Aufbau des Kommentars bis hin zur Auswahl der Autoren. **58**

1. Zielsetzungen und Adressatenkreis des Kommentars. Dem **Praktiker** soll der Kommentar Orientierung geben, ob und wie sich die Regelungen des MediationsG konkret auf seine Tätigkeit auswirken und worauf er in besonderer Weise sein Augenmerk legen sollte. Der Praxisbegriff wird dabei – entsprechend der Vielfalt der Tätigkeitsbereiche mit mediativen Bezügen – weit verstanden: Neben Mediatoren müssen insbesondere auch Rechtsanwälte, Unternehmens-, Verbands- und Behördenjuristen sowie Notare und (Güte-)Richter mit den Inhalten und Auswirkungen des MediationsG vertraut sein, wenn sie sich im Kontext der Mediation in ihrer jeweiligen Rolle und Funktion rechtssicher bewegen wollen. **59**

Mit dem MediationsG ist das junge Rechtsgebiet des Mediationsrechts mit einem gesetzlichen Rahmen versehen worden. Es liegt in der Natur der Sache, dass neue gesetzliche Rahmenbedingungen sowohl die **Rechtspre-**

---

107 Siehe dazu *Europa-Universität Viadrina/PricewaterhouseCoopers*, 2016, S. 45 f. und 84 f.
108 Siehe dazu *Europa-Universität Viadrina/PricewaterhouseCoopers*, 2016, S. 85 und www.rtmkm.de (zuletzt abgerufen am 7.7.2017).
109 *Europa-Universität Viadrina/PricewaterhouseCoopers*, 2016, S. 72 ff.
110 *Europa-Universität Viadrina/PricewaterhouseCoopers*, 2016, S. 86 f.
111 Siehe dazu *Gläßer* in: FS Martiny, S. 735 ff.

chung als auch die **Wissenschaft** in besonderem Maße beschäftigen und interessieren werden. Auch insoweit soll der vorliegende Kommentar einen Beitrag zur Meinungsbildung leisten und fundierte Anregungen für die Lösung von Zweifelsfragen geben, welche sich aus interpretationsfähigen Rechtsbegriffen, systematischen Lücken oder sonstigen Friktionen ergeben.

Nicht zuletzt soll das vorliegende Werk auch demjenigen, der sich als „**Mediationsneuling**" über einzelne Einsatzfelder der Mediation informieren möchte, einen raschen Überblick und eine Vertiefung seiner Kenntnisse ermöglichen. Dies mag sowohl für Konfliktparteien, die erstmals an einer Mediation teilnehmen, als auch für den noch mediationsunerfahrenen Rechtsanwalt, der seinen Mandanten qualifiziert im Rahmen der Verfahrenswahl beraten oder sich auf dessen anwaltliche Begleitung in einer Mediation vorbereiten möchte, relevant sein.

60 **2. Aufbau des Kommentars.** Den vorgenannten Anliegen trägt auch der **dreigeteilte Aufbau des Kommentars** Rechnung. Dieser gliedert sich nach dem einführenden Teil, in dem sogleich noch eine Darstellung der bisher zu Rechtsfragen der Mediation ergangenen Rechtsprechung erfolgt und Aspekte der Vertragsgestaltung im Kontext Mediation/ADR erläutert werden (Teil 1), im Wesentlichen in einen klassischen Kommentierungsteil (Teil 2) sowie in einen Abschnitt mit Darstellungen besonders praxisrelevanter Einsatzfelder der Mediation (Teil 3). Teil 2 des Kommentars enthält dabei zum einen die Kommentierung des Gesetzes zur Förderung der Mediation und anderer Verfahren der außergerichtlichen Konfliktbeilegung (1.) mit dem in Art. 1 enthaltenen MediationsG und den Änderungen der diversen Prozessordnungen (Art. 2–8). Zum anderen finden Sie hier unter 2. („Weitere Kommentierungen") eine vollständige Kommentierung der ZMediatAusbV sowie die mediationsrelevanten Kommentierungen des RDG und der im Kontext des § 203 BGB erläuterten Fragen der Verjährungshemmung und des Laufs von Ausschlussfristen. Teil 3 bietet Ihnen den Blick auf das MediationsG aus der Perspektive verschiedener Praxisfelder. Ergänzend finden sich relevante Gesetze und Dokumente im Anhang.

61 Im Rahmen der klassischen **Kommentierung** beschränkt sich das Werk also nicht auf die Vorschriften des Mediationsgesetzes selbst, sondern bezieht auch alle weiteren Artikel des „Gesetzes zur Förderung der Mediation und anderer Verfahren der außergerichtlichen Konfliktbeilegung"[112] mitsamt den durch sie bewirkten Änderungen zahlreicher Prozessordnungen ein.

Zusätzlich wurden hier auch Rechtsbereiche bzw. -fragen bearbeitet, die aufgrund ihrer praktischen Relevanz und mit dem Ziel einer ganzheitlichen Betrachtung und Durchdringung des Rechts der Mediation unverzichtbar erschienen: Dies gilt für die ZMediatAusbV (dazu → ZMediatAusbV § 1 Rn. 1 ff.), für die Bedeutung des Rechtsdienstleistungsgesetzes (RDG) für Mediatoren (dazu → RDG Vor § 1 Rn. 1 ff.) ebenso wie für die Fragen der Verjährungshemmung und des Laufs von Ausschlussfristen (dazu → § BGB § 203 Rn. 1 ff.).

62 Ein schneller Einstieg in ein bestimmtes Mediations- bzw. mediationsrelevantes Praxisgebiet wird durch Teil 3 des Kommentars erleichtert. Die

---

112 BGBl. I 2012, Nr. 35, S. 1577 ff.

übersichtsartigen Beiträge zu einzelnen **Mediationsfeldern,** die allesamt von erfahrenen Experten des jeweiligen Mediationsbereichs verfasst wurden, haben Eingang in den Kommentar gefunden, um dem Leser einen raschen, praxisorientierten Überblick zu verschaffen, welche Auswirkungen das MediationsG gerade in diesem spezifischen Tätigkeitsfeld der Mediation hat.

Den Auftakt dieses Teils des Kommentars bildet ein einführender Beitrag zu Mediation und Konfliktmanagement in der Wirtschaft, gefolgt von Abhandlungen zu unterschiedlichen Praxisfeldern. Diesen Abschnitt haben wir gegenüber der Erstauflage dieses Kommentars um folgende Tätigkeitsfelder ergänzt: Mediation in privaten Bausachen (→ E Rn. 1 ff.), Mediation und Konfliktvorsorge in Erbangelegenheiten (→ H Rn. 1 ff.) sowie Mediation in der steuerberatenden Praxis (→ I Rn. 1 ff.).

Damit ergibt sich für den so erweiterten Teil 3 folgendes Beitragsspektrum im Überblick: **63**

- Mediation zwischen Unternehmen,
- Innerbetriebliche Mediation,
- Mediation in individual- und kollektivarbeitsrechtlichen Konflikten,
- Mediation in privaten Bausachen,
- Intellectual Property und Mediation,
- Familien- und Scheidungsmediation (inkl. deren grenzüberschreitender Aspekte),
- Mediation und Konfliktvorsorge in Erbangelegenheiten,
- Mediation in der steuerberatenden Praxis,
- Konfliktmanagement und Mediation in der Versicherungswirtschaft,
- Gerichtliche Mediation und Güterichter-Modell,
- Mediationsbegleitung durch Rechtsanwälte,
- Mediation aus notarieller Sicht,
- Mediation und Schiedsgerichtsbarkeit sowie
- Verbraucherschlichtung und Verbraucherstreitbeilegungsgesetz (VSBG) mit seinen Schnittstellen zur Mediation.

Insoweit kann der Kommentar von zwei Richtungen aus gelesen und genutzt werden. Erfolgt der Einstieg über eine spezielle Frage im Kommentierungsteil, öffnet Teil 3 des Kommentars die Perspektive vom Speziellen zum Allgemeinen und ermöglicht eine Einordnung in den jeweiligen Gesamtkontext des dort behandelten Mediations- bzw. Praxisfeldes. Beginnt der Leser mit einem Überblick über ein Einsatzgebiet von Mediation in Teil 3, kann er Detailfragen, die sich hieraus ableiten, im Kommentierungsteil nachschlagen und vertiefen – und nicht zuletzt auch in den Kontext der zugrundeliegenden Regelwerke einordnen, die im **Anhang** nachzuschlagen sind. **64**

3. Auswahl der Autorinnen und Autoren. Der Anspruch, fachliche Fundiertheit mit Praxiswissen zu vereinen, war auch entscheidend für die Auswahl der **Autorinnen und Autoren** des Kommentars. Die Verfasser der Einzelkommentierungen und Abhandlungen dieses Werkes verfügen gleichermaßen über hohe fachliche Expertise und einschlägige Praxiserfahrung in den von ihnen bearbeiteten Bereichen. Die Einbeziehung von Autoren, die das Gesetzgebungsverfahren in unterschiedlichen Funktionen eng begleitet **65**

haben, stellt zudem sicher, dass die Kommentierung auf Basis des nötigen Hintergrund- und Detailwissens erfolgt.

66   **4. Interaktiver Ansatz.** Bei all dem steht die Orientierung am **Nutzen für den Leser** im Vordergrund. Um diesen Nutzen bestmöglich und nachhaltig gewährleisten zu können, wäre es auch für die Folgeauflagen dieses Kommentars ein großer Gewinn, mit Ihnen, liebe Leserinnen und Leser, in einen **konstruktiven Dialog** zu treten. **Jegliche Form des – kritischen oder positiven – Feedbacks, des Einbringens Ihrer persönlichen Erfahrungen, Fragen oder Anregungen sind dem Verlag, den Herausgebern und den Autoren überaus willkommen!**

Über entsprechende Zuschriften an die Adresse **mediationskommentar@nomos.de** freuen wir uns sehr und werden sie in den Folgeauflagen berücksichtigen.

2. Blick auf die Rechtsprechung zum Thema Mediation

Literatur:

Ade/Gläßer, Das Recht in der Mediation, ZKM 2013, 57; *v. Bargen,* Gerichtsinterne Mediation – Eine Kernaufgabe der rechtsprechenden Gewalt, 2008; *Beck,* Mediation und Vertraulichkeit, 2008; *Cremer,* Die Vertraulichkeit der Mediation, 2007; *Breidenbach/Coester-Waltjen/Heß/Nelle/Wolf* (Hrsg.), Konsensuale Streitbeilegung, 2001; *Eckardt/Dendorfer,* Der Mediator zwischen Vertraulichkeit und Zeugnispflicht – Schutz durch Prozessvertrag, MDR 2001, 786; *Effer-Uhe,* Prozess- oder Verfahrenskostenhilfe für die gerichtsnahe Mediation, NJW 2013, 3333; *Eidenmüller,* Vertrags- und Verfahrensrecht der Wirtschaftsmediation: Mediationsvereinbarungen, Mediatorverträge, Mediationsvergleiche, internationale Mediationsfälle, 2001; *Feuerich/Weyland,* Bundesanwaltsordnung, 9. Aufl. 2016; *Gläßer/Kirchhoff/Wendenburg,* Konfliktmanagement in der Wirtschaft, 2014; *Greger,* Die Reglementierung der Selbstregulierung – Zum Referentenentwurf eines Mediationsgesetzes, ZRP 2010, 209; *Hacke,* Der ADR-Vertrag – Vertragsrecht und vertragliche Gestaltung der Mediation und anderer alternativer Konfliktlösungsverfahren, 2001; *Haft/v. Schlieffen,* Handbuch Mediation, 3. Aufl. 2016; *Hartung/Scharmer,* Berufs- und Fachanwaltsordnung, 6. Aufl. 2016; *Hartung/Wendenburg,* Die interprofessionelle Mediationskanzlei. Zusammenarbeit von Anwaltsmediatoren und nichtanwaltlichen Mediatoren, NJW 2009, 1551; *Henssler,* Mediation und Rechtsdienstleistungsrecht, ZKM 2006, 132; *Henssler/Kilian,* Anwaltliches Berufsrecht und Mediation, FuR 2001, 104; *Henssler/Prütting,* Bundesanwaltsordnung, 4. Aufl. 2014; *Henssler/Schwackenberg,* Der Rechtsanwalt als Mediator, MDR 1997, 409; *Hess,* Perspektiven der gerichtsinternen Mediation in Deutschland, ZZP 2011, 137; *Hofmann,* Vertraulichkeit in der Mediation – Möglichkeiten und Grenzen vertraglicher Beweisverwertungsverbote, SchiedsVZ 2011, 148; *Horn,* Anwaltliche Werbung mit dem Titel „Mediator", NJW 2007, 1413; *Keydel,* Zum Prinzip der Freiwilligkeit der Mediation – Ein Diskussionsbeitrag zum Artikel von Ansgar Marx, ZKM 2011, 61; *Kleine-Cosack,* BRAO, 7. Aufl. 2015; *Klose,* Urteilsanmerkung zu LG Leipzig v. 19.6.2004 – 5 O 1899/04, ZKM 2005, 71; *Knöfel,* Gilt das Verbot der Vertretung widerstreitender Interessen auch für Tätigkeiten außerhalb des Anwaltsberufs?, NJW 2005, 6; *Kurzweil,* Akteneinsicht in „Mediationsakten"? – Eine kritische Auseinandersetzung mit der Entscheidung des Oberlandesgerichts München vom 15.5.2009, ZZP 2010, 77; *Löer,* Möglichkeiten der Einbindung von Mediation in das Gerichtsverfahren am Beispiel des Zivilprozesses, ZZP 2006, 199; *Mankowski,* Urteilsanmerkung zu OLG Rostock v. 20.6.2001 – 2 U 58/00 (LG Rostock), ZKM 2001, 293; *ders.,* Die Ablehnung eines Mediationsangebots und Prozesskostenhilfe, ZKM 2003, 197; *Marx,* Das Prinzip der Freiwilligkeit der Mediation – Empirische Daten und notwendige Kurskorrekturen, ZKM 2011, 132; *Moll,* Münchener Anwaltshandbuch Arbeitsrecht, 4. Aufl. 2017; Oldenbruch, Die Vertraulichkeit im Mediationsverfahren – Das Spannungsfeld zwischen Privatautonomie und Verfahrensrecht, 2006; *Prütting,* Mediation –

Privileg der rechtsberatenden Berufe?, ZAP 2009, 919; *ders.*, Ein Plädoyer gegen Gerichtsmediation, ZZP 2011, 163; *Risse*, Offenlegung eines vertraulichen Vergleichsangebots – Kavaliersdelikt oder strafbarer Geheimnisverrat?, NJW 2008, 3680; *Römermann*, Weite Öffnung für interprofessionelle Sozietäten von Rechtsanwälten, NJW 2016, 682; *Schmiedel/Wendenburg*, Rechtliche Grundlagen der zivilgerichtlichen Mediation in Deutschland, Österreich und der Schweiz, Perspektive Mediation 2010, 113; *Spindler*, Gerichtsnahe Mediation in Niedersachsen – Bilanz eines Forschungsprojekts, AnwBl. 2007, 655; *Tochtermann*, Zur Zulässigkeit der nicht-anwaltlichen Mediation nach dem Rechtsdienstleistungsgesetz, ZKM 2007, 4; *Volkmann*, Mediation im Zivilprozess, 2006; *Wagner*, Sicherung der Vertraulichkeit von Mediationsverfahren durch Vertrag, NJW 2001, 1398; *Wagner/Braem*, Anm. zu Anwaltsgericht Rostock v. 1.8.2007, I AG 6/07, ZKM 2007, 194; *Zöller*, Zivilprozessordnung, 31. Aufl. 2016.

I. Grundzüge der Rechtsprechung zur Mediation

Zu behaupten, es gäbe allgemeine Grundzüge oder Strukturmerkmale der Rechtsprechung vor und seit Inkrafttreten des MediationsG, wäre wohl vermessen. Die Analyse der Rechtsprechung zu Themen der Mediation stellt sich nicht als Beschäftigung mit einem organischen, gewachsenen Rechtsgebiet dar, sondern hat durchweg den Charakter einer (an einigen Stellen durchaus fruchtbaren) Spurenlese. So finden sich in der Fülle der mediationsrechtlichen Themen vereinzelt Rechtsprechungsstränge, teils aber auch lediglich verstreute Judikate oder bloße Solitäre. An anderen Stellen zeigt sich wiederum eine vollständige Abwesenheit richterlicher Erkenntnisse. Dieser erstmals mit dem Inkrafttreten des MediationsG gemachte (in der Vorauflage veröffentlichte) Befund hat sich in den ersten Jahren der Geltung des Gesetzes nicht geändert. Mit diesem kurzen Überblick wird deshalb von vorneherein nicht der Versuch unternommen, einen inneren Zusammenhang der Rechtsprechung zur Mediation zu behaupten, da er in der Sache (noch immer) nicht existiert. Die Rechtsprechungsanaly-

67

se bringt vielmehr **punktuelle Ergebnisse** hervor. Dennoch ist eine Auseinandersetzung gerade auch mit der Rechtsprechung vor Erlass des MediationsG erforderlich, da sich nur so der Hintergrund vollständig erfassen lässt, vor dem die neuen Regelungen des MediationsG verabschiedet wurden.

68 Die Rechtsprechung zur Mediation umfasst eine **überschaubare Anzahl von rund 50 Gerichtsentscheidungen,** die die unterschiedlichsten Fragen aus den Bereichen Zivilprozessrecht, Gebührenrecht, dem anwaltlichen Berufs- und Haftungsrecht und jüngst auch vermehrt dem Arbeitsrecht zum Gegenstand hatten. Große Aufmerksamkeit erregten insbesondere die Fragen, ob Mediation eine unzulässige Rechtsberatung darstellt, ob die Wahrnehmung der Mediationstätigkeit mit dem Verständnis des anwaltlichen Berufsrechts vereinbar ist, sowie die Frage nach dem Einfluss der Mediation auf prozessuale Fristen. Im arbeitsrechtsrechtlichen Kontext spielt die Mediation häufig im Rahmen der Verhältnismäßigkeitsprüfung eine Rolle. Aber auch Prinzipien der Mediation, wie zum Beispiel der Grundsatz der Vertraulichkeit des Verfahrens, waren Gegenstand der Rechtsprechung.

69 Aus der Vogelperspektive lassen sich trotz der Verstreutheit oder gar Zusammenhanglosigkeit der Rechtsprechung zur Mediation doch drei grundsätzliche Beobachtungen machen, die zusammen genommen ein ganz zutreffendes Bild des Standes der Mediation im Rechtssystem der Bundesrepublik Deutschland zeichnen:

70 1. **Mediation als Fremdkörper.** In vielen der Rechtsprechungsgebiete – im Zivilprozessrecht, im Gebührenrecht, im anwaltlichen Berufs- und Haftungsrecht, im Rahmen der Frage nach der Befangenheit des Richters und im Rechtsdienstleistungsrecht – erscheint die Mediation (bis heute) häufig als eine Art „ungeladener Gast": Die deutsche Rechts- und Justizordnung war auf die Integration des (vergleichsweise) neuartigen Phänomens der Mediation nur bedingt vorbereitet und sie verlief nicht ohne Brüche. Besonders deutlich zeigt sich dies etwa dort, wo es um Rollenverständnisse geht: In Fragen der anwaltlichen Pflichtenstellung,[1] Fragestellungen der richterlichen Unabhängigkeit[2] und im Spannungsfeld zwischen zulässiger Mediatorentätigkeit und unzulässiger Rechtsdienstleistung.[3] Teilweise wird in diesen Entscheidungen sichtbar, dass es die Rechtsprechung versäumt hat, sich differenziert mit den Aufgaben und der Funktion des Mediators im Mediationsverfahren auseinanderzusetzen. Vielmehr ist die Rechtsprechung zu Themen der Mediation sehr unterschiedlich ausgestaltet, was einem fehlenden einheitlichen Begriffs- und Verfahrensverständnis sowie bestehenden Missverständnissen bzw. Vorurteilen in Bezug auf die Mediation geschuldet ist. Weder das Anwalts- noch das Richterrecht waren auf die neuartige Aufgabe der Anwälte und Richter als Mediatoren eingestellt. *Heribert Prantl* hat das MediationsG insofern auch als die wichtigste Neuerung des deutschen Rechts- und Gerichtswesen seit der Einführung der

---

1 OLG Karlsruhe ZKM 2003, 133; OLG Karlsruhe NJW 2001, 3197.
2 LAG Hessen ZKM 2009, 191; LSG Niedersachsen-Bremen ZKM 2005, 139.
3 LG Leipzig ZKM 2005, 71; OLG Rostock ZKM 2001, 192; LG Rostock ZKM 2000, 235.

Zivilprozessordnung im Jahre 1879 bezeichnet.[4] In der Rechtsprechung war dieser Paradigmenwechsel noch nicht gewagt worden. Man hatte sich noch nicht an den Umbau des Hauses gewagt, sondern – um im anfänglichen Bild zu bleiben – nur hier und da einen zusätzlichen Stuhl an den Tisch gestellt und das Sofa zum Schlafen ausgezogen. Innerhalb des überkommenen Paradigmas des „Rechts als Kampf", wie es *Prantl* im Anschluss an *Ihering* pointiert formuliert (→ Rn. 5), in dem also – holzschnittartig dargestellt – der Anwalt als Kämpfer für die eine Seite und der Richter als Entscheider zwischen beiden Seiten auftritt, führt es zu Irritationen, wenn Richter und Rechtsanwälte auf einmal (an unterschiedlichen Stellen) als Mediatoren eine eigenverantwortliche Entscheidung der Konfliktparteien fördern. In diesem Sinne erscheinen die **Mediationssachverhalte in der Rechtsprechung oftmals als Fremdkörper im System**, der Umgang der Gerichte mit ihnen als Stückwerk – und dies bleibt auch noch nach den ersten Jahren der Geltung des MediationsG der Fall.

2. Mediation als Fortentwicklung. Andererseits treten in der Rechtsprechung zur Mediation auch diejenigen Schnittstellen zu Tage, an denen sich die Mediation als immer stärker genutzte Form der Konfliktbearbeitung geschmeidig in das Rechts- und Justizsystem einfügt. Dies gilt insbesondere für diejenigen Bereiche, in denen das Recht bereits auf **Verhandlungslösungen** zwischen den Parteien ausgerichtet ist. Dies gilt etwa für die Hemmung von Verjährungs- und prozessrechtlichen Fristen durch schwebende Verhandlungen zwischen den Parteien, die (selbstverständlich) auch eintritt, wenn die Parteien ein Mediationsverfahren über den Gegenstand ihres Rechtsstreits führen.[5] Ein anderes praktisches Beispiel ist die Wirksamkeit vertraglicher Mediationsklauseln: So hat das LG München II bereits vor Erlass des MediationsG entschieden, dass die Vereinbarung einer Mediationsklausel in einem Ehevertrag die Erhebung einer Klage (bzw. einer Beschwerde) unzulässig machen kann.[6] In diesem Sinne entschied auch das OLG Saarbrücken nach Erlass des MediationsG: Grundsätzlich steht eine Mediationsklausel der unmittelbaren gerichtlichen Geltendmachung von Ansprüchen entgegen, sofern sich die andere Partei vor der Einlassung zur Sache im Prozess auf die Mediationsklausel beruft (Einrede).[7] Hier zeigt sich, dass das alte zivilprozessuale Gebäude möglicherweise adaptionsfähiger ist als von *Prantl* intoniert – wobei die Analyse der Rechtsprechung vor Erlass des MediationsG deutlich macht, dass sich ohne eine klare gesetzliche Regelung keine vollständige Rechtssicherheit schaffen ließ, auch wenn sich bestimmte Regelungen des Zivil- und Zivilprozessrechts auf die Mediation haben übertragen lassen.

71

---

4 *Prantl*, Das Recht war ein Kampf, Süddeutsche Zeitung v. 12.1.2011, abrufbar unter http://www.sueddeutsche.de/politik/mediation-an-deutschen-gerichten-geissler-fuer-alle-1.1045301 (zuletzt abgerufen am 1.3.2017).
5 OLG Oldenburg ZKM 2008, 92; BGH NJW 2009, 1149; OLG Dresden VersR 2011, 894.
6 LG München II 9.10.2012 – 2 T 1738/12; in diese Richtung auch VG Gießen 10.5.2012 – 8 L 504/12.GI.
7 OLG Saarbrücken 29.4.2015 – 2 U 31/14. Im konkreten Fall hielt das Gerichte dann aber die Klage für zulässig, da der Treuwidrigkeitseinwand (§ 242 BGB) der Berufung auf die Mediationsklausel entgegenstand.

72 **3. Wachsende Beschäftigung mit Mediation.** In jedem Fall lässt sich schließlich aber beobachten, dass diejenigen Mediationssachverhalte, die die deutsche Gerichtsbarkeit erreichen – ganz gleich, ob sie sich in den rechtlichen Rahmen eher mit Mühe oder passgenauer einfügen –, dazu führen, dass sich die Gerichte vermehrt, intensiver und teils auch (wie es scheint) mit Interesse mit dem Thema „Mediation" beschäftigen. So setzten sich die Gerichte etwa mit der Frage der Befähigung zum Mediator auseinander,[8] mit der Rolle und der Aufgabe des Mediators im Mediationsverfahren,[9] mit unterschiedlichen Stilen der Mediation,[10] mit Strukturmerkmalen der Mediation (wie etwa demjenigen der Selbstverantwortung der Parteien)[11] und mit der Vertraulichkeit in der Mediation, die sogar als eine Säule der Mediation anerkannt wurde.[12]

73 Die Analyse der Rechtsprechung zeigte bereits vor Inkrafttreten des Mediationsgesetzes eine zunehmende (wenn auch noch geringe) **Sichtbarkeit von Mediation im deutschen Rechtssystem.** Und sie zeigt – abgesehen davon, wie die Judikate im Einzelnen aus Sicht der Mediation zu beurteilen sind – ein zunehmendes Verständnis von Mediation, ihren Prinzipien, Charakteristika und ihrer Bedeutung im System der Konfliktlösungsmodelle. Die durch das Mediationsgesetz in Gang gesetzte Rechtsentwicklung kann darauf aufbauen.

II. Zentrale Aspekte der Rechtsprechung zur Mediation im Einzelnen

74 Die Rechtsprechung hatte sich mit folgenden Aspekten der Mediation zu befassen:

75 **1. Arten der Mediation und Verfahrensgrundsätze.** Als sich die Gerichtslandschaft in Deutschland zum ersten Mal mit dem Phänomen der Mediation beschäftigen musste, waren **unterschiedlichste Ausprägungen von drittunterstützten Konfliktvermittlungsverfahren** zu beobachten. Als Weichenstellung wurde danach differenziert, ob sich die Parteien noch im Stadium der außergerichtlichen Konfliktbeilegung befanden oder ob der Konflikt bereits durch die Anrufung des Gerichts eskaliert worden war. Insbesondere in dem Bereich, in dem ein Rechtsstreit bereits bei Gericht anhängig war, sahen sich die Beteiligten mit einer Vielzahl von – bundesweit uneinheitlich ausgestalteten – Schattierungen der Mediation konfrontiert.[13] Dabei wurde in der Vergangenheit die Möglichkeit des angerufenen Richters, ein Mediationsverfahren vorzuschlagen bzw. durchführen zu lassen, auf eine (analoge) Anwendung des § 278 Abs. 5 S. 2 ZPO aF gestützt.[14] Das nunmehr eingeführte erweiterte Güterichtermodell knüpft an diese Anfänge an.

---

8 AnwGH Koblenz ZKM 2002, 84; AnwGH Stuttgart ZKM 2001, 196; AnwGH Hamm ZKM 2000, 141; AnwG Berlin ZKM 2002, 139.
9 OLG Karlsruhe ZKM 2003, 133; OLG Karlsruhe NJW 2001, 3197; OLG Hamm 20.10.1998 – 28 U 79/97; AG Lübeck NJW 2007, 3789.
10 AG Lübeck NJW 2007, 3789.
11 OLG Hamm 20.10.1998 – 28 U 79/97.
12 OLG Schleswig 18.6.2009 – 2045E-118.
13 Zu den unterschiedlichen Pilotprojekten vgl. *Greger* ZRP 2010, 211.
14 Die gerichtsnahe Mediation – bei einem außergerichtlichen Mediator – wurde auf § 278 Abs. 5 S. 2 ZPO aF gestützt, während die analoge Anwendung der Vorschrift auf die gerichtsinterne Mediation – bei einem Richtermediator – umstritten war. S. dazu *Schmiedel/Wendenburg*, S. 113.

Das OLG Brandenburg ergriff in diesem Rahmen beiläufig die Gelegenheit, **76** sein Begriffsverständnis zum **Grundsatz der Freiwilligkeit** darzulegen:[15] Neben dem Recht, das Mediationsverfahren jederzeit beenden zu können, umfasse der Grundsatz der Freiwilligkeit nach einhelliger Meinung insbesondere auch den privatautonomen Entschluss der Parteien, überhaupt ein Mediationsverfahren durchführen zu wollen. Eine Mediation dürfe daher auch nicht durch den Richter als notwendiges Erfordernis für eine weitere Rechtsdurchsetzung angeordnet werden.[16] Aus dem Recht, die Parteien auf die Möglichkeit der Durchführung einer Mediation hinzuweisen, könne kein Recht zur Anordnung einer Mediation abgeleitet werden. Eine gerichtliche Zwangsschlichtung gibt es nicht.[17]

Der Freiwilligkeisgrundsatz spielt auch im Rahmen von arbeitsgerichtli- **77** chen Streitigkeiten eine zunehmend bedeutende Rolle. Beispielsweise kann ein Arbeitgeber seine Arbeitnehmer durch die Ausübung des Weisungsrechts gem. § 106 S. 1 und 2 GewO nicht verpflichten, an einer Mediation teilzunehmen, da einer Mediation das Element der Freiwilligkeit immanent sei.[18] Diese Wertung wurde auch in dem auf die Rechtsbeschwerde des Betriebsrats ergangenen Beschluss des BAG nicht in Frage gestellt.[19] Diese Entscheidungen stehen damit im Einklang zur gesetzgeberischen Vorstellung von Freiwilligkeit, die in § 2 Abs. 2 MediationsG zum Ausdruck kommt (→ MediationsG § 2 Rn. 94 ff.).

Häufig besteht in arbeitsrechtlichen Streitigkeiten ein Spannungsverhältnis zwischen dem Freiwilligkeitsgrundsatz und der Verhältnismäßigkeit von Maßnahmen, zB der Wirksamkeit von Druckkündigungen oder Mobbingklagen (→ ArbGG § 54 Rn. 21 ff.). [20]

Mehr und mehr müssen sich die Gerichte mit der **Wirksamkeit und den** **78** **prozessualen Folgen von Mediationsvereinbarungen** auseinandersetzten. Eine unabhängig vom konkreten Streitfall getroffene vertragliche Verpflichtung, ein Mediationsverfahren durchzuführen, verstößt nach dem BGH nicht gegen das in § 1 Abs. 1 MediationsG verankerte Prinzip der Freiwilligkeit.[21] Dies ist richtig, denn andernfalls bestünde keine Möglichkeit für die Vereinbarung von Mediationsklauseln. Auch durch die Entscheidung des OLG Saarbrücken, dass grundsätzlich eine vertraglich vereinbarte Mediationsklausel der unmittelbaren gerichtlichen Geltendmachung von Ansprüchen entgegensteht, sofern sich die andere Partei vor der

---

15 OLG Brandenburg ZKM 2010, 96.
16 Vereinzelt wird eine differenzierende Betrachtungsweise der Freiwilligkeit befürwortet, vgl. *Keydel* ZKM 2011, 61; *Marx* ZKM 2010, 132.
17 *Thomas/Dahl* in: Gläßer/Kirchhoff/Wendenburg, Konfliktmanagement in der Wirtschaft, S. 319 (321); BAG NZA 2010, 1250; → ArbGG § 54 Rn 21.
18 LAG Nürnberg BeckRS 2013, 73254; vgl. *Dendorfer-Ditges/Ponschab* in: Moll, § 82 Rn. 37, 105.
19 BAG BeckRS 2015, 72430.
20 Vgl. zB LAG Schleswig-Holstein 20.3.2012 – 18 Sa 65/10; LAG Hessen 8.12.2009 – 1 Sa 394/09, LAG Hamm 11.2.2008 – 8 Sa 188/08; LAG Baden-Würtemberg 23.3.2001 – 18 Sa 65/00; ArbG Hamburg 7.12.1998 – 21 Ca 377/98. Ausführlich zu den Entscheidungen → ArbGG § 54 Rn. 21 ff.
21 BGH NJOZ 2016, 731 Rn. 18, vorgehend OLG Frankfurt ZKM 2015, 95 Rn. 43.

Einlassung zur Sache im Prozess auf die Mediationsklausel (Einrede) beruft,[22] führt zu einer Stärkung der Vereinbarung entsprechender Klauseln.

In dem konkreten Fall hatte sich das OLG Saarbrücken zudem mit der Frage zu beschäftigen, wann die **Berufung auf eine Mediationsklausel treuwidrig** iSv § 242 BGB ist. Es kam dabei zu dem Ergebnis, dass vor dem Hintergrund der gescheiterten Vergleichsverhandlungen nicht die Voraussetzungen für ein erfolgversprechendes Mediationsverfahren gegeben waren, das eine „von gegenseitigem Vertrauen getragene Zusammenarbeit sowie den beiderseitigen Willen für eine einvernehmliche Streitbeilegung bedingt".[23] Ziel der Mediation sei die Einigung der Parteien, was eine vertrauensvolle Zusammenarbeit und den beiderseitigen Willen zu einer außergerichtlichen Einigung voraussetzt.[24] Vorliegend war der Versuch einer außergerichtlichen Einigung trotz „intensive[r] und über Wochen andauernde[r]" Vergleichsverhandlungen ergebnislos geblieben.[25] Zudem war den Parteien jegliche Grundlage für zukünftige Kooperation abhanden gekommen. Eine Einigung durch ein vorprozessuales Mediationsverfahren war unter Berücksichtigung dieser Umstände mehr als unwahrscheinlich. Vor diesem Hintergrund dürfte die Entscheidung richtig sein. Sie darf jedoch nicht dazu führen, dass jedes Scheitern von Verhandlungen zu einer Umgehung einer zuvor eingegangenen Mediationsverpflichtung führt, da sie ja für sich beansprucht, gerade in schwierigen (oder gar aussichtslos scheinenden) Situationen den Parteien zu einer einvernehmlichen Konfliktlösung zu verhelfen. Der vorschnelle Rückgriff auf den Grundsatz von Treu und Glauben würde sonst letztlich zu einer Wirkungslosigkeit von Mediationsklauseln führen, was offensichtlich von der Rechtsprechung nicht gewollt ist.

Interessant ist in diesem Zusammenhang eine Entscheidung des LAG Hamm, in der es die Zulässigkeit einer Druckkündigung verneint hat, weil der Arbeitgeber nicht zuvor ein Mediationsverfahren angeboten hat.[26] Das LAG Hamm stellt dabei hohe Anforderungen an das Scheitern bzw. Aussichtslossein von alternativen Konfliktlösungsmöglichkeiten.[27] Diese Argumentation hat das BAG[28] im Revisionsverfahren bestätigt und hinzugefügt, dass das Unterlassen eines Angebots zur Mediation jedenfalls dann nicht zur Unwirksamkeit einer Druckkündigung führt, wenn der Arbeitgeber aufgrund der Umstände im Einzelfall annehmen durfte, eine der Konfliktparteien würde sich der freiwilligen Teilnahme an einem Mediationsverfahren ohnehin verschließen.[29]

---

22 OLG Saarbrücken BeckRS 2015, 20819, Rn. 16.
23 OLG Saarbrücken BeckRS 2015, 20819, Rn. 19.
24 OLG Saarbrücken BeckRS 2015, 20819, Rn. 19.
25 OLG Saarbrücken BeckRS 2015, 20819, Rn. 19.
26 LAG Hamm 16.10.2015 – 17 Sa 696/15, zitiert nach juris.
27 LAG Hamm 16.10.2015 – 17 Sa 696/15, Rn. 84 ff., zitiert nach juris. Ausdrücklich offen lässt das Gericht dabei die Frage, ob der Arbeitgeber die Konfliktparteien durch Weisung zur Teilnahme an einem Mediationsverfahren hätte verpflichten können, da in jedem Fall eine Verpflichtung zur Teilnahme an einem Aufklärungsgespräch über die Möglichkeit der Mediation bestanden hätte, auch dieser sei die Beklagte aber nicht nachgekommen, ebenda Rn. 86.
28 BAG NZA 2017, 116 Rn. 30 ff.
29 BAG 19.07.2016 – 2 AZR 637/15, Rn. 36, zitiert nach juris; → ArbGG § 54 Rn. 21 ff.

2. „Berufsrecht" des Mediators. Ein wirkliches Berufsrecht des Mediators   79
hat die bisherige Rechtsprechung nicht hervorgebracht. Zu den umstrittenen Fragen im Zusammenhang mit dem Berufsbild Mediator gehörten insbesondere das Verhältnis zur Rechtsberatung, sowie der Zugang zum Beruf
des Mediators und seine Aus- und Fortbildung.

a) Mediation und Rechtsberatung. Bei der Beantwortung der Frage nach   80
der Vereinbarkeit der Mediation mit dem Rechtsberatungsgesetz legte die
Rechtsprechung einen strengen Maßstab an (→ RDG Einl. Rn. 1).[30] Danach erfüllte insbesondere die Unterstützung des nichtanwaltlichen Mediators beim Abschluss einer Mediationsvereinbarung den Tatbestand der Besorgung einer fremden Rechtsangelegenheit nach § 1 Abs. 1 S. 1 RBerG aF.
Dies wurde damit begründet, dass jegliche Hilfestellung bei der Abfassung
von Verträgen unter die Gestaltung konkreter fremder Rechtsverhältnisse
falle. Die Entscheidungen wurden in der Literatur – insbesondere wegen
des undifferenzierten Verständnisses der Rolle und Tätigkeit eines Mediators – stark kritisiert.[31] Die Gerichte trugen damit zu einer starken Verunsicherung unter nichtanwaltlichen Mediatoren bei und erzeugten eine wahre „Schockwelle" in der Mediationsszene.[32] Mit Inkrafttreten des Gesetzes
über außergerichtliche Rechtsdienstleistungen (RDG) am 30.6.2008 wurde
die Thematik jedoch entschärft, da in § 2 Abs. 3 Nr. 4 RDG zur negativen
Begriffsbestimmung der Rechtsdienstleistung die Mediation und jede vergleichbare Form der alternativen Streitbeilegung ausdrücklich erwähnt
wurden.[33]

b) Qualitätssicherung. In der bisherigen Rechtsprechung fanden sich keine   81
generellen – also für alle Mediatoren, gleich welchen Quellberufs – geltenden Mindeststandards, die erfüllt sein müssen, um zum Führen des Titels
eines Mediators berechtigt zu sein. Eine solche Rechtsprechung wäre indes
auch unter der vor Inkrafttreten des Mediationsgesetzes geltenden Gesetzeslage schon denkbar gewesen, denn nach § 5 Abs. 1 S. 2 Nr. 3 UWG ist
es jedem Unternehmer verboten, unwahre Aussagen zu seiner Befähigung
zu machen, die geeignet sind, den Verkehr irrezuführen. Die Rechtsprechung hatte indes bisher keine Gelegenheit zu formulieren, wann die
Selbstbezeichnung als Mediator unwahr und irreführend im Sinne des Lau-
terkeitsrechts ist.

Ein Mindestausbildungsstandard als Voraussetzung für das Führen des Ti-   82
tels eines Mediators galt indes bereits vor dem MediationsG für Rechtsanwälte. Gegenstand einer Reihe von Judikaten der Anwaltsgerichtsbarkeit
wurden insbesondere die in den 1990er Jahren geführten Auseinandersetzungen von Rechtsanwälten mit ihren Kammern zur Frage, ob das Führen
des Titels eines Mediators gegen die berufsrechtliche Pflicht verstoße, nur
in sachlicher Art und Weise zu werben (§§ 43 b BRAO, 6 ff. BORA), weil
der Mediatorentitel keine Fachanwaltsbezeichnung ist. Durch die zwi-

---

30 LG Leipzig ZKM 2005, 71; OLG Rostock ZKM 2001, 192; LG Rostock ZKM
     2000, 235.
31 *Klose* ZKM 2005, 72.
32 *Mankowski* ZKM 2001, 293.
33 *Henssler* ZKM 2006, 134; *Tochtermann* ZKM 2007, 4 f.

schenzeitliche Einführung des § 7 a BORA[34] ist diese Rechtsprechung bereits überholt.[35] Eine gesicherte Rechtsprechung dazu, welche Ausbildung ein Rechtsanwalt absolviert haben muss, um sich nach dieser Vorschrift im Rechtsverkehr Mediator nennen zu dürfen, hat sich noch nicht herausgebildet. Allerdings hat das LG Berlin[36] die von den Rechtsanwaltskammern in ihrer Rechtsanwendungspraxis geforderte Mindestausbildungsdauer von 90 Stunden indirekt anerkannt.

83   Durch die Einführung genereller und detaillierter Vorgaben zur Qualifikation des Mediators nach §§ 5, 6 wurde die Rechtslage gegenüber der bestehenden Rechtsprechung fundamental umgestaltet (→ MediationsG § 5 Rn. 1 ff., → MediationsG § 6 Rn. 1 ff.).

84   c) Sozietätsbildung. Nach dem anwaltlichen Berufsrecht besteht zudem eine aus Sicht der Mediationsanbieter abzulehnende **Beschränkung der Möglichkeiten beruflicher Kooperation** fort: Nach § 59 a Abs. 1 S. 1 BRAO ist eine Sozietät zwischen Rechtsanwaltsmediatoren und solchen, die keinen der in der Vorschrift genannten Quellberuf (Steuerberater, Steuerbevollmächtigte, Wirtschaftsprüfer und vereidigte Buchprüfer) haben, nach dem Wortlaut des Gesetzes nach wie vor nicht gestattet.[37] Inzwischen hat indes das BVerfG entschieden, dass diese Vorschrift jedenfalls teilweise verfassungswidrig ist und damit die bereits zuvor in der Literatur häufig angeführten verfassungsrechtlichen Bedenken bestätigt: In seiner Entscheidung vom 12.1.2016 hat das BVerfG auf eine Vorlage des BGH hin entschieden, dass ein Verbot einer gemeinschaftlichen Berufsausübung von Rechtsanwälten mit Ärzten oder Apothekern im Rahmen einer Partnerschaftsgesellschaft die Berufsfreiheit aus Art. 12 GG verletzt.[38] Der abschließende Katalog des § 59 a Abs. 1 S. 1 BRAO ist damit gesprengt und die Möglichkeiten der interprofessionellen Sozietätsbildung sind weit geöffnet.[39] Die bisherige Rechtsprechung, die die Vorschrift ihrem Wortlaut gemäß anwandte,[40] wird somit nicht fortgeführt werden können. Nicht abschließend geklärt ist allerdings bis auf Weiteres, welche Berufe im Einzelnen für eine interprofessionelle Sozietät in Betracht kommen. Der Beschluss des BVerfG gibt hierzu aber jedenfalls Anhaltspunkte. Das BVerfG führt als legitimes gesetzgeberisches Ziel, die Sozietätsbildung von Rechtsanwälten zu beschränken, in allererster Linie die Wahrung der Verschwiegenheit an; ergänzend wird das Verbot, widerstreitende Interessen zu vertreten (§ 43 a Abs. 4 BRAO), und das Erfordernis beruflicher Unabhängigkeit angeführt.[41] Hinsichtlich der im Zentrum stehenden Frage der Verschwiegenheit der

---

34   Satzungsänderung v. 25./26.4.2002, BRAK-Mitteilung 2002, 219 f.
35   „Als Mediator darf sich bezeichnen, wer durch geeignete Ausbildung nachweisen kann, dass er die Grundsätze des Mediationsverfahrens beherrscht." § 7 a BORA wurde mit Wirkung zum 1.5.2013 inzwischen wie folgt an § 5 Abs. 1 MediationsG angeglichen: „Der Rechtsanwalt, der sich als Mediator bezeichnet, hat die Voraussetzungen nach § 5 Abs. 1 Mediationsgesetz im Hinblick auf Aus- und Fortbildung, theoretische Kenntnisse und praktische Erfahrungen zu erfüllen."
36   LG Berlin ZKM 2010, 156.
37   Hierzu *Hartung/Wendenburg* NJW 2009, 1551 ff.
38   BVerfG 12.1.2016 – 1 BvL 6/13.
39   Hierzu *Römermann* NJW 2016, 682.
40   AnwGH Celle ZKM 2003, 85.
41   BVerfG 12.1.2016 – 1 BvL 6/13, Rn. 49 ff.

Rechtsanwälte stellt das BVerfG im Kern darauf ab, ob die für die Sozietätsbildung in Frage kommende Berufsgruppe vergleichbaren Vertraulichkeitspflichten unterliegt wie Rechtsanwälte, und erwähnt insoweit insbesondere, dass nach § 203 Abs. 1 Nr. 1 StGB auch der Vertraulichkeitsbruch von Ärzten und Apothekern – gleich demjenigen von Rechtsanwälten – strafbar ist.[42] Aus dieser Begründung ist bereits der Schluss gezogen worden, dass eine Sozietätsbildung von Rechtsanwälten jedenfalls mit allen in § 203 Abs. 1 StGB genannten Berufsgruppen zulässig ist.[43] Folgt man dieser Ansicht, ergeben sich für interprofessionelle Mediationskanzleien zahlreiche neue Möglichkeiten, da zu diesen Berufen insbesondere auch Berufspsychologen (Nr. 2) und Sozialpädagogen (Nr. 5) zählen. Angesichts der verbleibenden Unsicherheiten ist aber dennoch der Gesetzgeber aufgefordert, die gesetzliche Einschränkung der Sozietätsbildung insgesamt verfassungskonform auszugestalten.

d) Haftung. Die Haftung des Mediators für Pflichtverletzungen ergibt sich   85
aus dem Mediatorenvertrag[44] sowie nach den allgemeinen zivilrechtlichen Vorschriften über den Schadensersatz.[45] Haftungsgrundlage sind danach regelmäßig die §§ 280–283, 286 BGB, jeweils in Verbindung mit dem Mediatorenvertrag, der ganz allgemein als Dienstvertrag mit Geschäftsbesorgungscharakter im Sinne der §§ 611, 675 Abs. 1 BGB eingestuft wird.[46]

Die Mediatorenhaftung ist allerdings nach wie vor ein beinahe ausschließ-   86
lich wissenschaftlich bearbeitetes Rechtsgebiet, das in der Rechtsprechung bisher keine Rolle gespielt hat. Über die Gründe hierfür kann man nur Vermutungen anstellen: Ein Grund dürfte darin liegen, dass die Tätigkeit des Mediators – im Gegensatz zu derjenigen von Berufsgruppen, deren Haftungsrecht als eigene Rechtsgebiete einzustufen sind (Ärzte, Rechtsanwälte, Architekten usw) – schlicht **nicht besonders schadensgeneigt** ist. Hinzukommen dürfte, dass der Nachweis eines Kausalzusammenhangs zwischen einer Mediationsschlechtleistung und einem Schaden oft sehr schwer fallen dürfte. Im anwaltlichen Haftungsrecht helfen dem klagenden Mandanten bspw. Regeln des Anscheinsbeweises vielfach über solche Beweisnöte hinweg.[47]

Die existierenden Rechtsprechungsfälle zur Haftung von Mediatoren be-   87
treffen ausschließlich Rechtsanwaltsmediatoren und präsentieren letztlich **Varianten der Anwaltshaftung** im Falle des Tätigwerdens als Mediator. In diesen Fällen zeigt sich die Spannung, die auch im Rahmen des anwaltlichen Berufsrechts zu Tage tritt: Beide Rechtsgebiete, das anwaltliche Berufsrecht wie das Haftungsrecht, sind auf einem Bild des Rechtsanwaltes als einseitigem Interessenvertreter aufgebaut. Dieses Leitbild des geradlinigen, loyalen Kämpfers für eine Seite prägt die Konturen anwaltlicher Berufspflichten und Haftungstatbestände. Die demgegenüber strukturell an-

---

42 BVerfG 12.1.2016 – 1 BvL 6/13, Rn. 60.
43 *Römermann* NJW 2016, 682 (683).
44 Damit wird allgemein der Vertrag zwischen dem Mediator und dem Medianden im Unterschied zur Mediationsvereinbarung zwischen den Konfliktparteien verstanden, vgl. *Jost* in: Haft/v. Schlieffen, § 29 Rn. 4.
45 *Jost* in: Haft/v. Schlieffen, § 29 Rn. 2; *Eidenmüller*, S. 40 f.
46 *Eidenmüller*, S. 32.
47 Hierzu Borgmann/Jungk/Grams/*Jungk*, S. 332 ff.

dersartige Tätigkeit des Rechtsanwalts als Mediator kann sich deshalb nicht bruchlos in das Recht der Anwaltshaftung einfügen.

88 So entschied das OLG Hamm, dass einen Rechtsanwaltsmediator eine deutlich herabgesetzte Pflicht treffe, den ihm von seinen Mandanten (den beiden Konfliktparteien) präsentierten Sachverhalt zu hinterfragen und weiter zu erforschen, da er für zwei Parteien neutral tätig werde.[48] Das AG Lübeck hatte darüber zu entscheiden, ob ein Rechtsanwalt, der im Rahmen seiner Beauftragung als Mediator auch Rechtsauffassungen äußert, für deren Richtigkeit in gleicher Weise haftet wie ein Rechtsanwalt sonst auch.[49] In fragwürdiger Weise schließt das Gericht hier vom Rollenbild des Mediators auf eine Herabsetzung des Haftungsmaßstabes des Anwaltsmediators. Nach Ansicht der Verfasser überzeugt dies insbesondere deshalb nicht, weil die strenge Anwaltshaftung auch als Reflex des Anwaltsprivilegs nach dem RDG zu verstehen ist, das ausdrücklich nicht-anwaltlichen Mediatoren einen Rechtsrat mit umfassender, „aktiver" Rollenausübung verbietet.

89 An der zivilrechtlichen Konstruktion der Haftung des Mediators hat sich durch das MediationsG im Grundsatz nichts verändert. Denkbar ist aber, dass das MediationsG den Anstoß für das Entstehen eines Mediatorenhaftungsrechts gibt, das mehr ist als nur eine punktuelle Korrektur bestehender Grundsätze der Anwaltshaftung. Grund für diese Annahme ist, dass das MediationsG in seinen §§ 2–4 konkrete berufliche Pflichten aufstellt (→ MediationsG § 2 Rn. 1 ff., → MediationsG § 3 Rn. 1 ff., → MediationsG § 4 Rn. 1 ff.). Das könnte zu einer bisher nicht erfolgten **Konkretisierung von Haftungstatbeständen** führen. Insbesondere die Pflicht nach § 2 Abs. 6 S. 1 zur Durchführung einer Verständniskontrolle nach Beendigung der Mediation könnte als Einfallstor für zukünftige Haftungsfälle dienen. Die hier getroffene Einschätzung, die Tätigkeit des Mediators sei im Vergleich zu anderen beruflichen Tätigkeiten wenig schadensgeneigt, bedarf möglicherweise einer Einschränkung im Hinblick auf die nunmehr geltende gesetzliche Verschwiegenheitspflicht nach § 4. Gerade in unternehmerischen Zusammenhängen kann ein Vertraulichkeitsbruch erhebliche negative wirtschaftliche Folgen haben und somit zu einer Haftung des Mediators führen.

90 **3. Die Tätigkeitsbeschränkungen des Mediators.** Auch hinsichtlich der Verhinderung von Interessenkonflikten durch Offenbarungspflichten und Tätigkeitsbeschränkungen stellt sich das bisher durch die Rechtsprechung geformte Mediationsrecht lediglich als „Annex" zum anwaltlichen Berufsrecht dar. Konkret hatte sich die Rechtsprechung dabei mit dem sog **Prävarikationsverbot** auseinander zu setzen, das es dem Anwalt nach § 43 a Abs. 4 BRAO und § 356 Abs. 1 StGB verbietet, widerstreitende Interessen zu vertreten bzw. „in derselben Rechtssache beiden Parteien durch Rat oder Beistand pflichtwidrig" zu dienen.

91 Diese Vorschrift birgt auf augenfällige Art und Weise Konfliktpotenzial im Hinblick auf anwaltliches Tätigwerden als Mediator; sie wirft auch ein Schlaglicht auf die grundlegende Unterschiedlichkeit der Anwalts- und Me-

---

48 OLG Hamm 20.10.1998 – 28 U 79/97.
49 AG Lübeck NJW 2007, 3789.

diatorentätigkeit: Der Rechtsanwalt soll in emphatischer Art und Weise einseitiger Vertreter des Mandanteninteresses sein. Als „Diener zweier Herren" kann er das nicht leisten, denn er würde dann das Vertrauen, das sein Mandant in ihn setzt, seine Unabhängigkeit und das Vertrauen der Allgemeinheit in die Integrität der Anwaltschaft untergraben. Der Mediator dagegen soll ganz unbedingt „Diener zweier Herren" sein. Kern seiner Tätigkeit ist es gerade, beiden Parteien gemeinsam beim Umgang mit ihren widerstreitenden Interessen zu helfen. Der (Anwalts-)Mediator „vertritt" damit durchaus die Interessen beider Konfliktparteien im Sinne des § 43 a Abs. 4 BRAO, denn der Begriff der „Vertretung" von Interessen ist dort „im weitesten Sinne" als „Dienen durch Rat oder Beistand" zu verstehen, was „jede rechtliche oder tatsächliche Tätigkeit bezüglich derselben Rechtssache"[50] einschließt.[51]

Dieser strukturelle Widerspruch zwischen der Mediatorentätigkeit als allparteilicher Arbeit auf beiden Seiten eines Interessenwiderspruchs und der anwaltlichen Tätigkeit als parteilicher Vertretung einer Seite lässt sich indessen im Hinblick auf das Prävarikationsverbot des § 43 a Abs. 4 BRAO dogmatisch auflösen: 92

Zum einen ist auch das klassische Berufsbild des Rechtsanwalts nicht auf die „kämpferische" Interessenvertretung beschränkt, sondern umfasst auch Tätigkeiten der „Schlichtung, Vermittlung, Beratung und Gestaltung".[52] Die gemeinsame Beauftragung eines Rechtsanwaltes durch zwei Parteien ist also grundsätzlich möglich.[53] Hinzukommt, dass nach ständiger Rechtsprechung des Bundesgerichtshofes   93

„das Wort ‚Interesse' nicht […] im objektiven, sondern im subjektiven Sinne zu verstehen ist. Es kommt somit nicht darauf an, welches Verhalten etwa im objektiven Interesse der Partei liegt, sondern welches Ziel diese selbst verfolgt wissen will."[54]

Eine generelle Bestimmung nach rein objektiven Kriterien – also eine Bestimmung des wohlverstandenen Interesses des Mandanten –, wie sie zum Teil im Schrifttum gefordert wird,[55] kann demgegenüber auch nicht überzeugen: Sie ist mit der Privatautonomie im Mandatsverhältnis nicht zu vereinbaren.[56]   94

Auf der Grundlage dieser subjektiven Interessenbestimmung lässt sich die Mediation dann schlüssig aus dem Tatbestand der Prävarikation ausschließen. Beide Parteien, die gemeinsam einen Anwalt als Mediator bestellen,   95

---

50 Feuerich/Weyland/Vossebürger/*Feuerich* BRAO § 43 a Rn. 66.
51 AA ist *Knöfel* NJW 2005, 6 (9), der die mediative Tätigkeit generell aus dem Tatbestand der Vertretung herausnehmen möchte.
52 *Henssler/Schwackenberg* MDR 1997, 409 (410).
53 Henssler/Prütting/*Eylmann* BRAO § 43 a Rn. 186 a.
54 BGH NJW 1954, 726 (727), unter Verweis unter anderem auf die noch ältere Rechtsprechung des Reichsgerichts und des Ehrengerichtshofs der Rechtsanwaltschaft.
55 Lackner/*Kühl* StGB § 356 Rn. 7.
56 Zu notwendigen Einschränkungen dieses subjektiven Kriteriums dort, wo ein Allgemeininteresse in das Mandatsverhältnis mit hineinspielt (insbesondere bspw. im Strafprozess), s. Henssler/Prütting/*Eylmann* BRAO § 43 a Rn. 172 ff.; Schönke/Schröder/*Heine* StGB § 356 Rn. 18 f.

haben insoweit ein gemeinsames Interesse: Sie wollen trotz der bestehenden Differenzen in der Sache beide eine gütliche Verhandlung *über* diese Interessengegensätze, nicht ihre Austragung auf dem Rechtsweg.[57] Die Wahrnehmung – *Vertretung* – dieses gemeinsamen Parteiinteresses an der Erarbeitung einer einvernehmlichen Konfliktlösung kann daher nicht als Vertretung widerstreitender Interessen aufgefasst werden.[58]

96   Anders stellt sich die Rechtslage freilich dar, wenn der Anwaltsmediator nicht lediglich als Mediator auftritt:

97   Das OLG Karlsruhe hatte in zwei Fällen – einem zivilrechtlichen[59] und einem strafrechtlichen[60] – darüber zu entscheiden, ob ein Anwaltsmediator das Verbot, widerstreitende Interessen zu vertreten, verletzt hatte. Beiden Urteilen lagen erstaunlich ähnliche Sachverhalte zugrunde: Beide Male handelte es sich um Scheidungsfälle, in denen die beiden Eheleute im Bemühen um Einverständlichkeit zunächst einen Rechtsanwalt gemeinsam beauftragten, um eine Scheidungsvereinbarung zu erarbeiten. In beiden Fällen vertrat der Rechtsanwalt nach Beendigung der gemeinsamen Beratung einen der beiden Ehepartner alleine in derselben Scheidungssache.[61]

98   Hier zeigte sich erneut deutlich, wie das anwaltliche Berufsrecht, das auf einem Rollenverständnis des Anwalts als eines Kämpfers für eine Seite basiert, angesichts der Tätigkeit eines Anwalts für beide Seiten herausgefordert ist. Das OLG Karlsruhe hat der mediativen Tätigkeit von Rechtsanwälten dabei in beiden Fällen – im Einklang mit der soeben geschilderten Rechtsauffassung – keinen Riegel vorgeschoben: Wegen der Allparteilichkeit der Mediatorentätigkeit und deren Zweck, die Einigung der Parteien zu unterstützen, sei diese nicht als ein (verbotenes) Tätigwerden für beide Seiten zu werten.[62]

99   Die beiden Karlsruher Entscheidungen kommen indes zu unterschiedlichen Ergebnissen in der Frage, ob ein nachträgliches Tätigwerden für nur eine Seite nach dem gemeinsamen Tätigwerden als Mediator für beide Seiten den Tatbestand der Prävarikation erfüllt.[63] Die Strafkammer, die eine Prävarikation ablehnt, stützte sich dabei im Kern auf die Überlegung, dass der Rechtsanwalt durch die vorangegangene gemeinsame Beauftragung „nicht Diener bzw. Vertreter einseitiger Parteiinteressen, sondern unparteiischer Mittler" geworden sei. Die Entscheidung muss als Fehlurteil gelten: Denn es ist gerade der Übergang vom unparteiischen Mittler zum parteiischen Vertreter, der den Vorwurf der Prävarikation begründet.[64] Dieser also

---

57 *Ade/Gläßer* ZKM 2013, 57 (61 f.).
58 *Henssler/Kilian* FuR 2001, 104 (105); *Henssler/Schwackenberg* MDR 1997, 409 (410); *Kleine-Cosack* BRAO § 43 a Rn. 154; Henssler/Prütting/*Eylmann* BRAO § 43 a Rn. 186 a; Feuerich/Weyland/Vossebürger/*Feuerich* BRAO § 43 a Rn. 65 a.
59 OLG Karlsruhe NJW 2001, 3197.
60 OLG Karlsruhe ZKM 2003, 133.
61 OLG Karlsruhe NJW 2001, 3197 (3198); OLG Karlsruhe ZKM 2003, 133.
62 OLG Karlsruhe NJW 2001, 3197 (3198); OLG Karlsruhe ZKM 2003, 133 (135).
63 Bejahend: OLG Karlsruhe NJW 2001, 3197, dem folgend LG Köln 21.11.2012 – 9 S 69/12; Verneinend: OLG Karlsruhe ZKM 2003, 133.
64 So im Ergebnis auch *Knöfel* NJW 2006, 6 (9 f.): „Das einmal als Mediator mit anderen Interessen zum Ausgleich gebrachte oder auch nur in die mehrseitige Betreuung eingestellte Interesse darf nicht mehr anwaltlich mit einer Stoßrichtung gefördert werden, die sich gegen den anderen Teil des Mediationsverfahrens richtet."

schon unter damaligem Recht nicht haltbaren Auffassung des Strafgerichts, der Anwalt verrate durch ein solches nachträgliches einseitiges Tätigwerden keine Parteiinteressen, wurde durch das Inkrafttreten des insoweit eindeutigen § 3 Abs. 2 S. 2 der Boden entzogen, denn dort ist nunmehr die Pflichtwidrigkeit eines solchen Verhaltens eines Mediators explizit normiert worden (→ MediationsG § 3 Rn. 6 ff.).

4. Die Vertraulichkeit in der Mediation. Vertraulichkeit ist ein wesentlicher Grundsatz der Mediation. Eine interessenorientierte Lösung setzt voraus, dass die regelungsbedürftigen Interessen (offen) bekannt sind. Nur wenn gewährleistet ist, dass die offenbarten Informationen nach (erfolgloser) Beendigung der Mediation nicht gegen einen Medianden verwandt werden (sei es außergerichtlich oder gerichtlich), entsteht der für eine erfolgreiche Mediation erforderliche Vertrauensrahmen. Gleichzeitig darf dieser Vertrauensrahmen nicht zu einer „Flucht in die Mediation" führen, dh dazu, dass Informationen gezielt in der Mediation offenbart werden, um sie für einen Folgeprozess zu sperren. Die Rechtsprechung befasste sich in vier Entscheidungen[65] mit dem Aspekt der (internen und externen) Vertraulichkeit in der Mediation.[66] **Externe Vertraulichkeit** bedeutet, dass in der Mediation bekannt gewordene Informationen diesen Rahmen nicht verlassen sollen, zB indem der Mediator in einem späteren Prozess als Zeuge auftritt oder Informationen als Beweismittel vorgetragen werden.[67] **Interne Vertraulichkeit** bedeutet die Vertraulichkeit in der Mediation selbst, nach der zB im Einzelgespräch offenbarte Informationen nicht ohne Einwilligung weitergegeben werden sollen.[68] Die Analyse dieser Entscheidungen zeigt, dass nach alter Rechtslage erhebliche Rechtsunsicherheiten im Zusammenhang mit der Reichweite der Vertraulichkeit in der Mediation bestanden.[69] Ein umfassender Schutz der Vertraulichkeit war nur über eine ausdrückliche vertragliche Vereinbarung zu erreichen.   100

a) Externe Vertraulichkeit. Bis zum Inkrafttreten des MediationsG gab es im deutschen Recht keine allgemeine Rechtsgrundlage zur Sicherung der externen Vertraulichkeit in der Mediation. Lediglich aus dem Berufsrecht des Grundberufs eines Mediators konnte sich dessen gesetzliche Verschwiegenheitspflicht ergeben.[70] Es existierten jedoch keine weitergehenden gesetzlichen Regelungen, aus denen sich eine Geheimhaltungspflicht für alle an der Mediation beteiligten Personen oder ein Beweiserhebungs- oder Be-   101

---

65 Zur externen Vertraulichkeit: AnwG Rostock 1.8.2007 – I AG 6/07; VG Düsseldorf 13.11.2008 – 4 K 6309/07; OLG Schleswig 18.6.2009 – 2045E-118. Zur internen Vertraulichkeit: OLG München 20.5.2009 – 9 VA 5/09.

66 Allg. zur Begriffsbestimmung *Hartmann* in: Haft/v. Schlieffen, § 28 Rn. 4 ff.; *Cremer*, § 4 II; *Oldenbruch*, S. 14 ff.

67 Zur Bedeutung der externen Vertraulichkeit in der Mediation vgl. nur *Beck*, S. 65 ff.

68 Zur Bedeutung der internen Vertraulichkeit in der Mediation vgl. nur *Beck*, S. 81 ff.

69 Hierzu exemplarisch *Oldenbruch*, Die Vertraulichkeit im Mediationsverfahren, 2006.

70 Umfassend zur Vertraulichkeit in der Person des Mediators, *Oldenbruch*, S. 29 ff.

weisverwertungsverbot ergab. Die Parteien mussten deshalb die Vertraulichkeit durch eine vertragliche[71] Vereinbarung in der Mediation sichern.[72]

102   **aa) Verschwiegenheitspflicht des beteiligten Rechtsanwalts.** 2007 hatte sich das AnwG Rostock[73] mit den Verschwiegenheitspflichten eines an der Mediation als Parteivertreter beteiligten Rechtsanwalts zu beschäftigen – konkret mit der Frage, ob ein Rechtsanwalt, der als Parteivertreter an einer Mediation teilnimmt, auch gegenüber der anderen Partei aufgrund seines Berufsrechtes zur Verschwiegenheit verpflichtet ist, wenn zu Beginn der Mediation zwischen den Beteiligten Vertraulichkeit über den Inhalt der Mediation vereinbart wurde.[74] Das AnwG Rostock entschied, dass der Rechtsanwalt nicht gegen seine gesetzliche Pflicht zur Verschwiegenheit verstoßen habe (die Verletzung vertraglicher Pflichten war nicht Gegenstand der Entscheidung), da es keine gesetzliche Pflicht eines Rechtsanwalts gebe, die Geheimnisse der Gegenseite zu bewahren. Seine Verschwiegenheitspflicht gelte nur in Bezug auf den eigenen Mandanten.[75] Nach dem AnwG Rostock würde eine Ausweitung der Geheimhaltungspflicht eines Rechtsanwalts auf Geheimnisse Dritter dazu führen, „dass dem Rechtsanwalt die Wahrnehmung seiner vornehmlichen Aufgabe, nämlich die Vertretung der Interessen seines Mandanten, verwehrt" würde.[76]

103   Im Ergebnis ist dieser Entscheidung zuzustimmen. Nach der Rspr. des BVerfG[77] kommt es darauf an, ob das Geheimnis dem Rechtsanwalt in seiner Funktion „als Rechtsanwalt anvertraut worden oder sonst bekannt geworden" ist. Grds. gibt es zwei Konstellationen, in denen dem Rechtsanwalt ein Geheimnis „als Rechtsanwalt" anvertraut wird: Zum einen in der Mandatsbeziehung, zum anderen, wenn er als Organ der Rechtspflege auftritt. Übertragen auf den vom AnwG Rostock entschiedenen Fall bedeutet dies, dass eine Verschwiegenheitspflicht in Bezug auf Drittgeheimnisse abzulehnen ist. Nimmt der Rechtsanwalt als Parteivertreter an einer Mediation teil, tritt er weder als Organ der Rechtspflege auf, noch besteht ein Mandatsverhältnis mit der anderen Partei. Vielmehr erlangt er allein durch die Teilnahme an der Mediation Kenntnis von den relevanten Informatio-

---

71   Formulierungsbeispiele bei *Hacke*, S. 254 ff.; *Beck*, S. 159 ff.; *Cremer*, § 5 I.3.b); *Oldenbruch*, S. 164 ff.
72   Im Zivilprozess ist die Zulässigkeit von sog Prozessverträgen allg. anerkannt. Der dort geltende Dispositionsgrundsatz sowie der Grundsatz der Verhandlungsmaxime erlauben Vereinbarungen darüber, welcher Vortrag bzw. welche Beweise im Rahmen eines Rechtsstreits zulässig sind, vgl. *Eckardt/Dendorfer* MDR 2001, 786 (790 f.); *Wagner* NJW 2001, 1398 (ff.); *Hofmann* SchiedsVZ 2011, 148 ff.; *Eidenmüller* in: Breidenbach/Coester-Waltjen/Heß/Nelle/Wolf, S. 67, mwN in Fn. 81; *Hacke*, S. 266 ff. Umfassend zur Vortrags- und Beweismittelbeschränkung durch Prozessvertrag, *Oldenbruch*, S. 118 ff. Anders ist es iRd verwaltungs- und sozialgerichtlichen Verfahren. Dort gilt der Amtsermittlungsgrundsatz, dh Gerichte sind an privatrechtliche Beweismittelverträge nicht gebunden. Zu den Grenzen von Prozessverträgen im Verwaltungsverfahren nur *Wagner* NJW 2001, 1398 (1400).
73   AnwG Rostock 1.8.2007 – I AG 6/07. Vgl. auch ZKM 2007, 194 ff.
74   AnwG Rostock 1.8.2007 – I AG 6/07, Rn. 1.
75   AnwG Rostock 1.8.2007 – I AG 6/07, Rn. 2.
76   Vgl. AnwG Rostock 1.8.2007 – I AG 6/07, ZKM 2007, 194 (195 ff.) mit Anm. v. *Wagner/Braem*. Zur allgemeinen Frage, ob Drittgeheimnisse vom Tatbestand des § 203 StGB erfasst sind, vgl. *Kleine-Cosack* BRAO § 43 a Rn. 22 f. Zum Meinungsstand siehe auch *Risse* NJW 2008, 3680 (3682); vgl. *Beck*, S. 101 ff.
77   BVerfG 21.3.2002 – 1 BvR 2119/01.

nen, nicht weil ihm diese aufgrund einer besonderen Vertrauensstellung „anvertraut" werden.[78] Es gibt demnach keine umfassende (dh gegenüber allen Teilnehmern an der Mediation) strafbewährte anwaltliche Verschwiegenheitspflicht, wenn der Rechtsanwalt als Parteivertreter an einer Mediation teilnimmt.[79] Seine Verschwiegenheitspflicht beschränkt sich auf die Interessen seines Mandanten.[80] Dies gilt auch nach dem Inkrafttreten des MediationsG, da sich die Verschwiegenheitspflicht des § 4 nur auf den Mediator, nicht jedoch auf die Parteien und ihre anwaltlichen Beistände bezieht (→ MediationsG § 4 Rn. 14 ff.).

bb) Auslegung eines schriftlichen Mediationsvergleichs. Das VG Düsseldorf[81] hatte sich mit der Frage zu befassen, ob bei der Auslegung eines schriftlichen Mediationsvergleichs das in der Mediation gesprochene Wort zu berücksichtigen ist.[82] Die Parteien hatten in einer in der Berufungsinstanz durchgeführten Mediation einen privatrechtlichen Vergleich geschlossen.[83] Im Anschluss entstand Streit über die Frage, ob ein erlassener Bauvorbescheid mit den Erörterungen in der Mediationssitzung übereinstimme.[84] Das Verwaltungsgericht wies die Klage als unzulässig ab. Zur Begründung führte es an, dass die Kläger in der Mediationsvereinbarung wirksam auf ihr Klagerecht verzichtet hätten.[85] Der Inhalt des Vergleichs ergebe sich aus dem Wortlaut des Vergleichs, etwaige mündliche Erörterungen während der Mediationssitzung seien nicht Gegenstand der Mediationsvereinbarung geworden. Zudem könne über mündliche Erörterungen während der Mediation kein Beweis erhoben werden, weil damit die Vertraulichkeit der Mediation als einer ihrer wesentlichen Grundsätze unterlaufen würde.[86]   **104**

Zur Stärkung der externen Vertraulichkeit in der Mediation ist diese Entscheidung zu begrüßen. Dogmatisch ist sie allerdings fragwürdig. Bei der Vorlage des Mediationsvergleichs handelt es sich um einen **Urkundsbeweis**, dessen Beweiskraft sich nach § 416 ZPO richtet.[87] Der schriftliche Vergleich bietet formell vollen Beweis dafür, dass die in der Urkunde enthaltenen Erklärungen abgegeben wurden.[88] Die Beweiskraft der Urkunde geht aber nur soweit, wie ihre *formelle* Beweiskraft reicht, dh grundsätzlich ist   **105**

---

78 Dass die Informationen aufgrund und nicht bloß bei Gelegenheit der Vertrauenssituation in der Mediation ausgetauscht werden, ist unerheblich. § 203 StGB nimmt nur auf die ausdrücklich genannten Vertrauenssituationen Bezug.
79 *Wagner/Braem* ZKM 2007, 194 (196), Anm. zu AnwG Rostock 1.8.2007 – I AG 6/07.
80 Etwas Anderes gilt, wenn der Rechtsanwalt als Mediator tätig wird. In diesem Fall wird eine umfassende (dh die Interessen beider Parteien berücksichtigende) Verschwiegenheitspflicht des Rechtsanwalts begründet.
81 VG Düsseldorf 13.11.2008 – 4 K 6309/07.
82 VG Düsseldorf 13.11.2008 – 4 K 6309/07.
83 Für den Wortlaut des Vergleichs siehe VG Düsseldorf 13.11.2008 – 4 K 6309/07, Rn. 7.
84 Zudem erklärte die Klägerin (ohne Erfolg) die Anfechtung der Mediationsvereinbarung wegen arglistiger Täuschung, VG Düsseldorf 13.11.2008 – 4 K 6309/07, Rn. 17 f., 30 ff.
85 VG Düsseldorf 13.11.2008 – 4 K 6309/07, Rn. 29.
86 VG Düsseldorf 13.11.2008 – 4 K 6309/07, Rn. 58.
87 § 416 ZPO gilt nach § 98 VwGO auch im Rahmen des Verwaltungsprozesses.
88 Vgl. nur MüKoZPO/*Schreiber* § 416 Rn. 9.

der Gegenbeweis zB darüber zulässig, dass Nebenabreden getroffen wurden oder Mängel bei der Willensbildung vorliegen.[89] Vor diesem Hintergrund ist es fraglich, ob die Entscheidung des Verwaltungsgerichts dahin gehend zu verstehen ist, dass die Vertraulichkeit der Mediation jeden Gegenbeweis unzulässig macht.[90] Letztendlich soll die Vertraulichkeit dem Zweck der Mediation dienen und nicht umgekehrt.

106　cc) **Verschwiegenheitspflicht von „Richtermediatoren".** Vor Einführung von § 4 war die Verschwiegenheitspflicht von Richtermediatoren umstritten.[91] Das OLG Schleswig[92] befasste sich schließlich im Jahr 2009 mit der Verschwiegenheitspflicht von Richtermediatoren.[93] Es führte aus, dass die Richter über die ihnen bei oder bei Gelegenheit ihrer amtlichen Tätigkeit bekannt gewordenen Angelegenheiten Verschwiegenheit gemäß § 71 DRiG iVm § 37 Abs. 1 BeamtStG zu bewahren haben.[94] Die Tätigkeit des Richters als Mediator sei eine dienstliche Gelegenheit im Sinne des § 37 Abs. 1 BeamtStG.[95] Eine Aussagegenehmigung sei deshalb zu Recht versagt worden, weil eine Entbindung des Richters von der Verschwiegenheitspflicht eine „Säule der Mediation" aushöhlen würde.[96]

107　Das OLG Schleswig stärkte mit dieser Entscheidung im besonderen Maße die Vertraulichkeit in der gerichtsinternen Mediation. Vollkommene Rechtssicherheit wurde durch diese Entscheidung jedoch nicht geschaffen, denn trotz des Vorliegens eines Versagungsgrundes ist jeweils eine Ermessensentscheidung durch den entscheidungsbefugten Dienstherren zu treffen. Diese könnte zugunsten einer Aussagegenehmigung ausfallen, wenn es um die Gewährleistung eines effektiven und effizienten Mediationsverfahrens geht, wie zB bei der Durchsetzung der Abschlussvereinbarung[97] (→ ZPO § 278 Rn. 27 f.).

108　b) **Interne Vertraulichkeit.** Lediglich in einem Fall urteilten die Gerichte über die Reichweite der internen Vertraulichkeit. Das OLG München befasste sich im Jahr 2009 in seiner Entscheidung mit der Vertraulichkeit in

---

89　MüKoZPO/*Schreiber* § 416 Rn. 11.
90　Dies wirft auch die Folgefrage nach dem Verhältnis zwischen Anfechtungsrecht und dem Grundsatz der Vertraulichkeit in der Mediation auf.
91　Damals schon für eine Verschwiegenheitspflicht *Spindler*, S. 51 ff.; *ders.* AnwBl. 2007, 655 (657 f.); *Volkmann*, S. 128 f.; *v. Bargen*, S. 344 ff.; *Oldenbruch*, S. 39 ff. Zum damaligen Streitstand *Hartmann* in: Haft/v. Schlieffen, § 28 Rn. 57. Mit dem Inkrafttreten des MediationsG und den entsprechenden Änderungen in den verschiedenen Verfahrensordnungen wurde der „Richtermediator" durch den Güterichter ersetzt, vgl. § 278 Abs. 5 ZPO nF (→ ZPO § 278 Rn. 5 ff.). Auch nach der Überführung ins Güterichtermodell stellt sich die Frage, ob die Verschwiegenheitspflicht für Mediatoren nach § 4 auch auf den Güterichter Anwendung findet, → MediationsG § 4 Rn. 19.
92　OLG Schleswig 18.6.2009 – 2045E-118.
93　OLG Schleswig 18.6.2009 – 2045E-118.
94　Danach bestehe für alle Angelegenheiten, die dem Richter in Ausübung der amtlichen Tätigkeit bekannt werden eine Verschwiegenheitspflicht, OLG Schleswig 18.6.2009 – 2045E-118, Rn. 9; *Beck*, S. 120 ff.; *v. Bargen*, S. 344 ff.
95　OLG Schleswig 18.6.2009 – 2045E-118, Rn. 10.
96　OLG Schleswig 18.6.2009 – 2045E-118, Rn. 11; zur Erteilung der Aussagegenehmigung s. *v. Bargen*, S. 350 ff.
97　Dazu ausführlich *v. Bargen*, S. 353.

der gerichtsinternen Mediation.[98] Nachdem das LG den **Akteneinsichtsantrag** der einen Partei in eine **Mediationsakte** wegen des für Mediationsverfahren geltenden strengen Vertraulichkeitsprinzips abgelehnt hatte,[99] sprach sich das Oberlandesgericht für ein Einsichtsrecht aus.[100] Es begründete seine Entscheidung damit, dass der Grundsatz der Vertraulichkeit der Mediation nur gegenüber Dritten, nicht jedoch gegenüber der Partei selbst gelte.[101] Art. 7 Mediations-RL wolle nur gewährleisten, dass weder die Mediatoren noch die in der Mediation eingebundenen Personen gezwungen seien, Informationen aus der Mediation freizugeben.[102] Der Grundsatz der Vertraulichkeit stünde dem rechtlichen Interesse der Partei im Sinne des § 299 Abs. 2 ZPO an der Einsichtnahme in die Akten daher nicht entgegen. Nach dem OLG München beschränkt sich die Vertraulichkeit in der Mediation also, Art. 7 Mediations-RL folgend, auf das Zeugnisverweigerungsrecht des Mediators. Einen „Grundsatz der absoluten Vertraulichkeit des Mediationsverfahrens"[103] gebe es nicht.[104]

Diese Entscheidung ist im Lichte des Vertraulichkeitsgrundsatzes in der Mediation fragwürdig. Zum einen bestehen Zweifel daran, ob § 299 ZPO für die Einsichtnahme in die Mediationsakte überhaupt herangezogen werden kann. § 299 ZPO ist Ausdruck des Rechts auf rechtliches Gehör, Art. 103 Abs. 1 GG.[105] Dieses Recht gebietet, dass eine richterliche Entscheidung nur auf Tatsachen gestützt wird, die allen am Rechtsstreit Beteiligten bekannt waren und zu denen die Beteiligten Gelegenheit hatten sich zu äußern.[106] Da die Mediationsakte bei den Gerichten als getrennte Akte geführt wird,[107] dh nicht Teil der Gerichtsakte ist – sie mithin nicht Grundlage für die richterliche Entscheidung wird – sprechen gute Argumente dafür, dass das Recht auf rechtliches Gehör in diesem Fall nicht berührt ist.[108] Zum anderen überzeugen die Ausführungen des OLG iRd Interessenabwägung nicht. Das OLG übersieht bei seiner Argumentation den Aspekt der internen Vertraulichkeit, wenn es ein Überwiegen der Vertraulichkeit des Mediationsverfahrens damit ablehnt, dass der Grundsatz der Vertraulichkeit nur gegenüber dritten Personen, nicht jedoch gegenüber der Partei selbst gelte. Die interne Vertraulichkeit ist fester und wesentlicher Bestandteil der Vertraulichkeit und hätte deshalb auch vom OLG in die Entscheidung einbezogen werden müssen, ganz gleich, ob sie in Art. 7 Mediations-RL genannt wird oder nicht. Ob im Ergebnis das Vertraulichkeits- oder das Informationsinteresse des Antragsstellers am Prozessverlauf überwiegt, hängt von den Umständen des Einzelfalls ab. Haben sich der Rich-

109

---

98 OLG München 20.5.2009 – 9 VA 5/09. Vorgehend LG München 10.2.2009 – 3 AR 166/05. Vgl. auch *Kurzweil* ZZP 2010, 77.
99 OLG München 20.5.2009 – 9 VA 5/09, Rn. 1 f.
100 OLG München 20.5.2009 – 9 VA 5/09, Rn. 18 ff.
101 OLG München 20.5.2009 – 9 VA 5/09, Rn. 21.
102 OLG München 20.5.2009 – 9 VA 5/09, Rn. 21.
103 OLG München 20.5.2009 – 9 VA 5/09, Rn. 22.
104 Dazu ausführlich OLG München ZKM 2009, 158 f. mit Anm. v. *Wagner*.
105 Vgl. nur MüKoZPO/*Prütting* § 299 Rn. 1.
106 *Zöller/Greger* ZPO Vor § 128 Rn. 3.
107 Zur Praxis der Führung von Mediationsakten, s. *Kurzweil* ZZP 2010, 77 (79); *Löer* ZZP 2006, 199 (206).
108 So im Ergebnis *Kurzweil* ZZP 2010, 77 (84).

termediator und die Klagepartei iRd Mediations-Anfrage bzw. -Ablehnung auf die vertrauliche Behandlung dieses Kontaktes verständigt,[109] würde eine Einsicht durch den Beklagten die interne Vertraulichkeitsabrede verletzen. Liegt eine solche Vereinbarung jedoch nicht vor, kommt eine Vertraulichkeitsverletzung nicht in Betracht.[110] Die Entscheidung zeigt deutlich, dass nach der alten Rechtslage erhebliche Rechtsunsicherheiten in Bezug auf die Reichweite der internen Vertraulichkeit bestanden. Mit der Einführung des § 159 Abs. 2 ZPO nF (die Protokollierung der Verhandlung vor dem Güterichter erfolgt nur noch auf Antrag der Parteien) und der Möglichkeit die Öffentlichkeit von dem Gütegespräch auszuschließen, ist der Gesetzgeber einen ersten Schritt hin zur Stärkung der (internen Vertraulichkeit) gegangen[111] (→ ZPO § 278 Rn. 26).

110   **c) Ausblick.** Die aufgezeigten Unsicherheiten und Lücken in Bezug auf die Vertraulichkeit in der Mediation werden durch § 4 nicht behoben. Dieser führt zwar ein Zeugnisverweigerungsrecht für den Mediator und seine Hilfspersonen ein.[112] Weitergehende Regelungen trifft das Gesetz jedoch nicht. Mithin wird auch in Zukunft eine vertragliche Vereinbarung für einen umfassenden Vertraulichkeitsschutz erforderlich sein (→ MediationsG § 4 Rn. 22 ff.).[113] Eine Stärkung hat die Vertraulichkeit bei der Verhandlung vor dem Güterichter erfahren (→ ZPO § 278 Rn. 28).

111   **5. Mediation und Fristen.** Eine Mediation kommt nur dann als Alternative zu einem Gerichtsverfahren in Betracht, wenn der Gläubiger dabei keinen Rechtsverlust befürchten muss.[114] Zur Wahrung einer Rechtsposition ist die Einhaltung von Fristen wesentlich. Das gilt für materiell- und prozessrechtliche Fristen. Die Rechtsprechung hatte sich in drei Fällen mit dem Verhältnis **von Mediation und prozessualen Fristen** zu befassen. Die Analyse dieser Entscheidungen zeigt, dass zwar Einigkeit in der gerichtlichen

---

109   Ob ein Mediator eine entsprechende Vereinbarung treffen würde, steht auf einem anderen Blatt.
110   AA *Kurzweil*, für die das Vertraulichkeitsinteresse überwiegt, *dies.* ZZP 2010, 77 (83 f.).
111   Zur gesetzgeberischen Intention, s. BT-Drs. 17/8058, 21.
112   BT-Drs. 17/5335, 11. Eingeschränkt wird die Verschwiegenheitspflicht soweit (1) die Offenlegung des Inhalts der im Mediationsverfahren erzielten Vereinbarung zur Umsetzung oder Vollstreckung dieser Vereinbarung erforderlich ist, (2) die Offenlegung aus vorrangigen Gründen der öffentlichen Ordnung (ordre public) geboten ist, (3) es sich um Tatsachen handelt, die offenkundig sind oder ihrer Bedeutung nach keiner Geheimhaltung bedürfen, § 4 S. 3. Die Ausnahmen beruhen auf Art. 7 Abs. 1 Mediations-RL, vgl. BT-Drs. 17/5335, 17.
113   Über § 4 hinausgehende vertragliche Vereinbarungen bleiben zwischen den Parteien zulässig. In der Gesetzesbegründung heißt es insoweit (BT-Drs. 17/5335, 17): „Sofern die Parteien die Vertraulichkeit auf weitere, in die Mediation eingebundene Personen ausdehnen wollen, können sie hierüber im Rahmen ihrer Dispositionsbefugnis eine Parteivereinbarung schließen; keine Parteivereinbarungen kommen somit beispielsweise für den Bereich des Strafprozesses in Betracht. Daneben kann es sich empfehlen, den Umgang mit geheim zu haltenden Informationen für die Zeit während des Mediationsverfahrens und danach zu regeln. Bei einem Verstoß gegen eine Parteivereinbarung zur Verschwiegenheit können haftungsrechtliche Ansprüche in Betracht kommen."
114   Vgl. Mediations-RL, Erwägungsgrund Nr. 24. Aus Sicht der Praxis ist dieser Aspekt wesentlich, vgl. Positionspapier der deutschen Wirtschaft, ZKM 2009, 147. Sa *Hopt/Steffek*, S. 30 f.; *Risse*, § 3 Rn. 28 ff.

Praxis darüber besteht, dass während der Durchführung einer Mediation das gerichtliche Verfahren ruhend gestellt wird. In Bezug auf den konkreten Beginn und das Ende der Unterbrechung besteht in der Praxis jedoch erhebliche Rechtsunsicherheit (→ BGB § 203 Rn. 4 ff.).

a) **Ruhendstellung des Verfahrens.** Das OLG Oldenburg[115] hatte sich beispielsweise mit der Frage zu befassen, ab welchem konkreten Zeitpunkt bei einer Anordnung des Ruhens des Verfahrens für „die Dauer des Mediationsverfahrens" die Unterbrechung endet und welchen Einfluss dies auf vor der Mediation begonnene Fristen hat (hier: Klageerwiderungsfrist). Genügt insoweit, dass die Mediation vom Richtermediator mit einem entsprechenden Aktenvermerk für gescheitert erklärt wird? Ist eine Terminsverfügung des entscheidenden Richters erforderlich oder eine erneute Fristsetzung? Das OLG entschied, dass die **Ruhendstellung des Verfahrens die Klageerwiderungsfrist unterbricht.** Mit der Ruhendstellung höre der Lauf der Klageerwiderungsfrist für die Dauer der Mediation auf und **beginne nach Beendigung der Unterbrechung von neuem,** §§ 251, 249 ZPO.[116] Ferner entschied das OLG, dass allein das Scheitern der Mediation noch nicht ausreiche, um eine Beendigung der Unterbrechung iSd § 249 S. 1 ZPO anzunehmen. Es sei vielmehr unter den besonderen Umständen des Falls eine förmliche Wiederaufnahme des Verfahrens entweder durch Zustellung des Fortsetzungsantrags der Klägerin nach § 250 ZPO oder eines vom Gericht zu treffenden Beschlusses über die Wiederaufnahme des Verfahrens notwendig.[117]

112

Die Entscheidung des OLG überzeugt. Wird nach § 251 ZPO wirksam das Ruhen des Verfahrens angeordnet, richten sich die Wirkungen der Unterbrechung nach § 249 ZPO. Nach § 249 Abs. 1 ZPO hört mit der Unterbrechung der Lauf einer jeden Frist auf; nach Beendigung der Unterbrechung oder Aussetzung beginnt die volle Frist von neuem zu laufen, mit Ausnahme der in § 251 S. 2 ZPO in Bezug genommenen Fristen. Wird also in einer (gerichtsinternen) Mediation das Ruhen des Verfahrens nach § 251 ZPO angeordnet, führt das dazu, dass die eigentlichen prozessualen Fristen, wie zB die Klageerwiderungsfrist, unterbrochen werden und nach Beendigung der Unterbrechung von Neuem zu laufen beginnen. Voraussetzung ist jedoch, dass die entsprechende Frist im Zeitpunkt der Anordnung des Ruhens des Verfahrens noch nicht abgelaufen war. Ferner ist erforderlich, dass es sich bei der betroffenen Frist nicht um eine Datumsfrist handelt, denn in diesem Fall ist für den Fristbeginn eine erneute Fristsetzung durch das Gericht erforderlich. In allen anderen Fällen ist die Beendigung der Unterbrechung ausschlaggebend für den (Neu-)Beginn der Frist. Auch hinsichtlich des Zeitpunktes der Beendigung des Ruhens des Verfahrens überzeugen die Feststellungen des OLG. Die Ruhendstellung des Verfahrens für die „Dauer des Mediationsverfahrens" lässt nicht den konkreten Unterbrechungsendpunkt erkennen, so dass im Interesse der Rechtssicherheit eine förmliche Wiederaufnahme notwendig ist. Voraussetzung für den Verzicht auf eine förmliche Wiederaufnahme des Verfahrens ist, dass für die Partei-

113

---

115 OLG Oldenburg 21.2.2008 – 8 U 186/07.
116 OLG Oldenburg 21.2.2008 – 8 U 186/07, Rn. 27.
117 OLG Oldenburg 21.2.2008 – 8 U 186/07, Rn. 29.

en Klarheit (Rechtssicherheit), darüber besteht, wann die Unterbrechung oder Aussetzung tatsächlich endet. Grundsätzlich endet die Unterbrechung ohne Weiteres Zutun des Gerichts zum einen durch Zeitablauf, wenn die Anordnung für eine bestimmte Zeit (zB für sechs Monate) angeordnet wurde, zum anderen mit Eintritt eines bestimmten Ereignisses (zB dem Abschluss der Mediation). Die von der Vorinstanz gewählte Formulierung erfüllte diese Anforderungen nicht. Der Wortlaut „Dauer des Mediationsverfahrens" ist insoweit nicht klar. Zwar kann argumentiert werden, dass mit der Rückgabe der Akten an den erkennenden Richter und dessen Vermerk, dass die Mediation gescheitert war, das Mediationsverfahren beendet war. Dies war aber den Beklagten nicht mitgeteilt worden, so dass für sie die Beendigung nicht zu erkennen war. Das änderte sich erst mit der Zustellung der Terminsladung.

114   b) **Berufungsbegründungsfrist.** Der BGH[118] und das OLG Dresden[119] hatten sich in zwei Fällen mit der Frage auseinanderzusetzen, ob **die gerichtsinterne Mediation die Berufungsbegründungsfrist hemmt.** Die Ergebnisse könnten unterschiedlicher nicht sein.

115   Der BGH entschied, dass die Berufungsbegründungsfrist auch während einer am Oberlandesgericht durchgeführten Mediation weiterlaufe. Dies begründete er ua damit, dass das Mediationsverfahren als besonders ausgestaltetes Güteverfahren gem. § 278 Abs. 2 ZPO durchgeführt worden sei und § 251 ZPO gemäß § 278 Abs. 5 S. 3 ZPO daher entsprechend gelte. Nach § 251 S. 2 ZPO habe die Güteverhandlung jedoch keine Auswirkung auf den Lauf der in § 233 ZPO bezeichneten Berufungsbegründungsfrist. Soweit ist die Entscheidung dogmatisch nachvollziehbar. Interessant ist die Entscheidung aus Sicht der Mediation aber hauptsächlich wegen ihrer weiteren Begründungsebene. In dem zu entscheidenden Fall hatte nämlich das OLG dem Kläger nach fristgerechter Einlegung der Berufung ein „Informationsblatt zur Mediation" übermittelt, das ua den Hinweis enthielt, dass die Berufung während des Mediationsverfahrens nicht begründet werden soll und dass die Frist zur Begründung der Berufung auf Antrag entsprechend verlängert wird.[120] Der Beklagte hatte daraufhin innerhalb der Zweimonatsfrist des § 520 Abs. 2 S. 1 ZPO weder seine Berufung begründet noch einen Fristverlängerungsantrag gestellt. Erst in der nach Ablauf der Berufungsbegründungsfrist gehaltenen Mediationssitzung stellte der Beklagte einen entsprechenden Fristverlängerungsantrag, der durch den Richtermediator mit Zustimmung der Klägerin bewilligt wurde.[121] Der BGH sah darin jedoch keine wirksame Fristverlängerung, weil die Berufungsbegründungsfrist im Zeitpunkt der Verlängerung bereits abgelaufen war und auch der Fristverlängerungsantrag erst nach Fristablauf gestellt wurde. Durch die (unwirksame) Verlängerung sei auch kein Vertrauenstatbestand begründet worden, denn die Mediation begründe kein Vertrauen darauf, dass entgegen der gesetzlichen Regelungen die Berufungsbegrün-

---

118   BGH 12.2.2009 – VII ZB 76/07. Vorgehend OLG Dresden 5.9.2007 – 9 U 584/07. Vorgehend LG Dresden 21.3.2007 – 4 O 3105/06.
119   OLG Dresden 23.2.2009 – 9 U 2043/08.
120   BGH 12.2.2009 – VII ZB 76/07, Rn. 3.
121   BGH 12.2.2009 – VII ZB 76/07, Rn. 4.

dungsfrist während einer Mediation nicht ablaufe. Der BGH hielt somit weder das Informationsschreiben des OLG noch die vermeintliche Verlängerung der abgelaufenen Frist durch den Richtermediator als hinreichend für die Begründung eines Vertrauenstatbestands.

Im Interesse der Förderung der Mediation und der Rechtssicherheit ist die Entscheidung fragwürdig.[122] In diesem Sinne wäre es vielmehr sinnvoll, wenn mit dem Beginn der gerichtsinternen Mediation alle Fristen ausgesetzt würden, da durch die gleichzeitige Fortführung des streitigen Verfahrens zB Rechtspositionen verhärtet werden könnten, die einer gütlichen Einigung entgegenstehen. Soweit eine Fristverlängerung unter dem Gesichtspunkt des Vertrauensschutzes abgelehnt wird, ist sie zwar dogmatisch richtig, lässt aber Raum für Diskussionen.[123] Angesichts des ungenau formulierten Informationsschreibens des OLG gab es durchaus Argumentationsspielraum für ein anderes Ergebnis. Da aber eine einmal abgelaufene Frist nicht – soweit nicht ein Fall der Wiedereinsetzung vorliegt – verlängert werden kann, ist der Entscheidung zuzustimmen. Zudem ist es richtig, dass durch die Ruhendstellung des Verfahrens die Berufungsbegründungsfrist nicht erfasst wird. § 251 S. 2 ZPO bestimmt, dass die Ruhendstellung auf die in § 233 ZPO genannten Fristen keinen Einfluss hat. An dieser Rechtslage ändert sich auch nichts durch die Einführung des MediationsG. Nach § 278 a ZPO nF ordnet das Gericht zwar Ruhen des Verfahrens an, sobald die Parteien sich für die Durchführung einer Mediation entschieden haben, die Rechtsmittelbegründungsfristen bleiben hiervon jedoch unberührt. §§ 251 S. 2 iVm 233 ZPO gilt entsprechend fort.   116

Interessant ist in diesem Zusammenhang die weitere Entscheidung des OLG Dresden. Darin wurde in einem Nebensatz entschieden, dass ein mündlich gestellter **Antrag auf Verlängerung der Berufungsbegründungsfrist** wirksam sei.[124] Zur Begründung verwies das OLG unter ausdrücklicher Berücksichtigung der og BGH-Entscheidung darauf, dass eine entsprechende Annahme unter dem Gesichtspunkt des Vertrauensschutzes geboten sei. Dies ist insoweit bemerkenswert, als der Antrag auf Verlängerung der Berufungsbegründungsfrist nach der Rechtsprechung des BGH schriftlich gestellt werden muss.[125]   117

c) **Ausblick.** Zusammenfassend ist festzuhalten, dass es der bisherigen gängigen Praxis der Gerichte entspricht, im Fall der Durchführung einer gerichtsinternen Mediation das Ruhen des streitigen Verfahrens anzuordnen. Durch das Mediationsgesetz ändert sich an dieser Rechtslage nichts, vielmehr wird nur die bisherige gerichtliche Praxis gesetzlich normiert. Der durch Art. 2 MediationsG eingeführte § 278 a Abs. 2 ZPO sieht iVm § 251 ZPO nunmehr ausdrücklich vor, dass bei der Durchführung einer Mediation oder eines anderen Verfahrens der außergerichtlichen Konfliktbeilegung das Ruhen des Verfahrens angeordnet wird.   118

---

122 So auch *Hess* ZZP 124 (2011), 137 (155).
123 Kritisch zur BGH Entscheidung *Prütting* ZAP 2009, 919 (922); *ders.*, ZZP 2011, 163 (170 f.).
124 OLG Dresden 23.2.2010 – U 2043/08, Rn. 12.
125 BGH 23.9.2004 – VII ZB 43/03, Rn. 5.

119 **6. Mediation und Kosten. a) Gerichtskosten.** Zusätzlich zu den mit der Klageerhebung angefallenen außergerichtlichen Kosten wurden nach der alten Rechtslage bei Wahrnehmung einer gerichtlichen Mediation keine weiteren gesetzlichen Gebührentatbestände verwirklicht. Das OLG Braunschweig entschied, dass auch durch die Teilnahme von Prozessbevollmächtigten an der gerichtsinternen Mediation kein weiterer Kostentatbestand erfüllt werde.[126]

120 **b) Anwaltsvergütung.** Die Vergütung des Anwaltsmediators nach Gebührenrecht gehört zu den konsolidierten Bereichen des Mediationsrechts. Seit Einführung des RVG erfolgt insbesondere die Vergütung für eigene **Mediationsleistungen in der außergerichtlichen Mediation** (also das Tätigwerden als Mediator), wie im Falle von Mediatoren anderer Quellberufe auch, nur noch nach bürgerlichem Recht, also nach den Vorschriften des Dienstvertragsrechts gem. §§ 612 ff. BGB. Das ordnet § 34 Abs. 1 S. 2 RVG auch für die Fälle des Fehlens einer individuellen Honorarvereinbarung ausdrücklich an. In einem solchen Fall kann der Mediator dann gem. §§ 612 Abs. 2, 632 Abs. 2 Var. 2 BGB die übliche Vergütung fordern. Die ältere Rechtsprechung zu § 20 BRAGO ist damit hinfällig.

121 Im Hinblick auf die Vergütung des Rechtsanwaltes für die **Teilnahme an gerichtsinterner Mediation** gibt es eine einhellige, gesicherte obergerichtliche Rechtsprechung: Der Anwalt kann hierfür eine Terminsgebühr nach Nr. 3104 iVm Vorbemerkung 3 Abs. 3 VV zum RVG verlangen.[127] Nach einer Entscheidung des OLG Saarbrücken ist die Einigungsgebühr nach Nr. 1000, 1003 RVG-VV bereits verdient, wenn im Umgangsverfahren eine Vereinbarung über die Durchführung eines Mediationsverfahrens getroffen wird.[128] Im Hinblick auf die Kostenerstattung kann aber der Inhalt einer in der Mediation getroffenen Vereinbarung entscheidend sein: so hat der VGH Mannheim – zu Recht – entschieden, dass die Aufwendungen im Zusammenhang mit einer gerichtsinternen Mediation zwar grundsätzlich erstattungsfähig sind, eine solche Erstattung jedoch ausscheidet, wenn die Auslegung der Mediationsvereinbarung zu einem Verzicht auf den Kostenersatz führt.[129]

122 Die Vergütung einer Rechtsanwältin, die durch das Gericht mit der Durchführung einer **gerichtsnahen Mediation** beauftragt worden war, war Gegenstand einer Entscheidung des OLG Koblenz.[130] Das Gericht entschied, dass es für die entsprechende Vergütung an einer speziellen gesetzlichen Grundlage fehle; insbesondere sei der Mediator nicht von § 1 JVEG erfasst.[131] Durch die Beauftragung durch das Gericht habe die beauftragte

---

126 OLG Braunschweig MDR 2007, 684.
127 OLG Hamm NJW 2006, 2499 (2499); OVG Greifswald 6.6.2006 – 1 O 51/06, Rn. 7; OLG Braunschweig 7.11.2006 – 2 W 155/06, Rn. 13; OLG Celle NJW 2009, 1219; KG 25.11.2009 – 14 W 56/09, Rn. 7; OLG München 16.3.2011 – 15 U 4263/10, Rn. 55; VGH Kassel 22.11.2007 – 1 TJ 2287/07, Rn. 3; VGH Kassel 24.8.2012 – 3 F 1152/12; OVG Lüneburg NVwZ-RR 2012, 87.
128 OLG Saarbrücken 29.12.2011 – 9 WF 139/11.
129 VGH Mannheim 9.10.2012 – 3 S 2964/11.
130 OLG Koblenz 21.1.2014 – 13 WF 43/14.
131 Einen Anspruch aus dem JVEG verneint auch LSG München 13.8.2013 – L 15 SF 163/12 B.

Mediatorin aber jedenfalls einen Vergütungsanspruch aus §§ 675, 670 BGB.[132]

c) **Prozesskostenhilferecht und Mediation.** Vergleichsweise viel beachtet wurde die Rechtsprechung im Bereich „Prozesskostenhilferecht und Mediation". Dabei gilt zunächst, dass eine Prozesskostenhilfe für eine außergerichtliche Mediation nicht gewährt werden kann, da solche Kosten erkennbar nicht unter die abschließende Aufzählung erstattbarer Kosten des § 122 ZPO fallen.[133] Von diesem Grundsatz ist das AG Eilenburg allerdings in einem umgangsrechtlichen Verfahren abgewichen, weil das Gericht dort nach § 52 FGG aF die Mediation angeordnet hatte.[134] Dem hat sich auch das OLG Köln angeschlossen: jedenfalls in Fällen laufender Sorge- oder Umgangsverfahren, in denen auf Initiative des Gerichts hin eine Mediation stattfindet, könne Verfahrenskostenhilfe auch für eine gerichtsnahe oder gerichtsinterne Mediation gewährt werden.[135] Interessanterweise bezieht sich das Urteil dabei in seiner Begründung ausdrücklich auf das MediationsG und die darin zum Ausdruck kommende Intention des Gesetzgebers, die einvernehmliche Streitbeilegung zu stärken.   **123**

Ebenfalls in einer umgangsrechtlichen Streitigkeit hatte das AG Bochum[136] ein in der mediationsrechtlichen Literatur zum Teil euphorisch gefeiertes Urteil gefällt, indem es Prozesskostenhilfe mit der Begründung versagte, die Prozessführung sei mutwillig im Sinne des § 114 ZPO, weil eine vom Gericht angeregte Mediation gar nicht erst versucht worden sei. Das OLG Hamm hatte diese Entscheidung in der Beschwerdeinstanz zwar aufgehoben, weil es eine Mediation im konkreten Fall als aussichtslos einstufte, dem AG Bochum aber im Grundsatz Recht gegeben.[137]   **124**

Nach Ansicht der Verfasser ist diese Rechtsprechung jedoch in ihrem spezifischen Kontext für das **Umgangsrechtsverfahren** zu lesen: Hier gilt schon länger ein Vorrang außergerichtlicher Einigung, in der Regel unter beratender Hilfeleistung des zuständigen Jugendamtes. Den Anfang einer generellen Instrumentalisierung des Prozesskostenhilferechts zur Mediationsförderung stellen die Urteile entgegen anders lautender Stellungnahmen im Schrifttum nicht dar.[138]   **125**

Der Gesetzgeber hat mit § 7 nun die rechtliche Grundlage geschaffen, im Rahmen von wissenschaftlichen Forschungsvorhaben eine finanzielle Förderung rechtsuchender Personen zu ermöglichen, und mit der Verordnungsermächtigung gemäß § 69 b GKG den Ländern die Möglichkeit verschafft, Kostenanreize für die Verfahrensbeendigung durch Mediation zu schaffen (→ GKG § 69 b Rn. 1 ff.).   **126**

---

132 OLG Koblenz 21.1.2014 – 13 WF 43/14, Rn. 10.
133 OLG Dresden 9.10.2006 – 20 WF 0739/06; vgl. auch AG Osnabrück 18.11.2015 – 13 C 2442/15.
134 AG Eilenburg 20.4.2007 – 2 F 168/07.
135 OLG Köln 3.6.2011 – 25 UF 24/10; in diese Richtung nun auch OLG Koblenz 21.1.2014 – 13 WF 43/14; vgl. zur dieser Frage auch *Effer-Uhe* NJW 2013, 3333.
136 AG Bochum 20.12.2002 – 59 F 335/02.
137 OLG Hamm 20.3.2003 – 3 WF 44/03.
138 *Mankowski* ZKM 2003, 197 (198).

3. Vertragsgestaltung im Kontext Mediation/ADR

Literatur:

Eidenmüller, Vertrags- und Verfahrensrecht der Wirtschaftsmediation, 2001; *Eidenmüller/Wagner* (Hrsg.), Mediationsrecht, 2015; *Fischer/Unberath*, Das neue Mediationsgesetz, 2013; *Frieser* (Hrsg.), Formularbuch des Fachanwalts Erbrecht, 3. Aufl. 2017; *Frieser/Sarres/Stückemann/Tschichoflos* (Hrsg.), Handbuch des Fachanwalts Erbrecht, 6. Aufl. 2015; *Fritz/Pielsticker* (Hrsg.), Mediationsgesetz, 2013; *Greger/Unberath/Steffek*, Recht der alternativen Konfliktlösung, 2. Aufl. 2016; *Hacke*, Der ADR-Vertrag, 2001; *Haft/Schlieffen* (Hrsg.), Handbuch Mediation, 3. Aufl. 2016; *Harms/Schmitz-Vornmoor*, Lehrmodul 19: Abschluss der Mediation, ZKM 2013, 154; *Nelle/Hacke*, Die Mediationsvereinbarung, ZKM 2002, 257; *Nölting*, Mediatorenverträge, 2003; *Röthemeyer*, Mediation. Grundlagen/Recht/Markt, 2015; *Töben*, Mediationsklauseln, RNotZ 2013, 321; *Töben/Schmitz-Vornmoor*, Möglichkeiten der Konfliktvorsorge in der erbrechtlichen Beratungs- und Gestaltungspraxis – insbesondere durch Mediationsklauseln, RNotZ 2014, 527; *Töben/Schmitz-Vornmoor*, Konfliktvorsorge bei der Nachlassplanung, ZKM 2014, 15; *Trenczek/Berning/Lenz*, Mediation und Konfliktmanagement, 2012; *Walz* (Hrsg.), Das ADR-Formular-Buch, 2. Auflage 2017, *Wermke/Winheller/Kittl*, Praxishandbuch Mediation, 3. Auflage 2016.

I. Einführung

Die außergerichtliche Streitbeilegung setzt in der Regel auf Verhandlungs- **127**
lösungen der am Konflikt Beteiligten und ist damit Ausdruck der grundgesetzlich geschützten Privatautonomie und Vertragsfreiheit.[1] Selbstbestimmte und -verantworte Lösungen werden der Streitentscheidung durch Gerichte[2] vorgezogen. Es liegt daher auf der Hand, dass vertragsgestaltende
Aspekte bei der außergerichtlichen Konfliktbearbeitung eine prominente
Rolle spielen. Nachfolgend wird diese Bedeutung der Kautelarjurisprudenz
genauer herausgearbeitet. Dabei werden **drei verschiedene Zeitpunkte** un-

---

1 Vgl. auch Haft/v. Schlieffen/*Fischer* § 25 Rn. 1 ff.
2 Die als „ultima ratio" und als mögliche bessere Alternative zu einer verhandelten
Lösung (BATNA) stets auch eine Rolle spielt.

terschieden, in denen vertragsgestaltende Expertise gefragt ist, wobei die Unterscheidung nach Zeitpunkten der Herangehensweise und den Bedürfnissen des Vertragsgestalters entspricht.[3]

128   Zunächst können Klauseln zur außergerichtlichen Streitbearbeitung vorsorgend in Verträgen[4] vereinbart werden (nachfolgend allgemein „**ADR-Klauseln**" oder – wenn es um Mediation geht – „**Mediationsklauseln**"[5] genannt). Die Vertragsparteien verständigen sich im Zeitpunkt des Vertragsschlusses auf bestimmte Verfahren der außergerichtlichen Konfliktbearbeitung für den Fall, dass später einmal ein Konflikt auftreten sollte (II). Weiter sind Vertragsgestalter gefragt, wenn in einem Konflikt zwischen den Vertragsparteien und beauftragten Dritten ad hoc oder aufgrund einer ADR-Klausel die Details der außergerichtlichen Konfliktbearbeitung vereinbart werden müssen (III). Die Ausführungen konzentrieren sich hier auf die Durchführung einer Mediation und die dazu abzuschließenden Vereinbarungen (nachfolgend „**Mediations-Rahmenvereinbarung**"[6] genannt, → MediationsG § 2 Rn. 16 ff.). Im Falle einer Einigung besteht in einer Mediation weiter das Bedürfnis, das Verhandlungsergebnis vertraglich und rechtssicher zu fixieren. Auch hier bedarf es vertragsgestaltender Expertise zur Formulierung der **Abschlussvereinbarung** (IV).[7] Die folgenden Ausführungen werden durchgehend verknüpft mit Formulierungsvorschlägen.

II. Vorsorgende ADR- und Mediationsklauseln

129   **1. Bedeutung und Verbreitung vorsorgender Klauseln.** Wer in vertraglichen Beziehungen zueinander steht, kann vorsorgend vereinbaren, wie mit später auftretenden Konflikten umgegangen werden soll. Die Entscheidung für eine (zunächst)[8] außergerichtliche Konfliktbearbeitung wird dabei einvernehmlich zu einem Zeitpunkt getroffen, in dem die Beziehungen zwi-

---

3   Von einem eher wissenschaftlich-analytischen Standpunkt aus sind auch andere Unterscheidungen/Gruppierungen möglich, vgl. dazu die ausgezeichnete Darstellung zu den Vertragsbeziehungen in der Mediation in Haft/v. Schlieffen/*Fischer* § 25.

4   Oder im Erbrecht auch in einseitigen letztwilligen Verfügungen, die keinen Vertragscharakter haben, vgl. → J. Zu Mediationsklauseln in Satzungen und Gemeinschaftsordnungen vgl. Greger/Unberath/Steffek/*Greger* B. § 2 Rn. 231 ff.

5   Diese werden in der Literatur auch als „Mediationsabrede" (so zB Haft/v. Schlieffen/ *Fischer* § 25) oder „Mediationsvereinbarung" (so zB Eidenmüller/Wagner/*Wagner*, Kapitel 2, wobei Eidenmüller/Wagner/*Hacke*, Kapitel 3 Rn. 10, bei vorsorglichen Vereinbarungen auch den Begriff „Mediationsklausel" verwendet, sofern diese Bestandteil eines sonstigen Vertrages ist) bezeichnet, wobei die Mediationsabrede/-vereinbarung bei ad hoc durchgeführten Mediationen wiederum mit in den Mediations-Rahmenvertrag einfließt; zur Terminologie vgl. auch Haft/v. Schlieffen/*Fischer* § 25 Rn. 9.

6   Auch hier finden sich unterschiedliche Begrifflichkeiten. Teilweise wird von „Mediationsvereinbarung" gesprochen, teilweise wird zwischen „Verfahrensvereinbarungen zum Mediationsverfahren", die zwischen den Konfliktparteien verabredet werden, und dem „Mediatorvertrag" zwischen den Konfliktparteien und dem Mediator unterschieden. Die oben gewählte Bezeichnung „Mediations-Rahmenvertrag" umfasst alle diese Aspekte und stellt lediglich auf den Zeitpunkt der Errichtung des Vertrages zu Beginn einer Mediation ab.

7   Hier folgt die Terminologie dem Gesetz, da § 2 Abs. 6 MediationsG ausdrücklich die „Abschlussvereinbarung" erwähnt.

8   Der Weg zu Gericht wird bei Scheitern der außergerichtlichen Einigung in vielen Fällen noch offen stehen.

schen den Vertragsparteien noch nicht gestört sind. Diese vorsorgende Weichenstellung zugunsten eines ADR-Verfahrens kann in vielen Fällen problemlos in den Vertrag integriert werden, während im bereits bestehenden Konfliktfall Ad-Hoc-Vereinbarungen einen hohen Verhandlungsaufwand und die Bereitschaft zur Mitwirkung aller Beteiligten[9] erfordert.

Die Bedeutung solcher Klauseln – vor allem als **Generator von praktischen**   130
Fällen außergerichtlicher Streitbearbeitung kann gar nicht überschätzt werden. Wenn zB nur jeder zehnte Gesellschaftsvertrag (Muster → Rn. 194) eine Mediationsklausel enthielte, würde dies zwangsläufig mittel- und langfristig zu einer Vielzahl an Mediationsfällen führen. Ähnliche Überlegungen lassen sich anstellen für Eheverträge, Bauverträge (zum kooperativen Bauvertrag → E Rn. 63 ff.), Verträge zwischen Unternehmen (→ B Rn. 26) oder auch erbrechtliche Gestaltungen (siehe dazu die Vorschläge unter → H Rn. 24 ff.).

Weit verbreitet in der vertragsgestaltenden Praxis waren in der Vergangen-   131
heit vor allem Gerichtsstandsvereinbarungen oder Schiedsgerichtsklauseln (zum Thema Mediation und Schiedsgerichtsbarkeit → N Rn. 1 ff.). Andere ADR-Klauseln befinden sich im Vordringen, haben sich aber in vielen Bereichen noch **keinen festen Platz im Repertoire der Vertragsgestalter** erobert. Was sind die Gründe?

- Zunächst sind in der Vergangenheit die wenigsten der als Vertragsgestalter tätigen Juristen zugleich mit den neuesten Entwicklungen auf dem Gebiet der ADR-Verfahren vertraut gewesen. Es fehlte deshalb schlicht an der Kenntnis entsprechender Klauseln und Verfahren.
- Weiter arbeiten Vertragsgestalter häufig mit Formularbüchern oder selbst entwickelten oder vorgehaltenen Mustern und Textbausteinen. Die Fortentwicklung dieser kautelarjuristischen Literatur sowie der eigenen (bewährten) Muster erfolgt erst allmählich. Es bedarf daher einer gewissen Zeit, bis sich neue Formen der Konfliktbearbeitung hier niederschlagen.
- Der öffentliche Bekanntheitsgrad von ADR-Verfahren und damit verbunden auch die Nachfrage nach ADR-Verfahren hat sich nur langsam entwickelt. Auch von dieser Seite aus fehlte daher in der Vergangenheit ein Anreiz, sich als Vertragsgestalter intensiver mit ADR-Klauseln zu beschäftigen.

Doch es ist ein **Wandel feststellbar.** Mit der zunehmenden Ausbildung von   132
Juristen zu Mediatoren wächst das Bewusstsein, dass es Alternativen zur gerichtlichen Auseinandersetzung gibt. Auch in Formularbücher und Mustersammlungen findet der Gesichtspunkt der alternativen Streitbeilegung zunehmend Beachtung und Unternehmensjuristen erkennen ebenfalls die Vorteile von ADR-Klauseln für ihre Verträge (→ B Rn. 26). Zudem ist der Bekanntheitsgrad von Mediation und anderen ADR-Verfahren gestiegen und die Übernahme der Kosten von ADR-Verfahren durch Rechtsschutzversicherer (→ J Rn. 8 ff.) setzt einen weiteren positiven Anreiz.

---

9 Insbesondere der dann häufig bereits eingeschalteten Anwälte, deren Offenheit für ADR-Verfahren ganz unterschiedlich ausgeprägt ist.

133 **2. Rechtlich unverbindliche Verfahrenshinweise und Absichtserklärungen. a) Vor- und Nachteile.** Bereits unterhalb der Schwelle rechtlich verbindlicher Klauseln kann bei der Vertragsgestaltung überlegt werden, ob der Vertrag nicht gleichsam „**Wegweiser**" oder „**Hinweisschilder**" für den Konfliktfall enthalten sollte.[10] Auch ohne eine rechtlich verbindliche Ausgestaltung werden die Parteien bzw. deren rechtliche Berater durch solche Klauseln im Konfliktfall an mögliche Alternativen zu einer gerichtlichen Auseinandersetzung erinnert. Diese „**Erinnerungs- und Appellfunktion**" von Verfahrenshinweisen und Absichtserklärungen sollte nicht unterschätzt werden. Sie erhöht auf jeden Fall die Chance, dass die Parteien und ihre rechtlichen Berater im Konfliktfall verschiedene Konfliktlösungsverfahren gegeneinander abwägen werden.

134 Derartige Absichtserklärungen/Verfahrenshinweise weisen folgende **Vorteile** auf:

-   sie können regelmäßig sehr kurz gehalten werden und belasten damit nicht den sonstigen Vertragsverhandlungsprozess;
-   sie sind wegen ihrer rechtlichen Unverbindlichkeit auch für nicht mit ADR-Verfahren vertraute Juristen leicht zu akzeptieren;
-   sie werden im Zeitpunkt des Vertragsschlusses kaum umstritten sein;
-   sie können sehr allgemein formuliert werden und weisen damit eine hohe Flexibilität im Hinblick auf konkret auszuwählende ADR-Verfahren auf;
-   sie bedürfen keiner besonderen rechtlichen Wirksamkeitskontrolle.

135 Der Haupt**nachteil** der Verfahrenshinweise ist deren fehlende rechtliche Verbindlichkeit. Insbesondere kann sich keine Partei darauf verlassen, dass die außergerichtlichen Anstrengungen der einen Seite nicht mit einer Klage der anderen Seite erwidert werden.[11] Wird eine solche Verbindlichkeit angestrebt, gelten die Ausführungen zu 3. und 4. (→ Rn. 146 ff.). Die fehlende Verbindlichkeit ist vielfach[12] zu verschmerzen, da ohnehin Verhandlungslösungen angestrebt werden, bei denen eine freiwillige Mitarbeit der Vertragsparteien erforderlich ist.

136 **b) Musterklauseln.** Es folgen einige Beispiele für derartige Klauseln, vor denen als **Überschrift** jeweils „**Umgang mit Konflikten**" stehen könnte. Die Klauseln sind sämtlich bewusst aus der Perspektive der Vertragsparteien („wir möchten", „uns ist bewusst, dass" anstatt zB „die Vertragsparteien möchten") formuliert, um die Appellfunktion zu verstärken. Außerdem wird betont, dass besonderen Konfliktlösungsverfahren zunächst Verhandlungen vorausgehen sollten (zum häufig nicht ausgeschöpften Verhandlungspotential → Einl. Rn. 29). Sprachlich sollte der Verfahrenshinweis jedoch klar von einer rechtsverbindlichen Mediationsklausel abgegrenzt wer-

---

10 Vgl. auch Greger/Unberath/Steffek/*Greger* B. § 1 Rn. 144.
11 Lassen sich alle Beteiligten auf ein ADR-Verfahren und insbesondere eine Mediation ein, so kann im Rahmen des Arbeitsbündnisses (Phase 1 der Mediation) ein dilatorischer Klageverzicht vereinbart und somit Rechtssicherheit geschaffen werden.
12 Zumindest bei denjenigen ADR-Klauseln, die auf „Verhandlungen" setzen, wie zB Mediationsklauseln. Bei anderen ADR-Klauseln, wie zB Schiedsgutachtenklauseln, dürfte der Verbindlichkeit ein höherer Stellenwert zukommen.

den.[13] Dazu kann zB von einer „Absicht" gesprochen werden. Die Klausel kann auch ausdrücklich als „nicht rechtsverbindlich" bezeichnet werden. Weiter kann klargestellt werden, dass die Klausel die Erhebung von Klagen nicht hindert.

Formulierungsvorschlag: 137

Uns ist bewusst, dass es bei der Durchführung des Vertrages zu Konflikten kommen kann. Wir möchten auftretende Unstimmigkeiten vorrangig auf dem Verhandlungswege, ggf. unter Einschaltung eines unparteilichen Mediators, lösen. Im Konfliktfall sollen uns unsere rechtlichen Berater vor der Anrufung eines Gerichts auch alternative Konfliktlösungsverfahren vorschlagen und diese mit uns [auch im Hinblick auf entstehende Kosten und die Verfahrensdauer] erörtern. Wir stellen klar, dass die vorstehenden Absichtserklärungen die Einleitung eines Gerichtsverfahrens nicht hindern.

Die vorstehende Klausel adressiert bereits die rechtlichen Berater und ap-   138
pelliert an diese, über alternative Konfliktlösungsverfahren nachzudenken. Es folgt eine Klausel aus einem notariell zu beurkundenden Ehevertrag, die das „gemeinsame Interesse an den Kindern" herausstellt. Der Hinweis auf eine mögliche Mediation stammt von dem beurkundenden Notar:

Formulierungsvorschlag: 139

Sollte es im Falle einer Trennung und Scheidung trotz des vorstehenden Ehevertrages zu Konflikten zwischen uns kommen, so möchten wir diese vorrangig einvernehmlich auf dem Verhandlungswege lösen, auch im Interesse unserer gemeinsamen Kinder. Wir stellen jedoch klar, dass die vorstehende Absichtserklärung die Einleitung eines Gerichtsverfahrens nicht hindert. Der beurkundende Notar hat uns auf die Möglichkeit hingewiesen, die Verhandlungen durch einen neutralen Dritten (Mediator/Mediatorin) unterstützen zu lassen.

Gerade in Gesellschaftsverträgen können Verfahrenshinweise sehr wertvoll   140
sein. Die folgende Klausel thematisiert ausdrücklich die rechtliche Pattsituation bei einer 50:50-Beteiligung. Außerdem benennt sie eine Stelle, die im Konfliktfall über alternative Konfliktbearbeitungsmethoden informieren kann:

Formulierungsvorschlag: 141

Wir sind an der Gesellschaft gleichberechtigt mit je 50 % des Stammkapitals beteiligt. Uns ist bewusst, dass wir uns im Konfliktfall gegenseitig blockieren können. Wir möchten daher etwaige Konflikte vorrangig auf dem Verhandlungswege lösen. Sollten direkte Verhandlungen scheitern, werden wir uns über alternative Konfliktbearbeitungsverfahren, wie etwa eine Mediation, bei … [ggf. konkrete Person/Institution nennen] beraten lassen. Wir stellen klar, dass die vorstehenden Absichtserklärungen die Einleitung eines Gerichtsverfahrens nicht hindern.

Die nachfolgende Klausel legt den Schwerpunkt auf die Selbstverantwor-   142
tung und Selbstbestimmung der Vertragsparteien und benennt die Vorteile einer Verhandlungslösung gegenüber einer Delegation der Streitentscheidung an ein Gericht:

---

13 Zu Auslegungsfragen im Hinblick auf die Rechtsverbindlichkeit vgl. Haft/v. Schlieffen/*Fischer* § 25 Rn. 13.

143   **Formulierungsvorschlag:**

Etwaige Konflikte möchten wir vorrangig auf dem Verhandlungswege lösen und damit über den Inhalt, den Zeitrahmen, die Kosten und das Ergebnis der Verhandlungen selbstbestimmt entscheiden. Zur Unterstützung der Verhandlung werden wir – falls erforderlich – auf neutrale Dritte (zB einen Mediator) zurückgreifen. Die Delegation der Streitentscheidung an ein Gericht sehen wir vor diesem Hintergrund lediglich als „ultima ratio" an. Wir stellen jedoch klar, dass die vorstehenden Absichtserklärungen die Einleitung eines Gerichtsverfahrens nicht hindern.

144   Gerade auch in Testamenten und Erbverträgen können entsprechende Hinweise für die Hinterbliebenen als „Wünsche der Verstorbenen" (Formulierungsvorschläge → H Rn. 27 ff.) sehr hilfreich und entlastend sein und den Weg in deeskalierende Konfliktbearbeitungsverfahren weisen.

145   **c) Einseitige Selbstverpflichtungserklärungen (Corporate Pledges).** Auch außerhalb von konkreten Vertragswerken können Unternehmen Absichtserklärungen zum Umgang mit Konflikten veröffentlichen.[14] Dabei handelt es sich ebenfalls um rechtlich nicht verpflichtende Erklärungen, die dennoch einen spürbaren Impuls zur Etablierung eines differenzierten Konfliktmanagementsystems leisten können, sowohl nach innen gegenüber den eigenen Mitarbeitern einschließlich der Rechtsabteilung als auch nach außen gegenüber dem Konfliktpartner und den auf beiden Seiten mandatierten Anwälten. Wer sich auf diese Weise zu alternativen Konfliktbearbeitungsmodellen bekennt, vermeidet auch, dass die Erörterung solcher Modelle im konkreten Streitfall vom Konfliktpartner als Schwäche der eigenen rechtlichen Position missdeutet wird.[15]

Der Round Table Mediation & Konfliktmanagement stellt unter der Bezeichnung Conflict Management Codex eine solche Selbstverpflichtungserklärung zur Verfügung.[16] Interessierte Unternehmen können diesen Conflict Management Codex unterzeichnen. Darin heißt es:

„Wir streben an, dass Konflikte mit dem zur individuellen Streitbeilegung bestmöglich geeigneten Verfahren beigelegt werden. Aus diesem Grunde erklären wir uns grundsätzlich bereit, im Konfliktfall alle in Betracht kommenden Streitbeilegungsverfahren ergebnisoffen zu prüfen. Soweit sich ein außergerichtliches Verfahren unter Berücksichtigung unserer Unternehmens- und Verfahrensinteressen gegenüber einem Gerichts- oder Schiedsgerichtsverfahren als vorteilhaft darstellt, sind wir bereit, mit unseren Geschäftspartnern die Möglichkeit der Vereinbarung und Durchführung dieses Verfahrens zu erörtern."

146   **3. Mediationsklauseln.** Sind sich die Parteien eines Vertrages darüber einig, dass im Konfliktfall zunächst eine Mediation durchgeführt werden

---

14 Dazu *Klowait*, Corporate Pledges – Normierung des Konfliktverhaltens bei Business-to-Business-Streitigkeiten, Konfliktdynamik 2016,102 ff.; *Klowait*, Das Eis brechen – ADR Corporate Pledge – Optimierung des unternehmerischen Konfliktmanagements durch freiwillige Selbstverpflichtungen, Dispute Resolution Magazine 2016, 22 ff.; *Klowait*, Corporate Pledge – Unternehmensinitiative für ein differenziertes Konfliktmanagement, ZKM 2016, 154.
15 So ausdrücklich *Klowait* Dispute Resolution Magazine 2016, 25 f.
16 Abrufbar auf Deutsch und Englisch auf der Homepage des Round Table unter www.rtmkm.de unter „News" (zuletzt abgerufen am 26.3.2017).

soll, um eine Verhandlungslösung zu erzielen, so werden sie in ihren Vertrag eine entsprechende vorsorgende Mediationsklausel[17] aufnehmen. Die sich bei der Formulierung einer Mediationsklausel stellenden **Rechts- und Wirksamkeitsfragen** werden vorab dargestellt (a), anschließend folgen verschiedene **Musterklauseln** (b).

a) Rechtliche Vorfragen. aa) Keine pauschale Übertragbarkeit der gesetzlichen Vorschriften und der Rechtsprechung zu Schiedsabreden. Zur Zulässigkeit, zum Inhalt und zur Form von Schiedsabreden gibt es gesetzliche Regelungen sowie umfangreiche Rechtsprechung und Literatur (→ N Rn. 1 ff.). Eine pauschale analoge Anwendung dieser Grundsätze auf Mediationsklauseln ist abzulehnen. Zunächst einmal besteht nach Erlass des MediationsG keine planwidrige Regelungslücke. Weiter hat eine die staatlichen Gerichte derogierende Schiedsabrede viel weitergehende Rechtsfolgen als eine Mediationsklausel, die die Parteien lediglich zum Versuch einer einvernehmlichen Regelung verpflichtet, ohne den normalen Rechtsweg auszuschließen.[18]   147

bb) Verpflichtung zur Durchführung einer Mediation, Klageverzicht. Kernbestandteil einer Mediationsklausel ist die Verpflichtung[19] der Vertragsparteien, aus dem Vertrag[20] resultierende Streitigkeiten in einem Mediationsverfahren beizulegen.[21] Damit diese Pflicht nicht mit dem Grundsatz der Freiwilligkeit gemäß § 1 MediationsG kollidiert, ist in der Mediationsklausel der Umfang der Verpflichtung zu regeln.[22] Weiter sind etwaige Sanktionen bei Nichtbeachtung dieser Verpflichtung aufzunehmen. Beides wird in der Regel über einen sogenannten **dilatorischen Klageverzicht**[23] umgesetzt.   148

---

17   Auch „Mediationsabrede" genannt in Anlehnung an die „Schiedsabrede", mit der die Entscheidung durch ein Schiedsgericht verabredet wird. Zum möglichen Inhalt vgl. Eidenmüller/Wagner/*Wagner*, Kapitel 2 Rn. 3.

18   Auch Haft/v. Schlieffen/*Fischer* § 25 Rn. 35 stellt klar, dass es sich um keine Vereinbarung nach § 1029 Abs. 1 ZPO handelt; Eidenmüller/Wagner/*Wagner*, Kapitel 2 Rn. 77 ff., untersucht für jede Rechtswirkung der Mediationsklausel gesondert, inwieweit Grundsätze aus dem Schiedsrecht entsprechend angewendet werden können.

19   Vgl. Haft/v. Schlieffen/*Fischer* § 25 Rn. 13 ff. zur Frage des entsprechenden Rechtsbindungswillens.

20   Die Verpflichtung kann auch über die eigentlichen Regelungen des Vertrages hinausgehen. Typisches Beispiel ist hier der Ehevertrag, der lediglich Vereinbarungen zum Güterstand enthält. Die Parteien können sich in der Mediationsklausel darüber hinaus verpflichten, alle im Zusammenhang mit einer Trennung und Scheidung stehenden Konflikte zunächst im Rahmen eines Mediationsverfahrens zu bearbeiten.

21   Haft/v. Schlieffen/*Fischer* § 25 Rn. 35 charakterisiert diese Vereinbarung als atypischen gegenseitigen Vertrag und Dauerschuldverhältnis, der keinem der typischen im BGB geregelten verkehrstypischen Verträge entspricht.

22   Die privatautonom vereinbarte Mediationspflicht als solche verstößt nicht gegen den Grundsatz der Freiwilligkeit, so zu Recht auch Haft/v. Schlieffen/*Fischer* § 25 Rn. 15: „ein aus freiem Willen geschlossener Vertrag macht (diesen) nicht zu einem Zwangsakt."

23   Zur Frage, ob es dabei um einen Prozessvertrag oder einen Vertrag des materiellen Rechts oder um eine Mischform geht, vgl. Haft/v. Schlieffen/*Fischer* § 25 Rn. 16 ff. Gegen eine prozessuale Qualifikation der gesamten Mediationsklausel zu Recht Eidenmüller/Wagner/*Wagner*, Kapitel 2 Rn. 35.

Danach ist der Rechtsweg versperrt, solange nicht gewisse Mindestanstrengungen zur Durchführung einer Mediation unternommen worden sind.[24]

149 Bei dem dilatorischen Klageverzicht handelt es sich um eine zivilverfahrensbezogene Vereinbarung zwischen den Parteien, die im Prozess als Einrede vorgetragen werden kann.[25] Wird die Einrede erhoben, ist die abredewidrig erhobene Klage als zurzeit unzulässig abzuweisen (für die Schiedsklage → N Rn. 23 ff.).[26]

150 Ob die bloße Verpflichtung zur Durchführung einer Mediation in sehr knapp gefassten Mediationsklauseln konkludent einen dilatorischen Klageverzicht enthält, ist Auslegungsfrage.[27] Die damit verbundene Unsicherheit ist im Konfliktfall jedoch kontraproduktiv. Vertragsgestalter sollten daher entweder den dilatorischen Klageverzicht ausdrücklich regeln oder aber auf rechtlich nicht verbindliche Verfahrenshinweise ausweichen (→ Rn. 133 ff.).

151 Alternativ oder zusätzlich zu einem dilatorischen Klageverzicht kann die Nichtbeachtung der Mediationsverpflichtung außerdem mit einer **Vertragsstrafe** oder pauschaliertem Schadensersatz sanktioniert werden.[28]

152 **cc) Formfragen.** Besondere Formvorschriften für Mediationsklauseln gibt es nicht.[29] Eine analoge Anwendung der auf Schiedsabreden anwendbaren Vorschrift des § 1031 ZPO scheidet mangels Vergleichbarkeit von Mediations- und Schiedsabrede und mangels Regelungslücke aus.[30] Wenn jedoch der Hauptvertrag einer besonderen Form unterliegt (zB der notariellen Beurkundungspflicht nach § 311 b BGB oder nach § 15 Abs. 4 GmbHG), stellt sich die Frage eines abgeleiteten Formzwangs.[31] Hier wird von der Rechtsprechung bereits bei Schiedsabreden ein solcher abgeleiteter Formzwang verneint.[32] Dies muss dann erst recht für die weniger regelungs- und eingriffsintensive Mediationsklausel gelten.[33] In der Regel wird die Mediationsklausel ohnehin im Hauptvertrag enthalten sein und daher die Formerfordernisse des Hauptvertrages gleichfalls erfüllen.

---

24 Vgl. aber das entsprechende Klauselverbot nach § 309 Nr. 14 BGB für Verbraucherverträge; vgl. auch unten ee) und ff.).
25 Nicht nachvollziehbar sind hier die Entscheidungen des OLG Frankfurt NJW-RR 2010, 788 und des LG Heilbronn ZKM 2011, 29, die den privatautonom wirksam vereinbarten zweitweisen Klagverzicht mit dem Hinweis auf „bloße Förmelei" als unbeachtlich behandeln; deutliche und zutreffende Worte findet hier Haft/v. Schlieffen/*Fischer* § 25 Rn. 50 f. mwN; leider nicht so eindeutig *Trenczek/Berning/Lenz,* Abschnitt 4.4 Rn. 4 ff.
26 Zu den Wirkungen im Einzelnen Haft/v. Schlieffen/*Fischer* § 25 Rn. 25 mwN sowie Eidenmüller/Wagner/*Wagner,* Kapitel 2 Rn. 5 ff. und 83 ff.
27 Haft/v. Schlieffen/*Fischer* § 25 Rn. 25; *Töben* RNotZ 2013, 321 (330) zu Schlichtungsklauseln.
28 *Töben* RNotZ 2013, 321 (331) mit Musterformulierung.
29 Haft/v. Schlieffen/*Fischer* § 25 Rn. 37.
30 *Töben* RNotZ 2013, 321 (324); Haft/v. Schlieffen/*Fischer* § 25 Rn. 37.
31 Vgl. dazu auch Eidenmüller/Wagner/*Wagner,* Kapitel 2 Rn. 64.
32 BGH NJW 1978, 212 (213); für Schlichtungsklauseln: BGH NJW-RR 2009, 637 f.
33 *Töben* RNotZ 2013, 321 (324); aA Eidenmüller/Wagner/*Wagner,* Kapitel 2 Rn. 64: „Den Funktionen des Formzwangs würde besser entsprochen, wenn (...) die für den Hauptvertrag geltende Form auch auf die zugehörige Mediationsvereinbarung erstreckt würde."

dd) Unwirksamkeit des Hauptvertrages. Die Unwirksamkeit des Haupt- 153
vertrages beeinträchtigt – außer bei Fehleridentität[34] – nicht die Wirksamkeit der Mediationsklausel.[35] Hier ist entgegen § 139 BGB anzunehmen,
dass auch der Streit über die Wirksamkeit des Hauptvertrages und daraus
sich ergebende Rechtsfolgen der Mediationsklausel unterliegen sollen.[36]

ee) AGB-Kontrolle (Verbraucherverträge). In Verbraucherverträgen sind 154
per AGB oder Formularvertrag vereinbarte ADR-Klauseln, soweit diese
einen dilatorischen Klageverzicht des Verbrauchers enthalten, gemäß § 309
Nr. 14 BGB[37] verboten. Damit sind Mediationsklauseln aber nicht vollständig verboten.[38] Vielmehr sind weiterhin solche Klauseln denkbar, die
lediglich einen dilatorischen Klageverzicht des Unternehmers enthalten,
wenn sich der Verbraucher auf ein Mediationsverfahren einlässt bzw. ein
solches einleitet. Hier hat es dann allein der Verbraucher in der Hand, ob
er im Streitfall ein Mediationsverfahren oder ein anderes ADR-Verfahren
einleiten möchte oder nicht. Seine Möglichkeiten, gerichtlich vorzugehen,
werden nicht beschränkt. Auch Selbstverpflichtungen des Unternehmers,
im Streitfall zunächst eine Lösung auf dem Verhandlungswege bzw. durch
eine Mediation zu suchen,[39] unterliegen nicht dem vorgenannten Klauselverbot. Die übrigen Anforderungen der AGB-Kontrolle (vgl. nachstehend
unter ff.)) sollten jedoch beachtet werden.

ff) AGB-Kontrolle (keine Verbraucherverträge). Außerhalb von Verbrau- 155
cherverträgen sind Mediationsklauseln in AGB wirksam. Es handelt sich
nicht um überraschende Klauseln gemäß § 305 c BGB[40] und eine in AGB
enthaltene Mediationsklausel stellt auch keine unangemessene Abweichung
von Grundgedanken der Rechtsordnung gemäß § 307 BGB dar.[41] Lediglich
die Ausgestaltung der Klausel im Einzelfall[42] kann zu einer Unangemessen-
heit und damit Unwirksamkeit der Klausel führen. Unangemessen können
etwa einseitige Regelungen zur Bestimmung des Mediators, ein ungewöhnlich lang dauernder dilatorischer Klageverzicht, einzelne Verfahrensbestimmungen oder Kostenregelungen sein. Die Klausel sollte zudem keine Zweifel daran lassen, dass die Mediationsabrede die Beschreitung des Rechtswegs nicht vollständig hindert. Wird auf Verfahrensordnungen von Institutionen Bezug genommen, sollte es dem Vertragspartner des Verwenders ermöglicht werden, sich ohne größeren Aufwand Kenntnis von diesen zu verschaffen, etwa durch Verweis auf eine allgemein zugängliche (Inter-
net-)Fundstelle.

gg) Dispositionsbefugnis. Problematisch im Hinblick auf eine Mediations- 156
klausel können solche Rechtsverhältnisse sein, die der Dispositionsbefugnis

---

34 ZB bei fehlender Geschäftsfähigkeit einer Vertragspartei.
35 Eidenmüller/Wagner/*Wagner,* Kapitel 2 Rn. 55 mwN.
36 Greger/Steffek/Unberath/*Greger* § 1 Rn. 177 und Haft/v. Schlieffen/*Fischer* § 25
    Rn. 41.
37 Eingefügt durch Gesetz vom 19.2.2016.
38 So aber wohl Greger/Unberath/Steffek/*Greger* B. § 1 Rn. 182.
39 Greger/Unberath/Steffek/*Greger* B. § 1 Rn. 145.
40 So auch Haft/v. Schlieffen/*Fischer* § 25 Rn. 44 mwN und Eidenmüller/Wagner/
    Wagner, Kapitel 2 Rn. 46.
41 Kontrollmaßstab ist insoweit das Mediationsgesetz, vgl. auch Haft/v. Schlieffen/
    Fischer § 25 Rn. 44.
42 So auch Eidenmüller/Wagner/*Wagner,* Kapitel 2 Rn. 52 ff.

der Parteien entzogen sind. Über die Wirksamkeit einer Adoption kann zum Beispiel keine Verhandlungslösung erzielt werden. Und im Rahmen eines Trennungs- und Scheidungskonflikts ist auch die Ehescheidung selbst keine Vereinbarungssache, sondern vom Gericht auszusprechen. Gleichwohl ist hier zu unterscheiden: Die Verpflichtung zur Streitbeilegung im Wege der Mediation ist immer möglich; die Mediation ist ja gerade darauf angelegt, den Kuchen zu vergrößern, und über den konkreten Streitanlass hinauszudenken. Zivilverfahrensbezogene Vereinbarungen[43] dagegen sind nur zulässig, sofern eine entsprechende Dispositionsbefugnis besteht.[44] Umfasst eine weitgefasste Mediationsklausel nebst dilatorischem Klageverzicht solche der Dispositionsbefugnis der Parteien entzogene Gegenstände, so führt dies nicht zur Gesamtunwirksamkeit der Klausel. Vielmehr hat die Klausel lediglich im Hinblick auf die nicht disponiblen Gegenstände keine Wirkung.[45]

157 **hh) Vertraulichkeit.** Mediationsklauseln enthalten üblicherweise keine Regeln zur Vertraulichkeit. Solche können jedoch mittelbar über den Verweis auf eine institutionelle Verfahrensordnung adressiert werden. Konkrete Abreden zur Vertraulichkeit, die über § 4 MediationsG hinausgehen oder diese Vorschrift ergänzen, werden jedoch in der Regel zum Bestandteil des Mediations-Rahmenvertrages zwischen Mediator und Vertragsparteien gemacht (→ Rn. 196 ff.)[46]

158 **ii) Verjährung, Ausschlussfristen.** Verjährungsfragen sollten möglichst in der Mediationsklausel angesprochen und ausdrücklich geregelt werden.[47] Verlässt man sich lediglich auf die Vorschrift des § 203 BGB (→ BGB § 203 Rn. 1 ff.), stellt sich im Einzelfall die Frage, wann genau anspruchsbezogene Verhandlungen beginnen und wann die dadurch ausgelöste Verjährungshemmung wieder endet.[48] Auf welche Ansprüche sich die Mediationsklausel erstreckt, ist durch Auslegung zu ermitteln. Im Regelfall dürfte es sich empfehlen, den Gegenstand der Klausel eher weit zu fassen („alle mit diesem Vertrag und dessen Durchführung zusammenhängenden Streitigkeiten"). Nicht gehemmt werden gesetzliche Ausschlussfristen.[49] Zu vertraglich vereinbarten Ausschlussfristen kann angeordnet werden, dass die Regelungen zur Verjährungshemmung entsprechend gelten sollen.[50]

---

43 ZB Klageverzicht und Verabredungen über die Verwendung von Beweismitteln und Sachvortragsverbote.
44 Genauso Haft/v. Schlieffen/*Fischer* § 25 Rn. 38 ff.
45 *Töben* RNotZ 321 (331).
46 Ausführlich zur Vertraulichkeit Eidenmüller/Wagner/*Wagner*, Kapitel 7.
47 Eidenmüller/Wagner/*Wagner*, Kapitel 2 Rn. 20 ff.; dort wird auf die „Auffangnorm" des § 203 BGB hingewiesen, die gilt, wenn ausdrückliche Verjährungsabreden nicht getroffen werden; vgl. auch Eidenmüller/Wagner/*Hacke*, Kapitel 3 Rn. 83 ff.
48 Dazu im Detail Greger/Unberath/Steffek/*Greger* B. § 1 Rn. 191 ff.
49 Greger/Unberath/Steffek/*Greger* B. § 1 Rn. 192; Eidenmüller/Wagner/*Hacke*, Kapitel 3 Rn. 98 ff.
50 *Töben* RNotZ 2013, 321 (332) mit Formulierungsvorschlag.

b) Musterformulierungen. aa) Mediationsklausel (Gesamtklausel). Eine 159
ausgehandelte Mustermediationsklausel in einem Vertrag zwischen zwei
Unternehmern könnte wie folgt aussehen:[51]

Formulierungsvorschlag:

1. Wir möchten alle aus oder im Zusammenhang mit diesem Vertrag entstehenden Streitigkeiten möglichst durch direkte Verhandlungen beilegen. Gelingt
   dies nicht, verpflichten wir uns, ein Mediationsverfahren durchzuführen.
2. Das Mediationsverfahren beginnt mit dem schriftlichen Verlangen einer Partei, eine Mediation durchzuführen. Sollten wir uns auf einen Mediator nicht
   einigen können, so wird dieser auf Antrag einer Partei von ... [Institution, dritte Person] benannt.
3. Das Mediationsverfahren endet auch ohne eine abschließende Einigung,
   wenn
   – eine Vertragspartei oder der Mediator das Mediationsverfahren nach
     Durchführung einer ersten Mediationssitzung für gescheitert erklärt,
     oder
   – seit dem Mediationsverlangen sechs Wochen verstrichen sind, ohne dass
     wir uns auf einen Mediator geeinigt haben oder dieser benannt worden
     ist, oder
   – sechs Wochen seit der Einigung auf einen Mediator oder dessen Benen-
     nung verstrichen sind, ohne dass eine erste Mediationssitzung durchge-
     führt worden ist.
4. Die Erhebung einer Klage ist erst nach der Beendigung des Mediationsverfahrens zulässig. Während des laufenden Mediationsverfahrens ist die Verjährung der im Mediationsverlangen genannten Ansprüche gehemmt.

Es folgt eine Kurzklausel, die sich lediglich auf die Verpflichtung zur Me- 160
diation konzentriert. Sie hat den Vorteil der Kürze und umgekehrt den
Nachteil der Unschärfe im Hinblick auf den Ausschluss der Klagbarkeit
(→ Rn. 148 f.) und die Dauer der Verjährungshemmung (→ Rn. 158). Als
Alternative zur Kurzklausel bieten sich daher auch bloße Verfahrenshin-
weise und Absichtserklärungen an (→ Rn. 133 ff.).

Formulierungsvorschlag: 161

Wir verpflichten uns, bei allen Streitigkeiten aus oder im Zusammenhang mit diesem Vertrag und seiner Durchführung vor Einleitung eines gerichtlichen Verfahrens eine Verhandlungslösung im Wege einer Mediation anzustreben.

bb) Bestimmung des Mediators. Als Mediator kann zunächst eine be- 162
stimmte Person benannt werden, ggf. mit Ersatzregelungen (zur Mediato-
renauswahl in Mediationsklauseln → MediationsG § 2 Rn. 57 ff.). Eine
solche Abrede wird aber in vielen Fällen – auch angesichts der langen
Laufzeiten der zugrunde liegenden Verträge – nicht möglich sein. Sodann
kann die Benennung – wie im Muster – einer bestimmten Person oder Institution überlassen werden. Hier sollte im Einzelfall abgeklärt werden, ob
und wie eine derartige Benennungsleistung überhaupt erbracht wird. Den
Parteien selbst die Benennung von Mediatoren zu überlassen oder ein Be-

51 Ebenfalls zwei Muster finden sich bei Fritz/Pielsticker/*Fritz* § 1 Rn. 52 f.; ein weiteres Muster findet sich bei *Wermke/Winheller/Kittl*, Praxishandbuch Mediation,
3. Aufl. 2016, 99.

nennungsverfahren zwischen den Parteien zu regeln,[52] kann im Zusammenspiel mit der Mediatorenliste einer Institution sinnvoll sein, wenn zum Beispiel eine Seite drei Mediatoren von einer Liste benennen muss und die andere Seite dann aus diesen drei Mediatoren einen auswählen kann.[53] Jedes Parteibenennungsverfahren birgt jedoch das Risiko, dass von einer Seite benannte Mediatoren von vornherein in ihrer Unparteilichkeit gefährden sind.[54]

163   Denkbar ist jedoch, der benennenden Institution Vorgaben zur Qualifizierung des Mediators zu machen oder bereits die Möglichkeit der Co-Mediation vorzusehen:

164   **Formulierungsvorschlag:**

Der Mediator muss [Alt. 1] über eine Mediationsausbildung verfügen [Alt. 2] zertifizierter Mediator im Sinne von § 6 MediationsG sein. [Alt. 3] Werden mehrere Mediatoren tätig, soll ein Mediator zusätzlich die Befähigung zum Richteramt besitzen.

165   **cc) Regelungen zum Mediationsverfahren.** Angesichts der Flexibilität des Mediationsverfahrens und der ohnehin bestehenden Freiwilligkeit, enthalten die meisten Mediationsklauseln keine genaueren Vorgaben zum Mediationsverfahren. Zur Entlastung der späteren Verhandlungen könnten jedoch die nachfolgenden Klauseln mit aufgenommen werden:

166   **Formulierungsvorschlag:**

Einzelheiten zum Mediationsverfahren werden auf Vorschlag des Mediators in einem Mediations-Rahmenvertrag geregelt.

[oder]

Der Mediator bestimmt die Ausgestaltung des Mediationsverfahrens nach billigem Ermessen.[55]

[oder]

Das Mediationsverfahren richtet sich nach der Mediationsordnung der ... [Institution] in der jeweils aktuellen Fassung.[56]

167   **dd) Beginn/Ende des Mediationsverfahrens.** Die Festlegung von Beginn und Ende des Mediationsverfahrens stehen im engen Zusammenhang mit der Verjährungshemmung und dem dilatorischen Klageverzicht. Eine alternative Regelung dazu könnte lauten:

---

52   Zu den Möglichkeiten der Auswahl und Benennung des Mediators vgl. auch Eidenmüller/Wagner/*Hacke*, Kapitel 3 Rn. 35 ff.
53   Formulierungsvorschlag bei Greger/Unberath/Steffek/*Greger* B. § 1 Rn. 158; ein eher unpraktischer und überkomplexer Formulierungsvorschlag findet sich bei *Töben* RNotZ 2013, 321 (325).
54   Weitere Benennungsmechanismen zählt auf: Greger/Unberath/Steffek/*Greger* B. § 1 Rn. 157.
55   Vgl. § 317 BGB; dazu auch *Töben* RNotZ 2013, 321 (324).
56   Zu Mediationsverfahrensordnungen auch *Trenczek/Berning/Lenz*, Abschnitt 4.4 Rn. 10 ff.; die Vorteile (Vereinfachung des „Weges in die Mediation", Entlastung der Verhandlungen zu Beginn der Mediation) und Nachteile (Starre des vorab ausgewählten Verfahrens) des Verweises auf bestehende Verfahrensordnungen erörtert Eidenmüller/Wagner/*Hacke*, Kapitel 3 Rn. 50 ff.

Formulierungsvorschlag: 168

Das Mediationsverfahren beginnt mit dem Antrag auf Durchführung einer Mediation bei der ... [Institution]. Es endet auch ohne abschließende Einigung, wenn die Mediation von einer Partei oder vom Mediator schriftlich gegenüber den übrigen Parteien für gescheitert erklärt wird. Die Erklärung des Scheiterns ist erst zulässig, wenn mindestens eine Mediationssitzung [unter Beteiligung aller Parteien] durchgeführt worden ist oder seit dem Antrag auf Durchführung der Mediation zwei Monate verstrichen sind, ohne dass eine solche Mediationssitzung stattgefunden hat.

ee) Einstweiliger Rechtsschutz, gesetzliche Ausschlussfristen. Der dilatori   169
sche Klageverzicht umfasst nicht den Verzicht auf einstweiligen Rechtsschutz oder das selbstständige Beweisverfahren nach § 485 ZPO.[57] Auch
bei gesetzlichen Ausschlussfristen wirkt der Klageverzicht nicht. Ergänzend
könnte dies in der Mediationsklausel erwähnt werden:

Formulierungsvorschlag: 170

Verfahren des einstweiligen Rechtsschutzes sowie selbstständige Beweisverfahren bleiben auch während des Mediationsverfahrens zulässig. Gleiches gilt für Verfahren zur Wahrung einer gesetzlichen Ausschlussfrist; hier verpflichten wir uns jedoch wechselseitig, während des laufenden Mediationsverfahrens das Ruhen des gerichtlichen Verfahrens zu beantragen bzw. anzuregen.

ff) Kosten des Mediationsverfahrens. Bereits die Mediationsklausel kann   171
eine Regelung zu den Kosten des Mediationsverfahrens enthalten. Dies ist
jedoch nicht zwingend, vielmehr kann eine solche Regelung auch dem später abzuschließenden Mediations-Rahmenvertrag vorbehalten bleiben.
Über die Kostenregelung können umgekehrt bereits in der Mediationsklausel Anreize zugunsten der Durchführung einer Mediation gesetzt werden.
Weiter kann die Kostenregelung auf die erste Mediationssitzung beschränkt werden. Oder die Kosten werden zu einem größeren Anteil von
der wirtschaftlich stärkeren Seite übernommen. Hier einige Beispiele für
Kostenregelungen:

Formulierungsvorschlag: 172

Die Kosten des Mediationsverfahrens trägt die Gesellschaft/der Nachlass. Im Übrigen trägt jeder Beteiligte am Mediationsverfahren seine Beratungskosten und Auslagen selbst.

[oder]

Die Kosten des Mediationsverfahrens tragen die Vertragsbeteiligten zu gleichen Teilen. Im Übrigen trägt jeder Beteiligte seine Beratungskosten und Auslagen selbst.

[oder]

Die Kosten der Benennung des Mediators sowie der ersten Mediationssitzung trägt ... [Unternehmer]. Über die weitere Kostentragung wird in der ersten Mediationssitzung verhandelt.

gg) Internationale Fälle. In Fällen mit Auslandsberührung kann es sich an   173
bieten, diesbezügliche Fragen zu dem auf das Mediationsverfahren an

---

57 *Töben* RNotZ 2013, 321 (332), Greger/Unberath/Steffek/*Greger* B. § 1 Rn. 209.

wendbaren Recht sowie zur Sprache und dem Ort der Mediation zu treffen.[58]

174 **4. Weitere ADR-Klauseln.** Im Konfliktfall muss aber nicht immer eine Mediation das geeignete ADR-Verfahren darstellen (→ Einl. Rn. 28 ff.)[59] Daher werden im Folgenden weitere mögliche ADR-Klauseln dargestellt. Dabei sind auch Kombinationen zwischen verschiedenen Verfahren sowie Mischformen denkbar.[60] Gleichwohl dürfte in vielen Fällen eine Mediationsklausel das vorzugswürdige Instrument des Vertragsgestalters darstellen,[61] denn

- im Rahmen der Mediation bleiben die Konfliktparteien im Verhandlungsmodus und haben den größtmöglichen Einfluss auf das weitere Vorgehen sowie etwaige Ergebnisse;
- ein vereinbarter Wechsel aus der Mediation in andere ADR-Verfahren – ggf. auch nur für Teilfragen – und zurück ist unproblematisch möglich.

175 **a) Verhandlungsklausel.** Vorrangig vor der Einleitung besonderer ADR-Verfahren oder vor der Einleitung gerichtlicher Verfahren sollten in der Regel Verhandlungen zwischen den Konfliktparteien geführt werden. Die nachfolgende Klausel setzt auf direkte Verhandlungen ohne Einschaltung eines neutralen Dritten (→ Einl. Rn. 29).[62] Um ein kooperatives Verhandeln zu fördern, werden aber Vorgaben für die Auswahl von geeigneten Anwälten gemacht. Da heute bereits viele Anwälte über Zusatzqualifikationen als Mediatoren verfügen, erscheint die damit verbundene Einschränkung bei der Auswahl geeigneter Anwälte nicht unzumutbar. Die Klausel wird jedoch vermutlich auf Widerstände stoßen, wenn die Konfliktparteien bereits feste Mandats- und Vertrauensbeziehungen zu Anwälten ohne entsprechende Qualifikation haben.[63]

176 **Formulierungsvorschlag:**

Wir möchten alle aus oder im Zusammenhang mit diesem Vertrag entstehenden Streitigkeiten möglichst durch direkte interessenbasierte und kooperative Verhandlungen beilegen. Sofern wir uns anwaltlich beraten oder vertreten lassen, müssen die von uns ausgewählten Rechtanwälte jeweils mit den Grundzügen eines interessenbasierten und kooperativen Verhandlungsstils vertraut sein und über eine Zusatzqualifikation als [zertifizierter] Mediator verfügen. Werden Anwaltskanzleien mit mehreren Anwälten beauftragt, muss der verhandlungsführende Anwalt über eine entsprechende Qualifikation verfügen.

---

58 *Trenczek/Berning/Lenz*, Abschnitt 4.4 Rn. 9, mit Formulierungsvorschlag.
59 Einen sehr guten Überblick über mögliche ADR-Verfahren nebst dem zugehörigen Verfahrensrecht gibt Greger/Steffen/Unberath/*Greger* D.
60 Greger/Steffen/Unberath/*Greger* D. Rn. 37 ff.
61 So auch Greger/Steffen/Unberath/*Greger* D. Rn. 47.
62 Greger/Steffen/Unberath/*Greger* D. Rn. 6 ff.
63 Typische Anwendungsfelder könnten sich aber zum Beispiel in der notariellen Vertragsgestaltung ergeben. Hier sitzt der Notar häufig auch nicht anwaltlich beratenen Personen gegenüber und könnte entsprechende Klauseln vorschlagen, etwa in Gesellschafts- oder Eheverträgen. Gerade im Familienrecht dürfte es sich im häufig auch emotional schwierigen Trennungs- und Scheidungsfall als sehr hilfreich erweisen, auf kooperativ und nicht kompetitiv denkende Rechtsanwälte zu treffen, zumal es gerade im Bereich des Familienrechts besonders viele ausgebildete Anwaltsmediatoren gibt.

b) Konfliktklärungsklausel. Vertragsparteien können vereinbaren, sich im 177 Konfliktfall zum geeigneten Konfliktlösungsverfahren beraten zu lassen. Solche Klauseln bieten den Vorteil, im Konfliktfall aus dem gesamten Angebot der alternativen Konfliktlösungsverfahren auswählen zu können:[64]

Formulierungsvorschlag: 178

Wir möchten alle aus oder im Zusammenhang mit diesem Vertrag entstehenden Streitigkeiten möglichst durch direkte Verhandlungen beilegen. Gelingt dies nicht [und können wir uns auch nicht über ein außergerichtliches Konfliktlösungsverfahren verständigen], werden wir uns von ... [konkrete Person, Organisation/Institution] in einem gemeinsamen Termin über mögliche alternative Streitbeilegungsverfahren beraten lassen. Der Beratungstermin ist auf einseitigen Antrag eines Vertragsbeteiligten von ... [Person/Organisation/Institution] mit einer Ladungsfrist von zwei Wochen [einem Monat] anzuberaumen. Die Erhebung einer Klage ist erst nach Durchführung des Beratungstermins zulässig; kommt ein solcher nicht zu Stande, frühestens nach Ablauf von einem Monat seit der Stellung des Antrags. Während des Zeitraums des laufenden Beratungsverfahrens, dh ab der Antragstellung bis zu dem Zeitpunkt, in dem eine Klage erhoben werden kann, ist die Verjährung der im Antrag genannten Ansprüche gehemmt.

Organisationen, die derartige Konfliktklärungs- bzw. Konfliktmanage- 179 mentverfahren anbieten, haben üblicherweise auch eine Verfahrensordnung, auf die verwiesen werden kann.[65] In solchen Verfahrensordnungen finden sich dann auch Regelungen zur Verjährung oder zum zeitweisen Klageverzicht, so dass die Klausel insoweit entlastet werden kann, zB wie folgt:[66]

Formulierungsvorschlag:

Wir möchten alle aus oder im Zusammenhang mit diesem Vertrag entstehenden Streitigkeiten möglichst durch direkte Verhandlungen beilegen. Gelingt dies nicht [und können wir uns auch nicht über ein außergerichtliches Konfliktlösungsverfahren verständigen], gilt die Konfliktmanagementordnung der Deutschen Institution für Schiedsgerichtsbarkeit (www.dis-arb.de).

Bei Konfliktklärungsklauseln ist zu bedenken, dass diese das Verfahren im 180 Konfliktfall zunächst verlängern und auch verteuern, da ein zusätzlicher Klärungsschritt mit einer weiteren externen Person/Organisation zwischengeschaltet wird. Es ist daher im Einzelfall zu überlegen, ob diese methodische Offenheit tatsächlich sinnvoll ist oder ob den Parteien nicht besser mit einer konkreten Konfliktlösungsmethode geholfen werden kann (zu Konflikten zwischen Unternehmen → B Rn. 26). Eine weitere Option könnte eine Konfliktklärungsklausel mit Rückfalloption darstellen (→ B Rn. 26 und → L Rn. 13):

---

64 Eidenmüller/Wagner/*Hacke*, Kapitel 3 Rn. 29, spricht von „Stellwerkklausel".
65 Eine entsprechende Konfliktmanagementordnung der DIS findet sich auf deren Homepage unter www.dis-arb.de (zuletzt abgerufen am 26.3.2017).
66 So zum Beispiel die Konfliktklärungsklausel der Deutschen Institution für Schiedsgerichtsbarkeit eV (DIS), abgedruckt in Greger § 1 Rn. 156. Die Verfahrensordnung der DIS findet sich auf deren Homepage unter www.dis-arb.de (zuletzt abgerufen am 26.3.2017).

Formulierungsvorschlag:

Wir möchten alle aus oder im Zusammenhang mit diesem Vertrag entstehenden Streitigkeiten möglichst durch direkte Verhandlungen beilegen. Gelingt dies nicht, wird ein Konfliktmanagementverfahren nach der Konfliktmanagementordnung der Deutschen Institution für Schiedsgerichtsbarkeit (DIS, www.dis-arb.de) mit dem Ziel der Festlegung eines Streitbeilegungsverfahrens durchgeführt. Können wir uns nicht innerhalb von zwei Monaten nach Eingang des Antrags auf Durchführung eines Konfliktmanagementverfahrens bei der DIS auf ein bestimmtes Streitbeilegungsverfahren einigen, vereinbaren wir die Durchführung einer Mediation [es folgen Details zum Mediationsverfahren].

In einem Vertragswerk können schließlich auch von vornherein für bestimmte Konflikte unterschiedliche ADR-Klauseln vorgesehen werden. So kann zum Beispiel ein Ehevertrag eine Schiedsgutachterklausel enthalten, um im Konflikt bestimmte Bewertungsfragen zu lösen, und daneben für sonstige Streitigkeiten (Umgang mit Kindern, Unterhaltsfragen etc) ein Mediationsverfahren vorsehen.

181   **c) Eskalationsklausel.** Eskalationsklauseln schreiben den Vertragsparteien im Konfliktfall vor, welche Schritte in welcher Reihenfolge zu unternehmen sind. Typisch sind zB Klauseln, die zunächst Verhandlungen, sodann ein Mediationsverfahren und zuletzt ein Schiedsgerichtsverfahren vorsehen.[67] Andere Kombinationen sind jedoch denkbar. Viele der vorstehend unterbreiteten Klauselvorschläge, die den Verhandlungsaspekt jeweils erwähnen, stellen daher bereits Eskalationsklauseln im vorstehenden Sinne dar. Um eine Schiedsabrede zu ergänzen, könnte in der allgemeinen Mediationsklausel (→ Rn. 129) der letzte Absatz wie folgt neu gefasst werden:

182   **Formulierungsvorschlag:**

Die Erhebung einer Klage ist erst nach der Beendigung des Mediationsverfahrens zulässig. Wir vereinbaren für alle aus oder im Zusammenhang mit diesem Vertrag entstehenden Streitigkeiten unter Ausschluss des Rechtsweges zu den staatlichen Gerichten die Entscheidung durch den ... [Institutionelles Schiedsgericht] nach Maßgabe der jeweils aktuellen Verfahrensordnung. Während des laufenden Mediationsverfahrens ist die Verjährung der im Mediationsverlangen genannten Ansprüche gehemmt.

183   **d) Schlichtung.** Im Unterschied zu den auf eine Moderation durch einen Dritten abzielenden Mediation- und Konfliktklärungsklauseln geht es bei Schlichtungsklauseln um eine Bewertung durch einen Dritten (→ Einl. Rn. 37 ff.). Bei der Schlichtung wird allerdings keine verbindliche Entscheidung getroffen, sondern der Schlichter unterbreitet einen nicht bindenden Lösungsvorschlag. Dem eigentlichen Schlichterspruch können jedoch durch den Schlichter moderierte Verhandlungen vorausgehen, so dass Ähnlichkeiten zwischen Schlichtung und Mediation bestehen können.[68] Um das Verfahren der Schlichtung nicht umfangreich im Vertrag festlegen zu

---

67   Greger/Unberath/Steffek/*Greger* B. § 1 Rn. 153 f. mit Musterformulierung.
68   Als „nichts Halbes und nichts Ganzes" bezeichnet Fritz/Pielsticker/*Lembcke*, Andere Verfahren, IV. Rn. 24 die Schlichtung; dort auch Minimalanforderungen an eine Schlichtungsklausel (Rn. 25), ein Mustertext (Rn. 26) sowie eine umfangreiche nach Branchen gegliederte Übersicht über Schieds- und Schlichtungsstellen (Rn. 27 ff.).

müssen, verweisen viele Schlichtungsklauseln auf die Schlichtungsordnung einer Institution.[69]

Formulierungsvorschlag: 184

Wir vereinbaren, dass bei allen nicht im direkten Verhandlungswege lösbaren Streitigkeiten, die sich aus oder im Zusammenhang mit diesem Vertrag oder über dessen Gültigkeit ergeben, ein Schlichtungsverfahren bei ... [Institution] nach den Regeln der ... [Institution] durchzuführen ist, bevor der ordentliche Rechtsweg beschritten werden darf.

e) Adjudikation. Bei der Adjudikation kommt es den Vertragsbeteiligten   185 darauf an, kurzfristig ein neutrales Expertenvotum zu erhalten, dem eine vorläufige Bindungswirkung zukommt (→ Einl. Rn. 41).[70] Typisches Anwendungsfeld sind komplexere Bauprojektverträge (→ E Rn. 29 f.).[71] Die nachfolgende Klausel verweist wiederum auf eine institutionelle Verfahrensordnung.[72]

Formulierungsvorschlag: 186

Zur Beilegung aller Meinungsverschiedenheiten und Streitigkeiten zwischen den Parteien im Zusammenhang mit diesem Vertrag wird eine projektbegleitende Adjudikation nach der Verfahrensordnung für Adjudikation der Deutschen Institution für Schiedsgerichtsbarkeit eV (DIS-AVO) durchgeführt.

f) Schiedsgutachten. Über eine Schiedsgutachtenklausel[73] wird die Ent-   187 scheidung über einen Konflikt oder bestimmte Fragen eines Konfliktes einem Dritten überantwortet. Dabei kann der Dritte mit verbindlicher Wirkung entscheiden oder aber lediglich eine unverbindliche Empfehlung abgeben (→ Einl. Rn. 32 ff.). Auch eine von neutraler Seite stammende Empfehlung kann durchaus positive Wirkungen auf den weiteren Verhandlungsprozess haben und diesen fördern. Es folgt eine Schiedsgutachtenklausel aus einem Gesellschaftsvertrag. Es geht um die Ermittlung der Abfindung beim Ausscheiden eines Gesellschafters aus einer GmbH:

Formulierungsvorschlag: 188

Die Abfindung entspricht dem Verkehrswert des betroffenen Geschäftsanteils. Können sich die Gesellschafter über den Verkehrswert nicht einigen, so wird dieser durch einen von den Gesellschaftern gemeinsam bestimmten Wirtschaftsprüfer als Schiedsgutachter für die Beteiligten verbindlich festgestellt. Der Wirtschaftsprüfer soll sich dabei an die jeweils aktuellen Grundsätze zur Durchführung von Unternehmensbewertungen halten, die das Institut für Wirtschaftsprüfer herausgibt. Können sich die Gesellschafter innerhalb von vier Wochen nach

---

69   So haben zum Beispiel viele Industrie- und Handelskammern sowie Handwerkskammern eigene Schlichtungsstellen mit entsprechenden Verfahrensordnungen. Auch im Baurecht gibt es entsprechende Schlichtungsinstitutionen. Vgl. dazu auch die Angaben bei Greger/Unberath/Steffek/*Greger* D. Rn. 101 ff. mit weiteren Formulierungsvorschlägen.
70   Greger/Unberath/Steffek/*Greger* D. Rn. 90.
71   Vgl. Fritz/Pielsticker/*Lembcke*, Andere Verfahren, V. (Adjudikation).
72   Die Klausel stammt von der Deutschen Institution für Schiedsgerichtsbarkeit eV Die Verfahrensordnung findet sich unter www.disarb.org (zuletzt abgerufen am 1.3.2017).
73   Ausführlich zum Schiedsgutachten Fritz/Pielsticker/*Lembcke*, Andere Verfahren, VI. (Schiedsgutachten), dort auch Hinweise zu den Minimalanforderungen an eine Schiedsgutachterklausel (Rn. 79) und eine Musterklausel (Rn. 80).

Aufforderung durch einen Gesellschafter auf einen Wirtschaftsprüfer nicht einigen, so wird ein solcher durch den Präsidenten der für die Gesellschaft örtlich zuständigen Industrie- und Handelskammer bestimmt. Die Kosten des Schiedsgutachters trägt die Gesellschaft.

189   **g) Leistungsbestimmungsrecht (§ 317 BGB).** Nach § 317 BGB kann die nähere Ausgestaltung einer vertraglichen Verpflichtung einem Dritten überlassen werden, der sodann seine Entscheidung im Zweifel „nach billigem Ermessen" zu treffen hat. Bestimmte – möglicherweise (später) umstrittene – Fragen können daher der sachverständigen Würdigung durch einen Dritten überlassen werden. Die Klausel kann sodann das vom Dritten auszuübende Ermessen einschränken und die an die Bestimmung anzulegenden Kriterien näher definieren. Es folgt ein Beispiel aus einem gewerblichen Mietvertrag:

190   **Formulierungsvorschlag:**

Die vereinbarte Miete soll im regelmäßigen Abstand von drei Jahren mit Wirkung Jahresanfang angepasst werden, erstmalig am 1. Januar .... Sollten sich die Vertragsparteien auf eine Anpassung nicht einigen können, soll die Anpassung auf Antrag einer Vertragspartei nach § 317 BGB durch den Sachverständigen Herrn/ Frau ... erfolgen. Der Antrag ist frühestens vier und spätestens zwei Monate vor dem nächsten Anpassungszeitpunkt zu stellen. Der Sachverständige hat die Anpassung nach billigen Ermessen unter Berücksichtigung des lokalen Marktes für gewerbliche Mietobjekte [ggf. zusätzlich: und der Ertragslage des Mieters in den letzten drei Jahren] vorzunehmen.

191   **5. Besonderheiten im Hinblick auf einzelne Anwendungsfelder.** Da die Anwendungsfelder von Mediation und außergerichtlicher Konfliktbearbeitung sehr heterogen sind, ist aus vertragsgestaltender Perspektive nach **rechtlichen und sonstigen Besonderheiten** der jeweils betroffenen Rechtsgebiete zu fragen (zum privaten Baurecht → E Rn. 55 ff.).[74] Diese können sich erheblich auf die Auswahl und Ausgestaltung der geeigneten ADR-Klausel auswirken.

192   Zunächst einmal ist festzuhalten, dass Mediationsklauseln dogmatisch im Regelfall vertragliche Vereinbarungen darstellen. Nur in Ausnahmefällen kann eine Mediationsklausel auch aufgrund einseitiger Anordnung zunächst nicht eingebundene Dritte binden. Das gilt etwa für das Erbrecht[75] (→ H Rn. 33 ff.), das Vereins- und Gesellschaftsrecht[76] und das Wohnungseigentumsrecht.[77]

193   Weiter spielen etwa im Arbeitsrecht (KSchG), im Gesellschaftsrecht (§§ 14, 195 UmwG) oder auch im Wohnungseigentumsgesetz (§ 46 WEG) Ausschlussfristen für die Erhebung einer Klage eine Rolle. In der Mediationsklausel sollte daher klargestellt werden, dass diese Klagen trotz des in der Klausel enthaltenen Klageverzichts erhoben werden dürfen. Soweit das AGB-Recht einschlägig ist, sind die sich daraus ergebenden Beschränkun-

---

74 Eine sehr ausführliche und hilfreiche Übersicht über insgesamt 21 Rechtsgebiete findet sich bei Greger/Unberath/Steffek/*Greger* D. Rn. 292–452.
75 Greger/Unberath/Steffek/*Greger* B. § 1 Rn. 226 ff.
76 Greger/Unberath/Steffek/*Greger* B. § 1 Rn. 231.
77 Greger/Unberath/Steffek/*Greger* B. § 1 Rn. 232 nennt darüber hinaus noch die Auslobung nach §§ 657 ff. BGB (Rn. 232).

gen zu beachten (→ Rn. 154 f.). Im Verwaltungsrecht wäre bei der Vereinbarung von Mediationsklauseln zu klären, inwieweit der Konflikt überhaupt der Dispositionsbefugnis der Beteiligten unterliegt und welche Bindungswirkung etwaige Ergebnisse entfalten können.[78] In vielen Rechtsgebieten gibt es auch institutionelle Schlichtungsstellen,[79] die in einer Mediationsklausel adressiert werden können. Es folgt noch eine mögliche Mediationsklausel für eine GmbH-Satzung,[80] die auch auf Klagefristen für Beschlussmängelstreitigkeiten Rücksicht nimmt:[81]

Formulierungsvorschlag: 194

1. Alle aus oder im Zusammenhang mit diesem Gesellschaftsvertrag entstehenden Streitigkeiten sollen zwischen den Gesellschaftern möglichst durch direkte Verhandlungen beigelegt werden. Gelingt dies nicht, sind die Gesellschafter verpflichtet, zunächst ein Mediationsverfahren durchzuführen.

2. Das Mediationsverfahren beginnt mit dem schriftlichen Verlangen eines Gesellschafters, eine Mediation durchzuführen. Sollten wir uns auf einen Mediator nicht einigen können, so wird dieser auf Antrag eines Gesellschafters von der Industrie- und Handelskammer in … [Sitz der Gesellschaft] benannt.

3. Das Mediationsverfahren endet auch ohne eine abschließende Einigung, wenn
   – eine Vertragspartei oder der Mediator das Mediationsverfahren nach Durchführung einer ersten Mediationssitzung für gescheitert erklärt oder
   – seit dem Mediationsverlangen ein Monat verstrichen ist, ohne dass sich die Gesellschafter auf einen Mediator geeinigt haben oder dieser benannt worden ist, oder
   – ein Monat seit der Einigung auf einen Mediator oder dessen Benennung verstrichen ist, ohne dass eine erste Mediationssitzung durchgeführt worden ist.

4. Mit Ausnahme der jederzeit zulässigen Klagen nach §§ 14 und 195 UmwG ist die Erhebung einer Klage erst nach der Beendigung des Mediationsverfahrens zulässig. Während des laufenden Mediationsverfahrens ist die Verjährung der im Mediationsverlangen genannten Ansprüche gehemmt. Für die Dauer des Mediationsverfahrens ist die Frist zur Erhebung einer Anfechtungsklage wegen Beschlussmängeln nach § … dieser Satzung gehemmt.

5. Die Kosten des Mediationsverfahrens trägt die Gesellschaft. Anwaltskosten und Auslagen trägt jeder Gesellschafter selbst.

---

78 Eigentliche Relevanz entfaltet die Frage der Dispositionsbefugnis erst im Rahmen der Abschlussvereinbarung bzw. der Umsetzung der Ergebnisse, vgl. *Eidenmüller/Wagner/Wagner*, Kapitel 2 Rn. 42; es macht aber gerade im öffentlich-rechtlichen Bereich Sinn, diese Fragen bereits zu Beginn zu klären oder zumindest zu thematisieren.

79 ZB das Vermittlungsverfahren nach § 73 Abs. 2 Nr. 3 BRAO bei Rechtsanwälten, weitere Verfahren vgl. die Fundstelle Fn. 69.

80 Zur Bindungswirkung derartiger Klauseln für alle Gesellschafter *Eidenmüller/Wagner/Wagner*, Kapitel 2 Rn. 73.

81 Zu Mediationsklauseln in Gesellschaftsverträgen vgl. *Töben* RNotZ 2013, 321 (336). Bei der formstrengeren Aktiengesellschaft ist eine Verlängerung der Anfechtungsfrist bei Beschlussmängeln in der Satzung nicht möglich, § 23 Abs. 5 AktG.

195   Im Übrigen wird auf die Ausführungen in Teil 3 des Kommentars zu den einzelnen Anwendungsfeldern und die dort vorgeschlagenen Musterformulierungen verwiesen.[82]

III. Mediations-Rahmenvertrag

196   Soll eine Mediation durchgeführt werden, so ist zwischen den Konfliktparteien bzw. Medianden und dem Mediator in Phase 1 der Mediation das sogenannte Arbeitsbündnis zu schließen. Das Ergebnis wird im Mediations-Rahmenvertrag (→ MediationsG § 2 Rn. 16 ff.) zusammengefasst,[83] der sowohl von den Konfliktparteien als auch vom Mediator zu unterzeichnen ist.

197   **1. Vorüberlegungen. a) Unterscheidung der Regelungen nach den beteiligten Personen.** Der Mediations-Rahmenvertrag wird typischerweise Verabredungen zwischen den Konfliktparteien enthalten. Für diese Verabredungen (Klageverzicht, Absprachen zur Verjährung, Vertraulichkeitsabreden etc) gelten im Wesentlichen die Ausführungen zu den Mediationsklauseln entsprechend (→ Rn. 146 ff.).[84] Vorsorgende Mediationsklauseln sind jedoch in der Regel deutlich knapper gefasst, beschränken sich auf das Wesentliche und sollen im Konfliktfall lediglich den Einstieg in die Mediation ermöglichen. Der Mediations-Rahmenvertrag, der vor dem Hintergrund eines konkreten Konfliktes geschlossen wird, wird demgegenüber ausführlichere und detailliertere Regelungen treffen können; er stellt daher andere Anforderungen an den Vertragsgestalter. Auch wenn die Mediation aufgrund einer vorsorgenden Mediationsklausel eigenleitet wird, besteht regelmäßig noch das Bedürfnis, die wechselseitigen Pflichten der Konfliktparteien im Mediations-Rahmenvertrag zu konkretisieren.

198   Außerdem finden sich im Mediations-Rahmenvertrag[85] Regelungen im Verhältnis zwischen den Konfliktparteien einerseits und dem Mediator andererseits.[86] Weiter gibt es Regelungen[87] und insbesondere Verfahrensabsprachen, die für alle Beteiligten gelten.[88] Außerdem können Absprachen mit weiteren Personen, zB den beteiligten Anwälten, Dritten, Co-Mediato-

---

82   Zu den einzelnen Anwendungsfeldern vgl. auch Greger/Unberath/Steffek/*Greger* Teil D.
83   Zu den möglichen Inhalten dieser Vereinbarung vgl. die umfangreiche Auflistung bei Fritz/Pielsticker/*Pielsticker* § 2 Rn. 79. Hilfreiche Musterschreiben der Vertragsanbahnung vor Mediationsbeginn finden sich bei Frieser/*Sättler*, Kapitel 7 Rn. 63 ff.; als Verfahrensalternative zur Mediation gibt es bei Frieser/*Sättler*, Kapitel 7 Rn. 258 auch das Muster einer Moderationsvereinbarung.
84   Haft/v. Schlieffen/*Fischer* § 25 Rn. 22 ff. bezeichnet sowohl die vorsorgende Mediationsklausel als auch die entsprechenden Abreden im Mediations-Rahmenvertrag im Hinblick auf die jeweils an dieser Abrede beteiligten Konfliktparteien als „Mediationsabrede".
85   Zu den (möglichen) Inhalten des Mediations-Rahmenvertrages vgl. auch *Röthemeyer* Rn. 327 ff.
86   Diese Regelungen werden üblicherweise auch „Mediatorvertrag" genannt, vgl. etwa Haft/v. Schlieffen/*Fischer* § 25 Rn. 9 zur Terminologie; allgemein zur Rechtsstellung des Mediators und zum Mediatorvertrag Eidenmüller/Wagner/*Eidenmüller*, Kapitel 4.
87   ZB die Beschreibung des Verfahrensgegenstandes.
88   ZB zu Beginn und Ende der Mediation, zu Ort und Zeit der Mediation etc.

ren[89] oder Mediationsorganisationen,[90] zu treffen sein. Bei der Vertragsgestaltung sollten diese Regelungsebenen bzw. die jeweils verpflichteten Personen klar unterschieden werden.[91]

b) Vertragsgestaltung und dispositives Recht. Verträge müssen nicht zwingend umfassende und abschließende Regelungen treffen. So kann zB von zwingenden gesetzlichen Regelungen ohnehin nicht abgewichen werden. Zitiert man diese im Mediations-Rahmenvertrag, so hat dies allenfalls klarstellende Funktion.[92] Weiter hält das Gesetz[93] einen Satz dispositiver Regelungen bereit, die dann gelten, wenn nicht im Einzelfall abweichende Bestimmungen getroffen worden sind.[94] Dieses „default set" sollte man als Vertragsgestalter für den jeweiligen Regelungsbereich kennen. Der Vertrag selbst kann und sollte sich dann auf diejenigen Vereinbarungen beschränken, die

- die wechselseitigen (Haupt-)Leistungspflichten regeln und ausformen,
- für die Vertragsparteien besonders wichtig sind und daher ausdrücklich im Vertrag stehen sollten und
- vom dispositiven Recht abweichen.

199

Welche dispositiven Regeln für den Mediations-Rahmenvertrag gelten, hängt davon ab, welchem Vertragstyp dieser zugeordnet wird. Die Vereinbarungen zwischen den Konfliktparteien und zum Mediationsverfahren werden dabei in der Literatur als Dauerschuldverhältnis sui generis eingeordnet (→ MediationsG § 2 Rn. 19), für welches das BGB keinen alleine passenden Vertragstyp[95] bereithält. Hier ist daher eine besonders sorgfältige Vertragsgestaltung gefragt, da die Konfliktparteien den für sie geltenden Rechtsrahmen weitgehend selbst festlegen.[96]

200

Die rechtliche Einordnung der Beauftragung des Mediators durch die Konfliktparteien ist umstritten (→ MediationsG § 2 Rn. 20) und changiert zwischen Auftrags-,[97] (freiem) Dienstleistungs- und Geschäftsbesorgungsvertrag.[98] *Fischer* weist in diesem Zusammenhang zu Recht darauf hin, dass die vor allem begrifflich geführte Debatte kaum praktische Konsequenzen

201

---

89 Dazu etwa Eidenmüller/Wagner/*Eidenmüller,* Kapitel 4 Rn. 16.
90 Zu den Vertragsbeziehungen in diesem Fall Haft/v. Schlieffen/*Fischer* § 25 Rn. 107 ff.
91 Zu den Beteiligten im Kontext der Vertragsverhältnisse in der Mediation vgl. auch Haft/v. Schlieffen/*Fischer* § 25 Rn. 4 ff.
92 Zur Frage, welche zwingenden Regelungen es im MediationsG gibt, vgl. Eidenmüller/Wagner/*Eidenmüller,* Kapitel 4 Rn. 7 ff.
93 Meist ausgeformt durch die Rechtsprechung.
94 Zur Bedeutung des dispositiven Rechts vgl. auch Vgl. auch Haft/v. Schlieffen/ *Fischer* § 25 Rn. 2 f.
95 Zu den Vertragstypen des BGB im Kontext Mediation auch Haft/v. Schlieffen/ *Fischer* § 25 Rn. 2.
96 So auch Haft/v. Schlieffen/*Fischer* § 25 Rn. 111.
97 Das Auftragsrecht wird vor allem im Zusammenhang mit unentgeltlicher Mediation als Vertragstypus genannt, vgl. etwa Eidenmüller/Wagner/*Eidenmüller,* Kapitel 4 Rn. 12.
98 Vgl., die Übersicht über den Meinungsstand bei Haft/v. Schlieffen/*Fischer* § 25 Rn. 2, ausführlich dazu auch Nölting, 17 ff., und Eidenmüller/Wagner/*Eidenmüller,* Kapitel 4 Rn. 12 ff.

hat[99] und die in Frage kommenden Vertragstypen in wesentlichen Teilen durch das Mediationsgesetz, berufsrechtliche Regelungen und die privatautonom im Mediations-Rahmenvertrag getroffenen Vereinbarungen überformt werden.

202 Im Rahmen des Mediations-Rahmenvertrages kann vor allem das folgende dispositive Gesetzesrecht eine Rolle spielen:

- die Regelungen im Mediationsgesetz (→ MediationsG § 2 Rn. 21)[100]
- das jeweilige Berufsrecht des Mediators
- die Regelungen des allgemeinen Teils des BGB und Schuldrechts (§§ 241-432 BGB)
- das Dienstvertragsrecht, § 611 ff. BGB (bei Notaren handelt es sich um einen öffentlich-rechtlichen Vertrag → M Rn. 24)
- Rechtsnormen des jeweils betroffenen Anwendungsfeldes, zB des Gesellschaftsrechts, Erbrechts, Familienrechts etc

203 **c) Verweis auf Verfahrensordnungen institutioneller Anbieter.** Der Mediations-Rahmenvertrag und auch die Phase 1 des Mediationsverfahrens können sodann inhaltlich entlastet werden, indem auf eine bereits bestehende Verfahrensordnung eines institutionellen Anbieters[101] Bezug genommen wird (→ Rn. 166). Die Verfahrensordnungen enthalten häufig auch Regelungen zu der zwischen den Parteien zu vereinbarenden Vertraulichkeit des Verfahrens.[102] Der Mediations-Rahmenvertrag kann sich dann auf Ergänzungen oder Abweichungen zu dieser Verfahrensordnung konzentrieren.

204 **d) Regelungstiefe und -intensität.** Wie ausführlich der Mediations-Rahmenvertrag gefasst wird, hängt wesentlich vom konkreten Anwendungsfeld und auch der Bedeutung und Komplexität des Verfahrensgegenstandes ab. Im Regelfall sollten die Anforderungen an den Mediations-Rahmenvertrag aber nicht überspannt werden. Dies vor allem auch, um Phase 1 des Mediationsverfahrens nicht über Gebühr mit der Ausgestaltung und Erläuterung rechtlicher Rahmenbedingungen zu belasten.

205 **e) Form.** Der Mediations-Rahmenvertrag bedarf keiner bestimmten Form.[103] Dies gilt sowohl für die Vereinbarungen der Parteien untereinander (→ Rn. 152) als auch die Regelungen zwischen Parteien und Mediator.[104]

206 **f) Aufbau und typische Inhalte des Mediations-Rahmenvertrages. aa) Rubrum.** Im Vertragseingang – auch Rubrum genannt – geht es vor allem

---

99 Insbesondere im Hinblick auf die mediationsspezifischen Primär- und Sekundärleistungspflichten, Haft/v. Schlieffen/*Fischer* § 25 Rn. 70.
100 Zur Frage, welche Regelungen dispositiven und welche zwingenden Charakter haben, vgl. Eidenmüller/Wagner/*Eidenmüller,* Kapitel 4 Rn. 7 ff.
101 Vgl. dazu etwa *Trenczek/Berning/Lenz,* Abschnitt 4.4 Rn. 10 ff. Auch der einzelne Mediator kann etwa auf seiner Homepage eine Musterverfahrensordnung bzw. einen Muster-Mediations-Rahmenvertrag bereitstellen. Darüber können sich Mediationsinteressenten bereits im Vorfeld eine grobe Orientierung verschaffen bzw. der Mediator kann im Rahmen eines Vorgespräches oder in Phase 1 einer Mediation auf diese Muster verweisen.
102 Vgl. die Hinweis bei Eidenmüller/Wagner/*Wagner,* Kapitel 7 Rn. 54.
103 *Trenczek/Berning/Lenz,* Abschnitt 4.4 Rn. 17.
104 Haft/v. Schlieffen/*Fischer* § 25 Rn. 72, dort auch zu weiteren Wirksamkeitsanforderungen des Vertragsverhältnisses zwischen den Parteien und dem Mediator.

darum, die Vertragsparteien zu bestimmen. Das sind auf jeden Fall die Konfliktparteien und der oder die Mediatoren.[105] Ist zum Zeitpunkt des Abschlusses des Mediations-Rahmenvertrages bereits klar, dass auch Dritte im Sinne von § 2 Abs. 4 MediationsG am Mediationsverfahren teilnehmen sollen,[106] können diese bereits in den Mediations-Rahmenvertrag mit eingebunden werden (→ MediationsG § 2 Rn. 158 ff.). Alternativ können gesonderte Vereinbarungen mit diesen Dritten getroffen werden.

bb) Beschreibung des Verfahrensgegenstandes. In einer **Vorbemerkung**   207
oder **Präambel** oder unter der Überschrift „Verfahrensgegenstand" kann die Historie und der Gegenstand des Konfliktes, mithin der Anlass des Mediationsverfahrens, beschrieben werden. Dabei sollte der Vertragsgestalter im Hinterkopf haben, dass die präzise Beschreibung des Verfahrensgegenstandes wichtig ist für die angestrebte Verjährungshemmung und einen etwaigen Klageverzicht während des laufenden Mediationsverfahrens. Sind zwischen den Konfliktparteien bereits Gerichtsverfahren anhängig, sollten diese und der weitere Umgang mit diesen konkret benannt werden. Schließlich kann die Vorbemerkung den Wunsch der Beteiligten formulieren, den Konflikt im Verhandlungswege konstruktiv beizulegen.

cc) Pflichten der Medianden untereinander. Typische Vereinbarungen be-   208
treffen hier:

- gewisse Mitwirkungspflichten einschließlich eines respektvollen Umgangs miteinander, allerdings unter Beachtung der Freiwilligkeit der Teilnahme (insbesondere keine Pflicht, zu einer Einigung zu kommen);[107]
- die Hemmung der Verjährung streitgegenständlicher Ansprüche;[108]
- den Verzicht auf gerichtliche/schiedsgerichtliche Verfahren während des laufenden Mediationsverfahrens oder die Beantragung des Ruhens laufender Verfahren;
- die Offenlegung von Informationen/Unterlagen;
- die Verschwiegenheits-/Vertraulichkeitsvereinbarung;[109]
- Regelungen zur Kostentragung.[110]

---

105 Im Falle einer Co-Mediation ist der Co-Mediator am Mediations-Rahmenvertrag in der Regel zu beteiligen; weiter ist das Binnenverhältnis zwischen den Mediatoren zu klären/regeln, vgl. dazu Eidenmüller/Wagner/Eidenmüller, Kapitel 4 Rn. 16 f., und Fritz/Pielsticker/*Fritz*, Methodik und Anwendungsbereiche der Mediation, IV Rn. 19 f., mit einer Checkliste und Mustertexten (Rn. 44 ff.).
106 Auch im späteren Verfahrensverlauf kann sich die Notwendigkeit ergeben, Dritte in die Mediation einzubeziehen. Hier ist jeweils nach § 2 Abs. 4 MediationsG die Zustimmung aller Konfliktparteien erforderlich; auch vertraglich sollten die Dritten eingebunden werden, zumindest über Verschwiegenheitserklärungen.
107 Vgl. § 2 Abs. 2 MediationsG, wonach sich der Mediator über die Freiwilligkeit der Teilnahme vergewissern muss. Ein ausformulierter kurzer Verhaltenskodex findet sich bei Frieser/*Sättler*, Kapitel 7 Rn. 84.
108 Muster bei Frieser/*Sättler*, Kapitel 7 Rn. 79.
109 Vgl. dazu ausführlich *Eidenmüller*, Kapitel 7, Formulierungsvorschläge bei Fritz/Pielsticker/*Pielsticker* § 4 Rn. 49 und 51 f. sowie bei Frieser/*Sättler*, Kapitel 7 Rn. 80 f.
110 Im Verhältnis zum Mediator werden die Konfliktparteien regelmäßig gesamtschuldnerisch für dessen Vergütung haften. Im Innenverhältnis können jedoch abweichende Regelungen getroffen werden. Daher bietet es sich an, das Innenverhältnis an dieser Stelle zu regeln.

209 Besonders wichtig dürfte die Vertraulichkeitsvereinbarung zwischen den Medianden sein. Das MediationsG enthält hier nämlich keine Regelungen (→ B Rn. 8 ff. und → MediationsG § 4 Rn. 22 ff.), so dass vertragliche Abreden getroffen werden sollten. Anwaltliche Berater müssen sich neben ihren Mandanten nicht zwingend zusätzlich zur Verschwiegenheit verpflichten. Sie sind vielmehr als Berater und Vertreter an den von ihren Mandanten vereinbarten Pflichtenkanon gebunden.[111] Die Medianden müssen sich das Verhalten ihrer Anwälte wie eigenes Verhalten zurechnen lassen. Die auch zur Rollenklärung empfehlenswerte ausdrückliche Einbeziehung der begleitenden Anwälte in den Mediations-Rahmenvertrag und die darin enthaltenen Verschwiegenheitserklärungen haben daher vor allem deklaratorischen und appellativen Charakter (Muster → Rn. 219). Eine aus dem anwaltlichen Berufsrecht ableitbare Verschwiegenheitspflicht gegenüber der Gegenpartei existiert nicht (→ Einl. Rn. 102 ff.).

210 **dd) Pflichten zwischen Mediator und Medianden.** Hauptleistungspflicht des Mediators ist die **Durchführung des Mediationsverfahrens** (→ MediationsG § 2 Rn. 22 f.).[112] Flankiert wird die Hauptleistungspflicht durch diverse Nebenpflichten, insbesondere Aufklärungs- und Informationspflichten, die sich zB aus den § 2, 3 und 4 MediationsG ergeben. Die Erfüllung der Aufklärungs- und Informationspflichten kann durch den Mediations-Rahmenvertrag dokumentiert werden.[113] Typische Regelungsgegenstände sind:

- die Ausgestaltung und Beschreibung der Hauptleistungspflicht inkl. der Bereitstellung von Räumlichkeiten;
- die Klarstellung, dass kein Erfolg im Sinne einer Einigung der Konfliktparteien geschuldet wird;
- die Verschwiegenheitsverpflichtung des Mediators;
- die Erfüllung etwaiger Offenbarungspflichten oder Klarstellungen bzw. Regelungen zu etwaigen Tätigkeitsbeschränkungen nach § 3 MediationsG;[114]
- die Information zum fachlichen Hintergrund/Ausbildung/Erfahrung gemäß § Abs. 5 MediationsG.[115]

211 Mediatoren, die keine Rechtsanwälte oder Notare sind, können zudem darüber nachdenken, im Mediations-Rahmenvertrag klarzustellen, keine Rechtsdienstleistung zu erbringen (zum Thema Mediation und Rechtsdienstleistung → RDG § 1 Rn. 1 ff. und → MediationsG § 2 Rn. 256 ff.).[116]

---

111 Haft/von Schlieffen/*Hartmann* § 28 Rn. 34, der eine Verschwiegenheitspflicht aus dem Standesrecht gegenüber der Gegenpartei ablehnt.
112 Greger/Unberath/Steffek/*Greger* B. § 2 Rn. 44.
113 Zu diesen Pflichten im Rahmen der Vertragsanbahnung bzw. des Vertragsschlusses vgl. Eidenmüller/Wagner/*Eidenmüller*, Kapitel 4 Rn. 18 ff.; bei Fritz/Pielsticker/*Pielsticker* § 2 Rn. 164 findet sich ein gesonderter Formulierungsvorschlag, in dem die Parteien die Erfüllung der Informationspflichten bestätigen.
114 Formulierungsvorschläge bei Fritz/Pielsticker/*Pielsticker* § 3 Rn. 102 f.
115 Fritz/Pielsticker/*Pielsticker* § 3 Rn. 103 empfiehlt, diese Informationen auf der Homepage zur Verfügung zu stellen. Dann könne im Mediations-Rahmenvertrag darauf verwiesen werden (Formulierungsvorschlag aaO Rn. 104).
116 Eidenmüller/Wagner/*Eidenmüller*, Kapitel 4 Rn. 39 ff.

Hauptleistungspflicht der Medianden dagegen ist die **Zahlung der verein-** **212**
barten Vergütung an den Mediator.[117] Diese sollte ausreichend klar beschrieben werden. Regelungsbestandteile der Vergütungsabrede können
sein:

- Höhe des Stundensatzes
- Berechnung von etwaigen Vor- und Nachbereitungszeiten
- Fälligkeit der Vergütung
- gesamtschuldnerische Haftung für die Vergütung
- Anforderungen von Vorschüssen
- Erstattung von Auslagen
- Klarstellung, ob Umsatzsteuer erhoben wird oder nicht

Darüber hinaus könnte der Mediations-Rahmenvertrag auch noch weitere   **213**
Regelungen[118] enthalten, etwa zu Fällen der Schlecht- oder Nichtleistung.
Insbesondere auf Haftungsregelungen[119] wird aber üblicherweise verzich-
tet, so dass im Haftungsfall das Dienstvertragsrecht bzw. das allgemeine
Schuldrecht gilt (→ MediationsG § 2 Rn. 26 ff., zur Haftung des Notarme-
diators → M Rn. 24). Dies dürfte auch sachgerecht sein. Da bislang durch
Rechtsprechung und Literatur ein objektiver Leistungsstandard nicht eta-
bliert wurde, müsste dieser vertraglich ausgeformt werden. Dies würde den
Mediations-Rahmenvertrag und damit Phase 1 des Mediationsverfahrens
jedoch überfrachten.

ee) Vereinbarungen zum Verfahren. Sodann enthält der Mediations-Rah-   **214**
menvertrag in der Regel Vereinbarungen aller Vertragsparteien zum Ablauf
des Mediationsverfahrens. Das können zB sein:

- der Ort des Mediationsverfahrens;
- Zeiten der Mediationssitzungen bzw. Regelungen zur Terminabspra-
  che;
- Terminabsagen (Fristen, Rechtsfolgen bei nicht fristgerechter Absage);
- die Erlaubnis/das Verbot, Einzelgespräche zu führen;
- bei einer Vielzahl von Beteiligten Regelungen zur Vertretung von Beteiligtengruppen;
- Absprachen zur rechtlichen Prüfung des Mediationsergebnisses;
- Vereinbarungen zur Rolle/Einbeziehung von Anwälten;
- Regelungen zur Dauer und zur Beendigung des Mediationsverfahrens.[120]

---

117 Zur Vergütung in der Mediation vgl. Eidenmüller/Wagner/*Eidenmüller*, Kapitel 4
     Rn. 53 ff., und ausführlich Eidenmüller/Wagner/*Engel*, Kapitel 10. In der innerbe-
     trieblichen Mediation wird die Vergütung dagegen meist nicht von den Teilneh-
     mern der Mediation, sondern vom Unternehmen gezahlt.
118 Beispiele zu weiteren möglichen Regelungsinhalten bei Haft/v. Schlieffen/*Fischer*
     § 25 Rn. 65.
119 Durchaus häufiger vorgeschlagen werden jedoch Haftungsbegrenzungen, vgl. et-
     wa die Muster bei *Nölting*, 243, oder bezogen auf Anwälte bei Frieser/Sarres/
     Stückemann/Tschichoflos/*Stückemann*, G. Kapitel 1 Rn. 578. Notare können ihre
     Amtshaftung als Mediatoren gemäß § 19 BNotO nicht begrenzen.
120 Haft/v. Schlieffen/*Fischer* § 25 Rn. 52-61.

215   **ff) Schlussbestimmungen.** Der Mediations-Rahmenvertrag kann sodann mit typischen Schlussbestimmungen enden, wie zB:

- einer Schriftformklausel für Vertragsänderungen;
- einem Hinweis auf das ergänzend zum Vertrag geltende dispositive Recht; (Mediationsgesetz, Dienstvertrag, berufsrechtliche Regelungen);
- einer Mediationsklausel für den Konfliktfall;
- einer salvatorischen Klausel.

216   **2. Mustertexte. a) Mediations-Rahmenvertrag (Gesamtmuster).** Es folgt das Muster eines Mediations-Rahmenvertrages[121] betreffend einen Erbstreit unter zwei Geschwistern. Der Mediations-Rahmenvertrag ist bewusst knapp gehalten und beschränkt sich auf die wesentlichen Bestimmungen. Im Einzelfall kann das Muster ergänzt und erweitert werden. Entsprechende Formulierungsvorschläge finden sich nachfolgend unter Buchstabe b).

217   **Formulierungsvorschlag:**

Mediations-Rahmenvertrag

zwischen

Herrn Franz Müller, wohnhaft in … und

Frau Gabriele Peters geborene Müller, wohnhaft in …

– nachstehend gemeinsam „Medianden" genannt –

und

Frau Rechtsanwältin Dr. Ute Zander, geschäftsansässig …

– nachstehend „Mediatorin" genannt –

§ 1 Verfahrensgegenstand

1. Die Medianden sind Geschwister und zu je ½ Anteil Erben ihres am … verstorbenen Vaters Johann Müller. Zum Nachlass gehören vor allem zwei Immobilien, darunter eine Eigentumswohnung und ein von Frau Peters zuletzt gemeinsam mit ihrem verstorbenen Vater genutztes Einfamilienhaus nebst Einliegerwohnung. Die Medianden sind uneinig über die Auseinandersetzung des Nachlasses, insbesondere über den weiteren Umgang mit den Immobilien.
2. Die Medianden möchten versuchen, alle im Zusammenhang mit dem Konflikt stehenden Themen im Wege einer Mediation außergerichtlich, selbstverantwortlich und einvernehmlich zu regeln.

§ 2 Vereinbarungen der Medianden untereinander

1. Während der Dauer des Mediationsverfahrens dürfen den Verfahrensgegenstand betreffende gerichtliche Verfahren nicht eingeleitet werden.
2. Während der Dauer des Mediationsverfahrens ist die Verjährung etwaiger den Verfahrensgegenstand betreffender Ansprüche gehemmt.
3. Die Medianden sind für die Inhalte des Mediationsverfahrens verantwortlich. Sie werden das Mediationsverfahren fördern und dazu insbesondere alle den

---

121   Weitere Gesamtmuster zB bei Trenczek/Berning/Lenz/*Berning*, Abschnitt 7.2, und Frieser/Sarres/Stückemann/Tschichoflos/*Stückemann*, G. Kapitel 1 Rn. 577 ff.; Frieser/*Sättler*, Kapitel 7 Rn. 12; Fritz/Pielsticker/*Pielsticker* § 2 Rn. 165; *Wermke/ Winheller/Kittl*, Praxishandbuch Mediation, 3. Aufl. 2016, 77 ff.; lediglich zum Verhältnis zwischen Mediator/en und Konfliktparteien finden sich Muster bei *Nölting*, 233 ff.

Verfahrensgegenstand betreffenden Informationen offen legen und entsprechende Unterlagen zur Verfügung stellen.
4. Eine Pflicht zur Einigung besteht nicht.
5. Kein Mediand darf Äußerungen und Dokumente, die von dem anderen Medianden [einem in das Mediationsverfahren einbezogenen Dritten][122] oder der Mediatorin in das Mediationsverfahren eingebracht wurden, in einem späteren Gerichtsverfahren vortragen, es sei denn, die jeweilige Tatsache hätte auch ohne das Mediationsverfahren vorgetragen werden können. Die Vertraulichkeitsabrede gilt nicht für Tatsachen, die ein Mediand zur Geltendmachung von Ansprüchen oder zur Verteidigung gegen Ansprüche aus oder im Zusammenhang mit diesem Mediations-Rahmenvertrag oder einer das Mediationsverfahren abschließenden Vereinbarung vortragen muss.[123]
6. Die Kosten des Mediationsverfahrens tragen die Medianden zu je ½ Anteil.[124]

§ 3 Vereinbarungen zwischen den Medianden und dem Mediator

1. Die Mediatorin ist unabhängig und allparteilich. Sie ist für keine Seite einseitig als Anwältin tätig.[125] Sie erfüllt ihre Verpflichtungen aus diesem Vertrag höchstpersönlich.
2. Die Mediatorin vermittelt zwischen den Medianden und leitet und strukturiert das Mediationsverfahren. Eine Einigung zwischen den Medianden schuldet sie nicht.
3. Die Mediatorin ist für den organisatorischen Ablauf verantwortlich. Sie stellt die Räumlichkeiten und etwa erforderliche Hilfsmittel.
4. Die Mediatorin ist nach § 4 MediationsG [und dem anwaltlichen Berufsrecht] zur Verschwiegenheit verpflichtet.[126] Die Medianden dürfen die Mediatorin in einem Gerichtsverfahren nicht als Zeugin für Tatsachen benennen, die ihr in Ausübung ihrer Tätigkeit bekannt geworden sind.
5. Die Medianden verpflichten sich gegenüber der Mediatorin als Gesamtschuldner zur Zahlung einer Vergütung in Höhe von EUR .../Stunde zuzüglich der gesetzlichen Umsatzsteuer. Auslagen der Mediatorin werden gesondert abgerechnet. Mit dem vereinbarten Stundensatz wird die in Mediationssitzungen gemeinsam mit den Konfliktparteien verbrachte Zeit abgerechnet. Vor- und Nachbereitungszeiten sind mit abgegolten. Die Mediatorin ist berechtigt, nach jeder Sitzung eine Zwischenrechnung zu stellen.

---

122 Dritte können etwa Sachverständige oder sonstige nicht als Mediand beteiligte Personen sein.
123 Vgl. auch Eidenmüller/Wagner/*Wagner*, Kapitel 7 Rn. 65. Viele Klauseln nehmen von der Vertraulichkeit auch noch den Fall aus, dass später alle Vertragsparteien in die Offenlegung einwilligen. Dies muss m. E. aber nicht gesondert festgehalten werden, da es den Parteien später selbstverständlich freisteht, auf den Vertraulichkeitsschutz zu verzichten.
124 Bei der üblichen internen Kostenverteilung nach Köpfen könnte diese Regelung auch entfallen, da die dispositive Regelung zum Gesamtschuldnerinnenausgleich nach § 426 Abs. 1 S. 1 BGB zum identischen Ergebnis führt.
125 Bei einer Anwaltsmediatorin kann eine solche Klarstellung das anwaltsuntypische Rollenbild als Mediatorin schärfen.
126 Ggf. kann man § 4 MediationsG auch ausführlicher wiedergeben; etwa um die Erfüllung der Informationspflicht nach § 4 S. 4 MediationsG zu dokumentieren. Oder man verlässt sich ohne vertragliche Erwähnung auf § 4 MediationsG und beschränkt sich im Vertrag auf die nicht im MediationsG geregelte Vertraulichkeitsabrede zwischen den Konfliktparteien.

§ 4 Weitere Vereinbarungen zum Mediationsverfahren

1. Die Mediation findet in den Geschäftsräumen der Mediatorin statt.
2. Die Termine für die Sitzungen werden einvernehmlich festgelegt. Festgelegte Termine sind spätestens 24 Stunden vor der Sitzung abzusagen, ansonsten trägt der absagende Mediand die Vergütung dieser Sitzung allein.
3. Die Sitzungen finden mit allen Medianden statt. Einzelgespräche sind nur im Einverständnis mit allen Medianden zulässig.[127]
4. Die Mediation endet mit
   a) der einvernehmlichen Beendigung;
   b) der jederzeit zulässigen Kündigung dieses Vertrages durch einen Medianden oder
   c) der Kündigung dieses Vertrages durch die Mediatorin, wobei die Mediatorin zur Kündigung nur berechtigt ist, wenn aus ihrer Sicht ein sinnvoller Fortgang der Mediation nicht mehr zu erwarten ist.[128]

§ 5 Schlussbestimmungen

1. Für diesen Vertrag und die Durchführung des Mediationsverfahrens gelten ergänzend das Mediationsgesetz und das Dienstvertragsrecht.
2. Etwaige Änderungen dieses Vertrages bedürfen der Schriftform (§ 126 BGB). Dies gilt auch für eine Änderung dieser Klausel selbst.
3. Soweit eine Bestimmung dieses Vertrags unwirksam sein oder werden sollte, bleiben die übrigen Bestimmungen wirksam. Die unwirksame Bestimmung gilt als durch die ihr am nächsten kommende wirksame Bestimmung ersetzt. Das gleiche gilt für Lücken.

[Ort, Datum, Unterschriften der Medianden und der Mediatorin]

218   **b) Alternative und ergänzende Formulierungen für einzelne Regelungsgegenstände. aa) Vereinbarungen mit beteiligten Anwälten oder anderen Dritten.** Sind die Medianden anwaltlich vertreten, so sollten diese in Phase 1 des Mediationsverfahrens einbezogen werden. Die Phase 1 kann und sollte vom Mediator aktiv genutzt werden, die Rolle der begleitenden Anwälte zu besprechen und zu klären (→ zur Rollenklärung aus Anwaltssicht → L Rn. 34 ff.), insbesondere wenn es sich um Anwälte handelt, die mit Mediationsverfahren bislang noch nicht in Berührung gekommen sind. Das verschriftlichte Ergebnis einer solchen Rollenklärung (zur Verschwiegenheitspflicht der Anwälte → Rn. 209) könnte wie folgt aussehen, wobei der Text auch als eigener Abschnitt in den Mediations-Rahmenvertrag integriert werden kann:[129]

219   **Formulierungsvorschlag:**

Als rechtlicher Berater von ... im Mediationsverfahren zwischen ... und ... erkläre ich:

1. Ich werde den mir bekannten Mediations-Rahmenvertrag vom ... im Rahmen meiner anwaltlichen Tätigkeit beachten.

---

127 Ziffer 3 könnte im Hinblick auf § 2 Abs. 3 S. 3 MediationsG auch entfallen.
128 Vgl. zu dieser Formulierung auch die Kommentierung zu → MediationsG § 2 Rn. 206.
129 Ein ähnliches Muster findet sich bei Trenczek/Berning/Lenz/*Berning*, S. 667; eine Verschwiegenheitsvereinbarung mit Dritten gibt es als Muster bei Frieser/*Sättler*, Kapitel 7 Rn. 183, ein Beauftragungsschreiben für einen Sachverständigen im gleichen Werk in Kapitel 7 Rn. 189.

2. Ich bestätige, dass mich mein Mandant zu keinem Zeitpunkt von meinem Zeugnisverweigerungsrecht befreien kann, soweit er sich selbst zur Verschwiegenheit verpflichtet hat.
3. Mir ist das Mediationsverfahren erläutert worden. Mir sind insbesondere die Phasen des Mediationsverfahrens und das Ziel einer interessenbasierten Verhandlungslösung bekannt.
4. Meine Aufgaben im Mediationsverfahren bestehen vor allem darin,[130]
   - meinen Mandanten in Phase 2 und 3 bei der Klärung des Sachverhaltes zu unterstützen;
   - in Phase 4 bei der Entwicklung von Lösungsoptionen mitzuwirken [und dazu auch meine vertragsgestaltende Expertise einzubringen];[131]
   - in Phase 5 die Mediationsabschlussvereinbarung [zu formulieren und] rechtlich zu prüfen;
   - meinen Mandanten über Erfolgsaussichten, Dauer und Kosten einer gerichtlichen Konfliktbearbeitung als Alternative zum Mediationsverfahren zu informieren.
5. Ich werde die in Ziffer 4 genannten Aufgaben sowohl innerhalb als auch außerhalb von Mediationssitzungen im Gespräch mit meinem Mandanten wahrnehmen.
6. Die Konfliktparteien werden besprechen und vereinbaren, ob und an welchen Mediationssitzungen die rechtlichen Berater teilnehmen.
7. Die verfahrensleitende Rolle des Mediators wurde mir erläutert. Mir ist bekannt, dass sich der Mediator im Mediationsverfahren vor allem auf die Konfliktparteien und deren Interessen konzentrieren wird. [Sollte ich im Mediationsverfahren stark positionsorientiert und anspruchsbegründend argumentieren, werde ich entsprechende Hinweise des Mediators beachten.]

Werden Dritte gemäß § 2 Abs. 4 MediationsG zum Mediationsverfahren hinzugezogen, sollten sich diese gegenüber den Medianden zur Vertraulichkeit verpflichten:[132]   220

Formulierungsvorschlag: 221

Frau … wird als … am Mediationsverfahren zwischen … und … teilnehmen. Sie verpflichtet sich gegenüber den Beteiligten des Mediationsverfahrens zur Verschwiegenheit hinsichtlich aller Umstände, die ihr durch die Teilnahme am Mediationsverfahren bekannt werden. Ausgenommen sind offenkundige Umstände.

…, den …

[Unterschriften des Dritten und der Medianden]

---

130 Der folgende Katalog muss im Einzelfall angepasst werden. Die genaue Rolle hängt auch davon ab, ob der rechtliche Berater an den Mediationssitzungen teilnimmt oder nicht.
131 Insbesondere vertragsgestaltend arbeitende Anwälte können in Phase 4 hilfreiche Ideen entwickeln, die den Vertragsparteien mangels Kenntnis der Regelungsmöglichkeiten nicht zugänglich sind. Das Recht wird hier dann nicht zur Begründung von Positionen/Ansprüchen genutzt, sondern als Werkzeugkasten des Vertragsgestalters und insofern zur Erweiterung der Optionen bzw. des Lösungsraums.
132 Ergibt sich eine solche Verpflichtung bereits aus dem Berufsrecht des eingeschalteten Dritten, ist eine gesonderte Verpflichtung nicht erforderlich. Wird zB ein Notar von den Beteiligten mit dem Entwurf und der Beurkundung der Abschlussvereinbarung betraut, so ist er nach § 18 BNotO umfassend zur Verschwiegenheit verpflichtet.

222 **bb) Verweise auf Verfahrensordnungen.** Vor allem die Regelungen in § 4 des Gesamtmusters können vereinfacht und verkürzt werden, wenn auf die bestehende Verfahrensordnung einer Institution verwiesen werden kann:

223 **Formulierungsvorschlag:**

> Für das Mediationsverfahren gelten im Übrigen die Bestimmungen der Mediationsverfahrensordnung der ... Die Verfahrensordnung wird dem Mediations-Rahmenvertrag in der Anlage beigefügt.

224 **cc) Protokollierung.** Ob und wie der Verlauf oder die Ergebnisse der einzelnen Mediationssitzungen protokolliert werden (dürfen), kann im Mediations-Rahmenvertrag geregelt werden.[133] Hier einige mögliche Musterformulierungen:

225 **Formulierungsvorschlag:**

> Die Mediatorin fertigt nach jeder Sitzung ein Protokoll, das sie den Medianden [innerhalb von ... Tagen] zur Verfügung stellt. Dem Protokoll werden als Anlage jeweils Fotos der gemeinsam erarbeiteten Zwischenergebnisse der Mediation beigefügt.
>
> [oder]
>
> Die Mediatorin wird den Medianden nach jeder Sitzung ein Fotoprotokoll der gemeinsam erarbeiteten Zwischenergebnisse der Mediation übersenden.
>
> [oder]
>
> Die Mediatorin wird zum Eigengebrauch Protokolle von jeder Sitzung anfertigen. Die Medianden haben kein Einsichtsrecht. [Die Mediatorin ist berechtigt, die Protokolle zur Dokumentation des Mediationsfalles etwa im Rahmen einer Zertifizierung oder einer Supervision zu verwenden. Dazu hat sie alle vertraulichen Daten zu anonymisieren.]

226 **dd) Kostentragung.** Zur Vergütungsabrede in § 3 Ziffer 5 des Gesamtmusters sind verschiedene Abwandlungen denkbar.[134] So kann etwa vereinbart werden, dass zunächst ein Kostenvorschuss zu zahlen ist:

227 **Formulierungsvorschlag:**

> Vor der ersten Mediationssitzung haben die Medianden einen Kostenvorschuss in Höhe von 4 Stundensätzen, also insgesamt in Höhe von EUR ... zu zahlen.

228 Sofern Vor- und Nachbereitungszeiten anders als im Gesamtmuster vorgeschlagen gesondert abgerechnet werden, könnte dies wie folgt formuliert werden:

---

133 Insbesondere bei Mediationen, die weniger auf einem konkreten Konflikt beruhen, sondern eher auf Entscheidungsfindung gerichtet sind (zB Unternehmensnachfolge, Neuausrichtung eines Unternehmens etc) bietet sich eine weitgehende Protokollierung an, um Zwischenergebnisse festzuhalten, insbesondere wenn längere Zeiträume zwischen den Sitzungen liegen. Ein Muster für ein Protokoll in Form eines Berichtsschreibens sowie andere hilfreiche Schreiben für die Zeit zwischen einzelnen Mediationsterminen finden sich bei Frieser/*Sättler*, Kapitel 7, etwa in Rn. 98, 100 und 121.

134 Muster für die Honorarvereinbarung finden sich auch zB bei Fritz/Pielsticker/*Fritz* § 1 Rn. 56, bei Frieser/Sarres/Stückemann/Tschichoflos/*Stückemann*, G. Kapitel 1 Rn. 582 oder sehr ausführlich bei Frieser/*Sättler*, Kapitel 7 Rn. 240 ff.

Formulierungsvorschlag: 229

Mit dem vereinbarten Stundensatz wird die in Mediationssitzungen gemeinsam mit den Konfliktparteien verbrachte Zeit abgerechnet. Vor- und Nachbereitungszeiten werden zusätzlich abgerechnet und sind von der Mediatorin zu dokumentieren.

Ob Vor- und Nachbereitungszeiten zusätzlich abgerechnet werden sollten,   230
ist einzelfallabhängig zu entscheiden. Wird lediglich die Präsenzzeit in den Mediationssitzungen abgerechnet, hat dies den Vorteil größtmöglicher Transparenz für die Beteiligten. Umgekehrt wird man den Stundensatz höher ansetzen müssen, damit der Vor- und Nachbereitungsaufwand nicht ohne Vergütung bleibt.

Besonderheiten gelten im Übrigen dann, wenn die Kosten der Mediation   231
nicht von den Medianden, sondern von einer dritten Person als Auftraggeber übernommen werden.[135] Zusätzlich können Regelungen zu Reise- und Übernachtungskosten oder zu etwaigen Gutachterkosten mit aufgenommen werden. Klargestellt werden könnte weiter, dass jeder Mediand die Kosten seiner anwaltlichen Beratung selbst übernimmt.

ee) Regelungen zu Einzelgesprächen. Sollen Einzelgespräche ($\rightarrow$ Mediati-   232
onsG § 2 Rn. 139 ff.)[136] geführt werden, ist das Thema Vertraulichkeit für die Einzelgespräche gesondert zu regeln, entweder bereits vorab im Mediations-Rahmenvertrag oder ad hoc, wenn sich die Notwendigkeit von Einzelgesprächen ergibt. Das Gesamtmuster könnte in § 4 Ziffer 3 um folgenden Satz ergänzt werden:

Formulierungsvorschlag: 233

In Einzelgesprächen offenbarte Informationen sind von der Mediatorin vertraulich zu behandeln, solange der betroffene Mediand nicht der Offenlegung gegenüber dem [den] anderen Medianden ausdrücklich zustimmt.

ff) Verfahrensabsprachen für juristische Personen/Gesellschaften oder größere Gruppen. Sind an einem Mediationsverfahren nicht nur natürliche   234
Personen beteiligt, stellt sich die Frage, wer als Vertreter in der Mediationssitzung mitwirken soll und welche Befugnisse ein solcher Vertreter mitbringen muss. § 4 Ziffer 3 wäre dann entsprechend anzupassen:

Formulierungsvorschlag: 235

Herr ... nimmt persönlich an den Sitzungen teil. Die ... GmbH wird durch ihre einzelvertretungsberechtigte Geschäftsführerin Frau ... vertreten.

Sollen insbesondere bei größeren Organisationen Bevollmächtigte auftre-   236
ten, ist zu gewährleisten, dass diese erstens mit dem Konflikt vertraut sind und zweitens über ausreichende Entscheidungsbefugnisse verfügen:

---

135 Übernimmt zB in Gesellschafterstreitigkeiten die Gesellschaft die Kosten der Mediation, ist dies klarzustellen. Die Gesellschaft sollte dann auch im Rubrum erwähnt werden und den Vertrag durch ihre vertretungsberechtigten Organe mit unterschreiben.

136 Zu Einzelgesprächen auch Eidenmüller/Wagner/*Eidenmüller*, Kapitel 5 Rn. 19 ff; ein Muster zur Vereinbarung von Einzelgesprächen während eines laufenden Verfahrens findet sich bei Frieser/*Sättler*, Kapitel 7 Rn. 135.

237   **Formulierungsvorschlag:**

Die … AG darf sich durch ihre Vorstandsmitglieder oder durch Bevollmächtigte vertreten lassen. Die … AG hat zu gewährleisten, dass die an den Sitzungen teilnehmenden Personen mit dem Konflikt vertraut sind und von ihrer Vertretungsmacht her den Konflikt beilegen können.

238   Insbesondere bei **Mediationen im öffentlich-rechtlichen Bereich** stellt sich das Sonderproblem, dass für eine geeignete Repräsentation größerer – teilweise nicht rechtlich organisierter Gruppen – gesorgt werden muss. Hier bestehen besondere Herausforderungen noch vor dem eigentlichen Beginn des Mediationsverfahrens, die sich auf die Analyse der Konfliktlandschaft und die Gestaltung eines geeigneten Verfahrensdesigns beziehen (→ Einl. Rn. 26).[137] Die zu treffenden Regelungen sind jedoch stark einzelfallbezogen, so dass hier auf eine Musterformulierung verzichtet wird.

239   Auch bei **Mediationen in Wohnungseigentümergemeinschaften** kann sich das Problem stellen, den Teilnehmerkreis zu definieren. Je nach Art des Konflikts ist im Mediations-Rahmenvertrag zu regeln, wer für wen auftritt. Die Gesamtheit der Eigentümergemeinschaft kann hierbei regelmäßig durch den bestellten Verwalter repräsentiert werden, insbesondere wenn Konflikte zwischen der Gemeinschaft und einzelnen Eigentümern bestehen. Geht es um das Verhalten und die Person des Verwalters selbst, so kann für die Repräsentation der Eigentümergemeinschaft im Mediationsverfahren auf den Beirat zurückgegriffen werden, falls ein solcher vorhanden ist. Bei Konflikten zwischen einzelnen Wohnungseigentümern kann das Mediationsverfahren auch nur zwischen diesen durchgeführt werden, ggf. unter Beteiligung des mit dem Gesamtobjekt vertrauten Verwalters.

240   **gg) Der Auftraggeber ist selbst keine Konfliktpartei.** Insbesondere bei der innerbetrieblichen Mediation (→ Einl. Rn. 25) gibt es häufiger die Konstellation, dass der Auftraggeber und Veranlasser der Mediation selbst keine Konfliktpartei ist, etwa wenn es um Konflikte zwischen einzelnen Mitarbeitern oder einzelnen Teams/Abteilungen innerhalb eines Unternehmens geht (→ C Rn. 43). Bei der Abfassung des Mediations-Rahmenvertrages sind hier vor allem folgende Besonderheiten zu beachten (Muster → C Rn. 44):[138]

- der Auftraggeber und die Medianden sind unterschiedliche Personen;
- Schuldner des Honorars ist der Auftraggeber; ggf. Abklärung eines Gesamtkostenrahmens;
- es ist zu regeln, ob und wann der Auftraggeber die Mediation beenden kann;
- die Unabhängigkeit des Mediators ist festzuschreiben; er unterliegt keinen Weisungen des Auftraggebers;
- der Auftraggeber steht dem Mediationsverfahren ergebnisoffen gegenüber;
- es ist klarzustellen, dass die Verschwiegenheitsverpflichtung auch gegenüber dem Auftraggeber gilt; Ausnahmen dazu (die Konfliktlösung

---

137   Vgl. Haft/v. Schlieffen/*Holznagel/Ramsauer* § 40 Rn. 39.
138   Ein vollständiges Muster für diese Konstellation findet sich bei Trenczek/Berning/ Lenz/*Berning*, S. 662 ff.

bedarf der Mitwirkung des Auftraggebers) sind zu regeln; vielfach wird auch vereinbart, dass der Auftraggeber über das – von den Medianden vereinbarte[139] – Ergebnis des Verfahrens informiert wird (→ C Rn. 34);

■   der Auftraggeber erklärt, dass er die gefundene Konfliktlösung akzeptieren und an der Umsetzung mitwirken wird, wobei etwaige Gestaltungsgrenzen angegeben werden können;

■   die Freiwilligkeit der Teilnahme (zur Freiwilligkeit bei innerbetrieblichen Mediationen → C Rn. 36 f.) seitens der Medianden und die Beendigungsmöglichkeiten durch die Medianden sind festzulegen.

hh) Absprachen zur rechtlichen Prüfung des Mediationsergebnisses. Bereits in Phase 1 kann besprochen und geregelt werden, auf welche Weise die Ergebnisse des Mediationsverfahrens rechtlich geprüft werden sollen. Insbesondere bei Mediatorinnen und Mediatoren ohne eigene juristische Expertise kann es sinnvoll sein, die spätere Rechtskontrolle bereits zu Beginn zu thematisieren. Der folgende Hinweis könnte etwa im Gesamtmuster in § 4 ergänzt werden: 241

Formulierungsvorschlag: 242

Nach der Verständigung auf eine einvernehmliche Lösung und deren Skizzierung in Stichpunkten wird zwischen der Mediatorin und den Medianden besprochen, wie die Lösung rechtlich geprüft und in eine verbindliche Abschlussvereinbarung überführt werden soll.[140]

[Oder, wenn alle Seiten anwaltlich vertreten sind:]

Nach der Verständigung auf eine einvernehmliche Lösung wird diese in Stichpunkten skizziert und in einer gemeinsamen Sitzung mit den anwaltlichen Beratern der Medianden besprochen. In der Sitzung wird sodann entschieden, wer den Entwurf der Abschlussvereinbarung erstellen soll.

[Oder, wenn das Ergebnis typischerweise notariell beurkundet werden muss:]

Nach der Verständigung auf eine einvernehmliche Lösung wird diese in Stichpunkten skizziert und in einer gemeinsamen Sitzung mit Frau Notarin ... besprochen. Die Notarin soll sodann den Entwurf der Abschlussvereinbarung erstellen.

In allen Fällen kann es zusätzlich sinnvoll sein, klarzustellen, dass der nichtjuristische Mediator keine Rechtsdienstleistung nach dem RDG erbringt (allgemein zum RDG → RDG § 1 Rn. 1 ff.).[141]   243

Formulierungsvorschlag:

Die Mediatorin stellt klar, dass sie keine rechtlichen Regelungsvorschläge unterbreiten und keine Rechtsdienstleistung im Sinne des Rechtsdienstleistungsgesetzes erbringen wird.

Immer wenn die rechtlichen Berater nicht ohnehin am gesamten Mediationsverfahren beteiligt sind, macht es Sinn, diese in einem gemeinsamen Termin über die Ergebnisse des Mediationsverfahrens zu informieren, be-   244

---

139   Den Inhalt des Ergebnisses bestimmen allein die Medianden, so dass diese Offenlegung gegenüber dem Auftraggeber unproblematisch ist, Greger/Unberath/Steffek/*Greger* D. Rn. 316.

140   Mit einer solchen Klausel dokumentiert der Mediator zudem einen Hinweis gemäß § 2 Abs. 6 S. 2 MediationsG.

141   Vgl. Eidenmüller/Wagner/*Eidenmüller*, Kapitel 4 Rn. 39 ff.

vor der Entwurf der Abschlussvereinbarung erstellt wird. Nur in einem solchen Gespräch können die für das Ergebnis maßgeblichen Interessen der Beteiligten erläutert und etwaige Rückfragen der Rechtsberater im Dialog geklärt werden. Wenn der Mediator selbst juristische Expertise besitzt, kann er das Ergebnis auch selbst in einen rechtlich verbindlichen Text überführen:

245 **Formulierungsvorschlag:**

Nach der Verständigung auf eine einvernehmliche Lösung wird die Mediatorin eine Abschlussvereinbarung entwerfen. Sodann erhalten die Medianden Gelegenheit, den Entwurf der Abschlussvereinbarung rechtlich prüfen zu lassen.

246 **ii) Verweis auf das eigene Berufsrecht des Mediators.** In den Schlussbestimmungen kann weiter zusätzlich auf das für den konkreten Mediator geltende Berufsrecht verwiesen werden, etwa wie folgt:

247 **Formulierungsvorschlag:**

Für diesen Vertrag und die Durchführung des Mediationsverfahrens gelten ergänzend das Mediationsgesetz, das Dienstvertragsrecht sowie das für Anwälte [alternativ: Notare/Psychologen/Steuerberater/Wirtschaftsprüfer/etc.] geltende Berufsrecht.

IV. Abschlussvereinbarung

248 **1. Standort im Mediationsverfahren.** Die Abschlussvereinbarung (→ MediationsG § 2 Rn. 243 ff.)[142] steht am Ende des Mediationsverfahrens und gehört zu dessen Phase 5 (zur Phasenstruktur → MediationsG § 2 Rn. 82 ff.),[143] wobei es einen fließenden Übergang zwischen den Phasen 4 (Lösungsfindung) und 5 (Abschluss) gibt. Während am Ende von Phase 4 regelmäßig eine in Stichpunkten formulierte Gesamtlösungsskizze vorliegt, gehören zur Phase 5 vor allem das Ausformulieren und die abschließende Prüfung der gefundenen Lösung.

249 **2. Unterscheidung nach dem Grad der Verrechtlichung.** Nach dem **Grad der Verrechtlichung** können zwei verschiedene Arten von Abschlussdokumenten unterschieden werden.[144] So gibt es Mediationsverfahren, deren Ergebnis in der Wiederherstellung einer funktionierenden Beziehung zwischen den Verfahrensbeteiligten besteht oder in der Aufklärung eines Missverständnisses. Hier wird es regelmäßig nicht darum gehen, das Ergebnis in einer rechtlich verbindlichen Form zu dokumentieren. In anderen Fällen hingegen, zB der Einigung über naheheliche Unterhaltszahlungen oder der Verteilung des Nachlassvermögens, soll die gefundene Lösung in eine justiziable Form gebracht werden. Zur Abgrenzung kann folgende **Testfrage** gestellt werden: Soll das, was die Medianden vereinbaren, im späteren

---

142 Vgl. zu den rechtlichen Gesichtspunkten der Abschlussvereinbarung allgemein Haft/v. Schlieffen/*Fischer* § 25 Rn. 88 ff.; *Trenczek/Berning/Lenz*, Abschnitt 4.4 Rn. 23 ff., und Eidenmüller/Wagner/*Hacke*, Kapitel 6.
143 Es gibt auch andere Unterteilungen der Phasen. Die Bezugnahme auf das Fünfphasenmodell soll dieses nicht absolut setzen, sondern lediglich die Verortung der Abschlussvereinbarung verdeutlichen.
144 Vgl. *Harms/Schmitz-Vornmoor* ZKM 2013, 154 (156).

Streitfall auch vor einem Gericht durchsetzbar sein?[145] Im Falle einer positiven Antwort ist bei der Formulierung und Prüfung der Abschlussvereinbarung rechtliche, insbesondere vertragsgestaltende Expertise gefragt. Die auf den Rechtsbindungswillen zielende Testfrage ist auch für die Einordnung der Prüfung und Formulierung der Abschlussvereinbarung als Rechtsdienstleistung zentral (→ MediationsG § 2 Rn. 256 ff. und → RDG § 2 Rn. 22).

3. Allgemeine Prüfungskriterien für die Abschlussvereinbarung. Die Abschlussvereinbarung basiert auf dem vorangegangenen Mediationsverfahren. Ihre Inhalte fassen die Ergebnisse des Verfahrens zusammen. Die allgemeinen Prüfungskriterien für die Abschlussvereinbarung ergeben sich in erster Linie vor allem aus dem Mediationsverfahren selbst.[146]   250

So ist zunächst eine **Vollständigkeitskontrolle** vorzunehmen. Geprüft wird, ob die von den Medianden zu Beginn der Mediation entwickelte Themenliste vollständig abgearbeitet worden ist. Sollten sich bei der Formulierung und Prüfung der Abschlussvereinbarung weitere Themen ergeben, an die zuvor nicht gedacht worden ist, können für diese Themen – soweit erforderlich – die Verfahrensschritte der Mediation erneut durchlaufen werden. Auch die Interessenprofile (Werden alle wesentlichen Interessen ausreichend befriedigt?) und Lösungsvorschläge können für die Vollständigkeitskontrolle herangezogen werden.   251

Sodann findet eine **Fairnesskontrolle** statt. „Fair" im Sinne dieses Prüfungsschrittes ist die Abschlussvereinbarung nur, wenn die im Mediationsverfahren herausgearbeiteten Interessen der Beteiligten ausreichend berücksichtigt und umgesetzt werden. Wichtig ist, dass es um keine objektive Fairnesskontrolle geht, sondern um eine subjektive anhand der (unterschiedlichen) Interessen der Beteiligten.   252

Maßstab für die Prüfung der Abschlussvereinbarung sind daher vor allem die **Themensammlung** (Phase 2) und die jeweiligen **Interessenprofile** der Beteiligten (Phase 3). Wurden die Arbeitsergebnisse der Phasen 2 und 3 auf Flipcharts oder auf andere Weise festgehalten, sollten diese für die Prüfung der Abschlussvereinbarung erneut zugänglich gemacht werden.   253

Weiter sollte die Abschlussvereinbarung auf ihre **Praktikabilität und Umsetzbarkeit**[147] geprüft werden. Ggf. sind ergänzende Vereinbarungen zu treffen, wie nicht erfüllte Verpflichtungen sanktioniert werden können. Auch die Vollstreckbarkeit von Verpflichtungen kann hier ein Thema sein.   254

Jeder einzelne Mediand kann und sollte die Abschlussvereinbarung zudem unter dem Gesichtspunkt seiner **Alternativen zu der verhandelten Lösung**   255

---

145 Zu dieser Testfrage vgl. *Harms/Schmitz-Vornmoor* ZKM 2013, 154 (156); letztlich geht es um den Rechtsbindungswillen, so Eidenmüller/Wagner/*Hacke*, Kapitel 6 Rn. 20.

146 Eidenmüller/Wagner/*Hacke*, Kapitel 6 Rn. 7 ff., legt dagegen den Fokus auf die aus der US-amerikanischen Praxis stammende Maxime „Do it SMART", aus der sich hilfreiche Hinweise für den Vertragsgestalter ableiten lassen. Das konkrete Mediationsverfahren gerät dabei aber aus dem Blick zu geraten.

147 Hier kann vor allem kann die Maxime „Do it SMART" (s=specific, m=measurable, a=achievable, r=realistic, t=timed), die Eidenmüller/Wagner/*Hacke*, Kapitel 6 Rn. 7 ff., erläutert, hilfreiche Dienste leisten.

prüfen. Hier wäre die Abschlussvereinbarung der sogenannten best alternative to a negotiated agreement (**BATNA**) gegenüberzustellen.[148]

256 **4. Juristische Formulierung und Prüfung der Abschlussvereinbarung.** Soll eine rechtsverbindliche Abschlussvereinbarung formuliert und gestaltet werden, sind über Ziffer 3 hinaus die folgenden Gesichtspunkte zu beachten.

257 **a) Ziel und Inhalt der juristischen Formulierung/Prüfung.** Die juristische Formulierung und Prüfung der Abschlussvereinbarung hat folgende Ziele:

- Verstößt das ausgehandelte Ergebnis gegen **Grenzen der Vertragsgestaltung?** Über zwingendes Gesetzesrecht und gesetzliche Verbote (§ 134 BGB) dürfen sich die Medianden nicht hinwegsetzen (→ MediationsG § 2 Rn. 307). Eine weitere Grenze ist eine etwaige Sittenwidrigkeit nach § 138 BGB.[149]

- Sind im Hinblick auf die Abschlussvereinbarung bestimmte **Formvorschriften** zu beachten (→ MediationsG § 2 Rn. 302 ff.),[150] insbesondere eine etwaige notarielle Beurkundungsform?[151]

- Ist das ausgehandelte Ergebnis besser als einseitig umsetzbare Optionen (insbesondere Vergleich mit den **Erfolgsaussichten** einer **streitigen gerichtlichen Auseinandersetzung)?**[152]

- Welche **Ideen für eine Erweiterung oder Verbesserung der gefundenen Lösung** können aus vertragsgestaltender Perspektive beigesteuert werden? Bisher von den Medianden in Phase 4 übersehene Gestaltungsmöglichkeiten können so auch im Rahmen der rechtlichen Prüfung in den Verhandlungsprozess eingeführt werden.

- Wie lässt sich die Verhandlungslösung klar, verbindlich, rechtssicher und im Einzelfall auch vollstreckbar (→ MediationsG § 2 Rn. 310 ff.) **formulieren?**

258 **b) Beteiligte der juristischen Formulierung/Prüfung.** Wer die Abschlussvereinbarung formuliert und prüft, kann nicht allgemein beantwortet werden, sondern hängt von verschiedenen Umständen ab. Die Formulierung einer rechtsverbindlichen Abschlussvereinbarung ist zunächst eine Rechtsdienstleistung im Sinne des Rechtsdienstleistungsgesetzes (→ RDG § 2 Rn. 20 ff.). Mediatoren können und dürfen die Abschlussvereinbarung daher nur dann selbst abschließend gestalten, wenn sie zur Rechtsberatung nach dem Rechtsdienstleistungsgesetz befugt sind.[153] Das gilt vor allem für Rechtsanwälte und Notare (zu weiteren zur Erbringung von Rechtsdienstleistungen befugten Berufsträgern → RDG § 3 Rn. 5 ff.).

259 Ist der Mediator selbst zur Rechtsberatung befugt und formuliert er die Abschlussvereinbarung, so hat er die Beteiligten nach § 2 Abs. 6 S. 2 Me-

---

148 Dieser Vergleich kann bei rechtlich relevanten Konflikten auch unter spezifisch juristischer Perspektive angestellt werden, vgl. nachfolgend Ziffer 4. a).
149 Eidenmüller/Wagner/*Hacke*, Kapitel 6 Rn. 32 ff.
150 Entgegen Fritz/Pielsticker/*Pielsticker* § 2 Rn. 155 ist keine Schriftform erforderlich, vgl. auch Eidenmüller/Wagner/*Hacke*, Kapitel 6 Rn. 32, der aber dazu rät, im Mediations-Rahmenvertrag bereits die Schriftform für die Abschlussvereinbarung vertraglich zu vereinbaren.
151 Vgl. dazu Eidenmüller/Wagner/*Hacke*, Kapitel 6 Rn. 32 ff.
152 Vgl. bereits vorstehend Ziffer 3.
153 Einzelheiten dazu bei Eidenmüller/Wagner/*Hacke*, Kapitel 6 Rn. 123 ff.

diationsG auf die Möglichkeit hinzuweisen, die Vereinbarung durch externe (Rechts-)Berater prüfen zu lassen. Sind die Medianden bereits im Mediationsverfahren anwaltlich vertreten (zur Mediationsbegleitung durch Rechtsanwälte → N Rn. 1 ff.), erfolgt die Überprüfung durch diese Rechtsanwälte.

Die Formulierung der Abschlussvereinbarung kann auch an externe Rechtsberater delegiert werden. Der nicht zur Rechtsberatung befugte Mediator ist sogar dazu verpflichtet. Ist die Abschlussvereinbarung notariell zu beurkunden,[154] bietet sich hierfür die Beauftragung eines Notars an; dieser ist – wie der Mediator – als unabhängiger und unparteilicher Dritter für alle Medianden tätig und von vornherein zu einer ausgewogenen Vertragsgestaltung verpflichtet (→ M Rn. 49 ff.). **260**

Soll ein Rechtsanwalt die Abschlussvereinbarung formulieren, so wird es sich dabei in der Regel um den Anwalt eines Konfliktbeteiligten handeln, der rechtlich allein dessen Interessen verpflichtet ist. Hier ist der Überprüfung durch die andere Seite ausreichend Raum und Zeit einzuräumen. Außerdem ist zu klären, welcher Anwalt hier tätig werden soll. **261**

c) Gestaltung der Schnittstelle zu rechtlichen Beratern, die nicht an den Mediationssitzungen beteiligt waren. Damit es bei der Formulierung und Prüfung der Abschlussvereinbarung aus Sicht des Mediators und der Medianden nicht zu unliebsamen Überraschungen kommt, ist es von entscheidender Bedeutung, dem beauftragten Anwalt oder Notar einen fundierten Einblick in das Mediationsverfahren und die erzielte Verhandlungslösung zu verschaffen.[155] Dabei ist es suboptimal und mit den Kommunikationsstandards eines Mediationsverfahrens nur schwer zu vereinbaren, hier dem beauftragen Anwalt oder Notar lediglich im Schriftwege einen Entwurf der Abschlussvereinbarung oder die stichpunktartig zusammengefasste Verhandlungslösung zu überlassen.[156] **262**

Die Übergabe an Anwälte oder Notare sollte vielmehr in einem **gemeinsamen Gespräch** zwischen dem Mediator, den Medianden und den rechtlichen Beratern erfolgen. In einem solchen vom Mediator moderierten Gespräch **263**

- können die Inhalte des Verfahrens (einschließlich Themensammlung und Interessenprofilen) erläutert werden;
- können Verständnisfragen geklärt werden;

---

154 Beurkundungspflichten bestehen vor allem im Immobilienrecht, dem Familienrecht, dem Erbrecht und dem Gesellschaftsrecht, sämtlich mediationsgeeignete Rechtsgebiete.

155 Ausführlich zur Zusammenarbeit zwischen Mediator und Notar aus notarieller Perspektive mit Musteranschreiben und Kommunikationsvorschlägen *Grüner/Schmitz-Vornmoor* notar 2012, 147. Auch bei Frieser/*Sättler,* Kapitel 7 Rn. 138 f. finden sich Musteranschreiben im Zusammenhang mit der rechtlichen Prüfung, die aber den Wert einer gemeinsamen Vorbesprechung mit dem beurkundenden Notar vernachlässigen.

156 Auch die Verfahrensvorschläge von Eidenmüller/Wagner/*Hacke*, Kapitel 6 Rn. 38 (Notar im „Stand-By-Modus") muten seltsam an und werden der Rolle des Notars und der Funktion des Beurkundungsverfahrens nicht gerecht. Nunmehr selbst gegen den „Event-Charakter" von Wirtschaftsmediationen in einem einzigen Termin und die dadurch gesetzten Fehlanreize: *Hacke,* Ein neues Modell der Wirtschaftsmediation, ZKM 2016, 168.

- kann der Rechtsberater seine vertragsgestaltende Expertise und etwaige zusätzliche Gestaltungsideen einbringen;
- kann der Auftrag an den rechtlichen Berater eindeutig formuliert werden.

264   **5. Sprachstil der Abschlussvereinbarung.** In welchem Sprachstil eine Abschlussvereinbarung verfasst wird, richtet sich zunächst einmal danach, ob diese mit Rechtswirkungen ausgestattet werden soll oder nicht. Soll die Abschlussvereinbarung rechtsverbindlich und gerichtlich durchsetzbar sein, wird man bei der Formulierung der Vereinbarung die **juristische Fachsprache** verwenden, um möglichst eindeutige, präzise und wenig streitanfällige und auslegungsbedürftige Regelungen zu treffen.

265   Auch bei Verwendung der Fachsprache ist es jedoch wichtig, dass sich die prozesshafte Entwicklung des Mediationsergebnisses in der Abschlussvereinbarung wiederspiegelt. Um eine größtmögliche Akzeptanz der Abschlussvereinbarung zu erreichen, müssen sich die Medianden in dieser wiederfinden. Daher folgende Hinweise:

- die Konfliktgeschichte einschließlich des Mediationsverfahrens ist in allgemeinverständlichen Worten darzustellen;
- die im Mediationsverfahren herausgearbeiteten wesentlichen Interessen gehören ebenfalls in die Abschlussvereinbarung; hier kommt es weniger auf Fachsprache als auf eine möglichst hilfreiche und konstruktive Formulierung der Interessen an;
- trotz Verwendung der juristischen Fachsprache ist einfach und verständlich zu formulieren; drei Hauptsätze sind einfacher zu verstehen als ein Hauptsatz mit zwei verschachtelten Nebensätzen.
- die Medianden sollten in der Abschlussvereinbarung möglichst durchgehend mit ihrem Namen bezeichnet werden. Auf die bei Vertragsgestaltern beliebte Methode, neutrale Bezeichnungen zu wählen („Erwerber", „Käufer", „Eigentümer", „Erbe", „Ehefrau" etc) sollte verzichtet werden. Noch weitergehend kann überlegt werden, grammatikalisch in der ersten Person („ich/wir verpflichte mich/uns") und nicht in der dritten Person („Herr …/die Konfliktparteien verpflichten sich") zu formulieren;[157]
- aktivische Formulierungen sind vorrangig vor passivischen Konstruktionen zu verwenden.

266   **6. Aufbau und typischer Inhalt der Abschlussvereinbarung. a) Rubrum.** Im Vertragseingang – Rubrum – werden die Vertragsbeteiligten genannt. Das sind die Medianden. Der Mediator wird hier nur im Ausnahmefall dazugehören, wenn er im Rahmen der verhandelten Lösung selbst Pflichten übernimmt (→ MediationsG § 2 Rn. 252).[158]

---

157 Das stellt jedoch für viele Vertragsgestalter einen erhöhten Aufwand dar, da die meisten Muster in der dritten Person formuliert sind. Bei der Ich-Formulierung kann zudem bei mehreren Vertragsbeteiligten unklar sein, wer sich gerade verpflichtet. Das führt dann zu unschönen Formulierungen wie: „Ich, Herr Müller, verpflichte mich …". Ein Kompromiss kann daher darin bestehen, die Präambel der Abschlussvereinbarung in der ersten Person zu formulieren und sodann in die dritte Person zu wechseln.
158 Eidenmüller/Wagner/*Hacke*, Kapitel 6 Rn. 18.

b) Vorbemerkung/Präambel. In die Vorbemerkung der Abschlussvereinbarung gehören alle zum Verständnis der Regelung wichtigen Informationen. Die Vorbemerkung dient auch dazu, die hinter den nüchtern-sachlich und juristisch-verbindlich formulierten Absprachen stehenden Wertungen zu verdeutlichen und so in der Abschlussvereinbarung den von den Beteiligten durchlaufenen Mediationsprozess wiederzugeben. Gegenstand der Vorbemerkungen sollte daher sein: **267**

- die Darstellung des Konfliktes,[159] einschließlich etwa anhängiger Gerichts-/Schiedsgerichtsverfahren;
- die Darstellung des Mediationsverfahrens (Beginn, Zeitraum, Zahl der Sitzungen, Person des Mediators/der Mediatoren);
- die Darstellung der im Mediationsverfahren herausgearbeiteten wesentlichen Interessen der Medianden;[160]
- die Wiedergabe zusätzlicher für die Abschlussvereinbarung wichtiger Grunddaten und Sachverhaltsinformationen.[161]

c) Regelungsteil. Im eigentlichen Regelungsteil folgen die zwischen den Beteiligten getroffenen Vereinbarungen, die mit Rechtswirkungen versehen werden sollen. Der Inhalt, die Struktur und der Aufbau dieses Teils der Abschlussvereinbarung hängen stark vom konkreten Konfliktstoff ab und kann nicht allgemeinverbindlich vorgezeichnet werden. Es lassen sich jedoch folgende Hinweise geben: **268**

Sind **mehrere Themen** zu behandeln, so bietet es sich an, den Regelungsteil nach diesen Themen zu **gliedern**. Sodann sollte – auch gliederungstechnisch und/oder durch Überschriften – stets unterschieden werden, **wer welche Verpflichtungen übernimmt**. Werden gemeinsame Erklärungen abgegeben (zB eine Gesellschafterversammlung durchgeführt), ist auch das zu kennzeichnen. **269**

Bei der Formulierung von Zahlungs- und/oder sonstigen Verpflichtungen ist auf **präzise Formulierungen** zu achten. Es ist stets auch klarzustellen, gegenüber wem eine Verpflichtung besteht, insbesondere bei einer Vielzahl von Medianden. Soll eine Abschlussvereinbarung **vollstreckbar ausgestaltet** werden (zum notariellen Vollstreckungstitel → M Rn. 52 ff.), so ist dies ebenfalls bei der Formulierung der Verpflichtung zu beachten. Vollstreckungsfähig sind in der Regel nur solche Formulierungen, die von den Vollstreckungsorganen ohne weitere inhaltliche Prüfungsschritte umgesetzt werden können.[162] Die im Rahmen der gerichtlichen Titulierung von Ansprüchen zu beachtenden Grundsätze geltend entsprechend. **270**

---

159 Hierbei kann auf den Verfahrensgegenstand der Mediationsvereinbarung zurückgegriffen werden. Evtl. sind während der Mediation weitere Themen (Themensammlung in Phase 2) hinzugekommen.

160 Hier ist auf die im Mediationsverfahren entwickelten Interessenprofile zurückzugreifen.

161 Diese hängen vom konkreten Einzelfall ab. Zu ergänzen wären in einem Gesellschafterstreit zB Angaben zur Gesellschaft, zu den Beteiligungsverhältnissen, zum aktuellen Gesellschaftsvertrag etc In einer Familienmediation werden hier Daten zur Eheschließung, Ehedauer, Trennungszeit, gemeinsamen Kindern etc ergänzt.

162 So prüfen Vollstreckungsorgane zB nicht eigenständig den Eintritt der Fälligkeit einer Zahlungsverpflichtung, sofern diese von weiteren Voraussetzungen als dem Eintritt eines Datums abhängt.

271   Stets ist zu überlegen, ob und inwieweit die **Rechtsfolgen von etwaigen Pflichtverletzungen** geregelt werden müssen. In manchen Fällen kann es genügen, sich diesbezüglich auf die Regelungen des dispositiven Rechts zu verlassen. In vielen Fällen sind individuelle Absprachen zum Umgang mit Vertragsstörungen erwünscht und sinnvoll. Der Regelungs- und Absicherungsbedarf ist hier umso höher, je länger der Zeitraum zwischen Unterzeichnung und vollständiger Umsetzung der Abschlussvereinbarung dauert. Bestandteile der Abschlussvereinbarung können zum Beispiel sein:[163]

- Rücktrittsrechte der Beteiligten für den Fall der Nichterfüllung besonders wichtiger Verpflichtungen;
- die Vereinbarung von Bedingungen/Voraussetzungen, von denen der weitere Vertragsvollzug abhängen soll;
- die Einräumung von akzessorischen oder nichtakzessorischen Sicherheiten;
- Schadensersatzansprüche;
- Vertragsstrafen;
- Sonstige Mängelhaftungsansprüche (Minderung, Nacherfüllung);
- Regelungen zur Verjährung von Ansprüchen.

272   Bei langen Vertragslaufzeiten, zB bei Unterhaltsvereinbarungen, können auch Vereinbarungen zum **Umgang mit tatsächlichen Veränderungen** getroffen werden. Ggf. kann auch das Mediationsverfahren über die Unterzeichnung der Abschlussvereinbarung hinaus verlängert und bereits ein **Folgetermin** zur Kontrolle der Umsetzung der Abschlussvereinbarung festgelegt werden.

273   Sind **Gerichtsverfahren** anhängig, werden sich die Beteiligten in der Abschlussvereinbarung typischerweise auch über die **Art und Weise der Beilegung dieser Verfahren** einigen und entsprechende Verpflichtungen zur Klagerücknahme eingehen.

274   **d) Schlussbestimmungen, Anlagen.** Die Abschlussvereinbarung schließt mit Schlussbestimmungen, die sich auf den gesamten Vertrag beziehen. Darin enthalten sind vor allem

- eine Abgeltungsregelung; in dieser wird klargestellt, ob und inwieweit der Konflikt durch die Abschlussvereinbarung geregelt worden ist; bestehen noch offene Punkte oder sind Themen bewusst ausgeklammert worden, so ist dies ausdrücklich zu benennen;
- eine Regelung, inwieweit des Mediationsverfahren mit der Abschlussvereinbarung beendet worden ist oder nicht;[164]
- Kostenregelungen; dabei werden in vielen Fällen die Regelungen aus der Mediationsvereinbarung wiederholt, teilweise aber auch abweichende Bestimmungen getroffen;
- Klauseln zur Vertraulichkeit oder zur Kommunikation des Mediationsergebnisses gegenüber Dritten oder der Öffentlichkeit;
- Klauseln zur Wirksamkeit von Vertragsänderungen (zB Schriftformklausel);

---

163 Zu vertraglichen Sicherungsmaßnahmen auch Eidenmüller/Wagner/*Hacke*, Kapitel 6 Rn. 139 ff.
164 Vgl. Eidenmüller/Wagner/*Hacke*, Kapitel 6 Rn. 25.

- Regelungen zum Umgang mit Konflikten im Hinblick auf die Abschlussvereinbarung, zB eine Mediationsklausel/Schiedsgerichtsklausel[165] etc;
- Regelungen zum anwendbaren Recht (bei internationalen Sachverhalten), und zum Gerichtsstand;
- Salvatorische Klausel.

Sofern in der Abschlussvereinbarung auf Anlagen Bezug genommen wird, werden diese der Abschlussvereinbarung beigefügt.

7. Abschlussvereinbarung (Gesamtmuster). Es folgt das Muster einer Mediationsabschlussvereinbarung (Unterhaltsvereinbarung) zwischen zwei bereits geschiedenen[166] Ehegatten.   275

Formulierungsvorschlag: 276

Abschlussvereinbarung zu einem Mediationsverfahren

zwischen

Herrn Karl Groß, wohnhaft in ..., und

Frau Sybille Groß, wohnhaft in ...

I. Vorbemerkungen

1. Wir haben am ... in ... geheiratet. Seit dem ... sind wir durch rechtskräftigen Beschluss des Amtsgerichts ... – Familiengericht – rechtskräftig geschieden.
   Wir haben eine gemeinsame Tochter, nämlich die am 14. Januar ... geborene und derzeit acht Jahre alte Tochter Liliane Groß. Unsere Tochter lebt bei ihrem Vater Herrn Groß.
   Ich, Herr Groß, bin in Vollzeit als Versicherungsangestellter bei der ...-Versicherung angestellt und habe derzeit ein monatliches Nettoeinkommen von ca. EUR 2.200 (Steuerklasse II). Ich, Frau Groß, bin als Vertriebsmitarbeiterin im Außendienst bei der Firma ... angestellt und habe ein durchschnittliches monatliches Nettoeinkommen von ca. EUR 2.500,00 (Steuerklasse II).

2. Regelungen zum nachehelichen Unterhalt haben wir vor Abschluss des Scheidungsverfahrens nicht getroffen. Wir sind zunächst beide davon ausgegangen, dass solche Ansprüche angesichts des ungefähr gleichen Einkommens nicht bestehen.
   Im Laufe des vergangenen Jahres kam es dann zu Auffälligkeiten bei unserer Tochter Liliane, die unsere Trennung- und Scheidung nicht gut verwunden hat. Sie möchte nicht mehr in die Schule gehen und ist häufig krank. Wir waren uns einig, dass wir etwas unternehmen müssen.
   Wir haben uns dann über die Frage, wer beruflich zurückstecken und sich um unsere Tochter kümmern soll und was das finanziell für uns bedeutet, zerstritten und waren zunächst nicht in der Lage, eine einvernehmliche Lösung zu finden.

---

165 Ein Muster für eine entsprechende Mediationsklausel findet sich bei Frieser/*Sättler*, Kapitel 7 Rn. 144.

166 Eine solche Vereinbarung *nach* Ehescheidung ist privatschriftlich möglich und bedarf keiner notariellen Beurkundung, anders als Unterhaltsvereinbarungen *vor* Ehescheidung (§ 1585 c BGB). Eine notarielle Beurkundung könnte sich gleichwohl als sinnvoll erweisen, wenn die über einen längeren Zeitraum laufende Unterhaltsvereinbarung vollstreckbar ausgestaltet werden soll. Der Notar kann die Vereinbarung in einem solchen Fall auch formulieren und rechtlich prüfen.

3. Auf Anraten eines Bekannten haben wir dann im März und April ... ein Mediationsverfahren durchgeführt. Das Verfahren leitete Dipl-Psychologin Susanne Brecker als Mediatorin. Es fanden insgesamt drei Sitzungen statt.

4. Im Rahmen des Mediationsverfahrens haben wir uns umfassend Auskunft über unsere Einnahmen und Ausgaben erteilt und jeweils unsere Interessen herausgearbeitet. Uns beiden ist wichtig, dass unsere Tochter in ihrer aktuell schwierigen Phase durch zumindest einen Elternteil begleitet werden kann. Wir wollen zusammenarbeiten, damit es unserer Tochter möglichst bald wieder besser geht.

    Ich, Herr Groß, verfüge über geregelte Arbeitszeiten. Meine Arbeitsstelle befindet sich zudem an meinem Wohnort, so dass ich kaum Fahrzeiten habe. Ich bin bereit, meine Arbeitszeiten zu reduzieren; mir ist jedoch wichtig, dass die damit verbundene Gehaltseinbuße von Frau Groß mitgetragen wird.

    Ich, Frau Groß, habe sehr unregelmäßige Arbeitszeiten und viele Außentermine wahrzunehmen. Ich finde es daher gut, wenn sich Herr Groß als Vater mehr um Liliane kümmern möchte. Bei mir im Betrieb wird außerdem demnächst eine Beförderungsstelle ausgeschrieben. Falls ich meine Arbeitszeiten reduziere, befürchte ich, bei der Beförderung nicht berücksichtigt zu werden. Ich bin bereit, die finanziellen Einbußen von Herrn Groß teilweise zu kompensieren.

5. Diese Mediationsabschlussvereinbarung wurde durch Herrn Rechtsanwalt Maiwald formuliert und rechtlich geprüft. Herr Rechtsanwalt Maiwald, der von Frau Groß beauftragt wurde, hat uns bereits in unserem Scheidungsverfahren begleitet. Herr Groß verzichtet seinerseits auf eine eigene rechtliche Beratung und Prüfung.

6. Dies vorausgeschickt treffen wir die nachfolgenden Vereinbarungen:

II. Vereinbarung zur Arbeitszeit und zum Unterhalt

1. Herr Groß wird ab dem 1. Juni ... für einen Zeitraum von einem Jahr seine Wochenarbeitszeit auf 25 Stunden reduzieren. Entsprechende Vorabsprachen mit dem Arbeitgeber sind bereits getroffen worden.

2. Frau Groß verpflichtet sich, an Herrn Groß ab Juni ... bis zum Mai des Folgejahres eine monatliche Zahlung in Höhe von EUR 350,00 zu leisten. Die Zahlung ist jeweils bis zum dritten Werktag des Monats fällig. Sollte Frau Groß tatsächlich befördert werden, ist Frau Groß zu einer weiteren Einmalzahlung in Höhe von EUR 1.500,00 an Herrn Groß verpflichtet, die sechs Monate nach der Beförderung fällig wird. Die Zahlungspflichten stehen unter der aufschiebenden Bedingung, dass Herr Groß seine Arbeitszeit tatsächlich gemäß Ziffer 1 reduziert.

3. Sollte Frau Groß mit ihrer Zahlungsverpflichtung mehr als zwei Wochen in Verzug geraten, so wird der bis Mai ... noch ausstehende Restbetrag in einer Summe zur Zahlung fällig.

III. Schlussbestimmungen

1. Wir stellen klar, dass die Unterhaltsvereinbarung nach Abschnitt II an die Stelle von etwaigen gesetzlichen Unterhaltsansprüchen tritt. Wir verzichten im Übrigen wechselseitig auf jeden nachehelichen Unterhalt, auch für den Fall der Not und jede Änderung der Rechtslage, auch für den Zeitraum nach Ablauf der Vereinbarung nach Abschnitt II.

    Der gesetzliche Anspruch auf Kindesunterhalt wird durch die vorstehende Vereinbarung nicht berührt.

2. Die Kosten des Mediationsverfahrens und der anwaltlichen Beratung durch Rechtsanwalt Maiwald werden zwischen uns geteilt.

3. Etwaige Änderungen dieses Vertrages bedürfen der Schriftform (§ 126 BGB). Dies gilt auch für eine Änderung dieser Klausel selbst.

4. Wir haben vereinbart, dass wir uns am 15. Dezember ... erneut mit der Mediatorin treffen werden, um zu besprechen, wie es uns und unserer Tochter mit dieser Vereinbarung ergangen ist und ob noch ergänzende Vereinbarungen notwendig sind.

5. Soweit eine Bestimmung dieses Vertrags unwirksam sein oder werden sollte, bleiben die übrigen Bestimmungen wirksam. Die unwirksame Bestimmung gilt als durch die ihr am nächsten kommende wirksame Bestimmung ersetzt. Das gleiche gilt für Lücken.

Teil 2
Kommentierung

1. Gesetz zur Förderung der Mediation und anderer Verfahren der außergerichtlichen Konfliktbeilegung

Artikel 1 Mediationsgesetz (MediationsG)[1]

Vom 21. Juli 2012 (BGBl. I S. 1577)
(FNA 302-7)
geändert durch Art. 135 Zehnte ZuständigkeitsanpassungsVO vom
31. August 2015 (BGBl. I S. 1474)

§ 1 MediationsG Begriffsbestimmungen

(1) Mediation ist ein vertrauliches und strukturiertes Verfahren, bei dem Parteien mithilfe eines oder mehrerer Mediatoren freiwillig und eigenverantwortlich eine einvernehmliche Beilegung ihres Konflikts anstreben.

(2) Ein Mediator ist eine unabhängige und neutrale Person ohne Entscheidungsbefugnis, die die Parteien durch die Mediation führt.

Literatur:

Ahrens, Mediationsgesetz und Güterichter – Neue gesetzliche Regelungen der gerichtlichen und außergerichtlichen Mediation, NJW 2012, 2465; *Alexander,* Mediation ein Metamodell, Perspektive Mediation 2004, 72; *Balz,* Vertraulichkeit in der Mediation, MittBayNot 2001, 53; *Baumbach/Lauterbach/Albers/Hartmann,* Zivilprozessordnung, 68. Aufl. 2010; *Becker/Horn,* Notwendige Regelungen eines deutschen Mediationsgesetzes, SchiedsVZ 2005, 270; *Berkel,* Deal Mediation, ZKM 2015, 4; *Bredow,* Schiedsspruch mit vereinbartem Wortlaut, SchiedsVZ 2010, 295; *Böckstiegel/Kröll/Nacimiento* (Hrsg.), Arbitration in Germany, 2. Aufl. 2015; *Breidenbach/Peres,* Die DIS-Mediationsordnung, SchiedsVZ 2010, 125; *Dendorfer-Ditges,* Mediationsgesetz – Orchidee oder doch Stachelblume im Paragrafenwald?, Konfliktdynamik 2013, 86; *dies.,* in: Düwell/Stückemann/Wagner, Bewegtes Arbeitsrecht – FS für Wolfgang Lehmann zum 70. Geburtstag, 2006, Mediation in der Arbeitswelt – WinWin oder WinLoose?, S. 567; *Diez,* Werkstatthandbuch Mediation 2005; *Diop,* Was lange währt, wird endlich gut? Zum Referentenentwurf "Gesetz zur Förderung der Mediation und anderer Verfahren der außergerichtlichen Konfliktbeilegung" des BMJ, RuP 2010, 236; *ders./Steinbrecher,* Cui bono? – Das Mediationsgesetz aus Unternehmenssicht, BB 2012, 3023; *Düwell,* Mediation endlich gesetzlich geregelt, BB 2012, 1921; *Duve,* Das Gesetz zur Rettung der gerichtlichen Mediation, ZKM 2012, 108; *ders./Eidenmüller/Hacke,* Mediation in der Wirtschaft, 2. Aufl. 2011; *Eidenmüller,* Caucus-Mediation und Mediationsgesetz, Beilage zu ZIP 22/2016, 18; *ders./Prause,* Die europäische Mediationsrichtlinie – Perspektiven für eine gesetzliche Regelung der Mediation in Deutschland, NJW 2008, 2737; *Francken,* Das Gesetz zur Förderung der Mediation und das arbeitsgerichtliche Verfahren, NZA 2012, 836; *ders.,* Erforderliche Nachbesserungen im Mediationsgesetz und im Arbeitsgerichtsgesetz, NZA 2012, 249; *Fritz/Pielsticker,* Mediationsgesetz, 2013; *Fritz/Krabbe,* Plädoyer für Qualität und Nachhaltigkeit der Güterichterausbildung, NVwZ 2013, 29; *Gläßer/Kublik,* Lehrmodul 17: Einzelgespräche in der Mediation. ZKM 2011, 89; *Goltermann/Hagel/Klowait/Levien,* Das neue Mediationsgesetz aus Unternehmenssicht, SchiedsVZ 2012, 299 (Teil 1) und SchiedsVZ 2013, 41 (Teil 2); *Greger,* Unter falscher Flagge – Zum Fehlgebrauch des Mediationsbegriffs und seinen

---

1 Verkündet als Art. 1 G v. 21.7.2012 (BGBl. S. 1577); Inkrafttreten gem. Art. 9 dieses
G am 26.7.2012.

Folgen, ZKM 2015, 172; *ders./Unberath/Steffek,* Recht der alternativen Konfliktlösung, Kommentar, 2. Aufl. 2016; *ders./von Münchhausen,* Verhandlungs- und Konfliktmanagement für Anwälte, 2010; *Groß* IP-/IT-Mediation, 2. Aufl. 2013; *ders,* Der Mediatorvertrag, 2012; *Gullo,* Das neue Mediationsgesetz: Anwendung in der wirtschaftsrechtlichen Praxis, GWR 2012, 385; *Haft/v.Schlieffen,* Handbuch Mediation, 3. Aufl. 2016; *Hagel,* Mediation bei gesellschaftsrechtlichen Streitigkeiten, in: Born/Ghassemi-Tabar/Gehle (Hrsg.), Münchener Handbuch des Gesellschaftsrechts, Band 7: Gesellschaftsrechtliche Streitigkeiten (Corporate Litigation), 5. Aufl. 2016; *Hagen/Lenz,* Wirtschaftsmediation, 2008; *Henninger/Mandl,* Medien- und Bildungsmanagement, 2009; *Henssler/Koch,* Mediation in der Anwaltspraxis 2. Aufl. 2004; *Hopt/Steffek,* Mediation, 2008; *Horstmeier,* Das neue Mediationsgesetz, 2013; *Jost,* Mediation per Gesetz?, Konfliktdynamik 2012, 204; *Klowait,* Mediation im Konzern ZKM 2006, 172; *ders./Hill,* Corporate Pledge – Königsweg zur Implementierung von Mediation in der Wirtschaft? SchiedsVZ 2007, 83; *Koschany-Rohbeck,* Praxishandbuch Wirtschaftsmediation, 2015; *Lachmann,* Handbuch für die Schiedsgerichtsbarkeit, 3. Aufl. 2008; *Lenz/Müller,* Wirtschaftsmediation, 2008; *Lörcher,* Mediation: Rechtskraft über Schiedsspruch mit vereinbartem Wortlaut?, DB 1999, 789; *Loos/Brewitz,* Hindert eine Mediationsvereinbarung an der Klage? – Wie lange?, SchiedsVZ 2012, 305; *Mähler/Mähler,* Beck'sches Rechtsanwaltshandbuch, 10. Aufl. 2011; *Meyer/Schmitz-Vornmoor,* Das neue Mediationsgesetz in der notariellen Praxis, DNotZ 2012, 895; *Moll,* Münchener Anwaltshandbuch Arbeitsrecht, 3. Aufl. 2012; *Münchener Kommentar zur Zivilprozessordnung,* 4. Aufl. 2013; *Ortloff,* Vom Güterichtermediator zum Güterichter im Verwaltungsprozess, NVwZ 2012, 1057; *Pilartz,* Grundzüge der Mediation im Arbeitsrecht, ArbRAktuell 2013, 177 (Teil 1) und 201 (Teil 2); *Rafi,* Das Mediationsgesetz – Vor- und Nachteile einer rechtlichen Regulierung, Konfliktdynamik 2012, 196; *Riskin,* Understanding Mediators' Orientations, Strategies, and Techniques: A Grid for the Perplexed, Harvard Negotiation Law Review 1996, 7; *Risse,* Wirtschaftsmediation, 2003; *ders.,* Das Mediationsgesetz – eine Kommentierung, SchiedsVZ 2012, 244; *Rombach,* Besondere Satzungsklauseln, in: Lorz/Pfisterer/Gerber (Hrsg.), Beck'sches Formularbuch GmbH-Recht, 2010, C. II.; *Röthemeyer,* Gerichtsmediation im Güterichterkonzept – Die Lösung des Vermittlungsausschusses, ZKM 2012, 116; *Rüssel,* Schlichtungs-, Schieds- und andere Verfahren außergerichtlicher Streitbeilegung – Versuch einer begrifflichen Klarstellung, JuS 2003, 380; *Saenger,* Zivilprozessordnung, 6. Aufl. 2015; *Schroeter,* Der Schiedsspruch mit vereinbartem Wortlaut als Formäquivalent zur notariellen Beurkundung, SchiedsVZ 2006, 298; *Schwarz,* Verhandlung und Mediation mit vielen Beteiligten, MittBayNot 2001, 294; *Steffek,* Rechtsvergleichende Erfahrungen für die Regelung der Mediation, RabelsZ 2010, 841; *Trenczek/Berning/Lenz,* Mediation und Konfliktmanagement, 2. Aufl. 2017; *Unberath,* Eckpunkte der rechtlichen Gestaltung des Mediationsverfahrens, ZKM 2012, 12; *ders.,* Mediationsklauseln in der Vertragsgestaltung – Prozessuale Wirkungen und Wirksamkeit, NJW 2011, 1320; *Wagner,* Das Mediationsgesetz – Ende gut, alles gut?, ZKM 2012, 110; *Zöller,* Zivilprozessordnung, 29. Aufl. 2012.

I. Vorbemerkung

In § 1 werden die beiden zentralen Begriffe definiert, nämlich **Mediation** in   1
§ 1 Abs. 1 und **Mediator** in § 1 Abs. 2. Über die Bestimmung des Begriffes
der Mediation wurde im Gesetzgebungsverfahren bis zuletzt diskutiert und
hierzu letztlich gar der Vermittlungsausschuss angerufen. Im Gesetzentwurf war der Begriff noch dreigliedrig. Vorgesehen waren folgende Möglichkeiten:

a) die **außergerichtliche Mediation,** die unabhängig von einem Gerichtsverfahren durchgeführt wird (§ 1 Abs. 1 S. 2 Ziff. 1 MediationsG-E)[1]

b) die **gerichtsnahe Mediation,** die während eines Gerichtsverfahrens, jedoch außerhalb des Gerichts stattfindet (§ 1 Abs. 1 S. 2 Ziff. 2 MediationsG-E)

c) die **gerichtsinterne Mediation,**[2] die während eines Gerichtsverfahrens
bei Gericht von einem nicht entscheidungsbefugten Richter durchgeführt wird (§ 1 Abs. 1 S. 2 Ziff. 3 MediationsG-E).

Im verabschiedeten Gesetz findet sich eine derartige begriffliche Unterscheidung nicht mehr. Dies ist insbesondere dem Umstand geschuldet, dass die
gerichtsinterne Mediation vom Gesetzgeber zunächst gar nicht mehr und
nach der von Bundestag und Bundesrat angenommenen Beschlussempfehlung des Vermittlungsausschusses nur noch im Rahmen des erweiterten
Güterichterkonzepts weiterverfolgt wird (→ K Rn. 11 ff.). Hiernach ist der
Güterichter als nicht entscheidungsbefugter Richter nach § 278 Abs. 5
ZPO, § 36 Abs. 5 FamFG und § 54 Abs. 6 ArbGG ermächtigt, die Mediation als Konfliktbeilegungsmethode einzusetzen.

Faktisch hat sich damit zum Gesetzentwurf nichts geändert, denn es gibt
nach wie vor Mediationen, die unabhängig von einem Gerichtsverfahren
durchgeführt werden, solche, die während eines Gerichtsverfahrens, jedoch

---

1 MediationsG-E, BT-Drs. 17/5335, BT-Drs. 17/5496.
2 Im Referentenentwurf noch „richterliche Mediation" genannt.

außerhalb des Gerichtes stattfinden und solche, die während eines Gerichtsverfahrens bei Gericht vom nicht entscheidungsbefugten Güterichter nach § 278 Abs. 5 ZPO, § 36 Abs. 5 FamFG oder § 54 Abs. 6 ArbGG durchgeführt werden.

2 Die begriffliche Unterscheidung ist zwar nicht mehr gesetzlich verankert, doch weiterhin sinnvoll. Sie bedarf lediglich einer sprachlichen Präzisierung. Im Hinblick auf das Verhältnis der Mediation zum Gericht als Institution und zu einem, den Konfliktgegenstand betreffenden anhängigen Gerichtsverfahrens kann hinsichtlich zweier Kriterien unterschieden werden. Einerseits, ob die Mediation bei Gericht („**gerichtinterne Mediation**") oder außerhalb des Gerichts („**außergerichtliche Mediation**") durchgeführt wird. Bei den außergerichtlichen Mediationen ist zu unterscheiden, ob hinsichtlich des Konfliktgegenstandes ein (Schieds-) Gerichtsverfahren anhängig ist („**gerichtsparallele Mediation**") oder nicht („**eigenständige Mediation**").

	Mediationsverfahren wird außerhalb des Gerichtes durchgeführt („außergerichtliche Mediation")	Mediationsverfahren wird bei Gericht durchgeführt („gerichtsinterne Mediation")
Hinsichtlich des Konfliktes ist **kein** Gerichtsverfahren anhängig	„**eigenständige Mediation**" aufgrund: Mediationsvereinbarung Mediationsabrede	nicht möglich
Hinsichtlich des Konfliktes ist **ein** Gerichtsverfahren anhängig	„**gerichtsparallele Mediation**" aufgrund: richterlichen Vorschlags nach § 278 a ZPO Mediationsabrede	„**Güterichter-Mediation**" aufgrund: Verweis nach § 278 Abs. 5 ZPO (§ 202 S. 1 SGG; § 173 S. 1 VwGO; § 155 FGO; § 54 Abs. 6 ArbGG; § 36 Abs. 5 FamFG), sofern der Güterichter die Mediation als Konfliktbeilegungsmethode einsetzt

Im Unterschied zur eigenständigen Mediation und Güterichter-Mediation wird bei gerichtsparallelen Mediationen das gerichtliche Verfahren ausgesetzt beziehungsweise dessen Ruhen angeordnet.[3] Die Aussetzung erfolgt in Familiensachen nach § 36 a Abs. 2 FamFG in Verbindung mit § 21 FamFG. Das Ruhen des Verfahrens wird hingegen bei Zivilprozessen nach § 278 a Abs. 2 ZPO in Verbindung mit § 251 ZPO und bei Arbeitsgerichtsprozessen nach § 54 a Abs. 2 ArbGG auf Antrag angeordnet, wobei nicht erfor-

---

3 Hinsichtlich des Güterichterverfahrens nach § 278 Abs. 5 ZPO wird die Auffassung aus der 1. Auflage, dass dies zum Ruhen des gerichtliche Verfahren führt, aufgegeben. Das gerichtliche Verfahren wird von einem anderen, nicht entscheidungsbefugten Richter weiter geführt. So auch Greger/Unberath/Steffek/*Greger* E. Rn. 110; *Ahrens* NJW 2012, 2465 (2470).

derlich ist, dass die Mediation durch den Entscheidungsrichter nach § 278 a Abs. 1 ZPO vorgeschlagen wurde.[4]

Der Widerspruch von Gesetzesüberschrift und Gesetzesinhalt wurde mit **3** der begrifflichen Reduzierung auf einen Mediationsbegriff nicht behoben, er ist nur nicht mehr so augenfällig: Der Name des Gesetzes suggeriert, die Mediation wäre zwingend ein Verfahren der **außergerichtlichen Konfliktbeilegung**. Aus Art. 2 Nr. 5, Art. 3 Nr. 4 und Art. 4 Nr. 1 des Gesetzes zur Förderung der Mediation und anderer Verfahren der außergerichtlichen Konfliktbeilegung ergibt sich jedoch, dass auch Mediationen bei Gericht, nämlich von Güterichtern durchgeführt werden können, mit der Folge, dass es sich dann nicht mehr um außergerichtliche Mediationen handelt. Erfreulich ist allerdings, dass die Mediation nun nicht mehr gesetzlich über den Bezug zu einem Gerichtsverfahren definiert wird,[5] denn Mediation ist grundsätzlich ein außergerichtliches, parteiautonomes Konfliktbeilegungsverfahren, das ausnahmsweise auch von einem Güterichter innerhalb des Gerichtes eingesetzt werden kann.

Da in der Definition des Begriffes Mediation bereits der Begriff Mediator **4** verwendet wird, besteht insoweit eine zwingende Verbindung – also keine Mediation ohne Mediator und kein Mediator ohne Mediation. Dies ist nicht unstreitig (→ K Rn. 19), insbesondere dahin gehend, ob das MediationsG alle Mediationen des Gesetzes zur Förderung der Mediation und anderer Verfahren der außergerichtlichen Konfliktbeilegung erfasst. Dabei geht es vor allem um die Frage, ob Mediationen des Güterichters nach Art. 2 Nr. 5 Mediationen nach Art. 1 § 1 Abs. 1 sind und ob der Güterichter, wenn er eine Mediation durchführt, auch Mediator gemäß Art. 1 § 1 Abs. 2 ist. In der Begründung zu den Änderungen des Gesetzentwurfes wurde zwar noch darauf hingewiesen, dass der Güterichter kein Mediator sei, aber zahlreiche Methoden und Techniken der Mediation einsetzen könne.[6] Art. 2 Nr. 5 des Gesetzes zur Förderung der Mediation und anderer Verfahren der außergerichtlichen Konfliktbeilegung stellt nun aber über § 278 Abs. 5 ZPO, § 36 Abs. 5 FamFG und § 54 Abs. 6 ArbGG klar, dass der Güterichter nicht nur die Methoden und Techniken der Mediation nutzen kann, sondern die Mediation als solche einsetzen kann.[7] Das Gesetz zur Förderung der Mediation und anderer Verfahren der außergerichtlichen Konfliktbeilegung verwendet den Begriff der Mediation durchgängig und einheitlich. Daher unterliegen auch alle im Gesetz zur Förderung der Mediation und anderer Verfahren der außergerichtlichen Konfliktbeilegung genannten Mediationen der Begriffsbestimmung des Art. 1 § 1,[8] also dem

---

4 MüKoZPO/*Prütting* § 278 a Rn. 12; aA Baumbach/Lauterbach/*Hartmann* ZPO § 278 a Rn. 13.
5 *Rafi* Konfliktdynamik 2012, 196 (202).
6 BT-Drs. 17/5335, 20.
7 Diese Änderung zwischen letztem Gesetzesentwurf („Methoden und Techniken der Mediation") und Gesetz („alle Methoden der Konfliktbeilegung, auch die Mediation") wird regelmäßig außer Acht gelassen. Ausführlich zum Gesetzgebungsverfahren, wenn auch mit abweichender Schlussfolgerung *Löer* (→ K Rn. 11 ff.).
8 *Ortloff* NVwZ 2012, 1057 (1058); *Dürschke* NZS 2013, 41 (42); im Ergebnis ebenso *Fritz/Krabbe* NVwZ 2013, 29 (30) (Fn. 12).

MediationsG.[9] Mediation ist nach § 1 Abs. 1 definiert als Verfahren, das durch den Mediator geführt wird. Der Güterichter ist daher Mediator, sofern er als Konfliktbeilegungsverfahren die Mediation einsetzt. Nach § 9 Abs. 1 entfiel für den Güterichter nach Ablauf der Übergangsfrist jedoch die Bezeichnung „gerichtlicher Mediator". Dies ändert jedoch nichts daran, dass er weiterhin Mediator iSv § 1 ist, wenn er eine Mediation in Übereinstimmung mit § 278 Abs. 5 ZPO, § 36 Abs. 5 FamFG oder § 54 Abs. 6 ArbGG durchführt.[10]

II. Mediation (§ 1 Abs. 1)

5   In § 1 wird die Mediation definiert als „vertrauliches und strukturiertes Verfahren, bei dem Parteien mithilfe eines oder mehrerer Mediatoren freiwillig und eigenverantwortlich eine einvernehmliche Beilegung Ihres Konfliktes anstreben". Die Begriffsbestimmung der Mediation orientiert sich damit an der Vorgabe in Art. 3 der Mediations-Richtlinie[11] (nachfolgend: „Med-RiLi"). Über die Richtlinienanforderung hinaus erfordert die Begriffsbestimmung des § 1 Abs. 1, dass das Mediationsverfahren vertraulich und eigenverantwortlich durchgeführt wird. Zudem stellt das MediationsG klar, dass auch Mediationsverfahren mit mehr als einem Mediator möglich sind.

Fraglich ist, ob die einzelnen Voraussetzungen zwingend oder dispositiv sind, insbesondere im Hinblick auf das zentrale Merkmal der Eigenverantwortlichkeit der Parteien. Dies wird nachfolgend bei den einzelnen Begriffsmerkmalen beantwortet.

6   **1. Vertraulich.** Zunächst überrascht, dass der Gesetzgeber den Begriff der Mediation über das Merkmal „vertraulich" definiert. Dies war weder auf der Grundlage der Med-RiLi erforderlich,[12] noch ist es zur Abgrenzung von anderen Konfliktbeilegungsverfahren notwendig.

7   **a) Vertraulichkeit in der Mediation.** Vertraulichkeit ist unbestritten ein wesentliches Merkmal der Mediation,[13] unverzichtbar ist sie im Einzelfall hingegen nicht. Allgemein werden unter Vertraulichkeit der Mediation zwei Bereiche gefasst, nämlich einerseits die Abgrenzung zum öffentlichen Verfahren[14] und andererseits die Sicherstellung, dass das in der Mediation

---

9   *Horstmeier*, Rn. 438 u. 568; *Düschke* NZS 2013, 41 (42) hält das MediationsG nur teilweise auf Mediationen des Güterichters für anwendbar; eine Anwendung des MediationsG auf Mediationen des Güterichters ablehnend: *Wagner* ZKM 2012, 110 (114); Greger/Unberath/Steffek/*Greger* B. § 1 Rn. 14.

10 AA *Francken* NZA 2012, 836 (840); *Ahrens* NJW 2012, 2465 (2470); Greger/Unberath/Steffek/*Greger* B. § 1 Rn. 14; *Saenger* § 278 Rn. 20; → ZPO § 278 ZPO Rn. 11; differenzierend dahingehend, dass der Güterichter Mediator ist, nicht jedoch im Sinne des MediationsG: *Greger* ZKM 2015, 172 (174).

11 Art. 3 der Med-RiLi (ABl. L 136 vom 24.5.2008, 6) definiert die Mediation wie folgt: „Im Sinne dieser Richtlinie bezeichnet der Ausdruck „Mediation" ein strukturiertes Verfahren unabhängig von seiner Bezeichnung, in dem zwei oder mehr Streitparteien mit Hilfe eines Mediators auf freiwilliger Basis selbst versuchen, eine Vereinbarung über die Beilegung ihrer Streitigkeit zu erzielen."

12 Die Definition der Mediation in Art. 3 lit. a Med-RiLi enthält das Merkmal „vertraulich" nicht.

13 *Steffek* RabelsZ 74 (2010), 841 (854); Erwägungsgrund 23 der Med-RiLi; *Duve/Eidenmüller/Hacke*, S. 286.

14 Vgl. hierzu *Diop/Steinbrecher* BB 2011, 131 (133).

Gesagte oder Erarbeitete später nicht in einem Folgeprozess genutzt werden kann.[15]

Da die Vertraulichkeit dem Schutz der Parteien dient, muss es diesen letztlich auch vorbehalten bleiben, auf diesen Schutz ganz oder teilweise zu verzichten. Die Dispositionsfreiheit als Ausdruck der Eigenverantwortlichkeit der Parteien für das Verfahren muss daher die Grenzen der Verschwiegenheitspflicht der am Verfahren Beteiligten ebenso umfassen wie die Einräumung der Möglichkeit eines öffentlichen Mediationsverfahrens.[16] Andererseits sind aber Mediationen des Güterichters nicht per se öffentlich, da die Öffentlichkeit der Verhandlung nach § 169 GVG bereits nach dessen Wortlaut nur auf Verhandlungen des erkennenden, also entscheidungsbefugten Richters anwendbar ist und damit nicht auf den nicht entscheidungsbefugten Güterichter.[17]

b) Die Verschwiegenheitspflicht nach § 4 ist nicht umfassend. Was der Gesetzgeber im Einzelnen unter Vertraulichkeit versteht, hat er in § 4 festgehalten, nämlich ausschließlich die Verschwiegenheitspflicht des Mediators und der in die Durchführung der Mediation eingebundenen Personen, wozu der Gesetzgeber nur Hilfspersonen des Mediators wie etwa Bürokräfte oder sonstige berufliche Gehilfen[18] zählt. Die Verschwiegenheitspflicht erstreckt sich nicht auf weitere Beteiligte an der Mediation – weder auf die Parteien[19] noch die Parteivertreter noch von den Parteien nach § 2 Abs. 4 hinzugezogene Dritte wie beispielsweise Gutachter, Sachverständige oder Familienmitglieder.[20] Unbenommen bleibt den Parteien, zum umfänglichen Vertraulichkeitsschutz miteinander und/oder mit den nicht von der Verschwiegenheitspflicht erfassten weiteren Beteiligten eine entsprechende Vertraulichkeitsvereinbarung zu schließen.[21] Das MediationsG kann demnach die in der Begriffsbestimmung erwähnte Vertraulichkeit selbst gar nicht gewährleisten. Bereits dies spricht dafür, dass das Bestimmungsmerkmal der Vertraulichkeit nicht zwingend ist.[22]

Leider nur in der Gesetzesbegründung[23] und nicht bereits im Wortlaut des § 4[24] hat der Gesetzgeber klargestellt, dass die Parteien die nach § 4 zur Verschwiegenheit verpflichteten Personen im allseitigen Einvernehmen von dieser Pflicht entbinden können. Allseitig bezieht sich in diesem Zusammenhang nur auf alle beteiligten Parteien.[25] Ein Einvernehmen auch des Mediators und seiner Gehilfen zu ihrer Entbindung von der Verschwiegenheitspflicht nach § 4 durch die Parteien ist hingegen nicht erforderlich,

8

---

15 *Steffek* RabelsZ 74 (2010), S. 841 (854).
16 Für die Dispositionsfreiheit der Parteien ebenso: *Steffek* RabelsZ 74 (2010), 841 (856).
17 *Ahrens* NJW 2012, 2465 (2470); *Gullo* GWR 2012, 385.
18 BT-Drs. 17/5335, 17 (Begründung zu § 4).
19 *Jost* Konfliktdynamik 2012, 204 (208).
20 *Dendorfer-Ditges* Konfliktdynamik 2013, 86 (89).
21 Vgl. hierzu *Wagner* NJW 2001, 1398; *Balz*, MittBayNot 2001, 53 (55).
22 Ebenso *Risse* SchiedsVZ 2012, 244 (246); Greger/Unberath/Steffek/*Greger* B. § 1 Rn. 52.
23 BT-Drs. 17/5335, 17 (Begründung zu § 4).
24 Wie zB vom RTMKM in seiner Stellungnahme zum Referentenentwurf auf S. 5 vorgeschlagen.
25 BT-Drs. 17/5335, 17; ebenso Fritz/Pielsticker/*Fritz* § 4 Rn. 27.

denn andernfalls wäre hierüber die Eigenverantwortlichkeit der Parteien eingeschränkt. Auch Art. 7 Med-RiLi räumt lediglich den Parteien ein, etwas Abweichendes zu vereinbaren.

9   **c) Sogar die Öffentlichkeit kann durch die Parteien einvernehmlich hergestellt werden.** Insbesondere bei öffentlichen Bauprojekten werden Mediationen gerne auch bewusst öffentlich durchgeführt. Dies deswegen, weil einerseits häufig nur Vertreter von Betroffenen als Parteivertreter am eigentlichen Mediationsverfahren beteiligt sind, die Beteiligten selbst aber zumindest die Möglichkeit haben sollen, das Verfahren verfolgen zu können, und andererseits, um das Verfahren transparent zu gestalten. Die Parteien verzichten dann einvernehmlich auf die Vertraulichkeit.[26] Die Notwendigkeit öffentlicher Mediationen ist unstreitig.[27]

Im Ergebnis bleibt festzuhalten, dass das Definitionsmerkmal „vertraulich" von den Parteien einvernehmlich aufgehoben werden kann, es ist den Parteien somit zur Disposition gestellt.[28] Dies ist dogmatisch zwar fragwürdig, für die Parteien im Ergebnis aber ausreichend. Gesetzessystematisch sauber wäre gewesen, das Wort „vertraulich" aus dem Katalog der konstituierenden Merkmale des Begriffs Mediation zu streichen.[29]

10   **2. Strukturiert.** Das Begriffsmerkmal des strukturierten Verfahrens war zunächst entgegen Art. 3 lit. a Med-RiLi im Referentenentwurf nicht enthalten, wurde dann aber vom Gesetzgeber in § 1 Abs. 1 aufgenommen.

In der Gesetzesbegründung wird klargestellt, dass Struktur in diesem Zusammenhang bedeutet, **dass das Mediationsverfahren bestimmten Regeln folgt.**[30] Die zu beachtenden Regeln untergliedern sich dann in solche, die im MediationsG festgeschrieben sind[31] und solche, die je nach Art der Mediation[32] oder dem vom Mediator verwendeten Mediationsstil variieren können.[33]

---

26   Vgl. Stellungnahme des RTMKM zum Referentenentwurf, S. 2 (veröffentlicht unter http://www.rtmkm.de/home/willkommen/downloads/, zuletzt abgerufen am 1.3.2017), ebenso *Groß* BB 2011, 1; Greger/Unberath/Steffek/*Greger* B. § 1 Rn. 52 und § 4 Rn. 3.

27   Die Streichung des Merkmals „vertraulich" wurde angeregt vom RTMKM in der Stellungnahme zum Referentenentwurf, S. 2 (veröffentlicht unter http://www.rtmkm.de/home/willkommen/downloads/, zuletzt aufgerufen am 1.3.2017); eine dispositive Regelung wurde zudem gefordert von *Steffek* RabelsZ 2010, 841 (856); *Eidenmüller/Prause* NJW 2008, 2737 (2741); zudem ist sie in Art. 7 I Med-RiLi enthalten: „[…], sofern die Parteien nichts anderes vereinbaren, […]".

28   So auch *Greger* in der Expertenanhörung zum Gesetzentwurf, S. 6; Greger/Unberath/Steffek/*Greger* B. § 1 Rn. 4 und Rn. 52; *Risse* SchiedsVZ 2012, 244 (246); Goltermann/Hagel/Klowait/Levien SchiedsVZ 2012, 299 (300).

29   Ebenso *Groß* BB 2011, 1; RTMKM in der Stellungnahme zum Referentenentwurf, S. 2 (veröffentlicht unter http://rtmkm.de/home/willkommen/downloads/ (zuletzt abgerufen am 1.3.2017)).

30   BT-Drs. 17/5335, 13.

31   In der Gesetzesbegründung (BT-Drs. 17/5335, 13) sind genannt Verfahrensregeln nach § 2, insbesondere die Informations- und Hinweispflicht nach § 2 Abs. 2 und Abs. 6 S. 1, die Offenbarungs- und Informationspflichten des Mediators nach § 3 Abs. 1 S. 1 und Abs. 5 und nach § 4 S. 4.

32   In der Gesetzesbegründung (BT-Drs. 17/5335, 13) werden exemplarisch die Familien-, Wirtschafts-, Schul- oder Umweltmediation genannt.

33   BT-Drs. 17/5335, 13.

Damit gibt es ein für alle Mediationsverfahren fest vorgeschriebenes Regelwerk und ein zusätzliches variables Regelwerk, die zusammen die Struktur eines konkreten Verfahrens ausmachen.

Grundsätzlich durchlaufen aber alle Mediationen gewisse **Phasen** ($\rightarrow$ MediationsG $\S$ 2 Rn. 82), die im Einzelfall nicht alle absolviert oder auch verbunden werden können:[34]

Phase 1: Eröffnungsphase (einschließlich Vorgespräch und Mediationsvereinbarung)

Phase 2: Themensammlung

Phase 3: Interessenklärung

Phase 4: Lösungsoptionen

Phase 5: Bewertung und Verhandlung der Lösungsoptionen

Phase 6: Abschlussvereinbarung

Die vom Gesetzgeber fest vorgeschriebenen Strukturelemente in Form von Pflichten des Mediators fügen sich dabei wie folgt in das Phasenmodell ein:

In der Eröffnungsphase hat der Mediator den Parteien alle Umstände offen zu legen, die seine Unabhängigkeit und Neutralität beeinträchtigen können und sich gegebenenfalls die ausdrückliche Zustimmung der Parteien einzuholen ($\S$ 3 Abs. 1).[35] Der Mediator wird auf Verlangen der Parteien über seinen fachlichen Hintergrund, seine Ausbildung und seine Erfahrung auf dem Gebiet der Mediation informieren ($\S$ 3 Abs. 5).[36] Weiterhin informiert der Mediator die Parteien über den Umfang seiner Verschwiegenheitspflicht ($\S$ 4 S. 4). Zudem vergewissert er sich, dass die Parteien freiwillig an der Mediation teilnehmen ($\S$ 2 Abs. 2 Hs. 2) ($\rightarrow$ MediationsG $\S$ 2 Rn. 94 ff.) und die Grundsätze und den Ablauf der Mediation verstanden haben ($\S$ 2 Abs. 2 Hs. 1) ($\rightarrow$ MediationsG $\S$ 2 Rn. 78 ff.).

In der Phase der Abschlussvereinbarung wirkt der Mediator darauf hin, dass die Parteien die Vereinbarung in Kenntnis der Sachlage treffen und ihren Inhalt verstehen ($\S$ 2 Abs. 6 S. 1). Zudem hat er die Parteien, die ohne fachliche Beratung an der Mediation teilnehmen, spätestens in dieser Phase[37] auf die Möglichkeit hinzuweisen, die Vereinbarung bei Bedarf

---

34 In der Literatur finden sich unterschiedliche Phasenmodelle, die jedoch alle derselben Abfolgelogik – unabhängig von der Anzahl der Phasen – folgen: Lenz/Mueller unterteilen in drei Phasen (Pre-Mediation, Main-Mediation und Post-Mediation), wobei die erste und letzte Phase (mit Ausnahme der Abschlussvereinbarung) außerhalb des Mediationsverfahrens im Sinne des MediationsG liegen; *Trenczek* in: Trenczek/Berning/Lenz, Kapitel 3.2 Rn. 3 unterscheidet fünf Phasen; ebenso *Horstmeier*, Rn. 16 f.; *Greger/von Münchhausen*, Rn. 436 ff. sprechen von sechs Phasen; ebenso Fritz/Pielsticker/*Etscheit*, Rn. 35, *Koschany-Rohbeck*, S. 15 ff. und *Groß*, S. 60 ff.; *Diez*, S. 95 listet sieben Phasen (wobei die erste eine Vorlaufphase ist, die nicht zum Verfahren nach dem MediationsG gehört); vgl. zu den Phasen auch Greger/Unberath/Steffek/*Greger* B. $\S$ 2 Rn. 57.

35 Diese Pflicht besteht bereits zum Zeitpunkt des Abschlusses des Mediatorvertrages, wirkt aber während des gesamten Verfahrens fort, da zu jeder Zeit derartige Umstände bekannt werden können; vgl. Fritz/Pielsticker/*Pielsticker* $\S$ 3 Rn. 13.

36 Da dieser Informationspflicht nur auf Verlangen zumindest einer Partei nachgekommen werden muss, hängt der Zeitpunkt von der entsprechenden Parteiäußerung ab und kann grundsätzlich im Laufe des gesamten Verfahrens erfolgen; Greger/Unberath/Steffek/*Greger* B. $\S$ 3 Rn. 64.

37 Häufig wird der Mediator schon wesentlich früher, gelegentlich gar in der Eröffnungsphase, darauf hinweisen.

durch externe Berater überprüfen zu lassen (§ 2 Abs. 6 S. 2) (→ MediationsG § 2 Rn. 288).

11   Die Struktur wird weiterhin vom **Mediationsstil** des Mediators und den unterschiedlichen zur Anwendung kommenden Mediationstechniken geprägt (vgl. zu Mediationsansätzen und Mediationsstilen auch → MediationsG § 2 Rn. 81 ff.). Jeder Mediator hat seinen eigenen Mediationsstil[38] und nicht selten werden mehrere Stilelemente verwendet.[39] Diese unterscheiden sich zum einen hinsichtlich der Art und des Grades der Intervention des Mediators:

- **moderierender Mediationsstil**, der die Verhandlung durch Förderung des Kommunikationsprozesses unterstützt und erleichtert („facilitative Style")
- **transformativer Mediationsstil**, der nicht nur lösungsorientiert ist, sondern auf (Verhaltens-)Änderungen hinwirkt („transformative Style")
- **evaluierender Mediationsstil**, bei dem der Mediator Bewertungen abgibt („evaluative Style")
- **strategischer Mediationsstil**, bei dem der Mediator nach latenten Konfliktursachen sucht („strategic Style").

Andererseits unterscheiden sich die Mediationsstile in Bezug auf die Konfliktdefinition („eng-weit")[40] und den Verhandlungsansatz („distributiv-integrativ").[41] Abhängig vom gewählten Mediationsstil bzw. dem Einsatz mehrerer Stile in einer Mediation sieht die Struktur des Verfahrens unterschiedlich aus.

Die Art der Teilnahme der Parteien an der Mediation als Strukturelement ist nicht geregelt, so dass sowohl **Präsenz-Mediationen** unter Anwesenheit der Parteien, **Shuttle-Mediationen**,[42] bei denen die Parteien (zumeist) in getrennten Räumen sind und der Mediator (überwiegend) Einzelgespräche nach § 2 Abs. 3 S. 3 mit den Parteien führt, **Online-Mediationen**[43] sowie andere Formen unter dem Begriff der Mediation nach § 1 möglich sind.

12   **3. Parteien.** Für die Definition der Mediation verwendet das MediationsG den Begriff „Partei" ausschließlich im Plural, woraus folgt, dass zumindest zwei Parteien an einer Mediation beteiligt sein müssen. Nach oben ist die

---

38   *Duve* in: Henssler/Koch, S. 130: „Es gibt vermutlich so viele Mediationsstile, wie es Mediatoren gibt."
39   *Barth/Henninger* in: Henninger/Mandl, S. 179.
40   Basierend darauf hat Riskin die Mediations-Matrix der vier idealtypischen Mediationsstile entwickelt: *Riskin* Harvard Negotiation Law Review 1996, 7 (25). Vgl. hierzu auch die Darstellung mit Beispielen bei *Duve/Eidenmüller/Hacke*, S. 88 ff.
41   Siehe die darauf basierende Meta-Modell von *Alexander* Perspektive Mediation 2004, 72 (76).
42   Vgl. hierzu auch *Gläßer/Kublik* ZKM 2011, 89 ff.; aA *Greger* ZKM 2015, 172, der die reine Shuttle-Mediation wegen fehlender direkter Kommunikation nicht als Mediation im Sinne des MediationsG ansieht; hiergegen zutreffend *Eidenmüller* Beilage zu ZIP 22/2016, 18 (20), wonach die Kommunikationsförderung nach § 2 Abs. 2 S. 2 nicht auf die Plenumssitzungen beschränkt ist.
43   Vgl. hierzu *Greger/von Münchhausen*, Rn. 503 mit Hinweis darauf, dass diese vermehrt bei grenzüberschreitenden Konflikten oder Internetgeschäften zum Einsatz kommt, *Mähler/Mähler*, Rn. 120 mit Ausführungen zur Anwendung bei öffentlichen Konfliktlagen bei vielen Beteiligten; Hopt/Steffek, S. 51; ausführlich auch *Schluttenhofer* in: Trenczek/Berning/Lenz, S. 425 ff., Haft/v. Schlieffen/*Lapp* § 23 und Fritz/Pielsticker/*Fritz,* Methodik IV, Rn. 47 ff.

Anzahl möglicher Parteien nicht beschränkt; daher sind auch Massenverfahren erfasst.[44]

Der Begriff „Partei" ist untechnisch zu verstehen[45] und kann auf alle Verfahrensordnungen, nicht nur die ZPO, angewandt werden. Er bezeichnet die an der Mediation teilnehmenden Personen (**Medianden**).[46] Der Parteibegriff erfasst natürliche Personen, juristische Personen des Privatrechts und des öffentlichen Rechts sowie Vereinigungen.[47] Sofern es sich bei einer Konfliktpartei um eine **juristische Person** handelt, bezieht sich der Parteibegriff auf diese und nicht etwa die für sie an der Mediation teilnehmenden natürlichen Personen. Dies wird aus § 1 Abs. 1 deutlich, wenn darin angegeben ist, dass die Parteien anstreben, *ihren Konflikt* beizulegen, nämlich denjenigen zwischen den juristischen Personen oder der juristischen Person auf der einen und der natürlichen Person auf der anderen Seite. Dies bedeutet für Unternehmen, dass sie die für sie an der Mediation teilnehmende(n) natürliche(n) Person(en) bevollmächtigen müssen. Die Teilnehmer haben während des Verfahrens vielerlei Parteihandlungen vorzunehmen.[48] Auch für den Mediator und die andere(n) Konfliktpartei(en) empfiehlt es sich, zu Beginn der Mediation den Nachweis einer entsprechenden Bevollmächtigung zur Vornahme aller während einer Mediation erforderlich werdenden Parteihandlungen einzuholen.

4. Mithilfe eines oder mehrerer Mediatoren. Erforderlich für ein Mediationsverfahren ist die Beteiligung eines Dritten, des **Mediators**. Nach § 1 Abs. 2 ist ein Mediator eine unabhängige und neutrale Person ohne Entscheidungsbefugnis, die die Parteien durch die Mediation führt. Der Gesetzgeber hat klarstellend aufgenommen, dass Mediationen auch als **Co-Mediationen** durchgeführt werden können, indem er schon bei der Definition des Begriffes Mediation ausdrücklich von einem oder mehreren Mediatoren spricht.[49] In vielerlei Konflikten sind Mediatorengespanne nicht nur hilfreich, sondern auch häufig von den Parteien gewählt, beispielsweise bei

▪ **Familien- und Erbmediationen,** bei denen gerne Kombinationen aus Rechtsanwälten und Psychologen gewählt werden, um sowohl die rechtlichen als auch die emotionalen Seiten des Konflikts abzudecken;

▪ **grenzüberschreitenden Mediationen,** bei denen es hilfreich sein kann, Mediatoren aus den jeweiligen Kulturkreisen zu haben, um auch die interkulturelle Komponente des Konfliktes lösen zu können;

13

---

44 Die, historisch gesehen, schon aus der Frühzeit der Mediation berichtet wurden wie zB die Mediation von Aloysius Contareno und Fabio Chigi (später Papst Alexander VII.) zur Beendigung des 30-jährigen Krieges mit insgesamt 148 Gesandten; vgl. *Schwartz* in: Mayer, S. 78.

45 BT-Drs. 17/5335, 13.

46 BT-Drs. 17/5335, 13.

47 Fritz/Pielsticker/*Fritz* § 1 Rn. 9.

48 Nur beispielhaft seien als Parteihandlungen die Zustimmung zur Teilnahme Dritter an der Mediation (§ 2 Abs. 4), die Zustimmung zur Durchführung von Einzelgesprächen (§ 2 Abs. 3 S. 3), die Zustimmung zur Dokumentation der Einigung (§ 2 Abs. 6) oder die Beendigung der Mediation (§ 2 Abs. 5) genannt.

49 Dies war so auch vom *RTMKM* im Positionspapier angeregt worden: ZKM 2008, 147 (148).

- **Wirtschaftsmediationen**, bei denen es bei externen B2B-Konflikten hilfreich sein, ein Duo aus Jurist und Techniker[50] als Mediatoren zu haben;
- Mediationen mit einer **Vielzahl von Beteiligten**;
- **innerbetrieblichen Konflikten** und **arbeitsrechtlichen Konflikten** kommt der Einsatz zB geschlechtsunterschiedlicher Mediatoren,[51] solcher verschiedener Hierarchiestufen oder Abteilungen in Betracht.

Sofern mehrere Mediatoren an einem Mediationsverfahren beteiligt sind, kann sich ihre Zusammenarbeit in unterschiedlicher Weise gestalten.[52] Im Regelfall führen Co-Mediatoren als Mediatorengespann durch das gesamte Mediationsverfahren („**permanente Co-Mediation**"), gelegentlich arbeiten sie nur phasenweise zusammen („**temporäre Co-Mediation**") und ausnahmsweise gar im Wechsel („**alternierende Co-Mediation**").[53]

14   **5. Freiwillig.** § 1 erfordert zudem, dass die Parteien **freiwillig** die Beilegung ihres Konfliktes anstreben. Freiwilligkeit bedeutet zunächst, dass die Konfliktparteien selbst und ohne äußeren Zwang darüber entscheiden, ob überhaupt ein Mediationsverfahren eingeleitet wird[54] und wann es durchgeführt werden soll.[55] Dies unterscheidet die Mediation insbesondere vom staatlichen Gerichtsverfahren, bei dem zumindest der Beklagte keinerlei Entscheidungsbefugnis hinsichtlich der Einleitung eines Verfahrens hat. Besonders deutlich wird die Freiwilligkeit der Teilnahme der Konfliktparteien an der Mediation dadurch, dass jede Partei die Teilnahme an der Mediation nach § 2 Abs. 5 S. 1 jederzeit beenden kann.[56] Derartig konsequenzenlose Beendigungsmöglichkeiten stehen den Parteien in Gerichts- oder Schiedsgerichtsverfahren nicht zu. Die große Bedeutung der Freiwilligkeit der Teilnahme der Parteien am Mediationsverfahren wird dadurch unterstrichen, dass sich der Mediator nach § 2 Abs. 2 vergewissern muss, dass die Parteien freiwillig an der Mediation teilnehmen.

Hinsichtlich der Freiwilligkeit sind folgende Fallkonstellationen zu unterscheiden:

a) Mediationsverfahren bei innerbetrieblichen Konflikten[57] aa) Vereinbarung im Konfliktfall. Die Vereinbarung zur Durchführung eines Mediationsverfahrens nach Auftreten eines innerbetrieblichen Konfliktes ist Ausdruck der Freiwilligkeit, da keinerlei Vorgabe zur Durchführung eines Mediationsverfahrens, sei es vertraglich, kollektivrechtlich oder aufgrund einer Weisung, besteht. Derartige Vereinbarungen sind auch nicht etwa

---

50 Selbstverständlich sind auch andere Mediatorengespanne denkbar, insbesondere unter Einschaltung von Kaufleuten oder – besonders bei Bausachen – auch Architekten.
51 *Dendorfer/Ponschab* in: Moll § 28 Rn. 217.
52 Umfassend zur Co-Mediation: *Troja* in: Trenczek/Berning/Lenz, Kapitel 3.12 Rn. 26 ff.
53 Vgl. zu den verschiedenen Formen der Co-Mediation: *Paul/Schwartz* in: Henssler/Koch § 8 Rn. 4 ff. und Haft/v. Schlieffen/*Bernhardt/Winograd* § 19 Rn. 3.
54 Begründung des Gesetzentwurfs BT-Drs. 17/5335, 14; *Dendorfer/Ponschab* in: Moll § 82 Rn. 34 u. Rn. 101 ff.; Fritz/Pielsticker/*Fritz* § 1 Rn. 19.
55 *Dendorfer/Ponschab* in: Moll § 82 Rn. 34 u. Rn. 101 ff.
56 *Horstmeier*, Rn. 136; *Loos/Brewitz* SchiedsVZ 2012, 305 (306); *Dendorfer/Ponschab* in: Moll § 82 Rn. 34.
57 S. dazu auch den Beitrag von *Klowait* (→ C Rn. 1 ff., 41 f.).

nach §§ 4, 101 Abs. 3 ArbGG unzulässig, denn danach sind lediglich Schiedsvereinbarungen im Individualarbeitsrecht unzulässig, nicht jedoch die Vereinbarung zur Durchführung eines Mediationsverfahrens.[58]

bb) Mediationsklausel im Arbeitsvertrag. Bei Mediationsklauseln im Arbeitsvertrag ist die Freiwilligkeit jedenfalls dann unproblematisch, wenn es sich um eine Individualabrede handelt. Der Zeitpunkt der Freiwilligkeit ist dabei lediglich auf den Zeitpunkt des Vertragsschlusses vorverlegt.[59] Aber auch bei Mediationsklauseln, die vom Arbeitgeber in Standardarbeitsverträgen vorformuliert wurden[60] entfällt die Freiwilligkeit auf Seiten des Arbeitnehmers nicht, da insofern zumindest kein rechtlicher Kontrahierungszwang besteht.

cc) Vom Unternehmen/Vorgesetzten angeordnetes Mediationsverfahren (Direktionsrecht § 103 GewO). Der Arbeitgeber kann den Arbeitnehmer zur Teilnahme an Gesprächen im Rahmen des Direktions- oder **Weisungsrechts** nach § 106 GewO, und damit auch zur Teilnahme an Mediationsverfahren, verpflichten,[61] es sei denn, Gegenstand des Mediationsverfahrens wären Inhalte, die nicht dem Weisungsrecht des Arbeitgebers unterliegen.[62] Die Freiwilligkeit des Arbeitnehmers hinsichtlich der Teilnahme am Mediationsverfahren beschränkt sich insoweit auf das Recht zur jederzeitigen Beendigung nach § 2 Abs. 5 S. 2, was auch bei innerbetrieblichen Mediationen unabdingbar ist.[63]

dd) Kollektivrechtliche Mediationsregelungen. Sofern mitbestimmungspflichtige Unternehmen die Mediation als (ein) Konfliktbeilegungsverfahren für alle Arbeitnehmer gleichermaßen einführen, unterliegt dies nach § 87 Abs. 1 Nr. 1 BetrVG der Mitbestimmung des Betriebsrates, da insoweit das Ordnungsverhalten der Arbeitnehmer im Betrieb betroffen ist.[64] Zudem unterliegt die Beteiligung des Betriebsrates sowie einzelner Betriebsratsmitglieder an Mediationsverfahren nicht dem Weisungsrecht des Arbeitgebers.[65] In beiden Fällen sind nach § 77 BetrVG **Betriebsvereinbarungen** erforderlich. Mediationsverfahren können in Betriebsvereinbarungen aufgrund ihrer individualarbeitsrechtlichen Zulässigkeit auch in Betriebsvereinbarungen festgelegt werden.[66] Bei bestehender Betriebsvereinbarung kann der einzelne Arbeitnehmer nicht mehr selbst bestimmen, ob in einem Konfliktfall ein Mediationsverfahren durchgeführt wird, die Freiwilligkeit der Arbeitnehmer an der Teilnahme am Mediationsverfahren beschränkt sich insoweit auf das Recht zur jederzeitigen Beendigung nach § 2 Abs. 5 S. 2.

---

58 *Dendorfer/Krebs* Konfliktdynamik 2012, 212 (214).
59 *Dendorfer/Krebs* Konfliktdynamik 2012, 212 (214).
60 Vgl. hierzu und zur Zulässigkeit nach §§ 305 ff. BGB: *Dendorfer/Krebs* Konfliktdynamik 2012, 212 (215); zu beachten ist aber das Klauselverbot für einen Klageverzicht nach § 309 Nr. 14 BGB.
61 Ausführlich hierzu: *Dendorfer/Krebs* Konfliktdynamik 2012, 212 (213), *Dendorfer* in: FS Lehmann, S. 567 (578 f.); einschränkend: *Dendorfer/Ponschab* § 82 Rn. 103.
62 Wie beispielsweise die Höhe des Arbeitsentgelts oder der Umfang der Arbeitsleistung. Vgl. hierzu: *Dendorfer/Krebs*, Konfliktdynamik 2012, S. 212 (213) (Fn. 2).
63 *Klowait* ZKM 2006, 172 (175); *Dendorfer/Ponschab* in: Moll § 82 Rn. 36.
64 *Dendorfer/Krebs* Konfliktdynamik 2012, 212 (216).
65 *Dendorfer/Krebs* Konfliktdynamik 2012, 212 (216).
66 *Dendorfer/Krebs* Konfliktdynamik 2012, 212 (216).

ee) Vorschlag des Gerichts nach § 54 a Abs. 1 ArbGG. Der Vorschlag eines Gerichts zur Durchführung einer Mediation nach § 54 a Abs. 1 ArbGG steht der Freiwilligkeit nicht entgegen.[67] Den Parteien bleibt es unbenommen, dem Vorschlag des Gerichts nicht zu folgen und kein Mediationsverfahren durchzuführen. Eine gerichtliche Anordnung zur Durchführung eines Mediationsverfahrens gibt es als Ausfluss des Prinzips der Freiwilligkeit nicht.[68]

b) Sonstige Mediationsverfahren. aa) Ad hoc Mediation. Da grundsätzlich keine vertragliche oder gesetzliche Vorgabe zur Durchführung eines Mediationsverfahrens im Konfliktfall besteht, können die Parteien nach Auftreten eines Konfliktes freiwillig die Durchführung eines Mediationsverfahrens vereinbaren.

bb) Mediationsverfahren aufgrund einer vertraglichen Mediationsklausel. Auch Mediationsverfahren, die aufgrund einer vorab eingegangenen vertraglichen Verpflichtung hierzu[69] begonnen werden, fallen unter die Freiwilligkeit des § 1. Die – freiwillige – Entscheidung, eine Mediation durchführen zu wollen, treffen die Parteien bei Vereinbarung von **Streitbeilegungsklauseln** (Muster → Einl. Rn. 146 ff.) bereits bei Vertragsschluss, auch wenn dann das Mediationsverfahren im Streitfall aufgrund der vertraglichen Verpflichtung zwingend durchgeführt werden muss.[70]

cc) Mediationsverfahren aufgrund einer Unternehmensvorgabe (Richtlinie oder Corporate Pledge). Gleiches gilt für **Unternehmensvorgaben**, sei es im Wege einer internen Unternehmensrichtlinie oder einer nach außen abgegebenen Selbstverpflichtung im Wege eines Corporate Pledges,[71] die ebenfalls freiwillig für die Konfliktpartei, nämlich das Unternehmen, erlassen werden.[72]

dd) Mediationsverfahren aufgrund einseitiger Anordnung. Die Parteien können unter Umständen auch an eine Anordnung zur Durchführung eines Mediationsverfahrens gebunden sein (→ Einl. Rn. 192), beispielsweise durch letztwillige Verfügung (Muster → H Rn. 33 ff.), Vereinssatzung, Gemeinschaftsordnung oder Auslobung.[73] Die Freiwilligkeit an der Teilnahme am Mediationsverfahren beschränkt sich insoweit auf das Recht zur jederzeitigen Beendigung nach § 2 Abs. 5 S. 1.[74]

ee) Mediationsverfahren aufgrund eines gerichtlichen Vorschlags nach § 278 a Abs. 1 ZPO, § 36 a Abs. 1 FamFG. Ebenso wie bei Arbeitsgerichtsprozessen, steht auch bei anderen Verfahren der **Vorschlag eines Gerichts**

---

67 Vgl. Gesetzesbegründung, BT-Drs. 17/5335, 14 mit Verweis auf Art. 3 a Med-RiLi.
68 *Pilartz* ArbRAktuell 2013, 201.
69 Vgl. zur Mediationsvereinbarung in einem Vertrag: *Risse* in: Hoffmann-Becking Rawert, Formular 9; *Rombach* in: Lorz/Pfisterer/Gerber, C. II. 4.; *Unberath* NJW 2011, 1320 (1321); MünchHdB GesR VII/*Hagel* § 152 Rn. 2 ff.
70 *Fritz/Pielsticker/Fritz* § 1 Rn. 21; *Goltermann/Hagel/Klowait/Levien* SchiedsVZ 2012, 299 (301).
71 Ausführlich zum Corporate Pledge: *Klowait/Hill* SchiedsVZ 2007, 83 und → Einl. Rn. 145.
72 Kritisch hierzu: *Klowait/Hill* SchiedsVZ 2007, 83 (84).
73 Ausführlich hierzu Greger/Unberath/Steffek/*Greger* B. § 1 Rn. 226 ff.
74 Greger/Unberath/Steffek/*Greger* B. § 1 Rn. 225.

zur Durchführung einer Mediation, etwa nach § 278 a Abs. 1 ZPO oder § 36 a Abs. 1 FamFG der Freiwilligkeit nicht entgegen.[75]

6. Eigenverantwortlich. Die Begriffsbestimmung der Mediation nach § 1 15
erfordert, dass die Parteien **eigenverantwortlich** die Beilegung ihres Konfliktes anstreben. Der Parteiautonomie unterliegen nicht nur die Aufnahme und Beendigung der Mediation,[76] sondern auch die Auswahl des Mediators[77] und des Verfahrensablaufs.[78] Auch wenn der Mediator das Verfahren nach § 1 Abs. 2 führt, so können die Parteien den Verfahrensablauf frei bestimmen. Der Mediator trägt dann die Verantwortung dafür, dass die Mediation diesem vereinbarten Ablauf folgt. In Ermangelung einer Parteivereinbarung zum Verfahrensablauf obliegt dem Mediator die umfassende Verfahrensverantwortung. Zur Eigenverantwortung der Parteien zählt auch die Entscheidung über die Einbeziehung Dritter. Dass die Teilnahme Dritter weder vom Mediator noch von einer Partei erzwungen werden kann, ist über § 2 Abs. 4 sichergestellt, wonach die Teilnahme Dritter nur im allseitigen Einvernehmen möglich ist. Dies umfasst die Zustimmung aller Konfliktparteien zur Teilnahme von Prozessbevollmächtigten (Rechtsanwälten) am Mediationsverfahren. Gleiches gilt nach § 2 Abs. 3 S. 3 für getrennte Gespräche (**Einzelgespräche**), die der Mediator nur im allseitigen Einverständnis der Konfliktparteien führen kann.[79]

Wesentlicher Bestandteil der Eigenverantwortlichkeit ist jedoch die Verantwortung der Konfliktparteien für den Inhalt des Verfahrens, wenn die Parteien selbst die Themen der Mediation vorgeben, ihre Interessen herausarbeiten und Lösungsoptionen entwickeln[80] um dann zu entscheiden, ob und worüber sie sich in einer **Abschlussvereinbarung** einigen.[81] Die Eigenverantwortung der Parteien für die Einigung wird noch unterstützt durch die Klarstellung, dass die Parteien die einvernehmliche Beilegung des Konfliktes zunächst nur anstreben, also nicht unter einem Kontrahierungszwang stehen,[82] sondern das Verfahren auch ohne Einigung beenden können.

7. Unter Anstreben einer Lösung. Die Mediation ist ein lösungsorientiertes 16
Verfahren. Mediationen mit nicht einigungswilligen Parteien sind selten erfolgreich. Fraglich ist aber, wie das Vorliegen der Voraussetzung festgestellt werden kann. Der Mediator wird in aller Regel die Parteien zu Beginn der Mediation um entsprechende Bestätigung bitten, falls dies nicht ohnehin

---

75 Vgl. Gesetzesbegründung, BT-Drs. 17/5335, 14 mit Verweis auf Art. 3 a Med-RiLi; vgl. zur Freiwilligkeit bei Mediationen im Rahmen des Täter-Opfer-Ausgleichs nach § 46 a StPO, § 10 Abs. 1 Nr. 7 JGG: *Horstmeier*, Rn. 135.
76 Siehe oben unter Freiwilligkeit.
77 So auch § 2 Abs. 1; vgl. hierzu die Begründung zum Gesetzentwurf BT-Drs. 17/5335, 14.
78 Vgl. hierzu *Horstmeier*, Rn. 141.
79 Zur vorherigen Fassung von § 2 Abs. III MediationsG, welche die Führung von Einzelgesprächen von einer Zweckmäßigkeitserwägung des Mediators abhängig machte, vgl. *Diop/Steinbrecher* BB 2011, 131 (132).
80 Vgl. hierzu auch Gesetzesbegründung, BT-Drs. 17/5335, 14; Greger/Unberath/*Greger* B. § 1 Rn. 33.
81 Vgl. hierzu Fritz/Pielsticker/*Fritz* § 1 Rn. 22; die Begründung des Gesetzentwurfs spricht insoweit von der Kehrseite der fehlenden Entscheidungskompetenz des Mediators: BT-Drs. 17/5335, 14.
82 Vgl. zur Entscheidungsfreiheit und zum fehlenden Kontrahierungszwang: *Trenczek* in: Trenczek/Berning/Lenz, Kapitel 1.1 Rn. 26.

schon in der **Mediationsvereinbarung** und/oder dem **Mediatorvertrag**[83] enthalten ist. Insbesondere bei mehrstufigen **Streitbeilegungsklauseln** (zB Verhandlung/Mediation/Schiedsgericht) besteht die Gefahr, dass eine Konfliktpartei die Mediation nur als Durchgangsstation zum Entscheidungsverfahren (miss)braucht,[84] die Mediation aber dennoch nicht sofort beendet, weil sie sich erhofft, eventuell nützliche Informationen zu erlangen. Sollte der Konfliktpartei nachgewiesen werden können, dass sie das Mediationsverfahren lediglich nutzen wollte, um der Streitbeilegungsvereinbarung Genüge zu tun, nicht jedoch eine einvernehmliche Lösung anzustreben, so ist das von den Parteien betriebene Verfahren keine Mediation, da es an dem Begriffsmerkmal des Anstrebens einer einvernehmlichen Lösung fehlt. Dies führt dann letztlich für die „Durchlaufpartei" zu einem geschlossenen Kreis: Eine (Schieds-)Klage ist (noch) nicht möglich, da noch keine Mediation absolviert wurde (→ N Rn. 26). Eine Mediation kann aber begrifflich nicht durchgeführt werden, weil in ihr keine Konfliktbeilegung beabsichtigt ist, sondern eigentlich die nächste Stufe der Eskalation, das Entscheidungsverfahren angestrebt wird. In diesem Fall greift der dilatorische Klageverzicht nach Durchlaufen des mediationsähnlichen Verfahrens nicht mehr. Die klagende Partei hat – vereinbarungsgemäß – an einem außergerichtlichen, mediativen Verfahren teilgenommen, auch wenn es aufgrund der gesetzlichen Definition kein Mediationsverfahren war.

17 **8. Einvernehmlichkeit der (angestrebten) Lösung.** Die Einvernehmlichkeit der Parteien über die Lösung des Konfliktes ist zentrales Merkmal der Mediation.[85] Die Parteien bestimmen einvernehmlich, ob es überhaupt zu einer Lösung des Konfliktes in der Mediation kommt. Sie unterliegen insoweit keinerlei Kontrahierungszwang.[86] Zudem legen die Konfliktparteien einvernehmlich fest, worüber sie sich einigen wollen. Kein Dritter ist befugt, den Konflikt zu entscheiden. Dies wird unterstützt durch die Begriffsdefinition des Mediators in § 1 Abs. 2, wonach auch dieser ausdrücklich nicht entscheidungsbefugt ist. Die Mediation ist ein **Konsensualverfahren**. Damit unterscheidet sie sich insbesondere von **Streitentscheidungsverfahren**,[87] bei denen eine einseitige Verfahrensbeendigung grundsätzlich ebenso wenig möglich ist[88] wie eine eigenverantwortliche Entscheidung.[89]

---

83 Ausführlich zur Unterscheidung zwischen Mediationsvereinbarung und Mediatorvertrag: MünchHdB GesR VII/*Hagel* § 152; ausführlich zum Mediatorvertrag: *Groß*, Der Mediatorvertrag, 2012; *Reinelt/Strahl* in: Mes, Kapitel 15 Ziff. 4.

84 Die direkte Klage würde hier am dilatorischen Klageverzicht scheitern; vgl. hierzu auch *Diop/Steinbrecher* BB 2011, 131 (136); *Unberath* ZKM 2012, 12 (14); *ders.* in: Festschrift Hoffmann, S. 500 (506).

85 Fritz/Pielsticker/*Fritz* § 1 Rn. 15.

86 *Trenczek* in: Trenczek/Berning/Lenz, Kapitel 1.1 Rn. 26.

87 In der Gesetzesbegründung, BT-Drs. 17/5335, 14, wird ausdrücklich auf die Abgrenzung zum Schiedsgerichtsverfahren verwiesen.

88 Der Kläger kann eine einseitige Klagerücknahme nach § 269 Abs. 1 ZPO ohne Zustimmung des Beklagten nur bis zur mündlichen Verhandlung erklären und selbst dann nur mit der Folge der Kostentragung nach § 269 Abs. 3 S. 2 ZPO.

89 Es ist den Parteien zwar auch bei Gerichts- und Schiedsgerichtsverfahren unbenommen, jederzeit eine Streitbeilegung durch Vergleich herbeizuführen, widrigenfalls haben die Parteien die Entscheidung über die Konfliktlösung jedoch aus den Händen gegeben und dem Gericht oder Schiedsgericht übertragen.

9. Zur Beilegung eines Konfliktes. Das Mediationsgesetz gibt, in Überein- **18** stimmung mit Art. 3 lit. a) Med-RiLi,[90] einen engen Mediationsbegriff vor, beschränkt auf **kurative Verfahren**.[91] Ausgenommen sind daher **präventive Mediationsverfahren**.[92] Dies ist bedauerlich,[93] fallen so doch alle Mediationen zur Konfliktvermeidung[94] aus dem Anwendungsbereich des MediationsG. Sofern nicht (auch) Konflikte beizulegen sind, gilt dies beispielsweise für:

- drittunterstützte Verhandlungen bei Vertragsschluss („**Deal Mediation**[95]"),
- mediative Begleitung von Projekten, Restrukturierungen oder Change-Prozessen,[96]
- Mediationen im Zusammenhang mit Gestaltungen des Nachlasses oder der Unternehmensnachfolge.

Als Beispiel für eine Deal-Mediation sei eine Vereinbarung über eine vorweggenommene Erbfolge genannt. Potenzieller Erblasser und potenzielle Erben haben keinen Konflikt, wollen aber den Erbfall einvernehmlich regeln und Gestaltungsmöglichkeiten ausschöpfen. Ein Mediationsverfahren hilft den Parteien, zunächst die zu regelnden Punkte (Erbmasse oder Regelungsgegenstand) zu ermitteln, die einzelnen Bedürfnisse herauszuarbeiten (zB Altersabsicherung, Ausbildung der Enkel, Wohnrecht, Steueroptimierung, Geschäftsfortführung) und interessengerechte Lösungen zu finden (beispielsweise Schenkung unter Einräumung eines Nießbrauchs), auf die die Parteien ohne die strukturierte Verfahrensführung des Dritten und die Ermittlung ihrer Interessen nicht gekommen wären (zur Mediation und Konfliktvorsorge in Erbangelegenheiten → H Rn. 1 ff.).

Letztlich ist der Nachteil, dass derartige Verfahren keine Mediationen nach **19** § 1 sind, zu verschmerzen, sind die negativen Folgen doch überschaubar und, mehr noch, heilbar. Die Vertraulichkeit – so gewünscht – lässt sich

---

90 Die relevante Passage in dessen S. 1 lautet: „[...] selbst versuchen, eine Vereinbarung über die Beilegung ihrer Streitigkeit zu erzielen."
91 Vgl. hierzu *Diop/Steinbrecher* BB 2011, 131 (138); *Meyer/Schmitz-Vornmoor* DNotZ 2012, 895 (899); *Goltermann/Hagel/Klowait/Levien* SchiedsVZ 2012, 299 (301).
92 → C Rn. 22; aA *Horstmeier*, Rn. 250; vgl. zur steigenden Anzahl strategisch-präventiver Mediationen: *Gläßer* ZKM 2007, 116.
93 Ebenso aus Sicht der Unternehmen: *RTMKM* ZKM 2009, 147 (148); *Diop/Steinbrecher* BB 2011, 131 (138); *Diop* RuP 2010, 236 (240).
94 Vgl. hierzu *Mähler/Mähler*, Rn. 115: „[...] wird übrigens deutlich, dass Mediation zur Abgleichung unterschiedlicher Interessen auch prophylaktisch zur Vermeidung künftiger Konflikte eingesetzt werden kann."
95 Deal Mediation ist die drittunterstützte Verhandlung von Transaktionen, bei denen (noch) keine Konflikte beigelegt werden müssen; vgl. hierzu auch Greger/Unberath/Steffek/*Greger* B. § 1 Rn. 28; *Diop/Steinbrecher* BB 2012, 3023 (3027); *Berkel* ZKM 2015, 4; aA *Eidenmüller* in: Henssler/Koch, S. 49 (50) (Fn. 1), der bei nicht vollständig übereinstimmenden Interessen in Verhandlungen bereits von (zumindest partiellen) Interessenkonflikten ausgeht; hiergegen zutreffend Greger/Unberath/Steffek/*Greger* B. § 1 Rn. 28, wenn er feststellt, dass nicht jeder Interessengegensatz ein Konflikt ist. Unterschiedliche Interessen können auch ohne Verhärtungen oder Spannungen vorliegen, so dass nach dem neunstufigen Konfliktmodell von Glasl noch nicht einmal die Eskalationsstufe 1 erreicht wäre.
96 Vgl. *RTMKM* ZKM 2009, 147 (148); → C Rn. 23; MünchHdB GesR VII/*Hagel* § 151 Rn. 4.

auch vertraglich regeln.[97] Verjährungsunterbrechungen dürften regelmäßig ebenso wenig eine Rolle spielen wie die Vollstreckbarkeit des Ergebnisses.[98]

III. Mediator (§ 1 Abs. 2)

20   Nach § 1 Abs. 2 ist ein Mediator „eine unabhängige und neutrale Person ohne Entscheidungsbefugnis, die die Parteien durch die Mediation führt".

21   **1. Unabhängigkeit und Neutralität.** Der Mediator muss neutral und unabhängig sein. Die **Unabhängigkeit ist dabei personenbezogen** zu verstehen, die **Neutralität hingegen verfahrensbezogen.**[99]

Unabhängigkeit und Neutralität haben den Zweck der Sicherstellung eines fairen Mediationsverfahrens. Der Mediator soll frei von einer **Interessenkollision** und unvoreingenommen sein, zu den Parteien den gleichen Abstand haben („**Äquidistanz**")[100] und sie gleich behandeln. Dabei gelten für den Mediator hinsichtlich der Begrifflichkeiten die gleichen Grundsätze wie für Richter und Schiedsrichter. Im Unterschied dazu kann der Mediator das Verfahren aber nach § 3 Abs. 1 S. 2 als Mediator auch bei fehlender Unabhängigkeit führen, wenn er den Parteien die Umstände offengelegt hat, die seine Unabhängigkeit und Neutralität – zumindest in der Wahrnehmung der Parteien – beeinträchtigen können und die Parteien ausdrücklich zugestimmt haben. Entgegen dem Wortlaut von § 3 Abs. 1 S. 2 können die Medianden den Mediator nicht von dessen Neutralität entbinden, da die Neutralität verfahrensbezogen ist.[101]

22   **a) Unabhängigkeit.** Die persönliche Unabhängigkeit des Mediators bezieht sich darauf, dass die Person des Mediators sowohl unabhängig von den Parteien als auch unabhängig bezogen auf den Verfahrensgegenstand sein muss.

---

97   Vgl. *Diop/Steinbrecher* BB 2011, 131 (133).

98   Bei der Deal Mediation geht es ja zunächst um den Vertragsschluss und bestenfalls war die Mediation erfolgreich, wenn noch offene Verhandlungspunkte geschlossen werden konnten, oder der Vertrag als solcher – und nicht „nur" die Abschlussvereinbarung der Mediation – unterzeichnet werden könnte.

99   Begründung des Gesetzentwurfs, S. 21.

100 *Ulrich/Vogt* DS 2009, 217 (221) haben die Äquidistanz des Mediators unzutreffend mit der Allparteilichkeit gleichgesetzt. Die Äquidistanz muss bei der Allparteilichkeit zwar gewahrt werden, sie kann aber ebenso bei neutraler Unparteilichkeit vorliegen. Vgl. zur Äquidistanz des Mediators: *Pitkowitz* SchiedsVZ 2005, 81 (89); Vgl. allgemein zur Äquidistanz: BGH NJW 2004, 164; OLG Stuttgart NJOZ 2006, 4232 (4233); *Haußleiter/Gomille* § 6 Rn. 21; *Rossen-Stadtfeld* NVwZ 2001, 361 (368).

101 *Unberath* ZKM 2012, 12 (13), hierzu auch → MediationsG § 3 Rn. 13.

Unabhängig von den Parteien ist der Mediator, wenn er weder in einer

- personellen Abhängigkeit,[102]
- finanziellen bzw. wirtschaftlichen Abhängigkeit[103] oder
- Weisungsgebundenheit[104]

bezüglich einer oder mehrerer Konfliktparteien ist.

Eine **personelle Abhängigkeit** liegt als subjektive Abhängigkeit bei engen persönlichen Verbindungen des Mediators zu einer Partei vor,[105] so beispielsweise wenn der Mediator mit einer Partei verwandt, verheiratet, verlobt, verschwägert oder persönlich befreundet[106] oder verfeindet ist.[107]

Eine **finanzielle oder wirtschaftliche Abhängigkeit** im Rahmen der personellen Abhängigkeit kann beispielsweise vorliegen bei vertraglichen Beziehungen des Mediators zu einer Partei[108] oder der Beteiligung des Mediators an der Gesellschaft einer Partei (Aktionär, Teilhaber oder Gesellschafter).[109] Eine finanzielle oder wirtschaftliche Abhängigkeit des Mediators von einer Partei ist hingegen nicht schon per se dann gegeben, wenn der Mediator schon mehrfach in Mediationen einer Partei tätig geworden ist.[110] Da dies aber den Anschein der Beeinträchtigung der Unabhängigkeit begründen kann, ist der Mediator zur Offenlegung nach § 3 Abs. 1 verpflichtet.

Abhängigkeit kann aber auch bei **Weisungsgebundenheit** des Mediators bestehen. Weisungsrecht haben beispielsweise

- der Arbeitgeber gegenüber dem Arbeitnehmer (Direktionsrecht des Arbeitgebers nach § 106 GewO),
- der Vorgesetzte gegenüber dem Beamten (§ 35 BeamtStG und bei Staatsanwälten § 146 GVG), mit Ausnahme beispielsweise der Richter (Art. 97 GG),
- die Gesellschafterversammlung gegenüber dem Geschäftsführer einer GmbH (§ 37 GmbHG).

Unabhängigkeit vom Verfahrensgegenstand liegt dann vor, wenn der Mediator kein eigenes Interesse am inhaltlichen Ausgang des Verfahrens hat,[111] insbesondere durch Bindungen in Bezug auf den Verfahrensgegen-

---

102 Vgl. zu Schiedsrichtern: MüKoZPO/*Münch* § 1036 Rn. 32; *Nacimiento/Abt/Stein* in: Böckstiegel/Kröll/Nacimiento ZPO § 1036 Rn. 34.
103 Vgl. zu Schiedsrichtern: MüKoZPO/*Münch* § 1036 Rn. 32; *Nacimiento/Abt/Stein* in: Böckstiegel/Kröll/Nacimiento ZPO § 1036 Rn. 35.
104 Begründung des Gesetzentwurfs, BT-Drs. 17/5335, 14; *Meyer/Schweitzer* NZA 2013, 545.
105 Gesetzesbegründung BT-Drs. 17/5335, 14.
106 Vgl. zu Schiedsrichtern: *Mankowski* SchiedsVZ 2004, 304 (308); zu verwandtschaftlichen Verbindungen als Begründung fehlender Unabhängigkeit eines Schiedsrichters auch: OLG Frankfurt SchiedsVZ 2006, 330.
107 Greger/Unberath/*Greger* B. § 3 Rn. 14.
108 Besonders deutlich wäre die Abhängigkeit, wenn der Mediator Darlehensnehmer bei einem Medianden wäre oder in einem abhängigen Beschäftigungsverhältnis stünde.
109 Vgl. zu Schiedsrichtern: *Nacimiento/Abt/Stein* in: Böckstiegel/Kröll/Nacimiento ZPO § 1036 Rn. 35; *Mankowski* SchiedsVZ 2004, 304 (308).
110 Vgl. zu Schiedsrichtern: *Nacimiento/Abt/Stein* in: Böckstiegel/Kröll/Nacimiento ZPO § 1036 Rn. 42; kritisch: *Kröll* SchiedsVZ 2004, 113 (117).
111 Gesetzesbegründung BT-Drs. 17/5335, 14, *Montada/Kals*, S. 38.

stand.[112] Das in der Gesetzesbegründung gewählte Beispiel für fehlende Unabhängigkeit verdeutlicht dies: „Der Mediator möchte das Grundstück, über dessen Verwertung die Parteien streiten, selbst erwerben".[113]

23 **b) Neutralität/Allparteilichkeit. Neutralität** im Sinne von § 1 Abs. 2 ist verfahrensbezogen zu verstehen.[114] Während des gesamten Verfahrens ist der Mediator zur Gleichbehandlung der Parteien verpflichtet. Dies betrifft beispielsweise den Informationsaustausch und die Durchführung von Einzelgesprächen,[115] zu denen der Mediator im allseitigen Einverständnis nach § 2 Abs. 2 S. 3 berechtigt ist. In der Gesetzesbegründung wird zudem angegeben, der Mediator sei zu einer unparteilichen Verhandlungsführung verpflichtet. § 2 Abs. 2 S. 1 geht hier weiter, indem er vorgibt, dass der Mediator den Parteien gleichermaßen verpflichtet ist. Dies umfasst nicht nur die passive **Unparteilichkeit,** sondern die aktive **Allparteilichkeit** des Mediators.[116] Allparteilichkeit[117] bedeutet, dass der Mediator die Verfahrensinteressen aller Parteien gleichermaßen zu vertreten und sie entsprechend zu unterstützen hat. Allparteilichkeit ist nicht zu verwechseln mit der Vertretung widerstreitender Interessen, die dem Anwaltsmediator nach § 43 a Abs. 4 BRAO über § 18 BORA untersagt[118] und als Parteiverrat nach § 356 StGB sogar strafbewehrt ist. Der Mediator ist von allen Parteien beauftragt, sie bei der Beilegung ihres Konfliktes zu unterstützen. Das vom Mediator für alle Parteien gleichermaßen zu vertretende Interesse ist das der Konfliktbeilegung.[119] Dabei wird auch nicht die Neutralität verletzt, wenn der Mediator versucht, die Sichtweise jeder einzelnen Partei zu verstehen und gegenüber jeder Partei Empathie zu äußern. Sowohl die Allparteilichkeit als auch die Neutralität sind hingegen verletzt, wenn der Mediator nicht zeitpunktbezogen, sondern verfahrensablaufbezogen die Gleichbehandlung und Äquidistanz verletzt.

24 **2. Eine Person.** Nach § 1 Abs. 2 ist der Mediator „eine Person". Dics bedeutet einerseits, dass der Mediator *eine* Person im Sinne von ein und derselben Person ist. Die Mediatorentätigkeit ist damit eine **personenbezogene Tätigkeit,** die eine Austauschbarkeit des Mediators ohne Zustimmung der Parteien nicht zulässt.[120] Dies bedeutet nicht, dass die Parteien den Mediator während des laufenden Verfahrens wechseln könnten; es bedeutet vielmehr, dass ein von den Parteien beauftragter Mediator die Mediation grundsätzlich höchstpersönlich durchführen muss, sich nicht ohne Zustimmung der Parteien vertreten lassen kann und auch nicht von Dritten, zB

---

112 Begründung des Gesetzentwurfs BT-Drs. 17/5335, 14.
113 Begründung des Gesetzentwurfs BT-Drs. 17/5335, 14.
114 Begründung des Gesetzentwurfs BT-Drs. 17/5335, 14.
115 Dazu dezidiert: *Gläßer/Kublik* ZKM 2011, 89 ff.
116 Begründung des Gesetzentwurfs BT-Drs. 17/5335, 15.
117 Vgl. zur Allparteilichkeit: *Montada/Kals,* S. 46; *Hagen/Lenz,* S. 110 und 178; *Dendorfer/Ponschab* in: Moll, § 78 Rn. 38; *Mähler/Mähler,* § 47 Rn. 64; *Gößl* in: Hannemann/Wiegner, § 40 Rn. 28.
118 Die Mediatorentätigkeit des Rechtsanwalts ist anwaltliche Tätigkeit und unterliegt dem anwaltlichen Berufsrecht.
119 OLG Karlsruhe NJW 2001, 3197 (3198); OLG Karlsruhe NJW 2002, 3561 (3562); *Dendorfer,* S. 8 (12); *Koch* in: Henssler/Koch § 1 Rn. 26; *Henssler* in: Henssler/Koch § 3 Rn. 20.
120 *Risse* ZKM 2011, 36 (38).

der administrierenden Institution, im laufenden Verfahren eigenmächtig ausgetauscht werden kann.

Der Mediator ist zugleich eine *Person*. Gemeint ist damit eine **natürliche Person**, keine juristische Person oder Institution.[121]

3. Keine Entscheidungsbefugnis. Der Mediator ist nach § 1 Abs. 2 nicht   **25** befugt, den Konflikt zwischen den Parteien zu entscheiden. Für den Güterichter als Mediator ist auch in § 278 Abs. 5 ZPO, § 36 Abs. 5 S. 1 FamFG und § 54 Abs. 6 ArbGG ausdrücklich klargestellt, dass er kein entscheidungsbefugter Richter ist.

Auch wenn der Mediator ausdrücklich nicht entscheidungsbefugt ist, so bleibt es den Parteien als Ausdruck ihrer Eigenverantwortlichkeit unbenommen, den Mediator zu ermächtigen, **Lösungsvorschläge** zu unterbreiten.[122] Inwieweit sie dem Vorschlag des Mediators folgen, steht in der Disposition der Parteien. Bisher war das Recht des Mediators zur Unterbreitung von Lösungsvorschlägen in der Literatur umstritten,[123] dürfte nun durch die gesetzliche Regelung aber zumindest möglich sein.[124]

4. Verfahrensleitung. Dem Mediator obliegt die Aufgabe, **die Parteien**   **26** **durch das Verfahren zu führen.** Die Verfahrensführung ist in § 2 näher spezifiziert, jedoch nicht abschließend geregelt.

Dem Mediator obliegt durch die Verfahrensleitung die **Prozessverantwortung**.[125] So hat er zunächst die Erwartungen der Parteien zu klären und seine Rolle mit den Parteien abzustimmen. Nachfolgend stellt er sicher, dass die vereinbarten Verfahrensregeln ebenso eingehalten werden wie die gesetzlichen Vorschriften. Zudem schafft er eine Verhandlungsatmosphäre, die den Parteien einen Kommunikationsrahmen bereitet, der ein konstruktives Austragen des Konfliktes ermöglicht. Die Verfahrensleitung umfasst auch die Einhaltung der Verfahrensstruktur, um die Parteien in der Konfliktbeilegung zu unterstützen und nachhaltige Lösungen zu erarbeiten.[126]

IV. Schlussbemerkung

All dies berücksichtigend sind die Begriffsbestimmungen für die Mediation   **27** und den Mediator in § 1 daher wie folgt ergänzend zu lesen:

(1)   Mediation ist ein strukturiertes und, *soweit die Parteien nichts anders vereinbaren,* vertrauliches Verfahren, bei dem Parteien mithilfe eines oder mehrerer Mediatoren freiwillig und eigenverantwortlich eine einvernehmliche Beilegung ihres Konflikts anstreben.

---

121 *Risse* ZKM 2011, 36 (38); *Goltermann/Hagel/Klowait/Levien* SchiedsVZ 2012, 299 (301); zustimmend für die Notarmediation: *Meyer/Schmitz-Vornmoor* DNotZ 2012, 895 (899).
122 *Horstmeier*, Rn. 243. Ausdrücklich möglich sind Lösungsvorschläge auch in den Niederlanden, Kanada und Norwegen, vgl. *Hopt/Steffek*, S. 13; während die Unterbreitung von Lösungsvorschlägen dem Mediator beispielsweise in Österreich untersagt ist.
123 Gegen ein Lösungsvorschlagsrecht: *Becker/Horn* SchiedsVZ 2006, 270; für ein Lösungsvorschlagsrecht auf ausdrücklichen Wunsch der Parteien (der Mediator als Leader): *Breidenbach/Peres* SchiedsVZ 2010, 125 (127).
124 Vgl. Gesetzesbegründung, S. 24.
125 *Duve/Eidenmüller/Hacke*, S. 87; *Schwarz* MittBayNot 2001, 294 (296).
126 *Hagen/Lenz*, S. 104.

(2) Ein Mediator ist eine *natürliche* Person, die die Parteien durch die Mediation führt. Der Mediator ist

– unabhängig, *es sei denn, er hat den Parteien die Umstände offengelegt, die seine Unabhängigkeit oder Neutralität beeinträchtigen können und die Parteien haben sich damit einverstanden erklärt,*
– *allparteilich* und
– ohne Entscheidungsbefugnis.

§ 2 MediationsG Verfahren; Aufgaben des Mediators

(1) Die Parteien wählen den Mediator aus.

(2) Der Mediator vergewissert sich, dass die Parteien die Grundsätze und den Ablauf des Mediationsverfahrens verstanden haben und freiwillig an der Mediation teilnehmen.

(3) [1]Der Mediator ist allen Parteien gleichermaßen verpflichtet. [2]Er fördert die Kommunikation der Parteien und gewährleistet, dass die Parteien in angemessener und fairer Weise in die Mediation eingebunden sind. [3]Er kann im allseitigen Einverständnis getrennte Gespräche mit den Parteien führen.

(4) Dritte können nur mit Zustimmung aller Parteien in die Mediation einbezogen werden.

(5) [1]Die Parteien können die Mediation jederzeit beenden. [2]Der Mediator kann die Mediation beenden, insbesondere wenn er der Auffassung ist, dass eine eigenverantwortliche Kommunikation oder eine Einigung der Parteien nicht zu erwarten ist.

(6) [1]Der Mediator wirkt im Falle einer Einigung darauf hin, dass die Parteien die Vereinbarung in Kenntnis der Sachlage treffen und ihren Inhalt verstehen. [2]Er hat die Parteien, die ohne fachliche Beratung an der Mediation teilnehmen, auf die Möglichkeit hinzuweisen, die Vereinbarung bei Bedarf durch externe Berater überprüfen zu lassen. [3]Mit Zustimmung der Parteien kann die erzielte Einigung in einer Abschlussvereinbarung dokumentiert werden.

Literatur:

Ade/Alexander, Mediation und Recht, 2. Aufl. 2013; *dies./Gläßer,* Lehrmodul 12: Feedback in der Mediation, ZKM 2009, 60; *dies./Gläßer,* Lehrmodul 18: Das Recht in der Mediation, ZKM 2013, 57; *dies./Schroeter,* Kollegiale Beratung in der Gerichtlichen Mediation, in: Gläßer/Schroeter (Hrsg.), Gerichtliche Mediation, 2011, 323; *ders./Schroeter,* Ethik als Suche nach dem „guten Mediationshandeln" – Lernfelder in der Supervision, Spektrum der Mediation 32/2008, 22; *Aschenbrenner/Gläßer,* Lehrmodul 6: Gruppendynamik und Mediation, ZKM 2006, 185; *Auerbach,* Mediation bei Mobbingfällen in Unternehmen, ZKM 2015, 104; *Bagshaw/Adams/Zannettino/Wendt,* Elder Mediation and the Financial Abuse of Older People by a Family Member, CRQ Vol. 32 no. 4, S. 443; *Azad/Oschmann,* Was verstehst Du, was ich nicht verstehe?, Spektrum der Mediation 62/2016, 26; *Balloff,* Kinderrechte bei Mediation, Beratung des Kindes, Erziehungsberatung und Familientherapie, FPR 2012, 216; *Bastine,* Qualitätssicherung und Qualitätsmanagement in der Mediation, ZKM 2000, 37; *ders./Weinmann,* Qualitätssicherung und Evaluation der Trennungs- und Scheidungsmediation: Das Heidelberger Dokumentationssystem DOSYS, in: Strempel (Hrsg.), Mediation für die Praxis, 1998, S. 57; *Belardi,* Supervision. Grundlagen, Techniken, Perspektiven, 4. Aufl. 2013; *Berndt/Korkor/Lustig,* Prävention, Deeskalation, Begleitung, Spektrum der Mediation 62/2016, 46; *Bernhardt,* Die Stimme des Kindes in der Trennungs- und

Scheidungsberatung und in der Familien-Mediation, FPR 2005, 95; *ders.*, Die Stimme des Kindes in der Trennungs- und Scheidungsmediation, ZKM 2015, 68; *Breidenbach,* Mediation: Struktur, Chancen und Risiken von Vermittlung im Konflikt, 1995; *ders./ Gläßer,* Selbstbestimmung und Selbstverantwortung im Spektrum der Mediationsziele, KON:SENS – Zeitschrift für Mediation 1999, 207; *ders./Henssler* (Hrsg.), Mediation für Juristen, 1997; *Brox/Walker,* Allgemeines Schuldrecht, 40. Aufl. 2016; *Burgess,* Transformative Mediation, 1997; *Bush/Folger,* The Promise of Mediation, 1994; *Buzan,* The Mind Map Book, 1993; *Carroll,* Mediation mit Fremdsprachen – Hürde und Chance, Spektrum der Mediation 44/2011, 35; *dies.,* Dolmetschen und Mediation – Hürde und Chance, MDÜ Fachzeitschrift für Dolmetscher und Übersetzter 3/12, 24; *dies./Scherer,* Dolmetscher trifft Mediator, MDÜ Fachzeitschrift für Dolmetscher und Übersetzter, 3/13, 36; *Ciesielski,* Das Farbengespräch, in: Knapp (Hrsg.), Konfliktlösungs-Tools, 2. Aufl. 2012, S. 231; *Cohen,* Adversaries? Partners? How About Counterparts? On Metaphors in the Practice and Teaching of Negotiation and Dispute Resolution, Conflict Resolution Quarterly 2003, 433; *Diez,* Werkstattbuch Mediation, 2005; *dies.,* Mediationsanaloge Supervision in den verschiedenen Feldern von Mediation, ZKM 2000, 227; *Dingwall/Miller,* Lessons from Brief Therapy? Some Interactional Suggestions for Family Mediators, Conflict Resolution Quarterly 2002, 269; *Dörrenbächer,* Kommunikation in der Mediation, in: Haft/v. Schlieffen (Hrsg.), Handbuch Mediation – Verhandlungstechnik, Strategien, Einsatzgebiete, 3. Aufl. 2016, § 16; *Driehaus,* Gemeinsame Gespräche und Einzelgespräche in der Wirtschaftsmediation, GewArch 2005, 94; *Dulabaum,* Mediation: Das ABC. Die Kunst, in Konflikten erfolgreich zu vermitteln, 5. Aufl. 2009; *Duve/Zürn,* Gemeinsame Gespräche oder Einzelgespräche? – Vom Nutzen des Beichtstuhlverfahrens in der Mediation, ZKM 2001, 108; *Eidenmüller,* Prozessrisikoanalyse in der Praxis, ZKM 2007, 115; *ders./Prause,* Die europäische Mediationsrichtlinie – Perspektiven für eine gesetzliche Regelung der Mediation in Deutschland, NJW 2008, 2737; *Esser/Troja,* Lehrmodul 10: „Ein Bild sagt mehr als tausend Worte", ZKM 2008, 117; *Falk/Heintel/Krainer,* Das Mediationsverfahren am Flughafen Wien-Schwechat, 2006; *Fieldstone/Bronson,* Association for Conflict Resolution Guidelines for Eldercaring Coordination: From Conflict to Collaboration toward the Care and Safety of Elders, CRQ Vol. 32 no. 4, S. 413; *Fischer/Unberath,* Das neue Mediationsgesetz, 2013; *Friedman,* A Guide to Divorce Mediation, 1993; *Friedman/Himmelstein,* Challenging Conflict: Mediation Through Understanding, 2008; *Fritz/Krabbe,* Die Kurz-Zeit-Mediation – und ihre Verwendung in der gerichtsinternen Praxis – Teil 1, ZKM 2009, 136; *dies.,* Die Kurz-Zeit-Mediation – und ihre Verwendung in der gerichtsinternen Praxis – Teil 2, ZKM 2009, 176; *Fritz/Pielsticker,* Mediationsgesetz – Kommentar, Handbuch, Mustertexte, 2013; *Fürst/König,* Mediationsverfahren Flughafen Wien – Zwischenbilanz, ZKM 2002, 164; *Gamm,* Abschluss und Abschied in der Mediation, ZKM 2001, 114; *Gerber,* Schweigen – unterschätztes Pendant zum Sprechen, Perspektive Mediation 2015, 149; *Gläßer,* Mediative Interventionen, in: Haft/v. Schlieffen (Hrsg.), Handbuch Mediation – Verhandlungstechnik, Strategien, Einsatzgebiete, 3. Aufl. 2016, § 15; *dies.,* Die Rolle(n) von Rechtsanwälten in der Mediation, in: Jost (Hrsg.), Die anwaltliche Vertretung in der Mediation, 2013, S. 15; *dies.,* Von der Anfrage zum Auftrag, in: Rapp (Hrsg.), Mediation – Kompetent. Kommunikativ. Konkret Band 1, 2012, S. 164; *dies.,* Mediation und Beziehungsgewalt. Möglichkeiten, Bedingungen und Grenzen des Einsatzes von Familienmediation bei Gewalt in Paarbeziehungen, 2008; *dies./Ben Larbi,* Warum nichts manchmal mehr ist. Schweigen in der Mediation, in: Knapp (Hrsg.), Konflikte lösen in Teams und großen Gruppen, 2013, S. 265; *dies./Kirchhoff,* Lehrmodul 14: Bestandsaufnahme, ZKM 2009, 186; *dies./Kirchhoff,* Lehrmodul 2: Interessenermittlung, ZKM 2005, 130; *dies./ Kirchhoff,* Lehrmodul 7: Lösungsfindung – Teil 1, ZKM 2007, 88; *dies./Kirchhoff,* Lehrmodul 8: Lösungsfindung – Teil 2, ZKM 2007, 157; *dies./Kublik,* Lehrmodul 17: Einzelgespräche in der Mediation, ZKM 2011, 89; *dies./Negele/Schroeter,* Lehrmodul 11: Qualitätssicherung von Mediation, ZKM 2008, 181; *dies./Schroeter* (Hrsg.), Gerichtliche Mediation – Grundsatzfragen, Etablierungserfahrungen und Zukunftsperspektiven, 2011; *Greger/Unberath/Steffek,* Recht der alternativen Konfliktlösung, 2. Aufl. 2016; *Grüner/Schmitz-Vornmoor,* Die Schnittstelle zwischen Mediation und Beurkundung, notar 2012, 147; *Haft/v. Schlieffen* (Hrsg.), Handbuch Mediation – Verhandlungstechnik, Strategien, Einsatzgebiete, 3. Aufl. 2016; *Händel,* Weichenstellende Aspekte bei der Etablierung konzerninterner Mediation, in: Gläßer/Kirchhoff/Wendenburg (Hrsg.), Konfliktmanagement in der Wirtschaft, S. 215 ff; *Harms/Schroeter,* Scheitern in der Mediation. Eine Herausforderung für die Mediationspraxis, in: Gans/Hornung/Köstler (Hrsg.), Wie managen MediatorInnen sich selbst?, 2010, S. 37; *Henssler/Koch* (Hrsg.), Mediation in der Anwaltspraxis, 2004; *Irving/Benjamin*, Therapeutic Family Mediation, 2002; *Jost*, Zur Beratungspflicht des Anwaltmediators, ZKM 2017, 71; *ders.*, Haftung, in: Haft/v. Schlieffen (Hrsg.), Handbuch Mediation – Verhandlungstechnik, Strategien, Einsatzgebiete, 3. Aufl. 2016, § 29; *ders.* (Hrsg.), Die anwaltliche Vertretung in der Mediation, 2013; *ders.*, Das Mediationsgesetz und die Haftungsfrage, ZKM 2011, 168; *Kessen/Troja*, Ablauf und Phasen einer Mediation, in: Haft/v. Schlieffen (Hrsg.), Handbuch Mediation – Verhandlungstechnik, Strategien, Einsatzgebiete, 3. Aufl. 2016, § 14; *Kieser/Walgenbach*, Organisation, Stuttgart 2007; *Knapp* (Hrsg.), Konfliktlösungs-Tools, 4. Aufl. 2016; *ders.*, Pause als Intervention, in: Knapp (Hrsg.), Konfliktlösungs-Tools, 4. Aufl. 2016, S. 271; *ders.* (Hrsg.), Konflikte lösen in Teams und großen Gruppen, 2. Aufl. 2014; *Kolodej*, Strukturaufstellungen für Konflikte, Mobbing und Mediation, 2016; *dies.*, Mobbing vermeiden und bekämpfen, ZKM 2003, 159; *Kosman*, Kampf der Farben. Malen in der Mediation, in: Knapp (Hrsg.), Konfliktlösungs-Tools, 2. Aufl. 2012, S. 246; *Krabbe*, Elder Mediation. Konflikte und deren Lösung rund um die Lebensgestaltung im Alter, ZKM 2012, 185; *ders.* Die Beteiligung von Kindern und Jugendlichen in Familien-Mediationen, ZKM 2005, 14; *ders.*, Kurz-Mediation – Die Kunst der Gesamt-Mediation in einer Sitzung, ZKM 2004, 72; *Krabbe/Thomson*, Familienmediation mit Kindern und Jugendlichen, 4. Aufl. 2017; *Kracht*, Rolle und Aufgabe des Mediators – Prinzipien der Mediation, in: Haft/v. Schlieffen (Hrsg.), Handbuch Mediation – Verhandlungstechnik, Strategien, Einsatzgebiete, 3. Aufl. 2016, § 13; *Kreissl*, Mediation – Von der Alternative zum Recht zur Integration in das staatliche Konfliktlösungssystem, SchiedsVZ 2012, 230; *Lachmann*, Handbuch für die Schiedsgerichtspraxis, 4. Aufl. 2016; *Lack-Strecker*, Familienrekonstruktion für MediatorInnen, ZKM 2003, 69; *dies.*, Rituale und Zeremonien in der Mediation, ZKM 2005, 4; *Lägler*, Mediation und Kindeswohl – Kleine Familienkonferenz gefällig? ZKM 2016, 137; *Lange/Kaeding/Lehmkuhl/Pfingsten-Wismer* (Hrsg.), Frischer Wind für Mediation. Konzepte, Methoden, Praxisfelder und Perspektiven der Konfliktberatung, 2007; *Leiss*, Einzelgespräche – ein probates Mittel in der Mediation, ZKM 2006, 74; *Lippmann*, Intervision. Kollegiales Coaching professionell gestalten, 2009; *Lohmann/Sauthoff*, Mobbing und Mediation, ZKM 2007, 149; *Lübbe*, Ethnopolitische Konflikte: Das Potenzial der Systemaufstellungsmethode, ZKM 2007, 12; *Martin*, A Strengths Approach to Elder Mediation, CRQ Vol. 32 no. 4, S. 481; *Marx*, Das Prinzip der Freiwilligkeit der Mediation, ZKM 2010, 144; *Meyer/Schmitz-Vornmoor*, Das neue Mediationsgesetz in der notariellen Praxis, DNotZ 2012, 895; *Mnookin/Kornhauser*, Bargaining in the Shadow of the Law, Yale Law Journal 1979, 950; *Moll*, Münchener Anwaltshandbuch Arbeitsrecht, 4. Aufl. 2017; *Montada/Kals*, Mediation, 3. Aufl. 2013; *Möller*, Was ist gute Supervision? Grundlagen, Merkmale, Methoden, 2012; *Münchener Kommentar zum Bürgerlichen Gesetzbuch*, Band 1, 7. Aufl. 2015, Band 2, 7. Aufl. 2016; *Münchener Kommentar zur Zivilprozessordnung*, 5. Aufl. 2016; *Nelle/Hacke*, Die Mediationsvereinbarung, ZKM 2002, 257; *Neuenhahn*, Erarbeitung der Prozessrisikoanalyse und Einsatz in der Mediation, ZKM 2002, 245; *Niedostadek*, Mediation bei Arbeitsplatzkonflikten und der Grundsatz der Freiwilligkeit, ZKM 2014, 55; *Nölting*, Die Haftung von Mediatoren, ZKM 2004, 231; *Patera*, Reflexionskompetenz – Qualitätskriterium für (künftige) MediatorInnen, ZKM 2001, 226; *Paul/Kiesewetter*, Cross-Border Family Mediation, 2. Aufl. 2014; *Paul/Schwartz*, Interdisziplinäre Co-Mediation, in: Henssler/Koch (Hrsg.), Mediation in der Anwaltspraxis, 2004, S. 253; *Pinto*, Das neue italienische Mediationsgesetz – Ein erstes Stimmungsbild –, ZKM 2010, 183; *PricewaterhouseCoopers/Europa-Universität Viadrina Frankfurt (Oder)* (Hrsg.), Konfliktmanagement – Von den Elementen zum System, 2011; *Proksch*, Spezifische Fragen in der Mediation: Funktionen, Formen, Wert und Einsatz von Fragen, ZKM 2001, 32; *Prütting*, Die rechtliche Stellung des Schiedsrichters, SchiedsVZ 2011, 233; *Rapp* (Hrsg.), Mediation – Kompetent. Kommunikativ. Konkret, Band 1, 2012; *Rinnert*, Der Verfahrenspfad in der Gerichtlichen Mediation, in: Gläßer/Schroeter (Hrsg.), Gerichtliche Mediation, 2011, S. 57; *Ripke*, Recht und Gerechtigkeit in der Mediation in: Haft/v. Schlieffen (Hrsg.), Handbuch Mediation – Verhandlungstechnik, Strategien, Einsatzgebiete, 2. Aufl. 2009, § 7; *Riskin*, Understanding Mediators' Orientations, Strategies, and Techniques: A Grid for the Perplexed, Harvard Negotiation Law Review 1, 1996, 23; *ders.*, Who Decides What? Rethinking the Grid of Mediator Orientations, Dispute Resolution Magazine 10, 2003, 22; *ders.*,

The New Old Grid and the New New Grid System, Notre Dame Law Review 79, 2003, 1; *Risse*, Das Mediationsgesetz – eine Kommentierung, SchiedsVZ 2012, 244; *ders.*, Wirtschaftsmediation, 2003; *ders.*, Wirtschaftsmediation, NJW 2000, 1614; *ders.*, Prozessrisikoanalyse, ZKM 2010, 107; *Schadow*, Elder Mediation. Ein Konzept zur Erhöhung der Lebensqualität und Selbstbestimmung im Alter, 2016; *Schlippe/Schweitzer*, Systemische Interventionen, 2. Aufl. 2010; *Schonewille*, Toolkit for Generating Outcomes, 2009; *Schreyögg*, Supervision. Ein Integratives Modell. Lehrbuch zu Theorie und Praxis, 5. Aufl. 2010; *Schroeter*, Erfolg und Scheitern der Mediation oder: Darf das Glas nicht leer sein?, in: Lange/Kaeding/Lehmkuhl/Pfingsten-Wismer (Hrsg.), Frischer Wind für Mediation. Konzepte, Methoden, Praxisfelder und Perspektiven der Konfliktberatung, 2007; *Schüler*, Menschen mit geistiger Behinderung lernen Mediation, Perspektive Mediation 2006, 26; *Schwartz/Geier*, Externe Experten im Mediationsverfahren, ZKM 2000, 196; *Schwarz*, Mediationsvereinbarung – Muster mit Kommentierungen, ZKM 2008, 111; *Senge*, The Fifth Discipline: The Art and Practice of The Learning Organization, 2006; *Spangenberg/Spangenberg*, Mediation mit älteren Menschen, ZKM 2014, 132, *dies.*, Mit Metaphern mediieren, ZKM 2013, 79; *Sparrer/von Kibed*, Ganz im Gegenteil – Tetralemmaarbeit und andere Grundformen Systemischer Strukturaufstellungen, 2000; *Staats*, Deutsches Richtergesetz, 1. Aufl. 2012; *Steffek*, Rechtsvergleichende Erfahrungen für die Regelung der Mediation, RabelsZ 74 (2010), 841; *Strempel* (Hrsg.), Mediation für die Praxis, 1998; *Thomann*, Klärungshilfe 2: Konflikte im Beruf – Methoden und Modelle klärender Gespräche, 6. Aufl. 2004; *Tietze*, Kollegiale Beratung. Problemlösungen gemeinsam entwickeln, 8. Aufl. 2003; *Trenczek*, Streitregelung in der Zivilgesellschaft, Zeitschrift für Rechtssoziologie 2005, 3; *Trenczek/Berning/Lenz* (Hrsg.), Mediation und Konfliktmanagement, 2. Aufl. 2017; *Troja*, Lehrmodul 3: Co-Mediation, ZKM 2005, 161; *ders.*, Lehrmodul 13: Vorbereitung und Mediationsvertrag – Die erste Phase eines Mediationsverfahren, ZKM 2009, 152; *Tümpel*, Verfahrensstandards in der (internationalen) Wirtschaftsmediation, in: Gläßer/Kirchhoff/Wendenburg (Hrsg.), Konfliktmanagement in der Wirtschaft, S. 93 ff; *Unberath*, Mediationsverfahren – Struktur, Gefahren, Pflichten, ZKM 2011, 4; *ders.*, Eckpunkte der rechtlichen Gestaltung des Mediationsverfahrens, ZKM 2012, 12; *von Ballestrem/Schmid/Loebel*, Mediation und grenzüberschreitende Mediation, NZFam 2015, 811; *Wagner*, Heuristiken und Mediation, ZKM 2007, 172; *ders.*, Der Referentenentwurf eines Mediationsgesetzes, ZKM 2010, 172; *ders.*, Das Mediationsgesetz – Ende gut, alles gut?, ZKM 2012, 110; *v. Ballestrem/Schmid/Loebel*, Mediation und grenzüberschreitende Mediation, NZFam 2015, 811; *Winslade/Monk*, Narrative Mediation, 2001; *Wendenburg*, Der Schutz der schwächeren Partei in der Mediation, 2013; *Wolmerath*, Mobbing im Fokus der betrieblichen Akteure, ArbRAktuell 2015, 118; *Wüstehube/Hunder*, Selbststärkung und Integration im Dialog, Spektrum der Mediation 62/2016, 22.

I. Vorbemerkungen

1 **1. Regelungshintergrund, -inhalt und -systematik im Überblick.** Laut der amtlichen Überschrift behandelt § 2 das „**Verfahren**" sowie die „**Aufgaben des Mediators**". Darüber hinaus enthält die Norm aber auch explizite und implizite Aussagen zu den **Rechten** und **Verantwortlichkeiten der Parteien** und zur **Rolle von Dritten** in Mediationsverfahren.

2 Der **Aufbau** von § 2 folgt in etwa dem chronologischen Ablauf eines Mediationsverfahrens von der Mediatorwahl (Abs. 1) und der Aufklärung der Parteien zum Verfahren (Abs. 2) über die Aufgaben sowie die Rollen- bzw. Verantwortungsverteilung der Mediationsbeteiligten (Abs. 3 und 4) bis hin zu Aspekten der Beendigung eines Mediationsverfahrens (Abs. 5 und 6).

3 Der Wortlaut der Norm unterscheidet dabei zwischen drei **Kategorien von Verfahrensbeteiligten: Mediator, Parteien** und **Dritte**.

Auch wenn der **Mediator** in § 2 nur im Singular genannt ist, sind die Vorschriften entsprechend auch auf zwei oder mehr **Co-Mediatoren** anwendbar (siehe dazu auch § 1 Abs. 1 sowie → Rn. 67 ff.).

Der **Parteibegriff iSd MediationsG** ist in Abgrenzung zum zivilprozessualen Parteibegriff zu verstehen und meint alle Mediationsbeteiligten, die an der zu treffenden Entscheidung oder Regelung mitwirken (→ MediationsG § 1 Rn. 12).

Dritte sind alle Mediationsbeteiligten, die nicht Mediator oder Partei sind (Näheres dazu → Rn. 158 ff.).

4 Sprachlich ist die Mehrheit der Normsätze im Indikativ gefasst; dies kann so interpretiert werden, dass dadurch zentrale Bestandteile eines klassischen Mediationsverfahrens sowohl **deskriptiv dargestellt** als auch **normativ festgeschrieben** werden sollen (zum Verbindlichkeitsgrad der gesetzlichen Regelungen des § 2 im Verhältnis zu etwaigen Individualvereinbarungen zwischen Mediator und Parteien → Rn. 21). In anderen Passagen verdeutlicht das Verb „können" **optionale Aspekte** der Verfahrensgestaltung – zB die Möglichkeiten, Einzelgespräche zu führen (Abs. 3 S. 3), Dritte in das Verfahren einzubeziehen (Abs. 4) oder das Verfahren auf unterschiedliche Weise zu beenden (Abs. 5 und Abs. 6 S. 3).

Die Vorschriften des § 2 sind nicht als direkte Umsetzung der Mediations- 5 richtlinie zu betrachten, da diese keine entsprechenden Vorgaben enthält.[1] Vielmehr sind die Regelungen des § 2 stark an Kernelementen des **European Code of Conduct for Mediators** (Europäischer Verhaltenskodex für Mediatoren)[2] orientiert, der im Jahre 2004 von der Europäischen Kommission als rechtlich unverbindliche Orientierung für ethisches Verhalten von Mediatoren lanciert wurde (Näheres dazu → Einl. Rn. 4).

Folgende Elemente des Code of Conduct finden sich – wenn auch teilweise in anderer Reihenfolge und mit etwas abweichendem Regelungsgehalt – in § 2 wieder:[3]

- die Überprüfung des Verfahrensverständnisses der Parteien durch den Mediator,
- die Möglichkeit, Einzelgespräche zu führen,
- die Sicherstellung der Einbindung der Parteien in das Verfahren durch den Mediator,
- das Beendigungsrecht des Mediators und der Parteien,
- die Sicherstellung, dass eine Einigung auf Basis umfassender Aufklärung erfolgt, sowie
- die Möglichkeit des Mediators, die Parteien bezüglich der Formulierung der Abschlussvereinbarung zu beraten[4] (der im Code of Conduct enthaltene Hinweis auf Beratung bezüglich der Vollstreckbarkeit fehlt im MediationsG allerdings vollständig).

Allerdings wurden nicht alle Passagen des Code of Conduct, die sich auf die Verfahrensgestaltung und die Rolle des Mediators beziehen, im MediationsG aufgegriffen. So fehlen im MediationsG differenziertere Ausführun-

---

1 Der vollständige Text der Richtlinie findet sich im Anhang.
2 Der vollständige Text des Code of Conduct findet sich im Anhang.
3 Die diesbezüglichen Formulierungen des Code of Conduct lauten im Original: *„Der Mediator vergewissert sich, dass die Parteien des Mediationsverfahrens das Verfahren und die Aufgaben des Mediators und der beteiligten Parteien verstanden haben.*
  Der Mediator kann die Parteien getrennt anhören, wenn er dies für nützlich erachtet.
  Der Mediator stellt sicher, dass alle Parteien in angemessener Weise in das Verfahren eingebunden sind.
  Der Mediator kann das Mediationsverfahren gegebenenfalls beenden.
  Der Mediator ergreift alle erforderlichen Maßnahmen, um sicherzustellen, dass eine einvernehmliche Einigung der Parteien in voller Kenntnis der Sachlage erzielt wird und dass alle Parteien die Bedingungen der Regelungen verstehen.
  Die Parteien können sich jederzeit aus dem Mediationsverfahren zurückziehen, ohne dies begründen zu müssen.
  Der Mediator kann auf Antrag der Parteien im Rahmen seiner Kompetenz die Parteien darüber informieren, wie sie die Vereinbarung formulieren können und welche Voraussetzungen erfüllt sein müssen, damit sie vollstreckbar ist."
4 Hier sind die stärksten Formulierungsabweichungen zu verzeichnen.

gen zu unterschiedlichen Kriterien der Verfahrensgestaltung[5] sowie zur Vergütung des Mediators.[6]

6 **2. Zugrundeliegende Prinzipien und Normzweck.** § 2 ist durchzogen von dem **Prinzip der Eigenverantwortlichkeit** der Konfliktparteien – dem Leitmotiv des in Deutschland vorherrschenden Mediationsmodells, das auch im Zentrum des MediationsG steht und bereits in der Legaldefinition von Mediation in § 1 Abs. 1 explizit angesprochen wird (→ MediationsG § 1 Rn. 15).

Die Eigenverantwortlichkeit der Konfliktparteien in der Mediation ist Ausfluss des **Grundsatzes der Privatautonomie**[7] und untrennbar verwoben mit dem Prinzip der **Selbstbestimmung**: Wer die volle Verantwortung für Entscheidungsinhalte tragen soll, muss auch autonom entscheiden können. Selbstbestimmung und Selbstverantwortung sind also als die beiden komplementären Seiten der „Medaille der Privatautonomie" zu sehen.[8]

7 Die Selbstbestimmung der Konfliktbeteiligten bezieht sich dabei primär auf die *inhaltliche* Ebene der Konfliktbearbeitung – insbesondere auf die in der Mediation preisgegebenen Informationen, die zu behandelnden Themen und auf das Ob und Wie einer Einigung.

Die *Verfahrens*ebene liegt demgegenüber primär in der Zuständigkeit des Mediators. Dies bedeutet, dass es dem Mediator obliegt, zu allen Verfahrensfragen Vorschläge zu machen – die Letztentscheidungsbefugnis verbleibt aber auch auf der Verfahrensebene bei den Parteien. Daher umfasst die Selbstbestimmung bzw. Eigenverantwortlichkeit der Parteien letztlich auch alle relevanten Verfahrensfragen von der Entscheidung über die Mitwirkenden an einer Mediation (zur Mediatorwahl → Rn. 45 ff. sowie zur Einbeziehung von Dritten → Rn. 158 ff.) bis zu der Bestimmung des Zeitrahmens für ein Mediationsverfahren.

8 Dass es der Hauptzweck von § 2 sein soll, die Eigenverantwortlichkeit und Selbstbestimmung der Parteien zu unterstreichen und zu stärken, wird auch in der **Normentwicklung** deutlich. Denn die Textänderungen, die insbesondere vom Referenten- zum Regierungsentwurf vorgenommen wurden, dienen allesamt dazu, die zentrale Rolle der Parteien zu betonen bzw. noch stärker zu gewichten als in der jeweiligen Vorfassung: So wurde zB in den Regierungsentwurf als neuer Absatz 1 aufgenommen, dass die Parteien den Mediator auswählen. § 2 Abs. 3 S. 3 wurde dahin-gehend verändert, dass Einzelgespräche nur mit dem Einverständnis der Parteien durchgeführt werden dürfen (→ Rn. 45). Und in dem neuen § 2 Abs. 5 S. 1 wird betont, dass die Parteien die Mediation jederzeit beenden können (→ Rn. 193 ff.).

---

5 Code of Conduct: „*Der Mediator leitet das Verfahren in angemessener Weise und berücksichtigt die jeweiligen Umstände des Falls, einschließlich einer ungleichen Machtverteilung und des Rechtsstaatsprinzips, eventueller Wünsche der Parteien und der Notwendigkeit einer raschen Streitbeilegung.*"
6 Code of Conduct: „*Soweit nicht bereits bekannt, gibt der Mediator den Parteien stets vollständige Auskünfte über die Kostenregelung, die er anzuwenden gedenkt. Er nimmt kein Mediationsverfahren an, bevor nicht die Grundsätze seiner Vergütung durch alle Beteiligten akzeptiert wurden.*"
7 *Breidenbach*, S. 204.
8 *Breidenbach/Gläßer* KON:SENS 2009, 207 (208 f.).

Aus dem Grundsatz der Eigenverantwortlichkeit und Selbstbestimmung 9
der Konfliktparteien folgt unmittelbar das **Prinzip der Freiwilligkeit**, das
ebenfalls bereits in § 1 Abs. 1 festgeschrieben ist (→ MediationsG § 1
Rn. 14) und nun in § 2 in seinen verschiedenen Facetten ausgeformt wird:
So ist die Teilnahme an einer Mediation mit Blick auf deren Beginn und
Beendigung freiwillig (§ 2 Abs. 2 aE und Abs. 5) ebenso wie die Art und
Weise der Mitwirkung im Mediationsgespräch (dazu Abs. 3) und die Eini-
gung (Abs. 6).[9]

Voraussetzung für eine selbstbestimmte Verfahrensteilnahme und Entschei- 10
dungsfindung der Parteien ist deren ausreichende **Informiertheit** bezüglich
des Wesens der Mediation (dazu § 2 Abs. 2 Hs. 1, → Rn. 78 ff.) und aller
wesentlichen inhaltlichen Aspekte der Einigung (dazu Abs. 6 S. 1 und 2, →
Rn. 273 ff., 288 ff.). Ersteres ist notwendig, um überhaupt eine fundierte
Entscheidung für oder gegen die Teilnahme an einem Mediationsverfahren
fällen zu können – und um im laufenden Verfahren die Interventionsvor-
schläge bzw. -ansätze des Mediators einschätzen zu können. Die Informiertheit über die sachlich-faktischen Grundlagen und Regelungsinhalte
einer etwaigen Vereinbarung ist notwendige Basis einer eigenverantwortlichen Einigung.

Das Prinzip der informierten Entscheidungsfindung soll auch durch § 3
Abs. 5 gestützt werden. Die hier etablierte Informationspflicht des Mediators hinsichtlich seines fachlichen Hintergrundes, seiner Ausbildung und
seiner Praxiserfahrung auf dem Gebiet der Mediation soll die Entschei-
dungsgrundlage für die Mediatorwahl absichern (→ MediationsG § 3
Rn. 41 ff.). Ähnlich sollen die Offenbarungspflichten in § 3 Abs. 1 und 4
den Parteien eine autonome Einschätzung ermöglichen, ob sie einen vorbefassten oder anderweitig möglicherweise in seiner Allparteilichkeit beeinträchtigen Mediator beauftragen wollen oder nicht (→ MediationsG § 3
Rn. 8 ff., 030 ff.).

Im Zweifel sind die Vorschriften des § 2 so auszulegen, dass das Prinzip 11
der Eigenverantwortlichkeit mit den daraus ableitbaren Prinzipien der Frei-
willigkeit und Informiertheit größtmögliche Wirksamkeit entfalten kann.

Mit Blick auf den Mediator etabliert § 2 Abs. 2 S. 1 und 2 das **Prinzip der** 12
Allparteilichkeit in operationalisierender Konkretisierung der Definition
des Mediators als „unabhängige und neutrale Person" in § 1 Abs. 2 (→
MediationsG § 1 Rn. 21 ff.) und § 3 Abs. 1 bis 4 (→ MediationsG § 3
Rn. 6 ff.).

Andere den Mediator und sein Verhalten betreffende Prinzipien sind in an- 13
deren Paragrafen des MediationsG ausgeführt:

Das **Prinzip der Vertraulichkeit** wird in § 1 Abs. 1 angesprochen (→ MediationsG § 1 Rn. 6 ff.) und in § 4 näher ausgeführt.

Das **Prinzip der Entscheidungsabstinenz des Mediators** ist in § 1 Abs. 2
festgeschrieben (→ MediationsG § 1 Rn. 25). Das **Prinzip der Transparenz**
bezüglich aller relevanten Auswahlkriterien für den Mediator durchzieht in
Form von diversen Informations- und Aufklärungspflichten die §§ 3 und 4.

---

9 Zu dem Umstand, dass Freiwilligkeit in etlichen Mediationskonstellationen nur eingeschränkt gegeben ist, → Rn. 96 ff.

Auch diese Prinzipien sind im Zweifel bei der Auslegung von Vorschriften des § 2 ergänzend heranzuziehen.

14 **3. Verhältnis zu vertraglichen Gestaltungen.** Im Folgenden wird das Verhältnis der Vorschriften des § 2 zu den im Rahmen eines Mediationsverfahrens zu treffenden **individual-vertraglichen Regelungen** der auf den Verfahrensrahmen bezogenen sog **Mediations-Rahmenvereinbarung** inklusive des **Mediatorvertrags** dargestellt (dazu sogleich ausführlich unter → Rn. 16 ff.).

15 Im Gegensatz zu dieser Rahmenvereinbarung betrifft die sog **Abschlussvereinbarung** hauptsächlich den Konfliktgegenstand selbst.[10] Deswegen enthält der der Abschlussvereinbarung gewidmete Abs. 6 auch keine inhaltlichen Vorgaben, sondern nur die verfahrensmäßige Absicherung einer informierten Entscheidung (dazu → Rn. 243). Aufgrund der auf den konkreten Konfliktinhalt bezogenen Natur der Abschlussvereinbarung bestehen keine inhaltlichen Berührungspunkte oder gar Kollisionsrisiken mit den verfahrensbezogenen Regelungen des § 2.

16 **a) Vertragsbestandteile und -charakter der Mediations-Rahmenvereinbarung.** Die eigentliche Arbeitsgrundlage in einer konkreten Mediationskonstellation ist die sog **Mediations-Rahmenvereinbarung** (→ Einl. Rn. 196 ff.), mit der mehrere Regelungsziele verfolgt werden:
- die **Beauftragung des Mediators/der Mediatoren (Mediatorvertrag)**
- die **Verpflichtung der Beteiligten auf bestimmte Arbeitsprinzipien** (zB Informationstransparenz oder Vertraulichkeit) sowie **Gesprächs- und Verfahrensregeln (Partei-Rahmenvereinbarung)**

17 Häufig wird die **Rahmenvereinbarung als ein einheitliches Vertragswerk** ausgestaltet, das beide Regelungsebenen beinhaltet[11] und von allen zentralen Mediationsbeteiligten (jedenfalls den Parteien und dem Mediator/den Mediatoren) unterschrieben wird. Sind Rechtsanwälte an der Mediation beteiligt (dazu insbes. → Rn. 165 ff.), sollten auch sie unter Berücksichtigung ihrer Sonderrolle als Parteivertreter in die Rahmenvereinbarung eingebunden werden und letztere mit unterzeichnen.

18 Natürlich kann die Partei-Rahmenvereinbarung als gegenseitige **(Selbst-)Verpflichtung der Parteien** (und ggf. auch ihrer Rechtsanwälte) auf die Arbeitsprinzipien und Regeln der Mediation aber auch **vertraglich von der Beauftragung des Mediators durch den Mediatorvertrag getrennt** werden. Dies wird insbesondere in Fallkonstellationen vorgenommen, in denen der – zumeist organisationelle – Auftraggeber und die eigentlichen Parteien einer Mediation auseinanderfallen.

19 Die **(Selbst-)Verpflichtung der Parteien und etwaiger Dritter** auf die Arbeitsprinzipien der Mediation iR der Mediationsvereinbarung ist als „Dauerschuldverhältnis sui generis, gerichtet auf die Einleitung und Förderung eines Mediationsverfahrens" zu betrachten.[12]

---

10 Eine klassische Ausnahme ist die Vereinbarung sog Nachsorge- oder Implementierungsmaßnahmen auf der Verfahrensebene (dazu → Rn. 248 f.).
11 Siehe dazu die Formulierungsvorschläge in → Einl. Rn. 216 ff.
12 So zB Greger/Unberath/Steffek/*Greger* B. § 1 Rn. 143.

Der **Mediatorvertrag** dagegen ist, anders als der Schiedsrichtervertrag,[13] 20
nicht als Vertrag sui generis zu werten.[14] Die Rechtsnatur des Mediatorvertrages ist allerdings im Einzelnen strittig. Teilweise wird er als entgeltliche Geschäftsbesorgung in Form eines Dienstvertrages gemäß §§ 675 Abs. 1, 611 BGB gewertet,[15] bei dem der Mediator keinen Erfolg seiner Einigungsbemühungen schuldet.[16] Andere betrachten den Mediatorvertrag als freien **Dienstvertrag iSd § 611 BGB**.[17] Dieser Ansicht ist zuzustimmen, da der Mediator durch seine Tätigkeit kein fremdes Geschäft besorgt und auch nicht im engeren Sinne weisungsabhängig agiert.

b) Verhältnis zwischen § 2 und den Regelungen der Rahmenvereinbarung. Die Passagen des § 2 bieten in Anlehnung an den European Code of Conduct (dazu → Rn. 5) einen gewissen **Orientierungsrahmen** zu guter mediatorischer Praxis, der in der Mediations-Rahmenvereinbarung aufgegriffen werden kann (→ Einl. Rn. 214 ff.). 21

Allerdings kann die Rahmenvereinbarung auch wesentlich ausführlicher und detaillierter sein als die Regelungsinhalte des § 2, letztere modifizieren oder auch von ihnen abweichen (zu üblichen und möglichen Regelungsinhalten einer Mediations-Rahmenvereinbarung → Rn. 74). Denn bei den Inhalten des § 2 handelt es sich durchgehend um **dispositives Gesetzesrecht**, von dem die Parteien einer Mediation – je nach Regelungsgegenstand ggf. im Einvernehmen mit dem Mediator – durch Individualvereinbarungen abweichen können.[18]

Im Zweifel gehen die vertraglichen Vereinbarungen vor. Wenn diese allerdings nicht mit den definitorischen Merkmalen einer Mediation nach § 1 vereinbar sind, dann handelt es sich bei dem so konturierten Verfahren – trotz solcher Benennung – nicht um eine Mediation (→ MediationsG § 1 Rn. 5 ff.).

Dort, wo in einer Rahmenvereinbarung detaillierte Regelungen fehlen, gelten für das konkrete Verfahren die subsidiären gesetzlichen Bestimmungen des § 2. Wenn die Rahmenvereinbarung unklar formuliert ist, kann für ihre Auslegung neben dem konkreten Parteiwillen auch § 2 herangezogen werden.

4. Pflichten und Haftung des Mediators im Überblick. a) Grundsätzliches zu Hauptleistungs- und Nebenpflichten des Mediators. Hauptleistungspflicht des Mediators ist die „Durchführung des Mediationsverfahrens lege artis".[19] Der Mediator muss den Konfliktbearbeitungsprozess also so steuern und führen, dass er die Parteien in ihrer Suche nach einer Klärung und einvernehmlichen Lösung ihres Konfliktes unterstützt. Allerdings schuldet der Mediator keinen Erfolg seiner Unterstützungsbemühungen und insbesondere auch nicht den Abschluss einer Mediation mit einer Einigung.[20] 22

---

13 *Prütting* SchiedsVZ 2011, 233 (235).
14 Greger/Unberath/Steffek/*Unberath* B. § 2 Rn. 34 ff.
15 So ua *Risse* § 4 Rn. 14.
16 *Jost* ZKM 2011, 168.
17 Greger/Unberath/Steffek/*Unberath* B. § 2 Rn. 36.
18 So auch *Risse* SchiedsVZ 2012, 244 (247).
19 Greger/Unberath/Steffek/*Unberath* B. § 2 Rn. 56.
20 Siehe dazu auch *Jost* ZKM 2011, 168 (171).

Zweck des mediatorischen Handelns ist es nicht, eine Einigung in jedem Fall und um jeden Preis herbeizuführen, sondern vielmehr, ergebnisoffen eine **selbstbestimmte, selbstverantwortete und interessengerechte Entscheidung der Parteien** über den gewünschten Umgang mit der Konfliktlage zu fördern.[21]

Diese Aufgabe muss der Mediator grundsätzlich gem. § 613 BGB in eigener Person erbringen, da die Auswahl und Beauftragung eines Mediators in der Regel auf persönlichem Vertrauen basiert (→ Rn. 45).[22]

23 Im Unterschied zu der direkt auf die Verfahrensführung bezogenen Hauptleistungspflicht (dazu → Rn. 22) mit ihren diversen insbes. durch § 2 vorgenommenen Ausformungen stellen die in den §§ 3 und 4 statuierten **Aufklärungs- und Informationspflichten Nebenpflichten** iSd § 241 Abs. 2 BGB dar, da sie nicht die Verfahrensführung als solche betreffen, sondern diese vorbereiten bzw. flankieren.

24 Den Mediator treffen auch **vor- und nachvertragliche Pflichten:**[23] Bereits vor Abschluss eines Mediatorvertrags ist der Mediator durch die Aufnahme von Erst- und Vorgesprächen mit potenziellen Mediationsparteien oder Auftraggebern gem. § 311 Abs. 2 und 3 BGB zur Wahrung von deren Interessen, insbesondere mit Blick auf die zumeist erwünschte vertrauliche Behandlung der Mediationsanfrage, verpflichtet. Auch nach Abschluss oder Abbruch einer Mediation bleibt die Verpflichtung zur Wahrung der Vertraulichkeit bestehen.

25 Wie ein Mediator ein Mediationsverfahren im Einzelnen leitet, unterliegt – im Rahmen der Vorschriften des MediationsG, insbes. des § 2, und der individuellen Verfahrensvereinbarungen mit den Parteien – in weiten Teilen seinem **Ermessen.**[24] Das MediationsG soll hier die bestehende Vielfalt an Mediationsansätzen und -stilen (dazu → Rn. 50 ff.), unterschiedlichen Optionen für Verfahrensdesign und einzelnen Interventionsmoglichkeiten (dazu → Rn. 120 ff.) nicht einschränken, sondern Mediatoren grundsätzlich weiterhin eine **individuelle und flexible Verfahrensführung** ermöglichen.[25]

Insgesamt ist bei der Auslegung und Spezifizierung der einzelnen Haupt- und Nebenpflichten des Mediators[26] zu berücksichtigen, dass der Mediator nicht nur den gesetzlichen Rahmenbedingungen sowie dem explizit geäußerten Parteiwillen und den Parteiinteressen, sondern auch der **Wahrung der zentralen Mediationsprinzipien** verpflichtet ist. Dies ergibt sich aus seiner Beauftragung als Mediator, beruht also mittelbar auch auf dem Willen der Parteien.[27]

26 **b) Haftung von Mediatoren. aa) Grundsätzliches zu den Haftungsvoraussetzungen.** Zur Frage der Haftung von Mediatoren finden sich zunehmend

---

21 Ähnlich auch Greger/Unberath/Steffek/*Unberath* B. § 2 Rn. 59.
22 So auch Greger/Unberath/Steffek/*Unberath* B. § 2 Rn. 61.
23 Siehe dazu auch *Jost* ZKM 2011, 168 mwN.
24 So auch *Unberath* ZKM 2011, 4 (6).
25 BT-Drs. 17/5335 (Begr. RegE), 13 unten.
26 Siehe dazu jeweils die spezifischen Ausführungen in der Kommentierung der einzelnen Vorschriften des MediationsG.
27 Wenn sich Kollisionen zwischen dem expliziten Parteiwillen und Mediationsprinzipien ergeben, kann die Situation entstehen, dass der Mediator die Mediation beenden muss; dazu → Rn. 218.

Analysen und Diskussionen in der Literatur;[28] in der Praxis gibt es allerdings bislang kaum Haftungsfälle[29] (dazu auch → Einl. Rn. 17 ff., → Rn. 171). Dies verwundert nicht, denn gerade wegen der typischen Aufgaben- und Verantwortungsverteilung zwischen Mediator und Parteien in der Mediation (dazu → Rn. 7) und wegen der großen Flexibilität der mediatorischen Arbeitsweise ist es alles andere als einfach, die Erfüllung der Tatbestandsvoraussetzungen eines haftungsrechtlich begründeten Schadensersatzanspruchs (Pflichtverletzung, Verschulden, Schaden, haftungsbegründende und -ausfüllende Kausalität)[30] gegen einen Mediator nachzuweisen.[31]

Die Gegebenheit und Realisierbarkeit etwaiger Schadensersatzansprüche richtet sich nach den allgemeinen schuldrechtlichen sowie zivilprozessualen Regelungen; das MediationsG etabliert hierfür keine Sonderregelungen. Daher sind in den verschiedenen **Schritten der Tatbestandsprüfung sowie der prozessual zugehörigen Beweisführung** insbesondere folgende Fragen zu stellen, aus denen sich eine gewisse „Filterwirkung" ergibt:

- Wofür ist ein Mediator wirklich verantwortlich (**Definition von konkreten Pflichten**)?
- Wann liegt ein **Pflichtverstoß** vor und wie kann ein solcher nachgewiesen werden?
- Muss der Mediator die Pflichtverletzung vertreten (Vorliegen von **Verschulden**)?
- Welche Art von **Schaden** ergibt sich aus dem Pflichtverstoß und wie kann die **Kausalität zwischen Pflichtverletzung und Schaden** nachgewiesen werden?

bb) Differenzierender Ansatz zur Bestimmung des Pflichtenkreises. Insgesamt gilt, dass die Standards für ein lege artis zu erbringendes mediatorisches Handeln nicht vollständig ausgeformt sind; die Definition eines abschließenden Pflichtenkatalogs für Mediatoren wäre mit Blick auf die grundsätzliche Flexibilität des Mediationsverfahrens und die zu erhaltende Stilvielfalt (dazu → Rn. 50 ff.) auch weder machbar noch wünschenswert.[32] Typischerweise haftungsrelevante Fallkonstellationen werden sich erst nach und nach durch Rechtsprechung zu einschlägigen Problemen herausbilden. 27

Bei der Formulierung von Kriterien und Hinweisen für mediatorisches Handeln wird hier deswegen differenzierend vorgegangen:

Auf der einen Seite stehen **Minimalanforderungen,** deren Nichterfüllung tatsächlich als haftungsbegründender Pflichtenverstoß zu werten ist.[33] Ein

---

28 Siehe dazu exemplarisch *Jost* ZKM 2011, 168; *Unberath* ZKM 2011, 4 (7); *Prütting* in: Haft/v. Schlieffen, § 33; *Nölting* ZKM 2004, 231.
29 Siehe dazu exemplarisch AG Lübeck 29.9.2006 – 24 C 1853/06, OLG Stuttgart 26.1.2017 – 11 U 4/16.
30 Exemplarisch zu den Tatbestandsvoraussetzungen eines Schadensersatzanspruchs *Brox/Walker* §§ 28–31.
31 So auch *Jost* ZKM 2011, 168 (171 f.).
32 So auch Greger/Unberath/Steffek/*Unberath* B. § 2 Rn. 93 f. und *Jost* ZKM 2011, 168 (171).
33 Sie dazu auch den Pflichtenkatalog bei Greger/Unberath/Steffek/*Unberath* B. § 2 Rn. 105–227.

wesentliches Kriterium ist hier, ob das Verhalten des Mediators die im Zentrum des MediationsG stehende **selbstverantwortliche Entscheidungs-findung der Parteien gefährdet oder gar verhindert.**

Auf der anderen Seite werden in dieser Kommentierung – oft durch die Wortwahl „könnte", „sollte" etc gekennzeichnet – über diese Minimal-standards hinausgehende **Empfehlungen für gute mediatorische Praxis** aus-gesprochen, die zu einem konstruktiven Mediationsverlauf und höherer Parteizufriedenheit führen sollen, deren Nichtumsetzung aber nicht unbe-dingt haftungsbegründend wirkt.

28 **cc) Kategorien möglicher Pflichtverletzungen.** Angesichts der bestehenden erheblichen Unklarheiten hinsichtlich Umfang und Maß mediatorischer Pflichten ist ein vollständiger Überblick über haftungsrelevante Konstella-tionen derzeit weder leistbar noch sinnvoll. Deshalb soll hier nur eine **über-blicksartige Orientierung zu unterschiedlichen Kategorien von Pflichtverlet-zungen und den zugehörigen Anspruchsgrundlagen** gegeben werden; Spezi-fischeres findet sich dann in den entsprechenden Absätzen der Kommentie-rung dieses und der anderen Paragrafen des Mediationsgesetzes.

Die hier vor die Klammer gezogenen Ausführungen sollen insbesondere da-zu dienen, spezifischere Fragen und Überlegungen zu einzelnen Pflichten ei-nes Mediators besser im dogmatischen System der Tatbestandsvorausset-zungen etwaiger Haftungsansprüche zu verorten.

Eine Pflichtverletzung eines Mediators kann – je nach ihrem Charakter – **vertragliche** (dazu → Rn. 29 ff.) **oder deliktische** (dazu → Rn. 36) **Haftung** begründen; die vertragliche Haftung kann in dogmatischer Hinsicht auf **Nichtleistung bzw. Verzug** (dazu → Rn. 29 ff.) oder auf **Schlechtleistung** (dazu → Rn. 33 f.) beruhen.[34]

Die **Beweislast** für eine Pflichtverletzung des Mediators liegt bei den Partei-en.[35]

29 **(a) Nichtleistung.** Bei **Nichtleistung** eines Mediators ist danach zu differen-zieren, ob die **Leistung unmöglich oder möglich** ist.

30 Wird die – grundsätzlich höchstpersönlich zu erbringende (dazu → Rn. 22) – Leistung eines Mediators zB wegen dessen dauerhafter Erkrankung un-möglich, richten sich die Rechtsfolgen nach den Regeln des allgemeinen Schuldrechts: Wird der Mediator gem. § 275 BGB wegen Unmöglichkeit von seiner Leistungspflicht befreit, entfällt im Gegenzug sein Anspruch auf Honorar gem. § 326 Abs. 1 S. 1 BGB. Etwaige Schadensersatzansprüche der Parteien richten sich bei **anfänglicher Unmöglichkeit** grundsätzlich nach § 311 a Abs. 2 BGB. Bei **nachträglicher Unmöglichkeit** ergibt sich die Anspruchsgrundlage aus §§ 280, 283 BGB; hier wird verlangt, dass der Mediator die Umstände der Unmöglichkeit iSd § 276 BGB zu vertreten hat. Gemäß § 311 a Abs. 2 S. 1 BGB bzw. § 283 BGB iVm § 284 BGB kön-nen die Parteien statt **Schadensersatz statt der Leistung** auch den **Ersatz für vergebliche Aufwendungen** verlangen, die im Vertrauen auf die ordnungs-

---

34 Siehe dazu auch Greger/Unberath/Steffek/*Unberath* B. § 2 Rn. 68 ff.
35 Greger/Unberath/Steffek/*Unberath* B. § 2 Rn. 95.

gemäße Leistungserbringung des Mediators vorgenommen wurden. Hier ist insbesondere an Mietkosten für Mediationsräume zu denken.[36]

Leistet ein Mediator trotz **Möglichkeit der Leistung** nicht, bleibt der pri- 31 märe Erfüllungsanspruch aus § 611 Abs. 1 BGB gegen ihn grundsätzlich bestehen. Da dieser Erfüllungsanspruch aber bei einer Verpflichtung zur höchstpersönlichen Leistungserbringung (dazu → Rn. 22) wegen § 888 Abs. 3 ZPO nicht zwangsweise durchsetzbar ist, sind die Parteien letztlich doch auf die Sekundärebene – insbesondere auf ihr dienstvertragliches Kündigungsrecht und damit einhergehende etwaige Schadensersatzansprüche (dazu insbes. → Rn. 35) – zurückgeworfen.

Ein Anspruch wegen **Leistungs- bzw. Schuldnerverzug** gegen den Mediator 32 gemäß § 286 Abs. 2 Nr. 1, Abs. 4 BGB tritt beispielsweise dann ein, wenn der Mediator einen bereits vereinbarten Mediationstermin nicht wahrnimmt. Leistungsverzug tritt auch ein, wenn ein Zeithorizont festgelegt wurde, innerhalb dessen die Mediation stattfinden sollte und der Mediator in diesem Zeitrahmen trotz Bereitschaft der Parteien zur Mediation keine Sitzungstermine ermöglicht.[37]

Die Parteien können für die dadurch entstandenen Schäden Schadensersatz nach §§ 280 Abs. 1, 2, 286, 249 ff. BGB verlangen. Als Schaden sind dabei allerdings nicht die Kosten des ursprünglichen Termins anzusehen, da diese auch bei ordnungsgemäßer Leistung durch den Mediator angefallen wären, sondern lediglich die Kosten, die durch die Anberaumung eines neuen Termins entstehen (Reisekosten, Mietaufwendungen für Räume, eventueller Verdienstausfall der Parteien etc) – abzüglich der Kosten, die durch den Ausfall des ursprünglichen Termins erspart wurden.[38]

(b) Schlechtleistung. Eine Schlechtleistung liegt vor, wenn die Leistung des 33 Mediators zwar grundsätzlich als Erfüllungshandlung geeignet ist, aber nicht in jeder Hinsicht den Anforderungen gerecht wird, also eine **qualitative Pflichtverletzung** beinhaltet.[39] Bei tätigkeitsbezogenen Leistungspflichten wie einer Mediation wird von einer Pflichtverletzung grundsätzlich ausgegangen, wenn die Tätigkeit **nicht einem objektiven Leistungsstandard entspricht**.[40] Ein solcher objektiver Standard für eine Mediation ist bislang allerdings (noch) nicht sehr differenziert ausgeformt. Zwar hat das MediationsG den Pflichtenkatalog eines Mediators in einigen Bereichen deutlich expliziert; in anderen Bereichen – insbesondere mit Blick auf die flexible Methodik der Verfahrensführung – bestehen aber nach wie vor sehr weite Handlungsspielräume mit den daraus resultierenden Unklarheiten in etwaigen Haftungsfragen.[41]

Auf Basis des hier vertretenen differenzierenden Ansatzes (dazu → Rn. 27) lassen sich jedoch durchaus **haftungsrelevante Mindeststandards** für das Verhalten von Mediatoren formulieren, von denen hier nur einige beispielhaft genannt werden sollen; detaillierte Ausführungen zu den einzelnen

---

36 So auch Greger/Unberath/Steffek/*Unberath* B. § 2 Rn. 75.
37 Greger/Unberath/Steffek/*Unberath* B. § 2 Rn. 83.
38 Greger/Unberath/Steffek/*Unberath* B. § 2 Rn. 85.
39 Greger/Unberath/Steffek/*Unberath* B. § 2 Rn. 93.
40 Greger/Unberath/Steffek/*Unberath* B. § 2 Rn. 94.
41 So auch *Jost* ZKM 2011, 168.

Pflichten eines Mediators finden sich in den Kommentierungen der einschlägigen Vorschriften des MediationsG.

Von einer Schlechtleistung kann zB ausgegangen werden, wenn ein Mediator die Parteien zu Beginn einer Mediation mangel- oder fehlerhaft über das Wesen und die Risiken eines Mediationsverfahrens aufklärt oder wenn er angezeigte Warnungen – zB vor Fristabläufen oder drohenden Rechtsverlusten – unterlässt.[42] Insbesondere bei komplexen Regelungsinhalten und Mediationsparteien ohne fachliche Beratung hat der Mediator gem. § 2 Abs. 6 S. 2 (→ Rn. 288 ff.) eine Beratung durch externe Fachleute zu empfehlen; gegen Ende einer Mediation läge ein Pflichtverstoß vor, wenn ein Mediator nicht gem. § 2 Abs. 6 S. 1 (→ Rn. 273 ff.) darauf hinwirkte, dass die Parteien die Vereinbarung in Kenntnis der Sachlage treffen und ihren Inhalt verstehen.

Unabhängig vom Stadium einer Mediation würden Mindeststandards verletzt, wenn ein Mediator durch bewusste Bevorzugung einer Seite oder auch durch unbeabsichtigte, auf Unachtsamkeit beruhende Ungleichbehandlungen gegen seine Neutralitätspflicht verstößt,[43] seine Verschwiegenheitsverpflichtung verletzt oder unzulässige bzw. fehlerhafte Rechtsberatung (dazu → Rn. 254 ff. und 285) vornimmt.

33a   Als exemplarisch für die bislang bestehenden Unklarheiten in der Pflichten- und damit auch Haftungsbegründung für Mediatoren ist der vom Bundesgerichtshof entschiedene Fall zur Frage der **Haftung einer Anwaltsmediatorin für die unzureichende Beratung** zum Versorgungsausgleich im Rahmen einer von den Parteien gewünschten einvernehmlichen Regelung von Scheidungsfolgen zu sehen:[44] Während der Leitsatz des OLG Stuttgart wie eine weitreichende Erweiterung der Pflichten von Anwaltsmediatoren in den Bereich der (Rechts-)Beratungspflichten hinein wirkt,[45] trennt der BGH in seinen Leitsätzen konzeptionell zwischen der Entwicklung von rechtlichen Lösungsvorschlägen als (anwaltlicher) Rechtsdienstleistung und der von der beklagten Mediatorin zugesagten Ermittlung von tatsächlichen Entscheidungsgrundlagen.

Auch wenn der BGH recht weitreichend formuliert, dass die Beklagte *„[a]ls Anwaltsmediatorin [...] die Belehrungen und Hinweise zu erteilen [hatte], die in der konkreten Situation einem Anwalt oblägen"*, stellt er letztlich darauf ab, welches konkrete Pflichtenprogramm sich aus dem Inhalt der zwischen der beklagten Anwaltsmediatorin und den Mediationsparteien geschlossenen Mediationsrahmenvereinbarung ergibt. Danach war entscheidend für die Begründung der Pflichtverletzung, dass die Beklagte explizit übernommen hatte, zur Klärung der Voraussetzungen eines etwaigen Versorgungsausgleichs Auskünfte bei den Rentenversicherungsträgern einzuholen, also sachverhaltsaufklärend tätig zu werden – diese In-

---

42 Siehe dazu auch *Jost* ZKM 2011, 168 (169) mwN.
43 Siehe dazu auch *Jost* ZKM 2011, 168 (169).
44 BGH 21.9.2017 – IX ZR 34/17; vorgehend OLG Stuttgart 26.1.2017 – 11 U 4/16 mit Kommentierung von *Jost* ZKM 2017, 71; LG Tübingen 25.7.2016 – 2 O 342/15.
45 OLG Stuttgart 26.1.2017 – 11 U 4/16, 1. Leitsatz: *„Die Beratungspflicht des Anwaltsmediators erstreckt sich bei gewünschter einvernehmlicher Regelung der Scheidungsfolgen auch auf die Folgesache Versorgungsausgleich."*

formationseinholung dann aber unterlassen und die Mediationsparteien darüber vor dem Scheidungstermin nicht aufgeklärt hatte.

Damit hatte die Anwaltsmediatorin zusätzlich zum Mediatorvertrag eine spezifische vertragliche Pflicht zur Informationseinholung übernommen – und verletzt –, was unabhängig von ihrer Stellung als Anwältin haftungsbegründend wirkt.

Die Annahme, dass Anwaltsmediatoren grundsätzlich die gleichen Belehrungs- und Hinweispflichten wie (einseitig mandatierten) Anwälten obliegen, ginge wesentlich zu weit.[46] Denn aus der Mediatorenperspektive läge darin eine erhebliche Gefahr für die Allparteilichkeit und aus der Anwaltsperspektive droht ein Verstoß gegen das Verbot widerstreitender Interessen (§ 43 a Abs. 4 BRAO).

Im Ergebnis sollte strikt zwischen den grundlegenden mediatorischen Pflichten und zusätzlichen, ggf anwaltlichen, Dienstleistungen unterschieden – und Pflichtenmehrheiten auf etwaige Rollenkonflikte hin überprüft werden. Die vertragliche Ausgestaltung der durch einen (Anwalts-)Mediator zulässigerweise zusätzlich zur regulären Mediationstätigkeit zu übernehmenden Pflichten sollte explizit und differenziert formuliert werden.

Dies gilt insbesondere für hybride Geschäftsmodelle, in denen Rechtsanwälte gemischte Dienstleistungspakete aus Aufklärung, Beratung, Vermittlung und Schlichtung anbieten.[47]

Bei Schlechtleistung ist der Mediator den Parteien grundsätzlich gem.   **34** § 280 Abs. 1 BGB zum **Schadensersatz** verpflichtet, wenn er seine Schlechtleistung gem. § 276 BGB zu **vertreten** hat. Mediatoren haben gem. § 276 Abs. 1 BGB grundsätzlich **Vorsatz oder Fahrlässigkeit** zu vertreten (zu Möglichkeiten der Haftungsbeschränkung → Rn. 38), wobei gem. § 276 Abs. 2 BGB fahrlässig handelt, wer die im Verkehr erforderliche Sorgfalt außer Acht lässt. Gemäß § 280 Abs. 1 S. 2 BGB wird das Vertretenmüssen des Mediators vermutet.[48]

Bei **Schlechtleistung** eines Mediators haben die Parteien wegen der diesbe-   **35** züglichen Besonderheiten des Dienstvertragsrechts grundsätzlich **kein Recht auf Minderung des Honorars**.[49] Insofern ist das durch § 2 Abs. 5 S. 1 statuierte jederzeitige **Kündigungsrecht** der Parteien, welches als **lex specialis** den Regelungen des § 627 Abs. 1 BGB und § 323 BGB vorgeht, besonders relevant. Kündigen die Parteien den Mediatorvertrag wegen vertragswidrigem Verhalten des Mediators, erlischt ein etwaiger Anspruch auf bis dato angefallenes Honorar gem. § 628 Abs. 1 S. 2 BGB, wenn die bis zur Kündigung erbrachten Leistungen des Mediators infolge der Kündigung ohne Interesse sind.[50] Ob letzteres der Fall ist, kann nur mit Blick auf den konkreten Verlauf einer Mediation beurteilt werden. Hier sind zB Konstellationen denkbar, in denen eine Mediation zum Zeitpunkt der Pflichtverletzung schon so weit fortgeschritten ist, dass sich die Parteien auch ohne

---

46 So auch *Jost* ZKM 2017, 71 (72).
47 Siehe dazu auch *Jost* ZKM 2017, 71 (73).
48 Greger/Unberath/Steffek/*Unberath* B. § 2 Rn. 95.
49 Siehe dazu ausführlicher und mit dogmatischer Begründung Greger/Unberath/Steffek/*Unberath* B. § 2 Rn. 88.
50 Siehe dazu Greger/Unberath/Steffek/*Unberath* B. § 2 Rn. 88.

weitere Mitwirkung des Mediators auf Basis des bis dato in der Mediation Erarbeiteten selbständig einigen können; in diesen Fällen wären die bisherigen Leistungen des Mediators nicht ohne Interesse für die Parteien.

Erfolgt die Kündigung seitens der Parteien wegen eines pflichtwidrigen Verhaltens des Mediators, so ist der Mediator den Parteien gem. § 628 Abs. 2 BGB zum **Ersatz des durch die Aufhebung des Dienstverhältnisses entstehenden Schadens** verpflichtet (dazu auch → Rn. 205).[51]

Kündigt ein Mediator selbst zur Unzeit ohne rechtfertigenden Grund, kann er gemäß § 627 Abs. 2 S. 2 BGB schadensersatzpflichtig werden (dazu auch → Rn. 238).

36   **(2) Deliktische Haftung.** Grundsätzlich ist auch eine deliktische Haftung von Mediatoren denkbar.[52]

Anwendungsfälle des **§ 823 Abs. 1 BGB** können insbesondere in Verletzungen des allgemeinen Persönlichkeitsrechts der Mediationsparteien[53] oder des Rechts am eingerichteten und ausgeübten Gewerbebetrieb durch Verstöße gegen die Verschwiegenheitspflicht bestehen.

Zudem ist zu diskutieren, ob bzw. inwieweit die Vorschriften des Mediationsgesetzes den Charakter eines Schutzgesetzes iSd **§ 823 Abs. 2 BGB** haben können; hierfür kommen allerdings nur ausreichend bestimmt formulierte Normen in Betracht.[54]

37   **dd) Kausalität und Schaden.** Für die Begründung eines Schadensersatzanspruchs gegen einen Mediator reicht das Vorliegen einer schuldhaften Pflichtverletzung alleine nicht aus; es muss **durch die Pflichtverletzung** auch ein **Schaden verursacht** worden sein. Art und Umfang eines Schadensersatzanspruchs richten sich grundsätzlich nach den §§ 249 ff. BGB. Insbesondere ist im Sinne der sog. **Differenzhypothese** zu prüfen, wie die Schadensersatz fordernde Mediationspartei stünde, wenn sich der Mediator pflichtgemäß verhalten hätte.[55]

Am einfachsten dürfte der Nachweis von Schäden in diesem Sinne sein, wenn der Mediator seine Verschwiegenheitsverpflichtung verletzt hat und die Parteien dadurch geschädigt wurden.

Ebenfalls ist es gut vorstell- und nachweisbar, dass Schäden kausal aus Aufklärungsfehlern, unterlassenen Warnungen oder einer Verletzung der gebotenen Hinweispflicht und Sorgfalt bei der Erstellung der Abschlussvereinbarung resultieren.[56]

Mit Blick auf die Verfahrens- und Gesprächsführung des Mediators im engeren Sinne dürfte es dagegen wegen der Methoden- und Stilvielfalt sowie der Situationsabhängigkeit von Interventionen sehr schwer sein, eine ausreichend greifbare Pflichtverletzung mit klar daraus resultierendem Schaden zu identifizieren.[57]

---

51 Siehe dazu auch *Jost* ZKM 2011, 168 (170) sowie ausführlich zur Konkurrenz von § 628 Abs. 2 und § 280 BGB Greger/Unberath/Steffek/*Unberath* B. § 2 Rn. 79 ff.
52 Siehe dazu ausführlicher *Jost* ZKM 2011, 168 (171).
53 Dazu *Hornung*, S. 294, 299.
54 Siehe dazu ausführlich *Jost* ZKM 2011, 168 (171).
55 Siehe dazu exemplarisch MüKoBGB/*Oetker* § 249 Rn. 16 f.
56 Siehe dazu auch *Jost* ZKM 2011, 168 (171).
57 So auch *Jost* ZKM 2011, 168 (171).

In keinem Fall kann die nicht erfolgte Einigung zur Begründung einer Schadensersatzpflicht herangezogen werden, da der Mediator nicht den erfolgreichen Abschluss einer Mediation schuldet (dazu oben → Rn. 22). Auch die Bestimmung des Schadens einer unterbliebenen Mediation ist zumeist schwierig.[58] Auf der Ebene der Verfahrenskosten ist hier insbesondere an etwaige Raummietkosten für die ausgefallene Mediation sowie an Mehrkosten eines neu aufzusetzenden Mediationsverfahrens zu denken.[59] Auf der inhaltlichen Ebene der Konfliktentwicklung kann die Nichtdurchführung oder der Abbruch einer Mediation zu Schäden führen, die sich aus der Nichtbearbeitung oder auch der weiteren Eskalation des Konfliktes ergeben (so ist bspw. bei Konflikten im Baubereich an die Kosten des Baustillstandes und an etwaige Schadensersatzansprüche und/oder Vertragsstrafen bei Überschreitung von Fertigstellungsfristen zu denken).

Allerdings sind Ansprüche auf Ersatz derartiger Schäden nur schwer zu realisieren, da zum einen mit Blick auf Verzögerungs- und Eskalationsschäden ein **Mitverschulden** bzw. die **Obliegenheit der Parteien zur Schadensminderung** gem. § 254 Abs. 2 S. 1 Alt. 2 BGB zu beachten ist. Zum anderen ist die **haftungsausfüllende Kausalität iSd § 287 ZPO** zumeist nur schwer beweisbar.

ee) Hinweise für Mediatoren zum Umgang mit Haftungsrisiken. Um die derzeit unwägbaren Haftungsrisiken eines Mediationsfalls präventiv zu minimieren, empfiehlt sich die Berücksichtigung folgender **Hinweise**: 38

- Um Schlechtleistung vorzubeugen, sollten Mediatoren in ihrer professionellen Praxis möglichst systematisch **Maßnahmen der individuellen Qualitätssicherung** etablieren (dazu sogleich unter → Rn. 39 ff.). Die beste Haftungsprävention ist letztlich professionelles Agieren auf Basis einer soliden Ausbildung sowie ein guter Kontakt zu den Mediationsparteien.

- Die **wesentlichen Pflichten** des Mediators sollten mit den Parteien erörtert und entsprechend **im Mediatorvertrag ausgewiesen** werden. Ebenso sollte explizit in den Mediatorvertrag aufgenommen werden, was der Mediator *nicht* schuldet – letzteres ist insbesondere dann empfehlenswert, wenn der Mediator keine Lösungsvorschläge machen und keinen Rechtsrat geben will.

- Die Aufklärung der Parteien bezüglich der Rollen- und Verantwortungsverteilung, soweit sie nicht schon Bestandteil des Mediatorvertrags ist, sowie etwaige Absprachen bezüglich konkreter Verfahrensweisen sollten dokumentiert werden;[60] im Zweifel kann sich der Mediator die **Dokumentation** zum besseren Nachweis auch von den Parteien abzeichnen lassen.

- Grundsätzlich können auch **Haftungsbeschränkungen** vereinbart werden.[61] Gem. § 276 Abs. 3 BGB darf allerdings die Haftung für Vorsatz nicht beschränkt werden. Soweit regelmäßig tätige Mediatoren Standardverträge verwenden, handelt es sich dabei um für eine Vielzahl von

---

58 Siehe dazu auch Greger/Unberath/Steffek/*Unberath* B. § 2 Rn. 81 f.
59 So auch Greger/Unberath/Steffek/*Unberath* B. § 2 Rn. 82.
60 Siehe dazu auch Fritz/Pielsticker/*Pielsticker* § 2 Rn. 21.
61 Siehe dazu auch *Jost* ZKM 2011, 168 (172).

Verträgen formulierte **allgemeine Vertragsbedingungen**, die für ihre Wirksamkeit den Anforderungen der §§ 305 ff. BGB genügen müssen. Anwaltsmediatoren haben darüber hinaus § 52 BRAO zu beachten.[62] Insgesamt ist fraglich, ob sich derartige Haftungsbeschränkungen vertrauensfördernd auf die Beziehung zu den Parteien auswirken.

■ Nicht zuletzt können auch Mediatoren **spezifische Haftpflichtversicherungen** abschließen, die von einer zunehmenden Zahl von Versicherungsgesellschaften angeboten werden. In Österreich ist der Nachweis einer derartigen Haftpflichtversicherung Voraussetzung für die Eintragung als Mediator auf die vom österreichischen Bundesjustizministerium geführte Liste.[63] Die Mediationstätigkeit von Rechtsanwälten ist von der regulären anwaltlichen Berufshaftpflichtversicherung umfasst, da es sich gem. § 18 BORA um anwaltliche Tätigkeit handelt.[64]

39 **5. Individuelle Qualitätssicherung.** Während normative Maßnahmen zur Qualitätssicherung von Mediation auf die Schaffung von Gesetzen oder anderen möglichst allgemeinverbindlichen Standards abzielen, liegen Maßnahmen der individuellen Qualitätssicherung in der Hand der einzelnen Mediatoren und können von diesen selbstverantwortlich gewählt, gestaltet und realisiert werden.[65]

40 **a) Aus- und Fortbildung.** Die Basis für eine professionelle Tätigkeit als Mediator ist eine solide, praxisorientierte Ausbildung. Es gibt unterschiedliche Vorstellungen und Ansätze, ob eine solche Ausbildung eher berufsgruppenspezifisch oder für einen interdisziplinären Teilnehmerkreis angeboten werden sollte und wie die konzeptionelle Ausgestaltung auszusehen habe (zu den Kontroversen um die Anforderungen um Ausbildungsumfang und -inhalte → MediationsG § 5 Rn. 1 ff. mwN). Auch die Ausbilderpersönlichkeiten mit ihren jeweiligen Praxisschwerpunkten, ihren unterschiedlichen persönlichen Mediationsstilen und Haltungen prägen stark. Insofern sollte die Wahl des passenden Ausbildungsangebots sehr überlegt erfolgen. Gemäß § 3 Abs. 1 ZMediatAusbV haben zertifizierte Mediatoren nach Abschluss ihrer Ausbildung regelmäßig an Fortbildungsveranstaltungen in einem Umfang von 40 Zeitstunden innerhalb eines Zeitraums von vier Jahren teilzunehmen (→ ZMediatAusbV § 3 Rn. 1 ff.).

---

62 Siehe dazu Greger/Unberath/Steffek/*Unberath* B. § 2 Rn. 67.
63 Dazu ausführlich: http://www.mediatoren.justiz.gv.at/mediatoren/mediatorenliste. nsf/docs/home (unter 5.Versicherungspflicht) (zuletzt abgerufen am 3.5.2017).
64 *Mähler/Mähler* § 47 Rn. 87.
65 Natürlich sind die normative und die individuelle Ebene insofern interdependent, als normative Ansätze auch auf die Steuerung individuellen Verhaltens abzielen. So etablieren der Entwurf der Ausbildungsverordnung (→ MediationsG § 6 Rn. 52 ff.) oder auch die Standards vieler Mediationsverbände zB Vorgaben zu Fortbildungs- oder Supervisionspflichten. Siehe zu normativen wie individuellen Maßnahmen der Qualitätssicherung von Mediation den Überblick bei *Gläßer/Negele/Schroeter* ZKM 2008, 181 sowie *Bastine* ZKM 2000, 37.

Ähnlich verlangen auch die Anerkennungsrichtlinien vieler Verbände über die Absolvierung einer Grundausbildung hinaus regelmäßige Fortbildungen.[66]

b) Feedback. Die Einholung von Feedback durch den Mediator spielt eine zentrale qualitätssichernde Rolle, da Feedback ermöglicht, in anhaltendem, guten **Kontakt zu den Mediationsparteien** zu bleiben.[67] Die systematische Erhebung von Feedback ist zugleich die **Schnittstelle zur (Selbst-)Evaluation** von Mediationstätigkeit.[68]   41

Während eines laufenden Mediationsverfahrens kann Feedback **routinemäßig zu Beginn und am Ende jeder Sitzung** eingeholt werden. Daneben empfiehlt sich die **Einholung von situativem Feedback** in als schwierig empfundenen Situationen.

Zum Abschluss eines Mediationsverfahrens kann und sollte Feedback **am Ende der letzten Mediationssitzung** in Form eines Rückblicks auf das erlebte Verfahren erhoben werden.

Darüber hinaus kann mit etwas Abstand zur Beendigung der Mediation, zB nach 3-6 Monaten, eine **Nachbefragung der Parteien** erfolgen, die ggf. auch mit einer **Implementierungssicherung** des Mediationsergebnisses verbunden werden kann. Die Kontaktaufnahme zu einer solchen Nachbefragung sollte idealerweise bereits zu Beginn der Mediation angekündigt und in den Mediatorvertrag aufgenommen, spätestens aber in letzter Sitzung angesprochen und mit den Parteien vereinbart werden.

Die Einholung von Feedback kann mündlich oder auch schriftlich in Form von Feedback- oder Fragebögen erfolgen.

c) Systematische Selbstreflexion und Falldokumentation. Mediatoren sollten ihre Tätigkeit – also ihr Interventionsverhalten, ihre mediatorische Haltung, ihr professionelles Selbstverständnis und ggf. auch ihr Zusammenwirken mit Co-Mediatoren – **kontinuierlich und selbstkritisch reflektieren.**[69] Dies sichert Qualität und professionelle Weiterentwicklung. Grundsätzlich können Supervision (dazu → Rn. 43) und Intervision (dazu → Rn. 44) eine solche Reflexion gewinnbringend unterstützen und durch Außenperspektiven bereichern.   42

Eine fallspezifische Reflexion wird durch die **schriftliche Dokumentation der eigenen Fallpraxis** erleichtert, die systematisch anhand von Fragenkatalogen ausgeführt werden kann, wie sie insbes. von Mediationsverbänden zur Verfügung gestellt werden.[70] Die meisten Mediationsverbände verlangen derartige Falldokumentationen als Teil der für eine verbandliche Anerkennung als Mediator notwendigen Unterlagen. Auch für die im Rahmen

---

66 Vgl. dazu zB die Standards und Richtlinien des BM unter http://www.bmev.de/index.php?id=standards (zuletzt abgerufen am 3.5.2017) oder die Satzung der BAFM unter https://www.bafm-mediation.de/wp-content/uploads/image/images/Satzung_komplett-Nov-141.pdf (unter 4. Qualitätssicherung) (zuletzt abgerufen am 3.5.2017).

67 Dazu ausführlich *Ade/Gläßer* ZKM 2009, 60.

68 Siehe dazu exemplarisch *Bastine/Weinmann* in: Strempel, S. 57 ff.

69 *Patera* ZKM 2001, 226.

70 Siehe http://www.bmev.de/fileadmin/downloads/anerkennung/mediator-bm_leitfaden-mediation.pdf (zuletzt abgerufen am 3.5.2017).

der Vorgaben der Zertifizierte Mediatoren Ausbildungs-Verordnung erforderlichen Fall-Supervisionen (→ Rn. 43) erscheint die Anfertigung von
Falldokumentationen als eine höchst sinnvolle Grundlage.

43 **d) Supervision.** Viele Mediationsverbände verlangen schon seit langem
von ihren Mitgliedern, dass sie in gewissem Umfang Supervision in Anspruch nehmen – oder regen dies zumindest nachdrücklich an.[71]

Dieser Ansatz wurde in der Ausbildungsverordnung für zertifizierte Mediatoren aufgegriffen: Als zertifizierter Mediator darf sich gem. § 2 Abs. 5
ZMediatAusbV nur bezeichnen, wer während des Ausbildungslehrgangs
oder innerhalb eines Jahres nach dessen erfolgreicher Beendigung an einer
Einzelsupervision im Anschluss an eine als Mediator oder Co-Mediator
durchgeführte Mediation teilgenommen hat (→ ZMediatAusbV § 2
Rn. 12 ff.). Gemäß § 4 Abs. 1 ZMediatAusbV hat der zertifizierte Mediator
innerhalb der zwei auf den Abschluss seiner Ausbildung folgenden Jahre
zusätzlich mindestens viermal an einer Einzelsupervision, jeweils im Anschluss an eine als Mediator oder Co-Mediator durchgeführte Mediation,
teilzunehmen (→ ZMediatAusbV § 4 Rn. 1 ff.). Supervision bedeutet die
Unterstützung in der Reflexion des eigenen professionellen Handelns und
der eigenen professionellen Rolle durch einen dahingehend beauftragten,
zumeist auch speziell dafür ausgebildeten[72] Dritten, den Supervisor.[73] Je
nach Setting wird zwischen Einzel- und Gruppensupervision unterschieden; es gibt unterschiedliche Supervisionsansätze und -stile.[74] Spezifisch für
den Mediationskontext wurde die sog mediationsanaloge Supervision entwickelt, die sich in ihrem Ablauf am Phasenmodell der Mediation (dazu →
Rn. 81 f.) orientiert.[75]

44 **e) Intervision/kollegiale Beratung.** Im Unterschied zur Supervision wird
die Intervision bzw. kollegiale Beratung nicht von externen Experten, sondern **im Kollegenkreis** durchgeführt. Dies bietet nicht nur Kostenvorteile,
sondern fördert auch Selbstvertrauen und autonome Kompetenzentwick-
lung; nicht zuletzt kann in Arbeitszusammenhängen dadurch die Zielsetzung eines „lernenden Systems"[76] verfolgt und gestärkt werden. Insbesondere die Arbeit von Mediatoren institutioneller Mediationsanbieter, die im
Bereich von Familienkonflikten tätig sind, sowie von innerbetrieblichen
oder gerichtsinternen Mediatoren wird häufig durch derartige kollegiale
Beratungsgruppen unterstützt.

---

71 Vgl. dazu zB die Verbandsstandards des BMWA unter http://www.bmwa-deutschla
nd.de/uploads/181f3a56b6f9fe08d09fdec854225a12.pdf (unter 2.4.1) oder die
Richtlinien der BAFM unter http://www.bafm-mediation.de/organisation/richtlinie
n-der-bafm/ (unter 7. Qualifikationen) (zuletzt jeweils abgerufen am 1.9.2017).
72 Zur Kritik an dem in der Zertifizierte Mediatoren Ausbildungs-Verordnung nicht
näher spezifizierten Supervisionsbegriff und den ebenfalls fehlenden Vorgaben bezüglich der Qualifikation von Supervisoren im Mediationssetting → ZMediatAusbV § 2 Rn. 14 ff.
73 *Belardi*, Supervision. Grundlagen, Techniken, Perspektiven, 4. Aufl. 2013;
Schreyögg, Supervision. Ein Integratives Modell. Lehrbuch zu Theorie und Praxis,
5. Aufl. 2010.
74 *Möller*, Was ist gute Supervision? Grundlagen, Merkmale, Methoden, 2012.
75 Siehe dazu *Diez* ZKM 2000, 227.
76 Siehe zu diesem Ansatz der Organisationsentwicklung *Senge*, The Fifth Discipline:
The Art and Practice of The Learning Organization, 2006.

Potenzielle Risiken der kollegialen Beratung liegen darin, dass system- bzw. organisationsimmanente einseitige Perspektiven und blinde Flecken weiter tradiert werden können. Deshalb wird teilweise auch empfohlen, kollegiale Beratungsgruppen durch Teilnehmer aus unterschiedlichen Arbeitszusammenhängen zu besetzen.

Für die Arbeitsweise kollegialer Beratungsgruppen gibt es spezielle Modelle, die durch Ablaufschemata und rotierende Moderation systematisches Arbeiten und Erkenntnisgewinn sicherstellen sollen.[77]

II. Wahl des Mediators (Abs. 1)

1. Regelungsinhalt, -kontext und -zweck. Abs. 1 bestimmt, dass die Parteien den Mediator auswählen. Diese Vorschrift war im ursprünglichen Referentenentwurf noch nicht enthalten und hat erst in den Regierungsentwurf Aufnahme gefunden. Das Recht der Parteien, den Mediator selbst zu bestimmen, ist „**Ausdruck des Selbstbestimmungsrechts der Parteien** im Mediationsverfahren".[78]   45

Inhaltlich ist diese Wahlfreiheit höchst sinnvoll, da sich die Parteien in der Mediation in aller Regel auch persönlich öffnen wollen, wodurch sie in ihrer Konfliktlage und ggf. auch Emotionalität sichtbar werden. Dafür ist eine **vertrauensvolle Beziehung zum Mediator** notwendige Voraussetzung.

Semantisch beinhaltet die „Wahl" des Mediators zwei getrennt voneinander zu betrachtende Aspekte – zum einen die **Auswahl** eines für den konkreten Konfliktfall geeignet erscheinenden Mediators, die laut MediationsG durch die Parteien vorgenommen oder zumindest bestätigt werden muss (→ Rn. 47 ff.), zum anderen die vertragliche **Beauftragung** desselben (→ Rn. 72 ff.), die nicht zwingend durch die Parteien selbst erfolgen muss (dazu → Rn. 60 und 72 ff.).   46

2. Geeignetheit eines Mediators. Ob ein Mediator „der Richtige" für die Bearbeitung eines bestimmten Konfliktfalles ist, hängt von einer **Vielzahl an Faktoren** ab.   47

In jedem Fall sollte ein Mediator bezüglich der Grundlagen der mediativen Verfahrensführung **adäquat ausgebildet** sein (dazu oben unter → Rn. 40 sowie → MediationsG § 5 Rn. 17 ff.); dies bedeutet allerdings nicht automatisch, dass er zertifizierter Mediator sein muss. Mit Blick auf Besonderheiten des jeweiligen Konfliktfalles – zB bezüglich der Personenzahl oder des Eskalationsgrades – sollte der Mediator über ausreichende **Methodenkompetenz** und **Erfahrung** verfügen, um das Mediationssetting entsprechend gestalten und souverän durch das Verfahren führen zu können. Ob darüber hinaus mit Blick auf den konkreten Konfliktstoff **einschlägige Fachkenntnisse und/oder Felderfahrung** notwendig sind, wird unter Mediatoren strittig diskutiert. Zu all diesen Fragen besteht gem. § 3 Abs. 5 bei Nachfrage der Parteien eine Auskunftspflicht (dazu auch → MediationsG § 3 Rn. 41 ff.).   48

---

77 *Tietze*, Kollegiale Beratung. Problemlösungen gemeinsam entwickeln, 2003; *Lippmann*, Intervision. Kollegiales Coaching professionell gestalten, 2009; *Ade/Schroeter* in: Gläßer/Schroeter, S. 323 ff.; *Ade/Schroeter* Spektrum der Mediation 22/2008, 21 (22).

78 So die BT-Drs. 17/5335 (Begr. RegE), 14.

49 Unabhängig von seiner Qualifikation hat der Mediator ebenfalls in jedem Fall im Rahmen der Mediatorwahl den **in § 3 statuierten** selbstständigen **Offenbarungspflichten** Rechnung zu tragen und etwaige **Tätigkeitsbeschränkungen** zu berücksichtigen (dazu → MediationsG § 3 Rn. 8 ff.).

50 Aufgrund der im Rahmen der gesetzlichen Definitionsmerkmale bestehen bleibenden Flexibilität des Mediationsverfahrens[79] existiert eine große **Vielfalt von Mediationsmodellen und -stilen.** Deshalb ist darauf zu achten, dass auch das Mediationsverständnis und der daraus resultierende Mediationsstil des Mediators zum Erwartungshorizont der Parteien passen.

51 Wesentlich für das Mediationsverständnis eines Mediators sind die übergeordneten Ziele, die er mit seinem Mediationsangebot verfolgt. Hier kann zB nach den folgenden idealtypischen[80] **(Meta-)Zielen** bzw. Motivationslagen unterschieden werden:[81]

- Der **Dienstleistungsansatz** (*„service delivery approach"*) lanciert Mediation als Methode effizienter und ökonomischer Konfliktbeilegung; primäres Ziel ist die Herbeiführung einer schnellen Einigung.

- Der **verfahrensrechtliche Ansatz** (*„access to justice approach"*) versteht Mediation als alternatives Forum zum staatlichen Gerichtsverfahren, in dem Verfahrensnachteile unerfahrener oder finanzschwacher Parteien ausgeglichen und individuelle Gerechtigkeitsvorstellungen verwirklicht werden können.[82]

- Der **Selbstbestimmungsansatz** (*„individual autonomy approach"*) ist primär darauf fokussiert, in der Konfliktbearbeitung die individuelle Autonomie der Parteien zu stärken.

- Der **Versöhnungsansatz** (*„reconciliation approach"*) strebt vor allem eine Aussöhnung der Parteien durch die (Wieder-)Herstellung von Verständnis und Harmonie auf der Beziehungsebene an.

- Der **soziale Transformationsansatz** (*„social transformation approach"*) sieht Mediation aus der politischen Metaperspektive als möglichen Motor konstruktiver gesellschaftlicher Veränderung, da in diesem Verfahren die gesellschaftlichen Rahmenbedingungen von Konflikt- und Problemkonstellationen reflektiert werden können, aber zugleich die Verantwortung für die Lösung von Konflikten von den Betroffenen nicht an externe Autoritäten delegiert, sondern selbstverantwortlich wahrgenommen wird.

Es liegt auf der Hand, dass diese unterschiedlichen Zielsetzungen in bestimmten Situationen auch zu unterschiedlichem Interventionsverhalten von Mediatoren führen können.

---

79 Dazu auch Greger/Unberath/Steffek/*Unberath* B. § 2 Rn. 58.
80 In der Realität finden sich die fünf dargestellten Ansätze selten in Reinform; häufiger liegen gemischte Motivationslagen vor.
81 Das Kategoriensystem beruht auf den sog „Mediations-Projekten", die Breidenbach zunächst in den USA identifiziert hatte, statt; *Breidenbach*, S. 119 ff.; siehe dazu auch *Breidenbach/Gläßer* KON:SENS 1999, 207.
82 Dieser Ansatz ist va vor dem Hintergrund des US-amerikanischen staatlichen Gerichtssystems zu sehen, aus dessen Verfahrens- und Kostenstruktur sich für unerfahrene, finanzschwache und/oder anwaltlich schlecht vertretene Parteien deutlich erheblichere Nachteile ergeben können, als dies in Deutschland der Fall ist.

Entsprechend ihrer jeweiligen Ausrichtung bzw. methodischen Schwer- **52** punktsetzung werden **Mediationsansätze** auch als „lösungsfokussiert",[83] „interessenbasiert",[84] „narrativ",[85] „transformativ"[86] oder „therapeu- tisch"[87] bezeichnet. Darüber hinaus existieren spezifische Mediationsmo- delle wie zB die sog Kurzzeitmediation.[88]

Ein sehr bekanntes **Modell zur interventionsorientierten Beschreibung von** **53** **Mediationsstilen** ist das – im Laufe der Jahre vom Autor mehrfach verfei- nerte und abgewandelte – sog „Mediator Style Grid" von L. Riskin.[89] Da- rin bildet Riskin durch die Dimension „Konfliktverständnis" mit den Polen „eng" und „weit" sowie die Dimension „Interventionsverhalten" mit den Polen „moderierend/facilitativ" und „wertend/evaluativ" eine Matrix, in deren vier Felder die typische Arbeitsweise eines Mediators eingeordnet werden kann.

Je nachdem, welche Vorkenntnisse und bereits definierten Erwartungen vor **54** Beginn einer Mediation auf Seiten der Parteien bestehen, muss der Media- tor sein **Angebot mit den Erwartungen der Parteien abgleichen** bzw. die Parteien zunächst **über die bestehende Stilvielfalt aufklären**, um ihnen eine informierte Mediatorwahl zu ermöglichen.

Jenseits aller beschreibbaren Stilausprägungen ist in der Praxis für die Me- **55** diatorwahl häufig der Eindruck von der **persönlichen Passung des Media-** **tors** entscheidend. Um sich auf den Mediator und den Prozess der mediati- ven Konfliktbearbeitung einlassen zu können, ist für viele Parteien letztlich ausschlaggebend, dass der Mediator Allparteilichkeit, Vertrauenswürdig- keit, Souveränität und Zuversicht ausstrahlt und sich auf die Sprachebe- ne(n) sowie die Gedankengänge der Parteien einstellen kann. Da sich diese Faktoren kaum über schriftliche (Werbe-)Medien wie Flyer oder Internet- seiten transportieren lassen, spielen persönliche Empfehlungen bei der Me- diatorwahl eine große Rolle. Zudem werden von prospektiven Mediations- parteien auch jenseits von klassischen Ausschreibungs- bzw. Vergabever- fahren immer häufiger Vorstellungsgespräche, teilweise sogar im Bewerber- vergleich, anberaumt, um den passenden Mediator zu finden.[90]

Nicht zuletzt spielen in der Mediatorwahl natürlich auch pragmatische **56** Faktoren wie die **Honorarhöhe**[91] oder die **zeitliche Verfügbarkeit** des Me- diators eine Rolle.

---

83 Siehe dazu exemplarisch *Dingwall/Miller* Conflict Resolution Quarterly 2002, 269.
84 *Gläßer/Kirchhoff* ZKM 2005, 130.
85 Siehe dazu exemplarisch *Winslade/Monk*, Narrative Mediation, 2001.
86 Siehe dazu exemplarisch *Burgess*, Transformative Mediation, 1997.
87 *Irving/Benjamin*, Therapeutic Family Mediation, 2002.
88 *Krabbe* ZKM 2004, 72 sowie *Fritz/Krabbe* ZKM 2009, 136; *Fritz/Krabbe* ZKM 2009, 176.
89 Die folgenden Publikationen bilden die Entwicklung von Riskins „Mediator Style Grid" in etwa nach: *Riskin* Harvard Negotiation Law Review 1, 1996, 23; *Riskin* Dispute Resolution Magazine 10, 2003, 22; *Riskin* Notre Dame Law Review 79, 2003, 1.
90 Zu verschiedenen Etappen und Faktoren der Mediatorwahl *Gläßer* in: Rapp, S. 164 ff.
91 Zu Bemessungskriterien für Mediatorenhonorare *Gläßer* in: Rapp, S. 164, 169 f.

57   **3. Modi der Mediatorwahl.** Die **Auswahl des Mediators** kann – je nach Fallkonstellation – sehr unterschiedlich vonstatten gehen:

58   **a) Autonome Auswahl.** In dem idealtypischen Szenario, das offenkundig auch dem MediationsG zugrunde gelegt wurde, suchen sich autonome Akteure auf dem freien Markt einen allen Parteien geeignet erscheinenden Mediator und beauftragen diesen gemeinschaftlich. Auf der Suche nach dem Mediator können **Mediatorenlisten** zu Rate gezogen werden, wie sie ua von den Mediationsverbänden, regionalen IHKs, Anwaltskammern oder Ausbildungsanbietern vorgehalten werden.

59   **b) Vorschlag Dritter.** Häufig erfolgt der Vorschlag eines konkreten Mediators aber von dritter Seite. Dies kann sich insbesondere bei der Mediationsempfehlung durch (Rechts-)Berater, der Anregung eines Mediationsverfahrens durch den gesetzlichen Richter gem. § 278 a ZPO (dazu → ZPO § 278 a Rn. 4 ff.), der Anordnung einer Mediation durch Vorgesetzte (dazu → C Rn. 5 und 36 ff.) oder der Initiierung einer Mediation durch eine Rechtsschutzversicherung (dazu → J Rn. 1 ff.) ergeben. Laut Gesetzesbegründung ist es nicht notwendig, dass die Initiative zur Mediatorenfindung von den Parteien selbst ausgeht – unerlässlich ist allerdings, dass sie einen konkreten Mediatorenvorschlag von fremder Seite zumindest konkludent annehmen.[92]

60   **c) Beauftragung durch höhere Hierarchieebene.** Im innerorganisatorischen Bereich findet sich nicht selten die Sonderkonstellation, dass das Unternehmen bzw. eine höhere Führungsebene ohne Beteiligung der Konfliktparteien einen geeignet erscheinenden Mediator auswählt und mit der Bearbeitung eines Konfliktes am Arbeitsplatz beauftragt (dazu auch unten unter → Rn. 75). Wenn eine Mitsprache der eigentlichen Parteien bei der Auswahl des Mediators nicht möglich oder gewünscht ist, ist die nachträgliche Zustimmung der Parteien zur vorausgewählten Person des Mediators umso wichtiger, um die Vorgabe des Abs. 1 und damit letztlich das Selbstbestimmungsprinzip zu wahren.

61   **d) Auswahl durch Koordinationspersonen bzw. institutionelle Instanzen.** Werden Mediatoren innerhalb von organisationellen oder institutionellen Kontexten in Form einer Listung von externen Vertrags-Mediatoren oder eines sog innerbetrieblichen „Mediatorenpools" vorgehalten, wird der Mediator häufig durch die (Vor-)Auswahl seitens der Koordinationsperson des internen Mediationsprogramms bestimmt.[93] Dabei spielen Aspekte wie persönliche oder fachliche Passung ebenso eine Rolle wie eine ausreichende Distanz zum konkreten Konflikt.

In der gerichtsinternen Mediation wurden die Richtermediatoren in der Regel durch die Programmkoordinatoren vorgeschlagen. Auch soweit Mediationsfälle unter dem Güterichtermodell durchgeführt werden, gibt es üblicherweise weder starre Geschäftsverteilungspläne noch freie Mediatorenwahl (dazu → ZPO § 278 Rn. 7).

---

92   So auch BT-Drs. 17/5335 (Begr. RegE), 14.
93   Dazu *Gramm* in: PricewaterhouseCoopers/Europa-Universität Viadrina Frankfurt (Oder), S. 34 ff.; *Händel* in: Gläßer/Kirchhoff/Wendenburg, S. 215 ff.

Auch im Rahmen der Mediationsangebote von Rechtsschutzversicherern werden die Mediatoren häufig von den Versicherungsunternehmen bzw ihren nachgeschalteten Dienstleistern ausgewählt. Dies stellt keinen Widerspruch zu § 2 Abs. 1 dar (so OLG Frankfurt, Urteil vom 9.4.2015 – 6 U 110/14, Rn. 43; bestätigt durch BGH, Beschluss vom 14.1.2016 – I ZR 98/15).

In all diesen Konstellationen ist es wichtig, dass sowohl die Mediatoren als auch die Parteien den Vorschlag ablehnen können.

e) Vorab-Bindung durch Mediationsklauseln. Eine Sonderkonstellation ist 62 die Vorab-Bindung bezüglich der Mediatorenwahl durch Mediationsklauseln (→ MediationsG § 1 Rn. 14). Durch derartige Klauseln können sich Parteien weit im Vorfeld etwaiger Streitigkeiten nicht nur darauf einigen, im konkreten Konfliktfall vor Beschreitung des Rechtsweges ein Mediationsverfahren einzuleiten, sondern auch die Auswahl des etwaigen Mediators bestimmen.

Dies kann auf verschiedenen Wegen geschehen:

- persönliche Benennung eines konkreten Mediators
- Festschreibung eines bestimmten Mediationsanbieters
- Bezug auf die Mediatorenliste eines Verbandes oder einer Institution

Im zweiten oder dritten Fall können dann entweder die Parteien ihren präferierten Mediator autonom aus den gelisteten Personen wählen oder die jeweilige Institution schlägt eine oder mehrere Personen vor, wobei dieser Vorschlag – je nach der Parteivereinbarung und/oder der institutionellen Mediationsordnung – wiederum optionalen oder bindenden Charakter haben kann.[94]

Selbst im Modell einer bindenden Auswahl des Mediators durch eine Anbieterinstitution liegt kein Verstoß gegen das Selbstbestimmungsprinzip des § 2 Abs. 1, da dadurch lediglich eine vorgezogene Selbstbindung der Parteien aktualisiert wird.

4. Umgang mit eingeschränkter Wahlfreiheit. Da Abs. 1 nicht ein Recht 63 auf *freie* Wahl des Mediators garantiert, verstoßen auch die Konstellationen, in denen Dritte die (Vor-)Auswahl des Mediators treffen, nicht gegen die Norm – solange die Parteien die **Möglichkeit** haben, einen **drittseitig benannten Mediator** auch **abzulehnen.** Mit Blick auf Abs. 5, der das Recht der Parteien festschreibt, eine Mediation *jederzeit* zu beenden, können Parteien letzteres spätestens in der ersten „logischen Sekunde" eines Mediationsverfahrens tun und einen für sie ausgewählten, unliebsamen Mediator dadurch faktisch ablehnen. Das Recht zu einer solchen Vorgehensweise kann Mediationsparteien auch nicht durch organisationsinterne Vorgaben genommen werden.

Soweit die Parteien in ihrer Wahl des Mediators durch Vorschläge Dritter 64 beeinflusst oder durch Vorgaben eingeschränkt sind, sollten die auf diese Art eingeführten Mediatoren besonders darauf achten, sich den Parteien in Vorgesprächen entsprechend ausführlicher vorzustellen und zu betonen, dass ohne eine **Zustimmung der Parteien zur Auswahl des konkreten Me-**

---

94 Zu den vielen Spielarten eines solchen Procederes siehe *Tümpel* in: Gläßer/Kirchhoff/Wendenburg, S. 93 ff.

diators letztlich keine Mediation durchgeführt werden kann. Letzteres sollte auch gegenüber institutionellen Auftraggebern betont werden, die eine Vorauswahl des Mediators treffen; die Mediatorverträge sind entsprechend zu gestalten.

65   Auf jegliche **Zweifel der Parteien**, die die Person des Mediators betreffen, ist seitens des auswählenden Akteurs oder des Mediators selbst ernsthaft einzugehen. Lassen sich die Bedenken der Parteien nicht ausräumen, sollte der vorausgewählte Mediator gegenüber dem Auftraggeber anregen, eher einen anderen Mediator in Betracht zu ziehen, als ein Scheitern der Mediation als solcher zu riskieren.

66   Soweit sich die Parteien auf eine Mediation einlassen, empfiehlt es sich, in der ersten Phase der Mediation besonders deutlich darauf hinzuweisen, dass auch im laufenden Verfahren jederzeit die Möglichkeit besteht, die Mediation auch aus Gründen einer als unzureichend empfundenen Mediatorpassung zu beenden bzw. einen Mediatorwechsel vorzunehmen.

67   **5. Wahl von Co-Mediatoren.** Auch wenn sich die Normformulierung nur im Singular auf einen Mediator bezieht („wählen den Mediator"), können natürlich auch Co-Mediatoren von den Parteien bestimmt werden (→ Rn. 3). Die oben gemachten Ausführungen gelten dann entsprechend.

68   Für die **Zusammenstellung von Co-Mediatoren-Paaren** gibt es – je nach der Bedarfslage der konkreten Fallkonstellation – unterschiedliche Möglichkeiten bzw. Kriterien:

So wird zB in der Familienmediation empfohlen, **Co-Mediatoren mit komplementärem fachlichen Hintergrund** – namentlich mit psychosozialen und juristischen Stammberufen – zu kombinieren.[95]

Der Gedanke der Kompetenzergänzung spielt auch bei der Kopplung von Co-Mediatoren mit besonderen **Verfahrensexpertisen**[96] oder **unterschiedlichen Erfahrungshorizonten** eine Rolle.

Nicht zuletzt kann sich eine **Spiegelung der Parteistruktur**[97] durch die Co-Konstellation der Mediatoren als hilfreich und vertrauensfördernd erweisen.

69   Ab einer gewissen Personenzahl[98] ist es auf jeden Fall schon aus Kapazitätsgründen empfehlenswert, die mediatorische Arbeit in Co-Konstellationen durchzuführen. Denn ab einer gewissen **Gruppengröße** ist es als Einzelperson nicht mehr leistbar, mediatorseitig die einzelnen Beteiligten mit

---

95   Vgl. Richtlinien der BAFM unter http://www.bafm-mediation.de/organisation/richt
linien-der-bafm/ (unter 5. Das Zusammenwirken der Disziplinen im Mediationsprozess) (zuletzt abgerufen am 3.5.2017) und *Paul/Schwartz* in: Henssler/Koch, S. 253 ff.
96   Hier ist zB an besondere Erfahrung im Umgang mit Großgruppen, an Visualisierungsfähigkeiten oder an Deeskalationsmethodik zu denken.
97   Hier ist zB an unterschiedliche Nationalitäten bzw. Ethnizitäten, Geschlechter, Berufe und/oder Altersgruppen zu denken.
98   Die Schwellen, über denen Mediatoren nur noch in Co-Konstellationen arbeiten, sind allerdings subjektiv-individuell.

ihren Kommunikationsbeziehungen und -dynamiken[99] ausreichend im Auge zu behalten und Verständnissicherung zu betreiben.[100]

Die oben genannten Beispiele für die Zusammenstellungsmöglichkeiten von Co-Mediatorenpaaren zeigen aber auch den Nutzen eines Engagements von Co-Mediatoren in kleinen Mediationskonstellationen mit nur wenigen Parteien. Denn auch hier wird die Verfahrensführung auf eine **breitere Kompetenzbasis** gestellt, was einen erheblichen Mehrwert für die Parteien darstellen kann. **70**

In Fällen, in denen eine Mediation deswegen nicht zustande zu kommen droht, weil die Parteien gegenseitig den jeweils von der anderen Seite vorgeschlagenen Mediator ablehnen,[101] kann folgende Vorgehensweise eine Schlüsselfunktion haben: Jede Partei schlägt einen (Co-)Mediator ihres Vertrauens vor; beide Mediatoren sollen dann die Mediation gemeinsam durchführen. Letzteres ist allerdings nur dann realisierbar, wenn die beiden Mediatoren mit Blick auf ihren Mediationsansatz und -stil zusammenarbeiten können (→ Rn. 50 ff.), was einer guten Abstimmung bedarf. Kommt es zu einer solchen Kopplung von zwei jeweils einseitig vorgeschlagenen Co-Mediatoren, ist natürlich jeder dieser Mediatoren auch der jeweils anderen Partei bzw. den anderen Parteien iSd Abs. 3 verpflichtet. **71**

6. Beauftragung des Mediators; Rahmenvereinbarung. In der Praxis erstrecken sich die möglichen **Zeitpunkte der vertraglichen Beauftragung eines Mediators** auf der Zeitleiste vom Erstkontakt mit einem schnell entschlossenen Auftraggeber bis zu fortgeschrittenen Stadien der Verfahrensanbahnung, in denen seitens des Mediators bereits eine ausführlichere Kontaktaufnahme zu den Parteien und ggf. auch ihren Anwälten mit Konfliktanalyse und Verfahrensdesign[102] stattgefunden hat. **72**

Häufig werden die **Inhalte der Rahmenvereinbarung** – ggf. auf der Basis von Standardentwürfen – individuell ausgehandelt, ausgeformt oder zumindest ergänzt.[103] Bisweilen verwenden Mediatoren für ihre Beauftragung und die Rahmenvereinbarung auch feststehende **Vertragsmuster** (zu deren Charakter als AGB → RDG § 2 Rn. 16 und 23). **73**

Nach Möglichkeit sollten die Entwürfe der Rahmenvereinbarung den Parteien und – so involviert – auch ihren Rechtsanwälten **vorab zur Durchsicht übersandt** und in einem Vorgespräch oder spätestens in der ersten

---

99 Zu mediationsrelevanten Phänomenen der Gruppendynamik siehe *Aschenbrenner/Gläßer* ZKM 2006, 185.

100 Aus n= Anzahl der Beteiligten ergibt sich die Anzahl der (vom Mediator zu steuernden) Kommunikationsbeziehungen K nach folgender Formel: K = (n x (n-1)):2.

101 Dies ist gerade in Konstellationen keine Seltenheit, in denen eine Mediation maßgeblich aufgrund einer ex ante abgeschlossenen Mediationsklausel eingeleitet werden muss, die Parteien aber im akuten Konfliktfall nicht ausreichend intrinsisch zu einer Mediation motiviert sind.

102 In größeren Mediationsverfahren, die per Ausschreibungsprozess vergeben werden, wird von den Bewerbern um die Mediatorenposition oft zumindest ein Entwurf des Verfahrensdesigns als – zumeist unbezahlte – Vorleistung des Mediators verlangt.

103 Siehe dazu grundsätzlich *Nelle/Hacke* ZKM 2002, 257; *Schwarz* ZKM 2008, 111; *Troja* ZKM 2009, 152.

Mediationssitzung sorgfältig durchgesprochen, erörtert und bei Bedarf nachgebessert werden.

74 Inhaltlich können Rahmenvereinbarungen die Regelungen des MediationsG aufgreifen, aber auch weit darüber hinausgehen (→ Einl. Rn. 196 ff.) **Konkretisierungen** bzw. **Modifikationen** können zB dahingehend aufgenommen werden, dass Einzelgespräche bereits a priori qua Mediationsvereinbarung vorgesehen oder auch ausgeschlossen werden oder dass die Einbeziehung bestimmter Dritter, insbes. beteiligter Rechtsanwälte, festgelegt wird.

Differenzierungen werden oft bezüglich der Setzung eines falladäquaten Vertraulichkeitsrahmens vorgenommen, indem bestimmte Personenkreise Informationen über die Mediation erhalten bzw. Rücksprachemöglichkeiten eröffnet werden sollen (→ MediationsG § 4 Rn. 22 und 30).

Fast immer enthalten die Rahmenvereinbarungen **Ergänzungen** zu den gesetzlichen Inhalten iS weiterer **Regelungsgegenstände**,[104] insbes. zu organisatorischen Fragen wie Zeitrahmen und Ort der Mediation, Honorarbemessungs- und -tragungsregeln[105] etc. In die Rahmenvereinbarung aufgenommen werden können aber auch zusätzliche Verfahrens-, Kommunikations- und Verhaltensregeln sowie Vereinbarungen zur Dokumentation der Mediationsinhalte[106] oder zum „Umfang des Einsichtsrechts in die Mediationsakten".[107]

75 Nicht immer erfolgt die vertragliche Beauftragung (und entsprechende Bezahlung) der Mediatoren direkt durch die Konfliktparteien. Gerade bei Konflikten innerhalb von Organisationen[108] bzw. Konflikten am Arbeitsplatz ist Auftraggeber und damit Vertragspartner des Mediators häufig die Organisation selbst bzw. die arbeitgebende oder eine anderweitig zuständige Einheit. Insbesondere in sehr arbeitsteilig organisierten Organisationen wird der Mediatorvertrag zumeist von einem Akteur bzw. einer Organisationseinheit (zB der Personalabteilung, dem Einkauf oder auch dem Vorstand selbst) ausgehandelt, der/die dann aber nicht selbst mit am Mediationstisch sitzt (dazu ausführlicher → C Rn. 4 ff.).

In diesen Konstellationen ist es besonders wichtig, dass das Mandat des Mediators nochmals von den eigentlichen Mediationsbeteiligten aktualisiert wird. Insofern sollte die drittseitige Beauftragung des Mediators unter den Vorbehalt der Zustimmung der Parteien gestellt werden. Zudem sollte mit den Parteien eine gesonderte Partei-Rahmenvereinbarung zu den Arbeitsprinzipien der Mediation geschlossen wird (dazu oben → Rn. 16 ff.).

76 **7. Verjährungshemmung.** Für die Frage der **Verjährungshemmung** (dazu ausführlich → BGB § 203 Rn. 4 ff.) ist der exakte Zeitpunkt des Vertrags-

---

104 Siehe dazu auch BT-Drs. 17/5335 (Begr. RegE), 15 oben.
105 Dazu *Gläßer* in: Rapp, S. 164, 169 f.
106 Hier besteht eine wichtige Schnittstelle zur Vertraulichkeit (dazu → MediationsG § 4 Rn. 22 ff.).
107 So BT-Drs. 17/5335 (Begr. RegE), 15 oben.
108 Organisation wird hier verstanden als Oberbegriff für "*soziale Gebilde, die dauerhaft ein Ziel verfolgen und aufweisen, mit eine Hilfe die Aktivitäten der Mitglieder auf das verfolgte Ziel ausgerichtet werden sollen*" (*Kieser/Walgenbach*, S. 6). Demensprechend fallen unter den Organisationsbegriff Unternehmen ebenso wie Institutionen und non-for-profit-Organisationen.

schlusses letztlich nicht relevant, da die Verjährung gem. § 203 Abs. 1 BGB immer dann gehemmt ist, wenn zwischen den Parteien „Verhandlungen über den Anspruch oder die den Anspruch begründenden Umstände schweben".[109] Als Verhandlung iSd § 203 Abs. 1 BGB gilt nicht nur die Mediation als solche,[110] sondern auch bereits ein Gespräch über den Vorschlag, eine Mediation einzuleiten.[111] Auch wenn eine Partei auf den Mediationsvorschlag der Gegenpartei hin zunächst nur mitteilt, dass sie sich mit diesem Vorschlag auseinandersetzen wird, ist die Verjährung nach § 203 BGB gehemmt.[112] Besteht eine Mediationsklausel, beginnt die „Verhandlung" iSv § 203 Abs. 1 BGB bereits mit der Aufforderung zur Einleitung des Verfahrens.[113]

III. Verfahrensverständnis der Parteien; Freiwilligkeit der Teilnahme (Abs. 2)

1. Regelungsziel und -kontext. Die Verpflichtung des Mediators, sich zu vergewissern, dass die Parteien die wesentlichen Charakteristika eines Mediationsverfahrens verstanden haben und dass sie freiwillig an der Mediation teilnehmen, soll die **Selbstbestimmung** der Parteien **absichern.**   77

Da sich die Selbstbestimmung auch auf die Frage der Verfahrensteilnahme bezieht, sind die genannten Aspekte des Verfahrensverständnisses und der Freiwilligkeit zum frühestmöglichen Zeitpunkt, jedenfalls vor Unterzeichnung der Mediations-Rahmenvereinbarung durch die Parteien zu thematisieren. Soweit dies mit dem Charakter der konkreten Mediationsanbahnung vereinbar ist, sollte der Mediator die Punkte bereits in den vorgelagerten Informationsgesprächen mit den Parteien abklären.[114] Spätestens in der initialen gemeinsamen Sitzung müssen die Punkte im Rahmen der ersten Mediationsphase (→ Rn. 81 f.) besprochen werden – vorausgesetzt, dass die Vertragsunterzeichnung erst danach erfolgt.

Auf welche Art der Mediator sich dieser Aspekte vergewissern kann, ist für die beiden Halbsätze jeweils gesondert zu betrachten.

2. Verfahrensverständnis der Parteien (1. Hs.). a) Hintergrund. Das Mediationsverfahren ist weiten Teilen der Bevölkerung noch wenig bekannt. Häufig bestehen auch Missverständnisse bzw. Vorurteile bezüglich einzelner Wesenszüge des Verfahrens[115] oder Verwechslungsgefahr mit anderen Verfahrensarten; insbesondere die Abgrenzung zur Schlichtung ist – selbst   78

---

109 Anderer Ansicht sind Stimmen in der wissenschaftlichen Literatur, die einen speziellen Verjährungstatbestand für die Mediation fordern (zB *Wagner* ZKM 2010, 172 (173)).
110 Vgl. BT-Drs. 17/5335 (Begr. RegE), 11 (A.II.).
111 *Fritz/Pielsticker/Fritz* s. Fn. 69, ZPO Einführung Rn. 5 mit weiteren Nachweisen.
112 Vgl. BT-Drs. 17/5335 (Begr. RegE), 11 (A.II.).
113 *Greger/Unberath/Steffek/Unberath* B. § 1 Rn. 193.
114 *Fritz/Pielsticker/Pielsticker*, s. Fn. 66, § 2 Rn. 13 ff.
115 So meinen viele, Mediatoren würden „doch nur reden" und verkennen damit, dass hinter mediatorischer Tätigkeit eine komplexe Methodik steht. Auch die Fehlvorstellung, in der Mediation würden Konflikte (zwangs)harmonisiert oder unter den Teppich gekehrt, ist verbreitet.

innerhalb der Anwaltschaft – vielen unklar.[116] Eine **selbstbestimmte und -verantwortete Entscheidung für eine bestimmte Verfahrensart** ist aber nur auf der Basis ausreichender Informationen möglich. Insofern ist es das Ziel der Vorschrift, den Parteien die Informationsgrundlage für eine eigenverantwortliche Entscheidung für oder gegen Mediation zu ermöglichen.[117]

79 **b) Gegenstand der Informiertheit.** Als Minimalinhalte einer solchen Informiertheit benennt der Gesetzgeber die **Grundsätze und den Ablauf eines Mediationsverfahrens.**

80 **aa) Grundsätze eines Mediationsverfahrens.** Zu den **Grundsätzen** eines Mediationsverfahrens zählen insbes. die in § 1 Abs. 1 genannten **Definitionsmerkmale** der **Vertraulichkeit, Strukturiertheit, Freiwilligkeit, Eigenverantwortlichkeit und Konsensorientierung.** Auch die in § 1 Abs. 2 enthaltene **Rollenbeschreibung des Mediators** als **unabhängig, neutral und ohne Entscheidungsbefugnis** mit den sich daraus ergebenden **Konsequenzen für die Aufgabenverteilung der Mediationsbeteiligten** – der Mediator ist *verfahrensverantwortlich* und führt primär moderierend durch den Mediationsprozess, die Parteien sind *inhaltsverantwortlich* und entscheiden somit sowohl über Informationseinspeisung als auch potenzielle Konfliktlösungen (dazu → Rn. 7) – haben Grundsatzcharakter.

81 **bb) Ablauf eines Mediationsverfahrens.** Der Ablauf einer Mediation folgt dem vom jeweiligen Mediator angewandten **Phasenmodell,** das bei allen möglichen Varianten bezüglich der Anzahl und Benennung der einzelnen Phasen (dazu auch → MediationsG § 1 Rn. 10 mwN) im Wesentlichen – entsprechend der Logik einer systematischen und interessenbasierten[118] Entscheidungsfindungs-Struktur – zumeist die inhaltlichen **Arbeitsschritte Bestandsaufnahme** (Informationsaustausch und Sammlung der klärungs- und regelungsbedürftigen Themen),[119] **Bearbeitung der Konfliktfelder/ Themen** unter Erarbeitung der individuellen Interessenprofile[120] sowie die daran anschließende **Lösungsfindung** (Suche und anschließende Bewertung von Optionen)[121] enthält. Diese Schritte der inhaltlichen Konfliktbearbeitung werden eingeleitet durch **Informationen und Absprachen zum Verfahren** und abgeschlossen durch die **Ausformulierung und ggf. Formalisierung der (idealerweise) getroffenen Vereinbarung.**

82 In jeder Mediationsphase werden als notwendige Zwischenergebnisse des Konfliktbearbeitungsprozesses bestimmte „Produkte" erarbeitet, die auch schriftlich dokumentiert werden sollten.

---

116 So wurde die Tätigkeit von Richtermediatoren häufig (fälschlich) unter das Motto „Schlichten statt Richten" gestellt; zur Abgrenzung der Verfahrensarten → Einl. Rn. 28 ff.
117 Fritz/Pielsticker/*Pielsticker* § 2 Rn. 18, 20.
118 Dieses Mediationsmodell, das auch von den Herausgebern dieses Kommentars favorisiert und praktiziert wird, ist nicht das einzig mögliche, aber das derzeit in Deutschland wohl verbreitetste.
119 Dazu ausführlich *Gläßer/Kirchhoff* ZKM 2009, 186.
120 Dazu ausführlich *Gläßer/Kirchhoff* ZKM 2005, 130.
121 Dazu ausführlich *Gläßer/Kirchhoff* ZKM 2007, 88 und ZKM 2007, 157.

Ein **fünfphasiges Aufbauschema** einer interessenbasierten **Mediation**[122] sieht entsprechend folgendermaßen aus:

	Phasenbezeichnung	*Phasenprodukt*
Phase 1	Verfahrenseröffnung	Rahmenvereinbarung
Phase 2	Bestandsaufnahme	Themensammlung/ Agenda
Phase 3	Bearbeitung der Themen und Konfliktfelder	Interessenprofile der Parteien
Phase 4 a	Optionensuche	Optionensammlung
Phase 4 b	Optionenbewertung	Lösungsszenarien
Phase 5	Verfahrensabschluss	Einigung/Abschlussvereinbarung[123]

Das Ablaufmodell einer Mediation ist **flexibel und durchlässig,** so dass bei Bedarf jederzeit in vorangegangene Phasen zurückgekehrt und Phasenprodukte um zusätzliche Punkte ergänzt werden können. So können nachträglich insbesondere weitere Gesprächsregeln vereinbart, Themen und Interessen ergänzt oder Lösungsoptionen hinzugefügt werden.

Über das Phasenmodell hinaus gehören zur (Er-)Klärung des Ablaufs einer Mediation auch Aspekte wie die **zeitliche Strukturierung** des Verfahrens (Gesamt-Zeithorizont und Länge der einzelnen Sitzungen) und **ablaufprägende methodische Elemente** wie die Art und Weise der Durchführung von Einzelgesprächen (→ Rn. 139 ff.). 83

cc) Weitere Informationsinhalte. Mit Blick auf die Zielsetzung der Vorschrift, die eigenverantwortliche Entscheidung für oder gegen ein Mediationsverfahren zu ermöglichen, sollte der Mediator neben den beiden explizit im Normtext genannten Punkten auch noch einige weitere Aspekte ansprechen. 84

Eine fundierte Verfahrensentscheidung ist nur auf der Basis einer ausreichenden **Orientierung über Verfahrensalternativen** zur Mediation mit ihren jeweiligen Vor- und Nachteilen, Chancen und Risiken möglich (dazu → Einl. Rn. 28 ff.). Soweit die Parteien anwaltlich begleitet werden, ist es primär Aufgabe der Rechtsanwälte, diese Verfahrensoptionen mit ihren Mandanten durchzusprechen (dazu → L Rn. 8 f.). Der Mediator sollte sich dann in den Vorgesprächen bzw. der ersten Sitzung danach erkundigen, inwieweit eine solche Verfahrensabwägung stattgefunden hat. Sind die Parteien nicht anwaltlich vertreten, sollte der Mediator zumindest die Frage nach der Existenz und Einschätzung möglicher Verfahrensalternativen zu einer Mediation in die erste Sitzung einspeisen, um eine diesbezügliche reflektierte Entscheidung anzuregen. 85

---

122 Siehe zum Vergleich das inhaltlich sehr ähnliche 6-Phasen-Modell bei *Kessen/ Troja*: in Haft/v. Schlieffen, § 14 Rn. 4 ff.
123 Zur diesbezüglichen terminologischen Abgrenzung iSd § 2 Abs. 6 MediationsG → Rn. 244.

86 Auch der praktizierte **Mediationsstil** sollte vom Mediator vorgestellt werden (dazu → Rn. 50 ff.), bevor sich die Parteien final für eine Mediation mit diesem konkreten Mediator entscheiden. Denn zu den Voraussetzungen einer selbstbestimmten Wahl von Verfahren und Mediator gehören auch entsprechende Informationen über die Eigenheiten der individuellen Arbeitsweise eines Mediators.

87 Soweit bezüglich der bestehenden Verfahrensalternativen oder des konkreten Mediationsansatzes für den Mediator Fehlvorstellungen oder unrealistischen Erwartungen ersichtlich werden, hat er eine diesbezügliche **Aufklärungspflicht**.

88 In der Begründung des Regierungsentwurfs wird über den Wortlaut des § 2 Abs. 2 hinaus auch verlangt, dass der Mediator sicherstellen solle, dass die Parteien *„über die Sachlage [...] voll informiert sind“*.[124] Eine derartige Informationsüberprüfung erscheint in diesem frühen Stadium einer Mediation allerdings weder sinnvoll noch praktikabel; vielmehr soll ein Informationsabgleich und -austausch ja erst in der Phase der Bestandsaufnahme mit den Parteien erarbeitet und bei Bedarf auch noch in späteren Phasen ergänzt werden. Insofern ist die systematische Überprüfung der Kenntnis der Sachlage auf Seiten der Parteien, wie in Abs. 6 S. 1 vorgesehen, auch erst mit Blick auf die Abschlussvereinbarung vorzunehmen (→ Rn. 273 ff.).

89 **c) Art und Weise des Vergewisserns.** Mit der Wahl des Verbs „vergewissern“[125] macht der Gesetzgeber deutlich, dass sich der Mediator nicht mit einer bloßen Vermutung der Informiertheit der Parteien und auch nicht mit einer pauschalen Bejahung der Frage „Wissen Sie, was Mediation ist?“, zufrieden geben darf. Vielmehr soll der Mediator differenziert überprüfen, ob alle Parteien die für eine fundierte Verfahrensentscheidung notwendigen **Informationen erhalten und verstanden** haben.[126]

90 **aa) Informationserlangung.** Der Mediator kann die Parteien diesbezüglich vollständig **selbst aufklären**. Ausführlichkeit und Tiefe der Informationen sind dabei auch am Kenntnisstand und an den Aufklärungsinteressen der konkreten Parteien auszurichten.

91 Der Mediator muss aber den Parteien die erforderlichen Informationen nicht notwendig selbst vermitteln. Eine **Aufklärung** kann auch im Vorfeld **über Dritte** erfolgen. Hier ist insbesondere an bereits im Vorlauf einer Mediation eingeschaltete Rechtsanwälte (dazu → L Rn. 15) aber auch an Fallmanager,[127] verweisende Richter (dazu → ZPO § 278 a Rn. 10), mediationsanregende Vorgesetzte, mediationsempfehlende Freunde oder abstrakte Informationsquellen wie Mediationsliteratur, Flyer oder Webseiten etc zu denken.

Ist bereits Information von dritter Seite erfolgt und bringen die Parteien entsprechend vorgeprägte Vorstellungen von Mediation mit, müssen sich

---

124 BT-Drs. 17/5335 (Begr. RegE), 15.
125 In der BT-Drs. 17/5335 (Begr. RegE) wird hierfür auch das Synonym „gewährleisten“ verwandt.
126 So auch Fritz/Pielsticker/*Pielsticker* § 2 Rn. 13 ff.
127 Fallmanager bereiten einen Mediationsfall organisatorisch und logistisch vor, ohne dann selbst die Mediation durchzuführen; siehe dazu auch *Troja* ZKM 2009, 152 (153).

Mediatoren ein differenziertes Bild von dieser Vorinformation verschaffen, die Vorstellungen der Parteien mit ihrer eigenen Arbeitsweise abgleichen und etwaige relevante Unterschiede mit den Parteien besprechen.

bb) Verständnisüberprüfung. Das Verb „**vergewissern**" suggeriert die **92** Möglichkeit, dass der Mediator sicherstellen kann, dass die den Parteien gegebenen Informationen auch tatsächlich und vollständig verstanden wurden. Dies liegt natürlich nicht abschließend in der Macht des Mediators. Der Mediator kann nur unter Einsatz seines kommunikativen Handwerkszeuges – insbesondere des „Dreischritts der Verständnissicherung" (→ Rn. 126) und diverser Fragetechniken (→ Rn. 127) – nach bestem Wissen und Gewissen überprüfen, wie die gegebenen Informationen von den Parteien verarbeitet wurden.

Dabei ist hinsichtlich des Grades und der Detailliertheit des Verständnisses des Wesens der Mediation zu beachten, dass die Parteien nicht zu Verfahrensexperten werden, sondern lediglich in die Lage versetzt werden sollen, eine ausreichend fundierte Verfahrensentscheidung zu treffen.

Da eine vollständige Einschätzung des Verständnisses der Parteien zu Be- **93** ginn eines Mediationsverfahrens in den seltensten Fällen möglich sein dürfte, muss der Mediator bei Bedarf auch im laufenden Mediationsverfahren auf Fragen oder erkennbare Fehlvorstellungen der Parteien eingehen und Aspekte des Verfahrens (genauer) erläutern.

3. Freiwilligkeit der Teilnahme (2. Hs.). a) Stellenwert und Begriff der **94** **Freiwilligkeit.** Das Prinzip der Freiwilligkeit hat nach dem in Deutschland vorherrschenden Mediationsverständnis[128] einen hohen Stellenwert und ist dementsprechend auch als zentrales Definitionsmerkmal in § 1 Abs. 1 aufgenommen worden (→ MediationsG § 1 Rn. 14).

b) Art und Weise des Vergewisserns. Im idealtypischen Szenario einer Me- **95** diation, in dem sich autonome Akteure auf informierter Basis für das Verfahren entscheiden, ist die Freiwilligkeit unproblematisch gegeben.

Allerdings kann – teils für den Mediator schwer erkennbar – aus einem **96** zwischen den Konfliktparteien bestehenden Machtgefälle oder aus der Einflussnahme Dritter Druck resultieren, der Konfliktparteien dazu veranlasst, sich auf ein eigentlich nicht gewünschtes Verfahren einzulassen. Gerade mit Blick auf die unterschiedlichen Konstellationen, in denen die Anbahnung einer Mediation und die (Vor-)Auswahl des Mediators maßgeblich durch Dritte betrieben werden (→ Rn. 59 ff.), erscheint deshalb eine sorgfältige und kritische Überprüfung der freiwilligen Verfahrensteilnahme der Parteien durch den Mediator besonders relevant.

Die im akuten Konfliktfall subjektiv empfundene Freiwilligkeit der Teil- **97** nahme an einer Mediation kann durch vorab geschlossene Mediationsklauseln eingeschränkt oder auch durch Allgemeine Geschäftsbedingungen von Rechtsschutzversicherern beeinträchtigt sein, die die Übernahme anwaltlicher Beratungskosten von der vorherigen Durchführung eines Mediationsversuchs abhängig machen. Ein Verstoß gegen das durch das MediationsG verbriefte Freiwilligkeitsprinzip ist darin allerdings nicht zu sehen,

---

128 Zur Mediationspflicht in Italien: *Pinto* ZKM 2010, 183; zur „mandatory mediation" in den USA: *Marx* ZKM 2010, 132 (133 ff.).

denn die freiwillige Zustimmung der Versicherungsnehmer zur Mediation wird hier im Sinne einer privatautonom eingegangenen Selbstbindung auf den Zeitpunkt des Abschlusses des Versicherungsvertrags vorverlagert (so OLG Frankfurt, Urteil vom 9.4.2015 – 6 U 110/14, Rn. 43; bestätigt durch BGH, Beschluss vom 14.1.2016 – I ZR 98/15, Rn. 18).

Bisweilen unterliegen Parteien auch **Missverständnissen** und glauben, sie müssten sich auf eine Mediation einlassen, selbst wenn dies realiter nicht der Fall ist. Letzteres entsteht bspw. bisweilen im Kontext von Gerichtsverfahren, wenn die Parteien die unverbindliche Mediations*empfehlung* eines Richters als zwingende An- bzw. Verweisung auffassen.

98   Wenn die Rahmenbedingungen der Mediation oder Äußerungen der Parteien Anlass für Zweifel an der Freiwilligkeit der Parteien bieten, muss der Mediator die Motivationslage der Parteien sorgfältig – ggf. im Rahmen von Einzelgesprächen (dazu → Rn. 139 ff.) – überprüfen.

99   **c) Umgang mit eingeschränkter Freiwilligkeit.** Wenn sich in den Sondierungsgesprächen herausstellt, dass die Freiwilligkeit einzelner oder aller Parteien durch Machtausübung oder bestimmte Rahmenbedingungen der Einleitung einer Mediation – insbes. durch Druck seitens eines Mediation wünschenden Vorgesetzten, durch das Empfinden der Mediationsempfehlung eines entscheidungszuständigen Richters als Anordnung oder durch das Drängen einer (über)mächtigen Konfliktpartners auf Mediation – eingeschränkt ist, müssen Mediatoren zu Beginn des Verfahrens deutlich auf die Bedeutung des Freiwilligkeitsprinzips und insbesondere auch auf die Möglichkeit hinweisen, dass die Parteien gem. § 2 Abs. 5 S. 1 zu jedem Zeitpunkt die Mediation beenden können (→ Rn. 195 ff.).

100 Hierbei kann es hilfreich sein, zwischen äußerer und innerer Freiwilligkeit zu unterscheiden – wobei mit **äußerer Freiwilligkeit** eine von externem Druck oder Zwang unbeeinträchtigte Willensbildung der Parteien, mit **innerer Freiwilligkeit** die intrinsische Motivation zur Verfahrensteilnahme gemeint ist. Letztere kann unabhängig von eingeschränkter äußerer Freiwilligkeit gegeben sein oder hergestellt werden.

Bei unvollständiger äußerer Freiwilligkeit hat der Mediator mit den Parteien besonders ausführlich deren Motivationslage, Verfahrensalternativen etc zu erörtern, um so eine bewusste Verfahrensentscheidung nachzuholen. Nicht selten stellt sich die innere Freiwilligkeit auf diesem Wege nachträglich ein, wenn die Parteien die Vorteile des Mediationsverfahrens erkennen und Vertrauen zum Mediator fassen.

101 **d) Konsequenz fehlender Freiwilligkeit.** Stellt sich heraus, dass eine Partei tatsächlich nicht freiwillig zur Mediation angetreten ist, und lässt sich eine freiwillige Motivation zur weiteren Verfahrensteilnahme auch nicht nachträglich herstellen, sollte der Mediator die Partei ermuntern, einem Mediationsverfahren nicht zuzustimmen bzw. die bereits begonnene Mediation zu beenden. Letzteres ist gem. Abs. 5 S. 1 jederzeit möglich.

102 Will eine Partei die Nichteinleitung oder Beendigung einer Mediation nicht selbst herbeiführen, da sie Sanktionen von Seiten der anderen Konfliktpar-

tei oder Dritten fürchtet,[129] ergibt sich aus Sinn und Zweck von Abs. 2 iVm Abs. 5 S. 2, dass der Mediator zur Wahrung des Freiwilligkeitsprinzips die Mediation dann in eigener Verantwortung abzulehnen bzw. zu beenden hat. Die Begründung dieses Vorgehens gegenüber den anderen Mediationsbeteiligten ist mit der betroffenen Partei abzusprechen.

4. Aufnahme in die Rahmenvereinbarung. Sowohl bei dem Verständnis der wesentlichen Verfahrenscharakteristika als auch bei der Freiwilligkeit handelt es sich um zentrale Verfahrensaspekte, die zum Gegenstand der Mediations-Rahmenvereinbarung gemacht werden sollten. **103**

Die Aufnahme in diese vertragliche Arbeitsgrundlage unterstreicht zum einen die Bedeutung der genannten Aspekte. Zum anderen bietet sie Anlass, die Punkte bei der Besprechung der Rahmenvereinbarung vor deren Unterzeichnung gründlich zu erörtern.

5. Haftung. Versäumt es ein Mediator, sich des ausreichenden Verfahrensverständnisses und der Freiwilligkeit der Parteien zu vergewissern, so haftet er nach den allgemeinen Grundsätzen des Zivilrechts (dazu → Rn. 25 ff.), wenn einer Partei bzw. den Parteien durch die fehlerhafte Verfahrensteilnahme ein nachweisbarer Schaden entsteht. Hier ist zum einen an die Kosten des Mediationsverfahrens, zum anderen aber zB auch an Verzögerungsschäden zu denken. **104**

IV. Verfahrensführung durch den Mediator (Abs. 3)

1. Allparteilichkeit (Satz 1). a) Begriffsfeld. Die zentralen Anforderungen an die Rolle des Mediators werden vor allem durch die Begriffe Neutralität, Unparteilichkeit oder Unabhängigkeit umschrieben. Eine genaue Abgrenzung dieser Begrifflichkeiten fällt schwer, da insbesondere die Termini Neutralität und Unparteilichkeit nicht trennscharf, häufig sogar synonym gebraucht werden. Im Folgenden werden letztere daher gemeinsam abgehandelt. Nach der Gesetzesbegründung hat die Unabhängigkeit personenbezogene, die Neutralität hingegen verfahrensbezogene Bedeutung.[130] **105**

Unabhängigkeit meint grundsätzlich die Möglichkeit zur Selbstbestimmung ohne Weisungen, Abhängigkeiten oder Zwänge. **106**

Der Begriff der Unabhängigkeit wird primär mit der richterlichen Rolle in Verbindung gebracht. Für den Richter folgt aus Art. 97 Abs. 1 GG und § 25 DRiG, dass er unabhängig und nur dem Gesetz unterworfen ist. Die richterliche Unabhängigkeit wird dabei zweigeteilt in die sachliche Unabhängigkeit (Art. 97 Abs. 1 GG) und die persönliche Unabhängigkeit (Art. 97 Abs. 2 GG).[131] Die sachliche Unabhängigkeit gliedert sich wiederum auf in Weisungsfreiheit, Entziehungsfreiheit und Verantwortungsfreiheit;[132] die persönliche Unabhängigkeit garantiert Schutz vor Entlassung,

---

129 Dies kann zB in Szenarien häuslicher Gewalt (dazu *Gläßer*, Mediation und Beziehungsgewalt, 2008) oder im Rahmen der Initiierung von Mediation durch einen Vorgesetzten oder den gesetzlich zuständigen Richter der Fall sein.
130 Greger/Unberath/Steffek/*Greger* B. § 1 Rn. 55.
131 MüKoZPO/*Zimmermann* GVG § 1 Rn. 22.
132 Dazu ausführlich *Staats* DRiG § 25 Rn. 3 ff.

Versetzung und Amtsenthebung, um etwaigem Druck vorzubeugen, eine Entscheidung im Sinne des Dienstherrn zu treffen.[133]

Anders als der Richter in seiner Funktion als staatlich eingesetzter Rechtsanwender und Entscheider ist der Mediator als Dienstleister primär den Parteien, daneben auch den Grundprinzipien des Mediationsverfahrens (dazu → Rn. 24 und 218) verpflichtet. Die Anforderungen an die Unabhängigkeit des Mediators können wegen der Unterschiedlichkeit der mediatorischen und der richterlichen Rolle somit nicht ohne Weiteres aus den Grundsätzen der richterlichen Unabhängigkeit abgeleitet werden. Als **sachliche Unabhängigkeit** ist bei Mediatoren jedenfalls zu fordern, dass sie in keiner Weise selbst in den Konflikt involviert sind, also weder persönlich betroffen sind noch eigene Interessen an einem bestimmten Ausgang des Konfliktes haben.[134] Auch wenn Mediatoren nicht weisungsgebunden im engeren Sinne arbeiten, besteht im Mediationsverfahren doch keine vollständige Weisungsfreiheit. Denn zum einen bleiben die Parteien jedenfalls in allen inhaltlichen Fragen die letztverantwortlichen Entscheider. Und auch auf der Verfahrensebene ist der Mediator dem Willen der Parteien jedenfalls insofern unterworfen, als diese ihm das Mediationsmandat jederzeit entziehen können. Insofern gibt es auch keine **persönliche Unabhängigkeit** iS eines „Entlassungsschutzes". Umso wichtiger ist es, dass Mediatoren trotz dieser äußeren Abhängigkeiten ihres Mandats von den Parteien bzw. vom Auftraggeber ihre **innere Unabhängigkeit** bewahren und kultivieren, indem sie alles vermeiden, was sie innerlich auf ein bestimmtes Ergebnis festlegen oder den Anschein einer solchen Festlegung verursachen könnte.[135] Die damit verbundenen Haltungs- und Wahrnehmungsfragen sind für Mediatoren von besonderer Bedeutung und bedürfen systematischer und selbstkritischer Reflexion (→ Rn. 42).

107   Nach den Erläuterungen zum Regierungsentwurf verpflichtet Abs. 3 S. 1 Mediatoren zur **Neutralität**, die ebenso wie die Unabhängigkeit des Mediators als „unerlässliche Voraussetzung für das Gelingen einer Mediation" gesehen wird.[136] Die Neutralität wird häufig mit **Unparteilichkeit** gleichgesetzt und meint grundsätzlich, dass Mediatoren im Verfahren nicht für die eine oder andere Seite des Konfliktes Partei ergreifen sollen.[137] Nach den Ausführungen der Gesetzesbegründung zur verfahrensbezogenen Neutralität sind Mediatoren insbesondere zu einer unparteilichen Verhandlungsführung und zur Gleichbehandlung der Parteien verpflichtet. Dazu zählen laut Gesetzesbegründung auch die gleichmäßige Weitergabe von Informationen an alle Parteien sowie die gleiche Teilhabe an etwaigem Fachwissen des Mediators.[138]

108   Die Gesetzesformulierung, dass der Mediator „allen Parteien gleichermaßen verpflichtet" ist, geht allerdings über die dargestellten Begriffskonnotationen hinaus. Denn während mit „*Un*parteilichkeit" und „Neutralität"

---

133   MüKoZPO/*Zimmermann* GVG § 1 Rn. 27.
134   Dazu, wenn auch unter dem Begriff der Unparteilichkeit, *Montada/Kals*, S. 38.
135   Zur analogen inneren Unabhängigkeit von Richtern siehe *Staats* DRiG § 25 Rn. 8.
136   BT-Drs. 17/5335 (Begr. RegE), 15 oben.
137   *Ade/Alexander*, Rn. 49.
138   BT-Drs. 17/5335 (Begr. RegE), 14.

primär inhaltliche Enthaltsamkeit und persönliche Distanz assoziiert werden, sollen Mediatoren „allen Parteien gleichermaßen zur Verfügung stehen und ihnen allen gleichermaßen dienen."[139] Wegen der Andersartigkeit dieser durchaus aktiv unterstützenden Rolle wird für die **gleichmäßige Empathie- und Aktivitätsentfaltung zugunsten jeder einzelnen Partei** immer häufiger der Begriff der „*Allparteilichkeit*" verwandt.[140]

b) Adressaten. Diese gleichmäßige Verpflichtung der Mediatoren gilt nach dem Wortlaut der Vorschrift gegenüber allen Parteien – unabhängig davon, wer den Mediator initial angefragt oder formal beauftragt hat bzw. bezahlt. Da allerdings ungleiche Anteile an der Bezahlung des Mediators – im Sinne des Mottos „wer zahlt, schafft an" – Zweifel an der Allparteilichkeit hervorrufen können, gilt die Daumenregel, dass alle Mediationsparteien gleichmäßig an der Bezahlung des Mediators beteiligt sein sollten.[141] Lässt sich dies nicht realisieren,[142] hat der Mediator besonders auf etwaige diesbezügliche Sensibilitäten bzw. Anspruchshaltungen der Parteien zu achten.

Vom Wortlaut der Vorschrift nicht erfasst sind an der Mediation beteiligte **Dritte iSv § 2 Abs. 4,** denen der Mediator ja auch im vertraglichen Sinne in der Regel nicht verpflichtet ist. Nichtsdestotrotz sollten sich Mediatoren aber bemühen, insbesondere die Rechtsanwälte und etwaige andere Vertreter oder -unterstützer der Parteien ebenso gleichmäßig zu behandeln wie die Parteien selbst. Denn zum einen können Ungleichbehandlungen der Vertreter auch auf das (All-)Parteilichkeitsempfinden der Parteien durchschlagen. Zum anderen entwickeln Vertreter, die sich nicht fair behandelt fühlen, in Reaktion auf dieses Erleben häufig auch Widerstände gegen das Verfahren oder den Mediator, die wiederum zu mediationshinderlichem Verhalten führen und so zu eigenständigen Blockadefaktoren werden können.

c) Komponenten der Allparteilichkeit. Allparteilichkeit hat eine **Haltungs-,** eine **Verhaltens-** und eine **Wahrnehmungskomponente.**

Auf der **Haltungsebene** müssen Mediatoren während der gesamten Mediation selbstkritisch beobachten, wie sie den einzelnen Parteien innerlich gegenüberstehen. Dies darf nicht dahin gehend missverstanden werden, dass ein Mediator allen Parteien gegenüber das exakt gleiche Maß an Sympathie oder Antipathie empfinden muss; dies wäre schlicht unrealistisch. Zu fordern ist vielmehr, dass der Mediator allen Parteien mit **Respekt** und **Empathie** begegnet und eine ausreichende **Unterstützungsbereitschaft** aufbringt (dazu auch → Rn. 122).[143]

109

110

111

112

139   BT-Drs. 17/5335 (Begr. RegE), 15 oben.
140   So auch *Ade/Alexander* Rn. 50; vgl. dazu auch *Kracht* in: Haft/v. Schlieffen, § 13 Rn. 24; BT-Drs. 17/5335 (Begr. RegE), 15 oben unter Verweis auf *Montada/Kals*, S. 46 ff.
141   Gegebenenfalls kann eine solche initial gleichmäßige Kostentragungsregelung im Einigungsfall im Rahmen der Abschlussvereinbarung auch revidiert und asymmetrisch gestaltet werden.
142   Insbesondere bei Konflikten zwischen Arbeitnehmer und Arbeitgeber wird ein Mediationsverfahren häufig vollständig arbeitgeberseitig finanziert.
143   Siehe dazu Spektrum der Mediation 18/2005 zum Thema „Haltung in der Mediation", abrufbar unter http://www.bmev.de/fileadmin/downloads/spektrum/sd m_18.pdf (zuletzt abgerufen am 3.5.2017).

113   Diese Grundhaltung sollte sich auf der **Verhaltensebene** so auswirken, dass der Mediator mit seinen Interventionen **alle Parteien gleichmäßig unterstützt** (dazu ausführlich unter → Rn. 131 ff.).

114   Auch wenn sich ein Mediator „allparteilich fühlt" und nach seiner Selbsteinschätzung allparteilich agiert, kann es sein, dass die Parteien ihn dennoch nicht als allparteilich wahrnehmen. Diese **subjektive Wahrnehmung seitens der Parteien** ist aber letztlich das entscheidende Kriterium dafür, ob der Mediator seine Rolle im Sinne der Mediation ausfüllen kann.

115   **d) Umgang mit Allparteilichkeitsgefährdungen.** Empfindet ein Mediator seine allparteiliche Haltung als gefährdet, sollte er das Mediationsverfahren unterbrechen und für sich bzw. gemeinsam mit seinem Co-Mediator reflektieren, was genau zu dieser Haltungsgefährdung führt und ob/wie die Allparteilichkeit wieder hergestellt werden kann. Bisweilen reicht eine kurze Reflexionspause bereits für letzteres aus, in anderen Fällen ist eine genauere Analyse im Rahmen einer Super- oder Intervision (→ Rn. 43 f.) notwendig. Letztlich entscheidend ist, ob sich die innere allparteiliche Haltung insoweit wiederherstellen lässt, dass der Mediator in der Lage ist, die Parteien offen und respektvoll wahrzunehmen und gleichmäßig zu behandeln. Gelingt dies nicht, muss sich der Mediator aus der Mediation verabschieden und das Verfahren ggf. an einen Kollegen weiterleiten.

116   Signalisiert eine Partei, dass sie den Mediator nicht mehr als allparteilich empfindet, ist dies unbedingt ernst zu nehmen – auch wenn der Mediator selbst sich und seine Verfahrensführung als allparteilich wahrnimmt (dazu auch oben unter → Rn. 114). Als Reaktion auf Zweifel an der Allparteilichkeit macht es wenig Sinn, wenn der Mediator sich rechtfertigt oder argumentiert. Er sollte vielmehr den genauen Anlass für die Zweifel erfragen und dann versuchen, in Abstimmung mit den Parteien die wankende Vertrauensbasis wieder zu festigen; ggf. sind dafür auch Veränderungen in der Verfahrensführung nötig.

117   Vor Interventionen, die mit Blick auf seine innere oder wahrgenommene Allparteilichkeit heikel sein können – hier ist insbesondere an Einzelgespräche (→ Rn. 139 ff.) oder Rechtsrat durch Anwaltsmediatoren (→ Rn. 259 ff.) zu denken – sollte der Mediator die geplante oder seitens der Parteien gewünschte Vorgehensweise mit ihren Allparteilichkeitsrisiken erläutern und auf dieser Basis explizite Zustimmung der Parteien einholen.[144]

118   **e) Haftungsfragen.** Mit Blick auf eine etwaige Haftung des Mediators wegen Allparteilichkeitsverletzungen muss zunächst zwischen der reinen Wahrnehmungs- und der Verhaltensebene unterschieden werden (dazu → Rn. 111 ff.): Das rein subjektive Empfinden einer Mediationspartei, dass der Mediator parteilich sei, ist zwar für die Mediationsdynamik äußerst relevant (dazu → Rn. 114), kann aber für sich betrachtet noch nicht haftungsauslösend wirken.[145] Dafür bedarf es vielmehr einer Pflichtverletzung des Mediators; der Allparteilichkeitsmangel muss sich also in konkretem Verhalten des Mediators manifestieren. Dieses Verhalten muss seitens des

---

144   So auch Fritz/Pielsticker/*Pielsticker* § 2 Rn. 85.
145   Fritz/Pielsticker/*Pielsticker* § 2 Rn. 84.

Mediators auch schuldhaft iSd § 276 BGB sein und nachweisbar zu einem Schaden geführt haben (dazu auch → Rn. 25 ff.). Letzteres dürfte oft nicht leicht nachzuweisen sein, da in einer Mediation die Parteien ja grundsätzlich selbst für die Einigungsinhalte verantwortlich sind.

Eine Sonderkonstellation ist die, dass ein Mediator eine Konfliktpartei absichtsvoll bevorzugt oder benachteiligt – zB indem er nur einer Seite Rechtsrat zukommen lässt oder in Einzelgesprächen parteilich-strategisch bzw. bewusst falsch berät. Schließt die benachteiligte Partei im Vertrauen auf die Gleichmäßigkeit und Transparenz der Verfahrensführung durch den Mediator eine für sie nachteilige Abschlussvereinbarung, muss der Mediator für den Schaden einstehen. **119**

2. Kommunikationsförderung und Einbindung der Parteien (Satz 2). a) Gestaltungsebenen und -vielfalt; Grundhaltung. Mediatoren sorgen auf mehreren Ebenen für förderliche Kommunikation und eine adäquate Einbindung der Parteien: **120**

Auf der **Makroebene** gestalten sie ein zur jeweiligen Fallkonstellation passendes **Verfahrensdesign**, das alle Konfliktbeteiligten angemessen berücksichtigt. Dies ist insbesondere in Fallkonstellationen mit vielen Beteiligten oder mit internen Delegations- und Vertretungsstrukturen, wie sie insbes. bei innerorganisatorischen Mediationen oder Mediationsverfahren im Bereich der öffentlichen Planung auftreten können, eine komplexe Aufgabe.[146]

Auf der **Mikroebene** setzen Mediatoren eine **Vielzahl unterschiedlicher Einzelinterventionen und Kommunikationsmethoden** bzw. -techniken ein (dazu auch unten unter → Rn. 126 ff. mwN).[147]

Für eine bestimmte Fallkonstellation oder Kommunikationssituation gibt es nicht *die eine* richtige Verfahrensweise, sondern in aller Regel mehrere zielführende Varianten. Insofern ist die Wahl von übergreifendem Verfahrensdesign und konkreter Intervention bzw. Kommunikationsmethode immer auch abhängig von der Ausbildung, der Prägung und dem jeweiligen Arbeitsstil eines Mediators. Deshalb ist es im Zweifel wichtig, bereits bei der Mediatorwahl diese Fragen anzusprechen, um die **Passung von parteiseitigen Vorstellungen und der Arbeitsweise des Mediators** überprüfen zu können (dazu → Rn. 50 ff.). **121**

Unabhängig von seinen konkreten Design- und Interventionspräferenzen und -entscheidungen sollte das Agieren eines Mediators von einer **Grundhaltung** getragen sein und geprägt werden, die den Konfliktparteien **Respekt**, eine grundsätzliche zwischenmenschliche **Wertschätzung** sowie authentisches **Verständnisinteresse** entgegenbringt. Ist eine solche Haltung für die Parteien spürbar, werden dem Mediator methodische Fehlgriffe in der **122**

---

146 Exemplarische Literatur zur Flughafen Wien-Mediation: *Fürst/König* ZKM 2002, 164; *Zillessen* Perspektive Mediation 2004, 4; *Falk/Heintel/Krainer*, Das Mediationsverfahren am Flughafen Wien-Schwechat, 2006.
147 Eine Übersicht über Kategorien von mediativen Techniken bietet *Gläßer* in: Haft/v. Schlieffen, § 15; die Vielfalt möglicher Interventionsformen wird deutlich in den Interventionssammlungen von *Knapp* (Hrsg.), Konfliktlösungs-Tools, 2016; *Knapp* (Hrsg.), Konflikte lösen in Teams und großen Gruppen, 2013, oder *Schonewille*, Toolkit Generating Outcomes, 2009.

Regel leicht verziehen. Umgekehrt können die kunstfertigsten Interventionen leer laufen bzw. als Manipulation empfunden werden, wenn dahinter nicht die entsprechende Haltung durchscheint.

123 **b) Ziele und Methodik der Kommunikationsförderung (1. Hs.).** Die Kommunikationsförderung in der Mediation verfolgt eine **dreifache Zielsetzung:**

- Vor allem anderen unterstützen Mediatoren die Parteien dabei, sich **klar** auszudrücken. Dafür ist bisweilen zunächst ein Selbstklärungsprozess auf Seiten der Parteien notwendig.
- Mediatoren wirken darauf hin, dass die Äußerungen der Parteien auch **wahr** sind; das heißt, sie achten im Rahmen des Möglichen auf Authentizität.
- Gemeinsam mit den Parteien arbeiten Mediatoren daran, dass die Ausführungen der einen Seite für die andere Seite **annehmbar** werden. Hierbei geht es um die Ermöglichung von Perspektivwechsel, Empathie und gegenseitigem Verständnis, nicht um ein pauschales *Ein*verständnis mit den Forderungen bzw. Positionen der anderen Seite.

124 Anders ausgedrückt geht es in der Mediation häufig um die „**Empowerment**" und „**Recognition**".[148] „Empowerment" meint iSv Ermächtigung, die Konfliktparteien durch entsprechenden Methodeneinsatz in ihrer Selbsterkenntnis, ihrem Selbstbewusstsein und ihrer Ausdrucksfähigkeit zu fördern bzw. zu stärken und sie dadurch dazu zu befähigen, ihre Konflikte selbst und eigenverantwortlich zu lösen.[149] „Recognition" im Sinne einer grundsätzlichen empathischen Nachvollziehung und Anerkenntnis der subjektiven Perspektive einer Konfliktpartei[150] findet zunächst durch den Mediator statt – in der Hoffnung, dass die Konfliktparteien letztlich auch einander wechselseitig „Recognition" gewähren können, selbst wenn sie nicht mit der Sichtweise und den Forderungen der anderen Seite einverstanden sind.

125 Für die Erreichung dieser Ziele und eines generellen Kommunikationsfortschrittes in einer Mediation steht eine Vielzahl unterschiedlicher Kommunikationstechniken zur Verfügung, deren sich der Mediator nach eigener Situationseinschätzung bedienen kann.[151]

126 Die zentrale und grundlegende Kommunikationstechnik ist der sog **Dreischritt der Verständnissicherung** („Loop of Understanding").[152]

---

148 Diese beiden wichtigen Begriffe wurden von Bush und Folger in ihrem Grundlagenwerk „The Promise of Mediation" geprägt; siehe *Bush/Folger*, The Promise of Mediation, 1994.

149 Siehe dazu auch *Kessen/Troja* in: Haft/v. Schlieffen, § 14 Rn. 26 f.

150 Dazu *Kessen/Troja* in: Haft/v. Schlieffen, § 14 Rn. 26, 28.

151 So auch BT-Drs. 17/5335 (Begr. RegE), 15. Grundlegend zur Rolle der Kommunikation in der Mediation *Kessen/Troja* in: Haft/v. Schlieffen, § 14, *Dörrenbächer* in: Haft/v. Schlieffen, § 16.

152 Teilweise werden für bestimmte Aspekte oder den gesamten Ablauf dieser Methode auch andere Begriffe verwendet, insbesondere aktives Zuhören, Paraphrasieren (so zB auch *Kessen/Troja* in: Haft/v. Schlieffen, § 14 Rn. 30 f.) oder Spiegeln (so zB *Dulabaum*, S. 154 ff.). Da diese Begriffe aber jeweils auch andere Bedeutungsvarianten oder -nuancen haben, erscheint der hier gewählte Terminus „Dreischritt der Verständnissicherung" bzw. das nicht selten verwendete Kunstwort „Loopen" aus Gründen der Eindeutigkeit vorzugswürdig.

Schritt 1: Der Mediator hört aufmerksam zu, was die Partei ausführt – und achtet dabei auch auf nonverbale Signale.

Schritt 2: Der Mediator gibt mit eigenen Worten wieder, was er wahrgenommen und verstanden hat (Rückformulieren).

Schritt 3: Der Mediator holt eine Rückmeldung von der Partei ein, ob er deren Ausführungen auch aus deren Sicht korrekt und vollständig wiedergegeben hat.

Soweit letzteres nicht der Fall ist, bittet der Mediator um erneute Darstellung und geht damit zurück zu Schritt 1, bis er die Rückmeldung erhält, dass er die Botschaft komplett erfasst hat.

Mit diesem Dreischritt demonstriert der Mediator Aufmerksamkeit und Zuwendung und sichert zunächst sein eigenes Verständnis. Durch die Aktivität des Rückformulierens lenkt er die Aufmerksamkeit aller Parteien auf sich, so dass die jeweils nicht unmittelbar adressierten Beteiligten unbefangener zuhören und ihre Wahrnehmung (selbst-)kritisch überprüfen können, da sie nicht gleich auf das Gesagte reagieren und dazu Position beziehen müssen.

Dieses Vorgehen führt typischerweise zur Entschleunigung der Kommunikation. Außerdem kann der Mediator in Schritt 2 durch sein Umformulieren auch entsprechend der Ziele der jeweiligen Mediationsphase bestimmte Aspekte des Gesagten – insbesondere Interessen und Bedürfnisse – hervorheben und Vorwürfe neutralisieren, was deeskalierend wirkt und die Konfliktbearbeitung in eine konstruktive Richtung lenkt.[153]

Der zweite große Bereich der Kommunikationsmittel eines Mediators sind die Fragen; hier steht eine Vielzahl von **Fragetechniken** zur Verfügung.[154] Grundlegend ist dabei insbesondere die Unterscheidung zwischen offenen und geschlossenen sowie zwischen vertiefenden und weiterführenden Fragen. **127**

Viele Mediatoren fördern die Kommunikation auch durch die **Visualisierung** wesentlicher Gesprächsaspekte.[155] So werden typischerweise Themen, Interessen und Lösungsoptionen auf dem Flipchart oder auf Metaplankarten erfasst. Manche Mediatoren arbeiten auch mit Entscheidungsbäumen,[156] Mindmaps[157] oder dokumentieren Gesprächsinhalte direkt am Computer. **128**

Neben all diesen Ansätzen der aktivitätsorientierten Kommunikation können auch **Pausen**[158] und bewusstes **Schweigen**[159] als Mittel der Kommunikationssteuerung eingesetzt werden. **129**

---

153 Siehe dazu auch *Kessen/Troja* in: Haft/v. Schlieffen, § 14 Rn. 30 f.
154 Siehe dazu exemplarisch *Kessen/Troja* in: Haft/v. Schlieffen, § 14 Rn. 39 ff.; *Proksch* ZKM 2001, 32.
155 Allgemein zur Visualisierung in der Mediation *Esser/Troja* ZKM 2008, 117; *Diez*, Werkstattbuch Mediation, 2005; *Thomann*, Klärungshilfe 2: Konflikte im Beruf – Methoden und Modelle klärender Gespräche, 2004.
156 *Risse* ZKM 2010, 107; *Eidenmüller* ZKM 2007, 115; *Neuenhahn* ZKM 2002, 245.
157 Siehe dazu *Buzan*, The Mind Map Book, 1993.
158 *Knapp* in: Knapp, Konfliktlösungs-Tools, S. 271 ff.
159 *Gläßer/Ben Larbi* in: Knapp, Konflikte lösen in Teams und großen Gruppen, S. 265 ff.; *Gerber* Perspektive Mediation 2015, 149 ff.

130 Letztlich sind der **Kreativität** des Mediators bei der Wahl der Kommunikationsformen keine Grenzen gesetzt, so lange die Intervention dem Verfahrensfortschritt sowie den Parteien nutzt und mit den Mediationsprinzipien vereinbar ist. Häufig bedienen sich Mediatoren aus dem Fundus **systemischer Interventionen**[160] (hier ist insbesondere an Konfliktskulpturen oder -aufstellungen zu denken)[161] bzw. verwenden kreative Kommunikationsformen wie Metaphernarbeit,[162] Bilder[163] oder Rituale.[164]

131 **c) Angemessene und faire Einbindung der Parteien (2. Hs.).** Die Art und Weise, wie die Mediatoren die Kommunikation der Parteien strukturieren und fördern, soll dazu führen, dass die Parteien in angemessener und fairer Weise in die Mediation eingebunden sind.

132 **aa) Angemessen.** Die Einbeziehung einer Partei ist dann angemessen, wenn sie einerseits den **objektiven Maßstäben** der Mediationsprinzipien entspricht und den Fortgang der Mediation fördert, andererseits das **subjektive Kriterium** der »empfundenen Stimmigkeit« auf Seiten der betroffenen Partei erfüllt. Unangemessen in zweiter Hinsicht wäre es zB, wenn ein Mediator eine Partei, die generell wortkarg ist oder situativ Bedarf hat zu schweigen und zu reflektieren, zum Reden nötigen würde.

133 **bb) Fair.** »Fair« iSv Abs. 3 S. 2 bezieht sich nicht auf Ergebnisse der Konfliktlösung, sondern auf den *verfahrensmäßigen* Umgang des Mediators **mit den Parteien.**

134 Das Fairnesskriterium ist zum einen an das **unmittelbare Verhalten des Mediators gegenüber den Parteien** anzulegen. Hier stellt die Fairnessanforderung ein Korrektiv dar für die dem Unterstützungsauftrag des Mediators innewohnende Gefahr der »Überzuwendung« zu einer Seite. Allerdings ist Fairness nicht abstrakt-objektiv – etwa im Sinne einer formal gleichen Behandlung mit exakt gleichen Redeanteilen, gleicher Zahl visualisierter Punkte etc –, sondern primär **situativ-qualitativ** zu verstehen. Grundsätzlich gelten für die Verfahrensführung eines Mediators folgende Kriterien, aus deren Zusammenspiel sich die Fairnessanforderung ableiten lässt:

■ Der Mediator hat **transparent** zu kommunizieren und insbesondere seine Interventionen anzukündigen, bei Bedarf auch zu erläutern und ggf. zu diskutieren, damit die Parteien sich nicht manipuliert fühlen.

■ Der Mediator interveniert nicht schematisch, sondern situativ **bedarfsgerecht**, um jede Partei in ihrer Willensbildung, Ausdrucksfähigkeit und selbstbestimmten Entscheidungsfindung bestmöglich zu unterstützen.

---

160 Siehe dazu *von Schlippe/Schweitzer*, Systemische Interventionen, 2010.
161 Siehe dazu grundlegend *Sparrer/von Kibed*, Ganz im Gegenteil – Tetralemmaarbeit und andere Grundformen Systemischer Strukturaufstellungen, 2000 sowie spezifisch für den Mediationskontext *Lack-Strecker* ZKM 2003, 69; *Lübbe* ZKM 2007, 12.
162 Dazu *Cohen* Conflict Resolution Quarterly 2003, 433, *Spangenberg/Spangenberg* ZKM 2013, 79.
163 Siehe dazu exemplarisch *Ciesielski* in: Knapp, Konfliktlösungs-Tools, S. 231 ff. und *Kosman* in: Knapp, Konfliktlösungs-Tools, S. 246 ff.
164 Siehe dazu exemplarisch *Lack-Strecker* ZKM 2005, 4, *Gamm* ZKM 2001, 114.

■ Das Interventionsverhalten des Mediators ist insgesamt **ausgewogen,** so dass im Gesamtbild des Verfahrens keine Partei überproportional mehr Aufmerksamkeit, Sprechzeit und Unterstützung erhält als die andere/n.

Fairness kann also verstanden werden als die **Balance zwischen der notwendigen Unterstützung der Parteien und ihrer Gleichbehandlung.**

Die Fairnessanforderung bezieht sich zum anderen auch auf die **Steuerung der Kommunikation der Parteien untereinander** durch den Mediator. 135

Hier hat der Mediator insbesondere auf die **Einhaltung der vereinbarten Verfahrensregeln** zu achten.[165]

Auch unabhängig von den eingangs vereinbarten Verfahrensregeln muss der Mediator **unfaires Verhalten einer Partei gegenüber der anderen** innerhalb der Mediationssitzungen unterbinden. Sollte dies nicht möglich sein, ist der Abbruch der Mediation zu erwägen. Ein potenzieller Abbruchgrund kann auch darin liegen, dass sich eine Partei außerhalb der Mediationssitzungen, aber mit Bezug auf das Mediationsverfahren bzw. den Konfliktgegenstand unfair verhält und dadurch die Kommunikations- und Entscheidungssituation in der Mediation beeinträchtigt.

cc) Gewährleisten. Die Steuerung sowohl des Verhaltens als auch der subjektiven Wahrnehmung der Parteien steht letztlich nicht in der Macht des Mediators. Die vom Gesetzgeber gewählte Formulierung „gewährleisten" kann deshalb auch nicht iSv „Erfolg garantieren" verstanden werden; der Mediator kann lediglich möglichst **zielführend auf die Parteien einwirken**[166] und nach bestem Wissen und Gewissen alles in seiner eigenen Macht Stehende tun, um die gesetzten Ziele der Angemessenheit und Fairness zu erreichen. Entscheidend ist hierfür, dass der Mediator durch entsprechend geschärfte Wahrnehmung und ggf. auch explizite Feedback-Schleifen in engem Kontakt zu der Wahrnehmung, dem Empfinden und den Wünschen der Parteien bleibt (zur Rolle von Feedback in der Mediation auch → Rn. 41). Verhalten sich die Parteien unfair oder anderweitig nicht konstruktiv im Sinne der Mediation, sollte der Mediator Meta-Kommunikation betreiben, indem er zum einen die Wirkungen des jeweiligen Partei(kommunikations)verhaltens thematisiert und zum anderen versucht herauszufinden, was hinter dem Verhalten steht. Lassen sich dadurch keine positiven Veränderungen herbeiführen, kann der Mediator als ultima ratio mit dem Abbruch der Mediation drohen (dazu → Rn. 209 ff.). Gelingt es trotz aller Bemühungen nicht, die Parteien in angemessener und fairer Weise in die Mediation einzubinden, muss der Mediator die Mediation abbrechen.[167] 136

dd) Haftungsfragen. Wenn sich der Mediator selbst unfair verhält, wenn er unfaires Verhalten der Parteien untereinander nicht unterbindet oder wenn er die Mediation trotz entsprechender Hinweise der Parteien auf eine Art und Weise weiterführt, die die Parteien als unangemessen empfinden, liegt darin eine **haftungsrelevante Pflichtverletzung.** 137

---

165 So auch Fritz/Pielsticker/*Pielsticker* § 2 Rn. 88.
166 So auch Fritz/Pielsticker/*Pielsticker* § 2 Rn. 90.
167 So auch Fritz/Pielsticker/*Pielsticker* § 2 Rn. 93.

138 **3. Verhältnis von Allparteilichkeit und „Empowerment".** Die Zielsetzung der angemessenen Stärkung und Unterstützung einer jeden Partei kann durchaus dazu führen, dass sich Mediatoren streckenweise einer Partei intensiver oder länger zuwenden als der/den anderen. Dies geschieht in aller Regel, um bestimmte Arbeitsvoraussetzungen des Mediationssystems zu gewährleisten – zB um eine wenig sprachgewandte Partei dabei zu unterstützen, die eigene Perspektive verständlich zu formulieren, oder um einer emotional verstrickten Partei einen klareren Blick auf die eigenen Interessen zu ermöglichen. Dies kommt aber dem Fortschritt des Mediationsprozesses und damit letztlich allen Mediationsbeteiligten zugute.

Nichtsdestotrotz kann eine solche Phase der asymmetrisch verteilten Aufmerksamkeit und Zuwendung bei den anderen Mediationsbeteiligten (vorübergehend) den Eindruck der Parteilichkeit erwecken. Deshalb ist anzuraten, seitens der Mediatoren die eigene diesbezügliche Vorgehensweise kurz zu erläutern, genau auf Unzufriedenheitssignale der Beteiligten zu achten und ggf. zeitnah darauf zu reagieren – und über längere Zeitspannen hinweg für eine ausgewogene und gleichmäßige Verteilung von Zuwendung und Sprechzeiten zu sorgen.

139 **4. Getrennte Gespräche (Satz 3). a) Regelungsgegenstand.** Mit der in § 2 Abs. 3 S. 3 verwendeten Formulierung „getrennte Gespräche" sind alle Verfahrenssituationen gemeint, in denen **nicht alle Parteien präsent** sind. Der in der Mediationsliteratur und -praxis zumeist verwendete Begriff der **Einzelgespräche** bzw. des „Caucus" wird v.a. für Konstellationen gebraucht, in denen der Mediator sich mit jeweils nur einer Partei, ggf. zusammen mit ihrem Rechtsanwalt oder anderen parteilichen Dritten, trifft. Dies ist die weitaus am häufigsten vorkommende Konstellation getrennter Gespräche; allerdings können gerade in Mediationskonstellationen, an denen viele Personen und/oder mehrere Gruppierungen beteiligt sind, auch getrennte Gespräche mit Teilmengen und Untergruppen der Gesamtkonstellation stattfinden. Da auch diese Gespräche als Einzelgespräche im weiteren Sinne bezeichnet werden, werden im Folgenden die Termini „getrennte Gespräche" und „Einzelgespräche" als Synonyme gebraucht. Dies scheint auch der Gesetzgeber so gesehen zu haben, da in der Gesetzesbegründung zu § 2 Abs. 3 S. 3 auch von Einzelgesprächen die Rede ist.[168]

140 Unter den **Begriff der Einzelgespräche** fallen unterschiedliche Verfahrensvarianten:

Mediatoren können getrennte Gespräche in einem Mediationsverfahren nur einmal oder häufiger führen; sie können überwiegend oder sogar ausschließlich zwischen den in getrennten Räumen platzierten Parteien hin- und herpendeln (sog **Shuttle-Verfahren** oder **Pendeldiplomatie**);[169] sie können für die getrennten Gespräche sogar **getrennte Termine** ansetzen. Soweit die Mediation von mehr als einem Mediator geführt wird, können Einzelgespräche **parallel oder synchron** stattfinden.

Wenn eine Konfliktpartei gemeinsam mit ihrer anwaltlichen Vertretung an einer Mediation teilnimmt, können Einzelgespräche **nur mit den Parteien**

---

168 BT-Drs. 17/5335 (Begr. RegE), 15.
169 Siehe dazu *Risse* NJW 2000, 1614 (1616).

oder auch **nur mit den Rechtsanwälten** geführt werden, wobei letzteres der Ausnahmefall sein dürfte (zu den Nutzen und Risiken dieser beiden Varianten → Rn. 152 f.).

Fraglich ist, ob der Gesetzgeber auch die **Vorgespräche** zur Verfahrensberatung und Auftragsklärung, die häufig zunächst nur zwischen dem Mediator und einer der Parteien erfolgen, als getrennte Gespräche iSd § 2 Abs. 3 S. 3 wertet. Dann müsste eine Konfliktpartei stets erst das Einverständnis der anderen Partei(en) einholen, bevor sie überhaupt erstmalig einen Mediator kontaktieren kann. Da dies in der Fallpraxis allerdings wegen der vor Mediationsbeginn oft sehr verhärteten Kommunikationsstrukturen zwischen den Parteien sehr schwierig sein kann, bestünde die Gefahr, dass ein solches Erfordernis ein Mediationsverfahren im Keim ersticken kann. Deshalb ist davon auszugehen, dass das allseitige Einverständnis zum Führen von getrennten Gesprächen erst ab dem Zeitpunkt eingeholt werden muss, wenn eine Mediation schon grundsätzlich zustande kommen ist. **141**

Aus Gründen der Transparenz und zur Absicherung der Wahrnehmung des Mediators als allparteilich empfiehlt es sich allerdings, dass der Mediator die im Vorfeld einer Mediation mit einzelnen Beteiligten geführten Gespräche dokumentiert, um in der ersten gemeinsamen Mediationssitzung kurz darstellen zu können, wann er mit wem gesprochen hat.

b) Regelungshintergrund. Die Frage, ob Mediatoren mit den Konfliktparteien auch Einzelgespräche führen sollten, wird kontrovers diskutiert (zu den möglichen Nutzen und Risiken getrennter Gespräche → Rn. 149 ff.).[170] § 2 Abs. 3 S. 3 stellt nun eindeutig klar, dass der Mediator mit den Parteien grundsätzlich auch getrennte Gespräche führen *kann*. **142**

Die Vorgängerversion dieses Normabschnitts war noch so formuliert, dass der Mediator mit den Parteien getrennte Gespräche führen kann, *„wenn er dies für zweckmäßig hält."*[171] Die aktuelle Fassung des Gesetzestextes stellt klar, dass der Mediator Einzelgespräche jedenfalls nicht *gegen* und – da das Einverständnis aktiv geäußert werden muss – auch nicht *ohne* Willen und Wissen aller relevanten Beteiligten (dazu → Rn. 145 f.) führen darf. Die diesbezügliche Formulierungskorrektur ist zu begrüßen. Dass der Mediator nur Interventionen vorschlägt, die er für zweckmäßig hält, sollte generell vorausgesetzt werden können, so dass diese Formulierung der Vorgängerversion im Grunde genommen ohnehin obsolet war. **143**

Vor allem aber können die Parteien im Rahmen der Einholung des Einverständnisses zu Einzelgesprächen Fragen und Bedenken bezüglich dieses Interventionsinstruments offen thematisieren. Fällt die Entscheidung dann für getrennte Sequenzen, wird diese auch von den Parteien getragen, was

---

170 Das Meinungsspektrum reicht von der Ablehnung von Einzelgesprächen (vgl. zB das "No caucus model of mediation" bei *Friedman/Himmelstein*, Challenging Conflict: Mediation Through Understanding, 2008 oder *Friedman*, S. 36 f.) über die Empfehlung, in jeder Mediation mindestens einmal Einzelgespräche zu führen (*Leiss* ZKM 2006, 74 (77)) bis hin zur Verfahrensdurchführung ausschließlich in Einzelgesprächen (vgl. dazu *Duve/Zürn* ZKM 2001, 108).

171 Siehe § 2 Abs. 2 S. 3 des RefE des BMJ abrufbar unter http://rsw.beck.de/docs/libr ariesprovider5/rsw-dokumente/RefE_Mediationsgesetz_20100803 (zuletzt abgerufen am 3.5.2017).

wiederum dem Grundsatz der Selbstverantwortung der Parteien auch auf Verfahrensebene (dazu → Rn. 7 aE) Rechnung trägt.

144 **c) Allseitiges Einverständnis.** Voraussetzung für Einzelgespräche ist nach dem Gesetzestext das „allseitige Einverständnis" mit dieser Vorgehensweise. Fraglich ist, was mit „*all*seitig" gemeint ist. Die Gesetzesbegründung geht auf diese Frage nicht weiter ein.

145 Ein vergleichender Blick auf die anderen Absätze des § 2 macht deutlich, dass sich diese Formulierung von der ansonsten verwendeten Formulierung „Zustimmung der *Parteien*" deutlich abhebt. Das könnte so gelesen werden, dass S. 3 des Abs. 3 das Zustimmungserfordernis auf alle Mediationsbeteiligten ausweitet, so dass auch Dritte – Rechtsanwälte, Begleitpersonen, Gutachter etc – grundsätzlich ihr Einverständnis zu Einzelgesprächen erteilen müssen. Ob dies der Mediationslogik entspricht, erscheint zweifelhaft. Denn danach sind letztlich nur die Parteien Herren des Verfahrens; die anderen Beteiligten spielen als Dritte iSd Abs. 4 eine untergeordnete Rolle. Dass jeglicher Dritte mit einem verweigerten Einverständnis zur Durchführung von Einzelgesprächen den weiteren Verlauf des Verfahrens gegen den erklärten Parteiwillen beeinflussen oder gar blockieren könnte, kann nicht Sinn und Zweck des Regelungsinhalts sein. Vielmehr sollte die Normformulierung die Rolle der Parteien stärken (→ Rn. 143), so dass das Einverständniserfordernis grundsätzlich lediglich die **zentralen Mediationsbeteiligt**en – also die **Parteien und** den **Mediator** – betreffen kann.[172]

146 Eine Ausnahme von dieser engen Auslegung sollte gemacht werden, wenn in das Verfahren eingebundene **Parteianwälte** Bedenken gegen vorgeschlagene Einzelgespräche anmelden. Auch wenn die Rechtsanwälte formal Dritte iSd Abs. 4 sind (→ Rn. 158), sollten Mediatoren Einzelgespräche nicht gegen den Willen von Rechtsanwälten durchführen, denn letztere können ihre Rolle als Schutzinstanz für ihre Mandantschaft nur dann erfüllen, wenn auf ihre Bedenken und Wünsche bezüglich der Verfahrensgestaltung eingegangen wird. Soweit die Ansichten einer Partei und ihres Rechtsanwaltes zur Durchführung von Einzelgesprächen auseinanderlaufen, hat aber letztlich der Wunsch der Partei Vorrang.

147 Denkbar ist auch die Konstellation, dass getrennte Gespräche von den Parteien und/oder Rechtsanwälten gewünscht werden, der **Mediator** aber **kein Einverständnis** zu deren Durchführung erteilt. Dabei gilt es zu differenzieren, ob es sich um eine *grundsätzlich* ablehnende Haltung des Mediators gegenüber Einzelgesprächen handelt (dies sollte ein Mediator unbedingt schon vor Beginn der Mediation oder in Phase 1 signalisieren, damit die Parteien diesen Aspekt im Rahmen ihrer Mediatorwahl berücksichtigen können) oder ob er *fallspezifische Bedenken* bezüglich der Geeignetheit dieser Intervention zum konkreten Zeitpunkt hat (hier ist zB an die Sorge vor Manipulation durch eine Partei, an Gefährdung der Allparteilichkeit etc zu denken). Letztere sollten transparent kommuniziert werden, so dass alle Beteiligten gemeinsam eine Entscheidung über den weiteren Verlauf der Mediation treffen können. Dass Einzelgespräche iSd MediationsG

---

172 So auch Fritz/Pielsticker/*Pielsticker* § 2 Rn. 101.

letztlich ohne die Mitwirkungsbereitschaft des Mediators nicht geführt werden können, ist dabei selbstverständlich.

d) Einsatzzeitpunkte für Einzelgespräche. Der Einsatz von Einzelgesprächen ist **in jeder Phase einer Mediation** denkbar: **148**
Auch wenn es in der **Eröffnungsphase (Phase 1)** grundsätzlich wichtig ist, das gemeinsame Arbeitsbündnis auch gemeinsam zu erarbeiten,[173] haben Parteien manchmal Bedenken oder Erwartungen, die sie im Plenum nicht äußern wollen. In problematischen Konstellationen können kurze Einzelgespräche zur Klärung beitragen, ob eine Mediation von den Parteien überhaupt gewollt bzw. für den gegebenen Konflikt geeignet ist.

Für eine umfassende **Bestandsaufnahme (Phase 2)** kann die Preisgabe von besonders sensiblen Informationen notwendig sein, für deren Offenbarung aber gerade zu Beginn des Verfahrens oft noch keine ausreichende Vertrauensbasis besteht. Da diese Informationen aber oftmals für den weiteren Verlauf des Verfahrens von grundlegender Bedeutung sind, können sie im Rahmen von Einzelgesprächen (zunächst nur) gegenüber dem Mediator offenbart werden.[174]

Dies gilt erst recht für eine erste, umfassende **Darlegung der Interessen und Bedürfnisse in Phase 3**[175] – auch wenn es hier für den Aufbau von gegenseitigem Verständnis und Empathie besonders wichtig ist, dass letztlich die Interessen und Bedürfnisse jeder Partei von allen wahrgenommen und nachvollzogen werden.

Wenn in der **Phase der Lösungsfindung (Phase 4)** die Lösungserarbeitung ins Stocken gerät oder die Parteien immer noch zurückhaltend oder befangen sind, geben Einzelgespräche den Raum, noch unausgereifte Lösungsoptionen oder Verhandlungsblockaden zu nennen, ohne Angst vor Kritik der anderen Seite oder vor einer zu frühen Selbstverpflichtung haben zu müssen.

Bisweilen treten auch bei der Formulierung von Details der **Abschlussvereinbarung (Phase 5)** letzte Blockaden auf, die in Einzelgesprächen leichter erörtert und gelöst werden können als im Plenum.

e) Nutzen und Risiken von Einzelgesprächen. Grundsätzlich sollten Einzelgespräche nur auf Basis einer **sorgfältigen Risiko-Nutzen-Abwägung** vorgeschlagen werden. **149**

Auf der **Nutzenseite** ist der im Rahmen von Einzelgesprächen gegebene erhöhte **Vertraulichkeitsschutz** besonders relevant: Informationen, aber auch Emotionen, die nur dem Mediator gegenüber geäußert werden, können von der anderen Seite nicht missbraucht werden.[176] Dadurch, dass die im Einzelgespräch getätigten Äußerungen vom Mediator paraphrasiert und ggf. auch hinterfragt werden, erhält die Partei die Möglichkeit einer **Wahrnehmungskontrolle** und kritischen **Selbstüberprüfung.** Zugleich sind Einzelgespräche ein Mittel, um zwischen den Parteien etablierte unkonstruktive Kommunikationsmuster und Eskalationsdynamiken zu unterbrechen. **150**

---

173 *Troja* ZKM 2009, 152.
174 *Gläßer/Kublik* ZKM 2011, 89 (90).
175 Vgl. *Gläßer/Kirchhoff* ZKM 2005, 130.
176 *Gläßer/Kublik* ZKM 2011, 89 (90).

Bei wenig kooperationsbereiten Parteien können im Einzelgespräch innere Vorbehalte thematisiert oder kognitive Phänomene wie zB die sog „Überzuversichtlichkeit" hinsichtlich der eigenen Erfolgsaussichten im Falle eines Rechtsstreits[177] hinterfragt werden.

Einzelgespräche ermöglichen zudem in einem geschützten Rahmen eine unbefangene (Vor-)Klärung der eigenen Interessenlage mithilfe des Mediators.

In der Phase der Lösungsfindung kann neben einer ungefilterten Optionenentwicklung in Einzelgesprächen auch das sog „Reality Testing" stattfinden.[178] Auch das gerade in der Phase 4 auftretende Phänomen der „reaktiven Abwertung" von Angeboten der Gegenseite[179] kann im Einzelgespräch aufgefangen werden, indem Ideen und Vorschläge indirekt über den Mediator, also gleichsam „über Bande", transportiert werden.

151   Neben all diesen Vorteilen besteht über alle Mediationsphasen hinweg aber auch eine Reihe von erheblichen Risiken. So verstärkt die räumliche (und ggf. auch zeitliche) Trennung der Parteien die Distanz zwischen denselben und bedeutet damit einen Verzicht auf direkte Kommunikation und unmittelbare Wahrnehmung, die für die Entwicklung von Empathie und gegenseitigem Verständnis wesentlich sind. Zugleich wird der Mediator zur bestinformierten Person im Verfahren, der aufgrund seiner Rolle als Transporteur von Informationen in einer Art Filtermodus bewusst oder unbewusst eigene Prioritäts- und Strategieentscheidungen treffen muss. Dadurch verlieren die Parteien einen Teil der Kontrolle über den Informationsfluss und es kommt zu einer Verschiebung der (gefühlten) Verantwortung bezüglich der Mediationsinhalte.[180] Die Kommunikationsstruktur der Einzelgespräche kann Unsicherheit bei allen Beteiligten (auch beim Mediator selbst) auslösen, welche Informationen letzterer weitergeben darf oder soll, wenn er von einem Einzelgespräch in das andere geht.[181] Die erhöhte Inhaltsverantwortung mit der damit verbundenen (Manipulations-)Macht auf der Seite des Mediators und die Einbußen an Informiertheit mit der Verringerung der Prozesskontrolle auf Seiten der Parteien können auch – berechtigte oder unberechtigte – Zweifel an der Allparteilichkeit des Mediators wecken oder bestärken.[182] In Fällen, in denen in Einzelgesprächen – sei es im Sinne einer Anschuldigung oder einer „Beichte" – unter dem Siegel der Verschwiegenheit strafrechtlich relevante Aspekte zutage kommen oder Schädigungsabsichten offengelegt werden,[183] können Mediatoren zudem in ein moralisches Dilemma geraten.

152   Einzelgespräche nur mit den Parteien ohne Rechtsanwälte können den Vorteil bringen, dass manche Parteien so leichter über die nichtjustiziablen, höchstpersönlichen und emotionalen Seiten ihres Konfliktes sprechen kön-

---

177 Dazu ausführlich *Leiss* ZKM 2006, 74; *Wagner* ZKM 2007, 172 ff.
178 Hierzu gehört insbes. die Ermittlung von Einigungszonen (sog ZOPA – Zone Of Possible Agreement) und (Nichteinigungs-)Alternativen bei einem Scheitern der Mediation (sog BATNA – Best Alternative To A Negotiated Agreement); dazu *Gläßer*, Mediation und Beziehungsgewalt, S. 105.
179 Dazu ausführlich *Leiss* ZKM 2006, 74 (76).
180 *Gläßer*, Mediation und Beziehungsgewalt, S. 105.
181 Moll/*Dendorfer/Ponschab*, Rn. 50.
182 *Driehaus* GewArch 2005, 94.
183 *Duve/Zürn* ZKM 2001, 108 (111).

nen. Allerdings kann diese Vorgehensweise dazu führen, dass die Rechtsanwälte die Befürchtung hegen, die Kontrolle über das Verfahren zu verlieren – und deshalb Widerstände gegen die Mediation und/oder den Mediator entwickeln.

Einzelgespräche nur mit den beteiligten Rechtsanwälten sind in der Praxis 153 eher die Ausnahme, da die Parteien ja im Zentrum des Mediationsverfahrens stehen (sollen). In bestimmten Fällen kann es aber nutzbringend sein, wenn der Mediator mit den Rechtsanwälten ohne Beisein der Parteien spricht. Dies gilt insbesondere dann, wenn Rechtsanwälte sich mediationswidrig verhalten, weil sie offenkundig das Mediationsverfahren und die anwaltliche Rolle darin nicht ausreichend kennen oder verstanden haben. Hier kann der Mediator in Einzelgesprächen den Rechtsanwälten bessere Orientierung zum Verfahren und Hinweise zu mediationsförderlichem Verhalten geben, ohne die Anwälte vor ihrer Mandantschaft bloßzustellen.

f) Interventionsgestaltung. Die **Entscheidungsfindung über den Einsatz von** 154 **Einzelgesprächen** sollte in methodischer Hinsicht sehr bewusst und sorgfältig gestaltet werden. Der Mediator muss bereits bei der Darstellung seines Mediationsmodells und seiner Vorgehensweise vor und in Phase 1 über die Möglichkeit und seine grundsätzliche Bereitschaft, in Einzelgespräche überzugehen, sprechen, um so Transparenz und einen einheitlichen Erwartungshorizont zu schaffen. Vor dem konkreten Einsatz von Einzelgesprächen sind die Nutzen und Risiken dieser Interventionsform, die Motivation, sie an dieser Stelle vorzuschlagen, sowie der mögliche Ablauf vorzustellen und ggf. zu erörtern.[184]

Fällt die Entscheidung der Beteiligten für einen Einsatz von Einzelgesprächen, hat der Mediator in der **konkreten Durchführung der Einzelgespräche** vielfältige Möglichkeiten: Er kann die Gespräche kurz halten und mehrfach zwischen den Parteien hin und her wechseln oder die jeweils wartende Partei im Falle von längeren getrennten Sequenzen mit konkreten, phasenspezifischen Aufgaben versorgen. Noch mehr Spielraum zur Ausgestaltung von Einzelgesprächen eröffnet die Co-Mediation. Denn Co-Mediatoren können Einzelgespräche nicht nur gemeinsam mit einer Mediationspartei nach der anderen, sondern auch parallel und zeitgleich führen, indem sie sich jeweils einer Mediationspartei zuordnen.

Unabhängig von der Art und Weise der Durchführung von Einzelgesprächen muss stets gemeinsam entschieden werden, ob der Mediator oder die Parteien selbst für den **Informationstransfer zurück ins Plenum** verantwortlich sind und welche Informationen überhaupt „freigegeben" werden bzw. welche „gesperrt" bleiben.[185]

Nur in Kenntnis der wesentlichen Vor- und Nachteile getrennter Gespräche 157 und auf Basis einer ausführlichen Information über die Ausgestaltung und die zu entscheidenden Aspekte sollten die Beteiligten unmittelbar vor dem konkreten Einsatzzeitpunkt von Einzelgesprächen das vom Gesetzgeber geforderte Einverständnis mit dieser Vorgehensweise erteilen.

---

184 *Gläßer/Kublik* ZKM 2011, 89 (92).
185 Dazu ausführlich *Gläßer/Kublik* ZKM 2011, 89 (92).

V. Einbeziehung von Dritten (Abs. 4)

158   **1. Definition des Dritten.** Dritte im Sinne des Mediationsgesetzes sind **alle Personen, die nicht unter den Parteibegriff fallen** (→ Rn. 3) – also alle potenziellen Mediationsbeteiligten, die nicht selbst unmittelbar beteiligt am zu bearbeitenden Konflikt und der etwaigen Abschlussvereinbarung sind. Demnach sind insbesondere Rechtsanwälte, sonstige Berater, Unterstützungs- oder Begleitpersonen (dazu → Rn. 180) der Mediationsparteien als Dritte zu betrachten (zu den Spezifika der Einbeziehung dieser Beteiligtengruppen unten unter → Rn. 165 ff.).

159   Die **Vertreter von juristischen Personen oder Gruppierungen ohne eigene Rechtspersönlichkeit** sind dagegen nicht Dritte, sondern Repräsentanten einer Partei. Nichtsdestotrotz sollten derartige Repräsentanten während eines laufenden Mediationsverfahrens nicht ohne die Zustimmung der anderen Seite/n ausgewechselt werden, da sich Vertrauensverhältnisse immer (auch) auf konkrete Personen beziehen.

Da diese Konstellation vom Gesetz nicht erfasst ist, sollte sie in entsprechenden Fällen – zu denken ist hier insbesondere an Konflikte im innerorganisatorischen und im öffentlichen Bereich – auf Vertragsebene geregelt werden.

160   **2. Möglichkeiten der Einbeziehung von Dritten im Überblick.** Dritte können auf unterschiedliche Art und Weise in ein Mediationsverfahren involviert werden. Die Einbeziehungsmöglichkeiten reichen von sporadischen flankierenden Besprechungen außerhalb der eigentlichen Mediationssitzungen über die punktuelle Hinzuziehung zu einzelnen Sitzungen oder Sitzungsabschnitten bis hin zur steten Präsenz am Mediationstisch.

161   **3. Zustimmung zur Einbeziehung in die Mediation. a) Zustimmungsbedürftigkeit.** Fraglich ist, auf welche Formen der Einbeziehung sich das in Abs. 4 statuierte Zustimmungserfordernis bezieht. Hier ist vom Sinn und Zweck der Vorschrift her zu argumentieren, die primär die Selbstbestimmung der Parteien bezüglich der Mediationsbeteiligten sowie den dadurch konfigurierten Vertraulichkeitsrahmen wahren soll.[186] In jedem Fall zustimmungsbedürftig ist danach die Einbeziehung von Dritten in Form von **persönlicher Anwesenheit in der Mediation.**[187] Darüber hinaus bedarf aber auch die **flankierende Involvierung** von Beratern, mit denen sich Parteien zwischen Mediationssitzungen besprechen wollen, der Zustimmung aller Parteien, soweit bei dieser Vorgehensweise vertrauliche Mediationsinhalte transportiert werden sollen. Nicht zustimmungsbedürftig sind lediglich flankierende Gespräche mit Dritten, in denen ausschließlich über Dinge gesprochen werden, die nicht in den konkret vereinbarten Vertraulichkeitsrahmen fallen.

162   **b) Anforderungen an die Zustimmung.** Für die so verstandene Einbeziehung jedweder Dritter in die Mediation ist die **Zustimmung aller Parteien** notwendig. Die Zustimmung zur Einbeziehung von Dritten kann grund-

---

186 Siehe dazu auch BT-Drs. 17/5335 (Begr. RegE), 15.
187 So auch BT-Drs. 17/5335 (Begr. RegE), 15 oben.

sätzlich formlos und mündlich gegeben werden, sollte aber explizit erfolgen.[188]

Sind an einer Mediationskonstellation bereits Dritte, insbes. Rechtsanwälte, beteiligt und soll der **Kreis der Dritten** noch **erweitert werden**, bedarf dies nach dem Wortlaut des Gesetzes nur der Zustimmung der Parteien, nicht aber der bereits beteiligten Dritten. Nichtsdestotrotz ist es zur Wahrung eines konstruktiven Gesprächsklimas sehr empfehlenswert, auf das Einverständnis *aller* Mediationsbeteiligten zur Hinzuziehung weiterer Personen hinzuwirken. **163**

4. Vertragliche Einbindung der Dritten. Wenn Dritte, insbesondere Rechtsanwälte, mit eigenen Aufgaben in die Mediation eingebunden werden sollen und dadurch auch mit vertraulichen Mediationsinhalten in Berührung kommen (können), sollten diese Dritten in die Rahmenvereinbarung einbezogen werden (dazu → Rn. 16 ff.). Soweit die Dritten in den Mediationssitzungen selbst präsent sind, empfiehlt es sich, sie auch auf die mediativen Arbeitsprinzipien zu verpflichten (dazu → Rn. 18 f.). In jedem Fall sollte mit den involvierten Dritten vorsorglich eine Verschwiegenheitsvereinbarung getroffen werden. **164**

5. Besonderheiten der Einbeziehung spezieller Dritter. a) Einbeziehung von Rechtsanwälten. aa) Konfliktkonstellationen. Ob die Einbeziehung von Rechtsanwälten in ein Mediationsverfahren sinnvoll ist, hängt von der **Vorgeschichte**, dem **Kontext** und dem **Ausmaß der rechtlichen Prägung einer konkreten Konfliktkonstellation** ab. **165**

In der klassischen Wirtschaftsmediation, in der sich autonome Unternehmen gegenüber stehen (sog business-to-business-Mediation, kurz: b2b-Mediation, → B Rn. 1 ff.), ist in aller Regel pro Partei mindestens ein Rechtsanwalt als Syndikus oder externer Berater beteiligt. **166**

In Trennungs- und Scheidungsmediationen, in denen anschließend mit Rechtskraft zu versehende Entscheidungen zB über Vermögensauseinandersetzung, Unterhaltszahlungen oder den Umgang mit Kindern erarbeitet werden, wird aufgrund der persönlichen Tragweite der Regelungsgegenstände stark empfohlen, Rechtsanwälte zumindest flankierend-beratend zu involvieren.[189] Dadurch soll auch ein eventuell bestehendes Informations- und/oder Machtgefälle zwischen den Parteien ausgeglichen werden, ohne damit die allparteiliche Rolle des Mediators zu belasten.[190]

Selbiges gilt bei Mediationen, die die (Um-)Verteilung hoher Vermögenswerte betreffen. Dies kann insbesondere bei gesellschafts- oder erbrechtlichen Auseinandersetzungen der Fall sein.

Demgegenüber gibt es Konfliktfelder und -konstellationen, in denen die Beteiligung von Rechtsanwälten fern liegt oder gar kontraproduktiv wäre. Dies ist insbesondere in informellen Kontexten wie zB der Schulmediation und bei per se nicht justiziablen Konfliktgegenständen der Fall, also bei Mediationen mit einem Schwerpunkt auf der Ebene der Beziehungsklä- **167**

---

188 MüKoZPO/*Ulrici* Anhang zu § 278 a ZPO Mediationsgesetz, Rn. 32.
189 Vgl. zB Richtlinien der BAFM unter http://www.bafm-mediation.de/organisation/richtlinien-der-bafm/ (zuletzt abgerufen am 3.5.2017).
190 Siehe dazu auch *Wendenburg*, S. 294 ff.

rung. Ohne Einbeziehung von Rechtsanwälten verlaufen zumeist auch Mediationen im organisations- bzw. unternehmensinternen Bereich, soweit der Konflikt noch nicht verrechtlicht wurden (dazu generell → C Rn. 1 ff.).

168 Unabhängig vom Konfliktgegenstand bzw. -feld ist eine Einbeziehung von Rechtsanwälten immer dann nahe liegend, wenn ein Konflikt bereits stark verrechtlicht wurde oder gar rechtshängig geworden ist. Auch wenn eine rechtliche Beratung oder die rechtliche Ausgestaltung der Abschlussvereinbarung nötig ist, sollten jedenfalls in Fällen, in denen der Mediator selbst nicht zur Rechtsdienstleistung berechtigt ist (→ Rn. 256 ff.), Rechtsanwälte als externe Berater iSd § 2 Abs. 6 S. 2 eingeschaltet werden (dazu → Rn. 262).[191]

169 In jedem Fall sollten Rechtsanwälte immer dann proaktiv in das Mediationsgeschehen eingebunden werden, wenn sie bereits vor Beginn des Mediationsverfahrens von den Parteien mandatiert wurden. Denn dann müssen sich Rechtsanwälte einbringen (können), um entsprechend ihrer beruflichen Rolle die Interessen ihres Mandanten wahren und vertreten zu können (dazu → L Rn. 23 ff.).

170 Im Rahmen der ursprünglichen gerichtsinternen Mediation galt zwar grundsätzlich kein formaler **Anwaltszwang** iSd § 78 ZPO. Allerdings wurde in der Praxis der Pilot- und Modellprojekte – oft in Absprache mit den Rechtsanwaltskammern – häufig kategorisch die anwaltliche Vertretung aller Parteien als Voraussetzung für die Durchführung einer gerichtsinternen Mediation gefordert, selbst in Verfahren, in denen kein zivilprozessualer Anwaltszwang bestand.[192] Dadurch sollte zum einen – zur rollenkonformen Entlastung der Richtermediatoren – eine adäquate Rechtsberatung der Parteien gewährleistet werden. Zum anderen spielte sicherlich auch die Wahrung berufsständischer Interessen der Anwaltschaft eine Rolle.

Soweit heute im Rahmen des Güterichtermodells Mediationen durchgeführt werden, gelten diese jedenfalls als Rechtsprechung (→ ZPO § 278 Rn. 7 und → K Rn. 25), so dass bezüglich des Anwaltszwangs die allgemeinen (zivil-)prozessualen Regeln (insbes. § 78 ZPO, § 1 Abs. 1 ArbGG) einschlägig sind (dazu → ZPO § 278 Rn. 23 mwN).

171 **bb) Nutzen und Risiken anwaltlicher Beteiligung.** Die zentrale Aufgabe von Rechtsanwälten in einer Mediation ist die Übernahme der **Rechtsberatung.** Denn auch wenn im Zentrum einer Mediation letztlich nicht das Recht, sondern die Interessen der Beteiligten stehen sollen besteht – gerade in bereits eskalierten und stark verrechtlichten Konflikten – auch während einer laufenden Mediation legitimer Bedarf der Beteiligten, ihre Rechtspositionen und Gewinnchancen eines möglichen Gerichtsverfahrens im Sinne einer Nichteinigungsalternative (BATNA) zu (re-)evaluieren.[193]

Während Anwälte rollenkonform parteilichen Rechtsrat geben können, ist dies Mediatoren mit Blick auf ihre allparteiliche Rolle verwehrt (dazu auch → Rn. 267). So können und sollen Rechtsanwälte auch weiterhin für die –

---

191 So auch Greger/Unberath/Steffek/*Greger* B. § 1 Rn. 89 ff.
192 Siehe dazu *Rinnert* in: Gläßer/Schroeter, S. 57, 75 ff.
193 Ausführlich zur Rolle des Rechts in der Mediation *Ade/Gläßer* ZKM 2013, 57.

auch nach dem Mediationsgesetz gewünschte[194] – rechtliche Aufklärung der Parteien sorgen.

Allerdings dürfen auch Anwaltsmediatoren grds. eine allgemeine, allparteilich angelegte rechtliche Beratung der Medianden vornehmen; hierbei sind strikt die Grenzen des § 43 a Abs. 4 BRAO einzuhalten (→ Rn. 275, 284).

Über die rechtliche Aufklärung und Beratung der Parteien hinaus kann die 172 Beteiligung von Rechtsanwälten an einer Mediation weitere **Vorteile und Nutzen** mit sich bringen. So können Rechtsanwälte

- ein **Mediationsverfahren systematisch vorbereiten,** indem sie ihre Mandanten über die Eigenheiten und die Funktionsweise einer Mediation aufklären,[195] komplexe Sachverhalte aufbereiten sowie bereits im Vorfeld mit den Mandanten über deren Interessenlage, Handlungsoptionen und insbesondere im Sinne einer Risikoabwägung auch über die etwaigen Nichteinigungsszenarien[196] sprechen;

- innerhalb und zwischen einzelnen Mediationssitzungen **den Konfliktbeteiligten als Reflexionspartner dienen** und in dieser Funktion beruhigen, deeskalieren, aktuelle Befindlichkeiten ihrer Partei auffangen sowie gemeinsam mit den Parteien Interessenlagen klären, Handlungsalternativen explorieren und evaluieren;

- ihre **Mandantschaft parteilich unterstützen und stärken** – was insbesondere dann wichtig ist oder gar zu einer Voraussetzung für die Durchführbarkeit einer Mediation werden kann, wenn ein deutliches (Macht-)Gefälle[197] – zum Beispiel hinsichtlich der intellektuellen Kapazitäten, der Ausdrucksfähigkeit, des Selbstvertrauens oder auch der Verfahrens-Erfahrung[198] – oder gar ein Bedrohungs- bzw. Gewalthintergrund[199] zwischen den Konfliktparteien besteht und

- aus dem Fundus ihres Expertenwissens und ihrer Berufserfahrung in der Phase der Lösungsfindung auch **Lösungsoptionen und Gestaltungsvorschläge beisteuern.**

Diesen (potenziellen) Nutzen stehen allerdings auch einige **Risiken** gegen- 173 über, wenn Rechtsanwälte in einer Mediation präsent sind. So können Rechtsanwälte

- das **Mediationsgespräch dominieren** und damit die Selbstverantwortung der Konfliktparteien reduzieren;

- durch konfrontatives oder gar aggressives Kommunikationsverhalten **zu (weiterer) Eskalation des Konfliktes beitragen;**

---

194 Siehe dazu insbes. § 2 Abs. 6 S. 1 und 2 sowie → Rn. 264 ff. und 279 ff.
195 Dies setzt natürlich voraus, dass die Rechtsanwälte selbst ausreichende Kenntnisse über Mediation besitzen.
196 In der englischsprachigen Verhandlungsliteratur wird diese für eine systematische Verhandlungsvorbereitung zentrale Größe „BATNA" (Best Alternative To a Negotiated Agreement) genannt.
197 Siehe generell zum Thema Machtgefälle in der Mediation *Wendenburg,* Der Schutz der schwächeren Partei in der Mediation, 2013.
198 Die Überlegenheit einer Seite durch das sog „repeat player"-Phänomen wird in den USA breit diskutiert und auch in Deutschland mit zunehmendem Mediationsgebrauch eine größere Rolle spielen; siehe dazu *Wendenburg,* 145 ff.
199 Hier kann das Aufgabenspektrum der Unterstützungsperson auch physische Schutzfunktionen beinhalten; siehe dazu ausführlich *Gläßer,* Mediation und Beziehungsgewalt, 2008; zur Rolle von Rechtsanwälten insbes. S. 450 f.

- durch die (berufsbedingte) Konzentration auf rechtsbasierte Argumente, Forderungen und justiziable Aspekte der Sachverhaltes das gesamte **Mediationsgespräch** weg von den eigentlich entscheidungsrelevanten Interessen und Bedürfnissen[200] **auf rechtliche Aspekte fokussieren**[201] und/oder

- auf unproduktive Weise **mit dem Mediator konkurrieren** und diesem insbesondere die Verfahrensherrschaft streitig machen.

174 Nicht zuletzt steigt durch die Einbeziehung von Rechtsanwälten schon alleine durch die erhöhte Anzahl der beteiligten Personen unweigerlich die **Komplexität des Kommunikationsgeschehens** und damit einhergehend die **Wahrscheinlichkeit von Missverständnissen oder Binnenkonflikten** zwischen einzelnen Beteiligten.[202]

175 Die genannten Nutzen und Risiken sollten gemeinsam mit den Parteien sorgfältig abgewogen werden, wenn es um die Fragen des „ob" und „wie" einer Beteiligung von Rechtsanwälten an einer Mediation geht.

176 cc) **Optionen und Kriterien für die Einbindung von Rechtsanwälten.** Es gibt **verschiedene Verfahrensoptionen**, Rechtsanwälte an einer Mediation zu beteiligen: Neben der durchgehenden Präsenz in allen Mediationssitzungen können Rechtsanwälte auch punktuell in einzelnen Sitzungen hinzugezogen werden oder ihre Mandanten rein flankierend vor, zwischen und nach Mediationssitzungen beraten.[203] Besonders wichtig ist die Hinzuziehung von Rechtsanwälten für die Prüfung bzw. Gestaltung der Abschlussvereinbarung iSd § 2 Abs. 6 S. 3 (→ Rn. 288 ff.).

177 Soweit Rechtsanwälte an den Mediationssitzungen selbst beteiligt werden, können sie **mediationsphasenspezifische Aufgaben** übernehmen, die von der Erarbeitung einer differenzierten Verschwiegenheitsvereinbarung in Phase 1 über die Vorbereitung einer Agenda für Phase 2 oder die Unterstützung ihrer Mandanten bei der präzisen und vollständigen Formulierung ihrer Interessen in Phase 3 bis hin zum Einbringen von Lösungsoptionen in Phase 4 oder dem Ausformulieren der Abschlussvereinbarung in Phase 5 reichen.

178 Das positive Potential der Einbindung von Rechtsanwälten in ein Mediationsverfahren entfaltet sich in aller Regel dann am besten, wenn auf Seiten der Rechtsanwälte zwei grundlegende Gegebenheiten vorliegen – **Orientierung** und **Legitimation**.[204] Eine ausreichende Orientierung liegt dann vor, wenn die Begleitanwälte Wesen und Zielsetzung des Mediationsverfahrens in Grundzügen verstanden haben und wenn ihnen die eigene Rolle in diesem Verfahren klar ist. Legitimation bezieht sich dagegen auf das Verhältnis zwischen (Begleit-)Anwalt und Mandant/Mediationspartei; hier muss auch der Mandant verstanden haben, dass in einer Mediation andere Re-

---

200 Siehe dazu *Gläßer/Kirchhoff* ZKM 2005, 130 ff.
201 Die angedeuteten Gefahren einer Dominanz des Rechts in der Mediation sollen nicht dahingehend missverstanden werden, dass das Recht(sgespräch) in einem Mediationsverfahren keine sinnvolle Rolle einnehmen kann; siehe dazu *Ade/Gläßer* ZKM 2013, 57, und unten unter → Rn. 264.
202 Siehe dazu *Gläßer* in: Jost, S. 15, 22 f., insbes. Fn. 9.
203 Siehe dazu ausführlicher *Ade/Gläßer* ZKM 2013, 57.
204 Siehe dazu ausführlicher *Gläßer* in: Jost, S. 26 f.

geln für professionelles anwaltliches Verhalten gelten als in einem klassisch-konfrontativen Gerichtsverfahren.

Gerade bei noch mediationsunerfahrenen Rechtsanwälten können und sollten Mediatoren wesentlich dazu beitragen, diese Orientierung und Legitimation herzustellen, indem sie den Rechtsanwälten die Charakteristika der Mediation und die anwaltliche Rolle darin nahe bringen, die konkrete Ausformung des Mediationsverfahrens von Anfang an gemeinsam mit den Begleitanwälten kooperativ gestalten und die daraus resultierende Arbeitsteilung auch den Parteien gegenüber klar und wertschätzend kommunizieren.

b) Einbeziehung von anderen Beratern. Neben Rechtsanwälten können auch andere Berater wie zB Steuer- oder Unternehmensberater als Dritte durchgehend oder punktuell in ein Mediationsverfahren einbezogen werden. Dies empfiehlt sich insbesondere dann, wenn in der Mediation steuerlich relevante Fragestellungen (zB bei erbrechtlichen Gestaltungen) oder größere Umstrukturierungsprozesse verhandelt werden. **179**

c) Einbeziehung von Unterstützungs- und Begleitpersonen. Unterstützungs- und Begleitpersonen werden an einer Mediation beteiligt, um einer Partei Hilfe zu leisten, ohne direkt in das Mediationsgeschehen einzugreifen. Sie sind in den Sitzungen präsent, nehmen aber zumeist nicht am Mediationsgespräch teil. **180**

Die Einbeziehung von Unterstützungs- bzw. Begleitpersonen kann **aus körperlichen oder psychischen Gründen** angezeigt sein. Ersteres ist dann notwendig, wenn es zB um die Begleitung einer blinden oder gebrechlichen Mediationspartei geht. Letzteres ist eine Option, um ein von einer Seite als überfordernd empfundenes Machtgefälle zwischen den Parteien zumindest insoweit abzufedern, dass für die sich als schwächer wahrnehmende Partei eine Teilnahme an der Mediation überhaupt vorstellbar wird. Insbesondere in Fällen, in denen es zwischen den Mediationsparteien zu Gewaltvorfällen gekommen war, empfiehlt sich häufig die Begleitung durch Unterstützungspersonen, um der gewaltbetroffenen Person mehr Sicherheitsgefühl zu bieten.[205]

Wenn eine Seite aus den genannten Gründen eine Unterstützungs- bzw. Begleitperson in die Mediation mitbringen möchte, sollte dies aus Gründen der Gleichbehandlung auch der/den anderen Partei/en angeboten werden.

d) Einbeziehung von Dolmetschern. Ein Sonderfall der Unterstützung durch Dritte ist die Hinzuziehung von Dolmetschern, wenn es keine ausreichende gemeinsame sprachliche Grundlage für die Verständigung der Parteien miteinander und/oder mit dem Mediator gibt. Die Relevanz dieser Problematik ist durch den Zuzug von geflüchteten Personen stark gestiegen.[206] **181**

Hierbei ist zu beachten, dass Dolmetscher immer auch interpretieren (müssen) und dadurch das Gesagte unbeabsichtigt verfremden oder gar verfäl-

---

205 Siehe dazu ausführlicher *Gläßer*, Mediation und Beziehungsgewalt, S. 411 f.
206 Siehe zur Problematik Mediation und Migration: *Azad/Oschmann* Spektrum der Mediation 62/2016, 26 f.; *Berndt/Korkor/Lustig* Spektrum der Mediation 62/2016, 46 ff.; *Wüstehube/Hunder* Spektrum der Mediation 62/2016, 22 ff.

schen können. Insofern ist die Konstellation, dass der Mediator die Sprache einer Partei nicht selbst spricht oder zumindest versteht, mit besonderen Risiken behaftet.

In jedem Fall verändert die Einschaltung von Dolmetschern die Gesprächsdynamik erheblich und nimmt dem Mediator eine Reihe von Möglichkeiten der direkten sprachlichen Intervention. Deshalb sollten Dolmetscher, die in Mediationsverfahren eingeschaltet werden, ein Grundverständnis von Mediation und mediativer Kommunikation haben.[207]

Sofern leistbar, erscheint der Einsatz von bilingualen Co-Mediatoren-Teams, die die Verhandlungssprachen der Parteien abbilden, vorzugswürdig; denn diese Konstellation ermöglicht, auch ohne die möglicherweise verfremdende Einschaltung von Dolmetschern eine bilinguale Mediation durchzuführen, und erleichtert insbesondere in grenzüberschreitenden Kindschaftskonflikten die Verfahrensgestaltung.[208]

182   **e) Einbeziehung von Sachverständigen und Gutachtern.** Auch in der Mediation kann seitens der Parteien der Bedarf bestehen, Sachverständige oder Gutachter als externe Experten hinzuzuziehen, um Sachfragen wie zB wertmäßige Einschätzungen, Kausalzusammenhänge oder prognostische Schadensverläufe beurteilen zu lassen.[209]

Es ist Aufgabe des Mediators, gemeinsam mit den Parteien sorgfältig zu klären, ob und wie derartige Experten in die Mediation integriert werden sollen. Um durch die Einschaltung des Experten das Mediationsziel einer selbst verantworteten, konsensualen Einigung nicht zu gefährden, ist es sinnvoll, zunächst Thema und Funktion der ein- oder mehrseitig gewünschten Einschaltung eines Sachverständigen oder Gutachters in einem mediativen Prozess präzise zu erarbeiten.[210] Auf dieser Basis sind organisatorische Fragen wie die – in der Regel konsensuale – Bestimmung des Experten, seine Bezahlung und die bindende bzw. nicht bindende Wirkung der Ergebnisse der Expertise zu entscheiden.

183   **f) Einbeziehung von Konfliktbetroffenen.** Als Dritte können auch Personen, die von einer Konfliktlage bzw. den Ergebnissen einer Konfliktbearbeitung betroffen sind, ohne selbst Mitentscheidungsbefugnis zu haben, in die Mediation einbezogen werden. Zweck einer solchen Einbeziehung ist in der Regel die **Konsultation der betroffenen Dritten**, um deren Perspektiven, Anliegen und Bedürfnisse in der Entscheidungsfindung berücksichtigen zu können.

184   Schwerpunktmäßig wird diese Art der Drittinvolvierung mit Blick auf die **Einbeziehung von Kindern und Jugendlichen** in Szenarien der Familienmediation diskutiert, in denen es um Aufenthalts-, Umgangs- und Sorgerege-

---

207   Siehe dazu *Carroll* Spektrum der Mediation 44/2011, 35; *Carroll* MDÜ Fachzeitschrift für Dolmetscher und Übersetzer 3/2012, 24; *Carroll/Scherer* MDÜ Fachzeitschrift für Dolmetscher und Übersetzer 3/2013, 36, *von Ballestrem/Schmid/Loebel* NZFam 2015, 811 ff.

208   Siehe hierzu den Ansatz von MIKK eV – International Mediation Centre for Family Conflict and Child Abduction, online unter: www. mikk-ev.de (zuletzt abgerufen am 3.5.2017) sowie *von Ballestrem/Schmid/Loebel* NZFam 2015, 811.

209   Siehe dazu den Überblick mit Fallbeispiel bei *Schwartz/Geier* ZKM 2000, 196.

210   So *Schwartz/Geier* ZKM 2000, 196 (197).

lungen geht.[211] Eine direkte Beteiligung von Kindern an Mediationsprozessen ist umstritten, da Minderjährige dadurch in verstärkte Loyalitätskonflikte gebracht werden und den Eindruck gewinnen könnten, dass sie selbst die Verantwortung für die zu fällenden Entscheidungen tragen.[212] In welchem Ausmaß, auf welche Weise und mit welchem Ziel Kinder und Jugendliche sinnvoll in derartige Entscheidungsprozesse zu involvieren sind,[213] hängt maßgeblich von deren Reife und Fähigkeit ab, eigene Interessen und Bedürfnisse autonom zu formulieren.[214] Soweit Mediationen von Trägern der Kinder- und Jugendhilfe angeboten werden, sind die Vorgaben zur „Beteiligung von Kindern und Jugendlichen" nach § 8 SGB VIII zu beachten.[215] Die Partizipationsrechte von Kindern und Jugendlichen statuieren, dass diese grundsätzlich in alle Entscheidungsprozessen des Kinder- und Jugendhilferechts mit einzubeziehen sind. Sie sind in geeigneter Weise auf ihre Rechte im Verwaltungsverfahren und in Verfahren vor den Familien- und Verwaltungsgerichten hinzuweisen (§ 8 Abs. 1 SGB VIII), was auch die Anhörung des Kindes (§ 159 FamFG) oder die Bekanntgabe der Entscheidung an das Kind (§ 164 FamFG) beinhaltet.[216]

Eine in gewisser Hinsicht parallele Konstellation am Ende des Lebens kann 185 sich in Familienmediationen ergeben, in denen Angehörige über die **Pflegesituation betagter Familienmitglieder** entscheiden, welche selbst aufgrund eingeschränkter Geschäftsfähigkeit keine autonome Entscheidungsbefugnis über ihre Lebenssituation mehr innehaben.[217]

Im Feld der Wirtschaftsmediation ist es denkbar, in Mediationen, in denen 186 es zB um die Umstrukturierung bzw. Auflösung einer Gesellschaft oder Abteilung oder um den Zusammenschluss von Einheiten geht, auch die **betroffenen Mitarbeiter** konsultativ zu involvieren. Auch wenn die Praxis der Mitarbeitereinbeziehung gegenwärtig oft noch in eine andere Richtung weist, sollte dies insbesondere dann erwogen werden, wenn die Umsetzung der Mediationsergebnisse auf die aktive Mitwirkung und den guten Willen der Belegschaft angewiesen ist.

---

211 *Lägler* ZKM 2016, 137, *Bernhardt* ZKM 2015, 68 ff., *Krabbe* ZKM 2005, 14 ff.
212 Siehe dazu *Bernhardt* FPR 2005, 95 (96).
213 Ausführlich zu den diesbezüglichen Entscheidungskriterien und Verfahrensmöglichkeiten *Diez/Krabbe/Thomson*, S. 41.
214 Dazu mit Verweisen auf einschlägige empirische Forschung *Bernhardt* FPR 2005, 95.
215 Im Zuge des Inkrafttretens des Bundeskinderschutzgesetzes am 1.1.2012 wurde hier ua § 8 Abs. 3 SGB VIII geändert; er lautet nunmehr *„Kinder und Jugendliche haben Anspruch auf Beratung ohne Kenntnis der Personensorgeberechtigten, wenn die Beratung auf Grund einer Not- und Konfliktlage erforderlich ist und solange durch die Mitteilung an den Personensorgeberechtigten der Beratungszweck vereitelt würde."* Grundsätzlich zu (Beteiligungs-)Rechten von Kindern in der Familienmediation siehe *Balloff* FPR 2012, 216.
216 So *Balloff* FPR 2012, 216.
217 Zum Feld der sog Elder Mediation siehe *Schadow*, 2013; *Krabbe* ZKM 2012, 185; *Spangenberg/Spangenberg* ZKM 2014, 132 ff.; *Bagshaw/Adams/Zannettino/Wendt* CRQ Vol. 32 no. 4, 443 ff.; *Martin* CRQ Vol. 32 no. 4, 481 f.; *Fieldstone/Bronson* CRQ Vol. 32 no. 4, 413 ff.

VI. Beendigung des Mediationsverfahrens (Abs. 5)

187   **1. Gegenstand, Reichweite und Relevanz der Vorschrift.** Abs. 5 des § 2 regelt, wer unter welchen Umständen eine Mediation beenden kann: Nur Parteien iSv § 1 und Mediatoren können ein Mediationsverfahren wirksam beenden. Andere Mediationsbeteiligte können als Dritte iSd Abs. 4 lediglich ihre Mitwirkung an einer Mediation einstellen.

188   Aus den Regelbeispielen in § 2 Abs. 5 S. 2 und der Zusammenschau mit dem nachfolgenden Absatz kann dabei geschlossen werden, dass sich Abs. 5 offensichtlich primär auf die *vorzeitige* Beendigung eines Verfahrens ohne (vollständige) **Abschlussvereinbarung** bezieht, während Abs. 6 die Modalitäten des idealtypischen Abschlusses eines Mediationsverfahrens mit Einigung und ggf. auch entsprechender Abschlussvereinbarung zwischen den Parteien regelt.

189   Häufig stellt die vorzeitige Beendigung eines Mediationsverfahrens ohne Einigung einen **Verfahrensabbruch** aus dem Grund dar, dass mindestens einer der zentral beteiligten Akteure – Partei oder Mediator – den Eindruck hat, dass die Mediation nicht mehr zu einem sinnvollen Abschluss gebracht werden kann. Es gibt jedoch auch Fälle, in denen ein Mediationsverfahren zur Zufriedenheit aller Beteiligten ohne Einigung beendet wird – zum Beispiel, wenn das Primärziel in der Klärung bestimmter Sachverhalte oder Sichtweisen lag und erreicht wurde oder wenn die Parteien davon ausgehen, den verbleibenden Weg zu einer Einigung ohne Unterstützung durch einen Mediator zurücklegen zu können (hierzu auch die Überlegungen zu Erfolg und Scheitern einer Mediation unter → Rn. 239 ff.).

190   Im Sinne einer a maiore ad minus-Argumentation ist die Vorschrift des Abs. 5 auch auf Fallkonstellationen anzuwenden, in denen ein **Mediationsverfahren** nicht abgebrochen, aber **für längere Zeit unterbrochen** werden soll. Dies kann insbesondere dann sinnvoll sein bzw. gewünscht werden, wenn zunächst bestimmte persönliche oder sachliche Voraussetzungen für einen konstruktiven Fortgang des Mediationsverfahrens (wieder-)hergestellt werden müssen.

Auf der **Sachebene** kann es zB notwendig sein, dass bestimmte Informationen über Einkommens- oder Ausgabenverhältnisse zusammengestellt und/oder verifiziert werden müssen, bevor Vereinbarungen über Unterhaltszahlungen oder Abfindungssummen getroffen werden können. In Mediationen, in denen es um Schadensersatz geht, ist nicht selten – uU mithilfe entsprechender Gutachten (dazu oben unter → Rn. 182) – zunächst die haftungsbegründende oder haftungsausfüllende Kausalität zu klären.

Auf der **persönlichen** Ebene kann der Fortgang einer Mediation beispielsweise von der Inanspruchnahme von Coaching oder Therapie zur Klärung von beruflichen oder persönlichen Vorfragen, die primär einzelne Beteiligte betreffen und in deren Autonomiebereich fallen, oder von Maßnahmen wie Alkoholentzug oder Antiaggressionstraining[218] abhängen. Die erfolgreiche Absolvierung derartiger Maßnahmen kann auch von anderen Parteien, von

---

218   Siehe dazu für Mediationen in Fälle von Beziehungsgewalt *Gläßer*, Mediation und Beziehungsgewalt, S. 492 f.

Mediatoren oder institutionellen Mediationsanbietern zur Bedingung für die Fortsetzung eines Mediationsverfahrens gemacht werden.

Nicht zuletzt ist die Vorschrift auch dann anwendbar, wenn – auf Betreiben der Parteien oder des bislang agierenden Mediators selbst – ein **Mediatorwechsel** vollzogen werden soll. Im weiteren Sinne soll eine Mediation dann zwar mit einem anderen Mediator fortgesetzt werden.[219] Das konkrete Mediationsverfahren im engeren Sinne, welches durch die tragenden Beteiligten, also die Parteien und den initialen Mediator, konfiguriert wird, wird allerdings beendet. Dies spiegelt sich auch darin wieder, dass bei einem Mediatorwechsel die ursprüngliche Rahmenvereinbarung jedenfalls hinsichtlich des Mediatorvertrags beendet und ein neuer Mediatorvertrag geschlossen werden muss. Für den Lauf von Verjährungsfristen ist ein solcher Wechsel aber ohne Bedeutung, soweit an die Beendigung der initialen Mediation unmittelbar die Planung einer Folgemediation anschließt (dazu auch oben → Rn. 76). **191**

Die Frage, ob bzw. wann eine Mediation beendet ist, ist insbesondere dann von rechtlicher Relevanz, wenn davon Rechtswirkungen wie **Fristläufe** oder – im Falle von Mediations- bzw. ADR-Klauseln – die **Eröffnung des Klageweges** abhängen. In derartigen Konstellationen ist eine eindeutige **Feststellung und Dokumentation des Zeitpunkts der Beendigung einer Mediation** durch den Mediator vorzunehmen. **192**

2. Beendigung der Mediation durch die Parteien (Satz 1). a) Hintergrund der Regelung. Im Referentenentwurf war die Möglichkeit der Beendigung einer Mediation durch die Parteien nicht ausdrücklich enthalten.[220] Nichtsdestotrotz muss es den Parteien auch ohne gesetzliche Regelung in jedem Fall möglich sein, ein Mediationsverfahren jederzeit zu beenden. Denn dies ist ein wesentlicher Aspekt der Parteiautonomie und folgt zwingend aus dem zentralen Prinzip der Freiwilligkeit.[221] Insofern hatte die Aufnahme von S. 1 in den Regierungsentwurf eine rein klarstellende Funktion. **193**

Das Recht der Parteien, eine Mediation jederzeit zu beenden, wird umso wichtiger, je eingeschränkter die (faktische, äußere) Freiwilligkeit der Teilnahme zu Beginn eines Mediationsverfahrens ist (dazu → Rn. 100). Denn die Möglichkeit der autonomen Beendigung einer Mediation dient als Korrektiv für mangelnde oder unvollständige Freiwilligkeit zu Beginn einer Mediation. Je mehr expliziter oder impliziter Druck auf Konfliktbeteiligte ausgeübt wurde, sich auf ein Mediationsverfahren einzulassen, desto klarer muss ihnen also spätestens zu Beginn der Mediation durch den Mediator gemacht werden, dass sie das Verfahren jederzeit beenden können. **194**

b) Beendigungsrecht jeder Partei. Trotz der im Plural gefassten Gesetzesformulierung (*„Die Parteien können […]“*) ist für die parteiseitige Beendigung eines Mediationsverfahrens – anders als für den Verfahrensbeginn – kein Konsens der Parteien notwendig. Der **einseitige Beschluss einer Partei reicht aus**, um das Verfahren zu beenden. **195**

---

219 So auch die Formulierung in der BT-Drs. 17/5335 (Begr. RegE), 15.
220 Siehe RefE des BMJ abrufbar unter http://rsw.beck.de/docs/librariesprovider5/rsw-dokumente/RefE_Mediationsgesetz_20100803 (zuletzt abgerufen am 3.5.2017).
221 BT-Drs. 17/5335 (Begr. RegE), 15.

196   **c) Jederzeit.** Die Aufnahme des Wortes „jederzeit" in die Vorschrift unterstreicht, dass die Beendigung eines Mediationsverfahrens **zu jedem Zeitpunkt und in jeder Mediationsphase**[222] – also von den ersten Minuten der Eröffnungssequenz bis unmittelbar vor Unterzeichnung der Abschlussvereinbarung – möglich ist. Dies soll die Freiwilligkeit der Parteien unterstreichen und die Parteien darin unterstützen, sich möglichst ergebnisoffen auf den Mediationsprozess einzulassen.

197   **d) Ohne Angabe von Gründen.** Die Formulierung „jederzeit" ohne Einschränkungen oder Qualifikationen bedeutet auch, dass eine Angabe von Gründen für die Beendigung einer Mediation seitens der Parteien nicht notwendig ist. Durch den **Verzicht auf ein generelles Begründungserfordernis** soll vermieden werden, dass Parteien einen (zu) starken Rechtfertigungsdruck verspüren und es deswegen nicht wagen, die eigentlich gewünschte Beendigung einer Mediation einzufordern.

198   Allerdings kann es für die anderen Parteien wie auch für den Mediator sehr unbefriedigend sein, wenn ein Mediationsverfahren einseitig ohne Angabe von Gründen abgebrochen wird – insbesondere, wenn schon beträchtliche Zeit und Ressourcen in das Verfahren investiert wurden. Mit Blick hierauf ist zu überlegen, eine entsprechende Begründungspflicht für abbruchwillige Parteien in die Mediationsvereinbarung aufzunehmen.

199   Bisweilen steht hinter der Aussage, ein Mediationsverfahren beenden zu wollen, weniger ein reflektierter Abbruchwille als die Unzufriedenheit mit der konkreten Entwicklung der Mediation. Um auszuschließen, dass eine Mediation vorzeitig abgebrochen und dadurch noch bestehendes Einigungspotential verschenkt wird, sollten Mediatoren sorgfältig klären, was genau hinter einem parteiseitigen Wunsch, das Verfahren abzubrechen, steht. Wenn eine solche Klärung authentisch ergebnisoffen und mit dem erforderlichen kommunikativen Fingerspitzengefühl durchgeführt wird, so dass sich die Parteien nicht zur Fortführung der Mediation gedrängt fühlen, lassen sich hier häufig wichtige Hinweise für eine Anpassung der Verfahrensführung gewinnen, welche eine Fortsetzung der Mediation ermöglicht.

200   In jedem Fall sollten Mediatoren mit einer abbruchwilligen Partei – gegebenenfalls im Einzelgespräch (dazu → Rn. 139 ff.) – besprechen, welche alternativen Verfahrensoptionen nach der Beendigung einer Mediation zur Verfügung stehen. Nicht selten haben Parteien diese Nichteinigungsalternativen auf der Verfahrensebene nicht vollständig durchdacht und entscheiden sich in Anbetracht der verbleibenden Alternativszenarien im Sinne einer Kosten-Nutzen-Analyse doch für die Fortführung der Mediation.

201   **e) Modalitäten der Beendigung.** Die Beendigung einer Mediation durch eine Partei ist rechtlich als fristlose Kündigung des Mediatorvertrags (→ Rn. 20) iSd § 627 Abs. 1 BGB einzuordnen. Eine solche Kündigung ist als Gestaltungserklärung eine empfangsbedürftige Willenserklärung, die formlos mündlich, fernmündlich oder schriftlich abgegeben werden kann[223] und dem Mediator zugehen muss. Bei Abgabe der Erklärung in Abwesen-

---

222   Siehe dazu die Darstellung der Mediationsphasen in Rn. 81 f.
223   So auch Fritz/Pielsticker/*Pielsticker* § 2 Rn. 113.

228   *Gläßer*

heit des Adressaten gelten die Wirksamkeitserfordernisse des § 130 Abs. 1 BGB.

Je nach Gestaltung der Mediationsvereinbarung muss eine Partei ihren Be-   202
endigungswillen auch gegenüber der/den anderen Mediationspartei/en erklären, um auch die zwischen den Parteien geschlossene Mediationsabrede,
die Partei-Rahmenvereinbarung (dazu → Rn. 16 ff.), zu kündigen. Alternativ kann die kündigungswillige Partei den Mediator, ihren Rechtsanwalt
oder einen anderen Vertreter iSd §§ 164 ff. BGB beauftragen, die Kündi-
gungserklärung für sie abzugeben.

Ist eine Erklärung gegenüber der anderen Partei nicht ohnehin erforderlich,   203
muss der Mediator die andere Seite umgehend von der einseitig durch die
Kündigung des Mediatorvertrags vorgenommenen Beendigung des Verfahrens in Kenntnis setzen.

f) Haftungsfragen. Die durch die Formulierung „jederzeit" normierte Er-   204
laubnis zum Abbruch einer Mediation ohne Angabe von Gründen impliziert auch, dass etwaige Schadensersatzansprüche gegen eine abbrechende
Mediationspartei allein wegen des Faktums des Abbruchs ausgeschlossen
sind.[224]

In besonderen Fällen kann jedoch die Art und Weise des Abbruchs eines   205
Mediationsverfahrens nach den allgemeinen zivilrechtlichen Grundsätzen
Schadensersatzansprüche der einen Partei gegen die andere begründen.[225]
Dies muss insbesondere für **Fälle des Vertrauensmissbrauchs** gelten, wenn
eine Seite sich zB nur in Verzögerungsabsicht oder aus Gründen der strate-
gischen Informationsgewinnung in eine Mediation begeben hat, ohne eine
Einigung zumindest in Erwägung zu ziehen. Allerdings dürfte in solchen
Fällen eine adäquate Beweisführung nicht einfach sein.

Brechen die Parteien die Mediation ab, weil der Mediator unzulänglich
leistet, seine Allparteilichkeit verloren hat oder anderweitige Pflichtver-
stöße vorliegen, kann dies Ansprüche der Parteien auf Rückzahlung bzw.
Einbehaltung von Honorar und ggf. auch auf Schadensersatz begründen
(dazu ausführlicher oben unter → Rn. 35).

3. Beendigung der Mediation durch den Mediator (Satz 2). a) Ratio der   206
Vorschrift. Auch wenn nach der Formulierung der Vorschrift der Mediator
die Mediation beenden „kann", ist dies nicht in sein freies Belieben gestellt. Denn der Umstand, dass in S. 2 die Formulierung „jederzeit" fehlt
und Regelbeispiele für rechtlich valide Abbruchgründe aufgezählt sind, ist
dahin gehend auszulegen, dass an die Beendigung einer Mediation durch
den Mediator sowohl hinsichtlich des Zeitpunktes als auch hinsichtlich der
Gründe strengere Anforderungen gestellt werden als an die Mediationsbe-
endigung durch Parteien.

Die Voraussetzungen für die Beendigung einer Mediation durch den Me-   207
diator ergeben sich letztlich aus der gesetzes- und vertragsbasierten Rolle
des Mediators im Verfahren: Während die Parteien versuchen, mit Unterstützung des Mediators privatautonom gemeinsame Entscheidungen auszuhandeln, was eine jederzeitige, auch „willkürliche" Abbruchmöglichkeit

---

224 Fritz/Pielsticker/*Pielsticker* § 2 Rn. 112.
225 Fritz/Pielsticker/*Pielsticker* § 2 Rn. 112.

der Verhandlungen impliziert, hat der Mediator als Dienstleister den Parteien gegenüber bestimmte **vertragliche Pflichten** (dazu der Überblick unter → Rn. 22 ff.). Diese Pflichten beinhalten neben der **Wahrung legitimer Parteiinteressen** auch die **Wahrung der zentralen Mediationsprinzipien**, für deren Einhaltung der Mediator qua seiner Beauftragung sorgen muss (→ Rn. 25; zu sich daraus ergebenden Beendigungsgründen sogleich unter → Rn. 218 ff.).

208   **b) Beendigungsgründe.** Der Abbruch einer Mediation durch den Mediator ist dann in Betracht zu ziehen, wenn auf der **Basis einer sorgfältigen Einschätzung und soliden Prognose seitens des Mediators** ein **sinnvoller Fortgang der Mediation nicht mehr zu erwarten** ist. Dafür kann es – über die im Gesetzestext genannten Regelbeispiele hinaus – eine Vielzahl von **Gründen auf Seiten der Parteien, des Auftraggebers oder des Mediators selbst** geben.

209   **aa) Gründe auf Seiten der Parteien.** Die beiden vom Gesetzgeber gewählten Regelbeispiele für Abbruchgründe liegen in der Sphäre der Parteien.

210   **(1) Keine eigenverantwortliche Kommunikation.** Zum einen kann der Mediator die Mediation beenden, wenn eine **eigenverantwortliche Kommunikation** der Parteien nicht zu erwarten ist.

Dies kann auf sehr unterschiedlichen Gründen beruhen, die von **nicht ausreichenden intellektuellen Kapazitäten**[226] oder **sprachlichen Verständigungsmöglichkeiten**[227] der Parteien über Einschränkungen durch **Alkohol- oder Drogenmissbrauch**[228] bis hin zu manifesten **psychischen Störungen** reichen können.

211   Eine sehr praxisrelevante, aber gleichzeitig oft schwer einzuschätzende Grauzone liegt in interpersonellen Konstellationen, die **aufgrund von starkem Machtgefälle, psychischem Druck oder Gewalthintergrund** die Fähigkeit einer Seite, sich vor der anderen offen zu äußern und für die eigenen Belange einzustehen, einschränken.

212   In all diesen Fällen stellt sich die – selbst für Mediatoren mit psychologischer Ausbildung – schwierige Frage der **Diagnostik**. Da insbesondere die letztgenannten Einschränkungen nicht leicht zu erkennen sind, sollten Mediatoren diesbezüglich eine generell erhöhte Aufmerksamkeit walten lassen: In Mediationsfeldern, in denen derartige Konstellationen häufig vorkommen (insbes. bei Beziehungsgewalt-Hintergrund in der Familienmedia-

---

226   Zur Mediation mit geistig behinderten Menschen: *Schüler* Perspektive Mediation 2006, 26.

227   Bei physiologisch eingeschränkter Ausdrucksfähigkeit der Medianden und/oder Mediatoren könnte eine Mediation auch in Gebärdensprache durchgeführt werden; bei mangelnden Sprachkenntnissen sollte vor einer Beendigung der Mediation jedenfalls über die Möglichkeit der Hinzuziehung eines Dolmetschers (dazu → Rn. 181) nachgedacht werden.

228   Hier wäre zu prüfen, ob die Einschränkungen punktuell oder dauerhaft sind; gegebenenfalls kann eine Mediation auch für einen längeren Zeitraum unterbrochen werden, um zunächst Entzugsmaßnahmen zu ermöglichen (→ Rn. 190).

tion[229] oder Mobbing im Arbeitskontext),[230] sollten zur Sensibilisierung für entsprechende Signale und Dynamiken einschlägige Fortbildungen besucht werden. Im Familienmediations-Kontext wird zur Identifikation von psychischer oder physischer Gewalt zwischen den Beziehungspartnern auch der routinemäßige Einsatz sog **Screening-Protokolle** empfohlen.[231] Insgesamt gilt, dass ein Mediator bei ernsthaften Bedenken bezüglich der Fähigkeit einer Partei, selbstverantwortlich zu kommunizieren, den Anlass für diese Bedenken im Zweifel auf anonymisierte Weise mit fachkundigen Experten besprechen sollte; für derartige Beratungsgespräche, die als **Fallsupervision** einzuordnen sind (→ Rn. 43), gilt ein erweiterter Vertraulichkeitsrahmen.

Wenn sich der Eindruck manifestiert, dass auf Seiten mindestens einer Partei die selbstverantwortliche Kommunikation als grundlegende Voraussetzung für die Teilnahme an einer Mediation nicht (mehr) gegeben ist, *muss* der Mediator die Mediation – ggf. sogar gegen den erklärten Parteiwillen – abbrechen, um die betreffende Person zu schützen und die Integrität des Mediationsverfahrens zu wahren.[232]   **213**

(2) Einigung nicht zu erwarten. Der Abbruchgrund, dass eine Einigung der Parteien nicht zu erwarten ist, ist natürlich nur dann valide, wenn von den Parteien eine **Einigung als Mediationsziel** überhaupt **angestrebt** wurde (zu unterschiedlichen möglichen Mediationszielen → Rn. 239 ff.).   **214**

Die Gründe, die eine Einigung in einer Mediation aussichtslos erscheinen lassen, reichen von **kategorisch fehlender Einigungsbereitschaft** über **Eskalationsdynamiken** im Mediationsverlauf bis hin zu **kognitiven Verzerrungen**.[233] Es gehört zur zentralen Aufgabe eines Mediators, unter Einsatz des verfügbaren methodischen Handwerkszeugs unterschiedliche Einigungshürden bestmöglich auszuräumen. Insofern sollte die Beendigung der Mediation mit der Begründung der Aussichtslosigkeit einer Einigung nur als **ultima ratio** eingesetzt werden.   **215**

Anders als bei mangelnder Selbstverantwortungsfähigkeit (→ Rn. 210) steht es einem Mediator frei, eine Mediation, die er selbst mit Blick auf die Einigungschance für aussichtslos hält, in Absprache mit diesbezüglich aufgeklärten Parteien auf deren Wunsch hin noch weiterzuführen, da für den Verlauf einer Mediation grundsätzlich der übereinstimmende Parteiwille entscheidend ist und hier durch die Fortführung der Mediation keine übergeordneten Prinzipien oder Rechtsgüter gefährdet werden.   **216**

(3) Mediationsziel nicht erreichbar. Da eine Mediation auch zu anderen Zwecken als dem einer Einigung durchgeführt werden kann – zB zur reinen Klärung einer Situation – gilt abstrahiert von der Einigung der allge-   **217**

---

229 Dazu ausführlich *Gläßer*, Mediation und Beziehungsgewalt, 2008.
230 Dazu *Kolodej*, 2016, S. 13; *Auerbach* ZKM 2015, 104 ff., *Wolmerath* ArbRAktuell 2015, 118 ff., *Niedostadek* ZKM 2014, 55 ff., *Lohmann/Sauthoff* ZKM 2007, 149, *Kolodej* ZKM 2003, 159.
231 Siehe dazu ausführlich *Gläßer*, S. 358 ff.
232 Dass eine derartige Entscheidung, wenn sie gegen den Willen der betroffenen Partei gefällt wird, ein schwieriges Dilemma für den Mediator bedeutet und erhebliche Paternalismusgefahr in sich birgt, liegt auf der Hand; siehe dazu für den Kontext von Beziehungsgewalt *Gläßer*, Mediation und Beziehungsgewalt, S. 355.
233 Hierzu ausführlicher *Wagner* ZKM 2007, 172 ff.

meinere Beendigungsgrund, dass die Erreichung des Mediationsziels nicht zu erwarten ist.

218   **(4) Prinzipienverletzung oder Verfahrensmissbrauch.** Wenn die Parteien Wünsche an den Mediator richten, deren Erfüllung **nicht mit den allgemeinen Mediationsprinzipien vereinbar ist,** insbesondere, wenn sie vom Mediator eine Entscheidung ihres Streites einfordern, liegt die Primärloyalität des Mediators bei der Wahrung der Mediationsprinzipien, so dass er die Mediation abbrechen muss. Gegebenenfalls kann der Mediator im Anschluss daran allerdings die Rolle wechseln und als Schlichter oder Schiedsrichter weiter mit den Parteien zusammenarbeiten.

219   Eine **Verletzung konkreter Arbeitsprinzipien** ist dann gegeben, wenn Parteien wiederholt gegen vereinbarte **Gesprächsregeln** (→ Rn. 74) verstoßen und dies auch nicht durch bedarfsgerechte Anpassung der Regeln behebbar ist. Auch der **Bruch der Verschwiegenheitsvereinbarung** seitens einer Partei kann Grund für einen Verfahrensabbruch sein.

220   Wenn der Mediator bemerkt, dass die Parteien die **Mediation missbrauchen,** um rechtswidrige Gestaltungen auszuhandeln oder Dritte kollusiv zu schädigen, muss er das Verfahren abbrechen, um dessen Integrität zu wahren. Dies gilt insbesondere für Anwaltsmediatoren, die aufgrund ihres Anwaltsstatus gem. § 1 BRAO auch in der – gem. § 18 BORA als anwaltliche Tätigkeit eingeordneten – Mediation als „Organ der Rechtspflege" fungieren und insofern einer grundsätzlichen Legalität der Mediationsergebnisse verpflichtet sind.

221   **bb) Gründe auf Seiten des Auftraggebers.** Wenn der **Auftraggeber** einer Mediation **nicht identisch** ist **mit den Parteien** (dazu → Rn. 18 und 75), können sich Beendigungsgründe auch von dieser Seite ergeben.

222   So versuchen Auftraggeber bisweilen, die **Mediation inhaltlich zu beeinflussen** und die Selbstbestimmung der Parteien einzuschränken, um ihre eigenen Interessen durchzusetzen, ohne aber selbst „offiziell" an der Mediation teilzunehmen.

223   Nicht selten stellen auch Auftraggeber **Anforderungen** an den Mediator, die **mit den Mediationsprinzipien nicht vereinbar** sind. Hier wird insbesondere der Wunsch nach Berichterstattung über den Verlauf oder die Ergebnisse einer Mediation geäußert, der – je nach diesbezüglicher Vertraulichkeitsabsprache in der Rahmenvereinbarung (dazu → Rn. 74) – im Widerspruch zu der Verschwiegenheitspflicht des Mediators stehen kann. Eine andere Variante ist die, dass sich der Auftraggeber selbst nicht an die vereinbarte Vertraulichkeit hält, die sich bisweilen schon auf das bloße Faktum des Stattfindens einer Mediation bezieht.

224   Lassen sich diesbezügliche Forderungen bzw. das Verhalten des Auftraggebers nicht durch Gespräche verändern, sollte der Mediator im Einvernehmen mit den Parteien die Mediation abbrechen.

225   **cc) Gründe auf Seiten des Mediators. (1) Stilinkompatibilität.** Für den Mediator kann sich ein Dilemma ergeben, wenn die Wünsche der Parteien bezüglich seiner Verfahrensführung nicht mit seinem persönlichen Mediationsstil (→ Rn. 50 ff.) vereinbar sind. Derartige Unvereinbarkeiten können insbesondere dann auftreten, wenn Parteien Einzelgespräche (→

Rn. 139 ff.) oder wertende Stellungnahmen des Mediators fordern, letzterer aber derartige Interventionen prinzipiell ablehnt. Solche Inkompatibilitäten von Partei-Nachfrage und Mediator-Angebot sollten durch eine transparente Offenlegung der eigenen Stilmerkmale und deren systematischen Abgleich mit den Wünschen der Parteien möglichst schon im Vorgespräch aufgedeckt werden (→ Rn. 54); nur so haben die Parteien die Möglichkeit, von Anfang an einen Mediator zu wählen, der bereit ist, ihre Verfahrenspräferenzen auch umzusetzen. Ist der Abgleich vor Verfahrensbeginn aus welchen Gründen auch immer nicht gelungen und treten später die genannten Inkompatibilitäten auf, muss der Mediator das Verfahren von sich aus beenden, wenn er seine Verfahrensführung nicht den Parteiwünschen anpassen will.

(2) Überschreitung persönlicher Grenzen. Ein weiterer Beendigungsgrund **226** auf Seiten des Mediators kann darin liegen, dass der Gegenstand oder Hintergrund des Konfliktes oder das Konfliktverhalten der Parteien seine persönlichen – psychologischen oder ethisch-moralischen – Grenzen überschreiten.[234]

Psychologische Grenzen werden zB dann relevant, wenn ein Konfliktszena- **227** rio oder konkrete Kommunikationsmuster der Konfliktparteien den Mediator an eigenes – ggf. traumatisches – Konflikterleben erinnert und er dadurch nicht mehr eine ausreichende professionelle Distanz zum Fall halten kann. Derartiges kann geschehen, wenn ein Scheidungsfall an die eigene Scheidung erinnert oder wenn der Mediator selbst Mobbing- oder Burnout-Erfahrung hat und letzteres Thema in der Mediation ist.

Ethisch-Moralische Grenzen können dadurch berührt werden, dass es in **228** der Konfliktbearbeitung um Verhaltensweisen oder Einstellungen der Parteien geht, die der Mediator kategorisch ablehnt. Hier ist insbesondere an Gewalt oder sexuelle Präferenzen bzw. Praktiken zu denken, aber auch an Geschlechterrollenbilder, Stereotype und Vorurteile sowie an Arbeitsweisen oder Führungsverhalten, die nicht den Wertvorstellungen des Mediators entsprechen. Da jeder Mediator eigene Wertvorstellungen hat und folglich auf der Werteebene nicht völlig „neutral" sein kann (zum Neutralitätsbegriff in der Mediation → Rn. 105 ff. und → MediationsG § 1 Rn. 20 ff.), obliegt dem Mediator ein selbstkritisches Monitoring der eigenen ethischmoralischen Grenzen. Wenn Kollisionen mit den eigenen Werten bzw. inneren Wertungen dazu führen, dass Mediatoren ihre professionelle Rolle nicht mehr adäquat wahrnehmen können, müssen sie die Mediation abbrechen.

Damit Mediatoren möglichst selten in laufenden Mediationsverfahren von **229** inneren Konflikten überrascht werden, sollte eine **gründliche Selbstreflexion** bezüglich der eigenen Wertvorstellungen und „roten Tücher" sowohl als Bestandteil jeder Mediationsausbildung (→ MediationsG § 5 Rn. 20 und 22) als auch in der praxisbegleitenden Super- bzw. Intervision (→ Rn. 43 f.) stattfinden.

---

234 Überschreitet die in der Mediation von den Parteien geplante Gestaltung dagegen eindeutige *rechtliche* Grenzen, liegt der Beendigungsgrund auf Seiten der Parteien (→ Rn. 220).

230   (3) **Verlust der Allparteilichkeit.** Auch wenn der Mediator seine Allparteilichkeit irreparabel verliert, muss er die Mediation beenden. Der Verlust der Allparteilichkeit kann auf zwei unterschiedliche Weisen eintreten.

231   Entweder gerät die **innere Haltung des Mediators** gegenüber den Konfliktparteien so aus der Balance, dass dies tatsächlich auf sein Verhalten durchschlägt und eine gleichmäßige Verfahrensführung verhindert. Gründe dafür können insbes. eine stark asymmetrische Sympathie- bzw. Antipathieverteilung, die ethisch-moralische Ablehnung des Verhaltens oder der Einstellung einer Partei oder auch ein starker Schutzreflex zugunsten einer Partei sein.

232   Die Allparteilichkeit des Mediators kann aber auch alleine in der **Wahrnehmung einer oder mehrerer Parteien** verloren gehen. Dies ist – unabhängig von der tatsächlichen inneren Haltung des Mediators – relevant, da eine solche Wahrnehmung jedenfalls das Vertrauen der betroffenen Parteien auf die Integrität des Mediators und damit letztlich auch der Mediation unterminiert. Insofern macht es wenig Sinn, wenn der Mediator versucht, die Parteien von der eigenen Allparteilichkeit argumentativ zu überzeugen. Vielmehr sollte im Sinne einer allseitig offenen Feedbackkultur (→ Rn. 41) nach den Anlässen für die Wahrnehmung der Partei(en) gefragt und mögliche Verhaltensänderungen erwogen werden.

233   Steht die Allparteilichkeit auf dem Spiel, empfiehlt sich vor einem Verfahrensabbruch zunächst die Inanspruchnahme von **Supervision oder kollegialer Beratung** (→ Rn. 43 f.) als milderes Mittel. Gegebenenfalls kann das Mediationssystem auch durch die Hinzuziehung eines ausgleichend wirkenden **Co-Mediator**s (→ Rn. 67 ff.) wieder arbeitsfähig werden.[235]

234   (4) **Mangelnde Akzeptanz oder Verfahrensherrschaft.** Nicht zuletzt ist ein Abbruchgrund seitens des Mediators auch dann gegeben, wenn der Mediator als Person oder in seiner professionellen Rolle die Akzeptanz seitens einer oder mehrerer Parteien verliert und/oder, wenn seine Verfahrensherrschaft in Frage gestellt wird.

235   c) **Art und Weise der Beendigung.** Zwar verlangt der Normtext des § 2 Abs. 5 S. 2 auch vom Mediator keine Begründung für die Beendigung einer Mediation, aber die **Pflicht zur Angabe von Abbruchgründen** ist wohl als vertragliche Nebenpflicht gemäß § 241 Abs. 2 BGB zu sehen, soweit sie nicht ohnehin Bestandteil des Mediatorvertrags ist.

236   Eine weitere implizite Pflicht des Mediators besteht darin, den **Verfahrensabbruch** nur als **ultima ratio** einzusetzen und vorher die Möglichkeiten einer veränderten Verfahrensführung auszuschöpfen. Insofern muss der Mediator die Parteien vor der Beendigung einer Mediation jedenfalls zunächst darauf hinweisen, dass und warum er den Eindruck hat, dass ein sinnvoller Fortgang der Mediation aus seiner Sicht nicht mehr zu erwarten ist. Liegen die Gründe dafür in den persönlichen Kapazitäten oder der psy-

---

235 *Troja* ZKM 2005, 161.

chischen Disposition einer Partei, ist hier mit dem erforderlichen Fingerspitzengefühl und ggf. zunächst im Einzelgespräch vorzugehen.[236] Die Prinzipien der Transparenz und Selbstbestimmung der Parteien auch auf der Verfahrensebene gebieten, vor einem Verfahrensabbruch mit den Parteien **mögliche Verfahrensanpassungen** zu **erörtern**; nicht selten kommen hier von den Parteien wertvolle Hinweise, die eine Fortführung der Mediation ermöglichen.

Ist ein Abbruch der Mediation unumgänglich, sind die **Modalitäten der Be-endigung** mit den Parteien zu klären. Insbesondere sollte besprochen werden, ob ein Mediatorwechsel gewünscht wird und, wenn ja, wer dafür ggf. in Betracht kommt. Auch andere **Weiterverweisungen** (an Rechtsanwälte, Notare oder andere beratende oder therapeutische Dienstleister) können ausgesprochen werden. Bisweilen wird von den Parteien auch ein „**Nachsorgegespräch**" mit dem Mediator gewünscht, um den Mediationsverlauf ex post auszuwerten und daraus zumindest Erkenntnisse zu ziehen. **237**

d) Haftungsfragen. Bricht ein Mediator selbst eine Mediation aus Gründen ab, die in seiner Sphäre liegen (hier ist insbesondere an den Verlust der Allparteilichkeit zu denken), so konstituiert der Abbruch per se in aller Regel keinen Haftungsfall. Denn es ist ein der Mediatorentätigkeit inhärentes Risiko, die Allparteilichkeit zu verlieren – wenn die Allparteilichkeit nicht wiedergewonnen werden kann, ist es seitens des Mediators das (einzig) pflichtgemäße Verhalten, die Mediation abzubrechen bzw. abzugeben. Sorgfaltswidrig könnten allerdings die spezifischen Umstände des Abbruchs sein, wenn der Mediator zB die Parteien nicht bei einer Überleitung des Konfliktfalles zu einem anderen Mediator oder in ein anderes Verfahren unterstützt und den Parteien dadurch Nachteile entstehen. **238**

4. Erfolg und Scheitern einer Mediation. Nicht jede Mediation, die ohne Vereinbarung beendet bzw. abgebrochen wird, ist gescheitert. Das Empfinden von Erfolg und Scheitern ist **abhängig von** den – expliziten oder impliziten – **Mediationszielen** (→ Rn. 51) sowie von den – bewussten oder unbewussten – **Erwartungen** aller Beteiligten an die Mediation.[237] Insofern kann die Beurteilung des Mediationserfolgs auch zwischen den Parteien oder zwischen Parteien und Mediator auseinanderfallen. **239**

Nicht selten sind Parteien auch schon zufrieden, wenn in der Mediation eine Teilklärung erreicht wurde oder wenn die Arbeitsfähigkeit des Systems durch die Mediation soweit wiederhergestellt wurde, dass die Parteien auf dem Gesprächs- oder Verhandlungswege alleine bzw. mit ihren Anwälten weiterarbeiten können. **240**

Umgekehrt wird auch nicht jede Mediation, die mit einer Vereinbarung endet, als (voller) Erfolg empfunden. Dies gilt insbesondere, wenn die Einigung als unzulänglicher Kompromiss empfunden wird, wenn Wertschöp- **241**

---

236 Auch hier stellt sich die dilemmatische Frage, wer in einem auf Selbstbestimmung der Parteien basierenden Verfahren letztlich darüber entscheiden darf/soll, ob auf Seiten einer Partei ausreichende Selbstbestimmungsfähigkeit vorliegt.
237 Grundsätzliche Ausführungen zu Erfolg und Scheitern in der Mediation finden sich bei *Schroeter*, in: Lange/Kaeding/Lehmkuhl/Pfingsten-Wismer (Hrsg.), Frischer Wind für Mediation, 2007, sowie *Harms/Schroeter* in: Gans/Hornung/Köstler, S. 37.

fungspotential nicht realisiert wurde oder wenn die von einer oder mehreren Partei(en) zusätzlich zu einer Vereinbarung auf der Sachebene gewünschte Versöhnung oder Transformation auf der Beziehungsebene ausbleibt.

242 Damit Mediatoren im Sinne der eigenen **Qualitätssicherung und -entwicklung** eine realistische Einschätzung von den Wirkungen ihres Tuns erhalten, ist es in jedem Fall wichtig, am wie auch immer gearteten Ende eines Mediationsverfahrens **systematisches Feedback** einzuholen (ausführlicher dazu unter → Rn. 41).

VII. Abschluss (Abs. 6)

243 **1. Regelungsgehalt und Begrifflichkeiten im Überblick.** Absatz 6 regelt die **Modalitäten des Abschlusses einer mit der Einigung der Parteien endenden Mediation.** Da die Parteien nur auf der Basis eines ausreichenden Informationsstandes selbstbestimmt und selbstverantwortlich Entscheidungen fällen können, etabliert die Vorschrift die Pflicht des Mediators, auf eine entsprechende **Informiertheit der Parteien** – gegebenenfalls unter Zuhilfenahme externer Berater – hinzuwirken (S. 1 und 2). S. 3 bezieht sich dagegen auf die Möglichkeit, die erzielte Einigung in einer **Abschlussvereinbarung** festzuhalten.

244 Der Gesetzgeber verwendet in Abs. 6 für das idealtypische Ergebnis einer Mediation – die konsensuale Regelung der gemeinsamen Themen – drei verschiedene Begriffe: Einigung (Satz 1 und 3), Vereinbarung (Satz 1 und 2) und Abschlussvereinbarung (Satz 3). Vorausgesetzt, dass dies nicht absichtslos geschehen ist, können darin verschiedene Ebenen bzw. Formalisierungsstufen des Mediationsabschlusses gesehen werden: Mit **Einigung** ist offensichtlich der Zustand der Einigkeit der Parteien darüber gemeint, *dass* sie eine gemeinsame Lösung für die in Phase 2 als regelungsbedürftig benannten Themen (→ Rn. 82) gefunden haben. Als **Vereinbarung** wird dagegen die operationalisierte Einigung bezeichnet, also die bindende inhaltliche Regelung der einzelnen Punkte.[238] Vereinbarungen können mündlich und informell oder – in stichpunktartiger oder ausführlicher Form – schriftlich geschlossen werden. Inwieweit die Vereinbarung auch Vertragscharakter hat, hängt vom Gegenstand der Mediation ab (dazu → Rn. 246 ff.). Die schriftlich dokumentierte Vereinbarung am Ende einer Mediation wird im Gesetzestext als **Abschlussvereinbarung** bezeichnet.

245 **2. Vereinbarung.** Da die Vereinbarung ein zentraler Begriff ist, der sich durch alle drei Sätze des Abs. 6 zieht, werden wesentliche Aspekte der Vereinbarung bereits hier dargestellt.

246 **a) Zweck und Charakter der Vereinbarung.** Welchen rechtlichen Charakter Parteivereinbarungen am Ende einer Mediation haben, hängt von Thema, Ziel und Kontext der Mediation, primär aber vom Willen der Parteien ab.

---

238 So auch Fritz/Pielsticker/*Pielsticker* § 2 Rn. 126.

Soweit in der Mediation **Regelungen** erarbeitet wurden, hat die diesbezüg-liche Vereinbarung grundsätzlich vertraglichen Charakter.[239] Ist noch keine vertragliche Bindung intendiert, sollten die Parteien dies dadurch deutlich machen, dass sie ein diesbezügliches (Abschluss-)Dokument mit Termini wie „Absichtserklärung", „Memorandum of Understanding" oder „Eini-gungsentwurf" überschreiben.

Soweit die Mediation dagegen der **Klärung** bestimmter Fragen gewidmet war, können die Ergebnisse dieser Klärung auch rein deklaratorisch in die (Abschluss-)Vereinbarung aufgenommen werden, ohne dass dadurch (un-mittelbar) vertragliche Ansprüche bzw. Pflichten entstehen.[240] Gleiches gilt für informelle Absprachen, die klar ohne Rechtsbindungswillen getätigt werden.[241]

b) Mögliche Vereinbarungsinhalte. Neben den soeben genannten **Abspra-chen zu regelungs- oder klärungsbedürftigen Themen**, die sich unmittelbar auf den Konfliktinhalt beziehen, kann die Vereinbarung am Ende einer Mediation auch noch andere Ebenen betreffen. **247**

Implementierungsvereinbarungen regeln die Modalitäten der Implementie-rung der in der Mediation erarbeiteten Regelungen, zB die Frage, wer es übernimmt, die notwendige notarielle Beurkundung einer beschlossenen Umstrukturierung einer GmbH nebst Registereintragung in die Wege zu leiten, und bis wann dies geschehen soll. **248**

Verfahrensvereinbarungen beziehen sich auf die zukünftige Verfahrenswei-se im Umgang der Parteien miteinander oder mit dem Konfliktgegenstand. Hier ist insbesondere an **Mediationsabreden** zu denken, in denen sich die Parteien verpflichten, für den Fall des Wiederauflebens des Konfliktes oder auch in anderen Streitigkeiten vor Beschreiten des Rechtsweges zunächst ein Mediationsverfahren einzuleiten.[242] **249**

Nicht zuletzt kann die Abschlussvereinbarung einer Mediation eine **Rege-lung der Kostentragung der Verfahrenskosten** enthalten – und sollte dies je-denfalls dann tun, wenn im Laufe der Mediation ein Kostentragungsmo-dell erarbeitet wurde, das von der ursprünglichen Rahmenvereinbarung abweicht (dazu → Rn. 109) oder darüber hinausgeht, weil beispielsweise nun neben dem Honorar des Mediators auch etwaige Rechtsanwalts-, Ge-richts- oder Gutachterkosten eingeschlossen werden sollen. **250**

c) Beteiligte. Im Sinne der in einer Mediation alleine den Parteien oblie-genden Inhaltsverantwortung (→ Rn. 7) wird die Vereinbarung in jedem Fall zentral, primär und zumeist auch exklusiv durch die **Mediationsparteien** getroffen. **251**

Ob darüber hinaus auch **Dritte** oder gar der **Mediator** beteiligt werden, hängt vom Inhalt der Vereinbarung ab. **252**

---

239 So auch Fritz/Pielsticker/*Pielsticker* § 2 Rn. 153 sowie *Kessen/Troja* in: Haft/v. Schlieffen, § 14 Rn. 75.

240 Beispiel aus dem Kontext Wirtschaftsmediation: *„Die Parteien stellen überein-stimmend fest, dass mit den von A auf der Messe M am xx.yy.zzzz getätigten Äu-ßerung keine Rufschädigung von B intendiert war."*

241 Beispiel aus dem Kontext Nachbarschaftsmediation: *„Die Parteien vereinbaren, sich in Zukunft immer zu grüßen."*

242 Zu Mediationsklauseln → MediationsG § 1 Rn. 14.

Wenn die Vereinbarung auch Pflichten Dritter beinhalten soll,[243] müssen diese der Vereinbarung ohnehin zumindest zustimmen oder beitreten; insofern empfiehlt es sich, dass diese Dritten die Vereinbarung, soweit sie in Schriftform niedergelegt wird, auch mit unterzeichnen.

Letzteres gilt insbesondere, wenn die an einer Mediation beteiligten Rechtsanwälte (Implementierungs-)Aufgaben in der Weiterbearbeitung oder Umsetzung der Mediationsergebnisse übernehmen, die von der Ausformulierung der Abschlussvereinbarung bis zur Veranlassung von Registereintragungen oÄ reichen können.

Eine Einbeziehung des Mediators in die Vereinbarung ist dann angezeigt, wenn dieser Implementierungsunterstützung leisten soll. Dies kann im Sinne einer „Nachsorgemaßnahme" zum Beispiel durch einen Anruf oder auch einen Präsenztermin in bestimmtem zeitlichen Abstand nach Mediationsende geschehen, in dem der Mediator nachfragt, ob die Vereinbarung realisiert wurde und tragfähig ist oder ob es der Nachsteuerung bedarf.

253 Bisweilen unterzeichnen Dritte oder der Mediator eine Mediationsvereinbarung aber auch nur deswegen, um zu dokumentieren, dass sie unterstützend daran mitgewirkt haben, ohne dass sie inhaltlich von der Vereinbarung betroffen sind. In solchen Fällen empfiehlt es sich aus Gründen der Klarheit, die Unterschriften der Nicht-Parteien deutlich von den sich inhaltlich verpflichtenden Parteien abzusetzen und ggf. auch mit einer diesbezüglich erläuternden Passage zu versehen.

254 **3. Äußerungen des Mediators zur Rechtslage.** An verschiedenen Stationen einer Mediation auf dem Weg zu einer (Abschluss-)Vereinbarung kann sich für einen Mediator die Frage stellen, ob er sich in irgendeiner Form zur Rechtslage äußern soll. Anlass dafür können entweder entsprechende Nachfragen oder Bitten der Parteien oder auch die Eigenmotivation des Mediators sein, wenn ihm die eigene Einschätzung der Rechtslage zB zu Fragen von Fristläufen, zu Legalitätsgrenzen von Optionen oder zu rechtlichen Ausgestaltungsmöglichkeiten für die Bearbeitung und Lösung des Konfliktes relevant erscheint.

255 Das Gesetz schließt Einlassungen des Mediators zur Rechtslage nicht grundsätzlich aus.[244]

Ob und auf welche Weise sich ein Mediator in einer konkreten Fallkonstellation allerdings zur Rechtslage äußern darf und äußern sollte, ist mit Blick auf **drei getrennt voneinander zu betrachtende Fragen** zu prüfen:

1. Läge eine Kollision mit dem Rechtsdienstleistungsgesetz (RDG) vor?
2. Würde die Einlassung zur Rechtslage den Konfliktbearbeitungsprozess fördern?
3. Wäre durch eine Äußerung zur Rechtslage die allparteiliche Rolle des Mediators gefährdet?

---

243 Beispiel aus dem Kontext Erbmediation: *„Herr X, bei dem sich die Nachlassgegenstände A-D in Verwahrung befinden, wird eine exakte Auflistung der in seiner Obhut befindlichen Gegenstände anfertigen und diese Auflistung nebst illustrierenden Fotografien der Erbengemeinschaft zukommen lassen."*
244 BT-Drs. 17/5335 (Begr. RegE), 15.

Da sich die diesbezüglichen Ausführungen auf alle drei Sätze des Abs. 6 beziehen können, werden auch sie hier vorangestellt.

a) Regelungsrahmen und -systematik des Rechtsdienstleistungsgesetzes[245] **aa) Vorliegen einer Rechtsdienstleistung.** Hier ist zunächst im konkreten Fall zu prüfen, ob sich die rechtlichen Einlassungen des Mediators überhaupt **als Rechtsdienstleistung qualifizieren** lassen und damit dem RDG unterfallen.   256

Dazu trifft das RDG folgende **zentrale Unterscheidung:** Die allgemeine, abstrakt-generelle **Darstellung** rechtlicher Regelungen, Rahmenbedingungen und Handlungsoptionen wird nicht als Rechtsdienstleistung betrachtet und ist damit a priori erlaubnisfrei. Die **Anwendung** von Rechtsnormen durch rechtliche Subsumtion, Wertung oder Regelungsvorschläge dagegen stellt eine grds. erlaubnispflichtige Rechtsdienstleistung dar, da sie iSd § 2 Abs. 1 RDG *„eine rechtliche Prüfung des Einzelfalls erfordert".*

Spezifisch für die Mediation stellt § 2 Abs. 3 Nr. 4 RDG klar: *„Rechtsdienstleistung ist nicht [...] die Mediation und jede vergleichbare Form der alternativen Streitbeilegung, sofern die Tätigkeit nicht durch rechtliche Regelungsvorschläge in die Gespräche der Beteiligten eingreift."*   257

Die Mediationstätigkeit ist also nicht per se als Rechtsdienstleistung einzustufen.

Auch wenn sich der Mediator im Verfahren zur Rechtslage äußert, erbringt er keine Rechtsdienstleistung iSd RDG, so lange er sich auf **allgemeine Aufklärung zur Rechtslage,** auf die **reine Moderation eines Rechtsgesprächs** zwischen den Parteien bzw. ihren Rechtsanwälten oder auf die **bloße Protokollierung von rechtlichen Gestaltungsmodellen** beschränkt.

Die **rechtsgestaltende Mitwirkung an der Formulierung einer Abschlussvereinbarung** ist dagegen stets als Rechtsdienstleistung anzusehen.[246]   258

bb) Zulässigkeit einer Rechtsdienstleistung. Wenn ein Mediator rechtsdienstleistend tätig werden will, muss er vorab überprüfen, ob dies **nach dem RDG zulässig** ist. Soweit der Mediator nicht zu einer **Berufsgruppe** gehört, die ohnehin per se Rechtsdienstleistungen erbringen darf (hierzu gehören neben den Rechtsanwälten insbes. die Notare), kann er im Zusammenhang mit einer Mediation allenfalls nach § 5 Abs. 1 RDG als **Nebenleistung** erlaubte Rechtsdienstleistungen erbringen, wenn diese *„als Nebenleistung zu seinem Berufs- oder Tätigkeitsbild gehören. Ob eine Nebenleistung vorliegt, ist nach ihrem Inhalt, Umfang und sachlichen Zusammenhang mit der Haupttätigkeit unter Berücksichtigung der Rechtskenntnisse zu beurteilen, die für die Haupttätigkeit erforderlich sind."*   259

Die Rechtsdienstleistung eines nicht schon per se zur Rechtsdienstleistung befugten Mediators wäre also dann zulässig, wenn sie mit Blick auf die Haupttätigkeit von deutlich untergeordneter Bedeutung ist und wenn sie auf der Basis von spezifischen Rechtskenntnissen erbracht wird, die für die   260

---

245 Siehe hierzu die umfassende Kommentierung von *v. Lewinski* (→ RDG Einl. Rn. 1 ff.).

246 Siehe dazu BT-Drs. 16/6634 (Beschlussempfehlung und Bericht des Rechtsausschusses zum Entwurf eines Gesetzes zur Neuregelung des Rechtsberatungsrechts, 51); auch Greger/Unberath/Steffek/*Greger* B. § 1 Rn. 87.

Haupttätigkeit notwendig sind. Als die Haupttätigkeit definierendes Berufs- oder Tätigkeitsbild kommt sowohl der sog Herkunfts- oder Stammberuf eines Mediators als auch die Spezialisierung auf eine etablierte Mediationstätigkeit in Betracht (→ RDG § 5 Rn. 3 ff.). Insofern können sich zB Jugendamtsmitarbeiter, die durch ihren beruflichen Alltag mit den Spezifika des Umgangsrechts vertraut sind, oder Architekten, die die Grundlagen des Baurechts beherrschen müssen, auch in Mediationen zu dieser Thematik rechtsdienstleistend äußern. Ebenso können Mediatoren, die sich iSd Tätigkeitsbildes „Erbmediator" auf Erbstreitigkeiten spezialisiert und dafür erbrechtliche Kenntnisse erworben haben, im Rahmen einer Mediation zu erbrechtlichen Fragen rechtsdienstleistend Stellung nehmen.

261 **cc) Absicherungsmöglichkeiten.** Sowohl als Schutz gegen nicht erfüllbare Erwartungen als auch gegen etwaige Schadensersatzansprüche einer Partei wegen unzureichender, falscher oder unzulässiger Rechtsberatung sollten Mediatoren, die keine Rechtsdienstleistungen erbringen dürfen oder wollen, die Parteien vor Abschluss des Mediatorvertrags diesbezüglich aufklären und dazu auch klare Regelungen im Mediatorvertrag treffen.

262 Gerade in diesen Konstellationen ist der Hinweis auf die Möglichkeit externer Rechtsberatung iSv § 2 Abs. 6 S. 2 von besonderer Wichtigkeit.[247] Wenn Mediatoren externe Beratung aufgrund der Konfliktmaterie für angezeigt halten, aber die Parteien diese Möglichkeit nicht in Anspruch nehmen wollen, sollten Mediatoren sich zu ihrer eigenen Absicherung bestätigen lassen, dass sie eine diesbezügliche Empfehlung zugunsten externer Beratung ausgesprochen haben.[248]

263 **b) Rolle des Rechts im Konfliktbearbeitungsprozess.** Viele Mediatoren und auch viele Parteien betrachten das Recht in der Mediation als Fremdkörper oder sogar als Störfaktor. Sie nehmen rechtliche Positionen bzw. Argumente als Bedrohung für die gewünschte konsensuale Konfliktbeilegung wahr und versuchen – entsprechend der bekannten Metapher *„Das Recht ist ein Elefant: Sobald es den Raum betritt, droht es die Mediation zu dominieren."*[249] – Rechtsfragen in der Mediation generell zu vermeiden. Rechtsanwälte dagegen befürchten nicht selten, dass in der Mediation Rechte ihrer Mandanten, gesetzliche Vorgaben und anwaltliches Know-How keine ausreichende Berücksichtigung finden.

Angesichts dieser Ambivalenz stellt sich die Frage nach der **Rolle des Rechts in der Mediation.**[250]

264 **Für eine Einbeziehung des Rechts** auch in die Mediation spricht eine Reihe von Faktoren:

Vor allem anderen ist Recht schlicht Teil der Lebenswirklichkeit, welche die (Konflikt-)Situation, in der sich die Mediationsparteien befinden, ausmacht. Es wirkt auf die Wahrnehmung der Bedingungen und Grenzen des Verhandlungsspielraums; insbesondere bestimmt die Einschätzung der Durchsetzbarkeit von Rechtspositionen in vielen Fällen die sogenannte

---

247 Greger/Unberath/Steffek/*Greger* B. § 1 Rn. 89 f.
248 Fritz/Pielsticker/*Pielsticker* § 2 Rn. 148.
249 Himmelstein, zitiert von *Ripke* in: Haft/v. Schlieffen (2009), § 7 Rn. 18.
250 Dazu ausführlich *Ade/Gläßer* ZKM 2013, 57.

Nichteinigungsalternative (BATNA).[251] Um selbstverantwortlich handeln zu können, müssen die Parteien in der Lage sein, eine auch **hinsichtlich ihrer Rechte informierte Entscheidung** zu treffen. Gerade der (teilweise) Verzicht auf (wahrscheinlich) durchsetzbare rechtliche Ansprüche in der Mediation sollte bewusst erfolgen; dies entspricht auch dem Prinzip der informierten Einigung gem. § 2 Abs. 6 S. 1 (dazu sogleich unter → Rn. 273 ff.).

Das Recht ist Ergebnis einer abstrakt-generellen Interessen- und Schutzwürdigkeitsabwägung und damit Ausdruck eines gesellschaftlichen Gerechtigkeitsempfindens. Es kann den Parteien in dieser Hinsicht wichtig sein zu erfahren, wie ihr Konfliktfall rechtlich zu bewerten ist, um allgemeingültige Beurteilungskriterien in die Lösungsfindung einzubeziehen. Handelt es sich bei den Konfliktparteien um Organisationen, die kollektive Interessen vertreten, so ist für diese die gesellschaftliche Wahrnehmung und Akzeptanz des Mediationsergebnisses oft von noch weitreichenderer Bedeutung als für Privatpersonen. Das Recht bietet also Anhaltspunkte für die **individuelle und gesellschaftliche Fairnesskontrolle von Einigungsszenarien**.

Auf lösungspragmatischer Ebene sind rechtliche Modelle zudem ein **Fundus von Regelungs-Möglichkeiten für typisierte Konfliktlagen**, der auch in der Mediation genutzt werden kann.

Das zwingende Recht regelt die materielle und formelle Zulässigkeit von Einigungsentwürfen. Damit ist es unverzichtbar für die **Wirksamkeit und die Nachhaltigkeit von Mediationsvereinbarungen**.

265 Zugleich sind mit der Thematisierung von Recht in einer Mediation auch **Risiken** verbunden: Denn Rechtsansprüche der Parteien stellen in der Strukturlogik der Mediation Positionen dar, die – vor allem, wenn sie vehement oder gar kategorisch vertreten werden – die Gefahr in sich bergen, zu einer **Konzentration auf justiziable Aspekte** und argumentativen Schlagabtausch, zu **Polarisierung und Eskalation** zu führen. Auch sind rechtliche Erörterungen oft eher **vergangenheits- und schuldorientiert** und stehen dadurch im Kontrast zu der zukunfts- und lösungsorientierten Grundausrichtung der Mediation. All dies kann die für eine wertschöpfende Lösungsfindung notwendige Interessenorientierung des Verfahrens konterkarieren.

266 Unter Berücksichtigung dieser Vor- und Nachteile ist die Thematisierung von rechtlichen Aspekten dem Konfliktbearbeitungsprozess im Rahmen einer Mediation dann förderlich, wenn sie der **Aufklärung der Parteien über rechtliche Möglichkeiten, Risiken und Grenzen** und damit der bewussten **Verantwortungsübernahme für das Mediationsergebnis** dient – ohne das Mediationsverfahren zu dominieren. Eine Mediation sollte insofern nicht im Schatten,[252] sondern „im Lichte des Rechts" stattfinden.[253]

In der interessenorientierten Mediation hat das Recht deshalb primär die Rolle, die Selbstverantwortung im Willensbildungsprozess und in der Ergebnisfindung zu unterstützen – es ist aber nicht die (alleinige) Basis, auf

---

251 BATNA: Best Alternative To a Negotiated Agreement.
252 So der bekannte Aufsatz von *Mnookin/Kornhauser* Yale Law Journal 1979, 950.
253 Siehe hierzu auch *Trenczek* Zeitschrift für Rechtssoziologie 2005, 3 ff.

der entschieden wird: **Zentrale Kriterien für eine gute Regelung bleiben die Interessen und Bedürfnisse der Parteien.** Zwingendes Recht *muss* dabei berücksichtigt werden; das dispositive Recht und seine Gerechtigkeitsmaßstäbe *können* als Anregung und Beurteilungsmaßstab für Einigungsoptionen herangezogen werden.

267   **c) Rechtsanwendung und Allparteilichkeitsprinzip.** Rechtsnormen sind selten vollständig eindeutig; häufig enthalten sie unbestimmte Rechtsbegriffe oder anderweitige Auslegungsspielräume. Zu vielen Rechtsfragen existieren zudem unterschiedliche juristische Meinungen. Wenn Mediatoren Rechtsnormen auf konkrete Sachverhalte „anwenden" wollen, müssen sie folglich interpretieren, auslegen und sich dabei positionieren. Diese Positionierung kann für die eine oder die andere Mediationspartei günstiger ausfallen – und damit die wahrgenommene oder reale Allparteilichkeit des Mediators gefährden.

268   **d) Methodische Hinweise für Rechtsgespräche in der Mediation.** Es gilt, methodische Wege für parteiseitig gewünschte Rechtsgespräche zu finden, die dem Fortgang der mediativen Konfliktbearbeitung förderlich sind und die Allparteilichkeit des Mediators wahren.

269   Anlass zu rechtlichen Erörterungen kann es in allen Phasen der Mediation geben.[254] Damit offene Rechtsfragen oder unterschiedliche Einschätzungen der rechtlichen Erfolgsaussichten weder die eigentliche Konfliktklärung und Interessenermittlung verdrängen, noch die Lösungsfindung blockieren, ist es ratsam, diese rechtlichen Aspekte möglichst zum Ende der Phase der Konfliktklärung hin zu erörtern – nachdem ein besseres Verständnis des Konflikterlebens und der dahinterstehenden Interessen und Bedürfnisse der jeweils anderen Seite entstanden ist und bevor in die kreative Optionensammlung übergegangen wird.

270   Rechtliche Argumentationen entfalten leicht eine Eigendynamik, die es den Parteien schwer machen kann, ihre Interessen sowie vorhandene Autonomie- und Gestaltungsspielräume im Blick zu behalten. Eine zentrale Aufgabe des Mediators ist es deshalb zum einen, immer wieder eine **bewusste Entscheidungsfindung bezüglich des von den Parteien gewünschten Stellenwertes des Rechts und des Umgangs damit** zu unterstützen. Soweit rechtliche Erörterungen Teil der Mediation sein sollen, muss der Mediator sicherstellen, dass die Parteien diese rechtlichen Ausführungen auch – zumindest in ihren wesentlichen Grundzügen – verstehen.

271   Zur Vermeidung von Allparteilichkeitsproblemen empfiehlt es sich sehr, dass sich der Mediator nicht selbst inhaltlich in Rechtsgesprächen mit den Parteien oder ihren Beratern positioniert. Der Mediator kann stattdessen das **Rechtsgespräch der Parteien oder ihrer Anwälte moderieren,** indem er durch aktives Zuhören und Paraphrasieren die wesentlichen rechtlichen Gesichtspunkte aufgreift, allgemein verständlich wiedergibt und gegebenenfalls auch visualisiert.[255]

---

254   Siehe dazu im einzelnen *Ade/Gläßer* ZKM 2013, 57 (59 f.).
255   Siehe generell zur Technik der Verständnissicherung *Gläßer* in: Haft/v. Schlieffen, 2016, § 15, Rn. 27 ff.

In dieser Moderation von Rechtsdarstellungen sind die Subjektivitäten und Unsicherheiten rechtlicher Urteile und Prognosen möglichst transparent zu machen. Idealerweise tarieren sich die Ausführungen der Parteianwälte gegenseitig aus, so dass für die Parteien ein in der Gesamtschau ausgewogenes Bild der Rechtslage und der sich hieraus ergebenden Möglichkeiten entsteht. 272

4. Prinzip der informierten Einigung (Satz 1). a) Kenntnis der Sachlage. Während der Referentenentwurf noch verlangte, dass die Parteien die Vereinbarung in *„voller* Kenntnis der Sachlage" treffen sollen, belässt es die aktuelle Gesetzesfassung bei der bloßen „Kenntnis". Die Formulierung erinnert dabei an den Wortlaut von § 779 Abs. 1 BGB, nach dem *„ein Vertrag, durch den der Streit oder die Ungewissheit der Parteien über ein Rechtsverhältnis im Wege gegenseitigen Nachgebens beseitigt wird (Vergleich)",* dann unwirksam ist, *„wenn der nach dem Inhalt des Vertrags als feststehend zugrunde gelegte Sachverhalt der Wirklichkeit nicht entspricht und der Streit oder die Ungewissheit bei Kenntnis der Sachlage nicht entstanden sein würde."* Insofern steht zu vermuten, dass der Gesetzgeber mit der Formulierung von § 2 Abs. 6 S. 1 nicht nur das **Prinzip der informierten Parteientscheidung,** sondern auch die **Wirksamkeit der Mediationsvereinbarung absichern** wollte. 273

Fraglich ist, was im Einzelnen von dem Begriff der „**Sachlage**" erfasst werden soll. 274

Jedenfalls ist damit die **Faktenbasis** der in der Mediation zu treffenden Entscheidungen, also der für die Vereinbarung relevante Sachverhalt gemeint. Hierzu zählen bspw. der Überblick über vorhandene und zu verteilende Vermögenswerte in einer Erbmediation oder die Kenntnis von relevanten Mitarbeiter- oder Umsatzzahlen in einer Wirtschaftsmediation (zur Mitwirkung von Mediatoren an Informationsbeschaffung und Sachverhaltsaufklärung und daraus resultierenden Haftungsrisiken → Rn. 33 a und 284). 275

Auch die entscheidungsrelevante **Bewertung bestimmter Fakten** wie zB die Einschätzung des Wertes eines Gegenstandes oder Unternehmens sind zur „Sachlage" iSd Vorschrift zu zählen. Hier kann bei Bedarf eine Objektivierung der Bewertung durch Einholung von Gutachten herbeigeführt werden (dazu → Rn. 182). 276

Unter Sachlage sind auch die sog **Nichteinigungsalternativen**[256] zu fassen, denn eine fundierte Entscheidung sollte als Kosten-Nutzen-Abwägung einer Einigung im Vergleich zu einer Nichteinigung gefällt werden. 277

Grundsätzlich sind zur Sachlage auch die **Kausalzusammenhänge** bei Schadensverläufen zu zählen. Allerdings kann hier eine solide Kenntniserlangung sehr aufwändig und kostspielig sein und damit letztlich gar nicht im Interesse der Parteien liegen. Da in einer Mediation, anders als für eine richterliche Entscheidung, nicht der „objektive Sachverhalt" ermittelt werden muss, sondern die Parteien selbst entscheiden können, auf welcher Basis und nach welchen Kriterien sie ihre Vereinbarung treffen wollen, sollte der Mediator die Parteien zu einer sorgfältigen Abwägung anhalten, ob bestimmte Kausalitäten gutachterlich geklärt werden sollen oder ob eine Ver- 278

---

256 Englisch: Best Alternative to a Negotiated Agreement (BATNA).

einbarung ohne Aufklärung dieser faktischen Ebene getroffen werden kann.

279   Sehr praxisrelevant ist die Frage, ob das Gesetz vom Mediator verlangt, darauf hinzuwirken, dass die Parteien ihre Vereinbarung auch in **Kenntnis der Rechtslage** treffen.

Aus dem Wortlaut der Norm, der gerade nicht die Formulierung „Kenntnis der Sach- *und Rechts*lage" enthält, könnte geschlossen werden, dass der Gesetzgeber die Kenntnis der Rechtslage als nicht relevant angesehen hat. Andererseits verlangt das übergeordnete Normziel – die **Unterstützung einer informierten Entscheidung** – gerade auch eine Einschätzung der Rechtslage durch die Parteien (dazu ausführlich oben unter → Rn. 263 ff.), außer die Parteien erachten diese grundsätzlich als nicht entscheidungsrelevant. Insofern sollten Mediatoren in jedem Fall transparent und möglichst frühzeitig mit den Parteien erörtern, welche Rolle das Recht in der konkreten Mediation haben und wie es ggf. eingeführt werden soll.[257]

Wenn eine Befassung mit der Rechtslage gewünscht wird, kann problematisch werden, dass die Rechtslage häufig nicht eindeutig festzustellen ist, sondern von Auslegungen, Interpretationen etc abhängt. Hier stellt sich die Folgefrage, durch wen und auf welche Weise die Einschätzung der Rechtslage vorgenommen werden soll (dazu oben unter → Rn. 254 ff. und unten unter → Rn. 285 ff. und → Rn. 293).

280   **b) Verständnis des Einigungsinhalts.** Grundsätzlich geht es hier darum, dass die Parteien die rechtliche und faktische Bedeutung und Tragweite ihrer Vereinbarung ausreichend erfassen.

Dies ist besonders relevant,

- wenn die **Vereinbarung nicht von den Parteien selbst formuliert** wurde,
- wenn die **Vereinbarung besonders komplex** ist und/oder **Fachtermini** enthält und damit den Verständnishorizont von Laien überschreiten könnte oder
- wenn die **Parteien** mit Blick auf die Sprache, in der die Vereinbarung abgefasst ist, **keine Muttersprachler** sind.[258]

281   Hat eine Partei eine Vereinbarung tatsächlich abgeschlossen, ohne ihren Inhalt richtig verstanden zu haben, gelten die allgemeinen zivilrechtlichen **Anfechtungsregeln gem. §§ 119 ff. BGB.**

282   **c) Hinwirken. aa) Anforderungen an das Hinwirken.** Der Referentenentwurf verlangte noch, dass sich der Mediator *vergewissern* sollte, dass die Parteien die Vereinbarung in voller Kenntnis der Sachlage treffen und ihren Inhalt verstehen.[259] Der aktuelle Gesetzeswortlaut, nach dem der Mediator lediglich auf Kenntnis und Verständnis der Parteien *hinwirken* soll, scheint auf den ersten Blick eine geringere Anforderung an den Grad der Gewissheit zu stellen. Dies überrascht, da es mit Blick auf das zentrale Prinzip der Selbstverantwortung der Parteien fundamental erscheint, dass die Parteien

---

257 Siehe dazu *Ade/Gläßer* ZKM 2013, 57.

258 Zum Einsatz von Dolmetschern bzw. Übersetzern in der Mediation → Rn. 181.

259 Siehe RefE des BMJ abrufbar unter http://rsw.beck.de/docs/librariesprovider5/rs w-dokumente/RefE_Mediationsgesetz_20100803 (zuletzt abgerufen am 3.5.2017).

die Faktenbasis und den Inhalt ihrer Einigung auch verstehen. Insofern halten einige auch an dem Maßstab des „Vergewisserns" fest.[260]

Alternativ dazu kann das Verb „hinwirken" aber auch so verstanden werden, dass es – im Vergleich zum „Vergewissern", womit ja eher ein (reaktives) Überprüfen dessen, was da ist (oder nicht), gemeint ist – per se höhere Anforderungen an den Mediator stellt, indem es letzteren dazu verpflichtet, **Kenntnis und Verständnis der Parteien** im Zweifel **proaktiv herzustellen.** 283

Dafür kann der Mediator die zentralen Grundlagen und Inhalte der Vereinbarung – ähnlich wie ein Notar im Beurkundungsverfahren – **laienverständlich erläutern.** Dabei sollte der Mediator unbedingt beachten, dass die individuellen Verständnishorizonte der Parteien eines Mediationsfalles sehr unterschiedlich sein können. Insofern empfiehlt es sich, dass der Mediator zur Überprüfung der Kenntnisse und des Verständnisses der Parteien auch seinerseits Fragen stellt und die Methodik der Verständnissicherung anwendet.

Nachhaltigkeitssicherung sowie die Erwägung möglicher Nichteinigungsszenarien kann der Mediator auch durch sog **Szenariotests,** insbesondere die Frage nach denkbaren worst case-Entwicklungen, befördern.

Mediatoren haben nicht per se die Pflicht, an der **Beschaffung der einigungsrelevanten Informationen** mitzuwirken. Sie können derartige Pflichten aber durch vertragliche Zusatzvereinbarung übernehmen. Dann tragen sie auch ein entsprechendes Haftungsrisiko für eine Nicht- oder Schlechterfüllung (dazu insbes. → K Rn. 33 a mwN).

„Hinwirken" impliziert zugleich den Respekt vor der Parteiautonomie – denn bei allen Bemühungen des Mediators entscheiden letztlich die Parteien selbst, welche Faktenkenntnis und welche Verständnistiefe als Grundlagen für ihre Vereinbarung für sie ausreichend sind. 284

bb) Rechtsberatung durch den Mediator. Der Auftrag, darauf hinzuwirken, dass die Parteien ihre Vereinbarung in voller Kenntnis der Sachlage treffen, verpflichtet den Mediator auch dazu zu überprüfen, ob die Parteien – orientiert an deren eigenen Informationsansprüchen – ausreichende Kenntnis der relevanten *Rechts*lage haben. Bei Bedarf muss der Mediator iSd § 2 Abs. 6 S. 2 darauf hinwirken, dass die Parteien entsprechenden Rechtsrat einholen. 285

Die Frage, ob der Mediator einen solchen **Rechtsrat auch selbst geben** kann, ist auf drei Ebenen zu diskutieren: Zum einen ist zu prüfen, ob rechtliche Einlassungen des Mediators zu einer **Kollision mit dem Rechtsdienstleistungsgesetz** führen würden. Zum anderen ist darauf zu achten, ob rechtliche Einlassungen des Mediators den **Konfliktbearbeitungsprozess eher fördern oder stören** und inwieweit sie **mit seiner allparteilichen Rolle vereinbar** sind (dazu im Einzelnen oben unter → Rn. 255 ff.). 286

Angesichts dieser Fragen und damit verbundenen Herausforderungen enthält die Vorschrift jedenfalls **keine Verpflichtung** des Mediators, selbst die rechtliche Aufklärung der Parteien zu leisten. Vielmehr erscheint die exter- 287

---

260 Fritz/Pielsticker/*Pielsticker* § 2 Rn. 131.

ne Rechtsberatung gem. § 2 Abs. 6 S. 2 als das in mehrfacher Hinsicht vorzugswürdige Modell.[261]

Allerdings dürfen Anwaltsmediatoren grds. eine allgemeine, allparteilich angelegte rechtliche Beratung der Medianden vornehmen; hierbei sind strikt die Grenzen des § 43 a Abs. 4 BRAO einzuhalten. Zugleich ist auch ein Anwaltsmediator nicht automatisch zur vollumfänglichen rechtlichen Beratung im allparteilichen Sinne verpflichtet. Wird eine solche Beratung aber durch das Auftreten und Handeln des Anwaltsmediators angeboten oder zumindest impliziert und von den Medianden kausal daraus folgend auch erwartet, so ist eine umfassende rechtliche Beratung auch geschuldet, woraus sich ein entsprechendes Haftungsrisiko ergibt (→ Rn. 33 a).[262] Schließt ein Anwaltsmediator einen Mediationsrahmenvertrag, sollte deshalb im Sinne der Pflichten- und Rollenklarheit sorgfältig auf eine klare Definition der durch den Mediator übernommenen Aufgaben geachtet werden (→ Rn. 33 a).[263]

288   **5. Überprüfung der Vereinbarung durch externe Berater (Satz 2). a) Hinweispflicht.** Während der Mediator nach dem Regierungsentwurf lediglich hinweisen *sollte*,[264] *hat* der Mediator nach dem aktuellen Gesetzestext Parteien ohne fachliche Beratung auf die Möglichkeit einer externen Überprüfung der Vereinbarung hinzuweisen. Das Gesetz lässt also keinen Spielraum für eigenes Ermessen des Mediators, sondern statuiert eine **kategorische Hinweispflicht**. Ob Bedarf nach einer solchen Überprüfung besteht, entscheiden dann nach dem Wortlaut der Norm die Parteien, nicht der Mediator.

289   Die Hinweispflicht soll eine informierte Entscheidung der Parteien befördern. Deshalb muss der Hinweis jedenfalls **vor der Finalisierung der Vereinbarung** gegeben werden.[265] Werden externe Berater erst hinzugezogen, wenn bereits ein Vereinbarungsentwurf vorliegt, können in der Praxis allerdings Probleme entstehen, da die Berater den Weg zu dieser Vereinbarung nicht miterlebt haben und deswegen in Unkenntnis der Hintergründe und Motive der Parteien die Vereinbarung bisweilen in Frage stellen. Deshalb sollten Mediatoren die Parteien bereits vor oder zu Beginn der Mediation auf die Möglichkeit und potenziellen Nutzen einer externen Beratung hinweisen und – bei Beratungsbedarf – gemeinsam mit den Parteien differenziert erörtern, zu welchem Zeitpunkt und auf welche Weise die Berater in den Verfahrensablauf integriert werden können (zu den bestehenden Möglichkeiten → Rn. 165 ff.).

290   **b) Voraussetzung: Partei ohne fachliche Beratung.** Voraussetzung für das Entstehen der Hinweispflicht ist, dass eine Partei ohne fachliche Beratung an der Mediation teilnimmt. Mit dem Begriff der fachlichen Beratung hatte

---

261 *Ade/Gläßer* ZKM 2013, 57 (62).
262 BGH 21.9.2017 – IX ZR 34/17; vorgehend OLG Stuttgart 26.1.2017 – 11 U 4/16 mit Kommentierung von *Jost* ZKM 2017, 71.
263 BGH 21.9.2017 – IX ZR 34/17; vorgehend OLG Stuttgart 26.1.2017 – 11 U 4/16; *Jost* ZKM 2017, 71 (72).
264 So BT-Drs. 17/5335 (Begr. RegE), 15.
265 Fritz/Pielsticker/*Pielsticker* § 2 Rn. 139.

der Gesetzgeber primär Rechtsberatung durch Rechtsanwälte im Blick.[266] Je nach Mediationsgegenstand kommen aber auch andere Berater wie zB Unternehmens- oder Steuerberater, Architekten oder andere Sachverständige in Betracht. Welche Art der fachlichen Beratung grundsätzlich angezeigt wäre und bei Fehlen damit die Hinweispflicht auslöst, hängt vom Konfliktgegenstand ab. Im Zweifel sollte der Mediator die Parteien routinemäßig auf externe Beratungsmöglichkeiten hinweisen; dies gilt insbesondere bei fehlender Rechtsberatung.

In Fallkonstellationen, in denen der Mediator grundsätzlich auch selbst **291** Rechtsrat geben kann (dazu oben unter → Rn. 254 ff.), sind die Parteien zwar streng genommen nicht *ohne* diesbezügliche Beratung. Wegen der mit einer Beratung durch den Mediator verbundenen Gefahren für die Allparteilichkeit (dazu oben unter → Rn. 267) und auch wegen des Haftungsrisikos (dazu oben unter → Rn. 171) sollte der Mediator in diesen Fällen aber besonders sorgfältig die Nutzen und Risiken eines solchen Beratungsmodells gegenüber externer Rechtsberatung abwägen.[267]

Ein heikler Grenzfall liegt vor, wenn die Parteien zwar fachlich bzw. recht- **292** lich beraten sind, diese **Beratung** dem Mediator aber deutlich **unzulänglich oder** gar klar **fehlerhaft** erscheint.[268]

Um eine informierte Entscheidungsfindung der Parteien zu unterstützen, sollten Mediatoren der betroffenen Partei in einem solchen Fall vorsichtig – idealerweise im Einzelgespräch in Abwesenheit des Beraters – ihren Eindruck schildern, so dass die betroffene Partei sensibilisiert ist und selbstverantwortlich entscheiden kann, wie sie weiter vorgehen will.

c) **Überprüfungsmöglichkeiten durch externe Berater.** Externe Berater kön- **293** nen auf unterschiedliche Art und Weise in ein Mediationsverfahren eingebunden werden (dazu auch → Rn. 160). Sie können von Anfang an und durchgehend an dem gesamten Mediationsverfahren teilnehmen, nur punktuell zu einzelnen Sitzungen oder Sitzungsabschnitten hinzugezogen werden oder nach bzw. zwischen Mediationsterminen beratend hinzugeschaltet werden.[269]

Mediatoren müssen als Teil der Hinweispflicht die Vor- und Nachteile dieser Beratungsmodelle mit Blick auf die konkreten Umstände des Falles, den spezifischen Beratungsbedarf und die sich ergebenden Kostenfolgen gemeinsam mit den Parteien differenziert erörtern.

d) **Bedarf.** Ob ein Bedarf nach externer Beratung besteht, durch wen und **294** auf welche Art und Weise diese vorgenommen werden soll, entscheiden letztlich die Parteien selbst. Aufgabe des Mediators ist es, die Parteien in diesem Entscheidungsprozess bestmöglich zu unterstützen.

6. **Abschlussvereinbarung (Satz 3). a) Möglichkeit der Dokumentation des** **295** **Mediationsergebnisses in der Abschlussvereinbarung. aa) Charakter der Abschlussvereinbarung.** Der letzte Satz von § 2 behandelt das Szenario,

---

266 Siehe BT-Drs. 17/8058 (Beschlussempfehlung und Bericht des Rechtsausschusses), 18.
267 Siehe dazu im Einzelnen *Ade/Gläßer* ZKM 2013, 57 (62).
268 Siehe dazu auch Fritz/Pielsticker/*Pielsticker* § 2 Rn. 143.
269 Zu den diesbezüglichen Möglichkeiten des Einsatzes von begleitenden Rechtsanwälten, siehe *Ade/Gläßer* ZKM 2013, 57 (60 ff.).

dass eine Einigung substantiell bereits vorliegt („erzielt" wurde), aber noch nicht abschließend schriftlich dokumentiert ist. Abgesehen von Vertragsschlüssen mit Formzwang ist die schriftliche Abschlussvereinbarung also nicht konstitutiv für die Verbindlichkeit der Einigung; ein bindender Vertrag kann zwischen den Parteien bereits mündlich geschlossen worden sein (§§ 133, 157 BGB).

296 Die wesentliche Aufgabe der Abschlussvereinbarung ist es, die erreichte Einigung zu **dokumentieren.** Dies bedeutet, dass ganz unterschiedliche – rechtlich bindende und nicht bindende – Mediationsergebnisse (dazu oben unter → Rn. 247 ff.) in die Abschlussvereinbarung einfließen können. In der Formulierung der Abschlussvereinbarung sollte deutlich gemacht werden, was rechtsverbindliche und was unverbindliche Passagen sind.

297 **bb)** „Kann"-Vorschrift. § 2 Abs. 6 S. 3 statuiert keine Dokumentations*pflicht*.[270] Allerdings ist die Dokumentation der Ergebnisse einer Mediation in der Praxis der Regelfall.

298 **cc) Formen der Dokumentation.** Die **Möglichkeiten der Dokumentation** der erzielten Einigung reichen von einer stichwortartigen Niederschrift der Einigungsinhalte auf dem Flipchart oder Metaplanwand über ein kursorisches Ergebnisprotokoll bis hin zur vollständigen Ausformulierung eines Vertrags.

299 Der Wortlaut der Vorschrift legt nicht fest, durch wen die Dokumentation vorgenommen werden soll. Die Dokumentation kann also **durch den Mediator**, etwaige **begleitende Rechtsanwälte bzw. andere Berater** oder auch **durch die Parteien** selbst erfolgen.

300 Welche Art der Dokumentation zu wählen ist und wer diese am besten übernehmen sollte, bestimmt sich in der Sache nach den Umständen des Einzelfalls und insbesondere danach, welchen Zweck die Abschlussvereinbarung für die Parteien erfüllen soll.

Wird eine vollstreckbare Vereinbarung angestrebt, sind die zur Herstellung der Vollstreckbarkeit vorgesehenen rechtlichen Instrumente zu nutzen (dazu → Rn. 312 ff.); zugleich sind an die inhaltliche Klarheit und Präzision der Formulierung besondere Anforderungen zu stellen (dazu → Rn. 318).

Ist der Mediator nicht zur Rechtsdienstleistung befugt, darf er nicht gestaltend an der Abschlussvereinbarung mitarbeiten, sondern diese lediglich dokumentieren (dazu → Rn. 258).

301 **b) Voraussetzung: Zustimmung der Parteien.** Vom Procedere her können alle Mediationsbeteiligten Vorschläge bezüglich der Dokumentation machen. Die Entscheidung darüber, ob, von wem, auf welche Weise und in welcher Ausführlichkeit die Dokumentation der Mediationsergebnisse vorgenommen werden soll, müssen die Parteien konsensual treffen.

302 **c) Formerfordernisse.** Soll das Mediationsergebnis durch die oder auf Basis der Abschlussvereinbarung vertraglich ausgestaltet und abgesichert werden, sind etwaig einschlägige Formerfordernisse zu beachten.

Zwar sind Verträge und so auch ein Vergleichsvertrag gem. § 779 BGB grundsätzlich formfrei. Ein **Formzwang** kann sich aber für bestimmte Ver-

---

270 So auch BT-Drs. 17/5335 (Begr. RegE), 16.

tragsgegenstände – sei es eine eingegangene Verpflichtung oder eine vorgenommene unmittelbare Gestaltung[271] – aus Spezialvorschriften ergeben.

So gilt die **gesetzliche Schriftform** (§ 126 BGB)[272] zB für den Mietvertrag 303 (§ 550 BGB), das Leibrentenversprechen (§ 761 BGB), die Bürgschaft (§ 766 BGB) oder das Schuldanerkenntnis (§ 781 BGB). Dieses Formerfordernis ist nicht durch Parteivereinbarung abdingbar und seine Nichtbeachtung führt gemäß § 125 S. 1 BGB regelmäßig zur Nichtigkeit des Rechtsgeschäfts.

Davon zu unterscheiden ist die **gewillkürte Schriftform** (§ 127 BGB). Das gewillkürte Formerfordernis entsteht durch eine diesbezügliche Vereinbarung der an dem Rechtsgeschäft beteiligten Parteien.[273] Dabei müssen sich die Parteien auch darüber im Klaren sein, ob die Wirksamkeit des Rechtsgeschäfts von der Beachtung der Form abhängig sein (konstitutive Bedeutung des Formerfordernisses) oder ob die Einhaltung der Form nur Beweisoder Dokumentationszwecken dienen soll (deklaratorische Bedeutung des Formerfordernisses).[274]

Im Rahmen der Mediation kann es in Abhängigkeit von den Parteibedürfnissen und dem Regelungsgegenstand sinnvoll sein, dass die Parteien schon in der Partei-Rahmenvereinbarung festhalten, dass sämtliche rechtlich relevanten Ergebnisse der Mediation, aber auch Abänderungen, Ergänzungen und Aufhebungen von unabhängig von der Mediation getroffenen vertraglichen Vereinbarungen, der Schriftform unterliegen müssen, um Rechtswirksamkeit zu erlangen.

Der **notariellen Beurkundung** (§ 128 BGB) bedürfen insbesondere Verträge 304 aus dem Bereich des Immobiliarsachenrechts, des Familien- und Erbrechts sowie des Gesellschaftsrechts, zB Grundstückskaufverträge (§ 311 b Abs. 1 S. 1 BGB), Eheverträge (§ 1410 BGB), Erbverträge (§ 2276 BGB), der Erbverzicht (§ 2348 BGB) oder die Übertragung von Geschäftsanteilen an einer GmbH (§ 15 Abs. 3 und 4 S. 1 GmbHG).[275]

Im Dienste der Absicherung eines nachhaltigen Mediationsergebnisses haben Mediatoren die Parteien auf derartige Formerfordernisse hinzuweisen und sie ggf. zu beraten, wie die Formwirksamkeit im konkreten Fall hergestellt werden kann. Bei diesbezüglichen Unsicherheiten ist Rechtsrat einzuholen. In Mediationsgebieten, in denen Verfahren häufig mit notariell zu beurkundenden Abschlussvereinbarungen enden, empfiehlt sich die systematische Vernetzung der Mediationspraxis mit dem Notariat (dazu → M Rn. 49 ff.).

d) Materielle Wirksamkeitsvoraussetzungen. Soweit die Abschlussverein- 306 barung auf eine rechtlich verbindliche Regelung abzielt, gelten die allge-

---

271 Vgl. Greger/Unberath/Steffek/*Unberath* B. § 2 Rn. 311.
272 § 126 BGB gilt für alle Schriftformerfordernisse des Privatrechts unabhängig von der gesetzlichen, teilweise uneinheitlichen Terminologie. Vgl. dazu MüKoBGB/*Einsele* § 126 Rn. 3.
273 MüKoBGB/*Einsele* § 127 Rn. 3.
274 Dazu ausführlich MüKoBGB/*Einsele* § 127 Rn. 4.
275 Weitere Beispiele finden sich bei Greger/Unberath/Steffek/*Unberath* B. § 2 Rn. 311 f.

meinen und themenspezifischen materiellen Wirksamkeitsbedingungen für Verträge.

307 Hier ist vor allem an die Unwirksamkeitsvorschriften der § 134 BGB (**Verstoß gegen ein gesetzliches Verbot**) und § 138 BGB (**Sittenwidrigkeit**) zu denken.

308 Ein **Vergleichsvertrag ist gem. § 779 Abs. 1 BGB** darüber hinaus dann unwirksam, wenn die Parteien sich in einem gemeinsamen Irrtum über den nach dem Inhalt des Vergleichs als feststehend zugrunde gelegten Sachverhalt befinden und der Vergleichsbedarf bei Kenntnis der Sachlage nicht entstanden wäre.[276] Einem solchen Irrtum bzw. einer solchen gemeinsamen Fehlvorstellung soll die Hinwirkungspflicht des Mediators gem. § 2 Abs. 6 S. 1 vorbeugen (dazu → Rn. 273 ff.).

309 Je nach Regelungsgegenstand sind **weitere rechtsgebietsspezifische Wirksamkeitsbedingungen** zu beachten.[277]

310 e) **Vollstreckbarkeit der Abschlussvereinbarung. aa) Normativer Hintergrund.** Die Abschlussvereinbarung ist ein privatrechtlicher Vertrag und damit zwar rechtlich verbindlich, aber nicht automatisch vollstreckbar. Bei einem Streit über die Erfüllung der Abschlussvereinbarung müsste die betroffene Vertragspartei daher grundsätzlich klagen, um einen Vollstreckungstitel (Urteil) zu erlangen.[278]

311 Die Mediationsrichtlinie fordert die Mitgliedstaaten in Art. 6 Abs. 1 daher auf sicherzustellen, „dass von den Parteien oder von einer Partei mit ausdrücklicher Zustimmung der anderen beantragt werden kann, dass der Inhalt einer im Mediationsverfahren erzielten schriftlichen Vereinbarung vollstreckbar gemacht wird." Trotz dieser Forderung enthält das deutsche Mediationsgesetz keine explizite Regelung zur Vollstreckbarkeit der Abschlussvereinbarung.

Der Regierungsentwurf zum Mediationsgesetz (vgl. BT-Drs. 17/5335) sah noch die Einführung eines § 796 d ZPO vor, der die Vollstreckbarkeit der Abschlussvereinbarung erleichtern sollte. Dieser Vorschlag wurde allerdings vom Rechtsausschuss abgewiesen. Es kann folglich davon ausgegangen werden, dass die bereits bestehenden Möglichkeiten der deutschen Rechtsordnung zur Vollstreckbarerklärung vom Gesetzgeber als ausreichend zur Erfüllung der Anforderungen der Richtlinie betrachtet werden.[279]

312 bb) **Möglichkeiten der Vollstreckbarmachung.** Da es sich bei der Abschlussvereinbarung um einen schuldrechtlichen Vertrag handelt, gibt es für die Durchsetzung der darin vorgesehenen Rechte (sofern der Streitgegenstand der ZPO unterliegt) grundsätzlich folgende Möglichkeiten bezüglich der Vollstreckbarkeit:

---

276 Siehe dazu im Einzelnen Greger/Unberath/Steffek/*Unberath* B. § 2 Rn. 318 ff.
277 Siehe dazu Greger/Unberath/Steffek/*Unberath* B. § 2 Rn. 306.
278 *Kreissl* SchiedsVZ 2012, 230 (243).
279 So auch Greger/Unberath/Steffek/*Greger* B. § 2 Rn. 331; *Meyer/Schmitz-Vornmoor* DNotZ 2012, 895 (899). *Eidenmüller/Prause* NJW 2008, 2737 (2742). Andere Ansicht: *Steffek* RabelsZ 2010 (74), 841 (865).

- Anwaltsvergleich nach §§ 796 a, 796 b ZPO
- vollstreckbare notarielle Urkunde nach § 794 Abs. 1 Nr. 5 ZPO
- Vergleich vor einer anerkannten Gütestelle nach § 794 Abs. 1 Nr. 1 ZPO
- bei bereits begonnenem Gerichtsverfahren auch Prozessvergleich nach § 794 Abs. 1 Nr. 1 ZPO

Diese Möglichkeiten bestehen nicht, soweit die Einigung auf die Abgabe einer Willenserklärung gerichtet ist oder den Bestand eines Mietverhältnisses über Wohnraum betrifft (vgl. §§ 794 Abs. 1 Nr. 5, 796 a Abs. 2).[280]
Bisweilen wird auch das Überführen der Abschlussvereinbarung in einen „Schiedsspruch mit vereinbartem Wortlaut" nach § 1053 ZPO erwogen.[281]

Für den **Anwaltsvergleich** nach §§ 796 a, 796 b ZPO müssen zwei Rechtsanwälte eingeschaltet werden, die im Namen und mit Vollmacht der von ihnen vertretenen Parteien einen Vergleich abschließen, der auf Antrag einer Partei gemäß § 796 a Abs. 1 ZPO für vollstreckbar erklärt werden kann, wenn sich der Schuldner darin der sofortigen Vollstreckung unterworfen hat und der Vergleich bei einem festgelegten Amtsgericht niedergelegt wird.[282] Gemäß § 796 c Abs. 1 ZPO kann der Vergleich mit Zustimmung der Parteien auch von einem Notar in Verwahrung genommen und für vollstreckbar erklärt werden. 313

Aufgrund der hohen Kosten, die durch die Beschäftigung zweier Anwälte und die zusätzlichen Gebühren des Verfahrens vor dem zuständigen Prozessgericht (§ 796 b ZPO) oder Notar (§ 796 c ZPO) entstehen, ist die Bedeutung des Anwaltsvergleichs in der Praxis eher gering.[283]

Die **vollstreckbare notarielle Urkunde** nach § 794 Abs. 1 Nr. 5 ZPO ermöglicht die Schaffung eines sofort vollstreckbaren Titels durch einen Notar, so dass sich diese Form der Vollstreckbarerklärung insbesondere dann anbietet, wenn aus Gründen vom Formzwang ohnehin ein Notar eingeschaltet werden muss (dazu oben unter → Rn. 304) oder wenn der Mediator selbst Notar ist (→ M Rn. 10 ff.). 314

Problematisch dabei ist lediglich, dass sich in einer notariellen Urkunde nur einzelne Ansprüche vollstreckbar machen lassen, nicht aber wechselseitige Verpflichtungen als solche.[284]

Auch Vergleiche, die vor einer durch die Landesjustizverwaltung eingerichteten oder anerkannten **Gütestelle** (§ 794 Abs. 1 Nr. 1 ZPO) abgeschlossen wurden, sind Vollstreckungstitel. Die nähere Ausgestaltung der Gütestellen obliegt den Ländern; es finden sich dazu sehr unterschiedliche Modelle.[285] Hier ist auch die Konstellation denkbar, dass sich der **Mediator selbst als Gütestelle** eintragen lässt. 315

---

280 MüKoZPO/*Ulrici* Anhang zu § 278 a ZPO (Mediationsgesetz Rn. 9).
281 Näheres dazu → Rn. 317.
282 Greger/Unberath/Steffek/*Unberath* B. § 2 Rn. 344.
283 *Wagner* ZKM 2012, 110 (111).
284 Einzelheiten bei MüKoZPO/*Wolsteiner* ZPO § 794 Rn. 155 ff.
285 Dazu ausführlich Greger/Unberath/Steffek/*Unberath* B. § 2 Rn. 337. Zu den Ausgestaltungen in den einzelnen Bundesländern vgl. *Greger* NJW 2011, 1478 (1479).

So sind beispielsweise in Bayern und Baden-Württemberg in den jeweiligen § 22 AGGVG die Voraussetzungen für die Anerkennung als Gütestelle niedergelegt.[286] Dass die Gütestelle von einem Juristen besetzt sein muss, ist dem jeweiligen Gesetzeswortlaut dabei nicht zu entnehmen. Der Nachweis einer Mediationsausbildung und die berufliche Tätigkeit und Erfahrung als Mediator oder Mediatorin dürfte in diesen Bundesländern die gesetzlichen Vorgaben erfüllen. Als problematisch könnte sich lediglich erweisen, dass § 22 AGGVG nicht von Mediation, sondern von Schlichtung spricht. Es ist aber wohl davon auszugehen, dass hier Schlichtung nicht in Abgrenzung zur Mediation, sondern im Sinne eines Oberbegriffs für verschiedene außergerichtliche Verfahrensarten ohne Entscheidungsbefugnis des eingeschalteten Dritten gemeint ist (zu den Charakteristika der verschiedenen Verfahrensarten → Einl. Rn. 28 ff.).

316   Der **Prozessvergleich** gem. § 794 Abs. 1 Nr. 1 ZPO ist grundsätzlich ein Vertragsschluss bei gleichzeitiger Anwesenheit der Vertragsparteien vor einem deutschen Gericht.[287] Gemäß § 278 Abs. 6 ZPO ist es auch denkbar, dass die Parteien sich bereits auf einen (außergerichtlichen) Vergleich geeinigt haben (Abschlussvereinbarung als „schriftlicher Vergleichsvorschlag") und das Gericht nur noch die tatsächlich erfolgte Einigung feststellt und durch die Protokollierung zu einem echten Prozessvergleich macht.[288]

317   Die Umwandlung der Abschlussvereinbarung in einen **Schiedsspruch mit vereinbartem Wortlaut** könnte als rechtsmissbräuchlich angesehen werden, wenn der alleinige Zweck der Einleitung des Schiedsverfahrens darin bestünde, die Abschlussvereinbarung einer Mediation in einen „Schiedsspruch" zu überführen.[289] Denn eine Einigung im Schiedsverfahren setzt voraus, dass ein solches überhaupt stattgefunden hat; da es bei einer Mediation daran fehlt, sind die Vorschriften des Schiedsrechts nicht anwendbar. Ein gleichwohl gestellter Antrag auf Vollstreckbarerklärung gem. § 1062 Abs. 1 Nr. 4 ZPO wäre unzulässig[290] (dazu → N Rn. 39 ff.).

318   **cc) Vollstreckungsfähige Formulierung.** Schwierigkeiten können sich bezüglich der Anforderungen an die Formulierung von vollstreckungsfähigen Abschlussvereinbarungen ergeben. Besonders nicht-juristische Mediatoren werden hier vor Herausforderungen gestellt, die leicht zu einem Verstoß gegen das RDG führen können. Umso wichtiger ist in diesen Konstellationen die in § 2 Abs. 6 S. 2 enthaltene Pflicht des Mediators, „die Parteien, die ohne fachliche Beratung an der Mediation teilnehmen, auf die Möglichkeit hinzuweisen, die Vereinbarung bei Bedarf durch externe Berater überprüfen zu lassen." Gerade in Fällen, in denen nicht schon ohnehin

---

286 § 22 AGGVG Abs. 1:
     Als Gütestelle im Sinne von § 794 Abs. 1 Nr. 1 ZPO können auf Antrag Personen oder Vereinigungen anerkannt werden, die
     1. die Gewähr für eine von den Parteien unabhängige objektive und qualifizierte Schlichtung bieten,
     2. Schlichtung als dauerhafte Aufgabe betreiben,
     3. nach einer Verfahrensordnung vorgehen, die in ihren wesentlichen Teilen dem Verfahrensgang nach dem Schlichtungsgesetz entspricht.
287 MüKoZPO/*Prütting* § 278 Rn. 527.
288 MüKoZPO/*Prütting* § 278 Rn. 42.
289 Zum Haftungsrisiko: *Lachmann*, Rn. 1697 ff.
290 *Unberath* ZKM 2012, 12 (15).

Rechtsanwälte mandatiert sind, kann eine solche externe Beratung auch durch einen zum Ende einer Mediation hin eingeschalteten Notar erfolgen, der dann auch die Abschlussvereinbarung in eine vollstreckbare notarielle Urkunde umwandeln kann. Da der Notar in diesem Fall für die korrekte vollstreckungsfähige Formulierung ohnehin haftet, kann und sollte ihm auch die Formulierung überlassen werden – zumal dadurch keine Mehrkosten entstehen, da die Erstellung des Entwurfs in den Beurkundungsgebühren jeweils mit abgegolten ist (dazu → M Rn. 51 f.).[291]

dd) Grenzüberschreitende Mediationen. Bezüglich der Vollstreckbarkeit von Abschlussvereinbarungen bei grenzüberschreitenden Mediationen kann sich eine Reihe von Besonderheiten ergeben.[292]   319

f) Haftungsfragen. Eine in materieller oder formeller Hinsicht mangelhafte Abschlussvereinbarung bedeutet Rechtsunsicherheit für die Parteien und gefährdet die Nachhaltigkeit des Mediationsergebnisses erheblich. Mediatoren, die an der Abfassung der Abschlussvereinbarung rechtsdienstleistend mitwirken, haften für deren materielle und formelle Wirksamkeit.[293]   320

§ 3 MediationsG Offenbarungspflichten; Tätigkeitsbeschränkungen

(1) [1]Der Mediator hat den Parteien alle Umstände offenzulegen, die seine Unabhängigkeit und Neutralität beeinträchtigen können. [2]Er darf bei Vorliegen solcher Umstände nur als Mediator tätig werden, wenn die Parteien dem ausdrücklich zustimmen.

(2) [1]Als Mediator darf nicht tätig werden, wer vor der Mediation in derselben Sache für eine Partei tätig gewesen ist. [2]Der Mediator darf auch nicht während oder nach der Mediation für eine Partei in derselben Sache tätig werden.

(3) [1]Eine Person darf nicht als Mediator tätig werden, wenn eine mit ihr in derselben Berufsausübungs- oder Bürogemeinschaft verbundene andere Person vor der Mediation in derselben Sache für eine Partei tätig gewesen ist. [2]Eine solche andere Person darf auch nicht während oder nach der Mediation für eine Partei in derselben Sache tätig werden.

(4) Die Beschränkungen des Absatzes 3 gelten nicht, wenn sich die betroffenen Parteien im Einzelfall nach umfassender Information damit einverstanden erklärt haben und Belange der Rechtspflege dem nicht entgegenstehen.

(5) Der Mediator ist verpflichtet, die Parteien auf deren Verlangen über seinen fachlichen Hintergrund, seine Ausbildung und seine Erfahrung auf dem Gebiet der Mediation zu informieren.

Literatur:

Ahrens, Mediationsgesetz und Güterichter – Neue gesetzliche Regelungen der gerichtlichen und außergerichtlichen Mediation, NJW 2012, 2465; *Beckmann*, Neutralität und

---

291 Dazu *Grüner/Schmitz-Vormoor* notar 2012, 147 (151) Fn. 25.
292 Dazu ausführlich Greger/Unberath/Steffek/*Steffek* F Rn. 55 ff.; zu den Besonderheiten grenzüberschreitender Familienmediationen siehe *Paul/Kiesewetter*, Cross-Border Family Mediation, 2011.
293 Siehe dazu *Jost* ZKM 2011, 168 (170).

Allparteilichkeit in der Mediation – Eine Diskussion um Begrifflichkeiten?, ZKM 2013, 51; *Breidenbach*, Mediation – Struktur, Chancen und Risiken von Vermittlung im Konflikt, 1995; *ders./Henssler* (Hrsg.), Mediation für Juristen, 1997; *Duve/Eidenmüller/Hacke*, Mediation in der Wirtschaft, 2. Aufl. 2011; *Eidenmüller/Prause*, Die Europäische Mediationsrichtlinie – Perspektiven für eine gesetzliche Regelung in Deutschland, NJW 2008, 2737; *Eidenmüller/Wagner* (Hrsg.), Mediationsrecht, 2015; *Eisenbarth/Spiecker*, Der Verwaltungsprozess und das erste deutsche Mediationsgesetz – Streit über den Weg der Streitschlichtung, DVBl 2012, 993; *Feuerich/Weyland* (Hrsg.), Bundesrechtsanwaltsordnung, 9. Aufl. 2016; *Fischer/Unberath* (Hrsg.), Das neue Mediationsgesetz, 2013; *Francken*, Das Gesetz zur Förderung der Mediation und das arbeitsgerichtliche Verfahren, NZA 2012, 836; *Fritz/Pielsticker*, Mediationsgesetz, 2013; *Goltermann/Hagel/Klowait/Levien*, „Das neue Mediationsgesetz" aus Unternehmenssicht, SchiedsVZ 2012, 299 und SchiedsVZ 2013, 41; *Greger/Unberath/Steffek*, Recht der alternativen Konfliktlösung, 2. Aufl. 2016; *Greger/Weber*, Das neue Güterichterverfahren, MDR Sonderheft 2012; *Haft/v. Schlieffen* (Hrsg.), Handbuch Mediation, 3. Aufl. 2016 (2. Aufl. 2009); *Hager*, Mediation und Recht, ZKM 2003, 52; *Hartmann*, Mediationsnovelle und Gericht, MDR 2012, 941; *Hartung/Scharmer*, Berufs- und Fachanwaltsordnung, 6. Aufl. 2016; *Henssler/Deckenbrock*, Das neue Mediationsgesetz: Mediation ist und bleibt Anwaltssache!, DB 2012, 159; *Henssler/Kilian*, Anwaltliches Berufsrecht und Mediation, FuR 2001, 104; *Henssler/Koch* (Hrsg.), Mediation in der Anwaltspraxis, 2. Aufl. 2004; *Henssler/Prütting*, Bundesrechtsanwaltsordnung, 4. Aufl. 2014; *Horstmeier*, Das neue Mediationsgesetz, 2013; *Kleine-Cosack*, BRAO, 7. Aufl. 2015; *Knöfel*, Gilt das Verbot der Vertretung widerstreitender Interessen auch für Tätigkeiten außerhalb des Anwaltsberufs?, NJW 2005, 6; *Montada/Kals*, Mediation, 3. Aufl. 2013; *Ortloff*, Vom Gerichtsmediator zum Güterichter im Verwaltungsprozess, NVwZ 2012, 1057; *Plassmann*, Das Mediationsgesetz – Eine Steilvorlage für die gesamte Anwaltschaft, BRAK-Mitt. 2012, 194; *Primus*, Ist Neutralität in der Mediation möglich?, ZKM 2009, 104; *Risse*, Das Mediationsgesetz – eine Kommentierung, SchiedsVZ 2012, 244; *Röthemeyer*, Gerichtsmediation und Güterichterkonzept – Die Lösung des Vermittlungsausschusses, ZKM 2012, 116; *Säcker/Rixecker/Oetker/Limperg* (Hrsg.), Münchener Kommentar zum BGB, 6. Aufl. 2013; *Soergel/Siebert* (Hrsg.), Bürgerliches Gesetzbuch, 13. Aufl. 2011; *Sorge*, Die Neutralität des Verhandlungsleiters, MittBayNot 2001, 50; *Stumpp*, Die Sicherung der Unabhängigkeit des Mediators, ZKM 2000, 34; *Sujecki*, Die Europäische Mediationsrichtlinie, EuZW 2010, 7; *Tochtermann*, Die Unabhängigkeit und Unparteilichkeit des Mediators, 2008; *Unberath*, Eckpunkte der rechtlichen Gestaltung des Mediationsverfahrens, ZKM 2012, 12; *ders.*, Qualität und Flexibilität der Mediation, ZKM 2010, 164; *Wagner*, Der Referentenentwurf eines Mediationsgesetzes, ZKM 2010, 172; *ders.*, Das Mediationsgesetz – Ende gut, alles gut?, ZKM 2012, 110.

I. Zweck und Struktur der Vorschrift

Die in § 3 enthaltenen Offenbarungspflichten und Tätigkeitsbeschränkun-   1
gen beruhen nicht auf den Vorgaben der Richtlinie 2008/52/EG des
Europäischen Parlaments und des Rates vom 21. Mai 2008 über bestimmte Aspekte der Mediation in Zivil- und Handelssachen.[1] Der Gesetzgeber
hat mit dieser Vorschrift von seiner Möglichkeit Gebrauch gemacht, zur
Förderung der Mediation über die Vorgaben der Richtlinie hinaus weitergehende Regelungen zu treffen.[2]

Innerhalb des § 3 lassen sich **zwei Regelungsanliegen des Gesetzgebers** un-   2
terscheiden: Während durch die in § 3 Abs. 1 bis 4 enthaltenen Offenbarungspflichten und Tätigkeitsbeschränkungen die Neutralität und die Unabhängigkeit des Mediators gesichert werden sollen,[3] will der Gesetzgeber
durch die in § 3 Abs. 5 enthaltene Offenbarungspflicht des Mediators zur
Qualitätssicherung der Mediation beitragen.[4]

Mit der **Sicherung der Neutralität und Unabhängigkeit** des Mediators   3
knüpft der Gesetzgeber an die Anforderungen in der Legaldefinition des
„Mediators" in § 1 Abs. 2 sowie an § 2 Abs. 3 S. 1 an, wonach der Mediator zur Neutralität im Sinne einer „Allparteilichkeit" als eines „über die
bloße Neutralität hinausgehenden aktiven Elements"[5] verpflichtet ist. Die
Regelungen des **§ 3 Abs. 1 bis 4** normieren zur Sicherung dieser Anforderungen ein Zusammenspiel von Offenbarungspflichten und unterschiedlich
stark ausgeprägten Tätigkeitsbeschränkungen: Ausgangspunkt ist eine in
§ 3 Abs. 1 S. 1 enthaltene Offenbarungspflicht des Mediators in Bezug auf
alle Umstände, welche seine Unabhängigkeit und Neutralität zu beeinträchtigen geeignet sind. In § 3 Abs. 2 und 3 sind Fallgestaltungen aufgegriffen, die eine solche Beeinträchtigung in besonderem Maße nahelegen.
Hierbei handelt es sich um bereits nach § 3 Abs. 1 offenbarungspflichtige
Umstände, die jedoch wegen ihrer Bedeutung für eine unabhängige und
neutrale Verfahrensführung besonders geregelt werden. Liegen offenbarungspflichtige Umstände vor, sind diese nach Maßgabe des § 3 Abs. 1
bis 4 mit Tätigkeitsverboten belegt. Diese können sich sowohl an den Mediator als auch an mit ihm beruflich verbundene Dritte richten und sowohl
die Übernahme einer Mediatorentätigkeit wie auch eine Interessenswahr-
nehmung für eine der beteiligten Parteien erfassen. Unter überwiegender
Wahrung der den Parteien nach § 2 Abs. 1 bei der Auswahl des Mediators
eingeräumten Autonomie, sind diese Tätigkeitsverbote jedoch weitgehend
dispositiv; lediglich im Falle des Zusammentreffens von Mediatorentätigkeit und Interessenwahrnehmung für eine der Parteien in derselben Sache
besteht ein absolutes und damit der Parteiautonomie entzogenes Tätig-

---

1   ABl. L 136/3 v. 24.5.2008, 3.
2   Die Richtlinie strebte lediglich eine Mindestharmonisierung an, vgl. die Begründung
    zum Richtlinienvorschlag, KOM(2004) 718 endgültig Nr. 1.1.1; siehe hierzu auch
    Eidenmüller/Prause NJW 2008, 2737 (2738); *Sujecki* EuZW 2010, 7.
3   RegE, BT-Drs. 17/5335, 16.
4   RegE, BT-Drs. 17/5335, 16 f.
5   So der RegE, BT-Drs. 17/5335, 15; zur Bedeutung des Begriffs der „Allparteilich-
    keit" → MediationsG § 1 Rn. 23, *Montada/Kals*, S. 64 ff.; *Greger* in: Haft/v. Schlief-
    fen, 3. Aufl., § 27 Rn. 48 f.; kritisch zum Begriff der Allparteilichkeit *Kracht* in:
    Haft/v. Schlieffen, 3. Aufl., § 13 Rn. 24.

keitsverbot. Parteivertretung und Mediation in einer Person schließen einander aus.

4 Die Vorschrift des § 3 Abs. 5 dient der **Qualitätssicherung** der Mediation. Nach der Vorstellung des Gesetzgebers soll durch die darin enthaltene Informationspflicht die notwendige Transparenz geschaffen werden, damit der Markt seine qualitätssichernde Aufgabe erfüllen kann.[6] Sachlich steht die Regelung daher im Zusammenhang mit § 5. Ihr Standort innerhalb des § 3 ist augenscheinlich dem bloßen Umstand geschuldet, dass dem Mediator eine weitere Offenlegungspflicht auferlegt wird.

5 Die Vorschrift des § 3 richtet sich an den **Mediator**. Es ist die Frage aufgeworfen worden, ob auch mediierende Güterichter Mediatoren iSd Mediationsgesetzes sind und damit dessen Vorschriften unterliegen.[7] Anknüpfungspunkt hierfür ist die auf die Beschlussempfehlung des Vermittlungsausschusses[8] hin eingefügte Regelung der §§ 278 Abs. 5 ZPO, 36 Abs. 5 FamFG, 54 Abs. 6 ArbGG,[9] wonach der Güterichter „alle Methoden der Konfliktbeilegung einschließlich der Mediation einsetzen" kann. Im Laufe des Gesetzgebungsverfahrens ist allerdings der richterliche Mediator vollständig aufgegeben und durch das Güterichtermodell ersetzt worden.[10] Dies hat auch terminologisch seinen Niederschlag gefunden. Der Güterichter darf sich somit der Methoden der Mediation bedienen, ist jedoch nach überwiegender Meinung nicht Mediator im Sinne des Mediationsgesetzes.[11]

II. Sicherung der Neutralität und Unabhängigkeit

6 **1. Bedeutung.** Mit der Bereitschaft zur Hinzuziehung eines nicht konfliktbeteiligten Dritten und damit der Überleitung von der zu zweit aufeinander bezogenen („dyadischen") Konfliktbehandlung in eine („triadische"[12]) Konfliktbehandlung durch Hinzutreten eines Dritten in Form der Mediation geht die Erwartung der Parteien an eine faire und neutrale Verfahrensführung durch den Dritten einher. Dies ist in mehrfacher Hinsicht von Bedeutung: Haben die Parteien Zweifel an der Neutralität des Mediators, werden sie im Verhältnis zu ihm vergleichbare Kommunikationsbarrieren aufbauen, wie sie bereits bisher eine Einigung in den bilateralen Verhand-

---

6 RegE, BT-Drs. 17/5335, 16 f.
7 In diesem Sinne → MediationsG § 1 Rn. 4; *Horstmeier*, Rn. 429, 438; wohl auch *Röthemeyer* ZKM 2012, 116.
8 Vgl. die Beschlussempfehlung des Vermittlungsausschusses, BT-Drs. 17/10102, 2 f.
9 Änderung durch Art. 2 bis 4 des Gesetzes zur Förderung der Mediation und anderer Verfahren der außergerichtlichen Konfliktbeilegung vom 21. Juli 2012, BGBl. I S. 1577.
10 Zur Unterscheidung siehe den RegE, BT-Drs. 17/5335, 20 sowie die Beschlussempfehlung des Rechtsausschusses, BT-Drs. 17/8058, 17 f.
11 Ebenso *Ahrens* NJW 2012, 2465 (2469 f.); *Eisenbarth/Spiecker* DVBl 2012, 993 (998); *Francken* NZA 2012, 836 (840); *Greger/Weber* MDR Sonderheft 2012, 5 (14); *Greger/Unberath/Steffek/Greger* B. § 1 Rn. 14, Abschnitt Alternative Konfliktlösung und Gerichtsverfahren, Rn. 104, 127; *Hartmann* MDR 2012, 941 (942); *Plassmann* BRAK-Mitt. 2012, 194 (198); *Wagner* ZKM 2012, 110 (113 f.); differenzierend *Ortloff* NVwZ 2012, 1057 (1058 f.).
12 Zu diesen aus dem Konzept des „Systems" stammenden Begriffen und der damit für die Mediation verbundenen Bedeutung *Duss-von Werdt* in: Haft/v. Schlieffen, 2. Aufl., § 11 Rn. 37; *Breidenbach*, S. 145.

lungen verhindert haben.[13] Die Parteien werden dann dem Mediator das Vertrauen und die notwendige Offenheit nicht entgegenbringen und die ihm durch das Verfahren gegebenen Einflussmöglichkeiten gar nicht erst zulassen oder ihre Mitarbeit verweigern.[14] Die Stellung des Mediators als neutraler, keiner Seite verpflichteter Dritter stellt somit eine wesentliche Quelle seiner Autorität dar.[15] Da dem Mediator keine Anordnungs- oder Entscheidungsgewalt gegeben ist, kann er ohne dieses Vertrauen und die hieraus resultierenden Einflussmöglichkeiten auf den Verfahrensablauf seine Funktion nicht mehr erfüllen. Zweifel einer Partei an der Neutralität des Mediators erschüttern damit das Fundament der Mediation selbst. Selbst wenn es trotz bestehender Zweifel einer Partei an der Neutralität zu einer Weiterführung der Mediation kommen sollte, stehen die Dauerhaftigkeit und Befriedungswirkung des Ergebnisses in Frage. Je weniger eine Partei das Gefühl einer neutralen und fairen Verhandlungsführung hat, desto weniger wird sie sich an das Ergebnis gebunden fühlen.[16]

Die besondere Bedeutung und das Erfordernis der Neutralität des Mediators sind daher im Grundsatz allgemein anerkannt, auch wenn deren Begriffsschärfe und hieraus resultierende Anforderungen durchaus Gegenstand von Diskussionen sind.[17] Weitgehende Übereinstimmung besteht ebenfalls dahin gehend, dass Mediatoren eine persönliche Unabhängigkeit von den beteiligten Parteien aufweisen und keinen inhaltlichen Interessen in Bezug auf den Verfahrensgegenstand unterliegen sollten.[18] Die Anforderungen der Neutralität bzw. Unparteilichkeit und Unabhängigkeit des Mediators hatten daher schon vor Inkrafttreten des Mediationsgesetzes Eingang sowohl in die Bestimmungen von Verhaltenskodizes für Mediatoren[19]

    7

---

13 *Tochtermann*, S. 93; *Sorge* MittBayNot 2001, 50 (52).
14 Zum Verfahrenseinfluss des Mediators und dessen Spannungsverhältnis zur Neutralität *Breidenbach*, S. 143 ff., 169 ff.; *Montada/Kals*, S. 63 f.
15 *Breidenbach*, S. 145; *Kracht*, in: Haft/v. Schlieffen, 3. Aufl., § 13 Rn. 10.
16 Siehe hierzu *Kracht*, in: Haft/v. Schlieffen, 3. Aufl., § 13 Rn. 10 ff.
17 Siehe zB *Breidenbach*, S. 145, 169 ff.; *Duve/Eidenmüller/Hacke*, S. 94; *Hess* in: Haft/v. Schlieffen, 2. Aufl., § 43 Rn. 51 f.; *Kracht*, in: Haft/v. Schlieffen, 3. Aufl. § 13 Rn. 9 f., 14 ff.; *Montada/Kals*, S. 63 ff.; *Nierhauve* in: Haft/v. Schlieffen, 2. Aufl., § 48 Rn. 17 ff.; *Tochtermann*, S. 3, 93; kritisch zu der Frage, ob Neutralität ein brauchbares Konzept für die Mediation darstellen kann: *Primus* ZKM 2009, 104.
18 *Breidenbach*, S. 170; Greger/Unberath/Steffek/*Greger* B. § 3 Rn. 9; *Greger* in Haft/v. Schlieffen, 3. Aufl., § 27 Rn. 12 ff.; *Kracht*, in: Haft/v. Schlieffen, 3. Aufl., § 13 Rn. 25 ff.; *Montada/Kals*, S. 63; differenziert *Tochtermann*, S. 23 ff.
19 Siehe zB den Europäischer Verhaltenskodex für Mediatoren (European Code of Conduct for Mediators), Nr. 2.2, ZKM 2004, 148, die Richtlinien der Bundes-Arbeitsgemeinschaft für Familien-Mediation eV (BAFM) für die Mediation in Familienkonflikten (Stand 16.11.2008), Nr. 3.1, die Richtlinien für Mediation in Wirtschaft und Arbeitswelt des Bundesverbandes Mediation in Wirtschaft und Arbeitswelt eV (BMWA), I 1.3 (2).

als auch in Verfahrensordnungen für Mediation[20] gefunden. Auch der Gesetzgeber hat in seiner Begründung zum Mediationsgesetz der Neutralität
und Unabhängigkeit des Mediators als „unerlässliche Voraussetzung für
das Gelingen einer Mediation"[21] eine grundlegende Bedeutung beigemessen.

8 **2. Offenbarungspflicht (Abs. 1).** Nach § 3 Abs. 1 muss der Mediator (→
Rn. 5) gegenüber den Parteien alle Umstände offenlegen, die seine Unabhängigkeit und Neutralität beeinträchtigen können.

9 **a) Unabhängigkeit und Neutralität.** Die Vorschrift knüpft an die Legaldefinition des „Mediators" in § 1 Abs. 2 an, wonach der Mediator ua „eine
unabhängige und neutrale Person" ist. Die Offenbarungspflicht dient der
Sicherung dieser Neutralität und Unabhängigkeit.[22] Damit ergibt sich
streng genommen ein Widerspruch, denn den „nicht unabhängigen" oder
„nicht neutralen" Mediator könnte es somit gar nicht geben und damit
auch keine zu offenbarenden Umstände. Anders ausgedrückt: Wenn „Unabhängigkeit" und „Neutralität" zu den begriffswesentlichen Merkmalen
des „Mediators" iSd § 1 Abs. 2 gehören sollen,[23] wäre § 3 Abs. 1 überflüssig, da bei deren Fehlen schon kein „Mediator" tätig wäre, so dass es bereits am Regelungsadressaten des § 3 Abs. 1 fehlte. Dieser Widerspruch
wird umso deutlicher, als nach § 3 Abs. 1 S. 2 die Parteien einer Tätigkeit
des Mediators trotz Vorliegens solcher Umstände zustimmen können. Die
Offenbarungspflichten und Tätigkeitsbeschränkungen des § 3 Abs. 1 bis 4
erhalten ihre Berechtigung mithin nur dann, wenn die Unabhängigkeit und
Neutralität des Mediators in § 1 Abs. 2 nicht als dessen (konstitutive) Be-
griffsmerkmale, sondern als Anforderungen an seine Tätigkeit verstanden
werden.[24]

10 Das Nebeneinander der Begriffe „Unabhängigkeit" und „Neutralität" unterstellt deren Gleichwertigkeit und Abgrenzbarkeit. Nach anderer Auffassung handelt es sich bei der Unabhängigkeit lediglich um eine Komponente
der Neutralität: Demnach umfasst die Neutralitätspflicht des Mediators sowohl dessen Neutralität als Person, die sich durch Unabhängigkeit von den
Parteien und in Bezug auf den Verfahrensgegenstand auszeichnet, als auch

20 Siehe zB die Mediationsordnung der Deutschen Institution für Schiedsgerichtsbarkeit eV (DIS-Mediationsordnung – DIS-MedO), § 3 Abs. 2 und 3 (gültig ab
   1.5.2010); vgl. auch die bis Ende 2013 geltenden ICC ADR Rules (ADR-Regeln
   der Internationalen Handelskammer), Art. 3 Abs. 2, Art. 5 Abs. 3 S. 2, Art. 7
   Abs. 3, seit dem 1.1.2014 ersetzt durch die ICC Mediation Rules, dort Article 7
   (3); ebenso die vormalige (Stand Okt. 2006) Verfahrensordnung des Europäischen
   Instituts für Conflict-Management eV (EUCON), § 4 Abs. 1 und 2, seit dem
   1.6.2013 ersetzt durch die EUCON Mediationsordnung, dort § 6.
21 RegE, BT-Drs. 17/5335, 15.
22 RegE, BT-Drs. 17/5335, 15.
23 RegE, BT-Drs. 17/5335, 13 f.
24 In diesem Sinne auch die Begriffsbestimmung des „Mediators" in Art. 3 lit. b der
   Richtlinie 2008/52/EG über bestimmte Aspekte der Mediation in Zivil- und Handelssachen (Mediations-RL), ABl. L 136 vom 24.5.2008, 3, die insoweit lediglich
   darauf abstellt, dass die betroffene Person *ersucht* wird, eine Mediation auf unparteiische Weise durchzuführen; ebenso Greger/Unberath/Steffek/*Greger* B. § 1
   Rn 54, § 3 Rn. 9, 37; *Greger* in: Fischer/Unberath, S. 79, 81, 85.

dessen Neutralität in seinen Verfahrensentscheidungen, die sich durch Unvoreingenommenheit gegenüber den Parteiinteressen auszeichnet.[25]

Unabhängigkeit ist nach der Gesetzesbegründung vor allem **personenbezogen** zu verstehen. Sie betrifft in erster Linie die persönliche Unabhängigkeit des Mediators von den Parteien, aber auch dessen Bindungen in Bezug auf den Verfahrensgegenstand oder den Verfahrensausgang.[26] Umstände, die seine **persönliche Unabhängigkeit** beeinträchtigen können, stellen insbesondere persönliche oder geschäftliche oder finanzielle Verbindungen zu einer der Parteien dar.[27] Erst recht gilt dies bei einer Weisungsgebundenheit des Mediators gegenüber einer Mediationspartei (zB aufgrund des Direktionsrechts des Arbeitgebers).[28] Unter die Offenbarungspflicht fallen dürften auch vergleichbare Verbindungen des Mediators zu einem Dritten, falls dieser zu einer der Parteien in einem besonderen Näheverhältnis steht oder in besonderer Weise am Verfahrensausgang interessiert ist. Offenbarungspflichtige Bindungen in Bezug auf den **Verfahrensgegenstand** oder das **Ergebnis** der Mediation können sich aus einem finanziellen oder einem sonstigen unmittelbaren oder mittelbaren Interesse des Mediators ergeben.[29] Zweifelhaft ist die Vereinbarung einer Erfolgsprämie für den Fall einer Einigung. Zwar würde hierdurch noch kein Interesse an einem bestimmten Ergebnis begründet; eine solche Prämie könnte aber dazu führen, den Gebrauch der Gestaltungsmöglichkeiten auf das Verfahren situationsabhängig in einer Weise zu beeinflussen, dass sich deren Bezugspunkt nicht mehr an der Eigenverantwortlichkeit oder der gleichmäßigen Verpflichtung auf die Parteien (§ 2 Abs. 2 S. 1) orientiert, sondern in Richtung auf ein hinzutretendes Interesse des Mediators an der Herbeiführung einer Abschlussvereinbarung verschiebt. Letztlich ist die Beantwortung dieser Frage davon abhängig, welche Ziele mit der Mediation und dem damit verbundenen Rollenverständnis des Mediators verfolgt werden,[30] so dass es der Entscheidung der Parteien obliegen muss, ob eine Erfolgsprämie mit ihren Erwartungen an die Mediation vereinbar ist.

Der **Neutralität** kommt nach der Gesetzesbegründung eine **verfahrensbezogene** Bedeutung zu.[31] Sie verpflichtet zu einer unparteilichen Verhandlungsführung und Gleichbehandlung der Parteien und verlangt beispielsweise

11

12

---

25 *Kracht* in: Haft/v. Schlieffen, 3. Aufl., § 13 Rn. 17 ff.
26 RegE, BT-Drs. 17/5335, 14, 16; Anhaltspunkte bieten die Offenbarungspflichten nach Nr. 2.1 des Europäischen Verhaltenskodex für Mediatoren (European Code of Conduct for Mediators) und die Ausschlussgründe vom Richteramt nach § 41 ZPO sowie vom Schiedsrichteramt nach § 1036 Abs. 1 ZPO; zur Übertragung der Mitwirkungsverbote der §§ 3 und 6 BeurkG auf den Mediator siehe *Stumpp* ZKM 2000, 34 (35 f.).
27 RegE, BT-Drs. 17/5335, 16.
28 RegE, BT-Drs. 17/5335, 16; bei innerbetrieblichen Mediatoren kann dem dadurch begegnet werden, dass der Arbeitgeber in Bezug auf die Mediatorentätigkeit auf sein Direktionsrecht verzichtet. Bei innerhalb eines Konzernverbundes tätigen Mediatoren darf der Mediator gegenüber keiner der Parteien weisungsgebunden sein. Differenzierend Greger/Unberath/Steffek/*Greger* B. § 3 Rn. 16.
29 RegE, BT-Drs. 17/5335, 14.
30 Strenger Greger/Unberath/Steffek/*Greger* B. § 3 Rn. 20; zu den Zielen von Mediation und dem hiermit verbundenen Rollenverständnis s. *Breidenbach*, S. 119 ff., 212 ff.
31 RegE, BT-Drs. 17/5335, 14.

eine Weitergabe von Informationen gleichermaßen an alle Parteien und deren gleiche Teilhabe am Fachwissen des Mediators.[32] Die Verpflichtung zur Neutralität wird zudem durch § 2 Abs. 3 S. 1 in ihrem aktiven Element im Sinne einer „Allparteilichkeit" ausgeformt.[33]

13   Der Begriff der „Neutralität" neben dem der „Unabhängigkeit" in § 3 Abs. 1 S. 1 ist **missverständlich.** Die Neutralität des Mediators im Sinne ihrer verfahrensbezogenen, zu einer unvoreingenommenen und fairen Verfahrensführung verpflichtenden Bedeutung kann nämlich außer durch persönliche Abhängigkeit oder inhaltliche, auf den Verfahrensgegenstand oder Verfahrensausgang bezogene Bindungen auch durch persönliche Empfindungen oder Einstellungen des Mediators gefährdet werden. Verhält sich der Mediator aufgrund solcher Umstände nicht neutral, scheint das Gesetz diesen Umstand denselben Rechtsfolgen wie im Falle einer Gefährdung der Unabhängigkeit unterwerfen zu wollen. Die nach § 3 Abs. 1 S. 2 vorgesehene Möglichkeit einer Heilung durch Zustimmung der Parteien passt jedoch im Falle einer nicht neutralen Verfahrensführung des Mediators nicht. Vielmehr kann der Mediator in diesem Fall den Anforderungen der §§ 1 Abs. 2, 2 Abs. 3 S. 1 nicht entsprechen, so dass er die Tätigkeit ablehnen bzw. beenden muss, will er sich nicht wegen Verletzung des Mediatorvertrages dem Risiko einer Schadensersatzpflicht aussetzen. Das Aufklärungs- und Zustimmungsmodell des § 3 Abs. 1 passt somit nur in Bezug auf die Umstände, welche die (personenbezogene) Unabhängigkeit beeinträchtigen. Die Verwendung des Begriffs „Neutralität" neben dem Begriff der „Unabhängigkeit" in § 3 Abs. 1 S. 1 ist folglich überflüssig.[34]

14   **b) Umfang der Offenbarungspflicht.** Die Offenbarungspflicht des § 3 Abs. 1 S. 1 bezieht sich auf **„alle Umstände".** Sie ist daher auch nicht durch etwaige berufsrechtliche Verschwiegenheitspflichten (zB nach § 43 a Abs. 2 BRAO iVm § 2 BORA) beschränkt.[35] Wird der zu offenbarende Umstand hiervon erfasst, muss sich der Mediator bemühen, sich von seiner anderweitigen Verschwiegenheitspflicht entbinden zu lassen. Gelingt ihm das nicht oder ist er hierzu nicht bereit, bleibt ihm nichts anderes übrig, als den Mediationsauftrag ohne Angabe von Gründen abzulehnen.[36]

15   Ausreichend für die Offenbarungspflicht ist es, dass die persönlichen oder inhaltlichen Bindungen des Mediators seine Unabhängigkeit und Neutralität[37] „beeinträchtigen können". Die Offenbarungspflicht des Mediators besteht daher schon dann, wenn die betreffenden Umstände **objektiv vorlie-**

---

32   RegE, BT-Drs. 17/5335, 14.
33   RegE, BT-Drs. 17/5335, 15; zur Allparteilichkeit siehe *Montada/Kals*, S. 64 ff.
34   Auch der Regierungsentwurf benennt in seiner Begründung zu § 3 Abs. 1 als „Umstände, die die Unabhängigkeit und Neutralität [...] beeinträchtigen können" ausschließlich solche personenbezogener und daher die Unabhängigkeit betreffender Art, BT-Drs. 17/5335, 16; in diesem Sinne wohl auch *Unberath* ZKM 2012, 12 (13); Greger/Unberath/Steffek/*Greger* B. § 3 Rn. 45; aA Fritz/Pielsticker/*Pielsticker* § 3 Rn. 2.
35   Vgl. den RegE, BT-Drs. 17/5335, 16.
36   In Bezug auf den Anwaltsmediator *Brieske* in: Henssler/Koch, § 12 Rn. 16; *Tochtermann*, S. 101.
37   Zum Begriff der „Neutralität" neben dem den „Unabhängigkeit" → Rn. 13.

gen.[38] Auf die subjektive Einschätzung des Mediators kommt es somit bei Vorliegen solcher Umstände nicht an. Glaubt sich der Mediator beispielsweise trotz einer persönlichen Nähebeziehung oder geschäftlichen Verbindung zu einer der Parteien zu einer neutralen Verfahrensleitung in der Lage, hat er diesen Umstand dennoch offenzulegen und den Parteien die Entscheidung darüber zu überlassen, ob sie seiner Tätigkeit gleichwohl zustimmen wollen. Sähe sich der Mediator hingegen trotz objektiv fehlender Umstände aufgrund seiner **subjektiven Einschätzung** nicht in der Lage zu einer neutralen Verhandlungsführung, könnte ihn hiervon selbst eine – ohnehin kaum zu erwartende – Zustimmung der Parteien nicht entbinden. In diesem Fall könnte er den Anforderungen nach den §§ 1 Abs. 2, 2 Abs. 3 S. 1 nicht entsprechen, so dass er die Mediation ablehnen bzw. beenden müsste (→ Rn. 13).

Persönliche, geschäftliche oder finanzielle Verbindungen zu einer der Parteien können die Unabhängigkeit des Mediators beeinträchtigen. Unerheblich ist, ob sie zum Zeitpunkt der Mediation noch bestehen oder nur in der Vergangenheit bestanden haben. Im Einzelfall können hierunter auch für die Zukunft konkret zu erwartende Verbindungen zu einer der Parteien fallen. Die Formulierung des § 3 Abs. 1 S. 1 („alle Umstände..., die... beeinträchtigen können") spricht für eine weite Auslegung, so dass im Zweifel jegliche Beziehungen zu den Parteien oder Interessen am Verfahrensgegenstand oder am Verfahrensergebnis offenzulegen sind.   **16**

Auf welche Weise der Mediator seiner Offenbarungspflicht nachkommen will, ist ihm überlassen.[39] Es kann sich jedoch aus Haftungsgründen empfehlen, deren Erfüllung schriftlich zu dokumentieren, es also nicht bei einer rein mündlichen Offenbarung zu belassen.   **17**

c) **Bedingtes Tätigkeitsverbot.** Liegt ein nach § 3 Abs. 1 S. 1 offenbarungspflichtiger Umstand vor, trifft den Mediator grundsätzlich ein **Tätigkeitsverbot.** Dieses Verbot unterliegt jedoch der Disposition der Parteien, dh der Mediator darf trotz Vorliegens solcher Umstände dann tätig werden, wenn die Parteien dem zustimmen. Das ist nur folgerichtig, denn nach § 2 Abs. 1 liegt die Auswahl des Mediators in der Hand der Parteien. Abweichendes kann gelten im Falle einer Vorbefassung des Mediators oder eines mit ihm beruflich verbundenen Dritten als Interessenvertreter einer der Parteien. Insoweit finden die Sonderregelungen des § 3 Abs. 2 bis 4 Anwendung. Liegen offenbarungspflichtige Umstände vor, besteht das Tätigkeitsverbot nach § 3 Abs. 1 unabhängig davon, ob eine Offenlegung erfolgt ist; diese stellt nur die Voraussetzung dafür dar, dass die Parteien eine Entscheidung über ihre Zustimmung treffen können.   **18**

Erforderlich ist nach § 3 Abs. 1 S. 2, dass die Parteien der Tätigkeit des Mediators trotz Vorliegens der offenbarungspflichtigen Umstände **ausdrücklich zustimmen.** Eine konkludente oder mutmaßliche Zustimmung   **19**

---

38 Ebenso Greger/Unberath/Steffek/*Greger* B. § 3 Rn. 12, 22; wohl auch Fritz/Pielsticker/*Pielsticker* § 3 Rn. 11.
39 RegE, BT-Drs. 17/5335, 16.

scheidet somit aus.[40] Erforderlich ist, dass sich die Zustimmung auf die konkreten zu offenbarenden Umstände bezieht. Eine bloße allgemeine Zustimmung wäre daher nicht geeignet, das Tätigkeitsverbot des Mediators aufzuheben, da die Parteien nicht in der Lage wären, die Tragweite der tatsächlich vorliegenden Umstände und damit die Bedeutung ihrer Zustimmung abzuschätzen.

20 Die Zustimmung muss nach dem Wortlaut **durch die Parteien** erfolgen. Erforderlich ist somit eine Zustimmung durch sämtliche Parteien. Eine Zustimmung etwa nur durch die nicht in Verbindung zu dem Mediator stehende Partei wäre demnach nicht ausreichend. Die Zustimmung der Parteien selbst ist formfrei. Jedoch empfiehlt es sich aus Haftungsgründen auch hier, die Zustimmung zu dokumentieren.

21 Die Zustimmung der Parteien enthebt den Mediator nicht von seiner eigenen eingehenden Prüfung, ob er den Anforderungen an seine Rolle und Aufgaben unter dem Gesichtspunkt von Unabhängigkeit und Neutralität, wie sie in § 1 Abs. 2 und § 2 Abs. 3 S. 1 normiert sind, gerecht werden kann.[41]

22 **3. Besondere Tätigkeitsverbote (Abs. 2 bis 4).** Die in § 3 Abs. 2 bis 4 enthaltenen Tätigkeitsverbote beziehen sich auf Fallgestaltungen, die besonders geeignet erscheinen, die Unabhängigkeit und Neutralität des Mediators zu beeinträchtigen. Der Gesetzgeber hat hierbei ausdrücklich den Zweck verfolgt, das für die Anwaltschaft geltende Verbot der Vertretung widerstreitender Interessen auf andere Grundberufe auszudehnen.[42] Dementsprechend sind die Tätigkeitsverbote den Vorschriften nachgebildet, mit denen im anwaltlichen Berufsrecht Interessenkonflikte verhindert werden sollen (§§ 43 a Abs. 4 BRAO iVm § 3 BORA). Sie werden in Anlehnung an §§ 45 Abs. 3 BRAO, 3 Abs. 2 BORA auch auf mit dem Mediator in Berufsausübungs- oder Bürogemeinschaften verbundene Personen erstreckt. Letztlich handelt es sich bei § 3 Abs. 2 bis 4 um besonders geregelte Ausprägungen von Umständen, die nach § 3 Abs. 1 S. 1 offenbarungspflichtig sind.

23 **a) Absolute Tätigkeitsverbote (Abs. 2).** Der Gesetzgeber geht davon aus, dass die Unabhängigkeit und Neutralität in besonderem Maße gefährdet sind, wenn der Mediator vor, während oder nach einer Mediation in derselben Sache für eine Partei tätig wird.[43] Hieraus ergibt sich ein **absolutes Tätigkeitsverbot** des Mediators, von dem er auch nicht durch eine Zustimmung der Parteien entbunden werden kann.[44] Dieses Tätigkeitsverbot bezieht sich sowohl auf seine Tätigkeit als Mediator als auch auf eine Tätigkeit in seinem Grundberuf als Interessenvertreter. Parteivertretung und Me-

---

40 *Ahrens*, 2466; zur vergleichbaren Regelung des § 3 Abs. 2 S. 2 BORA ebenso: Henssler/Prütting/*Henssler* BORA § 3 Rn. 19; Feuerich/Weyland/*Träger* BORA § 3 Rn. 20; weniger streng Greger/Unberath/Steffek/*Greger* B. § 3 Rn. 29.
41 So ausdrücklich Nr. 2.1 des Europäischen Verhaltenskodex für Mediatoren (European Code of Conduct für Mediators).
42 RegE, BT-Drs. 17/5335, 16; zu den bisher schon für Anwaltsmediatoren geltenden Tätigkeitsverboten siehe zB *Tochtermann*, S. 104 ff.
43 RegE, BT-Drs. 17/5335, 16.
44 RegE, BT-Drs. 17/5335, 16.

diation in einer Person in derselben Sache schließen einander somit zwingend aus.

aa) Vorbefassung des Mediators als Parteivertreter (Abs. 2 S. 1). Eine Tätigkeit als Mediator ist nach § 3 Abs. 2 S. 1 dann ausgeschlossen, wenn der Mediator **vor der Mediation** in derselben Sache für eine der Parteien tätig gewesen ist. Das Verbot besteht unabhängig von einer Zustimmung der Parteien. Die hiermit verbundene Einschränkung der Parteiautonomie nach § 2 Abs. 1 bei der Auswahl des Mediators ist zum Schutz der Parteien sachgerecht.[45] Für als Mediatoren tätige Rechtsanwälte war bis zum Inkrafttreten des Mediationsgesetzes umstritten, ob eine vorherige anwaltliche Tätigkeit als Interessenvertreter eine spätere Mediatorentätigkeit in derselben Sache hindert. Überwiegend wurde schon bislang die Auffassung vertreten, dass eine anwaltliche Vertretung eines der Beteiligten eine anschließende Tätigkeit als Mediator in derselben Sache verbietet.[46] Diese Frage ist durch § 3 Abs. 2 S. 1 im Sinne eines absoluten Tätigkeitsverbots entschieden.

Das Tätigkeitsverbot des Mediators bezieht sich auf eine Vorbefassung „in derselben Sache". Hiervon ist dann auszugehen, wenn der Mediation und der parteilichen Beratung zumindest teilweise der gleiche Lebenssachverhalt zugrunde liegt.[47] Insoweit bezieht sich die Gesetzesbegründung auf die zum Verbot der anwaltlichen Interessenvertretung „in derselben Rechtssache" entwickelten Maßstäbe (§§ 43 a Abs. 4 BRAO, 3 Abs. 1 BORA).[48] Eine Mediatorentätigkeit scheidet somit beispielsweise aus, wenn sich der Sachverhalt einer anwaltlichen Vertretung mit dem Konfliktstoff, der Gegenstand der Verhandlungen in der Mediation sein soll, überschneidet oder sich auch nur teilweise als identisch darstellt.[49] Ein zumindest teilweise identischer Lebenssachverhalt ergibt sich etwa in Bezug auf die Ehe (zB als Eheberater eines der Partner[50] oder als Parteivertreter) in der familienrechtlichen Mediation oder bei einem Mietverhältnis (zB als Interessenvertreter in den Mietvertragsverhandlungen) in der mietrechtlichen Mediation[51] oder bei der Erbengemeinschaft und ihrer Auseinandersetzung in der erbrechtlichen Mediation.[52]

24

25

---

45 So auch *Wagner* ZKM 2012, 110 (112); kritisch hierzu noch *ders.* ZKM 2010, 172 (174).
46 *Hager* ZKM 2003, 52 (55); Henssler/Prütting/*Henssler* BRAO § 43 a Rn. 179; *Henssler* in: Henssler/Koch § 3 Rn. 29 f.; *Henssler* in: Breidenbach/Henssler, S. 75 ff., 80; Henssler/*Kilian* FuR 2001, 104 (105 f.); *Kracht* in: Haft/v. Schlieffen, 2. Aufl., § 12 Rn. 43; aA bei Einverständnis der Parteien; *Hess,* in: Haft/v. Schlieffen, 2. Aufl., § 43 Rn. 39; *Tochtermann,* S. 106 ff.; Feuerich/Weyland/*Träger* BORA § 18 Rn. 6 hält auch nach Inkrafttreten des Mediationsgesetzes die Übernahme einer Mediation trotz anwaltlicher Vorbefassung für einen der Beteiligten im allseitigen Einverständnis für grundsätzlich zulässig – diese Auffassung ist nach § 3 Abs. 2 S. 1 MediationsG nicht mehr haltbar.
47 RegE, BT-Drs. 17/5335, 16; Henssler/Prütting/*Henssler* BRAO § 43 a Rn. 200; Feuerich/Weyland/*Träger* BRAO § 43 a Rn. 60.
48 RegE, BT-Drs. 17/5335, 16.
49 RegE, BT-Drs. 17/5335, 16; Henssler/Prütting/*Henssler* BRAO § 43 a Rn. 200; *Henssler,* in: Henssler/Koch § 3 Rn. 30; Greger/Unberath/Steffek/*Greger* B. § 3 Rn. 51; Fritz/Pielsticker/*Pielsticker* § 3 Rn. 43 ff.
50 Fritz/Pielsticker/*Fritz* § 3 Rn. 44 mit weiteren Beispielen.
51 *Henssler* in: Henssler/Koch § 3 Rn. 30.
52 Henssler/Prütting/*Henssler* BRAO § 43 a Rn. 200 a.

Fehlt es an einer zumindest teilweisen Identität des der Mediation und der parteilichen Beratung zugrunde liegenden Lebenssachverhalts, handelt es sich somit um eine andere Sache, dann entfällt lediglich das absolute Tätigkeitsverbot nach § 3 Abs. 2. In diesem Fall dürfte jedoch regelmäßig die Offenbarungspflicht nach § 3 Abs. 1 eingreifen (→ Rn. 3, 22).[53]

26 Das Tätigkeitsverbot nach § 3 Abs. 2 S. 1 besteht nach dem Gesetzeswortlaut nur dann, wenn der Mediator **„für eine Partei"** tätig war. Erforderlich ist daher, dass der Mediator zuvor als **Interessenvertreter** für eine der Parteien tätig gewesen sein muss[54] (zum Notarmediator → M Rn. 31). Nach der Gesetzesbegründung soll das Tätigkeitsverbot des § 3 Abs. 2 S. 1 bereits dann zur Anwendung kommen, wenn sich die vorherige Tätigkeit darauf beschränkt hat, im Auftrag einer Partei Möglichkeiten einer gütlichen Einigung auszuloten, da auch eine solche Tätigkeit regelmäßig voraussetze, dass eine einseitige Information durch eine der Parteien stattgefunden habe.[55] Eine Entgegennahme von Sachverhaltsinformationen zur Prüfung der Eignung für eine Mediation für sich genommen dürfte jedoch vor dem Hintergrund der grundgesetzlich geschützten Berufsausübungsfreiheit ein solches Tätigkeitsverbot kaum rechtfertigen.[56] Auch in praktischer Hinsicht können sich hier Probleme ergeben, da eine Initiative einer Partei zur Durchführung einer Mediation durch Kontaktaufnahme mit dem Mediator nicht unüblich ist, wobei zumindest – zwangsläufig einseitig gefärbte – Grundinformationen offenbart werden können. Entscheidend für eine Anwendung des § 3 Abs. 2 S. 1 muss daher sein, ob eine parteiliche Beratung stattgefunden hat.[57] In allen übrigen Fällen sind die Parteien durch den Zustimmungsvorbehalt nach § 3 Abs. 1 und Abs. 4 hinreichend geschützt. Dem als Mediator in Betracht kommenden Berater ist allerdings zu empfehlen, schon zu Beginn der ersten Kontaktaufnahme klarzustellen, ob er in seiner Tätigkeit als Interessenvertreter oder als Mediator angesprochen wird.[58]

27 Nicht als Interessenvertreter für eine Partei tätig ist der Mediator.[59] Die Durchführung einer Mediation zwischen zwei Parteien ist dementsprechend nicht geeignet, ein Tätigkeitsverbot des Mediators aufgrund Vorbefassung nach § 3 Abs. 2 S. 1 etwa in Bezug auf eine später hinzutretende dritte Partei oder in Bezug auf eine neue Mediation unter Beteiligung einer

---

53 Vgl. hierzu auch die Offenlegungspflicht nach Nr. 2.1 des Europäischen Verhaltenskodex für Mediatoren, (European Code of Conduct for Mediators).

54 Auch der RegE, BT-Drs. 17/5335, 16, geht in Bezug auf das Tatbestandsmerkmal „derselben Sache" davon aus, dass eine solche nur im Falle einer Mediation und *„parteilichen Beratung"* bei gleichem Lebenssachverhalts vorliegt.

55 RegE, BT-Drs. 17/5335, 16: Der Mediator werde dann von den Parteien nicht mehr als „unbeschriebenes Blatt" wahrgenommen.

56 So auch *Henssler/Deckenbrock* DB 2012, 159 (164).

57 *Henssler/Deckenbrock* DB 2012, 159 (164); kritisch daher hierzu auch die Stellungnahme der Bundesrechtsanwaltskammer zum Referentenentwurf vom Okt. 2010 (BRAK-Stellungnahme-Nr. 27/2010), S. 10 f.; kein Parteivertreter ist der in seiner amtlichen Eigenschaft tätige Notar, → M Rn. 31.

58 So in Bezug auf den anwaltlichen Mediator auch *Henssler* in: Henssler/Koch § 3 Rn. 30.

59 Siehe hierzu in Bezug auf den anwaltlichen Mediator zB *Henssler* in: Henssler/ Koch § 3 Rn. 23; *Henssler/Kilian* FUR 2001, 104 (105); OLG Karlsruhe NJW 2001, 3197 (3198); Fritz/Pielsticker/*Pielsticker* § 3 Rn. 42.

oder beider bisherigen Parteien auszulösen. Entsprechendes gilt für eine vorhergehende Tätigkeit des Mediators als Schiedsrichter (ArbMed), da dieser nicht als Vertreter *einer* Partei in widerstreitenden Interessen, sondern im gemeinsamen Auftrag *beider Parteien* als unparteiischer Dritter tätig wurde. Etwas anderes mag in Fällen gelten, in denen der Mediator in derselben Sache zuvor als Konfliktcoach für eine Partei tätig gewesen ist, da hiermit zwangsläufig eine einseitige Orientierung auf die Parteiinteressen verbunden ist.

Ist der Mediator in derselben Sache nicht als Parteivertreter, sondern in anderer Funktion tätig gewesen, kommt gleichwohl eine Offenbarungspflicht nach § 3 Abs. 1 in Betracht.[60]

bb) Gleichzeitige oder spätere Tätigkeit des Mediators als Parteivertreter (Abs. 2 S. 2). Der Mediator unterliegt nach § 3 Abs. 2 S. 2 auch dann einem Tätigkeitsverbot, wenn er in derselben Sache **während oder nach der Mediation** für eine der Parteien tätig werden will. In diesem Fall bezieht sich das Verbot auf die Tätigkeit des Mediators für eine der Parteien in seinem Grundberuf: Entfaltet demnach eine vorherige parteiliche Beratung gemäß § 3 Abs. 2 S. 1 eine Sperrwirkung für eine anschließende Mediatorentätigkeit durch dieselbe Person in derselben Sache, verhält es sich nach § 3 Abs. 2 S. 2 spiegelbildlich, indem hier die Mediatorentätigkeit eine absolute Sperrwirkung für eine gleichzeitige oder anschließende parteiliche Beratung durch dieselbe Person in derselben Sache auslöst. Der Gesetzgeber geht insoweit davon aus, dass eine Partei einem Mediator die für die Lösung des Konflikts notwendige Offenheit nicht entgegenbringen wird, wenn sie etwa befürchten muss, dass der Mediator nach einem Scheitern der Mediation die Interessen der Gegenpartei vertritt und dabei das in der Mediation erlangte Wissen zu ihrem Nachteil nutzt.[61] Auch wird hierdurch eine Gefährdung der Neutralität vermieden, indem der Mediator beispielsweise Aussicht auf ein lukratives Mandat durch eine der Parteien haben könnte. Einem anwaltlichen Mediator ist es somit beispielsweise verwehrt, nach dem Scheitern der Mediation in einer Ehesache anschließend eine der Parteien anwaltlich zu vertreten.[62]

Wie im Fall der Vorbefassung (§ 3 Abs. 2 S. 1) bezieht sich das Verbot nach § 3 Abs. 2 S. 2 ausschließlich auf eine gleichzeitige oder spätere Tätigkeit als Interessenvertreter (→ Rn. 26) für eine Partei in **derselben Sache** (→ Rn. 25).

b) Dispositive Tätigkeitsverbote (Abs. 3 und 4). Durch § 3 Abs. 3 werden die Tätigkeitsverbote des § 3 Abs. 2 in Anlehnung an die §§ 45 Abs. 3 BRAO, 3 Abs. 2 BORA auf **berufliche Kooperationen** in Form von Berufsausübungs- und Bürogemeinschaften erstreckt. Im Unterschied zu § 3

28

29

30

---

60 *Henssler/Deckenbrock* DB 2012, 159 (164).
61 RegE, BT-Drs. 17/5335, 16.
62 RegE, BT-Drs. 17/5335, 16; für den anwaltlichen Mediator war dies schon bisher anerkannt: OLG Karlsruhe NJW 2001, 3197 (3198); Feuerich/Weyland/*Träger* BRAO § 43 a Rn. 65 a; Feuerich/Weyland/*Träger* BORA § 18 Rn. 5; *Hager* ZKM 2003, 52 (55); *Henssler/Kilian* FUR 2001, 104 (106); *Henssler* in: Henssler/Koch § 3 Rn. 29, 32; Henssler/Prütting/*Henssler* BRAO § 43 a Rn. 179; *Kleine-Cosack* § 43 a Rn. 142; *Knöfel* NJW 2006, 6 (9).

Abs. 2 sind die Tätigkeitsverbote nach § 3 Abs. 4 jedoch **dispositiv** ausgestaltet.

31   **aa) Vorbefassung Dritter als Parteivertreter.** Eine Tätigkeit als Mediator scheidet gemäß § 3 Abs. 3 S. 1 grundsätzlich aus, wenn eine mit dem Mediator in derselben Berufsausübungs- oder Bürogemeinschaft verbundene andere Person **vor der Mediation** in derselben Sache für eine der Parteien tätig gewesen ist. Hierunter fällt es beispielsweise, wenn ein in derselben Sozietät wie der potenzielle Mediator tätiger Rechtsanwalt eine der Parteien in derselben Sache vertreten hat.[63]

32   Erforderlich für das Tätigkeitsverbot ist, dass der in Aussicht genommene Mediator mit der für die eine Partei zuvor tätigen Person **in derselben Berufsausübungs- oder Bürogemeinschaft verbunden** ist. Der Wortlaut der Regelung legt nahe, dass das Tätigkeitsverbot nur so lange besteht, wie die Verbindung des Mediators zu der für die Partei zuvor tätigen Person andauert. Scheidet die Person aus der Berufsausübungs- oder Bürogemeinschaft aus, kann deren vorherige Tätigkeit jedoch einen offenbarungspflichtigen Umstand nach § 3 Abs. 1 darstellen.[64]

33   Der Begriff der **Berufsausübungsgemeinschaft** sowie der Umstand, dass die Regelung dem anwaltlichen Berufsrecht nachempfunden ist,[65] verweist auf die Zusammenschlüsse der freien Berufe. Obwohl in § 3 Abs. 3 S. 1 nicht ausdrücklich erwähnt, ist es wie zu § 45 Abs. 3 BRAO und § 3 Abs. 1 S. 1 BORA bedeutungslos, ob es sich bei der **Berufsausübungsgemeinschaft** um eine Sozietät oder einen sonstigen Zusammenschluss zum Zwecke der gemeinschaftlichen Berufsausübung handelt. Die Rechts- oder Organisationsform spielt somit keine Rolle, sofern sie der gemeinsamen Berufsausübung dient.[66] Innerhalb dieses Zusammenschlusses ist es in Übereinstimmung mit den zu §§ 45 Abs. 3, 3 Abs. 2 S. 1 BORA entwickelten Grundsätzen zur Sicherung einer unabhängigen und neutralen Verhandlungsführung unerheblich, ob ein Partner, Angestellter oder freier Mitarbeiter der Berufsausübungsgemeinschaft tätig war, denn auch diese sind in der Berufsausübungsgemeinschaft „verbunden".[67]

34   Darüber hinaus erstreckt § 3 Abs. 3 S. 1 das Tätigkeitsverbot des Mediators in Anlehnung an § 3 Abs. 2 S. 1 BORA auf Fälle, in denen die zuvor mit der Parteivertretung befasste Person mit dem Mediator in einer bloßen **Bürogemeinschaft** verbunden ist. Im Gegensatz zur Berufsausübungsgemeinschaft fehlt es bei dem Begriff der Bürogemeinschaft an einer gemein-

---

63   RegE, BT-Drs. 17/5335, 16; dies war für anwaltliche Mediatoren schon bisher anerkannt: *Henssler* in: Henssler/Koch § 3 Rn. 33; *Henssler/Kilian* FUR 2001, 104 (106); *Tochtermann*, S. 111.
64   So auch *Henssler/Deckenbrock* DB 2012, 159 (164).
65   RegE, BT-Drs. 17/5335, 16.
66   Henssler/Prütting/*Kilian* BRAO § 45 Rn. 45; Henssler/Prütting/*Henssler* BORA § 3 Rn. 13 f.; Feuerich/Weyland/*Träger* § 45 Rn. 38, BORA § 3 Rn. 13; Hartung/Scharmer/*Hartung*, BRAO § 45 Rn. 51 ff.; BORA § 3 Rn. 125 ff.; Greger/Unberath/Steffek/*Greger* B. § 3 Rn. 55; Fritz/Pielsticker/*Pielsticker* § 3 Rn. 61 f.
67   *Henssler/Kilian* FuR 2001, 104 (106); Henssler/Prütting/*Henssler* BORA § 3 Rn. 14; Henssler/Prütting/*Kilian* BRAO § 45 Rn. 45; Hartung/Scharmer/*Hartung* BORA § 3 Rn. 126; Fritz/Pielsticker/*Pielsticker* § 3 Rn. 64.

schaftlichen Berufsausübung.[68] Hierbei haben sich die Beteiligten lediglich zur Kostenersparnis bzw. zur Verteilung von Büroaufwendungen zur Nutzung gemeinsamer Einrichtungen (zB Anmietung eines Büros, Abschluss von Anstellungsverträgen mit Personal etc) verbunden, üben jedoch ihren Beruf getrennt aus.[69]

Wie bereits in § 3 Abs. 2 erstreckt sich das Tätigkeitsverbot nach § 3 Abs. 3 **35** nur auf eine vorherige Tätigkeit des mit dem Mediator verbundenen Dritten als **Interessenvertreter** (→ Rn. 26) für eine der Parteien in **derselben Sache** (→ Rn. 25).

bb) **Gleichzeitige oder spätere Tätigkeit Dritter als Parteivertreter.** Einer **36** mit dem Mediator in derselben Berufsausübungs- oder Bürogemeinschaft verbundenen Person ist es nach § 3 Abs. 3 S. 2 verwehrt, **während oder nach der Mediation** für eine der Parteien tätig zu werden, sofern sich diese Tätigkeit zumindest teilweise auf denselben Lebenssachverhalt bezieht. Wie bei den Tätigkeitsverboten des Mediators nach § 3 Abs. 2 (→ Rn. 25) entfaltet die Tätigkeit als Mediator somit eine Sperrwirkung für eine gleichzeitige oder spätere parteiliche Vertretung einer der an der Mediation beteiligten Parteien in derselben Sache, hier allerdings für die mit dem Mediator in Berufsausübungs- oder Bürogemeinschaft (→ Rn. 32 ff.) verbundenen Personen. Die Mediatorentätigkeit „infiziert" gewissermaßen in Anlehnung an § 3 Abs. 2 S. 1 BORA die mit dem Mediator derart beruflich verbundenen Personen in deren Tätigkeit als Interessenvertreter (→ Rn. 26) in derselben Sache (→ Rn. 25).

cc) **Bedingtes Tätigkeitsverbot.** Die Tätigkeitsverbote des § 3 Abs. 3 sind **37** **dispositiv.**[70] Sie hindern eine Tätigkeit als Mediator (§ 3 Abs. 3 S. 1) bzw. als Parteivertreter (§ 3 Abs. 3 S. 2) dann nicht, wenn sich die betroffenen Parteien im Einzelfall nach umfassender Information damit einverstanden erklärt haben und Belange der Rechtspflege dem nicht entgegenstehen (**§ 3 Abs. 4**). Hintergrund ist der Beschluss des Bundesverfassungsgerichts vom 3.7.2003 – 1 BvR 238/01 –[71] zur Unvereinbarkeit des § 3 Abs. 2 BORA aF mit Art. 12 Abs. 1 GG. Der Gesetzgeber hat daher auch die Ausnahmen des § 3 Abs. 4 an die daraufhin erfolgte Neufassung des § 3 Abs. 2 BORA angelehnt.[72]

Erforderlich ist eine **umfassende Information** der Parteien. Trotz des ab- **38** weichenden Wortlauts besteht in den Anforderungen an die nach § 3 Abs. 4 geforderte Information im Ergebnis kein Unterschied zum Umfang der Offenbarungspflicht nach § 3 Abs. 1 S. 1.[73] Auch bei dem in § 3 Abs. 3 geregelten Fall der Vorbefassung eines mit dem Mediator verbundenen Dritten handelt es sich um einen nach § 3 Abs. 1 S. 1 offenbarungspflichtigen Umstand. Erforderlich ist demnach eine wahrheitsgemäße und vollständige Aufklärung über die vorherige bzw. beabsichtigte Interessenver-

---

68 Henssler/Prütting/*Henssler* BORA § 3 Rn. 15; Hartung/Scharmer/*Hartung* BRAO § 45 Rn. 53.
69 Münchener Kommentar zum BGB/*Ulmer/Schäfer* Vor § 705 Rn. 39; Soergel/Siebert/*Hadding/Kießling* Vor § 705 Rn. 42.
70 Kritisch dazu *Risse* SchiedsVZ 2012, 244 (249).
71 BVerfG NJW 2003, 2520 (2522).
72 RegE, BT-Drs. 17/5335, 16.
73 *Ahrens* NJW 2012, 2465 (2467); so wohl auch *Wagner* ZKM 2012, 110 (112).

tretung für eine der Parteien durch den mit dem Mediator verbundenen Dritten und den der parteilichen Beratung zugrunde liegenden Lebenssachverhalt. Die Parteien müssen durch die Information in die Lage versetzt werden, die Frage einer Beeinträchtigung der Neutralität und Unabhängigkeit des Mediators einschätzen und auf ausreichender Tatsachengrundlage eine informierte Entscheidung über ihr Einverständnis treffen zu können. Erforderlichenfalls muss sich die mit dem Mediator zur gemeinsamen Berufsausübungs- oder Bürogemeinschaft verbundene Person von einer beruflichen Verschwiegenheitspflicht entbinden lassen.[74] Aus Haftungsgründen empfiehlt es sich, die nach § 3 Abs. 4 erfolgende Information der Parteien zu dokumentieren.

Gegen die in psychologischen Beratungsstellen anzutreffende Praxis, zunächst eine Kontakt suchende Partei zu beraten und anschließend eine Mediation anzubieten, bestehen nach der Gesetzesbegründung keine Bedenken, sofern die nach § 3 Abs. 4 vorgesehene Information erfolgt, so dass die Parteien auf deren Basis einer Mediation zustimmen können.[75]

39   Das **Einverständnis** kann nach § 3 Abs. 4 durch die Parteien nur **im Einzelfall** erklärt werden. Eine generelle Freizeichnung des Mediators oder der mit ihm zur gemeinsamen Berufsausübungs- oder Bürogemeinschaft verbundenen Personen durch die Parteien ist daher nicht zulässig. Da eine Vorbefassung innerhalb der Berufsausübungs- oder Bürogemeinschaft zugleich einen offenbarungspflichtigen Umstand nach § 3 Abs. 1 S. 1 darstellt, ist in Übereinstimmung mit § 3 Abs. 1 S. 2 trotz des abweichenden Wortlauts auch für die Zustimmung nach § 3 Abs. 4 ein konkludentes Einverständnis der Parteien nicht ausreichend.[76]

40   Ein Einverständnis der Parteien soll nach § 3 Abs. 4 gleichwohl unbeachtlich sein, wenn „**Belange der Rechtspflege**" entgegenstehen. Diese Ausnahme von der Dispositionsbefugnis der Parteien ist offenbar dem Umstand der Nachbildung des § 3 Abs. 2 BORA geschuldet. Schon zu § 3 Abs. 2 BORA ist die Schwierigkeit kritisiert worden, aus diesem als objektives Korrektiv zur Berücksichtigung des Vertrauens der Allgemeinheit in die Rechtsanwaltschaft als Organ der Rechtspflege formulierten Vorbehalt verwertbare Anforderungen abzuleiten.[77] Die Bedeutung dieses Vorbehalts bleibt dementsprechend auch hier im Dunkeln.[78] Sofern das Einverständnis auf einer umfassenden Information der Parteien beruht, dürften Belange der Rechtspflege nicht entgegenstehen.[79]

III. Offenlegung der Qualifikation (Abs. 5)

41   Nach § 3 Abs. 5 hat der Mediator die Parteien auf deren Verlangen über seinen fachlichen Hintergrund sowie über seine Ausbildung und seine

---

74 RegE, BT-Drs. 17/5335, 16; → Rn. 14.
75 RegE, BT-Drs. 17/5335, 16.
76 *Ahrens* NJW 2012, 2465 (2466); → Rn. 19.
77 Zum Begriff der „Belange der Rechtspflege" Henssler/Prütting/*Henssler* BORA § 3 Rn. 21 ff.; Feuerich/Weyland/*Träger* BORA § 3 Rn. 21 ff.
78 *Henssler/Deckenbrock* DB 2012, 159 (164); *Wagner* ZKM 2012, 110 (112).
79 *Henssler/Deckenbrock* DB 2012, 159 (164); aA wohl Greger/Unberath/Steffek/ *Greger* B. § 3 Rn. 53, in Abweichung zur Voraufl.; zur Notarmediation → M Rn. 32.

praktischen Erfahrungen auf dem Gebiet der Mediation zu informieren. Die Gesetzesbegründung schreibt dem Markt eine qualitätssichernde Funktion zu.[80] Durch die **Informationspflicht** soll die Qualifikation des Mediators transparent gemacht werden, damit die Parteien eine informierte Auswahlentscheidung treffen können und der Markt diese Aufgabe erfüllen kann.[81] Trotz der durch den Rechtsausschuss eingebrachten Ergänzungen zur Ausbildung des Mediators und Verankerung des „zertifizierten Mediators" in den §§ 5 und 6[82] ist die Vorschrift des § 3 Abs. 5 nicht bedeutungslos.[83] Dies gilt zum einen in Bezug auf den – nicht zertifizierten – Mediator, dessen Ausbildung nicht den Anforderungen der auf der Grundlage des § 6 zu erlassenden Rechtsverordnung entsprechen muss. Aber auch bei zertifizierten Mediatoren kann es für die Parteien von Bedeutung sein zu erfahren, welcher Art die Mediationsausbildung war, welche Fachkenntnisse sie voraussetzen können und über welche praktischen Erfahrungen der Mediator verfügt.

Die Informationspflicht des Mediators zum **fachlichen Hintergrund** bezieht sich insbesondere auf Studium und ausgeübten Beruf.[84] Sie ist dem Umstand geschuldet, dass es sich bei der Mediationstätigkeit um eine von Angehörigen unterschiedlicher Quell- oder Grundberufe ausgeübte Disziplin handelt. **42**

Die Informationen über die **Ausbildung** beziehen sich auf die Ausbildung in Mediation. Sie umfassen beispielsweise die Art und Dauer der Mediationsausbildung, aber auch das Ausbildungsinstitut und ggf. besondere Schwerpunkte. **43**

Zu den Informationen über die praktischen **Erfahrungen** auf dem Gebiet der Mediation können beispielsweise Angaben zur ungefähren Anzahl der bereits durchgeführten Mediationen, zur Komplexität der Mediationen oder zu deren Gebieten (zB Familienmediation, Wirtschaftsmediation, Mediation im öffentlichen Bereich) zählen. **44**

Der Auskunftsanspruch der Parteien besteht gegenüber jedem Mediator, unabhängig von dessen Quell- oder Grundberuf.[85] In welcher Form der Mediator die Parteien informiert, hat der Gesetzgeber bewusst ihm überlassen. Der Mediator kann somit **jede geeignete Form der Aufklärung** wählen, wie beispielsweise auch auf einem Informationsblatt oder durch entsprechende Erläuterungen auf der Internetseite.[86] **45**

Zu berücksichtigen ist allerdings, dass der Mediator als Erbringer von Dienstleistungen zugleich Informationspflichten nach der Verordnung über Informationspflichten für Dienstleistungserbringer (Dienstleistungen-Infor- **46**

---

80 RegE, BT-Drs. 17/5335, 16 f.
81 RegE, BT-Drs. 17/5335, 17; kritisch dazu auf der Grundlage des Referentenentwurfs: *Unberath* ZKM 2010, 164 (166).
82 Vgl. die Beschlussempfehlung des Rechtsausschusses, BT-Drs. 17/8058, 18 ff.; → MediationsG § 5 Rn. 37 ff.
83 AA *Henssler/Deckenbrock* DB 2012, 159 (163 f.).
84 RegE, BT-Drs. 17/5335, 16.
85 RegE, BT-Drs. 17/5335, 16.
86 RegE, BT-Drs. 17/5335, 17.

mationspflichten-Verordnung – DL-InfoV) vom 12. März 2010[87] unterliegt.

§ 4 MediationsG Verschwiegenheitspflicht

[1]Der Mediator und die in die Durchführung des Mediationsverfahrens eingebundenen Personen sind zur Verschwiegenheit verpflichtet, soweit gesetzlich nichts anderes geregelt ist. [2]Diese Pflicht bezieht sich auf alles, was ihnen in Ausübung ihrer Tätigkeit bekannt geworden ist. [3]Ungeachtet anderer gesetzlicher Regelungen über die Verschwiegenheitspflicht gilt sie nicht, soweit

1. die Offenlegung des Inhalts der im Mediationsverfahren erzielten Vereinbarung zur Umsetzung oder Vollstreckung dieser Vereinbarung erforderlich ist,
2. die Offenlegung aus vorrangigen Gründen der öffentlichen Ordnung (ordre public) geboten ist, insbesondere um eine Gefährdung des Wohles eines Kindes oder eine schwerwiegende Beeinträchtigung der physischen oder psychischen Integrität einer Person abzuwenden, oder
3. es sich um Tatsachen handelt, die offenkundig sind oder ihrer Bedeutung nach keiner Geheimhaltung bedürfen.

[4]Der Mediator hat die Parteien über den Umfang seiner Verschwiegenheitspflicht zu informieren.

Literatur:

Ahrens, Mediationsgesetz und Güterichter – Neue gesetzliche Regelungen der gerichtlichen und außergerichtlichen Mediation, NJW 2012, 2465; *Baetge/v.Hein/v.Hinden* (Hrsg.), Festschrift für Jan Kropholler, 2008; *Beck*, Mediation und Vertraulichkeit, 2009; *Becker/Horn*, Notwendige Regelungen eines deutschen Mediationsgesetzes, SchiedsVZ 2006, 270; *Bercher*, Vertraulichkeitsschutz im Vorschlag der EU-Kommission für eine Richtlinie über bestimmte Aspekte der Mediation in Zivil- und Handelssachen, IDR 2005, 169; *Breidenbach/Henssler* (Hrsg.), Mediation für Juristen, 1997; *Carl*, Qualitätssicherung im Referentenentwurf zum Mediationsgesetz, ZKM 2010, 177; *Cremer*, Die Vertraulichkeit der Mediation, 2007; *Duve/Prause*, Mediation und Vertraulichkeit, IDR 2004, 126; *Eckardt/Dendorfer*, Der Mediator zwischen Vertraulichkeit und Zeugnispflicht – Schutz durch Prozessvertrag, MDR 2001, 786; *Eidenmüller*, Vertrags- und Verfahrensrecht der Wirtschaftsmediation, 2001; *ders./Prause*, Die europäische Mediationsrichtlinie – Perspektiven für eine gesetzliche Regelung der Mediation in Deutschland, NJW 2008, 2737; *ders./Wagner* (Hrsg.), Mediationsrecht, 2015; *Eisenbarth/Spiecker*, Der Verwaltungsprozess und das erste deutsche Mediationsgesetz – Streit über den Weg der Streitschlichtung, DVBl 2012, 993; *Feuerich/Weyland*, Bundesrechtsanwaltsordnung, 9. Aufl. 2016; *Fischer/Unberath* (Hrsg.), Das neue Mediationsgesetz, 2013; *Francken*, Das Gesetz zur Förderung der Mediation und das arbeitsgerichtliche Verfahren, NZA 2012, 836; *Friedrich*, Regelungsgegenstände der Mediationsvereinbarung, MDR 2004, 481; *Fritz/Pielsticker*, Mediationsgesetz, 2013; *Goltermann/Hagel/Klowait/Levien*, „Das neue Mediationsgesetz" aus Unternehmenssicht, SchiedsVZ 2012, 299 und SchiedsVZ 2013, 41; *Graf-Schlicker*, Die EU-Richtlinie zur Mediation – zum Stand der Umsetzung, ZKM 2009, 83; *Greger*, Die Reglementierung der Selbstregulierung – Zum Referentenentwurf eines Mediationsgesetzes, ZRP 2010, 209; *Greger/Unberath/Steffek*, Recht der alternativen Konfliktlösung, 2. Aufl. 2016; *Greger/Weber*, Das neue Güterichterverfahren, MDR Sonderheft 2012; *Groth/v.Bubnoff*, Gibt es „gerichtsfeste" Vertraulichkeit bei der Mediation?, NJW 2001, 338; *Haft/v. Schlieffen* (Hrsg.), Handbuch Mediation, 3. Aufl. 2016 (2. Aufl. 2009); *Hart-*

---

87 BGBl. I S. 267.

mann, Mediationsnovelle und Gericht, MDR 2012, 941; *Henssler/Prütting*, Bundesrechtsanwaltsordnung, 4. Aufl. 2014; *Henssler/Deckenbrock*, Das neue Mediationsgesetz: Mediation ist und bleibt Anwaltssache!, DB 2012, 159; *Henssler/Koch* (Hrsg.), Mediation in der Anwaltspraxis, 2. Aufl. 2004; *Hilber*, Die Sicherung der Vertraulichkeit des Mediationsverfahrens, 2006; *Hofmann*, Vertraulichkeit in der Mediation – Möglichkeiten und Grenzen vertraglicher Beweisverwertungsverbote, SchiedsVZ 2011, 148; *Hopt/Steffek*, Mediation, 2008; *Horstmeier*, Das neue Mediationsgesetz, 2013; *Hutner*, Die Mediationsvereinbarung – Regelungsgegenstände und vertragsrechtliche Qualifizierung, SchiedsVZ 2003, 226; *Löer*, Referentenentwurf eines Mediationsgesetzes, ZKM 2010, 179; *Mähler/Mähler*, Missbrauch von in der Mediation erlangten Informationen, ZKM 2001, 4; *Nelle/Hacke*, Die Mediationsvereinbarung, ZKM 2002, 257; *Oldenbruch*, Die Vertraulichkeit im Mediationsverfahren, 2006; *Ortloff*, Vom Gerichtsmediator zum Güterichter im Verwaltungsprozess, NVwZ 2012, 1057; *Plassmann*, Das Mediationsgesetz – Eine Steilvorlage für die gesamte Anwaltschaft, BRAK-Mitt. 2012, 194; *Probst*, Mediation und Recht – zur Umsetzung der EU-Mediationsrichtlinie, JR 2009, 265; *Prütting*, Mediation und weitere Verfahren konsensualer Streitbeilegung – Regelungsbedarf im Verfahrens- und Berufsrecht?, JZ 2008, 847; *Richter*, Die Mediation aus Sicht des Justizministeriums unter Berücksichtigung der EU-Richtlinie, SchAZtg. 2010, 10; *Round Table Mediation & Konfliktmanagement der Deutschen Wirtschaft*, Positionspapier der deutschen Wirtschaft zur Umsetzung der EU-Mediationsrichtlinie, ZKM 2009, 147; *Risse*, Offenlegung eine vertraulichen Vergleichsangebots – Kavaliersdelikt oder strafbarer Geheimnisverrat?, NJW 2008, 3680; *ders.*, Das Mediationsgesetz – eine Kommentierung, SchiedsVZ 2012, 244; *ders./Bach*, Wie frei muss Mediation sein? – Von Politik, Ideologie, Gesetzgebern und Gerichten, SchiedsVZ 2011, 14; *Röthemeyer*, Gerichtsmediation und Güterichterkonzept – Die Lösung des Vermittlungsausschusses, ZKM 2012, 116; *Schekahn*, Außergerichtliche Mediation und die drei großen „V" – Vollstreckung, Verjährung, Vertraulichkeit, JR 2013, 53; *Schwenzer/Hager* (Hrsg.), Festschrift für Peter Schlechtriem, 2003; *Steffek*, Rechtsvergleichende Erfahrungen für die Regelung der Mediation, RabelsZ 2010, 841; *Stein/Jonas*, Kommentar zur Zivilprozessordnung, Band 5, §§ 328 – 510 b, 22. Aufl. 2006; *Sujecki*, Die Europäische Mediationsrichtlinie, EuZW 2010, 7; *Unberath*, Mediationsklauseln in der Vertragsgestaltung, NJW 2011, 1320; *Wagner*, Prozessverträge: Privatautonomie im Verfahrensrecht, 1998; *ders.*, Sicherung der Vertraulichkeit von Mediationsverfahren durch Vertrag, NJW 2001, 1398; *ders.*, Der Referentenentwurf eines Mediationsgesetzes, ZKM 2010, 172; *ders.*, Grundstrukturen eines deutschen Mediationsgesetzes, RabelsZ 2010, 794; *ders.*, Vertraulichkeit der Mediation, ZKM 2011, 164; *ders.*, Das Mediationsgesetz – Ende gut, alles gut?, ZKM 2012, 110; *ders./Braem*, Anm. zu AnwG Rostock v. 1.8.2007, I AG 6/07, ZKM 2007, 194; *ders./Thole*, Die neue EU-Richtlinie zur Mediation, ZKM 2008, 36; *Walz*, Vertraulichkeit in der Mediation, MittBayNot 2001, 53; *Zöller*, Zivilprozessordnung, 31. Aufl. 2016.

I. Bedeutung der Vorschrift

Die Regelung des § 4 dient der Umsetzung der Richtlinie 2008/52/EG des 1 Europäischen Parlaments und des Rates vom 21. Mai 2008 über bestimmte Aspekte der Mediation in Zivil- und Handelssachen[1] (Europäische Mediationsrichtlinie – Med-RiLi).[2] Diese hatte den Mitgliedstaaten zwingende Mindestvorgaben zur Wahrung der Vertraulichkeit gemacht. Die Richtlinie[3] wie auch der deutsche Gesetzgeber[4] haben die Bedeutung der Vertraulichkeit für das Mediationsverfahren ausdrücklich hervorgehoben. Gleichwohl haben sich sowohl die Vorgaben der Richtlinie als auch nachfolgend der Gesetzgeber auf eine Teilregelung des Vertraulichkeitsschutzes beschränkt.

2 **1. Vertraulichkeit.** Unbestritten kommt der Vertraulichkeit für die Mediation eine **zentrale Bedeutung** zu.[5] Im engsten Sinne bedeutet Vertraulichkeit zunächst, dass das Mediationsverfahren im Grundsatz[6] unter Ausschluss der Öffentlichkeit stattfindet.[7] In einem weiteren Sinne wird hierunter die Erwartung der an der Mediation Beteiligten verstanden, dass alle Beteiligten außerhalb des Mediationsverfahrens Stillschweigen über die Inhalte der Mediation bewahren und bei deren Scheitern in einem nachfolgenden Gerichts- oder Schiedsgerichtsverfahren auf die Einführung von Informationen aus der Mediation verzichten.[8]

3 Nur wenn gewährleistet ist, dass offen gelegte Informationen im Falle eines Scheiterns der Mediation nicht gerichtlich oder außergerichtlich gegen sie verwandt werden, werden die Parteien ihre regelungsbedürftigen Interessen und hierfür wesentlichen Informationen offen mitteilen. Dies ist für das Mediationsverfahren in mehrfacher Hinsicht bedeutsam: Oft entsteht durch die Offenlegung eine Wechselwirkung in dem Sinne, dass mit zunehmender Offenlegung eigener Interessen auch die Offenheit in der Beziehung zwischen den Parteien und damit das wechselseitige Vertrauen zunimmt.[9] Durch den hergestellten Vertrauensrahmen kann zum einen Verständnis für die wechselseitigen Positionen und Interessen und damit eine Grundlage für gemeinsame Überzeugungen und Lösungen geschaffen werden. Zum anderen kann nur durch diesen Vertrauensrahmen dem sog Verhandlungsdilemma begegnet werden: Dieses besteht darin, dass das Zu-

---

1   ABl. L 136 v. 24.5.2008, 3.
2   RegE BT-Drs. 17/5335, 17.
3   Siehe Erwägungsgrund 23 der Richtlinie, ABl. L 136 v. 24.5.2008, 5.
4   Siehe die Begründung zum RegE, BT-Drs. 17/5335, 13; vgl. auch *Graf-Schlicker* ZKM 2009, 83 (85).
5   Ausführlich dazu *Beck*, S. 55, 65 ff.; des Weiteren *Becker/Horn* SchiedsVZ 2006, 270 (272); *Cremer*, S. 27 f.; *Eidenmüller*, S. 24; *Eidenmüller/Prause* NJW 2008, 2737 (2740); *Friedrich* MDR 2004, 481 (485); *Groth/v. Bubnoff* NJW 2001, 338; *Hager* in: Schwenzer/Hager, S. 53 (54); *Hartmann* in: Haft/v. Schlieffen, 3. Aufl., § 28 Rn. 2 f.; *Hopt/Steffek*, S. 39; *Kracht* in: Haft/v. Schlieffen, 3. Aufl., § 13 Rn. 4 f.; *Mähler/Mähler* ZKM 2001, 4 f.; *Oldenbruch*, S. 1 (14); *Steffek* RabelsZ 2010, 841 (854); *Wagner* ZKM 2011, 164.
6   Die Parteien können dies auch abweichend vereinbaren, was in der Praxis jedoch selten geschieht, siehe zB zu öffentlichen Planungsvorhaben *Hartmann* in: Haft/v. Schlieffen, 3. Aufl., § 28 Rn. 7.
7   *Beck*, S. 38 und (zu den hierfür bedeutsamen Gründen) S. 77 ff.; *Cremer*, S. 28 f.; *Hager* in: Schwenzer/Hager, S. 54; *Hopt/Steffek*, S. 40; *Wagner* ZKM 2011, 164.
8   Siehe hierzu *Beck*, S. 38; *Cremer*, S. 28 f.; *Eidenmüller*, S. 24; *Hager* in: Schwenzer/Hager, S. 53; *Hartmann* in: Haft/v. Schlieffen, 3. Aufl., § 28 Rn. 4 ff.; *Hopt/Steffek*, S. 39 ff.; *Oldenbruch*, S. 14 ff.; *Wagner* ZKM 2011, 164.
9   *Mähler/Mähler*, S. 5; *Beck*, S. 71 ff.; *Hartmann* in: Haft/v. Schlieffen, 3. Aufl., § 28 Rn. 3.

rückhalten von Informationen für Parteien zwar zunächst individuell ratsam sein mag, jedoch eine Offenlegung dieser Informationen erst eine Einigung möglich macht oder erst hierdurch Kooperationsgewinne erzielt werden können. Unterbleibt deren Offenlegung, sind für alle Beteiligten nur suboptimale Ergebnisse, wenn überhaupt, erreichbar.[10] Die Entfaltung des Potentials der Mediation durch Einbeziehung der Interessen bliebe ungenutzt, da hierfür deren Offenlegung über die jeweils vertretenen Rechtspositionen hinaus erforderlich ist. Für den Erfolg der Mediation im Einzelfall entscheidendes Lösungspotential bliebe somit unentdeckt. Vertraulichkeit ist insoweit gewissermaßen ein **Substitut für Vertrauen**.[11] Müssen die Parteien für den Fall des Scheiterns der Mediation mit einem anschließenden Rechtsstreit rechnen, werden sie sich in ihrem Verhalten auf diesen „worst case" einstellen und mit der Offenlegung von Informationen oder auch nur der Relativierung eigener Positionen zurückhaltend sein. Die Vertraulichkeit ist somit eine der wichtigsten Voraussetzungen sowohl für das Gelingen der Mediation im Einzelfall als auch für den Erfolg der Mediation als Streitbeilegungsverfahren insgesamt.[12]

Gleichzeitig kann der Vertraulichkeitsschutz in der Mediation in einem   **4** Spannungsverhältnis zu berechtigten Ansprüchen Dritter oder der Allgemeinheit, beispielsweise bei in der Mediation offenbarten Straftaten, stehen. Zudem kann sich der Vertraulichkeitsschutz im Einzelfall dann als problematisch erweisen, wenn er von einer Partei taktisch genutzt wird, um bisher unbekannte und ihr nachteilige Informationen in die Mediation einzubringen, um sich im anschließenden Rechtsstreit auf deren Vertraulichkeit berufen zu können („Flucht in die Mediation").[13]

2. Umsetzung der Richtlinie 2008/52/EG. Nach den in **Art. 7 Abs. 1 der**   **5** **Richtlinie**[14] enthaltenen Vorgaben dürfen Mediatoren und in die Durchführung des Mediationsverfahrens eingebundene Personen – vorbehaltlich gewisser Ausnahmen – nicht gezwungen werden, in Gerichts- oder Schiedsgerichtsverfahren in Zivil- und Handelssachen Aussagen über im oder im Zusammenhang mit einem Mediationsverfahren erlangte Informationen zu machen. Den Mitgliedstaaten stand es jedoch nach Art. 7 Abs. 2 der Richtlinie frei, strengere Regelungen zum Schutz der Vertraulichkeit einzuführen.[15]

Bereits der zum Schutz der Vertraulichkeit allein auf die Person des Media-   **6** tors und seine Hilfspersonen beschränkte Ansatz der Richtlinie hatte zu intensiver Kritik herausgefordert, da hierdurch insbesondere die Parteien und

---

10 Zum Verhandlungsdilemma s. *Eidenmüller* in: Breidenbach/Henssler, S. 31 (49 ff.); *Eidenmüller* in: Henssler/Koch § 2 Rn. 7; *Beck*, S. 57 ff., 69 f.; siehe auch *Walz* MittBayNot 2001, 53 f.
11 So *Beck*, S. 71 ff.
12 *Hopt/Steffek*, S. 39; *Steffek*, 854; *Oldenbruch*, S. 8, 28.
13 Zu dieser Diskussion zB *Wagner* ZKM 2011, 164 (166); *Hofmann* Schieds-VZ 2011, 148 (151); *Oldenbruch*, S. 83; *Eidenmüller*, S. 26; *Graf-Schlicker*, 85; *Nelle/Hacke* ZKM 2002, 257 (260 f.).
14 ABl. L 136 v. 24.5.2008, 3.
15 Art. 7 Abs. 2 Mediations-RL kommt lediglich klarstellender Charakter zu, da die Richtlinie eine Mindest- und keine Höchstharmonisierung bezweckt, vgl. die Begründung zum Richtlinienvorschlag, KOM(2004) 718 endgültig Nr. 1.1.1; siehe hierzu auch *Eidenmüller/Prause*, NJW 2008, 2738 (2740); *Sujecki* EuZW 2010, 7.

deren Beistände nicht gehindert sind, in einem anschließenden Gerichts-
oder Schiedsgerichtsverfahren Prozessvortrag oder Beweismittel aus den in
der Mediation durch die andere Partei erstmals offengelegten Informationen einzuführen.[16] Dem zulasten der anderen Partei in den Rechtsstreit
eingeführten Vortrag könnte diese dann aktiv nur durch Bestreiten und damit unter Verstoß gegen die prozessuale Wahrheitspflicht (§ 138 Abs. 1
ZPO) entgegentreten,[17] will sie die Geständnisfiktion des § 138 Abs. 3
ZPO vermeiden. Als Beweismittel aus dem Mediationsverfahren kommen
in erster Linie dort angefertigte oder vorgelegte Urkunden[18] sowie nach § 2
Abs. 4 einbezogene Dritte in Betracht.[19] Besonders in Wirtschaftsmediationen sind häufig auf beiden Seiten mehrere Personen beteiligt. In der rechtspolitischen Diskussion ist daher mehrfach eine Erweiterung des Vertraulichkeitsschutzes gefordert worden, insbesondere durch einen gegenstandsbezogenen Ansatz in Form von dispositiven Vortrags- und Beweiserhe-
bungsverboten.[20]

7   Der deutsche Gesetzgeber hat die Vorgaben von Art. 7 Abs. 1 Med-RiLi
durch die Vorschrift des § 4 umgesetzt.[21] Dabei ist er an einem Punkt über
die Richtlinie hinausgegangen: Während Art. 7 Abs. 1 Med-RiLi lediglich
ein Zeugnisverweigerungs*recht* gefordert hatte,[22] enthält § 4 S. 1 nunmehr
eine **Verschwiegenheits*pflicht*** des Mediators und seiner Hilfspersonen. Bis
zum Inkrafttreten des Mediationsgesetzes konnte sich eine gesetzliche Verschwiegenheitspflicht im Zusammenhang mit der Mediationstätigkeit lediglich aus dem Grundberuf des Mediators ergeben.[23] Im Übrigen hat sich

---

16 Siehe zB *Eidenmüller/Prause* NJW 2008, 2737 (2740 f.); *Probst* JR 2009, 265
    (267); *Sujecki* EuZW 2010, 7 (10 f.); *Wagner/Thole* ZKM 2008, 36 (38 f.); *Wag-
    ner/Thole* in: Baetge/v. Hein/v. Hinden, S. 915 (937 ff.); bereits zur Richtlinienent-
    wurf *Becker/Horn* SchiedsVZ 2006, 270 (273); *Bercher* IDR 2005, 169 (172);
    Duve/Prause IDR 2004, 126 (130); ausführlich auf der Grundlage des Regierungs-
    entwurfs zu der Problematik im Allgemeinen und möglichen Gegenmaßnahmen
    Hofmann SchiedsVZ 2011, 148 ff.
17 *Eckardt/Dendorfer* MDR 2001, 786 (787); *Hofmann* SchiedsVZ 2011, 148 (150);
    Wagner ZKM 2011, 164 (165).
18 Hierzu *Hofmann* SchiedsVZ 2011, 148 (150); *Eckardt/Dendorfer* MDR 2001,
    786 (788, 791 f.).
19 Hierzu *Oldenbruch*, S. 90 f.; *Eckardt/Dendorfer* MDR 2001, 786 (787 f.);
    Hofmann SchiedsVZ 2011, 148 (150); eine denkbare Konstellation lässt sich der
    Entscheidung des AnwG Mecklenburg-Vorpommern vom 1.8.2007, ZKM 2007,
    194 (194 f.) mit Anm. *Wagner/Braem*, entnehmen; auch eine Parteivernehmung
    nach §§ 445 ff. ZPO käme als weiteres Beweismittel in Betracht.
20 Siehe zB *Eidenmüller/Prause*, NJW 2008, 2737 (2741); *Hofmann* SchiedsVZ 2011,
    148 (150 f.); *Steffek* RabelsZ 2010, 841 (856 ff.); *Wagner/Thole* ZKM 2008, 36
    (39); aA *Greger* ZRP 2010, 209 (211); *Graf-Schlicker* ZKM 2009, 83 (85); *Risse/
    Bach* SchiedsVZ 2011, 14 (18).
21 RegE BT-Drs. 17/5335, 17; *Graf-Schlicker* ZKM 2009, 83 (85).
22 Kritisch zu diesem Mindestansatz der Richtlinie *Eidenmüller/Prause* NJW 2008,
    2737 (2741); *Hofmann* SchiedsVZ 2011, 148 (149); *Wagner/Thole* in: Baetge/v.
    Hein/v. Hinden, S. 915 (936); aA *Risse/Bach* SchiedsVZ 2011, 14 (18).
23 Berufsgesetzliche Verschwiegenheitspflichten ergaben sich im Wesentlichen nur für
    Anwaltsmediatoren und für den Notarmediator aus § 43 a Abs. 2 BRAO iVm § 18
    BORA bzw. §§ 18 Abs. 1, 24 Abs. 1 S. 1 BNotO, für andere Berufsgruppen konnte
    sich bisher ein gesetzlicher Schutz der Verschwiegenheit in Abhängigkeit vom
    Grundberuf und Tätigkeitsbereich allenfalls aus § 203 Abs. 1 StGB ergeben; aus-
    führlich hierzu *Beck*, S. 96 ff., 123 ff.; *Hartmann* in: Haft/v. Schlieffen, 2. Aufl.,
    § 44 Rn. 10 ff.; *Oldenbruch*, S. 29 ff.

der Gesetzgeber bei der Regelung des Vertraulichkeitsschutzes im Wesentlichen auf die Mindestanforderungen der Richtlinie in Form eines Zeugnisverweigerungsrechts für den Mediator und dessen Hilfspersonen beschränkt und damit den Forderungen der Praxis[24] und der Literatur[25] nach einem über den Richtlinienansatz hinausgehenden Vertraulichkeitsschutz nicht entsprochen.[26] Insoweit hat der Gesetzgeber die Parteien zur Ausweitung des Vertraulichkeitsschutzes auf im Rahmen ihrer Dispositionsbefugnis zu schließende Parteivereinbarungen verwiesen.[27]

Die Vorschriften des MediationsG verdrängen als **Spezialgesetz** die für den jeweiligen Grundberuf geltenden Regelungen nur, soweit zwischen beiden ein Widerspruch auftritt. Im Übrigen bleiben berufsrechtliche Regelungen aus dem Grundberuf anwendbar, soweit sie sich auch auf die mediatorische Tätigkeit erstrecken.[28] Nach der Gesetzesbegründung verdrängt § 4 spezialgesetzlich allerdings andere Regelungen aus den Berufsrechten der Grundberufe der Mediatoren.[29] Hierdurch soll insbesondere im Hinblick auf Co-Mediationen ein einheitlicher Schutz der Vertraulichkeit bei allen Mediatoren sichergestellt werden.[30] **8**

Aufgrund der durch § 4 S. 1 geschaffenen gesetzlichen Verschwiegenheitspflicht besteht nunmehr nach § 383 Abs. 1 Nr. 6 ZPO für Mediatoren sämtlicher Grundberufe und deren Hilfspersonen ein **Zeugnisverweigerungsrecht** in Zivilverfahren und allen auf § 383 ZPO verweisenden Verfahrensordnungen (zB nach § 46 Abs. 2 ArbGG iVm § 495 ZPO, § 29 Abs. 2 FamFG, § 98 VwGO).[31] Soweit nicht bereits eine gesetzliche Verschwiegenheitspflicht als Anknüpfung für ein Zeugnisverweigerungsrecht **9**

---

24 *Round Table Mediation & Konfliktmanagement der Deutschen Wirtschaft* ZKM 2009, 147 (151); Stellungnahme Nr. 58/2010 des *Deutschen Anwaltvereins* zum Referentenentwurf des MediationsG (Sep. 2010), S. 5 f., Text abrufbar unter www.anwaltverein.de, zuletzt abgerufen am 1.3.2017; Stellungnahme Nr. 27/2010 der *Bundesrechtsanwaltskammer* zum Referentenentwurf des MediationsG (Okt. 2010), S. 11 ff., Text abrufbar unter www.brak.de (zuletzt abgerufen am 1.3.2017).

25 Siehe zB *Eidenmüller/Prause* NJW 2008, 2737 (2741); *Hager* in: Schwenzer/Hager, S. 53 (65); *Löer* ZKM 2010, 179 (181); *Probst* JR 2009, 265 (267); *Wagner* ZKM 2010, 172 (173 f.); *Wagner* ZKM 2011, 164 (165 f.); *Wagner/Thole* ZKM 2008, 36 (39); wohl auch *Sujecki* EuZW 2010, 7 (11); *Steffek* RabelsZ 2010, 841 (854 ff.); unentschieden *Richter* SchAZtg. 2010, 10 (13); aA *Greger* ZRP 2010, 209 (211) mit Hinweis auf flexibel handhabbare Verschwiegenheitsabreden.

26 Auch die Forderung des Bundesrates in seiner Stellungnahme zum RegE, BR-Drs. 60/11, 10 f. und BR-Drs. 60/1/11, 12 f., den Schutz der Vertraulichkeit des Mediationsgesprächs als solches durch ein dispositives Beweiserhebungs- und Vortragsverbot zu prüfen, führte im weiteren Gesetzgebungsverfahren zu keiner Änderung; zum insoweit ausgeprägten Vertraulichkeitsschutz in den USA instruktiv *Hager* in: Schwenzer/Hager, S. 53 (54 ff.).

27 RegE, BT-Drs. 17/5335, 17; dieser eingeschränkte Ansatz des Gesetzgebers ist auch nach Verabschiedung des MediationsG mehrfach kritisiert worden, zB von Eidenmüller/Wagner/*Wagner*, Kap. 7 Rn. 44 ff., 48; *Goltermann/Hagel/Klowait/Levien* SchiedsVZ 2013, 41 (44, 48); *Horstmeier*, S. 37 Rn. 110; *Schekahn* JR 2013, 53 (57 f.); *Wagner* ZKM 2012, 110 (111) („auf halbem Wege stehen geblieben"); *Wagner* in: Fischer/Unberath, S. 89 (96 ff.).

28 RegE BT-Drs. 17/5335, 14.

29 RegE BT-Drs. 17/5335, 17; vgl. auch Greger/Unberath/Steffek/*Greger* B. § 4 Rn. 6.

30 RegE BT-Drs. 17/5335, 17; vgl. auch Greger/Unberath/Steffek/*Greger* B. § 4 Rn. 6.

31 RegE BT-Drs. 17/5335, 11, 17.

bereit stand,[32] ging zwar schon vor dem Inkrafttreten des Mediationsgesetzes die überwiegende Meinung[33] davon aus, dass zumindest dem nachhaltig tätigen Mediator unabhängig von seinem Ursprungsberuf mit Rücksicht auf die Natur der in der Mediation offenbarten Tatsachen ein Zeugnisverweigerungsrecht nach § 383 Abs. 1 Nr. 6 ZPO zuzugestehen sei. Verbleibende Unsicherheiten sind nunmehr durch § 4 S. 1 beseitigt. Allerdings hat der Gesetzgeber durch diese Vorschrift lediglich den sachlichen Anwendungsbereich des § 383 Abs. 1 Nr. 6 ZPO eröffnet. Obwohl die Gesetzesbegründung[34] davon auszugehen scheint, dass aufgrund der gesetzlichen Regelung alle Mediatoren zeugnisverweigerungsberechtigt sind, erfordert der persönliche Anwendungsbereich des § 383 Abs. 1 Nr. 6 ZPO, dass die betreffende Person „kraft ihres Amtes, Standes oder Gewerbes" tätig geworden ist. Da für den Gewerbebegriff zumindest eine mit Gewinnerzielungsabsicht betriebene nebenberufliche Tätigkeit ausreichend, aber auch erforderlich ist, sind daher ehrenamtlich tätige Mediatoren (zB Schülermediatoren) vom persönlichen Anwendungsbereich nicht erfasst.[35] Auf eine tätigkeits- oder berufsbildbezogene Regelung innerhalb des Katalogs des § 383 Abs. 1 ZPO hatte der Gesetzgeber aufgrund der hiermit verbundenen Abgrenzungsschwierigkeiten verzichtet.[36] Sofern ein Zeugnisverweigerungsrecht besteht, ist nach den §§ 142 Abs. 2, 144 Abs. 2 ZPO auch die Beweiserhebung von Amts wegen eingeschränkt.

10 Nach § 385 Abs. 2 ZPO können die Parteien gemeinsam den Mediator und seine Hilfspersonen vom Zeugnisverweigerungsrecht nach § 383 Abs. 1 Nr. 6 ZPO **entbinden**. Auch darüber hinaus können die Parteien einvernehmlich die nach § 4 zur Verschwiegenheit verpflichteten Personen von ihrer Pflicht entbinden.[37]

11 Da § 98 VwGO auf die Regelungen der Zivilprozessordnung zur Beweisaufnahme und damit auch auf die §§ 383 ff. ZPO verweist, ergibt sich auch im **Verwaltungsprozess** ein Zeugnisverweigerungsrecht der durch § 4 S. 1 verpflichteten Personen.[38]

---

32 Für Rechtsanwälte und Notare aus § 43 a Abs. 2 BRAO iVm § 18 BORA bzw. §§ 18 Abs. 1, 24 Abs. 1 S. 1 BNotO; aus § 203 Abs. 1 StGB für die dort genannten Berufsgruppen in Abhängigkeit von Ursprungsberuf und Tätigkeitsgebiet, ebenso *Beck*, S. 169 f.; *Hartmann* in: Haft/v. Schlieffen, 2. Aufl., § 44 Rn. 44 f.; *Oldenbruch*, S. 97 ff.; *Wagner* ZKM 2011, 164 (165); aA *Eidenmüller*, S. 25; *Zöller/Greger*, 30. Aufl., ZPO § 383 Rn. 16.

33 S. zB *Zöller/Greger* ZPO § 383 Rn. 20; Stein/Jonas/*Berger* ZPO § 383 Rn. 59; *Beck*, S. 170 f.; *Eckardt/Dendorfer* MDR 2001, 786 (789 f.); *Eidenmüller*, S. 25; *Eidenmüller/Prause* NJW 2008, 2737 (2741); *Hartmann* in: Haft/v. Schlieffen, 2. Aufl., § 44 Rn. 46; *Oldenbruch*, S. 96 ff., 102; *Wagner* RabelsZ 2010, 794 (807); *Wagner/Thole* in: Baetge/v. Hein/v. Hinden, S. 915, 937; aA *Cremer*, S. 38 ff.; *Groth/v. Bubnoff* NJW 2001, 338 (340); *Henssler* in: Henssler/Koch § 3 Rn. 49 Fn. 104.

34 RegE BT-Drs. 17/5335, 11, 17.

35 Siehe *Beck*, S. 169; *Eckardt/Dendorfer* MDR 2001, 786 (789); *Eidenmüller*, S. 24; *Hartmann* in: Haft/v. Schlieffen, 3. Aufl., § 28 Rn. 48; *Oldenbruch*, S. 97; Stein/Jonas/*Berger* ZPO § 383 Rn. 58, 87.

36 Siehe *Graf-Schlicker* ZKM 2009, 83 (85).

37 RegE BT-Drs. 17/5335, 17.

38 *Hartmann* in: Haft/v. Schlieffen, 3. Aufl., § 28 Rn. 49 mwN.

Kein Zeugnisverweigerungsrecht ergibt sich aus § 4 für den **Strafprozess.**   12
Im Gegensatz zu § 383 ZPO knüpft das Zeugnisverweigerungsrecht aus
beruflichen Gründen nach § 53 StPO an klar definierte Berufsbilder an.[39]
Weder ist der Mediator dort genannt[40] noch ist eine Ausweitung des § 53
StPO auf nicht genannte Berufsgruppen möglich; die Aufzählung in § 53
Abs. 1 StPO ist daher abschließend.[41] Da der Gesetzgeber trotz entsprechender Forderungen[42] auf eine Ausweitung des Zeugnisverweigerungsrechts auf die Strafprozessordnung verzichtet hat, verbleibt es dabei, dass
ein strafprozessuales Zeugnisverweigerungsrecht nur besteht, wenn sich ein
solches auch in Bezug auf die Mediationstätigkeit aus dem Grundberuf des
Mediators ergibt.[43] Im Strafprozess besteht daher ein Zeugnisverweigerungsrecht im Zusammenhang mit einer Mediation im Wesentlichen nur
für Rechtsanwälte und Notare, da zu deren Berufsbild gemäß § 18 BORA
bzw. § 24 Abs. 1 S. 1 BNotO auch die Mediationstätigkeit gehört.[44] Für alle anderen in § 53 StPO genannten Berufe besteht **kein Zeugnisverweigerungsrecht,** da die Mediation nicht von deren Berufsbild umfasst ist.[45] Dies
gilt mangels Zugehörigkeit der Mediation zur Therapeutentätigkeit im Sinne des § 1 Abs. 3 PsychThG auch für die in § 53 Abs. 1 Nr. 3 StPO genannten Psychologischen Psychotherapeuten sowie Kinder- und Jugendpsycho-
therapeuten.[46] Eine Ausnahme kann sich für die in § 53 Abs. 1 Nr. 3 a
und 3 b StPO genannten Berufsträger in den wohl eher seltenen Fällen ergeben, in denen in Schwangerschafts- oder Drogenberatungsgesprächen
Mediation eingesetzt wird; deren Inhalt unterfällt ebenfalls dem strafprozessualen Zeugnisverweigerungsrecht.[47] Sofern nach § 53 StPO ein Zeugnisverweigerungsrecht besteht, können sich nach § 53 a Abs. 1 StPO auch
Gehilfen des Berufsträgers auf ein Zeugnisverweigerungsrecht berufen.

Nach § 53 Abs. 2 StPO besteht kein Zeugnisverweigerungsrecht, wenn der   13
Berufsträger von der Verpflichtung zur Verschwiegenheit entbunden ist.

---

39 BVerfGE 33, 367 (374 f.) = NJW 1972, 2214 f.; *Beck*, S. 178 f.; *Eckardt/Dendorfer*
     MDR 2001, 786 (788); *Oldenbruch*, S. 142; *Wagner* RabelsZ 2010, 794 (807).
40 Der Gesetzgeber hatte auf die „abschließende Regelung eine klar umgrenzten Be-
     rufsbildes" bewusst verzichtet, RegE BT-Drs. 17/5335, 14.
41 BVerfGE 33, 367 (374 f.) = NJW 1972, 2214; *Beck*, S. 178 f.; *Eckardt/Dendorfer*
     MDR 2001, 786 (788); *Groth/v. Bubnoff* NJW 2001, 338 (339); *Hartmann* in:
     Haft/v. Schlieffen, 3. Aufl., § 28 Rn. 53; *Oldenbruch*, S. 140 (142).
42 *Löer* ZKM 2010, 179 (181); *Round Table Mediation & Konfliktmanagement der
     Deutschen Wirtschaft* ZKM 2009, 147 (151); BRAK-Stellungnahme-Nr. 27/2010
     v. Okt. 2010, S. 12.
43 *Beck*, S. 179; *Hartmann* in: Haft/v. Schlieffen, 3. Aufl., § 28 Rn. 50 ff.; *Oldenbruch*,
     S. 140 ff.
44 *Eckardt/Dendorfer* MDR 2001, 786 (788); *Greger/Unberath/Steffek/Greger* B. § 4
     Rn. 28; *Hartmann* in: Haft/v. Schlieffen, 3. Aufl., § 28 Rn. 51, 56; *Henssler* in:
     Henssler/Koch § 3 Rn. 49; *Mähler/Mähler* ZKM 2001, 4 (8 f.); *Oldenbruch*,
     S. 140 ff.
45 *Eckardt/Dendorfer* MDR 2001, 786 (788); *Hartmann* in: Haft/v. Schlieffen,
     3. Aufl., § 28 Rn. 52 ff.; *Mähler/Mähler* ZKM 2001, 4 (8 f.); *Oldenbruch*, S. 141;
     teilweise aA Greger/Unberath/Steffek/*Greger* B. § 4 Rn. 28 (auch Steuerberater,
     Wirtschaftsprüfer); *Beck*, S. 179 f. (auch Steuerberater, Wirtschaftsprüfer und ver-
     eidigte Buchprüfer).
46 *Beck*, S. 170; *Hartmann* in: Haft/v. Schlieffen, 3. Aufl., § 28 Rn. 52; *Oldenbruch*,
     S. 141; aA *Groth/v. Bubnoff* NJW 2001, 338 (339).
47 *Hartmann* in: Haft/v. Schlieffen, 3. Aufl., § 28 Rn. 54; *Oldenbruch*, S. 141 f.

Die wirksame Entbindung erfordert jedoch die Zustimmung sämtlicher Träger des Geheimhaltungsinteresses, so dass die Parteien den Mediator nur gemeinsam entbinden können.

II. Verschwiegenheitspflicht

14 Nach § 4 sind der Mediator und in die Mediation eingebundene Personen zur Verschwiegenheit verpflichtet. Diese Verschwiegenheitspflicht findet im Wesentlichen an den Vorgaben der Richtlinie orientierte Ausnahmen. Darüber hinaus trifft den Mediator eine Informationspflicht über den Umfang seiner Verschwiegenheitspflicht.

15 **1. Verpflichteter Personenkreis (Satz 1).** Nach § 4 S. 1 trifft die Verschwiegenheitspflicht den Mediator und die in die Durchführung des Mediationsverfahrens eingebundenen Personen.

16 **a) Mediator.** Die Verpflichtung zur Verschwiegenheit richtet sich nach § 4 S. 1 zunächst an den **Mediator.** Die Regelung knüpft damit an dessen Legaldefinition in § 1 Abs. 2 an. Mediator ist demnach „eine unabhängige und neutrale Person ohne Entscheidungsbefugnis, die die Parteien durch die Mediation führt" (→ MediationsG § 1 Rn. 20 ff.).

17 Der Gesetzgeber hatte mit dieser Definition eine klare rechtliche Eingrenzung des betroffenen Personenkreises gerade im Hinblick auf die Verschwiegenheitspflicht und das sich hieraus ergebende Zeugnisverweigerungsrecht bezweckt.[48] Die Begriffsbestimmung des Mediators verweist allerdings mit dem Merkmal der „Mediation" wiederum auf deren Legaldefinition in § 1 Abs. 1, welche das Merkmal „vertraulich" bereits beinhaltet. Streng genommen wäre damit eine Verpflichtung des Mediators zur Verschwiegenheit überflüssig, da der Mediator bei fehlender Vertraulichkeit keine „Mediation" iSd § 1 Abs. 1 durchführte. In Konsequenz wäre kein „Mediator" iSd § 1 Abs. 2 tätig, womit es wiederum am Regelungsadressat des § 4 fehlte. Darüber hinaus erfährt die Vertraulichkeit sowohl nach § 4 als auch darüber hinaus (→ MediationsG § 1 Rn. 8 f.) diverse Ausnahmen. Zur Abgrenzung zu anderen außergerichtlichen Konfliktlösungsverfahren ist das Merkmal der Vertraulichkeit ebenfalls ungeeignet. Der Gesetzgeber war hier wenig stringent. Da sich die Verpflichtung des Mediators zur Vertraulichkeit nach § 4 bestimmt und sich aus § 1 Abs. 1 auch keine Vertraulichkeitspflichten der Parteien oder in Bezug auf von diesen hinzugezogene Dritte ableiten lassen,[49] wäre das Merkmal „vertraulich" in § 1 Abs. 1 besser entfallen[50] und kann nicht als konstitutiv für das Vorliegen einer Mediation verstanden werden.[51]

18 Manche Berufsgruppen unterlagen bei einer Tätigkeit als Mediator schon vor dem Inkrafttreten des Mediationsgesetzes einer Verschwiegenheits-

---

48 RegE BT-Drs. 17/5335, 13.
49 Die Begründung zum RegE BT-Drs. 17/5335, 17, verweist die Parteien zu diesem Zweck auf im Rahmen ihrer Dispositionsbefugnis zu schließende Parteivereinbarungen.
50 So noch die Begriffsbestimmung der „Mediation" in Art. 3 lit. a der Mediations-RL, ABl. L 136 v. 24.5.2008, 3, die das Merkmal „vertraulich" nicht enthält.
51 Greger/Unberath/Steffek/*Greger* B. § 1 Rn. 52, § 4 Rn. 1; *Risse* SchiedsVZ 2012, 244 (246).

pflicht aus den für ihren Grundberuf geltenden berufsrechtlichen Regelungen.[52] Für Anwaltsmediatoren ergab sich schon zuvor eine Verschwiegenheitspflicht aus den §§ 43 a Abs. 2 BRAO, 2 BORA iVm § 18 BORA, für Notarmediatoren folgt dies aus § 18 iVm § 24 Abs. 1 S. 1 BNotO, da der Notar insoweit grundsätzlich im Rahmen vorsorgender Rechtspflege tätig wird.[53] Eine Verletzung der Schweigepflicht ist zudem für beide Berufsgruppen nach § 203 Abs. 1 Nr. 3 StGB strafbewehrt. Für die meisten weiteren Berufsgruppen, wie insbesondere Diplompsychologen, Diplompädagogen sowie Sozialarbeiter und Sozialpädagogen, fehlte es hingegen, jedenfalls in Bezug auf eine Mediatorentätigkeit, an einer berufsgesetzlichen Regelung.[54] Insoweit ergaben sich Verschwiegenheitspflichten lediglich auf vereinsrechtlicher Ebene für die in den jeweiligen Berufsverbänden freiwillig organisierten Mitglieder und hatten damit keinen allgemein rechtsverbindlichen Charakter.[55] Allerdings konnte sich, mit Ausnahme der Diplompädagogen, bei sämtlichen der genannten Berufsgruppen und teilweise in Abhängigkeit vom Tätigkeitsbereich eine Strafbarkeit nach § 203 Abs. 1 StGB ergeben.[56]

Fraglich ist, ob die Vorschriften des MediationsG – und damit auch die   **19** Verschwiegenheitspflicht nach § 4 S. 1 ebenfalls auf den nach §§ 278 Abs. 5 S. 1 ZPO, 36 Abs. 5 S. 1 FamFG, 54 Abs. 6 S. 1 ArbGG tätigen **Güterichter** Anwendung finden.[57] Im ursprünglichen Gesetzentwurf der Bundesregierung war noch zwischen dem Richtermediator und dem Güterichter unterschieden worden. Dies war ua in Bezug auf die Vertraulichkeit bedeutsam, da der richterliche Mediator weitgehend der Verschwiegenheitspflicht nach § 4 unterlegen hätte.[58] Im Laufe des Gesetzgebungsverfahrens ist der richterliche Mediator vollständig aufgegeben und durch das Güterichtermodell ersetzt worden.[59] Dies hat zum einen terminologisch seinen Niederschlag gefunden: Nach Ablauf der in § 9 geregelten Übergangszeit

---

52   Ausführlich *Beck*, S. 96 ff.; *Hartmann* in: Haft/v. Schlieffen, 2. Aufl., § 44 Rn. 10 ff.; *Oldenbruch*, S. 29 ff.
53   Siehe hierzu *Beck*, S. 106 ff.
54   Ausführlich *Hartmann* in: Haft/v. Schlieffen, 2. Aufl., § 44 Rn. 11 ff.; *Oldenbruch*, S. 48 ff.; *Henssler* in: Henssler/Koch § 3 Rn. 86 ff.; teilweise aA *Beck*, S. 112 ff.
55   Dies sind für Diplompsychologen die Ethischen Richtlinien der Deutschen Gesellschaft für Psychologie eV und des Berufsverbandes Deutscher Psychologinnen und Psychologen eV, für Diplompädagogen die „Berufsordnung für Pädagogen" (BO-Päd) des Berufsverbandes Deutscher Diplom-Pädagogen und Diplom-Pädagoginnen eV (BDDP) und für Sozialarbeiter und Sozialpädagogen die „Berufsethischen Prinzipien" des Deutschen Berufsverbandes für Sozialarbeit, Sozialpädagogen und Heilpädagogik eV (DBSH).
56   Ausführlich *Beck*, S. 123 ff., 132 ff.; *Hartmann* in: Haft/v. Schlieffen, 2. Aufl., § 44 Rn. 11 ff.; *Henssler* in: Henssler/Koch § 3 Rn. 86 ff.; *Oldenbruch*, S. 48 ff.
57   Gegen die Anwendbarkeit des MediationsG auf den Güterichter *Ahrens* NJW 2012, 2465 (2469 f.); *Eisenbarth/Spiecker* DVBl. 2012, 933 (998); *Francken* NZA 2012, 836 (840); *Greger/Weber* MDR Sonderheft 2012, 5 (14); Greger/Unberath/ Steffek/*Greger* B. § 1 Rn. 14, Rn. 81; *Hartmann* MDR 2012, 941 (942); *Henssler/ Deckenbrock* DB 2012, 159 (165); *Plassmann* BRAK-Mitt. 2012, 194 (198); *Wagner* ZKM 2012, 110 (113 f.); differenzierend *Ortloff* NVwZ 2012, 1057 (1059); für eine Anwendbarkeit hingegen die Kommentierung von *Hagel* (→ MediationsG § 1 Rn. 4); *Röthemeyer* ZKM 2012, 116 (118).
58   RegE BT-Drs. 17/5335, 17, 21.
59   Zur Unterscheidung siehe den RegE BT-Drs. 17/5335, 20 sowie die Beschlussempfehlung des Rechtsausschusses BT-Drs. 17/8058, 17 f.

ist eine Bezeichnung als „gerichtlicher Mediator" nicht mehr möglich. Auch inhaltlich unterscheidet sich der Güterichter vom Mediator: Er darf eine rechtliche Bewertung vornehmen, den Parteien einen Vergleichsvorschlag unterbreiten und einen Prozessvergleich protokollieren.[60] Bei seiner Tätigkeit darf er nach §§ 278 Abs. 5 S. 2 ZPO, 36 Abs. 5 S. 2 FamFG, 54 Abs. 6 S. 2 ArbGG lediglich „alle Methoden der Konfliktbeilegung einschließlich der Mediation" einsetzen. Nach dem im Vermittlungsausschuss gefundenen Kompromiss darf er sich somit der Methode bedienen, ist jedoch nicht Mediator im Sinne des Mediationsgesetzes, so dass auch § 4 auf ihn keine Anwendung findet. Der Güterichter unterliegt allerdings nach § 46 DRiG iVm mit den beamtenrechtlichen Vorschriften (§ 67 BBG, § 37 Abs. 1 BeamtStG bzw. entsprechende landesrechtliche Vorschriften) der Verschwiegenheitspflicht.[61] Zudem findet die Güteverhandlung nicht vor dem erkennenden Gericht statt und ist somit nicht gemäß § 161 S. 1 GVG öffentlich.[62] Auch darf ein Protokoll über die Verhandlung nach § 159 Abs. 2 ZPO nur mit Zustimmung aller Parteien aufgenommen werden. Ferner steht dem Güterichter ein Zeugnisverweigerungsrecht nach § 383 Abs. 1 Nr. 6 ZPO über den Inhalt der Güteverhandlung zu.[63] Dies gilt auch im Verwaltungsprozess (§ 98 VwGO), nicht hingegen im Strafprozess.[64] Zu berücksichtigen ist schließlich, dass den Güterichter besondere Anzeigepflichten treffen können, beispielsweise bei Anhaltspunkten für eine Steuerstraftat nach § 116 AO oder einen Subventionsbetrug nach § 6 SubvG.

20 **b) Eingebundene Personen.** Zur Verschwiegenheit verpflichtet sind nach § 4 S. 1 auch in die Durchführung des Mediationsverfahrens **eingebundene Personen.** Dieser Personenkreis ist nach der Gesetzesbegründung eng zu verstehen.[65] Hierunter fallen nur die **Hilfspersonen des Mediators**[66] wie beispielsweise Bürokräfte oder sonstige berufliche Gehilfen. Nicht in diesen Kreis und damit nicht unter die Verschwiegenheitspflicht fallen die von den Parteien nach § 2 Abs. 4 einbezogenen Dritten[67] wie beispielsweise Sachverständige oder Familienangehörige. Auch die Parteien selbst und ihre Beistände fallen nicht unter die Verschwiegenheitspflicht des § 4.[68]

21 Eine gesetzliche Verschwiegenheitspflicht der **von den Parteien hinzugezogenen Dritten** und insbesondere der **Parteivertreter** kann sich zwar mögli-

---

60 Vgl. Beschlussempfehlung und Bericht des Rechtsausschusses BT-Drs. 17/8058, 17, der darauf feststellt: „Ein Güterichter ist [...] kein Mediator [...]".
61 *Greger/Weber* MDR Sonderheft 2012, 12 (28); *Horstmeier*, Rn. 430.
62 Beschlussempfehlung und Bericht des Rechtsausschusses BT-Drs. 17/8058, 21; *Greger/Weber* MDR Sonderheft 2012, 5; *Henssler/Deckenbrock* DB 2012, 159 (165); *Horstmeier*, Rn. 430.
63 Beschlussempfehlung und Bericht des Rechtsausschusses BT-Drs. 17/8058, 21; näher *Greger/Weber* MDR Sonderheft 2012, 20 (29).
64 *Greger/Weber* MDR Sonderheft 2012, 20 (29).
65 RegE, BT-Drs. 17/5335, 17.
66 RegE, BT-Drs. 17/5335, 17. Der Bundesrat hatte deshalb in seiner Stellungnahme vorgeschlagen, § 4 S. 1 klarstellend um den Zusatz „von ihm" (dh dem Mediator) zu ergänzen, BR-Drs. 60/11, 4 und BT-Drs. 17/5335, 29. Dem hat die Bundesregierung mit Hinweis auf den Wortlaut der Richtlinie nicht entsprochen, BT-Drs. 17/5496, 1.
67 RegE, BT-Drs. 17/5335, 17.
68 Einer entsprechenden vom Bundesrat angeregten Klarstellung ist die Bundesregierung mit Hinweis auf den Wortlaut der Richtlinie nicht gefolgt, siehe Fn. 62.

cherweise aus deren jeweiligen Berufsrecht ergeben,[69] wie etwa bei Rechtsanwälten aus § 43 a Abs. 2 BRAO iVm § 2 BORA. Allerdings begeht nach einer Entscheidung des Anwaltsgerichts Mecklenburg-Vorpommern ein als Parteivertreter an der Mediation beteiligter Rechtsanwalt, der entgegen einer zu Beginn des Mediationsverfahrens getroffenen Vertraulichkeitsabrede im anschließenden streitigen Verfahren entsprechende Tatsachen offenbart, weder einen Verstoß gegen § 43 a Abs. 2 BRAO und § 2 BORA noch macht er sich nach § 203 Abs. 1 Nr. 3 StGB strafbar.[70] Nach den §§ 43 a Abs. 2 BRAO, 2 BORA ist der Rechtsanwalt nur gegenüber seinem Mandanten zur Verschwiegenheit verpflichtet.[71] Auch nach § 203 Abs. 1 Nr. 3 StGB werden Drittgeheimnisse allenfalls im Falle gleichlaufender Interessen geschützt, nicht jedoch, wenn deren Wahrung den Interessen des eigenen Mandanten zuwiderläuft.[72] Die Entscheidung betrifft jedoch lediglich die berufsrechtlichen Folgen. Haben die Parteien eine Vertraulichkeitsvereinbarung getroffen, müssen sie sich das Verhalten ihrer anwaltlichen Berater wie eigenes Verhalten zurechnen lassen[73] (→ Einl. Rn. 209) und es kommen bei einem Verstoß Schadensersatzansprüche der anderen Partei,[74] Vortrags- und Beweiserhebungsverbote sowie gegebenenfalls Vertragsstrafenansprüche in Betracht.

Exkurs: Vertragliche Vertraulichkeitsvereinbarungen

Eine **Ausdehnung des Vertraulichkeitsschutzes** über den Mediator und dessen Hilfspersonen hinaus auf die Parteien und weitere an der Mediation beteiligte Personen ist nur durch deren Bindung im Wege einer vertraglichen Vertraulichkeitsvereinbarung möglich.[75]   **22**

Der Inhalt einer solchen vor Beginn des Mediationsverfahrens zu schließenden **Vertraulichkeitsvereinbarung** hängt von den Bedürfnissen der Parteien im Einzelfall ab. Regelmäßig vereinbaren die Parteien eine wechselseitige Vertraulichkeitspflicht in Bezug auf den Inhalt des Mediationsverfahrens durch Verschwiegenheit gegenüber Dritten und unter Einbeziehung in die Mediation eingebrachter oder gemeinsam erstellter Unterlagen (→ Einl. Rn. 157, 208 f.). Eine solche Vereinbarung kann auch stillschweigend getroffen werden.[76] Aus Beweisgründen und zur Bestimmung von Inhalt und Umfang der vereinbarten Vertraulichkeitspflicht empfiehlt sich jedoch Schriftform.   **23**

In der konkreten Ausgestaltung können ferner vertragliche **Vortrags- und Beweismittelbeschränkungen** für den Fall eines nachfolgenden Gerichts-   **24**

---

69 *Henssler/Deckenbrock* DB 2012, 159 (165).
70 AnwG Mecklenburg-Vorpommern 1.8.2007 – I AG 6/07, ZKM 2007, 194 mAnm *Wagner/Braem*.
71 AnwG Mecklenburg-Vorpommern 1.8.2007 – I AG 6/07, ZKM 2007, 194 mAnm *Wagner/Braem*; *Hartmann* in: Haft/v. Schlieffen, 3. Aufl., § 28 Rn. 34.
72 AnwG Mecklenburg-Vorpommern 1.8.2007 – I AG 6/07, ZKM 2007, 194 mAnm *Wagner/Braem*; *Hartmann* in: Haft/v. Schlieffen, 3. Aufl., § 28 Rn. 34.
73 *Hartmann* in: Haft/v. Schlieffen, 3. Aufl., § 28 Rn. 34.
74 Hierzu *Beck*, S. 208 f.; *Oldenbruch*, S. 157.
75 Die Begründung zum Regierungsentwurf verweist ausdrücklich auf diese Möglichkeit, BT-Drs. 17/5335, 17; siehe auch *Carl*, ZKM, 177 (178); *Hartmann* in: Haft/v. Schlieffen, 3. Aufl., § 28 Rn. 32 ff.
76 *Beck*, S. 206 f.; *Hartmann* in: Haft/v. Schlieffen, 3. Aufl., § 28 Rn. 29.

oder Schiedsgerichtsverfahrens vereinbart werden.[77] Aufgrund des im Zivilprozess geltenden Dispositionsgrundsatzes und der Verhandlungsmaxime ist die Wirksamkeit entsprechender Prozessverträge im Grundsatz zwar allgemein anerkannt, in ihrer Reichweite jedoch nicht unumstritten.[78] Ein abredewidriger Sachvortrag ist dann unbeachtlich, entsprechende Beweisanträge unzulässig.[79] Entsprechende Abreden sollten allerdings berücksichtigen, dass es nicht im Interesse der Parteien sein kann, sämtliche in die Mediation eingeführte Tatsachen für ein anschließendes streitiges Verfahren zu sperren. Sie sollten sich daher nur auf solche von einer Partei zu ihren Ungunsten erstmals eingeführte Tatsachen beziehen, die der Gegenseite ohne das Mediationsverfahren nicht zur Verfügung gestanden hätten.[80]

25   Die Parteien können die gebotene vertragliche Erweiterung des Vertraulichkeitsschutzes auch durch eine Bezugnahme auf Verfahrensordnungen einschlägiger Institutionen[81] erreichen[82] (→ Einl. Rn. 157). Inhaltlich besonders geeignet im Hinblick auf die Vertraulichkeitssicherung erscheint die Regelung in Art. 9 Abs. 2 mit den seit 1.1.2014 geltenden Mediation Rules der Internationalen Handelskammer (ICC).[83] In Betracht kommen aber auch die Regelungen anderer Institutionen, wie zB § 10 DIS-MedO,[84] Art. 9, 10 UNCITRAL Model Law on International Commercial Concilia-

---

77 Ausführlich dazu *Beck*, S. 212 ff.; *Hartmann* in: Haft/v. Schlieffen, 3. Aufl., § 28 Rn. 33; *Wagner* ZKM 2011, 164 (166); *Wagner/Thole* in: Baetge/v.Hein/v.Hinden, S. 915 (938 f.).
78 *Beck*, S. 210 ff., *Eckardt/Dendorfer* MDR 2001, 786 (790 f.); *Eidenmüller*, S. 27 f.; *Hager* in: Schwenzer/Hager, S. 53 (63); *Hartmann* in: Haft/v. Schlieffen, 3. Aufl., § 28 Rn. 39 ff.; *Hofmann* SchiedsVZ 2011, 148 ff.; *Horstmeier*, Rn. 114; *Oldenbruch*, S. 118 ff., 123 ff.; *Schekahn* JR 2013, 53 (56); ausführlich *Wagner*, S. 608 ff., insbes. 620 ff., 640 ff., 683 ff.; *Wagner* NJW 2001, 1398 (1399); *Wagner*, ZKM 2011, 164 (166); *Wagner* in: Fischer/Unberath, S. 89 (100 ff.); *Walz* MittBayNot 2011, 53 (54 f.); Stein/Jonas/*Leipold* ZPO Vor § 128 Rn. 305, § 138 Rn. 51; zu Vortragsbeschränkungen BGHZ 34, 254 (258); zu Beweismittelbeschränkungen BGHZ 38, 254 (258 f.); BGHZ 109, 19 (29); aA zu Vortragsbeschränkungen (prozessualer Geständnisvertrag) Zöller/*Greger* ZPO § 138 Rn. 5; Greger/Unberath/Steffek/*Greger* B. § 4 Rn. 65 f. (nur für Ablauf der Mediation, insbes. dort abgegebene Äußerungen, nicht für dort offenbarte Tatsachen); *Cremer*, S. 111 ff.
79 *Beck*, S. 199, 214; *Eidenmüller*, S. 27; *Hofmann* SchiedsVZ 2011, 148 (149).
80 Siehe *Friedrich* MDR 2004, 481 (485), *Hartmann* in: Haft/v. Schlieffen, 3. Aufl., § 28 Rn. 6, 30, 33; *Hofmann* SchiedsVZ 2011, 148 (151); Oldenbruch, S. 83; *Schekahn* JR 2013, 53 (57 f.); *Wagner* ZKM 2011, 164 (166).
81 Z.B. der Deutschen Institution für Schiedsgerichtsbarkeit (DIS), der Internationalen Handelskammer (ICC), der United Nations Commission on International Trade Law (UNCITRAL) oder der World Intellectual Property Organisation (WIPO).
82 Siehe hierzu *Hofmann* SchiedsVZ 2011, 148 (151); *Wagner* ZKM 2011, 164 (167); *Wagner* NJW 2001, 1398 (1399); *Wagner* in: Fischer/Unberath, S. 89 (103 f.).
83 Die ADR Rules sind seit dem 1.1.2014 durch die ICC Mediation Rules abgelöst werden; die ICC Mediation Rules sind abrufbar unter www.iccwbo.org (zuletzt abgerufen am 1.3.2017).
84 Abrufbar unter www.dis-arb.de (zuletzt abgerufen am 1.3.2017). Die DIS-MedO verzichtet allerdings auf einen ausdrücklichen Ausschluss in der Mediation offenbarter Informationen in einem Gerichts- oder Schiedsgerichtsverfahren und statuiert eine Verschwiegenheitspflicht „gegenüber jedermann"; kritisch in Bezug auf die Weite dieser Klausel *Horstmeier*, Rn. 111.

tion, Art. 20 UNCITRAL Conciliation Rules[85] oder Art. 15, 17 WIPO Mediation Rules.[86]

Eine Vertraulichkeitsvereinbarung könnte daher lauten:

Die Parteien verpflichten sich, über den Inhalt und Ablauf des Mediationsverfahrens Verschwiegenheit zu wahren und in einem nachfolgenden Gerichts- oder Schiedsgerichtsverfahren auf den Vortrag oder die Vorlage von Erklärungen, Äußerungen oder Dokumenten zu verzichten, die von der anderen Partei oder dem Mediator oder von einem in die Mediation einbezogenen Dritten in das Mediationsverfahren eingebracht werden.

Dies gilt nicht, wenn die an der Offenlegung interessierte Partei auch ohne das Mediationsverfahren hierzu in der Lage gewesen wäre.

Im Einzelfall kann zudem die Vereinbarung einer **Vertragsstrafe** für den Fall einer Verletzung der vertraglichen Vertraulichkeitspflicht in Betracht kommen.[87] Dies ist dann der Fall, wenn abzusehen ist, dass sich Berechnung oder Nachweis eines durch Verstoß gegen die Vertraulichkeitsvereinbarung verursachten Schadens schwierig gestalten können oder möglicherweise nur unter Offenlegung von als vertraulich gewünschten Informationen erfolgen könnte. **26**

Ein lückenloser Vertraulichkeitsschutz lässt sich jedoch vertraglich insbesondere aus den nachfolgend genannten Gründen[88] nicht gewährleisten. Den Parteien ist daher auch bei entsprechenden Vertraulichkeitsabreden unter Abwägung der persönlichen Interessen immer auch ein gesundes Maß an Vorsicht bei der Offenlegung von als sensibel eingeschätzten Informationen zu empfehlen.[89] Ein Lösungsweg kann sich in diesen Fällen innerhalb des Mediationsverfahrens durch vertrauliche Einzelgespräche (Caucus) nach § 2 Abs. 3 S. 3 ergeben. **27**

Zum einen wirken entsprechende Vereinbarungen nur **inter partes**, gelten also nicht gegenüber Dritten (zB Sachverständige; → MediationsG § 2 Rn. 158).[90] Diese müssen daher gesondert vertraglich zur Vertraulichkeit verpflichtet werden. **28**

Zudem besteht das Problem des **Spurenansatzes**: Die Parteien wollen in ihrer Vereinbarung im Regelfall Informationen nicht allein deshalb der Vertraulichkeit unterwerfen, weil die Informationen in der Mediation angesprochen wurden. Erfasst werden sollen nur diejenigen Informationen, die die andere Partei durch die Offenlegung erstmals und ausschließlich durch das Mediationsverfahren zu ihren Gunsten erlangt hat, die ihr also ohne die Mediation nicht zur Verfügung gestanden hätten.[91] Unterliegen **29**

---

85 Beide Texte abrufbar unter www.uncitral.org (zuletzt abgerufen am 1.3.2017).
86 Abrufbar unter www.wipo.int (zuletzt abgerufen am 1.3.2017).
87 *Beck*, S. 209; *Eckardt/Dendorfer* MDR 2001, 791 (792); *Eidenmüller*, S. 29; *Friedrich* MDR 2004, 481 (485); *Hartmann* in: Haft/v. Schlieffen, 3. Aufl., § 28 Rn. 37; *Oldenbruch*, S. 153 f.
88 Zu den Grenzen der Vertraulichkeitssicherung durch Prozessverträge zB *Hofmann* SchiedsVZ 2011, 148 ff.; Greger/Unberath/Steffek/*Greger* B. § 4, Rn. 62 ff., 69.
89 *Hofmann* SchiedsVZ 2011, 148 (152).
90 Hierzu *Beck*, S. 214; *Hartmann* in: Haft/v. Schlieffen, 3. Aufl., § 28 Rn. 34.
91 *Hofmann* SchiedsVZ 2011, 148 (151); *Hartmann* in: Haft/v. Schlieffen, 3. Aufl., § 28 Rn. 6, 30 33; *Walz* MittBayNot 2001, 53 (55).

jedoch unabhängig von der Mediation erlangte oder erlangbare Informationen nicht der Vertraulichkeitspflicht, so kann die an der Verwertung vertraglich gesperrter Information interessierte Partei deren Offenlegung in der Mediation zum Anlass für weitere eigene Ermittlungen nehmen, um eine vertraglich nicht gesperrte Alternativquelle zu finden. Im Erfolgsfalle wären die so gewonnenen Informationen dann verwertbar.[92]

30 Ebenfalls von der Vertraulichkeitsabrede unberührt bleiben gesetzliche oder vertragliche **Auskunftsansprüche** zwischen den Parteien oder eines Dritten gegenüber einer Partei.[93] Gesetzliche Auskunftsansprüche können sich beispielsweise aus dem Familienrecht (zB §§ 1379, 1580, 1605 BGB), aus den gesellschaftsrechtlichen Auskunfts- und Kontrollrechten (zB §§ 118, 166 HBG, 131 AktG, 51 a GmbHG) oder aus dem Erbrecht (zB §§ 2012, 2027, 2057, 2314 BGB) ergeben.

31 Ferner ist noch nicht abschließend geklärt, ob trotz einer prozessvertraglichen Beweismittelbeschränkung eine **Beweiserhebung von Amts wegen** durch das Gericht nach §§ 142 ff., 273 Abs. 2 Nr. 1, 4 ZPO möglich bleibt.[94]

32 Schließlich finden vertragliche Vertraulichkeitsvereinbarungen ihre **Grenzen in der Dispositionsbefugnis der Parteien**, so dass entsprechende Vereinbarungen im Verwaltungs- und Strafprozess aufgrund des dort geltenden Untersuchungsgrundsatzes (§ 86 Abs. 1 VwGO) bzw. Amtsermittlungsgrundsatzes (§ 244 Abs. 2 StPO) unbeachtlich sind.[95]

33 **c) Abweichende gesetzliche Regelung.** Die Verschwiegenheitspflicht steht nach § 4 S. 1 unter dem **Vorbehalt abweichender gesetzlicher Regelungen.** Die Begründung zum Gesetzentwurf der Bundesregierung hatte sich hierbei insbesondere auf die gerichtsinterne Mediation und die den Richtermediator als Amtsträger treffenden besonderen Anzeigepflichten bezogen.[96] Obwohl im weiteren Gesetzgebungsverfahren die gerichtsinterne Mediation in ein Güterichtermodell überführt wurde, behält diese Einschränkung gleichwohl ihre Bedeutung, da das Gesetz darüber hinaus weitere Anzeigepflichten kennt. In Betracht kommt hier beispielsweise die jedermann treffende Pflicht zur Anzeige der in § 138 StGB enthaltenen Katalogstraftaten (mit der Möglichkeit der Straffreiheit nach § 139 Abs. 3 S. 2 StGB), ferner etwa im Rahmen der Zwangsvollstreckung bestehende Auskunftspflichten, zB nach § 836 Abs. 2 ZPO oder nach § 840 ZPO oder im Falle der Verpflichtung des Mediators zur Abgabe der eidesstattlichen Versicherung gem. § 807 ZPO.

34 Hierzu wird man auch die Fälle zählen müssen, in denen eine Verschwiegenheitspflicht aus dem Grundgedanken des rechtfertigenden Notstandes

---

92 *Hoffmann* SchiedsVZ 2011, 148 (151); aA *Nelle/Hacke* ZKM 2002, 257 (261).
93 *Hartmann* in: Haft/v. Schlieffen, 3. Aufl., § 28 Rn. 36; *Hofmann* SchiedsVZ 2011, 148 (151); *Mähler/Mähler* ZKM 2001, 4 (6 f.); ausführlich *Oldenbruch*, S. 84 ff.
94 Bejahend zB Stein/Jonas/*Leipold* ZPO § 286 Rn. 133; verneinend zB *Hartmann* in: Haft/v. Schlieffen, 3. Aufl., § 28 Rn. 41; *Friedrich* MDR 2004, 481 (485); differenzierend *Oldenbruch*, S. 131 ff.
95 Siehe hierzu *Hartmann* in: Haft/v. Schlieffen, 3. Aufl., § 28 Rn. 43 ff.; *Hofmann* SchiedsVZ 2011, 148 (152); zum Verwaltungsprozess ebenfalls *Wagner* NJW 2001, 1398 (1400).
96 RegE BT-Drs. 17/5335, 17.

(§ 34 StGB, § 128 BGB) und nach dem Grundsatz der Wahrnehmung berechtigter Interessen (§ 193 StGB) ihre Grenze findet,[97] insbesondere dort, wo die Verteidigung in eigener Sache die Offenbarung beruflich erlangten Wissens rechtfertigt.[98] Dies gilt beispielsweise bei der Verfolgung eigener Vergütungsforderungen oder zur eigenen Verteidigung in Schadensersatzklagen oder im Strafprozess, freilich nur im jeweils gebotenen Umfang.

2. Umfang der Verschwiegenheitspflicht (Satz 2). Die Verschwiegenheitspflicht bezieht sich **auf alles**, was dem Mediator oder seinen Hilfspersonen in Ausübung ihrer Tätigkeit bekannt geworden ist. Die Gesetzesfassung entspricht beinahe wörtlich dem Gegenstand der anwaltlichen Verschwiegenheitspflicht in § 43 a Abs. 2 S. 2 BRAO mit dem Unterschied, dass sich die Kenntniserlangung in § 4 S. 2 auf die „Tätigkeit" und nicht, wie in § 43 a BRAO, auf den „Beruf" bezieht. Dies ist angesichts des Verzichts des Gesetzgebers zur Regelung eines Berufsbilds[99] folgerichtig. Umgekehrt ist jedoch die Bezugnahme auf die „Tätigkeit" insoweit enger, als hierunter nur die eigentliche Mediatorentätigkeit bzw. die Durchführung des Mediationsverfahrens verstanden werden kann mit der Folge, dass im Vorfeld der Mediation erlangte Informationen, wie beispielsweise die bloße Mediationsanfrage oder der Inhalt eines informatorischen Vorgesprächs von der Verschwiegenheitspflicht nicht erfasst wären. Nach Sinn und Zweck wird man hier jedoch auch im Vorfeld im Zusammenhang mit der Mediation erlangte Informationen einbeziehen müssen.[100]   35

Die Vorschrift verlangt, dass die betreffenden Informationen **in Ausübung der Tätigkeit erlangt** wurden. Es bedarf also einer tätigkeitsbedingten Kenntniserlangung, dh eines Zusammenhangs zwischen der Kenntniserlangung und der Tätigkeit als Mediator oder dessen Hilfspersonen. Hierzu zählen auch der Umstand der Durchführung des Mediationsverfahrens selbst[101] sowie die Namen der Parteien und der nach § 2 Abs. 4 einbezogenen Dritten, so dass auch diese Informationen unter die Verschwiegenheitspflicht fallen. Im Zusammenhang mit dem Mediationsverfahren erworben ist auch Zufallswissen, sofern dessen Erlangung gerade durch die Tätigkeit als Mediator oder dessen Hilfsperson ermöglicht wurde, etwa bei einem zufällig im Rahmen einer kurzen Unterbrechung des Verfahrens mitgehörten Gesprächs der Parteien. Hiervon zu unterscheiden sind Informationen, die dem Mediator oder dessen Hilfspersonen nicht in Bezug auf die Mediation, sondern nur anlässlich ihrer Tätigkeit zur Kenntnis gelangen, wie etwa Verhältnisse nicht beteiligter Dritter.[102]   36

---

97 Ausführlich *Beck*, S. 144 ff.
98 Für Rechtsanwälte siehe Henssler/Prütting/*Henssler* BRAO § 43 a Rn. 101 ff.; BVerfGE 110, 226 (259) = NJW 2004, 1305 (1309).
99 RegE BT-Drs. 17/5335, 14.
100 Klarer noch Art. 7 Abs. 1 der Mediations-RL, der Informationen einbezieht, „die sich aus einem Mediationsverfahren *oder im Zusammenhang mit einem solchen* ergeben", ABl. L 136 vom 24.5.2008, 7; ebenso im Übrigen der Europäische Verhaltenskodex für Mediatoren (European Code of Conduct for Mediators) in Nr. 4, ZKM 2004, 148.
101 So ausdrücklich Nr. 4 des Europäischen Verhaltenskodex für Mediatoren, ZKM 2004, 148, oder unter http://ec.europa.eu/civiljustice/adr/adr_ec_code_conduct_d e.pdf (zuletzt abgerufen am 1.3.2017).
102 Greger/Unberath/Steffek/*Greger* B. § 4 Rn. 10.

37 3. **Ausnahmen von der Verschwiegenheitspflicht (Satz 3). a) Umsetzung und Vollstreckung (Satz 3 Nr. 1).** Die Ausnahmeregelung des § 4 S. 3 Nr. 1 ist dem Wortlaut des Art. 7 Abs. 1 lit. b) der Med-RiLi entnommen. Die Verschwiegenheitspflicht findet demnach ihre Grenze dann, wenn die Offenlegung des Inhalts der im Mediationsverfahren erzielten Vereinbarung zur Umsetzung oder Vollstreckung dieser Vereinbarung erforderlich ist. Hiermit soll Bedürfnissen der Vollstreckung der Mediationsvereinbarung Rechnung getragen werden.[103] Nach dem Wortlaut bezieht sich die Ausnahme von der Verschwiegenheitspflicht nur auf den „Inhalt der im Mediationsverfahren erzielten Vereinbarung", mithin auf die das Mediationsverfahren abschließende Vereinbarung als solche. Die Regelung ist als Ausnahme von der Verschwiegenheitspflicht **eng auszulegen**. Nicht erfasst sind somit beispielsweise im Rahmen einer Auslegung der Abschlussvereinbarung möglicherweise bedeutsame und innerhalb der Mediation offengelegte Beweggründe der Parteien. Wollen die Parteien hier Klarheit schaffen, besteht nur die Möglichkeit zu einer gemeinsamen Entbindung des Mediators von der Verschwiegenheitspflicht.

38 b) **Ordre public (Satz 3 Nr. 2).** Die Ausnahmeregelung des § 4 S. 3 Nr. 2 ist enger gefasst als die Vorgabe in Art. 7 Abs. 1 lit. a) der Med-RiLi. Die Verschwiegenheitspflicht findet demnach ihre Grenze dort, wo vorrangige Gründe der öffentlichen Ordnung (ordre public) eine Offenlegung gebieten. Der Gesichtspunkt des ordre public ist dann berührt, wenn eine Unterlassung der Offenlegung zu Ergebnissen führen würde, die mit den Grundwerten der deutschen Rechtsordnung nicht zu vereinbaren wären.[104]

39 Die in § 4 S. 3 Nr. 2 genannten Fallgruppen sind **lediglich beispielhaft** („insbesondere") aufgeführt.[105] Die Verpflichtung zur Verschwiegenheit entfällt demnach beispielsweise dann, wenn in der Mediation eine Kindeswohlgefährdung zutage tritt, die sich nur durch Offenlegung, beispielsweise gegenüber dem Jugendamt oder der Polizei, abwenden lässt. Da der Mediator, anders als die Familiengerichte, nicht in erster Linie dem Kindeswohl, sondern den Parteien verpflichtet ist, ist die Eingriffsschwelle hier enger als nach § 1666 BGB.[106] Eine weitere Ausnahme von der Verschwiegenheitspflicht besteht im Falle einer schwerwiegenden Beeinträchtigung der physischen oder psychischen Integrität einer Person. Gemeint sind hier zum Beispiel Fälle der Misshandlung der anderen Mediationspartei.[107] Eine Ausnahme von der Verschwiegenheitspflicht kann darüber hinaus beispielsweise auch dann in Betracht kommen, wenn Berufsgeheimnisträger im Sinne des § 203 StGB bei gewichtigen Anhaltspunkten für die Gefährdung eines Kindes oder eines Jugendlichen gesetzlich zur Offenlegung befugt sind.[108]

40 Zusätzliche Voraussetzung für eine Offenlegung aus Gründen der öffentlichen Ordnung (ordre public) und damit für eine Ausnahme von der Ver-

---

103 RegE BT-Drs. 17/5335, 17.
104 RegE BT-Drs. 17/5335, 17.
105 RegE BT-Drs. 17/5335, 17.
106 RegE BT-Drs. 17/5335, 17.
107 RegE BT-Drs. 17/5335, 17.
108 RegE BT-Drs. 17/5335, 17.

schwiegenheitspflicht nach § 4 S. 3 Nr. 2 ist, dass die Offenlegung der im Zusammenhang mit der Mediation zutage getretenen Tatsachen **geboten** ist. Dies ist nur dann der Fall, wenn sich die jeweilige Beeinträchtigung auf andere Weise als durch die Offenbarung nicht abwenden lässt. Hierbei ist nach der Gesetzesbegründung auch einzubeziehen, ob die Mediation zu einer effektiven und endgültigen Beendigung des Zustands führt bzw. bei Kindeswohlgefährdung die Eltern nach Hinweis auf die Gefährdungslage bereit oder in der Lage sind, diese zu beseitigen.[109]

c) Offenkundiges und Bedeutungsloses (Satz 3 Nr. 3). Nach § 4 S. 3 Nr. 3 **41** unterliegen offenkundige Tatsachen und solche, die ihrer Bedeutung nach keiner Geheimhaltung bedürfen, nicht der Verschwiegenheitspflicht. Die Gesetzesfassung ist beinahe wörtlich der für Rechtsanwälte geltenden Ausnahmeregelung des § 43 a Abs. 2 S. 3 BRAO und der für Beamte geltenden Regelung des § 61 Abs. 1 S. 2 BBG nachgebildet.

Offenkundiges lässt sich nicht mehr offenbaren. Die Offenkundigkeit be- **42** seitigt den Geheimnischarakter einer Tatsache.[110] Offenkundig sind Tatsachen dann, wenn sie entweder regelmäßig jedem verständigen und erfahrenen Menschen bekannt sind oder über die er sich aus allgemein zugänglichen und zuverlässigen Quellen ohne besondere Fachkunde/Fachkenntnisse unterrichten kann.[111] Die Frage der Offenkundigkeit ist daher – im Gegensatz zur Frage der Bedeutungslosigkeit – nur objektiv zu beurteilen. Die Tatsache muss nicht jedem, sondern einem größeren, nicht durch individuelle Beziehungen verbundenen Personenkreis bekannt sein.[112] Der Mediator und dessen Hilfspersonen sollten jedoch mit der Annahme der Offenkundigkeit einer Tatsache zurückhaltend sein; im Zweifel ist Vertraulichkeit zu empfehlen.

Auch **Bedeutungsloses** ist nicht geschützt. Ausgenommen von der Ver- **43** schwiegenheitspflicht sind demnach solche Informationen, die ihrer Bedeutung nach keiner Geheimhaltung bedürfen. Nicht-Geheimhaltungsbedürftiges bedarf keines Schutzes.[113] Hierbei handelt es sich um Bagatelltatsachen.[114] Die Abgrenzung stellt sich allerdings als schwierig dar. Nach dem Sinn und Zweck der Verschwiegenheitspflicht ist hier nicht auf die objektive Geheimhaltungsbedürftigkeit, sondern auf die subjektive Beurteilung der Parteien abzustellen.[115] Im Zweifel sollten sich der Mediator und dessen Hilfspersonen auch hier für die Geheimhaltung/Verschwiegenheit entscheiden.[116] Keinen Bedenken begegnet es, wenn beispielsweise im Rahmen einer Supervision in anonymisierter Form berichtet wird, sofern auch aus sonstigen Umständen keine Rückschlüsse auf die Personen der Parteien gezogen werden können.

---

109 RegE BT-Drs. 17/5335, 17.
110 Feuerich/Weyland/*Träger* BRAO § 43 a Rn. 17; Henssler/Prütting/*Henssler* BRAO § 43 a Rn. 45, 53.
111 Feuerich/Weyland/*Weyland* BRAO § 76 Rn. 11; Henssler/Prütting/*Henssler* BRAO § 43 a Rn. 54.
112 Henssler/Prütting/*Henssler* BRAO § 43 a Rn. 54.
113 Feuerich/Weyland/*Träger* BRAO § 43 a Rn. 17.
114 Henssler/Prütting/*Henssler* BRAO § 43 a Rn. 56.
115 Henssler/Prütting/*Henssler* BRAO § 43 a Rn. 56.
116 Henssler/Prütting/*Henssler* BRAO § 43 a Rn. 56.

44 Eine **Ausnahme von der Verschwiegenheitspflicht** besteht schließlich dann, wie in Art. 7 Med-RiLi noch ausdrücklich enthalten, wenn die am Mediationsverfahren beteiligten Parteien etwas anderes vereinbart haben oder die zur Verschwiegenheit verpflichteten Personen von der Verschwiegenheit entbinden.[117]

45 **4. Informationspflicht (Satz 4).** Nach § 4 S. 4 hat der Mediator die Parteien über den Umfang seiner Verschwiegenheitspflicht zu informieren. Die Gesetzesbegründung[118] geht davon aus, dass dies nur einen geringen Zeitaufwand erfordert. Ausreichend ist demnach eine Information in mündlicher oder in standardisierter Form, wie beispielsweise durch ein Informationsblatt.

§ 5 MediationsG Aus- und Fortbildung des Mediators; zertifizierter Mediator

(1) [1]Der Mediator stellt in eigener Verantwortung durch eine geeignete Ausbildung und eine regelmäßige Fortbildung sicher, dass er über theoretische Kenntnisse sowie praktische Erfahrungen verfügt, um die Parteien in sachkundiger Weise durch die Mediation führen zu können. [2]Eine geeignete Ausbildung soll insbesondere vermitteln:

1. Kenntnisse über Grundlagen der Mediation sowie deren Ablauf und Rahmenbedingungen,
2. Verhandlungs- und Kommunikationstechniken,
3. Konfliktkompetenz,
4. Kenntnisse über das Recht der Mediation sowie über die Rolle des Rechts in der Mediation sowie
5. praktische Übungen, Rollenspiele und Supervision.

(2) Als zertifizierter Mediator darf sich bezeichnen, wer eine Ausbildung zum Mediator abgeschlossen hat, die den Anforderungen der Rechtsverordnung nach § 6 entspricht.

(3) Der zertifizierte Mediator hat sich entsprechend den Anforderungen der Rechtsverordnung nach § 6 fortzubilden.

Literatur:

Bähner/Schwertfeger, Was bringt der „zertifizierte Mediator"?, Wirtschaft + Weiterbildung 2017, 36; *Bastine*, Zu kurz gesprungen, ZKM 2011, 59; *Bauer/Lägler*, Der Schlüssel zur erfolgreichen Fallakquise, Spektrum der Mediation 66/2017, 34; *Belardi*, Supervision. Grundlagen, Techniken, Perspektiven, 2. Aufl. 2005; *Berlin*, Verbraucher-ADR: Freiwilligkeit der Teilnahme und Verbindlichkeit des Ergebnisses im Lichte der AS-Richtlinie, ZKM 2013, 108; *Briem*, Professionelles Konfliktmanagement für innerbetriebliche Konflikte, ZKM 2011, 146; *ders./Klowait*, Der Round Table Mediation & Konfliktmanagement der deutschen Wirtschaft – Wegweiser für einen Paradigmenwechsel im unternehmerischen Konfliktmanagement?, Konfliktdynamik 1/2012, 66; *Bundesministerium der Justiz*, Leitlinien zur Umsetzung der europäischen Mediations-Richtlinie, ZKM 2008, 132; *Bürger*, Möglichkeiten für den Einsatz der Mediation im Arbeitsrecht unter Einbeziehung des Mediationsgesetzes, ZKM 2010, 177; *ders./Erb-Klünemann*, Bi-nationale Mediation bei grenzüberschreitenden Kindschaftskonflikten – Ein

---

117 Henssler/Prütting/*Henssler* BRAO § 43 a Rn. 56.
118 RegE BT-Drs. 17/5335, 13.

Bericht aus Deutschland, ZKM 2011, 116; *Dauner*, Qualität durch Recht – ein Mythos in der Mediation, Mediator, Ausgabe 3/2016, 4; *ders.*, Qualitätssicherung der Mediation im Spannungsfeld von Markt und Regulierung, 2015; *Diop/Steinbrecher*, Ein Mediationsgesetz für Deutschland: Impulse für die Wirtschaftsmediation?, BB 2011, 131; *Duve*, Das Gesetz zur Rettung der gerichtlichen Mediation, ZKM 2012, 108; *Eicher*, Die neue Zertifizierungs- Verordnung, ZKM 2016, 160; *Eidenmüller*, Zertifizierte Mediatoren, NJW-aktuell 46/2016, 15; *ders.*, Editorial ZKM 2013, 71; *ders./Fries*, Entwicklung und Regulierung des deutschen Mediationsmarktes, AnwBl 1/2017, 23; *Ferz/ Salicites* (Hrsg.), Mediation in Betrieben, 2016; *Fest*, (Warum) Will ich MediatorIn werden? Eine Orientierungshilfe, Spektrum der Mediation 66/2017, 14; *Fritz*, Zertifizierung für langjährig praktizierende Mediatoren – Rechtsnebel statt Rechtsklarheit, Die Mediation 2017, Quartal I, 60; ders./Krabbe, (Einzel-)Supervision für zertifizierte Mediatoren, ZKM 2017, 89; ders., Das Gütesiegel "Zertifizierter Mediator", ZKM 2014, 62; *ders./Pielsticker*, Mediationsgesetz, Kommentar, 2013; *Gantz-Rathmann*, Ombudsstelle und Mediation bei der Deutschen Bahn AG, Konfliktdynamik 2/2012, 160; *Geldner*, Neue VO zu Aus- und Fortbildung von zertifizierten Mediatoren, Mediator, Ausgabe 3/2016, 9; *Gläßer/Negele/Schroeter*, Lehrmodul 11: Qualitätssicherung von Mediation, ZKM 2008, 181; *Goltermann/Hagel/Klowait/Levien*, „Das neue Mediationsgesetz" aus Unternehmenssicht – Teil 1, SchiedsVZ 2012, 299, Teil 2, SchiedsVZ 2013, 41; *Gök*, Mediation alla Turca, ZKM 2016, 24; *Graf-Schlicker*, Die EU-Richtlinie zur Mediation, ZKM 2009, 83; *Greger*, Der „zertifizierte Mediator" – Heilsbringer oder Schreckgespenst?, ZKM 2012, 36; *ders.*, Qualitätssicherung der Mediation im internationalen Vergleich, JZ 2011, 229; *ders.*, Auf dem Weg zu einem deutschen Mediationsgesetz, ZKM 2010, 120; *ders.*, Reglementierung der Selbstregulierung, ZRP 2010, 209; *ders*, Die neue Zertifizierungsverordnung für MediatorInnen, Spektrum der Mediation 66/2017, 49; *ders./Unberath/Steffek*, Recht der alternativen Konfliktlösung, Kommentar, 2. Aufl. 2016; *Hayungs*, ADR-Richtlinie und ODR-Verordnung, ZKM 2013, 86; *Händel*, Qualitätssicherung und -förderung im unternehmensinternen Mediatorenpool, ZKM 2017, 64; *Henkel/Göbler*, Mediation im Betrieb, AuA 2014, 703; *Hopt/Steffek* (Hrsg.), Mediation: Rechtstatsachen, Rechtsvergleich, Regelungen, 2008; *Hornung*, Eignung und Auswahl von TeilnehmerInnen für Mediationsausbildungen. Eine Annäherung, Spektrum der Mediation 66/2017, 19; *Horstmeier*, Das neue Mediationsgesetz, 2013; *Hunold*, Konfliktlösung im Betrieb, AuA 2015, 216; *Kirchhoff./ Klowait*, Business Mediation, ADR and Conflict Management in the German Corporate Sector – Status, Development & Outlook", TDM, Vol. 11, issue 6, December 2014; *Klowait*, MediationsG und ZMediatAusbV – Wege und Irrwege im Labyrinth der Qualitätssicherung, ZKM 2017, 94; *ders.*, The Paradigm Shifts: A Guide to the Development of Dispute Resolution in Germany's Corporate Sector, in: Alternatives to the high costs of litigation, Vol. 33 No. 10 November 2015, 147; "Zertifizierter Mediator" – Empfehlenswertes Selbstmarketing oder unzulässige Irreführung?, ZKM 2015, 194; *ders.*, Die Wegbereiter: Der Round Table Mediation & Konfliktmanagement der deutschen Wirtschaft, in: Dispute Resolution, Das Online Magazin, Ausgabe 4/2014, 35; *ders*, Die EU-Studie "Rebooting the Mediation Directive" – Vorbote eines neuen europarechtlichen Mediationsrahmens?, ZKM 2014, 195; *ders.*, „Dispute-Wise Management" – Erfolgsfaktor (auch) für die Energiewirtschaft, Die Wirtschaftsmediation 2/2012, 38; *ders.*, Betriebsinterne Mediation – Erfahrungswerte, in: Best Practice Konflikt(kosten)-Management 2012 – Der wahre Wert der Mediation, Unternehmerschaft Düsseldorf / KPMG (Hrsg.) 2012, S. 36 ff.; *ders.*, Mediationsgesetz und europarechtliche Vorgaben, ZKM 2011, 149; *Korte*, Der Mediationsmarkt – selbst zertifiziert und behördlich unkontrolliert?, ZKM 2017, 8; *Kraft/Schwerdtfeger*, Das Mediationsgesetz, ZKM 2011, 55; *Lehmann,* Mediation zur Konfliktbeilegung: Instrument für die Betriebs- und Tarifvertragsparteien?, BB 2013, 1014; *Leutheusser-Schnarrenberger*, Die Mediations-Richtlinie und deren Implementierung, ZKM 2012, 72; *Markowski*, Streitigkeiten im Betriebsratsgremium, AiB 3/2015, 22; *Metzger*, Das duale Modell der Mediationsausbildung, Spektrum der Mediation 66/2017, 30; *Motz*, "Ein leitendes Gefühl" - auf dem Weg zu professioneller Mediation?, ZKM 2016, 21; *Pasetti*, Wirtschaftsmediation als Dienstleistung von Wirtschaftskanzleien, SchiedsVZ 2015, 134; *Matheis/Hippeli*, Außergerichtliche Mediation und Betriebliches Eingliederungsmanagement, DB 2016, 1134; *Paul*, Das erfreuliche Ende eines langen Gesetzgebungsverfahrens ..., Interview mit Eberhard Carl, ZKM 2012, 132; *ders.*, Mediationsgesetz – Anhörung im Rechtsausschuss des Deutschen Bundestages, ZKM 2011, 119; *Plass-*

mann, „Zertifizierung light" – Verbraucher und Mediatoren in der Zertifizierungsfalle?, AnwBl 1/2017, 26; *ders.*, Die Verordnung zum „zertifizierten Mediator" – „Light" statt „Right", BRAK Magazin 1/2017, 13; *Ponschab*, Die Erde ist eine Scheibe und andere Wahrheiten, ZKM 2014, 125; *ders.*, Stolpersteine aus dem Weg räumen – Im Praxistest: der Entwurf der Zertifizierte-Mediatoren-Ausbildungsverordnung (ZMediat-AusbV), Dispute Resolution Magazine 1/2014, 29; *Proksch*, Konfliktmanagement im Unternehmen, 2. Aufl. 2013; *Prütting*, Mediation und weitere Verfahren konsensualer Streitbeilegung – Regelungsbedarf im Verfahrens- und Berufsrecht?, JZ 2008, 647; *Rafi*, Die neue Rechtsverordnung über Aus- und Fortbildung von zertifizierten Mediatoren (ZMediatAusbV), Spektrum der Mediation 65/2016, 41; *Ropeter* in: Hinrichs, Praxishandbuch Mediationsgesetz, 2014, H. Aus- und Fortbildungsverpflichtung Mediator (§§ 5,6 MediationsG); *Reutter*, Die Achtsamkeit des Mediators, 2017; *ders.*, Der achtsame Mediator, ZKM 2017, 102; *Round Table Mediation & Konfliktmanagement der Deutschen Wirtschaft*, Positionspapier der deutschen Wirtschaft zur Umsetzung der EU-Mediationsrichtlinie, ZKM 2009, 147; *Röthemeyer*, Der zertifizierte Mediator – ein schwieriges Konstrukt von hoher praktischer Bedeutung, Die Mediation 2017, Quartal I, 58; *ders.*, Die Zertifizierung nach der ZMediatAusbV, ZKM 2016, 195; *ders.*, Die Zertifizierungsfiktion, ZKM 2014, 65; *Steffek*, Rechtsvergleichende Erfahrungen für die Regelung der Mediation, RabelsZ 74 (2010), 841; *Steurer*, Die aus- und fortbildungsspezifischen Regelungen des Mediationsgesetzes sowie des Entwurfs der ZMediatAusbV und deren Beitrag zur Förderung der außergerichtlichen Mediation in Deutschland, ZJS 2015, 336; *Sujecki*, Die Europäische Mediationsrichtlinie, EuZW 2010, 7; *Thiesen*, db fairness@work – von der Mobbingberatung zum Konfliktmanagement in der Deutschen Bank, Konfliktdynamik 1/2012, 16; *Thomsen/Krabbe*, Überlegungen zur Supervision für Mediatoren, ZKM 2013, 115; *Tögel/Rohlff*, Mediation: Sicherstellung der Qualität durch eine private Stiftung, ZKM 2011, 108; *dies.*, Die Umsetzung der EU-Mediationsrichtlinie, ZKM 2010, 86; *Trenczek/Berning/Lenz* (Hrsg.), Mediation und Konfliktmanagement, 2013; *Unberath*, Qualität und Flexibilität der Mediation, ZKM 2010, 164; *ders.*, Auf dem Weg zu einer differenzierten Streitkultur – Neue gesetzliche Rahmenbedingungen für die alternative Konfliktlösung, JZ 2010, 975; *van Kaldenkerken*, Supervision – ein Qualitätsfaktor für Aus- und Weiterbildung, Spektrum der Mediation 66/2017, 25; *dies.*, Supervision und Intervision in der Mediation, 2014; *von Rosenstiel*, Mindfulness als Selbstmanagement-Tool für Mediatoren, ZKM 2014, 117; *Wacker*, Zertifizicrungskuchen, Verbände, Autonomie, ZKM 2009, 126; *Wagner*, Das Mediationsgesetz – Ende gut, alles gut?, ZKM 2012, 110; *ders.*, Referentenentwurf eines Mediationsgesetzes, ZKM 2010, 172; *ders.*, Grundstrukturen eines neuen Mediationsgesetzes, RabelsZ 74 (2010), 794; *ders.*, Die Richtlinie über Alternative Streitbeilegung – Law Enforcement statt mediative Konfliktlösung, ZKM 2013, 104; *Wendenburg*, Zum Umgang mit Machtungleichgewichten in der Mediation, KritV 2015, 33; *Wenzel*, Die Verordnung über die Aus- und Fortbildung von zertifizierten Mediatoren, Spektrum der Mediation 66/2017, 46.

I. Entstehungsgeschichte

1   Die Frage der Qualitätssicherung der Mediation gehörte zu den mit Abstand umstrittensten Themenkreisen des Gesetzgebungsverfahrens. Während die Befürworter eines gänzlichen oder zumindest weitgehenden Absehens von regulativen Aus- und Fortbildungsvorgaben für ihre Position ins Feld führten, letztlich werde der Markt regeln, welche Anforderungen aus Sicht der Medianden erforderlich seien, wurde auf der anderen Seite der Skala gefordert, der Gesetzgeber müsse unbedingt mit zwingenden Vorgaben und möglichst umfänglich angeordnetem Aus- und Fortbildungskatalog eingreifen.

1. Gestaltungsmöglichkeiten der Qualitätssicherung – Überblick. Sieht   2
man sich die vorgenannten – wie auch vermittelnde – Positionen systematisierend mit Blick auf die jeweils zugrunde liegende Konzeption der Qualitätssicherung an, so ergibt sich das folgende **Spektrum denkbarer Gestaltungsvarianten:**

Das **Zulassungsmodell** beruht auf einer hoheitlichen Zulassung bzw. Ge-   3
nehmigung der Ausübung der Mediatorentätigkeit.[1] Da es denjenigen Mediatoren, die bestimmte Aus- und Fortbildungsstandards nicht erfüllen, den Zutritt zum Mediationsmarkt generell verwehrt, ist dieser Ansatz der restriktivste.

Das **Anerkennungsmodell** macht die Ausübung der Mediatorentätigkeit   4
zwar nicht von einem staatlichen Zulassungsakt abhängig, stellt aber einen rechtlichen Zusammenhang zwischen der Erfüllung vorgegebener Ausbildungsstandards und der Gewährung bestimmter gesetzlicher Vergünstigungen, Rechte oder Privilegien her – was vielfach mit der Eintragung der auf diese Art „privilegierten Mediatoren" in öffentliche Listen und Verzeichnisse verbunden wird.[2]

Das „Gütesiegelmodell" stellt weder ein Junktim zwischen dem Nachweis   5
von Ausbildungsanforderungen und der „Erlaubnis" zur Ausübung der Mediatorentätigkeit her noch beruht es auf der Koppelung von gesetzlichen Privilegien mit spezifischen Ausbildungsnachweisen. Es eröffnet Mediatoren stattdessen schlicht die Option, nach definierten Voraussetzungen ein Ausbildungszertifikat erlangen und dies in Art eines Gütesiegels werbend für sich einsetzen zu können.[3]

Das Marktmodell ist schließlich die liberalste Konzeption einer Qualitätssi-   6
cherung. Es setzt – unter gänzlichem Verzicht auf gesetzlich definierte Ausbildungsanforderungen – einerseits auf die Eigenverantwortlichkeit der Mediatoren, vor allem aber darauf, dass durch die Anforderungen der Nachfrageseite – letztlich also durch den Markt – vorgegeben wird, welche Erfordernisse im Bereich der Aus- und Fortbildung zu erfüllen sind.

---

1 Das Zulassungsmodell wird in seiner Reinform zB in Australien und Ungarn praktiziert. Einen hohen Grad an Regulierung weist auch das türkische Mediationsgesetz auf. Die Mediatorentätigkeit steht dort nur Juristen offen, die eine Zusatzausbildung mit bestandener schriftlicher und mündlicher Prüfung nachweisen können. Das Zertifikat der Ausbildungsträger berechtigt zum Tätigwerden als Mediator, wobei zusätzlich ein Eintrag in die Fachabteilung für Mediation im Justizministerium vorausgesetzt wird, vgl. *Gök* ZKM 2016, 24 ff.

2 Siehe zB §§ 8 ff. des ZivMediatG Österreich, Bundesgesetz über Mediation in Zivilrechtssachen, StF: BGBl. I Nr. 29/2003 (NR: GP XXII RV 24 AB 47 S. 12. BR: AB 6780 S. 696).

3 Zu den Regelungsmodellen der Mediation in rechtsvergleichender Hinsicht grundlegend *Hopt/Steffek* in: dies., S. 66 ff.

7 2. **Positionierung von Verbänden und Institutionen.** Ohne an dieser Stelle sämtliche **Stellungnahmen von Verbänden, Institutionen und Kammern** erschöpfend und mit ihren jeweiligen Entwicklungstendenzen nachzeichnen zu können, lassen sich die während des Gesetzgebungsverfahrens zum MediationsG vertretenen Positionen im Wesentlichen wie folgt zusammenfassen:

8 Für den Bereich der Wirtschaftsmediation plädierte der **Round Table Mediation & Konfliktmanagement der Deutschen Wirtschaft** („RTMKM") für eine marktgestützte Konzeption der Qualitätssicherung der Mediation. Neben dem Hinweis, dass für die konkrete Auswahl von Wirtschaftsmediatoren aus Unternehmenssicht andere Kriterien – wie Reputation, Erfahrung und Empfehlungsmanagement – ausschlaggebender seien als der bloße Nachweis einer Mindestzahl abgeleisteter Ausbildungsstunden oder erworbener Zertifikate wird diese Haltung vorrangig damit begründet, dass die Einführung eines Zulassungs-, Anerkennungs- oder auch eines Gütesiegelmodells angesichts des hohen Qualitätsstandards der bundesdeutschen Aus- und Fortbildung weder europarechtlich gerechtfertigt noch sachlich erforderlich sei.[4] Mit Blick auf die Europäische Mediationsrichtlinie („Med-RiLi"), deren Umsetzung das MediationsG dient, wurde zudem darauf verwiesen, dass deren Hauptzweck – die Förderung der **grenzüberschreitenden** Mediation in Zivil- und Handelssachen – eher behindert als gefördert würde, wenn durch ein Nebeneinander von „privilegierten" und „sonstigen" Mediatoren ein „Zwei-Klassen-System" entstehe, das gerade bei grenzüberschreitenden Mediationen zu Rechtsunsicherheiten führen könne.

9 Auch der **Deutsche Anwaltverein** begrüßte in seiner Stellungnahme zum Referentenentwurf ausdrücklich, dass „dem Versuch widerstanden wurde, den Zugang zur Dienstleistung der Mediation durch ein Anerkennungs- oder Zulassungssystem abzuschotten".[5] Es sei vollkommen ausreichend, die Aus- und Fortbildung eigenverantwortlich den Mediatoren zu überlassen, zumal in Verbindung mit der Informationspflicht der Mediatoren gegenüber den Parteien sichergestellt sei, dass eine ausreichende Qualitätskontrolle über den Markt erfolge. Inhaltsgleich nahm auch der **Deutsche Steuerberaterverband** („DStV") Stellung.[6]

10 Der **Deutsche Notarverein** äußerte sich in seiner Stellungnahme insoweit neutral, plädierte dafür, die weitere Marktentwicklung im Hinblick auf etwaigen, späteren Regelungsbedarf zunächst abzuwarten und erklärte – wie auch der Deutsche Anwaltverein –, man werde sich gemeinsam mit anderen interessierten Verbänden an der privaten Etablierung von Ausbildungs- und Zertifizierungsstandards beteiligen, um im „Mediationsmarkt" aus Verbrauchersicht möglichst nachvollziehbare Qualitätskriterien zu etablie-

---

4 *Round Table Mediation & Konfliktmanagement der Deutschen Wirtschaft*, Positionspapier der deutschen Wirtschaft zur Umsetzung der EU-Mediationsrichtlinie, ZKM 2009, 147 (148 f.).

5 *Deutscher Anwaltverein*, Stellungnahme zum Referentenentwurf des MediationsG, Nr. 58/2010, S. 8.

6 *Deutscher Steuerberaterverband*, Stellungnahme zum Referentenentwurf des MediationsG, 1.10.2010, Punkt 1.

ren.[7] Ebenfalls erklärte der **Deutsche Richterbund** („DRiB") eine klare Präferenz für ein privates Zertifizierungsmodell.[8] Bei der Festlegung der Zertifizierungsstandards sei jedoch darauf zu achten, dass sich „auf einzelnen Gebieten der Mediation bereits Ausbildungsstrukturen entwickelt haben, die in der Praxis erfolgreich umgesetzt werden – zB die Ausbildung gerichtsinterner Mediatoren in den einzelnen Bundesländern."[9] Es sei deshalb nicht angemessen, davon abweichende Ausbildungsstrukturen, die sich auf einem anderen Gebiet entwickelt haben, kritiklos auf diese Bereiche zu übertragen.

Die **Bundesrechtsanwaltskammer** („BRAK") stellte in ihrer Stellungnahme   **11** zum Referentenentwurf des MediationsG ebenfalls auf privat zu etablierende Zertifizierungsstandards ab, regt hierzu aber an, die vom Bundesarbeitskreis Zertifizierung von Mediatorinnen und Mediatoren („BZM") erarbeiteten Kriterien als Mindeststandards festzuschreiben.[10] Damit wurden die Ergebnisse eines vom Bundesministerium der Justiz („BMJ") im Verlauf des Gesetzgebungsverfahrens initiierten Arbeitskreises in Bezug genommen, dem Vertreter von Verbänden der Mediatoren, der Anwälte und Notare sowie der Hochschulen angehörten, überraschender Weise jedoch keine Nutzer der Mediation wie beispielsweise Unternehmensvertreter. In einer späteren Stellungnahme, die einen konkreten Formulierungsvorschlag für eine Mediationsausbildungsverordnung beinhaltete, sprach sich die BRAK sodann für eine Mindestausbildungsdauer von 90 Zeitstunden im Rahmen einer Zertifizierung aus.[11]

Seine vehemente Kritik am Regierungsentwurf des MediationsG begründe-   **12** te der **Gesamtverband der Deutschen Versicherungswirtschaft eV** („GDV") in seiner Stellungnahme vom 22.2.2011[12] damit, dass nur durch ein einheitliches Gütesiegel mit hohen und verpflichtenden Anforderungen an die Aus- und Fortbildung der Mediatoren die Transparenz für den Verbraucher geschaffen werden könne, die zu einer nachhaltigen Steigerung der Akzeptanz der Mediation erforderlich sei. Ohne derartige Regelungen bestünden „seitens der Versicherungswirtschaft ernsthafte Bedenken an der Weiterentwicklung der Mediation".[13]

Von wenigen Ausnahmen[14] abgesehen setzten sich schließlich die meisten   **13** **Mediationsverbände** für verpflichtende Aus- und Fortbildungsvorgaben für

---

7 *Deutschen Notarverein*, Stellungnahme zum Referentenentwurf des MediationsG vom 30.9.2010, S. 4.
8 *Deutscher Richterbund*, Stellungnahme zur Anhörung im Rechtsausschuss des Deutschen Bundestages zum Entwurf eines Gesetzes zur Förderung der Mediation und anderer Verfahren der außergerichtlichen Konfliktbeilegung, Nr. 11/14 vom 23.5.2011, Ziffer III. 2.
9 Ebenda, Ziffer III. 2.
10 *Bundesrechtsanwaltskammer*, Stellungnahme zum Referentenentwurf des MediationsG, Oktober 2010, Nr. 27/2010, S. 13 f.
11 *Bundesrechtsanwaltskammer*, Formulierungsvorschlag für eine Zertifizierung von Mediatoren im Rahmen des MediationsG, Mai 2011, Nr. 33/2011, S. 3.
12 *Gesamtverband der Deutschen Versicherungswirtschaft eV*, Stellungnahme zum Regierungsentwurf des MediationsG, 22.2.2011, S. 4 ff.
13 *Gesamtverband der Deutschen Versicherungswirtschaft eV*, Stellungnahme zum Regierungsentwurf des MediationsG, 22.2.2011, S. 6.
14 *Centrale für Mediation (CfM)*, Stellungnahme zum Referentenentwurf des MediationsG, Oktober 2010, S. 6.

zertifizierte Mediatoren ein,[15] zumeist verbunden mit der Forderung nach einer hohen Mindestausbildungsdauer.

14 Die – vorstehend nur auszugsweise wiedergegebene – gesetzgebungsbegleitende Diskussion vieler Interessengruppen, Verbände und berufsständischer Institutionen ist über weite Strecken sehr emotional geführt worden. Dabei wurden die zu vermutenden Interessen der Diskutanten nicht durchgängig transparent gemacht. Zwar ist es für sich gesehen durchaus legitim, wenn die Rechtsschutzversicherungswirtschaft Mediation fördern will, um hohe Kosteneinsparungen im Vergleich zur Finanzierung streitiger Gerichtsverfahren zu erzielen, wenn Mediationsverbände und die von ihnen vertretenen Mitgliedsunternehmen daran interessiert sind, dass der lukrative Aus- und Fortbildungsmarkt durch festgeschriebene, möglichst hohe Mindeststundenzahlen der (von ihnen selbst angebotenen) Ausbildung auch zukünftig mindestens ebenso lukrativ bleibt, wenn berufsständische Kammern sich dafür einsetzen, die bis zum Inkrafttreten des MediationsG von ihnen als ausreichend erachteten Ausbildungsumfänge zukünftig nicht (signifikant) überschritten werden oder wenn die Justiz Mediation auch deshalb fördern möchte, um sich angesichts hoher Verfahrenszahlen und begrenzter Ressourcen entlasten zu können. All dies sind keinesfalls verwerfliche Beweggründe – deren Offenlegung aber gerade von Befürwortern der auf transparente Interessenserkundung abzielenden Mediation in stärkerem Maße wünschenswert gewesen wäre.

15 **3. Umsetzung der Qualitätssicherung im Gesetzgebungsverfahren.** Die ersten Verlautbarungen aus dem BMJ[16] – noch vor dem Vorliegen eines ersten Gesetzentwurfes – ließen erkennen, dass neben der möglichen Einführung des Anerkennungs- oder des Gütesiegelmodells auch die Konzeption eines Zulassungsmodells erwogen wurde. All dies spiegelte sich in dem aus dem BMJ stammenden Referentenentwurf eines MediationsG dann allerdings nicht wider. In der Erwartung, dass die maßgeblichen Verbände, Berufsorganisationen und Kammern sich autonom auf ein privates Zertifizierungssystem einigen würden und es infolge dessen keiner weitergehenden gesetzlichen Regelung bedarf,[17] legte das BMJ seinerzeit den nachfolgend wiedergegebenen, deutlich am Marktmodell und an der damaligen berufsrechtlichen Regelung für Rechtsanwälte in § 7a BORA orientierten Entwurf des § 5 vor:

---

15 Exemplarisch sei hier auf die Forderung des Deutschen Forums für Mediation nach einer Mindestausbildungsdauer von 200 Zeitstunden verwiesen, Deutsches Forum für Mediation („DFfM"), Stellungnahme zur Schaffung eines Gütesiegels für Mediatoren vom 22.11.2010, zuletzt abgerufen am 29.6.2013 unter http://www.deutscher-mediationsrat.de/downloads/Zertifizierung-Guetesiegel-Mediatoren-22-11-2010.pdf (inzwischen nicht mehr veröffentlicht). Siehe auch die Stellungnahme der Bundes-Arbeitsgemeinschaft für Familien-Mediation (BAFM) zum Referentenentwurf des MediationsG vom 1.10.2010, S. 3 und 4, abrufbar unter http://www.bafm-mediation.de/wp-content/uploads/image/images/bafm-stellungnahme-zum-e-medg-11010.pdf (zuletzt abgerufen am 5.2.2017).
16 Leitlinien des BMJ zur Umsetzung der europäischen Mediations-Richtlinie, ZKM 2008, 132 ff.; *Graf-Schlicker* ZKM 2009, 86.
17 *Carl* ZKM 2010, 177 (178 f.).

§ 5 Aus- und Fortbildung des Mediators
Der Mediator stellt in eigener Verantwortung durch eine angemessene Aus- und
Fortbildung sicher, dass er die Mediation in sachkundiger Weise durchführen kann.

Erst aufgrund des Widerstandes des Bundesrates und des Rechtsausschus- 16
ses des Bundestages folgte im weiteren Gesetzgebungsverfahren die Hin-
wendung zum **Gütesiegelmodell**, dem die heutigen §§ 5 und 6 entsprechen.
Diese Vorschriften konstituieren ein Nebeneinander des nicht-zertifizierten
und des zertifizierten Mediators mit der Maßgabe, dass für beide Gruppen
von Mediatoren sämtliche gesetzlichen Privilegien (und Pflichten) des MediationsG gelten. Der Erwerb des Zertifikates wird – durch den Anreiz er-
hoffter Wettbewerbsvorteile – zwar gefördert, aber nicht gesetzlich gefordert.

II. Der nicht zertifizierte Mediator nach Abs. 1

§ 5 des MediationsG erhielt durch den Regierungsentwurf[18] zunächst fol- 17
gende Fassung, die dem heutigen § 5 Abs. 1 entspricht:

*„Der Mediator stellt in eigener Verantwortung durch eine geeignete Aus-
bildung und eine regelmäßige Fortbildung sicher, dass er über theoretische
Kenntnisse sowie praktische Erfahrungen verfügt, um die Parteien in sachkundiger Weise durch die Mediation führen zu können."*

Um dem Wunsch des Bundesrates nach einer weiteren Konkretisierung von
§ 5 zu entsprechen und zugleich die entsprechende Beschlussempfehlung
des Rechtsausschusses des Bundestages[19] umzusetzen, wurde das Merkmal
der „Geeignetheit der Ausbildung" durch die Einfügung des heutigen § 5
Abs. 1 S. 2, Nr. 1 bis 5 dahin gehend konkretisiert, dass die Ausbildung insbesondere

■ Kenntnisse über Grundlagen der Mediation sowie deren Ablauf und
    Rahmenbedingungen,
■ Verhandlungs- und Kommunikationstechniken,
■ Konfliktkompetenz,
■ Kenntnisse über das Recht der Mediation sowie über die Rolle des
    Rechts in der Mediation sowie
■ praktische Übungen, Rollenspiele und Supervision vermitteln soll.

1. Geeignete Ausbildung. Wenngleich sich § 5 Abs. 1 einer weiteren Kon- 18
kretisierung der Ausbildungsanforderungen enthält – und insbesondere
auch keinen Mindeststundenumfang einer „geeigneten" Ausbildung festschreibt – folgt sowohl aus dessen S. 1 („**theoretische Kenntnisse und praktische Erfahrungen**") als auch aus der Hervorhebung der in § 5 Abs. 1 S. 2,
Nr. 1 bis 5 genannten Kriterien, dass eine Ausbildung dann nicht als „geeignet" angesehen werden kann, wenn sie nicht sowohl theoretische
Kenntnisse als auch den über praktische Übungen und Rollenspiele hergestellten Praxisbezug vermittelt. Weder eine reine Fernausbildung ohne zu
praktischen Übungen genutzte Präsenzmodule noch eine Ausbildung, die
unter gänzlichem Verzicht auf die Vermittlung theoretischer, wissenschaft-

---

18 BT-Drs. 17/5337, 6.
19 BT-Drs. 17/8058, 18.

licher und konzeptioneller Hintergründe *ausschließlich* nach dem Prinzip „learning by doing" (in Form von Rollenspielen und Übungen) arbeitet, kann daher eine nach § 5 Abs. 1 geeignete Ausbildung vermitteln.[20]

19 Der **Kriterienkatalog der Sollinhalte einer geeigneten Ausbildung** nach § 5 Abs. 1 S. 2, Nr. 1-5 lehnt sich an die vom Rechtsausschuss des Deutschen Bundestages in seiner Beschlussempfehlung vom 1.12.2011[21] unter den Punkten I. bis VII. und IX. genannten Inhalte an, also an die vom **Arbeitskreis „Zertifizierung für Mediatorinnen und Mediatoren"** empfohlenen Inhalte für eine Ausbildung zum zertifizierten Mediator. Ein vollständiger Rückgriff auf diese Empfehlungen scheidet zur Bestimmung der Sollinhalte einer nach § 5 Abs. 1 geeigneten Ausbildung jedoch aus, da dies den gesetzgeberisch intendierten qualitativen Wertungsunterschied zwischen „einfachem" und zertifiziertem Mediator ad absurdum führen würde. In Relation zu den Anforderungen, die ein zukünftig nach § 5 Abs. 2 iVm § 6 zertifizierter Mediator zu erfüllen hat, ist daher im Rahmen von § 5 Abs. 1 hinsichtlich der Intensität der Behandlung der dort genannten Kriterien wie auch in Bezug auf die Ausbildungsdauer deutlich weniger zu fordern.[22]

20 Aus welchen Gründen lediglich die unter Punkt VIII. der Beschlussempfehlung des Rechtsausschusses aufgeführten Kriterien „Persönliche Kompetenz, Haltung und Rollenverständnis" keine explizite Erwähnung im – allerdings auch nicht abschließenden – Katalog der Sollinhalte einer nach § 5 Abs. 1 geeigneten Ausbildung gefunden haben, bleibt im Dunkeln. Eine solide Mediationsausbildung sollte – auch unterhalb der Schwelle zum zertifizierten Mediator – grundsätzlich auf den drei Säulen **„Wissen, Methodik und Haltung"** basieren, wobei eine von Empathie und Verfahrenskompetenz geprägte mediative Grundhaltung ebenso zum Rüstzeug des „guten Mediators" gehört wie seine persönlich-sozialen Kompetenzen und die Fähigkeit zur kritischen und professionellen Selbstreflexion.[23]

21 Hinsichtlich der von § 5 Abs. 1 geforderten **praktischen Erfahrungen** dürfen schon deshalb keine überzogenen Anforderungen gestellt werden, weil Berufsanfänger sonst einem kaum aufzulösenden legislativen Zirkelschluss ausgesetzt wären. Erforderlich – im Rahmen von § 5 Abs. 1 aber auch ausreichend – ist es daher, wenn die Ausbildung selbst die „Praxiserfahrung" vermittelt, nämlich in Gestalt der durch § 5 Abs. 1 S. 2, Nr. 5 zu Recht als ausbildungsessentiell in Bezug genommenen praktischen Übungen und Rollenspiele.[24]

22 Die **Supervision** im Kontext der *Ausbildung* als Kriterium zu benennen, scheint gesetzgebungstechnisch missglückt.[25] Klassischerweise wird unter Supervision im Mediationskontext die fachkundige, berufsbegleitende Unterstützung eines praktizierenden Mediators durch einen – zumeist eigens hierfür qualifizierten – Supervisor verstanden, um zB hinsichtlich konkreter

---

20 Greger/Unberath/Steffek/*Greger* B. § 5 Rn. 4 ff.
21 BT-Drs. 17/8058, 18 ff. zu § 6, vollständig abgedruckt unter Rn. 25 zu § 6.
22 Fritz/Pielsticker/*Fritz* § 5 Rn. 26.
23 Gleichermaßen grundlegend wie instruktiv befasst sich *Reutter* in seiner Arbeit zur Achtsamkeit des Mediators mit Aspekten der Persönlichkeit und der inneren Haltung des Mediators, vgl. *Reutter* 2017 sowie *Reutter* ZKM 2017, 102 ff.
24 So auch Greger/Unberath/Steffek/*Greger* B. § 5 Rn. 6.
25 Greger/Unberath/Steffek/*Greger* B. § 5 Rn. 8.

Fallerfahrungen, zur Selbstreflexion über die eigene Rolle und Haltung oder zur Weiterentwicklung des methodischen Vorgehens eine professionelle Aufarbeitung vorzunehmen. Das Kriterium der „Supervision" dürfte im Kontext der Ausbildung – anders als im Rahmen der Fortbildung und einer Zertifizierung – daher eher untechnisch dahin gehend zu verstehen sein, dass die im Rahmen der Ausbildung praktizierten Übungen und Rollenspiele einer fachkundigen Aufsicht und Anleitung bedürfen und zur Gewährleistung gewünschter Lernerfolge von einem umfassenden, professionellen Feedback begleitet werden. In dieser Konnotation, nämlich im Verständnis als Ausbildungssupervision,[26] trägt das Merkmal der „Supervision" durchaus zur Schärfung der Bestimmung einer „geeigneten Ausbildung" bei, nämlich im Sinne einer Klarstellung, welche Elemente erforderlich sind, um den Erfordernissen der Vermittlung „praktischer Erfahrungen" gerecht zu werden. Spiegelbildlich dazu lässt sich als Ausschlusskriterium definieren, dass praktische Übungen und Rollenspiele ohne die zuvor genannte fachkundige Anleitung und Aufsicht nicht den Kriterien des § 5 Abs. 1 S. 2 genügen.

Verbindliche Vorgaben zum **Mindeststundenumfang** statuiert § 5 Abs. 1 ebenso wenig wie eine anteilige **Gewichtung der Soll-Ausbildungsinhalte** nach § 5 Abs. 1 S. 2. Zur Konkretisierung wird daher ein Rückgriff auf bereits vor Inkrafttreten des MediationsG vorliegende Erfahrungswerte insoweit zulässig sein, als dass jedenfalls solche Ausbildungskonzeptionen, Inhalte und Umfänge als „geeignet" und ausreichend angesehen werden können, die qualitativ und quantitativ schon seinerzeit anerkannten und bewährten Ausbildungen entsprechen. Ein starkes Indiz für eine solche Adäquanz bietet zumindest bei kammergebundenen Berufen die Anerkennung bestimmter Ausbildungsgänge durch die jeweilige berufsständische Vertretung. Am Beispiel der Rechtsanwaltschaft bedeutet dies, dass Anwälte, die eine vor Inkrafttreten des MediationsG von ihrer Rechtsanwaltskammer anerkannte Mediationsausbildung (mit zumeist 90 Zeitstunden Ausbildungsdauer) absolviert haben ebenso die Anforderungen an eine geeignete Ausbildung im Sinne von § 5 Abs. 1 erfüllen wie Anwälte, die eine solche Ausbildung nach Inkrafttreten des MediationsG absolvieren.[27] **23**

Der Umkehrschluss dahin gehend, dass Ausbildungen mit weniger als 90 Zeitstunden Ausbildungsdauer per se nicht im Sinne von § 5 Abs. 1 geeignet sind, ist allerdings nicht zulässig. Allerdings gilt es, **offenkundig unzureichenden Ausbildungen** die Anerkennung im Sinne einer Eignung im Sin- **24**

---

26 Zur Begrifflichkeit der Aus- und Fortbildungssupervision → ZMediatAusbV § 2 Rn. 14 ff. mwN; speziell zur Einzelsupervision für zertifizierte Mediatoren siehe auch *Fritz/Krabbe* ZKM 2017, 89 ff.

27 § 7a BORA wurde mit Wirkung zum 1.5.2013 wie folgt neu gefasst: „Der Rechtsanwalt, der sich als Mediator bezeichnet, hat die Voraussetzungen nach § 5 Abs. 1 Mediationsgesetz im Hinblick auf Aus- und Fortbildung, theoretische Kenntnisse und praktische Erfahrungen zu erfüllen." Dabei wird davon auszugehen sein, dass die bis zum Inkrafttreten des MediationsG verbreitete, 90-stündige Mediationsausbildung sowohl bei Alt- als auch bei Neufällen die Anforderungen auch des neu gefassten § 7a BORA erfüllt. Allerdings sind viele Ausbildungsträger inzwischen dazu übergegangen, mit Blick auf den Mindestausbildungsumfang von 120 Stunden für zertifizierte Mediatoren auch ihre jeweiligen Basisausbildungen auf den Umfang von 120 Zeitstunden anzupassen.

ne von § 5 Abs. 1 zu versagen. Dies ist immer dann der Fall, wenn das in § 5 Abs. 1 S. 1 definierte **Ziel der Ausbildung** – nämlich die Parteien in sachkundiger Weise durch die Mediation führen zu können – ersichtlich nicht erreicht werden kann. Nicht geeignet sind damit Ausbildungen, die bei verständiger Würdigung quantitativ (zB reine, einmalige Wochenendkurse) oder qualitativ den gesetzlichen Anforderungen nicht entsprechen können. Unter qualitativen Aspekten wäre eine Ausbildung insbesondere ungeeignet, wenn sie ausschließlich theoretische Kenntnisse ohne Vermittlung praktischer Erfahrungen vermittelt, wenn sie umgekehrt ausschließlich praktische Erfahrungen in Form von Übungen und Rollenspielen ohne Berücksichtigung theoretischer Hintergründe vermittelt oder zwar beides abdeckt, dies aber in ersichtlich unangemessenem Verhältnis und in dem vorrangigen Bestreben, lediglich den Anschein der Erfüllung rein formaler Anforderungen zu erwecken (Bsp.: 90-stündige Ausbildung, in deren Rahmen für die „Abarbeitung" der in § 5 Abs. 1 S. 2 Nr. 1–4 genannten Kriterien jeweils nur 1–2 Stunden vorgesehen sind).

25 Soweit die Kriterien einer geeigneten Ausbildung erfüllt sind, obliegt die *Wahl* der Ausbildung grundsätzlich der Eigenverantwortung des Mediators. Mit dem **Prinzip der Eigenverantwortung** wird zugleich der europarechtlich zentrale Gedanke einer auf Freiwilligkeit, Eigenverantwortlichkeit und an Verhaltenskodizes ausgerichteten Qualitätssicherung erbrachter Dienstleistungen[28] umgesetzt. Gesetzliche Vorgaben, welche die Sicherstellung der Sachkunde und Kompetenz zur sachgemäßen Durchführung der Mediation sowie die Geeignetheit der Ausbildung dem Verantwortungsbereich des Mediators zuweisen, finden damit auch eine Stütze in den europarechtlichen Regelungen der Mediationsrichtlinie, der Dienstleistungsrichtlinie wie auch im Europäischen Verhaltenskodex für Mediatoren.[29]

26 Die Eigenverantwortung des Mediators bezieht sich auf der Grundlage des MediationsG dabei allerdings ausschließlich auf das „*Wie*" der Ausbildung und nicht auf das „*Ob*". Dies folgt aus § 5 Abs. 1 S. 1, wonach der Mediator eine geeignete Ausbildung sicherzustellen *hat*. Im Falle der Ausübung der Mediatorentätigkeit ohne jegliche oder auch ohne hinreichende Ausbildung sind nicht nur haftungsrechtliche Konsequenzen, sondern auch wettbewerbsrechtliche Folgen denkbar,[30] beispielsweise also der von einem Medianden erhobene Vorwurf der Schlechterfüllung des Mediationsvertrages[31] oder die von einem Konkurrenten ausgehende Anschuldigung des unlauteren Wettbewerbs.

---

28 Vgl. hierzu auch das Dokument der Kommission „Dienstleistungsqualität – Die Rolle Europäischer Verhaltenskodizes", 2007, dort insbes. S. 6, abrufbar unter http://ec.europa.eu/internal_market/services/docs/services-dir/codeconduct/codecon duct_de.pdf (zuletzt abgerufen am 5.2.2017).

29 Hierzu ausführlich *Klowait* ZKM 2011, 149 (153 ff.) sowie *Klowait* ZKM 2017, 94 ff., jeweils mwN.

30 Siehe hierzu auch *Greger* ZKM 2012, 36.

31 Es bleibt abzuwarten, ob die Rechtsprechung es in diesem Fall als anzurechnendes Mitverschulden des geschädigten Medianden ansehen wird, wenn dieser sein Informationsrecht aus § 3 Abs. 5 (Informationsrecht über den fachlichen Hintergrund, die Ausbildung und Mediationserfahrung des Mediators) nicht wahrgenommen hat.

Ein Tätigkeitsverbot droht dem Mediator, der die gesetzten Ausbildungs-   27
anforderungen missachtet, dagegen nicht, da § 5 Abs. 1 nicht als Verbots-
norm konzipiert ist. Infolgedessen ist „Mediator" auch auf Basis des MediationsG **keine geschützte Berufsbezeichnung.** Soweit keine spezifischen
berufsrechtlichen Restriktionen existieren – wie insbesondere für Rechtsanwälte[32] – kann mit Blick auf den „einfachen" Mediator nach § 5 Abs. 1
festgehalten werden, dass sich auch nach Inkrafttreten des MediationsG
grundsätzlich jeder als Mediator bezeichnen darf.[33] Dass dies – ohne eine
geeignete Ausbildung absolviert zu haben – weder sinnvoll noch verantwortlich ist, versteht sich von selbst, ändert aber nichts am Befund des fehlenden gesetzlichen Schutzes der Berufsbezeichnung Mediator.

Da auch der nicht zertifizierte Mediator nach Maßgabe von § **3 Abs. 5** ver-   28
pflichtet ist, die Parteien auf deren Verlangen über seinen fachlichen Hintergrund, seine Ausbildung und seine Erfahrungen auf dem Gebiet der Mediation zu informieren (→ MediationsG § 3 Rn. 41 ff.), sieht das MediationsG durchaus ein „Korrektiv" vor, mittels dessen der hier vorherrschende
liberale Ansatz, die Qualitätssicherung zunächst der Eigenverantwortlichkeit des Mediators und letztlich dem Markt zu überlassen, mit der notwendigen Transparenz für den Verbraucher in Einklang gebracht wird.

Die gesetzgeberische Zurückhaltung gegenüber restriktiveren Ausbildungs-   29
vorgaben für den „einfachen Mediator" nach § 5 Abs. 1 ist zu begrüßen.
Sie erhält die notwendige Flexibilität, Aus- und Fortbildungserfordernisse
individuell dem jeweiligen Bedarf entsprechend zu gestalten, stellt dabei
aber zugleich sicher, dass eine Ausbildung zu absolvieren ist, die den Mediator dazu befähigt, die Parteien in sachkundiger Weise durch die Mediation zu führen.

Dabei zeigt auch die Unternehmenspraxis, dass es keiner darüber hinausge-   30
henden gesetzlichen Vorgaben bedarf, um qualitativ hochwertige Konfliktmanagementverfahren zu organisieren und durchzuführen. Unternehmen,
die zur Lösung unternehmens- oder konzerninterner Konflikte einen sog
internen Mediatorenpool eingerichtet haben, arbeiten mit – zumeist haus-
intern – eigens hierfür ausgebildeten Mediatoren.[34] Wie die Aus- und Fortbildung solcher „Inhouse-Mediatoren" konkret ausgestaltet sein muss, um
den spezifischen Anforderungen im jeweiligen Unternehmenskontext ge-

---

32 So für Rechtsanwälte durch § 7 a BORA aF statuiert: „Als Mediator darf sich be-
    zeichnen, wer durch geeignete Ausbildung nachweisen kann, dass er die Grundsät-
    ze des Mediationsverfahrens beherrscht." § 7 a BORA wurde mit Wirkung zum
    1.5.2013 an § 5 Abs. 1 angepasst und wie folgt neu gefasst: „Der Rechtsanwalt,
    der sich als Mediator bezeichnet, hat die Voraussetzungen nach § 5 Abs. 1 Mediati-
    onsgesetz im Hinblick auf Aus- und Fortbildung, theoretische Kenntnisse und
    praktische Erfahrungen zu erfüllen."

33 Eine zeitliche Einschränkung gilt insoweit allerdings für „gerichtliche Mediato-
    ren", die sich – als Folge der gesetzlichen Überführung der gerichtsinternen Media-
    tion in das Güterichterkonzept – nach Maßgabe der in § 9 normierten Übergangs-
    bestimmung lediglich noch bis zum 1.8.2013 als solche bezeichnen durften.

34 Vgl. *Klowait* ZKM 2008, 171 ff.; *ders.* Die Wirtschaftsmediation 2012, 38 ff. (je-
    weils E.ON betreffend); ferner *Briem* ZKM 2011, 146 ff. (SAP betreffend); *Gantz-
    Rathmann* Konfliktdynamik 2012, 160 ff. sowie *Händel* ZKM 2017, 64 ff. (jeweils
    die Deutsche Bahn betreffend); *Thiesen* Konfliktdynamik 2012, 16 ff. (die Deut-
    sche Bank betreffend).

recht zu werden, weiß niemand besser als die Unternehmen selbst. Zur Qualitätssicherung der innerbetrieblichen Mediation – deren Sicherstellung im unmittelbaren Eigeninteresse der Unternehmen liegt – gehört es deshalb nicht nur, für eine solide Mediations- „Grundausbildung" Sorge zu tragen; darüber hinaus ist sicherzustellen, dass die spezifischen Anforderungen der Wirtschaftsmediation im Allgemeinen wie auch der innerbetrieblichen Mediation im Besonderen abgedeckt werden, dass durchgeführte Mediationen sorgfältig evaluiert und mit Blick auf die Nachhaltigkeit erzielter Konfliktlösungen hinterfragt werden. Im Sinne eines „lernenden Unternehmens" fließen die aus der Mediationspraxis abgeleiteten Erkenntnisse sodann idealerweise in die Fortentwicklung bestehender Konfliktmanagementsysteme ein[35] (zur innerbetrieblichen Mediation → C Rn. 1 ff.).

Die innerbetriebliche Mediation steht dabei letztendlich nur als Beispiel für Mediations- und Konfliktlösungsbereiche, die durch eine zu starre Reglementierung von Ausbildungsvorgaben nicht gefördert, sondern eher gehemmt würden.[36]

31 **2. Fortbildung.** Neben einer geeigneten Ausbildung verpflichtet § 5 Abs. 1 S. 1 den Mediator dazu, sich regelmäßig fortzubilden. Eine Konkretisierung der **Fortbildung** und ihrer **Regelmäßigkeit** nimmt § 5 Abs. 1 indessen nicht vor.

32 Auch die Ausfüllung der Pflicht zur regelmäßigen Fortbildung ist damit der **Eigenverantwortlichkeit des Mediators** zugewiesen; sie steht allerdings nicht in dessen freiem Ermessen. Das Ziel der Fortbildung – wie auch der Ausbildung – ist in § 5 Abs. 1 S. 1 dahin gehend beschrieben, dass der Mediator über theoretische Kenntnisse und praktische Erfahrungen verfügen muss, um die Parteien in sachkundiger Weise durch die Mediation führen zu können. Bezugspunkt der Fortbildungsverpflichtung ist damit ebenfalls der in § 5 Abs. 1 S. 2 Nr. 1–5 beschriebene Katalog der Ausbildungssollinhalte.

33 Wie im Rahmen der Ausbildung lässt sich der Spielraum der Eigenverantwortlichkeit auch für die Fortbildungsverpflichtung nach zwei Seiten hin abgrenzen. Einerseits wird zur Vermeidung von Wertungswidersprüchen zu § 5 Abs. 3 iVm § 6 grundsätzlich weniger an Intensität und Tiefe zu fordern sein als es die Aus- und Fortbildungsverordnung dem zertifizierten Mediator abverlangt. Der in § 3 Abs. 1 der ZMediatAusbV für den zertifizierten Mediator geforderte Fortbildungsumfang von mindestens 40 Zeitstunden innerhalb von vier Jahren kann daher ebenso wenig ohne Abstriche auf den „einfachen" Mediator nach § 5 Abs. 1 übertragen werden wie die aus § 4 Abs. 1 ZMediatAusbV folgende Pflicht, innerhalb von zwei Jahren nach Ausbildungsabschluss vier Einzelsupervisionen im Anschluss

---

35 Angesichts der hohen Erfolgsquoten derartiger Modelle der innerbetrieblichen Mediation ist es zu begrüßen, dass der Gesetzgeber davon Abstand genommen, Einschränkungen der innerbetrieblichen Mediatorentätigkeit vorzusehen, wie sie der Entwurf des – nie in Kraft getretenen – Niedersächsischen Mediations- und Gütestellengesetzes (Nds. MedG) in § 6 Abs. 2 Nr. 6 jedenfalls tendenziell vorsah, siehe Nds. Landtag, Drs. 15/3708 vom 17.4.2007.

36 Im Bereich der privaten Schiedsgerichtsbarkeit fehlen derartige Vorgaben sogar gänzlich, obwohl ihr wirtschaftlich immer noch eine ungleich größere Bedeutung beizumessen ist als der (Wirtschafts-)Mediation.

an durchgeführte Mediationen absolviert zu haben. Auf der anderen Seite verletzt der Mediator seine Fortbildungspflicht, wenn er sich entweder gar nicht fortbildet oder wenn seine Fortbildung bei verständiger Würdigung quantitativ oder qualitativ hinter dem zurück bleibt, was erforderlich ist, um die Parteien in sachkundiger Weise durch die Mediation führen zu können.

Die fehlende Bestimmtheit der Vorgaben zur Fortbildung mag in der Praxis   34
zu Schwierigkeiten der Beurteilung im Einzelfall führen; gesetzgebungstechnisch ist sie jedoch insoweit nachvollziehbar und plausibel, als es zur Bestimmung einer ausreichenden Fortbildung auf interindividuell unterschiedliche Gegebenheiten und Umstände ankommt, die sich einer starren Fixierung in der Tat entziehen. So wird es für den erfahrenen Mediator, der jährlich mehrere Dutzend Praxisfälle erfolgreich als Mediator leitet, durchaus ausreichend sein, ausgewählte Fälle einer Supervision oder Intervision, also einer Beratung und Diskussion im kollegialen Fachkreis, zu unterziehen und sich über die Fortentwicklung theoretischer Befunde durch regelmäßige Lektüre von Fachliteratur a jour zu halten. Auf der anderen Seite bedarf der Mediator, der nach seiner Ausbildung – aus welchen Gründen auch immer – mehrere Jahre lang überhaupt nicht praktiziert hat, einer Auffrischung seiner theoretischen und praktischen Kenntnisse, die auch deutlich über den Umfang der für den zertifizierten Mediator maßgeblichen Vorgaben hinausgehen kann. Maßstab ist hier wie dort die anspruchs- und verantwortungsvolle Aufgabe, Parteien in sachkundiger Weise durch die Mediation führen zu können. Vor diesem Hintergrund ist es bedenklich, dass der Verordnungsgeber zertifizierten Mediatoren diese Flexibilität nicht ermöglicht und stattdessen eine starre Mindestfortbildungsdauer von 40 Stunden innerhalb von vier Jahren vorsieht (→ MediationsG § 6 Rn. 31 ff.).

Auch im Rahmen der Fortbildungsverpflichtung droht dem Mediator, der   35
seine Verpflichtung verletzt, zwar kein Tätigkeitsverbot; die in → Rn. 26 für einen trotz unzureichender Ausbildung praktizierenden Mediator geschilderten Konsequenzen haftungs- oder wettbewerbsrechtlicher Art gelten allerdings auch bei Verstößen gegen die regelmäßige Fortbildungspflicht.

III. Der zertifizierte Mediator nach Abs. 2 iVm § 6

Anders als beim „einfachen Mediator" nach § 5 Abs. 1 genießt die Bezeich-   36
nung „zertifizierter Mediator" – genauer wohl: „nach § 5 Abs. 2 iVm § 6 zertifizierter Mediator" – nunmehr sehr wohl **gesetzlichen Schutz.**

1. Das Recht zur Bezeichnung als zertifizierter Mediator. Solange die   37
Rechtsverordnung nach § 6 noch nicht in Kraft getreten war,[37] entfaltete § 5 Abs. 2 keine Sperrwirkung für die Verwendung der Bezeichnung „zertifizierter Mediator".[38] Als solcher darf sich ausschließlich derjenige bezeichnen, der eine Ausbildung abgeschlossen hat, die den Anforderungen der Rechtsverordnung nach § 6 entspricht. Neben denkbaren zivil- und haf-

---

37 Ausweislich ihres § 8 trat die ZMediatAusbV am 1.9.2017 in Kraft.
38 Fritz/Pielsticker/*Fritz* § 5 Rn. 34; Greger/Unberath/Steffek/*Greger* B. § 5 Rn. 20.

tungsrechtlichen Folgen[39] setzte sich der Mediator, der sich unbefugt als „zertifizierter Mediator" bezeichnet hat, wegen irreführender Werbung in erster Linie wettbewerbsrechtlichen Unterlassungsansprüchen nach § 5 UWG aus.[40]

38   Dies gilt im Übrigen nicht nur für Mediatoren, sondern auch für **Verbände, Institute und weitere Ausbildungsträger**, die eine von Ihnen angebotene Mediationsausbildung vor Inkrafttreten der ZMediatAusbV damit beworben haben, dass diese den Abschluss des „zertifizierten Mediators" vermittelt oder die Voraussetzungen einer Zertifizierung nach dem MediationsG erfüllt. Dies gilt selbst dann, wenn die konkreten Ausbildungscurricula solcher Institute eine umfangreichere oder intensivere Ausbildung vermitteln, als es die ZMediatAusbV vorsieht. Angesichts des eindeutigen Wortlautes von § 5 Abs. 2 ist hier eine rein formale Betrachtungsweise angezeigt, die bis zum Inkrafttreten der Ausbildungsverordnung, also bis zum 1.9.2017, ausnahmslos die Bezeichnung „zertifizierter Mediator" gesperrt hat. Selbst universitären Mediationsausbildungen war es damit – wie anderen Ausbildungsträgern auch – verwehrt, ihre Ausbildungsgänge vor diesem Zeitpunkt damit zu bewerben, dass diese die Qualifikation zum „zertifizierten Mediator" erfüllen.[41]

39   Angesichts der auch vor Inkrafttreten des MediationsG bereits gängigen Praxis vieler Ausbildungsträger, ihren Ausbildungsabsolventen – gelegentlich auch als Zertifikate bezeichnete – Bescheinigungen zum Nachweis der Mediationsausbildung auszuhändigen und den Teilnehmern das Recht zu verleihen, mit einem bestimmten Zusatz speziell diesen Ausbildungsabschluss werbend für sich einsetzen zu dürfen, ist wettbewerbsrechtlich danach zu unterscheiden, ob sich aus dem jeweiligen „Marktauftritt" des Mediators die Gefahr einer irreführenden Werbung konkret ableitet oder nicht.

40   Unproblematisch **zulässig** sind dabei Bezeichnungen wie zB Mediator BAFM,[42] Mediator (DAA)[43] oder Wirtschaftsmediator (CfM),[44] da hier durch den jeweiligen Zusatz lediglich auf die Institution verwiesen wird, in deren Trägerschaft die Mediationsausbildung erfolgte. Ebenso dürfen von Hochschulen und Universitäten für den Abschluss eines dortigen Mediationsstudiums verliehene Diplome und Titel wie beispielsweise der Zusatz M.A. (Master of Arts) oder M.M. (Master of Mediation) geführt werden. Der Vorbehalt des Verbotes irreführender Werbung gilt allerdings auch hier, so dass die Führung einer Abschlussbezeichnung „zertifizierter Mediator" Ausbildungsabsolventen auch dann einstweilen – nämlich bis zum In-

---

39   So wird vertreten, dass ein Vortäuschen der Zertifizierung sowohl die Anfechtbarkeit des Mediatorvertrages gem. §§ 123, 119 Abs. 2 BGB als auch Haftungsansprüche wegen Verschuldens bei Vertragsschluss nach sich ziehen könnte, so in Greger/Unberath/Steffek/*Greger* B. § 5 Rn. 22. Letzteres dürfte indessen nur eingeschränkt der Fall sein, wenn der (nicht zertifizierte) Mediator die Mediation im Übrigen pflicht- und ordnungsgemäß durchführt.
40   Greger/Unberath/Steffek/*Greger* B. § 5 Rn. 23.
41   Ausnahmen sind dann denkbar, wenn die Ausbildung allen Kriterien der ZMediatAusbV entspricht und der Ausbildungsabschluss *nach* dem 1.9.2017 erfolgt.
42   Bundes-Arbeitsgemeinschaft für Familien-Mediation eV.
43   Deutsche Anwaltakademie.
44   Centrale für Mediation.

krafttreten der Verordnung nach § 6 am 1.9.2017 – verwehrt blieb, wenn sie auf einen von der Universität oder Hochschule verliehenen Titel zurückging.[45]

Eindeutig **unzulässig** war es demgegenüber, vor Inkrafttreten der ZMediat- 41
AusbV die pauschalen Bezeichnungen „zertifizierter Mediator", „nach Mediations G zertifizierter Mediator" oder „zertifiziert nach § 5 Abs. 2 MediationsG" etc zu führen. Ebenso dürfte eine irreführende Werbung dann vorliegen, wenn die vorgenannten Bezeichnungen vor Inkrafttreten der Rechtsverordnung nach § 6 zwar nicht generell geführt wurden, aber zB auf Visitenkarten, Flyern, Prospekten oder im Rahmen eines Internetauftrittes Zusätze wie „Zertifizierte Ausbildung entsprechend § 5 Abs. 2 MediationsG" werbend eingesetzt worden sind.

Zweifelhaft kann demgegenüber die Einordnung bestimmter Mischformen 42
sein, also beispielsweise die Bezeichnung „Zertifizierter Mediator (DAA)" oder auch „Mediator (Zertifizierung CfM)[46]". Abgesehen davon, dass derartige „freie Wortschöpfungen" zumeist nicht den expliziten Vorgaben des jeweiligen Ausbildungsträgers entsprechen werden, wird im Übrigen danach zu differenzieren sein, welcher Eindruck sich aus der Verwendung einer derartigen Bezeichnung für den durchschnittlichen Mediationsnachfrager ergibt. Es kommt also nicht darauf an, ob der mit der Mediationsszene vertraute Mediator erkennt, dass trotz der Verwendung des Begriffes „zertifiziert" keine Zertifizierung im Sinne von § 5 Abs. 2 angesprochen ist (was in beiden genannten Beispielsfällen wohl zu bejahen wäre); entscheidend ist vielmehr, ob aus **Verbrauchersicht** die Gefahr einer Irreführung besteht. Dies zugrunde legend begegnen Bezeichnungen, die – wie die beiden eingangs genannten Beispiele – sowohl den Zusatz „zertifiziert" als auch den in Klammern hinzugefügten Ausbildungsträger beinhalten, wettbewerbsrechtlich durchaus Bedenken.

2. Rechtsverordnung nach § 6. Zu den Eckpunkten der ZMediatAusbV 43
gehört neben der Mindeststundenzahl der Ausbildung von 120 Stunden nach der Anlage zur ZMediatAusbV auch der nachfolgend zusammenfassend dargestellte Katalog von Ausbildungsinhalten und ihrer jeweiligen Gewichtung[47] (im Volltext abgedruckt unter → ZMediatAusbV § 2 Rn. 8):

- Einführung und Grundlagen der Mediation (18 Stunden = 15 %)
- Ablauf und Rahmenbedingungen der Mediation (30 Stunden = 25 %)
- Verhandlungstechnik und -kompetenz (12 Stunden = 10 %)
- Gesprächsführung, Kommunikationstechniken (18 Stunden = 15 %)
- Konfliktkompetenz (12 Stunden = 10 %)
- Recht der Mediation (6 Stunden = 5 %)
- Recht in der Mediation (12 Stunden = 10 %)
- Persönliche Kompetenz, Haltung und Rollenverständnis (12 Stunden = 10 %).

---

45 AA Fritz/Pielsticker/*Fritz* § 5 Rn. 34, der die Verwendung universitärer Diplome und Titel offenbar immer für zulässig hält.

46 Diese Variante hielte Fritz für zulässig, siehe Fritz/Pielsticker/*Fritz* § 5 Rn. 35 iVm Fn. 45.

47 Die – hier zusätzlich angegebene – jeweilige prozentuale Gewichtung ist in der Anlage zur ZMediatAusbV nicht explizit aufgeführt.

Wie der vorhergehende Referentenentwurf der Aus- und Fortbildungsverordnung für zertifizierte Mediatoren hat damit nunmehr auch die ZMediatAusbV die bereits in der Gesetzesbegründung genannten Inhalte weitgehend unverändert übernommen.[48]

44 Wenngleich der vorstehende Katalog auf den vom BMJ initiierten **Arbeitskreis „Zertifizierung für Mediatorinnen und Mediatoren"** zurückgeht (→ MediationsG § 6 Rn. 24 f.), wäre das BMJV hieran in der weiteren Umsetzung nicht gebunden gewesen. Gegen eine (unveränderte) Umsetzung wurde ins Feld geführt, dass die dortigen Vorgaben zu detailliert seien und den Ausbildungsinstituten nicht genügend Spielraum ließen, wenn insbesondere die einzelnen Abschnitte hinsichtlich der Stundenzahl und prozentualen Gewichtung verbindlich vorgegeben würden.[49] In der Tat ist es in Ansehung der gerade für den Mediationsbereich charakteristischen Vielfalt der Herkunftsberufe der Mediatoren wenig überzeugend, unisono und ohne jegliche Differenzierung nach individuellem Bedarf und berufsspezifischem Vorkenntnisstand exakt die gleichen Stundenzahlen und prozentualen Gewichtungen für alle vorgesehenen Ausbildungsinhalte starr vorzugeben. So werden zB Angehörige psychosozialer Herkunftsberufe aufgrund ihres Vorkenntnisstandes einen geringeren Ausbildungsbedarf in psychologisch besetzten Themenfeldern und stattdessen größeren Bedarf in der Vermittlung rechtlicher Aspekte haben, während sich dies bei Mediatoren mit juristischen Herkunftsberufen umgekehrt darstellt. Der Vorschlag, eine solche starre Fixierung entweder ganz aufzugeben oder durch eine flexible Generalklausel zu ersetzen, nach welcher die einzelnen Abschnitte der Ausbildung „angemessen zueinander zu gewichten sind",[50] hätte daher in der Tat Unterstützung verdient.

45 **3. Fortbildungsverpflichtung des zertifizierten Mediators, Abs. 3.** Die Pflicht zur Fortbildung trifft sowohl den einfachen Mediator nach § 5 Abs. 1 als auch den zertifizierten Mediator gem. § 5 Abs. 3. Anders als im Rahmen von § 5 Abs. 1 wird die Fortbildung des zertifizierten Mediators jedoch nicht dem Bereich seiner Eigenverantwortlichkeit zugewiesen, sondern durch die Anforderungen der nach § 6 erlassenen ZMediatAusbV bestimmt (→ ZMediatAusbV § 3 Rn. 1 ff.).

46 Da die Pflicht zur Fortbildung unter dem Gesichtspunkt des mit der Zertifizierung angestrebten Gütesiegels unter Qualitätsaspekten einerseits eine gesteigerte Bedeutung hat, § 5 Abs. 2 aber lediglich die Aus- und nicht die Fortbildung des Mediators zu den Voraussetzungen erhebt, von denen die Befugnis, die Bezeichnung zertifizierter Mediator zu führen, abhängig gemacht wird, stellt sich die Frage, welche Konsequenzen ein zertifizierter Mediator zu befürchten hat, der seiner Fortbildungspflicht nach § 5 Abs. 3

---

48 Zur Gesetzesbegründung vgl. BT-Drs. 17/8058, 18 ff.; zum Referentenentwurf der Aus- und Fortbildungsverordnung für zertifizierte Mediatoren vgl. *Klowait* in § 6 Rn. 60 ff. in der Vorauflage dieses Handkommentars.

49 *Eidenmüller* ZKM 2013, 71 sowie § 6 – Rechtsverordnung zu näheren Bestimmungen über die Aus- und Fortbildung zum Zertifizierten Mediator, Offener Brief des Centrums für Verhandlungen und Mediation (CVM), München, vom 10.5.2013 an das BMJ, inzwischen nicht mehr veröffentlicht.

50 Offener Brief des Centrums für Verhandlungen und Mediation (CVM), München, vom 10.5.2013 an das BMJ, S. 3, inzwischen nicht mehr veröffentlicht.

iVm § 6 nicht nachkommt. Mangels expliziter gesetzlicher Regelung dieses Falles schlägt Greger – ausgehend von der Einstufung der Fortbildungspflicht als aus der Führung der Bezeichnung „zertifizierter Mediator" folgenden Obliegenheit – eine teleologische Interpretation dahin gehend vor, die Erfüllung der Fortbildungspflicht als Voraussetzung für das Weiterführen der Bezeichnung „zertifizierter Mediator" zu verstehen.[51] Wenngleich die Fortbildungs*pflicht* eher als solche – also als echte Rechtspflicht – und weniger als bloße Obliegenheit zu verstehen sein dürfte, ist dem mit Blick auf den intendierten Zweck der Zertifizierung insoweit zuzustimmen, als dass eine Verletzung der Fortbildungspflicht aus Sicht des Gesetzgebers jedenfalls nicht sanktionslos bleiben soll.[52] Da aufgrund der Spezifika des Zertifizierungsprocederes gesetzlich aber weder die Möglichkeit des „Entzuges" noch des „Widerrufes" einer erworbenen Befugnis zur Führung der Bezeichnung „zertifizierter Mediator" besteht[53] (→ MediationsG § 6 Rn. 3 und 32), erfolgt die Absicherung der Einhaltung der Fortbildungspflicht des zertifizierten Mediators nur „mittelbar", nämlich durch zu befürchtende Konsequenzen zivil- oder wettbewerbsrechtlicher Art.[54]

§ 6 MediationsG Verordnungsermächtigung

[1]Das Bundesministerium der Justiz und für Verbraucherschutz[1] wird ermächtigt, durch Rechtsverordnung ohne Zustimmung des Bundesrates nähere Bestimmungen über die Ausbildung zum zertifizierten Mediator und über die Fortbildung des zertifizierten Mediators sowie Anforderungen an Aus- und Fortbildungseinrichtungen zu erlassen. [2]In der Rechtsverordnung nach Satz 1 können insbesondere festgelegt werden:

1. nähere Bestimmungen über die Inhalte der Ausbildung, wobei eine Ausbildung zum zertifizierten Mediator die in § 5 Abs. 1 Satz 2 aufgeführten Ausbildungsinhalte zu vermitteln hat, und über die erforderliche Praxiserfahrung;

---

51 Greger/Unberath/Steffek/*Greger* B. § 5 Rn. 28 f.
52 So wird in der Beschlussempfehlung des Rechtsausschusses des Deutschen Bundestages auf Möglichkeiten einer gerichtlichen Überprüfung verwiesen, indem zum Beispiel Konkurrenten wettbewerbs- oder zivilrechtlich gegen den Gebrauch der Bezeichnung „zertifizierter Mediator" vorgehen können, wenn Mediatoren die an sie gestellten Anforderungen nicht erfüllen, BT-Drs. 17/8058, 18 zu § 5.
53 Greger/Unberath/Steffek/*Greger* B. § 5 Rn. 27 und 11 ff.
54 Grundsätzlich sind insoweit haftungsrechtliche Folgen ebenso denkbar wie die Anfechtung des Mediatorvertrages und/oder Unterlassungsansprüche von Wettbewerbern aus dem Gesichtspunkt der irreführenden Werbung, siehe hierzu Rn. 26 und 37. *Korte* hält darüber hinausgehend auch gewerberechtliche Untersagungsverfahren und Auskunftsrechte nach den §§ 29, 35 GewO für zulässig, vgl. *Korte* ZKM 2017, 8 (11 f.). Diese Ansicht berücksichtigt indessen nicht, dass die Ausübung der Mediationstätigkeit berufsrechtlich zum Teil – so für anwaltliche Mediatoren – explizit dem *Recht freier Berufe* unterstellt wird und dass ein unbefugtes Führen der Bezeichnung „zertifizierter Mediator" nicht zwingend zur Annahme der für ein gewerberechtliches Eingreifen erforderlichen Unzuverlässigkeit führen muss.
1 § 6 S. 1 MediationsG wurde durch Art. 135 – Änderung des Mediationsgesetzes – der zehnten Zuständigkeitsanpassungsverordnung vom 31. August 2015 dahingehend geändert, dass das Wort „Justiz" durch „Justiz und für Verbraucherschutz" ersetzt worden ist, BGBl. 2015 I, S. 1474.

2. nähere Bestimmungen über die Inhalte der Fortbildung;
3. Mindeststundenzahlen für die Aus- und Fortbildung;
4. zeitliche Abstände, in denen eine Fortbildung zu erfolgen hat;
5. Anforderungen an die in den Aus- und Fortbildungseinrichtungen eingesetzten Lehrkräfte;
6. Bestimmungen darüber, dass und in welcher Weise eine Aus- und Fortbildungseinrichtung die Teilnahme an einer Aus- und Fortbildungsveranstaltung zu zertifizieren hat;
7. Regelungen über den Abschluss der Ausbildung;
8. Übergangsbestimmungen für Personen, die bereits vor Inkrafttreten dieses Gesetzes als Mediatoren tätig sind.

Literatur:

Siehe Literaturnachweise zu § 5 MediationsG.

I. Rechtliche Einordnung der Zertifizierung

1 Der Ansatz, die Ausbildungsvorgaben für Mediatoren in ein Nebeneinander des einfachen, nicht zertifizierten Mediators nach § 5 Abs. 1 und des – höher qualifizierten – zertifizierten Mediators nach § 5 Abs. 2 iVm § 6 aufzusplitten, hat erst in einem späten Stadium Eingang in das Gesetzgebungsverfahren gefunden (§ MediationsG 5 Rn. 16 und 17). Dies merkt man der Verordnungsermächtigung des § 6 an. Neben einer unscharfen Verwendung des Begriffes der Zertifizierung lässt sie viele Fragen offen – und wirft andere auf.

Nachdem das Bundesministerium für Justiz und Verbraucherschutz („BMJV") – nach vorheriger Anhörung der beteiligten Fachkreise und Verbände – bereits 2014 seinen Referentenentwurf einer Verordnung über die Aus- und Fortbildung von zertifizierten Mediatoren veröffentlicht hatte,[2] hat das BMJV am 21.8.2016 mit Erlass der Verordnung über die Aus- und Fortbildung von zertifizierten Mediatoren („ZMediatAusbV")[3] von seiner Ermächtigung aus § 6 in verbindlicher Weise Gebrauch gemacht. Die ZMediatAusbV ist ausweislich ihres § 8 am 1.9.2017 in Kraft getreten.

---

2 Der Entwurf ist auf der Homepage des BMJV nicht mehr eingestellt, kann aber noch hier abgerufen werden: www.deutscher-mediationsrat.de/downloads/RVO_MedG.pdf (zuletzt abgerufen am 20.2.2017); eine eingehende Kommentierung des Referentenentwurfs findet sich in der Vorauflage dieses Kommentars.
3 BGBl. I 2016, Nr. 42, S. 1994 ff.

1. Qualitätssicherung per Gütesiegel. Auch wenn mit der Statuierung des 2
zertifizierten Mediators das – bis zum Inkrafttreten des MediationsG faktisch geltende – reine Marktmodell (→ MediationsG § 5 Rn. 6) modifiziert
wird, ist der legislative Ansatz der Einführung eines zertifizierten Mediators immer noch liberal geprägt. Das MediationsG *fordert* nicht den Erwerb der Zertifizierung, es *fördert* ihn aber. Die Förderung erfolgt durch
Schaffung marktbezogener Anreize, nämlich durch das Inaussichtstellen
von Wettbewerbsvorteilen für zertifizierte Mediatoren im Verhältnis zu
nicht zertifizierten Mediatoren, genauer: durch die exklusiv den zertifizierten Mediatoren eingeräumte Möglichkeit, ihre Zertifizierung werbend in
Art eines Gütesiegels als Bezeichnung führen zu dürfen. Im Übrigen gelten
alle weiteren Vorschriften des MediationsG ohne Differenzierung für zertifizierte wie für nicht zertifizierte Mediatoren. Durch die Schaffung des
Marktanreizes, eine zertifizierte Ausbildung zu absolvieren, soll zugleich
die Qualität der Mediation gesichert und der Markttransparenz Rechnung
getragen werden.[4] Am treffendsten lässt sich dieser Ansatz wohl mit der
Einordnung als „**Anreizmodell mit starkem Marktcharakter**" beschreiben.[5]

2. Regelungskonzept. Die Bezeichnung „zertifizierter Mediator" sugge- 3
riert, dass dem Mediator eine Auszeichnung (in Form des Zertifikates)
„verliehen" wird, dass ihm diese auch wieder entzogen oder gar komplett
versagt werden kann. Dem ist nicht so. Jeder Mediator, der nachweisen
kann, dass er eine den Anforderungen des § 6 genügende Mediationsausbildung absolviert hat, ist zur Führung der Bezeichnung zertifizierter Mediator berechtigt. Weiterer Rechts- und/oder „Verleihungsakte" bedarf es
hierzu nicht. Der **Begriff der Zertifizierung** ist bezogen auf den Mediator
damit untechnisch zu verstehen, da er nicht – wie bei Verwendung der gleichen Terminologie sonst üblich – ein Verfahren beschreibt, in welchem
eine unabhängige Stelle bestätigt, dass eine Dienstleistung bestimmten Normen oder Standards entspricht.[6]

Nach dem reinen Wortlaut des § 6 bedarf es nicht einmal zwingend einer 4
„Zertifizierung" der die Teilnahmebescheinigung ausstellenden Aus- und
Fortbildungseinrichtung. Derartige Regelungen sind zwar in § 6 S. 2 Nr. 6
angedeutet; wie alle anderen der dort genannten Punkte gehört aber auch
dieser Regelungskomplex zu den Aspekten, die in einer Rechtsverordnung
lediglich fakultativ festgelegt werden **können** – also nicht müssen.[7]

Gleichwohl lässt die **historische Auslegung** des MediationsG erkennen, 5
dass der Gesetzgeber es im Ergebnis nicht dem Mediator selbst überlassen
wollte, die Subsumtion der von ihm absolvierten Ausbildung unter die in
der Rechtsverordnung nach § 6 genannten Voraussetzungen eigenverant-

---

4 BT-Drs. 17/8058, 18.
5 Zu den Regelungsmodellen der Mediation in rechtsvergleichender Hinsicht grundlegend *Hopt/Steffek* in: *dies.*, S. 66 ff.
6 Siehe hierzu auch Greger/Unberath/Steffek/*Greger* B. § 5 Rn. 12 ff.
7 Dies gilt auch in Ansehung von § 6 S. 1, der lediglich pauschal die Festlegung von
  „Anforderungen an Aus- und Fortbildungseinrichtungen" erlaubt.

wortlich vorzunehmen.[8] Dabei ist nicht nur aus der in § 6 S. 2 Nr. 6 bereits grundsätzlich angelegten Möglichkeit der Zertifizierung von Aus- und Fortbildungseinrichtungen auf den Willen des Gesetzgebers schließen, im Ergebnis eine „vorgelagerte Zertifizierung" zu statuieren; aus der Gesetzesbegründung folgt erkennbar der Wille und die Erwartung des Gesetzgebers, dass bzgl. der Zertifizierung auf Basis zuvor erzielten Einvernehmens aller relevanten Interessengruppen ein privatrechtlich verfasstes **Drei-Stufen-Modell** folgenden Inhaltes angestrebt wird: Es wird **erstens** eine privatrechtlich organisierte Stelle geschaffen, die **zweitens** die Aus- und Fortbildungsinstitute nach festgelegten Kriterien zertifiziert, wobei diese ihrerseits **drittens** den Absolventen der bei Ihnen durchgeführten Ausbildung die notwendige Teilnahmebescheinigung ausstellen.[9]

6   Dass es angesichts terminologischer Unschärfen und Ungenauigkeiten bei einer für die Qualitätssicherung der Mediation derart zentralen Regelung bereits des Rückgriffes auf Auslegungskriterien bedarf, um den Willen des Gesetzgebers zu erkunden, mag dem in der Endphase des Gesetzgebungsverfahrens erhöhten Zeit- und politischem Einigungsdruck geschuldet sein; sowohl der angestrebten Rechtsklarheit als auch der gewünschten Rechtssicherheit ist dies jedoch abträglich.[10]

7   Die seitens des Gesetzgebers erwartete privatrechtliche Lösung ist daran gescheitert, das das erhoffte Einvernehmen der maßgeblichen Mediatoren- und Berufsverbände, der berufsständischen Kammern, der Industrie- und Handelskammern sowie anderer gesellschaftlicher Gruppen nicht zustande gekommen ist. Zwar gab es nach Verabschiedung der ZMediatAusbV den Versuch, unter Beteiligung der Bundesrechtsanwaltskammer (BRAK), des Deutschen Industrie- und Handelskammertages (DIHK), des Deutschen Anwaltsvereins (DAV) und der Bundesnotarkammer (BNotK) eine „Gemeinsame Anerkennungsstelle für Mediationsausbildungen" (GAMA) zu gründen; ein solcher Zusammenschluss – der in der Rechtsform einer Stiftung hätte umgesetzt werden sollen – kam auch vor dem Hintergrund rechtlicher Bedenken[11] letztendlich jedoch nicht zustande. Es ist derzeit auch nicht erkennbar, dass die maßgeblichen Verbände und Institutionen

---

8   Missverständlich – und ohne Hinweis auf weitere Voraussetzungen – ist insoweit allerdings die Gesetzesbegründung zur angestrebten Übergangsregelung für Altfälle, siehe BT-Drs. 17/8058, 20 zu § 6: „Ein Mediator, der bereits vor dem Inkrafttreten der Rechtsverordnung eine Ausbildung im Inland oder im Ausland absolviert hat, die den Anforderungen und der Mindeststundenzahl von 120 Stunden nach der Rechtsverordnung entspricht, darf sich mit Inkrafttreten der Rechtsverordnung als zertifizierter Mediator bezeichnen."

9   BT-Drs. 17/8058, 18 zu § 5.

10   So fehlt beispielsweise jedwede Regelung zu der aus Sicht des Gesetzgebers offenbar zentralen Frage, wer die „Zertifizierer zertifiziert", nach welchen Kriterien also die hierfür angedachte „privatrechtliche Stelle" organisiert sein soll, mit welchen Befugnissen sie auszustatten ist, ob und welcher Aufsicht sie unterliegt etc.

11   Eine derartige Stiftung hätte den Markt für Mediationsausbildungen *insgesamt* beeinflusst, was offenbar seitens BRAK und DAV als ihrer anwaltlichen Klientel verpflichtete Institutionen für rechtlich problematisch erachtet worden ist.

einen solchen Ansatz aktiv weiterverfolgen.[12] Andererseits fehlt in § 6 auch eine Regelung, die es erlauben würde, einer staatlichen Stelle entsprechende Befugnisse zur Zertifizierung von Aus- und Fortbildungseinrichtungen zu übertragen. Eine solche Ermächtigung ist in § 6 S. 1 nicht enthalten.[13] Ausdrücklich bezieht sich diese nämlich lediglich darauf, „nähere Bestimmungen über die Ausbildung zum zertifizierten Mediator und über die Fortbildung des zertifizierten Mediators sowie Anforderungen an Aus- und Fortbildungseinrichtungen zu erlassen". Nach Maßgabe von **Art. 80 Abs. 1 GG**, der die Voraussetzungen und Grenzen für die Übertragung rechtsetzender Gewalt von der Legislative auf die Exekutive definiert, müssen **Inhalt, Zweck und Ausmaß** der – hier dem BMJV erteilten – Ermächtigung im Gesetz selbst hinreichend bestimmt sein, wobei die notwendige Konkretisierung des gesetzgeberischen Willens mindestens voraussetzt, dass dieser sich im Wege der Auslegung, insbesondere unter Rückgriff auf die Entstehungsgeschichte und Gesetzesbegründung, eindeutig ermitteln lässt.[14] Spiegelt man die Gesetzesbegründung an diesen Erfordernissen, ergibt sich der Befund, dass zwar einzelne Regelungsbereiche der Verordnung, wie etwa die vorgesehenen Ausbildungsinhalte, die prozentuale Gewichtung einzelner Ausbildungsabschnitte und die Mindeststundendauer, sehr ausführlich und bereits auffallend detailliert skizziert worden sind, dass der Gesetzgeber sich zu zentralen Fragen der – im Wortlaut der Verordnungsermächtigung gar nicht erwähnten – „privaten Stelle" aber nur sehr vage verhält und die Einrichtung einer staatlichen Stelle schon nach eigenem Bekunden als nicht von § 6 in seiner jetzigen Form abgedeckt sieht.[15] Dass die Verordnungsermächtigung nach § 6 die Einrichtung einer staatlichen Zertifizierungsbehörde nicht abdeckt, folgt schließlich auch aus dem Fehlen einer Ermächtigung zum Erlass behördlicher Vollzugsregelungen.[16]

Auch im Wege einer – theoretisch denkbaren – weiten Auslegung des **Begriffes der Aus- und Fortbildungseinrichtungen** kommt man vorliegend nicht zu dem Ergebnis, dass die gesetzliche Ermächtigung zum Erlass bestimmter Anforderungen an diese Einrichtungen zugleich auch die Statuierung einer staatlichen Zertifizierungsstelle abdeckt. Aus § 6 S. 2, Nr. 5 und 6 folgt, dass der Gesetzgeber den Begriff der „Aus- und Fortbildungseinrichtungen" ausschließlich auf die Institute und Ausbildungsträger be-

8

---

12 Laut einer Mitteilung des Bundesverbandes Mediation vom 12.6.2017 haben die fünf bundesweit aufgestellten Mediationsverbände allerdings Planungen aufgenommen, selbst eine Qualitätssicherungsinitiative zu starten und hierfür eine von der Deutschen Akkreditierungsstelle anerkannte Zertifizierungsstelle zu schaffen. Bis zum Redaktionsschluss dieser Auflage war indessen nicht absehbar, ob und wie sich ein derartiger Ansatz etabliert.

13 AA *Greger*, der dies bereits durch § 6 S. 1 abgedeckt sieht, Greger/Unberath/Steffek/*Greger* B. § 5 Rn. 17.

14 BVerfGE 19, 354 (362); 38, 348 (358).

15 BT-Drs. 17/8058, 20 zu § 5, wonach „ … eine entsprechende *Ergänzung* der Verordnungsermächtigung nach § 6 zu prüfen ist, wenn eine Einigung auf freiwilliger Basis auf eine Stelle für die Zertifizierung der Ausbildungsträger nicht erfolgt".

16 So Grundmann für das BMJ, Rede der Staatssekretärin des Bundesministeriums der Justiz Dr. Birgit Grundmann zur Eröffnung des ersten gemeinsamen Mediationskongresses am 16.11.2012 in Ludwigsburg, abrufbar unter http://www.mediation-erleben.de/data/_uploaded/image/Rede_Grundmann_Ludwigsburg.pdf (zuletzt abgerufen am 18.2.2017).

zogen hat, welche die Aus- und Fortbildung unmittelbar durchführen[17] – und ihn gerade nicht in dem eingangs beschriebenen, weiten Sinne verstanden wissen wollte. Anderenfalls wäre auch die Selbstbekundung des Gesetzgebers, wonach die Einrichtung einer staatlichen (Zertifizierungs-)Stelle einer Ergänzung von § 6 bedürfte, nicht erklärbar.

9 **3. Europarechtliche Rahmenbedingungen.** Angesichts schwerwiegender **Aspekte verfassungs- und europarechtlicher Art,** die sowohl ein Zulassungs- als auch ein Anerkennungsmodell angreifbar machen würden,[18] ist es im Sinne der Rechtssicherheit des MediationsG allerdings zu begrüßen, dass der Gesetzgeber davon Abstand genommen hat, die Tätigkeit des Mediators als solche von einem staatlichen Zulassungsakt abhängig zu machen oder aber bestimmte gesetzliche Privilegien – wie zB die Existenz von Zeugnisverweigerungsrechten – nur zertifizierten Mediatoren zuzubilligen. Obwohl das MediationsG der Umsetzung einer europarechtlichen Vorgabe – nämlich der Europäischen Mediationsrichtlinie[19] („Med-RiLi") – dient, ist es erstaunlich, dass im Verlauf des Gesetzgebungsverfahrens kaum über den Spielraum und die Grenzen reflektiert wurde, die sich aus übergeordnetem Europäischen Recht ableiten.[20]

10 Zu den **Grenzen europarechtlicher Art** gehört es, dass die Statuierung einer Genehmigungspflicht für die Aufnahme bzw. Ausübung der Mediationstätigkeit sich an den Vorgaben von Art. 9 (1) der Europäischen Dienstleistungsrichtlinie[21] („DLR") messen lassen muss. Zum **Schutz der Niederlassungsfreiheit** statuieren die Art. 9 ff. DLR in Form eines Verbotes mit Erlaubnisvorbehalt strenge Anforderungen hinsichtlich der Frage, ob und unter welchen Voraussetzungen die Aufnahme und Ausübung einer Dienstleistungtätigkeit im Kontext der Niederlassungsfreiheit Genehmigungsregelungen unterworfen werden darf. Die Aufnahme oder Ausübung einer Dienstleistung darf – neben anderen Voraussetzungen – insbesondere nur dann mit einem Genehmigungserfordernis gekoppelt werden, wenn

- die Genehmigungsregelungen durch zwingende Gründe des Allgemeininteresses gerechtfertigt sind, Art. 9 (1)b) DLR und
- das angestrebte Ziel nicht durch ein milderes Mittel erreicht werden kann, insbesondere weil eine nachträgliche Kontrolle zu spät erfolgen würde, um wirksam zu sein, Art. 9 (1) c) DLR.

---

17 Nr. 5 bezieht sich auf Anforderungen, die an die in den Aus- und Fortbildungseinrichtungen eingesetzten Lehrkräfte zu stellen sind und Nr. 6 hat die von der Aus- und Fortbildungseinrichtung auszustellende Teilnahmebestätigung zum Gegenstand.
18 Zu verfassungsrechtlichen Aspekten siehe *Greger* ZKM 2010, 120 (121) sowie *Unberath* JZ 2010, 975 (980); zur europarechtlichen Einordnung *Klowait* ZKM 2011, 149 ff., ferner *Klowait* ZKM 2017, 94 ff.
19 Richtlinie 2008/52/EG des Europäischen Parlaments und des Rates über bestimmte Aspekte der Mediation in Zivil- und Handelssachen v. 21.5.2008; ABl. EU L 136, S. 3 ff.
20 Ohne erkennbare Würdigung des europarechtlichen Hintergrundes ging selbst noch die Stellungnahme des Bundesrates zum Entwurf des Mediationsgesetzes vom 18.3.2011 davon aus, dass zum Schutz der Verbraucher unter anderem auch ein Zulassungs- oder Anerkennungsverfahren in Betracht komme, siehe BR-Drs. 60/11 (Beschluss) vom 18.3.2011, S. 4 zu § 5.
21 Richtlinie 2006/123/EG des Europäischen Parlaments und des Rates über Dienstleistungen im Binnenmarkt v. 12.12.2006, ABl. EU Nr. L 376, 36.

Im Mediationskontext wäre ein derart massiver Eingriff also nur dann zulässig, wenn „**zwingende Gründe des Allgemeininteresses**" vorliegen, die eine Genehmigungspflicht in Form einer staatlichen Zulassung zur Mediation rechtfertigen und wenn ein solcher Eingriff sich als **verhältnismäßig** darstellen würde. Die These einer mangelnden, die schutzwürdigen Interessen der Dienstleistungsempfänger verletzenden Qualität der Mediation in Deutschland, denen nur durch eine staatliche Genehmigungspflicht beizukommen wäre, ginge an der Realität jedoch vorbei.[22] Sie wurde bezeichnenderweise selbst von den Interessengruppen, die sich im Verlauf des Gesetzgebungsverfahrens zum MediationsG für die restriktivsten Ausbildungs- und Zertifizierungsvorgaben eingesetzt haben, nicht vertreten.[23] Angesichts einer Mediationsausbildungslandschaft, in welcher das vor Inkrafttreten des MediationsG geltende, rein marktorientierte Modell gerade wegen des Fehlens einer staatlich verordneten Nivellierung einen lebhaften Wettbewerb zwischen Ausbildungsträgern ermöglicht und dadurch bereits einen insgesamt hohen Qualitätsstandard hat entstehen lassen, wäre die gegenteilige Position auch kaum begründbar.[24] **11**

Auch unterhalb der Eingriffsschwelle eines Zulassungsmodells sind die gesetzgeberischen Spielräume der EU-Mitgliedstaaten umso mehr europarechtlich determiniert, je mehr sie sich vom Marktmodell entfernen. Dies gilt auch für die Einführung eines **Anerkennungsmodells**, welches der Bundesgesetzgeber zu Recht verworfen hat, indem er bzgl. der Rechte und Pflichten des Mediators – wie zB seinem Zeugnisverweigerungsrecht – gerade nicht danach differenziert, ob eine Zertifizierung vorliegt oder nicht. Im Sinne der europarechtlichen Rechtssicherheit ist dies zu begrüßen, da in der Kopplung gesetzlicher Privilegien mit der Erfüllung eines anderweitigen Anreiztatbestandes – wie etwa einer Zertifizierung oder auch der Eintragung in einem Register – eine mittelbare Diskriminierung von Mediatoren aus anderen EU-Mitgliedstaaten und damit ein Verstoß gegen Art. 14 Nr. 1 DLR begründet liegen kann. Nach Art. 14 Nr. 1 DLR darf die Aufnahme oder Ausübung einer Dienstleistungstätigkeit im Kontext des Schutzes der Niederlassungsfreiheit nicht von diskriminierenden Anforderungen abhängig gemacht werden, die direkt oder indirekt auf der Staatsangehörigkeit oder – für Unternehmen – dem satzungsmäßigen Sitz beruhen. Eine solche **12**

---

22 Solche zu behebenden Missstände sehen auch *Eidenmüller/Fries* nicht, siehe *Eidenmüller/Fries* AnwBl 2017, 23 (24).

23 So führte beispielsweise eine 2011 durchgeführte Umfrage den Versicherungsunternehmen des Gesamtverbandes der Deutschen Versicherungswirtschaft (GDV) zu dem Befund, dass die Erfolgsquote durchgeführter Mediationen bei 80 % liege und die Erfahrungen der Rechtsschutzversicherer mit Mediationsverfahren durchweg positiv seien, vgl. Pressemitteilung des GDV vom 18.4.2011, abrufbar unter http://www.gdv.de/2011/04/drei-viertel-aller-rechtsschutzversicherer-setzen-auf-mediation/ (zuletzt abgerufen am 18.2.2017).

24 Da der Genehmigungsbegriff aus Art. 9 DLR extensiv auszulegen ist, umfasst er auch die Verpflichtung zur Eintragung in ein Register, in eine Berufsrolle, in eine Datenbank, die Pflicht zur Mitgliedschaft in einer Berufskammer oder weitere Tatbestände wie beispielsweise Lizenzen, Zulassungen und Konzessionen, vgl. *Klowait* ZKM 2011, 149 (151). Soweit die genannten Voraussetzungen für einen staatlichen Eingriff nicht gegeben sind, begegnet daher zB auch der Ansatz einer verpflichtenden Eintragung in eine „Mediatorenliste", wie vom Österreichischen Zivilmediationsgesetz umgesetzt, den gleichen Bedenken.

diskriminierende Wirkung wäre aber nicht auszuschließen, wenn sich Dienstleistungsempfänger (Medianden) in Deutschland nicht ohne Ansehung der Nationalität des ausgewählten Mediators darauf verlassen könnten, dass sich auch die von einem EU-Ausländer durchgeführte Mediation in gleicher Weise wie bei einem bundesdeutschen Mediator als rechtssicher darstellt – insbesondere also die gesetzlichen Privilegien im Bereich der Vertraulichkeit, der Verjährung und Vollstreckung genießt. Soweit Mediationsanbieter aus anderen Mitgliedstaaten wegen der dann signifikant erhöhten Rechtsunsicherheit ihrer Tätigkeit in Deutschland mit Wettbewerbsnachteilen belastet würden, denen sich bundesdeutsche (zertifizierte) Mediatoren nicht ausgesetzt sähen, läge hierin – vorbehaltlich der Anerkennung ausländischer Abschlüsse als gleichwertig (dazu → ZMediatAusbV § 6 Rn. 1 ff.) – eine zumindest mittelbare **Diskriminierung**. Da gerade bei grenzüberschreitenden Mediationen eine Co-Mediation mit je einem Mediator aus dem jeweiligen Herkunftsland der Konfliktparteien sachgerecht sein kann,[25] wäre es für die Konfliktparteien eine überaus missliche Konsequenz, wenn der bundesdeutsche Mediator nach deutscher Gesetzeslage „privilegiert" wäre, sein ausländischer Kollege jedoch nicht. Im Falle eines sich einer (erfolglosen) Mediation anschließenden Gerichtsverfahrens wäre dann (nur) der deutsche Mediator befugt, sich beispielsweise auf ein Zeugnisverweigerungsrecht zu berufen, sein ausländischer Kollege hingegen nicht. Dies liefe zugleich dem Hauptzweck der Europäischen Mediationsrichtlinie – deren rechtskonformer Umsetzung das MediationsG gerade dienen soll – zuwider, da grenzüberschreitende Mediationen in Zivil- und Handelssachen insoweit nicht gefördert, sondern unter Umständen massiv behindert würden.[26]

13   Diesen Bedenken begegnet das MediationsG nicht. Mit der Statuierung des Nebeneinanders einer marktorientierten Ausbildung für den Mediator nach § 5 Abs. 1, der konkreten Ausgestaltung des Gütesiegelmodells des zertifizierten Mediators nach § 5 Abs. 2 und § 6 und dem Verzicht auf die Einführung eines Anerkennungs- oder gar Zulassungsmodells hat sich der Bundesgesetzgeber jedenfalls den aufgezeigten Angriffspunkten europarechtlicher Art entzogen. Gleichwohl ist die rechtstechnische Ausgestaltung von § 6 insoweit missglückt, als dass die Verordnungsermächtigung weder die Eckpunkte einer privatrechtlich organisierten Zertifizierungsstelle skizziert noch die Einrichtung einer staatlich organisierten Stelle erlaubt (hierzu → Rn. 7).

14   **4. Inkrafttreten der Verordnung.** Die am 21.8.2016 erlassene ZMediatAusbV ist gem. ihres § 8 am 1.9.2017 in Kraft getreten. Um „den maßgeblichen Mediatoren- und Berufsverbänden, den berufsständischen Kammern und den Industrie- und Handelskammern sowie anderen gesellschaftlichen Gruppen im Interesse einer Vergleichbarkeit der Ausbildungen und einer Qualitätssicherung die Möglichkeit (*ergänze: zu geben*), sich auf freiwilli-

---

25 *Round Table Mediation & Konfliktmanagement der Deutschen Wirtschaft* ZKM 2009, 147 (148 f.), analog für den Bereich der grenzüberschreitenden Kindschaftskonflikte *Carl/Erb-Klünemann* ZKM 2011, 116 ff.
26 *Klowait* ZKM 2011, 149 (151 f.).

ger Basis auf eine einheitliche Vorgehensweise zu verständigen ...",[27] war schon in der Gesetzesbegründung vorgesehen, dass die auf § 6 gestützte Rechtsverordnung **nicht vor Ablauf eines Jahres** seit ihrem Erlass in Kraft treten sollte. Angesichts der immer noch sehr heterogenen Interessenlage dieser angesprochenen „gesellschaftlichen Gruppen" und des nach wie vor fehlenden Grundkonsenses der Mediatoren und ihrer Verbände verwundert es nicht, dass sich das gewünschte Einvernehmen der gesellschaftlichen Gruppen auch bislang nicht abzeichnet.[28] Dabei hat auch das BMJV nicht die Chance genutzt, durch eine frühzeitige Veröffentlichung des Planungsstandes zur aktuellen ZMediatAusbV die Sichtweise und Bewertung der maßgeblichen Interessengruppen einzuholen und auf dieser Basis federführend einen moderierten Prozess zu initiieren und zu lenken.[29] Anders als bei der 2014 erfolgten Vorlage des Referentenentwurfs der (damaligen) ZMediatAusbV wurde den beteiligten Fachkreisen und Verbänden im Vorfeld der nunmehr erlassenen Verordnung keine Gelegenheit zur Stellungnahme gegeben. Die Erwartungshaltung des Gesetzgebers, einen Konsens der Mediatoren- und Berufsverbände, der berufsständischen Kammern, der Industrie- und Handelskammern sowie anderer gesellschaftlicher Gruppen herzustellen, hat das BMJV als Verordnungsgeber damit nicht aktiv gefördert.

Unabhängig davon hätte aus guten Gründen auch erwogen werden können, den Erlass einer auf § 6 gestützten Ausbildungsverordnung noch zurückzustellen. Dieser Vorschlag wurde bereits im Rahmen der Anhörung des Rechtsausschusses des Bundestages unterbreitet, um die weitere Entwicklung der bundesdeutschen Mediationslandschaft zunächst durch eine **rechtstatsächliche Untersuchung** zu beobachten und nach drei bis fünf Jahren wissenschaftlich zu evaluieren.[30] Hierfür hätten in der Tat beachtliche praktische wie auch rechtliche Erwägungen gesprochen.[31] So hat die Bundesregierung im Zuge der durch § 8 vorgesehenen **Evaluierung** nach 5-jähriger Geltungsdauer des Mediationsgesetzes dem Bundestag über die Auswirkungen des Mediationsgesetzes auf die Entwicklung der Mediation in Deutschland wie auch über die Situation der Aus- und Fortbildung zu berichten und dies ggf. mit dem Vorschlag gesetzgeberischer Maßnahmen zu verbinden (hierzu → MediationsG § 8 Rn. 16 ff.). Mit dem – zu diesem Zeitpunkt von vielen Beobachtern als überraschend empfundenen – Erlass der ZMediatAusbV am 21.8.2016 wurde die Chance vertan, die Ergebnisse dieser Evaluierung zu berücksichtigen und die ZMediatAusbV an wissenschaftlich fundierten Erkenntnissen über die reale – bislang vielfach nur vermutete oder behauptete – Situation der Mediation in Deutschland auszurichten. Nichtsdestotrotz wird die aufgrund der Evaluierungsvorgaben

15

---

27 BT-Drs. 17/8058, 20.
28 Zu den jüngsten Entwicklungen auf Ebene der grossen deutschen Mediationsverbände siehe Fn. 12.
29 Zu dem Vorschlag, insoweit einen neutral moderierten „Runden Tisch" unter Einbeziehung *aller* relevanten Interessengruppen und Institutionen zu etablieren, siehe *Klowait* in § 6 MediationsG Rn. 14 in der Vorauflage dieses Kommentars.
30 Hierüber berichtet *Paul*, vgl. *Paul* ZKM 2011, 119 ff.; ähnlich *Carl* ZKM 2012, 132 (133 f.).
31 *Wagner* ZKM 2012, 115; *Carl* ZKM 2012, 133.

durchgeführte rechtstatsächliche Untersuchung erstmals belastbare Erkenntnisse zum Status Quo der Mediation in Deutschland, zu den konkreten Auswirkungen des MediationsG wie auch zu objektiv begründbaren Erfordernissen im Bereich der Aus- und Fortbildung liefern können. Auf dieser Grundlage sollten – zumindest zur Berücksichtigung für zukünftige Gesetzes- oder Verordnungsnovellierungen – auch die vorgebrachten Argumente für die Einführung zwingender Mindestausbildungsstandards einer kritischen Würdigung unterzogen werden, die bislang – eben mangels rechtstatsächlicher Befunde – auf bloßen Behauptungen und Annahmen basieren. So wurden entsprechende Forderungen im Verlauf des Gesetzgebungsverfahrens zum MediationsG mit gänzlich unterschiedlichen Thesen begründet, sei es mit der Annahme, die Einführung von Gütesiegeln und vereinheitlichten Standards sei zur Akzeptanzsteigerung der Mediation bei den Nachfragern erforderlich,[32] die Unübersichtlichkeit und Heterogenität der jetzigen Ausbildungslandschaft müsse beseitigt werden,[33] es fehle an der Transparenz für den Verbraucher[34] oder auch unter Hinweis auf nicht näher spezifizierte „wettbewerbsrechtliche Überlegungen".[35]

16   Fragt man sich, warum der Verordnungsgeber zunächst über zwei Jahre nach Vorlage des Erstentwurfs der ZMediatAusbV untätig geblieben ist, um dann vergleichsweise überraschend, ohne Vorankündigung, ohne Beteiligung der Fachkreise und Verbände sowie – vor allem – noch in Unkenntnis über Resultate der bereits angelaufenen Evaluierung der Aus- und Fortbildungsvorgaben des MediationsG die ZMediatAusbV in ihrer am 21.8.2016 erlassenen Form vorzulegen, so wird man die Antwort in einem anderen Gesetz finden. Zur Umsetzung der Richtlinie 2013/11/EU des EU Parlaments und des Rates vom 21.5.2013 über die alternative Beilegung verbraucherrechtlicher Streitigkeiten[36] („**ADR-Richtlinie**") wurde am 19.2.2016[37] das am 1.4.2016 in Kraft getretene Verbraucherstreitbeilegungsgesetz[38] beschlossen. In letzter Minute dieses Gesetzgebungsverfahrens wurde § 6 Abs. 2 S. 2 VSBG dahin gehend geändert, dass neben Volljuristen nunmehr auch zertifizierten Mediatoren die Berechtigung zugesprochen wurde, als Streitmittler im Sinne des VSBG tätig zu sein (vgl. § 6 Abs. 2 S. 2 VSBG: „*Der Streitmittler muss die Befähigung zum Richteramt besitzen oder zertifizierter Mediator sein.*"). Damit war in Bezug auf den zertifizierten Mediator allerdings ein legislatives Dilemma geschaffen wor-

---

32 Stellungnahme des Gesamtverbandes der Deutschen Versicherungswirtschaft eV zum MedG-E, S. 5, abrufbar unter http://www.gdv.de/2011/02/gdv-stellungnahme-zum-regierungsentwurfs-des-mediationsgesetzes/ (zuletzt abgerufen am 18.2.2017).
33 *Tögel/Rohlff* ZKM 2011, 108 (109).
34 Stellungnahme der BRAK zum MedG-E, BRAK-Stellungnahme-Nr. 27/2010, S. 14, abrufbar unter http://www.brak.de/w/files/stellungnahmen/Stn27-2010.pdf (zuletzt abgerufen am 18.2.2017).
35 BAFM-Stellungnahme vom 1.10.2010, S. 4, abrufbar unter: http://www.bafm-mediation.de/bibliothek/wichtige-texte/2010-stellungnahme-der-bafm-zum-referentenentwurf-des-gesetzes-zur-forderung-der-mediation-und-anderer-verfahren-der-ausergerichtlichen-konfliktbeilegung/ (zuletzt abgerufen am 18.2.2017).
36 ABl. L 165 vom 18.6.2013, S. 63 ff., zu Regelungsgehalt und Auswirkungen → O Rn. 1 ff.
37 Die Umsetzung in bundesdeutsches Recht erfolgte damit verspätet; die Umsetzungsfrist der ADR- Richtlinie war bereits am 9.7.2015 verstrichen.
38 BGBl. I 2016, S. 253.

den: Einerseits zur Voraussetzung für die Tätigkeit als Streitmittler erhoben, war die Führung der Bezeichnung als zertifizierter Mediator andererseits gesetzlich gesperrt – nämlich bis zum Inkrafttreten der seinerzeit noch nicht erlassenen ZMediatAusbV.[39] Dem Druck, nach Inkrafttreten des VSBG nunmehr schnellstmöglich die ZMediatAusbV zu erlassen, hat sich das BMJV letztlich gebeugt – nach hier vertretener Ansicht allerdings unter Inkaufnahme der eingangs geschilderten Schwachpunkte und Defizite.

II. Inhaltliche Grundzüge der Verordnungsermächtigung

Ergänzend zu der Kommentierung der Einzelvorschriften der ZMediatAusbV (→ ZMediatAusbV § 1 Rn. 1 ff.) wird im Folgenden zunächst ein Blick auf den Rahmen geworfen, den der Gesetzgeber dem Verordnungsgeber in § 6 insoweit eröffnet hat. Dabei konkretisiert § 6 S. 2 in den nachfolgenden Nr. 1–8 die in § 6 S. 1 allgemein formulierte **Ermächtigung des BMJV zum Erlass der Verordnung.** Der in den Nr. 1–8 genannte Katalog möglicher Verordnungsinhalte ist weder abschließend formuliert noch muss er überhaupt verbindlich umgesetzt werden. Dem BMJV als Verordnungsgeber hätte es somit auch freigestanden, von der Verordnungsermächtigung in § 6 gar keinen Gebrauch zu machen (was sich aus dem bloßen **Ermächtigungs**charakter des § 6 ergibt und im Rahmen von § 6 S. 2 zusätzlich durch das Wort „können" unterstrichen wird) oder auch zusätzlich zu den in § 6 S. 2 Nr. 1–8 genannten Punkten weitere Inhalte zu regeln („können **insbesondere** festgelegt werden: ...").

17

Durch § 6 ist der Verordnungsgeber schließlich zwar nicht verpflichtet, wohl aber gehalten, im Falle des Erlasses einer Ausbildungsverordnung die in S. 2 Nr. 1–8 genannten Punkte möglichst vollständig zu berücksichtigen. Eine echte Rechtspflicht hierzu besteht zwar nicht, weil der Verordnungsgeber, wenn er sogar dazu berechtigt ist, überhaupt keine Verordnung zu erlassen, nicht zugleich dazu verpflichtet sein kann, eine Regelung nur unter gänzlicher Berücksichtigung ausnahmslos aller in S. 2 genannten Punkte zu treffen;[40] rein tatsächlich stünde eine nur partielle Regelung allerdings im Widerspruch zum ausführlich bekundeten Willen des Gesetzgebers[41] – und letztlich auch zu dem politischen Kompromiss, der eine Einigung in der Endphase des Gesetzgebungsverfahrens nur auf Basis des Modells der zertifizierten Mediators ermöglicht hat.

18

1. Ausbildung, S. 2 Nr. 1 und 3. Nach § 6 S. 2 Nr. 1 kann der Verordnungsgeber – neben der Konkretisierung der für einen zertifizierten Mediator erforderlichen Praxiserfahrung – nähere Bestimmungen über die **Inhalte der Ausbildung** erlassen, wobei eine Ausbildung zum zertifizierten Mediator die in § 5 Abs. 1 S. 2 aufgeführten Ausbildungsinhalte zu vermitteln hat. § 6 S. Nr. 3 ermächtigt das BMJ ergänzend dazu, **Mindeststundenzahlen** für die Ausbildung zum zertifizierten Mediator vorzusehen.

19

---

39 Zu dieser Sperrwirkung *Klowait* ZKM 2015, 194 ff.; zu den auch nach Inkrafttreten der ZMediatAusbV bestehen bleibenden rechtlichen Bedenken zu § 6 VSBG vgl. Greger/Unberath/Steffek/*Greger* C. § 6 Rn. 7 f. sowie *Greger*, Zugang zur Tätigkeit des Streitmittlers (§ 6 VSBG), abrufbar unter http://www.schlichtungs-forum.de/grundlagen/einzelne-rechtsfragen/ (letzter Abruf 19.2.2017).
40 AA Fritz/Pielsticker/*Fritz* § 6 Rn. 16.
41 BT-Drs. 17/8058, 18 ff.

20   Zu den durch die Bezugnahme auf § 5 Abs. 1 S. 2 zu vermittelnden Pflicht-
inhalten der Ausbildung zum zertifizierten Mediator zählen damit:

- Kenntnisse über Grundlagen der Mediation sowie deren Ablauf und
Rahmenbedingungen,
- Verhandlungs- und Kommunikationstechniken,
- Konfliktkompetenz,
- Kenntnisse über das Recht der Mediation sowie über die Rolle des
Rechts in der Mediation sowie
- praktische Übungen, Rollenspiele und Supervision.

21   Die gesetzgeberische Intention, die Bezeichnung „zertifizierter Mediator"
in Art eines Gütesiegels als echtes Qualitätsmerkmal auszugestalten, kann
nur umgesetzt werden, wenn die Ausbildung zum zertifizierten Mediator
sich qualitativ von der des „einfachen Mediators" nach § 5 Abs. 1 abhebt.
Dass § 6 S. 2 Nr. 1 lediglich eine Verweisung auf die auch für den nicht
zertifizierten Mediator zu beachtenden Ausbildungsinhalte vorsieht, ist –
entgegen dem insoweit missverständlichen Wortlaut – nicht etwa dahin gehend zu verstehen, dass hier wie dort die gleichen Anforderungen gelten
sollen. Hinsichtlich Intensität und Tiefe der Behandlung der genannten
Pflichtinhalte sind im Rahmen der Ausbildung zum zertifizierten Mediator
vielmehr höhere Anforderungen zu stellen (hierzu auch → MediationsG
§ 5 Rn. 19).

22   Obwohl nicht explizit in § 6 erwähnt, folgt aus dem Verhältnis der §§ 5
und 6 zueinander, dass das in § 5 Abs. 1 S. 1, letzter Halbsatz genannte
vorrangige **Ausbildungsziel** auch (und erst Recht) für den zertifizierten Mediator Geltung beansprucht, dass selbstverständlich also auch dessen Ausbildung dazu befähigen muss, dass er die Parteien in sachkundiger Weise
durch die Mediation führen kann.

23   Unklar und unverständlich bleibt, warum auch im Rahmen von § 6 S. 2
Nr. 1 iVm § 5 Abs. 1 S. 2 die unter Punkt VIII. der Beschlussempfehlung
des Rechtsausschusses aufgeführten Kriterien „**Persönliche Kompetenz,
Haltung und Rollenverständnis**"[42] keine explizite Erwähnung im Gesetzeswortlaut finden (hierzu auch → MediationsG § 5 Rn. 20). Zwar lässt die
Gesetzesbegründung erkennen, dass die hierzu vom Arbeitskreis „Zertifizierung für Mediatorinnen und Mediatoren" erarbeiteten Empfehlungen
grundsätzlich ebenfalls unterstützt werden; angesichts der Bedeutung, die
den dort genannten Kriterien (siehe hierzu den unter → Rn. 25 abgedruck-
ten Entwurf eines Ausbildungscurriculums, dort unter Punkt VIII.) für eine
verantwortungsvolle, selbst reflektierte und von einer mediativen Grundhaltung geprägte Ausübung der Mediationstätigkeit beizumessen ist,[43] ist
jedoch kein Grund ersichtlich, gerade dies – anders als alle anderen Punkte
des Empfehlungskataloges – nicht auch auf *gesetzlicher* Ebene zu adressie-
ren. Insoweit ist zu begrüßen, dass die Berücksichtigung der Themen der
persönlichen Kompetenz, der Haltung und des Rollenverständnisses des
Mediators dennoch Eingang in die Pflichtinhalte der Ausbildung des zertifizierten Mediators gefunden haben, seitens des BMJV als Verordnungsge-

---

42 BT-Drs. 17/8058, 19.
43 Zu einem wichtigen Teilaspekt – der Achtsamkeit des Mediators – vgl. *Reutter*
2017.

ber also berücksichtigt worden sind (dazu → ZMediatAusbV § 2 Rn. 8, dort Ziffer 8.).

Welchen Inhalt das **Curriculum für die Ausbildung zum zertifizierten Me-**   24
diator haben könnte, hatte der Rechtsausschuss des Deutschen Bundestages in Anlehnung an die vom Arbeitskreis „Zertifizierung für Mediatorinnen und Mediatoren" erarbeiteten Empfehlungen bereits im Verlauf des
Gesetzgebungsverfahrens zum MediationsG sehr detailliert beschrieben[44]
(im Detail → Rn. 25). Obwohl diesem vorgeschlagenen Ausbildungsplan
rechtlich **keine Bindungswirkung** für eine Umsetzung durch das BMJV beizumessen ist,[45] ist er letztlich nahezu unverändert in die ZMediatAusbV
übernommen worden (dazu → ZMediatAusbV § 2 Rn. 8).

Das in der Gesetzesbegründung vorläufig vorgeschlagene **Curriculum für**   25
eine Ausbildung zum zertifizierten Mediator hat folgenden Inhalt:

I.   Einführung und Grundlagen der Mediation – Gewichtung: 18 Stun-
     den (15 Prozent)
     1. Definitionen
     2. Grundlagen der Mediation
        a) Überblick zu Prinzipien, Verfahrensablauf und Phasen
        b) Überblick zu Kommunikations- und Arbeitstechniken in der
            Mediation.
     3. Abgrenzung der Mediation zum streitigen Verfahren und ande-
        ren alternativen Konfliktbeilegungsverfahren.
     4. Überblick über die Anwendungsfelder der Mediation.
II. Ablauf und Rahmenbedingungen der Mediation – Gewichtung:
     30 Stunden (25 Prozent)
     1. Einzelheiten zu den Phasen der Mediation
        a) Mediationsvertrag,
        b) Stoffsammlung,
        c) Interessenerforschung,
        d) Sammlung und Bewertung von Optionen,
        e) Abschlussvereinbarung.
     2. Besonderheiten unterschiedlicher Settings in der Mediation
        a) Einzelgespräche,
        b) Co-/Teammediation, Mehrparteienmediation, Shuttle-Media-
            tion,
        c) Einbeziehung Dritter (zB Kinder, Steuerberater, Gutachter).
     3. Weitere Rahmenbedingungen
        a) Vor- und Nachbereitung von Mediationsverfahren,
        b) Dokumentation/Protokollführung.
III. Verhandlungstechniken und -kompetenz – Gewichtung: 12 Stunden
     (10 Prozent)
     1. Grundlagen der Verhandlungsanalyse.
     2. Verhandlungsführung und Verhandlungsmanagement:

---

44 BT-Drs. 17/8058, 19/20.
45 So auch Greger/Unberath/Steffek/*Greger* B. § 6 Rn. 9.

Intuitives Verhandeln, Verhandlung nach dem Harvard-Konzept/ integrative Verhandlungstechniken, distributive Verhandlungstechniken.

IV. Gesprächsführung, Kommunikationstechniken – Gewichtung: 18 Stunden (15 Prozent)

1. Grundlagen der Kommunikation.
2. Kommunikationstechniken: aktives Zuhören, Paraphrasieren, Fragetechniken, Verbalisieren, Reframing, verbale und nonverbale Kommunikation.
3. Techniken zur Entwicklung und Bewertung von Lösungen (Brainstorming, Mindmapping, sonstige Kreativitätstechniken, Risikoanalyse).
4. Visualisierungs- und Moderationstechniken.
5. Umgang mit schwierigen Situationen (zB Blockaden, Widerstände, Eskalationen, Machtungleichgewichte).

V. Konfliktkompetenz – Gewichtung: 12 Stunden (10 Prozent)

1. Konflikttheorie (Konfliktfaktoren, Konfliktdynamik und Konfliktanalyse; Eskalationsstufen; Konflikttypen).
2. Erkennen von Konfliktdynamiken.
3. Interventionstechniken.

VI. Recht der Mediation – Gewichtung: 6 Stunden (5 Prozent)

1. Rechtliche Rahmenbedingungen: Mediationsvertrag, Berufsrecht, Verschwiegenheit, Vergütungsfragen, Haftung und Versicherung.
2. Einbettung in das Recht des jeweiligen Grundberufs.
3. Grundzüge des Rechtsdienstleistungsgesetzes.

VII. Recht in der Mediation, Ermöglichung einer rechtlich informierten Entscheidung bei rechtlich relevanten Sachverhalten – Gewichtung: 12 Stunden (10 Prozent)

1. Rolle des Rechts in der Mediation.
2. Abgrenzung von zulässiger rechtlicher Information und unzulässiger Rechtsberatung in der Mediation durch den Mediator.
3. Abgrenzung zu den Aufgaben des Parteianwalts.
4. Sensibilisierung für die rechtliche Relevanz bestimmter Sachverhalte bzw. rechtzeitige Empfehlung an die Medianden, in rechtlich relevanten Fällen externe rechtliche Beratung in Anspruch zu nehmen.
5. Mitwirkung von Rechtsanwälten in der Mediation selbst.
6. Rechtliche Besonderheiten der Mitwirkung des Mediators bei der Abschlussvereinbarung.
7. Rechtliche Bedeutung und Durchsetzbarkeit der Abschlussvereinbarung unter Berücksichtigung der Vollstreckbarkeit.

VIII. Persönliche Kompetenz, Haltung und Rollenverständnis – Gewichtung: 12 Stunden (10 Prozent)

1. Rollendefinition, Rollenkonflikte.
2. Aufgabe und Selbstverständnis des Mediators.
3. Mediation als Haltung, insbesondere Wertschätzung, Respekt und innere Haltung.

4. Allparteilichkeit, Neutralität und professionelle Distanz zu den Medianden und zum Konflikt.
5. Macht und Fairness in der Mediation.
6. Umgang mit eigenen Gefühlen.
7. Selbstreflexion.
8. Vernetzung.
9. Bewusstheit über die eigenen Grenzen aufgrund der beruflichen Prägung und Sozialisation.

IX. Praxis und Supervision und Intervision in der Ausbildung
1. Rollenspiele mit Feedback und Analyse.
2. Information über die Bedeutung von Supervision.

X. Praktische Erfahrung und Nachweis von Fällen
1. praktische Erfahrungen in eigenen Mediationsfällen, auch als Co-Mediator.
2. praktische Erfahrungen im Rahmen von Supervision, Inter- oder Covision.

Zur **Kritik an der starren Festschreibung der Ausbildungsinhalte** dieses Empfehlungskataloges und ihrer jeweiligen Gewichtung → MediationsG § 5 Rn. 44.

Soweit § 6 S. 2 Nr. 1 – wie auch Ziffer X. des Empfehlungskataloges für die Ausbildungsinhalte – dazu ermächtigt, neben den inhaltlichen Ausbildungsvorgaben auch die **erforderliche Praxiserfahrung** zu konkretisieren, ergibt die Zusammenschau der §§ 5 und 6, dass an den zertifizierten Mediator auch hier in Abgrenzung zu den Vorgaben für den nicht zertifizierten Mediator nach § 5 Abs. 1 deutlich höhere – zum Teil auch inhaltlich andere – Anforderungen zu stellen sind (zur – insoweit nur unzureichenden – Umsetzung durch die ZMediatAusbV → Rn. 28 sowie → ZMediatAusbV § 2 Rn. 13). **26**

Während die auch beim nicht zertifizierten Mediator durch § 5 Abs. 1 geforderte praktische Erfahrung bereits dadurch vermittelt werden kann, dass er im Rahmen seiner Ausbildung unter fachkundiger Anleitung an praktischen Übungen und Rollenspielen teilnimmt (→ MediationsG § 5 Rn. 21 und 22), reicht dies für den zertifizierten Mediator alleine nicht aus.[46] Praktizierende Mediatoren werden bestätigen, dass sie ihre Befähigung, die Parteien in sachkundiger Weise durch eine Mediation führen zu können, neben einer soliden Mediationsausbildung in erster Linie aus den Erfahrungen beziehen, die sie aus den von ihnen mediierten Fällen gewinnen. Die Praxiserfahrung des Mediators ist ein unmittelbar qualitätsprägendes Merkmal. Das qualitative „Plus" des zertifizierten Mediators im Vergleich zu seinem nicht zertifizierten Kollegen muss sich demzufolge gerade auch in seiner nachgewiesenen Praxiserfahrung niederschlagen. Würde hierauf verzichtet, schlüge das vermeintliche Gütesiegel der Bezeichnung „zertifizierter Mediator" in sein Gegenteil um: dem Verbraucher würde **27**

---

[46] Selbstverständlich muss auch die Mediationsausbildung des zertifizierten Mediators daneben ebenfalls praktische Erfahrung in Form von Rollenspielen, Feedback, Analyse und (Ausbildungs-)Supervision vermitteln, da hier keine geringeren Anforderungen gestellt werden dürfen als an den nicht zertifizierten Mediator (zu Letzterem → MediationsG § 5 Rn. 21 f.).

dann nur suggeriert, dass der zertifizierte Mediator höher qualifiziert sei, ohne dass er die hierzu maßgeblich erforderliche konkrete Mediationserfahrung vorweisen könnte. Wegen der hohen individuellen Lernerfahrung, die eine Reflektion eigener Fälle im Rahmen von **Super-, Inter- und Covisionen** ermöglicht, sieht Ziffer X.2. des Empfehlungskataloges dabei zu Recht deren Durchführung als praxisbegleitend sinnvolle Maßnahmen an. Unter Außerachtlassung von Intervisionen und Covisionen stellt die ZMediatAusbV demgegenüber als verpflichtende Vorgabe ausschließlich auf die Supervision ab (→ ZMediatAusbV § 2 Rn. 13 ff.).

28   Da die Möglichkeit, eigene Praxiserfahrungen als Mediator zu sammeln, sich erst nach der „eigentlichen" Mediationsausbildung eröffnet, fragt sich, wie der in § 5 Abs. 2 genannte Terminus **„Abschluss der Ausbildung"** zu interpretieren ist. Würde man ihn auf den Zeitpunkt verorten, zu dem der Mediator seine Ausbildung (im engeren Sinne) soeben absolviert hat, aber mangels Gelegenheit noch keine Praxiserfahrung in Form der Durchführung eigener Mediationen hat sammeln können,[47] entstünde ein kaum auflösbares und mit Sinn und Zweck der gesetzlichen Regelung unvereinbares Paradoxon: Der Mediator dürfte sich dann bereits als absoluter Berufsanfänger ohne jegliche Praxiserfahrung „zertifizierter Mediator" nennen. Mit Ausnahme von einigen Stunden mehr Ausbildung würde er sich in nichts vom „einfachen Mediator" nach § 5 Abs. 1 unterscheiden. Die mit der Statuierung des zertifizierten Mediators auch angestrebte Transparenz für den Verbraucher würde sich in diesem Fall in dessen Irreführung und Täuschung umwandeln – ein Ergebnis, das kaum im Sinne des Gesetzgebers liegen dürfte. Es kann nur vermieden werden, wenn der in § 5 Abs. 2 verwandte Begriff des Ausbildungsabschlusses dahin gehend ausgelegt wird, dass die nötige Praxiserfahrung noch als Teil der Ausbildung angesehen wird.[48] Als zertifizierter Mediator sollte sich daher nur derjenige Mediator bezeichnen dürfen, der – nachdem er die übrigen Bestandteile des Ausbildungscurriculums zum zertifizierten Mediator absolviert hat – auch den Nachweis eigener praktischer Mediationserfahrung erbracht hat. Der Referentenentwurf einer Ausbildungsverordnung für zertifizierte Mediatoren hatte dies nur unzureichend umgesetzt, weil er die Praxiserfahrung als Mediator im Rahmen der alle zwei Jahre vorgesehenen „Rezertifizierung" zwar zeitnah *nach* der Ausbildung forderte, was indessen nicht verhindert hätte, dass Mediatoren, die (zunächst) über keinerlei nachgewiesene Praxiserfahrung verfügen, sich bereits als zertifizierte Mediatoren hätten bezeichnen dürfen. § 2 Abs. 2 ZMediatAusbV stellt demgegenüber nunmehr klar, dass sich die Ausbildung zum Mediator aus einem Ausbildungslehrgang *und* einer Einzelsupervision im Anschluss an eine als Mediator oder Co-Mediator durchgeführte Mediation zusammensetzt. Damit ist klargestellt, dass die praktische Mediationserfahrung als Bestandteil der Ausbildung anzusehen ist. Dass hierbei (vorbehaltlich weiterer Vorgaben im Rahmen der *Fortbildungs*verpflichtungen des zertifizierten Mediators, → ZMe-

---

47   Hospitationen während der Ausbildung reichen insoweit nicht aus, da die hier eher beobachtend-lernende Rolle des Hospitanten qualitativ weit hinter dem eigenen Erfahrungslernen zurück bleibt.

48   So auch Greger/Unberath/Steffek/*Greger* B. § 6 Rn. 12.

diatAusbV § 3 Rn. 1 ff.) bereits eine einzige durchgeführte (supervidierte) Mediation als ausreichend angesehen wird, ist allerdings zu kritisieren, da hierdurch gegenüber dem nicht zertifizierten Mediator nur ein höchst gradueller „Erfahrungsvorsprung" vorausgesetzt wird (→ ZMediatAusbV § 2 Rn. 13).

Die Frage, welche **Mindeststundenzahl der Ausbildung** ein Mediator absolviert haben sollte, bzw. ob es überhaupt der Festschreibung einer solchen bedarf, ist bereits im Gesetzgebungsverfahren kontrovers diskutiert worden (→ MediationsG § 5 Rn. 7 ff.). Die Qualität einer Mediationsausbildung steht nicht in direktem Verhältnis zu ihrer Quantität. Entscheidend ist, dass die wesentlichen Inhalte berücksichtigt sind und – vor allem – dass diese in einer kompetenten, methodische und didaktische Aspekte gleichermaßen berücksichtigenden Art und Weise von Lehrkräften vermittelt werden, die aus eigener Mediationserfahrung wissen, wovon sie sprechen. Eine 90-stündige Ausbildung, die diesen Kriterien entspricht, kann qualitativ ungleich höher zu bewerten sein als eine 200-stündige oder noch längere Ausbildung, die dem nicht genügt. Dass sich das BMJV gemäß § 2 Abs. 4 ZMediatAusbV im Ergebnis der 120-Stunden-Marke angeschlossen hat, die sich aufgrund der Empfehlung des Rechtsausschusses des Deutschen Bundestages bereits im Gesetzgebungsverfahren zum MediationsG herausgebildet hatte,[49] ist als Kompromiss zwischen den Befürwortern einer 90-stündigen und einer 200-stündigen Ausbildungsdauer zu sehen. Fritz schreibt die Festlegung auf eine **120-stündige Mindestausbildungsdauer** der erfolgreichen Lobbyarbeit der Mediationsverbände und Ausbildungsinstitute zu und verweist rechtvergleichend auf die ohne starre Mindeststundenvorgaben auskommende, überaus erfolgreiche Entwicklung der Mediation in den USA.[50] In der Tat wäre es naiv, wirtschaftliche Interessen bzgl. des lukrativen Mediationsausbildungsmarktes als Ursache für die seinerzeit zum Teil hoch emotional geführte Diskussion um die Festsetzung einer Mindeststundenzahl nicht sehen zu wollen. Andererseits bedarf das Gesetz gewordene Modell des Nebeneinanders von nicht zertifiziertem und zertifiziertem Mediator transparenter Unterscheidungskriterien im Sinne von quantitativ wie qualitativ höheren Anforderungen an den zertifizierten Mediator. Vor diesem Hintergrund ist die letztlich erfolgte Festschreibung von 120 Stunden Mindestausbildungsdauer nachvollziehbar.

2. Fortbildung, S. 2 Nr. 2, 3 und 4. Die in § 6 S. 2 Nr. 2, 3 und 4 vorgesehenen Regelungspunkte ermächtigen den Verordnungsgeber dazu, nähere Bestimmungen über **Fortbildungsinhalte** festzulegen sowie etwaige **Mindeststundenzahlen** und **Intervalle** der Fortbildung vorzugeben.

Ausweislich der Gesetzesbegründung zum MediationsG schwebte dem Gesetzgeber dabei vor, dass alle zwei Jahre eine Fortbildung von mindestens 10 Stunden erfolgen sollte.[51] Der Referentenentwurf einer Ausbildungsver-

29

30

31

---

49 Auch der Referentenentwurf der Verordnung ging gemäß seines § 3 Abs. 2 bereits von 120 Stunden aus.
50 Fritz/Pielsticker/*Fritz* § 6 Rn. 23 ff.
51 BT-Drs. 17/8058, 18 zu § 5; unter dem Gesichtspunkt der Berufsfreiheit wurden gegen eine solche Regelung zum Teil verfassungsrechtliche Bedenken geäußert, verbunden mit dem Plädoyer für einen dreijährigen Fortbildungsrhythmus, Fritz/Pielsticker/*Fritz* § 6 Rn. 26 ff.

ordnung setzte einen innerhalb von zwei Jahren abzuleistenden Mindestumfang von 20 Zeitstunden voraus, vgl. § 4 Abs. 1 des Referentenentwurfs. Mit § 3 Abs. 1 ZMediatAusbV ist der Umfang der Fortbildungsveranstaltungen nunmehr auf mindestens 40 Zeitstunden innerhalb von vier
Jahren festgesetzt worden. Aus den gleichen Gründen, die auch beim nicht
zertifizierten Mediator Geltung beanspruchen (hierzu → MediationsG § 5
Rn. 34), hätte eine Option auch darin bestehen können, die Fortbildungspflicht des zertifizierten Mediators nicht zu starr zu fixieren, um die Berücksichtigung des individuellen Fortbildungsbedarfs flexibel zu ermöglichen. Da die konkrete Praxiserfahrung des Mediators anhand eigener Fälle
letztlich die wertvollste „Fortbildung" des Mediators ist, wäre eine Regelung, welche die Anforderungen an die periodische Fortbildung in Abhängigkeit von der zwischenzeitlich nachgewiesenen Praxiserfahrung staffelt,
zu begrüßen. Ein solcher Ansatz hat in die ZMediatAusbV keinen Eingang
gefunden, sollte bei zukünftigen Novellen der Verordnung aber erwogen
werden. Neben Fällen, die der Mediator alleine oder in Co-Mediation
durchgeführt hat, könnten dabei auch durchgeführte Supervisionen, Intervisionen etc Berücksichtigung finden, da auch diese intensive Lernerfahrun-
gen und Selbstreflexionen ermöglichen, die im Rahmen der Fortbildungsverpflichtung anrechenbar sein sollten.

32   **Verstöße gegen die Fortbildungspflicht** führen nicht zur „Aberkennung"
der Zertifizierung bzw. des Rechtes, sich als zertifizierter Mediator bezeichnen zu dürfen, da schon rechtstechnisch keine „Zertifizierung" vorliegt, die
aberkannt werden könnte (hierzu → Rn. 3). Die Konsequenzen, denen sich
ein zertifizierter Mediator, der seiner Fortbildungsverpflichtung nicht nachkommt, ausgesetzt sieht, sind vielmehr – wie auch bei seinem nicht zertifizierten Kollegen (hierzu › MediationsG § 5 Rn. 35 und 26) – rein zivil-
und wettbewerbsrechtlicher Art.[52]

33   **3. Anforderungen an Lehrkräfte, S. 2 Nr. 5.** Guten Lehrkräften, die fachlich kompetent, in ihrer Berufspraxis als Mediator erfahren und erfolgreich
sind und auch die zur Wissensvermittlung notwendigen methodisch-didak-
tischen Fähigkeiten haben, kommt für die Qualität einer Mediationsausbildung höchste Bedeutung zu. Es ist deshalb richtig, dass § 6 S. 2 Nr. 5 auch
eine Regelung der Anforderungen zulässt, welche die in den Mediations-
aus- und Fortbildungseinrichtungen eingesetzten Lehrkräfte erfüllen sollen.
Der Mediator, der nach seiner Ausbildung mangels Nachfrage nach Mediationen völlig praxisunerfahren sein Glück als Ausbilder im lukrativen Mediationsausbildungsgeschäft versucht, sollte generell der Vergangenheit angehören; im Bereich der Ausbildung zertifizierter Mediatoren gilt dies erst
Recht.

---

52 Siehe hierzu auch BT-Drs. 17/8058, 18 zu § 5. Die vereinzelt vertretene Auffas-
    sung, wonach darüber hinausgehend auch gewerberechtliche Untersagungsverfah-
    ren und Auskunftsrechte nach den §§ 29, 35 GewO zulässig seien (so *Korte* ZKM
    2017, 8 (11 f.)), überzeugt nicht. Zum einen wird die Ausübung der Mediationstä-
    tigkeit berufsrechtlich zum Teil – so für anwaltliche Mediatoren – explizit dem
    Recht freier Berufe unterstellt; andererseits muss ein unbefugtes Führen der Be-
    zeichnung „zertifizierter Mediator" nicht zwingend mit der gewerberechtlichen
    Unzuverlässigkeit gleichgesetzt werden, die für ein auf die §§ 29, 35 GewO ge-
    stütztes Eingreifen erforderlich ist.

Fraglich ist aber, wie die **Anforderungen an eine „gute Lehrkraft"** sinnvoll   34
definiert und operationalisierbar gemacht werden können – und ob die
nunmehr in § 5 Abs. 1 ZMediatAusbV definierten Kriterien (nämlich das
Vorhandensein einer Berufsausbildung bzw. eines Hochschulstudiums sowie der „erforderlichen fachlichen Kenntnisse", → ZMediatAusbV § 5
Rn. 1 ff.) dem gerecht werden. Von einem Rückgriff auf entsprechende
Vorgaben von Mediationsverbänden[53] hat der Verordnungsgeber in § 5
Abs. 1 ZMediatAusbV Abstand genommen. Sieht man zur Ausbildung zertifizierter Mediatoren zumindest eine mehrjährige **Praxiserfahrung als Mediator und als Lehrkraft** als notwendig und angemessen an, was weder
überzogen erscheint noch verfassungsrechtlichen Bedenken begegnen dürfte,[54] so verfehlt § 5 Abs. 1 ZMediatAusbV bei wörtlicher Auslegung gleich
beide Ziele, da weder Vorerfahrungen als Lehrkraft noch Praxiserfahrungen als Mediator gefordert werden. Ist schon allgemein zu fordern, dass
Lehrkräfte einen spürbaren Wissens- und *Erfahrungs*vorsprung vor ihren
Ausbildungsteilnehmern haben, so gilt dies für die Ausbildung zu zertifizierten Mediatoren erst recht. Da letztere nach § 4 Abs. 1 ZMediatAusbV
gehalten sind, innerhalb einer zweijährigen Berufspraxis den Nachweis von
mindestens vier supervidierten Praxisfällen zu erbringen, wäre es sinnvoll
gewesen, von ihren Ausbildern entsprechend mehr zu verlangen, beispielsweise eine mehrjährige Lehr- und Berufspraxis auf dem Gebiet der Alternativen Streitbeilegung mit einer festzulegenden Mindestanzahl von mediierten Fällen, durchgeführten Supervisionen etc.

4. Ausbildungsabschluss und -bescheinigung, S. 2 Nr. 6 und 7. § 6 S. 2   35
Nr. 6 erlaubt den Erlass von Bestimmungen darüber, dass und in welcher
Weise eine Aus- und Fortbildungseinrichtung die Teilnahme an einer Aus-
und Fortbildungsveranstaltung zu zertifizieren hat. Dies wird durch § 6 S.
Nr. 7 um die Befugnis ergänzt, Regelungen über den Abschluss der Ausbil-
dung zu erlassen. Die ZMediatAusbV setzt dies für die Bescheinigung der
Ausbildung in § 2 Abs. 6 und für die Fortbildung in den § 3 Abs. 3 und § 4
Abs. 2 um.

Im Kern handelt es sich bei der Bescheinigung über den Ausbildungsab-   36
schluss nicht um einen Zertifizierungsvorgang (vgl. hierzu → Rn. 3), sondern um die Erstellung und Aushändigung einer bloßen **Teilnahmebescheinigung.** Daraus folgt, dass die Bescheinigung die Ausbildungsinhalte und
ihre Gewichtung zueinander im Einzelnen so detailliert beschreiben muss,
dass deren Übereinstimmung mit den Vorgaben der ZMediatAusbV auch
für Dritte ohne Weiteres erkennbar ist. Anderenfalls würde es dem ausgebildeten Mediator ohne triftigen Grund erschwert, im Geschäftsverkehr
den Nachweis seiner Ausbildung und seiner Berechtigung zur Führung der
Bezeichnung „zertifizierter Mediator" zu erbringen. Dies ginge zugleich zulasten der mit der Einführung von § 6 ebenfalls angestrebten Transparenz
für den Verbraucher.[55] Das gleiche Maß an Klarheit und Transparenz ist

---

53 Hierzu Greger/Unberath/Steffek/*Greger* B. § 6 Rn. 15.
54 *Fritz* weist zu Recht darauf hin, dass die entsprechenden Regelungen der Verordnung sich auch in Bezug auf die Lehrkräfte am Maßstab der durch Art. 12 GG geschützten Berufsfreiheit messen lassen müssen, Fritz/Pielsticker/*Fritz* § 6 Rn. 30.
55 Zu einem einheitlichen Zertifizierungsnachweis mit vorgegebenen Inhalten der Bescheinigung siehe Fritz/Pielsticker/*Fritz* § 6 Rn. 31.

infolgedessen auch für Bescheinigungen über absolvierte Fortbildungen zu fordern.

37 § 6 erlaubt nicht nur die Vorgabe, in welcher Weise eine Teilnahmebestätigung auszustellen ist, sondern generell auch, *dass* sie ausgestellt werden muss. Angesichts der Bedeutung, welche der Bescheinigung als Voraussetzung für die Berechtigung zur Bezeichnung als zertifizierter Mediator beizumessen ist, ist es zu begrüßen, dass von dieser Befugnis im Rahmen des Erlasses der ZMediatAusbV Gebrauch gemacht wurde. Wenngleich die Rechtsschutzmöglichkeiten des Ausbildungsteilnehmers im Verhältnis zu der ihn ausbildenden Einrichtung in erster Linie zivilrechtlich – nämlich aus seinem Ausbildungsvertrag – determiniert sind,[56] ist es sachgerecht, dass eine solche **Pflicht zur Ausstellung** entsprechender Aus- und Fortbildungsbescheinigungen flankierend auch in die ZMediatAusbV aufgenommen worden ist.

38 Ob die Befugnis, **Regelungen zum Abschluss der Ausbildung** zu treffen, die Berechtigung umfasst, eine **Abschlussprüfung** vorzusehen, wird unterschiedlich beurteilt.[57] § 6 Abs. 1 Nr. 7 hat nach hier vertretener Auffassung weniger eine eventuelle Abschlussprüfung im Blick, sondern dürfte als rein klarstellende Regelung dahin gehend konzipiert sein, dass es dem Verordnungsgeber frei steht, detaillierte Vorgaben darüber zu erlassen, auf welche Art und Weise die in der Verordnung geforderten Voraussetzungen nachzuweisen und zu dokumentieren sind (→ ZMediatAusbV § 2 Rn. 22).

Diesem Verständnis entspricht auch § 2 Abs. 6 ZMediatAusbV, indem er vorgibt, wie genau der **Nachweis der erforderlichen Praxiserfahrung** zu führen ist und welcher Angaben es im Übrigen bedarf (→ ZMediatAusbV § 2 Rn. 23 ff.).

39 **5. Übergangsbestimmungen, S. 2 Nr. 8.** § 6 S. 2 Nr. 8 eröffnet die Möglichkeit, Übergangsbestimmungen für Personen zu erlassen, die bereits vor Inkrafttreten des MediationsG als Mediatoren tätig sind. Ein Blick auf die Entstehungsgeschichte dieser Vorschrift zeigt, dass der Gesetzgeber hierbei nicht nur diejenigen im Blick hatte, die bereits vor dem Inkrafttreten des MediationsG als Mediatoren **tätig waren**; die Übergangsbestimmungen sollen sich darüber hinaus auch auf Mediatoren erstrecken, die zu diesem Zeitpunkt zwar noch nicht tätig waren, wohl aber ihre Mediationsausbildung bereits absolviert haben.[58] Bezüglich seiner Anwendung wirft § 6 S. 2 Nr. 8 eine Reihe von Detailfragen auf, die auch durch seine Umsetzungsnorm – § 7 ZMediatAusbV – nicht durchgängig klar beantwortet werden (→ ZMediatAusbV § 7 Rn. 1 ff.).

40 **6. Weitere denkbare Inhalte.** Über den – nicht abschließenden – Katalog der in § 6 S. 2 Nr. 1–8 genannten Aspekte hinausgehend kann der Verordnungsgeber weitere sinnvolle Punkte regeln, soweit diese sich im Rahmen der durch § 6 S. 1 genannten Befugnis halten. Angesichts der Hauptintention der Med-RiLi, deren Umsetzung das MediationsG in erster Linie bezweckt – der Förderung der grenzüberschreitenden Mediation in Zivil- und

---

56 Greger/Unberath/Steffek/*Greger* B. § 6 Rn. 21.
57 Verneinend mit Blick auf Art. 80 GG Fritz/Pielsticker/*Fritz* § 6 Rn. 32. Bejahend wohl *Greger* ZKM 2012, 16 (18).
58 BT-Drs. 17/8058, 20 zu § 6.

Handelssachen – lag es nahe, ergänzende **Regelungen für Mediatoren aus dem europäischen Ausland** bzw. für im europäischen Ausland erworbene Ausbildungsabschlüsse bundesdeutscher Mediatoren vorzusehen. Dies ist mit § 6 ZMediatAusbV auch geschehen (→ ZMediatAusbV § 6 Rn. 1 ff.).

III. Organisationsfragen

Der Gesetzgeber hat sich im Rahmen des intendierten **Drei-Stufen-Modells** **41** (siehe zu diesem Modell → Rn. 5) in Bezug auf die Stelle, die eine Zertifizierung der Ausbildungsträger vornehmen soll, weitergehender Eingriffe – insbesondere der Einrichtung einer solchen Stelle in staatlicher Trägerschaft – einstweilen im Vertrauen darauf enthalten, dass die relevanten gesellschaftlichen Gruppen auf freiwilliger Basis eine Einigung über die Einrichtung einer privatrechtlich organisierten Zertifizierungsstelle erzielen. Für den Fall einer Nichteinigung wurde allerdings bereits im Verlauf des Gesetzgebungsverfahrens zum MediationsG eine Übertragung dieser Funktion auf eine staatliche Stelle und eine entsprechende Ergänzung der Verordnungsermächtigung nach § 6 angekündigt.[59] Eine solche Ergänzung und Neufassung von § 6 wäre auch erforderlich, da dieser in seiner jetzigen Form die Einrichtung einer staatlichen Zertifizierungsbehörde nicht abdeckt (hierzu → Rn. 7).

Als mögliche Rechtsformen kämen für eine privatrechtlich organisierte **42** Zertifizierungsstelle insbesondere die Stiftung,[60] ein Verein, eine Genossenschaft oder eine (gemeinnützige) GmbH in Betracht. Entscheidender als die Rechtsform ist es für die Akzeptanz und Rechtmäßigkeit einer solchen Stelle jedoch, dass **Interessenkollisionen** jedweder Art wirksam ausgeschlossen werden. Private und berufsständische Institutionen und Verbände, die selbst Anbieter von Mediationsausbildungen oder aus sonstigen Gründen befangen sind, sollten daher weder unmittelbar noch mittelbar bestimmenden Einfluss auf eine privatrechtlich organisierte Zertifizierungsstelle haben noch sich an dieser beteiligen.[61]

Da bislang weder das erhoffte Einvernehmen der maßgeblichen Mediato- **43** ren- und Berufsverbände, der berufsständischen Kammern, der Industrie- und Handelskammern sowie anderer gesellschaftlicher Gruppen erzielbar war, noch es gelungen ist, Einvernehmen in Bezug auf eine privatrechtliche Organisationsform zu erzielen, bleibt abzuwarten, ob das Inkrafttreten der ZMediatAusbV in der Lage ist, entsprechende Impulse auszulösen herzustellen (zu jüngsten, im Ergebnis aber gescheiterten Einigungsversuchen → Rn. 7). Da eine privatrechtlich organisierte Stelle zur Folge hätte, dass der durch Art. 12 GG geschützte Ausbildungsmarkt von einer nicht an öffentlich-rechtliche Normen gebundenen Organisationseinheit reguliert würde,[62] wären an die rechtskonforme Ausgestaltung einer privaten Zertifizie-

59 BT-Drs. 17/8058, 18 zu § 5.
60 Hierzu *Tögel/Rohlff* ZKM 2011, 108 ff.
61 So auch Greger/Unberath/Steffek/*Greger* B. § 5 Rn. 17, auf mögliche Interessenkollisionen bei Beteiligung von Mediationsverbänden, die zugleich Ausbildungsanbieter sind, weist auch Steffek hin, vgl. *Steffek* RabelsZ 2010, 841 (877).
62 Greger/Unberath/Steffek/*Greger* B. § 5 Rn. 17.

rungsstelle – sollte eine solche noch gebildet werden – hohe Ansprüche zu stellen.

44   Soweit es sich als erforderlich erweisen sollte, nach einer entsprechenden Ergänzung von § 6 eine Zertifizierungsstelle in staatlicher Trägerschaft zu organisieren,[63] eröffnen sich weitere organisatorische Optionen wie beispielsweise die **Einrichtung der Zertifizierungsstelle bei einer öffentlich-rechtlichen Körperschaft** oder auch die Beleihung einer privaten Stelle mit entsprechenden Befugnissen. Die Umsetzung einer solchen Option wird mittelfristig umso wahrscheinlicher, je länger es den maßgeblichen Mediatoren- und Berufsverbänden, den berufsständischen Kammern, den Industrie- und Handelskammern sowie anderen gesellschaftlichen Gruppen auch nach dem Inkrafttreten der ZMediatAusbV nicht gelingt, die zur Umsetzung des Drei-Stufen-Modells notwendige Einigung über eine privatrechtlich organisierte Zertifizierungsstelle herzustellen.

IV. Die ZMediatAusbV

45   Kurz vor Drucklegung der Erstauflage dieses Kommentars legte das Bundesministerium der Justiz und für Verbraucherschutz den Referentenentwurf einer Verordnung über die Aus- und Fortbildung von zertifizierten Mediatoren vor. Dieser Entwurf (im Folgenden abgekürzt als RefE ZMediatAusbV) wurde am 31.1.2014 den beteiligten Fachkreisen und Verbänden mit der Möglichkeit der Stellungnahme bis zum 30.4.2014 übersandt. Kurz darauf wurde er auf der Internetseite des BMJ veröffentlicht.[64] Wer im Nachgang dazu einen zügigen Erlass der Verordnung erwartete, wurde enttäuscht. Mehr als zwei Jahre nach Vorlage des Entwurfes passierte nichts – was vielfach schon die Vermutung nährte, der Verordnungsgeber würde zunächst die Evaluierung des MediationsG im Jahr 2017 abwarten wollen. Überraschte das BJMV zunächst mit dieser Phase des Stillstandes, folgte im August 2016 die nächste Überraschung: Die zum Teil schon nicht mehr erwartete Verordnung über die Aus- und Fortbildung von zertifizierten Mediatoren[65] (ZMediatAusbV) wurde am 21.8.2016 erlassen. Die Gründe für den plötzlich dann doch schnellen und weitgehend ohne Vorankündigung erfolgten Erlass der ZMediatAusbV dürften maßgeblich darin zu sehen zu sein, dass der Terminus „zertifizierter Mediator" kurz zuvor auch in das VSBG Eingang gefunden hatte und infolgedessen dringend der Konkretisierung bedurfte (→ Rn. 16).

46   Die ZMediatAusbV enthält Bestimmungen zum Anwendungsbereich der Verordnung (§ 1), zu den Aus- und Fortbildungspflichten, denen zertifizierte Mediatoren genügen müssen (§ 2 iVm der Anlage „Ausbildungsinhalte" sowie §§ 3 und 4), zu den Anforderungen an Aus- und Fortbildungseinrichtungen (§ 5) sowie zur Gleichwertigkeit im Ausland erworbener Qualifikationen (§ 6). Darüber hinaus sieht § 7 Übergangsbestimmungen für

---

63   Eine Übertragung an eine staatliche Stelle befürworten *Greger* (Greger/Unberath/ Steffek/*Greger* B. § 5 Rn. 17) sowie *Fritz* (Fritz/Pielsticker/*Fritz* § 6 Rn. 40).

64   Der Entwurf ist auf der Homepage des BMJV nicht mehr eingestellt, kann aber hier noch abgerufen werden: www.deutscher-mediationsrat.de/downloads/ RVO_MedG.pdf (zuletzt abgerufen am 20.2.2017); eine eingehende Kommentierung des Referentenentwurfs findet sich in der Vorauflage dieses Kommentars.

65   BGBl 2016 I, 1994 ff.

Mediatoren vor, die ihre Ausbildung zum Mediator entweder bereits vor Inkrafttreten des MediationsG oder – ganz oder teilweise – vor Inkrafttreten der ZMediatAusbV abgeschlossen haben. § 8 ZMediatAusbV enthält schließlich die Vorgabe zum Inkrafttreten der Verordnung am 1.9.2017. Die Vorschriften des ZMediatAusbV werden unter → ZMediatAusbV § 1 Rn. 1 ff. kommentiert.

Mit der Verabschiedung der ZMediatAusbV ist das BMJV dem im Verlauf 47 des Gesetzgebungsverfahrens zum MediationsG unterbreiteten Vorschlag nicht folgt, den Erlass einer auf § 6 MediationsG gestützten Ausbildungsverordnung bewusst zurückzustellen, um die weitere Entwicklung der bundesdeutschen Mediationslandschaft zunächst durch eine rechtstatsächliche Untersuchung zu beobachten und nach 3 bis 5 Jahren wissenschaftlich zu evaluieren. Obwohl dafür gute Gründe sprachen (→ Rn. 15, 16), ist davon auszugehen, dass hierfür letztendlich die bestehenden Querverbindungen verantwortlich zeichnen, welche durch die Verabschiedung des VSBG – und insbesondere der dortigen Inbezugnahme des Terminus „zertifizierter Mediator" – geschaffen worden sind, → Rn. 16.

Hinsichtlich ihres **Anwendungsbereiches** und ihrer **Regelungsgegenstände** 48 hält sich die ZMediatAusbV innerhalb des Rahmens der Verordnungsermächtigung des § 6 MediationsG. Dass mit der Regelung der Gleichwertigkeit ausländischer Mediationsausbildungen in § 6 ZMediatAusbV ein Themenbereich geregelt wurde, der nicht explizit in § 6 MediationsG genannt ist, stellt **keine Kompetenzüberschreitung des Verordnungsgebers** dar, da der sachliche Zusammenhang mit dem durch die zugrundeliegende Ermächtigungsnorm eröffneten – und nach Inhalt, Zweck und Ausmaß auch hinreichend bestimmten – Regelungsspielraum gegeben ist. Die Aufnahme der Gleichwertigkeitsklausel des § 6 ZMediatAusbV ist – auch in Ansehung aller geäußerten Kritik an ihren Regelungen im Detail – grundsätzlich zu begrüßen, da sie die europarechtlich notwendige Anerkennung im Ausland absolvierter Mediationsausbildungen bewirkt und damit zugleich das Potential hat, die von der Med-RiLi bezweckte Förderung der grenzüberschreitenden Mediation zu unterstützen (hierzu → ZMediatAusbV § 6 Rn. 5).

In ihrem „Kernbereich" – der **Regelung der Aus- und Fortbildung des zer-** 49 **tifizierten Mediators** – hält sich die ZMediatAusbV eng an die bereits im Rahmen des Gesetzgebungsverfahrens erarbeiteten Empfehlungen des „Arbeitskreises Zertifizierung für Mediatorinnen und Mediatoren". Obwohl diese keine rechtliche Bindungswirkung für das BMJV entfalten, findet sich dieser Entwurf eines Ausbildungscurriculums nahezu identisch in der Anlage zu § 2 ZMediatAusbV wieder. Angesichts dessen, dass dieser Arbeitskreis seinerzeit vom BMJ selbst initiiert wurde und im Rahmen der Entstehungsgeschichte des Mediationsgesetzes politisch auf breite Akzeptanz gestoßen ist, verwundert dies zwar nicht; gleichwohl wird mit der weitgehend unveränderten Übernahme dieses Entwurfs eine – jedenfalls de lege ferenda – durchaus überdenkenswerte **starre Fixierung von Detailinhalten** der Ausbildung und deren Gewichtung zueinander vorgenommen, die es erschwert, die Gewichtung einzelner Ausbildungsinhalte unter stärkerer Berücksichtigung des individuellen Vorkenntnisstandes der Ausbildungsteilnehmer zielgruppenindividuell an deren spezifischen Bedarf anzupassen (hierzu → MediationsG § 5 Rn. 44 mwN) Einen gewissen Ausgleich erfährt diese starre Bindung an gleichförmige Ausbildungsinhalte für Angehörige aller Grundberufe allerdings im Rahmen der Fortbildung, deren Inhalte im Rahmen von § 3 Abs. 2 ZMediatAusbV flexibel gewählt werden können.

50   Verfehlt – weil inhaltlich unzureichend – sind die Anforderungen, die § 5 ZMediatAusbV an die in den Aus- oder Fortbildungseinrichtungen eingesetzten **Lehrkräfte** stellt (hierzu → ZMediatAusbV § 5 Rn. 3 f.). In dieser für die Qualität der Ausbildung zertifizierter Mediatoren zentralen Frage sollte de lege ferenda sichergestellt werden, dass die eingesetzten Lehrkräfte einen deutlichen Kenntnis- und Erfahrungsvorsprung im Vergleich zu den Teilnehmern der Ausbildung haben und nachweisen müssen. Zudem bewirkt die ZMediatAusbV, dass sich bereits derjenige als zertifizierter Mediator bezeichnen darf, der (noch) über keinerlei nennenswerte eigene Praxiserfahrung als Mediator verfügt (→ ZMediatAusbV § 2 Rn. 13). Gefordert ist (zunächst) lediglich eine einzige (supervidierte) Mediation, wobei selbst eine solche als ausreichend erachtet wird, die noch innerhalb des „geschützten Rahmens" eines Ausbildungslehrganges durchgeführt wird. Soll das Vertrauen der Verbraucher in die erhöhte Qualität des zertifizierten Mediators – inklusive seines angenommenen praktischen Erfahrungsvorsprunges im Vergleich zu den nicht zertifizierten Mediatoren – nicht enttäuscht werden, reicht es nicht aus, dem zertifizierten Mediator zuerst auf einer derart dünnen Erfahrungsbasis die Befugnis zu verleihen, sich als solcher bezeichnen zu dürfen und ihm erst im Nachhinein, nämlich im Rahmen seiner Fortbildungspflichten, den Nachweis gesteigerter praktischer Erfahrungen abzuverlangen.[66] Auch hier sollte de lege ferenda erwogen werden, das **Vorliegen profunder praktischer Erfahrung als Mediator** schon zur Eingangsvoraussetzung dafür zu erheben, sich als zertifizierter Mediator bezeichnen zu dürfen.

51   Mit Ausnahme der Regelung der auszustellenden Bescheinigungen über eine erfolgreiche Teilnahme an Aus- und Fortbildungsveranstaltungen sowie durchgeführten Supervisionen enthält sich die ZMediatAusbV jedweder weiterer **Vorgaben zur Organisation oder zum Procedere eines „Zertifizierungsverfahrens".** Dies ist insoweit nicht dem Verordnungsgeber anzulasten, als dass die zugrundeliegende Ermächtigungsnorm des § 6 MediationsG ihm klare Schranken für weitergehende staatliche Eingriffe setzt (→ Rn. 7). Legislativ war stets ein privatrechtlich verfasstes **Drei-Stufen-Modell** angestrebt, in dessen Rahmen erstens eine privatrechtlich organisierte Stelle geschaffen wird, die zweitens die Aus- und Fortbildungseinrichtungen zertifiziert, wobei diese ihrerseits drittens den Absolventen der bei Ihnen durchgeführten Ausbildung die notwendige Teilnahmebescheinigung ausstellen (→ Rn. 5). Der Verordnungsgeber geht offenbar nach wie vor davon aus, dass die maßgeblichen Mediatoren- und Berufsverbände, die berufsständischen Kammern, die Industrie- und Handelskammern sowie andere gesellschaftliche Gruppen einen solchen Zertifizierungsrahmen privatautonom ausfüllen, organisieren und sich im Interesse einer Vergleich-

---

66   Vgl. hierzu auch *Plassmann* BRAK-Magazin 01/2017, 13.

barkeit der Ausbildungen auf eine einheitliche Vorgehensweise verständigen.[67] Nachdem der Versuch verschiedener Institutionen und Verbände, sich auf eine **»Gemeinsame Anerkennungsstelle für Mediationsausbildungen«** (GAMA) zu einigen, im Februar 2017 gescheitert ist, dürfte der Erwartungshaltung des Verordnungsgebers rein faktisch jedoch weitgehend die Grundlage entzogen worden sein. Die Bundesrechtsanwaltskammer (BRAK), der Deutsche Anwaltsverein (DAV), der Deutsche Industrie- und Handelskammertag (DIHK) und die Bundesnotarkammer (BNotK) konnten sich laut einer Mitteilung des Bundesverbandes Mediation in Wirtschaft und Arbeitswelt eV (BMWA) in einer Sitzung am 23.2.2017 nicht bereit erklären, an der Errichtung der GAMA mitzuwirken, was seitens der BRAK und des DAV maßgeblich damit begründet worden ist, dass es rechtlich problematisch sei, den Markt für Mediationsausbildungen außerhalb des Marktes für Anwältinnen und Anwälte zu beeinflussen. Damit ist der Versuch, eine Zertifizierungsstelle in Gestalt einer gemeinsamen, nichtstaatlichen und als Stiftungsmodell organisierten Institution zu statuieren, einstweilen als gescheitert anzusehen. Stattdessen beabsichtigen die Mediationsverbände BAFM, BM, BMWA, DFfM und DGM nunmehr, eigene Standards und Anerkennungsverfahren zu etablieren, da (auch) sie davon ausgehen, dass das von der ZMediatAusbV vorgesehene Modell der »Selbstzertifizierung« mit Schwächen behaftet ist. Ob es für Verbraucherinnen und Verbraucher allerdings einen Gewinn an Transparenz und Orientierung darstellt, sich künftig – neben der Zertifizierung nach der ZMediatAusbV – möglicherweise mit einer Reihe anderer, losgelöst davon geschaffener „Verbands-Gütesiegel" auseinandersetzen zu müssen, darf bezweifelt werden.[68] Abhilfe kann dabei letztlich nicht der Verordnungsgeber, sondern nur der Gesetzgeber selbst schaffen. Bleibt es bei dem Befund des Scheiterns der Etablierung eines privat organisierten Zertifizierungssystems, so wird möglicherweise – jedenfalls mittelfristig – die bereits im Gesetzgebungsverfahren zum MediationsG zur Sprache gekommene Option in den Mittelpunkt rücken, nach welcher der Gesetzgeber sich für diesen

---

67 *Wenzel* Spektrum der Mediation 66/2017, 46 (47).
68 Unter Transparenzgesichtspunkten ist allerdings auch zu kritisieren, dass die ZMediatAusbV es dem Verbraucher mit ihrem gestuften System von Bescheinigungen bzgl. der erfolgreichen Beendigung eines Ausbildungslehrganges, der Teilnahme an Fortbildungsveranstaltungen und der Durchführung notwendiger Supervisionen quasi unmöglich macht, sich „auf einen Blick" verlässlich darüber zu informieren, ob die Voraussetzungen einer „Zertifizierung" vorliegen. Wird die Zertifizierungsbezeichnungsbefugnis gar aus einer im Ausland erworbenen Qualifikation oder aus der Übergangsbestimmung des § 7 Abs. 1 ZMediatAusbV abgeleitet, führt der Umstand, dass die ZMediatAusbV insoweit explizit keinerlei Bescheinigungen fordert, dazu, dass dem Verbraucher noch weniger überprüfbare Kriterien zur Verfügung stehen.

Fall vorbehält, § 6 MediationsG dahin gehend zu ändern, dass künftig die Zertifizierung durch eine staatliche Stelle erfolgen kann.[69]

§ 7 MediationsG Wissenschaftliche Forschungsvorhaben; finanzielle Förderung der Mediation

(1) Bund und Länder können wissenschaftliche Forschungsvorhaben vereinbaren, um die Folgen einer finanziellen Förderung der Mediation für die Länder zu ermitteln.

(2) [1]Die Förderung kann im Rahmen der Forschungsvorhaben auf Antrag einer rechtsuchenden Person bewilligt werden, wenn diese nach ihren persönlichen und wirtschaftlichen Verhältnissen die Kosten einer Mediation nicht, nur zum Teil oder nur in Raten aufbringen kann und die beabsichtigte Rechtsverfolgung oder Rechtsverteidigung nicht mutwillig erscheint. [2]Über den Antrag entscheidet das für das Verfahren zuständige Gericht, sofern an diesem Gericht ein Forschungsvorhaben durchgeführt wird. [3]Die Entscheidung ist unanfechtbar. [4]Die Einzelheiten regeln die nach Absatz 1 zustande gekommenen Vereinbarungen zwischen Bund und Ländern.

(3) Die Bundesregierung unterrichtet den Deutschen Bundestag nach Abschluss der wissenschaftlichen Forschungsvorhaben über die gesammelten Erfahrungen und die gewonnenen Erkenntnisse.

Literatur:

Becker/Horn, Notwendige Regelungen eines deutschen Mediationsgesetzes, SchiedsVZ 2006, 270; *Bercher/Engel,* Kostenanreize für eine Streitbeilegung durch Mediation, ZRP 2010, 126; *Carl,* Das erfreuliche Ende eines langen Gesetzgebungsverfahrens..., ZKM 2012, 132; *Effer-Uhe,* Prozess- oder Verfahrenskostenhilfe für die gerichtsnahe Mediation, NJW 2013, 3333; *Feix,* Die Verankerung einvernehmlicher Streitbeilegung im deutschen Zivilprozessrecht, 2003; *Fritz/Pielsticker,* Mediationsgesetz – Kommentar, Handbuch, Mustertexte, 2013; *Gottwald,* Alternative Streitbeilegung (Alternative Dispute Resolution, ADR) in Deutschland, FPR 2004, 163; *Greger,* Mediation und Gerichtsverfahren in Sorge- und Umgangsrechtskonflikten – Pilotstudie zum Vergleich von Kosten und Folgekosten, 2010; *ders.,* Die Reglementierung der Selbstregulierung, ZRP 2010, 209; *ders./Unberath/Steffek,* Recht der alternativen Konfliktlösung, Mediationsgesetz, Verbraucherstreitbeilegungsgesetz – Kommentar, 2. Aufl. 2016; *Hamkens,* Geförderte Familienmediation in Berlin, ZKM 2016, 145; *Hopt/Steffek,* Mediation – Rechtstatsachen, Rechtsvergleich, Regelungen, 2008; *Koch,* Kostenhilfe für außergerichtliche Streitbeilegung, ZKM 2007, 71; *Leutheusser-Schnarrenberger,* Die Mediations-Richtlinie und deren Implementierung, ZKM 2012, 72; *Mähler,* Zur gesetzlichen Absicherung der Familienmediation, ZKM 2003, 73; *Nickel,* Aktuelle Entwicklungen in der Rechtsprechung zur Prozesskostenhilfe, MDR 2010, 1227; *Paul,* Ausbildung und

---

69 BT-Drs. 17/8058, 18; *Greger* plädiert unter Hinweis auf verfassungsrechtliche Bedenken wie auch mit Blick auf die gescheiterten Bemühungen zur Findung eines Konsenses der beteiligten Verbände und Institutionen dafür, die ZMediatAusbV in Gänze zurückzuziehen oder ihr Inkrafttreten auszusetzen, vgl. *Greger* Spektrum der Mediation 66/2017, 49 (51) sowie https://www.mediationaktuell.de/news/neue-perspektiven-qualitaetsmanagement-in-mediation (letzter Abruf 9.4.2017). Obwohl dies die Möglichkeit eröffnen würde, die Ergebnisse der Evaluierung des MediationsG und seiner Ausbildungsvorgaben zu berücksichtigen und in eine geänderte Verordnung einfließen zu lassen, ist mit einem solchen Aussetzen der ZMediatAusbV – welches bis zum Zeitpunkt der Drucklegung dieses Kommentars nicht ersichtlich war – schon vor dem Hintergrund des terminologischen Anknüpfens an den Begriff des zertifizierten Mediators im VSBG nicht zu rechnen.

Kosten der Mediation – Konzepte und Kosten, auch im internationalen Vergleich, FPR 2004, 176; *ders.*, Pre-Court Consideration of Mediation – Der englische Weg zur Implementierung von Mediation und einige rechtsvergleichende Überlegungen, ZKM 2011, 122; *Proksch*, Reform des familienrechtlichen Verfahrens durch das FamFG – Möglichkeiten für Mediation, ZKM 2010, 39; *ders.*, Förderung der Familienmediation durch das Mediationsgesetz, ZKM 2011, 173; *Spangenberg*, Anmerkung zu OLG Köln, Beschl. v. 3.6.2011 – 25 UF 24/10, ZKM 2012, 31; *Steffek*, Rechtsvergleichende Erfahrungen für die Regelung der Mediation, RabelsZ 2010, 840; *Wagner*, Der Referentenentwurf eines Mediationsgesetzes, ZKM 2010, 172; *Will*, Zugang zur Mediation, ZKM 2016, 148; *ders.*, 5 Jahre MediationsG – Mediation für einkommensschwache Bürger, ZKM 2017, 84.

I. Vorbemerkung

Von der Förderung der Mediation verspricht sich der Gesetzgeber die Verwirklichung derjenigen Ziele, die schon mit dem Gesetz zur Förderung der außergerichtlichen Streitbeilegung verfolgt wurden,[1] namentlich die Entlastung der staatlichen Gerichte, die beschleunigte Konfliktlösung und die nachhaltige Förderung von Rechtsfrieden durch interessengerechte Lösungen.[2] Als weiteres Ziel verfolgt das Gesetz im Einklang mit dem Leitgedanken der Entwicklung einer nationalen Nachhaltigkeitsstrategie[3] die „nachhaltige Verbesserung der Streitkultur in Deutschland".[4]

Ob und in welchem Umfang Mediation oder andere Verfahren der außergerichtlichen Konfliktbeilegung genutzt werden, hängt maßgeblich davon ab, wie diese Dienstleistung finanziert wird. In den Stellungnahmen zum Gesetzentwurf war mehrfach kritisiert worden, dass sich das Mediationsgesetz im Hinblick auf die finanzielle Förderung der Mediation weitgehend zurückhält. In Anlehnung an die Prozess- oder Verfahrenskostenhilfe, die bedürftigen Parteien Kostenfreiheit im gerichtlichen Verfahren ermöglicht, wurde häufig die Schaffung einer „**Mediationskostenhilfe**" angemahnt.[5] Für eine Förderung außergerichtlicher Mediation wird, neben dem Aspekt

1

---

1 BT-Drs. 14/980, 5.
2 BT-Drs. 17/5335, 11.
3 Vgl. BT-Drs. 17/5335, 12.
4 BT-Drs. 17/5335, 11.
5 *BAFM*, Stellungnahme zur 51. Sitzung des Rechtsausschusses des Deutschen Bundestages vom 25. Mai 2011, S. 5; *Carl* ZKM 2012, 132; *Greger* ZRP 2010, 209 (212 f.); *Greger*, Protokoll der 51. Sitzung des Rechtsausschusses des Deutschen Bundestages vom 25. Mai 2011, S. 4; *Paul*, Protokoll der 51. Sitzung des Rechtsausschusses des Deutschen Bundestages vom 25. Mai 2011, S. 17; *Plassmann*, Stellungnahme zur 51. Sitzung des Rechtsausschusses vom 25. Mai 2011, S. 9; *Proksch* ZKM 2010, 39 (42).

des gesamtgesellschaftlichen Interesses an der Verbesserung der Streitkultur, vor allem ins Feld geführt, dass sich dadurch letztlich staatliche Ressourcen schonen ließen, weil die Entlastung für die öffentliche Hand höher ausfalle, als die zu erwartenden zusätzlichen Mittel für die Mediation.[6] Zu den einsparbaren Kosten der öffentlichen Hand zählen zB diejenigen für Prozess- und Verfahrenskostenhilfe (→ Rn. 3 ff.). Außerdem dürfe die Mediation nicht Privileg der Besserverdienenden bleiben.[7] Entsprechende Forderungen gab es in der wissenschaftlichen Literatur bereits früher.[8]

2   Die in § 7 getroffene Regelung zur Möglichkeit der Vereinbarung wissenschaftlicher Forschungsvorhaben zur Schaffung einer Grundlage für die Einführung finanzieller Hilfen für die Mediation, wird den vielfach erhobenen Forderungen nicht gerecht.[9] Sie bleibt hinter dem, was gewollt war – der Einführung einer tatsächlichen Mediationskostenhilfe – zurück.[10] Andererseits wäre es erfreulich, wenn mit wissenschaftlichen Forschungsvorhaben Grundlagen für eine etwaige zukünftige Mediationskostenhilfe sowie sonstige finanzielle Förderungen geschaffen würden. Bisher ist indes kein Vorhaben im Sinne von § 7 initiiert.[11]

II. Vereinbarung wissenschaftlicher Forschungsvorhaben zur Ermittlung der Folgen einer finanziellen Förderung der Mediation für die Länder (Abs. 1)

3   **1. Normzweck; Anwendungsbereich.** Andere europäische Länder haben mit der finanziellen Förderung der außergerichtlichen Mediation bereits positive Erfahrungen gemacht, wobei die Art der Förderung stark variiert.[12] Nicht selten wird eine Förderung in der Form gewährt, dass nur für eine bestimmte Anzahl von Mediationsstunden ein zusätzlich der Höhe nach begrenztes Mediationshonorar erstattet wird.[13] Die rechtlichen und tatsächlichen Verhältnisse anderer Länder sind jedoch zum Teil nicht auf unser deutsches Rechtssystem übertragbar. So ist es zB wenig verwunderlich, dass die Einführung eines obligatorischen vorgerichtlichen Mediationsversuchs in solchen Ländern besser akzeptiert wird und größere Erfolgsaussichten hat, in denen den Parteien teilweise extrem hohe Prozess-

---

6   *Greger* ZRP 2010, 209 (212 f.); Greger/Unberath/Steffek/*Greger* B. § 7 Rn. 1; *Proksch* ZKM 2011, 173 (176); *Koch* ZKM 2007, 71 (75); Fritz/Pielsticker/*Pielsticker* § 7 Rn. 32; *Wagner* ZKM 2010, 172 (176).
7   *Carl* ZKM 2012, 132; *Plassmann*, Stellungnahme zur 51. Sitzung des Rechtsausschusses des Deutschen Bundestages vom 25. Mai 2011, S. 9.
8   *Gottwald* FPR 2004, 163 (167); *Mähler* ZKM 2003, 73 (77); *Paul* FPR 2004, 176 (180).
9   *Carl* ZKM 2012, 132.
10 Greger/Unberath/Steffek/*Greger* B. § 7 Rn. 1 spricht von einer „äußerst zaghaften Regelung".
11 *Will* ZKM 2016, 148; vgl. zu einem wissenschaftlich begleiteten Pilotprojekt zur finanziellen Förderung der gerichtsnahen Mediation in Kindschaftssachen, das in Berlin initiiert wurde, ohne auf einer Bund-Länder-Vereinbarung nach § 7 Abs. 1 zu basieren, Rn. 18; abrufbar unter www.big-familienmediation.de (zuletzt abgerufen am 24.06.2017).
12 Vgl. hierzu beispielhaft die Länderberichte zu Frankreich, Niederlande, Österreich, in: *Hopt/Steffek*, Mediation, 2008.
13 So zB in Österreich, vgl. *Roth* in: Hopt/Steffek, S. 129 ff.

führungskosten abverlangt werden, zB in England und Wales.[14] Das Modell einer Mediationsfinanzierung im Rahmen einer sogenannten Pre-Court Consideration of Mediation[15] hat dort eine völlig andere Relevanz.[16]

Im Gesetzentwurf[17] zu der – damals noch als § 6 vorgesehenen – Regelung   4 zur Schaffung von Grundlagen für die finanzielle Förderung der Mediation wurde festgestellt, dass die **Ausgaben der Länder für die Prozess- und Verfahrenskostenhilfe steigen**. Weiter heißt es, dass sich zahlreiche im Wege der Prozess- und Verfahrenskostenhilfe finanzierte **Gerichtsverfahren vermeiden** ließen, wenn die außergerichtliche Konfliktbeilegung, insbesondere die außergerichtliche Mediation, verstärkt genutzt würde.[18] Eine finanzielle Förderung der Mediation würde zwar einerseits staatlichen Ressourcenaufwand bedingen. Zugleich wäre aber eine Entlastung der Justiz und Einsparungen bei Prozesskostenhilfe zu erwarten.[19] Unter anderem eine erste Pilotstudie spricht dafür, dass diese Erwartung berechtigt ist und die Einsparungen die Aufwendungen für eine finanzielle Förderung der Mediation überkompensieren könnten.[20]

Die vorgesehenen Forschungsvorhaben sollen Auskunft darüber geben, in-   5 wieweit die finanziellen Belastungen der Länder reduziert werden können.

Mit § 7 sollen Bund und Länder die Möglichkeit erhalten, aufgrund wis-   6 senschaftlich ermittelter Erkenntnisse zu entscheiden, ob und gegebenenfalls wie eine finanzielle Förderung der Mediation in Deutschland eingeführt werden sollte.[21] Dazu greift § 7 Abs. 1 die Regelung des Art. 91 b Abs. 1 S. 1 Nr. 1 GG auf und schafft eine Rechtsgrundlage für wissenschaftliche Forschungsvorhaben außerhalb von Hochschulen, um die Auswirkungen der finanziellen Förderung der Mediation zu untersuchen.

Soweit solche Forschungen einen tatsächlichen Einspareffekt durch Media-   7 tionskostenhilfe belegen sollten, wird die finanzielle Förderung der Mediation Gegenstand weiterer rechtspolitischer Diskussionen sein.[22] Es wäre in diesem Zusammenhang günstig, wenn diese Forschungsvorhaben in den Bundesländern initiiert werden würden, die aufgrund der in den vergangenen Jahren praktizierten Modelle gerichtsinterner Mediation bereits über Erfahrungen mit der Mediation verfügen, insbesondere Niedersachsen, Berlin und Bayern. Denn bei den Gerichten dieser Länder wird von einer Akzeptanz und Kooperationswilligkeit bei derartigen Forschungsvorhaben auszugehen sein, da sie selbst schon jahrelange Mediationspraxis vorwei-

---

14   *Carl* ZKM 2012, 132.
15   *Paul* ZKM 2011, 122 ff.
16   Zur Kostenersparnis durch Mediation im englischen Familienrecht: National Audit Office, Legal Aid and mediation for people involved in family breakdown, 2007, 8 (10).
17   BT-Drs. 17/5335.
18   BT-Drs. 17/5335, 18.
19   Greger/Unberath/Steffek/*Greger* B. § 7 Rn. 1; *Greger* ZRP 2010, 209 (213); *Proksch* ZKM 2011, 173 (176); *Feix*, S. 45; *Koch* ZKM 2007, 71 (75); Fritz/Pielsticker/*Pielsticker* § 7 Rn. 32.
20   *Greger*, Mediation und Gerichtsverfahren in Sorge- und Umgangsrechtskonflikten; *Leutheuser-Schnarrenberger* ZKM 2012, 72 (74).
21   BT-Drs. 17/5335, 18.
22   Greger/Unberath/Steffek/*Greger* B. § 7 Rn. 1; *Leutheuser-Schnarrenberger* ZKM 2012, 72 (74).

sen können und dieses Verfahren für sie nicht unbekannt ist.[23] Der Gesetzgeber hat bewusst darauf verzichtet, bereits jetzt eine dauerhafte, flächendeckende finanzielle Unterstützung in das Gesetz aufzunehmen, sicherlich auch im Hinblick auf Art. 104 a GG: bei konkreten Kostenregelungen hätte das Gesetz der Zustimmung des Bundesrates bedurft, was aus verschiedenen Gründen vermieden werden sollte.

8 **2. Umfang der Forschungsvorhaben.** Die **Forschungsvorhaben** sollten gemäß dem Gesetzentwurf der Bundesregierung ursprünglich auf Familiensachen beschränkt sein, da in diesem Bereich besonders viele mediationsgeeignete Streitigkeiten auftreten und zugleich die Ausgaben für die Verfahrenskostenhilfe besonders hoch sind.[24] Diese Begrenzung wurde gestrichen und die Rechtsgrundlage für die Vereinbarung wissenschaftlicher Forschungsvorhaben ausgeweitet. Dadurch soll eine breitere Erkenntnisgrundlage ermöglicht werden, die für weitere Rechtsgebiete genutzt werden kann.[25] Neben dem Familienrecht eignen sich zB das Erbrecht sowie das WEG- und Nachbarschaftsrecht wegen der engen Verflechtungen der Konfliktparteien besonders gut für Mediationsverfahren.

9 . Die nach § 7 vorgesehenen Forschungsvorhaben sollten auch dazu genutzt werden, zu ermitteln, welche Gründe die Entscheider (Eltern, Erben, Wohnungseigentümer, Nachbarn und andere Einzelpersonen, Firmen-, Dienststellen-, und Personalleitungen usw) dazu motivieren (können), eine Mediation durchzuführen. Damit könnten wertvolle Erkenntnisse zur Förderung der Mediation gewonnen werden.[26]

III. Voraussetzungen für die Gewährung von Mediationskostenhilfe (Abs. 2)

10 Eine direkte finanzielle Förderung der Mediation wäre ihrer Rechtsnatur nach Leistungsverwaltung, als Ergänzung zu den bestehenden Einrichtungen der Sozialhilfe,[27] die eine gesetzliche Grundlage erfordert. Ob § 7 selbst als Rechtsgrundlage für eine Leistungsgewährung ausreichen würde, ist allerdings zweifelhaft.[28]

11 In sachlicher Hinsicht verlangt § 7 für die Förderungsfähigkeit einer Mediation, dass der Konflikt auch Gegenstand eines gerichtlichen Verfahrens sein könnte. Dies verdeutlichen § 7 Abs. 2 S. 1, wonach die Förderung einer rechtsuchenden Person bewilligt werden kann, sowie § 7 Abs. 2 S. 2, wonach über den Antrag das für das Verfahren zuständige Gericht entscheidet.

12 In persönlicher Hinsicht knüpft § 7 Abs. 2 S. 1 an § 114 S. 1 ZPO an, der die Voraussetzungen für die Gewährung von Prozesskostenhilfe regelt.[29]

---

23 Erste bestätigende Hinweise dafür bietet das Pilotprojekt zur finanziellen Förderung der gerichtsnahen Mediation in Kindschaftssachen in Berlin, vgl. *Hamkens* ZKM 2016, 145 (146).
24 BT-Drs. 17/5335, 28.
25 BT-Drs. 17/8058, 20.
26 *Carl* ZKM 2012, 132 (133).
27 Zur Rechtsnatur der Prozesskostenhilfe als spezialgesetzlich geregelte Art der Sozialhilfe vgl. Zöller/*Geimer* ZPO Vor § 114 Rn. 1.
28 Verneinend Greger/Unberath/Steffek/*Greger* B. § 7 Rn. 5.
29 BT-Drs. 17/5335, 18; Greger/Unberath/Steffek/*Greger* B. § 7 Rn. 6.

Zunächst ist der Antrag einer rechtssuchenden Person notwendig. Anders als in § 114 S. 1 ZPO ist bei der Förderung der Mediation allerdings nicht die **hinreichende Erfolgsaussicht** der beabsichtigten Rechtsverfolgung oder Rechtsverteidigung zu prüfen, weil rechtliche Aspekte in der Mediation nur eine untergeordnete Rolle spielen. Entscheidend ist, ob Rechtssuchende nach ihren persönlichen und wirtschaftlichen Verhältnissen die Kosten einer Mediation nicht, nur zum Teil oder nur in Raten aufbringen können.[30] Ausgeschlossen ist die Bewilligung der Förderung nur dann, wenn die beabsichtigte Rechtsverfolgung oder Rechtsverteidigung mutwillig erscheint. Für die Definition der Mutwilligkeit kann § 114 Abs. 2 ZPO herangezogen werden. Sie ist dann zu bejahen, wenn eine Partei, die keine Kostenhilfe beansprucht, bei verständiger Würdigung aller Umstände davon absehen würde, auf eigene Kosten an einer Mediation teilzunehmen.[31] Eine Prüfung der **Mediationseignung** des Konflikts soll gemäß dem Grundgedanken der Eigenverantwortlichkeit ausdrücklich nicht vorgenommen werden. Das entspricht den von der Wissenschaft geäußerten Vorstellungen.[32] Der Gesetzgeber unterstellt die Effizienz der Mediation, wenn die Parteien einen Mediationsversuch unternehmen wollen und ein Mediator dazu bereit ist, die Mediation zu übernehmen. Dann muss davon ausgegangen werden, dass das Verfahren effizient und geeignet ist.

§ 7 Abs. 2 S. 2 regelt, welches Gericht über den Antrag auf Förderung entscheidet, nämlich „das für das Verfahren zuständige Gericht". Darunter ist das Gericht zu verstehen, das im Falle einer gerichtlichen Auseinandersetzung über den Konflikt örtlich und sachlich zuständig wäre.[33] **13**

Die Entscheidung über Gewährung von Mediationskostenhilfe ist nach § 7 Abs. 2 S. 3 unanfechtbar. Dies begegnet im Hinblick auf versagende Entscheidungen verfassungsrechtlichen Bedenken.[34] Sachgerechterweise wäre ein Rechtsbehelf zu eröffnen.

Alle übrigen Einzelheiten bezüglich der Gewährung von Mediationskostenhilfe bleiben den zwischen Bund und Ländern zu treffenden Vereinbarungen überlassen.

Zu etablieren wäre ein Bewilligungsverfahren, dessen Ausgestaltung sich an den §§ 117 ff. ZPO orientieren könnte.[35]

Im Hinblick auf die Zielrichtung von § 7, insbesondere direkte Mediation zu fördern, wäre ein Mechanismus zur Prüfung der Bedürftigkeit des Antragstellers notwendig, der unabhängig von der Rechtshängigkeit des Konfliktes operabel ist. **14**

---

30 Problematisch ist dabei die Referenz der zu erwartenden Kosten der Mediation, da deren Bestimmung – anders als die Bestimmung der im Rahmen von § 114 S. 1 ZPO in Bezug genommenen Kosten der Prozessführung – nicht ohne Weiteres möglich ist.
31 Dies ist indes schwer vorstellbar, vgl. in diesem Sinne Greger/Unberath/Steffek/*Greger* B. § 7 Rn. 7.
32 *Becker/Horn* SchiedsVZ 2006, 270 (275); *Bercher/Engel* ZRP 2010, 126 (128).
33 Wie hier: Greger/Unberath/Steffek/*Greger* B. § 7 Rn. 8: „Potentielle Zuständigkeit".
34 Greger/Unberath/Steffek/*Greger* B. § 7 Rn. 13.
35 Greger/Unberath/Steffek/*Greger* B. § 7 Rn. 10.

Für die Festsetzung von Zahlungen sollte eine § 120 ZPO entsprechende Regelung geschaffen, die Änderung der Bewilligung in Entsprechung zu § 120 a ZPO ermöglicht und eine Aufhebbarkeit der Bewilligung analog § 124 ZPO geregelt werden.[36] Auch gegen diese Entscheidungen wären Rechtsbehelfe vorzusehen.

15 Ein Forschungsvorhaben müsste in erster Linie die Kostenübernahme für die Dienstleistung des Mediators gewährleisten.[37] Da es keine gesetzlichen Gebührentatbestände für die Tätigkeit des Mediators gibt, wäre es im Rahmen eines Forschungsvorhabens erforderlich, Kriterien für die Bestimmung seines Honorars festzulegen. Sinnvoll wäre eine Vergütung nach Zeitaufwand unter Ansatz eines Stundenhonorars, wie in der Praxis üblich.[38] Um unverhältnismäßige Kosten zu vermeiden, bedürfte es eines Begrenzungsmechanismuses. Hier kommen verschiedene Gestaltungen in Betracht, zB ein maximales Zeitbudget für die Mediation[39] oder eine Begrenzung des Honorars auf die Höhe der Gerichtskosten oder der gesetzlichen Rechtsanwaltsvergütung in erster Instanz.[40]

16 Im Sinne der Qualitätssicherung sollten Anforderungen an die Aus- und Fortbildung der Mediatoren für eine staatlich geförderte Mediation festgelegt werden.[41] Als Mindeststandard wären die Zertifizierungsvoraussetzungen im Sinne des § 5 Abs. 2 MediationsG iVm ZMediatAusbV heranzuziehen bzw, nach Inkrafttreten der Verordnung zum 01. September 2017, die Zertifizierung als solche.[42] Bei einer Förderung von Mediation in bestimmten Konfliktbereichen sollte zusätzlich ein besonderes Anforderungsprofil feldspezifischer Kenntnisse, Fähigkeiten und Erfahrungen geschaffen werden.

IV. Unterrichtung des Deutschen Bundestages nach Abschluss der wissenschaftlichen Forschungsvorhaben (Abs. 3)

17 § 7 Abs. 3 regelt, dass die Bundesregierung den Deutschen Bundestag nach Abschluss des oder der wissenschaftlichen Forschungsvorhaben über die

---

36 Wie hier: Greger/Unberath/Steffek/*Greger* B. § 7 Rn. 11, 13.
37 Neben diesen unmittelbaren Kosten der Mediation wären die Kosten der Entwicklung und Verwaltung des Projekts sowie die Kosten der wissenschaftlichen Begleitforschung und Auswertung bereit zu stellen, vgl. Greger/Unberath/Steffek/*Greger* B. § 7 Rn. 4.
38 Vgl. Greger/Unberath/Steffek/*Greger* B. § 2 Rn. 239.
39 So die Regelung zur geförderten Familienmediation in Österreich, vgl. *Roth* in: *Hopt/Steffek*, S. 129 ff.
40 Der Rechtsschutzversicherungsmarkt tendiert, wenn keine festen Honorargrenzen vereinbart sind, zu einer Begrenzung des Honorars auf die Höhe der Gerichtskosten erster Instanz.
41 Zu den Anforderungen im Rahmen der geförderten Familienmediation in Österreich, vgl. *Roth* in: *Hopt/Steffek*, S. 129 ff.
42 Die Mediationsverbände BM, BAFM, BMWA, DFfM und DGM halten die Anforderungen der ZMediatAusbV indes für nicht ausreichend, ein adäquates Aus- und Fortbildungsniveau für Mediatoren zu gewährleisten, und beabsichtigen daher die Etablierung gemeinsamer Standards, die im Sinne der Qualitätssicherung über die Anforderungen der ZMediatAusbV hinausgehen, vgl. Mitgliederrundschreiben vom 12.6.2017, https://www.die-mediation.de/wp-content/uploads/DFfM-Mitgliederschreiben-vom-12-06-2017.pdf, zuletzt abgerufen am 1.7.2017. Die Initiative begrüßend: *Greger* (https://www.mediationaktuell.de/news/lichtblick-beim-zertifizierungs-debakel, zuletzt abgerufen am 1.7.2017).

gesammelten Erfahrungen und erzielten Erkenntnisse unterrichtet. Den wissenschaftlichen Forschungsvorhaben kommt eine überregionale Bedeutung zu. Denn der Deutsche Bundestag soll mit den gewonnenen Forschungsergebnissen in die Lage versetzt werden, über eine bundesweite Förderung der Mediation und deren Modalitäten zu entscheiden.[43] Bewusst wurde auf einen Zeitrahmen zur Durchführung dieser Forschungsvorhaben sowie bezüglich der anschließenden Unterrichtung des Bundestages verzichtet, um auch längerfristigen Entwicklungen ihren Raum zu lassen. Allerdings besteht dadurch auch die Gefahr, dass ohne eine solche Fristsetzung schlichtweg nichts passiert.

V. Andere Wege zur finanziellen Förderung der Mediation

Ohne auf einer Bund-Länder-Vereinbarung nach § 7 zu basieren, wurde in Berlin auf Landesebene ein wissenschaftlich begleitetes Pilotprojekt zur finanziellen Förderung der Mediation in Kindschaftssachen initiiert.[44] Das auf zwei Jahre angelegte Projekt verfolgt das Ziel, Beteiligten einer rechtshängigen Kindschaftssache iSd § 151 Nr. 1 bis 3 FamFG (Sorgerecht, Umgangsrecht, Kindesherausgabe), denen jeweils Verfahrenskostenhilfe bewilligt wurde, die Möglichkeit einer Mediation außerhalb des gerichtlichen Kontextes zu eröffnen. Im Rahmen der Mediation können neben der rechtshängigen Kindschaftssache auch andere Themen[45] bearbeitet werden. Gefördert werden grundsätzlich bis zu zehn Zeitstunden Mediation, mit der Möglichkeit der Verlängerung im Einzelfall. Das Projekt knüpft an § 156 Abs. 1 S. 3 FamFG an, wonach das Gericht anordnen kann, dass die Eltern an einem kostenfreien Informationsgespräch über Mediation teilnehmen (→ FamFG § 156 Rn. 2). Von dieser Anordnungsmöglichkeit macht die Praxis unter anderem deshalb kaum Gebrauch, weil sich Parteien, die auf (Verfahrens-)Kostenhilfe angewiesen sind, eine Mediation wirtschaftlich nicht leisten können.[46] Die finanzielle Förderung soll über die Zugangsbarriere hinweg helfen, die die Kosten einer Mediation für bedürftige Beteiligte bedeuten. Die Mediationen werden von interdisziplinären und grundsätzlich gemischtgeschlechtlichen Co-Mediatorenteams durchgeführt (zur Co-Mediation → G Rn. 26 ff.). Die Mediatoren haben eine Mediationsausbildung von mindestens 200 Stunden und verfügen über besondere Fachkenntnisse in Trennungs- und Scheidungskonflikten (zu feldspezifischen Kenntnissen, Fähigkeiten und Erfahrungen als Kriterium der Qualitätssicherung → Rn. 11 und → G Rn. 30).[47] Das Pilotprojekt wird wissenschaftlich begleitet und evaluiert, um Erkenntnisse über die Folgen der fi-

18

---

43 BT-Drs. 17/5335, 28.
44 „Berliner Initiative geförderte Familienmediation" (BIGFAM): www.big-familien-mediation.de (zuletzt abgerufen am 24.06.2017); vgl. *Hamkens* ZKM 2016, 145 f.
45 Beispielsweise Kindesunterhalt, Ehegattenunterhalt, Unterhalt nach § 1615 l BGB, Haushalts- oder Ehewohnungssachen.
46 Vgl. zur entsprechenden Situation bei § 135 FamFG Greger/Unberath/Steffek/*Greger* B. § 7 Rn. 22.
47 *Hamkens* ZKM 2016, 145.

nanziellen Förderung der Mediation zu gewinnen.[48] Insofern orientieren sich Projekt und Begleitforschung an der Frage, auf deren Beantwortung auch wissenschaftliche Forschungsvorhaben im Sinne des § 7 zielen.

Verschiedene Gerichte haben in Fällen, in denen die Mediation von ihnen vorgeschlagen und das Verfahren daraufhin ausgesetzt wurde, die bereits bewilligte Prozess- bzw. Verfahrenskostenhilfe auf die Mediation ausgeweitet. Begründet werden die Entscheidungen damit, dass das Mediationsverfahren in diesen Fällen Bestandteil des gerichtlichen Verfahrens sei.[49] Die Gerichte greifen dabei auf den allgemeinen **Gleichheitsgrundsatz** (Art. 3 Abs. 1 GG) in Verbindung mit dem **Sozialstaats- und dem Rechtsstaatsprinzip** (Art. 20 Abs. 1, 3 GG) zurück und verlangen die Gewährung von Rechtsschutzgleichheit nicht nur im gerichtlichen, sondern auch im außergerichtlichen Bereich.

19   Zur Unterstützung dieser Auffassung wird die Rechtsprechung des Bundesverfassungsgerichts herangezogen, wonach Bemittelten und Unbemittelten derselbe Rechtsschutz gewährt werden müsse, ihre Lage anzugleichen sei[50] und die Rechtsverfolgung oder Rechtsverteidigung von Mittellosen im Vergleich zu Bemittelten nicht unnötig erschwert werden dürfe.[51] Ausgehend davon wird vertreten, dass der Bedürftige jedenfalls dann Anspruch auf Mediationskostenhilfe habe, wenn eine Mediation aufgrund gerichtlicher Empfehlung zustande kommt,[52] auch wenn es sich bei Mediation nicht um Rechtsverfolgung, sondern um einen konsensualen Weg handelt. Andererseits kann Kostenhilfe nur für Verfahren bei Gerichten und Notaren[53] bewilligt werden.[54] Nach dem Wortlaut der Vorschriften über die Prozesskostenhilfe ist weder die Beiordnung eines Mediators vorgesehen, noch sind das Honorar und die Auslagen des Mediators umfasst.[55] Art. 3 Abs. 1 GG verlangt zwar, dass der Bedürftige nicht von vornherein aufgrund seiner wirtschaftlichen Verhältnisse an der Rechtswahrnehmung gehindert wird,[56] weswegen die Rechtswahrnehmungsgleichheit im außergerichtli-

---

48 Unter anderem soll ermittelt werden, ob die Förderung die Akzeptanz von Mediation steigert, ob Mediation, die für die Beteiligten kostenfrei ist, mit der gleichen Motivation, Ausdauer und Ernsthaftigkeit verfolgt wird, wie Mediation, die auf eigene Kosten der Beteiligten durchgeführt wird und ob die Förderung wirtschaftliche Vorteile für den Justizhaushalt bedingt, vgl. *Hamkens* ZKM 2016, 145 (146).
49 OLG Köln ZKM 2012, 29; KG NJW 2009, 2754; OLG Celle NJW 2009, 1219; AG Eilenburg FamRZ 2007, 1670.
50 BVerfG 26.11.2008 – 1 BvR 1813/08 = FamRZ 2009, 191 f. mwN.
51 BVerfGE 9, 124 (130 f.).
52 *Spangenberg* ZKM 2012, 31.
53 § 17 Abs. 2 BNotO.
54 Beispielsweise für Schlichtungsausschüsse iSd § 111 Abs. 2 ArbGG oder für Schiedsgerichtsverfahren gibt es keine Prozesskostenhilfe, vgl. Zöller/*Geimer* ZPO § 114 Rn. 1; LAG Düsseldorf JurBüro 1990, 748 f.; OLG Stuttgart BauR 1983, 486 f.
55 Prozesskostenhilfe bewirkt, dass die Staatskasse gemäß § 122 Abs. 1 Nr. 1 ZPO insbesondere Gerichtskosten und Ansprüche der beigeordneten Rechtsanwälte auf Vergütung gegen die Partei nur eingeschränkt und die beigeordneten Rechtsanwälte gemäß § 122 Abs. 1 Nr. 3 ZPO Ansprüche auf Vergütung gegen die Partei gar nicht geltend machen können.
56 BVerfG 14.10.2008 – 1 BvR 2310/06 = BVerfGE 122, 39-63 = NJW 2009, 209-214, Rn. 33.

chen Bereich die rechtliche Beratung umfasst.[57] Dass aber die Rechtswahrnehmungsgleichheit verletzt ist, wenn eine Mediation angeregt wurde ohne obligatorisch zu sein, ist indes zweifelhaft. Der Partei steht es schließlich frei, der Anregung zu folgen oder auch nicht. Eine unterbleibende Differenzierung zwischen obligatorischer und angeregter Mediation dürfte zu einer Überspannung des Schutzumfangs von Art. 3 Abs. 1 iVm Art. 20 Abs. 1, 3 GG führen.[58] Es ist zu erwarten, dass das Bundesverfassungsgericht im Rahmen einer Vorlage durch die Gerichte mit dieser Frage befasst werden wird.

§ 8 MediationsG Evaluierung

(1) [1]Die Bundesregierung berichtet dem Deutschen Bundestag bis zum 26. Juli 2017, auch unter Berücksichtigung der kostenrechtlichen Länderöffnungsklauseln, über die Auswirkungen dieses Gesetzes auf die Entwicklung der Mediation in Deutschland und über die Situation der Aus- und Fortbildung der Mediatoren. [2]In dem Bericht ist insbesondere zu untersuchen und zu bewerten, ob aus Gründen der Qualitätssicherung und des Verbraucherschutzes weitere gesetzgeberische Maßnahmen auf dem Gebiet der Aus- und Fortbildung von Mediatoren notwendig sind.

(2) Sofern sich aus dem Bericht die Notwendigkeit gesetzgeberischer Maßnahmen ergibt, soll die Bundesregierung diese vorschlagen.

Literatur:

Alexander (Hrsg.), Global Trends in Mediation, 2. Aufl. 2006; *Alexander/Walsh/Svatos* (Hrsg.), The EU Mediation Law Handbook: Regulatory Robustness Ratings for Mediation Regimes, 2017; *Alexander/Steffek*, Mediation Series – Making Mediation Law, 2016; *Becker*, Qualitätssicherung von und in Konfliktmanagement-Systemen, in: Gläßer/Kirchhoff/Wendenburg (Hrsg.), Konfliktmanagement in der Wirtschaft, 2014, S. 457 ff.; *Bond*, Mediation and Culture: The Example of the ICC International Mediation Competition, Negotiation Journal 2013, 315; *Böhret/Konzendorf*, Handbuch Gesetzesfolgenabschätzung, 2001; *Breidenbach/Gläßer*, Selbstbestimmung und Selbstverantwortung im Spektrum der Mediationsziele, KON:SENS – Zeitschrift für Mediation 1999, 207; *Bundesregierung*, Bericht der Bundesregierung über die Auswirkungen des Mediationsgesetzes auf die Entwicklung der Mediation in Deutschland und über die Situation der Aus- und Fortbildung der Mediatoren – BT-Drs. 18/13178, 14.6.2017; *Bussmann*, Die Methodik der prospektiven Gesetzesevaluation, Gesetzgebung heute 1997, 109; *Dauner*, Qualitätssicherung der Mediation im Spannungsfeld von Markt und Regulierung, 2015; *Deutsche Gesellschaft für Evaluation*, Standards für Evaluation, 2008; *Directorate General for Internal Policies (Policy Department C: Citizen's Rights and Constitutional Affairs)*, The Implementation of the Mediation Directive – Compilation of In-depth Analyses, 29. November 2016; *Dass.*, "Rebooting" the Mediation Directive – Assessing the Limited Impact of its Implementation and Proposing

---

57 BVerfG 14.10.2008 – 1 BvR 2310/06 = BVerfGE 122, 39-63 = NJW 2009, 209-214, Rn. 34.
58 In diesem Sinne OLG Dresden NJW-RR 2007, 80 f.; Thomas/Putzo/Reichold/*Hüßtege* FamFG § 135 Rn. 7; Prütting/Helms/*Helms* FamFG § 36 a Rn. 17; *Effer-Uhe* NJW 2013, 3333 f. Greger/Unberath/Steffek/*Greger* bejaht allerdings eine aus der Verfassung abzuleitende Pflicht des Gesetzgebers, eine Rechtsgrundlage für Mediationskostenhilfe zu schaffen, § 7 Rn. 17. Zur fehlenden gesetzlichen Grundlage für die Beauftragung eines Mediators durch das Gericht und dessen Vergütungsanspruch bei dennoch erfolgter Beauftragung vgl. OLG Koblenz 21.1.2014 – 13 WF 43/14 = ZKM 2014, 71 f.

Measures to Increase the Number of Mediations in the EU, Januar 2014; *Esplugues/Iglesias/Palao*, Civil and Commercial Mediation in Europe – Cross-Border Mediation (Vol. II), 2014; *Europäische Kommission*, Bericht der Kommission an das Europäische Parlament, den Rat und den Europäischen Wirtschafts- und Sozialausschuss über die Anwendung der Richtlinie 2008/52/EG des Europäischen Parlaments und des Rates über bestimmte Aspekte der Mediation in Zivil- und Handelssachen, 26.8.2016; *Europäische Kommission*, Study for an evaluation and implementation of Directive 2008/52/EC – the 'Mediation Directive' – Final Report, 16.3.2016; *Gläßer* Auf dem Weg zu einem europäischen Verfahrensverständnis? Ein vergleichender Blick auf die Umsetzung der EU-Mediationsrichtlinie in Deutschland und Italien, in: Witzleb/Ellger/Mankowski/Merkt/Remien (Hrsg.), Festschrift für Dieter Martiny zum 70. Geburtstag, 2014, S. 735 ff.; *dies./Negele/Schroeter*, Qualitätssicherung von Mediation, ZKM 2008, 181; *Greger/Unberath/Steffek,* Recht der alternativen Konfliktlösung, Kommentar, 2. Aufl. 2016; *Grimm*, Gesetzesfolgenabschätzung – Möglichkeiten und Grenzen aus der Sicht des Parlaments, ZRP 2000, 87; *Höland*, Zum Stand der Gesetzesevaluation in der Bundesrepublik Deutschland – Praktische und methodische Anmerkungen, Zeitschrift für Gesetzgebung 1994, 372; *Hopt/Steffek*, Mediation – Rechtstatsachen, Rechtsvergleich, Regelungen, 2008; *dies.* (Hrsg.), Mediation – Principles and Regulation in Comparative Perspective, 2013; *Institut für Demoskopie Allensbach*, Einstellung der deutschen Bevölkerung zum Rechtssystem und zur Mediation, ROLAND Rechtsreport 2017; *Institut für Demoskopie Allensbach*, Einstellung der deutschen Bevölkerung zum Rechtssystem und zur Mediation, ROLAND Rechtsreport 2016; *Jantz/Veit*, Bessere Rechtsetzung durch Befristungs- und Evaluationsklauseln, Gutachten der Bertelsmann Stiftung, Mai 2010; *Karpen*, Gesetzesfolgenabschätzung – Ein Mittel zur Entlastung von Bürgern, Wirtschaft und Verwaltung? ZRP 2002, 443; *ders.*, Gesetzescheck (2005-2007): Empfehlungen zur Qualitätsverbesserung von Gesetzen, ZRP 2008, 97; *Kilian/Hoffmann*, Das Gesetz zur Förderung der Mediation – nomen est omen?, ZKM 2015, 176; *Lang-Sasse*, Mediationsstile und deren Merkmale – Ergebnis einer wissenschaftlichen Untersuchung im Rahmen der VI. ICC International Commercial Mediation Competition in Paris 2011, ZKM 2013, 54; *Nickel*, Grundlagen von Beratungs- und Prozesskostenhilfe in Kindschaftssachen, NJW 2011, 1117; *Paul*, Das erfreuliche Ende eines langen Gesetzgebungsverfahrens, ZKM 2012, 132; *Rottmann*, Institutionelle Möglichkeiten einer systematischen Wirkungskontrolle von Normen, ZRP 2003, 61; *Schonewille/Schonewille*, The Variegated Landscape of Mediation – A Comparative Study of Mediation Regulation and Practices in Europe and the World, 2014; *Seckelmann*, Neue Aufgaben für den Nationalen Normenkontrollrat – Perspektiven für die Folgenabschätzung von Gesetzen?, ZRP 2010, 213; *Steffek*, Rechtsvergleichende Erfahrungen für die Regelung der Mediation, RabelsZ 74 (2010), 841; *ders.*, Rechtsfragen der Mediation und des Güterichterverfahrens – Rechtsanwendung und Regulierung im Spiegel von Rechtsvergleich und Rechtstatsachen, ZEuP 2013, 529; *ders./Unberath* (Hrsg.), Regulating Dispute Resolution – ADR and Access to Justice at the Crossroads, 2014; *Stockmann*, Einführung in die Evaluation, in: Stockmann (Hrsg.), Handbuch zur Evaluation, 2007, S. 24 ff.; *Ziekow/Debus/Piesker*, Leitfaden zur Durchführung von expost-Gesetzesevaluationen unter besonderer Berücksichtigung der datenschutzrechtlichen Folgen, Institut für Gesetzesfolgenabschätzung und Evaluation, 2012.

I. Regelungshintergrund und -kontext

1. Erwägungen des Gesetzgebers. Gesetzesfolgenabschätzungen und Geset- **1**
zesevaluationen dienen der **Verwirklichung des Konzeptes eines „rationalen
Staates"**, indem sie dem Gesetzgeber als Mittel der Selbstvergewisserung
über die prospektiven oder eingetretenen Wirkungen seines Tuns dienen.[1]

Der gesetzgeberische Ansatz, in einem neuen Gesetz direkt und explizit
eine Pflicht zur (selbstkritischen) Evaluierung und darauf aufbauend ggf.
zur normativen Nachbesserung zu verankern, die teilweise auch mit einer
grundsätzlichen Befristung der Gültigkeit der Rechtsvorschrift verbunden
wird (sog. „Sunset Legislation"[2]), wird verstärkt seit Mitte der 1990er Jahre praktiziert[3] und ist als wichtiges Instrument international zu beobach-
tender Reformbestrebungen mit dem **Ziel einer besseren Rechtssetzung
(„better regulation")** zu sehen.[4]

Das MediationsG ist insofern nicht das erste bundesdeutsche Gesetz mit
einer Evaluierungsklausel.[5] Evaluationsnormen finden sich zB auch in § 17
Visa-Warndateigesetz (VWDG), in Art. 4 Bundeskinderschutzgesetz

---

1 *Seckelmann* ZRP 2010, 213 (216).
2 Spezifisch dazu mit internationalem Vergleichsmaterial und zahlreichen weiteren
Nachweisen *Jantz/Veit*, Bessere Rechtsetzung durch Befristungs- und Evaluationsklauseln, Mai 2010.
3 Siehe dazu *Grimm* ZRP 2000, 87 sowie *Rottmann* ZRP 2003, 61.
4 Siehe dazu *Jantz/Veit*, S. 9 f. Grundsätzlich wird bei der Betrachtung der Qualität
von Gesetzgebung zwischen Regulierungsqualität („better regulation"), Vollzugs-
qualität („good administration") und der Qualität des Regierens sowie der Umsetzung von Normen („good governance") unterschieden; siehe dazu *Karpen* ZRP
2008, 97.
5 Siehe dazu auch *Seckelmann* ZRP 2010, 213 (216).

(BKiSchG) sowie in Art. 3 Sport Doping-Bekämpfungsgesetz (Sport-DpBG)[6].

Das Verbraucherstreitbeilegungsgesetz (VSBG) enthält dagegen keine mit § 8 vergleichbare allgemeine Evaluationsklausel, sondern sieht gem. § 43 Abs. 2 VSBG lediglich ein Forschungsvorhaben zur Funktionsweise der gem. § 4 Abs. 2 S. 2 VSBG einzurichtenden Allgemeinen Verbraucherschlichtungsstelle (→ O Rn. 34 f.) vor.[7]

2   Die Evaluierungsvorschrift des § 8 wurde erst relativ spät im Gesetzgebungsprozess aufgrund der Beschlussempfehlung des Rechtsausschusses[8] in das Mediationsgesetz eingefügt.

Hinter dem Evaluierungsansatz steht das Bewusstsein, dass sich die **Mediation** als Instrument zur Konfliktlösung und die **Anforderungen an Mediatoren noch in der Entwicklung befinden,**[9] deren zukünftige Dynamik einer besonderen Beobachtung und ggf auch nachsteuernden Reaktion seitens des Gesetzgebers bedarf.[10] Zudem bringt die Evaluierungsvorschrift zum Ausdruck, dass der Gesetzgeber das Mediationsgesetz, welches in Deutschland ja erstmalig die Rahmenbedingungen für Konfliktlösungen durch Mediation – in einer noch eher kursorischen Weise – gesetzlich regelt, als noch in einem **Versuchsstadium** stehend und eventuell nachbesserungs- bzw ausdifferenzierungsbedürftig sieht.[11]

Insofern kann die auf den ersten Blick „unscheinbare Evaluierungsklausel" als „eine der wichtigsten Vorschriften des ganzen Gesetzes" bezeichnet werden.[12]

3   Auch die Europäische Mediations-Richtlinie enthält eine ähnlich gestaltete Evaluierungsvorschrift, die auf einen umfassenden Bericht über die europaweite Entwicklung von Mediation und die Auswirkungen der Mediations-

---

6   Siehe dazu exemplarisch den fristgerecht vorgelegten Evaluationsbericht: *Bundesministerium des Inneren/Bundesministerium für Gesundheit*, Bericht der Bundesregierung zur Evaluation des Gesetzes zur Verbesserung der Bekämpfung des Dopings im Sport, September 2012.

7   Siehe dazu *Borowski/Röthemeyer/Steike/Steike* § 43.

8   BT-Drs. 17/8058 (Beschlussempfehlung und Bericht des Rechtsausschusses).

9   So BT-Drs. 17/8058 (Beschlussempfehlung und Bericht des Rechtsausschusses), 20.

10   Auf diese grundlegende Rahmenbedingung der Regulierung der noch in starker Entwicklung befindlichen Materie Mediation weisen viele Werke hin, die sich mit der Normierung von Mediation befassen, so zB *Alexander/Walsh/Svatos*, The EU Mediation Law Handbook, 2017; *Alexander/Steffek*, Making Mediation Law, 2016, *Schonewille/Schonewille*, The Variegated Landscape of Mediation – A Comparative Study of Mediation Regulation and Practices in Europe and the World, 2014 oder *Steffek/Unberath* (Hrsg.), Regulating Dispute Resolution – ADR and Access to Justice at the Crossroads, 2014.

11   Siehe dazu exemplarisch die Begründung von *Ahrendt* in Plenarprotokoll 17/149 der 149. Sitzung des Deutschen Bundestages vom 15.12.2011, 17839: *„Der letzte Punkt, auf den wir schauen müssen, ist, dass wir das Gesetz einer Evaluierung unterwerfen. Denn: Wir bringen ein neues Gesetz auf den Weg und schaffen endlich einen strukturierten Rahmen für eine außergerichtliche Streitbeilegung, wir stärken die außergerichtliche Mediation. Aber wir wissen auch, dass wir damit noch nicht am Ende sind. Weil wir wissen, dass dieser Weg noch weitergegangen werden muss und dass wir an der einen oder anderen Stelle noch feilen müssen, damit die außergerichtliche Mediation wirklich erfolgreich wird, haben wir gesagt: Wir wollen das Gesetz einer Evaluierung unterwerfen."*

12   So Greger/Unberath/Steffek/*Greger* B. § 8 Rn. 1.

Richtlinie in den Mitgliedstaaten abzielt: Gemäß **Art. 11 der EU-Med-RiLi** hatte die Kommission dem Europäischen Parlament, dem Rat und dem Europäischen Wirtschafts- und Sozialausschuss bis zum 21.5.2016 einen **Bericht über die Anwendung dieser Richtlinie** vorzulegen (zum Kontext und Inhalt dieses Evaluationsberichts → Rn. 8 ff.).

2. Grundsätzliches zum Ansatz der Gesetzesevaluation. Die grundsätzliche **4** Pflicht des Gesetzgebers, die Wirkungen neuer Gesetzgebung in Form einer **Gesetzesfolgenabschätzung** zu prüfen, ergibt sich nach ständiger Rechtsprechung des Bundesverfassungsgerichts[13] aus den grundrechtlichen Schutzpflichten.[14] Unter Gesetzesfolgen werden dabei sowohl die **beabsichtigten Wirkungen** als auch **mögliche (unbeabsichtigte) Nebenwirkungen** von Gesetzen sowie deren Auswirkungen auf die öffentliche Haushalte (sog. „**Bürokratiekosten**") verstanden.[15]

Mit Blick auf die Differenzierung dieser Prüfpflicht des Gesetzgebers in **5** **Prognose-, Beobachtungs- und Nachbesserungspflichten** wird in der Gesetzesfolgenabschätzung entsprechend zwischen der **Konzeptions-,** der **Durchführungs-** und der **Auswertungsphase von Gesetzgebungsprozessen** unterschieden. Die **prospektive Gesetzesfolgenabschätzung** setzt bereits bei der Ausarbeitung des Gesetzentwurfs an, die in der Regel dem zuständigen Ministerium obliegt. Die **begleitende Gesetzesfolgenabschätzung** basiert auf einem bereits ausgearbeiteten rechtsförmigen Entwurf und findet in der Regel im parlamentarischen Verfahren statt. Die **retrospektive Gesetzesfolgenabschätzung,** die auch **ex-post-Gesetzesevaluation** genannt wird,[16] ist ein rückschauendes Verfahren, das die Wirkungen und Kostenfolgen eines bereits erlassenen Gesetzes zum Gegenstand hat.[17]

§ 8 statuiert die Pflicht zu einer – einmaligen (dazu → Rn. 52 f.) – **ex-post-Evaluierung des MediationsG.**

Evaluation im Allgemeinen wird definiert als „*eine systematische Untersu-* **6** *chung des Nutzens oder Wertes eines Gegenstands.*"[18] Gegenstand einer Evaluation können Programme, Projekte, Produkte, Maßnahmen, Leistungen, Organisationen, Politik, Technologie, Forschung und eben auch Gesetze sein.[19]

Bezogen auf Gesetze bezeichnet der Begriff der Evaluation die Kontrolle der Zielerreichung und die Ermittlung der (intendierten und nicht-intendierten) Nebenfolgen, also eine **umfassende Wirkungsüberprüfung.**[20] Diese Zielsetzung kommt auch im Wortlaut des § 8 zum Ausdruck.

In methodischer Hinsicht basieren Evaluationen im Wesentlichen auf der **7** **Sammlung und anschließenden Bewertung von Informationen,** die dann

---

13 Vgl BVerfGE 50, 290 (333), BVerfGE 56, 54 (78), BVerfGE 88, 203 (263).
14 Siehe dazu auch Fritz/Pielsticker/*Fritz* § 8 Rn. 6 f.
15 *Seckelmann* ZRP 2010, 213, 214.
16 *Ziekow/Debus/Piesker*, S. 17 Fn 4. Nach der Terminologie der Europäischen Kommission wird nur zwischen zwei Evaluationsmodi – der „ex-ante-," und der „ex-post-Evaluation" – unterschieden, *Seckelmann* ZRP 2010, 213 (216 mwN).
17 Siehe zu diesen Kategorien der Gesetzesfolgenabschätzung *Karpen* ZRP 2002, 443 (444).
18 *Deutsche Gesellschaft für Evaluation*, S. 13.
19 Vgl Stockmann/*Stockmann*, S. 24, 26.
20 *Seckelmann* ZRP 2010, 213 (216).

für einen Entscheidungsprozess genutzt werden.[21] Die durch eine Evaluation erzielten Ergebnisse, Schlussfolgerungen oder Empfehlungen müssen nachvollziehbar auf empirisch gewonnenen qualitativen und/oder quantitativen Daten beruhen.[22] Die einer Evaluation zugrunde gelegten **Bewertungskriterien** können allerdings sehr unterschiedlich sein, so dass die Kriterienwahl sehr großen Einfluss auf das Bewertungsergebnis hat.[23]

§ 8 Abs. 1 macht hierzu von gesetzgeberischer Seite **keine qualitativen Vorgaben**, sondern bestimmt letztlich nur Themenfelder, mit denen sich die Evaluation befassen soll. Insofern bleibt die nähere Bestimmung der Evaluationskriterien der berichtenden Bundesregierung überlassen (Näheres dazu unter → Rn. 21 ff.).

II. Die Evaluierung der europäischen Mediations-Richtlinie

8   Art. 11 der europäischen Mediations-Richtlinie fordert einen Evaluationsbericht, der auf die Entwicklung der Mediation in der gesamten Europäischen Union sowie auf die Auswirkungen dieser Richtlinie in den Mitgliedstaaten eingeht; dem Bericht sind, soweit erforderlich, Vorschläge zur Anpassung der Richtlinie beizufügen.

9   Die in Art. 11 der EU-Med-RiLi statuierte Evaluationsfrist, die acht Jahre nach Inkrafttreten der Richtlinie, also bereits am 21.5.2016, ablief, erscheint mit Blick auf den vorgesehenen Umfang der EU-weiten Evaluierung ungünstig früh gesetzt. Denn Evaluierungen zu Umsetzungsgesetzen der Mitgliedstaaten, die eine wesentliche Grundlage der europaweiten Evaluation darstellen sollten, waren – soweit vorgesehen – erst nach Ablauf der Evaluationsfrist der Richtlinie zu erwarten. Angesichts der zahlreichen Verzögerungen (dazu → Einl. Rn. 8) und Nachbesserungen[24] der Mediations-Normierungen der Mitgliedstaaten hätte mit Blick auf eine bessere **Synchronisierung der europäischen und nationalen Evaluationsfristen** eine großzügigere Bemessung der europäischen Evaluierungsfrist nahegelegen.

10   Nichtsdestotrotz wurde der geforderte Bericht von der Europäischen Kommission mit nur leichter Verspätung am 26.8.2016 vorgelegt (ein Inhaltsüberblick findet sich unter → Rn. 13 f.). Im Vorlauf und im Kontext dieses Evaluationsberichts wurden auf EU-Ebene verschiedene Studien und weitere wissenschaftliche Veröffentlichungen mit Evaluationscharakter erarbeitet, die Vorarbeiten für den Evaluationsbericht der Europäischen Kommission leisteten bzw diesen weiterführen. Ihre Inhalte werden deshalb im Folgenden in chronologischer Reihenfolge überblicksartig dargestellt, um die Ergebnisse und Schlussfolgerungen des europäischen und des deutschen Evaluationsberichts in einen breiteren Kontext zu setzen.

---

21 *Ziekow/Debus/Piesker*, S. 16. Grundlegend zur Methodik der Gesetzesevaluation *Böhret/Konzendorf*, Handbuch Gesetzesfolgenabschätzung, 2001.
22 *Deutsche Gesellschaft für Evaluation*, S. 13.
23 *Ziekow/Debus/Piesker*, S. 16.
24 Siehe dazu exemplarisch die im Zuge der Richtlinienumsetzung bereits mehrfach erfolgten Ergänzungen und Überarbeitungen der italienischen Mediationsgesetzgebung.

Das Europäische Parlament gab im Jahr 2014 eine Studie[25] in Auftrag, für   11
die Länderberichte eingeholt und ua 816 Mediationsexperten aus ganz Europa konsultiert wurden.[26] Diese Studie legt dar, dass die Mediations-Richtlinie zwar einen positiven Effekt auf den wissenschaftlichen Diskurs über das Thema Mediation ausgeübt und sogar eine Art „ADR Movement" in Europa erzeugt hat,[27] jedoch nicht für eine merkliche Zunahme der geschätzten Anzahl der durchgeführten Mediationsverfahren sorgte.[28] Um die Nutzung von Mediation (signifikant) zu steigern, favorisierte die Mehrheit der befragten Experten die Einführung der verpflichtenden Mediation für bestimmte Fallgruppen.[29] Für einen „Neustart" („Reboot") der Mediations-Richtlinie schlägt die Studie deshalb vor, die Richtlinie dahingehend zu modifizieren, dass eine Verpflichtung zur Mediation nicht nur erlaubt, sondern für bestimmte Konfliktbereiche in allen Mitgliedsstaaten ausdrücklich festgeschrieben wird (dazu kritisch → Rn. 50).[30] Darüber hinaus wird – unter Hinweis auf den Wortlaut von Art. 1 Mediations-Richtlinie – erwogen, dass die Mitgliedsstaaten jeweils Richtwerte für die Anzahl von jährlich mindestens durchzuführenden Mediationsverfahren festlegen und ihre Mediations-Förderpolitiken an der Erfüllung dieser Richtwerte überprüfen müssen, um effektiver für „ein ausgewogenes Verhältnis zwischen Mediation und Gerichtsverfahren" zu sorgen.[31]

Auch die Europäische Kommission ließ eine Studie[32] durchführen (im Folgenden: Kommissions-Studie), die zunächst auf Sekundäranalysen und   12
einer zwischen Juni 2012 und Juli 2013 stattfindenden Konsultation entsprechender Interessengruppen basierte und im Februar 2016 durch die Recherche von 28 nationalen Berichterstattern aktualisiert wurde, die beauftragt worden waren, über zwischenzeitliche legislative Änderungen zu berichten. Die gesammelten Informationen ergaben, dass die Mediations-Richtlinie ua dadurch positive Veränderungen herbeigeführt hat, dass die nationalen Gesetzgeber für die Vorteile der Mediation sensibilisiert wurden und bereits bestehende Regelungen für Mediation auf neue Anwendungsgebiete erweitert wurden.[33] Um den Einsatz der Mediation weiter zu steigern, wird in der Studie ua ein umfassender Informationsaustausch zwischen den Mitgliedsstaaten über die Erkenntnisse zur Umsetzung der Mediations-Richtlinie (dazu → Rn. 55) und der Ausbau des Informationsangebots über die Mediation und ihre Vorteile für Bürger, Unternehmen und

---

25 *Europäisches Parlament*, "Rebooting" the Mediation Directive – Assessing the Limited Impact of its Implementation and Proposing Measures to Increase the Number of Mediations in the EU, 2014.
26 Vgl. *Europäisches Parlament*, "Rebooting" the Mediation Directive (s. Fn. 25), S. 120 Figure 1.
27 *Europäisches Parlament*, "Rebooting" the Mediation Directive (s. Fn. 25), S. 6.
28 Vgl. *Europäisches Parlament*, "Rebooting" the Mediation Directive (s. Fn. 25), S. 120 Figure 2.
29 *Europäisches Parlament*, "Rebooting" the Mediation Directive (s. Fn. 25), S. 151 Figure 26.
30 *Europäisches Parlament*, "Rebooting" the Mediation Directive (s. Fn. 25), S. 163.
31 *Europäisches Parlament*, "Rebooting" the Mediation Directive (s. Fn. 25), S. 164.
32 *Europäisches Kommission*, Study for an evaluation and implementation of Directive 2008/52/EC – the 'Mediation Directive' – Final Report, 2016.
33 *Europäisches Kommission*, Study of the 'Mediation Directive' (s. Fn. 32), S. 65 f., 78.

Rechtspraktiker vorgeschlagen.[34] Außerdem sollen die Mitgliedsstaaten die Einführung einer Verpflichtung, potenzielle Streitpartner über die Mediation und ihre Vorteile zu informieren, sowie die Etablierung obligatorischer Vorverfahren durch sog. „Screening Agenturen" erwägen, welche prüfen sollen, ob ein potentieller Rechtsstreit besser im Rahmen einer Mediation anstelle eines Gerichtsverfahrens behandelt werden könnte.[35] Auf der Ebene der Qualitätssicherung mediatorischen Handelns weist die Studie auf die Vorbildfunktion des Europäischen Verhaltenskodex für Mediatoren (dazu → Einl. Rn. 4 und → Rn. 49) hin und schlägt vor, dass die Europäische Kommission nationale Ausbildungseinrichtungen zB durch die Ausarbeitung eines Handbuchs zum Thema Mediation für den europaweiten Gebrauch unterstützen könnte.[36]

13   Das Gegenstück zum deutschen Evaluationsbericht auf europäischer Ebene bildet der am 26.8.2016 veröffentlichte Bericht der Kommission an das Europäische Parlament, den Rat und den Europäischen Wirtschafts- und Sozialausschuss über die Anwendung der Richtlinie 2008/52/EG (im Folgenden: Kommissionsbericht). Die Ausführungen des Berichts basieren auf viererlei Quellen: der zuvor beschriebenen Kommissions-Studie, einem Bericht einer Arbeitsgruppe im sog. „Europäischen Justiziellen Netz für Zivil- und Handelssachen" zur Förderung von internationaler Mediation im Familienrecht im Falle von internationaler Kindesentführung aus dem Jahr 2014,[37] einer im Juli 2015 im Rahmen einer Sitzung des Europäischen Justiziellen Netzes für Zivil- und Handelssachen geführten Diskussion über die Kommissions-Studie und die Erfahrungen der Mitgliedsstaaten mit der Anwendung der Richtlinie sowie einer im letzten Quartal 2015 durchgeführten öffentlichen Online-Konsultation[38], bei der 562 Antworten von Interessenvertretern verschiedenster Art gesammelt werden konnten.

14   In einer allgemeinen Bewertung der Mediations-Richtlinie kommt der Kommissionsbericht zu dem Ergebnis, dass das Ausmaß der Auswirkungen auf die Rechtssysteme in den Mitgliedsstaaten zwar unterschiedlich sei, aber übergreifend ein positiver Effekt in Form einer größeren Akzeptanz und Verbreitung der Mediation nicht nur in grenzüberschreitenden Rechtsstreitigkeiten in Zivil- und Handelssachen, sondern auch in einem rein nationalen Kontext spürbar sei.[39] So würde dank der neuen gesetzlichen Regelungen insbesondere auch in den Mitgliedsstaaten, die vor Erlass der Richtlinie nur wenige bis gar keine Rahmenbedingungen zur Regulierung von Mediation geschaffen hatten, die Mediation zunehmend als echte Alternative zum staatlichen Gerichtsverfahren wahrgenommen.[40]

---

34 *Europäische Kommission*, Study of the 'Mediation Directive' (s. Fn. 32), S. 80.
35 *Europäische Kommission*, Study of the 'Mediation Directive' (s. Fn. 32), S. 80.
36 *Europäische Kommission*, Study of the 'Mediation Directive' (s. Fn. 32), S. 80.
37 Dieser Bericht ist unveröffentlicht.
38 S. http://ec.europa.eu/justice/newsroom/civil/opinion/150910_en.htm (zuletzt aufgerufen am 21.10.2017).
39 *Europäische Kommission*, Bericht der Kommission an das Europäische Parlament, den Rat und den Europäischen Wirtschafts- und Sozialausschuss über die Anwendung der Richtlinie 2008/52/EG des Europäischen Parlaments und des Rates über bestimmte Aspekte der Mediation in Zivil- und Handelssachen (im Folgenden zitiert als Kommissionsbericht), S. 4, 13.
40 *Kommissionsbericht* (s. Fn. 39), S. 4.

Daraus zieht der Kommissionsbericht den Schluss, dass die Richtlinie nicht revidiert werden müsse. Es bestünde jedoch noch Verbesserungspotential, was den Umfang der Anwendung der Richtlinie betrifft. Zu einer Förderung der Mediation könne es beitragen, einen stärker verpflichtenden Ansatz im Hinblick auf die Nutzung dieses Verfahrens zu verfolgen – etwa durch die Einführung obligatorischer Informationssitzungen zur Mediation im Rahmen eines Gerichtsverfahrens;[41] auch finanzielle Anreize in Form von Mediationskostenhilfe dürften hilfreich sein, um die Mediation im Verhältnis zum Gerichtsverfahren wirtschaftlich attraktiver zu gestalten[42] (dazu → Rn. 50).

Schließlich enthält der Kommissionsbericht das Versprechen, dass die Kommission die Entwicklung der Mediation in der EU weiterhin mitverfolgen und entsprechende Forschungsprojekte mitfinanzieren wird und in diesem Zusammenhang v.a. die Schaffung einer soliden statistischen Datenbasis zur Anwendung der Mediation unterstützen möchte (dazu → Rn. 55).[43]

Im November 2016 wurde schließlich noch ein vom Europäischen Parlament angefordertes Sammelwerk[44] veröffentlicht, in dem verschiedene Autoren grundlegende Analysen der Umsetzung der Mediationsrichtlinie in den Mitgliedstaaten vornehmen. Dabei wird insgesamt ein besonderer Fokus auf das Verhältnis zwischen dem Gerichtsverfahren und den Formen der Alternativen und Online Streitbeilegung in den Mitgliedstaaten gelegt. Die Beiträge enthalten zudem eine Vielzahl an Vorschlägen zur Ausweitung und Verbesserung der Anwendung von Mediation und anderen alternativen Streitbeilegungsformen. Neben der auch hier empfohlenen Verpflichtung, zumindest in bestimmten Rechtsgebieten zwingend eine anfängliche Mediationssitzung mit einem ausgebildeten Mediator/einer ausgebildeten Mediatorin durchführen müssen,[45] wird ua für eine starke Vereinfachung der Regelungen zur Vollstreckbarmachung grenzüberschreitender Mediationsergebnisvereinbarungen innerhalb der Europäischen Union plädiert.[46] **15**

III. Die Evaluierung des deutschen Mediationsgesetzes

1. Form und Themenfelder der Evaluierung. Die Evaluierung des Mediationsgesetzes war in der Form durchzuführen, dass die Bundesregierung dem Deutschen Bundestag einen **Bericht** vorlegt, der umfassend auf die in § 8 genannten Themenfelder und Fragestellungen eingeht: Zusätzlich zu einer **Darstellung und Bewertung des status quo der Entwicklung der Mediation und die Situation der Mediationsausbildung in Deutschland** (Abs. 1 S. 1) soll die Evaluation gem. § 8 Abs. 1 S. 2 auch eine Einschätzung zur **Not-** **16**

---

41 *Kommissionsbericht* (s. Fn. 39), S. 9 f., 13.
42 *Kommissionsbericht* (s. Fn. 39), S. 10, 13.
43 *Kommissionsbericht* (s. Fn. 39), S. 5, 13.
44 *Europäisches Parlament*, The Implementation of the Mediation Directive – Compilation of In-depth Analyses, 2016.
45 *De Palo /D'Urso*, Achieving a Balanced Relationship between Mediation and Judicial Proceedings, in: Europäisches Parlament, The Implementation of the Mediation Directive – Compilation of In-depth Analyses, 2016, S. 4 ff.
46 *Esplugues/Iglesias*, Mediation and private international law: improving free circulation of mediation agreements across the EU, in: Europäisches Parlament, The Implementation of the Mediation Directive – Compilation of In-depth Analyses, 2016, S. 70 ff.

wendigkeit weiterer gesetzlicher Maßnahmen auf dem Gebiet der Aus- und Fortbildung von Mediatoren liefern. Sofern Bedarf nach weiterer Regulierung besteht, soll der Bericht gem. § 8 Abs. 2 **konkrete Vorschläge für weitere gesetzgeberische Maßnahmen** insbesondere im Bereich der Aus- und Fortbildung, aber auch der Mediationstätigkeit generell enthalten.

17 **2. Evaluierungsfrist und Vorlage des Evaluationsberichtes.** Der Evaluationsbericht war dem Deutschen Bundestag **bis zum 26.7.2017** vorzulegen. Damit wurde ein **fünfjähriger Beobachtungszeitraum** ab Inkrafttreten des Gesetzes gewählt, der vom Gesetzgeber als „hinreichend langer Zeitraum für eine aussagekräftige Evaluierung" betrachtet wurde.[47]

Das Bundeskabinett hat am 19.7.2017 den vom Bundesminister der Justiz und für Verbraucherschutz innerhalb der vorgegebenen Frist vorgelegten Evaluationsbericht (im Folgenden: Evaluationsbericht) zum Mediationsgesetz beschlossen.[48] Der Bericht wurde noch am selben Tag online veröffentlicht.[49]

Ob die gesetzte Frist auch für eine – gem. § 8 Abs. 1 ja im Fokus der Vorschrift stehende – Evaluation der Aus- und Fortbildung von Mediatoren ausreichte, erscheint sehr fraglich, da die in § 6 vorgesehene Rechtsverordnung zu den Anforderungen an die Aus- und Fortbildung zertifizierter Mediatoren und der diesbezüglich tätigen Aus- und Fortbildungseinrichtungen (dazu → MediationsG § 6 Rn. 52 ff., 91) erst zum 1.9.2017, also nach Abgabe des Evaluationsberichtes, in Kraft trat.

18 **3. Vorgehen im Rahmen der Evaluierung.** Die Ergebnisse der durch § 8 normativ nur sehr kursorisch programmierten Gesetzesevaluation hängen maßgeblich von der von den Evaluations-Verantwortlichen und -Durchführenden gewählten Vorgehensweise ab.

19 **a) Evaluationsverantwortliche und -beteiligte.** Die in § 8 statuierte Berichtspflicht obliegt der Bundesregierung; konkret verantwortlich für die Beauftragung der Evaluation war das thematisch zuständige Bundesministerium für Justiz und Verbraucherschutz (BMJV). Das BMJV entschied sich dafür, die Evaluation nicht selbst durchzuführen, sondern schrieb im Oktober 2015 über das Bundesamt für Justiz ein Forschungsvorhaben zum Thema „Evaluierung des Mediationsgesetzes" aus.[50] Die Vergabe des Forschungsauftrags erfolgte an das Institut für Gesetzesfolgenabschätzung und Evaluation (InGFA) am Deutschen Forschungsinstitut für Öffentliche Verwaltung (FÖV) Speyer.

---

47 So BT-Drs. 17/8058 (Beschlussempfehlung und Bericht des Rechtsausschusses), 20.
48 S. www.bmjv.de/SharedDocs/Artikel/DE/2017/071917_Bericht_Mediationsgesetz. html (zuletzt abgerufen am 21.10.2017).
49 *Die Bundesregierung*, Bericht der Bundesregierung über die Auswirkungen des Mediationsgesetzes auf die Entwicklung der Mediation in Deutschland und über die Situation der Aus- und Fortbildung der Mediatoren, 2017 (im Folgenden zitiert als *Bundesregierung*, Evaluationsbericht 2017). Der Bericht findet sich im Volltext unter www.bmjv.de/SharedDocs/Downloads/DE/StudienUntersuchungenFachbuecher/ Evaluationsbericht_Mediationsgesetz.pdf (zuletzt abgerufen am 21.10.2017).
50 Die Ausschreibung stand auf der Homepage des Bundesamts für Justiz unter www.bundesjustizamt.de/ausschreibungen bereit; ein entsprechender Hinweis auf die Ausschreibung wurde im Oktober 2016 auch auf der Plattform www.bund.de sowie im elektronischen Bundesanzeiger unter www.bundesanzeiger.de veröffentlicht.

Bei der **Auswahl der Person(en) oder Institution(en)**, die mit der Durchführung einer Evaluation betraut werden, gilt grundsätzlich, dass sich die Evaluatoren „durch persönliche Glaubwürdigkeit sowie methodische und fachliche Kompetenz auszeichnen" sollen.[51] Um von den verschiedenen evaluationsbetroffenen Akteuren als glaubwürdig beurteilt zu werden, sind Unabhängigkeit sowie soziale und kommunikative Kompetenzen erforderlich.[52] Die in § 8 vorgesehene thematische Breite der Evaluation des MediationsG schien zudem nach einem interdisziplinären Evaluationsteam zu verlangen, in dem nicht nur die juristische, sondern auch die sozialwissenschaftliche Perspektive auf den Untersuchungsgegenstand Mediation repräsentiert ist. Mit Blick auf den Gegenstand der gem. § 8 erforderlichen Evaluation schien es zur Wahrung der Unabhängigkeit wesentlich, dass die evaluationsdurchführende Institution sowie die einzelnen Mitwirkenden nicht gleichzeitig selbst Akteure auf dem Mediationsausbildungsmarkt sind.

Bei retrospektiven Gesetzesfolgenabschätzungen zur Erfüllung einer Berichtspflicht der Regierung gegenüber dem Parlament werden in der Regel ein **breites Spektrum an Experten und Akteuren** von Verwaltungsbehörden, Gerichten und Rechtsanwälten über Kammern und Hochschullehrer bis hin zu den Gesetzesadressaten in das Analyseverfahren einbezogen.[53] Für die Evaluierung des MediationsG erschien es sinnvoll, neben dem Justizsektor auch Vertreter der Mediationsverbände, der Mediationsausbildungsinstitute, der Mediationswissenschaft sowie geeignete Repräsentanten der Mediationsnutzer (zB IHKs, der Round Table für Mediation und Konfliktmanagement der deutschen Wirtschaft,[54] Verbraucherschutzverbände) sowie – nach Möglichkeit – auch Mediationsparteien als Verfahrensnutzer einzubinden. **20**

Der vorgelegte Evaluationsbericht basiert allerdings wesentlich auf der Perspektive von Mediatoren[55] – wohl weil diese Akteursgruppe für empirische Erhebungen gut greifbar ist; als kaum zu realisieren erwies sich dagegen die Einbeziehung von Medianden[56] (zum methodischen Ansatz des Berichts → Rn. 25 f.).

b) Evaluationskriterien. Die **große konzeptionelle Herausforderung** der Evaluation nach § 8 bestand darin, einen Evaluationsansatz zu finden, der die normativ vorgegebenen umfassenden Evaluationsaufgaben (dazu → Rn. 16) erfüllen kann und zugleich im vorgegebenen Zeitraum (dazu → Rn. 17) praktisch durchführbar ist.[57] Das BMJV musste in der Ausschreibung des Evaluationsforschungsprojektes einen diesbezüglich geeigneten konzeptionellen Rahmen abstecken. **21**

---

51 *Ziekow/Debus/Piesker*, S. 34 f.
52 *Ziekow/Debus/Piesker*, S. 35.
53 So *Karpen* ZRP 2002, 443 (445).
54 Siehe dazu www.rtmkm.de (zuletzt abgerufen am 21.10.2017) sowie den Beitrag von *Kirchhoff* (→ A Rn. 1 ff.).
55 Siehe dazu *Bundesregierung*, Evaluationsbericht 2017 (s. Fn. 49), S. 24 ff.
56 Siehe dazu *Bundesregierung*, Evaluationsbericht 2017 (s. Fn. 49), S. 25 f.
57 Grundlegend zur Methodik der Gesetzesevaluation *Höland* Zeitschrift für Gesetzgebung 1994, 372; *Bussmann* Gesetzgebung heute 1997, 109; *Böhret/Konzendorf*, Handbuch Gesetzesfolgenabschätzung, 2001.

22   Dafür galt es, ein **geeignetes Set an Evaluationskriterien** zu entwickeln. Grundsätzlich ist ein (gutes) Gesetz an drei Kategorien von Kriterien zu messen: Normdurchsetzung, Wirksamkeit und Wirtschaftlichkeit.[58] Bei der Evaluation des MediationsG stehen weniger Fragen der Normbefolgung oder der Kostenfolgen als Fragen der **Wirksamkeit des Gesetzes** im Vordergrund. Wirksamkeit ist dann gegeben, wenn ein Gesetz den vom Gesetzgeber avisierten Zweck (weitgehend) erreicht.[59]

Mit Blick auf den übergeordneten, expliziten Gesetzeszweck der Förderung der Mediation und anderer Verfahren der außergerichtlichen Konfliktbeilegung lag eine Betrachtung quantitativer Faktoren zur **Häufigkeit der Verfahrensnutzung** nahe. Zugleich sollte die Evaluation auch dazu genutzt werden zu erforschen, welche **Motivationslagen** Konfliktparteien bzw nicht unmittelbar konfliktbeteiligte Entscheider über Verfahrenseinsatz dazu bewegen (können), eine Mediation bzw ein anderes außergerichtliches Verfahren durchzuführen.[60]

Der Ausschreibungstext blieb hierzu recht abstrakt, da er lediglich verlangte, dass die Untersuchung „die Verbreitung und Akzeptanz von Mediation als Mittel zur Konfliktlösung" sowie „Lebensbereiche, in denen Mediation praktiziert wird, und Erfolgsquote der Mediationen (soweit messbar)" erfassen solle, ohne nähere Angaben zu Erfassungskriterien zu machen.[61]

23   Die Überprüfung der Erreichung des in der Gesetzesbegründung ebenfalls genannten Ziels einer **nachhaltigen Verbesserung der Streitkultur** in Deutschland ist dagegen wesentlich voraussetzungsreicher. Denn hierzu gilt es zunächst zu bestimmen, was im Einzelnen unter einer verbesserten Streitkultur verstanden werden soll – und Ansatzpunkte für eine Messbarkeit einer solchen zu finden.

Dieses Ziel wurde in der Ausschreibung nur andeutungsweise berücksichtigt – zum einen über die zu erhebende „Erfolgsquote" von Mediationen, zum anderen über zu erfassende „Auswirkungen der Mediation auf die Vermeidung oder die einvernehmliche Beendigung gerichtlicher Verfahren".[62] Abgesehen davon, dass Letzteres schwer im Sinne einer eindeutigen Kausalität zu erfassen ist, sind beide genannten Messgrößen quantitativ ausgerichtet; qualitative Veränderungen der Streitkultur – wie zB eine verstärkte Interessenorientierung in verschiedenen Streitbearbeitungsformen (dazu → Einl. Rn. 50) – können so nicht erhoben werden.

Der deutsche Evaluationsbericht geht über diese Vorgaben der Ausschreibung nicht hinaus. Er enthält keine qualitativen Befunde zu einer Optimierung der Streitkultur in Deutschland. Vereinzelt finden sich jedoch nähere Angaben, was den „Erfolg" einer Mediation betrifft. Zum einen stellt der Bericht fest, dass die „Erledigungsquote", dh die (vollständige) Beilegung eines Konflikts, bei der Mediation in Deutschland durchschnittlich 50 %

---

58   Siehe zu diesen Kategorien *Karpen* ZRP 2002, 443 (444).
59   *Karpen* ZRP 2002, 443 (444).
60   So auch *Paul* ZKM 2012, 132 (133).
61   *Bundesamt für Justiz*, Ausschreibung: Vergabe eines Forschungsvorhabens zum Thema „Evaluierung des Mediationsgesetzes" (Dokument nicht mehr verfügbar).
62   *Bundesamt für Justiz*, Ausschreibung (s. Fn. 50).

beträgt.[63] Allerdings weist er auch darauf hin, dass nicht immer, wenn eine Mediationsergebnisvereinbarung geschlossen wird, dies auch bedeutet, dass der Streit erfolgreich und nachhaltig beigelegt werden konnte.[64]

Mit Blick auf die in § 8 Abs. 1 S. 2 benannte Zielsetzung der **Qualitätssi-** 24 **cherung** hätte im Zuge der Festlegung der Evaluationskriterien eine über die bisherigen Normierungen des MediationsG hinausgehende **Qualitätsdefinition für Mediationsverfahren** vorgenommen werden müssen.

Denn der Qualitätsbegriff beschreibt die Summe aller Eigenschaften eines Systems, Prozesses oder Objekts und ist für sich betrachtet neutral.[65] Nach dem Standard DIN EN ISO 9000 des Deutschen Instituts für Normung ist Qualität das *„Vermögen einer Gesamtheit inhärenter Merkmale eines Produktes, Systems oder Prozesses zur Erfüllung von Forderungen von Kunden und anderen interessierten Parteien. […] Die Benennung „Qualität" darf zusammen mit Adjektiven wie schlecht, gut oder ausgezeichnet verwendet werden."*

Sowohl angesichts der unterschiedlichen Perspektiven der Mediationsbeteiligten als auch angesichts der unterschiedlichen Mediationsstile und -ziele (dazu → MediationsG § 2 Rn. 50 ff.) reichen die Vorgaben des MediationsG zur Qualitätsbestimmung von Mediation nicht aus.

Relevante Kriterien für die Beurteilung der Qualität einer Mediation[66] können mit **Blick auf das Mediationsergebnis** zB sein, ob es überhaupt eine Einigung gibt, wie schnell diese Einigung erzielt wurde, wie vollständig in der Einigung die Interessen der Parteien verwirklicht sind und wie nachhaltig die Einigung ist.

Mit **Blick auf den Mediationsverlauf** sind für Parteien – häufig sogar ganz unabhängig vom Mediationsergebnis – Aspekte wie der Eindruck, Gehör gefunden zu haben, verstanden und fair behandelt worden zu sein, ausschlaggebend. Über die Lösung des unmittelbaren Konflikts hinaus kann auch relevant sein, ob die Konfliktbeteiligten ihr Gesicht wahren konnten und/oder ob die Mediation dazu förderlich war, die Beziehung zum Konfliktgegner zu erhalten bzw zu verbessern.

Aus der Mediatoren-Perspektive stellen zusätzlich methodische Aspekte wie das konsequente Umsetzen mediativer Prinzipien und das adäquate Eingehen auf die konkrete Entwicklung des Konfliktgeschehens – also das Arbeiten nach den „Regeln der (Mediations-)Kunst" – wichtige Qualitätsdimensionen dar. Auch übergeordnete Ziele, zB die nachhaltige Versöhnung der Parteien oder das Erreichen eines Machtausgleichs, können eine Rolle spielen.[67]

Angesichts dieser Vielzahl an denkbaren objektiven und subjektiven, quantitativen und qualitativen Qualitätskriterien für Mediation wäre es angezeigt gewesen, im Zuge des Evaluationsdesigns und des Evaluationsprozes-

---

63 *Bundesregierung*, Evaluationsbericht 2017 (s. Fn. 49), S. 140, Abb. 6–12 (entspricht mithin der Erledigungsquote der Güterichter-Verfahren).
64 *Bundesregierung*, Evaluationsbericht 2017 (s. Fn. 49), S. 139.
65 *Becker* in: Gläßer/Kirchhoff/Wendenburg, Konfliktmanagement in der Wirtschaft.
66 Dazu ausführlich *Gläßer/Negele/Schroeter* ZKM 2008, 181 ff.; *Dauner*, 2015.
67 *Breidenbach/Gläßer* KON:SENS – Zeitschrift für Mediation 1999, 207 sowie → MediationsG § 2 Rn. 51.

ses einen **expliziten und differenzierten Diskurs über die Qualitätsdefinition von Mediation** zu führen.

Die Ausschreibung ging auf den Qualitätsbegriff nicht näher ein. Auch im
Evaluationsbericht wird der Aspekt der Qualität einer Mediation nur im-
plizit im Rahmen der Ausführungen zu den Zertifizierungsanforderungen
(bzw im Rahmen der Überlegungen zu einer möglichen Reform derselben)
berücksichtigt. Eine differenzierte Aufschlüsselung von Qualitätskriterien
bleibt jedoch aus.

25   **c) Evaluationsmethodik.** Unabhängig von den Komplexitäten der Festlegung geeigneter inhaltlicher Evaluationskriterien (dazu → Rn. 22 ff.) ist
auch die Frage, wie die Evaluationsforschung methodisch konzipiert und
wie eine empirische **Datenerhebung**[68] vorgenommen werden soll, alles andere als trivial.

Denn es ist bislang unrealistisch, zu einem weitestgehend vertraulich
durchgeführten Verfahren, zu dem es – anders als zu staatlichen Gerichtsverfahren – auch (noch) keinerlei systematische oder gar offizielle Datener-
fassung bzw Statistiken gibt, einen **flächendeckenden Datenzugang** zu erhalten. Bei der Verwertung heterogen generierter Datensätze aus verschiedenen Mediationsbereichen stellt sich wiederum die Frage der Kompatibilität und Vergleichbarkeit.

26   Die Ausschreibung verlangte, bei der Entwicklung der methodischen Konzeption für die Evaluationsforschung darauf zu achten, „dass **Forschungsergebnisse repräsentativ** sind oder zumindest **bundesweite Aussagekraft** besitzen“. Neben einer **umfassenden Literatur- und Rechtsprechungsanalyse**
wurden insbesondere auch **Datenerhebungen und qualitative Interviews** als
methodisch relevant und Befragungen der einschlägigen Berufsgruppen als
erforderlich erachtet.

Der Evaluationsbericht beruht zum einen auf einer Auswertung der einschlägigen Rechtsprechung und Literatur (zu den Ergebnissen dieser Analyse → Rn. 28).[69]

Für den empirischen Teil der Evaluationsforschung wurden zum anderen
bereits bestehende Datensätze analysiert und eigene Daten erhoben.[70] So
wurden zur inhaltlichen und organisatorischen Vorbereitung der Evaluation explorative Interviews mit Mediatoren und ein Workshop mit den (großen) Mediationsverbänden zur inhaltlichen Vorbereitung der Befragung
durchgeführt. Zentral war eine bundesweite Befragung von mehr als 1.000
Mediatoren zur Erlangung belastbarer Informationen über die Entwicklung der Mediation in Deutschland. Die Befragungsergebnisse wurden in
einem Workshop mit Mediatorinnen und Mediatoren reflektiert und durch
Eindrücke von Tagungs- und Kongressbesuchen ergänzt.[71]

Während diese empirischen Erhebungen eine Reihe von Erkenntnissen erbrachten (→ Rn. 29 ff.), war dagegen der Versuch der Einbeziehung der

---

68   Zum Erfordernis quantitativer und/oder qualitativer empirischer Untersuchungen
     → Rn. 7 mwN.
69   *Bundesregierung*, Evaluationsbericht 2017 (s. Fn. 49), S. 27 ff.
70   *Bundesregierung*, Evaluationsbericht 2017 (s. Fn. 49), S. 40 ff.
71   Eine zusammenfassende Übersicht zu den verwendeten Quellen findet sich in *Bun-
     desregierung*, Evaluationsbericht 2017 (s. Fn. 49), S. 24 ff.

Mediandenperspektive trotz verschiedener Initiativen wenig erfolgreich.[72] So konnte der Ansatz, eine Befragung von Mediationsteilnehmern über die Rechtsschutzversicherungen zu organisieren, die ihren Kunden Mediation anbieten, aus einer Reihe von Gründen nicht realisiert werden;[73] eine eigenständige Mediandenbefragung scheiterte ua an der geringen Zahl der Rückläufe.[74] Deshalb wurde letztlich darauf verzichtet, die Mediandenperspektive in den Evaluationsbericht aufzunehmen.[75]

4. Ergebnisse der Evaluierung – Befunde und Empfehlungen. Der Evaluationsbericht besteht im Wesentlichen aus dem Bericht über die Forschungsergebnisse des InGFA.[76] Er ist – nach einem Vorspann der Bundesregierung, einer Executive Summary und Präliminarien – in drei inhaltliche Hauptkapitel untergliedert: In Teil A werden die Ergebnisse der Analyse juristischer Dokumente präsentiert.[77] Teil B enthält die empirischen Befunde.[78] Teil C diskutiert mögliche rechtliche Regulierungsoptionen für die weitere Förderung der Mediation.[79] Der Bericht schließt mit einer Zusammenfassung der wesentlichen Ergebnisse.[80] **27**

Seitens der Bundesregierung wird der Bericht wie folgt zusammengefasst: „[Der Bericht] zeigt, dass Mediation als alternatives Instrument der Konfliktbeilegung in Deutschland einen festen Platz in der Streitbeilegungslandschaft einnimmt, allerdings noch nicht in einem Maße genutzt wird, wie es wünschenswert wäre. Das Potential der Mediation ist noch nicht voll entfaltet."[81]

Zentrale Befunde zu den einzelnen Themenbereichen der Evaluation werden im Folgenden überblicksartig vorgestellt.

a) Auswertung von Rechtsprechung und Literatur. Die Auswertung einschlägiger Rechtsprechung und Literatur erfolgte in Form einer **Dokumentenanalyse**, nicht als eigenständige juristische Analyse und Bewertung durch das Evaluationsteam.[82] Sie war an folgenden Leitfragen orientiert:[83] **28**

- Welche Inhalte des Mediationsgesetzes erscheinen aus Sicht von Literatur und Rechtsprechung klärungs- und verbesserungsbedürftig?
- Welche rechtlichen Bedenken und praktischen Probleme birgt die geltende Regelung?
- Welche offenen Fragen sind auch nach Inkrafttreten des Mediationsgesetzes nicht geklärt? Welche Fragen stellen sich erstmals?

---

72 *Bundesregierung*, Evaluationsbericht 2017 (s. Fn. 49), S. 24 ff.
73 *Bundesregierung*, Evaluationsbericht 2017 (s. Fn. 49), S. 25.
74 *Bundesregierung*, Evaluationsbericht 2017 (s. Fn. 49), S. 25 f.
75 *Bundesregierung*, Evaluationsbericht 2017 (s. Fn. 49), S. 26.
76 *Masser/Engewald/Scharpf/Ziekow*, Evaluierung des Mediationsgesetzes. Rechtstatsächliche Untersuchung im Auftrag des Bundesministeriums für Justiz und Verbraucherschutz, 2017.
77 *Bundesregierung*, Evaluationsbericht 2017 (s. Fn. 49), S. 27 ff.
78 *Bundesregierung*, Evaluationsbericht 2017 (s. Fn. 49), S. 40 ff.
79 *Bundesregierung*, Evaluationsbericht 2017 (s. Fn. 49), S. 161 ff.
80 *Bundesregierung*, Evaluationsbericht 2017 (s. Fn. 49), S. 202 ff.
81 *Bundesregierung*, Evaluationsbericht 2017 (s. Fn. 49), Vorspann S. 3.
82 *Bundesregierung*, Evaluationsbericht 2017 (s. Fn. 49), S. 27.
83 *Bundesregierung*, Evaluationsbericht 2017 (s. Fn. 49), S. 27.

Die Analyse ging auf folgende Aspekte ein:[84] Begriffe der Mediation und des Mediators, Anforderungen des § 2 Abs. 1 MediationsG an die Auswahl des Mediators, vertragliche Vereinbarungen eines Mediationsverfahrens, Vertraulichkeit der Mediation und ihrer Fortwirkung in einem nachfolgenden Gerichtsverfahren, Verjährung mediationsgegenständlicher Ansprüche, finanzielle Fördermöglichkeiten für Mediationsverfahren und die Regelung zur Aus- und Fortbildung der Mediatoren insbes. durch die ZmediatAusbV.

Im Ergebnis werden einige Änderungen für den Fall einer Novellierung des MediationsG erwogen:[85] Neben einer Ausweitung der Schweigepflicht des § 4 auch auf Parteien und ihre Anwälte könnten insbesondere auch die Möglichkeiten der Auswahl des Mediators durch Dritte klarer gefasst werden (dazu → MediationsG § 2 Rn. 59 ff.).

29 **b) Empirische Befunde.** Der vorgelegte Evaluationsbericht enthält die **erste flächendeckende empirische Untersuchung über die Nutzung von Mediation in Deutschland.** Allerdings ist bei der Interpretation der Daten zu beachten, dass sie neben der Verwendung der seit 2014 durch das Statistische Bundesamt erfassten Angaben zu Güterichterverfahren maßgeblich im Wege der Befragung von Mediatoren gewonnen wurden und somit im Wesentlichen die Selbstwahrnehmung der Mediatoren von sich und ihrer Tätigkeit wiedergeben (dazu § Rn. 26).

30 **aa) Entwicklung der Mediation in Deutschland.** Ein zentraler Gegenstand der Evaluierung gemäß § 8 sollen die **Auswirkungen des Mediationsgesetzes auf die Entwicklung der Mediation in Deutschland** sein. Nach dem Willen des Gesetzgebers sollte sich die Bundesregierung hierzu insbesondere mit der Verbreitung und Akzeptanz von Mediation als Mittel zur Konfliktlösung, den Lebensbereichen, in denen Mediation erfolgreich oder erfolglos praktiziert wird, der Erforderlichkeit einer finanziellen Förderung der Mediation und den Auswirkungen der Mediation auf die Vermeidung oder einvernehmliche Beendigung justizieller Verfahren befassen.[86]

31 **(1) Auswirkungen des MediationsG auf die Nutzung von Mediation und die Tätigkeit von Mediatoren.** Die **Zahl der in Deutschland (durch organisierte Mediatorinnen und Mediatoren) durchgeführten Mediationen** schwankt nach der Schätzung des Evaluationsteams zwischen 7.000 und 8.500 pro Jahr.[87] Diese Zahl hat sich nach Einführung des MediationsG nicht deutlich erhöht.[88]

Insgesamt beruht die Mehrheit der Fälle auf unmittelbaren Anfragen durch die Medianden oder kommt über Empfehlungen durch frühere Medianden zustande.[89] Am weitesten hinter den Erwartungen des Gesetzgebers zurück blieb mit ca. 5 % aller durchgeführten Mediationen die Zahl der Fälle, die

---

84 *Bundesregierung*, Evaluationsbericht 2017 (s. Fn. 49), S. 28 ff.
85 *Bundesregierung*, Evaluationsbericht 2017 (s. Fn. 49), S. 38.
86 So BT-Drs. 17/8058 (Beschlussempfehlung und Bericht des Rechtsausschusses), 20.
87 *Bundesregierung*, Evaluationsbericht 2017 (s. Fn. 49), S. 85
88 *Bundesregierung*, Evaluationsbericht 2017 (s. Fn. 49), S. 85, Tabelle 4-10.
89 *Bundesregierung*, Evaluationsbericht 2017 (s. Fn. 49), S. 205.

gem. § 278 a ZPO in die gerichtsnahe Mediation an externe/außergerichtliche Mediatoren verwiesen wurden.[90]

Befragt nach ihren **Haupteinsatzbereichen**, benannten die Mediatoren mit 49 % am häufigsten organisationsinterne Konflikte, 36 % gaben Partnerschafts-, Familien- und Nachbarschaftskonflikte und nur 15 % business to business-Wirtschaftskonflikte an.[91] Die befragten Mediatoren sind zumeist in mehreren Einsatzbereichen von Mediation tätig.[92]

Von den befragten Mediatoren haben nur 17 % **Mediation als** ihre **Haupttätigkeit** bezeichnet, aber auch hier generiert die Mehrheit weniger als die Hälfte ihres jeweiligen Einkommens mit Mediation. Daher überrascht es nicht, dass gerade in dieser Gruppe Mediationsausbildung sehr häufig ein sehr großer Bestandteil der Tätigkeit ist.[93]

Dem Evaluationsbericht zufolge hat das MediationsG die Beschäftigungs- und Verdienstmöglichkeiten von Mediatorinnen und Mediatoren nicht spürbar beeinflussen können.[94] Denn nach der Mehrheit der Antwortenden (69 %) hatte das **MediationsG** keine **spürbaren Auswirkungen** auf die Entwicklung der Nutzung von Mediation in Deutschland; allerdings sehen auch nur 4 % der Befragten negative Auswirkungen.[95] Je mehr die Antwortenden im Bereich der Mediation verankert sind (Anteil an beruflicher Tätigkeit und Einkommen), desto größer wird der Anteil derjenigen, die eine positive Bewertung des MediationsG abgegeben haben.[96]

(2) Bekanntheit und Akzeptanz der Mediation. Über die reinen Nutzungszahlen hinausgehende Daten zur Akzeptanz von Mediation enthält der Evaluationsbericht nicht. Allerdings betreffen einige Befunde den Bekanntheitsgrad der Mediation in der deutschen Bevölkerung.[97] Hier scheinen die Befunde von Untersuchungen wie dem „Roland Rechtsreport", nach denen Mediation sehr hohe Bekanntheitswerte erhält,[98] im Widerspruch zu stehen[99] mit den Antworten im Rahmen der Evaluationserhebung, wo viele der Befragten mit der Bekanntheit der Mediation in der Bevölkerung unzufrieden sind.[100] **32**

(3) Auswirkungen der Mediation auf die Vermeidung oder einvernehmliche Beendigung justizieller Verfahren. Zur Vermeidung von Gerichtsverfahren enthält der Evaluationsbericht keine näheren Informationen. Hinweise für den Bereich der bereits rechtshängigen Konflikte finden sich aber im Zusammenhang mit den Verweisquoten in das Güterichterverfahren,[101] die mit Blick auf die einzelnen Bundesländer erheblich zwischen 0,1 % **33**

---

90 *Bundesregierung*, Evaluationsbericht 2017 (s. Fn. 49), S. 205.
91 *Bundesregierung*, Evaluationsbericht 2017 (s. Fn. 49), S. 64 ff.
92 *Bundesregierung*, Evaluationsbericht 2017 (s. Fn. 49), S. 64 ff.
93 *Bundesregierung*, Evaluationsbericht 2017 (s. Fn. 49), S. 203 f.
94 *Bundesregierung*, Evaluationsbericht 2017 (s. Fn. 49), S. 153.
95 *Bundesregierung*, Evaluationsbericht 2017 (s. Fn. 49), S. 144 Abb. 7-1.
96 *Bundesregierung*, Evaluationsbericht 2017 (s. Fn. 49), S. 149 Abb. 7-6 und S. 151 Abb. 7-8.
97 Siehe dazu *Bundesregierung*, Evaluationsbericht 2017 (s. Fn. 49), S. 42 ff.
98 Siehe *Roland Rechtsreport* 2016, S. 23.
99 Zur Interpretation dieses Widerspruchs siehe *Bundesregierung*, Evaluationsbericht 2017 (s. Fn. 49), S. 148 unten.
100 Vgl. *Bundesregierung*, Evaluationsbericht 2017 (s. Fn. 49), S. 148 Abb. 7-5.
101 *Bundesregierung*, Evaluationsbericht 2017 (s. Fn. 49), S. 47 ff.

und 9,1 % schwanken,[102] und in die gerichtsnahe Mediation (nur ca. 5 % aller Mediationen).[103]

34 **bb) Auswirkungen der kostenrechtlichen Länderöffnungsklauseln.** Gem. § 8 Abs. 1 S. 1 sollte die Evaluation explizit auch die **Auswirkungen der kostenrechtlichen Länderöffnungsklauseln** berücksichtigen. Hier wurden durch Art. 7 und Art. 7 a des Gesetzes zur Förderung der Mediation und anderer Verfahren der außergerichtlichen Konfliktbeilegung in § 69 b Gerichtskostengesetz (GKG) und in § 61 a des Gesetzes über Gerichtskosten in Familiensachen (FamGKG) Verordnungsermächtigungen aufgenommen, welche die Landesregierungen ermächtigen, durch Rechtsverordnung zu bestimmen, dass die Gerichtsgebühren im Falle einer außergerichtlichen Mediation oder eines anderen Verfahrens der außergerichtlichen Streitbeilegung und anschließender Rücknahme der Klage ermäßigt werden oder ganz entfallen (dazu → MediationsG § 7 Rn. 1 ff.). Damit sollte die Schaffung von finanziellen Anreizen als ein weiterer Beitrag zur Förderung der außergerichtlichen Mediation ermöglicht werden.[104]

Bis zum Zeitpunkt der Abgabe des Evaluationsberichtes hatte jedoch kein Bundesland von der Verordnungsermächtigung Gebrauch gemacht, so dass der Evaluationsbericht hierzu auch keine näheren Ausführungen enthält.[105]

35 **cc) Aus- und Fortbildung der Mediatoren.** Der zweite Schwerpunkt der Evaluation sollte auf der **Situation der Aus- und Fortbildung der Mediatoren** liegen. Mit dieser allgemeinen Formulierung des § 8 Abs. 1 S. 1 ist wohl zunächst eine generelle, **faktische Berichterstattung** über den Ausbildungsstand und -markt gemeint.

36 80 % der befragten Mediatoren haben eine durch die Verbände anerkannte (78 %) oder damit vergleichbare Ausbildung absolviert; 13 % haben sogar ein Mediationsstudium abgeschlossen.[106] Die Anzahl der absolvierten Ausbildungsstunden überstieg dabei zumeist die nunmehr von der ZMediat-AusbV geforderten 120 Stunden: 24 % der Befragten gaben an, mindestens 120 Stunden Ausbildung absolviert zu haben, 71 % sogar mindestens 200 Stunden oder mehr.[107]

37 Befragt zur **Wahrnehmung der Gleichwertigkeit unterschiedlicher Mediationsausbildungen,** wollten sich interessanterweise 40 % der Befragten nicht äußern.[108] Nur insgesamt 7 % hielten eine Gleichwertigkeit der Ausbildungsmodelle für gegeben.[109] Mediatoren, die ein Mediationsstudium absolviert hatten, die starke Praxiserfahrung haben oder die selbst eine Ausbildungstätigkeit ausüben, waren in deutlich höherem Maße als die Gesamtstichprobe der Ansicht, die Ausbildungen seien nicht vergleichbar.[110]

---

102 Siehe die Übersicht in *Bundesregierung*, Evaluationsbericht 2017 (s. Fn. 49), S. 211.
103 *Bundesregierung*, Evaluationsbericht 2017 (s. Fn. 49), S. 93.
104 Siehe dazu Plenarprotokoll 898 der 898. Sitzung des Bundesrates vom 29.6.2012, 296.
105 *Bundesregierung*, Evaluationsbericht 2017 (s. Fn. 49), S. 37 und S. 176.
106 *Bundesregierung*, Evaluationsbericht 2017 (s. Fn. 49), S. 103 Tabelle 5-1.
107 *Bundesregierung*, Evaluationsbericht 2017 (s. Fn. 49), S. 103 f.
108 *Bundesregierung*, Evaluationsbericht 2017 (s. Fn. 49), S. 109 f.
109 *Bundesregierung*, Evaluationsbericht 2017 (s. Fn. 49), S. 109 f.
110 *Bundesregierung*, Evaluationsbericht 2017 (s. Fn. 49), S. 110 ff.

Mit deutlichem Abstand werden die Qualität der Lehrkräfte (72 %) und deren Praxiserfahrung (57 %) als die wichtigsten Faktoren dafür genannt, dass es Unterschiede in den Mediationsausbildungen gibt; die Dauer der Ausbildung hat dagegen nur eine nachrangige Bedeutung.[111]

Mit Blick auf unterschiedliche Ausbildungsziele und -konzeptionen ist be-   **38** merkenswert, dass von der weit überwiegenden Mehrheit der Befragten die „Haltung" (83 %) und „Persönlichkeit" der Mediatoren/Mediatorinnen (75 %) als wichtig oder besonders wichtig für die Eignung als Mediator angesehen werden.[112] Nur 54 % erachteten die Qualität der Ausbildung als wichtig; Praxiserfahrung sowie die Zahl der Aus- und Fortbildungsstunden werden als noch deutlich weniger wichtig eingestuft.[113] Diejenigen, die Mediation als Haupt- oder zumindest Nebentätigkeit ausüben, sind allerdings deutlich häufiger der Meinung, dass Praxiserfahrung wichtig sei; diejenigen, die „nur noch gelegentlich" in der Mediation tätig sind, sehen dagegen die Zahl der Ausbildungsstunden als wichtiger an.[114]

Gemäß § 8 Abs. 1 S. 2 sollte allerdings auch ermittelt werden, ob **aus**   **39** **Gründen der Qualitätssicherung und des Verbraucherschutzes weitere gesetzgeberische Maßnahmen auf dem Gebiet der Aus- und Fortbildung von Mediatoren** notwendig sind. Hier sollte die Bundesregierung insbesondere den Fragen nachgehen, ob eine intensivere staatliche Überprüfung der Qualifikation von Mediatoren erforderlich ist und ob die Qualifikationsanforderungen an Mediatoren an möglicherweise veränderte Anforderungen angepasst werden sollten. Gleiches gilt für die Ausbildungsträger, die die Aus- und Fortbildung von Mediatoren und die Zertifizierung durchführen.[115]

Zum einen kommt in § 8 Abs. 1 S. 2 zum Ausdruck, dass sich der Gesetz-   **40** geber auf eine Regelung von Qualitätssicherung und Verbraucherschutz allein durch Marktmechanismen nicht verlassen will.[116] Dies ist zustimmungswürdig, da Verbraucher bei der erstmaligen Inanspruchnahme von Mediation zumeist weder eine systematische Orientierung über den Angebotsmarkt noch ausreichende Vergleichsmöglichkeiten zwischen verschiedenen Mediatoren haben, sondern in der Regel bei der Auswahl von Mediatoren auf (oft zufällige) Empfehlungen und/oder auf die Selbstaussagen von Mediatoren angewiesen sind. Damit bleibt die Qualität des ersten Mediationserlebens vieler Verbraucher weitgehend dem Zufall überlassen.

---

111 *Bundesregierung*, Evaluationsbericht 2017 (s. Fn. 49), S. 114.
112 *Bundesregierung*, Evaluationsbericht 2017 (s. Fn. 49), S. 116 ff.
113 *Bundesregierung*, Evaluationsbericht 2017 (s. Fn. 49), S. 117.
114 *Bundesregierung*, Evaluationsbericht 2017 (s. Fn. 49), S. 117 f.
115 So BT-Drs. 17/8058 (Beschlussempfehlung und Bericht des Rechtsausschusses), 20.
116 Hierzu führte der Bundesrat im Zuge des Gesetzgebungsverfahrens aus: „*Die Bürgerinnen und Bürger müssen vor Personen geschützt werden, die auf dem Markt unqualifiziert die Durchführung von Mediationsverfahren anbieten. Es muss daher sichergestellt sein, dass Mediatoren mindestens über eine fachliche Grundqualifikation als Mediator und gegebenenfalls erforderliche Zusatzqualifikationen in Spezialgebieten (wie zB Familienmediation) verfügen. Der Verbraucherschutz wäre nicht ausreichend gewährleistet, wenn die Frage der Mindeststandards allein den Mediatoren überlassen bliebe, so wie es der derzeitige Gesetzentwurf vorsieht.*", BR-Drs. 60/1/11 (Empfehlungen der Ausschüsse), 3.

Dass die Mediationsnutzer als Verbraucher qualitativ hochwertige Mediation erleben und gute Erfahrungen mit dem Mediationsverfahren machen, ist aber entscheidend für die weitere Etablierung von Mediation. Denn eine schlechte Ersterfahrung mit einem einzelnen konkreten Mediator wird erfahrungsgemäß schnell generalisiert und dem Mediationsverfahren als solchem negativ zugeschrieben.

41 Zum anderen wird in § 8 Abs. 1 S. 2 deutlich, dass der Gesetzgeber die Aus- und Fortbildung von Mediatoren als wesentliches Instrument der Qualitätssicherung des Mediationsangebotes in Deutschland[117] sieht. Dieser Sichtweise ist zuzustimmen, denn aufgrund der Individualität von Fallgestaltungen und Konfliktverläufen auf der einen Seite und wegen der großen Flexibilität des Mediationsverfahrens (dazu → MediationsG § 2 Rn. 50 ff.) auf der anderen Seite ist es weder sinnvoll noch möglich, das Verhalten von Mediatoren im Detail durch abstrakte „Wenn-dann-Regelungsmuster" ex ante normativ zu steuern. Vielmehr besteht die professionelle Qualität mediatorischen Handelns maßgeblich in der Fähigkeit, situationsadäquat auf eine konkrete Konfliktdynamik zu reagieren. Diese Fähigkeit kann nur durch entsprechende praktische Übungen in der Ausbildung sowie durch die kritische Reflexion des eigenen (Interventions-)Verhaltens und dessen Wirkungen entwickelt werden.

42 Befragt nach der **ZMediatAusbV** wurde zunächst deutlich, dass die Bekanntheit der ZMediatAusbV deutlich mit zunehmendem Anteil der Mediationstätigkeit ansteigt: In der Befragtengruppe mit Mediation als Haupttätigkeit gaben 75 % der Antwortenden an, die Verordnung zu kennen; in der Gruppe mit Mediation als Zusatzqualifikation waren es lediglich 25 %.[118]

79 % der Befragten begrüßten die ZMediatAusbV als Sicherstellung der Grundqualifikation, 40 % sahen darin eine Verbesserung der Berufsperspektive.[119] Signifikante Auswirkungen auf die Auslastung und Tätigkeitsprofile zwischen zertifizierten und nicht-zertifizierten Mediatoren wurden in Interviews und Workshops allerdings nicht angenommen.[120]

43 **c) Schlussfolgerungen und Empfehlungen bezüglich der weiteren rechtlichen Regulierung.** Die im Evaluationsbericht formulierten Schlussfolgerungen und Empfehlungen konzentrieren sich vor allem auf die Fragestellungen einer **Steigerung der Nutzung von Mediation durch finanzielle Förderung und erleichterte Vollstreckbarkeit** sowie auf **Fragen der weiteren Regulierung der Aus- und Fortbildung von Mediatoren.**

Im Ergebnis kommt die Bundesregierung zu dem Schluss, dass sich für den Bereich der Aus- und Fortbildung aus den Befunden des Evaluationsberichts kein unmittelbarer gesetzgeberischer Handlungsbedarf ergebe.[121] Von einer allgemeinen Regelung von Mediationskostenhilfe sowie von

---

117 Zu den unterschiedlichen Ansätzen normativer und individueller Qualitätssicherung von Mediation siehe *Gläßer/Negele/Schroeter* ZKM 2008, 181.
118 *Bundesregierung*, Evaluationsbericht 2017 (s. Fn. 49), S. 156.
119 *Bundesregierung*, Evaluationsbericht 2017 (s. Fn. 49), S. 157.
120 *Bundesregierung*, Evaluationsbericht 2017 (s. Fn. 49), S. 185.
121 *Bundesregierung*, Evaluationsbericht 2017 (s. Fn. 49), Vorspann S. 3.

Sonderregelungen zur Vollstreckbarkeit von Mediationsvereinbarungen rät
der Bericht ab.[122]

aa) Keine Erforderlichkeit einer finanziellen Förderung der Mediation 44
durch „Mediationskostenhilfe". Zwar wurde die **Etablierung einer allge-**
meinen „Mediationskostenhilfe" von den Befragten als das vielverspre-
chendste Fördermittel zur Steigerung der Nutzung von Mediation bewertet
(86 % Bewertung mit „gut" oder „sehr gut").[123] Diese Bewertung ist kon-
sistent damit, dass viele der Antwortenden angegeben haben, dass die hohen Kosten viele Interessenten an einer Mediation abschrecken würden.[124]
Nach Einschätzung der Verfasser des Evaluationsberichts ist allerdings
fraglich, ob die Mediationskostenhilfe in der Praxis tatsächlich die erhofften positiven Effekte haben würde, denn das Problem der (freiwilligen) Zustimmung bzw Bereitschaft zur Mediation könne auch das Instrument der
Mediationskostenhilfe nur schwer lösen.[125] Auch die juristische Analyse
spreche gegen die Eignung einer Mediationskostenhilfe als Fördermittel.
De lege lata bestehe keine geeignete Anspruchsgrundlage[126] und auch de
lege ferenda werden mit Blick auf eine allgemeine, bereichsunabhängige
Regelung einer Mediationskostenhilfe analog der Prozesskostenhilferege-
lung wesentliche tatsächliche und rechtliche Schwierigkeiten gesehen. So
wird zurecht konstatiert, dass eine rechtssichere Anknüpfung an den Gesichtspunkt des (möglichen) „Erfolgs", wie er im Prozesskostenhilferecht
bestehe, bei der Mediation nicht möglich sei.[127] Alternativ auf das Kriterium einer „Mediationseignung" abzustellen, werfe andere praktische Probleme auf.[128]

Abgesehen davon sei die Mediationskostenhilfe als Instrument zur Steige-
rung der Zahl der Mediationen innerhalb von Organisationen und bei
Wirtschaftsstreitigkeiten nach Einschätzung der Verfasser des Evaluationsberichts zu vernachlässigen.[129] Auch im Bereich der Paar-, Familien- und
Nachbarschaftsstreitigkeiten steigere die Entlastung von den Kosten die
Bereitschaft zur persönlichen Auseinandersetzung mit der Gegenseite nach
Einschätzung der Berichtsverfasser nicht, da es sich um emotional (hoch)
eskalierte Konflikt handele, also eine Bereitschaft zu einer Konfliktklärung
im persönlichen Gespräch (zB im Rahmen einer Mediation) eher nicht bestehe.[130]

Nicht zuletzt wird die Frage formuliert, ob alle Mediatorengruppen gleichermaßen von der Mediationskostenhilfe profitieren würden oder ob die
Fälle, in denen Mediationskostenhilfe gewährt würde, in erster Linie für

---

122 *Bundesregierung*, Evaluationsbericht 2017 (s. Fn. 49), Vorspann S. 3.
123 *Bundesregierung*, Evaluationsbericht 2017 (s. Fn. 49), S. 162.
124 *Bundesregierung*, Evaluationsbericht 2017 (s. Fn. 49), S. 97.
125 *Bundesregierung*, Evaluationsbericht 2017 (s. Fn. 49), S. 184.
126 Siehe dazu im Einzelnen *Bundesregierung*, Evaluationsbericht 2017 (s. Fn. 49),
S. 172 ff.
127 *Bundesregierung*, Evaluationsbericht 2017 (s. Fn. 49), S. 177 f.
128 *Bundesregierung*, Evaluationsbericht 2017 (s. Fn. 49), S. 178.
129 *Bundesregierung*, Evaluationsbericht 2017 (s. Fn. 49), S. 184.
130 *Bundesregierung*, Evaluationsbericht 2017 (s. Fn. 49), S. 184.

diejenigen Mediatorinnen und Mediatoren interessant seien, die bislang (besonders) geringe Honorarsätze verlangen/erzielen können.[131]

45   **bb) Keine Erforderlichkeit von Sonderregelungen der Vollstreckbarkeit von Mediationsvereinbarungen.** Die Vollstreckbarkeit von Mediationsvereinbarungen wurde von den Befragten im geringsten Maße als weiterführendes Instrument zur Förderung der Mediation erachtet.[132] Wie insbesondere die juristische Analyse gezeigt habe, bedürfe es keiner Sonderregelungen zur Vollstreckbarmachung von Mediations(ergebnis)vereinbarungen. Denn an die Vollstreckbarmachung einer Mediationsergebnisvereinbarung seien „dieselben Voraussetzungen zu stellen wie an die Vollstreckbarmachung jeder anderen Vereinbarung, jedes Vergleichs und jedes Urteils".[133]

46   **cc) Keine Erforderlichkeit einer Veränderung der ZMediatAusbV.** Eine Veränderung der Anforderungen an den „Zertifizierten Mediator" wird nicht empfohlen, da dies im Wesentlichen nur Auswirkungen auf den Ausbildungsmarkt habe; denn die „Mediationskunden" könnten angeblich nicht zwischen einem zertifizierten und einem nicht-zertifizierten Mediator unterscheiden.[134] Ob ein einheitliches öffentlich-rechtlich strukturiertes Zertifizierungssystem dies zu ändern vermöge, sei empirisch nicht belegbar.[135]

47   **dd) Stellungnahme.** Die referierten Schlussfolgerungen aus der Evaluationsforschung sind lediglich mit Blick auf die Vollstreckbarkeitsregelungen in vollem Umfang zustimmungswürdig.

Bei den Überlegungen zur Schaffung neuer finanzieller Anreize kann die – bloße – Vermutung, dass im Bereich der Paar-, Familien- und Nachbarschaftsstreitigkeiten die Entlastung von den Kosten die Mediationsbereitschaft nicht steigern würde, nicht überzeugen. Gerade im Bereich der Scheidungs- und Kindschaftssachen, wo ein großer Teil der Verfahren unter Inanspruchnahme von Prozess- bzw Verfahrenskostenhilfe geführt wird,[136] wirkt die Kostenpflichtigkeit der Mediation insbesondere für wenig Begüterte sicherlich als negativer Anreiz für einen Verfahrenswechsel. Auch die Frage, welche Mediatoren von einer Kostenhilfe profitieren würden, erscheint sachfremd. Insgesamt wäre hier deutlich mehr Kreativität bei der Erarbeitung praktikabler finanzieller Anreizsysteme wünschenswert gewesen.

Die ZertMediatAusbV ist dringend nachbesserungsbedürftig.

Dies gilt zum einen hinsichtlich ihrer Bestimmungen im Bereich der inhaltlichen Anforderungen. Hier erscheint der geforderte Ausbildungsumfang von 120 Zeitstunden für einen soliden und nachhaltigen Kompetenzerwerb als zu niedrig bemessen. Des Weiteren sind die Anforderungen teilweise so unklar formuliert, dass für die Ausbildungspraxis höchst relevante Fragen offen bleiben (so zB die Frage, ob die geforderte „Einzelsupervision" auch,

---

131 *Bundesregierung*, Evaluationsbericht 2017 (s. Fn. 49), S. 164.
132 *Bundesregierung*, Evaluationsbericht 2017 (s. Fn. 49), S. 214 f.
133 *Bundesregierung*, Evaluationsbericht 2017 (s. Fn. 49), S. 215.
134 *Bundesregierung*, Evaluationsbericht 2017 (s. Fn. 49), S. 185 u. 215.
135 *Bundesregierung*, Evaluationsbericht 2017 (s. Fn. 49), S. 185 u. 215.
136 *Nickel* NJW 2011, 1117.

wie in der Praxis häufig, im Gruppensetting stattfinden kann, solange der gemeinsame Fokus klar auf einen Fall bzw Falleinbringer gerichtet ist).

Zum anderen erscheint der Begriff der Zertifizierung mit Blick auf das gewählte System der kontrollfreien Selbstzertifizierung als Farce bzw Widerspruch in sich. Denn der Begriff der Zertifizierung, der im allgemeinen Sprachverständnis ja gerade impliziert, dass ein unabhängiger Dritter im Rahmen eines geregelten und transparenten Verfahrens die Übereinstimmung mit näher bestimmten Qualitätsstandards bestätigt,[137] wirkt hier irreführend für die Verbraucher. Sobald dies an die breitere Öffentlichkeit dringt, wird dies dem Verständnis von Mediation als einem seriösen und professionellen Konfliktbearbeitungsverfahren alles andere als zuträglich sein. Die Argumente, dass die Flexibilität und Entwicklungsoffenheit des noch jungen Mediationswesens durch eine geringe Reglementierung zu respektieren sei,[138] oder dass Aufwand und Nutzen eines seinen Namen verdienenden Zertifizierungssystems in einem unökonomischen Verhältnis stünden,[139] sind mit Blick auf diese erhebliche Gefahr nicht stichhaltig.

IV. Abgleich der Evaluationsergebnisse auf deutscher und europäischer Ebene

In dem Bericht der Europäischen Kommission wurde eingangs betont, wie schwierig es war, EU-weit an umfangreiche **statistische Daten über Mediation** wie insbes. die Zahl der mediierten Fälle, die durchschnittliche Dauer oder auch die Erfolgsquoten von Mediationsverfahren zu gelangen.[140]

48

Insofern verwundert es auch nicht, dass der Kommissionsbericht – anders als der deutsche Evaluationsbericht – keine Auskünfte darüber gibt, ob Mediation als Haupt- oder Nebentätigkeit bzw nur ausnahmsweise als Beruf ausgeübt wird und welche Einkünfte durch Mediation erzielt werden. Hierzu findet sich nur die pauschale Aussage, dass es Unterschiede zwischen den Mitgliedstaaten in Bezug auf Entwicklung, Anerkennung und Wachstum des Berufsbildes des Mediators gibt.[141]

Auch zur Frage, wie Konfliktfälle in die Mediation gelangen, die vom deutschen Evaluationsbericht relativ detailliert beantwortet wird, finden sich im Kommissionsbericht keine Ausführungen.

Als Gründe, warum Mediationen nicht zustande kommen, werden im deutschen Evaluationsbericht vor allem das Anstreben eines Gerichtsverfahrens und die zu hohen Kosten der Mediation genannt.[142] Der Kommissionsbericht benennt hier vorrangig einen Mangel an Mediationskultur in den Mitgliedstaaten und ein entsprechend geringes Bewusstsein für die Funktionsweise von Mediation und von Qualitätskontrollmechanismen für Mediatoren.[143]

---

137 So auch *Greger* in: Greger/Unberath/Steffek B. § 5 Rn. 12 f.
138 So BT-Drs. 17/8058, 18 und BT-Drs. 17/5335, 11.
139 *Bundesregierung*, Evaluationsbericht 2017 (s. Fn. 49), S. 185.
140 Kommissionsbericht (s. Fn. 39), S. 5.
141 Kommissionsbericht (s. Fn. 39), S. 7.
142 *Bundesregierung*, Evaluationsbericht 2017 (s. Fn. 49), S. 97 f.
143 Kommissionsbericht (s. Fn. 39), S. 4.

49 **Möglichkeiten der Gewährleistung der Qualität von Mediation** werden sowohl im deutschen als auch im EU-Evaluationsbericht relativ ausführlich behandelt.

So verfügen 18 Mitgliedstaaten über Qualitätskontrollmechanismen im Zusammenhang mit der Bereitstellung von Mediationsleistungen; insbes. werden hier obligatorische, gesetzlich vorgegebene Akkreditierungsverfahren bzw Verzeichnisse für Mediatoren oder Akkreditierungsverfahren, die von Mediationsorganisationen administriert werden, genannt.[144] Während jedoch im Kommissionsbericht die wesentliche Rolle des Europäischen Verhaltenskodex für Mediatoren[145] betont wird, der in 19 Mitgliedsstaaten entweder direkt angewendet wird oder als Inspiration für inländische oder sektorspezifische Verhaltenskodizes diente,[146] nimmt der deutsche Evaluationsbericht weder Bezug auf den Europäischen noch auf einen anderen Verhaltenskodex für Mediatoren.

50 Die gravierendsten Unterschiede zwischen deutscher und EU-Evaluation zeigen sich im Bereich der **Anreizsysteme für eine verstärkte Nutzung von Mediation.**

So enthält der deutsche Evaluationsbericht keine Erwähnung der Möglichkeit, negative Anreize durch eine **Sanktionierung fehlender Mediationsbereitschaft** zu setzen. EU-weit verhängten im Berichtszeitraum jedoch einige Mitgliedstaaten derartige Sanktionen zB für eine „ungerechtfertigte Ablehnung" eines Mediationsvorschlags (Irland, Slowenien), die ungerechtfertigte Verweigerung der Teilnahme an einer Mediation bei zunächst erfolgter Zustimmung (Polen), die Ausschlagung eines Vergleichsangebots in der Mediation, dessen Konditionen sich später in einer gerichtlichen Entscheidung wiederfinden (Italien) oder für Klageerhebung nach Schließung einer Mediationsergebnisvereinbarung bzw für die Nichteinhaltung einer solchen (Ungarn).[147] Die Sanktionen bestehen zumeist in der Auferlegung der vollen Gerichtskosten – selbst bei Obsiegen.[148] Allerdings befürworteten nur wenige der im Zuge der EU-Evaluation Befragten derartige Sanktionen, um die Nutzung von Mediation zu steigern.

Wohl am stärksten umstritten ist die Förderung der Mediation durch eine **Verpflichtung zur Mediation.** Während der deutsche Evaluationsbericht diese Möglichkeit nicht erörtert und sich strikt an dem im MediationsG normierten Freiwilligkeitsprinzip orientiert, erhält die Zwangsmediation („mandatory mediation") im Kommissionsbericht viel Aufmerksamkeit. Denn hier äußerte sich die Mehrheit der in die EU-Evaluation involvierten Akteure zugunsten eines stärker verpflichtenden Ansatzes als effizientes Mittel für die Förderung der Mediation – in bestimmten Konfliktbereichen oder generell.[149] Wenn die Fallzahlen der Mediationen in den Mitgliedstaaten trotz verstärkter Informationskampagnen und Durchlässigkeit der Ver-

---

144 Kommissionsbericht (s. Fn. 39), S. 6.
145 S. http://ec.europa.eu/civiljustice/adr/adr_ec_code_conduct_de.pdf (zuletzt abgerufen am 21.20.2017).
146 Kommissionsbericht (s. Fn. 39), S. 6.
147 Kommissionsbericht (s. Fn. 39), S. 9.
148 Kommissionsbericht (s. Fn. 39), S. 9.
149 Kommissionsbericht (s. Fn. 39), S. 10.

fahrenspfade weiterhin stagnieren, steht zu vermuten, dass diese Anreiz-Ebene noch mehr Aufmerksamkeit erhalten wird. Als Grundlage für fundierte gesetzgeberische Entscheidungen wäre empirische Forschung dazu hilfreich, wie sich der Umstand der Freiwilligkeit bzw der Anordnung der Mediationsteilnahme kurz- und langfristig auf die Motivation und Verfahrensakzeptanz der Konfliktparteien auswirkt.

V. Ausblick

Zwar werden im Evaluationsbericht keine Gesetzesänderungen als unmittelbar notwendig erachtet, doch hat die Bundesregierung angekündigt, den Evaluationsbericht zum Anlass zu nehmen, um im **Austausch mit den betroffenen Kreisen auf der Grundlage der Erkenntnisse des Berichts** zu überlegen, wie das mit dem Mediationsgesetz verfolgte Ziel der Förderung von Mediation langfristig noch besser verwirklicht werden kann.[150] Es bleibt zu hoffen, dass in diesem Austausch auch Stimmen Gehör finden werden, die andere als die vom Evaluationsbericht formulierten Schlussfolgerungen vertreten – und dass so mittelfristig die gesetzlichen Rahmenbedingungen für die Mediation in Deutschland weiter optimiert werden können. **51**

Auch wenn das MediationsG nur eine einmalige Evaluation explizit vorsieht, sollten angesichts dessen, dass die Mediation in Deutschland eindeutig noch in der Entwicklung befindlich ist,[151] **weitere Evaluationszyklen** folgen. So könnten zum einen auf Basis der in der 2017 vorgelegten Evaluation erstmalig erhobenen Daten Vergleichsdaten generiert und Entwicklungsverläufe belegt werden; Letzteres war mangels einer vorexistierenden einschlägigen Erhebung im Rahmen des Evaluationsberichtes von 2017 noch nicht möglich. Zum anderen könnten so die im Evaluationsbericht von 2017 aufgeworfenen Fragen und Forschungsimpulse systematisch weiterverfolgt und damit die Etablierung der Mediation in Deutschland vorangetrieben werden. **52**

Nicht zuletzt entspräche eine derartige wiederholte, formative Gesetzesevaluation dem Ansatz der „**lernenden Gesetzgebung**", die mit ihrem Fokus auf „robuste", also adaptive und damit nachhaltige Regulierung gerade im Bereich der (außergerichtlichen) Konfliktbearbeitung als zukunftsweisend gilt.[152] **53**

Um derartige Evaluationen auf nationaler Ebene möglichst effizient zu gestalten, ist es angezeigt, ein für verschiedene Mediationsfelder jeweils passendes, aber zugleich insgesamt **abgestimmtes Erhebungsformat** zu entwickeln, so dass die Daten aus den einzelnen Mediationsbereichen miteinander kompatibel sind und konsolidiert werden können. Kompatibilität sollte auch mit etwaigen gem. § 7 durchgeführten Forschungsvorhaben (dazu → MediationsG § 7 Rn. 9 f.) bestehen, um eine möglichst breite Datenbasis zu schaffen. **54**

Idealerweise sollten zukünftig nationale Evaluationen im Bereich der Mediationsgesetzgebung mit derartigen Evaluationsvorhaben auf EU-Ebene so **55**

---

150   *Bundesregierung*, Evaluationsbericht 2017 (s. Fn. 49), Vorspann S. 3.
151   So auch BT-Drs. 17/8058, 18 und BT-Drs. 17/5335, 11.
152   *Alexander/Walsh/Svatos*, The EU Mediation Law Handbook: Regulatory Robustness Ratings for Mediation Regimes, 2017.

abgestimmt werden, dass **auf Ebene der Mitgliedstaaten in inhaltlicher wie methodischer Hinsicht kompatible Datensätze** produziert werden, die sowohl einen Vergleich bestimmter Entwicklungsaspekte als auch eine Aggregation der Daten unkompliziert zulassen.

Hierbei ist verschiedenen **Herausforderungen** ins Auge zu sehen:

Die schiere **Quantität der** aus den einzelnen Mitgliedsstaaten **zu verarbeitenden Daten** verlangt nach einer sinnvollen Begrenzung und Auswahl der Fragen bzw Themen, die Gegenstand der abgestimmten Erhebungen sein sollen.

Auf europäischer Ebene divergieren die **Mediationsansätze und -stile** noch stärker als schon im nationalen Raum.[153] Hier ist kritisch zu prüfen, inwieweit Evaluationsansätze zB mit Blick auf den Qualitätsbegriff von Mediation implizite Weichenstellungen zugunsten oder zulasten eines bestimmten Mediationsverständnisses enthalten.[154]

Ähnliches gilt für **divergierende mediations- und justizpolitische Zielsetzungen und Prioritäten**, die insbesondere für die Beantwortung der Fragen, warum Mediation grundsätzlich als förderungswürdig betrachtet wird, ob eine Mediation freiwillig sein muss und wann eine Mediation erfolgreich ist, relevant sind – und die deshalb unbedingt transparent reflektiert werden sollten.

Möglichen Unterschieden und etwaigen Kollisionen von Mediationszielen und -stilen, unterschiedlichen Verfahrensansätzen und entsprechenden Erwartungshaltungen der Mediationsbeteiligten sollte besondere Aufmerksamkeit gewidmet werden, wenn die – ursprünglich ja im Fokus der Richtlinie stehenden – Mediationsaktivitäten bei **grenzüberschreitenden Streitigkeiten** evaluiert werden.

§ 9 MediationsG Übergangsbestimmung

(1) Die Mediation in Zivilsachen durch einen nicht entscheidungsbefugten Richter während eines Gerichtsverfahrens, die vor dem 26. Juli 2012 an einem Gericht angeboten wird, kann unter Fortführung der bisher verwendeten Bezeichnung (gerichtlicher Mediator) bis zum 1. August 2013 weiterhin durchgeführt werden.

(2) Absatz 1 gilt entsprechend für die Mediation in der Verwaltungsgerichtsbarkeit, der Sozialgerichtsbarkeit, der Finanzgerichtsbarkeit und der Arbeitsgerichtsbarkeit.

---

153 Exemplarisch wird diese Unterschiedlichkeit untersucht in *Gläßer* in: FS Martiny, S. 735 ff. Umfassend zum Stand der Entwicklung der Mediation und ihrer rechtlichen Rahmenbedingungen in unterschiedlichen Ländern vor Umsetzung der EU-Med-RiLi *Alexander*, Global Trends in Mediation, 2. Aufl. 2006, *Hopt/Steffek*, Mediation – Rechtstatsachen, Rechtsvergleich, Regelungen, 2008, *Rüssel* in: Haft/v. Schlieffen, § 54, sowie *Steffek* RabelsZ 74 (2010), 841. Übersichten zum Stand nach Umsetzung der EU-Mediationsrichtlinie finden sich bei *Hopt/Steffek*, Mediation – Principles and Regulation in Comparative Perspective, 2013 sowie *Steffek* ZEuP 2013, 529.

154 Siehe dazu instruktiv am Beispiel eines internationalen Mediation Moot Courts *Bond* Negotiation Journal 2013, 315 ff. sowie *Lang-Sasse* ZKM 2013, 54.

Literatur:

Ahrens, Mediationsgesetz und Güterichter – Neue gesetzliche Regelungen der gerichtlichen und außergerichtlichen Mediation, NJW 2012, 2465; *Fritz/Pielsticker*, Mediationsgesetz – Kommentar, Handbuch, Mustertexte, 2013; *Greger*, Das Güterichtermodell – ein Lehrstück für alternative Konfliktlösungen, AnwBl 2013, 504; *ders./Weber*, Das neue Güterichterverfahren – Arbeitshilfen für Richter, Rechtsanwälte und Gerichtsverwaltung, MDR 18/2012, Sonderheft; *ders./Unberath/Steffek*, Recht der alternativen Konfliktlösung – Mediationsgesetz, VSBG – Kommentar, 2. Aufl. 2016; *Prütting*, Das Mediationsgesetz ist in Kraft getreten – Mediation bleibt außergerichtliche Konfliktbeilegung und es kommt das Güterichtermodell, AnwBl 2012, 796; *Röthemeyer*, Gerichtsmediation im Güterichterkonzept – Die Lösung des Vermittlungsausschusses, ZKM 2012, 116; *Schobel*, Bald bayernweit: Güterichter und Mediationsbeauftragte an den Zivilgerichten, ZKM 2012, 191; *Schreiber*, Das „erweiterte Güterichtermodell" – Die Neufassung des § 278 Abs. 5 ZPO – eine erste Einschätzung, Betrifft Justiz 2012, 337; *Wagner*, Das Mediationsgesetz – Ende gut, alles gut?, ZKM 2012, 110.

I. Regelungsgehalt

§ 9 gewährleistete, dass seinerzeit bestehende Angebote für die Durchführung gerichtlicher Mediation noch für einen **Übergangszeitraum von rund einem Jahr** nach dem Inkrafttreten des Mediationsgesetzes fortgeführt werden konnten.[1] Dies galt gem. § 9 Abs. 1 für „*Zivilsachen*" – gemeint ist die gesamte Zivilgerichtsbarkeit, also Verfahren der streitigen (ZPO) und der freiwilligen Gerichtsbarkeit sowie in Familiensachen (FamFG) – und aufgrund entsprechender Anwendung auch für die in § 9 Abs. 2 genannten Fachgerichtsbarkeiten. Nach Ablauf der Übergangsfrist waren die bislang praktizierte Richtermediation und die bisher für diese verwendeten Bezeichnungen nicht mehr zulässig.[2] Mediation konnte sodann innerhalb des Gerichts nur noch durch den Güterichter praktiziert werden, § 278 Abs. 5 ZPO (→ K Rn. 19).   **1**

II. Normzweck

Die Einräumung einer Übergangsfrist folgte praktischen Erwägungen. Selbst wenn nach der Aufgabe der gerichtsinternen Mediation und dem damit verbundenen Entfallen der noch im Regierungsentwurf vorgesehenen Länderöffnungsklausel eine Umsetzungsfrist für den Erlass entsprechender Rechtsverordnungen durch die Länder[3] nicht mehr erforderlich war, bedurfte auch die nunmehr angestrebte Überführung der gerichtlichen Mediation in das Güterichtermodell (→ K Rn. 14 f.) **organisatorischer Vorbereitung** (zB Änderung von Formularen und Informationsschriften, Bestimmung der Güterichter durch den gerichtlichen Geschäftsverteilungsplan, Ausbildung weiterer Güterichter)[4] und damit Zeit. Hingegen wäre – ohne Einräumung einer expliziten Übergangsfrist – mit Inkrafttreten des Mediationsgesetzes die Rechtsgrundlage für die bisherigen Modellprojekte und Angebote von Richtermediation, die sich überwiegend auf eine Analogie zu § 278 Abs. 5 S. 1 ZPO aF stützten,[5] von einem Tag auf den anderen entfal-   **2**

---

1 Vgl. Empfehlung Rechtsausschuss, BT-Drs. 17/8058, 17 u. 20.
2 *Ahrens* NJW 2012, 2465 (2467); *Wagner* ZKM 2012, 110 (113); *Röthemeyer* ZKM 2012, 116 (117); Fritz/Pielsticker/*Fritz* § 9 Rn. 9.
3 So bereits vorgesehen in § 15 GVG-RegE.
4 *Ahrens* NJW 2012, 2465 (2467).
5 *Von Bargen*, Gerichtsinterne Mediation – Eine Kernaufgabe der rechtsprechenden Gewalt, 2008, S. 242 ff. mwN (S. 250, Fn. 89).

len. Denn eine solche kam nach der bewussten Entscheidung des Gesetzgebers gegen gerichtliche Mediation[6] in Ermangelung einer planwidrigen Regelungslücke nicht mehr in Betracht. Die Einräumung eines Übergangszeitraums verhinderte damit die sofortige Einstellung gerichtsinterner Mediationsangebote und sollte einen reibungslosen Übergang gewährleisten.

III. Tatbestandsvoraussetzungen, Rechtsfolge

3 Die Übergangsfrist wurde den Gerichten gewährt, die seinerzeit *„Mediation [...] durch einen nicht entscheidungsbefugten Richter während eines Gerichtsverfahrens"* anboten. Der Wortlaut knüpft an die Legaldefinition in § 1 Abs. 1 S. 2 Nr. 3 MediationsG-RegE an und meint die – nunmehr aufgegebene – gerichtsinterne Mediation im Sinne des Regierungsentwurfs. Voraussetzung ist, dass diese vor dem Tag des Inkrafttretens des Mediationsgesetzes, also **vor dem 26.7.2012**, an einem Gericht **tatsächlich angeboten** wurde. Demnach musste für die Parteien in der Praxis ein konkretes Mediationsangebot, zumindest im Rahmen eines Modellprojektes, bestehen und von diesen wahrgenommen werden können. Allein die Entschließung zu einem Projekt oder dessen Vorbereitungsphase reichten nicht aus.

4 Der **Übergangszeitraum** – und damit jegliche Mediation nach dem Richtermediatorenmodell (→ K Rn. 8)[7] – **endete am 1.8.2013.** Bis dahin konnten bestehende Angebote für die Durchführung gerichtsinterner Mediation noch fortgeführt, dh auch neue gerichtsinterne Mediationsverfahren eingeleitet und durchgeführt werden,[8] und zwar – wie durch den Vermittlungsausschuss ausdrücklich festgestellt[9] – unter Beibehaltung der bisherigen Bezeichnung. Auch galten für gerichtliche Mediatoren während der Übergangszeit weder das Mediationsgesetz noch güterichterspezifische Vorschriften. Eine Protokollierung von Vergleichen durch Richtermediatoren, wie bisher zT in Analogie zu § 278 Abs. 5 S. 1 ZPO aF praktiziert, war nach Sinn und Zweck der Übergangsbestimmung und dem Willen des Gesetzgebers[10] noch bis zum 1.8.2013 möglich.[11] Neue Modellversuche durften indes während der Übergangszeit nicht mehr in Gang gesetzt werden.[12] Der Stichtagslösung war freilich immanent, dass es auch am 1.8.2013 zwar schon begonnene, aber noch nicht abgeschlossene gerichtsinterne Mediationsverfahren gegeben hat. Diese bedurften einer Überführung in das Güterichtersystem.[13] Dafür war ein erneuter Verweisungsbeschluss des erkennenden Gerichts erforderlich und eine Zuweisung an den geschäftsplanmäßig bestimmten Güterichter. Diesem potenziellen Aufwand, zumal er die personelle Identität des Richtermediators und des nachfolgenden Güterichters letztlich nicht garantieren konnte, war am besten durch eine **frühzeitigere Umstellung** auf das Güterichtersystem für neu abgegebene Verfahren zu begegnen, so dass bereits begonnene und noch andauernde gerichtsin-

6 Vgl. Empfehlung Rechtsausschuss, BT-Drs. 17/8058, 1 u. 17.
7 *Prütting* AnwBl 2012, 796 (797).
8 Empfehlung Rechtsausschuss, BT-Drs. 17/8058, 20.
9 Empfehlung Vermittlungsausschuss, BT-Drs. 17/10102, Nr. 1 b).
10 Empfehlung Rechtsausschuss, BT-Drs. 17/8058, 20.
11 Vgl. Greger/Unberath/Steffek/*Greger* B. § 9 Rn. 1; Fritz/Pielsticker/*Fritz* § 9 Rn. 10.
12 *Prütting* AnwBl 2012, 796 (797); Fritz/Pielsticker/*Fritz* § 9 Rn. 6.
13 Fritz/Pielsticker/*Fritz* § 9 Rn. 8.

terne Mediationsverfahren parallel weitergeführt und bis zum 1.8.2013 abgeschlossen werden konnten.[14]

Sollte ein nach diesem Zeitpunkt nicht mehr zuständiger, ehemaliger Richtermediator gleichwohl einen Vergleich protokolliert haben, ist dieser dennoch wirksam, da nach ständiger Rechtsprechung und allgemeiner Meinung die unrichtige Besetzung der Richterbank die Wirksamkeit eines gerichtlichen Vergleichs nicht beeinträchtigt.[15]

Teilweise wird § 9 zur Begründung einer Pflicht zur Einrichtung flächendeckender Güterichterangebote nebst diesbezüglicher Umsetzungsfrist herangezogen.[16] Dem steht indes bereits der Wortlaut des § 9 Abs. 1 entgegen. Dieser bezieht sich auf bereits vor Inkrafttreten des Mediationsgesetzes bestehende Angebote gerichtlicher Mediation (→ Rn. 3) und nicht auf Gerichte, an denen bisher keine Mediationsangebote bestanden haben,[17] also – im Sinne eines Neuaufbaus – erstmals ein Güterichter installiert wird.[18]   5

---

14 Zu den Unterschieden zwischen Richtermediatoren und Güterichtern, insbes. hinsichtlich der Befugnis zu Akteneinsicht, rechtlicher Bewertung und Unterbreitung eigener Lösungsvorschläge → K Rn. 25 (Tabelle).

15 BGHZ 35, 309 (311 ff.); BGH NJW 1986, 1348 (1349); Stein/Jonas/*Münzberg* ZPO, 22. Aufl. 2013, § 794 Rn. 26 mwN.

16 *Greger/Weber* MDR 18/2012, Sonderheft, 3 u. 6; *Schobel* ZKM 2012, 191 (192); *Greger* AnwBl 2013, 504.

17 Zum Streitstand hinsichtlich einer Pflicht der Gerichtspräsidien zur Bestellung von Güterichtern → ZPO § 278 Rn. 10.

18 IE ebenso: *Schreiber* Betrifft Justiz 2012, 337.

Artikel 2 Änderung der Zivilprozessordnung

Literatur:

Zu den nachfolgend kommentierten §§ 41 Nr. 8, 159 Abs. 2 S. 2, 253 Abs. 3 Nr. 1, 278 Abs. 5 und 278 a ZPO

I. Vor Beginn des Gesetzgebungsverfahrens

Von Bargen, Gerichtsinterne Mediation – Eine Kernaufgabe der rechtsprechenden Gewalt, 2008; *Bercher/Engel*, Richtungsentscheidungen für die Mediation in Deutschland, JZ 2010, 226; *Engel/Hornuf*, Vexierbild Richtermediation – Eine Studie zur Wahrnehmung verschiedener Mediationsformen in Deutschland, ZZP 124 (2011), 505; *Fischer*, Der Kölner Weg, ZKM 2011, 103; *Greger*, Die Verzahnung von Mediation und Gerichtsverfahren in Deutschland, ZKM 2003, 240; *ders.*, Erste Erfahrungen mit dem bayerischen Güterichterprojekt, ZKM 2006, 68; *ders.*, Güterichter – ein Erfolgsmodell, ZRP 2006, 229; *ders.*, Abschlussbericht zum Modellprojekt Güterichter, ZKM 2007, 180; *ders.*, Justiz und Mediation – Entwicklungslinien nach Abschluss der Modellprojekte, NJW 2007, 3258; *Haft/v. Schlieffen*, Handbuch Mediation, 2. Aufl., 2009; *Koch*, Gerichtliche Mediation – gerichtsverfassungs- und verfahrensrechtliche Rahmenbedingungen, NJ 2005, 97; *Kotzian-Marggraf*, Güterichter in der Thüringer Arbeitsgerichtsbarkeit, ZKM 2012, 123; *Kurzweil*, Akteneinsichtsrecht in „Mediationsakten"? – Eine kritische Auseinandersetzung mit der Entscheidung des Oberlandesgerichts München vom 15.5.2009, ZZP 123 (2010), 77; *Prütting*, Ein Plädoyer gegen Gerichtsmediation, ZZP 124 (2011), 163; *Unberath*, Auf dem Weg zu einer differenzierten Streitkultur – Neue gesetzliche Rahmenbedingungen für die alternative Konfliktlösung, JZ 2010, 975; *Wagner*, Vertraulichkeit der Mediation, ZKM 2011, 164.

II. Zum Referentenentwurf

Greger, Die Reglementierung der Selbstreglementierung – Zum Referentenentwurf eines Mediationsgesetzes, ZRP 2010, 209; *Hess*, Perspektiven der gerichtsinternen Mediation in Deutschland, ZZP 124 (2011), 137; *Löer*, Referentenentwurf eines Mediationsgesetzes – Eine Stellungnahme aus Sicht der zivilgerichtlichen Richtermediatoren, ZKM 2010, 179; *Monßen*, Fördert das Mediationsgesetz die gerichtsnahe Mediation?, ZKM 2011, 10; *Wagner*, Der Referentenentwurf eines Mediationsgesetzes, ZKM 2010, 172.

III. Zum Regierungsentwurf

Bastine, Zu kurz gesprungen – Das geplante Mediationsgesetz der Bundesregierung, ZKM 2011, 59; *Baumbach/Lauterbach/Albers/Hartmann*, Zivilprozessordnung, Rechtspolitischer Ausblick II A, 70. Aufl. 2012; *Fischer/Unberath*, Das neue Mediationsgesetz – Rechtliche Rahmenbedingungen der Mediation, 2013;[1] *Gläßer/Schroeter*, Gerichtliche Mediation – Grundsatzfragen, Etablierungserfahrungen und Zukunftsperspektiven, 2011; *Kraft/Schwerdtfeger*, Das Mediationsgesetz – Neues aus dem Gesetzgebungsverfahren, ZKM 2011, 55; *Paul*, Mediationsgesetz – Anhörung im Rechtsausschuss des Deutschen Bundestages, ZKM 2011, 119; *Sporré*, Ist die gerichtsinterne Mediation zu erfolgreich?, DRiZ 2011, 222; *Thomas/Putzo*, Zivilprozessordnung, 32. Aufl. 2011; *Zöller*, Zivilprozessordnung, 29. Aufl. 2012.

IV. Zum Mediationsgesetz in der ersten Fassung des Bundestags

Busemann, Das Mediationsgesetz in der Warteschleife – ein Zwischenruf, ZKM 2012, 55; *Carl*, Vom richterlichen Mediator zum Güterichter, ZKM 2012, 16; *Henssler/Deckenbrock*, Das neue Mediationsgesetz: Mediation ist und bleibt Anwaltssache!, DB 2012, 159; *Plassmann*, Bekenntnis zur Justiz: Abschied von der Gerichtsmediation, AnwBl 2012, 151; *Prütting*, Das neue Mediationsgesetz: Konsensuale Streitbeilegung mit Überraschungen – Zwei Ziele: Berufsgesetz für Mediatoren und Güterichtermodell für alle Gerichtsbarkeiten, AnwBl 2012, 204; *Schmidbauer*, Mediation am Gericht in der Schusslinie des Mediationsgesetzes, ZKM 2012, 88; *Schmidt/Lapp/Monßen*, Mediation in der Praxis des Anwalts, 2012; *Sensburg*, Mediationsgesetz – Rechtsausschuss schafft Interessenausgleich, NJW-aktuell 52/2011, S. 14; *Thomas/Putzo*, Zivilprozessordnung, 33. Aufl. 2012.

---

1 Teilweise mit Einarbeitung der endgültigen Fassung des Mediationsgesetzes.

V. Zum Mediationsgesetz in der endgültigen Fassung

Ahrens, Mediationsgesetz und Güterichter – Neue gesetzliche Regelungen der gerichtlichen und außergerichtlichen Mediation, NJW 2012, 2465; *Assmann*, Der Güterichter als Mediator?, MDR 2016, 1303; *Baumbach/Lauterbach/Albers/Hartmann*, Zivilprozessordnung, 75. Aufl. 2017; *Duve*, Das Gesetz zur Rettung der gerichtlichen Mediation, ZKM 2012, 108; *Eidenmüller*, Obligatorische außergerichtliche Streitbeilegung: Eine contradictio in adiecto?, JZ 2015, 539; *ders./Wagner*, Mediationsrecht, 2015; *Duve/Schoch*, Wege zu effizienten Verfahrensgestaltungen im Zivilprozess, AnwBl 2017, 240; *Effer-Uhe*, Prozess- oder Verfahrenskostenhilfe für die gerichtsnahe Mediation, NJW 2013, 3333; *Fritz/Krabbe*, Plädoyer für Qualität und Nachhaltigkeit der Güterichterausbildung, NVwZ 2013, 29; *ders./Pielsticker*, Mediationsgesetz – Kommentar, Handbuch, Mustertexte, 2013; *ders./Schroeder*, Der Güterichter als Konfliktmanager im staatlichen Gerichtssystem – Aufgabenbereich und Methoden des Güterichters nach § 278 ZPO – Eine erste Bilanz, NJW 2014, 1910; *ders.*, Rechtliche Einschätzung und Lösungsvorschläge des Güterichters – gesetzliches Gebot oder Regelverstoß?, ZKM 2015, 10; *Gössl*, Das Gesetz über die alternative Streitbeilegung in Verbrauchersachen – Chancen und Risiken, NJW 2016, 838; *Greger*, Das Güterichtermodell – ein Lehrstück für alternative Konfliktlösungen, AnwBl 2013, 504; *ders.*, Gerichtsinterne Mediation auf dem Prüfstand, ZKM 2013, 9; *ders./Weber*, Das neue Güterichterverfahren – Arbeitshilfen für Richter, Rechtsanwälte und Gerichtsverwaltung, MDR 18/2012, Sonderheft; *ders.*, Verweisung vor den Güterichter und andere Formen konsensorientierter Prozessleitung, MDR 2014, 993; *ders.*, Zur Vereinbarkeit von Mediation und Richteramt, in: Arnold/Lorenz, Gedächtnisschrift für Hannes Unberath, 2015, S. 111; *ders./Unberath/Steffek*, Recht der alternativen Konfliktlösung – Mediationsgesetz, VSBG – Kommentar, 2. Aufl. 2016; *ders.*, Das neue Verbraucherstreitbeilegungsgesetz – Die Neuregelungen und ihre Bedeutung für Verbraucher, Unternehmer, Rechtsanwälte, Schlichter und Richter, MDR 2016, 365; *ders.*, 5 Jahre MediationsG: Justiz und Mediation – eine immer noch schwierige Beziehung, ZKM 2017, 4; *Götz v. Olenhusen*, Mediation beim Güterichter – Gedanken zur Erweiterung des richterlichen Methodenspektrums, in: Habersack/Huber/Spindler, Festschrift für Eberhard Stilz, 2014; *Haft/v. Schlieffen*, Handbuch Mediation, 3. Aufl. 2016; *Hartmann*, Mediationsnovelle und Gericht, MDR 2012, 941; *Horstmeier*, Das neue Mediationsgesetz, 2013; *Jordans*, Das neue Mediationsgesetz – Chancen und Anforderungen für Rechtsanwälte, MDR 2013, 65; *Klamt/Moltmann-Willisch*, Umsetzung des Güterichtermodells an den Berliner Zivilgerichten, ZKM 2013, 112; *dies./dies.*, Der Güterichter als Konfliktmanager – Projektion und Wirklichkeit, ZKM 2015, 7; *Krüger/Rauscher*, Münchener Kommentar zur Zivilprozessordnung, Band 1 §§ 1–354, 5. Aufl. 2016; *Löer*, Umsetzung des Güterichtermodells in der Praxis – Erste Erkenntnisse aus einer Umfrage, ZKM 2014, 41; *ders.*, Erklärungsgebot zur außergerichtlichen Konfliktbeilegung in der Klageschrift, ZKM 2015, 111; *Musielak/Voit*, Kommentar zur Zivilprozessordnung mit Gerichtsverfassungsgesetz, 14. Aufl. 2017; *Ortloff*, Vom Gerichtsmediator zum Güterichter im Verwaltungsprozess, NVwZ 2012, 1057; *Prütting*, Das Mediationsgesetz ist in Kraft getreten – Mediation bleibt außergerichtliche Konfliktbeilegung und es kommt das Güterichtermodell, AnwBl 2012, 796; *ders.*, Güterichter, Mediator und Streitmittler, MDR 2016, 965; *ders./Gehrlein*, ZPO-Kommentar, 8. Aufl. 2016; *Röthemeyer*, Gerichtsmediation im Güterichterkonzept – Die Lösung des Vermittlungsausschusses, ZKM 2012, 116; *ders.*, Mediation – Grundlagen, Recht, Markt, 2015; *Saam*, Mediation im Güterichterverfahren – Mediationsgeeignetheit als Voraussetzung für eine Verweisung nach § 278 Abs. 5 ZPO, JR 2015, 163; *Saenger*, Zivilprozessordnung – Familienverfahren/Gerichtsverfassung, Europäisches Verfahrensrecht – Handkommentar, 7. Aufl. 2017; *Schlehe*, 5 Jahre MediationsG: Nutzung gerichtsnaher Mediation – Ein Erfahrungsbericht zu § 278 Abs. 5 ZPO, ZKM 2017, 61; *Schmitt*, Stufen einer Güteverhandlung – Lehre einer imperfekten Gerechtigkeit, 2014; *Schobel*, Bald bayernweit: Güterichter und Mediationsbeauftragte an den Zivilgerichten, ZKM 2012, 191; *Schreiber*, Das „erweiterte Güterichtermodell" – Die Neufassung des § 278 Abs. 5 ZPO – eine erste Einschätzung, Betrifft Justiz 2012, 337; *Spangenberg*, Aufgaben und Funktionen eines Güterichters, ZKM 2013, 162; *Stein/Jonas*, Kommentar zur Zivilprozessordnung, Band 3 §§ 148–270, 23. Aufl. 2016; *Tautphäus/Fritz/Krabbe*, Fristlose Kündigung wegen Vertrauensbruchs – neue Methoden der Konfliktbeilegung, NJW 2012, 364; *Thole,*, Das neue Mediationsgesetz – Mediation im und an der Schnittstelle zum Zivilprozess, ZZP 127 (2014), 339; *Thomas/Putzo*, Zivilprozessordnung, 38. Aufl. 2017; *Vorwerk/Wolf*,

Beck'scher Online-Kommentar ZPO, 24. Edition, Stand 1.3.2017; *Wagner*, Das Mediationsgesetz – Ende gut, alles gut?, ZKM 2012, 110; *Wendenburg*, Differenzierte Verfahrensentscheidungen in zivilrechtlichen Konflikten; *Zöller*, Zivilprozessordnung, 31. Aufl. 2016; *Wieczorek/Schütze*, Zivilprozessordnung und Nebengesetze, Band 4 §§ 253–299 a, 4. Aufl. 2013; *Zorn*, Gesetz zur Förderung der Mediation und anderer Verfahren der außergerichtlichen Konfliktbeilegung – Änderungen der Familiensachen betreffenden FamFG-Vorschriften, FamRZ 2012, 1265.

VI. Allgemein

Hommerich/Prütting/Ebers/Lang/Traut, Rechtstatsächliche Untersuchung zu den Auswirkungen der Reform des Zivilprozessrechts auf die gerichtliche Praxis – Evaluation ZPO-Reform, 2006; *Palandt*, BGB, 73. Aufl. 2014; *Schellhammer*, Zivilprozess, 14. Aufl. 2013.

§ 41 ZPO Ausschluss von der Ausübung des Richteramtes

Ein Richter ist von der Ausübung des Richteramtes kraft Gesetzes ausgeschlossen:

1. in Sachen, in denen er selbst Partei ist oder bei denen er zu einer Partei in dem Verhältnis eines Mitberechtigten, Mitverpflichteten oder Regresspflichtigen steht;
2. in Sachen seines Ehegatten, auch wenn die Ehe nicht mehr besteht;
2a. in Sachen seines Lebenspartners, auch wenn die Lebenspartnerschaft nicht mehr besteht;
3. in Sachen einer Person, mit der er in gerader Linie verwandt oder verschwägert, in der Seitenlinie bis zum dritten Grad verwandt oder bis zum zweiten Grad verschwägert ist oder war;
4. in Sachen, in denen er als Prozessbevollmächtigter oder Beistand einer Partei bestellt oder als gesetzlicher Vertreter einer Partei aufzutreten berechtigt ist oder gewesen ist;
5. in Sachen, in denen er als Zeuge oder Sachverständiger vernommen ist;
6. in Sachen, in denen er in einem früheren Rechtszug oder im schiedsrichterlichen Verfahren bei dem Erlass der angefochtenen Entscheidung mitgewirkt hat, sofern es sich nicht um die Tätigkeit eines beauftragten oder ersuchten Richters handelt;
7. in Sachen wegen überlanger Gerichtsverfahren, wenn er in dem beanstandeten Verfahren in einem Rechtszug mitgewirkt hat, auf dessen Dauer der Entschädigungsanspruch gestützt wird;
8. in Sachen, in denen er an einem Mediationsverfahren oder einem anderen Verfahren der außergerichtlichen Konfliktbeilegung mitgewirkt hat.

§ 41 Nr. 8 ZPO
I. Regelungsgehalt

1   Das Mediationsgesetz erweitert den – erschöpfenden[1] – Katalog der Ausschlussgründe des § 41 ZPO für den Fall der Mitwirkung eines Richters an einem vorangegangenen Mediationsverfahren oder einem anderen Verfahren der außergerichtlichen Konfliktbeilegung.

---

1   BGH NJW 2004, 163 (163) mwN.

II. Normzweck

Ausschluss iSv § 41 ZPO bedeutet die kraft Gesetzes eintretende Unfähig- 2
keit des Richters zur Ausübung des Richteramts in einem bestimmten
Rechtsstreit.[2] Dadurch soll die **Unparteilichkeit** des streitentscheidenden
Richters gewährleistet werden. Die Parteien des Rechtsstreits sollen darauf
vertrauen können, dass der Richter die Streitentscheidung neutral, distan-
ziert, unvoreingenommen, unparteiisch, objektiv und damit unbefangen
fällen kann.[3]

Bei der erstmals im Regierungsentwurf,[4],[5] also ursprünglich insbesondere 3
für die gerichtsinterne Mediation vorgesehen – und für diese in praktischer Hinsicht noch viel bedeutenderen[6] – Regelung der Nr. 8 folgt der
Ausschluss aus der strikten **Trennung zwischen Vermittler und Entscheider**
(→ K Rn. 26), dh der Unvereinbarkeit der Mitwirkung an einer einvernehmlichen Konfliktlösung für die Konfliktbeteiligten einerseits mit der
dem Richter obliegenden, verbindlichen Streitentscheidung in derselben Sache andererseits.[7] Hinzu kommt die Gefährdung der durch § 4 besonders
geschützten **Vertraulichkeit der Mediation**, falls der Richter als Mediator
erlangtes Wissen bei der Entscheidung verwerten könnte.[8] Dies stände der
Anwendung einer interessenorientierten und damit auf der Offenheit der
Parteien basierenden Konfliktlösungsmethode entgegen (→ K Rn. 26).[9]

III. Tatbestandsvoraussetzungen

Unter den Ausschlussgrund Nr. 8 fällt sowohl das Mediationsverfahren als 4
auch jedes andere Verfahren der außergerichtlichen Konfliktbeilegung (→
ZPO § 278 a Rn. 7), und zwar unabhängig von der Art und Weise seiner
Veranlassung. Somit werden auch vom Gericht vorgeschlagene, außerge-
richtliche Konfliktbeilegungsverfahren nach § 278 a ZPO (§ 278 Abs. 5
S. 2, 3 ZPO aF) oder nach dem früheren Richtermediatorenmodell (→ K
Rn. 8) – auch noch während des Übergangszeitraums nach § 9 – durchge-
führte gerichtliche Mediationen erfasst.[10] Entscheidend ist, dass die Vorbe-

---

2 Zöller/*Vollkommer* Rn. 1.
3 MüKoZPO/*Stackmann* Rn. 1; Prütting/Gehrlein/*Graßnack* Rn. 1.
4 Gesetzentwurf der Bundesregierung vom 12.1.2011, BT-Drs. 17/5335, dort noch
   Nr. 7.
5 In ähnlicher Form bereits vorgeschlagen von der ZPO-Kommission des Deutschen
   Richterbundes im Eckpunktepapier zur gerichtsinternen und gerichtsnahen Mediation im Zivilprozess und im Verfahren vor den Arbeitsgerichten aus November
   2009, Ziff. 14 (abrufbar unter http://www.drb.de/cms/fileadmin/docs/rechtspoli-
   tik_mediation_0911.pdf (zuletzt abgerufen am 1.3.2017)).
6 So haben in zwei Fällen Richter in einem nach Beendigung einer richterlichen Mediation fortgesetzten Klageverfahren ihre vorausgegangene Tätigkeit als Richtermediatoren als Grund für eine Selbstablehnung gem. § 60 Abs. 1 SGG bzw. § 48
   iVm § 42 Abs. 1, 2 ZPO angesehen (vgl. Landessozialgericht Niedersachsen-Bremen ZKM 2005, 139; Hessisches Landesarbeitsgericht ZKM 2009, 191).
7 Begründung Regierungsentwurf, BT-Drs. 17/5335, 20.
8 Zöller/*Vollkommer* Rn. 14 b; Fritz/Pielsticker/*Fritz* Rn. 2.
9 Begründung Regierungsentwurf, BT-Drs. 17/5335, 20; *Kraft/Schwerdtfeger* ZKM
   2011, 55 (58).
10 Fritz/Pielsticker/*Fritz* Rn. 3, 9; Zöller/*Vollkommer* Rn. 14 b.

fassung des Mediators, Konfliktmanagers o.ä. dieselbe Streitsache und damit denselben Lebenssachverhalt betrifft.[11]

Ebenso ausgeschlossen ist ein Richter, wenn er im Rahmen einer Nebentätigkeit als außergerichtlicher Mediator o.ä. tätig geworden ist und eine später aus der Mediation erwachsende gerichtliche Streitsache ihm im Rahmen seiner hauptamtlichen Tätigkeit zur Entscheidung zugewiesen wird.

5 Erfasst wird jede Form der Mitwirkung, auch eine nur vorübergehende oder teilweise Beteiligung, die insbesondere eine Teilnahme am Gespräch der Konfliktparteien und damit die Kenntnisnahme des Gesprächsinhalts ermöglicht, bspw. auch als Co-Mediator, als Partei oder deren (gesetzlicher) Vertreter oder als Begleiter eines Konfliktbeteiligten, oder auf andere Weise Gelegenheit zu inhaltlicher Einflussnahme bietet, zB als Berater vor oder während des Gesprächs.[12] Nicht ausreichend sind bloße organisatorische oder technische Hilfsdienste im Vorfeld des Gesprächs.

6 Die Tätigkeit des **Güterichters** gem. § 278 Abs. 5 S. 1 ZPO fällt nicht unter Nr. 8.[13] Dieser ist bereits per definitionem nicht entscheidungsbefugt, § 278 Abs. 5 S. 1 ZPO, so dass ein Konflikt zwischen der Mitwirkung an einer einvernehmlichen Konfliktlösung und einer verbindlichen Streitentscheidung in derselben Sache idR nicht zu besorgen ist. Im Übrigen nimmt der Güterichter lediglich eine abgegrenzte Aufgabe des erkennenden Gerichts, nämlich die Durchführung der Güteverhandlung gem. § 278 Abs. 2 ZPO, wahr, so dass er mit einem – nicht ausgeschlossenen – beauftragten oder ersuchten Richter iSv § 41 Nr. 6 letzter Hs. ZPO gleichzusetzen ist. Dass der Güterichter gem. § 278 Abs. 5 S. 2 ZPO auch Mediation und andere interessenorientierte Methoden der Konfliktbeilegung anwenden darf, reicht für einen Ausschluss nicht aus. Der Wortlaut der Nr. 8 stellt vielmehr explizit auf ein Mediations-*„verfahren"* oder ein anderes Verfahren der *„außergerichtlichen"* Konfliktbeilegung ab.[14] Zu diesen zählen die vom Güterichter während des andauernden Gerichtsverfahrens gem. § 278 Abs. 5 S. 2 ZPO anzuwendenden Methoden gerade nicht (→ K Rn. 19).[15]

---

11 Begründung Regierungsentwurf, BT-Drs. 17/5335, 20; Zöller/*Vollkommer* Rn. 14 b; Fritz/Pielsticker/*Fritz* Rn. 23.

12 Vgl. Baumbach/Lauterbach/Albers/*Hartmann* Rn. 16.

13 VG Göttingen MDR 2015, 55; Greger/*Weber* MDR 18/2012, Sonderheft S. 29; Greger/Unberath/Steffek/*Greger* E. Rn. 135; Eidenmüller/Wagner/*Steiner*, Kap. 8 Rn. 46; Fritz/Pielsticker/*Fritz* Rn. 5 (im Gegensatz zu Rn. 12); Prütting/Gehrlein/*Geisler* § 278 Rn. 7; Baumbach/Lauterbach/Albers/*Hartmann* Rn. 17 Stichwort „Güterichter" (im Gegensatz zu Rn. 16); aA *Ahrens* NJW 2012, 2465 (2469); *Röthemeyer* ZKM 2012, 116 (118), ders., Rn. 473, MüKoZPO/*Stackmann* § 41 Rn. 28, je unter Verweis auf die Begründung des Regierungsentwurfs (BT-Drs. 17/5335, 20), die freilich nur auf die Tätigkeit von Richtermediatoren im Rahmen der gerichtsinternen Mediation (§ 1 Abs. 1 Nr. 3 MediationsG-RegE) nicht aber von Güterichtern (§ 278 Abs. 5 ZPO-RegE) abstellte; ebenso: Saenger/*Bendtsen* Rn. 18 b; Zöller/*Vollkommer* Rn. 14 b; für eine analoge Anwendung: Thomas/Putzo/*Hüßtege* Rn. 10; BeckOK ZPO/*Vossler* Rn. 13 b.

14 Greger/Unberath/Steffek/*Greger* E. Rn. 135.

15 In Betracht kommen kann aber eine (Selbst-)Ablehnung des Streitrichters wegen Vorbefassung gem. §§ 42 Abs. 2, 48 ZPO (→ ZPO § 278 Rn. 30).

IV. Rechtsfolge

Die Mitwirkung an einer vorangegangenen Mediation oder einem anderen   7
Verfahren der außergerichtlichen Konfliktbeilegung hat kraft Gesetzes den
Ausschluss des Richters von der Ausübung seines Amtes im jeweiligen Gerichtsverfahren zur Folge. Er muss sich also von diesem, ohne dass es eines
entsprechenden Antrages einer Partei bedarf, fernhalten.[16] Insbesondere
unterliegt er einem dauerhaften künftigen Entscheidungsverbot. Ein Verstoß führt zur Anfechtbarkeit der Entscheidung nach §§ 547 Nr. 2, 576
Abs. 3 oder 579 Abs. 1 Nr. 2 ZPO.[17]

§ 159 ZPO Protokollaufnahme

(1) [1]Über die Verhandlung und jede Beweisaufnahme ist ein Protokoll aufzunehmen. [2]Für die Protokollführung kann ein Urkundsbeamter der Geschäftsstelle zugezogen werden, wenn dies auf Grund des zu erwartenden
Umfangs des Protokolls, in Anbetracht der besonderen Schwierigkeit der
Sache oder aus einem sonstigen wichtigen Grund erforderlich ist.

(2) [1]Absatz 1 gilt entsprechend für Verhandlungen, die außerhalb der Sitzung vor Richtern beim Amtsgericht oder vor beauftragten oder ersuchten
Richtern stattfinden. [2]Ein Protokoll über eine Güteverhandlung oder weitere Güteversuche vor einem Güterichter nach § 278 Absatz 5 wird nur auf
übereinstimmenden Antrag der Parteien aufgenommen.

Vgl. die Kommentierung des § 159 Abs. 2 S. 2 ZPO unter → ZPO § 278
Rn. 26.

§ 253 ZPO Klageschrift

(1) Die Erhebung der Klage erfolgt durch Zustellung eines Schriftsatzes
(Klageschrift).

(2) Die Klageschrift muss enthalten:
1. die Bezeichnung der Parteien und des Gerichts;
2. die bestimmte Angabe des Gegenstandes und des Grundes des erhobenen Anspruchs, sowie einen bestimmten Antrag.

(3) Die Klageschrift soll ferner enthalten:
1. die Angabe, ob der Klageerhebung der Versuch einer Mediation oder
   eines anderen Verfahrens der außergerichtlichen Konfliktbeilegung vorausgegangen ist, sowie eine Äußerung dazu, ob einem solchen Verfahren Gründe entgegenstehen;
2. die Angabe des Wertes des Streitgegenstandes, wenn hiervon die Zuständigkeit des Gerichts abhängt und der Streitgegenstand nicht in
   einer bestimmten Geldsumme besteht;
3. eine Äußerung dazu, ob einer Entscheidung der Sache durch den Einzelrichter Gründe entgegenstehen.

---

16 Zöller/*Vollkommer* Rn. 15.
17 MüKoZPO/*Stackmann* Rn. 31; Zöller/*Vollkommer* Rn. 16.

(4) Außerdem sind die allgemeinen Vorschriften über die vorbereitenden Schriftsätze auch auf die Klageschrift anzuwenden.

(5) [1]Die Klageschrift sowie sonstige Anträge und Erklärungen einer Partei, die zugestellt werden sollen, sind bei dem Gericht schriftlich unter Beifügung der für ihre Zustellung oder Mitteilung erforderlichen Zahl von Abschriften einzureichen. [2]Einer Beifügung von Abschriften bedarf es nicht, soweit die Klageschrift elektronisch eingereicht wird.

§ 253 Abs. 3 Nr. 1 ZPO
I. Regelungsgehalt

1   § 253 Abs. 3 ZPO regelt den – im Gegensatz zu Abs. 2 – nicht zwingend notwendigen Inhalt einer Klageschrift im Zivilprozess. Neben dem Wert des Streitgegenstandes eines zuständigkeitsrelevanten, nicht bezifferten Klageantrags, nunmehr Nr. 2, und einer Äußerung zur Entscheidung des Rechtsstreits durch den Einzelrichter, nunmehr Nr. 3, – beide Vorschriften wurden inhaltlich unverändert[1] in die neue Aufzählungsstruktur des § 253 Abs. 3 ZPO übernommen – soll in der Klageschrift gem. Nr. 1 auch angegeben werden, ob bereits vorprozessual eine außergerichtliche Konfliktbeilegung versucht wurde und ob Hinderungsgründe für eine solche bestehen. Der Kläger soll also Auskunft geben zum einen – vergangenheitsorientiert – über die bisherigen Konfliktlösungsversuche der Parteien im konkreten Streitfall, zum anderen – zukunftsorientiert – über seine Bereitschaft zu konsensualer Konfliktbeilegung.[2]

II. Normzweck

2   § 253 Abs. 3 ZPO beabsichtigt nicht etwa eine negative Stigmatisierung der eine konsensuale Konfliktlösung ablehnenden Partei. Er dient nach der Gesetzesbegründung vielmehr *„dem Ziel, die Mediation und die außergerichtliche Konfliktbeilegung stärker im Bewusstsein der Bevölkerung und in der Beratungspraxis der Rechtsanwaltschaft zu verankern. Dementsprechend hat der 67. DJT[3] 2008 beschlossen, dass die in der Rechtspflege tätigen Berufsangehörigen über das gesamte Spektrum der verfügbaren Konfliktlösungsverfahren im konkreten Einzelfall informieren sollen […]. Spätestens beim Abfassen der Klageschrift sollen sich die Parteien und deren Rechtsanwältinnen und Rechtanwälte daher mit der Frage auseinandersetzen, ob und wie sie den der beabsichtigten Klageerhebung zugrundeliegenden Konflikt außergerichtlich beilegen können. Dies soll dem Gericht in der Klageschrift mitgeteilt werden. § 253 Absatz 3 Nummer 1 ZPO betont damit die ohnehin nach § 1 Absatz 3 BORA bestehende Verpflichtung der Rechtsanwältinnen und Rechtsanwälte, ihre Mandantschaft konfliktver-*

---

1 Begründung RegE, BT-Drs. 17/5335, 20.
2 Der Referentenentwurf (abrufbar unter http://rsw.beck.de/docs/librariesprovider5/rsw-dokumente/RefE_Mediationsgesetz_20100803 (zuletzt abgerufen am 06.06.2017)), den der RegE (BT-Drs. 17/5335) im zweiten Hs. der Nr. 1 modifiziert hat (zu den Gründen dafür: *Kraft/Schwerdtfeger* ZKM 2010, 55 (58)), forderte an dieser Stelle – ebenfalls vergangenheitsorientiert – eine Begründung, warum der Versuch einer außergerichtlichen Konfliktbeilegung unterlassen wurde.
3 Deutscher Juristentag.

meidend und streitschlichtend zu begleiten."[4] Als Verfahrensberater muss der Rechtsanwalt daher seinen Mandanten auch über Alternativen zum streitigen Gerichtsverfahren beraten (→ L Rn. 7 ff.).[5]

Sinn und Zweck des § 253 Abs. 3 Nr. 1 ZPO können sich aber nicht allein **3** in der Errichtung eines „Merkpostens 'konsensuale Konfliktbeilegung?'" im Sinne eines **Appells zur Selbstüberprüfung** hinsichtlich außergerichtlicher Alternativen zur Klageerhebung erschöpfen. Anderenfalls reichte es aus, die beiden indirekt formulierten Entscheidungsfragen wortgetreu mit „ja" oder „nein" zu beantworten.[6] Vielmehr ist aus der teilweise zukunftsorientierten Blickrichtung (→ Rn. 1) und daraus, dass die Angaben in der Klageschrift enthalten sein sollen, also auch an den künftigen Streitrichter richten, zu schließen, dass dieser zugleich Informationen erhalten soll, um den Rechtsstreit im Sinne einer möglichst differenzierten Konfliktbehandlung (→ K Rn. 36) auf den geeigneten Lösungsweg zu führen.[7] So wird für den Streitrichter bspw. die Ermessensausübung bezüglich einer Verweisung in die außergerichtliche Mediation gem. § 278 a ZPO und natürlich auch hinsichtlich einer Einbeziehung eines Güterichters gem. § 278 Abs. 5 ZPO erleichtert, wenn die Parteien ihre Bereitschaft zu derartigen Verfahren im konkreten Fall mitteilen, während solche Erwägungen des Streitrichters nur wenig erfolgversprechend sein dürften, wenn die Parteien vorprozessual bereits ein umfängliches Mediationsverfahren durchgeführt haben oder wenn eine Partei die Klärung einer grundsätzlichen Rechtsfrage, zB der Wirksamkeit einer von ihr verwandten AGB-Klausel, erreichen will. Es geht mithin auch um die **Effizienz der Konfliktbehandlung** und die **Prozessförderung** durch den Streitrichter.[8]

III. Tatbestandsvoraussetzungen, Rechtsfolge

§ 253 Abs. 3 ZPO gilt grundsätzlich für jedes durch Klageschrift bzw. An- **4** spruchsbegründung nach vorausgegangenem Mahnverfahren eingeleitete Zivilverfahren,[9] unabhängig von der Eingangsinstanz und einer anwaltlichen Vertretung.[10]

Aus der zweiten Zielrichtung des § 253 Abs. 3 Nr. 1 ZPO, der Effizienz der Konfliktbehandlung und der Prozessförderung durch den Streitrichter (→

---

4 Begründung RegE, BT-Drs. 17/5335, 20.
5 *Ahrens* NJW 2012, 2465 (2469); Zöller/*Greger* § 253 Rn. 20 a.
6 Würde das Bestehen von Hinderungsgründen für Mediation oder ein anderes Verfahren der außergerichtlichen Konfliktbeilegung ohne Angabe näherer Gründe verneint, stellte sich zudem die Frage nach den Konsequenzen für die dann offensichtlich unter konfliktbeilegungstechnischen Aspekten gerade (noch) nicht erforderliche Klageerhebung. Eine zusätzliche echte Zulässigkeitsvoraussetzung für die Klageerhebung wollte der Gesetzgeber indes nicht begründen (→ Rn. 5).
7 Vgl. Greger/Unberath/Steffek/*Greger* E. Rn. 23, 41; Fritz/Pielsticker/*Fritz* § 253 Rn. 11 f., 19 f.; Zöller/*Greger* § 253 Rn. 20 a; *Fritz/Schroeder* NJW 2014, 1910 (1913).
8 *Löer* ZKM 2015, 111 (112).
9 Zur Anwendbarkeit des § 253 Abs. 3 Nr. 1 ZPO über die allgemeinen Verweisungsnormen in den Prozessordnungen der Fachgerichtsbarkeiten → ArbGG § 54 Rn. 29; → SGG § 202 Rn. 10; → VwGO § 173 Rn. 12; → FGO § 155 Rn. 7; ferner → FamFG § 23 Rn. 1 f.
10 Fritz/Pielsticker/*Fritz* § 253 Rn. 6 ff., 17; Greger/Unberath/Steffek/*Greger* E. Rn. 24; Stein/Jonas/*Roth* § 253 Rn. 56.

Rn. 3), folgt, dass lediglich klausel- oder formularmäßige Angaben wie ein bloßer Hinweis auf vorausgegangene, erfolglose Vergleichsbemühungen unzureichend sind. Hs. 1 ist dahin gehend auszulegen, dass nicht nur ein vorausgegangener Versuch zu bestätigen bzw. zu verneinen ist („ob"), sondern dass zumindest auch das unternommene Konfliktbeilegungsverfahren zu benennen ist („welches").[11] Hilfreich sind zudem Angaben zur Intensität seiner Durchführung, ob bspw. nur ein allgemeiner Informationstermin besucht oder mehrere Sitzungen absolviert wurden.[12] Nähere Details zu Ablauf und Inhalt, erst recht zum Grund des Scheiterns, insbesondere wenn für dieses Verfahren Vertraulichkeit vereinbart war, müssen freilich nicht genannt werden.[13] Hs. 2 ist dahin gehend zu verstehen, dass über die Darlegung des Bestehens von Hinderungsgründen („ob") hinaus diese ggf. auch benannt werden sollen („welche").[14] Der Umfang einer näheren Begründung und der Darlegung von Hintergrundinformationen („warum") bleibt allerdings letztlich der klagenden Partei ebenso überlassen wie die Bewertung, was überhaupt einen Hinderungsgrund darstellt.[15] Das ergibt sich daraus, dass § 253 Abs. 3 ZPO nur den Soll-Inhalt der Klageschrift regelt und damit keine zwingenden Angaben enthält.

5   Verstöße berühren die Zulässigkeit der Klage nicht.[16] Sie können allenfalls, wie es auch bei § 253 Abs. 3 Nr. 2 und 3 ZPO der Fall sein kann,[17] zu Mehraufwand bspw. durch eine Fehlleitung des Verfahrens und damit zu Verzögerungen sowie zu prozessualen Risiken im Hinblick auf § 167 ZPO[18] führen. Auch können sie eine Reduzierung der Verfahrensgebühr gem. § 69 b GKG, sofern landesrechtlich umgesetzt, verhindern.[19]

Der Streitrichter kann fehlenden oder zu pauschalen Begründungen durch richterliche Aufklärungsverfügung begegnen[20] und auf diese Weise die der Norm zugedachte „Aufklärungsrolle" unterstützen.

Formulierungsvorschlag:[21]

Die Klageschrift enthält keine Angaben gem. § 253 Abs. 3 Nr. 1 ZPO, ob also (und ggf. in welchem Umfang) der Klageerhebung der Versuch einer Mediation oder eines anderen Verfahrens der außergerichtlichen Konfliktbeilegung vorausgegan-

---

11 Greger/Unberath/Steffek/*Greger* E. Rn. 31; Zöller/*Greger* § 253 Rn. 20 a.
12 *Löer* ZKM 2015, 111 (112).
13 Greger/Unberath/Steffek/*Greger* E. Rn. 31; Stein/Jonas/*Roth* § 253 Rn. 56; Zöller/ *Greger* § 253 Rn. 20 a.
14 Greger/Unberath/Steffek/*Greger* E. Rn. 32 f. (mit beispielhafter Aufzählung zu akzeptierender Gründe); *Horstmeier*, Rn. 520; Zöller/*Greger* § 253 Rn. 20 a; Stein/ Jonas/*Roth* § 253 Rn. 56.
15 Vgl. Fritz/Pielsticker/*Fritz* § 253 Rn. 15.
16 Zöller/*Greger* § 253 Rn. 24; MüKoZPO/*Becker-Eberhard* § 253 Rn. 186.
17 ZB kann das Fehlen einer Streitwertangabe iSv § 253 Abs. 3 Nr. 2 ZPO die Klagezustellung verzögern, weil das Gericht zur Bemessung des Kostenvorschusses gem. § 12 GKG wegen des vorläufig festzusetzenden Streitwertes (vgl. § 63 Abs. 1 GKG) zunächst bei der klagenden Partei nachfragen muss (Zöller/*Greger* § 253 Rn. 24).
18 Greger/Unberath/Steffek/*Greger* E. Rn. 39; vgl. auch: → FamFG § 23 Rn. 3.
19 Fritz/Pielsticker/*Fritz* § 253 Rn. 16.
20 *Fritz/Schroeder* NJW 2014, 1910 (1913); Fritz/Pielsticker/*Fritz* § 253 Rn. 13.
21 Vgl. auch das sehr ausführliche Beispiel bei Greger/Unberath/Steffek/*Greger* (E. Rn. 37), der zumindest bei nicht anwaltlich vertretenen Parteien ferner die Beifügung eines Merkblatts vorschlägt.

gen ist und ob (und ggf. welche) Gründe einem solchen Verfahren entgegenstehen. Es wird gebeten, diese Angaben nachzuholen.

Ein zwischenzeitliches Absehen von der Klagezustellung[22] mag dogmatisch nicht zu beanstanden sein, ist aber aus der Sicht des Streitrichters schon aufgrund des damit verbundenen zusätzlichen Schriftverkehrs und der Verfahrensverzögerung wenig praxisnah.

IV. Rechtspolitische Bewertung

Durch das Erklärungsgebot hinsichtlich der bisherigen Durchführung von und künftigen Bereitschaft zu konsensualen Konfliktbeilegungsverfahren in der Klageschrift wird sicherlich die Bekanntheit von Mediation als eigenständiger Konfliktbeilegungsmethode und Alternative zum Rechtsstreit bei den Parteien und damit, wie nach der Gesetzesbegründung beabsichtigt, letztlich auch in der Bevölkerung insgesamt erhöht.[23] Ob ein ähnlicher Fördereffekt auch für die anderen, nicht namentlich genannten Verfahren der außergerichtlichen Konfliktbeilegung (hierzu → ZPO § 278 a Rn. 7) eintreten wird, erscheint allerdings fraglich und hängt maßgeblich vom Umfang der anwaltlichen Beratung über grundsätzliche und auch konkrete Alternativen zum gerichtlichen Verfahren ab. Eine umfassende Darstellung außergerichtlicher Streitbeilegungsmethoden durch den Anwalt zu einem Zeitpunkt, zu dem eine Klageerhebung ansteht, setzt – jedenfalls zum gegenwärtigen Zeitpunkt und in der Breite der anwaltlichen Beratungspraxis – eine Umstellung der derzeitigen, primär auf Gerichtsverfahren orientierten anwaltlichen Konfliktbehandlung voraus (→ L Rn. 8 ff., 41). Ob dies die sanktionslose Sollvorschrift des § 253 Abs. 3 Nr. 1 ZPO zu erreichen vermag oder ob die Anwaltschaft bei der bisherigen, eingefahrenen Praxis verbleibt, muss die Zukunft erweisen.[24]

Fraglich ist ferner, ob im Rahmen einer ergänzenden Angabe in der Klageschrift und ohne systematische Abfrage oder ausdrückliche Forderung von Hintergrundangaben die für eine auf die Anwendung konsensualer Konfliktbeilegungsmethoden bedachte Verfahrensleitung des Streitrichters erforderlichen Informationen in hinreichendem Umfang übermittelt werden.[25]

Aus den genannten Gründen wurde bereits während der Entstehung des Mediationsgesetzes dem Erklärungsgebot des § 253 Abs. 3 Nr. 1 ZPO nur

---

22 So: *Greger/Weber* MDR 18/2012, Sonderheft, 4; *Zöller/Greger* § 253 Rn. 24; *Thomas/Putzo/Reichold* § 253 Rn. 18; *Greger/Unberath/Steffek/Greger* E. Rn. 36; *Stein/Jonas/Roth* § 253 Rn. 56; aA *MüKoZPO/Becker-Eberhard* § 253 Rn. 187; *Fritz/Schroeder* NJW 2014, 1910 (1913, Fn. 30).
23 Vgl. *Monßen* ZKM 2011, 10 (12).
24 Optimistisch: *Duve* ZKM 2012, 108 (109); *Henssler/Deckenbrock* DB 2012, 159 (162); *Fischer/Unberath/Steffek*, S. 29, 36; *Fritz/Schroeder* NJW 2014, 1910 (1914); aA *Horstmeier*, Rn. 518.
25 *Henssler/Deckenbrock* (DB 2012, 159 (162)) befürchten, dass jedenfalls ein Teil der Anwaltschaft die Neuregelung zum Anlass nehmen wird, lediglich einen neuen Textbaustein für Klageschriften bereitzuhalten, in dem der Verzicht auf ein Mediationsverfahren formelhaft begründet wird (ähnlich → L Rn. 14).

eine geringe und unzureichende Wirkung zugebilligt.[26] Diese Prognose findet Bestätigung in der gegenwärtigen Praxis: Es stellt nach wie vor einen Ausnahmefall dar, wenn eine Klageschrift Angaben zur außergerichtlichen Konfliktbeilegung enthält oder auf deren Ausbleiben seitens des Streitrichters reagiert wird. § 253 Abs. 3 Nr. 1 ZPO ist offensichtlich sowohl unter Rechtsanwälten als auch unter Richtern unzureichend bekannt und wird dementsprechend selten angewandt.[27]

Als Alternative zum Erklärungsgebot in der Klageschrift wären eine ausführliche Beratungs- und Dokumentationspflicht für den Anwalt sowie eine tiefergehende Mitteilungspflicht in Betracht gekommen. Auch wenn der Gesetzgeber hiervon ebenso wie von anderen Steuerungsinstrumenten für den Streitrichter abgesehen hat,[28] können gezielte Angaben in der Klageschrift – ebenso wie in der Klageerwiderung – gleichwohl für das Verfahrensmanagement des Streitrichters durchaus zweckmäßig sein.[29]

§ 278 ZPO Gütliche Streitbeilegung, Güteverhandlung, Vergleich

(1) Das Gericht soll in jeder Lage des Verfahrens auf eine gütliche Beilegung des Rechtsstreits oder einzelner Streitpunkte bedacht sein.

(2) [1]Der mündlichen Verhandlung geht zum Zwecke der gütlichen Beilegung des Rechtsstreit eine Güteverhandlung voraus, es sei denn, es hat bereits ein Einigungsversuch vor einer außergerichtlichen Gütestelle stattgefunden oder die Güteverhandlung erscheint erkennbar aussichtslos. [2]Das Gericht hat in der Güteverhandlung den Sach- und Streitstand mit den Parteien unter freier Würdigung aller Umstände zu erörtern und, soweit erforderlich, Fragen zu stellen. [3]Die erschienenen Parteien sollen hierzu persönlich gehört werden.

(3) [1]Für die Güteverhandlung sowie für weitere Güteversuche soll das persönliche Erscheinen der Parteien angeordnet werden. [2]§ 141 Abs. 1 Satz 2, Abs. 2 und 3 gilt entsprechend.

(4) Erscheinen beide Parteien in der Güteverhandlung nicht, ist das Ruhen des Verfahrens anzuordnen.

(5) [1]Das Gericht kann die Parteien für die Güteverhandlung sowie für weitere Güteversuche vor einen hierfür bestimmten und nicht entscheidungsbefugten Richter (Güterichter) verweisen. [2]Der Güterichter kann alle Methoden der Konfliktbeilegung einschließlich der Mediation einsetzen.

(6) [1]Ein gerichtlicher Vergleich kann auch dadurch geschlossen werden, dass die Parteien dem Gericht einen schriftlichen Vergleichsvorschlag unter-

---

26 *Greger*, Stellungnahme im Rechtsausschuss des Bundestages (abrufbar unter http:// webarchiv.bundestag.de/archive/2011/1205/bundestag/ausschuesse17/a06/ anhoerungen/archiv/10_Mediation/04_Stellungnahmen/Stellungnahme_Greger.pdf (zuletzt abgerufen am 1.3.2017)), S. 3; *Paul* ZKM 2011, 119 (121).
27 *Fritz/Schroeder* NJW 2014, 1910 (1912); *Löer* ZKM 2015, 111 (113).
28 ZB eine Befugnis zur verbindlichen Anordnung außergerichtlicher Konfliktbeilegungsverfahren oder Kostensanktionen (vgl. bereits *Greger*, Stellungnahme im Rechtsausschuss des Bundestages (Fn. 21), S. 3; so auch: *Eidenmüller* JZ 2015, 539 (547); *Thole* ZZP 127 (2014), 339 (365)).
29 Vgl. *Unberath* JZ 2010, 975 (979).

breiten oder einen schriftlichen Vergleichsvorschlag des Gerichts durch Schriftsatz gegenüber dem Gericht annehmen. [2]Das Gericht stellt das Zustandekommen und den Inhalt eines nach Satz 1 geschlossenen Vergleichs durch Beschluss fest. [3]§ 164 gilt entsprechend.

§ 278 Abs. 5 ZPO

I. Regelungsgehalt

Im Ausgangspunkt wird die Güteverhandlung gem. § 278 Abs. 2 ZPO unmittelbar vor dem Prozessgericht durchgeführt. § 278 Abs. 5 ZPO[1] behält die bereits in § 278 Abs. 5 S. 1 ZPO aF vorgesehene Alternative, nämlich die Verweisung vor einen kommissarischen Richter, bei, tauscht aber deren Adressaten, den beauftragten oder ersuchten Richter, aus gegen einen neu geschaffenen Richtertypus: den **Güterichter**.[2] Dieser ist nach der Legaldefinition des § 278 Abs. 5 S. 1 ZPO ein für die Güteverhandlung sowie für weitere Güteversuche bestimmter und nicht entscheidungsbefugter Richter. Während die Prozessleitung und die Entscheidung des Rechtsstreits dem erkennenden Richter iSv § 309 ZPO obliegen, hat der Güterichter die Aufgabe, einen separaten, ihm übertragenen Abschnitt des Prozesses, nämlich die Güteverhandlung oder einen weiteren Güteversuch, durchzuführen, und zwar mit dem Ziel einer gütlichen Einigung der Parteien.

1

II. Normzweck

Mit der Einfügung des Güterichters beabsichtigte der Gesetzgeber, das in einzelnen Ländern (→ K Fn. 39) anstelle der Richtermediation eingeführte sog. Güterichtermodell auf eine ausdrückliche gesetzliche Grundlage zu stellen und die Fortführung der bestehenden Güterichterangebote zu ermöglichen.[3] Zugleich sollte eine umfassende, einheitliche Rechtsgrundlage für die gütliche Konfliktbeilegung durch Richter im gerichtlichen Verfahren für alle Bundesländer und alle Gerichtszweige geschaffen werden.[4] Zudem wurde ein Hauptstreitpunkt des Gesetzgebungsverfahrens, die Anwendung von Mediation innerhalb des Gerichtsverfahrens (→ K Rn. 11 ff.), entschie-

2

---

1 Zu den verschiedenen Ausgestaltungen der §§ 278 Abs. 5, 278 a ZPO im Laufe des Gesetzgebungsverfahrens und zur Entwicklung vom richterlichen Mediator zum Güterichter → K Rn. 13 ff.
2 Zur Kritik an der Bezeichnung „Güte-"richter → K Rn. 7.
3 Empfehlung Rechtsausschuss, BT-Drs. 17/8058, 21; Begründung Regierungsentwurf, BT-Drs. 17/5335, 20.
4 Vgl. *Sensburg* NJW-aktuell 52/2011, 14.

den, indem § 278 Abs. 5 S. 2 ZPO nunmehr klarstellt, dass der Güterichter sämtliche Methoden der Konfliktbeilegung einschließlich der Mediation anwenden darf. Ziel dieser gerichtsinternen Form von Mediation und anderen Streitbeilegungsmethoden ist es nicht, außergerichtliche Verfahren in die Justiz zu verlagern, sondern deren Methoden und Techniken für das Gerichtsverfahren nutzbar zu machen.[5]

III. Tatbestandsvoraussetzungen

3 **1. Anwendungsbereich.** § 278 Abs. 5 ZPO gilt für die Zivilgerichtsbarkeit unmittelbar,[6] für die Sozial-, Verwaltungs- und Finanzgerichtsbarkeit aufgrund ausdrücklicher Verweisung gem. § 202 S. 1 SGG, § 173 S. 1 VwGO bzw § 155 S. 1 FGO (dazu: → SGG § 202 Rn. 12; → VwGO § 173 Rn. 14 ff.; → FGO § 155 Rn. 9 f.).[7] Für arbeitsgerichtliche und familiengerichtliche Verfahren sowie in den Angelegenheiten der freiwilligen Gerichtsbarkeit bestehen mit den § 54 Abs. 6 ArbGG und § 36 Abs. 5 FamFG geringfügig modifizierte Vorschriften (→ ArbGG § 54 Rn. 3 ff.; → FamFG § 36 Rn. 1 ff.).

Eine Verweisung vor den Güterichter gem. § 278 Abs. 5 ZPO ist auch bei vollstreckungsrechtlichen Klageverfahren und, wenn das Eilbedürfnis es zulässt, im einstweiligen Rechtsschutz und im selbstständigen Beweisverfahren möglich, mangels Rechtshängigkeit aber nicht in Prozess-/Verfahrenskostenhilfe-Prüfungsverfahren.[8]

4 Auch wenn das Gesetz in § 525 S. 2 ZPO ausdrücklich regelt, dass es im **Berufungsverfahren** einer Güteverhandlung nicht bedarf, ist das Berufungsgericht dadurch nicht gehindert, entsprechend seiner allgemeinen Verpflichtung zur gütlichen Streitbeilegung aus § 525 S. 1 iVm § 278 Abs. 1 ZPO einen (weiteren) Güteversuch mit den Parteien zu unternehmen[9] und dafür auch gem. § 525 S. 1 iVm § 278 Abs. 5 S. 1 ZPO einen Güterichter einzusetzen.[10] Ob ein derartiges Vorgehen zweckmäßig ist, insbesondere wenn die Parteien bereits in der ersten Instanz – im Ergebnis erfolglos – für die Güteverhandlung vor einen Güterichter verwiesen worden sind, ist im konkreten Fall zu beurteilen. Es ist jedenfalls vorstellbar, dass auch noch in diesem Verfahrensstadium Veranlassung und vielleicht sogar eine erhöhte Bereitschaft der Parteien zu einer alternativen Konfliktbeilegung bestehen

---

5 Greger/Unberath/Steffek/*Greger* E. Rn. 103.
6 Ausnahme: § 11 Abs. 1 S. 2 KapMuG.
7 Für Verfahren vor dem Patentgericht gelten die allgemeinen Verweisungen in die ZPO, § 99 Abs. 1 PatG, § 82 Abs. 1 S. 1 MarkenG (*Greger/Weber* MDR 18/2012, Sonderheft, 3; Greger/Unberath/Steffek/*Greger* E. Rn. 107; Fritz/Pielsticker/*Fritz* § 278 Rn. 81).
8 Greger/Unberath/Steffek/*Greger* E. Rn. 108 f.
9 Prütting/Gehrlein/*Oberheim* § 525 Rn. 10; *Thole* ZZP 127 (2014), 339 (355); BeckOK ZPO/*Bacher* § 278 Rn. 21.1; *Röthemeyer*, Rn. 443.
10 Dasselbe gilt für das Revisionsverfahren, § 555 Abs. 1 ZPO (vgl. auch: Zöller/*Greger* § 278 Rn. 26). Auch im Beschwerdeverfahren kann auf die Vorschriften des ersten und zweiten Buches der ZPO zurückgegriffen werden (vgl. MüKoZPO/*Lipp* § 572 Rn. 2) und damit § 278 Abs. 5 ZPO Anwendung finden (→ K Fn. 199 mit denkbaren Anwendungsfällen).

können, bspw. aufgrund der in der ersten Instanz gesammelten Erfahrungen oder angesichts des sich nunmehr abzeichnenden Prozessverlaufs.[11, 12]

2. Rechtsträger. Die Befugnis zur Verweisung steht gem. § 278 Abs. 5 S. 1 ZPO dem erkennenden Gericht, also dem Einzelrichter oder dem Kollegialorgan,[13] zu. Anregungen der Parteien in der Klageschrift, wie von § 253 Abs. 3 Nr. 1 ZPO hinsichtlich außergerichtlicher Konfliktbeilegungsverfahren gefordert (→ ZPO § 253 Rn. 4), sind zweckmäßig.

Die Verweisung kann in jedem Stadium des Rechtsstreits erfolgen,[14] zum einen für die Güteverhandlung iSv § 278 Abs. 2 ZPO, also zu einem recht frühen Zeitpunkt des Verfahrens noch vor der mündlichen Verhandlung gem. § 279 ZPO, zum anderen *„für weitere Güteversuche"*, dh zu einem späteren Zeitpunkt im weiteren Verlauf des Rechtsstreits, auch wiederholt und auch nach bereits zuvor durchgeführter Güteverhandlung.[15]

3. Der Güterichter. a) Begriff, Abgrenzung. Geleitet wird die Güteverhandlung bzw der Güteversuch von dem **Güterichter**. Dieser hat, wie bereits seine Bezeichnung zum Ausdruck bringt und sich aus der Abgrenzung zum streitentscheidenden Richter ergibt, die **Aufgabe**, auf eine „gütliche" Einigung der Parteien hinzuwirken und diese dabei zu unterstützen, anstelle einer autoritativen Entscheidung des Rechtsstreits eine einvernehmliche Beilegung desselben zu erreichen. Deshalb ist er – mangels Entscheidungskompetenz – auch nicht gesetzlicher Richter iSv § 16 S. 2 GVG.[16] Der Güterichter wird, wie in der Legaldefinition des § 278 Abs. 5 S. 1 ZPO zum Ausdruck kommt (*„vor einen hierfür bestimmten […] Richter"*), **durch den** gerichtlichen **Geschäftsverteilungsplan bestimmt,**[17] also durch das Präsidium des Gerichts, vgl. § 21 e Abs. 1 S. 1 GVG.

Es reicht aus, wenn konkrete Richter im Geschäftsverteilungsplan namentlich als Güterichter benannt werden. Die Angabe eines generellen Vertei-

---

11 ZB im Falle einer beabsichtigten Aufhebung des erstinstanzlichen Urteils und Zurückverweisung des Rechtsstreits, nach Erteilung eines rechtlichen Hinweises durch das Berufungsgericht oder wegen einer erforderlichen (weiteren) Beweisaufnahme.
12 Zu den Erfahrungen mit gerichtlicher Mediation in der Berufungsinstanz s. Gläßer/Schroeter/*Probst*, S. 227.
13 Zöller/*Lückemann* Einl. GVG Rn. 7.
14 *Ortloff* NVwZ 2012, 1057 (1060); *Greger/Weber*, MDR 18/2012, Sonderheft, 9; Zöller/*Greger* § 278 Rn. 27; Haft/v. Schlieffen/*Moltmann-Willisc*h, § 51 Rn. 16.
15 Vgl. Empfehlung Rechtsausschuss, BT-Drs. 17/8058, 21.
16 *Ortloff* NVwZ 2012, 1057 (1059); Zöller/*Greger* § 278 Rn. 26; *Greger/Weber* MDR 18/2012, Sonderheft, 6; Musielak/Voit/*Foerste* Rn. 14; *Röthemeyer*, Rn. 438; Haft/v. Schlieffen/*Moltmann-Willisch*, § 51 Rn. 9; Habersack/Huber/Spindler/*Götz v. Olenhusen*, S. 171 (173); MüKoZPO/*Prütting* § 278 Rn. 35; aA *Spangenberg* ZKM 2013, 162 (163); Fritz/Pielsticker/*Fritz* Rn. 59 (offenbar im Gegensatz zu § 9 Rn. 11); *Hartmann* MDR 2012, 941; Baumbach/Lauterbach/Albers/*Hartmann* Rn. 50; BeckOK ZPO/*Bacher* Rn. 22.1; Prütting/Gehrlein/*Geisler* Rn. 7. Die dem Regierungsentwurf zugrunde liegende, gegenteilige Auffassung (Begründung, BT-Drs. 17/5335, 20; Thomas/Putzo/*Reichold,* 33. Aufl., Rn. 14 a) wurde vom Gesetzgeber, wenn auch nicht ausdrücklich, aufgegeben (vgl. Empfehlung Rechtsausschuss, BT-Drs. 17/8058, 21; *Röthemeyer* ZKM 2012, 116 (117); *ders.*, Rn. 437 f.; Haft/v. Schlieffen/*Moltmann-Willisch*, § 51 Rn. 9; kritisch hierzu: *Prütting* AnwBl 2012, 204 (207)).
17 *Ahrens* NJW 2012, 2465 (2469); *Hartmann* MDR 2012, 941 (941); *Ortloff* NVwZ 2012, 1057 (1059); *Greger/Weber* MDR 18/2012, Sonderheft, 6; *Schobel* ZKM 2012, 191 (192).

lungsschlüssels ist sinnvoll, kann aber auch – wie bei kollegial besetzten Spruchkörpern, § 21 g Abs. 1 S. 1 GVG – der Selbstorganisation der Güterichter überlassen werden.[18] Zugleich verbleibt damit und durch eine möglichst große und divers zusammengestellte Gruppe von Güterichtern Raum etwa für die Berücksichtigung eines übereinstimmenden Wunsches der Parteien, besonderer fachlicher Kenntnisse und Voraussetzungen oder aktueller Belastungssituationen.[19] Da der Güterichter den Prozess weiterführt, das Verfahren nicht, wie im Umkehrschluss aus § 278 a Abs. 2 ZPO (→ ZPO § 278 a Rn. 14) folgt,[20] zum Ruhen gebracht wird, besitzt auch der Güterichter den **Status eines Rechtsprechungsorgans** und übt – für das Prozessgericht – eine originär richterliche und damit der Rechtsprechung iSv Art. 92 GG, § 1 DRiG zuzuordnende Tätigkeit aus.[21, 22] Eines Rückgriffs auf § 4 Abs. 2 Nr. 2 DRiG[23] bedarf es insoweit nicht.

8   Der Güterichter gem. § 278 Abs. 5 S. 1 ZPO unterscheidet sich von dem beauftragten Richter, der dem Prozessgericht angehört, also Mitglied des erkennenden Kollegialspruchkörpers ist,[24] dadurch, dass er gerade nicht entscheidungsbefugt ist. Eine Verweisung innerhalb eines Kollegialspruchkörpers scheidet demnach aus;[25] dies gilt im Hinblick auf mögliche Kollegialentscheidungen auch bei grundsätzlicher Einzelrichterzuständigkeit.

9   Vom ersuchten Richter, also einem Richter eines anderen Amtsgerichts, § 157 Abs. 1 GVG, der im Wege der Rechtshilfe gem. § 156 ff. GVG tätig wird,[26] grenzt sich der Güterichter zum einen dadurch ab, dass er außerhalb des Instituts der Rechtshilfe tätig wird. Zum anderen ist Anknüpfungspunkt nicht seine Zugehörigkeit zu einem bestimmten Gericht, sondern seine Eigenschaft als geschäftsplanmäßig berufener Güterichter. Dem-

---

18 Haft/v. Schlieffen/*Moltmann-Willisch*, § 51 Rn. 8; *Röthemeyer*, Rn. 452.

19 *Röthemeyer*, Rn. 452; *ders.* ZKM 2012, 116 (117 f.), der ein Wahlrecht ua hinsichtlich des Geschlechtes des Güterichters zubilligt; *Greger*/*Weber* MDR 18/2012, Sonderheft, 7; *Schobel* ZKM 2012, 191 (192); Haft/v. Schlieffen/*Moltmann-Willisch*, § 51 Rn. 10 ua im Hinblick auf Mediationsverhandlungen in englischer Sprache; aA *Assmann*, MDR 2016, 1303 (1305).

20 *Ahrens* NJW 2012, 2465 (2470); Baumbach/Lauterbach/Albers/*Hartmann* Rn. 50; Fritz/Pielsticker/*Fritz* Rn. 58; Haft/v. Schlieffen/*Moltmann-Willisch*, § 51 Rn. 17; *Röthemeyer*, Rn. 442; Eidenmüller/Wagner/*Steiner*, Kap. 8 Rn. 106; aA Haft/v. Schlieffen/*Bamberger*, § 9 Rn. 75.

21 *Greger*/*Weber* MDR 18/2012, Sonderheft, 5; Greger/Unberath/Steffek/*Greger* E. Rn. 101, 126; Fischer/Unberath/*Steffek*, S. 29, 41; Zöller/*Greger* Rn. 26 a; Fritz/ Pielsticker/*Fritz* Rn. 46, 95; Haft/v. Schlieffen/*Moltmann-Willisch*, § 51 Rn. 6; *Prütting* MDR 2016, 965 (965); MüKoZPO/*Prütting* § 278 Rn. 32; kritisch: *Schmidbauer* ZKM 2012, 88 (90 f.).

22 Damit unterliegt der Güterichter auch nicht dem RDG (→ RDG Einl. Rn. 4, § 3 Rn. 9).

23 So aber: *Ahrens* NJW 2012, 2465 (2469); *Hartmann* MDR 2012, 941 (942); *Duve* ZKM 2012, 108 (108); Baumbach/Lauterbach/Albers/*Hartmann* Rn. 44; *Horstmeier*, Rn. 422 ff.; Eidenmüller/Wagner/*Steiner*, Kap. 8 Rn. 39; Haft/v. Schlieffen/ *Moltmann-Willisch*, § 51 Rn. 2; Haft/v. Schlieffen/*Bamberger*, § 9 Rn. 72.

24 Vgl. § 361 ZPO; Zöller/*Greger* § 361 Rn. 1. Damit entfällt auch die nach § 278 Abs. 5 S. 1 ZPO aF noch mögliche Durchführung der Güteverhandlung durch einen beauftragten Richter (*Röthemeyer* ZKM 2012, 116, Fn. 7; irreführend: *Duve*/*Schoch* AnwBl 2017, 240 (244)).

25 *Ahrens* NJW 2012, 2465 (2469); *Hartmann* MDR 2012, 941 (942); *Greger*/*Weber* MDR 18/2012, Sonderheft, 5.

26 Vgl. § 362 ZPO; Zöller/*Greger* § 362 Rn. 1; *Schellhammer*, Rn. 1506.

nach kann der Güterichter nach dem Gesetzeswortlaut sowohl demselben als auch einem anderen Gericht als der Streitrichter, sogar auch einer anderen Gerichtsbarkeit, angehören.[27] Das folgt auch aus der Entstehungsgeschichte der Norm. Die Ausweitung der Verweisung an Güterichter anderer Gerichte und Gerichtsbarkeiten wurde nämlich vom Rechtsausschuss des Bundestages als ein Element des sog. erweiterten Güterichtersystems, das der Kompensation der Abschaffung der gerichtsinternen Mediation iSd Regierungsentwurfs diente, eingeführt.[28] Zudem entspricht die auf diese Weise eröffnete Möglichkeit einer räumlichen Konzentration der Güterichtertätigkeit der in § 278 Abs. 5 ZPO überführten Praxis der gerichtlichen Mediation, die insbesondere an kleineren Gerichten und in den Fachgerichtsbarkeiten derartige Pool-Lösungen bisweilen vorsah. Dem war zwischenzeitlich auch von § 15 S. 2 GVG-RegE Rechnung getragen worden, der eine Zuweisung von gerichtsinterner Mediation an ein Gericht für die Bezirke mehrerer Gerichte ermöglichte. Letztendlich wird durch solche Zentralisierungs- und Kooperationsmöglichkeiten ein flächendeckendes Güterichterangebot erheblich erleichtert.

Es stellt sich die Frage, ob das Präsidium eines Gerichtes verpflichtet ist, **10** (zumindest einen) Güterichter zu bestellen. Dies wurde sogleich und unverzüglich mit Inkrafttreten des Mediationsgesetzes und teilweise sogar unabhängig von dem Vorhandensein geeigneter Richterkollegen gefordert,[29] quasi als Kehrseite der Verweisungskompetenz des Gerichts.[30] Zwar würde eine solche Verpflichtung ein flächendeckendes Güterichterangebot garantieren. Allerdings hat der Gesetzgeber von einer die Präsidien verpflichtenden Regelung, bspw. im GVG,[31] Abstand genommen. Dies spricht dafür, das Güterichtermodell als ein erweitertes Angebot des Gerichts anzusehen, auf das der zuständige Streitrichter keinen Anspruch hat.[32]

Problematisch erscheint das **Verhältnis von Güterichter und Mediationsge-** **11** **setz**. Es könnte daran gedacht werden, dass der Güterichter, wenn er die Konfliktbeilegungsmethode Mediation anwendet, in materieller Hinsicht Mediator iSv § 1 Abs. 2 und damit den Vorschriften des Mediationsgeset-

27 *Röthemeyer*, Rn. 440; *ders.* ZKM 2012, 116 (117); *Ortloff* NVwZ 2012, 1057 (1060); *Greger/Weber* MDR 18/2012, Sonderheft, 6; Greger/Unberath/Steffek/Greger E. Rn. 116; Zöller/*Greger* Rn. 26; Fritz/Pielsticker/*Fritz* Rn. 46; *Horstmeier*, Rn. 433; *Thole* ZZP 127 (2014), 339 (353); BeckOK ZPO/*Bacher* Rn. 23; Prütting/Gehrlein/*Geisler* Rn. 7; Wieczorek/Schütze/*Assmann* § 278 Rn. 70; *Assmann* MDR 2016, 1303 (1303); aA *Hartmann* MDR 2012, 941 (941); *Ahrens* NJW 2012, 2465 (2469); Saenger/*Saenger* Rn. 19; Musielak/Voit/*Foerste* Rn. 14.
28 Vgl. Empfehlung Rechtsausschuss, BT-Drs. 17/8058, 17, 21; Fritz/Pielsticker/*Fritz* Rn. 24 ff., 46; BeckOK ZPO/*Bacher* Rn. 23.
29 *Hartmann* MDR 2012, 941 (941); Baumbach/Lauterbach/Albers/*Hartmann* Rn. 37, 39; Zöller/*Greger* Rn. 26; Fritz/Pielsticker/*Fritz* Rn. 48 (Fn. 56), 83; *Saam* JR 2015, 163 (164); Haft/v. Schlieffen/*Moltmann-Willisch*, § 51 Rn. 42; Eidenmüller/Wagner/*Steiner*, Kap. 8 Rn. 134. *Greger/Weber* (MDR 18/2012, Sonderheft, 3, 6), Greger/Unberath/Steffek/*Greger* (E. Rn. 116) und *Schobel* (ZKM 2012, 191 (192)) verlangen eine Güterichterbestellung bis spätestens zum 1.8.2013 (→ MediationsG § 9 Rn. 5).
30 *Ahrens* NJW 2012, 2465 (2469); *Schreiber* Betrifft Justiz 2012, 337; Greger/Unberath/Steffek/*Greger* E. Rn.116; *Greger* ZKM 2017, 4 (4).
31 So zuletzt für den Bereitschaftsdienst, § 22 c GVG.
32 So auch: *Ortloff* NVwZ 2012, 1057 (1059); BeckOK ZPO/*Bacher* Rn. 22; *Röthemeyer*, Rn. 436.

zes unterworfen ist.[33] Nach gegenteiliger Ansicht bleibt er aber auch in diesem Falle und trotz der Gleichsetzung in § 278 Abs. 5 S. 2 ZPO Richter, mit allen zugehörigen Rechten und Pflichten mit Ausnahme einer Entscheidungsbefugnis in der Sache, so dass die Vorschriften des Mediationsgesetzes auf ihn nicht anzuwenden sein sollen.[34] Diese Auffassung ist im Ausgangspunkt zutreffend: Der Güterichter ist eben kein Mediator.[35] Das bedeutet aber nicht, dass die verfahrensregelnden Vorschriften des Mediationsgesetzes wie § 1 Abs. 1, § 2 Abs. 2–6 nicht sinngemäß auch für den Güterichter herangezogen werden können, wenn er die Methode Mediation einsetzt.[36]

12   **b) Gestaltung der Güteverhandlung.** Der Güterichter kann eine „klassische" Güteverhandlung durchführen, also gem. § 278 Abs. 2 S. 2, 3 ZPO den Sach- und Streitstand mit den Parteien – insbesondere in rechtlicher Hinsicht – erörtern sowie den Sachverhalt durch Nachfragen und persönliche Anhörung der Parteien aufklären.[37] Dabei darf er eigene Bewertungen abgeben, rechtliche Hinweise erteilen[38] und eigene Lösungsvorschläge unterbreiten.[39, 40] Dies kann bspw. Sinn machen, wenn ein Güterichter eines anderen Gerichts eingesetzt wird. Hintergrund einer derartigen Verweisung kann sein, wie es ehemals beim ersuchten Richter der Fall war, die Güteverhandlung durch einen für die Parteien ortsnäheren[41] oder im Falle der Verweisung in eine andere Gerichtsbarkeit durch einen für den eigentlichen Konflikt sachkundigeren Güterichter durchführen zu lassen. Für eine solche Verweisung ist entgegen der (zwischenzeitlichen) Gesetzesbegründung[42] das Einverständnis der Parteien nicht erforderlich.

13   Der Güterichter kann sich zur Erreichung einer gütlichen Einigung der Parteien aber auch **alternativer Konfliktbeilegungsmethoden** bedienen. Das entspricht der Zielrichtung des dem prozessualen Ansatz folgenden Güterichtermodells, das eine im Einzelfall angemessene, in der Methodik freie Konsenslösung fördern will (→ K Rn. 8, 19). Konsequenterweise sieht

---

33   *Horstmeier*, Rn. 155 ff., 438, 568; *Röthemeyer*, Rn. 374 ff.; differenzierend zwischen unmittelbarer und sinngemäßer Anwendung des Mediationsgesetzes: *Ortloff* NVwZ 2012, 1057 (1059).

34   *Hartmann* MDR 2012, 941 (942); *Ahrens* NJW 2012, 2465 (2469 f.); MüKoZPO/*Prütting* Rn. 34; *Prütting* MDR 2016, 965 (966); Saenger/*Saenger* Rn. 20; Zöller/*Greger* Rn. 26 a; Greger/Unberath/Steffek/*Greger* E. Rn. 127; *Greger* ZKM 2017, 4 (4); Eidenmüller/Wagner/*Steiner*, Kap. 8 Rn. 40; Wieczorek/Schütze/*Assmann* § 278 Rn. 74.

35   So explizit: *Hartmann* MDR 2012, 941 (942).

36   Ähnlich: BeckOK ZPO/*Bacher* Rn. 25; *Assmann* MDR 2016, 1303 (1304).

37   So auch: *Röthemeyer*, Rn. 385 ff., insbes. 387.

38   An diese ist der Streitrichter freilich nicht gebunden.

39   MüKoZPO/*Prütting* Rn. 34; *Jordans* MDR 2013, 65 (66); Saenger/*Saenger* Rn. 20; *Fritz* ZKM 2015, 10 (11 f.); Eidenmüller/Wagner/*Steiner*, Kap. 8 Rn. 43; *Röthemeyer*, Rn. 422; Prütting/Gehrlein/*Geisler* Rn. 10; aA *Klamt*/Moltmann-Willisch ZKM 2015, 7 (8 f.) und Haft/v. Schlieffen/*Moltmann-Willisch*, § 51 Rn. 29, die in ihrer Argumentation freilich nicht zwischen rechtlicher Zulässigkeit und Fragen der Praktikabilität differenzieren.

40   Natürlich kann er dabei auch mediative Elemente oder Techniken einsetzen (Fritz/Pielsticker/*Fritz* Rn. 9). Weiterführend: *Schmitt*, S. 74 ff.

41   Der Sache nach handelt es sich insoweit um Rechtshilfe (Prütting/Gehrlein/*Geiser* Rn. 8).

42   Empfehlung Rechtsausschuss, BT-Drs. 17/8058, 21.

§ 278 Abs. 5 S. 2 ZPO nunmehr ausdrücklich vor, dass der Güterichter *„alle Methoden der Konfliktbeilegung einschließlich der Mediation"* einsetzen kann. Er darf daher sowohl die Verhandlungsmethode Mediation oder einzelne ihrer Techniken anwenden als auch andere ADR-Methoden (→ Rn. 24, → K Rn. 42 ff.). Bezüglich der Auswahl der Konfliktbeilegungsmethode bestehen für den Güterichter damit keine generellen Einschränkungen.[43]

Solche könnten sich aber aus der anzuwendenden Konfliktbeilegungsmethode selbst ergeben. Legt diese, wie insbesondere die interessenorientierten Konfliktbeilegungsmethoden, zugrunde, dass der Vermittler keine Entscheidungsmacht besitzt, trägt dem das Güterichtersystem vollständig Rechnung, da der Güterichter bereits per definitionem nicht entscheidungsbefugt ist, so dass eine Personenidentität von Vermittler und Entscheider ausgeschlossen ist. Auch bedarf es, wenn für die jeweilige Konfliktbeilegungsmethode der Grundsatz der Freiwilligkeit gilt, einer **freiwilligen Teilnahme** der Parteien. Diese müssen sich also mit der vom Güterichter vorgeschlagenen Konfliktbeilegungsmethode – nicht hingegen mit der Verweisung an einen Güterichter als solcher[44] – einverstanden erklären.[45]

14

Ferner können sich auch aus anderen Umständen Einschränkungen hinsichtlich der anzuwendenden Konfliktbeilegungsmethode ergeben. Zunächst muss der Güterichter, unabhängig davon, ob die Anforderungen des § 5 Abs. 1 für ihn (sinngemäß) gelten oder nicht (→ Rn. 11), für die von ihm eingesetzte Methode hinreichend qualifiziert sein.[46] Dies ist gegenwär-

15

---

43   *Fritz/Schroeder* NJW 2014, 1910 (1911 u. 1913); Zöller/*Greger* Rn. 28 a; Arnold/Lorenz/*Greger*, S. 111, 116. *Spangenberg* (ZKM 2013, 161 (163)) sieht darin für den Güterichter die Möglichkeit, seine Verhandlungstechnik zu verfeinern, zB Verhandlungen mit Kommunikationstechniken des NLP (Neurolinguistisches Programmieren) zu führen oder den Schwerpunkt auf nonverbale Kommunikation oder auf den Umgang mit Blockaden zu legen. *Schmitt* (S. 105 ff.) zeigt dezidiert auf, welche Techniken und Methoden in den einzelnen Phasen einer Güteverhandlung eingesetzt werden können.

44   Fischer/Unberath/*Steffek*, S. 29, 41; *Carl* ZKM 2012, 16 (19); *Greger* ZKM 2013, 9 (11); *ders.* MDR 2014, 993 (995); Greger/Unberath/Steffek/*Greger* E. Rn. 113; *Löer* ZKM 2014, 41 (43); Musielak/Voit/*Foerste* Rn. 14; Prütting/Gehrlein/*Geisler* Rn. 6; *Thole* ZZP 127 (2014), 339 (355 f.); *Eidenmüller* JZ 2015, 539 (546); so auch: ArbG Hannover ZKM 2013, 130 (130); LSG Hessen ZKM 2014, 134 (134); OVG Sachsen ZKM 2014, 135 und OLVG Sachsen 6.8.2014 – 1 A 257/10, juris Rn. 1; offen gelassen von OVG Lüneburg (NVwZ-RR 2015, 517 (518)).

45   Die Gesetzesbegründung (Empfehlung Rechtsausschuss, BT-Drs. 17/8058, 21) nimmt diese Differenzierung – fehlerhaft – nicht vor und verlangt stets das Einverständnis der Parteien mit der Verweisung (ebenso: *Ortloff* NVwZ 2012, 1057 (1060); *Röthemeyer* ZKM 2012, 116 (117); *ders.*, Rn. 430, 434; Fritz/Pielsticker/*Fritz* Rn. 46, 50; *Fritz/Krabbe* NVwZ 2013, 29 (30); *Schreiber* Betrifft Justiz 2012, 337 (338); *Saam* JR 2015, 163 (164); Saenger/*Saenger* Rn. 19 f.; Haft/v. Schlieffen/*Moltmann-Willisch*, § 51 Rn. 14; Wieczorek/Schütze/*Assmann* § 278 Rn. 71). Nach *Schmidbauer* (ZKM 2012, 88 (91)) und *Duve* (ZKM 2012, 108 (109); ebenso *Duve/Schoch* AnwBl 2017, 240 (244)) soll ein solches zwar entbehrlich sein, allerdings auch für die anzuwendende Methode, so dass sie – zu Unrecht – die Möglichkeit einer Pflichtmediation sehen.

46   Fritz/Pielsticker/*Fritz* Rn. 48 (Fn. 57); *Fritz/Krabbe* NVwZ 2013, 29 (30); Greger/Unberath/Steffek/*Greger* E. Rn. 119; *Schobel* ZKM 2012, 191 (194); vgl. das „Ausbildungskonzept für Güterichter" von *Greger/Weber* (MDR 18/2012, Sonderheft, 31).

tig innerhalb der Richterschaft für Mediation immerhin teilweise festzustellen.[47] Andere ADR-Verfahren (zum Begriff nebst Beispielen → ZPO § 278 a Rn. 7) sind aber – zumindest unter Richtern – weder hinreichend bekannt noch besteht in der Breite der Richterschaft entsprechende Leitungskompetenz.

16   c) **Weitere Kompetenzen.** Für die weiteren Kompetenzen des Güterichters ist maßgeblich, dass dieser bereits nach der gesetzlichen Begriffsbestimmung (→ Rn. 1) nicht entscheidungsbefugt ist. Dem trägt auch der Wortlaut des § 278 Abs. 5 S. 1 ZPO Rechnung, indem lediglich „die Parteien" vor den Güterichter verwiesen werden; das Verfahren verbleibt also beim Streitrichter. Dieser behält die Entscheidungskompetenz in den einzelnen Abschnitten des gesamten Gerichtsverfahrens.[48] Dementsprechend stehen dem Güterichter folgende **Befugnisse** zu: Er darf Einsicht in die Prozessakten nehmen.[49] Die interne Weitergabe einer personenbezogene Daten enthaltenden Gerichtsakte innerhalb einer öffentlichen Stelle, hier des Gerichts, stellt keine „Übermittlung" personenbezogener Daten iSd Datenschutzgesetze dar.[50] Der Güterichter kann, soweit die zur Anwendung kommende Konfliktbeilegungsmethode dies gestattet und die Parteien sich damit einverstanden erklären, Einzelgespräche führen[51] und weitere konfliktbeteiligte Personen in den Gütetermin und die Konfliktlösung einbeziehen.[52] Erforderliche Auslagen sind dem Güterichter aus der Staatskasse zu erstatten.[53]

17   Der Güterichter darf eine von den Parteien erzielte Einigung kraft seiner Richtereigenschaft in Form eines **Prozessvergleichs** gem. § 794 Abs. 1 Nr. 1 ZPO beurkunden (zur Protokollierung → Rn. 26).[54, 55] Auch darf er dessen

---

47 Insoweit wirken sich die Qualifizierungen im Rahmen der Modellprojekte und die in der Praxis der gerichtlichen Mediation gewonnenen Erfahrungen nunmehr positiv aus.

48 Eidenmüller/Wagner/*Steiner*, Kap. 8 Rn. 41.

49 Begründung Regierungsentwurf, BT-Drs. 17/5335, 20; *Ahrens* NJW 2012, 2465 (2470); *Prütting* AnwBl 2012, 796 (797); Fritz/Pielsticker/*Fritz* Rn. 60; Saenger/ *Saenger* Rn. 20; Haft/v. Schlieffen/*Moltmann-Willisch*, § 51 Rn. 15; *Röthemeyer*, Rn. 478; Prütting/Gehrlein/*Geisler* Rn. 10; MüKoZPO/*Prütting* § 278 Rn. 34.

50 Haft/v. Schlieffen/*Moltmann-Willisch*, § 51 Rn. 15.

51 Vgl. § 2 Abs. 3 S. 3 (→ MediationsG § 2 Rn. 139 ff.); Fritz/Pielsticker/*Fritz* Rn. 67. Ausführlich hierzu: *Greger/Weber* MDR 18/2012, Sonderheft, 5, 16; aA *Prütting* MDR 2016, 965 (967); MüKoZPO/*Prütting* § 278 Rn. 36.

52 Vgl. § 2 Abs. 4 (→ MediationsG § 2 Rn. 158 ff.); *Greger/Weber* MDR 18/2012, Sonderheft, 17, 25; Fritz/Pielsticker/*Fritz* Rn. 87. Dies wurde bereits in den Modellversuchen zum Güterichter so praktiziert (vgl. *Greger* ZKM 2006, 68 (70); *ders.* ZRP 2006, 229 (230); *ders.* ZKM 2007, 180 (181); *Kotzian-Marggraf* ZKM 2012, 123 (125 f.).

53 *Hartmann* MDR 2012, 941 (942).

54 Begründung Regierungsentwurf, BT-Drs. 17/5335, 20; Thomas/Putzo/*Reichold* Rn. 14 a; *Greger/Weber* MDR 18/2012, Sonderheft, 23 ff.; *Prütting* AnwBl 2012, 796 (797); Fritz/Pielsticker/*Fritz* Rn. 72; *Thole* ZZP 127 (2014), 339 (350); Eidenmüller/Wagner/*Steiner*, Kap. 8 Rn. 9 f.; *Röthemeyer*, Rn. 471; Prütting/Gehrlein/ *Geisler* Rn. 10; MüKoZPO/*Prütting* § 278 Rn. 34.

55 Dies hat eine Reduzierung der Gerichtsgebühren in Höhe von 3,0 auf 1,0 Gebühren zur Folge, § 3 Abs. 2 GKG iVm Nr. 1210, 1211 Ziff. 3 Kostenverzeichnis bzw im Berufungsverfahren von 4,0 auf 2,0 Gebühren, Nr. 1220, 1222 Nr. 3 Kostenverzeichnis. Eines Rückgriffs auf § 69 b GKG iVm einer etwaigen Rechtsverordnung bedarf es dafür nicht.

Zustandekommen gem. § 278 Abs. 6 S. 2 ZPO durch Beschluss feststellen.[56] Andere Prozesserklärungen der Parteien wie ein Anerkenntnis gem. § 307 ZPO, eine Klagerücknahme sowie die diesbezügliche Einwilligungserklärung des Prozessgegners, § 269 Abs. 1, 2 S. 1 ZPO,[57] oder auch einen Antrag auf Bewilligung von Prozesskostenhilfe gem. § 117 ZPO kann der Güterichter entgegennehmen,[58] nicht aber eine Entscheidung über deren Gewährung treffen[59] oder einen Kostenbeschluss nach § 269 Abs. 4 ZPO oder § 91 a Abs. 1 ZPO erlassen, auch nicht im Falle einer negativen Kostenregelung in einem protokollierten Prozessvergleich.[60] Ferner ist er nicht zur Verlängerung von prozessualen Fristen[61] und mangels streitiger Verhandlung nicht zum Erlass eines Versäumnisurteils[62] befugt.

Ferner wird dem Güterichter teilweise die Befugnis zugestanden, den Streitwert festzusetzen,[63] und zwar als Annexkompetenz.[64] Richtig ist insoweit, dass der Güterichter Kenntnis vom Umfang des Vergleichs und damit eines eventuellen Mehrwerts hat. Gleichwohl ist er regelmäßig nur mit der Durchführung der Güteverhandlung oder eines Güteversuchs betraut und würde mit der Festsetzung des Streit- bzw Gegenstandswerts eine Entscheidung treffen, was dem Güterichter nicht zusteht. Insbesondere ist kein Raum mehr für eine Annexkompetenz, nachdem zwischenzeitlich in § 278 a Abs. 2 S. 5 ZPO-RefE für Richtermediatoren ausdrücklich die Kompetenz zur Streitwertfestsetzung vorgesehen war, eine solche dem Güterichter aber nunmehr nicht explizit zugestanden wurde.[65] Daher muss es – trotz der vielleicht als unpraktikabel empfundenen Konsequenzen – dabei verbleiben, dass der Streitwert des Rechtsstreits und der Gegenstandswert des Vergleichs gem. § 63 Abs. 2 S. 1 GKG durch das Prozessgericht festgesetzt werden. Der Güterichter kann allerdings die Parteien bereits zum Gegenstandswert des Vergleichs anhören und deren Angaben gewünschten- **18**

---

56 *Greger/Weber* MDR 18/2012, Sonderheft, 23; Greger/Unberath/Steffek/*Greger* E. Rn. 131, 179; Fritz/Pielsticker/*Fritz* Rn. 74; Zöller/*Greger* Rn. 32; Haft/v. Schlieffen/*Moltmann-Willisch*, § 51 Rn. 30; Haft/v. Schlieffen/*Bamberger*, § 9 Rn. 77; aA BeckOK ZPO/*Bacher* Rn. 29, 31.

57 Fritz/Pielsticker/*Fritz* Rn. 73; Eidenmüller/Wagner/*Steiner*, Kap. 8 Rn. 41 f., 93; *Röthemeyer*, Rn. 481 f., 485. Insoweit tritt der Güterichter funktional an die Stelle des Gerichts, da dies zur Konfliktbewältigung gehört (*Ahrens* NJW 2012, 2465 (2470)).

58 AA Haft/v. Schlieffen/*Moltmann-Willisch*, § 51 Rn. 5 (Fn. 14), 31.

59 OLG Rostock 15.1.2008 – 2 W 37/06, nv, zitiert bei *Greger/Weber* MDR 18/2012, Sonderheft, 27; Zöller/*Greger* Rn. 26 a; Fritz/Pielsticker/*Fritz* Rn. 69; *Röthemeyer*, Rn. 484.

60 *Greger/Weber* MDR 18/2012, Sonderheft, 27; Musielak/Voit/*Foerste* Rn. 15 a.

61 Greger/Unberath/Steffek/*Greger* E. Rn. 134; Zöller/*Greger* Rn. 26 a; vgl. auch BGH NJW 2009, 1149.

62 *Greger/Weber* MDR 18/2012, Sonderheft, 6; *Ahrens* NJW 2012, 2465 (2470); Musielak/Voit/*Foerste* Rn. 15; BeckOK ZPO/*Bacher* Rn. 31.

63 Begründung Regierungsentwurf, BT-Drs. 17/5335, 20; Thomas/Putzo/*Reichold* Rn. 14 a, *Greger/Weber* MDR 18/2012, Sonderheft, 26 f. und Zöller/*Greger* Rn. 33 nur für einen gegenüber dem Rechtsstreit erhöhten Gegenstandswert eines vom Güterichter protokollierten Vergleichs.

64 Gläßer/Schroeter/*Rinnert*, S. 57, 67; Fritz/Pielsticker/*Fritz* Rn. 70; *Assmann* MDR 2016, 1303 (1305); Wiezorek/Schütze/*Assmann* § 278 Rn. 76.

65 *Ahrens* NJW 2012, 2465 (2470); Eidenmüller/Wagner/*Steiner*, Kap. 8 Rn. 41 iE ebenso: Saenger/*Saenger* Rn. 20; Musielak/Voit/*Foerste* Rn. 15 a; BeckOK ZPO/*Bacher* Rn. 29, 31; *Röthemeyer*, Rn. 479.

falls protokollieren, so dass der für eine korrekte Festsetzung erforderliche Informationsfluss zum Prozessgericht erleichtert wird.

IV. Rechtsfolge

19   **1. Zuweisungsentscheidung.** Die Verweisung der Parteien – nicht, wie bei § 281 Abs. 1 S. 1 ZPO, die Verweisung des Verfahrens[66] – vor einen Güterichter steht **im pflichtgemäßen Ermessen** des erkennenden Gerichts (*„kann"*). Damit ist das Gericht, ohne dass es dazu eines förmlichen Antrags einer Partei bedarf,[67] verpflichtet, in jedem Rechtsstreit, in dem es nicht wegen erkennbarer Aussichtslosigkeit gem. § 278 Abs. 2 S. 1 Hs. 2 Alt. 2 ZPO von einer Güteverhandlung absieht, und in jedem Stadium des Verfahrens (→ Rn. 6) auch zu erwägen, ob es eine solche oder einen späteren bzw – nach einer fehlgeschlagenen Güteverhandlung oder einem gescheiterten Gütestellenverfahren – erneuten Güteversuch nicht selbst, sondern durch einen Güterichter desselben oder eines anderen Gerichts durchführen lässt. Kriterien der Ermessensausübung können bspw. die Art und Komplexität des Rechtsstreits, der Umfang des Konfliktpotentials, eine über den Rechtsstreit hinausgehende Beziehung zwischen den Parteien, die Möglichkeit der Verhinderung künftiger Streitfälle, das erforderliche Zeitbudget – gerade im Vergleich zu § 278 a Abs. 1 ZPO – oder die Angaben in der Klageschrift nach § 253 Abs. 3 Nr. 1 ZPO sein.[68] Nach der Gesetzesbegründung können „an den Gerichten gegebenenfalls besonders geschulte Koordinatoren behilflich sein".[69] Dieser an Erfahrungen aus Modellprojekten anknüpfende Vorschlag kann insbesondere in der Einführungsphase des Güterichtersystems sinnvoll sein.[70]

20   Die im konkreten Fall anzuwendende Konfliktbeilegungsmethode kann das Prozessgericht dem Güterichter aber nicht verbindlich vorgeben. Auch die Parteien haben keinen Anspruch auf Anwendung einer bestimmten Konfliktbeilegungsmethode durch den Güterichter. § 278 Abs. 5 S. 2 ZPO erstreckt die richterliche Unabhängigkeit vielmehr ausdrücklich auch auf die Methodenwahl.[71] Das Prozessgericht kann allenfalls eine nicht bindende Anregung unterbreiten.[72] Auch auf die Person des Güterichters hat das erkennende Gericht keinen Einfluss.[73]

---

66 *Greger/Weber* MDR 2013 Sonderheft, 5; Saenger/*Saenger* Rn. 19; Baumbach/ Lauterbach/Albers/*Hartmann* Rn. 41.
67 Baumbach/Lauterbach/Albers/*Hartmann* Rn. 37.
68 *Ahrens* NJW 2012, 2465 (2469); *Ortloff* NVwZ 2012, 1057 (1060); vgl. auch: *Greger/Weber* MDR 18/2012, Sonderheft S. 9; *Greger* MDR 2015, 993 (995); Fischer/Unberath/*Steffek*, S. 29, 37.
69 Empfehlung Rechtsausschuss, BT-Drs. 17/8058, 17.
70 Näher hierzu: Greger/Unberath/Steffek/*Greger* E. Rn. 122 f.; *Schobel* ZKM 2012, 191 (193); Haft/v. Schlieffen/*Bamberger* § 9 Rn. 72.
71 *Ahrens* NJW 2012, 2465 (2469); *Greger/Weber* MDR 18/2012, Sonderheft, 4; Haft/v. Schlieffen/*Bamberger*, § 9 Rn. 72; Wieczorek/Schütze/*Assmann* § 278 Rn. 74.
72 Das bedeutet freilich nicht, dass der Streitrichter nicht bereits vorab das Einverständnis der Parteien mit der Durchführung einer Mediation oder einer anderen interessenorientierten Konfliktbeilegungsmethode abklären darf (→ K Rn. 46), sofern die in Betracht kommenden Güterichter für diese hinreichend qualifiziert sind (→ Rn. 15).
73 AA BeckOK ZPO/*Bacher* Rn. 22.1; Wieczorek/Schütze/*Assmann* § 278 Rn. 71.

Die Parteien haben ebenfalls keinen Anspruch auf einen speziellen Güterichter.[74] Die Vorschriften über Ausschluss und Ablehnung, §§ 41 ff. ZPO, gelten freilich auch für den Güterichter.[75] Denn sowohl ein Ausschluss als auch eine Ablehnung – sei es durch die Parteien, sei es in Form einer Selbstablehnung – des konkreten Güterichters muss geltend gemacht werden können, ohne den Parteien die Möglichkeit zur Durchführung eines Güterichtertermins, nur eben bei einem anderen Güterichter, zu nehmen.[76] Die Entscheidung über das Ablehnungsgesuch obliegt dem geschäftsverteilungsgemäßen Vertreter.

2. Formeller Verfahrensablauf. Die Verweisung vor den Güterichter erfolgt   **21** durch Beschluss, der zuvor rechtliches Gehör erfordert,[77] aber ohne mündliche Verhandlung ergehen kann, § 128 Abs. 4 ZPO.[78]

Formulierungsvorschlag:

Die Parteien werden für die Güteverhandlung / für einen weiteren Güteversuch an den Güterichter (beim hiesigen Gericht bzw Name eines anderen Gerichts) verwiesen, § 278 Abs. 5 ZPO.

Der Beschluss ist den Parteien gem. § 329 Abs. 2 S. 1 ZPO formlos mitzuteilen. Eine Begründung der Verweisung ist, da der Beschluss als von Amts wegen ergehende prozessleitende Maßnahme nicht anfechtbar ist,[79] nicht zwingend geboten.[80] Es kann aber sinnvoll sein, wenn bspw. die Anwendung von Mediation oder einer anderen auf freiwilliger Teilnahme beruhenden Konfliktbeilegungsmethode durch den Güterichter in Betracht kommt, die aus Sicht des Gerichts im konkreten Streitfall für eine derartige Methode sprechenden Gründe darzustellen, so dass sich sowohl der Güterichter als auch die Parteien und ihre Prozessbevollmächtigten mit diesen auseinandersetzen und sie in ihre Erwägungen hinsichtlich einer evtl notwendigen Einverständniserklärung einbeziehen müssen.

Die Gerichtsakte geht mit dessen Bestellung zum Güterichter über und   **22** nach Beendigung seiner Tätigkeit an den Streitrichter zurück. Für das zwischenzeitliche Güterichterverfahren sieht § 8 a Abs. 1 AktO die Erfassung unter dem Registerzeichen AR mit dem Zusatz „G" vor.[81] Im Hinblick auf eine spätere Kenntnisnahme durch den Streitrichter oder im Wege der Ak-

---

74   Fritz/Pielsticker/*Fritz* Rn. 48; Greger/Unberath/Steffek/*Greger* E. Rn. 162; Zöller/ *Greger* Rn. 26.

75   Saenger/*Saenger* Rn. 20; Baumbach/Lauterbach/Albers/*Hartmann* Rn. 48 f.; für eine analoge Anwendung: Musielak/Voit/*Foerste* Rn. 15; aA Eidenmüller/Wagner/ *Steiner*, Kap. 8 Rn. 44.

76   So zB: Arnold/Lorenz/*Greger*, S. 111, 118, der das förmliche Verfahren der §§ 44 ff. ZPO ablehnt zugunsten einer einseitigen Beendigung des Güterichterverfahrens durch die Partei.

77   *Greger*/*Weber* MDR 18/2012, Sonderheft, 9; Zöller/*Greger* Rn. 27; Musielak/Voit/ *Foerste* Rn. 14.

78   Zöller/*Greger* § 128 Rn. 18 und § 278 Rn. 27 a; Greger/Unberath/Steffek/*Greger* E. Rn. 110.

79   Zöller/*Heßler* § 567 Rn. 31; Fritz/Pielsticker/*Fritz* Rn. 48; Prütting/Gehrlein/*Geisler* Rn. 6; BeckOK ZPO/*Bacher* Rn. 20.1; so auch LSG Bayern 27.9.2013 – L 2 P 45/13 B, juris Rn. 6; aA OVG Lüneburg NVwZ-RR 2015, 517 (517 f.).

80   Zöller/*Vollkommer* § 329 Rn. 24; Fritz/Pielsticker/*Fritz* Rn. 48; Eidenmüller/ Wagner/*Steiner*, Kap. 8 Rn. 106.

81   ZB 8 AR 10/16 G. Liste 3 a bestimmt die weiterhin aufzunehmenden Angaben.

teneinsicht durch die Parteien, auch in eine zusätzlich zur Hauptakte angelegte Akte für das Güterichterverfahren, § 8 a Abs. 2 AktO,[82] sollte der Güterichter jedenfalls bei Anwendung einer auf Vertraulichkeit basierenden Konfliktbeilegungsmethode Zurückhaltung hinsichtlich einer Ergänzung des Akteninhalts, bspw. durch Vermerke oder von den Parteien überreichte Unterlagen, üben.[83] Denn nach § 8 a Abs. 3 S. 3 AktO ist das Schriftgut aus dem Güterichterverfahren nach dessen Abschluss grundsätzlich an das Prozessgericht zurückzugeben und bei den Akten des Herkunftsverfahrens aufzubewahren.

23 Der Güterichter ist an die Verweisung zur Güteverhandlung, sofern kein Fall offensichtlicher Willkür vorliegt, grundsätzlich gebunden.[84, 85] Anderenfalls liefe die Verweisungsbefugnis des Streitrichters leer. Er beraumt von Amts wegen den Gütetermin an, § 216 ZPO, zu dem auch die Parteien geladen werden.[86] Anwaltszwang besteht lediglich im Anwaltsprozess; § 78 Abs. 3 ZPO ist nicht anwendbar.[87, 88] Das Öffentlichkeitsgebot des § 169 S. 1 GVG gilt indes nicht.[89]

24 **3. Inhaltlicher Ablauf der Güteverhandlung, Protokoll.** Der **inhaltliche Ablauf der Güteverhandlung** oder des Güteversuchs hängt in erster Linie von der anzuwendenden Konfliktbeilegungsmethode ab. Diese bestimmt der Güterichter (→ K Rn. 42), ggf unter Berücksichtigung eines Vorschlags des Streitrichters (→ Rn. 20) oder von Anregungen der Parteien. Im Falle einer „klassischen" Güteverhandlung (→ Rn. 12) besteht für die Parteien zwar möglicherweise mehr Raum für eigene Äußerungen als in einer Güteverhandlung vor dem Prozessgericht. Es dominiert aber die Erörterung des Sach- und Streitstandes – auch unter rechtlichen Aspekten – und die dafür erforderliche Aufklärungsarbeit des Güterichters. Als alternative Konfliktbeilegungsmöglichkeiten kommen für den Güterichter namentlich eine Ver-

---

82 Zur früheren Rechtslage vgl: OLG München MDR 2009, 1065 (1065 f.); kritisch hierzu: *Kurzweil* ZZP 123 (2010), 77.

83 Vgl. *Schobel* ZKM 2012, 191 (193 f.).

84 AA Zöller/*Greger* Rn. 28; Greger/Unberath/Steffek/*Greger* E. Rn. 140; MüKoZPO/*Prütting* § 278 Rn. 36.

85 Der Güterichter kann aber, sofern für eine Konfliktbeilegungsmethode der Freiwilligkeitsgrundsatz gilt, deren Anwendung im konkreten Fall ablehnen.

86 *Ahrens* NJW 2012, 2465 (2470); Prütting/Gehrlein/*Geisler* Rn. 10.

87 Baumbach/Lauterbach/Albers/*Hartmann* Rn. 51; Schmidt/Lapp/Monßen/*Schmidt*, Rn. 1259; Saenger/*Saenger* Rn. 20; Musielak/Voit/*Foerste* Rn. 15; Haft/v. Schlieffen/*Moltmann-Willisch*, § 51 Rn. 36; aA Greger/Unberath/Steffek/*Greger* E. Rn. 168; Zöller/*Greger* Rn. 29; Fritz/Pielsticker/*Fritz* Rn. 63; *Thole*, ZZP 127 (2014), 339 (353); BeckOK ZPO/*Bacher* Rn. 30; Eidenmüller/Wagner/*Steiner*, Kap. 8. Rn. 120; *Röthemeyer*, Rn. 476; Prütting/Gehrlein/*Geisler* Rn. 10; *Prütting* MDR 2016, 965 (968); MüKoZPO/*Prütting* § 278 Rn. 37; Wieczorek/Schütze/*Assmann* § 278 Rn. 76.

88 Am Güterichterverfahren beteiligte Dritte unterliegen nach allgemeinen Grundsätzen (vgl. Zöller/*Vollkommer*, § 78 Rn. 15) nicht dem Anwaltszwang, da sie nicht Partei iSv § 78 Abs. 1 ZPO sind.

89 *Röthemeyer* ZKM 2012, 116 (117); *Ahrens* NJW 2012, 2465 (2470); *Hartmann* MDR 2012, 941 (942); *Greger/Weber* MDR 18/2012, Sonderheft, 24; Fritz/Pielsticker/*Fritz* ZPO Rn. 65; Saenger/*Saenger* Rn. 20; Musielak/Voit/*Foerste* Rn. 15; BeckOK ZPO/*Bacher* Rn. 26; *Horstmeier*, Rn. 430; Eidenmüller/Wagner/*Steiner*, Kap. 8 Rn. 78; Haft/v. Schlieffen/*Moltmann-Willisch*, § 51 Rn. 24; Prütting/Gehrlein/*Geisler* Rn. 10.

mittlung, dh Konfliktmoderation, eine – wie in § 278 Abs. 5 S. 2 ZPO ausdrücklich erwähnt – Mediation, ferner Mini-Trial, Early Neutral Evalution und Schlichtung in Betracht (→ K Rn. 43).[90]

Gilt für die vom Güterichter vorgeschlagene Methode der Freiwilligkeitsgrundsatz, ist das Einverständnis der Parteien mit der Anwendung der konkreten Methode einzuholen (→ Rn. 14). Es ist daher sinnvoll, sofern dies nicht bereits durch das verweisende Prozessgericht erfolgt ist (→ Fn. 72), dass der Güterichter vorab oder zu Beginn der Güteverhandlung oder des Güteversuchs die Vorgehensweise mit den Parteien bespricht und insbesondere die **Indikation** von Mediation oder anderen interessenorientierten Konfliktbeilegungsmethoden abklärt.[91] Wird die Zustimmung zur vorgeschlagenen Methode von einer Partei definitiv verweigert, ist die Güteverhandlung im Zweifel gescheitert. Auch wenn es dem Güterichter sicherlich erlaubt ist, kann von ihm in dieser Situation wohl nicht verlangt werden, dass er alternativ eine andere Konfliktbeilegungsmethode anbietet oder auf eine klassische Güteverhandlung umschwenkt. Sinnvoll erscheint insoweit eine zumindest gerichtsinterne Absprache,[92] wie der Güterichter im Regelfall vorgehen soll und ob er im Falle einer evaluativen Erörterung des Streitfalles von eigenen *rechtlichen* Bewertungen Abstand nehmen soll oder diese einfließen lassen darf, so dass sich alle Beteiligten einschließlich des abgebenden Streitrichters entsprechend darauf einstellen können.

Erweist sich die abgesprochene Konfliktbeilegungsmethode während des Gütegespräches als nicht erfolgversprechend, kann der Güterichter – als Alternative zu einem sofortigen Abbruch der Güteverhandlung – ggf in Abstimmung mit den Parteien zu einer anderen Methode oder zur klassischen Güteverhandlung wechseln (→ K Rn. 42). Eine Verpflichtung zu einem solchen Methodenwechsel besteht freilich nicht.[93]

Vorgeschlagen wird, dass bereits im Geschäftsverteilungsplan eine Festlegung auf eine einzige Konfliktbeilegungsmethode, insbesondere auf Mediation, erfolgt.[94] Dies hätte zur Folge, dass der Güterichter Güteversuche nach anderen ADR-Methoden, aber auch ein evaluatives Vorgehen, eine Konfliktmoderation und ein qualifiziertes Vergleichsgespräch (→ K Rn. 27, 43) nicht anbieten könnte. Eine solche Reduzierung der anzuwendenden Konfliktbeilegungsmethoden wäre, da die Bestimmung von Güterichtern nicht verpflichtend ist (→ Rn. 10), als Minus gegenüber einer unbeschränkten Güterichterbestellung zulässig. Erklärt sich der Güterichter hiermit einverstanden, ist auch ein Eingriff in seine richterliche Unabhängigkeit, die

25

---

90 Andere außergerichtliche Konfliktbeilegungsverfahren wie Schiedsverfahren, bindende Schiedsgutachten, Adjudikation oder Dispute Boards, die der Güterichter mangels eigener Entscheidungskompetenz nicht selbst durchführen kann, sind nur über § 278 a ZPO zur Anwendung zu bringen (→ K Rn. 43).

91 Vgl. *Tauthäus/Fritz/Krabbe* NJW 2012, 364 (366); *Ortloff* NVwZ 2012, 1057 (1059); *Greger/Weber* MDR 18/2012, Sonderheft, 11, 14; Greger/Unberath/Steffek/*Greger* E. Rn. 129; Fritz/Pielsticker/*Fritz* Rn. 62; *Greger* MDR 2014, 993 (994); *Fritz/Schroeder* NJW 2014, 1910 (1911); MüKoZPO/*Prütting* § 278 Rn. 36.

92 So zB die Güterichter an den Berliner Zivilgerichten (*Klamt/Moltmann-Willisch* ZKM 2013, 112; dagegen *Spangenberg* ZKM 2013, 162 (163)).

93 Greger/Unberath/Steffek/*Greger* E. Rn. 160.

94 *Ortloff* NVwZ 2012, 1057 (1060); dagegen: Fritz/Pielsticker/*Fritz* Rn. 62 (Fn. 65); *Röthemeyer*, Rn. 453.

nach § 278 Abs. 5 S. 2 ZPO gerade auch hinsichtlich der Methodenwahl besteht (→ Rn. 20), nicht zu besorgen. Ob eine solche präventive und generelle Reduzierung des § 278 Abs. 5 S. 2 ZPO für die Praxis sinnvoll ist, mögen die jeweiligen Präsidien und Güterichter entscheiden. Dem Willen des Gesetzgebers, der sich mit dem Güterichtermodell für eine in der Methodik freie Konsenslösung entschieden hat (→ K Rn. 8), entspricht eine derartige geschäftsplanmäßige Begrenzung jedenfalls nicht.

Der Güterichter kann auch, anknüpfend an Erfahrungen aus der Zeit der Modellprojekte (→ K Rn. 8 ff.), die Hinzuziehung eines Co-Mediators vorschlagen, etwa eines Kollegen oder eines außergerichtlichen Mediators. Dies kommt bspw. bei besonders komplexen Fällen oder vielen Parteien in Betracht und ermöglicht einen Rückgriff auf branchenspezifische Fachkompetenz. Sofern die Parteien hiermit einverstanden sind,[95] bestehen gegen eine derartige Co-Mediation keine dogmatischen Bedenken. Denn auch Co-Mediation ist Mediation iSv § 278 Abs. 5 S. 2 ZPO. Verantwortlich für die Verfahrensführung einschließlich der etwaigen Protokollierung eines Prozessvergleichs bleibt jedoch der geschäftsplanmäßig bestimmte Güterichter.

26 Ein **Protokoll** über eine Güteverhandlung oder einen weiteren Güteversuch vor dem Güterichter wird nach § 159 Abs. 2 S. 2 ZPO nur auf übereinstimmenden Parteiantrag aufgenommen.[96] Dies stellt eine Ausnahme von der grundsätzlichen Verpflichtung zur Aufnahme eines Protokolls über jede richterliche Verhandlung – auch vor dem beauftragten und ersuchten Richter – dar, § 159 Abs. 1, 2 S. 1 ZPO. Die Ausnahme vom Protokollzwang dient der Absicherung der Vertraulichkeit (hierzu: → Rn. 27) von Parteiäußerungen bspw. im Rahmen einer Mediation oder einer anderen interessenorientierten Konfliktbeilegungsmethode.[97] Gleichwohl ist vorstellbar, dass ein Bedürfnis der Parteien besteht, ein (Zwischen-)Ergebnis zu dokumentieren.[98]

Der Antrag der Parteien – damit ist mehr als eine bloße Anregung gemeint;[99] auf die Zustimmung am Gütetermin evtl teilnehmender Dritter kommt es nicht an[100] – kann zu jedem Zeitpunkt des Gütetermins gestellt werden.[101] Es empfiehlt sich, zu Beginn der Niederschrift auf den übereinstimmenden Antrag der Parteien Bezug zu nehmen.[102]

---

95 Hierbei muss dann auch ggf eine Regelung für zusätzliche Kosten eines außergerichtlichen Co-Mediators gefunden werden.
96 Eine ähnliche Regelung enthielt bereits § 159 Abs. 2 S. 2 ZPO-RefE für die richterliche Mediation.
97 Empfehlung Rechtsausschuss, BT-Drs. 17/8058, 21; *Plassmann* AnwBl 2012, 151 (151 f.); Fritz/Pielsticker/*Fritz* § 159 Rn. 5; Thomas/Putzo/*Reichold* § 159 Rn. 2; Zöller/*Stöber* § 159 Rn. 1 a; Saenger/*Wöstmann* § 159 Rn. 4.
98 Vgl. Zöller/*Greger* Rn. 28.
99 Baumbach/Lauterbach/Albers/*Hartmann* § 159 Rn. 16.
100 Fritz/Pielsticker/*Fritz* § 159 Rn. 9.
101 Baumbach/Lauterbach/Albers/*Hartmann* § 159 Rn. 16; Fritz/Pielsticker/*Fritz* § 159 Rn. 10.
102 Fritz/Pielsticker/*Fritz* § 159 Rn. 14.

Formulierungsvorschlag:

In dem Rechtsstreit

.../....

nehmen an der Güteverhandlung, für die auf übereinstimmenden Antrag der Parteien gem. § 159 Abs. 2 S. 2 ZPO ein Protokoll erstellt wird, teil:

...

Wünschen die Parteien abschließend die Beurkundung eines Vergleichs, vgl. § 160 Abs. 3 Nr. 1 ZPO, oder die Abgabe anderer Prozesserklärungen, liegt darin konkludent ein übereinstimmender Antrag auf Protokollierung iSv § 159 Abs. 2 S. 2 ZPO.[103]

Hinsichtlich Form und Inhalt des Protokolls über einen Güterichtertermin, §§ 160 ff. ZPO, sowie seiner materiellrechtlichen Bedeutung, zB § 127 a BGB, bestehen keine Besonderheiten gegenüber § 159 Abs. 1 ZPO.

4. Absicherung der Vertraulichkeit. Darüber hinaus wird die **Vertraulichkeit** des Gütegesprächs auch dadurch geschützt, dass dem Güterichter – wie jedem Richter[104] – nach § 383 Abs. 1 Nr. 6 ZPO ein **Zeugnisverweigerungsrecht** hinsichtlich dessen Inhaltes zusteht, soweit ihm in dieser Eigenschaft Tatsachen anvertraut sind, deren Geheimhaltung durch ihre Natur oder durch gesetzliche Vorschriften geboten ist.[105] Das ist unzureichend, weil zum einen das Zeugnisverweigerungsrecht nur an die Person des Güterichters anknüpft, nicht aber die anderen am Güterichtertermin Teilnehmenden einbezieht.[106] Zum anderen unterliegt der Richter als Amtsträger gesetzlich bestimmten Anzeigepflichten, bspw. nach § 116 Abs. 1 AO oder § 6 SubvG.[107] Zudem kann sich ein Güterichter nicht auf das Zeugnisverweigerungsrecht berufen, wenn er von den Parteien von der Verpflichtung zur Verschwiegenheit entbunden wurde, § 385 Abs. 2 ZPO. Auch gilt die Verschwiegenheit nicht für den Strafprozess.[108]

Auf Vortrags- und Beweisverbote hat der Gesetzgeber hingegen verzichtet, obwohl Art. 7 Abs. 2 Mediations-RL solche ausdrücklich ermöglicht. Demnach bleibt es den Parteien selbst überlassen, im Falle einer Mediation oder einer anderen interessenorientierten, also Vertraulichkeit voraussetzenden Konfliktbeilegungsmethode eine Vereinbarung zur Verschwiegenheit abzuschließen.

27

28

103 Eidenmüller/Wagner/*Steiner*, Kap. 8 Rn. 118.
104 Zöller/*Greger* § 383 Rn. 19.
105 Empfehlung Rechtsausschuss, BT-Drs. 17/8058, 21; *Ahrens* NJW 2012, 2465 (2470); *Röthemeyer* ZKM 2012, 116 (118); *ders.*, Rn. 460; *Zorn* FamRZ 2012, 1265 (1266); *Greger/Weber* MDR 18/2012, Sonderheft, 29; Zöller/*Greger* Rn. 30; Greger/Unberath/Steffek/*Greger* E. Rn. 150; Fritz/Pielsticker/*Fritz* Rn. 79; Musielak/Voit/*Foerste* Rn. 15 a; BeckOK ZPO/*Bacher* Rn. 28; Eidenmüller/Wagner/*Steiner*, Kap. 8 Rn. 80; MüKoZPO/*Prütting* § 278 Rn. 38; aA *Wagner* ZKM 2012, 110 (114); *Schmitt*, S. 26.
106 So könnte sich zB der Prozessbevollmächtigte einer Partei als Zeuge für eine Äußerung der gegnerischen Partei im Gütegespräch benennen.
107 *Greger/Weber* MDR 18/2012, Sonderheft, 20; Zöller/*Greger* Rn. 31; *Zorn* FamRZ 2012, 1265 (1266); Fritz/Pielsticker/*Fritz* Rn. 79; Eidenmüller/Wagner/*Steiner*, Kap. 8 Rn. 47.
108 Vgl. § 53 StPO, der nicht jedem zur Verschwiegenheit Verpflichteten ein Zeugnisverweigerungsrecht gewährt.

Formulierungsvorschlag:

Die Parteien vereinbaren, Stillschweigen über Äußerungen der anderen Partei oder des Güterichters zu bewahren und zu diesen in einem Schieds- oder Gerichtsverfahren nicht vorzutragen, es sei denn eine Tatsache hätte auch ohne den Termin beim Güterichter vorgetragen werden können, sowie auf die Benennung der Anwesenden zu Beweiszwecken zu verzichten.

Eine solche Vereinbarung bezieht sich nicht auf die im Gütegespräch erörterten Tatsachen als solche und lässt damit künftigen Vortrag zum tatsächlichen Lebenssachverhalt unberührt. Geschützt werden vielmehr Äußerungen und Erörterungen der Parteien zu den entsprechenden Tatsachen im Gütegespräch, also das Gütegespräch als solches.[109] Demnach wird keine Partei in einem anschließenden streitigen Verfahren daran gehindert, ihr günstige Tatsachen vorzutragen und damit den eigenen Rechtsstandpunkt zu stützen. Hingegen ist es den Parteien untersagt, Behauptungen, Stellungnahmen oder Zugeständnisse der Gegenseite gegen deren Willen in das Verfahren einzuführen. Gleiches gilt für Stellungnahmen und Einigungsvorschläge des Güterichters.[110]

Ein derartiger Prozessvertrag, der – etwas weitgehend – mit Einwilligung zur Mediation sogar konkludent geschlossen werden soll,[111] kann zu Nachweiszwecken vom Güterichter protokolliert werden und bei Verletzung einen Schadensersatzanspruch nach § 280 BGB begründen. Allerdings bindet er weder am Gütegespräch nicht beteiligte und damit an die Vertraulichkeitsvereinbarung nicht gebundene Dritte, noch vermag er schriftlichen oder mündlichen Vortrag zu Äußerungen der gegnerischen Partei im Rahmen des Gütegespräches während des fortgesetzten Gerichtsverfahrens faktisch auszuschließen.[112]

29 **5. Beendigung des Güteverfahrens.** Enden die Güteverhandlung oder der Güteversuch nicht in einer gütlichen Einigung, ist das Gerichtsverfahren je nach dessen gegenwärtigem Stand fortzuführen. Eines separaten Rückgabebeschlusses des Güterichters bedarf es nicht.[113]

30 Da nach der Legaldefinition des § 278 Abs. 5 S. 1 ZPO als Güterichter gerade ein nicht entscheidungsbefugter Richter zu bestimmen ist, ist im Regelfall nicht zu besorgen, dass **der Güterichter im fortzuführenden Gerichtsverfahren** nochmals mitwirken oder sogar (mit-)entscheiden muss. Gänzlich ausgeschlossen ist dies jedoch nicht, bspw. infolge einer Änderung der gerichtsinternen Geschäftsverteilung, insbesondere in Verbindung mit einem Wechsel des richterlichen Dezernats bzw von Kammer oder Senat, im Vertretungsfall oder bei einem Folgerechtsstreit zwischen denselben Parteien.

---

109 Vgl. Gläßer/Schroeter/*Löer*, S. 397, 400.
110 Vgl. *Wagner* ZKM 2011, 164 (166).
111 *Koch* NJ 2005, 97 (101).
112 Genauer zur Absicherung der Vertraulichkeit: *Wagner* ZKM 2011, 164 ff.; *ders.* ZKM 2012, 110 (114); Gläßer/Schroeter/*Löer*, S. 397, 399 ff.; Zöller/*Greger* Rn. 30 a; Haft/v. Schlieffen/*Hartmann*, § 28 Rn. 39 ff.; s. auch Formulierungsvorschläge bei *Greger/Weber* MDR 18/2012, Sonderheft, 12; Greger/Unberath/Steffek/*Greger* E. Rn. 147; → MediationsG § 4 Rn. 22 ff.
113 Fritz/Pielsticker/*Fritz* Rn. 77.

Kraft Gesetzes ausgeschlossen ist der ehemalige Güterichter in einem solchen Fall indes nicht, da § 41 Nr. 8 ZPO nur für die Mitwirkung an einem außergerichtlichen Konfliktbeilegungsverfahren gilt (str., → ZPO § 41 Rn. 6, mwN in Fn. 14). Auch kann ein dauerhaftes künftiges Entscheidungsverbot für Güterichter nicht bereits unmittelbar aus der Legaldefinition abgeleitet werden, da die Durchbrechung des Grundsatzes des gesetzlichen Richters nur nach §§ 41 ff. ZPO möglich ist und die Anwendung und Auslegung der Ausschlussbestimmungen dementsprechend restriktiv zu handhaben sind (→ ZPO § 41 Rn. 1).

In Betracht kommt aber eine (Selbst-)Ablehnung gem. §§ 42, 48 ZPO wegen Besorgnis der Befangenheit infolge Vorbefassung.[114] Wann eine solche in hinreichender Intensität gegeben ist, kann im konkreten Fall schwierig zu bestimmen sein. Soll bspw. schon eine telefonische Sondierung bzgl der anzuwendenden Konfliktbeilegungsmethode durch den Güterichter vor Beginn des Gütetermins ausreichen, selbst wenn es zu einem solchen später vielleicht gar nicht mehr gekommen ist? Eine solche ist einerseits nur eine Vorbereitungshandlung, andererseits ist nicht auszuschließen, dass bei einem solchen Kontakt bereits den Konfliktfall betreffende Details oder Hintergrundinformationen übermittelt werden. Als ausreichend angesehen wird jedenfalls, dass für das Güterichterverfahren Vertraulichkeit vereinbart war oder vertrauliche Einzelgespräche geführt wurden, und zwar ohne dass es des Vortrags näherer Gründe hierzu bedarf.[115]

Empfehlenswert ist eine „präventive Lösung", indem in der gerichtlichen bzw kammer-/senatsinternen Geschäftsverteilung schon eine Zuweisung von Verfahren an einen Richter ausgeschlossen wird, in denen jener zuvor als Güterichter tätig war, dieser also gar nicht erst zum gesetzlichen Richter bestimmt wird.[116] Mit einer entsprechenden Maßgabe können auch die Mitwirkung in Kollegialorganen und die Vertretungsfolge geregelt werden.

V. Rechtspolitische Bewertung

Der Vorteil des Güterichtersystems liegt neben der Vereinheitlichung der gütlichen Konfliktbeilegung durch Richter in gerichtlichen Verfahren in allen Gerichtsbarkeiten und Bundesländern darin, dass es sich besser als die frühere gerichtliche Mediation in die bestehenden prozessualen Abläufe einfügt. Da das Gerichtsverfahren während der Güteverhandlung oder des Gütevorsuchs stets fortgeführt wird und der Güterichter Rechtsprechungstätigkeit ausübt (→ Rn. 7), bestehen keine Abweichungen bspw. hinsichtlich des Eintritts von Verjährung, der anfallenden Gerichts- und Rechtsanwaltskosten sowie der Haftung des Güterichters (→ K Rn. 49 f.). 31

Zudem verbindet § 278 Abs. 5 ZPO – im Gegensatz zu den vorausgegangenen Versionen dieser Vorschrift (→ K Rn. 11 ff.) – erfreulicherweise den

---

114 Zöller/*Greger* Rn. 30; Eidenmüller/Wagner/*Steiner*, Kap. 8 Rn. 46; Haft/v. Schlieffen/*Moltmann-Willisch*, § 51 Rn. 39; Prütting/Gehrlein/*Geisler* Rn. 7.
115 Greger/Unberath/Steffek/*Greger* E. Rn. 135.
116 ZB wenn in einem Kollegialorgan dem Dezernat eines Richters bestimmte Endziffern mit der Maßgabe zugewiesen werden, „soweit er nicht zuvor in der jeweiligen Sache als Güterichter tätig war. In diesem Fall fällt die Sache in das Dezernat …".

prozessualen mit dem methodischen Ansatz, indem auch die dem Güterichter zur Verfügung stehenden Methoden angesprochen und eindeutig geregelt werden. Zugleich ist erstmals im deutschen Prozessrecht im gerichtsinternen Bereich von *„Mediation"* die Rede.

32 Außer der unglücklichen Bezeichnung „Güte-"Richter (→ K Rn. 7) vermag in gesetzessystematischer Hinsicht allerdings nicht zu überzeugen, dass mit der Möglichkeit der Verweisung an einen Güterichter eines anderen Gerichts und sogar einer anderen Gerichtsbarkeit eine neue Verbindung zwischen Gerichten und Gerichtsbarkeiten geschaffen wird, und zwar außerhalb des Gerichtsverfassungsgesetzes und losgelöst vom dafür bisher allein einschlägigen Institut der Rechtshilfe gem. §§ 156 ff. GVG.

Auch bei Verweisung an den Güterichter desselben Gerichts wird in der Praxis einige Abstimmungsarbeit erforderlich sein, da sich dessen Kompetenzbereich mit demjenigen des Streitrichters in der Güteverhandlung überschneidet. Denn beide können eine „klassische" Güteverhandlung durchführen. Es dürfte aber wenig sinnvoll und effektiv sein, dass sich in ein und demselben Rechtsstreit zwei unterschiedliche Rechtsprechungssubjekte in denselben Sachverhalt einarbeiten, ihn relationstechnisch prüfen, ggf weiter aufklären und ihre jeweilige Bewertung möglicherweise den Parteien auch präsentieren.[117] Konsequenter wäre es gewesen, dem Streitrichter die klassische Güteverhandlung, also die Mittel des § 278 Abs. 2 S. 2, 3 ZPO, zu überlassen, während sich der Güterichter auf nicht rechtlich orientierte Konfliktbeilegungsmethoden konzentriert und auch beschränkt.

§ 278 a ZPO Mediation, außergerichtliche Konfliktbeilegung

(1) Das Gericht kann den Parteien eine Mediation oder ein anderes Verfahren der außergerichtlichen Konfliktbeilegung vorschlagen.

(2) Entscheiden sich die Parteien zur Durchführung einer Mediation oder eines anderen Verfahrens der außergerichtlichen Konfliktbeilegung, ordnet das Gericht das Ruhen des Verfahrens an.

I. Regelungsgehalt, Entstehungsgeschichte

1 § 278 a ZPO überführt die bislang in § 278 Abs. 5 S. 2, 3 ZPO aF geregelte außergerichtliche Streitschlichtung in eine **eigenständige Vorschrift**. Auch wenn der ursprünglich sowohl für die gerichtsnahe als auch für die gerichtsinterne Mediation begründete neue Paragraf[1] nach Aufgabe der im Regierungsentwurf vorgesehenen drei Arten von Mediation[2] für die allein verbliebene gerichtsnahe Mediation nicht über den Regelungsgehalt des früheren § 278 Abs. 5 S. 2, 3 ZPO hinausgeht, bietet sich eine eigenständi-

---

117 So auch *Klamt/Moltmann-Willisch* ZKM 2015, 7 (8 f.).
  1 Vgl. § 278 a Abs. 1, 2 ZPO-RefE, § 278 a Abs. 1 S. 1, 2 ZPO-RegE.
  2 § 1 Abs. 1 S. 2 Nr. 1–3 MediationsG-RegE.

ge Vorschrift an, weil diese Art der Konfliktbeilegung im Gegensatz zu den anderen in § 278 ZPO enthaltenen Instrumenten für eine gütliche Streitbeilegung[3] unter Einschaltung einer anderen Person als der des Streitrichters sowie außerhalb des Gerichts und des Gerichtsverfahrens stattfindet. Es handelt sich daher in der Tat um eine *„außergerichtliche"* Mediation bzw. Konfliktbeilegung.[4]

Es gab, zeitlich parallel zu den Projekten zur Richtermediation (→ K Rn. 8, Fn. 35), auch einige Modellprojekte unter Mitwirkung von Rechtsanwaltskammern und örtlichen Anwaltsvereinen, die an eine Verweisung bereits rechtshängiger Verfahren in den außergerichtlichen Bereich gem. § 278 Abs. 5 S. 2 ZPO aF anknüpften.[5] Ihnen ist gemeinsam, dass sie in der Praxis nur zögerlich angenommen wurden.[6]

II. Normzweck

§ 278 a ZPO ermöglicht eine außergerichtliche Konfliktbeilegung auch für bereits rechtshängige Streitigkeiten.[7] Im Sinne des **Diversionsmodells**[8] soll eine nachträgliche Umleitung eines bereits bei Gericht anhängigen Rechtsstreits in das geeignete außergerichtliche Verfahren erfolgen können. Dies kann sich anbieten, wenn im konkreten Rechtsstreit ein grundsätzlicher Konflikt zum Ausdruck kommt, dessen Aufarbeitung den Zeitrahmen eines Prozesses oder die Kompetenz des Richters überschreiten würde,[9] oder wenn weder ein gerichtliches Urteil noch eine im Rahmen des Gerichtsverfahrens mögliche Einigung zu einer die Parteien befriedigenden Lösung führen können.[10] Die Gesetzesbegründung führt beispielhaft für den Fall von hinter dem konkreten Streitgegenstand bestehenden, nunmehr beeinträchtigten dauerhaften persönlichen oder geschäftlichen Beziehungen der Parteien den Vorschlag einer Mediation sowie anstelle einer gutachterli-

---

3 ZB die Güteverhandlung, § 278 Abs. 2 ZPO, und die Vergleichsfeststellung durch Beschluss, § 278 Abs. 6 ZPO.

4 *Prütting* AnwBl 2012, 204 (207 f.); *Hartmann* MDR 2012, 941 (943).

5 Dabei wurde, teilweise alternativ zur Richtermediation (AG Göttingen, LG Stade, LG Hildesheim), eine Mediation durch einen Rechtsanwalt angeboten, dessen Honorar von der Rechtsanwaltskammer (AG Göttingen, LG Hildesheim), der Industrie- und Handelskammer (LG Stade) oder einer Stiftung (AG, LG Köln, hierzu: *Fischer* ZKM 2011, 103) übernommen wurde (LG Bielefeld ohne Kostenübernahme); s. auch insgesamt: *Greger* NJW 2007, 3258 (3260). Das jüngste Pilotprojekt „Gerichtsnahe Wirtschaftsmediation in München" führten LG, IHK und RAK München von 2012 bis 2014 gemeinsam durch (dazu *Schlehe* ZKM 2017, 61 (61)).
Zu früheren Modellprojekten, teils noch aus der Zeit vor Inkrafttreten des § 278 Abs. 5 ZPO 2002 (zB Wittener Modell, Modellversuch AG und LG Stuttgart, Mediationsbüros des Anwaltsvereins Köln im Gerichtsgebäude und des Fairmittel eV beim AG Hannover, Modellversuch „Außergerichtliche Beilegung von Rechtsstreitigkeiten (a.be.r.)" im LG-Bezirk Nürnberg-Fürth) vgl. *Greger* ZKM 2003, 240 mwN.

6 *Hess* ZZP 124 (2011), 137 (152); *Greger* NJW 2007, 3258 (3260); *Schlehe* ZKM 2017, 61 (62).

7 Begründung Regierungsentwurf, BT-Drs. 17/5335, 20.

8 Hierzu *Greger* ZKM 2003, 240 (241).

9 Begründung Regierungsentwurf, BT-Drs. 17/5335, 20.

10 *Greger* MDR 2014, 993 (996) mit beispielhaftem Hinweis auf hoch eskalierte Beziehungs- und emotional stark belastete Familienkonflikte sowie äußerst komplexe Wirtschaftsstreitigkeiten.

chen Klärung streitentscheidender Tatsachenfragen im Bau- oder Arzthaftungsprozess die Verweisung der Parteien auf ein verbindliches Schiedsgutachten an.[11]

Geeignet für den Vorschlag einer außergerichtlichen Konfliktbeilegung sind damit in erster Linie diejenigen Streitfälle, die sich für den Güterichter gem. § 278 Abs. 5 ZPO und sein eher enges Zeitfenster als zu aufwendig erweisen, insbesondere weil erheblich mehr Streit oder Regelungsbedarf besteht als Gegenstand des Rechtsstreits ist[12] oder weil die Parteien eine Hilfestellung benötigen, die durch die fachliche oder methodische Kompetenz des Güterichters nicht abgedeckt wird.[13] Auch lassen sich nach § 278 a ZPO Fälle mit gesetzlichen Klagefristen, bspw. § 558 b Abs. 2 S. 2 BGB, § 4 S. 1 KSchG, die einer vorprozessualen außergerichtlichen Mediation im Wege stehen, lösen.[14]

III. Tatbestandsvoraussetzungen

4   § 278 a ZPO gilt für den Zivilprozess unmittelbar, für sozial-, verwaltungs- und finanzgerichtlichen Rechtsstreite aufgrund ausdrücklicher Verweisung in § 202 S. 1 SGG, § 173 S. 1 VwGO und § 155 FGO (→ SGG § 202 Rn. 13; → VwGO § 173 Rn. 17; → FGO § 155 Rn. 11).[15] Für arbeitsgerichtliche und familiengerichtliche Verfahren sowie in den Angelegenheiten der freiwilligen Gerichtsbarkeit bestehen mit § 54 a ArbGG und § 36 a FamFG ähnliche, aber an die spezifischen Umstände des jeweiligen Gerichtszweigs angepasste Vorschriften (→ ArbGG § 54 a Rn. 21 ff.; → FamFG § 36 a Rn. 1 ff.).

Ein Vorschlag gem. § 278 a Abs. 1 ZPO ist auch bei vollstreckungsrechtlichen Klageverfahren möglich, mangels Rechtshängigkeit aber nicht in Prozess-/Verfahrenskostenhilfe-Prüfungsverfahren.

5   § 278 a ZPO ist im **Berufungsverfahren** gem. § 525 S. 1 ZPO entsprechend anzuwenden.[16] Auch noch in diesem Verfahrensstadium kann Veranlassung und vielleicht sogar eine erhöhte Bereitschaft der Parteien, bspw. aufgrund derer in der ersten Instanz gesammelten Erfahrungen oder ange-

---

11 Begründung Regierungsentwurf BT-Drs. 17/5335, 20.
12 ZB könnte sich in einer miet- oder gesellschaftsrechtlichen Auseinandersetzung herausstellen, dass die gesamte Vertragsbeziehung neu geregelt werden muss. Oder die konkrete Streitfrage könnte nicht nur die Parteien des Rechtsstreits, sondern auch weitere Personen, vorstellbar zB in einer Wohnungseigentümergemeinschaft, betreffen.
13 ZB besondere fachspezifische Kenntnisse oder eine besondere Qualifikation oder Erfahrung in nicht juristischen Quellberufen, etwa im psychologisch/therapeutischen Bereich (vgl. *Schlehe* ZKM 2017, 61).
14 *Prütting* AnwBl 2012, 204 (207 f.); Greger/Unberath/Steffek/*Greger* E. Rn. 67. Der Bundesrat (BR-Drs. 10/12, 3) führte exakt diese Fälle, allerdings als Argument für die Richtermediation, an.
15 Für Verfahren vor dem Patentgericht gelten die allgemeinen Verweisungen in die ZPO, § 99 Abs. 1 PatG, § 82 Abs. 1 S. 1 MarkenG (Fritz/Pielsticker/*Fritz* Rn. 71).
16 Dasselbe gilt für das Revisionsverfahren, § 555 Abs. 1 S. 1 ZPO.

sichts des sich nunmehr abzeichnenden Prozessverlaufs,[17] zu einer außergerichtlichen Konfliktbeilegung bestehen.[18]

Das Vorschlagsrecht des § 278 a Abs. 1 ZPO steht dem **erkennenden Gericht**, also dem Einzelrichter oder dem Kollegialorgan,[19] zu.[20] Anregungen der Parteien, insbesondere gem. § 253 Abs. 3 Nr. 1 ZPO in der Klageschrift sind zweckmäßig (→ ZPO § 253 Rn. 4). Die Ausübung des Vorschlagsrechts kann in jedem Verfahrensstadium, also mit Rechtshängigkeit des Zivilprozesses gem. §§ 261 Abs. 1, 253 Abs. 1 ZPO und bis zu dessen Beendigung, sei es infolge formeller Rechtskraft nach § 705 ZPO oder anderweitiger Beendigung, bspw. nach § 91 a Abs. 1 ZPO oder § 269 ZPO, erfolgen.[21] Auch nach Durchführung einer Güteverhandlung kann noch vom Vorschlagsrecht zur außergerichtlichen Konfliktbeilegung Gebrauch gemacht werden.[22]

IV. Rechtsfolge

Der Vorschlag des Gerichts kann „*eine Mediation oder ein anderes Verfahren der außergerichtlichen Konfliktbeilegung*" beinhalten. Die Formulierung des § 278 a Abs. 1 ZPO, die derjenigen in § 253 Abs. 3 Nr. 1 ZPO entspricht, ist damit präziser als § 278 Abs. 5 S. 2 ZPO aF („*außergerichtliche Streitschlichtung*").[23] Erfasst werden neben Mediation iSv § 1 Abs. 1 sämtliche ADR-Verfahren,[24] mithin **das gesamte Spektrum der alternativen Konfliktregelung**. Die Begründung des Referentenentwurfs zählt zu diesen die in zahlreichen Landesgesetzen vorgesehenen Schlichtungs-, Schieds- und Gütestellenverfahren, neuere Schiedsverfahren wie die Adjudikation sowie die Verfahren des sog. Mini-Trial und der sog. Early Neutral Evaluation.[25] In Betracht kommen ferner als verbindlich vereinbarte Schiedsgutachten sowie Ombudsleute und Clearingstellen von berufsständischen Organisationen und Interessenverbänden der Wirtschaft.[26] Zudem kann nun-

---

17 ZB im Falle einer beabsichtigten Aufhebung des erstinstanzlichen Urteils und Zurückverweisung des Rechtsstreits in die Ausgangsinstanz oder nach Erteilung eines rechtlichen Hinweises durch das Berufungsgericht.

18 Vgl. Baumbach/Lauterbach/Albers/*Hartmann* Rn. 12, Stichwort „Berufungsverfahren".

19 Zöller/*Lückemann* Einl. GVG Rn. 7.

20 Baumbach/Lauterbach/Albers/*Hartmann* Rn. 12, Stichwort „Vorsitzender"; aA Fritz/Pielsticker/*Fritz* Rn. 25.

21 Vgl. Baumbach/Lauterbach/Albers/*Hartmann* Rn. 4.

22 Wieczorek/Schütze/*Assmann* § 278 a Rn. 5.

23 „Mediation" wurde nur in der Gesetzesbegründung genannt (BT-Drs. 14/4722, 83/84; → K Rn. 4).

24 Der Begriff ADR („Alternative Dispute Resolution") umfasst alle außergerichtlichen Streitbeilegungsmethoden, die zwar einen neutralen Dritten in die Konfliktaustragung einschalten, diesem aber im Unterschied zum Gerichtsverfahren keine oder nur eine begrenzte Entscheidungsmacht einräumen (Haft/v. Schlieffen/*Risse* § 35 Rn. 96).

25 Begründung Referentenentwurf (abrufbar unter http://rsw.beck.de/docs/librariesprovider5/rsw-dokumente/RefE_Mediationsgesetz_20100803 (zuletzt abgerufen am 06.06.2017)), A II, S. 13 unter Verweis auf *Risse/Wagner* in Haft/v. Schlieffen, 2. Aufl., § 23 Rn. 93 ff.

26 Thomas/Putzo/*Reichold* Rn. 4; *Monßen* ZKM 2011, 10 (12); Musielak/Voit/*Foerste* Rn. 2; *Greger*, MDR 2014, 993 (996); Prütting/Gehrlein/*Geisler* Rn. 4; Wieczorek/Schütze/*Assmann* § 278 a Rn. 9.

mehr auch die Durchführung eines Verfahrens nach dem am 1.4.2016 in Kraft getretenen Verbraucherstreitbeilegungsgesetz angeregt werden.[27] Erfasst werden also – im Vergleich zur Mediation – auch Verfahren mit einem engeren Zeitrahmen oder Verfahren, in denen die Parteien nicht in voller Eigenverantwortung ihre Lösungen erarbeiten.[28] Auch eine Konfliktaufarbeitung mithilfe außergerichtlicher Spezialisten im Wege von Beratung, Coaching oder Therapie ist denkbar. Auf innergerichtliche Mediation etc. ist § 278 a Abs. 1 ZPO indes nicht anzuwenden.[29] Insoweit geht die speziellere Regelung des § 278 Abs. 5 ZPO vor.[30]

8   Der Vorschlag einer Mediation oder eines anderen Verfahrens der außergerichtlichen Konfliktbeilegung steht **im pflichtgemäßen Ermessen** des Gerichts („*kann*"). Das geht über eine bloße Berechtigung zugunsten des Gerichts hinaus. Vielmehr ist dieses, wie aus § 278 Abs. 1 ZPO folgt, auch verpflichtet, jeden Rechtsstreit auf seine Eignung für ein außergerichtliches Konfliktbeilegungsverfahren zumindest überschlägig zu prüfen.[31] Letztendlich muss die Falleignung für die avisierte Konfliktbeilegungsmethode aber der Beurteilung des Mediators oder sonstigen zur Konfliktbeilegung herangezogenen Dritten überlassen bleiben. Das kommt auch darin zum Ausdruck, dass § 278 a Abs. 1 ZPO im Gegensatz zu § 278 Abs. 5 S. 2 ZPO aF auf das Tatbestandsmerkmal „*in geeigneten Fällen*" verzichtet. Da sich Chancen und Risiken einer alternativen Konfliktbeilegungsmethode oft erst in einem ersten Gespräch oder nach (einem Teil) der Beweisaufnahme herausfinden lassen, ist das Gericht nicht gehalten, den Vorschlag bereits vor der Güteverhandlung zu unterbreiten.[32]

9   Der Vorschlag gem. § 278 a Abs. 1 ZPO richtet sich an die Parteien des Rechtsstreits, also den Kläger und den Beklagten sowie ggf. einbezogene Dritte.[33] Er bedarf keiner bestimmten Form.[34] Er kann mündlich oder schriftlich unterbreitet und auch elektronisch oder telefonisch übermittelt werden. Unterschiedliche Übermittlungsformen bei der einen und der anderen Partei sind ebenso zulässig wie verschiedene Zeitpunkte der Unterbreitung.[35] Zeitgleiche schriftliche Vorschläge haben jedoch den Vorteil, dass sie weniger leicht Zweifel an der Neutralität des Streitrichters aufgrund des Eindrucks „prozesstaktischer Kungelei" erwecken als zunächst nur an eine Seite gerichtete oder für die Gegenseite transparente Vorschläge. Sie können auch für die beteiligten Rechtsanwälte im Rahmen der Erläuterung mit ihren Mandanten, quasi als Diskussionsgrundlage, hilfreich sein. Telefonisch unterbreitete Vorschläge – und telefonische Rückäußerungen der Prozessbevollmächtigten – können dagegen die zeitliche Verzögerung des Rechtsstreits, die ein Vorgehen gem. § 278 a ZPO per se

---

27 *Gössl* NJW 2016, 838 (840); *Greger* MDR 2016, 365 (370).
28 *Paul* ZKM 2011, 119 (121).
29 Baumbach/Lauterbach/Albers/*Hartmann* Rn. 6.
30 *Ahrens* NJW 2012, 2465 (2470).
31 Fischer/Unberath/*Steffek*, S. 29, 37; MüKoZPO/*Ulrici* Rn. 4.
32 Vgl. Baumbach/Lauterbach/Albers/*Hartmann* Rn. 12, Stichwort „Zeitpunkt, -raum"; Fischer/Unberath/*Steffek*, S. 29, 38.
33 Fritz/Pielsticker/*Fritz* Rn. 4.
34 MüKoZPO/*Ulrici* Rn. 11; Fritz/Pielsticker/*Fritz* Rn. 26; Saenger/*Saenger* Rn. 5.
35 Baumbach/Lauterbach/Albers/*Hartmann* Rn. 9.

mit sich bringt, reduzieren. Dem gleichen Zweck dient das Setzen von Erklärungsfristen für die Parteien.

Die Begründung des Vorschlags liegt ebenfalls im Ermessen des Gerichts.[36]   **10**
Häufig, insbesondere bei den neueren Verfahren der außergerichtlichen Konfliktbeilegung, ist es zweckmäßig, deren Grundzüge und Vorteile, bezogen auf die Beilegung des konkreten Streitfalls, zu erläutern. Denn das Gericht ist, da der Gesetzgeber ihm eine bindende Verweisung in die außergerichtliche Konfliktbeilegung gerade nicht zugestanden hat, auf die Zustimmung der Parteien und daher auf „Werbung" für seinen Vorschlag angewiesen. Dem entspricht es, auch die Motive des Gerichts für die Unterbreitung des Vorschlags offen zu legen.

Da § 278 a Abs. 1 ZPO lediglich den Vorschlag eines Konfliktbeilegungs-   **11**
verfahrens vorsieht, ist die Benennung bspw. eines konkreten Mediators nach dem Wortlaut der Norm jedenfalls nicht geboten. Es erscheint auch fraglich, ob eine solche überhaupt zulässig wäre. Zwar handelt es sich bei einem Vorschlag nach § 278 a Abs. 1 ZPO und damit auch bei einem namentlich benannten Vermittler nur um eine für die Parteien unverbindliche Empfehlung (→ Rn. 12). Aber auch eine bloße Empfehlung widerspricht der Neutralitätspflicht des Gerichts gegenüber den in Wettbewerb stehenden freiberuflichen Mediatoren etc. Zudem birgt sie das Risiko, dass der Vorschlag des Gerichts zur außergerichtlichen Konfliktbeilegung primär aus Gründen, die in der Person des ausgewählten Vermittlers liegen, abgelehnt wird und sich die Parteien mit dem vorgeschlagenen Verfahren nicht mehr hinreichend auseinandersetzen. Demnach sollte es – sowohl aus rechtlichen als auch aus strategischen Gründen – dabei verbleiben (vgl. zB § 2 Abs. 1), dass die **Auswahl des vermittelnden Dritten** den Parteien obliegt.[37] Diesen müssen sie auch selbst beauftragen[38] (→ Rn. 15 aE). Sinnvoll kann aber die beispielhafte Benennung von Organisationen sein, die bei der Auswahl des Mediators oder sonstiger bei der Konfliktbeilegung unterstützender Dritter behilflich sein können.[39]

V. Weiterer Verfahrensablauf

Anders als bei einer Güteverhandlung oder weiteren Güteversuchen gem.   **12**
§ 278 Abs. 2 ZPO müssen sich die Parteien – nicht aber ein Streithelfer, § 67 ZPO[40] – mit dem vorgeschlagenen außergerichtlichen Verfahren **einverstanden** erklären.[41] Wird ein Vorschlag gem. § 278 a Abs. 1 ZPO nicht beidseits angenommen, ist das Gerichtsverfahren je nach dessen gegenwärtigem Stand fortzuführen. Ein in Stichworten begründeter Vermerk in der

---

36 Baumbach/Lauterbach/Albers/*Hartmann* Rn. 10.
37 So auch: OLG Koblenz NJW-RR 2014, 706; *Thole* ZZP 127 (2014), 339 (359); Fritz/Pielsticker/*Fritz* Rn. 43; Baumbach/Lauterbach/Albers/*Hartmann* Rn. 12, Stichwort „Person des Mediators"; aA *Greger* MDR 2014, 993 (996).
38 OLG Koblenz NJW-RR 2014, 706 (707).
39 ZB Bundesverbände der Mediatoren, berufsständische Organisationen, Kammern und Interessenverbände der Wirtschaft, die Mediatorenlisten oÄ führen.
40 *Greger*/Unberath/Steffek/*Greger* E. Rn. 69; Zöller/*Greger* Rn. 4; Prütting/Gehrlein/*Geisler* Rn. 5.
41 *Ahrens* NJW 2012, 2465 (2470); *Hartmann* MDR 2012, 941 (943); Prütting/Gehrlein/*Geisler* Rn. 5.

Akte sollte dokumentieren, dass § 278 a ZPO hinreichend beachtet wurde,[42] falls sich dieses nicht bereits anderweitig aus der Akte ergibt.[43]

13   Greifen die Parteien den gerichtlichen Vorschlag auf und „*entscheiden*" sich zur Durchführung einer Mediation oder eines anderen Verfahrens der außergerichtlichen Konfliktbeilegung – diese Erklärung ist als Prozesshandlung bedingungsfeindlich[44] –, regelt § 278 a Abs. 2 ZPO die Folgen für den laufenden Prozess. Dabei reicht es aus, dass das Gericht einen entsprechenden Vorschlag oder zumindest eine in Richtung außergerichtliche Konfliktbeilegung weisende Anregung unterbreitet hat, auch wenn diese letztendlich von den Parteien abgeändert oder weiterentwickelt wurden.[45] Eine Entscheidung zur Mediation, die nicht vom Gericht motiviert wurde, sondern allein auf der Initiative der Parteien beruht, ist hingegen nach § 251 S. 1 ZPO zu behandeln, erfordert also entsprechende Anträge der Parteien, um das Verfahren zum Ruhen zu bringen.[46]

14   Die jeweilige Mitteilung der Parteien an das Gericht, sich zum Versuch einer außergerichtlichen Konfliktbeilegung entschieden zu haben, hat – zwingend und ohne Weiteres Ermessen für das Gericht – die **Anordnung des Ruhens des Verfahrens** seitens des Gerichts gem. §§ 278 a Abs. 2 iVm 251 ZPO zur Folge.[47] Es ergeht also ein zu verkündender oder formlos mitzuteilender Beschluss. Dieser hat die Wirkung einer Aussetzung gem. § 249 ZPO, nimmt also weiteren Prozesshandlungen die Wirksamkeit, § 249 Abs. 2 ZPO. Er unterbricht ferner den Lauf von Fristen, § 249 Abs. 1 ZPO, mit Ausnahme derjenigen gem. §§ 251 S. 2, 233 ZPO (Notfristen, Rechtsmittelbegründungs- und Wiedereinsetzungsfristen).[48]

Für das konkret unternommene außergerichtliche Konfliktbeilegungsverfahren trifft den Streitrichter weder eine Verantwortung noch eine Aufsichtspflicht.[49]

15   Mit Beendung der Mediation, was nach § 2 Abs. 5 zu jedem Zeitpunkt und ohne Angabe von Gründen durch jede Partei oder den Mediator möglich ist, oder des anderen außergerichtlichen Konfliktbeilegungsverfahrens endet nicht automatisch auch das Ruhen des Gerichtsverfahrens. Hierfür bedarf es gem. § 250 ZPO der Zustellung eines bei Gericht einzureichenden, auf Fortsetzung des Verfahrens gerichteten Schriftsatzes. Sodann hat das Gericht das Verfahren weiter zu fördern.[50] Führte die Mediation etc. zur Beendigung des gesamten Rechtsstreits durch eine Zurücknahme der Klage oder durch einen vom Gericht gem. § 278 Abs. 6 ZPO festzustellenden Prozessvergleich, greift die Reduzierung der Gerichtsgebühren gem. Nr. 1211 Kostenverzeichnis, darüber hinaus ggf. nach einer gem. § 69 b GKG durch die Landesregierung erlassenen Rechtsverordnung (→ GKG

---

42 Vgl. Baumbach/Lauterbach/Albers/*Hartmann* Rn. 11 aE.
43 ZB durch schriftsätzliche Ablehnung eines gerichtlichen Vorschlags durch eine Partei.
44 *Hartmann* MDR 2012, 941 (943); Prütting/Gehrlein/*Geisler* Rn. 4.
45 Vgl. Musielak/*Foerste* Rn. 2.
46 AA MüKoZPO/*Ulrici* Rn. 12, 14; Fritz/Pielsticker/*Fritz* Rn. 65.
47 Begründung Regierungsentwurf, BT-Drs. 17/5335, 21.
48 Zöller/*Greger* § 251 Rn. 1, 3.
49 *Thole* ZZP 127 (2014), 339 (360).
50 Musielak/*Voit*/*Foerste* Rn. 3; Greger/Unberath/Steffek/*Greger* E. Rn. 70.

§ 69 b Rn. 1 ff.). Die Kosten der Mediation oder des anderen außergerichtlichen Konfliktbeilegungsverfahrens sind hingegen von den Parteien – zusätzlich zu den Prozesskosten – zu tragen.[51] Von einer für das streitige Verfahren gewährten Prozesskostenhilfe werden sie weder erfasst noch kann die Prozesskostenhilfe auf die Vergütung des Mediators oÄ ausgedehnt werden.[52]

Gegen einen gerichtlichen Vorschlag gem. § 278 a Abs. 1 ZPO[53] oder gegen dessen Unterlassen ist eine sofortige Beschwerde nach § 567 Abs. 1 ZPO mangels ausdrücklicher Bestimmung nicht statthaft. Diese ist aber analog § 252 ZPO statthaft gegen die Anordnung des Ruhens des Verfahrens bzw gegen dessen Ablehnung.[54]   **16**

VI. Haftung

Ein Vorschlag nach § 278 a Abs. 1 ZPO im Zivilprozess unterliegt, auch wenn er durch das erkennende Gericht erfolgt, nicht dem Spruchrichterprivileg des § 839 Abs. 2 S. 1 BGB.[55] Denn er stellt keine die Sache abschließend beurteilende richterliche Entscheidung dar.[56] Es gelten aber die allgemeinen, aus dem Verfassungsgrundsatz der richterlichen Unabhängigkeit folgenden Haftungsbeschränkungen für richterliche Tätigkeiten, nach denen ein Schuldvorwurf nur im Fall einer besonders groben Pflichtverletzung besteht, wofür grobe Fahrlässigkeit oder Vorsatz festgestellt werden müsste.[57]   **17**

VII. Rechtspolitische Bewertung

Die mit der ZPO-Reform 2002 eingeführte Möglichkeit der Verweisung in die außergerichtliche Streitbeilegung gem. § 278 Abs. 5 S. 2 ZPO aF hatte sich in der Praxis nicht durchgesetzt.[58] Das wirft die Frage auf, ob allein die Überführung des § 278 Abs. 5 S. 2, 3 ZPO aF in einen eigenen Paragrafen bei gleichzeitigem Verzicht auf wesentliche inhaltliche Änderungen[59] ausreicht, um konsensgeeignete Konflikte, die von den Beteiligten vor-   **18**

---

51 Greger/Unberath/Steffek/*Greger* E. Rn. 80; *Effer-Uhe* NJW 2013, 3333 (3334); anders im Fall des OLG Koblenz (NJW-RR 2014, 706), in dem allerdings die außergerichtliche Mediatorin (fälschlicherweise) durch das Gericht beauftragt wurde.

52 *Effer-Uhe* NJW 2013, 3333 (3334); *Thole* ZZP 127 (2014), 339 (360); BeckOK ZPO/*Bacher* Rn. 5; Greger/Unberath/Steffek/*Greger* E. Rn. 83; aA OLG Köln MDR 2011, 1497 (1497 f.) mit ablehnender Anmerkung *Spangenberg* ZKM 2012, 29.

53 Denkbar zB wegen einer missfallenden Begründung oder der Auswahl einer als nicht zielführend erachteten Konfliktbeilegungsmethode.

54 Baumbach/Lauterbach/Albers/*Hartmann* Rn. 23 ff.

55 AA Baumbach/Lauterbach/Albers/*Hartmann* Rn. 12, Stichwort „Haftung".

56 Vgl. Palandt/*Sprau*, BGB, 75. Aufl. 2016, § 839 Rn. 65 mwN.

57 BGHZ 155, 306, 309/310 mwN.

58 *Greger* JZ 2004, 805 (807); *Greger* NJW 2007, 3258 (3260) unter Berufung auf *Hommerich/Prütting/Ebers/Lang/Traut*, S. 84 ff.; *Schlehe* ZKM 2017, 61 (63); vgl. auch: *Gläßer/Schroeter/Etscheit*, S. 143.

59 ZB eine Anordnungsbefugnis des Gerichts, Kostenanreize/-nachteile oder gerichtsorganisatorische Maßnahmen wie die Einführung von Koordinierungsstellen (*Greger*, Stellungnahme im Rechtsausschuss des Bundestages (abrufbar unter http://www.bundestag.de/bundestag/ausschuesse17/a06/anhoerungen/archiv/10_Mediation/0 4_Stellungnahmen/Stellungnahme_Greger.pdf (zuletzt abgerufen am 1.3.2017), S. 4).

schnell zu Gericht gebracht wurden, in den außergerichtlichen Bereich zu-
rückzubringen. Es erscheint äußerst zweifelhaft, ob lediglich die sprachliche Modernisierung der Vorschrift und die nunmehr explizite Benennung
der Konfliktbeilegungsmethode Mediation – allerdings auch nur dieser Methode – im Gesetzestext die bisherigen, eingefahrenen Wege aufzubrechen
vermögen. Letztlich verbleibt es bei einer nur schwachen Ausprägung des
Diversionskonzeptes.[60] Den Streitrichter hierdurch zum „Case-Manager"
befördert und den Weg zum „Multi-Door-Courthouse" eröffnet zu sehen,[61] erscheint doch eher visionär und durch den gegenwärtigen Wortlaut
nicht abgedeckt.

19   Die vorschlagsberechtigten Streitrichter, die eine Verweisungsmöglichkeit
prüfen müssen, stehen in der Praxis – jedenfalls zum gegenwärtigen Zeitpunkt – vor dem Problem, dass sie – jedenfalls in der Breite – überhaupt
keinen oder zumindest keinen hinreichenden Überblick über die Vielzahl
der außergerichtlichen Konfliktbeilegungsverfahren und erst recht keine
hinreichend detaillierte Kenntnis von deren Einzelheiten haben, um den
konkreten Konflikt inklusive der am Konflikt beteiligten Parteien dem adäquaten Verfahren zuordnen[62] und jene über in Betracht kommende Vermittler und die auf sie zukommenden Konditionen guten Gewissens informieren[63] zu können.

Es ist daher zu erwarten, dass es zunächst allenfalls zur Umleitung von Gerichtsverfahren an außergerichtliche Mediatoren kommt. Und auch hierfür
gibt es nach wie vor zahlreiche Hürden, bspw. die Verursachung zusätzlicher Kosten für die Parteien, das Bestehen einer gerichtsinternen Alternative, nämlich des Güterichters gem. § 278 Abs. 5 S. 1 ZPO, ferner das Interesse von Richtern – und ebenso von den Rechtsstreit begleitenden Rechtsanwälten – an einer zügigen Entscheidung, das bisweilen dasjenige an einer
für die Parteien bestmöglichen Konfliktlösung überwiegen mag.[64]

20   Von den weiterreichenden Möglichkeiten, die § 278 a ZPO – theoretisch –
bietet, wird erst dann in größerem Umfang Gebrauch gemacht werden
können, wenn **transparente und praktikable Verweisungsmodelle** bestehen,[65] die eine **institutionalisierte Zusammenarbeit** zwischen Gerichten sowie außergerichtlichen Konfliktbeilegungsstellen und zur Verfügung stehenden Personen ermöglichen.[66]

---

60 *Greger/Weber* MDR 18/2012, Sonderheft S. 3.
61 So Eidenmüller/Wagner/*Steiner,* Kap. 8 Rn. 53.
62 Vgl. *Wendenburg* ZKM 2013, 19 (20); *Schlehe* ZKM 2017, 61 (63).
63 Vgl. Gläßer/Schroeter/*Gläßer/Schroeter,* S. 415, 419.
64 Vgl. Gläßer/Schroeter/*Etscheit,* S. 143, 150 ff.
65 Vgl. Gläßer/Schroeter/*Gläßer/Schroeter,* S. 415, 419.
66 Vgl. Zöller/*Greger* Rn. 1.

Artikel 3 Änderung des Gesetzes über das Verfahren in Familiensachen und in den Angelegenheiten der freiwilligen Gerichtsbarkeit

Literatur:

Althammer, Mediation als prozessuale Last, JZ 2006, 69; *ders.,* Zwischen Freiwilligkeit und Zwang: Kostensanktionen und Anreize zur Förderung von Mediation und gütlicher Streitbeilegung – Eine Bestandsaufnahme nach Inkrafttreten des Mediationsgesetzes, in: ders./Eisele/Ittner/Löhning (Hrsg.), 2012, S. 9–26; *Benesch,* Der Güterichter nach § 36 V FamFG – Erfahrungen und Möglichkeiten im familiengerichtlichen Verfahren, NZFam 2015, 807; *Bork/Jacoby/Schwab,* FamFG – Kommentar zum Gesetz über das Verfahren in Familiensachen und in den Angelegenheiten der freiwilligen Gerichtsbarkeit, 2. Aufl. 2013; *Breidenbach,* Mediation – Struktur, Chancen und Risiken von Vermittlung im Konflikt, 1995; *Breyer,* Kostenorientierte Steuerung des Zivilprozesses, 2005; *Engel,* Vexierbild Richtermediation, Eine Studie zur Wahrnehmung verschiedener Mediationsformen in Deutschland, ZZP 2011, 505; *Feix,* Die Verankerung einvernehmlicher Streitbeilegung im deutschen Zivilprozess, 2003; *Feskorn,* Grundsätze der Kostentragungspflicht nach dem FamFG, FPR 2012, 254; *Fischer/Unberath,* Das neue MediationsG, Rechtliche Rahmenbedingungen der Mediation, 2013; *Finke,* Die Kostenentscheidung in Familiensachen nach dem FamFG im Überblick, FPR 2010, 331; *Friedrich,* Mediation in der Sozialgerichtsbarkeit, 2011; *Friedrich/Dürschke,* Das neue Güterichterverfahren, Sozialrecht aktuell 2013, 12; *Fritz/Pielsticker,* Mediationsgesetz – Kommentar, Handbuch, Mustertexte, 2013; *Gartenhof/Schmid/Normann/von Thüngen/Wolf,* Auflagen nach § 156 I FamFG im Spannungsfeld der Eltern zwischen Autonomie und Zwang, NZFam 2014, 972; *Gläßer,* Mediation und Beziehungsgewalt, Möglichkeiten, Bedingung und Grenzen des Einsatzes von Familienmediation bei Gewalt in Paarbeziehungen, 2008; *Gottwald,* Staatliche Maßnahmen zur Förderung außergerichtlicher Mediation – empfiehlt sich eine „verordnete" Mediation?, Aktuelle juristische Praxis 2007, 611; *Grabow,* Das kostenfreie Informationsgespräch nach § 135 FamFG, FPR 2011, 34; *Greger,* Autonome Konfliktlösung innerhalb und außerhalb des Prozesses, in: ders./Gleussner/Heineman (Hrsg.), 2006, S. 3–22; *ders./Weber,* Das neue Güterichterverfahren – Arbeitshilfe für Richter, Rechtsanwälte, Gerichtsverwaltung, MDR 2012, S006; *ders.,* Verweisung vor den Güterichter und andere Formen konsensorientierter Prozessleitung, MDR 2014, 993; *Heinemann,* Anordnung und Durchführung eines Informationsgesprächs nach § 135 Abs. 1 FamFG, FamRB 2010, 125; *Hoffmann-Riem,* Mediation als moderner Weg der Konfliktbewältigung, in: Brand/Brand-Strempel (Hrsg.), Soziologie des Rechts. Festschrift für Erhard Blankenburg zum 60. Geburtstag, 1998, S. 649–664; *Hopt/Steffek,* Mediation – Rechtstatsachen, Rechtsvergleich, Regelungen, 2008; *Jost,* Einvernehmliche Streitbeilegung in und außerhalb des Zivilprozesses, ad Legendum 2012, 63; *Keidel,* FamFG, Kommentar zum Gesetz über das Verfahren in Familiensachen und in den Angelegenheiten der freiwilligen Gerichtsbarkeit, 19. Aufl. 2017; *Kilian/Wielgosz,* Gerichtsnahe Mediation – Rechtsvergleichende Betrachtungen zur Einbindung alternativer Konfliktlösungsmechanismen in das Zivilverfahrensrecht, ZZPInt 2004, 355; *Kriegel,* Mediationspflicht? Über die Notwendigkeit einer Begleitung von Eltern bei Trennung und Scheidung, ZKM 2006, 52; *Löer,* Erklärungsgebot zur außergerichtlichen Konfliktbeilegung in der Klageschrift, ZKM 2015, 111; *Mack,* Court Reversal to ADR; Criteria and Research, 2003; *Mattioli/Trenczek,* Mediation nach Klageerhebung – Plädoyer für ein integratives Gesamtkonzept statt justizieller Alleingänge, Betrifft Justiz 2010, 323; *McEwen/Milburn,* Explaining a Paradox of Mediation, Negotiation Journal 1993, 23; *Münchener Kommentar* zum FamFG – Gesetz über das Verfahren in Familiensachen und in den Angelegenheiten der freiwilligen Gerichtsbarkeit (FamFG) mit Internationalem und Europäischem Zivilverfahrensrecht in Familiensachen (IZVR, EuZVR), 2. Aufl. 2013; *Nickel,* Die Kostenentscheidung nach billigem Ermessen gem. § 81 FamFG, FamFR 2013, 529; *Peschke,* Familienmediation bei Trennung / Scheidung von Eltern – Ein Kann, ein Soll, ein Muss?, 2011; *Proksch,* Reform des familienrechtlichen Verfahrens durch das FamFG – Möglichkeiten für Mediation, ZKM 2010, 39; *Prütting,* Das neue Mediationsgesetz: Konsensuale Streitbeilegung mit Überraschungen – Zwei Ziele: Berufsgesetz für Mediatoren und Güterichtermodell für alle Gerichtsbarkeiten, AnwBl 2012, 244; *ders.,* Güterichter, Mediator und Streitmittler, MDR 2016, 965; *ders./Helms,* FamFG

Kommentar mit FamGKG, 3. Aufl. 2014; *Rakowsky*, Obligatorische Mediation, Zulässigkeit und Zweckmäßigkeit im allgemeinen Zivilrecht sowie im elterlichen Scheidungskonflikt, 2013; *Reinken*, Hinwirken auf ein Einvernehmen der Beteiligen – Aufgaben und Handlungsmöglichkeiten des Gerichts nach dem FamFG, FPR 2010, 428; *Röhl*, Rechtssoziologie, 1986; *Röthemeyer*, Gerichtsmediation im Güterichterkonzept – Die Lösung des Vermittlungsausschusses, ZKM 2012, 116; *ders.*, Mediation – Grundlagen, Recht, Markt, 2015; *Sander/Rozdeiczer*, Matching Cases and Dispute Resolution Procedures: Detailed Analysis leading to a mediation-centered Approach, Harvard Negotiation Law Review 2006, 1; *Schmidt*, Konsensorientierte Ansätze von Familiengerichten und Jugendämtern, Überblick über die Regelungen in FamFG und SGB VIII, ZKM 2015, 114; *Schmidt/Lapp/Monßen*, Mediation in der Praxis des Anwalts, 2012; *Schobel*, Bald bayernweit: Güterichter und Mediationsbeauftragte an den Zivilgerichten, ZKM 2012, 193; *Schulte-Bunert/Weinreich*, FamFG Kommentar, 5. Aufl. 2016; *Schwarz*, Mediation – Collaborative Law – Collaborative Practice bei Trennungs- und Scheidungskonflikten, 2010; *Spindler*, Gerichtsnahe Mediation in Niedersachsen; eine juristisch-rechtsökonomische Analyse; Abschlussbericht im Auftrag des Niedersächsischen Ministeriums für Justiz und des Niedersächsischen Ministeriums für Wissenschaft und Kultur 2006; *Strecker*, Das Familiengericht und die Mediation, Überlegungen zu §§ 135 und 156 FamFG, Betrifft Justiz 2009, 179; *Unberath*, Auf dem Weg zu einer differenzierten Streitkultur – Neue gesetzliche Rahmenbedingungen für die alternative Konfliktlösung, JZ 2010, 975; *Vogel*, Diffamierung des nicht einigungsbereiten Elternteils im Kindschaftsverfahren (?), NZFam 2015, 802; *Wegener*, Pflicht des Richters zum Hinwirken auf eine Einigung aus richterlicher Sicht nach § 156 FamFG – Grenzen der Einigung – Notwendigkeit einer Entscheidung, wann?, NZFam 2015, 799; *Zorn*, Gesetz zur Förderung der Mediation und anderer Verfahren der außergerichtlichen Konfliktbeilegung, Änderungen der Familiensachen betreffenden FamFG-Vorschriften, FamRZ 2012, 1265.

Vorbemerkung

1   Der Gesetzgeber hat verschiedene Regelungen etabliert, um das Bewusstsein für Mediation und andere Verfahren der außergerichtlichen Konfliktbeilegung zu stärken und diese Verfahren damit zu fördern.[1] Indem Mediation als einziges Verfahren ausdrücklich genannt ist, wurde sie in das Zentrum der Aufmerksamkeit der Förderungsbemühungen gerückt.

Bereits das am 1. September 2009 in Kraft getretene „Gesetz über das Verfahren in Familiensachen und in den Angelegenheiten der freiwilligen Gerichtsbarkeit" (FamFG) vom 17. Dezember 2008[2] enthielt bereits wichtige Impulse zur verstärkten Nutzung der Mediation sowie anderer Verfahren der außergerichtlichen Konfliktbeilegung in Familienverfahren. Damit existierten bereits vor Inkrafttreten des Mediationsgesetzes Regelungen zur Förderung der Mediation, wie beispielsweise §§ 135, 150, 155, 156 FamFG, wobei zu diesem Zeitpunkt eine Legaldefinition der Mediation noch nicht existierte. Gleichwohl wurde Mediation insbesondere im Bereich der Familienkonflikte schon seit vielen Jahren in Deutschland praktiziert.

Mit dem 2012 in Kraft getretenen „Gesetz zur Förderung der Mediation und anderer Verfahren der außergerichtlichen Konfliktbeilegung" wurde die Mediation erstmals explizit auf eine rechtliche Grundlage gestellt. Für

---

1 *Röthemeyer*, Mediation, S. 163; *Unberath* JZ 2010, 977.
2 Gesetz über das Verfahren in Familiensachen und in den Angelegenheiten der freiwilligen Gerichtsbarkeit vom 17. Dezember 2008 (BGBl. I S. 2586, 2587), zuletzt geändert durch Art. 2 des Gesetzes vom 11. Oktober 2016 (BGBl. I S. 2222).

Verfahren über Familiensachen und in den Angelegenheiten der freiwilligen Gerichtsbarkeit wurden weitere Regelungen zur Förderung der Mediation eingeführt, die gezielt im ersten Buch des FamFG (Allgemeiner Teil), nämlich in §§ 23, 28, 36, 36 a und 81, angesiedelt worden sind, um zu gewährleisten, dass Mediation in sämtlichen Bereichen des Familienrechts Wirksamkeit entfalten kann. Damit wurde dem Umstand Rechnung getragen, dass die einvernehmliche Konfliktbeilegung zwar in Familiensachen praktisch besonders bedeutsam ist, aber auch in den übrigen Angelegenheiten der freiwilligen Gerichtsbarkeit durchaus Fälle auftreten können, die einer einvernehmlichen Streitbeilegung zugänglich sind. Zugleich wurden die bereits bestehenden Vorschriften zur Mediation angepasst.

Eine ausdrückliche Regelung für den Bereich der Familienstreitsachen im FamFG war daneben nicht erforderlich, da § 113 Abs. 1 S. 2 FamFG für diese Verfahren auf die Vorschriften der ZPO verweist. Diese Verweisung erfasst auch die dort eingeführten Vorschriften zur außergerichtlichen Konfliktbeilegung,[3] zB § 253 Abs. 3 Nr. 1 oder § 278 a ZPO (→ ZPO § 253 Rn. 1 ff., → ZPO § 278 a Rn. 1 ff.).

Die durch das „Gesetz zur Förderung der Mediation und anderer Verfahren der außergerichtlichen Konfliktbeilegung" eingefügten Neuerungen oder Änderungen sind in den nachfolgend aufgeführten Normtexten jeweils durch **Kursivdruck** hervorgehoben.   2

§ 23 FamFG Verfahrenseinleitender Antrag

(1) [1]Ein verfahrenseinleitender Antrag soll begründet werden. [2]In dem Antrag sollen die zur Begründung dienenden Tatsachen und Beweismittel angegeben sowie die Personen benannt werden, die als Beteiligte in Betracht kommen. [3]*Der Antrag soll in geeigneten Fällen die Angabe enthalten, ob der Antragstellung der Versuch einer Mediation oder eines anderen Verfahrens der außergerichtlichen Konfliktbeilegung vorausgegangen ist, sowie eine Äußerung dazu, ob einem solchen Verfahren Gründe entgegenstehen.* [4]Urkunden, auf die Bezug genommen wird, sollen in Urschrift oder Abschrift beigefügt werden. [5]Der Antrag soll von dem Antragsteller oder seinem Bevollmächtigten unterschrieben werden.

(2) Das Gericht soll den Antrag an die übrigen Beteiligten übermitteln.

§ 23 Abs. 1 Satz 3
I. Normzweck; Anwendungsbereich

Mit dem durch Art. 2 Nr. 4 MediationsuaFöG eingeführten § 23 Abs. 1 S. 3   1
FamFG wird der notwendige Inhalt des verfahrenseinleitenden Antrags erweitert (zur entsprechenden Regelung in § 253 Abs. 3 Nr. 1 ZPO ausführlich → ZPO § 253 Rn. 1 ff.). Auch und insbesondere in Familiensachen sowie in den übrigen Angelegenheiten der freiwilligen Gerichtsbarkeit sollen sich die Beteiligten und deren Bevollmächtigte spätestens bei Einreichung der Antragsschrift in geeigneten Fällen damit auseinandersetzen, ob und wie sie den der beabsichtigten Antragstellung zugrunde liegenden Konflikt

---

3 BT-Drs. 17/5335, 22.

außergerichtlich beilegen können.[1] Dies soll dem Gericht in der Antragsschrift mitgeteilt werden (zu notarspezifischen Ausführungen → M. Rn. 67 ff.). Die Vorschrift gilt nicht für Familienstreitsachen, § 113 Abs. 1 S. 1 FamFG. Für diese Verfahren verweist § 113 Abs. 1 S. 2 FamFG auf die entsprechende Regelung in § 253 Abs. 3 Nr. 1 ZPO.

Für Ehesachen (§ 121 FamFG)[2] ordnet § 124 S. 2 FamFG die entsprechende Geltung der Vorschriften der Zivilprozessordnung über die Klageschrift an. Dass die Norm nach ihrem Wortlaut damit auch auf § 253 Abs. 3 Nr. 1 ZPO verweist, der § 23 Abs. 1 S. 3 FamFG entspricht, ist wohl ein Redaktionsversehen. Im Hinblick auf Ehescheidung, Eheaufhebung und Feststellung des (Nicht-)Bestehens einer Ehe wäre die Förderung der Mediation oder anderer Konfliktbeilegungsverfahren sachwidrig.[3] Entsprechend kann auch keine Angabe über einen Versuch eines solchen Verfahrens in der Antragsschrift verlangt werden. Dies zeigt auch die Regelung in § 113 Abs. 4 Nr. 4 FamFG, wonach in Ehesachen die Vorschriften der Zivilprozessordnung über die Güteverhandlung nicht anzuwenden sind, weil es nicht zur Disposition der Beteiligten steht, ob die Voraussetzungen einer Ehescheidung, einer Eheaufhebung oder einer Feststellung des Bestehens oder Nichtbestehens einer Ehe vorliegen.[4] § 124 S. 2 FamFG ist im Hinblick auf § 253 Abs. 3 Nr. 1 ZPO teleologisch zu reduzieren.

2 § 23 Abs. 1 S. 3 FamFG verdeutlicht die Funktion der richterlichen Streitentscheidung als ultima ratio.[5] Ziel der Regelung ist es, entsprechend den Vorgaben der EU-Mediationsrichtlinie,[6] das Bewusstsein für und die Bereitschaft zur Mediation zu fördern.[7] Der Gesetzgeber allein kann zu einer solchen Entwicklung nur in begrenztem Umfang beitragen.[8] Dabei ist die Angabe in der Antragsschrift, ob eine Mediation oder ein anderes Verfahren der außergerichtlichen Konfliktbeilegung vorausgegangen ist, jedoch nicht zu unterschätzen. Die meisten gerichtlichen Anträge werden von Anwälten gestellt, die nunmehr aufgrund von § 23 Abs. 1 S. 3 FamFG mit ihren Mandanten vor Antragstellung überlegen müssen, ob eine Mediation oder ein anderes Verfahren der außergerichtlichen Konfliktbeilegung sinnvoll sein könnte. Damit wird zweierlei erreicht: Die Anwälte müssen bedenken, ob wirklich alle Versuche einer außergerichtlichen Konfliktbeilegung ausgeschöpft wurden. Zusätzlich werden die Beteiligten auf diesem Wege noch einmal ausdrücklich auf die Möglichkeit einer Mediation oder anderer außergerichtlicher Konfliktbeilegungsverfahren hingewiesen. Wenn

---

1 *Löer* ZKM 2015, 112; MüKoFamFG/*Ulrici* § 23 Rn. 36; *Althammer* in: Althammer/Eisele/Ittner/Löhning, S. 14.
2 Dies sind Verfahren auf Scheidung der Ehe (Scheidungssachen), § 121 Nr. 1 FamFG, auf Aufhebung der Ehe, § 121 Nr. 2 FamFG, und auf Feststellung des Bestehens oder Nichtbestehens einer Ehe, § 121 Nr. 3 FamFG.
3 Pointiert, wenngleich zu weitgehend Schulte-Bunert/Weinreich/*Roßmann* § 124 Rn. 6: käme „der Anordnung einer Eheberatung gleich".
4 BT-Drs. 17/8058, 22; → FamFG § 36 Rn. 2.
5 *Greger* in: Greger/Gleussner/Heineman, S. 4; *Unberath* JZ 2010, 976.
6 Richtlinie 2008/52/EG des Europäischen Parlaments und des Rates v. 21. Mai 2008 über bestimmte Aspekte der Mediation in Zivil- und Handelssachen, ABl. L 136 v. 24.5.2008, 3 ff.
7 *Althammer* in: Althammer/Eisele/Ittner/Löhning, S. 14.
8 *Carl* ZKM 2012, 132.

man davon ausgeht, dass Verfahren, die erst einmal bei Gericht anhängig sind, nur schwer wieder in ein außergerichtliches Konfliktbeilegungsverfahren überführt werden können, dann wird deutlich, dass die Weichenstellung in die Mediation möglichst frühzeitig vor dem gerichtlichen Verfahren großen Sinn macht.[9]

Die Regelung soll die **Anwaltschaft** zum Umdenken bringen. Nach § 1 Abs. 3 BORA hat der Rechtsanwalt ua „seine Mandanten vor Rechtsverlusten zu schützen, rechtsgestaltend, konfliktvermeidend und streitschlichtend zu begleiten". Er schuldet dem Mandanten eine umfassende Beratung, deren Ziel es grundsätzlich ist, dem Mandanten eine eigenverantwortliche Entscheidung zu ermöglichen.[10] Die damit verbundene Aufklärungspflicht erstreckt sich auch auf Mediation und andere Verfahren der außergerichtlichen Konfliktbeilegung als Alternative zum gerichtlichen Verfahren.[11] Dem Anwalt ist die Rolle eines Verfahrensberaters zugewiesen. Eine Verletzung dieser Pflicht kann eine **Haftung des Anwalts** begründen.[12] Hierbei hat der Anwalt gegebenenfalls auch die Möglichkeit der Reduzierung der Verfahrensgebühr auf Grundlage einer Verordnung nach § 61 a FamGKG zu bedenken. Zudem besteht ein Haftungsrisiko, wenn eine Zustellungsverzögerung eintritt, weil die Angabe über den Versuch einer Mediation oder eines anderen Verfahrens der außergerichtlichen Konfliktbeilegung im Antragsschriftsatz fehlt; bei einer mehr als 14-tägigen Verzögerung ist die Zustellung nämlich nicht mehr „demnächst" iSd § 113 Abs. 1 S. 2 FamFG iVm § 167 ZPO erfolgt, was die Versäumung von Verjährungs- und Ausschlussfristen nach sich ziehen kann.[13] Das Gericht hat für die Einhaltung der Angabe Sorge zu tragen, und fehlende Angaben grundsätzlich vor Zustellung des Antragsschriftsatzes nachzufordern, damit Sinn und Zweck der Norm erreicht wird.[14]

II. Geeignete Fälle

Nach § 23 Abs. 1 S. 3 FamFG ist die Angabe **nur in geeigneten Fällen** vorzunehmen. Geeignet ist ein Fall iSd § 23 Abs. 1 S. 3 FamFG, in dem eine Mediation oder ein anderes Verfahren der außergerichtlichen Konfliktbeilegung überhaupt grundsätzlich in Betracht kommt.[15] Dies hat zur Folge, dass für jeden einzelnen Fall geprüft werden muss, ob er für eine Mediation geeignet ist. Es soll damit auf der einen Seite gewährleistet werden, dass in Fällen, in denen außergerichtliche Konfliktbeilegungsverfahren schon bei abstrakter Betrachtung ausscheiden, keine Obligation zur Angabe besteht. Auf der anderen Seite soll möglichst vielen Beteiligten die Chance er-

3

4

---

9 *Busemann* ZKM 2012, 56; *Paul*, Protokoll der 51. Sitzung des Rechtsausschusses des Deutschen Bundestages vom 25. Mai 2011, S. 40; *Plassmann*, Protokoll der 51. Sitzung des Rechtsausschusses des Deutschen Bundestages vom 25. Mai 2011, S. 36.
10 BGH NJW 2009, 2949; BGH NJW-RR 2008, 1594 f.
11 *Ewig* ZKM 2012, 4 (5); *Unberath* ZKM 2012, 74 (75).
12 *Ewig* ZKM 2012, 4 (5).
13 Greger/Unberath/Steffek/*Greger* E. Rn. 39.
14 Greger/Unberath/Steffek/*Greger* E. Rn. 36.
15 Grundsätzlich geeignet sind Fälle, in denen sich potentiell widerstreitende Standpunkte, Interessen oder Werte mindestens zweier Parteien gegenüber stehen vgl. MüKoFamFG/*Ulrici* § 23 Rn. 37.

öffnet werden, im Rahmen einer Mediation die autonome Beilegung ihres Konfliktes zu versuchen. Im Anwendungsbereich des FamFG sind dies neben Ehewohnungs- und Haushaltssachen insbesondere bestimmte Kindschaftssachen, die die elterliche Sorge oder das Umgangsrecht zum Gegenstand haben. In Kindschaftssachen bleiben Eltern über Jahre oder Jahrzehnte miteinander verbunden. Die konsensuale Beilegung eines Streites schafft häufig die Grundlage dafür, auch künftige Konflikte einvernehmlich beizulegen. Aber auch bei einem Antrag in Familienstreitsachen muss ein verfahrenseinleitender Antrag die Angabe enthalten, ob der Antragstellung der Versuch einer Mediation oder eines anderen Verfahrens der außergerichtlichen Konfliktbeilegung vorausgegangen ist. Die entsprechende Regelung des § 253 Abs. 3 Nr. 1 ZPO gilt über § 113 Abs. 1 S. 2 FamFG auch in diesen Verfahren.[16] Im Rahmen des § 253 Abs. 3 Nr. 1 ZPO gibt es keine Beschränkung auf „geeignete Fälle". Damit werden fast alle familienrechtlichen Verfahren von dieser Verpflichtung umfasst.

III. Ausnahmen

5   Nur dann, wenn eine gerichtliche Entscheidung zwingend ist oder der Verfahrensgegenstand nicht der Dispositionsbefugnis der Beteiligten unterliegt, wie grundsätzlich beispielsweise bei Adoptions-, Abstammungs-, Betreuungs-, Unterbringungs- oder Freiheitsentziehungssachen sowie bei Scheidungen und im Erbscheinsverfahren, bedarf es grundsätzlich keiner Mitteilung, da außergerichtliche Konfliktbeilegungsverfahren nur ausnahmsweise in Betracht kommen.[17]

IV. Folgen der Nichteinhaltung

6   Bei § 23 Abs. 1 S. 3 FamFG handelt es sich um eine Sollvorschrift.[18] Dies folgt aus dem Wortlaut der Norm sowie aus der bereits dargelegten weiteren Voraussetzung „geeignete Fälle". Ein Fehlen der Angabe tangiert nicht die Zulässigkeit des Antrages.[19] Das Gesetz sieht somit bei einer Nichterfüllung keine unmittelbaren Sanktionen vor. Die Angabe ist aber Grundlage der Verfahrensleitung des Gerichts.[20] Fehlende Angaben sind daher grundsätzlich vor Zustellung des Antragsschriftsatzes nachzufordern.[21] Das Gericht hat die maßgeblichen Tatsachen von Amts wegen zu ermitteln (§ 26 FamFG) und die Beteiligten aufzufordern, die notwendigen Angaben

---

16 Keidel/*Sternal* § 23 Rn. 40.
17 BT-Drs. 17/5335, 22; vgl. auch *Zorn* FamRZ 2012, 1265 (1268); MüKoFamFG/*Ulrici* § 23 Rn. 37. Zur Möglichkeit einer Mediation im streitigen Erbscheinsverfahren und zum Verfahren der freiwilligen Gerichtsbarkeit aus notarieller Perspektive → H Rn. 60, 66 ff.
18 Ebenso Fritz/Pielsticker/*Fritz* § 23 Rn. 13.
19 *Röthemeyer*, Mediation, S. 162; *Löer* ZKM 2015, 112.
20 Namentlich im Hinblick auf die Güteverhandlung iSd § 113 Abs. 1 S. 2 FamFG iVm § 278 Abs. 2 ZPO, die Anordnung zur Teilnahme an einem kostenfreien Informationsgespräch über Mediation nach § 135 S. 1 FamFG, § 156 Abs. 1 S. 3 FamFG, den Vorschlag einer Mediation oder eines anderen Verfahrens der außergerichtlichen Konfliktbeilegung iSd § 36 a FamFG, den Verweis in das Güterichterverfahren iSd § 36 Abs. 5 FamFG oder den schriftlichen Vergleichsvorschlag des Gerichts iSd § 113 Abs. 1 S. 2 FamFG iVm § 278 Abs. 6 S. 1 Alt. 2 ZPO, vgl. Zöller/*Greger* ZPO § 253 Rn. 20 a; *Unberath* JZ 2010, 979.
21 Greger/Unberath/Steffek/*Greger* E. Rn. 36.

zu ergänzen.[22] Fehlen die Angaben in dem Antrag, kann dies gegebenenfalls zum Ausschluss der Möglichkeit der Reduzierung der Verfahrensgebühr auf Grundlage einer Verordnung nach § 61 a FamGKG führen.[23] Ferner besteht mit Blick auf § 113 Abs. 1 S. 2 FamFG iVm § 167 ZPO ein Haftungsrisiko für den Rechtsanwalt des Antragstellers, wenn die Zustellung des Antragsschriftsatzes unterbleibt, weil dort die Angabe iSd § 23 Abs. 1 S. 3 fehlt.[24] Es steht daher zu erwarten, dass die Vorschrift künftig die Aufmerksamkeit des forensisch tätigen Rechtsanwalts für Mediation erhöhen wird.[25]

§ 28 FamFG Verfahrensleitung

(1) [1]Das Gericht hat darauf hinzuwirken, dass die Beteiligten sich rechtzeitig über alle erheblichen Tatsachen erklären und ungenügende tatsächliche Angaben ergänzen. [2]Es hat die Beteiligten auf einen rechtlichen Gesichtspunkt hinzuweisen, wenn es ihn anders beurteilt als die Beteiligten und seine Entscheidung darauf stützen will.

(2) In Antragsverfahren hat das Gericht auch darauf hinzuwirken, dass Formfehler beseitigt und sachdienliche Anträge gestellt werden.

(3) Hinweise nach dieser Vorschrift hat das Gericht so früh wie möglich zu erteilen und aktenkundig zu machen.

(4) [1]Über Termine und persönliche Anhörungen hat das Gericht einen Vermerk zu fertigen; für die Niederschrift des Vermerks kann ein Urkundsbeamter der Geschäftsstelle hinzugezogen werden, wenn dies auf Grund des zu erwartenden Umfangs des Vermerks, in Anbetracht der Schwierigkeit der Sache oder aus einem sonstigen wichtigen Grund erforderlich ist. [2]In den Vermerk sind die wesentlichen Vorgänge des Termins und der persönlichen Anhörung aufzunehmen. [3]*Über den Versuch einer gütlichen Einigung vor einem Güterichter nach § 36 Absatz 5 wird ein Vermerk nur angefertigt, wenn alle Beteiligten sich einverstanden erklären.* [4]Die Herstellung durch Aufzeichnung auf Datenträger in der Form des § 14 Abs. 3 ist möglich.

§ 28 Abs. 4 Satz 3

Der gemäß § 28 Abs. 4 S. 1 grundsätzlich zu fertigende Vermerk über Termine und persönliche Anhörungen dient dazu, die Entscheidung vorzubereiten und nach S. 2 den wesentlichen Verfahrensablauf zu dokumentie- 1

22 Keidel/*Sternal* § 23 Rn. 40 a.
23 Vgl. Fritz/Pielsticker/*Fritz* § 23 Rn. 13.
24 → FamFG § 23 Rn. 3: Bei einer mehr als 14tägigen Verzögerung ist die Zustellung nicht mehr als „demnächst" iSd § 113 Abs. 1 S. 2 FamFG iVm § 167 ZPO erfolgt, was die Versäumung von Verjährungs- und Ausschlussfristen nach sich ziehen kann, vgl. Greger/Unberath/Steffek/*Greger* E. Rn. 39.
25 Problematisch bleibt allerdings die Möglichkeit der Angabe durch Floskeln oder Textbausteine, *Röthemeyer*, Mediation, S. 163.

ren,[1] auch mit dem Ziel, dass im Beschwerdeverfahren nicht nochmals eine persönliche Anhörung durchgeführt werden muss (§ 68 Abs. 3 S. 2 FamFG). Ihm kommt somit eine nicht geringe Beweisfunktion zu. Die Änderung des § 28 Abs. 4 FamFG in S. 3 ist im Zusammenhang mit der bundesweiten Einführung des **Güterichters** zu sehen, der an die Stelle des im Regierungsentwurf noch vorgesehenen gerichtsinternen Mediators getreten ist (zum Güterichter → FamFG § 36 Rn. 1 ff. sowie → K Rn. 8 ff.). § 23 Abs. 4 S. 3 FamFG sieht dabei als Ausnahme von der in Abs. 4 S. 1 festgelegten Pflicht der Anfertigung eines Vermerks ab. Bei Einverständnis der Parteien kann diese Ausnahme wiederum abbedungen werden.[2] Die Ausführungen der Beteiligten in einem Termin vor einem Güterichter nach dem neu eingeführten § 36 Abs. 5 FamFG sollen im Interesse eines offenen Gütegespräches vertraulich behandelt werden können.[3]

2   Das Einverständnis zur Fertigung eines Vermerks kann jederzeit bis zur Beendigung der Verhandlung erklärt werden. Es ist ratsam, dass in dem Vermerk die Einverständniserklärungen der Beteiligten aufgenommen werden.[4]

3   § 36 Abs. 5 S. 3 iVm § 36 Abs. 2 S. 1 FamFG bleibt unberührt. Kommt also eine Einigung im Termin vor dem Güterichter zustande, ist hierüber eine Niederschrift anzufertigen, ohne dass es auf das Einverständnis der Beteiligten ankäme.[5]

§ 36 FamFG Vergleich

(1) [1]Die Beteiligten können einen Vergleich schließen, soweit sie über den Gegenstand des Verfahrens verfügen können. [2]Das Gericht soll außer in Gewaltschutzsachen auf eine gütliche Einigung der Beteiligten hinwirken.

(2) [1]Kommt eine Einigung im Termin zustande, ist hierüber eine Niederschrift anzufertigen. [2]Die Vorschriften der Zivilprozessordnung über die Niederschrift des Vergleichs sind entsprechend anzuwenden.

(3) Ein nach Absatz 1 Satz 1 zulässiger Vergleich kann auch schriftlich entsprechend § 278 Abs. 6 der Zivilprozessordnung geschlossen werden.

(4) Unrichtigkeiten in der Niederschrift oder in dem Beschluss über den Vergleich können entsprechend § 164 der Zivilprozessordnung berichtigt werden.

(5) *[1]Das Gericht kann die Beteiligten für den Versuch einer gütlichen Einigung vor einen hierfür bestimmten und nicht entscheidungsbefugten Richter (Güterichter) verweisen. [2]Der Güterichter kann alle Methoden der*

---

1 Neben dem Ergebnis einer persönlichen Anhörung gehören dazu insbesondere die Aufnahme anwesender Personen, der Ort und die Zeit des Termins sowie entscheidungserhebliche Umstände, namentlich Antragsänderungen, erteilte Hinweise, neuer erheblicher Tatsachenvortrag, Ergebnis einer Beweisaufnahme oder die mündliche Bekanntgabe eines Beschlusses, vgl. Zöller/*Feskorn* § 28 Rn. 9.
2 Fritz/Pielsticker/*Fritz* § 28 Rn. 6.
3 Vgl. BT-Drs. 17/8058, 22; *Zorn* FamRZ 2012, 1265 (1269).
4 Zuzustimmen: Fritz/Pielsticker/*Fritz* § 28 Rn. 17.
5 BT-Drs. 17/8058, 22.

Konfliktbeilegung einschließlich der Mediation einsetzen. [3]*Für das Verfahren vor dem Güterichter gelten die Absätze 1 bis 4 entsprechend.*

§ 36 Abs. 5

I. Normzweck; Anwendungsbereich

Gemäß § 36 Abs. 1 S. 2 soll das Gericht in jeder Lage des Verfahrens auf eine gütliche Einigung hinwirken.[1] Die Regelung begründet eine Rechtspflicht des Gerichts zur Förderung einer gütlichen Einigung.[2] Durch die Einfügung des § 36 Abs. 5 wird im Gesetz über das Verfahren in Familiensachen und in den Angelegenheiten der freiwilligen Gerichtsbarkeit (FamFG) die Möglichkeit gesetzlich verankert, die Beteiligten für den Versuch einer gütlichen Einigung an einen hierfür bestimmten und nicht entscheidungsbefugten Richter, den Güterichter, zu verweisen (zum Güterichter → K Rn. 8 ff.).[3] Die Beteiligten haben damit ergänzend zu der in § 36 a Abs. 1 FamFG genannten gerichtsnahen Mediation und den anderen Verfahren der außergerichtlichen Konfliktbeilegung eine weitere – gerichtliche – Option, den rechtshängigen Konflikt einvernehmlich zu lösen. Die Verweisung ist in jedem Verfahrensstadium und in jeder Instanz zulässig.[4] Die Entscheidung über die Verweisung steht im Ermessen des Gerichts,[5] ebenso wie die Auswahl des Güterichters.[6] Sie erfolgt durch Beschluss des Gerichts,[7] der nach Anhörung, aber ohne mündliche Verhandlung ergeht. Die Verweisung bedarf nicht zwingend der Zustimmung der Parteien, wobei ein Fehlen der Zustimmung im Rahmen der Ermessensausübung zu würdigen ist.[8] Die Durchführung eines Güteversuches vor dem Güterichter ist aussichtsreich, wenn die Beteiligten für eine einvernehmliche Konfliktlösung offen und deshalb grundsätzlich bereit sind, sich auf ein solches Verfahren einzulassen. Eine Verweisung führt nicht zum Ruhen des Verfahrens; dieses wird lediglich für einen besonderen Abschnitt auf einen ande-

1

---

1 Mit Ausnahme von Gewaltschutzsachen.
2 Von dieser Rechtspflicht zur Förderung des Einvernehmens kann das Gericht ausweislich des Wortlautes der Norm („soll") nur in atypischen Sonderfällen abweichen, Prütting/Helms/*Abramenko* § 36 Rn. 4.
3 *Prütting* MDR 2016, 965 ff.
4 Prütting/Helms/*Abramenko* § 36 Rn. 25.
5 BT-Drs. 17/5335, 11; Prütting/Helms/*Abramenko* § 36 Rn. 31.
6 Möglich ist auch die Verweisung an einen Güterichter eines anderen Gerichts, was insbesondere dann in Betracht kommt, wenn es am verweisenden Gericht keinen Güterichter gibt, BT-Drs. 17/5335, 21. Zu solchen „Konzentrations- oder Pool-Lösungen" vgl. *Greger/Weber* MDR 2012, S006.
7 MüKoFamFG/*Ulrici* § 36 Rn. 8; Prütting/Helms/*Abramenko* § 36 Rn. 29.
8 *Greger* MDR 2014, 995; in Anbetracht der Rahmenbedingungen des Güterichterverfahrens wird eine Verweisung gegen den ausdrücklichen Willen einer Partei indes regelmäßig nicht sinnvoll sein, *Greger/Weber* MDR 2012, S009; *Schmidt* ZKM 2015, 115. Eine Verweisung in diesem Fall ablehnend Prütting/Helms/*Abramenko* § 36 Rn. 27. Ähnlich *Röthemeyer* ZKM 2012, 117: „Jedenfalls dann, wenn die Parteien über das Güteverfahren […] vollständig informiert sind, dürfte das Ermessen des Spruchrichters für den Fall der Weigerung auch nur einer Partei auf „null" reduziert sein". Eine Verweisung ohne Zustimmung der Parteien steht mit Blick auf die Mediation (zum Verhältnis von Güterichterverfahren und Mediation → Rn. 3) in einem Spannungsverhältnis zum Prinzip der Freiwilligkeit (ausführlich zu obligatorischen Momenten zur Mediation und dem Prinzip der Freiwilligkeit → FamFG § 135 Rn. 5 f.; → MediationsG § 2 Rn. 9, 100).

ren Richter, den Güterichter, übertragen.[9] Zur Organisation des Güterichterverfahrens wird die Einrichtung eigener Geschäftsstellen empfohlen,[10] an die die Akten übersandt werden, die sie registrieren und dem Güterichter vorlegen.[11] Wird das Güterichterverfahren ohne oder nur mit einer Teilvereinbarung beendet, erfolgt die Zurückverweisung an das erkennende Gericht. Kommt eine den gesamten Streitgegenstand umfassende Einigung zustande, ist hierüber eine Niederschrift anzufertigen, § 36 Abs. 5 S. 3 iVm § 36 Abs. 2 S. 1. Soweit es einer Kostenentscheidung bedarf, entscheidet hierüber das erkennende Gericht.[12]

2 Eine der allgemeinen Regelung in § 36 Abs. 5 für den besonderen Bereich der Familienstreitsachen (§ 112 FamFG)[13] entsprechende Möglichkeit, Beteiligte vor einen Güterichter zu verweisen, ergibt sich durch den Verweis in § 113 Abs. 1 S. 2 FamFG auf die Vorschriften der ZPO, also auch auf den angepassten § 278 Abs. 5 ZPO. In Ehesachen (§ 121 FamFG)[14] ist die Durchführung einer Güteverhandlung und damit auch ein weiterer Güteversuch nach § 113 Abs. 4 Nr. 4 FamFG ausgeschlossen. Ob die Voraussetzungen einer Ehescheidung, einer Eheaufhebung oder einer Feststellung des Bestehens oder Nichtbestehens einer Ehe vorliegen, steht nicht zur Disposition der Beteiligten.[15]

II. Mediative Techniken und Mediation im güterichterlichen Verfahren

3 Während der Regierungsentwurf des Gesetzes zur Förderung der Mediation und anderer Verfahren der außergerichtlichen Konfliktbeilegung die Schaffung einer gesetzlichen Grundlage für gerichtsinterne Mediation vorgesehen hatte,[16] beabsichtigte der Rechtsausschuss des Bundestages eine klare gesetzliche Abgrenzung von Mediation einerseits und richterlicher Tätigkeit zur Streitbeilegung andererseits.[17] Der Güterichter sollte darauf beschränkt werden, im Rahmen seiner güterichterlichen Tätigkeit anstelle eines vollständigen Mediationsverfahrens lediglich die **Grundsätze und**

---

9 MüKoFamFG/*Ulrici* § 36 Rn. 8; Prütting/Helms/*Abramenko* § 36 Rn. 32.
10 *Greger*/*Weber* MDR 2012, S003 ff.; *Schobel* ZKM 2012, 193.
11 Aufgrund des Akteneinsichtsrechts in die Akte des Güterichterverfahrens, vgl. dazu OLG München, OLGR München 2009, 521 f., wird empfohlen „keine Schriftstücke mit Informationen zum Verhandlungsgegenstand bzw. vertrauliche Mitteilungen, Unterlagen oder Aufzeichnungen" in die Akte des Güterichterverfahrens zu nehmen, *Schobel* ZKM 2012, 193. Entsprechendes gilt für Angelegenheiten, die dem Anwendungsbereich des FamFG unterfallen, soweit diese der Amtsermittlung unterliegen, da das erkennende Gericht nach allgemeinen Grundsätzen alle erforderlichen Ermittlungen anzustellen hat, vgl. MüKoFamFG/*Ulrici* § 36 Rn. 12.
12 Prütting/Helms/*Abramenko* § 36 Rn. 39.
13 Gem. § 112 FamFG sind folgende Familiensachen sog Familienstreitsachen: Unterhaltssachen nach § 231 Abs. 1 FamFG und Lebenspartnerschaftssachen nach § 269 Abs. 1 Nr. 8, 9, 10 und Abs. 2 FamFG, Güterrechtssachen, sonstige Familiensachen nach § 266 Abs. 1 FamFG.
14 Dies sind Verfahren auf Scheidung der Ehe (Scheidungssachen), § 121 Nr. 1 FamFG, auf Aufhebung der Ehe, § 121 Nr. 2 FamFG, und auf Feststellung des Bestehens oder Nichtbestehens einer Ehe zwischen den Beteiligten, § 121 Nr. 3 FamFG.
15 BT-Drs. 17/8058, 22; → FamFG § 23 Rn. 2.
16 BT-Drs. 17/5335, 19. Zum Gesetzgebungsverfahren vgl. *Prütting* AnwBl 2012, 244; *Friedrich/Dürschke*, 2013, S. 12 f.
17 BT-Drs. 17/8058, 17.

Methoden der Mediation anzuwenden.[18] Im Rahmen der Verhandlungen des Vermittlungsausschusses wurde die schließlich Gesetz gewordene Formulierung gewählt,[19] wonach der Güterichter **alle Methoden der Konfliktbeilegung einschließlich der Mediation** einsetzen kann. Damit sollte dem großen Erfahrungsschatz der seit mehreren Jahren in den Pilotprojekten tätigen **richterlichen Mediatoren** Rechnung getragen werden (→ ZPO § 278 Rn. 9). Insbesondere Familiensachen zeichnen sich häufig durch eine erhebliche Komplexität und eine große Konfliktdynamik aus. Die Güterichter werden im Interesse der Beteiligten die gesamte Vielfalt der Methoden einschließlich der Mediation anwenden und, wenn beispielsweise die (zeitlichen) Ressourcen des Güterichterverfahrens nicht ausreichend scheinen,[20] den Weg in die außergerichtliche Mediation (→ FamFG § 36 a Rn. 1 ff.) weisen können.

§ 36 a FamFG Mediation, außergerichtliche Konfliktbeilegung

(1) [1]Das Gericht kann einzelnen oder allen Beteiligten eine Mediation oder ein anderes Verfahren der außergerichtlichen Konfliktbeilegung vorschlagen. [2]In Gewaltschutzsachen sind die schutzwürdigen Belange der von Gewalt betroffenen Person zu wahren.

(2) Entscheiden sich die Beteiligten zur Durchführung einer Mediation oder eines anderen Verfahrens der außergerichtlichen Konfliktbeilegung, setzt das Gericht das Verfahren aus.

(3) Gerichtliche Anordnungs- und Genehmigungsvorbehalte bleiben von der Durchführung einer Mediation oder eines anderen Verfahrens der außergerichtlichen Konfliktbeilegung unberührt.

I. Normzweck; Anwendungsbereich (Abs. 1 S. 1)

Die mit dem „Gesetz zur Förderung der Mediation und anderer Verfahren der außergerichtlichen Konfliktbeilegung" vollständig neu eingefügte Vorschrift des § 36 a Abs. 1 FamFG entspricht dem Regelungsgehalt des § 278 a Abs. 1 ZPO (→ ZPO § 278 a Rn. 1 f.). § 36 a FamFG ist Ausprägung der Idee der Diversion von Verfahren zur Streitbeilegung.[1] Er konkre-

1

---

18 *Carl* ZKM 2012, 16 (19).
19 BT-Drs. 17/10102, 2; siehe dazu → K Rn. 1 ff.
20 *Greger* MDR 2014, 996; den zeitlichen Aspekt hervorhebend: *Plassmann*, Protokoll der 51. Sitzung des Rechtsausschusses des Deutschen Bundestages vom 25. Mai 2011, S. 13.
1 *Greger* MDR 2014, 993 f.; mit dieser Terminologie bereits in Bezug auf § 278 Abs. 5 S. 2 ZPO aF *Greger* NJW 2007, 3260.

tisiert und aktiviert die in § 36 Abs. 1 S. 2 FamFG begründete Rechtspflicht des Gerichts zur Förderung einer gütlichen Einigung.[2]

2 Die Vorschrift stellt zunächst klar, dass nicht notwendigerweise sämtliche Beteiligte eines Gerichtsverfahrens nach dem FamFG auch an einer Mediation oder einem anderen Verfahren der außergerichtlichen Konfliktbeilegung teilnehmen müssen. Diese Klarstellung ist erforderlich, weil der **Beteiligtenbegriff** in § 7 FamFG wesentlich weiter ist als der Parteibegriff der ZPO. Nicht in allen Fällen ist die Mitwirkung sämtlicher nach FamFG am Gerichtsverfahren Beteiligter auch an der außergerichtlichen Konfliktbeilegung sinnvoll. So dürfte eine Beteiligung des Jugendamtes, auch wenn es einen Antrag nach § 162 Abs. 2 FamFG gestellt hat, an der Konfliktbeilegung in der Mediation nur in besonderen Fällen angezeigt sein. Es liegt im Ermessen des Gerichts, welchen Beteiligten es die außergerichtliche Konfliktbeilegung vorschlägt.[3] Sollte zB die Mitwirkung des Jugendamtes sich im Einzelfall als hilfreich erweisen und sind die Eltern einverstanden, ist die Beteiligung an einem Mediationsverfahren jederzeit möglich.

3 Die Vorschrift gilt in den Angelegenheiten der freiwilligen Gerichtsbarkeit sowie in Familiensachen; in Familienstreitsachen (§ 112 FamFG) gilt nach § 113 Abs. 1 S. 2 das entsprechende Verfahren über die Anwendung des fast wortgleichen § 278 a ZPO.

4 Zweck des § 36 a FamFG ist es, bei Gewährleistung des Justizgewährungsanspruchs (Art. 19 Abs. 4 GG) ein Bewusstsein für und einen Weg in eine beschleunigte und die staatlichen Gerichte entlastende, einverständliche und deshalb gegenüber einer richterlichen Entscheidung grundsätzlich vorzugswürdige[4] Konfliktlösung zu schaffen. Dazu soll die **Eigenverantwortung der Beteiligten** bei der Lösung ihres dem Gerichtsverfahren zugrunde liegenden Konflikts gestärkt und ihnen die Chance zu dessen selbstbestimmter Beilegung eingeräumt werden.[5] § 36 a ist in diesem Sinne eine Tür, durch die Konflikte den Weg in ein ihnen angemesseneres Verfahren gehen können.[6]

5 Das Gericht kann im Rahmen seiner Amtspflicht zur Prüfung einer möglichen einvernehmlichen Verfahrenserledigung entweder aufgrund eigener Sachkunde auf einen Vergleich gemäß § 36 FamFG hinwirken oder den Beteiligten vorschlagen, einen außergerichtlichen Einigungsversuch zu unternehmen. Damit wird dem insbesondere im Familien- und Jugendhilferecht

---

2 Zur Konkretisierung: Prütting/Helms/*Prütting* § 36 a Rn. 1, 4. Zur Aktivierung: *Unberath* JZ 2010, 979. Zu dieser Rechtspflicht vgl. MüKoFamFG/*Ulrici* § 36 Rn. 1, 7; Prütting/Helms/*Abramenko* § 36 Rn. 4.
3 BT-Drs. 17/5335, 22.
4 BVerfG 14.2.2007 – 1 BvR 1351/01 = NJW-RR 2007, 1073.
5 Keidel/*Meyer-Holz* § 36 a Rn. 2.
6 *Althammer* in: Althammer/Eisele/Ittner/Löhning, S. 20 f. In der Praxis wird von der Möglichkeit, einen Vorschlag zur einvernehmlichen außergerichtlichen Konfliktbeilegung zu unterbreiten, indes nur selten Gebrauch gemacht, diese Tür also sogar nicht genutzt, vgl. *Röthemeyer*, Mediation, S. 164. Ein Grund hierfür ist der Mangel an einer engen Verzahnung von gerichtlichem Verfahren und außergerichtlichen Angeboten zur einvernehmlichen Konfliktbeilegung. Mediation ist aus rechtsvergleichender Perspektive dann erfolgreich, wenn sie institutionell in das System der Streitbeilegungsverfahren eingebunden ist, vgl. *Hopt/Steffek*, Mediation – Rechtstatsachen, Rechtsvergleich, Regelungen, S. 79, was in Deutschland nicht der Fall ist.

ausgeprägten Subsidiaritätsprinzip Rechnung getragen, wonach freiwillige und eigenverantwortliche Regelungen jeder gerichtlichen Entscheidung vorzuziehen sind.[7] Die Unterbreitung des Vorschlags unterliegt keiner besonderen Form.[8] Sinnvoll ist, wenn das Gericht den Parteien die Gründe seiner Entscheidung mitteilt. Ein Rechtsbehelf ist weder gegen die Unterbreitung des Vorschlages noch gegen sein Unterbleiben gegeben.[9]

Um sein Ermessen über den Vorschlag pflichtgemäß ausüben zu können, hat das Gericht die Mediationseignung des Konflikts zu klären.[10] Ein operabler Katalog von Positiv-Kriterien hierfür ist bisher nicht entwickelt.[11] Andererseits ist Mediation im Grundsatz zur Konfliktbeilegung geeignet[12] und umgekehrt sind Konflikte im Grundsatz mediationsgeeignet.[13] In diesem Sinne kann von einer Vermutung für die Mediationseignung gesprochen werden.[14] Das bedeutet jedoch nicht, dass jeder Konflikt mediationsgeeignet wäre.[15] Es können Ausschluss-Kriterien formuliert werden, bei de-

---

7   BVerfG 14.2.2007 – 1 BvR 1351/01 = NJW-RR 2007, 1073.

8   Prütting/Helms/*Prütting* § 36 a Rn. 11.

9   Prütting/Helms/*Prütting* § 36 a Rn. 8.

10   *Röthemeyer*, Mediation, S. 163; Prütting/Helms/*Prütting* § 36 a Rn. 8; *Unberath* JZ 2010, 979; BT-Drs. 17/5335, 20.

11   Ähnlich *Steffek* RabelsZ 2010, 868; *Mattioli/Trenczek* Betrifft Justiz 2010, 329; *Gottwald* in: Haft/v. Schlieffen, S. 985. In diese Richtung auch High Court in Hurst v. Leeming [2003] 1 Lloyds Rep 379: „What appears to be incapable of mediation before the mediation process begins often proves capable of satisfactory resolution later". Modelle, die aus Perspektive der Partei eine systematische und rationale Entscheidung bei der Auswahl des Konfliktbeilegungsverfahrens ermöglichen sollen, vgl. dazu *Hagel* ZKM 2014, 109 ff., sind im vorliegenden Zusammenhang nicht operabel, da sie Informationen der Partei erfordern (insbesondere zu Verfahrensinteressen und Motivation der Partei), die dem Gericht nicht zur Verfügung stehen. Aus der Perspektive des Gerichts wird in Form von Leitfragen der Versuch unternommen, sich der Bestimmung der Mediationseignung zu nähern, vgl. *Friedrich*, Mediation in der Sozialgerichtsbarkeit, S. 243, 266 ff. mit dem zutreffenden einschränkenden Hinweis, dass diese „lediglich eine Orientierungshilfe" sein können.

12   *Blake/Browne/Sime*, The Jackson ADR Handbook 2013, S. 132; *Gottwald* Aktuelle juristische Praxis 2007, 614.

13   *Sander/Rozdeiczer*, Selecting an Appropriate Dispute Resolution Procedure – Detailed Analysis and Simplified Solution, in: Moffit/Bordone (Hrsg.) 2005, S. 404; *Sander/Rozdeiczer*, Harvard Negotiation Law Review 2006, 41; *Mattioli/ Trenczek*, Betrifft Justiz 2010, 329.

14   *Sander/Rozdeiczer*, Harvard Negotiation Law Review 2006, 32 f.: "Assume mediation [...] regard mediation as a point of departure, unless there are contraindications to its use". Ähnlich *Gottwald* Aktuelle juristische Praxis 2007, 614: Die Vermutung für die Mediation als dem Standardverfahren zur Konfliktbehandlung kann „allenfalls im ganz konkreten Fall durch Indikatoren gegen die Mediation ausgeräumt werden"; Greger/Unberath/Steffek/*Greger* D. Rn. 49: Mediation als *Standardverfahren* zur Konfliktbehandlung.

15   *Althammer* JZ 2006, 72.

ren Vorliegen die Vermutung widerlegt, also eine Ausnahme vom Grundsatz der Mediationseignung anzunehmen ist.[16]

6   Das Gericht kann eine Mediation oder ein anderes Verfahren der außergerichtlichen Konfliktbeilegung vorschlagen. Mit dem Begriff Mediation ist hier das **echte, vollständige Mediationsverfahren** gemeint, welches sowohl in den Praxen der ausgebildeten Mediatorinnen und Mediatoren als auch in den dafür besonders ausgestatteten Beratungsstellen angeboten wird. Die Grundsätze des Mediationsverfahrens bestimmen sich nach dem MediationsG.

7   **Andere Verfahren** sind in diesem Zusammenhang zB die **Vermittlung durch das Jugendamt** nach § 17 Abs. 1 SGB VIII sowie durch **Beratungsstellen** gemäß § 28 SGB VIII. Denkbar sind auch Verfahren vor **Schlichtungs- oder Gütestellen** nach dem jeweiligen Landesrecht, wenngleich diese in Familiensachen praktisch keine Bedeutung haben.

II. Keine Ausnahmen für Gewaltschutzverfahren (Abs. 1 S. 2)

8   § 36 a Abs. 1 FamFG nimmt – anders als § 36 Abs. 1 S. 2 FamFG – die Gewaltschutzsachen (§ 210 FamFG)[17] nicht kategorisch aus. Die früher allgemein vertretene Auffassung, bei Beziehungsgewalt sei Mediation als Konfliktlösungsmethode generell nicht anzuwenden, ist nach neueren Erkenntnissen zu modifizieren.[18] Die Sinnhaftigkeit einer Mediation muss in solchen Fällen jeweils im Einzelfall gründlich geprüft werden;[19] insbesondere ist darauf zu achten, dass die **schutzwürdigen Belange** der von Gewalt betroffenen Person gewahrt werden, so dass eine Gefährdung und Retraumatisierung des Opfers verhindert werden. Schutzwürdige Belange sind somit solche, bei denen eine allgemeine oder besondere Gefährdung und Retraumatisierung droht. So sollten, je nach Einzelfall, besondere personelle und äußere Rahmenbedingungen geschaffen werden, zB sollten sich die Parteien nicht gemeinsam in einem Wartebereich aufhalten und es muss geklärt werden, welche Bedürfnisse nach Schutzmaßnahmen bestehen. Eine **Me-**

---

16   Dazu gehören: (1) Zwingendes Recht und fehlende Dispositionsbefugnis der Parteien, → FamFG § 23 Rn. 5; *Mattioli/Trenczek* Betrifft Justiz 2010, 329; MüKoF-amFG/*Ulrici* § 36 a Rn. 9. (2) Vorrangige Gründe der öffentlichen Ordnung, insbesondere eine Gefährdung des Wohles eines Kindes oder eine schwerwiegende Beeinträchtigung der physischen oder psychischen Integrität einer Person. (3) Drohende Rechtsvereitelung oder Rechtserschwerung durch einen Mediationsversuch, vgl. *Schmidt* in: Schmidt/Lapp/Monßen, Mediation in der Praxis des Anwalts, S. 46, 48; ähnlich Court of Appeal in Halsey v. Milton Keynes General NHS Trust/ Steel v. Halliday [2004] EWCA (Civ) 576), insbesondere im einstweiligen Rechtsschutz. (4) Möglichkeit strafbaren Verhaltens einer Partei im Zusammenhang mit dem Konflikt. (5) Interesse einer Partei an einem Präjudiz, wenn ein Präzedenzfall in Streit steht. Ähnlich: *Sander/Rozdeiczer*, Harvard Negotiation Law Review 2006, 1, 32 f.; *Sander/Rozdeiczer*, Selecting an Appropriate Dispute Resolution Procedure – Detailed Analysis and Simplified Solution, in Moffit/Bordone (Hrsg.) 2005, S. 404.

17   Gewaltschutzsachen sind gem. § 210 FamFG Verfahren nach den §§ 1 und 2 des Gewaltschutzgesetzes.

18   *Gläßer*, Mediation und Beziehungsgewalt, S. 186, 212 ff., 498; *Proksch* ZKM 2011, 173 (174).

19   Vgl. bereits Ziffer III. ix) der Empfehlung Nr. R (98) 1 des Ministerkomitees des Europarats an die Mitgliedstaaten über Familienmediation, abgedruckt in FamRZ 1998, 1019.

diation in Gewaltschutzsachen stellt damit **hohe Anforderungen an die Mediatorin und den Mediator.** Werden diese besonderen Bedingungen beachtet, kann Mediation aber gerade bei vorliegendem Gewalthintergrund ein sinnvoller Weg sein, um zu einer Beilegung des generellen Konflikts zu gelangen.[20] Der Bundesrat hatte im Gesetzgebungsverfahren empfohlen, den Vorschlag einer Mediation in Gewaltschutzsachen entfallen zu lassen. Zur Begründung war ausgeführt worden, dass andernfalls ein Widerspruch zu der Regelung in § 36 Abs. 1 S. 2 FamFG bestehe, wonach das Gericht in Gewaltschutzsachen gerade nicht auf eine gütliche Einigung hinwirken solle. Dieser Grundsatz müsse auch für die vom Gericht angeregte außergerichtliche Konfliktbeilegung oder Mediation gelten.[21] Mit der jetzigen Regelung in § 36 a Abs. 1 S. 2, wonach in Gewaltschutzsachen die schutzwürdigen Belange der von Gewalt betroffenen Person zu wahren sind, wurde der Vorschlag des Bundesrates modifiziert. Es wird auch den Familien, die von Gewalt geprägte Episoden durchmachen mussten, der Weg in die Mediation grundsätzlich offen gehalten. Damit folgt die gesetzliche Regelung der sich entwickelnden und wandelnden Konfliktbeilegungskultur im familiengerichtlichen Verfahren.

III. Aussetzung des Verfahrens (Abs. 2)

Anders als § 278 a Abs. 2 ZPO sieht § 36 a Abs. 2 FamFG als Rechtsfolge **9** nicht das Ruhen des Verfahrens vor, das dem FamFG fremd ist, sondern die **Aussetzung des Verfahrens durch das Gericht** nach § 21 FamFG. Das Verfahren ist **von Amts wegen** ohne weitere Prüfung auszusetzen, wobei es unerheblich ist, ob die Beteiligten aufgrund eigener Initiative oder aufgrund wechselseitiger Übereinkunft nach einem gerichtlichen Vorschlag den Versuch einer außergerichtlichen Konfliktbeilegung unternehmen.

§ 21 Abs. 1 S. 2 FamFG iVm § 249 Abs. 1 und 2 ZPO bestimmen, dass mit **10** der Aussetzung der Lauf einer jeden Frist aufhört und nach Beendigung der Aussetzung die volle Frist von neuem zu laufen beginnt.[22] Bleibt eine Einigung aus, ist das Verfahren vom Gericht fortzuführen. Gegebenenfalls sollte das Gericht den Beteiligten eine Frist zur Vorlage einer Einigung oder aber zum Bericht über den Stand des Verfahrens setzen. In **Kindschaftssachen**, die den Aufenthalt des Kindes, das Umgangsrecht oder die Herausgabe des Kindes betreffen, ist das Verfahren gemäß § 155 Abs. 4 FamFG im Hinblick auf das Beschleunigungsgebot **in der Regel nach drei Monaten wieder aufzunehmen,** sofern keine außergerichtliche Einigung erzielt wurde.

IV. Kein Einfluss auf Einschränkungen der Dispositionsbefugnis der Beteiligten (Abs. 3)

Grundsätzlich besteht die Möglichkeit, das Ergebnis einer außergerichtlichen Konfliktbeilegung zB in Form einer Abschlussvereinbarung zum Ge- **11**

---

20 Vgl. *Gläßer*, Mediation und Beziehungsgewalt, S. 353; *Trenczek/Petzold* ZKJ 2011, 409 ff.
21 BR-Drs. 60/11, 13.
22 *Fritz/Pielsticker/Fritz* § 23 Rn. 61. Die Verjährungshemmung gemäß § 204 Abs. 1 Nr. 1 BGB bleibt bestehen, vgl. MüKoFamFG/*Ulrici* § 36 a Rn. 17.

genstand eines gerichtlichen Vergleichs gemäß § 36 FamFG zu machen. Damit kann ein vollstreckbarer Titel geschaffen werden (§ 86 Nr. 3 FamFG iVm § 794 Abs. 1 Nr. 1 ZPO). In der Regel geschieht dies durch Übermittlung der Abschlussvereinbarung an das Gericht, entweder durch die Beteiligten selbst oder durch deren Verfahrensbevollmächtigte. Zur Vermeidung eines Termins zur Protokollierung einer solchen Einigung kann der Vergleich durch Beschluss nach § 36 Abs. 3 FamFG iVm § 278 Abs. 6 ZPO geschlossen werden, indem das Gericht das Zustandekommen und den Inhalt des Vergleichs feststellt.

In diesem Zusammenhang wird durch § 36 a Abs. 3 FamFG klargestellt, dass die Durchführung einer Mediation oder eines anderen Verfahrens der außergerichtlichen Konfliktbeilegung keinen Einfluss auf die gesetzlich vorgesehenen Einschränkungen der Dispositionsbefugnis der Beteiligten durch Anordnungs- und Genehmigungsvorbehalte hat. Die Regelung des § 36 a Abs. 3 FamFG gilt beispielsweise für Entscheidungen des Gerichts nach § 1671 BGB oder nach § 1666 BGB bei **Gefährdung des Kindeswohls** sowie für den **Vorbehalt der gerichtlichen Billigung** nach § 156 Abs. 2 S. 2 FamFG, wenn Eltern über den Umgang mit einem Kind Einvernehmen erzielen. Bei allen Vereinbarungen, die Kinder betreffen, gilt der **Kindeswohlvorbehalt** iSd § 1697 a BGB. Das Gericht hat von Amts wegen zu ermitteln (§ 26 FamFG), ob die von den Eltern in der Mediation erarbeitete Regelung dem Wohl des betroffenen Kindes ent- bzw. nicht widerspricht. Um eine gerichtliche Anordnung oder Genehmigung im Sinne von § 36 a Abs. 3 FamFG zu erleichtern, können die Beteiligten der Mediatorin oder dem Mediator erlauben, dem entscheidungsbefugten Richter die Gründe für die in der Mediation getroffene Vereinbarung mitzuteilen.[23] Dies gilt auch bei einer Einigung über die von einem Elternteil mit Kindern genutzte Ehewohnung oder bei der Verteilung von Haushaltsgegenständen, soweit davon Kinder betroffen sind.

§ 81 FamFG Grundsatz der Kostenpflicht

(1) [1]Das Gericht kann die Kosten des Verfahrens nach billigem Ermessen den Beteiligten ganz oder zum Teil auferlegen. [2]Es kann auch anordnen, dass von der Erhebung der Kosten abzusehen ist. [3]In Familiensachen ist stets über die Kosten zu entscheiden.

(2) Das Gericht soll die Kosten des Verfahrens ganz oder teilweise einem Beteiligten auferlegen, wenn

1. der Beteiligte durch grobes Verschulden Anlass für das Verfahren gegeben hat;
2. der Antrag des Beteiligten von vornherein keine Aussicht auf Erfolg hatte und der Beteiligte dies erkennen musste;
3. der Beteiligte zu einer wesentlichen Tatsache schuldhaft unwahre Angaben gemacht hat;
4. der Beteiligte durch schuldhaftes Verletzen seiner Mitwirkungspflichten das Verfahren erheblich verzögert hat;

---

23 BT-Drs. 17/5335, 22.

5. *der Beteiligte einer richterlichen Anordnung zur Teilnahme an einem kostenfreien Informationsgespräch über Mediation oder über eine sonstige Möglichkeit der außergerichtlichen Konfliktbeilegung nach § 156 Absatz 1 Satz 3 oder einer richterlichen Anordnung zur Teilnahme an einer Beratung nach § 156 Absatz 1 Satz 4 nicht nachgekommen ist, sofern der Beteiligte dies nicht genügend entschuldigt hat.*

(3) Einem minderjährigen Beteiligten können Kosten in Kindschaftssachen, die seine Person betreffen, nicht auferlegt werden.

(4) Einem Dritten können Kosten des Verfahrens nur auferlegt werden, soweit die Tätigkeit des Gerichts durch ihn veranlasst wurde und ihn ein grobes Verschulden trifft.

(5) Bundesrechtliche Vorschriften, die die Kostenpflicht abweichend regeln, bleiben unberührt.

§ 81 Abs. 2 Nr. 5

I. Normzweck; Anwendungsbereich

Die kostenrechtlichen Grundnormen des FamFG eröffnen dem Gericht, anders als die der ZPO, eine Kostenentscheidung nach billigem Ermessen. 1

Bereits mit dem am 1. September 2009 in Kraft getretenen „Gesetz über das Verfahren in Familiensachen und in den Angelegenheiten der freiwilligen Gerichtsbarkeit" (FamFG) wurde in § **150 Abs. 4 FamFG** eine **Regelung zu Kostensanktionen** eingeführt. Diese gilt ausschließlich für Scheidungssachen und Folgesachen. Kindschaftssachen, die die Übertragung oder Entziehung der elterlichen Sorge, das Umgangsrecht oder die Herausgabe eines gemeinschaftlichen Kindes oder das Umgangsrecht eines Elternteils mit dem Kind betreffen, sind dagegen von § 81 FamFG umfasst. Im Hinblick auf die Änderung des § 156 Abs. 1 S. 3 FamFG, wonach das Gericht auch eine Teilnahme an einem kostenfreien Informationsgespräch über Mediation oder über eine sonstige Möglichkeit der außergerichtlichen Konfliktbeilegung anordnen kann, war § 81 Abs. 2 Nr. 5 FamFG entsprechend der bereits für § 156 Abs. 1 S. 4 FamFG bestehenden Kostenregelung zu ergänzen. Aus § 81 Abs. 2 Nr. 5 Alt. 1 FamFG ergibt sich in Verbindung mit § 156 Abs. 1 S. 3 FamFG für das Familiengericht nunmehr die erweiterte Möglichkeit, zur Förderung einer konsensualen Konfliktbeilegung, bestimmte Beteiligte zur Einholung von Informationen als eine besondere Form der Mitwirkung zu verpflichten. Kommen die Beteiligten einer entsprechenden Anordnung nicht nach, sollen sie mit einer Kostensanktion belegt werden[1] (→ FamFG § 150 Rn. 1 ff.).

II. Nichtteilnahme an einem angeordneten Informationsgespräch nach § 156 Abs. 1 S. 3 FamFG

Dem Familiengericht wird die Möglichkeit eingeräumt, die Nichtteilnahme an einem angeordneten Informationsgespräch nach § 156 Abs. 1 S. 3 FamFG, sofern sie nicht genügend entschuldigt ist, kostenrechtlich zu sanktionieren. 2

---

1 BT-Drs. 17/5335, 23.

Dabei ist das Ermessen des Gerichts hinsichtlich des „Ob" der Auferlegung von Kosten eingeschränkt.[2] Liegen die Voraussetzungen des § 81 Abs. 2 Nr. 5 Alt. 1 FamFG vor, hat das Gericht im Regelfall dem grundsätzlichen Normbefehl zu folgen und die Kosten des Verfahrens einem Beteiligten ganz oder teilweise aufzuerlegen. In Bezug auf das „Wie", dh den Umfang der Auferlegung von Kosten, hat das Gericht einen weiten Ermessensspielraum.[3]

Die Regelung des § 81 Abs. 2 Nr. 5 FamFG steht nicht im Zusammenhang mit der Veranlassung von Mehrkosten, sondern hat echten Sanktionscharakter.[4] Die Norm liefe andernfalls praktisch leer, da das Nicht-Nachkommen der Anordnung keine Gebühren und regelmäßig auch keine anderen konkret zu beziffernden Mehrkosten verursacht.[5]

3 Mit dieser Regelung folgt der Gesetzgeber den internationalen Erfahrungen, insbesondere der sogenannten **Woolf-Reform** in England. Die Reform geht zurück auf den Rechtsstreit *Dunnet vs Railtrack*.[6] In einer bahnbrechenden Entscheidung wies der High Court die Berufung der Klägerin zwar wegen Fristversäumnis zurück, legte die Kosten des Verfahrens jedoch nicht ihr, sondern der Beklagten auf, weil diese sich einem Mediationsversuch widersetzt hatte. Das Gericht wies in der Urteilsbegründung auf die besondere Bedeutung der Mediation hin und führte dazu aus: „*A mediator may be able to provide solutions which are beyond the powers of the court to provide*".[7] Diese Entscheidung gab den Anstoß für eine Änderung des Verfahrensrechts in England, die mit der Woolf-Reform umgesetzt wurde. Mit der Möglichkeit der Auferlegung von Verfahrenskosten trotz Obsiegens nach § 81 Abs. 2 Nr. 5 wurde auch in Deutschland ein Instrument geschaffen, das die Parteien bei der Suche nach einer außergerichtlichen einvernehmlichen Regelung motivieren soll. Eine solche Möglichkeit der Auferlegung von Kosten auch der obsiegenden Partei, wenn trotz Mediationseignung nicht vor Einleitung eines gerichtlichen Verfahrens der Versuch einer Einigung durch ein Mediationsverfahren unternommen wurde, ist zu begrüßen (→ FamFG § 150 Rn. 2 ff.).

III. Auswirkung auf das Prinzip der Freiwilligkeit

4 Kostenmäßige Sanktionen, mit denen kooperationsunwillige Parteien zu einem Umdenken angeregt werden können, sind seit der Entscheidung *Dunnet vs Railtrack*[8] nicht nur in England, sondern auch in Deutschland diskutiert und mit der Einführung der § 150 Abs. 4 S. 2 und § 81 Abs. 2 Nr. 5 Alt. 1 erste Schritte dahin umgesetzt worden. Auch wenn die Sorge vor den möglicherweise auferlegten Verfahrenskosten mit Blick auf den

2 § 81 Abs. 2 FamFG sieht als Soll-Vorschrift für den Regelfall eine bestimmte Rechtsfolge vor, von der das Gericht nur in atypischen Sonderfällen abweichen kann, vgl. Zöller/*Feskorn* § 81 Rn. 19; *Finke* FPR 2010, 333.
3 *Finke* FPR 2010, 333.
4 *Finke* FPR 2010, 333; MüKoFamFG/*Schindler* § 81 Rn. 57. AA Schulte-Bunert/Weinreich/*Keske* § 81 Rn. 30; Prütting/Helms/*Feskorn* § 81 Rn. 20.
5 Vgl. zu § 135 FamFG zutreffend: MüKoFamFG/*Heiter* § 135 Rn. 17.
6 Dunnet vs Railtrack plc. [2002] 1 WLR 2434 = [2002] 2 All ER 850.
7 Entscheidung besprochen bei *Wagner* ZKM 2004, 100 ff.
8 Dunnet vs Railtrack plc. [2002] 1 WLR 2434 = [2002] 2 All ER 850.

Grundsatz der Freiwilligkeit der Mediation teilweise auf Kritik stößt,[9] wird diese Maßnahme zur Motivierung für ein Mediationsverfahren unter dem **Gesichtspunkt der Verhältnismäßigkeit** zu Recht begrüßt (→ FamFG § 135 Rn. 5 ff. und → FamFG § 156 Rn. 6).

IV. Wirksamkeit der Kostensanktion

Die Regelung des § 81 Abs. 2 Nr. 5 Alt. 1 FamFG (Allgemeiner Teil) korre-   5
spondiert mit derjenigen des § 150 Abs. 4 S. 2 FamFG (Verfahren in Scheidungssachen und Folgesachen). Der **Einsatz eines gewissen richterlichen Druckes** hat sich in Kindschaftssachen als durchaus förderlich erwiesen, um die Beteiligten zu einer außergerichtlichen Beratung (§§ 156 Abs. 1 S. 4, § 81 Abs. 2 Nr. 5 Alt. 2 FamFG) zu bewegen. Es hat sich in der Vergangenheit gezeigt, dass ein nachdrücklicher richterlicher Appell an die Elternverantwortung wirkt und sich die Eltern in der Folge eher an der Erarbeitung von Lösungen beteiligen. Es ist das Anliegen des Gesetzgebers, dass auch die richterlich angeordnete Information über Mediation (§§ 156 Abs. 1 S. 3, § 81 Abs. 2 Nr. 5 Alt. 1 FamFG) eine ähnliche Motivation zur Mitarbeit und letztlich Konfliktbeilegung bei den Eltern auslöst. Grundsätzlich ist eine Sanktionsdrohung geeignet, die Partei hin zum gewünschten Verhalten zu steuern.[10]

Auch wenn teilweise eingewandt wird, diese Regelung sei rechtspolitisch   6
verfehlt und mache insbesondere bei Parteien mit Verfahrenskostenhilfe keinen Sinn,[11] darf man die **Signalwirkung** einer solchen Vorschrift nicht unterschätzen. Gerade in Kindschaftssachen können erhebliche **Zusatzkosten** durch die Einholung von Sachverständigengutachten oder durch die Bestellung von Verfahrensbeiständen entstehen. Die Auferlegung dieser zusätzlichen Kosten wegen Nichtteilnahme an einem Informationsgespräch über Mediation kann für die Betroffenen ein spürbares Sanktionsmittel darstellen.[12] Es wird die Aufgabe der beteiligten Anwälte sein, in geeigneten Fällen auf die Anwendung dieser Kostensanktion zu dringen. Es könnte hilfreich sein, dies schriftsätzlich vorzutragen, um das Gericht auf diese Weise zur Anwendung dieser Regelung zu motivieren.

V. Genügende Entschuldigung

Ob die Weigerung, an einem richterlich angeordneten Informationsge-   7
spräch teilzunehmen, genügend entschuldigt ist, bedarf einer Entscheidung des Einzelfalles.[13] Gründe für eine genügende Entschuldigung können etwa

---

9 S. hierzu genauer *Marx* ZKM 2010, 132 f.; *Proksch* ZKM 2011, 173.
10 Zur Verhaltenssteuerung durch Kostensanktionen vgl. grundlegend *Breyer*, Kostenorientierte Steuerung des Zivilprozesses, S. 217, 237; *Feix*, Die Verankerung einvernehmlicher Streitbeilegung im deutschen Zivilprozess, S. 214; *Wagner* AcP 2006, 363 f.; *Spindler*, Gerichtsnahe Mediation in Niedersachsen, S. 74; *Kilian/Wielgosz* ZZPInt 2004, 395; *Althammer* JZ 2006, 72 f.
11 *Keidel/Zimmermann* § 81 Rn. 65.
12 Die Bewilligung von Verfahrenskostenhilfe und die Beiordnung eines Rechtsanwalts führen zur Einschränkung der Wirkung einer kostenrechtlichen Sanktionsnorm, weswegen die Etablierung einer gesonderten Gebühr entsprechend der Verzögerungsgebühr nach § 38 GKG befürwortet wird, vgl. MüKoFamFG/*Heiter* § 135 Rn. 18.
13 *Keidel/Zimmermann* § 81 Rn. 65.

Erkrankung, Unfall oder Missverstehen einer unklaren gerichtlichen Anordnung sein.[14]

§ 135 FamFG   Außergerichtliche Konfliktbeilegung über Folgesachen

[1]*Das Gericht kann anordnen, dass die Ehegatten einzeln oder gemeinsam
an einem kostenfreien Informationsgespräch über Mediation oder eine
sonstige Möglichkeit der außergerichtlichen Konfliktbeilegung anhängiger
Folgesachen bei einer von dem Gericht benannten Person oder Stelle teilnehmen und eine Bestätigung hierüber vorlegen.* [2]*Die Anordnung ist nicht
selbstständig anfechtbar und nicht mit Zwangsmitteln durchsetzbar.*

1   Ein wesentlicher Grund für die unterbleibende Inanspruchnahme von Me-
diation ist ein Informationsdefizit in Bezug auf das Verfahren.[1] Bereits
Art. 5 Abs. 1 S. 2 Med-RiLi sah daher vor, dass ein Gericht, das mit einer
Klage befasst wird, die Parteien auffordern kann, an einer Informationsveranstaltung über die Nutzung der Mediation teilzunehmen, wenn solche
Veranstaltungen durchgeführt werden und leicht zugänglich sind. Der
Grundgedanke, diese Wissenslücke zu schließen, um bei der Wahl des Konfliktbeilegungsverfahrens eine informierte Entscheidung der Parteien zu gewährleisten, wurde mit dem Gesetz über das Verfahren in Familiensachen
und in den Angelegenheiten der freiwilligen Gerichtsbarkeit in § 135
FamFG übernommen.[2] Die ursprünglich als „Außergerichtliche Streitbelegung" überschriebene Regelung wurde bei ihrer Einführung kontrovers
diskutiert. Kritik wird bis heute insbesondere mit Blick auf die Gesichtspunkte der **Freiwilligkeit** und der **Kostenfreiheit** geäußert.

I. Anwendungsbereich

2   Die Vorschrift gilt, wie sich aus ihrem Wortlaut und ihrer systematischen
Stellung ergibt, ausschließlich für das Scheidungsverbundverfahren, also
für die zwischen den Ehegatten **streitigen Folgesachen;**[3] dies sind gemäß
§ 137 Abs. 2 Nr. 1 – 5 FamFG Versorgungsausgleichssachen, Unterhaltssachen, sofern sie die Unterhaltspflicht gegenüber einem gemeinschaftlichen
Kind oder die durch Ehe begründete gesetzliche Unterhaltspflicht betreffen,

---

14 Keidel/*Zimmermann* § 81 Rn. 65. Aus der Formulierung des Gesetzes folgt, dass
der nicht teilnehmende Beteiligte die Darlegungs- und Beweislast für das Vorliegen
eines Entschuldigungsgrunds trägt.
1   *Greger* SchlHA 2007, 111; *Feix*, Die Verankerung einvernehmlicher Streitbelegung im deutschen Zivilprozess, S. 208 ff. Dem Befund des Defizits an fundierter
Information über das Verfahren steht nicht entgegen, dass eine zunehmende Zahl
an Bürgern von Mediation „gehört" hat, vgl. *Engel* ZZP 2011, 508 unter Bezugnahme auf Roland Rechtsreport 2010, S. 41: 57 %.
2   BT-Drs. 16/6308, 229: „Kenntnis der spezifischen Möglichkeiten eines außergerichtlichen Streitbeilegungsverfahrens"; MüKoFamFG/*Heiter* § 135 Rn. 1.
3   Prütting/Helms/*Helms* § 135 Rn. 1; Schulte-Bunert/Weinreich/*Roßmann* § 135
Rn. 6; *Heineman* FamRB 2010, 125; *Grabow* FPR 2011, 34.

Ehewohnungs- und Haushaltssachen und Güterrechtssachen, sofern diese Verfahren gemeinsam mit der Ehescheidung zu entscheiden sind. Für **Kindschaftssachen**, die die Übertragung oder Entziehung der elterlichen Sorge, den Aufenthalt des Kindes, das Umgangsrecht oder die Herausgabe des Kindes betreffen, gilt die korrespondierende Regelung des **§ 156 Abs. 1 S. 3 FamFG** als lex specialis. Die Beschränkung auf Folgesachen dient der Klarstellung, dass die Scheidungssache selbst, also zB die Frage einer möglichen Aussöhnung und Wiederherstellung der ehelichen Lebensgemeinschaft, von einer derartigen Anordnung nicht umfasst ist.[4]

Der Vorschrift liegt der Gedanke zugrunde, dass ein bei Gericht anhängiges Verfahren auf den Sach- und Streitstand beschränkt ist, der jeweils Gegenstand des Verfahrens ist. Konflikte, die in den Anwendungsbereich des FamFG fallen, sind jedoch typischerweise durch persönliche Beziehungen geprägt.[5] Hinter den von den Parteien und ihren Anwälten vorgetragenen Positionen liegen häufig Interessen und Bedürfnisse, die im Sinne einer nachhaltigen Beilegung des Konfliktes bearbeitet werden sollten. Ein kontradiktorisches Gerichtsverfahren ist dafür nur eingeschränkt tauglich. Persönlich-emotionale Konflikte können durch eine streitige Sachentscheidung, die auf rechtliche Kategorien reduziert ist,[6] oftmals nicht gelöst und nicht beendet werden.[7] Vor diesem Hintergrund ist die ursprünglich nur in § 278 Abs. 5 S. 2 ZPO vorgesehene Möglichkeit, ein Verfahren mit dem Ziel der außergerichtlichen Konfliktbeilegung auszusetzen, mit § 135 FamFG erweitert worden. Das Anliegen, die Bemühungen um eine außergerichtliche Konfliktbeilegung trotz Einleitung eines Gerichtsverfahrens nicht einzustellen, wird in Familiensachen als besonders dringlich angesehen.[8]

II. Anordnung der Teilnahme an einem Informationsgespräch

Nach § 135 Abs. 1 S. 1 FamFG kann das Gericht anordnen, dass die Ehegatten einzeln oder gemeinsam an einem Informationsgespräch über Mediation oder eine sonstige Form außergerichtlicher Konfliktbeilegung teilnehmen und eine Bestätigung hierüber vorlegen. Mit der Anordnungsmöglichkeit soll gewährleistet werden, dass die Parteien Verfahren zur einvernehmlichen Streitbeilegung zur Kenntnis nehmen und hierüber fundierte Informationen erlangen.[9] Das Gericht hat die Person oder Stelle zu benen-

---

4 Prütting/Helms/*Helms* § 135 Rn. 1.
5 Prütting/Helms/*Helms* § 135 Rn. 2; Schulte-Bunert/Weinreich/*Roßmann* § 135 Rn. 2; *Proksch* ZKM 2010, 39.
6 Das gerichtliche Verfahren führt regelmäßig zu einer Transformation des Konflikts in eine Struktur, die mit rechtlichen Kategorien erfassbar ist, vgl. *Röhl*, Rechtssoziologie, S. 481. Recht definiert das in seinem Sinne zur Konfliktbeendigung Relevante und lässt dabei Aspekte der Auseinandersetzung unberücksichtigt, die außerhalb seiner Relevanzdefinition liegen, vgl. *Hoffmann-Riem*, Mediation als moderner Weg der Konfliktbewältigung, S. 649; *Jost*, Einvernehmliche Streitbeilegung in und außerhalb des Zivilprozesses, ad Legendum 2012, 65.
7 *Hoffmann-Riem*, Mediation als moderner Weg der Konfliktbewältigung, S. 465; *Proksch* ZKM 2010, 39.
8 BT-Drs. 16/6308, 229.
9 BT-Drs. 16/6308, 229; MüKoFamFG/*Heiter* § 135 Rn. 1.

nen,[10] die das Informationsgespräch durchführen soll, wobei ihm ein Auswahlermessen zusteht.[11] In Betracht kommen Mediatoren, die mindestens die Voraussetzungen für eine Zertifizierung iSd Verordnung über die Aus- und Fortbildung nach § 6 MediationsG erfüllen (→ MediationsG § 6 Rn. 36 ff.)[12] und die geeignet sind, eine sich an das Informationsgespräch anschließende Mediation durchzuführen.[13] Der Gesetzgeber hat sich bewusst dafür entschieden, die Informationsvermittlung nicht dem mit der Entscheidung befassten Richter, sondern den Anbietern derartiger Maßnahmen zu übertragen. Auch wenn viele Richter über das Mediationsverfahren informiert sind oder diesbezüglich eine Weiterbildung absolviert haben, soll im Interesse der Rollenklarheit eine externe Information stattfinden. Durch eine Information seitens des Gerichts etwa lediglich in Form eines Merkblattes würde der Zweck der Vorschrift nicht erreicht.[14] Fachverbändewie die Bundes-Arbeitsgemeinschaft für Familien-Mediation (BAFM) haben **Merkblätter** entwickelt, mit denen der Richterschaft, den Anwälten, den Mediatoren und den betroffenen Parteien eine Handreichung gegeben wird, wie ein solches Informationsgespräch zu gestalten ist.[15] Auch wenn Anwälte und Notare teilweise davon ausgehen, dass derartige Informationen über das Mediationsverfahren zu ihrem Tätigkeitsbereich gehören,[16] wird man die Erörterung der Möglichkeit einer außergerichtlichen Konfliktbeilegung im Idealfall den Mediatoren selbst überlassen. Für den **Umfang eines solchen Informationsgespräches** gibt es keine verbindlichen Richtlinien.[17] Der **Aufbau eines Vertrauensverhältnisses** ist in der Regel die Voraussetzung für die Motivation zur Mediation. Die Information im Rahmen von **Gruppenveranstaltungen** mit einer Vielzahl von Beteiligten, die nicht miteinander in Beziehung stehen, ist aus diesem Grunde **abzulehnen;** auch ein Informationsgespräch setzt eine vertrauliche Situation voraus, die nur im individuellen Setting zwischen den unmittelbar Beteiligten und dem Mediator gewährleistet ist. Zwar können Mediatoren auch in einer Gruppenveranstaltung die Prinzipien sowie Vor- und Nachteile eines Mediationsverfahrens darlegen. Aber sowohl von Seiten der Mediatoren als auch

---

10 Nach dem Wortlaut der Regelung ist der bloße Verweis auf eine Liste des Gerichts nicht ausreichend, vgl. *Heineman* FamRB 2010, 127.
11 MüKo/*Heiter* § 135 Rn. 9; *Heineman* FamRB 2010, 127; *Grabow* FPR 2011, 35.
12 Die Mediationsverbände BM, BAFM, BMWA, DFfM und DGM halten die Anforderungen der ZMediatAusbV für nicht ausreichend, ein adäquates Aus- und Fortbildungsniveau für Mediatoren zu gewährleisten, und beabsichtigen daher die Etablierung gemeinsamer Standards, die im Sinne der Qualitätssicherung über die Anforderungen der ZMediatAusbV hinausgehen, vgl. Mitgliederrundschreiben vom 12.06.2017, https://www.die-mediation.de/wp-content/uploads/DFfM-Mitgliederschreiben-vom-12-06-2017.pdf, zuletzt abgerufen am 1.7.2017. Die Initiative begrüßend: *Greger* (https://www.mediationaktuell.de/news/lichtblick-beim-zertifizierungs-debakel, zuletzt abgerufen am 1.7.2017). Sollte eine – verbandsunabhängige – Stelle zur Akkreditierung von Mediatoren mit entsprechend höherem Aus- und Fortbildungsniveau geschaffen werden, wird das Gericht dies im Rahmen seines Auswahlermessens zu berücksichtigen haben.
13 Vgl. *Grabow* FPR 2011, 34.
14 BT-Drs. 16/6308, 229.
15 Abrufbar unter http://www.bafm-mediation.de/informationsgesprache-135-famfg/ (zuletzt aufgerufen am 1.3.2017).
16 *Heinemann* FamRB 2010, 125 (127).
17 Zu einem möglichen Ablauf s. *Krabbe/Thomsen* ZKM 2011, 111 (112).

der Medianden wird nur ein persönliches Setting die Möglichkeit eröffnen, die subtilen Zwischentöne wahrzunehmen und darauf zu reagieren. Dies stellt den Beginn des Aufbaus eines Vertrauensverhältnisses dar; das Informationsgespräch erfährt somit den Charakter eines Modells für eine möglicherweise daran anschließende Mediation.

III. Prinzip der Freiwilligkeit

Nach § 1 Abs. 1 MediationsG ist Mediation ein Verfahren, bei dem Partei-   5
en freiwillig eine einvernehmliche Beilegung ihres Konflikts anstreben. Freiwilligkeit ist eines der konstitutiven Prinzipien der Mediation als „autonomes Selbstregulierungsverfahren" (→ MediationsG § 1 Rn. 14, → MediationsG § 2 Rn. 94 ff.).[18] Sie bedeutet, dass die Parteien grundsätzlich selbst entscheiden, ob sie eine Mediation durchführen wollen.

Gemäß Art. 5 Med-RiLi ist es mit dem Prinzip der Freiwilligkeit vereinbar, wenn die Mediation von einem Gericht vorgeschlagen, angeordnet oder gesetzlich vorgeschrieben wird.[19] Dass dies nicht in einem Widerspruch zu dem Prinzip der Freiwilligkeit steht, zeigt § 2 Abs. 5 MediationsG, wonach die Parteien berechtigt sind, die Mediation – und ebenso eine Informationsveranstaltung – jederzeit zu beenden, wenn sie zu keiner Vereinbarung gelangen können – oder wenn sie sich gegen eine Mediation bzw. eine sonstige Möglichkeit der außergerichtlichen Konfliktbeilegung entscheiden. Die Normen verdeutlichen die verschiedenen Referenzpunkte der Freiwilligkeit im Zusammenhang mit der Mediation, nämlich die Freiwilligkeit *hin zur* Mediation, die Freiwilligkeit *von der* Mediation und die Freiwilligkeit *einer Einigung* in der Mediation (→ MediationsG § 2 Rn. 9, 100).[20] Die Regelungen verbieten eine Obligation zur Durchführung einer Mediation. Sie erfordern aber keine Freiwilligkeit hin zur Mediation.[21]

Auf den ersten Blick stehen jedoch Freiwilligkeit und obligatorische Mo-   6
mente im Zusammenhang mit der Mediation im Widerspruch. Bei Einführung des § 135 FamFG wurde daher diskutiert, inwieweit eine derartige Anordnung, auch „**Mandatorische Information über Mediation**" genannt, mit dem Prinzip der Freiwilligkeit der Mediation vereinbar sei.[22] Mit dem Begriff „Mandatorische Information über Mediation" wird an die in vielen Ländern, insbesondere in einigen Staaten der USA, übliche „**Mandatorische Mediation**" angeknüpft, wonach den Beteiligten die Teilnahme an einem Mediationsversuch selbst vorgeschrieben werden kann. Integrale Bestandteile der Konfliktdynamik lassen Mediation für die Partei regelmäßig als inkompatibel mit ihrem Streit erscheinen.[23] Die Modelle der angeord-

---

18   Greger/Unberath/Steffek/*Greger* B. § 1 Rn. 32.
19   Richtlinie 2008/52/EG des Europäischen Parlaments und des Rates vom 21. Mai 2008 über bestimmte Aspekte der Mediation in Zivil- und Handelssachen, L 136/6; zustimmend *Greger/Weber* MDR 2012, 1 (4); kritisch *Krabbe/Thomsen* ZKM 2011, 111 (112).
20   *Marx* ZKM 2010, 132; *Friedrich*, Mediation in der Sozialgerichtsbarkeit, S. 190.
21   *Fischer/Unberath*, Das neue MediationsG, S. 125; Greger/Unberath/Steffek/*Greger* B. § 1 Rn. 33; *Ponschab* ZKM 2014, 126; *Niedostadek* ZKM 2014, 57.
22   Zur allgemeinen Diskussion über das Prinzip der Freiwilligkeit im Vergleich zur obligatorischen Mediation s. *Schwarz*, Mediation – Collaborative Law, S. 76 f.
23   *McEwen/Milburn* Negotiation Journal 1993, 23; ähnlich *Kriegel*, Mediationspflicht?, S. 75.

neten und obligatorischen Mediation gehen davon aus, dass Parteien und ihre Rechtsbeistände häufig erst erfahren, welche Vorteile eine kooperative Konfliktlösung hat, wenn sie einen Mediationsversuch unternommen haben.[24] Es hat sich gezeigt, dass ein obligatorisches Moment in Form der Anordnung eines Mediationsversuchs keine erheblichen Auswirkungen auf die Erfolgswahrscheinlichkeit der Mediation und die Verfahrenszufriedenheit der Parteien hat.[25] Besteht die Möglichkeit eines jederzeitigen „opt-out", bedeutet eine Obligation zum Mediationsversuch keinen Zwang zu Konsens oder Kompromiss.[26] Das Prinzip der Freiwilligkeit ist gewahrt, wenn lediglich die Freiwilligkeit hin zur Mediation eingeschränkt wird[27] und die Parteien nach einem Versuch der Mediation diese verlassen und das Gericht (wieder) anrufen können.[28] Dies gilt erst recht für die Anordnung lediglich eines Informationsgesprächs als Minus gegenüber der Anordnung eines Mediationsversuchs.

7   In der Gesetzesbegründung zu § 135 FamFG[29] hat der Gesetzgeber ausgeführt: „Die Vorschrift gibt dem Gericht keine Kompetenz, die Parteien zur Teilnahme an einem Informationsgespräch zu zwingen. Nach S. 2 ist die Anordnung nicht mit Zwangsmitteln durchsetzbar. Die Ehegatten sind und bleiben allerdings in der Entscheidung, ob sie nach einer Information einer Mediation näher treten wollen oder nicht, vollständig frei. Diese Entscheidung soll aber in Kenntnis der spezifischen Möglichkeiten eines außergerichtlichen Streitbeilegungsverfahrens getroffen werden." Damit wird deutlich,

- dass es nicht um eine Pflicht der Beteiligten zur Einigung geht,
- dass es auch nicht um eine Verpflichtung zur Teilnahme an einer Mediation geht, sondern
- dass es darum geht, dass die Parteien das Verfahren der Mediation kennenlernen und somit beurteilen können, ob dieses Verfahren für sie zur Regelung ihres Konfliktes in Betracht kommt.

---

24 In diese Richtung argumentiert auch der englische High Court in Dunnet vs Railtrack plc. [2002] 1 WLR 2434 = [2002] 2 All ER 850, England, um eine kostenrechtliche Sanktion der Partei zu begründen, die sich einer direkten Mediation verschließt: „*the mediation process itself can and often does bring about a more sensible and more conciliatory attitude […]. What appears to be incapable of mediation before the mediation process begins often proves capable of satisfactory resolution later*".

25 Zur angeordneten Mediation an Gerichten in Los Angeles, Dallas, Seattle, New York, Florida und San Fransisco *Brett/Barsness/Goldberg*, Negotiation Journal 1996, 259, 261 f.; ähnlich: *McEwen/Milburn*, Explaining a Paradox of Mediation, Negotiation Journal 1993, 23; *Trenczek*, SchiedsVZ 2008, 142; *Mack*, Court Reverral to ADR, S. 54; Zur Familienmediation: *Kriegel*, Mediationspflicht?, S. 153 ff.; *Kriegel*, ZKM 2006, 55; Bastine, ZKM 2005, 11, 13.

26 *Rakowsky*, Obligatorische Mediation, S. 39; *Grabow* FPR 2011, 36.

27 *Rakowsky*, Obligatorische Mediation, S. 38 f., 44, 221; *McEwen/Milburn*, Explaining a Paradox of Mediation, Negotiation Journal 1993, 33 f.; *Marx* ZKM 2010, 132; *Grabow* FPR 2011, 36; *Ponschab* ZKM 2014, 126; AA *Breidenbach*, Mediation, S. 272.

28 *Kriegel*, Mediationspflicht?, S. 165 ff.; Zusammenfassende Beschreibungen von Pilotstudien hierzu s. *Marx* ZKM 2010, 132 (134).

29 BT-Drs. 16/6308, 229.

Gemäß § 135 S. 2 FamFG ist die Anordnung weder mit Zwangsmitteln   8
nach § 35 FamFG durchsetzbar noch als Zwischenentscheidung selbstständig anfechtbar. Kommt ein Beteiligter der Anordnung des Gerichts zur
Teilnahme an einem Informationsgespräch nicht nach und legt die in S. 1
genannte Bestätigung nicht vor, kann dies jedoch gemäß § 150 Abs. 4 S. 2
FamFG kostenrechtliche Folgen nach sich ziehen (→ FamFG § 81 Rn. 4, →
FamFG § 150 Rn. 6). Grundsätzlich ist eine Sanktionsdrohung geeignet,
die Partei hin zum gewünschten Verhalten zu steuern.[30]

IV. Kostenfreiheit

Ebenso kontrovers wie die Frage der Freiwilligkeit wird die im Gesetz vor-   9
gesehene Kostenfreiheit diskutiert. Mangels staatlicher Finanzierung derartiger Mediationsangebote zB durch **Einführung einer Mediationskostenhilfe** (→ MediationsG § 7 Rn. 1 ff.) hat der Gesetzgeber auf die **Bereitschaft
der Mediationsszene** vertraut, diese Vorschrift im Sinne der Förderung der
Mediation mit kostenfreien Angeboten zu unterstützen. Und in der Tat haben sich bundesweit tätige Berufs- und Fachverbände sowie regionale
Gruppen verpflichtet, Informationsgespräche zur Mediation kostenfrei anzubieten.[31] Offen bleibt die Frage, wie die anschließende Dienstleistung
einer Mediatoren zu vergüten ist. In der Regel zahlen die Beteiligten die
Kosten der Mediation selbst, sofern nicht kostenlose oder kostengünstige
Modelle im Rahmen von Beratungsstellen zur Verfügung stehen.[32] Aus der
Vorschrift selbst kann ein Anspruch der Mediatoren gegen die Staatskasse
auf Kostenersatz nicht abgeleitet werden.[33]

V. Ermessensentscheidung

Die Entscheidung,[34] ob das Gericht eine Anordnung nach § 135 S. 1   10
FamFG trifft, steht in seinem **freien Ermessen**.[35] Voraussetzung ist, dass die
Wahrnehmung des Informationsgesprächs für die Ehegatten nicht unzumutbar ist. Bei der Beurteilung der Unzumutbarkeit kann auf die Maßstäbe des § 141 Abs. 1 S. 2 ZPO zur Anordnung des persönlichen Erscheinens

30 Zur Verhaltenssteuerung durch Kostensanktionen vgl. grundlegend *Breyer*, Kostenorientierte Steuerung des Zivilprozesses, S. 217, 237; *Feix*, Die Verankerung einvernehmlicher Streitbeilegung im deutschen Zivilprozess, S. 214; *Wagner* AcP 2006,
363 f.; *Spindler*, Gerichtsnahe Mediation in Niedersachsen, S. 74; *Kilian/Wielgosz*
ZZPInt 2004, 395; *Althammer* JZ 2006, 72 f.
31 Keidel/*Weber* § 135 Rn. 6.
32 Siehe exemplarisch dafür das Beratungsangebot des Vereins ZiF „Zusammenwirken im Familienkonflikt" in Berlin, abrufbar unter www.zif-online.de (zuletzt aufgerufen am 1.3.2017).
33 MüKoFamFG/*Heiter* § 135 Rn. 12; *Heineman* FamRB 2010, 128; ähnlich:
Prütting/Helms § 135 Rn. 3; aA *Spangenberg* FamRZ 2009, 834 (835). Zur Diskussion → MediationsG § 7 Rn. 14. Wird ein Mediator – obgleich es hierfür an
einer gesetzlichen Grundlage fehlt – vom Gericht zur Durchführung einer Mediation beauftragt, entsteht nach Auffassung der OLG Koblenz allerdings ein Vergütungsanspruch gegen die Staatskasse aus §§ 675, 670 BGB iVm §§ 1 ff. JVEG,
OLG Koblenz 21.1.2014 – 13 WF 43/14 = ZKM 2014, 71 f.
34 Streitig ist, ob die Anordnung in Form eines Beschlusses zu ergehen hat, bejahend:
Prütting/Helms/*Helms* § 135 Rn. 3; verneinend MüKoFamFG/*Heiter* § 135 Rn. 15.
35 BT-Drs. 16/6308, 229; MüKoFamFG/*Heiter* § 135 Rn. 10; Prütting/Helms/*Helms*
§ 135 Rn. 2; *Heineman* FamRB 2010, 125; *Grabow* FPR 2011, 34.

sowie des § 34 Abs. 2 Alt. 1 FamFG zur Anordnung der persönlichen Anhörung zurückgegriffen werden.[36] Demnach ist von der Anordnung insbesondere im Falle großer Entfernung oder aus sonstigem wichtigen Grund
abzusehen, insbesondere wenn erhebliche Nachteile für die Gesundheit der
Partei zu besorgen sind.[37] Hierunter werden regelmäßig **Fälle häuslicher
Gewalt** zu fassen sein, wobei der Gesetzgeber bewusst davon abgesehen
hat, diese Fälle generell von der Anordnungsmöglichkeit auszunehmen.
Auch nach einer Episode häuslicher Gewalt kann Mediation möglich sein,
wenn bestimmte Rahmenbedingungen gewährleistet sind (→ FamFG § 36 a
Rn. 8). Entscheidend ist nicht die Fragestellung, ob Mediation bei Vorliegen von Beziehungsgewalt überhaupt durchgeführt werden darf, sondern
unter welchen Voraussetzungen und auf welche Weise dies geschehen
kann.[38] Zumutbar muss für beide Ehegatten auch die Anreise zum Informationsgespräch sein, was bei größerer Entfernung ausgeschlossen sein
kann. Weiterhin muss ein – für die Beteiligten kostenfreies – Angebot für
Informationsgespräche bestehen.[39] Die Anordnung setzt die Gewährung
rechtlichen Gehörs voraus.[40] Die Anordnung selbst rechtfertigt keine Aussetzung des Verfahrens.[41] Entscheiden sich die Parteien im Anschluss an
das Informationsgespräch zur Durchführung der Mediation, ist das Verfahren auszusetzen, § 36 a Abs. 2 FamFG (→ FamFG § 36 a Rn. 9 f.).

§ 150 FamFG   Kosten in Scheidungssachen und Folgesachen

*(1) Wird die Scheidung der Ehe ausgesprochen, sind die Kosten der Schei-
dungssache und der Folgesachen gegeneinander aufzuheben.*

(2) Wird der Scheidungsantrag abgewiesen oder zurückgenommen, trägt
der Antragsteller die Kosten der Scheidungssache und der Folgesachen.
Werden Scheidungsanträge beider Ehegatten zurückgenommen oder abgewiesen oder ist das Verfahren in der Hauptsache erledigt, sind die Kosten
der Scheidungssache und der Folgesachen gegeneinander aufzuheben.

(3) Sind in einer Folgesache, die nicht nach § 140 Abs. 1 abzutrennen ist,
außer den Ehegatten weitere Beteiligte vorhanden, tragen diese ihre außergerichtlichen Kosten selbst.

*(4) [1]Erscheint in den Fällen der Absätze 1 bis 3 die Kostenverteilung ins-
besondere im Hinblick auf eine Versöhnung der Ehegatten oder auf das
Ergebnis einer als Folgesache geführten Unterhaltssache oder Güterrechts-
sache als unbillig, kann das Gericht die Kosten nach billigem Ermessen
anderweitig verteilen. [2]Es kann dabei auch berücksichtigen, ob ein Betei-*

---

36   Damit ist die Schwelle der Unzumutbarkeit hoch anzusetzen; allgemeine Unan-
     nehmlichkeiten, wie sie auch mit der Wahrnehmung eines Gerichtstermins einher-
     gehen, begründen keine Unzumutbarkeit, vgl. MüKoFamFG/*Heiter* § 135 Rn. 9;
     Heineman FamRB 2010, 126.
37   Vgl. § 141 Abs. 1 S. 2 ZPO, § 34 Abs. 2 Alt. 1 Alt. 1 FamFG. Ähnlich: *Heineman*
     FamRB 2010, 126; *Grabow* FPR 2011, 35.
38   *Gläßer,* Mediation und Beziehungsgewalt, S. 353.
39   Keidel/*Weber* § 135 Rn. 6.
40   MüKoFamFG/*Heiter* § 135 Rn. 10; Prütting/Helms/*Helms* § 135 Rn. 3; *Heineman*
     FamRB 2010, 126.
41   Vgl. *Heineman* FamRB 2010, 129; MüKoFamFG/*Heiter* § 135 Rn. 15.

ligter einer richterlichen Anordnung zur Teilnahme an einem Informationsgespräch nach § 135 nicht nachgekommen ist, sofern der Beteiligte dies nicht genügend entschuldigt hat. [3]Haben die Beteiligten eine Vereinbarung über die Kosten getroffen, soll das Gericht sie ganz oder teilweise der Entscheidung zugrunde legen.

(5) [1]Die Vorschriften der Absätze 1 bis 4 gelten auch hinsichtlich der Folgesachen, über die infolge einer Abtrennung gesondert zu entscheiden ist. [2]Werden Folgesachen als selbstständige Familiensachen fortgeführt, sind die hierfür jeweils geltenden Kostenvorschriften anzuwenden.

§ 150 Abs. 4

I. Anwendungsbereich

Die Regelung ist bei ihrer Einführung kontrovers diskutiert worden, insbesondere unter den Gesichtspunkten der **Freiwilligkeit** der Mediation und der **Wirksamkeit** dieser Vorschrift. 1

§ 150 FamFG regelt ausschließlich die Kosten in Scheidungssachen und Folgesachen; Kindschaftssachen, die die Übertragung oder Entziehung der elterlichen Sorge, das Umgangsrecht oder die Herausgabe eines gemeinschaftlichen Kindes oder das Umgangsrecht eines Elternteils mit Kind betreffen, sind davon nicht umfasst (→ FamFG § 81 Rn. 1 ff.). In Scheidungsverfahren gilt der Grundsatz der Kostenaufhebung. Das bedeutet, dass jede Partei ihre eigenen Kosten trägt und dass die Gerichtskosten hälftig zu teilen sind. Dieses Prinzip wird auch auf Folgesachen angewandt – zunächst einmal unabhängig von deren Ausgang. 2

§ 150 Abs. 4 FamFG eröffnet dem Gericht die Möglichkeit einer anderweitigen Kostenverteilung nach billigem Ermessen, soweit in den Fällen der Abs. 1 bis 3 die Kostenverteilung „unbillig" erscheint. Dabei führt das Gesetz eine Reihe von Umständen auf, die bei der Ermessensentscheidung berücksichtigt werden können. 3

II. Nichtteilnahme an einem angeordneten Informationsgespräch gem. § 135 FamFG

Mit § 150 Abs. 4 S. 2 FamFG wird dem Familiengericht die Möglichkeit eingeräumt, auch die Nichtteilnahme an einem richterlich angeordneten Informationsgespräch nach § 135 FamFG, sofern sie nicht genügend entschuldigt ist, kostenrechtlich zu sanktionieren. 4

Nach dem Wortlaut der Norm steht dem Gericht sowohl hinsichtlich des „Ob" als auch hinsichtlich des „Wie" einer von § 150 Abs. 1–3 FamFG abweichenden Verteilung der Kosten ein weiter Ermessensspielraum zu. Verhält sich die Partei anordnungswidrig, ist dies aber in der Regel sanktionswürdig; das Ermessen hinsichtlich des „Ob" der Kostenauferlegung ist – ebenso wie im Rahmen des § 81 Abs. 2 Nr. 5 FamFG („soll") – zu reduzieren.[1] In Bezug auf das „Wie", dh den Umfang der Auferlegung von Kosten, hat das Gericht einen weiten Ermessensspielraum.[2]

---

1 *Heineman* FamRB 2010, 128; Bork/Jacoby/Schwab/*Löhning* § 135 Rn. 6; aA Prütting/Helms/*Helms*, § 150 Rn. 12; Zöller/*Herget* § 150 Rn. 3.
2 *Finke* FPR 2010, 333.

§ 150 Abs. 4 S. 2 FamFG steht nicht im Zusammenhang mit der Veranlassung von Mehrkosten, sondern hat echten Sanktionscharakter.[3] Die Norm liefe andernfalls praktisch leer, da das Nicht-Nachkommen der Anordnung keine Gebühren und regelmäßig auch keine anderen konkret zu beziffernden Mehrkosten verursacht.[4]

5   Die Regelung folgt, ebenso wie § 81 Abs. 2 Nr. 5, der Idee, welche der sogenannten **Woolf-Reform** in England zu Grunde lag (→ FamFG § 81 Rn. 3). Mit der Möglichkeit der Auferlegung von Verfahrenskosten trotz Obsiegens nach § 150 FamFG ist ein Instrument geschaffen worden, das die Parteien bei der Suche nach einer außergerichtlichen einvernehmlichen Regelung motivieren soll. Die Etablierung einer weitergehenden Möglichkeit, auch der obsiegenden Partei Kosten aufzuerlegen, wenn trotz Mediationseignung nicht vor Einleitung eines gerichtlichen Verfahrens der Versuch einer Einigung durch ein Mediationsverfahren unternommen wurde, stößt zu Recht auf Zustimmung.[5]

III. Auswirkung auf das Prinzip der Freiwilligkeit

6   Kostenmäßige Sanktionen, mit denen kooperationsunwillige Parteien zu einem Umdenken angeregt werden können, sind seit der Entscheidung *Dunnet vs Railtrack*[6] nicht nur in England, sondern auch in Deutschland diskutiert und mit der Einführung des § 150 Abs. 4 S. 2 FamFG ein erster Schritt dahin umgesetzt worden. Auch wenn die Sorge vor den möglicherweise auferlegten Verfahrenskosten mit Blick auf den Grundsatz der Freiwilligkeit teilweise auf Kritik stößt, wird diese Maßnahme zur Motivierung für ein Mediationsverfahren unter dem Gesichtspunkt der Verhältnismäßigkeit zu Recht begrüßt (→ FamFG § 135 Rn. 5 ff. und → FamFG § 81 Rn. 4).[7]

IV. Wirksamkeit der Kostensanktion

7   Die Regelung des § 150 Abs. 4 S. 2 FamFG (Verfahren in Scheidungssachen und Folgesachen) korrespondiert mit der des § 81 Abs. 2 Nr. 5 Alt. 1 FamFG (Allgemeiner Teil, → FamFG § 81 Rn. 1 ff.). Der Einsatz eines gewissen richterlichen Druckes hat sich in Kindschaftssachen als durchaus förderlich erwiesen, um die Beteiligten zu einer außergerichtlichen Beratungsmöglichkeit zu bewegen. Es ist das Anliegen des Gesetzgebers, dass auch bei finanziellen Fragestellungen wie Güterrechts- und Unterhaltsfolgesachen eine ähnliche Motivation zur Mitarbeit und letztlich Konfliktbeilegung auslöst. Grundsätzlich ist eine Sanktionsdrohung geeignet, die Partei

---

3   MüKoFamFG/*Henjes* § 150 Rn. 19.
4   Wie hier MüKoFamFG/*Heiter* § 135 Rn. 17.
5   *Lack-Strecker* ZKJ 2010, 338; *Trenczek* ZKM 2009, 183 (185).
6   Dunnet vs Railtrack plc. [2002] 1 WLR 2434 = [2002] 2 All ER 850.
7   *Marx* ZKM 2010, 132 ff.

hin zum gewünschten Verhalten zu steuern.[8] Gegenstand der Anordnung ist jedoch nur die Teilnahme an einem Informationsgespräch, nicht einen Mediationsversuch. Eine Anordnung kann erfolgen, wenn ohne nachvollziehbaren Grund keine außergerichtlichen Klärungsbemühungen unternommen wurden.[9]

Ob die Weigerung, an einem richterlich angeordneten Informationsgespräch teilzunehmen, genügend entschuldigt ist, bedarf einer Entscheidung des Einzelfalles.[10]

§ 155 FamFG Vorrang- und Beschleunigungsgebot

(1) Kindschaftssachen, die den Aufenthalt des Kindes, das Umgangsrecht oder die Herausgabe des Kindes betreffen, sowie Verfahren wegen Gefährdung des Kindeswohls sind vorrangig und beschleunigt durchzuführen.

(2) [1]Das Gericht erörtert in Verfahren nach Absatz 1 die Sache mit den Beteiligten in einem Termin. [2]Der Termin soll spätestens einen Monat nach Beginn des Verfahrens stattfinden. [3]Das Gericht hört in diesem Termin das Jugendamt an. [4]Eine Verlegung des Termins ist nur aus zwingenden Gründen zulässig. [5]Der Verlegungsgrund ist mit dem Verlegungsgesuch glaubhaft zu machen.

(3) Das Gericht soll das persönliche Erscheinen der verfahrensfähigen Beteiligten zu dem Termin anordnen.

(4) Hat das Gericht ein Verfahren nach Absatz 1 zur Durchführung einer Mediation oder eines anderen Verfahrens der außergerichtlichen Konfliktbeilegung ausgesetzt, nimmt es das Verfahren in der Regel nach drei Monaten wieder auf, wenn die Beteiligten keine einvernehmliche Regelung erzielen.

§ 155 Abs. 4

§ 155 Abs. 4 FamFG dient der Wahrung des in den Kindschaftssachen nach § 155 Abs. 1 FamFG geltenden und in der amtlichen Überschrift ausdrücklich genannten **Vorrang- und Beschleunigungsgebots**. Er stellt sicher, dass Verfahren, die wegen einer vom Gericht vorgeschlagenen außergerichtlichen Konfliktbeilegung bzw. Mediation ausgesetzt worden sind (vgl. § 36 a Abs. 2 FamFG), in der Hauptsache zeitnah weiter betrieben werden. Die Hauptsache soll unabhängig von einer gegebenenfalls nach § 156 Abs. 3 S. 2 FamFG erlassenen einstweiligen Anordnung **in der Regel nach**

8   Zur Verhaltenssteuerung durch Kostensanktionen vgl. grundlegend *Breyer*, Kostenorientierte Steuerung des Zivilprozesses, S. 217, 237; *Feix*, Die Verankerung einvernehmlicher Streitbeilegung im deutschen Zivilprozess, S. 214; *Wagner* AcP 2006, 363 f.; *Spindler*, Gerichtsnahe Mediation in Niedersachsen, S. 74; *Kilian/Wielgosz* ZZPInt 2004, 395; *Althammer* JZ 2006, 72 f. Die Bedürftigkeit einer *Einschränkung* der Wirkung einer kostenrechtlichen Sanktionsnorm, weswegen die Etablierung einer gesonderten Gebühr entsprechend der Verzögerungsgebühr nach § 38 GKG befürwortet wird, vgl. MüKoFamFG/*Heiter* § 135 Rn. 18.

9   *Prütting/Helms* § 150 Rn. 12.

10 *Keidel/Weber* § 150 Rn. 8. Aus der Formulierung des Gesetzes folgt, dass der nicht teilnehmende Beteiligte die Darlegungs- und Beweislast für das Vorliegen eines Entschuldigungsgrunds trägt.

drei Monaten wieder aufgenommen werden.[1] Die Regelung der Wiederaufnahme des Verfahrens als Regelfall eröffnet zugleich die Möglichkeit, in einzelnen Fällen der außergerichtlichen Konfliktbeilegung mehr Zeit einzuräumen.[2] Die 3-Monats-Frist basiert auf der Erfahrung, dass man innerhalb von drei Monaten in der Regel absehen kann, ob eine Mediation erfolgreich sein wird.

§ 156 FamFG   Hinwirken auf Einvernehmen

(1) [1]Das Gericht soll in Kindschaftssachen, die die elterliche Sorge bei Trennung und Scheidung, den Aufenthalt des Kindes, das Umgangsrecht oder die Herausgabe des Kindes betreffen, in jeder Lage des Verfahrens auf ein Einvernehmen der Beteiligten hinwirken, wenn dies dem Kindeswohl nicht widerspricht. [2]Es weist auf Möglichkeiten der Beratung durch die Beratungsstellen und -dienste der Träger der Kinder- und Jugendhilfe insbesondere zur Entwicklung eines einvernehmlichen Konzepts für die Wahrnehmung der elterlichen Sorge und der elterlichen Verantwortung hin. *[3]Das Gericht kann anordnen, dass die Eltern einzeln oder gemeinsam an einem kostenfreien Informationsgespräch über Mediation oder über eine sonstige Möglichkeit der außergerichtlichen Konfliktbeilegung bei einer von dem Gericht benannten Person oder Stelle teilnehmen und eine Bestätigung hierüber vorlegen. [4]Es kann ferner anordnen, dass die Eltern an einer Beratung nach Satz 2 teilnehmen.* [5]Die Anordnungen nach den Sätzen 3 und 4 sind nicht selbständig anfechtbar und nicht mit Zwangsmitteln durchsetzbar.

(2) [1]Erzielen die Beteiligten Einvernehmen über den Umgang oder die Herausgabe des Kindes, ist die einvernehmliche Regelung als Vergleich aufzunehmen, wenn das Gericht diese billigt (gerichtlich gebilligter Vergleich). [2]Das Gericht billigt die Umgangsregelung, wenn sie dem Kindeswohl nicht widerspricht.

(3) [1]Kann in Kindschaftssachen, die den Aufenthalt des Kindes, das Umgangsrecht oder die Herausgabe des Kindes betreffen, eine einvernehmliche Regelung im Termin nach § 155 Abs. 2 nicht erreicht werden, hat das Gericht mit den Beteiligten und dem Jugendamt den Erlass einer einstweiligen Anordnung zu erörtern. [2]Wird die Teilnahme an einer Beratung, an einem kostenfreien Informationsgespräch über Mediation oder einer sonstigen Möglichkeit der außergerichtlichen Konfliktbeilegung oder eine schriftliche Begutachtung angeordnet, soll das Gericht in Kindschaftssachen, die das Umgangsrecht betreffen, den Umgang durch einstweilige Anordnung regeln oder ausschließen. [3]Das Gericht soll das Kind vor dem Erlass einer einstweiligen Anordnung persönlich anhören.

---

1 *Wegener* NZFam 2015, 799 (801).
2 BT-Drs. 17/5335, 23. Beispielsweise wenn die Beteiligten dies übereinstimmend wünschen, weil sie von einer zeitnahen Einigung ausgehen oder weil in hocheskalierten Kindschaftskonflikten mehr Zeit für die Erarbeitung einvernehmlicher Regelungen benötigt wird, vgl. dazu *Krabbe/Thomsen* ZKM 2011, 111 ff.

§ 156 Abs. 1 Satz 3

I. Normzweck; Anwendungsbereich

Ein wesentlicher Grund für die unterbleibende Inanspruchnahme von Mediation ist ein Informationsdefizit in Bezug auf das Verfahren.[1] Bereits Art. 5 Abs. 1 S. 2 Med-RiLi sah daher vor, dass ein Gericht, das mit einer Klage befasst wird, die Parteien auffordern kann, an einer Informationsveranstaltung über die Nutzung der Mediation teilzunehmen, wenn solche Veranstaltungen durchgeführt werden und leicht zugänglich sind. Der Grundgedanke, diese Wissenslücke zu schließen, um bei der Wahl des Konfliktbeilegungsverfahrens eine informierte Entscheidung der Parteien zu gewährleisten, wurde mit dem „Gesetz zur Förderung der Mediation und anderer Verfahren der außergerichtlichen Konfliktbeilegung" in § 156 Abs. 1 S. 3 FamFG fortgeführt. Aufgrund § 156 Abs. 1 S. 3 FamFG können die Familiengerichte nunmehr auch in Kindschaftssachen – etwa bei elterlichem Streit um das Sorge- und Umgangsrecht – anordnen, dass die Eltern einzeln oder gemeinsam an einem kostenfreien Informationsgespräch über Mediation oder über eine sonstige Möglichkeit der außergerichtlichen Konfliktbeilegung teilnehmen. Dadurch wurde die ursprünglich unterschiedliche und nicht sachgerechte Behandlung von Kindschaftssachen einerseits und Scheidungs- und Folgesachen andererseits aufgehoben. Die Regelung des § **156 Abs. 1 S. 3 FamFG entspricht** der für Scheidungs- und Folgesachen bereits seit 2009 geltenden Vorschrift des § **135 S. 1 FamFG** (→ FamFG § 135 Rn. 1 ff.). Sie gilt ausschließlich für Kindschaftssachen, die die Übertragung oder Entziehung der elterlichen Sorge, den Aufenthalt des Kindes, das Umgangsrecht oder die Herausgabe des Kindes betreffen. § 156 Abs. 1 S. 3 FamFG ist somit lex specialis zu § 135 S. 1 FamFG, welcher ausschließlich für die zwischen den Ehegatten streitigen Folgesachen gilt. [1]

Persönlich-emotionale Konflikte können durch eine streitige Sachentscheidung, die auf rechtliche Kategorien reduziert ist,[2] regelmäßig nicht gelöst und nicht beendet werden.[3] Vor diesem Hintergrund soll das Gericht nach § 156 Abs. 1 S. 1 FamFG in den genannten Kindschaftssachen in jeder Lage des Verfahrens auf ein Einvernehmen der Beteiligten hinwirken, wenn dies dem Kindeswohl nicht widerspricht.[4] Nach § 156 Abs. 1 S. 2 FamFG weist das Gericht auf Möglichkeiten der Beratung durch die Beratungsstellen und -dienste der Träger der Kinder- und Jugendhilfe insbesondere zur Entwicklung eines einvernehmlichen Konzepts für die Wahrnehmung der [2]

---

1 *Greger* SchlHA 2007, 111; *Feix*, Die Verankerung einvernehmlicher Streitbeilegung im deutschen Zivilprozess, 208 ff. Dem Befund des Defizits an fundierter Information über das Verfahren steht nicht entgegen, dass eine zunehmende Zahl an Bürgern von Mediation „gehört" hat, vgl. *Engel* ZZP 2011, 508 unter Bezugnahme auf Roland Rechtsreport 2010, S. 41: 57 %.
2 Recht definiert das in seinem Sinne zur Konfliktbeendigung Relevante und lässt dabei Aspekte der Auseinandersetzung unberücksichtigt, die außerhalb seiner Relevanzdefinition liegen, vgl. *Hoffmann-Riem*, Mediation als moderner Weg der Konfliktbewältigung, S. 649.
3 *Hoffmann-Riem*, Mediation als moderner Weg der Konfliktbewältigung, S. 465; *Hoffmann-Riem*, Modernisierung von Recht und Justiz, S. 64 f.; *Proksch* ZKM 2010, 39. Ähnlich: Prütting/*Hammer* § 156 Rn. 2.
4 *Wegener* NZFam 2015, 799.

elterlichen Sorge und der elterlichen Verantwortung hin. In diesem Zusammenhang sind neben § 17 Abs. 1, 2 SGB VIII auch die außergerichtlichen Möglichkeiten der Beratung nach § 18 Abs. 1, § 28 SGB VIII in Bezug genommen.[5] Nach § 156 Abs. 1 S. 3 FamFG kann das Gericht **anordnen**, dass die Eltern einzeln oder gemeinsam an einem **kostenfreien Informationsgespräch über Mediation** oder über eine sonstige Möglichkeit der außergerichtlichen Konfliktbeilegung bei einer von dem Gericht benannten Person oder Stelle teilnehmen und eine Bestätigung hierüber vorlegen. Die Familiengerichte können somit auf die örtlichen Gegebenheiten Rücksicht nehmen und sowohl private Mediationsangebote als auch Mediationsangebote freier und öffentlicher Träger berücksichtigen.

3 Das Gericht kann gemäß § 156 Abs. 1 S. 4 auch anordnen, dass die Eltern an einer Beratung nach S. 2 teilnehmen.

Die Anordnungen nach den Sätzen 3 und 4 sind als verfahrensleitende Verfügungen nicht selbstständig anfechtbar und nicht mit Zwangsmitteln durchsetzbar, § 156 Abs. 1 S. 5 FamFG.[6] Kommt ein Beteiligter der Anordnung des Gerichts zur Teilnahme an einem Informationsgespräch nicht nach und legt die Bestätigung nicht vor, kann dies jedoch gemäß § 81 Abs. 2 Nr. 5 FamFG kostenrechtliche Folgen nach sich ziehen (→ FamFG § 81 Rn. 1 ff.). Grundsätzlich ist eine Sanktionsdrohung geeignet, die Partei hin zum gewünschten Verhalten zu steuern.[7]

II. Anordnung der Teilnahme an einem Informationsgespräch

4 Wie bereits bei § 135 Abs. 1 S. 1 FamFG kann das Gericht nun auch in Kindschaftssachen anordnen, dass die Beteiligten einzeln oder gemeinsam an einem Informationsgespräch über Mediation oder eine sonstige Form außergerichtlicher Konfliktbeilegung teilnehmen und eine Bestätigung hierüber vorlegen. Das Gericht hat die Person oder Stelle zu benennen,[8] die das Informationsgespräch durchführen soll, wobei ihm ein Auswahlermessen zusteht.[9] In Betracht kommen insbesondere Mediatoren, die die Voraussetzungen für eine Zertifizierung iSd Verordnung über die Aus- und Fortbildung nach § 6 MediationsG erfüllen und die geeignet sind, eine sich an das Informationsgespräch anschließende Mediation durchzuführen.[10] Der Gesetzgeber hat sich bewusst entschieden, die Information nicht dem mit der Entscheidung befassten Richter, sondern den Anbietern derartiger Maßnahmen zu übertragen. Auch wenn viele Richter über das Mediationsverfahren informiert sind oder diesbezüglich eine Weiterbildung absolviert ha-

---

5 Prütting/Helms/*Hammer* § 156 Rn. 22.
6 Vgl. KG 17.6.2015 – 18 WF 109/14, 18 WF 136/14 Rn. 12.
7 Zur Verhaltenssteuerung durch Kostensanktionen vgl. grundlegend *Breyer*, Kostenorientierte Steuerung des Zivilprozesses, S. 217, 237; *Feix*, Die Verankerung einvernehmlicher Streitbeilegung im deutschen Zivilprozess, S. 214; *Wagner* AcP 2006, 363 f.; *Spindler*, Gerichtsnahe Mediation in Niedersachsen, S. 74; *Kilian/Wielgosz* ZZPInt 2004, 395; *Althammer* JZ 2006, 72 f.
8 Nach dem Wortlaut der Regelung ist der bloße Verweis auf eine Liste des Gerichts nicht ausreichend, vgl. *Heineman* FamRB 2010, 127.
9 Vgl. zu § 135 FamFG: MüKoFamFG/*Heiter* § 135 Rn. 9; *Heineman* FamRB 2010, 127; *Grabow* FPR 2011, 35.
10 Vgl. zu § 135 FamFG: *Grabow* FPR 2011, 34.

ben, soll im Interesse der Rollenklarheit eine externe Information stattfinden (→ FamFG § 135 Rn. 4).

Die Möglichkeiten des Gerichts bezüglich der Mediation sind in dem Gesetzestext zurückhaltend ausgestaltet worden: Das Gericht soll nur die Teilnahme an einem Informationsgespräch über Mediation anordnen können, nicht einen Mediationsversuch, obwohl bekanntermaßen gerade in Kindschaftssachen ein gewisser Druck seitens des Familiengerichtes mit dem Ziel einer einvernehmlichen Regelung für die Beteiligten durchaus hilfreich sein kann. Immerhin können mit der durch das „Gesetz zur Förderung der Mediation und anderer Verfahren der außergerichtlichen Konfliktbeilegung" eingeführten Neufassung des § 156 Abs. 1 S. 3 FamFG die Familiengerichte nunmehr **auch in Kindschaftssachen** anordnen, dass die Eltern einzeln oder gemeinsam an einem **kostenfreien Informationsgespräch über Mediation** oder einer sonstigen Möglichkeit der außergerichtlichen Konfliktbeilegung teilnehmen. Die zuvor gemäß § 135 S. 1 FamFG nur im Rahmen von Scheidungen für Folgesachen geltende Regelung wurde damit auf Streitigkeiten um das Sorge- und Umgangsrecht erweitert (→ Rn. 1). 5

III. Prinzip der Freiwilligkeit

Bereits bei Einführung des § 135 FamFG war diskutiert worden, inwieweit eine derartige Anordnung – auch „**Mandatorische Information über Mediation**" genannt – mit dem Prinzip der Freiwilligkeit der Mediation vereinbar sei.[11] Besteht die Möglichkeit eines jederzeitigen „opt-out", bedeutet eine Obligation zum Mediationsversuch keinen Zwang zu Konsens oder Kompromiss.[12] Das Prinzip der Freiwilligkeit ist gewahrt, wenn lediglich die Freiwilligkeit hin zur Mediation eingeschränkt wird[13] und die Parteien nach einem Versuch der Mediation diese verlassen und das Gericht (wieder) anrufen können[14] (→ FamFG § 135 Rn. 5 ff.). Dies gilt erst recht für die Anordnung lediglich eines Informationsgesprächs als Minus gegenüber der Anordnung eines Mediationsversuchs. 6

Das Informationsgespräch soll die Eltern darüber informieren, was Mediation ist und welche Möglichkeiten der Konfliktlösung dieses Verfahren bietet. Aufgrund des Informationsgesprächs sollen insbesondere Eltern, deren Kinder in einen Elternstreit einbezogen sind, eine informierte Entscheidung treffen können, ob sie sich freiwillig für eine Mediation entscheiden und in diesem Verfahren eine Einigung erzielen wollen[15] (→ G Rn. 1 ff.).

---

11 Zur allgemeinen Diskussion über das Prinzip der Freiwilligkeit im Vergleich zur obligatorischen Mediation s. *Schwarz*, Mediation – Collaborative Law, S. 76 f.

12 *Rakowsky*, Obligatorische Mediation, S. 39; *Grabow* FPR 2011, 36.

13 *Rakowsky*, Obligatorische Mediation, S. 38 f., 44, 221; *McEwen/Milburn*, Explaining a Paradox of Mediation, Negotiation Journal 1993, 33 f.; *Marx* ZKM 2010, 132; *Grabow* FPR 2011, 36; *Ponschab* ZKM 2014, 126; AA *Breidenbach*, Mediation, S. 272.

14 *Kriegel*, Mediationspflicht?, S. 165 ff.; Studien beschrieben bei *Marx* ZKM 2010, 132 (134).

15 Vgl. dazu: *Marx* ZKJ 2010, 300 (304 f.) mwN; zu § 135 FamFG vgl. BT-Drs. 16/6308, 229; MüKoFamFG/*Heiter* § 135 Rn. 1.

IV. Kostenfreiheit

7 Ebenso kontrovers wie die Frage der Freiwilligkeit wird die im Gesetz vorgesehene Kostenfreiheit diskutiert.[16] Mangels staatlicher Finanzierung derartiger Mediationsangebote, zB durch **Einführung einer Mediationskostenhilfe** (→ MediationsG § 7 Rn. 1 ff.), hat der Gesetzgeber auf die **Bereitschaft der Mediationsszene** vertraut, diese Vorschrift im Sinne der Förderung der Mediation mit kostenfreien Angeboten zu unterstützen (→ FamFG § 135 Rn. 9).

8 Offen bleibt die Frage, wie die anschließende Dienstleistung einer Mediatoren zu vergüten ist. In der Regel zahlen die Beteiligten die Kosten der Mediation selbst, sofern nicht kostenlose oder kostengünstige Modelle im Rahmen von Beratungsstellen[17] oder Pilotprojekten[18] zur Verfügung stehen. Ein Anspruch der Mediatoren gegen die Staatskasse auf Kostenersatz kann aus der Vorschrift nicht abgeleitet werden.[19]

V. Ermessensentscheidung

9 Die Entscheidung,[20] ob das Gericht eine Anordnung nach § 156 Abs. 1 S. 3 FamFG trifft, steht in seinem **freien Ermessen.**[21] Voraussetzung ist, dass die Wahrnehmung des Informationsgesprächs für die Eltern nicht unzumutbar ist (→ FamFG § 135 Rn. 4). Die Anordnung setzt die Gewährung rechtlichen Gehörs voraus.[22] Die Anordnung selbst rechtfertigt keine Aussetzung des Verfahrens.[23] Entscheiden sich die Parteien im Anschluss an das Informationsgespräch zur Durchführung der Mediation, ist das Verfahren auszusetzen, § 36 a Abs. 2 FamFG (→ FamFG § 36 a Rn. 9 f.).[24] Das Gericht hat auch dann die Verzögerung zu minimieren.[25]

---

16 Statt vieler *Proksch* ZKM 2011, 173 (176).
17 Siehe exemplarisch dafür das Beratungsangebot des Vereins ZiF „Zusammenwirken im Familienkonflikt" in Berlin, abrufbar unter www.zif-online.de (zuletzt aufgerufen am 1.3.2017).
18 → MediationsG § 7 Rn. 13: „Berliner Initiative geförderte Familienmediation" (BIGFAM); *Hamkens* ZKM 2016, 145 f.
19 MüKoFamFG/*Heiter* § 135 Rn. 12; *Heineman* FamRB 2010, 128; ähnlich: *Prütting/Helms* § 135 Rn. 3; aA *Spangenberg* FamRZ 2009, 834 (835). Zur Diskussion → MediationsG § 7 Rn. 14. Wird ein Mediator – obgleich es hierfür an einer gesetzlichen Grundlage fehlt – vom Gericht zur Durchführung einer Mediation beauftragt, entsteht nach Auffassung des OLG Koblenz allerdings ein Vergütungsanspruch gegen die Staatskasse aus §§ 675, 670 BGB iVm §§ 1 ff. JVEG, OLG Koblenz 21.1.2014 – 13 WF 43/14 = ZKM 2014, 71 f.
20 Streitig ist, ob die Anordnung in Form eines Beschlusses zu ergehen hat, bejahend: *Prütting/Hammer* § 156 Rn. 38; für § 135 FamFG verneinend MüKoFamFG/*Heiter* § 135 Rn. 15.
21 *Prütting/Helms/Hammer* § 156 Rn. 39.
22 MüKoFamFG/*Heiter* § 135 Rn. 10; *Prütting/Helms/Helms* § 135 Rn. 3.
23 MüKoFamFG/*Heilmann* § 155 Rn. 37. AA *Prütting/Helms/Hammer* § 156 Rn. 41: § 36 a Abs. 2 FamFG verlange die Aussetzung. Dabei wird verkannt, dass das Gericht das Verfahren gemäß § 36 a Abs. 2 FamFG nur dann aussetzt, wenn sich die Beteiligten zur Durchführung einer Mediation entscheiden, nicht aber bereits bei Anordnung eines Informationsgesprächs über Mediation, das der Mediation selbst vorgelagert ist, vgl. MüKoFamFG/*Schumann* § 156 Rn. 13.
24 MüKoFamFG/*Schumann* § 156 Rn. 13.
25 *Wegener* NZFam 2015, 799 (801); beispielsweise mittels Befristung der Aussetzung, vgl. MüKoFamFG/*Heilmann* § 155 Rn. 37.

Artikel 4 Änderung des Arbeitsgerichtsgesetzes

Literatur:

Ahrens, Mediationsgesetz und Güterichter – Neue gesetzliche Regelungen der gerichtlichen und außergerichtlichen Mediation, NJW 2012, 2465; *Dahl*, Das neue Mediationsgesetz, FA 2012, 258; *Diop/Steinbrecher*, Ein Mediationsgesetz für Deutschland: Impuls für die Wirtschaftsmediation, BB 2011, 131; *Düwell/Lipke*, Arbeitsgerichtsgesetz, 3. Aufl. 2012; *Eidenmüller/Wagner*, Mediationsrecht, 1. Aufl. 2015; *Müller-Glöge/Preis/Schmidt*, Erfurter Kommentar zum Arbeitsrecht, 17. Aufl. 2017; *Francken*, Das Gesetz zur Förderung der Mediation und das arbeitsgerichtliche Verfahren, NZA 2012, 836; *ders.*, Erforderliche Nachbesserungen im Mediationsgesetz und im Arbeitsgerichtsgesetz, NZA 2012, 249; *ders.*, Erste Praxiserfahrungen mit dem nicht entscheidungsbefugten Güterichter gemäß § 54 VI ArbGG, NZA 2015, 641; *Fritz/Pielsticker*, Mediationsgesetz, 1. Aufl. 2013; *Germelmann/Matthes/Prütting*, Arbeitsgerichtsgesetz, 8. Aufl. 2013; *Hennsler/Willemsen/Kalb*, Arbeitsrecht Kommentar, 7. Aufl. 2016; *Kramer*, Mediation als Alternative zur Einigungsstelle im Arbeitsrecht?, NZA 2005, 135; *Lukas/Dahl*, Konfliktlösungen im Arbeitsleben, 2012; *Moll*, Münchener Anwaltshandbuch Arbeitsrecht, 4. Aufl. 2017; *Natter/Gross*, Arbeitsgerichtsgesetz, 2. Auflage 2013; *Nungesser*, Vergleichen vergleichsweise schwierig. Formale und materiell-rechtliche Hürden beim Vergleichsschluss nach § 278 Abs. VI ZPO, NZA 2005, 1027; *Pilartz*, Mediation im Arbeitsrecht: Güterichter und innerbetriebliches Konfliktmanagement, ArbRAktuell 2013, 433; *Seltmann*, Der Regierungsentwurf eines Mediationsgesetzes, NJW-Spezial 2011, 126; *Wolmerath*, Mediation und Güterichter – recht unbekannte Werkzeuge zur Streitschlichtung.

§ 54 ArbGG Güteverfahren

(1) [1]Die mündliche Verhandlung beginnt mit einer Verhandlung vor dem Vorsitzenden zum Zwecke der gütlichen Einigung der Parteien (Güteverhandlung). [2]Der Vorsitzende hat zu diesem Zwecke das gesamte Streitverhältnis mit den Parteien unter freier Würdigung aller Umstände zu erörtern. [3]Zur Aufklärung des Sachverhalts kann er alle Handlungen vornehmen, die sofort erfolgen können. [4]Eidliche Vernehmungen sind jedoch ausgeschlossen. [5]Der Vorsitzende kann die Güteverhandlung mit Zustimmung der Parteien in einem weiteren Termin, der alsbald stattzufinden hat, fortsetzen.

(2) [1]Die Klage kann bis zum Stellen der Anträge ohne Einwilligung des Beklagten zurückgenommen werden. [2]In der Güteverhandlung erklärte gerichtliche Geständnisse nach § 288 der Zivilprozeßordnung haben nur dann bindende Wirkung, wenn sie zu Protokoll erklärt worden sind. [3]§ 39 Satz 1 und § 282 Abs. 3 Satz 1 der Zivilprozeßordnung sind nicht anzuwenden.

(3) Das Ergebnis der Güteverhandlung, insbesondere der Abschluß eines Vergleichs, ist in die Niederschrift aufzunehmen.

(4) Erscheint eine Partei in der Güteverhandlung nicht oder ist die Güteverhandlung erfolglos, schließt sich die weitere Verhandlung unmittelbar an oder es ist, falls der weiteren Verhandlung Hinderungsgründe entgegenstehen, Termin zur streitigen Verhandlung zu bestimmen; diese hat alsbald stattzufinden.

(5) [1]Erscheinen oder verhandeln beide Parteien in der Güteverhandlung nicht, ist das Ruhen des Verfahrens anzuordnen. [2]Auf Antrag einer Partei ist Termin zur streitigen Verhandlung zu bestimmen. [3]Dieser Antrag kann

nur innerhalb von sechs Monaten nach der Güteverhandlung gestellt werden. [4]Nach Ablauf der Frist ist § 269 Abs. 3 bis 5 der Zivilprozeßordnung entsprechend anzuwenden.

(6) [1]Der Vorsitzende kann die Parteien für die Güteverhandlung sowie deren Fortsetzung vor einen hierfür bestimmten und nicht entscheidungsbefugten Richter (Güterichter) verweisen. [2]Der Güterichter kann alle Methoden der Konfliktbeilegung einschließlich der Mediation einsetzen.

§ 54 a ArbGG Mediation, außergerichtliche Konfliktbeilegung

(1) Das Gericht kann den Parteien eine Mediation oder ein anderes Verfahren der außergerichtlichen Konfliktbeilegung vorschlagen.

(2) [1]Entscheiden sich die Parteien zur Durchführung einer Mediation oder eines anderen Verfahrens der außergerichtlichen Konfliktbeilegung, ordnet das Gericht das Ruhen des Verfahrens an. [2]Auf Antrag einer Partei ist Termin zur mündlichen Verhandlung zu bestimmen. [3]Im Übrigen nimmt das Gericht das Verfahren nach drei Monaten wieder auf, es sei denn, die Parteien legen übereinstimmend dar, dass eine Mediation oder eine außergerichtliche Konfliktbeilegung noch betrieben wird.

1 Die mit dem Inkrafttreten des Gesetzes zur Förderung der Mediation und anderer Verfahren der außergerichtlichen Konfliktbeilegung bewirkte Änderung des Arbeitsgerichtsgesetzes betraf im Wesentlichen die Einführung des Güterichters (§ 54 Abs. 6 ArbGG) und den Vorschlag der Mediation oder eines anderen Verfahrens der außergerichtlichen Konfliktbeilegung durch das Gericht (§ 54 a ArbGG). Die übrigen Regelungen von Art. 4 des Gesetzes zur Förderung der Mediation und anderer Verfahren der außergerichtlichen Konfliktbeilegung betrafen notwendige Folgeänderungen.

2 Im Unterschied zu der Änderung des Sozialgerichtsgesetzes (Artikel 5 des Gesetzes zur Förderung der Mediation und anderer Verfahren der außergerichtlichen Konfliktbeilegung), der Verwaltungsgerichtsordnung (Art. 6 des Gesetzes) und der Finanzgerichtsordnung (Art. 8 des Gesetzes) reicht ein Verweis auf die entsprechende Anwendung der § 278 Abs. 5 und § 278 a ZPO im Arbeitsrecht nicht aus. Denn das ArbGG enthält in § 54 eine Sondervorschrift, welche die Güteverhandlung im Arbeitsgerichtsverfahren spezialgesetzlich regelt. Gemeinsam mit § 51 Abs. 1 und § 57 Abs. 2 ArbGG verdrängt § 54 ArbGG den § 278 ZPO weitestgehend.[1] Nur für den in § 278 Abs. 6 ZPO geregelten schriftlichen Vergleichsvorschlag gibt es im ArbGG kein Pendent. Er ist auch im Arbeitsgerichtsverfahren uneingeschränkt anwendbar.[2]

I. § 54 ArbGG

§ 54 ArbGG hat durch das MediationsG einen neuen Abs. 6 erhalten, wo-   3
nach der Vorsitzende die Parteien für die Güteverhandlung sowie deren Fortsetzung vor einen hierfür bestimmten und nicht entscheidungsbefugten Richter (Güterichter) verweisen kann. Der Güterichter kann alle Methoden der Konfliktbeilegung einschließlich der Mediation einsetzen. Im Übrigen ist § 54 ArbGG unverändert geblieben.

1. Entstehungsgeschichte des § 54 Abs. 6 ArbGG. Im Gesetzesentwurf[3]   4
hatte die Bundesregierung den Güterichter zunächst noch nicht geregelt. Vielmehr wollte sie die Mediation auf „drei Säulen"[4] stellen: die unabhängig von einem Gerichtsverfahren durchgeführte Mediation (außergerichtliche Mediation), die während eines Gerichtsverfahrens außerhalb des Gerichts durchgeführte Mediation (gerichtsnahe Mediation) und die während eines Gerichtsverfahrens von einem nicht entscheidungsbefugten Richter durchgeführte Mediation (gerichtsinterne Mediation).[5] Mit der gerichtsinternen Mediation stellte die Bundesregierung auf Erfahrungen ab, die einzelne Bundesländer, teils beschränkt auf einzelne Gerichtsbarkeiten, auf der Basis einer analogen Anwendung von § 278 Abs. 5 S. 1 ZPO bereits gemacht hatten.[6] Diese Modellversuche sollten auf eine ausdrückliche gesetzliche Grundlage gestellt werden.

Die Pläne der Bundesregierung sind allerdings auf heftige Kritik der Inter-   5
essenverbände außergerichtlicher Mediatoren gestoßen.[7] U.a. wurde eine Wettbewerbsverzerrung befürchtet, da die Gerichte mit der gerichtsinternen Mediation eine kostenlose Dienstleistung anbieten könnten.[8] Auch sei der Zeitaufwand bei der gerichtsinternen Mediation so hoch, dass statt der durch konsensuale Streitbeilegungsverfahren gewünschten Justizentlastung

---

1 Vgl. ErfK/*Koch* ArbGG § 54 Rn. 1, Germelmann/Matthes/Prütting/*Germelmann* § 54 Rn. 2 und *Ziemann* in: Moll, § 74 Rn. 257.
2 Vgl. *Nungesser* NZA 2005, 1027.
3 BT-Drs. 17/5335 und BT-Drs. 17/5496.
4 Vgl. *Francken* NZA 2012, 249 mwN.
5 BT-Drs. 17/5335.
6 Vgl. *Francken* NZA 2012, 836 mwN.
7 Vgl. *Dahl* in: Lukas/Dahl, Kap. 2 A; *Diop/Steinbrecher* BB 2011, 131.
8 Stellungnahme der BRAK S. 6, abrufbar unter http://www.brak.de/zur-rechtspolitik/ stellungnahmen-pdf/stellungnahmen-deutschland/2010/oktober/stellungnahme-der-brak-2010-27.pdf (zuletzt aufgerufen am 1.3.2017); DAV S. 9 der Stellungnahme, abrufbar unter https://anwaltverein.de/de/newsroom/id-2010-58?page_n27=121 (zuletzt aufgerufen am 1.3.2017); Stellungnahme der Centrale für Mediation S. 8, abrufbar unter http://www.reinhard-greger.de/dateien/Stellungnahme_Centrale-fuer-Mediation.pdf (zuletzt aufgerufen am 1.3.2017); Befürworter der Deutsche Richterbund in seiner Stellungnahme, abrufbar unter http://www.drb.de/?id=664 (zuletzt aufgerufen am 10.1.2017).

eine Belastung der Justiz eintrete.[9] Die Kritik, wohl vor allem aber der politische Druck der Interessenverbände, hat letztlich dazu geführt, dass der Gesetzgeber die gerichtsinterne Mediation im Laufe des Gesetzgebungsverfahrens durch das Güterichtermodell ersetzt hat.[10] Auf Vorschlag des Vermittlungsausschuss vom 27.6.2012[11] ist in § 54 Abs. 6 S. 2 ArbGG allerdings noch die Klarstellung aufgenommen worden, dass auch der Güterichter „alle Methoden der Konfliktbeilegung einschließlich der Mediation einsetzen" kann. Damit ist auch die Unterscheidung zwischen gerichtsnaher und außergerichtlicher Mediation obsolet geworden. Die bisherigen Projekte zur gerichtsinternen Mediation mussten nach dreizehn Monaten beendet werden (§ 9).

6 Es ist zweifelhaft, ob die Kritiker der gerichtsinternen Mediation tatsächlich mit dem Kompromiss zufrieden sind. Denn bei Lichte betrachtet gibt § 54 Abs. 6 ArbGG den Gerichten sogar mehr Möglichkeiten als die schlichte gerichtsinterne Mediation. Der Güterichter kann im Gegensatz zum gerichtsinternen Mediator sogar frei wählen, welche Methode der Konfliktbeilegung er anwenden will. Die Kritik (Wettbewerbsverzerrung, Kostenbelastung) lässt sich 1:1 auf das Güterichtermodell übertragen. Zudem können die Kritiker auf die ohnehin hohe Erfolgsquote der Arbeitsgerichte bei der einvernehmlichen Konfliktbeilegung verweisen und vor diesem Hintergrund die Frage stellen, ob es eines besonderen Güterichters überhaupt bedarf. Denn die Vorsitzenden mit ihren Kammern legen nach den Statistiken der Arbeitsgerichtsbarkeit[12] seit jeher die überwiegende Anzahl der Rechtsstreitigkeiten durch eine einvernehmliche Lösung bei. Jedes Jahr werden nur etwa 10 % der Klagen durch streitige Urteile abgeschlossen. Die restlichen Verfahren enden durch Vergleich oder auf andere Weise (zB Klagerücknahme). Damit wirken gerade die Arbeitsrichter seit je her meist weniger als „Entscheider" und vielmehr als „Konfliktlöser", die die Parteien bei der eigenverantwortlichen Beilegung des Rechtsstreits unterstützen.

7 **2. Das Thüringer Projekt Güterichter.** Auch beim Güterichter kann die Praxis auf Erfahrungen aus Modellversuchen in Bayern und Thüringen zurückgreifen. Dabei hat zB das Thüringer Justizministerium auf der Basis eines Erlasses vom 27.10.2008[13] im Zeitraum von 2009 bis 2011 positive

---

9 *Seltmann* NJW-Spezial 2011, 126 und DAV S. 9 der Stellungnahme, abrufbar unter https://anwaltverein.de/de/newsroom/id-2010-58?page_n27=121 (zuletzt aufgerufen am 10.1.2017).
10 Stellungnahme des Rechtsausschusses, Ausschuss-Drs. 17(6)151, BT-Drs. 17/8058.
11 BT-Drs. 17/10102.
12 2015 waren bei den Arbeitsgerichten in Deutschland insgesamt 479.795 Klagen anhängig. Von den 374.095 erledigten Klagen wurden lediglich 26.997 durch streitiges Urteil beendet. Etwa 350.000 Verfahren endeten durch Vergleich oder auf andere Weise (zum Beispiel Klagerücknahme/anderweitige Erledigung). Vergleichbare Ergebnisse zeigen auch die Statistiken der Vorjahre (Statistiken des Bundesministeriums für Arbeit und Soziales, abrufbar unter www.bmas.de (zuletzt aufgerufen am 10.1.2017)).
13 Az: 3010 – 2131/08; vgl. http://www.reinhard-greger.de/ikv-thueringen1.pdf (zuletzt aufgerufen am 1.3.2017).

Erfahrungen mit dem „Thüringer Projekt Güterichter" gemacht.[14] Das Thüringer LAG wurde als Modellgericht für alle Thüringer Arbeitsgerichte ausgewählt und vier Berufungsrichter wurden nach einer Schulung in den Methoden der konsensorientierten Verhandlungsleitung zu Güterichtern bestimmt. Seither haben die vier Güterichter am LAG Thüringen 170 Ersuchen der Arbeitsgerichte erhalten und davon 112 mit Einigung in der Güteverhandlung beendet. Von den 29 Ersuchen der Kolleginnen und Kollegen vom LAG beendeten sie 18 mit Einigungen in der Güteverhandlung. Da der Gesetzgeber den Güterichter ob der positiven Erfahrungen ua in Thüringen nunmehr auf eine gesetzliche Grundlage gestellt hat, sehen die Geschäftsverteilungspläne der Modellgerichte auch weiterhin die Funktion des Güterichters vor.[15] Durch die ausdrückliche gesetzliche Regelung des Güterichters muss nicht mehr die Frage beantwortet werden, ob die vom Justizministerium für den Modellversuch herangezogene Rechtsgrundlage des § 278 Abs. 5 ZPO aF für das Arbeitsrecht ob der Sondervorschrift des § 54 ArbGG überhaupt anwendbar war.

3. Organisation und allgemeines Verfahren. Der erst spät als Ersatz für die gerichtsinterne Mediation aufgenommene § 54 Abs. 6 ArbGG ist in den Gesetzgebungsmaterialien kaum erläutert. Weder aus dem Gesetzeswortlaut noch aus den Gesetzgebungsmaterialien ergibt sich, in wie weit insbesondere die übrigen Absätze des § 54 ArbGG auch auf die Güteverhandlung vor dem Güterichter Anwendung finden. Da der Vorsitzende nach dem Wortlaut von Abs. 6 die Möglichkeit haben muss, die Parteien an einen Güterichter zu verweisen, haben die Länder für entsprechende Möglichkeiten an jedem Arbeitsgericht der ersten und zweiten Instanz (über die Verweisung des § 64 Abs. 7 ArbGG) jedenfalls Sorge zu tragen. Dies erfordert eine entsprechende gerichtsinterne Organisation und eine ausreichende Anzahl von Güterichtern.   **8**

Die Verweisung ist vom Gesetzgeber nicht auf bestimmte Fallkonstellationen beschränkt. Er hat sich in den Gesetzgebungsmaterialien richtigerweise auch jeder Empfehlung enthalten. Denn entscheidend ist allein der „gute Wille" der Parteien, den Streit im Rahmen eines Konsenses beizulegen. Es spielt dabei keine Rolle, ob der Rechtsstreit nur die Spitze eines tiefergelagerten Konflikts betrifft, ob emotionale Verstrickungen bestehen oder bisher zu wenig Zeit zur Kommunikation zwischen den Parteien war. Jeder Konflikt eignet sich zu einer konsensualen Lösung, wenn die Streitparteien es nur wollen.

Die Parteien sind in der Verhandlung vor dem Güterichter nicht auf den Streitgegenstand beschränkt. Mit dem Verfahren vor dem Güterichter ist gerade bezweckt eine Befriedung zu erreichen, die das gesamte Verhältnis der Parteien zueinander und eben nicht nur den Rechtsstreit betrifft.

Neben dem Berufungsverfahren (§ 64 Abs. 7 ArbGG) gelten die Vorschriften zum Güterichter auch für das Beschlussverfahren in erster und zweiter

---

14 Vgl. den ausführlichen Erfahrungsbericht unter https://www.thueringen.de/imperia /md/content/text/justiz/gueterichter/abschlussbericht_g__terichter_teil_1.pdf (zuletzt aufgerufen am 1.3.2017) und *Engel* in: Lukas/Dahl, Kap. 5 D.

15 Abrufbar unter https://www.thueringen.de/imperia/md/content/text/justiz/gueterich ter/abschlussbericht_g__terichter_teil_1.pdf (zuletzt aufgerufen am 1.3.2017).

Instanz (§§ 80 Abs. 2 und 87 Abs. 2 S. 1 ArbGG). Im Revisions- und Rechtsbeschwerdeverfahren gelten sie dagegen mangels gesetzlicher Regelung nicht.

9   **4. Einverständnis der Parteien.** Aus dem Wortlaut des § 54 Abs. 6 ArbGG ergibt sich nicht, ob das Einverständnis der Parteien für die Verweisung an den Güterichter erforderlich ist. Allerdings weist der Rechtsausschuss in der Begründung seiner Beschlussempfehlung zur Parallelvorschrift des § 278 a ZPO zutreffend darauf hin, dass die Güteverhandlung vor dem Güterichter nur dann aussichtsreich ist, wenn die Parteien für eine einvernehmliche Konfliktlösung offen und deshalb grundsätzlich bereit sind, sich auf ein solches Verfahren einzulassen.[16] Vor diesem Hintergrund kommt der Verweis zu einem Güterichter nur mit Einverständnis der Parteien in Betracht.[17] So weist auch das LAG Hamm in seiner lesenswerten Information zum Güterichterverfahren vor dem LAG und den Arbeitsgerichten ausdrücklich darauf hin, dass das Güterichterverfahren freiwillig erfolgt.[18] Gleiches gilt für die Pressemitteilungen des LAG Hessen[19] und des ArbG Berlin.[20] Das Einverständnis kann schriftsätzlich oder zu Protokoll erklärt werden.

10   Etwas anderes ließe sich auch nicht mit dem in § 1 Abs. 1 niedergelegten allgemeinen Verfahrensgrundsatz der Freiwilligkeit vereinbaren. Zwar stellt die Verhandlung vor dem Güterichter nicht per se eine Mediation dar. Dies wird dadurch deutlich, dass der Güterichter nach § 54 Abs. 6 S. 2 ArbG alle Methoden der Konfliktbeilegung anwenden kann und eben nicht auf die Mediation beschränkt ist. Damit ist § 1 Abs. 1 nicht zwingend auf das Verfahren vor dem Güterichter anzuwenden. Die Freiwilligkeit ist aber ein elementarer Grundsatz aller konsensualen Konfliktlösungsverfahren. Dies ergibt sich aus der zugrundeliegenden Richtlinie 2008/52EG des Europäischen Parlaments und des Rats vom 21.5.2008 über bestimmte Aspekte der Mediation in Zivil- und Handelssachen[21] sowie der Begründung des Regierungsentwurfes. Danach bleiben die Parteien während des gesamten Verfahrens für die zur Konfliktbeilegung getroffenen Maßnahmen und Absprachen verantwortlich.[22]

11   Die Parteien können demnach frei und ohne Nachteile befürchten zu müssen darüber entscheiden, ob sie mit einem Verweis an den Güterichter einverstanden sind. Sie können auch frei darüber entscheiden, ob sie das Verfahren vor dem Güterichter abbrechen oder zu einem Ergebnis finden. Ent-

---

16   BT-Drs. 17/8058, 21.
17   So auch *Francken* NZA 2012, 836; *Tautphäus* in: Düwell/Lipke, ArbGG § 54 Rn. 54 und Fritz/Pielsticker/*Fritz* ArbGG § 54 Rn. 18.
18   Abrufbar unter http://www.lag-hamm.nrw.de/aufgaben/mediation/Informationen-zum-Gueterichterverfahren.pdf (zuletzt aufgerufen am 1.3.2017).
19   Abrufbar unter http://www.lag-frankfurt.justiz.hessen.de/irj/LAG_Hessen_Internet ?rid=HMdJ_15/LAG_Hessen_Internet/sub/188/1882060a-e069-ac31-79cd-aa2b41 7c0cf4,,,11111111-2222-3333-4444-100000005003%26overview=true.htm (zuletzt aufgerufen am 1.3.2017).
20   Abrufbar   unter   http://www.berlin.de/gerichte/arbeitsgericht/presse/archiv/ 20120924.1435.375701.html (zuletzt aufgerufen am 1.3.2017).
21   ABl. L 136 v. 24.5.2008, Rn. 13.
22   BT-Drs. 17/5335, 14.

fällt das Einverständnis ist das Verfahren unverzüglich wieder vom gesetzlichen Richter zu führen.

5. Zuständigkeit. Im Regierungsentwurf findet sich noch der Hinweis, 12
dass der Güterichter zwingend demselben Gericht angehören muss wie der
verweisende Richter.[23] In seiner Stellungnahme zum Regierungsentwurf
wies der Bundesrat allerdings darauf hin, dass ein solches Verständnis
nicht mit § 362 ZPO vereinbar sei und zum Teil der Praxis der Güterichtermodelle in den Ländern widerspreche.[24] Diese Kritik aufnehmend gehen
sowohl die Bundesregierung in ihrer Äußerung zur Stellungnahme des Bundesrats[25] als auch der Rechtsausschuss davon aus, dass die Güterichtermodelle sowohl gerichtsintern als auch gerichtsübergreifend organisiert sein
können.[26] Damit kommen auch für erstinstanzliche Rechtsstreite – wie
beim Modellversuch der Thüringer Arbeitsgerichtsbarkeit – das Rechtsmittelgericht oder sogar das Gericht einer anderen Gerichtsbarkeit für die
Durchführung der Güteverhandlung in Betracht.[27] Entscheidend ist allein
die Eigenschaft als Güterichter, die zu den Geschäften im Sinne des § 21 e
Abs. 1 S. 1 GVG gehört und damit im Geschäftsverteilungsplan zu regeln
ist.[28] Im Geschäftsverteilungsplan kann und sollte auch geregelt werden,
ob die Güterichter für ihre Tätigkeit eine Entlastung von ihren Streitfällen
erhalten.[29] Von dieser Möglichkeit machen aber nicht alle Gerichte Gebrauch.[30]

Aus dem Wortlaut und der Gesetzesbegründung lässt sich nicht eindeutig
entnehmen, ob durch die Geschäftsverteilung eine Zuweisung von Fällen
nach einem bestimmten Prinzip (Nummern, Buchstaben) an einen Güterichter möglich ist oder ob die Parteien zwischen einem von mehreren Güterichtern wählen können.[31] Für eine Zuweisung spricht, dass auch der
Güterichter gesetzlicher Richter im Sinne von § 16 S. 2 GVG ist.[32] Auch
deutet der Wortlaut der Regelung darauf hin. Denn Abs. 6 spricht von
einem „hierfür bestimmten … Güterichter".[33] Allerdings kann sich die Bedeutung des Wortlauts auch darin erschöpfen, dass nur an einen hierzu ernannten Güterichter in Abgrenzung zu einem „normalen" Vorsitzenden
Richter verwiesen werden kann. Die Person muss dabei nicht zwangsläufig

---

23 BT-Drs. 17/5335, 20.
24 BR-Drs. 60/11, 8.
25 BT-Drs. 17/5496, 2.
26 Stellungnahme des Rechtsausschusses Ausschuss-Drs. 17(6)151, BT-Drs. 17/8058, 27.
27 So auch *Francken* NZA 2012, 836; aA *Ahrens* NJW 2012, 2465; vgl. ErfK/*Koch* ArbGG § 54 Rn. 11.
28 Stellungnahme des Rechtsausschusses Ausschuss-Drs. 17(6)151, BT-Drs. 17/8058, 26; so auch Eidenmüller/Wagner/*Steiner*, Kapitel 8 Rn. 134.
29 Eidenmüller/Wagner/*Steiner*, Kapitel 8 Rn. 137 hält den Belastungsausgleich für notwendig.
30 *Greger*, Rechtstatsächliche Untersuchung zur Implementierung des Güterichterverfahrens, abrufbar unter http://www.reinhard-greger.de/dateien/Evaluationsbericht-1.pdf (zuletzt abgerufen am 1.3.2017).
31 So Fritz/Pielsticker/*Fritz* ArbGG § 54 Rn. 16 und wohl auch die Praxis der meisten Arbeitsgerichte. Hingegen können die Parteien beim LAG Hessen einen der sechs Güterichter wählen.
32 So der Regierungsentwurf in BT-Drs. 17/5335, 20.
33 So *Tautphäus* in: Düwell/Lipke, ArbGG § 54 Rn. 75.

(durch den Geschäftsverteilungsplan vor)bestimmt sein. Zudem ließe sich ein Wahlrecht auch besser mit dem in § 1 Abs. 1 niedergelegten allgemeinen Verfahrensgrundsatz der Freiwilligkeit vereinbaren. Auch wenn § 1 Abs. 1 nicht zwingend auf das Verfahren vor dem Güterichter anzuwenden ist, so ist doch das Freiwilligkeitsprinzip ein elementarer Grundsatz aller konsensualen Konfliktlösungsverfahren. Mit dem Freiwilligkeitsprinzip ist es nicht vereinbar, wenn den Parteien ein bestimmter Güterichter aufgezwungen wird. Ein von einer Seite abgelehnter Güterichter dürfte die konsensuale Lösung belasten. Konsequenterweise muss auch dem Güterichter die Möglichkeit bleiben, ein Verfahren abzulehnen.

13 **6. Zeitpunkt des Verweises.** Versteht man den in § 54 Abs. 6 ArbGG verwandten Begriff der „Güteverhandlung" so wie in den Abs. 1 bis 5 des gleichen Paragrafen, kommt man zu dem Ergebnis, dass der Verweisungsbeschluss zur Güteverhandlung in der ersten Instanz vor Eintritt in die Kammerverhandlung erfolgen muss. Dies ergibt sich daraus, dass die Verweisung nach dem Wortlaut (nur) zur Güteverhandlung oder deren Fortsetzung erfolgt. Die Güteverhandlung ist in der ersten Instanz mit Ausnahme des einstweiligen Rechtsschutzes zwingend und liegt nur im Beschlussverfahren im Ermessen des Vorsitzenden. Erst wenn in der Güteverhandlung als erstem Verfahrensabschnitt des arbeitsgerichtlichen Verfahrens erster Instanz (§ 54 Abs. 1 S. 1 ArbGG) keine gütliche Einigung zustande kommt, wird die mündliche Verhandlung durch die Verhandlung vor der Kammer (§ 57 ArbGG) fortgesetzt. Eine Rückkehr von der Kammerverhandlung in die Güteverhandlung ist nicht möglich und im Gegensatz zu § 278 Abs. 5 ZPO bestimmt § 54 Abs. 6 S. 1 ArbGG nicht, dass der Verweis auch für weitere Güteversuche (in anderen Verfahrensstadien) erfolgen kann.[34] Da der Vorsitzende die Parteien nicht nur zur gesamten Durchführung der Güteverhandlung, sondern auch zu deren Fortsetzung an den Güterichter verweisen kann, muss ein entsprechender Beschluss aber danach nicht zwingend vor der Güteverhandlung vor dem Streitrichter erfolgen. Vielmehr ist eine Verweisung auch noch während der Güteverhandlung vor dem gesetzlichen Richter möglich. Dies entspricht auch § 54 Abs. 1 S. 5 ArbGG, wonach der Vorsitzende die Güteverhandlung mit Zustimmung der Parteien in einem weiteren Termin, der alsbald stattzufinden hat, fortsetzen kann. Da § 54 Abs. 6 ArbGG nur von „Fortsetzung" der Güteverhandlung spricht und die zulässige Zahl der Termine für die Güteverhandlung nach § 54 Abs. 1 S. 5 ArbGG nicht erweitert, muss die Güteverhandlung vor dem Güterichter dann allerdings in einer Verhandlung abgeschlossen werden. Hat vor dem gesetzlichen Richter bereits ein zweiter Termin stattgefunden, ist ein Verweis an den Güterichter danach nicht mehr möglich.

Es ist allerdings mehr als zweifelhaft, dass der Begriff der „Güteverhandlung" des § 54 Abs. 6 ArbGG identisch ist mit dem der vorherigen fünf

---

34 Vgl. auch *Francken* NZA 2012, 836, der zutreffend darauf hinweist, dass Spruchkörper nach dem Ende der Güteverhandlung die Kammer und nicht mehr der Vorsitzende allein ist. Eine Verweisung durch die Kammer an den nicht entscheidungsbefugten Güterichter sieht § 54 Abs. 6 ArbGG nF aber nicht vor. Etwas anderes sei nicht mit dem Beschleunigungsgrundsatz vereinbar.

Absätze. Denn der Güterichter kann im Gegensatz zur „regulären" Güteverhandlung mangels Entscheidungsbefugnis in „seiner" Güteverhandlung zB kein Versäumnisurteil erlassen. Die Vorschriften der §§ 46 Abs. 2 S. 1 ArbGG, 330 bis 347 ZPO und 59 ArbGG sind auf die Verhandlung vor dem Güterichter nicht anwendbar. Im Gegensatz zur „normalen" Güteverhandlung ist bei der Güteverhandlung vor einem Güterichter gemäß §§ 46 Abs. 2 ArbGG und §§ 159 S. 2, 278 Abs. 5 ZPO ein Protokoll zudem nur auf übereinstimmenden Antrag der Parteien zu erstellen. Ist der Begriff der Güteverhandlung im gesamten § 54 ArbGG nicht einheitlich zu verstehen, so ist eine Verweisung auch noch in der Kammerverhandlung der ersten Instanz möglich. Dafür spricht auch, dass die Verweisung noch in der zweiten Instanz und damit zu einem wesentlich späteren Zeitpunkt erfolgen kann.[35] Es macht keinen Sinn, dass eine Verweisung in der zweiten Instanz noch möglich, eine sinnvolle Verweisung in der Kammerverhandlung der ersten Instanz dagegen nicht möglich sein soll. Damit spricht nach dem Sinn und Zweck der Vorschrift Vieles dafür, die Güteverhandlung vor dem Güterichter als ein eigenes, von den ersten fünf Absätzen des § 54 ArbGG abgegrenztes Verfahren zu verstehen.[36]

7. Verweisungsbeschluss. Die Verweisung erfolgt durch Beschluss der   **14**
Streitkammer. Eine Rechtsmittelbelehrung ist nicht erforderlich, da es kein Rechtsmittel gegen den Beschluss gibt (die Voraussetzungen von § 78 Abs. 1 ArbGG, § 567 Abs. 1 Nr. 1 ZPO liegen nicht vor). Sollten die Parteien mit der Verweisung nicht einverstanden sein oder ihre Zustimmung zurücknehmen, wird die Verhandlung vor der Streitkammer fortgesetzt. Im Gegensatz zur Mediation ruht das streitige Verfahren für die Zeit der Verweisung an den Güterichter nicht.[37] Der Vorsitzende des Streitgerichts kann daher einen Kammertermin anberaumen, um keine Verzögerung eintreten zu lassen.

8. Fachliche und persönliche Kompetenzen des Güterichters. Weder im Ge-   **15**
setz noch in der Gesetzesbegründung ist geregelt, welche persönlichen und fachlichen Fähigkeiten ein Güterichter aufweisen muss und wie eine etwaige Aus- und Fortbildung erfolgen soll. Der Gesetzgeber meint schlicht, die Kompetenzen und Erfahrungen der bisherigen richterlichen Mediatoren und die entsprechenden Aus- und Fortbildungsmaßnahmen der Länder könnten in vollem Umfang auch beim Güterichter weitergenutzt werden.[38] Welche Kompetenzen, Aus- und Fortbildungsmaßnahmen dies sind, erwähnt der Gesetzgeber nicht. Es ist also Aufgabe der Länder, in eigener Regie die erforderlichen Kompetenzen der Güterichter zu bestimmen sowie die Aus- und Fortbildung zu organisieren. Dabei sollten die Inhalte nicht hinter dem zurückbleiben, was der Gesetzgeber von den außergerichtlichen zertifizierten Mediatoren erwartet (vgl. § 5 Abs. 2). Das tatsächlich den Richtern von den Ländern angebotene Ausbildungsangebot orientiert sich

---

35 So zutreffend *Tautphäus* ArbGG § 54 Rn. 67.
36 So auch Fritz/Pielsticker/*Fritz* ArbGG § 54 Rn. 10; Germelmann/Matthes/Prütting/
Germelmann § 54 a Rn. 9.
37 BT-Drs. 17/5335, 20.
38 Stellungnahme des Rechtsausschusses, Ausschuss-Drs. 17(6)151; BT-Drs. 17/8058, 20.

jedoch nicht zwingend daran, findet in unterschiedlicher Intensität statt und wird in der Regel von den Richtern als zu kurz empfunden.[39]

16   **9. Verhandlungsführung.** Gesetzlich nicht ausdrücklich geregelt ist auch, wie der Güterichter die Güteverhandlung zu leiten hat. § 54 Abs. 6 S. 2 ArbGG besagt lediglich, dass der Güterichter alle Methoden der Konfliktbeilegung einschließlich der Mediation einsetzen kann. Es stellt sich die Frage, welche Methoden dies sind und ob über die jeweilige Methode Einvernehmen bestehen muss.

17   Mit dem Grundsatz der Freiwilligkeit wäre die Bestimmung der Methode gegen den Willen der Parteien durch den Güterichter nicht vereinbar. Es ist vielmehr erforderlich, dass sich die Parteien mit dem Güterichter zu Beginn der Güteverhandlung auf die jeweilige Methode verständigen.[40] Dabei kommt nach dem Willen des Gesetzgebers neben der Mediation auch die Schlichtung in Betracht, denn er führt in der Gesetzesbegründung aus, dass der Güterichter im Gegensatz zum Mediator ua rechtliche Bewertungen vornehmen und den Parteien Lösungen für den Konflikt vorschlagen kann.[41] Der Güterichter soll nach dem Willen des Gesetzgebers unabhängig von der Methode Techniken anwenden, mit denen insbesondere der Sinn der Parteien für ihre Verantwortlichkeit und ihre Autonomie sowie der Bereitschaft, sich aufeinander einzulassen, gefördert werden sollen. Zu derartigen Techniken gehören das aktive Zuhören, die Widerspiegelung von Erklärungen und Botschaften der Parteien in deeskalierender Weise, die Umwandlung von Beschwerden in verhandelbare Themen, die Technik des offenen Fragens, die Erarbeitung von Fairnesskriterien zur Lösung des Konflikts sowie die Entwicklung von realisierbaren Probe- und Teillösungen.[42] Das Thüringer Güterichtermodell hat neben der Mediation und Schlichtung noch die Moderation und Mediation in Einzelgesprächen unterschieden.[43] Zum Teil wird unter dem Hinweis, dass der Güterichter kein Mediator ist, abgelehnt, dass der Güterichter Einzelgespräche führen darf.[44] Mehrheitlich wird jedoch in Anlehnung an § 2 Abs. 3 S. 3 das Führen von Einzelgesprächen im Einvernehmen mit den Parteien als adäquates und hilfreiches Mittel der Verhandlungsführung angesehen, was sich auch in der Praxis der Güterichter an den Arbeitsgerichten widerspiegelt.[45]

Soweit sich die Parteien auf eine Methode festgelegt haben, sollte der Güterichter darauf achten, die Methode im weiteren Verlauf auch einzuhalten und damit bei einer vereinbarten Mediation zB von eigenen Vorschlägen

---

39 *Greger*, Rechtstatsächliche Untersuchung zur Implementierung des Güterichterverfahrens, abrufbar unter http://www.reinhard-greger.de/dateien/Evaluationsbericht-1.pdf (zuletzt abgerufen am 1.3.2017).

40 So auch Fritz/Pielsticker/*Fritz* ArbGG § 54 Rn. 31, dem Grundsatz der Informiertheit folgend.

41 Stellungnahme des Rechtsausschusses, Ausschuss-Drs. 17(6)151, BT-Drs. 17/8058, 20.

42 Stellungnahme des Rechtsausschusses, Ausschuss-Drs. 17(6)151, BT-Drs. 17/8058, 20.

43 Abrufbar unter http://www.thueringen.de/de/justiz/konfliktloesung/gueterichter (zuletzt abgerufen am 1.3.2017).

44 Germelmann/Matthes/Prütting/*Germelmann* § 54 a Rn. 19.

45 *Ahrens* NJW 2012, 2465; Eidenmüller/Wagner/*Steiner*, Kapitel 8 Rn. 77; *Francken* NZA 2015, 641; *Pilartz* ArbRAktuell 2013, 433.

abzusehen, soweit die Parteien nicht ausdrücklich damit einverstanden sind.[46]

Ausgehend vom Grundsatz der Freiwilligkeit ist der Termin zur Güteverhandlung auch mit den Parteien abzustimmen und kann vom Gericht nicht einseitig festgesetzt werden.[47]

Ohne gesetzliche Grundlage ist die in der Literatur vertretene Ansicht, für eine „reine" Mediation sei ein Prozessvertrag notwendig.[48] Eine entsprechende Verpflichtung sieht das Gesetz weder in den Vorschriften zur Mediation noch im Rahmen der speziellen Regelungen zum Güterichter vor. Allein der Hinweis, es gehe um Vertraulichkeit, Freiwilligkeit und Eigenverantwortlichkeit, überzeugt nicht. Im Gegenteil, es ist an den Parteien zu entscheiden, ob sie Vertraulichkeit regeln wollen. Den Güterichter können dann allenfalls – wie den außergerichtlichen Mediator auch – Hinweispflichten treffen.[49]

Umstritten ist, ob das MediationsG auf das Verfahren vor dem Güterichter anwendbar ist, wenn sich die Parteien für eine Mediation entscheiden (→ MediationsG § 4 Rn. 19; → ZPO § 278 Rn. 11). Da das Gesetz eine entsprechende Einschränkung allerdings nicht vorsieht, gibt es keine Gründe die dafür sprechen, dass sich der außergerichtliche Mediator an die Regelungen halten muss, der Güterichter dagegen nicht.[50] Damit ist der Güterichter im Falle der Mediation an die gleichen Informations- und Sorgfaltspflichten gebunden wie der außergerichtliche Mediator.

Laut der Gesetzesbegründung kann der Güterichter auch ohne Zustimmung der Parteien in Gerichtsakten Einsicht nehmen.[51] Wie dies mit der selbst proklamierten Eigenverantwortlichkeit des Verfahrens[52] einhergeht, hat der Gesetzgeber in seiner Begründung nicht näher erläutert. Daher sind Zweifel angebracht, ob der Vorsitzende tatsächlich hinter dem Rücken der Parteien Einblick in die Gerichtsakten nehmen sollte.

Der Gesetzgeber hat in § 159 Abs. 2 ZPO einen neuen S. 2 eingefügt, wonach die Güteverhandlung vor einem Güterichter nur auf übereinstimmenden Antrag der Parteien protokolliert wird. Die Gesetzesbegründung enthält den Hinweis, dass § 159 Abs. 2 ZPO über § 46 Abs. 2 ArbGG auch auf das arbeitsrechtliche Verfahren Anwendung findet.[53]   **18**

Die Vertraulichkeit der Güteverhandlung vor dem Güterichter wird ferner dadurch geschützt, dass das Öffentlichkeitsgebot des § 52 S. 1 ArbGG nicht gilt. Denn der Güterichter gehört gerade nicht dem erkennenden Gericht an. Daher kann die Öffentlichkeit nur mit Zustimmung beider Parteien hergestellt werden. Nicht ausgeschlossen ist dagegen, dass sich eine Partei auch ohne Protokoll und Öffentlichkeit im Falle der Nichteinigung auf

---

46 So auch Fritz/Pielsticker/*Fritz* ArbGG § 54 Rn. 35.
47 So auch Fritz/Pielsticker/*Fritz* ArbGG § 54 Rn. 32.
48 Vgl. *Francken* NZA 2012, 836.
49 Vgl. *Dahl* FA 2012, 258.
50 AA *Francken* NZA 2012, 836.
51 Stellungnahme des Rechtsausschusses, Ausschuss-Drs. 17(6)151, BT-Drs. 17/8058, 20.
52 BT-Drs. 17/5335, 14.
53 BT-Drs. 17/8058, 25.

Inhalte der Güteverhandlung vor dem Güterichter bezieht. Für diesen Fall können und sollten die Parteien in einem Prozessvertrag vereinbaren, dass die Erklärungen in der Güteverhandlung nicht im anschließenden streitigen Verfahren vorgetragen werden.[54] Schließlich steht dem Güterichter ebenso wie dem gesetzlichen Richter nach § 383 Abs. 1 ZPO ein Zeugnisverweigerungsrecht über den Inhalt des Gütegesprächs zu, soweit ihm in dieser Eigenschaft Tatsachen anvertraut sind, deren Geheimhaltung durch ihre Natur oder durch gesetzliche Vorschrift geboten ist.[55] Die besondere Vertraulichkeit des Mediators (§ 4) gilt nach den Gesetzgebungsmaterialien für den Güterichter nicht.[56]

19 Da der Güterichter nicht entscheidungsbefugt ist, kann für den Fall der Säumnis einer Partei im Gütetermin kein Versäumnisurteil ergehen. Die Vorschriften der §§ 46 Abs. 2 S. 1 ArbGG, 330 bis 347 ZPO und 59 ArbGG sind auf die Verhandlung vor dem Güterichter nicht anwendbar. Der Güterichter kann allerdings einen Vergleich protokollieren und den Streitwert festsetzen.[57] Ein vor dem Güterichter abgeschlossener Vergleich beendet wie ein gerichtlicher Vergleich das Verfahren und ist zugleich Vollstreckungstitel (§§ 794 Abs. 1 Nr. 5, 797, 796 a ZPO). Kommt keine Einigung vor dem Güterichter zustande oder widerruft eine Partei ihre Zustimmung zum Güterichterverfahren, ist der Rechtsstreit vor der zur Entscheidung berufenen Kammer fortzusetzen.[58]

20 **10. Anwendungspraxis seit Einführung des bundesweiten Güterichterkonzepts.** Die vor der bundesweiten Einführung des Güterichtermodells erfolgreich durchgeführten Modellprojekte und die engagierte Auseinandersetzung damit im Rahmen des Gesetzgebungsverfahrens ließ die Hoffnung keimen, dass das Güterichterverfahren eine große Akzeptanz und breite Zustimmung erfahren werden. Nach den ersten statistischen Erhebungen der Anzahl der Güterichterverfahren in den Jahren 2013 und 2014 zeigt sich, dass sich die Evaluierungsergebnisse der Modellprojekte zwar bestätigt haben.[59] Die bundesweite Einführung des Güterichtermodells hat aber nicht dazu beigetragen, dass es zu einer Steigerung der Anzahl der Fälle gekommen ist, die vor einem Güterichter verhandelt wurden.[60] In der Praxis bestätigten sich insbesondere die Auswertungsergebnisse der Modellprojekte, dass nämlich deutlich unter 1 % der erledigten arbeitsgerichtlichen Streitigkeiten im Rahmen von Güterichterverfahren erledigt wurde.[61] Allerdings ist dabei positiv zu berücksichtigen, dass knapp 90 % der Verfahren, die vor den Güterichter verwiesen wurden, ganz oder teilweise einver-

54 Vgl. *Francken* NZA 2012, 836 (840); → MediationsG § 4 Rn. 19, 22 ff.
55 Stellungnahme des Rechtsausschusses, Ausschuss-Drs. 17(6)151, BT-Drs. 17/8058, 25.
56 BT-Drs. 17/5335, 20.
57 BT-Drs. 17/5335, 20.
58 Henssler/Willemsen/Kalb/*Ziemann* ArbGG § 54 Rn. 54.
59 Vgl. *Francken* NZA 2015, 641.
60 *Greger*, Rechtstatsächliche Untersuchung zur Implementierung des Güterichterverfahrens, abrufbar unter http://www.reinhard-greger.de/dateien/Evaluationsbericht-1.pdf (zuletzt abgerufen am 1.3.2017); vgl. auch *Francken*, NZA 2015, 641.
61 *Greger*, Rechtstatsächliche Untersuchung zur Implementierung des Güterichterverfahrens, abrufbar unter http://www.reinhard-greger.de/dateien/Evaluationsbericht-1.pdf (zuletzt abgerufen am 1.3.2017).

nehmlich beigelegt wurden.[62] Auffallend hoch ist die Verweisungsquote des Thüringer LAG, wobei die Ursache dafür zum einen daran liegen mag, dass es dort güterichtererfahrene Richter und Rechtanwälte gibt, und zum anderen, dass die Güterichterverfahren der Thüringer Arbeitsgerichtsbarkeit beim Thüringer LAG konzentriert sind.[63] Dies widerlegt zumindest zum Teil die These, dass wegen der hohen Vergleichsquote in arbeitsgerichtlichen Verfahren von 60 % in der Arbeitsgerichtsbarkeit generell kaum ein Bedarf für Güterichter bestehe und daher weniger Verfahren in Güterichterverfahren münden. Dennoch haben die ersten Evaluierungsergebnisse gezeigt, dass das Güterichterverfahren noch keinen durchschlagenden Eingang in den allgemeinen Justizbetrieb, auch nicht bei den Arbeitsgerichten, gefunden hat. Um dies zu ändern, ist es wichtig, dass die Erkenntnis reift, dass das Güterichterverfahren nicht nur für komplexe und emotional aufgeladene Verfahren geeignet ist, die mit bisherigen Mitteln des Prozessrechts nicht oder zumindest nicht optimal verhandelt werden können.

II. § 54 a ArbGG

1. Vorschlag einer Mediation durch das Gericht. Nach dem mit Inkrafttreten des Gesetzes zur Förderung der Mediation und anderer Verfahren der außergerichtlichen Konfliktbeilegung ins Gesetz eingefügten § 54 a Abs. 1 ArbGG kann das Gericht den Parteien eine Mediation oder ein anderes Verfahren der außergerichtlichen Konfliktbeilegung vorschlagen. Die Regelung entspricht wortgleich dem seinerzeit ebenfalls novellierten § 278 a ZPO (→ ZPO § 278 a Rn. 1 ff.). Im Unterschied zum Verweis der Güteverhandlung an einen Güterichter nach § 54 Abs. 6 ArbGG ist der Vorschlag nicht an den Vorsitzenden gebunden, sondern kann vom Gericht unterbreitet werden. Damit kann der Vorschlag in jedem Verfahrensabschnitt erfolgen, auch in der Kammerverhandlung.   **21**

Der Vorschlag „kann" erfolgen und steht damit im Ermessen des Gerichts. Soweit in der Literatur dafür Fallgruppen gebildet werden, geht dies zu weit.[64] Es gibt keine allgemeinen Maßstäbe dafür, wann sich ein Fall für eine konsensuale Konfliktlösung eignet. Entscheidend sind allein die Bereitschaft der Parteien und deren guter Wille. Mit Verständnis für die Situation des anderen dürften die meisten Konflikte ohne streitiges Urteil gelöst werden können.[65]

Bei dem Vorschlag sollten die Arbeitsgerichte allerdings im Auge haben, dass die Parteien vor Gericht nicht frei von taktischen Zwängen und Überlegungen sind. Andererseits sollte der Richter nicht den Eindruck erwecken, dass sich die Parteien der Autorität des Gerichts zwingend beugen   **22**

---

62 *Greger*, Rechtstatsächliche Untersuchung zur Implementierung des Güterichterverfahrens, abrufbar unter http://www.reinhard-greger.de/dateien/Evaluationsbericht-1.pdf (zuletzt abgerufen am 1.3.2017).

63 Das Thüringer LAG weist für das Jahr 2014 eine Verweisungsquote von über 5 % aus; vgl. auch *Greger*, Rechtstatsächliche Untersuchung zur Implementierung des Güterichterverfahrens, abrufbar unter http://www.reinhard-greger.de/dateien/Evaluationsbericht-1.pdf (zuletzt abgerufen am 1.3.2017).

64 *Fritz/Pielsticker* ArbGG § 54 a § 6 ff.

65 *Hlawaty* in: *Lukas/Dahl*, Kap. 1 A.

müssen.[66] Allerdings werden auch andere Parteien und deren Prozessbevollmächtigte befürchten, dass sie es sich selbst bei einem neutral gehaltenen Vorschlag mit dem Gericht verscherzen könnten, wenn man den Vorschlag einer Mediation allzu leicht ablehnt. Dies, zumal die arbeitsgerichtliche Rechtsprechung bereits das eine oder andere Mal die Verweigerung der Durchführung einer Mediation oder deren erfolglose Durchführung im Rahmen einer Verhältnismäßigkeitsprüfung berücksichtigt hat. Im Falle der Interessenabwägung bei der Ausübung des Direktionsrechts nach § 315 BGB (Zuweisung einer niedrigeren Entgeltgruppe) meinte das LAG Niedersachsen zB, die Arbeitgeberin habe nach dem erfolglos abgebrochenen Mediationsverfahren davon ausgehen dürfen, dass eine gedeihliche Zusammenarbeit innerhalb des alten Teams nicht mehr zu erwarten gewesen sei.[67] Das Hessische LAG wies die Klage gegen eine Druckkündigung ab. Die Arbeitgeberin habe alles in ihrer Macht Stehende getan, um die Mitarbeiterinnen von ihren Drohungen abzubringen und ein gedeihliches Miteinander der Klägerin mit diesen herbeizuführen. Sie habe das Schlichtungsverfahren bei der Diözese eingeleitet und schließlich versucht, durch eine Mediation eine Zusammenarbeit der Erzieherinnen mit der Klägerin zu ermöglichen. Dabei dürfe nicht außer Acht gelassen werden, dass Supervisionen und Schlichtungsverfahren wegen des Verhaltens der Klägerin gescheitert seien und diese auch der Mediation gegenüber zunächst Widerstand geleistet habe.[68] Das LAG Baden-Württemberg hat die Tatsache, dass die Arbeitgeberin kein Mediationsverfahren zur Lösung eines Konflikts angeboten hat, zu ihrem Nachteil bei der Berechnung der Höhe der Abfindung im Rahmen eines Auflösungsantrags nach § 9 Abs. 1 S. 2 KSchG berücksichtigt.[69] Das LAG Schleswig-Holstein hat die Tatsache, dass die Beklagte keine Mediation angeboten hat, zu ihrem Nachteil bei einer Druckkündigung gewertet.[70] Das LAG Hamm hat entschieden, dass eine betriebsbedingte Druckkündigung solange unzulässig ist, wie weitere Bemühungen um eine Konfliktlösung, deren Teil auch das Angebot eines Mediationsverfahrens sein kann, nicht aussichtslos sind.[71] Das BAG hat diese Entscheidung in dritter Instanz dahingehend abgeändert, dass es generell nicht auszuschließen sei, dass zu den Initiativen des Arbeitgebers im Einzelfall auch das Angebot der Mediation zählen kann.[72] Allerdings sei dem Arbeitgeber vor einer Druckkündigung ein an die Konfliktparteien gerichtetes Angebot auf Durchführung einer Mediation nur dann zumutbar, wenn keine objektiven, im Konflikt selbst begründeten Hindernisse vorliegen, die einem solchen Verfahren entgegenstehen. Danach kann das Unterlassen des Angebots zur Mediation jedenfalls nicht zur Unwirksamkeit einer Druckkündigung führen, wenn der Arbeitgeber annehmen durfte, eine der Konfliktparteien würde sich der freiwilligen Teilnahme an einem Mediationsverfahren ohnehin verschließen. Das ArbG Hamburg hat schließlich in

---

66 BAG 12.5.2010 – 2 AZR 544/08, EzA § 123 BGB 2002 Nr. 9.
67 LAG Niedersachsen 15.10.2010 – 6 Sa 282/10, zitiert nach juris.
68 Hessisches LAG 8.12.2009 – 1 Sa 394/09, zitiert nach juris.
69 LAG Baden-Württemberg 23.3.2001 – 18 Sa 65/00, zitiert nach juris.
70 LAG Schleswig-Holstein 20.3.2012 – 2 Sa 331/11, zitiert nach juris.
71 LAG Hamm 16.10.2015 – 17 Sa 696/15, zitiert nach juris.
72 BAG 19.7.2016 – 2 AZR 637/15, zitiert nach juris.

zwei Urteilen bei Kündigungen wegen des Diebstahls geringwertiger Sachen ausgeführt, dass die Störung des Vertrauens nicht seine unwiederbringliche Zerstörung indiziere. Im Alltag würden Konflikte vielmehr überwiegend informell bearbeitet. Im Vordergrund stehe die Schadenswiedergutmachung und nicht primär die Bestrafung des Täters. Mediationsverfahren und betriebsinterne Schlichtungsstellen fänden in Betrieben zunehmend Nachfrage und Anklang. Dies illustriere plastisch, dass Vertrauen kein Feststoff sei, der entweder heil da steht oder zerbrochen ist. Vertrauen sei eine Haltung, die sich von konkreten Schritten nährt. Besonnene Arbeitgeber wüssten, dass sich Vertrauen entwickeln kann und wiederherstellbar ist.[73]

Hingegen führte das LAG Hamm im Falle einer Mobbingklage zutreffend aus, dass sich der Arbeitgeber nicht schon deswegen Schadensersatzansprüchen aus Mobbinghandlungen aussetzt, weil er eine Mediation von vornherein für aussichtslos hält oder ablehnt, weil sie seinen Interessen nicht dienlich sei.[74] Auch das LAG Köln wertete in einer Mobbingklage das Nichtzustandekommen einer Mediation wegen der Haltung der Arbeitgeberin, eine Mediation nur mit einem internen Mediator durchführen zu wollen, nicht zum Nachteil der Arbeitgeberin.[75] Schließlich wertete das ArbG Solingen die Aussage einer Mobbingklägerin, auf den gerichtlichen Vorschlag einer Mediation nur dann einzugehen, wenn die Beklagte auch die Mobbinghandlungen einräume, nicht gegen die Klägerin.[76]   **23**

Das LAG Nürnberg hat zutreffend festgestellt, dass die Teilnahme an einem Mediationsverfahren aufgrund des Freiwilligkeitsgrundsatzes (vgl. § 1 Abs. 1) nicht dem Weisungsrecht des Arbeitgebers nach § 106 S. 1 u. 2 GewO unterliegt. Ordnet ein Arbeitgeber die Teilnahme an einem Mediationsverfahren für bestimmte Arbeitnehmer verpflichtend an, so ergibt sich allein aus der Gesetzeswidrigkeit einer solchen Anordnung kein Mitbestimmungsrecht des Betriebsrats. Denn bei der Teilnahme am Abschlussgespräch einer vom Arbeitgeber veranlassten Mediation wegen Unstimmigkeiten zwischen Belegschaftsmitgliedern erbringe ein Arbeitnehmer keine Arbeitsleistung iSd § 87 Abs. 1 Nr. 2 und 3 BetrVG.[77] Letzteres hat das BAG in der dritten Instanz anders beurteilt und hat dem Unterlassungsantrag des Betriebsrats stattgegeben.[78] Ein Mitbestimmungsrecht nach § 87 Abs. 1 Nr. 2 BetrVG liege vor, wenn der Arbeitgeber anordnet, dass Arbeitnehmer außerhalb der im Dienstplan festgelegten Zeiten an einem Mediationsgespräch teilzunehmen haben, wenn der Inhalt des Mediationsverfahrens die Ausübung der Arbeitsleistung betrifft. Dem Mitbestimmungsrecht des Betriebsrats stehe auch nicht entgegen, dass die Mehrheit der Arbeitnehmer mit der angeordneten Lage der Arbeitszeit einverstanden sei.   **24**

---

73 ArbG Hamburg 7.12.1998 – 21 Ca 377/98 und ArbG Hamburg 2.10.2000 – 21 Ca 233/00, zitiert nach juris.
74 LAG Hamm 11.2.2008 – 8 Sa 188/08, zitiert nach juris.
75 LAG Köln 21.7.2011 – 7 Sa 1570/10, zitiert nach juris.
76 ArbG Solingen 3.2.2012 – 3 Ca 1050/10, zitiert nach openJur.
77 LAG Nürnberg 27.8.2013 – 5 TaBV 22/12, zitiert nach juris; vgl. *Dahl* in: jurisPR-ArbR 3/2014 Anm. 3.
78 BAG 30.6.2015 – 1 ABR 71/13, zitiert nach juris.

25 Um dem Grundsatz der Freiwilligkeit und Eigenverantwortlichkeit der Mediation (§ 1 Abs. 1) Rechnung zu tragen, sollten die Gerichte nicht nur auf eine Würdigung einer verweigerten, erfolgreich durchgeführten oder abgebrochenen Mediation verzichten. Sie sollten den Parteien im Rahmen des Vorschlags nach § 54 a Abs. 1 ArbGG auch ausdrücklich darauf hinweisen, dass – egal wie sie sich zu dem Vorschlag stellen – dies keinerlei Auswirkungen auf die Entscheidung des Gerichts haben wird.

Der Vorschlag ist nicht an eine bestimmte Form gebunden und kann auch eine bestimmte Person beinhalten. Dabei sind neben den dem Gericht bekannten Mediatoren auch (Güte)Richter des Gerichts nicht ausgeschlossen.[79]

Der Vorschlag kann neben der Mediation „auch andere Verfahren der außergerichtlichen Konfliktbeilegung" beinhalten. Wie schon bei der vergleichbaren Formulierung in § 54 Abs. 6 ArbGG ist gesetzlich nicht geregelt, was darunter zu verstehen ist. In der Gesetzesbegründung sind weitere ADR-Verfahren genannt.[80] Allerdings ist dies nicht abschließend zu verstehen. Vielmehr werden sich die Konturen der Konfliktlösung im Arbeitsleben erst noch schärfen müssen. Sinnvoll wäre es daher, wenn sich der Vorschlag an der gesetzlichen Formulierung orientieren würde.

26 **2. Ruhen des Verfahrens während der Mediation.** Entscheiden sich die Parteien für die Mediation oder eine sonstige Form der außergerichtlichen Konfliktbeilegung, ordnet das Gericht gemäß § 54 a Abs. 2 ArbGG das Ruhen des Verfahrens an. Im Unterschied zur Parallelregelung in § 278 a ZPO stellt § 54 a Abs. 2 ArbGG klar, dass auf Antrag einer Partei Termin zur mündlichen Verhandlung zu bestimmen ist. Im Übrigen nimmt das Gericht das Verfahren nach drei Monaten wieder auf, es sei denn, die Parteien legen übereinstimmend dar, dass eine Mediation noch betrieben wird. Die Entscheidung über das Ruhen trifft nach einer entsprechenden Ergänzung des § 55 Abs. 1 ArbGG der Vorsitzende allein. Mit der Sondervorschrift im Vergleich zu § 278 a ZPO berücksichtigt der Gesetzgeber den im Arbeitsgerichtsverfahren geltenden Beschleunigungsgrundsatz.[81]

War die außergerichtliche Mediation erfolgreich, kann die Klage mit der entsprechenden Kostenfolge zurückgenommen werden. Alternativ kann das Gericht gebeten werden, den Parteien einen dem Mediationsergebnis entsprechenden gerichtlichen Vergleichsvorschlag zu unterbreiten, der nach § 278 ZPO Abs. 6 ZPO festgestellt werden kann.[82] Die im Gesetzesentwurf vorgesehene Möglichkeit, eine in einer Mediation abgeschlossene Vereinbarung für vollstreckbar erklären zu lassen, ist im Rechtsausschuss gestrichen worden.[83]

---

79 Vgl. *Wolmerath* ArbRAktuell 2015, 343.
80 BT-Drs. 17/5335.
81 Vgl. zum Beschleunigungsgrundsatz EfK/*Koch* ArbGG § 9 Rn. 1.
82 Natter/Gross/*Görg* ArbGG § 54 a Rn. 18.
83 Stellungnahme des Rechtsausschusses, Ausschuss-Drs. 17(6)151, BT-Drs. 17/8058.

III. Güterichter und Mediation in anderen arbeitsgerichtlichen Verfahren

Die für das Urteilsverfahren des ersten Rechtszuges maßgebenden Vorschriften über das Güteverfahren gelten gemäß § 80 Abs. 2 ArbGG auch im Rahmen eines arbeitsgerichtlichen Beschlussverfahrens. Damit ist die Ansicht des ArbG Bochum aus dem Jahr 2005 überholt, die Einführung der Mediation als weiteres Konfliktlösungsverfahren in das betriebliche Geschehen sei unnötig. Sämtliche Probleme im Betrieb könnten durch die bewährten Instrumente des BetrVG und des ArbGG erfasst und gelöst werden.[84] Ein Blick in die Prospekte der Seminaranbieter für Betriebsräte zeigt, wie sehr sich die Mediation mittlerweile auch und gerade in Konflikten zwischen Betriebsrat und Arbeitgeber etabliert hat. Durch die Einigungsstelle haben gerade die Betriebsparteien bereits einschlägige Erfahrungen in konsensualer Streitbeilegung.[85]

Dementsprechend kann der Vorsitzende auch im arbeitsgerichtlichen Beschlussverfahren von der Möglichkeit des Verweises an den Güterichter nach § 54 Abs. 6 ArbGG Gebrauch machen.[86] Zudem hat der Gesetzgeber durch eine Ergänzung von § 80 Abs. 2 S. 1 ArbGG klargestellt, dass dies auch für den Vorschlag einer Mediation oder ein anderes Verfahren der außergerichtlichen Konfliktbeilegung gilt.[87]

Durch die Ergänzung des § 64 Abs. 7 ArbGG und § 87 Abs. 2 S. 1 ArbGG stellte der Gesetzgeber zudem sicher, dass die Verweisung an den Güterichter und der Vorschlag einer Mediation oder eines anderen Verfahrens der außergerichtlichen Konfliktbeilegung auch für das Berufungs- und Beschwerdeverfahren gilt. Für die Revision gibt es entsprechende Verweise nicht.

27

28

IV. Weitere Verfahrensänderungen

1. Klage-/Antragsschrift. Über § 46 Abs. 2 ArbGG und § 495 ZPO findet § 253 Abs. 3 Nr. 1 ZPO auch auf das arbeitsgerichtliche Verfahren Anwendung. Danach soll die Klageschrift die Angabe enthalten, ob der Klageerhebung der Versuch einer Mediation oder eines anderen Verfahrens der außergerichtlichen Konfliktbeilegung vorausgegangen ist, sowie eine Äußerung dazu, ob einem solchen Verfahren Gründe entgegenstehen. Nach der Gesetzesbegründung diente diese Neufassung des § 253 Abs. 3 ZPO dem Ziel, die Mediation und die außergerichtliche Konfliktbeilegung stärker im Bewusstsein der Bevölkerung und in der Beratungspraxis der Rechtsanwaltschaft zu verankern.[88]

2. Verjährung. Die Frage der Verjährung[89] hat der Gesetzgeber nicht geregelt. Zwar verpflichtet Art. 8 der Mediationsrichtlinie die Mitgliedstaaten

29

30

---

84 ArbG Bochum 9.9.2005 – 4 BV 49/05, zitiert nach juris.
85 Vgl. *Lukas/Dahl*, Kap. 1 B.
86 Stellungnahme des Rechtsausschusses, Ausschuss-Drs. 17(6)151, BT-Drs. 17/8058, 27.
87 Zur Mediation im Betriebsverfassungsrecht vgl. *Lukas/Dahl*, Kap. 1 B und *Kramer* NZA 2005, 135.
88 BT-Drs. 17/5335.
89 Vgl. hierzu auch den Beitrag von *Hagel* (→ BGB § 203 Rn. 1 ff.).

sicherzustellen, dass Parteien einer Mediation nicht durch Ablaufen von Verjährungsfristen während des Mediationsverfahrens daran gehindert werden, ein Gerichts- oder Schiedsverfahren hinsichtlich ihrer Ansprüche einzuleiten. Allerdings ist die Verjährung bereits nach geltendem Recht nach § 203 S. 1 BGB dann gehemmt, wenn zwischen den Parteien Verhandlungen über den Anspruch oder über den Anspruch begründende Umstände schweben. Eine Mediation stellt eine solche Verhandlung dar.[90] Die Hemmung tritt ein, wenn eine Partei eine Mediation vorschlägt und die andere Partei signalisiert, den Vorschlag zu prüfen.[91]

31 Das Gesetz zur Förderung der Mediation und anderer Verfahren der außergerichtlichen Konfliktbeilegung enthält auch keine Regelungen über eine Hemmung der im Arbeitsrecht besonders relevanten Ausschlussfristen und der Klagefrist nach § 4 KSchG. Im Gegensatz zur Verjährung gibt es hier keine Regelung über eine hemmende Wirkung der Mediation. Damit müssen die Parteien ihre Ansprüche auch dann geltend machen, wenn sie eine Mediation durchführen. Haben sie Klage eingelegt, wird das Verfahren allerdings im Falle einer außergerichtlichen Mediation zum Ruhen gebracht.

---

90 BT-Drs. 17/5335.
91 BT-Drs. 17/5335.

Artikel 5 Änderung des Sozialgerichtsgesetzes

§ 202 SGG Entsprechende Anwendung des GVG und der ZPO

[1]Soweit dieses Gesetz keine Bestimmungen über das Verfahren enthält, sind das Gerichtsverfassungsgesetz und die Zivilprozeßordnung einschließlich § 278 Absatz 5 und § 278 a entsprechend anzuwenden, wenn die grundsätzlichen Unterschiede der beiden Verfahrensarten dies nicht ausschließen. (…)

Literatur:

Ade/Gläßer, Lehrmodul 18: Das Recht in der Mediation, ZKM 2013, 57; *von Bargen*, Gerichtsinterne Mediation – Eine Kernaufgabe der rechtsprechenden Gewalt, 2008; *Brändle/Schreiber*, Der Güterichter im sozialgerichtlichen Verfahren, WzS 2014 35; *dies.*, Güterichterliche Mediation in Grundsicherungsstreitigkeiten, ZFSH 2015, 177; *Carl*, Vom richterlichen Mediator zum Güterichter, ZKM 2012, 16; *Dürschke*, Güterichter statt Mediator – Güteverhandlung und Mediation im sozialgerichtlichen Verfahren, NZS 2013, 41; *Fehling/Kastner/Störmer*, Verwaltungsrecht, Kommentar, 4. Aufl. 2016; *Friedrich/Dürschke*, Das neue Güterichterverfahren, Sozialrecht aktuell 2013, 12; *Friedrich*, Mediation in der Sozialgerichtsbarkeit, 2011; *Fritz/Pielsticker*, Mediationsgesetz, 2013; *Gärditz*, Verwaltungsgerichtsordnung mit Nebengesetzen, Kommentar, 2013; *Gläßer/Schroeter*, Gerichtliche Mediation – Grundsatzfragen, Etablierungsverfahren und Zukunftsperspektiven, 2011; *Greger/Unberath/Steffek,* Recht der Alternativen Konfliktlösung, Kommentar, 2. Aufl. 2016; *Haft/v. Schlieffen*, Handbuch Mediation, 3. Aufl. 2016; *Lübbe/Karstens*, Mediation und mediative Elemente im Sozialrecht, Tagungsbericht, NZS 2012, 656; *Lüdtke*, Sozialgerichtsgesetz, Kommentar, 4. Aufl. 2012; *Meyer-Ladewig/Keller/Leitherer*, Sozialgerichtsgesetz, Kommentar, 11. Aufl. 2014; *Nolte*, Das neue Mediationsgesetz und die Verweisungssystematik der VwGO, HFR 2012, 23; *Ortloff*, Vom Gerichtsmediator zum Güterichter im Verwaltungsprozess, NVwZ 2013, 1057; *Rixen/Zeitlmann*, Alternative Konfliktlösung durch den Güterichter in der Sozialgerichtsbarkeit, Gedächtnisschrift für Hannes Unberath, 2015, 381; *Roos/Wahrendorf*, SGG, Kommentar, 2014; *Schmidbauer,* Mediation am Gericht in der Schusslinie des Mediationsgesetzes, ZKM 2013, 88; *Schoch/Schneider/ Bier*, VwGO, Kommentar, Bd. 2, Stand: Oktober 2014; *Schreiber*, Konsensuale Streitbehandlung im sozialgerichtlichen Verfahren, 2013; *Sodann/Ziekow*, Verwaltungsgerichtsordnung, Kommentar, 4. Aufl. 2014; *Spellbrink*, Mediation im sozialgerichtlichen Verfahren – Baustein für ein irrationales Rechtssystem, DRiZ 2006, 88; *Statistisches Bundesamt,* Rechtspflege, Sozialgerichte, Fachserie 10 Reihe 2.7, 2015; *Weitz*, Gerichtsnahe Mediation in der Verwaltungs-, Sozial- und Finanzgerichtsbarkeit, 2008; *Ziegler*, Mediation im Sozialrecht nach Inkrafttreten des Mediationsgesetzes, ASR 2012, 222.

I. Historie

Der Gütegedanke bestimmt das sozialgerichtliche Verfahren als allgemeiner Grundsatz.[1] Eine gewisse normative Anbindung findet er in den Rege- 1

---

1 Vgl. Fritz/Pielsticker/*Fritz* Rn. 28.

lungen über die Erledigung des Rechtsstreits im Vergleichswege (§ 101 SGG) und die Durchführung eines Erörterungstermins (§ 106 Abs. 3 Nr. 7 SGG).[2] Gleichwohl blieben die Mediation und der Einsatz anderer ADR-Verfahren[3] bis zum Inkrafttreten des Gesetzes zur Förderung der Mediation und anderer Verfahren der außergerichtlichen Konfliktbeilegung am 26.7.2012[4] umstritten. Die Kritiker machten geltend, es mangele an einer Rechtsgrundlage, denn das sozialgerichtliche Verfahrensrecht sehe nicht wie § 278 Abs. 2 ZPO eine obligatorische Güteverhandlung vor.[5] Wollte man diesen Mangel überwinden, bedurfte es einer doppelten Analogie zu den Bestimmungen der ZPO.[6] In der sozialgerichtlichen Rechtsprechung war die gerichtliche Mediation als zulässig angesehen worden.[7]

2 Modellprojekte der Justizverwaltungen zur konsensualen Streiterledigung im sozialgerichtlichen Verfahren starteten um das Jahr 2002 (zur vergleichbaren Entwicklung in der Zivil- und Verwaltungsgerichtsbarkeit → K Rn. 8 f.; → VwGO § 173 Rn. 2).[8] Uneingeschränkte Zustimmung fanden diese Projekte nicht. Neben die gegen den Einsatz konsensualer Streiterledigungsmethoden allgemein im verwaltungsgerichtlichen Verfahren vorgebrachten Argumente (→ VwGO § 173 Rn. 3) trat der Gedanke, dass derartige Methoden in einem System öffentlich-rechtlicher Leistungsrechte einen Fremdkörper darstellten, weil sozialrechtlich begründete Leistungsansprüche nicht verhandelbar seien.[9]

Das Mediationsgesetz (zur Historie des Gesetzgebungsverfahrens → K Rn. 11) ergänzt mit seinem Art. 5 die in § 202 S. 1 SGG enthaltene Generalverweisung auf die Bestimmungen der ZPO um eine ausdrückliche Erwähnung der §§ 278 Abs. 5, 278 a ZPO.[10]

II. Normzweck

3 Mit Art. 5 des Mediationsgesetzes will der Gesetzgeber das zivilprozessuale Güterichtermodell, so wie es in den §§ 278 Abs. 5, 278 a ZPO seine Ausprägung erfahren hat (→ K Rn. 21 f.), in das sozialgerichtliche Verfahren überführen und damit der sozialgerichtlichen konsensualen Streiterledigung eine klare Rechtsgrundlage geben.[11]

III. Regelungsgehalt und Tatbestandsvoraussetzungen

4 **1. Aufnahme des zivilprozessualen Güterichtermodells.** § 202 S. 1 SGG verweist im Sinne eines Generalverweises zur Ergänzung des SGG auf die

---

2 *von Bargen*, S. 274.
3 Zum Begriff vgl. *Hehn* in: Haft/v. Schlieffen, § 2 Rn. 3 ff.; *Weitz*, S. 22 ff.
4 BGBl. I 2012 S. 1577 ff. (nachfolgend: Mediationsgesetz/MediationsG).
5 *Dürschke* NZS 2013, 41 (43) mwN.
6 *von Bargen*, S. 275 ff.; *ders.* in: Gläßer/Schroeter, S. 40 ff.; zu denkbaren weiteren Rechtsgrundlagen vgl. *Weitz*, S. 375 ff.
7 Hessisches LSG 23.5.2012 – L 4 SO 113/12 B.
8 *von Bargen*, S. 70 ff.; *Ziegler* ASR 2012, 222 (225), mwN; *Lübbe/Karstens* NZS 2012, 656 (658 ff.); *Friedrich/Dürschke* Sozialrecht aktuell 2013, 12 ff.; *Friedrich*, S. 219 ff.; *Kilger* in: Haft/v. Schlieffen, § 41 Rn. 20 ff.; *Weitz*, S. 116 ff.
9 *Spellbrink* DRiZ 2006, 88 ff.
10 Zur Historie des Gesetzgebungsverfahrens vgl. *Carl* ZKM 2012, 16 ff.; *Schmidbauer* ZKM 2012, 88 ff.; *Friedrich/Dürschke* Sozialrecht aktuell 2013, 13 ff.
11 BT-Drs. 17/5335, 1, 11, 25; BT-Drs. 17/8058, 1, 17, 23.

Bestimmungen des GVG sowie der ZPO. Von diesem generellen Verweis sind in Folge ihrer ausdrücklichen Benennung auch § 278 Abs. 5 ZPO – die Güteverhandlung vor einem nicht zur Entscheidung befugten Richter – und § 278 a ZPO – die Möglichkeit des Anratens einer außergerichtlichen Konfliktbeilegung – umfasst. Dem Wortlaut nach steht die Verweisung unter dem Vorbehalt, dass das SGG selbst keine Bestimmungen über das betreffende Verfahren enthält. Des Weiteren dürfen die grundsätzlichen Unterschiede der beiden Verfahrensarten die Anwendung der zivilprozessualen Bestimmungen nicht ausschließen.[12] Entsprechende Regelungen finden sich in § 173 VwGO und § 155 FGO (→ VwGO § 173 Rn. 1 f.; → FGO § 155 Rn. 1 f.).

2. Prüfungsmaßstab. § 202 S. 1 SGG ist als dynamische Generalverweisung ausgestaltet. Das bedeutet, die Regelung setzt zu ihrer Anwendbarkeit das Fehlen einer im Wege der Spezialität vorgehenden Regelung und im Weiteren das Bestehen einer Regelungslücke voraus, die zudem nach überwiegender Ansicht auch planwidrig sein muss.[13] Diese Voraussetzungen sind für jede einzelne zivilprozessuale Bestimmung – so auch im Folgenden für die §§ 278 Abs. 5, 278 a ZPO – zu prüfen.[14] Die ausdrückliche Erwähnung der §§ 278 Abs. 5, 278 a ZPO ändert daran im Grundsatz nichts. Eine andere Ansicht liefe dem Wortlaut des § 202 S. 1 SGG zuwider und bräche mit der bisherigen Verweisungssystematik des SGG.[15]   **5**

Die Güteverhandlung vor einem nicht zur Entscheidung befugten Richter sowie die Einleitung einer außergerichtlichen Konfliktbeilegung sind verfahrensrechtlich im SGG nicht normiert.[16] Ebenso fehlt es an § 202 S. 1 SGG verdrängenden Spezialverweisungen[17] auf die §§ 278 Abs. 5, 278 a ZPO.   **6**

Die ausdrückliche Erwähnung der §§ 278 Abs. 5, 278 a ZPO in § 202 S. 1 SGG bestätigt, dass der Gesetzgeber im Grundsatz von einer entsprechenden Anwendung dieser Regelungen im sozialgerichtlichen Verfahren ausgeht. Von daher bedarf es insoweit keiner Entscheidung, ob für die Anwendbarkeit des § 202 S. 1 SGG das Vorliegen einer planwidrigen Regelungslücke innerhalb des SGG erforderlich ist.[18]

Mit seinem Postulat von der Schaffung einer klaren Rechtgrundlage für die konsensuale Konfliktbeilegung auch im Sozialprozessrecht[19] scheint der   **7**

---

12 Fritz/Pielsticker/*Fritz* Rn. 4, beschränkt sich auf den Vorbehalt der Verfahrensunterschiedlichkeit.
13 Vgl. Roos/Wahrendorf/*Engel-Boland* Rn. 5 f.; *Groß* in: Lüdtke Rn. 3; zur entsprechenden Problematik innerhalb der VwGO Sodan/Ziekow/*Schmid* § 173 Rn. 22 ff.
14 Meyer-Ladewig/Keller/*Leitherer* Rn. 2; zur vergleichbaren Regelung des § 173 S. 1 VwGO vgl. Gärditz/*Orth* § 173 Rn. 3.
15 Vgl. zur entsprechenden Problematik innerhalb der Verweisungssystematik der VwGO *Nolte* HFR 2012, 23 (31).
16 Zum dabei anzuwendenden und vergleichbaren Verfahrensbegriff der VwGO siehe Sodan/Ziekow/*Schmid* § 173 Rn. 27.
17 Vgl. Meyer-Ladewig/Keller/*Leitherer* Rn. 2; zur vergleichbaren Problematik im Rahmen des § 173 S. 1 VwGO vgl. Sodan/Ziekow/*Schmid* § 173 Rn. 23 ff.; Gärditz/*Orth* § 173 Rn. 12.
18 Zur vergleichbaren Problematik im Rahmen des § 173 S. 1 VwGO vgl. Sodan/Ziekow/*Schmid* § 173 Rn. 22 ff.
19 BT-Drs. 17/5335, 25.

Gesetzgeber zudem deutlich zu machen, dass es für ihn keine grundsätzlichen Verfahrensunterschiede – Zivilprozess/sozialgerichtliches Verfahren – gibt, die der Anwendung der §§ 278 Abs. 5, 278 a ZPO im sozialgerichtlichen Verfahren entgegenstehen könnten. Derartige Verfahrensunterschiede können sich primär aus der jeweils herrschenden Prozessmaxime, der Stellung der Verfahrensbeteiligten und des Gerichts, aber auch aus einer evtl. unterschiedlichen Bindung an Gesetz und Recht ergeben.[20] Hingewiesen wird deshalb im Schrifttum auf den im sozialgerichtlichen Verfahren geltenden Untersuchungsgrundsatz (§ 103 S. 1 SGG). Alle Vorschriften der ZPO, die mit dessen Gegenteil, dem Verhandlungs- oder Beibringungsgrundsatz zusammenhängen, sollen nicht gemäß § 202 S. 1 SGG anwendbar sein.[21] Der Untersuchungsgrundsatz gilt für den erkennenden Richter, aber wohl nicht für den nicht zur Entscheidung befugten Güterichter im Sinne des § 278 Abs. 5 ZPO (siehe zu §§ 86 Abs. 1 S. 1, 173 S. 1 VwGO → VwGO § 173 Rn. 11).[22] Von daher besteht insoweit keine Verfahrensunterschiedlichkeit. Hinsichtlich der Regelung des § 278 a ZPO ist eine solche von vornherein nicht erkennbar.

Entsprechendes gilt hinsichtlich der dem Sozialgericht gegenüber dem Zivilgericht zusätzlich auferlegten Kontrolle der Gesetzmäßigkeit der Verwaltung, denn auch das sozialgerichtliche Verfahren dient primär dem Individualrechtsschutz.[23] Zudem nimmt der Güterichter eine richterliche Aufgabe wahr (→ ZPO § 278 Rn. 7),[24] bei der er an Gesetz und Recht gebunden ist; dh etwaige Lösungsvorschläge und Lösungsergebnisse haben sich daran zu messen. Diese Gesetzesbindung gilt unterschiedslos für das zivilgerichtliche wie das sozialgerichtliche Verfahren.[25] Im Übrigen hat sich jede Mediation im Rahmen des rechtlich Zulässigen zu bewegen.[26] Hinzu kommt, dass die Verwaltung als am sozialgerichtlichen Verfahren Beteiligte ihrerseits an Gesetz und Recht gebunden ist. Die mit der Bindung an Gesetz und Recht begründete mangelnde Verhandelbarkeit sozialrechtlicher Leistungsansprüche[27] bezieht sich nicht auf eine Verfahrensunterschiedlichkeit, sondern auf das Vorhandensein für eine einvernehmliche Streitbeilegung geeigneter Fälle. Solche sind im Sozialrecht in großem Umfang gegeben. Exemplarisch sind Zuständigkeits- und Erstattungsstreitigkeiten zwischen Krankenkassen, Rentenversicherungsträgern und Berufsgenossen-

---

20 Vgl. zur vergleichbaren Problematik im Rahmen des § 173 S. 1 VwGO Schoch/Schneider/*Bier* § 173 Rn. 25 ff., 78 ff.
21 Meyer-Ladewig/Keller/*Leitherer* Rn. 3.
22 Vgl. *Dürschke* NZS 2013, 41 (48); *Friedrich*, S. 229.
23 Zur entsprechenden Funktion des Verwaltungsgerichts vgl. Gärditz/*Orth* § 173 Rn. 25.
24 *Dürschke* NZS 2013, 41 (45).
25 Vgl. zum verwaltungsgerichtlichen Verfahren *Nolte* HFR 2012, 23 (28); ferner Greger/Unberath/Steffek/*Greger* E Rn. 107.
26 *Ade/Gläßer* ZKM 2013, 57 (58); zur Bindungswirkung des Rechts im Bereich der richterlichen Mediation vgl. *Weitz*, S. 294 ff.
27 *Spellbrink* DRiZ 2006, 88 (89).

schaften, Konflikte aus dem Vertragsleistungsrecht, aber auch Streitigkeiten im Grundsicherungsrecht zu nennen.[28]

Für § 278 a ZPO gilt: Es steht den Beteiligten eines sozialgerichtlichen Rechtsstreits – wie denjenigen des Zivilrechtsstreits – frei, eine außergerichtliche Einigung herbeizuführen und das gefundene Ergebnis sodann prozessual umzusetzen. Die Stellung des Richters und dessen Funktion werden durch das Anraten eines außergerichtlichen Konfliktbeilegungsverfahrens nicht berührt. Ebenso wenig ist dies bei der Entgegennahme einer verfahrensbeendenden Erklärung oder der Protokollierung des gefundenen Einigungsergebnisses der Fall.[29] 8

Ein wesentlicher Verfahrensunterschied ergibt sich im Hinblick auf die in § 278 Abs. 2 ZPO vorgesehene obligatorische Güteverhandlung. Diese ist mit den Bestimmungen des SGG über die mündliche Verhandlung (vgl. § 112 SGG) unvereinbar.[30] Die Güteverhandlung im Sinne des § 278 Abs. 5 ZPO ist aber nicht Teil der mündlichen Verhandlung, denn der nicht zur Entscheidung befugte Richter im Sinne des § 278 Abs. 5 ZPO ist kein Mitglied des Prozessgerichts. 9

3. Anwendung der begleitenden Änderungen der ZPO. § 202 S. 1 SGG verweist im Grundsatz auch auf die sonstigen durch Art. 2 des Mediationsgesetzes vorgenommenen Änderungen der ZPO. Vorrangige Spezialverweisungen existieren allerdings hinsichtlich der in Art. 2 Nr. 2 MediationsG vorgesehenen Erweiterung des § 41 ZPO – Ausschluss von der Ausübung des Richteramtes (→ ZPO § 41 Rn. 1 ff.) – sowie der in Art. 2 Nr. 3 MediationsG normierten Protokollierungsregelung (§ 159 Abs. 2 ZPO) in § 60 Abs. 1 bzw. § 122 SGG.[31] Umstritten ist im Anwendungsbereich des § 202 S. 1 SGG die in Art. 2 Nr. 4 MediationsG vorgesehene Ergänzung des § 253 Abs. 3 ZPO (zum Inhalt der Regelung → ZPO § 253 Rn. 1 ff.). Der Gesetzgeber sieht insoweit Besonderheiten der Verfahrensordnung[32] und damit wohl eine der Anwendbarkeit des § 253 Abs. 3 ZPO entgegenstehende Eigenständigkeit und Geschlossenheit der Regelungen der §§ 90, 92 SGG vor.[33] Die vom Gesetzgeber weiter befürchtete Erschwerung des Zugangs zum Gericht ist bei einer Anwendung insbesondere des § 253 Abs. 3 Ziff. 1 ZPO im sozialgerichtlichen Verfahren aber kaum ersichtlich, zumal die Regelung als Sollvorschrift ausgestaltet ist.[34] Im Interesse der Einheitlichkeit der Verfahrensordnungen ist nicht einzusehen, warum nicht auch das Sozialgericht wie das Zivilgericht bei Klageerhebung über abgeschlossene Konfliktlösungsversuche oder die Bereitschaft oder Ablehnung solcher 10

---

28 Vgl. die Darstellung geeigneter Fälle bei *Friedrich/Dürschke* Sozialrecht aktuell 2013, 12 (16 ff.); *Kilger* in: Haft/v. Schlieffen, § 41 Rn. 57; zu einem ausführlichen Fallbeispiel aus dem Leistungsrecht des SGB II siehe *Friedrich*, S. 85 ff.; zu den bestehenden Handlungsspielräumen und der Falleignung im Sozialrecht allgemein vgl. *Weitz*, S. 109 f.; zum Bereich des Grundsicherungsrechts vgl. *Brändle/Schreiber* ZFSH 2015, 177 (179); generell zu Falleignungskriterien *dies.* WzS 2014, 35 (36 f.).
29 *Nolte* HFR 2012, 23 (27).
30 Fritz/Pielsticker/*Fritz* Rn. 27; ferner Roos/Wahrendorf/*Engel-Boland* Rn. 18.
31 Fritz/Pielsticker/*Fritz* Rn. 6 ff.,15 ff.
32 BT-Drs. 17/5335, 25.
33 Vgl. *Dürschke* NZS 2013, 41 (42).
34 Vgl. Fritz/Pielsticker/*Fritz* Rn. 22; *Schreiber*, S. 55.

Versuche in Kenntnis gesetzt werden soll. Nur so kann es frühzeitig eine Entscheidung im Sinne der §§ 278 Abs. 5 S. 1, 278 a Abs. 1 ZPO treffen.

11   **4. Fazit.** § 278 Abs. 5 ZPO sowie § 278 a ZPO sind im sozialgerichtlichen Verfahren über die Generalverweisungsnorm des § 202 S. 1 SGG uneingeschränkt anwendbar. Das SGG enthält insoweit keine entgegenstehenden Verfahrensbestimmungen. Wesentliche Unterschiede zwischen dem zivilgerichtlichen und dem sozialgerichtlichen Verfahren bestehen insoweit nicht. Dem Sozialgericht und dem sozialgerichtlichen Güterichter steht ein dem Zivilgericht bzw. dem zivilgerichtlichen Güterichter entsprechendes Instrumentarium zur konsensualen Streitbeilegung zur Verfügung (→ ZPO § 278 Rn. 12 f., → ZPO § 278 a Rn. 7 f.). Die Güteverhandlung vor dem Prozessgericht – § 278 Abs. 2 ZPO – findet vor dem Sozialgericht nicht statt.

IV. Anwendung des § 278 Abs. 5 ZPO im sozialgerichtlichen Verfahren

12   Die Implementierung des Güterichtermodells im Sinne des § 278 Abs. 5 ZPO setzt eine Bestimmung des Güterichters im Geschäftsverteilungsplan des Gerichts voraus (→ ZPO § 278 Rn. 7);[35] wobei dies auch gegen den Willen des betroffenen Richters möglich sein soll.[36]

Die Entscheidung über die Verweisung der Parteien – im sozialgerichtlichen Verfahren gemäß § 69 SGG: der Beteiligten – vor einen Güterichter kann zu jedem Zeitpunkt des Verfahrens ergehen. Sie steht im pflichtgemäßen Ermessen des Gerichts. Fraglich ist, ob es vor der Ermessensausübung im Sinne eines ungeschriebenen Tatbestandsmerkmals des Einverständnisses der Beteiligten bedarf.[37] Der Gesetzgeber geht davon aus.[38] In jedem Falle dürfte sich eine Verweisung der Beteiligten vor den Güterichter gegen deren erklärten Willen oder ohne Anhalt für eine Einigungsbereitschaft verbieten.[39] Zu unterscheiden ist das Einverständnis zur Verweisung vor den Güterichter von dem zur Anwendung einer bestimmten Konfliktbeilegungsmethode notwendigen. Während eine Verweisung der Beteiligten vor den Güterichter ohne deren Einverständnis zumindest denkbar ist, kann bspw eine Mediation auch im Rahmen des § 278 Abs. 5 ZPO nur im Einverständnis der Beteiligten durchgeführt werden. Dieses Einverständnis mit der konkreten Konfliktbeilegungsmethode wird der sozialgerichtliche Güterichter einzuholen haben.[40]

---

35 Vgl. *Dürschke* NZS 2013, 41 (46); Fritz/Pielsticker/*Fritz* Rn. 34; *Rixen/Zeitlmann*, S. 381, 385; *Schreiber*, S. 51; für das vergleichbare Verfahren vor dem Verwaltungsgericht vgl. *Ortloff* NVwZ 2012, 1057 (1059); Roos/Wahrendorf/*Engel-Boland* Rn. 24 hält das für fraglich.
36 *Rixen/Zeitlmann*, S. 381, 386 f.
37 Bejahend: *Ziegler* ASR 2012, 222 (225); *Dürschke* NZS 2013, 41 (45 ff.); *Brändle/ Schreiber* ZFSH 2015, 177; *Schreiber*, S. 52; im Grundsatz bejahend, aber weiter differenzierend *Friedrich/Dürschke* Sozialrecht aktuell 2013, 12 (17 ff.); verneinend Bayrisches LSG 5.9.2016 – L 2 P 30/16 B; Hessisches LSG 30.5.2014 – L 6 AS 132/14; *Rixen/Zeitlmann*, S. 381, 389 f.
38 BT-Drs. 17/8058, 23 zu Artikel 5 – neu.
39 Nach dem Bayrischen LSG 5.9.2016 – L 2 P 30/16 B ist die Verweisung dann ermessensfehlerhaft; ebenso Hessisches LSG 30.5.2014 – L 6 AS 132/14.
40 *Dürschke* NZS 2013, 41 (46 ff.).

Die Verweisungsentscheidung trifft gemäß § 278 Abs. 5 S. 1 ZPO das Gericht, dh der Spruchkörper durch Beschluss.[41] Außerhalb der mündlichen Verhandlung ist dies vor dem Sozialgericht der Vorsitzende, innerhalb der mündlichen Verhandlung die Kammer. Als prozessleitende Verfügung dürfte der Verweisungsbeschluss gemäß § 172 Abs. 2 SGG bzw. § 177 SGG unanfechtbar sein.[42] Das Verfahren vor dem Güterichter stellt keine eigene Angelegenheit dar; durch die Verweisung an den Güterichter wird nur ein bestimmter Verfahrensabschnitt einem anderen Richter übertragen.[43]

Der Güterichter ist in seiner Methodenvielfalt nicht beschränkt (zum vergleichbaren Handlungsinstrumentarium des zivilrechtlichen Güterichters → ZPO § 278 Rn. 12 f.).[44] Allein aus der namentlichen Benennung der Mediation in § 278 Abs. 5 S. 2 ZPO dürfte sich kein Vorrang dieser vor den sonstigen Konfliktbeilegungsmethoden ableiten lassen.[45]

V. Anwendung des § 278 a ZPO im sozialgerichtlichen Verfahren

Der Vorschlag einer außergerichtlichen Konfliktbeilegung nach § 278 a Abs. 1 ZPO bedarf keiner förmlichen Entscheidung des Gerichts. Er kann zu jedem Verfahrenszeitpunkt unterbreitet werden, er erfolgt außerhalb der mündlichen Verhandlung durch den Vorsitzenden (zu etwaigen Prüfungs- und Beratungspflichten dabei → ZPO § 278 a Rn. 10). Neben der Geeignetheit des Konflikts an sich werden dabei auch die Geeignetheit einer bestimmten Konfliktbeilegungsmethode sowie diesbezügliche Erklärungen der Beteiligten zu bewerten sein. Aus der Praxis ist das Anraten einer außergerichtlichen Konfliktbeilegung bisher nicht in nennenswertem Umfang bekannt. Besonders Erstattungsstreitigkeiten zwischen Sozialversicherungsträgern bieten sich für eine außergerichtliche Streitbeilegung an. [13]

Nachdem sich die Beteiligten zur Durchführung einer Mediation oder eines anderen Verfahrens der außergerichtlichen Konfliktbeilegung entschieden haben, trifft das Gericht eine förmliche Entscheidung über das Ruhen des Verfahrens – § 278 a Abs. 2 ZPO.

VI. Rechtspolitische Bewertung

Art. 5 des Mediationsgesetzes hat die konsensuale Streiterledigung für das sozialgerichtliche Verfahren auf eine Rechtsgrundlage gestellt und damit den Streit um die grundsätzliche Berechtigung solcher Verfahren im Sozialprozess beendet. Die Akzeptanz des Güterichtermodells und der außergerichtlichen Streiterledigungsverfahren wird sich dadurch weiter erhöhen. [14]

---

41 Zur Tenorierung vgl. *Friedrich/Dürschke* Sozialrecht aktuell 2013, 12 (18); auch eine formlose Abgabe wird als zulässig erachtet, vgl. *Brändle/Schreiber* ZFSH 2015, 177.

42 *Friedrich/Dürschke* Sozialrecht aktuell 2013, 12 (18); Fritz/Pielsticker/*Fritz* Rn. 34; Bayrisches LSG 5.9.2016 – L 2 P 30/16 B und 27.9.2013 – L 2 P 45/13 B.

43 Hessisches LSG 26.10.2015 – L 2 SO 95/15 B; Meyer-Ladewig/Keller/*Leitherer* Rn. 10.

44 Zur Methodenvielfalt vgl. *Friedrich/Dürschke* Sozialrecht aktuell 2013, 12 (20).

45 Für *Ortloff* NVwZ 2012, 1057 (1059), steht die Methode der Mediation wegen ihrer ausdrücklichen Erwähnung in § 278 Abs. 5 S. 2 ZPO im Vordergrund und sollte von jedem Güterichter beherrscht werden; *Brändle/Schreiber* ZFSH 2015, 177 (178) sowie WzS 2014, 35 (36) sehen in ihr das „methodische Leitbild".

Die mit den vergleichbaren Ergänzungen in § 173 VwGO und § 155 FGO geschaffene Verfahrenseinheitlichkeit ist begrüßenswert. Den gesetzgeberischen Willen nach der Schaffung einer klaren Rechtsgrundlage[46] erfüllte die Gesetzesänderung nicht vollständig, weil sie die Anwendung der §§ 278 Abs. 5, 278 a ZPO vom Wortlaut her unter Vorbehalte stellt, auch wenn diese nach der Ansicht des Gesetzgebers und der hier vertretenen Auffassung nicht greifen. Die Regelung widerspricht zudem der bisherigen Verweisungssystematik des SGG.[47]

Die vom Gesetzgeber mit der Einführung des Güterichtermodells erhoffte Entlastung des Prozessrichters ist bislang nicht eingetreten.[48] Nach der „Rechtspflegestatistik" des Statistischen Bundesamtes[49] im Jahre 2015 hat bei 372.291 von den Sozialgerichten erledigten Klageverfahren in 371.891 Verfahren gerade keine Verweisung vor den Güterichter stattgefunden.

---

46 BT-Drs. 17/5335, 25.
47 Zur vergleichbaren Regelung des § 173 S. 1 VwGO *Nolte* HFR 2012, 23 (28 f.); Fehling/Kastner/Stürmer/*Just* VwGO § 173 Rn. 3.
48 Vgl. zur Entwicklung in den Jahren 2010 bis 2013 *Kilger* in: Haft/v. Schlieffen, § 41 Rn. 20 ff.
49 Statistisches Bundesamt, Tabellenteil 2.7.; *Brändle/Schreiber* ZFSH 2015, 177 sehen eine gewisse Beliebtheit in Grundsicherungsverfahren.

Artikel 6 Änderung der Verwaltungsgerichtsordnung

§ 173 VwGO Entsprechende Anwendung des GVG und der ZPO

[1]Soweit dieses Gesetz keine Bestimmungen über das Verfahren enthält, sind das Gerichtsverfassungsgesetz und die Zivilprozeßordnung einschließlich § 278 Absatz 5 und § 278 a entsprechend anzuwenden, wenn die grundsätzlichen Unterschiede der beiden Verfahrensarten dies nicht ausschließen. (...)

Literatur:

Ade/Gläßer, Lehrmodul 18: Das Recht in der Mediation, ZKM 2013, 57; *von Bargen*, Gerichtsinterne Mediation – Eine Kernaufgabe der rechtsprechenden Gewalt, 2008; *Carl*, Vom richterlichen Mediator zum Güterichter, ZKM 2012, 16; *Fehling/Kastner/ Störmer*, Verwaltungsrecht, Kommentar, 4. Aufl. 2016; *Fritz*, Vom mühsamen Weg der Etablierung des Güterichters in der Verwaltungsgerichtsbarkeit, BDVR Rundschreiben 2013, 4; *Fritz/Pielsticker*, Mediationsgesetz, 2013; *Gärditz*, Verwaltungsgerichtsordnung mit Nebengesetzen, Kommentar, 2013; *Gläßer/Schroeter*, Gerichtliche Mediation – Grundsatzfragen, Etablierungsverfahren und Zukunftsperspektiven, 2011; *Greger*, Mediation im Gerichtsverfahren, AnwBl. 2008, 570; *ders.*, Gerichtsinterne Mediation auf dem Prüfstand, ZKM 2013, 9; *ders.*, Der Güterichter am VG – Status quo und Perspektiven, ThürVBl. 2014, 65; *Greger/Unberath/Steffek*, Recht der alternativen Konfliktlösung, Kommentar, 2. Aufl. 2016; *Groschupp*, Bericht über den Arbeitskreis 2, Dokumentation über den 14. Deutschen Verwaltungsrichtertag 2004, 74; *Haftl v. Schlieffen*, Handbuch Mediation, 3. Aufl. 2016; *Kopp/Schenke*, Verwaltungsgerichtsordnung, Kommentar, 22. Aufl. 2016; *Niewitsch-Lennartz*, Mediation im Verwaltungsrecht, Dokumentation zum 14. Deutschen Verwaltungsrichtertag 2004, 51; *Nolte,* Das neue Mediationsgesetz und die Verweisungssystematik der VwGO, HFR 2012, 23; *Ortloff*, Der Richter als Mediator, ZKM 2002, 199; *ders.*, Mediation im Verwaltungsprozess: Bericht aus der Praxis, NVwZ 2006, 148; *ders.*, Vom Gerichtsmediator zum Güterichter im Verwaltungsprozess, NVwZ 2012, 1057; *Posser/Wolff*, VwGO, Kommentar, 1. Aufl. 2014; *Prütting*, Güterichter, Mediator und Streitermittler, MDR 2016, 965; *Schmidbauer*, Mediation am Gericht in der Schusslinie des Mediationsgesetzes, ZKM 2013, 88; *Schoch/Schneider/Bier*, VwGO, Kommentar, Bd. 2, Stand: Oktober 2014; *Seibert*, Mediation in der Verwaltungsgerichtsbarkeit – Erfahrungen und Überlegungen zu einer alternativen Streitbeilegung, NVwZ 2008, 365; *Sodan/Ziekow*, Verwaltungsgerichtsordnung, Kommentar, 4. Aufl. 2014, 3. Aufl. 2010; *Statistisches Bundesamt*, Rechtspflege, Verwaltungsgerichte, Fachserie 10 Reihe 2.4, 2015; *Stumpf*, Alternative Streitbeilegung im Verwaltungsrecht, 2006; *Voß*, Mediation im öffentlichen Bau- und Planungsrecht, Dokumentation zum 14. Deutschen Verwaltungsrichtertag 2004, S. 64; *Weitz*, Gerichtliche Mediation in der Verwaltungs-, Sozial- und Finanzgerichtsbarkeit, 2008; *Wysk,* Verwaltungsgerichtsordnung, Kommentar, 2. Aufl. 2016; *Zimmerer*, Mediation in der Bayerischen Verwaltungsgerichtsbarkeit, BayVBl. 2014, 129.

I. Historie

Der Gütegedanke ist dem verwaltungsgerichtlichen Verfahren nicht fremd. Dies belegen die in § 87 Abs. 1 S. 2 Nr. 1 VwGO eingeräumte Möglichkeit der Durchführung eines Erörterungstermins zum Zwecke der gütlichen Beilegung des Rechtsstreits und die in § 106 VwGO vorgesehene Erledigung des Rechtsstreits im Vergleichswege.[1] Den Einsatz der Mediation und anderer ADR-Verfahren (zum Begriff → ZPO § 278 a Rn. 7)[2] sah die VwGO bis zum Inkrafttreten des Gesetzes zur Förderung der Mediation und anderer Verfahren der außergerichtlichen Konfliktbeilegung am 26.7.2012[3] allerdings nicht ausdrücklich vor. Die Zulässigkeit der Mediation in der Verwaltungsgerichtsbarkeit war entsprechend rechtlich umstritten: Gegen den Einsatz der Mediation und anderer ADR-Verfahren im verwaltungsgerichtlichen Prozess sprach das Fehlen einer § 278 Abs. 2 ZPO entsprechenden Regelung über die obligatorische Güteverhandlung in der VwGO, was über die Generalverweisung in § 173 S. 1 VwGO aF nicht überwunden werden können sollte.[4] Die Befürworter der (verwaltungs-)gerichtlichen Mediation sahen dagegen die erforderliche Rechtsgrundlage in einer doppelten Analogie zu den Bestimmungen der ZPO.[5]

2 Entsprechend der Entwicklung in der Zivilgerichtsbarkeit (→ K Rn. 8 f.) begannen auch in der Verwaltungsgerichtsbarkeit etwa seit dem Jahre 2000 von den Justizverwaltungen der Länder unterschiedlich ausgestaltete Modellprojekte, bis hin zum Angebot der echten richterlichen Mediation.[6] Der 14. Deutsche Verwaltungsrichtertag behandelte das Thema „Mediation im Verwaltungsrecht" im Jahre 2004 in einem eigenen Arbeitskreis.[7] Einzelne Bundesländer boten die (verwaltungs-)gerichtliche Mediation bereits ab den Jahren 2004 bzw. 2006 flächendeckend sowohl erst- als auch zweitinstanzlich an.[8]

3 Umstritten blieben die konsensual ausgerichteten Streiterledigungsverfahren im Verwaltungsprozess gleichwohl. Während die Gegner geltend machten, das für Verwaltungsverfahren typische Subordinationsverhältnis zwischen Bürger und Hoheitsträger, die Kontrollfunktion der Verwaltungsgerichtsbarkeit sowie die in Art. 20 Abs. 3 GG normierte Bindung der vollziehenden Gewalt an Gesetz und Recht ließen für ein „Verhandeln" keinen Raum, führten die Befürworter an, eine Vielzahl behördlicher Entscheidungen sei in das Ermessen der Behörde gestellt oder beruhe auf einem Beurteilungsspielraum der Verwaltung. Der dem konsensualen Streiterledigungsverfahren zugängliche Verhandlungsspielraum sei danach gegeben. Im Anwendungsbereich zwingenden Rechts sollten zumindest Verfahrensgesichtspunkte verhandelbar sein.[9] Die in den Modellprojekten ermittelte Verfahrensvielfalt bestätigt die von den Befürwortern erkannten Verhand-

---

1 *von Bargen*, S. 267 f.; Fritz/Pielsticker/*Fritz* Rn. 28.
2 Zum Begriff vgl. weiter *Hehn* in: Haft/v. Schlieffen § 2 Rn. 3 ff.; *Weitz*, S. 22 ff.
3 BGBl. I 2012 S. 1577 ff. (nachfolgend: Mediationsgesetz (MediationsG)).
4 Sodan/Ziekow/*Schmid*, 3. Aufl., Rn. 24.
5 *von Bargen*, S. 269 ff.; *von Bargen* in: Gläßer/Schroeter, S. 40 ff.; VGH Mannheim NVwZ 2013, 379 (380); *Ortloff* ZKM 2002, 199 (200); zu denkbaren weiteren Rechtsgrundlagen vgl. *Weitz*, S. 375 ff.
6 *von Bargen*, S. 70 ff.; *Ortloff* NVwZ 2006, 148, *ders.* NVwZ 2012, 1057; *Greger* ZKM 2013, 9; *Niewitsch-Lennartz*, S. 51 (53); *Groschupp*, S. 74; *Carl* ZKM 2012, 16; *Weitz*, S. 116 ff.
7 *Niewitsch-Lennartz*, S. 51 ff.
8 *von Bargen*, S. 87 (Hessen); *Seibert* NVwZ 2008, 365 (Nordrhein-Westfalen).
9 *Seibert* NVwZ 2008, 365 (367); *Voß*, S. 68 ff.; *Nolte* HFR, 2012, 23 (25).

lungsspielräume.[10] So fanden bspw. der bauordnungsrechtliche Nachbarstreit und das nachbarrechtliche Immissionsschutzverfahren ihre Lösung typischerweise nicht in der Anwendung zwingenden Rechts, sondern vielmehr in der verhandelbaren geringfügigen Änderung des Vorhabens oder der Schaffung von Ausgleichsmaßnahmen. Steht das hoheitliche Handeln im behördlichen Ermessen, gibt es regelmäßig nicht nur die eine rechtmäßige Entscheidung. Der Verhandlungsspielraum ist eröffnet.[11] Art. 6 des Mediationsgesetzes ergänzt die in § 173 S. 1 VwGO enthaltene Generalverweisung auf die Bestimmungen der ZPO um eine ausdrückliche Erwähnung der §§ 278 Abs. 5, 278 a ZPO (zur Historie des Gesetzgebungsverfahrens → K Rn. 11).[12]

II. Normzweck

Die mit Art. 6 des Gesetzes zur Förderung der Mediation und anderer Verfahren der außergerichtlichen Konfliktbeilegung vorgenommene Ergänzung des § 173 S. 1 VwGO um die Erwähnung der §§ 278 Abs. 5 und 278 a ZPO dient der Implementierung des in der ZPO normierten Mediations- und Güterichterkonzepts (→K Rn. 21 f.) im verwaltungsgerichtlichen Verfahren und damit der Schaffung einer klaren Rechtsgrundlage im Bereich der VwGO.[13] Die in der ZPO ausformulierten Verfahren sollen ihre Entsprechung im Verwaltungsprozess finden.   **4**

III. Regelungsgehalt und Tatbestandsvoraussetzungen

1. Aufnahme des zivilprozessualen Güterichtermodells. § 173 S. 1 VwGO nimmt ausdrücklich § 278 Abs. 5 ZPO – die Güteverhandlung vor einem nicht zur Entscheidung befugten Richter – sowie § 278 a ZPO, nach dem das Gericht den Parteien eine Mediation oder ein anderes Verfahren der außergerichtlichen Konfliktbeilegung vorschlagen kann, in die Generalverweisung auf die Bestimmungen der ZPO auf. Die in § 278 Abs. 2 ZPO enthaltene Bestimmung über die Durchführung einer obligatorischen Güteverhandlung vor dem Prozessgericht wird dagegen nicht erwähnt. Dabei steht die Verweisung – § 173 S. 1 VwGO blieb insoweit unverändert – dem Wortlaut nach unter den Vorbehalten, dass die VwGO selbst keine Bestimmungen über das betreffende Verfahren enthält und dass die grundsätzlichen Unterschiede der beiden Verfahrensarten die Anwendung der zivilprozessualen Bestimmungen nicht ausschließen.[14] Abgesehen von geringfügigen Modifikationen finden sich entsprechende Ergänzungen in § 202 SGG und § 155 FGO (→ SGG § 202 Rn. 1 ff., → FGO § 155 Rn. 1 ff.).   **5**

---

10 *Korte* in: Gläßer/Schroeter, S. 201 ff.; *Ortloff* NVwZ 2006, 148 ff.; zu den Verhandlungsspielräumen im Verwaltungsrecht generell *Holznagel/Ramsauer* in: Haft/v. Schlieffen, § 40 Rn. 1, 24 ff.

11 Generell zur Falleignung nach Rechtsgebieten vgl. *Weitz*, S. 200 ff.; Unberath/Steffek/*Greger* D. Rn. 439, E. Rn. 107.

12 Zur Historie des Gesetzgebungsverfahrens vgl. *Carl* ZKM 2012, 16 ff.; *Schmidbauer* ZKM 2012, 88 ff.

13 BT-Drs. 17/5335, 1, 11, 25; BT-Drs.17/8058, 1, 17, 23.

14 Deshalb soll nach *Ortloff* NVwZ 2012, 1057 (1059), § 173 S. 1 nicht auf §§ 278 Abs. 2, 279 ZPO verweisen.

6   **2. Prüfungsmaßstab.** Aufgrund der Ausgestaltung des § 173 S. 1 VwGO als dynamische Generalverweisung bedarf es zur Klärung der entsprechenden Anwendbarkeit einer zivilprozessualen Bestimmung jeweils der Einzelfallprüfung.[15] Daran ändert die ausdrückliche Erwähnung von Normen im Rahmen eines Generalverweises im Grundsatz nichts, es sei denn, man wollte entgegen der Verweisungssystematik der VwGO eine Spezialverweisung in eine Generalverweisung aufnehmen.[16] Im Folgenden soll deshalb entsprechend dem Wortlaut des § 173 S. 1 VwGO und dessen Charakter als Generalverweisungsnorm geprüft werden, ob die tatbestandlichen Voraussetzungen für eine entsprechende Anwendung der §§ 278 Abs. 5, 278 a ZPO im verwaltungsgerichtlichen Verfahren erfüllt sind.[17]

7   Die VwGO enthält selbst keine Bestimmungen über das Verfahren[18] der Güteverhandlung vor einem nicht zur Entscheidung befugten Richter sowie über das Verfahren der Einleitung der außergerichtlichen Mediation bzw. außergerichtlichen Konfliktbeilegung. Spezialverweisungen[19] auf die §§ 278 Abs. 5, 278 a ZPO, die der Anwendbarkeit des § 173 S. 1 VwGO insoweit entgegenstünden, finden sich nicht.

8   Der Streit, ob für die Anwendbarkeit des § 173 S. 1 VwGO weiter die Planwidrigkeit einer innerhalb der VwGO erkannten Regelungslücke erforderlich ist,[20] ist hinsichtlich der expliziten Verweisung auf die §§ 278 Abs. 5, 278 a ZPO obsolet. Die ausdrückliche Benennung dieser Normen in § 173 S. 1 VwGO lässt nur den Schluss zu, dass der Gesetzgeber von einer entsprechenden Anwendung der genannten Regelungen im Verwaltungsprozess ausgeht.

9   Grundsätzliche Unterschiede der beiden Verfahrensarten – Zivilprozess/ verwaltungsgerichtliches Verfahren –, die sich ua aus der jeweils herrschenden Prozessmaxime, der Stellung der Verfahrensbeteiligten sowie des Gerichts ergeben könnten,[21] und die eine Anwendung der §§ 278 Abs. 5, 278 a ZPO im verwaltungsgerichtlichen Verfahren ausschließen, bestehen nach Auffassung des Gesetzgebers nicht.[22] Für § 278 a ZPO, die außergerichtliche Konfliktbeilegung bei gleichzeitiger Anhängigkeit eines gerichtlichen Verfahrens, liegt dies auf der Hand. Es war und ist den Beteiligten eines verwaltungsgerichtlichen Rechtsstreits zu keinem Zeitpunkt verwehrt, eine außergerichtliche Beilegung des Streits herbeizuführen und das gefundene Ergebnis sodann prozessual umzusetzen. Insoweit besteht kein Unterschied zwischen zivil- und verwaltungsgerichtlichem Verfahren. Stellung und Funktion des Richters werden weder durch das Anraten eines außergerichtlichen Konfliktbeilegungsverfahrens noch durch die Entgegennahme einer verfahrensbeendenden Erklärung oder die Protokollierung des gefun-

---

15 Gärditz/*Orth* Rn. 3.
16 Vgl. dazu *Nolte* HFR 2012, 23 (31).
17 Generell zur Struktur des § 173 S. 1 vgl. *Meissner/Steinbeiß-Winkelmann* in: Schoch/Schneider/Bier, Rn. 21 ff.
18 Zum Verfahrensbegriff vgl. Sodan/Ziekow/*Schmid* Rn. 27.
19 Vgl. Sodan/Ziekow/*Schmid* Rn. 23 ff.; Gärditz/*Orth* Rn. 12.
20 Vgl. Sodan/Ziekow/*Schmid* Rn. 22 ff.
21 Vgl. dazu *Meissner/Steinbeiß-Winkelmann* in: Schoch/Schneider/Bier, Rn. 25 ff., 78 ff.
22 BT-Drs. 17/5335, 25.

denen Einigungsergebnisses beeinträchtigt.[23] Hinsichtlich der Tätigkeit als Güterichter im Sinne des § 278 Abs. 5 ZPO gilt nichts Abweichendes. Nach der gesetzgeberischen Ausgestaltung nimmt der Güterichter eine richterliche Aufgabe wahr (→ ZPO § 278 Rn. 7), bei der er an Gesetz und Recht gebunden ist, dh etwaige Lösungsvorschläge und Lösungsergebnisse haben sich daran zu messen. Diese Gesetzesbindung gilt für das zivilgerichtliche wie das verwaltungsgerichtliche Verfahren[24] – wie im Übrigen für die Mediation generell.[25] Hinzu kommt, dass die Verwaltung als am verwaltungsgerichtlichen Verfahren Beteiligte ihrerseits an Gesetz und Recht gebunden ist.[26]

Zu beachten ist die fehlende Erwähnung des § 278 Abs. 2 ZPO. Insoweit **10** ergibt sich eine der Anwendung dieser Bestimmung innerhalb der VwGO entgegenstehende Verfahrensunterschiedlichkeit zu den Regelungen der VwGO über die mündliche Verhandlung (vgl. §§ 101 – 106).[27] Im Unterschied zur in § 278 Abs. 2 ZPO geregelten Güteverhandlung vor dem Prozessgericht kann die Güteverhandlung im Sinne des § 278 Abs. 5 ZPO aber schon deshalb nicht zur mündlichen Verhandlung gehören, weil der nicht zur Entscheidung befugte Richter kein Mitglied des Prozessgerichts ist. Mit Art. 6 des Mediationsgesetzes wird folglich nicht gleichzeitig die obligatorische Güteverhandlung vor dem Prozessgericht in das verwaltungsgerichtliche Verfahren eingeführt.

Abweichend vom Zivilprozess ist das verwaltungsgerichtliche Verfahren **11** vom Untersuchungsgrundsatz geprägt (vgl. § 86 Abs. 1 S. 1 VwGO). Dieser Gesichtspunkt führt nicht zu einer die Anwendung der §§ 278 Abs. 5, 278 a ZPO ausschließenden Unterschiedlichkeit, wobei sich diese ohnehin nur mit Blick auf § 278 Abs. 5 ZPO ergeben könnte. Der in § 278 Abs. 5 S. 1 ZPO bestimmte Güterichter ist nicht zur Entscheidung befugt, so dass bereits fraglich ist, ob der Untersuchungsgrundsatz insoweit überhaupt Beachtung findet.[28] Zum anderen steht unter dem Primat des Untersuchungsgrundsatzes wie im zivilgerichtlichen Verfahren jedenfalls die Sachverhaltsgestaltung zur Disposition der am Verwaltungsverfahren Beteiligen. Die zusätzlich bestehende Funktion der Kontrolle der Gesetzmäßigkeit der Verwaltung wird dadurch relativiert, dass auch das verwaltungsgerichtliche Verfahren primär dem Individualrechtsschutz dient.[29]

3. Anwendung der begleitenden Änderungen der ZPO. Neben den aus- **12** drücklich erwähnten §§ 278 Abs. 5, 278 a ZPO verweist § 173 S. 1 VwGO unter den genannten Vorbehalten grundsätzlich auch auf die sonstigen durch Art. 2 des Mediationsgesetzes vorgenommenen Änderungen der ZPO. Hinsichtlich der in Art. 2 Nr. 2 MediationsG vorgesehenen Erweiterung des § 41 ZPO – Ausschluss von der Ausübung des Richteramtes – (→ ZPO § 41 Rn. 1 ff.) sowie der in Art. 2 Nr. 3 MediationsG normierten Pro-

---

23 *Nolte* HFR 2012, 23 (27).
24 *Nolte* HFR 2012, 23 (28).
25 *Ade/Gläßer* ZKM 2013, 57 (58); zur Bindungswirkung des Rechts im Bereich der richterlichen Mediation vgl. *Weitz*, S. 294 ff.
26 Vgl. dazu *Stumpf*, S. 282 ff.
27 Fritz/Pielsticker/*Fritz* Rn. 27; *Ortloff* NVwZ 2012, 1057 (1059).
28 Vgl. zum ersuchten Richter *Greger* AnwBl 2008, 570 (573).
29 *Gärditz/Orth* Rn. 25; *Weitz*, S. 324.

tokollierungsregelung (§ 159 Abs. 2 ZPO) finden sich allerdings Spezialverweisungen in § 54 Abs. 1 bzw. § 105 VwGO.[30] Raum bleibt im Anwendungsbereich des § 173 S. 1 VwGO für die in Art. 2 Nr. 4 MediationsG vorgesehene Ergänzung des § 253 Abs. 3 ZPO (→ ZPO § 253 Rn. 1 ff.). Der Gesetzgeber geht von einer der Anwendbarkeit des § 253 Abs. 3 ZPO entgegenstehenden Eigenständigkeit und Geschlossenheit der Regelungen der §§ 81, 82 VwGO aus.[31] Das überzeugt nicht. Schon im Interesse der Einheitlichkeit der Verfahrensordnungen ist nicht einzusehen, warum nicht auch das Verwaltungsgericht bei Klageerhebung über abgeschlossene Konfliktlösungsversuche oder die Bereitschaft oder Ablehnung solcher Versuche in Kenntnis gesetzt wird, um eine Entscheidung im Sinne der §§ 278 Abs. 5 S. 1, 278 a Abs. 1 ZPO frühzeitig treffen zu können. Der Zugang zum Gericht wird dadurch nicht wesentlich erschwert.[32]

13   **4. Fazit.** Im Ergebnis steht dem Verwaltungsgericht und dem verwaltungsgerichtlichen Güterichter über die ergänzte Generalverweisungsnorm des § 173 S. 1 ein Instrumentarium zur konsensualen Streitbeilegung zur Verfügung, das mit dem des Zivilgerichts bzw. dem des zivilgerichtlichen Güterichters vergleichbar ist (→ ZPO § 278 Rn. 12 f., → ZPO § 278 a Rn. 7 f.). Die in § 278 Abs. 2 ZPO vorgesehene Güteverhandlung vor dem Prozessgericht bleibt dem Verwaltungsgericht dagegen verwehrt.

IV. Anwendung des § 278 Abs. 5 ZPO im verwaltungsgerichtlichen Verfahren

14   Die vom Gesetzgeber gewollte Implementierung des Güterichtermodells im Sinne des § 278 Abs. 5 ZPO im verwaltungsgerichtlichen Verfahren bedarf einer dem zivilgerichtlichen Verfahren entsprechenden gerichtsverfassungsrechtlichen Umsetzung in der Form der Bestimmung des Güterichters im jeweiligen Geschäftsverteilungsplan des Gerichts (→ ZPO § 278 Rn. 7).[33]

Die Entscheidung über die Verweisung der Parteien – im verwaltungsgerichtlichen Verfahren gemäß § 63 VwGO: der Beteiligten – vor einen Güterichter trifft gemäß § 278 Abs. 5 S. 1 ZPO das Gericht, dh der Spruchkörper, wobei eine Einzelrichterübertragung im Sinne des § 6 VwGO ebenso zu beachten ist wie die Fallgestaltungen des § 87 a Abs. 2, 3 VwGO (Vorsitzenden- bzw. Berichterstatterentscheidung).[34] Sie ergeht in der Form des Beschlusses, welcher – weil nur eine Regelung zum Verfahren im Sinne des § 146 Abs. 2 VwGO getroffen wird – unanfechtbar sein dürfte.[35]

---

30 Vgl. zu § 159 Abs. 2 ZPO *Ortloff* NVwZ 2012, 1057 (1060); *Fritz* BDVR-Rundschreiben 2013, 4 (8); Fritz/Pielsticker/*Fritz* Rn. 6 ff.; Kopp/*Schenke* Rn. 4 c übersieht mE die Regelung des § 105.
31 BT-Drs. 17/5335, 25; ebenso Kopp/*Schenke* Rn. 5; *Steinbeiß-Winkelmann* in: Schoch/Schneider/Bier, Rn. 203; Sodan/Ziekow/*Schmid* Rn. 72.
32 Vgl. Fritz/Pielsticker/*Fritz* Rn. 22 ff.
33 *Ortloff* NVwZ 2012, 1057 (1059); *Steinbeiß-Winkelmann* in: Schoch/Schneider/Bier, Rn. 205.
34 Vgl. *Ortloff* NVwZ 2012, 1057 (1060); *Steinbeiß-Winkelmann* in: Schoch/Schneider/Bier, Rn. 209; aA Kopp/*Schenke* Rn. 4 b; *Wysk* Rn. 9 a.
35 Fritz/Pielsticker/*Fritz* Rn. 34.

Der Verweis der Beteiligten vor den Güterichter steht im pflichtgemäßen 15
Ermessen des Gerichts (→ ZPO § 278 Rn. 19).[36] Die Verweisung kann zu
jedem Zeitpunkt des Verfahrens erfolgen. Umstritten ist, ob es vor der Ermessensausübung im Sinne eines ungeschriebenen Tatbestandsmerkmals
des Einverständnisses der Beteiligten zur Verweisung bedarf.[37] Der Gesetzgeber geht davon aus.[38] In der Praxis dürfte sich eine Verweisung der Beteiligten vor den Güterichter gegen deren erklärten Willen oder ohne Anhalt für eine Einigungsbereitschaft verbieten.

Dem Güterichter steht ein dem zivilgerichtlich tätigen und nach § 278 16
Abs. 5 ZPO bestimmten Güterichter vergleichbares Handlungsinstrumentarium zu (→ ZPO § 278 Rn. 12 f.). Für eine Beschränkung auf bestimmte
Methoden der konsensualen Streiterledigung bieten weder das Verwal-
tungsprozessrecht noch das materielle Verwaltungsrecht einen Grund.[39]
Vor dem Hintergrund der in der Vergangenheit gezielt auf die Mediation
ausgerichteten Ausbildung der sogenannten richterlichen Mediatoren
zeichnet sich faktisch die Tendenz ab, dass in der verwaltungsgerichtlichen
Güteverhandlung primär zur Methode der Mediation gegriffen werden
wird.[40] Umstritten bleibt die Führung von Einzelgesprächen.[41]

V. Anwendung des § 278 a ZPO im verwaltungsgerichtlichen Verfahren

Im Unterschied zu § 278 Abs. 5 S. 1 ZPO bedarf es für den Vorschlag einer 17
außergerichtlichen Konfliktbeilegung nach § 278 a Abs. 1 ZPO keiner
förmlichen Entscheidung des Gerichts. Der Vorschlag kann deshalb außerhalb der mündlichen Verhandlung durch den Vorsitzenden erfolgen. Eine
Einzelrichterübertragung nach § 6 VwGO ist wie eine Berichterstatterbe-
stellung im Sinne des § 87 a Abs. 1, 3 VwGO zu beachten. Die Unterbreitung des Vorschlags steht im pflichtgemäßen Ermessen des Gerichts, sie
kann in jedem Verfahrensstadium erfolgen (zu etwaigen Prüfungs- und Beratungspflichten dabei → ZPO § 278 a Rn. 10). In der Praxis sind solche
„Verweisungen" auf ein außergerichtliches Verfahren der Konfliktbeilegung bislang eher selten.[42] In Betracht kommt das Anraten einer außergerichtlichen Konfliktbeilegung sicher bei politisch umstrittenen Vorhaben
oder bei Großvorhaben, die einer umfassenden auch sachverständigen
Sachverhaltsaufklärung bedürfen.[43] Auch das richterliche Zeitbudget kann
dabei Motivationserwägung sein.

---

36 Sächsisches OVG 6.8.2014 – 1 A 257/10.
37 Bejahend: Fritz/Pielsticker/*Fritz* Rn. 37; aA wohl *Carl* ZKM 2012, 16 (19); zu unterscheiden ist dieses Einverständnis von dem zur Durchführung einer bestimmten
Konfliktbeilegungsmethode wie der Mediation erforderlichen; verneinend: Kopp/
Schenke Rn. 4 b; Posser/*Wolff* Rn. 16; Sächsisches OVG 28.1.2014 und 6.8.2014 –
1 A 257/10.
38 BT-Drs. 17/8058, 23 zu Artikel 6 – neu.
39 Vgl. dazu auch Kopp/*Schenke* Rn. 4 d.
40 Für *Ortloff* NVwZ 2012, 1057 (1059), steht die Methode der Mediation wegen
ihrer ausdrücklichen Erwähnung in § 278 Abs. 5 S. 2 ZPO im Vordergrund und
sollte von jedem Güterichter beherrscht werden.
41 *Prütting* MDR 2016, 965 (967).
42 Vgl. *Ortloff* NVwZ 2006, 148.
43 Vgl. dazu *Holznagel/Ramsauer* in: Haft/v. Schlieffen § 40 Rn. 57 ff.

Eine förmliche Entscheidung über das Ruhen des Verfahrens trifft das Gericht, nachdem sich die Beteiligten zur Durchführung einer Mediation oder eines anderen Verfahrens der außergerichtlichen Konfliktbeilegung entschieden haben.

VI. Rechtspolitische Bewertung

18 Art. 6 des Mediationsgesetzes beendet den Streit um die grundsätzliche Berechtigung konsensualer Streiterledigungsverfahren im Verwaltungsprozess.[44] Dies und die im Zusammenspiel mit den vergleichbaren Ergänzungen in § 202 SGG und § 155 FGO geschaffene Einheitlichkeit der Verfahrensordnungen sind grundsätzlich begrüßenswert. Die Anführung einzelner Normen in einem Generalverweis ist allerdings zur Umsetzung des gesetzgeberischen Willens gesetzestechnisch missglückt. Sie widerspricht der Verweisungssystematik der VwGO[45] und bleibt hinter dem Willen des Gesetzgebers nach der Schaffung einer klaren rechtlichen Grundlage insoweit zurück,[46] als dass sie die Anwendung der §§ 278 Abs. 5, 278 a ZPO vom Wortlaut der Norm her unter Vorbehalte stellt, auch wenn diese nach der Ansicht des Gesetzgebers und der hier vertretenen Auffassung nicht greifen.

Wirklich angekommen ist der „Güterichter" am Verwaltungsgericht noch nicht.[47] Die Einführung des Güterichtermodells in der Verwaltungsgerichtsbarkeit führte vielmehr selbst an zuvor „mediationsfreundlichen" Verwaltungsgerichten zu einem deutlichen „Mediationsrückgang".[48]

---

44 *Zimmerer* BayVBl. 2014, 129.
45 BR-Drs. 60/1/11, 1, 16 f.; BR-Drs. 60/11, 1, 14 f.; *Nolte* HFR 2012, 23 (28 f.); Fehling/Kastner/Stürmer/*Just* Rn. 3.
46 BT-Drs. 17/5335, 25.
47 *Greger* ThürVBL. 2014, 65 f.; *Zimmerer* BayVBl. 2014, 129 (131); Statistisches Bundesamt, Tabellenteil 1.2.7.
48 Beim Verwaltungsgericht Minden zB sank die Zahl der Verweisungen an den Güterichter im Jahr 2016 auf drei. In den ersten vier Jahren seiner im Jahre 2006 begonnenen Mediationstätigkeit waren am genannten Gericht noch 198 Verfahren mediiert worden; vgl. *Korte* in: Gläßer/Schroeter, S. 201, 210.

Artikel 7 und 7 a Änderung des Gesetzes über Gerichtskosten (GKG) sowie Änderung des Gesetzes über Gerichtskosten in Familiensachen (FamGKG)

Literatur:

Breyer, Kostenorientierte Steuerung des Zivilprozesses, 2005; *Engel/Müller,* Mediation und ihre Kosten – Wer zahlt die Rechnung?, ZKM 2012, 39; *Fritz/Pielsticker,* Mediationsgesetz – Kommentar, Handbuch, Mustertexte, 2013; *Greger,* Mediation und Gerichtsverfahren in Sorge- und Umgangsrechtskonflikten – Pilotstudie zum Vergleich von Kosten und Folgekosten, 2010; *Ponschab/Kracht,* Die Kosten der Mediation, in: Haft/v. Schlieffen (Hrsg.), Handbuch Mediation, 3. Aufl. 2015, S. 1275–1303; *Hennessy,* Das Gesetz zur Förderung der Mediation und anderer Verfahren der außergerichtlichen Konfliktbeilegung – Wie weit fördert es die Mediation?, Bonner Rechtsjournal Sonderausgabe 2012, 39; *Henssler/Koch/Brieske,* Mediation in der Anwaltspraxis, 2. Aufl. 2004; *Meyer,* GKG/FamGKG, Kommentar zum Gerichtskostengesetz (GKG) und zum Gesetz über Gerichtskosten in Familiensachen (FamGKG), 15. Aufl. 2015; *Prütting/ Helms,* FamFG Kommentar mit FamGKG, 3. Aufl. 2014; *Roth,* Freiwilligkeit und Zwang in der Mediation, in: Althammer/Eisele/Ittner/Löhning (Hrsg.), 2013, S. 109–116; *Spindler,* Gerichtsnahe Mediation in Niedersachsen – eine juristisch-rechtsökonomische Analyse – Abschlussbericht im Auftrag des Niedersächsischen Ministeriums für Justiz und des Niedersächsischen Ministeriums für Wissenschaft und Kultur, 2006; *Volkmann,* Mediation im Zivilprozess, 2005.

§ 69 b GKG Verordnungsermächtigung

[1]Die Landesregierungen werden ermächtigt, durch Rechtsverordnung zu bestimmen, dass die von den Gerichten der Länder zu erhebenden Verfahrensgebühren über die in den Nummern 1211, 1411, 5111, 5113, 5211, 5221, 6111, 6211, 7111, 7113 und 8211 des Kostenverzeichnisses bestimmte Ermäßigung hinaus weiter ermäßigt werden oder entfallen, wenn das gesamte Verfahren nach einer Mediation oder nach einem anderen Verfahren der außergerichtlichen Konfliktbeilegung durch Zurücknahme der Klage oder des Antrags beendet wird und in der Klage- oder Antragsschrift mitgeteilt worden ist, dass eine Mediation oder ein anderes Verfahren der außergerichtlichen Konfliktbeilegung unternommen wird oder beabsichtigt ist, oder wenn das Gericht den Parteien die Durchführung einer Mediation oder eines anderen Verfahrens der außergerichtlichen Konfliktbeilegung vorgeschlagen hat. [2]Satz 1 gilt entsprechend für die in den Rechtsmittelzügen von den Gerichten der Länder zu erhebenden Verfahrensgebühren; an die Stelle der Klage- oder Antragsschrift tritt der Schriftsatz, mit dem das Rechtsmittel eingelegt worden ist.

§ 61 a FamGKG Verordnungsermächtigung

[1]Die Landesregierungen werden ermächtigt, durch Rechtsverordnung zu bestimmen, dass die von den Gerichten der Länder zu erhebenden Verfahrensgebühren in solchen Verfahren, die nur auf Antrag eingeleitet werden, über die im Kostenverzeichnis für den Fall der Zurücknahme des Antrags vorgesehene Ermäßigung hinaus weiter ermäßigt werden oder entfallen, wenn das gesamte Verfahren oder bei Verbundverfahren nach § 44 eine Folgesache nach einer Mediation oder nach einem anderen Verfahren der

außergerichtlichen Konfliktbeilegung durch Zurücknahme des Antrags beendet wird und in der Antragsschrift mitgeteilt worden ist, dass eine Mediation oder ein anderes Verfahren der außergerichtlichen Konfliktbeilegung unternommen wird oder beabsichtigt ist, oder wenn das Gericht den Beteiligten die Durchführung einer Mediation oder eines anderen Verfahrens der außergerichtlichen Konfliktbeilegung vorgeschlagen hat. ²Satz 1 gilt entsprechend für die im Beschwerdeverfahren von den Oberlandesgerichten zu erhebenden Verfahrensgebühren; an die Stelle der Antragsschrift tritt der Schriftsatz, mit dem die Beschwerde eingelegt worden ist.

I. Normzweck; Anwendungsbereich

1   Unabhängig von Verordnungen iSd § 69 b GKG, § 61 a FamGKG ermäßigen sich die Gerichtsgebühren nach den Kostenverzeichnissen der Kostengesetze bei Beendigung des gesamten Verfahrens beispielsweise durch Zurücknahme der Klage bzw. des Antrages, durch gerichtlichen Vergleich oder durch Erledigungserklärungen nach § 91 a ZPO.[1] Entsprechendes gilt für die Beendigung durch Zurücknahme des Rechtsmittels.[2] Der Grund für die Beendigung des Verfahrens ist dabei weder Voraussetzung für das Ob noch Maßstab für den Umfang der Ermäßigung.[3]

Mit § 69 b GKG und § 61 a FamGKG, die erst im Vermittlungsausschuss von Bundestag und Bundesrat eingefügt wurden,[4] sind Öffnungsklauseln für die Länder geschaffen, um einen Anreiz für die Durchführung von Mediation sowie anderer Verfahren der außergerichtlichen Konfliktbeilegung während eines Gerichtsverfahrens (inklusive Rechtsmittelzug) zu ermögli-

---

1   Im GKG-KV sind dies Nr. 1211, 1411, 5111, 5113, 5211, 5221, 6111, 6211, 7111, 7113 und 8211.
2   Vgl. beispielsweise GKG-KV Nr. 1221. Bei Rücknahme, bevor die Begründung des Rechtsmittels bei Gericht eingegangen ist, erfolgt eine weitere Ermäßigung, vgl. beispielsweise GKG-KV Nr. 1222.
3   Die Ermäßigungstatbestände beinhalten daher keine spezifisch die Mediation betreffenden Anreize, vgl. *Volkmann*, Mediation im Zivilprozess, 137.
4   BT-Drs. 17/10102, 3 ff.

chen.[5] Die Etablierung von Kostenanreizen erhöhen die Chancen erwünschten Verhaltens der Partei[6] und Rechtsverordnungen auf Grundlage von § 69 b S. 1 Alt. 2 GKG, § 61 a S. 1 Alt. 2 FamGKG damit die Wahrscheinlichkeit, dass ein Konflikt den Weg in die Mediation findet.[7] Ziel der beiden Regelungen ist die Stärkung der außergerichtlichen Konfliktbeilegungsverfahren. Da es den Ländern überlassen bleibt, ob sie von diesen Klauseln Gebrauch machen, kann sich eine unterschiedliche Gebührenermäßigungs-Praxis entwickeln. Eine einheitliche bundesweite Kostenregelung war aber aus politischen Gründen nicht realisierbar.

II. Voraussetzungen für Kostenermäßigung oder Kostenerlass gemäß § 69 b GKG

Mit der Öffnungsklausel werden die Landesregierungen ermächtigt, durch Rechtsverordnung zu bestimmen, dass die von den Ländern zu erhebenden Verfahrensgebühren – über die im Kostenverzeichnis bereits für den Fall der Zurücknahme vorgesehene Ermäßigung hinaus – weiter ermäßigt werden bzw. sogar ganz entfallen können, wenn das gesamte Verfahren nach einer Mediation oder nach einem anderen Verfahren der außergerichtlichen Konfliktbeilegung durch Zurücknahme beendet wird.   2

Weitere Voraussetzungen für dieses potenzielle Kostenprivileg sind (alternativ)   3

a) die Mitteilung in der Klage- oder Antragsschrift, dass eine Mediation oder ein anderes Verfahren der außergerichtlichen Konfliktbeilegung unternommen wird oder beabsichtigt ist, § 69 b S. 1 Alt. 1 GKG, oder

b) der Vorschlag des Gerichts gegenüber den Beteiligten zur Durchführung einer Mediation oder eines anderen Verfahrens der außergerichtlichen Konfliktbeilegung, § 69 b S. 1 Alt. 2 GKG.

§ 69 b S. 1 Alt. 1 GKG knüpft also an die Sollvorschrift des § 253 Abs. 3. Nr. 1 Alt. 1 ZPO an, wobei das Merkmal der „beabsichtigten" Mediation dementsprechend nach der Intention des Klägers auszulegen ist.[8] § 69 b S. 1 Alt. 2 GKG bezieht sich auf § 278 a Abs. 1 ZPO.

Gleiches gilt nach § 69 b S. 2 GKG für die im Berufungs- oder Beschwerdeverfahren zu erhebenden Verfahrensgebühren. Auch hier müssen die vorgenannten weiteren Kriterien zu a) und b) vorliegen, wobei an die Stelle der Klage- oder Antragsschrift der Schriftsatz tritt, mit dem das Rechtsmittel eingelegt worden ist.   4

Die Beschränkung der Anreizmöglichkeit auf eine Beendigung durch Zurücknahme ist in Anbetracht der Regelungen in den Kostenverzeichnissen der Kostengesetze, die eine Ermäßigung auch bei gerichtlichem Vergleich oder Erledigungserklärungen nach § 91 a ZPO vorsehen, inkonsequent und in der Sache nicht sinnvoll, da gerade Vergleich und Erledigungserklärungen praxisrelevant sind und sich daher für eine Privilegierung anbie-

---

5 BT-Drs. 17/10102, 4.
6 Vgl. zu Kostenanreizen und Kostensanktionen *Spindler,* S. 74; grundlegend zur kostenorientierten Steuerung: *Breyer,* 2005.
7 *Roth* in: Althammer/Eisele/Ittner/Löhning, S. 111.
8 Fritz/Pielsticker/*Fritz* GKG § 69 b Rn. 34.

ten.[9] Die Beschränkung birgt ferner erhebliche Probleme für die Rechtsanwendung, da bei Zurücknahme der Kläger grundsätzlich verpflichtet ist, die Kosten des Rechtsstreits zu tragen, § 269 Abs. 3 S. 2 ZPO.[10] Dazu gehören insbesondere auch die Kosten des Rechtsanwalts.[11] Wenn diese Rechtsfolge nicht gewollt ist, wovon in der Regel auszugehen ist, muss eine Vereinbarung über die Verteilung der Kosten getroffen werden.[12]

III. Voraussetzungen für Kostenermäßigung oder Kostenerlass gemäß § 61 a FamGKG

5   Diese Regelung gilt nur für Verfahren, die auf Antrag eingeleitet werden. Sogenannte Amtsverfahren, die zB auf Entzug der elterlichen Sorge gemäß § 1666 BGB gerichtet sein können, sind von der Verordnungsermächtigung nicht umfasst.[13] Der Gesetzgeber will mit der Neuregelung gemäß § 61 a FamGKG einen Kostenanreiz für die antragstellende Partei schaffen. Im Falle des Entzuges der elterlichen Sorge wird in der Regel das Gericht von sich aus bzw. aufgrund einer Anregung des Jugendamtes oder der Polizei tätig. In diesen Fällen sieht der Gesetzgeber keinen Handlungsbedarf für Kostenermäßigungen bei anschließenden Mediationen. Die Verfahrensgebühren können – über die im Kostenverzeichnis bereits für den Fall der Zurücknahme des Antrags vorgesehene Ermäßigung hinaus – weiter ermäßigt werden bzw. sogar ganz entfallen, wenn das gesamte Verfahren nach einer Mediation oder nach einem anderen Verfahren der außergerichtlichen Konfliktbeilegung durch Zurücknahme des Antrags beendet wird.

6   Weitere Voraussetzungen für dieses potenzielle Kostenprivileg sind auch hier (alternativ)

a) die Mitteilung in der Antragsschrift, dass eine Mediation oder ein anderes Verfahren der außergerichtlichen Konfliktbeilegung unternommen wird oder beabsichtigt ist, § 61 a S. 1 Alt. 1 FamGKG, oder

b) der Vorschlag des Gerichts gegenüber den Beteiligten zur Durchführung einer Mediation oder eines anderen Verfahrens der außergerichtlichen Konfliktbeilegung, § 61 a S. 1 Alt. 2 FamGKG.

§ 61 a S. 1 Alt. 1 FamGKG knüpft also an die Sollvorschrift des § 23 Abs. 1 S. 3 FamFG an, wobei auch hier das Merkmal der „beabsichtigten" Mediation nach der Intention des Antragstellers auszulegen ist.[14] § 61 a S. 1 Alt. 2 FamGKG bezieht sich auf § 36 a Abs. 1 FamFG.

7   Gleiches gilt auch bei einem Verbundverfahren von Scheidung und Folgesache(n) nach § 44 FamGKG iVm § 137 Abs. 2 FamFG für die Beendigung einer Folgesache und ebenso für die im Beschwerdeverfahren von den Oberlandesgerichten zu erhebenden Verfahrensgebühren. Auch hier müssen die vorgenannten weiteren Kriterien zu a) und b) vorliegen, wobei an

---

9   Darüber hinaus fehlt die Möglichkeit einer Ermäßigung in Bezug auf Verfahren vor Bundesgerichten, vgl. Fritz/Pielsticker/*Fritz* GKG § 69 b Rn. 3.
10   Entsprechendes gilt nach § 155 Abs. 2 VwGO.
11   Zu denken ist beispielsweise auch an die Kosten Beigeladener, vgl. Fritz/Pielsticker/ *Fritz* GKG § 69 b Rn. 27.
12   Vgl. Fritz/Pielsticker/*Fritz* GKG § 69 b Rn. 27, 39.
13   Vgl. Prütting/Helms/*Klüsener* FamGKG § 61 a Rn. 3.
14   Fritz/Pielsticker/*Fritz* GKG § 69 b Rn. 34.

die Stelle der Antragsschrift der Schriftsatz tritt, mit dem die Beschwerde eingelegt worden ist.

IV. Umfang und Berechnungsbeispiele

Vornehmlicher Zweck der Öffnungsklausel ist es, Mediationen und andere Konfliktbeilegungsverfahren attraktiver erscheinen zu lassen sowie eine größere Inanspruchnahme zu erreichen. Die tatsächlich ersparten Kosten sind allerdings sowohl bezogen auf Hauptsacheverfahren als auch bezogen auf Verfahren im einstweiligen Rechtsschutz ausgesprochen überschaubar, was an den folgenden Beispielen sichtbar wird. Dabei könnten die Gebühren, die sich nach den Beispielen jeweils in EUR ergeben, auf Grundlage einer Verordnung nach der neuen Regelung ermäßigt werden oder ganz entfallen.

1. Beispielsrechnungen nach GKG

a) Klage auf Nutzungsentgelt für die alleinige Nutzung einer gemeinsamen Wohnung

Fallbeispiel: Der Kläger und die Beklagte sind ehemalige Lebenspartner und je zur ideellen Hälfte im Grundbuch eingetragene Eigentümer eines Hauses. Seit der Trennung der Parteien vor ein paar Jahren bewohnt die Beklagte, die das noch bestehende gesamtschuldnerische Darlehen mit monatlich 500 EUR bedient, das Haus allein. Der Kläger begehrt von der Beklagten ein Nutzungsentgelt entsprechend der Hälfte der ortsüblichen Miete, die mit 2.000 EUR netto/kalt monatlich angenommen wird. Die Beklagte verweigert die Zahlung, da nach ihrer Ansicht eine anderweitige und abschließende Vereinbarung getroffen wurde, nach der sie sämtliche laufenden Zahlungen für die Immobilie trägt, den Kläger im Innenverhältnis von etwaigen Ansprüchen Dritter freistellt und ihr im Gegenzug das alleinige Nutzungsrecht zusteht.

Wird die Klage zB vor dem Schluss der mündlichen Verhandlung zurückgenommen oder sie für erledigt erklärt, reduziert sich die allgemeine Verfahrensgebühr gemäß Nr. **1211 KV** auf 1,0. Bei einem Streitwert von 9.000 EUR (hälftige Jahresmiete nach Abzug der Verbindlichkeit – 750*12) entsteht eine Verfahrensgebühr in Höhe von **222 EUR**.

b) Antrag auf Einstweilige Verfügung – Nachbarschaftsstreit

Fallbeispiel: Das Grundstück des Antragstellers und das Nachbargrundstück der Antragsgegnerin sind mit direkt an der Straße stehenden Wohngebäuden bebaut und teilen sich einen hinter den Wohngebäuden liegenden Hof. Das Wohngebäude des Antragstellers ist erheblich sanierungsbedürftig; zu ihm besteht kein ebenerdiger Zugang, insbesondere keine Zufahrt. Eine Zufahrt für die Baufahrzeuge und Baumaschinen ist nach Auffassung des Antragstellers nur über das Grundstück der Antragsgegnerin möglich. Diese habe, noch bevor er das Wohngebäude erworben hat, ihr Einverständnis für die Nutzung ihrer Zufahrt erteilt. Die Antragsgegnerin bestreitet, je ihr Einverständnis erteilt zu haben, und gestattet die Nutzung ihrer Zufahrt nicht. Der Antragsteller beantragt daraufhin im Wege der einstweiligen Verfügung bei dem zuständigen Amtsgericht zu beschließen, der

Antragsgegnerin aufzugeben, es zu dulden, dass der Antragsteller die Zu- fahrt überfahren kann. Der vorläufige Streitwert wird mit 5.000 EUR an- genommen. Es wird eine mündliche Verhandlung durchgeführt.

12   Bei Beendigung des gesamten Verfahrens zB durch Zurücknahme des An- trages vor dem Schluss der mündlichen Verhandlung reduziert sich die Ver- fahrensgebühr gemäß **Nr. 1411 KV** auf 1,0. Bei einem vorläufigen Streit- wert von 5.000 EUR beträgt diese **146 EUR**.

c) Klageverfahren wegen Räumung eines Gewerbemietverhältnisses

13   **Fallbeispiel:** Die Parteien streiten über die Beeinträchtigung eines Gewer- bemietvertrages bzgl. eines Bürokomplexes in bester Lage. Der Mieter min- dert bereits seit geraumer Zeit die Miete wegen angeblicher Mängel der Mietsache. Der Vermieter hat dies zum Anlass einer Kündigung genom- men. Nunmehr wird beim Landgericht ein Räumungsrechtsstreit geführt. Der Streitwert ist angegeben mit der Jahresmiete von 648.000 EUR zzgl. offener Mietrückstände in Höhe von 72.000 EUR.

14   Wird die Klage zB vor dem Schluss der mündlichen Verhandlung zurückge- nommen, reduziert sich die allgemeine Verfahrensgebühr gemäß Nr. **1211 KV** auf 1,0. Bei einem Streitwert von 720.000 EUR entsteht eine Verfah- rensgebühr in Höhe von **4.436 EUR**.

15   **d) Verfahren vor dem Arbeitsgericht – Änderungskündigung.** Bei einem Verfahren vor dem Arbeitsgericht richten sich die Gebühren ebenfalls nach dem GKG, § 1 Abs. 2 Nr. 4 GKG. Gemäß **Nr. 8211 KV** reduziert sich die Verfahrensgebühr in arbeitsrechtlichen Streitigkeiten, zB bei Beendigung des gesamten Verfahrens durch Zurücknahme, bereits auf **0,4**. Grundlage für die Bemessung des Streitwertes bei Ablehnung der Änderungskündi- gung durch den Arbeitnehmer ist § 42 Abs. 2 GKG mit der Begrenzung auf drei Bruttomonatseinkommen (§ 42 Abs. 3 GKG). Bei einem Streitwert von zB 10.000 EUR beträgt die Verfahrensgebühr nach § 34 GKG (Wertgebüh- ren) **96,40 EUR**.

16   **2. Beispielsrechnung nach FamGKG. a) Antrag auf Sorge- oder Umgangs- recht.** Die allgemeine Verfahrensgebühr bei Zurücknahme des Antrags in Kindschaftssachen beträgt **54 EUR** [gemäß Nr. 1310 KV eine 0,5-Gebühr nach dem Wert von 3.000 EUR (Auffangwert gemäß § 45 FamGKG)].

17   Im Beschwerdeverfahren gegen die Endentscheidung beträgt die Verfah- rensgebühr bei Zurücknahme des Antrags ebenso **54 EUR** (gemäß Nr. 1315 KV eine 0,5-Gebühr nach dem Wert von 3.000 EUR).

18   **b) Antrag auf Kindes- und Ehegattenunterhalt.** Der Wert dieser selbststän- digen Familienstreitsache bemisst sich nach dem Jahresunterhaltsbetrag (§ 51 FamGKG): Der Kindesunterhalt zB der 5. Einkommensgruppe und 1. Altersstufe abzüglich hälftiges Kindergeld beträgt 307 EUR x 12 = 3.684 EUR und Ehegattenunterhalt zB 1.000 EUR x 12 = 12.000 EUR. Der Wert liegt somit insgesamt für Kindes- und Ehegattenunterhalt bei 15.684 EUR. Die Verfahrensgebühr beträgt in diesem Fall bei Beendigung des Verfahrens **293 EUR** (gemäß Nr. 1221 KV eine 1,0-Gebühr).

19   Sollte gegen die Endentscheidung betreffend den Ehegattenunterhalt Be- schwerde eingelegt werden, so beträgt bei Beendigung des Verfahrens

durch Zurücknahme der Beschwerde die Verfahrensgebühr **267 EUR** (gemäß Nr. 1223 KV eine 1,0-Gebühr von 12.000 EUR).

c) Ehescheidung mit Folgesache elterliche Sorge. Bei Beendigung des Verfahrens hinsichtlich der Ehesache oder einer Folgesache ist eine 0,5-Verfahrensgebühr fällig. Diese bemisst sich nach dem Wert der Ehescheidung (zB 5.000 EUR) sowie dem Wert der Folgesache elterliche Sorge (20 % von 5.000 EUR gemäß § 44 FamGKG = 1.000 EUR). Die ersparte Verfahrensgebühr für die Folgesache elterliche Sorge beliefe sich auf **26,50 EUR** (gemäß Nr. 1111 KV eine 0,5-Gebühr). **20**

Im Beschwerdeverfahren hinsichtlich der Ehesache oder einer Folgesache (zB elterliche Sorge) entsteht eine 1,0-Gebühr (gemäß Nr. 1122 KV) bei Beendigung des Verfahrens. Die Kosten bei Zurücknahme des Antrags betragen **53 EUR** unter Zugrundelegung obigen Wertes von 1.000 EUR für das Verfahren hinsichtlich der elterlichen Sorge. **21**

3. Motivation durch Kostenanreize. Vergleicht man die ersparten Verfahrenskosten mit den Kosten eines Mediationsverfahrens, dann wird deutlich, dass sich voraussichtlich wenige Betroffene allein wegen der Ersparnis von Gerichtskosten zur Teilnahme an einer Mediation motivieren lassen. Eine Mediation benötigt für eine nachhaltige Konfliktbeilegung in der Regel mehrere Sitzungen. Statistisch dauerte eine Familienmediation laut einer Mitgliederbefragung der Bundes-Arbeitsgemeinschaft für Familien-Mediation (BAFM) im Jahre 2007 etwa 5,6 Sitzungen,[15] im Jahr 2010 war die Zahl leicht rückläufig mit 5,3 Sitzungen.[16] Auch in anderen Bereichen wie zB der Wirtschaftsmediation, der Mediation bei Erbauseinandersetzungen oder in WEG-Streitigkeiten ist ein umfangreicher Zeitrahmen notwendig und üblich. **22**

Mediationshonorare bemessen sich üblicherweise nach vereinbarten Stundensätzen, deren Höhe unter anderem von Rechtsgebiet, Schwierigkeit der Mediation, Zeitaufwand, Grundberuf, Qualifikation und Reputation des Mediators und den wirtschaftlichen Verhältnissen der Parteien abhängen können und die sich von 50 EUR bis 450 EUR und höher bewegen.[17] Diese Mediationen dürften also in der Regel deutlich teurer sein als die genannten Verfahrensgebühren, die laut der obigen Beispielsfälle in einem Rahmen zwischen 27 EUR und 293 EUR liegen; nur in ungewöhnlichen Fällen wird eine Verfahrensgebühr (wie im vorstehenden Beispielsfall zur Kündigung des Gewerbemietverhältnisses) 4.436 EUR betragen. **23**

Außerdem wurde die Möglichkeit einer Ermäßigung der Gerichtsgebühren auf gerichtsnahe Mediation[18] beschränkt, für direkte Mediation ohne gerichtliches Verfahren jedoch kein Anreiz geschaffen. Im Sinne einer effekti-

---

15 *Zurmühl/Kiesewetter* ZKM 2008, 107 (109).
16 *Zurmühl/Kiesewetter* ZKJ 2012, 80.
17 Henssler/Koch/*Brieske* § 12 Rn. 94, 95; Fritz/Pielsticker/*Pielsticker* MediationsG § 2 Rn. 50, 54; *Ponschab/Kracht* in: Haft/v. Schlieffen, § 56 Rn. 15 ff., 31 f.; *Engel/Müller* ZKM 2012, 39; BGH 21.10.2010 – IX ZR 37/10 = AGS 2011, 9 ff.: 230,00 EUR (450,00 DM).
18 Das heißt außergerichtliche Mediation, die nach Anhängigkeit eines gerichtlichen Verfahrens zur Beilegung eines den Streitgegenstand dieses gerichtlichen Verfahrens (jedenfalls auch) umfassenden Konfliktes begonnen wird, während dieses gerichtliche Verfahren ruht bzw. ausgesetzt ist.

ven Förderung der Mediation ist das Hauptaugenmerk der Förderung auf die direkte Mediation zu legen;[19] der gerichtsnahen Mediation kann lediglich eine Auffangfunktion zukommen. Die Verordnungsermächtigungen sind daher ein erster „zögerlicher Schritt",[20] der mangels Umsetzung in den Ländern noch nicht vollendet ist. Gleichwohl sollte der positive Effekt dieser Regelungen nicht unterschätzt werden: Bund und Länder haben damit signalisiert, dass sie eine mögliche Kostenersparnis[21] hinsichtlich der Gerichtskosten zur Kenntnis genommen haben und durchaus wertschätzen. Eine immer wieder geforderte Mediationskostenhilfe wurde indes bedauerlicherweise nicht eingeführt, obwohl diese höchstwahrscheinlich zu einer vermehrten Inanspruchnahme von Mediationen führen würde. Es wurde lediglich mit § 7 eine Rechtsgrundlage für die Vereinbarung wissenschaftlicher Forschungsvorhaben zu den Auswirkungen einer finanziellen Förderung der Mediation auf die finanziellen Belastungen der Länder geschaffen (→ MediationsG § 7 Rn. 1 f.). Der Grund dafür, dass zunächst lediglich § 7 und §§ 69 b GKG, 61 a FamGKG etabliert wurden, war die Tatsache, dass Mediationskostenhilfe – ebenso wie Prozesskostenhilfe – Ländersache ist und der Gesetzgeber im Hinblick auf Art. 104 a GG sowie die zu erwartende Versagung der Zustimmung des Bundesrats deshalb bisher davon abgesehen hat, diesbezüglich eine konkrete Regelung zu treffen.

---

19 Sinnvoll wäre also eine Anreizsetzung zur Mediation vor Einleitung eines gerichtlichen Verfahrens.
20 Fritz/Pielsticker/*Fritz* GKG § 69 b Rn. 2.
21 Vgl. ausführlich: *Greger,* Mediation und Gerichtsverfahren in Sorge- und Umgangsrechtskonflikten – Pilotstudie zum Vergleich von Kosten und Folgekosten; *Leutheuser-Schnarrenberger* ZKM 2012, 72 (74).

Artikel 8 Änderung der Finanzgerichtsordnung

§ 155 FGO Anwendung von GVG und von ZPO

[1]Soweit dieses Gesetz keine Bestimmungen über das Verfahren enthält, sind das Gerichtsverfassungsgesetz und, soweit die grundsätzlichen Unterschiede der beiden Verfahrensarten es nicht ausschließen, die Zivilprozessordnung einschließlich § 278 Absatz 5 und § 278 a sinngemäß anzuwenden. (...)

Literatur:

Adel/Gläßer: Lehrmodul 18: Das Recht in der Mediation, ZKM 2013, 57; *von Bargen,* Gerichtsinterne Mediation – Eine Kernaufgabe der rechtsprechenden Gewalt, 2008; *Boochs,* Mediation im Steuerrecht, DStR 2006, 1062; *Dürschke,* Güterichter statt Mediator – Güteverhandlung und Mediation im sozialgerichtlichen Verfahren, NZS 2013, 41; *Fehling/Kastner/Störmer,* Verwaltungsrecht, Kommentar, 4. Aufl. 2016; *Friedrich/Dürschke,* Das neue Güterichterverfahren, Sozialrecht aktuell 2013, 12; *Fritz/Pielsticker,* Mediationsgesetz, 2013; *Gärditz,* Verwaltungsgerichtsordnung mit Nebengesetzen, Kommentar, 2013; *Gräber,* FGO, Kommentar, 8. Aufl. 2015; *Greger/Unberath/Steffek,* Recht der Alternativen Konfliktlösung, Kommentar, 2. Aufl. 2016; *Haft/v. Schlieffen,* Handbuch Mediation, 3. Aufl. 2016; *Hölzer,* Mediation im Steuerverfahren, ZKM 2012, 119; *Hübschmann/Hepp/Spitaler,* Abgabenordnung/Finanzgerichtsordnung, Kommentar, Stand: April 2013; *Nolte,* Das neue Mediationsgesetz und die Verweisungssystematik der VwGO, HFR 2012, 23; *Ortloff,* Vom Gerichtsmediator zum Güterichter im Verwaltungsprozess, NVwZ 2013, 1057; *Pflaum,* Außenprüfung und Mediation, StBp 2013, 105; *Prütting,* Güterichter, Mediator und Streitmittler, MDR 2016, 965; *Schwarz/Pahlke,* AO/FGO, Kommentar, Stand: Juni 2014; *Sodan/Ziekow,* Verwaltungsgerichtsordnung, Kommentar, 4. Aufl. 2014; *Statistisches Bundesamt,* Rechtspflege, Finanzgerichte, Fachserie 10 Reihe 2.5, 2015; *Steinhauff,* Der Güterichter im Finanzgerichtsprozess, SteuK 2013, 160; *Tipke/Kruse,* Abgabenordnung/Finanzgerichtsordnung, Stand: August 2016; *Wagner,* Das Mediationsgesetz – Ende gut, alles gut?, ZKM 2012, 110; *Weitz,* Gerichtsnahe Mediation in der Verwaltungs-, Sozial- und Finanzgerichtsbarkeit, 2008; *Werner,* Das neue Mediationsgesetz, StBW 2012, 715.

I. Historie

Bis zum Inkrafttreten des Gesetzes zur Förderung der Mediation und anderer Verfahren der außergerichtlichen Konfliktbeilegung am 26.7.2012[1] fand sich in der FGO keine Bestimmung über den Einsatz der Mediation und anderer sog ADR-Verfahren.[2] Modellprojekte der Landesjustizverwaltungen etwa zum Einsatz der gerichtsinternen Mediation im finanzgerichtlichen Verfahren bildeten sich abweichend zum sozial- und verwaltungsgerichtlichen Bereich (→ SGG § 202 Rn. 2, → VwGO § 173 Rn. 2) nur zö-

1

---

1 BGBl. I 2012 S. 1577 ff. (nachfolgend: Mediationsgesetz/MediationsG).
2 Zum Begriff vgl. *Hehn* in: Haft/v. Schlieffen § 2 Rn. 3 ff.; *Weitz,* S. 22 ff.

gerlich heraus.[3] Grund dafür war die einhellige Auffassung von der Unvereinbarkeit öffentlich-rechtlicher Verträge über Steueransprüche mit der gebotenen Gesetz- und Gleichmäßigkeit der Besteuerung.[4] Das Finanzamt darf sich nicht unmittelbar über den Steueranspruch einigen.[5] Die Präsidenten der Finanzgerichte sahen für die Mediation im Jahre 2006 aber immerhin einen wenn auch geringen Anwendungsbereich.[6] Diese Zurückhaltung überrascht, denn mit dem Rechtsinstitut der „tatsächlichen Verständigung"[7] hatte der BFH vor Jahrzehnten[8] ein Betätigungsfeld für einvernehmliche Lösungen im Rahmen von Steuersachen aufgezeigt, welches in der Praxis zu einer Vielzahl unstreitiger Erledigungen führte.[9] Im Laufe des Gesetzgebungsverfahrens zum Mediationsgesetz war die Aufnahme konsensualer Streiterledigungsverfahren in die FGO bis zum Ende hin umstritten (zur Historie des Gesetzgebungsverfahrens → K Rn. 11 f.).[10] Durch Art. 8 des Mediationsgesetzes nimmt der Gesetzgeber die §§ 278 Abs. 5, 278 a ZPO in die in § 155 S. 1 FGO enthaltene Generalverweisung auf die Bestimmungen der ZPO auf.

II. Normzweck

2 Die Ergänzung des § 155 S. 1 FGO um die Erwähnung der §§ 278 Abs. 5 und 278 a ZPO verfolgt das Ziel, das zivilprozessuale Mediations- und Güterichterkonzept (→ K Rn. 21 f.) in das finanzgerichtliche Verfahren zu übertragen. Die konsensuale Streiterledigung soll auch im Finanzprozess auf eine klare Rechtsgrundlage gestellt werden.[11]

III. Regelungsgehalt und Tatbestandsvoraussetzungen

3 **1. Aufnahme des zivilprozessualen Güterichtermodells.** § 155 S. 1 FGO stellt den Bezug zur Güteverhandlung vor einem nicht zur Entscheidung befugten Richter – § 278 Abs. 5 ZPO – (→ ZPO § 278 Rn. 1 ff.) sowie zu dem in § 278 a ZPO normierten Verfahren des Vorschlags einer außergerichtlichen Konfliktbeilegung (→ ZPO § 278 a Rn. 1 ff.) her. Klargestellt ist damit, dass der Generalverweis auf die Bestimmungen der ZPO zumindest im Grundsatz auch die zivilprozessualen Bestimmungen über das „erwei-

---

3 *von Bargen*, S. 276 ff.; *Hölzer* ZKM 2012, 119; *Weitz*, S. 110 ff.
4 Vgl. dazu *Broochs* DStR 2006, 1062; *Pflaum* StBp 2013, 105 (110).
5 Vgl. dazu *Hölzer* ZKM 2012, 119 (121).
6 Vgl. *Pflaum* StBp 2013, 105 (108) mwN.
7 Bei der „tatsächlichen Verständigung" einigen sich die Beteiligten nicht über den Steueranspruch selbst, sondern über eine bestimmte Sachbehandlung, die Grundlage der späteren Steuerfestsetzung ist. Vgl. dazu *Broochs* DStR 2006, 1062; *Hölzer* ZKM 2012, 119 (120); *Pflaum* StBp 2013, 105 (110).
8 Grundlegend BFH DStR 1985, 283; ferner: BFHE 238, 173.
9 Nach *Hölzer* ZKM 2012, 119 (120), sind im Jahre 2010 32,7 % der Klageverfahren vor den Finanzgerichten aufgrund beidseitiger Erledigungserklärungen beendet worden, wobei dies regelhaft auf eine tatsächliche Verständigung der Beteiligten zurückgehen soll.
10 Zur Historie des Gesetzgebungsverfahrens vgl. weiter *Wagner* ZKM 2012, 110 (113); *Hölzer* ZKM 2012, 119; *Werner* StBW 2012, 715 f.; *Pflaum* StBp 2013, 105 (106).
11 BT-Drs.17/8058, 1, 17, 24.

terte Güterichtermodell" (→ K Rn. 11 f.) umfasst.[12] Die obligatorische Güteverhandlung im Sinne des § 278 Abs. 2 ZPO spricht § 155 S. 1 FGO weiterhin nicht ausdrücklich an.[13] Die Verweisung auf die §§ 278 Abs. 5,
278 a ZPO erfolgt dem insoweit unveränderten Wortlaut des § 155 S. 1
FGO nach nicht uneingeschränkt. Sie setzt nach diesem voraus, dass die
FGO selbst keine Bestimmungen über das betreffende Verfahren enthält;
zudem dürfen die grundsätzlichen Unterschiede der beiden Verfahrensarten
die entsprechende Anwendung der zivilprozessualen Bestimmungen nicht
ausschließen. Vergleichbare Regelungen enthalten § 202 SGG und § 173
VwGO (→ SGG § 202Rn. 1 ff., → VwGO § 173 Rn. 1 ff.).

2. Prüfungsmaßstab. § 155 S. 1 FGO rundet das finanzgerichtliche Verfah-   **4**
rensrecht im Sinne einer dynamischen Generalverweisung auf die Verfahrensbestimmungen der ZPO ab. Rechtstechnisch bedeutet dies, dass zur
Beantwortung der Frage nach der die Bestimmungen der FGO ergänzenden
Anwendung einer Regelung aus der ZPO in einem ersten Schritt zu prüfen
ist, ob eine § 155 S. 1 FGO verdrängende Spezialverweisung innerhalb der
FGO existiert. Sodann ist das Vorliegen einer planwidrigen Regelungslücke
innerhalb der FGO festzustellen.[14] Schließlich dürfen grundsätzliche Verfahrensunterschiede – Zivilprozess/finanzgerichtliches Verfahren –, die ua
aus der jeweiligen Prozessmaxime sowie der Stellung von Gericht und Beteiligten resultieren können, die sinngemäße Anwendung der zivilprozessualen Bestimmung nicht ausschließen. An dieser Prüfungsfolge ändert die
Neufassung des § 155 S. 1 FGO jedenfalls dem Wortlaut nach nichts, denn
dieser nimmt die ausdrücklich erwähnten §§ 278 Abs. 5, 278 a ZPO nicht
von den formulierten Anwendungsvorbehalten aus. Im Folgenden wird
deshalb geprüft, ob die tatbestandlichen Voraussetzungen des § 155 S. 1
FGO für eine sinngemäße Anwendung der §§ 278 Abs. 5, 278 a ZPO im
finanzgerichtlichen Verfahren vorliegen.

Das Verfahren[15] der Güteverhandlung vor einem nicht zur Entscheidung
befugten Richter ist in der FGO ebenso wenig geregelt wie das Verfahren
der Einleitung der außergerichtlichen Mediation bzw. außergerichtlichen
Konfliktbeilegung. Spezialverweisungen[16] auf die §§ 278 Abs. 5, 278 a
ZPO, die der Anwendbarkeit des § 155 S. 1 FGO insoweit entgegenstünden, fehlen. Ob die danach bestehende Regelungslücke innerhalb der FGO
planwidrig ist, bzw. die Planwidrigkeit Tatbestandsvoraussetzung im Rahmen des § 155 S. 1 FGO ist, kann dahinstehen, denn mit der ausdrücklichen Erwähnung der §§ 278 Abs. 5, 278 a ZPO gibt der Gesetzgeber in jedem Fall kund, dass er die Regelungslücke durch die angeführten zivilprozessualen Bestimmungen geschlossen wissen will.

---

12 Vgl. zur klarstellenden Funktion der Gesetzesänderung *Werner* StBW 2012, 715
    (719).
13 Vgl. Tipke/Kruse/*Brandis* § 155 Tz.9; Hübschmann/Hepp/Spitaler/*Schwarz* § 155
    Rn. 40.
14 Vgl. Gräber/*Stapperfend* § 155 Rn. 6; Hübschmann/Hepp/Spitaler/*Schwarz* § 155
    Rn. 7; Schwarz/Pahlke/*Fu* § 155 Rn. 1 ff.; zur vergleichbaren Regelung des § 173
    S. 1 VwGO siehe Gärditz/*Orth* § 173 Rn. 3.
15 Vgl. Gräber/*Stapperfend* § 155 Rn. 2; zum vergleichbaren Verfahrensbegriff der
    VwGO siehe Sodan/Ziekow/*Schmid* § 173 Rn. 27.
16 Zur vergleichbaren Problematik im Rahmen des § 173 S. 1 VwGO vgl. Sodan/
    Ziekow/*Schmid* § 173 Rn. 23 ff.; Gärditz/*Orth* § 173 Rn. 12.

5   Grundsätzliche Verfahrensunterschiede mit anwendungsausschließender Wirkung bestehen zwischen dem zivilgerichtlichen und dem finanzgerichtlichen Prozess nicht. Angeführt wird diesbezüglich primär der – abweichend – im finanzgerichtlichen Verfahren geltende Untersuchungsgrundsatz (§ 76 FGO).[17] Der Untersuchungsgrundsatz gilt für den erkennenden Richter, aber wohl nicht für den nicht zur Entscheidung befugten Güterichter im Sinne des § 278 Abs. 5 ZPO (vgl. zu §§ 86 Abs. 1 S. 1, 173 S. 1 VwGO → VwGO § 173 Rn. 11).[18] Im Anwendungsbereich des Rechtsinstituts der „tatsächlichen Verständigung" ist eine die Anwendung der §§ 278 Abs. 5, 278 a ZPO sperrende Verfahrensunterschiedlichkeit insoweit von vornherein nicht feststellbar.

6   Entsprechendes gilt hinsichtlich des gegen den Einsatz konsensualer Konflikterledigungsmethoden im finanzgerichtlichen Verfahren angeführten Umstandes der Gesetzmäßigkeit der Besteuerung. Die tatsächliche Verständigung über die Grundlagen der Besteuerung ist von der Frage der Rechtsanwendung zu unterscheiden. Die Gesetzesbindung der Finanzverwaltung mag die Einigungsmöglichkeiten beschränken, sie führt aber nicht zu einer generellen Unzulässigkeit konsensualer Konflikterledigungsmethoden.[19] Zudem nimmt der Güterichter nach der gesetzgeberischen Ausgestaltung eine richterliche Aufgabe wahr (→ ZPO § 278 Rn. 7),[20] bei der er an Gesetz und Recht gebunden ist. Diese Gesetzesbindung gilt sowohl für das zivilgerichtliche als auch für das finanzgerichtliche Verfahren.[21] Zudem hat sich jede einvernehmliche Konfliktbeilegung im Rahmen des rechtlich Zulässigen zu halten.[22] Gänzlich unterschiedslos betroffen sind Zivil- und Finanzrichter in ihrer Stellung und Funktion durch das Anraten eines außergerichtlichen Konfliktbeilegungsverfahrens oder die Entgegennahme einer verfahrensbeendenden Erklärung bzw. die Protokollierung eines außerhalb des Prozesses gefundenen Ergebnisses.[23]

7   **3. Anwendung der begleitenden Änderungen der ZPO.** Auf die in Art. 2 Nr. 2 MediationsG vorgesehene Erweiterung des § 41 ZPO – Ausschluss von der Ausübung des Richteramtes (→ ZPO § 41 Rn. 1 ff.) – sowie die in Art. 2 Nr. 3 MediationsG normierte Protokollierungsregelung (§ 159 Abs. 2 ZPO) verweisen die speziellen Bestimmungen in § 51 Abs. 1 bzw. § 94 FGO.[24] Fraglich ist, inwieweit die in Art. 2 Nr. 4 MediationsG vorgesehene Ergänzung des § 253 Abs. 3 ZPO (→ ZPO § 253 Rn. 1 ff.) über § 155 S. 1 FGO zur Anwendung gebracht werden kann. Als Argument dagegen wird die Eigenständigkeit und Geschlossenheit der Regelungen der §§ 64, 65 FGO angeführt.[25] Das aber führt zu einer abzulehnenden Unein-

---

17   *Pflaum* StBp 2013, 105 (110); Gräber/*Stapperfend* § 155 Rn. 4.
18   Zur entsprechenden Problematik im sozialgerichtlichen Verfahren vgl. *Dürschke* NZS 2013, 41 (48).
19   *Werner* StBW 2012, 715 (720); Greger/Unberath/Steffek/*Greger* E. Rn. 107.
20   Vgl. *Dürschke* NZS 2013, 41 (45); *Prütting* MDR 2016, 965.
21   Vgl. zum verwaltungsgerichtlichen Verfahren *Nolte* HFR 2012, 23 (28).
22   *Ade/Gläßer* ZKM 2013, 57 (58); zur Bindungswirkung des Rechts im Bereich der richterlichen Mediation vgl. *Weitz*, S. 294 ff.
23   *Nolte* HFR 2012, 23 (27).
24   Fritz/Pielsticker/*Fritz* § 155 Rn. 8 ff., Rn. 15 ff.; zu § 94 FGO vgl. *Werner* StBW 2012, 715 (719).
25   Vgl. *Werner* StBW 2012, 715 (719); Fritz/Pielsticker/*Fritz* § 155 Rn. 19.

heitlichkeit der Verfahrensordnungen. Auch das Finanzgericht sollte bereits in der Klageschrift über abgeschlossene Konfliktlösungsversuche oder die Bereitschaft oder Ablehnung solcher Versuche in Kenntnis gesetzt werden. Dann kann es, was anzustreben ist, frühzeitig eine Entscheidung im Sinne der §§ 278 Abs. 5 S. 1, 278 a Abs. 1 ZPO treffen.[26] Der Rechtsweg wird dadurch sicher keine wesentliche Erschwernis finden.

4. Fazit. Das Finanzgericht und der finanzgerichtliche Güterichter sind dem Zivilgericht und dem zivilgerichtlichen Güterichter im Anwendungsbereich der §§ 278 Abs. 5, 278 a ZPO über § 155 S. 1 FGO gleichgestellt. Ihnen steht ein vergleichbares Instrumentarium zur konsensualen Streitbeilegung zur Verfügung (→ ZPO § 278 Rn. 12 f., → ZPO § 278 a Rn. 7 f.). Die in § 278 Abs. 2 ZPO vorgesehene Güteverhandlung vor dem Prozessgericht bleibt dem Finanzgericht indessen verwehrt.   8

IV. Anwendung des § 278 Abs. 5 ZPO im finanzgerichtlichen Verfahren

Der finanzgerichtliche Güterichter im Sinne des § 278 Abs. 5 ZPO ist im Geschäftsverteilungsplan des Gerichts zu bestimmen (→ ZPO § 278 Rn. 7).[27] Die Entscheidung über die Verweisung der Parteien – im finanzgerichtlichen Verfahren gemäß § 57 FGO: der Beteiligten – vor einen Güterichter ergeht in der Form des Beschlusses.[28] Dieser ist nicht zu begründen. Zudem dürfte er unanfechtbar sein (vgl. §§ 113 Abs. 2, 128 Abs. 2 FGO).[29] An einen bestimmten Verfahrenszeitpunkt ist die Beschlussfassung nicht gebunden.   9

Die Entscheidung über die Verweisung steht im pflichtgemäßen Ermessen des Gerichts (→ ZPO § 278 Rn. 19). In seine Überlegungen wird das Gericht ua die Frage der Geeignetheit des konkreten Streitfalles einstellen. Umstritten ist, ob es vor der Ermessensausübung im Sinne eines ungeschriebenen Tatbestandsmerkmals des Einverständnisses der Beteiligten bedarf.[30] Der Gesetzgeber dürfte wie bei der Anwendung des § 278 Abs. 5 ZPO im sozial- und verwaltungsgerichtlichen Verfahren davon ausgehen (→ SGG § 202 Rn. 12, → VwGO § 173 Rn. 15). Zu unterscheiden ist dieses Einverständnis zur Verweisung vor den Güterichter von dem Einverständnis, welches eine bestimmte Konfliktbeilegungsmethode zu ihrer Anwendung voraussetzt. So ist bspw eine Mediation auch im Rahmen des § 278 Abs. 5 ZPO nur im Einverständnis der Beteiligten denkbar.[31] Dieses Einverständnis wird in jedem Falle einzuholen sein, allerdings wohl erst von dem mit der Sache befassten Güterichter und nicht von dem zur Ver-   10

---

26 Ebenso Fritz/Pielsticker/*Fritz* § 155 Rn. 19.
27 Fritz/Pielsticker/*Fritz* § 155 Rn. 29; für das vergleichbare sozialgerichtliche Verfahren vgl. *Dürschke* NZS 2013, 41 (46); für das vergleichbare Verfahren vor dem Verwaltungsgericht vgl. *Ortloff* NVwZ 2012, 1057 (1059); *Steinhauff* SteuK 2013, 160 (161) hält eine „flexible Handhabe" für denkbar; Gräber/*Stapperfend* § 155 Rn. 22 lehnen eine „Wahl" des Güterichters ab.
28 Zur Tenorierung vgl. *Friedrich/Dürschke* Sozialrecht aktuell 2013, 12 (18); Sächsisches Finanzgericht 16.6.2014 – 6 K 354/14; Schwarz/Pahlke/*Fu* § 155 Rn. 7 befürworten auch eine förmliche Ruhensanordnung.
29 Sächsisches Finanzgericht 16.6.2014 – 6 K 354/14.
30 Vgl. *Hölzer* ZKM 2012, 119 (122); bejahend Tipke/Kruse/*Brandis* § 155 Tz 9; *Steinhauff* SteuK 2013, 160 (161).
31 *Dürschke* NZS 2013, 41 (46 ff.).

weisungsentscheidung berufenen Gericht. In der Praxis verbietet sich zumindest eine Verweisung der Beteiligten vor den Güterichter gegen deren erklärten Willen.

Gemäß § 278 Abs. 5 S. 2 ZPO kann der Güterichter alle Methoden der Konfliktbeilegung einsetzen (→ ZPO § 278 Rn. 12 f.). Eine Beschränkung auf bestimmte Methoden der konsensualen Streiterledigung folgt weder aus dem Prozessrecht noch aus dem materiellen Recht.[32] Allerdings ist die Mediation in § 278 Abs. 5 S. 2 ZPO ausdrücklich erwähnt. Eine Rangfolge hinsichtlich der einzusetzenden Konfliktbeilegungsmethode ist daraus aber nicht abzuleiten.[33] Umstritten bleibt die Zulässigkeit von Einzelgesprächen.[34]

V. Anwendung des § 278 a ZPO im finanzgerichtlichen Verfahren

11   Zur Unterbreitung eines Vorschlags im Sinne des § 278 a ZPO ist eine förmliche Beschlussfassung des Gerichts nicht erforderlich (zu etwaigen Prüfungs- und Beratungspflichten dabei → ZPO § 278 a Rn. 10). Ob das Gericht eine außergerichtliche Konfliktbeilegung anregt, steht in seinem pflichtgemäßen Ermessen. Neben der Geeignetheit des Konflikts an sich wird das Gericht die Geeignetheit einer bestimmten Konfliktbeilegungsmethode sowie diesbezügliche Erklärungen der Beteiligten zu bewerten haben. Der Vorschlag des Gerichts kann in jedem Verfahrensstadium erfolgen. Haben sich die Beteiligten zur Durchführung einer Mediation oder eines anderen Verfahrens der außergerichtlichen Konfliktbelegung entschieden, ordnet das Gericht das Ruhen des Verfahrens förmlich an – § 278 a Abs. 2 ZPO. In Betracht kommt eine außergerichtliche Konfliktbeilegung mit dem Ziel der tatsächlichen Verständigung über die Besteuerungsgrundlagen insbesondere bei der komplexen Abgrenzung von Herstellungs- und Erhaltungsaufwand oder auch der Feststellung der Nutzungsdauer eines Wirtschaftsgutes.[35]

VI. Rechtspolitische Bewertung

12   Art. 8 des Mediationsgesetzes gibt der konsensualen Streiterledigung erstmals auch für das finanzgerichtliche Verfahren eine gesetzliche Grundlage. Der Streit um die grundsätzliche Berechtigung solcher Verfahren ist damit entschieden. Die Regelung ist gleichwohl missglückt. Die Anführung einzelner Normen in einem Generalverweis widerspricht der bisherigen Verweisungssystematik der FGO.[36] Zudem setzt sie die Absicht des Gesetzgebers nach der Schaffung einer klaren Rechtsgrundlage nur unvollständig um, indem sie die Anwendung der §§ 278 Abs. 5, 278 a ZPO vom Wortlaut her weiter unter Vorbehalte stellt.

---

32 Zur Methodenvielfalt vgl. *Friedrich/Dürschke*, Sozialrecht aktuell 2013, 12 (20).
33 Für *Ortloff* NVwZ 2012, 1057 (1059), steht die Methode der Mediation wegen ihrer ausdrücklichen Erwähnung in § 278 Abs. 5 S. 2 ZPO im Vordergrund und sollte von jedem Güterichter beherrscht werden.
34 *Prütting* MDR 2016, 965 (967); Tipke/Kruse/*Brandis* § 155 Tz 9.
35 Vgl. dazu auch *Boochs* DStR 2006, 1062 (1064).
36 Zur vergleichbaren Regelung des § 173 S. 1 VwGO: *Nolte* HFR 2012, 23 (28 f.); Fehling/Kastner/*Stürmer/Just* VwGO § 173 Rn. 3.

Eine wirkliche Bedeutung hat die gesetzgeberische Einführung des „Güterichters" am Finanzgericht bislang nicht gewonnen. Die „Rechtspflegestatistik" des Statistischen Bundesamts weist für das Jahr 2015 bei 37.777 von den Finanzgerichten erledigten Klageverfahren eine zu vernachlässigende Zahl von nur 19 Verfahren aus, in denen eine Verweisung an den Güterichter stattgefunden hat.[37]

---

37 Statistisches Bundesamt, Tabellenteil 2.4.

Artikel 9 Inkrafttreten

Dieses Gesetz tritt am Tag nach der Verkündung in Kraft.

1 Das Gesetz zur Förderung der Mediation und anderer Verfahren der außergerichtlichen Konfliktbeilegung wurde am 25.7.2012 im Bundesgesetzblatt verkündet[1] und trat somit am 26.7.2012 in Kraft (zur Entstehungsgeschichte → Einl. Rn. 9 ff.).

2 Der Zeitpunkt seines Inkrafttretens markiert zugleich den **Beginn weiterer Fristen.** Dies gilt zum einen für den fünfjährigen Beobachtungszeitraum, den der Gesetzgeber im Rahmen der **Evaluierung des Gesetzes** vorgegeben hat. Die Bundesregierung hat gem. § 8 S. 1 dem Deutschen Bundestag bis zum 26.7.2017 aufgegeben, auch unter Berücksichtigung der kostenrechtlichen Länderöffnungsklauseln über die Auswirkungen dieses Gesetzes auf die Entwicklung der Mediation in Deutschland und über die Situation der Aus- und Fortbildung der Mediatoren zu berichten (hierzu → MediationsG § 8 Rn. 1 ff.). Der umfangreiche Evaluationsbericht (zu den inhaltlichen Befunden → MediationsG § 8 Rn. 27 ff.) wurde fristgerecht am 19.7.2017 vom Bundeskabinett beschlossen (→ MediationsG § 8 Rn. 17 ff.).

Von Bedeutung war der Zeitpunkt des Inkrafttretens daneben auch für die Bemessung des **Übergangszeitraumes,** den der Gesetzgeber der **Fortführung der** – als solcher bezeichneten – **gerichtlichen Mediation** im Rahmen der Übergangsbestimmungen des § 9 eingeräumt hat. Soweit die Mediation in Zivilsachen[2] durch einen nicht entscheidungsbefugten Richter während eines Gerichtsverfahrens bereits vor dem 26.7.2012 an einem Gericht angeboten wurde, konnte und durfte dies unter der Fortführung der bisher verwendeten Bezeichnung (gerichtlicher Mediator) bis zum 1.8.2013 beibehalten werden (hierzu → MediationsG § 9 Rn. 1 ff.).

3 Bedeutung hat der Zeitpunkt des Inkrafttretens des Gesetzes schließlich auch im Rahmen der **Übergangsregelungen,** welche die **ZMediatAusbV** in § 7 vorsieht. § 7 Abs. 1 ZMediatAusbV eröffnet die Möglichkeit, dass sich auch als zertifizierter Mediator bezeichnen darf, wer vor dem Inkrafttreten des MediationsG am 26.7.2012 eine Ausbildung zum Mediator im Umfang von mindestens 90 Zeitstunden abgeschlossen und anschließend als Mediator oder Co-Mediator mindestens vier Mediationen durchgeführt hat. Anknüpfungspunkt für die Fristen, die die ZMediatAusbV zertifizierten Mediatoren zur Erfüllung ihrer Fortbildungspflichten aus den §§ 3 und 4 setzt, ist grundsätzlich der Zeitpunkt des Inkrafttretens der ZMediatAusbV, mithin der 1.9.2017, vgl. § 7 Abs. 3 S. 1 ZMediatAusbV (zu den Übergangsbestimmungen des § 7 ZMediatAusbV insgesamt → ZMediatAusbV § 7 Rn. 1 ff.).

---

1 BGBl. 2012, Teil 1 Nr. 35, S. 1577.
2 § 9 Abs. 2 erstreckt dies daneben auch auf die Mediation in der Verwaltungsgerichtsbarkeit, der Sozialgerichtsbarkeit, der Finanzgerichtsbarkeit und der Arbeitsgerichtsbarkeit.

2. Weitere Kommentierungen

I. Verordnung über die Aus- und Fortbildung von zertifizierten Mediatoren (Zertifizierte-Mediatoren-Ausbildungsverordnung – ZMediatAusbV)*

Vom 21. August 2016 (BGBl. I S. 1994)
(FNA 302-7-1)

Literatur:
Siehe Literaturnachweise zu § 5 MediationsG.

§ 1 ZMediatAusbV Anwendungsbereich

Diese Verordnung regelt
1. die Ausbildung zum zertifizierten Mediator,
2. die Fortbildung des zertifizierten Mediators sowie
3. Anforderungen an die Einrichtungen zur Aus- und Fortbildung nach den Nummern 1 und 2.

Im Kern beschränkt sich die ZMediatAusbV auf die Festlegung der Inhalte 1 für die Aus- und Fortbildung von zertifizierten Mediatoren. Daneben beschreibt sie die Anforderungen an Aus- und Fortbildungseinrichtungen. Auf diese drei Punkte ist gem. § 1 Nr. 1 bis 3 ZMediatAusbV auch ihr **Anwendungsbereich** ausdrücklich beschränkt. Die ZMediatAusbV enthält damit weder Regelungen für ein behördliches Zulassungssystem noch für eine behördliche Kontrolle der Ausbildung. Letzteres ist darauf zurückzuführen, dass das BMJV § 6 MediationsG nicht als hinreichende Ermächtigungsgrundlage für derartige staatliche Kontroll- oder Zulassungsmechanismen ansieht.[1] Dieser Einschätzung ist zuzustimmen, weil § 6 S. 1 MediationsG schon seinem Wortlaut nach ausschließlich dazu ermächtigt, nähere Bestimmungen über die Aus- und Fortbildung des zertifizierten Mediators sowie Anforderungen an die Aus- und Fortbildungseinrichtungen zu erlassen. Eine darüber hinausgehende Auslegung ließe sich nicht mit den verfassungsrechtlichen Grundsätzen des Art. 80 Abs. 1 GG in Übereinstimmung bringen (hierzu → MediationsG § 6 Rn. 7 f.). Ergänzend hierzu wurde bereits im Rahmen der Begründung des – insoweit inhaltsgleichen – § 1 RefE ZMediatAusbV darauf verwiesen, dass nach dem Willen des Gesetzgebers auch aus Kostengründen und Gründen der Entbürokratisierung im Rah-

---

* Auf Grund des § 6 des Mediationsgesetzes, der durch Artikel 135 der Verordnung vom 31.8.2015 (BGBl. I S. 1474) geändert worden ist, verordnet das Bundesministerium der Justiz und für Verbraucherschutz.
1 So schon die Begründung zum RefE ZMediatAusbV, dort S. 11.

men der Zertifizierung auf keine unmittelbare oder mittelbare staatliche Stelle zurückgegriffen werden sollte.[2]

§ 2 ZMediatAusbV   Ausbildung zum zertifizierten Mediator

(1) Als zertifizierter Mediator darf sich nur bezeichnen, wer eine Ausbildung zum zertifizierten Mediator abgeschlossen hat.

(2) Die Ausbildung zum zertifizierten Mediator setzt sich zusammen aus einem Ausbildungslehrgang und einer Einzelsupervision im Anschluss an eine als Mediator oder Co-Mediator durchgeführte Mediation.

(3) Der Ausbildungslehrgang muss die in der Anlage aufgeführten Inhalte vermitteln und auch praktische Übungen und Rollenspiele umfassen.

(4) Der Umfang des Ausbildungslehrgangs beträgt insgesamt mindestens 120 Präsenzzeitstunden. Die jeweiligen Inhalte des Ausbildungslehrgangs müssen mindestens die in Spalte III der Anlage aufgeführten Zeitstunden umfassen.

(5) Während des Ausbildungslehrgangs oder innerhalb eines Jahres nach dessen erfolgreicher Beendigung müssen die Ausbildungsteilnehmenden an einer Einzelsupervision im Anschluss an eine als Mediator oder Co-Mediator durchgeführte Mediation teilgenommen haben.

(6) Über den erfolgreichen Abschluss der Ausbildung ist von der Ausbildungseinrichtung eine Bescheinigung auszustellen. Die Bescheinigung darf erst ausgestellt werden, wenn der gesamte nach den Absätzen 3 und 4 vorgeschriebene Ausbildungslehrgang erfolgreich beendet und die Einzelsupervision nach Absatz 5 durchgeführt ist. Die Bescheinigung muss enthalten:

1. Name, Vornamen und Geburtsdatum der Absolventin oder des Absolventen,
2. Name und Anschrift der Ausbildungseinrichtung,
3. Datum und Ort der Ausbildung,
4. gemäß Anlage vermittelte Inhalte des Ausbildungslehrgangs und die jeweils darauf verwendeten Zeitstunden,
5. Datum und Ort der durchgeführten Einzelsupervision sowie
6. Name und Anschrift des Supervisors.

1   Nach § 2 Abs. 1 ZMediatAusbV darf sich als zertifizierter Mediator nur bezeichnen, wer eine Ausbildung zum zertifizierten Mediator abgeschlossen hat. § 2 RefE ZMediatAusbV erhob demgegenüber unter der Überschrift „Grundqualifikationen" mit dem berufsqualifizierenden Abschluss einer Berufsausbildung oder eines Hochschulstudiums (§ 2 Nr. 1 RefE ZMediatAusbV) sowie einer mindestens zweijährigen praktischen berufli-

---

2 Begründung zum RefE ZMediatAusbV, S. 11. Das weitere dort genannte Motiv, nämlich den interessierten Kreisen – insbesondere den maßgeblichen Mediatoren- und Berufsverbänden, den berufsständischen Kammern, den Industrie- und Handelskammern sowie andere gesellschaftliche Gruppen – die Gelegenheit einzuräumen, sich aus eigener Initiative auf ein privatrechtliches „Gütesiegel" für solche Ausbildungen zu einigen, hat sich zwischenzeitlich allerdings deutlich relativiert. Eine derartige Einigung ist bislang weder erfolgt noch ist sie absehbar, → MediationsG § 6 Rn. 7, 51.

chen Tätigkeit (§ 2 Nr. 2 RefE ZMediatAusbV) noch zwei Merkmale zu zusätzlichen Voraussetzungen, sich als zertifizierter Mediator bezeichnen zu dürfen.[1] Aufgrund der kritischen Reaktionen, die dieser Vorschlag hervorgerufen hat, wie auch mit Blick auf kompetenzrechtliche Erwägungen im Zusammenhang mit § 6 MediationsG hat das BMJV die im Referentenentwurf der Ausbildungsverordnung noch geforderten Grundqualifikationen in der ZMediatAusbV gestrichen.[2] Das Erfordernis des berufsqualifizierenden Abschlusses einer Berufsausbildung oder eines Hochschulstudiums bleibt als definierte Anforderung an Lehrkräfte jedoch im Rahmen von § 5 Abs. 1 Nr. 1 ZMediatAusbV relevant (→ ZMediatAusbV § 5 Rn. 1 f.).

Die Erfordernisse an die Ausbildung, denen der zertifizierte Mediator genügen muss, beschreibt § 2 ZMediatAusbV in seinen Abs. 2 bis 5. Dabei stellt § 2 Abs. 2 ZMediatAusbV zunächst klar, dass sich die Ausbildung aus einem Ausbildungslehrgang *und* einer Einzelsupervision zusammensetzt, die im Anschluss an eine als Mediator oder Co-Mediator durchgeführte Mediation absolviert werden muss. Diese Supervision kann nach § 2 Abs. 5 ZMediatAusbV wahlweise während des Ausbildungslehrganges oder innerhalb eines Jahres nach dessen erfolgreicher Beendigung durchgeführt werden. § 2 Abs. 3 ZMediatAusbV beschreibt unter Bezugnahme auf die **Anlage „Inhalte des Ausbildungslehrgangs"** die Pflichtinhalte der Ausbildung. Konkretisierend gibt § 2 Abs. 4 ZMediatAusbV die Mindestdauer des Ausbildungslehrganges mit 120 Präsenzzeitstunden vor und regelt die Gewichtung der Ausbildungsinhalte dahin gehend, dass diese mindestens die in Spalte III der Anlage aufgeführten Zeitstunden umfassen müssen. **2**

Im Unterschied zum RefE ZMediatAusbV, der lediglich von Zeitstunden sprach, stellt § 2 Abs. 4 ZMediatAusbV nunmehr klar, dass die geforderten 120 Zeitstunden als *Präsenz*zeitstunden zu absolvieren sind. Damit sollte verhindert werden, dass der Ausbildungslehrgang im Selbststudium und damit unter Verzicht auf die persönliche Interaktion mit dem Ausbilder und anderen Teilnehmern des Ausbildungslehrganges durchgeführt wird.[3] Ausdrücklich nicht ausgeschlossen werden sollte damit die Möglichkeit, eine Ausbildung zum zertifizierten Mediator auch im Wege des **Fernstudiums** zu ermöglichen.[4] Erforderlich ist allerdings auch in diesem Fall, dass **3**

---

1 Der Referentenentwurf der ZMediatAusbV ist auf der Homepage des BMJV nicht mehr eingestellt, kann aber noch hier abgerufen werden: www.deutscher-mediationsrat.de/downloads/RVO_MedG.pdf (zuletzt abgerufen am 20.2.2017); eine eingehende Kommentierung des Referentenentwurfs findet sich in der Vorauflage dieses Kommentars.

2 Siehe *Eicher* ZKM 2016, 160 (163). Ob damit zugleich dem Umstand Rechnung getragen werden sollte, dass die mediative Kernkompetenz überwiegend auf Talent und Charisma und weniger auf beruflicher Bildung basiert (so *Röthemeyer* ZKM 2016, 196 (196)), ist allerdings zu bezweifeln. Auch und gerade im Rahmen der anspruchs- und verantwortungsvollen Tätigkeit des Mediators ist es von Nutzen, wenn dieser – neben seinen mediationsspezifischen Kenntnissen und Erfahrungen – ein gewisses Maß an allgemeiner Lebens- und Berufserfahrung einbringt. Das Abstellen auf Grundqualifikationen – wie in § 2 RefE ZMediatAusbV noch vorgesehen – wäre zur gesetzgeberisch gewünschten Differenzierung zwischen „einfachem" und zertifiziertem Mediator im Ergebnis jedenfalls nicht zu beanstanden gewesen.

3 *Eicher* ZKM 2017, 160 (161).

4 *Eicher* ZKM 2017, 160 (161).

mindestens 120 Zeitstunden in Präsenzphasen absolviert werden. „Überschießende", also über 120 Zeitstunden hinausgehende Inhalte, die nicht als Präsenzzeitstunden absolviert werden – auch solche des **Selbststudiums** – werden somit nicht auf das Mindestkontingent der 120 Präsenzzeitstunden angerechnet.

4   Abzulehnen ist die Ansicht, die Mindeststundenvorgabe in § 2 Abs. 4 S. 1 ZMediatAusbV und die Inhaltsvorgabe des § 2 Abs. 4 S. 2 ZMediatAusbV seien nicht miteinander verkoppelt, so dass im Extremfall sämtliche in der Anlage aufgeführten Inhalte im Wege des Fern- oder Selbststudiums absolviert werden könnten, solange die Präsenzphase mindestens (weitere) 120 Zeitstunden umfasse.[5] Hält man sich vor Augen, dass schon die Ausbildung des *nicht zertifizierten* Mediators nach § 5 Abs. 1 MediationsG nur dann als zureichend angesehen werden kann, wenn sie (mit) dazu befähigt, die Parteien in sachkundiger Weise durch die Mediation führen zu können, so wird deutlich, dass dieser Maßstab im Rahmen der Ausbildung des zertifizierten Mediators erst Recht und qualitativ wie quantitativ in gesteigertem Maße gelten muss. Ein Ausbildungslehrgang, der so konzipiert ist, dass er für die praktische Befähigung des (zertifizierten) Mediators zentrale Inhalte – wie etwa Verhandlungstechnik und -kompetenz, Gesprächsführung, Kommunikations- und Interventionstechniken oder das Führen durch die Phasen der Mediation – dem Fern- oder Selbststudium überlässt, würde diesem Maßstab ersichtlich nicht gerecht. Das erwünschte und durch die ZMediatAusbV geforderte „Plus" der Ausbildung zum zertifizierten Mediator erfordert vielmehr zwingend, dass mindestens die für die spätere Mediationspraxis zentralen Inhalte in Präsenzveranstaltungen vermittelt werden, da nur auf diesem Wege die nötige Interaktion mit dem Ausbilder und den weiteren Teilnehmern des Ausbildungslehrganges vermittelt werden kann.[6] Anderenfalls liefe zudem auch die Vorgabe des § 2 Abs. 3 ZMediatAusbV weitgehend leer, wonach der Ausbildungslehrgang auch **praktische Übungen und Rollenspiele** umfassen muss. Das Erfordernis der Durchführung von praktischen Übungen und Rollenspielen beschreibt das „Wie" der Vermittlung der Ausbildungsinhalte, tritt also nicht etwa ergänzend zu dem beschriebenen **Pflichtinhalt der Ausbildung zum zertifizierten Mediator** hinzu. Die Pflicht zur Durchführung praktischer Übungen und Rollenspiele darf indessen nicht als inhaltsleerer Selbstzweck missverstanden werden; sie bezieht sich notwendigerweise auf solche Ausbildungsinhalte, die für die Vermittlung der späteren praktischen Befähigung des (zertifizierten) Mediators zentral sind und nur in Präsenzveranstaltungen mit dem notwendigen Maß an Selbsterfahrung, Selbstreflektion und Interaktion mit dem Ausbilder und weiteren Ausbildungsteilnehmern eingeübt werden können. Somit bleibt allenfalls dort Raum für jenseits von

---

5 So *Röthemeyer* ZKM 2017, 195 (197).
6 Ähnlich *Plassmann* Anwaltspraxis 2017, 26 (29), der darauf hinweist, dass „die wesentlichen Tools eines seriösen Mediators nicht im Heim- oder Selbststudium, sondern in der praktischen Anwendung im Rahmen der Ausbildung zu erlernen sind."

Präsenzzeitstunden vermittelte Ausbildungsinhalte, wo die **Vermittlung von reinen Wissensinhalten** im Vordergrund steht.[7]

Dass § 2 Abs. 4 ZMediatAusbV überhaupt entsprechende Interpretations- 5 spielräume eröffnet, ist gesetzgebungstechnisch unglücklich und dem Umstand geschuldet, dass dessen S. 1 von *Präsenz*zeitstunden spricht, während sein S. 2 (bloße) *Zeit*stunden in Bezug nimmt („Die jeweiligen Inhalte des Ausbildungslehrganges müssen mindestens die in Spalte III der Anlagen aufgeführten *Zeitstunden* umfassen."). Ob hieraus tatsächlich auf eine bewusste und gewollte Entscheidung des Verordnungsgebers geschlossen werden kann, dass die Inhalte der absolvierten Präsenzzeitstunden grundsätzlich beliebiger Natur sein können, solange nur überhaupt nachweislich (ggf. auch weitere) 120 Präsenzzeitstunden absolviert worden sind, begegnet mit Blick auf Sinn und Zweck der (gesteigerten) Anforderungen an die Ausbildung des zertifizierten Mediators jedoch durchgreifenden Bedenken. De lege lata mag man ein solches Ergebnis zwar als mit dem Wortlaut von § 2 Abs. 4 ZMediatAusbV noch für vereinbar halten;[8] de lege ferenda wäre indessen eine Klarstellung dahin gehend wünschenswert, welche genauen Ausbildungsinhalte mit der Präsenzpflicht verknüpft sind und – sofern dieses Erfordernis nicht auf den gesamtem Ausbildungsinhalt bezogen wird – welche ggf. nicht.

Quantitativ nicht ausreichend sind Ausbildungslehrgänge, die ihre Ausbil- 6 dungsinhalte in Form von 120 „Unterrichts- oder Schulstunden", also Einheiten à 45 Minuten, vermitteln. Gefordert sind nach dem eindeutigen Wortlaut *Zeit*stunden, also jeweils volle Einheiten à 60 Minuten.[9]

Im Unterschied zum RefE ZMediatAusbV spricht die ZMediatAusbV nicht 7 mehr pauschal von der „Ausbildung" zum zertifizierten Mediator, sondern verwendet den Begriff des **Ausbildungslehrgangs** (vgl. § 2 Abs. 2–5 ZMediatAusbV). Hieraus wird in der Literatur zum Teil der Schluss gezogen, dass nur eine **in sich geschlossene Ausbildung** im Sinne eines einheitlichen, alle Ausbildungsinhalte abdeckenden Ausbildungslehrganges den Anforderungen des § 2 ZMediatAusbV genüge.[10] Ob der Verordnungsgeber damit **modularisierten Ausbildungen** eine Absage erteilen und verhindern wollte, dass in Ausbildung befindliche Mediatoren Angebote verschiedener Ausbildungseinrichtungen wahrnehmen, die erst in Summe zur Abdeckung der geforderten Pflichtinhalte und Mindeststunden führen,[11] bleibt zunächst im

---

7 Ähnlich *Eicher* ZKM 2017, 160 (161), die den Anbietern eines Fernstudiums zwar grundsätzlich die Flexibilität zuspricht, welche der in der Anlage genannten Inhalte diese in den 120 Präsenzzeitstunden vermitteln, dies aber mit der Annahme verknüpft, die Ausbildungsträger würden sich hierbei wahrscheinlich auf die (präsente) Vermittlung von Verhandlungs- und Kommunikationstechniken konzentrieren, wohingegen rein wissensvermittelnde Inhalte auch außerhalb von Präsenzveranstaltungen vermittelt werden könnten.
8 Zumal auch die auszustellende Bescheinigung über den Abschluss der Ausbildung nach § 2 Abs. 6 S. 3 Nr. 4 ZMediatAusbV nicht zwischen *Präsenz*zeitstunden und (den hier in Bezug genommenen) reinen Zeitstunden differenziert.
9 Ebenso *Röthemeyer* ZKM 2017, 195 (197).
10 So *Röthemeyer* ZKM 2017, 195 (196), der seine Auffassung ergänzend damit begründet, dass § 2 Abs. 6 ZMediatAusbV von „einer" Bescheinigung spricht, die von „der" Ausbildungseinrichtung auszustellen sei.
11 So *Röthemeyer* ZKM 2017, 195 (196).

Dunkeln, da die ZMediatAusbV ohne jegliche erläuternde Erwägungen erlassen worden ist. Gespiegelt an der Praxis der Mediationsausbildungslandschaft wird diese Frage vermutlich weitgehend akademischer Natur bleiben, da der in sich geschlossene Ausbildungslehrgang bereits heute dem allgemeinen Standard entspricht. Bedeutung kann die vorstehend genannte Ausgangsfrage aber in Ausnahmekonstellationen gewinnen, so etwa dann, wenn das Absolvieren einer „in sich geschlossenen" Ausbildung aus Gründen, die beim Auszubildenden (etwa längerer krankheitsbedingter Ausfall) oder bei der Ausbildungseinrichtung liegen (zB Insolvenz), nicht möglich ist oder wenn (partielle) Nachschulungen erforderlich sind, um die zuvor nicht vollständig abgedeckten Pflichtinhalte und/oder Mindestpräsenzstunden auf das nach der ZMediatAusbV erforderliche Maß aufzustocken. Mag der Verordnungsgeber auch vom Leitbild einer in sich geschlossenen Ausbildung im Sinne eines einheitlichen Ausbildungslehrganges ausgegangen sein,[12] so sollten andererseits keine überzogenen Anforderungen an abweichende Ausbildungsverläufe gestellt werden, solange diese zweifelsfrei und nachweislich jedenfalls in Summe den Anforderungen der ZMediatAusbV entsprechen.

8 Die in der Anlage „Inhalte des Ausbildungslehrganges" niedergelegten Kriterien entsprechen nahezu identisch den vom **Arbeitskreis „Zertifizierung für Mediatorinnen und Mediatoren"** erarbeiteten Standards, welche sich der Rechtsausschuss des Deutschen Bundestages im Rahmen des Gesetzgebungsverfahrens zum MediationsG in seiner Beschlussempfehlung vom 1. Dezember 2011 zu eigen gemacht hat (hierzu → MediationsG § 6 Rn. 24 f. mwN). Die dortigen Hauptausbildungsinhalte nebst ihrem jeweiligen zeitlichen Umfang wurden in die Nummern 1 bis 8 des Anhangs zur ZMediatAusbV „Inhalte des Ausbildungslehrganges" wie folgt übernommen:

1. Einführung und Grundlagen der Mediation (18 Stunden)
   a) Grundlagen der Mediation
      aa) Überblick über Prinzipien, Verfahrensablauf und Phasen der Mediation
      bb) Überblick über Kommunikations- und Arbeitstechniken in der Mediation
   b) Abgrenzung der Mediation zum streitigen Verfahren und zu anderen alternativen Konfliktbeilegungsverfahren
   c) Überblick über die Anwendungsfelder der Mediation
2. Ablauf und Rahmenbedingungen der Mediation (30 Stunden)
   a) Einzelheiten zu den Phasen der Mediation
      aa) Mediationsvertrag
      bb) Stoffsammlung
      cc) Interessenerforschung
      dd) Sammlung und Bewertung von Optionen
      ee) Abschlussvereinbarung
   b) Besonderheiten unterschiedlicher Settings in der Mediation

12 Was naheliegt, weil damit an die bereits praktizierte Regelform nahezu aller gängigen Mediationsausbildungen angeknüpft worden wäre.

      aa)   Einzelgespräche
      bb)   Co-/Teammediation, Mehrparteienmediation, Shuttle-Mediation
      cc)   Einbeziehung Dritter
  c) Weitere Rahmenbedingungen
      aa)   Vor- und Nachbereitung von Mediationsverfahren
      bb)   Dokumentation/Protokollführung

3. Verhandlungstechniken und -kompetenz (12 Stunden)

  a) Grundlagen der Verhandlungsanalyse
  b) Verhandlungsführung und Verhandlungsmanagement: intuitives Verhandeln, Verhandlung nach dem Harvard-Konzept/integrative Verhandlungstechniken, distributive Verhandlungstechniken

4. Gesprächsführung, Kommunikationstechniken (18 Stunden)

  a) Grundlagen der Kommunikation
  b) Kommunikationstechniken (zB aktives Zuhören, Paraphrasieren, Fragetechniken, Verbalisieren, Reframing, verbale und nonverbale Kommunikation)
  c) Techniken zur Entwicklung und Bewertung von Lösungen (zB Brainstorming, Mindmapping, sonstige Kreativitätstechniken, Risikoanalyse)
  d) Visualisierungs- und Moderationstechniken
  e) Umgang mit schwierigen Situationen (zB Blockaden, Widerstände, Eskalationen, Machtungleichgewichte)

5. Konfliktkompetenz (12 Stunden)

  a) Konflikttheorie (Konfliktfaktoren, Konfliktdynamik und Konfliktanalyse; Eskalationsstufen; Konflikttypen)
  b) Erkennen von Konfliktdynamiken
  c) Interventionstechniken

6. Recht der Mediation (6 Stunden)

  a) Rechtliche Rahmenbedingungen: Mediatorvertrag, Berufsrecht, Verschwiegenheit, Vergütungsfragen, Haftung und Versicherung
  b) Einbettung in das Recht des jeweiligen Grundberufs
  c) Grundzüge des Rechtsdienstleistungsgesetzes

7. Recht in der Mediation (12 Stunden)

  a) Rolle des Rechts in der Mediation
  b) Abgrenzung von zulässiger rechtlicher Information und unzulässiger Rechtsberatung in der Mediation durch den Mediator
  c) Rolle des Mediators in Abgrenzung zu den Aufgaben des Parteianwalts
  d) Sensibilisierung für das Erkennen von rechtlich relevanten Sachverhalten bzw. von Situationen, in denen den Medianden die Inanspruchnahme externer rechtlicher Beratung zu empfehlen ist, um eine informierte Entscheidung zu treffen
  e) Mitwirkung externer Berater in der Mediation
  f) Rechtliche Besonderheiten der Mitwirkung des Mediators bei der Abschlussvereinbarung
  g) Rechtliche Bedeutung und Durchsetzbarkeit der Abschlussvereinbarung unter Berücksichtigung der Vollstreckbarkeit

8. Persönliche Kompetenz, Haltung und Rollenverständnis (12 Stunden)

  a) Rollendefinition, Rollenkonflikte
  b) Aufgabe und Selbstverständnis des Mediators (insbesondere Wertschätzung, Respekt und innere Haltung)

c) Allparteilichkeit, Neutralität und professionelle Distanz zu den Medianden und zum Konflikt
d) Macht und Fairness in der Mediation
e) Umgang mit eigenen Gefühlen
f) Selbstreflexion (zB Bewusstheit über die eigenen Grenzen aufgrund der beruflichen Prägung und Sozialisation)

Gesamt: 120 Stunden

Die Punkte IX. (Praxis und Supervision und Intervision in der Ausbildung) und X. (Praktische Erfahrung und Nachweis von Fällen) des vom Arbeitskreis „Zertifizierung für Mediatorinnen und Mediatoren" erarbeiteten Ausbildungscurriculums finden sich zwar nicht in der Anlage „Inhalte des Ausbildungslehrganges" wieder; sie werden aber durch § 2 Abs. 3 ZMediatAusbV („... muss ... auch praktische Übungen und Rollenspiele umfassen") sowie durch die Vorgaben zur notwendigen praktischen Erfahrung in § 2 Abs. 5 ZMediatAusbV umgesetzt. Die **Intervision**, welche § 5 Abs. 3 RefE ZMediatAusbV im Zuge des Nachweises praktischer Erfahrungen (des bereits zertifizierten Mediators) noch in Bezug genommen hatte, findet sich in der ZMediatAusbV nicht mehr wieder. Da der mit einer Intervision einhergehende kollegiale Austausch besonders wirksam zum Tragen kommt, wenn es um die wechselseitige Reflexion eigener praktischer Mediationserfahrungen geht, ist es aber dennoch zulässig – und sogar empfehlenswert –, Elemente der Intervision auch in der Ausbildung zu nutzen, zB im Rahmen eines intensivierten Teilnehmerfeedbacks nach durchgeführten Rollenspielen. Darüber hinaus sind Intervisionen auch zur kollegialen Nachbetrachtung von Fällen gewinnbringend, die *nach* Ausbildungsabschluss mediiert worden sind. Allerdings versagt die ZMediatAusbV der Intervision sowohl im Rahmen von § 2 Abs. 2 und 5 als auch im Rahmen der Fortbildung nach § 4 ZMediatAusbV insoweit die Anerkennung, als dass der Nachweis der dort adressierten (begleiteten) Praxiserfahrungen jeweils eine Nachbetrachtung im Wege der Einzelsupervision erfordert.

9   Im Unterschied zu dem vom Arbeitskreis „Zertifizierung für Mediatorinnen und Mediatoren" erarbeiteten Ausbildungscurriculum verzichtet die Anlage „Inhalte des Ausbildungslehrganges" der ZMediatAusbV darauf, den in den Nr. 1 bis 8 genannten Hauptausbildungsinhalten durch Zuweisung einer Prozentzahl feste Anteile an der Gesamtausbildungsdauer zuzuweisen. Für Ausbildungslehrgänge, die eine mehr als 120 Präsenzzeitstunden umfassende Ausbildung anbieten, bedeutet dies, dass die Schwerpunktbildung und Gewichtung im Übrigen flexibel gehandhabt werden kann. Jenseits der Erfüllung der Mindestvorgaben der Anlage bedarf es maW also keiner quotalen Erhöhung der Anteile der einzelnen Hauptausbildungsinhalte im Verhältnis dieser zur Mindeststundenzahl von 120 Zeitstunden. Nachzuweisen ist lediglich, dass die in der Anlage aufgeführten Pflichtinhalte jeweils mindestens im Umfang der durch die Spalte 3 der Anlage geforderten Präsenzzeitstunden absolviert wurden. Welche Inhalte in welcher Gewichtung darüber hinausgehend Bestandteil der Ausbildung sind, ist den Ausbildungsträgern in diesem Fall freigestellt. Ebenfalls freigestellt ist es den Ausbildungsträgern – und zwar generell, dh sowohl im Rahmen 120-stündiger als auch länger dauernder Ausbildungen – mit welcher Ge-

wichtung sie die den einzelnen Hauptausbildungsinhalten zugeordneten Unterpunkte abdecken. Obwohl gute Gründe für eine noch weitergehende **Flexibilisierung der Gewichtung** der einzelnen Ausbildungsinhalte sprechen (→ MediationsG § 5 Rn. 44), ist der Spielraum, der damit in Bezug auf die jeweils genannten Unterthemen der Hauptausbildungsinhalte eröffnet werden soll, im Kern zu begrüßen. Diese müssen thematisch zwar gänzlich und ausnahmslos abgedeckt werden, können zumindest aber in einem beschränkten (Gewichtungs-)Rahmen dem individuellen Bedarf und Vorkenntnisstand der Teilnehmer angepasst werden.[13]

Der **Abgleich des Ausbildungscurriculums des Arbeitskreises „Zertifizie-** **rung für Mediatorinnen und Mediatoren" mit der Anlage „Inhalte des** **Ausbildungslehrganges"** der ZMediatAusbV führt im Übrigen zu dem Befund nur marginaler Änderungen mit zumeist eher redaktionellem Charakter. So fehlt im Zuge der Konkretisierung von Nr. 1 – Einführung und Grundlagen der Mediation – zwar der im Ausbildungscurriculum des Arbeitskreises unter Punkt I.1. genannte Punkt „Definitionen"; entsprechende terminologische Klarstellungen werden in der Ausbildungspraxis aber zwanglos im Rahmen der Unterthemen „Grundlagen der Mediation" bzw. „Abgrenzung der Mediation zum streitigen Verfahren und zu anderen alternativen Konfliktbeilegungsverfahren" (Ziffern 1. a) und b) der Anlage) erfolgen. Eine inhaltliche Änderung ist daneben auch nicht mit dem Weglassen der im Ausbildungscurriculum noch enthaltenen exemplarischen Aufzählung der Einbeziehung „Dritter" in Nr. 2 b) cc) der Anlage verbunden (der Entwurf des Ausbildungscurriculums des Arbeitskreises nannte hierzu unter Punkt II.2.c) beispielhaft Kinder, Steuerberater und Gutachter als Dritte). Weiter gefasst als im damaligen Entwurf des Ausbildungscurriculums wurde Nr. 7 e) der Anlage. Ursprünglich nur auf die Mitwirkung von Rechtsanwälten in der Mediation zugeschnitten (siehe Ziffer VII.5. des Ausbildungscurriculums), adressiert Nr. 7 e) der Anlage „Ausbildungsinhalte" nunmehr allgemeiner die Mitwirkung externer Berater in der Mediation. Der Abschnitt „Recht in der Mediation" beinhaltet zudem drei weitere Änderungen. Zum einen lautet die Überschrift dieses Ausbildungsabschnittes nun nicht mehr „Recht in der Mediation, Ermöglichung einer rechtlich informierten Entscheidung bei rechtlich relevanten Sachverhalten", sondern nur noch „Recht in der Mediation". Zweitens wurde die ursprüngliche Formulierung „Abgrenzung zu den Aufgaben des Parteianwalts" (Ziffer VII.3. des Ausbildungscurriculums) durch Nr. 7 c) der Anlage in „Rolle des Mediators in Abgrenzung zu den Aufgaben des Parteianwaltes" konkretisiert und drittens wurde Nr. 7 d) der Anlage gegenüber dem ursprünglichen Text der Ziffer VII.4. des Ausbildungscurriculums dahin gehend formuliert, dass nun nicht mehr von der „Sensibilisierung für die rechtliche Relevanz bestimmter Sachverhalte" die Rede ist, sondern vielmehr auf die Sensibilisierung für das *Erkennen von rechtlich relevanten* *Sachverhalten* abgestellt wird. Als einzige wirklich durchgreifende Änderung – nämlich im Sinne der erfolgten ersatzlosen Streichung – verbleibt nach alledem die Herausnahme des im Curriculums unter Ziffer VIII.8. noch enthaltenen Punktes der „Vernetzung".

---

13 Siehe hierzu auch Begründung zum RefE ZMediatAusbV, S. 15 zu § 3.

Soweit aus den vielfachen Bezügen einzelner Unterpunkte der Ausbildungsinhalte zu rechtlichen Fragen die Annahme abgeleitet würde, der Verordnungsgeber verhielte sich in Bezug auf die zugrundeliegenden Grundberufe
nicht neutral und habe primär das Bild des Mediators mit anwaltlichem
Grundberuf vor Augen, ginge dies fehl. Aus dem interdisziplinären Charakter der Mediation folgen vielfache Berührungspunkte zu Domänen unterschiedlichster Fachrichtungen wie beispielsweise der Psychologie, der
Kommunikationswissenschaft und eben auch der Rechtswissenschaft. Gerade weil viele Mediationsbereiche – wie insbesondere die Wirtschafts-, Fa-
milien- oder Scheidungsmediation – enge Berührungspunkte zu rechtlich
relevanten Rahmenbedingungen aufweisen, wäre es verfehlt, Mediatoren
mit nicht juristischem Grundberuf im Rahmen der Ausbildung nicht für
das Erkennen dieser Bezüge und Hintergründe zu sensibilisieren.[14] Dies zu
unterlassen wäre genauso unverantwortlich wie umgekehrt die Nichtver-
mittlung psychologischer Hintergründe und Wirkmechanismen an anwaltliche Mediatoren.

11 Für die Befugnis, sich als zertifizierter Mediator bezeichnen zu dürfen,
kommt es darauf an, *dass* eine Ausbildung absolviert wurde, die den Anforderungen der ZMediatAusbV entspricht, nicht etwa *wann* dies erfolgte.
Anerkennung finden sollen auch entsprechende Ausbildungen, die vor Inkrafttreten der Rechtsverordnung absolviert wurden. Sofern diese allerdings den durch die Verordnung statuierten zeitlichen und inhaltlichen
Mindestvorgaben nicht entspricht – insbesondere also weniger als 120 Präsenzzeitstunden umfasst oder die erforderlichen Ausbildungsinhalte nicht
gänzlich oder nicht in der geforderten Gewichtung beinhaltet hat – bedarf
es einer entsprechenden **Nachschulung**,[15] es sei denn, eine solche ist vor
dem Hintergrund der Übergangsbestimmung des § 7 ZMediatAusbV entbehrlich (zu den Übergangsregelungen → ZMediatAusbV § 7 Rn. 1 ff.).

12 Aus § 2 Abs. 2 iVm § 2 Abs. 5 ZMediatAusbV ergibt sich, dass eine **Einzelsupervision**, die im Anschluss an eine als Mediator oder Co-Mediator
durchgeführte Mediation durchzuführen ist, neben dem Ausbildungslehrgang **konstitutiver Ausbildungsbestandteil** ist. Diese Einzelsupervision
muss nach § 2 Abs. 5 während des Ausbildungslehrganges oder innerhalb
eines Jahres nach dessen erfolgreicher Beendigung absolviert worden sein,
was mit den nach § 2 Abs. 6 S. 3 Nr. 5 und 6 geforderten Angaben (Datum
und Ort der durchgeführten Einzelsupervision sowie Name und Anschrift
des Supervisors) in die von der Ausbildungseinrichtung auszustellende **Bescheinigung über den erfolgreichen Abschluss der Ausbildung** aufzunehmen ist.

Das – im RefE ZMediatAusbV noch nicht vorgesehene – Erfordernis einer
einzelsupervidierten Mediation wurde aufgenommen, um den Ausbildungsteilnehmern die Möglichkeit zu geben, das im Ausbildungslehrgang
Gelernte zeitnah praktisch umzusetzen und etwaige Anfangsschwierigkei-

---

14 Teilweise wird dabei allerdings kritisiert, dass der in der ZMediatAusbV vorgesehene Anteil rechtlicher Bezüge mit insgesamt 18 Stunden zu hoch bemessen sei, so
Bähner/Schwertfeger Wirtschaft + Weiterbildung 2017, Ausgabe 2, 36 (37).
15 Begründung zum RefE ZMediatAusbV, S. 15 zu § 3.

ten mit dem Einzelsupervisor besprechen zu können.[16] Um sicherzustellen, dass im Rahmen der Supervision tatsächlich eine ausschließliche Reflektion über die vom Ausbildungsteilnehmer gerade durchgeführte Mediation erfolgt, hat sich der Verordnungsgeber bewusst für die *Einzel*supervision entschieden.[17] Die Begleitung einer Mediation im Rahmen einer **Gruppensupervision** findet damit keine Anerkennung.[18] Unterhalb der Schwelle der durch die ZMediatAusbV vorgegebenen Anerkennungserfordernisse bleibt es aber gleichermaßen sinnvoll, empfehlenswert und selbstverständlich auch zulässig, Mediationsfälle im Wege der Gruppensupervision oder auch der **Intervision** (→ MediationsG § 2 Rn. 44) analysierend zu begleiten.[19]

Die Aufnahme des Erfordernisses einer einzelsupervidierten Mediation stellt im Vergleich zum RefE ZMediatAusbV insoweit einen Fortschritt dar, als auf Basis der Entwurfsfassung keinerlei **Praxiserfahrung des zertifizierten Mediators** als Teil seiner Ausbildung vorgesehen war. Zwar verlangte § 5 RefE ZMediatAusbV den Nachweis regelmäßiger praktischer Erfahrungen – nämlich in Gestalt von mindestens vier durchgeführten Mediationen innerhalb von zwei Jahren; da diese Pflicht sich allerdings auf *den bereits zertifizierten Mediator* bezog, wäre es nach dem RefE ZMediatAusbV möglich gewesen, dass sich – bei Erfüllung aller sonstigen Voraussetzungen – auch derjenige als zertifizierter Mediator bezeichnet, der noch nicht eine einzige Mediation durchgeführt hat. Dies ist vielfach zu Recht kritisiert worden, wobei auch Zweifel im Hinblick auf die Vereinbarkeit mit der Rechtsprechung des BGH zur Zertifizierung geäußert wurden.[20] Zwar sehen die Abs. 2 und 5 des § 2 ZMediatAusbV nunmehr vor, dass zertifizierte Mediatoren praktische Mediationserfahrung vor ihrer Zertifizierung erlangen und nachweisen müssen; da sich dies auf einen einzigen mediierten und der Einzelsupervision unterzogenen Mediationsfall bezieht, stellt dies gegenüber dem Konzept des RefE ZMediatAusbV allerdings nur einen sehr bescheidenen Fortschritt dar (→ MediationsG § 6 Rn. 28). Vergegenwärtigt man sich, dass der Durchschnittsverbraucher mit dem Begriff der Zertifizierung eine auch durch praktische Erfahrungen vermittelte besondere Qualifikation verbindet,[21] so trägt die auf den Nachweis nur einer einzigen Mediation beschränkte Vorgabe des § 2 Abs. 5 ZMediatAusbV quasi „amtlich" zur Erweckung einer Fehlvorstellung bei potenziellen Medianden bei. Dies gilt umso mehr, als dass nach § 2 Abs. 5 ZMediatAusbV selbst eine *während des noch laufenden Ausbildungslehrganges* durchgeführte (einzelsupervidierte) Mediation als ausreichend erachtet wird. Da noch in der Ausbildung befindliche Mediatoren kaum „echte" Mediationsfälle übernehmen werden (und dies, da eben noch weitgehend unausgebildet, auch nicht tun sollten), bleibt die Motivation des Verordnungsgebers

13

---

16 *Eicher* ZKM 2016, 160 (161).
17 *Eicher* ZKM 2016, 160 (161).
18 Kritisch hierzu *Röthemeyer* ZKM 2017, 195 (198).
19 Eine entsprechende Vorgabe enthielt explizit noch § 5 Abs. 3 RefE ZMediatAusbV, der vorsah, dass der zertifizierte Mediator auch praktische Erfahrungen im Rahmen von Supervision, Intervision und Covision erwerben soll.
20 So etwa *Steurer* ZJS 2015, 336 (340 f.) unter Hinweis auf BGH NJW 2012, 235/237.
21 BGH NJW 2012, 235/237.

an dieser Stelle rätselhaft.[22] Möglicherweise sollen damit Fälle angesprochen werden, die im Rahmen eines Rollenspiels in der Ausbildung mediiert und durch eine Einzelsupervision begleitend analysiert worden sind. Dies mag zwar Ausbildungsanbieter dazu motivieren, einen entsprechenden „Service" anzubieten, um ihren Teilnehmern einen schnelleren Nachweis der geforderten „Praxiserfahrung" zu ermöglichen, ist in der Sache aber ersichtlich verfehlt.

14 Weitere Fragen und Kritikpunkte liegen in der **fehlenden Begriffsklarheit der (Einzel-)Supervision** begründet. Die ZMediatAusbV dient maßgeblich auch dem Zweck, durch eine möglichst unmissverständliche und klare Vorgabe der entsprechenden Rahmenbedingungen die (mit ihrem Inkrafttreten) geschützte Berufsbezeichnung „zertifizierter Mediator" zu definieren. Vor diesem Hintergrund ist zu kritisieren, dass dies mittelbar durch Rückgriff auf die ihrerseits weder gesetzlich geschützte noch in irgendeiner Art und Weise durch die ZMediatAusbV näher definierte Berufsbezeichnung des „Supervisors" erfolgt. Aus der Feststellung des Bundesverbandes Deutscher Psychologinnen und Psychologen (BDP) *„Trotz der umfangreichen Literatur, die heute zu diesem Thema vorzufinden ist, existiert noch keine einheitliche Definition von Supervision und auch kein einheitliches Vorgehen im Sinne einer konkreten Supervisionstechnik"*[23] lässt sich erkennen, dass der Verordnungsgeber mit dem Abstellen auf den Begriff der Supervision versucht, eine Gleichung mit einer Unbekannten durch die Hinzufügung einer weiteren zu lösen – ein Versuch, der nicht nur mathematisch Schwierigkeiten bereitet.

15 Um im Rahmen der Ausbildungsvorgaben einer missbräuchlich weit verstandenen Auslegung des Begriffs der Supervision vorzubeugen, bedarf es der **Konkretisierung des Supervisionsbegriffs** anhand anerkannter Definitionen und Standards. Allgemein lässt sich Supervision als die personenbezogene Beratung von Fach- und Führungskräften zu beruflichen Fragen[24] oder – etwas spezifischer – als Unterstützung in der Reflexion des eigenen professionellen Handelns und der eigenen professionellen Rolle durch einen dahin gehend beauftragten, zumeist auch speziell dafür ausgebildeten Dritten, den Supervisor,[25] beschreiben. Den Standards der Deutschen Gesellschaft für Supervision und Coaching eV (DGSv) für die Qualifizierung zum Supervisor liegt das Grundverständnis der Supervision als eines wissenschaftlich fundierten, praxisorientierten und ethisch gebundenen Kon-

---

22 Gleiches gilt für den Hinweis, dass „die in der Einzelsupervision besprochene Mediation nicht bereits *vor Beginn des Ausbildungslehrganges* durchgeführt worden sein (darf)", vgl. *Eicher* ZKM 2017, 160 (161) (*Eicher* – Referentin im Referat Mediation, Schlichtung und Internationale Konflikte in Kindschaftssachen im BMJV – weist darauf hin, dass der Artikel lediglich ihre persönliche Auffassung wiedergebe; offizielle Erläuterungen oder Beweggründe des BMJV im Kontext des Erlasses der ZMediatAusbV existieren nicht).
23 Siehe https://www.bdp-verband.de/psychologie/glossar/supervision.shtml (zuletzt abgerufen am 8.3.2017).
24 Van Kaldenkerken, S. 19.
25 *Belardi*, Supervision. Grundlagen, Techniken, Perspektiven, 4. Aufl. 2013.

zepts für die personen- und organisationsbezogene Beratung in der Arbeitswelt[26] zugrunde.

Aufgabe der **Ausbildungssupervision** ist es, Berufseinsteiger auf die neuen   16
beruflichen Herausforderungen vorzubereiten und den Theorie-Praxis-Transfer zu unterstützen.[27] Sie lässt sich definieren als die professionelle Begleitung, Anleitung und Kontrolle von Ausbildungskandidaten, einer bestimmten Therapie, Methode oder eines Beratungsverfahrens mit dem Ziel, das jeweilige Verfahren zu vermitteln, die Entwicklung der dazugehörigen Identität und Rolle zu fördern und zu unterstützen sowie die ersten Praxisfälle der Ausbildungskandidaten mit Fallsupervision zu begleiten, fachlich zu unterstützen und zu kontrollieren.[28] In der Mediationsausbildung sollte die Ausbildungssupervision folgende Elemente abdecken:

- Wissensvermittlung/Instruktion,
- Selbstreflexion/Selbsterfahrung,
- Identitäts- und Rollenklärung,
- Training, Übung und Vorbereitung der Umsetzung sowie
- Kontrolle.[29]

Zu den **Zielen der Supervision** kann in Übereinstimmung mit anerkannten   17
Standards[30] gezählt werden,

- die Wahrnehmungs- und Deutungsmöglichkeiten zu erweitern,
- ein vertieftes Verstehen von Erfahrungen, Ereignissen und Handlungen in ihren vielfältigen Bezügen und Wechselwirkungen zu ermöglichen,
- die persönliche, soziale und professionelle Kompetenz zu erhöhen, insbesondere zur Problemlösung in kritischen Situationen und
- ein selbstbewusstes, kompetentes Handeln zu fördern.

Schon aus der Komplexität der vorstehend genannten Aufgaben und Ziele   18
folgt, dass sich aus ihrer Bewältigung hohe Anforderungen an die **Qualifikation des Ausbildungssupervisors** ableiten. Zu seinen zentralen Qualifikationsanforderungen zählt, dass er über Feldkompetenz verfügt, „Meister seines Faches" ist, seine jeweilige Selbsterfahrung im Beratungskontext professionell reflektiert, den Mediator mit seinen Einstellungen und der Beziehung zu den Medianden betrachtet und zur Kontextanalyse im Sinne des Erkennens möglicher wechselseitiger Wirkungen von Dynamiken aus verschiedenen Lernebenen befähigt ist (beispielsweise also erkennt, ob und inwieweit etwaige in der Ausbildung aufgekommene Spannungen oder Differenzen über mögliche Vorgehensweisen noch in die Supervision „hineinwirken").[31] Vor diesem Hintergrund hätte es nahegelegen, dass der Verordnungsgeber jedenfalls Mindestvorgaben zur geforderten Qualifikation des Supervisors in die ZMediatAusbV aufnimmt (etwa dergestalt, dass dessen Ausbildung zum Supervisor den Standards einschlägiger Berufsverbän-

---

26 Abrufbar unter http://www.dgsv.de/publikationen/regularien/ (zuletzt abgerufen am 8.3.2017).
27 Van Kaldenkerken, S. 39.
28 Van Kaldenkerken, S. 36.
29 Van Kaldenkerken, S. 40.
30 Standards für die Qualifizierung zum Supervisor der DGSv, abrufbar unter http://www.dgsv.de/publikationen/regularien/ (zuletzt abgerufen am 25.06.2017).
31 Van Kaldenkerken, S. 40 f.

de und -institutionen zu entsprechen hat) – was indessen nicht geschehen ist. Es bleibt somit zu hoffen, dass die Ausbildungseinrichtungen, die handelnden Supervisoren und letztlich auch die Auszubildenden eine verantwortungsvolle Haltung zu dem für eine Qualitätssicherung der Ausbildung wichtigen Institut der Supervision einnehmen.

19 Unklar bleibt nach dem Wortlaut von § 2 Abs. 5 ZMediatAusbV der **Durchführungszeitpunkt der zu supervidierenden Mediation**, also die Frage, wann die dort angesprochene, als Mediator oder Co-Mediator durchgeführte und zu supervidierende Mediation stattgefunden haben muss. Da die in § 2 Abs. 5 ZMediatAusbV genannten Fristen („*während des Ausbildungslehrganges oder innerhalb eines Jahres nach dessen erfolgreicher Beendigung*") sich auf den **Durchführungszeitpunkt der Einzelsupervision** beziehen, ist lediglich vorgegeben, dass diese „im Anschluss" an die zu supervidierende Mediation oder Co-Mediation durchgeführt worden sein muss. Theoretisch denkbar – und jedenfalls vom Wortlaut des § 2 Abs. 5 ZMediatAusbV noch gedeckt – wäre damit auch das Einbringen eines älteren, bereits vor Ausbildungsbeginn durchgeführten Mediationsfalles. Abgesehen davon, dass dieser Fall weitgehend schon deshalb theoretischer Natur bleiben wird, weil es – wie jedenfalls zu hoffen bleibt – kaum Auszubildende geben wird, die bereits vor Beginn ihrer Mediationsausbildung als Mediator agiert haben, entspräche ein solcher Ausnahmefall auch nicht dem erkennbaren Sinn und Zweck des § 2 Abs. 5 ZMediatAusbV. Die Durchführung einer Einzelsupervision wurde als Erfordernis aufgenommen, um den Ausbildungsteilnehmern die Möglichkeit zu geben, *das im Ausbildungsgang Gelernte* zeitnah praktisch umzusetzen und um über etwaige Anfangsschwierigkeiten mit dem Supervisor sprechen zu können.[32] Dass dem Verordnungsgeber ein enger zeitlicher Zusammenhang mit dem Ausbildungslehrgang vorschwebte, ist auch daran erkennbar, dass er selbst eine *während des Ausbildungslehrganges* als Mediator oder Co-Mediator durchgeführte und anschließend supervidierte Mediation als ausreichenden Praxisnachweis im Sinne von § 2 Abs. 5 ZMediatAusbV ansieht. Bei verständiger Würdigung wird sich dies nur auf (Co-)Mediationen beziehen können, die *im Rahmen der Ausbildung* „durchgespielt" und anschließend zur Intensivierung der gewonnenen Erkenntnisse einer Einzelsupervision[33] unterzogen worden sind. Vor dem Hintergrund der angestrebten Intensivierung des in der Ausbildung Erlernten ist dies zwar nachvollziehbar; da andererseits durchaus signifikante Unterschiede zwischen „echten" und noch im geschützten Rahmen des Ausbildungslehrganges durchgeführte (Co-)Mediationen bestehen, relativiert sich die ohnehin minimale Anforderung an einen (realistischen) Praxisnachweis des zertifizierten Mediators (→ Rn. 13) im Fall einer während des Ausbildungslehrganges supervidierten (Co-)Mediation auf ein bedenkliches – von der ZMediatAusbV letzt-

---

32 *Eicher* ZKM 2016, 160 (161).

33 Die Durchführung von angeleiteten Gruppen- und/oder Einzelsupervisionen ist in der Tat Bestandteil der Ausbildungsordnungen vieler Mediationsverbände. So sieht etwa die Ausbildungsordnung des Bundesverbandes Mediation in Wirtschaft und Arbeitswelt eV (BMWA) in ihrer Ziffer 2.4.1 (1) vor, dass von dem geforderten Mindestgesamtumfang von 200 Zeitstunden Ausbildungsdauer 20 Stunden auf angeleitete Gruppen- und/oder Einzelsupervisionen entfallen.

lich aber toleriertes – Maß. Um diese Diskrepanz in Grenzen zu halten, wird allerdings zu fordern sein, dass nur solche Mediationen oder Co-Mediationen Anerkennung finden, die im Rahmen des Ausbildungslehrganges komplett absolviert und in Gänze in Form der Einzelsupervision supervidiert worden sind. Das bloße „Anspielen" einzelner Mediationsphasen mit anschließender Nachbetrachtung reicht hierzu ebenso wenig aus wie die nur partielle – wenn auch insoweit vollständige – Führung durch einzelne Phasen.

Die Einzelsupervision muss sich an eine **als Mediator oder Co-Mediator** **20** **durchgeführte Mediation** anschließen. Die bloß passive Teilnahme an einer Mediation im Wege der **Hospitanz** reicht insoweit nicht aus, da die hier eher beobachtend-lernende Rolle des Hospitanten qualitativ weit hinter dem eigenen Erfahrungslernen als verantwortlicher Mediator oder Co-Mediator zurück bleibt, auf dessen Intensivierung die Pflicht zur Durchführung einer Einzelsupervision abstellt. Ebenso ist im Rahmen von § 2 Abs. 5 ZMediatAusbV solchen (in der Mediationspraxis allerdings äußerst selten praktizierten) Sonderformen der Co-Mediation die Anerkennung zu versagen, bei denen der Co-Mediator nur in einzelnen Phasen („**temporäre Co-Mediation**") oder gar im Wechsel mit einem anderen Mediator („**alternierende Co-Mediation**", vgl. zu diesen beiden Sonderformen → MediationsG § 1 Rn. 13) präsent ist. In beiden Fällen führt er letztlich nicht eine Mediation (vollständig) und mitverantwortlich durch. Der Terminus **Co-Mediation im Sinne von § 2 Abs. 5 ZMediatAusbV** hat vielmehr den Regelfall vor Augen, in dem Co-Mediatoren als Mediatorengespann durch das gesamte Mediationsverfahren führen („**permanente Co-Mediation**").

Erstreckt sich eine Mediation zeitlich über mehrere Sitzungstermine und **21** möchte der Mediator oder Co-Mediator sich dergestalt begleiten lassen, dass eine Einzelsupervision jeweils im Anschluss an die einzelnen Mediationssitzungen stattfindet, ist auch dies zulässig. Es wäre in diesem Fall lebensfremd, ihm die Anerkennung der (in mehreren Sitzungen) durchgeführten Einzelsupervision unter Hinweis darauf zu versagen, sie habe nicht „**im Anschluss**" an **eine durchgeführte Mediation** stattgefunden. Solange sich die Einzelsupervision insgesamt auf den kompletten Verlauf der durchgeführten Mediation bezieht und somit deren vollständige Reflexion ermöglicht, vermittelt auch eine zeitlich gestaffelte, „mediationsbegleitend" durchgeführte Supervision den durch § 2 Abs. 5 ZMediatAusbV geforderten Lern- und Ausbildungseffekt.

Die Einzelsupervision muss innerhalb der in § 2 Abs. 5 genannten **Zeiträu-** **22** **me und Fristen**, also *während des Ausbildungslehrgangs oder innerhalb eines Jahres nach dessen erfolgreicher Beendigung*, „durchgeführt" worden sein. Dies ist nur dann der Fall, wenn sie innerhalb dieses Zeitraumes *vollständig* durchgeführt und abgeschlossen worden ist. Zur Bestimmung der vorgenannten Jahresfrist bedarf es eines eindeutigen zeitlichen „Startpunktes". § 2 Abs. 5 ZMediatAusbV definiert diesen Startpunkt indessen nur scheinbar klar, indem die „**erfolgreiche Beendigung**" des **Ausbildungslehrganges** in Bezug genommen wird – die ihrerseits von der ZMediatAusbV nicht definiert wird. Dies wirft zwei Fragen auf: 1. Bedarf es eines irgendwie gearteten „Erfolgsnachweises" in Bezug auf den Ausbildungslehrgang?, und 2. Kommt der nach § 2 Abs. 6 ZMediatAusbV von der Ausbildungseinrichtung auszustellenden Bescheinigung über den erfolgreichen Abschluss der Ausbildung insoweit konstitutive Wirkung zu? Beide Fragen sind im Ergebnis zu verneinen: Dass der nach § 2 Abs. 6 ZMediatAusbV auszustellenden Bescheinigung für die grundsätzliche Bezeichnungsbefugnis als zertifizierter Mediator keine konstitutive Bedeutung beizumessen ist, folgt daraus, dass die in den Abs. 1 und 2 des § 2 ZMediatAusbV genannten materiellen Voraussetzungen den Nachweis durch eine Bescheinigung nicht nennen. Aus diesem Grunde kann ihr auch keine „teilkonstitutive" Bedeutung dergestalt beigemessen werden, dass sie für die in § 2 Abs. 5 ZMediatAusbV genannte (erfolgreiche) Beendigung des Ausbildungslehrganges tatbestandsbegründende Wirkung hat. Entscheidend für den Fristbeginn ist allein, dass der Ausbildungslehrgang *tatsächlich* abgeschlossen worden ist. Da weder die Anlage „Inhalte des Ausbildungslehrganges" noch sonstige Vorgaben der ZMediatAusbV eine materielle „Erfolgskontrolle" in Bezug auf den Ausbildungslehrgang vorsehen, bedarf es insoweit auch keines durch Ausstellung der Bescheinigung oder auf sonstige Weise vermittelten „Erfolgsnachweises". Der Zusatz „erfolgreich" in § 2 Abs. 5 ZMediatAusbV grenzt vielmehr lediglich die (vorausgesetzte) „ordnungsgemäße" Beendigung des Ausbildungslehrganges, dh die vollständige Teilnahme an ihm, von der Beendigung durch vorzeitigen Abbruch ab. Der Fristbeginn ist in § 2 Abs. 5 ZMediatAusbV damit abweichend von den Regelungen in § 3 Abs. 1 S. 3 sowie in § 4 Abs. 1 S. 2 ZMediatAusbV konstruiert, die jeweils explizit auf den Zeitpunkt der Ausstellung der Bescheinigung nach § 2 Abs. 6 ZMediatAusbV abstellen (hierzu auch → Rn. 24 sowie → ZMediatAusbV § 3 Rn. 5).

23 § 2 Abs. 6 ZMediatAusbV verpflichtet die Ausbildungseinrichtung zur Ausstellung einer **Bescheinigung über den erfolgreichen Abschluss der Ausbildung**. Da die Ausbildung zum zertifizierten Mediator sich nach § 2 Abs. 2 ZMediatAusbV aus einem – den Anforderungen der Abs. 3 und 4 genügenden – Ausbildungslehrgang und einer im Anschluss an eine als Mediator oder Co-Mediator durchgeführten Einzelsupervision zusammensetzt, greift § 2 Abs. 6 S. 2 ZMediatAusbV diese Erfordernisse auf und regelt klarstellend, dass die Bescheinigung erst ausgestellt werden darf, wenn die vorgenannten Voraussetzungen durchgängig erfüllt sind. Die Bescheinigung muss nach § 2 Abs. 6 S. 3 ZMediatAusbV die dort unter den Nr. 1–6 genannten Angaben enthalten, also die persönlichen Daten des Ausbildungsabsolventen (Nr. 1), Name und Anschrift der Ausbildungseinrichtung (Nr. 2), Datum und Ort der Ausbildung (Nr. 3), die gemäß Anlage vermittelten Inhalte des Ausbildungslehrganges einschließlich der jeweils darauf verwendeten Zeitstunden (Nr. 4) sowie schließlich die Angaben zur durchgeführten Supervision gem. Nr. 5 und 6 (Datum und Ort der durchgeführten Einzelsupervision nebst Name und Anschrift des Supervisors).

24 Die Bescheinigung nach § 2 Abs. 6 ZMediatAusbV ist als rein **deklaratorische Bescheinigung des Ausbildungsabschlusses** zu verstehen. Konstitutive Wirkung kommt ihr schon deshalb nicht zu, weil die Bescheinigung nicht zu den materiellen Voraussetzungen zählt, die § 2 Abs. 1 ZMediatAusbV als anspruchsbegründend für die Bezeichnungsbefugnis als zertifizierter Mediator nennt (→ Rn. 22 sowie → ZMediatAusbV § 3 Rn. 5). Zudem

fehlte ihr aufgrund des atypischen „Zertifizierungskonzepts" der ZMediat-AusbV – insbesondere des Fehlens einer neutralen Zertifizierungsinstitution sowie einer Akkreditierung der Ausbildungseinrichtungen – auch die zur Begründung einer konstitutiven Wirkung nötige Legitimation.[34] § 2 Abs. 6 ZMediatAusbV setzt die in § 6 S. 2 Nr. 6 MediationsG geregelte Ermächtigung zum Erlass von Bestimmungen darüber um, dass und in welcher Weise eine Aus- und Fortbildungseinrichtung die Teilnahme an einer Aus- und Fortbildungsveranstaltung zu zertifizieren hat. Entgegen dem Wortlaut der zugrundeliegenden Ermächtigungsnorm handelt es sich bei der Bescheinigung nicht um ein Zertifikat im Sinne der Verleihung einer Auszeichnung, die dem Absolventen der Ausbildung auch wieder entzogen oder gar komplett versagt werden könnte. Vielmehr erfüllt jeder Mediator, der durch Vorlage einer entsprechenden Teilnahmebescheinigung nachweisen kann, dass er eine den Anforderungen des § 2 ZMediatAusbV genügende Mediationsausbildung absolviert hat, die Voraussetzungen, die ihn zur Führung der Bezeichnung zertifizierter Mediator berechtigen, ohne dass es hierzu weiterer Rechts- und/oder „Verleihungsakte" bedarf (hierzu → MediationsG § 6 Rn. 3).

§ 2 Abs. 6 ZMediatAusbV verlangt – anders als § 4 Abs. 2 ZMediatAusbV   25
– **keine Bescheinigung des Supervisors**, sondern verpflichtet die Ausbildungseinrichtung, die supervisionsbezogenen Angaben der Nummern 5 und 6 des § 2 Abs. 6 S. 3 ZMediatAusbV mit in die von ihr ausgestellte Bescheinigung aufzunehmen. Dies lässt erkennen, dass der Verordnungsgeber von der Vorstellung geleitet war, die Ausbildungseinrichtung erbringe über ihre Lehrkräfte die Supervision selbst. Nur so lässt sich auch der – keinesfalls selbstverständliche und durchaus kritikwürdige – Ansatz des § 2 Abs. 5 ZMediatAusbV nachvollziehen, auch solchen mediationsnachfolgenden (Einzel-)Supervisionen die Anerkennung auszusprechen, die noch während des Ausbildungslehrganges durchgeführt worden sind. Die Durchführung der Supervision durch Lehrkräfte der Ausbildungseinrichtung ist – sofern sie den allgemeinen Anforderungen entspricht, die an die Supervision und den Supervisor zu stellen sind (→ Rn. 14 ff.) – zwar zulässig; keinesfalls wird sie jedoch unter Ausschluss der Supervision durch Dritte vorausgesetzt. Der Ausbildungsteilnehmer kann damit zur Durchführung der Einzelsupervision jederzeit auch auf externe Supervisoren zugreifen.[35] Auch in den Fällen, in denen Ausbildungseinrichtungen eigene Supervisionsmöglichkeiten bereithalten, verblasst die Nähebeziehung des auszubildenden Mediators zu „seiner" Ausbildungsstätte mit dem zeitlichen Abstand zum Abschluss des Ausbildungslehrganges. So wird es schon in der zweiten durch § 2 Abs. 5 ZMediatAusbV eröffneten Variante – der Durchführung einer mediationsnachfolgenden Einzelsupervision innerhalb eines Jahres nach erfolgreicher Beendigung des Ausbildungslehrganges – oftmals so sein, dass der Ausbildungsabsolvent sich an einen Supervisor wendet, der in keiner Nähebeziehung zu der Ausbildungseinrichtung steht. Insgesamt wäre es daher sachgerechter gewesen, analog zur Regelung der Fortbildungssupervision in § 4 Abs. 2 ZMediatAusbV auch für die Durch-

---

34 So auch *Röthemeyer* ZKM 2017, 195 (199).
35 So *auch Röthemeyer* ZKM 2017, 195 (198).

führung der Ausbildungssupervision nach § 2 Abs. 5 ZMediatAusbV eine Bescheinigung des Supervisors zu verlangen. Dass der Verordnungsgeber die Bescheinigungspflicht (auch) für im Bereich der Supervision erbrachte „Fremdleistungen" der Ausbildungseinrichtung auferlegt, legt dieser die Obliegenheit auf, sich vor der Ausstellung der Bescheinigung über den erfolgreichen Ausbildungsabschluss jedenfalls dann beim (externen) Supervisor zu erkundigen, wenn Zweifel an der ordnungsgemäßen Durchführung der Einzelsupervision bestehen.

26 § 2 Abs. 6 S. 3 ZMediatAusbV beschreibt die **Pflichtinhalte der Bescheinigung über den erfolgreichen Abschluss der Ausbildung.** Dies schließt nicht aus, dass die Ausbildungseinrichtung sinnvolle weitere Angaben ergänzend aufnimmt. In diesem Fall ist es allerdings empfehlenswert, der Erfüllung der Pflichtinhalte einen eigenen Abschnitt zu widmen und darüber hinausgehende freiwillige Zusatzangaben gesondert abzubilden und als solche zu kennzeichnen. Auf diese Weise ist auch für Dritte, denen die Bescheinigung zum Nachweis der Bezeichnungsberechtigung als zertifizierter Mediator vorgelegt wird, hinreichend klar, welche Inhalte der Bescheinigung sich auf den Nachweis der „Zertifizierungsbezeichnungsbefugnis" beziehen. Als Zusatzangabe kommt beispielsweise in Betracht, welche der gemäß der Anlage vermittelten Inhalte des Ausbildungslehrganges mit welchem zeitlichen Umfang in Form von **Präsenz**zeitstunden absolviert worden sind oder – bei einer von Externen durchgeführten Supervision – dass die Ausbildungseinrichtung die Angaben gem. § 2 Abs. 6 S. 3 Nr. 5 und 6 ZMediatAusbV durch Kontaktaufnahme mit dem Supervisor verifiziert hat. Hält man sich vor Augen, dass der hauptsächliche Sinn der Bescheinigung nach § 2 Abs. 6 ZMediatAusbV darin besteht, Dritten gegenüber den Nachweis einer ordnungsgemäßen Ausbildung zum zertifizierten Mediator zu führen, so liegt es nahe, etwaige Überprüfungen seitens dieses Dritten dadurch zu erleichtern, dass nicht nur – wie in Nr. 2 vorgesehen – Name und Anschrift der Ausbildungseinrichtung bescheinigt wird, sondern diese mit vollständigen Kontaktdaten (Telefon, E-Mail, Homepage etc) und zuständigem Ansprechpartner/Ausbildungsleiter benannt wird.

§ 3 ZMediatAusbV Fortbildungsveranstaltung

(1) Der zertifizierte Mediator hat nach Abschluss der Ausbildung regelmäßig an Fortbildungsveranstaltungen teilzunehmen. Der Umfang der Fortbildungsveranstaltungen beträgt innerhalb eines Zeitraums von vier Jahren mindestens 40 Zeitstunden. Die Vierjahresfrist beginnt erstmals mit Ausstellung der Bescheinigung nach § 2 Absatz 6 zu laufen.

(2) Ziel der Fortbildungsveranstaltungen ist

1. eine Vertiefung und Aktualisierung einzelner in der Anlage aufgeführter Inhalte oder
2. eine Vertiefung von Kenntnissen und Fähigkeiten in besonderen Bereichen der Mediation.

(3) Über die erfolgreiche Teilnahme an einer Fortbildungsveranstaltung ist von der Fortbildungseinrichtung eine Bescheinigung auszustellen. Die Bescheinigung muss enthalten:

1. Name, Vornamen und Geburtsdatum der oder des Teilnehmenden,
2. Name und Anschrift der Fortbildungseinrichtung,
3. Datum und Ort der Fortbildungsveranstaltung sowie
4. vermittelte Fortbildungsinhalte und Dauer der Fortbildungsveranstaltung in Zeitstunden.

Die Pflicht des zertifizierten Mediators, sich entsprechend den Anforderungen der nach § 6 MediationsG erlassenen ZMediatAusbV fortzubilden, folgt auf gesetzlicher Ebene aus § 5 Abs. 3 MediationsG. Die §§ 3 und 4 ZMediatAusbV beschreiben die Einzelheiten dieser **Fortbildungspflicht**. Dabei legt § 3 ZMediatAusbV in seinem Abs. 1 den Mindestumfang für die Pflicht zur regelmäßigen Fortbildung fest (40 Zeitstunden innerhalb von vier Jahren), beschreibt in den Nr. 1 und 2 seines Abs. 2 die alternativen Ziele der Fortbildung und gibt in Abs. 3 die Einzelheiten der von der Fortbildungseinrichtung auszustellenden Fortbildungsbescheinigung vor. § 4 ZMediatAusbV ergänzt die Fortbildungspflichten des zertifizierten Mediators dahin gehend, dass er verpflichtet ist, innerhalb der zwei auf den Ausbildungsabschluss folgenden Jahre mindestens vier Mediationen als Mediator oder Co-Mediator durchzuführen und diese jeweils im Anschluss einer Einzelsupervision zu unterziehen. Die Kombination aus Fortbildungsveranstaltungen und Einzelsupervisionen soll die bereits in der Ausbildung angelegte Verknüpfung von Theorie und Praxis auch für die Fortbildung des zertifizierten Mediators fortschreiben.[1]

Das vorstehend im Überblick dargestellte Fortbildungskonzept der ZMediatAusbV weist einige **Änderungen gegenüber der Fortbildungspflicht nach dem RefE ZMediatAusbV** auf. Deren wichtigste besteht darin, dass das in § 5 Abs. 1 RefE ZMediatAusbV noch vorgesehene Erfordernis des kontinuierlichen Nachweises fortlaufender praktischer Erfahrung weggefallen ist. Sah die Entwurfsfassung der ZMediatAusbV noch vor, dass der zertifizierte Mediator ohne zeitliche Begrenzung alle zwei Jahre jeweils mindestens vier Mediationen durchgeführt (und dokumentiert) haben muss, so muss er dies auf Grundlage von § 4 Abs. 1 ZMediatAusbV nur noch innerhalb des ersten auf den Ausbildungsabschluss folgenden Zweijahreszeitraumes nachweisen. Mit dem Wegfall des zuvor noch zeitlich unbegrenzt angedachten und alle zwei Jahre fällig werdenden Nachweises praktischer Mediationserfahrungen soll der Mediator von „lebenslangen Praxis- und Dokumentationspflichten" entlastet werden.[2] Diesem „Minus" an geforderter quantitativer Praxiserfahrung steht ein „Plus" in qualitativer Hinsicht insoweit gegenüber, als dass im Unterschied zum RefE ZMediatAusbV nun nicht mehr die bloße Durchführung von (mindestens) vier Mediationen ausreicht, sondern diese zusätzlich jeweils im Anschluss einer Einzelsupervision unterzogen werden müssen. Hiermit soll gewährleistet werden, dass der zertifizierte Mediator „zumindest in der Anfangszeit nach seiner Zertifizierung ausreichend praktische Erfahrung sammelt".[3] Weiterhin ändert die ZMediatAusbV den Betrachtungszeitraum für die Durch-

1

2

---

1 *Eicher* ZKM 2016, 160 (161).
2 *Eicher* ZKM 2016, 160 (162).
3 *Eicher* ZKM 2016, 160 (162).

führung der Pflichtfortbildungsveranstaltungen. Sah der RefE ZMediat-
AusbV noch zwanzig innerhalb von zwei Jahren zu absolvierende Zeitstunden vor, verlangt § 3 Abs. 1 ZMediatAusbV nunmehr vierzig Zeitstunden
innerhalb von vier Jahren. Diese Änderung zielt darauf ab, dem zertifizierten Mediator höhere Flexibilität bzgl. der zeitlichen Aufteilung seiner
Pflichtfortbildungsstunden einzuräumen.[4] Anders als im RefE ZMediat-
AusbV sieht die ZMediatAusbV nunmehr schließlich davon ab, Bereiche
vorzuschlagen und auszuschließen, auf die sich die Fortbildungsinhalte beziehen sollen.[5] Hiermit soll dem Umstand Rechnung getragen werden, dass
der Anwendungsbereich der Mediation sich immer mehr ausweitet; der
zertifizierte Mediator soll infolgedessen autonom entscheiden können, in
welchen Gebieten der Mediation er eine Vertiefung oder Erweiterung seiner Kenntnisse für erforderlich oder gewinnbringend hält.[6]

3 § 3 Abs. 1 ZMediatAusbV verpflichtet den zertifizierten Mediator zur fort-
laufenden und **regelmäßigen Teilnahme an Fortbildungsveranstaltungen** im
Umfang von (jeweils) mindestens 40 Zeitstunden innerhalb von vier Jahren, erstmals beginnend mit dem durch Ausstellung der Bescheinigung
nach § 2 Abs. 6 ZMediatAusbV dokumentierten Abschluss seiner Ausbildung. Wenngleich in der Begründung des RefE ZMediatAusbV ausgeführt
wird, man habe sich bzgl. des Umfanges der Fortbildungsverpflichtung
„mit zehn Zeitstunden pro Jahr" an Fortbildungsverpflichtungen in anderen Bereichen zum Erhalt einer besonderen Qualifikation orientiert,[7] bedarf es auf Grundlage des Wortlautes von § 3 Abs. 1 ZMediatAusbV keiner *jährlichen* Fortbildung. Dem zertifizieren Mediator steht es vielmehr
frei, wie er seine Pflicht zur mindestens 40-stündigen Fortbildung in vier
Jahren auf diesen Vierjahreszeitraum verteilt. Zwar mag es im Zuge der
geforderten Regelmäßigkeit der Fortbildung sinnvoll sein, sein Fortbil-
dungskontingent gleichmäßig auf jährliche Veranstaltungen zu verteilen;
zwingend ist dies jedoch nicht, so dass es ebenso ausreichend wäre, eine
mindestens 40-stündige Fortbildung zu Beginn oder gegen Ende des Vierjahreszeitraums in einem Block zu absolvieren.[8] Entscheidend ist aber, dass
die **Fortbildung während des Vierjahreszeitraums** vollständig in Anspruch
genommen wurde. Anders als in der Ausbildungsphase wird in der Fortbildung des zertifizierten Mediators nicht vorausgesetzt, dass der genannte
Mindestumfang der Fortbildung in Form von *Präsenz*zeitstunden absol-

---

4 *Eicher* ZKM 2016, 160 (161).
5 So nannte § 4 Abs. 2 RefE ZMediatAusbV noch – wenn auch nur beispielhaft – die
   Vertiefung von Kenntnissen der Mediation in Familie oder Wirtschaft und gab in
   seinem Abs. 3 vor, dass Inhalte, die im Zusammenhang mit dem Grundberuf des
   Mediators stehen, möglichst nicht zum Gegenstand der Fortbildung gemacht werden
   sollen.
6 *Eicher* ZKM 2016, 160 (161 f.).
7 Begründung zum RefE ZMediatAusbV, S. 16 zu § 4; die dortigen Motive können
   auch zur Auslegung des § 3 ZMediatAusbV nutzbar gemacht werden, soweit sie auf
   die – anteilig unverändert auch in der ZMediatAusbV vorgesehene – Fortbildung
   von zehn Zeitstunden pro Jahr abstellen.
8 Siehe hierzu auch *Eicher* ZKM 2016, 161, die betont, der Verordnungsgeber habe
   die Entscheidung, in dem jetzt größeren Zeitrahmen entweder mehrere kleinere oder
   wenige besonders umfangreiche Fortbildungen wahrzunehmen, im Sinne der gewünschten höheren Flexibilität bewusst dem zertifizierten Mediator selbst überlassen wollen.

viert wird. Ausreichend sind vielmehr 40 **Zeitstunden** innerhalb von vier Jahren. Damit sind auch solche Zeiten anrechnungsfähig, die im Rahmen der Fortbildung nicht „vor Ort" in einer Fortbildungseinrichtung absolviert werden, sondern beispielsweise dem Heimstudium oder der (angeleiteten) Vor- und Nachbereitung von Präsenzstunden vorbehalten sind. Dieses tolerierte „Weniger" an persönlicher Interaktion mit den Lehrkräften der Fortbildung und den weiteren Fortbildungsteilnehmern erscheint hinnehmbar, da der zertifizierte Mediator bereits als solcher tätig und entsprechend praxiserfahrener ist. Zudem wird eine professionelle Reflektion seiner als Mediator oder Co-Mediator mediierten Praxisfälle – zumindest in den ersten zwei Jahren nach seiner Zertifizierung – durch die Pflicht zur Durchführung von mindestens vier Einzelsupervisionen nach § 4 ZMediatAusbV sichergestellt. Nicht ausreichend ist indessen eine Fortbildung, die gänzlich und vollkommen autonom im Wege des Selbststudiums durchgeführt wird. Die ZMediatAusbV geht erkennbar von Fortbildungsveranstaltungen aus, die von Fortbildungseinrichtungen durchgeführt und bescheinigt werden.

Ziele und Inhalte der Fortbildung müssen den Anforderungen des Abs. 2 **4** des § 3 ZMediatAusbV entsprechen. Der zertifizierte Mediator hat dabei die Wahl, entweder einzelne der in der Anlage „Inhalte des Ausbildungslehrganges" aufgeführten Inhalte zu vertiefen oder zu aktualisieren (§ 3 Abs. 2 Nr. 1 ZMediatAusbV) oder seine Kenntnisse und Fähigkeiten in besonderen Bereichen der Mediation zu vertiefen, § 3 Abs. 2 Nr. 2 ZMediatAusbV. Möglich wäre auch eine Kombination beider Fortbildungsziele, da weder der Wortlaut noch die Entstehungsgeschichte von § 3 ZMediatAusbV nahelegt, dass der gesamte zeitliche Umfang der Fortbildung exklusiv einem der beiden **Fortbildungsziele** gewidmet werden muss. Eine solche Vorgabe wäre auch nicht sachgerecht, da sie die gewünschte Flexibilität im Hinblick auf die individuellen subjektiven Fortbildungsbedürfnisse des zertifizierten Mediators ohne sachliche Notwendigkeit einschränken würde.

Für den **Beginn der Vierjahresfrist** ist nach § 3 Abs. 1 S. 3 ZMediatAusbV **5** auf die Ausstellung der Bescheinigung nach § 2 Abs. 6 ZMediatAusbV abzustellen. Diese Bescheinigung darf nach § 2 Abs. 6 S. 2 erst ausgestellt werden, wenn der gesamte nach § 2 Abs. 3 und 4 ZMediatAusbV vorgeschriebene Ausbildungslehrgang erfolgreich beendet und die Einzelsupervision nach § 2 Abs. 5 ZMediatAusbV durchgeführt worden ist. In der Ausbildungspraxis wird es Fälle geben, in denen das Ausstellungsdatum der Bescheinigung mit dem Abschluss der Ausbildung (nach materiellen Kriterien) zeitlich identisch ist. Wird etwa die Einzelsupervision noch während des Ausbildungslehrganges – dann zumeist von als Supervisoren tätigen Lehrkräften der Ausbildungseinrichtung – durchgeführt und stellt die Ausbildungseinrichtung am letzten Tag des Ausbildungslehrganges die Bescheinigung aus, so sind beide Daten deckungsgleich. Dies muss und wird allerdings nicht immer so sein. Führt der Ausbildungsabsolvent die vorgeschriebene Einzelsupervision beispielsweise erst innerhalb der Jahresfrist nach erfolgreicher Beendigung des Ausbildungslehrganges durch, wird er sich erst anschließend mit der Bitte um Ausstellung der Bescheinigung an seine Ausbildungseinrichtung wenden. Fallen aus diesem oder aus einem anderen Grund das Ausstellungsdatum der Bescheinigung und der (materielle) Abschluss der Ausbildung zeitlich auseinander, ist für den Beginn der Vierjahresfrist des § 3 Abs. 1 S. 3 ZMediatAusbV alleine das in der Bescheinigung verbriefte **Datum des Ausbildungsabschlusses** entscheidend. Wurde beispielsweise der Ausbildungslehrgang im März 2018 beendet, gefolgt von der mediationsanschließenden Einzelsupervision am 30.6.2018 und der Ausstellung einer entsprechenden Bescheinigung der Ausbildungseinrichtung (erst) am 1.8.2018, läuft die Vierjahresfrist ab dem 30.6.2018. Hierfür spricht zum einen, dass § 3 Abs. 1 S. 1 ZMediatAusbV den **Abschluss der Ausbildung** in Bezug nimmt, die sich – ohne jede konstitutive Wirkung der Ausbildungsbescheinigung (→ ZMediatAusbV § 2 Rn. 22, 24) – gem. § 3 Abs. 2 ZMediatAusbV auf den Ausbildungslehrgang und die durchgeführten Einzelsupervision bezieht und beschränkt. Weiterhin soll mit der Bezugnahme auf die Ausbildungsbescheinigung nach § 2 Abs. 6 ZMediatAusbV – insbesondere auch im Rahmen von § 4 Abs. 1 ZMediatAusbV – sichergestellt werden, dass der zertifizierte Mediator sich in der Anfangszeit nach seiner Zertifizierung rasch fortbildet.[9] Dies schließt aus, dass man es dem zertifizierten Mediator überlässt, ob und wann er sich an seine Ausbildungseinrichtung wendet, um sich mit dem dann beliebig von ihm bestimmbaren Ausstellungsdatum der Bescheinigung den Startpunkt seiner Fortbildungspflichten selbst wählen zu können.

6 Einen abweichenden Beginn der Fortbildungspflichten nach den §§ 3 und 4 ZMediatAusbV sehen die **Sonderregelungen des Beginns der Fortbildungspflichten für Altfälle** vor (zu den Übergangsbestimmungen insgesamt → ZMediatAusbV § 7 Rn. 1 ff.). So bestimmt § 7 Abs. 3 S. 1 ZMediatAusbV, dass die Fortbildungspflichten im Rahmen der Übergangsbestimmungen der Abs. 1 und 2 des § 7 ZMediatAusbV in zwei Fällen unabhängig von einer Ausbildungsbescheinigung am 1. September 2017 – also mit Inkrafttreten der ZMediatAusbV – zu laufen beginnen. Dies betrifft zum einen die sog „Alte Hasen-Regelung" des § 7 Abs. 1 ZMediatAusbV, also diejenigen Fälle, in denen die Bezeichnungsbefugnis als zertifizierter Mediator auch denjenigen Mediatoren zugebilligt wird, die vor dem 26. Juli 2012 – dem Zeitpunkt des Inkrafttretens des MediationsG – eine mindestens 90-stündige Ausbildung zum Mediator abgeschlossen und anschließend als Mediator oder Co-Mediator mindestens vier Mediationen durchgeführt haben. Ferner wird ebenfalls für solche Mediatoren der Beginn ihrer Fortbildungspflicht auf den 1. September 2017 gesetzt, die zuvor einen den Anforderungen des § 2 Abs. 3 und 4 ZMediatAusbV genügenden Ausbildungslehrgang erfolgreich beendet und bis zum 1. September 2017 auch bereits die notwendige mediationsanschließende Einzelsupervision durchgeführt haben. Führen diese Ausbildungsabsolventen die Einzelsupervision erst nach dem 1. September 2017 durch – wozu sie nach § 7 Abs. 2 S. 1 ZMediatAusbV befugt sind, soweit sie diese bis spätestens 1. Oktober 2018 durchführen –, beginnen die Fortbildungsfristen der §§ 3 und 4 erst mit dem Ausstellen der Bescheinigung zu laufen.

---

9 So begründet etwa *Eicher* die durch § 4 ZMediatAusbV vorgegebene Pflicht zur Durchführung von Einzelsupervisionen innerhalb der ersten zwei Jahre nach Ausbildungsabschluss damit, dass gewährleistet werden müsse, dass der zertifizierte Mediator zumindest in der Anfangszeit nach seiner Zertifizierung ausreichend praktische Erfahrung sammeln könne, *Eicher* ZKM 2016, 162.

Über die erfolgreiche Teilnahme an einer Fortbildungsveranstaltung ist 7
nach § 3 Abs. 3 ZMediatAusbV von der Fortbildungseinrichtung eine Bescheinigung mit den in § 3 Abs. 3 S. 2 Nr. 1–4 genannten Angaben auszustellen. Ebenso wie die Ausbildungsbescheinigung nach § 2 Abs. 6 ZMediatAusbV beschreibt auch § 3 Abs. 3 S. 2 in seinen Nr. 1 bis 4 lediglich die
Pflichtinhalte der Fortbildungsbescheinigung. Neben den Daten des Fort-
bildungsteilnehmers und der Fortbildungseinrichtung müssen Datum und
Ort der Fortbildungsveranstaltung sowie die vermittelten Fortbildungsinhalte sowie die Dauer der Fortbildungsveranstaltung in Zeitstunden angegeben werden (zur Zulässigkeit sinnvoller ergänzender Angaben → ZMediatAusbV § 2 Rn. 26).

§ 4 ZMediatAusbV Fortbildung durch Einzelsupervision

(1) Innerhalb der zwei auf den Abschluss seiner Ausbildung nach § 2 folgenden Jahre hat der zertifizierte Mediator mindestens viermal an einer
Einzelsupervision, jeweils im Anschluss an eine als Mediator oder Co-Mediator durchgeführte Mediation, teilzunehmen. Die Zweijahresfrist beginnt
mit Ausstellung der Bescheinigung nach § 2 Absatz 6 zu laufen.

(2) Über jede nach Absatz 1 durchgeführte Einzelsupervision ist von dem
Supervisor eine Bescheinigung auszustellen. Diese Bescheinigung muss enthalten:
1. Name, Vornamen und Geburtsdatum des zertifizierten Mediators,
2. Datum und Ort der durchgeführten Einzelsupervision,
3. anonymisierte Angaben zur in der Einzelsupervision besprochenen Mediation sowie
4. Name und Anschrift des Supervisors.

Anforderungen an die **praktische Erfahrung des zertifizierten Mediators** 1
gab bereits § 5 RefE ZMediatAusbV vor. Nach dessen Abs. 1 war vorgesehen, dass der zertifizierte Mediator regelmäßig Mediationsverfahren durchzuführen hat, und zwar kontinuierlich innerhalb von jeweils zwei Jahren
mindestens vier Verfahren als Mediator oder Co-Mediator. Nach § 5
Abs. 2 RefE ZMediatAusbV sollte der zertifizierte Mediator die von ihm
durchgeführten Verfahren dokumentieren. Schließlich gab § 5 Abs. 3 RefE
ZMediatAusbV dem zertifizierten Mediator als Soll-Vorschrift auf, dass er
auch praktische Erfahrungen im Rahmen von Supervision, Intervision und
Covision erwerben soll. Wesentliche **Änderungen des Nachweises von Praxiserfahrungen gegenüber dem RefE ZMediatAusbV** bestehen darin, dass
einerseits der im RefE ZMediatAusbV vorgesehene, zeitlich unbegrenzte
und alle zwei Jahre erneut zu dokumentierende Nachweis der Durchführung von mindestens vier als Mediator oder Co-Mediator durchgeführten
Mediationen auf Basis von § 4 Abs. 1 ZMediatAusbV nur noch einmalig,
nämlich innerhalb des ersten auf den Ausbildungsabschluss folgenden
Zweijahreszeitraumes gefordert wird (zu den diesbezüglichen Motiven des
Verordnungsgebers → ZMediatAusbV § 3 Rn. 2), dass diese Mediationen
andererseits aber jeweils anschließend einer Einzelsupervision zu unterziehen sind. Ferner ist die Dokumentationspflicht über durchgeführte

(Co-)Mediationen anders als im RefE ZMediatAusbV nicht mehr beim zertifizierten Mediator verortet, sondern im Kontext der mediationsanschließenden Einzelsupervisionen gem. § 4 Abs. 2 ZMediatAusbV auf den Supervisor verlagert worden.

2 Die Kritikpunkte, die sich aus der **fehlenden Begriffsklarheit des Terminus der (Einzel-)Supervision** ableiten, schlagen im Rahmen der Fortbildungspflicht des zertifizierten Mediators in gleicher Weise zu Buche wie im Rahmen seiner Ausbildung (→ ZMediatAusbV § 2 Rn. 14 ff.). Eine sachgerechte und die – durch die ZMediatAusbV insgesamt intendierte – Qualitätssicherung zertifizierter Mediatoren sicherstellende Supervision ist nur dann gewährleistet, wenn hinsichtlich der Qualifikation der Supervisoren wie auch hinsichtlich ihrer Methodik, Ziele und Durchführung die Standards anerkannter Berufsverbände zugrunde gelegt werden (→ ZMediatAusbV § 2 Rn. 14, 18). Im Unterschied zu § 2 Abs. 5 ZMediatAusbV handelt es sich bei der Supervision nach § 4 Abs. 1 ZMediatAusbV begrifflich streng genommen nicht mehr um einen Anwendungsfall der **Ausbildungssupervision** (→ ZMediatAusbV § 2 Rn. 16), sondern um **berufsbegleitende (Praxis-)Supervision.** Deren Aufgabe besteht üblicherweise darin, erfahrene Fachkräfte mit Programmen und Verfahren im Zusammenhang mit der rollen-, klienten- und kooperationsbezogenen Reflexion ihrer beruflichen Tätigkeit zu unterstützen.[1] Die reflexiven Anteile und multidimensionalen Betrachtungsmöglichkeiten spielen im Rahmen der berufsbegleitenden Supervision im Vergleich zur Ausbildungssupervision in der Regel eine deutlich größere Rolle.[2] Hält man sich vor Augen, dass dem zertifizierten Mediator bis zum Abschluss seiner Ausbildung nur eine einzige supervidierte Mediation abverlangt wird, so wird allerdings deutlich, dass die Grenzen zwischen Ausbildungssupervision und berufsbegleitender Supervision eher fließend sein dürften. Auch der Mediator, der eine (einzige) Mediation durchgeführt hat – möglicherweise sogar noch innerhalb des geschützten Rahmens seines Ausbildungslehrganges – ist noch weit davon entfernt, als „erfahrene Fachkraft" bezeichnet werden zu können.

3 Für das **Erfordernis einer Einzelsupervision** hat sich der Verordnungsgeber bewusst auch bei § 4 ZMediatAusbV entschieden, um parallel zu der im Rahmen der Ausbildung geforderten Supervision auch im Rahmen der Fortbildung den einzelnen zertifizierten Mediator besser zu fördern.[3] Zielsetzung der Einzelsupervision ist es, sicherzustellen, dass eine individuelle Fokussierung auf das berufliche Agieren des (Co-)Mediators erfolgt und die ausschließliche Reflexion über die von ihm gerade durchgeführte (Co-)Mediation stattfindet. Die Begleitung einer Mediation oder Co-Mediation durch eine **Gruppensupervision** findet damit – ebenso wie im Rahmen der Ausbildung des zertifizierten Mediators – keine Anerkennung im Rahmen von § 4 Abs. 1 ZMediatAusbV (→ ZMediatAusbV § 2 Rn. 12).

4 Wie im Rahmen von § 2 Abs. 5 ZMediatAusbV setzt auch § 4 Abs. 1 ZMediatAusbV voraus, dass sich die Einzelsupervision an eine **als Mediator oder Co-Mediator durchgeführte Mediation** anschließt. Dass der Verord-

---

1 *Van Kaldenkerken*, S. 36.
2 *Van Kaldenkerken*, S. 36.
3 *Eicher* ZKM 2016, 160 (162).

nungsgeber Co-Mediationen nicht nur quotal anrechnet, sondern als vollwertige eigene Mediationserfahrung ansieht, ist sach- und praxisgerecht. Der Co-Mediator ist in gleicher Intensität in die Durchführung der Mediation eingebunden wie er es als Einzelmediator wäre. Aus dem bloßen Umstand einer „arbeitsteiligen" Bewältigung der Aufgaben und Herausforderungen einer Mediation (neben dem zweiten Mediator) eine Abwertung im Sinne einer nur teilweisen Anrechnung abzuleiten, wäre schon deshalb verfehlt, weil das Weniger an aktivem Tun in der Mediation zumeist durch ein Mehr an konzeptionellen Vorüberlegungen zur Rollen- und Aufgabenverteilung der Co-Mediatoren untereinander kompensiert wird. Zudem ermöglicht die Co-Mediation – insbesondere bei Mediationen mit mehreren Sitzungsterminen – ein direktes Reflektieren des bisherigen Mediationsverlaufs mit seinem Co-Mediator. Auch aus diesem Grund liegt im Vergleich zur Einzelmediation idR keinesfalls ein geringerer „Lerneffekt" vor, der eine nur teilweise Anrechnung durchgeführter Co-Mediationen rechtfertigen würde. Abzugrenzen ist die Co-Mediation allerdings von der bloßen **Hospitanz.** Werden lediglich Assistenzleistungen für einen alleinverantwortlich handelnden Mediator erbracht und beschränkt sich die (Mit-)Anwesenheit mit diesem in einem Mediationsverfahren auf die passive Beobachtung des Geschehens, ohne dass eine relevante Einbindung in die Verfahrensführung erfolgt, liegt keine nach § 4 ZMediatAusbV anrechnungsfähige Co-Mediation vor. Aus den gleichen Erwägungen ist eine bloße Hospitanz auch nicht im Rahmen der Ausbildung ausreichend. Die dort geltenden Kriterien zur Bestimmung des Maßes ausreichender Eigenverantwortlichkeit der Verfahrensführung (→ ZMediatAusbV § 2 Rn. 20) gelten im Rahmen von § 4 Abs. 1 ZMediatAusbV auch im Übrigen in gleicher Weise.

Dass § 4 Abs. 1 ZMediatAusbV von einer „**im Anschluss**" an eine durchgeführte (Co-)Mediation durchgeführten Einzelsupervision spricht, schließt – wie auch im Rahmen der Ausbildung (→ ZMediatAusbV § 2 Rn. 21) – nicht die Anerkennung von zeitlich gestaffelten, mediationsbegleitend durchgeführten Supervisionssitzungen aus. Erstreckt sich eine (Co-)Mediation zeitlich über mehrere Sitzungstermine und möchte der Mediator oder Co-Mediator sich dergestalt begleiten lassen, dass eine Einzelsupervision jeweils im Anschluss an die einzelnen Mediationssitzungen stattfindet, führt dies zu keinem geringeren Lern- und Fortbildungseffekt als führte er diese erst nach vollständigem Abschluss der (Co-)Mediation in einem einzigen Termin durch. Entscheidend ist jedoch auch im Rahmen der Fortbildung, dass die Einzelsupervision sich insgesamt auf den kompletten Verlauf der durchgeführten Mediation bezieht und somit deren vollständige Reflexion ermöglicht.   **5**

Die **Zweijahresfrist,** innerhalb derer die zum Zwecke der Fortbildung geforderten (mindestens) vier einzelsupervidierten (Co-)Mediationen durchzuführen sind, beginnt gem. § 4 Abs. 1 S. 2 ZMediatAusbV mit Ausstellung der Ausbildungsbescheinigung nach § 2 Abs. 6 ZMediatAusbV zu laufen. Aus den gleichen Gründen, die für den Fristbeginn der Fortbildungspflichten nach § 3 ZMediatAusbV gelten (→ ZMediatAusbV § 2 Rn. 5), ist bei einem Auseinanderfallen des Ausstellungsdatums der Bescheinigung und dem Zeitpunkt der Erfüllung aller materiellen Vorausset-   **6** zungen für die Bezeichnungsbefugnis als zertifizierter Mediator alleine das letztgenannte Datum maßgeblich.

7   Die nach § 4 Abs. 2 ZMediatAusbV vom Supervisor auszustellende **Bescheinigung über die durchgeführte Einzelsupervision** muss neben den persönlichen Daten des zertifizierten Mediators (Nr. 1), dem Datum und Ort der durchgeführten Einzelsupervision (Nr. 2) und dem Namen und der Anschrift des Supervisors (Nr. 3) gem. Nr. 3 auch **anonyme Angaben zu der in der Einzelsupervision besprochenen Mediation** enthalten. Damit knüpft § 4 Abs. 2 Nr. 3 ZMediatAusbV an die – seinerzeit allerdings noch dem zertifizierten Mediator zugedachten – Dokumentationspflichten des § 5 Abs. 2 Nr. 3 und Nr. 4 RefE ZMediatAusbV an. Die dort noch spezieller gefassten Vorgaben ("anonymisierte Angaben zur Konfliktsituation, zu den Konfliktbeteiligten und den Konfliktthemen nebst anonymisierter Beschreibung des Verlaufs und Ausgangs der Mediation") sollten zur Konkretisierung der jetzt nur noch allgemein geforderten "anonymen Angaben" zu der in der Einzelsupervision besprochenen Mediation entsprechend herangezogen werden. Die Beschränkung auf die Angabe anonymisierter Daten in § 4 Abs. 2 Nr. 3 ZMediatAusbV trägt der Verschwiegenheitspflicht des Mediators aus § 4 MediationsG Rechnung. Nur sofern die Mediationsbeteiligten den Mediator von seiner Verschwiegenheitspflicht entbinden, können (und dürfen) auch detailliertere Angaben in die Dokumentation aufgenommen werden.[4] Die Anonymität der Angaben könnte uU eine missbräuchliche Handhabung – etwa das Einbringen fiktiver Fälle in die Supervision zwecks "Nachweises" der geforderten Mindestfallzahlen – erleichtern. Eine solche Täuschung wäre natürlich unzulässig und weder redlich noch verantwortungsbewusst. Wenngleich faktisch kaum Kontrollmechanismen existieren, ist die Gefahr eines eventuellen Missbrauches gegenüber der im RefE ZMediatAusbV noch vorgesehenen „Eigenbescheinigung" durch den zertifizierten Mediator nunmehr jedenfalls tendenziell dadurch gemindert, dass die durchgeführten Mediationen en Detail mit einem Supervisor besprochen und reflektiert werden müssen.

Erforderlich ist nach § 4 Abs. 2 ZMediatAusbV, dass über jede durchgeführte Einzelsupervision eine (Einzel-)Bescheinigung ausgestellt wird. Auch dann, wenn der zertifizierte Mediator sämtliche seiner durchgeführten (Co-)Mediationen von demselben Supervisor supervidieren lässt, wird eine für mehrere Mediationen ausgestellte „Sammelbescheinigung" dem nicht gerecht.

§ 5 ZMediatAusbV Anforderungen an Aus- und Fortbildungseinrichtungen

(1) Eine Ausbildung nach § 2 oder eine Fortbildung nach § 3 darf nur durchführen, wer sicherstellt, dass die dafür eingesetzten Lehrkräfte
1. über einen berufsqualifizierenden Abschluss einer Berufsausbildung oder eines Hochschulstudiums verfügen und

---

4 Begründung zum RefE ZMediatAusbV, S. 16 zu § 4.

2. über die jeweils erforderlichen fachlichen Kenntnisse verfügen, um die in der Anlage aufgeführten oder sonstige Inhalte der Aus- oder Fortbildung zu vermitteln.

(2) Sofern eine Lehrkraft nur eingesetzt wird, um bestimmte Aus- oder Fortbildungsinhalte zu vermitteln, müssen sich ihre fachlichen Kenntnisse nur darauf beziehen.

Nach Maßgabe von § 5 Abs. 1 ZMediatAusbV darf eine Ausbildung nach 1
§ 2 oder eine Fortbildung nach § 3 nur anbieten, wer sicherstellt, dass die für die Aus- oder Fortbildung eingesetzten **Lehrkräfte** über einen berufsqualifizierenden Abschluss einer Berufsausbildung oder eines Hochschulstudiums und über die jeweils erforderlichen fachlichen Kenntnisse verfügen, um die in der Anlage „Inhalte des Ausbildungslehrganges" aufgeführten oder sonstigen Inhalte der Aus- oder Fortbildung zu vermitteln. Bei Lehrkräften, die nur zur Vermittlung bestimmter Aus- oder Fortbildungsinhalte eingesetzt werden, müssen sich ihre fachlichen Kenntnisse nach Maßgabe von § 5 Abs. 2 ZMediatAusbV nur darauf beziehen.

Welches Verständnis des Verordnungsgebers den Begrifflichkeiten des **Be- 2
rufsabschlusses** und des **Hochschulstudiums** zugrunde liegt, wurde bereits in der Begründung zum RefE ZMediatAusbV näher ausgeführt. Danach umfasst der Terminus **Berufsausbildung** anerkannte Ausbildungsberufe im Sinne von § 4 Abs. 1 des Berufsbildungsgesetzes, Berufsausbildungen in einem öffentlich-rechtlichen Dienstverhältnis oder in Berufen der Handwerksordnung sowie in vergleichbaren Berufsausbildungen. Unter **Hochschulstudium** wird ein Studium an Universitäten, Pädagogischen Hochschulen, Kunsthochschulen, Fachhochschulen und sonstigen Hochschulen verstanden, an denen ein staatlich anerkannter akademischer Abschluss erworben werden kann.[1]

§ 5 ZMediatAusbV konkretisiert § 6 S. 2 Nr. 5 MediationsG, der vorsieht, 3
dass in der Rechtsverordnung Anforderungen an die in den Aus- und Fortbildungseinrichtungen eingesetzten Lehrkräfte festgelegt werden können. Dies erfolgt allerdings in einer zurückhaltenden und nur bedingt qualitätssichernden Art und Weise. Auffallend ist zunächst, dass nicht einmal vorausgesetzt wird, dass die Lehrkraft die gleichen Anforderungen erfüllt wie die zertifizierten Mediatoren, die sie unterrichten soll. Mehr noch – sie muss nach dem Wortlaut von § 5 ZMediatAusbV weder selbst zertifizierter noch überhaupt Mediator sein und auch kein gesteigertes Maß an praktischer Erfahrung als Mediator vorweisen. Zwar mag § 5 ZMediatAusbV unausgesprochen auf der Annahme fußen, dass die eingesetzten Lehrkräfte erfahrene Mediatoren sein werden; bei einer für die Qualitätssicherung der Mediationsausbildung – und damit auch für die Qualität der weiteren Mediationspraxis der Absolventen – zentralen Bestimmung ist es jedoch unzureichend, derartige Mindestvoraussetzungen nicht explizit zu benennen und zu normieren. Faktisch bleibt es infolgedessen letztlich der Einschätzung der Aus- und Fortbildungseinrichtungen bzw. der Selbsteinschätzung der Lehrkräfte überlassen, ob und inwieweit sie „über die jeweils erforderlichen fachlichen Kenntnisse verfügen, um die in der Anlage aufgeführten

---

1 Begründung zum RefE ZMediatAusbV, S. 15 zu § 2.

oder sonstige Inhalte der Aus- und Fortbildung zu vermitteln". Dies wiegt umso schwerer, als dass **keinerlei Sanktionsmittel** gegen den Einsatz nicht hinreichend qualifizierter Lehrkräfte zur Verfügung stehen.

4 Aus den vorstehend genannten Gründen besteht in Bezug auf die Anforderungen an die in den Aus- und Fortbildungseinrichtungen eingesetzten Lehrkräfte de lege ferenda dringender **Korrektur- und Nachbesserungsbedarf**. Im Sinne der angestrebten Qualitätssicherung sollte im Zuge künftiger Verordnungsnovellierungen darauf hingewirkt werden, dass Lehrkräfte nachweislich einen spürbaren Wissens- und Erfahrungsvorsprung vor ihren Ausbildungteilnehmern haben (hierzu → MediationsG § 6 Rn. 33 f.). Dies schließt es jedenfalls aus, ihnen *weniger* abzuverlangen als den Ausbildungteilnehmern. Lehrkräfte sollten daher mindestens über eine Mediationsausbildung verfügen, die sie selbst dazu berechtigt, sich als zertifizierte Mediatoren zu bezeichnen. Noch schwerer wiegt schließlich der **Verzicht auf den Nachweis praktischer Mediationserfahrung**. So bleibt vorläufig eine mögliche Konsequenz der ZMediatAusbV, dass (auch künftig noch) Mediatoren nach ihrer Ausbildung mangels Nachfrage nach Mediationen weitgehend praxisunerfahren ihr Glück als Ausbilder im lukrativen Mediationsausbildungsgeschäft versuchen. Da dies zu einer massiven Abwertung des Ansehens des „zertifizierten Mediators" führen könnte, wäre das Gegenteil von dem erreicht, was erreicht werden soll. Obwohl auch die Regelungen der ZMediatAusbV für Lehrkräfte sich am Maßstab der durch Art. 12 GG geschützten Berufsfreiheit messen lassen müssen,[2] sollte zukünftig doch geeignete Vorgaben sichergestellt werden, dass das zur **Qualitätssicherung** unerlässliche „Plus" an Kenntnissen und Erfahrungen der Lehrkräfte Eingang in den Verordnungstext findet. Zu denken wäre hier etwa an nachgewiesene Lehr- und Praxiserfahrungen auf dem Gebiet der Mediation, die Vorgabe von Mindestzahlen durchgeführter Mediationen (hierzu → MediationsG § 6 Rn. 34) und zur Einholung und Auswertung regelmäßigen Feedbacks der Ausbildungsteilnehmer etc.

5 Nach § 5 Abs. 2 ZMediatAusbV müssen sich die fachlichen Kenntnisse von Lehrkräften, die nur zur Vermittlung bestimmter Aus- und Fortbildungsinhalte eingesetzt werden, lediglich auf diese Inhalte beziehen. Unabhängig von der allgemeinen Kritik an den deutlich zu laxen Anforderungen an Lehrkräfte ist diese Regelung für sich gesehen sinnvoll und praxisgerecht. Sie erlaubt die **Einbindung von „Spezialisten"** in die Aus- und Fortbildung zertifizierter Mediatoren, beispielsweise also von Mediatoren mit vertieften Kenntnissen und Erfahrungen im Bereich der Wirtschafts-, Familien- oder Umweltmediation, und wirkt somit unmittelbar qualitätserhöhend.

§ 6 ZMediatAusbV Gleichwertige im Ausland erworbene Qualifikation

Als zertifizierter Mediator darf sich auch bezeichnen, wer

1. im Ausland eine Ausbildung zum Mediator im Umfang von mindestens 90 Zeitstunden abgeschlossen hat und

---

2 Siehe hierzu Fritz/Pielsticker/*Fritz* MediationsG § 6 Rn. 30.

2. anschließend als Mediator oder Co-Mediator mindestens vier Mediationen durchgeführt hat.

§ 6 ZMediatAusbV betrifft mit der dort normierten **Gleichwertigkeit aus-** **1** **ländischer Qualifikationen** einen in § 6 MediationsG nicht explizit zur Umsetzung in der Verordnung genannten Regelungsbereich. Kompetenzrechtlich bestehen in Bezug auf die Bestimmungen zur Anerkennung ausländischer Mediationsausbildungen im Ergebnis dennoch keine Bedenken dagegen, ihre Aufnahme in die ZMediatAusbV als von der Ermächtigungsgrundlage des § 6 MediationsG gedeckt anzusehen. Mehr noch: Ein Verzicht auf derartige Anerkennungsregeln wäre mit europarechtlichen Vorgaben nicht zu vereinbaren und würde zudem der Hauptintention der MedRiLi – deren Umsetzung das MediationsG dient –, nämlich der Förderung der grenzüberschreitenden Mediation in Zivil- und Handelssachen, zuwiderlaufen (hierzu → MediationsG § 6 Rn. 40).

Gegenüber seiner „Vorläuferregelung" im RefE ZMediatAusbV (nämlich **2** dem dortigen § 8) hat § 6 ZMediatAusbV erhebliche Änderungen erfahren. Während § 8 RefE ZMediatAusbV im Wesentlichen auf europarechtlich „gleichwertige" und durch Vorlage von behördlichen Ausbildungs- und Befähigungsnachweisen zu belegende Qualifikationen abstellte,[1] hat sich der Verordnungsgeber mit § 6 ZMediatAusbV für eine deutlich an die Übergangsbestimmung des § 7 Abs. 1 ZMediatAusbV angelehnte[2] Regelung entschieden. Als zertifizierter Mediator darf sich demnach auch bezeichnen, wer im Ausland eine Ausbildung zum Mediator im Umfang von mindestens 90 Zeitstunden abgeschlossen und anschließend als Mediator oder Co-Mediator mindestens vier Mediationen durchgeführt hat. Die Änderungen bei der **Anerkennung im Ausland erworbener Qualifikationen** haben ihre Ursache in europarechtlichen Vorgaben. Sie dienen der Umsetzung der Anforderungen der Richtlinie 2005/36/EG des Europäischen Parlaments und des Rates vom 7.9.2005 über die Anerkennung von Berufsqualifikationen,[3] die zuletzt durch die Richtlinie 2013/55/EU[4] geändert worden ist, sowie der Richtlinie 2013/55/EU des Europäischen Parlaments und des Rates vom 20.11.2013 zur Änderung der Richtlinie 2005/36/EG über die Anerkennung von Berufsqualifikationen und der Verordnung (EU) Nr. 1024/2012 über die Verwaltungszusammenarbeit mithilfe des Binnenmarkt-Informationssystems („IMI-Verordnung").[5]

Im Vergleich zur „Regelausbildung" für zertifizierte Mediatoren enthält **3** § 6 ZMediatAusbV eine Reihe von **Privilegierungen für Absolventen ausländischer Mediationsausbildungen**. Gefordert ist eine Ausbildung im Umfang von mindestens 90 Zeitstunden, ergänzt durch vier anschließend als

---

1 Vgl. § 8 RefE ZMediatAusbV sowie dessen Kommentierung in der Vorauflage dieses Kommentars, dort Rn. 83 ff. zu § 6 MediationsG.
2 *Eicher* ZKM 2016, 160 (162).
3 ABl. EU Nr. L 255 v. 30.9.2005, 22; ABl. EU Nr. L 271 v. 16.10.2007, 18; ABl. EU Nr. L 93 v. 4.4.2008, 28; ABl. EU Nr. L 33 v. 3.2.2009, 49; ABl. EU Nr. L 305 v. 24.10.2014, 115.
4 ABl. EU Nr. L 354 v. 28.12.2013, 132; ABl. EU Nr. L 268 v. 15.10.2015, 35; ABl. EU Nr. L 95 v. 9.4.2016, 20.
5 ABl. EU Nr. L 354 v. 28.12.2013, 132; ABl. EU Nr. L 268 v. 15.10.2015, 35; ABl. EU Nr. L 95 v. 9.4.2016, 20.

Mediator oder Co-Mediator durchgeführte Mediationen. Neben diesem „Minus" von 30 Stunden Ausbildungsumfang ist zu berücksichtigen, dass es sich – anders als im Rahmen der inländischen Ausbildung nach § 2 ZMediatAusbV – bei den zu absolvierenden 90 Stunden auch nicht um **Präsenzzeitstunden**, sondern lediglich um **Zeitstunden** handeln muss. Damit besteht eine erhöhte Flexibilität zur Gestaltung der Ausbildung auch im Wege des Fern- oder Selbststudiums. Anders als der nach den Bestimmungen der §§ 2 ff. ZMediatAusbV ausgebildete inländische zertifizierte Mediator ist der der nach § 6 zertifizierte Mediator auch nicht verpflichtet, die von ihm durchgeführten Mediationen jeweils anschließend einer Einzelsupervision zu unterziehen. Bei aller Kritik, die sich mit Blick auf diese Erleichterungen des § 6 ZMediatAusbV schon innerhalb kürzester Zeit ergeben hat,[6] taugt der **Verzicht auf die Supervisionspflicht** bei isolierter Betrachtung allerdings nicht zu deren Begründung. Hierbei würde übersehen, dass dem „zertifizierten Auslandsmediator" im Vergleich zu seinem inländischen Kollegen sogar deutlich mehr Praxiserfahrung abverlangt wird. Während er die Befugnis, sich als zertifizierter Mediator bezeichnen zu dürfen, erst nach der Durchführung von mindestens *vier* als Mediator oder Co-Mediator durchgeführten Mediationen erhält, kommt sein inländisch ausgebildetes Pendant bereits nach nur *einer* – wenn auch supervidierten – Mediation in diesen Genuss. Dass hierbei sogar nicht während des Ausbildungslehrganges durchgeführte mediationsanschließende Supervision als ausreichend erachtet wird, lässt für einen Privilegierungsvorwurf im Hinblick auf das geforderte Maß an Praxiserfahrung *insoweit* erst Recht keinen Raum mehr.

4   Auch der nach § 6 ZMediatAusbV zertifizierte Mediator unterliegt in vollem Umfang den **Fortbildungspflichten der ZMediatAusbV**. Soweit im Schrifttum hierzu die gegenteilige Auffassung vertreten wird,[7] überspannt dies den Sinn und Zweck der Gleichstellungsregelung des § 6 ZMediatAusbV. Europarechtlichen Vorgaben folgend bezweckt § 6 ZMediatAusbV, eine Diskriminierung im Ausland erworbener Ausbildungs- und Befähigungsnachweise dadurch zu unterbinden, dass diese in gleicher Weise den *Zugang* – nicht den Erhalt – zu der nach bundesdeutschen Regelungen zugesprochenen Zertifizierungsbezeichnungsbefugnis ermöglichen. Eine weitergehende Privilegierung durch Entbindung von den Fortbildungspflichten der ZMediatAusbV wäre weder sachlich gerechtfertigt noch sind tragfähige Hinweise dafür vorhanden, dass der Verordnungsgeber sie intendiert hat. Gegenteiliges lässt sich auch nicht daraus ableiten, dass § 6 ZMediatAusbV das Ausbildungsende nicht definiert und – anders als § 7 Abs. 3 ZMediatAusbV – keinen klaren zeitlichen Bezugspunkt für den Beginn der Fortbildungspflichten nach der ZMediatAusbV definiert.[8] Dies ist zwar zutreffend und die zu konstatierende (planwidrige) Regelungslücke führt zu der Notwendigkeit der Interpretation; deren Bezugspunkt besteht allerdings darin, durch Auslegung den maßgeblichen **Beginn der Fortbildungs-**

---

6   Vgl. hierzu etwa *Röthemeyer* ZKM 2016, 195 (201), *Eidenmüller/Fries* AnwBl 2017, 23 (25) sowie *Greger* Spektrum der Mediation 66/2017, 49 (51).
7   *Röthemeyer* ZKM 2016, 195 (202); *Eidenmüller* NJW-aktuell 46/2016, 15.
8   Unter anderem hierauf stellt Röthemeyer ab, vgl. *Röthemeyer* ZKM 2016, 195 (202).

pflichten im Rahmen von § 6 ZMediatAusbV zu ermitteln, nicht etwa deren Existenz in Gänze in Abrede zu stellen. Im Ergebnis führt diese Auslegung dazu, dass der nach § 6 zertifizierte Mediator den Fortbildungspflichten der §§ 3 und 4 ZMediatAusbV mit dem Zeitpunkt des Abschlusses seiner (der Ausbildung nach § 6 Nr. 1 ZMediatAusbV nachfolgenden) vierten Mediation unterliegt, dass seine Fortbildungspflichten – hat er die vier Mediationen bereits zuvor durchgeführt – jedoch frühestens mit dem Inkrafttreten der ZMediatAusbV am 1.9.2017 beginnen.

Dass somit auch „Auslandsmediatoren"[9] den Fortbildungspflichten der 5
ZMediatAusbV in gleichem Umfang unterliegen wie ihre Kolleginnen und Kollegen, die eine bundesdeutsche Mediationsausbildung absolviert haben, relativiert sowohl die im Schrifttum aus Art. 3 GG abgeleiteten verfassungsrechtlichen Bedenken[10] als auch die geäußerte Sorge einer großflächigen „Flucht ins Ausland".[11] Selbst wenn zu konstatieren bleibt, dass nach § 6 ZMediatAusbV zertifizierten Mediatoren in der Tat gewisse Erleichterungen eingeräumt werden,[12] ist ein weiterer – im Kern europarechtlicher – Gedanke in die Gesamtwertung mit einzubeziehen. Das MediationsG – und mit ihm die ZMediatAusbV – dient der Umsetzung der europäischen Mediationsrichtlinie. Deren Hauptzweck liegt in der **Förderung der grenzüberschreitenden Mediation.** Vor diesem Hintergrund erscheint es europarechtlich zulässig – wenn nicht gar geboten – im Rahmen der Anerkennung im Ausland erworbener Qualifikationen in gewissen Rahmen auch rein faktischen Unterschieden in den äußerst heterogenen Niveaus der jeweiligen nationalen Ausbildungsanforderungen[13] Rechnung zu tragen. Will man das vorrangige – in der auf nationale Belange fokussierten Diskussion oftmals ausgeblendete – Ziel der europäischen Mediationsrichtlinie wirksam umsetzen, so ist es erforderlich, die grenzüberschreitende Mediation auch dadurch zu fördern, dass auch Mediatoren, die ihre Mediationsausbildung im (europäischen) Ausland absolviert haben,[14] ein gleichwertiger Zugang gesichert wird (→ MediationsG § 6 Rn. 40). Dass der Verordnungsgeber dies für den zertifizierten Mediator mit einer Vorgabe von Anforderungen umgesetzt hat, die den Kompromiss zwischen nationalen Re-

---

9   § 6 ZMediatAusbV knüpft nicht an die Nationalität der Mediators, sondern ausschließlich an den Ausbildungsort an. Somit entfaltet § 6 ZMediatAusbV auch für bundesdeutsche Mediatoren Wirkung, die ihre Ausbildung im Ausland (auch im außereuropäischen Ausland) absolviert haben, vgl. hierzu auch *Röthemeyer* ZKM 2016, 195 (201).

10 *Eidenmüller/Fries* AnwBl 2017, 23 (25).

11 *Röthemeyer* ZKM 2016, 195 (201).

12 Wie etwa der reduzierte Umfang der geforderten Ausbildungsstunden, die fehlende Bindung an die „Stundentafel", also die (gewichteten) Ausbildungsinhalte der Anlage zur ZMediatAusbV, und die nicht vorgegebene zeitliche Nähe der durchgeführten Mediationen an den Abschluss der Ausbildung nach § 6 Nr. 1 ZMediatAusbV.

13 Einen guten Überblick über die gesetzlichen Regelungen zur Mediation und zur Mediationsausbildung in den europäischen Mitgliedsstaaten vermittelt die Seite https://e-justice.europa.eu/content_mediation_in_member_states-64-de.do, zuletzt abgerufen am 2.4.2017.

14 § 6 ZMediatAusbV geht über den europäischen Rahmen allerdings hinaus und stellt generell alle (auch außereuropäisch erworben) Ausbildungen gleich. Insoweit wurde § 6 ZMediatAusbV in der Tat „überschießend" – nämlich im Sinne einer globalen Gleichwertigkeitsregelung – konzipiert.

gelungen mit weit geringeren (als bundesdeutschen) Ausbildungsanforderungen und solchen Länderregelungen herzustellen versucht, die darüber hinausgehen, ist europarechtlich grundsätzlich nicht zu beanstanden.

§ 7 ZMediatAusbV Übergangsbestimmungen

(1) Als zertifizierter Mediator darf sich bezeichnen, wer vor dem 26. Juli 2012 eine Ausbildung zum Mediator im Umfang von mindestens 90 Zeitstunden abgeschlossen und anschließend als Mediator oder Co-Mediator mindestens vier Mediationen durchgeführt hat.

(2) Als zertifizierter Mediator darf sich auch bezeichnen, wer vor dem 1. September 2017 einen den Anforderungen des § 2 Absatz 3 und 4 genügenden Ausbildungslehrgang erfolgreich beendet hat und bis zum 1. Oktober 2018 an einer Einzelsupervision im Anschluss an eine als Mediator oder Co-Mediator durchgeführte Mediation teilgenommen hat. Wird die Einzelsupervision erst nach dem 1. September 2017 durchgeführt, ist entsprechend § 4 Absatz 2 eine Bescheinigung auszustellen.

(3) In den Fällen der Absätze 1 und 2 beginnen die Fristen des § 3 Absatz 1 Satz 3 und des § 4 Absatz 1 am 1. September 2017 zu laufen. Im Fall des Absatzes 2 Satz 2 beginnen die Fristen abweichend von Satz 1 mit Ausstellen der Bescheinigung zu laufen.

1   Ein Überblick über die Übergangsbestimmungen des § 7 ZMediatAusbV ergibt folgendes Bild: § 7 Abs. 1 ZMediatAusbV – die sog „Alte-Hasen-Regelung" – gewährt die Zertifizierungsbezeichnungsbefugnis solchen Mediatoren, die vor dem Inkrafttreten des Mediationsgesetzes am 26.7.2012 eine Ausbildung zum Mediator im Umfang von mindestens 90 Zeitstunden abgeschlossen und anschließend als Mediator oder Co-Mediator mindestens vier Mediationen durchgeführt haben. Die **Frist zur Erfüllung der Fortbildungspflichten** der §§ 3 und 4 ZMediatAusbV läuft in diesem Fall mit Inkrafttreten der ZMediatAusbV, also ab dem 1.9.2017. Einen zweiten Übergangstatbestand sieht § 7 Abs. 2 ZMediatAusbV für solche Mediatoren vor, die einen den Anforderungen des § 2 Abs. 3 und 4 ZMediatAusbV genügenden Ausbildungslehrgang vor dem Inkrafttreten der ZMediatAusbV am 1.9.2017 erfolgreich beendet haben. Bezüglich des **Fristbeginns für die Fortbildungspflichten** differenziert § 7 Abs. 2 iVm Abs. 3 ZMediatAusbV insoweit danach, ob die erforderliche mediationsanschließende Einzelsupervision bis zum 1.10.2018 durchgeführt worden ist – dann laufen die Fortbildungsfristen ab dem 1.9.2017 – oder ob die Einzelsupervision erst nach dem 1.9.2017 durchgeführt worden ist. In diesem Fall ist nach § 7 Abs. 2 S. 2 ZMediatAusbV entsprechend § 4 Abs. 2 ZMediatAusbV vom Supervisor eine Bescheinigung auszustellen und die Fortbildungsfristen beginnen gem. § 7 Abs. 3 S. 2 ZMediatAusbV mit Ausstellen der Bescheinigung zu laufen.

Die Regelung des § 7 ZMediatAusbV erscheint allenfalls auf den ersten Blick klar. Bei näherer Betrachtung ist sie nicht in sich widerspruchsfrei und wirft – wie nachfolgend erläutert – eine Reihe von Fragen auf, die auslegungs- und interpretationsbedürftig sind.

Nach § 7 Abs. 1 ZMediatAusbV darf sich auch derjenige als zertifizierter   2
Mediator bezeichnen, der vor dem Inkrafttreten des MediationsG am
26.7.2012 eine Ausbildung zum Mediator von mindestens 90 Zeitstunden
abgeschlossen und anschließend als Mediator oder Co-Mediator durch
mindestens vier Mediationen geführt hat (auch als „Alte-Hasen-Regelung"
bezeichnet). § 7 Abs. 1 ZMediatAusbV statuiert somit eine **Übergangsregelung für Mediatoren, die vor dem Inkrafttreten des Mediationsgesetzes am
26. Juli 2012 eine Mediationsausbildung abgeschlossen haben,** die den Anforderungen des § 2 ZMediatAusbV nicht genügt. Aus welchen Gründen
die zuvor abgeschlossene Mediationsausbildung nicht den Anforderungen
der ZMediatAusbV genügt, ist irrelevant. Erfasst ist neben dem Fall der
nicht ausreichenden Stundenzahl der Ausbildung auch eine Ausbildung,
welche die durch § 2 ZMediatAusbV iVm der Anlage „Inhalte des Ausbildungslehrganges" vorgeschriebenen Inhalte der Ausbildung nicht vollständig oder nicht in der vorgesehenen Gewichtung abgedeckt hat.[1] In den Genuss der Übergangsregelung kommen Mediatoren allerdings nur dann,
wenn sie an einer mindestens 90 Zeitstunden umfassenden Mediationsausbildung teilgenommen haben, diese Ausbildung vor dem Inkrafttreten des
Mediationsgesetzes am 26.7.2012 vollständig abgeschlossen war und sie
anschließend als Mediator oder Co-Mediator durch mindestens vier Mediationen geführt haben. Fehlt es an einer dieser Voraussetzungen, etwa
weil die Mediationsausbildung per se auf weniger als 90 Zeitstunden angelegt war oder diese Mindeststundenzahl zwar umfasste, vom Teilnehmer
zum Zeitpunkt des Inkrafttretens des MediationsG aber erst teilweise absolviert worden war, greift die Übergangsregelung nicht. Konsequenz ist in
diesen Fällen, dass der Mediator zeitliche oder inhaltliche Lücken seiner
Ausbildung durch entsprechende Nachschulungen schließen muss, um sich
als zertifizierter Mediator bezeichnen zu dürfen (→ Rn. 6).

Bei der Festlegung der Anzahl der durchgeführten Mediationen auf min-   3
destens vier hat sich der Verordnungsgeber von der Einschätzung leiten lassen, dass die durchschnittlich für ein Mediationsverfahren aufzuwendende
Zeit 7,5 Stunden beträgt, es mithin gerechtfertigt sei, diese Mindestanzahl
zu fordern, um bis zu 30 fehlende Ausbildungsstunden zu kompensieren.[2]
Empirische Befunde für die **Annahme einer 7,5-stündigen Durchschnittsdauer durchgeführter Mediationen** sind der Begründung jedoch nicht zu
entnehmen. Aus Sicht der Praxis sind erhebliche Zweifel angebracht, ob
die angenommene Durchschnittsdauer zutreffend eingeschätzt wurde.
Selbst ohne Berücksichtigung der – durchaus zeitaufwendigen – Vor- und
Nachbereitung durchgeführter Mediationen kann beispielsweise bei komplexen Wirtschaftsmediationen bereits eine einzige – zumeist aus mehreren
Sitzungen bestehende – Mediation den gesamten Zeitrahmen der zu kom-
pensierenden 30 Stunden übersteigen. Auch in anderen Mediationsbereichen dürfte die Durchschnittsdauer durchgeführter Mediationen deutlich
über den angenommenen 7,5 Stunden liegen, zumal die Phasen der Vor-
und Nachbereitung selbstverständlich mit einbezogen werden sollten. Spie-

---

1 Begründung zum RefE ZMediatAusbV, S. 18 zum (insoweit inhaltsgleichen) § 9
   RefE ZMediatAusbV.
2 Begründung zum RefE ZMediatAusbV, S. 18 zu § 10.

gelt man dies an dem vom Verordnungsgebergenannten Begründungszusammenhang, so dürften die geforderten vier Mediationen zu einer deutlichen Überkompensierung der „fehlenden" 30 Ausbildungsstunden führen.

4   Ob die durchgeführten Mediationen einer Supervision unterzogen worden sind oder nicht, ist im Rahmen von § 7 Abs. 1 ZMediatAusbV unerheblich. § 7 Abs. 1 ZMediatAusbV verlangt auch keine Dokumentation der durchgeführten Mediationen. Gleichwohl sind Mediatoren, die in den Anwendungsbereich des § 7 Abs. 1 ZMediatAusbV fallen, für den Fall des Bestreitens ihrer Zertifizierungsbezeichnungsbefugnis gut beraten, eine solche Dokumentation freiwillig vorzunehmen. Ob und wie sie dies tun, ist ihnen zwar freigestellt; empfehlenswert dürfte es jedoch sein, sich diesbezüglich an den Vorgaben zu orientieren, die § 5 Abs. 2 RefE ZMediatAusbV ursprünglich für den Nachweis der Praxiserfahrung vorgesehen hatte. Der Verordnungsentwurf sah diesbezüglich eine alle zwei Jahre nachzuweisende Praxiserfahrung in Gestalt von mindestens vier Mediationen vor, welche durch Angaben zu den persönlichen Daten des Mediators und ggf. Co-Mediators, zu Datum, Ort und Dauer der Mediationstermine (inkl. Vorgesprächen), durch anonymisierte Angaben zur Konfliktsituation, zu den Konfliktbeteiligten und Konfliktthemen sowie schließlich durch eine anonymisierte Beschreibung des Verlaufs und Ausgangs der Mediation hätte dokumentiert werden müssen.

5   Unklar ist nach dem Wortlaut des § 7 Abs. 1 ZMediatAusbV, *wann* die mindesten vier Mediationen durchgeführt worden sein müssen. Hier sind zwei Auslegungen denkbar, die im Ergebnis davon abhängen, welchen Bezugspunkt das Wort „anschließend" nach dem Willen des Verordnungsgebers haben soll. Bezieht man es auf den Abschluss der Ausbildung, so ist es **irrelevant, ob die Mediationen vor oder nach dem Inkrafttreten des MediationsG durchgeführt worden sind.** Meint „anschließend" hingegen den 26.7.2012, also den Zeitpunkt des Inkrafttretens des MediationsG, wären nur solche Mediationen anerkennungsfähig, die nach diesem Zeitpunkt (und, in beiden Fällen, vor dem Inkrafttreten der ZMediatAusbV; → MediationsG § 6 Rn. 46) stattgefunden haben. Anhaltspunkte für letztere Auslegung sind jedoch weder der Begründung des Verordnungsentwurfs zu entnehmen noch wäre sie sachgerecht. Entscheidendes Kriterium für den Ausgleich „fehlender" Ausbildungsstunden soll die Praxiserfahrung des Mediators sein. Wäre beabsichtigt gewesen, dieses Erfordernis zusätzlich mit der Komponente der „zeitnahen" Praxiserfahrung zu verbinden, hätte es einer insoweit eindeutigen Formulierung im Verordnungstext bedurft.[3] Im Ergebnis ist somit entscheidend, dass der Mediator mindestens vier Mediationen nach dem – vollständig vor dem 26.7.2012 erfolgten – Abschluss seiner mindestens 90 Zeitstunden umfassenden Mediationsausbildung und vor dem Inkrafttreten der ZMediatAusbV durchgeführt hat. Ob die Mediationen innerhalb dieser Zeitspanne vor oder nach dem Inkrafttreten des MediationsG, also vor oder nach dem 26.7.2012, stattgefunden haben, ist ohne Belang.[4] Erforderlich ist allerdings, dass die erforderlichen vier Me-

---

3 AA *Fritz* Die Mediation, Quartal I/2017, 60 (61), der davon ausgeht, dass Ausbildung *und* Praxiserwerb vor dem Stichtag des 26.7.2012 erfolgt sein müssen.
4 AA *Fritz* Die Mediation, Quartal I/2017, 60 (61).

diationen vor dem Inkrafttreten der ZMediatAusbV, also vor dem 1.9.2017, *vollständig* durchgeführt worden sind.

Mediatoren, welche nicht schon vor Inkrafttreten der Verordnung *sämtliche* Voraussetzungen der Übergangsregelung nach § 7 Abs. 1 ZMediatAusbV erfüllen, fallen aus dessen Privilegierung gänzlich heraus. Sie müssen dann, um sich als zertifizierter Mediator bezeichnen zu dürfen, alle Voraussetzungen der ZMediatAusbV erfüllen, sich also beispielsweise entsprechend den Erfordernissen nach § 2 ZMediatAusbV nachschulen lassen, wenn ihre Ausbildung zum Mediator zwar vor dem 26.7.2012 abgeschlossen war, aber weniger als 90 Zeitstunden umfasste. Wenn andererseits zwar die 90 Zeitstunden umfassende Mediationsausbildung vor dem 26.7.2012 abgeschlossen war, die Durchführung der geforderten vier Mediationen aber nicht bis spätestens zum 1.9.2017 erfolgt ist, ist es auch nicht möglich, sich beispielsweise zwei Mediationen, die bereits vor Inkrafttreten der ZMediatAusbV geführt worden sind, auf die (mindestens) vier nach § 4 ZMediatAusbV geforderten (jeweils der Einzelsupervision zu unterziehenden) Mediationen anrechnen zu lassen. Auch in diesem Fall „verfallen" vorher erbrachte Teilleistungen, wenn sie nicht den kompletten Tatbestand erfüllen, an dessen Vorliegen die Privilegierung des § 7 Abs. 1 ZMediatAusbV anknüpft. Im Sinne der erforderlichen Rechtsklarheit tritt nach Ablauf der Übergangsfristen des § 7 ZMediatAusbV mit anderen Worten eine echte **Zäsurwirkung** ein. Dies mag für betroffene Mediatoren zwar eine gewisse Härte bedeuten; diese ist – in Bezug auf etwa noch fehlende Mediationen – allerdings abgemildert durch die Möglichkeit, sich im Zeitraum zwischen Erlass und Inkrafttreten der ZMediatAusbV entsprechend einzurichten.

Sind sämtliche Voraussetzungen des § 7 Abs. 1 ZMediatAusbV erfüllt, verleiht § 7 Abs. 1 ZMediatAusbV dem Mediator die Befugnis, sich als zertifizierter Mediator bezeichnen zu dürfen. Diese Befugnis greift mit dem Zeitpunkt des Inkrafttretens der ZMediatAusbV, also ab dem 1.9.2017. Vor diesem Zeitpunkt ist das Führen der Bezeichnung „zertifizierter Mediator" unzulässig.[5]

Auch der Mediator, der seine Befugnis zur Bezeichnung als zertifizierter Mediator aus § 7 Abs. 1 ZMediatAusbV ableitet, unterliegt den Fortbildungspflichten der ZMediatAusbV. Hierzu bestimmt § 7 Abs. 3 S. 1 ZMediatAusbV, dass die Fristen zur **Teilnahme an Fortbildungsveranstaltungen** (§ 3 Abs. 1 S. 3 ZMediatAusbV) und zur **Fortbildung durch Einzelsupervision** (§ 4 Abs. 1 ZMediatAusbV) am 1.9.2017, dh mit Inkrafttreten der ZMediatAusbV, zu laufen beginnen. Mit Ausnahme des auf diese Weise abweichend geregelten Fristbeginns unterliegt der nach § 7 Abs. 1 ZMediatAusbV zertifizierte Mediator den gleichen Fortbildungspflichten wie der Mediator, der seine Zertifizierungsbezeichnungsbefugnis nicht aus den Übergangsbestimmungen des § 7 ZMediatAusbV ableitet. Er hat also gem. § 3 ZMediatAusbV innerhalb eines Zeitraumes von jeweils vier Jahren fortlaufend Fortbildungsveranstaltungen im Umfang von mindestens 40 Zeitstunden zu absolvieren und muss nach § 4 ZMediatAusbV – einmalig

---

5 *Klowait* ZKM 2015, 194.

– innerhalb von zwei Jahren, also bis spätestens zum 31.8.2019, mindestens viermal an einer Einzelsupervision teilnehmen, die jeweils im Anschluss an eine als Mediator oder Co-Mediator durchgeführte Mediation stattfindet. Soweit im Schrifttum vereinzelt vertreten wird, den nach § 7 Abs. 1 ZMediatAusbV zertifizierten Mediator treffe zwar die Fortbildungspflicht nach § 3 ZMediatAusbV, nicht aber die Pflicht zur einmaligen Fortbildung durch vier Einzelsupervisionen nach § 4 ZMediatAusbV,[6] vermag dies nicht zu überzeugen. Diese Auffassung fußt im Wesentlichen auf der Annahme, es sei weder gerechtfertigt, die „Mediatoren der ersten Generation", also erfahrene, zum Teil noch von US-amerikanischen Pionieren der Mediation nach ganz unterschiedlichen Standards ausgebildete Mediatoren, die sich um die Etablierung des Mediationsgedankens in Deutschland verdient gemacht haben, in vollem Umfang den Fortbildungspflichten der ZMediatAusbV zu unterwerfen, noch komme dies für die von ihnen – vor Inkrafttreten des MediationsG – ausgebildeten „Mediatoren der zweiten Generation" in Betracht. Sowohl die Mediatoren der ersten als auch der zweiten Generation würden regelmäßig Mediationen durchführen und verfügten über einen reichen Schatz an theoretischen Kenntnissen und praktischen Erfahrungen. Vor diesem Hintergrund erscheine eine Erstreckung der Fortbildungspflichten der nach § 7 Abs. 1 ZMediatAusbV zertifizierten Mediatoren auf das Erfordernis der Fortbildung durch Einzelsupervisionen als wenig sinnvoll.[7] Auch wenn zu konstatieren ist, dass es (Einzel-)Fälle geben wird, in denen ohne Zweifel verdienstvolle, theoretisch bewanderte und äußerst praxiserfahrene „Altmediatoren" im Rahmen ihrer Fortbildungspflichten als zertifizierte Mediatoren ohne spürbaren Qualitätsgewinn durch § 4 ZMediatAusbV zusätzlichen Supervisionspflichten ausgesetzt werden, verkennt eine solche, nach Sinn und Zweck vorgenommene Interpretation, dass angesichts des insoweit eindeutigen Wortlautes des § 7 Abs. 3 ZMediatAusbV kein Raum für eine Auslegung eröffnet ist. Abgesehen davon erscheint es auch bei rein faktischer Betrachtung äußerst zweifelhaft, ob die Annahme, *alle* Mediatoren der ersten und zweiten Generation würden regelmäßig Mediationen durchführen und verfügten über einen reichen Schatz an theoretischen Kenntnissen und praktischen Erfahrungen, in dieser Absolutheit zutrifft. In einzelnen Fällen mag dies so sein, in der Vielzahl der Fälle dagegen sicher nicht. Insgesamt überzeugt die Ansicht, der nach § 7 Abs. 1 ZMediatAusbV zertifizierte Mediator sei nicht zur Fortbildung gem. § 4 ZMediatAusbV verpflichtet, somit weder faktisch-argumentativ noch rechtlich.

9 Den zweiten Übergangstatbestand beschreibt § 7 Abs. 2 ZMediatAusbV dahin gehend, dass sich auch als zertifizierter Mediator bezeichnen darf, wer vor dem 1.9.2017 einen den Anforderungen des § 2 Abs. 3 und 4 genügenden Ausbildungslehrgang erfolgreich beendet hat und bis zum 1.10.2018 an einer Einzelsupervision im Anschluss an eine als Mediator oder Co-Mediator durchgeführte Mediation teilgenommen hat. Angesprochen sind damit Mediationsausbildungen, die nach dem Inkrafttreten des MediationsG am 26.7.2012 und vor dem Inkrafttreten der ZMediatAusbV

---

6 So *Fritz* Die Mediation, Quartal I/2017, 60 ff.
7 *Fritz* Die Mediation, Quartal I/2017, 60 (61).

am 1.9.2017 beendet worden sind. Dies ergibt sich aus der systematischen Stellung des § 7 Abs. 2 ZMediatAusbV, der sich in Gestalt eines eigenständigen Übergangstatbestandes an die Übergangsregelung des § 7 Abs. 1 ZMediatAusbV anschließt, welche ihrerseits als abschließende Regelung für vor dem Inkrafttreten des MediationsG absolvierte Ausbildungen konzipiert ist. Daraus folgt zugleich, dass derjenige Mediator, der bereits vor dem Inkrafttreten des MediationsG am 26.7.2017 eine (auch) den Anforderungen des § 2 Abs. 3 und 4 genügende Ausbildung erfolgreich beendet hat – insoweit also tatbestandlich die Voraussetzungen *beider* Übergangsregelungen erfüllt – nicht etwa ein Wahlrecht dahin gehend hat, ob er seine Zertifizierungsbezeichnungsbefugnis nun aus § 7 Abs. 1 oder aus § 7 Abs. 2 ZMediatAusbV ableitet.[8] Er kann *nicht* frei wählen, ob er seine Zertifizierungsbezeichnungsbefugnis nach § 7 Abs. 2 ZMediatAusbV aus dem Absolvieren einer einzelsupervidierten, ausbildungsanschließend durchgeführten Mediation ableitet oder aus den nach § 7 Abs. 1 ZMediatAusbV geforderten vier (nicht notwendigerweise supervidierten) Mediationen. Soweit er vor dem Inkrafttreten des MediationsG eine Mediationsausbildung absolviert hat, die (mindestens) den Anforderungen des § 7 Abs. 1 ZMediatAusbV entspricht, ist alleine letzteres ist für ihn maßgeblich. Ob und inwieweit er zu diesem Zeitpunkt bereits „überschießend" ausgebildet war, ist unerheblich.

Bezüglich des Beginns der Fortbildungspflichten differenziert § 7 Abs. 2 iVm Abs. 3 ZMediatAusbV danach, ob die ausbildungsanschließende Einzelsupervision vor oder nach dem Inkrafttreten der ZMediatAusbV absolviert worden ist. Ist Letzteres der Fall, erklärt § 7 Abs. 2 ZMediatAusbV die in § 4 Abs. 2 ZMediatAusbV festgeschriebene Pflicht (des Supervisors) zur Ausstellung einer Bescheinigung über die durchgeführte Supervision für anwendbar und nach § 7 Abs. 3 S. 2 ZMediatAusbV ist sodann der Zeitpunkt des Ausstellens der Bescheinigung für den Beginn der Fortbildungspflichten maßgeblich. In diesem Fall ist der zertifizierte Mediator also verpflichtet, ab dem Ausstellungszeitpunkt der Bescheinigung[9] innerhalb von vier Jahren Fortbildungsveranstaltungen im Umfang von mindestens 40 Zeitstunden zu absolvieren sowie innerhalb von zwei Jahren mindestens viermal an einer mediationsanschließenden Einzelsupervision teilzunehmen. Wer einen den Anforderungen der ZMediatAusbV entsprechenden Ausbildungslehrgang zuvor – also zwischen dem 26.7.2012 und dem 1.9.2017 – erfolgreich abgeschlossen, bis zu diesem Zeitpunkt aber noch keine mediationsanschließende Einzelsupervision durchgeführt hat, kann diese bis zum 1.10.2018 nachholen. Denjenigen Mediatoren, die sich – in Kenntnis der Ausbildungsinhalte des RefE ZMediatAusbV – bei der Wahl ihrer Ausbildung bereits entsprechend eingerichtet haben, zu diesem Zeitpunkt aber noch nicht absehen konnten, dass das Erfordernis einer mediationsanschließenden Einzelsupervision hinzutreten würde, soll mit der bis

10

---

8   AA *Röthemeyer* ZKM 2016, 195 (203).
9   Fällt der Zeitpunkt des Ausstellens der Bescheinigung mit dem in der Bescheinigung verbrieften Durchführungszeitpunkt der Einzelsupervision auseinander, weil die Bescheinigung erst später „ausgestellt" wird, kommt es auch hier auf den aus der Bescheinigung ersichtlichen Zeitpunkt der Durchführung an, → ZMediatAusbV § 3 Rn. 5.

zum 1.10.2018 verlängerten Frist ausreichend Zeit für deren Durchführung eingeräumt werden.[10] Anders als sonst nach § 2 Abs. 5 ZMediatAusbV erforderlich, muss derjenige, der in den Anwendungsbereich dieser Übergangsregelung fällt, diese Einzelsupervision also nicht zwingend innerhalb eines Jahres nach Abschluss des Ausbildungslehrganges absolviert haben. Die Fristen für die Fortbildungen nach den §§ 3 und 4 ZMediatAusbV beginnen in diesen Fällen ungeachtet dessen jedoch mit dem Inkrafttreten der ZMediatAusbV am 1.9.2017 zu laufen. Wer also die Einzelsupervision, die seine Zertifizierungsbezeichnungsbefugnis erst begründet, zwischen dem 1.9.2017 und dem 1.10.2018 durchführt, ist zusätzlich verpflichtet, innerhalb des ab dem 1.9.2017 laufenden Vierjahreszeitraumes die vollen vier weiteren Einzelsupervisionen durchzuführen, die § 4 Abs. 1 ZMediatAusbV als Bestandteil seiner Fortbildung fordert, vgl. §§ 7 Abs. 2 iVm 7 Abs. 3 S. 1 und 4 Abs. 1 ZMediatAusbV. Die Gesamtanzahl der innerhalb dieses Zeitraumes durchzuführenden Einzelsupervisionen erhöht sich damit in diesem Fall auf fünf.

§ 8 ZMediatAusbV Inkrafttreten

Diese Verordnung tritt am 1. September 2017 in Kraft.

1 Das Inkrafttreten der Verordnung sah bereits § 10 RefE ZMediatAusbV für den ersten Tag des 13. auf die Verkündung der Verordnung folgenden Kalendermonates vor. Der **Übergangszeitraum von einem Jahr zwischen Verkündung und Inkrafttreten der Verordnung**, welchen § 8 ZMediatAusbV nun mit der Bestimmung des Inkrafttretens am 1.9.2017 umgesetzt hat, diente (gegenüber den Erwägungen des RefE ZMediatAusbV unverändert) drei Zwecken.[1] Erstens sollte den Aus- und Fortbildungsträgern Zeit für die Entwicklung bzw. Anpassung von Lehrplänen eingeräumt werden, zweitens sollte den interessierten Mediatoren- und Berufsverbänden, berufsständischen Kammern, Industrie- und Handelskammern sowie anderen interessierten gesellschaftlichen Gruppen die Möglichkeit eröffnet werden, sich bis zum Inkrafttreten der Verordnung auf eine Stelle zur Zertifizierung der Ausbildungsträger zu einigen (hierzu aber → MediationsG § 6 Rn. 51) und drittens sollte angehenden Mediatoren ermöglicht werden, ihre Ausbildung auf die künftigen Anforderungen der ZMediatAusbV hin auszurichten.

---

10 *Eicher* ZKM 2016, 160 (162).
1 Begründung zum RefE ZMediatAusbV, S. 18 zu § 10.

II. Gesetz über außergerichtliche Rechtsdienstleistungen (Rechtsdienstleistungsgesetz – RDG)[1]

Vom 12. Dezember 2007 (BGBl. I S. 2840)

(FNA 303-20)

zuletzt geändert durch Art. 6 G zur Umsetzung der Berufsanerkennungsrichtlinie und zur Änderung weiterer Vorschriften im Bereich der rechtsberatenden Berufe vom 12. Mai 2017 (BGBl. I S. 1121)

Literatur:

Ade/Gläßer, Lehrmodul 18: Das Recht in der Mediation, ZKM 2013, 57; *Ahrens*, Mediation und Güterichter – Neue gesetzliche Regelungen der gerichtlichen und außergerichtlichen Mediation, NJW 2012, 2465; *Albrecht*, Rechtsberatung und Verfassungsrecht, 2011; *Bartosch-Koch*, Beschränkungen bei der Rechtsberatung durch Syndikusanwälte, AnwBl. 2010, 237; *Cremer*, Vertraulichkeit in der Mediation, 2007; *Deckenbrock*, Strafrechtlicher Parteiverrat und berufsrechtliches Verbot der Vertretung widerstreitender Interessen, 2008; *Dreyer/Lamm/Müller* (Hrsg.), RDG, 2009; *Duve*, Mediation und Rechtsberatung durch Mediatoren im Spiegel der Rechtsprechung, BB 2001, 692; *ders./Eidenmüller/Hacke*, Mediation in der Wirtschaft, 2. Aufl. 2011; *Engel/Hornuf*, Mediation als Verbraucherschutz – oder Verbraucherschutz vor Mediation?, SchiedsVZ 2012, 26; *Eversloh*, Das neue Rechtsdienstleistungsgesetz – Die große Reform der Rechtsberatung, 2008; *Feuerich/Weyland*, Bundesrechtsanwaltsordnung, 9. Aufl. 2016; *Finzel*, Kommentar zum Rechtsdienstleistungsgesetz mit Ausführungsverordnungen und ergänzenden Vorschriften, 2008; *Franz*, Das neue Rechtsdienstleistungsgesetz, 2008; *Gaier/Wolf/Göcken* (Hrsg.), Anwaltliches Berufsrecht, 2. Aufl. 2014, S. 1761; *Grunewald/Römermann* (Hrsg.), Rechtsdienstleistungsgesetz, 2008; *Haft/v. Schlieffen* (Hrsg), Handbuch Mediation, 2. Aufl. 2009, 3. Aufl. 2016; *Hartung/Scharmer* (Hrsg.), Berufs- und Fachanwaltsordnung, 6. Aufl. 2016; *Henssler*, Mediation und Rechtsberatung, NJW 2003, 241; *ders./Koch*, Mediation in der Anwaltspraxis, 2. Aufl. 2004; *ders./Deckenbrock*, Das neue Mediationsgesetz: Mediation ist und bleibt Anwaltssache!, DB 2012, 159; *Hinrichs* (Hrsg.), Praxishandbuch Mediationsgesetz, 2014; *Horstmeier*, Umsetzung der Mediationsrichtlinie durch ein neues Mediationsgesetz, JR 2012, 1; *Kilian*, Vorübergehende grenzüberschreitende Rechtsdienstleistungen, AnwBl. 2008, 394; *ders./Sabel/vom Stein*, Das neue Rechtsdienstleistungsrecht, 2008; *Kleine-Cosack*, Rechtsdienstleistungsgesetz, 3. Aufl. 2014; *Krenzler* (Hrsg.), Rechtsdienstleistungsgesetz, 2010; *Kunert*, Mediation nach dem Rechtsdienstleistungsgesetz, BRAK-Mitt. 2008, 53; *v. Lewinski*, Berufsrecht für Rechtsanwälte, Patentanwälte und Steuerberater, 4. Aufl. 2017, S. 395; *Mankowski*, Mediation als Rechtsbesorgung i.S.d. Rechtsberatungsgesetzes, ZKM 2001, 293; *ders.*, Anmerkung zu OLG Rostock, Urteil vom 20.6.3001, MDR 2001, 1198; *v. Marcard*, Das Berufsrecht des Mediators, 2004; *Monßen*, Mediation – nur noch Anwaltssache?, AnwBl. 2001, 169; *Nelte*, Das Nutzungsbild des Rechtsanwalts als Auslegungshilfe für den Rechtsbesorgungsbegriff des Art. 1 § 1 Abs. 1 S. 1 RBerG und seine Positionierung im RDG-Ref.E., 2007; *Ortloff/Jütte/v. Schlieffen* et al., Professionalisierung und Mediation, 2010; *Otting*, Rechtsdienstleistungen, 2008; *Parthe*, Mediation – Teil des anwaltlichen Standesrechts?, ZKM 2006, 104; *Prengel*, Die Rolle des juristischen Beraters in der Mediation, 2009; *Prütting*, Rechtsberatung zwischen Deregulierung und Verbraucherschutz, Gutachten G, 65. DJT, 2004; *Rabe/Wode*, Mediation: Grundlagen, Methoden, rechtlicher Rahmen, 2014; *Riehm/Heiß*, Alternative Streitbeilegung in der studentischen Rechtsberatung, GJLE/ZPR [German Journal of Legal Education/Zeitschrift für praktische Rechtswis-

---

1 Verkündet als Art. 1 G zur Neuregelung des Rechtsberatungsrechts v. 12.12.2007 (BGBl. I S. 2840, geänd. durch G v. 12.6.2008, BGBl. I S. 1000); Inkrafttreten gem. Art. 20 Satz 3 dieses G am 1.7.2008 mit Ausnahme von § 10 Abs. 1 Satz 2, § 12 Abs. 5, § 13 Abs. 4, § 16 Abs. 3 Satz 3, § 17 Abs. 2, § 18 Abs. 3 und § 19, die gem. Art. 20 Satz 1 bereits am 18.12.2007 in Kraft getreten sind.
Das G zur Neuregelung des Rechtsberatungsrechts dient der Umsetzung der RL 2005/36/EG des Europäischen Parlaments und des Rates vom 7. September 2005 über die Anerkennung von Berufsqualifikationen (ABl. EU Nr. L 255 S. 22).

senschaft] 3 (2016), 21; *Römermann*, Rechtsdienstleistungsgesetz – Die (un)heimliche
Revolution in der Rechtsberatungsbranche, NJW 2006, 3025; *Samimi/Liedtke*, Auf
dem Prüfstand: Das Schadensmanagement der Rechtsschutzversicherer im Verkehrs-
recht, NZV 2013, 20; *Schippel/Bracker*, Bundesnotarordnung, 9. Aufl. 2011; *v. Schlieffen* (Hrsg.), Professionalisierung und Mediation, 2010; *Schlosser*, Anwaltliches Verbot
der Vertretung widerstreitender Interessen, NJW 2002, 1376; *Spindler*, Mediation – Alternative zur justizförmigen Streiterledigung und rechtspolitischer Handlungsbedarf,
DVBl. 2008, 1016; *vom Stein*, Der neue Begriff der Rechtsdienstleistung, AnwBl. 2008,
385; *Trenczek/Bering/Lenz* (Hrsg.), Mediation und Konfliktmanagement, 2013; *Trossen*, Die Zerstärkung der Mediation, SchiedsVZ 2015, 187; *Unseld/Degen*, Rechtsdienstleistungsgesetz, 2009; *Weber*, Die Ordnung der Rechtsberatung in Deutschland
nach 1945: vom Rechtsberatungsmissbrauchsgesetz zum Rechtsdienstleistungsgesetz,
2010; *Wiese/Hörnig*, Das neue VSBG – Ein Überblick, ZKM 2016, 56.

Einleitung

1 **1. Vorgeschichte des RDG.** Das RDG löste zum 1.7.2008 das **Rechtsberatungsgesetz** (RBerG) ab, das aus verschiedenen Gründen rechtspolitisch in
der Kritik stand und insbes. bei nicht-anwaltlichen Mediatoren für erhebliche Verunsicherung gesorgt hatte. Vor allem der von nicht-anwaltlichen
Mediatoren teilweise als zynisch verstandene, in der Sache aber durchaus
zutreffende Satz von *Martin Henssler* über die „Genehmigungsbedürftig-
keit [der Mediation unter dem RBerG] bei fehlender Genehmigungsfähig-
keit"[2] beschreibt das vormalige Problemfeld.[3] Mit dieser Sentenz war gemeint, dass der Mediatorenberuf nach damaliger Rechtslage und nach der
von *Henssler* und andern vertretenen Auffassung einer Genehmigung bedurft hätte, die aber nicht erteilt werden konnte. Hierdurch wäre Mediation (abgesehen von Randbereichen) nur denjenigen Berufsgruppen erlaubt
gewesen, die ohnehin vom RBerG ausgenommen waren, v.a. also Rechtsanwälten und Notaren.

2 Das RBerG stammte aus dem Jahre 1935, was ihm gelegentlich den pole-
mischen Vorwurf eingebracht hatte, es wäre ein Nazi-Gesetz.[4] Rechtspolitisch wesentlich war die Kritik, die es für zu eng und streng hielt. Allerdings erst nachdem die (Verfassungsgerichts-)Rechtsprechung zu erkennen
gegeben hatte, dass wichtige Regelungen des RBerG heutigen **verfassungsrechtlichen Anforderungen an die Berufsfreiheit** nicht mehr genügten,[5] ent-
schloss sich der Gesetzgeber zu einer Reform des Rechtsdienstleistungs-
rechts, die 2008 in dem RDG mündete.

3 **2. Verhältnis des RDG zum MediationsG.** Sowohl das MediationsG wie
auch das RDG – soweit es sich mit Mediation befasst – haben in erster Linie Fragen des **Rechts der Mediation** zum Gegenstand, wobei das RDG,
gleichsam als Vorfrage, das **Recht in der Mediation** thematisiert.[6] In der
Zuspitzung der rechtspolitischen Diskussion um das RDG, aber auch
schon unter der Geltung des RBerG (→ RDG Vor §§ 1 ff. Rn. 1 f.), wurde

---

2 *Henssler* NJW 2003, 241 (245) (noch zum RBerG).
3 Zusammenfassend *Rottleuthner/Klose*, 65. DJT-Gutachten 2004, S. H36–H39.
4 Ausführlich und differenzierend *Rücker*, Rechtsberatung, 2007.
5 Insb. BVerfGE 97, 12 – Masterpat; Einzelheiten dazu bei *Weber*, S. 228 ff.; BVerfG
  NJW 2002, 3531 ff. – Erbensucher; BVerfG NJW 2004, 2662 f. – Kramer; BVerfG
  NJW 2006, 1502 f. – unentgeltliche Beratung durch Volljuristen; BGH NJW 2005,
  2458 ff. – Fördermittelberatung. – Übersichtliche Darstellung der Fälle bei *Otting*,
  Rn. 100 ff.
6 Zu dieser Unterscheidung *Trenczek* in: Trenczek/Bering/Lenz, S. 440 ff.

v. Lewinski

teilweise ein Gegensatz zwischen Rechtsbesorgung bzw. Rechtsdienstleistung einerseits und Mediation andererseits ausgemacht. Tatsächlich ist es aber so, dass es sich bei den beiden Bereichen um **zwei sich lediglich teilweise und auch nicht in jedem Fall schneidende Kreise** handelt.[7] Das RBerG früher und das RDG heute regeln nicht die Mediation als solche, sondern nur soweit, wie diese Rechtsbesorgung war bzw. heute Rechtsdienstleistung iSd Gesetzes ist. Dies kommt in § 2 Abs. 3 Nr. 4 RDG (→ RDG § 2 Rn. 31 ff.) deutlich zum Ausdruck.

RDG und MediationsG stehen deshalb **nebeneinander**. Das MediationsG   4
enthält keine rechtsdienstleistungsrechtlichen Erlaubnistatbestände iSd § 3 RDG (→ RDG § 3 Rn. 6). Und das RDG enthält keine speziellen Bestimmungen für Mediatoren, sieht man von der teilweisen Ausklammerung der Mediation aus dem Begriff der Rechtsdienstleistung in § 2 Abs. 3 Nr. 4 RDG (→ RDG § 2 Rn. 33 ff.) ab. Teilweise wird das RDG als die dritte Ebene der Regelung der Mediatorentätigkeit nach dem MediationsG und der Verankerung in den einzelnen Prozessordnungen bezeichnet.[8]

3. Systematik des RDG. Gegenstand des RDG sind Rechtsdienstleistun-   5
gen, die üblicherweise von einer hierfür spezialisierten Person, einem Rechtskundigen, erbracht werden. Traditionell sind dies vor allem Rechtsanwälte und Notare, in ihren jeweiligen Bereichen aber auch Patentanwälte und Steuerberater, eingeschränkt zudem Wirtschaftsprüfer. Um aber nicht alle Rechtsdienstleistungen bei diesen Berufsträgern zu monopolisieren, hat der Gesetzgeber den Rechtsdienstleistungsmarkt an einigen Stellen freigegeben (liberalisiert), an denen er nach Abwägung der Berufsfreiheit nicht-anwaltlicher Rechtsdienstleister mit dem Schutzbedürfnis der Allgemeinheit und den Interessen der Rechtspflege dies für sinnvoll und hinnehmbar erachtet hat (→ RDG Vor §§ 1 ff. Rn. 2). Das RDG enthält also **Ausnahmeregeln für bestimmte Berufsgruppen und Betätigungsfelder** außerhalb der eigentlichen rechtsberatenden Berufe.

4. Für Mediatoren besonders relevante Aspekte des RDG. Weil das RDG   6
den Markt für erlaubte Rechtsdienstleistungen über den Bereich insbes. der Anwälte und Notare hinaus in verschiedene Richtungen erweitert, also Ausnahmen vom Regelfall der anwaltlichen usw. Erbringung von Rechtsdienstleistungen statuiert, ist es kein geschlossenes systematisches Ganzes und kann deshalb auch nicht als ein solches gelesen werden. Das Gesetz kümmert sich vorwiegend um Sonderkonstellationen, nicht um den Normalfall der Rechtsdienstleistung, der vornehmlich in den Prozessordnungen sowie in der Bundesrechtsanwaltsordnung (BRAO) und der Bundesnotarordnung (BNotO) normiert ist. Und es ist auch nicht aus der Perspektive der Mediation geschrieben, so dass die für Mediatoren relevanten Fragen ebenfalls nicht im Zusammenhang behandelt sind. Die **für Mediatoren wichtigsten Konstellationen** und Fragen sind die folgenden:

Das RDG betrifft die Tätigkeit von Mediatoren nur, soweit diese Rechts-   7
dienstleistungen iSd Gesetzes erbringen. In § 2 Abs. 3 Nr. 4 RDG wird klargestellt, dass **Mediation an sich keine Rechtsdienstleistung** ist, „rechtliche

---

7 Vgl. *Prengel*, S. 128 f.
8 *Henssler/Deckenbrock* DB 2012, 159 (160).

Regelungsvorschläge" im Rahmen einer Mediation dagegen möglicherweise schon (→ RDG § 2 Rn. 21). Eine Konfliktlösung ohne konkrete rechtliche Beratung über die dem Konflikt zugrundeliegenden Rechtsfragen ist stets erlaubt (→ RDG § 2 Rn. 17).

8   Wenn Teile der Mediation als Rechtsdienstleistung einzustufen sind (insbes. durch die rechtskundige Gestaltung einer Abschlussvereinbarung oder Mitwirkung hieran), kann dies als bloße (untergeordnete) Nebentätigkeit zur Mediation als einer Haupttätigkeit gleichwohl erlaubt sein (§ 5 RDG; sog „**Annexrechtsberatung**"; → RDG § 5 Rn. 1 ff.). Dieser Tatbestand ist der rechtspolitisch bedeutsamste Unterschied zum RBerG und stellt innerhalb des RDG den für Mediatoren allgemein am häufigsten einschlägigen Erlaubnistatbestand dar.

9   Daneben gestattet das RDG die rechtsdienstleistende Mediation noch in einer durchaus **beachtlichen Zahl von weiteren Konstellationen**. Aufgrund der kommentarhaften Darstellungsweise nehmen im Folgenden außergewöhnliche Fallgestaltungen einen verhältnismäßig großen Raum ein. Sie stehen also nicht notwendigerweise im Verhältnis zu ihrem praktischen Vorkommen, können aber ggf. in speziellen Fällen eine Gestaltungsalternative sein.

10   **5. Europarechtlicher Hintergrund.** Laut amtlicher Fußnote[9] dient das RDG (nur) der **Umsetzung der Berufsanerkennungsrichtlinie** 2005/36/EG,[10] nicht auch der der Mediationsrichtlinie 2008/52/EG.[11] Die Mediationsrichtlinie hat auch keinen Änderungsbedarf für das RDG mit sich gebracht, ist aber hinsichtlich der Begriffsbestimmung im Rahmen des § 2 Abs. 3 Nr. 4 RDG von Bedeutung (→ RDG § 2 Rn. 34).

11   **6. Rechtspolitische Tendenzen und kommende Änderungen.** Rechtspolitisch werden derzeit **konkret keine Novellierungen** für das RDG geplant oder diskutiert. Die kleineren Änderungen am Gesetz über die letzten Jahre waren jeweils nur technische Folgeänderungen der Änderung anderer Gesetze, die die materiellen Aussagen nicht geändert haben.

Teil 1 Allgemeine Vorschriften

§ 1 RDG Anwendungsbereich

(1) [1]Dieses Gesetz regelt die Befugnis, außergerichtliche Rechtsdienstleistungen zu erbringen. [2]Es dient dazu, die Rechtsuchenden, den Rechtsverkehr und die Rechtsordnung vor unqualifizierten Rechtsdienstleistungen zu schützen.

(2) Regelungen in anderen Gesetzen über die Befugnis, Rechtsdienstleistungen zu erbringen, bleiben unberührt.

---

9   BGBl. I 2007 S. 2840 Fn. *.
10 Richtlinie 2005/36/EG des Europäischen Parlaments und des Rates vom 7.9.2005 über die Anerkennung von Berufsqualifikationen (ABl. EU Nr. L 255, 22).
11 Richtlinie 2008/52/EG des Europäischen Parlaments und des Rates v. 21.3.2008 über bestimmte Aspekte der Mediation in Zivil- und Handelssachen (ABl. EU Nr. L 136, 3).

1. Rechtsdienstleistung als geregelte Tätigkeit (Abs. 1 S. 1). Abs. 1 S. 1 **1** stellt programmatisch klar, dass Rechtsdienstleistungen (zu diesem zentralen Gesetzesbegriff → RDG § 2 Rn. 3 ff.) gesetzlich geregelt sind. Das Gesetz ist insoweit eine **berufs- und freiheitsbeschränkende Regelung** iSd Art. 12 GG bzw. Art. 2 Abs. 1 GG.[1] Rechtssystematisch ist das RDG dem Wirtschaftsrecht zuzurechnen, hat aber auch eine Nähe zu den Justizgesetzen.

2. Anwendungsbereich. Das RDG definiert einen für dieses Gesetz gültigen **2** **Begriff der Rechtsdienstleistung** in § 2 RDG (a)), beschränkt seinen Anwendungsbereich in Abs. 1 S. 1 aber zugleich auf die *außergerichtlichen* Rechtsdienstleistungen (b)).

a) Begriff der Rechtsdienstleistung. Dem RDG liegt der Begriff der **3** „Rechtsdienstleistung" zugrunde, der in § 2 RDG näher definiert wird. Allerdings ist damit ein Begriff gewählt, der **keine genau abgrenzbare Bedeutung** hat, weder in der Alltags- noch in der Gesetzessprache. Vielmehr werden in unterschiedlichen Zusammenhängen in jeweils unterschiedlicher Bedeutung „Rechtsberatung", „Rechtsdienstleistung", „Rechtsvertretung" und „Rechtsbesorgung" verwendet und dabei zusätzlich manchmal – wie im RDG – noch eine Unterscheidung zwischen gerichtlicher und außergerichtlicher Tätigkeit getroffen.[2] Zusätzlich inkludiert (vgl. § 2 Abs. 2 RDG; → RDG § 2 Rn. 24) bzw. exkludiert (vgl. § 2 Abs. 3 RDG; → RDG § 2 Rn. 25 ff.) das RDG bestimmte Aspekte, die dem Wortsinn (§ 2 Abs. 1 RDG) nach eigentlich keine bzw. gerade doch eine Rechtsdienstleistung wären.

b) Beschränkung des Anwendungsbereichs auf außergerichtliche Rechts- **4** **dienstleistung (Abs. 1 S. 1).** Das RDG regelt nur die außergerichtliche Rechtsdienstleistung. Daher fallen alle (fremdnützigen) **rechtlichen Handlungen im Rahmen eines Gerichtsverfahrens** nicht unter das RDG.[3] Dass ein Konflikt später, etwa im Falle der Nichteinigung, vor Gericht kommt (vorgerichtlicher Konflikt), steht einer Anwendbarkeit des RDG aber nicht entgegen.

Das RDG trifft wegen seiner Beschränkung auf den außergerichtlichen Be- **5** reich keine Aussage zur **gerichtlichen Mediation**, weder in positiver noch in negativer Hinsicht. Die Tätigkeit von **Güterichtern** (§ 278 Abs. 5 ZPO; → ZPO § 278 Abs. 5 Rn. 7 ff.)) ist – als Teil des Gerichtsverfahrens – außerhalb des RDG geregelt (→ RDG § 3 Rn. 9); die Tätigkeit von Mediatoren außerhalb des Gerichtsverfahrens (**außergerichtliche Mediation;**

---

1 Kritisch *Albrecht*, insbes. S. 48 ff., aaO, S. 173 ff. auch zu Gleichheitsaspekten.
2 *v. Lewinski*, S. 105 f.; vgl. *Weber*, S. 11.
3 Gaier/Wolf/Göcken/*Wolf* RDG § 1 Rn. 18.

§ 278 a ZPO) unterfällt dagegen, wenn sie als Rechtsdienstleistung einzustufen ist, grundsätzlich dem RDG, ebenso die **Mediation durch die Verwaltung** (→ RDG § 8 Rn. 5 f.).

6   Doch die Tatsache, dass das RDG gerichtliche Rechtsdienstleistungen nicht
regelt und deshalb auch nicht beschränkt, bedeutet nicht, dass diese ohne
Weiteres erlaubt wären. Vielmehr unterliegt die **gerichtliche Rechtsvertretung** als typisch anwaltliche Tätigkeit besonders strengen Beschränkungen.
Der **Anwaltszwang** ergibt sich aus den Prozessordnungen.[4] Daumenregel-
haft[5] kann man sagen, dass Rechtsanwälte vor allen Gerichten auftreten
dürfen, Volljuristen oder von Volljuristen überwachte Personen sowie Angestellte einer juristischen Person und insbes. Syndikusrechtsanwälte vor
den unteren Gerichten, dann aber ohne Entgelt (vgl. die ähnliche Wertung
des § 6 Abs. 2 RDG), und Rechtslehrer[6] dort, wo es um öffentliches Recht
(einschließlich des Sozial- und Verfassungsrechts) geht. Die Strafverteidi-
gung ist Aufgabe der Anwälte und Rechtslehrer; die Ausnahme des § 138
Abs. 2 StPO spielt in der Praxis keine Rolle.

Unvereinbarkeit von Rechtsvertretung und Mediationstätigkeit: Allerdings
schließt die Rechts*vertretung* als dezidiert parteiliche Tätigkeit das gleichzeitige Tätigwerden als Mediator ohnehin grundsätzlich aus (→ MediationsG § 3 Rn. 24 ff.). Auch andere Formen des Auftretens vor Gericht wie
die des Verteidigers und Beistands[7] widersprechen wegen ihrer parteilich-
unterstützenden Funktion (vgl. § 68 b S. 1 StPO) der eines Mediators.

7   **3. Zweck des Gesetzes (Abs. 1 S. 2).** Das RDG will den Rechtsuchenden
(→ RDG § 1 Rn. 8), den Rechtsverkehr (→ RDG § 1 Rn. 9) und die
Rechtsordnung (→ RDG § 1 Rn. 10) vor unqualifizierter Rechtsdienstleistung schützen. Diese Zielsetzungen sind **maßgeblich für die Auslegung des
gesamten Gesetzes.**

8   Wegen des Schutzes der **Rechtsuchenden** kann man das RDG, wie schon
das RBerG, funktional als **besonderes Verbraucherschutzrecht** einordnen.[8]
Es ist allerdings nicht auf den Verbraucher im rechtlichen Sinne (vgl. § 13
BGB) beschränkt, sondern schützt auch den rechtsuchenden Unternehmer
(§ 14 BGB), juristische Personen (Vereine) und nichtrechtsfähige Zusammenschlüsse (zB Bürgerinitiativen) sowie die öffentliche Hand.

9   **Rechtsverkehr** meint neben Rechtsgeschäften (Verträgen) die gerichtlichen
und außergerichtlichen Verhandlungen und Auseinandersetzungen. Rechtsdienstleistungen sollen nicht zu einer Erschwerung oder Verwirrung rechtlicher Sachverhalte führen. Im Zusammenhang mit Mediation ist hier insbesondere an die Gefahr durch formal oder inhaltlich unwirksame Ab-
schlusserklärungen zu denken. Nicht schützen will das RDG dagegen bestimmte juristische Berufe, etwa die Rechtsanwaltschaft, vor Konkurrenz.[9]

---

4   §§ 78 ff. ZPO; § 67 Abs. 2 VwGO; § 138 Abs. 1 StPO, ggf. iVm § 385 AO; § 22
    Abs. 1 S. 1 BVerfGG; § 73 Abs. 2 SGG; § 62 Abs. 2 FGO; § 11 Abs. 2 ArbGG; § 20
    Abs. 2–4 FamFG.
5   Überblick zB bei *Römermann* in: Grunewald/Römermann RDG § 1 Rn. 28–36.
6   Eingehend *v. Lewinski* in: FS Hartung, S. 93 ff.
7   Nachw. bei *Römermann* in: Grunewald/Römermann RDG § 1 Rn. 39.
8   Kritischer Überblick bei *Engel/Hornuf* SchiedsVZ 2012, 26 ff.
9   *Kleine-Cosack* RDG § 1 Rn. 41; aA Gaier/Wolf/Göcken/*Wolf* RDG § 1 Rn. 12.

„**Rechtsordnung**" meint die Gesamtheit der Normen. Ein Schaden der Ge- 10
setzesgesamtheit durch eine Mediation ist allerdings kaum denkbar, außer
etwa durch ein Mediationsverfahren zwischen den Gesetzgebungsorganen
oder anderen politischen Akteuren, wenn eine auf diesem Weg erzielte politische Einigung zulasten der Normklarheit oder zu rechtssystematischen
Brüchen führt. Gemeint ist vielmehr die (geordnete) Rechtsentwicklung
und Rechtsfortbildung, die sich nicht nur im Gerichtssaal, sondern auch in
der Beratungs- und Kautelarpraxis vollzieht[10] und sich durch Einigungen
im Mediationswege fortentwickeln kann.

4. Vorrang anderer Gesetze (Abs. 2). Das RDG und sein Regelungsvorbe- 11
halt kommen dann nicht zur Anwendung, wenn ein anderes Gesetz die
Rechtsdienstleistung erlaubt (vgl. § 3 RDG) oder (ausdrücklich) verbietet.
Als **allgemeines Gesetz** lässt es spezielleren Rechtsdienstleistungs-, Verbrau-
cherschutz- und Wirtschaftsgesetzen den Vorrang.

Im **Verhältnis zu § 3 RDG** ist § 1 Abs. 2 RDG weiter gefasst, weil dadurch 12
nicht nur gestattende Spezialgesetze berücksichtigt werden, sondern auch
Gesetze, die nach RDG eigentlich erlaubte Tätigkeiten für bestimmte Bereiche einschränken oder gar verbieten. Ein Beispiel hierfür sind die einschränkenden Regelungen des Berufsrechts etwa für Rechtsanwälte und
Notare (→ RDG § 9 Rn. 2), die deren rechtsdienstleistende Tätigkeiten an
zusätzliche Voraussetzungen (zwangsweise Kammermitgliedschaft, Pflicht
zum Abschluss einer Berufshaftpflichtversicherung usw.) knüpft.

§ 2 RDG Begriff der Rechtsdienstleistung

(1) Rechtsdienstleistung ist jede Tätigkeit in konkreten fremden Angelegenheiten, sobald sie eine rechtliche Prüfung des Einzelfalls erfordert.

(2) [1]Rechtsdienstleistung ist, unabhängig vom Vorliegen der Vorausssetzun-
gen des Absatzes 1, die Einziehung fremder oder zum Zweck der Einziehung auf fremde Rechnung abgetretener Forderungen, wenn die Forde-
rungseinziehung als eigenständiges Geschäft betrieben wird (Inkassodienst-
leistung). [2]Abgetretene Forderungen gelten für den bisherigen Gläubiger
nicht als fremd.

(3) Rechtsdienstleistung ist nicht:

1. die Erstattung wissenschaftlicher Gutachten,
2. die Tätigkeit von Einigungs- und Schlichtungsstellen, Schiedsrichterin-
    nen und Schiedsrichtern,
3. die Erörterung der die Beschäftigten berührenden Rechtsfragen mit
    ihren gewählten Interessenvertretungen, soweit ein Zusammenhang zu
    den Aufgaben dieser Vertretungen besteht,
4. die Mediation und jede vergleichbare Form der alternativen Streitbeile-
    gung, sofern die Tätigkeit nicht durch rechtliche Regelungsvorschläge
    in die Gespräche der Beteiligten eingreift,
5. die an die Allgemeinheit gerichtete Darstellung und Erörterung von
    Rechtsfragen und Rechtsfällen in den Medien,

---

10 *Prütting*, 65. DJT-Gutachten, 2004, S. G19; *Römermann* in: Grunewald/
Römermann RDG § 1 Rn. 15.

6. die Erledigung von Rechtsangelegenheiten innerhalb verbundener Unternehmen (§ 15 des Aktiengesetzes).

1 § 2 RDG definiert den Begriff der „Rechtsdienstleistung". Dabei geht es weniger um eine sprachliche Begriffsklärung (→ RDG § 1 Rn. 3 ff.) als um die **Grenzziehung** zwischen allgemein und jedermann erlaubter Tätigkeit einerseits und dem eigentlichen Regelungsgegenstand des Gesetzes andererseits.

2 Das Gesetz geht dabei in **drei Schritten** vor:[1] In Abs. 1 wird eine allgemeine Definition vorgegeben (1.). In Abs. 2 werden die (für Mediatoren kaum relevanten) Inkassodienstleistungen zu Rechtsdienstleistungen erklärt, auch soweit sie nicht unter die Definition des Abs. 1 fallen (2.). Und in Abs. 3 werden umgekehrt Tätigkeiten aufgezählt, die gesetzlich nicht als Rechtsdienstleistung zählen, auch wenn sie eigentlich unter die Definition des Abs. 1 fallen würden (3.). Daneben gibt es noch weitere ungeschriebene Ausnahmen vom Anwendungsbereich des RDG (4.).

3 **1. Begriff der Rechtsdienstleistung (Abs. 1).** Nicht jede eine rechtliche Frage berührende Dienstleistung ist auch eine „Rechtsdienstleistung" iSd § 2 RDG und damit erlaubnispflichtig nach § 3 RDG.[2] Rechtsdienstleistung nach dem RDG sind Rechtsrat oder rechtliche Handlung (a) in einer fremden (b) und konkreten (c) Angelegenheit, für die – was die entscheidende

---

1 *vom Stein* AnwBl. 2008, 385.
2 *Otting*, Rn. 150.

Einschränkung bedeutet – eine rechtliche Einzelfallprüfung erforderlich (d) ist.

Diese Definition ist in zweierlei Hinsicht weiter als die des früheren Art. 1 **4**
§ 1 RBerG, der noch auf die „umfassende und vollwertige Beratung auf einem Teilgebiet des Rechts" abstellte[3] und auf die Geschäftsmäßigkeit.[4] Die **Weite des RDG im Vergleich zum RBerG** wird durch erweiterte Erlaubnistatbestände ausgeglichen (→ RDG § 3 Rn. 4 ff.).

a) Konkrete Tätigkeit. Auch anders als das RBerG wählt das RDG die **5**
konkrete Tätigkeit zum Ansatzpunkt, nicht mehr eine wertende Gesamtbetrachtung der Berufstätigkeit (Berufsbild).[5] Geregelt (und ggf. beschränkt) wird daher das RDG also nicht der Beruf des Mediators als solcher, sondern nur ein **bestimmter, nicht in jedem Fall relevanter Aspekt des Mediationsverfahrens.**

b) Fremde Angelegenheit. Wie beim RBerG muss sich nach dem RDG die **6**
Rechtsdienstleistung auf eine fremde Angelegenheit beziehen. Abgegrenzt wird dies in **wirtschaftlicher Betrachtungsweise** danach, wem der mit der Rechtsdienstleistung bezweckte Erfolg zugutekommen soll.[6]

Abgesehen von der **Tätigkeit im eigenen Interesse** sind einige Tätigkeiten **7**
zwar begrifflich Rechtsdienstleistung, werden aber später wieder (rück-)ausgenommen: Wer Rechtsdienstleistungen unselbstständig, also innerhalb eines **Arbeits- oder Dienstverhältnisses** erbringt (Unternehmensjuristen, Syndikusrechtsanwälte und sonstige Beschäftigte; → RDG § 2 Rn. 49 ff.), wird nicht unmittelbar in einer fremden Angelegenheit tätig, sondern nur in der seines Arbeitgebers oder Dienstherrn, in dessen Person dann ggf. ein rechtsdienstleistungsrechtlicher Erlaubnistatbestand vorliegen muss (→ RDG § 2 Rn. 49). Für Rechtsdienstleistung innerhalb **verbundener Unternehmen** nach § 15 AktG, also innerhalb von Konzernen, gilt § 2 Abs. 3 Nr. 6 RDG (→ RDG § 2 Rn. 41 f.).

Mediation ist allerdings immer eine fremde Angelegenheit, da die **Mediati-** **8**
on einer eigenen Angelegenheit wegen der All- bzw. Überparteilichkeit (§ 1 Abs. 2 MediationsG; → MediationsG § 1 Rn. 22 ff., 23 ff.) begrifflich ausgeschlossen ist.

c) Konkrete Angelegenheit. Rechtsdienstleistung ist nur, was sich auf eine **9**
konkrete Angelegenheit bezieht. So fallen allgemeine Rechtsausführungen, zB **Rundschreiben**, nicht unter das RDG.[7] Rechtsinformationen an die Öffentlichkeit sind erlaubt[8] (vgl. auch § 2 Abs. 3 Nr. 5 RDG; → RDG § 2 Rn. 40). Keine Rechtsdienstleistung ist das Bereitstellen einer Plattform für das Erbringen von Rechtsdienstleistungen. So wie demnach der Betreiber einer Anwaltshotline keine Rechtsdienstleistung erbringt,[9] ist also auch das

---

3 BR-Drs. 623/06, 73 f.; *Albrecht*, S. 218; vgl. zu Art. 1 § 1 RBerG BVerfGE 97, 12, 28 f. – Masterpat.
4 *Franz*, S. 16.
5 BT-Drs. 623/06, 73 f.; *Franz*, S. 15 f.: „atomisierende" Betrachtung.
6 *vom Stein* AnwBl. 2008, 385 (387 f.).
7 *Otting*, Rn. 154.
8 *Römermann* NJW 2006, 3025 (3026).
9 Henssler/Prütting/*Prütting* BRAO § 43 b Rn. 42, auch zur Kritik und Gegenansicht.

Betreiben etwa von **Online-Plattformen für Mediation** und ADR kein Fall des RDG.

10 Mediation selbst bezieht sich immer auf einen **konkreten Fall**, so dass immer eine konkrete Angelegenheit iSd RDG vorliegt. Abstrakte Mediation gibt es nicht.

11 **d) Erforderlichkeit einer rechtlichen Einzelfallprüfung. aa) Rechtliche Prüfung.** Das Tatbestandsmerkmal der „rechtlichen Prüfung" ist grundsätzlich so weit, wie die **Verrechtlichung in der modernen Welt** geht. Und diese ist sehr weit, so dass man vielfach von einer Übernormierung und Verrechtlichungsfalle spricht.[10] Dies darf allerdings nicht zu einer Uferlosigkeit der Beschränkung von Rechtsdienstleistungen führen, weil die Rechtsprechung **im Lichte der Berufsfreiheit der nicht-juristischen Berufe** (→ RDG Vor §§ 1 ff. Rn. 2) eine Einschränkung fordert.[11] Hierfür sind methodisch mehrere Wege denkbar:

12 Der Gesetzgeber hat seinen ursprünglichen Ansatz, nur die „vertiefte" oder „besondere" rechtliche Prüfung dem RDG unterfallen zu lassen,[12] nicht weiterverfolgt. Zwar will der Gesetzgeber nach wie vor die **„bloße Anwendung von Rechtsnormen"** nicht als Fall des RDG verstehen,[13] doch ist nach juristischer Methode eine Rechtsanwendung ohne Prüfung der Norm ausgeschlossen, so dass insoweit keine Einschränkung bewirkt wird.

13 Zu weitgehend wäre es, die Rechtsdienstleistung gleichsam negativ **vom Berufsbild des Anwalts her zu bestimmen.**[14] Diese Sichtweise hat zwar den zutreffenden grundrechtlichen Ansatz auf ihrer Seite, dass der Gesetzgeber ein etabliertes Berufsbild zum Ansatzpunkt von den Art. 12 Abs. 1 GG beschränkenden Regelungen nehmen kann. Allerdings würde dabei die seit jeher über den engen Bereich der Rechtsberatung bzw. Rechtsdienstleistung hinausgreifende Tätigkeit der Anwälte, gerade auch im Bereich der Mediation (vgl. § 7 a RDG, § 18 BORA; § 34 RVG), zur Beschränkung für nicht-anwaltliche Rechtsdienstleister führen, was ersichtlich vom RDG-Gesetzgeber nicht gewollt ist.

14 Vorzugswürdig ist deshalb eine am Wortsinn orientierte Auslegung, dass nämlich eine rechtliche Einzelfallprüfung erforderlich ist, wenn man sich über den Anwendungsbereich einer Norm, seine Auslegung und die Rückwirkung auf andere rechtliche Aspekte Gedanken machen muss. Damit ist der **Anwendungsbereich des RDG sehr weit** und erfasst viele Mediationssachverhalte, vor allem solche, die über den emotionalen und zwischenmenschlichen Bereich hinausgehen. Doch auch soweit die Mediatorentätigkeit dem RDG unterfällt, ist sie damit Nicht-Anwälten usw nicht per se verschlossen. Denn dass die Tätigkeit von Mediatoren auch Rechtsdienstleistungen enthalten kann und in gewissem Umfang enthalten darf, ergibt sich aus der Möglichkeit der **Annexrechtsberatung** (→ RDG § 5 Rn. 1 ff.) und anderen Erlaubnistatbeständen des RDG. Auch die für den Mediator

---

10 S. nur *Kloepfer*, Verfassungsrecht, Bd. 1, 2011, § 10 Rn. 286.
11 V.a. BVerfG NJW 1998, 3481 ff. – Masterpat; ausdrücklich *Otting*, Rn. 163 f.
12 Vgl. BT-Drs. 16/6634, 5, 50 f.; kritisch hierzu *Römermann* NJW 2006, 3025 (3026 f.).
13 BT-Drs. 16/3655, 46; *vom Stein* AnwBl. 2008, 385 (386).
14 *Nelte*, insbes. S. 188 ff.

berufsbildbestimmende neutrale Stellung und **Allparteilichkeit** (§ 1 Abs. 2 RDG, § 2 Abs. 3 MediationsG; → MediationsG § 2 Rn. 105) schließt Rechtsberatung nicht aus, wie sich aus der vergleichbar neutralen Stellung von Notaren ohne Weiteres ergibt.

bb) Erforderlichkeit. Die **Einengung des weiten Anwendungsbereichs** (→ **15** RDG § 2 Rn. 4 ff.) erfolgt über das Tatbestandsmerkmal der „Erforderlichkeit". Eine verbreitete Auffassung verortet diese Beschränkung des Rechtsdienstleistungsbegriffs schon mehr oder weniger in dessen Definition,[15] was nach hier vertretener Ansicht (→ RDG § 2 Rn. 14) methodisch angreifbar ist, inhaltlich aber zu keinen abweichenden Bewertungen führt.

Die Erforderlichkeit einer rechtlichen Prüfung des Einzelfalls kann **objektiv** **16** **und subjektiv** bestimmt werden. Die Gesetzesbegründung hält beide Möglichkeiten für denkbar,[16] geht dabei allerdings von einem Vorrang der objektiven Kriterien (Verkehrsanschauung) aus und weist subjektiven Momenten[17] (Erwartung des Mandanten, Mandanten-Horizont; Mediatoren-AGB) nur eine ergänzende Funktion zu.[18]

(1) Gesetzgeberische Einordnung der Mediation. Aus § 2 Abs. 3 Nr. 4 **17** RDG muss vorab zweierlei abgeleitet werden: Zum einen kann dahinstehen, ob Mediation eine Rechtsdienstleistung ist, weil – mit Ausnahme der „rechtlichen Regelungsvorschläge" – unwiderleglich vermutet wird, dass sie keine ist (→ RDG § 2 Rn. 32). Zum anderen können „rechtliche Regelungsvorschläge" an die Verfahrensbeteiligten dem RDG dann doch durchaus unterfallen (→ RDG § 2 Rn. 37 ff.).

(2) Verkehrsanschauung. Ausgangspunkt für die Prüfung der Erforderlichkeit **18** einer rechtlichen Prüfung ist die Verkehrsanschauung, also das, was ein verständiger Mandant/Mediand von dem Rechtsdienstleister (Mediator) erwartet. Eine Rechtsdienstleistung liegt dann nicht vor, wenn ein **verständiger Mensch in derselben Situation** eine rechtliche Prüfung für nicht erforderlich halten würde.

Bei **Routinehandlungen** wie einem (Bar-)Kaufvertrag[19] oder der **Wiederga-** **19** **be alltäglichen**[20] **Rechtswissens** (Bagatellberatungen),[21] etwa der Aushändigung von Informationsmaterial über die Rechtslage oder über Berechnungsmodelle,[22] ist objektiv ebenso wenig eine rechtliche Prüfung erforderlich wie bei der allgemeinen Darstellung rechtlicher Handlungsalternati-

---

15 ZB *vom Stein* AnwBl. 2008, 385 (386); *Finzel* RDG § 2 Rn. 7; ähnlich wie hier Gaier/Wolf/Göcken/*Johnigk* RDG § 2 Rn. 37, u. *Kleine-Cosack* RDG § 2 Rn. 22 et pass.; vgl. *Römermann* in: Grunewald/Römermann RDG § 2 Rn. 34 ff.
16 BT-Drs. 16/3655, 46; *Eversloh*, S. 38.
17 Anders aber *Otting*, Rn. 162.
18 BT-Drs. 16/6634, 51.
19 *Offermann-Burckart* in: Krenzler RDG § 2 Rn. 22 f.
20 Dass die Beurteilung dieser Frage selbst erhebliche juristische Kenntnisse voraussetzt, bemerkt *Kunert* BRAK-Mitt. 2008, 53 (54 f.).
21 *vom Stein* AnwBl. 2008, S. 385 (386); so wohl auch BT-Drs. 16/3655, 46.
22 *Dreyer/Müller* in: Dreyer/Lamm/Müller § 2 Rn. 64, mit Bezug auf die Einschätzung der Mediationsverbände. – Der Gesetzgeber führte als Beispiel die für Unterhaltsberechnungen maßgebliche Düsseldorfer Tabelle an (BT-Drs. 17/5335, 16).

ven.[23] Auch die „Übersetzung" von Rechtsbegriffen in die Alltagssprache beinhaltet keine rechtliche Prüfung eines konkreten Sachverhalts.

20 Die reine **Protokollierung der Abschlussvereinbarung** ist ebenfalls keine Rechtsdienstleistung (sondern eine reine Dokumentationstätigkeit),[24] was aber in der Praxis kaum je vorkommen wird.[25] Jedenfalls kann der ausdrücklichen Anordnung in § 2 Abs. 6 S. 3 MediationsG entnommen werden, dass die Abschlussvereinbarung vom Mediator dokumentiert werden darf. Die Verwendung des Wortes „dokumentieren" erweitert allerdings nicht die nach RDG erlaubten Tätigkeiten, beschränkt sie aber auch nicht.[26] In dem Maße, in dem ein Mediator rechtsdienstleistend tätig sein darf (insbes. → RDG § 5 Rn. 1 ff.), darf er über eine reine Dokumentation hinausgehen.

21 Eine rechtliche Prüfung wird (objektiv) häufig erforderlich sein, wenn die Medianden (in den Phasen I bis III) ihre Interessen nicht herausarbeiten und klar formulieren können, ohne dass die Rechtslage und die rechtlichen Gestaltungsmöglichkeiten reflektiert und diskutiert werden.[27] Wie § 2 Abs. 3 Nr. 4 RDG zeigt, bedarf ein **rechtlicher Regelungsvorschlag** regelmäßig der rechtlichen Prüfung.[28] Erforderlich ist eine rechtliche Prüfung häufig ebenfalls bei der mediativen Begleitung Scheidungswilliger[29] oder bei der Ausarbeitung eines Vertrages,[30] ebenso bei Formulierungshilfen,[31] selbst wenn sie von einem Rechtsdienstleister stammen.[32]

22 Allerdings führt die objektive Erforderlichkeit einer Rechtsdienstleistung nicht notwendigerweise dazu, dass ein Mediator eine solche auch selbst erbringt. Wie gerade § 2 Abs. 6 S. 1 u. 2 MediationsG zeigt, muss der Mediator nur darauf hinwirken, dass die Parteien über die rechtliche Relevanz eines Punktes informiert sind. Gerade der Hinweis in § 2 Abs. 6 S. 2 MediationsG auf „externe Berater" zeigt, dass das Gesetz – vielleicht sogar als Regelfall – von einer **Trennung der Mediation und der (Rechts-)Dienstleistung** ausgeht.

Rechtsdienstleistungslose Mediationen: Viele Mediationen sind gar nicht auf ein rechtliches Ende gerichtet, etwa innerorganisatorische Mediationen wie zB **Mediationen am Arbeitsplatz- oder in der Schule.**[33] Auch politisch brisante Mediationen zB über **Großprojekte** (Flughafenmediation) behan-

---

23 BT-Drs. 17/5335, 15 f.; noch zum RBerG OLG Hamburg NJW 2004, 3431 (3432 f.).

24 Vgl. BT-Drs. 16/3655, 50; BT-Drs. 17/5335, 15; vgl. OLG Rostock NJW-RR 2002, 642 (643); vgl. zudem *Rabe/Wode*, Mediation, 2014, S. 224.

25 *Kunert* BRAK-Mitt. 2008, 53 (55) mit Verweis auf *Henssler*.

26 *Ade/Gläßer* ZKM 2013, 57 (58).

27 *Ade/Gläßer* ZKM 2013, 57 (59).

28 Auch die Mitwirkung an einer vollstreckbaren Abschlussvereinbarung, wie sie im Regierungsentwurf zum Mediationsgesetz (Art. 3 Nr. 7 des Entwurfs (BT-Drs. 17/5335)) als § 796 d ZPO enthalten war, wäre Rechtsdienstleistung gewesen, die aber durch eine insoweit zum RDG spezielle Regelung erlaubt gewesen wäre (*Hess* in: Haft/v. Schlieffen, 2. Aufl. 2009, § 43 Rn. 42).

29 Vgl. KG NJW 2008, 1458 (1459).

30 *Dreyer/Müller* in: Dreyer/Lamm/Müller § 2 Rn. 65.

31 Differenzierend *Unseld/Degen* § 2 Rn. 57.

32 LG Leipzig ZKM 2005, 71 (72).

33 *Prütting*, 65. DJT-Gutachten, 2004, S. G42.

deln uU ausschließlich ökonomische, ökologische oder soziale Aspekte und sollen ggf. nicht in eine rechtlich verbindliche Einigung münden, so dass insoweit ebenfalls das RDG nicht einschlägig ist.[34] Viele Mediationsverfahren beinhalten schon wegen ihres Gegenstandes keiner Rechtsdienstleistung, so etwa bei (reinen) **Beziehungskonflikten, Strategiekonflikten, Sachkonflikten** (über technische Fragen) und (reinen) **Verteilungskonflikten**.[35] Wenn allerdings eine Einigung auf rechtliche Verbindlichkeit hin ausgerichtet ist, mithin im rechtstechnischen Sinne einen Vertrag darstellt, wäre die Mitwirkung des Mediators an der inhaltlich-gestaltenden Abschlussvereinbarung, die über die reine Dokumentation (→ RDG § 2 Rn. 20) hinausgeht, eine Rechtsdienstleistung.

(3) **Wille des Medianden.** In dem Rahmen des objektiv Plausiblen ist ergänzend nach den (erkennbaren) **Vorstellungen und Wünschen der** jeweiligen Mandanten/**Medianden** zu schauen. Die ausdrückliche und objektiv nachvollziehbare Entscheidung des Medianden, keine Rechtsdienstleistung vom Mediator zu wollen, führt zur Unanwendbarkeit des RDG.[36] Sein Wille kann auf jegliche Art kommuniziert werden, sogar in dem Akt des Akzeptierens von Mediationsbedingungen. Insoweit ist eine entsprechende Passage in der Mediationsvereinbarung hilfreich.   23

Gestaltungsmöglichkeit und Umgehungsgefahr: Das Kriterium des verobjektivierten Mandanteninteresses bedeutet weder einen Freifahrtschein für Mediator und Medianden, noch verbaut es alle Gestaltungsmöglichkeiten. Zwar kann sich der Mediator nicht alles und jedes von den Medianden ohne Aufklärung bestätigen lassen (was zudem deren Autonomie (vgl. § 1 Abs. 1 MediationsG) widersprechen würde). Deshalb sind insbes. **formularmäßige Äußerungen** von Medianden umgehungsgeneigt und mit Blick auf deren in der Mediation zu Recht in den Vordergrund gestellten Autonomie problematisch. Jedenfalls genügt nicht ein bloßes Formschreiben der Mediationsparteien, sie wünschten keine rechtliche Beratung. Entscheidend in der Praxis ist stets, den Verzicht der Medianden auf relevante Rechtsberatung plausibel zu machen. Dies fällt dann besonders leicht, wenn Mediatoren eine Leistung anbieten, die (gerade) ohne eine Rechtsdienstleistung so attraktiv ist, dass sie vernünftigerweise nachgefragt wird – ist damit also von seriös arbeitenden Mediatoren ohne Weiteres zu erfüllen.

2. Gesetzliche Vermutung der Rechtsdienstleistung (Abs. 2). Verfassungsgerichtliche Vorgaben für diesen Bereich[37] aufgreifend werden bestimmte Formen des **Inkassos** unwiderleglich als Rechtsdienstleistung vermutet. Inkasso wird aber kaum je ein Fall für eine Mediation sein, die sich schon wegen ihres **gesamthaften Konfliktlösungsansatzes** nicht auf die (Nicht-)Erfüllung einer bestimmten Forderung richten wird, sondern auf das zugrundeliegende Rechtsverhältnis bzw. die persönliche Beziehung insgesamt.   24

3. Legalausnahmen (Abs. 3). Umgekehrt zu Abs. 2 werden in Abs. 3 einige Tätigkeiten von vornherein aus dem Begriff der Rechtsdienstleistung nor-   25

---

34 *Kleine-Cosack*, 1. Aufl. 2004, Art. 1 § 5 RBerG, Rn. 43.
35 *Duve/Eidenmüller/Hacke*, S. 102.
36 *Otting*, Rn. 162; *Kleine-Cosack* DB 2006, 2797 (2799).
37 BVerfG NJW 2002, 1190 ff.; BVerfG NJW-RR 2004, 1570 ff.

mativ ausgeklammert („**Negativklausel**"),[38] unabhängig davon, ob es sich dabei nicht eigentlich doch um eine Rechtsdienstleistung handelt.

26   a) **Rechtsgutachten (Nr. 1)**. Gutachten sind keine Rechtsdienstleistungen. Denn idealtypischerweise enthält ein Gutachten **keinen konkreten Rat**, sondern stellt die Rechtslage abstrakt dar. In der Praxis wird allerdings ein Gutachten bestimmte Verhaltensweisen stets zumindest nahelegen. Tatsächlich war auch schon unter der Geltung der entsprechenden Vorgängervorschrift des Art. 1 § 2 RBerG der Rechtsberatungsmarkt für Rechtswissenschaftler und andere Experten faktisch freigegeben.

27   Allerdings kann dieses „**Professorenschlupfloch**" nicht auf **Rechtsausführungen innerhalb eines Mediationsverfahrens** übertragen werden.[39] Es wäre eine offensichtliche Umgehung des Rechtsdienstleistungsbegriffs, wenn ein Mediator Rechtshinweise als Gutachten „tarnen" könnte.[40]

28   b) **Schieds- und Schlichtertätigkeit (Nr. 2)**. Schiedsrichter (§§ 1025 ff. ZPO) und **Schlichter** sowie **Einigungs-** (zB nach § 76 BetrVG u. § 71 BPersVG) und **Schlichtungsstellen**[41] (zB nach § 191 f. BRAO, § 76 Abs. 8 BetrVG) oder die Verbraucherschlichtungsstellen nach dem Verbraucherstreitbeilegungsgesetz (VSBG)[42] üben nach der unwiderleglichen Vermutung des Gesetzes keine Rechtsdienstleistung aus.

29   Diese Privilegierung kann aber nach der Rechtsprechung[43] und der ganz hM[44] nicht a maiore ad minus auf Mediatoren übertragen werden.[45] Die Begründung liegt darin, dass Schiedsrichter einen **Konflikt entscheiden** bzw. Schlichter einen Kompromiss vorschlagen, was zwar rechtliche Wirkungen hat, aber nicht nach juristischen Kriterien zustande gekommen sein muss, während Mediatoren die Medianden in die Lage versetzen, ihren Konflikt autonom zu lösen. Es ist deshalb konsequent, dass die außergerichtliche Streitschlichtung durch Gütestellen (zB nach § 15 a EGZPO) nicht aus dem RDG herausgenommen wurde, sondern § 8 Abs. 1 S. 1 RDG gilt (→ RDG § 8 Rn. 4 ff.).

30   c) **Beratung durch Mitarbeitervertretungen (Nr. 3)**. Ebenfalls nicht als Rechtsdienstleistung angesehen wird die Beratung durch Mitarbeitervertretungen (**Betriebsrat, Personalrat, Schwerbehindertenvertretung**). Dies betrifft insbes. die Sprechstunden des Betriebs- (§ 39 BetrVG) bzw. Personalrats (§ 43 BPersVG) sowie der Schwerbehindertenvertretung (§ 95 SGB IX).

Mediation durch Mitarbeitervertretungen: Allerdings werden Vertreter einer Mitarbeitervertretung in arbeitsrechtlichen Konflikten zwischen Ar-

---

38   *Franz*, S. 21.
39   *Kleine-Cosack*, 1. Aufl. 2004, III Art. 1 § 5 RBerG, Rn. 41 (noch zum RBerG).
40   Vgl. *Germund*, Außergerichtliche Streitbeilegung durch Co-Mediation, 2011, S. 45.
41   *vom Stein* AnwBl. 2008, 385 (388 f.).
42   *Trossen* SchiedsVZ 2015, 187 (191); zum VSBG generell *Wiese/Hörnig* ZKM 2016, 56 ff.
43   LG Rostock BB 2001, 698 (700); Zusammenfassung bei *v. Marcard*, S. 49 f.
44   ZB *Mankowski* RDG 2001, 293 (294); *Monßen* AnwBl. 2001, 169; *Prütting*, 65. DJT-Gutachten, 2004, S. G41; ausführlich *v. Marcard*, S. 88 ff.
45   So aber *Eckardt* ZKM 2001, 230 (231 f.), *Duve* BB 2001, 692 (693) u. *ders./Tochtermann* ZKM 2001, 284 (287 f.); zuletzt wieder *Horstmeier* JR 2012, 1 (8).

beitgeber und Arbeitnehmer kaum die für einen Mediator erforderliche Allparteilichkeit besitzen. Denkbare Tätigkeitsfelder sind aber die **Mediation zwischen Beschäftigten**, in Abteilungen und für Beschäftigte verschiedener Organisationsteile. Hier fungieren Mitglieder der Mitarbeitervertretung oft als Inhouse-Mediatoren, was dann ein Fall der nicht-fremden Rechtsangelegenheit iSd. § 2 Abs. 1 RDG, mithin also keine Rechtsdienstleistung im Sinne des RDG ist (→ RDG § 2 Rn. 49 ff.).

d) Mediation (Nr. 4). In § 2 Abs. 3 Nr. 4 RDG wird Mediation ausdrücklich angesprochen, wenn auch nicht vollumfänglich aus dem Begriff der Rechtsdienstleistung und damit nicht umfassend aus dem Anwendungsbereich des RDG herausgenommen. Die Vorschrift trägt aber insoweit zur Klarstellung oder jedenfalls **Problemabschichtung** bei (→ RDG § 2 Rn. 17), als Mediation an sich keine Rechtsdienstleistung ist, (aa)), „rechtliche Regelungsvorschläge" im Rahmen einer Mediation dagegen möglicherweise schon (bb)). 31

aa) Grundsätzliche Herausnahme der Mediation. Das RDG nimmt die Mediation und vergleichbare Formen alternativer Streitbeilegung vom Begriff der Rechtsdienstleistung und damit im Ergebnis vom Anwendungsbereich des Gesetzes aus. Größtenteils wird damit eine Selbstverständlichkeit nachgezeichnet; jedenfalls hat es eine **klarstellende Wirkung.** 32

(1) Begriff der Mediation. Ob das RDG eine **eigenständige Definition von Mediation** enthält, ist umstritten.[46] Offensichtlich geht das Gesetz von dem Begriff der „alternativen Streitbeilegung" aus, setzt diesen aber über die Formulierung „und jede vergleichbare Form" zur „Mediation" in Bezug. Alternative Streitbeilegung (als Oberbegriff) muss also vergleichbar zur Mediation sein. Jedenfalls aber geht § 2 Abs. 3 Nr. 4 RDG über den Begriff der Mediation hinaus und umfasst eben auch „vergleichbare Formen der alternativen Streitbeilegung". Damit nimmt der Gesetzgeber einerseits Rücksicht auf den nach wie vor dynamischen und damit **veränderlichen Begriff der Mediation**[47] und erweitert zudem den Anwendungsbereich der Ausnahmevorschrift.[48] 33

Für das, was das deutsche Recht unter „Mediation" versteht und wodurch dann die „alternative Streitbeilegung" nach § 2 Abs. 3 Nr. 4 RDG charakterisiert ist, kann nun auf das **MediationsG** zurückgegriffen werden (→ MediationsG § 1 Rn. 5 ff.): Nach § 1 Abs. 1 MediationsG ist „Mediation […] ein vertrauliches und strukturiertes Verfahren, bei dem Parteien mithilfe eines oder mehrerer Mediatoren freiwillig und eigenverantwortlich eine einvernehmliche Beilegung ihres Konflikts anstreben". Obwohl ohne unmittelbare Rechtswirkung in Deutschland und ohne dass das RDG zu deren Umsetzung ergangen wäre (→ RDG Vor §§ 1 ff. Rn. 10), kann ergänzend auch die Definition des Art. 3 lit. a S. 1 der **Mediationsrichtlinie** 2008/52/EG herangezogen werden,[49] wonach Mediation als ein „strukturiertes Verfahren […], in dem zwei oder mehr Streitparteien mithilfe eines 34

---

46 *Römermann* in: Grunewald/Römermann RDG § 2 Rn. 129; verneinend *Finzel* § 2 Rn. 22, mit Bezug auf die Entstehungsgeschichte.
47 BT-Drs. 17/5335, 14.
48 *Dreyer/Müller* in: Dreyer/Lamm/Müller § 2 Rn. 66.
49 *Römermann* in: Grunewald/Römermann RDG § 2 Rn. 133.

Mediators auf freiwilliger Basis selbst versuchen, eine Vereinbarung über die Beilegung ihrer Streitigkeiten zu erzielen", begriffen wird.

35   Anders als in ursprünglichen Entwürfen des RDG ist das – methodisch möglicherweise verengende – Tatbestandsmerkmal der *„gesprächsleitenden* Streitbeilegung" nicht Teil des Gesetzes geworden.[50]

36   **(2) Vermutungswirkung.** Durch die grundsätzliche Herausnahme der Mediation aus dem Anwendungsbereich des RDG ist klargestellt, dass es unerheblich ist, ob die Medianden eine rechtlich verbindliche Einigung anstreben, wie dies etwa bei strafverfahrensrechtlichem Täter-Opfer-Ausgleich entbehrlich ist.[51] Es kommt im Rahmen des § 2 Abs. 3 Nr. 4 RDG auch nicht darauf an, ob der Schwerpunkt der Mediation innerhalb oder außerhalb der Rechtsdienstleistung liegt,[52] sondern es ist abgesehen von den rechtlichen Handlungsvorschlägen unerheblich, ob eine Rechtsdienstleistung vorliegt. Entscheidend für die Anwendbarkeit des RDG ist ausschließlich, ob der Mediator zu einer Rechtsfrage selbst Stellung bezieht, etwa indem er sie **kommentiert** oder eine **eigene fachliche Einschätzung** abgibt. Die **reine Moderation** eines Rechtsgesprächs ist keine Rechtsdienstleistung.

RDG-Relevanz von Mediationsstilen: In der Praxis ist der entscheidende Stilunterschied, ob der Mediator die Darstellung der Rechtslage durch die Parteien bzw. ihre Rechtsvertreter nur moderiert oder die Rechtslage selbst kommentiert und (rechtlich) einschätzt.[53]

37   **bb) Anwendbarkeit des RDG auf „rechtliche Regelungsvorschläge".** Während für die Mediation als solche unwiderleglich vermutet wird, dass sie keine Rechtsdienstleistung ist, erstreckt sich diese Vermutungswirkung nicht auf „rechtliche Regelungsvorschläge", die in diesem Rahmen unterbreitet werden. Sie fallen in den **Anwendungsbereich des RDG**, können aber bei mangelnder Erforderlichkeit einer rechtlichen Prüfung (→ RDG § 2 Rn. 15 ff.), bei erlaubter Annexrechtsberatung (§ 5 RDG)[54] oder dem Vorliegen eines sonstigen Erlaubnistatbestands (→ RDG § 5 Rn. 4 ff.) trotzdem gestattet sein.

38   § 2 Abs. 3 Nr. 4 RDG setzt das **„Eingreifen in das Gespräch"** der Medianden voraus, so dass jedes Unterbreiten als „Eingreifen" gewertet werden kann.[55] Auch erfasst ist die Konstellation, dass der Mediator keinen Regelungsvorschlag macht, obwohl dies geboten ist,[56] etwa weil die Medianden es von ihm erwarten, zB wenn er seine Rechtskompetenz in den Vordergrund gestellt hat.

39   Mit **„rechtlichen Regelungsvorschlägen"** ist die Gestaltung von Rechtsverhältnissen gemeint,[57] was grundsätzlich weit (→ RDG § 2 Rn. 11 ff.) zu verstehen ist.[58] Wenn allerdings Regelungsvorschläge trivial sind oder

---

50 *Finzel* § 2 Rn. 22.
51 Zu einseitig *v. Marcard*, S. 67.
52 So aber wohl *Nelte*, S. 199.
53 S. dazu *Ade/Gläßer* ZKM 2013, 57 (59).
54 Vgl. *Ropeter* in: Praxishandbuch Mediationsgesetz, Rn. 309.
55 *Germund*, Außergerichtliche Streitbeilegung durch Co-Mediation, 2011, S. 46.
56 *Greger* in: Ortloff/Jütte/v. Schlieffen, S. 91 (95).
57 *Greger* in: Ortloff/Jütte/v. Schlieffen, S. 91 (95).
58 *Offermann-Burckart* in: Krenzler RDG § 2 Rn. 216.

(nachvollziehbarerweise) von den Medianden nicht gewünscht, also nicht erforderlich sind (→ RDG § 2 Rn. 23), sind sie Mediatoren erlaubt. Die Konfliktlösung ohne „konkrete rechtliche Beratung über die dem Konflikt zugrundeliegenden Rechtsfragen" ist stets erlaubt.[59] Wenn eine **Abschlussvereinbarung** von den Medianden autonom formuliert wird, handelt es sich um deren *eigene* Angelegenheit (→ RDG § 3 Rn. 12), die außerhalb des RDG bleibt.

Hinweispflicht auf die Inanspruchnahme von Rechtsdienstleistungen: Gerade wenn und weil die (reine) Mediation nach Nr. 4 keine Rechtsdienstleistung enthält, ist der Mediator nach § 2 Abs. 6 S. 2 MediationsG (→ MediationsG § 2 Rn. 288 ff.) gehalten, die rechtlich nicht beratenen Parteien ggf. darauf hinzuweisen, sich rechtlich beraten zu lassen.[60]

e) Rechtsberatung in den Medien (Nr. 5). Die Rechtsdienstleistung **an die Allgemeinheit** wird als eine überkommene Dienstleistung der Medien (Ratgeberseiten und Ratgebersendungen) nicht als Rechtsdienstleistung eingeordnet.[61] Dies ist inhaltlich dadurch gerechtfertigt, dass eine Rechtsauskunft an die Allgemeinheit notwendigerweise keine konkrete Rechtsbesorgung (→ RDG § 2 Rn. 9 f.) sein kann.[62] Insoweit hat diese Regelung nur klarstellenden Charakter.[63] **40**

Öffentliche Mediation: Diese Vorschrift kann allerdings nicht zur Erweiterungen der Tätigkeitsmöglichkeiten von Mediatoren genutzt werden. Eine rechtsdienstleistende „öffentliche Mediation" in einer Ratgebersendung oder ähnlich etwa im Internet (Blog) würde als **Umgehung** gewertet, weil sie neben der (erlaubten) Erörterung im Internet auch eine (dem RDG unterfallende) konkrete Rechtsdienstleistung enthielte.[64] Zwar hat es die Rechtsprechung nicht als Rechtsdienstleistung (damals noch: Rechtsberatung) angesehen, wenn durch die (allgemeine) Darstellung eines konkreten Falles (sozialer) Druck auf die Beteiligten ausgeübt wird, sich zu einigen.[65] Aber schon grundsätzlich würde ein solches Vorgehen der Vertraulichkeit der Mediation (§ 4 MediationsG) widersprechen.

f) Tätigkeit von Konzernrechtsabteilungen (Nr. 6). Konzerninterne Rechtsdienstleistungen, wie sie typischerweise von einer bei einer Konzerntochter oder der Konzernmutter angesiedelten **zentralen Rechtsabteilung** angeboten werden, sind vom RDG ausgenommen. Obwohl sie als Teile voneinander unabhängiger juristischer Personen rechtlich füreinander eigentlich „fremd" sind, werden sie wegen der hierarchischen Struktur von Konzernen von der Anwendung des RDG freigestellt. **41**

Diese Ausnahme betrifft allerdings Mediatoren nicht unmittelbar, da sich Nr. 6 nur auf **juristische Personen und Organisationseinheiten** (Rechtsabteilungen) bezieht, Mediation aber nur von natürlichen Personen erbracht **42**

---

59 Vgl. BT-Drs. 17/5335, 10.
60 BT-Drs. 17/5335, 15.
61 Klärend BVerfG NJW 2004, 1855 ff. u. BVerfG NJW 2004, 672 f. – Wie bitte.
62 BT-Drs. 16/6634, 51; *Franz*, S. 21 f.
63 *Franz*, S. 88.
64 Vgl. *Unseld/Degen* § 2 Rn. 60.
65 BGH NJW 2002, 2877 (2877) – Bürgeranwalt.

werden kann.[66] Allerdings wirkt sie mittelbar zugunsten von in Unternehmen angestellten Mediatoren, bei denen der rechtsdienstleistungsrechtliche Erlaubnistatbestand dann nicht in der eigenen Person vorliegen muss, sondern es ausreicht, dass der Arbeitgeber insoweit vom RDG ausgenommen ist (→ RDG § 2 Rn. 26).

43   **4. Ungeschriebene Ausnahmen.** Neben den Bereichen, die in § 2 Abs. 3 RDG ausdrücklich vom Begriff der Rechtsdienstleistung ausgenommen werden und insoweit dem Anwendungsbereich des RDG nicht unterfallen, gibt es weitere ungeschriebene Ausnahmen vom RDG, die sich aus **Richterrecht** und **systematischen Überlegungen**, teilweise auch nur aus der herrschenden Meinung (hM) im Schrifttum ergeben.

44   **a) Rechtskundige und rechtsberatene Medianden.** Dem **Schutzzweck des Gesetzes** folgend sind Rechtsdienstleistungen und damit Mediationen gegenüber rechtskundigen Personen ohne Weiteres erlaubt. Denn diese bedürfen keines Schutzes vor unqualifizierten Rechtsdienstleistungen (→ RDG § 1 Rn. 7 ff.).[67] Insoweit sind rechtsdienstleistende Mediationen bei **Rechtsanwälten, Unternehmen und Institutionen mit Rechtsabteilungen** sowie womöglich sogar bei jedem Volljuristen erlaubt.

45   **b) Co-Mediation mit Rechtsdienstleistungsbefugten.** Eine im Schrifttum schon lange diskutierte Möglichkeit[68] für Mediatoren, aus der „Rechtsberatungsfalle", die nun ja eigentlich „Rechtsdienstleistungsfalle" heißen müsste, herauszukommen, ist das Konzept der Co-Mediation.[69] Unter Co-Mediation allgemein versteht man die **gemeinsame Mediation** durch (mindestens) zwei Personen. Hier speziell geht es um die gemeinsame Mediation durch eine zur Erbringung von Rechtsdienstleistung berechtigte Person, die nicht notwendigerweise auch ein ausgebildeter Mediator sein muss, und einen Mediator, der nicht zur Erbringung von Rechtsdienstleistungen berechtigt ist.

Begriffsklärung:

Für eine Mediation gemeinsam mit Rechtsdienstleistungsbefugten werden im Wesentlichen zwei **unterschiedliche Modelle** diskutiert:[70]

Dies ist zum einen das sogenannte „Beratermodell", auch als „Luxusmodell" bezeichnet. Es besteht darin sicherzustellen, dass die Medianden jeweils rechtlich hinreichend betreut sind. Da so für die Streitbeilegung mindestens drei Personen bezahlt werden müssen (ein Mediator und zwei Anwälte), ist diese Methode kostspielig. Sie ist vor allem aber auch keine Co-Mediation im eigentlichen Sinne, weil hier nicht primär Mediator und

---

66 *Ahrens* NJW 2012, 2465 (2467), m. Verweis auf § 613 S. 1 BGB.
67 Allgemein *v. Lewinski*, S. 396 f.
68 Teilweise war die Co-Mediation als einzige Möglichkeit für nicht-anwaltliche Mediatoren angesehen worden, ihren Beruf auszuüben (*Hess* in: Haft/v. Schlieffen, 2. Aufl. 2009, § 43 Rn. 43 m. Fn. 123). Hierfür gibt es aber im Wortlaut des Gesetzes keine Anhaltspunkte; vielmehr sprechen § 2 Abs. 3 Nr. 4 und Art. 6 Mediations-RL für eine isolierte Rechtsdienstleistung.
69 Umfassend *Germund*, Außergerichtliche Streitbeilegung durch Co-Mediation, 2011; → MediationsG § 2 Rn. 67 ff.
70 *Germund*, S. 49 f.; Jost (Hrsg.), Die anwaltliche Vertretung in der Mediation, 2013; zu den unterschiedlichen Modellen der Rechtsberatung innerhalb von Mediationsverfahren *Ade/Gläßer* ZKM 2013, 57 (61).

Rechtsdienstleistungsberechtigter zusammenarbeiten, sondern der Anwalt den Medianden parteilich hinsichtlich rechtlicher Fragen beraten kann. Rechtssystematisch handelt es sich bei dieser Variante um die Mediierung von Rechtskundigen (→ RDG § 2 Rn. 43; vgl. § 2 Abs. 6 S. 1 u. 2 MediationsG) und deshalb nicht um Co-Mediation im eigentlichen Sinne.

Dagegen arbeitet beim sog „**Tandemmodell**" ein nicht-anwaltlicher Mediator mit einem zur Rechtsdienstleistung Befugten zusammen. Dies wird allgemein als „Co-Mediation" bezeichnet, und nur von dieser Konstellation soll im Folgenden gesprochen werden. Dabei stellen sich die hier diskutierten Fragen natürlich nur dann und nur insoweit, als es sich um eine – insbesondere wegen des Unterbreitens von rechtlichen Regelungsvorschlägen – dem RDG unterfallende Mediation handelt.

Nach einer streng begrifflichen Auslegung würde eine Co-Mediation zusammen mit einem zur Rechtsdienstleistung berechtigten (Anwalts-)Mediator ausscheiden, da eine nicht erlaubte rechtsdienstleistende Mediation für einen Mediator nicht zu einer erlaubten wird, nur weil auch ein Anwalt beteiligt ist.[71] Allerdings muss man wertend den Zweck des RDG berücksichtigen, der einen **Schutz der Rechtsuchenden** vor unqualifiziertem Rechtsrat erreichen will (→ RDG § 1 Rn. 8).[72] Wenn und soweit dies durch eine Co-Mediation erreicht werden kann, ist eine solche nach RDG auch möglich. Es kommt also darauf an, ob die Interessen des berufsrechtlich heterogen betreuten Medianden im Hinblick auf den fachlichen Standard, die Berufsaufsicht, die Verschwiegenheit und die Sicherung eines eventuellen Haftungsanspruchs unter Berücksichtigung seiner Privatautonomie gewahrt sind. Dies ist mit Inkrafttreten des MediationsG, das ausdrücklich die Festlegung eines bloßen Mindeststandards zum Ziel hat, für den Normalfall zu bejahen. 46

Das **MediationsG** steht einer Co-Mediation jedenfalls nicht entgegen, wie die ausdrückliche Erwähnung von „einem oder mehreren Mediatoren" in § 1 Abs. 1 S. 1 MediationsG deutlich macht.[73] Auch ist es eine Folge der Parteiautonomie (§ 2 Abs. 4 MediationsG), dass die Medianden Dritte als Berater hinzuziehen können (vgl. § 2 Abs. 6 S. 2 MediationsG).[74] 47

Auch das **Anwaltliche Berufsrecht** steht der Co-Mediation nicht entgegen. Eine solche Standesauffassung, die es Rechtsanwälten verbot, an einer Streitbeilegung mitzuwirken, bei der Anwälte als Beistände ausgeschlossen sind, hatte es in der Tat zu Zeiten der Weimarer Republik in Bezug auf Schiedsgerichte gegeben. So war es damals verbreitet als standeswidrig angesehen worden, sich als Unparteiischer an Schiedsgerichten zu beteiligen, wenn diese keinen anwaltlichen Beistand zuließen.[75] 48

---

71 So insbes. *Mankowski* MDR 2001, 1198 (1200); *ders.* ZKM 2001, 293. – Die Auffassung wird heute mit Bezug auf Mediation nicht mehr vertreten (vgl. *Germund*, S. 51), ist in anderen rechtsdienstleistungsrechtlichen Konstellationen aber noch aktuell (s. etwa BGH NJW 2009, 3242 (3244)).
72 Vgl. BVerfG NJW 2002, S. 3531; *Prütting*, 65. DJT-Gutachten, 2004, S. G42.
73 *Horstmeier* JR 2012, 1 (4).
74 BT-Drs. 17/5335, 15.
75 Ziff. 13 der „Richtlinien für die Ausübung des Anwaltsberufs" (sog Vademecum), 1929 (hrsg. v. Deutschen Anwaltverein).

Kooperationsmöglichkeiten für Mediatoren verschiedener Grundberu-fe: Rechtsanwälte dürfen sich für ihre Berufsausübung nur mit Angehöri-gen sog „sozietätsfähiger Berufe" zusammenschließen. Dies sind neben an-deren Anwälten im Wesentlichen nur Notare, Patentanwälte, Steuerberater und Wirtschaftsprüfer (§ 59 a Abs. 1 S. 1 BRAO). Dieses **Sozietätsverbot** spielt für Mediatoren aber keine praktische Rolle. Denn Mediatoren kön-nen sich mit Rechtsanwälten sowie Steuerberatern, Wirtschaftsprüfern und Patentanwälten durchaus in einem Büro zusammenschließen, um gemein-sam Mediationsmandate zu akquirieren und zu bearbeiten. Allerdings ist dies dann im Rechtssinne keine „Sozietät",[76] wenn und weil die Anwälte usw dort nicht ihren Beruf als Anwalt usw ausüben, sondern „nur" einen Zweitberuf als Mediator.[77] Praktisch ist das allerdings auch unschädlich, weil sich wegen der Un- bzw. Allparteilichkeit eine (anwaltlich-parteiliche) Beratung der Medianden ohnehin verbietet.

49   **c) Angestellte Mediatoren.** Keine Anwendung findet das RDG auf Rechts-dienstleistungen von Mediatoren in Beschäftigungsverhältnissen. Dies be-trifft **Arbeitsverhältnisse** und beamtenrechtliche **Dienstverhältnisse** ebenso wie **Freie Mitarbeit**. Zwar ist vom Begriff der Rechtsdienstleistung auch deren Erbringung in einem Beschäftigungsverhältnis erfasst (→ RDG § 2 Rn. 7). Doch unterwirft das RDG ausweislich seines § 3 RDG nur deren *„selbstständige* Erbringung" einem gesetzlichen Erlaubnisvorbehalt. Das bedeutet angesichts der grundsätzlichen Berufsfreiheit, dass angestellte Me-diatoren innerhalb des Beschäftigungsverhältnisses ohne Weiteres Rechts-dienstleistungen erbringen dürfen. Entscheidend ist, dass die Tätigkeit nicht selbstständig ausgeübt wird, sondern auf Weisung des Arbeitgebers bzw. Dienstherrn (zu den Problemen mit der Unabhängigkeit des Media-tors → MediationsG § 1 Rn. 22). – Es ist zwischen der internen Rechts-dienstleistung für den Arbeitgeber bzw. Dienstherrn (aa)) und der externen Rechtsdienstleistung für Dritte (bb)) zu unterscheiden.

50   **aa) Anstellung.** Syndikusrechtsanwälte (§ 46 ff. BRAO) und Unterneh-mensjuristen fallen nicht unter das RDG,[78] ebenso wenig jeder andere An-gestellte, der rechtsdienstleistend für seinen Arbeitgeber tätig wird. Inner-halb ihres Beschäftigungsverhältnisses dürfen sie für den Arbeitgeber inter-ne Rechtsdienstleistungen erbringen, weil sie für den Beschäftigten **un-selbstständig** (→ RDG § 3 Rn. 11) sind und für den Arbeitgeber **keine fremden Angelegenheiten** (§ 2 Abs. 1 RDG; → RDG § 3 Rn. 12) sind. – Hierunter fällt etwa die Mediation am Arbeitsplatz durch angestellte Me-diatoren.

51   **bb) Anstellung bei Rechtsdienstleister.** Etwas anders stellt sich die Situa-tion bei Rechtsdienstleistungen dar, die ein angestellter Mediator für seinen Arbeitgeber gegenüber Dritten erbringt. Zwar greift dann das RDG für den Mediator selbst nicht, weil er ja die Rechtsdienstleistung nicht selbst-

---

76 Zu der im Gesetzgeber zwischenzeitlichen diskutierten Erweiterung der Sozietätsfä-higkeit auf alle Berufe *Pelzer*, Die Sozietät im Sinne der BRAO unter besonderer Berücksichtigung der Beteiligung von Berufsfremden, 2008.
77 Dombek/Ottersbach/Schulze zur Wiesche/v. *Lewinski*, Die Anwaltssozietät, 2. Aufl. 2014, § 4 Rn. 10.
78 *Bartosch-Koch* AnwBl. 2010, 237; *Römermann* NJW 2006, 3025 (3026).

ständig, sondern angestellt erbringt (→ RDG § 3 Rn. 11). In der **Person des Arbeitgebers** aber muss ein rechtsdienstleistungsrechtlicher Erlaubnistatbestand vorliegen; er muss letztverantwortlich für die Rechtsdienstleistung sein,[79] was immer auch die Möglichkeit der Haftung einschließt.

Selbstständigkeit des Außenauftritts: Mediation einschließlich einer Rechtsberatung kann also erbracht werden, wenn der Mediator eine „Hilfsperson" eines Rechtsdienstleisters, also etwa eines Rechtsanwalts, ist. Im **Innenverhältnis** und in gewissem Grade auch im **Außenauftritt** kann die Eigenschaft als „Hilfsperson" kaschiert werden. Ob es die Eigenschaft als bloße Hilfsperson ausschließt, dass man ein gemeinsames Büro betreibt und gemeinsam das damit verbundene unternehmerische Risiko trägt, ist offen. Jedenfalls kann es wegen der Stellung als Hilfsperson in Bezug auf Rechtsfragen und damit die Rechtsdienstleistung dann kein gleichberechtigtes Verhältnis auf Augenhöhe zwischen Mediator und verantwortlichem Rechtsdienstleister geben.

§ 3 RDG Befugnis zur Erbringung außergerichtlicher Rechtsdienstleistungen

Die selbständige Erbringung außergerichtlicher Rechtsdienstleistungen ist nur in dem Umfang zulässig, in dem sie durch dieses Gesetz oder durch oder aufgrund anderer Gesetze erlaubt wird.

1. Verbotsgesetz mit Erlaubnisvorbehalt. a) Grundsatz der Berufsfreiheit. Das Grundgesetz (Art. 12 Abs. 1 GG) wie auch die freiheitliche Wirtschaftsordnung seit den Stein-Hardenberg'schen Reformen v. 1810 gehen von dem **Grundsatz der Gewerbe- und Berufsfreiheit** aus. Die Berufs- und Wirtschaftstätigkeit fällt in die freie Entscheidung des Einzelnen. Dieser Ansatz liegt auch dem MediationsG zugrunde, das keine Zulassungs- und Erlaubnistatbestände kennt,[1] sondern nur Berufsausübungsregeln statuiert und lediglich an die Bezeichnung als „zertifizierter Mediator" bestimmte Anforderungen stellt (§ 5 Abs. 2 MediationsG; → MediationsG § 5 Rn. 36 ff.). **1**

---

79 Auch Volljuristen ohne eine Anwaltszulassung können von einem Anwalt angestellt werden; allerdings darf dies nicht der Umgehung des RDG dienen (OVG Hamburg NJW 2004, 3357 (3358) zum früheren RBerG).

1 *Henssler/Deckenbrock* DB 2012, 159 (163).

2   **b) Präventives Verbot mit Erlaubnisvorbehalt.** Zum **Schutze von Rechtsgü-tern** kann durch Gesetz allerdings die Berufs- und Wirtschaftsfreiheit ein-geschränkt werden (Art. 12 Abs. 1 S. 2 GG).[2] Hierbei ist es im Rahmen der Grundrechte (und der grundrechtlichen Schutzpflichten) dem Gesetzgeber überlassen, ob und wie er Schutzgüter vor den Auswirkungen bestimmter Berufs- und Wirtschaftstätigkeiten schützen will.

3   Das RDG nutzt hinsichtlich der Rechtsdienstleistung eine **Regelungstech-nik**, die im Wirtschaftsverwaltungsrecht für überwachungsbedürftige Tä-tigkeiten oft gewählt wird: Eine bestimmte Tätigkeit wird grundsätzlich verboten und nur bei Vorliegen bestimmter Voraussetzungen erlaubt. Die Erlaubnis zur Rechtsdienstleistung wird nach § 3 RDG bereits qua Geset-zes erteilt, wenn ein einschlägiger Erlaubnistatbestand erfüllt wird. Damit wählt das RDG eine dem Datenschutzrecht (vgl. § 4 Abs. 1 BDSG, Art. 6 Abs. 1 Datenschutz-Grundverordnung (EU) 679/2016) verwandte Rege-lungstechnik, die weniger eingreifend ist als nach dem Gewerberecht (Ver-bot mit Anzeigenvorbehalt, § 14 GewO) oder weiten Teilen des Umwelt-rechts (Verbot mit Genehmigungsvorbehalt, zB § 4 Abs. 1 BImSchG), des Anwaltsrechts (Zulassungsverfahren, § 6 BRAO) oder früher des Rechtsbe-ratungsgesetzes (Verbot mit Genehmigungsvorbehalt, Art. 1 § 1 Abs. 1 RBerG).

4   **2. Erlaubnistatbestände innerhalb des RDG.** Innerhalb des RDG ist die **Annexrechtsdienstleistung** (§ 5 RDG), die **altruistische Rechtsdienstleistung** (§ 6 RDG), die **Rechtsdienstleistung durch Verbände** (§ 7 RDG) und die **öffentliche bzw. öffentlich anerkannte Rechtsdienstleistung** (§ 8 RDG) aus-drücklich erlaubt. – Nach den §§ 10 ff. RDG muss man sich für bestimmte Rechtsdienstleistungsberufe registrieren lassen. In ihren Herkunftsstaaten registrierte EU- und EWR-Ausländer können jedenfalls vorübergehend eine solche Tätigkeit in Deutschland ausüben.[3] Eine Registrierung des Media-tors als Rechtsdienstleister nach RDG scheidet jedenfalls aus, weil Mediati-on in § 10 RDG nicht aufgeführt ist. Man kann in Anlehnung an ein geflü-geltes Wort (→ RDG Vor §§ 1 ff. Rn. 1) insoweit von Registrierungsbe-dürftigkeit bei gleichzeitig fehlender Registrierungsfähigkeit sprechen (→ RDG §§ 10–15 b Rn. 1).

5   **3. Erlaubnistatbestände außerhalb des RDG.** Daneben stehen weitere Er-laubnistatbestände in Gesetzen außerhalb des RDG. Die Formulierung der Norm ist allerdings **regelungstechnisch** nicht glücklich, da bereits aufgrund von § 1 Abs. 2 RDG der Vorrang anderer Gesetze bestimmt ist (→ RDG § 1 Rn. 11 ff.).

6   Das **MediationsG** enthält allerdings keinen rechtsdienstleistungsrechtlichen Erlaubnistatbestand, der nach Abs. 2 dem RDG vorgehen würde. Insb. der Verweis auf die Möglichkeit, sich extern beraten zu lassen (§ 2 Abs. 6 S. 2 MediationsG) spricht gegen eine implizite Befugnis, innerhalb des Mediati-onsverfahrens (rechts-)beratend tätig sein zu dürfen.

---

2 Zu der hier einschlägigen Dreistufenlehre des BVerfG statt aller *Kloepfer*, Verfas-sungsrecht, Bd. 2, 2010, § 70 Rn. 65 ff.
3 Dazu *Kilian* AnwBl. 2008, 394 ff; *ders./Sabel/vom Stein*, Rn. 522 ff.

Wichtige Erlaubnistatbestände finden sich für die Angehörigen der jeweiligen Berufsgruppen in den Berufsordnungen der **rechts- und wirtschaftsberatenden Berufe** (§ 3 BRAO, § 3 PAO, § 25 EuRAG, § 24 BNotO, §§ 3–4 StBerG, § 2 WPO) sowie in den Prozessordnungen (insbes. § 78 ZPO; → RDG § 1 Rn. 6 Fn. 15). Rechtsberatung einschließlich der Mediation wird also nicht generell für Juristen (Wirtschaftsjuristen, Diplom-Juristen) und nicht einmal für Volljuristen (aber → RDG § 6 Rn. 6), ja auch nicht für die Rechtslehrer an den Hochschulen, freigegeben, sondern nur für sog „Berufsträger", also Angehörige bestimmter regulierter Berufe, die neben einer entsprechenden (juristischen) Ausbildung (regelmäßig 1. und 2. Juristisches Staatsexamen) auch in der Berufsausübung qualitätssichernden Vorschriften unterliegen. In erster Linie ist hierbei an die Aufsicht durch die jeweiligen Kammern, das ausdrückliche Verbot von Interessenkollisionen (s. jetzt aber § 3 Abs. 2–4 MediationsG; → MediationsG § 3 Rn. 22 ff.) und die Pflicht zum Abschluss einer Berufshaftpflichtversicherung zu denken.

Mediation als anwaltliche oder steuerberatende Tätigkeit: Es stellt sich freilich von der Warte des Anwaltlichen Berufsrechts und des der anderen rechts- und wirtschaftsberatenden Berufe die Frage, wie weit anwaltliche Tätigkeit bzw. jede andere **parteiliche Interessenwahrnehmung zugleich Mediation** umfasst. Denn ein Anwalt, Patentanwalt, Steuerberater oder Wirtschaftsprüfer kann ohne Verstoß gegen die jedem der Mediationsmandanten (Medianden) gegenüber bestehende Interessenwahrungspflicht nur tätig werden, wenn er alle rechtlichen Konstellationen eingehend mit den jeweiligen individuellen Vor- und Nachteilen für beide Seiten erörtert.[4] Das Berufsrecht zwingt ihn also in eine bezüglich rechtlicher Einschätzungen aktivere Rolle, als sie nach den Maßstäben der Mediation regelmäßig geboten ist. Als Lösung für den Konflikt zwischen Berufsrecht und Berufsbild des Stammberufs einerseits und den Anforderungen an den Mediator andererseits wird vorgeschlagen, das Mandat entsprechend zu begrenzen[5] oder den § 43 a Abs. 4 BRAO entsprechend einschränkend auszulegen.[6] Konsequenter allerdings wäre es, die Tätigkeit als Mediator von der des Anwalts, des Steuerberaters usw zu trennen.[7] Während dies für Steuerberater in § 15 Nr. 2 BOStB iVm § 57 Abs. 2, 3 StBerG auch in diesem Sinne ausgespro-

7

---

4 OLG Hamm MDR 1999, 836; abl. *Enders* JurBüro 1999, 584.
5 *Duve/Eidenmüller/Hacke*, Mediation in der Wirtschaft, 2. Aufl. 2011, S. 99 f.
6 *Prengel*, S. 135; Henssler/Koch/*Henssler*, Mediation in der Anwaltspraxis, 2. Aufl. 2004, § 3 Rn. 23; *Mähler/Mähler* NJW 1997, 1262 (1265); *Cremer*, Vertraulichkeit in der Mediation, 2007, S. 35; vgl. Feuerich/Weyland/*Träger*, BRAO, 9. Aufl. 2016, § 43 a Rn. 65.
7 *Parthe* ZKM 2006, 104 (107); *Deckenbrock*, Strafrechtlicher Parteiverrat und berufsrechtliches Verbot der Vertretung widerstreitender Interessen, 2008, S. 76; *Römermann/Praß* AnwBl. 2013, 499 (501 f.); *v. Lewinski*, S. 122; Hartung/Scharmer/*v. Lewinski*, BORA/FAO, 6. Aufl. 2016, BORA § 7 a Rn. 16. – Auch die Satzungsversammlung bei der Bundesrechtsanwaltskammer hatte dies bei der Beratung des § 18 BORA durchaus unterschiedlich und differenziert gesehen (vgl. die [nicht veröffentlichten] Protokolle der 4. Sitzung der 1. Satzungsversammlung v. 13.–15.6.1996 in Berlin, S. 2–4).

chen ist,[8] sehen dies die (nur vereinzelt vorhandene) Rspr[9] und die hM[10] für das Anwaltliche Berufsrecht anders und führen hierfür v.a. den Wortlaut einschlägiger Gesetze an. Und tatsächlich gehen das Gesetz (§ 34 Abs. 1 S. 1 RVG; § 2 Abs. 3 Nr. 4 RDG)[11] und die Berufsordnung (insbes. § 18 BORA, vgl. § 7 a BORA),[12] wenngleich mehr aufgrund der Einflussnahme der Anwaltschaft auf den Gesetz- und Satzungsgeber als aufgrund systematischer Überlegungen, davon aus, dass Mediation anwaltliche Tätigkeit sei. Dies muss inzwischen wohl als gesetzgeberisch abgestützte Entscheidung anerkannt werden,[13] jedenfalls in den Fällen, in denen die Rechtsdienstleistung (Beratung) nicht ganz in den Hintergrund tritt. Überzeugender freilich wäre es, die mediative Tätigkeit eines Anwalts als dessen Zweittätigkeit außerhalb des Anwaltsberufs zu begreifen, was dazu führen würde, dass insoweit die anwaltlichen Privilegien (zB erweiterter Beschlagnahmeschutz) nicht gelten würden.

Unproblematisch ist Mediation dagegen als Teil **notarieller Tätigkeit** (→ M Rn. 10 ff.). Für Anwaltsnotare gilt als Zuordnungsregel § 24 Abs. 2 BNotO; danach ist für die Zuordnung zur anwaltlichen Tätigkeit darauf abzustellen, ob der Anwaltsnotar als „einseitiger Interessenvertreter" auftritt.[14]

8 Ohne dass es eine ausdrückliche Sonderregelung gäbe, sind **Rechtslehrer** (Jura-Professoren) in der Praxis den Rechtsanwälten sehr weitgehend angenähert,[15] was sich heute aus einer Zusammenschau der prozessrechtlichen Sondervorschriften, der Privilegierung von Rechtsgutachten (§ 2 Abs. 3 S. 1 RDG; → RDG § 2 Rn. 26 f.) und der Annexkompetenz (→ RDG § 5 Rn. 1 ff.) ergibt.[16] In diesem Umfang dürfen sie auch als Mediatoren rechtsdienstleistend tätig sein.

9 Die **richterliche Mediation** durch Güterichter (§ 278 Abs. 5 ZPO; → ZPO § 278 Abs. 5 Rn. 1 ff.) ist vom RDG nicht erfasst, wenn und weil sie eine „gerichtsinterne Mediation" ist. Eine gerichtsnahe oder außergerichtliche Mediation (§ 278 a ZPO; → ZPO § 278 a Rn. 1 ff.) darf von Richtern – abgesehen von nebentätigkeitsrechtlichen Anforderungen – nur unter den Voraussetzungen erbracht werden, die für jeden anderen Volljuristen gelten. Eine einschränkende Auslegung des RDG ist – anders noch als für das RBerG – nicht geboten, da der Gesetzgeber in § 5 RDG und § 6 RDG in

---

8 Vgl. *Hölzer/Schnüttgen/Bornheim* DStR 2010, 2538 (2542).
9 ZB BGH NJW 2002, 2948; OLG Stuttgart MDR 2017, 367 (368).
10 ZB Henssler/Koch/*Henssler* § 3 Rn. 15 ff; Hartung/Scharmer/*Scharmer*, BORA/ FAO, 6. Aufl. 2016, BORA § 18 Rn. 22; Feuerich/Weyland/*Träger/Brüggemann*, BRAO, 9. Aufl. 2016, BORA § 18 Rn. 1; *Mähler/Mähler* NJW 1997, 1262 (1265); *Cremer*, Vertraulichkeit in der Mediation, 2007, S. 35.
11 So nun wohl auch der (Bundes-)Gesetzgeber (vgl. Begr. zu § 1, BT-Drs. 17/5355, 14) unter ausdrücklichem Bezug auf § 18 BORA.
12 Zur Verfassungswidrigkeit des § 7 a BORA aus anderen Gründen *Hartung* AnwBl. 2007, 752 (753).
13 Hartung/Scharmer/*v. Lewinski*, BORA/FAO, 6. Aufl. 2016, BORA § 7 a Rn. 17; kritisch auch Gaier/Wolf/Göcken/*Wolf* § 1 BRAO/§ 18 BORA Rn. 17.
14 BGH NJW-RR 1992, 1178 (1181); auf das äußere Erscheinungsbild abstellend Schippel/Bracker/*Reithmann*, Bundesnotarordnung, 9. Aufl. 2011, BNotO § 24 Rn. 138.
15 *v. Lewinski* in: FS W. Hartung, S. 93 (108 ff.).
16 Vgl. *v. Lewinski*, S. 409 ff.

Kenntnis der einschlägigen Entscheidungen des BVerfG[17] eine die beruflichen Interessen von nicht-anwaltlichen Rechtsdienstleistern einerseits und deren Mandanten sowie der Öffentlichkeit und der Rechtspflege andererseits berücksichtigende Regelung geschaffen hat. Die gerichtsnahe Mediation wird also vom RDG nicht privilegiert, sondern muss den allgemeinen Anforderungen entsprechen. Begünstigend wirkt sich nur die Verfahrensregel des § 278 a Abs. 2 ZPO aus, wonach das Ruhen des Verfahrens anzuordnen ist.

Schließlich findet sich in vielen Fachgesetzen die Befugnis zur Rechtsdienst- **10**
leistung – von denen die meisten allerdings für Mediatoren nicht in Betracht kommen, entweder weil sie auf **parteilich-vertretende Konstellationen** gemünzt[18] oder auf **Beratung** beschränkt sind[19] und eine Konfliktbeilegung nicht miteinschließen. Für die **zivilprozessualen Güteverhandlungen** (§ 15 a EGZPO) und den **strafprozessualen Täter-Opfer-Ausgleich** (§§ 155 a f. StPO) gilt, auch soweit sie Mediation einschließen, § 8 Abs. 1 Nr. 1 RDG (→ RDG § 8 Rn. 2).

4. Keine Anwendung auf nicht-selbstständig erbrachte Rechtsdienstleis- **11**
tung. Wie sich indirekt aus der alleinigen Erwähnung der „selbstständigen Erbringung" ergibt, ist die nicht-selbstständige Mediation, also die in einem **Beschäftigungsverhältnis** stattfindende, nicht vom RDG erfasst (→ RDG § 2 Rn. 49 ff.).

5. Keine Anwendung auf Rechtsbesorgung in eigener Sache. Wie sich **12**
schon aus dem Begriff der Rechts*dienst*leistung, ausdrücklich aber jedenfalls aus der Definition in § 2 Abs. 1 RDG als „konkrete *fremde* Angelegenheit" (→ RDG § 2 Rn. 7) ergibt, ist die Besorgung eigener Rechtsangelegenheiten nicht vom Gesetz erfasst. Sich selbst darf also jeder alles raten. Ob man sich selbst vor Gericht vertreten darf, bestimmt sich jeweils nach den Prozessordnungen (→ RDG § 2 Rn. 7). Eine **Selbstmediation** ist allerdings jedenfalls schon begrifflich ausgeschlossen.

§ 4 RDG Unvereinbarkeit mit einer anderen Leistungspflicht

Rechtsdienstleistungen, die unmittelbaren Einfluss auf die Erfüllung einer anderen Leistungspflicht haben können, dürfen nicht erbracht werden, wenn hierdurch die ordnungsgemäße Erbringung der Rechtsdienstleistung gefährdet wird.

§ 4 RDG ist eine spezielle Interessenkollisionsvorschrift. Zwar ist Mediato- **1**
ren wegen deren berufsbildprägender **Neutralität** (§ 2 Abs. 3 S. 1 MediationsG) grundsätzlich eine „andere Leistungspflicht" in Bezug auf die Partei-

---

17 BVerfG NJW 2004, 2662 f. – Kramer; BVerfG NJW 2006, 1502 f. – unentgeltliche Beratung durch Volljuristen.

18 ZB § 34 e Abs. 1 S. 3 Var. 2 GewO: Versicherungsberater; § 43 b Abs. 1 SGB V: Einziehung (Inkasso) der Praxisgebühr durch Kassenärzte; § 23 Abs. 2 AGG: Vertretung durch Antidiskriminierungsverbände.

19 ZB § 1908 f. Abs. 4 BGB: Vorsorgevollmacht durch Betreuungsverein; § 34 d Abs. 1 S. 4 GewO: Versicherungsvermittler; § 34 e Abs. 1 S. 3 Var. 1 GewO: Versicherungsvertreter; § 192 VVG: Beratung durch Krankenversicherer; § 23 Abs. 3 AGG: Beratung durch Antidiskriminierungsverbände.

en untersagt. Anders als bei Rechtsanwälten[1] können Medianden allerdings in die Tätigkeit eines in seiner Neutralität beeinträchtigten Mediators einwilligen (§ 3 Abs. 1 S. 2 MediationsG), solange und soweit dieser nicht „in derselben Sache" bereits tätig war (§ 3 Abs. 2–4 MediationsG).

2 Der Hauptanwendungsfall der Norm ist die Tätigkeit von und für **Rechtsschutzversicherungen.**[2] Es soll verhindert werden, dass deren Rechtsdienstleistungen (rechtliche Beratung des Versicherungsnehmers) Rückwirkungen auf ihre Leistungspflicht als Versicherer haben. Zwar ist die Mediation zwischen einem Versicherungsnehmer und einem Dritten durch eine (Rechtsschutz-)Versicherung nach ausdrücklicher Zustimmung der Medianden (§ 3 Abs. 1 S. 2 MediationsG) möglich, wegen der jedenfalls gefährdeten Neutralität aber in vielen Konstellationen wegen der zu großen Nähe zwischen Versicherer und (angestelltem) Mediator fragwürdig. Durch das RDG jedenfalls ausgeschlossen ist eine auch Rechtsdienstleistungen enthaltende Mediation, wie sie wohl in den meisten von einer Rechtsschutzversicherung abgedeckten Konstellationen vorliegen wird. Diese Beschränkung entspricht den anwaltsrechtlichen Beschränkungen der Vertretung widerstreitender Interessen insbes. bei sog „Pool-Anwälten".[3]

Erlaubte Mediation im Rahmen einer Rechtsschutzversicherung: Nicht ausgeschlossen ist dagegen die **von einer Rechtsschutzversicherung bezahlte Mediation** zwischen ihrem Versicherungsnehmer und einem Dritten. Der entscheidende Unterschied ist, dass nicht die Versicherung selbst oder ein von ihr angestellter Mediator einen Konflikt mediiert, sondern ein von ihr (und den Kostenfolgen für sie) unabhängiger Mediator. Grenzfälle sind Mediatoren-Pools; entscheidend für die Einschlägigkeit des Verbots nach § 4 RDG ist, ob der Mediator der Versicherung zugerechnet werden kann oder nicht.

§ 5 RDG Rechtsdienstleistungen im Zusammenhang mit einer anderen Tätigkeit

(1) [1]Erlaubt sind Rechtsdienstleistungen im Zusammenhang mit einer anderen Tätigkeit, wenn sie als Nebenleistung zum Berufs- oder Tätigkeitsbild gehören. [2]Ob eine Nebenleistung vorliegt, ist nach ihrem Inhalt, Umfang und sachlichen Zusammenhang mit der Haupttätigkeit unter Berücksichtigung der Rechtskenntnisse zu beurteilen, die für die Haupttätigkeit erforderlich sind.

(2) Als erlaubte Nebenleistungen gelten Rechtsdienstleistungen, die im Zusammenhang mit einer der folgenden Tätigkeiten erbracht werden:

1 AnwGH München BRAK-Mitt. 2005, 195 (197); *v. Lewinski*, S. 131 f.; s. aber *Schlosser* NJW 2002, 1376 (1377 f.).
2 *Römermann* NJW 2006, 3025 (3028).
3 Eingehend *Samimi/Liedtke* NZV 2013, 20 ff; für § 43 BRAO als Maßstab *v. Lewinski*, S. 126; zu versicherungsrechtlichen Beschränkungen der freien Anwaltswahl nach § 127 VVG *Schilasky*, Einschränkungen der freien Rechtsanwaltswahl in der Rechtsschutzversicherung, 1998.

1. Testamentsvollstreckung,
2. Haus- und Wohnungsverwaltung,
3. Fördermittelberatung.

§ 5 RDG erlaubt die sog „**Annexrechtsberatung**". Dieser Tatbestand ist der 1
rechtspolitisch bedeutsamste Unterschied zum RBerG und stellt innerhalb
des RDG den für Mediatoren allgemein am häufigsten einschlägigen Erlaubnistatbestand dar. Er ermöglicht es, eine Dienstleistung um eine rechtsdienstleistende Komponente zu erweitern;[1] „freischwebende" Rechtsdienstleistungen sind durch § 5 RDG allerdings nicht erlaubt.[2]

Entscheidend sind für § 5 RDG **zwei Kriterien**:[3] Die Rechtsdienstleistung 2
muss mit einer (Haupt-)Leistung im Zusammenhang stehen (1.) und darf
zu dieser nur eine Nebenleistung darstellen (2.), was unter Berücksichtigung der „für die Erbringung der allgemeinen [Haupt-]Dienstleistung erforderlichen juristischen Qualifikation" zu beurteilen ist (2.a)).

Definitionsmacht über Erlaubtheit von rechtlichen Nebenleistungen: Die
Frage, ob die Voraussetzungen des § 5 RDG vorliegen, wird vom jeweiligen Dienstleister entschieden, liegt also für Mediatoren primär in deren eigener Hand.[4] Allerdings ist die Entscheidung vollumfänglich **gerichtlich
überprüfbar**. Dafür allerdings muss ein Gericht angerufen werden, was
voraussetzt, dass der Mandant bzw. Mediand einen Schadenersatzprozess
(→ RDG § 9 Rn. 6) anstrengt oder ein Konkurrent (Mediator, Rechtsanwalt oder anderer Rechtsdienstleister) eine wettbewerbsrechtliche Konkur-
rentenklage (→ RDG § 9 Rn. 7) einreicht. Eine Untersagungsbefugnis
durch die Aufsichtsbehörden in Bezug auf § 5 RDG besteht dagegen nicht
(§ 9 Abs. 1 RDG; → RDG § 9 Rn. 2), ebenso keine Bußgeldbewehrung
(§ 20 RDG; → RDG § 9 Rn. 8).

1. Zusammenhang mit Haupttätigkeit. Voraussetzung ist zunächst, dass 3
die Rechtsdienstleistung **zur Haupttätigkeit gehört**. Dies bestimmt sich
nach dem (jeweils überkommenen) Berufsbild (→ RDG § 5 Rn. 4), ansonsten nach dem tatsächlichen Tätigkeitsbild (→ RDG § 5 Rn. 6).

Ob es für Mediatoren bereits ein etabliertes **Berufsbild** gibt, ist sicherlich 4
(noch) nicht eindeutig zu beantworten. Die frühere Rechtslage nach dem
RBerG spricht eher dagegen, weil sie Rechtsdienstleistungen stark beschränkte, während das nunmehr geltende RDG für einen möglichen Paradigmenwechsel angeführt werden kann. Der Erlass des MediationsG ist ein
starkes Argument dafür, dass sich ein eigenständiges Berufsbild entwickelt,
nur nimmt das MediationsG gerade keine Stellung zur Frage, ob Rechts-

---

1 *Otting*, Rn. 250.
2 BGH NJW 2012, 1005 (1007) (Klärung der Höhe von Mietwagenkosten durch Au-
  tovermieter).
3 BT-Drs. 16/3655, 54.
4 Vgl. *Kleine-Cosack* RDG § 2 Rn. 152: „Arkanum der Mediation".

dienstleistungen für Mediatoren erlaubt sind, sondern überweist diese Frage dem RDG.

5   Die ausdrückliche **gesetzliche Vertypung** der Berufsbilder von Testamentsvollstreckern (Nr. 1), Haus- und Wohnungsverwaltern (Nr. 2) und Fördermittelberatern (Nr. 3) nach Abs. 2 ist für Mediatoren nur in Randbereichen interessant. So ist Testamentsvollstreckern und Haus- und Wohnungsverwaltern die rechtsdienstleistende Mediation erlaubt.[5] Tätigkeitsfelder können insoweit die Mediation innerhalb von Erbengemeinschaften (→ H Rn. 45) oder bei Nachbarschaftsstreitigkeiten bilden.

6   Da in einer verrechtlichten Welt (→ RDG § 2 Rn. 11) die alternative Streitbeilegung zwar auf rechtliche Mittel verzichtet, meist aber rechtlich etwas gestalten muss (Abschlussvereinbarung, soweit sie rechtliche Verbindlichkeit haben soll), ist es naheliegend, Rechtsdienstleistung wenn nicht zum Berufsbild, so doch zum **Tätigkeitsbild** der meisten Mediatoren zu zählen. Jedoch wird man **differenzieren** müssen: Während für die meisten Mediatoren das Hinwirken auf eine (von den Parteien gewollte) verbindliche Abschlussvereinbarung tätigkeitsprägend ist, ist die rechtliche Beratung über Einigungsmöglichkeiten und -alternativen vom jeweiligen Thema abhängig. In Familienmediationen sind Form- und Fristfragen oft sehr wesentlich, während bei einer Mediation am Arbeitsplatz oder einer Umweltmediation solche Fragen eher im Hintergrund stehen.

7   **2. Bloße Nebenleistung.** Für den **Zusammenhang mit einer nicht-rechtsdienstleistungsrechtlichen Hauptsache** kommt es, anders als früher nach Art. 1 § 5 RBerG, nicht darauf an, ob die (Haupt-)Tätigkeit ohne den rechtsdienstleistenden Anteil sinnvoll erbracht werden kann. Insoweit können selbst für die Haupt- bzw. Gesamtleistung notwendige Leistungen „Nebenleistung" iSd. § 5 RDG sein.[6] Auch die zivilrechtlichen Kategorien von Haupt- und Nebenleistung sind nicht entscheidend.[7]

8   Nicht entscheidend ist der tatsächliche Umfang der Rechtsdienstleistung, sondern, ob sie **prägend** ist. Der Schwerpunkt[8] muss auf der Mediation iSd § 2 Abs. 3 Nr. 4 RDG, also der Mediation ohne rechtliche Regelungsvorschläge, liegen. Dies ist regelmäßig der Fall, denn der „Regelungsvorschlag" bezieht sich ja auf eine außergerichtliche alternative Streitbeilegung. Keine Hauptleistungen sind lediglich verbrämte Mediationen, also die Rechtsberatung bei Vertragsschlüssen, die zur Umgehung des RDG mit „Mediation" überschrieben werden.

9   **a) Verkehrsauffassung.** Maßgeblich ist die Verkehrsauffassung.[9] Die genauen Grenzen sind in der Rechtsprechung allerdings noch nicht ausgelo-

---

5   Umfassend *Schmidt*, Grenzen zulässiger Rechtsberatung durch den WEG-Verwalter, 2012.
6   BT-Drs. 16/3655, 52; BGH NJW 2012, 1589 (1590); BGH GRUR 2011, 539 (542); *Hirtz* in: Grunewald/Römermann RDG § 5 Rn. 46.
7   BT-Drs. 16/3655, 52.
8   BT-Drs. 16/3655, 52; BGH NJW 2012, 1589 (1590); so wohl auch *Nelte*, S. 199; ähnlich, aber mehr berufspolitisch *Mähler/Mähler* in: Haft/v. Schlieffen, 3. Aufl. 2016, § 31 Rn. 84.
9   BT-Drs. 16/3655, 52.

tet.[10] Dabei ist § 5 RDG **grundsätzlich weit auszulegen.** Obwohl nach allgemeiner juristischer Methodenlehre für Ausnahmevorschriften der Grundsatz enger Auslegung gilt,[11] ist mit Blick auf den Regelungsansatz des RDG, einen sehr weiten Anwendungsbereich gerade durch Ausnahmevorschriften zu konturieren, hier das Gegenteil geboten.[12] Auch die Berufsfreiheit (Art. 12 GG) spricht gegen eine enge Auslegung des § 5 RDG.[13]

Ein starkes Indiz für eine Nebenleistung ist, dass sie **nicht gesondert vergütet** wird[14] oder dass sie nicht selbstständig eingefordert werden kann.[15] Die **Komplexität der Rechtsfrage** ist für das Vorliegen einer Haupt- oder einer Nebenleistung ebenfalls wichtig: Das Einordnen eines Sachverhalts in eine vom Gesetzgeber oder der (gefestigten) Rechtsprechung anerkannte Fallgruppe wird regelmäßig als bloße Nebenleistung einzuordnen sein, während die Beurteilung von Grenz- oder Zweifelsfällen die Rechtsdienstleistung zu einer Hauptleistung macht.[16]   **10**

b) Rechtskenntnisse in der Haupttätigkeit. Nach der Begründung des Gesetzesentwurfs[17] soll für die Beurteilung in typisierter Betrachtungsweise die **für die Haupttätigkeit erforderliche Qualifikation** herangezogen werden. Abgestellt wird dabei auf ein gegebenenfalls bestehendes allgemeines Berufs- oder Tätigkeitsbild, ansonsten auf den Inhalt des (Mediatoren-)Vertrags. Es kommt also darauf an, ob bei der Tätigkeit des Mediators typischerweise rechtliche Fähigkeiten erwartet werden.   **11**

Abzustellen ist auf die **rechtliche Fachkenntnis,** die für die Haupttätigkeit benötigt oder bei Gelegenheit ihrer Ausübung erworben wird. Auch juristische Weiterbildungen, die sich auf die Haupttätigkeit beziehen, sind zu berücksichtigen.[18] Wer auch schon für die Haupttätigkeit rechtlich beschlagen ist, für den ist die rechtsdienstleistungsrechtliche Nebentätigkeit tatsächlich nur eine Nebentätigkeit. Allerdings kommt es nicht auf die konkreten Rechtskenntnisse des Mediators an, sondern auf eine typisierende Betrachtungsweise.[19]   **12**

Familienmediation und Familienrecht: Je mehr etwa ein Familienmediator die familienrechtlichen Rahmenbedingungen kennt, desto eher wird er auch „durch rechtliche Handlungsvorschläge" erlaubtermaßen Neben-

---

10 Erste Entscheidungen, die allerdings nicht zu Mediationssachverhalten ergangen sind, besagen, dass das Erstellen von Testamentsentwürfen keine Nebenleistung zur Nachlassplanung ist (AG Königstein ZEV 2011, 206 (207)), dass das bloße Hinwirken auf oder die bloße Mitwirkung an einem Vertragsabschluss bei eigenem wirtschaftlichem Interesse (Umschuldungsangebot einer Bank an andere Gläubiger) ebenfalls nicht (OLG Karlsruhe BRAK-Mitt. 2008, 228 (231)). Dagegen könne die Aussage über die Verkehrsfähigkeit von Lebensmitteln durch einen Lebensmittelchemiker eine Nebenleistung nach § 5 sein (BGH GRUR 2011, 539 (542)).
11 *Hirtz* in: Grunewald/Römermann RDG § 5 Rn. 12, 14; *Unseld/Degen* § 5 Rn. 3.
12 *Franz,* S. 24; *Kleine-Cosack* RDG § 5 Rn. 3, 90 ff.; *Weber,* Die Ordnung der Rechtsdienstleistung in Deutschland nach 1945, 2010, S. 349.
13 BGH NJW 2012, 1589 (1590); *Kleine-Cosack* § 5 Rn. 95 ff.
14 BGH NJW 2012, 1589 (1591).
15 *Hirtz* in: Grunewald/Römermann § 5 Rn. 31.
16 BGH NJW 2012, 1589 (1591) (zu § 490 Abs. 2 BGB).
17 BT-Drs. 16/3655, 52.
18 *Kleine-Cosack* RDG § 5 Rn. 86 ff.
19 Krenzler/*Krenzler* RDG § 5 Rn. 81.

Rechtsdienstleistung nach § 5 Abs. 1 S. 1 RDG erbringen dürfen.[20] Während also ein Mediator allgemein Rechtsdienstleistung nicht ohne Weiteres aufgrund des § 5 Abs. 1 S. 1 RDG erbringen darf, darf dies ein spezialisierter Mediator – etwa ein Familienmediator – auf seinem Spezialgebiet – dann zB dem Familienrecht – uU durchaus.[21]

13 Keine Rolle spielt allerdings, ob der Mediator im Rahmen seiner Ausbildung nach § 5 Abs. 1 S. 2 RDG „Kenntnisse über das Recht der Mediation sowie über die Rolle des Rechts in der Mediation" erworben hat. Denn § 5 RDG stellt **nicht** auf **berufsrechtliche Kenntnisse**, sondern auf Kenntnisse im jeweiligen Fachrecht ab. Nichts anderes gilt auch für den „Zertifizierten Mediator" nach § 5 Abs. 2, da die Ausbildungsanforderung nach § 6 Fachrechtskenntnisse voraussichtlich gerade nicht voraussetzen wird.

Teil 2 Rechtsdienstleistungen durch nicht registrierte Personen

§ 6 RDG   Unentgeltliche Rechtsdienstleistungen

(1) Erlaubt sind Rechtsdienstleistungen, die nicht im Zusammenhang mit einer entgeltlichen Tätigkeit stehen (unentgeltliche Rechtsdienstleistungen).

(2) [1]Wer unentgeltliche Rechtsdienstleistungen außerhalb familiärer, nachbarschaftlicher oder ähnlich enger persönlicher Beziehungen erbringt, muss sicherstellen, dass die Rechtsdienstleistung durch eine Person, der die entgeltliche Erbringung dieser Rechtsdienstleistung erlaubt ist, durch eine Person mit Befähigung zum Richteramt oder unter Anleitung einer solchen Person erfolgt. [2]Anleitung erfordert eine an Umfang und Inhalt der zu erbringenden Rechtsdienstleistungen ausgerichtete Einweisung und Fortbildung sowie eine Mitwirkung bei der Erbringung der Rechtsdienstleistung, soweit dies im Einzelfall erforderlich ist.

1 § 6 RDG erlaubt in drei Konstellationen unentgeltliche (1.), „altruistische" Rechtsdienstleistungen: in persönlichen Näheverhältnissen (2.), durch einen Volljuristen (3.) und unter der Anleitung eines Volljuristen (4.). Die Vorschrift des § 6 RDG dient so – abgesehen von ihrer ersten Variante – unmittelbar Initiativen, deren Zweck das Anbieten (unentgeltlicher) Konfliktbewältigung für Dritte ist, indirekt aber auch den Mediatoren, die (unselbstständig) in einem solchen Rahmen Mediation ausüben.

2 Im Verhältnis zu § 7 RDG (Rechtsdienstleistung für Mitglieder) und § 8 RDG (Rechtsdienstleistung durch öffentliche oder öffentlich anerkannte Stellen) ist § 6 RDG **lex generalis**. Unentgeltliche Rechtsdienstleistung in Verbänden oder insbes. durch Sozialverbände richtet sich ausschließlich nach den dortigen Voraussetzungen, auch wenn sie unentgeltlich ist.[1]

3 **1. Unentgeltlichkeit.** Unentgeltlichkeit muss (nur) **in Bezug auf die Rechtsdienstleistung** bestehen. Allerdings wird eine damit in Zusammenhang stehende sonstige entgeltliche Leistung eine Vermutung für ein Umgehungsgeschäft begründen; auch wird dann meist eine Annexrechtsdienstleistung

---

20 *Spindler* DVBl. 2008, 1016 (1018); *v. Lewinski*, S. 403 f.
21 Diese Konstellation übersieht etwa Krenzler/*Krenzler* § 5 Rn. 81.
1 *K.-M. Schmidt* in: Krenzler RDG § 6 Rn. 4.

(→ RDG § 5 Rn. 1 ff.) vorliegen.[2] Ferner bezieht sich die Unentgeltlichkeit nur auf die Medianden,[3] nicht auch auf das Verhältnis von Mediator und dem Volljuristen, der ihn anleitet. Ein Mediator darf also seinen Ausbilder oder Supervisor durchaus bezahlen, solange die Kosten hierfür nicht auf den Medianden übergewälzt werden.

2. Persönliche Näheverhältnisse. Bei persönlichen Näheverhältnissen (Familie, Nachbarschaft, Freundeskreis, Kollegenkreis, Schulklasse, innerhalb von Vereinen) ist jede **Rechtsdienstleistung erlaubt.** Bei natürlichen Personen wird die Unentgeltlichkeit von Rechtsdienstleistungen ein solches Näheverhältnis indizieren.[4] **4**

Umgehungsgefahr: Allerdings darf ein solches Näheverhältnis, etwa ein Verein, nicht zur Umgehung des RDG genutzt werden. Eine Konstellation hierfür wäre der eher theoretische Fall, dass die (prospektiven) Medianden mit dem Mediator einen **Verein gründen.** Allerdings müsste ein solcher Verein auch noch einen anderen Zweck als den der Rechtsdienstleistung für seine Mitglieder haben[5] (→ RDG § 7 Rn. 3).

3. Mediation durch Berufsträger oder andere Volljuristen. Verfassungsgerichtliche Vorgaben[6] aufnehmend reicht es aus, dass (unentgeltliche) Rechtsdienstleistungen durch einen Volljuristen erbracht werden; eine Anwaltszulassung[7] o.ä ist nicht erforderlich. Volljurist ist man, wenn man die beiden juristischen Staatsexamina bestanden (§ 5 Abs. 1 DRiG) oder einen juristischen Lehrstuhl an einer deutschen Universität innehat (§ 7 DRiG). Aber auch die **Anstellung eines Rechtsanwalts** genügt den Anforderungen des RDG.[8] Dass weisungsabhängige Beschäftigungsverhältnisse dem von der Unabhängigkeit geprägten Anwaltsbild widersprechen,[9] ist insoweit ohne Belang, weil ein solcher angestellter Anwalt (Syndikusrechtsanwalt, §§ 46 ff. BRAO) seine Eigenschaft als Volljurist nicht verliert. **5**

4. Mediation unter der Anleitung eines Volljuristen. Unentgeltliche Rechtsdienstleistungen können ferner unter der **Anleitung eines Volljuristen** (einschließlich der eines externen Rechtsanwalts) erbracht werden. Welche Anforderungen an die „Anleitung" zu stellen sind, ist noch nicht endgültig geklärt. § 6 Abs. 2 S. 2 RDG fordert **Einweisung, Fortbildung** **6**

---

2 Dies übersieht *K.-M. Schmidt* in: Krenzler RDG § 6 Rn. 13.
3 *Wreesmann*, Clinical Legal Education – Unentgeltliche Rechtsberatung durch Studenten in den USA und Deutschland, 2010, S. 216; *Piekenbrock* AnwBl. 2011, 848 ff.
4 Vgl. *Brandner et al.*, Kein Jurist denkt umsonst (Schülerfestschrift für M. Kloepfer), 1993.
5 Vgl. *Finzel* RDG § 7 Rn. 3.
6 BVerfG NJW 2004, 2662 f. – Kramer; BVerfG NJW 2006, 1502 f.
7 Anwälte müssen allerdings § 49 b Abs. 1 BRAO beachten, der der unentgeltlichen Anwaltstätigkeit Grenzen setzt. Allerdings ist die Tätigkeit „pro bono" heute weitgehend freigegeben, insbes. wenn soziale oder Marketingziele verfolgt werden (umfassend *Dux*, Die pro bono-Tätigkeit des Anwalts und der Zugang zum Recht, 2011).
8 Anders zu Umgehungskonstellationen BGH NJW 2009, 3242 (2345); AG Königstein ZEV 2011, 206 (208). – Die Möglichkeit der anwaltlichen Subunternehmerschaft aus dem Entwurf wurde nicht übernommen (ausführliche Darstellung bei *Otting*, Rn. 265 ff.).
9 *v. Lewinski*, S. 46. – Dies übersieht *Kleine-Cosack* RDG § 3 Rn. 56 et pass., insbes. Rn. 92 ff. mit teilweise aber beachtlichen Argumenten.

und, wenn erforderlich, ein **unmittelbares Eingreifen des Volljuristen**. Eine dauernde persönliche Überwachung ist jedenfalls nicht gefordert. Je ausgefeilter eine Schulungs- und Controlling-Struktur für die „angeleiteten" Mediatoren ist, desto geringer ist der unmittelbare persönliche Aufwand.[10]

Praxiselemente während der Ausbildung: Das Modell der überwachten Praxis findet in der allgemeinen **juristischen Ausbildung** zunehmend Verbreitung (sog Law Clinics oder Legal Clinics, in denen Studenten unter fachlicher Anleitung „echte" Fälle bearbeiten).[11] Es kann auch auf die **Mediationsausbildung** übertragen werden,[12] wenn nämlich der angehende Mediator, der sich mangels eigener fachlicher Spezialisierung und damit einhergehender rechtlicher Qualifikation (noch) nicht auf die Annexkompetenz des § 5 RDG berufen kann (→ RDG § 5 Rn. 1 ff.), unter der Aufsicht eines Volljuristen im Rahmen einer Mediation Rechtsdienstleistungen erbringt („rechtsdienstleistungsrechtliche Supervision").[13] Die Unentgeltlichkeit muss einem professionellen Auftreten nicht widersprechen (siehe zB die „Student Litigators", eine als GmbH organisierte bundesweite Initiative von Jurastudenten).

§ 7 RDG   Berufs- und Interessenvereinigungen, Genossenschaften

(1) [1]Erlaubt sind Rechtsdienstleistungen, die

1. berufliche oder andere zur Wahrung gemeinschaftlicher Interessen gegründete Vereinigungen und deren Zusammenschlüsse,
2. Genossenschaften, genossenschaftliche Prüfungsverbände und deren Spitzenverbände sowie genossenschaftliche Treuhandstellen und ähnliche genossenschaftliche Einrichtungen

im Rahmen ihres satzungsmäßigen Aufgabenbereichs für ihre Mitglieder oder für die Mitglieder der ihnen angehörenden Vereinigungen oder Einrichtungen erbringen, soweit sie gegenüber der Erfüllung ihrer übrigen satzungsmäßigen Aufgaben nicht von übergeordneter Bedeutung sind. [2]Die Rechtsdienstleistungen können durch eine im alleinigen wirtschaftlichen Eigentum der in Satz 1 genannten Vereinigungen oder Zusammenschlüsse stehende juristische Person erbracht werden.

(2) [1]Wer Rechtsdienstleistungen nach Absatz 1 erbringt, muss über die zur sachgerechten Erbringung dieser Rechtsdienstleistungen erforderliche personelle, sachliche und finanzielle Ausstattung verfügen und sicherstellen, dass die Rechtsdienstleistung durch eine Person, der die entgeltliche Erbringung dieser Rechtsdienstleistung erlaubt ist, durch eine Person mit Befähi-

---

10 Vgl. *Otting*, Rn. 309.
11 *Wreesmann*, Clinical Legal Education – Unentgeltliche Rechtsberatung durch Studenten in den USA und Deutschland, 2010; *Piekenbrock* AnwBl. 2011, 848; *v. Lewinski*, S. 412.
12 Aus didaktischer Perspektive *Riehm/Heiß* GJLE/ZPR 3 (2016), 21 (32 f.).
13 Denkbar ist hier sogar eine Win-win-Kombination mit der Fachanwaltsausbildung, wenn die Anleitung über den (noch) nicht selbst rechtsdienstleistungsberechtigten Mediator durch einen Fachanwalt(sanwärter) erfolgt, der damit seine Verpflichtung nach § 5 FAO bzw. § 15 FAO erfüllen kann (hierzu im Kontext von studentischen Law Clinics *v. Lewinski* GJLE/ZPR 3 (2016), 54 ff.; *de Barros Fritz* GJLE/ZPR 3 (2016), 110 ff.).

gung zum Richteramt oder unter Anleitung einer solchen Person erfolgt. ²§ 6 Abs. 2 Satz 2 gilt entsprechend.

Rechtsdienstleistungen können für die Mitglieder von Vereinen, sonstigen **1** Vereinigungen und Genossenschaften im Rahmen des jeweiligen Satzungszwecks erbracht werden. Anschaulich wird die Vorschrift deshalb auch als „ADAC-Paragraph" bezeichnet.[1]

Der Begriff der „**Vereinigung**" umfasst Vereine, Dachvereine (Abs. 1 S. 1 **2** Nr. 1), Genossenschaften und deren Zusammenschlüsse und Einrichtungen (Abs. 1 S. 1 Nr. 2) sowie Tochtergesellschaften (§ 1 S. 2 RDG) gleichermaßen und ist von der Rechtsform unabhängig.[2]

Die Rechtsdienstleistung muss dem **Satzungszweck** entsprechen und ist **3** gleichzeitig durch diesen beschränkt. Da die Rechtsdienstleistung nur **Nebenzweck** sein darf, können sich Verbände insoweit nicht das Satzungsziel „Rechtsdienstleistung" geben. Reine „Mediationsverbände" oder „Mediationsclubs" können sich nicht auf diese Vorschrift berufen. Die Rechtsdienstleistung muss den Mitgliedern gegenüber nicht unentgeltlich sein, sondern kann pauschal oder einzelfallbezogen in Rechnung gestellt werden. Eine Gewinnerzielungsabsicht ist, da die Rechtsdienstleistung Nebenzweck bleiben muss, allerdings ausgeschlossen.[3]

Über die Anforderungen für altruistische Rechtsdienstleistungen (→ RDG **4** § 6 Rn. 3) hinaus muss diese nicht nur **durch einen Volljuristen oder unter dessen Anleitung** erbracht werden (Abs. 2 S. 2), sondern der Verband muss zusätzlich eine **sachgerechte Ausstattung** vorhalten.

Verbandsmediation: Für Verbandsmediatoren eröffnet § 7 RDG die Möglichkeit der Mediation zwischen Mitgliedern des Verbandes. Eine Mediation eines Mitglieds mit einem außenstehenden Dritten wird regelmäßig daran scheitern, dass der Mediator als Mediator eines Verbands des einen Medianden gegenüber dem Dritten seine Un- bzw. Allparteilichkeit (§ 2 Abs. 3 S. 1 MediationsG; → MediationsG § 1 Rn. 23 ff.) nicht wahren kann.

§ 8 RDG Öffentliche und öffentlich anerkannte Stellen

(1) Erlaubt sind Rechtsdienstleistungen, die

1. gerichtlich oder behördlich bestellte Personen,
2. Behörden und juristische Personen des öffentlichen Rechts einschließlich der von ihnen zur Erfüllung ihrer öffentlichen Aufgaben gebildeten Unternehmen und Zusammenschlüsse,
3. nach Landesrecht als geeignet anerkannte Personen oder Stellen im Sinn des § 305 Abs. 1 Nr. 1 der Insolvenzordnung,
4. Verbraucherzentralen und andere mit öffentlichen Mitteln geförderte Verbraucherverbände,

---

1 *Römermann* NJW 2006, 3025 (3030).
2 Ausführlich *K.-M. Schmidt* in: Krenzler RDG § 7 Rn. 13 ff.
3 *K.-M. Schmidt* in: Krenzler RDG § 7 Rn. 45.

5. Verbände der freien Wohlfahrtspflege im Sinn des § 5 des Zwölften Buches Sozialgesetzbuch, anerkannte Träger der freien Jugendhilfe im Sinn des § 75 des Achten Buches Sozialgesetzbuch und anerkannte Verbände zur Förderung der Belange von Menschen mit Behinderungen im Sinne des § 15 Absatz 3 des Behindertengleichstellungsgesetzes

im Rahmen ihres Aufgaben- und Zuständigkeitsbereichs erbringen.

(2) Für die in Absatz 1 Nr. 4 und 5 genannten Stellen gilt § 7 Abs. 2 entsprechend.

1   § 8 RDG enthält eine Reihe von Erlaubnistatbeständen iSd § 3 RDG, die auch für Mediatoren Bedeutung haben können. Die Regelung knüpft an Art. 1 § 3 RBerG an und stellt die in § 8 RDG genannten **öffentlichen oder sozialnützigen Institutionen** bei der Erbringung von Rechtsdienstleistung von dem Gebot der Unentgeltlichkeit des § 6 RDG und der Beschränkung auf Mitglieder der § 7 RDG frei.

2   **1. Gerichtlich und behördlich bestellte Mediatoren.** Gerichtlich bestellte Mediatoren im Anwendungsbereich des RDG gibt es (noch) nicht. Die **Güterichter** (§ 278 Abs. 5 ZPO; → ZPO § 278 Rn. 1 ff.) sind innerhalb des gerichtlichen Verfahrens tätig,[1] fallen also nach § 3 RDG nicht unter das RDG (→ RDG § 2 Rn. 4 ff.). Bei der **außergerichtlichen Konfliktbeilegung** (§ 278 a ZPO; → ZPO § 278 a Rn. 1 ff.) handelt es sich nicht um eine gerichtliche Bestellung.

3   Behördlich bestellte Rechtsdienstleister sind herkömmlicherweise Interessenwahrer, haben also eine parteiliche Funktion, die mit der eines Mediators nicht kompatibel ist.[2] Eine Ausnahme sind die **Schlichtungsstellen** nach § 214 VVG; wenn hier mediative Verfahren zur Anwendung kommen, ist eine darin enthaltene Rechtsdienstleistung nach § 8 Abs. 1 Nr. 1 RDG erlaubt.

4   **2. Gerichtliche und behördliche Mediatoren (Nr. 2).** Der wichtige Fall der **gerichtlichen Mediation** durch Güterichter (§ 278 Abs. 5 ZPO) fällt nicht unter diese Vorschrift, weil das RDG nur auf die außergerichtliche Mediation anwendbar ist (→ RDG § 8 Rn. 4 ff.). Außergerichtliche, auch gerichtsnahe Mediation ist dagegen ein Fall des RDG.

5   **Behörden** einschließlich der Justizverwaltung dürfen im Rahmen ihrer jeweiligen Aufgaben Rechtsdienstleistungen erbringen; hierzu zählen auch **kirchliche Träger,**[3] die insoweit nicht auf Nr. 5 (Sozialbereich) zurückgreifen müssen, und **Beliehene.** Soweit Mediation zu den hoheitlichen Aufgaben gehört (**Mediation *durch* die Verwaltung**), ist diese dann auch erlaubt.

Regelungen der Mediation durch die Verwaltung: Beispiele für Mediation durch die Verwaltung sind die (mediative) **Trennungsberatung** durch das

---

1 *Ahrens* NJW 2012, 2465 (2469 f.).
2 Für sie gelten die Regeln der Verfahrensgesetze (§ 14 VwVfG; § 80 AO; § 13 SGB X), die teilweise auf das RDG zurückverweisen (§ 14 Abs. 5 VwVfG; § 13 Abs. 5 SGB X).
3 *v. Marcard*, S. 53 (noch zum RBerG).

Jugendamt (§ 17 SGB VIII), **Mediation in Schulen**[4] durch den Schulträger (Schulpsychologe als Mediator), die aber meist nicht einmal Rechtsangelegenheiten betreffen,[5] die (mediative) **Hilfe zur Teilhabe für Behinderte** (§ 55 Abs. 2 Nrn. 4 u. 7 SGB IX) sowie die behördlichen Verbraucherschlichtungsstellen (§ 28 VSBG) und die Universalschlichtungsstellen (§ 29 VSBG). Nach § 191 f BRAO besteht bei der Bundesrechtsanwaltskammer, allerdings als unabhängige Stelle, eine „**Schlichtungsstelle der Rechtsanwaltschaft**", die hinsichtlich der Streitschlichtung die von den Rechtsanwaltskammern angebotene Vermittlung (§ 73 Abs. 1 S. 1 Nr. 3 BRAO) ergänzt.

3. Mediatoren in Insolvenzberatungsstellen (Nr. 3). Wer eine Insolvenzberatungsstelle iSd § 305 Abs. 1 S. 1 InsO ist, bestimmt sich nach dem jeweiligen Landesrecht. Im Rahmen ihrer Tätigkeit sind sie zu Rechtsdienstleistungen befugt. Zwar stehen sie einerseits auf der Seite des Insolvenzschuldners, können aber im Interesse einer Bereinigung seiner Schuldensituation tatsächlich auch eine unabhängige Stellung einnehmen, in der dann auch **mediative Methoden** zur Anwendung kommen können, die dann auch Rechtsdienstleistungen beinhalten dürfen. **6**

4. Mediatoren in Verbraucherschutzverbänden (Nr. 4). Verbraucherverbände als die „Anwälte von Otto Normalverbraucher" stehen **parteilich** auf dessen Seite und kommen für mediative Tätigkeiten nicht in Betracht. Anders ist dies aber für Verbraucherschlichtungsstellen in Trägerschaft eines Verbraucherschutzvereins (§ 2 iVm § 3 VSBG; vgl. § 9 Abs. 2 VSBG). **7**

5. Sozialverbände (Nr. 5). Viele Aufgaben im sozialen Bereich werden nicht von der staatlichen Verwaltung wahrgenommen, sondern auf Sozialverbände übertragen. Anders als behördliche Mediatoren (→ RDG § 8 Rn. 4 f.) müssen Mediatoren in Sozialverbänden entweder **zur Rechtsdienstleistung befugt** oder **Volljurist** sein oder unter der **Anleitung** einer solchen Person stehen, wie der Verweis auf § 7 Abs. 2 RDG zeigt. Auch muss eine **sachgerechte Ausstattung** (→ RDG § 6 Rn. 4) vorhanden sein. **8**

Mediation durch Sozialverbände: Anwendungsfelder für mediative Verfahren durch Sozialverbände sind etwa die **Trennungsberatung** im Rahmen der freien Jugendhilfe (§ 17 iVm § 75 SGB VIII) sowie die **Erziehungsberatung** (§ 28 iVm § 75 SGB VIII) und die **Beratung im Rahmen der Sozialhilfe** durch freie Wohlfahrtsverbände (§ 11 iVm § 5 SGB XII).

§9 RDG Untersagung von Rechtsdienstleistungen

(1) [1]Die für den Wohnsitz einer Person oder den Sitz einer Vereinigung zuständige Behörde kann den in den §§ 6, 7 Abs. 1 und § 8 Abs. 1 Nr. 4 und 5 genannten Personen und Vereinigungen die weitere Erbringung von Rechtsdienstleistungen für längstens fünf Jahre untersagen, wenn begründete Tatsachen die Annahme dauerhaft unqualifizierter Rechtsdienstleis-

---

4 Schülermediation, also die Mediation durch Schüler, fällt regelmäßig nicht in den Anwendungsbereich des RDG, weil sie unentgeltlich und im Klassen- bzw. Lernverband erfolgt (→ RDG § 6 Rn. 4).

5 *v. Marcard*, S. 65 f.

tungen zum Nachteil der Rechtsuchenden oder des Rechtsverkehrs rechtfertigen. [2]Das ist insbesondere der Fall, wenn erhebliche Verstöße gegen die
Pflichten nach § 6 Abs. 2, § 7 Abs. 2 oder § 8 Abs. 2 vorliegen.

(2) Die bestandskräftige Untersagung ist bei der zuständigen Behörde zu
registrieren und im Rechtsdienstleistungsregister nach § 16 öffentlich be-
kanntzumachen.

(3) Von der Untersagung bleibt die Befugnis, unentgeltliche Rechtsdienstleistungen innerhalb familiärer, nachbarschaftlicher oder ähnlich enger persönlicher Beziehungen zu erbringen, unberührt.

1   Infolge der mit dem RDG bezweckten Liberalisierung des Rechtsdienstleis-
     tungsmarkts und der Abkehr vom Regelungsmodell des Verbots mit Ge-
     nehmigungsvorbehalt des RBerG durch das bloße Verbot mit Erlaubnisvor-
     behalt (→ RDG § 3 Rn. 2 ff.) findet nun keine vorgängige aufsichtsbehörd-
     liche Kontrolle der Rechtsdienstleister (**Eröffnungskontrolle**) mehr statt.
     Und auch die **nachgängige (repressive) Kontrolle** nach § 9 RDG ist auf
     Rechtsdienstleistungen nach §§ 6, 7 Abs. 1 und 8 Abs. 1 Nrn. 4, 5 RDG
     beschränkt (→ RDG § 9 Rn. 3). Allerdings sehen sich auch Mediatoren,
     die Annexrechtsdienstleistungen (→ RDG § 5 Rn. 1 ff.) erbringen, rechtli-
     chen Konsequenzen bei Verstößen gegen das RDG ausgesetzt (→ RDG § 9
     Rn. 5 ff.).

2   **1. Aufsichtsbehördliche Untersagung.** Zuständig für die Überwachung der
     Einhaltung des RDG sind die **Justizverwaltungen der Bundesländer** (§ 19
     RDG). Sie sind für das gesamte RDG zuständig, wenngleich ihre Untersa-
     gungsbefugnisse auf bestimmte Erbringungsarten von Rechtsdienstleistun-
     gen beschränkt sind (→ RDG § 9 Rn. 4). Soweit allerdings spezielle Geset-
     ze (§ 1 Abs. 2 RDG) bestehen (insbes. für Rechtsanwälte die BRAO und
     für Notare die BNotO), gehen deren Regeln über die Berufsaufsicht denen
     des RDG vor (→ RDG § 1 Rn. 12).

3   Die Aufsichtsbehörden können im Falle „dauerhaft unqualifizierter Rechts-
     dienstleistungen" – was in der Praxis kaum je in dieser Deutlichkeit vor-
     kommen wird –[1] eingreifen. Das von § 9 RDG allein genannte Aufsichts-
     mittel ist die **Untersagung der Rechtsdienstleistungserbringung.** Diese Un-
     tersagungsbefugnis ist auf die Rechtsdienstleistungen nach §§ 6, 7 Abs. 1
     und 8 Abs. 1 Nrn. 4, 5 RDG beschränkt, erstreckt sich also **nicht auf die
     Mediation als solche** (§ 2 Abs. 3 Nr. 4 RDG) und die als **Nebenleistung zu
     einer Mediation** erbrachte Rechtsdienstleistung (§ 5 RDG).

4   Da es für Rechtsdienstleistungen allgemein keine Genehmigung mehr gibt
     (→ RDG § 3 Rn. 3), kommt ein Widerruf einer Genehmigung (vgl. noch
     § 14 1. AVO RBerG) nicht in Betracht. Daneben stehen den Behörden nach
     § 9 RDG mangels einer Eingriffsermächtigung nur noch Aufsichtsmittel
     zur Verfügung, die sich für den Rechtsdienstleister nicht als Grundrechts-
     eingriff darstellen. Hierzu kann etwa die (schriftliche) **Belehrung** oder das
     normerläuternde Gespräch gezählt werden.

5   **2. Sanktionen.** Soweit ein Mediator nicht als Freiberufler, sondern als Ge-
     werbetreibender angesehen wird – was nicht einheitlich beantwortet wer-

---

1   *Römermann* NJW 2006, 3025 (3030).

den kann, sondern vom Herkunftsberuf und der Vorbildung abhängt –, kann ihm neben einer Untersagung nach § 9 RDG (→ RDG § 9 Rn. 3) ggf. aufgrund allgemeiner gewerberechtlicher Unzuverlässigkeit iSd § 35 GewO die weitere Ausübung der **Mediatorentätigkeit untersagt** werden.[2] Für Mediatoren aus kammerangehörigen Berufen (insbes. Rechtsanwälten) liegt die Aufsicht bei den berufsständischen Kammern (→ RDG § 9 Rn. 2).

Ob ein Verstoß gegen das RDG zu einer **zivilrechtlichen Nichtigkeit** des   **6** Mediatorenvertrags führen kann, hängt von den Umständen des Einzelfalls ab. Wenn dies der Fall ist, ist der **Vergütungsanspruch nicht durchsetzbar;** eine bereits gezahlte Vergütung durch den Medianden wäre nach § 812 BGB drei Jahre lang rückforderbar (§ 195 BGB). Ein **Schadenersatzanspruch des Medianden** kann sich aus einer Verletzung der (Sorgfalts-)Pflichten aus dem Mediatorenvertrag oder, wenn man das RDG als Schutzgesetz begreift,[3] aus § 823 Abs. 2 BGB ergeben.

Wenn Mediation eine Erwerbstätigkeit darstellt und von einem Selbststän-   **7** digen erbracht wird, ist ein Verstoß gegen das RDG regelmäßig als Wettbewerbsverstoß einzuordnen (§ 3 Abs. 1 UWG), weil nach § 4 Nr. 11 UWG ein Verstoß gegen eine gesetzliche Vorschrift, die auch dazu bestimmt ist, im Interesse der Marktteilnehmer das Marktverhalten zu regeln, als unlauterer Wettbewerb gilt. Ein solcher Wettbewerbsverstoß führt zu einem Unterlassungsanspruch des Konkurrenten (§ 8 UWG) (sog „**Abmahnung**"), im Wiederholensfalle zu einer **Strafzahlung** (Vertragsstrafe aufgrund strafbewehrter Unterlassungserklärung) und – wenngleich nicht in jedem Fall – sogar zu **Schadenersatzansprüchen** (§ 9 UWG).

Erst und nur der Verstoß gegen eine Untersagung wird als **Ordnungswid-**   **8** **rigkeit** verfolgt (§ 20 Abs. 1 Nr. 2 RDG). Die Geldbuße kann bis zu 5.000 EUR betragen (§ 20 Abs. 2 RDG).

Teil 3 Rechtsdienstleistungen durch registrierte Personen

§§ 10–15 b RDG

[**Vom Abdruck der Vorschriften wurde abgesehen.**]

Eine Registrierung des Mediators als Rechtsdienstleister nach RDG schei-   **1** det aus, weil Mediation in § 10 RDG nicht aufgeführt ist. Man kann insoweit von **Registrierungsbedürftigkeit bei gleichzeitig fehlender Registrierungsfähigkeit** sprechen.[1] In einzelnen Bereichen (→ RDG § 8 Rn. 2 ff.) wie Schlichtungsverfahren (§ 15 a EGZPO iVm Landesrecht), dem Täter-Opfer-Ausgleich (§ 155 a StPO), der Verbraucherstreitbeilegung (VSBG; → O Rn. 63) und vor allem der gerichtlichen (§ 278 Abs. 5 ZPO) und gerichtsnahen (§ 278 a ZPO) Mediation gelten uU besondere Zulassungsregeln, die dem RDG nach § 3 RDG vorgehen.

---

2 Die Abgrenzung zwischen der rechtsdienstleistungsrechtlichen Zuständigkeit der Justizbehörden (§ 19 RDG) und der allgemeinen gewerberechtlichen Zuständigkeit (§ 155 GewO) ist allerdings noch nicht geklärt (vgl. als einer der wenigen Fälle zum Verhältnis von RDG und GewO VG Münster 9.6.2010 – 9 K 2508/09 nv).
3 Hierfür Gaier/Wolf/Göcken/*Johnigk* RDG § 2 Rn. 67.
1 *v. Lewinski*, S. 404; vgl. *Henssler* NJW 2003, 241 (245) (noch zum RBerG).

Teil 4 Rechtsdienstleistungsregister

§§ 16, 17 RDG

[Vom Abdruck der Vorschriften wurde abgesehen.]

Teil 5 Datenübermittlung und Zuständigkeiten, Bußgeldvorschriften

§§ 18–20 RDG

[Vom Abdruck der Vorschriften wurde abgesehen.]

v. Lewinski

III. Verjährungshemmung und Lauf von Ausschlussfristen

Literatur:

Althammer, Anmerkung zum Urteil des BGH vom 9.12.2010, Az: III ZR 56/10 (Verjährungshemmung durch unzulässige Klage des Rechtsnachfolgers, NJW 2011, 2172; *Baumbach/Lauterbach/Albers/Hartmann,* Zivilprozessordnung, 68. Aufl. 2010; *Bredow,* Schiedsspruch mit vereinbartem Wortlaut, SchiedsVZ 2010, 295; *Dendorfer,* Güteverhandlung als Mediation im Gerichtsverfahren?, Konfliktdynamik 2012, 280; *dies./Krebs,* Arbeitsrecht und Mediation, Konfliktdynamik 2012, 212; *Diop/Steinbrecher,* Cui bono? – Das Mediationsgesetz aus Unternehmenssicht, BB 2012, 3023; *Düwell,* Mediation endlich gesetzlich geregelt, BB 2012, 1921; *Duve,* Das Gesetz zur Rettung der gerichtlichen Mediation, ZKM 2012, 108; *ders./Eidenmüller/Hacke,* Mediation in der Wirtschaft, 2. Aufl. 2011; *Eidenmüller,* Die Auswirkung der Einleitung eines ADR-Verfahrens auf die Verjährung, SchiedsVZ 2003, 163; *ders./Prause,* Die europäische Mediationsrichtlinie – Perspektiven für eine gesetzliche Regelung der Mediation in Deutschland, NJW 2008, 2737; *Formularbuch Recht und Steuern,* 7. Aufl. 2011; *Fritz/Pielsticker* Mediationsgesetz, 2013; *Goltermann/Hagel/Klowait/Levien,* Das neue Mediationsgesetz aus Unternehmenssicht, SchiedsVZ 2012, 299 (Teil 1) und SchiedsVZ 2013, 41 (Teil 2); *Greger/Unberath/Steffek,* Recht der alternativen Konfliktlösung, Kommentar, 2. Aufl. 2016; *Greger/von Münchhausen,* Verhandlungs- und Konfliktmanagement für Anwälte, 2010; *Gullo,* Das neue Mediationsgesetz: Anwendung in der wirtschaftsrechtlichen Praxis, GWR 2012, 385; *Hellberg/Wendt,* Mediation in der Versicherungswirtschaft, ZKM 2010, 21; *Horstmeier,* Das neue Mediationsgesetz, 2013; *Klose,* Der Lauf der Verjährung bei Mediation und sonstigen außergerichtlichen Streitlösungsmodellen, NJ 2010, 100; *Lachmann,* Handbuch für die Schiedsgerichtsbarkeit, 3. Aufl. 2008; *Löer,* Referentenentwurf eines Mediationsgesetzes, ZKM 2010, 179; *Lörcher/Lissner,* Neues Mediationsgesetz: Aufwind für die außergerichtliche Streitbeilegung im gewerblichen Rechtsschutz?, GRUR-Prax 2012, 318; *May/Moeser,* Anerkannte Gütestelle in der anwaltlichen Praxis – Verjährungshemmung und Konfliktmanagement durch Güteanträge, NJW 2015, 1637; *Meyer/Schmitz-Vornmoor,* Das neue Mediationsgesetz in der notariellen Praxis, DNotZ 2012, 895; *Münchener Kommentar zum Bürgerlichen Gesetzbuch,* 7. Aufl. 2018; *Münchener Kommentar zur Zivilprozessordnung,* 3. Aufl. 2008; *Ortloff,* Vom Güterichtermediator zum Güterichter im Verwaltungsprozess, NVwZ 2012, 1057; *Riehm,* Alternative Streitbeilegung und Verjährungshemmung, NJW 2017, 113; *Risse,* Wirtschaftsmediation, 2003; *ders.* Das Mediationsgesetz – eine Kommentierung, SchiedsVZ 2012, 244; *Saenger,* Zivilprozessordnung, 4. Aufl. 2011; *Staudinger,* Kommentar zum Bürgerlichen Gesetzbuch, 2006; *Steffek,* Rechtsvergleichende Erfahrungen für die Regelung der Mediation, RabelsZ 2010, 841; *Trenczek/Berning/Lenz,* Mediation und Konfliktmanagement, 2013; *Unberath,* Mediationsklauseln in der Vertragsgestaltung – Prozessuale Wirkungen und Wirksamkeit, NJW 2011, 1320; *Wagner, K.-R.,* Zweifelhafte Verjährungshemmung bei Einschalten von Gütestellen, BKR 2013, 108; *Wagner, G.,* Das Mediationsgesetz – Ende gut, alles gut?, ZKM 2012, 110; *ders.,* Grundstrukturen eines deutschen Mediationsgesetzes, RabelsZ 2010, 794; *Wagner/Thole,* Die neue EU-Richtlinie zur Mediation, ZKM 2008, 36; *Wozniewski,* Die neue Mediationsrichtlinie der EU in der Praxis des Handels- und Gesellschaftsrechts, NZG 2008, 410; *Zöller,* Zivilprozessordnung, 29. Aufl. 2012.

§ 203 BGB Hemmung der Verjährung bei Verhandlungen

[1]Schweben zwischen dem Schuldner und dem Gläubiger Verhandlungen über den Anspruch oder die den Anspruch begründenden Umstände, so ist die Verjährung gehemmt, bis der eine oder der andere Teil die Fortsetzung der Verhandlungen verweigert. [2]Die Verjährung tritt frühestens drei Monate nach dem Ende der Hemmung ein.

§ 204 BGB   Hemmung der Verjährung durch Rechtsverfolgung

(1) Die Verjährung wird gehemmt durch

4. die Veranlassung der Bekanntgabe eines Antrags, mit dem der Anspruch geltend gemacht wird, bei einer

a) staatlichen oder staatlich anerkannten Streitbeilegungsstelle oder

b) anderen Streitbeilegungsstelle, wenn das Verfahren im Einvernehmen mit dem Antragsgegner betrieben wird; die Verjährung wird schon durch den Eingang des Antrags bei der Streitbeilegungsstelle gehemmt, wenn der Antrag demnächst bekannt gegeben wird,

8. den Beginn eines vereinbarten Begutachtungsverfahrens,

11. den Beginn des schiedsrichterlichen Verfahrens,

(2) Die Hemmung nach Absatz 1 endet sechs Monate nach der rechtskräftigen Entscheidung oder anderweitigen Beendigung des eingeleiteten Verfahrens. Gerät das Verfahren dadurch in Stillstand, dass die Parteien es nicht betreiben, so tritt an die Stelle der Beendigung des Verfahrens die letzte Verfahrenshandlung der Parteien, des Gerichts oder der sonst mit dem Verfahren befassten Stelle. Die Hemmung beginnt erneut, wenn eine der Parteien das Verfahren weiter betreibt.

1   Parteien, die für einen speziellen Konflikt die Durchführung eines Mediationsverfahrens vereinbart haben, wollen versuchen, den Konflikt außergerichtlich beizulegen. Selbstredend wollen sie jedoch durch die Durchführung der Mediation keinerlei Rechtsnachteile für den Fall des Scheiterns der Mediation erleiden. Insbesondere der Partei, die einen Anspruch geltend macht, ist daran gelegen, dass dieser nicht während der Mediation verjährt oder während des Mediationsverfahrens sonstige Fristen ablaufen, die entweder die Geltendmachung oder Durchsetzung des Anspruchs erschweren oder vereiteln. Aber auch der dem Anspruch ausgesetzten Partei ist daran gelegen, während des Mediationsverfahrens nicht auch noch mit einer Klage überzogen zu werden. Daher ist es im Interesse der Parteien, den Lauf von Verjährungs- und Ausschlussfristen zumindest für die Dauer des Mediationsverfahrens zu hemmen.

Die Med-RiLi[1] verpflichtet die Mitgliedstaaten sicher zu stellen, dass streit- 2
gegenständliche Ansprüche der Parteien während eines Mediationsverfahrens nicht verjähren können. Art. 8 Med-RiLi lautet:

Artikel 8 Med-RiLi Auswirkung der Mediation auf Verjährungsfristen

(1) Die Mitgliedstaaten stellen sicher, dass die Parteien, die eine Streitigkeit im Wege
der Mediation beizulegen versucht haben, im Anschluss daran nicht durch das Ablaufen der Verjährungsfristen während des Mediationsverfahrens daran gehindert
werden, ein Gerichts- oder Schiedsverfahren hinsichtlich derselben Streitigkeit einzuleiten.

(2) Bestimmungen über Verjährungsfristen in internationalen Übereinkommen, denen Mitgliedstaaten angehören, bleiben von Absatz 1 unberührt.

Überraschenderweise findet sich im Gesetz zur Förderung der Mediation 3
und anderer Verfahren der außergerichtlichen Konfliktbeilegung keinerlei
Regelung zur Auswirkung des Mediationsverfahrens auf den Lauf von Ver-
jährungs- und/oder Ausschlussfristen. Der Gesetzgeber begründet dies damit, dass § 203 BGB im Hinblick auf die Verjährungshemmung ausreichend ist.[2]

I. Hemmung der Verjährung

1. Beginn der Verjährungshemmung. Anspruchsteller können es sich nicht 4
erlauben, Gefahr zu laufen, der Einrede der Verjährung ausgesetzt zu sein.
Fraglich ist, ob es den Parteien anhand § 203 BGB möglich ist, Beginn und
Ende der Verjährungshemmung des Mediationsverfahrens zweifelsfrei bestimmen zu können, oder ob sie nicht unnötigerweise gezwungen sind,
rechtserhaltend doch Klage erheben zu müssen.

Während des Gesetzgebungsverfahrens wurde in mehreren Stellungnahmen
eine Klarstellung hinsichtlich des Beginns und Endes der Verjährungshemmung gefordert.[3] Der Gesetzgeber hat versucht, in der Gesetzesbegründung
hierauf eine Antwort zu geben und ausgeführt, dass die Verjährungshemmung bereits dann zu laufen beginnt, wenn zwar noch nicht über den Anspruch an sich verhandelt wird, eine Partei aber die Durchführung eines
Mediationsverfahrens vorgeschlagen und die andere Partei signalisiert hat,
diesen Vorschlag zu prüfen und das Ergebnis der Prüfung mitzuteilen.[4] Zudem stellte der Gesetzgeber klar, dass die Hemmung in diesem Fall wieder
endet, wenn die prüfende Partei eindeutig und klar zu erkennen gibt, eine
Mediation nicht beginnen zu wollen. Letztlich lässt sich der Gesetzesbegründung entnehmen, dass selbst bei Ruhen einer Mediation die Verjährungshemmung erst endet, wenn eine Partei die Fortsetzung der Mediation
klar und deutlich ablehnt.[5] Mit der Gesetzesbegründung wurde hinsichtlich einer Fallgestaltung eine Klärung geschaffen, andere Fallgestaltungen

---

1 ABl. L 136 v. 24.5.2008.
2 Begründung des Gesetzentwurfes BT-Drs. 17/5335, 11.
3 EUCON Stellungnahme zum Referentenentwurf vom 2.2.2009; *RTMKM* ZKM
2009, 147; *Eidenmüller/Prause* NJW 2008, 2737 (2741).
4 Begründung des Gesetzentwurfes S. 11.
5 Begründung des Gesetzentwurfes S. 11; kritisch insofern *Lörcher/Lissner* GRUR-
Prax 2012, 318 (320), die ausführen, dass insbesondere bei emotionalen Mediationen die Verweigerung einer Partei, das Verfahren fortführen zu wollen, nicht stets
ein endgültiges Scheitern darstellen muss.

bleiben jedoch unberücksichtigt. Für die Parteien wäre eine klare gesetzliche Regelung als auch eine einheitliche Regelung hinsichtlich der Verjährungs- und Ausschlussfristen hilfreicher gewesen. Deshalb sollen nachfolgend einige Sachverhalte hinsichtlich der Frage der Hemmung der Verjährung durch Mediationsverfahren näher beleuchtet werden.

5   Dabei sind verschiedene Sachverhalte zu unterscheiden:
- Die Parteien haben die Durchführung einer Mediation bereits im der Streitigkeit zugrundeliegenden Vertrag („Hauptvertrag") durch eine Mediationsklausel vorgesehen.
- Die Parteien einigen sich im Konfliktfall, eine Mediation durchführen zu wollen.
- Eine Partei fragt die andere Partei an, die jedoch das Mediationsverfahren ablehnt.

Bei Aufnahme einer **Mediationsklausel im Hauptvertrag** können sich die Parteien auf die Durchführung eines institutionellen Mediationsverfahrens oder auf die Durchführung eines nicht administrierten Verfahrens geeinigt haben.

6   Sofern sich die Parteien auf ein **institutionelles Verfahren** geeinigt haben, könnte man meinen, dass sich der Beginn der Mediation und damit der Beginn der Hemmung nach § 203 BGB einfach bestimmen ließe, da die Verfahrensordnungen der Institutionen entsprechende Regelungen zum Beginn enthalten.[6] Allerdings ist der Beginn des Mediationsverfahrens in den verschiedenen Verfahrensordnungen sehr unterschiedlich geregelt und reicht vom Eingang des Mediationsantrags bei der Institution,[7] oder einem bestimmten Zeitraum danach,[8] über den Eingang des Einverständnisses der anderen Partei mit der Durchführung des Verfahrens bis hin zum Zeitpunkt der Ernennung des Mediators.[9] All dies zeigt, dass bereits bei institutionellen Mediationsverfahren der Beginn des Laufs der Verjährungshemmung nach § 203 BGB nicht nur uneinheitlich geregelt, sondern teilweise nur ex post bestimmbar ist, was zu erheblicher Rechtsunsicherheit führt. Eine klare gesetzliche Regelung hinsichtlich des Beginns der Mediation als Startpunkt des Laufs der Verjährungshemmung nach § 203 BGB hätte sicher geholfen, hier eine Vereinheitlichung auch der institutionellen Verfahrensordnungen zu diesem Punkt zu ermöglichen.

7   Bei *nicht administrierten Mediationen* gibt es üblicherweise keine Regelungen zur Verjährungshemmung in der Konfliktbeilegungsklausel im Hauptvertrag. Es greift daher allein § 203 BGB. In diesem Fall dürfte lediglich feststehen, dass die Verjährungshemmung nicht bereits mit Abschluss des Hauptvertrages zu laufen beginnt.[10] Streitig ist hingegen, ob die Verjährungshemmung bei bestehender Mediationsklausel im Hauptvertrag bereits

---

6   Vgl. hierzu allgemein: *Horstmeier*, Rn. 200.
7   § 2 Abs. 4 DIS-MedO; Ziff. 3.1. in Verbindung mit Ziff. 7.1 der Verfahrensordnung.
8   Nach § 3 Abs. 4 der Verfahrensordnung der FASPO beginnt die Mediation eine Woche nach Eingang des Antrags.
9   § 6 Abs. 1 der Verfahrensordnung der TENOS; nach deren § 11 ausdrücklich auch der Beginn der Verjährungshemmung erst zu diesem Zeitpunkt zu laufen beginnt.
10 *Wagner* RabelsZ 2010, 794 (800).

mit Aufforderung einer Konfliktpartei an die andere zur Durchführung der (vereinbarten) Mediation zu laufen beginnt[11] oder erst mit Zustimmung der anderen Partei zur tatsächlichen Durchführung der Mediation.[12] Aus Sicht der Parteien handelt es sich hierbei nicht nur um eine akademische Frage, sondern um ein praktisches Dilemma. Droht der Ablauf der Verjährungsfrist und wurde im Hauptvertrag die Durchführung eines Mediationsverfahrens vor Durchführung eines Gerichts- oder Schiedsgerichtsverfahrens vereinbart, so kann aufgrund des darin begründeten dilatorischen Klageverzichts einerseits keine zulässige Klage eingereicht werden, andererseits besteht aber auch keine Rechtssicherheit, ob die Verjährung allein durch die Aufforderung zur Durchführung der vereinbarten Mediation nach § 203 BGB gehemmt wird. Dieses Dilemma kann richtlinienkonform nur so aufgelöst werden, dass bei bestehender Mediationsklausel im Hauptvertrag die Verjährungshemmung nach § 203 BGB bereits ab Aufforderung zur Durchführung einer Mediation zu laufen beginnt.[13] Andernfalls wäre der Kläger zur Fristwahrung gezwungen, eine unzulässige aber die Verjährungshemmung nach § 204 BGB dennoch auslösende Klage zu erheben, bei der das Gericht dann entweder das Ruhen des Verfahrens anordnet oder das Verfahren aussetzt. Dies ist nicht nur unökonomisch, sondern weder den Vorgaben der Med-RiLi noch dem Willen des Gesetzgebers entsprechend. Dennoch bleibt für die Partei, die den Anspruch stellt, mangels klarer gesetzlicher Regelung die Unsicherheit, ob sich ein Gericht nicht doch der im Schrifttum vertretenen anderen Ansicht anschließen wird.

Sofern die Parteien im Hauptvertrag keine Mediationsklausel aufgenommen haben, reicht nach § 203 BGB die einseitige Anfrage einer Konfliktpartei zur Durchführung einer Mediation nicht aus. Ein Verhandeln, und sei es auch „nur" über die Frage, mit welchem Verfahren man den Konflikt beilegen möchte, liegt zu diesem Zeitpunkt noch nicht vor. Dazu bedarf es zumindest einer nicht nur ablehnenden Reaktion der anderen Konfliktpartei,[14] die beispielsweise auch darin bestehen kann, den Vorschlag zur Durchführung einer Mediation prüfen zu wollen.[15] Sofern nach diesen Grundsätzen eine Verhandlung im Sinne von § 203 BGB schwebt, wirkt die Verjährungshemmung auf den Zeitpunkt der ersten Geltendmachung des Anspruchs durch den Gläubiger gegenüber dem Schuldner zurück.[16]

8

---

11 MüKoBGB/*Grothe* § 203 Rn. 5; *Eidenmüller* SchiedsVZ 2003, 163 (167); *Messerschmidt/Volt/Boldt*, Privates Baurecht, Kapitel T Rn. 12; *Klose* NJ 2010, 100 (102); Greger/Unberath/Steffek/*Greger* B. § 1 Rn. 193.

12 Staudinger/*Peters/Jacoby* § 203 Rn. 9; *Wagner* ZKM 2012, 110.

13 Ebenso *Horstmeier*, Rn. 200.

14 Vgl. hierzu auch die Begründung des Gesetzentwurfes, S. 11; aA *Eidenmüller/Prause* NJW 2008, 2737 (2741), wonach allein das Führen von Gesprächen über die (mögliche) Durchführung einer Mediation nicht ausreichend ist, da vielmehr eine Einigung über die Durchführung einer Mediation vorliegen muss.

15 *Hund von Hagen* in: Formularbuch Recht und Steuern, A 13.02 Rn. 5; *Zehle*, S. 36; vgl. hierzu auch Fritz/Pielsticker/*Fritz*, Einführung ZPO, Rn. 5.

16 BGH NJW-RR 2005, 1044 (1046); BGH VersR 1962, 615 (616); OLG Hamburg VersR 1991, 1263; OLG Hamm NJW-RR 1998, 101 (102); MüKoBGB/*Grothe* § 203 Rn. 8.

9   Leider hat es der Gesetzgeber versäumt, hier Rechtssicherheit zu schaffen.[17] Dies hätte er tun können, indem er

- § 203 BGB erweitert hätte um die Klarstellung, dass es sich bei der Mediation um eine Verhandlung gemäß § 203 BGB handelt[18] **und** um die Klarstellung des konkreten Beginns einer Mediation im MediationsG,[19] oder

- § 204 BGB ergänzt hätte[20] **und** zugleich die Klarstellung des konkreten Beginns einer Mediation im MediationsG vorgenommen hätte.

10 **2. Ende der Verjährungshemmung und Ablauffrist.** Die Verjährungshemmung nach § 203 BGB endet, wenn entweder eine Partei die Fortsetzung der Mediation klar und deutlich ablehnt oder der Mediator die Mediation nach § 2 Abs. 5 S. 2 beendet. Dies gilt jedoch nur, wenn die Parteien nicht trotz Beendigung der Mediation weiterverhandeln,[21] denn § 203 BGB stellt allein auf die Beendigung der Verhandlung, nicht jedoch der Mediation als drittunterstütztes Verhandlungsverfahren ab. Nur wenn eine Partei eindeutig zu erkennen gibt, dass sie sich aus dem Verhandeln zurückzieht, tritt die Beendigung der Verjährungshemmung ein.[22]

Auch das Einschlafenlassen der Verhandlungen, einschließlich der Mediation, führt zum Ende der Verjährungshemmung, wenn der Anspruchsteller nicht innerhalb eines zu erwartenden Zeitraums auf die Ablehnung des Anspruchsgegners reagiert.[23] Ein Ruhen des Mediationsverfahrens hingegen ist nicht ausreichend.[24]

Die Verjährungshemmung endet auch, wenn eine Partei auf einen Vorschlag der anderen Partei, eine Mediation durchzuführen, eindeutig und klar zu erkennen gibt, eine Mediation nicht beginnen zu wollen.[25]

11 § 203 S. 2 BGB gewährt zudem eine dreimonatige Ablauffrist, wonach die Verjährung frühestens drei Monate nach Ende der Mediation eintritt. Verbleibt nach Ende der Hemmung noch eine Verjährungsfrist von mehr als drei Monaten, findet S. 2 keine Anwendung. Diese dreimonatige Ablauffrist gewährt dem Gläubiger die Möglichkeit, zu überlegen, ob er nach dem Scheitern der Mediation seinen Anspruch nun im Wege der (Schiedsgerichts-)Klage geltend machen möchte.

---

17 AA *Löer* ZKM 2010, 179 (180), der eine Klarstellung für überflüssig hält mit dem Verweis darauf, dass Beginn und Ende der Verhandlung in § 203 BGB ebenfalls nicht geregelt sind.
18 *RTMKM* ZKM 2009, 147; *Löer* ZKM 2010, 179 (180).
19 Z.B. entsprechend § 1044 ZPO, der den Beginn des Schiedsgerichtsverfahrens mit dem Zugang des verfahrenseinleitenden Antrags beim Schiedsbeklagten festschreibt.
20 *Eidenmüller/Prause* NJW 2008, 2737 (2741); *Wagner* RabelsZ 2010, 794 (800); *Hellberg/Wendt* ZKM 2010, 21 (24); *Wagner/Thole* ZKM 2008, 36 (39); *Steffek* RabelsZ 2010, 841 (861); so auch das BMJ in ZKM 2008, 132.
21 Vgl. hierzu auch Greger/Unberath/Steffek/*Greger* B. § 1 Rn. 195.
22 BGH NJW 2003, 895 (897); BGH NJW 1986, 1337 (1338); Greger/Unberath/Steffek/*Greger* B. § 1 Rn. 195.
23 BGH NJW 2003, 895 (897); BGH NJW 1986, 1337 (1338); Greger/Unberath/Steffek/*Greger* B. § 1 Rn. 195; *Horstmeier*, Rn. 202.
24 *Horstmeier*, Rn. 202; Fritz/Pielsticker/*Fritz*, Einführung ZPO, Rn. 6.
25 Begründung des Gesetzentwurfes S. 11.

3. Zusammenfassung zum Lauf der Verjährungsfristen. Nach der hier ver- 12
tretenen Auffassung lässt sich der Verlauf der Verjährungsfristen bei Mediationsverfahren wie folgt darstellen:

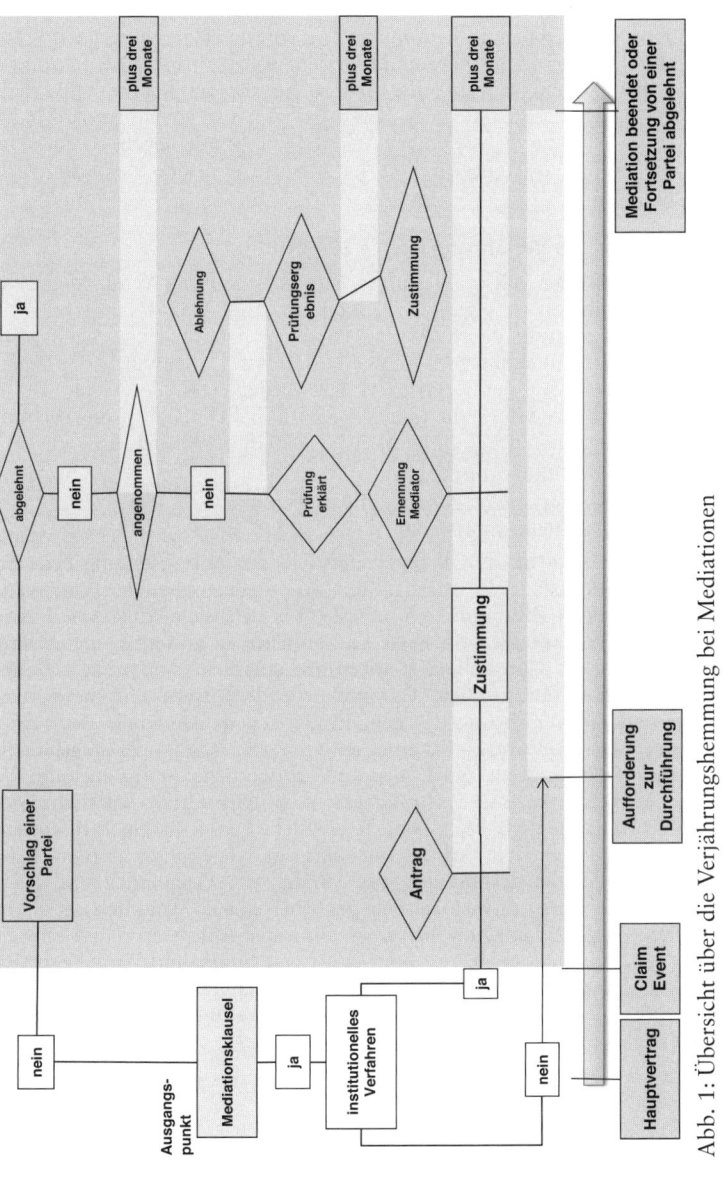

Abb. 1: Übersicht über die Verjährungshemmung bei Mediationen

In den rot gekennzeichneten Feldern läuft die Verjährungsfrist, in den grün gekennzeichneten Feldern ist sie nach § 203 BGB gehemmt, in den gelb gekennzeichneten Feldern hängt die Hemmung von den institutionellen Verfahrensvorschriften ab.

13 **4. Umfang der Verjährungshemmung.** Die von der Hemmung nach § 203 BGB erfassten Ansprüche werden durch den Gegenstand der Mediation bestimmt. Er erstreckt sich auf alle Ansprüche, die der Lebenssachverhalt, der der Mediation zugrunde liegt, hervorbringt. Ausreichend ist die Mediation über die Umstände, die einem Anspruch zugrunde liegen, so dass eine Konkretisierung[26] oder Bezifferung der Ansprüche in der Mediation nicht notwendig ist.

II. Hemmung der Verjährung nach § 204 BGB

14 § 204 Abs. 1 BGB regelt in 14 Ziffern Möglichkeiten der Verjährungshemmung durch Rechtsverfolgung. Darunter in § 204 Abs. 1 Nr. 4 BGB die Verjährungshemmung durch Antrag bei einer Streitbeilegungsstelle. Die Vorschrift wurde anlässlich des VSBG neu gefasst. Dabei wurde der Begriff der Gütestelle durch den Begriff der Streitbeilegungsstelle ersetzt. Dieser umfasst sowohl die Gütestellen nach § 15 a EGZPO als auch die Verbraucherschlichtungsstellen.[27] § 204 Abs. 1 Nr. 4 BGB unterscheidet

- staatliche Streitbeilegungsstellen,
- staatlich anerkannte Streitbeilegungsstellen und
- sonstige Streitbeilegungsstellen.

15 § 204 Abs. 1 Nr. 4 lit. a BGB regelt den Fall der Antragstellung bei einer staatlichen oder staatlich anerkannten Streitbeilegungsstelle. Anders als § 794 Abs. 1 Nr. 1 ZPO und § 15 a EGZPO bezieht sich § 204 Abs. 1 Nr. 4 lit. a BGB nicht auf die von einer Landesjustizverwaltung eingerichteten oder anerkannten Gütestellen, sondern auf staatliche und staatlich anerkannte Streitbeilegungsstellen. Damit wurde der Anwendungsbereich erweitert und die Verjährung des geltend gemachten Anspruchs wird auch gehemmt, wenn der Antrag bei einer anderen staatlichen oder staatlich anerkannten Stelle gestellt wird, die außergerichtliche Streitbeilegung betreibt, beispielsweise eine Verbraucherschlichtungsstelle.[28] **Staatliche Stellen,** die Streitbeilegung betreiben, sind solche, die von einer öffentlich-rechtlichen Körperschaft, Anstalt oder Stiftung eingerichtet wurden. Dazu gehören alle Stellen des Bundes, der Länder, der Gemeinden und Kammern, die außergerichtliche Streitbeilegung betreiben.[29] **Staatlich anerkannte Stellen,** die Streitbeilegung betreiben, sind insbesondere private Einrichtungen, die staatlich anerkannt oder sonst genehmigt sind. Von dieser Regelung sind auch alle anerkannten Verbraucherschlichtungsstellen nach § 2 Abs. 1 Nr. 2 VSBG[30]durch die Landesjustizverwaltung anerkannten Gütestellen nach § 794 Abs. 1 Nr. 1 ZPO erfasst.

---

26 Zu Verhandlungen: BGH VersR 1985, 1141; MüKoBGB/*Grothe* § 203 Rn. 7.
27 BT-Drs. 18/5089, 80.
28 BT-Drs. 18/5089, 80.
29 BT-Drs. 18/5089, 80.
30 BT-Drs. 18/5089, 80.

§ 204 Abs. 1 Nr. 4 lit. b BGB regelt die Verjährungshemmung von Anträ- 16
gen bei **sonstigen Streitbeilegungsstellen**. Das sind private Stellen, die sich
nicht nur einmalig, sondern dauerhaft mit Streitbeilegung befassen.[31] Darunter fallen auch Einzelpersonen. Unerheblich ist dabei, welche Methode
der Streitbeilegung diese Stellen anbieten,[32] mit Ausnahme der in § 204
Abs. 1 BGB ohnehin genannten Methoden der Begutachtung (§ 204 Abs. 1
Nr. 8 BGB) und des schiedsrichterlichen Verfahrens (§ 204 Abs. 1 Nr. 11
BGB). Insofern fallen auch Mediatoren, die dies dauerhaft betreiben, unter
§ 204 Abs. 1 Nr. 4 lit b BGB, weiterhin beispielsweise Stellen, die Schlichtung, Adjudikation oder Dispute Board Verfahren anbieten.[33]

Allerdings hemmt ein Antrag in diesem Fall nur dann die Verjährung, 17
wenn das Streitbeilegungsverfahren im Einvernehmen mit dem Antragsgegner durchgeführt wird. Das Einvernehmen kann explizit durch Erklärung
im konkreten Konfliktfall hergestellt werden oder aber durch eine entsprechende Vertragsklausel. Vom Einvernehmen der Parteien ist auszugehen,
wenn der Antrag gemeinsam gestellt wird oder wenn sich der Antragsgegner, nachdem ihm der Antrag bekanntgegeben worden ist, bereit erklärt,
an dem Verfahren teilzunehmen.[34] Bei mehreren Antragsgegnern tritt die
Verjährungshemmung jedoch nur hinsichtlich Ansprüchen ein, die sich gegen diejenigen Anspruchsgegner richten, die ihre Bereitschaft zur Teilnahme erklärt haben. Das Einvernehmen wird nach § 15 a Abs. 3 S. 1 EGZPO
unwiderleglich vermutet, wenn ein Verbraucher eine Verbraucherschlichtungsstelle, eine branchengebundene andere Gütestelle oder eine andere
Gütestelle der Industrie- und Handelskammer, der Handwerkskammer
oder der Innung angerufen hat.

1. Beginn der Verjährungshemmung. In beiden Fällen des § 204 Abs. 1 18
Nr. 4 BGB beginnt die Hemmung der Verjährung bereits mit dem Eingang
des Antrages bei der Streitbeilegungsstelle, wenn der Antrag dem Antragsgegner von der Streitbeilegungsstelle demnächst bekannt gegeben wird.
Maßgeblich ist die Veranlassung der Bekanntgabe durch die Streitbeilegungsstelle, also die aktenmäßig nachprüfbare Übersendung des Antrages
an den Antragsgegner.[35] Auf den Zugang beim Antragsgegner kommt es
hingegen nicht an.[36]

Die Bekanntgabe gilt auch dann noch als demnächst erfolgt, wenn sie aus 19
Gründen, die nicht der Antragsteller zu vertreten hat, verzögert wird. Dies
gilt selbst bei mehrmonatigen Verzögerungen durch den Geschäftsbetrieb
der Streitbeilegungsstelle.[37] Hat allerdings der Antragsteller die Verzögerung der Bekanntgabe um mehr als 14 Tage zu vertreten, tritt der Beginn
der Verjährungshemmung nicht bereits mit dem Eingang des Antrages bei

---

31 BT-Drs. 14/980, 7.
32 Vgl. MüKoZPO/*Gruber* EGZPO § 15 a Rn. 45.
33 S. auch die Auflistung der Konfliktbeilegungsverfahren im RegE (BT-Drs. 17/5335,
    11).
34 BT-Drs. 18/5089, 80.
35 Vgl. hierzu BT-Drs. 14/7053, 181; MüKoZPO/*Gruber* EGZPO § 15 a Rn. 53.
36 *Riehm* NJW 2017, 113 (15); BeckOK BGB/*Henrich* § 204 Rn. 24 allerdings mit
    dem Hinweis, dass dies rechtsstaatlich bedenklich ist.
37 BGH NJW 2010, 222.

der Streitbeilegungsstelle ein, sondern erst mit der Veranlassung der Bekanntgabe.[38]

20 Für die Verjährungshemmung kommt es nicht darauf an, ob der Antrag bei der örtlich oder sachlich richtigen Streitbeilegungsstelle eingereicht wird.[39] Auch die Einreichung von Anträgen bezüglich Ansprüchen, die nicht der in § 15 a EGZPO erwähnten obligatorischen Streitbeilegung unterliegen, aber bei den dort genannten Gütestellen erfolgt, ist für die Verjährungshemmung unschädlich.[40] Die formalen Antragsanforderungen der Streitbeilegungsstelle müssen hingegen gewahrt sein.[41] Der mit dem Antrag geltend gemachte Anspruch muss zumindest hinreichend konkretisiert sein, so dass der Antragsgegner prüfen kann, ob er sich dagegen (erfolgversprechend) verteidigen kann und ob er in das Streitbeilegungsverfahren eintreten möchte.[42] Zur Individualisierung des Anspruches können auch Anspruchsschreiben oder Schriftstücke beigefügt werden.[43] Eine genaue Bezifferung ist zwar nicht unbedingt notwendig,[44] aufgrund abweichender Rechtsprechung[45] aber empfehlenswert.

21 **2. Ende der Verjährungshemmung.** Das Ende der Verjährungshemmung nach § 204 BGB regelt dessen Abs. 2. Sie endet grundsätzlich sechs Monate nach der Beendigung des eingeleiteten Streitbeilegungsverfahrens. Dies kann durch Abschluss eines Vergleiches erfolgen, durch Rücknahme des Antrages oder durch sonstige in den Verfahrensordnungen vorgesehene Verfahrensbeendigungen, bei der Mediation insbesondere auch durch Verfahrensbeendigung durch eine Partei (§ 2 Abs. 5 S. 1 MediationsG) oder den Mediator (§ 2 Abs. 5 S. 2 MediationsG). Wird das Verfahren durch die Parteien nicht weiter betrieben, so tritt an die Stelle der Beendigung des Verfahrens die letzte Verfahrenshandlung der Parteien oder der angerufenen Streitbeilegungsstelle. Die Hemmung der Verjährung beginnt jedoch erneut, wenn eine der Parteien das Verfahren weiter betreibt.

Der sechsmonatige Nachlauf der Verjährungshemmung nach § 204 Abs. 2 BGB ist bei Mediationsverfahren für den Anspruchsteller günstiger als die dreimonatige Ablauffrist nach § 203 S. 2 BGB.

22 **3. Umfang der Verjährungshemmung.** Die Verjährungshemmung nach § 204 BGB bezieht sich auf die mit dem Antrag geltend gemachten und

---

38 Greger/Unberath/Steffek/*Greger* D. Rn. 118; beispielsweise wenn der Prozessbevollmächtigte des Antragstellers die Streitbeilegungsstelle bewusst überlastet (OLG Celle WM 2016, 205 bei 12.000 gleichzeitigen Anträgen).
39 Greger/Unberath/Steffek/*Greger* D. Rn. 116; *May/Moeser* NJW 2015, 1637 (1638); zu den Gütestellen des § 204 aF: BGHZ 123, 337.
40 *May/Moeser* NJW 2015, 1637 (1638); MüKo/*Grothe* § 204 Rn. 35; aA Wagner BKR 2013, 108 (109).
41 BGH NJW 2008, 506.
42 Greger/Unberath/Steffek/*Greger* D. Rn. 116; *Wagner* BKR 2013, 108 (111); ausführlich zur Bestimmtheit von Güteanträgen: *May/Moeser* NJW 2015, 1637 (1638 f.).
43 *May/Moeser* NJW 2015, 1637 (1639); Greger/Unberath/Steffek/*Greger* D. Rn. 116.
44 *Duchstein* NJW 2014, 342 (344); *May/Moeser* NJW 2015, 1637 (1639); OLG Karlsruhe BKR 2015, 128.
45 OLG München WM 2008, 733; weitere Rechtsprechung bei: *May/Moeser* NJW 2015, 1637 (1639, Fn 25).

entsprechend individualisierten Ansprüche. Wird mit dem Antrag bei der Streitbeilegungsstelle nur ein Teilbetrag geltend gemacht, so erfolgt keine Verjährungshemmung darüber hinausgehender nicht geltend gemachter Ansprüche.[46]

III. Hemmung von Ausschlussfristen

Neben der Verjährungshemmung wäre es wünschenswert gewesen, wenn   23
der Gesetzgeber auch den Lauf von Ausschlussfristen gehemmt hätte.[47]
Leider hat der europäische Gesetzgeber hier keine klaren Vorgaben gemacht, so dass der deutsche Gesetzgeber auch nicht verpflichtet war, dies
zwingend zu regeln.[48] Eine frühere Fassung von Art. 8 Med-RiLi lautete
noch:

„Aussetzung von Verjährungs- und Ausschlussfristen

(1) Um sicherzustellen, dass Parteien, die einen Streitfall im Wege der Mediation lösen wollen, nicht daran gehindert sind, anschließend ein Gerichtsverfahren einzuleiten, weil Verjährungs- und Ausschlussfristen abgelaufen sind, treffen die Mitgliedstaaten Vorkehrungen, damit solche Fristen nicht ablaufen zwischen

a) dem Zeitpunkt, zu dem die Parteien die Inanspruchnahme der Mediation nach
   der Entstehung des Streitfalls schriftlich vereinbaren, oder, wenn es keine solche
   schriftliche Vereinbarung gibt dem Zeitpunkt, zu dem sie an der ersten Mediationssitzung teilnehmen, oder dem Zeitpunkt, zu dem die Pflicht zur Inanspruchnahme der Mediation nach nationalem Recht entsteht, und
b) dem Zeitpunkt einer im Mediationsverfahren erzielten Vereinbarung, dem Zeitpunkt, zu dem zumindest eine der Parteien der anderen schriftlich mitteilt, dass
   die Mediation beendet ist, oder, wenn eine solche schriftliche Mitteilung nicht
   erfolgt, dem Zeitpunkt, zu dem der Mediator aus eigener Initiative oder auf Ersuchen mindestens einer der Parteien erklärt, dass die Mediation beendet ist.“

Die endgültige Fassung von Art. 8 Med-RiLi ist wesentlich kürzer und be-   24
inhaltet die Ausschlussfristen nicht mehr. Die Streichung der Ausschlussfristen aus dem Katalog der in der Med-RiLi enthaltenen Umsetzungs-
pflicht allein hätte den deutschen Gesetzgeber aber nicht gehindert, den
Lauf von Ausschlussfristen bei Mediationsverfahren dennoch zu hemmen.
Von dieser Möglichkeit hat er aber keinen Gebrauch gemacht, so dass Ausschlussfristen[49] während Mediationsverfahren nicht gehemmt sind. Eine
vertragliche Verlängerung der gesetzlichen Ausschlussfristen ist den Partei-

---

46 *Wagner*, BKR 2013, 108 (111).
47 So auch *Steffek* RabelsZ 2010, 841 (861); *RTMKM* ZKM 2009, 147; *Diop/Stein-
    brecher* BB 2011, 131 (134); *Horstmeier*, Rn. 203; Fritz/Pielsticker/*Fritz*, Einfüh-
    rung ZPO, Rn. 7; *Goltermann/Hagel/Klowait/Levien* SchiedsVZ 2013, 41 (48).
48 *Wozniewski* NZG 2008, 410 (412).
49 ZB § 4 KSchG (dreiwöchige Klagefrist des Arbeitnehmers ab Zugang der schriftli-
    chen Kündigung), § 246 Abs. 1 AktG (einmonatige Klagefrist für die Anfechtungs-
    klage gegen die Beschlussfassung der Hauptversammlung), § 15 Abs. 1 AGG iVm
    § 61 b ArbGG (dreimonatige Klagefrist für Entschädigungsansprüche wegen Be-
    nachteiligung), § 23 BBiG (dreimonatige Frist für Schadensersatzansprüche bei Be-
    endigung des Berufsausbildungsverhältnisses), § 14 Abs. 1 UmwG (einmonatige
    Klagefrist gegen die Wirksamkeit eines Verschmelzungsbeschlusses), § 195 Abs. 1
    UmwG (einmonatige Klagefrist gegen die Wirksamkeit eines Umwandlungsbe-
    schlusses).

en nicht möglich.[50] Damit muss die anspruchstellende Partei trotz laufender Mediation Klage erheben, wenn der Ablauf der Ausschlussfrist droht.[51] Der dilatorische Klageverzicht der Mediationsvereinbarung erstreckt sich nicht auf Klagen zur Wahrung von vertraglich nicht verlängerbaren Ausschlussfristen. Derartige Klagen sind nicht als unzulässig abzuweisen,[52] vielmehr ordnet das Gericht das Ruhen des Verfahrens – bei Zivilprozessen nach § 278 a Abs. 2 ZPO und bei Arbeitsgerichtsprozessen nach § 54 a Abs. 2 S. 1 ArbGG – an oder setzt das Verfahren bei Familiengerichtsverfahren nach § 36 a Abs. 2 FamFG aus. Dies bedeutet, dass sowohl die Parteien als auch die Gerichte unnötigerweise belastet werden und der konsensuale Ansatz der Mediation durch Einreichung der notwendigen Klage konterkariert wird.

---

50 OLG Celle WM 1975, 652 (654); *Dendorfer/Krebs* Konfliktdynamik 2012, 212 (215); *Steffek* RabelsZ 2010, 841 (862); *Risse*, 10. Aufl. 2010, Kapitel 9 Anm. 6; MüKoBGB/*Grothe* Vor §§ 194–218 Rn. 12; *Greger/von Münchhausen* § 3 Rn. 46; Greger/Unberath/Steffek/*Greger* B. § 1 Rn. 164, der aber bei Verstreichen der Frist im Vertrauen auf die Mediationsabrede die Möglichkeit des Einwands der unzulässigen Rechtsausübung nach § 242 BGB für möglich hält.
51 *Dendorfer* Konfliktdynamik 2012, 280 (282).
52 *Unberath* NJW 2011, 1320 (1323); selbst die Erhebung einer unzulässigen Klage hemmt die Verjährung: BGH NJW 2011, 2193 (2194); *Althammer* NJW 2011, 2172 (2174); Greger/Unberath/Steffek/*Greger* B. § 1 Rn. 191.

A. Mediation und Konfliktmanagement in Wirtschaft und Gesellschaft

Literatur:

B2B Arbeitskreis des Round Table Mediation & Konfliktmanagement, Die Erwartungen der Unternehmen an ihre Berater bei der Konfliktbearbeitung und -beilegung, SchiedsVZ 2012, 254; *Briem/Klowait*, Der Round Table Mediation und Konfliktmanagement der deutschen Wirtschaft – Wegweiser für einen Paradigmenwechsel im unternehmerischen Konfliktmanagement?, Konfliktdynamik 2012, 66; *Kirchhoff*, Wirtschaftsmediation in Deutschland – Momentaufnahme und Perspektiven, ZKM 2007, 108; *ders.*, Konfliktmanagement (-systeme) 2.0 – Das Komponentenmodell in der Praxis, Konfliktdynamik 2012, 4; *ders./Klowait*, Business Mediation, ADR and Conflict Management in the German Corporate Sector – Status, Development & Outlook", TDM 6 (2014); *Klowait*, Corporate Pledges – Normierung des Konfliktverhaltens bei Business-to-Business Streitigkeiten, Konfliktdynamik 2016, 102; *PwC/Viadrina*, „Konfliktmanagement in der deutschen Wirtschaft – Entwicklungen eines Jahrzehnts", 2016; *Risse*, Wirtschaftsmediation, München 2003; *Trenczek/Berning/Lenz* (Hrsg.), Mediation und Konfliktmanagement, 2013.

I. Relevanz des Wirtschaftskontextes für die Entwicklung der Mediation

Einer der entscheidenden Faktoren für eine sichtbare und nachhaltige Verankerung der Methode Mediation – einer im Kern kooperativen Herangehensweise an Interessengegensätze – in Deutschland war und ist die Erschließung des Feldes der Wirtschaft als einem den Lebensalltag und die Wahrnehmung intensiv prägenden Teilbereich unserer Gesellschaft. Eine signifikante Änderung der Konfliktkultur in Deutschland ohne Einbezug der **Wirtschaftssphäre im weiten Sinne – Unternehmen, Institutionen, Strukturen, Werte und Menschen** – ist undenkbar. **1**

Nachdem die „Einflugschneise" der Etablierung von Mediation im deutschsprachigen Raum bekanntlich zunächst eher über das Feld der Familienmediation erfolgte, ist das Thema Konfliktmanagement und Mediation in den vergangenen zehn Jahren in Unternehmen, Kanzleien und bei Beratern ebenso angekommen wie bei den relevanten Institutionen. Ausmaß und Ausprägung der Etablierung von Mediation und Konfliktmanagement variieren dabei allerdings ebenso sehr wie die zugrunde liegenden Motivationen, sich einem Überdenken etablierter Umgangsformen mit Konflikten **2** überhaupt zu öffnen. Diese Situation erfordert eine besondere Differenziertheit – sowie diverse Ausflüge in angrenzende Bereiche – beim Ausleuchten des Feldes. Wenngleich also der inhaltliche Schwerpunkt dieses Überblicks (parallel zu demjenigen der Folgebeiträge) auf der Wirtschaftsmediation liegt, ist die wichtigste Blickrichtung eine gesellschaftliche Vogelperspektive, die gerade auch die **Querbezüge zwischen der Wirtschaft im engeren Sinne und anderen Bereichen** einschließt.

II. Begriffliche Verortung und Ausdifferenzierung

3   Zunächst zur Terminologie: Wirtschaftsmediation ist – wie auch die im Detail durchaus unterschiedlichen begrifflichen Konturierungen der Folgebeiträge zeigen – kein mit einer selbstverständlichen Bedeutung besetzter Ausdruck. Nach Risse lässt sich jedes Mediationsverfahren im Bereich der Wirtschaftsmediation ansiedeln, in dem über einen Konflikt verhandelt wird, den ansonsten ein Zivilrichter entscheiden müsste.[1] Gerade die Frage der Zuordnung innerbetrieblicher Konflikte zur Wirtschaftsmediation wird jedoch unterschiedlich beantwortet. Faktisch reicht das **Einsatzspektrum der Mediation im Wirtschaftskontext** von Teamkonflikten in Abteilungen (Konflikte am Arbeitsplatz) über Konflikte zwischen Unternehmen (B2B [Business to Business]-Konflikte) bis hin zu unternehmerischen Strategie- und Gestaltungsprozessen unterschiedlichster Art. Kennzeichen dieser letzten, bisweilen wenig beachteten Kategorie ist es unter anderem, dass im Fokus der Aufmerksamkeit nicht (notwendigerweise) die Lösung von Konflikten, sondern die Herausarbeitung eines unternehmerisch sinnvollen Interessenprofils zwecks Vorbereitung einer fundierten Entscheidungsfindung steht. Zunehmend wird zudem die Notwendigkeit erkannt, Konflikte zwischen Unternehmen und Kunden (B2C-Konflikte) außergerichtlich zu lösen, wobei die Verbraucherstreitigkeiten eine (auch begriffliche) Sonderrolle einnehmen.

4   Die Vehemenz, mit der zum Teil die Zugehörigkeit bzw. Nichtzugehörigkeit bestimmter Konfliktarten zum Bereich der Wirtschaftsmediation vertreten wird, findet – so wünschenswert eine noch größere Trennschärfe für die Seriosität von Ausbildungen und Qualität von Dienstleistungen wäre – zur Zeit noch keine Entsprechung in der praktischen Realität, in der der **Begriff Wirtschaftsmediation** regelmäßig und völlig unbekümmert **im umfassenden Sinne** genutzt wird.[2]

5   Da das Ziel dieses Kommentars nicht die finale begriffliche Klärung, sondern die passgenaue Verortung der Mediation und des hier kommentierten Mediationsgesetzes in den diversen praktischen Anwendungsbereichen ist, genügt diese kurze Verdeutlichung des breiten Einsatzspektrums als Beleg, dass der Begriff „Wirtschaftsmediation" eher als **schlagwortartige Bezeichnung eines heterogenen und anspruchsvollen Anwendungsfeldes** der Methode Mediation zu verstehen ist denn als eine wissenschaftlich präzise Eingrenzung. Wirtschaftsmediation wird hier folglich als Mediation im Wirtschaftskontext verstanden, Differenzierungen werden vorgenommen, wo dies erforderlich ist.

---

1 *Risse*, S. 36.
2 *Kirchhoff* ZKM 2007, 108.

III. Erstarken des Feldes in Wissenschaft und Praxis

Konzentriert man sich auf die faktischen Entwicklungen im Bereich Wirt- 6
schaftsmediation, so erweisen sich insbesondere die letzten 10 Jahre als äußerst aussagekräftig: Studienserien untermauerten den (interessanterweise
direkt aus den Unternehmen heraus artikulierten) Bedarf nach mediativer
Methodik, Pionierunternehmen entwickelten unterschiedlich ambitionierte
und im positiven Sinne heterogene Programme zur Optimierung ihrer unternehmerischen Konfliktbearbeitung und auf dem Feld aktive Unternehmen schlossen sich in Netzwerken zusammen. Mittlerweile reagiert zunehmend auch das Umfeld im weitesten Sinne – Anwaltskanzleien, Beratungs-
unternehmen, Institutionen und andere gesellschaftliche Akteure – auf diese Veränderungen im Wirtschaftsleben. Mit Gewinn lässt sich diese Ak-
zentsetzung in der Betrachtung – **Wissenschaft, Praxis, Umfeld** – auch auf
andere Felder übertragen, gerade deshalb soll dieser Dreiklang hier kurz
exemplarisch für den Wirtschaftskontext illustriert werden.

1. Die Wissenschaft: Studien, Aufsätze und Forschungsinitiativen. Im Zeit- 7
raum von 2005 bis 2016 begleitete eine umfassende **Studienserie,** von der
Europa-Universität Viadrina gemeinsam mit PricewaterhouseCoopers
durchgeführt, den Veränderungsprozess im Konfliktmanagement deutscher
Unternehmen.[3] Zu Beginn der Serie lag der Forschungsakzent auf der Frage, mit welcher Nutzungshäufigkeit die unterschiedlichen Konfliktbearbeitungsverfahren Verhandlung, Mediation, Schlichtung, Schiedsgutachten,
Schiedsverfahren und Gerichtsverfahren von Unternehmen in Anspruch genommen werden und wie die Unternehmen die Vorteilhaftigkeit der Verfahren im Vergleich zueinander einschätzen. Die im Ergebnis feststellbare
Diskrepanz zwischen der (abstrakt: großen) Beliebtheit/Präferenz für konsensual ausgerichtete Verfahren wie der Mediation und ihrer (faktisch: geringen) Einsatzhäufigkeit bereitete den Weg für vier Folgestudien. In diesen
ging es insbesondere darum, Wege für eine aus Sicht von Unternehmen und
Konfliktforschung sinnvolle Verankerung des Themas Konfliktbearbeitung
in den unternehmerischen Strukturen und Prozessen aufzuzeigen.

Ein maßgebliches Zwischenergebnis der Studienserie war die Entwicklung 8
des **Viadrina-Komponentenmodells eines Konfliktmanagementsystems,**
welches durch die Systematisierung zahlreicher Praxiserfahrungen von Unternehmen eine Art „Blaupause" für die Konzeption eines Konfliktmanagement-Systems liefert. Das Modell erlaubt es nicht zuletzt, gerade das Instrument der Wirtschaftsmediation präzise innerhalb der unternehmerischen Konfliktmanagementprogramme zu verorten:[4] eben als eine derjenigen Methoden, die auf Basis einer vorgelagerten, systematischen Verfahrenswahl von professionellen Konfliktbearbeitern mit Mediationskompetenz (ob externe oder Inhouse-Mediatoren) im konkreten Fall eingesetzt
wird.

---

3 Sämtliche Studien sind auf der Homepage des Instituts für Konfliktmanagement unter https://www.ikm.europa-uni.de/de/kernbereiche/wirtschaft/index.html (zuletzt
   abgerufen am 1.3.2017) verfügbar.
4 *Kirchhoff* Konfliktdynamik 2012, 4 ff.

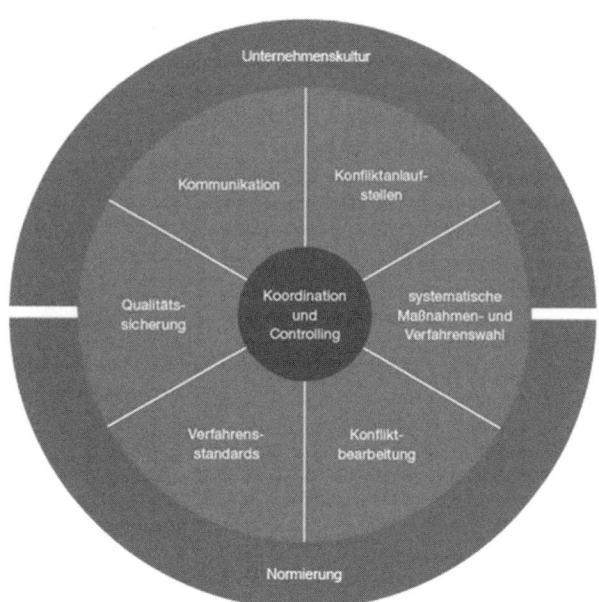

Abb. 1 – Viadrina-Komponentenmodell eines Konfliktmanagement-Systems (2013)[5]

9   Die 2013 veröffentlichte Studie differenziert das Thema Konfliktmanagement unter den Perspektiven Controlling und Qualität weiter aus, verankert es in den unternehmerischen Managementstrukturen und präzisiert die ethische Dimension des Themas. Die abschließende Studie, 2016 erschienen und erneut primär quantitativ ausgerichtet, untersucht, inwiefern die offenkundigen Veränderungen während des letzten Jahrzehnts in Zahlen und Fakten (etwa Fallzahlen von Mediationen und Änderungen in Vertragsklauseln) nachweisbar sind. Ihr Fazit lautet: Die zehn Jahre später erhobenen Daten zeigen, dass die Diskrepanz zwischen der positiven Einschätzung und der tatsächlichen Nutzung von außergerichtlichen Konfliktbearbeitungsverfahren immer noch besteht, aber deutlich kleiner geworden ist. Insbesondere die **Mediation hat im Unternehmenskontext eine größere Relevanz bekommen**. Bei Konflikten am Arbeitsplatz werden – gerade in größeren Unternehmen – mittlerweile häufig Mediatoren hinzugezogen, um Streitigkeiten beizulegen. Neben dem Aspekt der Kostenreduzierung liegen die Motivationen dafür insbesondere in der Unternehmensphilosophie, der Wahrung von Vertraulichkeit und dem Interesse an der Fortsetzung von Arbeitsverhältnissen begründet. Kurzum: Die Relevanz insbesondere von Mediation wächst; gleichzeitig weist die Gesamtentwicklung des Themas Konfliktmanagement in der Wirtschaft eher die Züge einer Evolu-

---

5   S. *Viadrina/PricewaterhouseCoopers* (Hrsg.), Konfliktmanagement als Instrument wertorientierter Unternehmensführung, S. 18.

tion als diejenigen einer – in den ersten Jahren der Etablierung teils erhofften und teils eher befürchteten – Revolution auf.

Einen anders gelagerten, aber ebenso wichtigen Beitrag für die Ausmessung des Feldes Konfliktmanagement in der Wirtschaft hat die 2009 erschienene **Konfliktkostenstudie von KPMG**[6] geleistet. Neben einer klaren Differenzierung zwischen funktionalen und dysfunktionalen Konfliktwirkungen wird in der Studie ein Konfliktkostenmodell entwickelt, das als Basis für den von zahlreichen Wirtschaftsakteuren geforderten „business case mediation/conflict management" dienen kann. Die Ausbreitung der Wirtschaftsmediation hat auch von diesem Beitrag wesentlich profitiert, da die Kosten von Konflikten und letztlich die Effekte von Mediation – jedenfalls in erster Näherung – analytisch aufbereitet werden können.   10

2. Die Praxis: Pionierprogramme und der RTMKM. Die Themen Konfliktmanagement im Allgemeinen und Mediation im Besonderen sind in den vergangenen zehn Jahren von zahlreichen Unternehmen aufgegriffen und in Form von Pilotprojekten, spezifischen Betriebsvereinbarungen sowie neuen Rollenbeschreibungen und Funktionen (von Ombudspersonen über Konfliktlotsen bis zu Inhouse-Mediatoren) umgesetzt worden. Gerade vor diesem Hintergrund hat das MediationsG durchaus Relevanz entfaltet, da es wesentliche Fragen berührt, die die Unternehmen bis zum Zeitpunkt des Inkrafttretens autonom regeln oder gänzlich ungeregelt lassen konnten. Die Programmzuschnitte und Etablierungsgeschichten zahlreicher Unternehmen lassen sich mittlerweile in Fachzeitschriften nachlesen.[7] Zu den **Pionierunternehmen** bei der Konzeption und Etablierung von Konfliktmanagement-Programmen im deutschsprachigen Raum zählen dabei SAP, E.ON, die Deutsche Bahn und die Deutsche Bank im Bereich der Konflikte am Arbeitsplatz ebenso wie Bombardier, Siemens und Airbus im Bereich der B2B-Konflikte.   11

Das wachsende Bewusstsein für die Relevanz von Konfliktmanagement hat bei den damit befassten Unternehmensvertretern das Bedürfnis geweckt, die Kräfte zu bündeln und sich systematisch über die gesammelten Erfahrungen auszutauschen. Die Gründung des „**Round Table Mediation und Konfliktmanagement der deutschen Wirtschaft**",[8] der im Frühjahr 2008 als verbandsunabhängiges Forum etabliert wurde und sich im Mai 2017 zum mittlerweile 27. Mal für zwei Arbeitstage getroffen hat, hat die beschriebenen Entwicklungen in der deutschen Unternehmenslandschaft fortgeführt und beschleunigt. Ziel des Round Table ist es, als zentrales Forum der deutschen Wirtschaft zum Thema Mediation und Konfliktmanagement einen kooperativen Austausch zwischen den Unternehmen sowie mit der Wissenschaft und der Politik zu gewährleisten.[9]   12

---

6 Abrufbar unter www.kpmg.de/Publikationen/11479.asp (zuletzt abgerufen am 1.3.2017).
7 Siehe hierzu insbesondere die Rubrik „Aus den Organisationen" der ersten beiden Jahrgänge der Zeitschrift Konfliktdynamik, die in jeder Ausgabe das Konzept und den Etablierungsweg eines Unternehmens beschreibt.
8 Ausführliche Informationen zu Gründung, Anspruch und Arbeitsprodukten des Round Table finden sich unter www.RTMKM.de (zuletzt abgerufen am 1.3.2017).
9 *Briem/Klowait*, S. 66 ff.

Etwas langsamer als in größeren und großen Unternehmen gewinnt das Thema Konfliktmanagement im unternehmerischen **Mittelstand**, in KMUs und Familienunternehmen an Bedeutung. Die Gründe für diese graduelle Zurückhaltung werden gegenwärtig erforscht und Ansätze für auf kleinere Unternehmen zugeschnittene Programme und Maßnahmen entwickelt.

13 **3. Die Umfeldanalyse: Profilbildung von Führungskräften, Beratern, Initiativen.** Die wachsende Sichtbarkeit und strategische Verortung des Themas Mediation/Konfliktmanagement im Wirtschaftskontext führt dazu, dass neben den Mediatoren auch zahlreiche andere Personen und Institutionen ihre Rollen, Kompetenzen und Profile auf den Prüfstand stellen (müssen), um das Potential der Mediation zu nutzen und gleichzeitig den notwendigen Kompetenz- und Qualitätsstandards zu entsprechen. Innerhalb der Unternehmen ist damit primär die **Schnittstelle zwischen Führung und Konfliktmanagement** angesprochen, da insbesondere die weitere Etablierung von Mediation im Unternehmen nur unter aktiver Einbindung der Führungskräfte gelingen wird[10] – und gleichzeitig moderne Führung ohne Kompetenzen im Bereich Konflikt nicht (mehr) vorstellbar ist.

14 Mindestens ebenso wesentlich für die weitere Dynamik der Wirtschaftsmediation in Deutschland wird die Reaktion der die Unternehmen beratenden **Kanzleien, Steuerexperten und sonstigen Akteure** sein. Auf Basis der erfreulich klaren Aussagen zum erwarteten Berater- und Beratungsprofil seitens derjenigen Unternehmen, die perspektivisch auf Wirtschaftsmediation und Konfliktmanagement setzen,[11] wird sich auch das Profil der Dienstleister zügig an die neuen bzw. geschärften Erwartungen anpassen. Die im RTMKM versammelten Unternehmen haben im Herbst 2016 einen Preis ausgelobt, mit dem im Mai 2017 diejenigen drei Anwaltskanzleien ausgezeichnet wurden, die auf dem Feld Mediation und Konfliktmanagement das ausgereifteste Dienstleistungsspektrum anbieten. Die Schirmherrschaft über diese wegweisende Initiative hat der Bundesjustizminister übernommen.

Auch die maßgeblichen **Institutionen**, die Verfahren im Bereich Mediation/ADR administrieren, intensivieren ihre Akzente und Kräfte in diesem Bereich. Beispiele wie die von der Deutschen Institution für Schiedsgerichtsbarkeit (DIS) propagierte Konfliktmanagement-Ordnung oder die weltweit anerkannte Mediation Competition der International Chamber of Commerce (ICC) belegen, dass das institutionelle Umfeld teils eher auf Entwicklungen im Bereich Mediation *re*-agiert, das Voranbringen des Feldes teils aber auch aktiv betreibt.

Ein weiteres Beispiel für proaktive **Initiativen** stellt die Idee eines Corporate Pledge[12] dar, also einer unternehmerischen Selbstverpflichtung zu einem konstruktiven und differenzierten Umgang mit Konflikten. Inwiefern eine

---

10 Vgl. als Grundlage dazu etwa *Bruhn/Reichwald*, S. 132 ff. oder das Fokusthema der Konfliktdynamik April 2013 „Die neue Führungskraft" sowie die Ausführungen unter Teil C.4.3. in der og Studie 4 sowie die diversen Abschnitte in Studie 5 von PwC und EUV.

11 *B2B Arbeitskreis des Round Table Mediation & Konfliktmanagement* SchiedsVZ 2012, 254 ff.

12 Siehe dazu etwa *Klowait*, S. 102.

signifikante Zahl deutscher Unternehmen dazu bereit ist, einen solchen, vom RTMKM bereits erarbeiteten Text zu unterzeichnen, wird sich in den kommenden Jahren zeigen; erste Unternehmen sind den Schritt nunmehr gegangen und haben ihre Unterschrift beim RTMKM hinterlegt.

IV. Fazit

Im Bereich der Wirtschaft ist der ursprüngliche Fokus Einzelner auf das isolierte Thema Mediation einer **fakten- und strategieorientierten Gesamtperspektive auf das übergeordnete Thema Konfliktbearbeitung** gewichen – „Kompetenz im Konfliktmanagement" ist zu einem Aushängeschild geworden, das Unternehmen aktiv in das Innen- und Außenbild integrieren. Das unternehmerische Umfeld – etwa Kanzleien und Institutionen – hat diese Entwicklung überzeugend aufgegriffen. Die Geschwindigkeit der Entwicklung ist gleichzeitig – zur Überraschung mancher Kommentatoren – relativ gering, wodurch allerdings die Qualität und die Nachhaltigkeit der jeweiligen Maßnahmen und Verschiebungen gestärkt werden dürfte. 15

V. Ausstrahlung der Wirtschaftsmediation auf andere Felder

Die Interdependenzen, Synergien und Querbezüge bei den gesellschaftlichen Entwicklungen im Bereich Mediation sind offenkundig. Die skizzierten Verschiebungen auf dem Feld der Wirtschaftsmediation haben Dynamik und Initiativen auch in vielen anderen Bereichen zur Folge gehabt: Initiativen wie der RTMKM dienten als Vorbild für bewusst parallel konzipierte **Netzwerke im** öffentlichen Raum, das **Wechselspiel zwischen Schiedsgerichtsbarkeit und Mediation** wurde konkretisiert und das **anwaltliche Berufsbild** überdacht. Durch den wachsenden Stellenwert der Mediation im Bereich der Wirtschaftskonflikte haben sich Berührungsängste mit Blick auf konsensuale Streitbeilegung auch in vielen anderen Bereichen der Gesellschaft abgebaut. Gleichzeitig bedeutete etwa die Aufwertung der Mediation im gerichtlichen Kontext auch einen positiven Schub für den Stellenwert der Mediation im Unternehmenskontext, so dass bei der Analyse der Entwicklungen von Mediation in den unterschiedlichen Kontexten der Gesellschaft eine **enge, synergetische Verknüpfung der Bereiche** festgestellt werden kann. 16

VI. Einzelübersicht über die Kommentarbeiträge

Gerade vor dem Hintergrund dieser Interdependenz der unterschiedlichen Felder kann erst die Zusammenschau – und im Grunde das detaillierte Durcharbeiten – der Folgebeiträge die ganze **Bandbreite und intensive Verknüpfung der Anwendungsfelder von Mediation** illustrieren. Die folgenden kompakten Darstellungen sollen und können diese Verflechtungen nur anreißen. 17

Hagel (→ B Rn. 1 ff.) eröffnet die Beitragsfolge mit einer Untersuchung der „Mediation zwischen Unternehmen". Gerade ein Blick auf dieses traditionell vom Instrument der Schiedsgerichtsbarkeit geprägte Feld zeigt auf, dass neben der systematischen Arbeit an Instrumenten und Programmen auch die Organisations- und Konfliktkultur eines Unternehmens über den Einsatz von Mediation (nach Art und Häufigkeit) entscheiden wird. Bereits 18 seine so simple wie entscheidende Auftaktfrage „Warum machen Unternehmen Mediationen?" bildet einen wertvollen Einstieg.

19 *Klowait* (→ C Rn. 1 ff.) richtet den Fokus seines Beitrags auf den Bereich „Innerbetriebliche Mediation". Eine Differenzierung der anzutreffenden Fallgruppen – von Teamkonflikten bis zu Auseinandersetzungen zwischen Unternehmensleitung und Betriebsrat – verdeutlicht, warum im Bereich der innerbetrieblichen Mediation ganz spezifische Anforderungen an die Qualität von Programmen und darin tätigen Personen zu stellen sind.

20 Im Beitrag von *Lukas* (→ D Rn. 1 ff.) wird nach einem Blick auf die Mediations(un)tauglichkeit arbeitsrechtlicher Konflikte anhand klassischer Fallgruppen und konkreter Beispiele die Relevanz mediativer Methodik in arbeitsrechtlichen Gemengelagen aufgezeigt. Die unterschiedlichen Konstellationen sind von spezifischen Konfliktdynamiken und rechtlichen Rahmenbedingungen geprägt, von denen viele durch das MediationsG berührt werden.

21 *Jung* (→ E Rn. 1 ff.) untersucht die **Mediation in privaten Bausachen und der Immobilienwirtschaft**. Die besondere Konfliktanfälligkeit sowie das enorme Kapitalvernichtungs- und Eskalationspotenzial stellen besonders hohe Ansprüche an die Mediation regelnde Strukturen und Vertragsgestaltungen in diesem Bereich.

22 Immer komplexere Produkte und zunehmend verkürzte Produktzyklen führen im Bereich von Marken und Patenten zu neuen Konfliktdynamiken. Gerade für das Zusammenspiel von **Intellectual Property und Mediation** führt das auch zu neuen Möglichkeiten, die in dem Beitrag von *Groß* (→ F Rn. 1 ff.) auf den Punkt gebracht werden.

23 Das Feld der **Familien- und Scheidungsmediation,** wie ausgeführt eine der maßgeblichen gesellschaftlichen Einflugschneisen der Mediation in Deutschland, kommentieren *Paul/Weber* (→ G Rn. 1 ff.). Zum einen beschreiben sie die Anstöße und Anpassungsleistung, die das MediationsG für diesen Bereich bedeutet, zum anderen gehen sie auf Entwicklungen wie etwa die steigende Relevanz der Mediation in Fällen internationaler Kindesentführungen ein.

24 Inhaltlich und methodisch mit dem vorherigen Beitrag verknüpft ist das Feld der **Mediation und Konfliktvorsorge in Erbangelegenheiten,** das von *Schmitz-Vornmoor* (→ H Rn. 1 ff.) vorgestellt wird. Die Komplexität familiärer Beziehungen im Allgemeinen und die konfliktdynamischen Konsequenzen eines Vermögensübergangs durch Todesfall im Besonderen verlangen auch in diesem Bereich nach einer maßgeschneiderten Herangehensweise und der präzisen Verortung normativer wie methodischer Fragen.

25 Ausgangspunkt und Basis der **Mediation in der steuerberatenden Praxis,** die von *Berning* (→ I Rn. 1 ff.) kommentiert wird, ist der frühe Kontakt, den Steuerberater in ihrer Funktion als „Ersthelfer" in vielen sensiblen Angelegenheiten mit ihren Mandanten haben, wobei die resultierenden Einsatzmöglichkeiten mediativer Techniken und Rollen naturgemäß weit darüber hinausgehen.

26 Der Stellenwert von Konfliktmanagement und Mediation in der **Versicherungswirtschaft** wird von *Wendt* (→ J Rn. 1 ff.) auskonturiert, wobei Insti-

tutionen (etwa Versicherungsombudsmann eV) ebenso betrachtet werden wie praktisch relevante inhaltliche Detailfragen (etwa Deckungskonzepte für Mediationsverfahren).

Nachdem es als gesichert anzusehen ist, dass das Jahrzehnt der gerichtlichen Mediation nicht wirklich beendet, sondern vielmehr im Zuge der **Güterichtermodelle** durch etwas Neues ersetzt ist, verlangt die Kommentierung dieser Materie durch *Löer* (→ K Rn. 1 ff.) aufgrund der oben beschriebenen Ausstrahlungseffekte eine besondere Aufmerksamkeit.   27

Die im Überblick bereits angerissene Dynamik im Bereich der **Mediationsbegleitung durch Rechtsanwälte** untersucht *Hacke* (→ L Rn. 1 ff.). Die wachsende Kontaktfläche mit dem Feld Mediation bricht er auf die Notwendigkeiten guter anwaltlicher Praxis herunter, Mediation funktional zu verstehen, den Rechtsrahmen zu kennen und bestimmte handwerkliche Fähigkeiten auszubilden bzw. anzuwenden.   28

Mediation aus der spezifisch notariellen Sicht kommentiert *Schmitz-Vornmoor* (→ M Rn. 1 ff.) und arbeitet dabei im Rahmen seines Beitrags präzise mit den ausgeprägten Rollenbildern und durchaus auch -brüchen, die für dieses Feld der Mediation theoretisch und praktisch relevant werden können.   29

Eine Bastion der Streitbeilegung in insbes. internationalen Wirtschaftsstreitigkeiten stellt das Feld der **Schiedsgerichtsbarkeit** dar. Das weiterhin in den Kinderschuhen steckende und doch zunehmend dynamische Zusammenspiel der schiedsgerichtlichen Welt mit der Mediation wird von *Dendorfer-Ditges* (→ N Rn. 1 ff.) illustriert.   30

Zuletzt wird von *Berlin* (→ O Rn. 1 ff.) das Themenfeld der **Verbraucherschlichtung** und das Verbraucherstreitbeilegungsgesetz skizziert. Trotz der für Verbraucherkonflikte charakteristischen strukturellen Asymmetrie zwischen den Akteuren scheidet in diesen Konstellationen die Mediation keinswegs aus, verlangt jedoch nach fundiertem Hintergrundwissen und dem aktiven Bewusstsein mit Blick auf die methodischen und rechtlichen Besonderheiten.   31

Abschließend sei angemerkt: Das Format eines auf das Wesentlichste konzentrierten Kommentars macht eine Fokussierung auf einige (und trotz der stattlichen Anzahl im Grunde weiterhin: wenige) Anwendungsfelder und Fragestellungen aus dem Bereich der Wirtschaftsmediation unumgänglich. Mit Gewinn ließen sich angesichts der **Vielschichtigkeit der Thematik** weitere Perspektiven eröffnen, Akzente setzen und Felder untersuchen, die über das in dieser Einleitung aufgespannte Spektrum noch hinausgehen.[13]   32

---

13   S. dazu etwa *Trenczek/Berning/Lenz*, wo neben den hier skizzierten Anwendungsfeldern auch Themen wie „Gesellschafterkonflikte" oder „Familienunternehmen" im Detail analysiert werden. Vertiefende Perspektiven auf die Implikationen für die Unternehmenslandschaft finden sich etwa bei *Kirchhoff/Klowait*.

B. Mediationen zwischen Unternehmen

Literatur:

Ahrens, Mediationsgesetz und Güterichter – Neue gesetzliche Regelungen der gerichtlichen und außergerichtlichen Mediation, NJW 2012, 2465; *Aschenbrenner,* Von den Erwartungen der Unternehmen an ihre Begleitanwälte im Konfliktmanagement, SchiedsVZ 2013, 144; *Becker/Horn,* Notwendige Regelungen eines deutschen Mediationsgesetzes, SchiedsVZ 2005, 270; *Bühring-Uhle/Eidenmüller/Nelle,* Verhandlungsmanagement, 2. Aufl. 2017; *Dendorfer-Ditges,* Mediationsgesetz – Orchidee oder doch Stachelblume im Paragrafenwald?, Konfliktdynamik 2013, 86; *Dendorfer/Lack,* The Interaction Between Arbitration and Mediation: Vision vs. Reality, SchiedsVZ 2007, 195; *Diop,* Was lange währt, wird endlich gut?, RuP 2010, 236; *ders./Steinbrecher,* Cui bono? – Das Mediationsgesetz aus Unternehmenssicht, BB 2012, 3023; *dies.,* Ein neues Mediationsgesetz für Deutschland: Impuls für die Wirtschaftsmediation?, BB 2011, 131; *Duve,* Das Gesetz zur Rettung der gerichtlichen Mediation, ZKM 2012, 108; *ders./Eidenmüller/Hacke,* Mediation in der Wirtschaft, 2. Aufl. 2011; *Eidenmüller,* Caucus-Mediation und Mediationsgesetz, Beilage zu ZIP 22/2016, 18; *ders./Prause,* Die europäische Mediationsrichtlinie – Perspektiven für eine gesetzliche Regelung der Mediation in Deutschland, NJW 2008, 2737; *Gendner,* Potentiale nutzen – B2B Mediation, eine praktische Herausforderung, Dispute Resolution 2014, 36; *Goltermann/Hagel/Klowait/Levien,* Das neue Mediationsgesetz aus Unternehmenssicht, SchiedsVZ 2012, 299 (Teil 1) und SchiedsVZ 2013, 41 (Teil 2); *Greger/Unberath/Steffek,* Recht der alternativen Konfliktlösung, Kommentar, 2. Aufl., 2016; *Greger/Stubbe,* Schiedsgutachten, 2007; *Greger/von Münchhausen,* Verhandlungs- und Konfliktmanagement für Anwälte, 2010; *Hacke,* Rechtsanwälte als Parteivertreter in der Wirtschaftsmediation, SchiedsVZ 2004, 80; *Hagel,* Es geht auch anders – Alternative Beilegung von Wirtschaftskonflikten, Jahrbuch Deutscher AnwaltSpiegel 2011/2012, 127; *ders.,* Der Unternehmensjurist als Risikomanager, SchiedsVZ 2011, 65; *ders.,* Kosten und Nutzen der Mediation bei Konflikten zwischen Unternehmen in: Trenczek/Berning/Lenz (Hrsg.) Mediation und Konfliktmanagement, 2. Aufl. 2017; *ders.,* The Value Add of Legal Departments in Disputes in: Jacob/Schindler/Strathausen (Hrsg.) Liquid Legal, 2017; *ders.,* Effizienzgewinnung durch rationale Auswahl des Streitbeilegungsverfahrens, ZKM 2014, 108; *Hagel/Steinbrecher,* Systematisches Konfliktmanagement für externe Wirtschaftskonflikte (B2B), Konfliktdynamik 2012, 24; *Hartung/Wendenburg,* Die interprofessionelle Mediationskanzlei – Zusammenarbeit von Anwaltsmediatoren und nichtanwaltlichen Mediatoren, NJW 2009, 1551; *Henssler/Koch,* Mediation in der Anwaltspraxis 2. Aufl. 2004; *Henssler/Deckenbrock,* Das neue Mediationsgesetz: Mediation ist und bleibt Anwaltssache!, DB 2012, 159; *Hobeck/Mahnken/Koebke,* Schiedsgerichtsbarkeit im internationalen Anlagenbau – Ein Auslaufmodell? SchiedsVZ 2007, 225; *Jost,* Mediation per Gesetz?, Konfliktdynamik 2012, 204; *Klowait,* Mediation aus Unternehmersicht, NJW-aktuell 2010, 12; *Löer,* Referentenentwurf eines Mediationsgesetzes, ZKM 2010, 179; *Lörcher/Lissner,* Neues Mediationsgesetz: Aufwind für die außergerichtliche Streitbeilegung im gewerblichen Rechtsschutz?, GRUR-Prax 2012, 318; *Loos/Brewitz,* Hindert eine Mediationsvereinbarung an der Klage? – Wie lange?, SchiedsVZ 2012, 305; *May,* Der Mediationsanwalt – Plädoyer für eine neue Rolle des Anwaltes als Mediationsberater, NZBau 2014, 324; *Morawietz,* Prozessrisikoanalyse in der Wirtschaftsmediation, IDR 2004, 133; *Münchener Kommentar zur Zivilprozessordnung,* 4. Aufl. 2013; *Mehrbrey,* Handbuch gesellschaftsrechtliche Streitigkeiten, 2013; *Nelle/Hacke,* Die Mediationsvereinbarung – Vertragliche Regelungen zur Vereinbarung von Mediationsverfahren, ZKM 2002, 257; *Palandt,* Bürgerliches Gesetzbuch, 69. Aufl. 2010; *PwC/EUV (Hrsg.),* Konfliktmanagement in der deutschen Wirtschaft – Entwicklungen eines Jahrzehnts, 2016; *Rafi,* Das Mediationsgesetz – Vor- und Nachteile einer rechtlichen Regulierung, Konfliktdynamik 2012, 196; *Richter,* Die Mediation aus Sicht des Justizministeriums NRW, SchAZtg 2010, 10; *Pasetti,* Wirtschaftsmediation als Dienstleistung von Wirtschaftskanzleien, SchiedsVZ 2015, 134; *Risse,* Wirtschaftsmediation, 2003; *ders.,* Prozessrisikoanalyse, ZKM 2010, 107; *ders.,* Wirtschaftsmediation, NJW 2000, 1614; *ders.* Neue Wege der Konfliktbewältigung: Last-offer-Schiedsgerichtsverfahren, High/Low-Arbitration und Michigan-Mediation, Beilage zu BB 16/2001, 16; *Risse/Bach,* Wie frei muss Mediation sein? – Von Politik, Ideologie, Gesetzgebern und Gerichten, SchiedsVZ 2011, 14; *Roquette/Otto,* Vertragsbuch

Privates Baurecht, 2. Aufl. 2011; *Round Table Mediation und Konfliktmanagement der Deutschen Wirtschaft*, Positionspapier der deutschen Wirtschaft zur Umsetzung der EU-Mediationsrichtlinie, ZKM 2009, 147; *ders.*, Die Erwartung der Unternehmen an ihre Berater bei der Konfliktbearbeitung und -beilegung, SchiedsVZ 2012, 254; *Sander/ Goldberg*, Fitting the Forum to the Fuss: A User-Friendly Guide to Selecting an ADR-Procedure, Negotiation Journal 1994, 49; *Servatius*, Corporate Litigation, 2016; *Sessler*, Konfliktmanagement – Erwartungen der Wirtschaft, ZKM 2014, 161; *Steffek*, Rechtsvergleichende Erfahrungen für die Regelung der Mediation, RabelsZ 2010, 841; *Stubbe*, SchiedsVZ 2011, 38; *Trenczek/Berning/Lenz*, Mediation und Konfliktmanagement, 2013; *Unberath*, Eckpunkte der rechtlichen Gestaltung des Mediationsverfahrens, ZKM 2012, 12; *ders.*, Internationale Mediation – Die Bestimmung des maßgeblichen Rechts, FS von Hoffmann, S. 500; *ders.*, Mediationsklauseln in der Vertragsgestaltung – Prozessuale Wirkungen und Wirksamkeit, NJW 2011, 1320; *Wacker*, Strafrechtliche Verantwortung von Juristen im Mediationsverfahren, AnwBl. 2000, 528; *Wagner*, Das Mediationsgesetz – Ende gut, alles gut?, ZKM 2012, 110; *ders.*, Grundstrukturen eines deutschen Mediationsgesetzes, RabelsZ 2010, 794; *Walz*, Final-Offer-Arbitration – oder: Drittentscheidung anhand verbindlicher Angebote, SchiedsVZ 2003, 119.

I. Vorbemerkung

Entgegen einzelner Befürchtungen[1] hat das MediationsG für Unternehmen   **1** keinen Trend zur Rückkehr zu traditionellen Streitbeilegungsverfahren oder anderen alternativen Konfliktbeilegungsverfahren eingeleitet. Viel-

---

1 *Risse/Bach* SchiedsVZ 2011, 14 (19).

mehr hat die Mediation als Konfliktbeilegungsverfahren in Wirtschaftskonflikten zwischen Unternehmen in den letzten Jahren zunehmend an Bedeutung gewonnen.[2] War 2005 die Mediation zwischen Unternehmen nach
Verhandlung, Gerichtsverfahren, Schiedsgerichtsverfahren, Schiedsgutachten und Schlichtung noch das am wenigsten häufig genutzte Konfliktbeilegungsverfahren,[3] so rutschte sie 2015 nach Verhandlung und Schlichtung
bereits auf den dritten Platz.

Mediationen sind bei Unternehmen auch deswegen zunehmend beliebter,
weil den Parteien ein Selbstbestimmungsrecht zusteht, die Teilnahme an
der Mediation freiwillig ist und das Verfahren dank seiner Flexibilität der
individuellen Konfliktbeilegung angepasst werden kann. Aufgrund dieser
wesentlichen Prinzipien **ist die Mediation per se regulierungsfeindlich.**[4] Insofern ist es, auch aus Unternehmenssicht, zu begrüßen, dass der Gesetzgeber mit dem MediationsG von einer zu detaillierten gesetzgeberischen Regulierung der Mediation abgesehen hat und sich im Wesentlichen auf das
zur Umsetzung der Mediationsrichtlinie Nötige beschränkt hat.[5]

II. Warum machen Unternehmen Mediationen?

2 Unternehmen haben, von Ausnahmen abgesehen, den Unternehmenszweck
der Gewinnerzielung. Übertragen auf Konflikte und Konfliktbeilegung bedeutet dies, dass Unternehmen daran gelegen ist,

- Konflikte zu vermeiden, wo möglich,
- Konflikte, die das Unternehmen weiterentwickeln, bewusst auszutragen
  und
- unvermeidliche Konflikte möglichst effizient beizulegen.

Die Mediation ist grundsätzlich geeignet, all diese Kriterien zu erfüllen. Im
Einzelnen:

3 **1. Mediation als Mittel zur Konfliktvermeidung.** Es klingt zunächst paradox, ein klassisches Konfliktbeilegungsverfahren zur **Konfliktvermeidung**
einzusetzen. Bei näherem Hinsehen jedoch wird schnell klar, dass immer
dann, wenn verschiedene Interessen zu berücksichtigen sind, interessenorientierte Verfahren ihre Berechtigung haben, selbst dann, wenn noch gar
kein Konflikt, zumindest aber noch kein Streit entstanden ist. Beispielhaft
sei eine Transaktion genannt. Typischerweise haben die daran beteiligten
Unternehmen unterschiedliche Interessen. Klassischerweise werden die Interessen in den Verhandlungen jedoch gar nicht geäußert, gelegentlich von
den Verhandelnden in der Verhandlung auch gar nicht wahrgenommen.
Die Parteien verstecken sich vielmehr – bewusst oder unbewusst – hinter
Positionen, so dass ein Verhandlungsverfahren häufig nur die Positionen
behandelt, die Interessen jedoch unberücksichtigt bleiben. Im Ergebnis

---

2 *Duve/Eidenmüller/Hacke*, S. 7; *Hagel* AnwaltSpiegel Jahrbuch 2011/2012, 127
   (131); Haft/v. Schlieffen/*Hehn* § 2 Rn. 55; nach *Stubbe* SchiedsVZ 2011, 38 steht
   die Mediation auch für Wirtschaftskonflikte vor dem Durchbruch.
3 PwC/EUV, S. 37 (Abbildung 10).
4 *Risse/Bach* SchiedsVZ 2011, 14 (16) weisen zudem auf den Widerspruch der
   Grundidee der Mediation („Staatsferne") zur gesetzlichen (=„staatlichen") Regelung
   der Mediation hin.
5 Im Ergebnis so auch *Jost* Konfliktdynamik 2012, 204 (207).

führt dies dazu, dass entweder eine Einigung nicht zustande kommt oder die getroffene Vereinbarung keine nachhaltige Lösung darstellt, da sich über kurz oder lang herausstellt, dass das erzielte Verhandlungsergebnis – die Vereinbarung – die eigentlichen Interessen gar nicht befriedigt. Dies sei anhand eines sehr simplen Beispiels verdeutlicht: Beim Verkauf einer Produktionsmaschine eines Mittelständlers verhandeln die Verhandlungsparteien regelmäßig nur über die Beschaffenheit der Maschine und den Preis. Tatsächlich könnte der Verkäufer aber auch ein Interesse an der Sicherstellung der Produktion eines bestimmten Bauteils haben, was allein aber den Weiterbetrieb der Maschine beim Verkäufer nicht rechtfertigt. Die Offenlegung dieses Interesses eröffnet unter Umständen die Option der Fortführung der Fertigung dieses Produktes, dann aber auf der Maschine des Käufers. Hilfreich kann hier die Drittunterstützung sein, die in strukturierter Weise den Parteien zunächst hilft, ihre auf die Transaktion bezogenen Interessen herauszuarbeiten, um die gemeinsam erarbeiteten Lösungsmöglichkeiten dann daran zu spiegeln. In dieser Weise herausgearbeitete Vereinbarungen haben die Chance, in ihrer Umsetzung weit weniger konfliktanfällig zu sein als rein positionsgetriebene. Derartige Verfahren bezeichnet man als **Deal-Mediation.**

Unternehmen setzen Mediationen zur Konfliktvermeidung zudem bei Veränderungs- und Restrukturierungsmaßnahmen ein, um die Interessen der daran Beteiligten rechtzeitig berücksichtigen zu können.[6]

2. Mediation als Mittel, Konflikte als Chance zur Weiterentwicklung zu nutzen. Konflikte sind *per se* nichts Schlechtes, auch nicht solche zwischen Unternehmen. Konflikte bieten vielmehr die Chance, kritische Punkte der Zusammenarbeit zu identifizieren und abzustellen.[7] Problematisch werden sie nur dann, wenn sie entweder nicht erkannt, emotionalisiert oder nicht gelöst werden. Häufig gehen Konflikte zwischen Unternehmen einher mit gegenseitigen Schuldzuweisungen, nicht selten zur Überdeckung (auch) eigener Unzulänglichkeiten. Mediationen helfen, Konflikte zu de-emotionalisieren und auf den eigentlichen Kern zu reduzieren, um dann interessengerechte Lösungen zu finden und zu vereinbaren. Derartige Lösungen führen regelmäßig zur Weiterentwicklung, da Schwachstellen identifiziert und analysiert werden und neue Lösungskonzepte gefunden werden. Gerade wenn es um Punkte der Zusammenarbeit geht, können die sich daraus ergebenden Konflikte zumeist nicht durch Entscheidungsverfahren gelöst werden, wohingegen die Mediation auch für nicht justiziable Konflikte geeignet ist.

3. Mediation als Möglichkeit der effizienten Beilegung unvermeidlicher Konflikte. Schon nach der Begriffsbestimmung in § 1 Abs. 1 MediationsG ist die Mediation ein Verfahren zur einvernehmlichen Beilegung von Konflikten, also auch von Konflikten zwischen Unternehmen.

4

5

---

6 Vgl. *RTMKM* ZKM 2009, 147 (148); → C Rn. 22 f.
7 *Hagel/Steinbrecher* Konfliktdynamik 2012, 24 (26).

Konfliktfelder zwischen Unternehmen sind insbesondere:

- Streitigkeiten aus (vor-)vertraglichen Leistungsbeziehungen;
- Streitigkeiten bei Kooperationsverträgen (zB Konsortium, Joint Venture, Arbeitsgemeinschaft);
- Streitigkeiten wegen Rechtsverletzungen (zB Schutzrechtsverletzungen, Wettbewerbsverstöße).

Die auftretenden Konflikte betreffen dabei nahezu alle Konflikttypen, nämlich Beziehungskonflikte, Wert- und Grundsatzkonflikte, Strategiekonflikte, Verteilungskonflikte und Sachkonflikte.

Nachfolgend soll die generelle Geeignetheit der Mediation ebenso dargestellt werden wie die Grenzen der Mediation für Streitigkeiten zwischen Unternehmen.

6   **a) Mediation ist zur Beilegung von Konflikten zwischen Unternehmen geeignet. aa) Konflikte zwischen Unternehmen sind mediationsfähig.** Wenn es um die Prüfung der Geeignetheit der Mediation zur Beilegung von Konflikten zwischen Unternehmen geht, stellt sich zunächst die Frage, ob derartige Streitigkeiten überhaupt mediationsfähig sind, dh rechtlich der Mediation zugänglich sind. Die Mediation tritt – anders als das Schiedsgerichtsverfahren – nicht an die Stelle des staatlichen Gerichtsverfahrens, da der Mediator nach § 1 Abs. 2 MediationsG ausdrücklich nicht zur Entscheidung befugt ist. Daher kann die Mediation das Entscheidungsmonopol des Staates nicht einschränken, so dass sie auch nicht gesetzlich auf einzelne Ansprüche beschränkt ist, wie dies bei Schiedsgerichtsverfahren nach § 1030 Abs. 1 S. 1 ZPO hinsichtlich vermögensrechtlicher Ansprüche der Fall ist. Mediationsfähig sind vielmehr alle Streitigkeiten zwischen Unternehmen, einschließlich nicht justiziabler Konflikte, wie beispielsweise Beziehungs-, Ziel- oder Wertekonflikte.

7   **bb) Unternehmen schätzen Vertraulichkeit bei der Beilegung von Konflikten.** Sofern Streitigkeiten zwischen Unternehmen im Zusammenhang mit zwischen ihnen geschlossenen Verträgen stehen, haben die beteiligten Unternehmen zumeist ein gemeinsames Interesse daran, dass die Vertragsinhalte oder zumindest sensible Vertragsteile, wie beispielsweise Preise, nicht an die Öffentlichkeit kommen.[8] Insofern ist den Konfliktparteien daran gelegen, diese Streitigkeiten unter Ausschluss der Öffentlichkeit auszutragen. Zudem haben die Konfliktparteien oft auch ein Interesse daran, dass andere Betriebs- und Geschäftsgeheimnisse vertraulich bleiben.[9]

Die Vertraulichkeit bezieht sich nicht nur darauf, dass die Mediation einen „geschützten Raum" bietet, bei dem keine Information aus oder über das Verfahren an Dritte gelangt (sog „**externe Vertraulichkeit**"), sondern auch darauf, dass Konfliktparteien dem Mediator Informationen vertraulich zukommen lassen können, die dieser nicht an die andere Partei weitergeben darf (sog „**interne Vertraulichkeit**"). Dies betrifft insbesondere vertrauliche

---

8 Generell zum Wunsch der Unternehmen nach Vertraulichkeit: *Sessler* ZKM 2014, 161 (162).
9 Haft/v. Schlieffen/*Risse* § 35 Rn. 40.

Informationen[10] aus den bei Mediationen zwischen Unternehmen so wichtigen Einzelgesprächen oder dem Vorgespräch.

Unzweifelhaft ist die Vertraulichkeit ein zentrales – wenn auch abdingbares – Merkmal der Mediation. Für Unternehmen sind mehrere Aspekte von Bedeutung. Einerseits sollen durch die Mediation keine zuvor vorhandenen Beweismittel für eventuelle Folgeverfahren verlorengehen, andererseits soll die Mediation keine neuen Beweismittel hinzufügen.[11] Was in der Mediation passiert und gesagt wird, muss umfassenden Schutz haben. Der Schutz muss sogar so weit gehen, dass nicht aufgrund der Offenheit in der Mediation mit Sanktionen außerhalb der Mediation zu rechnen ist.

Zur Sicherstellung der **Vertraulichkeit** sind nach § 4 S. 1 der Mediator und   **8** die in die Durchführung des Mediationsverfahrens eingebundenen Personen[12] zur Verschwiegenheit verpflichtet. Dies ist aber nicht ausreichend. Gerade zur Unterscheidung von Verfahren vor ordentlichen Gerichten ist es für Unternehmen besonders wichtig, dass ihnen in der Mediation die Möglichkeit des Austauschs in einem geschützten Raum gewährt wird. Dies ist aber nur dann möglich, wenn die Verschwiegenheitspflicht alle an der Mediation Beteiligten erfasst und zudem ein **Zeugnisverweigerungsrecht** und ein **Beweisverwertungsverbot** sichergestellt sind.

Zunächst ist erstaunlich, dass weder die Parteien selbst noch deren Vertreter nach dem MediationsG zur Verschwiegenheit verpflichtet sind.[13] Was nützt dem Unternehmen die Verschwiegenheit allein des Mediators, wenn in einem Folgeprozess die eigenen Mitarbeiter, die an der Mediation teilgenommen haben, von der Gegenseite als Zeugen zum Inhalt des Mediationsverfahrens benannt werden können, und schlimmer noch, aussagen müssen. Zum umfassenden Vertraulichkeitsschutz ist daher eine entsprechende Parteivereinbarung erforderlich.[14]

Ein umfassender Schutz der Vertraulichkeit setzt zudem ein **strafprozessuales**   **9** **les Zeugnisverweigerungsrecht** des Mediators und der anderen an der Mediation Beteiligten voraus.[15] Ein solches besteht nach § 53 StPO jedoch nur für die darin gelisteten Berufsgeheimnisträger. Der Gesetzgeber hat auf eine Ausweitung des strafprozessualen Zeugnisverweigerungsrechts auf Mediatoren verzichtet, so dass sich ein solches für Mediatoren lediglich aus ihrem Grundberuf ergeben kann (→ MediationsG § 4 Rn. 12). Diese Lücke

---

10 Die Partei kann den Mediator berechtigen, einzelne oder alle Informationen der anderen Konfliktpartei zu übermitteln.

11 *Wagner* RabelsZ 2010, 794 (811) hat das treffend ausgedrückt: „Die Partei soll durch das gescheiterte Mediationsverfahren nichts an prozessualer Munition hinzugewinnen, doch sie behält alle Pfeile in ihrem Köcher, die sie zuvor schon hatte."

12 Hierunter fallen nach der Gesetzesbegründung nur die Hilfspersonen des Mediators, BT-Drs. 17/5335, 17; ausführlich hierzu → MediationsG § 4 Rn. 20 f.

13 Der Bundesrat hat deren Einschluss vorgeschlagen, BT-Drs. 17/5335, 29; vgl. hierzu auch *Henssler/Deckenbrock* DB 2012, 159 (165); Stellungnahme des Verbandes der integrierten Mediation zum Gesetzentwurf, S. 5; Hausmanns in der Expertenanhörung zum Gesetzentwurf, S. 6; *Steffek* RabelsZ 2010, 841 (856); *Wagner* ZKM 2012, 110 (111); *Diop/Steinbrecher* BB 2012, 3023; *Dendorfer-Ditges* Konfliktdynamik 2013, 86 (89).

14 *Wagner* ZKM 2012, 110 (111).

15 Vgl. hierzu auch *RTMKM* ZKM 2009, 147 (151); *Löer* ZKM 2010, 179 (181); DRB-Stellungnahme Nr. 5.

kann auch nicht durch Parteivereinbarung geschlossen werden, denn ein strafprozessuales Zeugnisverweigerungsrecht lässt sich individualvertraglich nicht begründen.[16]

10   Letztlich wäre aus Unternehmenssicht ein Beweisverwertungsverbot hinsichtlich der in der Mediation erstellten Beweismittel wünschenswert gewesen.[17] In der Mediation erstellte oder ausgetauschte Informationen sollten in förmlichen Gerichts- oder Schiedsgerichtsverfahren nur mittelbar oder unmittelbar eingeführt werden können, wenn die Informationen bereits außerhalb der Mediation bekannt waren oder ohne Verstoß gegen die Vertraulichkeit hätten ermittelt werden können.[18] Die gesetzliche Regelung hätte sich an Art. 20 UNCITRAL Conciliation Rules anlehnen können.[19] Nun bleibt den Parteien nur, entsprechende **Beweismittelvereinbarungen** zu schließen, die sowohl zulässig als auch vom Gericht zu beachten sind.[20]

Soweit die Parteien Vereinbarungen zur Vertraulichkeit schließen, bleibt, insbesondere hinsichtlich der Verschwiegenheit der an der Mediation Beteiligten, das Risiko, dass sich die Beteiligten daran nicht halten. Dieses Risiko kann zwar durch Vertragsstrafen minimiert (→ MediationsG § 4 Rn. 26), jedoch nicht vollständig ausgeschlossen werden. Die Parteien haben insofern im Einzelfall hinsichtlich der in der Mediation offen gelegten Informationen stets eine konkrete Risikoabschätzung vorzunehmen. Häufig überwiegt die Chance, durch interne Öffnung zum Erfolg zu kommen das Risiko, bei Scheitern später Nachteile zu erleiden.[21] Zudem haben die Konfliktparteien es selbst in der Hand, welche Informationen und Dokumente sie in die Mediation einbringen, sei es lediglich in Einzelgesprächen unter der Verschwiegenheit des Mediators, oder im Plenum.

11   **cc) Unternehmen schätzen die kurze Dauer des Verfahrens.** Konfliktparteien haben häufig ein Interesse daran, den Konflikt schnellstmöglich beizule-

---

16   *RTMKM* ZKM 2009, 147 (151) unter Anführung konkreter Beispiele; *Diop/Steinbrecher* BB 2012, 3023 (3024); Haft/v. Schlieffen/*Eisele* § 46 Rn. 57: „Die gesetzliche Aussagepflicht geht insoweit der vertraglichen Schweigepflicht vor."
17   *RTMKM* ZKM 2009, 147 (151).
18   *RTMKM* ZKM 2009, 147 (151); *Steffek* RabelsZ 2010, 841 (857); für ein umfassendes Beweisthemenverbot als dispositive Auffangregelung auch *Eidenmüller/Prause* NJW 2008, 2737 (2741) im Sinne des US-amerikanischen *Uniform Mediation Act (Sec. 4–6)*; auch der Bundesrat hat in seiner Stellungnahme zum Gesetzentwurf gefordert, zu prüfen, ob die Mediation nicht durch ein dispositives Beweiserhebungs- und Vortragsverbot geschützt werden kann: BT-Drs. 60/1/11, 10; aA *Richter* SchAZtg 2010, 10 (13) unter Verweis auf praktische Schwierigkeiten der Abgrenzung.
19   Vgl. hierzu *Wagner* RabelsZ 2010, 794 (810 ff.); Art. 20 UNCITRAL Conciliation Rules 1980 lautet: The parties undertake not to rely on or introduce as evidence in arbitral or judicial proceedings, whether or not such proceedings relate to the dispute that is the subject of the conciliation proceedings;
(a) Views expressed or suggestions made by the other party in respect of a possible settlement of the dispute;
(b) Admissions made by the other party in the course of the conciliation proceedings;
(c) Proposals made by the conciliator;
(d) The fact that the other party had indicated his willingness to accept a proposal for settlement made by the conciliator.
20   *Risse/Bach* SchiedsVZ 2011, 14 (18).
21   Haft/v. Schlieffen/*Risse* § 35 Rn. 45.

gen.[22] Dies kann darin begründet sein, dass sie der Konflikt reputationsseitig belastet, die Geschäftsbeziehung und/oder Vertragserfüllung während des Konfliktes gelähmt ist oder aber darin, dass ihnen die langwierige Austragung des Konfliktes zu ressourcenaufwändig ist. Mediationsverfahren zwischen Unternehmen sind regelmäßig sehr schnelle Verfahren. Von der Auswahl des Mediators bis zur Abschlussvereinbarung vergehen meist nur wenige Wochen, wobei die eigentlichen Mediationssitzungen in wenigen Tagen durchgeführt werden. Im Gegensatz zu Gerichts- oder Schiedsgerichtsverfahren müssen die Parteien auch keine langen Schriftsätze abfassen oder gar mehrere Schriftsatzrunden durchlaufen. Die Mediation ist vielmehr ein mündliches Verfahren, dem gelegentlich eine kurze schriftliche Konfliktbeschreibung ("**Mediation Statement**")[23] vorausgeht.

Im Gegensatz dazu dauern Schiedsgerichtsverfahren, die nicht durch Vergleich beendet werden, etwa zwei Jahre, häufig sogar bis zu fünf Jahre.[24] Nicht eingerechnet ist dabei die Vorbereitungszeit für die Schiedsklage, die weitere drei bis sechs Monate in Anspruch nimmt. Streitige Verfahren in Zivilsachen bei Landgerichten dauern von Rechtshängigkeit bis zum streitigen Urteil im Durchschnitt 14,5 Monate.[25] Verfahren in der zweiten Instanz beim Oberlandesgericht dauern im Schnitt 31,2 Monate bis zum streitigen Urteil.[26] Verfahren vor dem BGH dauern weitere ein bis zwei Jahre bis zur Entscheidung durch das höchste Zivilgericht.

Selbst Verhandlungen zwischen den Konfliktparteien ohne Hinzuziehung eines Dritten dauern häufig länger als Mediationsverfahren. Dies liegt daran, dass den Verhandlungen zumeist die lösungsorientierte Struktur fehlt, bei der zunächst der Konflikt aufgearbeitet wird, die Interessen herausgearbeitet werden, um sich dann zukunftsgerichtet den Lösungsoptionen zuzuwenden. Die Konfliktparteien verstricken sich bei Verhandlungen zumeist in Schuldzuweisungen und beharren auf ihren Positionen, so dass sich die Verhandlungen "im Kreise drehen".

dd) Unternehmen schätzen die geringen Kosten des Verfahrens. Konflikt-   **12** beilegungsverfahren lösen Kosten unterschiedlicher Art aus:

1. **Verfahrenskosten** für Institutionen,[27] einschließlich der verfahrensleitenden Dritten,[28]
2. konfliktbegleitende **Beratungskosten**,[29]

---

22 Nach PwC/EUV, S. 41 (Abb. 14) ist die kürzere Dauer außergerichtlicher Konfliktbeilegungsverfahren unter den Top 5 Gründen für außergerichtliche Verfahren; vgl. auch *Sessler* ZKM 2014, 161 (162).
23 *Hagel* in: Trenczek/Berning/Lenz, 2.17 Rn. 22.
24 Ausführlich hierzu: *Hagel* in: Trenczek/Berning/Lenz, 2.17 Rn. 21; *Hobeck/Mahnken/Koebke* SchiedsVZ 2007, 225 (229).
25 Bericht des Statistischen Bundesamtes Fachserie 20, Referat 2.1 von 2014; mit einer Spanne von 11,0 Monaten in Stuttgart bis zu 21,3 Monaten in Bremen.
26 Bericht des Statistischen Bundesamtes Fachserie 20, Referat 2.1 von 2014; mit einer Spanne von 26,6 Monaten (OLG-Bezirk Stuttgart) bis zu 44 Monaten (OLG-Bezirk Mecklenburg-Vorpommern).
27 Gericht, Schiedsinstitution.
28 Beispielsweise Adjudikatoren, Mediatoren, Schiedsgutachter, Schiedsrichter, Schlichter.
29 Beispielsweise Rechtsberater, Steuerberater, Unternehmensberater.

3. eigene **Transaktionskosten**[30] und
4. **Opportunitätskosten.**[31]

Im Hinblick auf die einzelnen Kostenarten und damit auf die Gesamtkosten unterscheiden sich die Konfliktbeilegungsverfahren jedoch ganz erheblich.

Da Mediationsverfahren eine relativ kurze Dauer haben, fallen nur geringe Partei- und Opportunitätskosten an. Die Verfahrenskosten sind aufgrund der zeit- und nicht streitwertabhängigen Kosten des Mediators in aller Regel überschaubar. Verfahrenskosten für Institutionen fallen nur an, wenn es sich um administrierte Mediationen handelt, sind aber regelmäßig deutlich günstiger als Gericht- oder Schiedsgerichtskosten.[32] Zumeist teilen sich die Konfliktparteien die Kosten des Mediators und der Institution zu gleichen Teilen. Die eigenen Kosten einschließlich Anwalts- und Beraterkosten tragen die Konfliktparteien hingegen jeweils selbst.

Die Parteikosten bei Gerichts- und Schiedsgerichtsverfahren sind schon aufgrund der wesentlich längeren Verfahrensdauer deutlich höher, ebenso die Verfahrenskosten, die zudem streitwertabhängig steigen.

In Summe sind daher Mediationsverfahren bei Streitigkeiten zwischen Unternehmen vergleichsweise günstig. Selbst unter Berücksichtigung der Möglichkeit eines Scheiterns der Mediation mit der möglichen Folge eines sich anschließenden Gerichts- oder Schiedsgerichtsverfahrens bleibt das Mediationsverfahren im Durchschnitt deutlich kostengünstiger als Gerichts- und Schiedsgerichtsverfahren.[33]

13 **ee) Unternehmen schätzen nachhaltige Lösungen.** Um Konflikte nachhaltig beilegen zu können, muss das Konfliktbeilegungsverfahren drei Ebenen gleichermaßen berücksichtigten, nämlich die beiden Konfliktebenen (Sachebene und Beziehungsebene) und die Verfahrensebene.

Häufig sind die Konfliktparteien schon überfordert, die beiden Konfliktebenen zu erkennen und voneinander zu trennen. Selten gelingt es, auch noch die dritte Ebene zu bedienen und das Verfahren zu strukturieren und zu führen. Aus diesem Grund scheitern viele Verhandlungen und die Parteien wenden sich an Dritte, die ihnen entweder helfen sollen, den Konflikt selbst beizulegen (Einigungsverfahren) oder ihn für sie zu entscheiden (Entscheidungsverfahren).[34]

Die Mediation ist in besonderer Weise geeignet, alle drei Ebenen gleichzeitig und gleichermaßen zu bedienen. Der Mediator konzentriert sich auf die

---

30 Beispielsweise Personal- und Reisekosten; ausführlich hierzu: *Hagel* in: Trenczek/Berning/Lenz, 2.17 Rn. 20.
31 Entgangener Nutzen, der dadurch anfällt, dass Mitarbeiter während der Konfliktbearbeitung nicht andere, gewinnbringende Aufgaben erledigen können. Ausführlich hierzu: *Hagel* in: Trenczek/Berning/Lenz, 2.17 Rn. 20 und *Berning* in: Trenczek/Berning/Lenz, 2.16 Rn. 21 und 28.
32 Bei der DIS fallen für die Administration einer Mediation pauschal EUR 250 an, während für Schiedsgerichtsverfahren streitwertabhängig Kosten zwischen EUR 350 (bei einem Streitwert bis EUR 17.500) und EUR 40.000 (bei einem Streitwert ab EUR 6.900.000) anfallen.
33 Ausführlich hierzu: *Hagel* in: Trenczek/Berning/Lenz, 2.17.
34 Übersichten zu den verschiedenen Verfahren finden sich bei: → Einl. Rn. 28 ff.; MünchHdB GesR VII/*Hagel* § 149; Haft/v. Schlieffen/*Haaß* § 7.

Verfahrensführung und strukturiert die Verhandlung der Konfliktparteien. Zudem hilft er den Parteien, die Sach- und Beziehungsebene im erforderlichen Umfang zu bearbeiten.

Die in Mediationen gefundenen Lösungen führen häufig zu einer nachhaltigen Konfliktbeilegung und die Abschlussvereinbarung hat zumeist eine hohe Ergebnisqualität, weil im Mediationsverfahren mehrere Qualitätsfilter durchlaufen werden:

1. Die Lösungen werden von den Parteien selbst erarbeitet und bewertet und nicht von Dritten vorgegeben.
2. Der Mediator hilft den Parteien, die Vollständigkeit und Realisierbarkeit der angedachten Lösungen zu überprüfen und wirkt nach § 2 Abs. 6 S. 1 MediationsG darauf hin, dass die Parteien die Vereinbarung in Kenntnis der Sachlage treffen und deren Inhalt verstehen.
3. Die Parteien haben die Möglichkeit, die beabsichtigte Lösung von externen Beratern prüfen zu lassen, worauf sie der Mediator nach § 2 Abs. 6 S. 2 MediationsG dann hinweisen muss, wenn die Parteien ohne fachliche Beratung an der Mediation teilnehmen.

Im Gegensatz zu einem „faulen Kompromiss" stößt die in der Mediation   14
gefundene Lösung auf eine große Akzeptanz der Parteien. Nicht verwunderlich ist daher, dass Abschlussvereinbarungen regelmäßig nicht vollstreckt werden müssen, sondern freiwillig erfüllt werden. Auch wenn die **Vollstreckbarkeit,** die dem europäischen Gesetzgeber besonders wichtig war, in der Praxis eine eher untergeordnete Rolle spielt,[35] wäre es aus Unternehmenssicht gut, wenn die Abschlussvereinbarung entweder per se vollstreckbar wäre oder ein Vollstreckungstitel schnell, unkompliziert und kostengünstig zu erwerben wäre. Völlig untauglich war der zunächst vom Gesetzgeber im Referentenentwurf enthaltene Lösungsansatz, wonach die Vollstreckbarkeit der Abschlussvereinbarung auch noch von der Zustimmung des Vollstreckungsgegners abhängig gemacht wurde. Dies entsprach zwar Art. 6 Abs. 1 Med-RiLi, hätte aber zu der absurden Situation geführt, dass sich die Parteien inhaltlich zwar geeinigt hätten, eine Partei sich aber an ihr Leistungsversprechen nicht hält und dann auch noch gefragt wird, ob sie mit der Zwangsvollstreckung aus der getroffenen Vereinbarung einverstanden ist. Diese Zustimmung würde in der Praxis wohl kaum erteilt. Die Partei, die aus der Abschlussvereinbarung vorgehen möchte, müsste Klage aus der Abschlussvereinbarung erheben, um letztlich einen Vollstreckungstitel erwirken zu können.

Da der Gesetzgeber nun aber völlig von einer Regelung abgesehen hat, bleiben nur wenige Alternativen (→ MediationsG § 2 Rn. 413 ff.):

■ Anwaltsvergleich nach §§ 796 a – 796 c ZPO;
■ Vollstreckungsunterwerfung in notarieller Urkunde nach § 794 Abs. 1 Nr. 5 ZPO;
■ Vergleich vor einer anerkannten Gütestelle[36] oder Prozessvergleich nach § 794 Abs. 1 Nr. 1 ZPO;

---

35 *Eidenmüller/Prause* NJW 2008, 2737 (2740); *Risse/Bach* SchiedsVZ 2011, 14 (19); Haft/v. Schlieffen/*Ponschab/Kracht* § 56 Rn. 136.
36 *Berning/Trenczek/Lenz* in: Trenczek/Berning/Lenz, Kapitel 4.4 Rn. 26; Haft/v. Schlieffen/*Ponschab/Kracht* § 56 Rn. 133.

- Klage aus der Abschlussvereinbarung;[37]
- Schiedsspruch mit vereinbartem Wortlaut, falls die Mediation während eines anhängigen Schiedsgerichtsverfahrens durchgeführt wird.[38]

Sämtliche Alternativen sind eher für Dritte (Anwälte oder Notare) attraktiv, denn für wirtschaftlich denkende Unternehmen,[39] wobei zu berücksichtigen ist, dass den Kosten auch Leistungen der Anwälte und Notare gegenüberstehen, beispielsweise Beratungsleistungen und die (unbeschränkte) Haftung (näher dazu → M Rn. 54). Um die grenzüberschreitende Vollstreckung zu vereinfachen, ist seit 2014 eine Arbeitsgruppe der UNCITRAL mit der Ausarbeitung einer Konvention zur gegenseitigen Anerkennung der Vollstreckbarkeit von Abschlussvereinbarungen aus Mediationen in internationalen Handelsstreitigkeiten („**New York Convention II**") beschäftigt.[40] Die beabsichtigte Gleichstellung zur Vollstreckbarkeit aus Schiedssprüchen hätte den positiven Nebeneffekt, ein zwar nicht stichhaltiges, aber dennoch häufig vorgebrachtes Argument gegen die Mediation bei grenzüberschreitenden Streitigkeiten zwischen Unternehmen zu eliminieren.

15   **ff) Unternehmen schätzen die Flexibilität hinsichtlich der Lösungen.** Da privatwirtschaftliche Unternehmen mit Gewinnerzielungsabsicht handeln, ist die Wirtschaftlichkeit ihr vorrangiges Interesse. Das Recht ist dabei Mittel zum Zweck und Begrenzung zugleich. Insofern kommt es bei der Beilegung von Konflikten zwischen Unternehmen auch nicht (allein) auf rechtliche Bewertungen an. Das wirtschaftliche Ergebnis ist dem Unternehmen meist wichtiger als die Entscheidung einer Rechtsfrage[41] und die wirtschaftlichen Konsequenzen sind häufig von größerem Interesse als die Ursachen- und Sachverhaltsaufklärung. Hinzu kommt, dass auch bei Konflikten zwischen Unternehmen die persönliche Beziehungsebene der für die Unternehmen handelnden Personen bei der Lösungsfindung berücksichtigt werden muss.

Es ist daher nicht verwunderlich, dass allein rechtsbasierte Entscheidungsverfahren häufig nicht geeignet sind, die Konflikte zwischen Unternehmen

---

37 Vgl. zur eingeschränkten Vertraulichkeit im Folgeverfahren: *Unberath* ZKM 2012, 12 (15).

38 *Lörcher/Lissner* GRUR-Prax 2012, 318 (320); die Einleitung eines Schiedsgerichtsverfahrens mit dem alleinigen Zweck der Protokollierung des in der Mediation gefundenen Vergleichs dürfte hingegen rechtsmissbräuchlich und unzulässig sein: *Greger/von Münchhausen*, § 17 Rn. 507; *Unberath* ZKM 2012, 12 (15); → MediationsG § 2 Rn. 427; dieses Problem versucht die Singapore Arb-Med-Arb Clause des Singapore International Arbitration Center (SIAC) zu lösen, wonach zunächst ein Schiedsgerichtsverfahren eingeleitet, dann aber sofort ein Mediationsverfahren durchgeführt wird und eine mögliche Abschlussvereinbarung dann vor dem Schiedsgericht protokolliert wird oder bei Scheitern der Mediation das Schiedsgerichtsverfahren weiter betrieben wird.

39 Vgl. hierzu auch *Henssler/Deckenbrock* DB 2012, 159 (167); *Ahrens* NJW 2012, 2465 (2468), Wagner ZKM 2012, 110 (111); zur Bedeutungslosigkeit des Anwaltsvergleichs aufgrund der hohen Kosten auch → MediationsG § 2 Rn. 420. Unter Schuldnerschutzgesichtspunkten mag die Einschaltung Dritter bei der Schaffung von Vollstreckungstiteln sinnvoll sein, wenn die Parteien in der Mediation nicht von Juristen (In-house oder extern) begleitet sind (ausführlich dazu → M Rn. 53).

40 Ausführlich *Hacke* DisputeResolution 2/2015, 10.

41 Haft/v. Schlieffen/*Risse* § 35 Rn. 26; *Sessler* ZKM 2014, 161 (162).

und die für sie Handelnden nachhaltig beizulegen. Entscheidungsverfahren basieren grundsätzlich auf binären Entscheidungsstrukturen.[42] Bewertungsmaßstab für das (Schieds-)Gericht sind der zwischen den Konfliktparteien geschlossene Vertrag und das anwendbare Recht, so dass Gerichtsverfahren immer zu einem Nullsummenspiel führen.[43] Zudem ist das Gericht sowohl an seine Zuständigkeit und die im Verfahren von den Parteien gestellten Anträge gebunden, als auch an die vertraglich oder gesetzlich vorgesehenen Rechtsfolgen.

In der Mediation können die Unternehmen und die für sie Handelnden ihre Interessen[44] im Hinblick auf die aufgeworfenen Themen mithilfe des Mediators ermitteln und artikulieren,[45] um dann interessengerechte Lösungen zu generieren und zu verhandeln. Dabei hilft, auch die Interessen der anderen Konfliktpartei(en) zu hören und zu verstehen. Die Mediation eröffnet zudem die Möglichkeit zukunftsorientierte Lösungsoptionen zu berücksichtigen, auch solche, die nicht justiziabel sind.[46] So können in Mediationen Lösungen gefunden werden, die keinesfalls Ergebnis einer (schieds-)gerichtlichen Entscheidung sein können, beispielsweise eine Regelung der zukünftigen Zusammenarbeit, die Verbesserung eines Prozessablaufs, die Gestaltung von Vertrags- und Zahlungsbedingungen oder auch die Vertragsbeendigung.

b) Grenzen der Mediation. Auch wenn das Mediationsverfahren für Konflikte zwischen Unternehmen viele Vorteile bietet, so kann es im Einzelfall auch Nachteile und sogar Grenzen für die Anwendung der Mediation als Konfliktbeilegungsverfahren geben.   16

aa) Mediation nur nach Einigung der Parteien. Eine Mediation kann nur   17
dann durchgeführt werden, wenn sich die Parteien darauf geeinigt haben. Nur ausnahmsweise kann eine Mediation auch ohne Einigung der Parteien erfolgen, nämlich dann, wenn der Entscheidungsrichter in einem gerichtlichen Verfahren den Rechtsstreit an den Güterrichter nach § 278 Abs. 5 ZPO[47] verweist, denn dies ist auch ohne Zustimmung der Parteien möglich.[48]

Fehlt ansonsten eine vorherige allgemeine Vereinbarung zur Durchführung einer Mediation, beispielsweise aufgrund einer **Mediationsklausel** im zugrundeliegenden Vertrag, so bedarf es einer Einzelfallvereinbarung zur Durchführung eines Mediationsverfahrens im vorliegenden (Konflikt-)Fall (sog „**Mediationsabrede**"). Auch wenn derartige Abreden jederzeit möglich sind, ist es, insbesondere in der Konfliktsituation, aufgrund verschiedener

---

42 *Casper/Risse* ZIP 2000, 437 (440); *Kruse*, S. 52.
43 *Hanft* BB 1998 Beilage 10 zu Heft 40, 15 (16).
44 Beispielsweise Reputationserhalt, Auslastungssicherung, Liquidität.
45 Sei es im Plenum oder nur in den Einzelgesprächen mit dem Mediator.
46 MünchHdB GesR VII/*Hagel* § 151 Rn. 39.
47 Die darauf verweisenden spezialgerichtlichen Normen §§ 202 SGG, 173 S. 1 VwGO, 155 FGO spielen bei Streitigkeiten zwischen Unternehmen ebenso wenig eine Rolle wie die ähnlichen Verweisungsmöglichkeiten nach § 54 Abs. 6 ArbGG und § 36 Abs. 5 FamFG. Zu berücksichtigen wären allenfalls die Verweisungsnormen § 99 Abs. 1 PatG und § 82 Abs. 1 MarkenG.
48 LSG Hessen 30.5.2014 – L 6 AS 132/14, ZKM 2014, 134; OVG Sachsen 28.1.2014 – 1 A 257/10, ZKM 2014, 135; *Greger* in: Greger/Unberath/Steffek, E. Rn. 113; → ZPO § 278 Rn. 14.

psychologischer Barrieren gelegentlich nicht einfach, den Vorschlag zur Durchführung einer Mediation zu unterbreiten oder anzunehmen.

18   Parteien, die zwar grundsätzlich mediationsgeneigt sind, zögern zuweilen, der anderen Konfliktpartei die Durchführung einer Mediation vorzuschlagen, da sie befürchten, dies würde als Zeichen der Schwäche aufgefasst (sog „**First-Move-Barriere**").[49] Zwischenzeitlich haben jedoch außergerichtliche Konfliktbeilegungsverfahren nicht nur an Bekanntheit gewonnen, sondern auch den Ritterschlag des Gesetzgebers erfahren.[50] Zudem soll nach § 253 Abs. 3 ZPO auch die Klageschrift Angaben enthalten, ob der Klageerhebung der Versuch einer Mediation oder eines anderen Verfahrens der außergerichtlichen Konfliktbeilegung vorausgegangen ist, sowie eine Äußerung dazu, ob einem solchen Verfahren Gründe entgegenstehen. Die Angst vor einem Zeichen der Schwäche dürfte daher zunehmend unbegründet sein.

Auf der anderen Seite neigen Konfliktparteien, denen ein Vorschlag zur Durchführung eines Mediationsverfahrens gemacht wird, dazu, diesen nur deswegen abzulehnen, weil er von der anderen Konfliktpartei gemacht wurde. Diese **reaktive Abwertung**[51] basiert, insbesondere in Konfliktsituationen, auf Misstrauen. Parteien unterstellen der anderen Seite böse Absichten und vermuten daher selbst hinter einem gut gemeinten und für beide Seiten vorteilhaften Vorschlag ein Kalkül der Gegenseite zur Erlangung eines Vorteils.[52] Der Verweis auf das gesetzliche Leitbild (außergerichtliche Konfliktbeilegung vor gerichtlicher Klage) mag ebenso helfen wie der Hinweis auf die jederzeitige Möglichkeit der einseitigen Beendigung der Mediation durch die Konfliktparteien. Zudem kann die Einholung unabhängigen Rats helfen. So bietet die Deutsche Institution für Schiedsgerichtsbarkeit eV (DIS) eine Konfliktmanagementordnung an, bei der die Konfliktparteien gemeinsam mit einem Konfliktberater den Konfliktfall besprechen und versuchen, das geeignete Beilegungsverfahren zu finden. Die Gefahr einer reaktiven Abwertung ist dabei minimiert, da die Parteien keine Vorschläge zur Durchführung eines bestimmten Verfahrens machen, sondern das geeignete Verfahren zusammen herausarbeiten oder aber einem Vorschlag des unabhängigen Konfliktberaters folgen.[53]

Da ein Großteil der Konflikte zwischen Unternehmen aus Verträgen resultiert oder im Zusammenhang mit Verträgen steht, können Mediationsklauseln in Verträgen helfen, die Barrieren für die ad-hoc Mediationsabrede zu überwinden. Bei Vertragsschluss spielt die First-Move-Barriere keine Rolle und es gibt kein konfliktbezogenes Taktieren und damit keine reaktive Ab-

---

49   *Dendorfer/Krebs* MittBayNot 2008, 85 (89); *May* NZBau 2015, 468 (469).
50   Für die Mediation: Haft/v. Schlieffen/*Risse* § 35 Rn. 1.
51   *Duve/Eidenmüller/Hacke*, S. 32; *Bühring-Uhle/Eidenmüller/Nelle*, S. 46; Haft/v. Schlieffen/*Wagner* § 34 Rn. 38.
52   *Duve/Eidenmüller/Hacke*, S. 32 beschreiben dies treffend wie folgt: „Wenn „die" einen Vorschlag machen, muss er gut für sie sein – sonst würden sie ihn nicht unterbreiten. Wenn er aber vorteilhaft für die anderen ist, so folgt daraus, dass er nachteilig für uns sein wird." Sa *Gendner* DisputeResolution 2014, 36 (38); Haft/v. Schlieffen/*Risse* § 35 Rn. 61; *May* NZBau 2015, 468 (471).
53   Ausführlich zur Konfliktmanagementordnung der DIS: *Scherer* SchiedsVZ 2010, 122 ff.; *Roquette/Otto*, Vertragsbuch Privates Baurecht, 2. Aufl. 2011, Einl. Rn. 8 ff.

wertung.[54] Dies gilt gleichermaßen für den Vorschlag des Gerichts zur Durchführung eines Mediationsverfahrens bei bereits rechtshängigen Streitigkeiten nach § 278 a ZPO.[55]

bb) Mediation bietet keine Sicherheit für einstweiligen Rechtsschutz. Gera- 19
de bei Konflikten zwischen Unternehmen ist zuweilen sofortiger Rechtsschutz erforderlich, um Veränderungen vorzubeugen, die ansonsten kaum noch wirksam korrigiert werden können. In derartigen Situationen scheidet die Mediation als geeignetes Konfliktbeilegungsverfahren aus, da sich der Erfolg aufgrund der Freiwilligkeit und der Eigenverantwortlichkeit für das Ergebnis nicht garantieren lässt.[56]

Schlimmstenfalls könnte die Durchführung eines Mediationsverfahrens sogar dem Erfolg eines gleichzeitigen Antrags auf Erlass einer einstweiligen Verfügung im Wege stehen, da der Verfügungsgrund der besonderen Dringlichkeit versagt werden kann, wenn Zeit für eine Mediation ist.[57] Kein Problem stellt hingegen ein sequentielles Vorgehen dar mit dem einstweiligen Verfügungsverfahren als erster Stufe und dem Mediationsverfahren als zweiter Stufe.

Die zwischen den Konfliktparteien getroffene Mediationsvereinbarung steht der Möglichkeit, Rechte im einstweiligen Rechtsschutz durchzusetzen, nicht im Weg, denn der (dilatorische) Klageverzicht der Mediationsvereinbarung erstreckt sich nicht auf Maßnahmen des einstweiligen Rechtsschutzes.[58]

cc) Mediation hemmt gesetzliche Ausschlussfrist nicht. Das Mediationsver- 20
fahren hemmt zwar den Lauf von Verjährungsfristen, nicht jedoch den Lauf von gesetzlichen Ausschlussfristen (→ BGB § 203 Rn. 1 ff.). Die Unternehmen sind daher trotz laufender Mediation zur Rechtswahrung gezwungen, parallel Klage zu erheben.

In diesem Fall ordnet das Gericht das Ruhen des gerichtlichen Verfahrens an. Bei einer vom Gericht nach § 278 a Abs. 1 ZPO vorgeschlagenen außergerichtlichen Streitbeilegung erfolgt dies ohne ausdrücklichen Antrag der Parteien (→ ZPO § 278 a Rn. 14). Sofern die Parteien das außergerichtliche Verfahren ohne Vorschlag des Gerichts begonnen haben, ordnet das Gericht nach § 251 ZPO das Ruhen des Verfahrens hingegen nur auf Antrag beider Parteien an.

dd) Mediation ist ungeeignet für hoch eskalierte Konflikte. *Glasl* unter- 21
scheidet neun Eskalationsstufen eines Konfliktes.[59] Mediationen sind nur auf den ersten sieben Eskalationsstufen aussichtsreich. Bei Konflikten, die bereits die Eskalationsstufen 8 („Zersplitterung")[60] und 9 („gemeinsam in

---

54 Vgl. hierzu auch *Dendorfer/Krebs* MittBayNot 2008, 85 (90).
55 MünchHdB GesR VII/*Hagel* § 151 Rn. 55.
56 MünchHdB GesR VII/*Hagel* § 151 Rn. 48.
57 Mehrbrey/*Kurzweil* § 2 Rn. 186.
58 *Greger* in: Greger/Unberath/Steffek, B. § 1 Rn. 209.
59 *Glasl*, Konfliktmanagement, 9. Aufl. 2010, S. 14 und 233; ausführlich hierzu auch: *Duve/Eidenmüller/Hacke*, 34 ff.
60 Auf dieser Eskalationsstufe geht es nicht mehr nur ums Gewinnen, der Gegner soll vielmehr mit Vernichtungsaktionen zerstört werden.

den Abgrund")[61] erreicht haben, ist ein Machteingriff, beispielsweise in Form einer gerichtlichen Entscheidung, erforderlich.

Mediatoren verfügen über Deeskalationstechniken,[62] die den Parteien Möglichkeiten bieten, ihren Emotionen in geregelter Form Ausdruck zu verleihen und sich verstanden zu fühlen, um so zu einer konstruktiven Mitarbeit zurückkehren zu können. Mediationen bieten zudem die Möglichkeit zu Einzelgesprächen. So kann bei hocheskalierten Konflikten, bei denen die Parteien nicht mehr miteinander reden können oder wollen, eine Kommunikation (zunächst) über den Mediator in Form der Shuttle-Mediation erfolgen.[63] Aus diesen Gründen eignet sich die Mediation auch noch bei den Eskalationsstufen vier bis sieben, bei denen direkte Verhandlungen bereits nicht mehr aussichtsreich sind.

22   ee) Mediation kann das Bedürfnis nach Entscheidung nicht befriedigen. Nicht selten äußern Konfliktparteien in konkreten Konfliktsituationen ein Interesse an einer gerichtlichen Entscheidung des Konfliktes. Hierfür mag es verschiedene Gründe geben, beispielsweise den Wunsch nach einer Präzedenzentscheidung für andere, gleichgelagerte Fälle oder das Interesse an der Öffentlichkeit des gerichtlichen Verfahrens.[64] Das Bedürfnis nach Präzedenzwirkung kann die Mediation nicht befriedigen, da der Mediator nicht zur Entscheidung befugt ist (§ 1 Abs. 2 MediationsG). Mediationen können zwar im Einvernehmen auch öffentlich durchgeführt werden, eine Öffentlichkeitswirkung im Sinne eines reputationsgewährenden „Freispruchs erster Klasse" gibt es in der Mediation aber mangels Entscheidungsbefugnis des Mediators nicht.

Bei näherer Betrachtung ist der Wunsch nach einer (gerichtlichen) Entscheidung aber häufig nur eine Position der Konfliktpartei, nicht jedoch das Ergebnis einer interessengeleiteten, bewussten Entscheidung. So ergeben sich bei Hinterfragen dieser Position („warum ist Ihnen die Gerichtsentscheidung wichtig?") die eigentlichen, verfahrensbezogenen Interessen der Konfliktpartei. Nicht selten ist dies der Wunsch nach Klarheit, Sicherheit oder Gerechtigkeit, aber auch Vertraulichkeit, Wirtschaftlichkeit oder Schnelligkeit. Auf dieser Grundlage kann das Spektrum der Beilegungsverfahren durchgegangen werden, um das Verfahren zu finden, das den Interessen der Konfliktpartei am besten gerecht wird.[65] Konfliktparteien sind häufig nicht selbst in der Lage, ihre eigentlichen Verfahrensinteressen zu identifizieren und neigen daher dazu, vorschnelle Verfahrensentscheidungen zu treffen. Dies lässt sich durch die Einholung unabhängigen Rates zur Klärung der Verfahrensinteressen und Beilegungsalternativen vermeiden.[66]

---

61 Auf dieser Eskalationsstufe wird die eigene Vernichtung einkalkuliert, um den Gegner zu vernichten.
62 ZB Ventilieren, Thematisieren, Normalisieren, Reformulieren; ausführlich hierzu: *Duve/Eidenmüller/Hacke*, S. 289 ff.
63 *Eidenmüller* Beilage zu ZIP 22/2016, 18 (19) mit einem konkreten Beispiel einer Mediation zwischen Unternehmen.
64 Haft/*v. Schlieffen/Risse* § 35 Rn. 53.
65 Vgl. zur systematischen Verfahrenswahl: *Hagel* ZKM 2014, 108 ff.
66 MünchHdB GesR VII/*Hagel* § 151 Rn. 59; zur Beratung hinsichtlich der Auswahl des geeigneten Beilegungsverfahrens sa: *Round Table Mediation & Konfliktmanagement der Deutschen Wirtschaft* SchiedsVZ 2012, 254 (256).

Gelegentlich steckt hinter dem Wunsch nach einem Gerichtsverfahren auch   23
nur der Wunsch nach einer neutralen Drittsicht als Grundlage für weitere
Verhandlungen.[67] Dieses Interesse kann auch anderweitig befriedigt werden, beispielsweise durch Einholung eines (unverbindlichen) unabhängigen
(Rechts-)Gutachtens, isoliert oder während eines Mediationsverfahrens
oder durch die vorläufige Bewertung durch den Mediator oder Güterichter.[68]

Mitunter basiert der Wunsch nach einer Entscheidung durch Dritte auf der
Angst, eigene Entscheidungen treffen, und noch schlimmer, im Unternehmen oder gegenüber Aufsichtsorganen rechtfertigen zu müssen. Die Flucht
in ein Drittentscheidungsverfahren scheint der Ausweg aus drohender persönlicher Verantwortung oder gar Haftung. In vielen Unternehmen werden
die an der Mediation teilnehmenden Unternehmensvertreter – ebenso wie
bei direkten Verhandlungen – mit einem Verhandlungsmandat ausgestattet,
das den Beteiligten genügend Sicherheit geben sollte, solange sie sich im
Mandat bewegen. Da die Mediation jedoch häufig ungeahnte neue Aspekte
hinsichtlich der (eigenen) Bewertung, aber auch hinsichtlich vorher nicht
gesehener Lösungsoptionen bietet, kann es sich empfehlen, die Mediation
zu unterbrechen, um den Konfliktparteien die Möglichkeit einzuräumen,
erforderliche neue Mandate unternehmensintern oder mit Aufsichtsgremi-
en abzustimmen.[69] Die Mediation bietet zudem die Möglichkeit einer Legitimation der Einigungsentscheidung, denn regelmäßig werden einerseits die
Nichteinigungsalternativen (BATNA) genau herausgearbeitet und andererseits ein Abgleich der gefundenen Lösungsoptionen mit den Parteiinteressen durchgeführt.

Als weiterer Grund, ein Entscheidungsverfahren zu wünschen, kann die
Angst vor dem Scheitern der Mediation gesehen werden, denn Einigungsverfahren gewähren keine Einigungssicherheit, während Entscheidungsverfahren mit einer Entscheidung enden, sofern sich die Parteien nicht zuvor
geeinigt haben. Verstärkt wird diese Angst, wenn Unkenntnis über die
Möglichkeiten der Mediation hinzukommt und sich die Konfliktpartei
nach gescheiterter Verhandlung fragt, warum nun eine Verhandlung unter
der Verfahrensleitung eines Mediators zu einem Ergebnis führen soll.[70] In
diesen Fällen hilft nur Aufklärung und der Hinweis auf die Verfahrensalternativen, denn im Hinblick auf die alternativ zur Verfügung stehenden
Beilegungsverfahren bedeutet die Mediation die Chance auf eine kurzfristi-

---

67 *Lutz*, Der Gesellschafterstreit, 3. Aufl. (2013), Rn. 577.
68 MünchHdB GesR VII/*Hagel* § 151 Rn. 60.
69 Haft/v. Schlieffen/*Risse* § 35 Rn. 54 empfiehlt daher die durchgängige Teilnahme
    hochrangiger, entscheidungsbefugter Unternehmensvertreter. Zumindest bei größe-
    ren Unternehmen scheint dies jedoch weder nötig noch ausreichend zu sein, denn
    größere ergebnisrelevante oder strategische Entscheidung bedürfen immer der vor-
    herigen Gremienabstimmung. Hierfür ist die vorherige Mandatierung mit der
    Möglichkeit der Mandatsanpassung während der Mediation oder bei einer Unter-
    brechung der Mediation ausreichend.
70 *Gendner* DisputeResolution 2014, 36 (37); *Aschenbrenner* SchiedsVZ 2013, 144;
    in der Studie von Taylor Wessing und dem Bucerius Center on the Legal Profession
    (CLP) „Dafür nehmen wir uns einen Anwalt", S. 14, wird folgende Aussage zitiert:
    „Wo man sich nicht einigen kann, ich glaube, da bringt auch ein Mediationsver-
    fahren nicht wirklich viel."

ge, kostengünstige und interessengerechte Lösung mit dem, gemessen an der Einigungsquote,[71] geringen Risiko, nachfolgend noch ein Entscheidungsverfahren zu benötigen.[72]

24 **ff) Mediation bietet Gefahr des Missbrauchs.** Alle Konfliktbeilegungsverfahren können aus taktischem Kalkül missbraucht werden, auch die Mediation. Bei ihr besteht besonderes Missbrauchspotential einerseits im Hinblick auf eine Verschleppung des Verfahrens und andererseits hinsichtlich der Informationsbeschaffung[73] oder Informationspräklusion.

Die Absicht zur **Verschleppung** kann taktische und wirtschaftliche Gründe haben. Taktisch kommt die Flucht in die Verjährung oder die Ausschlussfrist in Betracht. Hierfür ist die Nutzung der Mediation aber nur bedingt geeignet. Die Flucht in die Verjährung scheitert daran, dass Verjährungsfristen während des Laufs der Mediation nach § 203 BGB gehemmt sind (ausführlich dazu → BGB § 203 Rn. 1 ff.). Dies gilt nicht für gesetzliche Ausschlussfristen, so dass die betroffene Konfliktpartei trotz laufender Mediation oder bestehender Mediationsvereinbarung fristwahrend Klage einreichen muss (→ BGB § 203 Rn. 14). Unter wirtschaftlichen Gesichtspunkten kann die Verschleppung einen Zahlungsaufschub gewähren.[74] Da Mediationsverfahren in der Regel ohnehin eine vergleichsweise kurze Dauer haben, ist der Zeitgewinn gering. Zudem kann die Mediation jederzeit durch jede Konfliktpartei (und den Mediator) beendet werden, so dass ein tatsächlicher Zeitgewinn weder gewährleistet noch kalkulierbar ist.

Unternehmen sehen in der Mediation gelegentlich die Gefahr, dass sie von einer Konfliktpartei gar nicht zur Konfliktbeilegung, sondern zur **Informationsbeschaffung** zur späteren Verwendung in einem Rechtsstreit genutzt wird. Dies lässt sich nicht vollständig ausschließen, aber durch eine Vertraulichkeitsvereinbarung mit Beweiserhebungs- und Beweisverwertungsverbot deutlich minimieren. Zudem haben es die Parteien selbst in der Hand, welche (neuen) Informationen sie im Rahmen der Mediation der anderen Konfliktpartei zukommen lassen.

Unter der „**Flucht in die Mediation**" als taktische Maßnahme wird auch die bewusste Wahl der Mediation verstanden, um eigene Informationen unter dem Deckmantel der Vertraulichkeit für ein späteres Verfahren zu präkludieren.[75] Dies kann nur funktionieren, wenn die Parteien eine sehr weitgehende Vertraulichkeitsvereinbarung geschlossen haben, die entweder den gesamten Inhalt der Mediation unter die Vertraulichkeit und das Vortragsverbot stellt („**Tatsachengrab**")[76] oder zumindest Informationen, die in die Mediation eingeführt werden. Zur Vermeidung dieses Risikos ist es wichtig, den Umfang des Vertraulichkeitsschutzes und des Verwertungsverbotes dem Umfang nach sachgerecht zu bestimmen.[77] Es liegt also an den

71 Ca. 75 % der Mediationsverfahren enden mit einer Einigung: *Hagel* in: Trenczek/Berning/Lenz, Kap. 2.17 Rn. 29 mwN.
72 MünchHdB GesR VII/*Hagel* § 151 Rn. 61.
73 *Dendorfer/Krebs* MittBayNot 2008, 85 (89); *Casper/Risse* ZIP 2000, 437 (440).
74 Vgl. hierzu auch *Gendner* DisputeResolution 2014, 36 (38).
75 *Weigel* NJOZ 2015, 41 (43).
76 *Nelle/Hacke* ZKM 2002, 257 (260); *Greger* in: Greger/Unberath/Steffek, B. § 4 Rn. 52.
77 *Greger* in: Greger/Unberath/Steffek, B. § 4 Rn. 52.

Parteien selbst, entsprechende vertragliche Vorsorge zu treffen, um diese Missbrauchsmöglichkeit auszuschließen.

III. Besonderheiten der Mediation zwischen Unternehmen

Mediationen zwischen Unternehmen unterscheiden sich nicht grundlegend von anderen Mediationen. Sie folgen der gleichen Grundstruktur. Dennoch gibt es einige Ausprägungen, die bei Mediationen zwischen Unternehmen besonders häufig anzutreffen sind. Dies bedeutet weder, dass es sie nur bei Mediationen zwischen Unternehmen gibt, noch, dass alle Mediationen zwischen Unternehmen sie aufweisen.   **25**

1. Mediationsvereinbarungen. Eine **Mediationsvereinbarung** ist nichts Besonderes. Im Gegenteil, sie ist Voraussetzung der Mediation. Bei Mediationen zwischen Unternehmen ergibt sich lediglich die Besonderheit, dass ihr häufig Streitigkeiten aus und im Zusammenhang mit zwischen ihnen geschlossenen Verträgen zugrunde liegen. Zunehmend sind die Mediationsvereinbarungen als Teil der Streitbeilegungsklausel („**Mediationsklausel**") Bestandteil dieser Verträge. Grundsätzlich kann die Streitbeilegungsklausel mehrere Stufen enthalten. Wird nur eine Stufe vereinbart, handelt es sich zumeist um die Wahl des finalen Entscheidungsverfahrens (Schiedsgericht oder staatliches Gericht). Bei **mehrstufigen Klauseln** werden dem Entscheidungsverfahren weitere Verfahrensstufen vorgeschaltet. Als erste Stufe wird häufig ein Verhandlungsverfahren vereinbart. Als weitere Stufe kann ein ADR-Verfahren folgen. Dabei kann ein bestimmtes ADR-Verfahren, beispielsweise die Mediation oder Adjudikation, vereinbart werden. Alternativ kann aber auch vorgesehen werden, dass sich die Konfliktparteien erst im Konfliktfall auf ein konkretes ADR-Verfahren zu einigen haben. Diese offene Klausel hat den Vorteil, dass die Parteien gemeinsam vereinbart haben, sich im Konfliktfall über das bestgeeignete Beilegungsverfahren zu verständigen und nicht an ein zuvor vereinbartes, aber ungeeignetes Verfahren gebunden sind. Der Nachteil ist, dass sich die Parteien in der Konfliktsituation im Zweifel nicht auf ein Beilegungsverfahren einigen können.[78] Daher ist eine offene Klausel mit Rückfalloption empfehlenswert. Danach haben die Parteien in der Konfliktsituation die Möglichkeit, sich auf ein Beilegungsverfahren zu einigen, das bestmöglich für den vorliegenden Konflikt passt. Sollte ihnen die Einigung nicht innerhalb einer bestimmten Frist gelingen, kommt ein bereits in der Streitbeilegungsklausel vereinbartes Verfahren (**Rückfalloption**) zur Anwendung.[79] Die Unternehmen müssen sich bei mehrstufigen Klauseln zudem einigen, ob die ADR-Stufe zwingend durchlaufen werden muss, bevor die finale Entscheidungsstufe beschritten werden kann (verbindliche ADR-Klausel)[80] oder ob die sofortige Einleitung eines Entscheidungsverfahrens zulässig bleibt (unverbindliche ADR-Klausel).[81] Die Streitbeilegungsklauseln können zudem konkrete Formen und Fristen zum sequentiellen Ablauf der einzelnen Stu-   **26**

---

78 *Sessler* ZKM 2014, 161 (163).
79 → L Rn. 13; Servatius/*Gendner/Steinbrecher*, Rn. 1349.
80 Vgl. hinsichtlich der verbindlichen Mediationsklausel: Haft/v. Schlieffen/*Risse* § 35 Rn. 63.
81 Vgl. hinsichtlich der unverbindlichen Mediationsklausel: Haft/v. Schlieffen/*Risse* § 35 Rn. 68.

fe(n), Verweise auf Verfahrensordnungen und weitere Einzelheiten enthalten (→ L Rn. 10 ff.).

27 Insbesondere bei mehrstufigen **Streitbeilegungsklauseln** (zB Verhandlung/ Mediation/Schiedsgericht) besteht jedoch die Gefahr, dass eine Konfliktpartei die Mediation nur als Durchgangsstation zum Entscheidungsverfahren braucht, da andernfalls eine Klage aufgrund des in der Mediationsvereinbarung enthaltenen dilatorischen Klageverzichts unzulässig wäre.[82] Dennoch beendet diese Partei die Mediation nicht sofort, weil sie sich hofft, eventuell nützliche Informationen zu erlangen. Sollte der Konfliktpartei nachgewiesen werden können, dass sie das Mediationsverfahren lediglich nutzen wollte, um der Streitbeilegungsvereinbarung Genüge zu tun, nicht jedoch eine einvernehmliche Lösung anzustreben, so ist das von den Parteien betriebene Verfahren keine Mediation, da es an dem Begriffsmerkmal des Anstrebens einer einvernehmlichen Lösung fehlt. Dies führt dann letztlich dazu, dass die „Durchlaufpartei" sich in einem geschlossenen Kreis befindet: Eine Klage/Schiedsklage ist (noch) nicht möglich, da noch keine Mediation absolviert wurde. Es liegt aber auch keine Mediation vor, weil in diesem Fall im Rahmen des Verfahrens keine Konfliktbeilegung beabsichtigt ist, sondern eigentlich die nächste Stufe der Eskalation, das Entscheidungsverfahren, angestrebt wird. In diesem Fall greift der dilatorische Klagverzicht nach Durchlaufen des mediationsähnlichen Verfahrens nicht mehr. Die klagende Partei hat – vereinbarungsgemäß – an einem außergerichtlichen, mediativen Verfahren teilgenommen, auch wenn es aufgrund der gesetzlichen Definition kein Mediationsverfahren war.

Neben Streitbeilegungsklauseln in Einzelverträgen können Unternehmen auch generelle Konfliktbelegungsvereinbarungen für bestimmte oder alle zwischen ihnen entstehende Streitigkeiten vereinbaren.[83]

Selbst wenn die Unternehmen keine allgemeine Konfliktbeilegungsvereinbarung getroffen haben und der dem Streit zugrundeliegende Vertrag entweder keinerlei Streitbeilegungsklausel oder aber eine solche ohne Nennung eines Mediationsverfahrens enthält, können die Parteien die Durchführung einer Mediation im konkreten Konfliktfall auch ad-hoc vereinbaren („**Mediationsabrede**").

28 **2. Verteilungskonflikte.** Neben der konstruktiven, zukunftsorientierten Konfliktbewältigung geht es bei Wirtschaftskonflikten zuweilen auch um die reine Bewältigung der Vergangenheit bzw. die Verteilung nicht zu vermehrender Ressourcen.[84] Auch hier setzen Unternehmen die Mediation erfolgreich ein.[85] Natürlich können derartige Konflikte per Drittentscheidung, beispielsweise durch ein Gericht, Schiedsgericht oder verbindliches Schiedsgutachten beigelegt werden. Häufig effizienter[86] und zumeist auch

---

82 Vgl. zum dilatorischen Klageverzicht auch: *Unberath* ZKM 2012, 12 (14); *ders.* in: FS von Hoffmann, S. 500 (506); *Diop/Steinbrecher* BB 2011, 131 (136); *Loos/ Brewitz* SchiedsVZ 2012, 305 (308); *Unberath* NJW 2011, 1320 (1321); eingehend hierzu auch → N Rn. 11 f.
83 *Duve/Eidenmüller/Hacke*, S. 335 mit einem konkreten Beispiel.
84 Sog. Verteilungskonflikte; vgl. hierzu: *Duve/Eidenmüller/Hacke*, S. 16.
85 Vgl. hierzu auch *Hacke* SchiedsVZ 2004, 80 (82) (Fn. 11).
86 Ausführlich hierzu: *Hagel* in: Trenczek/Berning/Lenz, Kapitel 2.17 Rn. 36.

nachhaltiger[87] ist jedoch die zwischen den Parteien freiwillig getroffene Vereinbarung. Diese kann, selbst bei reinen Verteilungskämpfen, durch Mediationen erreicht werden. Dies deswegen, weil dem Mediator Techniken zur Verfügung stehen, auf die einerseits die Parteien in den Verhandlungen selbst nicht zurückgreifen können und die andererseits von Drittentscheidern nicht eingesetzt werden können. In Verhandlungen sind folgende Phänomene zu beobachten:

1. Überoptimismus bezüglich der eigenen Position[88]
2. Angst vor unnötigen Zugeständnissen

Der Mediator kann den Parteien in Einzelgesprächen helfen, zu besseren, da realitätsnäheren Einschätzungen der Erfolgsaussichten zu gelangen, beispielsweise mithilfe der **Risikoanalyse**.[89] So kann der Mediator mit den Parteien gemeinsam durchspielen, was passieren würde, wenn sie sich in der Mediation nicht einigen können. Bei Streitigkeiten zwischen Unternehmen wird dann häufig übereinstimmend angegeben, dass bei Scheitern der Mediation ein (Schieds-)Gericht zu entscheiden habe. Mit den Parteien kann der Mediator die Knackpunkte herausarbeiten, die ein (Schieds-)Richter entscheiden muss. Dabei geht es um die Anspruchsgrundlagen einerseits („Anspruch dem Grunde nach") und den sich daraus ergebenden Folgen der Höhe nach („Quantum"). In Einzelgesprächen kann der Mediator die Parteien die jeweiligen Stärken und Schwächen in Bezug auf die einzelnen Entscheidungspunkte erarbeiten lassen und kritisch hinterfragen. Basierend darauf können die Parteien, noch in den Einzelgesprächen, ihre Durchsetzungswahrscheinlichkeiten bei den einzelnen Knackpunkten angeben. Mit diesen Angaben kann jede Partei unter Anleitung des Mediators die Risikoanalyse anhand eines Entscheidungsbaumes durchführen und so die Werthaltigkeit des Anspruchs ermitteln. Dies könnte dann aus Sicht der Partei ein realistischer Einigungswert sein. Da die Parteien zumeist unterschiedliche, für sie jeweils positive Durchsetzungswahrscheinlichkeiten annehmen, verwundert es nicht, dass selbst nach der subjektiven Wertermittlung noch kein Einigungskorridor vorliegt.

Der Mediator kann mit den Parteien zudem die möglichen Folgen eines Scheiterns der Mediation herausarbeiten und mit konkreten Kosten versehen. Unter Berücksichtigung aller Kosten, der Kostenverteilung nach dem Grad des Obsiegens und der Erstattungsfähigkeit der verschiedenen Kostenarten im (schieds-)gerichtlichen Verfahren, können die Parteien das zu erwartende wirtschaftliche Ergebnis auf der Basis ihrer eigenen Erfolgseinschätzung errechnen.

29

---

87 Vgl. hierzu: MünchHdB GesR VII/*Hagel* § 151 Rn. 35.
88 *Dendorfer/Lack* SchiedsVZ 2007, 195 (204); *Bühring-Uhle/Eidenmüller/Nelle*, S. 47; *Diop/Steinbrecher* BB 2012, 3023 (3027); *Gendner* Dispute Resolution 2014, 36 (37); → L Rn. 36.
89 Ausführlich zur Risikoanalyse: *Hagel* SchiedsVZ 2011, 65 ff.; *Risse* ZKM 2010, 107; *Morawietz* IDR 2004, 133; *Duve/Eidenmüller/Hacke*, S. 243.

All dies hilft den Parteien, realistischere Einigungskorridore zu erarbeiten, wodurch sich die Möglichkeit der Überlappung („**ZOPA**")[90] und damit der Einigungschance erhöht.[91]

30   **3. Einzelgespräche.** Auch Einzelgespräche sind eigentlich nichts Besonderes, sind sie doch gesetzlich in § 2 Abs. 3 S. 2 im allseitigen[92] Einverständnis bei allen Mediationen möglich (ausführlich zu getrennten Gesprächen → MediationsG § 2 Rn. 139 ff.). Bei Mediationen zwischen Unternehmen werden jedoch getrennte Gespräche besonders häufig geführt.

Dies liegt daran, dass zwischen Unternehmen, wie zuvor dargestellt, besonders oft reine Verteilungskonflikte auftreten und getrennte Gespräche ein geeignetes Mittel darstellen, die dabei auftretenden Verhandlungshindernisse zu überwinden. Zudem können die im Konflikt befindlichen Unternehmen im Wettbewerb stehen oder streit- bzw. lösungsbezogene Betriebs- oder Geschäftsgeheimnisse betroffen sein. In all diesen Fällen können Unternehmen mit der anderen Konfliktpartei nicht offen kommunizieren. Dem Mediator gegenüber können sie hingegen unter dessen Vertraulichkeit größere Offenheit an den Tag legen. Dies setzt voraus, dass die Einzelgespräche vertraulich geführt werden und Informationen aus den Einzelgesprächen vom Mediator nur mit ausdrücklicher Zustimmung der Konfliktpartei an die andere(n) Konfliktpartei(en) übermittelt werden dürfen.[93]

Einzelgespräche können dabei vom Mediator und den Parteien angeregt werden.[94] Der Gesetzgeber hat ausdrücklich darauf verzichtet, dass diese nur möglich sein sollen, wenn der Mediator sie für zweckmäßig hält.[95] Damit sind Einzelgespräche auch dann möglich, wenn eine der Parteien sie vorschlägt und die andere Konfliktpartei einwilligt.

31   **4. Teilnahme von Anwälten.** An Mediationen zwischen Unternehmen nehmen zumeist Juristen teil, ob In-house Juristen (häufig **Syndikusrechtsanwälte**) oder externe Rechtsanwälte.[96]

---

90   Zone of a potential Agreement (= Zone einer möglichen Einigung).
91   Ausführlich und mit konkreten Beispielen: *Hagel* in: Jacob/Schindler/Strathausen, S. 246 ff.
92   Gemeint ist das Einverständnis der Parteien und des Mediators, nicht sonstiger Beteiligter oder Dritter: → MediationsG § 2 Rn. 144 ff.
93   Ebenso: *Greger* in: Greger/Unberath/Steffek, B. § 2 Rn. 158; *Gläßer* (→ MediationsG § 2 Rn. 150); *Horstmeier*, Rn. 250; aA *Eidenmüller* Beilage zu ZIP 22/2016, 18 (19), wonach die Einzelgespräche des Mediators bei einer Caucus-Mediation grundsätzlich nicht vertraulich sind.
94   AA *Horstmeier*, Rn. 246, der ohne Begründung anführt, dass Anfragen einer Partei nach Einzelgesprächen vom Mediator direkt abzulehnen sind. Dies widerspricht der Parteiautonomie. Da Einzelgespräche ohnehin dem allseitigen Einverständnis bedürfen, ist nicht ersichtlich, weshalb Anträge der Parteien grundsätzlich abzulehnen sind.
95   Wie dies noch im RefE vorgesehen war, → MediationsG § 2 Rn. 143.
96   Illustrativ, wenn auch nicht repräsentativ: Bei etwa 40 Mediationen, an denen Bombardier Transportation beteiligt war, nahmen für Bombardier stets In-house Juristen teil und zudem bei 50 % der Verfahren auch externe Rechtsanwälte; für die andere Konfliktpartei nahmen auch stets In-house Juristen teil, aber nur in 40 % der Verfahren auch externe Anwälte; Servatius/*Gendner/Steinbrecher* gehen in Fn. 1867 davon aus, dass zumindest Unternehmensjuristen beratend an der Vorbereitung und Durchführung von ADR-Verfahren teilnehmen; *Duve/Eidenmüller/ Hacke*, S. 99, gehen davon aus, dass die Parteien in der Regel anwaltlich vertreten sind, ebenso *Hacke* (→ L Rn. 27).

Dies hat zunächst rechtliche Konsequenzen hinsichtlich des Mediationsverfahrens:

- Die Einbeziehung externer Rechtsanwälte bedarf der Zustimmung aller Parteien (§ 2 Abs. 4; → MediationsG § 2 Rn. 158), die Teilnahme von In-house Juristen hingegen nicht, da diese Repräsentanten des Unternehmens und damit der Partei sind.[97]
- Die Parteien können aufgrund der fachlichen Rechtsberatung der teilnehmenden Juristen eine rechtlich informierte Entscheidung treffen. Insofern ist ein Hinweis des Mediators auf die Überprüfung der Abschlussvereinbarung durch externe Rechtsberater nach § 2 Abs. 6 S. 2 nicht erforderlich. Dies auch dann nicht, wenn ausschließlich In-house Juristen teilnehmen, da die in § 2 Abs. 6 S. 2 für den Entfall der kategorischen Hinweispflicht des Mediators (→ MediationsG § 2 Rn. 288) erforderliche fachliche Beratung der Partei nicht voraussetzt, dass diese durch externe Berater zu erfolgen hat. Bei Mediationen zwischen Unternehmen zeigt sich, dass § 2 Abs. 6 S. 2 von einem zu engen Beraterbegriff ausgeht, denn Unternehmen haben Fachabteilungen (zB Rechts-, Finanz-, Steuer-, Personalabteilung), die häufig nicht an den Mediationssitzungen teilnehmen. Insofern wäre es für Unternehmen besser, wenn der Mediator die Parteien, die in der Mediationssitzung ohne fachliche Beratung sind, auf die Möglichkeit der Überprüfung der Vereinbarung durch *interne oder externe* Berater hinweist.

Eigentlich sollte man erwarten, dass die Beratung der Unternehmen durch Juristen zu einer erhöhten Inanspruchnahme der Mediation als Konfliktbeilegungsverfahren führt. Das Gegenteil ist der Fall. Unternehmen sind nach wie vor nicht gut genug über die Möglichkeiten alternativer Konfliktbeilegung informiert und haben zu wenig eigene Erfahrung.[98] Dies gilt ebenso für die sie beratenden internen und externen Juristen. So überrascht es dann auch nicht, dass bei der Konfliktmanagement-Studie V immerhin 21 % der Unternehmen angegeben haben, dass die Einschaltung eines neutralen Dritten bei der Konfliktbeilegung durch die eigene begleitende oder beratende Anwaltskanzlei erschwert wird.[99] Sollte das Unternehmen selbst bereit sein, wird das Einschalten des Dritten zu 19 % von der die Gegenseite begleitenden oder beratenden Anwaltskanzlei erschwert. Um diese Wissens- und Erfahrungslücke zu schließen, bilden Unternehmen vermehrt Mitarbeiter, einschließlich der In-house Juristen, zu Mediatoren aus.[100] Juristen werden ihrem Unternehmen die Durchführung einer Mediation nur dann empfehlen, wenn sie selbst über genügend Verfahrenskenntnis verfügen. Auch bei der Wahl sie unterstützender externer Rechtsanwälte legen Unternehmen zunehmend Wert auf Mediationskompetenz.[101] Letztlich beginnen auch Anwaltskanzleien, den Beratungsmarkt bei der Konfliktbeilegung differenzierter zu sehen. In der Vergangenheit haben Rechtsanwälte aus Wirtschaftskanzleien an Mediationsausbildungen teilgenommen, um

---

97 Vgl. zu Parteirepräsentanten: → MediationsG § 2 Rn. 159.
98 *Aschenbrenner* SchiedsVZ 2013, 144 (146); Servatius/*Gendner/Steinbrecher*, Rn. 1322.
99 PwC/EUV, S. 45.
100 *Gendner* Dispute Resolution 2014, 36 (37).
101 *RTMKM* SchiedsVZ 2012, 254.

entweder selbst als (Wirtschafts-)Mediatoren tätig zu werden oder aber um dies im Kanzleiprospekt in der Practice Group Dispute Resolution angeben zu können.[102] Nun entdecken Rechtsanwälte das eigenständige Betätigungsfeld des „**Mediationsanwaltes**".[103]

32 **5. Hybridverfahren.** Bei Streitigkeiten zwischen Unternehmen bieten sich, mehr als bei den meisten anderen Streitigkeiten, Verfahrenskombinationen aus Entscheidungs- und Einigungsverfahren, sog **Hybrid-Verfahren** unter Einschluss der Mediation, an. Dies hat verschiedene Ursachen, beispielsweise:

- den Wunsch nach Klarheit hinsichtlich zentraler Fragestellungen, ohne deren Klärung eine Verhandlung nur schwer möglich ist;
- das Erfordernis eines nicht nur potenziellen, sondern konkreten Drucks hinsichtlich Kosten, Aufwand und drohender Entscheidung.

Um den Bedürfnissen der Konfliktparteien im Hinblick auf das Verfahren (Verfahrensinteressen) nachzukommen, gibt es eine Vielzahl von Kombinationsmöglichkeiten. Die Kombinationsform kann zeitlich unterschiedlich gestaltet werden (sequentiell oder parallel) und hinsichtlich der Einbindung des/der Dritten in die einzelnen Verfahrensmodule (personenverschieden oder personenidentisch).

33 Das **Med-Arb** Verfahren ist eine Kombination aus einer Mediation und einem Schiedsgerichtsverfahren,[104] bei dem der Dritte zunächst Mediator ist und bei Scheitern der Mediation nachfolgend entscheidungsbefugter Schiedsrichter wird.[105] Neben der Möglichkeit der vollständigen Personenidentität gibt es auch die Möglichkeit der teilweisen Personenidentität, wobei für das Schiedsgerichtsverfahren weitere Schiedsrichter hinzugezogen werden (**MAX**)[106] oder der Mediator im Schiedsverfahren nicht weiter tätig ist, sondern ein oder mehrere neu zu bestimmende[107] Schiedsrichter. Im Hinblick auf die Ausgestaltung des Schiedsgerichtsverfahrens sind Kombinationen der Mediation mit allen Spielarten der Schiedsgerichtsbarkeit denkbar. So kann beispielsweise zunächst eine Mediation durchgeführt werden und nachfolgend, falls erforderlich, eine Last-Offer-Arbitration (**MEDALOA**).[108] Bei der Last-Offer-Arbitration kann das Schiedsgericht nicht frei entscheiden. Die Parteien unterbreiten vielmehr dem Schiedsgericht jeweils ihr letztes Angebot. Das Schiedsgericht kann eines dieser Angebote wählen und in einen verbindlichen Schiedsspruch umsetzen.[109] Ebenso ist eine Kombination aus Mediation und High/Low-Arbitration

---

102 *RTMKM* SchiedsVZ 2012, 254; *Pasetti* SchiedsVZ 2015, 134 (136).
103 *May* NZBau 2014, 334.
104 Ausführlich zu MedArb: *Lögering* in: Fritz/Pielsticker, Andere Verfahren VII Rn. 57 ff.; *Dendorfer/Lack* SchiedsVZ 2007, 195 (200).
105 Vgl. zur möglichen Ablehnung des Schiedsrichters analog § 41 Nr. 8 ZPO, wonach ein staatlicher Richter von der Ausübung des Richteramtes ausgeschlossen ist, wenn er in dieser Sache zuvor als Mediator tätig war: → N Rn. 23; zum Problem der Personenidentität auch → Einl. Rn. 43.
106 MAX (mediation-arbitration-extended): *Fritz* in; Fritz/Pielsticker, Andere Verfahren I Rn. 38 ff.
107 Oder zuvor bereits bestimmte Schiedsrichter („Arbitrator-in-Reserve").
108 Ausführlich hierzu: *Risse* Beilage zu BB 16/2001, 19; → N Rn. 13.
109 Ausführlich zur Last-Offer-Arbitration: *Walz* SchiedsVZ 2003, 119.

möglich, bei der die Parteien dem Schiedsgericht einen Rahmen für einen Schiedsspruch vorgeben.[110]

Eine Umkehrung der Verfahrensreihenfolge ist ebenfalls möglich. Beim **Arb-Med**-Verfahren wird zunächst ein komplettes Schiedsgerichtsverfahren durchgeführt, wobei der Schiedsspruch den Parteien aber nur dann offengelegt wird, wenn sie sich in der nachfolgenden Mediation nicht einigen können.[111]

Bei **Med-Arb-Med**-Verfahren wird während einer Mediation eine Teilfrage schiedsgerichtlich entschieden und die Mediation dann mit diesem Ergebnis fortgeführt. Anstatt eines eingeschoben Schiedsgerichtsverfahrens sind auch andere eingeschobene Entscheidungsverfahren (Schiedsgutachten, Adjudikation) möglich.[112] Bei **Arb-Med-Arb**-Verfahren wird ein Schiedsgerichtsverfahren anhängig gemacht, die Streitigkeit aber sofort in die Mediation überführt[113] und nach Beendigung der Mediation das Schiedsgerichtsverfahren fortgesetzt. Die Fortsetzung erstreckt sich bei einer erfolgreichen Mediation auf die Protokollierung der Abschlussvereinbarung (**Schiedsspruch mit vereinbartem Wortlaut**). Diese Kombination soll helfen, Abschlussvereinbarungen im Wege eines vollwertigen Schiedsspruchs mit der Möglichkeit der Vollstreckbarerklärung und grenzüberschreitenden Durchsetzung nach der New York Convention zu erreichen. Mit dem einleitenden Schiedsgerichtsverfahren soll bewirkt werden, dass der Vergleich in Übereinstimmung mit § 1053 Abs. 1 S. 1 ZPO „während des schiedsgerichtlichen Verfahrens" geschlossen wird.[114]

Gleichartige Kombinationsmöglichkeiten sind mit Mediation und Adjudikation denkbar (**Med-Adj**-Verfahren), bei denen der Mediator und Adjudikator personenidentisch sind.[115] Scheitert die Mediation, wird der Konflikt durch den Adjudikator vorläufig bindend entschieden.

Bei der **gerichtsparallelen Mediation** wird während eines Gerichtsverfahrens parallel eine außergerichtliche Mediation durchgeführt (→ MediationsG § 1 Rn. 1), beim **Mediation-Window** wird die Mediation parallel zu einem bereits anhängigen Schiedsgerichtsverfahren durchgeführt (→ N Rn. 49). Bei Schiedsverfahren können die Parteien auch gleich zu Beginn einen Mediator auswählen, der dann sofort zur Verfügung steht, wenn sich eine Möglichkeit zur einvernehmlichen Konfliktbeilegung ergibt (**Mediator-in-Reserve**).[116]

Bei der **Michigan-Mediation** wird zunächst eine Mediation durchgeführt. Kommen die Parteien nicht zu einer Einigung, unterbreitet der Mediator

34

35

---

110 Ausführlich hierzu: *Risse* Beilage zu BB 16/2001, 20.
111 *Lögering* in: Fritz/Pielsticker, Andere Verfahren VII Rn. 60 f.; *Dendorfer/Lack* SchiedsVZ 2007, 195 (202); → N Rn. 33.
112 *Greger* in: Greger/Unberath/Steffek, B. § 2 Rn. 202 nennt dies „evaluatives Fenster".
113 Vgl. die Singapore Arb-Med-Arb Clause des Singapore International Arbitration Center (SIAC).
114 Vgl. zu den Problemen einer Abschlussvereinbarung als Schiedsspruch mit vereinbartem Wortlaut in einem erst nach der Mediation anhängig gemachten Schiedsverfahren: → N Rn. 39 ff.
115 *Lembcke* in: Fritz/Pielsticker, Andere Verfahren V Rn. 23 ff.
116 *Greger* in: Greger/Unberath/Steffek, D. Rn. 38.

einen unverbindlichen Einigungsvorschlag.[117] Lehnt eine der Parteien den Einigungsvorschlag ab und erreicht im nachfolgenden (Schieds-)Gerichtsprozess kein um mehr als 10 % besseres Ergebnis, hat sie eine Strafzahlung zu leisten. Diese kann beispielsweise in der Übernahme der gesamten Gerichtskosten, unabhängig vom Verfahrensausgang, liegen.[118] Ähnlich, wenn auch ohne den Druck der Strafzahlung, sind Kombinationen aus Mediation und Schlichtung möglich, bei denen zunächst eine Mediation durchgeführt und bei Scheitern der Mediation der Mediator beauftragt wird, einen unverbindlichen Einigungsvorschlag zu unterbreiten. Dieser kann, je nach Beauftragung, rechtsbasiert sein, wie bei der Michigan-Mediation, oder interessenbasiert auf der Grundlage der von den Parteien in der Mediation geäußerten Interessen. Er kann daher auch Vorschläge zu nicht justiziablen Themen beinhalten.

Unternehmen gehen bei der Wahl des Konfliktbeilegungsverfahrens, einschließlich möglicher Kombinationen, nicht dogmatisch, sondern ergebnisorientiert vor. Sie sind daher in der Gestaltung des Verfahrens kreativ und passen das Verfahren dem Konflikt[119] und den Verfahrensinteressen an.

IV. Fazit

36   Die Mediation ist für die meisten Konflikte zwischen Unternehmen das perfekte Beilegungsverfahren, sei es separat oder in Kombination mit anderen Konfliktbeilegungsverfahren. Dies erkennen Unternehmen und auch die sie beratenden internen und externen Juristen zunehmend. Dennoch gibt es nach wie vor eine große Zurückhaltung in der Anwendung der Mediation für Konflikte zwischen Unternehmen. Dies hat vielfältige Gründe, wobei sehr häufig Unkenntnis und Unerfahrenheit die ausschlaggebende Rolle spielen.

Das MediationsG jedenfalls wird die weitere Verbreitung der Mediation als Konfliktbeilegungsverfahren für Konflikte zwischen Unternehmen nicht aufhalten können. Im Gegenteil, es wird einen Beitrag leisten, Mediationsverfahren vom bislang oft nur abstrakt als vorteilhaft erkannten zum regelmäßig tatsächlich angewandten Konfliktbeilegungsverfahren werden zu lassen. Dennoch bleibt einiges Optimierungspotenzial. Manches wird die Praxis regeln, anderes hingegen bleibt die Aufgabe des Gesetzgebers.

---

117   Je nach konkreter Ausgestaltung kann dies deshalb auch eine Schlichtung oder rechtliche Fallbewertung darstellen; vgl. *Risse* Beilage zu BB 16/2001, 21; *Mähler/Mähler* BeckRA-HdB, § 48 Rn. 12.
118   Ausführlich zur Michigan-Mediation: *Risse* Beilage zu BB 16/2001, 21.
119   „Fitting the Forum to the Fuss"; vgl. hierzu: *Sander/Goldberg* Negotiation Journal 1994, 49; *Hagel/Steinbrecher* in: Gläßer/Kirchhoff/Wendenburg (Hrsg.), S. 53 (55).

C. Innerbetriebliche Mediation

Literatur:

Ahrens, Dispute Boards – ADR-Verfahren im Vergleich –, Teil 7, ZKM 2013, 72; *Aschenbrenner*, Kluge Konfliktlösung in Mittelstand und Familienunternehmen. Inspiration muss her!, ZKM 2014, 164; *Auerbach*, Mediation bei Mobbingfällen in Unternehmen, ZKM 2015, 104; *Bähner*, 10 Herausforderungen auf dem Weg zur betrieblichen Mediationsstelle, Spektrum der Mediation 29/2008, 12; *Barth/Böhm* (Hrsg.), Wirtschaftsmediation – Konflikte in Unternehmen und Organisationen, 2016; *Bauer/Rapp*, Fünf Gesellschafter in einem Boot: Optimaler Kurs oder Fahrt ins Ungewisse?, ZKM 2012, 26; *Berning*, Mediation und Konfliktkultur, 2016; *Berkel*, Deal Mediation, ZKM 2015, 4; *Brandstetter* (Hrsg.), Rechtsabteilung und Unternehmenserfolg, 2. Aufl. 2011; *Briem*, Professionelles Konfliktmanagement zur innerbetriebliche Konflikte – Einführung eines Konfliktmanagementsystems bei SAP AG, ZKM 2011, 146; *Briem/Klowait*, Der Round Table Mediation und Konfliktmanagement der deutschen Wirtschaft – Wegweiser für einen Paradigmenwechsel im unternehmerischen Konfliktmanagement?, Konfliktdynamik 2012, 66; *Bürger*, Möglichkeiten für den Einsatz der Mediation im Arbeitsrecht unter Einbeziehung des Mediationsgesetzes, 2014; *Calliess/von Harder*, Intra-Firm Trade Law – Contract-Enforcement & Dispute Resolution in Transnational Corporations, ZenTra Working Paper in Transnational Studies No. 1/2012, 1; *Duve/Eidenmüller/Hacke*, Mediation in der Wirtschaft, 2. Aufl. 2011; *Ferz/Salicities* (Hrsg.), Mediation in Betrieben, 2016; *Fritz/Pielsticker*, Mediationsgesetz, Kommentar, 2013; *Gantz-Rathmann*, Konfliktschlichtung bei der Bahn, Interview, Spektrum der Mediation 42/2011, 45; *dies.*, Ombudsstelle und Mediation bei der Deutschen Bahn AG, Konfliktdynamik 2012, 160; *Gläßer*, Konfliktmanagement – Von den Elementen zum System, ZKM 2011, 100; *dies./Kirchhoff/Wendenburg* (Hrsg.), Konfliktmanagement in der Wirtschaft – Ansätze, Modelle, Systeme, 2014; *Greger/Unberath/Steffek*, Recht der alternativen Konfliktlösung, Kommentar, 2. Aufl. 2016; *Heintel/Lerchster*, Der Nachfolgeprozess als Übergangsritual, ZKM 2016, 129; *Hlawaty*, Weniger ist mehr – Teil 1, ZKM 2015, 16; *dies.*, Weniger ist mehr – Teil 2, ZKM 2015, 56; *Hunold*, Konfliktlösung im Betrieb, AuA 2015, 216; *Jäntges/Schwartz*, Mediation bei Fusionen – Chancen und Grenzen, ZKM 2010, 25; *Kerntke*, Mediation als Organisationsentwicklung, 2004; *Kilburg/Otto/Redlich*, Konfliktbehandlung in Arbeitsgruppen – ein Beitrag zur Teamentwicklung?, Konfliktdynamik 2012, 110; *Kirchhoff*, Wirtschaftsmediation in Deutschland – Momentaufnahme und Perspektiven, ZKM 2007, 108; *ders.*, Konfliktmanagement (-systeme) 2.0 – Das Komponentenmodell in der Praxis, Konfliktdynamik 2012, 4; *ders.*, Konfliktmanagement und werteorientierte Unternehmensführung, ZKM 2014, 92; *ders./Klowait*, „Business Mediation, ADR and Conflict Management in the German Corporate Sector – Status, Development & Outlook", TDM 6 (2014), Vol. 11, issue 6, December 2014; *Klowait*, MediationsG und ZMediatAusbV – Wege und Irrwege im Labyrinth der Qualitätssicherung, ZKM 2017, 94; *ders.*, Das Eis brechen – ADR Corporate Pledge – Optimierung des unternehmerischen Konfliktmanagements durch freiwillige Selbstverpflichtungen, Dispute Resolution Magazine 1/2016, 22; *ders.*, The Paradigm Shifts: A Guide to the Development of Dispute Resolution in Germany's Corporate Sector, Alternatives to the high costs of litigation, Vol. 33 No. 10 November 2015, 147; *ders.*, "Zertifizierter Mediator" – Empfehlenswertes Selbstmarketing oder unzulässige Irreführung?, ZKM 2015, 194; *ders.*, „Dispute-Wise Management" – Erfolgsfaktor (auch) für die Energiewirtschaft, Die Wirtschaftsmediation 2012, 38; *ders.*, Betriebsinterne Mediation – Erfahrungswerte, in: Best Practice Konflikt(kosten)-Management 2012 – Der wahre Wert der Mediation, Unternehmerschaft Düsseldorf/KPMG (Hrsg.) 2012, S. 36; *ders.*, Mediation im E.ON-Konzern, Erfahrungswerte, Stand und Perspektiven des Projektes der „Konzernmediation", ZKM 2008, 171; *ders.*, Mediation im Konzern, ZKM 2006, 172; *ders./Hill*, Corporate Pledge – Königsweg zur Implementierung von Mediation in der Wirtschaft?, SchiedsVZ 2007, 83; *KPMG AG*, Konfliktkostenstudie. Die Kosten von Reibungsverlusten in Industrieunternehmen, 2009; *Lehmann*, Mediation zur Konfliktbeilegung: Instrument für die Betriebs- und Tarifvertragsparteien?, BB 2013, 1014; *Lukas/Dahl* (Hrsg.), Konfliktlösung im Arbeitsleben, 2013; *Markowski*, Streitigkeiten im Betriebsratsgremium, AiB 2015, Nr. 3, 22; *Montada/Kals*, Mediation, 2. Aufl. 2007; *Niedostadek*, Mediation bei Arbeitsplatzkonflikten und der Grundsatz der Freiwilligkeit, ZKM 2014, 55; *Patera*,

Führen mit mediativem Know-how, ZKM 2008, 80; *Paul*, Unternehmensnachfolge in Familienunternehmen, ZKM 2003, 80; *PricewaterhouseCoopers/Europa-Universität Viadrina Frankfurt an der Oder*, Konfliktmanagement – Von den Elementen zum System, Studie, 2011; *dies.* „Konfliktmanagement in der deutschen Wirtschaft – Entwicklungen eines Jahrzehnts", Studie, 2016; *Proksch*, Konfliktmanagement im Unternehmen, 2. Aufl. 2013; *Reutter*, Die Achtsamkeit des Mediators, 2017; *ders.*, Der achtsame Mediator, ZKM 2017, 102; *Risse*, Wirtschaftsmediation, 2003; *Round Table Mediation & Konfliktmanagement der Deutschen Wirtschaft*, Positionspapier der deutschen Wirtschaft zur Umsetzung der EU-Mediationsrichtlinie, ZKM 2009, 147; *Sauer-Kramer/Loth*, Internes Konfliktmanagement: Empowerment von Führungskräften im Coaching, ZKM 2015, 85; *Schmidt/Lapp/Monßen*, Mediation in der Praxis des Anwalts, 2012; *Schmitz-Vornmoor*, Notare im Prozess der Unternehmensnachfolge – Die (mögliche) Rolle und Funktion von Notaren aus konfliktdynamischer Sicht, Konfliktdynamik 2015, 182;.*Schwartz/Troja*, Lehrmodul 16: Verhandeln, ZKM 2010, 186; *Schweizer*, „Meine drei Kinder sollen mein Erbe weiterführen!" – Ein Praxisfall, ZKM 2016, 2; *Spangenberg/Spangenberg*, Der Sinn von Gesprächsregeln in der Mediation, ZKM 2016, 19; *Thiesen*, db fairness@work – von der Mobbingberatung zum Konfliktmanagement in der Deutschen Bank; *Trenczek/Berning/Lenz*, Mediation und Konfliktmanagement, 2013; *Troja*, Konfliktkosten in Unternehmen, ZKM 2006, 150; *Unternehmerschaft Düsseldorf und Umgebung eV/KPMG* (Hrsg.), Best Practice Konflikt(kosten-)Management – Der wahre Wert der Mediation, 2012; *Wegner-Kirchhoff*, Konfliktmanagement im Unternehmen: Teure Klopfgeräusche an der Schnittstelle, ZKM 2013, 94; *Wendenburg*, Zum Umgang mit Machtungleichgewichten in der Mediation, KritV 2015, 33.

I. Einleitung

1   Konflikte und Differenzen gehören zum menschlichen Alltag – auch zum Arbeitsalltag. Sie können ignoriert, unterdrückt, aktiv angegangen oder

auch hierarchisch entschieden werden – sie gänzlich zu vermeiden ist allerdings weder möglich noch erstrebenswert. Oftmals sind es gerade Konflikte und Spannungen, die Veränderungsbedarf signalisieren. Aus Betriebs- und Unternehmenssicht haben Konflikte damit eine wichtige Funktion: werden sie als „**Frühwarnsystem**" für notwendige Korrekturen verstanden und gelingt es, die Konfliktbearbeitung in konstruktive Bahnen zu lenken, verliert der Konflikt seinen Schrecken. Der **Konflikt** wird per se nicht mehr als Bedrohung, sondern **als Chance** zur notwendigen Neugestaltung und Optimierung verstanden. Gerade im betrieblichen Kontext geht es also nicht um die Frage, *ob* es zwischen Mitarbeitern, in Teams, zwischen Abteilungen oder auch zwischen Geschäftsführung und Betriebsrat Konflikte gibt; die Herausforderung besteht vielmehr darin, solche Spannungen und Dissonanzen konstruktiv und gewinnbringend zu bearbeiten und zu lösen.

II. Überblick

Die Erkenntnis, dass eine konstruktive Konfliktbearbeitung nicht nur für die Streitparteien selbst, sondern unmittelbar auch für das Unternehmen vorteilhaft ist, hat in den letzten Jahren zu einer signifikant größeren Offenheit deutscher Unternehmen geführt, sich im innerbetrieblichen Kontext auch der Mediation zu bedienen – sei es durch Einsatz externer Mediatoren, durch Implementierung umfassender – zumeist mediationsbasierter – Konfliktmanagementsysteme, durch die Etablierung von Ombuds- und Schlichtungsstellen oder auch durch den Aufbau interner Mediatorenpools.[1] Nach einem Blick auf die zugrundeliegenden Begrifflichkeiten werden im Folgenden zunächst typische Fallgruppen der innerbetrieblichen Mediation dargestellt und in ihren Besonderheiten erläutert. Der nachfolgenden Darstellung verschiedener Ausgestaltungsvarianten der Einbeziehung von Mediatoren in die innerbetriebliche Konfliktlösung schließen sich Hinweise zur sinnvollen Gestaltung der vertraglichen Rahmenbedingungen an. Bezüglich der Vorgaben des MediationsG wird insbesondere die Frage beleuchtet, welchen Rahmen das **MediationsG** all denjenigen Nutzungsvarianten der innerbetrieblichen Mediation setzt, die auf dem Einsatz eigener Mitarbeiter als Mediatoren basieren. Insoweit strebt die Darstellung keine umfassende Analyse aller Erscheinungsformen und Spezifika der innerbetrieblichen Mediation an. Im Vordergrund steht vielmehr die selektive Beleuchtung einiger Fragen, die sich für diesen Einsatzbereich der Mediation aus dem MediationsG ergeben. Der Beitrag endet mit einem Ausblick, in dessen Rahmen auch die Auswirkungen der jüngsten – arbeitsgerichtlichen – Rechtsprechungslinien auf die innerbetriebliche Mediation aufgezeigt werden.

III. Definitionen

Soweit nicht abweichend kenntlich gemacht, lehnen sich die hier verwandten Begrifflichkeiten an die Definitionen an, welche der Studie „Konflikt-

---

1 Zu den Motiven und Zielsetzungen dieser gestiegenen „ADR-Offenheit" vgl. *Briem/ Klowait*, Konfliktdynamik 2012, 66 (70 ff.).

management – Von den Elementen zum System"[2] zugrunde liegen und die ihrerseits stark von den beiden Round-Table-Arbeitskreisen „Konfliktmanagement-Systeme" und „Konflikte zwischen Unternehmen" beeinflusst worden sind. Dies gilt uneingeschränkt für die Termini Konflikt,[3] Konfliktmanagement,[4] Konfliktprävention[5] und Außergerichtliche Konfliktbearbeitung.[6] Abweichend vom dortigen Ansatz, welcher Konflikte im Wirtschaftsleben in folgende Kategorien einteilt

- ■ Konflikte am Arbeitsplatz
- ■ Konflikte zwischen Unternehmenseinheiten/Konzerngesellschaften (interne Wirtschafts-/Unternehmenskonflikte)
- ■ Konflikte zwischen Unternehmen (externe Wirtschafts-/Unternehmenskonflikte)

werden, soweit im Folgenden von **„innerbetrieblichen Konflikten"** gesprochen wird, damit sämtliche Konflikte angesprochen, die sich innerhalb eines Unternehmens oder Unternehmensverbundes abspielen und an denen kein externer – dh nicht unternehmensangehöriger – Dritter als Konfliktpartei beteiligt ist. Damit fallen sowohl die externen Wirtschaftskonflikte („B2B" → B Rn. 1 ff.) als auch Konflikte zwischen Unternehmen und ihren Kunden („B2C" → O Rn. 1 ff.) nicht in den Anwendungsbereich der innerbetrieblichen Mediation. Mit dieser begrifflichen Konnotation der „innerbetrieblichen Mediation" soll nicht versucht werden, eine valide, allgemeingültige Definition einzuführen; das hier zugrunde gelegte, weite Begriffsverständnis dient lediglich der Klarstellung und Eingrenzung des Untersuchungsgegenstandes dieses Beitrages. Insbesondere soll damit – wo sinnvoll oder erforderlich – eine weitergehende Differenzierung der innerbetrieblichen Konflikte nach „Konflikten am Arbeitsplatz" und „Konflikten zwischen Unternehmenseinheiten" nicht ausgeschlossen werden.

IV. Fallgruppen der innerbetrieblichen Mediation

4   Im Folgenden werden Fallgruppen aufgezeigt, die in der innerbetrieblichen Mediationspraxis besonders häufig auftreten.

---

2 *PricewaterhouseCoopers/Europa-Universität Viadrina Frankfurt an der Oder*, Konfliktmanagement – Von den Elementen zum System, 2011; hierzu auch *Gläßer* ZKM 2011, 100 ff.
3 Ein Konflikt liegt dann vor, wenn ein Akteur (Person oder Gruppe) durch eine Handlung oder eine erkennbare Absicht die Interessen von mindestens einem anderen Akteur so berührt, dass dieser sich beeinträchtigt fühlt und die jeweils bevorzugten Handlungsoptionen nicht gleichzeitig realisierbar sind oder scheinen.
4 Konfliktmanagement ist der systematische und institutionalisierte Umgang mit Konflikten, durch den der Verlauf eines Konflikts gezielt beeinflusst wird. Auswahl und Gestaltung eines geeigneten Verfahrens sollen Transparenz, Steuerbarkeit und Effizienz der Konfliktbearbeitung sicherstellen.
5 Konfliktprävention bedeutet die gezielte Verhinderung (a) der Entstehung von Konflikten (Konfliktprävention im engeren Sinne oder Konfliktentstehungsprävention) bzw. (b) einer destruktiven Austragung oder Eskalation von Konflikten (Konfliktprävention im weiteren Sinne oder Konflikteskalationsprävention).
6 Unter außergerichtlicher Konfliktbearbeitung werden alle Verfahren gefasst, in denen Konflikte außerhalb der Zuständigkeit staatlicher Gerichte oder Schiedsgerichte behandelt werden. Dazu zählen insbesondere Verhandlung, Mediation, Schlichtung und Schiedsgutachten sowie Hybridformen dieser Verfahrensarten.

1. Teamkonflikte. Konflikte innerhalb von Teams und Gruppen bilden   5
einen deutlichen Nachfrageschwerpunkt im Rahmen der innerbetrieblichen
Mediation. Gerade hier zeigen sich die Grenzen eines hierarchischen
„Machtwortes". So mag der Vorgesetzte anordnen wollen, dass mit den
von ihm wahrgenommenen Unstimmigkeiten innerhalb seines Teams „jetzt
Schluss sei" – Erfolg wird er mit einem solchen Vorgehen nicht haben. Insoweit ist es kein Zufall, dass die Initiative zur Durchführung einer Mediation meist vom Vorgesetzten des Teams ausgeht; gelegentlich kommt sie
auch aus dem Kreis der Teammitglieder selbst. In beiden Fällen ist die Rolle des Vorgesetzten im Konfliktgeschehen vorab zu klären und insbesondere der Frage nachzugehen, ob er selbst Konfliktbeteiligter ist – und damit
in den Klärungsprozess einbezogen werden sollte. Thematisch steht bei
Teamkonflikten häufig der Umgang miteinander, die Verbesserung der
Kommunikation und/oder die Optimierung der Zusammenarbeit im Mittelpunkt.

2. Konflikte zwischen Mitarbeitern. Belastungen des zwischenmenschli-   6
chen Verhältnisses, Streit über die Regelung der Arbeitsabläufe oder auch
verschiedene Ansichten hinsichtlich der Arbeitsaufteilung[7] – derartige Fragen sind typisch für **Konflikte zwischen Mitarbeitern.** „Unbehandelt" bergen solche Spannungen nicht nur die Gefahr spürbar verschlechterter Arbeitsergebnisse;[8] darüber hinaus können sie auch negativ auf das Gesamt-
betriebsklima in dem betroffenen Bereich ausstrahlen. Eine rechtzeitige
Klärung beugt somit zugleich einer Konfliktausweitung vor. Gelingt dies
nicht im Wege des direkten Gesprächs der Kontrahenten oder auch unter
Einbeziehung des Vorgesetzten, steht der Weg zur Mediation – allseitiges
Einverständnis der Beteiligten vorausgesetzt – grundsätzlich offen.

3. Konflikte zwischen Mitarbeitern und Vorgesetzten. Mediationen zwi-   7
schen Mitarbeiter und Vorgesetztem stellen besondere Anforderungen an
den Mediator. Schon wegen des hierarchiebedingten **Machtungleichgewich-
tes** der Beteiligten ist sorgfältig auf dessen Ausgleich – bei gleichzeitiger
Wahrung der Allparteilichkeit – zu achten.[9] Die Herausforderung besteht
darin, den Interessen des „schwächeren" Konfliktbeteiligten gleichberechtigt zur Geltung zu verhelfen, dabei zugleich aber die Rolle des Vorgesetzten als solche nicht in Frage zu stellen. Die Praxis zeigt zwar, dass Vorgesetzte, die sich „selbst" in solchen Konflikten offen für Mediation zeigen,
die sie – eben aufgrund ihrer Vorgesetztenstellung – auch hierarchisch an-
gehen könnten, tendenziell ein größeres Maß an Offenheit mitbringen.
Gleichwohl sollte sich der agierende Mediator der besonderen Sensibilität
derartiger Konstellationen stets bewusst sein. Er muss über das „Hand-
werkszeug" verfügen, das Spannungsverhältnis zwischen der „Interessenserkundung auf Augenhöhe" einerseits und der Wahrung des Rollenverhält-
nisses andererseits angemessen auszubalancieren.

---

7 Beispielsfall siehe *Klowait* ZKM 2008, 171 (174).
8 Siehe hierzu und zu weiteren Ursachen interner Konfliktkosten *Troja* ZKM 2006,
   150 ff.
9 Grundlegend zum Umgang mit Machtungleichgewichten in der Mediation *Wendenburg* KritV 2015, 33 ff.

8 **4. Konflikte zwischen Führungskräften.** Spannungen und **Dissonanzen** zwischen **Führungskräften** treten nicht seltener auf als Konflikte in anderen Bereichen. Sie münden allerdings – gerade bei hoch- und höchstrangigen Leitenden Angestellten – weniger häufig in einer Mediation. Über die Gründe und die stattdessen greifenden Konfliktstrategien der Beteiligten soll an dieser Stelle nicht weiter spekuliert werden. Schon dieser Befund indiziert allerdings, dass es sich auch hier um ein besonders sensibles Einsatzfeld der innerbetrieblichen Mediation handelt.

9 Strukturell betrachtet können Konflikte zwischen Führungskräften auf gleicher Hierarchieebene (zB zwischen zwei Abteilungsleitern) Parallelen zur Konstellation des Konfliktes zwischen Mitarbeitern bzw. zu Teamkonflikten (bei Beteiligung mehrerer Führungskräfte gleicher Hierarchieebene) aufweisen. Letzteres zeigte sich auch in einem vom Verfasser mediierten Fall, in dem es um Konflikte zwischen vier gleichrangigen Führungskräften ging, die von der übergeordneten Führungskraft zuvor nicht anderweitig beigelegt werden konnten. Auch in solchen Konstellationen (zu Teamkonflikten → Rn. 5) ist die Abklärung der Rolle des „Team-Vorgesetzten" – hier also des Vorgesetzten der vier unmittelbar Konfliktbeteiligten – im Vorfeld der Mediation von entscheidender Bedeutung. Nimmt er nicht selbst an der Mediation teil, sollte a priori vereinbart werden, ob und in welcher Form die *Ergebnisse* der **Mediation** ihm im Anschluss kommuniziert werden dürfen. Nicht selten wird hierzu von den Konfliktbeteiligten eine Art **Kommunikee** – dh eine offizielle, rein ergebnisbezogene Sprachregelung – abgestimmt, auf deren Grundlage der Vorgesetzte informiert werden darf (→ Rn. 40). Dass diese aus Beweisgründen schriftlich abgefasst werden sollte, versteht sich von selbst. Handelt es sich bei den Medianden um Führungskräfte unterschiedlicher Hierarchieebenen, sind auch hier die Spezifika der Mediation im Über- und Unterordnungsverhältnis zu beachten.

10 Werden Konflikte unter Führungskräften über den Einsatz innerbetrieblicher Mediatoren angegangen, wird von den Medianden zumeist erwartet – oftmals auch explizit formuliert –, dass der **Mediator** möglichst ebenfalls eine **Führungskraft** sein sollte. Angesichts der für derartige Konfliktlagen typischen Themen – zu denen oftmals Aufgaben- und Kompetenzzuweisungen, aber auch das Führungsverhalten im engeren Sinne zählen –, erklärt sich diese Erwartungshaltung in der gewünschten Zuschreibung eines entsprechenden Erfahrungshintergrundes des Mediators.

11 **5. Konflikte zwischen Unternehmensleitung und Betriebsrat.** Konflikte zwischen **Geschäftsführung** bzw. Betriebsleitung einerseits **und dem Betriebsrat** andererseits sind zumeist schon hoch eskaliert, wenn sie Gegenstand einer Mediation werden. Zu den oftmals zu beobachtenden Spezifika derartiger Konfliktlagen gehört die sog **Stellvertreter- oder Repräsentantenproblematik.** Die unmittelbar handelnden Akteure sehen sich – neben ihrer individuellen, persönlichen Beteiligung – zugleich als Repräsentanten des von Ihnen vertretenen Organs. Dies erzeugt einen besonderen Druck – sei es, weil der mit den Verhandlungen beauftragte Geschäftsführer sich im Verhältnis zu seinen (nicht an der Mediation teilnehmenden) Geschäftsführerkollegen (oder auch seinem Gesellschafter gegenüber) verpflichtet fühlt,

gegenüber dem Betriebsrat nicht „klein beizugeben" oder weil andererseits der Betriebsrat eine besonders vorteilhafte Regelung für die von ihm vertretene Belegschaft zu erreichen sucht. Gelegentlich tritt zu dieser ohnehin schon komplexen Gemengelage noch eine weitere Dynamik hinzu. Die Repräsentantenproblematik zeigt sich dann in einer zusätzlichen Dimension auch unmittelbar auf Seiten der Medianden. So kann es vorkommen, dass beispielsweise der Betriebsratsvorsitzende (was umgekehrt entsprechend auch für den Verhandlungsführer der Arbeitgeberseite gelten kann) sich dem zusätzlichen Druck ausgesetzt fühlt, seine Rolle in der laufenden Mediation besonders akzentuiert, engagiert und pointiert wahrzunehmen, um seine Funktion innerhalb des Gremiums seinen anwesenden Betriebsratskollegen gegenüber zu unterstreichen.[10] Entsprechend stark sind derartige Konflikte zumeist auch emotional besetzt.

Konflikte zwischen Unternehmens- oder Betriebsleitung stellen daher besondere Anforderungen an den Mediator. Schon unverzüglich nach der Mediationsanfrage empfiehlt sich eine sorgfältige Prüfung dahin gehend, ob es sich überhaupt (noch) um einen **mediablen Konflikt** handelt (woran ua dann Zweifel bestehen, wenn und solange es mindestens einer Seite bewusst um Konfrontation und nicht um Kooperation geht). Die systemischen Zusammenhänge und die besondere Bedeutung der funktionalen Rolle beider Lager sollten dem Mediator in jeder Verfahrensphase bewusst sein. Nur dann ist es möglich, eine etwaige, von den Beteiligten zumeist nicht sofort offen gelegte „hidden agenda" zu erkennen und entsprechend zu agieren – wobei alleine das wertschätzende Transparent machen der beiderseitigen Rollen – inkl. einer etwaigen Repräsentantenfunktion – oft schon zu einer spürbaren Entlastung bei den Beteiligten führt.

12

Angesichts des ansonsten drohenden, erheblichen Schadens steht der hohen Komplexität und Schwierigkeit von Konflikten zwischen Betriebsrat und Geschäftsführung auf der anderen Seite zumeist ein sehr hoher unternehmerischer und wirtschaftlicher Nutzen einer Mediation gegenüber.[11] Als Beispiel sei hier auf einen vom Verfasser mediierten **Praxisfall** verwiesen, bei welchem sich ein Konflikt zwischen Betriebsrat und Betriebsleitung an einem Produktionsstandort über Jahre hinweg derart zugespitzt hatte, dass er vor Beginn der Mediation in der Drohung der Arbeitnehmerseite gipfelte, den „Standort lahmzulegen", Klage einzureichen und die (Boulevard-)Presse einzuschalten – was im Eintrittsfall neben einem möglichen Schaden in Millionenhöhe auch der Reputation des Unternehmens wenig förderlich gewesen wäre. Selbst in diesem schon hoch eskalierten Fall ist es den Medianden letztlich gelungen, eine Ergebnisvereinbarung zu erzielen. Über den Zeitraum der Mediation hinweg – die wegen der Komplexität,

13

---

10 Zu möglichen Konfliktursachen innerhalb des Betriebsrates vgl. *Markowski* AiB 2015, Nr. 3, 22 ff.

11 Siehe beispielhaft „Betriebsratskonflikt", in: *Best Practice Konflikt(kosten-)Management 2012, Unternehmerschaft Düsseldorf und Umgebung eV / KPMG* (Hrsg.), 2012, S. 20 ff.; zur Mediation zwischen Arbeitgeber und Betriebsrat aus Sicht des Arbeitgebers *Drosdeck* in: Lukas/Dahl, Kapitel 2 C S. 60 ff. sowie auch Sicht des Betriebsrates *Woeller* in: Lukas/Dahl, Kapitel 2 D S. 84 ff.; allgemein zur Mediation im Kontext Betriebsverfassungs- und Tarifvertragsrecht *Bürger*, S. 181 ff.

Emotionalität und Zuspitzung des Falles sechs ganztägige Mediationssitzungen erforderte und damit von deutlich überdurchschnittlicher Dauer war[12] – bildete sich nach und nach ehemals zerstörtes Vertrauen und Verständnis für die jeweilige Gegenseite wieder auf und im Lauf des Verfahrens dominierte ein Begriff immer mehr – nämlich der Terminus der **Betriebspartnerschaft**. Dies war der in diesem Fall – wie für Mediationen generell – entscheidende Schritt von der Konfrontation zur Kooperation, auf dessen Basis die Medianden sodann ihre Ergebnisvereinbarung zu den Streitpunkten ausführlich schriftlich fixierten – und ausweislich einer Monate später durchgeführten gemeinsamen Nachbetrachtung im Betriebsalltag auch einhielten.

14 **6. Konflikte zwischen Bereichen bzw. zwischen Abteilungen.** Auch ein konfliktbehaftetes Verhältnis verschiedener Abteilungen und Bereiche eines Unternehmens kann zu erheblichen Reibungsverlusten[13] führen. Exemplarisch sei hier auf Dissonanzen zwischen der Vertriebsabteilung eines Unternehmens und der Fachabteilung verwiesen, welcher in der Folge die „Abarbeitung" des akquirierten Auftrages obliegt. Fehlt es hier im Vorfeld an der nötigen Synchronisation beider Abteilungen, sind Spannungen vorprogrammiert – sei es, weil die Auftragserfüllung höhere Kapazitäten des Fachbereiches bindet als verfügbar, weil der zur Auftragserfüllung erforderliche Aufwand seitens des Vertriebes falsch eingeschätzt worden ist oder aus sonstigen Gründen. Liegen dem Konflikt derartige systemische Ursachen zugrunde, wird im Rahmen einer Mediation zumeist auch ein intensiver Blick auf die **Organisation der betrieblichen Abläufe** geworfen werden müssen. Dies muss indes nicht immer so sein. Als Konfliktursache sind auch hier durchaus personale Komponenten vorstellbar, etwa ein persönlicher Konflikt zwischen den agierenden Abteilungs- oder Bereichsleitern, der auf die Mitarbeiter der betroffenen Abteilungen „ausstrahlt".

15 **7. Konflikte zwischen Unternehmenseinheiten/Konzerngesellschaften.** Die bloße Zugehörigkeit verschiedener Unternehmen zu einer Unternehmensgruppe oder zu einem Konzern garantiert nicht die vollkommene Harmonie der Geschäftsbeziehungen, die zueinander unterhalten werden. Konflikte sind vielmehr auch hier an der Tagesordnung. Bei Auftraggeber-Auftragnehmer-Beziehungen innerhalb eines Konzerns kann sich ebenso wie im B2B-Bereich Streit zB daran entzünden, ob Leistungen ordnungsgemäß und mangelfrei erbracht worden sind, ob Nachtragsforderungen gerechtfertigt sind, ob ein zur Haftung führendes Fehlverhalten vorliegt oder ob außergewöhnliche Umstände zur Anpassung geschlossener Verträge berechtigen.[14] Derartige Konflikte sind aus Gesamtkonzernsicht besonders misslich, da

---

12 In der innerbetrieblichen Mediationspraxis des Verfassers reichen in der Regel zwei bis drei Sitzungstermine aus, um zu einer Ergebnisvereinbarung zu kommen, gelegentlich gelingt den Parteien dies auch in einer einzigen Sitzung.

13 Zu den wirtschaftlichen Auswirkungen derartiger Reibungsverluste im Allgemeinen siehe: *KPMG AG*, Konfliktkostenstudie. Die Kosten von Reibungsverlusten in Industrieunternehmen sowie *Insam*, Denkfalle Konflikt – wie Unternehmen die teuersten Konfliktkosten vermeiden, in: *Ferz/Salicites*, S. 3 ff. Ein Fallbeispiel liefert *Wegner-Kirchhoff* ZKM 2013, 94 ff.

14 Zum Einsatz von Mediation zur Lösung von Konflikten zwischen verbundenen Konzernunternehmen siehe *Calliess/von Harder*, S. 19 ff., abrufbar unter http://ssrn.com/abstract=2161314 (zuletzt abgerufen am 29.1.2017).

sie in der Regel keinerlei Einfluss auf die Gesamtkonzernbilanz haben, gleichwohl aber das Potenzial in sich bergen, die gerade im Unternehmensverbund gewünschte Kooperation zwischen den Konzerngesellschaften in Mitleidenschaft zu ziehen. In der Praxis werden sie zumeist hierarchisch entschieden; gleichwohl sind auch hier Konstellationen denkbar, die sich für die Durchführung einer (konzerninternen) Mediation eignen.[15]

8. Weitere Einsatzbereiche. Da ausgebildete Mediatoren in besonderer   16
Weise in Kommunikationstechniken und strukturierter Verfahrensleitung geschult sind, kommt ihr Einsatz auch in moderationsbedürftigen Fällen jenseits „klassischer" Konfliktlagen in Betracht. Als Beispiel sei hier auf **Veränderungsprozesse**[16] oder auch auf die moderative Begleitung von Folgeprozessen verwiesen, die im Nachgang zu Mitarbeiterbefragungen durchgeführt werden. Die vorgenannten Einsatzbereiche stehen dabei nur exemplarisch für die Schnittstelle zwischen Konfliktlösung und **Konfliktprävention**, auf welche im Rahmen des abschließenden Ausblicks (→ Rn. 46 ff.) noch näher eingegangen wird. Zudem liegt ein erhebliches Potenzial des Einsatzes von Mediatoren in der **Verhandlungsoptimierung**[17] – sei es in deren aktiver Rolle als Verhandler oder auch in der Übernahme eines **Verhandlungscoachings** für Dritte. Last but not least bietet ein intelligenter Einsatz mediativer Elemente die Chance, gewünschte Werte und Verhaltensweisen der **Unternehmenskultur** zu stärken[18] und die **Konfliktkultur** eines Unternehmens zu beeinflussen.[19]

9. Exkurs: Unternehmensnachfolgen und Konflikte zwischen Gesellschaf-   17
tern. Obwohl nicht zum innerbetrieblichen Bereich im engeren Sinne zählend (zu der hier zugrunde gelegten Begrifflichkeit → Rn. 3), wird im Folgenden ein kurzer Überblick zu Konflikten bei Unternehmensnachfolgen und zwischen Gesellschaftern gegeben. In beiden Fälle handelt es sich – speziell bei kleineren und mittelständischen Unternehmen – um bedeutsame und entsprechend praxisrelevante weitere Einsatzfelder der Mediation im Unternehmenskontext.

a) Unternehmensnachfolgen. Alleine im Zeitraum von 2014 bis 2018 werden   18
in Deutschland nach Schätzungen des Instituts für Mittelstandsforschung ca. 135.000 **Unternehmensübergaben** erwartet.[20] Bei mehr als 50 % der Übergaben kommt es zu familieninternen Nachfolgeregelungen. Bereits aus diesen Zahlen lässt sich das große Potenzial ableiten, das einer mediativen Begleitung solcher Übergabeprozesse zukommt. Zugleich führt die oftmals starke Überlagerung gesellschafts-, familien- und erbrechtlicher Aspekte zu einer hohen Komplexität entsprechender Mediationsverfah-

---

15 Siehe hierzu auch *Klowait* ZKM 2006, 172 (173 f.).
16 Zum Einsatz von Mediation bei Fusionen siehe *Jäntges/Schwartz* ZKM 2010, 25 ff.
17 Hierzu *Schwartz/Troja* ZKM 2010, 186 ff. sowie *Berkel* ZKM 2015, 4 ff.
18 *Klowait* ZKM 2006, 172 ff.
19 Ein Beispiel hierfür schildert *Patera* ZKM 2008, 80 ff.
20 Abrufbar unter http://www.ifm-bonn.org/statistiken/unternehmensuebertragungen-und-nachfolgen/ (zuletzt abgerufen am 29.1.2017).

ren.[21] Gerade bei **Unternehmensnachfolgen von Familienbetrieben** entstehen besonders konfliktanfällige Situationen, wenn es darum geht, die Vorstellungen des Familienoberhauptes, das meistens auch der Allein- oder Haupteigentümer des Unternehmens ist, mit den Interessen der Kinder, der Ehefrau oder weiterer Familienmitgliedern so auszutarieren, dass niemand sich zurückgesetzt oder ungerecht behandelt fühlt. Umgekehrt wird oftmals unterschätzt, welche emotionale Belastung die Übergabe für den übergebenden Betriebsinhaber mit sich bringt. Das „Loslassen" des Unternehmens – dessen Führung und Entwicklung das berufliche Lebenswerk des Übergebers darstellt – kann dabei ebenso ins Gewicht fallen wie die versagte Anerkennung und Wertschätzung für das Erreichte oder die Sorge um die Zukunft des Unternehmens und seiner Belegschaft nach dem vollzogenen Ausstieg.

19   Neben diesen „weichen Faktoren" ist die große Bedeutung der Kenntnis und Berücksichtigung der relevanten **rechtlichen Rahmenbedingungen von Betriebsübergaben** nebst etwaiger Formerfordernisse zu berücksichtigen. Das Zusammenspiel von gesellschaftsrechtlichen, familien- und oftmals auch erbrechtlichen gesetzlichen Vorgaben lässt es ratsam erscheinen[22] – sofern der agierende Mediator nicht selbst über entsprechende Rechtskenntnisse verfügt –, den Medianden die Hinzuziehung oder begleitende Einholung von rechtlicher Beratung zu empfehlen. Nicht selten werden – je nach Inhalt der erzielten Einigung – zur Umsetzung der getroffenen Absprachen auch notarielle Formerfordernisse bestehen (etwa zur Übertragung von Gesellschaftsanteilen, zur Änderung von Gesellschaftsverträgen etc).

20   **b) Konflikte zwischen Gesellschaftern.** Die möglichen Konfliktursachen zwischen Gesellschaftern sind breit gestreut. Häufig gibt es unterschiedliche Auffassungen über die strategische Ausrichtung des Unternehmens, über die Notwendigkeit und Intensität von Restrukturierungsmaßnahmen oder auch über das „richtige" Führungspersonal auf Ebene der Geschäftsführung. Speziell bei geschäftsführenden Gesellschaftern treten oftmals unterschiedliche Auffassungen über den Ressortzuschnitt, die konkrete Aufgaben- und Kompetenzzuweisung, die Mittelverwendung oder schlicht gestörte Kommunikationsabläufe und Vertrauensverluste innerhalb der Unternehmensleitung als mögliche Konfliktquelle hinzu.[23]

21   Latent vorhandene, lange unterdrückte und/oder bereits hoch eskalierte Konflikte zwischen Gesellschaftern bergen das Risiko in sich, dass eine weitere Zusammenarbeit unerträglich oder gar unmöglich wird (vgl. hierzu das Muster einer vorsorgenden Mediationsklausel in einer GmbH-Satzung → Einl. Rn. 194). Die Konsequenzen gehen in diesem Fall weit über den Kreis der unmittelbar Mediationsbeteiligten hinaus. Werden bestehende Konflikte nicht möglichst rasch, interessengerecht und nachhaltig gelöst,

---

21 Praxisfälle schildern *Paul* ZKM 2003, 80 ff. sowie *Schweizer* ZKM 2016, 62 ff. Allgemein zu den Herausforderungen und typischen Konfliktkonstellationen bei Unternehmensnachfolgen *Heintel/Lerchster* ZKM 2016, 129 ff., *Aschenbrenner* ZKM 2014, 164 ff. sowie *Schmitz-Vornmoor* Konfliktdynamik 2015, 182.
22 Auch mit Blick auf die Pflichten aus § 2 Abs. 6 S. 1 und 2 MediationsG.
23 Einen Praxisfall zu einem Gesellschafterkonflikt schildern *Bauer/Rapp* ZKM 2012, 26 ff.

besteht die konkrete Gefahr, dass das Unternehmen – und mit ihm seine Belegschaft – in Mitleidenschaft gezogen wird. Vor diesem Hintergrund bietet die Durchführung eines Mediationsverfahrens klare Vorteile, insbesondere gegenüber der Einleitung gerichtlicher Schritte. Dies gilt nicht nur mit Blick auf den erheblichen Zeit- und Kostenaufwand sowie das Risiko einer Verhärtung der wechselseitigen Positionen, das gerichtlichen Auseinandersetzungen ebenso immanent ist wie die oftmals nicht gewünschte Öffentlichkeitswirksamkeit; im Unterschied zu Gerichtsverfahren kann eine Mediation zwischen Gesellschaftern zudem auch nicht-justiziable Umstände, wie etwa Kommunikations- und Vertrauensdefizite, erfolgreich thematisieren und dauerhaften Lösungen zuführen.

V. Einbeziehung von Mediatoren in die innerbetriebliche Konfliktlösung – Ausgestaltungsvarianten

Grundsätzlich haben Unternehmen, die sich zur Lösung ihrer Konflikte der Mediation bedienen möchten, die Wahl zwischen der Beauftragung externer und – soweit vorhanden – interner, also unternehmensangehöriger Mediatoren. **22**

1. Kooperation mit externen Mediatoren. Die Beauftragung externer Mediatoren ist für Unternehmen insgesamt gesehen der Normalfall. Zum einen ist die Anzahl der Unternehmen, die über eigene (Mediations-)Ressourcen verfügen, noch übersichtlich; insbesondere bei kleineren und mittelständischen Unternehmen können sich – neben der Budgetfrage – zudem auch Probleme mit Blick auf die nötige **Allparteilichkeit** und Akzeptanz **des innerbetrieblichen Mediators** ergeben. Gerade bei kleineren Unternehmen wäre ein betriebsangehöriger Mediator den Medianden oftmals zu nah, um unbefangen agieren zu können und als allparteilich wahrgenommen zu werden. Je kleiner ein Unternehmen ist, umso mehr wird sich auch unter wirtschaftlichen Gesichtspunkten die Frage stellen, ob es sich rechnet, eine nur einzelfallbezogen in Anspruch genommenen (Konfliktlösungs-)Institution dauerhaft vorzuhalten. **23**

Unabhängig von der Größe des Unternehmens gibt es eine weitere Domäne externer Mediatoren: **B2B-Konflikte.** Auch Unternehmen und Konzerne, die interne Mediatoren vorhalten, sind bei Konflikten mit Geschäftspartnern, Kunden und Lieferanten darauf angewiesen, sich auf einen externen, von beiden Seiten als allparteilich anerkannten Mediator zu einigen. **24**

2. Einschaltung interner Mediatoren / Mediatorenpools. Großunternehmen und Konzerne, die den Nutzen eines systematischen Umgangs mit internen Dissonanzen und Spannungen erkannt haben, bedienen sich zur Lösung innerbetrieblicher Konflikte zunehmend eigener Ressourcen in Form von unternehmensangehörigen Mediatoren.[24] Die Wege zum Aufbau eines derartigen internen **Mediatorenpools** können dabei unterschiedlich ausgestaltet sein; die Grundüberzeugung, eigene Konflikte am besten und kos- **25**

---

24 Von den Unternehmen, die im Rahmen der Studie „Konfliktmanagement in der deutschen Wirtschaft – Entwicklungen eines Jahrzehnts" befragt worden sind, setzten 39 % auf den Aufbau von Inhousemediatorenpools, vgl. PricewaterhouseCoopers/Europa-Universität Viadrina Frankfurt an der Oder, Konfliktmanagement in der deutschen Wirtschaft – Entwicklungen eines Jahrzehnts, 2016, S. 66.

tengünstigsten mit eigenen Ressourcen lösen zu können, ist Unternehmen, die diesen Ansatz wählen, jedoch gemein.[25] In der Praxis schließt dies den Einsatz von externen Mediatoren zwar nicht aus; dies erfolgt zumeist jedoch als Ausnahme von der Regel oder gelegentlich auch im Wege der Co-Mediation zwischen einem internen und einem externen Mediator.

26   Entschließt sich ein Unternehmen dazu, einen internen Mediatorenpool aufzubauen, stehen grundsätzlich zwei Möglichkeiten zur Wahl. Entweder werden bereits extern zum Mediator ausgebildete Mitarbeiter für die zukünftige innerbetriebliche Konfliktarbeit „akquiriert"[26] oder es wird eine Inhouse-Mediationsausbildung konzipiert und durchgeführt, deren Absolventen sukzessive den Mediatorenpool bilden und vergrößern.[27]

Mit Bezug auf die Regelungen des Mediationsgesetzes ergeben sich zu beachtende Besonderheiten in erster Linie bei der innerbetrieblichen Mediation durch unternehmens- oder konzernzugehörige Mediatoren. Diese steht deshalb nachfolgend im Mittelpunkt der Betrachtung.

VI. Auswirkungen des Mediationsgesetzes auf die innerbetriebliche Mediation

27   Bevor auf mögliche Berührungspunkte der Tätigkeit von „Inhouse-Mediatoren" zum MediationsG eingegangen wird, sei ein Bereich hervorgehoben, in dem derartige Verbindungen – obwohl in der Unternehmenspraxis von großer Bedeutung – gerade *nicht* zu erwarten sind. Angesprochen ist damit der Bereich der *Konfliktprävention*. Entgegen anderslautender Empfehlungen und Stellungnahmen[28] hat der Gesetzgeber davon Abstand genommen, die – einen bereits existenten Konflikt voraussetzende – Definition der Mediation in § 1 Abs. 1 dahin gehend zu erweitern, dass eine Mediation im Sinne des Gesetzes auch dann vorliegt, wenn das Verfahren auf die *Vermeidung* eines Konfliktes abzielt. Die „präventive Mediation" unterfällt damit nicht dem Anwendungsbereich des Mediationsgesetzes.

28   Dies wirkt sich auf innerbetriebliche Einsatzbereiche von Mediatoren unabhängig davon aus, ob es sich um unternehmensinterne oder externe Mediatoren handelt. Mit der Verengung des Anwendungsbereichs des MediationsG auf das Vorliegen eines Konflikts fallen Tätigkeiten wie zum Bei-

---

25   Zur Motivationslage für den Aufbau des – vom Verfasser initiierten und geleiteten – Mediatorenpools im E.ON-Konzern siehe zB *Klowait* ZKM 2006, 172 (174 f.); allgemein zu internen Mediatorenpools *Gramm*, Innerbetriebliche Mediatoren und Mediatorenpools – nicht nur eine Konfliktbearbeitungsinstanz, in: *Gläßer/Kirchhoff/Wendenburg* (Hrsg.), Konfliktmanagement in der Wirtschaft – Ansätze, Modelle, Systeme, 2014, S. 73 ff.
26   So zB bei SAP, siehe *Briem* ZKM 2011, 146 ff.
27   Diesen Weg hat neben E.ON auch die Deutsche Bahn gewählt. Zu E.ON siehe *Klowait* in: Lukas/Dahl, S. 49 ff., zur Deutschen Bahn siehe *Gantz-Rathmann*, Spektrum der Mediation 42/2011, 45 (47), abrufbar unter http://www.zweisicht.de/uploads/media/sdm_42_interview-gantz-rathmann.pdf (zuletzt abgerufen am 30.1.2017).
28   Siehe insbesondere *Round Table Mediation & Konfliktmanagement der Deutschen Wirtschaft* ZKM 2009, 147 (148), mit dem Vorschlag, die gesetzliche Definition der Mediation wie folgt zu erweitern: „*Eine Mediation liegt auch dann vor, wenn das Verfahren auf die Vermeidung eines Konfliktes abzielt („präventive Mediation")*."

spiel die sog **Deal Mediation**[29] bei schwierigen Vertragsverhandlungen oder auch sonstige konfliktpräventive, mediativ geprägte Prozessunterstützungen durch neutrale Dritte – etwa im Zusammenhang mit Fusionen, Restrukturierungs- oder Change-Prozessen – vollständig aus dem MediationsG heraus. Wollen die Beteiligten Regelungsinhalte des MediationsG wie zB die Verschwiegenheitspflicht des neutralen Dritten auch hier zur Anwendung bringen, sind sie ausschließlich auf entsprechende vertragliche Regelungen angewiesen.

Abgesehen von dem vorstehend genannten Fall einer Nichtanwendbarkeit des MediationsG in Gänze kann als Grundsatz indessen festgehalten werden, dass unternehmensinterne Mediatoren in gleicher Weise den gesetzlichen Regelungen zur Mediation unterliegen wie externe Mediatoren. Aus den Besonderheiten der innerbetrieblichen Mediation leiten sich für sie – also für die internen Mediatoren – dabei einige spezifische Fragen ab, die nachfolgend beleuchtet werden. **29**

1. Unabhängigkeit, Neutralität und Allparteilichkeit des Mediators. Zu den begriffsbildenden Merkmalen des Mediators gehört nach § 1 Abs. 2 seine Unabhängigkeit und Neutralität. Während der Begriff der *Unabhängigkeit* nach der Gesetzesbegründung[30] personenbezogen zu verstehen ist (→ MediationsG § 1 Rn. 22), wird mit dem Merkmal der *Neutralität* die verfahrensbezogene Ebene adressiert. In Bezug auf die Unabhängigkeit des Mediators ergibt sich aus der Zusammenschau der §§ 1 Abs. 2 und 3 Abs. 1 allerdings, dass diese als dispositives Merkmal zu verstehen ist. Legt der Mediator den Parteien nämlich alle Umstände offen, die seine Unabhängigkeit beeinträchtigen können, so darf er gleichwohl als Mediator tätig werden, wenn die Parteien dem ausdrücklich zustimmen (→ MediationsG § 3 Rn. 18 ff.). **30**

Nach dem Wortlaut des § 3 Abs. 1 scheint dies in gleicher Weise zwar auch für die Neutralität des Mediators zu gelten; hier ist allerdings seine kontinuierliche Verfahrenspflicht zur unparteilichen Verhandlungsführung und Gleichbehandlung der Medianden angesprochen, die durch § 2 Abs. 3 S. 1 dahin gehend konkretisiert wird, dass der Mediator „den Parteien gleichermaßen verpflichtet" ist (→ MediationsG § 2 Rn. 108). Damit wird der Unterschied zwischen der – nicht gewollten – bloß passiven Neutralität und der – gesetzlich angestrebten – „Allparteilichkeit"[31] des Mediators unterstrichen. Als aktives Element verpflichtet die Allparteilichkeit den Mediator zur gleichmäßigen Unterstützung aller Medianden. Sieht der Mediator sich an einer solchen Verhandlungsführung gehindert, können die Parteien ihm faktisch auch keinen Dispens hiervon erteilen. Regelmäßige Folge einer Beeinträchtigung der Neutralität / Allparteilichkeit des Mediators wird daher sein, dass dieser die Mediation beendet.[32] **31**

Während externe Mediatoren in der Regel keine vorherigen Bezugs- oder Anknüpfungspunkte zu den Medianden haben, scheint die Gefahr einer Beeinträchtigung der Unabhängigkeit oder Neutralität des innerbetriebli- **32**

---

29 Vgl. hierzu *Berkel* ZKM 2015, 4 ff.
30 RegE BT-Drs. 17/5335, 14.
31 RegE BT-Drs. 17/5335, 15; zur Allparteilichkeit siehe *Montada/Kals,* S. 46 ff.
32 So auch Greger/Unberath/Steffek/*Greger* B. § 3 Rn. 45.

chen Mediators auf den ersten Blick größer zu sein. Je kleiner das Unternehmen ist, desto wahrscheinlicher wird der interne Mediator sich in einer Situation befinden, die ihn zur sorgfältigen Analyse möglicher **Befangenheitsgründe** zwingt – sei es, weil er einzelne Medianden kennt, zu einzelnen von ihnen unterschiedlich eng ausgestaltete berufliche oder persönliche Beziehungen pflegt oder weil sonstige Gründe gegen seine Unabhängigkeit und Neutralität sprechen. Bei kleineren Unternehmen wird es (auch) deshalb nicht zum Regelfall werden, mit groß angelegten internen Mediatorenpools zu arbeiten; stattdessen dürfte die einzelfallbezogene Einbindung externer Mediatoren den Normalfall darstellen.[33] Umgekehrt nähert sich die Situation interner Mediatoren bei Großunternehmen oder Konzernen mit mehreren Tausend oder gar Zehntausenden von Mitarbeitern in punkto Unabhängigkeit faktisch der „unbefangenen" Lage externer Mediatoren an, da hier zwar noch die gemeinsame Konzernzugehörigkeit als loses Bindeglied besteht, bei sachgerechter Organisation im Übrigen aber keinerlei Berührungspunkte zu den Medianden bestehen, aus denen sich die Besorgnis der Befangenheit des Mediators ableitet.[34]

33 Gleichwohl: selbst bei Vorliegen von Gründen, welche die Unabhängigkeit des internen Mediators beeinträchtigen können, besteht – wie ausgeführt – gesetzlich nur ein *relatives* **Tätigkeitsverbot**. Legt der Mediator diese Gründe offen, stimmen die Parteien seiner Tätigkeit in Kenntnis dessen zu *und* sieht der Mediator sich in der Lage, das Verfahren trotz dieser Umstände in Übereinstimmung mit seiner Pflicht zur Allparteilichkeit durchzuführen, so spricht nichts gegen die (weitere) Durchführung der Mediation. Verantwortungsbewusste Mediatoren werden in solchen Fällen nicht nur die Umstände einer denkbaren Beeinträchtigung ihrer Unabhängigkeit offenlegen, sondern in gesteigertem Maße auf ihre allparteiliche Verhandlungsführung achten und die Parteien explizit ermutigen, sie im Lauf des Verfahrens bewusst daran zu messen.

34 Angesichts der bereits in vielen Unternehmen erfolgreich praktizierten „Inhouse-Mediation" ist im Übrigen auch rein tatsächlich der Nachweis erbracht, dass diese Form der innerbetrieblichen Streitlösung ohne jegliche Interessenkollisionen oder Konflikte mit den vom Mediationsgesetz zu Recht geschützten Gütern organisiert und durchgeführt werden kann.[35] Auch in Ansehung der hohen Bedeutung, die der Allparteilichkeit uneinge-

---

33 Was auch bei kleineren Unternehmen indessen nicht ausschließt, eine „Anlaufstelle" für innerbetriebliche Konflikte zu schaffen, die dann beispielsweise die Administration der Einbeziehung externer Experten übernehmen oder auch die Funktion einer Ombudsperson wahrnehmen kann.

34 Siehe hierzu *Klowait* ZKM 2008, 171/172; auch *Greger* konstatiert, dass die Einschaltung eines internen Mediators bei innerbetrieblichen Konflikten selbst dann sachgerecht sein kann, wenn es sich um einen vom Unternehmen bzw. der Organisation vergüteten Mediator handelt, siehe Greger/Unberath/Steffek/*Greger* B. § 3 Rn. 16.

35 Dabei wird auch das natürliche „Korrektiv" der Einschätzung der Unabhängigkeit des Mediators *durch die Parteien* unterbewertet. Hierauf weist zu Recht auch der Round Table Mediation & Konfliktmanagement der Deutschen Wirtschaft wie folgt hin: „Die Medianden beauftragen schlicht keinen Mediator, bei dem sie diesbezüglich auch nur ansatzweise Zweifel haben – und sie sind gerade im innerbetrieblichen Kontext hierfür besonders sensibilisiert.", siehe *RTMKM* ZKM 2009, 147 (150).

schränkt ebenfalls bei der Lösung innerbetrieblicher Konflikte durch interne Mediatoren zukommt,[36] ist es ist deshalb zu begrüßen, dass der Gesetzgeber des MediationsG davon Abstand genommen hat, Einschränkungen der innerbetrieblichen Mediatorentätigkeit vorzusehen, wie sie der Entwurf des – nie in Kraft getretenen – Niedersächsischen Mediations- und Gütestellengesetzes[37] (Nds. MediationsG) in § 6 Abs. 2 Nr. 6 vorsah.[38]

2. Vorbefassung als absolutes Tätigkeitsverbot. Anders als bei dem Merkmal der Unabhängigkeit darf ein Mediator selbst nach Offenlegung und Zustimmung der Parteien nicht als solcher tätig werden, wenn er vor der Mediation in derselben Sache (→ MediationsG § 3 Rn. 25) für eine Partei tätig gewesen ist, siehe § 3 Abs. 2 S. 1. Das in dieser Vorschrift statuierte Tätigkeitsverbot wirkt im Fall der **Vorbefassung** also nicht nur als relatives, sondern **als absolutes Verbot.**

 35

An sich wird mit dieser – für alle Mediatoren geltenden – Restriktion kein Spezifikum der innerbetrieblichen Konfliktlösung durch interne Mediatoren adressiert, allerdings ist sie gerade auch in diesem Bereich zu beachten, beispielsweise dann, wenn ein unternehmensinterner „Anwaltsmediator", also ein Unternehmensjurist, der als ausgebildeter Mediator zugleich dem Mediatorenpool des Unternehmens oder Konzerns angehört, in derselben Sache, die Gegenstand der Mediation werden soll, zuvor rechtsberatend tätig geworden ist. Da der Terminus **„dieselbe Sache"** auf die Identität der Lebenssachverhalte abstellt,[39] ist er allerdings auch nur insoweit in seiner Tätigkeit als Mediator beschränkt. Es tritt also keinesfalls eine generelle „Sperrwirkung" ein, die ihn daran hindert, in einer anderen Sache – für welche keine Vorbefassung gegeben ist – als innerbetrieblicher Mediator tätig zu werden.

 36

Umgekehrt trifft auch den internen innerbetrieblichen Mediator das in § 3 Abs. 2 S. 2 geregelte **nachwirkende Tätigkeitsverbot,** dh in der Angelegenheit, in welcher er als Mediator tätig war, darf er weder während noch nach der Mediation für eine Partei tätig werden. Bedeutung wird dieses nachwirkende Tätigkeitsverbot im Rahmen der „Inhouse-Mediation" indessen kaum erlangen, da in der Praxis bereits bei der Auswahl des Mediators darauf geachtet wird, dass keine derartige Nähebeziehung zu der zu mediierenden Angelegenheit besteht.

 37

3. Vertraulichkeit / Verschwiegenheitspflicht des Mediators. Die **Vertraulichkeit der Mediation,** die in § 1 Abs. 1 bereits zur Legaldefinition des Begriffes der Mediation wie auch – dort in ihrer Ausgestaltung als Verschwiegenheitspflicht des Mediators – in § 4 in Bezug genommen wird (→ MediationsG § 1 Rn. 6 ff. und → MediationsG § 4 Rn. 14 ff.), gilt selbstverständlich ohne Einschränkung auch für den innerbetrieblichen Bereich und dort wiederum gleichermaßen für interne wie für externe Mediatoren. Ihr

 38

---

36 Siehe hierzu auch *Bähner,* Spektrum der Mediation 29/2008, 12 (15), abrufbar unter http://zweisicht.de/fileadmin/downloads/artikel/sdm_29_baehner.pdf (zuletzt abgerufen am 30.1.2017).
37 Nds. Landtag, Drs. 15/3708 vom 17.4.2007.
38 Diese Vorschrift hätte ein absolutes Tätigkeitsverbot für diejenigen Fälle bewirkt, in denen der Mediator Konfliktlösungen in der Gesellschaft durchführt, bei welcher er gegen Entgelt beschäftigt ist.
39 Siehe hierzu auch Greger/Unberath/Steffek/*Greger* B. § 3 Rn. 51.

kommt auch unabhängig von ihrer gesetzlich geforderten Einhaltung ein eminent wichtiger Stellenwert zu, da das vertrauensvolle und offene Miteinander der Mediationsbeteiligten einen entsprechend „geschützten Raum" erfordert. Diesen Schutz bietet das MediationsG allerdings nur unvollkommen, da sich die Verschwiegenheitspflicht aus § 4 weder auf die Parteien noch auf sonstige Dritte[40] bezieht (→ MediationsG § 4 Rn. 15 ff.). Dem ist – anknüpfend an die schon vor Inkrafttreten des MediationsG übliche Praxis – auch bei innerbetrieblichen Mediationen dergestalt Rechnung zu tragen, dass begleitende vertragliche Regelungen getroffen werden, welche die Verschwiegenheitspflichten weiterer Beteiligter – insbesondere der Medianden – in dem gewünschten Umfang fixieren.

39   Die Rechtsstellung des Mediators selbst wird durch § 4 allerdings erheblich auch zugunsten des innerbetrieblich tätigen „Inhouse-Mediators" gestärkt. Selbst unabhängig von vertraglichen Regelungen genießt er nunmehr – wie jeder andere (externe) Mediator auch – ein gesetzlich „verbrieftes" Schweigerecht. Auch unabhängig von seinem Grundberuf ist beispielsweise der interne Mediator im (im innerbetrieblichen Bereich ohnehin kaum vorstellbaren) Fall einer ihm im Rahmen eines anschließenden Gerichtsverfahrens abverlangten Zeugenaussage über die Inhalte der Mediation nach Maßgabe von § 383 Abs. Nr. 6 ZPO nunmehr befugt, die Aussage zu verweigern. Seine **gesetzliche Verschwiegenheitspflicht** aktualisiert sich allerdings nicht nur im forensischen Bereich; sie ist auch in dem (ebenfalls extrem unwahrscheinlichen)[41] Fall relevant, in dem etwa sein Arbeitgeber ihm Auskünfte über Inhalte des unter seiner Leitung durchgeführten Mediationsverfahrens abverlangt.

40   Allerdings kann es durchaus vorkommen, dass eine an der Mediation nicht beteiligte Person oder Unternehmensinstanz – beispielsweise der Vorgesetzte eines Teams, dessen Mitglieder ihren Konflikt (ohne Beteiligung des Vorgesetzten) in einer Mediation ausgetragen und gelöst haben – nach Abschluss der Mediation Interesse an den erarbeiteten *Ergebnissen* zeigt. In diesem Fall wird gelegentlich im Einvernehmen der Medianden und des Mediators eine Art „Kommunikee" abgestimmt und – zumeist schriftlich – ausgearbeitet, auf dessen Grundlage rein ergebnisbezogen (also nicht auf weitere Inhalte und Details des Verfahrens ausgedehnt) berichtet werden darf. Für die Medianden selbst ist dies per se unkritisch, da es ihnen als Ausfluss ihrer Vertragsautonomie obliegt, Umfang und Reichweite der von ihnen zu beachtenden Vertraulichkeit eigenverantwortlich zu bestimmen. Auch der Mediator kann auf dieser Grundlage – allerdings nur bei Einverständnis *aller* Medianden – dazu ermächtigt werden, im Rahmen des festgeschriebenen Zweckes und Umfanges Dritten Auskünfte zu erteilen. Insbesondere nach Inkrafttreten des MediationsG empfiehlt es sich allerdings dringend, dies nur auf Basis einer klaren, schriftlichen, mit allen Medianden abgestimmten und mit dem expliziten Zusatz versehenen Vereinbarung

---

40 Wie beispielsweise auch die Rechtsberater der Medianden, hinzugezogene technische Sachverständige etc.
41 Weder in der dem Verfasser bestens bekannten innerbetrieblichen Mediationspraxis im E.ON-Konzern noch aus sonstiger Quelle ist ein solcher Fall bekannt.

zu tun, dass er insoweit **von seiner gesetzlichen Verschwiegenheitspflicht entbunden** ist.

4. Freiwilligkeit. Nach Maßgabe von § 2 Abs. 2 hat sich der Mediator da- 41
rüber zu vergewissern, dass die Parteien freiwillig an der Mediation teilnehmen (→ MediationsG § 2 Rn. 94). Auch im innerbetrieblichen Bereich
können im Einzelfall Zweifel am **Grad der Freiwilligkeit** aufkommen.[42]
Wenn etwa der Vorgesetzte eines Teams den einzelnen, ihm unterstellten
Mitarbeitern „empfiehlt", sie mögen doch an der von ihm stark befürworteten Mediation zur Klärung eines Teamkonfliktes teilnehmen, so mag dies
noch unterhalb der Schwelle einer – die Freiwilligkeit ggf. ausschließenden
– arbeitsrechtlichen Weisung liegen (→ Rn. 48); trotz der gegebenen Möglichkeit, dies abzulehnen, werden die ihm unterstellten Teammitglieder jedoch einen gewissen psychischen Druck empfinden, der Empfehlung ihres
Vorgesetzten Folge zu leisten.

Aus vielerlei Gründen darf das Merkmal der „Freiwilligkeit" jedoch nicht 42
überspannt werden.[43] Zum einen folgt aus dem Umstand, dass die Freiwilligkeit als subjektives Merkmal der Medianden nur begrenzt der objektiven
Überprüfung durch den Mediator zugänglich ist, dass unterhalb der Evi-
denzschwelle keine überzogenen Anforderungen an die „Kontrollpflicht"
des Mediators gestellt werden dürfen.[44] Zum anderen darf die Lösung des
hier gewählten innerbetrieblichen Beispielsfalles aber auch nicht unter Inkaufnahme von Wertungswidersprüchen zu anderen Konstellationen erfolgen, in denen die Parteien sich mindestens in vergleichbarem Maße einem
„psychischen Druck" zur Teilnahme an einer Mediation ausgesetzt sehen.
Beispielsweise wird auch ein gerichtlicher Vorschlag zur Durchführung
einer Mediation Überlegungen der Parteien in Richtung einer vermuteten
„sozialen Erwünschtheit" fördern. Auch im innerbetrieblichen Bereich sollten Konstellationen daher nicht zu restriktiv bewertet werden, in denen einerseits zwar gewisse Zweifel an der „Reinheit" der Freiwilligkeit zur
Durchführung einer Mediation bestehen, andererseits aber für den Mediator auch nicht evident ist, dass die Teilnahme gänzlich unfreiwillig erfolgt.[45] Allerdings wird der Mediator in solchen Fällen gehalten sein, die
Freiwilligkeit der Teilnahme auch während der *Durchführung* der Mediation besonders im Blick zu behalten.

Im Zusammenhang mit der Frage, ob und unter welchen Voraussetzungen
der Arbeitgeber gehalten sein kann, vor Ausspruch einer Druckkündigung
das Angebot zur Durchführung einer Mediation zu unterbreiten, äußerte
sich auch das Bundesarbeitsgericht unlängst zum Freiwilligkeitsprinzip –

---

42 Zum Verhältnis der Freiwilligkeit zum Weisungsrecht des Arbeitgebers vgl. *Nie-
    dostadek* ZKM 2014, 55 ff.
43 In diesem Sinne – wenn auch abweichend begründet – zB auch Greger/Unberath/
    Steffek/*Greger* B. § 2 Rn. 11 und 121.
44 Bei konkreten Anhaltspunkten für eine Zwangssituation hat der Mediator dem je-
    doch nachzugehen, vgl. hierzu auch Greger/Unberath/Steffek/*Greger* B. § 2
    Rn. 121.
45 Zum Teil wird in der (arbeitsrechtlichen) Literatur vertreten, dass die *Vorberei-
    tungsphase* der Mediation per se nicht vom Freiwilligkeitsgrundsatz umfasst sei
    und der Arbeitgeber infolgedessen Arbeitnehmer zur Teilnahme verpflichten könne,
    so *Hunold* AuA 2015, 216/218; vgl. zudem Art. 3 der Mediationsrichtlinie, der ex-
    plizit auch die Durchführung von „Zwangsmediationen" vorsieht.

und führte aus, dass ein an die Konfliktparteien gerichtetes Angebot auf Durchführung einer Mediation jedenfalls nicht ohne Weiteres den Grundsatz der Freiwilligkeit verletze.[46] In einer älteren, noch vor Inkrafttreten des MediationsG ergangenen Entscheidung legte auch das OLG Brandenburg beiläufig sein Begriffsverständnis zum **Grundsatz der Freiwilligkeit** dar.[47] Das OLG Brandenburg wies darauf hin, dass der Grundsatz der Freiwilligkeit neben dem Recht, das Mediationsverfahren jederzeit beenden zu können, auch den privatautonomen Entschluss der Parteien umfasse, überhaupt ein Mediationsverfahren durchführen zu wollen.

VII. Vertragsfragen im Rahmen der innerbetrieblichen Mediation

43   Soweit die Medianden nicht (ausnahmsweise) identisch mit den vertretungsberechtigten Repräsentanten oder Organen des Unternehmens sind (wie etwa selbst an der Mediation teilnehmende Geschäftsführer), sind bei Mediationen im innerbetrieblichen Bereich typischerweise zwei Vertragsebenen zu unterscheiden – und getrennt zu regeln:

Neben einen „**äußeren Mediationsvertrag**", welcher das Auftragsverhältnis zwischen Unternehmen und Mediator begründet, tritt ein „**innerer Mediationsvertrag**" zwischen Mediator und Medianden. Gegenstand des ersteren ist die Festschreibung der wechselseitigen Leistungspflichten in Rahmen der Beauftragung des Mediators durch das Unternehmen (Durchführung der Mediation durch den Mediator, Vereinbarung des Honorars und der Zahlungsmodalitäten, ggf. ergänzt um Regelungen zur Haftung und zu organisatorischen Fragen). Demgegenüber liegt der Schwerpunkt der zwischen Mediator und Medianden zu treffenden Vereinbarung zumeist in Festlegungen zur Gestaltung und Durchführung der Mediation und den insoweit zu beachtenden Gesprächs- und „Spielregeln".[48] Für diese Vereinbarung der unmittelbaren Arbeits- und Zusammenarbeitsbeziehung zwischen Mediator und Medianden hat sich im innerbetrieblichen Bereich auch der Begriff „**Arbeitsbündnis**" etabliert. Um dessen mögliche Gestaltung zu veranschaulichen, wird auf folgendes Muster verwiesen:

44   **Muster einer Mediationsvereinbarung / eines Arbeitsbündnisses**
      MEDIATIONSVEREINBARUNG / ARBEITSBÜNDNIS

1.   Das Mediationsverfahren findet statt zwischen den unterzeichnenden Beschäftigten der (Gesellschaft) GmbH, um gemeinschaftlich und mit Unter-

---

46 Bundesarbeitsgericht, Urt. vom 19.7.2016, 2 AZR 637/15, dort Rn. 36, abrufbar unter http://www.bag-urteil.com/19-07-2016-2-azr-637-15/ (zuletzt abgerufen am 1.2.2017). Mit dem Freiwilligkeitsgrundsatz befasste sich – wenn auch nicht im innerbetrieblichen Kontext – im Jahr 2016 auch der BGH (Beschl. des BGH vom 14.1.2016, Az. I ZR 98/15, dort Rn. 22, abrufbar unter https://openjur.de/u/876286.html, zuletzt abgerufen am 1.2.2017). Anlässlich der Frage, ob Rechtsschutzversicherungen berechtigt seien, die Übernahme der Kosten für die Beauftragung eines Rechtsanwalts für eine gerichtliche Vertretung von der vorherigen erfolglosen Durchführung eines Mediationsverfahrens abhängig zu machen, führte der BGH aus, dass eine privatautonom eingegangene Selbstbindung zugunsten der Mediation nicht dem in § 1 Abs. 1 MediationsG niedergelegten Prinzip der Freiwilligkeit widerspreche.
47 OLG Brandenburg ZKM 2010, 96.
48 Grundsätzlich zum Nutzen von vereinbarten Gesprächsregeln *Spangenberg/Spangenberg* ZKM 2016, 19 ff.

stützung des Mediators /der Mediatorin Regelungen zu erarbeiten, die auf die Lösung bestehender Konflikte und Spannungen der Beteiligten abzielen.

2. Mediator / Mediatorin ist im Einverständnis der Beteiligten ....

3. Der Mediator / Die Mediatorin hat die Beteiligten über den Ablauf sowie die in einer Mediation geltenden Regeln und Grundsätze informiert, insbesondere über:
   – Freiwilligkeit
   – Allparteilichkeit des Mediators / der Mediatorin
   – Respekt vor der Sichtweise des Anderen im Sinne des ehrlichen Bemühens, die Perspektive des/der anderen Konfliktbeteiligten zu sehen und in die eigenen Überlegungen/Lösungsansätze einzubeziehen
   – Vertraulichkeit (insbesondere Schweigepflicht des Mediators / der Mediatorin)

4. Die Sitzungen finden in Anwesenheit aller Beteiligter und des Mediators / der Mediatorin statt. Einzelgespräche des Mediators / der Mediatorin mit einem Beteiligten sollen grundsätzlich nur im Falle der gemeinsamen Vereinbarung geführt werden. Soweit der Mediator / die Mediatorin im Vorfeld der Mediation Einzelgespräche mit den Beteiligten geführt hat, informiert er / sie die Beteiligten im Rahmen der ersten Sitzung über deren Inhalt und Zeitpunkt.

5. Ziel der Mediation ist es, Konflikte und Spannungen zwischen den Beteiligten zu klären und die Basis für eine vertrauensvolle Zusammenarbeit zu schaffen. Unter Vermittlung des Mediators / der Mediatorin und mit dessen / deren Unterstützung werden die Beteiligten hierzu zunächst die Themen festlegen, die sie bearbeiten wollen und daran anschließend eigenverantwortlich Lösungen für die offenen Fragen und strittigen Themen erarbeiten.

6. Die Beteiligten verpflichten sich, alle für die Konfliktlösung erforderlichen Informationen und Umstände umfassend und offen auszutauschen.

7. In der Mediation soll offen gesprochen werden („Klartext"). Dies geschieht in einem respektvollen Ton und Sprachgebrauch den weiteren Beteiligten gegenüber und unter Verzicht auf herabsetzende und/oder beleidigende Äußerungen.

8. Dem Mediator / Der Mediatorin obliegt die Gesprächs- und Verfahrensleitung. Er / Sie trifft weder eine Entscheidung noch unterbreitet er / sie den Beteiligten Entscheidungsvorschläge. Seine / Ihre Aufgabe ist vielmehr die Organisation und Moderation des Kommunikationsprozesses und die Unterstützung der Beteiligten bei der Lösungssuche. Er / Sie hat keine fachlich-beratende Funktion und trägt keine Verantwortung für die Inhalte des Verfahrens und der Ergebnisvereinbarung.

9. Der Mediator / Die Mediatorin ist zur Allparteilichkeit verpflichtet. Er / Sie wird keinen der Beteiligten bevorzugen oder benachteiligen. Sollten die Beteiligten zu irgendeinem Zeitpunkt des Verfahrens den Eindruck gewinnen, dass nicht ausräumbare Zweifel an der Allparteilichkeit des Mediators / der Mediatorin bestehen, sind sie jederzeit berechtigt, das Verfahren mit diesem Mediator / dieser Mediatorin zu beenden.

10. Die Teilnahme an der Mediation ist freiwillig. Jede Partei kann jederzeit den Mediationsprozess beenden und sich für eine andere Art der Auseinandersetzung entscheiden. In gleicher Weise ist der Mediator / die Mediatorin frei, das Verfahren zu beenden. Beendet der Mediator / die Mediatorin das Verfahren, soll er seine / sie ihre Entscheidung gegenüber den Beteiligten

Klowait

begründen. Der Mediator / Die Mediatorin ist gehalten, das Verfahren zu beenden, wenn aus seiner / ihrer Sicht die Einhaltung der Prinzipien des Mediationsverfahrens nicht (mehr) gewährleistet ist.

Im Übrigen wird das Mediationsverfahren durch Unterzeichnung einer Ergebnisvereinbarung gemäß Ziffer 12 beendet.

11. Die Beteiligten und der Mediator / die Mediatorin vereinbaren, die Inhalte des Mediationsverfahrens Dritten gegenüber vertraulich zu behandeln. Es steht ihnen jedoch frei, gemeinsam abzusprechen, ob, wann und in welcher Art und Weise nicht an der Mediation beteiligte Dritte über die Ergebnisse der Mediation informiert werden sollen. Die Beteiligten verpflichten sich, den Mediator / die Mediatorin weder in gerichtlichen noch in außergerichtlichen Zusammenhängen als Zeugen für Umstände zu benennen, die ihnen im Verlauf der Mediation bekannt geworden sind.

12. Die Regelungen, auf welche die Beteiligten sich am Ende der Mediation zur Lösung ihres Konfliktes einigen, werden in einer schriftlichen und von den Beteiligten gegenzuzeichnenden Ergebnisvereinbarung festgehalten. Zielsetzung ist dabei, eine Einigung herbeizuführen, die verbindlich und dauerhaft ist. Sofern es in diesem Zusammenhang sinnvoll oder notwendig erscheint, Regeln zur Sicherung der Umsetzung der Ergebnisse zu vereinbaren, sind diese in die Ergebnisvereinbarung mit aufzunehmen.

Die vorstehenden Bestimmungen dieser Ziffer gelten auch für den Fall, dass zwar keine Gesamteinigung, aber eine Einigung über einzelne Bestandteile des Konfliktes erreicht werden konnte.

13. Ein gemeinsames Protokoll über die Durchführung des Mediationsverfahrens wird nicht erstellt. Auf Wunsch erhalten die Parteien ein Fotoprotokoll über die Stichpunkte, die während des Verfahrens auf Flipcharts und Pinnwänden visualisiert wurden.

14. Über die Kosten der Mediation ist bereits eine gesonderte Vereinbarung getroffen worden. Den Beteiligten selbst entstehen durch die Teilnahme an der Mediation keine Kosten.

...

Ort, Datum

...

Unterschriften der Medianden und des Mediators / der Mediatorin

45 Die frühzeitige Vereinbarung eines Arbeitsbündnisses hat in der Mediationspraxis in vielfacher Hinsicht einen hohen Nutzen. Die Festlegung des Umganges und der Umgangsformen schon zu Beginn des Mediationsverfahrens ermöglicht es dem Mediator, die Medianden an ihre Übereinkunft „zu erinnern" – und deren Einhaltung einzufordern –, wenn im Verlauf der Mediation Anlass dazu besteht. Zugleich werden mit dem Arbeitsbündnis wesentliche Prinzipien und Grundsätze der Mediation vorgestellt und vom Mediator erläutert. Da dies in schriftlicher Form erfolgt, kommt der Vereinbarung zugunsten des Mediators zugleich eine „beweissichernde" Funk-

tion zu.[49] Die Empfehlung, ein Arbeitsbündnis schriftlich abzufassen und von allen Mediationsbeteiligten – sozusagen ritualisiert – unterzeichnen zu lassen, führt schließlich auch zu einem psychologisch günstigen Effekt: Die Beteiligten starten in die Mediation mit einer ersten, bereits erzielten Einigung.

VIII. Ausblick und Resümee

Das überzeugendste Argument, Mediation im innerbetrieblichen Kontext als feste Größe zu etablieren, ist der **unternehmerische Nutzen**, der damit generiert werden kann. Interne und externe Konfliktkosten werden signifikant gesenkt und die Motivation und Produktivität der Mitarbeiter profitiert unmittelbar von einem individuell zugeschnittenen Konfliktlösungsangebot. Mediatives Know-how von Mitarbeitern trägt dazu bei, Verhandlungen und schwierige Gespräche – sei es mit internen „Stakeholdern" oder auch mit Kunden, Lieferanten und Geschäftspartnern – professioneller führen zu können und mit optimierten, am Unternehmensinteresse ausgerichteten Ergebnissen abzuschließen. Mediation ist darüber hinaus ein wirkungsvolles Instrument, die Konfliktkultur eines Unternehmens im Sinne eines offenen, konstruktiven und um die beste Lösung ringenden Ansatzes zu beeinflussen. Alleine das Vorhalten eines Mediationsangebotes für innerbetriebliche Konflikte drückt den Mitarbeitern gegenüber aus, dass deren Konflikte unternehmensseitig ernst genommen werden und ihnen mit Wertschätzung begegnet wird. Eine intelligente Nutzung mediativer Ressourcen kann damit unmittelbar die Mitarbeiterbindung stärken und das Commitment der Belegschaft zum Unternehmen erhöhen. Unternehmen, die sich zu einer konstruktiven, interessenorientierten Konfliktkultur bekennen, werden schließlich auch außengerichtet davon profitieren – nämlich als Beitrag zu einer erhöhten Attraktivität als Arbeitgeber. 46

Die Anzeichen für eine zwar immer noch langsam, aber konstant steigende Offenheit gegenüber der Methode der Mediation, aber auch gegenüber der Implementierung eines darüber hinausgehenden differenzierten Konfliktmanagementsystems, mehren sich auf verschiedenen Ebenen. Die stetig steigende Zahl der Unternehmen, die sich – seit seiner Gründung im Jahr 2008 – im „**Round Table Mediation & Konfliktmanagement der Deutschen Wirtschaft**"[50] engagieren, ist dabei nur ein – allerdings ein gewichtiges – Indiz. Auch die wissenschaftliche Begleitforschung bestätigt diesen Befund. So konstatiert die Studie „Konfliktmanagement in der deutschen Wirtschaft – Entwicklungen eines Jahrzehnts",[51] dass 47

---

49 Je nach den Umständen des Einzelfalls kann es deshalb empfehlenswert sein, das vorstehende Muster eines Arbeitsbündnisses zu ergänzen und weitere Regelungen zum Pflichtenkreis des Mediators, insbesondere aus den §§ 2 bis 4 MediationsG, aufzunehmen. Anders als im B2B-Bereich sind Regelungen zur Beweisverwertungsverboten bei innerbetrieblichen Mediationen dagegen oftmals entbehrlich, es sei denn, im Falle des Scheiterns der Mediation schließt sich erkennbar ein gerichtliches Verfahren an.
50 Abrufbar unter www.rtmkm.de (zuletzt abgerufen am 1.3.2017).
51 PricewaterhouseCoopers/Europa-Universität Viadrina Frankfurt an der Oder, 2016.

- sich das unternehmerische Konfliktmanagement spürbar professionalisiert hat,
- außergerichtliche Verfahren wie die Mediation oder Schlichtung häufiger genutzt werden als zum Auftakt der Studienreihe vor zehn Jahren,
- bei Konflikten am Arbeitsplatz immer häufiger Mediatoren zum Einsatz kommen,
- bei knapp der Hälfte der befragten Unternehmen die Motivation, innerbetriebliche Konflikte mit der Unterstützung Dritter zu lösen, gestiegen sei – unter anderem, weil sich „konfliktbedrohte" Arbeitsverhältnisse bei größtmöglicher Vertraulichkeit so fortsetzen ließen,
- zahlreiche Unternehmen die Anwendung außergerichtlicher Verfahren in Betriebsvereinbarungen festgehalten oder in ihre Arbeitsverträge aufgenommen haben,
- Unternehmen über alle Konfliktbereiche hinweg in den Aufbau von Konfliktmanagement-Strukturen und in die Qualifikation von Führungskräften und Mitarbeitern investieren

48   Last but not least spiegelt sich die gestiegene Bedeutsamkeit der innerbetrieblichen Mediation auch in der jüngeren Rechtsprechung – insbesondere der Arbeitsgerichte – wider (zur Rechtsprechung im Mediationskontext insgesamt → Einl. Rn. 67 ff.). Zu nennen ist hier beispielsweise ein 2015 ergangener Beschluss des Bundesarbeitsgerichts,[52] nach welchem es sich bei der Anordnung des Arbeitgebers, an einem außerhalb der üblichen Dienstzeiten anberaumten Abschlussgespräch einer Mediation teilzunehmen, um einen mitbestimmungspflichtigen Tatbestand im Sinne von § 87 Abs. 1 Nr. 2 BetrVG handelt. In einer weiteren Entscheidung befasste sich das Bundesarbeitsgericht im Jahr 2016 mit der Frage, ob und unter welchen Voraussetzungen der Arbeitgeber gehalten sein kann, vor Ausspruch einer Druckkündigung das Angebot zur Durchführung einer Mediation zu unterbreiten.[53] Zur Erforderlichkeit einer Betriebsräteschulung zum Konfliktmanagement äußerte sich auch das LArbG Berlin-Brandenburg in seinem Beschluss vom 17.3.2016, bejahte dabei die Erforderlichkeit der Schulung und verpflichtete den Arbeitgeber zur Tragung der Schulungskosten sowie der entstandenen Nebenkosten.[54]

49   Trotz ihrer unbestreitbaren Vorteile darf die Mediation in ihrer Funktion und Wirkung dabei aber auch nicht überhöht werden. Nicht jeder innerbetriebliche Konflikt ist mediabel. Vielfach wird es unternehmerisch unerläss-

---

52 Bundesarbeitsgericht, Beschl. v. 30.6.2015, 1 ABR 71/13, juris.
53 Bundesarbeitsgericht, Urt. v. 19.7.2016, 2 AZR 637/15, dort Rn. 36, abrufbar unter http://www.bag-urteil.com/19-07-2016-2-azr-637-15/ (zuletzt abgerufen am 1.2.2017). Danach sei es generell nicht auszuschließen, dass auch das Angebot einer Mediation zu den Bemühungen zu rechnen sei, die der Arbeitgeber im Einzelfall ergreifen muss, um ein unberechtigtes Kündigungsverlangen Dritter abzuwehren – insbesondere dann, wenn der Arbeitgeber allein durch sein Weisungsrecht eine Konfliktlösung nicht erreichen kann. Voraussetzung sei aber, dass keine objektiven, im Konflikt selbst begründeten Hindernisse vorliegen, die einer Mediation entgegenstünden. Auch dann, wenn es den Konfliktparteien erkennbar an der erforderlichen Offenheit für neue Lösungen im Rahmen einer Mediation fehle, könne ein unterlassenes Mediationsangebot nicht zur Unwirksamkeit der Druckkündigung führen.
54 LArbG Berlin-Brandenburg, Beschl. vom 17.3.2016, 26 TaBV 2215/15, juris.

lich – sogar effektiver – sein, über konfliktbehaftete Konstellationen hierarchisch zu entscheiden. Wenn es um die gewünschte Herstellung einer präjudiziellen Wirkung geht – beispielsweise in bestimmten arbeitsrechtlichen Kontexten – ist ein gerichtliches Verfahren immer noch das Mittel der Wahl. Bei all diesen Weichenstellungen geht es auf der abstrakten Ebene nicht um ein „Konkurrenzverhältnis" zwischen einzelnen Maßnahmen und Verfahren, sondern schlicht um die professionelle und reflektierte Beantwortung der Frage: „Welches Verfahren passt am besten zum individuell vorliegenden Konflikt?". Bestmögliche Ergebnisse werden aus Unternehmenssicht erst dann erzielt, wenn diese Frage auf Basis voller Informiertheit über die jeweiligen Verfahrensoptionen, ergebnisoffen und ohne Vorbehalte auch „neuen" Verfahren gegenüber analysiert wird. Anders ausgedrückt: Es geht nicht darum, Mediation zum Allheilmittel für alle Schattierungen betrieblicher Konfliktkonstellationen zu verklären; es wäre andererseits aber eine vergebene Chance, Mediation dort nicht einzusetzen, wo eine sachgerechte **Konflikt- und Verfahrensanalyse** ihre Nutzung nahelegt.

Innerhalb dieses ermittelten Anwendungsbereiches hängt die konkrete **Ausgestaltung der Nutzbarmachung der Mediation** von den Randbedingungen und Ressourcen des jeweiligen Unternehmens ab. Der in diesem Beitrag vorwiegend beleuchtete Einsatz von unternehmensangehörigen Mediatoren wird eine Domäne von Großunternehmen und Konzernen bleiben, während kleine und mittelständische Unternehmen eher auf externe Mediatoren zurückgreifen werden. Die Vorgaben des Mediationsgesetzes gelten uneingeschränkt für beide Varianten. Die Konformität mit den gesetzlichen Rahmenbedingungen der Mediation ist dabei ohne Weiteres auch bei der Arbeit mit einem internen Mediatorenpool gewährleistet, sofern – wie in diesem Beitrag aufgezeigt – die jeweiligen Spezifika des Unternehmens bereits bei der organisatorischen Ausgestaltung berücksichtigt und im Rahmen der Durchführung beachtet werden. **50**

Perspektivisch betrachtet bleibt den Unternehmen zu wünschen, dass mediatives Know-how zukünftig verstärkt auch jenseits klassischer Konfliktlösungskonstellationen im engeren Sinne zum Einsatz kommt. Angesprochen ist damit in erster Linie das Potenzial der Mediation zur **Konflikt*prävention*. Beispielsweise gehören **Change-Prozesse** im Unternehmen zu den ersichtlich „konfliktgeneigten" Abläufen. Verdeutlicht werden kann dies an der – in der Wirtschaftspraxis oftmals problembehafteten – Fusion zweier Gesellschaften. Eine institutionalisierte mediative Begleitung derartiger Veränderungsprozesse, in deren Rahmen frühzeitig die jeweiligen Interessenlagen der Betroffenen adressiert und in möglichst große Übereinstimmung gebracht werden, wäre ohne Zweifel geeignet, den gewünschten Erfolg derartiger Zusammenschlüsse und Restrukturierungen nachhaltig zu fördern und das Gesamtkonfliktpotenzial deutlich zu reduzieren. Ähnliches gilt für die Abwicklung von Großprojekten, beispielsweise im Bereich des Anlagenbaus. Die projektbegleitende Einrichtung von **Dispute Boards**[55] (hierzu auch → Einl. Rn. 67 ff.) kann hier dazu beitragen, aufkommende Konflikte bereits im niederschwelligen Bereich zu erkennen und vor ihrer Eskalation beizulegen. Aber auch dann, wenn es im Ursprung um die Lö- **51**

---

55 *Ahrens* ZKM 2013, 72 ff.

sung eines konkreten Konfliktes geht, kann sich als Folge der spezifischen Konfliktbehandlung – und der oft erst im Verlauf einer Mediation ergebenden Aufdeckung zugrundeliegender struktureller und organisatorischer Dissonanzen – die Notwendigkeit von Folgemaßnahmen ergeben. In derartigen Fällen kann der Mediation zugleich die funktionale Qualität einer Maßnahme der **Organisationsentwicklung** zukommen. Konflikte haben hier die Funktion eines Frühwarnsystems für mögliche organisatorische Fehlentwicklungen. Diesen frühzeitig begegnen zu können, ist ein weiterer unternehmerischer Nutzen, der aus der innerbetrieblichen Mediation gezogen werden kann.

D. Mediation in individual- und kollektivarbeitsrechtlichen Konflikten

Literatur:

Andrelang, Mediation arbeitsrechtlicher Konflikte, Verfahrenskompetenzen und Mediabilitätskriterien, 2003; *Budde*, Mediation und Arbeitsrecht, 2003; *Fitting ua*, Betriebsverfassungsgesetz, 28. Aufl. 2016; *Joussen/Unberath*, Mediation im Arbeitsrecht, 2009.

I. Mediationstauglichkeit von arbeitsrechtlichen Konflikten

In der Literatur beschäftigen sich manche mit der Frage, welche Konflikte im Arbeitsleben mediationstauglich sind. So meint *Prütting*,[1] es gebe typische Hemmnisse, die einen Konflikt „wohl" als ungeeignet erscheinen ließen. Dazu zählt er Streitfälle, deren Kern eine reine Rechtsfrage darstellt. Stehen Rechtsfragen mit erheblicher Ausstrahlungswirkung oder mit Rechtsfortbildungstendenz im Raum, so sei eine Mediation „offenkundig nicht hilfreich". Eine mediative Konfliktbereinigung im Einzelfall sei ein sinnloses Unterfangen, zB bei Massenentlassungen, bei Entgeltstreitigkeiten[2] oder bei Eingruppierungsstreitigkeiten. *Andrelang*[3] vertritt die Ansicht, die Mediabilität von Arbeitsplatzkonflikten ließe sich anhand der Kriterien „Rechts- oder Regelungsstreitigkeit" und anhand der materiellrechtlichen Dispositionsbefugnis ableiten. Für die Mediation wird daraus geschlussfolgert, dass sie sich deshalb für Rechtsstreitigkeiten „eher" nicht eigne.[4]

1

---

1 *Prütting* in: Joussen/Unberath, S. 105 f.
2 Ebenso *Budde*, S. 24 f.
3 *Andrelang*, S. 215 f.
4 *Andrelang*, S. 179.

2   *Schmidt*[5] ist der Auffassung, die im Arbeitsrecht weit verbreiteten Klage-
    und Ausschlussfristen gesetzlicher, tarifvertraglicher oder arbeitsvertragli-
    cher Art hätten zur Folge, dass für eine außergerichtliche Konfliktlösung in
    der Regel nur ein kurzer Zeitraum bleibe. *Prütting*[6] hält ein Mediationsver-
    fahren „rein praktisch" für nicht durchführbar, wenn enge Klagefristen be-
    stehen, etwa die Dreiwochenfrist in § 4 KSchG zur Erhebung einer Kündi-
    gungsschutzklage. Werde in einem einstweiligen Verfügungsverfahren ge-
    stritten, sei ein Mediationsverfahren ebenfalls „rein praktisch" ausge-
    schlossen. Sei ein Gerichtsverfahren eingeleitet, so *Schmidt*,[7] kämen für
    eine Mediation nur solche Konflikte von Arbeitsvertragsparteien in Be-
    tracht, in denen über die Einhaltung von Pflichten gestritten werde; auch
    könnten sich Persönlichkeitsverletzungen, Streitigkeiten unter Arbeitneh-
    mern oder Streitigkeiten mit familienrechtlichen Hintergründen für eine
    Mediation anbieten. Beendigungsstreitigkeiten dürften dagegen allenfalls
    begrenzt mediationstauglich sein.

3   Nach *Prütting*[8] scheidet eine Mediation zudem „von vorne herein wohl"
    aus, wenn besondere Schlichtungsformen flächendeckend und weitgehend
    obligatorisch vorhanden sind, etwa im Betriebsverfassungsrecht (Eini-
    gungsstelle) oder in Tarif- und Arbeitskampfrecht (Schlichtung).

4   *Prütting* endet mit der Feststellung, gerade das Arbeitsrecht bringe eine
    Großzahl von Streitigkeiten hervor, die letztlich für eine Mediation nicht in
    Betracht kämen.[9]

5   Nach meinen Erfahrungen treffen diese Einschränkungen allesamt nicht
    zu. Meine tägliche Praxis bestätigt vielmehr, dass jeder arbeitsrechtliche
    Konflikt Gegenstand einer Mediation sein kann. Alleinige Voraussetzung
    ist, dass die Parteien mit der Durchführung der Mediation einverstanden
    sind und so ihren Willen dokumentieren, eine einvernehmliche Lösung zu
    erzielen.

6   Die Differenzierung zwischen Rechts- und Regelungsstreitigkeiten spielt
    bei der Frage der Mediationstauglichkeit von arbeitsrechtlichen Konflikten
    keine Rolle. Diese Unterscheidung ist abgeleitet aus dem betriebsverfas-
    sungsrechtlichen Einigungsstellenverfahren zu Mitarbeiterbeschwerden
    nach §§ 84, 85 BetrVG. Gemäß § 85 Abs. 2 BetrVG kann die Einigungs-
    stelle über die Berechtigung der Beschwerde nicht durch Spruch entschei-
    den, wenn Gegenstand der Beschwerde ein Rechtsanspruch ist, über den in
    einem Rechtsstreit entschieden werden muss.[10] Diese Regelung ist erforder-
    lich, um die Entscheidungskompetenz der Einigungsstelle klar zu umrei-
    ßen. Eine solche Begrenzung braucht die Mediation gerade nicht. Hier ent-
    scheidet kein Dritter für die Konfliktparteien. Alleine sie haben vielmehr
    die Lösung selbst in der Hand. Warum sollte man sich in einer Mediation
    nicht über Rechtsfragen einigen können, wenn genau das tagtäglich in Ver-
    gleichsverhandlungen außergerichtlich und vor Arbeitsgerichten geschieht?

---

  5 *Schmidt* in: Joussen/Unberath, S. 123.
  6 *Prütting* in: Joussen/Unberath, S. 105.
  7 *Schmidt* in: Joussen/Unberath, S. 124.
  8 *Prütting* in: Joussen/Unberath, S. 105.
  9 *Prütting* in: Joussen/Unberath, S. 106.
 10 Vgl. *Fitting* § 85 Rn. 6.

In unserer Praxis spielen – wie die nachfolgenden Beispiele zeigen – gerade Entgelt- und Eingruppierungsstreitigkeiten eine herausragende Rolle.

Auch arbeitsrechtliche Klage- und Ausschlussfristen stehen einer Mediation nicht entgegen. Diese werden zwar durch eine Mediation nicht gehemmt (→ BGB § 203 Rn. 1 ff.). Auch steht für eine Konfliktlösung während des Fristlaufs zudem nur eine beschränkte Zeit zur Verfügung. Aber warum sollte eine Mediation nicht parallel zur Klageerhebung bzw. Geltendmachung von Ansprüchen durchgeführt werden?   **7**

Gleiches gilt für eilbedürftige Streitschlichtungen durch Mediation. Nicht jede einstweilige Verfügung wird erstinstanzlich rechtskräftig entschieden. Wenn beide Parteien eine einvernehmliche Lösung wollen, können sie jederzeit in eine Mediation einsteigen. Einstweilige Verfügungen, die diesen Zeitaufwand nicht zulassen, sind – außer vielleicht im Arbeitskampf – seltene Ausnahmen.   **8**

Weshalb eine Mediation ausscheiden soll, wenn gesetzlich oder tariflich besondere Schlichtungsformen vorgegeben sind, ist nicht erklärlich. Zunehmend wählen Arbeitgeber und Betriebsrat in betriebsverfassungsrechtlichen Mitbestimmungsangelegenheiten eine Mediation zur Konfliktlösung, gerade um das in § 76 BetrVG geregelte Einigungsstellenverfahren zu vermeiden.   **9**

Nachfolgend werden – gegliedert nach den an der Mediation beteiligten Personen – Beispiele für individual- und kollektivarbeitsrechtliche Mediationen vorgestellt.   **10**

II. Mediation zwischen Arbeitgeber und Arbeitnehmer

In einem bestehenden Arbeitsverhältnis bleiben Konflikte häufig unausgesprochen und damit unterschwellig. Dies beruht zum einen auf dem Kräfteverhältnis zwischen Arbeitgeber und Arbeitnehmer. Die Arbeitnehmer werden sich oft gut überlegen, ob sie ein Thema öffentlich machen und damit gegebenenfalls Anlass dafür bieten, dass sich ein Konflikt verschärft. Zum anderen werden nicht alle Vorgesetzten ihrer Führungsaufgabe gerecht. Nicht selten sprechen Führungskräfte die von ihnen in einem Arbeitsverhältnis wahrgenommenen Störungen gegenüber den betroffenen Arbeitnehmern nicht offen an. Sie wollen Streit mit ihren Mitarbeitern vermeiden. Erst wenn für eine der beiden Seiten der Zustand nicht länger erträglich ist, tritt der Konflikt offen zu Tage.   **11**

Je früher eine Intervention durch eine Mediation stattfindet, desto größer ist die Chance, das Arbeitsverhältnis zu retten und die Fortsetzung der Zusammenarbeit zu gewährleisten. Je später eine Mediation durchgeführt wird, desto größer ist die Gefahr, dass die Störungen zwischen den Arbeitsvertragsparteien nicht mehr behoben werden können und das Arbeitsverhältnis beendet wird.   **12**

1. Mediation im bestehenden Arbeitsverhältnis

a) Reorganisation/Fusion/Umstrukturierung

Beispiel 1: Eine Privatbank wurde von einer größeren Bank übernommen. Nach der Integration führte die Bank eine Reorganisation durch, die auch   **13**

das Firmen- und Privatkundengeschäft betraf. Die Übernahme führte dazu, dass es Doppelbesetzungen für verschiedene Marktbereiche gab. Die Bank entschied, dass jedem Kunden nur ein Ansprechpartner zugeordnet wird, um eine vertrauensvolle und verlässliche Kundenbeziehung zu gewährleisten. Sie führte in den einzelnen Geschäftsbereichen Teams ein und schuf neu die Funktion eines „Teamheads". Die Bank vereinbarte die Regularien für den entsprechenden Auswahlprozess mit dem Betriebsrat.

Von dieser Reorganisation war auch ein seit vielen Jahren in der Bank beschäftigter Senior Relationship Banker betroffen. Er war bei der Auswahl der „Teamheads" nicht berücksichtigt worden. Bisher hatte er unmittelbar an die Geschäftsleitung berichtet. Nunmehr bestand eine Berichtspflicht gegenüber seinem „Teamhead", einem früheren Kollegen, der überdies jünger und weniger lange in der Bank beschäftigt war. Des Weiteren änderte sich teilweise die Kundenzuweisung. Der betroffene Senior Relationship Banker musste umsatzstarke Kunden abgeben und erhielt neue Kunden zugewiesen, deren Potenzial noch nicht feststand. Er fühlte sich durch die hierarchische Herabstufung verletzt. Zudem befürchtete er aufgrund der geänderten Kundenzuweisungen erhebliche finanzielle Einbußen. Der von ihm zu Rate gezogene Rechtsanwalt hatte ihm bereits die Möglichkeit einer Klage vor dem Arbeitsgericht auf vertragsgemäße Beschäftigung erläutert, weil die neue hierarchische Einstufung womöglich nicht mit dem Arbeitsvertrag im Einklang stand.

In der Mediation wurde die Geschäftsleitung durch den für den Vertrieb zuständigen Vorstand vertreten – ein Umstand, der für den weiteren Verlauf der Mediation entscheidende Bedeutung hatte. Die Anwesenheit des zuständigen Vorstandsmitglieds signalisierte dem Mitarbeiter, welche Bedeutung „sein Fall" für die Geschäftsleitung hatte. Dadurch und durch das Auftreten des Vertriebsvorstands wurde relativ schnell der bei dem Senior Relationship Banker entstandene Eindruck relativiert, seine Leistungen würden nicht wertgeschätzt. Aufgrund der fachlichen Kompetenz des Vorstandmitglieds war es in der Mediation auch möglich, ganz konkret über die Kundenzuweisung zu sprechen. Die Mediation hätte einen völlig anderen Verlauf genommen, wenn – was mitunter geschieht – die Bank durch nicht mit der Vertriebstätigkeit bestens vertraute Personen (zB Vertreter der Personal- und Rechtsabteilung) vertreten gewesen wäre, die dann zu der inhaltlichen Ausgestaltung des künftigen Arbeitsverhältnisses, insbesondere zu den Kundenbeziehungen keine verbindliche Aussage hätten treffen können.

In der Mediation konnte eine Einigung über die von der Arbeitgeberin gewünschte Reorganisation und die Eingliederung des Mitarbeiters vereinbart werden. Der Senior Relationship Banker akzeptierte, dass er künftig an seinen „Teamhead" berichtet. Die Beteiligten einigten sich auch auf die Kunden, die dem Mitarbeiter zugewiesen werden. Zudem vereinbarten sie eine temporäre finanzielle Absicherung des Senior Relationship Bankers.

Dauer der Mediation: 1 Tag

14   **Beispiel 2:** In einem ähnlich gelagerten Fall, bei dem ein Mitarbeiter einer IT-Abteilung bei der Ausschreibung der Stelle des Abteilungsleiters nicht berücksichtigt worden war, führte die Mediation trotz der Anwesenheit des

früheren und des neuen Abteilungsleiters sowie des nächsthöheren Vorgesetzten nicht zu einer Einigung über die künftige Zusammenarbeit. Zwischen der Personalentscheidung und dem Entschluss zu einer Mediation waren bereits mehr als zehn Monate vergangen. Der Mitarbeiter hatte sich innerlich bereits aus dem Arbeitsverhältnis verabschiedet. In der Mediation wurde schließlich eine Vereinbarung über die Konditionen der Beendigung des Arbeitsverhältnisses getroffen.

Möglicherweise hätte die Chance auf Fortsetzung eines für beide Seiten gewinnbringenden Arbeitsverhältnisses bei einer früheren Intervention unmittelbar im Zusammenhang mit der Personalentscheidung bestanden.

Dauer der Mediation: 1 Tag

b) Streit um Vergütungsansprüche

Beispiel: Eine Führungskraft eines pharmazeutischen Unternehmens erhielt   15
neben ihrem Fixgehalt Bonusansprüche. Die Höhe des Bonus wurde laut Arbeitsvertrag für ein Kalenderjahr bis zum 31. März des Folgejahres durch das Unternehmen festgesetzt. Der seit vier Jahren beschäftigte Mitarbeiter erhielt in den ersten drei Kalenderjahren 120.000 EUR, 100.000 EUR beziehungsweise 85.000 EUR als jeweiligen Bonus. Für das abgelaufene vierte Beschäftigungsjahr hatte der Vorstand ihm einen Bonus in Höhe von 20.000 EUR zugestanden. Die Führungskraft war mit diesem Bonus nicht einverstanden und der Auffassung, ihm stehe mindestens ein Bonus in Höhe der zuletzt geleisteten 85.000 EUR zu.

Im Rahmen der Mediation machte der Vorgesetzte der Führungskraft deutlich, dass er einen starken Leistungsabfall festgestellt habe, der im Grunde überhaupt keinen Bonus rechtfertige. Ihm sei völlig unverständlich, wie es zu diesem Leistungseinbruch gekommen sei. Die Führungskraft fiel aus allen Wolken. Bisher hatte während des gesamten Zeitraums niemand seine Arbeitsleistung kritisiert. Er hatte lediglich wahrgenommen, dass er in den vergangenen Monaten – anders als früher – nicht in Entscheidungsprozesse eingebunden worden war.

Nach eingehender Erörterung des Verlaufs der letzten Monate waren sich beide Seiten letztlich darüber einig, dass eine weitere gedeihliche Zusammenarbeit wohl nicht mehr möglich sei. In der Mediation wurde anschließend über die Frage der Beendigung des Arbeitsverhältnisses verhandelt. Der Mitarbeiter machte deutlich, dass er die durch den Bonus ausgedrückte Geringschätzung seiner Arbeitsleistung nicht hinnehmen könne. Im Rahmen einer Gesamtlösung wurde schließlich eine Vereinbarung getroffen, die neben einem angemessenen Bonus (auch für das aktuelle Beschäftigungsjahr) einen späten Austrittstermin, die Freistellung sowie eine Abfindung enthielt. Gleichzeitig erhielt der Mitarbeiter die Möglichkeit, das Arbeitsverhältnis vorzeitig zu beenden, wenn er kurzfristig ein anderes Arbeitsverhältnis antreten kann. Für diesen Fall war eine entsprechende Erhöhung der Abfindungsleistung vorgesehen.

Dauer der Mediation: 1 Tag

c) Spannungsfeld Betriebsratstätigkeit und Arbeitsleistung

16 **Beispiel:** Ein nicht freigestelltes Betriebsratsmitglied erhielt eine Abmahnung wegen Leistungsmängeln, wobei nicht klar war, ob und gegebenenfalls inwieweit die Arbeitsleistung durch die Betriebsratstätigkeit beeinflusst war. In der Mediation waren alle Beteiligten an einer starken Deeskalation interessiert. Schnell einigte man sich darauf, dass die Arbeitgeberin die Abmahnung zurücknimmt.

In den Gesprächen wurde jedoch auch deutlich, weshalb der Vorgesetzte mit der Arbeitsleistung des Betriebsratsmitglieds nicht zufrieden war. In seiner Abteilung – im IT-Bereich – fand immer donnerstags eine abteilungsinterne Besprechung statt, an der das Betriebsratsmitglied wegen Betriebsratstätigkeit häufig nicht teilnahm. Vorgesetzter und Betriebsratsmitglied einigten sich darauf, dass das Betriebsratsmitglied an den Abteilungsbesprechungen grundsätzlich teilnehmen und nur dann fernbleiben wird, wenn eine besonders dringliche Situation seine Tätigkeit als Betriebsrat erfordert. Außerdem verpflichtete sich das Betriebsratsmitglied, seinen Vorgesetzten künftig direkt zu unterrichten.

Solche scheinbar einfachen Lösungen sind im Rahmen einer Mediation nicht ungewöhnlich. Vielfach fehlt es schlicht an einer vernünftigen Kommunikation zwischen den Beteiligten. Mitunter wird in der Mediation zum ersten Mal wirklich über den Anlass der Auseinandersetzung geredet. Im konkreten Fall bestand zwischen den Beteiligten eine große Sprachlosigkeit. Dies hing damit zusammen, dass aus Sicht des Betriebsratsmitglieds der Vorgesetzte verärgert darüber war, dass ein Betriebsratsmitglied in seiner Abteilung arbeitete. Er fühlte sich in seiner Betriebsratstätigkeit gegängelt. Der Vorgesetzte unterstellte seinerseits dem Betriebsratsmitglied, er drücke sich unter Vorgabe von Betriebsratstätigkeit vor der Arbeit und der Abteilungsbesprechung.

Dauer der Mediation: 1 Tag

17 **d) Gehaltsanpassung bei Betriebsräten.** § 37 Abs. 4 BetrVG regelt, dass das Arbeitsentgelt von Mitgliedern des Betriebsrats nicht geringer bemessen werden darf als das Arbeitsentgelt vergleichbarer Arbeitnehmer mit betriebsüblicher beruflicher Entwicklung.

18 **Beispiel:** Der Betriebsratsvorsitzende eines großen Unternehmens war schon viele Jahre freigestelltes Betriebsratsmitglied (§ 38 BetrVG). Er hatte sich um das Thema Gehaltsanpassung nicht gekümmert. Nun fiel jedoch auf, dass seinerzeit mit ihm eingestellte Mitarbeiter zwischenzeitlich Abteilungs- oder Bereichsleiter geworden waren. Sie verdienten mehr als der Betriebsratsvorsitzende. Er bat daraufhin bei der Arbeitgeberin um eine Gehaltsanpassung. Die internen Gespräche waren geprägt von den aktuellen Diskussionen um eine Bevorzugung von Betriebsratsmitgliedern. Die Arbeitgeberin war unsicher, ob und gegebenenfalls in welcher Höhe eine Gehaltsanpassung vertretbar sei, ohne dass sie sich dem Vorwurf der Begünstigung des Betriebsratsvorsitzenden ausgesetzt sehe.

Im Rahmen der Mediation waren beide Seiten, deren Zusammenarbeit viele Jahre konstruktiv und vertrauensvoll verlaufen war, dankbar, dass eine bereits im Raum stehende gerichtliche Auseinandersetzung über die zutreffende Vergütung (es handelt sich um eine reine Rechtsfrage!) vermieden werden konnte. Sie verständigten sich auf eine moderate Gehaltsanpassung.

Ein weiterer wesentlicher Erfolg der Mediation war, dass das Augenmerk von Betriebsrat (als Gremium) und Arbeitgeberin auf das Thema Gehaltsanpassung von Betriebsräten gemäß § 37 Abs. 4 BetrVG gerichtet war. Sie vereinbarten daraufhin, dass in einem zweijährigen Rhythmus mit allen Betriebsratsmitgliedern Gespräche über ihre Gehaltsentwicklung im Sinne von § 37 Abs. 4 BetrVG geführt werden. Das ist gesetzlich nicht geboten und nach unseren Erfahrungen in den meisten Betrieben auch nicht üblich. Für alle Betriebsratsmitglieder und für die Arbeitgeberin hat sich so aus der Mediation ein Mehrwert ergeben, der in einer anderen Form der Auseinandersetzung höchstwahrscheinlich nicht erzielt worden wäre.

Dauer der Mediation: 1 Tag

2. Mediation während laufendem gerichtlichen Verfahren. Mitunter wird   19
diskutiert, dass während eines gerichtlichen Verfahrens Mediationen nicht angezeigt wären.[11] Für eine Mediation ist es allerdings nie zu spät! Sie kann auch während eines gerichtlichen Verfahrens durchgeführt werden. Viele Richterinnen und Richter regen mittlerweile sogar in Rechtsstreitigkeiten, die eine hohe Komplexität haben, die Durchführung einer Mediation an. Gegebenenfalls wird das laufende Gerichtsverfahren zum Ruhen gebracht oder terminlos gestellt (→ ZPO § 278 a Rn. 1 ff.).

Allerdings haben wir die Erfahrung gemacht, dass die Mediation vor einem   20
erstinstanzlichen Richterspruch häufig scheitert. Dies liegt im Wesentlichen daran, dass der Fokus vieler Parteien in einer solchen Situation trotz der Vereinbarung einer Mediation stark darauf ausgerichtet ist, vor Gericht Recht zu bekommen. In der Mediation erklären Medianden gelegentlich, dass sie zunächst hören wollen, wie das Arbeitsgericht die rechtliche Situation beurteilt.

Deshalb kann es sinnvoll sein, die Mediation – wenn sie denn von beiden   21
Seiten wirklich gewollt ist – erst nach einem Urteil des Arbeitsgerichts durchzuführen. In den meisten Fällen ist nämlich der Konflikt durch die gerichtliche Entscheidung keineswegs abschließend gelöst.

Beispiel: Der Arbeitgeber hatte den Rechtsstreit um eine erfolgsabhängige   22
Vergütung vor dem Arbeitsgericht gewonnen. Die Klage seines Arbeitnehmers auf Zahlung einer Provision wurde abgewiesen. Der Arbeitnehmer kündigte unmittelbar nach Verkündung des Urteils an, er werde in Berufung gehen.

Der Arbeitgeber war unsicher, ob er das Arbeitsverhältnis mit diesem „uneinsichtigen" Arbeitnehmer weiter fortführen möchte. Beiden Parteien war klar, dass die Fortsetzung des Rechtsstreits vor dem Landesarbeitsgericht das Arbeitsverhältnis belasten würde.

Sie vereinbarten eine Mediation, in der schnell deutlich wurde, dass beide Seiten ein Interesse daran hatten, das Arbeitsverhältnis fortzusetzen. Nachdem sich – in einem durchaus schwierigen Prozess – beide Seiten nochmals ihrer Wertschätzung versichert hatten, war es für sie einfach, auch das lei-

---

11 *Prütting* in: Joussen/Unberath, S. 105 f.

dige Vergütungsthema einvernehmlich zu lösen. Sie einigten sich trotz des vom Arbeitgeber gewonnenen Arbeitsgerichtsprozesses auf die Zahlung einer variablen Vergütung und retteten vermutlich so das Arbeitsverhältnis.

Dauer der Mediation: 1 Tag

3. Mediation bei Beendigung des Arbeitsverhältnisses

a) Mediation vor Ausspruch einer Kündigung

23   **Beispiel:** Der langjährige Mitarbeiter eines Chemieunternehmens war gebürtiger Iraner, zwischenzeitlich jedoch auch deutscher Staatsbürger. (Weil der Iran seine Staatsangehörigen aus der iranischen Staatsbürgerschaft nicht entlässt, ist dies einer der Fälle, in denen nach deutschem Recht die Möglichkeit einer doppelten Staatsbürgerschaft besteht.)

Der 59-jährige Mitarbeiter war seit 20 Jahren Ingenieur der deutschen Tochtergesellschaft eines US-amerikanischen Konzerns. Dieser Konzern stand in Geschäftsbeziehungen mit dem US-amerikanischen Verteidigungsministerium. Nach einem US-amerikanischen Erlass darf es jedoch keine Zusammenarbeit staatlicher Stellen mit Unternehmen geben, die Arbeitnehmer bestimmter Nationalitäten – auch der iranischen – beschäftigen. Ausdrücklich ist geregelt, dass dies auch bei doppelter Staatsangehörigkeit gilt. Die deutsche Tochtergesellschaft erhielt daraufhin die Weisung der Konzernmutter, das Arbeitsverhältnis mit dem Ingenieur zu beenden. Eine Auseinandersetzung vor deutschen Arbeitsgerichten wäre durchaus spannend gewesen: Ist eine Kündigung aufgrund einer solchen Weisung der Konzernmutter zulässig?

In der Mediation wurde zunächst über eine Fortsetzung des Arbeitsverhältnisses verhandelt. Die deutsche Tochtergesellschaft war sich der Tragweite durchaus bewusst und hätte alles Mögliche versucht, um die Weiterarbeit des Ingenieurs zu gewährleisten. Im Raum stand sogar der Vorschlag, diesem Mitarbeiter einen eigenen Raum mit einem eigenen Zugang ohne jeglichen Kontakt zu anderen Mitarbeitern zur Verfügung zu stellen. Dies lehnte der Ingenieur aus nachvollziehbaren Gründen ab. In der Mediation wurde schließlich eine Beendigung des Arbeitsverhältnisses vereinbart. Im Ergebnis wurde der Arbeitnehmer so gestellt, als würde er bis zum 65. Lebensjahr gearbeitet haben.

Dauer der Mediation: 1 Tag

24   **b) Mediation während des Kündigungsschutzprozesses.** Es wurde zuvor schon erläutert, dass während der Führung eines arbeitsgerichtlichen Prozesses das Augenmerk der Parteien häufig auf einer rechtlichen Klärung liegt. Es gibt jedoch eine „klassische" Situation, in der beiden Seiten die Notwendigkeit und Sinnhaftigkeit einer einvernehmlichen Lösung häufig bewusst ist.

25   **Beispiel:** Ein Arbeitnehmer klagt eine variable Vergütung ein. Kurze Zeit nach Zustellung der Klage kündigt der Arbeitgeber das Arbeitsverhältnis aus betriebsbedingten Gründen. Solche Prozesse enden häufig mit folgenden Urteilen: Der Arbeitnehmer verliert seinen Zahlungsprozess, weil er die Anspruchsvoraussetzungen für die variable Vergütung nicht darlegen kann; der Arbeitgeber verliert den Kündigungsschutzprozess, weil es ihm

nicht gelingt, ausreichende Kündigungsgründe darzulegen und/oder zu beweisen.

Dieses Ergebnis der gerichtlichen Auseinandersetzung ist für beide Seiten unbefriedigend. Auf der einen Seite steht der Arbeitgeber, der einen nicht mehr erwünschten Arbeitnehmer nach verlorenem Kündigungsschutzprozess weiter beschäftigen muss, auf der anderen Seite steht ein Arbeitnehmer, der seinen Vergütungsprozess verloren hat und eigentlich bei diesem Arbeitgeber – nach Ausspruch der Kündigung – nicht mehr weiterarbeiten möchte, sondern auf eine möglichst hohe Abfindung hofft.

In der Mediation wird dann darüber verhandelt, wann das Arbeitsverhältnis zu welchen wirtschaftlichen Konditionen zu Ende geht.

Dauer der Mediation: 1 Tag

III. Mediation zwischen Arbeitnehmern

Sofern Konflikte zwischen Beschäftigten überhaupt offen zutage treten und die Kooperationssituation bzw. das gemeinsame Arbeitsergebnis dauerhaft und gravierend beeinträchtigen, wird in jedem Unternehmen zunächst versucht, die Probleme mit „Bordmitteln" aus dem Weg zu räumen. Erst wenn vielfältige eigene Lösungsversuche gescheitert sind, kommen Konflikte unter Arbeitnehmern in die Mediation.   26

Nach unseren Erfahrungen bestehen die in der Mediation zu bearbeitenden Differenzen in den allermeisten Fällen bereits seit geraumer Zeit – oft seit vielen Jahren. Nicht selten haben die Probleme in ihrem Verlauf beeindruckend weite Kreise gezogen.   27

Beispiel: In einer großen, politiknahen Organisation mit sozialer Ausrichtung und Aufgabenstellung zeigten sich seit Jahren erhebliche Kooperationsstörungen zwischen zwei Beschäftigten. Ihre offensichtlichen Unstimmigkeiten haben dazu geführt, dass beide Kolleginnen nicht mehr miteinander redeten und einander stattdessen in verschiedenen Gremien gegenseitig geschickt desavouierten. Im Rahmen einer Strategiekonferenz kam es zum Eklat: Eine der beiden warf der anderen vor, „stinkend faul" und eine „Trittbrettfahrerin und üble Verschwenderin von Mitgliedsbeiträgen" zu sein. Zusätzlich fielen Tiernamen.   28

In der vom Arbeitgeber angeregten Mediation zeigte sich die jahrelange Geschichte zweier Menschen mit unterschiedlichen Werten und Einstellungen zu manchen Fragen des Lebens. In ihrer Zusammenarbeit ergaben sich daraus gründliche gegenseitige Ablehnung und Bekämpfung. Gleichwohl verständigten sich die Mediandinnen verhältnismäßig schnell auf einen Auftragssatz: „Unser gemeinsames Ziel in dieser Mediation ist es zu erarbeiten, wie unsere Zusammenarbeit zukünftig zufriedenstellend gestaltet werden kann." Nach diesem eigentlich vielversprechenden Beginn konzentrierten sich beide darauf, sämtliche Fehler der Gegenseite aufzuzeigen. Eine dramatische Verschlechterung des Gesprächsklimas war die Folge. Alle Zeichen standen auf Sturm. Das veranlasste mich, die Mediandinnen aufzufordern, ihren Auftragssatz zu überdenken: „Manchmal ist im Verlauf einer gemeinsamen Geschichte auch so viel passiert, dass es einfach nicht geht."

Nach einer kurzen Schrecksekunde reichte die eine der anderen mit abweisender Miene die Hand und sagte. „Ich möchte mich entschuldigen." Die andere reagierte darauf spontan mit einer wahren Welle von Schilderungen eigener Verhaltensweisen aus der Vergangenheit, die ihr inzwischen leidtun.

Nach diesem Moment waren die weiteren Klärungsschritte ebenso leicht, wie der Weg dahin schwer und mühselig war. Beiden Frauen wurde klar, dass sie sich eigentlich außerordentlich gut kennen und im Grunde auch bereit sind, die Unterschiede zu tolerieren. Für die Zukunft entwickelten sie ein „Frühwarnsystem", mit dem sie einander aufmerksam machen wollen, sobald „Dinge schief laufen".

Dauer der Mediation: 1,5 Tage

IV. Mediation zwischen Arbeitgeber und Betriebsrat

29   **1. Mediation zur Verbesserung der Zusammenarbeit zwischen Arbeitgeber und Betriebsrat.** In unserer Praxis spielt die Verbesserung der Zusammenarbeit zwischen Arbeitgeber und Betriebsrat eine große Rolle. Viele Konflikte zwischen Arbeitgeber und Betriebsrat beruhen nicht ausschließlich auf sachlichen Differenzen. In der überwiegenden Zahl sind zudem die Kommunikation und die Zusammenarbeit zwischen den Betriebsparteien gestört. Es herrscht gelegentlich eine gewisse Sprachlosigkeit. Die vom Betriebsverfassungsgesetz vorgesehenen Monatsgespräche finden nicht oder nur noch symbolhaft statt. Die Kommunikation erfolgt über E-Mail und nicht durch Gespräche zwischen den Betriebsparteien.

30   Hier kann die Mediation das geeignete Mittel sein, um die Zusammenarbeit zu verbessern und dadurch Auseinandersetzungen (auch gerichtliche) zu vermeiden. Voraussetzungen für eine Mediation zur Verbesserung der Zusammenarbeit zwischen den Betriebsparteien sind:

- An der Mediation müssen alle Personen teilnehmen, die an der Zusammenarbeit zwischen Arbeitgeber und Betriebsrat beteiligt sind, also alle Betriebsratsmitglieder sowie alle zuständigen Ansprechpartner auf Arbeitgeberseite. Dies können die Geschäftsführung, die Personalleitung, Personalreferentinnen und -referenten, aber auch Bereichs- und/oder Abteilungsleiterinnen und -leiter sein. Andernfalls besteht die Gefahr, dass ein in der Mediation gefundenes Ergebnis im Nachhinein von nicht an der Mediation beteiligten Personen torpediert wird.
  Es gilt – für alle Verhandlungen – der Satz: Alle nicht an der Verhandlung beteiligten Personen hätten es besser gemacht.
- Es muss eine Verhandlungsatmosphäre und -situation hergestellt werden, die eine offene Aussprache ermöglicht. Zu diesem Zweck kann es sinnvoll sein, dass der Mediator ganz bewusst jeden Teilnehmer an der Mediation anspricht und versucht, einen Beitrag zur Diskussion zu erreichen. Auch kann es notwendig und hilfreich sein, die Mediation nicht im Betrieb, sondern an einem neutralen Ort durchzuführen. Dies vermeidet Störungen, die bei Verhandlungen innerhalb des Betriebs meist unvermeidlich sind.
- Alle Beteiligten müssen bereit sein, aktiv die als ungenügend wahrgenommene bisherige Zusammenarbeit zu verbessern.

Wenn diese Voraussetzungen erfüllt sind, ist die Erfolgsquote von Media-   31
tionen zur Verbesserung der Zusammenarbeit zwischen Betriebsrat und Arbeitgeber hoch. Selbstverständlich liegt es an den Beteiligten, über den Tag
der Mediation hinaus die dann vereinbarten Regeln auch wirklich einzuhalten.

2. Mediation in Mitbestimmungsangelegenheiten. Mitunter wird die Auf-   32
fassung vertreten, dass Mediationen in Mitbestimmungsfragen nicht möglich seien, weil im Rahmen der Mitbestimmung, etwa nach § 87 Abs. 1
BetrVG, das Einigungsstellenverfahren gemäß § 76 BetrVG das vorgegebene Konfliktlösungsinstrument sei.

Nach meiner Auffassung ist das Gegenteil richtig. Die Einigungsstelle   33
kommt nach den betriebsverfassungsrechtlichen Vorschriften (zB § 87
Abs. 2 BetrVG) erst in Betracht, wenn keine Einigung zwischen den Betriebsparteien über die Mitbestimmungsangelegenheiten zustande kommt.
Die Mediation ist jedoch gerade ein Instrument zur Erzielung der Einigung
vor der Durchführung einer Einigungsstelle, eben auch über Mitbestimmungsfragen.

Mediationen in Mitbestimmungsangelegenheiten nehmen zu. Die Betriebs-   34
parteien wollen in diesem Zusammenhang die klassischen Vorteile der Mediation nutzen. In einem Einigungsstellenverfahren wird zwar auch um
eine Einigung gerungen. Kommt diese Einigung jedoch nicht im Wege der
Verhandlungen zustande, so entscheidet die Einigungsstelle durch Spruch.
Bei dieser Mehrheitsentscheidung gibt am Ende die Stimme des Einigungs-
stellenvorsitzenden den Ausschlag. Deshalb verhandeln zunehmend Betriebsparteien gerne ohne diesen Druck eines möglichen Einigungsstellen-
spruchs.

So haben beispielsweise eine große Bank und der bei ihr gebildete Gesamt-   35
betriebsrat im Rahmen einer Mediation sogar Interessenausgleichs- und
Sozialplanverhandlungen erfolgreich geführt. Dies ist in allen Mitbestim-
mungstatbeständen möglich. Entscheidend ist allein, ob Arbeitgeber und
Betriebsrat bereit sind, unter den Bedingungen der Mediation über Mitbestimmungsfragen zu verhandeln.

V. Mediation zwischen Betriebsräten

Beispiel: Ein IT-Unternehmen kaufte nach und nach IT-Abteilungen von   36
Großunternehmen verschiedener Branchen. Dabei trafen sehr unterschiedliche Betriebsratskulturen aufeinander. In dem neuen Unternehmen bestand
dadurch eine sehr heterogene Betriebsratsstruktur. Die Betriebsräte waren
nach wie vor ihrem Ursprungsunternehmen verhaftet und versuchten, Vorteile für „ihre" Arbeitnehmer zu erzielen. Dies führte zu einer Blockade der
Betriebsratsarbeit. Es ging soweit, dass nahezu sämtliche Wahlen zu Be-
triebsratsgremien bundesweit angefochten und gerichtlich überprüft wurden. Erstinstanzliche arbeitsgerichtliche Entscheidungen wurden von den
unterlegenen Betriebsräten nicht akzeptiert mit der Folge, dass sehr viele
Beschlussverfahren auch zweitinstanzlich anhängig waren. Auf Anregung
des Arbeitgebers erklärten sich die Betriebsräte mit einer Mediation zwischen den Betriebsräten einverstanden.

Ergebnis dieses schwierigen und langwierigen Prozesses war am Ende eine Beilegung sämtlicher gerichtlicher Auseinandersetzungen und eine zwischen den Betriebsräten abgesprochene Struktur. Es gelang ihnen auch, sachliche Differenzen auf einer sachlichen Ebene zu bearbeiten. Die getroffenen Absprachen wurden einer jährlichen Revision in einer weiteren Mediationssitzung unterzogen, um einen regelmäßigen Austausch über die Zusammenarbeit zwischen den Betriebsräten sicherzustellen.

Dauer der Mediation: 1 Tag

Revision nach 12 Monaten: 1 Tag

VI. Mediation zwischen Arbeitgeber und Gewerkschaften

37   **Beispiel:** Ein Konzern und mehrere Gewerkschaften wollten über eine vom Betriebsverfassungsgesetz abweichende Betriebsratsstruktur verhandeln. Der Konzern war in gewisser Weise ein „Gemischtwarenladen". In ihm waren unterschiedliche Betriebe „Rund um das Haus" enthalten. Das galt zum Beispiel für die Branchen: Gebäude- und Betriebstechnik, Gebäudemanagement, Garten- und Landschaftsbau, Gebäudereinigung und Sicherheitsleistungen. Vertreten waren die Gewerkschaften IG-Metall, IG Bauen-Agrar-Umwelt und ver.di. Die Zusammenarbeit der Betriebsräte dieser unterschiedlichen Branchen gestaltete sich schwierig. Der Konzernbetriebsrat wurde eindeutig von dem Bereich Gebäudereinigung dominiert, dem mit Abstand die höchste Zahl von Arbeitnehmern angehörte.

Im Rahmen der Mediation konnte ein Haustarifvertrag zur Konzernbetriebsratsstruktur abgeschlossen werden, der Spartenbetriebsräte vorsah. Die Mediation war auch hier nur deshalb erfolgreich, weil sie alle in den Prozess eingebundenen Parteien eingeschlossen hatte: die Geschäftsleitung, die Konzernbetriebsräte und die Vertreter der zuständigen Gewerkschaften.

Dauer der Mediation: 3 – 5 Tage

VII. Fazit

38   In den Bereichen des Individual- und das Kollektivarbeitsrechts gibt es eine Vielzahl von Konflikten, die durch Mediation für die Parteien gewinnbringend gelöst werden können.

39   Die gesetzliche Regelung der Mediation ist ein weiterer Schritt weg von der derzeit noch ausgeprägten Streitkultur hin zu einer Gesellschaft, in der die Einigung unter Achtung und Wertschätzung der unterschiedlichen Interessen mehr gilt als ein streitiges Urteil.

E. Mediation in privaten Bausachen

Literatur:

Boldt, Adjudication-Verfahren: Regelungen für das Verfahren vorläufigen außergerichtlichen Streitentscheidung, Jahrbuch Baurecht 2009, S. 115 ff.; *Diederichs*, Außergerichtliche Streitbeilegung im Bauwesen – Ein Vorzugsmodell!, NZBau 2014, 393; *Eidenmüller/Prause*, Die europäische Mediationsrichtlinie – Perspektiven für eine gesetzliche Regelung der Mediation in Deutschland, NJW 2008, 2737; *Englert/Franke/Grieger*, Streitlösung ohne Gericht, 2006; *Eschenbruch/Leupertz*, BIM und Recht, 2016; *Eschenbruch/Racky*, Partnering in der Bau- und Immobilienwirtschaft, 2008; *Flucher/Kochendörfer ua*, Mediation im Bauwesen, 2002; *Gralla/Sundermeier*, Bedarf außergerichtlicher Streitlösungsverfahren für den deutschen Baumarkt, BauR 2007, 1961; *Huhn*, Baurecht 2009; *Jansen*, Außergerichtliche Streitschlichtung und Streitentscheidung – Möglichkeiten und Risiken, in: Deutsches Anwaltsinstitut e.V. (Hrsg.), 11. Jahresarbeitstagung Bau- und Architektenrecht, 2016, S. 183 ff; *Haft/v. Schlieffen*, Handbuch Mediation, 3. Aufl. 2016; *Jung/Lauenroth/Wagner*, Wertschöpfung im bau- und immobilienrechtlichen Streit, ZfIR 2008, 813; *Jung/Lembcke/Steinbrecher/Sundermeier*, Die Adjudikation im Baustreit, ZKM 2011, 50; *Jung/Steding*, Mediation am Bau, BB 2001 Beil. 2, 9; *Kapellmann*, Bauprozesse als unabänderliches Ärgernis?, NZBau 2016, 67; *Keders/Walter*, Langdauernde Zivilverfahren – Ursachen überlanger Verfahrensdauern und Abhilfemöglichkeiten, NJW 2013, 1697; *Kuffer/Wirth*, Bau- und Architektenrecht, 4. Aufl. 2013; *Lembcke*, Bauprozesse – Wenn der Rechtsstaat zum Problem wird, ZRP 2010, 260; *Oelsner*, Dispute Boards, 2014; *Patera & Gamm Konfliktkultur* (Hrsg.), Lehrgang Wirtschaftsmediation und mediative Kompetenzen in Führung und Beratung, Teil 1, 2015; *PwC/EUV* (Hrsg.), Konfliktmanagement in der deutschen Wirtschaft – Entwicklungen eines Jahrzehnts, Frankfurt a.M. 2016; *Schröder*, Warum die alternativen Vertragsmodelle und Verfahren in Baukonflikten so wenig erfolgreich sind, in: Kaal/Schmidt/Schwartze (Hrsg.), Festschrift zu Ehren von Christian Kirchner, 2014, S. 277 ff.; *ders.*, Die statistische Realität des Bauprozesses, NZBau 2008, 1; *Schröder/Gerdes/Teubner Oberheim*, Laienbeteiligung im Bauprozess, in: Kapellmann/Vygen (Hrsg.), Jahrbuch Baurecht 2009, 2009, S. 81 ff.; *Sundermeier*, Baumediation aus ökonomischer Sicht, Vortrag auf der Herbsttagung des Verbandes der Bau- und Immobilienmediatoren e.V. 2016; *ders./Schlenke*, Allianzverträge – Paradigmenwechsel für die Vertragsgestaltung, in: Kapellmann/Vygen (Hrsg.), Jahrbuch Baurecht 2012, 2012, S. 167 ff.; *Teubner Oberheim*, Baurechtliche Adjudikation – ein außergerichtliches Schnellverfahren nach englischem Vorbild, ZKM 2012, 176; *Vaas*, Schöne neue Neuro-Welt, 2008; *Zerhusen*, Alternative Streitbeilegung im Bauwesen, 2005.

I. Einführung

1 Die Bau- und die Immobilienwirtschaft sind ein in besonderem Maße **konfliktanfälliger Wirtschaftsbereich**.[1] Spektakuläre **Kostensteigerungen** und **Zeitverzögerungen** von Bauvorhaben finden in vielfacher Weise Eingang in die mediale Berichterstattung und Resonanz im gesellschaftlichen oder politischen Bereich.[2] Damit sind zeitliche Verzögerungen und qualitative Abweichungen oder Kostensteigerungen Thema nicht nur für die Vertragsparteien selbst. Die Öffentlichkeit nimmt regen Anteil an den Konsequenzen der unerwartet erscheinenden Entwicklungen des Bauens.

2 Dabei ist die öffentliche Diskussion nicht etwa auf die kurative Behandlung von auftretenden Konflikten verengt. Auch konfliktvermeidende Möglichkeiten der Vertragsgestaltung, der Projektvorbereitung, der Projektdurchführung und der Objektorganisation finden Beachtung. Ebenso befassen sich Auftraggeberverbände und Bauindustrie mit Instrumenten der **Konfliktbehandlung** und Lösungen für die **Konfliktprävention**.[3]

3 Zutreffend wird dabei zum einen die **Bedeutung der Projektorganisation** für die erfolgreiche Realisierung von Bau- und Immobilienprojekten erkannt. Zum anderen werden technische Neuerungen, wie das Building Information Modeling (BIM), zum Anlass genommen, um zu überprüfen, inwieweit technische Veränderungen eine andere Organisation der Zusammenarbeit wünschenswert, wenn nicht sogar geboten erscheinen lassen. Bei BIM handelt es sich um eine Planungsmethode, die CAD-Techniken optimiert. Diese Methode ist gekennzeichnet durch ein bauteilorientiertes Planen und die Bearbeitung von digitalen Gebäudemodellen. Es eröffnet die Chance, dass alle am Bau Beteiligten bereits ab der Planungsphase in einem integralen Datenmodell interdisziplinär zusammenarbeiten. Gebäude und Infrastrukturprojekte können auf diesem Wege in fünf Dimensionen – ein-

---

1 *Jung/Lauenroth/Wagner* ZfIR 2008, 813 (817); *Wagner* in: Haft/v. Schlieffen, § 34 Rn. 6.
2 *Sundermeier/Schlenke* in: Kapellmann/Vygen, Jahrbuch Baurecht 2012, S. 167 (169).
3 Abrufbar unter http://www.zia-deutschland.de/pressemeldung/zia-und-hdb-gruen-den-gemeinsame-kontaktstelle-streitloesung/ (zuletzt abgerufen am 27.3.2017).

schließlich der zeitlichen und finanziellen Aspekte – geplant und Schnittstellenprobleme frühzeitig erkannt werden. [4] Zuletzt wurde beim AHO Ausschuss der Verbände und Kammern der Ingenieure und Architekten für die Honorarordnung e.V. ein Arbeitskreis Konfliktmanagement eingerichtet.[5]

Am 29.6.2015 hat die beim Bundesministerium für Verkehr und digitale Infrastruktur eingesetzte Reformkommission im Rahmen ihres Abschlussberichtes einen Aktionsplan mit Empfehlungen, wie Zeit- und Kostenpläne bei großen Infrastrukturprojekten besser eingehalten werden können, vorgestellt. 4

Die Bau- und Immobilienwirtschaft setzen sich demnach mit neuen Ansätzen 5

- für die Vertragsgestaltung und Projektvorbereitung,
- für die Projektrealisierung und Operationalisierung und
- für die Konfliktbearbeitung

auseinander. Erfreulicherweise bietet **Mediation** für alle diese Phasen eines Immobilienprojektes **Lösungsperspektiven**, wie die Jahrestagungen, Konfliktmanagementkongresse und die Fallsammlung des Verbandes der Bau- und Immobilienmediatoren e.V. belegen.[6]

Mediative Kompetenzen und **Mediationen** werden und wurden erfolgreich 6
bei Bau- und Immobilienstreitigkeiten der Privatwirtschaft eingesetzt, haben zu nachhaltigen, von der Überzeugung der Parteien getragenen Ergebnissen geführt – und sind auch für die **öffentliche Hand** geeignet.[7]

II. Charakteristika der Bau- und Immobilienwirtschaft

1. Bestandsaufnahme. Die Besonderheiten der Bau- und Immobilienwirtschaft betreffen einerseits die wirtschaftlichen und tatsächlichen Rahmenbedingungen und andererseits vertragliche Gestaltungen zur Organisation des Zusammenwirkens der Projektbeteiligten.[8] 7

Die Bau- und Immobilienwirtschaft kennzeichnen die Immobilität[9] und die 8
besondere Langlebigkeit ihrer Wirtschaftsgüter. Besonderes Merkmal ist überdies, dass es sich bei den realisierten Projekten regelmäßig um **individuelle Einzelstücke** handelt. Selbst wenn im Bauablauf vielfach standardisierte Bauteile eingesetzt werden, ist das Endprodukt oftmals manufakturartig erstellt. Die hohe wirtschaftliche Relevanz der Bau- und Immobilienwirtschaft und die Sichtbarkeit der erstellten Immobilie führen dazu, dass Abweichungen der Realisierung von der Planung eine hohe Aufmerksamkeit genießen.

---

4 *Jakob* in: Eschenbruch/Leupertz BIM und Recht, Vorwort V; *Eschenbruch* in: Eschenbruch/Leupertz BIM und Recht, Kap. 2 Rn. 2, abrufbar unter www.dga-bau.de/arbeitskreise/arbeitskreis-5 (zuletzt abgerufen am 1.3.2017).
5 Abrufbar unter www.dga-bau.de/arbeitskreise/arbeitskreis-5 (zuletzt abgerufen am 1.3.2017).
6 Abrufbar unter www.VdBauImm.de (zuletzt abgerufen am 1.3.2017).
7 *Wagner* in Haft/v. Schlieffen, § 34 Rn. 34.
8 *Oelsner*, Rn. 13 ff.
9 *Sundermeier/Schlenke* in: Kapellmann/Vygen, Jahrbuch Baurecht 2012, S. 167 (169, 171).

9   2015 betrug das Investitionsvolumen im Baubereich 10 % des Bruttoin-
landsproduktes dieses Jahres. Das Bauhauptgewerbe erreichte in Deutschland einen Umsatz von 102,6 Milliarden EUR und das Ausbaugewerbe
einen Umsatz von 124,8 Milliarden EUR. Dieser Einsatz erheblicher finanzieller Mittel[10] führt zu einer Suche nach möglichst preiswerten Anbietern
von Bau- und Immobilienleistungen und ist in Zeiten eines Nachfrager-
marktes nicht selten mit unauskömmlichen Preisen der Auftragnehmer verbunden.[11] Zusätzlich führt der hohe Investitionsbedarf zu engen Termin-
vorgaben der Auftraggeberseite, um die Errichtungszeit, in der den Finan-
zierungskosten keine Einnahmen gegenüberstehen, abzukürzen.

10 Oftmals ist das zu erstellende **Produkt zu Beginn einer vertraglichen Beziehung nicht abschließend definiert.** Die Dauer von Immobilienprojekten
führt verschiedentlich dazu, dass sich Vorstellungen des jeweiligen Auftraggebers im Projektverlauf ändern, Anpassungen vorgenommen werden müssen und die Steuerungskraft der ursprünglichen vertraglichen Abreden
nachlässt. Viele Projekte sind von vornherein dergestalt konzipiert, dass
bewusste Lücken erst im Rahmen der baulichen Realisierungsphase ausgefüllt werden sollen. Oftmals stehen die potenziellen Nutzer zu Beginn der
Projektrealisierung noch nicht fest oder der Bauherr möchte sich mit Blick
auf die Zeit zwischen Projektbeginn und Nutzungsbeginn flexibel für wandelnde Anforderungen halten. In anderen Fällen muss das Objekt im Projektverlauf den in der Realisierungsphase gewonnenen Erkenntnissen angepasst werden. Ferner müssen Eingriffe des Auftraggebers umgesetzt werden, mit denen dieser geänderte oder zusätzliche Leistungen oder zeitliche
und organisatorische Umstellungen des Bauablaufs verlangt. Ehrgeizige
Ziele geraten im Projektverlauf nicht selten in Konflikt miteinander, wenn
zeitliche, qualitative und finanzielle Vorgaben miteinander unvereinbar
werden.

11 Von besonderer Bedeutung ist die erforderliche Dauer der Interaktion zwischen den Parteien. Realisierungsphasen betragen Monate, oftmals Jahre.
Die typischen Beziehungen im Bau- und Immobilienbereich sind demnach
nicht auf einen punktuellen Leistungsaustausch gerichtet, sondern jedenfalls längerfristig auf eine bestimmte Dauer angelegt, so dass die Zusammenarbeit zwischen den Parteien Beeinträchtigungen und Störungen aus-
halten muss, die während der Realisierung bis zum Eintritt des Projekterfolges eintreten können und eintreten.[12]

12 In dieser Zeit folgen die Kommunikation und die Abstimmungsprozesse
der Beteiligten vielfach nicht den Vertragsbeziehungen, sondern Praktikabilitätserwägungen zur Absicherung des Projekterfolges. Werden deswegen
innerhalb der Vertragsbeziehung vorgesehene Formalien bei der Interaktion mit Dritten nicht eingehalten, führt die angesichts der Vielzahl der Beteiligten oftmals unübersichtliche Faktenlage zu Klärungsbedürfnissen in
sachverhaltlicher, technischer, kaufmännischer und rechtlicher Hinsicht, so

---

10 *Sundermeier/Schlenke* in: Kapellmann/Vygen, Jahrbuch Baurecht 2012, S. 167
(170).
11 *Zerhusen*, Rn. 1 ff.
12 *Wagner* in: Haft/v. Schlieffen, § 34 Rn. 9.

dass für die Festigung weiterer Schritte verschiedentlich eine gesicherte Datenlage fehlt.[13]

Die Projektrealisierung im Bau- und Immobilienbereich verlangt das Zusammenwirken einer **Vielzahl von Beteiligten.**[14] Dabei erfolgt die Einbindung von öffentlichen Stellen, Nachbarn, Banken, Entwicklern und Planern, Bauunternehmen und Handwerkern sowie Gutachtern und schließlich den Nutzern typischerweise nicht in arbeitsvertraglicher Form, sondern in einer projektspezifisch erstellten Organisation, in der sich diese Vielzahl von Beteiligten für das jeweils einzelne Projekt neu zusammenfindet und im Laufe des Projektes mehrfach Veränderungen unterworfen sein kann, insbesondere wenn die Bedeutung der einzelnen Projektbeteiligten in den verschiedenen Phasen der baulichen Realisierung wechselt.   **13**

Neben diese Realität der Bau- und Immobilienwirtschaft treten die bisherigen Ansätze vertraglicher Gestaltung und deren Schwächen: **14**

Bauverträge können nicht perfekt sein. **Bauverträge** sind „**unvollständige**" **Verträge**, die zwangsläufig eine unvollkommene Leistungsbeschreibung zur Grundlage haben und deshalb über den Projektverlauf wiederholt an veränderliche Projektgegebenheiten angepasst bzw. konkretisiert werden müssen.[15] Verschiedentlich wird der Bauvertrag daher **nicht** mehr als **neoklassisches Vertragsmodell** mit einer synallagmatischen Verknüpfung der gegenseitigen Leistungspflichten angesehen, sondern als „**relationaler**" Vertrag, der bei den immer bestehenden Fortschreibungserfordernissen des Vertrages auf die Kooperation der Beteiligten setzt.[16]   **15**

Formale Vorgaben des Vertrages, die das Sicherheitsbedürfnis einer Seite absichern sollen, sind bezogen auf die Anforderungen des Bauablaufs oftmals nicht praktikabel. Die Vertragsebenen mit Vertragstext und Anlagen sowie Querverweisen sind intransparent geregelt.[17] Bereits die Leistungsbeschreibung wirft Klärungsbedürfnisse auf, weil die technischen und rechtlichen Vorgaben eines Vertrages und seiner Anlagen nicht widerspruchsfrei sind und deren Rangfolge nicht eindeutig festgelegt oder interpretationsbedürftig ist.   **16**

Diese Defizite resultieren daraus, dass bereits in der Planungsphase eine Vielzahl von Experten zusammenarbeiten müssen, dass unterschiedliche Informationen über die künftige Nutzung nicht allen Projektbeteiligten gemeinsam zur Verfügung gestellt werden und dass deswegen Erkenntnisse und Informationen, die in einem Papier der Projektbeschreibung zutreffend umgesetzt werden, in anderen Unterlagen fehlen.   **17**

Hinsichtlich der Widerspruchsfreiheit von Planungen mag das **Building Information Modeling (BIM)** künftig zwar Verbesserung schaffen. Allerdings   **18**

---

13   *Wagner* in: Haft/v. Schlieffen, § 34 Rn. 7.
14   *Minckwitz* in: Flucher/Kochendörfer ua, S. 117; *Sundermeier/Schlenke* in: Kapellmann/Vygen, Jahrbuch Baurecht 2012, S. 167 (172); *Wagner* in: Haft/v. Schlieffen, § 34 Rn. 7.
15   *Lembcke* ZRP 2010, 260; *Sundermeier/Schlenke* in: Kapellmann/Vygen, Jahrbuch Baurecht 2012, S. 167 (173).
16   *Sundermeier/Schlenke* in: Kapellmann/Vygen, Jahrbuch Baurecht 2012, S. 167 (188).
17   *Jung/Lauenroth/Wagner* ZfIR 2008, 813 (818).

wird auch dieses Verfahren dort seine Grenze finden, wo planerische Vorgaben nicht nur auf ihre Kompatibilität zu überprüfen sind, sondern textliche Vorgaben einfließen und deswegen eine gesonderte Schnittstellenkontrolle erforderlich bleibt. Ferner sind die Vorzüge eines Datenraumes für alle am Projekt Beteiligten mit dem Nachteil verbunden, dass ungeklärt ist, ob und wann eingestellte Unterlagen die Billigung des Bauherrn erfahren.

19   **2. Anforderungen an Lösungen.** Die Charakteristika der Bau- und Immobilienwirtschaft begründen spezifische Anforderungen an die Konfliktprävention und die Konfliktbehandlung.

20   Einerseits ist zu beachten, dass die beim Bauen eingesetzten hohen Werte eine zügige Richtschnur für das weitere Vorgehen erforderlich machen. Der ineffiziente Einsatz von Arbeitskräften oder Arbeitsmitteln bis hin zum Stillstand vernichtet Werte, die das Streitvolumen zwischen den Parteien erhöhen.[18]

21   Andererseits ist es den Baubeteiligten wichtig, dass Lösungen die beschriebenen Besonderheiten berücksichtigen, indem sie einerseits die im Vertrag vereinbarten formalen Anforderungen respektieren und andererseits das im Rahmen der Projektorganisation Umsetzbare beachten. Dabei kollidiert der Wunsch nach zügiger Klarheit oftmals mit den **komplexen Klärungsbedürfnissen** bei gleichzeitig unklarer Datenlage.

22   Schließlich macht es die **Dauer des Zusammenwirkens** während der Realisierung eines Bauvertrages erforderlich, den Parteien eine Zusammenarbeit zu ermöglichen, die nicht durch die Sorge geprägt ist, dass die eine Seite die andere Partei entweder ausnutzen kann oder rechtliche Möglichkeiten instrumentalisiert, um ganz andere Ziele zu erreichen.[19]

III. Das Angebot der Mediation

23   Die Streitentscheidung durch die staatliche Gerichtsbarkeit ist essenzielles Gebot des Rechtsstaates und wird für die deutlich überwiegende Anzahl von Baustreitigkeiten auch genutzt.[20] Dennoch ist sie gerade in komplexen Verfahren nicht immer mit zufriedenstellenden Ergebnissen verbunden.[21] Insbesondere werden die **staatlichen Gerichte** für die Abwicklung umfangreicher Vorhaben aus dem **Anlagenbau**, der Bearbeitung von **Claim-Gebirgen** oder die Würdigung **gestörter Bauabläufe** vielfach als zumindest **kapazitativ überfordert** angesehen.[22]

24   Umgekehrt werden von fast 65.000 Bau- und Architektenstreitigkeiten im Jahre 2014 ca. **30.000 Streitigkeiten als geeignet für die außergerichtliche Konfliktbeilegung** und hiervon wieder ca. 10.000 als geeignet für konsen-

---

18 *Wagner* in: Haft/v. Schlieffen, § 34 Rn. 4.
19 Diesem Ziel hat sich der Verein zur Zertifizierung partnerschaftlichen Verhaltens am Bau verschrieben, abrufbar unter www.zertifizierter-baupartner.de (zuletzt abgerufen am 1.3.2017).
20 *Schröder* NZBau 2008, 1.
21 *Gralla/Sundermeier* BauR 2007, 1961.
22 *Hertel* in: *Flucher/Kochendörfer ua*, S. 167; *Oelsner*, Rn. 22 ff., *Schröder/Gerdes/Teubner Oberheim* in: Kapellmann/Vygen (Hrsg.), Jahrbuch Baurecht 2009, S. 81 (84); *Lembcke* ZRP 2010, 260; *Keders/Walter* NJW 2013, 1697; *Diederichs* NZBau 2014, 393/394; *Kapellmann* NZBau 2016, 67 (68).

suale Lösungen eingeschätzt.[23] Die Angebote außergerichtlicher Konfliktlösungsmöglichkeiten für die Bau- und Immobilienwirtschaft sind entsprechend vielfältig. Manche Verfahren sind sogar explizit für Streitigkeiten um den Bau und um die Immobilie entwickelt.

1. Das Lösungsangebot der Alternativen zur Mediation. Klassisches Instrument der Konfliktbearbeitung außerhalb der staatlichen Gerichte sind zunächst die im Bau- und Immobilienbereich seit langem bekannten „Schiedsgerichte". Ebenso wie die staatlichen Gerichte findet dort die Konfliktbearbeitung nach klaren prozessualen Vorgaben statt. Entscheidungsmaßstab ist das Recht, wenn es dem Schiedsgericht nicht gelingt, die Parteien zu einer einvernehmlichen Lösung zu führen.[24]   **25**

Die Vorzüge der Schiedsgerichte gegenüber den staatlichen Gerichten sind die durch die bewusste Auswahl der Schiedsrichter mögliche, konfliktspezifische Kompetenz der eingesetzten Schiedsrichter und die Chance auf eine zügige Behandlung des Streites durch das Schiedsgericht, da sich dieses konkret für den spezifischen Fall konstituiert.[25] Als Nachteil der Schiedsgerichte werden umgekehrt die oftmals hohen Kosten, die festzustellenden Zeitverluste durch die Auswahl des Schiedsrichtergremiums[26] und die erhebliche Zeit beanspruchende justizförmige Beweiserhebung angesehen.   **26**

Neben den Schiedsgerichten ist im Bau- und Immobilienbereich die „Schlichtung" etabliert, die durch eine besondere Flexibilität gekennzeichnet ist.[27] Der aufgrund seiner Fachkompetenz von den Parteien ausgewählte Schlichter würdigt unter Verzicht auf das letzte, zivilprozessualen Grundsätzen entsprechende Hinterfragen und Klären streitiger Tatsachen den Vortrag der Parteien unter Plausibilitätsaspekten und trifft einen Schlichtungsspruch, der je nach der Vereinbarung der Parteien entweder Verbindlichkeit besitzt oder bloßen Empfehlungscharakter hat und dementsprechend auf seine immanente Überzeugungskraft angewiesen ist.   **27**

Vorteile der Schlichtung sind – wie beim Schiedsgericht – die durch die bewusste Auswahl des Schlichters mögliche besondere, konfliktspezifische Kompetenz und die Chance auf eine zügige Behandlung des Streites durch den Schlichter.[28] Als Nachteil der Schlichtung mit verbindlichem Schlichtungsspruch werden der bewusste Verzicht auf eine abschließende sachverhaltliche Aufklärung und die damit verbundene geringere Absicherung des Wahrheitsgehaltes angesehen. Deswegen vermeiden viele Parteien diese Schlichtungsform, so dass weitaus überwiegend Schlichtungen ohne verbindlichen Schlichterspruch stattfinden. Als Nachteil dieser Schlichtung oh-   **28**

---

23 *Sundermeier*, Baumediation aus ökonomischer Sicht, Vortrag auf der Herbsttagung des Verbandes der Bau- und Immobilienmediatoren e.V. 2016.
24 Für die überblicksartige Darstellung des Verfahrensspektrums der außergerichtlichen Streitbeilegungsmöglichkeiten vergleiche Einführung Rn. 28 ff. in der Vorauflage.
25 *Hertel* in: *Flucher/Kochendörfer ua*, S. 180.
26 *Oelsner*, Rn. 23; *Jansen*, in: Deutsches Anwaltsinstitut eV, Tagungsband 11. Jahresarbeitstagung Bau- und Architektenrecht, 2016, S. 183 (199).
27 *Hertel* in: *Flucher/Kochendörfer ua*, S. 186; *Grieger* in: Englert/Franke/Grieger, Streitlösung ohne Gericht, 4. Kapitel Rn. 124 ff.
28 *Hertel* in: *Flucher/Kochendörfer ua*, S. 186.

ne verbindlichen Schlichtungsspruch wird umgekehrt angeführt,[29] dass der Spruch für die unterliegende Partei häufig genug keine Überzeugungskraft besitzt, so dass eine Einigung auf den Schlichtungsspruch nicht gelingt und beide Seiten viel Zeit und viel Geld verloren haben.

29   Neben diese klassischen Instrumente der außergerichtlichen Konfliktbehandlung tritt die „**Adjudikation**". Ähnlich einer unverbindlichen Schlichtung führt diese zu dem Vorschlag des Adjudikators, der nur Verbindlichkeit erlangt, wenn er von den Streitparteien nicht binnen einer bestimmten Frist angegriffen wird. Im Unterschied zur Schlichtung stellt ein rigides Zeitregime, das die Entscheidung des Adjudikators binnen eines Zeitraums von 6 bis 8 Wochen vorsieht, sicher, dass der Verlust an Zeit – und finanziellen Mitteln – gegenüber einem gewöhnlichen Schlichtungsverfahren reduziert bleibt.[30] Ferner ist der Adjudikator berechtigt, eigenständige Ermittlungen durchzuführen.

30   Die Adjudikation ergänzt die Vorzüge der Schlichtung durch ein zeitlich straffes Procedere sowie eine zügige Klärung, ob und in welcher Form das Ergebnis der Adjudikation als verbindlich anzusehen ist. Als Nachteil der Adjudikation wird kritisiert, dass die straffen Fristvorgaben[31] dazu führen, dass dem Verteidiger deutlich weniger Zeit zur Aufbereitung seiner Position zur Verfügung steht als dem Angreifer. Festlegungen fehlen, welchem Entscheidungsmaßstab der Adjudikator verpflichtet ist und wie formale Vorgaben für die Begründung eines Anspruchs, wie die Prüfbarkeit der Rechnung oder der Nachtragsbegründung, vom Adjudikator zu berücksichtigen sind: Sollen anfänglich nicht prüfbare oder auch während der Adjudikation unprüfbar gebliebene Nachträge oder Bauzeitforderungen gleichwohl zugunsten des Auftragnehmers berücksichtigt werden können? Ungeklärt sind schließlich bestimmte Rechtsfolgen getroffener Entscheidungen wie zB, welche Konsequenzen gelten sollen, wenn der Adjudikationsspruch von staatlichen Gerichten nachträglich aufgehoben wird und bis dahin bei der Partei, gegen die sich der ursprüngliche Spruch richtete, finanzielle Schäden eingetreten sind.

31   Bei allen Unterschiedlichkeiten der dargestellten Konfliktbehandlungsmethoden zeichnen sich diese durch zwei Gemeinsamkeiten aus: Sie stellen darauf ab, dass der **unabhängige Dritte** als Richter, Schlichter oder Adjudikator für die Parteien ihren Konflikt **entscheidet**. Die **Konfliktbearbeitung** erfolgt demnach **heteronom**, durch einen externen Dritten. Zudem werden alle diese alternativen Konfliktbearbeitungsformen von den Parteien der Bauwirtschaft nur selten genutzt.[32]

32   Immerhin ist der der Schlichtung und der Adjudikation innewohnende Beschleunigungsaspekt der Konfliktbearbeitung für die Akteure in der Bau- und Immobilienwirtschaft so attraktiv, dass Elemente hieraus in **hybride Verfahren** einer Kombination aus Mediationsmethoden und evaluativer

---

29 *Grieger* in: Kuffer/Wirth, Bau- und Architektenrecht, S. 1015 (1016).
30 *Schröder/Gerdes/Teubner Oberheim* in: Kapellmann/Vygen, Jahrbuch Baurecht 2009, S. 81 (93); *Boldt*, S. 115 (173 ff.); *Teubner Oberheim* ZKM 2012, 176.
31 *Boldt*, S. 115 (153); *Teubner Oberheim* ZKM 2012, 176 (178).
32 *Schröder*, Festschrift Kirchner, S. 277.

Maßnahmen einfließen (→ Einl. Rn. 42 f., → MediationsG § 1 Rn. 11, → MediationsG § 2 Rn. 53, → B Rn. 32 ff.).

2. Das Lösungsangebot der Mediation. Von den Konfliktbearbeitungsmethoden der Schiedsgerichtsbarkeit, Schlichtung und Adjudikation unterscheidet sich **Mediation** in einem ganz maßgeblichen Kriterium, nämlich der **„Autonomie" der Entscheidungsfindung** durch die Parteien – und genau diese Autonomie ist es, die Mediation zu einem für die Bau- und Immobilienwirtschaft besonders geeigneten Konfliktbehandlungsinstrument macht. **33**

Zwar kann die Charakterisierung und Beschreibung der Mediation im Rahmen dieses Kommentars zum Mediationsgesetz sehr knapp gefasst bleiben. Bezogen auf die Bau- und Immobilienwirtschaft sind jedoch bestimmte Aspekte der Mediation herauszustellen, aufgrund derer die Mediation in diesem Wirtschaftsbereich von besonderem Interesse ist. **34**

Der Mediator unterstützt die Parteien auf deren Weg zu einer Einigung. Die Mediation als Konfliktbearbeitungswerkzeug ist darauf gerichtet, den Parteien eine autonome Entscheidung Ihres Konfliktes unter Berücksichtigung der gemeinsam erarbeiteten Lösungsmöglichkeiten zu eröffnen.[33] Dabei ist die Mediation durch die Maxime gekennzeichnet, dass alles, was die Parteien als wesentlich für ihre Verhandlung empfinden, thematisiert werden kann und in die Lösungsfindung einfließen kann. Dies können, wie in vielen anderen Wirtschaftskonflikten, rechtlich relevante Aspekte sein. Es können jedoch auch über die rechtlichen Aspekte hinaus zusätzliche Themen einfließen, die entweder nicht oder nicht auf den ersten Blick rechtlich geprägt sind und nicht durch einen Richterspruch gelöst werden können. **35**

Die Mediation ist ferner darauf gerichtet, die Hintergründe eines Streites darauf zu überprüfen, inwieweit die zunächst angesprochenen Forderungen und Erwartungen die maßgeblichen Gründe für den Konflikt sind oder inwieweit sie nur Phänomene tiefer gründender Ursachen sind, denen im Rahmen der Mediation nachgegangen werden kann. **36**

Mit dieser **Bearbeitung der Ursachen und Hintergründe** will die **Mediation** sicherstellen, dass der von anderen Konfliktbearbeitungsmethoden nur oberflächlich bearbeitete Konflikt in einem anderen Kontext wieder aufbricht. Dies ist gerade für die oftmals auf eine langjährige Dauer angelegten Geschäftsbeziehungen im Bau- und Immobilienbereich – ob nun in der Realisierungsphase oder auch in der späteren Nutzungsphase – relevant. **37**

Die Auseinandersetzung mit den Ursachen des Konfliktes ist darüber hinaus angesichts der Vielzahl von Beteiligten im Rahmen der Projektrealisierung und der Absicherung ihres Zusammenwirkens möglich und erforderlich. Unabhängig davon, ob bipolare Verträge mit einem werkvertraglichen Charakter geeignet sind, den Projekterfolg zu sichern, zu dem eine oftmals zweistellige Anzahl von Vertragsparteien beizutragen haben, kann die **Mediation** erreichen, eine **Identifikation oder Re-Identifikation der Beteiligten** mit ihrem Projekt zu ermöglichen. Sie kann ferner dazu beitragen, einen **Team-Charakter** in das Projekt zu implementieren oder zumindest ein besseres Zusammenwirken der Parteien zu ermöglichen. **38**

---

33 *Eidenmüller/Prause* NJW 2008, 2737; *Huhn*, S. 1648.

Hagel stellt in seinem Beitrag zu „Mediationen zwischen Unternehmen" heraus, dass Mediation Unternehmen die Chancen bietet,

- Konflikte zu vermeiden, wo möglich,
- Konflikte, die das Unternehmen weiterentwickeln, bewusst auszutragen, und
- Konflikte, die unvermeidlich sind, möglichst effizient beizulegen (→ B Rn. 2 ff.).

Diese auch für die Bau- und Immobilienwirtschaft richtigen Ausführungen lassen sich für die Konfliktprävention und die Konfliktbearbeitung in diesem Wirtschaftsbereich weiter ausdifferenzieren.

39   **3. Autonome Gestaltung versus Fremdbestimmtheit – die Wiederherstellung der Entscheidungsfähigkeit der Parteien.** Das Wesensmerkmal der autonomen Verständigung der Parteien in der Mediation verdeutlicht, dass Mediation im Unterschied zu anderen Konfliktbehandlungsinstrumenten darauf angewiesen ist, dass die Parteien sich am Ende des Prozesses vereinbaren wollen, obgleich sie sich zu Beginn ihres Dialoges oder ihrer Auseinandersetzung hierzu nicht in der Lage sehen. Möglicherweise sehen sie anfangs keine Lösungsoptionen. Möglicherweise sehen Sie zwar bestimmte Lösungsoptionen – und können sich dennoch nicht verständigen. Jedenfalls finden sie keinen Weg, ohne Beteiligung eines Dritten ihren Konflikt zu beenden.

40   Hier bietet Mediation ein Verfahren, das die Parteien aus einem Stadium fehlender Einigungsbereitschaft zu einer **Einigungsbereitschaft** führt und mithilfe der Stärkung der Autonomie die Chance bietet, dass die Parteien ihre eigenständige **Entscheidungsfähigkeit** bezogen auf die konkrete Situation entweder erstmalig oder erneut gewinnen.

41   Mediation ist demnach das Verfahren zur **Wiederherstellung der Entscheidungsfähigkeit der Parteien.** Über die Identifikation der Interessen und die Überwindung von Einigungshindernissen führt sie zur Herausarbeitung alternativer Einigungsoptionen und ermöglicht die Einigung.

42   **a) Die Identifikation der Interessen.** Alles Tun von Menschen und Organisationen dient der **Bedürfnisbefriedigung.**[34] Dazu werden Strategien eingesetzt, die sich in der Vergangenheit als erfolgreich erwiesen haben – und die erneute Positionierung mithilfe einmal erfolgreicher Strategien ist naheliegend, wenn es zu vergleichbaren Situationen kommt. In diesem Sinne sind **Positionen** erstarrte **Strategien zur Befriedigung der Interessen in Form situationsspezifisch konkretisierter Bedürfnisse.**[35]

43   Das Denken in Positionen lässt allerdings unberücksichtigt, dass die Befriedigung der Interessen auch auf einem anderen Wege gelingen kann und dass die Identifizierung der Interessen dazu beitragen kann, die Bedürfnisse auf einem anderen Wege als dem zunächst angedachten zu befriedigen. So führt die in der Mediation erfolgende Auseinandersetzung mit den Interessen anstelle der Positionen über bisherige Strategien der Bedürfnisbefriedigung hinaus und weitet den Blick auf mögliche andere Strategien, die zunächst nicht als naheliegend gesehen worden sind.

---

34 *Vaas,* S. 92; Grieger in: Kuffer/Wirth, Bau- und Architektenrecht, S. 994.
35 *Patera & Gamm Konfliktkultur,* S. 45.

b) Die Herausarbeitung der bestehenden Einigungsoptionen. Ein Konflikt   44
mag den Beteiligten nicht lösbar erscheinen, weil die von beiden Seiten formulierten Lösungsoptionen der jeweils anderen Seite nicht attraktiv erscheinen. Dabei sind sowohl die von den Parteien vertretenen Positionen
wie auch die von ihnen aufgezeigten Lösungsoptionen Ausformungen und
Ergebnisse des Bildes, das die jeweilige Partei sich von der Realität konstruiert hat. Positionen und Lösungsoptionen sind subjektiv eingefärbt.[36]

Mediation kann diese **subjektive Betrachtung eines Konfliktes** hinterfragen   45
und auflösen. Sie kann einerseits dafür sorgen, dass die subjektive Sichtweise einer Partei der subjektiven Sichtweise der anderen Partei gegenübergestellt wird und bei dieser Gelegenheit auf ihren Realitätsgehalt überprüft
wird. Sie kann andererseits über das Bejahen oder Verneinen einer Position
hinaus die Gründe, Motive und im weiteren Verlauf sogar Interessen beleuchten, die dazu geführt haben, dass die Parteien ihre ursprüngliche Position eingenommen haben.

Mediation wird diese **Interessenklärung** nutzen, um mit den Parteien ge-   46
meinsam zu hinterfragen, was die Parteien mit den zunächst von Ihnen
präferierten Lösungen erreichen können, wie realistisch dies ist und ob das
jeweils Erreichbare tatsächlich zur Befriedigung der Bedürfnisse der Beteiligten führen kann. Diese „**best alternative to a negotiated agreement**"
(BATNA)[37] wird zum Maßstab für die Bewertung der bestehenden Ver-
handlungsoptionen und für die Suche nach weiteren Einigungsoptionen,
die dann nicht mehr an den subjektiven Vorstellungen beider Seiten gemessen werden müssen, sondern an dem, was außerhalb einer Verständigung
erreichbar wäre. So kann der Austausch über das ohne Verständigung Erreichbare dazu führen, dass die von beiden Seiten gemeinsam geschaffenen
Einigungsoptionen eine neue Attraktivität gewinnen.

c) Die Überwindung von den Parteien möglicherweise nicht bewussten Ei-   47
nigungshindernissen. Konflikte im Bau- und Immobilienbereich finden typischerweise innerhalb vertraglicher Beziehungen statt. Am Beginn der jeweiligen Arbeitsbeziehung steht ein Vertrag als Ausdruck der Fähigkeit
und Bereitschaft der Parteien, miteinander eine Vereinbarung zu treffen.
Die auf beiden Seiten Beteiligten schätzen jeweils für sich die durch den
Vertragsschluss mögliche Zusammenarbeit als vorzugswürdig gegenüber
dem Verzicht auf eine Einigung ein.

Dabei sehen sich beide Seiten bei der Verhandlung des Vertrages bis zu sei-   48
nem Abschluss dazu in der Lage, das Ihnen vorliegende Datenmaterial in
einer Form auszuwerten, wonach Ihnen die Unwägbarkeiten und Risiken
der künftigen Entwicklung bewältigbar erscheinen.

Nach Vertragsabschluss werden diese **Unwägbarkeiten** und **Risiken** durch   49
die konkreten Ereignisse im Projekt nur in dem Umfang Realität, wie sie
tatsächlich eintreten. Jede Entscheidung und jede Entwicklung innerhalb
des Projektverlaufs reduziert Unsicherheiten. Was entschieden oder geschehen ist, ist nicht mehr ungewiss. Ausgehend von diesem Grundverständnis

---

36 *Grieger* in: Kuffer/Wirth, Bau- und Architektenrecht, S. 993.
37 *Grieger* in: Kuffer/Wirth, Bau- und Architektenrecht, S. 999, unter Verweis auf das
   Harvard-Konzept nach Fisher/Ury/Patton.

ist es bemerkenswert, dass sich Parteien im weiteren Projektverlauf nicht mehr in der Lage sehen, bei weniger Unbekannten als zu Projektbeginn das Ihnen vorliegende Datenmaterial so auszuwerten, dass sie gestützt darauf zu rationalen Entscheidungen und Einigungen gelangen.

50   Die fehlende Einigungsfähigkeit kann zum einen daraus resultieren, dass auf mindestens einer Seite unzutreffende Vorstellungen über die Chancen und Risiken der eigenen Situation bestehen. Einerseits mögen relevante Informationen fehlen oder deren Fehlen nicht gesehen werden. Andererseits mögen aus den vorliegenden Informationen unzutreffende Prognosen (und) Einschätzungen abgeleitet werden. Um in derartigen Situationen eine Entscheidungsfindung und Einigung zu ermöglichen, wird es also darum gehen, eine sachverhaltliche Bearbeitung vorzunehmen, warum und auf Grundlage welches Datenmaterials die Parteien zu einer unterschiedlichen Bewertung ihrer Situation und des aus der Situation heraus künftig Erreichbaren gelangen.

51   Die fehlende Einigungsfähigkeit kann zum anderen jedoch auch daraus resultieren, dass mindestens eine Seite nicht sieht, wie ihre Fähigkeit zu rationalem Verhalten durch Aspekte überlagert wird, die im Irrationalen liegen. Appelle an die Vernunft und rationales Verhalten mögen in Verhandlungssituationen und bei der Suche nach Lösungen immer wieder naheliegen und von einer Seite an die andere Seite adressiert werden (→ B Rn. 4). Berücksichtigt man jedoch die **Erkenntnisse der Hirnforschung**, sind es gerade die Appelle an die Vernunft, die vernünftiges Vorgehen oftmals erschweren. Emotionen wie verschiedentlich sogar primäre Instinkte sind geeignet, die Fähigkeit zu rationalem Verhalten zu überlagern.[38]

52   Dies gilt insbesondere in Situationen, in denen die beteiligten Akteure aus dem Projektverlauf oder ihrer bisherigen Herangehensweise an vergleichbare Situationen Erfahrungen gesammelt haben, die eben nicht nur rational sind. Handlungen, die als Vertrauensbruch, undankbar, verletzend oder unkooperativ empfunden worden sind, können dazu führen, dass rein rationale Einigungsgespräche nicht möglich sind, weil erst die **Auseinandersetzung mit den irrationalen Aspekten des Konfliktes** die Bereitschaft erzeugen mag, den entscheidenden Schritt aufeinander zu zugehen.[39]

53   Die Methode der Mediation eignet sich für sowohl die Identifikation der rationalen als auch für die Identifikation der irrationalen Einigungshindernisse. Darüber hinaus hält sie Werkzeuge bereit, um gemeinsam mit den Parteien situationsbezogen zu klären, welche Maßnahmen und Mittel erforderlich sind, um Einigungshindernisse auszuräumen.

54   Hierzu zählt etwa, die Bereitschaft zum Ausräumen der Einigungshindernisse selbst zu thematisieren und zu hinterfragen, um in diesem Kontext bestehende Klärungsbedürfnisse zu identifizieren.

IV. Der Einsatz von Mediation bei der Vertragsgestaltung

55   Bei der Vertragsgestaltung nutzen die Beteiligten ihre Erfahrungen, welche Regelungen und Strategien sie in der Vergangenheit eingesetzt haben. Stan-

---

38 *Patera & Gamm Konfliktkultur*, S. 25.
39 *Grieger* in: Kuffer/Wirth, Bau- und Architektenrecht, S. 992.

dardisierte Klauseln oder individuelle Vorgaben für die Interaktion der Parteien während der Realisierung des Projektes dienen den Beteiligten als Maßstab für die konkrete Situation und Ausgestaltung des Vertrages. Der **Erfahrungsschatz der Parteien** mit bisherigen Verträgen, den damit realisierten Chancen und Problemen und der Funktionsfähigkeit der angedachten Klauseln haben Einfluss darauf, wie die Parteien sich der Herausforderung einer neuen Vertragsgestaltung stellen, um im Rahmen der Vertragsgestaltung eine für sie attraktive Regelung zu erreichen.[40]

Im Rahmen der Vertragsgestaltung eignet sich die Mediation in besonderem Maße, um spätere Störgefühle der vertraglichen Realisierung zu antizipieren und zu vermeiden.[41]   **56**

1. Anforderungen an die Vertragsgestaltung. a) Die Organisation einer   **57**
Vielzahl von Beteiligten. Bei der Realisierung erfolgreicher Projekte in der Bau- und Immobilienwirtschaft wirkt eine Vielzahl von Beteiligten zusammen. Dies allein ist noch keine Besonderheit dieser Branche. Auch andere Bereiche des Wirtschaftslebens sind auf eine Verzahnung unterschiedlicher Mitwirkungsprozesse angewiesen. Der Vergleich der **Lösungsangebote in der Bau- und Immobilienwirtschaft** mit anderen Branchen zeigt jedoch signifikante Unterschiede:

Die Fertigungsprozesse in der Industrie, die sich anders als das Bauen nicht   **58**
auf die Herstellung eines Einzelstückes richten, kennzeichnen standardisierte Abläufe für eine Massenproduktion. Der Einfluss externer Ereignisse wird im Rahmen der Standardisierung aufgefangen und durch Ersatzkräfte abgefedert. Dies ist angesichts der großen **Individualität des Bauens** im Immobilienbereich nicht in vergleichbarem Maße möglich.

Im **Anlagenbau,** der hinsichtlich seiner Individualität den Bau- und Immo-   **59**
bilienprozessen durchaus vergleichbar ist, ist den Beteiligten die Erforderlichkeit eines länger andauernden, sorgfältigen Planungsprozesses bewusst. Die Differenziertheit der planerischen und logistischen Anforderungen führt zu differenzierten Regelungen eines Änderungsmanagements. Darüber hinaus bestehen konkretisierte **Regelungen des Risikomanagements,** die in einer Vielzahl von Konstellationen davon absehen, einer von beiden Seiten das vollumfängliche Risiko zu übertragen.

Auch die **Entwicklung von Softwareprogrammen und IT-Lösungen** ist   **60**
grundsätzlich werkvertraglich organisiert. Dennoch ist allen Beteiligten im Rahmen dieser Prozesse bewusst, dass ausreichende Entwicklungszeiten zur Verfügung stehen müssen und dass innerhalb der komplexen IT-Anforderungen **Fehler unvermeidbar sind, die Updates erfordern.**

In **Teams** wie Sportmannschaften, Orchestern oder Tanzkompanien stre-   **61**
ben die Beteiligten **gemeinsame Höchstleistungen** an. Wesentliches Element des Trainierens und Probens ist dabei nicht nur die Perfektion des jeweiligen Könnens. Ebenso wichtig sind der Umgang mit Fehlern und die Möglichkeit der Beteiligten, diese aufzufangen und den gemeinsamen Erfolg abzusichern.

---

40 *Minckwitz* in: *Flucher/Kochendörfer ua*, S. 131; *Sundermeier/Schlenke* in: Kapellmann/Vygen, Jahrbuch Baurecht 2012, S. 167 (187).
41 *Jung/Steding* BB 2001 Beil. 2, 9 (10); *Zerhusen*, Rn. 25 ff; → B Rn. 3.

62   Erfolgreiche Teams kennen eine **Fehlerkultur**, die der bisherigen Fehlerbe-
      handlung in der Bau- und Immobilienwirtschaft unvergleichbar ist.[42] Sank-
      tionssysteme stehen nicht im Vordergrund. Ballverluste, falsch angespielte
      Töne oder fehlerhafte Schrittabfolgen führen nicht dazu, dass sich alle Be-
      teiligten auf die Sanktionierung der Person konzentrieren, die einen Fehler
      gemacht hat. Nicht die Detailtiefe eines Vertrages, sondern erst die Moti-
      vation der Beteiligten erzeugt die Bereitschaft zu Höchstleistungen. Aufga-
      be des Trainers, des Dirigenten oder des Choreographen ist es deswegen,
      die verschiedenen Akteure zu einer Gemeinschaft zu verbinden, die das ge-
      steckte Ziel aus eigenem Antrieb verfolgt.

63   **b) Der kooperative Bauvertrag.** Die Charakteristika von Bau- und Immo-
      bilienprojekten, wie die Vielzahl von Beteiligten, die Anfertigung eines Ein-
      zelstückes, die Interaktion der Akteure außerhalb der Vertragsbeziehungen
      sowie die Ansprüche an Qualität, Zeit und Finanzen werfen die Frage auf,
      ob die bislang gebräuchlichen Vertragswerke überhaupt in der Lage sind,
      die Beziehungen der Parteien konfliktvermeidend zu organisieren.[43]

64   Möglicherweise ist gerade die fehlende Adäquanz der gebräuchlichen Ver-
      tragswerke in der Immobilienwirtschaft Grund dafür, dass Konflikte nur
      deswegen entstehen, weil die Parteien versuchen, die für das Projekt unpas-
      senden Vorgaben in situationsgerechte Lösungen zu überführen.

65   Dies erklärt, warum der **Bauvertrag nicht mehr** als **neoklassisches Vertrags-
      modell** mit einer synallagmatischen Verknüpfung der gegenseitigen Leis-
      tungspflichten angesehen wird, sondern als „**relationaler**" Vertrag, der bei
      den immer bestehenden Fortschreibungserfordernissen des Vertrages auf
      die Kooperation der Beteiligten setzt.[44]

66   Ein Lösungsansatz mag sein, die Arbeitsbeziehung der Parteien partner-
      schaftlich zu organisieren, alle Beteiligten zu einem kooperativen Umgang
      mit Fehlern zu verpflichten und die Interessen der Beteiligten an einem ge-
      meinsamen Projekterfolg bis zum Projektende so parallel zu gestalten wie
      möglich. Hierbei können einseitige Haftungsüberwälzungen darauf zu
      überprüfen sein, ob eine quotal geregelte, gemeinsame Haftung für das Zu-
      sammenwirken der Parteien und eine gemeinsame Lösungssuche nicht för-
      derlicher ist als die Alleinzuständigkeit einer Seite.

67   Deswegen werden **Partnering-Ansätze** und die **Möglichkeiten der vertragli-
      chen Gestaltung** umfassend diskutiert.[45] Hierzu besteht umso mehr Anlass,
      weil Arbeitsprozesse gerade mit Blick auf die Entwicklung von BIM insge-
      samt neu gedacht werden müssen.

68   Wesentliche Grundgedanken der Partnering-Überlegungen sind im Modell
      des australischen **Alliance-Contracts** bereits umgesetzt und insbesondere in
      der Praxis des Infrastrukturbaus bewährt.[46] Die Grundzüge dieses Ver-

---

42 *Oelsner*, Rn. 12 ff.
43 *Sundermeier/Schlenke* in: Kapellmann/Vygen, Jahrbuch Baurecht 2012, S. 167
    (182 ff.); *Wagner* in: Haft/v. Schlieffen, § 34 Rn. 8.
44 *Sundermeier/Schlenke* in: Kapellmann/Vygen, Jahrbuch Baurecht 2012, S. 167
    (188).
45 *Leicht* in: Eschenbruch/Racky, Rn. 844 ff.
46 *Sundermeier/Schlenke* in: Kapellmann/Vygen, Jahrbuch Baurecht 2012, S. 167
    (215).

tragswerkes werden in den letzten Jahren zunehmend eingesetzt und haben regelmäßig dazu geführt, dass die ursprünglich prognostizierten Projektkosten maßgeblich unterschritten werden konnten. Auftraggeber, Planer und Generalübernehmer sind in diesem Vertragsmodell nicht mehr durch Werkverträge verbunden. Das vorrangige Gepräge dieses Vertragsmodells ist vielmehr durch einen **gesellschaftsrechtlichen Ansatz** geprägt, in dem Gewinne und Verluste auf der Ebene der Vertragsparteien geteilt werden und dem unter anderem folgende Prinzipien zu Grunde liegen:

- **Parallelität der wirtschaftlichen Interessen** durch Integration aller Projekt-Beteiligten;
- **integrative Zusammenarbeit des Objektes** und gemeinsame Entwicklung des Baus durch die Vertragsparteien;
- **gemeinsame Risikoverantwortung** der Allianz-Partner;
- **interne und zeitnahe Bewältigung** aller Probleme und Konflikte.[47]

Dabei sollen diese Ansätze nicht etwa eine Verteuerung des Bauens begründen. Die australischen Erfahrungen zeigen vielmehr, dass ein „**kooperativ**" erzielter **Vertragspreis** und die **Kosten der Kooperation** im Ergebnis zu einem geringeren Aufwand führen als die Summe aus einem „konventionellen" Vertragspreis, den Zusatzaufwendungen für ursprünglich nicht hinreichend berücksichtigte Leistungen und den Konfliktkosten des Streites darüber.   **69**

Grundlegender Gedanke des kooperativen Bauvertrages ist vielmehr, dass **Kosten, die im Projektverlauf „sowieso" entstehen** und in den klassischen Vertragsmodellen oftmals ausgeblendet werden, von den Parteien einer ausreichenden Klärung der damit verbundenen Risiken und wünschenswerter Weise einem **Budgetansatz** zugeführt werden. So werden Überraschungen und der Streit über die von beiden Seiten unberücksichtigten Aufwendungen vermieden.   **70**

2. Mediative Kompetenzen in der Vertragsverhandlung. Die vorstehend beschriebenen Anforderungen einer konfliktvermeidenden Vertragsgestaltung werden in den herkömmlichen Bauverträgen nicht hinreichend abgebildet.   **71**

Dabei ist es sowohl für an den bekannten bau- und immobilienrechtlichen Vergaben orientierte Verhandlungen als auch für ganz neue Lösungsansätze von Bedeutung, dass sich die potenziellen Vertragspartner mit der Frage auseinandersetzen, ob die in der Vergangenheit erlebten Konfliktsituationen nicht möglicherweise aus einer Vertragsgestaltung resultieren, die spätere Konflikte provoziert hat, weil die althergebrachten Regelungen der Realität von Bau- und Immobilienprojekten nicht angemessen sind.[48] **Konfliktprävention tritt in den Vordergrund** und wird in der Wirtschaft als zukunftsweisend angesehen.[49]   **72**

a) Die Verhandlung klassischer Bau- und Immobilienverträge. Vielfach werden selbst Vertragsverhandlungen positionsorientiert geführt. Der Auftraggeber sieht zur Absicherung seiner finanziellen und zeitlichen Planun-   **73**

---

47 *Sundermeier/Schlenke* in: Kapellmann/Vygen, Jahrbuch Baurecht 2012, S. 167 (193).
48 *Leicht* in: Eschenbruch/Racky, Rn. 805 ff.
49 *PwC/EUV*, S. 86.

gen ein sehr differenziertes Hinweissystem des Auftragnehmers vor, das dieser erfüllen muss, um seinerseits keinen Anspruchsverlust zu erleiden. Der Auftragnehmer wehrt sich gegen diesen Ansatz, selbst wenn er die Zielsetzung des Auftraggebers nachvollziehen kann, weil er sich nicht in der Lage sieht, dieses differenzierte Hinweissystem operativ auch umzusetzen.

74 In einer Situation, in der beide Seiten nur ihre Positionen austauschen, wird der Vertrag entweder an diesem Konflikt scheitern, oder beide Parteien arbeiten an einem Kompromiss zwischen ihren anfänglichen Ausgangspunkten.

75 Die Parteien können die **Vertragsverhandlungen** jedoch auch **interessenorientiert** führen, wenn sie dazu in der Lage sind. Ein Interesse des Auftragnehmers, der sich gegen das vom Auftraggeber geforderte differenzierte Hinweissystem wehrt, kann sein, dass er für dessen Umsetzung und Erfüllung auf seine Nachunternehmer angewiesen ist. Nur wenn diese ihm gegenüber rechtzeitig die erforderlichen Informationen benennen, kann auch er seinerseits den zu übernehmenden Pflichten gegenüber dem Auftraggeber nachkommen – und deswegen ist er darauf angewiesen, dass er nur Pflichten übernimmt, die er in Form von Allgemeinen Geschäftsbedingungen an seine Nachunternehmer weitergeben kann. Der Widerstand des Auftragnehmers entspringt seiner **Verantwortung für die Umsetzbarkeit der vertraglich übernommenen Pflichten**.

76 **Mediative Kompetenzen** tragen in vergleichbaren Fällen also dazu bei, die bekannten Lösungsstrategien der Vertragsverhandlungen auf die Interessen der Parteien zu fokussieren und zu überprüfen, inwieweit andere Optionen bestehen, die zur Befriedigung der Interessen beider Seiten vorzugswürdig sind.

77 **b) Die Entwicklung neuer Vertragswerke.** Der Einsatz mediativer Kompetenzen bietet sich gerade für die interessenorientierte Entwicklung eines Vertrages an, der die als konfliktfördernd erkannten Mechanismen der bisherigen Vertragswerke vermeidet und das Projekt in kooperativer Form ausgestaltet.

78 Dabei ist es denkbar, im Rahmen der Interessenklärung unterschiedliche Stadien der Verhandlung zu berücksichtigen. In der **ersten Phase** kann ein **Wettbewerb der Beteiligten** dazu führen, dass einerseits kein unauskömmlicher Preis zustande kommt und andererseits Effizienz und Wirtschaftlichkeit sichergestellt werden. In **späteren Phasen** soll die Behandlung von für das Projekt **vorhersehbaren Risiken** dazu führen, dass diese sowohl für die Vertragsanbahnung als auch für die Vertragsdurchführung minimiert werden können und in dem verbleibenden Umfang bewusst verteilt werden. So kann die Schaffung von **Budgets für Unwägbarkeiten und typische Risikolagen** dazu beitragen, dass **Sowiesokosten** von Anfang an Berücksichtigung finden und nicht im Nachhinein zu Konflikten führen. Schließlich ist eine **Parallelität der Interessen** auch während der Vertragsrealisierung abzusichern, indem Anreize für Wertschöpfung geschaffen werden, eine Risikopoolbildung betrieben wird und Prämien oder sonstige Anreize gesetzt werden.

Kann interessenorientiertes Verhandeln bereits bei der Gestaltung der her-   79
gebrachten Vertragsmodelle konfliktvermeidend wirken, ist es erst recht
von Bedeutung, wenn Regelungsansätze bereits geschlossener Verträge neu
zu denken sind.

V. Der Einsatz von Mediation bei der Projektbegleitung

Im Rahmen der Projektbegleitung eröffnen sich insbesondere zwei Anwen-   80
dungsbereiche für die Mediation: Einerseits können **mediative Kompeten-**
zen den Projektbeteiligten selbst zu einer **streitvermeidenden, teamorien-**
tierten Projektrealisierung verhelfen. Andererseits kann die Mediation auch
für eine **zukunftsgerichtete Fortentwicklung bestehender Projektstrukturen**
eingesetzt werden.

Bereits während der Projektdurchführung bieten Vertragsunklarheiten,   81
Nachträge, Terminänderungen und Qualitätsabweichungen Anlass für
Zielkonflikte oder Interessenwidersprüche.[50] Deswegen soll die projektbegleitende Konfliktklärung einerseits Eskalationen vermeiden und andererseits Streitigkeiten bereits bei ihrer Entstehung und Entwicklung gestalten.

Dies hat zum ersten den Vorteil, dass die beteiligten Personen auf eigene   82
Erkenntnisquellen zurückgreifen können und nicht auf eine Ex-Post-Be-
trachtung angewiesen sind.[51] Es bietet zum zweiten den Vorteil, dass im
Projektverlauf vieles, was den Konflikt verursacht, noch beeinflussbar ist
und demnach selbst vermeintlich harte Faktoren wie Recht, Kosten und
Qualität aktiv gestaltet werden können. Zum Dritten werden Know-how-
Verluste vermieden, solange die Wissensträger noch in das Projekt einge-
bunden sind.[52]

1. Die Bedeutung mediativer Kompetenzen für den Projekterfolg. Bau-   83
und Immobilienverträge sind **unvollständige Verträge,** die eine **unvollkom-**
mene Leistungsbeschreibung zur Grundlage haben und deshalb über den
Projektverlauf wiederholt an veränderliche Projektgegebenheiten angepasst
bzw. konkretisiert werden müssen.[53] Neue, im Rahmen der Vertragsgestaltung nicht vorhergesehene Situationen werden von den getroffenen Regelungen möglicherweise nicht adäquat erfasst.

Deswegen finden sich in einer Vielzahl von Vertragswerken für Bau- und   84
Immobilienprojekte zwischenzeitlich Regelungsvorschläge dafür, wie Konflikte im Verlauf des Projektes vermieden oder in einer Form gestaltet werden können, dass Eskalationen nach Möglichkeit nicht stattfinden. Vorgeschlagen werden regelmäßige Sitzungen der unmittelbar Projektbeteiligten,
die frühzeitige Einbindung von Vorgesetzten, um drohende Konflikte zu erkennen und auszuräumen, die Einrichtung interner Gremien, die für die
Bearbeitung von Konflikten zuständig sind, oder aber die projektbegleitende Einbeziehung externer Dritter.[54] Einerseits wird dabei der Fokus auf die
Zügigkeit einer Entscheidung gerichtet und deswegen die Adjudikation fa-

---

50 *Minckwitz* in: *Flucher/Kochendörfer ua*, S. 122.
51 *Oelsner*, Rn. 32, 34 ff.
52 *Jung/Steding* BB 2001 Beil. 2, 9 (11).
53 *Sundermeier/Schlenke* in: Kapellmann/Vygen, Jahrbuch Baurecht 2012, S. 167
    (173).
54 *Oelsner*, Rn. 79 ff.

vorisiert. Andererseits wird ein **gestuftes Konfliktmanagementsystem der Deeskalation und partnerschaftlichen Zusammenarbeit** vorgesehen.

85   Dennoch wird auch unter der Ägide solcher Regelungen betont, dass die **Adäquanz und Akzeptanz der für die konkrete Situation gefundenen Lösung** entscheidend ist, um das reibungslose Zusammenwirken der Parteien und den weiteren Projekterfolg zu sichern. Erneut bieten sich hierfür **mediative Kompetenzen und Mediation** als Mittel erster Wahl.

86   **a) Mediative Kompetenzen der Projektbeteiligten.** Die in der Mediation eingesetzten Methoden und Werkzeuge ermöglichen es, die von den Beteiligten in einer bestimmten Situation eingenommenen Positionen als aus der Vergangenheit verhärtete Lösungsstrategien darauf zu hinterfragen, welche Interessen als situationsspezifisch konkretisierte Bedürfnisse mit der jeweiligen Forderung überhaupt verbunden sind.

87   Diese Überlegungen können genutzt werden, wenn die Parteien bereits ihre Positionen eingenommen und gegeneinander gerichtet haben. Sie können ebenso jedoch auch präventiv eingesetzt werden, bevor der Konflikt überhaupt greifbar erscheint oder sich eine Eskalation abzeichnet. Dabei ist der Einsatz mediativer Kompetenzen nicht notwendig auf die Beteiligung externer Dritter beschränkt. Hilfreich ist es vielmehr, wenn die Akteure innerhalb des jeweiligen Projektes eigenständig in der Lage sind, **mediative Methoden** einzusetzen. Die Überlegung, ob und welche **Einigungshindernisse** bestehen und wie diese Einigungshindernisse auszuräumen sind, können von den unmittelbar Projekbeteiligten in besonderem Maße präventiv eingesetzt werden. Gleiches gilt für die Bereitschaft, im Zusammenwirken mit der anderen Seite nach für beide Seiten adäquaten Lösungen zu suchen. Sensibilität für sich abzeichnende Risiken für den Projekterfolg wie für die Erfordernisse des Projektes kann dazu führen, dass zu einem frühen Zeitpunkt gemeinsame Lösungen erarbeitet werden können. **Kompetenz und Vertrauen statt Haftung, Teamarbeit statt Lagerdenken** und **Projekterfolg statt Einzelerfolg** müssen und können in den Vordergrund treten.[55]

88   Ein solch wünschenswerter, effizienter und präventiver Einsatz von Ressourcen erfordert zum ersten das Wissen um mediative Kompetenzen – und zum zweiten die Bereitschaft zu deren Einsatz. Hieraus folgt die Erforderlichkeit von **Schulungs- und Personalentwicklungsmaßnahmen** zu mediativen Kompetenzen. So lernen die Beteiligten, Mechanismen der Konfliktentstehung zu erkennen, ihren eigenständigen Beitrag zum Projekterfolg zu leisten und mögliche Angebote der anderen Seite zu erkennen, die Auseinandersetzung nicht positionsbezogen, sondern interessengeleitet zu führen. Die **Kommunikations- und Konfliktkompetenzen von Führungskräften** gelten als entscheidend für die Produktivität und die Organisationskultur von Unternehmen wie Projekten.[56]

89   Die Bereitschaft zur eigenständigen Gestaltung von Konflikten und zur Lösungsfindung wird durch die Auseinandersetzung mit den sonst bestehenden Optionen der Konfliktbearbeitung gefördert.

---

55 *Leicht* in: Eschenbruch/Racky, Rn. 848.
56 *PwC/EUV*, S. 87.

Die rechtlichen Maßstäben verpflichtete Entscheidung ist insbesondere für   90
die abschließende Regelung eines Klärungsbedürfnisses geeignet. Sie zielt
nicht auf die Kreation neuer Lösungsansätze, auf die Gestaltung künftiger
Beziehungen oder auf die Entwicklung neuer Handlungsoptionen innerhalb einer Vertragsbeziehung.

Demgegenüber enthalten Konflikte im Bau- und Immobilienbereich eine   91
Gestaltungsaufgabe für die Beteiligten. Ähnlich anderen Bereichen des
Wirtschaftslebens, wie beim Zusammenwirken unterschiedlicher Beteiligter
in Dienst- und Arbeitsverträgen, im Gesellschafterkreis sowie in Projekt-
teams, sind Konflikte nicht zuerst und ausschließlich unter rechtlichen
Maßstäben wahrzunehmen und zu behandeln.[57] Für die künftige Zusammenarbeit wird regelmäßig eine an den Interessen orientierte Konfliktbehandlung zielführender sein. Es stellt einen **Paradigmenwechsel** dar, die
Projekttätigkeit vor allem als einen **Entwicklungsprozess** (→ B Rn. 4.) anzusehen, in dessen Rahmen es entscheidend ist, auftretende Schwierigkeiten für die Zukunft verbindlich zu organisieren.

Dialogbereitschaft und Lösungskompetenz setzen insoweit die Überzeu-   92
gung voraus, dass auch die andere Seite bereit ist, konstruktiv an adäquaten Lösungen für das Projekt zu arbeiten. Entscheidend ist, dass die Beteiligten die aufgetretene Störung zum Anlass nehmen wollen, um eine situativ angemessene, projektverträgliche Lösung zu finden. Diese Annahme
setzt **Vertrauen** voraus:

- Vertrauen dahin, dass die Konfliktsituation nicht gezielt erzeugt wurde.
- Vertrauen darauf, dass die Konfliktsituation nicht ausgenutzt wird.
- Vertrauen dazu, dass beide Seiten im Respekt vor dem Dialog gemein-
sam und auch in künftigen Fällen an einer Lösung arbeiten werden.

Letztlich geht es also um **Vertrauen**[58] in die **Haltung** des anderen – und   93
hier gilt es, Lippenbekenntnisse von den verifizierbaren Grundlagen und
Annahmen eines kooperativ-konstruktiven Vorgehens zu trennen. Die Parteien müssen sich hinreichend sicher fühlen, dass die Einforderung von Kooperation nicht bloßen Appellcharakter hat, sondern im Geben und Nehmen auch von der jeweils anderen Seite gelebt wird – und diesem Ziel ist
der Gedanke eines Zertifikates über das partnerschaftliche Verhalten am
Bau verpflichtet.[59]

b) Der projektbegleitende Einsatz eines Mediators. In der aktuellen Reali-   94
tät der Bau- und Immobilienwirtschaft haben noch wenige der Akteure
Schulungen in mediativen Kompetenzen erfahren. Selbst diejenigen, die in
den Genuss derartiger Personalentwicklungsmaßnahmen gekommen sind,
finden es, sobald sie selbst Partei des Konfliktes geworden sind, möglicherweise schwer, diese Kenntnisse situationsadäquat oder in der erforderlichen
Allparteilichkeit einzusetzen.

Damit bietet sich der **projektbegleitende Einsatz eines Mediators** an. Dazu   95
können die Vertragsparteien bereits im Vertrag projektbegleitende Mediatoren vorsehen. Die Vertragsparteien können sich jedoch auch im Verlaufe

---

57 *Jung/Steding* BB 2001 Beil. 2, 9.
58 *Leicht* in: Eschenbruch/Racky, Rn. 848.
59 Abrufbar unter www.zertifizierter-baupartner.de (zuletzt abgerufen am 1.3.2017).

der Vertragsdurchführung auf den Einsatz eines Mediators verständigen. Dem dergestalt eingesetzten Mediator kommt zugute, dass das Recht während des Bauvorhabens keine abschließende, befriedigende Lösung bietet. Umgekehrt können viele Aspekte, wie die Baukosten, die Bauzeit und die Bauqualität aktiv beeinflusst werden. Damit haben die Baubeteiligten die Chance, während des Bauverlaufes relevante Entscheidungsfaktoren positiv zu beeinflussen.[60]

96   Der externe Einsatz eines Mediators bietet den weiteren Vorteil, dass der Mediator, selbst nicht Teil des Konfliktes und des Projektes, von den Parteien als neutrale Instanz wahrgenommen wird. In diesem Sinne bietet der externe Mediator ein zusätzliches Argument dafür, weswegen seine Beiträge zur Gestaltung und Steuerung des Verfahrens bei den unmittelbar Projektbeteiligten Gehör finden dürften.

97   Der **Einsatz des externen Mediators** kann entweder **auf Abruf** erfolgen, wenn den Parteien der drohende Konflikt oder der aktuelle Konflikt bewusst geworden sind. Der Einsatz des Mediators kann jedoch ebenso **im Rahmen bestimmter Regeltermine** erfolgen und insoweit sogar präventiv oder deeskalierend wirken. In beiden Fällen ist der Mediator berufen, Einigungshindernisse zu überwinden und an der Identifizierung von Interessen und der Herausarbeitung von Optionen mitzuwirken.

98   So trägt der Einsatz des Mediator dazu bei, die Haltung der Parteien frühzeitig darauf zu überprüfen, ob und in welchem Umfange Einigungsbereitschaft besteht und welche Aspekte dieser Einigungsbereitschaft möglicherweise im Wege stehen können. Erneut gilt: Kompetenz und Vertrauen statt Haftung, Teamarbeit statt Lagerdenken und Projekterfolg statt Einzelerfolg werden eingefordert.[61]

99   **2. Die Fortschreibung des Vertrages mithilfe der Mediation.** Die Überlegung, ob und in welchem Umfange Verträge die gesamte Zukunft regeln können und ob und in welchem Umfange die bislang in der Bau- und Immobilienwirtschaft eingesetzten Verträge auch in der Lage sind, die Zukunft zu gestalten, ist nicht nur für die Erstverhandlung eines Vertrages relevant. Gerade wenn es im Projektverlauf zu unerwarteten oder von den Regelungen des Vertrages nicht eindeutig erfassten Entwicklungen kommt oder bestimmte vertragliche Regelungen konfliktfördernd scheinen, kann es erforderlich werden, die vertraglichen Regelungen fortzuschreiben und eine für die Zukunft adäquate Lösung zu finden.[62] Dies gilt erst recht, wenn sich das Verständnis des Bauvertrages als relationaler Vertrag durchsetzt, der für die immer bestehenden **Fortschreibungserfordernisse** die **Kooperation der Beteiligten** verlangt.[63]

100   Ob die Parteien nun feststellen, dass sie regelmäßig über die Frage der Vorrangigkeit von Vertragsklauseln streiten – Beispiel hierfür kann die Diskussion darüber sein, wie das Spannungsfeld zwischen Komplettheitsklauseln und Detailvorgaben aufzulösen ist – oder ob die Parteien feststellen, dass

---

60 *Jung/Steding* BB 2001 Beil. 2, 9 (13).
61 *Leicht* in: Eschenbruch/Racky, Rn. 848.
62 *Minckwitz* in: *Flucher/Kochendörfer ua*, S. 137.
63 *Sundermeier/Schlenke* in: Kapellmann/Vygen, Jahrbuch Baurecht 2012, S. 167 (188).

eingetretene Störungen des Projektablaufes eine Anpassung der Terminplanung für die Zukunft erfordern – sie werden sich darüber zu verständigen haben, in welcher Form die Weiterentwicklung für beide Seiten akzeptabel ist:

Soll ein Dritter die Entscheidung für die Parteien treffen – oder wollen sie   **101** zumindest versuchen, gemeinsam eine Lösung zu erarbeiten und dafür eigenständige Maßstäbe der Konfliktbearbeitung zu entwickeln? Soll die **Konfliktbearbeitung** den ursprünglich eingenommenen Positionen und rechtlichen Maßstäben verhaftet sein oder wird sie als **Gestaltungsaufgabe** verstanden, für deren Erfüllung Interessen zu identifizieren und Lösungsoptionen zu erarbeiten sind?

Bei der Beantwortung dieser Fragen wird eine Rolle spielen, weswegen die   **102** Parteien im Projektverlauf – anders als zu Projektbeginn, als sie trotz aller Unwägbarkeiten und Risiken künftiger Entwicklungen einen Vertrag geschlossen haben – auf die Entscheidung eines Dritten setzen sollten. Immerhin haben sich die anfangs möglichen Unwägbarkeiten und Risiken zwischenzeitlich verringert und konkretisiert. Die erforderliche Einbindung eines Dritten zur Streitentscheidung erscheint daher aus rationaler Sicht nicht fassbar – und verdeutlicht, dass und in welcher Form Einigungshindernisse bestehen dürften, die – wie bereits in → Rn 46 ff. dargestellt – mithilfe mediativer Kompetenzen oder eines Mediator ausgeräumt werden können.

VI. Der Einsatz von Mediation zur Konfliktbehandlung

Für die Bau- und Immobilienwirtschaft lassen sich **Kompensationskonflikte**   **103** und **Wertschöpfungskonflikte** unterscheiden.[64] Kompensationskonflikte richten sich im Wesentlichen auf eine Aufteilung umkämpfter Ressourcen. Wertschöpfungskonflikte zielen auf die Gestaltung von Lösungen für die Projektrealisierung, die Entwicklung ökonomischer Potenziale, die Anpassung vertraglicher Vorgaben und die Organisation weiterhin gegebener Abhängigkeiten.

Wertschöpfungskonflikte sind auch **nach Fertigstellung des Bauvorhabens**   **104** möglich. Zwar ist die dynamische Projektphase in der Regel mit der Abnahme abgeschlossen. Sachverhalte können nicht mehr geändert, sondern nur noch aufgeklärt werden. Dennoch können Ungewissheiten über abgeschlossene Themen, die Vermeidung der Entstehung weiterer Kosten, Know-how-Verluste und Perspektiven einer etwa weiterhin erforderlichen Zusammenarbeit handlungsbestimmend für die Beteiligten sein.[65]

Bei den gerichtlich ausgetragenen Auseinandersetzungen im Bau- und Immobilienbereich stehen komplexe Themen von hoher wirtschaftlicher Bedeutung wie der Streit über die Auslegung des Vertrages oder Behinderungen und Bauablaufstörungen im Vordergrund.[66]   **105**

---

64 *Sundermeier*, Baumediation aus ökonomischer Sicht, Vortrag auf der Herbsttagung des Verbandes der Bau- und Immobilienmediatoren e.V. 2016.
65 *Jung/Steding* BB 2001 Beil. 2, S. 9 (14 f.).
66 *Sundermeier/Schlenke* in: Kapellmann/Vygen, Jahrbuch Baurecht 2012, S. 167 (176).

106   Diese Konfliktsituationen in der Bau- und Immobilienwirtschaft eröffnen
       weitere Einsatzgebiete für die Mediation und mediative Kompetenzen.

107   **1. Nachtragsstreitigkeiten – Claim-Management oder Konsequenz aus un-
       sauberen Vertragsgrundlagen.** Nachtragsstreitigkeiten können daraus re-
       sultieren, dass beide Seiten die vertraglichen Vorgaben in unterschiedlicher
       Weise interpretieren. Der Streit kann ebenso dadurch motiviert sein, dass
       eine Seite zwar die Interpretation der anderen Seite als zutreffend akzep-
       tiert, die damit verbundenen Rechtsfolgen in der konkreten Situation aller-
       dings nicht als angemessen empfindet und deswegen nach Hebeln sucht,
       um in der konkreten Situation eine Justierung oder Neuverhandlung der
       vertraglichen Regelungen anzustoßen.[67]

108   Geprägt sind Streitigkeiten insbesondere von einem unterschiedlichen Ver-
       ständnis darüber, ob und welche Leistungen von der vertraglich vereinbar-
       ten Vergütung bereits abgedeckt sein sollen. Der Auftragnehmer nimmt
       eine bestimmte, von ihm auszuführende Bauleistung zum Anlass, diese als
       nicht von den vertraglichen Absprachen abgedeckt anzusehen.

109   Ein derartiges Vorgehen kommt für den Auftraggeber häufig nicht uner-
       wartet. Es ist vielmehr Bestätigung seiner Erwartung,[68] dass der Auftrag-
       nehmer sowieso versuchen wird, den Vertragspreis nachträglich aufzubes-
       sern. Diesem Vorwurf an den Auftragnehmer korreliert dessen umgekehr-
       ter Vorwurf an den Auftraggeber, dieser habe es im Rahmen seiner Ver-
       tragsgestaltung und der für den Vertrag aufbereiteten Unterlagen und Ver-
       tragsanlagen mindestens billigend in Kauf genommen, dass dem Auftrag-
       nehmer bestimmte **Lücken und Unvollständigkeiten** verborgen bleiben und
       er auf diese Art und Weise die kalkulative Erfassung dieser Leistungen un-
       terlässt.

110   Der in beiden Sichtweisen enthaltene Vorwurf an die jeweils andere Seite
       führt dazu, dass **Nachtragsstreitigkeiten** einen **eskalativen und emotionalen
       Charakter** aufweisen können (→ B Rn. 4). Dennoch lohnt eine Auseinan-
       dersetzung mit den Ursachen des Streites und dabei insbesondere dem Um-
       stand, dass der jeweilige Vertrag beiden Seiten Ansatzpunkte für die eigene
       Auffassung und das eigene Verständnis gibt:

111   Wäre der Vertrag eindeutig und würde er nicht unterschiedliche Interpreta-
       tionen der geschuldeten Leistung ermöglichen, könnten die Parteien nicht
       streiten. **Streit** kann nur dann entstehen, **wenn beide Seiten Substanz** für
       die von ihnen vertretene Argumentation **im Vertrag finden**, weil in den ver-
       traglichen Grundlagen Aussagen enthalten sind, die für unterschiedliche
       Leistungsprogramme sprechen, und es an einer eindeutigen oder eindeutig
       interpretierbaren Rangfolgenregelung für diese unterschiedlichen Vorgaben
       fehlt.

112   Jeder **Bausoll-Streit** erfordert demnach als **objektive Voraussetzungen** einer-
       seits unterschiedliche oder unterschiedlich interpretierbare Bausoll-Vorga-
       ben im Vertrag und andererseits eine Rangfolgenregelung, die die Interpre-
       tation der Rangfolgenvorgabe in unterschiedlicher Weise zulässt.

---

67 *Sundermeier/Schlenke* in: Kapellmann/Vygen, Jahrbuch Baurecht 2012, S. 167
    (174).
68 *Patera & Gamm Konfliktkultur,* S. 25.

Jeder **Bausoll-Streit** ist zusätzlich durch **subjektive Voraussetzungen** ge- kennzeichnet, nämlich eine unterschiedliche Interpretation des Bausolls aufgrund der vertraglichen Vorgaben und der Rangfolgeregelung im Ver- trag, die entweder aus Überzeugung oder vorgeschoben erfolgt. 113

Demnach ist der zwischen den Parteien im Rahmen der Vertragsdurchfüh- rung entstehende **Streit** bereits **im ursprünglichen Vertrag angelegt**. Streit der Parteien kann nur entstehen, wenn der Vertrag beiden Seiten Ansatz- punkte für ihre Auffassung gibt. Entweder ist der Vertrag mangelhaft – oder aber es hat sich bezogen auf die konkrete Situation das Risiko jedes Bauvertrages realisiert, dass der Vertrag nicht perfekt formuliert sein kann und deswegen nicht alle potentiellen Störungen für die Zukunft ausschlie- ßen kann. 114

Ist bereits dieser Gedanke geeignet, die Eskalationsspirale gegenseitiger Vorwürfe eines von vornherein intendierten **Claim-Managements** der einen wie der anderen Seite zu durchbrechen, kommt hinzu, dass die Ursachen für die Unsauberkeit des Vertrages mannigfaltig sein können. Sie können aus der **Sphäre des Auftraggebers** oder aus der **Sphäre des Auftragnehmers** stammen. Sie können einer oder beiden Vertragsparteien bewusst wie un- bewusst gewesen sein. So kann die eine Seite ganz bewusst darauf gesetzt haben, dass die andere Seite das Defizit nicht erkennt. Ebenso können die Anlässe der Diskussion daraus stammen, dass die weitere Planung des Pro- jektes in der Angebotsphase weiterbetrieben wurde und zum Vertragsge- genstand plötzlich Unterlagen erhoben werden, die in ihrer Gesamtheit noch nicht vollständig überprüft werden konnten, oder dass die Parteien im Rahmen des Verhandelns die Rangfolge der Vertragsunterlagen verän- dern und dadurch zunächst noch unwichtigere Leistungsvorgaben eine größere Bedeutung erlangen. 115

Das Bewusstsein hiervon kann dazu beitragen, dass jedenfalls das **Element des Vorwurfs** aus dem Streit herausgehalten werden kann. Die Erkenntnis, durch eigene Aktionen möglicherweise selbst Auslöser des aktuell geführ- ten Streites gewesen zu sein, kann dazu beitragen, dass das Verständnis der jeweils anderen Seite immerhin vorstellbar erscheint und die rechtliche Be- handlung des Konfliktes, die typischerweise durch eine Bejahung oder Ver- neinung des konkreten Nachtrages oder des konkreten Bauzeitanspruchs nach dem „**Alles oder Nichts-Prinzip**"[69] geprägt ist, nicht mehr angemes- sen erscheint. 116

Recht ist typisierend, formalisierend, konturierend, statisch, unvollständig und instrumentalisierend. Damit **wird es der Mannigfaltigkeit der Lebens- wirklichkeit und der Vielfältigkeit von Ursachen, Kausalitäten und Ver- knüpfungen nicht gerecht**. Die Bejahung oder Verneinung von rechtlichen Anspruchsgrundlagen ermöglicht keine fließenden Übergänge. Dynamik und Veränderungen laufender Prozesse können oftmals nicht deutlich ab- gebildet werden. Viel angemessener als die Bejahung oder Verneinung eines erhobenen Anspruches kann es daher sein, wenn die Parteien bei der Suche nach einer Verständigung nicht diesem Schema folgen. Sie eröffnen sich so 117

---

69 Flucher/Kochendörfer/von Minckwitz/*Viering* in: Flucher/Kochendörfer ua, S. 5.

die Möglichkeit, situativ angemessenere Lösungen zu finden, als es die Typisierungen eines noch so fein ziselierten Gesetzes leisten können.

118 Mediation bietet den Parteien die besondere Chance eines anderen Zugangs zu ihrem **Bausoll-Streit**. Dieser muss nicht von vornherein von einer von beiden Seiten angestrebt worden sein. Er kann vielmehr daraus resultieren, dass es beide Parteien bei der Vertragsgestaltung gemeinsam versäumt haben, unmissverständliche Regelungen zu finden.

119 Insoweit ist der Umgang der Mediation mit der in der Bausoll-Diskussion erkennbaren Andersartigkeit der Bewertungen des Sachverhaltes ein anderer als bei Gericht oder in der Adjudikation.

120 Die Parteien verabschieden sich davon, einen Dritten entscheiden zu lassen, welche ihrer unterschiedlichen Sichtweisen „richtig" ist. Der Mediator führt die Parteien vielmehr zu der Frage, warum es ihnen **nicht gelingt, ihre unterschiedlichen Sichtweisen desselben Konfliktes in eine Einigung** zu überführen. Er lädt sie zu einer Überprüfung ihres Konfliktes auf Einigungshindernisse ein, die Ursache dafür sind, dass ihnen eine Verständigung über die unterschiedlichen Lösungsansätze nicht möglich ist.

121 Dabei sind die vorstellbaren **Einigungshindernisse** durchaus **vielfältig**:[70] Bei ihrer Prognose über das mögliche Ergebnis des Konfliktes schätzen beide Seiten die Chancen eines Erfolges höher ein als das Risiko eines Misserfolges. Emotionale Faktoren können unerkannt wichtig sein. Einerseits kann die rein rationale Bewertung des Sachverhaltes und ein adäquater Umgang mit den Risiken einer Streitentscheidung durch Dritte von Aspekten überlagert werden, die eben nicht ausschließlich rational zu erfassen sind oder sich nicht in eine mathematische Risikobewertung überführen lassen. Andererseits kommen auch Elemente der Rache oder einer spielerischen Lust am Gewinn in Betracht. Schließlich kann die Bedeutung der Angelegenheit als so grundsätzlich empfunden werden, dass das Votum eines Dritten die beste Lösung zu sein scheint.

122 Diesen Einigungshindernissen kann sich die Mediation annehmen und sie bearbeiten. Den Kampf ums Geld bei Einzelnachträgen kann auch die Mediation gestalten.[71]

123 **2. Claim-Gebirge und Punktesachen.** Der Streit um Nachträge ist oftmals nicht auf eine Forderung begrenzt. **Streitigkeiten**, die die Parteien der **Bau- und Immobilienwirtschaft** vermeintlich nicht ohne fremde Hilfe lösen können, zeichnen sich vielmehr durch eine **Vielzahl einzelner Themen** aus. Während die Parteien durchaus in der Lage wären, einen Streit über ein konkretes Thema zu bewältigen und zu entscheiden, ob eine Auseinandersetzung unter Beteiligung Dritter lohnt, sehen sie sich hierzu außerstande, wenn eine Vielzahl von Streitigkeiten über die Berechtigung von Nachtragsvergütungsansprüchen, Zeitansprüchen, Minderleistungen und Mangelthemen aufgekommen ist.

124 Ausschlaggebend hierfür kann die bloße Anzahl der zu bearbeitenden Einzelthemen sein. Ebenso relevant ist jedoch oftmals die wirtschaftliche Be-

---

70 *Jung/Steding* BB 2001 Beil. 2, 9 (10).
71 *Jung/Steding* BB 2001 Beil. 2, 9 (10).

deutung, wenn sich die vielen Einzelthemen auf einen beträchtlichen wirtschaftlichen Wert summieren.

Verschärft wird die Situation dadurch, dass Auftraggeber und Auftragnehmer nicht etwa nur uneins darüber sein müssen, ob dem Auftragnehmer weitere Ansprüche zustehen. Nicht selten ist der Auftraggeber vielmehr der Auffassung, dass der Auftragnehmer überzahlt ist, und fordert geleistete Zahlungen zurück. Hierzu kommt es insbesondere dann, wenn die gegenseitigen Ansprüche sich wechselseitig ausschließen, wie etwa bei einem Streit über die Berechtigung einer Kündigung aus wichtigem Grund oder aber bei Verzögerungen des Bauablaufs, die dem Auftragnehmer Anlass geben, Bauzeitforderungen geltend zu machen, während der Auftraggeber Vertragsstrafe und Schadensersatz geltend macht. 125

Gerichte oder Schiedsgerichte müssten sich mit diesen Einzelthemen auseinandersetzen und entweder zügig eine Einigung herbeiführen oder aber klären, ob und in welchem Umfange weitere prozessuale Schritte, wie etwa Beweisaufnahmen, geboten sind.[72] 126

Mediation kann die Parteien bei ihrer Streitbearbeitung auf einem ähnlichen Weg unterstützen: Jeder einzelne Streitpunkt könnte in der Form geklärt werden, dass die Parteien ein gemeinsames Verständnis des sachverhaltlichen Hergangs erreichen und überprüfen, ob und in welchem Umfange sie aufgrund dieser Klärung unterschiedliche Würdigungen in technischer, rechtlicher oder wirtschaftlicher Hinsicht vornehmen. Beide Seiten könnten in derartigen Konstellationen, lässt sich keine Einigkeit herstellen, ihre Erfolgsaussichten und den dafür erforderlichen Aufwand bewerten und dann zu einer anhand wirtschaftlicher Maßstäbe orientierten Entscheidung gelangen. 127

Der Mediator wird die Parteien auf diesem Weg jedoch nicht begleiten, ohne geklärt zu haben, ob die Parteien diese Detailerörterungen überhaupt benötigen, um ihren Konflikt zu beenden: 128

Geht es um das Bedürfnis nach größerer sachverhaltlicher Klarheit? Geht es um das Bedürfnis nach technischer oder rechtlicher Klärung bestimmter Detailaspekte? Was sind die Einigungshindernisse im konkreten Fall, weswegen die Parteien nicht zu einer rationalen Entscheidung des von ihnen bis zu einem bestimmten Detaillierungsgrad aufbereiteten Sachverhaltes gelangen? 129

Der Mediator wird die Parteien also zu einem besseren Verständnis davon führen, ob die sachverhaltlichen, technischen oder rechtlichen Differenzen tatsächlich Ausdruck eines Klärungsbedürfnisses sind – oder ob die **Unklarheiten und Meinungsverschiedenheiten** nur **eingesetzt** werden, **um ganz andere Interessen zu befriedigen.** So kann es in der Mediation geschehen, dass die Parteien erkennen, dass sie sich unter Risikoaspekten sogar sehr nahe wären und eine Einigung erzielen könnten. Gerade dadurch wird Ihnen bewusst, dass sie dazu nicht bereit sind, weil bislang nicht formulierte Vorwürfe im Raum stehen: Möglicherweise verdächtigen sie die andere Seite, dass es diese von vornherein auf die jetzige Situation angelegt hat und damit auch noch für die fehlende Fairness belohnt würde. Möglicher- 130

---

72 *Jung/Lembcke/Steinbrecher/Sundermeier* ZKM 2011, 50 (51).

weise hat eine von beiden Seiten im Projekt bereits einen Nachteil erlitten und will nicht erneut den Kürzeren ziehen. Möglicherweise sind es auch Aspekte außerhalb des konkreten Projektes, weswegen eine von beiden Seiten sich nicht in der Lage sieht, eine Verständigung zu treffen, die sich an Risikoaspekten orientiert.

131 Damit sind es gerade die **Möglichkeiten und Methoden der Mediation**, die die Parteien von der vermeintlich sachlichen Auseinandersetzung auf die Hintergründe hinter ihrem Verhalten verweisen können und den Parteien zu der Erkenntnis verhelfen, was erforderlich ist, um Ihnen eben doch eine Entscheidung zu ermöglichen.

132 Die Mediation bietet darüber hinaus noch weitere Optionen der Streitbehandlung für Streitigkeiten in der Bau- und Immobilienwirtschaft:

133 Selbst wenn es den Parteien nicht wichtig ist, bei ihrer Konfliktbearbeitung Interessen und Bedürfnisse zu berücksichtigen, mag ihre fehlende Einigungsfähigkeit daraus resultieren, dass sie vor der Vielzahl der Einzelpunkte kapitulieren und für sich keinen geeigneten Weg finden, um die Themen in einer für sie bearbeitbaren Form zu strukturieren. Hier kann der **Mediator** den Parteien Angebote für eine **Strukturierung und Clusterbildung** der einzelnen Themen eröffnen, damit diese in ihrem Sachzusammenhang abgearbeitet werden können.[73]

134 Dabei ist es in der Mediation nicht einmal ausgeschlossen, dass die Parteien für die von ihnen identifizierten Fallgruppen unterschiedliche Formen der Konfliktbehandlung wählen. Bei einzelnen Themen werden sie möglicherweise erkennen, dass sie ganz bewusst eine Entscheidung durch einen Dritten wünschen, weil das Thema eine derart grundlegende Frage betrifft, dass eine Klärung dieses Streitpunktes auch übergreifende Bedeutung haben kann. Bei anderen Themen werden sie sich möglicherweise für deren Bewertung im Rahmen einer **Risikoanalyse** entscheiden und auf diesem Wege doch wieder rationale Herangehensweisen versuchen (→ B Rn. 29).

135 Schließlich können sich die Parteien im Rahmen der Mediation sogar dafür entscheiden, den Weg von Einzelgesprächen jeweils nur einer Seite mit dem Mediator zu wählen. Diese **Einzelgespräche** können im Sinne einer Caucus-Mediation insbesondere drei unterschiedlichen Zielen dienen: Zum ersten können die Parteien in diesem geschützter Raum Aspekte und Überlegungen offenbaren, die sie der anderen Seite nicht mitteilen wollen. Sie eröffnen dem Mediator auf diese Weise die Chance, den eventuell spürbaren Stillstand der Konfliktbeilegung darauf zu überprüfen, inwieweit ihm bislang noch ungenutzte mediative Werkzeuge und Kompetenzen zur Verfügung stehen, um den Entwicklungsprozess zu fördern. Zum zweiten können die Parteien mit dem Mediator eine Verständigung darüber herbeiführen, dass der Mediator ihnen seine Überlegungen zu ihren Erfolgsaussichten vorträgt und ihnen durch die Auseinandersetzung hiermit die Möglichkeit eröffnet, die bisherige Einschätzung ihrer Chancen zu überprüfen (→ B Rn. 29). Zum dritten können Einzelgespräche auch dann in Betracht kommen, wenn die Terminfindung zusätzlich durch die bei großen räumli-

---

73 *Jung/Lembcke/Steinbrecher/Sundermeier* ZKM 2011, 50 (52).

chen Distanzen der Konfliktparteien sonst erforderlichen Reisezeiten erschwert wird.[74]

Mediation ist damit in der Lage, den Streit der Parteien darauf zu untersuchen, was die tatsächlichen Gründe dafür sind, dass eine Einigung bislang nicht gelungen ist. Der Mediator führt die Parteien zu den Aspekten, die sie für sich als die nächsten wichtigen Klärungsschritte identifizieren. Dabei sind gerade die **Strukturierung, Clusterbildung und Abarbeitung einzelner Themen** in Kombination mit der Überprüfung, welche weiteren Interessen und Bedürfnisse bestehen, geeignet, Streitthemen aufzulösen, wenn die Parteien erkennen, welche **Einigungshindernisse** bestanden, und nach Auflösung dieser Einigungshindernisse bereit und in der Lage sind, anders aufeinander zu zugehen, als dies zuvor der Fall gewesen ist. **136**

Selbst dem Recht sind vergleichbare Überlegungen im Übrigen nicht unbekannt. Bei einer dem Recht verpflichteten Lösung müssen vermeintlich „irrationale" Aspekte nicht unbeachtet bleiben. Auch in rechtlichen Argumentationen finden sich Wertungsdifferenzen und Unwägbarkeiten. Auch im Recht gibt es **atypische Lösungsansätze**, wenn **Mitverschulden, Treu und Glauben** zu berücksichtigen sind oder aber rechtliche Mittel bemüht werden, die nicht für das konkrete Ziel wichtig sind, sondern nur strategisch genutzt werden, um andere Ziele zu erreichen. **137**

3. Machtungleichgewichte bei Konflikten in der Bau- und Immobilienwirtschaft. Viele der Konflikte in der Bau und Immobilienwirtschaft sind von finanziellen Themen geprägt. Der Auftragnehmer meint, zusätzliche Vergütung oder zusätzliche Zahlungen beanspruchen zu können. Der Auftraggeber ist der Auffassung, dass der Auftragnehmer nicht die von ihm verlangte Vergütung verdient hat oder dass Leistungsverweigerungsrechte, Zurückbehaltungsrechte oder Gegenforderungen bestehen. Dieser finanziellen Prägung wegen wird die Eignung der Mediation für die Konflikte in der Bau- und Immobilienwirtschaft hinterfragt: Wie soll Mediation einen Konflikt lösen, der insbesondere durch den **Kampf ums Geld** geprägt ist?[75] **138**

Die Fokussierung auf den finanziellen Streit lässt dabei zum ersten unberücksichtigt, dass ein Streit nur möglich ist, wo beide Seiten Nahrung für die eigene Argumentation finden. Er lässt zum zweiten unberücksichtigt, dass beide Seiten ihre Auffassung auf das Bild stützen, das sie sich von der Situation gemacht haben und dass in diesem Sinne ein besseres Verständnis für die Haltung der anderen Seite dazu führen kann, dass ein **Perspektivwechsel** eintritt oder zumindest eine Nachvollziehbarkeit für die Haltung der anderen Seite entsteht. Die Betonung finanzieller Themen führt zum dritten insbesondere dann in die Irre, wenn hieraus abgeleitet wird, dass derjenige, der Forderungen geltend machen möchte, immer in der schwächeren Position und der anderen Seite unterlegen ist.[76] **139**

In der Tat ist für den Erfolg der Mediation zwar entscheidend, dass eine Verhandlungssituation entsteht, in der beide Seiten auf Augenhöhe miteinander agieren können und die eine Seite nicht bis zum Ende der Mediation **140**

---

74 *Riemann* in: Flucher/Kochendörfer ua, S. 214.
75 *Jung/Steding* BB 2001 Beil. 2, 9 (15).
76 *Jung/Steding* BB 2001 Beil. 2, 9 (10).

in der Rolle der Schutzbedürftigeren verbleibt. Dennoch verleiht die vermeintliche Rolle des Gläubigers nicht unabänderlich eine Position, in der die andere Seite zwingend unterlegen ist.

141 Hinter dem Kampf ums Geld stehen regelmäßig bestimmte **Interessen**, die weit **über den finanziellen Aspekt hinaus**gehen. Dies gilt bei der Vertragsgestaltung, im Projektverlauf, aber auch nach Fertigstellung des Bauwerkes.[77] Jenseits finanzieller Aspekte zeichnen sich Bauprojekte in der Projektierungsphase, in der Realisierungsphase und selbst noch in der Nutzungsphase durch gegenseitige Abhängigkeiten aus. Deswegen ist die Parteibeziehung nicht auf finanzielle Themen reduziert und in diesem Sinne kann auch der Gläubiger auf den Fordernden angewiesen sein.

142 Mediation hilft, in derartigen Konstellationen zu klären, ob und in welchem Umfange denn tatsächlich ein **Machtungleichgewicht** besteht und ob selbst ein bestehendes Machtungleichgewicht einer Einigung zwingend im Wege stehen muss. Insbesondere kann Mediation durch die Thematisierung der chronologischen Perspektive und der gegenseitigen Abhängigkeiten der Parteien im Projektverlauf dazu beitragen, dass ein Bewusstsein dafür entsteht, wann die Parteien möglicherweise doch wieder aufeinander angewiesen sind und deswegen an einer Lösung für die konkrete Situation arbeiten sollten.

143 **4. Haltung und Zusammenarbeit in Bau- und Immobilienprojekten. Bau- und Immobilienprojekte** zeichnen sich durch eine **oftmals lange Dauer** aus. Der Leistungsaustausch ist nicht punktuell. Vielmehr sind die unterschiedlichen Projektbeteiligten darauf angewiesen, für eine gewisse Zeit miteinander zusammenzuarbeiten und einen „modus vivendi" zu finden, der den Projektverlauf sicherstellt.

144 **Aufkommende Konflikte** können in einem derartigen Projektverlauf als **Bestätigung früherer Annahmen** über das typischerweise zu erwartende Verhalten der anderen Seite angesehen werden:[78] **Auftraggeberseitig** kann jede Behinderungsanzeige oder jede Nachtragsforderung des Auftragnehmers als Bestätigung dafür dienen, dass die andere Seite das Projekt von vornherein für ein Claim-Management nutzen möchte. **Auftragnehmerseitig** kann jede Zurückweisung vorsorglich vorgebrachter Hinweise auf Handlungen des Auftraggebers, die zusätzliche Vergütungsansprüche auslösen können oder zu zeitlichen Konsequenzen führen können, als Beleg dafür angesehen werden, dass der Auftraggeber Kooperation und partnerschaftliche Zusammenarbeit nicht wünscht.

145 Ist auf Seiten der Projektbeteiligten eine derartige Stimmung entstanden, werden die Parteien sich durch jedes weitere Vorgehen der anderen Seite in ihrer ursprünglichen Annahme bestätigt sehen. Die einmal gefasste Ansicht über die jeweils andere Seite wird immer wieder von neuem bestätigt.

146 Auch hier kann Mediation ansetzen – und geht damit über das hinaus, was die anderen Formen der Konfliktbehandlung leisten können. Streitigkeiten können in der Mediation nicht nur dergestalt behandelt werden, dass der

---

77 *Jung/Lauenroth/Wagner* ZfIR 2008, 813 (818); *Jung/Steding* BB 2001 Beil. 2, 9 (15).
78 *Patera & Gamm Konfliktkultur*, S. 25.

konkrete Streit entschieden wird. Vielmehr können – und dies ist bezogen auf dieses Konfliktbearbeitungsmodell in der Tat einzigartig – die Einzelkonflikte und die Hintergründe der Einzelkonflikte genutzt werden, um den Projektbeteiligten wieder zu einem anderen Verständnis und einer anderen Sichtweise voneinander zu verhelfen.

Die Bearbeitung von **Claim-Gebirgen**, die Behandlung vermeintlicher   147 Machtungleichgewichte oder aber die **Überwindung eines Schwarz-Weiß-Denkens** kann über den konkreten Anlass hinaus in ein übergeordnetes Konfliktmodell eingeordnet werden: Der einzelne Konflikt ist deswegen entstanden, weil man sich in der Sache uneinig war. Er nährt jedoch die vorgefassten Annahmen übereinander und Haltungen voneinander, und deswegen ist es wichtig, nicht nur den einzelnen Streit zu bearbeiten, sondern auch die Ursachen dafür zu überwinden.

Anders als der Schiedsrichter, Schlichter oder Adjudikator wird der Media-   148 tor darauf achten, über die Bearbeitung des Einzelstreites hinaus die Zukunftsfähigkeit und Nachhaltigkeit der geschaffenen Grundlagen abzusichern. Er wird die Parteien immer wieder dazu einladen, die Sachverhaltsermittlung und Datensammlung auch für die Klärung ihrer damit verbundenen Interessen und Bedürfnisse zu nutzen:

Was bedeutet eine etwaige Erkenntnis bezogen auf diesen einzelnen Sach-   149 verhalt für den Umgang der Parteien im Projekt miteinander? Inwieweit haben bestimmte Annahmen über die dem Verhalten einer Partei zugrunde liegenden Motive in der Vergangenheit dazu beigetragen, dass die Parteien sich immer weniger verstanden haben? Inwieweit können die Erkenntnisse aus der konkreten Auseinandersetzung im Detail genutzt werden, um für das Projekt neue Entwicklungen einzuleiten?

Damit schafft das Wechselspiel aus einerseits den rationalen und wirt-   150 schaftlichen Erwägungen und andererseits den überlagernden Bedürfnissen und Interessen die Voraussetzung dafür, dass die Parteien ein neues Verständnis voneinander gewinnen und ein **Perspektivwechsel** möglich wird.

Dementsprechend bietet der konkrete Streit einerseits die Chance, im Pro-   151 jekt eine tragfähige Grundlage für die künftige Zusammenarbeit zu schaffen. Andererseits eröffnet er die Perspektive, vertragliche Regelungen neu zu verhandeln, die den Parteien für Ihren konkreten Umgang situativ angemessener erscheinen als die bisherigen Vertragsklauseln.

Diese Effekte sind nicht zwingend an die nachträgliche Einbindung eines   152 externen Mediators geknüpft. Die **Haltung der Beteiligten im Projekt** kann auch von vornherein und von innen der Kooperation und dem gemeinsamen Projekterfolg verpflichtet werden, wenn die Projektpartner gezielt danach ausgewählt werden, ob und wie sie die Einhaltung dieser Ziele sicher stellen können – wobei das vom **Verein zur Zertifizierung partnerschaftlichen Verhaltens am Bau e.V.** entwickelte Zertifikat unterstützen kann.[79]

5. Der Umgang mit Einigungshindernissen. Zusammengefasst kann gerade   153 die Konfliktmediation den Parteien auf mehreren Wegen zu einer für sie adäquaten Konfliktbearbeitung verhelfen:

---

79 Abrufbar unter www.zertifizierter-baupartner.de (zuletzt abgerufen am 1.3.2017).

154   Die Mediation kann die Parteien dazu veranlassen, sich einer nicht nur am Recht und den vermeintlich unbestechlichen Daten orientierten Konfliktbearbeitung zu öffnen, sondern die Identifikation und Klärung der Bedeutung von anfänglichen Annahmen und der für die Parteien mit dem Konflikt verbundenen Interessen und Bedürfnisse als Element für eine Lösungsfindung zu akzeptieren.

155   Damit sind es gerade die Methoden der Mediation, die die Parteien von der vermeintlich sachlichen Auseinandersetzung auf die Hintergründe hinter ihrem Verhalten verweisen und den Parteien die Chance eröffnen, zu klären, was erforderlich ist, um ihnen eben doch eine Entscheidung zu ermöglichen.

156   Die Mediation eignet sich für die Konfliktbearbeitung allerdings auch dann, wenn die Parteien sich auf die Fakten und Daten konzentrieren wollen.

157   Die Mediation kann eine Reduzierung der Komplexität dadurch erreichen, dass sie die Streitthemen priorisiert, sie in Gruppen zusammenführt, diese Gruppen anhand außerhalb des konkreten Einzelfalls regelmäßig zu erwartender Bewertungen typisiert, auf dieser Grundlage notwendige Anpassungen des individuellen Einzelfalls anhand der sachverhaltlichen, technischen und rechtlichen Unsicherheiten und Besonderheiten überprüft und die **Transaktionskosten** betrachtet.

158   Die Mediation kann die Bereitschaft der Parteien schaffen, sich einer Risikoanalyse zu stellen und die Erkenntnisse aus dieser **Risikoanalyse** den eigenen Entscheidungen zugrunde zu legen.[80] Nach einer Verständigung über relevante Themen als ersten Schritt, etwa hinsichtlich der Ansprüche, hinsichtlich der Transaktionskosten und hinsichtlich der Rechtsverfolgungskosten, lässt sich deren Bedeutung – und hierbei sowohl der Streitthemen als auch der offenen Themen – für die Konfliktlösung berücksichtigen. Hieran schließt sich die Strukturierung und tatbestandsmerkmalartige Aufbereitung an, so dass Intuition durch rationale Betrachtung ersetzt wird.

159   Auch in vorrangig finanziell geprägten Konflikten sind „Win-win-Situationen" möglich: Die Einbeziehung weiterer Beteiligter in die Konfliktlösung, Kompensationsmaßnahmen, die Abtretung von Gewährleistungsansprüchen oder die Schaffung terminlicher Sicherheit können ebenso wie verlängerte Gewährleistungszeiten, Risikofreistellungen oder Best-Friend-Konditionen Wertschöpfung in der Konfliktbearbeitung ermöglichen.

160   Schließlich ist Mediation auch das Konfliktbearbeitungswerkzeug, das eine weitgehende **Verfahrensvielfalt** eröffnet (→ B Rn. 32 ff.):

161   Im Rahmen der Auseinandersetzung über den Streitgegenstand und die von den Parteien verfolgten Ziele und Interessen kann es zu einer Phase kommen, in der bestimmte, gemeinsam definierte Themen mit wieder anderen Konfliktbearbeitungsmethoden weiterverfolgt werden. Hierbei können rechtliche Fragen einem Schiedsgericht zugewiesen werden, gutachterliche Fragen dem Schiedsgutachten und eilbedürftige Themen der Adjudikation. Wieder andere Themen können mediativ weiterbearbeitet werden, um

---

80 *Jung/Lauenroth/Wagner* ZfIR 2008, 813 (818); → B Rn. 29.

dann die erreichten Einzelergebnisse im Rahmen einer Mediation zu einer von den Parteien getragenen Gesamtlösung zu überführen.

Dabei sind die Parteien nicht nur darauf beschränkt, innerhalb der Media-   162
tion einzelne Themen mit jeweils unterschiedlichen Konfliktbearbeitungs-
werkzeugen zu behandeln. Sie können sich ebenso entschließen, den Konflikt insgesamt oder einzelne Teile des Konfliktes mit Mischformen der einzelnen Werkzeugen, so genannten **„hybriden" Verfahren** zu gestalten. In
der Bau- und Immobilienwirtschaft sind hierbei von Bedeutung insbesondere die „Evaluative Mediation" bis hin zu Mischformen zwischen Mediation und Schlichtung. Grund hierfür ist, dass die methodische Vielfalt der
Mediation in Kombination mit den Bewertungsansätzen der anderen Verfahren dem Bedürfnis der Parteien nach einer zügigen Konfliktlösung entgegenkommen soll (→ Einl. Rn. 42 f., → MediationsG § 1 Rn. 11, → MediationsG § 2 Rn. 53, → B Rn. 32 ff.).

VII. Der Einsatz von Mediation in Arbeitsgemeinschaften

Die Rechtsbeziehungen im Bau- und Immobilienbereich sind nicht nur   163
durch werkvertragliche Beziehungen zwischen Auftraggebern und Auftragnehmern geprägt. Unabhängig davon, ob es um Bau- oder Planungsleistun-
gen geht, findet ein Teil der Leistungserbringung und des Leistungsaustau-
sches auch in **Arbeitsgemeinschaften** statt, in deren Rahmen sich mehrere
Unternehmen als Arge-Partner zur Verfolgung einer gemeinsamen Bauauf-
gabe zusammenschließen.

Einerseits sind die Rechtsbeziehungen dieser Arbeitsgemeinschaften in zwei   164
Richtungen werkvertraglicher Natur, nämlich als Auftragnehmer gegenüber ihrem Auftraggeber und als Auftraggeber gegenüber ihren Subunter-
nehmern.

Andererseits regeln sie ihre **Beziehungen innerhalb der Arbeitsgemeinschaft**   165
in gesellschaftsrechtlicher Form – und hier bedarf es neben weiteren Rege-
lungsbedürfnissen insbesondere Regelungen über die Zuweisung von Haftung und Verantwortung wie über die Beteiligung am wirtschaftlichen Ergebnis der jeweiligen Gesellschaft.

Innerhalb der Arbeitsgemeinschaften stellen sich ähnliche Aufgaben wie in   166
den Beziehungen der Arbeitsgemeinschaften zu ihren Auftraggebern und
Auftragnehmern. Ebenso, wie es im Verhältnis gegenüber Auftraggebern
und Auftragnehmern Abweichungen zwischen den Vorgaben für die Bau-
ausführung und der tatsächlichen Realisierung geben kann, die die Qualität der Leistung, den Leistungszeitpunkt und die damit verbundenen Kosten betreffen, müssen diese Entwicklungen und Veränderungen auch innerhalb von Arbeitsgemeinschaften aufgefangen werden.

In der Wirklichkeit der Bau- und Immobilienwirtschaft ist hierbei zunächst   167
bemerkenswert, dass **Rechtsstreitigkeiten zwischen Gesellschaftern von Ar-**
beitsgemeinschaften nur äußerst selten gerichtlich ausgetragen werden und
selbst die Durchführung von Schiedsgerichten in der Rechtsberatung eine
seltene Erscheinung ist. Obwohl Arbeitsgemeinschaften wie auch andere
Beteiligte in der Bau- und Immobilienwirtschaft den Konditionen dieser
Branche ausgesetzt sind, sehen sie im Innenverhältnis nur in seltenen Fällen

Diskussionsbedarf von einer solchen Qualität, dass sie ihn nur unter Einbindung externer Dritter für auflösbar halten.

168   Allein diese Feststellung kann möglicherweise als Bestätigung des Konzeptes des Alliance- Contracts aus Australien gelten, in dessen Rahmen sich die **gesellschaftsrechtliche Organisation von Bauprojekten** bewährt hat, um eine effiziente, streitvermeidende und kostensenkende Durchführung von Baumaßnahmen zu ermöglichen.

169   Unabhängig von diesem Blick über die Grenzen führt jedoch die **Überlagerung von bau- und immobilienwirtschaftlichen Themensetzungen durch die gesellschaftsrechtliche Komponente** dazu, dass der auf eine gewisse Dauer angelegte Bau- und Planungsvertrag durch die ebenso auch auf eine gewisse Dauer angelegte Organisationsform der Gesellschaft unterstützt und verstärkt wird: Die Mitglieder einer Arbeitsgemeinschaft finden sich als Angehörige einer Organisation, die die Auseinandersetzung mit dem jeweils anderen Vertragspartner zu suchen hätte, wenn nicht eine Klärung der diskussionsbedürftigen Fragen vor einer weitergehenden Eskalation gelingt.

170   Ausgehend hiervon scheinen bereits die strukturellen Besonderheiten dieser Art, Bau- und Immobilienprojekte zu organisieren, dazu zu führen, dass eine Vielzahl von Streitigkeiten vermieden werden können.

171   Unabhängig davon bietet jedoch gerade die dargestellte **Schnittstelle zwischen zwei auf eine gute Zusammenarbeit angelegten Rechtsgebieten** die Möglichkeit, interessenorientierte Ansätze der Konfliktbearbeitung in den Vordergrund zu rücken und sich dabei bewusst zu sein, dass mediative Kompetenzen und Mediation geeignet sind, um losgelöst von ausschließlich rechtlichen Überlegungen den Konflikt als Entwicklungschance entweder für Veränderungen der Organisation und der Vertragsbeziehungen oder für eine Neugestaltung der künftigen Zusammenarbeit anzusehen.

172   In diesem Sinne kann die **gesellschaftsrechtliche Organisation von Arbeitsprozessen** bereits als **Mittel der Konfliktprävention** eingesetzt werden und während der Projektdurchführung Konflikte durch eine weitreichende **Parallelität der Interessen** vermeiden helfen. Darüber hinaus eröffnet sie jedoch auch der Mediation und den mediativen Kompetenzen ein Anwendungsfeld, wenn die Arge-Partner nicht eigenständig eine Lösung für ihre Auseinandersetzung finden.

VIII. Ausblick

173   **Mediative Kompetenzen** und Mediation bieten sich in der Bau- und der Immobilienwirtschaft als **Mittel der Konfliktprävention, der Projektbegleitung und der Konfliktbehandlung** an. Beide Branchen werden sich mehr und mehr für diese interessenorientierte Konfliktlösungsmethode öffnen, wenn Ihnen deren Leistungsvermögen bewusster wird.

174   Dabei kann diese Entwicklung noch dadurch unterstützt werden, dass die vertragliche Gestaltung der Rechtsbeziehungen als besonderer Auslöser der Konflikte in der Bau- und Immobilienwirtschaft berücksichtigt wird und Ansätze entwickelt werden, um die vertraglichen Regelungen nicht nur situativ im Konfliktfall auf für beide Seiten akzeptable Lösungen zu untersuchen, sondern bereits im Vorfeld zu überprüfen, inwieweit eine **der Le-**

benswirklichkeit dieser Branchen stärker **entsprechende Vertragsgestaltung** von vornherein konfliktvermeidend wirken kann.

Wenn die daraus resultierenden Anforderungen an die künftige Gestaltung 175 der Beziehungen in der Bau- und Immobilienwirtschaft auch komplex und hoch zu sein scheinen, geschieht dabei doch nichts anderes, als von vornherein abzusichern, dass wirtschaftlich relevante Aspekte bereits von Anfang an berücksichtigt werden. Auf diesem Wege kann vermieden werden, dass anfangs nicht ausreichend gewürdigte **Risiken** im Nachhinein zwischen den Beteiligten aufgeteilt werden müssen, **ohne** dass dafür **Budgetansätze** vorhanden sind **oder finanzielle Ressourcen** bestehen.

F. Intellectual Property und Mediation

Literatur:

Brose, Das Güteverfahren in Patentstreitsachen, GRUR 2016, 146; *Budge/Wang,* Introduction To Arbitration And Mediation Procedures Of The PRC. Les Nouvelles, Journal of the Licensing Executives Society International, Vol. XLII, No.1, March 2007, p. 328; *Carl,* Vom richterlichen Mediator zum Güterichter, ZKM 2012, 16 ff.; *Chrocziel/von Samson-Himmelstjerna,* Mediation im Gewerblichen Rechtsschutz, in: Haft/v. Schlieffen (Hrsg.), Handbuch Mediation, 3. Aufl. 2016, S. 899; *de Castro/Schallnau/Blaya,* Technology Transactions: Managing Risks Arising from Disputes. WIPO Magazine, September 2011; *de Castro/Theurich,* WIPO Arbitration and Mediation Center. World Arbitration Reporter, JurisNet LLC, Prof. Loukas Mistelis and Laurence Shore (eds.), Second Edition, 2010, Vol. 3, Chapter 10; *dies.,* Efficient Alternative Dispute Resolution (ADR) for Intellectual Property Disputes. Handbook of European Intellectual Property Management, Kogan Page, 2009, pp. 479-485; *Drouault-Gardrat/Barbier,* Mediation in France. Les Nouvelles, Journal of the Licensing Executives Society International, Vol. XLII, No.1, March 2007, p. 335; *French,* Mediation And Arbitration in England. Les Nouvelles, Journal of the Licensing Executives Society International, Vol. XLII, No. 1, March 2007, p. 333; *Fritz/Pielsticker,* Mediationsgesetz, 2013; *Goldberg/Sandler/Rogers/Cole,* Dispute resolution: negotiation, mediation, arbitration, and other processes, sixth edition 2012; *Goldstein/Shea,* Scientific Collaborations and Inventorship Disputes. IP Litigator, November/December 2006, pp. 18-22; *Groß,* Der Lizenzvertrag, 11. Aufl. 2015; *ders.,* Handbuch Technologietransfer, 2010; *ders.,* WIPO-Conference on Dispute in International Science and Technology Collaboration, Journal of International Dispute Resolution, No. 3, 2005, p. 139; *ders.,* Intellectual Property Rights and Mediation – A New Challenge or „Nice to Have"? Journal of International Dispute Resolution, No. 4, 2005, p. 147; *ders.,* Konfliktlösung mit Verstand, Mediation – Experten helfen, WIRTSCHAFT, Das IHK-Magazin für München und Oberbayern, 10/2006, 8 (Interview von Dr. Michael Groß durch Reinhard Müller); *ders.,* MEDIATION, Streiten – mal anders, WIRTSCHAFT, Das IHK Magazin für München und Oberbayern, 06/2004, 50 (Interview von Dr. Michael Groß durch Nilda Höhlein); *ders.,* Tagungsbericht: WIPO-Conference on Dispute Resolution in International Science and Technology Collaboration, (Genf, 25./26.4.2005), IDR 3/2005, 139; *ders.,* IP-/IT-Mediation, 2. Aufl. 2013; *ders./Strunk,* Lizenzgebühren, 4. Aufl. 2015; Mediation – Zum Glück gezwungen, Wirtschaft – Das IHK-Magazin für München und Oberbayern – 06/2015 (Interview von Dr. Michael Groß durch Dr. Gabriele Lüke); *ders.,* Der Mediatorvertrag, HMV 109, 2. Aufl. 2016; *Hallscheidt,* Sicherung von Property Rights bei komplexer Leistungserstellung, 2005; *Hasselblatt* (Hrsg.), Münchner Anwaltshandbuch Gewerblicher Rechtsschutz, 2. Aufl. 2005; *Hoffmann,* Alternative dispute resolution dot com – Neue Fakten zu den Schieds- und Schlichtungsverfahren bei Domainkonflikten als Alternative zur gerichtlichen Streitbeilegung, Mitt. 2002, 261; *Isaac,* Mediation for Intellectual Property Disputes, IPLIN Intern – Faculty of Law, University of Windsor, August 12, 2008; *Japan Intellectual Property Association,* Study of Japanese Perspective on IP/ADR (Mediation and Arbitration), Intellectual Property Management, Vol.53, No.6, 2003, pp. 913-925; *Joppich,* Alternative Dispute Resolution under WIPO Rules for TV Format Protection Right Issues. The original article was published in German with the title „Fernsehformatstreitigkeiten und alternative Streitbeilegung", GRUR-Prax 2010, 213; *Kaden,* Mehr als gewinnen – Mit Wirtschaftsmediation Kosten sparen und Mehrwert erzielen, Mitt. 2008, 23; *Konishi,* Mediation/Arbitration Under Japanese Law. Les Nouvelles, Journal of the Licensing Executives Society International, Vol. XLII, No. 1, March 2007, p. 337; *Kortian,* Mediation And Arbitration Of Intellectual Property Disputes in Australia. Les Nouvelles, Journal of the Licensing Executives Society International, Vol. XLII, No. 1, March 2007, p. 315; *Lee/Villarreal,* Keep a Lid on Costs in IP Disputes. Texas Lawyer, January 26, 2009; *Mannhart,* Mediation im System der außergerichtlichen Streitbeilegung, dargestellt anhand von Patentstreitigkeiten, 2004; *Ponschab/Kracht,* Die Kosten der Mediation, in: Haft/v. Schlieffen (Hrsg.), Handbuch Mediation, 3. Aufl. 2016, S. 1275; *Reinders,* Vergleich von institutionellen ADR-Regeln im Hinblick auf gewerbliche Schutzrechte, 2010; *Schallnau,* Alternative Dispute Resolution in Research & Development collaborations – the WIPO Arbitration and Mediation Center, IPR Helpdesk Bulletin No. 41,

January – March 2009; *dies.*, Efficient Dispute Resolution – Multiple Parties and Contracts in R&D and Related Commercial Transactions, IPR Helpdesk Bulletin No. 5, April – June 2012; *dies.*, Efficient Resolution of Disputes in Research & Development Collaborations and Related Commercial Agreements, IPR Helpdesk Bulletin No. 4, January – March 2012; *dies.*, Mediation in Research & Development Projects – the WIPO Arbitration and Mediation Center, IPR Helpdesk Bulletin No. 42, June 2009; *Schallnau/Feldges*, WIPO Mediation und Schiedsgerichtsbarkeit für den Grünen Bereich, GRUR Int. 2017, 21; *Stürmann*, Mediation und Gemeinschaftsmarken – Mehr Trend oder mehr Wert? – Teil 2, MarkenR 2012, 191; *Volpert*, Mediation – eine Alternative zum streitigen Verfahren auch im Gewerblichen Rechtsschutz?, Seminararbeit zur Erlangung des Zertifikats Wirtschaftsmediator (IHK), 2007; *Wichard*, WIPO Arbitration and Mediation Center, Course on Dispute Settlement in International Trade, Investment, and Intellectual Property (UNCTAD), 2003; *WIPO Arbitration and Mediation Center*, Dispute Resolution for the 21st Century, WIPO Publ. No. 779, 2003; *WIPO Arbitration and Mediation Center*, Why Mediate/Arbitrate Intellectual Property Disputes, Les Nouvelles, Journal of the Licensing Executives Society International, Vol. XLII, No. 1, March 2007, p. 301; *WIPO Arbitration and Mediation Center*, World Intellectual Property Organization, 1992-2007. Part III, pp. 93-104, WIPO Publ. No. 1007, 2007; *WIPO Arbitration and Mediation Center*, Update on the WIPO Arbitration and Mediation Center's Experience in the Resolution of Intellectual Property Disputes, Les Nouvelles, Journal of the Licensing Executives Society International, March 2009, pp. 49-54; *WIPO Arbitration and Mediation Center*, Intellectual Property Dispute Resolution: WIPO Arbitration and Mediation Center's Experiences, Japanese National Group, A.I.P.P.I, Vol. 54 No. 6, June 2009, pp. 2-14.

I. Einleitung

In einem 2005 verfassten Editorial beschrieb der Verfasser die Vor- und 1
Nachteile von Schiedsverfahren, staatlichen Gerichtsverfahren und der Mediation.[1] Außerdem wurde in diesem Editorial über eine Konferenz der WIPO am 25./26.4.2005 in Genf berichtet. Die dortigen Referenten (ca. 40 inkl. Verfasser) erklärten im Wesentlichen, dass in etlichen Unternehmen – auch aus Europa (zB Akzo Nobel, PSA Peugeot Citroen, Serono, Solvay Pharmaceuticals) – Vorstandsbeschlüsse bzgl. **IP-/IT-Streitigkeiten** Folgendes beinhalten:

■ Wenn Verhandlungen zwischen (Vertrags-)Parteien gescheitert sind, wird vorzugsweise die Mediation vor Schiedsgerichts- und staatlichen Gerichtsverfahren als Konfliktbeilegungsmethode eingesetzt.

■ Es werden von diesen Firmen nur die Anwaltskanzleien beauftragt, die in allen Arten der Konfliktbeilegung (zB Verhandeln, staatliche Gerichtsverfahren, Schiedsverfahren, Mediation, Schiedsgutachten) beraten können, und zwar bei der Erfassung des relevanten Sachverhalts und der damit zusammenhängenden Rechtsfragen, bei der Auswahl des „richtigen" Konfliktbeilegungsverfahrens, bei der Auswahl des „richtigen" Dritten (zB Schiedsrichter, technischer/rechtlicher Berater, Mediator), der das Konfliktbeilegungsverfahren durchführt, und auch bei der

---

1 Intellectual Property Rights and Mediation – A new challenge or "Nice to have?", IDR, No. 4, 2005, p. 141; sa IDR, No. 3, 2005, p. 139.

Auswahl des „richtigen" Beraters, der eine Partei während des Konfliktbeilegungsverfahrens betreut.

2 Bereits in den Jahren vor und zunehmend nach dieser Veranstaltung, aber erst recht in den letzten Jahren hat sich dieser Trend verstärkt. In der Industrie und zwar nicht nur bei DAX-Unternehmen, sondern auch immer mehr bei kleinen und mittleren Unternehmen (KMU), lässt sich erkennen, dass ein stark steigender Bedarf für zeit- und kostensparende Konfliktvermeidung und -lösung besteht. Es ist erkennbar, dass sich nicht nur, aber gerade auch bei IP- und IT-Streitigkeiten dieser Trend verstärkt hat. Dies liegt unter anderem an folgenden Faktoren:

- Der Wettbewerbsdruck steigt generell. Immer mehr Firmen müssen sich weltweit die gleichen Märkte teilen. Die Margen werden folglich immer kleiner.

- Es werden von den Firmen zur besseren Marktpositionierung immer häufiger auch IP-Portfolios (zB Marken- oder Patentportfolios) aufgebaut und mit erheblichem personellen und finanziellen Einsatz durchgesetzt und verteidigt.

- Der Markt verlangt immer komplexere Produkte und die Vielfalt der Ausgestaltung der einzelnen Produktvarianten wird immer größer.

- Die Produktzyklen werden immer kürzer.

- Diese Produkte können immer öfter nicht mehr von einem einzigen Unternehmen angeboten werden. Dies liegt auch daran, dass immer weniger Firmen allein über das notwendige Know-how, dh über entsprechend qualifiziertes Personal gerade auch im Forschungs- und Entwicklungsbereich und in der Produktion, verfügen und auch häufig aus finanziellen Gründen überfordert sind, das Know-how, das Personal und die entsprechenden Maschinen alleine vorzuhalten. Es sind daher immer mehr Kooperationen mit anderen Firmen und/oder Forschungseinrichtungen notwendig.

- Es gibt häufiger Streitigkeiten zwischen den Firmen.

- Die Etats der Firmen sinken bzw. werden nicht erhöht, obwohl die Anzahl der Streitigkeiten steigt.

3 Angesichts dieser nur beispielhaft aufgezählten Faktoren müssen zwangsläufig auch die Streitigkeiten schnell und kostengünstig bearbeitet oder – besser noch – vermieden werden. Aufgrund der aufgezeigten Gründe ist jedoch eher das Gegenteil der Fall. Diese Situation führte zu einem zunehmenden Interesse der Unternehmen an der Differenzierung bei der Auswahl und Umsetzung des geeigneten „Instruments" (Verfahrens) bei der Konfliktvermeidung und -beilegung oder sogar – zumindest bei größeren Firmen – zur Implementierung von Konfliktmanagementsystemen.[2] Diese erfreuliche Entwicklung wird in den nächsten Jahren auch sukzessive bei kleineren und mittleren Unternehmen (KMU) eintreten.

---

2 S. hierzu zB www.RTMKM.de (zuletzt abgerufen am 1.3.2017) mwN sowie → ZPO § 278 Rn. 1 ff., → ZPO § 278 a Rn. 1 ff. und *Baumbach/Lauterbach/Albers/ Hartmann* ZPO § 278 Rn. 11 ff., 35 ff., ZPO § 278 a Rn. 1 ff., 22.

II. Regelungen des deutschen Gesetzgebers

Der Referentenentwurf des Bundesministeriums der Justiz vom 4.8.2010   4
enthielt in Art. 11 des Entwurfs des MediationsG in Ergänzung des § 99
Abs. 1 PatG den Satz: „Das Patentgericht kann den Parteien entsprechend
§ 278 a der Zivilprozessordnung eine außergerichtliche Konfliktbeilegung
oder eine richterliche Mediation vorschlagen."[3] Die Begründung dieses Referentenentwurfs zu Art. 11 MediationsG lautete: „Durch die Änderung
werden die Mediation und andere Verfahren der außergerichtlichen Konfliktbeilegung sowie die richterliche Mediation auch in den dafür geeigneten Verfahren des Bundespatentgerichts ausdrücklich ermöglicht. Ob und
gegebenenfalls in welchem Umfang das Bundespatentgericht Mediation
einsetzen kann, wird von den Besonderheiten der verschiedenen Verfahren
bestimmt."

Der Referentenentwurf sah in Art. 12 des Entwurfs des MediationsG einen   5
im Vergleich zu dem gerade genannten neuen Satz in § 99 Abs. 1 PatG
identischen neuen zusätzlichen S. 2 des § 82 Abs. 1 S. 1 MarkenG vor. Die
Begründung des Referentenentwurfs zu Art. 12 MediationsG entspricht
fast wörtlich der Begründung des Referentenentwurfs zu Art. 11 MediationsG:[4] „Die Änderung ermöglicht die Mediation und andere Verfahren der
außergerichtlichen Konfliktbeilegung sowie die richterliche Mediation auch
in den markenrechtlichen Verfahren vor dem Bundespatentgericht."

Der Gesetzentwurf der Bundesregierung vom 4.2.2011 entsprach den vor-   6
genannten Regelungen des Referentenentwurfs vom 4.8.2010 nahezu inhaltsgleich: Aus Art. 11 wurde Art. 10 und aus Art. 12 wurde Art. 11 MediationsG.[5] Aus der „**richterlichen**" wurde jeweils im Gesetzestext und in
der Begründung die „**gerichtsinterne**" Mediation als notwendige Konsequenz der entsprechenden Änderung des Art. 1 § 1 Abs. 1 Nr. 3 MediationsG.

Der deutsche Gesetzgeber hatte noch in seinem Gesetzentwurf vom   7
1.4.2011 die vorgenannten Änderungen übernommen bzw. beibehalten.[6]

Aufgrund der Beschlussempfehlung und des Berichts des Rechtsausschusses   8
(6. Ausschuss) vom 1.12.2011[7] wurden dann (für viele Interessierte etwas
überraschend) aufgrund der Streichung der „**gerichtsinternen**" Mediation
und der dafür vorgeschlagenen Überführung der **gerichtsinternen Mediation** in ein erheblich erweitertes Institut des Güterichters und der Ausdehnung dieses Instituts auch auf die Verfahrensordnungen der Arbeits-, Sozi-
al-, Verwaltungs-, Patent-, Marken- sowie Finanzgerichte die bisher vorgeschlagenen Art. 10 und 11 ersatzlos gestrichen und als Begründung ausgeführt: „Von einer zunächst erwogenen Einführung von Gebühren für die
gerichtsinterne Mediation hat der Rechtsausschuss wieder Abstand genommen, da hiermit ein nicht unerheblicher bürokratischer Aufwand für die
Gebührenerhebung verbunden gewesen wäre und die Förderung der nicht-
richterlichen Mediation nur in unzureichendem Umfang zu erwarten gewe-

---

3 RefE BMJ v. 4.8.2010, 10.
4 RefE BMJ v. 4.8.2010, 31.
5 BT-Drs. 60/11, 11, 39 f.
6 BT-Drs. 17/5335, 9, 25 f.
7 BT-Drs. 17/8058, 15.

sen wäre. Deshalb schlägt der Rechtsausschuss vor, die bisher praktizierten unterschiedlichen Modelle der gerichtsinternen Mediation in ein erheblich erweitertes Institut des Güterichters zu überführen und dieses Institut auch auf die Verfahrensordnungen der Arbeits-, Sozial-, Verwaltungs-, Patent-, Marken- und Finanzgerichte auszudehnen. Mit dieser Regelung werden die Möglichkeiten für die Entwicklung der außergerichtlichen Mediation und anderer Formen der außergerichtlichen Konfliktbeilegung erweitert."[8] Es wurde also mit einem bürokratischen Aufwand für die Gebührenerhebung und einer unzureichenden Förderung der nicht-richterlichen Mediation argumentiert, wobei offen bleibt, ob diese beiden Gründe unabhängig voneinander oder kumulativ gelten sollen. Der letzte Satz der zitierten Begründung spricht für eine Kumulation.

9 Die Streichung der geplanten Art. 10 – Änderung des Patentgesetzes – und Art. 11 – Änderung des Markengesetzes – wurde wie folgt begründet: „Der Aufnahme einer Verweisung im Patentgesetz und im Markengesetz auf die neuen Regelungen gemäß § 278 Abs. 5 und § 278 a der Zivilprozessordnung in die generell verweisende Norm des § 99 Abs. 1 des Patentgesetzes bzw. § 82 Abs. 1 des Markengesetzes bedarf es nicht. Im Verfahren vor dem Patentgericht sind die Vorschriften der Zivilprozessordnung gemäß § 99 Abs. 1 des Patentgesetzes bzw. § 82 Abs. 1 des Markengesetzes ohnehin immer anwendbar, soweit die Besonderheiten des patentgerichtlichen Verfahrens dies nicht ausschließen. Dass diese Besonderheiten der Anwendung von Vorschriften über den Güterichter und über die Möglichkeiten außergerichtlicher Konfliktbeilegung entgegenstehen könnten, ist nicht ersichtlich. Das Verfahren vor dem **Patentgericht** wird überwiegend, ähnlich dem Verfahren vor den Zivilgerichten, als Verfahren zwischen zwei Parteien geführt. Es ist daher offen für Institute der gütlichen Konfliktbeilegung vor dem **Güterichter** oder in außergerichtlicher Weise. Auch wird für das patentgerichtliche Verfahren – anders als beim Verwaltungsgerichtsverfahren – in Wissenschaft und Lehre nicht in Zweifel gezogen, dass in diesem Verfahren eine alternative Konfliktbewältigung möglich ist." Dieser Einschätzung ist auch aus praktischer Sicht zuzustimmen. Berücksichtigt man zudem, dass der Güterichter einen erheblich größeren Spielraum bei der Ausgestaltung des Güteverfahrens hat als der ursprünglich vorgesehene Richtermediator[9] so ist dies gerade auch für Patent- und Markenstreitigkeiten zu begrüßen. Die Praxis zeigt, dass inzwischen nicht nur eine Akzeptanz der Güterichterverfahren in diesem Spezialbereich, sondern auch eine sehr hohe Vergleichsquote besteht. So führten beispielsweise von 19 Patent-, Marken- und Arbeitnehmererfindervergütungsstreitigkeiten, die im März 2016 beim Landgericht München anhängig waren,16 Güterichterverfahren zu einvernehmlichen Regelungen, spätestens beim Streitrichter nach erfolgten Güterichterverhandlungen. In drei Verfahren gab es eine Co-Mediation. In diesen Fällen arbeiteten die Güterichter des LG Mün-

---

8 BT-Drs. 17/8058, 17.
9 *Carl* ZKM 2012, 16 (20); *Fritz/Pielsticker* Einl. Rn. 69; sa *Brose* GRUR 2016, 146 zu Güteverfahren in Patentstreitsachen.

chen I mit einem Güterichter des Bundespatentgerichts, München, zusammen.[10]

Unabhängig von der Güterichterthematik ist dem Gesetzgeber beizupflich- 10
ten, wenn er davon ausgeht, dass § 99 Abs. 1 PatG und § 82 Abs. 1
MarkenG anwendbar sind, soweit die Besonderheiten dieser Verfahren die
Anwendung der Zivilprozessordnung nicht ausschließen. Dies ergibt sich
schon aus dem Wortlaut der beiden spezialgesetzlichen Vorschriften.

III. Praxisfälle

In der Praxis finden sich immer häufiger Fälle, die folgende Bereiche bzw. 11
Streitigkeiten betreffen:

- Verletzungs-, Nichtigkeits-, Löschungsverfahren bei Schutzrechtsstreitigkeiten,
- Arbeitnehmererfinder(vergütungs)streitigkeiten,
- Forschungs- und Entwicklungs- sowie Lizenzverträge (zB Lizenzen an Patenten, Marken, Softwareurheberrechten, Know-how), wobei es insoweit häufig um Streitigkeiten über Sach- und/oder Rechtsmängel, den Umfang der geschuldeten Tätigkeit und – wie auch bei den in den ersten beiden Spiegelstrichen genannten Bereichen/Streitigkeiten – nicht zuletzt um die Höhe von Forderungen (vertraglich zugesagte und/oder Schadensersatzzahlungen) geht.

Es werden im Folgenden einige Praxisfälle geschildert, ergänzt um die Dar- 12
stellung des sog IBM/FUJITSU-Falles, der wegen seiner grundsätzlichen Bedeutung mit aufgenommen wurde.

- Patentlizenzvertrag   13

Bei den Parteien handelt es sich ursprünglich um einen deutschen Erfinder,
der Inhaber eines Herzkatheter-Patents war und einen sehr großen US-
amerikanischen Pharmakonzern. Der deutsche Erfinder lizenzierte das v. g.
Patent an die US-Firma. Der Patentlizenzvertrag stammt aus dem Jahre
1986 und wurde drei Mal geändert. Anwendbares Recht war deutsches
Recht. Der Vertrag enthielt keine Streitschlichtungsklausel. Einige Jahre
später hatte der Erfinder die Vermutung, dass an ihn zu wenig Lizenzgebühren gezahlt wurden. Nach Auffassung des Erfinders summierten sich
die zu wenig gezahlten Lizenzgebühren auf einen Betrag von insgesamt
16 Mio. US $. Im Jahr 2001 wurde seitens des Erfinders trotz fehlender
Streitschlichtungsklausel eine Mediation gegenüber seinem Lizenznehmer
vorgeschlagen, um den Konflikt über die Höhe der gezahlten Lizenzgebühren zu klären. Die Mediation wurde dann 2001 in Minneapolis, USA, mit
einem pensionierten staatlichen Richter als Mediator durchgeführt. Die
Mediation begann um 10:00 Uhr und endete am Folgetag um 1:00 Uhr
morgens. Der Erfinder und Lizenzgeber erhielt unter bestimmten Randbedingungen, die letztlich alle erfüllt wurden, eine einmalige Zahlung in Höhe von 80 Mio. US $, um nicht nur die ausstehenden 16 Mio. US $ Lizenzgebühren, sondern um durch den Kauf auch die Restlaufzeit des Patents
abzugelten. Gleichzeitig verkaufte der Erfinder und Lizenzgeber sein Patent
an den Wettbewerber des Lizenznehmers, der dem Wettbewerber die Pro-

---

10 *Brose* GRUR 2016, 146 und Vortrag *Brose*, GRUR Süd 1.10.2015, München.

duktionsstätten für den Herzkatheter in der Schweiz zum Preis von 2,1 Mrd. $ schon drei Jahre zuvor verkauft hatte.

Es waren also letztlich drei Parteien an dieser Mediation mit ihren firmeninternen und externen Anwälten beteiligt: Der deutsche Erfinder und Lizenzgeber, der US-Lizenznehmer sowie der Wettbewerber des US-Lizenznehmers, der letztlich Käufer des Patents des deutschen Erfinders wurde. Die Mediation verlief sehr sachlich und zielorientiert und konnte auf finanzieller Basis zum Erfolg geführt werden.

14 ■ Entwicklung einer Software (Hotelbuchung)

Die Mediation wurde zwischen zwei Medianden durchgeführt. Es handelte sich um den Münchner Hotelverbund (Auftraggeber) und die Firma Web Creatives GbR (Auftragnehmer). Gegenstand des Streits war die Erfüllung der Software-Erstellung. Die Streitdauer betrug bis zum Beginn der Mediation neun Monate. Die Vorbereitung der einzigen Mediationssitzung selbst benötigte sieben Wochen einschl. dreier Schriftsätze der Parteien. Die Verhandlungszeit am 3.10.2003 betrug zwei Stunden und 20 Minuten. Zwischen den Parteien wurde folgender Vergleich geschlossen: Der Auftragnehmer zahlt an den Auftraggeber einen bestimmten Betrag zur Abgeltung aller Forderungen. Der Auftraggeber zahlt fünf und der Auftragnehmer zahlt sechs Stunden von 11 Stunden Zeitaufwand des Mediators. Jede Partei trägt 50 % der Kosten der IHK München (MediationsZentrum München).[11]

15 ■ Patent- und Know-how-Lizenzvertrag

Bei den Medianden handelt es sich um zwei deutsche Firmen, die im Textilmaschinenbau tätig sind. Streitgegenstand waren der Fortbestand und die Rechte/Pflichten aus einem Patent-/Know-how-Lizenzvertrag, der von beiden Seiten gekündigt wurde.

Die Streitdauer bis zum Beginn der Mediation betrug ca. eineinhalb Jahre. Die Dauer der Vorbereitung der einzigen Mediationssitzung betrug ca. sieben Wochen. Die Schiedsklage wurde Ende 2005 eingereicht. Zwischen den Parteien wurde dann jedoch einvernehmlich statt des Schiedsverfahrens die Durchführung eines Mediationsverfahrens für Anfang 2006 vereinbart. Bei einem gemeinsamen Abendessen wurde vor dem eigentlichen Mediationstermin innerhalb von fünf Stunden ein möglicher Vergleich nicht nur diskutiert, sondern nahezu abgeschlossen. Da eine Partei selbst an dem Abendessen nicht teilnehmen konnte, vielmehr „nur" durch ihren Rechtsbeistand vertreten wurde (die andere Partei war mit der gesamten Geschäftsführung und dem Rechtsbeistand bei dem Abendessen anwesend), konnte der Vergleich lediglich diskutiert und nicht abgeschlossen werden. Im Rahmen der Mediationssitzung wurde dann in Anwesenheit aller Beteiligten innerhalb von sieben Stunden ein Vergleich geschlossen. Der Lizenzvertrag wurde einvernehmlich aufgehoben, die geleistete Einstandszahlung blieb bei dem (ehemaligen) Lizenzgeber und das lizenzierte Know-how wurde weiterhin geheim gehalten. Der (ehemalige) Lizenzgeber erhielt ein Kontrollrecht bzgl. der Auslieferung der lizenzierten Maschinenbauteile

---

11 Der Fall wurde veröffentlicht in: WIRTSCHAFT, Das IHK-Magazin für München und Oberbayern 06/2004, 50 ff.

durch den (ehemaligen) Lizenznehmer. Dieses Kontrollrecht wurde letztlich deshalb eingeräumt, weil während der Mediationssitzung – wohl erstmalig – offen angesprochen wurde, dass der eine Geschäftsführer des Lizenznehmers sich vor Beginn seines Arbeitsvertrages (beim Lizenznehmer) beim Lizenzgeber bereits die streitgegenständliche Maschine zusammen mit dem Geschäftsführer des Lizenzgebers angesehen hatte. Die ihm dabei vom Lizenznehmer offenbarten erfinderischen Ideen brachte er bei seinem neuen Arbeitgeber ein, der auch eine Patentanmeldung vornahm, um diese erfinderischen Ideen des Lizenzgebers zu schützen. Dies war der eigentliche Kern des Konfliktes. Die Medianden hatten jedoch diesen Streitanlass nur unzureichend kommuniziert, woraufhin der Streit eskalierte. Im Rahmen des Vergleichs übernahm der ehemalige Lizenznehmer die Kosten des Schiedsverfahrens und der Mediation (32 Stunden). Jede Partei trug im Übrigen ihre eigenen Kosten einschl. der eigenen Anwaltskosten.[12]

In allen drei geschilderten Fällen wurden auf Bitten der jeweiligen Medianden seitens des Mediators rechtliche Hinweise in einer sehr neutralen Form gegeben. In allen drei Fällen wurde im Einverständnis der Medianden die „Shuttle-Diplomatie" seitens des Mediators durchgeführt (→ MediationsG § 2 Rn. 139 ff.). Der Mediator führte also Gespräche mit jedem Medianden und den entsprechenden Rechtsbeiständen und gab in einem von dem jeweiligen Medianden bestimmten Umfang Informationen an den anderen Medianden und dessen Rechtsbeistände weiter.   16

In den drei Fällen machte diese Vorgehensweise sehr viel Sinn, da die Parteien – nicht deren jeweilige Rechtsbeistände – die Gespräche mit sehr viel Emotionen „belasteten" und es daher auch nach eigener Einschätzung der Parteien und ihrer jeweiligen Rechtsbeistände durchgängig sinnvoller war, die Mediation grundsätzlich in getrennten Räumlichkeiten durchzuführen. In bestimmten Zeitabständen, die sehr individuell waren, wurden dann jeweils gemeinschaftliche Gespräche in Anwesenheit aller Beteiligten geführt.   17

Als Beispiel für eine langjährige Entwicklung des Einsatzes differenzierter Konfliktmanagementverfahren wird der **IBM/FUJITSU-Fall** dargestellt.[13]   18

Der IBM/FUJITSU-Fall war vermutlich einer der ersten großen Fälle, die bereits Ende der 70er Jahre des 20. Jahrhunderts im IP-/IT-Bereich mittels eines differenzierten Konfliktbeilegungsverfahrens stattfanden. IBM hatte FUJITSU vorgeworfen, dass deren Betriebssystem die Urheberrechte der IBM verletzen würde. Soweit bekannt, wurden in diesem Konflikt folgende Verfahren eingesetzt: 19

- strukturierte Verhandlungen,
- Mini-Trial,
- Mediation,

---

12 Der Fall wurde in WIRTSCHAFT, Das IHK-Magazin für München und Oberbayern 10/2006, 8 ff. veröffentlicht.
13 Vgl. zB *Groß*, IP/IT-Mediation, Rn. 98 mwN und *Goldberg/Sandler/Rogers/Cole*, S. 483 f.

- Schiedsgerichtsverfahren incl. Final-Offer-Arbitration,[14]
- fortlaufende Streitschlichtung durch ein ständiges Gremium von zwei Schiedsrichtern mit der Option, einen dritten Schiedsrichter ad hoc zu integrieren,
- komplexe Beziehung zwischen Verhandeln und Adjudication über die gesamte Dauer des Streits (ca. 12 Jahre).

Der Durchbruch der Verhandlungen kam dadurch zustande, dass zwei der drei Schiedsrichter die Option hatten, sich zum Teil als Mediatoren zu betätigen und so die Vereinbarung ermöglichten, die für alle folgenden Regelungen die Grundlage schufen. Dies war einmal die Entscheidung, alle Streitigkeiten bzgl. der existierenden Softwareprogramme durch Zahlung einer einmaligen Lizenzgebühr zu beenden. Der zweite wesentliche Teil der Vereinbarung bestand darin zu entscheiden, ein „sicheres System" für den kontrollierten Austausch zukünftiger Softwaredaten zu erstellen.

Weitere Praxisfälle können der Literatur entnommen werden.[15]

IV. Klauseln aus der Vertragspraxis

20   In den letzten Jahren werden immer häufiger – dies gilt inzwischen sogar für Allgemeine Geschäftsbedingungen zB in Einkaufs- und Lieferverträgen – Streitbeilegungsklauseln von den Parteien in IP-/IT-relevanten Verträgen, zB in Forschungs-, Entwicklungs- sowie in Lizenzverträgen (Patente, Marken, Know-how, Softwareurheberrechte) nicht nur vorgeschlagen, sondern auch akzeptiert. Dies hat ua folgende Gründe:

- Immer mehr Firmen gerade in technischen Sparten sind daran interessiert, ihr Wissen entweder geheim zu halten oder – selbst wenn dieses Wissen durch offengelegte Schutzrechtsanmeldungen oder durch die Erteilung von Schutzrechten und damit parallel erfolgende Veröffentlichungen des Wissens (zB Veröffentlichung von Patenterteilung und Patentschrift gem. § 58 PatG) jedermann zugänglich wird – das geheime Wissen nur teilweise durch Schutzrechte zu veröffentlichen.
- Gerade bei Verträgen, die höhere Summen (ab ca. EUR 100.000) beinhalten, werden zur Vermeidung von hohen Anwalts- und Gerichtskosten Verfahren mit anerkannt kürzerer Verfahrensdauer (zB Gutachten, Mediation) gewählt, und zwar unabhängig von einem Interesse der Parteien, einen Streit geheim zu halten. Dies gilt erst recht dann, wenn die Streitigkeiten zwischen Parteien geführt werden, die ihren Sitz in zwei verschiedenen Ländern haben. Die Akzeptanz dieser schnelleren und preiswerteren Verfahren steigt sogar mit der örtlichen Distanz (zB

---

14 Final-Offer-Arbitration wird seit 1966 als Konfliktbeilegungsverfahren in Fällen eingesetzt, wenn es zwischen den Parteien nur noch darum geht, eine bestimmte Höhe eines Geldbetrags festzulegen. Beide Parteien geben ihr letztes Angebot (Final Offer), und zwar ohne Kenntnis der anderen Partei nur gegenüber dem Schiedsrichter oder auch für die andere Partei einsichtig ab. Der Schiedsrichter entscheidet dann, welches Angebot seiner Meinung nach "gerecht" ist und erklärt dieses Angebot für verbindlich. Siehe zB *Mannhart*, S. 86 ff. und *Groß*, IP/IT-Mediation, Rn. 93.
15 Siehe zB *Groß*, IP-/IT- Mediation, C., S. 145 ff., und www.wipo.int/amc; www.muenchen.ihk.de (zuletzt abgerufen am 1.3.2017).

Streit einer deutschen mit einer amerikanischen oder chinesischen Firma).[16]

- Ein weiterer Grund liegt in der Unkenntnis fremder Rechtssysteme bzw. in der Angst vor fremden Rechtssystemen und den damit verbundenen oder zumindest vermuteten Schwierigkeiten, ein erstrittenes Urteil auch vollstrecken zu können. Diese Vorbehalte finden sich – verbunden mit der Sorge um sehr hohe Kosten eines gerichtlichen Verfahrens – bei kontinentaleuropäischen Firmen zB im Hinblick auf Prozesse in England, USA und in Asien, zB in China, Südkorea, Japan und Indien.

Im Folgenden wird ein Praxisbeispiel einer gestuften Klausel vorgestellt:[17]   21

1. Applicable Law

This Agreement shall be construed, governed, interpreted and applied in accordance with the material laws of the Federal Republic of Germany excluding its conflict of laws provisions and the UN Convention on Contracts for the International Sales of Goods.

The institution of any proceeding shall not relieve LICENSEE of its obligation to make payments which accrue hereunder during the continuance of such proceeding.

2. Dispute Settlement

2.1 With the exception of disputes concerning payment claims any dispute, controversy or claim arising under, out of or relating to this Agreement and any subsequent amendments of this Agreement, including, without limitation, its formation, validity, binding effect, interpretation, performance, breach or termination, as well as non-contractual claims, shall be submitted to mediation in accordance with the WIPO Mediation Rules (http://arbiter.wipo.int). The place of mediation shall be Munich. The language to be used in the mediation shall be English. The dispute, controversy or claim referred to mediation shall be governed by the laws (but not by the conflict-of-laws rules) of the Federal Republic of Germany excluding its conflict of laws provisions and the UN Convention Contracts for the International Sales of Goods.

2.2 If, and to the extent that, any such dispute, controversy or claim has not been settled pursuant to the mediation within 60 (sixty) days of the commencement of the mediation, it shall, upon the filing of a Request for Arbitration by either PARTY, be referred to and finally determined by arbitration in accordance with the WIPO Expedited Arbitration Rules. Alternatively, if, before the expiration of the said period of 60 (sixty) days, either PARTY fails to participate or to continue to participate in the mediation, the dispute, controversy or claim shall, upon the filing of a Request for Arbitration by the other PARTY, be referred to and finally determined by arbitration in accordance with the WIPO Expedited Arbitration Rules. The

---

16   → Einl. Rn. 10; Groß, IP-/IT-Mediation, S. 134 ff.; *Ponschab/Kracht* in: Haft/v. Schlieffen, Handbuch Mediation, § 56, S. 1275 ff.

17   Weitere Klauseln sind hier abrufbar: www.cedr.com, www.disarb.org, www.iccwbo.org, www.wipo.int/amc/en/ (zuletzt abgerufen am 1.3.2017); → Einl. Rn. 127 ff. passim, 146 ff., 159 ff., 174., 216 ff., 248 ff.

arbitral tribunal shall consist of a sole arbitrator. The place of arbitration shall be Munich. The language to be used in the arbitral proceedings shall be English. The dispute, controversy or claim referred to arbitration shall be decided in accordance with the laws of the Federal Republic of Germany excluding its conflict of laws provisions and the UN Convention Contracts for the International Sales of Goods.

G. Familien- und Scheidungsmediation (inkl. grenzüberschreitender Aspekte)

Literatur:

Ade/Gläßer, Lehrmodul 18: Das Recht der Mediation, ZKM 2013, 57; *von Ballestrem/ Schmid/Loebel*, Mediation und grenzüberschreitende Mediation, NZFam 2015, 811; *Bernhardt/Winograd*, Interdisziplinäre Co-Mediation: Zur Zusammenarbeit von Rechtsanwälten und Psychologen, in: Haft/von Schlieffen (Hrsg.), Handbuch Mediation, 3. Aufl. 2016, S. 667–706; *Dietrich*, Gerichtsnahe Familienmediation in Berlin, Gerichtliche und außergerichtliche Vernetzung in der Praxis, ZKM 2015, 19; *Dietrich/ Fichtner/Halatcheva/Sandner*, Arbeit mit hochkonflikthaften Trennungs- und Scheidungsfamilien: Eine Handreichung für die Praxis, 2010; *Farzin/Joran*, Lexikon Soziologie und Sozialtheorie, Hundert Grundbegriffe, 2008; *Gadlin*, Conflict Resolution, Cultural Differences, and the Culture of Racism, Negotiation Journal 1994, 33; *Gläßer*, Mediation und Beziehungsgewalt, Möglichkeiten, Bedingung und Grenzen des Einsatzes von Familienmediation bei Gewalt in Paarbeziehungen, 2008; *Greger*, Mediation in Kindschaftssachen – Kosten, Akzeptanz, Nachhaltigkeit, FPR 2001, 115; *ders./ Unberath/Steffek*, Recht der alternativen Konfliktlösung, Mediationsgesetz, Verbraucherstreitbeilegungsgesetz – Kommentar, 2. Aufl. 2016; *Gruber/Salzgeber*, Mediation als Intervention im Rahmen der familienpsychologischen Sachverständigentätigkeit, ZKJ 2011, 404; *Hohmann/Morawe*, Praxis der Familienmediation: Typische Probleme mit Fallbeispielen und Formularen bei Trennung und Scheidung, 2. Aufl. 2013; *Hubner*, Mediation beim Generationenwechsel in Familienunternehmen, in: Trenczek/ Berning/Lenz (Hrsg.), Mediation und Konfliktmanagement, 2013, S. 517–521; *Keidel*, FamFG, Kommentar zum Gesetz über das Verfahren in Familiensachen und in den Angelegenheiten der freiwilligen Gerichtsbarkeit, 17. Aufl. 2011; *Kriegel*, Mediationspflicht? Über die Notwendigkeit einer Begleitung von Eltern bei Trennung und Scheidung, 2006; *Kiesewetter*, Mediation bei internationalen Familienkonflikten, in: Trenczek/Berning/Lenz (Hrsg.), Mediation und Konfliktmanagement, 2013, S. 506–510; *Krabbe/Thomsen*, Werkstattbericht Familienmediation, ZKM 2011, 111; *Krabbe*, Mediation in hoch eskalierten Partnerkonflikten/häusliche Gewalt, in: Trenczek/ Berning/Lenz (Hrsg.), Mediation und Konfliktmanagement, 2013, S. 511–516; *Kriegel/ Schmidt*, Interkulturalität in der Paarbeziehung – Probleme und Lösungsansätze, ZKJ 2008, 303; *Lochmann*, Mediation mit binationalen Familien, Spektrum der Mediation 24/2006, 36; *Love/Stulberg*, Practice guidelines for co-mediation: Making certain that "two heads are better than one", Mediation Quarterly, 1996, 179; *Mähler/Mähler*, Familienmediation, in: Haft/v. Schlieffen (Hrsg.), Handbuch Mediation, 3. Aufl. 2015, S. 667–706; *Marx*, Obligatorische Sorgerechtsmediation?, Überlegungen nach kritischer Analyse des kalifornischen Modells, ZKJ 2010, 300; *Montada*, Nachhaltige Beilegung von Familienkonflikten durch Mediation, FPR 2004, 182; *ders./Kals*, Mediation. Psychologische Grundlagen und Perspektiven, 3. Aufl. 2013; *Paul/Kiesewetter* (Hrsg.), Mediation bei internationalen Kindschaftskonflikten, 2009; *Peschke*, Familienmediation bei Trennung/Scheidung von Eltern: ein Kann, ein Soll, ein Muss?, 2012; *Proksch*, Förderung der Familienmediation durch das Mediationsgesetz, ZKM 2011, 173; *Prütting/Helms*, FamFG Kommentar mit FamGKG, 3. Aufl. 2014; *Rafi*, Mediation und Zertifizierung, in: Haft/v. Schlieffen (Hrsg.), Handbuch Mediation, 3. Aufl. 2016, S. 1215–1224; *Schulz*, Familienmediation. Leistungsversprechen? Standards? Empfehlungen? Eine offene Diskussion, Spektrum der Mediation 57/2015, 43; *Stallard*, Joining the culture club: examining cultural context when implementing international dispute resolution, Ohio State Journal on Dispute Resolution 2002, 463; *Ting-Tooney*, Toward a Theory of Conflict and Culture, in: Gudykunst, W.B. (ed.) Communication, Culture and Organizational Processes, 1985, S. 71–86; *Troja*, Co-Mediation, in: Trenczek/ Berning/Lenz (Hrsg.), Mediation und Konfliktmanagement, 2013, S. 385–392.

1 Die Familien- und Scheidungsmediation hat durch das Mediationsgesetz viele, bedeutsame Reformierungen erfahren. Einige Neuerungen besitzen lediglich klarstellende Funktion. Sämtliche Veränderungen sollen jedoch Anreize zur Nutzung von Mediation geben. Außerdem enthält das „Gesetz zur Förderung der Mediation und anderer Verfahren der außergerichtlichen Konfliktbeilegung" wesentliche Änderungen des „Gesetzes über das Verfahren in Familiensachen und in den Angelegenheiten der freiwilligen Gerichtsbarkeit (FamFG)" sowie eine Vielzahl von Neuerungen für die Ausbildung und Praxis der Familienmediation.

I. Allgemeine Grundsätze zur Familienmediation

2 **1. Entwicklung der Familienmediation in Deutschland.** Familienmediation entwickelte sich in Deutschland als eines der ersten Betätigungsfelder der Mediation bereits Ende der 80er Jahre des 20. Jahrhunderts. Es ist kein Zufall, dass sich Mediationsverfahren ausgerechnet im Bereich der familiären Konflikte etablierten. Konflikte in Familie und Partnerschaft zeichnen sich typischerweise durch eine längere Konflikthistorie und eine anhaltende Verbundenheit der Konfliktbeteiligten aus. Oft sind es nicht die justiziablen Normverletzungen, welche die Konflikte prägen.[1] Diese Aspekte lassen Mediation als geeignetes Verfahren zur Klärung solcher Konflikte erscheinen, da sie die Berücksichtigung einer besonderen Konfliktdynamik ermög-

---

1 *Montada* FPR 2004, 182 (183 f.).

licht und mit hoher Wahrscheinlichkeit zu einer einvernehmlichen und nachhaltigen Streitbeilegung führt. Konflikte in Familie und Partnerschaft werden daher oft als besonders mediationsgeeignet betrachtet.

Familie ist soziologisch betrachtet eine durch Partnerschaft, Ehe oder Abstammung begründete Lebensgemeinschaft.[2] Nach der Rechtsprechung des BVerfG ist eine durch Art. 6 Abs. 1 GG geschützte Familie auch die sozialfamiliäre Gemeinschaft, die ebenfalls aus eingetragenen Lebenspartnern und dem leiblichen oder angenommenen Kind eines Lebenspartners bestehen kann und bei der der Grundrechtsschutz den Bestand rechtlicher Verwandtschaft nicht voraussetzt.[3] Familie geht in der Regel mit Kindern einher; **alles, was um Kinder kreist, ist Familie.** Weitere Akteure sind die Eltern bzw. die Erziehungsberechtigten und die Verwandten. Die eigenverantwortliche und einverständliche Regelung von Konflikten innerhalb der Familie ist das „Leitbild" der Familie und des damit verbundenen Familienrechtes.[4] Die Förderung einverständlicher Regelungen von Familienkonflikten war zentrales Anliegen der Kindschaftsrechtsreform von 1998 (KindRG)[5] sowie des „Gesetzes über das Verfahren in Familiensachen und in den Angelegenheiten der freiwilligen Gerichtsbarkeit" (FamFG) vom 17. Dezember 2008.[6]

Verschiedene regionale Initiativen führten 1992 zur Gründung der „Bundes-Arbeitsgemeinschaft für Familien-Mediation" (BAFM).[7] Etwa zeitgleich wurde der „Bundesverband Mediation" (BM)[8] gegründet, der viele Anwendungsfelder der Mediation umfasst und in dem sich eine Fachgruppe der Familienmediation widmet. Unter Einbeziehung der sich parallel entwickelnden Praxis wurden die Richtlinie für Mediation in Familienkonflikten,[9] die Satzung der Bundes-Arbeitsgemeinschaft für Familien-Mediation[10] und die Ausbildungsordnung der BAFM[11] entwickelt.[12]

3

Die **Besonderheit der Familienmediation** im Verhältnis zu anderen Anwendungsfeldern von Mediation[13] liegt ua darin begründet, dass die Familienmediation bisher der einzige Bereich ist, für den im deutschsprachigen

4

---

2 *Farzin/Jordan,* S. 65.
3 BVerfG 19.2.2013 – 1 BvL 1/11, 1 BvR 3247/09, Rn. 3 a, zit. nach Juris.
4 *Proksch* ZKM 2011, 173.
5 BT-Drs. 13/8511, 64; *Proksch* ZKM 2010, 39.
6 BGBl. I S. 2586, 2587.
7 Abrufbar unter www.bafm-mediation.de (zuletzt abgerufen am 1.3.2017); s. ebenfalls *Paul/Zurmühl* ZKM 2012, 159 ff.
8 Abrufbar unter www.bmev.de (zuletzt abgerufen am 1.3.2017).
9 Abrufbar unter http://www.bafm-mediation.de/ausbildung/ausbildungs-richtlinien-der-bafm/2-richtlinien-der-bafm-fur-mediation-in-familienkonflikten/ (zuletzt abgerufen am 1.3.2017).
10 Abrufbar unter http://www.bafm-mediation.de/organisation/satzung_der_bafm/ (zuletzt abgerufen am 1.3.2017).
11 Abrufbar unter http://www.bafm-mediation.de/ausbildung/ausbildungs-richtlinien-der-bafm/3-ausbildungsordnung-der-bafm-fur-familien-mediation/ (zuletzt abgerufen am 1.3.2017).
12 Auch der BM tendiert dazu, entsprechende Standards für Fachmediatoren im Bereich Familie zu etablieren, vgl. *Rafi* in: Haft/v. Schlieffen, § 52 Rn. 32. Empfehlungen für solche Standards bei *Schulz* Spektrum der Mediation 57/2015, 43 ff.
13 Ein Überblick zu anderen Anwendungsbereichen findet sich bei *Damerau/Zemmrich* JA 2007, 203.

Raum mehrere Studien zur **Evaluationsforschung** vorliegen. Die Forschung belegt die hohe Zufriedenheit der Betroffenen mit Mediation und ihre entlastende Wirkung. Streitigkeiten werden signifikant reduziert, Kommunikation und Kooperation deutlich verbessert.[14]

5   Familienmediation hat sich europa- und weltweit in besonderem Maße etabliert. Das Ministerkomitee des Europarates sieht die Motivation hierfür in seiner Entschließung Nr. 98 (1) vom 5.2.1998[15] zentriert in den „Forschungsergebnissen über Mediation und die diesbezüglichen Erfahrungen in verschiedenen Ländern, die zeigen, dass Familienmediation geeignet ist, die Kommunikation zwischen den Familienmitgliedern zu verbessern, Konflikte zwischen den Streitparteien zu verringern, gütliche Regelungen herbeizuführen, die Fortsetzung persönlicher Kontakte zwischen Eltern und Kindern zu gewährleisten, die sozialen und wirtschaftlichen Kosten einer Trennung oder Scheidung für die Parteien selbst und für den Staat zu senken sowie den Zeitraum, der sonst zur Beilegung eines Konfliktes benötigt wird, zu verkürzen."[16]

6   Hat ein Konflikt ein grenzüberschreitendes Element, zB weil die Beteiligten unterschiedlicher Staatsangehörigkeit sind, ihren gewöhnlichen Aufenthalt in verschiedenen Staaten oder nicht in ihrem Herkunftsland haben, stellen sich im Hinblick auf eine Mediation besondere Fragen und Herausforderungen.[17] Die *rechtlichen Rahmenbedingungen* eines grenzüberschreitenden Konflikts sind komplexer, beispielsweise im Hinblick auf die internationale Zuständigkeit von Gerichten, die Relevanz verschiedener nationaler Rechtssysteme und internationaler Abkommen oder Fragen der Anerkennung und Vollstreckbarkeit von Vereinbarungen (ausführlich dazu → Rn. 27).

Grenzüberschreitende Konflikte sind häufig auch *interkulturelle Konflikte.* Kultur betrifft die Werte, Normen, Glaubenssätze und Annahmen des Menschen und beeinflusst damit sein Verhalten.[18] Werden kulturelle Aspekte eines Konflikts nicht erkannt oder ignoriert, kann eine Konfliktbeilegung, welche die Anliegen und Bedürfnisse der Beteiligten optimal berücksichtigt, praktisch nicht gelingen. Andererseits kann Kultur nicht per se als Erklärung für individuelles Verhalten dienen. Verhalten darf daher nicht vorschnell einer kulturellen Ursache zugeschrieben werden („Kulturalisierung"). Es besteht sonst das Risiko, dass wirkliche Hintergründe nicht erkannt werden[19] und die Konfliktbeilegung dadurch blockiert wird.

Der Mediator muss daher ein kritisches Bewusstsein über die Existenz von Stereotypen und eigene kulturelle Prägungen und Vorannahmen haben[20] und sie beiseitelassen können. Er muss zugleich die kulturellen Besonderheiten kommunikativer Stile kennen, um Missverständnisse zu vermei-

---

14 *Bastine* KON:SENS 1999, 287 ff.; *Proksch* ZKM 2000, 211 ff.; *Proksch* ZKM 2011, 173 ff.
15 Abgedruckt in FamRZ 1998, 1018 ff.
16 FamRZ 1998, 1019.
17 Beispielsweise die geographische Distanz der Beteiligten, damit einhergehende Reisekosten sowie insbesondere in Kindschaftskonflikten der Faktor Zeit.
18 *Ting-Tooney*, S. 71, 86.
19 *Kriegel/Schmidt*, S. 303.
20 *Lochmann*, S. 37.

den.[21] Im Falle der Co-Mediation (zur Co-Mediation → Rn. 33 ff.), die in bi-nationalen Konflikten sinnvoll ist (zu Co-Mediation in bi-nationalen Konflikten → Rn. 38), gilt dies für das Mediatoren-Team auch in Bezug auf gegebenenfalls unterschiedliche Arbeitsstile oder gar abweichendes Methodenverständnis.[22] Eine Herangehensweise in der Mediation, die Erklärungen für Verhalten mit Blick auf Kultur erlaubt und zugleich Unterschiede akzeptiert, erweitert das Verständnis und ermöglicht eine Streitbeilegung, in der kulturelle Aspekte des Konflikts angemessen berücksichtigt werden.[23]

In bi-nationalen Beziehungen wird die Problematik von Kindern im Trennungsprozess ihrer Eltern häufig verschärft: Kulturelle Unterschiede, die große räumliche Entfernung und die wechselseitige Sorge beider Eltern, die Kinder möglicherweise auf Dauer zu verlieren sowie die Vielfalt rechtlicher Rahmenbedingungen führen oft zu einer Verhärtung der Situation. Gleichzeitig nimmt die Erkenntnis zu, dass die daraus resultierenden Konflikte nicht immer vor den Gerichten befriedigend gelöst werden können. Die Fokussierung der Gerichte auf den Sach- und Streitstand, insbesondere in **Entführungsfällen**, macht eine umfassende Regelung sämtlicher die Kinder betreffender Fragen oft schwierig bis unmöglich. In Anbetracht dieser besonderen Problematik und Dynamik ist inzwischen in Deutschland ein Netzwerk für grenzüberschreitende Mediationen geschaffen worden.[24] Richterinnen und Richter sowie die mit diesen Entführungsverfahren befassten Zentralen Behörden weisen – entsprechend ihrem Auftrag nach Art. 55 e) der Brüssel IIa Verordnung,[25] eine gütliche Einigung zwischen den Eltern durch Mediation oder auf ähnlichem Wege zu erleichtern – die betroffenen Eltern und ihre Anwälte immer häufiger auf die Möglichkeit eines Mediationsverfahrens hin.[26] Nach dem Willen der Europäischen Kommission soll Mediation in internationalen Kindschaftskonflikten künftig eine noch wichtigere Rolle zukommen. Entsprechend sieht Art. 23 Abs. 2 des Vorschlags der Europäischen Kommission für die Neufassung der EU-Verordnung über das Verfahren in Ehe- und Familiensachen („Brüssel IIa Verordnung") vor, dass das „Gericht [...] zum frühestmöglichen Zeitpunkt im Verfahren [prüft], ob die Parteien gewillt sind, zum Wohle des Kindes im Wege einer Mediation eine einvernehmliche Lösung herbeizuführen, sofern das Verfahren hierdurch nicht über Gebühr hinausgezögert wird."[27]

21 *Kriegel/Schmidt*, S. 307.
22 Auch Methoden sind in die Lebenswelt eingebunden und können daher kulturell bedingt sein, vgl. *Kriegel/Schmidt*, S. 307.
23 *Stallard*, Joining the culture club, S. 463 ff.
24 Abrufbar unter www.mikk-ev.de; vgl. ausführlich zu einzelnen Projekten *Paul/Kiesewetter* Mediation bei internationalen Kindschaftskonflikten; www.crossborde rmediator.eu (zuletzt abgerufen am 1.3.2017).
25 Verordnung (EG) Nr. 2201/2003 vom 27. November 2003 über die Zuständigkeit und die Anerkennung und Vollstreckung von Entscheidungen in Ehesachen und in Verfahren betreffend die elterliche Verantwortung und zur Aufhebung der Verordnung (EG) Nr. 1347/2000.
26 *Carl/Erb-Klünemann* ZKM 2011, 116 ff.; *Carl/Erb-Klünemann*, S. 57 f.
27 COM(2016) 411 final, 2016/0190 (CNS) vom 30.6.2016.

7 **2. Anwendungsfelder der Familienmediation.** Zu Beginn der 90er Jahre lag die Praxis der Familienmediation noch fast ausschließlich im Bereich von **Trennung und Scheidung.** Themen der Trennungs- und Scheidungsmediation sind typischerweise die Regelung von Ehegattenunterhalt, Vermögensauseinandersetzung, Ausgleich der Versorgungsanwartschaften, Nutzung der Ehewohnung, Verteilung der Haushaltsgegenstände. Haben die Konfliktbeteiligten Kinder, werden oft Regelungen hierzu erforderlich, insbesondere zum Kindesunterhalt, zum Umgangsrecht und zu Fragen der elterlichen Sorge.[28]

Mit der Zeit hat sich der Rahmen der Familienmediation erweitert auf unverheiratete Paare, Adoptiv- und Stieffamilien, gleichgeschlechtliche Lebenspartnerschaften, Generationenkonflikte, familiäre Konflikte im Verhältnis zu Schule und zu Behörden, **Erbschaftsauseinandersetzungen** sowie **Unternehmensnachfolge,** insbes. bei Familienunternehmen. Auch wenn die Trennungs- und Scheidungsmediation nach wie vor den Schwerpunkt der Familienmediation bildet, gewinnen wegen demografischer Veränderungen und aufgrund eines sich ändernden Konfliktverhaltens weitere Themen an Bedeutung: **biografische Umbrüche** innerhalb von Partnerschaften wie das Aus-dem-Hause-Gehen der Kinder oder der bevorstehende Ruhestand und das dazu erforderliche Erarbeiten von Entscheidungen, neue Lieben und Verbindungen, die Einbeziehung der Kinder des neuen Partners sowie das Aushandeln von Vereinbarungen zu Beginn einer Partnerschaft oder Ehe, sogenannte pränuptiale Mediation, sind zunehmend Gegenstand von Familienmediationen. Auch wenn alte Eltern oder kranke Familienangehörige betreut werden müssen, treten immer wieder Konflikte auf, die einer Regelung innerhalb einer Mediation zugänglich sind; der Begriff der Elder Mediation greift diese Entwicklung auf.[29]

8 **3. Regelungen durch das Mediationsgesetz.** Obwohl die Familienmediation in Deutschland bereits seit über 20 Jahren praktiziert wird, gibt es immer noch eine Vielzahl von Gründen, die ihre Akzeptanz erschweren. Betroffene Parteien denken bei Trennung und Scheidung häufig eher an Anwälte und ein Gerichtsverfahren als an Mediation. Mit dem „Gesetz zur Förderung der Mediation und anderer Verfahren der außergerichtlichen Konfliktbeilegung" sollte sich dies ändern. Eine Vielzahl von Neuregelungen und Änderungen wurden vorgenommen, die dazu dienen sollen, die Nutzung der Mediation zu stärken. Erklärtes Ziel des Gesetzes ist es, die außergerichtliche Konfliktbeilegung und insbesondere die **Mediation im Bewusstsein der Bevölkerung und der in der Rechtspflege tätigen Berufsgruppen stärker zu verankern.**[30] Das Gesetz bietet dazu verschiedene Optionen, wobei das zentrale Anliegen, nämlich die Kodifizierung der Mediation, eine eigene Kraft entfaltet hat. Wer im Rahmen eines Familienkonfliktes Mediation in Anspruch nehmen will, kann sich mit einem Blick in das Gesetz von den Rahmenbedingungen und den Grundsätzen für die Praxis

---

28 *Mähler/Mähler* in: Haft/v. Schlieffen, § 31 Rn. 9, 29.
29 *Schadow,* Elder Mediation. Ein Konzept zur Erhöhung der Lebensqualität und Selbstbestimmung im Alter, 2016; *Wendenburg* ZKM 2016, 115; *Krabbe/Thomsen* ZKM 2011, 115; *Zurmühl* ZKJ 2012, 159; siehe generell zu diesem Thema das Heft Nr. 4/2011 der Zeitschrift „*perspektive mediation*".
30 BT-Drs. 17/5335, 16.

überzeugen. Dies wird mittelfristig nicht nur für die sich im Trennungsprozess befindlichen Eltern, sondern auch für Richter, Mitarbeiter der Jugendämter, Anwälte etc von großer Bedeutung sein: Die in Familien(streit)sachen zunehmende Empfehlung des Verfahrens der Mediation folgt – endlich – gesetzlichen Rahmenbedingungen und die in diesem Bereich Tätigen unterliegen Qualitätskriterien, die zwar zurückhaltend formuliert, aber allgemein zugänglich sind.

Weil sich die Familienmediation in vielen Bereichen, insbesondere in dem   9
der mit Trennung und Scheidung befassten Familienberatungsstellen, bereits faktisch etabliert hat, sind **strenge Reglementierungen durch das Gesetz gezielt vermieden** worden. Mediation ist ein junger und sich ständig weiter entwickelnder Bereich, der auch zukünftig seine Dynamik entfalten soll, ohne zu großen Reglementierungen unterworfen zu werden. Daher hat sich der Gesetzgeber auf diejenigen Bereiche beschränkt, zu denen er nach der EU-Mediationsrichtlinie (Richtlinie 2008/52/EG des Europäischen Parlaments und des Rates vom 21. Mai 2008 über bestimmte Aspekte der Mediation in Zivil- und Handelssachen) verpflichtet war[31] bzw. die der Qualitätssicherung dienen, insbesondere der Vertraulichkeit der Mediation.

4. Kosten der Mediation. Die finanzielle Unterstützung der Mediation hat   10
deutlich Einfluss auf die Akzeptanz bzw. Förderung der Mediation in der Praxis. Eine im Vorfeld der Verabschiedung des Gesetzes immer wieder geforderte **Einführung einer Mediationskostenhilfe**[32] hätte zweifelsohne zur verstärkten Nutzung der Mediation beigetragen. Mediationskostenhilfe wäre aber, wie Prozess- und Verfahrenskostenhilfe, Ländersache und der Gesetzgeber hat im Hinblick auf Art. 104 a GG und die erwartete Versagung der Zustimmung des Bundesrats davon abgesehen, unmittelbar eine konkrete Regelung zu treffen. Stattdessen wurde mit § 7 eine Rechtsgrundlage für die Vereinbarung **wissenschaftlicher Forschungsvorhaben zu den Auswirkungen einer finanziellen Förderung der Mediation** auf die finanziellen Belastungen der Länder geschaffen (→ MediationsG § 7 Rn. 1 ff.). Die ursprünglich noch vorgesehene Begrenzung dieser Forschungsvorhaben auf Mediationen in Familiensachen wurde im Gesetzgebungsverfahren gestrichen.[33]

Der Vermittlungsausschuss hat zudem im Interesse der Förderung der Mediation sowie anderer Verfahren der außergerichtlichen Konfliktbeilegung   11
eine Öffnungsklausel in § 61 a FamGKG (Gesetz über Gerichtskosten in Familiensachen) eingefügt, die es den Ländern erlaubt, eigene Kostenregelungen zu treffen, um Gebühren beim einvernehmlichen Abschluss eines Gerichtsverfahrens zu ermäßigen oder zu erlassen, wenn sich die Parteien nach erhobener Klage im Rahmen einer außergerichtlichen Mediation auf

---

31 Allerdings hat der Gesetzgeber im MediationsG sachgerechterweise keine Beschränkung auf Konflikte mit grenzüberschreitendem Element vorgenommen und ist insoweit über den Regelungsgegenstand der Richtlinie hinausgegangen.
32 *Carl* ZKM 2012, 132; *Greger*, Protokoll der 51. Sitzung des Rechtsausschusses des Deutschen Bundestages, S. 4; *Paul*, Protokoll der 51. Sitzung des Rechtsausschusses des Deutschen Bundestages, S. 17; *Proksch* ZKM 2010, 39 (42).
33 BT-Drs. 17/8058, 20.

eine einvernehmliche Streitbeilegung verständigen[34] (→ GKG § 69 b Rn. 5 ff.).

12 **5. Regelungen zur Mediation im Gesetz über das Verfahren in Familiensachen und in den Angelegenheiten der freiwilligen Gerichtsbarkeit (FamFG). a) Regelungen im FamFG 2009.** Das am 1. September 2009 in Kraft getretene „Gesetz über das Verfahren in Familiensachen und in den Angelegenheiten der freiwilligen Gerichtsbarkeit" (FamFG) vom 17. Dezember 2008[35] enthielt bereits einige Impulse zur Nutzung der Mediation sowie anderer Verfahren der außergerichtlichen Konfliktbeilegung.

Neben den ausdrücklichen Verweisen auf die Mediation sind in diesem Zusammenhang zwei eher beiläufige Reglungen zu sehen: In **§ 158 Abs. 4 FamFG** ist geregelt, dass das Gericht, soweit nach den Umständen des Einzelfalls ein Erfordernis besteht, dem **Verfahrensbeistand** die zusätzliche Aufgabe übertragen kann, Gespräche mit den Eltern und weiteren Bezugspersonen des Kindes zu führen sowie am Zustandekommen einer einvernehmlichen Regelung über den Verfahrensgegenstand mitzuwirken, wobei er eine parteiliche Rolle als „Anwalt des Kindes" hat.[36] Diese zusätzliche Aufgabe wird gemäß § 158 Abs. 7 S. 2 FamFG gesondert vergütet. **§ 163 Abs. 2 FamFG** ermächtigt das Gericht in Verfahren, die die Person des Kindes betreffen, anzuordnen, dass der **Sachverständige** bei der Erstellung des Gutachtens auch auf die Herstellung des Einvernehmens zwischen den Beteiligten hinwirken soll. Diese Regelungen setzen auf die Verhandlungskompetenz des Verfahrensbeistandes sowie des Sachverständigen, die nach Aufbau einer Arbeitsbeziehung mit den betroffenen Eltern die Herbeiführung einer einvernehmlichen Regelung unterstützen sollen.

13 Mit den §§ 23 Abs. 1 S. 2, 36 a, 81 Abs. 2 Nr. 5, 135, 150, 155, 156, FamFG wurden – abgesehen von der Nennung in § 3 Abs. 3 Nr. 4 Rechtsdienstleistungsgesetz – erstmals konkrete Regelungen zur Mediation als Alternative zum gerichtlichen Verfahren kodifiziert.

14 **b) Neuregelungen im FamFG durch das Gesetz zur Förderung der Mediation und anderer Verfahren der außergerichtlichen Konfliktbeilegung.** Durch das „Gesetz zur Förderung der Mediation und anderer Verfahren der außergerichtlichen Konfliktbeilegung" erfuhr das FamFG umfangreiche Änderungen. Für die Familienmediation ist Art. 4 des Gesetzentwurfes[37] bzw. Art. 3 der Beschlussempfehlung des Rechtsausschusses[38] das **Kernstück der Neuregelungen zur Implementierung der Familienmediation.**

15 Wesentliches Anliegen bei der Schaffung des Mediationsgesetzes war neben der Stärkung des Mediationsverfahrens das Setzen von Impulsen zur Nutzung der Mediation: Der Automatismus, mit dem Paare in Trennung und Scheidung an Gerichte und Anwälte denken, sollte durchbrochen werden. Von Anfang an soll der Blick auf die Alternativen einer außergerichtlichen

---

34 BT-Drs. 17/10102, 4 f.
35 BGBl. I S. 2586.
36 Vgl. *Carl-Erb-Klünemann* in: Paul/Kiesewetter, S. 60; *Paul/Pape* ZKJ 2012, 464 (465).
37 BT-Drs. 17/5335, 7.
38 BT-Drs. 17/8058, 10.

Konfliktbeilegung gerichtet werden. Das Gesetz hat dazu verschiedene Optionen bereitgestellt, nämlich

§ 23 FamFG Verfahrenseinleitender Antrag

(1) (…)[3]Der Antrag soll in geeigneten Fällen die Angabe enthalten, ob der Antragstellung der Versuch einer Mediation oder eines anderen Verfahrens der außergerichtlichen Konfliktbeilegung vorausgegangen ist, sowie eine Äußerung dazu, ob einem solchen Verfahren Gründe entgegenstehen. (…)

Bereits **bei Antragstellung** an das Familiengericht sollen die Parteien **angeben, ob der Versuch einer Mediation oder eines anderen Verfahrens der außergerichtlichen Konfliktbelegung unternommen wurde** sowie sich dazu äußern, ob einem solchen Verfahren Gründe entgegenstehen (→ FamFG § 23 Rn. 3 ff.; → ZPO § 253 Rn. 1 ff.).   16

§ 36 a FamFG Mediation, außergerichtliche Konfliktbeilegung

(1) [1]Das Gericht kann einzelnen oder allen Beteiligten eine Mediation oder ein anderes Verfahren der außergerichtlichen Konfliktbeilegung vorschlagen. [2]In Gewaltschutzsachen sind die schutzwürdigen Belange der von Gewalt betroffenen Person zu wahren.

(2) Entscheiden sich die Beteiligten zur Durchführung einer Mediation oder eines anderen Verfahrens der außergerichtlichen Konfliktbeilegung, setzt das Gericht das Verfahren aus.

(3) Gerichtliche Anordnungs- und Genehmigungsvorbehalte bleiben von der Durchführung einer Mediation oder eines anderen Verfahrens der außergerichtlichen Konfliktbeilegung unberührt.

Das Familiengericht kann – wie auch das Zivilgericht gemäß § 278 a ZPO – den Beteiligten eine Mediation oder ein anderes Verfahren der außergerichtlichen Konfliktbeilegung vorschlagen. Ergänzend sind verfahrensrechtliche Regelungen sowie Einschränkungen bei Gewaltschutzsachen vorgesehen (→ FamFG § 36 a Rn. 1 ff.).   17

§ 81 FamFG Grundsatz der Kostenpflicht

(1) (…)

(2) Das Gericht soll die Kosten des Verfahrens ganz oder teilweise einem Beteiligten auferlegen, wenn

1.–4. (…)

5. der Beteiligte einer richterlichen Anordnung zur Teilnahme an einem kostenfreien Informationsgespräch über Mediation oder über eine sonstige Möglichkeit der außergerichtlichen Konfliktbeilegung nach § 156 Absatz 1 Satz 3 oder einer richterlichen Anordnung zur Teilnahme an einer Beratung nach § 156 Absatz 1 Satz 4 nicht nachgekommen ist, sofern der Beteiligte dies nicht genügend entschuldigt hat.

(3)–(5) (…)

Für den Fall, dass Beteiligte unentschuldigt einer richterlichen Anordnung zur Teilnahme an einem kostenfreien Informationsgespräch über Mediation oder über sonstige Möglichkeiten der außergerichtlichen Konfliktbeilegung oder einer Anordnung zur Teilnahme an einer Beratung nicht nachgekommen sind, kann das Gericht dies **bei der Kostenentscheidung berücksichtigen** (→ FamFG § 81 Rn. 1 ff.).   18

§ 135 FamFG Außergerichtliche Konfliktbeilegung über Folgesachen
[1]Das Gericht kann anordnen, dass die Ehegatten einzeln oder gemeinsam an einem kostenfreien Informationsgespräch über Mediation oder eine sonstige Möglichkeit der außergerichtlichen Konfliktbeilegung anhängiger Folgesachen bei einer von dem Gericht benannten Person oder Stelle teilnehmen und eine Bestätigung hierüber vorlegen. [2]Die (…)

§ 155 FamFG Vorrang- und Beschleunigungsgebot
(1)–(3) (…)
(4) Hat das Gericht ein Verfahren nach Absatz 1 zur Durchführung einer Mediation oder eines anderen Verfahrens der außergerichtlichen Konfliktbeilegung ausgesetzt, nimmt es das Verfahren in der Regel nach drei Monaten wieder auf, wenn die Beteiligten keine einvernehmliche Regelung erzielen.

19 Den Beteiligten werden bei Inanspruchnahme von Mediation vom Gericht in der Regel drei Monate Zeit gegeben, binnen derer **das Gerichtsverfahren ruht** und sie eine einvernehmliche Regelung erzielen können (→ FamFG § 155 Rn. 1).

§ 156 FamFG Hinwirken auf Einvernehmen
(1) (…)[3]Das Gericht kann anordnen, dass die Eltern einzeln oder gemeinsam an einem kostenfreien Informationsgespräch über Mediation oder über eine sonstige Möglichkeit der außergerichtlichen Konfliktbeilegung bei einer von dem Gericht benannten Person oder Stelle teilnehmen und eine Bestätigung hierüber vorlegen. (…)
(2)–(3) (…)

20 Mit dieser Regelung können die Familiengerichte **auch in Kindschaftssachen** anordnen, dass die Eltern einzeln oder gemeinsam an einem **kostenfreien Informationsgespräch über Mediation** oder eine sonstige Möglichkeit der außergerichtlichen Konfliktbeilegung teilnehmen. Die zuvor gemäß § 135 FamFG nur im Rahmen von Scheidungen für Folgesachen geltende Regelung wurde damit um sorge- und umgangsrechtliche Streitigkeiten erweitert (→ FamFG § 156 Rn. 1 ff.).

II. Praxis der Familienmediation; Aus- und Fortbildung in der Familienmediation

21 **1. Besonderheiten des Verfahrens.** Die Familienmediation zeichnet sich durch einige Besonderheiten im Verhältnis zu den sonstigen Anwendungsbereichen der Mediation[39] aus. In der Familienmediation besteht häufig eine **besondere Nähe zu gesetzlichen Rahmenbedingungen** sowie zu gerichtlichen Verfahren. Dies hat im Hinblick auf § 2 Abs. 3 Nr. 4 Rechtsdienstleistungsgesetz eine enge Kooperation mit den beratenden Anwälten zur Folge (→ RDG § 2 Rn. 31 ff.). Um der Psychodynamik von Paaren im Trennungsprozess und der besonderen Situation der betroffenen Kinder besser gerecht werden zu können, wird im Rahmen von Familienmediationen besonders häufig die sogenannte **Co-Mediation** praktiziert.[40]

---

39 Zu einem Überblick zu anderen Anwendungsbereichen s. *Damerau/Zemmrich* JA 2007, 203 ff.
40 *Paul/Kiesewetter*, S. 37; *Paul/Pape* ZKJ 2012, 464 (469); → RDG § 2 Rn. 45 ff.

a) Das Recht in der Familienmediation. aa) Recht als Rahmen. Bei fami- 22
liären Konflikten insbesondere im Rahmen von Trennung und Scheidung
sind die Schnittstellen zwischen dem gerichtlichen Verfahren und der Mediation evident: Eine Ehe kann nur durch richterliche Entscheidung geschieden werden, § 1564 S. 1 BGB. Die typischerweise in einer Familienmediation klärungsbedürftigen Themen[41] haben rechtliche Implikationen. Die
in der Mediation erarbeitete Regelung ersetzt entweder eine gerichtliche
Entscheidung oder sie gilt als Grundlage für die im Gericht anstehenden
nächsten Schritte. Mediation ist somit eine Alternative oder Ergänzung
zum gerichtlichen Verfahren. Dabei bildet das Recht den Rahmen für das
Mediationsverfahren und für das Mediationsergebnis.

Ein tragendes Prinzip des bürgerlichen Rechts ist die Privatautonomie als
Ausfluss des allgemeinen Selbstbestimmungsrechts, Art. 2 Abs. 1 GG.[42]
Haupterscheinungsform der Privatautonomie ist die Vertragsfreiheit, dh
die Freiheit des Einzelnen, seine Lebensverhältnisse durch Verträge eigenverantwortlich zu gestalten.[43] Mediation als Verfahren, das sich auf die Eigenverantwortlichkeit der Beteiligten gründet, ist in besonderer Weise geeignet, dem Grundsatz der Privatautonomie in Gestalt der Vertragsfreiheit
Geltung zu verschaffen.[44]

Diese Freiheit Vereinbarungen zu treffen, endet dort, wo rechtliche Grenzen gezogen sind, insbesondere durch gesetzliche Wirksamkeitsvoraussetzungen und den Grundsatz von Treu und Glauben.[45] Eine familienrechtliche Vereinbarung, die gegen ein gesetzliches Verbot verstößt, ist, ebenso
wie jedes andere Rechtsgeschäft, nach § 134 BGB grundsätzlich nichtig.
Für ehevertragliche Vereinbarungen steht die Prüfung der Sittenwidrigkeit
im Sinne des § 138 BGB im Zentrum der Wirksamkeitskontrolle. Eine evident einseitige Verteilung von Lasten und Vorteilen zum Zeitpunkt des Vertragsschlusses, die Ergebnis einer unterlegenen Verhandlungsposition des
Benachteiligten ist, ist sittenwidrig.[46] Entsprechendes gilt, wenn die Vereinbarung zulasten Dritter ginge, beispielsweise des Sozialhilfeträgers[47] oder
eines Kindes. Im Wege der richterlichen Ausübungskontrolle kommt ein
Eingriff in die Vertragsfreiheit trotz Wirksamkeit einer Vereinbarung in Betracht, wenn die Ausübung der durch die Vereinbarung eingeräumten
Rechtsmacht missbräuchlich wäre und die Berufung auf die Vereinbarung

---

41 Vgl. dazu oben: Ehegattenunterhalt, Vermögensauseinandersetzung, Ausgleich der
    Versorgungsanwartschaften, Nutzung der Ehewohnung, Verteilung der Haushalts-
    gegenstände, Kindesunterhalt, Umgangsrecht, elterliche Sorge.
42 Staudinger/*Sack/Fischinger* BGB § 138 Rn. 53; MüKoBGB/*Busche* vor § 145
    Rn. 2 f.; Palandt/*Ellenberger* BGB vor § 104 Rn. 1.
43 MüKoBGB/*Busche* vor § 145 Rn. 6; Palandt/*Ellenberger* BGB vor § 104 Rn. 7.
44 Zum zunehmenden Bewusstsein der Disponibilität der Normen und der (Famili-
    en-)Mediation als Methode zur Betonung der Selbstverantwortung vgl. *Mähler/
    Mähler* in: Haft/v. Schlieffen, § 31 Rn. 6 f.
45 Im Zusammenhang mit Vereinbarungen betreffend ein Kind zieht § 1666 BGB die
    Grenze dort, wo das Kindeswohl gefährdet ist, das dem staatlichen Wächteramt
    unterstellt ist, Art. 6 Abs. 2 GG.
46 BVerfG 6.2.2001 – 1 BvR 12/92 = BVerfGE 103, 89-111 = FamRZ 2001, 343;
    BGH 11.2.2004 – XII ZR 265/02 = BGHZ 158,81-110 = FamRZ 2004, 601 ff.;
    vgl. im Überblick Palandt/*Brudermüller* BGB § 1408 Rn. 8-15.
47 BGH 5.11.2008 – XII ZR 157/06 = BGHZ 178, 322-338 = FamRZ 2009, 198.

daher gegen Treu und Glauben verstieße.[48] Beispiele hierfür sind wiederum Fälle einer evident einseitige Lastenverteilung,[49] die sich insbesondere daraus ergeben kann, dass die tatsächliche Gestaltung der ehelichen Lebensverhältnisse von der ursprünglich dem Vertrag zugrunde liegenden Lebensplanung abweicht,[50] oder einer Belastung Dritter.[51]

Aus rechtsgestaltender Perspektive ist es daher wichtig, die Rahmendaten der Vertragsparteien, insbesondere ihre berufliche und wirtschaftliche Situation bei Vertragsschluss, in den Vereinbarungstext aufzunehmen. Kautelarjuristisch wurden, ausgehend von verschiedenen Lebensmodellen, typische Vertragsgestaltungen entwickelt und haben Eingang in die Literatur gefunden.[52] Diese können für die Erstellung der Abschlussvereinbarung, in der die in der Mediation erarbeiteten Lösungen in vertragliche Form gegossen werden, hilfreich sein.

23   **bb) Recht als bereicherndes und begrenzendes Moment in der Mediation.** Neben der Festlegung von Zulässigkeitsgrenzen und der Konstituierung der Voraussetzungen für die Durchsetzbarkeit von Vereinbarungen, hat das Recht in der Mediation weitere Funktionen. Recht dient der Vollständigkeitsprüfung von Themen und Optionen. Darüber hinaus hält das Recht einen Fundus an Lösungsoptionen bereit, der im Rahmen der Mediation fruchtbar gemacht werden kann.[53] Schließlich ermöglicht Rechtskenntnis es den Beteiligten, eine Mediationslösung zur gesetzlichen Lösung ins Verhältnis zu setzen und damit ein Bewusstsein dafür zu erlangen, wer mit einer Vereinbarung worüber disponiert und was die beste Alternative zu einer einvernehmlichen Lösung darstellen würde.[54] Damit stärkt das Recht die Eigenverantwortlichkeit der Beteiligten und fördert die Nachhaltigkeit einer Konfliktlösung.

Recht kann jedoch auch begrenzende Wirkung in der Mediation haben. Rechtlichen Lösungen wird im Rechtsstaat per definitionem ein hohes Maß an Plausibilität, Überzeugungskraft und Befriedungswirkung zugeschrieben. Die Lösung des Gesetzes kann daher den Blick auf besondere Umstände des konkreten Falles verstellen und das Bewusstsein für individuelle Bedürfnisse der Beteiligten erschweren. Beides kann die Lösungsoffenheit, die Kompromissbereitschaft und die Kreativität bei der Entwicklung von Optionen einschränken. Ferner kann Recht die Perspektive auf eine vorläufige Mediationslösung ändern und eine bis dahin scheinbar stimmige Gesamtlösung ins Wanken bringen. Es kann eine Störung im Mediationsprozess sein, wenn es Angst bei demjenigen auslöst, dem nach der rechtlichen Lösung weniger zusteht, und/oder Enttäuschung bei demjenigen, dem nach

---

48   BGH 11.2.2004 – XII ZR 265/02 = BGHZ 158,81-110 = FamRZ 2004, 601 ff.
49   BGH 11.2.2004 – XII ZR 265/02 = BGHZ 158,81-110 = FamRZ 2004, 601 ff.
50   BGH 11.2.2004 – XII ZR 265/02 = BGHZ 158,81-110 = FamRZ 2004, 601 ff.;
      BGH 6.10.2004 – XII ZB 57/03 = FamRZ 2005, 185-188.
51   Vgl. dazu BGH 9.7.1992 – XII ZR 57/91 = FamRZ 1992, 1403-1403.
52   *Limmer/Hertel/Frenz/Mayer,* Würzburger Notarhandbuch, Teil 3 Kap. 1 Ehevertrag und Scheidungsfolgenvereinbarung; *Kersten/Bühling,* Formularbuch und Praxis der Freiwilligen Gerichtsbarkeit, § 85 Ehevertrag: Regelungstypen, § 90 Vereinbarungen anlässlich der Ehescheidung.
53   *Mähler/Mähler* in: Haft/v. Schlieffen, § 31 Rn. 64.
54   "Best alternative to a negotiated agreement"; *Mähler/Mähler* in: Haft/v. Schlieffen, § 31 Rn. 64.

der rechtlichen Lösung mehr zusteht, als er nach einer vorläufigen Mediationsvereinbarung erhalten soll.

Es ist hilfreich, die Beteiligten auf diese potenziellen Szenarien hinzuweisen, bevor sie Rechtsrat einholen. Ihnen sollte Sicherheit dahin gehend vermittelt werden, dass gerade die Möglichkeit, eine solche veränderte Wahrnehmung bei der Erarbeitung der Abschlussvereinbarung zu berücksichtigen, ihrer Nachhaltigkeit zuträglich ist.

cc) Rechtsdienstleistung. In § 2 Abs. 3 Nr. 4 RDG ist geregelt, dass Mediation und jede vergleichbare Form der alternativen Streitbeilegung **keine Rechtsdienstleistung** darstellt, sofern die Tätigkeit nicht durch rechtliche Regelungsvorschläge in die Gespräche der Beteiligten eingreift.[55] In der Gesetzesbegründung zum Rechtsdienstleistungsgesetz wird die kommunikative Handlung des Mediators mit dem Ziel der Herstellung von Verständigungsprozessen und dem Schwerpunkt der Gesprächsleitung betont.[56] Klarstellend heißt es, dass Mediation zwar Rechtsinformationen enthalten und sich auf Rechtsverhältnisse beziehen sowie Regelungsmöglichkeiten zur Diskussion stellen kann – die Gestaltung ihrer Rechtsverhältnisse bleibt den Konfliktparteien aber eigenverantwortlich überlassen.

Bewegt sich die Tätigkeit eines Mediators in diesem Rahmen, so liegt keine Rechtsdienstleistung vor. Greift der Mediator hingegen durch rechtliche Regelungsvorschläge gestaltend in die Gespräche der Beteiligten ein, dann können diese Regelungsvorschläge Rechtsdienstleistungen im Sinn des Rechtsdienstleistungsgesetzes sein.[57] Es handelt sich in diesen Fällen nicht mehr um eine (reine) Mediation, sondern um eine Streitlösung mit (auch) rechtlichen Mitteln, bei der die Zusammenarbeit mit einer Rechtsanwältin oder einem Rechtsanwalt geboten ist. Rechtsberatung, die nicht allgemeine Rechtsinformation ist, ist also Anwaltssache.[58]

dd) Rechtsberatung. Unter Berücksichtigung dieser Wirkungen des Rechts in der und für die Mediation ist die Inanspruchnahme von Rechtsrat während der Mediation empfehlenswert. In **§ 2 Abs. 6** ist der **Grundsatz der externen Rechtsberatung** kodifiziert (→ MediationsG § 2 Rn. 243, 261 f., 288 ff.). Danach wirkt der Mediator im Falle einer Einigung darauf hin, dass die Parteien die Vereinbarung in Kenntnis der Sachlage treffen und ihren Inhalt verstehen. Er hat die Parteien, die ohne fachliche Beratung an der Mediation teilnehmen, auf die Möglichkeit hinzuweisen, die Vereinbarung bei Bedarf durch externe Berater überprüfen zu lassen. Diese Regelung soll nicht nur den Parteien, sondern auch den beratenden Anwälten und ebenso den Steuerberatern die Sicherheit geben, dass die für die Mediation notwendige Informiertheit der Parteien gewährleistet wird. Der Wortlaut von § 2 Abs. 6 („im Falle einer Einigung") weist auf den in der Regel geeigneten Zeitpunkt für die Inanspruchnahme von Rechtsrat hin, nach Erstellung des Memorandums und vor der Abschlussvereinbarung. Sinnvoll ist es, wenn sich die Beteiligten bereits im Mediationsvertrag ver-

24

25

---

55   → RDG § 2 Rn. 37 ff; *Ade/Gläßer* ZKM 2013, 59.
56   BT-Drs. 16/3655, 50 li. Sp.
57   BT-Drs. 16/6634, 51.
58   Vgl. hierzu *Paul/Lack-Strecker* ZKJ 2008, 389 (390).

pflichten, jeweils einen Rechtsanwalt aufzusuchen, um einseitig parteiische Rechtsberatung zu erhalten.

26 **ee) Rechtsanwälte in der Mediation.** Der Rechtsanwalt hat als unabhängiger Berater und Vertreter in allen Rechtsangelegenheiten seinen Mandanten unter anderem vor Rechtsverlusten zu schützen sowie rechtsgestaltend, konfliktvermeidend und streitschlichtend zu begleiten, § 1 Abs. 3 BORA. Ausgehend davon ist es geboten und angemessen, die Rechtsanwälte wertschätzend und respektvoll in das Verfahren einzubeziehen, wenn die Beteiligten ihre Anwesenheit wünschen.

In der Familienmediation ist die Anwesenheit von Rechtsanwälten jedoch die Ausnahme.[59] Anders als im gerichtlichen Verfahren stehen hier die Beteiligten im Vordergrund. Wird die Anwesenheit der Rechtsanwälte in den Mediationsgesprächen gewünscht, sollten im Grundsatz die Rechtsanwälte beider Beteiligter anwesend sein, um einem Machtungleichgewicht vorzubeugen. Bei der Einbeziehung der Rechtsanwälte in die Mediationsgespräche (zur anwaltlichen Begleitung im Mediationsverfahren → L Rn. 37 ff.)[60] kann es hilfreich sein, die verfahrensstrukturellen Besonderheiten der Mediation zu verdeutlichen[61] und entsprechende Kommunikationsregeln zu etablieren.[62] Notwendig dafür ist das Einverständnis der Beteiligten, was voraussetzt, dass auch die Rechtsanwälte diese Verfahrensgestaltung als sinnvoll erachten.[63]

27 In **grenzüberschreitenden und internationalen Familienmediationen** sind die Mitwirkung von Anwälten und die externe Rechtsberatung in noch stärkerem Maße bedeutsam. Die rechtlichen Rahmenbedingungen eines grenzüberschreitenden Konflikts sind komplexer als diejenigen von Konflikten ohne grenzüberschreitendes Element. Dies betrifft zB die internationale Zuständigkeit von Gerichten, die für den Fall des Scheiterns der Mediation zu klären ist oder sich als Vorfrage stellte, bevor die Beteiligten sich für einen Mediationsversuch entschieden haben.

Bei mehreren in Betracht kommenden Foren für ein gerichtliches Verfahren kann ein Gerichtsstand für einen der Beteiligten aus taktischer, wirtschaftlicher oder rechtlicher Perspektive Vorteile haben. Findet das Prioritätsprinzip Anwendung, besteht das Problem des „forum shoppings", was zur raschen Einleitung eines oder mehrerer gerichtlichen Verfahren bewegen kann.

Häufig sind mehrere nationale Rechtsordnungen betroffen, die sich überschneiden und widersprechen können. Es ist dann klärungsbedürftig, welches Verfahrensrecht und welches materielle Recht anzuwenden ist bzw. ob vorrangige internationale Abkommen zu berücksichtigen sind. Dabei führen die Kollisionsregeln des jeweiligen internationalen Privatrechts nicht

---

59 *Bernhardt/Winograd* in: Haft/v. Schlieffen, § 19 Rn. 16.
60 *Gläßer* in: Jost/Fritz, S. 15 ff.: Die Rolle(n) von Rechtsanwälten in der Mediation.
61 Beispielsweise durch Anordnung der Sitzplätze dergestalt, dass die Beteiligten näher zum Mediator sitzen.
62 Beispielsweise durch eine Vereinbarung dahingehend, dass die Anwälte zwar jederzeit die Möglichkeit haben, das Verfahren zu unterbrechen und ihren Mandanten zu beraten, aber sich jedenfalls in Phase 3 der Mediation nicht selbst äußern.
63 Gegebenenfalls ist die Rolle der Rechtsanwälte in der Mediation als erstes Thema der Mediation zu klären.

immer zu kohärenten Ergebnissen. Auch dann, wenn das anwendbare Recht bestimmbar ist, besteht ein erhöhtes Risiko von Fehlern bei Anwendung durch ein Gericht eines anderen Staates. Zum Teil laufen Klage- und Notfristen, die durch einen Mediationsversuch nicht gehemmt werden oder es wird einstweiliger Rechtsschutz benötigt. Wenn aufgrund des Zeitablaufs, den ein Mediationsversuch bedingen würde, eine Rechtsvereitelung droht, ist ein Konflikt nicht mediationsgeeignet, so dass dann zu klären ist, mit welchen (gerichtlichen) Maßnahmen eine Rechtsvereitelung verhindert werden kann und ob dann die Voraussetzungen für einen Mediationsversuch gegeben sind.[64] Die in Deutschland tätigen Mediatoren können vielleicht das hier geltende Recht einschätzen, in der Regel aber nicht das Recht des Herkunftslandes des anderen Elternteiles. Die Mitwirkung von Anwälten und deren anwaltlicher Rechtsrat, von dem das Ergebnis der Mediation abhängig ist, sind in diesen Fällen unerlässlich.[65] Dies gilt umso mehr, als Vereinbarungen, die in grenzüberschreitenden Konflikten getroffen werden, in der Regel nicht unmittelbar nach allen betroffenen Rechtssystemen bindend und vollstreckbar sind. Zu klären ist daher auch, ob bzw. unter welchen Voraussetzungen die Anerkennung und Vollstreckbarkeit in den betroffenen Staaten herbeigeführt werden kann.[66]

ff) Besondere rechtliche Aspekte der Familienmediation. (1) Vermögensverteilung. Besondere Aufmerksamkeit ist im Zusammenhang mit Vereinbarungen über die Vermögensverteilung geboten. Leben Ehegatten im gesetzlichen Güterstand der Zugewinngemeinschaft, wird der Zugewinn (erst) bei Beendigung des Güterstandes ausgeglichen, § 1372 BGB. Zugewinn ist der Betrag, um den das Endvermögen eines Ehegatten das Anfangsvermögen übersteigt, § 1373 BGB. Als Endvermögen wird das Vermögen definiert, das einem Ehegatten bei der Beendigung des Güterstands gehört, § 1375 Abs. 1 BGB. Wird der Zugewinnausgleich nicht ausgeschlossen, können Veränderungen im Vermögen des einen – mittelbar über einen späteren Zugewinnausgleich – Auswirkungen auf das Vermögen des anderen haben. Dies wollen die Beteiligten in der Regel nicht, wenn mit der Mediation eine endgültige Vermögensverteilung geregelt werden soll. Entwickeln sich die Vermögensverhältnisse der Beteiligten nach der Mediation unterschiedlich und kann später ein Zugewinnausgleich beansprucht werden, ist die Mediationslösung nicht mehr ausgewogen und Folgekonflikte sind die wahrscheinlich Konsequenz.

(2) Formerfordernisse. Werden in der Mediation Vereinbarungen getroffen und Veränderungen am Vermögensstand vorgenommen, ohne dass der Güterstand in der nach § 1408 BGB erforderlichen notariellen Form beendet bzw. Verzicht auf künftigen Zugewinn vereinbart wurde, besteht das Risiko, dass – trotz des Mediationsergebnisses – bei Beendigung des Güterstandes zu einem späteren Zeitpunkt Zugewinnausgleichsansprüche geltend gemacht werden. Weitere Formerfordernisse, die im Familienkonflikt typi-

28

29

---

64 Greger/Unbearth/Steffek/*Greger* B. § 2 Rn. 129.
65 *Paul/Kiesewetter*, S. 45; Guide to Good Practice on Mediation under the 1980 Hague Convention, abrufbar unter www.hcch.net/upload/guide28mediation_en.pdf und/oder www.mikk-ev.de/english/codex-and-declarations/ (zuletzt abgerufen am 1.3.2017).
66 *Von Ballestrem/Schmid/Loebel* NZFam 2015, 811 (813).

scherweise relevant werden, betreffen Vereinbarungen über den Versorgungsausgleich und den nachehelichen Unterhalt, die vor der Rechtskraft der Scheidung geschlossen werden.[67]

30 **(3) Vollstreckbarkeit.** Die Überlegung, einen speziellen Mechanismus zu etablieren, um in der Mediation getroffene Vereinbarungen für vollstreckbar erklären zu können,[68] wurde nicht Gesetz. Die Vollstreckbarkeit einer Abschlussvereinbarung kann daher nach den allgemeinen Regeln durch notarielle Beurkundung oder in Form eines Anwaltsvergleiches gewährleistet werden (→ MediationsG § 2 Rn. 312).

Ist ein gerichtliches Verfahren über den Gegenstand rechtshängig, über den in der Mediation eine einvernehmliche Regelung getroffen wurde, kann diese in Form eines vollstreckbaren gerichtlichen Vergleichs geschlossen werden, beispielsweise in der Form des § 113 Abs. 1 S. 2 FamFG iVm § 278 Abs. 6 ZPO.

Kindesunterhalt kann kostenfrei durch eine Jugendamtsurkunde tituliert werden.

31 **(4) Verzug.** Mediation ist ein Verfahren, das die beste Lösung für die Beteiligten ermöglichen soll. Dies erfordert, dass Mediation kein Forum ist, das Rechtsverluste eines Beteiligten begünstigt. Daraus folgt insbesondere, dass unumkehrbare Verhältnisse zum Nachteil eines Beteiligten zu vermeiden sind. Für den Fall, dass Unterhaltsfragen Gegenstand des Mediationsverfahrens sind, sollte der Mediationsvertrag daher vorsehen, dass dieser – für den Fall, dass die Mediation nicht durch eine Abschlussvereinbarung beendet wird, die die Unterhaltsfragen regelt – als Unterhaltsverlangen des zur Geltendmachung Berechtigten gegenüber dem Verpflichteten zur Zahlung des gesetzlich geschuldeten Unterhalts gilt, so dass eine Differenz zwischen gezahltem und gesetzlich geschuldetem Unterhalt dann rückwirkend ab Inverzugsetzung verlangt werden kann.

32 **(5) Ordre Public.** Mediation ist grundsätzlich vertraulich. Der Mediator und die in die Durchführung des Mediationsverfahrens eingebundenen Personen sind zur Verschwiegenheit verpflichtet, § 4 S. 1. Vertraulichkeit und Verschwiegenheitspflicht werden gemäß § 4 S. 3 durchbrochen, wenn die Offenlegung aus vorrangigen Gründen der öffentlichen Ordnung (ordre public) geboten ist, wenn also die Verschwiegenheit Konsequenzen hätte, die mit den Grundwerten der deutschen Rechtsordnung nicht zu vereinbaren wären (→ MediationsG § 4 Rn. 38 ff.). Zwei der Fallgruppen, die § 4 S. 3 ausdrücklich nennt, nämlich eine erhebliche Gefährdung des Wohles eines Kindes und eine schwerwiegende Beeinträchtigung der physischen oder psychischen Integrität einer Person,[69] sind im Kontext der Familienmediation von besonderer Bedeutung.

---

67 Zur Zusammenarbeit von Mediatoren und Notaren → M Rn. 36 f.
68 BT-Drs. 17/5335, 10.
69 Eine Gefährdung in diesem Sinne ist anzunehmen, wenn sich bei weiterer Entwicklung des objektiv zu erwartenden Geschehens mit ziemlicher Sicherheit eine erhebliche Schädigung voraussehen lässt (BVerfG, Beschl. v. 19.11.2014, 1 BvR 1178/14 = BVerfG FamRZ 2015, 113). Typische Fälle von Verletzungsverhalten sind körperliche Misshandlung, sexueller Missbrauch und Vernachlässigung.

Neben der Gesetzeskenntnis über die damit gezogene Grenze der Vertraulichkeit benötigt der Mediator auch die Kompetenz, eine solche Gefährdung des Kindeswohls bzw. eine Beeinträchtigung der Integrität einer Person zu erkennen.[70]

b) Co-Mediation. Eine weitere Besonderheit der Familienmediation liegt in   33
der häufig üblichen Co-Mediation: Zwei in der Regel gleichberechtigte
Mediatoren[71] mit unterschiedlichen Grundberufen und im Idealfall unterschiedlichen Geschlechtern unterstützen die Paare oder Eltern bei der Beilegung ihres Familienkonfliktes. Mediatoren mit einem psychologischen oder
sozialpädagogischen Grundberuf, auch **psychosoziale Mediatoren** genannt,
verfügen häufig über größere Erfahrungen im Umgang mit der psychody-
namischen Dimension von Konflikten sich trennender Paare; Mediatoren
mit einem juristischen Grundberuf, auch **juristische Mediatoren** genannt,
sind eher mit den juristischen Rahmenbedingungen vertraut, die in der Familienmediation regelmäßig eine große Rolle spielen.

Ein Hindernis für die Arbeit in Co-Mediation waren bisher die für unter-   34
schiedliche Berufsgruppen unterschiedlichen Regelungen zur **Verschwiegen-**
heitspflicht und zum **Zeugnisverweigerungsrecht.** Mediatoren mit dem
Grundberuf des Anwalts unterliegen umfassenden berufsrechtlichen Pflichten und genießen entsprechenden Schutz, der anderen Berufsträgern nicht
zuteil wird. Hier schafft § 4 eine Klarstellung und dadurch Erleichterung
für die Co-Mediation: Alle Mediatoren sind nunmehr zur Verschwiegenheit verpflichtet (→ MediationsG § 4 Rn. 1 ff.). Im Zivilprozess ist der Mediator zur Zeugnisverweigerung berechtigt, § 383 Abs. 1 Nr. 6 ZPO.[72]
Aber nicht alle Bereiche sind geschützt: Das Zeugnisverweigerungsrecht in
Strafverfahren wurde im Rahmen des Mediationsgesetzes nicht geregelt.[73]

Co-Mediation wird in Relation zur erwarteten Komplexität eines Konflikts
befürwortet: Je komplexer ein Konflikt scheint, desto eher wird für Co-
Mediation eingetreten. Dabei bezieht sich die Frage der Komplexität auf
sämtliche Aspekte des Konflikts, namentlich die Anzahl der Konfliktbeteiligten, das Maß der Konflikteskalation, die emotionale Überforderung eines Beteiligten und die fachspezifische Schwierigkeit des Konfliktgegenstandes (→ MediationsG § 2 Rn. 67 ff.).[74]

Wenngleich bislang noch kaum empirische Forschungsergebnisse zu Co-
Mediation im Familienkonflikt vorliegen, sind bestimmte Annahmen über
Vor- und Nachteile plausibel:

aa) Argumente für Co-Mediation. In der Co-Mediation steht dem Media-   35
tor, der das Gespräch gerade nicht führt, Zeit zur Verfügung, um Dinge

---

70 Für eine ausführliche Darstellung möglicher Screening-Vorgehensweisen vgl.
    Gläßer, S. 358 ff.
71 Zu Möglichkeiten der Arbeitsteilung im Mediatorenteam vgl. *Gläßer* in: Haft/v.
    Schlieffen, § 15 Rn. 64; *Bernhardt/Winograd* in: Haft/v. Schlieffen, § 19 Rn. 21;
    Troja in: Trenczek/Berning/Lenz, 3.12.1.4, Rn. 26 ff.
72 Entsprechendes gilt gemäß § 98 VwGO, § 118 Abs. 1 SGG im Verwaltungs- und
    Sozialgerichtsprozess.
73 Zum Umfang des Zeugnisverweigerungsrechts im Strafprozess vgl. § 53 Abs. 1
    Nr. 3 StPO.
74 In diesem Sinne *Bernhardt/Winograd* in: Haft/v. Schlieffen, § 19 Rn. 13 f.

wahrzunehmen, die für die Konfliktbeilegung wichtig sein können.[75] So kann er beispielsweise über inhaltliche Aspekte zu den Streitthemen, über die Konfliktdynamik zwischen den Beteiligten, über nonverbale Signale eines Beteiligten[76] oder über weitere Verfahrensschritte nachdenken, während der andere das Gespräch führt.

Co-Mediation ermöglicht eine gemeinsame Vor- und Nachbereitung der Mediationsgespräche und damit die gemeinsame systematische Auswertung der geleisteten Arbeit und die strategische Planung des weiteren Verfahrens. Die Vor- und Nachbereitung dient dem Austausch der Mediatoren über die Konfliktbeteiligten und den Verlauf und Stand des Verfahrens.[77] Sie bietet ein Forum für konstruktive Kritik der Mediatoren untereinander, für Lob und Selbstvergewisserung sowie für die Reflexion der eigenen Rolle.[78] Professionelle Vor- und Nachbereitung kann die Mediatoren damit entlasten und erhöht zugleich die Qualität des Mediationsprozesses.[79]

In der Regel haben Mediatoren Grundberufe, die im Modell der interdisziplinären Co-Mediation unterschiedlich sind. Damit ist der professionelle Hintergrund des Mediatorenteams breiter als der eines Einzelmediators.[80] Dies ermöglicht ein umfangreicheres fachspezifisches Verständnis der Streitpunkte und der Konfliktdynamik.[81] Entsprechendes wird bei gemischtgeschlechtlichen Mediatorenteams im Hinblick auf ein spezifisches Verständnis des (sozialen) Geschlechts angenommen.[82] Beides kann den Beteiligten und den Co-Mediatoren Sicherheit geben und damit die Mediation in positiver Weise beeinflussen.

36 Ist eine Co-Mediation gewünscht, wird mit einem gemischtgeschlechtlichen Mediatorenteam eine „Schieflage des Settings" vermieden, die bei einem gleichgeschlechtlichen Co-Mediatorenteam auf Kritik stoßen kann, wenn die Konfliktbeteiligten verschiedenen Geschlechtern angehören.[83]

Die Co-Mediatoren haben verschiedene Persönlichkeiten und pflegen, auch bei gleichem Mediationsverständnis,[84] eigene Arbeitsstile.[85] Die verschiedenen Persönlichkeiten können in einzelnen Situationen bei den Konfliktbe-

75 *Troja* in: Trenczek/Berning/Lenz, 3.12.1.4, Rn. 19.
76 ZB im Hinblick darauf, ob der Beteiligte, der nicht unmittelbar das Gespräch führt, die Äußerungen des anderen über Positionen oder Bedürfnisse tolerieren kann, vgl. *Bernhardt/Winograd* in: Haft/v. Schlieffen, § 19 Rn. 21.
77 Daten, Fakten, individuelle und (potentiell) gemeinsame Interessen der Beteiligten, Befürchtungen und Ängste.
78 Vgl. *Gläßer* in: Haft/v. Schlieffen, § 15 Rn. 64: kollegiales Feedback.
79 Vgl. *Troja* in: Trenczek/Berning/Lenz, 3.12.1.4, Rn. 35; *Bernhardt/Winograd* in: Haft/v. Schlieffen, § 19 Rn. 29.
80 Vgl. *Troja* in: Trenczek/Berning/Lenz, 3.12.1.4, Rn. 11.
81 Beispielsweise, ob beiden Beteiligten alle Informationen zur Verfügung stehen, die sie jeweils für eine Entscheidung brauchen, vgl. *Troja* in: Trenczek/Berning/Lenz, 3.12.1.4, Rn. 11.
82 *Troja* in: Trenczek/Berning/Lenz, 3.12.1.4, Rn. 14, der zugleich darauf verweist, dass Genderaspekte in der Mediation auch durch einen entsprechend geschulten Mediator erkannt und berücksichtigt werden können.
83 Vgl. *Bernhardt/Winograd* in: Haft/v. Schlieffen, § 19 Rn. 25, 27.
84 Was wohl notwendige Bedingung für eine zielführende Co-Mediation ist, vgl. *Troja* in: Trenczek/Berning/Lenz, 3.12.1.4, Rn. 20 f.
85 Zur Korrelation von professionellem Hintergrund und Mediationsstil des Mediators vgl. *Bernhardt/Winograd* in: Haft/v. Schlieffen, § 19 Rn. 23 mwN.

teiligten unterschiedliche Gefühle hervorrufen.[86] Co-Mediation kann es damit erleichtern, dass die Beteiligten zumindest mit einem der Mediatoren in Rapport[87] kommen, dh sich emotional abgeholt und aufgehoben fühlen und Vertrauen entwickeln.[88] Unterschiedliche Methoden und Techniken können sich ergänzen und verschiedene Präferenzen der Beteiligten bedienen oder differierende verfahrensbezogene Bedürfnisse erfüllen.

Ist einer der Mediatoren bei einem Thema aufgrund persönlicher Erfahrungen „vorbefasst" und fühlt sich deshalb in seiner Neutralität oder Allparteilichkeit gegenüber den Beteiligten oder seiner Unvoreingenommenheit in Bezug auf Lösungsmöglichkeiten eingeschränkt, kann der Co-Mediator einen Ausgleich schaffen oder während des entsprechenden Verfahrensabschnitts die Arbeit im Vordergrund übernehmen.[89]

Manche Methoden können nur angewendet werden, wenn zwei Mediatoren tätig sind, beispielsweise die Intervention des „reflecting team".[90] Dabei wenden sich die Co-Mediatoren einander zu, um Gedanken auszutauschen, Fragen zu stellen, Eindrücke mitzuteilen oder Hypothesen zu formulieren. Die Konfrontation hiermit bietet den Konfliktbeteiligten eine Außenperspektive und ist ein Instrument, den eigenen Konflikt zu transzendieren bzw. einen Perspektivwechsel zu induzieren und damit das Verständnis für den jeweils anderen zu fördern.

Schließlich hat das Mediatorenteam eine Vorbildfunktion für gute Kommunikation und kooperativen Umgang.[91] Die Konfliktbeteiligten erleben im Optimalfall in der Arbeit der Mediatoren eine empathische und offene Grundhaltung, einen zurückhaltenden Umgang mit der eigenen Meinung ohne Bewertung des anderen, Geduld füreinander, wechselseitiges Ausreden lassen, Achtung, Respekt und Wertschätzung für den anderen sowie die Akzeptanz und die Berücksichtigung seiner Bedürfnisse.

bb) Mögliche Nachteile der Co-Mediation. Ein potenzieller Nachteil der   37
Co-Mediation sind die Kosten für das Honorar des Mediatorenteams, das pro Zeiteinheit regelmäßig höher ist als das Honorar nur eines Mediators.[92] Ein weiterer möglicher Nachteil ist der mit einem Co-Mediator als weiterem Akteur verbundene erhöhte Abstimmungsaufwand für Mediationstermine und Zeitverlust, wenn ein Mediator erst einen späteren Termin einrichten kann, als der andere und die Beteiligten.[93]

---

86 ZB Sympathie, vgl. *Troja* in: Trenczek/Berning/Lenz, 3.12.1.4, Rn. 7.
87 Zum Begriff vgl. *Schweitzer* in: Haft/v. Schlieffen, § 5 Rn. 69.
88 *Mähler/Mähler* in: Haft/v. Schlieffen, § 31 Rn. 34 f.
89 Vgl. *Bernhardt/Winograd* in: Haft/v. Schlieffen, § 19 Rn. 22.
90 *Gläßer* in: Haft/v. Schlieffen, § 15 Rn. 65; *Troja* in: Trenczek/Berning/Lenz, 3.12.1.4, Rn. 31 f.
91 *Troja* in: Trenczek/Berning/Lenz, 3.12.1.4, Rn. 7.
92 Darüber, ob sich diese Kosten amortisieren, beispielsweise weil eine Co-Mediation eine höhere Erfolgswahrscheinlichkeit hat, durchschnittlich weniger Zeit in Anspruch nimmt, qualitativ bessere Ergebnisse oder eine nachhaltigere Konfliktbeilegung ermöglicht, liegen keine wissenschaftlichen Erkenntnisse vor. Bezogen lediglich auf die Kosten ist die Rede von „vorläufigen und vagen Hinweisen", dass die Kosten einer Co-Mediation um durchschnittlich ca. 30 % höher seien als die einer Einzelmediation, vgl. *Bernhardt/Winograd* in: Haft/v. Schlieffen, § 19 Rn. 17 Fn. 15, Rn. 31.
93 In diesem Sinne *Bernhardt/Winograd* in: Haft/v. Schlieffen, § 19 Rn. 1.

Co-Mediation kann Störungen hervorrufen, beispielsweise wenn eine Intervention des einen Mediators zu einem Bruch der Gesprächsführung des anderen Mediators führt oder wenn die Mediatoren über den weiteren Verlauf des Verfahrens uneins sind. Die Bearbeitung solcher Störungen und die notwendige Abstimmung verbrauchen Ressourcen, sowohl auf Seiten der Mediatoren als auch auf Seiten der Beteiligten.[94] Im Falle einer Unstimmigkeit zwischen den Mediatoren sollte eine Pause gemacht werden, um Raum für eine Besprechung und Abstimmung des Mediatorenteams zu ermöglichen. Eine Offenlegung oder Erläuterung der Gründe für das eigene Verhalten durch die Mediatoren in Anwesenheit der Beteiligten sollte nicht erfolgen.

Ein weiteres Risiko stellt die Möglichkeit der Abwälzung von Verantwortung der Mediatoren auf den jeweils anderen dar, was in Bezug auf die Verfahrensführung ein Verantwortungsvakuum auslösen und damit zu Strukturschwächen im Verfahren führen kann.

Die Auswahl des Co-Mediators bedarf daher besonderer Aufmerksamkeit, um das notwendige gemeinsame Mediationsverständnis und Teamfähigkeit zu gewährleisten[95] und um dem Mediationserfolg abträgliches Konkurrenzverhalten unter den Mediatoren zu vermeiden.

38 In grenzüberschreitenden Mediationen werden die Kriterien für die bi-professionelle Co-Mediation noch erweitert. Erfahrungen haben gezeigt, dass internationale Mediationen eher erfolgreich sind, wenn die beiden Mediatoren die Interkulturalität der Beteiligten reflektieren,[96] optimaler Weise dergestalt, dass die Muttersprachen der Beteiligten repräsentiert sind, weil damit die Perzeption der Allparteilichkeit gefördert wird.[97] Die dafür geltenden Grundsätze wurden in der sogenannten **Breslauer Erklärung** definiert.[98]

39 c) Familienmediation und Kindeswohl. Bei Mediation im Familienkontext bedarf das Wohl von Kindern, die vom Konflikt der Medianden betroffen sein können, besonderer Beachtung. Das Kindeswohl ist nicht disponibel; ein Kind ist keine Verhandlungsmasse. Die Bedürfnisse von Kindern als schutzbedürftigen Dritten sind damit immer „mit am Tisch". Im Hinblick auf das Kindeswohl kann und muss der Mediator das Prinzip der Neutralität einschränken.

40 aa) Reaktionen und Bedürfnisse des Kindes im Trennungskonflikt der Eltern. Kinder reagieren auf Elternkonflikte, wobei die typischen Reaktionen je nach Alter des Kindes unterschiedlich sind. Intensität und Dauer der Symptome sowie die Wahrscheinlichkeit, mit der längerfristige oder dauerhafte negative Folgen für ein Kind drohen, hängen wesentlich vom Konfliktverhalten der Eltern ab.[99]

---

94 Vgl. *Troja* in: Trenczek/Berning/Lenz, 3.12.1.4, Rn. 21.
95 *Bernhardt/Winograd* in: Haft/v. Schlieffen, § 19 Rn. 22.
96 *Bernhardt/Winograd* in: Haft/v. Schlieffen, § 19 Rn. 28; *Kriegel/Schmidt*, S. 307.
97 *Lochmann*, S. 37.
98 Abrufbar unter http://www.mikk-ev.de/wp-content/uploads/breslauer-erklaerung.p df (zuletzt abgerufen am 1.3.2017).
99 *Mähler/Mähler* in: Haft/v. Schlieffen, § 31 Rn. 52; *Dietrich/Fichtner/Halatcheva/ Sandner*, S. 30 f.

Aus Kindeswohlperspektive ist eine Konfliktdeeskalation zwischen den Eltern anzustreben und die Bindungssicherheit des Kindes zu beiden Elternteilen zu erhalten. Dem Kindeswohl dienen Verlässlichkeit und Stabilität in der Gestaltung des Alltags, der Erhalt guter Geschwisterbeziehungen und der Erhalt des Kontaktes zu anderen Vertrauenspersonen, beispielsweise zu beiden Großelternpaaren. Hierfür ist ein respektvoller Umgang der Eltern miteinander sowie Kooperation und Kommunikation zwischen ihnen hilfreich; Loyalitätskonflikte des Kindes sind zu vermeiden.[100] Mediation kann die Konfliktbeteiligten dabei unterstützen, die Paar- von der Elternebene zu trennen und so die Bedürfnisse des Kindes im Auge zu behalten.[101]

bb) Die Einbeziehung des Kindes in die Mediation. Aufgrund ihres Konflikts auf Paarebene besteht das Risiko, dass die Beteiligten die Anliegen und Bedürfnisse ihres Kindes nicht im gebotenen Maße im Blick haben. Im Rahmen der Klärung von Konfliktthemen wie der Gestaltung des Umgangs oder der Betreuung kann es sich daher anbieten, das Kind symbolisiert, indirekt oder direkt in die Mediation einzubeziehen.   41

Eine *symbolisierte Form* der Einbeziehung des Kindes kann beispielsweise durch einen leeren Stuhl zwischen den Eltern ermöglicht werden, der für den Platz des Kindes steht. Die Eltern setzen sich nacheinander auf diesen Stuhl, um als Kind in der ich-Form Antworten auf die Frage zu geben: „*Was brauche ich?*". Damit formulieren die Eltern aus der auf diese Weise symbolisierten Sichtweise des Kindes dessen Anliegen und Bedürfnisse. Eine *indirekte Einbeziehung* kann durch einen Experten[102] erfolgen, der aus Einzelgesprächen mit dem Kind die Bedürfnisse und Anliegen des Kindes in die Mediation als Sprachrohr des Kindes einbringt.[103]

Ob bzw. in welcher Form ein Kind direkt in die Mediation einbezogen werden kann und soll, hängt vom Konfliktverhalten der Eltern[104] und von der Reife des Kindes ab.[105] Bei einer *direkten Einbeziehung* des Kindes muss sichergestellt sein, dass das Kind frei reden kann. Loyalitätskonflikte durch seine Äußerungen und Parentifizierung durch ein Verantwortungsgefühl des Kindes für die Regelung der Eltern müssen ausgeschlossen werden können. Es muss also sichergestellt sein, dass das Kind versteht und darauf vertraut, dass es (lediglich) angehört wird, dass die Eltern keine Äußerung übel nehmen werden und dass das Kind weder eine Entscheidung treffen noch Verantwortung für eine Entscheidung der Eltern tragen wird (→ MediationsG § 2 Rn. 184). Ist dies gewährleistet, ist die Einbeziehung eine   42

---

100 *Mähler/Mähler* in: Haft/v. Schlieffen, § 31 Rn. 55.
101 *Mähler/Mähler* in: Haft/v. Schlieffen, § 31 Rn. 52.
102 Beispielsweise durch einen Kinderpsychologen oder Therapeuten oder, in der gerichtsnahen Mediation, durch den Verfahrensbeistand iSd § 158 FamFG.
103 *Mähler/Mähler* in: Haft/v. Schlieffen, § 31 Rn. 57.
104 Es muss ua gewährleistet sein, dass das Kind in der Mediation kein konflikthaftes Verhalten der Eltern erlebt.
105 → MediationsG § 2 Rn. 184; *Mähler/Mähler* in: Haft/v. Schlieffen, § 31 Rn. 56. Bei einem Kind im Vorschulalter kommt eine direkte Einbeziehung in der Regel nicht in Betracht. Ein Kind im Grundschulalter kann oft partiell persönlich einbezogen und Jugendlichen kann regelmäßig eine echte Mitsprache bei der Entwicklung von Optionen eingeräumt werden.

Chance für das Kind, aus Passivität und einem Gefühl von Ohnmacht zu gelangen.[106]

Ein *geeigneter Zeitpunkt*, um durch eine Einbeziehung bei der Erarbeitung von Lösungen die Bedürfnisse eines Kindes vor Augen zu haben,[107] ist zwischen der Phase 3 und der Phase 4 der Mediation, dh nach der Klärung der Interessen und vor der Entwicklung von Lösungsoptionen.[108] Eine Einbeziehung vor der Phase 3 ist die Ausnahme. Im Regelfall ist das Kind zunächst lediglich darüber zu informieren, dass die Eltern gemeinsam Mediationsgespräche führen, um dort einvernehmliche Lösungen zu erarbeiten. Möglich, wenngleich keine Einbeziehung des Kindes im eigentlichen Sinne, ist die Vorstellung der erarbeiteten Regelungen der Eltern für das Kind am Ende der Mediation. Vertreten die Eltern gemeinsame Lösungen überzeugt und überzeugend, fällt es dem Kind leichter, die Entscheidung der Eltern zu akzeptieren.

Soll eine einvernehmliche Regelung, die in einer gerichtsnahen Mediation[109] erzielt wurde, als gerichtlicher Vergleich aufgenommen werden, muss das Gericht die Regelung billigen, § 156 Abs. 2 FamFG. Hierfür muss das Gericht das Kind auch dann persönlich anhören, wenn das Kind zuvor in die Mediation einbezogen wurde.[110]

43 **d) Mediation in hocheskalierten Familienkonflikten.** Als Eigenschafts- und Verhaltensmerkmale für hocheskalierte Konfliktpartner wurden die reduzierte Offenheit für neue Erfahrungen, eine als gering erlebte Selbstwirksamkeit,[111] unflexible Denkstrukturen, Wahrnehmungsverzerrungen und eingeschränkte Emotionsregulation[112] festgestellt.[113]

Kennzeichnend für den Zustand der Beteiligten hocheskalierter Familienkonflikte sind eine hohe Ambivalenz und das Gefühl von Ohnmacht. Letztere betrifft zum einen eine verfahrensmäßige Ohnmacht, also das Gefühl, keinen Einfluss auf das Verfahren bei Gericht, in der Beratung, in der Therapie etc nehmen zu können. Es betrifft zum anderen eine innerpsychische Ohnmacht, die sich unter anderem darin manifestieren kann, dass die Beteiligten immer wieder in für ihren Konflikt typische Streitmuster verfallen, aus denen sie sich nicht alleine lösen können.[114] Solche Muster gilt es für den Mediator zu erkennen und zu benennen. Die Benennung ermöglicht den Beteiligten die Selbsterkenntnis, dass sie sich in einem Muster bewe-

---

106 *Carl/Clauß/Karle*, S. 39.
107 Zu diesem positiven Aspekt der Einbeziehung des Kindes *Ivantis* ZKJ 2012, 98 (100).
108 Vgl. zum fünf-phasigen Mediationsmodell: → MediationsG § 2 Rn. 82; *Montada/Kals*, S. 247 ff.; *Besemer*, S. 76.
109 Das heißt außergerichtliche Mediation, die nach Anhängigkeit eines gerichtlichen Verfahrens zur Beilegung eines den Streitgegenstand dieses gerichtlichen Verfahrens (jedenfalls auch) umfassenden Konfliktes begonnen wird, während dieses gerichtliche Verfahren ausgesetzt ist.
110 *Carl/Clauß/Karle*, S. 39.
111 Ähnlich *Krabbe* in: Trenczek/Berning/Lenz, 5.3, Rn. 6: Ungleichgewicht zwischen den eigenen Gestaltungsmöglichkeiten und den Anforderungen der Realität.
112 *Krabbe* in: Trenczek/Berning/Lenz, 5.3, Rn. 21.
113 *Dietrich/Fichtner/Halatcheva/Sandner*, S. 13 f.
114 Vgl. *Krabbe* in: Trenczek/Berning/Lenz, 5.3, Rn. 5: „Konflikterhaltungsmechanismen".

gen. Die Benennung dokumentiert den Beteiligten ferner, dass sie verstanden werden. Beides kann das Gefühl der Ohnmacht lindern. Haben die Beteiligten das Muster als solches erkannt, können sie eine Entscheidung darüber treffen, ob sie versuchen wollen, den Weg aus dem Muster zu suchen. Bejahen sie dies, kann der Mediator anbieten, diesen schwierigen Weg mit ihnen zu gehen. Die Entscheidung der Beteiligten, einen solchen Versuch zu unternehmen, bedeutet, dass sie ein Stück Verantwortung für das Verfahren übernehmen. Das ist Grundvoraussetzung dafür, dass eine Mediation begonnen werden kann.

In hocheskalierten Familienkonflikten gibt es damit eine Art Vorphase der   **44** Mediation. Zeigt diese keine Wirkung, ist dies eine Indikation gegen Mediation.[115] Dann können (familien-)therapeutische Maßnahmen und ein systematisches Konfliktmanagement mit weiteren Elementen[116] angezeigt sein. Ein Ansatz in der Mediation hocheskalierter Konflikte ist der gesteigerte Fokus auf die Emotionen, die dem Konflikt zu Grunde liegen,[117] mit dem Ziel der emotionalen Entflechtung der Beteiligten.[118] Es werden Einzelsitzungen eher für sinnvoll erachtet als in anderen Konflikten. Wenn Einzelsitzungen erfolgen, sind sie nach Möglichkeit jeweils mit beiden Beteiligten durchzuführen, jedenfalls beiden anzubieten.[119]

Oft ist in Hochkonfliktfällen ein Vorgehen (lediglich) in kleinen Schritten möglich. Sind umfangreichere Themen zunächst zu schwierig, um sie anzugehen, können kleinere Themen bearbeitet werden. Wenn zu diesen konkrete Absprachen getroffen und mit Erfolg umgesetzt werden, kann dies den langsamen und schrittweisen Aufbau von Vertrauen der Beteiligten dahin gehend fördern, dass auch der andere überhaupt Lösungen will. Es ist ein wesentliches Erfolgserlebnis, wenn das Gefühl eines gegenseitigen Verständnisses zurückerworben wird. Die Beteiligten erfahren außerdem, dass sie auf ihre Lebensgestaltung konstruktiven Einfluss nehmen können.[120] Dabei werden auch zwischenzeitliche Entlastungen, die für sich keine dauerhafte Konfliktlösung darstellen, als hilfreich erlebt.

Von besonderer Bedeutung im hocheskalierten Familienkonflikt ist der Blick auf das Kindeswohl. Es bedarf einer regelmäßigen Abklärung der Belastungssituation des Kindes. Hilfreich zur Entlastung und Stabilisierung sind Unterstützungsmaßnahmen für das Kind selbst, auch unabhängig von der Mediation der Eltern.[121] Vereinbarungen in der Mediation, die kindliche Belastungen nicht hinreichend berücksichtigen, hat der Mediator zu verhindern. Insoweit kann und muss der Mediator das Prinzip der Neutralität einschränken.

2. Qualitätssicherung und Professionalisierung. Die Tätigkeit des Media-   **45** tors soll es den Konfliktbeteiligten ermöglichen, einvernehmliche Regelungen zu erarbeiten, die ihren persönlichen und wirtschaftlichen Interessen

---

115 *Krabbe* in: Trenczek/Berning/Lenz, 5.3, Rn. 26.
116 Gewaltschutz, Kinderschutz, Psychoedukation von Eltern (zB durch Kurse wie „Kind im Blick" der Erziehungs- und Familienberatungsstellen).
117 *Dietrich/Fichtner/Halatcheva/Sandner*, S. 43.
118 *Krabbe* in: Trenczek/Berning/Lenz, 5.3, Rn. 13.
119 *Krabbe* in: Trenczek/Berning/Lenz, 5.3, Rn. 15, 19.
120 *Krabbe* in: Trenczek/Berning/Lenz, 5.3, Rn. 28.
121 *Dietrich/Fichtner/Halatcheva/Sandner*, S. 27.

und Bedürfnissen optimal entsprechen. Grundlage dafür ist eine qualifiziert und sachkundig geführte Mediation, die die persönliche und fachliche Eignung des Mediators voraussetzt. Diese Eignung ist insbesondere durch qualitativ hochwertige Aus- und Fortbildung zu vermitteln und auszubauen.

In diesem Sinne haben die Bundesarbeitsgemeinschaft für Familienmediation (BAFM) und der Bundesverband Mediation (BM) seit 1992 **Standards für die Ausbildung** zum Mediator entwickelt, die den besonderen Anforderungen an die Tätigkeit im Rahmen der Familienmediation Rechnung tragen. Neben einer Ausbildung im Umfang von mindestens 200 Stunden entsprechend ihren Standards und Ausbildungsrichtlinien sind dies die Dokumentation von durchgeführten Mediationen nebst Supervision und regelmäßig zu absolvierende Fortbildungen. Die geschützten Titel **Mediator (BAFM)** oder **Mediator (BM)** geben eine Richtschnur für die Qualität der Mediation. Daneben bieten andere Fachverbände und Ausbildungsinstitutionen sowie semi-öffentliche Ausbildungsstätten (private Einrichtungen mit öffentlicher Förderung), aber auch universitäre Bildungseinrichtungen (zB Europa-Universität Viadrina Frankfurt (Oder), Universität Bielefeld, Universität Heidelberg, FernUni Hagen, Universität Potsdam) Ausbildungen zum Mediator an, die teilweise bis zu Abschlüssen mit Master-Titeln reichen.

46 Der Mediator ist Verfahrensexperte, der den Rahmen für die Verhandlungen der Beteiligten zur Verfügung stellt, im Grundsatz unabhängig vom inhaltlichen Gegenstand des Konflikts. Die unterschiedlichen Konfliktbereiche, in denen Mediation durchgeführt wird, weisen jedoch Besonderheiten auf. Erst die Kenntnis der Feldspezifika,[122] die über Grundkenntnisse und -fähigkeiten hinausgehen, ermöglicht es dem Mediator, den sich im jeweiligen Mediationsbereich stellenden Anforderungen umfänglich gerecht zu werden. Im Sinne der Qualitätssicherung wurden dementsprechend parallel zur Ausbildung **Standards für die Praxis** entwickelt, so zB die Richtlinie für Mediation in Familienkonflikten.[123] Des Weiteren wurden Netzwerke für die in Familienverfahren tätigen Berufsgruppen und für die in Deutschland tätigen Familienberatungsverbände aufgebaut.[124]

47 Für **grenzüberschreitende Familienmediationen** wurden unter Einbeziehung von qualifizierten Familienmediatoren und Mediationstrainern aus allen EU-Staaten im Rahmen eines EU-Projektes Ausbildungs- und Qualitäts-

---

122 Im Familienkonflikt sind dies beispielsweise (1) die Notwendigkeit der Berücksichtigung von Interessen nicht unmittelbar an der Mediation beteiligter Kinder, (2) die Kenntnis familienspezifischer konfliktprägender Austauschverhältnisse, (3) die Kompetenz, eine drohende erhebliche Gefährdung des Wohles eines Kindes zu erkennen, vgl. § 4 S. 3 Nr. 2, oder (4) das Bewusstsein über drohenden Rechtsverlust in Bezug auf Unterhalt, wenn es an einer Inverzugsetzung fehlt.

123 Abrufbar unter http://www.bafm-mediation.de/ausbildung/ausbildungs-richtlinie n-der-bafm/2-richtlinien-der-bafm-fur-mediation-in-familienkonflikten/ (zuletzt abgerufen am 1.3.2017). Auch der Bundesverband Mediation eV tendiert dazu, entsprechende Standards für Fachmediatoren im Bereich Familie zu etablieren, vgl. *Rafi* in: Haft/v. Schlieffen, § 52 Rn. 32. Empfehlungen für solche Standards bei *Schulz* Spektrum der Mediation 57/2015, 43 ff.

124 Abrufbar unter http://www.bafm-mediation.de/organisation/verbandskonferenz/ (zuletzt abgerufen am 1.3.2017).

standards entwickelt, die den Anforderungen dieser Mediationen mit ihrer besonderen Konfliktdynamik und mit der Vielfalt rechtlicher Rahmenbedingungen gerecht werden.[125] Das Ziel ist der Aufbau eines europaweiten Netzwerkes besonders qualifizierter Familienmediatoren.[126]

Das Bundesministerium der Justiz und für Verbraucherschutz hat aufgrund von § 6 am 16. August 2016 die **Verordnung über die Aus- und Fortbildung von zertifizierten Mediatoren (ZMediatAusbV)** erlassen, die am 1. September 2017 in Kraft treten wird (im Einzelnen → MediationsG § 6 Rn. 1 ff.). Die in der Verordnung geregelten Aus- und Fortbildungsinhalte entsprechen dem, was die Fach- und Berufsverbände der Mediatoren im Vorfeld der Verabschiedung des MediationsG im Rahmen einer Arbeitsgruppe im Bundesministerium der Justiz entwickelt hatten.[127] Der Umfang des Ausbildungslehrganges von 120 Stunden, § 2 Abs. 4 S. 1 ZMediatAusbV, bleibt jedoch deutlich hinter den Standards der genannten Verbände von 200 Stunden zurück. Die Verordnung definiert dementsprechend allenfalls eine Grundqualifikation,[128] ohne eine fachspezifische Differenzierung der Aus- und Fortbildung vorzusehen. Schon die Gesetzesbegründung hatte daher ausdrücklich vorgesehen, dass die Ausbildung zum Mediator durch eine weitere Vertiefung in Spezialgebieten – wie zum Beispiel der Mediation im Familienkonflikt – sinnvoller Weise zu ergänzen ist.[129] Dadurch wird der besonderen Stellung der Familienmediation Rechnung getragen.

48

---

125 Abrufbar unter http://www.mikk-ev.de/deutsch/eu-trainingsprojekt-tim/ (zuletzt abgerufen am 1.3.2017).
126 Siehe dazu www.crossbordermediator.eu (zuletzt abgerufen am 1.3.2017).
127 *Carl* ZKM 2012, 132 (133).
128 *Rafi* in: Haft/v. Schlieffen, § 52 Rn. 52; *Schulz* Spektrum der Mediation 57/2015, 43: „Minimalstandard". Die Mediationsverbände BM, BAFM, BMWA, DFfM und DGM halten die Anforderungen der ZMediatAusbV für nicht ausreichend, ein adäquates Aus- und Fortbildungsniveau für Mediatoren zu gewährleisten, und beabsichtigen daher die Etablierung gemeinsamer Standards, die im Sinne der Qualitätssicherung über die Anforderungen der ZMediatAusbV hinausgehen, vgl. Mitgliederrundschreiben vom 12.6.2017, https://www.die-mediation.de/wp-content/uploads/DFfM-Mitgliederschreiben-vom-12-06-2017.pdf, zuletzt abgerufen am 1.7.2017. Die Initiative begrüßend: *Greger* (https://www.mediationaktuell .de/news/lichtblick-beim-zertifizierungs-debakel, zuletzt abgerufen am 1.7.2017).
129 BT-Drs. 17/8058, 18.

H. Mediation und Konfliktvorsorge in Erbangelegenheiten

Literatur:

Becker/Horn, Erbrechtsmediation, ZEV 2006, 248; *Brandt*, Mediation in der Erbauseinandersetzung – eine Falldarstellung, ZEV 2010, 133; *Frieser* (Hrsg.), Formularbuch des Fachanwalts Erbrecht, 3. Aufl. 2017; *Frieser/Sarres/Stückermann/Tschichoflos*, Handbuch des Fachanwalts Erbrecht, 6. Auflage 2015; *Fritz/Pielsticker* (Hrsg.), Mediationsgesetz, Methodik und Anwendungsbereiche der Mediation, 2013; Greger/ Unberath/Steffek, Recht der alternativen Konfliktlösung, 2. Aufl. 2016; Haft/v. Schlieffen, Handbuch Mediation, 3. Aufl. 2016; *Hohmann*, Erbstreitigkeiten und Mediation, ZKM 2013, 181; *Holzer*, Das Verfahren zur Auseinandersetzung des Nachlasses nach dem FamFG, ZEV 2013, 656; *Ihrig*, Vermittlung der Auseinandersetzung des Nachlasses durch den Notar, MittBayNot 2012, 353; *Risse*, Beilegung von Erbstreitigkeiten durch Mediationsverfahren, ZEV 1999, 205; *Schiffer/Schürmann*, Die Anordnung von Schiedsgericht und Mediation in der Verfügung von Todes wegen, in: *Muscheler* (Hrsg.), Hereditare – Jahrbuch für Erbrecht und Schenkungsrecht, Band 4, 2014, 39. *Schmitz-Vornmoor*, Notare im Prozess der Unternehmensnachfolge – Die (mögliche) Rolle und Funktion von Notaren aus konfliktdynamischer Sicht, Konfliktdynamik 2015, 182; *ders.*, Mediations- und Verhandlungspraxis im Notariat am Beispiel von typischen erbrechtlichen Konflikten, ZKM 2012, 51; *Siegel*, Mediation in Erbstreitigkeiten, 2009; *Töben*, Mediationsklauseln, RNotZ 2013, 321; *ders./Schmitz-Vornmoor*, Konfliktvorsorge bei der Nachlassplanung, ZKM 2014, 15; *ders./ders.*, Möglichkeiten der Konfliktvorsorge in der erbrechtlichen Beratungs- und Gestaltungspraxis – insbesondere durch Mediationsklauseln, RNotZ 2014, 527; *Trenczek/Berning/Lenz*, Mediation und Konfliktmanagement, 2012; *Walz* (Hrsg.), Das ADR-Formularbuch, 2. Auflage 2017; *Werner*, Das Schiedsverfahren als Instrument zur Lösung erbrechtlicher Streitigkeiten, ZEV 2011, 506; *Zimmermann*, Die Vermittlung der Erbauseinandersetzung durch den Notar, NotBZ 2013, 335.

Schmitz-Vornmoor

I. Einführung

Konflikte rund um das Thema Erben und Vererben haben ihre Wurzeln   1
häufig in der Familiengeschichte. Eine rein juristische Betrachtung von Erbkonflikten blendet diesen Beziehungsaspekt aus und führt daher oft zu un-
befriedigenden Ergebnissen. Was nützt ein gewonnener Prozess, wenn die
Familienbeziehungen zerstört sind? Alternative Wege der Konfliktbearbeitung wie die Mediation sind daher regelmäßig besser in der Lage, das familiäre Beziehungsgeflecht und die Familienhistorie mit in den Blick zu nehmen.[1]

Kristallisationspunkt eines Erbkonflikts ist der Erbfall, also der Tod eines   2
Menschen (der sog Erblasser). Die dazu im BGB getroffene Aussage ist
kurz und klar und steht seit dem Jahr 1900 unverändert in § 1922 Abs. 1:
„Mit dem Tode einer Person (Erbfall) geht deren Vermögen (Erbschaft) als
Ganzes auf eine oder mehrere andere Personen (Erben) über."

Dieser „Universalsukzession" genannte Vermögensübergang[2] hat es aus   3
konfliktdynamischer Sicht in sich. Vermögen wird neu zugeordnet, möglicherweise auch mehreren Personen, die dann Erbengemeinschaft genannt
werden. Wer sind diese Personen und welches Vermögen ist überhaupt vorhanden? Was geschieht mit den Schulden des Erblassers? Wie sind Vorabschenkungen an einzelne Familienmitglieder zu behandeln? Gibt es letztwillige Verfügungen? Sind diese klar und eindeutig formuliert? Oder gilt
die gesetzliche Erbfolge? Wer ist für was zuständig? Welche Behörden und/
oder Gerichte sind einzuschalten? Fallen Erbschaftsteuern an?

Gleichzeitig mit diesen das Vermögen betreffenden Fragen muss sich die   4
Familie neu organisieren. Welche Rolle hatte die verstorbene Person im Familiensystem? Was bedeutet deren Wegfall für die Familie? Welche Aufgaben sind innerfamiliär neu zu verteilen? Wer übernimmt welche Aufgaben?
Alle diese Fragen werden verhandelt vor dem Hintergrund der gemeinsamen Familiengeschichte und ggf. auch eingefahrener innerfamiliärer Kom-
munikations- und Konfliktmuster. Der Erbfall bietet dann oft die Gelegenheit, offene Fragen aus der Vergangenheit erneut zu thematisieren. Bereits
die Normalfamilie mit Eltern und erwachsenen gemeinsamen Kindern steht
im Erbfall deshalb vor einer großen Herausforderung. Deutlich komplexer
und häufig auch konfliktträchtiger sind Fallgestaltungen in sogenannten
Patchworkfamilien.

---

1   So auch schon *Risse* ZEV 1999, 205 ff.; dort auch mit einem Beispielsfall; ebenfalls
    ausführliche Falldarstellungen bei *Brandt* ZEV 2010, 133, *Hohmann* ZKM 2013,
    181, und *Töben/Schmitz-Vornmoor* RNotZ 2014, 527 (531 ff.).
2   Vgl. dazu auch Haft/v. Schlieffen/*Beisel* § 32 Rn. 1 ff.

5   Vor diesem Hintergrund sollte ein Erbfall das Familiensystem idealerweise nicht unvorbereitet treffen.[3] Es kommt daher darauf an, bereits vor dem Erbfall die Weichen richtig zu stellen. Wie diese Weichenstellung aussehen kann und wie auch die Mediation und andere Formen der außergerichtlichen Konfliktbearbeitung im Rahmen der **vorsorgenden Nachlassplanung** eine prominente Rolle spielen können, wird nachfolgend unter Abschnitt II. erörtert. Anschließend geht es in Abschnitt III. um Erbkonflikte und deren Bearbeitung **nach Eintritt des Erbfalls.**[4] Der Beitrag schließt in Abschnitt IV. mit allgemeinen **Hinweisen für Berater** in Erbangelegenheiten.

II. Konfliktvorsorge und -bearbeitung vor Eintritt des Erbfalls

6   Niemand wird gezwungen, seine Erbfolge aktiv durch letztwillige Verfügung zu gestalten, denn das BGB regelt in den §§ 1922 ff. die gesetzliche Erbfolge und sorgt damit für Rechtsklarheit im Todesfall. Aber was nützt Rechtsklarheit, wenn die allgemeine gesetzliche Regelung zur konkreten Situation des Erblassers nicht passt? Es ist daher sinnvoll, zu Lebzeiten zu prüfen, ob nicht eine **maßgeschneiderte Erbregelung** gewählt werden sollte, denn die gesetzliche Auffangregelung ist dispositiv und kommt nur zur Anwendung, wenn der Erblasser keine abweichenden Verfügungen von Todes wegen getroffen hat.

7   Dieser Abschnitt befasst sich daher mit den Möglichkeiten vorsorgender Nachlassplanung speziell unter dem Gesichtspunkt der Konfliktvermeidung bzw. Konfliktsteuerung.[5] Zunächst werden einige **typische Fallgestaltungen** geschildert (1.). Vor diesem Hintergrund werden sodann **Optionen für die vorsorgende Nachlassplanung** und den Einsatz des Mediationsverfahrens herausgearbeitet (2.)

8   **1. Typische Fallgestaltungen.** Die Fälle, in denen die gesetzliche Erbregelung typischerweise zu unerwünschten oder überraschenden und damit häufig auch konfliktträchtigen Ergebnissen führt, sind mannigfaltig. Hier einige Beispiele:[6]

- Verstirbt eine verheiratete Person, ohne Abkömmlinge zu haben, erbt nach der gesetzlichen Regelung nicht der Ehepartner allein, sondern daneben auch Eltern und/oder Geschwister des Erblassers.

- Bei nicht verheirateten Personen ist der Partner nach der gesetzlichen Erbfolge überhaupt nicht erbberechtigt.

- In sogenannten Patchwork-Konstellationen führt die gesetzliche Erbfolge zu zufälligen Ergebnissen, je nachdem, welcher der Partner zuerst verstirbt.

---

3   Zur vorsorgenden Gestaltungsmediation Haft/v. Schlieffen/*Beisel* § 32 Rn. 50 ff., wobei sich der Beitrag allerdings ausschließlich mit der Mediation beschäftigt und andere Möglichkeiten der Konfliktvorsorge nicht behandelt.
4   In Konflikte vor und nach dem Erbfall unterscheiden auch Fritz/Pielsticker/*Schröder*, Methodik und Anwendungsbereiche der Mediation, V. Rn. 20 ff.
5   Dazu ausführlich auch *Töben/Schmitz-Vornmoor* RNotZ 2014, 527 und ZKM 2014, 15.
6   Eine ausführliche Darstellung möglicher Konfliktfelder findet sich auch bei Haft/v. Schlieffen/*Beisel* § 32 Rn. 28 ff.

- Es besteht ein Auslandsbezug, etwa vermittelt durch die Staatsangehörigkeit oder einen gewöhnlichen Aufenthalt des Erblassers oder durch wesentliche sich im Ausland befindliche Vermögensgegenstände.[7]
- Bei jungen Paaren mit gemeinsamen Kindern beruft die gesetzliche Erbfolge auch die minderjährigen Kinder zu Erben und schränkt damit die Handlungsfähigkeit des überlebenden Partners stark ein.
- Bei Familienunternehmen besteht meistens der Wunsch, die Erbfolge innerfamiliär zu steuern; auch stellen viele Gesellschaftsverträge Anforderungen an eine passgenaue Erbregelung.[8]
- Bestehen bereits Konflikte im Familienkreis, dann nimmt die gesetzliche Erbfolge darauf keine Rücksicht, sondern beruft die Erben alleine nach deren Abstammung.
- Ebenfalls zu häufig unerwünschten Ergebnissen führt die gesetzliche Erbfolge, wenn Erben überschuldet, auf Sozialleistungen angewiesen oder nicht handlungsfähig[9] sind.
- Bei größeren Vermögen können auch steuerliche Gründe dafür sprechen, eine vorsorgende Nachlassplanung zu betreiben.

2. Optionen für die vorsorgende Nachlassplanung. a) Professionelle Beratung. Wer sich vorsorgend um seine Nachlassregelung kümmern möchte, sollte professionelle rechtliche Beratung durch **Rechtsanwälte** oder **Notare**[10] in Anspruch nehmen. Die Erfahrung zeigt, dass die meisten Personen mit der eigenen Gestaltung letztwilliger Verfügungen überfordert sind.[11] Gut gemeinte Erbregelungen können dann schnell zum Bumerang werden und genau die Konflikte heraufbeschwören, die sie vermeiden sollen. Außerdem können die vielfältigen Gestaltungsmöglichkeiten, die das Erbrecht bietet,[12] nur im Rahmen einer rechtlichen Beratung überhaupt zum Einsatz kommen.[13]   **9**

Eine konfliktvorsorgende rechtliche Beratung zeichnet sich neben der juristischen Expertise vor allem dadurch aus, dass die Beratung **interessenorientiert** erfolgt. Aus den Wünschen und Vorstellungen der Mandanten lassen sich dahinter stehende Interessen (zB Gleichbehandlung der Kinder, ausrei-   **10**

---

7 Die seit dem 15. August 2015 geltende Europäische Erbrechtsverordnung sorgt hier innerhalb der meisten EU-Länder für erhöhte Rechtssicherheit durch eine einheitliche Anknüpfung des anwendbaren Rechts am gewöhnlichen Aufenthalt und die Einführung des Europäischen Nachlasszeugnisses, eines europaweit zu akzeptierenden Erbnachweises.
8 Dazu auch Haft/v. Schlieffen/*Beisel* § 32 Rn. 64 ff. und *Schmitz-Vornmoor* Konfliktdynamik 2015, 182 ff., speziell zur Rolle von Notaren bei Unternehmensnachfolgen.
9 Die Besonderheiten bei behinderten Beteiligten erörtert Haft/v. Schlieffen/*Beisel* § 32 Rn. 57 ff. unter dem Stichwort „Behindertentestament".
10 Es gibt auch andere Personen/Institutionen, die erbrechtliche Beratungen anbieten, zB Banken. Insbesondere, wenn eine solche Beratung scheinbar „kostenlos" angeboten wird, sollte man sich des dabei entstehenden „Prinzipal-Agent-Problems" bewusst sein und nach den Eigeninteressen der beratenden Bank fragen.
11 Die meisten gerichtlichen Erbstreitigkeiten beruhen auf eigenhändigen Testamenten.
12 Vgl. die umfangreichen Formularbücher zum Erbrecht, zB *Dorsel* (Hrsg.), Kölner Formularbuch Erbrecht, 2. Aufl. 2015.
13 Haft/v. Schlieffen/*Beisel* § 32 Rn. 1 ff. stellt zutreffend dar, dass sich das gestalterische Potential des Erbrechts ohne Beratung kaum erschließt.

chende Versorgung des überlebenden Ehegatten, Vermeidung späterer Konflikte, Sicherung der Handlungsfähigkeit der Familie etc) ermitteln, die dann als Bewertungskriterien für die gewählte Gestaltung dienen können. Eine sorgfältige erbrechtliche Beratung enthält mit der Ermittlung der Interessen daher regelmäßig auch mediative Elemente. Das MediationsG ist im Rahmen einer Beratung nicht einschlägig.

11   Die notarielle vorsorgende Beratung hat gegenüber der anwaltlichen Beratung den Vorteil, dass Notare die Ergebnisse der Beratung in notariellen Testamenten und Erbverträgen festhalten können (allgemein zur Rolle des Notars → M Rn. 1 ff.). Diese notariellen Urkunden werden beim Notar oder Nachlassgericht verwahrt, im Zentralen Testamentsregister[14] registriert, erhöhen damit die Rechtssicherheit[15] und wirken zudem im Erbfall in der Regel als Erbnachweis[16] und können daher die Nachlassabwicklung beschleunigen und auch deren Kosten erheblich senken.

12   Im Rahmen des Beratungsgesprächs ist es häufig sinnvoll, den Mandanten die gesetzliche Erbfolge aufzuzeigen.[17] Da diese auch für etwaige Pflichtteilsrechte relevant ist, werden die Informationen ohnehin benötigt. Vor dieser Folie (Was wäre, wenn wir nichts unternähmen?) können die – möglicherweise abweichenden – Wünsche und Ziele der Mandanten besprochen und auch die Notwendigkeit einer eigenen Erbregelung verdeutlicht werden.

13   **b) Einbeziehung aller betroffenen Personen.** Jede vorsorgende Nachlassplanung sollte das gesamte Familiensystem in die Überlegungen mit einbeziehen. Die beste Konfliktvorsorge besteht darin, alle betroffenen Familienmitglieder an der Nachlassplanung zu beteiligen. Dies gilt insbesondere dann, wenn es bereits Konflikte gibt oder diese absehbar sind.

14   Die Art und Weise der Beteiligung sollte im Einzelfall besprochen werden. Denkbar sind zB

- gemeinsame Gespräche mit allen Familienmitgliedern im Familienkreis oder unter Anleitung des Beraters;
- die Übersendung von Entwürfen und eine damit verbundene schriftliche Abstimmung;
- eine telefonische Abstimmung, evtl. auch per Videokonferenz/Skype.

15   Gibt es Familienmitglieder, die nicht einbezogen werden können oder sollen, so macht es dennoch Sinn, sich über deren Interessen Gedanken zu

---

14   Das Zentrale Testamentsregister wird nach § 78 BNotO von der Bundesnotarkammer geführt, vgl. dazu uo www.testamentsregister.de (zuletzt abgerufen am 1.3.2017). Teilweise gibt es auch bereits Vernetzungen mit elektronisch geführten Testamentsregistern in andere europäischen Staaten.
15   So hat der beurkundende Notar zB seine Feststellungen zur Geschäfts- und Testierfähigkeit in der Urkunde zu vermerken.
16   Eine Grundbuchberichtigung zB kann daher meist ohne Erbschein vorgenommen werden, vgl. § 35 GBO.
17   Hier bietet sich die Verwendung von Visualisierungstechniken an. So kann zB die Familienkonstellation auf einer Flipchart für alle sichtbar dargestellt werden. Der Verfasser arbeitet hier auch mit Holzfiguren, die entsprechend der Familienkonstellation aufgestellt werden können.

machen. Die Technik des „leeren Stuhls"[18] oder zirkuläres Fragen („Was denken Sie, warum sich Ihre Tochter so verhält?")[19] können dabei helfen.

c) **Konfliktbearbeitung als Beratungsoption.** Bestehen familiäre Konflikte, so kann in der vorsorgenden Nachlassplanung auf zwei Weisen mit diesem Konflikten umgegangen werden. Eine – häufig gewählte – Möglichkeit besteht darin, diese Konflikte als feststehendes Faktum hinzunehmen. Die Nachlassplanung erfolgt sodann gleichsam symptombezogen. Ein typisches Beispiel wäre hier der Versuch, den Pflichtteilsanspruch eines „schwarzen Schafes" in der Familie möglichst weitgehend zu beschränken. Denkbar wäre aber auch, den familiären **Konflikt als wandelbar zu verstehen** und eine vorsorgende Konfliktbearbeitung in Erwägung zu ziehen. Häufig besteht bei (fast) allen Familienmitgliedern der Wunsch, die familiäre Situation zu verbessern. Es fehlen aber innerfamiliär Mittel und Wege, diesen Wunsch umzusetzen, so dass die Familie resigniert im status quo verharrt. **16**

Die Bearbeitung und (möglichst) Auflösung bestehender Konflikte sollte vor diesem Hintergrund immer zum möglichen Portfolio einer vorsorgenden Nachlassplanung und -beratung gehören.[20] Wer sich als Berater vor allem auf die juristische Symptombehandlung versteht, sollte mit seinen Mandanten auch die Bearbeitungsoption besprechen und ggf. geeignete Personen, wie zB Mediatoren, zur Unterstützung empfehlen. Wenn der Berater dagegen über eine entsprechende Qualifikation verfügt, kann er auch selbst eine Mediation anbieten und durchführen, etwa als Anwalts- oder Notarmediator. Notarmediatoren haben den zusätzlichen Vorteil, dass sie das Ergebnis der Mediation selbst als Notar in eine notarielle Urkunde (zB eine Erbregelung) umsetzen können (ausführlich dazu → M Rn. 31). **17**

Symptombehandlung und Konfliktbearbeitung schließen sich dabei nicht wechselseitig aus, sondern können auch parallel verfolgt werden. Sollte die Konfliktbearbeitung scheitern, so ist auch das ein wertvolles Ergebnis, welches die Erblasser bei der Nachlassplanung unterstützen kann.

d) **Vorweggenommene Erbfolge neben oder statt letztwilliger Verfügung.** Eine Alternative und Ergänzung zu letztwilligen Verfügungen können Regelungen zur **vorweggenommenen Erbfolge** darstellen. Hier übertragen Erblasser bereits zu Lebzeiten wesentliche Vermögensgegenstände auf die nächste Generation. Gründe für eine solche vorweggenommene Erbfolge können zB sein: **18**

---

18 Haft/v. Schlieffen/*Gläßer* § 15 Rn. 74 beschreibt den Stuhlwechsel zwischen zwei Beteiligten. Beim „leeren" Stuhl geht es darum, dass sich die Beteiligten am Mediationsverfahren in die Rolle des durch den leeren Stuhl symbolisierten Nichtbeteiligten hineinversetzen („Was meinen Sie, würde Ihre Schwester zu einer solchen Regelung sagen, wenn Sie jetzt hier säße?").

19 Zu Fragetechniken Haft/v. Schlieffen/*Gläßer* § 15 Rn. 34 ff. oder Trenczek/Berning/Lenz/*Geier*, Kapitel 3.7, und Trenczek/Berning/Lenz/*Kessen*, Kapitel 3.8.

20 *Töben/Schmitz-Vornmoor* RNotZ 2014, 527 (530). Leider fehlt den ansonsten oft phantasievoll und gestalterisch tätigen Beratern der Blick für Konfliktbearbeitung als Beratungsoption, vgl. auch *Risse* ZEV 1999, 205.

- Regelung der Unternehmensnachfolge zu Lebzeiten (→ C Rn. 19 ff.);[21]
- steuerliche Motive (die Ausschöpfung von Steuerfreibeträgen nach dem Erbschaft- und Schenkungsteuergesetz ist alle zehn Jahre neu möglich);
- Unterstützung der Kinder oder auch Enkel bei der Existenzgründung, beim Hausbau etc.;
- Ermöglichung/Unterstützung von Investitionen der Kinder in Vermögensgegenstände der Eltern (Kind übernimmt Immobilie, in der die Eltern weiter leben und investiert in diese);
- sozialrechtliche Motive (Verhinderung des Zugriffs des Sozialhilfeträgers auf das Vermögen im Pflegefall).

19 Regelungen zur vorweggenommenen Erbfolge greifen noch zu Lebzeiten der Erblasser in die bestehende Familienkonstellation ein. Mögliche typische Konflikte sollten daher mitbedacht und geregelt werden. Dabei handelt es sich zB um folgende Fragestellungen:

- Ist der vorab zugewandte Vermögenswert auf einen späteren Pflicht- und/oder Erbteil anzurechnen? Soll ein Pflichtteilsverzicht nach dem erstversterbenden Elternteil vereinbart werden?[22]
- Sollen etwaige Geschwister gleichgestellt werden und ggf. auf welche Weise?
- Was gilt bei etwaigen Vertragsstörungen? Wie ist die Übergebergeneration abgesichert?

20 **e) Vorsorgevollmachten als Ergänzung einer vorsorgenden Nachlassplanung.** Selbst wer eine Erbregelung errichtet hat, kann bereits vor dem Erbfall aus gesundheitlichen Gründen seine Entscheidungs- und Handlungsfähigkeit einbüßen. Demenzerkrankungen sind hier ein typisches Beispiel, aber auch Unfälle und überraschende und plötzliche Erkrankungen können dazu führen. Mit **Vorsorgevollmachten** kann in solchen Fällen zumindest die Handlungsfähigkeit der nahen Angehörigen sichergestellt werden. Liegen ausreichende Vollmachten[23] vor, wird damit die Bestellung eines gesetzlichen Betreuers vermieden.

21 Die Erteilung von Vorsorgevollmachten sollte im Familienkreis abgestimmt werden. Sind mehrere Kinder vorhanden, sollte die Vollmacht – ein entsprechendes Vertrauensverhältnis vorausgesetzt – möglichst allen Kindern[24] erteilt werden. Erfahrungsgemäß kann gerade die Beschränkung auf einzelne Kinder („Mein Sohn wohnt vor Ort …" oder „Meine Tochter ist Ärztin und kennt sich gut aus …") und die damit verbundene Ungleichbe-

---

21 Dazu auch Haft/v. Schlieffen/*Beisel* § 32 Rn. 64 ff. und *Schmitz-Vornmoor* Konfliktdynamik 2015, 182 ff., speziell zur Rolle von Notaren bei Unternehmensnachfolgen.
22 Haft/v. Schlieffen/*Beisel* § 32 Rn. 54.
23 Soll die Vollmacht auch zu Immobilienverfügungen und gesellschaftsrechtlichen Transaktionen berechtigen, sollte sie in notarieller Form errichtet werden. Die notarielle Form bietet zudem zusätzliche Rechtssicherheit im Hinblick auf die vom Notar vorzunehmende Identitätsprüfung sowie dessen Feststellungen zur Geschäftsfähigkeit. Zudem wird die Urschrift der notariell beurkundeten Vollmacht vom Notar verwahrt, so dass im Falle des Verlustes Ersatz (eine weitere Ausfertigung) beschafft werden kann.
24 Die Kinder sollten im Regelfall jeweils einzeln zur Vertretung befugt sein.

handlung familiäre Konflikte hervorbringen, sofern sie nicht ausdrücklich mit allen Beteiligten abgesprochen wurde.

f) Konfliktvermeidende und -steuernde Gestaltung letztwilliger Verfügun- **22** **gen. aa) Klare und möglichst einfache Regelungen.** Klare und in juristischer Fachsprache formulierte Verfügungen von Todes wegen wirken bereits aus sich heraus streitvermeidend.[25] Sodann sollten möglichst einfache und später auch praktikabel umsetzbare Regelungen formuliert werden. Manche juristisch komplexe Gestaltung[26] überfordert die Beteiligten und kann entgegen der Absicht der Erblasser später zur Ursache von Streitigkeiten werden. Gerade auch von der zur Vermeidung von Streit häufig empfohlenen **Teilungsanordnung** zur Auseinandersetzung des Nachlasses zwischen mehreren Erben[27] sollte nur sparsam Gebrauch gemacht werden, damit nicht gerade die Teilungsanordnung später zum Problem wird.[28] Gegenstandsbezogene Teilungsanordnungen bieten sich vor allem an, wenn

- die Aufteilung auch mit den Erben besprochen und auf deren Interessenlage abgestimmt ist;
- zwischen der Errichtung der letztwilligen Verfügung und dem Erbfall voraussichtlich keine langen Zeiträume liegen;
- ein konkretes und begründetes Interesse einzelner Erben/Vermächtnisnehmer an einzelnen Nachlassgegenständen (zB einem Unternehmen; einer Immobilie, die von einem Erben bewohnt wird etc) besteht.[29]

Außerdem sollten entsprechende Teilungsanordnungen im Zeitablauf regelmäßig überprüft werden.[30]

bb) Testamentsvollstreckung. Ein in der Gestaltungspraxis häufig verwendetes Mittel der Konfliktvorsorge stellt die Anordnung einer Testaments- **23**

---

25 *Töben/Schmitz-Vornmoor* ZKM 2014, 15 (16).
26 Die Gestaltungsmittel des Erbrechts stellen geradezu eine Spielwiese des Kautelarjuristen dar; aber nicht alles, was das Juristenherz höher schlagen lässt, ist auch praktikabel für die Beteiligten.
27 Vgl. etwa Frieser/Sarres/Stückemann/Tschichoflos/*Stückemann*, G. Kapitel 1 Rn. 506, oder Haft/v. Schlieffen/*Beisel* § 32 Rn. 33, der Teilungsanordnungen gern häufiger sehen würde.
28 Die Probleme einer konkreten gegenstandsbezogenen Aufteilung ergeben sich häufig aus dem Zeitablauf zwischen Errichtung der letztwilligen Verfügung und dem Todesfall. Sowohl die Interessenlagen aller Beteiligten als auch die Zusammensetzung des Nachlassvermögens können sich erheblich verändern. Sinnvoller und konfliktvermeidender als eine gegenstandsbezogene Teilung dürften daher in vielen Fällen Verfahrensregelungen zur Erbauseinandersetzung sein, etwa die Anordnung einer Testamentsvollstreckung oder das Einfügen von Mediations- oder anderen ADR-Klauseln.
29 Um flexibler auf zeitliche Veränderungen reagieren zu können, kann einzelnen Personen per Vermächtnis auch nur ein Recht auf Übernahme einzelner Nachlassgegenstände (gegen Abfindung der übrigen Erben) eingeräumt werden. Dann kann die betroffene Person nach dem Erbfall in Abhängigkeit von ihrer persönlichen und finanziellen Situation entscheiden, ob sie das Recht ausübt oder nicht.
30 Eine Überprüfung und Änderung scheidet jedoch aus, wenn der Erblasser testierunfähig wird (zB wegen einer Demenz). Auch das spricht gegen allzu konkrete Festlegungen in einem Testament.

vollstreckung (§§ 2197 ff. BGB) dar.[31] Mit dem Testamentsvollstrecker wird eine entscheidungs- und verfügungsbefugte Person festgelegt, die nach den Anordnungen des Erblassers den Nachlass zu verteilen und/oder zu verwalten hat.

24   Durch den Testamentsvollstrecker bleibt der Nachlass auch bei größeren Erbengemeinschaften handlungsfähig. Außerdem steht den Erben mit dem Testamentsvollstrecker ein einheitlicher Ansprechpartner zur Verfügung, der auch eine moderierende oder mediative Funktion übernehmen kann. Erwartet der Erblasser spätere Konflikte, kann er bewusst auch eine Person mit Mediationsausbildung zum Testamentsvollstrecker bestimmen.

25   **Formulierungsvorschlag:**

„Ich ordne Testamentsvollstreckung an. Zum Testamentsvollstrecker ernenne ich den Mediator Herrn ***/die Mediatorin Frau ***. (alternativ:) Zum Testamentsvollstrecker soll das Nachlassgericht eine geeignete Person benennen, die als (gemäß dem Mediationsgesetz zertifizierter) Mediator tätig ist. (...)"

26   **cc) Schiedsgutachterklausel.** Insbesondere, wenn im Erbfall Werte ermittelt werden müssen, bietet sich zur Konfliktvorsorge eine in der Gestaltungspraxis ebenfalls häufig verwendete[32] Schiedsgutachterklausel an (→ Einl. Rn. 187).

27   **dd) Rechtlich unverbindliche Verfahrenshinweise.** Erblasser können in letztwilligen Verfügungen auch Wünsche und Hinweise für den von der Erbregelung betroffenen Personenkreis formulieren. Auch wenn diese keine unmittelbare rechtliche Wirkung entfalten, können sie den Erben doch gleichsam als Wegweiser für die Zeit nach dem Erbfall dienen und Vorschläge für das einzuschlagende Verfahren machen (allgemein zu solchen Verfahrenshinweisen → Einl. Rn. 133 ff.). Auch die Möglichkeit einer Mediation kann durch eine entsprechende Formulierung bereits angedeutet werden.

28   **Formulierungsvorschlag:**

Ich habe den rechtlich unverbindlichen Wunsch, dass möglichst eine einvernehmliche und kostengünstige Regelung mit Blick auf den Nachlass gefunden wird. Dazu rege ich an, dass sich die Erben gemeinsam bei einem gesetzlich zur Unparteilichkeit verpflichteten Notar[33] beraten lassen. Sollten sich die Erben nicht einigen können, rege ich an, eine Mediation durchzuführen.

29   Auch wenn einzelne Personen enterbt und auf ihren Pflichtteil beschränkt werden sollen, sind spätere Konflikte nicht selten. Die übliche Kautelarpraxis beschränkt sich in diesen Fällen meist darauf, die Erbfolge positiv zu

---

31   Vielfältige Formulierungsvorschläge finden sich in allen gängigen Formularbüchern zum Erbrecht, zB *Dorsel* (Hrsg.), Kölner Formularbuch Erbrecht, 2. Aufl. 2015; *von Dickhuth-Harrach*, Handbuch der Erbfolge-Gestaltung, 2010; *Langenfeld/Fröhler*, Testamentsgestaltung, 5. Aufl. 2015; *Brambring/Mutter* (Hrsg.), Beck'sches Formularbuch Erbrecht, 3. Auflage 2014; *Frieser* (Hrsg.), Formularbuch des Fachanwalts Erbrecht, 3. Aufl. 2016.

32   Vgl. zu Mustern wiederum die in Fn. 31 genannten Formularbücher.

33   Wenn Immobilien und/oder Unternehmen auseinanderzusetzen sind, ist die Auseinandersetzung ohnehin notariell zu beurkunden. Der beurkundende Notar sollte sich hier allerdings vor dem Hintergrund von §§ 7, 27 BeurkG nicht in der von ihm errichteten Urkunde selbst als Anlaufstelle einsetzen.

regeln. Die nicht bedachten **Pflichtteilsberechtigten** tauchen dann in der letztwilligen Verfügung überhaupt nicht auf, was das spätere Eskalationspotential beträchtlich erhöht. Denkbar wäre deshalb zum Beispiel folgender Verfahrenshinweis.

Formulierungsvorschlag: 30

Mein Sohn soll den ihm zustehenden gesetzlichen Pflichtteil erhalten. Ich bitte meine Erben (ggf. unter Einbeziehung meines Steuerberaters), alle dazu erforderlichen Auskünfte zu erteilen. Außerdem habe ich den rechtlich unverbindlichen Wunsch, dass möglichst eine kostengünstige und einvernehmliche Einigung über die Pflichtteilsansprüche gefunden wird. Dazu rege ich an, dass sich mein Sohn gemeinsam mit den Erben bei einem gesetzlich zur Unparteilichkeit verpflichteten Notar beraten lassen. Sollte eine Einigung nicht erzielt werden, rege ich an, eine Mediation durchzuführen.

Der unverbindliche Verfahrenshinweis kann auch vorschlagen, sich zum 31 geeigneten Konfliktlösungsverfahren von einem Konfliktmanager[34] beraten zu lassen (→ Einl. Rn. 177). Dies bietet sich vor allem dann an, wenn vor Ort geeignete Personen oder Institutionen zur Verfügung stehen, die benannt werden können.

Formulierungsvorschlag: 32

Ich habe den Wunsch, dass möglichst eine einvernehmliche und kostengünstige Regelung über den Nachlass gefunden wird. Sollte eine solche Einigung nicht erzielt werden können, rege ich an, dass sich die am Nachlass beteiligten Personen von Herrn/Frau ***/Institution über mögliche außergerichtliche Konfliktlösungsverfahren beraten lassen.

ee) Verpflichtende Mediationsklausel. Insbesondere bei zu Lebzeiten nicht 33 lösbaren Familienkonflikten sollte ergänzend über die Aufnahme einer verpflichtenden Mediationsklausel in die Erbregelung nachgedacht werden.[35] Hier soll die Mediationsklausel kraft einseitiger Anordnung in der letztwilligen Verfügung die am Nachlass Beteiligten binden. Bei der Formulierung von Mediationsklauseln in letztwilligen Verfügungen sind drei Fragen zu unterscheiden, nämlich erstens, ob eine **Verpflichtung zur Mediation** wirksam begründet werden kann, zweitens, wie mit erbrechtlichen Gestaltungsmitteln die **Beachtung der Mediationsklausel** gesichert werden kann, und drittens, ob auch **Pflichtteilsberechtigte** in den Anwendungsbereich einer Mediationsklausel mit einbezogen werden können.

(1) Verpflichtung zur Mediation. Die Verpflichtung, eine Mediation zu ver 34 suchen, kann den im Testament Bedachten (Erben und/oder Vermächtnisnehmern) zunächst im Wege einer **Auflage** gemäß § 1940 BGB auferlegt

---

34 So bietet die Deutsche Institution für Schiedsgerichtsbarkeit (DIS) etwa ein eigenes Konfliktmanagementverfahren an, in dem über die im Einzelfall angemessene Konfliktlösungsmethode entschieden wird. Die DIS hat jedoch ihren Schwerpunkt in unternehmensrechtlichen Streitigkeiten.

35 *Töben* RNotZ 2013, 321 (333 f.); *Töben/Schmitz-Vornmoor* ZKM 2014, 15 (17 ff.); allgemein kritisch zur Möglichkeit verbindlicher Mediationsklauseln in letztwilligen Verfügungen Haft/v. Schlieffen/*Beisel* § 35 Rn. 60 ff.: „grundsätzlich nur eine Bitte des Erblassers" und *Schiffer/Schürmann* in: *Muscheler*, Heriditare, Band 4, 2014, 39 (44).

werden.[36] Außerdem kommt in Betracht, den Bedachten wechselseitig im Wege eines **Vermächtnisses** nach § 1939 BGB das Recht zuzuwenden, von den anderen Bedachten den Versuch einer Mediation zu verlangen.[37]

35 Über diese gewöhnlichen erbrechtlichen Gestaltungsmittel[38] hinaus wird weiter diskutiert, ob auch aus § 1066 ZPO im Wege eines argumentum a maiore ad minus abgeleitet werden kann, dass die Verpflichtung zur Durchführung einer Mediation vom Erblasser einseitig im Wege einer Verfügung von Todes wegen auferlegt werden kann. Wenn Erbstreitigkeiten durch letztwillige Verfügung sogar einem Schiedsgericht zugewiesen werden können, so solle dies erst recht für die in ihren Auswirkungen viel schwächere Mediationsabrede gelten.[39] Dagegen spricht, dass es im Mediationsgesetz keine § 1066 ZPO vergleichbare Vorschrift gibt. Außerdem gilt im Erbrecht ein Typenzwang. Das heißt, der Gesetzgeber beschränkt die Regelungsmöglichkeiten auf den im Gesetz festgeschriebenen numerus clausus an möglichen Verfügungen.[40] Vor diesem Hintergrund ist es aus vertragsgestaltender Perspektive zumindest nicht sicher, ob eine analoge Anwendung des § 1066 ZPO auf Mediationsklauseln tatsächlich möglich ist.[41] Umgekehrt kommt der Frage, ob eine „Pflicht zum Versuch einer Mediation" besteht und woraus sich diese dogmatisch herleiten lässt, praktisch keine große Bedeutung zu, denn angesichts des Prinzips der Freiwilligkeit werden kaum jemals Leistungsklagen auf Teilnahme an einem Mediationsverfahren zu erwarten sein.[42]

36 **(2) Beachtung der Mediationsklausel.** Wichtiger als die unmittelbare Erzwingbarkeit der Teilnahme an einer Mediation ist es, in der Mediationsklausel gewisse positive und/oder negative Anreize zu setzen, die die Teilnahme an einem einvernehmlichen Lösungsversuch im Wege der Mediation attraktiv machen. Hier kommt zunächst in Betracht, die Beschreitung des Rechtsweges bis zur Durchführung eines Mediationsversuchs zu blockieren. In der normalen Mediationsklausel ist eine solche **Beschränkung der Klagbarkeit** als vertragliche Vereinbarung zulässig (zur rechtlichen Einordnung → Einl. Rn. 148 ff.). Auch durch Mediationsklauseln in letztwilligen Verfügungen soll die zeitweilige Klagebeschränkung wirksam begrün-

---

36 Walz/*Bülow*, Muster 6.3; *Töben/Schmitz-Vornmoor* RNotZ 2014, 527 (536); *Walz/Bülow*, Muster 6.3, Anmerkung A5 sieht davon ab, die Rechtsnatur der Anordnung näher festzulegen.

37 *Töben/Schmitz-Vornmoor* RNotZ 2014, 527 (536).

38 Auflage und Vermächtnis können in gemeinschaftlichen Ehegattentestamenten und in Erbverträgen zwischen den Verfügenden mit erbrechtlicher Bindungswirkung vereinbart werden (§§ 2270, 2278 BGB), so dass zB der überlebende Ehegatte die Klausel nicht mehr einseitig ändern kann.

39 Greger/Unberath/Steffek/*Greger* B. § 1 Rn. 226; ebenfalls so Eidenmüller/Wagner/*Wagner*, Kapitel 2 Rn. 72; offen gelassen bei *Walz/Bülow*, Muster 6.3, Anmerkung A5.

40 Vgl. dazu zB Nieder/Kössinger/*Nieder*, Handbuch der Testamentsgestaltung, 4. Auflage 2011, § 3 Rn. 34 ff.

41 *Töben/Schmitz-Vornmoor* ZKM 2014, 15 (18).

42 So auch *Töben/Schmitz-Vornmoor* RNotZ 2014, 527 (536).

det werden können, die dogmatische Grundlage ist jedoch nicht geklärt.[43] Über die Klagebeschränkung hinaus sollte deshalb über weitere Anreize nachgedacht werden, um ein Mediationsverfahren in Gang zu bringen. So kann die Aufteilung durch den benannten **Testamentsvollstrecker** von einem vorherigen Mediationsversuch abhängig gemacht werden.[44]

Formulierungsvorschlag: 37

Im Wege einer Verwaltungsanordnung nach § 2216 Abs. 2 BGB wird bestimmt, dass im Falle von Konflikten zwischen den Bedachten dieses Testaments über die Verteilung des Nachlasses eine Erbteilung durch den Testamentsvollstrecker erst dann vorgenommen werden soll, nachdem versucht wurde, eine gütliche Einigung der Bedachten im Wege einer Mediation herbeizuführen. Der Testamentsvollstrecker ist an der Mediation zu beteiligen. Das in einer Mediation erzielte Verhandlungsergebnis soll vom Testamentsvollstrecker umgesetzt werden. Scheitert die Mediation, soll der Testamentsvollstrecker die Erbauseinandersetzung nach billigem Ermessen vornehmen.

Wenn die **Kosten** eines Mediationsverfahrens vom Nachlass getragen werden, kann dies den Mediationsversuch ebenfalls fördern. Zudem kommen **Strafvermächtnisse**[45] in Betracht, um den fehlenden Kooperationswillen zu sanktionieren. Bedingte letztwillige Verfügungen zur Förderung der Mediationswilligkeit, wie zB **auflösend bedingte Erbeinsetzungen oder bedingte Vermächtnisse**, sollten dagegen vermieden werden, denn sie kommen in Konflikt mit der die Mediation prägenden Freiwilligkeit und sind von ihren Auswirkungen her nur schwer steuerbar.[46] 38

(3) **Pflichtteilsberechtigte.** Umstritten ist, ob pflichtteilsberechtigte Personen oder zB Erbprätendenten durch Mediationsklauseln in letztwilligen Verfügungen wirksam eingebunden werden können. Dies wird in der Literatur, erneut unter Hinweis auf § 1066 ZPO, teilweise bejaht (zur Argumentation über § 1066 ZPO → Rn. 35).[47] Andere Stimmen sind deutlich kritischer und verweisen auf die zwingende gesetzliche Ausgestaltung des Pflichtteilsrechts.[48] Auch nach den Vorschriften der §§ 2306 und 2307 können sich Pflichtteilsberechtigte zB von erbrechtlichen Beschränkungen in der Regel durch Ausschlagung befreien. Unabhängig von dieser umstrit- 39

---

43 Greger/Unberath/Steffek/*Greger* B. § 1 Rn. 226 verweisen dazu wieder auf § 1066 ZPO. *Töben* RNotZ 2013, 321 (333 f.) argumentiert mit einem Erst-Recht-Schluss: Wenn der Erblasser von jeder Beschränkung befreite (und einklagbare) Zuwendungen anordnen könne, dann müsse er auch das Mindere, nämlich eine Zuwendung mit dem vorübergehenden Makel einer eingeschränkten Einklagbarkeit, begründen können. Siehe außerdem *Töben/Schmitz-Vornmoor* RNotZ 2014, 527 (536) mwN.

44 Klauselvorschlag bei *Töben/Schmitz-Vornmoor* RNotZ 2014, 527 (540).

45 Klauselvorschlag bei *Töben/Schmitz-Vornmoor* RNotZ 2014, 527 (538); ebenfalls eine nachteilige Kostensanktion findet sich im Klauselvorschlag von Greger/ Unberath/Steffek/*Greger* B. § 1 Rn. 229.

46 Vgl. auch *Töben* RNotZ 2013, 321 (333), und *Schiffer/Schürmann* in: *Muscheler*, Heriditare, Band 4, 2014, 39 (43 f.).

47 Greger/Unberath/Steffek/*Greger* B. § 1 Rn. 226 ff. unter Hinweis auf die Ausführungen von Zöller/*Geimer*, ZPO, 31. Aufl. 2016, § 1066 Rn. 18; ausführlich zur Schiedsfähigkeit von Pflichtteilsansprüchen auch *Schiffer/Schürmann* in: *Muscheler*, Heriditare, Band 4, 2014, 39 (48 ff.).

48 Walz/*Bandel* Kap. 25 Rn. 17 f.; *Töben* RNotZ 2013, 321 (334), *Töben/Schmitz-Vornmoor* RNotZ 2014, 527 (539).

tenen Frage lassen sich jedoch mit erbrechtlichen Gestaltungsmitteln wiederum Anreize für pflichtteilsberechtigte Personen setzen, an einem Mediationsverfahren teilzunehmen. So kann zB dem Pflichtteilsberechtigten ein pflichtteilsübersteigendes Vermächtnis[49] zugewendet werden, das dann wiederum mit der Pflicht zum Versuch einer Mediation verbunden wird. Auch Kostenanreize (Kosten des Mediationsverfahrens trägt der Nachlass) und die Aussicht, möglicherweise schnell zu einer Lösung zu kommen, können ein Mediationsverfahren auch für pflichtteilsberechtigte Personen attraktiv machen.

40 Es folgt eine als Auflage formulierte Mediationsklausel in einem einseitigen Testament.[50]

Formulierungsvorschlag:

Ich verpflichte die Bedachten per Auflage, Streitigkeiten aus oder im Zusammenhang mit dieser Erbregelung versuchsweise durch eine Mediation beizulegen. Das Mediationsverfahren wird eingeleitet durch Zugang eines schriftlichen Mediationsantrages eines Bedachten bei den anderen Bedachten. Im Antrag soll ein Mediator vorgeschlagen werden. Können sich die Beteiligten auf einen Mediator nicht einigen, so soll dieser auf Antrag eines Bedachten von ***(Institution) benannt werden. Verjährungsfristen sind ab Zugang des Mediationsantrages gehemmt. Gerichtsverfahren sind erst zulässig, wenn nach Zugang des Mediationsantrages drei Monate vergangen sind und entweder eine Mediationssitzung nicht zustande gekommen ist oder aber ein Bedachter oder der Mediator das Mediationsverfahren nach Durchführung einer Mediationssitzung für gescheitert erklärt hat. Eil- und selbstständige Beweisverfahren bleiben jederzeit möglich. Die Kosten des Mediators trägt der Nachlass. Anwaltskosten und Auslagen trägt jeder Beteiligte selbst.

41 **ff) Schiedsgerichtsklauseln.** Vor allem für besonders werthaltige Nachlässe kann als Alternative zur staatlichen Gerichtsbarkeit vom Erblasser auch ein Schiedsgerichtsverfahren vorgeschrieben werden.[51] Nach § 1066 ZPO ist eine solche einseitig angeordnete und die Betroffenen bindende Schiedsklausel ohne Verstoß gegen den erbrechtlichen Typenzwang[52] möglich. Eine Schiedsklausel bietet sich vor allem dann an, wenn dem Erblasser an einem nichtöffentlichen Verfahren gelegen ist, das zudem in der Regel

---

49 Vgl. *Töben/Schmitz-Vornmoor* ZKM 2014, 15 (29), mit einem entsprechenden Formulierungsvorschlag.
50 Ein weiteres Muster bei Walz/*Bülow*, Muster 6.3; *Töben/Schmitz-Vornmoor* RNotZ 2014, 527 (536) und ZKM 2014, 15 (17 f.); ein Muster, das nicht ausdrücklich die Klagbarkeit einschränkt, sondern einen Kostenanreiz zur Mitwirkung setzt, findet sich bei Greger/Unberath/Steffek/*Greger* B. § 1 Rn. 229; ebenfalls Muster finden sich bei *Risse* ZEV 1999, 205 (209), und bei Haft/v. Schlieffen/*Beisel* § 32 Rn. 60: Das dort dem beurkundenden Notar jeweils eingeräumte Recht, den Mediator zu bestimmen, dürfte jedoch beurkundungsrechtlich nach § 7 und 27 BeurkG unzulässig sein, vgl. etwa *Töben* RNotZ 2013, 321 (326) mwN. Ebenfalls beurkundungsrechtlich unzulässig ist es, wenn sich der Notar in seiner eigenen Urkunde selbst zum Mediator einsetzt, vgl. OLG Bremen DNotI-Report 2014, 151–152 zur Parallelproblematik der Ernennung des Urkundsnotars zum Testamentsvollstrecker.
51 Vgl. zu solchen Schiedsklauseln *Werner* ZEV 2011, 506.
52 Eine Einordnung als Auflage ist daher nicht erforderlich, vgl. Zöller/*Geimer* ZPO § 1066 Rn. 16 a.

schneller beendet werden kann und nur eine Instanz umfasst.[53] Außerdem können möglicherweise auch pflichtteilsberechtigte Personen in eine Schiedsgerichtsklausel mit eingebunden werden.[54]

3. Schlussfolgerungen im Hinblick auf die Mediation. Betrachtet man zu- 42 sammenfassend die vorsorgende Nachlassplanung, ergeben sich folgende Bezüge zur Mediation und zum MediationsG:

- Mediative Methoden, insbesondere die Interessenermittlung, gehören zu einer sachgerechten Nachlassplanung und -beratung.
- Bestehende Konflikte können vorsorgend in einem Mediationsverfahren zur Nachlassplanung bearbeitet werden. Berater mit einer entsprechenden Ausbildung können das Mediationsverfahren nach dem MediationsG selbst durchführen.
- Nachlassregelungen (Testamente, Erbverträge, Regelungen zur vorweggenommenen Erbfolge) können durch entsprechende Klauseln im Konfliktfall den Weg in ein Mediationsverfahren nach dem MediationsG weisen.

III. Konfliktbearbeitung nach Eintritt des Erbfalls

1. Typische Fallgestaltungen. Zu Konflikten nach Eintritt des Erbfalls 43 kann es auch trotz einer vorsorgenden Nachlassplanung und -regelung kommen. Viel häufiger sind allerdings diejenigen Fälle, in denen Konflikte vor allem deswegen entstehen, weil vorsorgende Regelungen versäumt oder nicht sachgerecht gestaltet wurden. Typische Konstellationen sind zB:

- Der Erblasser hat ein eigenhändiges Testament verfasst. Es gibt Streitigkeiten über die Auslegung der Erbregelung.[55]
- Es gibt Streit über die Testierfähigkeit des Erblassers zum Zeitpunkt der Errichtung des Testaments.[56]

---

53 Weitere Nachweise zu Literatur und Rechtsprechung sowie Musterformulierungen nebst Fundstellen für weitere Muster bietet Walz/*Bandel* § 24.
54 Zöller/*Geimer* ZPO § 1066 Rn. 18; *Schiffer/Schürmann* in: *Muscheler*, Heriditare, Band 4, 2014, 39 (48 ff.); kritischer Walz/*Bandel* Kap. 25 Rn. 17 f. mwN.
55 Tatsächlich betreffen viele erbrechtliche Gerichtsverfahren Auslegungsstreitigkeiten bei privatschriftlich von Nichtjuristen verfassten Testamenten. Ein Sonderproblem bei eigenhändig geschriebenen gemeinschaftlichen Ehegattentestamenten ist zudem die im Zweifel (§ 2270 Abs. 2 BGB) bestehende Bindungswirkung, die den überlebenden Ehegatten für die Zukunft in seinen Gestaltungsmöglichkeiten erheblich einschränkt.
56 Notarielle Verfügungen von Todes wegen bieten diesbezüglich mehr Rechtssicherheit, weil sich der beurkundende Notar nach § 28 BeurkG ausdrücklich zur Geschäftsfähigkeit äußern muss und etwaige Zweifel daran in der Urkunde zu vermerken hat (§ 11 BeurkG).

- Einzelne Erben haben bereits vorab Zuwendungen erhalten. Es wurde nicht oder nur unzureichend besprochen und geregelt, wie sich dies im Erbfall auswirken soll.[57]
- Pflichtteilsberechtigte Personen sind enterbt worden. Sie machen jetzt ihren Pflichtteil geltend.
- Mehrere Personen haben geerbt. Es gibt Streitigkeiten über die Auseinandersetzung der Erbengemeinschaft.
- Es kommt zu Streitigkeiten zwischen einem eingesetzten Testamentsvollstrecker und dem oder den Erben.[58]

44 Als besonders problemträchtig erweisen sich diejenigen Fälle, in denen das Thema Erben und Vererben im Familienkreis bis zum Todesfall nie oder kaum thematisiert worden ist, denn jetzt – wo es darauf ankommt – steht die verstorbene Person für eine proaktive Konfliktklärung und -bearbeitung, die Klärung von Auslegungsfragen oder auch einvernehmliche Korrekturen nicht mehr zur Verfügung.

45 Die erbrechtlichen Konfliktfälle zeichnen sich zudem vielfach dadurch aus, dass die Beteiligten durch den Erbfall „in einem Boot" sitzen und Lösungen von der Mitwirkung aller Beteiligten abhängen.[59] So können mehrere in einer Erbengemeinschaft verbundene Miterben nur gemeinschaftlich, dh einvernehmlich über Nachlassgegenstände verfügen.[60] Das dadurch entstehende Blockadepotential kann im Streitfall zur Vernichtung erheblicher wirtschaftlicher Werte führen („das Boot geht unter"). Umgekehrt kann der bestehende Einigungsdruck auch für konstruktive Lösungen genutzt werden („man rudert gemeinsam bis zum Ufer und anschließend kann wieder jeder seiner Wege gehen").

46 Erbrechtliche Konflikte können außergerichtlich (2.) oder gerichtlich (3.) bearbeitet werden. Angesichts der für Gerichtsverfahren typischen Verengung des Konfliktes auf die Positionen der Parteien werden nachstehend die Möglichkeiten aufgezeigt, aus dem Gerichtsverfahren heraus zu einer Mediation zu gelangen.

47 **2. Die außergerichtliche Bearbeitung von Erbkonflikten. a) Steuerungsfunktion von Institutionen und Beratern.** Kommt es nach Eintritt des Erbfalls zu einem Konflikt, sollten vorrangig außergerichtliche Verhandlungslösungen angestrebt werden. Angesichts der sich stellenden komplexen

---

57　Dies passiert vor allem bei – auch größeren – Geldschenkungen, deren aufgrund fehlender Beurkundung zunächst bestehende Nichtigkeit durch den Vollzug der Schenkung geheilt wird (§ 518 BGB). Nach der gesetzlichen Regelung (§ 2315 BGB) erfolgt – entgegen der Intuition und Erwartung der Beteiligten – keine automatische Anrechnung auf den Pflichtteil. Vielmehr muss die Anrechnungsbestimmung durch den Erblasser zeitgleich mit der Zuwendung erfolgen und kann auch später nicht einseitig nachgeholt werden. Bei Immobilienschenkungen, die notariell beurkundet werden müssen, ist umgekehrt aufgrund der notariellen Beratung fast immer eine Regelung zur pflichtteilsrechtlichen Auswirkung der Schenkung enthalten. Außerdem können Vorabschenkungen zu Pflichtteilsergänzungsansprüchen von anderen Pflichtteilsberechtigten führen, § 2325 BGB.
58　Dazu auch Haft/v. Schlieffen/*Beisel* § 32 Rn. 72 ff.
59　Zur Abwicklung und Verwaltung der Erbengemeinschaft als Konfliktursache auch Haft/v. Schlieffen/*Beisel* § 32 Rn. 33 ff.
60　Funktioniert das nicht, steht mit der Teilungsversteigerung auch noch eine zwangsweise Möglichkeit der Auseinandersetzung zur Verfügung.

rechtlichen und ggf. auch steuerlichen Fragen, kommen die Beteiligten fast automatisch in Kontakt mit verschiedenen **Institutionen und Beratern**, die damit eine **Steuerungsfunktion** im Sinne einer konstruktiven, interessen- und verhandlungsorientierten Konfliktbearbeitung übernehmen könnten.

Die **Nachlassgerichte**, die für die **Eröffnung von letztwilligen Verfügungen** zuständig sind, übernehmen eine solche Rolle leider nicht. Vielmehr unterbleibt eine Ladung der am Nachlass beteiligten Personen meist als „untunlich",[61] so dass der Eröffnungstermin nicht als Starttermin für eine konstruktive Nachlassauseinandersetzung genutzt werden kann.[62] **48**

Ist ein **Erbschein** oder ein **Europäisches Nachlasszeugnis** als Erbnachweis erforderlich, sind wiederum die **Nachlassgerichte** beteiligt, die für die Erteilung zuständig sind. Die Aufgabe des Nachlassgerichtes ist hier vor allem auf die rechtlichen Fragen der Erbfolge beschränkt. **49**

Der **Erbscheinsantrag** ist entweder beim **Nachlassgericht** oder bei einem **Notar** zu stellen. Wird der Antrag über einen Notar gestellt, steht dieser den Beteiligten in der Regel auch für weitergehende Fragen zur Nachlassabwicklung zur Verfügung. Häufig wird der Notar dabei auch auf bestehende Konflikte angesprochen und kann eine Steuerungs- oder Wegweiserfunktion übernehmen bzw. in vielen Fällen auch seine eigene Expertise[63] anbieten. **50**

Fast immer an Erbfällen beteiligt sind die **Banken** des Erblassers, die wegen der erforderlichen Umschreibung der Konten vom Erbfall Kenntnis erlangen. Erfahren die Banken von Konflikten, könnten sie den Beteiligten die Durchführung einer Mediation empfehlen. Gleiches gilt für den Steuerberater des Verstorbenen, der von den Erben kontaktiert wird und auf eine einvernehmliche und konstruktive Bearbeitung von Konflikten hinwirken könnte (zum Steuerberater als Wegbereiter einer Mediation → I Rn. 17 ff.). **51**

Rechtsanwälte werden nach Erbfällen meist entweder zum Zweck der Informationsbeschaffung (Wie ist die Rechtslage? Welche Ansprüche habe ich eigentlich?) oder aber auch zur Durchsetzung von Ansprüchen gegen **52**

---

61 § 348 Abs. 2 FamFG stellt die Ladung in das Ermessen des Gerichts. Die Gerichte haben allerdings keinerlei Anreize, tatsächlich zu einem zeitintensiven Termin zu laden und versenden daher die schriftlichen Eröffnungsprotokolle. Lediglich die (staatlichen) Notariate in Baden-Württemberg, die bis Ende 2017 noch die Funktion als Nachlassgericht wahrnehmen, haben in der Vergangenheit meist zur Testamentseröffnung geladen. Hier stimmen die Anreizstrukturen, denn die Notariate konnten über die Testamentseröffnung hinaus auch Beurkundungsaufgaben bei der Nachlassabwicklung (Nachlassauseinandersetzung, Einigung über Pflichtteilsansprüche etc) übernehmen. Der Gesetzgeber sollte generell darüber nachdenken, die Testamentseröffnung – wie in Film und Fernsehen aus dramaturgischen Gründen weithin üblich – den Notaren zuzuweisen. Als „Clearingstelle" könnten die Notare mit den Beteiligten das weitere Vorgehen besprechen und gerade auch in Konfliktfällen geeignete Ansprechpartner oder mögliche Konfliktbearbeitungsverfahren wie die Mediation ins Spiel bringen.
62 Die Gerichte könnten aber darüber nachdenken, mit dem Eröffnungsprotokoll schriftliche Informationen über Konfliktbearbeitungsmethoden wie die Mediation zur Verfügung zu stellen.
63 Etwa zu Möglichkeiten der Nachlassauseinandersetzung, zum Umgang mit mehrdeutigen eigenhändigen Testamenten oder zu Möglichkeiten der Regelung von Pflichtteilsansprüchen. Ist der Notar auch Mediator, kann er in geeigneten Fällen auch eine Mediation anbieten.

andere Nachlassbeteiligte eingeschaltet. Hier können Anwälte durch ihre **Haltung** und ihr **Verhalten** das weitere Vorgehen entscheidend mitprägen (→ L Rn. 14 ff.). So gibt es Anwälte, die zunächst interessenbasierte Verhandlungslösungen präferieren und das Gespräch mit den anderen Beteiligten suchen.[64] Auch von Anwaltsseite können in diesem Zusammenhang Mediationsverfahren oder auch andere Konfliktbearbeitungsmethoden[65] angeregt und begleitet werden. Andere Anwälte tragen durch ihr konflikt- und positionsorientiertes Vorgehen eher zur Verschärfung der Familienkonflikte bei und übersehen dabei den möglichen Mehrwert eines Interessenausgleiches im Verhandlungsweg.

53 **b) Mediationsverfahren.** Kommt es in einem Erbkonflikt zu einem Mediationsverfahren, so gelten für dieses in der Regel keine aus dem Erbrecht folgenden Besonderheiten.[66] Bei einer Vielzahl von am Nachlass beteiligten Personen kann es sich anbieten, die Mediation als Co-Mediation durchzuführen.[67] Besondere organisatorische Schwierigkeiten können sich daraus ergeben, dass die Erben weit voneinander entfernt wohnen oder nicht alle zur Teilnahme an der Mediation bereit sind.[68] Sind die Parteien bereits anwaltlich vertreten, so können und sollten die Rechtsanwälte das Mediationsverfahren konstruktiv begleiten (→ L Rn. 14 ff.). Die Abschlussvereinbarung (zur Gestaltung der Abschlussvereinbarung → Einl. Rn. 248 ff.) in einem Erbstreit ist häufig – insbesondere, wenn sich Immobilien oder Unternehmen im Nachlass befinden – notariell zu beurkunden. War der Notar als Mediator tätig, darf er auch die nachfolgende Beurkundung vornehmen (→ M Rn. 31). Die notarielle Urkunde kann auch vollstreckbar ausgestaltet werden, § 794 Abs. 1 Nr. 1 ZPO (→ M Rn. 52 ff. und → MediationsG § 2 Rn. 310 ff.).

54 **3. Erbkonflikte vor Gericht.** Immer wieder gelangen Erbkonflikte auch vor Gericht. Da Erbkonflikte fast immer vor dem Hintergrund einer Familiengeschichte und den damit verbundenen familiären Beziehungen ausgetragen werden, bieten sich diese Konflikte ganz besonders für interessenbasierte Verfahren der Streitbeilegung an. Während im gerichtlichen Verfahren lediglich antrags- bzw. streitgegenstandsbezogen verhandelt und entschieden wird, können interessenbasierte Konfliktbearbeitungsmethoden das gesamte Konfliktpanorama einschließlich der familiären Beziehungen in den Blick nehmen.

---

64 Zu einer derartigen Haltung von Anwälten vgl. auch *Mähler/Mähler,* „Cooperative Praxis – Collaborative practice/collaborative law, ZKM 2009, 1; *Engel,* Collaborative Law, 2010; Fritz/Pielsticker/*Fritz,* Andere Verfahren, III. (Kooperatives Anwaltsverfahren).

65 In vielen Erbfällen geht es zum Beispiel um Wertermittlungen. Daher macht es Sinn, sich außergerichtlich auf einen Gutachter zu einigen, der die Wertfrage verbindlich für alle Beteiligten entscheidet.

66 Die zur Mediation im Erbrecht erschienenen Beiträge stellen so auch vor allem die Mediationsgeeignetheit von Erbkonflikten dar, zB Haft/v. Schlieffen/*Beisel* § 32. Speziell den Erbkonflikt betreffende methodische Besonderheiten werden nicht erörtert. Falldarstellungen finden sich zB bei *Brandt* ZEV 2010, 133 und *Schmitz-Vornmoor/Vornmoor* ZKM 2012, 51; bei Frieser/*Sättler,* Kapitel 7 Rn. 221 und 223 finden sich Muster für eine erbrechtsspezifische Formulierung zur Verjährungshemmung bzw. zum Klageverzicht.

67 Muster bei Frieser/*Sättler,* Kapitel 7 Rn. 200.

68 Vgl. Frieser/*Sättler,* Kapitel 7 Rn. 203 ff.

Als **Arbeitshypothese** dürfen und sollten die Gerichte daher davon ausge-   55
hen, dass sie mit dem positionsorientierten Erbstreit lediglich einen Aus-
schnitt des Konfliktes vorgelegt bekommen und dass mit einer **Streitentscheidung** in der Regel **keine umfassende und für die Beteiligten befriedigende Lösung** des familiären Konflikts erreicht werden kann.

Nachfolgend werden nun die Möglichkeiten der Gerichte dargestellt, den   56
Konfliktparteien zu einer Verhandlungslösung zu verhelfen, einmal im Verfahren der freiwilligen Gerichtsbarkeit (a), wozu auch die Vermittlung der
Nachlassauseinandersetzung durch einen Notar gehört (b), und weiter im
Verfahren der ordentlichen (streitigen) Gerichtsbarkeit (c). Anschließend
werden Verfahren vor dem Güterrichter und außergerichtliche Verfahren
verglichen (d). Zuletzt können erbrechtliche Streitigkeiten auch durch
schiedsgerichtliche Verfahren entschieden werden (e).

a) Verfahren der freiwilligen Gerichtsbarkeit (FamFG). Folgende Nachlass-   57
verfahren gehören vor allem zum Bereich der freiwilligen Gerichtsbarkeit:

- Verwahrungen von Verfügungen von Todes wegen (§§ 346–347
  FamFG);
- Eröffnung von Verfügungen von Todes wegen (§§ 348–351 FamFG);
- Erteilung eines Erbscheins (§§ 352–355 FamFG);
- Erteilung eines Europäischen Nachlasszeugnisses (§§ 33–44 IntEr-
  bRVG);[69]
- Erteilung eines Testamentsvollstreckerzeugnisses (§§ 352–355 FamFG)

Sodann hat das Nachlassgericht auch noch Zuständigkeiten in Verfahren
auf Errichtung eines Nachlassinventars sowie bei der Bestellung von Nach-
lassverwaltern und Nachlasspflegern. Nach §§ 363 ff. FamFG sind die Notare zuständig für die Vermittlung von Nachlassauseinandersetzungen (→
Rn. 62).

In Parallelkonstruktion zu § 253 Abs. 3 Nr. 1 ZPO (→ ZPO § 253) be-   58
stimmt § 23 Abs. 1 S. 3 FamFG (→ FamFG § 23), dass „der Antrag in geeigneten Fällen die Angabe enthalten soll, ob der Antragstellung der Versuch einer Mediation oder eines anderen Verfahrens der außergerichtlichen
Konfliktbeilegung vorausgegangen ist, sowie eine Äußerung dazu, ob
einem solchen Verfahren Gründe entgegenstehen."

Was bedeutet dies im Zusammenhang mit den vorstehenden Verfahren? In   59
der überwiegenden Anzahl von Verfahren dürfte es sich nicht um „geeignete Fälle" im Sinne des § 23 Abs. 1 S. 3 FamFG handeln, denn in aller Regel
liegen keine sich widersprechenden Anträge vor, sondern die Nachlassbeteiligten sind sich einig. Die Einschaltung des Gerichts dient in diesen Fällen auch nicht der Streitentscheidung, sondern insbesondere der Schaffung
von Rechtssicherheit, etwa durch Erteilung eines im Rechtsverkehr mit
Gutglaubenswirkung ausgestatteten Erbscheins (§ 2366 BGB).

Insbesondere in Erbscheinsverfahren bzw. den Verfahren auf Erteilung ei-   60
nes Testamentsvollstreckerzeugnisses kann es jedoch zum Streit zwischen

---

69 Das Internationale Erbrechtsverfahrensgesetz verweist ergänzend auf das FamFG
    und dient dazu, einen nationalen Verfahrensrahmen für die Europäische Erbrechts-
    verordnung zur Verfügung zu stellen.

den Nachlassbeteiligten kommen.[70] Hauptursache sind unklare eigenhändig verfasste Testamente,[71] um deren Auslegung die Nachlassbeteiligten streiten. Diese Fälle sind geeignet im Sinne von § 23 Abs. 1 S. 3 FamFG. Zwar untersteht die Auslegung der letztwilligen Verfügung nicht der Dispositionsbefugnis der Beteiligten, dennoch können die in einem Mediationsverfahren erzielten Ergebnisse positiv auf das zunächst streitige Nachlassverfahren zurückwirken, denn

- die Verfahrensbeteiligten können nach einem Mediationsverfahren einheitliche Anträge stellen, sich auf einen gemeinsamen Tatsachenvortrag verständigen und damit die Chancen für eine antragsgemäße Gerichtsentscheidung wesentlich erhöhen und
- sie können sich in einem Mediationsverfahren über die Verteilung des Nachlassvermögens verständigen, sogar unabhängig von der Auslegung der letztwilligen Verfügung durch das Gericht.

61 Hält das Gericht selbst ein Nachlassverfahren geeignet für den Versuch einer einvernehmlichen Lösung, kann es das Verfahren nach § 36 Abs. 5 FamFG entweder an einen Güterichter verweisen (→ FamFG § 36 und → K Rn. 1 ff.) oder aber nach § 36 a FamFG (→ FamFG § 36 a) eine außergerichtliche Mediation oder ein anderes Verfahren der außergerichtlichen Konfliktbeilegung vorschlagen. Soweit dem Verfasser bekannt ist, werden diese Möglichkeiten in der Praxis jedoch nur äußerst selten genutzt (zur Parallelnorm in der ZPO → ZPO § 278 a).

62 **b) Vermittlung der Nachlassauseinandersetzung durch den Notar.** Nach § 363 Abs. 1 FamFG können einzelne Erben die Vermittlung der Nachlassauseinandersetzung durch einen Notar verlangen. Dabei handelt es sich um ein Verfahren der freiwilligen Gerichtsbarkeit, in der der Notar funktionell als Nachlassgericht fungiert (→ M Rn. 20).[72] Es handelt sich von seiner Struktur her um ein Schlichtungsverfahren sui generis,[73] bei der der Notar anders als ein Mediator auch Lösungsvorschläge in Form eines Auseinandersetzungsplans (§ 368 FamFG) unterbreiten kann. Erzwingen kann der Notar Lösungen aber nicht, da Streitpunkte der Entscheidung durch die Prozessgerichte vorbehalten sind (§ 370 FamFG). Die Ansiedlung der Nachlassauseinandersetzung beim Notar statt beim Nachlassgericht ist jedoch im Hinblick auf die im Notariat vorhandene Expertise sinnvoll.[74]

---

70 Vgl. dazu auch § 352 e Abs. 2 FamFG, wonach das Gericht bei sich widersprechenden Anträgen den Erbschein zunächst nicht erteilt, damit der Beschluss über die Erteilung des Erbscheins angefochten werden kann, ohne dass der Erbschein bereits seine materiell-rechtlichen Rechtswirkungen (öffentlicher Glaube nach § 2366 BGB) entfalten kann.

71 Immer wieder Gegenstand von gerichtlichen Verfahren ist auch die Reichweite der Bindungswirkung des überlebenden Ehegatten bei eigenhändig verfassten gemeinschaftlichen Ehegattentestamenten. Bei notariell beurkundeten gemeinschaftlichen Testamenten und Erbverträgen wird die Frage der Bindungswirkung dagegen ausdrücklich thematisiert und fixiert.

72 *Holzer* ZEV 2013, 656, mit ausführlichen Mustern für das Verfahren; *Ihrig* MittBayNot 2012, 353; *Zimmermann* NotBZ 2013, 335, und Haft/v. Schlieffen/ *Beisel* § 32 Rn. 17 ff.

73 So auch Haft/v. Schlieffen/*Beisel* § 32 Rn. 27.

74 Die ausschließliche Zuständigkeit der Notare gibt es erst seit dem 1.9.2013. Vorher waren grundsätzlich die Nachlassgerichte zuständig, sofern nicht nach einzelnen Landesrechten eine notarielle Zuständigkeit bestand.

Notare entwerfen und beurkunden regelmäßig Erbauseinandersetzungsverträge und verfügen daher über die Erfahrung im Umgang mit entsprechenden Mandaten und die vertragsgestaltenden Kenntnisse, die Nachlassbeteiligten bei der Auseinandersetzung zu unterstützen. Auch kann der Notar eine erzielte Einigung beurkunden und damit rechtssicher und verbindlich umsetzen. Verfügt der für die Nachlassauseinandersetzung zuständige Notar zusätzlich noch über eine Ausbildung als Mediator, so lässt das flexible und auf eine Einigung hin angelegte Verfahren nach § 363 Abs. 1 FamFG ohne Weiteres zu, dass der Notar-Mediator mediative Methoden in die Verfahrensführung mit einbringt und den Auseinandersetzungsplan interessenorientiert gestaltet. Nach § 370 S. 2 FamFG ist auch eine Abschichtung unstreitiger Punkte im Verfahren möglich. Im Ergebnis ist daher dem Verfahren nach § 363 ff. FamFG zu wünschen, dass es in der Erbrechtspraxis eine größere Verbreitung findet als bisher und auch von beratenden Anwälten als Alternative zu einer streitigen Auseinandersetzung erkannt wird.

c) Verfahren der streitigen Gerichtsbarkeit (ZPO). Die ordentlichen Gerichte werden ebenfalls regelmäßig mit streitigen Erbangelegenheiten befasst. Hier kann es etwa um eine Erbenfeststellungsklage[75] gehen oder um Pflichtteilsstreitigkeiten. Auch Ansprüche wegen des lebzeitigen Verstoßes gegen erbrechtlich bindende Verfügungen von Todes wegen (§§ 2287, 2288 BGB) können gerichtlich geltend gemacht werden. Auch hier kann an einen Güterichter verwiesen (§ 278 ZPO) oder eine außergerichtliche Konfliktbearbeitung vorgeschlagen werden (§ 278 a ZPO).   63

d) Güterichter und außergerichtliches Verfahren im Vergleich. Sowohl das Verfahren vor dem Güterichter als auch ein außergerichtliches Verfahren sind im Gesetzeswortlaut methodisch offen gehalten. Nach § 278 Abs. 5 S. 2 ZPO bzw. § 36 Abs. 5 S. 2 FamFG kann auch der Güterrichter „alle Methoden der Konfliktbeilegung einschließlich der Mediation einsetzen."   64

Ein maßgeblicher Vorteil des güterichterlichen Verfahrens ist dessen Kostenneutralität für die Beteiligten. Das Verfahren vor dem Güterichter ist Bestandteil des normalen gerichtlichen Verfahrens und löst damit regelmäßig keine Zusatzkosten aus (→ ZPO § 278 Rn. 31). Bei außergerichtlichen Konfliktbearbeitungsverfahren ist dagegen im Einzelfall zu prüfen, welche Kosten entstehen und ob diese Kosten möglicherweise durch eine Rechtsschutzversicherung (zur Behandlung der Mediation in der Rechtsschutzversicherung → J Rn. 12 ff.) übernommen werden können.[76]   65

Weiter steht die Verweisung an den Güterichter im Ermessen des entscheidenden Gerichts, während die Durchführung einer außergerichtlicher   66

---

75 Anders als das Ergebnis eines Erbscheinsverfahrens (der unrichtige Erbschein kann später eingezogen werden) erwächst die Feststellungsentscheidung in formelle und materielle Rechtskraft.

76 Trotz des möglichen Ausschlusses von Familien- und Erbsachen in Rechtsschutzversicherungen (vgl. Ziffer 3.2.10. der vom Gesamtverband der Versicherungswirtschaft (GDV) herausgegebenen Musterbedingungen 2012, abrufbar auf der Homepage des GDV www.gdv.de (zuletzt abgerufen am 1.3.2017)) enthalten viele Policen einen Deckungsschutz für Mediation in Erbangelegenheiten. Daher wohl zu pessimistisch, was die Versicherungsdeckung angeht: Haft/v. Schlieffen/*Beisel* § 32 Rn. 11 ff.

Streitbeilegung nur vorgeschlagen werden kann (§ 278 a ZPO und § 36 a FamFG) und daher des Einverständnisses der Parteien bedarf.

67   Soweit dem Verfasser bekannt, kommt es vor diesem Hintergrund kaum zu außergerichtlichen Konfliktbearbeitungen aufgrund eines richterlichen Vorschlags (→ ZPO § 278 a Rn. 18 ff.). Dabei bietet das außergerichtliche Verfahren durchaus erhebliche Vorteile, gerade auch in Erbkonflikten, denn

- durch das Setting außerhalb des Gerichts erhöht sich die Chance, den Blick der Beteiligten über den konkret beim Gericht verhandelten Gegenstand hinaus zu weiten und damit „den Kuchen zu vergrößern"; vor dem Güterichter besteht dagegen die Gefahr, dass der Blick aller Beteiligten auf den Streitgegenstand fixiert bleibt;
- das außergerichtliche Verfahrens dürfte zeitlich flexibler und damit offener für eine Gesamtbearbeitung des Familien(erb-)konflikts sein;
- die in manchen Fällen wünschenswerte Beteiligung weiterer (am Gerichtsverfahren noch nicht beteiligter) Personen ist leichter umsetzbar;
- durch die Auswahl der Mediatoren kann besondere Expertise[77] an den Verhandlungstisch geholt werden;
- der Gesichtspunkt der Nachlassauseinandersetzung und damit verbundene vertragsgestaltende Aufgaben[78] können leichter integriert werden.

68   e) **Verfahren vor Schiedsgerichten.** In Erbstreitigkeiten können Schiedsgerichte entweder durch eine entsprechende letztwillige Verfügung nach § 1066 ZPO (→ Rn. 42) oder durch eine ad-hoc-Abrede der Konfliktbeteiligten zuständig werden. Obwohl diese Verfahren auf eine Streitentscheidung durch den Schiedsrichter ausgelegt sind, bieten sie doch in der Regel auch Chancen für eine einvernehmliche Einigung.[79]

IV. Zusammenfassung

69   Erbkonflikte sind besonders mediationsgeeignet. Dies gilt sowohl vor als auch nach dem Erbfall. Vorsorgende Mediationen können familiäre Entscheidungsprozesse in Gang setzen und in schwierigen Situationen eine interessengerechte Nachlassplanung ermöglichen. Kommt es nach dem Erbfall zum Konflikt, stellt die Mediation eine besonders geeignete Alternative zur gerichtlichen Auseinandersetzung dar.

70   Mit Erbangelegenheiten befasste Berater sollten sich von folgenden Grundsätzen leiten lassen:

- Vorsorge ist besser als Nachsorge.
- Alle Beteiligte gehören an einen Tisch.
- Es geht nicht nur um Vermögensfragen.
- Jede Familie hat ihre eigenen Werte und Fairnessvorstellungen.

---

77 Etwa erbrechtliche, psychologische oder auch vertragsgestaltende Expertise.
78 Der Blick des Güterichters ist zunächst, auch wenn er mediative Methoden anwendet, der Blick des Richters. Richter sind – außerhalb des engen Anwendungsbereichs des gerichtlichen Vergleichs – keine Vertragsgestalter und kennen sich auch nicht im Detail mit den Möglichkeiten der Kautelarjurisprudenz aus. Außergerichtliche Mediatoren (etwa Anwälte und Notare) können diese Perspektive in der Regel besser in einen Mediationsprozess einbringen.
79 Vgl. etwa *Werner* ZEV 2011, 506.

- Die mediative Ermittlung der Interessen sollte Grundlage der Beratung sein.
- Die vorsorgende Konfliktbearbeitung ist eine mögliche Option.
- Direkte mündliche Gespräche und Verhandlungen sind Schriftsätzen vorzuziehen.
- Die psychologische Wirkung juristischer Schritte ist zu bedenken.
- Wer nicht alles selbst kann, benötigt geeignete Netzwerke.[80]

Speziell für die juristischen Berufsgruppen gilt: 71

Notare beschäftigen sich aufgrund ihrer gesetzlichen Zuständigkeiten regelmäßig mit dem Erbrecht. Das Thema „Konfliktbearbeitung" gehört dabei mit zur vorsorgenden Nachlassplanung. Notare sind darin geschult, interessenbezogen zu beraten. Die Beratung mündet in beweissichere und im Erbfall mit Kostenvorteilen verbundene notarielle Urkunden. Wenn Notare von Erbkonflikten erfahren, sollten sie häufiger als bisher die Durchführung einer Mediation anregen. Notarmediatoren können das Ergebnis der Mediation auch selbst beurkunden.

Anwälte können ihre spezifische Expertise sowohl in der vorsorgenden Nachlassplanung als auch bei der Bewältigung von Konflikten nach dem Erbfall einbringen. Dazu ist erforderlich, dass sie interessenorientiert beraten und die Mediation als Konfliktbearbeitungsoption erkennen und aktiv anbieten.

Die **Gerichte** werden in aller Regel erst nach dem Erbfall involviert. Die betroffenen Richter sollten in viel stärkerem Maße verfahrensrechtlich auf den Einsatz von Güterichtern oder außergerichtlichen Mediatoren hinwirken.

---

80 Eine Übersicht über mögliche Netzwerke liefert *Röthemeyer*, Mediation, Grundlagen Recht Markt, 2015, Rn. 618 ff.

I. Mediation in der steuerberatenden Praxis

Literatur:

Berner, Konfliktkosten: Der ökonomische Preis von Grabenkriegen und Harmonie-sucht, abrufbar unter http://www.umsetzungsberatung.de/konflikte/konfliktkosten.php (zuletzt abgerufen am 1.3.2017); *Berning*, Mediation und Konfliktkultur – Wie Top-Manager Konflikte lösen, 2016; *ders.*, 2.6 Konfliktprophylaxe und Konfliktbearbei-tungsmechanismen, in: Trenczek/Berning/Lenz (Hrsg.), Mediation und Konfliktmanage-ment, 2013, S. 109 ff.; *ders.*, 4.2 Berufsrecht für Mediatoren, in: Trenczek/Berning/Lenz (Hrsg.), Mediation und Konfliktmanagement, 2013, S. 451; *ders./Novak*, Unterneh-mensnachfolge – Beziehungen, Strukturen und Prozesse gestalten, 2014; *ders./Schwam-berger*, Wirtschaftsmediation für Steuerberater, 2008; *Bundessteuerberaterkammer* (Hrsg.), Steuerberatung 2020. Veränderungsnotwendigkeit, Veränderungsmöglichkei-ten und Handlungsfelder, 2014, abrufbar unter https://www.bstbk.de/de/presse/presse-mitteilungen/2014/20140804_pressemitteilung_013_bstbk/index.html (zuletzt abgeru-fen am 1.3.2017); *Greger/Unberath/Steffek*, Recht der alternativen Konfliktlösung, 2. Auflage 2016; *Koslowski/Gehre*, Steuerberatungsgesetz – Kommentar zum StBerG mit Durchführungsverordnungen, 7. Auflage 2015; *KPMG*, Konfliktkostenstudie. Die Kos-ten von Reibungsverlusten in Industrieunternehmen, 2009, abrufbar unter http://seven-tools.at/wp-content/uploads/2014/12/KPMG_Konfliktkostenstudie.pdf (zuletzt abgeru-fen am 16.3.2017); *KPMG*, Konfliktkostenstudie II. Best Practice Konflikt(kosten)-Ma-nagement. Der wahre Wert von Mediation, 2012, abrufbar unter www.kpmg.de/Publi-kationen/30558.asp (zuletzt abgerufen am 28.4.2017); *PwC/EUV* (Hrsg.), Konfliktma-nagement in der deutschen Wirtschaft – Entwicklungen eines Jahrzehnts, 2016.

I. Einleitung

1   Die Relevanz des Themas Mediation für Steuerberater ergibt sich aus dem Bild des Steuerberaters als „Ersthelfer in allen Angelegenheiten" (→ Rn. 26) seiner Mandanten. Anders als Notare werden Steuerberater al-lerdings in der Regel nicht als „geborene Mediatoren" (→ M Rn. 1) gese-hen.

2   **1. Enge Verbindung zwischen Steuerberater und Mandant.** Das Vertrags-verhältnis des Steuerberaters zu seinem Mandanten zeichnet sich durch Dauerhaftigkeit aus. Die vertraglichen Verbindungen bestehen oft über

Jahrzehnte. Insbesondere bei „guten" Mandanten (das sind nach üblicher Betrachtung die ertragsstarken) pflegt der Berater die Beziehung. So entwickeln sich sehr persönliche Verhältnisse, die äußerlich oft daran erkennbar sind, dass sich Berater und Mandant duzen. „Ersthelfer" zu sein bedeutet, dass der Steuerberater im fachlich-beratenden Bereich derjenige ist, der zumeist sehr früh in schwierige Situationen eingebunden wird, indem der Mandant ihn informiert und ersten Rat einholt. Dabei geht es meistens nicht um einen Rechtsrat; der Mandant nutzt den Steuerberater eher als Gesprächspartner oder als Coach. Die Situationen, um die es hierbei geht, haben häufig mit Konflikten zu tun.

Beispiele: 3

- Die betriebswirtschaftliche Auswertung weist eine deutliche Verschlechterung der wirtschaftlichen Lage aus. Bei der Ursachenforschung berichtet der Mandant dem Steuerberater von Reibungsverlusten im Betriebsablauf, die auf Konflikte zurückzuführen sind. Der Steuerberater macht den Handlungsbedarf des Mandanten deutlich und unterstützt ihn in der Auswahl der möglichen Vorgehensweisen.
- Der Unternehmer-Mandant benötigt dringend einen Bankkredit. In die Verhandlungen mit den Banken ist der Steuerberater als Lieferant der Zahlen ohnehin eingebunden. Die Banken verlangen vom Unternehmer, dass dieser die Unternehmensnachfolge regelt. Hierzu gibt es aber einen Konflikt zwischen Vater und Tochter, die als Nachfolgerin bereit steht, vom Unternehmer-Vater aber Klarheit über Zeitpunkt und Bedingungen haben möchte.
- In einer Mitunternehmerschaft entstehen Schwierigkeiten zwischen den Gesellschaftern. Der Steuerberater sieht dies an der Entwicklung der Betriebsergebnisse und erfährt so früh vom Konflikt. Auf diesem Weg werden Steuerberater bei Gesellschafterkonflikten oft auch in die Entwicklung von Lösungsoptionen eingebunden (Beispiel → Rn. 6).
- Auch bei persönlichen Konflikten ist es häufig der Steuerberater, den die Mandanten als ersten Außenstehenden ansprechen. Das mag die kriselnde Ehe sein oder der Tod eines Familienmitglieds mit den daraus erwachsenden Nachlasskonflikten.

Dieses besondere Verhältnis hat also seine guten Gründe: 4

- Steuerberater und Mandant sehen sich regelmäßig und arbeiten über viele Jahre zusammen.
- Der Steuerberater kennt auch kleinste Unternehmensdetails sowie die Einzelheiten, die sich zB aus der Einkommensteuererklärung ergeben.
- Dem Steuerberater sind selbst intime Details (Familienverhältnisse wie Ehe und Kinder mit deren Einzelheiten, das Vermögen etc) bekannt.
- Er kennt die Beteiligten mit ihren Stärken und Schwächen und alle wissen das.
- Der Steuerberater wird so nicht selten Teil der Unternehmens- und Familiengeschichte.

Das alles begründet Vertrauen; Vertrauen in dem Sinne, dass die Mandanten sich mit ihrem Steuerberater gut und sicher fühlen und davon ausgehen, dass der Steuerberater sie in eine sicherere Zukunft steuern wird. Begründet ist dieses Vertrauen nicht allein durch die Sachkompetenz in der   5 steuerlichen Beratung (wie zB beim Notar das zivilrechtliche Wissen), sondern auch durch jahrelange Erfahrung im persönlichen Umgang miteinander. Damit ist der Steuerberater oft der einzige Berater, der seinen Mandanten alles sagen darf, dessen Kritik Gehör findet und dessen Anregungen ernst genommen werden. Er ist allerdings in der Regel nicht derjenige, der gezielt bei Konflikten angesprochen wird. Sobald Rechtspositionen eine Rolle spielen, wird zumeist ein Anwalt konsultiert bzw. verweisen dann Steuerberater auch an Rechtsanwälte.[1] Ausgenommen sind Gesellschafterkonflikte und Konflikte auf der Geschäftsführungsebene, bei denen es (zunächst) nicht primär um Rechtspositionen geht (vgl. das Beispiel in → Rn. 6). Der gut im Kontakt stehende Steuerberater erfährt allerdings von den meisten Konflikten,[2] auch von denen, die anderweitig beraten und betreut werden. So könnte der Steuerberater eine entscheidende Schnittstelle zur Mediation darstellen, denn seine (Verfahrens-)Empfehlungen werden die Mandanten hören und ernst nehmen.

6   Wie die vorstehenden Beispiele (→ Rn. 3) zeigen, ist der Zugang des Steuerberaters zu Konfliktlagen des Mandanten sehr unterschiedlich: In den meisten Fällen erkennt der mit theoretischem Wissen über Konflikte ausgestatte Berater das Konflikthafte der Situation, die der Mandant so gar nicht realisiert hat. Dann passt es oft auch nicht in die Situation, dass der Steuerberater Mediation ins Gespräch bringt, weil der Mandant weit davon entfernt ist, einen Konflikt zu sehen, und auch nicht gewillt ist, diesen zu sehen. Nur der Mediator-Steuerberater wird in diesen Fällen den richtigen Ansatz kommunizieren können, wie der Mandant am besten verfährt (→ Rn. 17). Davon unterscheiden sich die Fälle, in denen der Steuerberater gezielt als Vermittler im Konflikt angesprochen wird. Dazu ein weiteres Beispiel:

Die Gesellschafter einer mehrgliedrigen GmbH streiten sich über die Unternehmensstrategie. Hintergrund sind gegenseitige Vorwürfe, die als Geschäftsführer des Unternehmens tätigen Gesellschafter setzten sich nicht effizient, ja sogar schädlich, für das Unternehmen ein. Der Streit eskaliert und wird offen vor den Mitarbeitern ausgetragen. Die Unhaltbarkeit der Situation wird den Gesellschaftern deutlich, als wichtige Mitarbeiter unter Hinweis auf die Unerträglichkeit der Stimmung kündigen. Beide Seiten, die sich gegeneinander positioniert haben, verfolgen Strategien, die weiter in die Konfrontation führen. In dieser Lage wird der Steuerberater gebeten, bei einer Lösung behilflich zu sein.

Die Mandanten wenden sich an ihren Steuerberater als unbeteiligtem Dritten. Ihm trauen sie zu, dass er den Konflikt lösen helfen kann. Bewusst wird in diesem Stadium des Konflikts kein Rechtsanwalt hinzugezogen (selbst wenn alle Parteien anwaltlich beraten sind). Der Steuerberater genießt das Vertrauen aller; alle wissen, dass seine Unterstützung nicht parteilich ausfällt, weil er das Unternehmen und dessen Wohl im Blick hat.

---

1   Unter anderem aus diesem Grund haben sich viele Sozietäten zwischen Steuerberatern und Anwälten gebildet.
2   So weiß der Steuerberater über die Buchhaltungsdaten von sämtlichen Anwalts- und Prozesskosten.

Die Kompetenz als professioneller Konfliktschlichter (zB Mediator) hat keine Bedeutung.

2. Die unterschiedlichen Rollen des Steuerberaters. Neben seiner Rolle als **7** Berater seiner Mandanten ist der Steuerberater mit seiner Kanzlei auch Unternehmer. In dieser Rolle zB als Alleinunternehmer, Partner einer Partnerschaft und als Führungskraft begegnet er persönlich vielen Konflikten, die zu bearbeiten seine Aufgabe sind. Als Berater der Mandanten betätigt sich der Steuerberater traditionell auch als Unternehmensberater. Das Thema soll deshalb wie folgt weiter gegliedert sein:

- Mediation bei Konflikten der Mandanten (Dienstleistung) (II. 1.)
- Mediation und unternehmensberatende Tätigkeit (II. 2.)
- Mediation in der eigenen Kanzlei des Steuerberaters (Führungsaufgabe) (II. 3.)

II. Steuerberater und Mediation

Mediation als Dienstleistung scheint auf den ersten Blick eher in den Ar- **8** beitsbereich von Rechtsanwälten zu passen. Dort gehört es heute schon fast zum „guten Ton", dass jede Kanzlei einen Rechtsanwalt vorweisen kann, der auch Mediator ist. Das hat ua damit zu tun, dass inzwischen verschiedene zivil- und verfahrensrechtliche Vorschriften auf die Mediation verweisen (→ L Rn. 14, → Rn. 10); so ist insbesondere der Hinweis auf Mediation vor Klageerhebung zur Soll-Pflicht geworden (§ 253 Abs. 3 Nr. 1 ZPO).

1. Mediation bei Konflikten der Mandanten (Dienstleistung). Das Profil **9** des steuerberatenden Berufs soll in Abgrenzung zum Rechtsanwalt dargestellt werden, um einen Eindruck davon zu vermitteln, wie Mediation überhaupt zum steuerberatenden Beruf passen kann.

a) Tätigkeit des Rechtsanwalts und Mediation. Die Mediation wird für die **10** anwaltliche Tätigkeit durch § 18 BORA zur berufstypischen Tätigkeit. Die forensische Tätigkeit des Rechtsanwalts hat immer einen Konflikt zum Gegenstand. Seine Aufgabe ist es, für den Mandanten dessen Rechtsposition durchzusetzen. In diesen Aufgabenbereich des Rechtsanwalts greifen Art 2 ff. des Gesetzes zur Förderung der Mediation und anderer Verfahren der außergerichtlichen Konfliktbeilegung mit den Folgeregelungen in der ZPO unmittelbar ein (§§ 253, 278 a ZPO, die neuen Regelungen im FamFG sowie die dem § 253 ZPO entsprechenden Vorschriften im Arbeits-, Sozial-, Verwaltungs- und – finanzgerichtlichen Verfahren).

b) Mediation als Tätigkeit für Steuerberater – berufsrechtliche Aspek- 11 te. Früher war strittig, ob Mediation Rechtsberatung ist und damit den Rechtsanwälten vorbehalten bleibt.[3] Diese Vorfrage ist mit § 2 Abs. 3 Ziff. 4 RDG[4] in dem Sinne beantwortet, dass – jedenfalls die moderierende – Mediation keine Rechtsberatung ist (→ RDG Einl. Rn. 7), die einem

---

3 So noch LG Hamburg zum alten RBerG: LG Hamburg 29.2.2000 – 312 O 323/99, MD 2000, 677.
4 „Rechtsdienstleistung ist nicht (…) die Mediation und jede vergleichbare Form der alternativen Streitbeilegung, sofern die Tätigkeit nicht durch rechtliche Regelungsvorschläge in die Gespräche der Beteiligten eingreift."

Steuerberater nicht gestattet wäre. Der Steuerberater ist zur „geschäftsmäßigen Hilfeleistung in Steuersachen"[5] befugt. Das darf der Rechtsanwalt ebenso (§ 2 StBerG). So gibt es etliche Rechtsanwaltsbüros, deren Schwerpunkt in der steuerlichen Beratung liegt. Die typischen Berufsbilder der sog „rechtsberatenden Berufe"[6] liegen also nahe beieinander,[7] unterscheiden sich aber vor dem Hintergrund des thematischen Fokus Mediation deutlich voneinander. Der Kern der beruflichen Tätigkeit des Steuerberaters ist von den sog Vorbehaltsaufgaben bestimmt. Dieses sind die Steuerdeklaration, die Steuergestaltungs- und die Durchsetzungsberatung.[8] In § 57 StBerG sind die allgemeinen Berufspflichten der Steuerberater geregelt, die Kataloge von erlaubten und nicht erlaubten Tätigkeiten enthalten. Der Text lautet auszugsweise:

§ 57 Allgemeine Berufspflichten

(3) Mit dem Beruf eines Steuerberaters oder eines Steuerbevollmächtigten sind insbesondere vereinbar

1. die Tätigkeit als Wirtschaftsprüfer, Rechtsanwalt, niedergelassener europäischer Rechtsanwalt oder vereidigter Buchprüfer;
2. eine freiberufliche Tätigkeit, die die Wahrnehmung fremder Interessen einschließlich der Beratung zum Gegenstand hat;
3. eine wirtschaftsberatende, gutachtliche oder treuhänderische Tätigkeit sowie die Erteilung von Bescheinigungen über die Beachtung steuerrechtlicher Vorschriften in Vermögensübersichten und Erfolgsrechnungen; (...)

Die mediatorische Tätigkeit ist hier nicht erwähnt, wird aber (weil keine gewerbliche Tätigkeit) als zulässig angesehen.[9] Hier zeigt sich die Überlappung von der anwaltlichen Tätigkeit in das Gebiet des Steuerberaters – aber nicht umgekehrt; der Steuerberater darf grundsätzlich keine Rechtsberatung betreiben (ausgenommen einige wenige Bereiche).

12 Die Berufsordnung der Steuerberater (BOStB) gleicht in ihren allgemeinen Regelungen (insbesondere den §§ 1 bis 9) den entsprechenden Regelungen in der Berufsordnung der Rechtsanwälte (§§ 1 bis 10 der BORA). Wie die Selbstorganisation der Anwälte haben auch Kammer und Verbände der Steuerberater auf den Bedarf des Marktes reagiert und Spezialisierungen zugelassen. In Bezug auf Mediation gibt es derzeit berufsrechtlich keinen Fachberater; es gibt ihn nur als Fachberater/-in für Mediation (DStV e.V.), kurz Fachberater DStV.[10] Bei den Rechtsanwälten gibt es ebenfalls keinen

---

5 § 2 StBerG.
6 Lt. RDG sind das insbesondere die Rechtsanwälte, Notare, Rechtsbeistände, Steuerberater und Patentanwälte.
7 Deshalb regelt das RDG, welche rechtliche Beratung Steuerberater erbringen dürfen – und welche nicht.
8 *Koslowski/Gehre*, § 2 Rn. 3 und § 1 Rn. 13.
9 Die Kommentierung von Koslowski/Gehre zum Steuerberatungsgesetz erwähnt Mediation nur in der Kommentierung zu § 33 (Rn. 14), der sich mit den gem. § 2 RDG zulässigen Tätigkeiten befasst und Mediation nennt.
10 Fachberater/-in für Mediation (DStV e.V.), s. dazu http://www.dstv.de/fuer-die-praxis/fachberater (zuletzt abgerufen am 1.3.2017).

Fachanwalt Mediation[11] und auch keine Fachgebietsbezeichnung. In § 18 BORA ist die Tätigkeit als Mediator aber ausdrücklich als dem anwaltlichen Berufsrecht[12] unterliegend festgeschrieben. Insofern bedarf es auch keines „Fachberaters Mediation" in der Anwaltschaft. Es wird als in der Verantwortung des Rechtsanwalts liegend gesehen, die Befriedung eines Konflikts zB durch Mediation in Betracht zu ziehen (→ L Rn. 5 ff.). Anders als bei den Rechtsanwälten fehlt es im StBerG an einer Vorschrift, nach der für Steuerberater-Mediatoren das Berufsrecht der Steuerberater direkt gilt.[13] Sowohl die Kammern und Verbände der Steuerberater[14] als auch die der Rechtsanwälte[15] fördern eine Ausbildung zum Mediator, die die Anforderungen des MediationsG erfüllt – wenn auch mit unterschiedlichem Nachdruck (→ Rn. 27). Nach Ausbildung zum Mediator darf dann allerdings der Steuerberater aufgrund der berufsrechtlichen Vorschriften die Berufsbezeichnung „Mediator" im Gegensatz zu Anwälten nicht ohne Weiteres führen, da ihm die Kundgabe seiner Qualifikation als Mediator in unmittelbarer Nähe zur Steuerberaterqualifikation nicht gestattet ist.[16] Es bleibt abzuwarten, ob sich das mit der Einführung des zertifizierten Mediators ab September 2017 ändern wird, weil mit dem zertifizierten Mediator eine gesetzlich geschützte Tätigkeitsbezeichnung mit einer definierten Qualität existiert.

c) **Konkrete Einsatzfelder des Steuerberaters als Mediator.** Der Steuerberater unterliegt in vielen Fällen dem **Tätigkeitsverbot** des § 3 Abs. 2 MediationsG,[17] das auch nicht nach Abs. 4 von den Streitparteien einvernehmlich ausgesetzt werden kann (→ MediationsG § 3 Rn. 23 ff.) Denn der Berater wird häufig „in derselben Sache für eine Partei tätig gewesen" sein, weil er mit den den Konflikt tragenden Lebenssachverhalten[18] durch eine Konfliktpartei vertraut gemacht wurde und in den Beistand gegangen ist. Dieses ist typisch für den Steuerberater als langjährigem und engem Vertrauten seines Mandanten. So wird gerade Beratern, denen Mediation am Herzen liegt, empfohlen, ein **Netzwerk** zu unterhalten, in dem solche potenzielle Mediationen an Kollegen weitergeben werden können. Ein bereits praktiziertes Modell liefern die Rechtsanwälte, die solche Aufträge an Kollegen in der eigenen Sozietät weiterreichen. Denn das dann einschlägige Tätigkeitsverbot gem. § 3 Abs. 3 MediationsG ist bei Einverständnis der Streit-

13

---

11 S. den Überblick über die Fachanwaltschaften gem. § 1 FAO auf der Seite der Bundesrechtsanwaltskammer: http://www.brak.de/fuer-verbraucher/anwaltssuche/fachanwaelte/ (zuletzt abgerufen am 1.3.2017). Der Deutsche Steuerberaterverband (DStV) vertritt als Spitzenorganisation seit 1975 die Angehörigen der steuerberatenden Berufe in der Bundesrepublik Deutschland, s. http://www.dstv.de/ueber-uns/kurzportrait/ (zuletzt abgerufen am 1.3.2017).
12 S. ausführlich *Berning* in: Trenczek/Berning/Lenz, 4.2 Rn. 1 ff.
13 Im Standardkommentar zum Steuerberatungsgesetz von Koslowski/Gehre wird Mediation als Tätigkeitsfeld des Steuerberaters gar nicht erwähnt.
14 ZB der DStV oder die DATEV. Der Deutsche Steuerberaterverband (DStV) vertritt als Spitzenorganisation seit 1975 die Angehörigen der steuerberatenden Berufe in der Bundesrepublik Deutschland, s. http://www.dstv.de/ueber-uns/kurzportrait/ (zuletzt abgerufen am 1.3.2017).
15 ZB die Deutsche AnwaltAkademie.
16 Vgl. *Berning* in: Trenczek/Berning/Lenz, 4.2 Rn. 27 mwN.
17 Greger/Unberath/Steffek/*Greger* B. § 3 Rn. 46.
18 Greger/Unberath/Steffek/*Greger* B. § 3 Rn. 51.

parteien abdingbar (→ MediationsG § 3 Rn. 30). Dieser Weg steht auch Steuerberatern offen, sofern sie in ihrer Sozietät einen Mediator aufweisen.

14 Die möglichen Einsatzfelder des Mediator-Steuerberaters sind vielfältig. Systematisiert lassen sich die Fälle unterscheiden, in denen der Steuerberater als Mediator tätig werden kann, und solche, in denen er selbst nicht Mediator sein darf, aber den Weg in die Mediation ebnet.

15 **aa) Der Steuerberater als Mediator.** Der Steuerberater hat berufsbedingt den Zugriff auf eine große Zahl von typischen Konfliktlagen. Er ist aufgrund seiner Informiertheit in der Lage, solche zu erkennen (Beispiele → Rn. 3, 6 und 17). Der Steuerberater wird nicht unbedingt mit der Durchführung einer Mediation beauftragt; solche Aufträge erhält er eher aus seinem Mediatorennetzwerk. Dass aber Aufträge, Konflikte lösen zu helfen, zum Alltag des Steuerberaters zählen, zeigt das Beispiel unter → Rn 6. Als Mediator kann er Konflikte als solche (im Sinne bewussten Handelns) einordnen und abwägen, welches Tool zur Bearbeitung in der konkreten Situation richtig, angemessen und möglich ist. Häufig wird er dann zur mediativen Moderation greifen, bei der er seine Kenntnisse und Fähigkeiten als Mediator einbringen kann. In diesem Sinne entsteht ein erweitertes Tätigkeitsfeld:

- Mediation bei Konflikten, die Berufskollegen/Sozietätspartner ihm zuführen (ggf. mit Befreiung nach § 3 Abs. 4)
- Mediation von Gesellschafter- und anderen Organkonflikten (mit Befreiung nach § 3 Abs. 4)
- Konfliktmoderation zwischen Mandant und Finanzamt
- Moderation Kreditverhandlungen zwischen Mandant und Bank
- Moderation von Konfliktlagen in der Betriebsprüfung zwischen Vertreter Finanzamt und Mandant
- Moderation von Konflikten zwischen Mandant und Finanzbehörden in Steuerstrafverfahren
- Moderation von Konfliktlagen in Insolvenzverfahren
- Moderation bei Konflikten des Mandanten mit der Finanzverwaltung bei Vollstreckungsmaßnahmen, bei Steuerrechtsstreitigkeiten und Sachverhaltsklärungen[19]
- Moderation von Konfliktlagen zwischen Mandant und Businesspartner (ggf. mit Befreiung nach § 3 Abs. 4)
- Konfliktprophylaxe mit Mediation bei Unternehmensnachfolge[20]
- Konfliktprophylaxe bei Existenzgründern (Partnerschaften)

Neben Mediation und mediativer Moderation ist die Konfliktprophylaxe ein Betätigungsfeld, das sich stark ausweiten könnte (→ Rn. 19).

---

19 Hier kann der Steuerberater kompetent die vorhandenen Unterschiede zwischen Gesetzeswortlaut, Rechtsprechung, Verwaltungsmeinung und wirtschaftlich sinnvoller Auslegung/wirtschaftlichem Verständnis vermitteln und Spielräume in der Beurteilung bei hoher Verhandlungskompetenz aufzeigen und ggf. durchsetzen. Die Ausbildung zum Mediator ist die Grundlage, den für eine gute Verhandlung notwendigen Perspektivwechsel vornehmen zu können.

20 So zB mit dem Modell „ZWEI x FÜNF = EINS Leitung übergeben – Führung übernehmen" des Autors, abrufbar unter http://www.2mal5gleich1.de/ (zuletzt abgerufen am 1.3.2017).

Dem Mediationsgesetz unterliegen außergerichtliche (→ MediationsG § 1 Rn. 1) Konfliktbearbeitungen unter Mithilfe eines Mediators im Sinne des Gesetzes. Mediator ist der Steuerberater nur, wenn er Mediation im Sinne des Gesetzes macht (→ MediationsG § 1 Rn. 4). Mediation im Sinne von § 1 Abs. 1 MedG liegt aber nur vor, wenn der Steuerberater als neutraler Dritter die Konfliktparteien darin unterstützt, dass diese ihren Konflikt eigenverantwortlich lösen (→ MediationsG § 1 Rn. 5, 15). Das wird immer dann der Fall sein, wenn der als Mediator ausgebildete Steuerberater in seiner Eigenschaft als Mediator beauftragt tätig wird. In der Praxis kommt dieser Fall eher selten vor. Das zeigen auch die vorstehenden Situationsbeispiele, bei denen in nur zwei Fällen Mediation genannt ist. Vorherrschend ist mediative Moderation, die ebenso wenig Mediation im Sinne des Gesetzes ist wie Konfliktprophylaxe (→ MediationsG § 1 Rn. 18). **16**

bb) Der Steuerberater als Wegbereiter in die Mediation. Wie früher ausgeführt (Rn. 2 f., 6) spricht der Mandant den Steuerberater an, wenn er ein Anliegen hat, das nicht unbedingt mit einem Konflikt zu tun hat. Bei den Anwälten ist das anders, weil Menschen diese fast immer wegen einer Konfliktsituation aufsuchen. Ein Steuerberater, der als Mediator weiß, was ein Konflikt ist, kann seinem Mandanten kompetent zur Seite stehen, wenn er Konfliktwissen hat. Dazu ein Beispiel: **17**

Der Steuerberater eines Hoteliers trifft sich mit seinem Mandanten im Hotel. In der Lobby bekommt er eine lautstarke Auseinandersetzung des Personals mit. Als er mit seinem Mandanten zusammenkommt, berichtet der Steuerberater diesem von seiner Beobachtung. Diese Information kann geprägt sein vom „schlechten Eindruck" oder durch einen beratenden Ansatz unter dem Gesichtspunkt, dass sich ein Konflikt gezeigt hat, der zur Verbesserung genutzt werden kann.

Der Mediator wird auf den Konflikt und dessen Bearbeitungsnotwendigkeit hinweisen; er kann dem Mandanten auch konkret sagen, was er unternehmen kann. Der nicht in Konfliktbearbeitung geschulte Steuerberater wird höchstens den ungünstigen Eindruck wiedergeben können. Eine lösungsorientierte Unterstützung bietet er nicht; dabei bliebe die Chance, die in der mediativen Konfliktbearbeitung zur Verbesserung der Arbeits- und Leistungsbedingungen im Unternehmen liegt, ungenutzt.

In vielen Fällen kann der Steuerberater wegen § 3 Abs. 2 MediationsG nicht selbst als Mediator agieren (→ Rn. 13 ff.). Aufgrund der früher beschriebenen Nähe zu den Konflikten seiner Mandanten eignet er sich allerdings hervorragend als Fallmanager und Promotor für Mediation (→ Rn. 17). **18**

In der jüngsten Studie von PwC und der Europa-Universität Viadrina zum Thema Konfliktmanagement deutscher Unternehmen[21] wird die Rolle der Rechtsanwälte als Promotoren von Mediation kritisch gewürdigt: Während Unternehmensleitungen und Rechtsabteilungen durchaus für Mediation votieren, sind es häufig die Rechtsanwälte, die diesen Weg erschweren. Dies ist gerade für mittelständische Unternehmen von Bedeutung, die über **19**

---

21 *PwC/EUV*, Konfliktmanagement in der deutschen Wirtschaft – Entwicklungen eines Jahrzehnts, 2016, S. 44 f.

keine eigene Rechtsabteilung verfügen. Wenn der Steuerberater sich für Mediation einsetzt, setzt er sich ganz offensichtlich für einen Weg ein, der im eigentlichen Interesse des Unternehmens liegt und wonach sich die Entscheider ggf. gegen ihre Anwälte durchsetzen müssten.

20 **2. Steuerberater als Vorbild seiner Mandanten zum Thema CSR (mittelbare Dienstleistung).** Ergänzend soll ein weiteres Tätigkeitsfeld des Steuerberaters in den Blick gerückt werden, das sich gerade entwickelt und in dem der Steuerberater auf einem Umweg das Thema Mediation (als Teil des Konfliktmanagements) in den Blick der vorzugsweise mittelständischen Wirtschaft lenken kann. Die Kanzlei des Steuerberaters zählt in diesem Sinne ebenfalls zum Mittelstand und könnte in Sachen CSR Vorbildfunktion einnehmen.

Die CSR[22]-Berichterstattung – in Deutschland häufig auch als Nachhaltigkeitsberichterstattung bezeichnet – ist mittlerweile ein gängiger Bestandteil der Unternehmenskommunikation geworden. Es existieren bereits Berichtspflichten im Lagebericht (nach dem seit 2013 anzuwendenden deutschen Rechnungslegungsstandard DRS 20). Die neuen EU-Berichtspflichten werden künftig ua in § 289 HGB zu finden sein und sind bereits für Geschäftsjahre anzuwenden, die ab dem 1.1.2017 beginnen.[23] Damit ist CSR für viele Steuerberater ein Arbeitsgebiet, in dem sie ihre Mandanten zu unterstützen berufen sind, weil auch größere mittelständische Unternehmen berichtspflichtig werden.

21 Mediation kann in diesem Sinne eine Wirkung für die Gesellschaft haben:

- Unternehmer/Leitungen und Mitarbeiter lernen, mit Konflikten konstruktiv umzugehen. Das setzt sich über den praxisinternen Rahmen hinaus fort und führt in Familie und anderen sozialen Bezügen zu positiven Veränderungen.
- Die Zufriedenheit von Leitung und Mitarbeitern nimmt zu und damit nehmen Krankheitsrisiken ab bzw. positiv ausgedrückt: Die Gesundheit stabilisiert sich mit den entsprechenden Folgen für das Sozialsystem.
- Die vielleicht bedeutsamste Wirkung aus Sicht des Unternehmers dürfte sich bei den Kunden zeigen, die im Kontakt mit dem Unternehmen eine ganz neue Kommunikationskompetenz antreffen. Die Empathiefähigkeit der Leitung wird sich über kurz oder lang auf die Mitarbeiter übertragen.

Ist der Steuerberater Mediator, kann er seine Kompetenz gezielt auch für ein solches CSR-Projekt mit dem Thema „Konfliktmanagement/Mediation" einsetzen. Er sammelt zusätzlich interessante Erfahrungen für das CSR-Engagement seiner mittelständischen Klientel, wenn er in seiner Kanzlei in gleicher Weise aktiv wird.

---

22 Abkürzung für „Corporate Social Responsibility".
23 Gesetzentwurf der Bundesregierung vom 21.9.2016: „Entwurf eines Gesetzes zur Stärkung der nichtfinanziellen Berichterstattung der Unternehmen in ihren Lage- und Konzernlageberichten (CSR-Richtlinie-Umsetzungsgesetz)", abrufbar unter https://www.bmjv.de/SharedDocs/Gesetzgebungsverfahren/Dokumente/RefE_CSR-Richtlinie-Umsetzungsgesetz.pdf?__blob=publicationFile&v=1 (zuletzt abgerufen am 1.3.2017).

3. Mediation in der Kanzlei des Steuerberaters (Führungsaufgabe). Ein Steuerberater mit Mediationsausbildung wird mit dem Konfliktwissen sein Unternehmen ganz anders führen als ohne diese Qualifikation. Gute Unternehmensführung ist aktuell ein großes Thema aller berufsständischen Einrichtungen der freien Berufe.   **22**

Indirekt ist das Thema der kanzleiinternen Führung im Maßnahmenkatalog der „Steuerberatung 2020"[24] erkennbar und hier vor allem im Punkt „Wirkungsvolle Führung":[25] Hinter so gut wie allen Handlungsempfehlungen der Agenda 2020 (mehr dazu → Rn. 24) ist die Erfahrung mit schädlichen Konflikten erkennbar. Diese belasten das Klima und beeinträchtigen die Arbeitsqualität. „Offene Kommunikation" kann es nur geben, wenn andere Meinungen ihre Berechtigung haben dürfen. Damit könnte dem Steuerberater die mediative Kompetenz helfen. **Wer konfliktkompetent ist, führt besser – und das allein deshalb, weil er anders kommuniziert, ein benanntes Anliegen zur Verbesserung der Situation in der steuerberatenden Kanzlei.**

III. Steuerberater – ein Berufsstand unter Existenzdruck; Hinwendung zu Mediation?

Die Notwendigkeit für Steuerberatungskanzleien sich zu verändern, wird durch die Einschätzung über künftige Marktentwicklungen im Umfeld von Steuerberatern und deren Auswirkungen auf die Branche belegt.[26] Darauf hat die berufsständische Vertretung reagiert: Die Bundeskammerversammlung der Steuerberater verabschiedete im März 2012 in Münster die „Sieben Thesen zur Zukunft des Berufsstands" („Münsteraner Thesen").[27] Damit definierte der Berufsstand Themenfelder, die die Zukunft der Steuerberaterkanzleien in den nächsten Jahren maßgeblich bestimmen werden. Die Ziele sind nachfolgend zusammengefasst.   **23**

1. Agenda 2020. Die Ziele des Projektes Steuerberatung 2020 (künftig auch kurz „Agenda 2020") sind: **24**

- die Kanzleien dabei zu unterstützen, sich für die Zukunft aufzustellen und Zukunftsszenarien für den Beruf und die Tätigkeit der Steuerberater zu entwickeln;
- die Steuerberater vor dem Hintergrund des demografischen Wandels dabei zu unterstützen, attraktive Arbeitgeber zu werden, um so im „Wettbewerb um die besten Köpfe" zu bestehen;
- die Freiberuflichkeit, aber auch die Unabhängigkeit in der Berufsausübung im Interesse der Mandanten gegen drohende Einschränkungen zu schützen und zu erhalten.

---

24 *Bundessteuerberaterkammer*, S. 1 ff.
25 *Bundessteuerberaterkammer*, S. 93 (Anhang Anlage 3).
26 *Bundessteuerberaterkammer*, S. 20.
27 Abrufbar unter http://public.od.cm4allbusiness.de/public/BEODP0AVBJMB-32089 b3c1240f9ea65565ada1302607d02d9/Sieben%20Thesen_Kernaussagen.pdf (zuletzt abgerufen am 30.04.17).

25 Entwickelt wurde im Zuge der Diskussion ein Leitbild des steuerberatenden Berufs:[28]

- „Als Steuerberater und Steuerberaterinnen sind wir Angehörige eines freien Berufs und Organ der Steuerrechtspflege. Durch die gesetzlich geschützte berufliche Verschwiegenheit und die detaillierte Kenntnis der wirtschaftlichen und persönlichen Verhältnisse unserer Mandanten tragen wir ein hohes Maß an Verantwortung und haben eine besondere Vertrauensstellung.
- Wir begleiten unsere Mandanten als unabhängige und kompetente Ratgeber bei allen steuerlichen und wirtschaftlichen Fragestellungen mit dem Ziel, deren Interessen als Unternehmer, Institutionen oder Privatpersonen optimal zu vertreten sowie deren wirtschaftlichen Erfolg zu fördern und zu sichern.
- […]
- Wir üben unseren Beruf unabhängig, eigenverantwortlich und gewissenhaft aus. Durch hohe Qualifikation verbunden mit konsequenter Fortbildung, effizienter Kanzleiführung und Qualitätsmanagement schaffen wir die Grundlage, um auch zukünftigen Anforderungen flexibel begegnen zu können."

26 Die Agenda 2020 betont, dass sich das Beratungsangebot der Steuerberater erweitern und spezialisieren müsse.[29] Mediation wird als Geschäftsfeld nicht erwähnt. Auf den Wert kommunikativer Fähigkeiten wird in der Anlage 4[30] Bezug genommen, wo es heißt:

„Wir positionieren den Steuerberater als „Allrounder" („Hausarzt") mit speziellen Verbindungen im Bedarfsfall und liefern so Beratung aus einer Hand. Wir stehen den Mandanten in allen Krisensituationen zur Seite."

Dazu passt die Einladung, eine Mediationsausbildung als Steuerberater zu absolvieren. Der DStV bietet den Fachberater Mediation (DStV e.V.) an. Der Werbeflyer[31] beschreibt den Ausbildungsgang zum Wirtschaftsmediator. Die DATEV[32] bietet ebenfalls eine Mediationsausbildung an und bewirbt diese:

„Nach Ihrer Ausbildung zum Mediator lösen Sie Konflikte so, dass die Beteiligten auch zukünftig miteinander auskommen – im Mandantenkreis, kanzleiintern oder privat. Sie unterstützen die Parteien, selbst tragfähige Lösungen zu entwickeln, die dauerhaft von Bestand sind. In Anbetracht der oft engen Beziehung zu Ihren Mandanten ist der Umgang mit Konflikten, zB im eigenen und in anderen Unternehmen, zwischen Geschäftspartnern, Gesellschaftern, Mitarbeitern oder auch im Bereich der Nachfolge,

---

28 Abrufbar unter https://www.bstbk.de/de/bstbk/leitbild/ (zuletzt abgerufen am 1.3.2017).
29 So ua *Bundessteuerberaterkammer*, S. 36 ff.
30 *Bundessteuerberaterkammer*, S. 95: Gestaltungsoptionen „Attraktiver Problemlöser" – Ergebnisse des 2. Chancen-Workshops am 10. Juni 2013.
31 Abrufbar unter http://www.dstv.de/fuer-die-praxis/fachberater (zuletzt abgerufen am 1.3.2017).
32 Vgl. Fn. 18.

eine Schlüsselqualifikation für Sie als Steuerberater. Die nervenaufreibende, gerichtliche Klärung von Konflikten kostet zudem viel Zeit und Geld."[33]

Die DATEV öffnet den Blick auf andere interessante Tätigkeitsfelder des Steuerberaters wie die Unternehmensnachfolge. *Schwamberger*, Steuerberater und Wirtschaftsprüfer, schrieb schon 2004 als früheres Vorstandsmitglied der Steuerberaterkammer Niedersachsen zum Potential:[34]

„Sicher haben Sie in der Presse schon häufig gelesen, dass die "Mediation" als neues Tätigkeitsfeld für Steuerberater völlig neue Perspektiven eröffnet. Und in der Tat, dieses Geschäftsfeld sollten Sie sich nicht entgehen lassen. Die Mediation ist eine Möglichkeit, Konflikte zu lösen. Kenntnisse über Methoden des professionellen Konfliktmanagements sind eine Schlüsselqualifikation für alle beratenden Berufe im Wirtschaftsleben – und sie sind die Eintrittskarte für einen attraktiven Dienstleistungsbereich. Gerade Steuerberater sollten nicht zögern, sich diese zusätzliche Einnahmequelle angesichts wegbrechender Einnahmen aus der konventionellen Steuerberatung zu erschließen."

2. Ausbildungsangebote und ihre Nutzung. Bis heute hat Mediation bei den Steuerberatern eine vergleichsweise geringe Bedeutung – ganz im Gegensatz zur Situation in der Anwaltschaft. Wie dargelegt bieten der DStV und die DATEV Ausbildungen zum Wirtschaftsmediator an. Mehrgliedrige Kanzleien[35] präsentieren sich allerdings nicht mit dem Angebot Mediation – ganz anders als die Anwälte. Woran das liegt, ist bislang nicht bekannt, jedenfalls nicht publiziert. Wenn Steuerberater ihre heutige Marktposition festigen oder ausbauen wollen, dann müssen sie sich dem Wandel stellen und sich auf die zukünftigen Herausforderungen vorbereiten.[36] Es heißt dazu von der Bundessteuerberaterkammer: 27

„Vereinbare Tätigkeiten gewinnen an Relevanz ..."[37]

Die berufsständischen Einrichtungen wie Bundesssteuerberaterkammer inkl. Länderkammern sowie der DStV werben sehr für Qualifizierungen, die den Kernbereich der steuerberatenden Tätigkeit ergänzen sollen. Sie bietet der DStV folgende Fortbildungsangeboten an:

- Fachberater für Unternehmensnachfolge (DStV e.V.)
- Fachberater für Sanierung und Insolvenzverwaltung (DStV e.V.)
- Fachberater für Testamentsvollstreckung und Nachlassverwaltung (DStV e.V.)
- Fachberater für Controlling und Finanzwirtschaft (DStV e.V.)
- Fachberater für Vermögens- und Finanzplanung (DStV e.V.)
- Fachberater für das Gesundheitswesen (DStV e.V.)

---

33 Abrufbar unter https://www.datev.de/web/de/datev-shop/wissensvermittlung/praesenzseminare/wirtschaftsmediation-fuer-steuerberater/ (zuletzt abgerufen am 1.3.2017).
34 Abrufbar unter http://www.iww.de/kp/archiv/mediation-mediation-fuer-steuerberater-ein-neues-geschaeftsfeld-mit-honorarpotenzial-f43408 (zuletzt abgerufen am 1.3.2017).
35 Das sind Kanzleien mit mehreren Berufsträgern (Steuerberatern/Wirtschaftsprüfern), häufig auch ergänzt um Rechtsanwälte.
36 *Bundessteuerberaterkammer*, S. 18.
37 *Bundessteuerberaterkammer*, S. 68 Ziff. 6.

- Fachberater für Rating (DStV e.V.)
- Fachberater für Mediation (DStV e.V.)

Die Steuerberaterkammer will darin unterstützen, dass folgende neue Handlungsfelder erschlossen werden:[38]

- Professionalisierung der betriebswirtschaftlichen Beratung
- Erschließung des Geschäftsfelds Unternehmensberatung
- Vorsorge- und Vermögensberatung

28 Die Zertifizierte-Mediatoren-Ausbildungsverordnung (ZMediatAusbV) gestattet das Führen des geschützten Titels „zertifizierter Mediator".[39] Von Anwälten wird die Nutzung dieses Titels sicherlich begrüßt und deshalb auch genutzt werden. Für die Steuerberater könnte der geschützte Rechtsbegriff eine Änderung mit Blick auf die Nennung im unmittelbaren Zusammenhang mit der Berufsbezeichnung „Steuerberater" (s. Fn. 12) zur Folge haben. Ob sich damit auch die Attraktivität, Mediator zu werden, erhöht, bleibt abzuwarten.

IV. Fazit: Der Steuerberater als Mediator?

29 Mediation in der steuerberatenden Praxis hat derzeit noch eine vergleichsweise geringe Bedeutung. Der Markt für die Steuerberater ändert sich allerdings rasant, so dass die berufsständischen Vertretungen dringend zur Erschließung neuer Arbeitsfelder raten. Mediation wird dabei bislang allenfalls am Rande erwähnt; in der Agenda 2020 taucht der Begriff Mediation nicht auf. Dabei könnte insbesondere das Fallmanagement bei Konflikten (→ Rn. 17 f.) für Steuerberater ein interessantes und lukratives Betätigungsfeld werden. Wie die Studie von PwC und Europa-Universität Viadrina (→ Rn. 19) gezeigt hat, nehmen Anwälte diese Aufgabe eher nicht wahr. Damit ergibt sich hier eine gewisse Konkurrenzlosigkeit, weil Steuerberater ein sehr persönliches und vertrauensvolles Verhältnis zu ihren Mandanten pflegen. Vorteilhaft ist auch die Feldkompetenz,[40] die Steuerberater im Blick auf Unternehmenszusammenhänge aufweisen. Das kann zu einer großen Akzeptanz bei allen führen, die in Organisationen tätig sind und Wirtschaftsmediation benötigen.

---

38 *Bundessteuerberaterkammer*, S. 14 mit Details auf den S. 68 ff.
39 Bundesgesetzblatt 2016 Teil I Nr. 42.
40 So zB Faller in „Unternehmen und ihre Führungskräfte in der Mediation – Innerbetriebliche Konfliktbearbeitung als Co-Produktion von Führung und Mediation" in Mediation aktuell, abrufbar unter https://www.mediationaktuell.de/news/unternehmen-und-ihre-fuehrungskraefte-in-mediation (zuletzt abgerufen am 30.4.2017).

J. Konfliktmanagement und Mediation in der Versicherungswirtschaft

Literatur:

Armbrüster, Privatversicherungsrecht, 2013; *Basedow*, Der Versicherungsombudsmann und die Durchsetzung der Verbraucherrechte in Deutschland, VersR 2008, 750; *Bercher/Engel*, Kostenanreize für eine Streitbeilegung durch Mediation, ZRP 2010, 126; *Böhm/Fries*, Streitbeilegungstarife in der Rechtsschutzversicherung, VersR 2016, 1092; *Brömmelmeyer*, Der Ombudsmann im Finanzsektor, WM 2012, 337; *v. Bühren/Plote*, ARB-Kommentar, 3. Aufl. 2013; *Cornelius-Winkler*, Schadenfreiheitsrabatte und „aktives Schadenmanagement" – Paradigmenwechsel in der Rechtsschutzversicherung?, NJW 2014, 588; *Dommer*, Lotsen im Rechtsschutzfall, AnwBl 2012, 251; *Eberhardt*, Rechtsschutzversicherung und außergerichtliche Konfliktlösung, ZKM 2014, 83; *ders.*, Rechtsschutzversicherung im Wandel – Mit der Anwaltschaft gemeinsam in schwierigem Gelände –, VersR 2013, 802; *Eitel*, Die Rechtsschutzversicherung im Familienrecht, FF 2009, 64; *Engel*, Außergerichtliche Streitbeilegung in Verbraucherangelegenheiten – Mehr Zugang zu weniger Recht, NJW 2015, 1633; *Ewig*, Mediationsgesetz 2012: Aufgabe und Rolle des beratenden Anwalts, ZKM 2012, 4; *Greger*, Das neue Verbraucherstreitbeilegungsgesetz, MDR 2016, 365; *ders.*, Alternative Streitschlichtung: Die Umsetzung der ADR-Richtlinie in Deutschland, VuR 2015, 216; *Greger/Unberath*, Die Zukunft der Mediation in Deutschland, 2008; *Greger/Unberath/Steffek*, Recht der alternativen Konfliktlösung, 2. Aufl. 2016; *Harbauer*, ARB-Kommentar, 8. Aufl. 2010; *Hellberg/Wendt*, Die Mediation in der Versicherungspraxis, VW 2009, 1336; *dies.*, Mediation in der Versicherungswirtschaft, ZKM 2010, 21; *Hirsch*, Außergerichtliche Beilegung von Verbraucherstreitigkeiten – ein alternativer Zugang zum Recht entsteht, NJW 2013, 2088; *ders.*, The German Insurance Ombudsman, ZVersWiss 2011, 561; *ders.*, Streit um die außergerichtliche Streitbeilegung: neuer Zugang zum Recht oder Schlichterfalle, in: Festschrift für E. Lorenz, 2014, S. 159; *Joussen/Unberath*, Mediation im Arbeitsrecht, 2009; *Langheid/Rixecker*, VVG, Kommentar, 5. Aufl. 2016; *Lauda*, Anmerkung zu LG Frankfurt a.M. Urt. v. 7.5.2014 (2-06 O 271/139), NJW 2015, 2208; *Lensing*, Anmerkung zu BGH, Beschl. v. 14.1.2016 (I ZR 98/15), VuR 2016, 228; *Looschelders*, Aktuelle Probleme der Rechtsschutzversicherung im deutschen und österreichischen Recht, VersR 2017, 1237; *ders./Paffenholz*, ARB – Allgemeine Bedingungen für die Rechtsschutzversicherung, Kommentar, 2014; *ders./Pohlmann*, VVG – Versicherungsvertragsgesetz, Kommentar, 3. Aufl. 2016; *E. Lorenz*, Der Versicherungsombudsmann – eine neue Institution im deutschen Versicherungswesen, VersR 2004, 541; *Meckling-Geis*, Außergerichtliche Streitbeilegung in der Schadenregulierung des Haftpflichtversicherers, VersR 2016, 79; *Meckling-Geis/Wendt*, Adjudikationsverfahren und Berufshaftpflichtversicherung von Architekten und Ingenieuren, VersR 2011, 577; *Neu*, Das Verfahren der Norddeutschen Schlichtungsstelle, Herz-Thorax-Gefäßchir 2009/23, 93; *Prölss/Martin*, Versicherungsvertragsgesetz, 29. Aufl. 2015; *Römer*, Der Ombudsmann für private Versicherungen, NJW 2005, 1251; *Röthemeyer*, Anmerkung zu LG Frankfurt a.M. Urt. v. 7.5.2014 (2-06 O 271/139), ZKM 2014, 203; *Schwintowski/Brömmelmeyer*, Praxiskommentar zum Versicherungsvertragsrecht, 3. Aufl. 2017; *Staudinger/Halm/Wendt*, Versicherungsrecht Kommentar, 2. Aufl. 2017; *Tögel/Rohlff*, Die Umsetzung der EU-Mediationsrichtlinie – Anforderungen an die Ausbildung von Mediatoren, ZKM 2010, 86; *Wendt*, Anmerkung zu BGH, Beschl. v. 14.1.2016 (I ZR 98/15), ZKM 2016, 108; *ders.*, Leistungspflichten des Rechtsschutzversicherers nach § 125 VVG – Mit Anmerkungen zur alternativen Streitbeilegung, VersR 2014, 420; *ders.*, Kollektiver Rechtsschutz in Europa – Kompetenzen, Alternativen und Safeguards, EuZW 2011, 616.

I. Vorbemerkung

1 Die alternative Streitbeilegung spielt bereits seit vielen Jahren in der Versicherungswirtschaft eine gewichtige Rolle. Prominenter Beleg hierfür ist etwa die Einrichtung des Versicherungsombudsmann e.V., eine unabhängige
und für den Verbraucher kostenfrei arbeitende Schlichtungsstelle
(→ Rn. 3).[1] Mit Erlass der Richtlinie 2008/52/EG des Europäischen Parlaments und des Rates vom 21. Mai 2008 über bestimmte Aspekte der Mediation in Zivil- und Handelssachen (sog Mediationsrichtlinie) hat sich die
Branche auch dem Thema Mediation zugewandt (→ Rn. 8 ff.); dies gilt insbesondere für die Rechtsschutzversicherungen. Gemessen an Marktantei-
len[2] haben bereits im Jahr 2011 etwa 75 Prozent der deutschen Rechtsschutzversicherer Verträge angeboten, die Leistungen vorsehen, falls Versicherungsnehmer sich für die Durchführung eines Mediationsverfahrens
entscheiden.[3] Heute sind Deckungskonzepte für Mediationsverfahren oder
andere Verfahren der konsensualen Konfliktlösung in Rechtsschutzversicherungsverträgen die Regel. Auch in der Sparte Haftpflichtversicherung
werden Verfahren der alternativen Streitbeilegung in der Schadenabwick-
lung genutzt (→ Rn. 47).[4]

---

1 Vgl. hierzu *E. Lorenz* VersR 2004, 541 ff.; *Römer* NJW 2005, 1251 ff.; *Basedow*
VersR 2008, 750 ff.; *Hirsch* ZVersWiss 2011, 561 ff.; *Brömmelmeyer* WM 2012,
337 ff.; vgl. zudem *Hirsch* NJW 2013, 2088 ff., in Bezug auf den Versicherungsombudsmann e.V. und die Richtlinie 2013/11/EU des Europäischen Parlaments und des
Rates vom 21. Mai 2013 über die alternative Beilegung verbraucherrechtlicher Streitigkeiten und zur Änderung der Verordnung (EG) Nr. 2006/2004 und der Richtlinie
2009/22/EG (Richtlinie über alternative Streitbeilegung in Verbraucherangelegenheiten).
2 Gemeint sind die Bruttobeitragseinnahmen.
3 Pressemitteilung des GDV „Drei Viertel aller Rechtsschutzversicherer setzen auf Mediation", vom 14. April 2011; vgl. auch *Bercher/Engel* ZRP 2010, 126 (128 f.).
4 Angesichts dessen, dass 2008/2009 erste Überlegungen zur Implementierung der
Mediation in den Leistungskatalog der Rechtsschutzversicherer angestellt wurden,
war dies eine rasante Entwicklung.

II. Alternative Streitbeilegung in der Versicherungswirtschaft

Die Erkenntnis, dass Verfahren der alternativen Streitbeilegung in be- **2**
stimmten Konfliktfällen überzeugende Vorteile gegenüber der Rechtsdurchsetzung vor Gerichten bieten können, hat sich in der Versicherungswirtschaft bereits vor Erlass der Mediationsrichtlinie durchgesetzt. Dies zeigen
zumindest zwei Entwicklungen in der Branche, auf die an dieser Stelle kurz
eingegangen werden soll: die Einrichtung des Versicherungsombudsmann
e.V., der seit August 2016 anerkannte Verbraucherschlichtungsstelle nach
dem Verbraucherstreitbeilegungsgesetz (VSBG) ist,[5] und die Unterstützung
von Schlichtungsstellen im Bereich Arzthaftpflicht.

1. Versicherungsombudsmann e.V. Der Versicherungsombudsmann e.V. ist **3**
eine unabhängige und für den Verbraucher kostenfrei arbeitende, als einge-
tragener Verein organisierte Schlichtungsstelle.[6] Sie hat im Jahr 2001 ihre
Tätigkeit aufgenommen und wird ausschließlich von der Versicherungswirtschaft finanziert. Mitglieder des Versicherungsombudsmann e.V. sind
die angeschlossenen Versicherungsunternehmen und der Gesamtverband
der Deutschen Versicherungswirtschaft; über 95 % des Marktes im Privatkundengeschäft werden durch die Mitglieder repräsentiert.[7]

Ombudsmann für Versicherungen ist seit dem 1. April 2008 Professor Dr.
Günther Hirsch, der im Jahr 2013 in seinem Amt für weitere fünf Jahre
bestätigt worden ist. Der Ombudsmann wird von derzeit rund 40 Mitarbeitern unterstützt. Nach Angaben des Versicherungsombudsmann e.V.[8]
zählen hierzu mehr als 14 Versicherungskaufleute, die mit der Annahme
und der Aufbereitung der Beschwerden befasst sind. Zudem arbeiten in der
juristischen Abteilung mehr als 20 Volljuristen, die den Ombudsmann bei
der rechtlichen Beurteilung der Beschwerden unterstützen.

An den Versicherungsombudsmann e.V. können sich die Versicherungsnehmer der angeschlossenen Unternehmen im Falle von versicherungsvertrags-
rechtlichen Streitigkeiten wenden. Das Beschwerdeverfahren ist in der Verfahrensordnung des Versicherungsombudsmanns (VomVO) geregelt.[9] Hiernach behandelt der Ombudsmann Fälle, in denen ein Beschwerdeführer
vertragliche Ansprüche gegen sein Versicherungsunternehmen geltend
macht. Beschwerden, bei denen ein Verfahren vor Gericht oder bei der
Bundesanstalt für Finanzdienstleistungsaufsicht (BaFin) anhängig ist, behandelt der Ombudsmann nicht; gleichzeitige Verfahren und widersprüchliche Ergebnisse sollen vermieden werden.

Das Verfahren beginnt mit dem Eingang (telefonisch, postalisch, via Internet oder Fax) der Beschwerde beim Ombudsmann.[10] In der Regel wird
eine Stellungnahme des Versicherers eingeholt. Dieser erhält hierdurch Gelegenheit, die eigene Entscheidung zu überprüfen. Der Ombudsmann gibt

---

5 Vgl. § 33 Abs. 1 VSGB.
6 *Hirsch* ZVersWiss 2011, 561 ff.; *Brömmelmeyer* WM 2012, 337 ff.
7 Vgl. etwa *Wendt* EuZW 2011, 616 (620).
8 S. www.versicherungsombudsmann.de (zuletzt abgerufen am 1.8.2017).
9 Stand: 23.11.2016; abrufbar unter https://www.versicherungsombudsmann.de/wp-
   content/uploads/2017/05/verfahrensordnung.pdf (zuletzt abgerufen am 1.8.2017).
10 Vgl. hierzu und zum Folgenden unter https://www.versicherungsombudsmann.de/
   das-schlichtungsverfahren/ (zuletzt aufgerufen am 1.8.2017).

die Stellungnahme an den Beschwerdeführer weiter, sofern darin inhaltlich ein neuer und bedeutsamer Vortrag enthalten ist. Anschließend wird geprüft, ob die Beschwerde berechtigt ist. Maßstab sind Recht und Gesetz. Das Ergebnis hängt davon ab, ob sich der Anspruch des Beschwerdeführers rechtlich begründen lässt.[11] Anders als vor Zivilgerichten ermittelt der Ombudsmann den Sachverhalt von Amts wegen; sind Ausführungen in einem wichtigen Punkt nicht vollständig, weist der Ombudsmann darauf hin und fordert Ergänzungen ein. Der Ombudsmann kann für das am Verfahren beteiligte Unternehmen verbindliche Entscheidungen bis zu einem Beschwerdewert in Höhe von 10.000 EUR aussprechen. Für den Verbraucher ist die Entscheidung nie bindend; ihm steht der Rechtsweg immer offen. Bis zu einem Beschwerdewert in Höhe von 100.000 EUR kann der Versicherungsombudsmann eine für beide Seiten unverbindliche Empfehlung aussprechen. Die breite Akzeptanz dieser Schlichtungsstelle auf Verbraucherseite[12] bestätigt ihren hohen Nutzen.

4   Der Versicherungsombudsmann ist Mitglied im grenzüberschreitenden Netz zur Behandlung von Beschwerden im Bereich der Finanzdienstleistungen (FIN-NET) der Europäischen Union.[13] Das FIN-NET ist ein auf Initiative der Europäischen Kommission 2001 geschaffenes Netz nationaler Stellen für die außergerichtliche Beilegung von Finanzstreitigkeiten in den Ländern des Europäischen Wirtschaftsraums (dh in den Mitgliedstaaten der Europäischen Union sowie in Island, Liechtenstein und Norwegen). Die Stellen sind für Streitfälle zwischen Verbrauchern und Finanzdienstleistern wie Banken, Versicherungen oder Wertpapierfirmen zuständig. Unter dem Dach von FIN-NET erhalten Verbraucher Zugang zu außergerichtlichen Schlichtungsstellen in grenzüberschreitenden Streitfällen. Ist ein Verbraucher in einem Land in Streitigkeiten mit einem Finanzdienstleister in einem anderen Land verwickelt, stellen die FIN-NET-Mitglieder für ihn den Kontakt zur zuständigen außergerichtlichen Schlichtungsstelle her und geben ihm die erforderlichen Informationen.

5   Der Versicherungsombudsmann e.V. ist seit dem Jahr 2005 zudem für Beschwerden zuständig, die Fälle betreffen, in denen ein Versicherungsvertrag zwischen einem angeschlossenen Versicherungsunternehmen und einem Verbraucher im Wege des Fernabsatzes zustande gekommen ist. Des Weiteren ist der Versicherungsombudsmann e.V. für Beschwerden gegen Versicherungsvermittler zuständig (vgl. auch § 214 VVG).[14] Insoweit gilt die Verfahrensordnung für Beschwerden im Zusammenhang mit der Vermittlung von Versicherungsverträgen (VermVO).[15]

---

11   https://www.versicherungsombudsmann.de/das-schlichtungsverfahren/ (zuletzt aufgerufen am 1.8.2017).
12   Vgl. Jahresbericht des Versicherungsombudsmann e.V. 2016, abrufbar unter https://www.versicherungsombudsmann.de/wp-content/uploads/Jahresbericht2016-neu.pdf (zuletzt aufgerufen am 1.8.2017).
13   Vgl. hierzu auch *Wendt* EuZW 2011, 616 (620).
14   Hierzu Staudinger/Halm/*Wendt*/*Krahe*, Versicherungsrecht Kommentar, § 214 Rn. 1 ff.
15   Stand: 23.11.2016; abrufbar unter https://www.versicherungsombudsmann.de/wp-content/uploads/2017/05/VermVO.pdf (zuletzt aufgerufen am 1.8.2017).

Für den Bereich der Privaten Kranken- und Pflegeversicherung existiert   6
eine eigenständige Ombudsmann-Einrichtung, die bei Beschwerden gegen
Krankenversicherungsunternehmen zuständig ist, der Ombudsmann Private Kranken- und Pflegeversicherung.[16] Die Einrichtung ist als Schlichtungsstelle zur außergerichtlichen Beilegung von Streitigkeiten bei Versicherungsverträgen mit Verbrauchern iSd § 13 BGB sowie zwischen Versiche-
rungsvermittlern oder Versicherungsberatern und Versicherungsnehmern
im Zusammenhang mit der Vermittlung von Versicherungsverträgen anerkannt. Sie ist zudem anerkannte Verbraucherschlichtungsstelle iSd § 33
Abs. 1 VSGB.

2. Schlichtungsstellen im Bereich Arzthaftpflicht. Die Versicherungswirt-   7
schaft arbeitet seit einigen Jahrzehnten zudem mit Schlichtungsstellen im
Bereich Arzthaftpflicht zusammen.[17] Diese Schlichtungsstellen verstehen
sich als qualifizierte Dienstleistungsinstitutionen für die außergerichtliche
Klärung von zivilrechtlichen Arzthaftungsstreitigkeiten.[18] Das Bestreben
dieser Schlichtungsstellen richtet sich auf eine objektive, kompetente, am
aktuellen ärztlichen Standard und der jeweils neuesten Arzthaftungsrecht-
sprechung orientierte Streitbeilegung. Ziel ist es, zur Vermeidung von Ge-
richtsprozessen eine höhere Akzeptanz bei den beteiligten Parteien – Patienten, Ärzten und Haftpflichtversicherern – zu erreichen.[19]

III. Mediation in der Versicherungswirtschaft

Seit Erlass der Mediationsrichtlinie gibt es in der Versicherungswirtschaft   8
Bestrebungen, Verfahren der alternativen Streitbeilegung und insbesondere
die Mediationsleistung in die Versicherungspraxis zu integrieren. Entwicklungen lassen sich insbesondere im Bereich der Rechtsschutzversicherung
nachzeichnen. Hier haben sich entsprechende Angebote am deutschen
Markt etabliert (→ Rn. 1). Auch im Bereich der Haftpflichtversicherung
wird bereits seit Längerem geprüft, ob und inwieweit die Mediationsleistung nützlich sein kann.

1. Rechtsschutzversicherung. Grund für die Aufnahme der Mediationsleis-   9
tung in den Leistungskatalog der Rechtsschutzversicherer ist zum einen der
Wandel dieser Versicherer vom reinen Kostenerstatter zum Servicedienst-
leister. Damit einher ging die Befassung mit Leistungen, die für den Versicherungsnehmer attraktiv sind und neben der Erstattung von anfallenden
Anwalts- und Gerichtskosten im Versicherungsvertrag angeboten werden
können. Hierzu zählen auch Leistungen in Bezug auf Verfahren der alternativen Streitbeilegung.[20] Vertreter der Rechtsschutzversicherung sehen in
der Einbeziehung der alternativen Streitbeilegung in den Leistungskatalog

---

16 Vgl. hierzu http://www.pkv-ombudsmann.de/ (zuletzt aufgerufen am 1.8.2017).
17 Vgl. ausführlich *Meckling-Geis* VersR 2016, 79 (81 f.).
18 Vgl. etwa http://www.norddeutsche-schlichtungsstelle.de (zuletzt abgerufen am
    1.8.2017).
19 Vgl. hierzu ausführlich *Neu* Herz-Thorax-Gefäßchir 2009/23, 93 ff.; vgl. zum Ver-
    fahrensablauf etwa http://www.norddeutsche-schlichtungsstelle.de/das-schlichtung
    sverfahren/verfahrensablauf/ (zuletzt aufgerufen am 1.3.2017).
20 Vgl. auch *Tögel* in: Joussen/Unberath, S. 23; *ders.* in: Greger/Unberath, S. 31; *Eber-
    hardt* VersR 2013, 802 (811); *Wendt* VersR 2014, 420 (425 ff.); vgl. auch *Dom-
    mer* AnwBl 2012, 251 (252).

eine konsequente und sinnvolle Ergänzung. So wird von bemerkenswerten Fallabschluss- und Zufriedenheitsquoten bei den Versicherungskunden berichtet.[21] Zum anderen lassen sich durch konsensuale Konfliktlösungen mitunter Kosten sparen. Weil der Schadenaufwand eines Versicherers unmittelbaren Einfluss auf dessen Prämienkalkulation hat, führen Kostenersparnisse zumindest zu einer Stabilisierung der Prämienkalkulation.[22] Ein den Verfahren der alternativen Streitbeilegung zugewandter Versicherungsnehmer kann damit durch mehr adressatenorientierte Leistungen bei geringeren oder gleichbleibenden Prämien doppelt profitieren. Diese Vorteile sind jedoch stets im Lichte etwaiger Nachteile zu sehen und nur dann unbedenklich, wenn sie unter Einhaltung der gesetzlichen Vorgaben erzielt werden (hierzu ausführlich → Rn. 40 ff.).[23]

10 **a) Verfahren.** Bereits 2009 wurde berichtet,[24] dass Rechtsschutzversicherer erfolgreich mit Dienstleistern zusammenarbeiten, die einen Mediatorenpool unterhalten.[25] In diesem Fall erhält der Versicherungsnehmer bei Deckungsanfrage bei seinem Rechtsschutzversicherer zweierlei: Zum einen die Deckungszusage, soweit dies die Police vorsieht, und zum anderen ggf. Informationen darüber, dass im konkreten Fall ein Mediationsverfahren zielführend sein könnte. Hat der Versicherungsnehmer hieran Interesse, kontaktiert ihn kurzfristig ein Mitarbeiter des den Mediatorenpool unterhaltenden Dienstleisters. Der Versicherungsnehmer wird dann über die konkreten Rahmenbedingungen des Mediationsverfahrens informiert. Ist der Versicherungsnehmer anschließend mit der Durchführung des Verfahrens einverstanden, setzt sich der Dienstleister auch mit der Gegenpartei in Verbindung. Ist auch die Gegenpartei mit dem Verfahren einverstanden, wird ein Mediator aus dem Mediatorenpool kontaktiert und ein zeitnaher Mediationstermin vereinbart. Zu einem großen Teil führen bereits die erste telefonische Kontaktaufnahme und der Hinweis auf die konkrete Problemlage bei einer erheblichen Anzahl von Streitigkeiten zu einer Beilegung des Konflikts.[26] Für dieses teilweise mediative, teilweise konfliktberatende Verfahren hat sich der Begriff Shuttle-Mediation etabliert.[27] Teilweise wird bezweifelt, dass auf dieses Verfahren die Vorschriften des Mediationsgesetzes Anwendung finden.[28] Jedenfalls sei das Verfahren keine Mediation im klassischen Sinne, weil der Konfliktvermittler ein zu großes Eigeninteresse am Zustandekommen einer Einigung habe, etwa weil hieran sein Erfolg bemessen würde.[29] Dem lässt sich entgegenhalten, dass dieses behauptete Ei-

---

21 Vgl. *Eberhardt* VersR 2013, 802 (811) mwN, der sich hierbei auch auf die Vermittlung einer anwaltlichen telefonischen Erstorientierung bezieht; kritisch dagegen *Cornelius-Winkler* SVR 2013, 201 (203 ff.).
22 So bereits *Eberhardt* VersR 2013, 802 (811).
23 Vgl. hierzu insbes. BGH ZKM 2016 (107); OLG Frankfurt a.M. r+s 2015, 351.
24 Vgl. *Joussen/Unberath*, Mediation im Arbeitsrecht, 2009; vgl. auch zur Vorjahresveranstaltung *Greger/Unberath*, Die Zukunft der Mediation in Deutschland, 2008.
25 Vgl. *Appelkamp* in: Joussen/Unberath, S. 87 ff.
26 *Hellberg/Wendt* VW 2009, 1336 (1337 f.); *dies.* ZKM 2010, 21 (22).
27 Vgl. *Hellberg/Wendt* VW 2009, 1336 (1337 f.).
28 *Böhm/Fries* VersR 2016, 1092 (1094); siehe aber BGH ZKM 2016, 107; OLG Frankfurt a.M. r+s 2015, 351.
29 So *Böhm/Fries* VersR 2016, 1092 (1094), die von „Telefonmediation" sprechen unter Hinweis auf *Risch* zfs 2014, 61, *Engel* in: Eidenmüller/Wagner, Mediationsrecht, Rap. 10 Rn. 55 und *Greger* ZKM 2015, 172 (173).

geninteresse selbst einer klassischen Mediation dann nicht entgegensteht, wenn der Mediator pflichtgemäß nach § 3 Abs. 1 MediationsG alle Umstände offenlegt, die seine Unabhängigkeit und Neutralität beeinträchtigen können, und die Parteien sich in Kenntnis dieser Umstände dennoch auf den Mediator einigen. Anzumerken ist in diesem Zusammenhang jedoch, dass die Vorbefassung iSv § 3 Abs. 1 MediationsG ein rein formaler Umstand sein kann; ein inhaltliches Eigeninteresse des Mediators an einer (bestimmten) Einigung muss nicht bestehen. Würde man das MediationsG nicht auf das Verfahren anwenden,[30] wäre zudem der durch § 3 Abs. 1 MediationsG beabsichtigte Schutz der Parteien (→ MediationsG § 2 Rn. 2 ff.) nicht mehr gewährleistet. Dass im Fall des Verstoßes gegen Pflichten aus § 3 Abs. 1 MediationsG nicht der Mediator, sondern der Rechtsschutzversicherer für den Schaden haften soll, der dadurch entsteht, dass der Versicherungsnehmer „im Vertrauen auf die Neutralität und Unabhängigkeit des Konfliktvermittlers einen Vergleichsvertrag schließt, der hinter seinen tatsächlichen materiellen Rechten zurückbleibt",[31] findet in den gängigen Mediationsklauseln (→ Rn. 12 ff.) keinen Rückhalt und dürfte auch nicht im Einklang mit dem Verantwortlichkeitsprinzip des Haftungsrechts stehen.

Einige Rechtsschutzversicherer haben auch eigene Mediatoren ausgebildet **11** und ihre Mitarbeiter dahin gehend geschult, die Versicherungsnehmer bei der Verfahrenswahl beraten zu können. Der anfragende Versicherungsnehmer soll bereits bei Deckungsanfrage durch besonders sensibilisierte Schadenbearbeiter in geeignet erscheinenden Fällen auf das Mediationsverfahren hingewiesen werden.[32] Zeigt sich der Versicherungsnehmer interessiert, wird der Fall an einen hauseigenen Mediator weitergeleitet. Hier erhält der Versicherungsnehmer dann ausführliche Informationen zum Mediationsverfahren an sich. Auf Wunsch des Versicherungsnehmers wird anschließend die Gegenpartei kontaktiert. Besteht auch hier Interesse an einer Mediation, wird ein Termin mit einem externen oder hausinternen Mediator vereinbart.

b) „Mediationsklauseln" in Rechtsschutzversicherungsverträgen. aa) Un- **12** **verbindliche Musterklauseln des Gesamtverbandes der Deutschen Versicherungswirtschaft e.V. (GDV).** Der Gesamtverband der Deutschen Versicherungswirtschaft e.V. (GDV) hat über die Potenziale der Mediation diskutiert und diese bejaht.[33] Im Frühsommer 2009 hat der GDV in den Allgemeinen Bedingungen für die Rechtsschutzversicherung (ARB) 2009 erstmals eine Musterklausel zum Einschluss des außergerichtlichen Mediationsverfahrens – kurz „Mediationsklausel" – bekanntgegeben.[34] Mit der Einbeziehung des außergerichtlichen Mediationsverfahrens in den Leistungskatalog der Rechtsschutzversicherung sollte dem stetig steigenden Wunsch von Versicherungsnehmern Rechnung getragen werden, Konflikte

---

30 So aber BGH ZKM 2016, 107; OLG Frankfurt a.M. r+s 2015, 351.
31 *Böhm/Fries* VersR 2016, 1092 (1094) mwN.
32 Vgl. *Tögel* in: Joussen/Unberath, S. 23.
33 Vgl. hierzu und zum Folgenden auch *Hellberg* in: Joussen/Unberath, S. 49 ff.
34 Ausführlich hierzu *Hellberg/Wendt* VW 2009, 1336 ff.; *Wendt* VersR 2014, 420 (426 f.).

konsensual und außergerichtlich zu lösen.[35] Die Rechtsschutzversicherungsunternehmen sind an die Musterbedingungen des GDV nicht gebunden. Sie können unternehmensindividuell, je nach gewähltem Leistungsumfang, ergänzte oder anders gestaltete Bedingungen verwenden oder auch hiervon absehen.

13 Die vollständige „Mediationsklausel" der ARB 2009 lautet wie folgt:

Einbeziehung des außergerichtlichen Mediationsverfahrens

§ 5 a Einbeziehung des außergerichtlichen Mediationsverfahrens

(1) Mediation ist ein Verfahren zur freiwilligen, außergerichtlichen Streitbeilegung, bei dem die Parteien mithilfe der Moderation eines neutralen Dritten, des Mediators, eine eigenverantwortliche Problemlösung erarbeiten. Der Versicherer vermittelt dem Versicherungsnehmer einen Mediator zur Durchführung des Mediationsverfahrens in Deutschland und trägt dessen Kosten im Rahmen von Abs. 3.

(2) Der Rechtsschutz für Mediation erstreckt sich auf ... (Aufzählung der unter die Mediation fallenden Leistungsarten)

(3) Der Versicherer trägt den auf den Versicherungsnehmer entfallenden Anteil an den Kosten des vom Versicherer vermittelten Mediators bis zu ... EUR je Mediation. Sind am Mediationsverfahren auch nicht versicherte Personen beteiligt, übernimmt der Versicherer die Kosten anteilig im Verhältnis versicherter zu nicht versicherten Personen.

(4) Für die Tätigkeit des Mediators ist der Versicherer nicht verantwortlich. Soweit vorstehend nicht ausdrücklich etwas anderes vereinbart ist, gelten die Bestimmungen der §§ 1, 3, 4, 7 bis 14, 16, 17 und 20 ARB 2009 entsprechend.

Notwendige Ergänzung zu § 5 Abs. 1 d) bei Verwendung des § 5 a:

„die Gebühren eines Schieds- oder Schlichtungsverfahrens bis zur Höhe der Gebühren, die im Falle der Anrufung eines zuständigen Gerichts erster Instanz entstehen;"

Ergänzung:

„die Kosten für Mediationsverfahren richten sich hingegen ausschließlich nach der Klausel ..."

14 Nach der Bekanntgabe im Jahr 2009 wurde die Mediationsklausel fester Bestandteil der Musterbedingungen. Sie wurde auch in die unverbindlichen ARB 2010 überführt. Weil bei Bekanntgabe der Mediationsklausel noch keine nationalgesetzliche[36] Vorgabe vorlag, definiert § 5 a Abs. 1 S. 1 ARB 2010 das Mediationsverfahren,[37] das vom Versicherungsvertrag erfasst werden soll.

15 Nach § 5 a Abs. 1 S. 2 ARB 2010 vermittelt der Versicherer dem Versicherungsnehmer einen Mediator. Die Regelung der Musterbedingungen trägt dem Anliegen Rechnung, unabhängig von möglichen gesetzlichen Vorga-

---

35 Harbauer/*Stahl* ARB § 5 a Rn. 1; van Bühren/Plote/*Wendt* ARB § 5 a Rn. 1; *Hellberg*/*Wendt* VW 2009, 1336 (1337); *Wendt* VersR 2014, 420 (426 f.).

36 Vgl. aber Art. 3 der Richtlinie 2008/52/EG.

37 Harbauer/*Stahl* § 5 a Rn. 4; Schwintowski/Brömmelmeyer/*Hillmer-Möbius* § 125 Rn. 24; van Bühren/Plote/*Wendt* § 5 a Rn. 4.

ben zum Berufsbild des Mediators eine qualitativ hochwertige Mediationsleistung sicherzustellen.[38] Ist der Mediator zugleich Rechtsanwalt (sog Anwaltsmediator), hat dies nicht zur Folge, dass die Regelung des § 5 a Abs. 1 S. 2 ARB 2010 gegen § 127 Abs. 1 VVG (freie Anwaltswahl) verstößt, weil der Rechtsschutzversicherer den (Anwalts-)Mediator vermittelt (→ Rn. 36).[39] § 127 Abs. 1 VVG regelt die freie Anwaltswahl nach dessen eindeutigem Gesetzeswortlaut nur in Bezug auf Rechtsanwälte, die den Versicherungsnehmer in Gerichts- und Verwaltungsverfahren vertreten und dessen Interessen wahrnehmen.[40] (Anwalts-)Mediatoren nehmen ihre Aufgabe jedoch allparteilich und damit nicht im Interesse einer bestimmten Partei wahr.[41] Steht der vermittelte Mediator in einem Abhängigkeitsverhältnis zum Versicherer, ist dies gem. § 3 Abs. 1 offenzulegen; zudem ist die ausdrückliche Zustimmung der anderen Partei herbeizuführen.[42]

Nach § 5 a Abs. 1 S. 2 ARB 2010 deckt der Versicherungsschutz Mediationsverfahren in Deutschland; § 6 ARB 2010 ist daher nicht entsprechend anzuwenden (vgl. § 5 a Abs. 4 ARB 2010). Gemäß § 5 a Abs. 1 S. 2 ARB 2010 trägt der Versicherer die Kosten des Mediators in dem in § 5 a Abs. 3 ARB 2010 festgelegten Rahmen.   **16**

Die Regelung § 5 a Abs. 2 ARB 2010 lässt Raum für unternehmensindividuelle Ausgestaltungen des Leistungsumfangs. Auch regelmäßig nicht vom Leistungsumfang gedeckte Bereiche[43] können so im Rahmen der Mediationsleistung erfasst werden.   **17**

Nach § 5 a Abs. 3 ARB 2010 trägt der Versicherer den auf den Versicherungsnehmer entfallenden Anteil an den Kosten des vom Versicherer vermittelten Mediators bis zu einem bestimmten, unternehmensindividuell festgesetzten Höchstbetrag je Mediation. Die Regelung stellt klar, dass ausschließlich Kosten für einen vom Versicherer vermittelten Mediator übernommen werden.[44] Der Versicherer trägt insoweit den auf seinen Versicherungsnehmer entfallenden Anteil der Kosten; dies ist bei Konflikten mit einer Gegenpartei regelmäßig die Hälfte der Gesamtkosten.[45] Für den Fall, dass an einem Mediationsverfahren auch nicht bei dem spezifischen Rechtsschutzversicherer versicherte Personen beteiligt sind, übernimmt der Versicherer nach § 5 a Abs. 3 S. 2 ARB 2010 die Kosten anteilig im Verhältnis versicherter zu nicht versicherten Personen.   **18**

---

38 Harbauer/*Stahl* § 5 a Rn. 5; Schwintowski/Brömmelmeyer/*Hillmer-Möbius* § 125 Rn. 24; van Bühren/Plote/*Wendt* § 5 a Rn. 5; vgl. zu Qualitätsanforderungen *Tögel/Rohlff* ZKM 2010, 86 (87 f.); vgl. auch *Eberhardt* VersR 2013, 802 (812).
39 Greger/Unberath/Steffek//*Greger* D. Rn. 289.
40 Harbauer/*Stahl* § 5 a Rn. 5; van Bühren/Plote/*Wendt* § 5 a Rn. 6.
41 Harbauer/*Stahl* § 5 a Rn. 5; Schwintowski/Brömmelmeyer/*Hillmer-Möbius* § 125 Rn. 24; van Bühren/Plote/*Wendt* § 5 a Rn. 6; vgl. auch *Eberhardt* VersR 2013, 802 (812).
42 Greger/Unberath/Steffek/*Greger* D. Rn. 289.
43 Etwa Familienrecht und Arbeitsrecht; zum Stand im Jahre 2010 vgl. *Bercher/Engel* ZRP 2010, 126 (128 f.); vgl. ferner *Eitel* FF 2009, 64 ff.
44 Harbauer/*Stahl* § 5 a Rn. 10; van Bühren/Plote/*Wendt* § 5 a Rn. 7; Prölss/Martin/*Armbrüster*, Versicherungsvertragsgesetz, Kommentar, Anh. ARB 2010, § 5 a Rn. 1; zur Pflicht des Anwalts, zu klären, in welchem Umfang die Rechtsschutzversicherer die Kosten für die Mediation übernimmt, vgl. *Ewig* ZKM 2012, 4 (6 f.).
45 Harbauer/*Stahl* § 5 a Rn. 9 f.; van Bühren/Plote/*Wendt* § 5 a Rn. 7.

19   Nach § 5 a Abs. 4 S. 1 ARB 2010 ist der Versicherer für die Tätigkeit des Mediators nicht verantwortlich. Der Versicherungsnehmer hat einen im Zusammenhang mit dem Mediationsverfahren entstandenen Anspruch auf Schadenersatz daher gegen den Mediator geltend zu machen.[46] Nach § 5 a Abs. 4 S. 2 ARB 2010 sind die Bestimmungen der §§ 1, 3, 4, 7 bis 14, 16, 17 und 20 ARB 2009 (gemeint sind auch die ARB 2010) entsprechend anzuwenden. Alle übrigen Klauseln (§§ 2, 5, 6, 15, 18 ARB 2010) gelten damit im Umkehrschluss nicht.

20   Die ARB 2010 sehen vor, dass bei Verwendung des § 5 a ARB 2010 die Bestimmung des § 5 Abs. 1 d) ARB 2010 zu ergänzen ist. Hiernach trägt der Versicherer die Gebühren eines Schieds- oder Schlichtungsverfahrens bis zur Höhe der Gebühren, die im Falle der Anrufung eines zuständigen Gerichts erster Instanz entstehen. Nach verbreiteter Ansicht sind zu Schieds- und Schlichtungsverfahren auch Mediationsverfahren zu zählen.[47] Dem ließe sich entgegenhalten, dass die Aufgabe des Mediators weder die eines Schiedsrichters noch die eines Schlichters ist. Beiden Funktionen liegen Inhaltsverantwortung und Entscheidungsbefugnisse inne, die der Mediator gerade nicht hat.[48] Jedenfalls bei Verwendung der spezielleren Regelungen des § 5 a ARB 2010 kann nicht gefolgt werden, dass § 5 Abs. 1 d ARB 2010 auch die Mediation erfasst.[49] Unabhängig davon stellt die Ergänzung „die Kosten für Mediationsverfahren richten sich hingegen ausschließlich nach der Klausel…" ausreichend klar, dass für das Mediationsverfahren die in § 5 a ARB 2010 aufgeführten Regelungen maßgeblich sind.

21   Die ARB 2012 folgen einem Bausteinprinzip. Sie sind unter sprachwissenschaftlichen Gesichtspunkten eingehend überarbeitet worden, um eine höhere Transparenz für den Versicherungsnehmer zu erreichen.[50] Die ARB 2012 enthalten auch einen Baustein zur Mediationsleistung. In der Fassung der ARB 2012 aus Oktober 2012 lautete dieser wie folgt:

2.3.1.1	Um Ihnen eine einvernehmliche Konfliktbeilegung zu ermöglichen, tragen wir die Kosten bis zu … EUR je Mediation für den von uns vermittelten Mediator *(Mediation ist ein vertrauliches und strukturiertes Verfahren, bei dem Parteien mithilfe eines Mediators freiwillig und eigenverantwortlich eine einvernehmliche Beilegung ihres Konflikts anstreben).*
	Sind am Mediationsverfahren auch nicht versicherte Personen beteiligt, übernehmen wir anteilig die Kosten für Sie und die versicherten Personen.
	Diese Kosten übernehmen wir in folgenden Leistungsarten:
	▪ …
	▪ …
	Für die Tätigkeit des Mediators sind wir **nicht verantwortlich**.

---

46   Vgl. auch Harbauer/*Stahl* § 5 a Rn. 11; van Bühren/Plote/*Wendt* § 5 a Rn. 8.
47   Harbauer/*Bauer* § 5 Rn. 122 mwN; vgl. hierzu auch van Bühren/Plote/*Wendt* § 5 a Rn. 9.
48   Vgl. § 1 Abs. 2.
49   van Bühren/Plote/*Wendt* § 5 a Rn. 9.
50   van Bühren/Plote/*Hillmer-Möbius*, Erläuterungen zu den ARB 2012, Rn. 1.

Die Klausel ist gegenüber der vorherigen Fassung insbesondere sprachlich 22
überarbeitet worden. Der Versicherungsnehmer wird direkt angesprochen.
Die Klausel ist zudem kürzer, was ua auf ihre Umstrukturierung zurückzuführen ist. Die Bestimmung aus § 5 a Abs. 3 S. 1 ARB 2010 zur Kostenhö-
he findet sich nun zu Beginn der Regelung. Der Begriff Mediation wird
hieran anschließend erläutert.[51] Es folgt die vormals in § 5 a Abs. 3 S. 2
ARB 2010 enthaltene Bestimmung zu nichtversicherten Personen. Hieran
schließt die Regelung zu eingeschlossenen Leistungsarten (vgl. § 5 a Abs. 2
ARB 2010) an. Den Schluss bildet wie zuvor (vgl. § 5 a ARB. 2010) die Regelung zur Verantwortlichkeit des Mediators.

Die aktuellen ARB 2012 aus Juni 2017 enthalten eine inhaltlich überarbei- 23
tete Klausel.

2.3.1.1	Um Ihnen eine einvernehmliche Konfliktbeilegung zu ermöglichen, tragen wir die Kosten bis zu … EUR je Mediation für einen von uns vorgeschlagenen Mediator. **Ausnahme:** Sie und die andere Partei haben sich bereits auf einen anderen Mediator geeinigt. Dann tragen wir dessen Kosten bis zu … EUR je Mediation. Die Mediation kann in Anwesenheit der Beteiligten, telefonisch oder auch online erfolgen. Die Kosten für den Mediator übernehmen wir in folgenden Leistungsarten: ■ … ■ … Nehmen an der Mediation nicht versicherte Personen teil, überneh-men wir anteilig die Kosten, die auf Sie und mitversicherte Personen entfallen (*Beispiel: Sie und Ihr Ehepartner haben einen Konflikt mit einem Dritten. Die Kosten des Mediators werden hälftig zwischen den Parteien geteilt. Die Kosten, die auf Sie und Ihren Ehepartner entfallen, tragen wir. Der Dritte muss seinen Kostenanteil, also 50 %, selbst bezahlen*). Für die Tätigkeit des Mediators sind wir nicht verantwortlich.

Entgegen der früheren Fassung sieht die Musterklausel nunmehr im Sinne 24
einer Grundsatz-Ausnahme-Regelung zwei Leistungsalternativen vor. Der
Grundsatz entspricht im Wesentlichen der früheren Fassung, wonach der
Versicherer die Kosten bis zu einem in der Klausel festgelegten Betrag je
Mediation übernimmt, wenn in diesem Mediationsverfahren ein vom Versicherer vorgeschlagener Mediator tätig wird. Die neue Fassung spricht anstelle vom „vermittelten" Mediator vom „vorgeschlagenen" Mediator. Damit wird klargestellt, dass die Entscheidung über die Wahl des Mediators
beim Versicherungsnehmer liegt. Haben sich der Versicherungsnehmer und
die andere Partei bereits auf einen anderen Mediator geeinigt, dann übernimmt der Versicherer dessen Kosten bis zu einem anderen in der Klausel
festgelegten Betrag je Mediation (Ausnahme). Die Regelung ermöglicht da-

---

51 van Bühren/Plote/*Hillmer-Möbius*, Erläuterungen zu den ARB 2012, Rn. 39.

mit auch eine Incentivierung der Auswahl des Mediators durch den Versicherer, beispielsweise durch Festlegung eines höheren Betrags im Grundsatzfall. Derlei Incentivierungen sind nach höchstrichterlicher Rechtsprechung jedenfalls in Bezug auf Anwaltsempfehlungen möglich.[52] Weil die gesetzlichen Bestimmungen zur freien Anwaltswahl in §§ 127, 129 VVG und § 3 Abs. 3 BRAO erheblich strenger sind als die Vorgaben des § 2 Abs. 1 iVm § 3 Abs. 1, sind die vom EuGH und BGH herausgearbeiteten Grundsätze erst Recht auf die Incentivierung der Auswahl des Mediators durch den Versicherer anwendbar. Danach ist eine mit finanziellen Anreizen verbundene Empfehlung des Versicherers möglich, wenn die eigentliche Entscheidung über die Auswahl beim Versicherungsnehmer bleibt und kein unzulässiger psychischer Druck ausgeübt wird. Anreizsysteme des Versicherers in Bezug auf die Auswahl des Mediators sind daher grundsätzlich möglich. Der Versicherungsnehmer muss daher bei der Wahl seines Versicherungsschutzes entscheiden, welche Leistungen ihm besonders wichtig erscheinen.

25   Die neue Fassung stellt zudem klar, dass die Mediation in Anwesenheit der Beteiligten, telefonisch oder auch online erfolgen kann. Damit wird der iSd § 1 Abs. 1 möglichen Vielgestaltigkeit des Mediationsverfahrens Rechnung getragen.[53] Die Regelung zur Teilnahme am Verfahren von nicht versicherten Personen wird nunmehr durch ein konkretes Beispiel ergänzt. Durch die Ergänzung wird klargestellt, dass mit anteiliger Übernahme der Kosten regelmäßig die Hälfte der durch die Mediation entstehenden Gesamtkosten gemeint ist. Im Falle von Mediationen mit mehr als zwei Parteien ist die anteilige Übernahme der Kosten im Verhältnis zur Anzahl der Parteien zu reduzieren (3 Parteien = 1/3 der Kosten, 4 Parteien = 1/4 der Kosten).

26   **bb) Bewertung. (1) Leistungspflichten des Rechtsschutzversicherers gem. § 125 VVG.** Vertragliche Leistungen des Rechtsschutzversicherers, die sich auf Verfahren der alternativen Streitbeilegung beziehen, sind grundsätzlich von § 125 VVG umfasst. Die vom Gesetzgeber sehr weit gefasste Formulierung zur Umschreibung der typischen Leistungspflichten des Rechtsschutzversicherers lässt insoweit ausreichend Raum. § 125 enthält eine wirtschaftliche Leistungsbeschreibung der Rechtsschutzversicherung.[54] Die einzelnen Leistungspflichten ergeben sich aus dem Versicherungsvertrag, weil § 125 VVG am vereinbarten Umfang ansetzt.[55]

27   **(2) Wahrnehmung rechtlicher Interessen.** Ob Verfahren der alternativen Streitbeilegung und speziell die Mediation auch der „Wahrnehmungen rechtlicher Interessen" des Versicherungsnehmers iSd § 125 VVG dienen, ist umstritten.[56] Darauf, dass eine Mediation nach § 2 Abs. 3 Nr. 4 RDG keine Rechtsdienstleistung ist und der Mediator nach § 2 Abs. 3 Nr. 4 RDG iVm § 3 RDG nicht rechtsberatend tätig werden darf, kommt es nicht an, denn § 125 VVG ist weit auszulegen. Zwar wird zum Teil vertre-

---

52   EuGH 7.11.2013 – C-442/12; BGH 4.12.2013 – IV ZR 215/12.
53   Vgl. hierzu auch *Greger* ZKM 2014, 140 (141 f.).
54   Vgl. BGH ZKM 2016, 107; Harbauer/*Bauer*, Rechtsschutzversicherung, ARB-Kommentar, VVG § 125 Rn. 1; *Wendt* VersR 2014, 420 (423).
55   BGH ZKM 2016, 107; *Wendt* VersR 2014, 420 (423).
56   Dies bejahend *Wendt* VersR 2014, 420 (423); ablehnend OLG Frankfurt a.M. r+s 2015, 351, allerdings ohne Begründung.

ten, dass mit der Wahrnehmung rechtlicher Interessen allein die Besorgung fremder Rechtsangelegenheiten iSd § 2 RDG gemeint sei.[57] Für diese Ansicht lässt sich ins Feld führen, dass die Judikatur bei einer entsprechenden vertraglichen Regelung unter der Formulierung „Wahrnehmung rechtlicher Interessen" die Verfolgung oder Abwehr von Ansprüchen verstanden hat.[58] Gegen ein solch enges Verständnis von „Wahrnehmung rechtlicher Interessen" im Rahmen des § 125 VVG spricht jedoch bereits, dass die Abgrenzung zwischen rechtlichen und anderen Interessen nur selten gelingen kann. Die Verfolgung allein „rechtlicher Interessen" ist kaum vorstellbar, weil nahezu jegliche rechtliche Interessenvertretung zugleich wirtschaftlichen oder anderer Interessen dient.[59] Auch die Rechtsprechung hat im Fall einer entsprechenden vertraglichen Regelung in dem Begriff „rechtliche Interessen" keine sinnvolle Einschränkung der Versicherungsleistung gesehen.[60] Es ist daher anerkannt, dass der vertraglich vereinbarte Schutz für die Verfolgung rechtlicher Interessen auch dann besteht, wenn im Schwerpunkt wirtschaftliche Zwecke verwirklicht werden sollen.[61]

(3) Gestaltungsfreiheit. Zudem trägt nur ein entsprechend weites Verständnis den Vorstellungen des europäischen und nationalen Gesetzgebers ausreichend Rechnung. Der europäische Gesetzgeber hat Bestimmungen auf dem Gebiet der Rechtsschutzversicherung mit der Rechtsschutzversicherungs-Richtlinie koordiniert.[62] Ziel dieser Richtlinie ist der umfassende Schutz der Versicherteninteressen.[63] Nach Art. 1 der Rechtsschutzversicherungs-Richtlinie sollen die Vorgaben Interessenkollisionen vermeiden, die daraus erwachsen können, dass ein Versicherer neben der Rechtsschutzversicherung andere Versicherungszweige betreibt.[64] Die deutsche Versicherungsaufsicht hatte dem bis dahin bekanntlich durch das sog Spartentrennungsgebot Rechnung getragen.[65] Dies untersagte einem Versicherer, zugleich die Rechtsschutzversicherung und eine andere Versicherungssparte

28

---

57 Vgl. Harbauer/*Bauer*, Rechtsschutzversicherung, ARB-Kommentar, 8. Aufl. 2010, ARB 2000 § 1 Rn. 6 f.
58 Vgl. BGH 5. 2.1992 – IV ZR 94/91, NJW 1992, 1511, zu den ARB; Harbauer/*Bauer*, Rechtsschutzversicherung, ARB-Kommentar, 8. Aufl. 2010, ARB 2000 § 1 Rn. 6.
59 Vgl. MüKoVVG/*Obarowski* § 125 Rn. 11; *Wendt* VersR 2014, 420 (423).
60 Vgl. BGH 22.5.1991 – IV ZR 183/90, NJW 1991, 2644.
61 BGH 22.5.1991 – IV ZR 183/90, NJW 1991, 2644; OLG Frankfurt a.M. 18.11.2009 – 7 U 52/09, VersR 2010, 1310; MüKoVVG/*Obarowski*, 1. Aufl. 2011, § 125 Rn. 11; *Wendt* VersR 2014, 420 (421 ff.).
62 So bereits vorgesehen in Art. 7 Abs. 2 lit. c) der Ersten Richtlinie 73/239/EWG des Rates vom 24. Juli 1973 zur Koordinierung der Rechts- und Verwaltungsvorschriften betreffend die Aufnahme und Ausübung der Tätigkeit der Direktversicherung (mit Ausnahme der Lebensversicherung); die Richtlinie bezweckt keine vollständige Harmonisierung der Rechtsschutzversicherungsverträge der Mitgliedstaaten, vgl. auch EuGH NJW 2010, 355.
63 EuGH VersR 2013, 1530 (1532); vgl. auch EuGH NJW 2011, 3077; EuGH NJW 2010, 355.
64 Vgl. hierzu auch Fahr/Kaulbach/Bähr/Pohlmann/*Kaulbach*, VAG, § 8 a Rn. 1.
65 Vgl. hierzu etwa Staudinger/Halm/Wendt/*Brünger*, Versicherungsrecht Kommentar, § 126 Rn. 6.

zu betreiben.[66] Solch strenge nationale Vorgaben waren nach Art. 8 der Rechtsschutzversicherungs-Richtlinie jedoch nicht länger möglich. Sie standen dem weiteren Zweck der Rechtsschutzversicherungs-Richtlinie entgegen, nämlich der Erleichterung der Niederlassungsfreiheit.[67] Die europarechtliche Lösung bestand insbesondere in den Art. 3 bis 7 der Rechtsschutzversicherungs-Richtlinie. Aussagen dazu, welche Leistungen aus Sicht des Unionsgesetzgebers Rechtsschutzversicherungen charakterisieren, finden sich in Art. 2 Abs. 1 der Rechtsschutzversicherungs-Richtlinie.[68] Der europäische Gesetzgeber spannt den Rahmen möglicher Rechtsschutzversicherungsleistungen sehr weit. Neben der Erstattung der Kosten des Gerichtsverfahrens sind „andere sich aus dem Versicherungsvertrag ergebende Leistungen" angesprochen. Diese erkennt der Unionsgesetzgeber beispielhaft im Ersatz des auf außergerichtlichem Weg oder durch ein Zivil- oder Strafverfahren dem Versicherungsnehmer entstehenden Schadens sowie darin, den Versicherten in Gerichts- oder anderen Verfahren oder im Fall einer gegen ihn gerichteten Forderung zu verteidigen oder zu vertreten. Das „insbesondere" legt fest, dass die Aufzählung keinesfalls abschließend ist. Maßgeblich ist danach bereits nach den Vorstellungen des europäischen Gesetzgebers, welche Leistung im Rechtsschutzversicherungsvertrag festgelegt wird. Bei der Ausgestaltung des konkreten Vertrags sind die Parteien im Grundsatz frei.[69]

29 **(4) Einschränkungen.** Eine Einschränkung erfährt die in Art. 2 Abs. 1 statuierte Gestaltungsfreiheit durch Art. 4 Abs. 1 lit. a) der Rechtsschutzversicherungs-Richtlinie. Diese Regelung ist bekanntlich Grundlage der sog „freien Anwaltswahl",[70] die für vertragliche Leistungen zu Verfahren alternativer Streitbeilegung jedoch regelmäßig keine Bedeutung hat (→ Rn. 43).[71]

---

66 Hierzu ausführlicher Harbauer/*Bauer*, Rechtsschutzversicherung, ARB-Kommentar, § 126 Rn. 1; van Bühren/Plote/*Wendt*, ARB – Rechtsschutzversicherung, Kommentar, § 126 Rn. 3.
67 Vgl. hierzu etwa EuGH NJW 2010, 355.
68 Art. 2 Abs. 2 der Rechtsschutzversicherungs-Richtlinie benennt Ausnahmetatbestände, in denen die Richtlinienvorgaben nicht gelten sollen; auf sie muss hier nicht eingegangen werden.
69 EuGH, NJW 2010, 355: „*die Richtlinie 87/344 [bezweckt] keine vollständige Harmonierung der Rechtsschutzversicherungsverträge der Mitgliedstaaten*"; vgl. ferner EuGH VersR 2013, 1530; EuGH NJW 2011, 3077.
70 Vgl. in der Rechtsprechung EuGH VersR 2013, 1530; EuGH NJW 2011, 3077; EuGH NJW 2010, 355; BGH VersR 2014, 98; BGH NJW 1990, 578; OLG Bamberg NJW 2012, 2282; vgl. in der Literatur etwa Harbauer/*Bauer*, Rechtsschutzversicherung, ARB-Kommentar, § 127 Rn. 1 ff.; MüKoVVG/*Richter* § 127 Rn. 1 ff.; Schwintowski/Brömmelmeyer/*Hillmer-Möbius*, PK-VersR, § 127 Rn. 1 ff.; Looschelders/Pohlmann/*Paffenholz*, VVG-Kommentar, § 127 Rn. 1 ff.; Langheid/Rixecker/*Rixecker*, Versicherungsvertragsgesetz, § 127 Rn. 1 ff.; Looschelders/Paffenholz/*Paffenholz*, ARB – Allgemeine Bedingungen für die Rechtsschutzversicherung, Kommentar, § 127 Rn. 1 ff.; Prölss/Martin/*Armbrüster*, Versicherungsvertragsgesetz, Kommentar, § 127 Rn. 1 ff.; van Bühren/Plote/*Wendt*, ARB – Rechtsschutzversicherung, Kommentar, § 127 Rn. 1 ff.; Staudinger/Halm/Wendt/*Brünger*, Versicherungsrecht Kommentar, § 127 Rn. 1 ff.; *Armbrüster*, Privatversicherungsrecht, 1. Aufl. 2013, § 34 Rn. 1784; *ders.* VersR 2011, 1518 ff.; *ders.* EuZW 2013, 686 (691); *Lensing* NJW 2012, 2285 ff.; *Cornelius-Winkler* r+s 2012, 389 ff.; *Eberhardt* VersR 2013, 802 (813 f.); *Looschelders* VersR 2017, 1237 (1238 f.).
71 BGH ZKM 2016, 107; *Wendt* VersR 2014, 420 (423).

(5) **Solvency II-Richtlinie.** Die Vorgaben des Art. 2 Abs. 1 der Rechts-   30
schutzversicherungs-Richtlinie gehen in Art. 198 Abs. 1 der Richtlinie
2009/138/EG des Europäischen Parlaments und des Rates vom 25. November 2009 betreffend die Aufnahme und Ausübung der Versicherungs-
und Rückversicherungstätigkeit – Solvabilität II[72] (sog Solvency II-Richtlinie) – auf. Die Regelungen sind inhaltsgleich. Der Unionsgesetzgeber hat
seine einst getroffenen Aussagen damit noch einmal verstetigt. Die europarechtlichen Vorgaben räumen Rechtsschutzversicherern damit auch weiterhin grundsätzlich weitgehende Gestaltungsfreiheiten bei der Zusammenstellung des konkreten vertraglichen Leistungsangebots ein. Dem Willen
des europäischen Gesetzgebers zufolge können Leistungen des Rechtsschutzversicherers sowohl gerichtliche als auch außergerichtliche Verfahren[73] und sogar die unmittelbare Vertretung des Versicherten[74] umfassen.

(6) **Motive des nationalen Gesetzgebers.** Eine einschränkende Leseweise   31
widerspräche auch den Motiven des nationalen Gesetzgebers. Im Jahr
1991 hat der nationale Gesetzgeber die Vorgaben der Rechtsschutzversicherungs-Richtlinie mit dem Gesetz zur Durchführung versicherungsrecht-
licher Richtlinien des Rates der Europäischen Gemeinschaften[75] in den
§§ 158 l bis 158 o VVG aF umgesetzt. In der Begründung zum Gesetzentwurf greift der Gesetzgeber ausdrücklich den Zweck der Richtlinienvorgaben auf;[76] zudem heißt es im Entwurf wörtlich: „Dabei beschränkt sich der
Entwurf darauf, nur die das materielle Versicherungsvertragsrecht betreffenden Richtlinienbestimmungen in deutsches Recht umzusetzen, ohne die
Rechtsschutzversicherung umfassend zu regeln."

An dieser Einschätzung hat der nationale Gesetzgeber im Laufe des Gesetzgebungsverfahrens festgehalten. Er ist damit stringent den europäischen
Zielvorgaben gefolgt. Die Regelungen in den §§ 158 l bis 158 o VVG aF
dienten der Vermeidung der Interessenkollisionen, die aufgrund des Weg-
falls des Spartentrennungsgebots möglich wurden.[77] Die aufgrund Art. 4
der Rechtsschutzversicherungs-Richtlinie erforderliche Einschränkung ist
in § 158 m VVG aF iVm § 158 o VVG aF geregelt worden. Bedeutsam ist
die Feststellung, die Rechtsschutzversicherung nicht umfassend regeln zu
wollen. Hierin zeigt sich der gesetzgeberische Wille, die konkrete Ausgestaltung von Rechtsschutzversicherungsverträgen weitestgehend der Privatautonomie zu unterstellen.

Diesem Ansatz folgte auch die VVG-Reformkommission. In ihrem Ab-   32
schlussbericht[78] hat sie ua festgestellt: „Die Rechtsschutzversicherung hat
sich mit einer Vielzahl von Vertragstypen und Deckungsformen als eine der
dynamischsten Sparten entwickelt. Angesichts der Vielfalt der vorhandenen und vor allem künftigen Lebenssachverhalte und der zunehmenden Be-

---

72 ABl. L 335 vom 17. Dezember 2009, S. 1.
73 Art. 2 Abs. 1 erster Spiegelstrich der Rechtsschutzversicherungs-Richtlinie.
74 Art. 2 Abs. 1 zweiter Spiegelstrich der Rechtsschutzversicherungs-Richtlinie.
75 Zweites Durchführungsgesetz/EWG zum VAG vom 28. Juni 1990, BGBl. I Nr. 32,
    1249.
76 BT-Drs. 11/6341, 36; zur Begründung des eingefügten § 8 a VAG vgl. auch BT-Drs.
    11/6341, 22; auch zum Folgenden.
77 BT-Drs. 11/6341, 36, ferner auch 22.
78 Vgl. Abschlussbericht der VVG-Expertenkommission, S. 83 ff.

reitschaft der Verbraucher, sich vor der immer komplizierter werdenden Rechtswelt mit einer Rechtsschutzversicherung zu schützen, empfiehlt es sich nicht, im Gesetz eine bestimmte Definition der Rechtsschutzversicherung festzuschreiben; denn dies würde die Produktentwicklung hemmen."
Die VVG Reformkommission hat sich auch dagegen ausgesprochen, eine Definition des Versicherungsfalls in der Rechtsschutzversicherung in das Gesetz aufzunehmen.[79] Regelungsbedarf erkannte sie lediglich im wie folgt beschriebenen Sinne:[80] „Zum leichteren Verständnis des Verbrauchers empfiehlt es sich gleichwohl, den mit einer Rechtsschutzversicherung verfolgten wirtschaftlichen Zweck im Gesetz grob zu umreißen."

33   Die schließlich vorgeschlagene Regelung (§ 126 VVG-E) gleicht dem aktuellen § 125 VVG und entspricht weitgehend dem § 1 der Musterbedingungen ARB 2000.[81] § 1 ARB 2000 sieht allerdings vor, dass der Versicherer dafür „sorgt", dass der Versicherungsnehmer seine rechtlichen Interessen wahrnehmen kann und die für die Interessenwahrnehmung erforderlichen Kosten trägt.[82] Der Gesetzgeber folgt er der VVG-Reformkommission in der Begründung; so heißt es wörtlich:[83] „Die Vorschrift ist neu. Sie beschreibt in Anlehnung an Formulierungen gängiger AVB den hauptsächlich mit einer Rechtsschutzversicherung verfolgten wirtschaftlichen Zweck; hierbei wird zur Klarstellung auch der Fall der Versicherung für fremde Rechnung (§ 43 VVG-E) ausdrücklich erfasst. Um die künftige Produktentwicklung nicht zu hemmen, enthält die Vorschrift keine gesetzliche Definition der Rechtsschutzversicherung. Auch wird aus diesem Grund darauf verzichtet, den Versicherungsfall bei der Rechtsschutzversicherung gesetzlich zu regeln. Neue Versicherungs- und Leistungsformen bleiben möglich (vgl. § 129 VVG-E)."

34   Mit § 125 VVG ist damit eine Regelung in das Versicherungsvertragsrecht eingeführt worden, die den wirtschaftlichen Zweck der Rechtsschutzversicherung beschreiben soll und zugleich weitgehende Freiheiten bei der Produktgestaltung einräumt.[84] Diesen Befund bestätigt auch § 129 VVG, der die §§ 126 bis 128 VVG als halbzwingend festschreibt, für § 125 VVG jedoch gerade keine Regelung trifft.

35   **(7) Mediationsleistung als Leistung iSd § 125 VVG.** Selbst wenn man dem hier vertretenen weiten Verständnis der in § 125 VVG genutzten Formulierung „Wahrnehmung rechtlicher Interessen" nicht folgen wollte, wäre eine Mediationsleistung dennoch von § 125 VVG erfasst. Gem. § 2 Abs. 6 Me-

---

79 Vgl. Abschlussbericht der VVG-Expertenkommission, S. 84 f. unter Ziff. 1.3.1.2.2 Versicherungsfall: *„Wegen dieser heute schon bestehenden Vielzahl von Versicherungsfallarten, die nicht in einem einheitlichen Begriff zusammengefasst werden können, empfiehlt es sich nicht, den Versicherungsfall der Rechtsschutzversicherung im Gesetz zu regeln."*
80 Vgl. Abschlussbericht der VVG-Expertenkommission, S. 84 unter Ziff. 1.3.1.2.1 Gesetzliches Leitbild.
81 Ausführungen zu ARB beziehen sich auf Musterbedingungen des GDV.
82 Zur Verwendung des Wortes „sorgen" vgl. etwa van Bühren/Plote/*van Bühren*, ARB – Rechtsschutzversicherung, Kommentar, ARB 2010 § 1 Rn. 2 f.; Staudinger/Halm/Wendt/*Brünger*, Versicherungsrecht Kommentar, ARB 2010 § 1 Rn. 3.
83 BT-Drs. 16/3945, 91.
84 Vgl. Römer/Langheid/*Rixecker*, Versicherungsvertragsgesetz, § 125 Rn. 1, *Wendt* VersR 2014, 420 (426).

diationsG kann die erzielte Einigung mit Zustimmung der Parteien stets in einer Abschlussvereinbarung dokumentiert werden. Die Abschlussvereinbarung ist als Vergleich iSd § 779 BGB zu qualifizieren und kann gem. §§ 794 Abs. 1 Nr. 1, 796 a bis c ZPO tituliert und für vollstreckbar erklärt werden.[85] Damit ist das in einem Mediationsverfahren erzielte Ergebnis in seiner Wirkung einer gerichtlichen Entscheidung vollständig gleichgestellt. Das Mediationsverfahren dient jedenfalls in diesen Fällen mithin auch der Wahrnehmung rechtlicher Interessen. Von einem möglichen Verzicht auf die Vollstreckbarkeitserklärung kann aber nicht abhängen, ob die Mediation eine Leistung iSd § 125 VVG wird oder nicht. Vielmehr muss es darauf ankommen, dass die Mediation stets das Angebot in sich trägt, den Parteien zu einem vollstreckbaren Ergebnis zu verhelfen. Daher ist die Mediationsleistung immer auch als Wahrnehmung rechtlicher Interessen iSd § 125 VVG zu verstehen.

(8) **Vermittlung des Mediators.** Es verstößt nicht gegen § 127 VVG, dass   36
der Rechtsschutzversicherer gem. § 5 a Abs. 1 S. 2 ARB 2010 bzw. Ziff. 2.3.1.1 S. 1 ARB 2012 dem Versicherungsnehmer einen Mediator vermittelt bzw. vorschlägt (→ Rn. 24).[86] § 127 VVG garantiert die freie Wahl des Anwalts und beschränkt sie zugleich auf Rechtsanwälte, die den Versicherungsnehmer in Gerichts- und Verwaltungsverfahren vertreten und dessen Interessen wahrnehmen.[87] Sie gilt nicht für Anwälte, die im konkreten Verfahren als Mediatoren tätig werden (sog Anwaltsmediatoren). Diese nehmen ihre Aufgabe allparteilich und nicht im Interesse einer bestimmten Partei wahr.[88] Auch kann der Rechtsschutzversicherer die Leistungserbringung unter den Vorbehalt stellen, dass er den Mediator vermittelt.[89] Liegen bei dem vermittelten Mediator Umstände vor, die dessen Unabhängigkeit und Neutralität beeinträchtigen, darf er als Mediator tätig werden, wenn er zuvor gem. § 3 Abs. 1 die Umstände offengelegt hat und die Parteien ausdrücklich zustimmen. Ein Abhängigkeitsverhältnis zum Versicherer schadet daher nicht.[90] Wünscht der Versicherungsnehmer die freie Wahl des Mediators, muss er dies bei der Auswahl des Rechtsschutzversicherungsvertrags bedenken.

Es verstößt auch nicht gegen § 4 RDG, wenn der Rechtsschutzversicherer   37
seinem Versicherungsnehmer empfiehlt, den Konflikt nicht in einem Gerichtsverfahren, sondern in einem Verfahren der alternativen Streitbeilegung beizulegen.[91] Nach § 4 RDG dürfen Rechtsdienstleistungen, die un-

---

85 Arg. ex § 4 S. 3 Nr. 1 MediationsG; vgl. auch Greger/Unberath/Steffek/*Greger* B. § 2 Rn. 330; Fritz/Pielsticker/*Fritz*, Mediationsgesetz, Kommentar, MediationsG § 1 Rn. 29; Fritz/Pielsticker/*Pielsticker*, Mediationsgesetz, Kommentar, MediationsG § 2 Rn. 153.
86 Unklar *Cornelius-Winkler* SVR 2013, 201 (204).
87 Harbauer/*Stahl*, Rechtsschutzversicherung, ARB-Kommentar, ARB § 5 a Rn. 5; van Bühren/Plote/*Wendt*, ARB – Rechtsschutzversicherung, Kommentar, ARB § 5 a Rn. 6; so wohl auch *Cornelius-Winkler* SVR 2013, 201 (204).
88 Harbauer/*Stahl*, Rechtsschutzversicherung, ARB-Kommentar, ARB § 5 a Rn. 5; Schwintowski/Brömmelmeyer/*Hillmer-Möbius*, PK-VersR, § 125 Rn. 24; van Bühren/Plote/*Wendt*, ARB – Rechtsschutzversicherung, Kommentar, ARB § 5 a Rn. 6.
89 Greger/Unberath/Steffek/*Greger* D. Rn. 289.
90 Greger/Unberath/Steffek/*Greger* D. Rn. 289.
91 So offenbar aber *Cornelius-Winkler* SVR 2013, 201 (204).

mittelbaren Einfluss auf die Erfüllung einer anderen Leistungspflicht haben können, nicht erbracht werden, wenn hierdurch die ordnungsgemäße Erbringung der Rechtsdienstleistung gefährdet wird. Nach § 2 Abs. 1 RDG ist eine Rechtsdienstleistung jede Tätigkeit in konkreten fremden Angelegenheiten, sobald sie eine rechtliche Prüfung des Einzelfalls erfordert. Die Empfehlung, einen Konflikt nicht in einem Gerichtsverfahren, sondern in einem Verfahren der alternativen Streitbeilegung beizulegen, erfordert regelmäßig aber gerade keine rechtliche Prüfung des Einzelfalls. Vielmehr orientiert sich die Betrachtung des Konflikts an der jeweiligen Interessenlage.[92] Aus dem gleichen Grund kann auch die Vermittlung eines Mediators gem. § 5 a Abs. 1 S. 2 ARB 2010 bzw. Ziff. 2.3.1.1 S. 1 ARB 2012 nicht gegen § 4 RDG verstoßen.

38   Es widerspricht nicht § 2 Abs. 1, dass der Rechtsschutzversicherer gem. § 5 a Abs. 1 S. 2 ARB 2010 bzw. Ziff. 2.3.1.1 S. 1 ARB 2012 dem Versicherungsnehmer einen Mediator vermitteln bzw. vorschlagen kann.[93] Nach § 2 Abs. 1 MediationsG wählen die Parteien den Mediator aus. Daran ändert eine Vermittlung des Mediators durch den Rechtsschutzversicherer nichts. Es bleibt dem Versicherungsnehmer unbenommen, den vermittelten Mediator abzulehnen und damit seinem in § 2 Abs. 1 MediationsG niedergelegten Selbstbestimmungsrecht nachzukommen.[94] Eine dem § 127 VVG entsprechende „freie Mediatorenwahl" bei gleichzeitiger Leistungspflicht des Rechtsschutzversicherers hat der Gesetzgeber im MediationsG gerade nicht vorgesehen.

39   c) Spezielle Mediationsklausel. aa) Regelung und Verfahrensgang. Die Musterbedingungen des GDV sind unverbindlich. Versicherer können daher in ihren Allgemeinen Versicherungsbedingungen (AVB) davon abweichen. Einige Rechtsschutzversicherer sind in ihren Vertragswerken von den beschriebenen Mediationsklauseln des GDV abgewichen. Ein Versicherer hatte in seine Allgemeinen Rechtsschutzversicherungsbedingungen ARB eine Regelung aufgenommen, nach der die Übernahme anwaltlicher Beratungskosten von der vorherigen Durchführung eines Mediationsversuchs abhängig ist („M-Aktiv"). Zudem hatte sich der Versicherer die Auswahl des Mediators vorbehalten. Der Tarif mit diesen Bestimmungen war günstiger als der herkömmliche Rechtsschutzversicherungsvertrag des Versicherers. Eine Rechtsanwaltskammer hat in diesen Regelungen eine Verletzung der gesetzlichen Vorgaben erkannt, den Versicherer zunächst abgemahnt und anschließend in einem Musterverfahren nach den Vorschriften des UKlaG bzw. UWG auf Unterlassung in Anspruch genommen. Nach den vorinstanzlichen Entscheidungen des LG Frankfurt aM[95] und OLG Frankfurt aM[96] hat schließlich der erste Zivilsenat des BGH[97] (in einem Be-

---

92 Vgl. Fritz/Pielsticker/*Fritz*, Mediationsgesetz, Kommentar, MediationsG § 1 Rn. 15.
93 So aber *Cornelius-Winkler* SVR 2013, 201 (204).
94 Vgl. auch Fritz/Pielsticker/*Pielsticker*, Mediationsgesetz, Kommentar, MediationsG § 2 Rn. 7 ff.
95 LG Frankfurt a.M. ZKM 2014, 173 = NJW 2014, 2204, mAnm *Lauda*; vgl. hierzu auch *Röthemeyer* ZKM 2014, 203.
96 OLG Frankfurt a.M. ZKM 2015, 95 = r+s 2015, 351.
97 BGH ZKM 2016, 107 mAnm *Wendt*.

schluss zur Zurückweisung der Beschwerde gegen die Nichtzulassung der Revision durch die Rechtsanwaltskammer) die Klausel bewertet.

bb) Rechtsprechung. Das LG Frankfurt aM erkannte in der angegriffenen Klausel eine unangemessene Benachteiligung des Versicherungsnehmers, weil die Auswahl des Mediators durch den Versicherer mit wesentlichen Grundgedanken von § 127 VVG bzw. § 2 Abs. 1 unvereinbar sei und die Regelung daher gegen die Vorgaben des § 307 Abs. 1 Nr. 1 BGB verstoße. Klauseln, die die Erstattung von gerichtlichen Kosten davon abhängig machen, dass zuvor obligatorisch ein Mediationsverfahren durchgeführt wird, würden den Grundsätzen der freien Wahl des Mediators und der Freiwilligkeit des Mediationsverfahrens nicht ausreichend Rechnung tragen.[98] In der Bezeichnung des Verfahrens als „Mediationsverfahren" bzw. der handelnden Person als „Mediator" liege ebenfalls eine unangemessene Benachteiligung des Versicherungsnehmers.[99] Beides widerstreite dem gesetzlichen Grundgedanken des MediationsG, demzufolge die Parteien grundsätzlich freiwillig und durch einen von ihnen (selbst) ausgewählten Mediator am Mediationsverfahren teilnehmen würden. Der Versicherer dürfe insofern allenfalls vermittelnd tätig werden. Die Bezeichnung des Produkts als „Rechtsschutzversicherung" hielt das LG Frankfurt aM dagegen nicht für irreführend.[100]

Auch nach dem mit der Berufung befassten OLG Frankfurt aM benachteilige die Klausel den Versicherungsnehmer unangemessen.[101] Der Entscheidung des Berufungsgerichts liegen jedoch andere Erwägungen zu Grunde. So könne dahingestellt bleiben, ob die angegriffenen Klauseln den Versicherungsnehmer deshalb unangemessen benachteiligen, weil – wie das LG Frankfurt aM meinte – die Auswahl des Mediators durch den Versicherer mit wesentlichen Grundgedanken in § 127 VVG bzw. § 2 Abs. 1 unvereinbar sei. Vielmehr sah das OLG Frankfurt aM eine unangemessene Benachteiligung iSd § 307 Abs. 1 BGB darin gegeben, dass die Übernahme von Kosten für die gerichtliche Interessenwahrnehmung von der vorherigen Durchführung eines Mediationsversuchs abhängig sei und dies einem der Inanspruchnahme anwaltlicher Beratung vorgeschalteten „Zwangsmediationsversuch" entspreche.[102] Weil der Tarif mit der streitgegenständlichen Klausel durch günstige Versicherungsprämien auch Vorteile für den Versicherungsnehmer mit sich bringe, liege darin aber nicht von vornherein eine unangemessene Benachteiligung. Entscheidend sei, ob die mit dem „Zwangsmediationsversuch" verbundenen Einschränkungen für den Versicherungsnehmer Nachteile bringen, die durch die günstigeren Beiträge nicht aufgewogen werden. Das OLG Frankfurt aM urteilte, dass ein Mediationsversuch ohne vorherige oder begleitende rechtliche Beratung für den Versicherungsnehmer mit erheblichen Risiken und Gefahren verbunden sei, die für einen durchschnittlich informierten, verständigen Verbraucher nicht ohne Weiteres erkennbar sind. Es bestehe daher die „greifbare

40

41

---

98 LG Frankfurt a.M. NJW 2014, 2204.
99 Vgl. LG Frankfurt a.M. NJW 2014, 2204.
100 LG Frankfurt a.M. NJW 2014, 2204.
101 OLG Frankfurt a.M. ZKM 2015, 95 = r+s 2015, 351.
102 OLG Frankfurt a.M. ZKM 2015, 95 = r+s 2015, 351.

Gefahr, dass er – nur um der einvernehmlichen Regelung willen – möglicherweise auf Ansprüche oder Positionen verzichtet, die ihm nach der insoweit klaren Rechtslage zustehen."[103] Das OLG Frankfurt aM stellte jedoch auch fest, dass es die freie Anwaltswahl im Rahmen einer Rechtsschutzversicherung nicht beeinträchtigt, wenn der Versicherer sich die Auswahl des Mediators vorbehält.[104] Bei der freien Anwaltswahl ginge es vielmehr darum, unter welchen Voraussetzungen der Versicherungsnehmer überhaupt einen Anwalt (dann aber den seiner Wahl) beauftragen darf. Die streitgegenständliche Klausel berühre die Anwaltswahl auch dann nicht, wenn der Mediator zugleich Rechtsanwalt ist, weil der „Anwalts-Mediator" gerade nicht zur Wahrnehmung der rechtlichen Interessen des Versicherungsnehmers tätig werde. Das OLG Frankfurt entschied ferner, dass der Begriff „Rechtsschutzversicherung" nicht per se irreführend iSd § 5 UWG sei, wenn er im Zusammenhang mit og Versicherungsvertragsmodell verwendet werde und zugleich klar und unmissverständlich auf die Besonderheit hingewiesen wird, dass vor Inanspruchnahme anwaltlicher Beratung ein Mediationsversuch unternommen werden muss und damit verbundene Gefahren und Risiken deutlich gemacht werden, zum Beispiel durch einen „Sternchen-Hinweis".[105] Im Übrigen liege auch kein Verstoß gegen § 4 Nr. 11 UWG iVm MediationsG vor. Die Bezeichnungen „Mediator", „Mediation" und „Mediationsverfahren" dürften verwendet werden. Das Freiwilligkeitsprinzip aus § 1 Abs. 1 werde nicht unterlaufen, weil der Versicherungsnehmer dem Mediationsversuch bereits mit Abschluss des Versicherungsvertrags zustimmt. Zudem bestimme § 2 Abs. 1 nicht, dass jedem Mediationswilligen ein Anspruch auf einen Mediator seiner Wahl zustehe.[106] Die Regelung setze nur eine Einigung über die Person des Mediators voraus. Dem werde auch dann entsprochen, wenn Mediationsparteien sich auf einen von einem Dritten vorgeschlagenen Mediator einigen.

42   Aus Sicht des schließlich mit der Sache betrauten BGH können Rechtsschutzversicherer den Versicherungsschutz von einer erfolglos durchgeführten Mediation abhängig machen und sich die Auswahl des Mediators vorbehalten. Entsprechende Regelungen in den Versicherungsbedingungen sind vom Grundsatz der Vertragsfreiheit gedeckt. Sie verstoßen nicht gegen die gesetzlichen Bestimmungen des VVG und des MediationsG. Der BGH hat seinen Beschluss in weiten Teilen mit dem Grundsatz der Vertragsfreiheit begründet. In diesem Zusammenhang hat er zunächst Stimmen im Schrifttum bestätigt, die in § 125 VVG in erster Linie eine wirtschaftliche Leistungsbeschreibung der Rechtsschutzversicherung erkennen. Das Ausmaß der Leistungspflicht des Rechtsschutzversicherers ist daher nach den vertraglichen Absprachen mit dem Versicherungsnehmer zu bestimmen. Bei der inhaltlichen Ausgestaltung des Rechtsschutzvertrags gilt grundsätzlich Vertragsfreiheit. Sie wird durch die Ausnahmeregelungen der §§ 126 bis 129 VVG eingeschränkt. Der BGH stellt klar, dass diese Ausnahmeregelungen keiner vertraglichen Vereinbarung entgegenstehen, die den Versi-

---

103 OLG Frankfurt a.M. ZKM 2015, 95 = r+s 2015, 351.
104 OLG Frankfurt a.M. ZKM 2015, 95 = r+s 2015, 351.
105 OLG Frankfurt a.M. ZKM 2015, 95 = r+s 2015, 351.
106 OLG Frankfurt a.M. ZKM 2015, 95 = r+s 2015, 351.

cherungsschutz an eine zuvor erfolglos durchgeführte Mediation knüpft. Dies gilt auch dann, wenn sich der Rechtsschutzversicherer die Auswahl des Mediators vorbehält. Weil der Mediator seine Aufgabe allparteilich wahrzunehmen hat, kann nicht entscheidend sein, ob der Mediator auch Rechtsanwalt ist. Der BGH erkennt auch keinen Verstoß gegen das für die Mediation wesentliche Prinzip der Freiwilligkeit. Eine privatautonom eingegangene Selbstbindung zugunsten der Mediation steht hierzu nicht im Widerspruch – zumal es dem Versicherungsnehmer aus Sicht des BGH im vorliegenden Fall nach der vertraglichen Regelung freistand, den vorgeschlagenen Mediator abzulehnen und vom Mediationsverfahren Abstand zu nehmen. Der BGH betont zudem, dass die Unabhängigkeit des Mediators zwar ein wichtiges Gebot des Mediationsrechts, jedoch nicht zwingend sei. Die Vertragsfreiheit schränkt es daher nicht ein. Den Vorwurf der Irreführung des Versicherungsnehmers durch die Bezeichnung „Rechtsschutzversicherung" weist der BGH ebenfalls zurück. Er stellt hierzu unter anderem fest, dass der Durchschnittsverbraucher wisse, dass ihm nicht ohne Weiteres eine umfassende Rechtsschutzversicherung angeboten werde und er sich deshalb über deren Umfang informieren müsse.

cc) Bewertung. Der umfassend begründete Beschluss des BGH schafft in vielerlei Hinsicht Klarheit in Bezug auf Mediationsklauseln in Rechtsschutzversicherungsverträgen. Der BGH hat zu Recht festgestellt, dass diese regelmäßig vom Grundsatz der Vertragsfreiheit gedeckt sind und nicht gegen das für die Mediation geltende Prinzip der Freiwilligkeit verstoßen.[107] Dies gilt sogar dann, wenn in den ARB der Versicherungsschutz von einer erfolglos durchgeführten Mediation abhängig gemacht wird und der Versicherer sich die Auswahl des Mediators vorbehält.[108] Sie führen den Versicherungsnehmer grds. auch dann nicht in die Irre, wenn der die Mediationsleistung umfassende Vertrag als „Rechtsschutzversicherung" bezeichnet wird.[109] Unter Berücksichtigung der Wertung des OLG Frankfurt aM ist dies jedenfalls dann der Fall, wenn klar und unmissverständlich auf die Besonderheit hingewiesen wird, dass vor Inanspruchnahme anwaltlicher Beratung ein Mediationsversuch unternommen werden muss und damit verbundene Gefahren und Risiken deutlich gemacht werden.   **43**

Zum Teil ist die Entscheidung des BGH in der Literatur auf Kritik gestoßen. Der Tarif „M-Aktiv" ließe keinen Raum für eine freie Wahl des außergerichtlichen anwaltlichen Vertreters und verstoße daher gegen § 127 Abs. 1 S. 2 VVG.[110] Diese Sichtweise lässt allerdings außer Betracht, dass § 127 VVG die freie Wahl des Anwalts nach seinem eindeutigen Wortlaut auf Rechtsanwälte beschränkt, die den Versicherungsnehmer in Gerichts- und Verwaltungsverfahren vertreten und dessen Interessen wahrnehmen.[111] Sie gilt damit jedenfalls nicht für Rechtsanwälte, die im konkreten Verfahren als Mediator tätig werden. Diese nehmen ihre Aufgabe allpartei-   **44**

---

107 BGH ZKM 2016, 107.
108 BGH ZKM 2016, 107.
109 BGH ZKM 2016, 107.
110 *Lensing* VuR 2016, 228 (229).
111 Harbauer/*Stahl*, Rechtsschutzversicherung, ARB-Kommentar, ARB § 5 a Rn. 5; van Bühren/Plote/*Wendt*, ARB – Rechtsschutzversicherung, Kommentar, ARB § 5 a Rn. 6; so wohl auch *Cornelius-Winkler* SVR 2013, 201 (204).

lich und damit nicht im Interesse einer bestimmten Partei wahr.[112] Der Rechtsschutzversicherer kann daher die Leistungserbringung unter den Vorbehalt stellen, dass er den Mediator vermittelt oder vorschlägt.[113]

45 Der an anderer Stelle zu findende Hinweis, dass es für die Rechtmäßigkeit einer Mediationsklausel entscheidend sei, ob die durch eine vorgeschaltete Mediation verursachten Nachteile für den Versicherungsnehmer vorab transparent sind und durch tarifliche Vergünstigungen aufgewogen werden,[114] entspricht der Auffassung OLG Frankfurt aM[115] Die Feststellung, dass „Streitbeilegungstarife" nur noch dann rechtssicher angeboten werden könnten, wenn „Kunden im Konfliktfall eine rechtliche Beratung vor der Einschaltung eines Telefonvermittlers" erhalten,[116] dürfte indes über die von der Judikatur formulierten Anforderungen hinausgegen. Wie dargestellt, ist es nach Auffassung des OLG Frankfurt aM[117] zur Vermeidung der Irreführung eines Versicherungsnehmers bereits ausreichend, wenn im Vertrag darauf hingewiesen wird, dass vor Inanspruchnahme anwaltlicher Beratung ein Mediationsversuch unternommen werden muss und damit Gefahren und Risiken verbunden sein können. Würde man insgesamt höhere Anforderungen an die Informationspflichten stellen oder sogar Beratungspflichten konstatieren, erscheint der vom OLG Frankfurt aM geforderte Hinweis im Vertrag kaum mehr von Nutzen. Es dürfte daher ausreichen, wenn der Versicherungsnehmer über die vom OLG Frankfurt aM gesehenen Nachteile durch entsprechende Hinweise im Vertrag bei Vertragsschluss informiert wird. Unklarheiten können dann auf Initiative des Versicherungsnehmers rechtzeitig geklärt werden. Dieses Verständnis dürfte auch der Wertung des BGH entsprechen, nach der ein Durchschnittsverbraucher wisse, dass er sich über den Umfang einer Rechtsschutzversicherung informieren müsse. In jedem Fall stärkt es die Bedeutung der Selbstverantwortung des mündigen Verbrauchers.

46 Zum neuen Verbraucherstreitbeilegungsverfahren wird unter Hinweis auf § 309 Nr. 14 BGB zu Recht darauf hingewiesen, dass der Versuch einer außergerichtlichen Konfliktbeilegung nicht formularmäßig als notwendiges Vorverfahren einer Klage gegen den Verwender vereinbart werden kann.[118] Ausgeschlossen sei daher erst recht, in Verbraucherverträgen zulasten von Verbrauchern eine Teilnahmepflicht unter Ausschluss der gerichtlichen Streitbeilegung zu vereinbaren.[119] Unter Ansehung der höchstrichterlichen Rechtsprechung zu Mediationsklauseln erscheint es dagegen möglich, dass Rechtsschutzversicherungen (in besonderen Tarifen) die Gewährung von

---

112 Harbauer/*Stahl*, Rechtsschutzversicherung, ARB-Kommentar, ARB § 5 a Rn. 5; Schwintowski/Brömmelmeyer/*Hillmer-Möbius*, PK-VersR, § 125 Rn. 24; van Büren/Plote/*Wendt*, ARB – Rechtsschutzversicherung, Kommentar, ARB § 5 a Rn. 6; *Wendt* VersR 2014, 420 (427); vgl. auch *Looschelders* VersR 2017, 1237 (1242).
113 MüKoVVG/*Richter* VVG § 127 Rn. 16.
114 *Böhm/Fries* VersR 2016, 1092 (1094).
115 OLG Frankfurt a.M. r+s 2015, 351.
116 So *Böhm/Fries* VersR 2016, 1092 (1094).
117 OLG Frankfurt a.M. r+s 2015, 351.
118 MüKoZPO/*Ulrici*, Anh. 2 zu § 278 a, Verbraucherstreitbeilegungsgesetz, Rn. 51.
119 So MüKoZPO/*Ulrici*, Anh. 2 zu § 278 a, Verbraucherstreitbeilegungsgesetz, Rn. 51.

Versicherungsschutz daran binden, dass vor einer gerichtlichen Auseinandersetzung zunächst eine Verbraucherstreitbeilegungsstelle angerufen wird.[120]

2. Mediation und Haftpflichtversicherung. Auch Haftpflichtversicherer 47 setzen sich seit geraumer Zeit mit Verfahren der alternativen Streitbeilegung auseinander. Dabei gilt es, besonderes Augenmerk darauf zu legen, ob diese Verfahren eine effektive, interessengerechte und nachhaltige Schadenregulierung ermöglichen.[121] Es ist aber schon früh darauf hingewiesen worden, dass sich Mediationsverfahren in Haftpflichtstreitigkeiten nur eingeschränkt eignen könnten.[122] Grund hierfür ist, dass in der Haftpflichtversicherung nach dem gesetzlichen Leitbild der Versicherungsschutz regelmäßig die Prüfung der Haftungsfrage, die Abwehr unberechtigter Schadensersatzansprüche und die Freistellung des Versicherungsnehmers von berechtigen Schadensersatzverpflichtungen umfasst (vgl. § 100 VVG).[123] Für eine auf dem Willen der Parteien beruhende Einigung bleibt in Haftpflichtstreitigkeiten daher nur bedingt Raum. Es wird festgestellt, dass Haftpflichtversicherer sich aufgrund der zum Teil sehr komplexen Sachverhalte und Rechtsfragen nur in Abhängigkeit vom Einzelfall auf das Mediationsverfahren einlassen.[124] Im Bereich Arzthaftpflicht sowie Architekten- und Ingenieurhaftpflicht werden solche Fälle für mediationsgeeignet befunden, in denen mit zumindest hoher Wahrscheinlichkeit eine Haftung dem Grunde nach gegeben ist.[125]

In der Literatur sind zumindest fünf Mindestvoraussetzungen herausgearbeitet worden, unter denen ein Einsatz außergerichtlicher Streitbeilegung in der Schadenregulierung sinnvoll sein kann.[126] 48

Als wichtigste Voraussetzung wird die Sicherstellung der gesamthaften Klärung aller dem Streitfall zugrunde liegenden Ansprüche identifiziert.[127] Hieraus folge, dass alle in Frage kommenden Schädiger in das Verfahren einzubeziehen seien. Andernfalls verlagere sich der Konflikt nach der Beilegung des Streits mit dem Geschädigten auf die Ebene des Innenausgleichs zwischen den Schädigern, was in der Tat wiederum erheblichen Zeit- und Kostenaufwand verursachen kann. Auch seien alle Anspruchsinhaber in das Verfahren einzubeziehen – damit auch solche, die Ansprüche aus übergegangenem Recht geltend machen können.[128] Im Fall von Personenschäden sind dies etwa Kranken- und Rentenversicherer sowie Sozialleistungsträger (vgl. § 116 SGB X). 49

Zudem wird festgestellt, dass aufgrund der teils hohen Komplexität von Haftpflichtstreitigkeiten bestimmte Anforderungen an Qualität und Sach- 50

---

120 So auch MüKoZPO/*Ulrici*, Anh. 2 zu § 278 a, Verbraucherstreitbeilegungsgesetz, Rn. 51.
121 *Meckling-Geis* VersR 2016, 79.
122 Vgl. etwa *Hellberg/Wendt* VW 2009, 1366 (1368).
123 Zu ähnlichen Erwägungen im Bereich der Adjudikation vgl. *Meckling-Geis/Wendt* VersR 2011, 577 ff.; *Meckling-Geis* VersR 2016, 79 f.
124 Vgl. hierzu *Meckling-Geis* VersR 2016, 79 (82).
125 S. *Meckling-Geis* VersR 2016, 79 (82).
126 Auch zum Folgenden *Meckling-Geis* VersR 2016, 79 (80).
127 *Meckling-Geis* VersR 2016, 79 (80).
128 *Meckling-Geis* VersR 2016, 79 (80).

kunde der Verfahrensleitung zu stellen sind.[129] Hierbei wird als bedeutsam angesehen, dass die Verfahrensleitung in der Lage ist, die Motivlage und die Verfahrensrisiken zu erfassen.[130] In diesem Zusammenhang sind insbesondere vertiefte Kenntnisse zu den haftungs- und versicherungsrechtlichen Anforderungen von großer Bedeutung.

51   Weitere Voraussetzung für die Aufnahme eines Verfahrens der alternativen Streitbeilegung in Haftpflichtfällen sei es, dass eine Klärung der Ansprüche zumindest möglich oder aussichtsreich erscheine; andernfalls drohten unnötige Kosten.[131] Hierfür sei wesentliche Bedingung, dass die Konfliktparteien grundsätzlich einigungsbereit sind.[132] Dieser Gesichtspunkt ist dem Grunde nach verständlich. Gleichwohl scheint erwägenswert, dieser Voraussetzung nicht zu große Bedeutung zukommen zu lassen. Zum einen ist je nach Verfahrenstypus eine Einigungsbereitschaft nicht immer zwingend. Zum anderen kommt es bei Verfahren, die eine Einigung der Parteien bezwecken, nicht selten erst im Laufe des Verfahrens zu einer Einigungsbereitschaft.

52   Des Weiteren müssten die Voraussetzungen für eine abschließende Vereinbarung gegeben sein.[133] Dies setze voraus, dass die Haftung des Versicherungsnehmers zumindest wahrscheinlich erscheine. Hierfür ist erforderlich, dass der Sachverhalt bereits vor Verfahrensbeginn soweit aufgeklärt ist, dass eine summarische Prüfung möglicher Haftpflichtansprüche und Prozessrisiken möglich ist. Insbesondere bei komplexen Haftpflichtfragen, die nur unter Beteiligung von Sachverständigen beantwortet werden können, kann dies erst spät der Fall sein.

53   Zuletzt wird darauf hingewiesen, dass die Bereitschaft des Haftpflichtversicherers, einem außergerichtlichen Verfahren zuzustimmen, oft davon abhängt, ob die Beurteilung des Anspruchs der Höhe nach ohne seine vorherige Zustimmung möglich ist oder nicht.[134] In den Fällen, in denen ein Verfahren mit einer Entscheidung endet, würde der Haftpflichtversicherer sich ganz überwiegend eine Festlegung zur Anspruchshöhe vorbehalten.[135] Im Ergebnis sei zu beachten: „je abschließender die zu erwartende Entscheidung, desto höher werden die Anforderungen an die Voraussetzungen für die Verfahrenseröffnung sein."[136]

IV. Resümee

54   Leistungen im Zusammenhang mit mediativen Konfliktlösungsmethoden spielen bei der Gestaltung von Versicherungsverträgen eine wichtige Rolle. Die Entwicklungen im Bereich der Rechtsschutzversicherung sind hier bereits weit fortgeschritten und haben durch die zwischenzeitlich ergangene höchstrichterliche Rechtsprechung eine wichtige Klärung erfahren. Die Sparte Haftpflichtversicherung schlägt eine andere Gangart an. Nachvoll-

---

129   *Meckling-Geis* VersR 2016, 79 (80).
130   Vgl. *Meckling-Geis* VersR 2016, 79 (80).
131   *Meckling-Geis* VersR 2016, 79 (80).
132   *Meckling-Geis* VersR 2016, 79 (80).
133   So *Meckling-Geis* VersR 2016, 79 (80).
134   Vgl. *Meckling-Geis* VersR 2016, 79 (80).
135   So *Meckling-Geis* VersR 2016, 79 (80).
136   *Meckling-Geis* VersR 2016, 79 (80).

ziehbarer Grund liegt in dem in § 100 VVG verankerten gesetzlichen Leitbild der Haftpflichtversicherung, nach dem der Versicherungsschutz regelmäßig die Prüfung der Haftungsfrage, die Abwehr unberechtigter Schadensersatzansprüche und die Freistellung des Versicherungsnehmers von berechtigen Schadensersatzverpflichtungen umfasst. Für eine auf dem Willen der Parteien beruhende Einigung bleibt in Haftpflichtstreitigkeiten daher nur bedingt Raum. Dagegen sind vertragliche Leistungen des Rechtsschutzversicherers, die sich auf Verfahren der alternativen Streitbeilegung beziehen, grundsätzlich von der maßgeblichen gesetzlichen Vorgabe in § 125 VVG umfasst.

K. Gerichtliche Mediation, Güterichter-Modell und Güterichter

Literatur:

Ahrens, Mediationsgesetz und Güterichter – Neue gesetzliche Regelungen der gerichtlichen und außergerichtlichen Mediation, NJW 2012, 2465; *Assmann,* Der Güterichter als Mediator?, MDR 2016, 1303; *von Bargen,* Gerichtsinterne Mediation – Eine Kernaufgabe der rechtsprechenden Gewalt, 2008; *ders.,* Gesetzliche Grundlagen der gerichtsinternen Meditation, in: Gläßer/Schroeter, Gerichtliche Mediation – Grundsatzfragen, Etablierungserfahrungen und Zukunftsperspektiven, 2011, S. 29; *Bercher/Engel,* Richtungsentscheidungen für die Mediation in Deutschland, JZ 2010, 226; *Bischof,* Kosten bei Inanspruchnahme der außergerichtlichen und der gerichtsinternen Mediation, FRP 2012, 258; *Böttger/Hupfeld,* Mediatoren im Dienste der Justiz – Begleitforschung zum Modellprojekt „Schlichten statt richten", ZKM 2004, 155; *Buschmann,* Ein Jahr Mediationsgesetz – Kaum Neues für Baurechtsanwälte, AnwBl 2012, 508; *Busemann,* Das Mediationsgesetz in der Warteschleife – ein Zwischenruf, ZKM 2012, 55; *Carl,* Vom richterlichen Mediator zum Güterichter, ZKM 2012, 16; *Duve,* Das Gesetz zur Rettung der gerichtlichen Mediation, ZKM 2012, 108; *Elzer/Häublein/ Hoßfeld,* Projektgruppe „Mediation bei den Berliner Zivilgerichten", ZKM 2006, 80; *Engel/Hornuf,* Vexierbild Richtermediation, ZZP 124 (2011), 505; *Ewer,* Wenn nur der Konsens zählt – was bleibt für das Gerichtsverfahren?, AnwBl 2012, 18; *Fritz,* Anmerkung zu VGH Mannheim v. 9.10.2012, NVwZ 2013, 380; *ders.,* Rechtliche Einschätzungen und Lösungsvorschläge des Güterichters – gesetzliches Gebot oder Regelverstoß?, ZKM 2015, 10; *ders./Pielsticker,* Mediationsgesetz – Kommentar, Handbuch, Mustertexte, 2013; *ders./Schroeder,* Der Güterichter als Konfliktmanager im staatlichen Gerichtssystem – Aufgabenbereich und Methoden des Güterichters nach § 278 ZPO – Eine erste Bilanz, NJW 2014, 1910; *Gläßer,* Auf dem Prüfstand: Kosten, Nutzen, Mehrwert Gerichtlicher Mediation, in: Gläßer/Schroeter, Gerichtliche Mediation – Grundsatzfragen, Etablierungserfahrungen und Zukunftsperspektiven, 2011, S. 169; *dies./Schroeter,* Zukunftsfragen der Gerichtlichen Mediation, in: Gläßer/Schroeter, Gerichtliche Mediation – Grundsatzfragen, Etablierungserfahrungen und Zukunftsperspektiven, 2011, S. 415; *Görres-Ohde,* Ein Jahr gerichtliche Mediation in Schleswig-Holstein – zu Stand und Perspektiven eines neuen Projekts, SchlHA 2007, 142; *Götz von Olenhusen,* Mediation durch Richter – ein Projekt mit Zukunft, DRiZ 2003, 396; *ders.,* Gerichtsmediation – Richterliche Konfliktvermittlung im Wandel, ZKM 2004, 104; *ders.,* Im Interesse der Parteien, DRiZ 2009, 360; *ders.,* Mediation beim Güterichter – Gedanken zur Erweiterung des richterlichen Methodenspektrums, in: Habersack/ Huber/Spindler, Festschrift für Eberhard Stilz zum 65. Geburtstag, 2014, S. 171; *Gottwald,* Gerichtsnahe Mediation – Erfahrungen und Lehren aus dem Modellprojekt in Niedersachsen, in: Haft/v. Schlieffen, Handbuch Mediation, 2. Aufl. 2009, § 39; *ders./ Greger,* Alternative Konfliktbehandlung im Zivilprozess – Ausgangsidee, Umsetzung, Ergebnis und Ausblick, ZKM 2016, 84; *Greger,* Die ZPO-Reform – 1000 Tage danach, JZ 2004, 805; *ders.,* Autonome Konfliktlösung innerhalb und außerhalb des Prozesses, in: Greger/Gleussner/Heinemann, Festgabe für Vollkommer, 2006, S. 291; *ders.,* Erste Erfahrungen mit dem bayerischen Güterichterprojekt, ZKM 2006, 68; *ders.,* Güterichter, ein Erfolgsmodell, ZRP 2006, 229; *ders.,* Anmerkung zu BVerfG v. 14.2.2007, ZKM 2007, 130; *ders.,* Abschlussbericht zum Modellversuch Güterichter, ZKM 2007, 180; *ders.,* Justiz und Mediation – Entwicklungslinien nach Abschluss der Modellprojekte, NJW 2007, 3258; *ders.,* Der Thüringer Modellversuch Güterichter: Bisherige Erfahrungen und Ausblick, ThürVBl. 2010, 6; *ders.,* Die Reglementierung der Selbstregulierung, ZRP 2010, 209; *ders.,* Veränderungen im Prozessverständnis, in Gläßer/ Schroeter, Gerichtliche Mediation – Grundsatzfragen, Etablierungserfahrungen und Zukunftsperspektiven, 2011, S. 357; *ders.,* Gerichtsinterne Mediation auf dem Prüfstand, ZKM 2013, 9; *ders.,* Das Güterichtermodell – ein Lehrstück für alternative Konfliktlösungen, AnwBl 2013, 504; *ders.,* Verweisung vor den Güterichter und andere Formen konsensorientierter Prozessleitung, MDR 2014, 993; *ders.,* Zur Vereinbarkeit von Mediation und Richteramt, in: Arnold/Lorenz, Gedächtnisschrift für Hannes Unberath, 2015, S. 111; *ders.,* 5 Jahre MediationsG: Justiz und Mediation – eine immer noch schwierige Beziehung, ZKM 2017, 4; *ders./Weber,* Das neue Güterichterverfahren, MDR 18/2012, Sonderheft; *ders./Unberath/Steffek,* Recht der alternativen Konfliktlö-

Löer

sung – Mediationsgesetz, VSBG – Kommentar, 2. Auflage 2016; *Hartmann*, Kostengesetze, 43. Aufl. 2013; *Haaß*, Mediation in Abgrenzung zu anderen Verfahren außergerichtlicher Konfliktbewältigung, in: Haft/v. Schlieffen, Handbuch Mediation, 3. Aufl. 2016, § 7; *Henssler/Deckenbrock*, Das neue Mediationsgesetz: Mediation ist und bleibt Anwaltssache!, DB 2012, 159; *Hess*, Das neue Mediationsgesetz, in: Fischer/Unberath, Das neue Mediationsgesetz – Rechtliche Rahmenbedingungen der Mediation, 2013, S. 17; *ders.*, Perspektiven der gerichtsinternen Mediation in Deutschland, ZZP 124 (2011), 137; *Hommerich/Prütting/Ebers/Lang/Traut*, Rechtstatsächliche Untersuchung zu den Auswirkungen der Reform des Zivilprozessrechts auf die gerichtliche Praxis, 2006; *Horstmeier*, Das neue Mediationsgesetz, 2013; *Hückstädt*, Gerichtliche Mediation beim Landgericht Rostock – ein Erfahrungsbericht, NJ 2005, 289; *Jost/Neumann*, Etablierung der Mediation durch die Anwaltschaft, ZKM 2009, 164; *Juergens*, Die gerichtliche Mediation bei dem Landgericht Rostock aus der Sicht der beteiligten Rechtsanwälte, Mitteilungsblatt der Arbeitsgemeinschaft Mediation im DAV 1/06, 6; *Jung*, Unter Zeitdruck: Die Kurzzeitmediation – was spart sie ein, was spart sie aus?, ZKM 2013, 63; *Klamt/Moltmann-Willisch*, Der Güterichter als Konfliktmanager – Projektion und Wirklichkeit, ZKM 2015, 7; *Korte/Löer*, Der Rechtsanwalt in der richterlichen Mediation – Förderer oder Störer? in: Jost, Die anwaltliche Vertretung in der Mediation, 2013, S. 33; *Kotzian-Marggraf*, Güterichter an der Thüringer Arbeitsgerichtsbarkeit, ZKM 2012, 123; *Krabbe*, Kurz-Mediation – Die Kunst der Gesamt-Mediation in einer Sitzung, ZKM 2004, 72; *ders./Fritz*, Die Kurz-Zeit-Mediation – und ihre Verwendung in der gerichtsinternen Praxis, ZKM 2009, 136 und 176; *dies.*, Werkstattbericht Kurz-Zeit-Mediation, ZKM 2013, 76; *Krabbe/Steinwender/Fürst*, Kurz-Zeit-Mediation in einem Anlegerverfahren – ein Praxisfall, ZKM 2015, 60; *Krabbe*, KurzZeitMediation, in: Haft/v. Schlieffen, Handbuch Mediation, 3. Aufl. 2016, § 22; *Krüger/Rauscher*, Münchener Kommentar zur Zivilprozessordnung, Band 1 §§ 1–354, 5. Aufl. 2016; *Leutheusser-Schnarrenberger*, Die Mediationsrichtlinie und deren Implementierung, ZKM 2012, 72; *Löer*, Einbindung von Mediation in den Zivilprozess – Teil 1, ZKM 2005, 182, 183; *ders.*, Richterliche Mediation, ZZP 119 (2006), 199; *ders.*, Referentenentwurf eines Mediationsgesetzes, ZKM 2010, 179; *ders.*, Das künftige Mediationsgesetz – zum bisherigen Gesetzgebungsverfahren aus Sicht der zivilgerichtlichen Mediationspraxis, in: Gläßer/Schroeter, Gerichtliche Mediation – Grundsatzfragen, Etablierungserfahrungen und Zukunftsperspektiven, 2011, S. 397; *ders.*, Umsetzung des Güterichtermodells in der Praxis – Erste Erkenntnisse aus einer Umfrage, ZKM 2014, 41; *Matthies*, Die Göttinger Mediationslandschaft, SchlHA 2007, 130; *Moltmann-Willisch/Kraus/von Hammerstein*, Konfrontation oder Kooperation?, ZKM 2011, 26; *Moltmann-Willisch/Kraus/von Hammerstein*, Richterliche Mediation als Verfahrensmethode – was spricht dagegen?, ZKM 2012, 64; *Moltmann-Willisch*, Der Richter als Mediator – das erweiterte Güterichtermodell in der Zivilgerichtsbarkeit, in: Haft/v. Schlieffen, Handbuch Mediation, 3. Aufl. 2016, § 51; *Monßen*, Anwaltsmediation und Richtermediation – ein ungleicher Wettbewerb, ZKM 2006, 83; *Ortloff*, Der Richter als Mediator?, ZKM 2002, 199; *ders.*, Mediation im Verwaltungsprozess: Bericht aus der Praxis, NVwZ 2006, 148; *ders.*, Vom Gerichtsmediator zum Güterichter im Verwaltungsprozess, NVwZ 2012, 1057; *Pitschas*, Alternative Konfliktlösung im öffentlich-rechtlichen Bereich, ZKM 2014, 146; *Plassmann*, Mediationsgesetz: Keine Bevorzugung der Gerichtsmediation, AnwBl 2011, 123; *ders.*, Bekenntnis zur Justiz: Abschied von der Gerichtsmediation, AnwBl 2012, 151; *Probst*, Gerichtliche Mediation in Schleswig-Holstein – zum Start eines Projekts, SchlHA 2005, 317; *ders.*, Zehn Jahre Mediation in der Schleswig-Holsteinischen Justiz – einige Beobachtungen, SchlHA 2, 2016; *Prütting*, Richterliche Gestaltungsspielräume für alternative Streitbehandlung, AnwBl 2000, 273; *ders.*, Mediation und Gerichtbarkeit, ZKM 2006, 100; *ders.*, Ein Plädoyer gegen Gerichtsmediation, ZZP 124 (2011), 163; *ders.*, Das neue Mediationsgesetz: Konsensuale Streitbeilegung mit Überraschungen – Zwei Ziele: Berufsgesetz für Mediatoren und Güterichtermodell für alle Gerichtsbarkeiten, AnwBl 2012, 204; *ders.*, Güterichter, Mediator und Streitmittler, MDR 2016, 965; *Reitz*, Ohne Beziehung kein Rechtsstreit? – Ergebnisse zum Modellprojekt Gerichtsnahe Mediation an hessischen Verwaltungsgerichten, ZKM 2008, 45; *Röthemeyer*, Gerichtsmediation im Güterichterkonzept – Die Lösung des Vermittlungsausschusses, ZKM 2012, 116; *ders./Trümper*, Ergebnis- und Verfahrenszufriedenheit im Langzeitvergleich – Befunde einer Studie zur Gerichtlichen Mediation, in: Gläßer/Schroeter, Gerichtliche Mediation – Grundsatzfragen, Etablierungserfahrungen und Zukunftsperspektiven, 2011, S. 343; *ders.*, Mediati on – Grundlagen, Recht, Markt, 2015; *Rüssel*, Mediation im übrigen Europa, in Haft/v. Schlieffen, Handbuch Mediation, 2. Aufl. 2009, § 54; *Saenger*, Zivilprozessordnung – Familienverfahren/Gerichtsverfassung, Europäisches Verfahrensrecht – Handkommentar, 7. Aufl. 2017; *Schmidt/Lapp/Monßen*, Mediation in der Praxis des Anwalts, 2012; *Schmidbauer*, Mediation am Gericht in der Schusslinie des Mediationsgesetzes, ZKM 2012, 88; *Schobel*, Bald bayernweit: Güterichter und Mediationsbeauftragte an den Zivilgerichten, ZKM 2012, 191; *Schreiber*, Das „erweiterte Güterichtermodell", BJ 2012, 337; *von Seltmann*, Der Regierungsentwurf eines Mediationsgesetzes, NJW-Spezial, 4/2011, S. 126; *Sensburg*, Mediationsgesetz – Rechtsausschuss schafft Interessenausgleich, NJW-aktuell 52/2011, 14; *Spindler/Apel/Spalckhaver*, Rechtsökonomische Grundlagen der gerichtsnahen Mediation, ZKM 2003, 192; *Sporré*, Ist die gerichtsinterne Mediation zu erfolgreich?, DRiZ 2011, 222; *Steiner*, Das Güterichterverfahren, in: Eidenmüller/Wagner, Mediationsrecht, 2015, Kap. 8; *Tautphäus/Fritz/Krabbe*, Fristlose Kündigung wegen Vertrauensbruchs – neue Methoden der Konfliktbeilegung, NJW 2012, 364; *Thole*, Das neue Mediationsgesetz – Mediation im und an der Schnittstelle zum Zivilprozess, ZZP 127 (2014), 339; *Trossen*, Mediation ist DIE – oder KEINE Alternative!, ZKM 2012, 29; *Walther*, Mediation durch Verwaltungsgerichte, ZKM 2005, 53; *ders.*, Richter als Mediatoren – Ein Modellprojekt in der hessischen Verwaltungsgerichtsbarkeit, DRiZ 2005, 127; *Wagner*, Das Mediationsgesetz – Ende gut, alles gut?, ZKM 2012, 110, 113; *Zenk/Strobl/Böttger*, Sozialwissenschaftliche Aspekte der gerichtsnahen Mediation, ZKM 2006, 43; *Zöller*, Zivilprozessordnung, 31. Aufl. 2016.

1 Auch wenn es die gut zehnjährige Phase der gerichtlichen Mediation – entgegen der vielfachen Forderung nach deren gesetzlicher Implementierung[1] – beendet, indem es Mediation als Bezeichnung für ein eigenständiges Konfliktbeilegungsverfahren und im Zusammenhang mit den an einem solchen Verfahren Beteiligten aus dem gerichtsinternen Bereich verdrängt und nunmehr ausschließlich der außergerichtlichen Konfliktbeilegung vorbehält, enthält das *„Gesetz zur Förderung der Mediation und anderer Verfahren der außergerichtlichen Konfliktbeilegung"* v. 21.7.2012[2] auch Regelungen,

1 Sowohl in der Literatur (zB *von Bargen*, S. 277 ff.; *Hess* ZZP 124 (2011), 137 (153 f., 162); aA *Prütting* ZZP 124 (2011), 163 (172)) als auch von Verbänden und Vereinigungen aus dem gerichtlichen und außergerichtlichen Bereich (zB Deutscher Richterbund, Stellungnahme Nr. 35/10, abrufbar unter http://www.drb.de/stellungnahmen/2010/mediationsg.html, zuletzt abgerufen am 22.6.2017; Mahnschreiben der Tenos AG vom 25.11.2011 an den Vorsitzenden und die Mitglieder des Rechtsausschusses des Deutschen Bundestages, unterzeichnet von 12 Wissenschaftlern und Praktikern; Resolution der Teilnehmer des 6. bundesweiten Kongresses der richterlichen Mediatoren vom 12.11.2011 an den Rechtsausschuss des Deutschen Bundestages sowie die Landes- und Bundesjustizminister; aA BRAK, Stellungnahme Nr. 27/2010, S. 5 ff., abrufbar unter www.brak.de/seiten/pdf/Stellungnahmen/2010/Stn27.pdf, zuletzt abgerufen am 22.6.2017; DAV, Stellungnahme Nr. 58/2010, S. 9 ff., abrufbar unter https://anwaltverein.de/de/newsroom/id-2010-58, zuletzt abgerufen am 22.6.2017).
2 BGBl. I 2012 S. 1577 ff.

die unmittelbar die Gerichtsverfahren betreffen.[3] Es führt nämlich, und zwar in allen Gerichtsbarkeiten, einen **Güterichter** ein, der im Rahmen einer ihm übertragenen Güteverhandlung ua interessenorientiert und unter Anwendung moderner Konfliktlösungstechniken, insbesondere auch der **Methode der Mediation** arbeiten kann.

Dabei unterlag der Gesetzgebungsprozess – vom Referentenentwurf über den Regierungsentwurf und die diesbezügliche Stellungnahme des Bundesrates bis hin zu dem auf der Empfehlung des Rechtsausschusses des Bundestages basierenden Gesetz, das nach Anrufung des Vermittlungsausschusses seitens des Bundesrates nochmals modifiziert wurde[4] – hinsichtlich des Verhältnisses von Mediation und Justiz erheblichen Schwankungen und Veränderungen. Um diese nachvollziehen und einordnen zu können, bedarf es zunächst eines Blicks auf die Entwicklung der konsensualen Konfliktbeilegung im deutschen (Zivil-)Prozessrecht (I 1) und auf die unterschiedlichen Ansätze zur Einbindung von Mediation in das Gerichtsverfahren in den Modellprojekten (I 2), die sich sodann in den verschiedenen Entwürfen bis hin zum Mediationsgesetz selbst spiegeln (I 3). Zudem sollen der nunmehr installierte Güterichter dem bisher im Rahmen der gerichtlichen Mediation tätigen Richtermediator gegenübergestellt (II 1) und Vor- und Nachteile des Güterichtermodells aufgezeigt werden (II 2), bevor der Güterichter selbst und die Umsetzung des Güterichtermodells in der Praxis näher betrachtet werden (III).

I. Der Gütegedanke im deutschen (Zivil-)Prozessrecht

1. Die Entwicklung der konsensualen Konfliktbeilegung. a) Der durch den   2
Güterichter gem. § 278 Abs. 5 S. 1 ZPO nF erneut und noch stärker in den Fokus gerückte **Gütegedanke** ist der Zivilprozessordnung nicht fremd. Ganz im Gegenteil enthielt bereits die CPO von 1877 eine Befugnis des Richters zur gütlichen Beilegung des Rechtsstreits,[5] wenngleich die damit ermöglichte Streitvermittlung durch den Richter noch als Ausnahme vom Normalfall der streitigen Entscheidung aufgefasst wurde.[6] Von 1924 bis 1950 war sogar ein obligatorisches Güteverfahren für Zivilprozesse vor dem Amtsgericht vorgesehen. Auch in der Folgezeit wurde das Gebot zur Hinwirkung auf eine gütliche Einigung in unterschiedlichen Ausgestaltungen[7] aufrecht erhalten.[8]

---

3 Vgl. Art. 2–6 und Art. 8 MediationsG.
4 Zu den genauen Daten der Entwürfe und Beschlüsse sowie deren Fundstellen s. die Übersicht zum Gesetzgebungsverfahren auf S. 23 ff dieses Buches.
5 § 268 Abs. 1 CPO 1877: „Das Gericht kann in jeder Lage des Rechtsstreits die gütliche Beilegung desselben oder einzelner Streitpunkte versuchen oder die Parteien zum Zwecke des Sühneversuchs vor einen beauftragten oder ersuchten Richter verweisen."
6 *Greger* in: Greger/Gleussner/Heinemann, S. 291 (294).
7 ZB § 279 Abs. 1 S. 1 ZPO 1976: „Das Gericht soll in jeder Lage des Verfahrens auf eine gütliche Beilegung des Rechtsstreits oder einzelner Streitpunkte bedacht sein."
8 Genauer: *Prütting* AnwBl 2000, 273 f.; *Greger* in: Greger/Gleussner/Heinemann, S. 291 (294 f.); auch zur Zeit vor der CPO von 1877: *Greger* in: Arnold/Lorenz, S. 111 ff.

3   b) Zuletzt führte der Gesetzgeber mit dem ZPO-Reformgesetz[9] ab 2002 eine der mündlichen Verhandlung vorgeschaltete, obligatorische **Güterverhandlung** zumindest für den Regelfall wieder ein,[10] in der die Parteien persönlich gehört werden sollen, § 278 Abs. 2 S. 3 ZPO. Ausweislich der Gesetzesbegründung diente der im arbeitsgerichtlichen Verfahren bewährte Güketermin (§ 54 ArbGG) mit den in diesem erzielten hohen Vergleichsquoten als Vorbild und Anreiz,[11] um die als unbefriedigend empfundenen erstinstanzlichen Vergleichsquoten der Amts- und Landgerichte positiv zu beeinflussen. Der Gesetzgeber beabsichtigte aber auch, den Gütegedanken durch die Einführung einer Güteverhandlung im Zivilprozess institutionell stärker zu verankern, weil eine gütliche Einigung zwischen den Parteien dem Rechtsfrieden nachhaltiger diene als eine Streitentscheidung durch Urteil.[12] Damit wurde erstmals der **Vorrang der konsensualen Konfliktbeilegung vor der Streitentscheidung** – innerhalb des gerichtlichen Verfahrens – ausdrücklich gesetzlich geregelt.[13] Dieser wurde vom Bundesverfassungsgericht[14] bestätigt und weiterentwickelt, indem dieses sich generell zu einem **pluralistischen Rechtsschutzsystem mit Nachrang der kontradiktorischen Verfahren** bekannte.[15]

4   Nach der – teils noch aktuellen – Gesetzeslage vor Erlass des Mediationsgesetzes ermöglichte der Gesetzgeber den Ländern zudem die Einrichtung einer außergerichtlichen obligatorischen Streitschlichtung durch Gütestellen gem. § 15 a EGZPO. Er öffnete den Weg vom Gerichtsverfahren zurück in die außergerichtliche Streitschlichtung (§ 278 Abs. 5 S. 2, 3 ZPO aF). In familiengerichtlichen Verfahren und in Angelegenheiten der freiwilligen Gerichtsbarkeit wurden aufgrund der jüngsten Änderungen sowohl die gütliche Einigung betont (§ 36 FamFG aF, §§ 163 Abs. 2, 165 FamFG) als auch der Bezug zur Mediation und zu der sonstigen außergerichtlichen Streitbeilegung hergestellt (§§ 135 Abs. 1, 2, 156 Abs. 1 S. 3 FamFG aF). Auch in öffentlich-rechtlichen Verfahren bestanden Möglichkeiten zur gütlichen Streitbeilegung (zB § 87 Abs. 1 S. 2 Nr. 1 VwGO, § 73 Abs. 6 VwVfG).[16]

Dabei ordnete der Gesetzgeber „Mediation" allerdings, wie die Begründungen zu § 278 Abs. 5 S. 2 ZPO aF[17] sowie § 135 Abs. 1 und § 156 Abs. 1 S. 3 FamFG zeigen, bisher ausschließlich der außergerichtlichen

---

9   Gesetz zur Reform des Zivilprozesses vom 27.7.2001 (BGBl. I S. 1887).
10 § 278 Abs. 2 S. 1 ZPO 2002: „Der mündlichen Verhandlung geht zum Zwecke der gütlichen Beilegung des Rechtsstreits eine Güteverhandlung voraus, es sei denn, [...] die Güteverhandlung erscheint erkennbar aussichtslos."
11 Obwohl durchaus strukturelle Unterschiede bestehen, insbesondere fallen im Arbeitsgerichtsprozess die allein vor dem Vorsitzenden stattfindende Güteverhandlung und die mit ehrenamtlichen Richtern durchgeführte streitige Verhandlung regelmäßig zeitlich auseinander (MüKoZPO/*Prütting* § 278 Rn. 48).
12 BT-Drs. 14/4722, 62.
13 *Von Bargen*, S. 234.
14 BVerfG 14.2.2007 – 1 BvR 1351/01, ZKM 2007, 128 = NJW-RR 2007, 1073 Rn. 35: „Eine zunächst streitige Problemlage durch eine einverständliche Lösung zu bewältigen, ist auch in einem Rechtsstaat grundsätzlich vorzugswürdig gegenüber einer richterlichen Streitentscheidung."
15 *Greger* ZKM 2007, 130.
16 Vgl. *Prütting* ZKM 2006, 100.
17 BT-Drs. 14/4722, 83/84.

Streitbeilegung zu. Elemente der „konsensualen Konfliktbeilegung" nach unserem heutigen Verständnis, also ein Rückgriff auf die Erkenntnisse des Harvard-Konzepts oder eine Einbeziehung alternativer Konfliktlösungsverfahren, waren weder in der ZPO noch in den anderen Prozessordnungen zu finden.[18]

c) Zwar war die Güteverhandlung durch die ZPO-Reform 2002 in § 278   5
Abs. 2 ZPO prozessual institutionalisiert worden. Wie sie sich **inhaltlich oder methodisch** von der mündlichen Verhandlung iSv § 279 ZPO **unterscheidet**, erläuterte der Gesetzgeber aber nicht näher. Die in § 278 Abs. 2 S. 2, 3 ZPO angeführte Erörterung des Sach- und Streitstandes mit den Parteien, das Stellen von Fragen und die persönliche Anhörung der Parteien, die ausweislich der Gesetzesbegründung eine umfassende Aufklärung des Sachverhalts und dadurch ein solides Fundament für einen begründeten Vergleichsvorschlag schaffen sollten,[19] konnten bereits nach der früheren Rechtslage in der mündlichen Verhandlung praktiziert werden und stellten per se keine Neuerungen dar. Daher wurde den Richtern für die Ausgestaltung der Güteverhandlung ein großer Freiraum zugebilligt.[20] Wie dieser genutzt werden konnte, wurde mangels gezielter Vorbereitung der Richter- und Anwaltschaft[21] indes nicht aufgezeigt. Es kann daher nicht überraschen, wenn in der Praxis die sich eröffnenden Möglichkeiten wie die Durchführung eines separaten Gütetermins, dh ohne einen sich im Falle der Erfolglosigkeit der Güteverhandlung unmittelbar anschließenden Haupttermin,[22] oder der Einsatz mediativer Elemente und insbesondere Kommunikationstechniken[23] nur unzulänglich genutzt wurden. Nach der Evaluation der ZPO-Reform 2002 wurde sogar in rund 40 % der Prozesse überhaupt keine Güteverhandlung durchgeführt, wobei, soweit aus den Akten erkennbar, ausschließlich auf die fehlende Erfolgsaussicht verwiesen werde.[24] In 98 % der land- und 94 % der amtsgerichtlichen Verfahren schloss sich der Verhandlungstermin unmittelbar an die gescheiterte Güteverhandlung an.[25]

Die Ursachen für die **zurückhaltende Ausschöpfung des gesetzlichen Rah-**   6
mens in der Praxis scheinen vielfältig. Richter neigen zum Verzicht auf die Güteverhandlung, um eine Flucht von Anwälten in die Säumnis nach einer in die Güteverhandlung, also vor die Stellung der Anträge, vorgezogene Darlegung der Rechtsauffassung des Gerichts zu vermeiden. Anwälte akzeptieren regelmäßig den für sie zeitsparenden Verzicht auf eine nicht besonders vergütete Güteverhandlung.[26] Justizverwaltungen haben den bloßen Durchlaufcharakter der Güteverhandlung gefördert, indem sie in amt-

---

18 Vgl. *Greger* in: Gläßer/Schroeter, S. 357.
19 BT-Drs. 14/4722, 62.
20 *Von Bargen*, S. 234/235; vgl. auch: MüKoZPO/*Prütting* § 278 Rn. 26 f.
21 *Greger*, JZ 2004, 805 (806, 816).
22 Vgl. Zöller/*Greger* § 278 Rn. 10, der es zudem aus atmosphärischen Gründen als vorteilhaft erachtet, anstatt im Sitzungssaal in Besprechungs- oder Richterzimmer zu verhandeln und das Tragen der Amtstracht flexibel zu handhaben.
23 *Von Bargen*, S. 235; *Greger* JZ 2004, 805 (806).
24 *Hommerich/Prütting/Ebers/Lang/Traut*, S. 58 ff., die die Einschätzung von *Greger* für das Jahr 2004 (JZ 2004, 805 (806)) bestätigen.
25 *Hommerich/Prütting/Ebers/Lang/Traut*, S. 68 f.
26 Vgl. *Greger* in: Greger/Gleussner/Heinemann, S. 291 (296).

lichen Ladungsvordrucken die gleichzeitige Anberaumung von Güte- und mündlicher Verhandlung ohne Alternative vorgegeben haben.[27] Auch in der heutigen Gerichtspraxis dürfte die obligatorische Güteverhandlung durch den Streitrichter zumindest im Regelfall nicht über die klassische Vergleichsverhandlung in der mündlichen Verhandlung hinausgehen.[28] Gleichwohl nahm die Anzahl der Vergleiche zu,[29] wenn auch sicherlich nicht in dem vom Gesetzgeber erhofften Ausmaß.[30] Dies dürfte neben anderen, ua durch die ZPO-Reform 2002 neu eingeführten Verfahrensinstrumenten[31] insbesondere auf die durch § 278 Abs. 3 S. 1 ZPO zum Regelfall erhobene Anordnung des persönlichen Erscheinens der Parteien zurückzuführen sein,[32] da die unmittelbare Kommunikation des Richters mit und zwischen den Beteiligten die größte Chance auf eine Beilegung des Konflikts bietet.[33]

7 d) Die im Mediationsgesetz gewählte Bezeichnung „Güte-"richter knüpft damit an eine alte ZPO-Terminologie an. In der heutigen Zeit klingt sie recht herablassend gegenüber den Parteien, fast schon arrogant. Sie erinnert eher an ein gütiges Schulterklopfen als an eine Kommunikation auf Augenhöhe. Dies mag bei der Güteverhandlung noch akzeptabel sein, weil in dieser ja die Parteien gütlich miteinander reden und verhandeln sollen. Beim Güterichter wandelt sich der Begriff aber klanglich mehr in einen „gütigen Richter".[34] Mit modernem Konfliktmanagement, das sich an einer konkreten Konfliktbeilegungsmethode – und nicht an Wohlwollen und Nachsicht eines Dritten – orientiert, ist dies nur schwer zu vereinbaren. Damit hat der Gesetzgeber – nach der ZPO-Reform 2002 erneut – die Chance verpasst, schon durch einen neuen Namen einen sichtbaren Neubeginn zu unternehmen.

8 **2. Die Modellprojekte zur Einbindung von Mediation in das Gerichtsverfahren.** Zeitlich parallel zu den legislatorischen Bemühungen zur Institutionalisierung des Gütegedankens im Zivilprozess erprobten Richter, zunächst als Einzelne, dann im Rahmen von seitens der Justizverwaltungen

---

27 *Greger* JZ 2004, 805 (806) (wohl zum Stand vor Einführung PC-unterstützter Ladungen).
28 *Greger* in: Gläßer/Schroeter, S. 357 (360).
29 Nach *Greger* in: Gläßer/Schroeter, S. 357 (358) standen 100 streitigen Urteilen in der ersten Instanz bei den Landgerichten in Deutschland im Jahr 1995 nur 56, in 2005 bereits 93 Vergleiche gegenüber.
30 *Greger*/Gleussner/Heinemann, S. 291 (296); vgl. auch: *Greger* JZ 2004, 805 (808); *Hommerich/Prütting/Ebers/Lang/Traut*, S. 48.
31 ZB § 278 Abs. 6 ZPO, der ein Zustandekommen von Prozessvergleichen iSv § 794 Abs. 1 Nr. 1 ZPO nunmehr auch durch schriftliche Erklärungen der Parteien und Feststellung des Gerichts ermöglicht. In diese Zeit fällt aber auch die Aufhebung der Lokalisierung im Anwaltsprozess vor dem Landgericht ab 1.1.2000, die sich auf den Abschluss von Vergleichen sicherlich ebenfalls förderlich ausgewirkt hat.
32 Nach der Evaluierung der ZPO-Reform 2002 wurde in 82 % der land- und 76 % der amtsgerichtlichen Verfahren ein persönliches Erscheinen zumindest einer der Parteien angeordnet (*Hommerich/Prütting/Ebers/Lang/Traut*, S. 62).
33 *Greger* JZ 2004, 805 (807).
34 *Fritz* in: Fritz/Pielsticker § 278 ZPO Rn. 18.

gestützten Modellprojekten,[35], [36] die Einbindung der Konfliktbeilegungs-methode Mediation in anhängige Prozesse.[37] Dabei wurde den Parteien eines Rechtsstreits, bevor es zur Durchführung der mündlichen Verhandlung durch den gesetzlichen Richter kam, eine Mediation angeboten. Erklärten sie sich einverstanden, führte nicht der zuständige Streitrichter die Vermittlung durch, sondern ein Mediator, der zwar ebenfalls Richter, gemäß Geschäftsverteilung aber nicht zur Entscheidung des konkreten Rechtsstreits berufen war. Er konnte zugleich in der Rolle eines vom zuständigen Streitrichter ersuchten Richters einen Prozessvergleich protokollieren. Dogmatisch wurde diese „**Richtermediation**"[38] entweder in der etwas modifizierten Gestalt des Güterichters nach § 278 Abs. 5 S. 1 ZPO im Verfahrensrecht verankert[39] oder – überwiegend – auf eine Analogie zu § 278 Abs. 5 S. 1 ZPO gestützt.[40] Während das **Richtermediatorenmodell** sich primär an der anzuwendenden Konfliktlösungsmethode Mediation orientierte (**methodischer Ansatz**), beabsichtigt das **Güterichtermodell**, prozessuale Strukturen zu schaffen, die eine im Einzelfall angemessene, in der Methodik freie Konsenslösung fördern (**prozessualer Ansatz**),[41] ohne dass dieser dogmatische Unterschied zwischen den verschiedenen Ansätzen sich wesentlich auf die tägliche Praxis auswirkte.[42]

---

35 Ausgangspunkte waren die Verwaltungsgerichte in Freiburg und Berlin (seit 2000) sowie ein dreijähriger Modellversuch in Niedersachsen (ab 2002), an dem sechs Gerichte unterschiedlicher Gerichtsbarkeiten teilgenommen haben. Das dabei am Landgericht Göttingen entwickelte System wurde bundesweit von vielen Gerichten für zivil- und verwaltungsgerichtliche Verfahren aufgegriffen (*Ortloff* ZKM 2002, 199 (200); *Löer* ZZP 119 (2006), 199 Fn. 1). Eine umfassende und systematische Darstellung der verschiedenen Modellprojekte in den einzelnen Bundesländern und Gerichtszweigen, Stand Frühjahr 2008, ist zu finden bei *von Bargen*, S. 70 ff. Die jüngeren Modellprojekte sind aufgeführt bei *von Bargen* in: Gläßer/Schroeter, S. 29 Fn. 2. Einen primär auf Zivilgerichte bezogenen Überblick bietet *Hess* ZZP 124 (2011), 137 (141 ff.).

36 Die Konferenz der Justizministerinnen und -minister v. 29./30.6.2005 (Beschluss 2.2, Ziff. 8 und 9, veröffentlicht zB in DRiZ 2005, 213 (215)) verlangte eine weitere Öffnung des justiziellen Verfahrens für Formen alternativer Konfliktbeilegung. Sie sah in der gerichtsinternen Mediation, wenn auch nur als Übergangslösung, einen lohnenden Weg, um die konsensuale Streitbeilegung zu fördern. Zur Einfügung der Modellprojekte in die ADR, insbesondere in die Idee des „multi-door-courthouse" s. *Gottwald/Greger* ZKM 2016, 84 (84 f.).

37 *Greger* in: Gläßer/Schroeter, S. 357 (358 f.); *Steiner* in: Eidenmüller/Wagner, Kap. 8 Rn. 4 ff.

38 Im Gegensatz zur „Anwaltmediation" (*Monßen* ZKM 2006, 83). Die Bezeichnungen variierten je nach Ansatz und konkreter Ausgestaltung, zB Gerichtsmediation, gerichtsinterne, gerichtsnahe, gerichtsverbundene, richterliche oder gerichtliche Mediation.

39 So der Ansatz in den Modellprojekten der bayerischen und thüringischen Zivilgerichtsbarkeit (*Greger* in: Gläßer/Schroeter, S. 357 (359)) sowie der Verwaltungs- und Arbeitsgerichtsbarkeit in Thüringen (*Greger* ThürVBl. 2010, 6 f.) – übrigens im Gegensatz zur bayerischen Verwaltungs- und Sozialgerichtsbarkeit, die dem Richtermediatorenmodell folgten (*von Bargen*, S. 77 ff.).

40 *Von Bargen*, S. 242 ff. mwN (S. 250, Fn. 89).

41 Ausführlicher zur Unterscheidung zwischen Richtermediator und Güterichter → Rn. 25.

42 *Löer* in: Gläßer/Schroeter, S. 397 (408 f.) mwN; *Schmidt* in: Schmidt/Lapp/Monßen, Rn. 1254. Auch *Hess* (ZZP 124 (2011), 137 (161)) sieht „keine funktionalen Unterschiede zwischen beiden Formen der richterlichen Mediation". Vgl. auch *Greger* ThürVBl. 2010, 6 (7).

9   Die Zahl der Projektgerichte nahm stetig zu. Unmittelbar vor Inkrafttreten des Mediationsgesetzes wurden in nahezu allen Bundesländern und Gerichtsbarkeiten Mediationsangebote während des laufenden Gerichtsverfahrens unterbreitet. Erfahrungs- und Projektberichte[43] beschreiben Einigungsquoten von 70 % und mehr, über den Streitgegenstand hinausgehende Konfliktlösungen, eine schnellere Beendigung des Rechtsstreits sowie eine hohe Akzeptanz und Zufriedenheit bei den Beteiligten.[44] Bemerkenswert ist, dass die Richtermediation in der Wahrnehmung der Parteien hinsichtlich der empfundenen Verfahrensgerechtigkeit im Vergleich zum gerichtlichen Verfahren besser abschnitt.[45] Die empirische Begleitforschung[46] hat die überaus positiven Bewertungen bestätigt.

---

43   *Götz von Olenhusen* DRiZ 2003, 396; *ders.* ZKM 2004, 104; *Spindler/Apel/ Spalckhaver* ZKM 2003, 192; *Böttger/Hupfeld* ZKM 2004, 155; *Hückstädt* NJ 2005, 289; *Walther* ZKM 2005, 53; *ders.* DRiZ 2005, 127; *Ortloff* NVwZ 2006, 148; *Probst* SchlHA 2005, 317; *Zenk/Strobl/Böttger* ZKM 2006, 43; *Greger* ZKM 2006, 68; *ders.* ZRP 2006, 229; *ders.* ZKM 2007, 180; *Elzer/Häublein/Hoßfeld* ZKM 2006, 80; *Juergens* Mitteilungsblatt der Arbeitsgemeinschaft Mediation im DAV 1/06, 6; *Matthies* SchlHA 2007, 130; *Görres-Ohde* SchlHA 2007, 142; *Reitz* ZKM 2008, 45; *Gottwald* in: Haft/v. Schlieffen, § 39 Rn. 16 ff.; *Greger* ThürVBl. 2010, 62; *Kotzian-Marggraf* ZKM 2012, 123; *Greger* ZKM 2013, 9; vgl. auch: *Steiner* in: Eidenmüller/Wagner, Kap. 8 Rn. 16 ff.
44   *Greger* in: Gläßer/Schroeter, S. 357 (359).
45   *Gottwald* in: Haft/v. Schlieffen, § 39 Rn. 39 ff. unter Berufung auf *Zenk/Strobel/ Hupfeld/Böttger* Gerichtsnahe Mediation in Niedersachsen – Die Evaluation eines Modellversuchs, 2007; *Röthemeyer/Trümper* in: Gläßer/Schroeter, S. 343 (347, 350).
46   **Bayern:** *Becker/Friedrich*, Mediation in der Sozialgerichtsbarkeit – Ergebnisse eines Modellprojekts (http://www.lsg.bayern.de/imperia/md/content/baylsg/mediationindersozialgerichtsbarkeit_ergebnisseeinesmodellprojekts.pdf); *Greger*, Evaluation des Modellversuchs Güterichter (http://www.reinhard-greger.de/dateien/gueterichter-abschlussbericht.pdf); *Greger*, Mediation in der bayerischen Verwaltungsgerichtsbarkeit (http://www.reinhard-greger.de/abschlussberichtvwg.pdf); **Berlin:** *Greger*, Evaluation der Gerichtsmediation in Land Berlin (http://www.reinhardgreger.de/abschlussberichtberlin.pdf); **Brandenburg:** *Gläßer/Becker/Ittner*, Begleitforschung zur Pilotierungsphase der Gerichtlichen Mediation in Brandenburg (https://www.ikm.europa-uni.de/de/publikationen/Abschlussbericht_Evaluation-Ger_Med_Bbg_.pdf); **Hessen:** *Walther*, Mediation in der Verwaltungsgerichtsbarke it, Speyerer Arbeitsheft Nr. 173, 2005 (http://www.uni-speyer.de/files/de/Studium/ Lehrende/Walther/MediationinderVerwaltungsgerichtsbarkeit-EineEinf%C3%BCch rung.pdf); **Mecklenburg-Vorpommern:** *Bierbrauer/Klinger*, Gerichtliche Mediation in Mecklenburg-Vorpommern, Ergebnisse der sozialwissenschaftlichen Begleitforsc hung, Osnabrück 2008 (http://www.ask-institut.de/sites/default/files/Abschlussbericht_Gerichtsmediation_illustriert_28.7.2008.pdf, zuletzt abgerufen am 27.9.201 2); **Niedersachsen:** *Spindler*, Gerichtsnahe Mediation in Niedersachsen – Eine jurist sch-rechtsökonomische Analyse, Göttingen 2006 (http://webdoc.sub.gwdg.de/ univerlag/2006/mediation.pdf); *Zenk/Strobel/Hupfeld/Böttger*, Gerichtsnahe Mediation in Niedersachsen – Die Evaluation eines Modellversuchs, Baden-Baden 2007; **Rheinland-Pfalz:** *Neuert*, Evaluation des Justizprojektes „Integrierte Mediation in Familiensachen im Bezirk des OLG Koblenz (http://www.in-mediation.eu/ evaluation-integrierte-mediation); **Schleswig-Holstein:** *Kaiser/Gabler*, Strukturqualität und Ergebnisqualität in der Mediation – Ergebnisse aus der Kieler Longitudinalstudie (SchlHA 2015, 4; ZKM 2014, 180); **Thüringen:** *Greger/Unberath*, Thüringer Projekt Güterichter, Teil I: Empirische Daten (http://www.reinhard-greger.de/ikv-thueringen1.pdf), Teil II: Bewertungen und Schlussfolgerungen (http:// www.reinhard-greger.de/ikv-thueringen2.pdf), letzter Zugriff jeweils, soweit nicht anders angegeben, am 22.6.2017.

Was war die **Ursache für den Erfolg der Richtermediation?** Ein wesentli-   10
cher Grund könnte darin liegen, dass die Richtermediation eine Lücke sowohl im Rechtsprechungssystem als auch im System der außergerichtlichen
Konfliktbeilegung ausfüllte,[47] indem sie moderne Kommunikations- und
Konfliktbearbeitungsmethodik mit einem neutralen Forum verband.[48]
Einerseits dürfte der Zivilprozess in seiner damaligen (und vielfach auch
noch heutigen) Form – zumindest von Teilen der rechtsuchenden Bürger –
hinsichtlich Methodik und Kommunikation als nicht mehr zeitgemäß empfunden worden sein. Eine Anpassung erfolgte weder rechtzeitig noch in
hinreichendem Umfang. Insbesondere die Einführung der Güteverhandlung
im Rahmen der ZPO-Reform 2002 hat inhaltliche und methodische Anregungen oder Vorgaben vermissen lassen (→ Rn. 5). Insofern hat richterliche Mediation dazu beigetragen, die Methoden innerhalb des gerichtlichen
Systems zu erweitern und zeitgemäßer zu gestalten,[49] durchaus auch unter
Berücksichtigung der Erkenntnisse anderer Disziplinen wie etwa der Sozi-
alpsychologie über erfolgreiches Verhandeln.[50] Zudem hat die Mediation –
und damit auch die gerichtsinterne Mediation – gegenüber dem Gerichtsverfahren erhebliche Vorteile im Hinblick auf Eigenverantwortlichkeit der
Konfliktbeteiligten, Zeitdauer, Mitwirkung sämtlicher Konfliktbeteiligter,
Selbstbestimmung auf der Verfahrensebene, etc. und kann den Konfliktbeteiligten und ihrem Wunsch nach Artikulation und Wertschätzung auf diese Weise einen deutlich größeren Raum geben als das Erkenntnisverfahren.[51]

Andererseits blieb in der gerichtsinternen Mediation ein großer Vorteil des
Gerichtsverfahrens erhalten: die Gewährung eines neutralen – und auch
weithin als neutral akzeptierten – Forums. Dies galt zum einen in rein
räumlicher Hinsicht, nämlich ein Ort, an dem die Parteien „auf neutralem
Boden" zusammentreffen und über den Konflikt reden konnten, zum anderen hinsichtlich der Moderation der Gesprächsführung durch eine neutrale
Person, nämlich den Richter in Form des Richtermediators bzw Güterichters. Eine derartige, allseits als neutral anerkannte Person oder Instanz
scheint im außergerichtlichen Bereich bisweilen zu fehlen.

Die Modellversuche zur Richtermediation zeigten aber auch, dass die Richterschaft, wie *Burkhard Hess* lobend feststellt, Offenheit für die Bedürfnisse der Streitparteien entwickelt und versucht hat, für die Justiz ein moder-
nes und ausdifferenziertes Leitbild der Konfliktbehandlung zu entwickeln,
das über die herkömmliche Alternative zwischen Prozessvergleich und
streitigem Endurteil hinausgeht.[52] Damit ist gerichtsinterne Mediation in

---

47 Auf dem 8. Konfliktmanagement-Kongresses am 24.9.2011 in Hannover präsentierte *Wolfgang Scheibel* die These: „Die Marktlücke im Rechtssystem ist die Ursache für den Erfolg der richterlichen Mediation."
48 *Greger* in: Gläßer/Schroeter (S. 357, 361) spricht von einer geradezu idealen Syn-
   these von Akzeptanz des Verfahrens und Vertrauen in seinen Leiter.
49 Nach *Hess* (ZZP 124 (2011), 137 (153)) geht es im Kern um den Einsatz moderner Konfliktlösungsmethoden im Rahmen anhängiger Verfahren und um eine Stärkung privatautonomer Konfliktlösung im Zivilprozess.
50 *Ortloff* NVwZ 2012, 1057.
51 *Götz von Olenhusen* DRiZ 2009, 360.
52 *Hess* ZZP 124 (2011), 137 (138).

den letzten Jahren, so die Feststellung des Bundesrates, zu einem festen Bestandteil einer modernen und bürgernahen Justiz[53] und damit Bestandteil moderner Justizgewährleistung[54] geworden.

11   **3. Das Mediationsgesetz.** Das *„Gesetz zur Förderung der Mediation und anderer Verfahren der außergerichtlichen Konfliktbeilegung"* (s. o., Fn. 2) bestimmt ua das Verhältnis von Justiz und Mediation neu. Jenes war während des Gesetzgebungsverfahrens einer der größten Streitpunkte.[55] Die in diesem Punkt sehr unterschiedlichen Gesetzentwürfe bzw die Endfassung des Gesetzes spiegeln die schon in der Phase der Modellprojekte divergierenden Ansätze und ihre jeweilige Verknüpfung mit dem Gütegedanken der ZPO.

12   a) Den Anstoß für das Mediationsgesetz lieferte die **Richtlinie 2008/52/EG des Europäischen Parlaments und des Rates vom 21.5.2008 über bestimmte Aspekte der Mediation in Zivil- und Handelssachen,**[56] die nach Art. 1 Abs. 2 Med-RiLi allerdings nur in eben diesen Rechtsgebieten und nur für grenzüberschreitende Streitigkeiten unmittelbar gilt. Die in ihr enthaltene Definition von Mediation schließt *„die Mediation durch einen Richter ein, der nicht für ein Gerichtsverfahren in der betreffenden Streitsache zuständig ist"*, im Gegensatz zu ausdrücklich ausgegrenzten *„Bemühungen zur Streitbeilegung des angerufenen Gerichts oder Richters während des Gerichtsverfahrens über die betreffende Streitsache"*, Art. 3 lit. a) Abs. 2 Med-RiLi. Nach dieser Begriffsbestimmung unterlag gerichtliche Mediation nach dem Richtermediatorenmodell der Mediationsrichtlinie, während die obligatorische Güteverhandlung nach § 278 Abs. 2 ZPO gerade nicht darunter fällt. Auch das bisherige, auf der Figur des ersuchten Richters gem. § 278 Abs. 5 S. 1 ZPO aF basierende Güterichtermodell fiel nicht unter die Mediationsrichtlinie. Hierbei handelte es sich vielmehr ebenfalls um innerprozessuale Vermittlungsbemühungen.[57]

Einer Verbindung von Mediation und Zivilprozess steht die Mediationsrichtlinie damit jedenfalls nicht nur nicht im Wege; sie ermöglicht eine solche sogar explizit.

13   b) Sowohl der **Referenten-**[58] als auch der **Regierungsentwurf**[59] zum Mediationsgesetz sowie die **Stellungnahme des Bundesrates**[60] bezogen die Erfahrungen aus der Phase der Modellprojekte ein, indem sie bereits in der Begriffsbestimmung des § 1 Abs. 1 die richterliche bzw gerichtsinterne Mediation als eine Form von Mediation neben der außergerichtlichen und der gerichtsnahen Mediation anerkannten. Sie verfolgten damit, wie bereits in

---

53 BR-Drs. 10/12, 2.
54 *Hess* ZZP 124 (2011), 137 (154).
55 Vgl. *Fritz* ZKM 2015, 10 (10); *Thole* ZZP 127 (2014), 339 (340 u. 343 ff.).
56 ABl. L 136, 3 ff. (nachfolgend: Med-RiLi).
57 *Greger* NJW 2007, 3258 (3262).
58 Referentenentwurf des Bundesministeriums der Justiz vom 4.8.2010, http://rsw.beck.de/docs/librariesprovider5/rsw-dokumente/RefE_Mediationsgesetz_20100803 (zuletzt abgerufen am 22.06.2017, nachfolgend: Referentenentwurf/RefE).
59 Gesetzentwurf der Bundesregierung vom 12.1.2011, BT-Drs. 17/5335 (nachfolgend: Regierungsentwurf/RegE).
60 Stellungnahme des Bundesrates vom 18.3.2011, BR-Drs. 60/11 (nachfolgend: Stellungnahme Bundesrat/BR-E).

der Bezeichnung als richterliche bzw gerichtsinterne „Mediation" zum Ausdruck kommt, den methodischen Ansatz (→ Rn. 8). Konsequenterweise sollten auch für Richtermediatoren die in §§ 2 ff. geregelten Aufgaben, Offenbarungspflichten und Tätigkeitsbeschränkungen, insbesondere aber auch die Verschwiegenheitspflicht sowie die Aus- und Fortbildungsverpflichtung gelten.[61]

Der Referentenentwurf und die Stellungnahme des Bundesrates gestalteten 14 das Verfahren der richterlichen Mediation in § 278 a Abs. 2 ZPO-RefE bzw § 278 a Abs. 1 a ZPO-BR-E recht detailliert aus und ermöglichten eine reibungslose Eingliederung in den Ablauf des Zivilprozesses.[62] Der Regierungsentwurf hielt den methodischen Ansatz zwar noch aufrecht, beschnitt die gerichtsinterne Mediation aber in mehrfacher Hinsicht.[63] Zum einen setzte er die gerichtsinterne Mediation gegenüber der gerichtsnahen Mediation zurück, indem er diese auf geeignete Fälle beschränkte und dem Richtermediator die im Referentenentwurf noch ausdrücklich zugestandene Befugnis zur Protokollierung von Prozessvergleichen, § 278 a Abs. 2 S. 5 ZPO-RefE, fallen ließ, § 278 a Abs. 1 S. 2 ZPO-RegE. Die in der Begründung[64] als Alternative genannte Vollstreckbarerklärung der Mediationsvereinbarung durch das Amtsgericht gem. § 796 d ZPO-RegE hätte indes zu Zeitverzögerung und Mehrkosten[65] geführt. Damit behandelte der Regierungsentwurf den Richtermediator nicht wie einen Richter, sondern setzte ihn einem juristischen Laien gleich.[66] Zum anderen führte der Regierungsentwurf das – im Referentenentwurf noch nicht ausdrücklich enthaltene und explizit so bezeichnete – Institut des Güterichters in § 278 Abs. 5 ZPO-RefE ein,[67] um klarzustellen, dass das Güterichtermodell von der nunmehr ausdrücklichen gesetzlichen Regelung der gerichtsinternen Mediation unberührt bleiben soll.[68] Damit verfolgte er – parallel zum methodischen Ansatz – auch den prozessualen Ansatz (→ Rn. 8). Dadurch begründete der Regierungsentwurf aber zugleich ein Konkurrenzverhältnis zwischen Richtermediatoren und Güterichtern, weil der Güterichter auch Prozessvergleiche protokollieren durfte[69] und zudem nicht – wie die gerichtsinterne Mediation – von einem Umsetzungsakt der Landesregierung abhängig war, § 15 S. 1 GVG-RegE.[70]

c) Das vom Bundestag auf entsprechende **Empfehlung des Rechtsausschus-** 15 ses[71] am 15.12.2011 beschlossene **Mediationsgesetz** verzichtet auf die drei

---

61 Begründung RefE, S. 24; Begründung RegE, BT-Drs. 17/5335, 21.
62 Vgl. *Löer* ZKM 2010, 179 (181 f.); *Löer* in: Gläßer/Schroeter, S. 397 (403).
63 *Hess* (in: Fischer/Unberath, S. 17 (23)) spricht sogar von einer „Diskriminierung der gerichtsinternen Mediation".
64 Begründung RegE, BT-Drs. 17/5335, 21.
65 Eine Vollstreckbarerklärung gem. § 796 d ZPO-RegE sollte nach Nr. 2118 Anlage 1 GKG-RegE eine Gebühr in Höhe von 50 EUR auslösen.
66 *Hess* in: Fischer/Unberath, S. 17 (24).
67 Erstmals zu finden ist der „Güterichter" im Gesetzesantrag des Freistaates Bayern an den Bundesrat vom 1.10.2004 (BR-Drs. 747/04).
68 So ausdrücklich: Begründung RegE, BT-Drs. 17/5335, 20.
69 Begründung RegE, BT-Drs. 17/5335, 20.
70 *Löer* in: Gläßer/Schroeter, S. 397 (409).
71 Beschlussempfehlung und Bericht des Rechtsausschusses vom 30.11.2011, BT-Drs. 17/8058 (nachfolgend: Empfehlung Rechtsausschuss).

in den Entwürfen noch definierten Formen von Mediation, nämlich außergerichtliche, gerichtsnahe und richterliche bzw gerichtsinterne Mediation,[72] und schaffte Mediation innerhalb des Gerichts, jedenfalls unter diesem Begriff und in institutionalisierter Form, ab.[73] Damit gab es seinem Wortlaut nach den methodischen Ansatz gänzlich auf und verfolgte ausschließlich den prozessualen Ansatz (→ Rn. 8) weiter, nämlich ein **„erweitertes Güterichterkonzept"**.[74, 75]

In dieses sollten nach der Begründung des Rechtsausschusses freilich die bisher praktizierten unterschiedlichen Modelle der gerichtsinternen Mediation *„überführt"* werden. Zudem sollten, so ein weiteres Anliegen des Rechtsausschusses, die Kompetenzen und Erfahrungen der bisherigen richterlichen Mediatoren und die entsprechenden Aus- und Fortbildungsmaßnahmen der Länder in vollem Umfang weiter genutzt und fortentwickelt werden.[76] Auch wenn ein Güterichter kein Mediator sei, könne er in einer Güteverhandlung zahlreiche Methoden und Techniken der Mediation einsetzen. Als solche zählt die Begründung beispielhaft auf: das sogenannte aktive Zuhören, die Widerspiegelung von Erklärungen und Botschaften der Parteien in deeskalierender Weise, die Umwandlung von Beschwerden in verhandelbare Themen, die Technik des offenen Fragens, die Erarbeitung von Fairnesskriterien zur Lösung des Konflikts sowie die Entwicklung von realisierbaren Probe- und Teillösungen.[77] Dem Güterichter sollte es demnach, auch wenn er nicht Mediator ist und keine Mediation durchführt, erlaubt sein, auch Methoden und Techniken der Mediation anzuwenden,[78] also mediativ zu arbeiten.[79]

16   Dies kam in den Stellungnahmen der Fraktionen während des Beratungsverlaufs noch deutlicher zum Ausdruck, wenn beispielsweise das Güterichtermodell als Konzept beschrieben wurde, *„das sowohl der Mediation im Gericht als auch der außerhalb des Gerichts gerecht werde"*, von *„Mediation in Gestalt des Güterichtermodells"* gesprochen wurde und das Modell des erweiterten Güterichters, *„das die mediativen Elemente der bisherigen gerichtlichen Mediation zum großen Teil übernehme"*, dazu dienen soll, es

---

72   § 1 Abs. 1 S. 2 Nr. 1–3 MediationsG-RefE und -RegE.
73   Dies wurde in der Literatur teilweise als Abschied von der Richtermediation (*Plassmann* AnwBl 2012, 151) oder sogar als deren künftiges generelles Verbot (*Prütting* AnwBl 2012, 204 (206); *Henssler/Deckenbrock* DB 2012, 159 (161)) verstanden (*Röthemeyer* ZKM 2012, 116).
74   „Erweitert" auch deswegen, weil das Güterichterkonzept auf die Verfahrensordnungen der Arbeits-, Sozial-, Verwaltungs-, Patent-, Marken- sowie Finanzgerichte ausgedehnt wurde (Empfehlung Rechtsausschuss, BT-Drs. 17/8058, 1 und 17).
75   *Fritz* in: Fritz/Pielsticker ZPO § 278 Rn. 24 ff.
76   Empfehlung Rechtsausschuss, BT-Drs. 17/8058, 1 und 17; ebenso: *Leutheusser-Schnarrenberger* ZKM 2012, 72 (73).
77   Empfehlung Rechtsausschuss, BT-Drs. 17/8058, 17/18.
78   Dies war bereits in den vorausgehenden Modellprojekten zum Güterichter der Fall (vgl. *Greger* ZRP 2006, 229; *ders.* ZKM 2006, 68; *ders.* ZKM 2007, 180 (181); *ders.* ThürVBl. 2010, 6).
79   Spitzfindig betrachtet wirft diese Begründung die Frage auf, wie sich – dem Güterichter nach dem Gesetzesfassung erlaubtes – Mediieren, also die Anwendung der Konfliktlösungsmethode Mediation, von der – ihm untersagten – Mediation, also der Durchführung des formalen Konfliktbeilegungsverfahrens, abgrenzt (vgl. *Trossen* ZKM 2012, 29).

der Richterschaft zu ermöglichen, *„ihre in den vergangenen Jahren unter der Bezeichnung Mediation erfolgreich betriebenen Aktivitäten fortsetzen"* zu können.[80]

Ähnlich äußerten sich auch nahezu sämtliche Redner in der 2. und 3. Lesung im Bundestag.[81] *MdB Ahrendt*, Berichterstatter der FDP im Rechtsausschuss, führte noch weitergehend aus, dass es weiterhin eine gerichtliche Mediation gebe, *„quasi in ein Güterichtermodell eingekleidet"*. Dieses Bild fortführend stellte er fest: *„Sie* [die gerichtliche Mediation] *wird nicht abgeschafft, sondern in ein neues Kleid gesteckt."*[82] Es bestand im Bundestag damit parteiübergreifend Konsens, dass die bisherige richterliche Mediationstätigkeit im Güterichterkonzept fortgeführt werden sollte.

Betrachtet man das Ergebnis und den Weg dessen Zustandekommens in der parlamentarischen Arbeit ergibt sich bei diesem ersten Bundestagsbeschluss eine **Diskrepanz zwischen „Beschlossenem" und „Gewolltem".** Der Wortlaut des Mediationsgesetzes beschränkt sich in dieser Fassung, ganz der gesetzgeberischen Tradition seit 1877 in diesem Punkte folgend, auf eine rein prozessuale Einbindung des neu geschaffenen Güterichters, ohne aber dessen Kompetenzen und die von ihm anzuwendenden Methoden explizit zu regeln,[83] obwohl durchaus intendiert ist und in der Empfehlung des Rechtsausschusses auch explizit zum Ausdruck gebracht wird, dass der Güterichter jedenfalls auch interessenorientiert (→ MediationsG § 2 Rn. 82) und unter Anwendung moderner Konfliktlösungstechniken arbeiten kann.

Damit stand zu diesem Zeitpunkt des Gesetzgebungsverfahrens fest, dass zwar innerhalb des Gerichtsprozesses kein Raum für ein institutionalisiertes Mediationsverfahren, im Werkzeugkasten des Güterichters aber Platz sein sollte sowohl für die Verhandlungsmethode Mediation[84] als auch für andere Methoden der außergerichtlichen Konfliktbeilegung.[85]

17

---

80 Empfehlung Rechtsausschuss, S. 16. Nach dem Berichterstatter der CDU/CSU-Fraktion, *MdB Prof. Dr. Sensburg*, sollten im Rahmen des Güterichtermodells „beinahe alle mediativen Methoden angewandt werden" können (NJW-aktuell 52/2011, 14).

81 Stenografischer Bericht der 149. Sitzung vom 15.12.2011, S. 17759, 17837 ff., http://dipbt.bundestag.de/dip21/btp/17/17149.pdf, zuletzt abgerufen am 22.6.2017.

82 Stenografischer Bericht der 149. Sitzung vom 15.12.2011, S. 17838 (B).

83 Vgl. *Hess* ZZP 124 (2011), 137 (159), der bereits zu § 278 Abs. 5 ZPO-RegE ausführt, dass diese rudimentäre Regelung lediglich festhalte, dass es „Güterichter" geben könne und dass diese wohl keine Richtermediatoren seien.

84 IE ebenso *Tautphäus/Fritz/Krabbe* NJW 2012, 364 (365). *Busemann* (ZKM 2012, 55 (56)) spricht insoweit von „Mediation im materiellen Sinne". *Henssler/Deckenbrock* (DB 2012, 159 (161)) unterscheiden zwischen der künftig untersagten „echten" gerichtsinternen Mediation und vom Güterichter anwendbaren Mediationstechniken und Methoden. Auch nach *Prütting* (AnwBl 2012, 204 (207)) kann der Güterichter zwar alle ihm zu Gebot stehenden mediativen Mittel einsetzen, ist aber nicht echter Mediator.

85 Der niedersächsische *Justizminister Busemann* brachte es im Bundesrat auf die Formel: „Es steht zwar nicht Mediation drauf, es ist aber Mediation drin." (Stenografischer Bericht der 892. Sitzung vom 10.2.2012, S. 58 (B); http://www.bundesrat.de/SharedDocs/downloads/DE/plenarprotokolle/2012/Plenarprotokoll-892.pdf?__blob=publicationFile&v=3, zuletzt abgerufen am 22.6.2017).

18 d) Gegen das vom Bundestag beschlossene Mediationsgesetz legte der **Bundesrat Einspruch** ein, und zwar mit dem einzigen Ziel, die richterliche Mediation in den Prozessordnungen ausdrücklich zu verankern.[86] Die im **Vermittlungsausschuss** erzielte,[87] sodann vom Bundestag beschlossene[88] und vom Bundesrat akzeptierte[89] Fassung des Mediationsgesetzes behält das **erweiterte Güterichtersystem** einschließlich der **Abschaffung der gerichtsinternen Mediation** und damit den prozessualen Ansatz (→ Rn. 8) bei. Sie **ergänzt** diesen aber **um ein methodisches Element**, indem § 278 Abs. 5 S. 2 ZPO ausdrücklich festschreibt, dass der Güterichter *„alle Methoden der Konfliktbeilegung einschließlich der Mediation"* einsetzen kann. Hiermit korrespondiert die nunmehr in § 278 Abs. 5 S. 1 ZPO enthaltene Legaldefinition des Güterichters als ua nicht entscheidungsbefugtem Richter. Damit verfolgt das Mediationsgesetz in seiner endgültigen Fassung hinsichtlich des Verhältnisses von Mediation und Streitentscheidung primär den prozessualen Ansatz, allerdings mit methodischer Ergänzung.

19 Dem zur Folge verbleibt es dabei, dass der Begriff der „gerichtsinternen Mediation" zugunsten des (erweiterten) Güterichtermodells aufgegeben wurde und ein institutionalisiertes Mediationsverfahren mit einem Richter als Mediator nicht in einen Gerichtsprozess integriert werden darf. Die Bezeichnung „Mediator" bleibt vielmehr – nach Ablauf der Übergangsfrist des § 9 – der außergerichtlichen Mediation vorbehalten.[90] Gleichwohl dürfen die Gerichte, und zwar durch den Güterichter, uneingeschränkt die Methode der Mediation und andere interessenorientierte Konfliktbeilegungsmethoden anwenden.[91]

20 e) Warum verzichtet der Gesetzgeber aber, nachdem die beiden Entwürfe und die Stellungnahme des Bundesrates der gerichtlichen Mediation noch eine rechtliche Grundlage verschaffen wollten[92] und obwohl jene nach der EU-Mediationsrichtlinie ausdrücklich vorgesehen sowie mit positiven Erfahrungen in den Modellprojekten erprobt war, letztendlich doch auf gerichtsinterne Mediation und zwischenzeitlich sogar auch auf inhaltliche oder methodische Vorgaben für den Güterichter im Gesetzeswortlaut?

Der wesentliche Grund für den Verzicht auf gerichtliche Mediation als eigenständigem Institut liegt nach der vehementen Kritik im Laufe des Ge-

---

86 Anrufung des Vermittlungsausschusses durch den Bundesrat vom 10.2.2012, BR-Drs. 10/12.
87 Beschlussempfehlung des Vermittlungsausschusses vom 27.6.2012, BT-Drs. 17/10102.
88 Beschluss vom 28.6.2012, BT-PlPr 17/187.
89 Beschluss vom 29.6.2012, BR-Drs. 377/12.
90 So auch die Pressemitteilung des Bundesrates vom 29.6.2012, http://www.bundesrat.de/SharedDocs/pm/2012/097-2012.html?nn=4374836, zuletzt abgerufen am 22.6.2017. Ebenso: *Ortloff* NVwZ 2012, 1057 (1058); *Röthemeyer* ZKM 2012, 116 (117); *Wagner* ZKM 2012, 110 (113); *Ahrens* NJW 2012, 2465 (2467).
91 *Heribert Prantl* kommentierte in der Süddeutschen Zeitung vom 2.7.2012 den vom Vermittlungsausschuss gelösten Streit in der Frage, ob eine Mediation auch an Gerichten stattfinden darf, treffend: „Sie darf. Sie darf dort nur nicht so heißen. Bei Gericht heißt der Mediator „Güterichter".
92 Begründung RefE (Fn. 57), S. 1; Begründung RegE, BT-Drs. 17/5335, 1; Stellungnahme Bundesrat, BR-Drs. 60/11, Begründung zu Ziff. 1.

setzgebungsverfahrens,[93] die geradezu in einen Positionenkampf[94] ausarte-
te,[95] auf der Hand, nämlich schlichtes **Wettbewerbs- und Konkurrenzden-
ken.**[96] Dieses entzündete sich – bereits in der Phase der Modellprojekte – in
erster Linie an der (angeblichen) Kostenfreiheit der Richtermediation und
fand während des Gesetzgebungsverfahrens weitere Nahrung durch die
Versagung einer Mediationskostenhilfe und weitreichender Kosten- und
Gebührenanreize zugunsten der außergerichtlichen Mediation.[97] Dem trägt
auch die Beschlussempfehlung des Rechtsausschusses Rechnung, wenn dieser – als Alternative zur Einführung von Gebühren für die gerichtsinterne
Mediation – eine klare gesetzliche Abgrenzung der richterlichen Streitschlichtung von der Mediation als Begründung für das erweiterte Güterichterkonzept angibt und mit diesem die Möglichkeiten für die Entwicklung
der außergerichtlichen Mediation und anderer Formen der außergerichtlichen Konfliktbeilegung erweitern will.[98] Der (rechts-)politische Kompromiss ist auch daran erkennbar, dass in der Begründung zum Regierungsentwurf noch acht Punkte angeführt wurden, in denen sich das Güterichtermodell grundlegend von der Mediation unterscheidet,[99] nach der ersten
Gesetzesfassung des Bundestages aber richterliche Mediationstätigkeit im
erweiterten Güterichterkonzept fortgeführt werden sollte, ohne dass der
Gesetzeswortlaut insoweit geändert wurde.[100]

Auch der zwischenzeitliche Verzicht auf inhaltliche und methodische Vorgaben für den Güterichter im Gesetzeswortlauf leuchtet nicht ohne Weiteres ein. Ganz im Gegenteil macht eine Verlagerung der Güteverhandlung
gem. § 278 Abs. 2 ZPO vom Streitrichter auf den Güterichter nur dann
Sinn, wenn dieser eine andere und auch methodisch über § 278 Abs. 2 S. 2,

---

93   Insbesondere seitens der Bundesrechtsanwaltskammer (Stellungnahme
     Nr. 27/2010, S. 5 ff., www.brak.de/seiten/pdf/Stellungnahmen/2010/Stn27.pdf,
     zuletzt abgerufen am 22.6.2017; Presseerklärung Nr. 1 vom 14.1.2011, http://ww
     w.brak.de/fuer-journalisten/pressemitteilungen-archiv/2011/presseerklaerung-1-2
     011/, zuletzt abgerufen am 22.6.2017) und des Deutschen Anwaltsvereins (Stel-
     lungnahme Nr. 58/2010, S. 9 ff., https://anwaltverein.de/de/newsroom/id-2010-5
     8, zuletzt abgerufen am 22.6.2017).
94   Vor allem hinsichtlich der Befugnis von Richtermediatoren zur Protokollierung
     von Prozessvergleichen und der Frage der Kostenfreiheit des richterlichen Media-
     tionsangebotes.
95   Vgl. *Gläßer* ZKM-Editorial 1/2011; *Moltmann-Willisch/Kraus/von Hammerstein*
     ZKM 2011, 26 (27).
96   *Röthemeyer* ZKM 2012, 116 (117); *Sporré* DRiZ 2011, 222 und 224; *Henssler/
     Deckenbrock* DB 2012, 159 (161); *Ortloff* NVwZ 2012, 1057 (1059).
97   Vgl. zB: *Plassmann* AnwBl 2011, 123 (124); *Ewer* AnwBl 2012, 18 (20); ferner:
     Engel/Hornuf, ZZP 124 (2011), 505 (514) auf der Basis einer empirischen Stu-
     die; und immer noch: *Duve* ZKM 2012, 108; *Jung* ZKM 2013, 63 (65); *Busch-
     mann* AnwBl 2013, 508 (509); aA *Busemann* ZKM 2012, 55 (56).
98   Empfehlung Rechtsausschuss, BT-Drs. 17/8058, 1 und 17.
99   Siehe Begründung RegE, BT-Drs. 17/5335, 20.
100   § 278 Abs. 5 S. 1 ZPO gem. Bundestagsbeschluss vom 15.12.2011 wurde gegen-
     über dem RegE lediglich um die Wörter „sowie für weitere Güteversuche" erwei-
     tert. Dies vermag, wie der nordrhein-westfälische *Justizminister Kutschaty* im
     Bundesrat zu Recht festgestellt hat (Stenografischer Bericht der 892. Sitzung vom
     10.2.2012, S. 30/31; http://www.bundesrat.de/SharedDocs/downloads/DE/plenar
     protokolle/2012/Plenarprotokoll-892.pdf?__blob=publicationFile&v=3, zuletzt
     abgerufen am 22.6.2017), den Bedeutungswandel des Güterichtermodells nicht
     zu erklären.

3 ZPO (Erörterung des Sach- und Streitstandes, Stellen von Fragen, persönliche Anhörung der Parteien) hinausgehende Vorgehensweise praktizieren kann. Es wäre hilfreich gewesen, wenn der Gesetzgeber von vorneherein diese und die dafür in Betracht kommenden Methoden und Techniken nicht nur in der Begründung der Beschlussempfehlung des Rechtsausschusses beispielhaft aufgeführt und in der Bundestagsdebatte auf die beabsichtigte Beibehaltung der bisherigen Praxis hingewiesen hätte, sondern die weitergehenden inhaltlichen und methodischen Kompetenzen des Güterichters auch ausdrücklich im Gesetzestext angesprochen hätte. Dies wurde erst im Vermittlungsausschuss durch § 278 Abs. 5 S. 2 ZPO nachgeholt.

21   f) Das Mediationsgesetz hat für die Justiz auf der einen Seite zur Folge, dass es für gerichtliche Mediation, die auch als solche bezeichnet und institutionalisiert wird, keine rechtliche Grundlage mehr gibt. Insbesondere kann nach der bewussten Entscheidung des Gesetzgebers gegen gerichtsinterne Mediation in Ermangelung einer planwidrigen Regelungslücke nicht mehr auf die in den Modellprojekten zugrunde gelegte Analogie zurückgegriffen werden.[101] Vielmehr ist „Mediation" als förmliches Verfahren aus dem gerichtsinternen Bereich künftig gleichsam verbannt.[102] Damit **entfällt** ein **Schlüsselbegriff** („Mediationsverfahren"), sowohl für die Bürger, an die sich dieses Angebot der Justiz richtet und die sich aufgrund des Freiwilligkeitsgrundsatzes positiv zu diesem bekennen müssen, als auch für die Richtermediatoren in deren täglichen Rechtfertigungsbemühungen gegenüber kritischen Richterkollegen, Rechtsanwälten und Justizverwaltungen.

22   Auf der anderen Seite eröffnet die Figur des Güterichters die Möglichkeit, den Parteien auch künftig noch nach Klageerhebung, also während des laufenden Gerichtsverfahrens, innerhalb des Gerichts und unter dem Eindruck einer Richterpersönlichkeit eine eigenverantwortliche Streitbeilegung anzubieten.[103] Auch wird eine Aufhebung der personellen Identität zwischen Güterichter und Streitrichter ermöglicht, die für eine interessenorientierte Konfliktbearbeitung unabdingbar ist.[104]

23   Glücklicherweise hat sich der Gesetzgeber zu der Formulierung von § 278 Abs. 5 S. 2 ZPO durchgerungen (→ Rn. 18), so dass keine Zweifel bestehen, dass Güterichter auch interessenorientiert sowie unter Anwendung moderner Konfliktlösungstechniken, insbesondere Mediation,[105] arbeiten können. Dies stellt einen deutlichen Fortschritt gegenüber der ZPO-Re-

---

101 Vgl. *Löer* ZKM 2010, 179 (181); *Schmidbauer* ZKM 2012, 88 (90).
102 Dies entspricht durchaus dem Beschluss der Konferenz der Justizministerinnen und -minister v. 29./30.6.2005 (Ziff. 2.2 Nr. 9, veröffentlicht zB in DRiZ 2005, 213, 215), die gerichtsinterne Mediation „als Übergangslösung" ansah. Jedoch sprachen sich die Justizministerinnen und -minister am 9.11.2011 für eine gesetzliche Verankerung der richterlichen Mediation aus (TOP I.10, http://www.mj.sac hsen-anhalt.de/themen/konferenzen/justizministerkonferenz/beschluesse/beschlues se-der-82-justizministerkonferenz-2011/?&q=JuMiKo+9.11.2011), zuletzt abgerufen am 22.6.2017.
103 Ähnlich: *Greger* AnwBl 2013, 504 (504).
104 Dies war der Ansatz für die Modellprojekte zur gerichtlichen Mediation (vgl. *Löer* ZKM 2005, 182 (183 f.); *ders.* ZZP 119 (2005), 199 (203 f.)).
105 Auch eine Co-Mediation, sei es unter Hinzuziehung eines weiteren Güterichters oder eines außergerichtlichen Mediators, ist möglich (→ ZPO § 278 Rn. 25).

form 2002 dar, in der für die neu geschaffene Güteverhandlung inhaltliche und methodische Impulse unterblieben (→ Rn. 5).

Schließlich hat der Güterichter durch die Legaldefinition in § 278 Abs. 5 S. 1 ZPO eine eigenständige Stellung gerade auch in Abgrenzung zum beauftragten und ersuchten Richter (→ ZPO § 278 Abs. 5 Rn. 8 f.) erhalten. Dies war in der ersten Fassung des vom Bundestag beschlossenen Mediationsgesetzes noch unzureichend.[106]   **24**

II. Das Verhältnis von Güterichtermodell und gerichtsinterner Mediation

1. Abgrenzung. Eigentlich schon seit Beginn der Modellprojekte zum Güterichter,[107] spätestens aber mit Einführung des Instituts des Güterichters in § 278 Abs. 5 ZPO nF durch den Regierungsentwurf,[108] parallel zur gerichtsinternen Mediation gem. § 1 Abs. 1 S. 2 Nr. 3 MediationsG-RegE iVm § 15 GVG-RegE, § 278 a Abs. 1 S. 2 ZPO-RegE steht die Frage im Raum, wie sich die unterschiedlichen dogmatischen Ansätze – methodischer bzw prozessualer Ansatz (→ Rn. 8) – auf deren organisatorische Umsetzung und auf die inhaltliche Tätigkeit von Richtermediatoren und Güterichtern auswirken.   **25**

Der Gesetzgeber brachte seine Vorstellungen hinsichtlich der Abgrenzung von Güterichter und richterlichem Mediator nur unzureichend zum Ausdruck. Zwar führte die Begründung des Regierungsentwurfs einige Punkte an, in denen sich Güterichter und Richtermediator unterscheiden.[109] Bei dem nachfolgenden Wechsel zum sog. erweiterten Güterichterkonzept durch den Rechtsausschuss (→ Rn. 15) standen aber neben der Erläuterung der Erweiterungen die dem Güterichter im Gegensatz zum Streitrichter obliegenden Kompetenzen – und nicht die Abgrenzung zum nunmehr aufgegebenen Richtermediator – im Vordergrund.[110] Für die Modifikation durch den Vermittlungsausschuss fehlt es überhaupt an einer amtlichen Begründung. Ein einheitliches Bild der **Vorstellungen des Gesetzgebers** hinsichtlich der Abgrenzung von Güterichter und Richtermediator ist in den Gesetzesmaterialien somit nicht zu finden. Ein solches versucht die nachfolgende Tabelle zu vermitteln.[111] Sie geht in der Spalte „Güterichter" von der endgültigen Gesetzesfassung aus. Um die Entwicklung im Laufe des Gesetzgebungsverfahrens kenntlich zu machen, sind Abweichungen in früheren Gesetzesstadien – eingerückt und in kleinerem Schriftbild — eingerückt und in kleinerem Schriftbild – ebenfalls aufgeführt. Angaben aus der Begründung des Regierungsentwurfs sind durch hellgraue, aus der Empfeh-

---

106 Vgl. *Röthemeyer* ZKM 2012, 116.
107 Erstmals wurde das Güterichtermodell in Bayern praktiziert. Das Justizministerium initiierte 2005 das Projekt „Güterichter" an acht bayerischen Landgerichten (*von Bargen*, S. 74; vgl. auch Fn. 39).
108 Der Referentenentwurf sah einen „Güterichter" noch nicht explizit vor (vgl. § 278 Abs. 5 ZPO-RefE).
109 S. Begründung RegE, BT-Drs. 17/5335, insbes. S. 20, zudem S. 13, 15, 17, 21.
110 Vgl. Empfehlung Rechtsausschuss, BT-Drs. 17/8058, insbes. S. 17 f., 21.
111 Vgl. auch die Tabelle bei: *Carl* ZKM 2012, 16 (19) (bis Stand erster Bundestagsbeschluss).

lung des Rechtsausschusses durch dunkelgraue Hinterlegung kenntlich gemacht.

Tabelle: Güterichter – Richtermediator

	Güterichter gem. § 278 Abs. 5 ZPO nF erstmals: § 278 Abs. 5 ZPO-RegE	richterlicher Mediator iSv § 1 Abs. 1 S. 2 Nr. 3 MediationsG-RegE
Initiative	■ Verweisung im Ermessen des Gerichts, § 278 Abs. 5 S. 1 ZPO („kann")[112] ■ Verweisung allein im Ermessen des Gerichts ■ Verweisung nur mit Einverständnis der Parteien	Durchführung nur mit Zustimmung der Parteien
Auswirkung auf das Gerichtsverfahren	Fortführung des Verfahrens	Anordnung des Ruhens des Verfahrens, § 278 a Abs. 2 ZPO-RegE, § 251 ZPO
Status	–[113] ■ gesetzlicher Richter iSv § 16 S. 2 GVG, ■ zu regeln im Geschäftsverteilungsplan ■ gehört zwingend demselben Gericht an wie der verweisende Richter ■ kann auch einem anderen Gericht derselben oder einer anderen Gerichtsbarkeit angehören[114]	von den Parteien frei wählbar kann auch einem anderen Gericht angehören

---

112 Ein Einverständnis der Parteien ist lediglich mit der Anwendung einer auf dem Freiwilligkeitsgrundsatz basierenden Konfliktbeilegungsmethode erforderlich (→ ZPO § 278 Rn. 14).

113 Die endgültige Gesetzesfassung geht wohl davon aus, dass der Güterichter nicht gesetzlicher Richter ist (→ ZPO § 278 Fn. 7).

114 Eine Beschränkung des Güterichtereinsatzes auf gerichtsinterne Lösungen, die im RegE in Abgrenzung zur gerichtsinternen Mediation noch enthalten war, ist nach deren Wegfall, so die Empfehlung des Rechtsausschusses (S. 21), nicht mehr sachdienlich.

	Güterichter gem. § 278 Abs. 5 ZPO nF erstmals: § 278 Abs. 5 ZPO-RegE	richterlicher Mediator iSv § 1 Abs. 1 S. 2 Nr. 3 Me- diationsG-RegE
Aus-, Fortbildung	–[115]	Anforderungen des § 5 MediationsG-RegE gelten
Recht zur Akten- einsicht	freie Einsicht in die Pro- zessakte	Einsicht nur mit Zustim- mung der Parteien
Freiwilligkeit	bestimmt den Termin zur Güteverhandlung, §§ 272, 216 ZPO	spricht den Termin ab und lädt zu diesem ein
Vertraulichkeit	■ es gilt das jedem Rich- ter gem. § 383 Abs. 1 Nr. 6 ZPO zustehende Zeugnisverweige- rungsrecht ■ nicht gesetzlich ge- schützt ■ Ausschluss der Öffent- lichkeit ■ Protokollaufnahme bei Güterichter nur auf übereinstimmen- den Antrag, § 159 Abs. 2 S. 2 ZPO nF ■ Protokollaufnahme bei ersuchtem Richter nur auf übereinstim- menden Antrag	in den Grenzen von § 4 MediationsG-RegE ge- schützt: Zeugnisver- weigerungsrecht gem. § 383 Abs. 1 Nr. 6 ZPO –[116]
Methodisches Vorgehen	alle Methoden der Kon- fliktbeilegung einschließ- lich der Mediation grundsätzlich frei, aber auch: ■ Einsatz von zahlrei- chen Methoden und Techniken der Media- tion, zB aktives Zuhö- ren,	Mediation

---

115 Für Güterichter sind besondere Anforderungen an die Aus- und Fortbildung nicht
     ausdrücklich normiert (vgl. *Sensburg* NJW-aktuell 52/2011, 14 bzgl § 5 Mediati-
     onsG). Allerdings wird § 5 MediationsG für analog anwendbar gehalten (so *Ort-
     loff* NVwZ 2012, 1057 (1060); hierzu → ZPO § 278 Rn. 11, 15).
116 Nicht ausdrücklich in der Begründung des Regierungsentwurfs bzw der Empfeh-
     lung des Rechtsausschusses angesprochen, in der Praxis aber idR ebenso gehand-
     habt.

	Güterichter gem. § 278 Abs. 5 ZPO nF erstmals: § 278 Abs. 5 ZPO-RegE	richterlicher Mediator iSv § 1 Abs. 1 S. 2 Nr. 3 MediationsG-RegE
	■ Wiederspiegelung von Erklärungen und Botschaften der Parteien in deeskalierender Weise, ■ Umwandlung von Beschwerden in verhandelbare Themen, ■ Technik des offenen Fragens, ■ Erarbeitung von Fairnesskriterien zur Lösung des Konflikts, ■ Entwicklung von realisierbaren Probe- und Teillösungen ■ rechtliche Bewertung, Lösungsvorschläge zulässig _[117]	keine rechtliche Bewertung, keine Lösungsvorschläge Einzelgespräche möglich, § 2 Abs. 3 S. 3 MediationsG-RegE
Einbeziehung Dritter	_[118]	mit Zustimmung aller Parteien möglich, § 2 Abs. 4 MediationsG-RegE
Abschluss des Verfahrens	Protokollierung eines Prozessvergleichs möglich keine Festsetzung des Streitwerts[119] Festsetzung des Streitwerts	nur privatschriftliche Dokumentation einer Abschlussvereinbarung; diese kann gem. § 796 d ZPO-RegE für vollstreckbar erklärt werden Unterbreiten von Vorschlägen für die Bemessung des Streitwerts

26   Trotz dieser Unterschiede, die sich während der Phase der Modellprojekte in der täglichen Praxis, teils auch aufgrund kompensierender Maßnah-

---

117   Nicht ausdrücklich in der Begründung des Regierungsentwurfs bzw der Empfehlung des Rechtsausschusses angesprochen, in der Praxis aber idR ebenso gehandhabt.

118   Nicht ausdrücklich in der Begründung des Regierungsentwurfs bzw der Empfehlung des Rechtsausschusses angesprochen, in der Praxis aber idR ebenso gehandhabt.

119   Str., → ZPO § 278 Rn. 18 mwN.

men,[120] nicht wesentlich auswirkten (→ Rn. 8), ist beiden dogmatischen Ansätzen **gemeinsam,** dass die **personelle Identität zwischen** einerseits dem zuständigen **Streitrichter** und andererseits dem **Vermittler,** also dem Richtermediator bzw dem Güterichter **aufgehoben** wird. Dies ist eine wesentliche Voraussetzung für die Anwendung von interessenorientierten und damit auf der Offenheit der Parteien basierenden Konfliktbeilegungsmethoden.[121] Denn wer befürchten muss, dass ein in Anwesenheit des ggf auch zur Streitentscheidung berufenen Richters geführtes Einigungsgespräch scheitern könnte mit der Folge, dass der Rechtsstreit von jenem Richter autoritativ und in Kenntnis der im Einigungsgespräch erlangten Informationen zu entscheiden wäre, der wird sicherlich weniger offen und ehrlich seine wirklichen Interessen darlegen. Vielmehr wird er häufig schon aus Vorsicht darum bemüht sein, keine Angriffsfläche zu bieten, und daher eher kontradiktorisch als konsensual mit der Gegenseite verhandeln.

2. Vor- und Nachteile des Güterichtermodells. a) Das Güterichtermodell 27
gewährleistet eine **flexiblere Verfahrensgestaltung** als das Richtermediatorenmodell. Da es den Güterichter nicht auf die Konfliktbeilegungsmethode Mediation festlegt, sondern eine im Einzelfall angemessene, in der Methodik freie Konsenslösung fördern und prozessual ermöglichen will (→ Rn. 8), eröffnet es Raum sowohl für ein evaluatives Vorgehen, eine Konfliktmoderation, ein qualifiziertes Vergleichsgespräch, eine Schlichtung des Streits etc., als auch für die Anwendung sämtlicher ADR-Methoden einschließlich Mediation oder einzelner ihrer Techniken (→ ZPO § 278 Rn. 13). Insofern sieht sich das Güterichtermodell – im Gegensatz zur Richter-„mediation" – nicht dem Vorwurf ausgesetzt, etwas zu versprechen, das in der täglichen Praxis zumindest nicht zu 100 % umgesetzt wird.

Zudem betont das „Güterichter"-modell, wie bereits der Begriff durch den 28
Bezug zu der nur von einem Richter durchzuführenden Güteverhandlung gem. § 278 Abs. 2 ZPO zum Ausdruck bringt, zweifelsfrei die **Richtereigenschaft** des Güterichters (→ ZPO § 278 Rn. 7); dies war für die Richtermediation, die oftmals durchgeführt wurde, während das Gerichtsverfahren ruhte,[122] höchst streitig.[123] Damit bestehen keine Besonderheiten bezüglich der dem Güterichter zustehenden Kompetenzen, wie beispielsweise dem Recht zur Akteneinsicht, der Beurkundungsfunktion, der für ihn gel-

---

120 Bspw durch das Heranziehen der Figur des ersuchten Richters zum Zwecke der Vergleichsprotokollierung im Wege einer Analogie zu § 278 Abs. 5 S. 1 ZPO (→ Rn. 8).

121 Die Aufhebung der personellen Identität zwischen Streitrichter und Vermittler war sicherlich ein weiterer Grund für den Erfolg der Richtermediation (→ Rn. 10).

122 Vgl. *von Bargen,* S. 328 f.

123 Zum Streitstand, ob die gütliche Beilegung des Rechtsstreits durch Richtermediation als Rechtsprechung iSv Art. 92 GG, § 1 DRiG oder als Aufgabe der Justizverwaltung gem. § 4 Abs. 2 Nr. 1 DRiG zu qualifizieren ist, vgl. *Hess* (ZZP 124 (2011), 137 (149), mwN Fn. 82, 84) und *von Bargen* (S. 227 f., mwN Fn. 110).

tenden Haftungsbeschränkungen und auch der für das Verfahren vor dem Güterichter anfallenden Kosten[124] (→ ZPO § 278 Rn. 16 f., 31).

29   Ein zwar eher rechtspolitischer, aber als solcher, wie der Ablauf des Gesetzgebungsverfahrens deutlich aufgezeigt hat (→ Rn. 20), keinesfalls zu unterschätzender Vorteil des Güterichtermodells liegt darin, dass es durch den Verzicht auf eine Wortverbindung mit „Mediation" schon begrifflich eine – vermeintliche – Konkurrenz zur außergerichtlichen Mediation vermeidet.[125]

30   Ferner kommt das Güterichtermodell, da es unmittelbar in der ZPO und den Prozessordnungen der Fachgerichtsbarkeiten geregelt ist, **bundesweit und in allen Gerichtsbarkeiten** zur Anwendung.[126] Dies war im Laufe des Gesetzgebungsverfahrens für die Richtermediation nicht mehr der Fall. Der Regierungsentwurf machte die gerichtsinterne Mediation vielmehr von einem Umsetzungsakt der Landesregierungen abhängig, § 15 S. 1 GVG-RegE, um deren unterschiedlichen Ausprägungen in den Ländern Rechnung zu tragen.[127] Diese Öffnungsklausel hätte zu einer bundesweit uneinheitlichen Ausbreitung der gerichtsinternen Mediation geführt.

31   b) Während die von der EU-Mediationsrichtlinie explizit eingeschlossene (→ Rn. 12) Richtermediation auch in anderen Ländern bekannt ist,[128] ist der **Begriff „Güterichter" international nicht übersetzbar**.[129] Der bundesdeutsche Gesetzgeber beabsichtigte bei der Umsetzung der Mediationsrichtlinie hinsichtlich des gerichtsinternen Bereichs offensichtlich, einen eigenen Weg zu beschreiten.

32   Da die Güterichter nicht den Aus- und Fortbildungsanforderungen der außergerichtlichen Mediatoren gem. §§ 5, 6 unterliegen (→ ZPO § 278 Rn. 11), besteht das **Risiko, dass der Qualifizierungsstandard** auf Dauer **absinkt**.[130] Dies gilt umso mehr, weil den Justizverwaltungen nicht ausdrücklich auferlegt wird, für eine gezielte Aus- und Fortbildung der Güterichter Sorge zu tragen. Das bedeutet freilich nicht, dass diese hierfür nicht zu sorgen haben[131] und sich nicht auch, teils sogar recht intensiv, darum kümmern.[132] Zwar mag dieses Risiko als lediglich sekundäre Folge des Güterichtermodells eingeordnet werden. Es kann aber aus der Perspektive der betroffenen Richter mit Blick auf deren Qualifizierung und Fortbildung sowie die dafür erforderlichen Mittel gleichwohl einschneidende Auswirkungen haben, insbesondere auch auf Motivation und Engagement. Ver-

---

124 Dies war bspw problematisch in einem dem Beschluss des VGH Mannheim (9.10.2012, NVwZ 2013, 379 mit Anm. *Fritz* NVwZ 2013, 380) zugrunde liegenden Fall.
125 *Carl* ZKM 2012, 16 (18).
126 Gleichwohl sieht *Horstmeier* (Rn. 439 f.) in der Praxis der Gerichte wegen unterschiedlicher Handhabungen, Ausstattungen und Qualitäten die Gefahr einer Rechtszersplitterung.
127 Begründung RegE, S. 19.
128 ZB in Norwegen, Dänemark, Finnland, Slowenien, Litauen, aber auch in Japan (genauer: *von Bargen*, S. 115 ff.; *Rüssel* in: Haft/v. Schlieffen, § 54).
129 Ähnlich: *Moltmann-Willisch* in: Haft/v. Schlieffen, § 51 Rn. 5.
130 Ähnlich: *Schreiber* BJ 2012, 337 (339).
131 Vgl. *Greger* in: Greger/Unberath/Steffek, E. Rn. 119 aE.
132 Vgl. *Schobel* ZKM 2012, 191 (194); skeptisch hingegen: *Horstmeier*, Rn. 441, 568.

stärkt wird die damit einhergehende Gefahr eines geringer werdenden justizinternen Stellenwerts der Arbeit der Güterichter dadurch, dass Schlüsselbegriffe wie „gerichtsinterne Mediation" oder „Richtermediator" aufgegeben wurden, ohne dass eine prägnante, aussagekräftige Alternativbezeichnung für deren Tätigkeit gefunden wurde (→ Rn. 7).

Insgesamt besteht die Gefahr, dass das an den Gerichten bisher vorgehaltene Mediationsangebot durch die Überführung in das – begrifflich wenig aussagekräftige und inhaltlich-konzeptionell unspezifische – Güterichtermodell so weit **verwässert** wird, dass es – wie die Güteverhandlung nach deren Einführung 2002 – den ihm zugedachten, eigenständigen Status vielleicht sogar schon mittelfristig, zumindest aber dauerhaft nicht aufrecht erhalten kann.[133]   33

3. Bewertung. a) Es ist zu konstatieren, dass die **Phase der gerichtlichen Mediation** im deutschen Prozessrecht durch das Mediationsgesetz **beendet** wird. Zwar mag der Zeitpunkt, nur gut zehn Jahren nach den Anfängen der Richtermediation an einzelnen Gerichten, trotz – oder vielleicht gerade wegen – ihrer rasanten faktischen Verbreitung in den Folgejahren[134] und trotz ihrer zwischenzeitlichen Einbeziehung in die EU-Mediationsrichtlinie (→ Rn. 12), überraschen. Letztendlich kommt die Reaktion des Gesetzgebers aber nicht gänzlich unerwartet. Bereits die Justizministerkonferenz im Frühjahr 2005 hatte in der gerichtsinternen Mediation ursprünglich nur eine „Übergangslösung" zur Förderung der konsensualen Streitbeilegung gesehen.[135]   34

Auch wird in Frage gestellt, ob die gerichtliche Mediation die ihr zugedachte Aufgabe, die **Türöffnerfunktion** für die außergerichtliche Mediation, erfüllt hat.[136] Denn der seinerzeit erhoffte Zuwachs an außergerichtlichen Mediationsfällen blieb bisher wohl aus. Jedenfalls ist eine spürbare Nachfragesteigerung im außergerichtlichen Bereich, die auf die gerichtliche Mediation zurückzuführen ist, nicht empirisch belegt. Ganz im Gegenteil weisen die bisherigen Studien eher auf eine Bevorzugung des Richtermediators anstelle außergerichtlicher Mediatoren hin.[137] Gleichwohl hat die in ihrer Breite – über Instanzen und Gerichtsbarkeiten hinweg – in der deut-   35

133 Vgl. *Moltmann-Willisch/Kraus/von Hammerstein* ZKM 2012, 64 (65).
134 Vgl. *Gläßer* in: Gläßer/Schroeter, S. 169, 170.
135 Ziff. 2.2 Nr. 9 des Beschlusses v. 29./30.6.2005, DRiZ 2005, 213 (215). Allerdings sprachen sich die Justizministerinnen und -minister während des Gesetzgebungsverfahrens für eine gesetzliche Verankerung der richterlichen Mediation aus (TOP I.10 des Beschlusses v. 9.11.2011, http://www.mj.sachsen-anhalt.de/fileadm in/Bibliothek/Politik_und_Verwaltung/MJ/MJ/jumiko/hk_I_10_mediationsgesetz. pdf, zuletzt abgerufen am 22.6.2017).
136 *Von Seltmann* NJW-Spezial, 4/2011, 126; *Bercher/Engel* JZ 2010, 226 (227); *Engel/Hornuf* ZZP 124 (2011), 505; *Plassmann* AnwBl 2012, 151 (152); aA *Greger/Weber* MDR 18/2012, Sonderheft S. 4; *Pitschas* ZKM 2014, 146 (148) (bez. der öffentlichen Verwaltung).
137 *Gläßer* in: Gläßer/Schroeter, S. 169 (181); *Greger* in: Gläßer/Schroeter, S. 357 (362); *Röthemeyer/Trümper* in: Gläßer/Schroeter, S. 343 (353 f.); kritisch: *Gläßer/Schroeter* in: Gläßer/Schroeter, S. 415 (416 ff.) unter Hinweis auf oft unbewusste psychologische Mechanismen wie die sog. Wiedererkennungsheuristik und das sog. Modell-Lernen.

schen Justizgeschichte wohl einmalige Initiative der Richterschaft[138] eine intensive Diskussion sowohl inner- als auch außerhalb der Justiz ausgelöst und allein dadurch die außergerichtliche Mediation stärker in den Fokus gerückt.[139]

Im Übrigen verengt die Diskussion über den Türöffnereffekt den Blickwinkel. Sie betrifft in erster Linie die sicherlich auch wichtige, aber wohl nicht allein maßgebliche wirtschaftliche Ebene. Dabei wird übersehen, dass von der gerichtlichen Mediation durchaus Impulse für die Weiterentwicklung der Mediation ausgegangen und im außergerichtlichen Bereich auch aufgenommen worden sind, beispielsweise die Fortentwicklung der Kurzzeitmediation.[140] Zudem kann die gerichtliche Mediation für sich in Anspruch nehmen, die Einführung mediativer Methoden und Techniken in das geltende Prozessrecht deutlich vorangetrieben und damit zu einer Ausweitung und Qualitätsverbesserung des Leistungsangebots der Justiz für den Bürger beigetragen zu haben.

36   b) Der entscheidende Gewinn für die Justiz liegt darin, dass das Mediationsgesetz das **System der gerichtsinternen Konfliktbehandlung** nach der ZPO-Reform 2002 noch **weiter verfeinert.** Es führt neben der mündlichen Verhandlung (§§ 272 Abs. 1, 279 ZPO) und der Güteverhandlung (§ 278 Abs. 2 ZPO) einerseits sowie der gerichtsnahen Mediation (§ 278 Abs. 5 S. 2 ZPO aF, § 278 a Abs. 1 ZPO nF) andererseits mit dem Güterichter (§ 278 Abs. 5 ZPO nF) eine weitere „Instanz" innerhalb des Gerichts ein, die mit dem Streitrichter nicht personenidentisch (→ Rn. 26) und auch mit anderen Techniken und Methoden zur Konfliktbearbeitung ausgestattet (→ Rn. 18, 43) ist. Damit wird dem Streitrichter eine noch differenziertere Konfliktbehandlung ermöglicht.[141] Zugleich bedeutet es einen weiteren Schritt auf dem Weg zu einem differenzierten und durchlässigen staatlichen Konfliktlösungssystem.

37   Auch aus der Sicht des rechtsschutzsuchenden Bürgers ist dieses zur streitigen Entscheidung **zusätzliche Justizangebot** – trotz seiner unglücklichen und eher verwirrenden Bezeichnung (→ Rn. 7), die es den Anwälten nicht gerade erleichtern dürfte, ihren Mandanten seine Zielrichtung nahezubringen – vorteilhaft, da es dem häufig anzutreffenden Wunsch der Konflikt-

---

138 Vgl. *Greger* in: Gläßer/Schroeter, S. 357 (365). Auch *Plassmann* (AnwBl 2012, 151 (152)) räumt – trotz Bestreitens der Türöffnerfunktion der gerichtsinternen für die außergerichtliche Mediation – ein, dass die Richterschaft in den letzten Jahren für die Verbreitung der Mediation deutlich mehr getan haben dürfte als die Anwaltschaft.

139 Der Bundesrat sieht einen zugunsten der außergerichtlichen Mediation wirkenden Fördereffekt darin, dass die Richterschaft die Mediation auch begrifflich positiv besetzt und ihr Seriosität verliehen hat (Beschluss v. 10.2.2012, BR-Drs. 10/12, 3).

140 Hierzu: *Krabbe* ZKM 2004, 72; *Krabbe/Fritz* ZKM 2009, 136 und 176; *Krabbe* in: Haft/v. Schlieffen, § 22; kritisch hierzu: *Jung* ZKM 2013, 63; dagegen *Krabbe/Fritz* ZKM 2013, 76. Vgl. auch das Praxisbeispiel für Kurzzeitmediation bei *Krabbe/Steinwender/Fürst* ZKM 2015, 60.

141 Vgl. *Löer* in: Gläßer/Schroeter, S. 397 (410); *Henssler/Deckenbrock* DB 2012, 159 (162); *Ortloff* NVwZ 2012, 1057 (1060 f.).

parteien nach Artikulation und Wertschätzung deutlich mehr Raum geben kann als das Erkenntnisverfahren.[142]

Das Mediationsgesetz muss aber auch als **verpasste Chance für eine umfassende Implementierung von Mediation im Gerichtsverfahren** und damit für die Legitimierung einer Weiterentwicklung des Mediationsansatzes in einem neuen Umfeld gesehen werden. Denn innerhalb des Gerichtsverfahrens ist künftig kein Raum für ein institutionalisiertes Mediationsverfahren (→ Rn. 21). Verpasst wurden zudem eine frühzeitigere Weichenstellung hinsichtlich des anzuwendenden, bestgeeigneten Konfliktlösungsverfahrens, beispielsweise durch Hinweis- und Beratungspflichten für Rechtsanwälte,[143] die Einrichtung einer Koordinierungsstelle bei Gericht als Schnittstelle zur außergerichtlichen Mediation[144] und die Schaffung wirksamer Kostenanreize,[145], [146] oder -sanktionen.

38

Für die Richter, die sich in der gerichtlichen Mediation engagiert haben, und deren mit viel Eifer und persönlichem Einsatz geschaffene Projekte, die zumindest in der bestehenden Form und unter dem gegenwärtigen Namen nicht mehr fortgeführt werden können, waren der Verlauf des Gesetzgebungsverfahrens und insbesondere der Beschluss des Bundestages vom 15.12.2011 naturgemäß enttäuschend.[147] Dies wird verstärkt dadurch, dass die Richtermediatoren die gewünschte Rechtsgrundlage für die gerichtliche Mediation zwischenzeitlich, nämlich mit dem Referentenentwurf, schon gleichsam in den Händen gehalten hatten. Für deren künftige Arbeit als Güterichter war der weitere Verlauf des Gesetzgebungsverfahrens, insbesondere die sukzessive Aufgabe der bereits greifbar nahen Rechtsgrundlage, wohl nicht gerade motivierend, wenngleich der durch den Vermittlungsausschuss eingeführte § 278 Abs. 5 S. 2 ZPO letztlich zumindest im Ergebnis das Schlimmste verhindert hat.

39

Viel schwerer wiegt aber, dass mit der Abwendung vom Referentenentwurf und der damit eingeleiteten „Rolle rückwärts" des Gesetzgebers, die in der Reduzierung des Schlüsselbegriffs „Mediation" für den gerichtsinternen Bereich allein auf eine Methode endete (→ Rn. 21), ein **falsches Signal an die Justiz** gesandt wurde. Gerichtliche Mediation war weder in den Richterkollegien noch innerhalb der Justizverwaltungen unumstritten. Deren Beendigung und der zwischenzeitliche Verzicht auf eine ausdrückliche Auf-

40

---

142 Vgl. *Götz von Olenhusen* (DRiZ 2009, 360) in Bezug auf gerichtliche Mediation; *Moltmann-Willisch* in: Haft/v. Schlieffen, § 51 Rn. 2.

143 Vgl. *Greger* ZRP 2010, 209 (212); *Horstmeier*, Rn. 522.

144 *Horstmeier*, Rn. 451.

145 So bereits Ziff. 2.2 Nr. 10 des Beschlusses der Justizministerkonferenz v. 29./30.6.2005 (DRiZ 2005, 213 (215)), ausdrücklich im Hinblick auf eine Förderung der außergerichtlichen Streitschlichtung; vgl. auch: *Jost/Neumann* ZKM 2009, 164 (167).

146 Die erst durch den Vermittlungsausschuss eingeführte Verordnungsermächtigung für die Länder zur Einführung kostenrechtlicher Erleichterungen bei Beendigung eines anhängigen Rechtsstreits bzw. Verfahrens im Wege der außergerichtlichen Konfliktbeilegung gem. § 69 b GKG und § 61 a FamGKG stellt allenfalls einen ersten, zaghaften Ansatz dar (vgl. *Wagner* ZKM 2012, 110 (115)).

147 Laut *Hess* (ZZP 124 (2011), 137 (158)) – bevor der Bundestag das Mediationsgesetz beschlossen hatte noch im Irrealis formulierend – würde die Abschaffung der gerichtsinternen Mediation das Engagement hunderter Richter konterkarieren.

nahme der vom Güterichter anzuwendenden Methoden in den Gesetzeswortlaut sind bzw waren somit nicht nur Wasser auf die Mühlen der gerichts- und justizinternen Gegner, sondern dürften auch die Abgabefreude der Streitrichter nicht gerade angeheizt haben[148] und könnten damit das Güterichtersystem von Anfang an belastet haben. Es erscheint fraglich, ob § 278 Abs. 5 S. 2 ZPO nF eine hinreichende Kompensation darstellt.

III. Der Güterichter (seit 2012)

41   Ungeachtet seines wechselvollen und rechtspolitisch umkämpften Entstehungsablaufs führt das *„Gesetz zur Förderung der Mediation und anderer Verfahren der außergerichtlichen Konfliktbeilegung"* v. 21.7.2012 (→ Fn. 2) nunmehr neben dem beauftragten und dem ersuchten Richter (zur Abgrenzung → ZPO § 278 Rn. 8 f.) einen weiteren kommissarischen Richtertypus ein: den Güterichter. Schon nach dem Wortlaut des § 278 Abs. 1 S. 1 ZPO besitzt dieser den **Status eines Richters**. Als solcher ist er bereits aufgrund seines Amtes zur Neutralität verpflichtet. Zudem ist auch der Güterichter Recht und Gesetz unterworfen, Art. 20 Abs. 3, 97 Abs. 1 GG, und unterliegt dem DRiG.[149] Das kann bspw Anzeigepflichten beim Verdacht von Straftaten zur Folge haben (→ ZPO § 278 Rn. 27). Zwar trägt der Güterichter nicht die Verantwortung für die von den Parteien ausgehandelte Lösung, insbesondere wenn diese in einem interessenorientierten Konfliktbeilegungsverfahren erreicht wurde. Die richterliche Fürsorgepflicht und die Grundsätze des fairen Verfahrens können aber Hinweise oder Warnungen zum Beispiel bei Verkennung gravierender rechtlicher Folgen oder ein Einschreiten bei groben Machtungleichgewichten rechtfertigen.[150] Aufgrund seines Richterstatus genießt der Güterichter daher bei den Parteien – verglichen mit einem außergerichtlichen Konfliktmittler – einen erheblichen Vertrauensvorschuss.[151]

Freilich besitzt der Güterichter nach der gesetzlichen Definition gerade **keine Entscheidungsmacht,** und zwar weder materiellrechtlich noch prozessual. Er darf daher weder in der Sache entscheiden noch über einzelne Schritte des Gerichtsverfahrens bestimmen. Das Verfahren verbleibt vielmehr beim Streitrichter; lediglich die Parteien werden nach dem Gesetzeswortlauf vor den Güterichter verwiesen. Somit hat der Streitrichter beispielsweise über Fristverlängerungen, Gewährung von Prozesskostenhilfe und die Kosten des Verfahrens zu entscheiden, während der Güterichter entsprechende Erklärungen und Prozesshandlungen der Parteien lediglich entgegennehmen darf (→ ZPO § 278 Rn. 16 f.). Im Spektrum der richterlichen

---

148   Unzureichende begriffliche Aussagekraft und inhaltlich-konzeptionelle Spezifizierung des Güterichtermodells (→ Rn. 7, 33) wirken sich nicht nur auf die Parteien und deren Prozessbevollmächtigte aus, sondern auch auf den zuständigen Streitrichter, der in der Praxis letztlich über eine Verweisung der Parteien für die Güteverhandlung an den Güterichter entscheidet. Dabei wird er zudem durch den justizinternen Stellenwert, den der Güterichter zugebilligt wird, beeinflusst.

149   *Steiner* in: Eidenmüller/Wagner, Kap. 8 Rn. 40, 44, 47; *Prütting* MDR 2016, 965 (966). Zur Anwendbarkeit des Mediationsgesetzes auf den Güterichter → ZPO § 278 Rn. 11.

150   Vgl. *Steiner* in: Eidenmüller/Wagner, Kap. 8 Rn. 48 ff.; *Prütting* MDR 2016, 965 (966).

151   Vgl. *Greger* MDR 2014, 993 (994).

Aufgaben hat der Güterichter daher im Bereich der konsensualen Beilegung des Rechtsstreits seinen Platz.

Wie aber kann der Güterichter seine Aufgabe, auf eine „gütliche" Einigung   42
der Parteien hinzuwirken und diese bei einer einvernehmlichen Streitlösung
zu unterstützen, erfüllen, ohne dabei selbst als autoritativer Entscheider
aufzutreten? § 278 Abs. 5 S. 2 ZPO ermächtigt den Güterichter ausdrücklich, „alle Methoden der Konfliktbeilegung einschließlich der Mediation"
einzusetzen. Damit steht ihm kraft Gesetzes zunächst einmal das gesamte
Spektrum der Konfliktbeilegungsmethoden zur Verfügung.[152] Diese dem
Güterichter zugestandene **Methodenvielfalt**[153] begründet zugleich die Freiheit zur **Methodenauswahl**.[154] Je nach den Gegebenheiten des konkreten
Falles und den Bedürfnissen der Parteien hat der Güterichter nach entsprechender Konfliktanalyse die am besten geeignete Verhandlungsmethode zu
bestimmen[155] und, sofern die in Aussicht genommene Konfliktbeilegungsmethode auf dem Grundsatz der Freiwilligkeit basiert, das Einverständnis
der Parteien zu dieser einzuholen (→ ZPO § 278 Rn. 14). Das wiederum
setzt unter den Gesichtspunkten Transparenz und Informiertheit voraus,
dass die Parteien die wesentlichen Inhalte der in Aussicht genommenen
Methode, die Verfahrensregeln und die Rolle der Beteiligten kennen.[156]

Die Methodenvielfalt und Auswahlbefugnis des Güterichters ermöglicht
zudem, wenn sich die zunächst angewendete Methode als nicht erfolgreich
erweist und ggf in Abstimmung mit den Parteien, einen Wechsel der Konfliktbeilegungsmethode im Laufe der Güteverhandlung.[157] Das soll freilich
nicht bedeuten, dass der Güterichter nunmehr die – anders als beim früheren Richtermediatorenmodell – nicht mehr vom System vorgegebene, sondern sich selbst aufzuerlegende Disziplin bezüglich der für alle Beteiligten
anstrengenden und zeitaufwändigen Interessenerarbeitung und der in besonderer Weise von der Motivation des Vermittlers lebenden Lösungskreativität ohne Weiteres aufgeben und durch – im Güterichtersystem ja durchaus legitime – ausführlichere Vergleichsgespräche mit richterlichem Lösungsvorschlag (→ ZPO § 278 Rn. 12) ersetzen kann. Solche „Verkürzungen" des Lösungswegs würden für die Parteien wieder Fremdbestimmung
statt Eigenverantwortlichkeit bedeuten und damit zu dem Verlust der Besonderheiten etwa des Mediationsverfahrens, insbesondere der Nachhaltigkeit der Ergebnisfindung durch den interessenbasierten Ansatz, und so
letztlich auch zum Verlust der Qualitätsverbesserung des Justizangebots

---

152 Arnold/Lorenz/*Greger*, S. 111, 116; Zöller/*Greger* ZPO § 278 Rn. 28 a; *Fritz/
    Schroeder* NJW 2014, 1910 (1911 u. 1913).
153 So auch: *Thole* ZZP 127 (2014), 339 (356); *Moltmann-Willisch* in: Haft/v.
    Schlieffen, § 51 Rn. 28; *Assmann* MDR 2016, 1303 (1304).
154 Ähnlich: *Fritz* in: Fritz/Pielsticker, ZPO § 278 Rn. 46; *Thole* ZZP 127 (2014),
    339 (343); *Steiner* in: Eidenmüller/Wagner, Kap. 8 Rn. 43; *Prütting* MDR 2016,
    965 (965); *Assmann* MDR 2016, 1303 (1306).
155 Zöller/*Greger* ZPO § 278 Rn. 28 a; *Greger* in: Arnold/Lorenz, S. 111 (116 f.);
    Fritz/Schroeder NJW 2014, 1910 (1911).
156 *Fritz/Schroeder* NJW 2014, 1910 (1911).
157 *Greger* AnwBl 2013, 504 (505), *ders.* MDR 2014, 993 (994 f.); MüKoZPO/
    Prütting § 278 Rn. 36.

führen. Im Hinblick auf die gebotene **Methodenklarheit**[158] ist daher ein (wiederholter) Wechsel zwischen unterschiedlichen Konfliktbeilegungsverfahren ohne transparente Information und Zustimmung der Parteien oder eine Vermischung von Elementen der einzelnen Methoden – selbst wenn diese aus rechtlichen Gründen nicht zu beanstanden sind – zu vermeiden.[159]

43   Angesichts des weiten Spektrums von Konfliktbeilegungsmethoden und -verfahren[160] stellt sich die Frage, welche dieser Methoden und Verfahren – trotz der vom Gesetz suggerierten umfassenden Methodenfreiheit (*„alle Methoden"*) – für den Güterichter überhaupt in Betracht kommen. Klassische Entscheidungsverfahren wie Schiedsverfahren[161] und bindende Schiedsgutachten,[162] auch solche in delegierter Form (Adjudikation,[163] Dispute Boards)[164] und Hybridverfahren (Med-Arb,[165] Med-Adj) scheiden für den Güterichter schon mangels eigener Entscheidungskompetenz aus. Stellt sich allerdings im Laufe der Güteverhandlung heraus, dass ein solches Verfahren benötigt wird, kann über § 278 a ZPO der Weg in den außergerichtlichen Bereich beschritten werden[166] oder das Gerichtsverfahren kann zugunsten des in Aussicht genommenen außergerichtlichen Verfahrens einvernehmlich und abschließend beendet werden.[167] Somit kommen in erster Linie eigenverantwortliche Beilegungsverfahren wie die **Moderation** beispielsweise von Vergleichsverhandlungen oder Aufteilungsverfahren[168] (zB Divide and Choose, Shoot Out, Marktprozedur), die ausdrücklich im Gesetz angesprochene **Mediation**,[169] auch in Form der Co-Mediation (→ ZPO § 278 Rn. 25), **Mini-Trial**,[170] und **Early Neutral Evaluation**[171] in Betracht. Ferner kann der Güterichter im Wege der **Schlichtung** einen unverbindlichen Lösungsvorschlag unterbreiten.[172] Daneben kann er im Rahmen einer klassischen Güteverhandlung (→ ZPO § 278 Rn. 12) im Sin-

---

158   *Fritz/Schroeder* NJW 2014, 1910 (1914); vgl. auch: *Moltmann-Willisch* in: Haft/v. Schlieffen, § 51 Rn. 28; *Steiner* in: Eidenmüller/Wagner, Kap. 8 Rn. 43.
159   *Fritz/Schroeder* NJW 2014, 1910 (1914); *Moltmann-Willisch* in: Haft/v. Schlieffen, § 51 Rn. 28.
160   Einen Überblick vermitteln: *Klowait/Gläßer* (→ Einl. Rn. 28 ff.); *Haaß* in: Haft/v. Schlieffen, § 7 Rn. 13 ff.; *Greger* in: Greger/Unberath/Steffek, D.
161   *Fritz/Schroeder* NJW 2014, 1910 (1912); *Klamt/Moltmann-Willisch* ZKM 2015, 7 (8); vgl. auch: *Röthemeyer*, Rn. 383.
162   *Klamt/Moltmann-Willisch* ZKM 2015, 7 (8); *Röthemeyer*, Rn. 384.
163   *Röthemeyer*, Rn. 403.
164   AA *Fritz/Schroeder* NJW 2014, 1910 (1913).
165   *Röthemeyer*, Rn. 416.
166   Vgl. *Steiner* in: Eidenmüller/Wagner, Kap. 8 Rn. 102.
167   Vgl. *Fritz/Schroeder* NJW 2014, 1910 (1912), der insoweit von einer Streitbeilegungsvereinbarung spricht.
168   *Greger* MDR 2014, 993 (994).
169   Ob die in § 278 Abs. 5 S. 2 ZPO angesprochene „Mediation" als Methode oder als Verfahren zu verstehen ist (vgl. Arnold/Lorenz/*Greger*, S. 111, 115; *Assmann* MDR 2016, 1303 (1304 f.)), ist für die Praxis nicht unmittelbar relevant.
170   *Röthemeyer*, Rn. 404; *Probst* SchlHA 2016, 3 (7).
171   *Röthemeyer*, Rn. 405; *Fritz/Schroeder* NJW 2014, 1910 (1913); *Probst* SchlHA 2016, 3 (7).
172   *Fritz/Schroeder* NJW 2014, 1910 (1911); *Greger* AnwBl 2013, 504 (505); *ders.* MDR 2014, 993 (994); *Röthemeyer*, Rn. 412 ff.; *Prütting* MDR 2016, 965 (965); aA *Klamt/Moltmann-Willisch* ZKM 2015, 7 (8); dagegen: *Fritz* ZKM 2015, 10 (12); *Zöller/Greger* ZPO § 278 Rn. 28 a.

ne einer **Evaluation** eine unverbindliche Bewertung der Prozessaussichten vornehmen.[173] Die Anwendung einzelner Tools (zB Prozessrisikoanalyse,[174] kooperatives Verhandeln) oder besonderer Kommunikationstechniken wie Neurolinguistisches Programmieren (NLP)[175] steht dem Güterichter frei. Diese stellen aber keine separate Konfliktbeilegungsmethoden dar, sondern können im Rahmen aller vorgenannten Methoden und Verfahren eingesetzt werden.

Es wird festgestellt, dass in der Praxis der Güterichter von der kraft Geset-   44
zes eingeräumten Methodenvielfalt eher zurückhaltend Gebrauch gemacht wird.[176] Internetauftritte von Gerichten[177] und erste Umfragen unter Güterichtern[178] belegen, dass primär Mediation angeboten wird. Das ist nicht verwunderlich: War es doch in der Phase der Pilotprojekte vor Inkrafttreten des Mediationsgesetzes (→ Rn. 8 ff.) der Schlüsselbegriff „Mediation", der das Beschreiten neuer Wege rechtfertigte. Dem entsprechend war auch die Qualifizierung der Richterkollegen gerade auf Mediation ausgerichtet. Es leuchtet daher ein, dass nunmehr im Güterichtermodell in erster Linie die bisherige gerichtliche Mediation fortgeführt wird.[179] Offenbar müssen sowohl die Güterichter als auch die die Parteien begleitenden Anwälte erst in die neue Methodenfreiheit hineinwachsen.

Es dürfte allerdings auch gegenwärtig – und sicherlich nicht gerade selten – vorkommen, dass Güterichter neben Mediation auch andere Methoden anwenden, ohne dass dies „methodentechnisch" überhaupt bewusst wahrgenommen wird, und zwar vor allem Formen von Moderation und Schlichtung.[180] Auch wenn im Ausgangspunkt ein mediativer Ansatz gewählt wird, im Laufe des Verfahrens aber in Absprache mit den Parteien ein Wechsel auf Schlichtung (oder ein anderes Verfahren) vorbehalten wird,[181] ist eine solche Hybridform von Mediation und Schlichtung methodisch nicht zu beanstanden.[182]

Hingegen ist es mit der gesetzlich verankerten Methodenvielfalt und der Auswahlkompetenz des Güterichters (→ Rn. 42) nicht vereinbar und auch nicht durch den Zweck, eine klare Abgrenzung zwischen Güterichterverfahren und Güteverhandlung vor dem Streitrichter zu erreichen, gerechtfertigt, dem Güterichter ein evaluatives Vorgehen zu untersagen, ihm jede Schlichtungskompetenz abzusprechen und allein Mediation zuzugeste-

---

173 *Greger* MDR 2014, 993 (994); vgl. auch: *Röthemeyer*, Rn. 387 ff.
174 S. *Eidenmüller*, Prozessrisikoanalyse ZZP 113 (2000) S. 5 ff.; *Risse*, Prozessrisikoanalyse – Rationales Bewerten von Prozessrisiken ZKM 2010, 107 ff.
175 S. *Spangenberg/Spangenberg*, NLP – ein Werkzeug für die Mediation?, Teil I-III ZKM 2004, 57 ff., 113 ff., 213 ff.; *Pfab*, NLP in der Mediation – Eine Auswahl an Formulierungen ZKM 2015, 119 ff.
176 *Fritz/Schroeder* NJW 2014, 1910 (19129; *Löer* ZKM 2014, 41 (43); *Klamt/Moltmann-Willisch* ZKM 2015, 7 (7); *Gottwald/Greger* ZKM 2016, 84 (87 f.).
177 *Fritz/Schroeder* NJW 2014, 1910 (1912) mit Beispielen.
178 ZB *Löer* ZKM 2014, 41 (43).
179 Kritsch: *Gottwald/Greger* ZKM 2016, 84 (87), die insoweit von „Beharrungstendenzen" sprechen.
180 Vergleichsweise eher selten dürften die Verfahren Mini-Trial und Early Neutral Evaluation eingesetzt werden.
181 Vgl. *Löer* ZKM 2014, 41 (43).
182 *Fritz/Schroeder* (NJW 2014, 1910 (1914)) und *Fritz* (ZKM 2015, 10 (12)) sprechen hierbei von Med-Con (Mediation und Schlichtung/Conciliation).

hen.[183] Vielmehr gibt es nach dem Gesetz weder einen Vor- noch einen Nachrang von Mediation.[184]

45 Eine Verweisung der Parteien vor den Güterichter macht immer dann Sinn, wenn dieser vorhandenes Einigungspotential besser zur Entfaltung bringen kann als der Streitrichter im kontradiktorischen Verfahren.[185] Diesbezüglich hat der Streitrichter in jedem Rechtsstreit und in jedem Stadium des Verfahrens eine Ermessensentscheidung zu treffen (→ ZPO § 278 Rn. 19). Dabei kann er allerdings nicht etwa auf fest umrissene, gerichtsbarkeitsspezifische Kataloge von grundsätzlich güterichtergeeigneten Materien oder Fallkonstellationen zurückgreifen. Natürlich gibt es generelle Kriterien, die ein Güterichterverfahren erfolgreich erscheinen lassen,[186] beispielsweise Störungen auf der Beziehungsebene, insbesondere bei dauerhaften Beziehungsgeflechten zB verwandtschaftlicher oder geschäftlicher Art,[187] weitere Konflikte oder weiteres Konfliktpotential neben bzw hinter dem Klagegegenstand,[188] erheblicher Aufwand der Sachverhaltsaufklärung und/oder der rechtlichen Aufarbeitung und damit eine geringe Attraktivität der Nichteinigungsalternative Rechtsstreit im Hinblick auf dessen Dauer, Umfang, Komplexität oder Eskalationsgrad.[189] Viel wichtiger ist aber die Bereitschaft der Parteien und ggf derer Rechtsanwälte, sich auf das Verfahren und die Methode des Güterichters einzulassen.[190] Jeder Güterichter hat es sicherlich schon erlebt, dass er nach erster Lektüre der vom Streitrichter abgegebenen Akte die gegebene Konstellation für eine Güterverhandlung zunächst als gänzlich ungeeignet erachtete, im Termin aber durch Engagement, Kreativität und Lösungswillen der Parteien eines Besseren belehrt wurde.

46 Die organisatorische Umsetzung des nunmehr bundesweit und in allen Gerichtsbarkeiten gesetzlich verankerten Güterichtermodells (→ Rn. 30) ist in der Praxis der deutschen Gerichte zwar im Detail bei Weitem nicht einheitlich, stimmt aber zumindest hinsichtlich der wesentlichen Schritte im **formellen Verfahrensablauf** überein.[191] Ausgangspunkt ist der Zuweisungsbeschluss des Streitrichters, wenn sich dieser zur Verweisung der Parteien vor den Güterichter entschlossen hat. Anknüpfend an eine verbreitete Praxis aus der Zeit vor Inkrafttreten des Mediationsgesetzes holt bei einigen Gerichten der Streitrichter zuvor die Zustimmung der Parteien hierzu ein, während bei anderen Gerichten die Kontaktaufnahme zu den Parteien erst

---

183 *So aber: Klamt/Moltmann-Willisch* ZKM 2015, 7 (8 ff.); nicht ganz so weitgehend: *Probst* SchlHA 2016, 3 (7).
184 Vgl. *Fritz* ZKM 2015, 10 (12). „Einschließlich der Mediation" in § 278 Abs. 5 S. 2 ZPO dient lediglich der Klarstellung und ist dem wechselvollen Gesetzgebungsverlauf (→ Rn. 11 ff.) geschuldet (Arnold/Lorenz/*Greger*, S. 111, 115 f.).
185 Vgl. *Greger* MDR 2014, 993 (995).
186 *Moltmann-Willisch* in: Haft/v. Schlieffen, § 51 Rn. 16; *Röthemeyer*, Rn. 445.
187 Zöller/*Greger* ZPO § 278 Rn. 25 a.
188 *Greger* MDR 2014, 993 (995); Zöller/*Greger* ZPO § 278 Rn. 25 a.
189 Zöller/*Greger* ZPO § 278 Rn. 25 a; *Greger* MDR 2014, 993 (995).
190 Vgl. *Röthemeyer*, Rn. 445.
191 Vgl. *Moltmann-Willisch* in: Haft/v. Schlieffen, § 51 Rn. 4. An dieser Stelle werden lediglich die wesentlichen Grundzüge dargestellt. Hinsichtlich der Details → ZPO § 278 ZPO.

nach erfolgter Zuweisung durch den Güterichter erfolgt.[192] Hier wäre eine
weitere Vereinheitlichung durch mehr dogmatische Stringenz zu erreichen:
Vor Erlass des Verweisungsbeschlusses bedarf es nicht einer Zustimmung
der Parteien, sondern aus Gründen des rechtlichen Gehörs lediglich derer
Anhörung. Nur dann, wenn für die vom Güterichter avisierte Konfliktbeilegungsmethode der Grundsatz der Freiwilligkeit gilt, müssen die Parteien
sich mit dieser einverstanden erklären (→ ZPO § 278 Rn. 14, 24 mwN in
Fn. 43 f., 91). Das Zustimmungserfordernis resultiert also nicht aus der
Verweisung von dem Güterichter, sondern aus der von diesem vorgeschlagenen Konfliktbeilegungsmethode.[193]

Die Zuweisung an den jeweiligen Güterichter erfolgt entweder bereits im
Geschäftsverteilungsplan, also im Zusammenhang mit der Bestellung der
Güterichter, oder obliegt entsprechend einem mit mehreren Richtern besetzen Spruchkörper, bei dem nach § 21 g Abs. 1 S. 1 GVG die Geschäfte auch
in eigener Regie auf die einzelnen Mitglieder verteilt werden, der Selbstor-
ganisation der Güterichter.[194] Dabei wird häufig ein Turnussystem praktiziert, das an die alphabetische Reihenfolge der Namen der Güterichter
oder an Endziffern des Aktenzeichens des Güterichterverfahrens anknüpft.
Zuweisungskriterien können aber auch, da der Grundsatz des gesetzlichen
Richters für den Güterichter nicht gilt, der Wunsch der Parteien, besondere
Fachkenntnisse oder die aktuelle Belastung sein (→ ZPO § 278 Rn. 7 mwN
Fn. 16, 19). Auch werden bisweilen Koordinatoren im Rahmen der Verfah-
renszuweisung eingeschaltet.[195]

Mit der Zuweisung des Verfahrens erhält der Güterichter die Prozessakte
(→ ZPO § 278 Rn. 22). Deren Inhalt nimmt er mit besonderem Augenmerk auf Umfang, Hintergründe und Intensität der Eskalation des Konflikts wahr, bestimmt, erforderlichenfalls in Abstimmung mit den Parteien
bzw deren Prozessbevollmächtigten (→ Rn. 42), die im konkreten Fall geeignete Konfliktbeilegungsmethode und stimmt einen, um eine Verzögerung des Rechtsstreits insgesamt zu vermeiden, zeitnahen Termin ab. Häufig geschieht dies – für die Justiz recht unbürokratisch – auf telefonischem
oder elektronischem Wege. Das bietet den Vorteil, dass zugleich weitere
Modalitäten wie die voraussichtliche Dauer, die Beteiligung Dritter, ggf
vorzulegende Unterlagen oder methodenspezifische Gestaltungsspielräume
(zB Vertraulichkeitsabrede, Einzelgespräche) erörtert werden können.[196]
Sodann ergeht ein im Vergleich zur herkömmlichen Terminsladung in der
Regel deutlich weniger förmlich gehaltenes Einladungsschreiben. Ebenso
findet das Gütegespräch, anknüpfend an positive Erfahrungen aus der Phase der Modellprojekte, meistens nicht in einem klassischen Gerichtssaal
statt, sondern in formloser Atmosphäre (ohne Roben) an einem („run-

192 *Löer* ZKM 2014, 41 (43); *Moltmann-Willisch* in: Haft/v. Schlieffen, § 51 Rn. 14.
193 *Löer* ZKM 2014, 41 (43).
194 *Löer* ZKM 2014, 41 (42).
195 *Löer* ZKM 2014, 41 (43); vgl. auch: *Röthemeyer*, Rn. 432 und *Moltmann-Willisch* in: Haft/v. Schlieffen, § 51 Rn. 10, je anknüpfend an die Empfehlung des
Rechtsausschusses, BT-Drs. 17/8058, 17.
196 Vgl. *Zöller/Greger* ZPO § 278 Rn. 28; *Steiner* in: Eidenmüller/Wagner, Kap. 8
Rn. 107; *Moltmann-Willisch* in: Haft/v. Schlieffen, § 51 Rn. 20.

den") Tisch. Das erleichtert die Herstellung einer vertrauensvollen Beziehung zum Güterichter und ein offenes Gespräch zwischen den Parteien.[197]
Das Güteverfahren endet mit der Rückgabe der Verfahrensakte an den Streitrichter, sei es zur Fortsetzung des streitigen Verfahrens, sei es zur abschließenden Streitwertfestsetzung (→ ZPO § 278 Rn. 29, 18).

47   Der Güterichter kommt im weiteren Verlauf des Gerichtsverfahrens, da er ja gerade nicht entscheidungsbefugt ist, regelmäßig mit diesem nicht mehr in Berührung. Sollte dies aufgrund personeller Umbesetzung oder in einem Folgerechtsstreit der Fall sein, ist er zwar nicht kraft Gesetzes gem. § 41 Nr. 8 ZPO ausgeschlossen. In Betracht kommt aber eine (Selbst-)Ablehnung infolge Vorbefassung gem. §§ 42 Abs. 2, 48 ZPO (→ ZPO § 278 Rn. 30).

48   Im **Berufungsverfahren** (→ ZPO § 278 Rn. 4) gibt es hinsichtlich des Verfahrensablaufes keine Besonderheiten. Allerdings findet der Güterichter einen weiter eskalierten Konflikt vor, zumindest im Hinblick auf die von den Parteien aufgewandte Zeit und die investierten Kosten.[198] Gleiches gilt für den Beschwerderechtszug. Gleichwohl wird hier oft besonders deutlich, dass der eigentliche Konflikt weit über die jeweiligen Verfahrensanträge hinaus geht und insbesondere das Rechtsmittel für diesen instrumentalisiert wird.[199]

49   Hinsichtlich seiner **Haftung** kann der Güterichter für sich nicht das Spruchrichterprivileg des § 839 Abs. 2 S. 1 BGB in Anspruch nehmen.[200] Es gelten aber die allgemeinen Haftungsbeschränkungen für richterliche Tätigkeiten, nach denen eine schuldhafte Amtspflichtverletzung nur im Falle einer besonders groben Pflichtverletzung besteht. Insoweit muss für eine Haftung grobe Fahrlässigkeit oder Vorsatz festgestellt werden.[201] Auch gilt zugunsten des Güterichters das Verweisungsprivileg nach § 839 Abs. 1 S. 2 BGB.[202]

50   Die Einrichtung des Güterichterverfahrens wirkt sich auch auf die Tätigkeit der **Rechtsanwälte** (→ L Rn. 7 ff.) aus. Seit Inkrafttreten des Mediationsgesetzes müssen sie sich aufgrund des Erklärungsgebotes des § 253 Abs. 3 Nr. 1 ZPO (zur Anwendbarkeit dieser Vorschrift in den Fachgerichtsbarkeiten → ArbGG § 54 Rn. 29; → SGG § 202 Rn. 10; → VwGO § 173 Rn. 12; → FGO § 155 Rn. 7) bzw des § 23 Abs. 1 S. 3 FamFG mit

---

197 *Moltmann-Willisch* in: Haft/v. Schlieffen, § 51 Rn. 22; *Greger* MDR 2014, 993 (995).
198 Vgl. *Steiner* in: Eidenmüller/Wagner, Kap. 8 Rn. 85.
199 So können zB hinter einer sofortigen Beschwerde in einem von einem Miterben betriebenen Teilungsversteigerungsverfahren ein Konflikt über die Auseinandersetzung des gesamten Nachlasses stehen oder noch tiefer gehende Interessen liegen. Bei einer Beschwerde gegen die Bestellung eines Kontrollbetreuers kann ein Konflikt zwischen zwei Nachkommen des Betroffenen zugrunde liegen, der mit dem Betreuungsverfahren als solchem eigentlich nichts zu tun hat.
200 *Ahrens* NJW 2012, 2465 (2470); Saenger/*Saenger* ZPO § 278 Rn. 20; *Röthemeyer*, Rn. 474; *Moltmann-Willisch* in: Haft/v. Schlieffen, § 51 Rn. 40; *Steiner* in: Eidenmüller/Wagner, Kap. 8 Rn. 89; MüKoZPO/*Prütting* § 278 Rn. 34.
201 BGHZ 155, 306 (309 f.).
202 *Greger/Weber* MDR 18/2012, Sonderheft S. 29; *Greger* in: Greger/Unberath/Steffek, E. Rn. 138; *Moltmann-Willisch* in: Haft/v. Schlieffen, § 51 Rn. 40; *Röthemeyer*, Rn. 474; *Steiner* in: Eidenmüller/Wagner, Kap. 8 Rn. 89.

alternativen Konfliktbeilegungsverfahren schon im Vorfeld der Klageerhebung befassen. Auch wenn dieses primär auf außergerichtliche Alternativen zur Klageerhebung gerichtet ist, ergeben sich aus den diesbezüglichen Angaben in der Klage- bzw Antragsschrift häufig Anhaltspunkte für die Ermessensausübung des Streitrichters hinsichtlich der Verweisung der Parteien vor den Güterichter (→ ZPO § 253 Rn. 3; → ZPO § 278 Rn. 19).

Ergeht der Verweisungsbeschluss, hat der Anwalt seinen Mandanten entsprechend zu informieren und zu beraten, insbesondere wenn die vorgeschlagene Konfliktbeilegungsmethode der Zustimmung der Partei bedarf (→ Rn. 42).

Während des Güterichtertermins ist der Rechtsanwalt nicht nur, wie in der klassischen Vergleichsverhandlung im Rahmen der mündlichen Verhandlung, als primär rechtlicher Berater gefordert. Er muss seinen Mandanten darüber hinaus, sofern eine interessenorientierte Konfliktbeilegungsmethode zur Anwendung kommt, bei der Herausarbeitung der Interessen sowie zukunftsweisender und kooperativer Lösungsansätze unterstützen und den persönlichen oder unternehmerischen Entscheidungsprozess begleiten.[203]

Für die Güteverhandlung fällt in erster Instanz die Terminsgebühr nach § 13 Abs. 1 RVG iVm Vorbemerkung 3 Abs. 3 iVm Nr. 3104 Vergütungsverzeichnis an,[204] im Falle einer Vergleichsprotokollierung zudem die Einigungsgebühr gem. § 13 Abs. 1 RVG iVm Nr. 1000, 1003 Vergütungsverzeichnis, teilweise bei gleichzeitiger Reduzierung der Gerichtskosten, § 3 Abs. 2 GKG iVm zB Nr. 1211 Ziff. 3, Nr. 5111 Ziff. 3 oder Nr. 7111 Ziff. 3 Kostenverzeichnis. Eine zusätzliche Gebühr für die Teilnahme der Prozessbevollmächtigten an der Güterichterverhandlung entsteht nicht.[205]

Um ein in der Praxis funktionierendes Güterichterverfahren einzurichten, bedarf es des Zusammenwirkens verschiedener Stellen im Justizapparat: Den Präsidien der Gerichte obliegt gem. § 21 e Abs. 1 S. 1 GVG die Bestimmung der Güterichter im gerichtlichen Geschäftsverteilungsplan (→ ZPO § 278 Rn. 7). Das setzt das Vorhandensein geeigneter, dh insbesondere hinsichtlich der in Frage kommenden Konfliktbeilegungsmethoden (→ Rn. 43) kundiger Richterkollegen voraus. Für deren Qualifizierung hat, selbst wenn § 5 Abs. 1 MediationsG auf den Güterichter keine Anwendung findet (→ ZPO § 278 Rn. 11), die Justizverwaltung Sorge zu tragen, ebenso für Qualitätssicherung durch Fortbildung, Supervision, etc.[206] Ferner obliegt es den Gerichtsverwaltungen, eine zentrale Geschäftsstelle für Güterichterverfahren einzurichten, den Aktenlauf zu organisieren und einen adäquaten Konferenz- oder Besprechungsraum (→ Rn. 46) inklusive Moderationsmitteln wie Flipcharts, Metaplanwänden usw bereit zu stellen.[207] Schließlich müssen die Rechtsanwälte über das konkrete Güterichterangebot des

51

---

203 Ausführlicher hierzu: *Steiner* in: Eidenmüller/Wagner, Kap. 8 Rn. 122 ff.; *Kortel Löer* in: Jost, S. 33 ff.
204 *Hartmann*, Nr. 3104 Vergütungsverzeichnis Rn. 6; *Bischof* FPR 2012, 258 (260).
205 *Greger* in: Greger/Unberath/Steffek, E. Rn. 203; *Monßen* in: Schmidt/Lapp/ Monßen, Rn. 1383, 1385.
206 *Moltmann-Willisch* in: Haft/v. Schlieffen, § 51 Rn. 11, 46; *Steiner* in: Eidenmüller/Wagner, Kap. 8 Rn. 142 ff.; *Fritz/Schroeder* NJW 2014, 1910 (1915); *Probst* SchlHA 2016, 3 (7); *Greger* ZKM 2017, 4 (6).
207 Ausführlicher hierzu: *Steiner* in: Eidenmüller/Wagner, Kap. 8 Rn. 138 ff.

jeweiligen Gerichts hinreichend informiert sein, damit sie wiederum ihre Mandanten entsprechend auf den Gütetermin vorbereiten können.

Damit es letztendlich zu einer erfolgreichen Güteverhandlung kommt, bedarf es vor allem des besonderen Augenmerks des Streitrichters für geeignete Verfahren, der Kompetenz und des Engagements des Güterichters sowie der Offenheit der Parteien und der sie begleitenden Rechtsanwälte für die angewandte Konfliktbeilegungsmethode.

IV. Fazit

52 Während der Gütegedanke im deutschen Prozessrecht in der durch das Mediationsgesetz geschaffenen Person des Güterichters die bisher intensivste Ausgestaltung in der legislatorischen Entwicklung erlebt, ist gegenwärtig eine flächendeckende[208] Etablierung des Güterichterverfahrens in der gerichtlichen Praxis noch nicht festzustellen.[209] Im Jahr 2014 erfolgte beispielsweise in der Zivilgerichtsbarkeit[210] in 24.892 Verfahren eine Verweisung vor den Güterichter (= 1,61 % aller Zivilprozesse, am häufigsten am Landgericht: 2,34 %).[211] Im Schnitt wurde dort knapp die Hälfte der Verfahren vollständig erledigt. Auch wenn die Modellprojekte zur gerichtsinternen Mediation nunmehr unter dem neuen Label Güterichter wieder stärker in das Prozessrecht eingebunden wurden und eine derartige richterliche Tätigkeit zu einer gewöhnlichen Richteraufgabe erklärt wurde,[212] konnte anscheinend die Euphorie der oft eher lokalen Projekte nur schwer in die Alltagsarbeit mitgenommen und in die Fläche ausgedehnt werden.[213]

Der besondere Wert des (zwar entgegen des Gesetzeswortlauts nicht mit allen, aber doch) mit verschiedenen Methoden der Konfliktbeilegung (→ Rn. 43) ausgestatteten Güterichters liegt darin, dass er das zum Konflikt und zu den Parteien passende Verfahren gemeinsam mit diesen bestimmen und gestalten kann.[214] Damit trägt er nicht nur zur Verfeinerung des Systems der gerichtsinternen Konfliktbehandlung bei (→ Rn. 36), sondern ermöglicht zugunsten der Parteien auch eine Konfliktbehandlung auf einer qualitativ anderen Ebene als sie der Streitrichter im Regelfall bieten kann. Um die hierfür in Frage kommenden Verfahren aus der Masse der anhängigen Gerichtsverfahren noch besser herauszufiltern, bedarf es einer intensivierten Mitwirkung und eines wachen Blickes sowohl der Streitrichter[215] als auch der Rechtsanwälte, insbesondere hinsichtlich des Erkennens und der Analyse des hinter dem Rechtsstreit stehenden Konfliktes.[216] Mit der Bereitschaft, die ausgetretenen Wege des norm- und vergangenheitsorien-

---

208   Es bestehen erhebliche regionale Unterschiede. ZB liegt bei erstinstanzlichen landgerichtlichen Verfahren der Güterichteranteil zwischen 0,05 % und 9,00 % auf OLG-Bezirksebene.
209   *Greger* ZKM 2017, 4 (5).
210   In den Fachgerichtsbarkeiten lag der Anteil der Güterichterverfahren jeweils unter 0,2 %. Auffällig sind aber recht hohe Einigungsquoten.
211   Statistisches Bundesamt, Fachserie 10 Reihe 2.1 (2014).
212   Vgl. *Thole* ZZP 127 (2014), 339 (370).
213   Vgl. *Götz von Olenhusen* in: Habersack/Huber/Spindler, S. 171 (178); *Greger* ZKM 2017, 4, 5.
214   Vgl. *Greger* in: Arnold/Lorenz, S. 111 (120).
215   Vgl. *Gottwald/Greger* ZKM 2016, 84 (88).
216   Vgl. *Greger* in: Arnold/Lorenz, S. 111 (119).

tierten Gerichtsverfahrens einmal zu verlassen und sich auf eine andere Konfliktbeilegungsmethode einzulassen, kann im konkreten Fall meist nur wenig vergeben, aber möglicherweise viel gewonnen werden.

Offenbar sind in Deutschland **viele kleine Schritte** für die Implementierung   53 von Mediation und anderer Methoden der Konfliktbeilegung im Gerichtssystem erforderlich. Zu hoffen bleibt, dass die außergerichtliche Mediation nun einen deutlichen Sprung nach vorne macht, nachdem der Gesetzgeber sich dem Argument einer – vermeintlichen – Konkurrenz (→ Rn. 20, 29) recht weitgehend gebeugt hat. Für das deutsche Prozessrecht erweist sich der zweite Versuch einer prozessualen Regelung, nach der Güteverhandlung in 2002 nunmehr der Güterichter in 2012, vielleicht nicht als der größtmögliche Wurf. Er bringt aber immerhin mit der Aufhebung der personellen Identität von Streitrichter und Vermittler (→ Rn. 26) für die Justiz erneut einen kleinen Fortschritt, der Raum zur Entfaltung und auch für künftige Weiterentwicklung gewährt. Die Verbindung moderner Kommunikations- und Konfliktbearbeitungsmethodik mit einem neutralen Forum, die in der Phase der Modellprojekte maßgeblich den Erfolg der gerichtlichen Mediation begründete (→ Rn. 10), kann im erweiterten Güterichtersystem fortgeführt werden. Diese gilt es ebenso prägnant und transparent nach außen darzustellen.

Für die Erreichung des **langfristigen rechtspolitischen Ziels**, nämlich eines Rechtsschutzsystems, in dem mediatives Vorgehen einen Normalfall darstellt, in dem erst über den Weg der Konfliktlösung entschieden und sodann dieser beschritten wird,[217] sind gewiss noch weitere Nachbesserungen des Gesetzgebers erforderlich.[218] Dank § 8 (→ MediationsG § 8 Rn. 1 ff.) ist der nächste Schritt auch bereits fünf Jahre nach Inkrafttreten des Mediationsgesetzes möglich. Dann mag auch beurteilt werden, ob es zum Zeitpunkt des Erlasses des Mediationsgesetzes wirklich gerechtfertigt war, eine durch die gerichtliche Mediation bereits eingeleitete Entwicklung zu beenden, noch dazu erneut durch eine primär prozessuale Alternative, nachdem eine solche schon 2002 keinen hinreichenden Erfolg hatte. Dem Wesen der Mediation entsprach die gesetzliche Abschaffung einer sich neu herausbildenden Spielart von Mediation jedenfalls nicht. Denn Mediation ist dadurch gekennzeichnet, dass sie sich gerade keiner festen Form verschreibt, sondern ein sich im Rahmen ihrer Verfahrensprinzipien ständig fortentwickelndes und den konkreten Umständen sowie dem Zeitgeist anpassendes Konfliktlösungssystem darstellt.

---

217 *Bercher/Engel* JZ 2010, 226 (231).
218 S. *Greger* ZKM 2017, 4 (6/7) mit konkreten Vorschlägen.

L. Mediationsbegleitung durch Rechtsanwälte

Literatur:

Ahrens, Mediationsgesetz und Güterichter – Neue gesetzliche Regelungen der gerichtlichen und außergerichtlichen Mediation, NJW 2012, 2465; *Beckmann,* Wirtschaftsmediation in der anwaltlichen Beratung, DStR 2007, 583; *Cooley,* Mediation Advocacy, 2. Aufl. 2002; *Diop/Steinbrecher,* Ein Mediationsgesetz für Deutschland: Impuls für die Wirtschaftsmediation?, BB 2011, 131; *Ditler/Engel,* Leitfaden zur Mediation für Rechtsanwälte, ZAP 2012, 917 (Fach 23, 957); *Duve/Eidenmüller/Hacke,* Mediation in der Wirtschaft, 2. Aufl. 2011; *Duve/Sattler,* Der Kampf ums Recht im Jahr 2030, AnwBl 2012, 3; *Eidenmüller,* Prozessrisikoanalyse, ZZP 2000, 5; *ders.,* Vertrags- und Verfahrensrecht der Wirtschaftsmediation, 2001; *ders.,* Hybride ADR-Verfahren bei internationalen Wirtschaftskonflikten, RIW 2002, 1; *ders.,* Die Auswirkung der Einleitung eines ADR-Verfahrens auf die Verjährung, SchiedsVZ 2003, 163; *ders.,* Die Rolle von Verhandlungsmanagement und Mediation in der Juristenausbildung in: Hof/Götz von Olenhusen, Rechtsgestaltung – Rechtskritik – Konkurrenz von Rechtsordnungen... Neue Akzente für die Juristenausbildung, 2012; *Eidenmüller /Prause,* Die europäische Mediationsrichtlinie – Perspektiven für eine gesetzliche Regelung der Mediation in Deutschland, NJW 2008, 2737; *Engel,* Transatlantische Impulse für die Beilegung von Rechtsstreitigkeiten, AnwBl 2012, 13; *Ewig,* Mediationsgesetz 2012: Aufgabe und Rolle des beratenden Anwalts, ZKM 2012, 4; *Greger/Unberath/Steffek,* Recht der Alternativen Konfliktlösung, 2. Aufl. 2016; *Hacke,* Rechtsanwälte als Parteivertreter in der Wirtschaftsmediation, SchiedsVZ 2004, 80; *ders.,* Der ADR-Vertrag, 2001; *Hacke/Nelle,* Die Mediationsvereinbarung – Vertragliche Regelungen zur Vereinbarung von Mediationsverfahren, ZKM 2002, 257; *Hammacher,* Rechtsanwälte: Widerstand gegen Mediation abbauen, SchiedsVZ 2008, 30; *Henssler/Koch* (Hrsg.), Mediation in der Anwaltspraxis, 2. Aufl. 2004; *Horstmeier,* Umsetzung der Mediationsrichtlinie durch ein neues Mediationsgesetz – der große Wurf für die Mediation?, JR 2012, 1; *Hopt/Steffek,* Mediation: Rechtstatsachen, Rechtsvergleich, Regelungen, 2008; *Meier,* Der Rechtsanwalt in der Wirtschaftsmediation – Erfolgreiche Parteivertretung auf ungewohntem Terrain, SchiedsVZ 2011, 97; *Nebe,* Das neue Mediationsgesetz – Ein Überblick über wesentliche Aspekte des Regierungsentwurfs, NWB 2011, 384; *Neuenhahn/Neuenhahn,* Die Begleitung des Mandanten durch den Rechtsanwalt in der Mediation – Eine neue Dienstleistung des Anwalts, NJW 2009, 1244; *Prütting,* Das neue Mediationsgesetz: Konsensuale Streitbeilegung mit Überraschungen, AnwBl 2012, 204; *Riskin,* Understanding mediators' orientations, strategies and techniques: a grid for the perplexed, 1 Harv. Negotiation L. Rev. 1996, 7; *Risse,* Wirtschaftsmediation, 2003; *Schäfer,* Der Prozessanwalt im Mediationsverfahren, ZErb 2011, 312; *Sternlight,* Lawyers' Representation of Clients in Mediation: Using Economics and Psychology to Structure Advocacy in a Nonadversarial Setting, Ohio State Journal on Dispute Resolution 1999, S. 269; *Unberath,* Mediationsklauseln in der Vertragsgestaltung – Prozessuale Wirkungen und Wirksamkeit, NJW 2011, 1320; *ders.,* Eckpunkte der rechtlichen Gestaltung des Mediationsverfahrens, ZKM 2012, 12; *Victor,* The Proper Use of Decision Analysis to Assist Litigation Strategy, 40 Business Lawyer 1985, 617; *Wagner,* Prozeßverträge, 1998.

I. Mediation und Mediationsgesetz – Herausforderung und Chance für Rechtsanwälte

Wer im Jahr 2000 eine beliebig zusammengesetzte Gruppe deutscher Rechtsanwälte[1] um Handzeichen dazu bat, wer von ihnen schon einmal ein Mediationsverfahren „am eigenen Leib" miterlebt habe, sah nur vereinzelt erhobene Hände. Seitdem hat sich viel getan: Es gibt praktisch keinen Rechtsanwalt in Deutschland, der von Mediation noch nie gehört hätte. Viele Anwälte haben eigene Erfahrungen mit der Begleitung von Mediationsverfahren gesammelt, sei es in der außergerichtlichen Mediation oder in den verschiedenen Modellprojekten zur bisherigen „gerichtsinternen Mediation" (heute: Güterichterverfahren). 1

Zukünftig wird sich die Rechtsanwaltschaft noch viel stärker mit Mediation und verwandten Verfahren außergerichtlicher Konfliktbeilegung befassen (müssen), und das in allen Bereichen: vom Einzelanwalt bis zum Partner der internationalen Großkanzlei und quer durch fast alle Rechtsgebiete.

Hierzu tragen vier Impulse wesentlich bei: 2

Einen ersten Impuls setzt die **Ausbildung** der heutigen und zukünftigen Juristen.

Nach § 5 a Abs. 3 DRiG haben die Inhalte des rechtswissenschaftlichen Studiums die „rechtsprechende, verwaltende und rechtsberatende Praxis einschließlich der hierfür erforderlichen Schlüsselqualifikationen wie Verhandlungsmanagement, Gesprächsführung, Rhetorik, Streitschlichtung, Mediation, Vernehmungslehre und Kommunikationsfähigkeit" zu berücksichtigen. An zahlreichen Universitäten und in der Referendarausbildung vieler Länder hat die Mediation seit Jahren einen festen Platz.[2] Der heutige Rechtsanwalt begegnet also bereits jetzt und in den nachwachsenden Generationen stetig mehr Kollegen, die schon aus ihrer Ausbildung mit der Mediation vertraut sind, und steht mit diesen im Wettbewerb.

Ein zweiter Impuls entspringt der zunehmenden **Internationalisierung** und damit einhergehend dem steigenden Einfluss anderer Rechtsordnungen und Rechtskulturen. Während zum einen heimische Mandanten, die grenzüberschreitend tätig sind, nach verlässlichen und kostengünstigen Methoden der Beilegung möglicher Konflikte suchen und hierzu ihre Anwälte um Rat bitten, bringen zum anderen ihre ausländischen Geschäftspartner (vor allem aus dem angelsächsischen Raum, mittlerweile aber zum Beispiel auch 3

---

1 Personenbezogene Bezeichnungen wie „Rechtsanwalt" oder „Mediator" werden hier geschlechtsneutral verwendet und schließen stets auch die weibliche Form mit ein.
2 S. zur Mediation in der Juristenausbildung ausführlich *Eidenmüller* in: Hof/Götz von Olenhusen.

aus Österreich[3] oder anderen europäischen Staaten)[4] mit einiger Selbstverständlichkeit und nicht selten auch eigener praktischer Erfahrung die Mediation und verwandte Verfahren[5] als mögliche Instrumente der Wahl ins Spiel.

4   Einen dritten Impuls setzen **ökonomische Zwänge** und damit verbunden eine zunehmende **Eigendynamik** in der Nutzung der Mediation.[6] Mandanten sind heute sehr viel sensibler für die Kosten (und den Nutzen!) anwaltlicher Beratung und ihrer Folgen als das in früheren Zeiten der Fall war.[7] Nicht zuletzt aufgrund der in den letzten zwanzig Jahren exponentiell gestiegenen Informationstransparenz sind sie zugleich viel aufgeklärter über die verschiedenen denkbaren Verfahren zur Lösung von Konflikten, einschließlich der Mediation.[8] Sie sind zu Recht nicht ohne Weiteres bereit, dem Rat ihres Anwalts in einen womöglich langen und teuren Gerichtsprozess zu folgen, dessen Unbilden und Gefahren vermeintlich nur noch mit der Fahrt auf hoher See vergleichbar sind und dessen Ausgang daher allenfalls höhere Mächte vorhersagen können ("Vor Gericht ... in Gottes Hand"). Stattdessen wollen sie von ihrem Anwalt vor einem solch unsicheren Abenteuer wissen, wieso der Gerichtsprozess hier das Forum der Wahl sein solle und wieso nicht andere Verfahren wie insbesondere die Mediation zuvor geeignet seien.[9]

Zugleich ist in jüngster Zeit auch in Deutschland eine verstärkte praktische Anwendung der Mediation zu beobachten, die auf einsetzende Multiplikatoreneffekte zurückzuführen ist. Viele Anwälte haben mittlerweile Informations-, oder Ausbildungsangebote zur Mediation wahrgenommen. Sie wissen – gelegentlich sogar aus eigener Erfahrung – vom großen Nutzen dieses Verfahrens für ihre Mandanten. Mögliche Mediatoren und Mediationsinstitutionen sind ihnen ein Begriff. Diese Anwälte sprechen in streitigen Auseinandersetzungen ihre noch nicht so mediationsgeneigten Kollegen auf der Gegenseite auf die Möglichkeit der Mediation an. Zahlreiche Verträge aus den letzten Jahren enthalten Mediationsklauseln. Entsteht aus

---

3   In Österreich ist bereits seit dem Jahr 2004 das Bundesgesetz über Mediation in Zivilrechtssachen (ZivMediatG) in Kraft, Österreichisches BGBl. I Nr. 29/2003.
4   Einen umfassenden Überblick über die rechtlichen Rahmenbedingungen der Mediation in verschieden Rechtsordnungen (mit Stand 2008) geben *Hopt/Steffek*.
5   Zu aktuellen Trends außergerichtlicher Verfahren der Konfliktbeilegung in den USA s. *Engel* AnwBl 2012, 13 (14).
6   Vgl. *Duve/Sattler* AnwBl 2012, 2 (8).
7   So knüpfen beispielsweise Unternehmen des US-amerikanische Konzerns General Electric (GE) die Vergütung ihrer Rechtsanwälte in der Vorbereitung streitiger Verfahren daran, dass diese eine frühzeitige Einschätzung dazu abgeben, welche Methoden der Streitbeilegung sie empfehlen und wieso *keine* Mediation oder andere alternative Form der Streitbeilegung in Betracht kommt. Näher hierzu *Duve/Eidenmüller/Hacke*, S. 337.
8   S. die Studie *PwC/EUV* (Hrsg.), Konfliktmanagement in der deutschen Wirtschaft – Entwicklungen eines Jahrzehnts, 2016.
9   So empfehlen bereits heute deutsche Unternehmensjuristen, dass Unternehmen "vor der Entscheidung über die Mandatierung [...] die in die engere Auswahl gezogenen Rechtsanwälte ausdrücklich nach der Expertise und der Erfahrung auf dem Gebiet der außergerichtlichen Konfliktbeilegung fragen und entsprechende Nachweise erbeten" sollten: *Diop/Steinbrecher* BB 2011, 131 (137).

diesen Verträgen Streit, ist die Einleitung eines Mediationsverfahrens vorgegeben.[10] Auch diese Fälle häufen sich.

So entsteht sowohl aus der Mandantschaft als auch aus der Anwaltschaft selbst heraus eine sich selbst verstärkende Dynamik hin zu einer vermehrten Nutzung der Mediation. Verbunden ist dies mit einer gesteigerten Flexibilisierung der Mediation: Das Verfahren wird zunehmend flexibel den Gegebenheiten des jeweiligen Einzelfalls angepasst. „Dogmatische" Einordnungen treten hinter Praktikabilitätserwägungen zurück. Auch dadurch werden der Nutzen und die Attraktivität der Mediation und verwandter Verfahren mit mediativen Elementen weiter gesteigert.[11]

Einen vierten Impuls setzt schließlich der sich laufend wandelnde **rechtliche**   5
Rahmen anwaltlicher Tätigkeit und damit namentlich auch das am 26.7.2012 in Kraft getretene „Gesetz zur Förderung der Mediation und anderer Verfahren der außergerichtlichen Konfliktbeilegung" mit dem in dessen Artikel 1 enthaltenen Mediationsgesetz.[12]

Dieses hat unmittelbaren und mittelbaren Einfluss auf die pflichtgemäße Tätigkeit aller Rechtsanwälte: Es enthält Regelungen des Mediationsverfahrens und der Tätigkeit von Mediatoren. Das Gesetz schafft so neue Bezugspunkte für die anwaltliche Kontrolle von Mediation („Wurde das Mediationsverfahren rechtlich einwandfrei geführt?" / „Durfte der Mediator das?" usw.). Es schafft zudem neue Schnittstellen zwischen Gerichtsverfahren und Mediation. Diese sind bei der anwaltlichen Vorbereitung und Durchführung von Gerichtsverfahren und in der Beratung des Mandanten zu solchen Verfahren zwingend zu beachten.

Die genannten vier Impulse fordern die Anwaltschaft dazu heraus, ihr Wissen   6
und ihre Methoden um den Baustein der Mediation zu erweitern. Wer sich dieser Herausforderung nicht stellt, wird im Wettbewerb zurückfallen und wird sich spätestens seit Einführung des Mediationsgesetzes auch immer eher dem Vorwurf eines nicht (mehr) pflichtgemäßen Verhaltens aussetzen.

Wie jede Herausforderung bietet aber auch diese zugleich eine nicht zu unterschätzende Chance: Die Mediation trifft mit ihrem Angebot einer risikoarmen, schnellen, kostengünstigen, vertraulichen und selbstbestimmten Konfliktbeilegung „ins Schwarze" der typischen Mandanteninteressen. Versteht sich der Anwalt als der Vertreter eben dieser Mandanteninteressen (was selbstverständlich sein sollte), wird er in der Mediation daher ein ideales Mittel hierfür finden. Fühlt er sich hier „zu Hause", wird er zudem nicht mit Sorge, sondern mit Freude einer Mandantschaft entgegentreten, die zukünftig immer öfter von sich aus anwaltliche Leistungen in Bezug auf Mediationsverfahren aktiv einfordern wird.[13]

Für den Erfolg heutiger und erst Recht zukünftiger anwaltlicher Tätigkeit ist es daher unerlässlich, Mediation **funktional zu verstehen**, ihre **rechtlichen Rahmenbedingungen** zu kennen und drittens zu wissen, was es in der

---

10 Vgl. *Neuenhahn/Neuenhahn* NJW 2005, 1244 (1245).
11 S. *Hacke* ZKM 2016, 168.
12 BGBl. I 2012, S. 1577.
13 Vgl. *Neuenhahn/Neuenhahn* NJW 2005, 1244 ff.

anwaltlichen Beratung zu und in der Begleitung von Mandanten in Mediationsverfahren „**handwerklich**" zu tun gilt.

Das beleuchtet dieser Beitrag entlang der Chronologie eines Mediationsverfahrens von der Beratung hierzu bis zu seinem Abschluss. Er berücksichtigt dabei insbesondere die Neuerungen durch das Mediationsgesetz und die begleitend in Kraft getretenen Änderungen der verschiedenen Gerichtsverfahrensgesetze sowie ihren Einfluss auf die allgemeine Prozessführung auch ohne Mediation.

II. Stationen anwaltlicher Begleitung von Mediationsverfahren

7   Anwaltliche Tätigkeit und Mediation berühren sich in nahezu allen Phasen der anwaltlichen Begleitung von Mandanten: von der Erstberatung zu Verträgen oder Konflikten bis zur endgültigen Beilegung streitiger Auseinandersetzungen außerhalb und innerhalb von Gerichtsverfahren.

8   **1. Anwaltliche Beratung zu Mediation.** Am Anfang jeder pflichtgemäßen anwaltlichen Tätigkeit steht die Beratung des Mandanten. Nach § 3 Abs. 1 BRAO ist der Rechtsanwalt der „berufene unabhängige **Berater und Vertreter** in allen Rechtsangelegenheiten". Gemäß § 1 Abs. 3 BORA hat der Rechtsanwalt unter anderem „seine Mandanten vor Rechtsverlusten zu schützen [und] rechtsgestaltend, konfliktvermeidend und streitschlichtend zu begleiten [...]".

Mit den Worten von *Hammacher*: Der Anwalt ist Berater, nicht Beretta.[14]

Dabei ist der Rechtsanwalt bekanntermaßen verpflichtet, den für seinen Mandanten „relativ sichersten Weg" anzuraten, jedenfalls aber den Mandanten hierüber aufzuklären. Neben der Beratung zum materiellen Recht umschließt das auch die Beratung zum relativ sichersten und für den Mandanten besten Verfahren.[15] Auf welchem Verfahrensweg sind die wirtschaftlichen, persönlichen oder sonstigen **Interessen** meines Mandanten am sichersten, am schnellsten und am kostengünstigsten zu erreichen? Diese Frage hat sich der beratende Anwalt laufend zu stellen und begründet zu beantworten. Der Anwalt ist für seinen insoweit in der Regel weniger informierten Mandanten stets auch Weichensteller[16] und Türöffner[17] für das weitere Verfahren. Damit einher geht die Verantwortung des Anwalts, das jeweils richtige Gleis zu wählen und die jeweils richtige Tür zu öffnen. Der Mandant erwartet diese Hilfestellung von seinem Anwalt. Sie ist selbstverständlicher Teil seines Auftrags.

9   Hier kommen nun die Mediation und verwandte Verfahren der außergerichtlichen und gerichtsnahen Konfliktbeilegung ins Spiel. Diese sind zwischen den klassischen Formen anwaltlicher Vertretung, nämlich der Verhandlung mit der Gegenseite einerseits und dem Prozess vor Gericht andererseits, angesiedelt. Der Rechtsanwalt wird sich daher immer dann, wenn zweiseitige Verhandlungen erfolglos geblieben sind oder von vornherein

---

14 Die „Beretta" bezeichnet Schusswaffen des gleichnamigen italienischen Waffenherstellers, vgl. *Hammacher* SchiedsVZ 2008, 30 (31).
15 *Ewig* ZKM 2012, 4 (5) mwN; *Beckmann* DStR 2007, 583.
16 *Beckmann* DStR 2007, 583.
17 *Hacke* SchiedsVZ 2003, 80; *Duve/Eidenmüller/Hacke*, S. 322; *Neuenhahn/Neuenhahn* NJW 2005, 1244 (1244 f.).

aussichtslos erscheinen, die Frage stellen und beantworten müssen, ob und ggf. wieso nicht vor Einleitung oder Fortführung eines Gerichtsverfahrens ein Mediationsverfahren oder ein anderes konsensuales Streitbeilegungsverfahren angezeigt ist. Das gilt umso mehr mit Blick auf die enormen Vorteile solcher Verfahren gegenüber der sofortigen Einleitung eines Gerichtsverfahrens: Wenn es richtig ist, dass Mediationsverfahren mit hoher Wahrscheinlichkeit schnell, verhältnismäßig kostengünstig und in vertraulicher Form zu einer interessengerechten selbst kontrollierten Lösung von Konflikten führen und dass sie nur wenige Risiken mit sich bringen und schließlich den späteren Gang zu Gericht nicht verschließen, dann ist die Erkenntnis nicht weit, dass sie in einer Vielzahl streitiger Auseinandersetzungen als „relativ sicherster Weg" der sofortigen Einleitung gerichtlicher Maßnahmen vorzuziehen sein dürften.[18]

Dabei soll nochmals betont werden, dass Mediation nicht zwingend eine Alternative im Wortsinn zu Gerichtsverfahren darstellt, sondern vielmehr ein mögliches Vorschaltverfahren. Sie ist ein Filter, durch den der Fall notfalls immer noch zu Gericht gelangen kann, wenn in ihm keine Einigung gefunden wird. Das wird oft übersehen: Wenn Anwälte gelegentlich vor dem Rat zu einer Mediation scheuen vor der Furcht, damit „Schwäche" zu signalisieren, so liegt dem ein Fehlverständnis zu Grunde. Es bleibt dem Mandanten in jeder Lage eines Mediationsverfahrens unbenommen, Härte zu zeigen und am Ende auch dauerhaft „Nein" zu einer einvernehmlichen Lösung zu sagen, wenn diese hinter den erwarteten Prozessaussichten oder sonstigen verfügbaren Alternativen zurückbleibt. Umgekehrt können die vorhandenen Einigungspotenziale zwischen Konfliktparteien in der Mediation sehr viel umfassender als in zweiseitigen Verhandlungen ausgelotet und aufgedeckt werden. Die Entscheidung, den Fall mangels solcher Potenziale zu Gericht zu tragen, steht nach Durchführung einer Mediation somit auf einer viel solideren Grundlage als ohne. Dass die für die Mediation zusätzlich aufgewandte Zeit und die zusätzlichen Kosten wegen der zugleich sehr großen Wahrscheinlichkeit einer Einigung kein überzeugendes Argument gegen ein Mediationsverfahren sind, wurde an anderer Stelle bereits beschrieben.[19]

So sieht auch die Bundesrechtsanwaltskammer (BRAK) die Rechtsanwälte verpflichtet, „ihre Mandanten in geeigneten Fällen rechtzeitig über die Mediation als eine Möglichkeit der Streitbeilegung zu informieren und das Für und Wider einer Mediation [...] zu erörtern."[20]

a) Anwaltliche Beratung vor dem Konflikt: Mediationsklauseln[21] „Rechtzeitig" im Sinne der vorgenannten BRAK-Empfehlung ist die Befassung mit Mediation vor allem dann, wenn noch gar kein Konflikt entstanden ist. Denn dann sind die Chancen am größten, sich mit der späteren möglichen Konfliktpartei auf die Durchführung eines Konfliktbeilegungsverfahrens wie der Mediation vorab zu verständigen. Ist der Konflikt erst einmal ent-

10

---

18 Vgl. *Neuenhahn/Neuenhahn* NJW 2005, 1244 (1246).
19 *Eidenmüller* RIW 2002, 1 (2); *Duve/Eidenmüller/Hacke*, S. 297 ff.
20 Diskussionspapier des BRAK-Präsidiums zur Berufsethik deutscher Rechtsanwältinnen und Rechtsanwälte, BRAK-Mitt. 2/2011, 61.
21 → Einl. Rn. 127 ff.

standen, fällt das – wie jede andere Verständigung im Konflikt auch – deutlich schwerer.

Angesprochen ist damit vor allem die kautelarjuristische Beratung zu sogenannten **Mediationsklauseln** in Verträgen, mit denen Streitigkeiten aus diesen Verträgen zunächst einem Mediationsverfahren oder einem anderen konsensualen Streitbeilegungsverfahren zugewiesen werden.[22] Die Gestaltung solcher Klauseln ist wie die Vertragsgestaltung allgemein genuin anwaltliche Tätigkeit und zudem durch die §§ 2 und 3 RDG auch Rechtsanwälten vorbehalten.[23] Die Bedeutung von Streitbeilegungsklauseln (wie zum Beispiel Mediationsklauseln) ist immens und steht in einem gewissen Widerspruch zu ihrem üblichen Platz am Ende von Verträgen. Der praktische Test von Vertragsbestimmungen erfolgt oftmals erst im Konflikt. Dann muss sich beweisen, ob der Vertrag „hält". Und somit rückt fast immer dann, wenn es auf den Vertrag ankommt, das gewählte Streitbeilegungsverfahren in den Blick: Wo und wie würde der Streit über diese oder jene streitig gewordene vertragliche Bestimmung denn ausgetragen? Was heißt das für meinen Mandanten? Welche taktischen Anreize setzt das für mich als Anwalt in der weiteren Beratung in diesem Konflikt?

Aufgrund dieser erheblichen Bedeutung für das Schicksal des gesamten Vertrags ist bei der Abfassung von Streitbeilegungsklauseln daher höchste Sorgfalt geboten. Mit Blick auf eine mögliche Mediationsklausel sollte sich der Anwalt zunächst fragen, ob deren Aufnahme in den Vertrag überhaupt angezeigt ist. Dazu hilft es, sich mögliche Streitigkeiten aus dem Vertrag und die am ehesten zu erwartende Rolle des Mandanten und seine wahrscheinlichsten Interessen in diesen Streitigkeiten vorzustellen. Wird es ihm nur um Geld und damit verbunden möglicherweise um einen schnellen Vollstreckungstitel gehen? Hat er dann gleichwohl praktische Vollstreckungshindernisse wie zum Beispiel die Vollstreckung im Ausland zu befürchten? Wird er ein Interesse an einer zügigen und kostengünstigen und womöglich an einer vertraulichen Konfliktbeilegung haben? Wird ihm trotz des einzelnen Konflikts am Erhalt von Primäransprüchen oder am Erhalt einer geschäftlichen oder sonstigen Beziehung gelegen sein?

Dabei sollte der beratende Anwalt sich stets bewusst sein, dass eine Mediationsklausel anders als eine Schiedsklausel keine „entweder / oder"-Entscheidung, sondern eine (zumindest potenzielle) „sowohl als auch"-Entscheidung über das Konfliktbeilegungsverfahren trifft: Während das mit der Schiedsklausel gewählte Schiedsverfahren ein staatliches Gerichtsverfahren endgültig ausschließt (§ 1032 ZPO), lässt die Mediationsklausel dieses (oder ein anschließendes Schieds- oder sonstiges Verfahren) nach Scheitern der Mediation ohne Weiteres zu. Es geht also bei der Aufnahme einer Mediationsklausel darum, dem Mandanten ein „Mehr" an außergerichtlichen Versuchen einer Einigung zu ermöglichen und nicht um ein „Weniger" an Möglichkeiten der Rechtsdurchsetzung.

---

22 Vgl. *Unberath* NJW 2011, 1320 ff.
23 Vgl. schon zum früheren Rechtsberatungsgesetz BGH NJW 1978, 322 ff.

Soll eine Mediationsklausel in einen Vertrag aufgenommen werden, sollte   11
sie zumindest die folgenden Fragen beantworten:[24]

- Wann und wie wird das Verfahren ausgelöst?
- Wie ist das Verhältnis zu anderen Verfahren, insbesondere zu Gerichtsverfahren?
- Welchen Einfluss soll das Verfahren auf Fristen haben?
- Wer soll Mediator sein oder wie soll dieser bestimmt werden?
- Wer soll an der Mediation teilnehmen? Wer nicht?
- Wer trägt die Kosten?
- Wie kann das Verfahren beendet werden?

Häufig verweisen Mediationsklauseln auf Verfahrensordnungen bestimm-   12
ter Institutionen wie namentlich der Deutschen Institution für Schiedsgerichtsbarkeit eV, Köln (DIS), der Internationalen Handelskammer, Paris
(ICC) oder verschiedener nationaler Industrie- und Handelskammern. Hier
hat der Anwalt sorgfältig zu prüfen, ob diese Verfahrensordnungen ein für
den Mandanten (potenziell) geeignetes Verfahren vorsehen, ob die damit
verbundenen administrativen Kosten den Nutzen der Einschaltung der jeweiligen Mediationsinstitution rechtfertigen und ob diese (noch) im Einklang mit den Bestimmungen des Mediationsgesetzes stehen. Ansonsten
sind vertragliche Anpassungen in der Mediationsklausel nötig.

Auch determinieren diese Verfahrensordnungen oftmals die Auswahl des
Mediators, jedenfalls in Ermangelung einer Einigung der Parteien auf eine
Person. Auch hier sollte der Anwalt prüfen, ob die bei der jeweiligen Institution gelisteten Mediatoren für seinen Mandanten und die aus dem betroffenen Vertragsverhältnis zu erwartenden Konflikte geeignet sind. Anderenfalls sollte er in der Klausel einen anderen Mechanismus zur Bestimmung des Mediators (zB durch Festlegung bestimmter Eignungskriterien,
durch Ranglisten- und Punkteverfahren,[25] durch das Bestimmungsrecht eines Dritten) oder gar eine vorherige ausdrückliche Bestimmung des oder
der Mediatoren einschließlich geeigneter Ersatzpersonen vorsehen.

Zumeist lässt sich nicht vorab absehen, welche Konflikte aus einem Ver-   13
trag entstehen werden. Gleichzeitig gibt es nicht *das eine Verfahren*, welches *generell* zur Lösung aller denkbarer Konflikte geeignet sein wird. Es
kann sich daher empfehlen, in der Streitbeilegungsklausel nicht von vorneherein ein und dasselbe Verfahren für alle Arten von Konflikten anzuordnen, sondern ein vorgeschaltetes Verfahren zur Analyse des Konflikts

---

24 Vgl. *Eidenmüller,* Vertrags- und Verfahrensrecht der Wirtschaftsmediation, 2001;
    Hacke, Der ADR-Vertrag, 2001; *Duve/Eidenmüller/Hacke,* S. 332 ff.; *Koch* in:
    Henssler/Koch, § 8.
25 Praktisch ist die Variante, dass eine Partei zB fünf Personen vorschlagen kann, aus
    denen die andere Partei den Mediator zu wählen hat. Gepaart mit vorab definierten Eignungskriterien, denen alle fünf Benannten entsprechen müssen, ist das Risiko gering, dass aus den Vorschlägen der einen Partei der zweiten Partei niemand
    geeignet erscheint. Komplizierter aber noch risikoärmer ist die vorherige gemeinsame Erstellung einer Liste mehrerer geeigneter Mediatoren. Im Konfliktfall gibt jede
    Partei ihre Präferenzen durch Verteilung einer fixen Zahl von Punkten auf die Kandidaten vertraulich an einen neutralen Dritten. Dieser legt den Parteien nach Erhalt
    die wechselseitigen Angaben zeitgleich offen. Zum Mediator benannt ist die Person
    aus der Liste, die kumuliert die meisten Punkte auf sich vereint.

durch einen neutralen Konfliktberater und zur erst anschließenden Vereinbarung des weiteren Verfahrens (ggf. mit der Vereinbarung eines bestimmten Verfahrens wie der Mediation als „Rückfallposition") zu vereinbaren. Ein solches Verfahren sieht beispielsweise die Konfliktmanagementordnung der DIS[26] vor.[27]

14 b) Anwaltliche Beratung im Konflikt: außergerichtliche Mediation. Die Pflicht zur anwaltlichen Information und Beratung über Mediation gilt naturgemäß auch (und erst Recht) nach Auftreten von Konflikten, mit denen der Mandant seinen Anwalt aufsucht. Diese Pflicht wird durch das Mediationsgesetz und die mit ihm geänderten Bestimmungen der verschiedenen Gerichtsverfahrensgesetze konkretisiert und verschärft.

Gemäß dem dadurch neu gefassten § 253 Abs. 3 Nr. 1 ZPO soll die **Klageschrift** im Zivilprozess nun auch die Angabe enthalten, „ob der Klageerhebung der Versuch einer Mediation oder eines anderen Verfahrens der außergerichtlichen Konfliktbeilegung vorausgegangen ist, sowie eine Äußerung dazu, ob einem solchen Verfahren Gründe entgegenstehen".

Auch wenn zu erwarten ist, dass diese Soll-Bestimmung in der Praxis lediglich zur Entstehung eines weiteren Standard-Textbausteins in Klageschriftsätzen führen wird, bleibt doch festzuhalten, dass es spätestens damit gewiss zu den Pflichten eines Rechtsanwalts zählt, den Mandanten vor Klageeinreichung über die Möglichkeit der Mediation zu beraten und aufzuklären.[28]

15 Dabei sollte der Anwalt dem Mandanten zumindest die Charakteristika eines Mediationsverfahrens, dessen Vorteile und Risiken sowie die wesentlichen gesetzlichen Bestimmungen des Mediationsgesetzes erläutern und daraus abgeleitet mit dem Mandanten die Eignung für den gegebenen Fall besprechen. Folgende Punkte sollten im Beratungsgespräch erörtert werden:

- In der Mediation streben die Parteien (und damit der Mandant) „eigenverantwortlich eine einvernehmliche Beilegung ihres Konflikts" an (§ 1 Abs. 1). Sie sind also selbst gefordert.
- Der Mediator wird den Fall nicht entscheiden. Er wird lediglich die Verhandlungen der Parteien strukturieren und die Kommunikation fördern (§ 1 Abs. 1, 2, § 2 Abs. 3 S. 2).
- Die Mediation ist freiwillig. Sie kann jederzeit freiwillig beendet werden (§§ 1 Abs. 1, 2 Abs. 5). Somit kann auch jederzeit von der Mediation in ein anderes Verfahren, wie beispielsweise ein Gerichtsverfahren übergegangen werden. Dieses ist gerade nicht ausgeschlossen.
- Der Mediator muss unabhängig und neutral sein und ist zur Verschwiegenheit verpflichtet, §§ 3, 4. Die Verschwiegenheit anderer Beteiligter und damit der Vertraulichkeitsschutz des Verfahrens insgesamt sind im Gesetz nicht geregelt und müssen daher vertraglich sichergestellt werden.

---

26 Abrufbar unter www.dis-arb.de/de/16/regeln/dis-konfliktmanagementordnung-10-kmo-id18 (zuletzt abgerufen am 1.3.2017).
27 Vgl. *Diop/Steinbrecher* BB 2011, 131 (138); zum Erfordernis einer frühzeitigen vertieften Analyse des Konflikts zur Gestaltung eines dazu passenden ADR-Verfahrens sa *Hacke* ZKM 2016, 168.
28 Vgl. *Diop/Steinbrecher* BB 2011, 131 (134).

- Der Mediator kann **Einzelgespräche** führen, wenn alle Parteien dem zustimmen (§ 2 Abs. 3 S. 3; → MediationsG § 2 Rn. 139 ff.).[29]
- Die **Kosten** der Mediation selbst hängen von der privat zu vereinbarenden Vergütung des Mediators sowie der ebenfalls zu vereinbarenden Vergütung der anwaltlichen Begleitung ab. Für die Begleitung des Anwalts fallen bei dessen Vergütung nur nach dem RVG im Vergleich zu einer möglichen Einigung bei Gericht keine zusätzlichen Anwaltsgebühren an. (Diese sind aber auch nicht geringer, so dass sich auch aus rein anwaltlicher Sicht eine Mediation mit Aussicht auf eine rasche Erledigung der Sache finanziell lohnen kann).[30] Bei einer zeitabhängigen Vergütung ist diese nur dann höher, wenn die Mediation ohne Einigung endet oder wenn prospektiv ein Gerichtsverfahren weniger Zeit in Anspruch nehmen würde. Beides ist in aller Regel unwahrscheinlich: Bei Einleitung liegt die Wahrscheinlichkeit einer Einigung erfahrungsgemäß bei ca. 75 %. Mediationsverfahren werden üblicherweise in wenigen Wochen nach Einleitung abgeschlossen.
- Nach den neueren Allgemeinen Bedingungen für die Rechtsschutzversicherung (ARB) tragen **Rechtsschutzversicherungen** in aller Regel die Kosten eines „Mediationsverfahrens bis zu einer bestimmten Höhe". Einzelheiten ergeben sich aus den jeweiligen ARB (→ J Rn. 9 ff.).[31]
- Die außergerichtliche Mediation führt wie jede andere Verhandlung auch zur Hemmung der **Verjährung** der in ihr verhandelten Ansprüche (§ 203 BGB; → BGB § 203 Rn. 1 ff.). Gleichwohl ist hier in doppelter Hinsicht Vorsicht geboten: Zum einen ist unklar, ab wann Verhandlungen im Sinne von § 203 BGB „schweben".[32] Erst dann tritt die Hemmungswirkung ein. Ob und in welchen Fällen davon die Phase der Anbahnung einer Mediation bereits erfasst ist, ist unklar.[33] Droht in dieser Phase Verjährung und weigert die Gegenseite sich, einen vorläufigen Verjährungsverzicht zu erklären, muss die Verjährung anders gehemmt werden, zum Beispiel durch Klageeinreichung. Dabei kann die Klageschrift den Hinweis gemäß § 253 Abs. 3 Nr. 1 ZPO enthalten, dass ein Mediationsverfahren parallel versucht wird. Zugleich kann die Anordnung des Ruhens des mit der Klage eingeleiteten Verfahrens gemäß § 278 a Abs. 2 ZPO beantragt werden.
- Zum anderen erweitert die Mediation in aller Regel den Streitgegenstand. Dieser wird in der Mediation oftmals um zahlreiche weitere Gegenstände ergänzt, um so neue Wertschöpfungspotenziale für eine Einigung zu erschließen. Diese weiteren Gegenstände können auch Rechtsansprüche umfassen, die einer früher eintretenden Verjährung unterliegen als der ursprünglich im Zentrum der Aufmerksamkeit stehende Anspruch. Der Anwalt hat also vor Einleitung einer Mediation

---

29 Zu Einzelgesprächen im Lichte des Mediationsgesetzes s. *Eidenmüller* ZIP 2016, Beilage zu Heft 22, 18.
30 *Ditler/Engel* ZAP 2012, 917 (920).
31 Zu früheren Fassungen der ARB s. *Hammacher* SchiedsVZ 2008, 30 (33); *Ewig* ZKM 2012, 4 (6); *Beckmann* DStR 2007, 583 (586).
32 Vgl. hierzu *Risse*, § 3 Rn. 28 ff., *Eidenmüller* SchiedsVZ 2003, 163 ff. sowie *Hacke*, S. 128 ff.
33 *Eidenmüller/Prause* NJW 2008, 2737 (2741); *Horstmeier* JR 2012, 1 (3).

sorgfältig zu prüfen, ob solche Ansprüche betroffen sind und zu früheren verjährungshemmenden Maßnahmen zwingen, um sie als „Verhandlungsmasse" in einer Mediation nutzen und notfalls auch später noch gerichtlich durchsetzen zu können.

■ Die außergerichtliche Mediation führt nicht zur Hemmung laufender materiellrechtlicher **Ausschlussfristen** wie beispielsweise der Anfechtungsfrist nach § 121 BGB, der Kündigungsfrist gemäß § 626 Abs. 2 BGB oder der Erlöschensfrist für Produkthaftungsansprüche gemäß § 13 ProdHaftG. Sie führt ebenso wenig zur Hemmung laufender prozessualer Ausschlussfristen wie beispielsweise der Frist für eine Kündigungsschutzklage nach § 4 KSchG oder einer Berufungsbegründungs- oder sonstigen Rechtsmittelfrist.[34] Stehen solche Fristen im Raum, muss der Anwalt die zu deren Wahrung erforderlichen Maßnahmen ergreifen.

16 Der Anwalt wird dann mit dem Mandanten zu erörtern haben, ob sich der konkrete Fall für den Versuch einer Mediation eignet. Es gibt nur wenige Konflikte, in denen eine Mediation als von vornherein ungeeignet ausscheidet. Die in der Praxis häufig genannten Einwände, der Fall sei zu komplex und die Parteien (jedenfalls die Gegenseite) zu stur und uneinsichtig, sind eher Indikatoren für als gegen eine Mediation. Gerade in komplexen Streitigkeiten und gerade im Umgang mit „schwierigen" Personen oder Personenkonstellationen kann die Unterstützung und Leitung der Gespräche durch einen neutralen Dritten helfen. Besonders geeignet sind Konflikte, in denen die Parteien ein gesteigertes Interesse am Erhalt der Primärleistungen haben, die bei langwierigen Auseinandersetzungen in Sekundäransprüche wie den Anspruch auf Schadensersatz umgewandelt werden müssten (zB in Bausachen oder bei sonstigen eiligen Lieferungen von Waren oder Dienstleistungen). Ebenso eignen sich besonders Konflikte, in denen eine persönliche oder geschäftliche Beziehung eine Rolle spielt, für den Versuch einer Mediation. Der häufig anzutreffende Umkehrschluss, dass Konflikte ohne ein Interesse an der Bewahrung solcher Beziehungen für die Mediation nicht geeignet seien, ist dagegen falsch. Tatsächlich finden viele Mediationen erfolgreich in Konflikten statt, bei denen es ausschließlich um die möglichst zügige und kostengünstige Beendigung von Beziehungen geht (so häufig in gesellschaftsrechtlichen Auseinandersetzungen oder auch in Post-M&A-Streitigkeiten). Ein Interesse des Mandanten an einer vertraulichen Behandlung der Angelegenheit kann ebenfalls für die Mediation sprechen. Sind Vollstreckungshindernisse zu überwinden, so beispielsweise oft in internationalen Konflikten, sollte vor der Einleitung einer Mediation geprüft werden, ob und wie ein möglicher Mediationsvergleich im Wege der Zwangsvollstreckung notfalls auch zwangsweise durchgesetzt werden kann.[35]

Möglicherweise können oder sollten auch nur bestimmte Teilaspekte eines Konflikts in einer Mediation geklärt werden, wie beispielsweise die ange-

---

34 BGH NJW 2009, 1149; *Horstmeier* JR 2012, 1 (3); *Prütting* AnwBl 2012, 204 (208); *Diop/Steinbrecher* BB 2011, 131 (134).

35 Zum aktuellen Stand dieser Arbeiten siehe http://www.uncitral.org/uncitral/en/ commission/working_groups/2Arbitration.html (zuletzt abgerufen am 1.3.2017).

messene Schadenshöhe nach verbindlicher Klärung der Verpflichtung zum Schadensersatz dem Grunde nach. Auch eine solche mögliche Aufspaltung von Konflikten in Teilkonflikte mit jeweils unterschiedlichen Konfliktlösungsverfahren sollte der Anwalt prüfen.

Gelegentlich ist die Einleitung eines Mediationsverfahrens auch bloß aus **taktischen Erwägungen** ratsam, zum Beispiel um eigene Argumente zu testen und Gegenargumente der Gegenseite besser kennen und verstehen zu lernen. Selbstverständlich kann ein Mediationsverfahren auch zur Verzögerung einer Auseinandersetzung eingesetzt werden. Auch das gehört zum anwaltlichen Kalkül. Umgekehrt mag gegen eine Mediation der Wunsch nach einer Präzedenzentscheidung oder Klärung einer rechtlichen Grundsatzfrage sprechen. Stets gilt es aber zu bedenken, dass eine zunächst durchgeführte Mediation ein späteres Gerichtsverfahren keineswegs ausschließt. In der Praxis sind daher eine weitaus größere Zahl von Fällen mediationsgeeignet als gemeinhin angenommen.

c) Im Konflikt bei Gericht: Güterichtertätigkeit und gerichtsnahe Mediation. Nach § 278 Abs. 5 ZPO kann das Gericht zudem die Parteien eines Zivilprozesses „für eine Güteverhandlung sowie für weitere Güteversuche vor einen hierfür bestimmten und nicht entscheidungsbefugten Richter (Güterichter) verweisen". Nach der Gesetzesbegründung soll eine solche Verweisung allerdings nur mit Einverständnis der Parteien in Betracht kommen.[36] Nach der bisherigen Rechtsprechung hierzu setzt die Verweisung keine vorherige Zustimmung der Parteien voraus.[37] Der Güterichter kann „alle Methoden der Konfliktbeilegung einschließlich der Mediation einsetzen." 17

Mit einer solchen Verweisung muss der Rechtsanwalt also rechnen, und zwar auch dann, wenn bereits ein Einigungsversuch vor einer außergerichtlichen Gütestelle stattgefunden oder die Güteverhandlung (vor dem erkennenden Gericht [§ 278 Abs. 2 ZPO]) erkennbar aussichtslos erscheint. Denn das Gesetz sieht neben der Verweisung für die Zwecke der Güteverhandlung ausdrücklich die Möglichkeit der Verweisung für die Zwecke „weiterer Güteversuche" vor.

Der Prozessanwalt muss die Möglichkeit einer solchen Verweisung und die Bedeutung des sich daran anschließenden Güterichterverfahrens daher mit seinem Mandanten vor Einreichung der Klage erörtern und den Mandanten auch hierzu beraten.[38]

Dabei sind vor allem die folgenden Aspekte des Güterichterverfahrens für den Mandanten und damit für den beratenden Anwalt von Bedeutung:[39]

- Auch der Güterichter ist nicht zur Entscheidung des Falls befugt (§ 278 Abs. 5 S. 1 ZPO). Er darf daher auch nicht dem erkennenden Gericht (Spruchkörper) angehören. Er muss aber demselben Gericht im Sinne

---

36 Beschlussempfehlung und Bericht des Rechtsausschusses des Deutschen Bundestags vom 1.12.2011, BT-Drs. 17/8058, 21.
37 ArbG Hannover ZKM 2013, 130 f., HessLSG ZKM 2014, 134; SächsOVG ZKM 2014, 135.
38 *Ahrens* NJW 2012, 2465 (2469) unter Hinweis auf *Ewig* ZKM 2012, 4 (5).
39 Zur Rolle des Prozessanwalts im Mediationsverfahren vgl. auch *Schäfer* ZErB 2011, 312 ff.

des Justizverwaltungskörpers angehören. Die Geschäftsverteilungspläne des zuständigen Gerichts bestimmen den jeweils zuständigen Güterichter.[40]

■ Die Ablehnung des Güterichters richtet sich nach §§ 41 ff. ZPO unter Berücksichtigung der Besonderheiten des Güterichterverfahrens.

■ Der Güterichter kann nach dem Gesetzeswortlaut „alle Methoden der Konfliktbeilegung einschließlich der Mediation" einsetzen (§ 278 Abs. 5 S. 2 ZPO). Diese Formulierung ist missglückt. Der Güterichter wird lediglich aus allen Methoden der *einvernehmlichen* Konfliktbeilegung wählen dürfen, denn ansonsten würde er die gesetzliche Anordnung unterlaufen, zur Entscheidung gerade nicht befugt zu sein. Damit ist aber zum Beispiel eine Schlichtung, die – anders als die Mediation – unverbindliche Vorschläge des Dritten zur Konfliktlösung beinhaltet, nicht ausgeschlossen. Umgekehrt ist die Mediation ausdrücklich nur eine der zur Wahl stehenden Methoden. Aus anwaltlicher Sicht gilt es also im Falle einer Verweisung an den Güterichter mit diesem zu klären, *welche* Methode der Konfliktbeilegung er anzuwenden gedenkt und wie er hierbei im Einzelnen vorgehen wird, hierauf womöglich sodann Einfluss zu nehmen und sich und den Mandanten entsprechend vorzubereiten.[41]

■ Ob Bestimmungen des Mediationsgesetzes auf den Güterichter Anwendung finden, ist unklar. Es wird hierzu vertreten, dass dies nicht so sei, da die Parteien anders als in § 2 Abs. 1 den Mediator im Güterichterverfahren nicht auswählten.[42] Das überzeugt nicht. Denkbar bliebe, dass jedenfalls dann, wenn der Güterichter seine Verfahrenswahl zugunsten einer Mediation ausübt (§ 278 Abs. 5 S. 2 ZPO), die auf das Verfahren bezogenen Bestimmungen des Mediationsgesetzes Anwendung finden. Auch ist es nicht richtig, dass die Anwendung des Mediationsgesetzes auf die Güterichtertätigkeit durch § 9 Abs. 1 ausgeschlossen würde.[43] Diese Bestimmung besagt lediglich, dass die gerichtsinterne Mediation nur noch bis zum 31.8.2013 unter der Bezeichnung „gerichtlicher Mediator" angeboten werden darf. Sie beantwortet nicht die Frage, ob das Mediationsgesetz auf den Güterichter, der für den Güteversuch die Methode der Mediation wählt, Anwendung findet.

Die Begründung des ursprünglichen Gesetzesentwurfs, der allerdings eine Beibehaltung der gerichtsinternen Mediatoren auch unter dieser Bezeichnung vorsah, bejahte die Frage für *diese* lapidar,[44] verneinte sie jedoch für die daneben auch im Entwurf vorgesehene Tätigkeit des Güterichters.[45] *Dieser* Güterichter sollte nach dem Gesetzesentwurf allerdings als „beauftragter oder ersuchter" Richter im Sinne der §§ 361, 362 ZPO tätig werden. Im Gegensatz dazu spricht die Gesetz geworde-

---

40 *Ahrens* NJW 2012, 2465 (2469).
41 *Ahrens* NJW 2012, 2465 (2469).
42 *Ahrens* NJW 2012, 2465 (2469).
43 So aber *Ditler/Engel* ZAP 2012, 917 (921).
44 Begründung des Gesetzesentwurfs der Bundesregierung, BT-Drs. 17/5335, 11 (1313) („Die Vorschriften des Mediationsgesetzes [...] gelten für alle Mediatorinnen und Mediatoren, auch für die richterlichen Mediatorinnen und Mediatoren").
45 BT-Drs. 17/5335, 20, dort zur Nichtanwendbarkeit der Verschwiegenheitspflichten aus § 4 auf den (damaligen) Güterichter.

ne Formulierung in § 278 Abs. 5 ZPO nicht mehr von einem „beauftragten oder ersuchten" sondern von einem „hierfür bestimmten" Richter. Die Anwendung des Mediationsgesetzes auf die Tätigkeit *dieses* Güterichters, der Mediation als seine Methode wählt, bleibt also unklar (→ MediationsG § 1 Rn. 4, → MediationsG § 3 Rn. 5).

Es gehört somit zum anwaltlichen Beratungs- und Vertretungsauftrag, diese Unklarheiten des Güterichterverfahrens (beispielsweise zur Möglichkeit der Teilnahme Dritter, § 2 Abs. 4) zu erkennen und daraus folgende Risiken für den Mandanten mit diesem zu besprechen. Bestehen Risiken, die nicht durch Verfahrensvereinbarung mit der Gegenpartei oder Vereinbarung mit dem Güterichter beseitigt werden können, sollte der Anwalt dem Mandanten raten, das Güterichterverfahren nicht aktiv oder nur mit entsprechender Vorsicht zu unterstützen oder Gericht und Gegner auf dessen Aussichtslosigkeit hinzuweisen.

- Das eigentliche Verfahren ruht während des Güterichterverfahrens nicht. Dieses ist vielmehr Teil des eigentlichen Verfahrens. Laufen Fristen, so sind diese ggf. zu verlängern. Ist das nicht möglich, sind die erforderlichen fristwahrenden Maßnahmen zu ergreifen.
- Ob Termine im Güterichterverfahren solche im Sinne der §§ 214 ff. ZPO sind, zu denen die Parteien daher zu laden sind, ist jedenfalls für die „sonstigen Güteversuche" unklar.[46] § 78 ZPO findet Anwendung.
- Das Güterichterverfahren ist nicht öffentlich, da es nicht vor dem „erkennenden Gericht" im Sinne von § 169 GVG geführt wird.
- Dem Güterichter steht ein Zeugnisverweigerungsrecht nach § 383 Abs. 1 Nr. 6 ZPO zu. Ob er aber auch zur Verschwiegenheit verpflichtet ist und somit sein Zeugnisverweigerungsrecht zu einer Zeugnisverweigerungspflicht erstarkt, ist unklar. § 4 dürfte zumindest nicht unmittelbar anwendbar sein, da diese Bestimmung an „den Mediator" anknüpft, der der Güterichter (auch wenn er die Methode der Mediation anwendet) nach dem Willen des Gesetzgebers gerade nicht ist. Hierin besteht ein wesentliches Risiko und damit eine Schwäche des Güterichterverfahrens. Im Einzelfall ist daher aus anwaltlicher Sicht zu prüfen, ob Beweisverträge mit der Gegenpartei geboten sind, die die Benennung des Güterichters als Zeugen im weiteren Verlauf des eigentlichen Verfahrens untersagen.[47]
- Ein Protokoll über das Güterichterverfahren wird nur auf übereinstimmenden Antrag der Parteien aufgenommen, § 159 Abs. 2 ZPO.
- Ein als Ergebnis des Güterichterverfahrens erzielter Vergleich kann (nur) bei Zustimmung der Parteien vor dem Güterichter als vollstreckbarer Vergleich aufgenommen werden, §§ 794 Abs. 1 Nr. 1, 160 Abs. 3 Nr. 1 ZPO.

---

46 So ohne Differenzierung zwischen dem Güteverfahren zum Zwecke der Güteverhandlung und dem Güteverfahren zum Zwecke „sonstiger Güteversuche" *Ahrens* NJW 2012, 2465 (2470), allerdings unter Bezug auf das in der ursprünglichen Gesetzesbegründung vorgesehene und nicht Gesetz gewordene Modell des Güterichters als „ersuchtem oder beauftragtem" Richter im Sinne der §§ 361, 362 ZPO; BT-Drs. 17/5335, 20.

47 Vgl. zu solchen Verträgen grundlegend *Wagner*, Prozeßverträge, 1998.

Hält der Anwalt die Durchführung eines Güterichterverfahrens schon zu Beginn eines Gerichtsverfahrens für zweckdienlich, sollte er hierauf in der Klage- oder Antragsschrift bzw. der Erwiderung hinweisen und eine Verweisung an den Güterichter beantragen.

18 Weiter regelt § 278 a ZPO in Anlehnung an § 278 Abs. 5 S. 2 ZPO aF, dass das Gericht den Parteien eine Mediation oder ein anderes Verfahren der **außergerichtlichen Konfliktbeilegung** vorschlagen kann und das Ruhen des Verfahrens anordnet, wenn die Parteien sich hierfür entscheiden (→ ZPO § 278 a Rn. 1 ff.). Auch über diese Möglichkeit hat der Anwalt seinen Mandanten vor Klageeinreichung zu informieren und zu beraten.

19 Gleichlautende Regelungen für den Verweis an einen Güterichter oder den Vorschlag einer außergerichtlichen Mediation gelten in Verfahren in **Familiensachen** und in den **Angelegenheiten der freiwilligen Gerichtsbarkeit** (§§ 23 Abs. 1 S. 2, 36 Abs. 5, 36 a FamFG), in **Arbeitsrechtsstreitigkeiten** (§§ 54 Abs. 6, 54 a ArbGG), in Verfahren vor den **Sozialgerichten** (§ 202 S. 1 SGG), in **Verwaltungsgerichtsverfahren** (§ 173 S. 1 VwGO) sowie in **Verfahren nach der Finanzgerichtsordnung** (§ 155 S. 1 FGO).

20 Zudem werden durch den im Zuge des Mediationsgesetzes neu gefassten § 69 b GKG die Landesregierungen ermächtigt, die von den Gerichten der Länder zu erhebenden Verfahrensgebühren über die in den Nummern 1211, 1411, 5111, 5113, 5211, 5221, 6111, 6211, 7111, 7113 und 8211 des Kostenverzeichnisses bestimmte Kostenermäßigung hinaus weiter zu ermäßigen oder sogar ganz entfallen zu lassen, wenn das Verfahren nach einer Mediation oder einem anderen Verfahren der außergerichtlichen Konfliktbeilegung durch Zurücknahme der Klage oder des Antrags beendet wird **und in der Klage- oder Antragsschrift mitgeteilt worden ist,** dass eine Mediation oder ein anderes Verfahren der außergerichtlichen Konfliktbeilegung unternommen wird oder beabsichtigt ist, oder wenn das Gericht den Parteien die Durchführung eines solchen Verfahrens vorgeschlagen hat. Gleiches gilt für die Verfahrensgebühren in Familiensachen (§ 61 a FamGKG). Es bleibt weiter abzuwarten, ob und wie die Länder von dieser Ermächtigung Gebrauch machen. Aus der anwaltlichen Pflicht, das für seinen Mandanten jeweils kostengünstigste Verfahren zu wählen, folgt jedenfalls die Pflicht, sorgfältig zu prüfen, ob die Aufnahme der genannten Mitteilung in der Klage- oder Antragsschrift geboten ist, um die Möglichkeit der Gebührenersparnis für den Mandanten zu wahren.

21 Umgekehrt droht dem Mandanten in Verfahren in **Familiensachen** und in den **Angelegenheiten der freiwilligen Gerichtsbarkeit** nach dem FamFG eine mögliche Kostensanktion im Zusammenhang mit der Mediation. So bestimmt § 81 Abs. 2 Nr. 5 FamFG, dass das Gericht die Kosten des Verfahrens ganz oder teilweise einem Beteiligten auferlegen soll, wenn dieser „einer richterlichen Anordnung zur Teilnahme an einem kostenfreien Informationsgespräch über Mediation oder über eine sonstige Möglichkeit der außergerichtlichen Konfliktbeilegung" nach dem ebenfalls neu gefassten § 156 Abs. 1 S. 3 FamFG nicht nachgekommen ist, sofern der Beteiligte dies nicht genügend entschuldigt hat. Der Anwalt in Familiensachen hat somit auch diese Bestimmung zu beachten, wenn er im Zusammenhang mit einer solchen richterlichen Anordnung zur Teilnahme an einem solchen

Informationsgespräch berät und Kostenrisiken des Mandanten vermeiden will.

In allen hier angesprochenen Beratungssituationen ist dem Anwalt zu emp- 22
fehlen, den Inhalt seiner dem Mandanten erteilten Belehrungen umfassend
schriftlich zu dokumentieren, um so einen späteren Vorwurf nicht vollständiger oder nicht sachgerechter Beratung zur Mediation entkräften zu können.

2. Anwaltliche Gestaltung von Mediationsverfahren. Die Mediation ist seit 23
jeher und bleibt auch nach Inkrafttreten des Mediationsgesetzes ein in weiten Teilen privatautonom zu gestaltendes Verfahren.[48] Für den Rechtsanwalt folgt daraus die Verantwortung und Pflicht, die Freiräume und Grenzen der Verfahrensgestaltung zu erkennen und für seinen Mandanten bestmöglich zu nutzen.

Das erfolgt in erster Linie durch die Vereinbarung zweier Verträge, der sogenannten **Mediationsvereinbarung** zwischen dem Mandanten und der Gegenseite und dem **Mediatorvertrag** zwischen diesen und dem Mediator. In
der Praxis sind diese häufig in einem dreiseitigen Dokument zusammengefasst. Dieser wird meist als **Mediationsvertrag** bezeichnet.[49]

Der Abschluss dieser Verträge ist trotz der teilweisen Regelung der Mediation im Mediationsgesetz weiter unentbehrlich, und zwar sowohl in *ad hoc*
vereinbarten Mediationsverfahren als auch bei Einleitung eines Mediationsverfahrens nach einer Mediationsordnung einer Institution als auch in
Fällen gerichtsnaher Mediation (§ 278 a ZPO und der entsprechenden Bestimmungen der anderen Gerichtsverfahrensgesetze) und schließlich auch –
mit Abstrichen – im gerichtsinternen Güterichterverfahren (§ 278 Abs. 5
ZPO und der entsprechenden Bestimmung der anderen Gerichtsverfahrensgesetze).

Die Gestaltung des Verfahrens ist Aufgabe des den Mandanten begleitenden Anwalts. Sie umfasst vor allem die folgenden Regelungsbereiche:

a) Auswahl des Mediators. Sofern die Person des Mediators nicht bereits 24
durch eine Mediationsklausel oder durch eine (ggf. durch eine solche Klausel in Bezug genommene) Verfahrensordnung einer Mediationsinstitution
bestimmt ist, ist zu Beginn eines jeden Mediationsverfahrens die Person des
Mediators mit der anderen Konfliktpartei auszuwählen.

§ 2 Abs. 1 bestimmt hierzu lediglich: „Die Parteien wählen den Mediator
aus". Dabei sind die Eignungs- und Ausschlusskriterien aus § 3 zu beachten. Nach § 3 Abs. 2 S. 1 darf als Mediator nicht tätig werden, wer vor der
Mediation in derselben Sache für eine Partei tätig geworden ist (→ MediationsG § 3 Rn. 22 ff.). Mit „derselben Sache" ist ausweislich der Gesetzesbegründung der „gleiche Lebenssachverhalt" gemeint. Überschneidungen
zwischen dem Sachverhalt der Parteivertretung und demjenigen der Mediation genügen, damit das Verbot eingreift.[50] Ein Fehler des Gesetzes ist es,

---

48 *Ahrens* NJW 2012, 2465 (2467); *Horstmeier* JR 2012, 1 (6).
49 S. *Hacke,* Der ADR-Vertrag, 2001; *Eidenmüller*, Vertrags- und Verfahrensrecht der
    Wirtschaftsmediation, 2001; *Hacke/Nelle* ZKM 2002, 257 sowie Greger/
    Unberath/Steffek/*Greger* B. § 1 Rn. 134.
50 BT-Drs. 17/5335, 16.

dieses Tätigkeitsverbot der Parteidisposition zu entziehen. Selbst wenn die Parteien mit der Mediation durch einen vorbefassten Mediator einverstanden sind, darf er nicht tätig werden.[51] Das steht in krassem Widerspruch zum Postulat der Parteiautonomie, welches die Mediation eigentlich prägt. Es ist auch von der angeblichen *Ratio* des Verbots sachlich nicht getragen. Danach soll entscheidend sein, dass der Mediator „von den Mediationsparteien als neutral wahrgenommen wird".[52] Wieso das ausschließt, dass Parteien in Kenntnis einer Vorbefassung diese im Einzelfall bewusst dulden, weil sie den Mediator gleichwohl als (hinreichend) neutral wahrnehmen, ist unerklärlich. Gleichwohl ist *de lege lata* das Tätigkeitsverbot absolut und als solches bei der Auswahl des Mediators als Ausschlusskriterium zu berücksichtigen.

Nach § 3 Abs. 3 darf als Mediator auch nicht tätig werden, wenn eine mit ihm in derselben Berufsausübungs- oder Bürogemeinschaft verbundene andere Person in derselben Sache für eine Partei tätig war (→ MediationsG § 3 Rn. 30 ff.). In diesen Fällen können die Parteien allerdings nach § 3 Abs. 4 auf das Tätigkeitsverbot verzichten und sich mit der Tätigkeit des Mediators „nach umfassender Information" einverstanden erklären, solange Belange der Rechtspflege dem nicht entgegenstehen.

Die Auswahl des *richtigen* Mediators ist von erheblicher Bedeutung für das Gelingen des Verfahrens. Dabei ist die **Mediationskompetenz** um ein vielfaches wichtiger als bestimmte **Sachkompetenz**.[53] Gute Mediatoren können in praktisch allen Sachen helfen. Ob Spezialisten bestimmter Fachgebiete die nötige Mediationskompetenz besitzen und somit *überhaupt* als Mediator helfen können, ist dagegen nicht gesagt.

Mediationskompetenz leitet sich dabei vor allem aus **Erfahrung** ab. Mediation ist in erster Linie ein von einer bestimmten Haltung getragenes Handwerk, welches sich nicht allein durch Lesen von Fachbüchern oder den Besuch von Vorträgen, sondern letztlich nur durch die praktische Anwendung erlernen lässt.

Eine fundierte **Ausbildung** des Mediators in Mediation ist zumindest ein Indiz für Mediationskompetenz. § 5 gibt einen Anhaltspunkt dafür, welche Inhalte eine Mediationsausbildung vermitteln sollte. Wer zukünftig die besonderen Ausbildungsanforderungen der nach § 5 Abs. 2, 3, § 6 mittlerweile erlassenen Verordnung über die Aus- und Fortbildung von zertifizierten Mediatoren erfüllt, wird sich zudem sodann als „zertifizierter Mediator" bezeichnen dürfen.[54] Auch dieses „Gütesiegel" wird alleine aber kein Nachweis ausreichender Mediationskompetenz sein. Sein Fehlen sollte bei der Auswahl des Mediators jedenfalls nicht als Ausschlusskriterium entscheidend sein.

---

51 BT-Drs. 17/5335, 16.
52 BT-Drs. 17/5335, 16.
53 *Diop/Steinbrecher* BB 2011, 131 (138); vgl. auch *Hammacher* SchiedsVZ 2008, 30 (32).
54 Zertifizierte-Mediatoren-Ausbildungsverordnung (ZMediatAusbV) vom 21. August 2016, diese tritt am 1. September 2017 in Kraft; → ZMediatAusbV Rn. 1 ff., → MediationsG § 5 Rn. 36 ff., → MediationsG § 6 Rn. 1 ff.

Der Anwalt, der seinen Mandanten bei der Auswahl des Mediators berät, sollte daher vor allem darauf achten, die praktischen Erfahrungen möglicher Mediatoren zu ermitteln und wenn möglich hierzu Referenzen und Empfehlungen einholen. Zudem sollte nach solchen Mediatoren Ausschau gehalten werden, die zumindest prospektiv auch als Persönlichkeit zu den Konfliktparteien und ihrem Konflikt „passen". Hierzu mögen Faktoren wie fachlicher und beruflicher Hintergrund, Alter, Sprachkenntnisse, Ort oder Geschlecht beitragen. Entscheidend aber bleibt die Mediationskompetenz. 25

Hinzu kommt, dass jeder einzelne Mediator seinen eigenen Stil pflegt und daher kaum eine Mediation einer anderen gleicht. Es sollte somit auch darauf geachtet werden, dass der Mediationsstil des Kandidaten (zB eher bewertend oder eher rein moderierend) zu den Interessen des Mandanten bezüglich der Ausgestaltung des Verfahrens passt.

Scheitert die einvernehmliche Auswahl des Mediators, können die oben bereits im Zusammenhang mit Mediationsklauseln erwähnten Auswahlverfahren eingesetzt werden, ggf. unter Einschaltung einer Mediationsinstitution.

Im Güterichterverfahren nach § 278 Abs. 5 ZPO und den entsprechenden Bestimmungen der anderen Gerichtsverfahrensgesetze sieht das Gesetz kein Recht der Parteien zur Auswahl des Güterichters vor. Diese folgt vielmehr aus dem Geschäftsverteilungsplan. Das ist rechtspolitisch zu kritisieren und beschneidet unnötig die Privatautonomie.[55] Es spräche nichts dagegen, dass Parteien ihren Güterichter aus dem jeweiligen *Pool* der Güterichter an einem Gericht wählen dürfen. Das ist jedoch *de lege lata* nicht zulässig. 26

b) Auswahl der Teilnehmer. Neben dem Mediator sind auch die Teilnehmer an der Mediation zu bestimmen. Nach § 2 Abs. 4 können **Dritte nur mit Zustimmung aller Parteien** in die Mediation einbezogen werden (→ MediationsG § 2 Rn. 158 ff.). Der Mandant kann daher seine Zustimmung zur Teilnahme nicht genehmer Dritter verweigern und deren Teilnahme somit verhindern. 27

Dabei umschließt der Begriff der Dritten auch die Rechtsanwälte der Parteien.[56]

Der Anwalt hat seinen Mandanten daher vorab dazu zu beraten, ob Rechtsanwälte oder weitere Personen an der Mediation teilnehmen sollten oder welche Personen (auf der eigenen Seite oder bei der Gegenpartei) von einer Teilnahme ausgeschlossen werden sollten.[57] Er hat dann sicherzustellen, dass alle Parteien diesem Teilnehmerkreis vorab zustimmen.

Die **Teilnahme von Rechtsanwälten** an der Mediation ist jedenfalls in der Wirtschaftsmediation üblich.[58] Sie empfiehlt sich aber mit ganz wenigen Ausnahmen von Konflikten ohne jeden rechtlichen Bezug auch darüber hinaus. Jedenfalls ist sicherzustellen, dass der Mandant in der Mediation

---

55 So auch *Diop/Steinbrecher* BB 2011, 131 (132).
56 So ausdrücklich die Gesetzesbegründung BT-Drs. 17/5335, S. 15, Greger/Unberath/ Steffek/*Greger* B. § 1 Rn. 65 und § 2 Rn. 142.
57 Vgl. *Meier* SchiedsVZ 2011, 97 (98).
58 *Diop/Steinbrecher* BB 2011, 131 (133).

auch mit Blick auf seine Rechte aufgeklärt entscheidet. Hierauf sollte der beratende Anwalt hinwirken, sei es durch Vereinbarung der Teilnahme der Rechtsanwälte zwischen den Parteien, sei es durch Beratung im Vorfeld und/oder aus dem Hintergrund während Pausen der Mediation, zum Beispiel telefonisch oder in einem separaten Raum in der Nähe der Mediationsverhandlung.

Daneben sollte der Teilnehmerkreis all diejenigen Personen umfassen, deren Teilnahme für eine endgültige und abschließende Konfliktlösung erforderlich ist. Bei juristischen Personen ist daher darauf zu achten, dass hinreichend **vertretungsbefugte Vertreter** wie insbesondere die Mitglieder des Vertretungsorgans teilnehmen. Weiter kann es geboten sein, bestimmte Wissensträger teilnehmen zu lassen, zum Beispiel, wenn nur diese den Sachverhalt aufklären können. Die Erfahrung zeigt allerdings, dass zu große Gruppen den Gesprächsfortschritt in der Mediation hemmen. Zeichnet sich eine Überfrachtung mit Teilnehmern ab, sollte der Anwalt mit der Gegenseite klären, welche Teilnehmer zwingend sind und auf wessen Teilnahme vielleicht (noch) verzichtet werden kann.

28 **c) Bestimmung des Verfahrensablaufs.** Der Begriff der Mediation ist auch nach Inkrafttreten des Mediationsgesetzes nach wie vor offen für **unterschiedliche Ausgestaltungen des Verfahrens.** So heißt es in § 1 Abs. 1, Mediation sei „ein vertrauliches und strukturiertes Verfahren, bei dem Parteien mithilfe eines oder mehrerer Mediatoren freiwillig und eigenverantwortlich eine einvernehmliche Beilegung ihres Konflikts anstreben". § 1 Abs. 2 bestimmt, dass ein Mediator eine „unabhängige und neutrale Person ohne Entscheidungsbefugnis" sei, die „die Parteien durch die Mediation führt". Nach § 2 Abs. 3 S. 2 „fördert [der Mediator] die Kommunikation der Parteien […]". Gemäß § 2 Abs. 3 S. 3 kann der Mediator „im allseitigen Einverständnis getrennte Gespräche mit den Parteien führen".

Unabhängig von der Frage, welche dieser Bestimmungen des Mediationsgesetzes überhaupt zwingend sind und welche davon der Parteidisposition unterliegen, geben diese jedenfalls die inhaltliche Ausgestaltung des Verfahrens nur rudimentär vor.

Nach welchem **Maßstab** der Mediator seine Tätigkeit ausrichten soll (beispielsweise allein nach den Interessen der Parteien oder [auch] nach rechtlichen Aspekten oder nach bestimmtem Sachverstand) und in welchem Maß er sich in die inhaltliche Lösungsfindung einbringen soll (von einer rein moderierenden Funktion ohne jeden Einfluss auf die Inhalte bis hin zu einer schlichtenden Funktion durch unverbindliche Vorschläge zu Einzelfragen oder gar zur gesamten Konfliktlösung), ist nicht geregelt. Das Verfahren nimmt aber je nachdem, wo sich in diesem Koordinatenfeld die Tätigkeit des Mediators ansiedelt, einen völlig unterschiedlichen Verlauf.[59] Es ist daher Aufgabe des begleitenden Anwalts, mit dem Mandanten die im Einzelfall gewünschte inhaltliche Ausrichtung der Mediation abzustimmen und sodann mit der anderen Konfliktpartei und – sofern das nicht bereits bei der Auswahl des Mediators berücksichtigt wurde – mit diesem zu ver-

---

59 Vgl. *Riskin*, 1 Harv. Negotiation L. Rev. 1996, 7 (8) und *Hacke*, S. 179 ff.

einbaren. Ansonsten droht, dass sich der Mandant in einem völlig anderen „Mediationsverfahren" wiederfindet als gewünscht.

In **Güterichterverfahren** nach § 278 Abs. 5 ZPO (bzw. den entsprechenden Bestimmungen der anderen Gerichtsverfahrensgesetze), genießt der Güterichter nach dem Gesetz die Freiheit, „alle Methoden der Konfliktbeilegung einschließlich der Mediation" einsetzen zu können. Für den beratenden und begleitenden Anwalt folgt hieraus der Auftrag, mit dem Güterichter zu klären, **welche Methode** er anzuwenden plant, zu prüfen, ob diese den Mandanteninteressen entspricht und davon abhängig mit dem Güterichter und der anderen Konfliktpartei die anzuwendende Methode abzustimmen.[60] Auch wenn in der Praxis wohl nicht zu erwarten ist, dass Güterichter sich vertraglich in einem „Güterichtervertrag" gegenüber den Parteien verpflichten werden, spricht auch im Güterichterverfahren nichts gegen entsprechende vertragliche Vereinbarungen mit der anderen Konfliktpartei (beispielsweise, dass sie gemeinsam eine bestimmte Ausgestaltung des Verfahrens wünschen oder umgekehrt bestimmte Verfahrensformen nicht wünschen). Der Güterichter wird sich solchen Wünschen der Parteien in der Regel nicht verschließen. 29

Mit Blick auf die inhaltliche Ausgestaltung des außergerichtlichen Mediations- oder des gerichtlichen Güterichterverfahrens sind weiterhin vor allem Regelungen zur **Vertraulichkeit** des Verfahrens erforderlich.[61] § 4 regelt nur die Verschwiegenheitspflicht des Mediators und seiner Hilfspersonen (→ MediationsG § 4 Rn. 14 ff.). Nicht geregelt ist, in welchem Maße das Verfahren und seine Inhalte auch für die übrigen Beteiligten vertraulich sind. Das muss vertraglich sichergestellt werden.[62] 30

§ 4 findet zudem auf den Güterichter wohl keine Anwendung, auch dann nicht, wenn dieser die Methode der Mediation wählt. Denn der Gesetzgeber hat entschieden, die Tätigkeit von außergerichtlichen Mediatoren von derjenigen der Güterichter klar zu trennen und daher ab dem 2.8.2013 den dann als Güterichter Tätigen die Bezeichnung „gerichtlicher Mediator" zu untersagen.[63] Damit sind sie eben nicht „Mediatoren" im Sinne von § 4, sondern wenden als Güterichter allenfalls die Methode der Mediation an. Auch wenn mit Blick darauf, dass Mediation auch methodisch ohne Vertraulichkeit kaum denkbar ist (Verfahren mit zwingend öffentlicher Beteiligung wie Plan- und Genehmigungsverfahren einmal ausgenommen), diese gesetzgeberische Entscheidung jedenfalls gesetzessystematisch widersprüchlich und daher missglückt ist (".. .macht Mediation, ist aber kein Mediator"), ist sie als gegeben hinzunehmen. Aus anwaltlicher Sicht ist der Mandant daher darauf hinzuweisen, dass der Vertraulichkeitsschutz im Güterichterverfahren mindestens unklar und wohl in der Praxis auch vertragli-

---

60 Vgl. *Ahrens* NJW 2012, 2465 (2469).
61 *Ahrens* NJW 2012, 2465 (2468); *Unberath* ZKM 2012, 12 (13).
62 Vgl. die Gesetzesbegründung zu § 4, BT-Drs. 17/5335, 17 sowie *Nebe* NWB 2011, 384 (387).
63 Die ursprüngliche Gesetzesbegründung zum damals noch geplanten Güterichter als „ersuchtem oder beauftragtem" Richter verneinte das, BT-Drs. 17/5335, 20. Zur Anwendung des MediationsG und insbesondere von § 4 auf den nun im Gesetz vorgesehenen Güterichter als „bestimmtem" Richter schweigen die Materialien.

chen Regelungen mit dem Güterichter nicht oder nur schwer zugänglich ist.

31   Auch ist weder für den Mediator oder den Güterichter noch für die Parteien gesetzlich geregelt, ob **Beweisantritte** über Inhalte der Mediation oder des Güterichterverfahrens, namentlich durch Benennung von Beteiligten einschließlich des Mediators als Zeugen in einem nachfolgenden Gerichtsverfahren, ausgeschlossen sind. Zwar stehen dem Mediator und dem Güterichter ein Zeugnisverweigerungsrecht nach § 383 Abs. 1 Nr. 6 ZPO zu. Dieses würde aber nur bei Annahme einer Verschwiegenheitspflicht zu einer Zeugnisverweigerungspflicht erstarken. Den Parteien und den sie begleitenden Anwälten steht nicht einmal dieses Zeugnisverweigerungsrecht zu.

Somit sollte zum Schutz der Vertraulichkeit jedenfalls zwischen den Parteien und in außergerichtlichen Mediationsverfahren auch mit dem Mediator prozessvertraglich durch entsprechende **Beweismittelverbote** geregelt werden, dass der Beweis über Tatsachen, die ausschließlich durch die Mediation bekannt wurden, ausgeschlossen ist.[64] Entsprechende Beweisantritte sind damit unzulässig.[65] Die genaue Reichweite solcher Verbote ist in jedem Einzelfall auch unter der taktischen Erwägung eines möglicherweise noch nötig werdenden Rechtsstreits sorgfältig vertraglich zu justieren.

32   Weiter ist mit dem Mandanten zu erörtern und mit den übrigen Verfahrensbeteiligten zu vereinbaren, ob und in welcher Ausgestaltung und zu welchen Zeitpunkten der Mediation (zum Beispiel auch schon vorbereitend vor der eigentlichen gemeinsamen Mediationssitzung) **Einzelgespräche** zwischen dem Mediator und nur einer der Konfliktparteien zulässig sein sollen.[66] § 2 Abs. 3 S. 3 setzt hierfür das „allseitige Einverständnis" voraus (→ MediationsG § 2 Rn. 144). Einzelgespräche sind oft ein wirksames Mediationswerkzeug auf dem Weg zu einer Einigung. Geregelt werden sollte aber insbesondere, ob der Mediator die ihm im Einzelgespräch mitgeteilten Informationen grundsätzlich oder nur nach besonderem Hinweis auch gegenüber der anderen Partei **vertraulich** behandeln soll. Letzteres ist der praktikablere Weg. Er erlaubt dem Mediator, die nicht ausdrücklich als vertraulich benannten Informationen aus einem Einzelgespräch gegenüber der anderen Partei zum Zwecke der Lösungsfindung zu nutzen. Das ist oftmals auch im Interesse der Parteien. Durch die Möglichkeit, bestimmte Informationen ausdrücklich durch Benennung hiervon auszunehmen und auch gegenüber der anderen Partei vertraulich zu belassen, bleibt der Mandant hinreichend geschützt.

33   **d) Verhältnis zu laufenden Verfahren.** Sind bereits Gerichtsverfahren oder gar Vollstreckungsmaßnahmen zwischen den Parteien betreffend denselben Lebenssachverhalt in Gang, ist im Rahmen der Mediationsvereinbarung auch deren Schicksal zu regeln. So sollte in laufenden Gerichtsverfahren ein gemeinsamer Antrag gestellt werden, das Verfahren während der Me-

---

64 Vgl. *Diop/Steinbrecher* BB 2011, 131 (133).
65 Vgl. *Wagner*, S. 621 ff., 640 ff. und 683 ff.
66 *Diop/Steinbrecher* BB 2011, 131 (132).

diation ruhend zu stellen, § 278 a Abs. 2 ZPO. Vollstreckungs- oder Sicherungsmaßnahmen sollten ebenfalls einvernehmlich ausgesetzt werden.[67]

3. Anwaltliche Vorbereitung der Mediation. Stehen die Person des Mediators, der Teilnehmerkreis und der inhaltliche Verfahrensablauf fest, gilt es, die eigentliche Mediationsverhandlung vorzubereiten. Auch diese Phase bringt besondere Aufgaben für den begleitenden Rechtsanwalt mit sich. **34**

Die Vorbereitung des Rechtsanwalts sollte *mediationsspezifisch* erfolgen. Das bedeutet, dass ihr Gegenstand vor allem der zu erwartende Verfahrensablauf und das Zusammenspiel zwischen Anwalt und Mandant einerseits und diesen und dem Mediator andererseits in diesem Ablauf sowie einige organisatorische Aspekte sein sollten. Die inhaltlichen Fragen des Falls sollten ebenfalls spezifisch für die Zwecke der Mediation vorbereitet werden.

a) Verfahrensbezogene Vorbereitung. Der Anwalt sollte seinem Mandanten in der Vorbereitung die Charakteristika und den typischen bzw. den jeweils vereinbarten Ablauf der Mediation erläutern (zB nach der häufig anzutreffenden Einteilung des Verfahrens in die folgenden Phasen: 1. Eröffnungsstatement des Mediators, 2. Bestandsaufnahme / Sachverhaltsklärung, 3. Ermittlung und Gewichtung von Interessen, 4. Entwicklung, Bewertung und Verhandlung von Lösungsmöglichkeiten und 5. Abschluss des Verfahrens) und die Bedeutung der jeweiligen Phase für das Verfahren erklären. Daraus abgeleitet sollten Anwalt und Mandant ihre **Rollen** vorab besprechen. Es sollte dem Mandanten dabei klar werden, dass der Anwalt in der Mediation tendenziell weniger sein Fürsprecher als vielmehr sein Coach im Hintergrund sein wird und dass der Mandant selbst sehr viel stärker als in anderen Verfahren zu Wort kommen und gefordert sein wird.[68] Ebenso wie das gesamte Verfahren ist auch die Rolle des Anwalts in der Mediation stärker auf Kooperation statt auf Konfrontation angelegt. Es geht darum, den Mandanten bei dessen eigener, autonomer Interessenvertretung ideal zu unterstützen. Das setzt auf Seiten des Anwalts ein anderes Rollenverständnis und auf Seiten des Mandanten eine andere Rollenerwartung als in der gewohnten anwaltlichen Vertretung vor Gericht oder in zweiseitig geführten streitigen Verhandlungen voraus. **35**

Der Anwalt spielt üblicherweise eine aktive Rolle vor allem zu Beginn einer Mediation, wenn er im Rahmen der Bestandsaufnahme Beiträge seines Mandanten ergänzt oder seine rechtliche Einschätzung beisteuert, und zum Schluss, wenn es um die Entwicklung und Bewertung von Lösungsmöglichkeiten und die rechtlich wirksame und den Interessen des Mandanten entsprechende Vereinbarung einer Abschlussvereinbarung oder des weiteren Vorgehens nach Abschluss der Mediation geht.[69] Letztlich ist die Rollenaufteilung in der Mediation zwischen Mandant und Anwalt aber situations- und interessenabhängig und daher je nach Mandant und Konfliktkonstellation im Einzelfall in der Vorbereitung zu vereinbaren.[70]

---

67 Vgl. *Hammacher* SchiedsVZ 2008, 30 (33).
68 Vgl. *Beckmann* DStR 2007, 583 (585).
69 *Neuenhahn/Neuenhahn* NJW 2005, 1244 (1246); *Schäfer* ZErb 2011, 321 (325).
70 *Hacke* SchiedsVZ 2003, 80 (85); *Meier* SchiedsVZ 2011, 97 (98); *Cooley*, Kapitel 4.2 bis 4.4.

Weiter sollte der Anwalt den Mandanten auf die zu erwartenden **Techniken des Mediators** vorbereiten, namentlich Fragetechniken, Visualisierungstechniken (v.a. mittels Flipcharts) und ggf. Einzelgespräche. So sollte dem Mandanten erläutert werden, dass und zu welchem Zweck der Mediator möglicherweise auch Einzelgespräche zwischen dem Mediator und den Parteien oder auch Teilgruppengespräche zwischen dem Mediator und nur dem Mandanten oder nur dem Mandanten und der anderen Partei (ohne die Anwälte) oder umgekehrt nur mit den Anwälten (oder einzelnen davon) anregen wird und dass der Mandant umgekehrt diese nach Bedarf (und unter der Voraussetzung der Zustimmung der anderen Partei und des Mediators) auch einfordern kann. Je weniger der Mandant vom Einsatz dieser für viele ungewohnten Techniken überrascht wird, umso sicherer und besser beraten wird er sich in der Mediation fühlen. Dabei hilft es auch, dem Mandanten immer wieder deutlich zu machen, dass seine Teilnahme an der Mediation freiwillig ist und bleibt und er diese jederzeit abbrechen kann (vgl. §§ 1 Abs. 1 und 2 Abs. 5 S. 1).

In organisatorischer Hinsicht sollten mit dem Mandanten mindestens der gewünschte **Ort** und der verfügbare **Zeitrahmen** für die Mediation besprochen und mit der Gegenseite und dem Mediator abgestimmt werden. Es gilt zu vermeiden, dass die Beteiligten mit unterschiedlichen Vorstellungen zum Zeitrahmen in eine Mediationssitzung kommen und eine Seite plötzlich unerwartet und unverrichteter Dinge die Mediation verlässt, weil ihr „Flug geht" oder andere Termine anstehen. Dabei ist es nicht unüblich, dass Mediationstage lange dauern und sich auch in die Abendstunden hinziehen. Auch darauf sollte der Mandant von seinem Anwalt vorbereitet werden.

Findet ein Güterichterverfahren nach § 278 Abs. 5 ZPO (bzw. den entsprechenden Bestimmungen der anderen Verfahrensordnungen) statt, sollte der Anwalt in der Vorbereitung dem Mandanten dessen Besonderheiten erläutern. Hierzu zählen insbesondere die bereits erwähnte freie Wahl des Güterichters aus „allen Methoden der Konfliktbeilegung einschließlich der Mediation". Das kann Überraschungen bedeuten. Zum anderen gehört dazu die aus den bisherigen Modellprojekten zur gerichtsinternen Mediation gewonnene Erkenntnis, dass die heutigen Richtermediatoren und zukünftigen Güterichter nicht immer klassische Mediation anbieten, sondern oftmals eher ähnlich wie in herkömmlichen Gerichtsverhandlungen die Parteien durch mehr oder weniger deutliche eigene Einschätzungen zu den rechtlichen Chancen und Risiken zu einem Vergleich zu bewegen versuchen.

36 **b) Inhaltliche Vorbereitung.** Dass der Anwalt vor einer Mediation wie vor anderen Verfahren auch den Fall seines Mandanten in tatsächlicher und juristischer Sicht durchdrungen haben sollte, versteht sich von selbst. Die Vorbereitung eines Mediationsverfahrens bringt aber auch in inhaltlicher Hinsicht einige Besonderheiten mit sich.

So empfiehlt es sich, dass der Anwalt mit seinem Mandanten die inhaltliche Vorbereitung an den Phasen der Mediation ausrichtet:

Welche Sachverhaltsangaben und welche Angaben zu den persönlichen und emotionalen Aspekten des Konflikts sollten im Rahmen der Bestandsaufnahme thematisiert werden?[71] Was soll davon für eventuelle Einzelgespräche aufgespart oder bewusst gar nicht offenbart werden?

Welche Interessen im Sinne der hinter den Verhandlungspositionen stehenden Motive verfolgt der Mandant, die in der Phase der Interessenerforschung und -gewichtung zum Ausdruck gebracht werden müssen? Wie sind diese gewichtet? Wann und wie sollen diese in das Verfahren eingeführt werden?

Welche Lösungsoptionen, die in der Phase der Lösungsfindung vorgeschlagen werden könnten, sind schon jetzt aus Sicht des Mandanten auf Basis seiner Interessen denkbar, welche nicht? Welche Zugeständnisse könnte oder müsste der Mandant und könnte oder müsste die Gegenseite gegebenenfalls machen, um zu einem für beide Seiten akzeptablen Ergebnis zu kommen? Was davon soll in welcher Phase der Mediation geäußert werden? In diesem Zusammenhang spielt die anwaltliche Einschätzung der rechtlichen Chancen und Risiken des Mandanten eine erhebliche Rolle. Auch in Mediationsverhandlungen erzielte Einigungen sind nur gute Einigungen, wenn sie in Summe die Interessen des Mandanten besser befriedigen als die beste ihm rechtlich zur Verfügung stehende Nichteinigungsalternative. Es ist naturgemäß Aufgabe des Anwalts, den Mandanten über den Wert seiner Rechte und ihrer Durchsetzung als einer seiner Nichteinigungsalternativen aufzuklären und auch im Laufe einer Mediation aufgeklärt zu halten. Dazu zählen neben der materiellen Rechtslage auch die praktischen Aspekte der Rechtsdurchsetzung wie der hierfür erforderliche Kosten- und Zeitaufwand und mögliche Vollstreckungs- oder Insolvenzrisiken. Nicht selten geht es hier auch darum, den Überoptimismus des Mandanten (bisweilen auch den eigenen) auf ein realistisches Maß zu reduzieren und insoweit „Erwartungsmanagement" zu betreiben.

Auch der Mediator wird den Wert der jeweiligen Rechtspositionen der Parteien kritisch hinterfragen, um so einen nüchterneren Blick auf entwickelte Lösungsvorschläge und damit womöglich die Zustimmung der Parteien zu diesen zu motivieren. Auch darauf sollte der Anwalt seinen Mandanten vorbereiten.[72] Mediatoren nutzen hierzu gelegentlich das Werkzeug der **Prozessrisikoanalyse**. Dieses versucht den sogenannten Erwartungswert eines gedachten Rechtsstreits über den Konflikt durch Abbildung der streitentscheidenden Fragen in einem „Entscheidungsbaum" unter Einfügung von Eintrittswahrscheinlichkeiten der einzelnen Äste des Baums auszudrücken.[73]

Ob mit dem Einsatz dieses Werkzeugs zu rechnen ist, sollte der begleitende Rechtsanwalt vorab mit dem Mediator klären. Er sollte sodann mit dem Mandanten abstimmen, ob der Einsatz dieses Instruments wünschenswert ist und anderenfalls versuchen, entsprechend Einfluss auf den Mediator und die andere Konfliktpartei zu nehmen.

Schließlich sollte der Rechtsanwalt im Gespräch mit dem Mandanten vorbesprechen, welche Inhalte eine mögliche Einigung haben könnte oder aus

---

71 Vgl. *Meier* SchiedsVZ 2011, 97 (98).
72 Vgl. *Meier* SchiedsVZ 2011, 97 (99).
73 Vgl. zu Prozessrisikoanalysen grundlegend *Victor*, S. 617 ff. sowie *Eidenmüller* ZZP 2000, 5 ff. und *Duve/Eidenmüller/Hacke*, S. 243 ff.

Sicht des Mandanten haben sollte. Folgen daraus besondere rechtliche Anforderungen an die Wirksamkeit oder Vorbereitung eines entsprechenden Vergleichs oder auch einer über einen bloßen Vergleich hinausgehenden Abschlussvereinbarung zwischen den Parteien, muss der Anwalt diesen genüge tragen. Ist zum Beispiel denkbar, dass Inhalt der Einigung ein Grundstücksgeschäft oder die Veräußerung eines GmbH-Anteils ist, sollte der Anwalt daran denken, für den Mediationstermin einen Notar für die erforderliche **notarielle Beurkundung** zu reservieren, am besten in Abstimmung mit der anderen Partei. Ist abzusehen, dass für eine denkbare Einigung noch Vorfragen geklärt werden müssten (zB eine steuerliche, kaufmännische oder technische Überprüfung oder die Einholung der Zustimmung Dritter), sollte der Anwalt auch das anstoßen. Anderenfalls wird er mindestens mit dem kritischen Blick seines Mandanten (wenn nicht mit Haftungsrisiken) zu rechnen haben, wenn dieser nach der mühsamen Verhandlung einer Einigung nach vielen Stunden Mediation erfährt, dass diese Einigung leider jetzt nicht rechtswirksam festgehalten werden kann.

Beantworten sich Anwalt und Mandant in der Vorbereitung gemeinsam diese Fragen, so entsteht daraus idealerweise ihr **„Drehbuch" für die Mediation**. Dabei soll nicht verschwiegen werden, dass Mediationsverhandlungen wie alle anderen Verhandlungen auch dynamische Prozesse sind, zu deren Verlauf auch die andere Partei maßgeblich beitragen wird. Der genaue Ablauf wird sich daher nie vollständig vorab planen lassen. Gleichwohl ist es ratsam, einen eigenen Plan für den gewünschten Ablauf vorbereitet zu haben.

Der Anwalt sollte sodann mit seinem Mandanten besprechen und mit den anderen Verfahrensbeteiligten klären, ob und ggf. in welcher Form **schriftliche Stellungnahmen** für die Mediation vorbereitet und dem Mediator und der anderen Seite im Vorfeld zugeleitet werden sollen. Manche Mediatoren wünschen solche Stellungnahmen, andere fordern diese nicht aktiv ein oder wünschen diese sogar explizit nicht. Ganz unabhängig davon empfiehlt es sich aus Anwaltssicht, eine solche Stellungnahme zu verfassen. Darin kann der Anwalt die Erwartungen seines Mandanten an die Mediation artikulieren und auch inhaltlich bereits Themen und Akzente setzen.[74] So kann er beispielsweise durch eine überzeugende Darlegung der Höhe eines Schadens, dessen Ersatz verlangt wird, oder durch das Aufzeigen bestimmter Austauschmöglichkeiten zwischen den Parteien schon einmal eine für den Mandanten günstige Ausgangslage in den Mediationsverhandlungen schaffen.[75]

Der Anwalt sollte diese Stellungnahme kurz fassen und nur auf die wesentlichsten Dokumente als Anlagen verweisen. Ob für andere Verfahren bereits vorbereitete Schriftsätze (außergerichtliche Korrespondenz, gerichtliche Schriftsätze etc) beigefügt werden sollten, hat der Anwalt im Einzelfall nach deren Nutzen für die Mediation zu entscheiden. Dabei sollte er im Blick haben, dass die in den Schriftsätzen zumeist aufgearbeitete Vergangenheit und deren rechtliche Bewertung für den Erfolg der Mediation eine viel geringere Bedeutung haben als für den Erfolg vor Gericht. Denn in der

---

74 Vgl. *Schäfer* ZErb 2011, 321 (325).
75 So auch *Meier* SchiedsVZ 2011, 97 (99).

Mediation geht es vorrangig um die Gestaltung der Zukunft der Parteien. Hierzu leisten vorhandene Schriftsätze oft keinen sinnvollen Beitrag. Dann sollte der Anwalt sie weglassen.

4. Anwaltliche Begleitung im Mediationsverfahren. Die Aufgaben des Rechtsanwalts, der seinen Mandanten sodann in die eigentliche Mediationssitzung begleitet, sind auf zwei Ebenen angesiedelt: 37

Auf einer ersten, der **funktionalen Ebene**, muss der Anwalt sicherstellen, dass das Mediationsverfahren seinen Zweck erfüllen kann. Er hat dabei einerseits als Vertreter seines Mandanten darauf zu achten, dass der jeweils abgestimmte Verfahrensablauf eingehalten und abgearbeitet wird. Andererseits hat er zu akzeptieren und sein eigenes Auftreten darauf abzustimmen, dass nicht er sondern der Mediator das Verfahren leitet und dass die Parteien sehr viel mehr als gewohnt selbst zu Wort kommen. Er sollte also eine zurückhaltende, zugleich aber wache und aufmerksame Haltung einnehmen. Das Maß, den Zeitpunkt und den Inhalt seiner eigenen Beiträge sollte er an den Besonderheiten der einzelnen Phasen der Mediation und den Bedürfnissen seines Mandanten ausrichten. Schafft der Anwalt das nicht und verfällt er in die Gewohnheit, das Heft des Mandanten stets selbst und alleine in der Hand zu halten, kann die Mediation nicht den mit ihr verfolgten Zweck einer eigenverantwortlichen, interessenbasierten und von den Konfliktparteien selbst gestalteten Konfliktlösung erfüllen.

Auf einer zweiten, der **rechtlichen Ebene**, hat der Anwalt sowohl die Tätigkeit des Mediators auf ihre Rechtmäßigkeit zu überprüfen und zu überwachen als auch eine rechtlich wirksame und sinnvolle Umsetzung der in der Mediation gefundenen Ergebnisse sicherzustellen.

Gute anwaltliche Begleitung in der Mediation erfordert dabei sowohl in funktionaler wie in rechtlicher Hinsicht einen Balanceakt zwischen Zurückhaltung und Einflussnahme.

a) Funktionale Ebene. Auf der funktionalen Ebene sollte der Anwalt seine Beiträge so einsetzen, dass diese die Ziele der Mediation bestmöglich fördern. 38

Dazu gehört es sicherzustellen, dass jede der einzelnen Phasen der Mediation vollständig abgearbeitet wird, bevor der Mediator in die nächste Phase übergeht. Hierzu können die folgenden Fragen helfen, die der Anwalt sich in jeder der Phasen stellen kann:

- Phase der Bestandsaufnahme: Ist der **Sachverhalt** vollständig erfasst? Sind alle für eine Konfliktlösung zu regelnden Komplexe thematisiert und alle zu lösenden Themen im Sinne einer Agenda benannt? Welche zum Verständnis des Konflikts oder zu seiner Lösung wichtigen Angaben fehlen noch? Wie und durch wen sollten diese ergänzt werden? Welche Fragen sollte die Gegenseite noch beantworten?

- Phase der Interessenerforschung: Sind die **Interessen** meines Mandanten umfassend herausgearbeitet und richtig gewichtet? Ist der Mandant insoweit hinreichend in der Lage, seinen Präferenzen Ausdruck zu verleihen oder sind – zum Beispiel aus Erkenntnissen aus der Vorberatung mit dem Mandanten – Korrekturen an dessen zunächst geäußerter Einschätzung geboten? Sind die Interessen der Gegenseite und deren Priorisierung hinreichend klar geworden?

- Phase der Entwicklung von Lösungsvorschlägen: Welche denkbaren **Lösungsvorschläge** sind von den Parteien bislang noch nicht artikuliert worden? Welche neuen Ideen würden vielleicht weiterführen? Was könnte der Mandant, was die Gegenseite noch anbieten? Hier ist das Fingerspitzengefühl des Anwalts gefragt. Einerseits sollte er den Mandanten und die andere Partei zunächst längstmöglich eigene Ideen entwickeln lassen. Schließlich ist es Zweck der Mediation, dass die Parteien eigenverantwortlich eine Konfliktlösung erarbeiten und dass dadurch die Identifikation mit dem Ergebnis und damit dessen Haltbarkeit steigen (vgl. § 1 Abs. 1). Andererseits wird der Anwalt oftmals auch gute eigene Ideen und Vorschläge haben, und es spricht letztlich auch nichts dagegen, diese zu äußern. Das gilt jedenfalls, solange die Mediation gleichwohl das Verfahren der Parteien bleibt. Wie immer in der anwaltlichen Begleitung in der Mediation ist auch hier alles eine Frage des richtigen Timings und der richtigen Dosierung.
- Phase der Bewertung von Lösungsvorschlägen und Übergang zu einer möglichen Einigung und zum Abschluss des Verfahrens: Welche Lösungsvorschläge sind aus rechtlicher Sicht sinnvoll oder geboten? Welche Gestaltungen einer angedachten Lösung sind dem Mandanten rechtlich anzuraten, welche zu meiden?

In methodischer Hinsicht können dem Anwalt die folgenden zusätzlichen Fragen helfen:

- Empfiehlt es sich, ein **Einzelgespräch** mit dem Mediator anzuberaumen, um diesem weitere Informationen des Mandanten mitzuteilen, die zumindest derzeit nicht in Anwesenheit der Gegenseite erörtert werden sollen? Was sollte dem Mediator auch in diesem Einzelgespräch vielleicht (noch) nicht offenbart werden? Welche Informationen aus einem Einzelgespräch soll der Mediator sodann gegenüber der anderen Partei vertraulich behandeln, welche darf oder soll er gar transportieren? Ist ein Teilgruppengespräch zwischen dem Mediator und nur den Kaufleuten oder auch nur den Anwälten beider Parteien sinnvoll?
- Lassen Aussagen des Mediators nach Einzelgesprächen mit der Gegenseite auf mögliche Zugeständnisse oder sonst auf Einigungspotenziale schließen? Was ist diesbezüglich den bisherigen Aussagen der Vertreter der Gegenseite zu entnehmen?
- Wendet der Mediator nach einem Einzelgespräch mit der anderen Seite die Technik sogenannter kontingenter Vorschläge an („Wenn die andere Seite xyz mitmachen würde, was könnten Sie im Gegenzug anbieten?"), spricht vieles dafür, dass die andere Seite eben jenes „xyz" gegenüber dem Mediator bereits als mögliches Entgegenkommen angedeutet hat. Hier sollte der Anwalt seinen Mandanten vor zu großen eigenen Zugeständnissen im Gegenzug bewahren. Diese sind möglicherweise zur Durchsetzung von „xyz" nicht mehr erforderlich.
- Ist eine Pause oder eine Vertagung angezeigt, um Zwischenberatungen mit dem Mandanten führen zu können?

Der Anwalt, der in dieser Form das Mediationsverfahren aufmerksam und mitdenkend begleitet und allfällige Ergänzungen in den Gesprächsverlauf einbringt, wird dem Mandanten eine enorme Hilfe sein. Denn für diesen bedeutet die eigene andauernde Verhandlung seiner Sache in der Mediation nicht selten eine erhebliche Belastung.

b) Rechtliche Ebene. Auf der rechtlichen Ebene hat der begleitende Rechtsanwalt zunächst die Tätigkeit des Mediators und die Einhaltung der rechtlichen Vorgaben des Verfahrens zu überwachen.[76] Diese entspringen einerseits dem Mediationsgesetz und andererseits ergänzend dem Mediationsvertrag. Hieraus sind folgende Fragen hervorzuheben, die der Anwalt sich beantworten sollte:

- Liegt die erforderliche Zustimmung aller Parteien für die Teilnahme Dritter an der Mediation, einschließlich der Rechtsanwälte der Parteien vor (§ 2 Abs. 4)?
- Wahrt der Mediator seine Unabhängigkeit, Neutralität und Allparteilichkeit und erfüllt er seine Pflicht, alle Umstände, die hieran Zweifel wecken könnten, zu offenbaren (§§ 1 Abs. 2, 2 Abs. 3 S. 1 und 2)? Sind aus solchen Umständen folgende Tätigkeitsverbote beachtet (§ 3 Abs. 2, 3, 4)?
- Hat der Mediator die Parteien auf deren Verlangen hinreichend über seinen fachlichen Hintergrund, seine Ausbildung und seine Erfahrung auf dem Gebiet der Mediation informiert (§ 3 Abs. 5)?
- Hat sich der Mediator vergewissert, dass die Parteien die Grundsätze und den Ablauf des Mediationsverfahrens verstanden haben und freiwillig teilnehmen (§§ 1 Abs. 1, 2 Abs. 2, 5)?
- Erfüllt der Mediator seine Pflicht zur Führung der Parteien durch die Mediation entlang einer klaren Struktur und zur Förderung ihrer Kommunikation und gewährleistet er die Einbindung der Parteien in die Mediation in angemessener und fairer Weise (§ 1 Abs. 1, 2, 2 Abs. 3 S. 2, 3)?
- Macht der Mediator hinreichend deutlich, dass er nicht entscheidungsbefugt ist (§ 1 Abs. 2)? Hält er sich im Rahmen des vertraglich vereinbarten Umfangs eigener Einschätzungen und Vorschläge zur Sache (Mediatorvertrag)?
- Liegt die erforderliche Zustimmung aller Parteien für die Durchführung von Einzelgesprächen vor (§ 2 Abs. 3 S. 3)?
- Hat der Mediator die Parteien über den Umfang seiner Verschwiegenheitspflicht informiert (§ 4 Abs. 5)? Ist darüber hinaus sichergestellt, dass die **Vertraulichkeit** des Verfahrens gewahrt wird (beispielsweise durch Unterbinden von Ton- oder Videomitschnitten und eine Regelung dazu, in welcher Form und welchem Maß Parteien mitschreiben dürfen)[77]? Hält sich der Mediator an die für Einzelgespräche vereinbar-

---

76 Vgl. *Ewig* ZKM 2012, 4 (5).
77 In der Praxis ist jedenfalls in der Wirtschaftsmediation zunehmend zu beobachten, dass Parteien und ihre Anwälte dem Verfahren hinter angeschalteten Notebooks oder Tablets beiwohnen und darauf Eingaben machen. Die Frage, ob und inwieweit Mitschriften des Geschehens in dieser Form geduldet werden sollten, berührt einen Graubereich zwischen erforderlicher Arbeitserleichterung und sich wandelnder Üblichkeiten einerseits („Notebook" heißt schließlich wörtlich übersetzt Notizbuch und bezeichnet damit dessen heutige Form) und für die Mediation schädlichen Gefährdungen der Vertraulichkeit andererseits. Sie ist daher in jedem Einzelfall anhand der jeweiligen Besonderheiten und am besten im offenen Gespräch mit den Beteiligten zu beantworten.

ten Vertraulichkeitsregeln (§§ 1 Abs. 1, 4 für den Mediator sowie ergänzend für diesen und für die Parteien und ihre Begleiter durch die Regelungen aus dem Mediationsvertrag)?

- Wirkt der Mediator im Fall einer Einigung daraufhin, dass die Parteien diese „in Kenntnis der Sachlage treffen und ihren Inhalt verstehen", macht er deren Dokumentation in einer Abschlussvereinbarung von der erforderlichen Zustimmung der Parteien abhängig und weist er nicht anwaltlich oder anders „fachlich" beratene Parteien auf die Möglichkeit hin, die Vereinbarung bei Bedarf durch externe Berater überprüfen zu lassen (§ 2 Abs. 6)?
- Ist im Güterichterverfahren nach § 278 Abs. 5 ZPO (bzw. nach den entsprechenden Bestimmungen der anderen Gerichtsverfahrensgesetze), für das die Verschwiegenheitspflicht des § 4 wohl nicht gilt, wenigstens sichergestellt, dass die Verhandlung nicht öffentlich stattfindet?
- Beachtet der Güterichter im Verfahren nach § 278 Abs. 5 ZPO (bzw. nach den entsprechenden Bestimmungen der anderen Gerichtsverfahrensgesetze) die Voraussetzung der Zustimmung aller Parteien zu einer Protokollierung der Ergebnisse oder gar eines vollstreckbaren Vergleichs (§§ 159 Ab. 2, 160 Abs. 3 Nr. 1, 160 Abs. 4, 794 Abs. 1 Nr. 1 ZPO)?

Bemerkt der begleitende Rechtsanwalt Verletzungen dieser oder sonstiger rechtlicher Bestimmungen aus dem Gesetz oder dem Mediationsvertrag durch den Mediator oder Güterichter oder durch die andere Partei, hat er seinen Mandanten darauf hinzuweisen und mit diesem die daraus zu ziehenden Konsequenzen zu besprechen. Diese können von einem bloßen Hinweis an den Mediator oder Güterichter oder die andere Partei über den Abbruch der Mediation oder des Güterichterverfahrens bis hin zur Erhebung von Unterlassungs- oder Schadensersatzansprüchen reichen.

40   **5. Abschluss des Mediationsverfahrens.** Haben die Parteien in der Mediation oder dem Güterichterverfahren eine Einigung erzielt, ist diese in eine rechtlich wirksame und für den Mandanten interessengerechte Form zu bringen. Spätestens jetzt kann der Anwalt die Berechtigung seiner Begleitung des Mandanten in die Mediation unter Beweis stellen. Schließlich ist die rechtssichere Formulierung des **Mediationsvergleichs** oder der sonstigen **Abschlussvereinbarung** eine klassische anwaltliche Aufgabe.[78]

Dabei ist eine solche schriftliche Fixierung des Ergebnisses nach dem Mediationsgesetz nicht zwingend. § 2 Abs. 6 S. 3 bestimmt lediglich, dass die erzielte Einigung mit Zustimmung der Parteien in einer Abschlussvereinbarung dokumentiert werden *kann* (→ MediationsG § 2 Rn. 297 ff.). Dem Rechtsanwalt ist zu empfehlen, auf eine solche Dokumentation zu drängen und sich hier aktiv mit (für seinen Mandanten vorteilhaften) Formulierungsvorschlägen einzubringen. Wie bei jedem anderen Vertrag kommt es auch hier auf (fast) jede Silbe an und kann der Vergleich am Ende für den Mandanten mehr oder weniger günstig formuliert sein.

---

78 S. zum Mediationsvergleich als eine denkbare Form der Abschlussvereinbarung ausführlich *Risse*, S. 381 ff. und Greger/Unberath/Steffek/*Greger* B. § 2 Rn. 279 ff.

Gelegentlich – insbesondere in sehr komplexen Mediationen – scheidet eine *ad hoc*-Protokollierung einer vollständigen Abschlussvereinbarung aus, sei es weil noch Dritte zustimmen müssen, weil Teilfragen zur gefundenen Einigung noch geklärt werden müssen oder aus sonstigen praktischen oder rechtlichen Gründen. Dann sollten die Parteien wenigstens in möglichst eindeutigen **Eckpunkten** die Ergebnisse der Mediation und die verabredete Umsetzung in einen rechtswirksamen Vergleich festhalten und vor Ort als **Absichtserklärung** oder gar als **Vorvertrag** unterzeichnen. Hier hat der Anwalt das Risiko des Mandanten, dass nachträglich neuer Streit über die Umsetzung der Eckpunkte entsteht, möglichst gering zu halten. Dazu zählt, diese so präzise und vollständig wie möglich zu fassen und einen klaren Zeitplan für die weiteren Schritte zu vereinbaren. Auch empfiehlt es sich, die Mediationsvereinbarung und den Mediatorvertrag als weiter gültig zu bekräftigen und eine Fortsetzung der Mediation in selber Besetzung zur Überwindung möglicher neuer Konflikte bei der Umsetzung zu vereinbaren.

Weiter hat der Anwalt sicherzustellen, dass die Abschlussvereinbarung möglicherweise einzuhaltenden **Formvorschriften** und sonstigen **Wirksamkeitsvoraussetzungen** genügt. Hier ist beispielsweise an die schon erwähnte notarielle Beurkundung oder auch an gesellschaftsrechtliche Zustimmungsvorbehalte zu denken.

Auch ist zu entscheiden, ob und in welchem Umfang die Vertraulichkeit der Mediation auf die Inhalte der Abschlussvereinbarung erstreckt werden soll, beispielsweise um Dritten keinen „Präzedenzfall" an die Hand zu geben (ohne abweichende vertragliche Regelung folgt eine Vertraulichkeitsverpflichtung des Mediators und seiner Hilfspersonen [nicht aber der Parteien] auch hinsichtlich der Inhalte der Abschlussvereinbarung aus § 4 Sätze 2 und 3). Gelegentlich ist umgekehrt gerade gewünscht oder erforderlich, die gefundene Einigung in irgendeiner Form zu verlautbaren, beispielsweise, um gesetzlichen Publizitätspflichten zu genügen (zB nach § 15 WpHG). Auch das sollte dann bereits in der Abschlussvereinbarung geregelt werden.

Schließlich sollte der Anwalt prüfen, ob die direkte Umsetzung der Vereinbarung in einen Vollstreckungstitel angezeigt ist. Zwar werden Mediationsergebnisse zumeist freiwillig umgesetzt. Ob der beratende Anwalt sich allerdings darauf verlassen sollte, steht auf einem anderen Blatt. Jedenfalls muss er den Mandanten über die Möglichkeiten der Vollstreckbarerklärung der Abschlussvereinbarung und auf die mit einem Verzicht hierauf verbundenen Risiken aufklären.

Die originäre Möglichkeit der Vollstreckbarerklärung von Mediationsvergleichen, die noch im Regierungsentwurf durch einen neuen § 796 d ZPO geplant war, ist nicht Gesetz geworden.[79] Die Vollstreckbarkeit ist daher erforderlichenfalls durch einen der in den §§ 794 ff. ZPO vorgesehenen Vollstreckungstitel sicherzustellen. Naheliegend sind insofern die Protokollierung bei Gericht (und damit auch durch einen Güterichter [§ 159 Abs. 2

---

79 Vgl. BT-Drs. 17/5335, 21 und BT-Drs. 17/8058, 21.

S. 2 ZPO]) oder die Beurkundung bei einem Notar (§§ 794 Abs. 1 Nr. 5 iVm § 797 ZPO) sowie der Anwaltsvergleich (§ 796 a ZPO).[80]

Einigen sich die Parteien in der Mediation oder dem Güteverfahren nicht, muss der Anwalt seinen Mandanten über die gleichwohl bestehenden weiteren Möglichkeiten der einvernehmlichen Konfliktbeilegung beraten. In Betracht kommen hier zum Beispiel die Vereinbarung einer Stillhaltephase zur Würdigung der Ergebnisse der Mediation (ggf. unter Fortsetzung der Mediation zu einem späteren Zeitpunkt), eines Schlichtungsverfahrens zur Einholung eines unverbindlichen Einigungsvorschlags eines Dritten oder eines Schiedsgutachter- oder Schiedsgerichtsverfahrens zur verbindlichen Klärung von Tat- oder Rechtsfragen. Erscheinen solche Verfahren angezeigt, sollte der Anwalt versuchen, sie mit der anderen Partei zu vereinbaren. Abermals sind hierbei die mögliche Verjährung von Ansprüchen und des Ablaufs von Ausschlussfristen zu prüfen.

Die anwaltliche Begleitung des Mandanten endet nicht mit Verlassen des Ortes der Mediationssitzung. Oftmals sind auch nach Abschluss einer Abschlussvereinbarung anwaltliche Maßnahmen zu deren Umsetzung zu ergreifen oder ist die Einhaltung der Verpflichtungen der anderen Partei aus der Vereinbarung zu überwachen und notfalls durchzusetzen. Auch das sind Aufgaben des begleitenden Rechtsanwalts.

Vor dem Mediationsverfahren bereits eingeleitete und unterbrochene Gerichtsverfahren oder Vollstreckungs- oder Sicherungsmaßnahmen sind in einer dem Mediationsergebnis gerecht werdenden Weise zu beenden oder fortzuführen. Bei Fortführung sind die mit dem Mandanten in der Mediation gewonnenen Erkenntnisse angemessen und unter Berücksichtigung der hierfür in der Mediationsvereinbarung vereinbarten Vertraulichkeits- und Beweisregeln zu würdigen.

III. Fazit

41 Anwälte leisten einen wichtigen Beitrag zum Gelingen von Mediations- oder Güterichterverfahren. Spätestens seit dem Inkrafttreten des Mediationsgesetzes, aber auch infolge der Impulse der heutigen Juristenausbildung, der Internationalisierung zahlreicher Lebenssachverhalte sowie einer sich stetig verstärkenden Eigendynamik in der Nutzung von und in der Nachfrage nach modernen und effizienten Formen der Konfliktbeilegung können Anwälte es sich nicht länger leisten, sich *nicht* mit der Mediation zu beschäftigen und ihre Mandanten *nicht* hierzu zu beraten. Ihre vormals zumeist aus mangelnden Kenntnissen von der Mediation gespeiste Scheu vor diesem für sie oftmals neuen Verfahren werden sie durch den Aufbau entsprechenden Know-hows überwinden müssen.

Daraus wird zwangsläufig folgen, dass Anwälte auch immer öfter die Begleitung ihrer Mandanten in Mediationsverfahren zu ihren Aufgaben zählen werden.

Rechtsanwälte können und sollten das als Chance und nicht als Risiko oder gar Bedrohung wahrnehmen. Die Anreicherung der eigenen Kenntnis-

---

80 *Ahrens* NJW 2012, 2465 (2468); s. zu den denkbaren Vollstreckungstiteln auch *Eidenmüller/Prause* NJW 2008, 2737 (2742); *Hacke*, S. 276 ff.; *Risse*, S. 438 ff.

se und Fähigkeiten um den Bereich der Mediation sowie die Beratung von Mandanten hierzu und ihre Begleitung in Mediationsverfahren bieten eine oft besonders spannende und befriedigende Möglichkeit, den Interessen des Mandanten in kurzer Zeit und effektiv zu ihrer Geltung zu verhelfen und so den anwaltlichen Auftrag in besonderer Weise zu erfüllen.

M. Mediation aus notarieller Sicht

Literatur:

Arndt/Lerch/Sandkühler, Bundesnotarordnung, 8. Aufl. 2016; *Bensmann/Meyer/ Schmitz-Vornmoor/Sorge/Talke*, Verhandlungs- Kommunikationstechniken im notariellen Beurkundungsverfahren, notar 2010, 48; BNotK, Schlichtung durch Notare – Güteordnung mit Erläuterungen, DNotZ 2000, 1; *Dendorfer/Krebs*, Konfliktlösung durch Mediation bei Gesellschafterstreitigkeiten, MittBayNot 2002, 85; *Diehn* (Hrsg.) BNotO – Bundesnotarordnung *Eylmann/Vaasen*, Bundesnotarordnung Beurkundungsgesetz, 4. Aufl. 2016; *Frieser/Sarres/Stückemann/Tschichoflos* (Hrsg.), Handbuch des Fachanwalts Erbrecht, 6. Aufl. 2015; *Greger/Unberath/Steffek*, Recht der alternativen Konfliktlösung, 2. Aufl. 2016; *Grüner/Schmitz-Vornmoor*, Die Schnittstelle zwischen Mediation und Beurkundung, notar 2012, 147; *Grziwotz*, Erfolgreiche Verhandlungsführung und Konfliktmanagement durch Notare, 2001; *Heinemann*, Aufgabenübertragung auf Notare, FGPrax 2013, 139; *Hornung*, Rechtliche Rahmenbedingungen für die Tätigkeit freier Mediatoren, 2006; *Horstmeier*, Das neue Mediationsgesetz, 2013; *Kilian/Sandkühler/vom Stein* (Hrsg.), Praxishandbuch Notarrecht, 2. Aufl. 2012; *Meyer/ Schmitz-Vornmoor*, Das neue Mediationsgesetz in der notariellen Praxis, DNotZ 2012, 895; *MittBayNot*, Schlichtung und Mediation, Sonderheft zur Ausgabe 4/2000; *Schippel/Bracker*, Bundesnotarordnung, 9. Aufl. 2011; *Schließen/Wegmann* (Hrsg.), Mediation in der notariellen Praxis, 2002; *Schmitz-Vornmoor*, Notare im Prozess der Unternehmensnachfolge – Die (mögliche) Rolle und Funktion von Notaren aus konfliktdynamischer Sicht, Konfliktdynamik 2015, 182; *ders.*, Verhandlungs- und Kommunikationsmethoden im Beurkundungsverfahren – Störungen haben Vorrang, notar 2015, 260; *ders./Töben*, Möglichkeiten der Konfliktvorsorge in der erbrechtlichen Beratungs- und Gestaltungspraxis – insbesondere durch Mediationsklauseln, RNotZ 2014, 527; *ders./Vornmoor*, Verhandlungs- und Kommunikationsmethoden im Beurkundungsverfahren – Der richtige Einstieg in das Beratungsgespräch, notar 2011, 387; *ders./Vornmoor*, Mediations- und Verhandlungspraxis im Notariat, ZKM 2012, 51; *Schröder* (Hrsg.), Mediation und Notariat, Potentiale und Chancen, 2010; *Schwarz*, Verhandlung und Mediation mit vielen Beteiligten, MittBayNot 2001, 294; *Stückemann*, Notar-Mediation, neue Chancen für Notare, ZnotP 2015, 367; *Töben*, Mediationsklauseln, RNotZ 2013, 321; *Töben/Schmitz-Vornmoor*, Konfliktvorsorge bei der Nachlassplanung, ZKM 2014, 15; *Walz*, Vertraulichkeit in der Mediation, MittBayNot 2001, 53; *Walz* (Hrsg.), Formularbuch Außergerichtliche Streitbeilegung, 2006; *ders.*, Der Notar als Mediator, in: *Haft/v. Schließen*, Handbuch der Mediation, 3. Aufl. 2016; *ders.*, Vertraulichkeit in der Mediation, MittBayNot 2001, 53; *Zimmermann*, Die Vermittlung der Erbauseinandersetzung durch den Notar, NotBZ 2013, 335.

I. Einleitung

Die Notare haben sich in der Vergangenheit bereits als „geborene Mediatoren" bezeichnet.[1] Damit wird zutreffend zum Ausdruck gebracht, dass sich die Rollenbilder von Notaren und Mediatoren vielfach ähneln.[2] Ein Wechsel aus der Notarrolle in die Mediatorenrolle und umgekehrt ist ohne größere Brüche möglich. Soweit die Formel vom „geborenen Mediator" jedoch besondere Kenntnisse und Fähigkeiten auf dem Gebiet der Kommunikations- und Verhandlungslehre suggerieren sollte, war damit stets ein großer Teil Selbstüberschätzung verbunden.[3] Wie andere juristische Berufsgruppen auch haben Notare in der Vergangenheit ihre Kommunikationspraxis zu wenig reflektiert. Im Vordergrund der notariellen Aus- und Fortbildung standen und stehen bis heute ganz vorrangig juristische Fragestel-

1

1　So etwa Kilian/Sandkühler/vom Stein/*Meyer* § 19 Rn. 13.

2　Haft/v. Schlieffen/*Walz*, § 49 Rn. 1 bemerkt zutreffend, dass Notare als einzige juristische Berufsgruppe regelmäßig als unabhängige und unparteiliche Berater tätig werden.

3　Haft/v. Schlieffen/*Walz*, § 49 verweist auf die durch die Beurkundungspraxis gewonnenen Erfahrungen der Notare als Moderatoren bzw. Vermittler. Dieser Erfahrungsschatz kann allerdings eine theoretische Reflexion des eigenen Handelns und die damit verbundene Erweiterung des methodischen Werkzeugkastens nicht ersetzen. Etwas zu optimistisch auch Schippel/Bracker/*Püls*, Anh. zu § 24, Rn. 61, der meint, die besondere Qualifikation des Notars als Mediator wird beim Notar in der Regel schon auf Grund seiner Ausbildung und notariellen Tätigkeit vorliegen.

lungen.[4] Gleichwohl gibt es vielfältige Berührungspunkte zwischen Mediation und Notariat, die nachfolgend vor dem Hintergrund des Mediationsgesetzes erörtert werden.

2   Vorab soll in einem kurzen Vergleich die klassische Rolle des beurkundenden Notars der Rolle des Mediators gegenübergestellt werden. Ebenfalls
verglichen wird das Mediationsverfahren mit dem Beurkundungsverfahren
(II). Auf dieser Grundlage geht es sodann um die Fallgestaltungen, in denen Notare selbst als Mediatoren tätig werden (III). Auch wenn Notare
nicht als Mediatoren agieren, können sie trotzdem mediative Kommunika-
tions- und Verhandlungsmethoden im normalen notariellen Beurkundungsverfahren verwenden und damit ganz allgemein ihre Beratungspraxis verbessern (IV). Ein weiterer Abschnitt widmet sich der Zusammenarbeit von
Mediatoren und Notaren (V). Sodann wird untersucht, wie die außergerichtliche Konfliktbearbeitung, insbesondere die Mediation, in die notarielle Vertragsgestaltung integriert werden kann (VI). Anschließend wird erörtert, in welchen Fällen bei Gericht anhängige Verfahren für die notarielle
Mediation geeignet sein könnten (VII). Da Notare regelmäßig mit dem
Verfahren der freiwilligen Gerichtsbarkeit in Berührung kommen, wird die
Rolle der Mediation auch im FamFG-Verfahren dargestellt (VIII), bevor
der Beitrag mit einer Zusammenfassung schließt (IX).

II. Notar und Mediator; Beurkundungs- und Mediationsverfahren

3   Die dem Notar gesetzlich zugewiesene Rolle im Beurkundungsverfahren
weist viele Übereinstimmungen mit derjenigen des Mediators auf (1). Für
den mediationsausgebildeten Notar stellt sich daher die Frage, in welchen
Fällen er als Notar und in welchen Fällen er als Mediator agieren soll (2).

4   **1. Vergleich Notar-Mediator.** Rolle und Aufgaben des Notars sind gesetzlich durch die Bundesnotarordnung (BNotO) und das Beurkundungsgesetz
(BeurkG) vorgeprägt. Der Notar oder die Notarin

■   ist unabhängig (§ 1 BNotO),

■   ist unparteiischer Betreuer aller Beteiligten (§ 14 BNotO),

■   leitet das (Beurkundungs-)Verfahren,

---

4   *Bensmann/Meyer/Schmitz-Vornmoor/Sorge/Talke* notar 2010, 48 ff. Aufschlussreich
ist das Fortbildungsprogramm des Fachinstituts Notare im Deutschen Anwaltsinstitut (DAI), abrufbar unter www.anwaltsinstitut.de, zuletzt abgerufen am 1.3.2017.
Auch nach der Verordnung über die notarielle Fachprüfung (NotFV) vom 7. Mai
2010 werden in der notariellen Fachprüfung, die jeder zukünftige Anwaltsnotar ab-
legen muss, ausschließlich juristische Stoffe geprüft. Die Ausbildungsverordnungen
für Notarassessoren sind dagegen allgemeiner gehalten und lassen durchaus Raum,
um Verhandlungs- und Kommunikationstechniken in die Ausbildung zu integrieren.
So formuliert etwa § 2 S. 1 der nordrhein-westfälischen Verordnung über die Ausbildung von Notarassessorinnen und Notarassessoren vom 18. Oktober 1999, zuletzt
geändert am 24. September 2014 (GV.NRW.S. 647): „Die Notarassessorinnen und
Notarassessoren sind während der Ausbildung mit den Aufgaben und der Stellung
der Notarinnen und Notare vertraut zu machen und so zu beschäftigen, dass sie Erfahrungen in allen Bereichen der Amtstätigkeit gewinnen."

- ist nicht für die Inhalte der Parteivereinbarungen zuständig, sondern lediglich für die juristisch korrekte Umsetzung des Parteiwillens (§ 17 BeurkG),[5]
- ist zur Verschwiegenheit und Vertraulichkeit verpflichtet (§ 18 BNotO),
- ist Experte für interessenorientierte und zukunftsgerichtete Vertragsgestaltung.[6]

Die vorgenannte Aufzählung macht deutlich, dass der Notar – anders als in der Regel als parteilich agierend wahrgenommene Rechtsanwälte – Mediationen durchführen kann, ohne sein normales und in der Bevölkerung bekanntes Rollenmodell verlassen zu müssen.[7] Die ihm als Notar zur Verfügung stehenden Ressourcen kann er auch in Mediationen nutzen. **5**

Wird der Notar im Rahmen einer Beurkundung tätig, gibt es aber auch Unterschiede im Hinblick auf Rolle und Aufgaben.[8] Besonders augenfällig ist dabei die Verpflichtung des Notars zur rechtlichen Beratung und Belehrung der Parteien. Rechtlich unzulässige Geschäfte darf er nicht beurkunden (§ 4 BeurkG, § 14 Abs. 2 BNotO) und bei einseitigen oder möglicherweise unfairen Gestaltungen muss er entsprechende Hinweise geben (§ 17 BeurkG). In den meisten Fällen wird diese rechtliche Funktion noch dadurch verstärkt, dass der Notar auch den Entwurf des zu beurkundenden Rechtsgeschäftes anfertigt. Anders als ein Mediator, der rechtliche Fragen auch an dritte Personen außerhalb des Mediationsverfahrens (etwa Anwälte oder Notare) delegieren kann, ist der Notar daher im Beurkundungsverfahren nach seinem Berufs- und Verfahrensrecht immer auch als rechtlicher Berater und Gestalter involviert.[9] **6**

Ein weiterer Unterschied zwischen Beurkundungs- und Mediationsverfahren[10] besteht darin, dass ersteres durch den Gesetzgeber für den Notar und die Beteiligten im Beurkundungsgesetz verbindlich ausgestaltet worden **7**

---

5 Unmittelbar in den Vertragsinhalt eingreifen muss der Notar jedoch, wenn die Grenzen der Vertragsgestaltung (zB §§ 134, 138 BGB) überschritten und unzulässige oder unwirksame Regelungen getroffen werden sollen. Mittelbar inhaltliche Verantwortung übernimmt der Notar weiter durch die Formulierung des Parteiwillens.

6 Zur Interessenorientierung vgl. etwa die Darstellung bei *Grüner/Schmitz-Vornmoor*, notar 2012, 147 mit mehreren Beispielen. Inhaltlich ist der Notar nach § 17 BeurkG für die klare und unzweideutige Formulierung des Parteiwillens und damit als Vertragsgestalter verantwortlich.

7 Auch Greger/Unberath/Steffek/*Greger* B. § 1 Rn. 112 betont die Rollenverwandtschaft zwischen Notar und Mediator.

8 Zur Abgrenzung von Mediations- und Beurkundungsverfahren vgl. auch *Meyer/Schmitz-Vornmoor* DNotZ 2012, 895 (901).

9 An dieser Stelle sei klargestellt, dass der Notar im Rahmen eines Beurkundungsverfahrens in der Regel keine rechtlichen Streitfragen entscheidet, sondern seine rechtliche Expertise im Hinblick auf eine zukunftsgerichtete Vertragsgestaltung einbringt. Während etwa ein Richter das Recht als Entscheidungsmaßstab in Konflikten verwendet, benutzt ein Notar das Recht eher als Werkzeugkasten für seine vertragsgestaltende Tätigkeit.

10 Ein ausführlicher Vergleich von Beurkundungs- und Mediationsverfahren, der Unterschiede und Gemeinsamkeiten herausarbeitet, findet sich bei *Grüner/Schmitz-Vornmoor* notar 2012, 147.

ist.[11] Das MediationsG lässt dagegen dem Mediator – in Absprache mit den Konfliktbeteiligten – einen deutlich weiteren Spielraum bei der Verfahrensgestaltung.

8   **2. Abgrenzung der Mediation vom notariellen Beurkundungsverfahren.** Wollen Notare als Mediatoren tätig werden, stellt sich die Frage nach der Abgrenzung des Mediationsverfahrens vom normalen Beurkundungsverfahren. In welchen Situationen bietet der Notar sinnvollerweise eine Mediation an, in welchen eine Beurkundung? Die Antwort ergibt sich aus dem notariellen Berufs- und Beurkundungsrecht.[12] Die Einleitung eines Beurkundungsverfahrens beginnt mit **einem konkreten Beurkundungsauftrag** und setzt damit prinzipiell eine schon bestehende Einigkeit zwischen den Beteiligten voraus. Gibt es einen solchen Beurkundungsauftrag, ist der Notar berufsrechtlich zur Gewährung seiner Tätigkeit (Beurkundung) nach § 15 BNotO verpflichtet.[13] Ein Mediator wird dagegen nur dann benötigt, wenn die für das notarielle Beurkundungsverfahren konstitutive Einigkeit der Parteien gerade noch nicht besteht. Die typischen Beteiligten eines Mediationsverfahrens wären daher nicht in der Lage, beim Notar einen Antrag auf Beurkundung zu stellen. Fehlt ein solcher konkreter Antrag, ist der Notar auch nicht zur Tätigkeit verpflichtet. Das Angebot einer Mediation gehört damit nicht zum (einklagbaren) Pflichtprogramm des Notars, sondern stellt eine nach § 24 BNotO zu beurteilende freiwillige Betreuungsleistung auf dem Gebiet der vorsorgenden Rechtspflege dar.[14]

9   Damit wird klar: Das Mediationsverfahren ist dem notariellen Beurkundungsverfahren zeitlich und strukturell vorgelagert. Ziel des Mediationsverfahrens ist die Herstellung von Einigkeit zwischen den Parteien. Diese Einigkeit kann später Ausgangspunkt eines notariellen Beurkundungsverfahrens sein.[15] Hat sich ein Notar entschieden, als Mediator tätig zu werden, stellt sich die Frage nach möglichen Anwendungsfeldern für die notarielle Mediation. Damit beschäftigt sich der nachfolgende Abschnitt.

III. Notare als Mediatoren

10   **1. Einsatzfelder.** Notare werden als Mediatoren tätig (a) und sind darüber hinaus auch noch auf verwandten Feldern als Schlichter und Schiedsrichter aktiv (b), c) und d)).

---

11   „Produkt" dieses verbindlichen Verfahrens unter der Leitung des Notars ist sodann die notarielle (öffentliche) Urkunde, die im Rechtsverkehr aufgrund ihrer Beweiswirkung (§ 415 ZPO) und ihrer potenziellen Vollstreckbarkeit (§ 794 Abs. 1 Nr. 5 ZPO) eine privilegierte Rolle spielt. Im Erbrecht kann die notarielle Verfügung von Todes wegen auch den sonst zum Erbnachweis erforderlichen Erbschein ersetzen.

12   Schröder/*Schmitz-Vornmoor*, S. 32.

13   Der staatlich gegenüber dem Bürger ausgeübte Zwang, bestimmte Rechtsgeschäfte beurkunden zu lassen, korrespondiert mit der Pflicht des Staates, die Beurkundungsfunktion über die von ihm bestellten Amtsträger dem Bürger zur Verfügung zu stellen (sog Urkundsgewährungspflicht).

14   Eylmann/Vaasen/*Limmer* BNotO § 20 Rn. 54 ff. und Eylmann/Vaasen/*Hertel* BNotO § 24 Rn. 48, jeweils mwN; Greger/Unberath/Steffek/*Greger* B. § 1 Rn. 115.

15   Ausführlich zur Gestaltung dieser Schnittstelle zwischen Mediations- und Beurkundungsverfahren: Grüner/*Schmitz-Vornmoor* notar 2012, 147.

a) Typische Rechtsgebiete. Notare sind vor allem in den Feldern als Me- **11** diatoren tätig, die sie auch in ihrer Rolle als Notar bearbeiten.[16] Zu den Kerngebieten notarieller Tätigkeit gehören das

- Immobilienrecht,
- Gesellschaftsrecht,
- Familienrecht,
- Erbrecht.

In allen genannten Rechtsgebieten gibt es für die Beteiligten verbindlich zu **12** beachtende[17] notarielle Beurkundungszuständigkeiten. Die Übergänge zwischen den Rechtsgebieten sind zum Teil fließend. So spielen Immobilien vielfach im Familienrecht (Scheidungsfolgenvereinbarung) und im Erbrecht (Gestaltung einer vorweggenommenen Erbfolge, Gestaltung letztwilliger Verfügungen) eine Rolle. Betreuen Notare Familienunternehmen, sind zB bei einer Unternehmensnachfolge sowohl familien- und erbrechtliche als auch gesellschaftsrechtliche Aspekte zu beachten;[18] gehört zum Unternehmen eine Immobilie, spielt auch dieses Rechtsgebiet eine Rolle.

Die von Notaren betreuten Rechtsgebiete zeichnen sich dadurch aus, dass **13** Vertragsbeziehungen über längere Zeiträume hinweg gestaltet werden müssen.[19] Zudem sind die Beteiligten oft auch familiär oder gesellschaftsrechtlich miteinander verbunden, so dass deren Beziehungen über einen einmaligen rechtsgeschäftlichen Kontakt hinausgehen. Die von Notaren bearbeiteten Rechtsgebiete sind daher durchweg als besonders mediationsgeeignet anerkannt.

b) Notare als Gütestellen, obligatorische Streitschlichtung nach **14** **§ 15 a EGZPO.** Notare können sich zudem von der zuständigen Landesjustizverwaltung als Gütestelle im Sinne des § 794 Abs. 1 Nr. 1 ZPO anerkennen lassen.[20] Diese Gütestellen werden entweder freiwillig angerufen oder aber das Verfahren vor einer anerkannten Gütestelle ist als sogenannte obligatorische Streitschlichtung (vgl. § 15 a EGZPO mit den entsprechenden Umsetzungsbestimmungen der Länder) Voraussetzung der Klageerhebung.[21]

Die Bundesnotarkammer hat für die Verfahren vor einer solchen notariel- **15** len Gütestelle bereits im Jahr 1999 eine mit Erläuterungen versehene Güteordnung entwickelt.[22] Die Güteordnung schreibt dabei nicht die Durchfüh-

---

16 Konkrete Beispielsfälle aus den genannten Rechtsgebieten werden bei *Meyer/ Schmitz-Vornmoor* DNotZ 2012, 895 (902) dargestellt.
17 Bei Nichtbeachtung der Formvorschriften droht die Rechtsfolge des § 125 BGB: Nichtigkeit des Rechtsgeschäfts.
18 Allgemein zur (möglichen) Rolle des Notars bei Unternehmensnachfolgen aus konfliktdynamischer Perspektive *Schmitz-Vornmoor* Konfliktdynamik 2015, 182.
19 Selbst im Immobilienrecht vergeht vom Vertragsschluss bis zur Eigentumsumschreibung im Grundbuch mindestens ein Zeitraum von zwei bis drei Monaten. Bei Bauträgerverträgen ist die Bauzeit hinzuzurechnen.
20 In Bayern sind nach Art. 5 Abs. 1 BaySchlG alle Notare – ohne dass es einer individuellen Anerkennung bedarf – Gütestellen iSv § 794 Abs. 1 Nr. 1 ZPO.
21 Ausführlich zur Thematik und mit Hinweisen zu den länderspezifischen Regelungen: Schippel/Bracker/*Püls*, Anh. zu § 24 Rn. 81 ff. Aus den landesrechtlichen Vorschriften ergibt sich auch, wie Notare als Gütestellen abrechnen; § 126 GNotKG gilt insoweit nicht, vgl. auch Greger/Unberath/Steffek/*Greger* B. § 1 Rn. 117.
22 Güteordnung für Notare, DNotZ 2000, 1 ff.

rung eines Mediationsverfahrens vor, sondern ist methodisch offen, insbesondere Vergleichsvorschläge des Schlichters sind nach der Güteordnung zulässig.

16 Die Güteordnung kann nach Abschnitt I Ziffer 3 auch kraft vertraglicher Abrede für Streitbeilegungsversuche zu Grunde gelegt werden und steht damit auch für Mediationsverfahren zur Verfügung. Notarmediatoren werden der vorzugsweise einen umfassenden Mediations-Rahmenvertrag (→ Einl. Rn. 196 ff.) schließen, da die Güteordnung aus dem Jahr 1999 nicht auf die Vorschriften des neuen Mediationsgesetzes abgestimmt ist.[23] Generell sollte die Bundesnotarkammer die Güteordnung deshalb überprüfen und im Hinblick auf Mediationsverfahren nach dem MediationsG behutsam anpassen.[24]

17 **c) Schlichtungs- und Schiedsgerichtshof Deutscher Notare (SGH).** Der Deutsche Notarverein hat im Jahr 1999 über seine Tochtergesellschaft DNotV GmbH mit dem Schlichtungs- und Schiedsgerichtshof Deutscher Notare (SGH) ein institutionelles Schiedsgericht ins Leben gerufen, das versucht, die notariellen Kernkompetenzen auch auf dem Gebiet der Schiedsgerichtsbarkeit fruchtbar zu machen.[25] Als Besonderheit sieht die Verfahrensordnung des SGH vor, dass jedem Schiedsgerichtsverfahren eine Schlichtungsphase unter Leitung des Vorsitzenden Richters vorzuschalten ist. Daneben lässt das SGH-Statut auch eine isolierte Schlichtung zu. Der SGH kann damit auch als institutionelle Schlichtungs- bzw. Mediationsstelle angerufen werden. Als Schiedsrichter bzw. Schlichter fungieren jeweils entsprechend fortgebildete Notare. Der Deutsche Notarverein denkt aktuell darüber nach, den SGH noch stärker in Richtung Mediation fortzuentwickeln.

18 Die schiedsrichterliche Tätigkeit eines Notars ist jedoch keine dem notariellen Berufsrecht unterfallende Tätigkeit und gehört nach § 8 Abs. 4 BNotO zu den genehmigungsfreien Nebentätigkeiten.[26]

19 **d) Vermittlungsverfahren nach dem Sachenrechtsbereinigungsgesetz.** Ihre besondere Kompetenz als Schlichter in komplexen Rechtslagen haben die Notare in den neuen Bundesländern bei der Aufarbeitung problematischer Eigentumsverhältnisse bewiesen. Im Rahmen des Sachenrechtsbereinigungsgesetzes (§§ 87 ff. SachRBerG) haben Notare zugleich schlichtende

---

23 So weicht die Formulierung zur Vertraulichkeit in Abschnitt VII. der Güteordnung etwa von der Regelung in § 4 MediationsG ab. In eine eigene Mediationseingangsvereinbarung kann der Notarmediator allerdings Elemente der Güteordnung (etwa zur Einleitung des Verfahrens oder zur Beteiligung von Beiständen und Vertretern) mit aufnehmen. Eine eigene Mediationseingangsvereinbarung bietet gegenüber dem bloßen Verweis auf die Güteordnung den Vorteil, dass der Notar darin die Erfüllung seiner Informations- und Hinweispflichten nach dem MediationsG dokumentieren kann.

24 Abschnitt I Ziffer 3. der Güteordnung stellt jedoch auch in der bisherigen Fassung bereits klar, dass die Güteordnung nur gilt, soweit „gesetzliche Vorschriften zur Durchführung des Versuchs einer Streitbeilegung nicht entgegenstehen".

25 Weitere Informationen zum SGH finden sich auf der Homepage des Deutschen Notarvereins www.dnotv.de, zuletzt abgerufen am 1.3.2017.

26 Zur Abgrenzung vgl. auch Schippel/Bracker/*Püls*, Anh. zu § 24, Rn. 65 ff.; die Einordnung als Nebentätigkeit hat zur Folge, dass hier – anders als bei Mediationen – auch privatrechtliche Honorarvereinbarungen zulässig sind.

und richterliche Funktionen übernommen[27] – eine Erfolgsgeschichte, denn die allermeisten Verfahren (vgl. auch § 20 Abs. 4 BNotO) konnten ohne spätere Rechtsstreitigkeiten erfolgreich vor dem Notar beendet werden.

e) Vermittlung von Vermögensauseinandersetzungen in Nachlasssachen oder bei Gütergemeinschaften. Nach dem am 1. September 2013 in Kraft getretenen Gesetz zur Übertragung von Aufgaben im Bereich der freiwilligen Gerichtsbarkeit auf Notare (BGBl. I 2013 S. 1800) sind Notare ausschließlich zuständig für die Vermittlung von Vermögensauseinandersetzungen in Nachlasssachen oder bei Gütergemeinschaften (§ 20 Abs. 1 S. 2 BnotO). Bis August 2013 bestand hier lediglich nach manchen Landesrechten eine notarielle Zuständigkeit. Aufgrund der Neuregelung kann nun bundesweit bei dem örtlich (§ 344 Abs. 4 a FamFG) zuständigen Notar die Vermittlung der Nachlassauseinandersetzung beantragt werden.[28] Das Verfahren richtet sich nach den §§ 362 ff. FamFG. Der Notar hat in diesem Verfahren (zu anderen Alternativen in Erbstreitigkeiten → H Rn. 1 ff.) eine Zwitterstellung zwischen Vermittler und Richter inne, denn einerseits soll er auf eine einvernehmliche Auseinandersetzung hinwirken und diese ggf. beurkunden (§ 366 FamFG), andererseits ist er im Falle fehlender Einigkeit berechtigt, selbst einen Auseinandersetzungsplan anzufertigen (§ 368 FamFG). Leider wird das in der Bevölkerung und auch der Anwaltschaft kaum bekannte Nachlassvermittlungsverfahren bisher als Alternative zur streitigen Erbauseinandersetzung fast nicht genutzt.[29] Das Verfahren findet nach § 373 FamFG bei der Auseinandersetzung von Gütergemeinschaften entsprechende Anwendung.

2. Notarielles Berufsrecht und Mediation. a) Verschiedene Notariatsformen in Deutschland. In Deutschland gibt es regional unterschiedliche Notariatsformen.[30] Am weitesten verbreitet ist das sogenannte hauptberufliche Notariat, gefolgt vom Anwaltsnotariat. Während der Notar im hauptberuflichen Notariat ausschließlich als Notar tätig ist, üben Anwaltsnotare sowohl den Beruf des Rechtsanwaltes als auch den Beruf des Notars aus. In Baden-Württemberg wird es bis Ende 2017[31] auch noch Notare im Landesdienst geben.

Die nachfolgenden Ausführungen gelten zunächst für alle hauptberuflichen Notare. Anwaltsnotare können dagegen wählen, ob sie Mediationen als Anwaltsmediatoren oder als Notarmediatoren durchführen möchten (§ 24 Abs. 2 BNotO).[32] Je nach Wahl unterliegen sie sodann dem anwaltlichen oder notariellen Berufsrecht. Soweit § 18 BORA die mediative Tätigkeit ei-

20

21

22

---

27 Schippel/Bracker/*Püls*, Anh. zu § 24 Rn. 99.
28 Zu dieser neuen notariellen Aufgabe vgl. *Heinemann* FGPrax 2013, 139; *Zimmermann* NotBZ 2013, 335; *Holzer*, Das Verfahren zur Auseinandersetzung des Nachlasses nach dem FamFG, ZEV 2013, 656 mit Musterformulierungen und Greger/Unberath/Steffek/*Greger* D. Rn. 329.
29 Zu dem notariellen Verfahren vgl. auch *Beisel* in: Walz, § 32 Rn. 17-27.
30 Eine Übersichtskarte sowie weitere Informationen sind erhältlich auf der Homepage der Bundesnotarkammer www.bnotk.de (zuletzt abgerufen am 4.6.2017).
31 Für Baden-Württemberg ist die Überführung des staatlichen Notariats in ein hauptberufliches Notariat gesetzlich festgelegt worden (BGBl. I 2009 S. 1798). Stichtag für den Übergang ist der 1.1.2018.
32 Schippel/Bracker/*Püls*, Anh. zu § 24 Rn. 74; Greger/Unberath/Steffek/*Greger* B. § 1 Rn. 112.

nes Rechtsanwaltes zwingend als anwaltliche Tätigkeit einordnet, soll dies ein Ausweichen des Anwaltes auf weniger strenge Berufsregeln verhindern. Diese Gefahr besteht beim Anwaltsnotar im Hinblick auf das strengere notarielle Berufsrecht nicht, so dass § 18 BORA vor dem Hintergrund des § 24 Abs. 2 BNotO der Wahlfreiheit des Anwaltsnotars nicht entgegensteht.[33] Um Missverständnisse zu vermeiden,[34] sollte der Anwaltsnotar deshalb gegenüber den Parteien seine Rolle als Notar- oder Anwaltsmediator ggf. ausdrücklich klarstellen.[35] Wegen der größeren Rollenklarheit bietet sich in der Regel an, die Mediation als Notar durchzuführen.[36] Vor allem wenn die Abschlussvereinbarung voraussichtlich notariell beurkundet werden muss, kann nur ein Notarmediator die Beurkundung anschließend vornehmen (→ Rn. 31).[37] Eine Haftungsbeschränkung ist dagegen nur als Anwaltsmediator möglich.[38]

23   Für die staatlichen Notare in Baden-Württemberg gelten landesrechtliche Regelungen (Landesgesetz für die freiwillige Gerichtsbarkeit, LFGG), die allerdings den Regelungen der BNotO weitgehend entsprechen.[39] Insbesondere sind auch die baden-württembergischen Notare im Landesdienst nach § 3 Abs. 1 LFGG iVm § 24 BNotO für die Durchführung von Mediationen als notarielle Aufgabe auf dem Gebiet der vorsorgenden Rechtspflege zuständig. Die nachfolgenden Ausführungen gehen auf etwaige Besonderheiten in Baden-Württemberg nicht weiter ein, sondern beschränken sich auf das für hauptberufliche Notare und Anwaltsnotare geltende Berufsrecht.

24   **b) Einordnung der Mediation durch das notarielle Berufsrecht.** Wird ein Notar als Mediator tätig, wird dies berufsrechtlich als **notarielle Amtstätigkeit** nach § 24 BNotO auf dem Gebiet der vorsorgenden Rechtspflege eingeordnet.[40] Entsprechend muss sich der Notar als Mediator im Rahmen des notariellen Berufsrechts bewegen, benötigt umgekehrt aber auch keine Nebentätigkeitsgenehmigung nach § 8 BNotO.[41] Für das Verhältnis zwi-

---

33   So auch Kilian/Sandkühler/vom Stein/*Meyer* § 19 Fn. 22.

34   Die Auslegungsregel des § 24 Abs. 2 S. 1 BNotO ordnet die Mediatorentätigkeit dem notariellen Bereich zu, wenn das Mediationsverfahren der Vorbereitung einer Beurkundung dient, also in eine Beurkundung des Mediationsergebnisses münden soll. Ansonsten gilt die Tätigkeit nach § 24 Abs. 2 S. 1 BNotO „im Zweifel" als anwaltliche Tätigkeit. Soweit Kilian/Sandkühler/vom Stein/Meyer § 19 Fn. 22 dem § 24 „zwingende" Regelungen entnehmen möchte, verkennt dieser den Charakter der Vorschrift als Auslegungsregel. Vorrangig kommt es auf die Zuordnung durch den Anwaltsnotar an. So auch jetzt *Meyer/Schmitz-Vornmoor* DNotZ 2012, 895 (904).

35   Wird eine Mediationsvereinbarung geschlossen, ergibt sich die Zuordnung vor allem daraus, ob eine privatrechtliche (= anwaltliche) oder öffentlich-rechtliche (= notarielle, § 126 GNotKG) Gebührenvereinbarung getroffen wird.

36   So auch Frieser/Sarres/Stückemann/Tschichoflos/*Stückemann*, G. Kapitel 1 Rn. 585 ff.

37   Das Muster einer Mediationsvereinbarung, das diesen Aspekt (folgende Beurkundung durch den Notar-Mediator) mitregelt, findet sich bei Frieser/Sarres/Stückemann/Tschichoflos/*Stückemann*, G. Kapitel 1 Rn. 591.

38   Greger/Unberath/Steffek/*Greger* B. § 2 Rn. 67.

39   Vgl. auch Eylmann/Vaasen/*Wilke* BNotO § 114 Rn. 5 ff.

40   Eylmann/Vaasen/*Hertel* BNotO § 24 Rn. 46 ff.; Kilian/Sandkühler/vom Stein/*Meyer* § 19 Fn. 21; *Meyer/Schmitz-Vornmoor* DNotZ 2012, 895 (903); Greger/Unberath/ *Greger* B. § 1 Rn. 100, aA lediglich Arndt/Lerch/Sandkühler/*Lerch* § 1 Rn. 14.

41   Anders § 8 Abs. 4 BNotO zur Tätigkeit als Schiedsrichter (→ Rn. 18).

schen den Medianden und dem Notarmediator folgt daraus, dass der Notar nicht aufgrund eines zivilrechtlichen Vertrages tätig wird, sondern **öffentlich-rechtlich einzuordnende Rechtsbeziehungen** zwischen den Konfliktbeteiligten und dem Amtsträger Notar entstehen.[42] Dieses öffentlich-rechtliche Rechtsverhältnis ist zunächst durch die sich aus dem Berufsrecht ergebenden Amtspflichten des Notars geprägt (mit einer entsprechenden unbeschränkten persönlichen Haftung nach § 19 BNotO bei Amtspflichtverletzungen). Soweit der Notarmediator mit den Medianden darüber hinausgehende Vereinbarungen – insbesondere zur konkreten Ausgestaltung des Mediationsverfahrens – trifft, handelt es sich dabei um einen öffentlich-rechtlichen Vertrag.[43] Vereinbarungen zwischen den Medianden sind dagegen stets privatrechtlicher Natur (→ Einl. Rn. 200 und → MediationsG § 2 Rn. 19). Die typische zu Beginn einer Mediation geschlossene Mediations-Rahmenvereinbarung (→ Einl. Rn. 196 ff.) hat daher im Falle der notariellen Mediation eine Doppelnatur, da sie sowohl öffentlich-rechtlichen als auch privatrechtlichen Charakter haben kann.[44]

c) Auswirkungen des Mediationsgesetzes. aa) Verhältnis des Mediationsgesetzes zum notariellen Berufsrecht. Ausweislich der Gesetzesbegründung[45] soll das MediationsG das Berufsrecht des Grundberufes nicht verdrängen. Da die Mediation von der BNotO als notarielle Tätigkeit eingeordnet wird, ist das notarielle Berufsrecht deshalb neben dem MediationsG anwendbar. Dies ist auch sachgerecht, denn wer im Rahmen seines notariellen Grundberufes als Mediator tätig wird und die aus dem Grundberuf ableitbaren Privilegien – zB die Erlaubnis zur Rechtsberatung oder einen berufsbildbedingten Vertrauensvorschuss – in Anspruch nimmt, muss sich auch an das entsprechende Berufsrecht halten. Grundsätzlich ist das notarielle Berufsrecht daher auch dann zu beachten, wenn es in seinen Anforderungen über das MediationsG hinausgeht. Lediglich im Falle eines direkten Widerspruchs[46] zwischen Berufsrecht und MediationsG würde das MediationsG nach allgemeinen Grundsätzen als lex specialis und lex posterior dem notariellen Berufsrecht vorgehen.

bb) Verfahren; Aufgaben des Mediators (§ 2). Nach § 2 Abs. 2 MediationsG[47] hat der Notarmediator sicherzustellen, dass die Parteien die Grundsätze und den Ablauf des Mediationsverfahrens verstanden haben und freiwillig an der Mediation teilnehmen. Die Erfüllung dieser Belehrungspflicht wird üblicherweise durch Abschluss des Mediations-Rahmenvertrages (Muster → Einl. Rn. 217) dokumentiert. Soweit der Notarmediator nach § 3 Abs. 3 allen Parteien gleichermaßen verpflichtet ist, deckt sich diese Pflicht mit dem notariellen Berufsrecht. Nach § 2 Abs. 4 hat auch der Not-

25

26

---

42 So ausdrücklich Eylmann/Vaasen/*Hertel* Rn. 48 iVm Fn. 91.
43 So auch der Gesetzgeber im seit August 2013 geltenden neuen Kostenrecht (§ 126 GNotKG).
44 Nicht zutreffend daher das mit „Öffentlich rechtlicher Vertrag" überschriebene Muster einer auch Abreden zwischen den Konfliktparteien enthaltenden notariellen Mediationsvereinbarung bei Frieser/Sarres/Stückemann/Tschichoflos/*Stückemann*, G Kapitel 1 Rn. 591.
45 BR-Drs. 60/11, 19.
46 So auch die Gesetzesbegründung des Regierungsentwurfs BR-Drs. 60/11, 23.
47 Alle nicht anderweitig bezeichneten Paragraphen sind solche des Mediationsgesetzes.

armediator zu beachten, dass Dritte, wozu ausweislich der Gesetzesbegründung auch beratende Rechtsanwälte gehören,[48] nur mit Zustimmung aller Beteiligten an den Mediationssitzungen teilnehmen können.[49]

27   § 2 Abs. 6 ergibt sich auch bereits aus den notariellen Berufspflichten.[50] Der Notarmediator kann im Gegensatz zu nichtjuristischen Mediatoren die rechtliche Beratung ohne Verstoß gegen das Rechtsdienstleistungsgesetz auch selbst vornehmen. Übernimmt der Notarmediator über die Mediation hinaus auch die Beurkundung des Mediationsergebnisses, ist er zur rechtlichen Beratung und Belehrung nach § 17 BeurkG sogar verpflichtet. Die rechtliche Beratung und Belehrung durch den Notar ist dabei keine streitentscheidende, sondern eine vertragsgestaltende. Der Notar hat zu prüfen, dass die von den Parteien gefundene Lösung rechtliche Grenzen nicht überschreitet (zB die §§ 134, 138 BGB oder andere zwingende Normen). Er ist zudem verpflichtet, auf Risiken hinzuweisen, die mit bestimmten Gestaltungen verbunden sind. So muss er etwa auf ungesicherte Vorleistungen hinweisen und alternative für die Beteiligten sichere Gestaltungsmöglichkeiten aufzeigen. Die rechtliche Beratung des Notars setzt daher nicht bei den Positionen der Parteien an, sondern unterstützt lediglich in den Phasen vier und fünf der Mediation bei der Lösungssuche und bei der Formulierung des gefundenen Ergebnisses. Der Gesetzgeber des Beurkundungsgesetzes hält diese rechtsberatende Funktion des Notars ohne Weiteres für vereinbar mit dessen Verpflichtung zur Unparteilichkeit. Diese Einschätzung gilt auch für das Mediationsverfahren. Der Notar muss allerdings ggf. im Sinne einer Rollenklärung deutlich machen, worauf sich seine rechtliche Beratung bezieht. Keinesfalls sollte der Notarmediator streitentscheidend Stellung nehmen (Besteht ein Anspruch? Ist eine Position rechtlich durchsetzbar?). Eine derartige rechtliche Prüfung und Beratung ist mit einer Mediatorentätigkeit nicht vereinbar.

28   Ist der Notarmediator ausschließlich als Mediator tätig und verzichtet er auf eine eigene rechtliche Beratung, muss er nach § 2 Abs. 6 auf die Möglichkeit der Prüfung durch externe Berater hinweisen. Nach der Gesetzesbegründung[51] umfasst der Begriff der „fachlichen Beratung" über die Rechtsberatung hinaus auch die Einbeziehung sonstiger Expertise (zB durch Bausachverständige oder Steuerberater).

29   **cc) Offenbarungspflichten; Tätigkeitsbeschränkungen (§ 3).** § 3 Abs. 1 bezieht sich auf die Unabhängigkeit und Neutralität des Mediators und entspricht inhaltlich § 28 BNotO, konkretisiert diesen aber dahin gehend, dass der Notar alle entsprechenden Umstände (nach der Gesetzesbegründung zB persönliche oder geschäftliche Beziehungen zu einer Mediationspartei)[52] gegenüber den Mediationsparteien offen legen muss. Wie § 28

---

48 BR-Drs. 60/11, 21; zu Recht kritisch zur Einordnung von Rechtsanwälten als „Dritte" *Duve* ZKM 2012, 108, vgl. auch Greger/Unberath/Steffek/*Greger* B. § 2 Rn. 30.
49 Die Güteordnung der Bundesnotarkammer (→ Rn. 15), soweit diese vertraglich vereinbart wird, lässt die Mitwirkung von Anwälten und sonstigen Beiständen ausdrücklich zu.
50 Eylmann/Vaasen/*Limmer* § 20 Rn. 62.
51 BR-Drs. 60/11, 21.
52 BR-Drs. 60/11, 22, 23.

BNotO geht auch § 3 Abs. 1 über die ausdrücklich normierten Mitwirkungsverbote hinaus und soll jeden Anschein von Parteilichkeit vermeiden. Liegen Umstände vor, die Zweifel an der Unabhängigkeit oder Neutralität des Notars wecken könnten, so darf der Notarmediator nur tätig werden, wenn die Parteien ausdrücklich zustimmen (§ 3 Abs. 1 S. 2). Es empfiehlt sich ggf. eine Dokumentation dieser Zustimmung.

Die in § 3 Abs. 2 und 3 geregelten Mitwirkungsverbote sind erkennbar **30** vom anwaltlichen Berufsrecht inspiriert und dehnen dieses auf andere Quellberufe aus. Das MediationsG will hier Mindeststandards bei der Durchführung von Mediationen etablieren, unabhängig vom Grundberuf des Mediators. Der Notarmediator ist darüber hinaus an die noch strengeren Anforderungen der §§ 28, 16 Abs. 1 BNotO iVm § 3 BeurkG gebunden. Für Anwaltsnotare, soweit diese als Notarmediatoren tätig werden, ist insbesondere das Mitwirkungsverbot des § 3 Abs. 1 Nr. 7 BeurkG zu beachten, das vor allem in Sozietätsfällen von Bedeutung ist.

§ 3 Abs. 2 verbietet, in derselben Sache als Parteivertreter („für eine Partei") und Mediator tätig zu werden. § 3 Abs. 2 ist daher nicht anwendbar, **31** sofern der Notarmediator vor oder nach der Mediation in seiner amtlichen Eigenschaft als Notar tätig wird (→ MediationsG § 3 Rn. 25). Sowohl eine vorausgehende Beurkundung (zB des Gesellschaftsvertrages oder einer Erbregelung) als auch eine der Mediation nachfolgende Beurkundung des Mediationsergebnisses stellen daher keinen Fall des § 3 Abs. 2 dar.[53] Handelt der Notar als Notar, ist er nach gesetzlicher Definition nie Parteivertreter (§ 14 Abs. 1 BNotO).[54] Allerdings wird im Fall einer vorausgegangenen Beurkundung (Beispiel: die Parteien streiten über die Auseinandersetzung einer durch notarielle Erbregelung entstandenen Erbengemeinschaft) regelmäßig ein Fall des § 3 Abs. 1 vorliegen, da es wahrscheinlich im Rahmen der Konfliktbearbeitung auch um die Auslegung der vom Notar/Mediator beurkundeten Erbregelung gehen wird.[55]

Die Befreiungsmöglichkeit nach § 3 Abs. 4 gilt im Bereich des § 3 Abs. 1 **32** Nr. 7 BeurkG (Vorbefassung von Anwaltsmediatoren) nicht, da das MediationsG berufsrechtliche Anforderungen nicht verdrängen, sondern lediglich Mindeststandards etablieren möchte. Bei der Notarmediation stehen einer Befreiungsmöglichkeit außerdem „Belange der Rechtspflege" nach § 3 Abs. 4 letzter Halbsatz entgegen. Denn die mit wesentlichen Aufgaben der vorsorgenden Rechtspflege betraute Amtsperson des Notars soll vor jedem Anschein der Parteilichkeit geschützt werden, unabhängig von der Zustimmung der Parteien. Anwaltsnotare können in den entsprechenden Fällen jedoch auch als Anwaltsmediatoren handeln und sich damit dem weniger strengen anwaltlichen Berufsrecht unterwerfen.[56]

---

53 *Püls* in: Schippel/Bracker, Anh. zu § 24 Rn. 70; Greger/Unberath/*Greger* B. § 1 Rn. 113.
54 Das Mitwirkungsverbot des § 3 Abs. 1 Nr. 7 BeurkG stellt daher zu Recht auf eine Vorbefassung „außerhalb der Amtstätigkeit" ab.
55 So auch § 3 Abs. 2 der Güteordnung für Notare, Fn. 16; auch Kilian/Sandkühler/vom Stein/*Meyer* § 19 Rn. 26 empfiehlt eine Prüfung der Befangenheit in dieser Fallgestaltung.
56 Zum anwaltlichen Berufsrecht → MediationsG § 4 Rn. 40.

33   Auf Verlangen ist der Notarmediator verpflichtet, über seinen fachlichen
     Hintergrund, seine Ausbildung und seine Erfahrungen auf dem Gebiet der
     Mediation zu informieren. Nach einem Rundschreiben der Bundesnotar-
     kammer[57] sind entsprechende Informationen zum Beispiel auf der Home-
     page eines Notars zulässig.

34   **dd) Verschwiegenheitspflicht (§ 4).** § 4 soll nach der ausdrücklichen Geset-
     zesbegründung[58] als lex specialis dem jeweils anwendbaren Berufsrecht
     vorgehen. Im Bereich der notariellen Mediation dürften sich § 4 und § 18
     BNotO aber weitestgehend entsprechen. Die Verfahrensvorschrift des § 18
     Abs. 3 BNotO (Entscheidung der Aufsichtsbehörde über die Reichweite
     der Verschwiegenheitspflicht) wird allerdings durch die Regelung des § 4
     nicht verdrängt, denn § 18 Abs. 3 BNotO soll dem Notar in Zweifelsfällen
     eine Haftungsfreistellung ermöglichen. Diese Regelung ist auch im Bereich
     des § 4 sinnvoll und korrespondiert mit der notariellen Urkundsgewäh-
     rungspflicht (§ 15 BNotO), die lediglich den Notar als Mediator treffen
     kann, nicht aber andere Mediatoren.

35   Gesetzlich geregelte notarielle Mitteilungspflichten etwa nach den Steuer-
     gesetzen oder dem Geldwäschegesetz werden gemäß § 4 S. 1 und 2 nicht
     verdrängt. Der Notarmediator sollte die Belehrung über seine Verschwie-
     genheitspflicht nach Möglichkeit dokumentieren.

36   **d) Vergütung/Gebühren.** Da Mediation eine notarielle Amtstätigkeit dar-
     stellt (vergleiche oben unter 2. und 3.), hat der Notar für seine Amtstätig-
     keit die gesetzlich vorgeschriebenen Gebühren zu erheben (§ 17 BNotO).
     Nach § 126 Gerichts- und Notarkostengesetz (GNotKG)[59] kann der Notar
     bei notariellen Mediationsverfahren eine Vergütungsvereinbarung durch
     öffentlich-rechtlichen Vertrag schließen.[60] Dass es sich um einen öffentlich-
     rechtlichen Vertrag handelt, entspricht der Einordnung der Mediation als
     Amtstätigkeit der Notare (→ Rn. 24). Anders als nach der bis 2013 gelten-
     den Kostenordnung ist dem Notar damit auch eine Abrechnung nach Stun-
     densätzen möglich.[61] Es folgt ein Formulierungsvorschlag für eine solche
     Vergütungsvereinbarung (zum Gesamtmuster eines Mediations-Rahmen-
     vertrages → Einl. Rn. 217),[62] der auch bereits auf etwaige Zusatzkosten
     für den Entwurf bzw. die Beurkundung der Abschlussvereinbarung hin-
     weist.

---

57 Rundschreiben Nr. 22/2000 zur Mediation in der beruflichen Außendarstellung.
58 BR-Drs. 60/11, 24, so auch Greger/Unberath/Steffek/*Greger* B. § 1 Rn. 114 und § 4
    Rn. 6.
59 § 126 Abs. 1 GNotKG hat folgenden Wortlaut: „Für die Tätigkeit des Notars als
    Mediator oder Schlichter ist durch öffentlich-rechtlichen Vertrag eine Gegenleis-
    tung in Geld zu vereinbaren. (…) Die Gegenleistung muss unter Berücksichtigung
    aller Umstände des Geschäfts, insbesondere von Umfang und Schwierigkeit ange-
    messen sein (…)".
60 Zu § 126 GNotKG vgl. zB die Kommentierung von Bormann/Diehn/Sommerfeldt/
    Bormann, GNotKG, 2. Aufl. 2016, § 126 mwN.
61 Vgl. zu den positiven Auswirkungen der Änderung im notariellen Kostenrecht
    auch *Stückemann* ZNotP 2015, 367.
62 Ein Gesamtmuster eines Mediations-Rahmenvertrages mit einem Notarmediator
    findet sich bei Frieser/Sarres/Stückemann/Tschichoflos/*Stückemann*, G. Kapitel 1
    Rn. 591; das Muster ist irreführend als „Öffentlich rechtlicher Vertrag" überschrie-
    ben, obwohl es auch privatrechtliche Vereinbarungen zwischen den Parteien ent-
    hält.

Formulierungsvorschlag: 37

Die Medianden treffen mit dem Mediator im Wege eines öffentlich-rechtlichen Vertrages nach § 126 GNotKG folgende Gebührenvereinbarung: Der Mediator erhält für die Durchführung des Mediationsverfahrens eine Gebühr in Höhe von EUR ***/Stunde[63] zuzüglich der gesetzlichen Umsatzsteuer sowie der nach dem Gerichts- und Notarkostengesetz (GNotKG) zu erhebenden Auslagen. Für den Entwurf und/oder die Beurkundung einer etwaigen Abschlussvereinbarung fallen zusätzlich die nach dem GNotKG zu ermittelnden Gebühren an. Die Medianden haften im Verhältnis zum Mediator als Gesamtschuldner.[64]

Für die **Abgrenzung der Mediation von einer nachfolgenden Beurkundungstätigkeit** ist kostenrechtlich auf § 15 BNotO abzustellen. Sind sich die Beteiligten grundsätzlich einig und erteilen sie einen konkreten Beurkundungsauftrag,[65] greift der Urkundsgewährungsanspruch. Raum für eine Gebührenvereinbarung oder ein (freiwilliges) Mediationsverfahren besteht nicht. Fehlt es dagegen an der für einen konkreten Beurkundungsauftrag erforderlichen Einigkeit[66] und wird der Notar zunächst ausdrücklich als Mediator tätig, könnte dagegen eine Gebührenvereinbarung getroffen werden.[67] Kommt es nach einer Mediation zu einer Beurkundung, wäre die Mediation bis zur einvernehmlichen Konfliktlösung per Gebührenvereinbarung abzurechnen. Das anschließende Erstellen des Entwurfs der Vereinbarung und deren Beurkundung würden dagegen (zusätzlich) die normalen Beurkundungsgebühren auslösen.[68]

     38

---

63   Notare beschäftigen in der Regel viele Mitarbeiter und haben einen entsprechend hohen Fixkostenapparat; gleichzeitig kann die zeitaufwändige Mediationsleistung nur höchstpersönlich erbracht werden. Um Mediationen, die keine notarielle Pflichtaufgabe sind, wirtschaftlich durchführen zu können, werden daher ähnliche Stundensätze wie bei Wirtschaftskanzleien erforderlich sein, also in Höhe von ca. EUR 300 bis 500; Frieser/Sarres/Stückemann/*Stückemann*, G. Kapitel 1 Rn. 589 wollen von einem Regelstundensatz von EUR 500 ausgehen; skeptisch für einfache Sachen Greger/Unberath/Steffek/*Greger* B. § 1 Rn. 177.

64   Ein weiterer Formulierungsvorschlag findet sich bei Frieser/Sarres/Stückemann/*Stückemann*, G. Kapitel 1 Rn. 592. Dort fehlt allerdings die Abgrenzung zu einem etwa nachfolgenden Beurkundungsverfahren. Die dort nach dem GNotKG zwingend vorgeschriebene abweichende Gebührenberechnung sollte bereits in Phase 1 der Mediation und damit im Mediationsvertrag angesprochen werden. Die im vorgenannten Muster enthaltene Rechtsbehelfsbelehrung (Kostenbeschwerdemöglichkeit zum Landgericht) ist kein zwingender Bestandteil des Mediationsvertrages, sondern ist lediglich der Kostenrechnung beizufügen (§ 7 a GNotKG).

65   Die Parteien möchten zum Beispiel einen Kaufvertrag oder einen Gesellschaftsvertrag schließen oder eine Erbregelung errichten. Das Regelungsziel und die darüber bestehende Einigkeit ist klar, auch wenn vielleicht noch nicht alle Details ausverhandelt worden sind und der Notar punktuell mediative Methoden einsetzen muss, vgl. dazu auch unten IV.

66   In diesem Fall wenden sich die Parteien nicht mit einem konkreten Regelungsziel, sondern mit ihrem Konflikt an den Notar/Mediator.

67   Die Abgrenzung kann nicht vollständig trennscharf sein. Im Einzelfall kann sich auch ein scheinbar klarer Beurkundungsauftrag zum Mediationsfall entwickeln und umgekehrt. Ggf. muss der Notar seinen Auftrag und damit auch den Abrechnungsmodus aktiv klären.

68   Dabei ist zu beachten, dass die Erstellung des Entwurfs in der Beurkundungsgebühr mit enthalten ist und daher beim Notar keine Zusatzkosten auslöst. Der Entwurf der Abschlussvereinbarung sollte daher nicht mehr als Mediation abgerechnet werden.

39 **e) Werbung und Außendarstellung.** Die für Notare nach § 29 BNotO geltenden Einschränkungen bei der Werbung für ihre Tätigkeit gelten auch für die Tätigkeit als Notarmediator, da diese als Amtstätigkeit qualifiziert wird.[69] In seiner ganzen Strenge findet § 29 BNotO allerdings lediglich auf hauptberufliche Notare Anwendung. Anwaltsnotare – sofern sie die Mediationstätigkeit anwaltlich ausüben – müssen sich nach § 29 Abs. 2 BNotO lediglich an das anwaltliche Berufsrecht halten.

40 Der hauptberufliche Notar darf nach § 8 Abs. 2 Hs. 1 BNotO keinen anderen Beruf ausüben. Hinweise auf die Tätigkeit als Notarmediator dürfen daher nicht den Anschein erwecken, als übe der Notar neben seinem Notarberuf auch noch den Beruf als Mediator aus.[70] Die Bezeichnung als „Notar und Mediator" auf Briefbögen oder Kanzleischildern dürfte daher zumindest für hauptberufliche Notare ausscheiden.[71] Zulässig und zur Information der rechtsuchenden Bevölkerung wünschenswert ist allerdings der (bloße) Hinweis auf die berufliche Zusatzqualifikation als (zertifizierter) Mediator und die Angabe, dass der Notar als Notar auch Mediationen durchführt. Entsprechende Informationen etwa auf Faltblättern und insbesondere auf der Homepage eines Notars verstoßen daher nicht gegen § 29 BNotO. Soweit Notarkammern in ihren Richtlinien die Angabe von Tätigkeits- oder Interessenschwerpunkten zulassen, soll eine entsprechende Darstellung erlaubt sein.[72]

41 Auf die Tätigkeit als Schlichter im Rahmen einer anerkannten Gütestelle kann der Notar auf seinem Briefkopf und dem Namensschild gem. § 3 Abs. 2 der Dienstordnung für Notarinnen und Notare (DONot) hinweisen.[73]

42 **f) Örtliche Beschränkungen.** Die für die notarielle Beurkundungstätigkeit nach §§ 10 a und 11 BNotO geltenden örtlichen Beschränkungen finden auf die nach § 24 BNotO einzuordnende Mediation keine Anwendung. Notare können damit auch außerhalb ihres Amtsbereichs bzw. Amtsbezirks als Notarmediatoren agieren. Soll dagegen das Mediationsergebnis vom mediierenden Notar auch beurkundet werden, gelten für die Beurkundungsverhandlung die §§ 10 a und 11 BNotO wieder uneingeschränkt. Die vorangehende Mediation stellt dabei in der Regel kein zur Überschreitung des Amtsbereichs berechtigendes besonderes Interesse der Rechtsuchenden dar, da die örtlichen Verhältnisse bereits zu Beginn der Mediation bekannt sind.[74]

43 **g) Aus- und Fortbildung, Zertifizierter Mediator.** Zum Thema Aus- und Fortbildung wird auf die Kommentierung zu §§ 5 und 6 MediationsG verwiesen (→ MediationsG § 5 Rn. 1 ff., → MediationsG § 6 Rn. 1 ff.). Eigene notarspezifische Aus- und Fortbildungen zum zertifizierten Mediator gibt es bisher in Deutschland noch nicht.

---

69 Zu den Anforderungen des § 29 BNotO im Detail vgl. etwa Schippel/Bracker/*Schäfer* § 29; speziell zum Auftreten als Mediator Kilian/Sandkühler/vom Stein/*Meyer* § 19 Rn. 27.
70 BNotK-Rundschreiben Nr. 22/2000.
71 Greger/Unberath/Steffek/*Greger* B. § 1 Rn. 116.
72 BNotK-Rundschreiben Nr. 22/2000.
73 Schippel/Bracker/*Püls*, Anh. zu § 24, Rn. 75.
74 So auch Schippel/Bracker/*Püls*, Anh. zu § 24 Rn. 69.

h) Co-Mediationen. Aus § 1 Abs. 1 ergibt sich, dass Co-Mediationen   44
grundsätzlich zulässig sind. Mediiert der Notarmediator gemeinsam mit
einem weiteren Notarmediator oder gemeinsam mit einem Notariatsmitar-
beiter, ergeben sich berufsrechtlich keine Besonderheiten. Auch die Co-Mediation mit einem Nichtnotar ist nach § 1 Abs. 1 zulässig. In diesem Fall
sind die jeweiligen Berufsrechte kumulativ anzuwenden.[75]

IV. Mediative Methoden im notariellen Beurkundungsverfahren

Auch Notare, die nicht selber als Mediatoren tätig werden möchten, kön-   45
nen mediative Methoden in ihrer täglichen Beurkundungspraxis gewinnbringend einsetzen.[76] Da sich der Notar auch im Beurkundungsverfahren
in einer moderierenden, verfahrensleitenden und unparteiischen Rolle befindet (→ Rn. 4 ff.), bedarf es dazu auch keiner vorherigen Rollenklärung.[77] Das gesamte vom Beurkundungsgesetz vorgegebene „Setting"[78] begünstigt eine vermittelnde Tätigkeit des Notars. Der Notar ist daher bereits
aufgrund seiner normalen notariellen Rolle ermächtigt, das Verfahren
durch die Anwendung mediativer Methoden zu steuern.[79] Die Beschäftigung mit Kommunikations- und Verhandlungsmethoden in Theorie und
Praxis kann daher zur Professionalisierung der Beurkundungspraxis beitragen.[80]

Die nachfolgenden Situationsbeschreibungen und Fragestellungen[81] zeigen,   46
dass sich für Notarinnen und Notare eine Reflexion der eigenen Kommunikationspraxis lohnt:

---

75 Ausführlicher dazu *Meyer/Schmitz-Vornmoor* DNotZ 2012, 895 (912).
76 Diese mediative Tätigkeit im Rahmen des normalen Beurkundungsverfahrens un-
    terfällt nicht dem Mediationsgesetz, vgl. Greger/Unberath/Steffek/*Greger* B. § 1
    Rn. 28.
77 Damit kann der Notar in Konfliktfällen meist ohne eine vorangestellte Phase 1 me-
    diativ vorgehen. Auch das Ausarbeiten und Formulieren von gefundenen Lösungen
    (Phase 5) gehört zum Rollenmodell des Notars und muss nicht eigens thematisiert
    werden. Der Notar kann sich daher bei „Minimediationen" zur Beilegung kleine-
    rer Konflikte ganz auf die Phasen 2 bis 4 einer Mediation konzentrieren und insbe-
    sondere versuchen, interessenbasierte Lösungen zu ermöglichen.
78 *Walz* in: Haft/v. Schlieffen, § 49 Rn. 22 ff. beschreibt ausführlich dieses Setting und
    damit die im Notariat unzweifelhaft vorhandenen Ressourcen im Hinblick auf eine
    mediative Konfliktbearbeitung. So ist etwa das in der Verhandlungslehre bekannte
    und auch ökonomisch sinnvolle „Ein-Text-Verfahren" das im Notariat
    verwendete Standardverfahren bei der Verhandlung über Vertragsinhalte.
79 *Walz*, § 49 Rn. 8 ff. verwendet für diese notarielle Tätigkeit den Begriff der „Ver-
    tragsmediation". Damit wird richtig zum Ausdruck gebracht, dass Notare schon
    immer in Rahmen ihrer Beurkundungspraxis je nach Erforderlichkeit vermittelnd
    gewirkt haben. Im Rahmen des Beurkundungsverfahrens wird der Notar sein Han-
    deln meist jedoch nicht als Mediation bezeichnen, sondern einfach aus seiner No-
    tarrolle heraus mediative Methoden verwenden. Walz grenzt die so verstandene
    notarielle Vertragsmediation von der notariellen „Konfliktmediation" ab. Letztere
    ist dadurch gekennzeichnet, dass der Notar ausdrücklich in einem Konflikt als Me-
    diator eingeschaltet und beauftragt wird.
80 Grundlegend dazu *Bensmann/Meyer/Schmitz-Vornmoor/Sorge/Talke* notar 2010,
    48 ff.; zu Einzelaspekten *Schmitz-Vornmoor/Vornmoor* notar 2011, 387 und
    Schmitz-Vornmoor notar 2015, 260.
81 Typische Beispiele aus dem Erbrecht werden dargestellt von *Schmitz-Vornmoor/
    Vornmoor* ZKM 2012, 51.

- Bei der Besprechung einer Scheidungsfolgenvereinbarung schweigt sich die aus Sicht des Notars ohnehin schwächere Partei weitgehend aus. Wie ist damit umzugehen?
- In einer Beurkundungssituation wird eine der Parteien plötzlich ausfallend und greift die andere Seite in beleidigender Form persönlich an. Wie soll sich der Notar verhalten?
- Der Notar hat möglicherweise schlecht beraten oder keinen optimalen Service erbracht. Wie geht der Notar kommunikativ am besten mit eigenen Fehlern um?
- Eine Partei ist dem Notar wesentlich sympathischer als die andere. Was bedeutet dies für dessen Neutralität?
- In der Beurkundungsverhandlung kommt es zu spontanen und umfassenden Änderungswünschen der Beteiligten. Der nächste Termin wartet bereits. Wie soll sich der Notar verhalten?
- Im Rahmen einer Beurkundungsverhandlung geraten die Parteien über eine Vertragsklausel in Streit. Sie vertreten diametral entgegengesetzte Positionen. Wie kann der Notar diese Auseinandersetzung möglichst konstruktiv moderieren?
- Offenbar hat ein Beteiligter am Beurkundungsverfahren vom Gesetz abweichende Vorstellungen von der notariellen Rolle. Wie soll der Notar damit umgehen?
- Im Rahmen einer Scheidungsfolgenvereinbarung beharrt eine Seite auf bestimmten Positionen. Wie kann der Notar die hinter den Positionen stehenden Interessen, die auch für seine Vertragsgestaltung relevant sind, ermitteln?

47   In allen beschriebenen Situationen werden kommunikativ geschulte Notare ihr eigenes Verhalten reflektieren und angemessen auf die jeweilige Situation reagieren können. Dabei geht es nicht nur um atmosphärische Verbesserungen, sondern auch um die inhaltliche Optimierung des Beurkundungsergebnisses. Nur wenn der Notar eine funktionierende Kommunikation gewährleistet, werden die Beteiligten in die Lage versetzt, die ihnen wichtigen Inhalte in das Beurkundungsverfahren einzubringen.

48   Die notariellen Berufsverbände haben dies zwischenzeitlich erkannt. Die Bundesnotarkammer und der Deutsche Notarverein haben daher im Jahr 2009 ein Fortbildungsmodul mit dem Titel „Verhandlungs-Kommunikationsmethoden im notariellen Beurkundungsverfahren" entwickelt. Eine Pilotfortbildung fand 2009 in Berlin statt.[82] Zwischenzeitlich haben Landesnotarkammern das Modell übernommen und regional umgesetzt. Die Rheinische Notarkammer zB hat das entsprechende Ausbildungsmodul in die verpflichtende Assessorenausbildung integriert. Im Bereich der Landesnotarkammer Bayern gibt es ebenfalls eine entsprechende Notarassessoren-Fortbildung.

V. Zusammenarbeit zwischen Mediatoren und Notaren

49   **1. Vom Mediator zum Notar. a) Gesetzlich verpflichtende Einschaltung des Notars.** Eine Zusammenarbeit zwischen Mediatoren und Notaren ist

---

82 Darüber berichten *Bensmann/Meyer/Schmitz-Vornmoor/Sorge/Talke* notar 2010, 48 (51 ff.).

immer dann zwingend erforderlich, wenn die in der Mediation erzielte Einigung beurkundungsbedürftige Regelungsgegenstände umfasst. Einen Klassiker stellt hier die Scheidungsfolgenvereinbarung dar, die aus unterschiedlichen Gründen beurkundungspflichtig sein kann.[83] Aber auch gesellschaftsrechtliche oder erbrechtliche Auseinandersetzungen machen in der Regel die Einschaltung eines Notars erforderlich.[84]

Wie die Zusammenarbeit vom Verfahren her möglichst optimal gestaltet werden kann, haben *Grüner/Schmitz-Vornmoor* in einem Aufsatz ausführlich beschrieben.[85] Entscheidend ist dabei, dass die im Rahmen der Mediation geleisteten und auch in der notariellen Beurkundungsverhandlung bedeutsamen Vorarbeiten (Sachverhaltsangaben, Interessenprofile, Einigung in Stichworten) dem Notar auch tatsächlich zur Kenntnis gelangen (→ Einl. Rn. 262 f.). Dazu wird eine gemeinsame Besprechung zwischen Mediator, Notar und Mediationsparteien auf der Grundlage der erarbeiteten Interessenprofile[86] regelmäßig besonders geeignet sein.[87] Ein entsprechender Gesprächsleitfaden findet sich in dem vorgenannten Beitrag.

Soll eine im Mediationsverfahren erzielte Einigung notariell beurkundet werden, ist es in der Regel zweckmäßig, sachdienlich und kostengünstig, dem Notar die Ausformulierung des Vertrages zu überlassen. Da der Notar gesetzlich ohnehin zur rechtlichen Prüfung der Einigung verpflichtet ist, können auf diese Weise Doppelarbeiten und/oder Konflikte über vermeintlich bereits endgültige Formulierungen vermieden werden. Die Anfertigung des zu beurkundenden Vertragsentwurfs ist zudem von den Beurkundungsgebühren bereits mit umfasst und löst deshalb keine Zusatzkosten aus. Umgekehrt führt die Anfertigung des Vertragsentwurfs durch andere Berater (zB Rechtsanwälte) zu keiner Ersparnis von Notarkosten. Hat ohnehin eine Beurkundung zu erfolgen, können sich die Vertragsparteien im Hinblick auf die darin geregelten Ansprüche auch jeweils der Zwangsvollstre-

50

51

---

83 Vgl. etwa die §§ 1410 und 1585 c BGB oder § 7 VersAusglG. Soll eine Immobilie übertragen werden, ergibt sich die Beurkundungsbedürftigkeit auch aus § 311 b BGB.
84 Vgl. dazu auch Eidenmüller/Wagner/*Hacke*, Mediationsrecht, Kapitel 6, Rn. 34 ff.
85 Vgl. Fn. 6.
86 Die Interessenprofile der Beteiligten sind das entscheidende Bindeglied zwischen Mediations- und Beurkundungsverfahren. Notare sind es gewohnt, auf der Basis von Interessenprofilen Verträge zu gestalten. Es ist daher sinnvoll und notwendig, dem beurkundenden Notar die erarbeiteten Interessenprofile offenzulegen, damit dieser den Inhalt der Einigung und die dahinter stehenden Fairnesskriterien der Parteien nachvollziehen kann.
87 Eine etwas seltsame Vorstellung von einem reservierten, „stand by" stehenden Notar, der das notariell beurkundungsbedürftige Ergebnis gleichsam auf Zuruf protokollieren soll, findet sich bei Eidenmüller/Wagner/*Hacke*, Kapitel 6, Rn. 38. Angesichts der notariellen rechtlichen Prüfungspflichten und auch der umfassenden notariellen Haftung (§ 19 BNotO) verbietet sich ein solches Verfahren in aller Regel. Zudem hat es noch keinem Verhandlungsergebnis geschadet, wenn die Beteiligten (und deren Anwälte) zumindest ein paar Nächte darüber schlafen und der Notar Gelegenheit zur Prüfung erhalten hat, bevor es beurkundet wird. Und wer befürchtet, die nicht noch am Verhandlungstag dingfest gemachte Einigung würde einige Tage später vielleicht wieder in Frage gestellt, hat vielleicht noch gar keine tragfähige und belastbare Einigung gefunden. Nunmehr selbst kritisch zu solch einem „Event-Denken" bei der Wirtschaftsmediation: *Hacke*, Ein neues Modell der Wirtschaftsmediation, ZKM 2016, 168.

ckung unterwerfen. Für die Vollstreckungsunterwerfung nach § 794 Abs. 1
Nr. 5 ZPO fallen dabei keine Mehrkosten an.

52   **b) Freiwillige Einschaltung des Notars, Vollstreckbarkeit der Einigung.** Über die gesetzlich geregelten Fälle einer Beurkundungspflicht hinaus können Notare aber auch in anderen Fällen mit der Beurkundung
einer Abschlussvereinbarung betraut werden. Auf diese Art und Weise erhalten die Beteiligten im Ergebnis eine im Rechtsverkehr besonders beweis-
kräftige[88] öffentliche Urkunde. Inbegriffen ist jeweils die juristisch korrekte
Formulierung und Prüfung der Vereinbarung sowie die notarielle Beratung
und Belehrung über den rechtlichen Inhalt der Vereinbarung. Gerade in
denjenigen Fällen, in denen die Parteien im Mediationsverfahren anwaltlich nicht beraten waren, kann über die Einschaltung eines Notars die
rechtliche Beratung der Parteien und die Formulierung des Mediationsergebnisses besonders kostengünstig gewährleistet werden.

53   Im Einzelfall kann es sinnvoll sein, eine Mediationsabschlussvereinbarung
vollstreckbar auszugestalten.[89] Dies ist vor allem dann der Fall, wenn die
in der Mediation erzielte Einigung über einen längeren Zeitraum hinweg
abgewickelt werden muss, zB weil eine Ratenzahlung vereinbart wurde
oder weil andere Vertragspflichten erst in der Zukunft erfüllt werden sollen. Im Falle von Vertragsstörungen kann dann ohne vorherige Klageerhebung unmittelbar aus dem Vollstreckungstitel vorgegangen werden.

Eine Vollstreckung aus rein privaten Vereinbarungen ist unzulässig. Das
findet seine Rechtfertigung im Gewaltmonopol des Staates. Die staatlichen
Vollstreckungsorgane dürfen nur aufgrund eines Titels in Anspruch genommen werden, der unter Beteiligung einer staatlichen Stelle errichtet
worden ist. Dies ist Ausdruck des Rechtsstaates und dient vor allem dem
Schutz des Vollstreckungsgegners, der im Vollstreckungsfall der geballten
Staatsmacht mit ihren Zwangsbefugnissen (Pfändung und Verwertung von
beweglichen Sachen und Immobilien; Überweisung und Einziehung von
Geldforderungen, Sperrung von Konten etc.) gegenübersteht. Dies kann
durchaus existenzbedrohende Züge annehmen, daher ist ein präventiver
Schutz bereits bei der Errichtung von Titeln sinnvoll und erforderlich.

Notare sind als Träger eines öffentlichen Amtes zur Errichtung von Vollstreckungstiteln befugt (§ 794 Abs. 1 Nr. 5 ZPO). Gleiches gilt für die
staatlich anerkannten Gütestellen (§ 794 Abs. 1 Nr. 1 ZPO). Der vollstreckbare Anwaltsvergleich oder auch der Schiedsspruch eines privaten
Schiedsgerichts bedürfen dagegen jeweils noch einer Vollstreckbarerklärung (§ 794 Abs. 1 Nr. 4 und §§ 796 a ff. ZPO). Schiedssprüche mit vereinbartem Wortlaut sind ebenfalls durch ein Gericht oder einen Notar
(§ 1053 Abs. 4 ZPO) für vollstreckbar zu erklären.[90]

---

88   § 415 ZPO.
89   Die Frage der Vollstreckbarkeit ist im Gesetzgebungsverfahren meist überbewertet
     worden. Bei den meisten Mediationsabschlussvereinbarungen, die auf eine zeitnahe
     Umsetzung gerichtet sind, ist eine Vollstreckbarkeit in der Regel nicht erforderlich,
     so auch *Hagel* (→ B Rn. 14).
90   Ausführlich dazu mit Musterformulierungen Kersten/Bühling/*Wolfsteiner*, Formu-
     larbuch und Praxis der Freiwilligen Gerichtsbarkeit, § 19 Rn. 229.

Sowohl bei der Errichtung eines notariellen Vollstreckungstitels[91] als auch beim vollstreckbaren Anwaltsvergleich ist es erforderlich, dass sich der Schuldner darin der „sofortigen Zwangsvollstreckung unterworfen hat". In der Mediationsabschlussvereinbarung können das auch mehre Schuldner sein. § 794 Abs. 1 Nr. 5 ZPO formuliert für den notariellen Vollstreckungstitel ausdrücklich, dass die Unterwerfungserklärung anspruchsbezogen („wegen des zu bezeichnenden Anspruchs") erfolgen muss. Rein pauschale Unterwerfungserklärungen („wegen aller in diesem Vertrag enthaltenen Ansprüche …") sind unzulässig. Eine entsprechende Formulierung findet sich beim Anwaltsvergleich in § 796 a ZPO nicht, aber auch im Anwaltsvergleich ist eine genaue Bezeichnung derjenigen Ansprüche, die vollstreckbar sein sollen, dringend anzuraten. Je genauer nämlich die Arbeitsaufträge für die Vollstreckungsorgane formuliert werden, desto weniger Schwierigkeiten und unliebsame Überraschungen wird es im späteren Vollstreckungsverfahren geben.[92] Im Gerichtsurteil stellt der Urteilstenor den Arbeitsauftrag für die Vollstreckungsorgane dar. Die Vollstreckungsunterwerfungen in notariellen Urkunden und Anwaltsvergleichen sind daher wie tenorierte Ansprüche zu formulieren.

In der Praxis gehören notarielle Vollstreckungstitel zum Alltag und sind regelmäßig Bestandteil notarieller Urkunden. Vollstreckbare Anwaltsvergleiche haben dagegen nahezu keine praktische Bedeutung.[93] Der Grund dafür ist, dass die Errichtung eines notariellen Titels für die Vertragsbeteiligten sowohl einfacher, flexibler als auch kostengünstiger ist. Im Einzelnen gilt: 54

- Ist die Abschlussvereinbarung ohnehin beurkundungspflichtig, können Ansprüche nach dem Willen der Beteiligten und den Erfordernissen des Einzelfalls vollstreckbar ausgestaltet werden. Mehrkosten entstehen den Medianden dadurch keine, da die Vollstreckungsunterwerfung regelmäßig lediglich der Sicherung bzw. Verstärkung der ohnehin vereinbarten Ansprüche gilt und deshalb den für die Gebühren zu Grunde zu legenden Geschäftswert wegen Gegenstandsgleichheit nicht erhöht (§ 109 Abs. 1 S. 4 Nr. 4 GNotKG).

---

91 Ausführlich zum notariellen Vollstreckungstitel Kersten/Bühling/*Wolfsteiner*, aaO, § 19.

92 Deswegen war auch der im ursprünglichen Gesetzentwurf vorgesehene für vollstreckbar zu erklärende Mediationsvergleich untauglich. Schon Juristen fällt es nicht immer leicht, vollstreckbare Ansprüche zu formulieren. Von Nichtjuristen formulierte Mediationsabschlussvereinbarungen hätten daher in den meisten Fällen im Rahmen der Vollstreckbarerklärung von den zuständigen Gerichten/Notaren umformuliert und damit neu verhandelt werden müssen. Der Rückgriff des Gesetzgebers auf die im deutschen Recht bewährten Vollstreckungstitel führt dagegen zu einer juristischen Beteiligung bereits bei der Formulierung der Abschlussvereinbarung/des Vollstreckungstitels und erspart den Parteien überraschende Korrekturen und Neuverhandlungen. Das ist daher nicht nachvollziehbar, wenn *Horstmeier* (Rn. 229) schreibt, die zwingende Einschaltung von Anwälten oder Notaren für die vollstreckbare Ausgestaltung von Mediationsabschlussvereinbarungen führe für Mediatoren zu „unwürdigen" Situationen.

93 Vgl. Kersten/Bühling/*Wolfsteiner*, aaO, § 19 Rn. 211. Der Verfasser errichtet täglich vollstreckbare notarielle Urkunden, hat jedoch in seiner gesamten Berufspraxis als Notar noch keinen einzigen Antrag auf Vollstreckbarerklärung eines Anwaltsvergleichs bearbeitet.

■ Ist die Abschlussvereinbarung nicht beurkundungspflichtig, kann diese freiwillig beurkundet werden. Dabei können sich die Vertragsparteien wegen einzelner Ansprüche der Zwangsvollstreckung unterwerfen. Die Gebühren richten sich in diesem Fall nach dem gesamten Geschäftswert der Abschlussvereinbarung, der nach dem GNotKG zu ermitteln ist. Meist wird es sich um eine 2,0-Gebühr nach Nr. 21100 des Kostenverzeichnisses zum GNotKG handeln. Bei einem Geschäftswert von EUR 10.000 beträgt die Gebühr EUR 150,00 (netto), bei einem Wert von EUR 100.000 sind es EUR 546 und bei einem Wert von EUR 1.000.000 fallen EUR 3.470,00 an.[94]

■ Alternativ zu einer Beurkundung der gesamten Abschlussvereinbarung können sich die Medianden auch darauf verständigen, sich lediglich wegen einzelner Ansprüche aus der Abschlussvereinbarung der Zwangsvollstreckung zu unterwerfen (Muster → Rn. 55). Für die Notargebühren ist dann lediglich der Wert dieser Ansprüche und nicht der Wert der Gesamtvereinbarung maßgeblich. Als einseitige Erklärung wird es sich zudem meist um eine 1,0-Gebühr nach 21200 des Kostenverzeichnisses zum GNotKG handeln. Bei einem Geschäftswert von EUR 10.000 beträgt diese Gebühr EUR 75 (netto), bei einem Wert von EUR 100.000 beläuft sich die Gebühr auf EUR 173 und bei einem Wert von EUR 1.000.000 sind es EUR 1.735.[95]

55   Die Verpflichtung, sich wegen einzelner Ansprüche in einer notariellen Urkunde der Zwangsvollstreckung zu unterwerfen, könnte in der Mediationsabschlussvereinbarung wie folgt formuliert werden:

Formulierungsvorschlag:

Einzelne Ansprüche dieser Mediationsabschlussvereinbarung sollen vollstreckbar ausgestaltet werden. Die Medianden verpflichten daher wechselseitig, sich bis spätestens zum *** in gesonderter notarieller Urkunde wegen folgender Ansprüche der sofortigen Zwangsvollstreckung zu unterwerfen: *** [genaue Bezeichnung des Anspruchs/der Ansprüche].[96]

In der notariellen Urkunde kann sodann auf die privatschriftliche Mediationsabschlussvereinbarung Bezug genommen werden:

Formulierungsvorschlag:

Nach Maßgabe der privatschriftlichen Mediationsabschlussvereinbarung vom *** habe ich mich gegenüber *** [genaue Bezeichnung des Gläubigers] zur Zahlung eines Betrages in Höhe von EUR 100.000 verpflichtet [genaue Bezeichnung des Anspruchs/der Ansprüche]. Die Zahlung ist fällig am ***. Wegen dieser Verpflichtung unterwerfe ich mich der sofortigen Zwangsvollstreckung aus dieser Urkunde

---

94   Darin ist dann neben der Vollstreckbarkeit aber auch – falls gewünscht – die Formulierung und Prüfung der gesamten Vereinbarung nebst unbeschränkter Haftung des Notars enthalten.

95   In diesem Fall erstreckt sich die Prüfungspflicht des Notars und die damit verbundene unbeschränkte Haftung jedoch nur auf die Formulierung des Vollstreckungstitels.

96   Ergänzt werden können noch Sanktionen für den Fall der Nichterfüllung dieser Verpflichtung. Im Falle der Beurkundung der gesamten Mediationsabschlussvereinbarung gibt es dagegen keine zeitliche Lücke zwischen Verpflichtung und Erfüllung.

in mein gesamtes Vermögen. Dem Gläubiger soll sofort [oder] nach Ablauf des Fälligkeitstermins auf dessen Antrag eine vollstreckbare Ausfertigung dieser Urkunde erteilt werden. [Er erhält zunächst eine beglaubigte Abschrift.][97]

2. Vom Notar zum Mediator. Aufgrund ihrer Beurkundungszuständigkei-   56
ten im Familien- und Erbrecht erhalten Notare häufig vertrauliche Einblicke in schwierige Familienverhältnisse und bestehende innerfamiliäre Konfliktlagen. Auch im Gesellschaftsrecht – einem Rechtsgebiet, in dem Notare Unternehmen und Unternehmer sowie deren Familien häufig über viele Jahre hinweg begleiten – werden von den Mandanten immer wieder konflikthafte Situationen geschildert.

Auch wenn Notare in diesen Fällen eine Mediation nicht selbst anbieten   57
möchten, sollten sie über die Möglichkeit und die Chancen eines Mediationsverfahrens informieren können. Kennt der Notar geeignete Mediatoren, kann er auch unmittelbar ein Informationsgespräch anregen. Notare können insofern als Clearingstelle ihre Mandanten dabei unterstützen, für ihren Konflikt das richtige Konfliktlösungsverfahren zu finden. Gerade in erbrechtlichen Fällen, in denen lediglich diffus „schwierige Familienverhältnisse" geschildert werden und ein offener rechtlicher Konflikt vielfach noch gar nicht vorliegt – jedoch im Erbfall droht –, könnte der Notar die Bearbeitung des (potenziellen) Konflikts in einer Mediation anregen.

VI. Vertragsgestaltung und Mediation

Wie bereits oben dargestellt bearbeiten Notare mit dem Erb-, Familien-   58
und Gesellschaftsrecht besonders mediationsgeeignete Rechtsgebiete. In allen drei Rechtsgebieten sind bei der Vertragsgestaltung vorausschauend lange Zeiträume und mögliche Konfliktszenarien zu betrachten.

- Ein Notar soll den Ehevertrag für ein Paar erarbeiten. Dieser Vertrag soll Vorsorge für mögliche spätere Konfliktsituationen, insbesondere für den Fall einer Trennung und/oder Scheidung treffen.
- Ein Notar soll eine Erbregelung beurkunden. Es ist erhebliches Vermögen vorhanden, das am Ende unter den drei Kindern gerecht verteilt werden soll. Bereits jetzt ist erkennbar, dass Streit unter den Kindern entstehen könnte.
- Ein Notar soll den Gesellschaftsvertrag einer GmbH mit drei Gesellschaftern beurkunden. Der Gesellschaftsvertrag soll auch mögliche spätere Konflikte berücksichtigen.

Vorsorge gegen spätere Konflikte trifft der Notar traditionell vor allem durch die Beratung und Belehrung der Parteien vor der Beurkundung der beabsichtigten Regelungen und durch eine möglichst eindeutige Formulierung des Parteiwillens in juristischer Fachsprache.

Darüber hinausgehend kann der Notar im Wege der Vertragsgestaltung   59
aber auch das spätere Konfliktlösungsverfahren vorgeben und Alternativen zu einer etwaigen gerichtlichen Entscheidung anbieten. In der notariellen Praxis sehr weit verbreitet sind in diesem Zusammenhang sogenannte

---

97 Zu Identifizierungs- bzw. Dokumentationszwecken kann der notariellen Urkunde die Mediationsabschlussvereinbarung auch als – in der Regel nicht zu verlesende – Anlage beigefügt werden.

Schiedsgutachtenklauseln.[98] Auch Schiedsgerichtsklauseln werden immer wieder beurkundet. Ebenfalls eine Art Verfahrenssteuerung stellt die in Erbregelungen häufige Einsetzung eines Testamentsvollstreckers dar, der für – möglicherweise zerstrittene oder uneinige – Erben die Erbauseinandersetzung bewirkt.[99] In GmbH-Gesellschaftsverträgen können zudem freiwillige/fakultative Aufsichtsräte oder Beiräte mit einer moderierenden Funktion eingesetzt werden.[100] Weniger verbreitet in notariellen Verträgen sind dagegen bisher echte Mediationsklauseln (→ Einl. Rn. 146 ff.).[101] Dabei könnten gerade Mediationsklauseln eine deeskalierende Wirkung entfalten, indem sie den Parteien im Konfliktfall in Erinnerung rufen, dass es zwischen der zunächst gescheiterten Verhandlungslösung und der Konfliktdelegation an das Gericht noch einen Mittelweg gibt, nämlich die Einschaltung eines unabhängigen Mediators. Notare können daher durch den Einbau von Mediationsklauseln in ihre Verträge die außergerichtliche Mediation ganz erheblich fördern.

VII. Notare und gerichtsnahe Mediation

60   Gerichte könnten nach § 278 a ZPO[102] den Parteien in anhängigen Verfahren eine außergerichtliche Mediation vorschlagen (→ ZPO § 278 a Rn. 1 ff.) Auch wenn Notare in der Regel kaum Berührungspunkte mit der streitigen Gerichtsbarkeit haben,[103] kann die Einschaltung bzw. Empfehlung eines Notarmediators in bestimmten Fallgestaltungen sowohl aus sachlichen als auch aus wirtschaftlichen Gründen sinnvoll sein. Besonders geeignet ist der Notarmediator in gerichtlich anhängigen Streitigkeiten, wenn

- ein typisches notarielles Rechtsgebiet betroffen ist, also insbesondere das Erb-, Familien-, Gesellschafts- oder Immobilienrecht,
- die mögliche Einigung voraussichtlich notariell beurkundungsbedürftig sein wird und
- bereits erkennbar ist, dass bei der kreativen Konfliktlösung voraussichtlich vertragsgestaltende Expertise gefragt sein wird.

---

98   Etwa zur Bewertung einer Immobilie oder zur Bewertung eines Gesellschaftsanteils.
99   Weitere Beispiele finden sich bei *Schmitz-Vornmoor/Vornmoor* ZKM 2012, 50 (54); Klauselvorschläge finden sich bei *Töben/Schmitz-Vornmoor* ZKM 2014, 15.
100 *Dauner-Lieb/Winnen* in: FS Brambring, S. 45; die Autoren verkennen in ihrem Beitrag jedoch die besonderen Chancen einer Mediation.
101 Mit Mediationsklauseln in notariellen Verträgen beschäftigt sich intensiv *Töben* RNotZ 2013, 321; der Beitrag enthält auch viele je nach Fallgestaltung verwendbare Textbausteine. Musterformulierungen finden sich auch bei *Walz/Bülow*, Kap. 3 § 6 Rn. 71 ff.; Klauselvorschläge speziell für Nachlassregelungen werden von *Töben/Schmitz-Vornmoor* ZKM 2014, 15 unterbreitet.
102 Ähnliche Vorschriften existieren auch in anderen Prozessordnungen. Aufgrund des zivilrechtlichen Tätigkeitsschwerpunktes von Notaren beschränken sich die nachfolgenden Ausführungen auf die ordentliche Gerichtsbarkeit.
103 Sehr intensiv ist hingegen die Zusammenarbeit zwischen Notaren und freiwilliger Gerichtsbarkeit (Grundbuchamt, Handelsregister, Nachlassgericht, Familiengericht, Betreuungsgericht); dort werden aber in der Regel keine streitigen Sachen behandelt, so dass sich die Frage des Verweises an einen Mediator meist nicht stellt, vgl. auch unten VIII.

In den vorgenannten Rechtsgebieten verfügen Notare sowohl über eine be-   61
sondere rechtliche Qualifikation als auch über vielfältige berufliche Erfahrungen. Da sie mit der Materie vertraut sind, müssen sie sich nicht erst intensiv einarbeiten, sondern können den Konflikt fachlich auf hohem Ni-
veau begleiten.

Ist eine mögliche Einigung notariell beurkundungsbedürftig, wird die Ein-   62
schaltung eines Notars ohnehin erforderlich sein. Agiert der Notar bereits
als Mediator, kann er die Einigung unmittelbar beurkunden. Die weitere
Schnittstelle „Mediator-Notar" (→ Rn. 49) entfällt dann. Grundsätzlich
kann zwar auch der gerichtlich protokollierte Vergleich die notarielle Form
ersetzen; dieser stellt aber bei komplexeren Vertragswerken keine gleichwertige Alternative dar.

Denn viele Streitigkeiten erfordern in die Zukunft gerichtete vertragsgestal-   63
tende Lösungen. Notare bringen die entsprechende Qualifikation mit und
sind gewohnt, nach den Interessen der Beteiligten zu forschen und mögliche Lösungen an diesen Interessen zu messen. Die meisten Richter – auch
der Güterichter – dürften dagegen mangels entsprechender Praxis mit der
Errichtung von komplexen Vertragswerken überfordert sein. Der klassische gerichtliche Vergleich gestaltet daher auch nur selten die Zukunft der
Streitparteien, sondern beschränkt sich auf die kompromisshafte Regelung
des konkreten Streitgegenstandes. In einer außergerichtlichen Notarmediation besteht dagegen die Chance, mit einer Lösung über den konkreten
Streitgegenstand hinauszugehen, tatsächlich in die Zukunft gerichtete Verträge zu schließen und damit echte Win-win-Situationen zu schaffen. Notare können daher mit ihrer spezifisch vertragsgestaltenden Expertise einen
Mehrwert in die Auseinandersetzung einbringen.[104]

Schließlich spricht auch noch ein psychologisches Argument für die ge-   64
richtsnahe Notarmediation. Zumindest in den Gebieten des hauptberuflichen Notariats muss keiner der am Gerichtsverfahren beteiligten Anwälte
einen potenziellen Anwaltskonkurrenten zum Mediator bestellen. Der Prozessanwalt muss so nicht befürchten, seinen Mandanten zukünftig an den
vielleicht erfolgreichen Mediatorenkollegen zu verlieren.

Es dürfte eine Aufgabe der zuständigen Notarkammern sein, die notariel-   65
len Vermittlungskompetenzen auch bei der streitigen Gerichtsbarkeit in Erinnerung zu rufen und entsprechend ausgebildete Notare den Gerichten
oder den Konfliktparteien als potenzielle Mediatoren zu benennen (zur
Frage, ob und inwieweit die Gerichte Vorschläge zur Person des Mediators
unterbreiten dürfen, → ZPO § 278 a Rn. 11).

---

104 Die vertragsgestaltende Erfahrung der Notare kann auch dabei helfen, die Zahl
der zur Verfügung stehenden Lösungsoptionen zu vergrößern. Vielfach sind den
Konfliktbeteiligten die vom Recht eingeräumten Gestaltungsmöglichkeiten überhaupt nicht bekannt. Notare können diese Optionen (zB Absicherungsmöglichkeiten im Grundbuch oder gesellschaftsrechtliche oder erbrechtliche Gestaltungsmöglichkeiten) in die Auseinandersetzungen einbringen und damit den Verhandlungsspielraum der Beteiligten vergrößern.

VIII. Mediation im FamFG-Verfahren

66 Anträge im Verfahren der freiwilligen Gerichtsbarkeit sollen nach § 23 Abs. 1 S. 3 FamFG „in geeigneten Fällen" (→ FamFG § 23 Rn. 4 f.) die Angabe enthalten, ob der Antragstellung der Versuch einer Mediation oder eines anderen Verfahrens der außergerichtlichen Konfliktbeilegung vorausgegangen ist nebst einer Äußerung dazu, ob einem solchen Verfahren Gründe entgegenstehen. Das Verfahren der freiwilligen Gerichtsbarkeit ist meist kein kontradiktorisches Verfahren. Ungeeignet im Sinne des § 23 Abs. 1 S. 3 FamFG sind daher auf notariellem Tätigkeitsgebiet sämtliche Anträge, bei denen es lediglich um die Umsetzung nicht umstrittener Anliegen der Beteiligten geht. Dies dürfte etwa im typischen Handelsregisterverfahren der Fall sein.[105]

67 Angaben nach § 23 Abs. 1 S. 3 FamFG sollte der Notar dagegen in seinen Antrag mit aufnehmen, sofern er von Konfliktlagen im Zusammenhang mit der Antragsstellung Kenntnis hat. Denkbar ist dies etwa im Erbscheinsverfahren. Bestehen tatsächlich Konflikte, sollte sich der Notar in seinem Antrag auch nicht auf formelhafte Ausführungen beschränken, sondern gemeinsam mit seinen Mandanten überlegen, ob nicht eine Mediation zur Konfliktlösung beitragen könnte.

68 Das Gericht hat in Konfliktlagen nunmehr auch die Möglichkeit, nach § 36 Abs. 5 FamFG den Versuch einer gütlichen Einigung vor einem nicht entscheidungsbefugten Güterrichter anzuordnen oder aber nach § 36 a FamFG einzelnen oder allen Beteiligten[106] die Durchführung einer Mediation vorzuschlagen (→ FamFG § 36 a Rn. 1 ff.). Im Falle der Durchführung eines Mediationsverfahrens setzt das Gericht das Verfahren aus (§ 36 a Abs. 2 FamFG).

69 Die vorstehend beschriebenen Möglichkeiten bestehen auch in den Fällen (→ FamFG § 23 Rn. 5), in denen der Antragsgegenstand prinzipiell nicht der Dispositionsbefugnis der Beteiligten unterliegt, wie etwa im Erbscheins- oder Adoptionsverfahren. Vergleichsweise Regelungen im Hinblick auf den eigentlichen Antragsgegenstand scheiden hier zwar nach § 36 Abs. 1 FamFG aus (→ FamFG § 36 Rn. 11), allerdings kann das Mediationsverfahren dazu führen, dass die Beteiligten nach der Durchführung der Mediation einheitliche Anträge stellen oder aber einvernehmlich und in der Sache gleichlautend zur Sachverhaltsaufklärung beitragen. Im Erbscheinsverfahren kennen Notare insofern vergleichsweise Regelungen zur einvernehmlichen Auslegung einer letztwilligen Verfügung, die zwar das Nachlassgericht bei der Erbscheinserteilung nicht binden, allerdings eine starke Indizwirkung haben.[107]

---

105 Anders als im Handelsregisterverfahren, auf das das FamFG Anwendung findet, hat der Gesetzgeber auf eine entsprechende Regelung im Grundbuchverfahren von vornherein verzichtet.
106 Die Differenzierung zwischen einzelnen und allen Beteiligten ist dem amorphen Beteiligtenbegriff nach § 7 FamFG geschuldet.
107 Zum sogenannten „Auslegungsvertrag" vgl. Palandt/*Weidlich* BGB § 2084 Rn. 1. Auch steuerlich kann ein solcher Erbvergleich anerkannt werden, vgl. etwa Dorsel/*Ihle*, Kölner Formularbuch Erbrecht, 2. Aufl. 2015, 20. Kap. Rn. 278.

IX. Zusammenfassung

Die Ausführungen haben deutlich werden lassen, dass Notarinnen und   70
Notare wesentliche Beiträge auf dem Gebiet der außergerichtlichen Konfliktbearbeitung leisten können. Das vom Gesetzgeber vorgegebene und in
der Bevölkerung verankerte Rollenmodell sowie die hauptsächlichen Arbeitsfelder der Notare bieten dafür einen hervorragenden Ausgangspunkt.
Werden Notare als Mediatoren tätig, handeln sie – wie auch sonst – öffentlich-rechtlich und im Rahmen ihrer Amtstätigkeit. Es handelt sich allerdings um eine freiwillige Tätigkeit, zu der nicht jeder Notar verpflichtet ist.
Auch Notare, die nicht ausdrücklich als Mediatoren tätig werden, können
im Rahmen des normalen Beurkundungsverfahrens ohne Rollenkonflikte
mediative Methoden anwenden. Schließlich kann der Notar als wichtiger
Ansprechpartner im Familien-, Erb- und Gesellschaftsrecht eine Lotsenfunktion übernehmen und geeignete Verfahren für bereits reale oder potenzielle Konflikte empfehlen bzw. vertragsgestaltend vorsehen.

N. Mediation und Schiedsgerichtsbarkeit

Literatur:

Arntz, Die missglückte Eskalationsklausel, SchiedsVZ 2014, 237; *Baumbach/Lauterbach/Albers/Hartmann,* Zivilprozessordnung, 75. Aufl. 2017; *Berger,* Das neue Schiedsverfahrensrecht in der Praxis – Analyse und aktuelle Entwicklungen, RIW 2001, 7; *Bredow,* Schiedsspruch mit vereinbartem Wortlaut, SchiedsVZ 2010, 295; *Bühring-Uhle,* Working Paper Series 90-12, Program on Negotiation at Harvard Law School, März 1990; *Dendorfer,* Aktives Vergleichsmanagement – Best Practice oder Faux pas schiedsrichterlicher Tätigkeit?, SchiedsVZ 2009, 276; *dies./Lack,* The Interaction Between Arbitration and Mediation: Vision vs. Reality, SchiedsVZ 2007, 195; *Duve/Eidenmüller/Hacke,* Mediation in der Wirtschaft, 2. Aufl. 2011; *Eidenmüller,* Hybride ADR-Verfahren bei internationalen Wirtschaftskonflikten, RIW 2002, 1; *ders.,* Vertrags- und Verfahrensrecht der Wirtschaftsmediation 2001; *ders./Wagner* (Hrsg.), Mediationsrecht, Köln 2015; *Gaier,* Schlichtung, Schiedsgericht, staatliche Justiz – Drei Akteure in einem System institutioneller Rechtsverwirklichung, NJW 2016, 1367; *Goldberg/Sanders/Rogers/Cole,* Dispute Resolution – Negotiation, Mediation and Other Processes, 5. Aufl. 2007; *Greger/Unberath/Steffek,* Recht der alternativen Konfliktlösung, Kommentar, 2. Aufl. 2016; *Grziwotz,* Mediationsvergleich – „Nachgeformter" Schiedsvergleich?, MDR 2001, 305; *Hacke,* Der ADR-Vertrag, 2001; *Haft/v. Schlieffen,* Handbuch Mediation, 3. Aufl. 2016 (Mediation-HdB); *Heussen/Hamm,* Beck'sches Rechtsanwalts-Handbuch, 11. Aufl. 2016 (BeckRA-HdB); *Hoffmann-Becking/Gebele,* Beck'sches Formularbuch Bürgerliches, Handels- und Wirtschaftsrecht, 12. Aufl. 2016 (BeckFormB BHW); *Horvath,* Schiedsgerichtsbarkeit und Mediation – Ein glückliches Paar?, SchiedsVZ 2005, 292; *Kröll,* Die Entwicklung des Rechts der Schiedsgerichtsbarkeit 2001/2001, NJW 2003, 791; *ders.,* Die Entwicklung des Rechts der Schiedsgerichtsbarkeit in den Jahren 2003 und 2004, NJW 2005, 194; *Krüger/Rauscher* (Hrsg.), Münchener Kommentar zur Zivilprozessordnung (MüKoZPO), 4. Aufl. 2013; *Lachmann,* Handbuch für die Schiedsgerichtsbarkeit, 3. Aufl. 2007; *Lörcher,* Mediation: Rechtskraft über Schiedsspruch mit vereinbartem Wortlaut?, DB 1999, 789; *Loos/Brewitz,* Hindert eine Mediationsvereinbarung an der Klage? – Wie lange?, SchiedsVZ 2012, 305; *Palandt,* Bürgerliches Gesetzbuch, 76. Aufl. 2017; *Papier,* Schiedsverfahren, Mediation, Adjudikation und andere ADR-Verfahren, IWRZ 2016, 14; *Risse,* Wirtschaftsmediation 2003; *Rüssel,* Schlichtungs-, Schieds- und andere Verfahren außergerichtlicher Streitbeilegung – Versuch einer begrifflichen Klarstellung, JuS 2003, 380; *Saenger,* Zivilprozessordnung, 7. Aufl. 2017; *Schiffer (Hrsg.),* Schiedsverfahren und Mediation, 2. Aufl. 2005; *Schmidt,* Der Schiedsspruch, SchiedsVZ 2013, 32; *Schroeter,* Der Schiedsspruch mit vereinbartem Wortlaut als Formäquivalent zur notariellen Beurkundung, SchiedsVZ 2006, 298; *Schütze,* Schiedsgericht und Schiedsverfahren, 6. Aufl. 2016; *Schwab/Walter,* Schiedsgerichtsbarkeit, 7. Aufl. 2005; *Tochtermann,* Alternative Dispute Resolution – Einführung in die alternative Streitbeilegung, JuS 2005, 131; *Trenczek,* ADR – Mediation: Faire Konfliktlösung ohne Gericht, DS 2009, 66; *Unberath,* Eckpunkte der rechtlichen Gestaltung des Mediationsverfahrens, ZKM 2012, 12; *ders.,* Mediationsklauseln in der Vertragsgestaltung – Prozessuale Wirkungen und Wirksamkeit, NJW 2011, 1320; *Walz,* Das ADR-Formularbuch, 2. Aufl. 2017; *Zöller,* Zivilprozessordnung, 31. Aufl. 2016.

Schiedsverfahren und Mediation – beide Verfahren sind außerhalb der   1
staatlichen Gerichtsbarkeit verortet und stehen im Spannungsverhältnis
unterschiedlicher Methodik und Struktur. Gemeinsam ist beiden Verfahren, dass es sich um solche der **privatautonomen Konfliktbeilegung** handelt.[1] Uneinigkeit besteht jedoch bereits bei der Frage, ob beide Verfahren
dem Bereich der Alternativen Streitbeilegung – oder mit der gemeinhin bekannten Terminologie gesprochen: der Alternative Dispute Resolution
(ADR) – zuzuordnen sind.[2]

Während sich das Schiedsverfahren traditionell in einem prozessrechtlich   2
festgelegten Rahmen bewegt,[3] welcher für institutionalisierte Schiedsverfahren durch eine jeweils einschlägige Verfahrensordnung der parteige-
wählten Schiedsorganisation ergänzt wird,[4] war die Mediation bisher frei
von rechtlicher Festlegung.

---

1 Vgl. zu grundsätzlichen Fragen der Verortung und den Auswirkungen von Mediation, Schlichtung und Schiedsgerichtsbarkeit im Rechtssystem: *Gaier* NJW 2016,
1367 (1368 ff.); *Papier* IWRZ 2016, 14 ff.
2 Für die Einbeziehung von Schiedsverfahren in den Bereich der ADR: *Trenczek* DS
2009, 66 f.; *Rüssel* JuS 2003, 380 (382 ff.); zur Ausgrenzung von Schiedsverfahren
aus dem Bereich der ADR: *Tochtermann* JuS 2005, 131; *Risse*, S. 5 f. Rn. 10; unklar
bleibt die Zuordnung auch nach der Gesetzesbegründung zum Entwurf eines Gesetzes zur Förderung der Mediation und anderer Verfahren der außergerichtlichen
Konfliktbeilegung, BT-Drs. 17/5335, 11, wobei der gesetzgeberische Fokus eindeutig
auf Verfahren der einverständlichen Streitbeilegung liegt.
3 Für Deutschland geregelt in den §§ 1025 ff. ZPO; vgl. dazu auch die *UNCITRAL
Arbitration Rules 2010*, abrufbar unter http://www.uncitral.org/pdf/english/texts/ar
bitration/arb-rules-revised/arb-rules-revised-2010-e.pdf (zuletzt abgerufen am
1.3.2017) sowie die *Convention on the Recognition and Enforcement of Foreign Arbitral Awards* vom 7.6.1959, abrufbar unter http://www.uncitral.org, dort unter
UNCITRAL Texts and Statutes – International Commercial Arbitration and Conciliation (zuletzt abgerufen am 1.3.2017) (New York Convention).
4 Vgl. dazu die Schiedsgerichtsordnung der DIS – Deutsche Institution für Schiedsgerichtsbarkeit eV (DIS-SchO), abrufbar unter www.disarb.de (zuletzt abgerufen am
1.3.2017) oder die Revised Rules of Arbitration 2017 der ICC – International
Chamber of Commerce, abrufbar unter www.iccarbitration.org (zuletzt abgerufen
am 1.3.2017).

3   Mit dem Mediationsgesetz (MediationsG)[5] und korrespondierend mit dem Verbraucherstreitbeilegungsgesetz (VSBG)[6] erfolgte nunmehr eine Verrechtlichung des Mediationsverfahrens, welche in Bezug zum Schiedsverfahren verschiedene Rechtsfragen aufwirft. So können **rechtliche Kollisionen zwischen Schiedsverfahren und Mediation** insbesondere dann auftreten, wenn

- dem **Schiedsverfahren ein unabhängiges Mediationsverfahren vorausgegangen** ist, so beispielsweise bei Vorliegen von sog **Eskalationsklauseln**[7] in dem streitgegenständlichen Vertrag, womit primär die Pflicht zu bilateralen Verhandlungen, für den Fall des Scheiterns eine Mediation, und als letzte Stufe das Schiedsverfahren vereinbart werden;[8]
- Mediation und Schiedsverfahren von den Parteien gewollt kombiniert werden, so zB zu einem **MedArb-Verfahren** oder umgekehrt zu einem **ArbMed-Verfahren;**[9]
- Mediation im Verlauf eines Schiedsverfahrens eingesetzt wird, insbesondere als sog **Mediation Window,**[10] entweder für alle oder für einzelne Streitgegenstände des Schiedsverfahrens;[11]
- die in einer Mediation gefundenen Ergebnisse zu einem **Schiedsspruch mit vereinbartem Wortlaut**[12] entweder im Rahmen eines laufenden oder eines dafür gesondert einzuleitenden Schiedsverfahrens führen sollen.

I. Kombinationsmöglichkeiten von Schiedsverfahren und Mediation

4   Zunächst werden die Kombinationsmöglichkeiten von Schieds- und Mediationsverfahren im Überblick dargestellt, die damit verbundenen rechtlichen Besonderheiten und Probleme finden anschließend gesonderte Betrachtung. Für die Praxis von Bedeutung sind insbesondere die „MedArb"-oder „ArbMed"-Verfahren, bei denen Mediations- und Schiedsverfahren entweder zusammengefasst oder als getrennte Verfahren durchgeführt werden.

5   **1. MedArb: Mediationsverfahren gefolgt von einem Schiedsverfahren.** In der MedArb-Kombination handelt der neutrale Dritte zunächst als Mediator, um die Parteien dabei zu unterstützen, ein beidseitig interessengerechtes Ergebnis zu erzielen. Für den Fall des Scheiterns des Mediationsverfahrens soll dieselbe oder eine andere neutrale Person im Rahmen eines nachfolgenden Schiedsverfahrens als Schiedsrichter eine bindende Entscheidung

---

5   Gesetz zur Förderung der Mediation und anderer Verfahren der außergerichtlichen Konfliktbeilegung vom 21.7.2012, BGBl. I S. 1577, in Kraft mit Wirkung vom 26.7.2012; dazu nunmehr die Verordnung über die Aus- und Fortbildung von zertifizierten Mediatoren (ZMediatAusbV) vom 21.8.2016.
6   Gesetz über die alternative Beilegung in Verbrauchersachen vom 19.2.2016, BGBl. I S. 254, 1039, in Kraft mit Wirkung vom 1.4.2016 bzw. 1.2.2017.
7   Vgl. das Beispiel bei *Risse*, S. 111 f. Rn. 49.
8   Greger/Unberath/Steffek/*Greger* B. § 1 Rn. 153.
9   Vgl. dazu *Dendorfer/Lack* SchiedsVZ 2007, 195 (199 ff.); *Risse*, S. 524 ff. Rn. 5 ff.; *Goldberg/Sanders/Rogers/Cole*, S. 307 f.
10 Dazu: *Dendorfer/Lack* SchiedsVZ 2007, 195 (202); *Risse*, S. 524 Rn. 6.
11 Vgl. dazu *Horvath* SchiedsVZ 2005, 292 (296 f.).
12 So geregelt in § 1053 Abs. 1 ZPO; dazu auch § 32.2 DIS-SchO oder Art. 32 ICC Rules of Arbitration.

fällen. Insoweit ist die Freiwilligkeit der Parteien eingeschränkt: Sofern das nachfolgende Schiedsverfahren verbindlich vereinbart ist, können die Parteien sich diesem einseitig nicht entziehen.

Ein MedArb-Verfahren lässt zunächst die Kontrolle über das Verfahren   6
und die Entscheidungsfindung bei den Parteien, jedoch verbunden mit der Sicherheit einer verbindlichen Streitentscheidung. Dabei kann die drohende Schiedsentscheidung die Parteien noch im Mediationsteil zur Einigung veranlassen („*Mediation with muscle*").[13] Als Zielsetzung von MedArb-Verfahren wird häufig die Möglichkeit angeführt, die Vollstreckbarkeit einer im Mediationsverfahren getroffenen Einigung zu erreichen.[14]

2. ArbMed: Schiedsverfahren gefolgt von einem Mediationsverfahren. Das   7
ArbMed-Verfahren beginnt mit dem Schiedsverfahren bis hin zum Schiedsspruch. Um die kooperative Verhandlung nicht zu blockieren, wird der Schiedsspruch häufig erst nach Abschluss der Mediation bekannt gegeben. Sofern sich die Parteien einigen, wird der Schiedsspruch nicht verkündet und entfaltet damit auch keine rechtliche Wirkung.

Der Vorteil des ArbMed-Verfahrens ist wiederum die Ergebnisgarantie.   8
Auch haben die Parteien Gelegenheit, das Ergebnis durch eine einvernehmliche Einigung zu beeinflussen. Andererseits ist dieses Verfahren zeitintensiver als ein MedArb-Verfahren, denn der Aufwand für die Einleitung und zunächst auch Durchführung eines Schiedsverfahrens ist erheblich.

3. Mediation Window. Eine weitere Möglichkeit der Einbindung von Me-   9
diation in ein laufendes Schiedsverfahren ist die Schaffung eines sog. „*Mediation Window*", also einer Phase im Rahmen des Schiedsverfahrens, in welcher dieses ruhend in den Hintergrund tritt und Gelegenheit zur Durchführung einer Mediation – vorzugsweise mit einem am Verfahren unbeteiligten Mediator – gegeben wird.[15] Der Einsatz eines *Mediation Window* setzt voraus, dass das Schiedsgericht zum einen die Möglichkeiten der Mediation kennt, zum anderen bereit ist, das Verfahren zum Zwecke einer vergleichsweisen Regelung zeitweise „aus der Hand zu geben".

Die Einbindung eines *Mediation Window* in das Schiedsverfahren kann   10
das soziale Lernen der Parteien fördern. Sie sind gezwungen, über Interessen – eigene und diejenigen der anderen Partei – sowie über kooperative Verhandlungsstrategien und kreative Lösungen nachzudenken.

Nachteil des *Mediation Window* ist die Durchführung der Mediation im   11
Kontext des Schiedsverfahrens. Damit entfällt nicht nur die gerade für die Wirtschaftsmediation maßgebliche Zeit- und Kostenersparnis, sondern es können sich aufgrund des „drohenden" Schiedsspruchs kognitive Grenzen für die kreative Lösungsfindung ergeben.

4. Shadow Mediation oder Standby Mediation. Als weniger praxisrelevant   12
ist die Shadow Mediation einzustufen. Dabei werden getrennte Mediations- und Schiedsverfahren zeitgleich durchgeführt, was allenfalls in komplexen Fällen mit mehreren beteiligten Parteien sinnvoll sein kann. Es sind dann mehrere Mediatoren und Schiedsrichter gleichzeitig im Einsatz, um

---

13 *Bühring-Uhle*, S. 3.
14 *Eidenmüller* RIW 2002, 1 (5).
15 *Eidenmüller* RIW 2002, 1 (3).

durch die simultane Erledigung von Teilkonflikten die Erledigung der gesamten Streitigkeit zügig voranzubringen. Bei diesem Verfahrenshybrid verfolgt der Mediator das Schiedsverfahren häufig zunächst „auf Abruf".[16]

13   **5. MEDALOA.** Der exotische Begriff MEDALOA beschreibt eine Kombination aus Mediation gefolgt von *„Last-Offer Arbitration"*. Bei der Last-Offer Arbitration reduzieren die Parteien die Beschlussbefugnis des Schiedsrichters, denn dieser kann sich nur im Rahmen der jeweiligen Vorschläge/Angebote der Parteien bewegen. Die fehlende Befugnis des Schiedsrichters, ein Angebot abzuändern, soll einen psychologischen Druck auf die Parteien erzeugen, das zu unterbreitenden Angebot so zu gestalten, wie es der Schiedsrichter vermutlich akzeptieren wird.[17]

14   MEDALOA wirft aus der schiedsgerichtlichen Perspektive die Frage eines unwirksamen Schiedsspruchs auf, da der Schiedsrichter keine wirkliche Befugnis zur Entscheidung erhält. Aus der Sicht der Mediation ist zudem die Rollenverquickung ein Problem, aber auch das Fehlen von notwendiger Transparenz.

II. Anwendungsbereiche

15   Der räumliche Anwendungsbereich des Mediationsgesetzes erstreckt sich auf nationale und internationale Mediationsverfahren, deren Durchführungsort in Deutschland liegt. In sachlicher Hinsicht erstreckt sich der Anwendungsbereich des Mediationsgesetzes nicht nur auf Zivil- und Handelssachen, wie von Art. 1 Abs. 2 Med-RiLi[18] vorgegeben, sondern auch auf die Bereiche des Arbeits-, Familien,- Sozial-, Verwaltungs- und sogar des Steuerrechts.[19]

16   Als Entsprechung sind für die private Schiedsgerichtsbarkeit die für Deutschland maßgeblichen Regelungen des 10. Buches der Zivilprozessordnung zu betrachten. Diese sind zwingend anzuwenden, wenn der Ort des schiedsrichterlichen Verfahrens in Deutschland liegt, § 1025 Abs. 1 ZPO.[20]

17   Jeder vermögensrechtliche Anspruch kann Gegenstand eines Schiedsverfahrens sein – nichtvermögensrechtliche Ansprüche nur dann, wenn die Parteien berechtigt sind, über den Gegenstand des Streits einen Vergleich zu schließen (**objektive Schiedsfähigkeit**, § 1030 Abs. 1 ZPO). Nicht schiedsfähig sind Streitigkeiten über inländische Wohnraum-Mietverhältnisse (§ 1030 Abs. 2 ZPO), individualarbeitsrechtliche Streitigkeiten (§ 101 ArbGG), bestimmte Bereiche familienrechtlicher Streitigkeiten (Scheidung, Lebenspartnerschaften), aber auch grundsätzlich Angelegenheiten der freiwilligen Gerichtsbarkeit.[21]

---

16   *Engel* in: Walz, S. 419.
17   *Eidenmüller* RIW 2002, 1 (9).
18   Richtlinie 2008/52/EG des Europäischen Parlaments und des Rates vom 21. Mai 2008 über bestimmte Aspekte der Mediation in Zivil- und Handelssachen.
19   Vgl. Art. 3 bis 8 des Gesetzes zur Förderung der Mediation und anderer Verfahren der außergerichtlichen Konfliktbeilegung vom 21.7.2012.
20   Zöller/*Geimer* § 1025 Rn. 3, 7.
21   Zöller/*Geimer* § 1030 Rn. 6 mwN.

Der **rechtliche Wirkungsbereich des Mediationsgesetzes** geht somit über 18
denjenigen der schiedsverfahrensrechtlichen Regelungen hinaus. Dies hat
zur Konsequenz, dass Vergleichsergebnisse eines Mediationsverfahrens daraufhin zu überprüfen sind, ob diese einem nachfolgenden Schiedsverfahren, insbesondere einem Schiedsspruch mit vereinbartem Wortlaut,[22] zugänglich sind. Es werden in der Praxis jedoch vornehmlich – vermögens-
rechtlich geprägte – Ergebnisse aus Wirtschaftsmediationsverfahren für
nachfolgende Schiedsverfahren in Betracht kommen,[23] so dass sich diese
Problematik in der Realität nur selten stellen dürfte.

III. Strukturelle Klarstellung: Drittentscheidung im Schiedsverfahren, Parteientscheidung in der Mediation

Nach § 1029 Abs. 1 ZPO sind alle oder einzelne Streitigkeiten, die zwi- 19
schen den Parteien in Bezug auf ein bestimmtes Rechtsverhältnis vertraglicher oder nichtvertraglicher Art entstanden sind oder künftig entstehen,
der Entscheidung durch ein Schiedsgericht unterworfen. Demgegenüber regelt § 1 Abs. 1 MediationsG, dass bei der Mediation die Parteien mithilfe
eines oder mehrerer Mediatoren eigenverantwortlich eine einvernehmliche
Beilegung ihres Konflikts anstreben. Der Mediator ist – anders als der
Schiedsrichter – ohne Entscheidungsbefugnis, § 1 Abs. 2 MediationsG.

Damit ist die **strukturelle Unterschiedlichkeit** von Mediationsverfahren ei- 20
nerseits und Schiedsverfahren andererseits klargestellt: Bei ersterem handelt es sich um eine Verhandlung zwischen den Parteien, die von dem Mediator als einem nicht entscheidungsbefugten Dritten geführt wird;[24] das
Schiedsverfahren ist hingegen ein solches der **materiellen Rechtsprechung**.[25] Mit dem Schiedsverfahren werden die Organe der Justizhoheit
durch frei gewählte Privatpersonen in der Funktion der Schiedsrichter ersetzt,[26] wohingegen im **Mediationsverfahren** ein derartiger Ersatz nicht
stattfindet, sondern die Mediation vielmehr eine **Ausprägung der (Pri-
vat-)Autonomie der Parteien** darstellt.[27]

Der Streitgegenstand und die damit verbundenen – objektiv gleichen – Fak- 21
ten erfahren in beiden Verfahren eine unterschiedliche Betrachtung, nämlich zum einen mit dem Fokus auf den Interessen in der Mediation, zum
anderen auf Positionen und Ansprüche im Schiedsverfahren.

Sollten die Parteien Mediation und Schiedsverfahren kombinieren (insbe- 22
sondere zu den bereits erwähnten MedArb-Verfahren oder ArbMed-Verfahren), so gelten bis zur Beendigung des Mediationsverfahrens die Regelungen des MediationsG, mit Beginn des Schiedsverfahrens die dafür jeweils maßgeblichen gesetzlichen Regelungen, in Deutschland vornehmlich
diejenigen der §§ 1025 ff. ZPO.[28]

---

22 Vgl. die Ausführung zu Punkt VIII.
23 Vgl. die praktischen Hinweise bei *Lachmann*, S. 29 ff. Rn. 93 ff.
24 Vgl. dazu auch Greger/Unberath/Steffek/*Greger* B. § 1 Rn. 38 f.
25 BGH NJW 1986, 3077 (3078) mwN; *Lachmann*, S. 58 Rn. 199 mwN.
26 *Lachmann*, S. 58 Rn. 199 mwN.
27 Greger/Unberath/Steffek/*Greger* B. § 1 Rn. 30.
28 Ebenso: Greger/Unberath/Steffek/*Greger* B. § 1 Rn. 49.

IV. Mediationsklausel als Verfahrenshindernis für Schiedsverfahren

23 Mit einer **Mediationsklausel oder Mediationsabrede** verpflichten sich die Parteien, im Falle einer Konfliktsituation eine Mediation einzuleiten. In der Vereinbarung zur Durchführung einer Mediation iS von § 1 Abs. 1 MediationsG wird regelmäßig ein **vorläufiger (dilatorischer) Klageverzicht** gesehen.[29]

24 Die Vorschaltung eines Mediationsverfahrens vor der Durchführung eines Schiedsverfahrens wird häufig in kombinierten Mediations- und Schiedsklauseln (**Eskalationsklauseln**) vereinbart.[30] Eine sorgfältige, unmissverständliche und klare Formulierung der Voraussetzungen und Grenzen der Eskalationsklauseln ist von besonderer Bedeutung.[31] Rechtssicherheit hinsichtlich des vereinbarten Verfahrensablaufs muss dabei ebenso Zielsetzung sein, wie sicherzustellen ist, dass nach Einleitung des Verfahrens den Parteien keine Verjährungsrisiken oder sonstige rechtliche Nachteile drohen.

25 Häufig wird eine zeitliche Begrenzung des Mediationsverfahrens angeraten und in Eskalationsklauseln vorgesehen. Die Fristbestimmung zum Eintritt in die nächste Verfahrensstufe sollte – insbesondere im Hinblick auf die rechtlichen Vorgaben zu Beginn eines Schiedsverfahrens – so konkret wie möglich ausgestaltet sein.[32] Damit muss eine realistische Einschätzung des für die Organisation und Durchführung von Mediationsverfahren notwendigen Zeitraums einhergehen. Zu kurze Fristen für die Einleitung bzw. Beendigung einer Verfahrensstufe können zu deren faktischer Ausgrenzung führen. Dies gilt insbesondere, wenn innerhalb der festgesetzten Fristen institutionelle Verfahrensschritte zu beachten sind.

26 In der staatlichen Gerichtsbarkeit ist eine unter Missachtung einer Mediationsabrede erhobene Klage auf Einrede des Beklagten hin als unzulässig abzuweisen.[33] Auch einer **Schiedsklage** kann das Verfahrenshindernis einer missachteten Mediationsabrede entgegen gehalten werden, so dass die **Zulässigkeit der Anrufung eines Schiedsgerichts** in diesem Fall von einer (erfolglosen) Durchführung des – vereinbarungsgemäß – vorgeschalteten Mediationsverfahrens abhängig sein wird.[34]

27 In der Praxis ist die Situation denkbar, dass eine Partei die Mediationsabrede ignoriert und sogleich einen Schiedsantrag nach § 1044 S. 1 ZPO stellt, sei es durch direkte Zustellung an die andere Partei oder durch Einleitung eines Schiedsverfahrens über eine in der Schiedsklausel gewählte Schiedsor-

---

29 Dazu eingehend: *Loos/Brewitz* SchiedsVZ 2012, 305 (308 ff.); Greger/Unberath/ Steffek/*Greger* B. § 1 Rn. 199 f.; *Unberath* NJW 2011, 1320 (1321 f.); offenbar aA OLG Frankfurt am Main NJW-RR 2010, 788 f.; LG Heilbronn 10.9.2010 – 4 O 259/09, IBRRS 76939, abgerufen über beck-online.
30 Muster einer Eskalationsklausel bei *Risse* in: BeckFormB BHW, 11. Eskalationsklausel.
31 *Arntz* SchiedsVZ 2014, 237 (242).
32 BeckRA-HdB, Teil A: Prozesse und Verfahren 1. Abschnitt. Zivilprozess § 7. Wahl zwischen ordentlichem Gerichtsverfahren und Schiedsverfahren Rn. 57; *Berger* Arb. Int. 2006, 1 (10 ff.).
33 *Unberath* NJW 2011, 1320 (1321 f.); BGH NJW-RR 2009, 637 zu einer Schlichtungsklausel, deren Vorliegen eine sofortige Klagbarkeit ausschließt.
34 BGH 9.8.2016, BeckRS 2016, 15081; zu dem Umfang der Durchführung einer Mediation als Prozessvoraussetzung: *Unberath* NJW 2011, 1320 (1322).

ganisation. Die Schiedsbeklagte kann sich der Konstituierung des Schiedsgerichts zu diesem Zeitpunkt nicht mit dem Einwand des (Schieds)Klageverzichts aufgrund bestehender Mediationsabrede entziehen, da selbst bei einseitiger Verweigerung einer Schiedsrichterbestellung diese entweder über die mit der Schiedsklausel gewählte Schiedsorganisation erfolgen kann, oder nach § 1035 Abs. 4, 5 ZPO durch das zuständige staatliche Gericht.

Die **Einrede des (Schieds)Klageverzichts aufgrund bestehender Mediations-** **28** **abrede** betrifft nach Konstituierung des Schiedsgerichts dessen Zuständigkeit zur Entscheidung über den Rechtsstreit, zumindest solange die zwischen den Parteien – vertraglich – vereinbarte Mediation nicht versucht wurde. Darüber hat das Schiedsgericht auf der Grundlage von § 1040 Abs. 1, 3 ZPO zu entscheiden.[35]

Im Hinblick auf den durch Einleitung des Schiedsverfahrens bereits entstandenen Aufwand wird sich in einer solchen Situation als **pragmatische Lösung** das – zeitweise – **Ruhen des Schiedsverfahrens** für die Durchführung des vorgeschalteten Mediationsverfahrens anbieten.[36]

V. Angaben über Mediationsversuch in Schiedsantrag oder Schiedsklageschrift

Durch das Gesetz zur Förderung der Mediation und anderer Verfahren der **29** außergerichtlichen Konfliktbeilegung[37] wurde § 253 Abs. 3 Nr. 1 ZPO eingefügt. Danach soll der Kläger bzw. Antragsteller eines Gerichtsverfahrens in dem verfahrenseinleitenden Schriftsatz zur Frage einer außergerichtlichen Streitbeilegung Stellung nehmen.

Für das Schiedsverfahren finden sich in den §§ 1044, 1046 ZPO zur Erhe- **30** bung der Schiedsklage **Sonderregelungen:** So wird das Schiedsverfahren durch den **Schiedsantrag** des § 1044 ZPO eingeleitet. Dieses Schriftstück muss die Bezeichnung der Parteien, die Angabe des Streitgegenstandes und einen Hinweis auf die Schiedsvereinbarung enthalten und ist an den Schiedsbeklagten zu richten.[38] Die *„Klageschrift"* des § 1046 Abs. 1 ZPO ist die **Klagebegründung,** ihr Gegenstück im Gerichtsverfahren ist § 253 Abs. 4 iVm § 130 Nr. 3 bis 5 ZPO. Dessen Angaben gehören zur Begründetheit und müssen das Klagebegehren – rechtlich wie tatsächlich – verifizieren.

§ 253 Abs. 3 Nr. 1 ZPO dient dem Ziel, die Mediation und die außerge- **31** richtliche Konfliktbeilegung stärker im Bewusstsein der Bevölkerung und v.a. auch der Beratungspraxis der Rechtsanwaltschaft zu verankern.[39] Für die richterliche Verfahrensleitung und eine effiziente sowie interessengerechte Verfahrensgestaltung bieten die Angaben nach § 253 Abs. 3 Nr. 1 ZPO die notwendige Grundlage: Beginnend von einem frühen ersten Termin mit Güteverhandlung (§§ 275, 278 Abs. 2 ZPO) über die Verweisung an den Güterichter (§ 278 Abs. 5 ZPO) bis hin zu dem Vorschlag einer Me-

---

35 Vgl. zum Verfahren: *Baumbach/Lauterbach/Albers/Hartmann* § 1040 Rn. 4 ff.
36 Das Ruhen des Schiedsverfahrens ist nach §§ 1042 Abs. 3 und 4, 251 ZPO möglich; vgl. *Baumbach/Lauterbach/Albers/Hartmann* § 1042 Rn. 13.
37 Vgl. Fn. 5.
38 *Schütze*, S. 106 Rn. 414 ff. mwN.
39 BR-Drs. 60/11, 29.

diation oder eines anderen Verfahrens der außergerichtlichen Konfliktbeilegung (§ 278 a ZPO) hat der staatliche Richter mannigfache Möglichkeiten eines differenzierten Konfliktmanagements.

32   Es stellt sich die Frage, ob § 253 Abs. 3 Nr. 1 ZPO auch im schiedsgerichtlichen Verfahren zu beachten ist. Abgesehen davon, dass das Schiedsgericht nach Eingang des Schiedsantrags erst gebildet werden muss, es somit an einer mit dem staatlichen Richter vergleichbaren frühen Verfahrensleitung fehlt, steht im Schiedsverfahren die **Parteimaxime** an erster Stelle, gefolgt von einer **Festsetzung des Verfahrens durch das Schiedsgericht** (§ 1042 Abs. 4 ZPO). Ein **Rückgriff auf § 253 Abs. 3 Nr. 1 ZPO** kommt somit für das Schiedsverfahren **nicht in Betracht**, da es zum einen an den für eine gütliche Streitbeilegung im Gerichtsverfahren verfügbaren rechtlichen Mechanismen, wie zB Güteverhandlung oder Verweisung an den Güterichter, fehlt. Zum anderen steht es dem Schiedsgericht jederzeit frei, gegenüber den Parteien Vergleichsgespräche oder auch die Durchführung eines parallelen Mediationsverfahrens zur vollständigen oder teilweisen Beilegung des Konflikts anzuregen,[40] so dass es einer ausdrücklichen Information in dem verfahrenseinleitenden Schriftsatz nicht bedarf.

33   Eine **Information über ein vorgeschaltetes Mediationsverfahren** wird jedoch dann **geboten** sein, wenn dem Schiedsgericht im Rahmen des Schiedsantrags nach § 1044 ZPO eine **Eskalationsklausel**[41] vorgelegt wird. Insoweit muss das Schiedsgericht – nicht nur auf Einrede einer der Parteien – prüfen, ob nicht dessen – zeitweise – Unzuständigkeit gegeben ist.

VI. Unparteilichkeit, Neutralität und Unabhängigkeit von Mediator und Schiedsrichter

34   Ein zentraler Grundsatz des Schiedsverfahrens ist die **Unparteilichkeit** und **Unabhängigkeit der Schiedsrichter**, § 1036 Abs. 1 ZPO.[42] Gleiches ist mit der Unparteilichkeit und Neutralität gesetzlich für den Mediator festgeschrieben, § 3 Abs. 1 MediationsG. Daraus ergeben sich Kollisionsfragen für den Fall der Kombination von Schiedsverfahren und Mediation.

35   **1. Einsatz eines Mediators nachfolgend als Schiedsrichter (MedArb-Verfahren).** Sofern der Schiedsrichter zuvor als Mediator in demselben Konflikt eingesetzt war, stellt sich für das nachfolgende Schiedsverfahren die Frage einer möglichen Ablehnung. Das Schiedsverfahrensrecht knüpft die Ablehnung an Umstände, die **berechtigte Zweifel** an der **Unparteilichkeit oder Unabhängigkeit des Schiedsrichters** aufkommen lassen, oder daran, dass der Schiedsrichter die zwischen den Parteien vereinbarten Voraussetzungen nicht erfüllt, § 1036 Abs. 2 S. 1 ZPO.

36   Es muss für die Ablehnung **kein konkreter Verstoß des Schiedsrichters** gegen das Neutralitätsgebot vorliegen bzw. ein solcher muss auch nicht dargelegt werden, vielmehr reichen berechtigte Zweifel aus.[43] Entscheidend ist somit das Vorliegen **objektiver Ablehnungsgründe** aus der Sicht der betrof-

---

40 *Dendorfer* SchiedsVZ 2009, 276 (277 ff.).
41 Vgl. dazu die Ausführungen zu Punkt IV.
42 BGH NJW 1969, 750.
43 OLG Dresden SchiedsVZ 2005, 159 (161).

fenen Partei.[44] Für die Bestimmung derjenigen Gründe, die berechtigte Zweifel iSv § 1036 Abs. 2 S. 1 ZPO aufkommen lassen, wird auf die gesetzlich für die Ablehnung eines staatlichen Richters vorgegebenen Gründe zurückgegriffen.[45] Allerdings sind die für den Ausschluss und die Ablehnung von staatlichen Richtern maßgeblichen Vorschriften der §§ 41, 42 ZPO auf das Schiedsverfahren nicht unmittelbar anwendbar.[46] Jedoch begründen ihre Tatbestände in der Regel Zweifel iSv § 1036 Abs. 2 S. 1 ZPO.[47] Die für staatliche Richter geltenden Ausschlussgründe des § 41 ZPO stellen im Schiedsverfahren lediglich Ablehnungsgründe dar.[48]

In diesem Zusammenhang wird die **Regelung des § 41 Nr. 8 ZPO** relevant.[49] Nach dieser Vorschrift ist ein staatlicher Richter von der Ausübung des Richteramtes kraft Gesetzes ausgeschlossen in Sachen, in denen er an einem Mediationsverfahren oder einem anderen Verfahren der außergerichtlichen Konfliktbeilegung mitgewirkt hat. Übertragen auf den Einsatz eines Mediators in einem nachfolgenden Schiedsverfahren bedeutet dies, dass die **vormalige Mediatorentätigkeit** in der Regel berechtigte Zweifel an der Unparteilichkeit und Unabhängigkeit des Schiedsrichters gem. § 1036 Abs. 2 S. 1 ZPO begründen kann.   37

Allerdings können die Parteien durch Vereinbarung die **Ablehnungsgründe** erweitern,[50] aber auch **einschränken**.[50] Zudem kann auf die **Geltendmachung von Ablehnungsgründen verzichtet** werden, nachdem der Ablehnungsgrund bekannt ist, es sei denn, dass Sittenwidrigkeit zu bejahen ist.[51]   38

Aber auch im Falle der Parteidisposition über den Ablehnungsgrund verbleibt es bei dem Grundsatz, dass die Unabhängigkeit und Unparteilichkeit des Schiedsgerichts stets gewahrt sein muss.[52] Insoweit verbleibt das Risiko einer wirksamen **Einschränkung oder Verzichtserklärung** zur **Ablehnung eines Schiedsrichters wegen vorangegangener Mediatorentätigkeit**. Insbesondere für diejenigen Fälle, in denen im Rahmen des Mediationsverfahrens **Einzelgespräche** iS von § 2 Abs. 3 MediationsG durch den Mediator und späteren Schiedsrichter geführt wurden, die dann – besonders bei der Besetzung als Einzelschiedsrichter – (ersichtlich) in das spätere Schiedsverfahren einfließen, wird eine Einschränkungs- oder Verzichtserklärung die Ablehnungsmöglichkeit des Schiedsrichters nach § 1036 Abs. 2 S. 1 ZPO iVm § 41 Nr. 8 ZPO analog nicht ausschließen. Dieser Ablehnungsgrund ist von Amts wegen zu berücksichtigen.[53] Eine Parteierklärung zum Verzicht auf ein entsprechendes Anfechtungsrecht, zB im Mediatoren-/Schiedsrichtervertrag, wäre daher unwirksam.   39

---

44 OLG Frankfurt SchiedsVZ 2008, 96 (99); *Saenger* § 1036 Rn. 7 mwN.
45 *Lachmann*, S. 256 Rn. 968.
46 OLG Frankfurt SchiedsVZ 2006, 329 (331).
47 OLG München BeckRS 2006, 08109; *Saenger* § 1036 Rn. 8 mwN.
48 *Saenger* § 1036 Rn. 8.
49 Fassung aufgrund des Gesetzes zur Förderung der Mediation und anderer Verfahren der außergerichtlichen Konfliktbeilegung vom 21.7.2012, BGBl. I S. 1577.
50 *Saenger* § 1036 Rn. 9; *Schwab/Walter* Kap. 14 Rn. 2 mwN.
51 *Schwab/Walter*, Kap. 14 Rn. 2 mwN.
52 BGH NJW 1985, 1904 (1905); *Baumbach/Lauterbach/Albers/Hartmann* § 1035 Rn. 4.
53 MüKoZPO/Münch § 1059 Rn. 53.

40   Das Mediationsgesetz stellt hingegen kein Hindernis für die Personenidentität von (zuerst) Mediator und (nachfolgend) Schiedsrichter auf, denn § 3
     Abs. 2 MediationsG enthält kein Verbot des Mediators, in derselben Sache
     nach Abschluss der Mediation noch als Schiedsrichter tätig zu werden.

41   **2. Paralleler Einsatz eines Schiedsrichters als Mediator.** Wenn parallel zu
     einem Schiedsverfahren für alle oder einzelne Streitgegenstände ein Mediationsverfahren eingeleitet wird (so zB in einem *Mediation Window*), ist zu
     klären, ob einer oder mehrere **Schiedsrichter des laufenden Schiedsverfahrens als Mediator(en)** in diesem Mediationsverfahren tätig werden können.[54]

42   Aus **schiedsverfahrensrechtlicher Sicht** kann der parallele Einsatz eines
     Schiedsrichters als Mediator in derselben Sache wiederum zu einem **Ablehnungsgrund** nach § 1036 Abs. 2 ZPO führen. Insoweit geltend die vorstehenden Ausführungen entsprechend.

43   Aus **Sicht des Mediationsverfahrens** wird die parallele Tätigkeit als
     Schiedsrichter und Mediator zu einer – in der Praxis eines solchen kombinierten Verfahrens jedoch überflüssigen – **Offenlegung** nach § 3 Abs. 1 S. 1
     MediationsG verpflichten. Demzufolge kann ein Schiedsrichter nur dann
     parallel als Mediator tätig werden, wenn die Parteien dem ausdrücklich
     nach § 3 Abs. 1 S. 2 MediationsG zustimmen. Auch wenn praktisch eine
     Mediation im Rahmen eines bereits laufenden Schiedsverfahrens nur mit
     der **Zustimmung aller Parteien** denkbar ist, so empfiehlt es sich dennoch,
     die Zustimmung der Parteien in einer solchen Konstellation zu dokumentieren.

44   Nach dem Gesetzeswortlaut nicht relevant wird im Falle einer parallelen
     Schiedsrichtertätigkeit die Verbotsvorschrift des § 3 Abs. 2 MediationsG.
     Schiedsrichter sind nach Konstituierung des Schiedsgerichts **nicht für eine
     Schiedspartei tätig**, sondern beiden Parteien gleichermaßen verpflichtet.[55]
     Die Schiedsrichtertätigkeit begründet insbesondere **kein Abhängigkeitsverhältnis zu einer Partei**, auch ist ein bestellter Schiedsrichter nicht einseitig
     abberufbar und somit auch nicht auf das Wohlwollen einer Partei angewiesen.[56]

45   Damit wird ein Schiedsrichter im Falle eines parallel zum Schiedsverfahren
     durchgeführten Mediationsverfahrens nicht für eine Partei in derselben Sache iSv § 3 Abs. 2 MediationsG tätig. Dies gilt auch dann, wenn bei Einsatz eines Drei-Personen-Schiedsgerichts die parteiernannten Schiedsrichter
     im Rahmen eines *Mediation Window* als Mediator(en) eingesetzt werden.

46   **3. Einsatz eines berufsverbundenen Mediators im Mediation Window.** Denkbar ist die Situation, dass in einem Schiedsverfahren ein
     Schiedsrichter als Mitglied einer **Berufsausübungs- oder Bürogemeinschaft**,
     insbesondere einer Rechtsanwaltskanzlei, eingesetzt ist, aus der für ein paralleles Mediationsverfahren (*Mediation Window*) ein Mediator ausgewählt

---

54 Vgl. dazu das Verfahren IBM v. Fujitsu, in dem die Schiedsrichter als Mediatoren
    eingesetzt waren, geschildert bei *Horvath* SchiedsVZ 2005, 292 (296 f.); davon zu
    unterscheiden sind Vergleichsverhandlungen im Schiedsverfahren unter Einsatz mediativer Techniken, dazu: *Dendorfer* SchiedsVZ 2009, 276 (282).
55 *Lachmann*, S. 264 Rn. 997.
56 *Lachmann*, S. 264 Rn. 997.

wird. Nach § 3 Abs. 3 S. 1 und 2 MediationsG darf eine Person als Mediator nicht tätig werden, wenn eine mit ihr in derselben Berufsausübungs- oder Bürogemeinschaft verbundene andere Person während der Mediation in derselben Sache für eine Partei tätig ist.

Abgesehen davon, dass nach § 3 Abs. 4 MediationsG die Beschränkungen des Abs. 3 nicht gelten, wenn sich die betroffenen Parteien im Einzelfall nach umfassender Information damit einverstanden erklärt haben, wird auch in dieser Konstellation der eingesetzte Schiedsrichter als solcher nicht für eine Partei tätig, so dass der Übernahme einer Mediatorentätigkeit durch eine Person derselben Berufsausübungs- und Bürogemeinschaft § 3 Abs. 3 S. 1 und 2 MediationsG nicht entgegensteht. 47

4. Einsatz eines Schiedsrichters nachfolgend als Mediator (ArbMed-Verfahren). Für die Konstellation der Beendigung eines Schiedsverfahrens und der Einleitung eines nachfolgenden Mediationsverfahrens (ArbMed-Verfahren) unter Leitung derselben Person(en) scheidet die Anwendung von § 3 Abs. 2 MediationsG ebenfalls aus. Auch hierfür gelten die vorstehenden Ausführungen, insbesondere die Feststellung, dass ein Schiedsrichter nicht für eine Partei im Rahmen eines Schiedsverfahrens tätig wird. 48

VII. Einbeziehung anwaltlicher Vertreter in Schiedsverfahren und Mediation

Nach § 1042 Abs. 2 ZPO dürfen **Rechtsanwälte** als Bevollmächtigte **im Schiedsverfahren nicht ausgeschlossen** werden. Eine **abweichende Parteivereinbarung ist unwirksam.**[57] Ein Verstoß gegen diese Vorschrift stellt einen Aufhebungsgrund nach § 1059 Abs. 2 Nr. 1 b, c ZPO dar. 49

Nach § 2 Abs. 4 MediationsG können in das Mediationsverfahren Dritte hingegen nur mit Zustimmung aller Parteien einbezogen werden. Dritte iS dieser Vorschrift können auch Rechtsanwälte oder andere Beistände der Parteien sein, so dass eine **anwaltliche Begleitung in der Mediation** nur **mit Zustimmung sämtlicher Parteien** möglich ist.[58] 50

Auch bei enger Auslegung von § 2 Abs. 4 MediationsG, nur bezogen auf die Mediationssitzung, wird sich im Falle der Kombination von Schieds- und Mediationsverfahren konkret die Frage anwaltlicher Begleitung im gesamten Verfahren stellen, sofern man nicht die Aufhebung eines späteren Schiedsspruchs nach § 1059 Abs. 2 ZPO riskieren will.[59] 51

Abgesehen davon, dass der Ausschluss vorab am Schiedsverfahren beteiligter Rechtsanwälte in einem parallel eingeleiteten Mediationsverfahren – insbesondere bei Wirtschaftsstreitigkeiten – „wirklichkeitsfremd"[60] sein dürfte, kann in dem widerspruchslosen **Wechsel von Schiedsgerichts- zu Mediationsverfahren** eine **konkludente Zustimmung** zu der **Teilnahme anwaltlicher Berater** auch am Mediationsverfahren liegen.[61] 52

---

57 Zöller/*Geimer* § 1042 Rn. 19.
58 So ausdrücklich BT-Drs. 17/5335, 15.
59 Diese Vorschrift gilt auch für einen Schiedsspruch mit vereinbartem Wortlaut nach § 1053 ZPO; dazu: BGH NJW 2001, 373 f.; Zöller/*Geimer* § 1059 Rn. 1.
60 Vgl. die Beschlussempfehlung des Bundesrats, BR-Drs. 60/1/11, 4 für die während eines Gerichtsverfahrens stattfindende Mediation.
61 Vgl. zur schlüssigen Zustimmung: Palandt/*Ellenberger* § 182 Rn. 3 mwN.

53   Von den rechtlichen Fragen der Einbeziehung der Rechtsanwälte unabhängig ist die Unterschiedlichkeit der anwaltlichen Rolle in beiden Verfahren: Während dem Rechtsanwalt im Mediationsverfahren eine unterstützende und streitschlichtende Funktion zukommt,[62] ist im Schiedsverfahren der um Position, Anspruch und Recht kämpfende Anwalt gefordert.

54   Zur Vermeidung jeglicher Risiken für die Wirksamkeit eines dem Mediationsverfahren nachfolgenden Schiedsspruchs ist zu empfehlen, zum einen das Mediationsverfahren zeitlich, organisatorisch und hinsichtlich der Besetzung des Mediators von dem Schiedsverfahren **deutlich abzugrenzen**, und zum anderen auf die **ausdrückliche Zustimmung der Parteien** zur Teilnahme anwaltlicher Berater auch während des Mediationsverfahrens hinzuwirken.

VIII. Abschlussvereinbarung und Schiedsspruch mit vereinbartem Wortlaut

55   Vergleichen sich die Parteien während des schiedsrichterlichen Verfahrens über die Streitigkeit, so kann auf Antrag der Parteien der so gefundene Vergleich in der Form eines **Schiedsspruchs mit vereinbartem Wortlaut** festgehalten werden, sofern der Inhalt des Vergleichs nicht gegen die öffentliche Ordnung (*ordre public*) verstößt, § 1053 Abs. 1 S. 1 und 2 ZPO.[63] Er ist in der gesetzlich vorgeschriebenen Form zu erlassen, § 1054 Abs. 1 und 2 ZPO,[64] wobei die Begründung gem. § 1054 Abs. 2 ZPO entfallen kann.

56   Ein Schiedsspruch mit vereinbartem Wortlaut ist ein **vollwertiger Schiedsspruch** und hat demzufolge dieselbe Wirkung wie jeder andere Schiedsspruch zur Sache, § 1053 Abs. 2 S. 2 ZPO.[65] Er hat daher unter den Parteien die **Wirkung eines rechtskräftigen Urteils**, § 1055 ZPO. Er beendet das schiedsrichterliche Verfahren, § 1056 Abs. 1 ZPO, und unterliegt dem Aufhebungsverfahren nach § 1059 ZPO.[66] Er braucht eine **Vollstreckbarerklärung** durch das zuständige Oberlandesgericht, §§ 1060, 1061 ZPO.

57   Nach Erteilung der Vollstreckbarerklärung liegt mit dem Schiedsspruch mit vereinbartem Wortlaut ein – weltweit[67] – vollstreckbarer Titel vor, für Deutschland geregelt in § 794 Abs. 1 Nr. 4 a ZPO.

58   Grundsätzlich ist es Ziel einer Mediation, den Streit einvernehmlich beizulegen; die – schriftliche – **Abschlussvereinbarung** ist dazu lediglich ein Mittel.[68] Rechtlich gesehen wird es sich bei der Abschlussvereinbarung vornehmlich um einen **Vergleichsvertrag** nach § 779 BGB handeln, aber auch Erlassverträge nach § 397 BGB, Novation, oder Schuldanerkenntnisse

---

62   Vgl. dazu § 1 Abs. 3 BORA: Als unabhängiger Berater und Vertreter in allen Rechtsangelegenheiten hat der Rechtsanwalt seine Mandaten vor Rechtsverlusten zu schützen, rechtsgestaltend, konfliktvermeidend und streitschlichtend zu begleiten, vor Fehlentscheidungen durch Gerichte und Behörden zu bewahren und gegen verfassungswidrige Beeinträchtigung und staatliche Machtüberschreitung zu sichern.

63   Haft/v. Schlieffen/*Lörcher*/*Lörcher*, Mediation-HdB, § 30 Rn. 27 ff.

64   OLG Frankfurt am Main SchiedsVZ 2003, 288.

65   *Bredow* SchiedsVZ 2010, 295 (296) mwN.

66   *Bredow* SchiedsVZ 2010, 295 (300 f.).

67   Vgl. dazu die Regelungen der New York Convention, Fn. 2.

68   Greger/Unberath/Steffek/*Greger* B. § 2 Rn. 279.

nach §§ 780 ff. BGB sind denkbar. Unabhängig von der konkreten rechtlichen Qualifizierung der Abschlussvereinbarung ist diese – wie jeder Schuldvertrag – materiellrechtlich zwar bindend, die darin enthaltenen Rechte müssen jedoch nachfolgend in einem zivilprozessualen Erkenntnisverfahren durchgesetzt werden.

Um die Austragung eines solchen Streits vor den staatlichen Gerichten zu vermeiden, bieten sich verschiedene Möglichkeiten der **Vollstreckbarerklärung der Abschlussvereinbarung** eines Mediationsverfahrens an,[69] unter anderem wird auch die Möglichkeit diskutiert, die Abschlussvereinbarung eines Mediationsverfahren in einen Schiedsspruch mit vereinbartem Wortlaut überzuführen. In diesem Zusammenhang wird die Möglichkeit von sogenannten „*Mediationsschiedssprüchen*" ebenso diskutiert[70] wie vorgeschlagen wird, der Mediator selbst könne bei inländischem Schiedsort die Abschlussvereinbarung ohne Veränderung in der Sache in einen Schiedsspruch mit vereinbartem Wortlaut nach § 1053 ZPO überleiten.[71] **59**

Dabei ist jedoch zu beachten, dass nach dem eindeutigen Gesetzeswortlaut der **Vergleich** über die Streitigkeit „**während des schiedsrichterlichen Verfahrens**" erfolgen muss, nur dann kann dieser Vergleich ein Schiedsverfahren nach § 1053 Abs. 1 S. 1 ZPO beenden.[72] Das bedeutet in formaler Hinsicht, dass die Parteien nach Abschluss des Mediationsverfahrens ein Schiedsverfahren unter Erfüllung aller dafür maßgeblichen Vorgaben einleiten müssen, um überhaupt die Voraussetzungen des § 1053 Abs. 1 ZPO zu schaffen. **60**

Dem steht jedoch entgegen, dass zum **Zeitpunkt des Eintritts in das Schiedsverfahren** zwischen den Parteien bei vergleichsweisem Abschluss des Mediationsverfahrens **kein Konflikt** mehr besteht, vielmehr eine Einigung über den vormals vorhandenen Streit vorliegt.[73] Es **fehlt** daher an der elementaren **Voraussetzung einer Streitigkeit**.[74] Dabei ist zu berücksichtigen, dass dem Grundverständnis nach das Schiedsgericht durch den Schiedsspruch über das Bestehen oder Nichtbestehen eines im Schiedsverfahren geltend gemachten Anspruchs entscheidet.[75] Der Schiedsspruch mit vereinbartem Wortlaut ist dazu die Ausnahme. **61**

---

69 Greger/Unberath/Steffek/*Greger* B. § 2 Rn. 330 ff.
70 Dazu *Schmidt* SchiedsVZ 2013, 32 (34) mwN.
71 *Lörcher* DB 1999, 789; *Eidenmüller*, S. 48 f., mit der zweifelhafter Argumentation, wonach eine flexible Auslegung des Wortlauts von § 1053 Abs. 1 ZPO geboten und im Übrigen in der „vorläufigen" Verständigung der Parteien am Ende eines Mediationsverfahrens noch keinen rechtlich bindenden Vergleich zu sehen sei; *Hacke*, S. 289 ff., der vorschlägt, einen Nichteinigungsbereich zwischen den Parteien am Ende des Mediationsverfahrens offen zu halten, der dann während des schiedsrichterlichen Verfahrens verglichen werden könne; *Duve/Eidenmüller/Hacke*, S. 267, mit dem Hinweis, dass in dem „kurzen" Schiedsverfahren dessen unverzichtbare Verfahrensgrundsätze, insbesondere diejenigen zur Gewährung rechtlichen Gehörs und der Gleichbehandlung der Parteien, eingehalten werden müssen; kritisch: Greger/Unberath/Steffek/*Greger* B. § 2 Rn. 351 mwN; *Bredow* SchiedsVZ 2010, 295 (297).
72 Haft/v. Schlieffen/*Lörcher*/Lörcher, Mediation-HdB, § 30 Rn. 30 ff.
73 *Lachmann*, S. 419 Rn. 1699; *Bredow* SchiedsVZ 2010, 295 (297) mwN.
74 *Lachmann*, S. 419 Rn. 1699; dazu ausführlich zum Diskussions- und Streitstand: *Schmidt* SchiedsVZ 2013, 32 (33 f.).
75 *Schmidt* SchiedsVZ 2013, 32 (35).

62 Die Überführung eines Mediationsvergleiches in einen Schiedsspruch mit vereinbartem Wortlaut birgt somit nach deutschem Prozessrecht, insbesondere aber auch nach internationalen Regelungswerken[76] sowohl die Gefahr des **Rechts- und Formenmissbrauchs**, welcher im Rahmen der **Aufhebungsprüfung des ordre public** gem. § 1059 Abs. 2 Nr. 2 b) ZPO von Amts wegen zu beachten ist,[77] als auch damit einhergehend maßgebliche **Haftungsrisiken** für die beteiligten Rechtsanwälte.[78]

63 Aber auch im notwendigerweise durchzuführenden **Anerkennungs- und Vollstreckbarerklärungsverfahren** kann sich das Risiko von Rechts- und Formmissbrauch verwirklichen. Denn auch die Anerkennung und Vollstreckbarerklärung des Schiedsspruchs mit vereinbartem Wortlaut gem. §§ 1060, 1061 ZPO setzt einen Schiedsspruch voraus, der allen Anforderungen des § 1054 ZPO genügen muss,[79] wobei ein Schiedsspruch mit vereinbartem Wortlaut grundsätzlich ausreichend ist.[80] Das zuständige Oberlandesgericht prüft im Rahmen des Anerkennungs- und Vollstreckungsverfahrens nicht nur das Bestehen einer wirksamen Schiedsvereinbarung tatsächlich wie rechtlich umfassend,[81] sondern auch die **Ordnungsmäßigkeit des Schiedsspruchs**.[82] Auch sind seitens des Gerichts die Aufhebungsgründe nach §§ 1060 Abs. 2 S. 1, 1059 Abs. 2 ZPO zu prüfen, die Aufhebungsgründe des § 1059 Abs. 2 Nr. 2 ZPO wiederum von Amts wegen.

64 Denkbar ist somit der Schiedsspruch mit vereinbartem Wortlaut allenfalls für solche Situationen, in denen das **Mediationsverfahren zu keinem einverständlichen Ergebnis** geführt hat, also tatsächlich noch Punkte strittig geblieben sind.[83] In diesem Fall ist jedoch davor zu warnen, zum Schein einige Streitpunkte im Mediationsverfahren offen zu lassen, denn auch eine solche Vorgehensweise stellt eine rechtsmissbräuchliche Umgehung der Voraussetzungen des § 1053 Abs. 2 ZPO dar.[84]

65 Denkbar ist der Schiedsspruch mit vereinbartem Wortlaut insbesondere dann, wenn während des bereits laufenden Schiedsverfahrens im Rahmen eines **Mediation Window**[85] die Streitpunkte des Schiedsverfahrens besprochen und vergleichsweise beigelegt werden. In dieser Konstellation wird der **Vergleich während des Schiedsverfahrens geschlossen**, zu dessen Beginn auch ein **Streit über ein Rechtsverhältnis** bestand. Selbst wenn der im Mediationsverfahren erarbeitete Vergleich Regelungsgegenstände umfasst, die

---

76 Haft/v. Schlieffen/*Lörcher/Lörcher*, Mediation-HdB, § 30 Rn. 34 ff.
77 OLG München GmbHR 2005, 1568 ff. für den Fall eines Schiedsspruchs mit vereinbartem Wortlaut zur Umgehung von Beurkundungsvorschriften; *Schröter* SchiedsVZ 2006, 298 ff.; *Unberath* ZKM 2012, 12 (15).
78 *Lachmann*, S. 420 Rn. 1702 mwN; *Berger* RIW 2001, 7 (16 f.); *Grziwotz* MDR 2001, 305 (306).
79 *Kröll* NJW 2005, 194 (197).
80 BGH NJW-RR 2007, 1366; *Baumbach/Lauterbach/Albers/Hartmann* § 1060 Rn. 3 mwN.
81 OLG Rostock IPRax 2002, 401; *Kröll* NJW 2003, 791 (796).
82 *Baumbach/Lauterbach/Albers/Hartmann* § 1060 Rn. 8.
83 Haft/v. Schlieffen/*Lörcher/Lörcher*, Mediation-HdB, § 30 Rn. 31 mit dem Hinweis, dass ein verbleibender Streit über Höhe oder Aufteilung der Kosten ausreichen dürfte.
84 *Lachmann*, S. 420 Rn. 1703.
85 Vgl. die Ausführungen zu Punkt I.3.

außerhalb des im Schiedsverfahren anhängigen Rechtsstreits liegen, so hindert dies den Schiedsspruch mit vereinbartem Wortlaut nicht. Insoweit wird die Kompetenz des Schiedsgerichts durch den von allen Parteien zu stellenden Antrag auf Erlass eines Schiedsspruchs mit vereinbartem Wortlaut begründet.[86]

Im Übrigen stellt die New York Convention[87] ebenfalls auf das Schiedsverfahren und den Schiedsspruch als dessen Ergebnis ab.[88] Nur dieses Verfahren und nicht jede Form der Streitbeilegung wird auf internationaler Ebene vollstreckungsrechtlich privilegiert; die charakteristischen Verfahrensvoraussetzungen stehen nicht zur Disposition der Parteien.[89] 66

IX. Verschwiegenheitspflicht und Zeugnisverweigerungsrecht im Schiedsverfahren

Der Mediator und die in die Durchführung des Mediationsverfahrens eingebundenen Personen sind zur Verschwiegenheit verpflichtet, soweit gesetzlich nichts anderes geregelt ist, § 4 S. 1 MediationsG. Daraus folgt in Verbindung mit § 383 Abs. 1 Nr. 6 ZPO ein **Zeugnisverweigerungsrecht** bzw. eine **Zeugnisverweigerungspflicht des Mediators** und der zur Durchführung des Mediationsverfahrens eingebundenen Personen im Zivilprozess. 67

Für ein der Mediation nachfolgendes Schiedsverfahren stellt sich die Frage, ob und in welchem Umfang das Zeugnisverweigerungsrecht aus § 4 S. 1 MediationsG iVm § 383 Abs. 1 Nr. 6 ZPO greift. 68

Grundsätzlich ist ein Schiedsgericht befugt, Zeugen zu laden; in der Praxis werden die Zeugen jedoch zumeist von der beweisbelasteten Partei gestellt.[90] Kein Zeuge ist verpflichtet, vor einem Schiedsgericht auszusagen.[91] Daraus folgt, dass der **Zeuge in einem Schiedsverfahren** – anders als im staatlichen Gerichtsverfahren aufgrund der dort vorhandenen Zeugniserzwingung gem. § 390 ZPO – **kein gesondertes Zeugnisverweigerungsrecht** benötigt. Vielmehr erstreckt sich die allgemeine Möglichkeit zur **Aussageverweigerung** auch auf die vom Zeugnisverweigerungsrecht (§§ 383 ff. ZPO) umfassten Konstellationen.[92] Damit können sowohl der Mediator als auch die zur Durchführung des Mediationsverfahrens eingesetzten Personen die Zeugenaussage in einem nachfolgenden Schiedsverfahren verweigern. 69

Sollte im Schiedsverfahren allerdings die Situation eintreten, dass ein Schiedsgericht die **Zeugenaussage eines Mediators mit Unterstützung eines staatlichen Gerichts** gem. § 1050 S. 1 ZPO „erzwingen" will, so gelten für dieses „Aushilfeverfahren" die Regeln der Zeugenvernahme im staatlichen Gerichtsverfahren.[93] Der Mediator oder die von diesem zur Unterstützung 70

---

86 *Bredow* SchiedsVZ 2010, 295 (297) mwN.
87 Siehe Fn. 3.
88 Vgl. insbesondere Art. 1 bis 3 New York Convention.
89 *Lachmann*, S. 420 Rn. 1701.
90 *Schütze*, S. 113 Rn. 451.
91 *Schütze*, S. 113 Rn. 450.
92 *Lachmann*, S. 369 Rn. 1493 mwN; MüKoZPO/*Münch* § 1049 Rn. 51 mwN.
93 *Lachmann*, S. 370 Rn. 1496 mwN.

des Mediationsverfahrens eingesetzten Personen können sich dann auf das **Zeugnisverweigerungsrecht** nach § 4 S. 1 MediationsG iVm § 383 Abs. 1 Nr. 6 ZPO berufen.[94] Im Hinblick auf die in § 4 S. 1 MediationsG normierte Verschwiegenheitspflicht sind Mediatoren zur Inanspruchnahme des Zeugnisverweigerungsrechts auch im Schiedsverfahren verpflichtet, es sei denn, sie wurden durch die Parteien davon entbunden.[95] Eine Offenlegung kann dann erfolgen, wenn einer der Ausnahmetatbestände des § 4 S. 3 Nr. 1 bis 3 MediationsG im Schiedsverfahren vorliegen sollte.

---

94 *Schütze*, S. 113 Rn. 453.
95 Greger/Unberath/Steffek/*Greger* B. § 4 Rn. 31, 33.

O. Verbraucherschlichtung und Verbraucherstreitbeilegungsgesetz (VSBG)

Literatur:

Alleweldt ua, Cross-Border Alternative Dispute Resolution in the European Union, Berlin 2011; *ders. ua,* Study on the use of Alternative Dispute Resolution in the European Union, Berlin 2009; *Althammer,* Verbraucherstreitbeilegung: Aktuelle Perspektiven für die Umsetzung der ADR – Richtlinie, Frankfurt a.M. 2015; *ders./Meller-Hannich (Hrsg.),* VSBG – Verbraucherstreitbeilegungsgesetz, Frankfurt a.M. 2017; *Bach-Heuker,* Das Ombudsmannverfahren der privaten Banken und Wirtschaftsmediation in der Bankwirtschaft, ZKM 2001, 212; *Berlin,* Alternative Streitbeilegung in Verbraucherangelegenheiten – Freiwilligkeit der Teilnahme und Verbindlichkeit des Ergebnisses im Lichte der AS-Richtlinie, ZKM 2013, 108; *ders.,* Alternative Streitbeilegung in Verbraucherkonflikten, Qualitätskriterien, Interessen, Best Practice, Baden-Baden 2014; *ders.,* Referentenentwurf zur Verbraucherschlichtung – Ergänzungen aus der Praxis, ZKM 2015, 26; *ders.,* Schlichtung im Luftverkehr als Alternative Streitbeilegung, RRa 2014, 210; *Berlin,* Transparenz und Vertraulichkeit im Schlichtungsverfahren – Zur Frage der Veröffentlichung von Verfahrensergebnissen, VuR Sonderheft VSBG 2016, 35; *ders./Braun,* Impulse für Verbraucher-ADR aus der Praxis, ZKM 2014, 149; *ders./Creutzfeldt-Banda,* Verbraucher-ADR in Europa wird gestärkt, ZKM 2012, 57; *Bollweg,* Schlichtung im Luftverkehr, NZV 2015, 361; *Borowski/Röthemeyer/Streike,* Handkommentar Verbraucherstreitbeilegungsgesetz (VSBG), Baden-Baden, 2016; *Braun,* Verbraucherstreitigkeiten und Online-Schlichtung, ZKM 2013, 168; *ders./Oppelt,* Die Bedeutung von ODR für die Verbraucherschlichtung, VuR 2016, 33; *Eidenmüller/Engel,* Die Schlichtungsfalle: Verbraucherrechtsdurchsetzung nach der ADR-Richtlinie und der ODR-Verordnung der EU, ZIP 2013, 1704; *Gläßer,* Verbraucher-ADR und Mediation, in: Althammer (Hrsg.), Verbraucherstreitbeilegung: Aktuelle Perspektiven für die Umsetzung der ADR-Richtlinie, 2015, S. 85; *dies,* Die Diskussion um die alternative Streitbeilegung in Verbrauchersachen, Konfliktdynamik 2016, 26; *Greger,* Alternative Streitschlichtung: Die Umsetzung der ADR-Richtlinie in Deutschland (Tagungsbericht), VuR 2015, 216; *ders.,* Auf dem Weg zu einem deutschen Mediationsgesetz, ZKM 2010, 120; *Hayungs,* ADR-Richtlinie und ODR-Verordnung, ZKM 2013, 86; *Hehn/Rüssel,* Der Mediator – kein Schlichter oder (Schieds-)Richter, ZKM 2001, 62; *Hess,* Prozessuale Mindestgarantien in der Verbraucherschlichtung, JZ 2015, 548; *Hirsch,* Außergerichtliche Beilegung von Verbraucherstreitigkeiten, NJW 2013, 2088; *ders.,* Die Praxis des Versicherungsombudsmanns, VuR 2016, 298; *ders.,* Schlichtung, ZKM 2013, 15; *Hodges,* Consumer ADR in Europe, ZKM 2012, 195; *ders./Benöhr/Creutzfeldt-Banda,* Consumer ADR in Europe, Oxford 2012; *Hopt/Steffek* (Hrsg.), Mediation, Tübingen 2008; *ders./Steffek* (Hrsg.), Mediation, Oxford 2013; *Isermann,* Das neue Gesetz zur Schlichtung im Luftverkehr, RRa 2013, 158; *ders.,* söp-Schlichtung: Wie funktioniert das?, RRa 2016, 106; *ders./Berlin,* Außergerichtliche Streitbeilegung in Verbraucherangelegenheiten – Bestandsaufnahme und Maßnahmenpaket der EU für 2014/2015, VuR 2012, 47; *Janzen,* Die neuen Regelungen zur Streitbeilegung in Verbrauchersachen – vom Entwurf zum Gesetz, VuR Sonderheft VSBG 2016, 4; *Klowait,* „Zertifizierter Mediator" – Empfehlenswertes Selbstmarketing oder unzulässige Irreführung?, ZKM 2015, 194; *Kotzur,* Der Referentenentwurf zur Umsetzung der Richtlinie über die alternative Beilegung verbraucherrechtlicher Streitigkeiten – Fortschritt oder Rückschritt, VuR 2015, 243; *Lemmel,* Der Referentenentwurf des BMJV zur Umsetzung der ADR-Richtlinie, ZKM 2015, 22; *Meller-Hannich/Höland/Krausbeck,* „ADR" und „ODR": Kreationen der europäischen Rechtspolitik. Eine kritische Würdigung, ZEuP 2014, 8; *Niewisch-Lennartz,* ADR-Richtlinie und Verbraucherstreitbeilegungsgesetz – alternative Therapie ohne Diagnose?, ZKM 2015, 136; *Pirker-Hörmann/Gabriel* (Hrsg.), Option Schlichtung – Eine neue Kultur der Konfliktlösung, Verlag Österreich, Wien 2014; *Roder/Röthemeyer/Braun,* Verbraucherstreitbeilegungsgesetz (VSBG), München 2017; *Röthemeyer,* Die Schlichtung – ein Stiefkind der Gesetzgebung, ZKM 2013, 47; *ders.,* Verfahren nach VSBG und ZPO im Vergleich, VuR Sonderheft VSBG 2016, 9; *Roth,* Bedeutungsverluste der Zivilgerichtsbarkeit durch Verbrauchermediation, JZ 2013, 637; *Scherpe,* Außergerichtliche Streitbeilegung in Verbrauchersachen, Tübingen 2002; *Schmitt,* Branchenschlichtungsverfahren (Ombudsmann der öff. Banken) – (k)eine Alternative: keine Verbesserung durch ADR-Richtlinie

Richtlinie 2013/11/EU, VuR 2015, 134; *Stürner/Inchausti/Caponi*, The Role of Consumer ADR in the Administration of Justice, New Trends in Access to Justice under EU Directive 2013/11, München 2015; *Stuyck ua*, An analysis and evaluation of alternative means of consumer redress other than redress through ordinary judicial proceedings, Leuven 2007; *Süß*, Streitbeilegungsmechanismen im Verbraucherrecht, 2011; *Tamm/Tonner*, Verbraucherrecht Beratungshandbuch, Baden-Baden 2016, 2. Auflage; *Tonner*, Der RegE des VSBG aus verbraucherrechtlicher und -politischer Sicht, ZKM 2015, 132; *Wagner*, Die Richtlinie über Alternative Streitbeilegung – Law Enforcement statt mediativer Konfliktlösung, ZKM 2013, 104.

I. Überblick

Gegenstand dieses Beitrags ist die alternative Streitbeilegung in Verbraucherkonflikten („**Verbraucher-ADR**"), deren Schwerpunkt in der deutschen Praxis (II.) auf Vorschlagsverfahren („**Verbraucherschlichtung**") liegt. Die rechtliche Ausgestaltung ist durch gemeinschaftsrechtliche Vorgaben (III.) geprägt, insbesondere die „**ADR-Richtlinie**" 2013/11/EU.[1] Aus einer Vielzahl möglicher ADR-Verfahren wurde bei der deutschen Umsetzung in Form des Verbraucherstreitbeilegungsgesetz (**VSBG**)[2] das Schlichtungsverfahren in den Vordergrund gestellt (IV.). Gleichwohl schließen sich **Verbraucher-ADR und Mediation** nicht aus – vielmehr gibt es Bezugspunkte sowohl rechtlich als auch in der Verfahrenspraxis (V.).   1

Unter „**Verbraucherkonflikt**" wird dabei im Folgenden eine Streitigkeit aufgrund der Beschwerde eines Verbrauchers gegen ein Unternehmen verstanden. Ausgenommen sind somit Konflikte in „umgekehrter Richtung", bei denen Unternehmen eine Forderung gegenüber einem Verbraucher geltend machen. Der Grund für den Fokus auf vom Verbraucher ausgehende Verfahren ist, dass insbesondere größere Unternehmen häufig eigene Instrumentarien wie zB eine Rechtsabteilung oder standardisierte Mahn-/Inkassoverfahren nutzen und insofern für die Durchsetzung ihrer Forderungen keine Notwendigkeit für alternative Verfahren sehen. Charakteristisch für Verbraucherkonflikte ist die **strukturelle Asymmetrie** zwischen den Beteiligten aufgrund typischerweise unterschiedlicher Ressourcen wie zB Hintergrundinformationen, Fachwissen oder Rechtskenntnisse zum Streitgegenstand sowie hinsichtlich der Möglichkeiten und Erfahrungen zur (prozessualen) Geltendmachung von Forderungen.[3] Bei der dem Verbraucherkonflikt zugrunde liegenden Geschäftsbeziehung handelt es sich aus Unternehmensperspektive oft um ein standardisiertes Massengeschäft. Der Streitwert ist bei Verbraucherkonflikten zumeist gering. Typische **Beispiele** für Verbraucherkonflikte sind Streitigkeiten anlässlich unklarer Vertragsbedingungen oder nicht zufriedenstellender Dienstleistungen/Produkte.[4]   2

Als **Vorteile** von Verbraucher-ADR werden die Ermöglichung eines einfachen, effizienten, schnellen und kostengünstigen Zugangs zur Konfliktbeilegung genannt,[5] häufig erleichtert durch eine niedrigschwellige Antragstellung, den Einsatz von Fernkommunikationsmitteln (Online-Formulare, E-Mail, Telefon), den Verzicht auf eine umfassende Beweiserhebung sowie die Spezialisierung auf einzelne Wirtschaftsbereiche. Dies trägt dazu bei, dass binnen kurzer Zeiträume hohe Fallzahlen bewältigt werden können.   3

Mitunter wird für die alternative Streitbeilegung in Verbraucherkonflikten das englische Akronym „**CDR**" für Consumer (Alternative) Dispute Reso-   4

---

1 Richtlinie 2013/11/EU des Europäischen Parlaments und des Rates vom 21. Mai 2013 über die alternative Beilegung verbraucherrechtlicher Streitigkeiten und zur Änderung der Verordnung (EG) Nr. 2006/2004 und der Richtlinie 2009/22/EG (Richtlinie über alternative Streitbeilegung in Verbraucherangelegenheiten), ABl. L 165 vom 18.6.2013, 63.
2 Gesetz über die alternative Streitbeilegung in Verbrauchersachen (Verbraucherstreitbeilegungsgesetz – VSBG) vom 19.2.2016, BGBl. I S. 254, 1039.
3 Siehe ausführlich dazu Tamm/Tonner/*Tamm* § 1 Rn. 5 mwN.
4 Siehe *Hess* ZZP 2005, 427 (432).
5 ADR-Richtlinie, Erwägungsgrund Nr. 4.

lution vorgeschlagen. Damit soll – ähnlich wie bei dem Akronym ODR[6] – zum Ausdruck gebracht werden, dass es sich bei der alternativen Streitbeilegung in Verbraucherkonflikten um eine „eigene Welt"[7] handelt, welche in der Praxis weitaus mehr als nur eine „Alternative" zum Bezugspunkt der gerichtlichen Geltendmachung darstellt.[8]

5   Die **Forschung zu Verbraucher-ADR** hat erst jüngst an Fahrt aufgenommen. Zunächst erschienen lediglich europäische Übersichtsstudien[9] und rechtsvergleichende Arbeiten zu einzelnen ADR-Stellen.[10] Im Zusammenhang mit der ADR-Richtlinie und deren Umsetzung stößt das Thema nun jedoch auf ein wachsendes Interesse.[11] Aus prozessrechtlicher Perspektive wird vor allem das Verhältnis von Verbraucher-ADR und Justiz diskutiert,[12] daneben gibt es Beiträge aus Perspektive des Staates[13] und der ADR-Praxis.[14] Zudem war die Richtlinien-Umsetzung Gegenstand wissenschaftlicher Tagungen.[15] Nach Inkrafttreten des VSBG sind entsprechende Gesetzeskommentare erschienen.[16]

II. Bestehende Praxis

6   Bereits im Vorfeld entsprechender Regulierung hatten sich aus einem praktischen Bedürfnis heraus Einrichtungen für Verbraucher-ADR etabliert. Hinsichtlich der konkreten Ausgestaltungen bestehen in Europa **verschiedene Modelle** nebeneinander, wobei die deutsche Praxis vor allem durch

---

6   Online Dispute Resolution, siehe ausführlich zur Bedeutung von ODR für die Verbraucherschlichtung *Braun/Oppelt* VuR 2016, 33 ff.
7   Siehe *Hodges* ZKM 2012, 195.
8   *Hodges ua*, S. 389. Von der Verwendung dieses Akronyms in diesem Beitrag wurde – anders als noch bei der Vorauflage – abgesehen, da sich die Bezeichnung nach Umsetzung der ADR-Richtlinie nicht durchgesetzt hat.
9   *Alleweldt ua*, Study on the use of Alternative Dispute Resolution in the European Union, 2009; *Alleweldt ua*, Cross-Border Alternative Dispute Resolution in the European Union, 2011; *Hodges ua*, Consumer ADR in Europe, 2012; *Stuyck ua*, An analysis and evaluation of alternative means of consumer redress other than redress through ordinary judicial proceedings, 2007.
10 Unter anderem *Scherpe*, Außergerichtliche Streitbeilegung in Verbrauchersachen, 2002; *Süß*, Streitbeilegungsmechanismen im Verbraucherrecht, 2011; *von Hippel*, Der Ombudsmann im Bank- und Versicherungswesen, 2000.
11 Zu den Qualitätskriterien der ADR-Richtlinie und einem empirischen Überblick zu Best Practice ausgewählter ADR-Stellen in Deutschland, Österreich, den Niederlanden, Schweden und Großbritannien, s. *Berlin*, 2014.
12 Siehe ua *Eidenmüller/Engel* ZIP 2013, 1704; *Roth* JZ 2013, 637 ff.; *Wagner* ZKM 2013, 104 f. und mit Diskursanalyse *Gläßer* Konfliktdynamik 2016, 26 ff.
13 *Hayungs* ZKM 2013, 86 ff.; *Lemmel* ZKM 2015, 22 ff.; *Niewisch-Lennartz* ZKM 2015, 136 ff.; *Janzen* VuR Sonderheft VSBG 2016, 4 ff.; *Röthemeyer* VuR Sonderheft VSBG 2016, 9 ff.
14 Siehe ua zum Versicherungsombudsmann: *Hirsch* VuR 2016, 298; zur Schlichtungsstelle für den öffentlichen Personenverkehr (söp): *Isermann* RRa 2016, 206, zum Online-Schlichter: *Braun* ZKM 2013, 168; zu den Ombudsstellen der privaten Banken: *Bach-Heuker* ZKM 2001, 212.
15 Siehe ua *Althammer (Hrsg.)* 2015, zum Kolloquium „Verbraucher-ADR" in Freiburg; *Pirker-Hörmann/Gabriel (Hrsg.)* 2014, zur Tagung „Option Schlichtung – Eine neue Kultur der Konfliktbeilegung" in Wien; *Stürner/Inchausti/Caponi* 2015, zum Symposium „The Role of Consumer ADR in the Administration of Justice" in Madrid.
16 *Borowski/Röthemeyer/Steike* 2016; *Althammer/ Meller-Hannich (Hrsg.)* 2017; *Roder/Röthemeyer/Braun* 2017.

privat organisierte und auf einzelne Wirtschaftssektoren spezialisierte Branchen-Schlichtungsstellen geprägt ist. Die längsten Erfahrungen gibt es in den Niederlanden und in Skandinavien, gefolgt von Großbritannien (1.). Aber auch in Deutschland wurden in den vergangenen 15 Jahren in mehreren verbraucherrelevanten Branchen sukzessive neue Stellen eingerichtet (2.).

1. Erfahrungen in europäischen Nachbarländer. Besonders erfolgreiche   7
Beispiele für Verbraucher-ADR gibt es in den Niederlanden, in Schweden und in Großbritannien.

a) Niederlande. In den Niederlanden werden die alternative Streitbeile-   8
gung und das Gerichtswesen als gleichwertig und sich gegenseitig ergänzend betrachtet.[17] Entsprechend sind pragmatische, einvernehmliche **Konfliktlösungsverfahren außerhalb der Gerichte stark verbreitet** und kulturell fest verankert.[18] Obwohl der Zugang zu den Gerichten grundsätzlich als niedrigschwellig gilt, wird die gerichtliche Klärung nur als *ultima ratio* nach Ausschöpfung anderer Möglichkeiten angesehen.[19]

Die niederländische „ADR-Landschaft" wird primär von der zentralen, für   9
die meisten Verbraucherangelegenheiten zuständigen „Stiftung der Konfliktkommissionen für Verbraucherangelegenheiten" (*Stichting Geschillencommissies voor Consumentenzaken, SGC)* bestimmt. Im Jahr 1970 wurde die SGC als Dachorganisation für branchenspezifische ADR-Stellen durch den nationalen Verbraucherschutzverband und einige Unternehmensverbände gegründet. Die spezifischen Regeln der einzelnen Kommissionen werden gemeinsam von Vertretern der Verbraucherschutzorganisationen und der jeweiligen Wirtschaftsverbände ausgehandelt, zumeist bevor eine neue Kommission die Arbeit aufnimmt.[20] In sachlicher Hinsicht sind die Kommissionen für die meisten großen Wirtschaftszweige zuständig. Dabei werden die Parteien zunächst ermutigt, selbst eine Einigung zu finden (*schikking*). Andernfalls ergeht ein Vorschlag durch die Konfliktkommission. Wird auch dieser von den Parteien nicht angenommen, so wird – für Verbraucher-ADR eher ungewöhnlich – eine mündliche Verhandlung (*zitting*) anberaumt und anschließend ergeht eine verbindliche Entscheidung, gegen die dann ein gerichtliches Vorgehen nur im Falle der Verletzung grundlegender Verfahrensrechte möglich ist.

b) Schweden. Auch in Schweden gibt es – ähnlich wie in den übrigen nor-   10
dischen Ländern – Verbraucher-ADR in institutionalisierter Form bereits seit mehr als 50 Jahren und dementsprechend ein **etabliertes ADR-System**.[21] Auch wenn der Zugang zu den Gerichten vergleichsweise einfach und niedrigschwellig ist, erfolgt aufgrund der attraktiven und für die Parteien kostenlosen ADR-Angebote eine gerichtliche Klärung von Verbraucherkonflikten nur selten.

---

17 Siehe *Weber/Hodges*, The Netherlands, in: Hodges/Benöhr/Creutzfeldt-Banda (Hrsg.), Consumer ADR in Europe, 2012, S. 131 (133).
18 Siehe *Weber/Hodges*, S. 130 (164).
19 Siehe *Weber/Hodges*, S. 130 mwN.
20 Die nationale Verbraucherorganisation *Consumentenbond* ist stets beteiligt, je nach Branche kommen weitere spezifische Verbraucherorganisationen hinzu.
21 Siehe für diese und die nachfolgenden Aussagen *Weber/Hodges/Creutzfeldt-Banda*, Sweden, in: Hodges/Benöhr/Creutzfeldt-Banda, Consumer ADR, 2012, S. 229 ff.

11 Wichtigste und größte ADR-Stelle ist das öffentliche „nationale Verbraucherbeschwerdeamt" (*Allmänna reklamationsnämnden, ARN*), dessen Zuständigkeit sich auf nahezu alle verbraucherrelevanten Wirtschaftsbereiche erstreckt. Das Verfahren ist in zwei Stufen unterteilt. Zunächst erhält der Unternehmer die (erneute) Möglichkeit zu einer direkten Einigung mit dem Verbraucher. Scheitert diese, so ergeht ein unverbindlicher Schlichtungsvorschlag, welcher – nicht zuletzt durch den „sanften Druck" einer „schwarzen Liste" über nicht kooperative Unternehmen[22] – mehrheitlich angenommen wird. Sind die Parteien mit dem Vorschlag des ARN nicht einverstanden, so können sie die Angelegenheit gerichtlich klären lassen.

12 c) **Großbritannien.** In Großbritannien gilt der Zugang zu Gerichtsverfahren in Verbraucherangelegenheit als vergleichsweise schwierig.[23] Ein Grund dafür sind die **hohen und unvorhersehbaren Kosten für Gerichtsverfahren.** Hinzu kommen zumindest in England und Wales hohe Anwaltshonorare nach Stundensatz, welche insbesondere für geringe Streitwerte bei Verbraucherkonflikten abschreckend wirken. Die staatliche Prozesskostenhilfe wurde zudem stark eingeschränkt. Insgesamt findet daher die gerichtliche Durchsetzung in Verbraucherkonflikten faktisch kaum statt.[24] Seit den 1990er Jahren wird stattdessen die alternative Streitbeilegung durch private ADR-Stellen von der Politik gefördert, was dem liberalen britischen Ansatz der unternehmerischen Selbstregulierung entspricht.[25]

13 Die größte Stelle Großbritanniens (und auch Europas) ist der Ombudsmann-Service für finanzielle Dienstleistungen (*Financial Ombudsman Service, FOS*).[26] Der FOS ist zwar formal-rechtlich als private Gesellschaftsform organisiert, unterliegt jedoch einer umfangreichen öffentlichen Regulierung. Das eigentliche Verfahren ist in drei Stufen gegliedert: Zunächst wird eine informelle Einigung zwischen den Parteien versucht; falls diese scheitert, erfolgt ein unverbindlicher Vorschlag. Sind die Parteien mit dem Vorschlag nicht einverstanden, so können sowohl der Verbraucher als auch das Unternehmen eine „Berufung" (*appeal*) einlegen und damit eine weitere, stärker an einen formalen Gerichtsprozess angelehnte Verfahrensstufe mit verbindlicher Entscheidung auslösen. Verbraucher können ihre Streitigkeit im Anschluss an ein Verfahren beim FOS auch gerichtlich klären lassen, wenn sie mit der Entscheidung des FOS nicht einverstanden sind.

14 **2. Neuere Entwicklung in Deutschland.** Im Vergleich zu den vorgenannten europäischen Nachbarländern ist die Verbraucherschlichtung in Deutsch-

---

22 Schwarze Liste mit Suchfunktion nach Ländern und Wirtschaftsbranchen, siehe http://www.radron.se/svarta-listan/sa-gor-vi-svarta-listan/ (zuletzt abgerufen am 1.3.2017).

23 Siehe dazu und zu den nachfolgenden Ausführungen *Creutzfeldt-Banda/Hodges/Benöhr*, The United Kingdom, in: Hodges/Benöhr/Creutzfeldt-Banda (Hrsg.), Consumer ADR in Europe, 2012, S. 253 ff.

24 Siehe *Creutzfeldt-Banda/Hodges/Benöhr*, S. 254.

25 Siehe *Creutzfeldt-Banda/Hodges/Benöhr*, S. 255.

26 Mit 3.401 hauptamtlichen Mitarbeitern und einem Eingang von 329.509 Fällen im Geschäftsjahr 2014/15 ist der FOS europaweit die größte Einrichtung für Verbraucher-ADR. S. Jahresbericht 2014/15, abrufbar unter http://www.financial-ombudsman.org.uk/publications/ar15/index.html (zuletzt abgerufen am 1.3.2017).

land noch ein **junges Phänomen.**[27] *Benöhr/Hodges/Creutzfeldt-Banda* zufolge ähnelte die deutsche „ADR-Landschaft" im Jahr 2012 derjenigen, welche in Großbritannien bereits um 1995 vorhanden war.[28] Die hierzulande späte Entwicklung von ADR wird damit begründet, dass es in Deutschland insgesamt ein relativ gut funktionierendes, effizientes und kostengünstiges Gerichtswesen in Zivilsachen gibt.[29]

Dies bedeutet jedoch nicht, dass es in Verbraucherstreitigkeiten keinen Bedarf für Alternativen zum Gerichtsverfahren gibt. In der Praxis ist die gerichtliche Geltendmachung in Verbraucherkonflikten häufig keine echte Option, da viele Verbraucher eine individuelle[30] gerichtliche Streitbeilegung aufgrund des ungünstigen Kosten-Nutzen-Verhältnisses sowie aufgrund weiterer sozialer und psychologischer Barrieren nicht in Erwägung ziehen (sog „**rationales Desinteresse**").[31]   15

Im europäischen Vergleich ist zudem auffällig, dass die bloße Anzahl an ADR-Stellen in Deutschland besonders hoch ist. Bei der Europäischen Kommission wurden insgesamt **203 deutsche Stellen offiziell „notifiziert"** – die mit weitem Abstand größte Zahl in der EU.[32] Dies mag dem eingangs genannten Eindruck der vergleichsweise geringen Verbreitung von Verbraucher-ADR in Deutschland widersprechen. Eine nähere Betrachtung zeigt jedoch, dass es sich bei den meisten dieser Einrichtungen um örtliche Güte- oder Schiedsstellen handelt, welche bei Kommunen oder den örtlichen Industrie- und Handelskammern angesiedelt sind und keine besondere Spezialisierung auf Verbraucherkonflikte aufweisen.   16

In den vergangenen Jahrzehnten haben sich aus einem praktischen Bedürfnis heraus Angebote für Schlichtung und andere Formen der alternativen Streitbeilegung für zahlreiche verbraucherrelevante Wirtschaftssektoren etabliert, **weitgehend ohne nähere regulatorische Vorgaben** und ohne zentrale Koordinierung. Die Ausgestaltung ist dabei entsprechend **vielfältig.**   17

Unterschiede gibt es beispielsweise hinsichtlich der **Organisationsform und Finanzierung**: Zahlreiche Stellen sind privat organisiert und werden von Unternehmen bzw. Unternehmensverbänden finanziert.[33] Andere private   18

---

27   Siehe Länderberichte über ADR in Deutschland: *Benöhr/Hodges/Creutzfeldt-Banda*, Germany, in: Hodges/Benöhr/Creutzfeldt-Banda, Consumer ADR in Europe, S. 73 ff.; *Alleweldt ua*, Study of the use of Alternative Dispute Resolution in the European Union, 2007, S. 74 ff.

28   *Benöhr/Hodges/Creutzfeldt-Banda*, S. 73.

29   Siehe „Justizbarometers" im Auftrag der Europäischen Kommission; COM(2013) final, S. 17 f.; http://ec.europa.eu/justice/effective-justice/files/com_2013_160_de.pd f (zuletzt abgerufen am 1.3.2017). Siehe vergleichend auch *Benöhr/Hodges/Creutzfeldt*, S. 73.

30   Zu den Möglichkeiten des kollektiven Rechtsschutzes in Verbraucherkonflikten siehe ausführlich Tamm/Tonner/Kocher § 24.

31   Siehe *Scherpe*, S. 7 ff. mwN; *Berlin*, S. 53 ff. mwN.

32   Siehe dazu die Übersicht der Europäischen Kommission zu den einzelnen EU-Mitgliedstaaten unter http://ec.europa.eu/consumers/archive/redress_cons/schemes_en.htm (zuletzt abgerufen am 1.3.2017).

33   So etwa die privaten Schlichtungsstellen im Banken- und Versicherungssektor, die Schlichtungsstelle für den öffentlichen Personenverkehr oder die Schlichtungsstelle Energie.

Stellen erhalten öffentliche Zuschüsse.[34] Daneben gibt es auch einige behördliche Schlichtungsstellen.[35]

19   Das **Prinzip der Freiwilligkeit** gilt überwiegend sowohl für die Beteiligung am Schlichtungsverfahren als auch hinsichtlich der Unverbindlichkeit der Ergebnisse.[36] Nur ausnahmsweise ist die Teilnahme für Unternehmen verpflichtend[37] oder sind die Ergebnisse aufgrund von vorheriger Selbstverpflichtung verbindlich.[38]

20   Auch hinsichtlich des **Fallvolumens** gibt es Unterschiede; die größten Stellen haben ca. 10.000 bis 20.000 Fälle pro Jahr.[39]

21   Aus dem Spektrum der mehr als 200 deutschen ADR-Stellen (→ Rn. 16) in Deutschland soll nachfolgend nun ein **Überblick** zu ausgewählten Einrichtungen gegeben werden.[40]

22   **a) Versicherungen.** Zu den bekanntesten ADR-Stellen zählt der **Ombudsmann für Versicherungen**,[41] daneben gibt es den **Ombudsmann Private Kranken- und Pflegeversicherung**.[42]

23   Beide sind nach **§ 214 Abs. 2 VVG** von der Bundesregierung als privatrechtliche Schlichtungsstellen anerkannt und können von Verbrauchern bei Streitigkeiten sowohl mit Versicherungen als auch mit Versicherungsvermittlern/-beratern angerufen werden. Beide sind unabhängig, organisatorisch jedoch mit den jeweiligen Versicherungsverbänden verbunden. Die Teilnahme am Verfahren ist jeweils **freiwillig**.

24   **b) Banken.** Für Banken gibt es eine Vielzahl an Schlichtungsstellen. Eine gesetzliche Regelung enthält **§ 14 UKlaG**, daneben gelten die einzelnen Verfahrensordnungen. Die Teilnahme an den Verfahren ist stets **freiwillig**. Entsprechend der in § 14 Abs. 3 UKlaG enthaltenen Ermächtigung hat die Bundesregierung **mehrere private Stellen** anerkannt.[43] Noch deutlicher als bei den Versicherungen ist die Nähe der formal unabhängigen Stellen zu den jeweiligen Bankenverbänden. Die Ausgestaltung des Verfahrens erfolgt

---

34 Beispielsweise die Schlichtungsstelle Nahverkehr, der Online-Schlichter oder das Zentrum für Schlichtung.
35 Unter anderem die Schlichtungsstelle Luftverkehr beim Bundesamt für Justiz, die Schlichtungsstelle Telekommunikation bei der Bundesnetzagentur oder die Schlichtungsstelle bei der Bundesbank.
36 Zur Freiwilligkeit der Teilnahme und Unverbindlichkeit der Ergebnisse im Schlichtungsverfahren siehe grundlegen *Berlin* ZKM 2013, 108.
37 So etwa bei der Schlichtungsstelle Energie.
38 Dies gilt beim Ombudsmann für Versicherungen und beim Ombudsmann für private Banken bei Streitwerten bis 10.000 Euro.
39 Insbesondere Ombudsmann für Versicherungen, Schlichtungsstelle für den öffentlichen Personenverkehr und einige Stellen im Bereich Banken.
40 Die Informationen über die einzelnen Stellen sind – soweit nicht ausdrücklich etwas anderes angegeben – jeweils den Internetseiten der jeweiligen Einrichtung entnommen.
41 Abrufbar unter http://www.versicherungsombudsmann.de (zuletzt abgerufen am 1.3.2017).
42 Abrufbar unter http://www.pkv-ombudsmann.de (zuletzt abgerufen am 1.3.2017).
43 Beim Bundesverband deutscher Banken eV, beim Bundesverband der Deutschen Volksbanken und Raiffeisenbanken eV, beim Sparkassenverband Baden-Württemberg, beim Rheinischen Sparkassen- und Giroverband und Sparkassenverband Westfalen-Lippe, beim Bundesverband Öffentlicher Banken Deutschlands eV und beim Deutschen Sparkassen- und Giroverband eV.

häufig in zwei Schritten – zunächst wird das Anliegen von einer „Kundenbeschwerdestelle" behandelt, im Falle einer fehlenden Einigung kann der Fall anschließend einer Ombudsperson vorgelegt werden. Ergänzend gibt es eine **behördliche Stelle** bei der Bundesbank.

Für **Streitigkeiten nach dem Kapitalanlagegesetzbuch** gibt es gesonderte Schlichtungsstellen (§ 342 Abs. 3 KAGB): die private **Ombudsstelle für Investmentfonds** beim Bundesverband Investment und Asset Management (BVI),[44] die private **Ombudsstelle Geschlossene Fonds** (OGF)[45] und die **behördliche Auffangschlichtungsstelle** bei der Bundesanstalt für Finanzdienstleistungsaufsicht (BaFin).[46]   25

c) **Personenverkehr.** Im Bereich der Personenbeförderung entstanden **zunächst ohne nähere gesetzliche Regelungen** mehrere Angebote. Die Teilnahme ist grundsätzlich für beide Parteien **freiwillig.**   26

Eine Besonderheit ist seit 2013 die **Schlichtung im Luftverkehr,** wo gemäß §§ 57 ff. LuftVG die in Deutschland operierenden Fluggesellschaften zur Teilnahme am Schlichtungsverfahren **verpflichtet** sind.[47]   27

Die größte private Einrichtung ist heute die bundesweit und für alle Verkehrsträger (Bahn, Bus, Flug, Schiff) zuständige **private Schlichtungsstelle für den öffentlichen Personenverkehr** (söp).[48] Daneben gibt es Stellen mit eingeschränkter Zuständigkeit wie für den Bereich Luftverkehr ergänzend die **behördliche Schlichtungsstelle Luftverkehr** beim Bundesamt für Justiz[49] oder die für das Bundesland Nordrhein-Westfalen zuständige **regionale Schlichtungsstelle Nahverkehr.**[50]   28

d) **Energie.** Die **Schlichtungsstelle Energie**[51] wird getragen von den Verbänden der Energiewirtschaft und dem Verbraucherzentrale Bundesverband eV Sie ist von der Bundesregierung als Schlichtungsstelle iSd § 111 b EnWG anerkannt. Die Teilnahme ist für Verbraucher stets **freiwillig,** für Unternehmen hingegen **verpflichtend** (§ 111 a EnWG).   29

e) **Telekommunikation.** Die **Schlichtungsstelle Telekommunikation** für Streitfällen über die Verletzung von Verpflichtungen des Telekommunikationsanbieters gegenüber dem Endkunden aus dem Telekommunikationsvertrag ist bei der Bundesnetzagentur angesiedelt.[52] In § 47 a TKG sind die   30

---

44 Abrufbar unter http://www.ombudsstelle-investmentfonds.de/start/ (zuletzt abgerufen am 1.3.2017).
45 Abrufbar unter http://www.ombudsstelle.com/ (zuletzt abgerufen am 1.3.2017).
46 Abrufbar unter http://www.bafin.de/DE/Verbraucher/BeschwerdenAnsprechpartner/Ansprechpartner/Schlichtungsstelle/schlichtungsstelle_node.html (zuletzt abgerufen am 1.3.2017).
47 Siehe *Bollweg* NZV 2015, 361 ff.; *Isermann* RRa 2013, 158 ff.; *Berlin* RRa 2014, 210 ff.
48 Abrufbar unter https://soep-online.de/ (zuletzt abgerufen am 1.3.2017).
49 Abrufbar unter https://www.bundesjustizamt.de/DE/Themen/Buergerdienste/Luftverkehr/Schlichtungsstelle_node.html (zuletzt abgerufen am 1.3.2017).
50 Abrufbar unter https://www.schlichtungsstelle-nahverkehr.de (zuletzt abgerufen am 1.3.2017).
51 Abrufbar unter https://www.schlichtungsstelle-energie.de/ (zuletzt abgerufen am 1.3.2017).
52 Abrufbar unter http://www.bundesnetzagentur.de/DE/Sachgebiete/Telekommunikation/Verbraucher/Streitbeilegung/streitbeilegung-node.html (zuletzt abgerufen am 1.3.2017).

verschiedenen gesetzlichen Regelungen aufgezählt, für die ein Schlichtungsverfahren in Frage kommt. Das Verfahren ist durch eine Schlichtungsordnung geregelt und für beide Seiten **freiwillig** sowie kostenfrei.

31   **f) Online-Handel.** Träger des **Online-Schlichters**[53] für Streitfälle, denen ein
     im Internet zwischen Verbrauchern und Unternehmen geschlossener Ver-
     trag zugrunde liegt, ist das Zentrum für Europäischen Verbraucherschutz
     eV[54] Die Teilnahme ist für beide Seiten **freiwillig.** Die Finanzierung erfolgt
     durch die Länder Baden-Württemberg, Bayern, Berlin, Hessen, Rheinland-
     Pfalz und Schleswig-Holstein sowie private Partnern aus der Wirtschaft
     (Trusted Shops, DEVK Versicherungen, Bundesverband Direktvertrieb
     Deutschland). Es gibt **keine spezialgesetzliche Regelung** für den Online-
     Schlichter.

32   **g) Freie Berufe.** Schlichtungsstellen für freiberufliche Dienstleistungen gibt
     es ua bei Rechtsanwälten und Ärzten. Zusätzlich zur bundesweit tätigen
     Schlichtungsstelle der Rechtsanwaltschaft[55] gemäß **§ 191 f. BRAO** gibt es
     noch Angebote bei den Rechtsanwaltskammern in einzelnen Bundeslän-
     dern.

33   Neben der **Schlichtungsstelle für Arzthaftpflichtfragen der norddeutschen
     Ärztekammern**[56] gibt es auch noch kleinere regionale Stellen.

34   **h) Ergänzende Zuständigkeit.** Ergänzend hat die **Allgemeine Verbraucher-
     schlichtungsstelle des Zentrums für Schlichtung** eV mit Sitz in Kehl ihre
     Arbeit mit Inkrafttreten des VSBG als „**Auffangstelle**" aufgenommen. Die
     privatrechtlich organisierte Stelle wird finanziert durch eine vom Unterneh-
     mer zu entrichtende aufwandsabhängige Fallpauschale sowie durch Zu-
     schüsse der Bundesregierung gemäß **§ 43 Abs. 1 VSBG.** Die Teilnahme am
     Streitbeilegungsverfahren ist für beide Parteien **freiwillig.**

35   Die **Zuständigkeit** der Allgemeinen Verbraucherschlichtungsstelle iSd **§ 4
     Abs. 2 VSBG** ist **nicht auf bestimmte Vertragstypen oder bestimmte Wirt-
     schaftsbereiche beschränkt.** Vielmehr ist die als Auffangstelle konzipierte
     Allgemeine Verbraucherschlichtungsstelle zuständig, wenn der Fall keiner
     Zuständigkeit einer „nach anderen Rechtsvorschriften anerkannten" (sek-
     torenspezifischen) Schlichtungsstelle unterliegt. Örtlich zuständig ist die
     Allgemeine Verbraucherschlichtungsstelle für Streitigkeiten von Verbrau-
     chern mit Wohnsitz in der Europäischen Union und des Europäischen
     Wirtschaftsraums, wenn das am Streit beteiligte Unternehmen seinen Sitz
     in Deutschland hat.

---

53   Abrufbar unter https://www.online-schlichter.de/ (zuletzt abgerufen am 1.3.2017).
54   Siehe ausführlich *Braun*, Verbraucherstreitigkeiten und Online-Schlichtung, ZKM
     2013, 168; siehe ferner zur Entwicklung der vergangenen Jahre im Bereich Flug:
     Berlin, Alternative Streitbeilegung in Verbraucherkonflikten, 2014, S. 255 ff.
55   Abrufbar unter http://www.schlichtungsstelle-der-rechtsanwaltschaft.de/ (zuletzt
     abgerufen am 1.3.2017).
56   Abrufbar unter http://www.norddeutsche-schlichtungsstelle.de/ (zuletzt abgerufen
     am 1.3.2017).

III. Gemeinschaftsrechtliche Vorgaben

Seit den 1990er Jahren wird die alternative Streitbeilegung in Verbraucher-   36
konflikten auf europäischer Ebene gezielt gefördert.[57] Nach dem **Grünbuch
der Kommission** vom 16.11.1993 und dem **Aktionsplan der Kommission**
vom 14.2.1996 enthielten die beiden **Empfehlungen 98/257/EG
und 2001/310/EG** erstmals konkrete, wenn auch nur unverbindliche Anforderungen an Verbraucher-ADR. In den Folgejahren wurden ADR-Be-
stimmungen vermehrt in **sektorenspezifische Richtlinien** aufgenommen:
Eine Regelung zur „Förderung" von ADR-Verfahren beinhaltet die Richtlinie über den elektronischen Geschäftsverkehr 2000/31/EG, die Finanzin-
strumente-Fernabsatz-Richtlinie 2002/65/EG, die Versicherungsvermitt-
lungs-Richtlinie 2002/92/EG, die Richtlinie über Märkte für Finanzinstru-
mente 2004/39/EG, die Richtlinie für die Postdienste 2008/6/EG sowie die
Timesharing-Richtlinie 2008/122/EG. Eine darüber hinausgehende „Verpflichtung" der Mitgliedstaaten, für die Verfügbarkeit entsprechender Verfahren Sorge zu tragen, findet sich unter anderem in der Zahlungsdienste-
Richtlinie 2007/64/EG, in der Verbraucherkredit-Richtlinie 2008/48/EG, in
den Energie-Richtlinie 2009/72/EG und 2009/73/EG sowie in der Tele-
kommunikations-Richtlinie 2009/136/EG.

Die **neuesten Regelungen** sind die ADR-Richtlinie 2013/11/EU (1.) und die   37
ODR-VO (EU) Nr. 524/2013 (2.).

1. ADR-Richtlinie. a) Entstehungsgeschichte. Im April 2011 stellte die Eu-   38
ropäische Kommission die „**Binnenmarktakte I**" vor, in welcher der Ausbau von „alternativen Streitbeilegungsverfahren und außergerichtlicher
Rechtsbehelfen" zur Stärkung des „Vertrauens der Verbraucher in den Binnenmarkt" als einer von zwölf „Hebeln" zur „Neubelebung des Binnenmarkts" gefordert wurde. Ende November 2011 präsentierte die Europäische Kommission dann schließlich ein „**Maßnahmenpaket**", das insbesondere den Entwurf für eine Richtlinie über alternative Formen der Beilegung
verbraucherrechtlicher Streitigkeiten sowie den Entwurf einer Verordnung
über die Online-Beilegung verbraucherrechtlicher Streitigkeiten enthielt.[58]
Der Richtlinien-Entwurf wurde in vergleichsweise kurzer Zeit im Dezember 2012 zwischen dem Europäischen Parlament, dem Rat und der Kommission im Rahmen eines „informellen Trilogs" verhandelt.[59]

Die **ADR-Richtlinie** trat **am 9.7.2013 in Kraft** und hätte innerhalb einer   39
Frist von 24 Monaten von den Mitgliedstaaten in nationales Recht umgesetzt werden müssen. Als Rahmenrichtlinie enthält sie nur Mindeststandards im Sinne einer Minimalharmonisierungsmaßnahme, so dass die Mitgliedstaaten darüber hinausgehend Maßnahmen zur Gewährleistung eines
höheren Verbraucherschutzniveaus treffen können (Art. 2 Abs. 3, Art. 20
Abs. 1 ADR-Richtlinie).

b) Anwendungsbereich. Anders als die oben genannten sektorenspezifi-   40
schen Richtlinien sind **grundsätzlich Kauf- und Dienstleistungsverträge aller verbraucherrelevanten Wirtschaftsbereiche** vom Anwendungsbereich

---

57 *Meller-Hannich ua* ZEuP 2014, 8 (12 ff.); *Roth* JZ 2013, 637 (638).
58 Siehe *Isermann/Berlin* VuR 2012, 47 (50 ff.).
59 *Hayungs* ZKM 2013, 86.

der ADR-Richtlinie erfasst. Ausnahmen bestehen nur vereinzelt für nicht-wirtschaftliche Dienstleistungen von allgemeinem Interesse (Art. 2 Abs. 2 c)), Gesundheitsdienstleistungen (Art. 2 Abs. 2 h)) sowie öffentliche Anbieter von Weiter- und Hochschulbildung (2 Abs. 2 i)). Der persönliche Anwendungsbereich ist auf Verbraucherkonflikte beschränkt, dh auf die **von Verbraucher gegen ein Unternehmen ausgehende Beschwerde**. Hingegen sind die von einem Unternehmer gegen einen Verbraucher einge-leiteten Verfahren sowie die Streitigkeiten zwischen Unternehmern explizit vom Anwendungsbereich der Richtlinie ausgenommen (Art. 2 Abs. 2 d), g)). Hinsichtlich der Verfahren ist die ADR-Richtlinie bewusst weit formu-liert und umfasst gleichermaßen Einigungs-, Vorschlags- und Entschei-dungsverfahren (Art. 2 Abs. 1): Verfahren, durch welche die Parteien mit Ziel einer gütlichen Einigung zusammengebracht werden (Einigungsverfah-ren), bei denen eine Lösung vorgeschlagen wird (Vorschlagsverfahren) oder bei denen eine Lösung auferlegt wird (Entscheidungsverfahren).

41   **c) Regelungsinhalt.** Der Kern der Richtlinie ist die Verpflichtung der Mit-gliedstaaten, dafür Sorge zu tragen, dass Verbraucherkonflikte einer ADR-Stelle vorgelegt werden können, welche den Anforderungen der Richtlinie genügt (Art. 5 Abs. 1) und deren einfache Zugänglichkeit für Verbraucher gewährleistet ist (Art. 5 Abs. 2). Dies wird auch als „**staatlicher Gewähr-leistungsanspruch**" für die alternative Streitbeilegung bezeichnet,[60] um zu unterstreichen, dass die Mitgliedstaaten nur die Verfügbarkeit von ADR-Verfahren gewährleisten müssen, nicht jedoch die tatsächliche Teilnahme der Parteien an den entsprechenden Verfahren. Im Falle eines lückenhaften ADR-Angebots **müssen die Mitgliedstaaten für ein ergänzendes ADR-An-gebot sorgen. Sie** können dabei ggf. auch auf ADR-Angebote mit Sitz in einem anderen Mitgliedstaat oder regionale, länderübergreifende oder eu-ropaweite ADR-Stellen verweisen (Art. 5 Abs. 3).

42   Der inhaltliche Schwerpunkt der ADR-Richtlinie ist die verbindliche Defi-nition von **Qualitätskriterien im Sinne von Mindeststandards**. Diese bezie-hen sich insbesondere auf Unabhängigkeit, Unparteilichkeit, Fachwissen, Transparenz, Effektivität, Fairness, Handlungsfreiheit, Rechtmäßigkeit und Verjährung.[61]

43   Darüber hinaus enthält die Richtlinie zahlreiche **Informationspflichten**, ins-besondere zur Information der Verbraucher durch die Unternehmen (Art. 13), zur Unterstützung für Verbraucher bei der Suche nach einem ge-eigneten ADR-Verfahren (Art. 14) und zur allgemeinen Information über anerkannte ADR-Stellen (Art. 15). Die ADR-Stellen sollen zu einer **Koope-ration und einem Erfahrungsaustausch** mit anderen ADR-Stellen (Art. 16) sowie mit den nationalen Durchsetzungsstellen für Unionsrechtsakte (Art. 17) bewegt werden. Schließlich soll in jedem Mitgliedstaat eine zu-ständige Behörde **Informationen von den ADR-Stellen erheben**, systema-tisch aufbereiten und der Europäischen Kommission übermitteln (Art. 18–20).

---

60 *Hayungs* ZKM 2013, 86 (87).
61 Ausführlich zu den Qualitätskriterien: *Berlin*, Alternative Streitbeilegung in Ver-braucherkonflikten, S. 99 ff.

2. ODR-Verordnung. Die ADR-Richtlinie wird ergänzt durch die ODR-VO, welche **am 9.1.2016 in Kraft** getreten ist. Das Akronym ODR für Online Dispute Resolution wurde in der offiziellen Übersetzung der Verordnung mit „OS" für „Online-Streitbeilegung" übersetzt, allerdings hat sich das deutsche Akronym bislang ebenso wenig durchsetzen können wie „AS" für „Alternative Streitbeilegung". Die ODR-Verordnung gilt für die außergerichtliche Beilegung von **Streitigkeiten über vertragliche Verpflichtungen aus online abgeschlossen Kauf- oder Dienstleistungsverträgen** zwischen einem in der Union wohnhaften Verbraucher und einem in der Union niedergelassenen Unternehmen (Art. 2 Abs. 1 ODR-VO).   **44**

Der Schwerpunkt ist die Einrichtung einer **interaktiven „ODR-Plattform"** im Internet durch die Europäische Kommission. Die wichtigste Aufgabe der Plattform ist es, als zentraler Eingangspunkt mit „Lotsenfunktion" zu fungieren. Wenn Verbraucher Informationen zu ihrem Konflikt über ein in allen EU-Amtssprachen verfügbares elektronisches Beschwerdeformular (Art. 5 Abs. 4 a) ODR-VO) auf der Plattform eingeben, sollen maßgeschneidert die für diesen Fall in Betracht kommenden ADR-Stellen angezeigt werden (Art. 5 Abs. 4 c) ODR-VO). Diese Funktion soll insbesondere das Auffinden der zuständigen Stellen in grenzüberschreitenden Fällen erleichtern (Eg 6 ODR-VO). Darüber hinaus ist sie auch bei Streitigkeiten ohne grenzüberschreitenden Element nutzbar (Eg 11 ODR-VO), was gerade angesichts der Vielzahl von Stellen in Deutschland (→ Rn. 16) hilfreich sein dürfte.   **45**

Auch wenn die Übermittlung der über die ODR-Plattform eingegebenen Beschwerde an die ADR-Stelle online erfolgt, findet entgegen der insofern missverständlichen Bezeichnung als „Online-Streitbeilegung" die **eigentliche Streitbeilegung nicht zwangsläufig online** statt. Vielmehr wird sie entsprechend dem Verfahrensablauf bei der jeweils ausgewählten ADR-Stelle durchgeführt. Gleichwohl nutzen **viele ADR-Stellen bereits eigene Online-Tools.**[62] Zudem können ADR-Stellen fakultativ ein elektronisches Fallbearbeitungsinstrument der ODR-Plattform nutzen (Art. 5 Abs. 4 d) ODR-VO), insbesondere wenn sie über kein eigenes Online-Fallbearbeitungsinstrument verfügen.   **46**

Unabhängig von der Nutzung dieses Fallbearbeitungsinstrumentes müssen ADR-Stellen, denen eine Streitigkeit über die ODR-Plattform zugeleitet wurde, **Angaben zum Verlauf des ADR-Verfahrens** (Eingangsdatum, Streitgegenstand, Ergebnis des ADR-Verfahrens, Abschlussdatum) unverzüglich an die ODR-Plattform übermitteln (Art. 10 ODR-VO), was für die ADR-Stellen einen nicht unerheblichen Verwaltungsaufwand bedeutet.   **47**

Eine weitere Funktion der ODR-Plattform ist ein **sprachlicher Übersetzungsdienst** (Art. 5 Abs. 4 e) ODR-VO). Dieser kann bei grenzüberschreitenden Streitigkeiten die Kommunikation nicht nur zwischen den Parteien, sondern auch mit der ADR-Stelle erleichtern. Ob die Qualität der automatisierten Übersetzungen den Anforderungen an sprachliche Präzision für die Fallbearbeitung genügt, bleibt abzuwarten.   **48**

---

62 *Berlin*, Alternative Streitbeilegung in Verbraucherkonflikten, S. 303 ff. mwN.

49 Aus der ODR-VO erwachsen weiterhin **Informationspflichten** sowohl für Unternehmen (Art. 14 Abs. 1 bis 3 ODR-VO) als auch für ADR-Stellen (Art. 14 Abs. 5 ODR-VO).

IV. Nationale Umsetzung

50 Im November 2014 präsentierte das Bundesministerium der Justiz und für Verbraucherschutz (BMJV) den **Referentenentwurf** für ein Gesetz zur Umsetzung der Richtlinie über alternative Streitbeilegung in Verbrauchersachen und zur Durchführung der Verordnung über Online-Streitbeilegung in Verbraucherangelegenheiten.[63] Nach Beteiligung der anderen Bundesministerien, der Länder und Verbände folgte ein **Regierungsentwurf**[64] und eine Sachverständigenanhörung im Bundestag Schließlich wurde ein nochmals **überarbeiteter Entwurf des Rechtsauschusses** verabschiedet und das Gesetz **trat am 1.4.2016 in Kraft.**

51 Die deutsche Umsetzung erfolgte – ebenfalls ähnlich wie bei der Mediations-Richtlinie (→ Einl. Rn. 3) – in Form eines **Artikelgesetzes.** Wichtigste Regelung ist in Artikel 1 das neue „**Gesetz über die alternative Streitbeilegung in Verbrauchersachen (Verbraucherstreitbeilegungsgesetz – VSBG)".** Die Artikel 2-22 enthalten inhaltliche Änderungen und sprachliche Anpassungen bestehender Gesetze. Zentrale Bestimmungen sind die **Änderungen im BGB** durch Artikel 6, insbesondere die Verjährungshemmung durch die Stellung eines Schlichtungsantrags bei einer ADR-Stelle in § 204 Abs. 1 Nr. 4 BGB, und das Verbot von AGB-Klauseln über eine obligatorische Schlichtung vor Anrufung der Gerichte in § 309 Nr. 14 BGB. Die abschließenden Artikel 23 und 24 enthalten Bestimmungen zur Überleitung sowie zum In- bzw. Außerkrafttreten.

52 Das VSBG schafft **erstmals eine branchen- und verfahrensübergreifende Regelung der Verbraucherschlichtung** und ergänzt damit die bereits bestehenden branchen- und verfahrensspezifischen Regelungen.

53 **1. Verbraucherstreitbeilegungsgesetz (VSBG).** Die nachfolgende Darstellung beschränkt sich auf das neue VSBG, welches die **branchenunabhängig geltenden allgemeinen Mindeststandards** enthält. Die Regelungen des VSBG entsprechen im Wesentlichen den Mindestvorgaben der ADR-Richtlinie und sollen zudem der Schlichtungspraxis in Deutschland Rechnung tragen.[65]

54 **a) Anwendungsbereich des VSBG.** Das VSBG regelt die außergerichtliche Streitbeilegung durch eine anerkannte **private oder behördliche Verbraucherschlichtungsstellen** (§ 1 Abs. 1 S. 1 VSBG). Damit finden die Regelungen weder Anwendung auf „Bemühungen von Richtern um die gütliche Beilegung eines Rechtsstreits im Rahmen eines Gerichtsverfahrens" (vgl. Art. 2 Abs. 2 f. ADR-Richtlinie) noch auf Verfahren von unternehmensbetriebenen Beschwerdestellen (§ 1 Abs. 2 VSBG).

---

63 Zusammenfassend siehe *Lemmel* ZKM 2015, 22–26; kritisch siehe *Kotzur* VuR 2015, 243–251; *Greger* VuR 2015, 216–220; *Berlin* ZKM 2015, 26–30; *Schmitt* VuR 2015, 134 (138); *Hess* JZ 2015, 548 (552 f.).
64 BT-Drs. 18/5295; kritisch siehe *Tonner* ZKM 2015, 132–135; ferner auch *Niewisch-Lennartz* ZKM 2015, 136 (138 f.).
65 Siehe Gesetzesbegründung, BT-Drs. 18/5089, 39.

Der **zentrale Begriff Verbraucherschlichtungsstelle** ist in § 2 Abs. 1 VSBG   55
definiert: „Verbraucherschlichtungsstelle ist eine Einrichtung, die 1. Verfahren zur außergerichtlichen Beilegung zivilrechtlicher Streitigkeiten durchführt, an denen Verbraucher oder Unternehmer als Antragssteller oder Antragsgegner beteiligt sind, und 2. nach diesem Gesetz oder auf Grund anderer Rechtsvorschriften als Verbraucherschlichtungsstelle anerkannt, beauftragt oder eingerichtet worden ist." Der Begriff „Verbraucherschlichtungsstelle" ist **geschützt** (§ 2 Abs. 2 VSBG) und die **missbräuchliche Bezeichnung ist mit einem Bußgeld von bis zu 50.000 EUR bewährt** (§ 41 VSBG).

b) **Zuständigkeit der Verbraucherschlichtungsstelle.** Die **persönliche Zu-**   56
ständigkeit ist zunächst auf die Konstellation beschränkt, bei denen der Antrag von einem Verbraucher gegen ein Unternehmen gerichtet ist. Diese Vorgabe ergibt sich aus Art. 2 ADR-Richtlinie, welche Streitigkeiten zwischen Unternehmern (Art. 2 Abs. 2 d)) sowie von Unternehmern gegen Verbraucher eingeleitete Verfahren (Art. 2 Abs. 2 g)) ausdrücklich von ihrem Geltungsbereich ausschließt. Nach dem VSBG ist es jedoch den Verbraucherschlichtungsstellen überlassen, ihre Zuständigkeit darüber hinausgehend auch auf Anträge von einem Unternehmer gegen einen Verbraucher sowie auf Anträge bei Streitigkeiten zwischen Unternehmern oder zwischen Verbrauchern zu erweitern (siehe Gesetzesbegründung BT-Drs. 18/5089, 50 f.). Die Begriffsbestimmungen „Verbraucher" und „Unternehmer" ergeben sich aus den §§ 13, 14 BGB.[66]

Die **sachliche Zuständigkeit** einer Verbraucherschlichtungsstelle umfasst   57
Streitigkeiten aus einem **Verbrauchervertrag nach § 310 Abs. 3 BGB oder über das Bestehen eines solchen Vertragsverhältnisses**; arbeitsvertragliche Streitigkeiten sind ausgenommen (§ 4 Abs. 1 VSBG). Die Verbraucherschlichtungsstelle kann ihre Tätigkeit zusätzlich auf sonstige zivilrechtliche Streitigkeiten erweitern (§ 4 Abs. 3 VSBG). Entsprechend der bestehenden Praxis ist eine Zuständigkeitsbeschränkung auf bestimmte Wirtschaftsbereiche, Vertragstypen oder Unternehmer möglich (§ 4 Abs. 2 S. 1 VSBG).

Die **räumliche Zuständigkeit** der Verbraucherschlichtungsstelle ist **grund-**   58
sätzlich unabhängig vom Wohnort des Verbrauchers und dem Sitz des Unternehmens. Damit geht das VSBG über den Geltungsbereich der ADR-Richtlinie (Art. 2 Abs. 1) hinaus und trägt der entsprechenden bestehenden Praxis in Deutschland Rechnung. Jedoch können die Verbraucherschlichtungsstellen selbst ihre Zuständigkeit beschränken – zum einen auf in einem bestimmten Bundesland (§ 4 Abs. 2 S. 3 VSBG) oder in Deutschland (§ 4 Abs. 4 VSBG) niedergelassene Unternehmer, zum anderen auf Verbraucher mit Wohnsitz oder gewöhnlichem Aufenthalt in einem EU-Mitgliedstaat oder einem anderen EWR-Vertragsstaat (§ 4 Abs. 4 VSBG).

c) **Verfahrensart.** Die ADR-Richtlinie ist bewusst verfahrensoffen formu-   59
liert und bezieht sich gleichermaßen auf Einigungs-, Vorschlags- und Entscheidungsverfahren (→ Rn. 40). Dadurch soll die Richtlinie der unterschiedlichen Bedeutung und Praxis von alternativer Streitbeilegung in den jeweiligen EU-Mitgliedstaaten Rechnung tragen (Eg 21).

---

66 Siehe zu den Begriffen ausführlich Tamm/Tonner/*Tamm*, 2016, § 2 Rn. 2 ff.

60 Auch der Anwendungsbereich des VSBG ist formal „unabhängig von dem angewendeten Konfliktbeilegungsverfahren" (§ 1 Abs. 1 S. 1 VSBG). Gleichwohl berücksichtigt das VSBG die bestehende Praxis in Deutschland, wo sich insbesondere die Schlichtung (Vorschlagsverfahren) nicht ohne Grund bewährt hat.[67] Vorschlagsverfahren haben im Spektrum von Verbraucher-ADR eine besondere Bedeutung und sind ein Verfahren sui generis. Während auf der einen Seite die Einigungsverfahren ohne (stärkere) Intervention eines unabhängigen Dritten noch eine große Nähe zur Konfliktbearbeitung im Rahmen des vorgeschalteten, unternehmenseigenen Beschwerdemanagements aufweisen und auf der anderen Seite die Entscheidungsverfahren – insbesondere im Falle einer starken Formalisierung mit mündlicher Verhandlung – große Ähnlichkeit mit einem Gerichtsverfahren zeigen, nehmen die Vorschlagsverfahren eine eigene Rolle ein. Vorschlagsverfahren bilden insofern einen dritten Weg und stellen am ehesten eine echte Verfahrensalternative sowohl zum unternehmensinternen Beschwerdemanagement als auch zum Gerichtsverfahren dar.

61 Die Möglichkeit einer Mediation (Einigungsverfahren) wird in § 18 VSBG nur kurz mit der Klarstellung erwähnt, dass im Falle einer Mediation ergänzend die Vorschriften des Mediationsgesetzes anzuwenden sind. Dies entspricht den Vorgaben der ADR-Richtlinie, wonach die Mediations-Richtlinie 2008/52/EG „nicht berührt" wird (Art. 3 Abs. 2 ADR-Richtlinie) durch die „horizontal für alle Arten von AS-Verfahren" geltende ADR-Richtlinie (Eg 19 ADR-Richtlinie). Im VSBG befinden sich daher keine näheren Bestimmungen zu Mediationsverfahren. Dies trägt auch dem Umstand Rechnung, dass Mediationsverfahren in der Praxis der Verbraucherstreitbeilegung bislang wenig Bedeutung haben.[68]

62 Hinsichtlich Entscheidungsverfahren wie etwa dem Schiedsverfahren wird in § 5 Abs. 2 VSBG klargestellt, dass die Verfahrensordnung der Verbraucherschlichtungsstelle zumindest keine für den Verbraucher „verbindliche Lösung auferlegen" darf.

63 d) Anforderungen an die Streitmittler. „Die Verbraucherschlichtungsstelle ist mit mindestens einer Person zu besetzen, die mit der außergerichtlichen Streitbeilegung betraut und für die unparteiische und faire Verfahrensführung verantwortlich ist (Streitmittler)" (§ 6 Abs. 1 S. 1 VSBG). Falls nur ein Streitmittler bestellt ist, muss er einen Vertreter haben (§ 6 Abs. 1 S. 2 VSBG). Der Begriff Streitmittler ist dabei als verfahrensunabhängiger Oberbegriff für Schlichter, Ombudspersonen, Mediatoren, etc gemeint und bezieht sich auf diejenigen Mitarbeiter einer Verbraucherschlichtungsstelle, die für das konkrete Verfahren gegenüber den Parteien „verantwortlich" sind.[69]

64 Für die Qualität, die Akzeptanz und damit auch die tatsächliche Nutzung der Schlichtung ist die Integrität und Kompetenz des Streitmittlers von entscheidender Bedeutung. In erster Linie geht es dabei um die fachliche Qualifikation sowie um die Unabhängigkeit bzw. Unparteilichkeit.

---

67 Ausführlich dazu *Berlin*, 2014, S. 91 ff.; *Berlin* ZKM 2015, 26 (28).
68 Siehe Gesetzesbegründung BT-Drs. 18/5089, 37.
69 Siehe Gesetzesbegründung BT-Drs. 18/5089, 55; kritisch zum Begriff „Streitmittler" und zur Abgrenzung des Streitmittlers gegenüber den anderen Mitarbeitern: *Röthemeyer*, VSBG 2016, § 6 Rn. 2 ff.).

aa) Qualifikationen. In juristischer Hinsicht müssen alle Streitmittler ge-   65
mäß § 6 Abs. 2 S. 1 VSBG zunächst über „**Rechtskenntnisse, insbesondere
im Verbraucherrecht**" verfügen. Als weitere Zusatzqualifikation muss der
Streitmittler nach § 6 Abs. 2 S. 2 VSBG entweder die „**Befähigung zum
Richteramt besitzen oder zertifizierter Mediator sein**".

Damit geht das VSBG über die Vorgaben des Art. 6 Abs. 1 a) ADR-Richtli-   66
nie hinaus, wo lediglich „ein allgemeines Rechtsverständnis" vorausgesetzt
wird. In der bisherigen deutschen Schlichtungspraxis hat sich die **Beschäftigung von Volljuristen bewährt**, wo die „Befähigung zum Richteramt" eine
unabhängige und präzise Rechtsprüfung fördert sowie die fachliche Akzeptanz der Schlichtungsempfehlung bei den Parteien erhöht.[70] Entsprechende
Vorgaben finden sich in den branchenspezifischen Rechtsverordnungen[71]
und in den Statuten einzelner Schlichtungsstellen.[72] Während im Regierungsentwurf noch auf eine entsprechende Festschreibung mit Verweis auf
die unterschiedliche rechtliche Prägung von Streitbeilegungsverfahren verzichtet wurde,[73] forderte der Rechtsausschuss von der Bundesregierung
„zu gewährleisten, dass StreitmittlerInnen die Befähigung zum Richteramt
besitzen und über die kommunikativen Fähigkeiten verfügen, die gerade
bei außergerichtlichen und auf eine einvernehmliche Streitbeilegung zielen-
den Verfahren von zentraler Bedeutung sind".[74] Dies führte schließlich zu
der ergänzenden Formulierung in § 6 Abs. 2 S. 2 VSBG, die nun **neben dem
allgemeinen Rechtsverständnis und Fachwissen obligatorisch eine weitere
Zusatzqualifikation** entweder als Volljurist oder als zertifizierter Mediator
vorschreibt. Offen bleibt jedoch, in welchen Fällen bzw. für welche Verfahren die jeweilige Zusatzqualifikation erforderlich ist.[75]

In sonstiger Hinsicht werden zudem „Fachwissen und die Fähigkeiten, die   67
für die Beilegung von Streitigkeiten in der Zuständigkeit der Verbraucherschlichtungsstelle erforderlich sind," verlangt (§ 6 Abs. 2 S. 1 VSBG aE).
Diese Formulierung erscheint vage und wird auch in der Gesetzesbegründung nicht näher erläutert. In der Praxis hat sich gezeigt, dass für die außergerichtliche und einvernehmliche Streitbeilegung insbesondere kommunikative Fähigkeiten der Streitmittler wichtig sind, wie sie etwa in Mediationsausbildungen vermittelt werden.[76] Der Bedeutung mediativer Fähigkeiten hat der Gesetzgeber durch die zuletzt aufgenommene **Zusatzqualifikation „zertifizierter Mediator"** Rechnung getragen. Zur Begründung wurde
ausgeführt, Schlichtung sei „auch darauf ausgerichtet, dass Verbraucherinnen und Verbraucher sich verstanden und ernst genommen fühlen und die
vorgeschlagene Lösung nachvollziehen und verstehen können [,weshalb]

---

70 In diesem Sine auch *Tonner* ZKM 2015, 132 (133 f.); *Kotzur* VuR 2014, 243
    (250); *Hess* JZ 2015, 548 (553); *Berlin/Braun* ZKM 2014, 149 (150).
71 Siehe zB § 4 Abs. 3 S. 1 LuftSchlichtV.
72 Siehe zB § 2.1 Schlichtungsordnung Online-Schlichter für jeden „Einzelschlichter";
    § 13 Abs. 1 S. 1 Satzung Schlichtungsstelle für den öffentlichen Personenverkehr
    für „Leiter der Schlichtungsstelle und seine Vertreter"; § 14 Abs. 1 S. 2 Satzung
    Versicherungsombudsmann für „Ombudsmann"; § 14 Abs. 1 S. 2 Satzung Schlich-
    tungsstelle Energie für „Ombudsperson".
73 Siehe BT-Drs. 18/5089, 56.
74 Siehe BT-Drs. 18/6904, 77.
75 Kritisch dazu *Röthemeyer* VSBG 2016 § 6 Rn. 22.
76 *Berlin*, Alternative Streitbeilegung in Verbraucherkonflikten, S. 289 f.

SchlichterInnen zusätzlich zu dem juristischen Fachwissen insbesondere auch über **kommunikative Fähigkeiten** [wie etwa] aktives Zuhören, eine empathische und zugewandte Kommunikation sowie die Formulierung der relevanten Fakten und möglichen Lösungen in einer für Verbraucher verständlichen und zugänglichen Weise" verfügen sollten.[77]

68   Kritisch anzumerken ist jedoch, dass zum Zeitpunkt der Verabschiedung des Gesetzes im Dezember 2015 noch unklar war, was genau unter einem „zertifizierten Mediator" zu verstehen ist, dessen Anforderungen gemäß § 6 MediationsG durch eine damals noch ausstehende **Zertifizierungsverordnung** (→ ZMediatAusbV § 1 Rn. 1 ff.) geregelt werden sollten.[78] Im Gegensatz zu den hohen rechtlichen Standards der etablierten Stellen ist nunmehr auch eine Schlichtung durch nicht-juristische Streitmittler möglich. Angesichts der für alle Streitmittler geltenden „Basisqualifikation" in § 6 Abs. 2 S. 1 VSBG soll ein „allgemeines Rechtsverständnis" zwar in jedem Fall gesichert sein. Um eine hohe Qualität von Verbraucherschlichtung zu gewährleisten, erscheint eine Fortführung des bisherigen Einsatzes von Volljuristen – ggf. auch in gemischten Teams – zumindest in stark rechtlich geprägten Konflikten sinnvoll.

69   **bb) Unabhängigkeit und Unparteilichkeit.** Das VSBG übernimmt hinsichtlich der Unabhängigkeit und Unparteilichkeit der Streitmittler im Wesentlichen die Vorgaben der Richtlinie.

70   Der Streitmittler darf in den letzten drei Jahren vor seiner Bestellung **weder auf Unternehmer- noch auf Verbraucherseite tätig** gewesen sein (§ 6 Abs. 3 VSBG), wobei die vorherige Tätigkeit als Streitmittler für einen solchen Verband einer Bestellung nicht entgegen steht (§ 6 Abs. 3 VSBG aE). Während seiner Tätigkeit für eine Verbraucherschlichtungsstelle darf die Beschäftigung und **Vergütung des Streitmittlers** „nicht nur von einem Unternehmer** oder von nur mit einem Unternehmer verbundenen Unternehmen" erfolgen (§ 7 Abs. 2 S. 1 VSBG). Die Regelung soll zum Ausdruck bringen, dass unternehmenseigene Beschwerdestellen keine Verbraucherschlichtungsstellen sein können und der deutsche Gesetzgeber von der entsprechenden Öffnungsklausel in Art. 2 Abs. 2 a) ADR-Richtlinie keinen Gebrauch macht. Die in Deutschland verbreitete Finanzierung über einen „Trägerverein", in welchem sich die am Verfahren der jeweiligen Schlichtungsstelle teilnehmenden Unternehmer zusammengeschlossen haben, ist mit dieser Vorgabe vereinbar. Entsprechend der Vorgabe nach Art. 6 Abs. 1 d) ADR-Richtlinie darf die **Vergütung nicht im Zusammenhang mit dem konkreten Ergebnis** von Streitbeilegungsverfahren stehen (§ 7 Abs. 2 S. 2 VSBG).

71   Die Streitmittler sollen gemäß § 7 Abs. 1 VSBG „unabhängig und an Weisungen nicht gebunden" sein. Diese **Weisungsunabhängigkeit** bezieht sich laut Gesetzesbegründung sowohl auf die Stellung des Streitmittlers bei der Verfahrensdurchführung als auch auf seinen Einfluss auf das Verfahrensergebnis.[79] Sie ist weitergehend formuliert als die entsprechende Vorgabe in

---

77   Siehe Gesetzesbegründung BT-Drs. 18/6904, 78.
78   Siehe dazu *Klowait* ZKM 2015, 194 ff., kritisch auch *Röthemeyer* VSBG 2016 § 6 Rn. 36 f.
79   Siehe Gesetzesbegründung BT-Drs. 18/5089, 56.

Art. 6 Abs. 1 c) ADR-Richtlinie, welche sich ausdrücklich nur auf „Weisungen einer Partei oder ihrer Vertreter" bezieht.

In Umsetzung von Art. 6 Abs. 1 e) ADR-Richtlinie sieht das VSBG eine **72** **Pflicht zur Offenlegung von Umständen** vor, welche die Unabhängigkeit oder Unparteilichkeit gefährden könnten. Diese Pflicht gilt nicht nur gegenüber dem Träger der Verbraucherschlichtungsstelle (§ 7 Abs. 3 VSBG), sondern – insofern über die Richtlinienanforderung hinausgehend – auch gegenüber den Parteien (§ 7 Abs. 4 S. 1 VSBG). Die Parteien können – analog der Regelung in § 3 Abs. 4 MediationsG (→ MediationsG § 3 Rn. 30 ff.) – nach Offenlegung der Umstände die Fortsetzung des Verfahrens gestatten (§ 7 Abs. 4 S. 2 VSBG).

Schließlich soll für den Fall eines **mehrköpfigen Streitschlichter-Gremiums** **73** **eine paritätische Besetzung** von Verbraucher- und Unternehmerseite erfolgen (Abs. 7 Abs. 5 VSBG). Die entsprechende Vorgabe in Art. 6 Abs. 5 ADR-Richtlinie bezieht sich auf die Praxis in europäischen Nachbarländern wie etwa in den Niederlanden[80] oder Schweden[81] und ist nach bisheriger Praxis in Deutschland weniger relevant.

Die **Bestellung des Streitmittlers** muss für eine „angemessene Dauer" erfol- **74** gen, welche **drei Jahre nicht unterschreiten** „soll" (§ 8 Abs. 1). Eine zwischenzeitliche Abberufung ist nur in explizit benannten Ausnahmefällen (§ 8 Abs. 2) möglich. Diese Vorgaben sind damit konkreter als die entsprechenden Vorgaben in Art. 6 Abs. 1 b) ADR-Richtlinie, wonach der „Zeitraum (…) ausreichend lang sein [muss], um die Unabhängigkeit ihres Handels zu gewährleisten" und keine Amtsenthebung „ohne triftigen Grund" erfolgen darf.

Schließlich wird der **Unabhängigkeit auch auf institutioneller Ebene** Rech- **75** nung getragen, wenn der Träger einer Verbraucherschlichtungsstelle ein Verbraucher- bzw. Unternehmensverband ist. Dann bedürfen gemäß § 9 VSBG „die Festlegung und Änderung der Zuständigkeit der Verbraucherschlichtungsstelle, die Verfahrensordnung und die Bestellung oder Abberufung eines Streitmittlers" der **Beteiligung eines Verbandes der jeweils anderen Seite.**

Maßgeblicher Faktor für die Unabhängigkeit ist in der Praxis zudem die **76** **Fachkompetenz** der Streitmittler zur **eigenständigen Beurteilung der Sach-** **und Rechtslage,** damit sie weniger Gefahr laufen, das Vorbringen der Parteien und insbesondere selektiv zitierte Rechtsprechung unkritisch zu übernehmen (→ Rn. 66 ff.). Durch ein hohes Maß an tatsächlichem und rechtlichem Wissen kann das Vorbringen der Parteien richtig eingeordnet bzw. relativiert werden.

Ein weiterer, in der Praxis nicht zu unterschätzender Faktor ist eine **aus-** **77** **kömmliche Finanzierung** der Verbraucherschlichtungsstelle. Entsprechende Ressourcen sind zur Gewährleistung der hohen Qualitätsanforderungen wie etwa der genannten Fachkompetenz oder eines zügigen Verfahrens notwendig. Insbesondere bei unternehmensfinanzierten Stellen muss ver-

---

80 Siehe *Berlin*, Alternative Streitbeilegung in Verbraucherkonflikten, S. 194 ff.
81 Siehe *Berlin*, Alternative Streitbeilegung in Verbraucherkonflikten, S. 179 ff.

mieden werden, dass die Unternehmen durch übermäßigen Kostendruck auf die unabhängige Verfahrensgestaltung der Streitmittler einwirken.

78   e) **Freiwilligkeit der Teilnahme.** Als Mindestvorgabe **setzt die ADR-Richtlinie auf eine freiwillige Teilnahme** und überlässt die Etablierung einer Teilnahmepflicht den Mitgliedstaaten (Art. 1 ADR-Richtlinie). Somit müssen die Mitgliedstaaten nur die Existenz entsprechender Streitbeilegungsstellen sicherstellen („Gewährleistungsanspruch") und damit insbesondere nicht die tatsächliche Teilnahme der Unternehmer. Dadurch besteht jedoch die **Gefahr**, dass der Zugang zur alternativen Streitbeilegung nur auf dem Papier besteht und in der Praxis **bei fehlender Beteiligung** des Unternehmers leer läuft. Dieses Problem wurde vom europäischen Gesetzgeber erkannt, die Konsequenz jedoch sehr vage formuliert. Für einen effektiven Zugang der Verbraucher zur alternativen Streitbeilegung „sollten Unternehmer so weit wie möglich ermutigt werden", an entsprechenden Verfahren teilzunehmen (Eg 49 S. 2 ADR-Richtlinie).

79   Die **deutsche Umsetzung** der Richtlinie regelt **ebenfalls nur eine freiwillige Teilnahme** und macht von der Möglichkeit zusätzlicher Regelungen über eine verbindliche Teilnahme von Unternehmern keinen Gebrauch. Der Antragsteller (idR Verbraucher) kann seinen Antrag zurücknehmen oder der weiteren Durchführung des Verfahrens widersprechen (§ 15 Abs. 1 VSBG). Der Antragsgegner (idR Unternehmer) kann erklären, „an dem Streitbeilegungsverfahren nicht teilnehmen oder es nicht fortsetzen zu wollen, (…) es sei denn, Rechtsvorschriften, Satzungen oder vertragliche Abreden bestimmen etwas anderes" (§ 15 Abs. 2 VSBG). Zur Begründung werden die **Parteiautonomie und die höhere Akzeptanz des Verfahrens** bei einer freiwilligen Teilnahme betont; dies trage auch der bestehenden Praxis in Deutschland Rechnung, welche „auf Zustimmung der Parteien zum Verfahren gründet".[82] Gleichwohl werden in der Gesetzesbegründung **weitere sektorenspezifische Verpflichtungen durch Spezialgesetze** wie zB § 111 b EnWG nicht ausgeschlossen, „soweit in einem Wirtschaftsbereich aufgrund der Besonderheiten der Branche (…) als sinnvoll angesehen".[83]

80   f) **Bedeutung des Rechts.** Während die ADR-Richtlinie nur im Falle einer verbindlichen Entscheidung die Einhaltung zwingender Verbraucherschutzvorschriften vorschreibt (Art. 11 ADR-Richtlinie), so muss gemäß § 19 Abs. 1 S. 1 VSBG auch ein unverbindlicher **Schlichtungsvorschlag „am geltenden Recht ausgerichtet** sein und soll insbesondere die **zwingenden Verbraucherschutzgesetze beachten".** Aus dieser relativ „weichen" Formulierung ergibt sich, dass ein Schlichtungsvorschlag nicht in gleicher Weise wie ein Gerichtsurteil der Rechtsbindung unterliegt, da es sich nur um einen unverbindlichen Vorschlag handelt, welcher auch an der Sach- und Rechtslage orientierte Vergleiche beinhalten kann.[84]

81   Um den Parteien eine „**informierte Entscheidung**" (→ MediationsG § 2 Rn. 273 ff.) bzw. eine „**informierte Autonomie**"[85] bezüglich der Annahme oder Ablehnung des Schlichtungsvorschlags zu ermöglichen, kommt der

---

82 Siehe Gesetzesbegründung BT-Drs. 18/5089, 40.
83 Siehe Gesetzesbegründung BT-Drs. 18/5089, 40.
84 Siehe Gesetzesbegründung BT-Drs. 18/5089, 63.
85 *Niewisch-Lennartz* ZKM 2015, 136 (139).

nach § 19 Abs. 1 S. 3, Abs. 2 VSBG gebotenen schriftlichen Begründung mit einer nachvollziehbaren Darstellung der **Sach- und Rechtslage als „Kernelement des Schlichtungsvorschlags"**[86] entscheidende Bedeutung zu.[87] Diesem Zweck dient auch die Umsetzung des Art. 9 Abs. 2 ADR-Richtlinie durch § 19 Abs. 3 VSBG, wonach die Verbraucherschlichtungs-stelle auf „die rechtlichen Folgen einer Annahme des Vorschlags und darüber, dass der Vorschlag **von dem Ergebnis eines gerichtlichen Verfahrens abweichen** kann" (S. 1) sowie auf die Möglichkeit der Ablehnung des Vorschlags und des offen stehenden Rechtswegs (S. 2) hinweisen muss. Zudem muss die Verbraucherschlichtungsstelle eine angemessene Frist zur Annahme des Vorschlags setzen (S. 3). Die Pflicht zur Unterrichtung nach § 19 Abs. 3 VSBG gilt nicht gegenüber einem Unternehmer, der sich vorab verpflichtet hat, den Schlichtungsvorschlag zu befolgen (§ 19 Abs. 4 VSBG), wie es etwa nach § 10 Abs. 3 S. 2 iVm § 11 Abs. 1 S. 1 VSBG der Verfahrensordnung des Versicherungsombudsmanns möglich ist.[88]

g) Verfahrensdauer. Ein zentraler Vorteil der außergerichtlichen Streitbeilegung ist deren schnelle Erledigung. Der Schlichtungsvorschlag bzw. sonstige Verfahrensabschluss muss von der Verbraucherschlichtungsstelle „**innerhalb von 90 Tagen nach Eingang der vollständigen Beschwerdeakte**" übermittelt werden (§ 20 Abs. 2 VSBG), „bei besonders schwierigen Streitigkeiten oder mit Zustimmung der Parteien" ist eine Fristverlängerung möglich (§ 20 Abs. 3 VSBG). Diese Regelung entspricht Art. 8 e) ADR-Richtlinie. In der Praxis dürfte die Regelung jedoch wenig praktikabel sein, da der Eingang der vollständigen Beschwerdeakte objektiv schwierig zu beurteilen ist. Die in § 20 Abs. 1 S. 1 VSBG vorgesehene Benachrichtigung der Parteien über den Eingang der vollständigen Beschwerdeakte bedeutet zusätzliche Bürokratie und widerspricht der gebotenen Effizienz. Zudem stellt sich häufig erst bei der rechtlichen Prüfung durch den zuständigen Streitmittler heraus, dass noch weitere Unterlagen oder Informationen bei den Parteien angefordert werden müssen. Auch die Fiktion des Eingangs der vollständigen Beschwerdeakte (§ 20 Abs. 1 S. 2 VSBG) durch die Gelegenheit zur Stellungnahme der Parteien (§ 17 Abs. 1) erscheint praxisfern. Da die tatsächliche **Akzeptanz der Verfahren maßgeblich von einer zügigen Erledigung abhängt**, sollten die Verbraucherschlichtungsstellen auch im eigenen Interesse für eine kurze Verfahrensdauer sorgen, indem sie zum Beispiel mit den teilnehmenden Unternehmen eine beschleunigte Bearbeitung mit kurzen Fristen für Stellungnahmen und Rückmeldungen zu Schlichtungsvorschlägen vereinbaren.

h) Weitere Verfahrensvorschriften. Die für jede Verbraucherschlichtungsstelle **spezifisch geltenden Einzelheiten zum Verfahren** ergeben sich aus ihrer jeweiligen **Verfahrensordnung** (§ 5 Abs. 1 VSBG). Die nachfolgenden weiteren Vorschriften sind daher nicht abschließend, sondern geben nur die gesetzlich geregelten allgemeinen **Mindestanforderungen** wieder.

82

83

---

86   *Röthemeyer* VSBG 2016 § 19 Rn. 45.
87   Siehe dazu auch *Tonner* ZKM 2015, 132 (135).
88   Alternativ wird dieses Mischverfahren beim Versicherungsombudsmann als einseitiges „Entscheidungsverfahren" klassifiziert, siehe *Tonner* ZKM 2015, 132 (135); *Berlin*, Alternative Streitbeilegung in Verbraucherkonflikten, S. 231.

84   Gemäß § 11 VSBG müssen „der **Antrag** auf Durchführung eines Streitbei-
     legungsverfahrens, Stellungnahmen, Belege und sonstige Mitteilungen"
     (auch) in Textform übermittelt werden können. Damit soll in Umsetzung
     von Art. 5 Abs. 2 c), d) ADR-Richtlinie sichergestellt werden, dass trotz der
     Vorteile elektronischer Kommunikation und dem bei zahlreichen Schlich-
     tungsstellen (zB Schlichtungsstelle für den öffentlichen Personenverkehr,
     Schlichtungsstelle Energie, Online-Schlichter) angebotenen **Online-Formu-
     lar** die Teilnahme am Verfahren auch offline und insofern als Beitrag zur
     Vermeidung potenzieller Zugangsbarrieren möglich ist.

85   Die **Verfahrenssprache ist grundsätzlich Deutsch**, weitere Sprachen können
     durch entsprechende Bestimmungen in der Verfahrensordnung oder durch
     Individualabrede bestimmt werden (§ 12 VSBG).

86   Den Parteien steht es in Umsetzung von Art. 8 b) ADR-Richtlinie frei, sich
     durch einen **Rechtsanwalt** oder sonstige zur Erbringung außergerichtlicher
     Rechtsdienstleistungen befugte Personen **vertreten zu lassen** (§ 13 VSBG).

87   Die Verbraucherschlichtungsstelle ist gemäß § 16 VSGB und in Umsetzung
     des Art. 7 ADR-Richtlinie nach Eröffnung des Verfahrens zu einer **umfas-
     senden Unterrichtung der Parteien über die wichtigsten Informationen zum
     Verfahren** verpflichtet, insbesondere über die Verfahrensordnung, das Ver-
     hältnis zum Gerichtsverfahren, die Möglichkeit einer Vertretung, die Kos-
     ten und die Freiwilligkeit.

88   Die Parteien erhalten im Einklang mit Art. 9 Abs. 1 a) ADR-Richtlinie
     rechtliches Gehör und können Tatsachen und Bewertungen vorbringen, die
     Verbraucherschlichtungsstelle kann dazu ggf. Fristen setzen (§ 17 Abs. 1
     VSBG). Eine **mündliche Erörterung** ist möglich (§ 17 Abs. 2 VSBG), wobei
     dazu regelmäßig **keine räumliche Anwesenheit** der Parteien erforderlich
     sein dürfte. Nach den Erfahrungen der bisherigen Schlichtungspraxis dürf-
     ten mündliche Erörterungen aufgrund der räumlichen Distanz und der an-
     gestrebten Effizienz des Verfahrens **primär telefonisch** stattfinden.

89   Die **Mitteilung über den Abschluss des Verfahrens** muss in Umsetzung des
     Art. 9 Abs. 1 c) ADR-Richtlinie schriftlich und mit den erforderlichen Er-
     läuterungen erfolgen (§ 21 Abs. 1 VSBG). Die Mitteilung dient im Falle
     einer gescheiterten Einigung zudem als Bescheinigung iSd § 15 a Abs. 3 S. 3
     EGZPO und ist als solche zu bezeichnen (§ 21 Abs. 2 VSBG).

90   Gemäß § 22 VSBG sind die Streitmittler und „die weiteren in die Durch-
     führung des Streitbeilegungsverfahrens eingebundenen Personen" bezüg-
     lich der ihnen in Ausübung ihrer Tätigkeit bekannt gewordenen Informa-
     tionen zu **Verschwiegenheit** verpflichtet, „soweit durch Rechtsvorschrift
     nichts anderes geregelt ist"; die Ausnahmen nach § 4 Abs. 3 MediationsG
     gelten entsprechend. Damit geht die nationale Umsetzung über die ADR-
     Richtlinie hinaus, wo entsprechende Vorgaben zur Vertraulichkeit fehlen.
     Der Gesetzgeber begründet dies damit, dass „ohne eine solche Verschwie-
     genheitspflicht (…) sich Parteien häufig gar nicht auf ein alternatives Kon-
     fliktbeilegungsverfahren einlassen" würden, und verweist auf **entsprechen-
     de Regelungen für die Mediation in § 4 MediationsG** (→ MediationsG § 4

Rn. 1 ff.) sowie für Schlichtungsverfahren in § 2 Abs. 4 SchlichtVerV, § 2 Abs. 5 KASchlichtV und § 4 Abs. 5 LuftSchlichtV.[89]

i) Ablehnungsgründe. Die Richtlinie definiert in Art. 5 Abs. 4 ADR-Richt- **91** linie einen **abschließenden Katalog an möglichen Ablehnungsgründen**, welche die Mitgliedsstaaten nach eigenem Ermessen umsetzen können, solange diese den Zugang zur alternativen Streitbeilegung „nicht erheblich beeinträchtigen". Die deutsche Umsetzung übernimmt diesen abschließenden Katalog an möglichen Ablehnungsgründen weitgehend und **überlässt den Schlichtungsstellen die nähere Ausgestaltung** in ihren Verfahrensordnungen. Allein die in Art. 5 Abs. 4 e) ADR-Richtlinie genannte Antragsfrist ab Zeitpunkt der Beschwerde beim Unternehmer wurde nicht übernommen, so dass ein Schlichtungsantrag zeitlich unbefristet zulässig ist und ggf. dann auf der Ebene der Begründetheit (Verjährung) scheitert.

Das VSBG definiert zunächst **(Standard-)Ablehnungsgründe** (§ 14 Abs. 1 **92** VSBG), wonach die Durchführung eines Streitbeilegungsverfahrens abgelehnt wird bei Streitigkeiten außerhalb der Zuständigkeit einer Verbraucherschlichtungsstelle (Nr. 1), fehlender vorheriger Geltendmachung des Anspruchs gegenüber dem Anspruchsgegner (Nr. 2) oder offensichtlicher Erfolglosigkeit oder Mutwilligkeit des Antrags, insbesondere weil der Anspruch bereits verjährt, die Streitigkeit bereits beigelegt oder ein Antrag auf Prozesskostenhilfe aus entsprechenden Gründen abgelehnt wurde (Nr. 3; vgl. Art. 5 Abs. 4 b) ADR-Richtlinie). Diese Ablehnungsgründe sind trotz der insofern etwas missverständlichen Formulierung jedoch nicht als zwingend, sondern vielmehr als eine Art Standardfall für Ablehnungen zu verstehen. Offenbar wollte der Gesetzgeber den Schlichtungsstellen in diesen Fällen die Ablehnung erleichtern. Ein ausnahmsloses Verbot wäre hingegen nicht interessengerecht. Denn es würde der Parteiautonomie widersprechen, wenn beide Parteien ein Schlichtungsverfahren wünschen, die Schlichtungsstelle diesen Wunsch dann aber ohne eigenes Ermessen ablehnen müsste.

Daneben gibt es **zahlreiche weitere Ablehnungsgründe**, welche eine Ver- **93** braucherschlichtungsstelle in ihrer Verfahrensordnung vorsehen kann: Gemäß § 11 Abs. 2 VSBG können folgende Ablehnungsgründe festgelegt werden: Die Angelegenheit ist bei einer anderen Verbraucherschlichtungsstelle anhängig oder wurde mit einem Verfahren zur Streitbeilegung abgeschlossen (Nr. 1; vgl. Art. 5 Abs. 4 c) ADR-Richtlinie); die Angelegenheit ist bei einem Gericht anhängig – es sei denn, es wurde nach § 278 a ZPO das Ruhen des Verfahrens angeordnet – oder wurde mit einer Sachentscheidung abgeschlossen (Nr. 2; vgl. Art. 5 Abs. 4 c) ADR-Richtlinie); der Streitwert unter- oder überschreitet eine bestimmte Höhe (Nr. 3; Art. 5 Abs. 4 d) ADR-Richtlinie); die Behandlung der Streitigkeit beeinträchtigt den effektiven Betrieb der Verbraucherschlichtungsstelle „ernsthaft", insbesondere weil die Klärung einen unangemessen hohen Aufwand bedeutet oder eine entscheidungserhebliche, nicht geklärte grundsätzliche Rechtsfrage betrifft (Nr. 4; vgl. Art. 5 Abs. 4 f.) ADR-Richtlinie).

---

89 BT-Drs. 18/5089, 64.

94   Noch im Regierungsentwurf war als weiterer Ablehnungsgrund die fehlende Beantwortung einer Beschwerde innerhalb von zwei Monaten bzw.
nach Vorgabe der jeweiligen Verfahrensordnung auch innerhalb einer kürzeren Frist vorgesehen (vgl. Art. 5 Abs. 4 a) ADR-Richtlinie). Der Rechtsausschuss wies auf das Risiko einer zwischenzeitlichen Verjährung während der Wartefrist von zwei Monaten hin (BT-Drs. 18/6904, 81). Daraufhin wurde die **fehlende Beantwortung durch das Unternehmen nunmehr
nicht als Ablehnungsgrund**, sondern vielmehr als Grund für die „Aussetzung" des Verfahrens formuliert, um dem Unternehmer die Möglichkeit
einer vollständigen Anerkennung des Anspruchs zu geben und gleichwohl
die Verjährung während dieses Zeitraums zu hemmen (Abs. 5).

95   Die **Ablehnung muss schriftlich mit Nennung des Ablehnungsgrundes** innerhalb von drei Wochen nach Eingang des Antrags erfolgen (Abs. 3) bzw.
ggf. nach Eintritt oder Bekanntwerden des Ablehnungsgrundes während
des Verfahrens (Abs. 4).

96   **j) Finanzierung.** Das Verfahren muss für Verbraucher gemäß Art. 8 c)
ADR-Richtlinie „kostenlos" oder allenfalls gegen eine nicht näher festge-
legte „Schutzgebühr" zugänglich sein. Die deutsche Umsetzung in § 23
Abs. 1 Hs. 1 VSGB sieht **grundsätzlich keine Kosten für Verbraucher** vor.
Dies entspricht der bisherigen Praxis bei den großen Schlichtungsstellen:
Für Verbraucher gänzlich kostenfrei sind – bis auf etwaige eigene Auslagen
– beispielsweise die Verfahren bei dem Versicherungsombudsmann (§ 14
Abs. 1 Verfahrensordnung), der Schlichtungsstelle für den öffentlichen Personenverkehr (§ 12 Abs. 1 Verfahrensordnung) oder dem Online-Schlichter
(§ 6 Schlichtungsordnung). Die Schlichtungsstelle bei der Bundesnetzagentur (§ 47 a TKG) trifft hingegen eine Kostenentscheidung nach „billigem
Ermessen" (§ 15 ff. Schlichtungsordnung). Bei „missbräuchlichen" Anträ-
gen kann jedoch ein Entgelt von bis zu EUR 30 erhoben werden, § 23
Abs. 1 Hs. 2 VSBG. In den Verfahrensordnungen der bestehenden Schlichtungsstellen ist nur vereinzelt eine Missbrauchsgebühr vorgesehen (zB § 11
Abs. 2 Verfahrensordnung der Schlichtungsstelle Energie). Wann genau
von einem Missbrauch auszugehen ist, lässt das VSGB offen. Die Gefahr
eines Missbrauchs dürfte jedoch eher eine theoretische Befürchtung von
Unternehmen ohne Schlichtungserfahrung sein, denn missbräuchliche Anträge spielen in der Praxis keine nennenswerte Rolle. Gleichwohl war dieser Punkt im Rahmen des Gesetzgebungsverfahrens sehr umstritten – Wirt-
schaftsvertreter wollten sich durch eine solche Gebühr schützen, Verbrau-
chervertreter befürchteten eine Verunsicherung und nicht gerechtfertigte
Abschreckung.

97   Die Finanzierung muss somit **primär von Seiten der Unternehmen oder
vom Staat** erfolgen. Die Verbraucherschlichtungsstelle kann ein „angemes-
senes Entgelt" vom Unternehmer verlangen (§ 23 Abs. 2 VSBG). Dies entspricht der Praxis in Deutschland, wonach die meisten Schlichtungsstellen
von der Wirtschaft finanziert werden: So werden beispielsweise der Versicherungsombudsmann, die Schlichtungsstelle Energie und die Schlichtungsstelle für den öffentlichen Personenverkehr von deren Mitgliedsunternehmen finanziert; eine gemeinsame Finanzierung durch Staat und Unterneh-

mer gibt es etwa beim Online-Schlichter sowie bei der ergänzend zuständigen Allgemeinen Schlichtungsstelle beim Zentrum für Schlichtung.

k) Informationspflichten. Damit die Schlichtungsangebote auch tatsächlich   **98**
genutzt werden können, ist die **Kenntnis über entsprechende Angebote zentrale Voraussetzung** für deren Nutzung. Dies gilt umso mehr vor dem Hintergrund, dass die Europäische Kommission das fehlende Bewusstsein von Verbrauchern über bestehende Angebote als eine Hauptursache für die vielerorts geringe Inanspruchnahme ausgemacht hat (Eg 5 ADR-Richtlinie). Daneben dient die Veröffentlichung von Informationen aber auch der Transparenz.

aa) Informationspflichten der Verbraucherschlichtungsstelle. Gemäß § 10   **99**
VSBG muss die Verbraucherschlichtungsstelle eine **Website unterhalten** mit Verfahrensordnung, Angaben zur Erreichbarkeit und Zuständigkeit, zu den Streitmittlern, zur Anerkennung als Verbraucherschlichtungsstelle, zum Verfahrensablauf und zu den Kosten (Abs. 1). Auf Anfrage müssen diese Informationen auch schriftlich übermittelt werden (Abs. 2). Diese Vorgaben erfolgten in Umsetzung von Art. 5 Abs. 2 a) und Art. 7 Abs. 1 ADR-Richtlinie.

Zudem muss die Verbraucherschlichtungsstelle einen **jährlichen „Tätig-**   **100**
keitsbericht" erstellen und diesen auf ihrer Webseite sowie auf Anfrage in Textform veröffentlichen (§ 34 Abs. 1 VSBG). Zusätzlich muss die **Verbraucherschlichtungsstelle alle zwei Jahre einen umfassenden „Evaluationsbericht"** für die Aufsichtsbehörde erstellen (§ 34 Abs. 2 VSBG), in welchem ua auch „auffällig häufig" auftretende Beschwerdeanlässe genannt werden sollen (§ 34 Abs. 3 VSBG). Mit diesen Berichtsanforderungen wird Art. 7 Abs. 2 ADR-Richtlinie Rechnung getragen.[90] Hinsichtlich des Umfangs ist die Verschwiegenheitspflicht nach § 22 VSBG zu beachten, nach der zB die Auswertungen anonymisiert darzustellen sind.

bb) Informationspflichten der Unternehmen. Entsprechend der Differen-   **101**
zierung in Art. 13 ADR-Richtlinie werden auch im deutschen Umsetzungsgesetz **je nach Zeitpunkt unterschiedliche Anforderungen** an die Informationspflichten der Unternehmer gestellt:

Gemäß der **„allgemeinen Informationspflicht"** in § 36 VSBG muss ein Un-   **102**
ternehmer „leicht zugänglich, klar und verständlich" auf seiner Webseite und in seinen AGB auf zwei Dinge hinweisen. Nach Abs. 1 Nr. 1 **„inwieweit er bereit ist oder verpflichtet ist, an Streitbeilegungsverfahren vor einer Verbraucherschlichtungsstelle teilzunehmen"**. Eine Ausnahme ist lediglich für kleine Unternehmer mit maximal zehn Beschäftigten vorgesehen (Abs. 3). Diese Regelung geht über die Vorgaben in Art. 13 Abs. 1 ADR-Richtlinie hinaus, wo eine entsprechende Informationspflicht nur für die teilnehmenden Unternehmer besteht. Diese weitergehende Informationspflicht dient dem Zweck, dass künftige Vertragspartner frühzeitig von der Teilnahmeverweigerung eines Unternehmers erfahren.[91] Gemäß Abs. 1 Nr. 2 müssen die tatsächlich teilnehmenden Unternehmer darüber hinaus-

---

90 Weitergehend wird die Veröffentlichung von Verfahrensergebnissen gefordert, siehe
     Tonner ZKM 2015, 132 (134).
91 Siehe Gesetzesbegründung BT-Drs. 18/5089, 75.

gehend auch die **Anschrift und Webseite der für sie zuständigen Verbraucherschlichtungsstelle** mitteilen.

103 Zusätzlich besteht eine **Informationspflicht nach Entstehen der Streitigkeit.** In Umsetzung von Art. 13 Abs. 3 ADR-Richtlinie muss der Unternehmer bei Beantwortung einer Verbraucherbeschwerde gemäß § 37 VSBG in Textform auf die zuständige Verbraucherschlichtungsstelle unter **Nennung von deren Anschrift und Website sowie unter Nennung seiner Teilnahmebereitschaft** hinweisen.

104 Beide **Informationspflichten sind in der Praxis von großer Bedeutung.** Zum einen ermöglichen sie dem Verbraucher die Kenntnis über das **noch vergleichsweise unbekannte Verfahren** der Schlichtung und über die für seinen Konflikt zuständige Stelle. Zum anderen könnte die Informationspflicht über die fehlende Teilnahme eines Unternehmens dem Verbraucher bereits vor Vertragsschluss bei der Wahl seines Vertragspartners helfen und insofern für Unternehmen aus Gründen der **Reputation** einen Anreiz zur Teilnahme an einem Schlichtungsverfahren darstellen.

105 **l) Private und behördliche Verbraucherschlichtungsstellen.** Der **Schwerpunkt** des VSBG liegt entsprechend der bisherigen Praxis in Deutschland **auf privaten Verbraucherschlichtungsstellen** (§ 3 ff. VSBG). Das Bundesamt für Justiz kann als zuständige Behörde auf Antrag private Verbraucherschlichtungsstellen anerkennen, wenn diese die gesetzlichen Voraussetzungen nach dem VSBG erfüllen (§§ 24–27 VSBG).

106 Behördliche Verbraucherschlichtungsstellen (§ 28 VSBG) sind subsidiär gegenüber bestehenden privaten Stellen,[92] was ebenfalls der bestehenden Architektur in einzelnen Wirtschaftsbereichen entspricht (zB §§ 57, 57 a LuftVG).

107 **m) Auffangschlichtungsstelle (Universalschlichtungsstelle und Forschungsprojekt).** Zur Gewährleistung eines lückenlosen Angebots werden sogenannte „Universalschlichtungsstellen" als Auffangstellen eingerichtet, welche **ergänzend zuständig** sind, wenn es an einem speziellen Angebot einer Verbraucherschlichtungsstelle fehlt. Im Rahmen des Gesetzgebungsverfahrens war ein **zentraler Streitpunkt zwischen Bund und Ländern,** ob die Auffangschlichtung und damit auch deren ergänzende Finanzierung zentral auf Bundesebene oder dezentral auf Länderebene erfolgen sollte.[93] Als Kompromisslösung ist die **Zuständigkeit nun formal bei den Ländern** belassen (§ 29 Abs. 1 VSBG), wobei im Rahmen eines „wissenschaftlichen Forschungsvorhabens" eine „Allgemeine Verbraucherschlichtungsstelle" vom Bundesministerium der Justiz und für Verbraucherschutz zunächst bis Ende 2019 gefördert werden soll (§ 43 VSBG). Dies ermöglicht **faktisch die ergänzende Finanzierung einer bundesweit zentralen Auffangschlichtungsstelle** und damit ausweislich der Gesetzesbegründung „bis zum Ende der Laufzeit der vorgesehenen Förderung der Allgemeinen Verbraucherschlichtungsstelle (…) ein ausreichendes Schlichtungsangebot, so dass die Länder nach § 29 Abs. 2 VSBG von der Einrichtung von Universalschlichtungsstel-

---

92 Siehe Gesetzesbegründung BT-Drs. 18/5089, 67.
93 Siehe *Tonner* ZKM 2015, 132 (133); *Niewisch-Lennartz* ZKM 2015, 136 (139).

len absehen können."[94] Wahrgenommen wird diese Aufgabe von der Allgemeinen Verbraucherschlichtungsstelle des Zentrums für Schlichtung in Kehl.[95]

n) Verordnungsermächtigung. Die Bundesregierung kann ergänzende Regelungen mit Zustimmung des Bundesrates im Rahmen einer Rechtsverordnung treffen (§ 42 VSBG).   **108**

o) Zentrale Anlaufstelle. Das **Bundesamt für Justiz** ist die zentrale Anlaufstelle für Verbraucherschlichtung (§ 32 Abs. 1 VSBG), welche eine Liste über die Verbraucherschlichtungsstellen in Deutschland führt und an die Europäische Kommission für deren ODR-Plattform (→ Rn. 44.) weiterleitet (§ 33 Abs. 1 VSBG). Die zentrale Anlaufstelle verfasst erstmals zum 9.7.2018 und danach alle vier Jahre einen **Bericht über die Tätigkeit der deutschen Verbraucherschlichtungsstellen** und übermittelt diesen „Verbraucherschlichtungsbericht" an die Europäische Kommission (§ 35 VSBG).   **109**

2. Branchenspezifische Regelungen. Neben branchenunabhängigen Regelungen zur alternativen Streitbeilegung wie dem Güteverfahren nach § 15 a EGZPO oder der Mediation nach dem Mediationsgesetz sind die **bestehenden praxisrelevanten Bestimmungen vor allem branchenspezifisch** für einzelne Wirtschaftsbereiche.[96]   **110**

Die branchenspezifischen Regelungen (→ Rn. 21 ff.) bestehen mehrheitlich aus **nur einem einzigen Paragrafen**, der typischerweise mit der Bezeichnung „Schlichtungsstelle" überschrieben ist. Sie regeln **ausschließlich Verhandlungs- und Vorschlagsverfahren**, also nicht Entscheidungsverfahren. Das Hinwirken auf eine gütliche Einigung ohne Entscheidungsbefugnis (Einigungs- und Vorschlagsverfahren) ist für einige Sektoren explizit geregelt (zB § 47 TKG), andere Vorschriften lassen die genaue Ausgestaltung des Verfahrens offen. Während die Teilnahme am Schlichtungsverfahren **für Verbraucher stets freiwillig** ist, ist je nach Sektor die Beteiligung für Unternehmer teilweise verpflichtend. Eine **verpflichtende Teilnahme für Unternehmer** besteht insbesondere im Bereich Energie (§ 111 b EnWG) und – durch die behördliche Auffangstelle beim Bundesamt für Justiz (→ Rn. 28) – auch im Luftverkehr (§§ 57, 57 a LuftVG).   **111**

V. Verbraucher-ADR und Mediation

Seit einigen Jahren sind Mediation und Verbraucher-ADR auf europäischer und nationaler Ebene die wohl **dynamischsten Bereiche im Spektrum der Alternativen Streitbeilegung**. Die Wesensmerkmale und Einsatzfelder sind dabei unterschiedlich: Mediation bezeichnet ein bestimmtes ADR-Verfahren ohne Einschränkung auf bestimmte Konflikte. Verbraucher-ADR bezeichnet als Oberbegriff grundsätzlich alle ADR-Verfahren mit der Einschränkung auf Verbraucherkonflikte. Zwischen den beiden Ebenen gibt es **mehrere Berührungspunkte**: Die einschlägigen Rechtsvorschriften nehmen jeweils Bezug aufeinander (1.) und auch in der Praxis gibt es Schnittmengen (2.)   **112**

---

94 Siehe Gesetzesbegründung BT-Drs. 18/6904, 83.
95 Siehe https://www.verbraucher-schlichter.de (zuletzt abgerufen am 1.3.2017).
96 Siehe ausführlich auch *Berlin*, Alternative Streitbeilegung in Verbraucherkonflikten, S. 78 ff.

113 **1. Rechtliches Verhältnis.** Die Regelungen im Mediationsrechts enthalten Bestimmungen zu Verbraucherkonflikten und die Regelungen zu Verbraucher-ADR betreffen punktuell auch Mediationsverfahren.

114 **a) Regelungen im Mediationsrecht zu Verbraucherkonflikten.** Die Mediations-Richtlinie nimmt auf Verbraucherkonflikte explizit Bezug. Zudem ergeben sich aus dem nationalen Umsetzungsgesetz Auswirkungen auf Verbraucher-ADR.

115 **aa) Mediations-Richtlinie.** In der Mediations-Richtlinie wird innerhalb der **Erwägungsgründe** an zwei Stellen Bezug auf Verbraucherstreitigkeiten genommen: Gemäß Erwägungsgrund Nr. 11 soll die Mediations-Richtlinie ausdrücklich keine Geltung für „schiedsrichterliche Verfahren, wie beispielsweise [...] Verbraucherbeschwerdeverfahren" haben. Eine grundsätzliche Nichtanwendung der Richtlinie auf das gesamte Spektrum der Verfahren von Verbraucher-ADR (→ Rn. 41, 60) lässt sich daraus jedoch nicht entnehmen. Vielmehr ergibt sich aus Erwägungsgrund Nr. 18, dass Mediation auch „im Bereich des Verbraucherschutzes" erfolgen kann und die Mediatoren dann zusätzlich zu den Vorgaben der Mediations-Richtlinie die Verfahrensgrundsätze nach der Empfehlung 2001/310/EG (→ Rn. 36) beachten sollen.

116 **bb) Umsetzungsgesetz zur Mediations-Richtlinie.** Bereits der **Name des deutschen Umsetzungsgesetzes** „zur Förderung der Mediation und anderer Verfahren der außergerichtlichen Konfliktbeilegung"[97] bringt zum Ausdruck, dass **neben Mediation auch andere Verfahren erfasst** sind. Relevanz für Verbraucher-ADR haben daher neben dem MediationsG auch die weiteren, durch das Umsetzungsgesetz eingeführten Regelungen:

117 ■ Wird Verbraucher-ADR als Mediation iSd **MediationsG** durchgeführt, so gelten die dort genannten Anforderungen kumulativ zu den Anforderungen zu den für Verbraucher-ADR spezifischen Anforderungen (→ Rn. 36 ff.). Bedeutung erlangt in diesem Zusammenhang insbesondere die **Verschwiegenheitspflicht** in § 4 MediationsG, welche die besondere Vertraulichkeit der Mediation betont und als Gegenpol zu dem in der ADR-Richtlinie verankerten und im VSBG entsprechend umgesetzten Transparenzgrundsatz (→ Rn. 43, 98 ff.) erscheinen mag.[98] Gleichwohl dürften die Transparenzerfordernisse nach der ADR-Richtlinie wie zB die in Art. 7 Abs. 2 geforderten jährlichen Tätigkeitsberichte mit Nennung von Anzahl, Problemstellungen und Ausgang der Verfahren mit der Verschwiegenheitspflicht nach § 4 MediationsG vereinbar sein, da die Tätigkeitsberichte eher statistischen Charakter haben und nicht namentlich Bezug auf einzelne Verfahren nehmen müssen. Zudem ist nun auch unter expliziter Bezugnahme auf das MediationsG in § 22 VSBG das Erfordernis von Verschwiegenheit in der Verbraucherstreitbeilegung geregelt (→ Rn. 90).

---

[97] Gesetz v. 21.7.2012 (BGBl. I 2012, S. 1577), nachfolgend zitiert als „Umsetzungsgesetz".

[98] Ausführlich zum Spannungsverhältnis: *Berlin*, Transparenz und Vertraulichkeit im Schlichtungsverfahren – Zur Frage der Veröffentlichung von Verfahrensergebnissen, VuR-Sonderheft/2016, 35.

- Außerhalb des MediationsG lässt vor allem die Änderung der Zivilpro- **118**
zessordnung in **Art. 2 des Umsetzungsgesetzes** stärkere Relevanz für
Verbraucher-ADR erwarten. Insbesondere die Ausführungen zu den
Anforderungen der Klageschrift über den vorherigen Versuch der
Streitbeilegung im Rahmen „eines anderen Verfahrens der außergerichtlichen Konfliktbeilegung" iSd **§ 253 Abs. 3 ZPO** (→ ZPO § 253
Rn. 1 ff.) könnten bereits **vor** Klageerhebung die Auseinandersetzung
mit der „Option" Verbraucher-ADR fördern. Abzuwarten bleibt hingegen für die Zeit **nach** Klageerhebung, welche Relevanz die Möglichkeit
des Vorschlags zur Durchführung einer außergerichtlichen Konfliktbeilegung nach **§ 278 a ZPO** (→ ZPO § 278 a Rn. 1 ff.) für Verbraucher-
ADR haben wird. Dies wird maßgeblich davon abhängig sein, inwieweit die Gerichte die ADR-Stellen als eine sinnvolle Ergänzung und
Entlastung begreifen, welche mit ihren jeweiligen Branchenspezialisie-
rungen ggf. schnellere, sach- und interessengerechtere Lösungen vermitteln können, als es den an die aufwändigeren prozessrechtlichen
Vorgaben gebundenen Gerichten mit ihren breiten Allgemeinzuständig-
keiten möglich ist.

- Von den übrigen Änderungen des Umsetzungsgesetzes, insbesondere in **119**
den **sonstigen Gesetzen**, sind aus heutiger Sicht keine wesentlichen
Auswirkungen für Verbraucher-ADR zu erwarten.

b) Regelungen im Verbraucherstreitbeilegungsrecht zu Mediation. Wäh- **120**
rend die ADR-Richtlinie noch stärker die Verfahrensoffenheit betonte (→
Rn. 41, 60), liegt der Schwerpunkt der deutschen Umsetzung auf der Verbraucherschlichtung iSv Vorschlagsverfahren (→ Rn. 60). Gleichwohl gibt
es sowohl in der Richtlinie als auch im VSBG Bezugnahmen auf die Mediation (→ Rn. 61).

aa) ADR-Richtlinie. Die ADR-Richtlinie bezieht sich auf alle Arten von **121**
ADR-Verfahren, einschließlich der Mediations-Verfahren nach der Mediations-Richtlinie. Ähnlich wie in der Mediations-Richtlinie[99] ist die jeweilige
Bezeichnung des Verfahrens unerheblich. Vielmehr erfolgt in Art. 2 Nr. 1
der ADR-Richtlinie eine rein **funktionale Bestimmung.** Demnach sind von
der ADR-Richtlinie alle Verfahren umfasst, bei denen der/die Dritte „eine
Lösung vorschlägt oder auferlegt oder die Parteien mit dem Ziel zusammenbringt, sie zu einer gütlichen Einigung zu veranlassen". Unter der letztgenannten, dritten Variante könnten nach dem hier verwendeten Verständnis[100] insbesondere Mediationsverfahren subsumiert werden.

Die ADR-Richtlinie bestimmt in Art. 3 Abs. 2 und ergänzend in Erwä- **122**
gungsgrund Nr. 19, dass die ADR-Richtlinie bei Kollisionen mit bestehenden Rechtsakten zwar grundsätzlich Vorrang haben soll, wobei jedoch die
Mediations-Richtlinie „nicht berührt" werde.

Die **ADR-Richtlinie beschränkt also nicht die Möglichkeit** zur Durchfüh- **123**
rung eines Mediationsverfahrens in Verbraucherkonflikten.

---

99 Art. 3 lit. a) Med-RiLi, in der Mediation „unabhängig von seiner Bezeichnung"
     definiert wird.
100 Siehe für das Verständnis von Mediation und deren zu Grunde liegenden Prinzipi-
     en den Beitrag von *Gläßer* (→ MediationsG § 2 Rn. 12 ff., 114 ff.).

124 **bb) Umsetzungsgesetz zur ADR-Richtlinie.** Im Vergleich zur ADR-Richtlinie ist das **VSBG weniger verfahrensneutral.** Explizit ausgeschlossen sind jedoch nur für Verbraucher verbindliche Entscheidungsverfahren, § 5 Abs. 2 VSBG (→ Rn. 62), während Mediationsverfahren gemäß § 18 VSBG ausdrücklich möglich sind (→ Rn. 61). Gleichwohl liegt der **Schwerpunkt des VSBG nicht auf der Mediation,** sondern klar auf dem Schlichtungsverfahren, zB durch den zentralen Begriff der Verbraucherschlichtungsstelle (§§ 2 ff. VSBG) und den umfassenden Regelungen zum Schlichtungsvorschlag (§ 19 VSBG). Vor diesem Hintergrund etwas überraschend ist die erst am Ende des Gesetzgebungsverfahrens eingeführte Variante in § 6 Abs. 2 VSBG für die Qualifikation des Streitmittlers als „zertifizierter Mediator" (→ Rn. 65 ff.).

125 **2. Verhältnis in der Praxis.** In der Praxis zeigen sich zwischen den typischen Verfahren von Verbraucher-ADR und Mediation **zunächst erhebliche Unterschiede.** Auf den zweiten Blick lassen sich **jedoch auch Schnittmengen** und ein Potential für den Einsatz mediativer Elemente identifizieren.

126 **a) Unterschiede.** „Klassische" Mediationsverfahren, bei denen die Parteien räumlich mit dem Mediator zusammenkommen und in mehreren Sitzungen die verschiedenen „Phasen"[101] mit dem Ziel einer von den Parteien erarbeiteten Konfliktlösung durchlaufen, dürften im Kontext von Verbraucher-ADR **vergleichsweise selten** sein. Zwar werden in einigen EU-Nachbarländern ADR-Verfahren in Verbraucherkonflikten als „Mediation" bezeichnet.[102] Dabei ergeht jedoch häufig ein Lösungsvorschlag durch die ADR-Stelle, so dass es sich bei funktionaler Betrachtung nach dem hier zu Grunde gelegten Verständnis von Mediation (→ MediationsG § 1 Rn. 11) weniger um ein Mediationsverfahren als vielmehr um ein Schlichtungsverfahren handelt.[103] Die insgesamt eher **geringe Relevanz von Mediation im Bereich Verbraucher-ADR** dürfte an den jeweils verschiedenen Ausrichtungen von Mediation und Verbraucher-ADR liegen. Geht es bei Verbraucher-ADR üblicherweise um eine effiziente, kostengünstige und schnelle Streitbeilegung, bei der es im Rahmen der standardisierten Verfahrensabläufe häufig nicht zu einem direkten Gespräch zwischen den Parteien kommt, setzt Mediation gerade auf einen intensiven direkten Kommunikationsprozess zwischen den Parteien und beansprucht vergleichsweise viel Zeit zur individuellen Lösungsfindung.

127 Die **Unterschiede typischer Verfahrenscharakteristika** von Mediation und Verbraucher-ADR sind in der nachfolgenden Tabelle vereinfacht und **typisierend zusammengefasst.** Dabei wird unter „Mediation" eine nicht evaluative, interessenorientierte Mediation verstanden und unter „Verbraucher-ADR" die in Deutschland verbreitete branchenspezifische Verbraucherschlichtung.

---

101 Siehe zum Phasenmodell den Beitrag von *Hagel* (→ MediationsG § 1 Rn. 10).
102 So jedenfalls bei direkter Übersetzung der Begriffe, zB französisch „médiation" und englisch „mediation".
103 Siehe Fn. 27.

	Mediation	Verbraucher-ADR
Konflikt	Es geht eher um viel (Beziehung, Geld, etc).	Es geht zumeist um geringwertige Streitigkeiten.
	Konflikt oft auch auf der Beziehungsebene	Konflikt zumeist auf der Sachebene
Parteien	auf Augenhöhe	Machtasymmetrie
Verfahren	Tiefergehende Konfliktbearbeitung: ggf. höherer Einsatz von Geld und Zeit für Verfahren	Effizienz: geringer Einsatz von Geld und Zeit für Verfahren
	mündliches Gespräch, persönlich mit allen Parteien	primär schriftliche, asynchrone Fernkommunikation
	Fokus: Interessenorientierung	Fokus: Rechtsorientierung
	maßgeschneidertes Individualverfahren	standardisiertes Massenverfahren
	Vertrauen v.a. in Person des Mediators	Vertrauen v.a. in Institution der Schlichtungsstelle
Streitmittler	idR freiberufliche Einzel- oder Co-Mediatoren	idR bei Schlichtungsstellen angestellte Juristen
	Expertise in Kommunikation, Psychologie und Verhandlungsführung (ggf. zusätzl. Fachkompetenz)	Expertise in (branchenspezifischen) Sach- und Rechtsfragen

b) Schnittmengen. Die Schnittmengen zu Verbraucher-ADR sind bezüglich   128
klassischer Mediationsverfahren möglich, häufiger jedoch bezüglich des
Einsatzes mediativer Elemente.

aa) Mediation in Verbraucherkonflikten. Klassische Mediationsverfahren   129
iSd MediationsG nach dem Phasenmodell sind bei Verbraucherstreitigkeiten **denkbar, wo es „um viel" geht** – typischerweise bei Konflikten mit hoher wirtschaftlicher Bedeutung oder engen persönlichen Beziehungen.

In Österreich bietet beispielsweise die **Ombudsstelle Fertighaus** bei **Streitig-**   130
keiten zwischen Bauherren und Bauunternehmern ein mündliches Mediationsverfahren nach dem österreichischen Zivilrechtsmediationsgesetz an.[104]

Denkbar wären Mediationsverfahren auch in anderen Verbraucherkonflik-   131
ten, so etwa bei langfristig angelegte **Dauerschuldverhältnissen mit persön-**
lichem Bezug (zB Probleme mit Vermieter einer Einliegerwohnung).

---

104 Siehe http://www.ombudsstelle-fertighaus (zuletzt abgerufen am 1.3.2017).

132 **bb) Mediative Elemente bei Verbraucherschlichtung.** Daneben lassen sich einzelne Elemente und Verfahrensgrundsätze der Mediation gut in Verfahren der Verbraucher-ADR integrieren, zB Freiwilligkeit, Eigenverantwortlichkeit und Einvernehmlichkeit iSd § 1 Abs. 2 MediationsG (→ MediationsG § 1 Rn. 14 ff.), auch mediative Kommunikationstechniken oder die Interessenorientierung bei der Lösungssuche.[105]

133 **(1) Aktives Zuhören.** Ähnlich wie bei der Mediation kann auch bei Verbraucher-ADR der Klärung des Sachverhalts eine zentrale Bedeutung zukommen. Hier können mediative Techniken wie zB die **Verständnissicherung** durch sog „aktives Zuhören"[106] (sowohl mündlich bei telefonischen Rückfragen als auch schriftlich durch eine sorgfältige Sachverhaltsdarlegung) dazu führen, dass Anliegen und Sachverhalt klar erfasst werden und dass unabhängig vom Ergebnis des ADR-Verfahrens bereits die Sachverhaltsklärung eine Genugtuung für Verbraucher herbeiführt, die sich nach vorheriger, häufig standardisiert abgefasster Beantwortung ihrer Beschwerde durch das Unternehmen erstmals im ADR-Verfahren ernstgenommen und verstanden fühlen.[107] In der Praxis kommt dies zB zum Ausdruck, wenn sich Verbraucher bei ADR-Stellen überschwänglich allein für die nachvollziehbare und sorgfältige Aufbereitung des Sachverhalts bedanken, auch wenn sie im Rahmen des ADR-Verfahrens ihre ursprüngliche Forderung nicht durchsetzen konnten.[108]

134 **(2) Interessenorientierung.** Eine weitere Chance für den Einsatz mediativer Elemente bei Verbraucher-ADR ist die **Einbeziehung der dem Verbraucherkonflikt zugrunde liegenden Interessen** der Konfliktparteien. Während bei Gerichtsverfahren primär nur das (Nicht-)Bestehen von Rechtsansprüchen geprüft wird und die Gerichtsurteile den gesetzlich angeordneten Rechtsfolgen entsprechen müssen, können ADR-Verfahren (ggf.) im Anschluss an eine formal juristische Prüfung auch Emotionen und die betroffenen nichtjustitiablen Interessen (zB einerseits Wunsch nach Stärkung/Erhalt der Kundenbeziehung sowie Vermeidung von „Präzedenzfällen" aus Unternehmensperspektive und andererseits nach schneller, pragmatischer Abhilfe des Beschwerdeanlasses sowie Wertschätzung als treuer Kunde aus Verbrauchersicht) beleuchten und sie im Rahmen der Konfliktlösung berücksichtigen (zB ein Kulanz-Gutschein oder ein persönliches Entschuldigungsschreiben neben/anstelle einer Geldzahlung). Eine solche Interessenorientierung trägt zu einer flexibleren und individuelleren Konfliktbeilegung bei, die hinsichtlich möglicher Win-win-Lösungen Mehrwert schafft und zu **stärkerer Zufriedenheit** der Parteien führen kann.

---

105 In diesem Sinne auch die Forderung des Rechtsausschusses im Deutschen Bundestag an die Bundesregierung, BT-Drs. 18/6904, 77.

106 Siehe *Gläßer*, Mediative Interventionen, in: Haft/v. Schlieffen, Handbuch Mediation, 3. Aufl. 2016, 357 ff.

107 Siehe *Creutzfeldts* empirische Untersuchung „Trusting the middle man" zur Zufriedenheit von Verbrauchern nach Abschluss eines ADR-Verfahrens, bisher nur online unter https://www.law.ox.ac.uk/trusting-middle-man-impact-and-legitimacy-ombudsmen-europe/project-reports (zuletzt abgerufen am 1.3.2017).

108 Siehe für das Beispiel der *Schlichtungsstelle für den öffentlichen Personenverkehr (söp)* Ausführungen in deren Jahresbericht 2011, S. 15 f.; abrufbar unter https://soep-online.de/assets/files/Service/20120327_soep_Jahresbericht-2011.pdf (zuletzt abgerufen am 1.3.2017).

VI. Ausblick

Die **Diskurse** zu Mediation und Verbraucher-ADR wurden – wenn auch   135
zeitversetzt – erstaunlich „parallel" und ohne gegenseitige Bezugnahme geführt.[109] Die traditionell stärker am Gerichtsprozess orientierten Akteure
von Verbraucher-ADR und die klassische „Mediationsszene" schienen
kaum Schnittpunkte miteinander zu haben. Das dürfte sich insbesondere
mit wachsender Relevanz und Bekanntheit von Verbraucher-ADR ändern.
Die Sorge vor gegenseitiger Konkurrenz in der **Praxis** erscheint aufgrund
der dargestellten Unterschiede fernliegend. Vielmehr besteht auch in Wissenschaft und Praxis die **Chance zu beidseitigen Synergien und Erkenntnis-
gewinnen.**

Das **Potential für Verbraucher-ADR ist beträchtlich.** Schon heute dürfte es   136
sich um das zahlenmäßig bedeutendste ADR-Verfahren in Deutschland
handeln (→ Rn. 20). Dies könnte auch zu einer Stärkung von ADR insgesamt führen, wenn durch niedrigschwellige (kostenlose) Verbraucherschlichtung erstmals **große Bevölkerungsteile positive Erfahrungen mit alternativer Streitbeilegung** machen und bei anderen Konflikten dann auch
andere Verfahren der alternativen Streitbeilegung wie zB eine **Mediation
eher in Erwägung ziehen** könnten.

---

109   Siehe dazu den Aufruf zur Verknüpfung rechtspolitischer Diskurse von *Gläßer*,
      Verbraucher-ADR und Mediation, in: Althammer, Verbraucherstreitbeilegung:
      Aktuelle Perspektiven für die Umsetzung der ADR-Richtlinie, 2015, S. 85; *dies.*
      Konfliktdynamik 2016, 26 ff.

Anhang

EUROPÄISCHER VERHALTENSKODEX FÜR MEDIATOREN

Der vorliegende Verhaltenskodex stellt Grundsätze auf, zu deren Einhaltung einzelne Mediatoren sich freiwillig und eigenverantwortlich verpflichten können. Der Kodex kann von Mediatoren in den verschiedenen Arten der Mediation in Zivil- und Handelssachen benutzt werden.

Organisationen, die Mediationsdienste erbringen, können sich ebenfalls zur Einhaltung verpflichten, indem sie die in ihrem Namen tätigen Mediatoren zur Befolgung des Verhaltenskodexes auffordern. Organisationen können Informationen über die Maßnahmen, die sie zur Förderung der Einhaltung des Kodexes durch einzelne Mediatoren ergreifen, zum Beispiel Schulung, Bewertung und Überwachung, zur Verfügung stellen.

Für die Zwecke des Verhaltenskodexes bezeichnet Mediation ein strukturiertes Verfahren unabhängig von seiner Bezeichnung, in dem zwei oder mehr Streitparteien mit Hilfe eines Dritten (nachstehend „Mediator") auf freiwilliger Basis selbst versuchen, eine Vereinbarung über die Beilegung ihrer Streitigkeiten zu erzielen.

Die Einhaltung des Verhaltenskodexes lässt die einschlägigen nationalen Rechtsvorschriften oder Bestimmungen zur Regelung einzelner Berufe unberührt.

Organisationen, die Mediationsdienste erbringen, möchten möglicherweise detailliertere Kodexe entwickeln, die auf ihr spezielles Umfeld, die Art der von ihnen angebotenen Mediationsdienste oder auf besondere Bereiche (z. B. Mediation in Familiensachen oder Verbraucherfragen) ausgerichtet sind.

1. FACHLICHE EIGNUNG, ERNENNUNG UND VERGÜTUNG VON MEDIATOREN SOWIE WERBUNG FÜR IHRE DIENSTE

1.1. Fachliche Eignung

Mediatoren müssen in Mediationsverfahren sachkundig und kenntnisreich sein. Sie müssen eine einschlägige Ausbildung und kontinuierliche Fortbildung sowie Erfahrung in der Anwendung von Mediationstechniken auf der Grundlage einschlägiger Standards oder Zulassungsregelungen vorweisen.

1.2. Ernennung

Die Mediatoren müssen mit den Parteien die Termine für das Mediationsverfahren vereinbaren. Mediatoren müssen sich hinreichend vergewissern, dass sie einen geeigneten Hintergrund für die Mediationsaufgabe mitbringen und dass ihre Sachkunde in einem bestimmten Fall dafür angemessen ist, bevor sie die Ernennung annehmen, und müssen den Parteien auf ihren Antrag Informationen zu ihrem Hintergrund und ihrer Erfahrung zur Verfügung stellen.

1.3. Vergütung

Soweit nicht bereits verfügbar, müssen die Mediatoren den Parteien stets vollständige Auskünfte über die Vergütungsregelung, die sie anzuwenden gedenken, erteilen. Sie dürfen kein Mediationsverfahren annehmen, bevor nicht die Grundsätze ihrer Vergütung von allen Parteien akzeptiert wurden.

1.4. Werbung für Mediationsdienste

Mediatoren dürfen für ihre Tätigkeit werben, sofern sie dies auf professionelle, ehrliche und redliche Art und Weise tun.

2. UNABHÄNGIGKEIT UND UNPARTEILICHKEIT

2.1. Unabhängigkeit

Gibt es Umstände, die die Unabhängigkeit eines Mediators beeinträchtigen oder zu einem Interessenkonflikt führen könnten oder den Anschein erwecken, dass sie seine Unabhängigkeit beeinträchtigen oder zu einem Interessenkonflikt führen, muss der Mediator diese Umstände offenlegen bevor er seine Tätigkeit wahrnimmt oder bevor er diese fortsetzt, wenn er sie bereits aufgenommen hat.

Zu diesen Umständen gehören

– eine persönliche oder geschäftliche Verbindung zu einer oder mehreren Parteien,

– ein finanzielles oder sonstiges direktes oder indirektes Interesse am Ergebnis der Mediation,

–   eine anderweitige Tätigkeit des Mediators oder eines Mitarbeiters seines Unternehmens für eine oder mehrere der Parteien.

In solchen Fällen darf der Mediator die Mediationstätigkeit nur wahrnehmen bzw. fortsetzen, wenn er sicher ist, dass er die Aufgabe vollkommen unabhängig durchführen kann, sodass vollkommene Unparteilichkeit gewährleistet ist, und wenn die Parteien ausdrücklich zustimmen.

Die Offenlegungspflicht besteht während des gesamten Mediationsverfahrens.

2.2. Unparteilichkeit

Die Mediatoren haben in ihrem Handeln den Parteien gegenüber stets unparteiisch zu sein und sich darum zu bemühen, in ihrem Handeln als unparteiisch wahrgenommen zu werden, und sind verpflichtet, im Mediationsverfahren allen Parteien gleichermaßen zu dienen.

3. MEDIATIONSVEREINBARUNG, VERLAUF UND ENDE DES VERFAHRENS

3.1. Verfahren

Der Mediator muss sich vergewissern, dass die Parteien des Mediationsverfahrens das Verfahren und die Aufgaben des Mediators und der beteiligten Parteien verstanden haben.

Der Mediator muss insbesondere gewährleisten, dass die Parteien vor Beginn des Mediationsverfahrens die Voraussetzungen und Bedingungen der Mediationsvereinbarung, darunter insbesondere die einschlägigen Regelungen über die Verpflichtung des Mediators und der Parteien zur Vertraulichkeit, verstanden und sich ausdrücklich damit einverstanden erklärt haben.

Die Mediationsvereinbarung kann auf Antrag der Parteien schriftlich abgefasst werden.

Der Mediator muss das Verfahren in angemessener Weise leiten und b die jeweiligen Umstände des Falls berücksichtigen, einschließlich einer möglichen ungleichen Kräfteverteilung und eventueller Wünsche der Parteien, sowie des Rechtsstaatsprinzips, und der Notwendigkeit einer raschen Streitbeilegung. Die Parteien können unter Bezugnahme auf vorhandene Regeln oder anderweitig mit dem Mediator das Verfahren vereinbaren, nach dem die Mediation vorgenommen werden soll.

Der Mediator kann die Parteien getrennt anhören, wenn er dies für zweckmäßig erachtet.

3.2.   Faires Verfahren

Der Mediator muss sicherstellen, dass alle Parteien in angemessener Weise in das Verfahren eingebunden sind.

Der Mediator muss die Parteien davon in Kenntnis setzen und kann das Mediationsverfahren beenden, wenn

–   er aufgrund der Umstände und seiner einschlägigen Urteilsfähigkeit die vereinbarte Regelung für nicht durchsetzbar oder für rechtswidrig hält oder

–   er der Meinung ist, dass eine Fortsetzung des Mediationsverfahrens aller Voraussicht nach nicht zu einer Regelung führen wird.

3.3.   Ende des Verfahrens

Der Mediator muss alle erforderlichen Maßnahmen ergreifen, um sicherzustellen, dass eine Vereinbarung der Parteien in voller Kenntnis der Sachlage einvernehmlich erzielt wird und dass alle Parteien den Inhalt der Vereinbarung verstehen.

Die Parteien können sich jederzeit aus dem Mediationsverfahren zurückziehen, ohne dies begründen zu müssen.

Der Mediator muss auf Antrag der Parteien im Rahmen seiner Sachkunde die Parteien darüber informieren, wie sie die Vereinbarung formalisieren können und welche Möglichkeiten bestehen, sie durchsetzbar zu machen.

4.   VERTRAULICHKEIT

Der Mediator muss die Vertraulichkeit aller Informationen aus dem Mediationsverfahren und im Zusammenhang damit wahren, einschließlich des Umstands, dass die Mediation stattfinden soll oder stattgefunden hat, es sei denn, er ist gesetzlich oder aus Gründen der öffentlichen Ordnung (ordre public) zur Offenlegung verpflichtet. Informationen, die eine der Parteien dem Mediator im Vertrauen mitgeteilt hat, dürfen nicht ohne Zustimmung an die anderen Parteien weitergegeben werden, es sei denn, es besteht eine gesetzliche Pflicht zur Weitergabe.

Richtlinie 2008/52/EG des Europäischen Parlaments und des Rates vom 21. Mai 2008 über bestimmte Aspekte der Mediation in Zivil- und Handelssachen

(ABl. L 136 vom 24.5.2008, S. 3)

DAS EUROPÄISCHE PARLAMENT UND DER RAT DER EUROPÄISCHEN UNION –

gestützt auf den Vertrag zur Gründung der Europäischen Gemeinschaft, insbesondere auf Artikel 61 Buchstabe c und Artikel 67 Absatz 5 zweiter Gedankenstrich,

auf Vorschlag der Kommission,

nach Stellungnahme des Europäischen Wirtschafts- und Sozialausschusses[1],

gemäß dem Verfahren des Artikels 251 des Vertrags[2],

in Erwägung nachstehender Gründe:

(1) Die Gemeinschaft hat sich zum Ziel gesetzt, einen Raum der Freiheit, der Sicherheit und des Rechts, in dem der freie Personenverkehr gewährleistet ist, zu erhalten und weiterzuentwickeln. Hierzu muss die Gemeinschaft unter anderem im Bereich der justiziellen Zusammenarbeit in Zivilsachen die für das reibungslose Funktionieren des Binnenmarkts erforderlichen Maßnahmen erlassen.

(2) Das Prinzip des Zugangs zum Recht ist von grundlegender Bedeutung; im Hinblick auf die Erleichterung eines besseren Zugangs zum Recht hat der Europäische Rat die Mitgliedstaaten auf seiner Tagung in Tampere am 15. und 16. Oktober 1999 aufgefordert, alternative außergerichtliche Verfahren zu schaffen.

(3) Im Mai 2000 nahm der Rat Schlussfolgerungen über alternative Streitbeilegungsverfahren im Zivil- und Handelsrecht an, in denen er festhielt, dass die Aufstellung grundlegender Prinzipien in diesem Bereich einen wesentlichen Schritt darstellt, der die Entwicklung und angemessene Anwendung außergerichtlicher Streitbeilegungsverfahren in Zivil- und Handelssachen und somit einen einfacheren und verbesserten Zugang zum Recht ermöglichen soll.

(4) Im April 2002 legte die Kommission ein Grünbuch über alternative Verfahren zur Streitbeilegung im Zivil- und Handelsrecht vor, in dem die bestehende Situation im Bereich der alternativen Verfahren der Streitbeilegung in der Europäischen Union dargelegt wird und mit dem umfassende Konsultationen mit den Mitgliedstaaten und interessierten Parteien über mögliche Maßnahmen zur Förderung der Nutzung der Mediation eingeleitet werden.

(5) Das Ziel der Sicherstellung eines besseren Zugangs zum Recht als Teil der Strategie der Europäischen Union zur Schaffung eines Raums der Freiheit, der Sicherheit und des Rechts sollte den Zugang sowohl zu gerichtlichen als auch zu außergerichtlichen Verfahren der Streitbeilegung umfassen. Diese Richtlinie sollte insbesondere in Bezug auf die Verfügbarkeit von Mediationsdiensten zum reibungslosen Funktionieren des Binnenmarkts beitragen.

(6) Die Mediation kann durch auf die Bedürfnisse der Parteien zugeschnittene Verfahren eine kostengünstige und rasche außergerichtliche Streitbeilegung in Zivil- und Handelssachen bieten. Vereinbarungen, die im Mediationsverfahren erzielt wurden, werden eher freiwillig eingehalten und wahren eher eine wohlwollende und zukunftsfähige Beziehung zwischen den Parteien. Diese Vorteile werden in Fällen mit grenzüberschreitenden Elementen noch deutlicher.

(7) Um die Nutzung der Mediation weiter zu fördern und sicherzustellen, dass die Parteien, die die Mediation in Anspruch nehmen, sich auf einen vorhersehbaren rechtlichen Rahmen verlassen können, ist es erforderlich, Rahmenregeln einzuführen, in denen insbesondere die wesentlichen Aspekte des Zivilprozessrechts behandelt werden.

---

1 ABl. C 286 vom 17.11.2005, S. 1.
2 Stellungnahme des Europäischen Parlaments vom 29. März 2007 (ABl. C 27 E vom 31.1.2008, S. 129), Gemeinsamer Standpunkt des Rates vom 28. Februar 2008 (noch nicht im Amtsblatt veröffentlicht) und Standpunkt des Europäischen Parlaments vom 23. April 2008 (noch nicht im Amtsblatt veröffentlicht).

(8) Die Bestimmungen dieser Richtlinie sollten nur für die Mediation bei grenzüberschreitenden Streitigkeiten gelten; den Mitgliedstaaten sollte es jedoch freistehen, diese Bestimmungen auch auf interne Mediationsverfahren anzuwenden.

(9) Diese Richtlinie sollte dem Einsatz moderner Kommunikationstechnologien im Mediationsverfahren in keiner Weise entgegenstehen.

(10) Diese Richtlinie sollte für Verfahren gelten, bei denen zwei oder mehr Parteien einer grenzüberschreitenden Streitigkeit mit Hilfe eines Mediators auf freiwilliger Basis selbst versuchen, eine gütliche Einigung über die Beilegung ihrer Streitigkeit zu erzielen. Sie sollte für Zivil- und Handelssachen gelten. Sie sollte jedoch nicht für Rechte und Pflichten gelten, über die die Parteien nach dem einschlägigen anwendbaren Recht nicht selbst verfügen können. Derartige Rechte und Pflichten finden sich besonders häufig im Familienrecht und im Arbeitsrecht.

(11) Diese Richtlinie sollte weder für vorvertragliche Verhandlungen gelten noch für schiedsrichterliche Verfahren, wie beispielsweise bestimmte gerichtliche Schlichtungsverfahren, Verbraucherbeschwerdeverfahren, Schiedsverfahren oder Schiedsgutachten, noch für Verfahren, die von Personen oder Stellen abgewickelt werden, die eine förmliche Empfehlung zur Streitbeilegung abgeben, unabhängig davon, ob diese rechtlich verbindlich ist oder nicht.

(12) Diese Richtlinie sollte für Fälle gelten, in denen ein Gericht die Parteien auf die Mediation verweist oder in denen nach nationalem Recht die Mediation vorgeschrieben ist. Ferner sollte diese Richtlinie dort, wo nach nationalem Recht ein Richter als Mediator tätig werden kann, auch für die Mediation durch einen Richter gelten, der nicht für ein Gerichtsverfahren in der oder den Streitsachen zuständig ist. Diese Richtlinie sollte sich jedoch nicht auf Bemühungen zur Streitbelegung durch das angerufene Gericht oder den angerufenen Richter im Rahmen des Gerichtsverfahrens über die betreffende Streitsache oder auf Fälle erstrecken, in denen das befasste Gericht oder der befasste Richter

eine sachkundige Person zur Unterstützung oder Beratung heranzieht.

(13) Die in dieser Richtlinie vorgesehene Mediation sollte ein auf Freiwilligkeit beruhendes Verfahren in dem Sinne sein, dass die Parteien selbst für das Verfahren verantwortlich sind und es nach ihrer eigenen Vorstellung organisieren und jederzeit beenden können. Nach nationalem Recht sollte es den Gerichten jedoch möglich sein, Fristen für ein Mediationsverfahren zu setzen. Außerdem sollten die Gerichte die Parteien auf die Möglichkeit der Mediation hinweisen können, wann immer dies zweckmäßig ist.

(14) Diese Richtlinie sollte nationale Rechtsvorschriften, nach denen die Inanspruchnahme der Mediation verpflichtend oder mit Anreizen oder Sanktionen verbunden ist, unberührt lassen, sofern diese Rechtsvorschriften die Parteien nicht daran hindern, ihr Recht auf Zugang zum Gerichtssystem wahrzunehmen. Ebenso sollte diese Richtlinie bestehende, auf Selbstverantwortlichkeit der Parteien beruhende Mediationssysteme unberührt lassen, insoweit sie Aspekte betreffen, die nicht unter diese Richtlinie fallen.

(15) Im Interesse der Rechtssicherheit sollte in dieser Richtlinie angegeben werden, welcher Zeitpunkt für die Feststellung maßgeblich ist, ob eine Streitigkeit, die die Parteien durch Mediation beizulegen versuchen, eine grenzüberschreitende Streitigkeit ist. Wurde keine schriftliche Vereinbarung getroffen, so sollte davon ausgegangen werden, dass die Parteien zu dem Zeitpunkt einer Inanspruchnahme der Mediation zustimmen, zu dem sie spezifische Schritte unternehmen, um das Mediationsverfahren einzuleiten.

(16) Um das nötige gegenseitige Vertrauen in Bezug auf die Vertraulichkeit, die Wirkung auf Verjährungsfristen sowie die Anerkennung und Vollstreckung von im Mediationsverfahren erzielten Vereinbarungen sicherzustellen, sollten die Mitgliedstaaten die Aus- und Fortbildung von Mediatoren und die Einrichtung wirksamer Mechanismen zur Qualitätskontrolle in Bezug auf die Erbringung von Mediationsdiensten mit allen ihnen geeignet erscheinenden Mitteln fördern.

(17) Die Mitgliedstaaten sollten derartige Mechanismen festlegen, die auch den Rückgriff auf marktgestützte Lösungen einschließen können, aber sie sollten nicht verpflichtet sein, diesbezüglich Finanzmittel bereitzustellen. Die Mechanismen sollten darauf abzielen, die Flexibilität des Mediationsverfahrens und die Autonomie der Parteien zu wahren und sicherzustellen, dass die Mediation auf wirksame, unparteiische und sachkundige Weise durchgeführt wird. Die Mediatoren sollten auf den Europäischen Verhaltenskodex für Mediatoren hingewiesen werden, der im Internet auch der breiten Öffentlichkeit zur Verfügung gestellt werden sollte.

(18) Im Bereich des Verbraucherschutzes hat die Kommission eine förmliche Empfehlung[3] mit Mindestqualitätskriterien angenommen, die an der einvernehmlichen Beilegung von Verbraucherstreitigkeiten beteiligte außergerichtliche Einrichtungen ihren Nutzern bieten sollten. Alle Mediatoren oder Organisationen, die in den Anwendungsbereich dieser Empfehlung fallen, sollten angehalten werden, die Grundsätze der Empfehlung zu beachten. Um die Verbreitung von Informationen über diese Einrichtungen zu erleichtern, sollte die Kommission eine Datenbank über außergerichtliche Verfahren einrichten, die nach Ansicht der Mitgliedstaaten die Grundsätze der genannten Empfehlung erfüllen.

(19) Die Mediation sollte nicht als geringerwertige Alternative zu Gerichtsverfahren in dem Sinne betrachtet werden, dass die Einhaltung von im Mediationsverfahren erzielten Vereinbarungen vom guten Willen der Parteien abhinge. Die Mitgliedstaaten sollten daher sicherstellen, dass die Parteien einer im Mediationsverfahren erzielten schriftlichen Vereinbarung veranlassen können, dass der Inhalt der Vereinbarung vollstreckbar gemacht wird. Ein Mitgliedstaat sollte es nur dann ableh-

nen können, eine Vereinbarung vollstreckbar zu machen, wenn deren Inhalt seinem Recht, einschließlich seines internationalen Privatrechts, zuwiderläuft oder die Vollstreckbarkeit des Inhalts der spezifischen Vereinbarung in seinem Recht nicht vorgesehen ist. Dies könnte der Fall sein, wenn die in der Vereinbarung bezeichnete Verpflichtung ihrem Wesen nach nicht vollstreckungsfähig ist.

(20) Der Inhalt einer im Mediationsverfahren erzielten Vereinbarung, die in einem Mitgliedstaat vollstreckbar gemacht wurde, sollte gemäß dem anwendbaren Gemeinschaftsrecht oder nationalen Recht in den anderen Mitgliedstaaten anerkannt und für vollstreckbar erklärt werden. Dies könnte beispielsweise auf der Grundlage der Verordnung (EG) Nr. 44/2001 des Rates vom 22. Dezember 2000 über die gerichtliche Zuständigkeit und die Anerkennung und Vollstreckung von Entscheidungen in Zivil- und Handelssachen[4] oder der Verordnung (EG) Nr. 2201/2003 des Rates vom 27. November 2003 über die Zuständigkeit und die Anerkennung und Vollstreckung von Entscheidungen in Ehesachen und in Verfahren betreffend die elterliche Verantwortung[5] erfolgen.

(21) In der Verordnung (EG) Nr. 2201/2003 ist ausdrücklich vorgesehen, dass Vereinbarungen zwischen den Parteien in dem Mitgliedstaat, in dem sie geschlossen wurden, vollstreckbar sein müssen, wenn sie in einem anderen Mitgliedstaat vollstreckbar sein sollen. In Fällen, in denen der Inhalt einer im Mediationsverfahren erzielten Vereinbarung über eine familienrechtliche Streitigkeit in dem Mitgliedstaat, in dem die Vereinbarung geschlossen und ihre Vollstreckbarkeit beantragt wurde, nicht vollstreckbar ist, sollte diese Richtlinie die Parteien daher nicht dazu veranlassen, das Recht dieses Mitgliedstaats

---

3 Empfehlung 2001/310/EG der Kommission vom 4. April 2001 über die Grundsätze für an der einvernehmlichen Beilegung von Verbraucherrechtsstreitigkeiten beteiligte außergerichtliche Einrichtungen (ABl. L 109 vom 19.4.2001, S. 56).

4 ABl. L 12 vom 16.1.2001, S. 1. Zuletzt geändert durch die Verordnung (EG) Nr. 1791/2006 (ABl. L 363 vom 20.12.2006, S. 1).

5 ABl. L 338 vom 23.12.2003, S. 1. Geändert durch die Verordnung (EG) Nr. 2116/2004 (ABl. L 367 vom 14.12.2004, S. 1).

zu umgehen, indem sie ihre Vereinbarung in einem anderen Mitgliedstaat vollstreckbar machen lassen.

(22) Die Vorschriften der Mitgliedstaaten für die Vollstreckung von im
Mediationsverfahren erzielten Vereinbarungen sollten von dieser
Richtlinie unberührt bleiben.

(23) Die Vertraulichkeit des Mediationsverfahrens ist wichtig und daher
sollte in dieser Richtlinie ein Min-
destmaß an Kompatibilität der zivilrechtlichen Verfahrensvorschriften
hinsichtlich der Wahrung der Vertraulichkeit der Mediation in nachfolgenden zivil- und handelsrechtlichen Gerichts- oder Schiedsverfahren vorgesehen werden.

(24) Um die Parteien dazu anzuregen,
die Mediation in Anspruch zu nehmen, sollten die Mitgliedstaaten gewährleisten, dass ihre Regeln über
Verjährungsfristen die Parteien bei
einem Scheitern der Mediation nicht
daran hindern, ein Gericht oder ein
Schiedsgericht anzurufen. Die Mitgliedstaaten sollten dies sicherstellen, auch wenn mit dieser Richtlinie
die nationalen Regeln über Verjährungsfristen nicht harmonisiert werden. Die Bestimmungen über Verjährungsfristen in von den Mitgliedstaaten umgesetzten internationalen
Übereinkünften, z.B. im Bereich des
Verkehrsrechts, sollten von dieser
Richtlinie nicht berührt werden.

(25) Die Mitgliedstaaten sollten darauf
hinwirken, dass der breiten Öffentlichkeit Informationen darüber zur
Verfügung gestellt werden, wie mit
Mediatoren und Organisationen,
die Mediationsdienste erbringen,
Kontakt aufgenommen werden
kann. Sie sollten ferner die Angehörigen der Rechtsberufe dazu anregen, ihre Mandanten über die Möglichkeit der Mediation zu unterrichten.

(26) Nach Nummer 34 der Interinstitu-
tionellen Vereinbarung über bessere
Rechtsetzung[6] werden die Mitgliedstaaten angehalten, für ihre eigenen
Zwecke und im Interesse der Gemeinschaft eigene Tabellen aufzustellen, aus denen im Rahmen des
Möglichen die Entsprechungen zwischen dieser Richtlinie und den Umsetzungsmaßnahmen zu entnehmen
sind, und diese zu veröffentlichen.

(27) Diese Richtlinie soll der Förderung
der Grundrechte dienen und berücksichtigt die Grundsätze, die insbesondere mit der Charta der
Grundrechte der Europäischen Union anerkannt wurden.

(28) Da das Ziel dieser Richtlinie auf
Ebene der Mitgliedstaaten nicht
ausreichend verwirklicht werden
kann und daher wegen des Umfangs
oder der Wirkungen der Maßnahme
besser auf Gemeinschaftsebene zu
verwirklichen ist, kann die Gemeinschaft im Einklang mit dem in Artikel 5 des Vertrags niedergelegten
Subsidiaritätsprinzip tätig werden.
Entsprechend dem in demselben Artikel niedergelegten Grundsatz der
Verhältnismäßigkeit geht diese
Richtlinie nicht über das für die Erreichung dieses Ziels erforderliche
Maß hinaus.

(29) Gemäß Artikel 3 des dem Vertrag
über die Europäische Union und
dem Vertrag zur Gründung der
Europäischen Gemeinschaft beigefügten Protokolls über die Position
des Vereinigten Königreichs und Ir-
lands haben das Vereinigte König-
reich und Irland mitgeteilt, dass sie
sich an der Annahme und Anwendung dieser Richtlinie beteiligen
möchten.

(30) Gemäß den Artikeln 1 und 2 des
dem Vertrag über die Europäische
Union und dem Vertrag zur Gründung der Europäischen Gemeinschaft beigefügten Protokolls über
die Position Dänemarks beteiligt
sich Dänemark nicht an der Annahme dieser Richtlinie, die für Dänemark nicht bindend oder anwendbar ist –

HABEN FOLGENDE RICHTLINIE ER-
LASSEN:

Artikel 1   Ziel und Anwendungsbereich

(1) Ziel dieser Richtlinie ist es, den Zugang zur alternativen Streitbeilegung zu erleichtern und die gütliche Beilegung von
Streitigkeiten zu fördern, indem zur Nutzung der Mediation angehalten und für ein
ausgewogenes Verhältnis zwischen Mediation und Gerichtsverfahren gesorgt wird.

(2) [1]Diese Richtlinie gilt bei grenzüberschreitenden Streitigkeiten für Zivil- und
Handelssachen, nicht jedoch für Rechte
und Pflichten, über die die Parteien nach

---

6 ABl. C 321 vom 31.12.2003, S. 1.

dem einschlägigen anwendbaren Recht nicht verfügen können. [2]Sie gilt insbesondere nicht für Steuer- und Zollsachen sowie verwaltungsrechtliche Angelegenheiten oder die Haftung des Staates für Handlungen oder Unterlassungen im Rahmen der Ausübung hoheitlicher Rechte („acta iure imperii").

(3) In dieser Richtlinie bezeichnet der Ausdruck „Mitgliedstaat" die Mitgliedstaaten mit Ausnahme Dänemarks.

Artikel 2 Grenzüberschreitende Streitigkeiten

(1) Eine grenzüberschreitende Streitigkeit im Sinne dieser Richtlinie liegt vor, wenn mindestens eine der Parteien zu dem Zeitpunkt, zu dem

a) die Parteien vereinbaren, die Mediation zu nutzen, nachdem die Streitigkeit entstanden ist,

b) die Mediation von einem Gericht angeordnet wird,

c) nach nationalem Recht eine Pflicht zur Nutzung der Mediation entsteht, oder

d) eine Aufforderung an die Parteien im Sinne des Artikels 5 ergeht,

ihren Wohnsitz oder gewöhnlichen Aufenthalt in einem anderen Mitgliedstaat als dem einer der anderen Parteien hat.

(2) Ungeachtet des Absatzes 1 ist eine grenzüberschreitende Streitigkeit im Sinne der Artikel 7 und 8 auch eine Streitigkeit, bei der nach einer Mediation zwischen den Parteien ein Gerichts- oder ein Schiedsverfahren in einem anderen Mitgliedstaat als demjenigen eingeleitet wird, in dem die Parteien zu dem in Absatz 1 Buchstaben a, b oder c genannten Zeitpunkt ihren Wohnsitz oder gewöhnlichen Aufenthalt hatten.

(3) Der Wohnsitz im Sinne der Absätze 1 und 2 bestimmt sich nach den Artikeln 59 und 60 der Verordnung (EG) Nr. 44/2001.

Artikel 3 Begriffsbestimmungen

Im Sinne dieser Richtlinie bezeichnet der Ausdruck

a) „Mediation" ein strukturiertes Verfahren unabhängig von seiner Bezeichnung, in dem zwei oder mehr Streitparteien mit Hilfe eines Mediators auf freiwilliger Basis selbst versuchen, eine Vereinbarung über die Beilegung ihrer Streitigkeiten zu erzielen. Dieses Verfahren kann von den Parteien eingeleitet oder von einem Gericht vorgeschlagen oder angeordnet werden oder nach dem Recht einer Mitgliedstaats vorgeschrieben sein.

Es schließt die Mediation durch einen Richter ein, der nicht für ein Gerichtsverfahren in der betreffenden Streitsache zuständig ist. Nicht eingeschlossen sind Bemühungen zur Streitbeilegung des angerufenen Gerichts oder Richters während des Gerichtsverfahrens über die betreffende Streitsache;

b) „Mediator" eine dritte Person, die ersucht wird, eine Mediation auf wirksame, unparteiische und sachkundige Weise durchzuführen, unabhängig von ihrer Bezeichnung oder ihrem Beruf in dem betreffenden Mitgliedstaat und der Art und Weise, in der sie für die Durchführung der Mediation benannt oder mit dieser betraut wurde.

Artikel 4 Sicherstellung der Qualität der Mediation

(1) Die Mitgliedstaaten fördern mit allen ihnen geeignet erscheinenden Mitteln die Entwicklung und Einhaltung von freiwilligen Verhaltenskodizes durch Mediatoren und Organisationen, die Mediationsdienste erbringen, sowie andere wirksame Verfahren zur Qualitätskontrolle für die Erbringung von Mediationsdiensten.

(2) Die Mitgliedstaaten fördern die Aus- und Fortbildung von Mediatoren, um sicherzustellen, dass die Mediation für die Parteien wirksam, unparteiisch und sachkundig durchgeführt wird.

Artikel 5 Inanspruchnahme der Mediation

(1) [1]Ein Gericht, das mit einer Klage befasst wird, kann gegebenenfalls und unter Berücksichtigung aller Umstände des Falles die Parteien auffordern, die Mediation zur Streitbeilegung in Anspruch zu nehmen. [2]Das Gericht kann die Parteien auch auffordern, an einer Informationsveranstaltung über die Nutzung der Mediation teilzunehmen, wenn solche Veranstaltungen durchgeführt werden und leicht zugänglich sind.

(2) Diese Richtlinie lässt nationale Rechtsvorschriften unberührt, nach denen die Inanspruchnahme der Mediation vor oder nach Einleitung eines Gerichtsverfahrens verpflichtend oder mit Anreizen oder Sanktionen verbunden ist, sofern diese Rechtsvorschriften die Parteien nicht daran hindern, ihr Recht auf Zugang zum Gerichtssystem wahrzunehmen.

Artikel 6 Vollstreckbarkeit einer im Mediationsverfahren erzielten Vereinbarung

(1) [1]Die Mitgliedstaaten stellen sicher, dass von den Parteien – oder von einer Partei mit ausdrücklicher Zustimmung der anderen – beantragt werden kann, dass der Inhalt einer im Mediationsverfahren erzielten schriftlichen Vereinbarung vollstreckbar gemacht wird. [2]Der Inhalt einer solchen Vereinbarung wird vollstreckbar gemacht, es sei denn, in dem betreffenden Fall steht der Inhalt der Vereinbarung dem Recht des Mitgliedstaats, in dem der Antrag gestellt wurde, entgegen oder das Recht dieses Mitgliedstaats sieht die Vollstreckbarkeit des Inhalts nicht vor.

(2) Der Inhalt der Vereinbarung kann von einem Gericht oder einer anderen zuständigen öffentlichen Stelle durch ein Urteil oder eine Entscheidung oder in einer öffentlichen Urkunde nach dem Recht des Mitgliedstaats, in dem der Antrag gestellt wurde, vollstreckbar gemacht werden.

(3) Die Mitgliedstaaten teilen der Kommission mit, welche Gerichte oder sonstigen öffentlichen Stellen zuständig sind, einen Antrag nach den Absätzen 1 und 2 entgegenzunehmen.

(4) Die Vorschriften für die Anerkennung und Vollstreckung einer nach Absatz 1 vollstreckbar gemachten Vereinbarung in einem anderen Mitgliedstaat werden durch diesen Artikel nicht berührt.

Artikel 7 Vertraulichkeit der Mediation

(1) Da die Mediation in einer Weise erfolgen soll, die die Vertraulichkeit wahrt, gewährleisten die Mitgliedstaaten, sofern die Parteien nichts anderes vereinbaren, dass weder Mediatoren noch in die Durchführung des Mediationsverfahrens eingebundene Personen gezwungen sind, in Gerichts- oder Schiedsverfahren in Zivil- und Handelssachen Aussagen zu Informationen zu machen, die sich aus einem Mediationsverfahren oder im Zusammenhang mit einem solchen ergeben, es sei denn,

a) dies ist aus vorrangigen Gründen der öffentlichen Ordnung (ordre public) des betreffenden Mitgliedstaats geboten, um insbesondere den Schutz des Kindeswohls zu gewährleisten oder eine Beeinträchtigung der physischen oder psychischen Integrität einer Person abzuwenden, oder

b) die Offenlegung des Inhalts der im Mediationsverfahren erzielten Vereinbarung ist zur Umsetzung oder Voll-

streckung dieser Vereinbarung erforderlich.

(2) Absatz 1 steht dem Erlass strengerer Maßnahmen durch die Mitgliedstaaten zum Schutz der Vertraulichkeit der Mediation nicht entgegen.

Artikel 8 Auswirkung der Mediation auf Verjährungsfristen

(1) Die Mitgliedstaaten stellen sicher, dass die Parteien, die eine Streitigkeit im Wege der Mediation beizulegen versucht haben, im Anschluss daran nicht durch das Ablaufen der Verjährungsfristen während des Mediationsverfahrens daran gehindert werden, ein Gerichts- oder Schiedsverfahren hinsichtlich derselben Streitigkeit einzuleiten.

(2) Bestimmungen über Verjährungsfristen in internationalen Übereinkommen, denen Mitgliedstaaten angehören, bleiben von Absatz 1 unberührt.

Artikel 9 Information der breiten Öffentlichkeit

Die Mitgliedstaaten fördern mit allen ihnen geeignet erscheinenden Mitteln, insbesondere über das Internet, die Bereitstellung von Informationen für die breite Öffentlichkeit darüber, wie mit Mediatoren und Organisationen, die Mediationsdienste erbringen, Kontakt aufgenommen werden kann.

Artikel 10 Informationen über zuständige Gerichte und öffentliche Stellen

Die Kommission macht die Angaben über die zuständigen Gerichte und öffentlichen Stellen, die ihr die Mitgliedstaaten gemäß Artikel 6 Absatz 3 mitteilen, mit allen geeigneten Mitteln öffentlich zugänglich.

Artikel 11 Überprüfung

[1]Die Kommission legt dem Europäischen Parlament, dem Rat und dem Europäischen Wirtschafts- und Sozialausschuss bis zum 21. Mai 2016 einen Bericht über die Anwendung dieser Richtlinie vor. [2]In dem Bericht wird auf die Entwicklung der Mediation in der gesamten Europäischen Union sowie auf die Auswirkungen dieser Richtlinie in den Mitgliedstaaten eingegangen. [3]Dem Bericht sind, soweit erforderlich, Vorschläge zur Anpassung dieser Richtlinie beizufügen.

Artikel 12 Umsetzung

(1) [1]Die Mitgliedstaaten setzen vor dem 21. Mai 2011 die Rechts- und Verwaltungsvorschriften in Kraft, die erforderlich sind, um dieser Richtlinie nachzukommen; hiervon ausgenommen ist Artikel 10, dem spätestens bis zum 21. November 2010 nachzukommen ist. [2]Sie setzen die Kommission unverzüglich davon in Kenntnis.

[1]Wenn die Mitgliedstaaten diese Vorschriften erlassen, nehmen sie in den entsprechenden Vorschriften selbst oder durch einen Hinweis bei der amtlichen Veröffentlichung auf diese Richtlinie Bezug. [2]Die Mitgliedstaaten regeln die Einzelheiten der Bezugnahme.

(2) Die Mitgliedstaaten teilen der Kommission den Wortlaut der wichtigsten nationalen Rechtsvorschriften mit, die sie auf dem unter diese Richtlinie fallenden Gebiet erlassen.

Artikel 13 Inkrafttreten

Diese Richtlinie tritt am zwanzigsten Tag nach ihrer Veröffentlichung im *Amtsblatt der Europäischen Union* in Kraft.

Artikel 14 Adressaten

Diese Richtlinie ist an die Mitgliedstaaten gerichtet.

Richtlinie 2013/11/EU des Europäischen Parlaments und des Rates vom 21. Mai 2013 über die alternative Beilegung verbraucherrechtlicher Streitigkeiten und zur Änderung der Verordnung (EG) Nr. 2006/2004 und der Richtlinie 2009/22/EG (Richtlinie über alternative Streitbeilegung in Verbraucherangelegenheiten)

(ABl. L 165 vom 18.6.2013, S. 63)

DAS EUROPÄISCHE PARLAMENT UND DER RAT DER EUROPÄISCHEN UNION –

gestützt auf den Vertrag über die Arbeitsweise der Europäischen Union, insbesondere auf Artikel 114,

auf Vorschlag der Europäischen Kommission,

nach Zuleitung des Entwurfs des Gesetzgebungsakts an die nationalen Parlamente,

nach Stellungnahme des Europäischen Wirtschafts- und Sozialausschusses[1],

gemäß dem ordentlichen Gesetzgebungsverfahren[2],

in Erwägung nachstehender Gründe:

(1) Gemäß Artikel 169 Absatz 1 und Artikel 169 Absatz 2 Buchstabe a des Vertrags über die Arbeitsweise der Europäischen Union (AEUV) leistet die Union durch Maßnahmen, die sie nach Artikel 114 AEUV erlässt, einen Beitrag zur Erreichung eines hohen Verbraucherschutzniveaus. Gemäß Artikel 38 der Charta der Grundrechte der Europäischen Union stellt die Politik der Union ein hohes Verbraucherschutzniveau sicher.

(2) Gemäß Artikel 26 Absatz 2 AEUV soll der Binnenmarkt einen Raum ohne Binnengrenzen umfassen, in dem der freie Verkehr von Waren und Dienstleistungen gewährleistet ist. Der Binnenmarkt sollte den Verbrauchern zusätzlichen Nutzen in Form besserer Qualität, größerer Vielfalt, angemessener Preise und

hoher Sicherheitsstandards für Waren und Dienstleistungen bringen, was für ein hohes Verbraucherschutzniveau sorgen sollte.

(3) Die Zersplitterung des Binnenmarkts ist nachteilig für die Wettbewerbsfähigkeit, das Wachstum und die Schaffung von Arbeitsplätzen in der Union. Für die Vollendung des Binnenmarkts ist es unerlässlich, direkte und indirekte Hemmnisse für das reibungslose Funktionieren des Binnenmarkts zu beseitigen und das Vertrauen der Bürger zu stärken.

(4) Die Gewährleistung des Zugangs zu einfachen, effizienten, schnellen und kostengünstigen Möglichkeiten der Beilegung inländischer und grenzübergreifender Streitigkeiten, die sich aus Kauf- oder Dienstleistungsverträgen ergeben, sollte Verbrauchern zugute kommen und somit ihr Vertrauen in den Markt stärken. Dieser Zugang sollte sich sowohl auf online als auch offline getätigte Rechtsgeschäfte beziehen und ist besonders wichtig, wenn Verbraucher über die Grenzen hinweg einkaufen.

(5) Alternative Streitbeilegung (im Folgenden „AS") ist eine einfache, schnelle und kostengünstige Möglichkeit der außergerichtlichen Beilegung von Streitigkeiten zwischen Verbrauchern und Unternehmern. Allerdings ist AS noch nicht in der gesamten Union hinreichend und durchgängig entwickelt. Es ist bedauerlich, dass trotz der Empfehlung der Kommission 98/257/EG vom 30. März 1998 betreffend die Grundsätze für Einrichtungen, die für die außergerichtliche Beilegung von Verbraucherrechtsstreitigkeiten zuständig sind[3], und der Empfehlung der Kommission 2001/310/EG vom 4. April 2001 über die Grundsätze für an der einvernehmlichen Beilegung von Verbraucherrechtsstreitigkeiten beteiligte außergerichtliche Einrichtungen[4], AS nicht in ordnungsgemäßer Weise aufgebaut worden ist und nicht in allen geografischen Gebieten oder Wirtschaftssektoren in der Union zufriedenstellend funktioniert. Verbrau-

---

1 ABl. C 181 vom 21.6.2012, S. 93.
2 Standpunkt des Europäischen Parlaments vom 12. März 2013 (noch nicht im Amtsblatt veröffentlicht) und Beschluss des Rates vom 22. April 2013.
3 ABl. L 115 vom 17.4.1998, S. 31.
4 ABl. L 109 vom 19.4.2001, S. 56.

cher und Unternehmer haben noch keine Kenntnis über bestehende alternative Rechtsbehelfsverfahren, und nur ein geringer Anteil der Bürger weiß, wie eine Beschwerde bei einer AS-Stelle einzureichen ist. Sofern AS-Verfahren zur Verfügung stehen, haben sie in den verschiedenen Mitgliedstaaten ein sehr unterschiedliches Qualitätsniveau, und grenzübergreifende Streitigkeiten werden von den AS-Stellen oft nicht effektiv bearbeitet.

(6) Die Unterschiede der AS in Bezug auf Flächendeckung, Qualität und Bekanntheit in den Mitgliedstaaten stellen ein Hindernis für den Binnenmarkt dar und sind einer der Gründe dafür, weshalb viele Verbraucher nicht über die Grenzen hinweg einkaufen und nicht darauf vertrauen, dass mögliche Streitigkeiten mit Unternehmern auf einfache, schnelle und kostengünstige Weise beigelegt werden können. Aus den gleichen Gründen verkaufen Unternehmer möglicherweise nicht an Verbraucher in anderen Mitgliedstaaten, in denen kein ausreichender Zugang zu hochwertigen AS-Verfahren besteht. Ferner haben Unternehmer, die in einem Mitgliedstaat niedergelassen sind, in dem hochwertige AS-Verfahren nicht in ausreichendem Maß zur Verfügung stehen, einen Wettbewerbsnachteil gegenüber Unternehmern, die Zugang zu solchen Verfahren haben und somit verbraucherrechtliche Streitigkeiten schneller und kostengünstiger beilegen können.

(7) Damit Verbraucher die Möglichkeiten des Binnenmarkts voll nutzen können, sollte AS für alle Arten der von dieser Richtlinie erfassten inländischen und grenzübergreifenden Streitigkeiten zur Verfügung stehen, sollten AS-Verfahren in der gesamten Union geltenden einheitlichen Qualitätsanforderungen entsprechen und sollten Verbraucher und Unternehmer von diesen Verfahren Kenntnis haben. Wegen des gestiegenen grenzübergreifenden Handels und Personenverkehrs ist es auch wichtig, dass AS-Stellen grenzübergreifende Streitigkeiten effektiv bearbeiten.

(8) Wie vom Europäischen Parlament in seiner Entschließung vom 25. Oktober 2011 zu der alternati-

ven Streitbeilegung in Zivil-, Handels- und Familiensachen und seiner Entschließung vom 20. Mai 2010 zur Schaffung eines Binnenmarkts für Verbraucher und Bürger befürwortet, sollte jeder ganzheitliche Ansatz in Bezug auf den Binnenmarkt, der Ergebnisse für seine Bürger abwirft, vorrangig ein einfaches, kostengünstiges, zweckmäßiges und zugängliches System des Rechtsschutzes schaffen.

(9) In ihrer Mitteilung vom 13. April 2011 mit dem Titel „Binnenmarktakte – Zwölf Hebel zur Förderung von Wachstum und Vertrauen – 'Gemeinsam für neues Wachstum'" bezeichnete die Kommission Rechtsvorschriften über AS auch für den elektronischen Geschäftsverkehr als einen der zwölf Hebel zur Förderung des Wachstums und des Vertrauens in den Binnenmarkt sowie der Fortschritte zu seiner Vollendung.

(10) In seinen Schlussfolgerungen vom 24.-25. März und 23. Oktober 2011 hat der Europäische Rat das Europäische Parlament und den Rat aufgefordert, bis Ende 2012 ein erstes Bündel vorrangiger Maßnahmen zu verabschieden, um dem Binnenmarkt neue Impulse zu geben. In seinen Schlussfolgerungen vom 30. Mai 2011 zu den Prioritäten für die Neubelebung des Binnenmarktes hat der Rat der Europäischen Union darüber hinaus die Bedeutung des elektronischen Geschäftsverkehrs hervorgehoben und zugestimmt, dass die verbraucherrechtlichen AS-Systeme kostengünstigen, einfachen und schnellen Rechtsschutz für Verbraucher und Unternehmer ermöglichen können. Die erfolgreiche Einführung dieser Systeme erfordert nachhaltiges politisches Engagement und Förderung seitens aller Akteure, ohne die Erschwinglichkeit, Transparenz, Flexibilität, Geschwindigkeit und Qualität der Entscheidungsfindung der AS-Stellen, die in den Anwendungsbereich dieser Richtlinie fallen, zu gefährden.

(11) Angesichts der zunehmenden Bedeutung des elektronischen Geschäftsverkehrs und insbesondere des grenzübergreifenden Handels als eine Säule der Wirtschaftstätigkeit der Union sind eine gut funktionierende AS-Infrastruktur für

verbraucherrechtliche Streitigkeiten und ein angemessen berücksichtigter Rahmen zur Online-Streitbeilegung (im Folgenden „OS") für verbraucherrechtliche Streitigkeiten, die sich aus Online-Rechtsgeschäften ergeben, notwendig, um das Ziel der Binnenmarktakte, die Stärkung des Vertrauens der Bürger in den Binnenmarkt, zu erreichen.

(12) Diese Richtlinie und die Verordnung (EU) Nr. 524/2013 des Europäischen Parlaments und des Rates vom 21. Mai 2013 über die Online-Beilegung verbraucherrechtlicher Streitigkeiten[5] sind zwei Gesetzgebungsinstrumente, die in einem engen Zusammenhang stehen und einander ergänzen. In der Verordnung (EU) Nr. 524/2013 ist die Einrichtung einer Plattform für die Online-Streitbeilegung (im Folgenden „OS-Plattform") vorgesehen, die Verbrauchern und Unternehmern eine zentrale Anlaufstelle für die außergerichtliche Beilegung von Online-Streitigkeiten – durch AS-Stellen, die mit der Plattform verknüpft sind und AS mittels hochwertiger AS-Verfahren bereitstellen – bietet. Die Verfügbarkeit hochwertiger AS-Stellen in der gesamten Union ist somit eine Vorbedingung für das ordnungsgemäße Funktionieren der OS-Plattform.

(13) Diese Richtlinie sollte nicht für nichtwirtschaftliche Dienstleistungen von allgemeinem Interesse gelten. Nichtwirtschaftliche Dienstleistungen sind Dienstleistungen, die nicht für eine wirtschaftliche Gegenleistung erbracht werden. Daher sollten nichtwirtschaftliche Dienstleistungen von allgemeinem Interesse, die vom Staat oder im Namen des Staates ohne Entgelt erbracht werden, unabhängig von der Rechtsform, durch die diese Dienstleistungen erbracht werden, nicht unter diese Richtlinie fallen.

(14) Diese Richtlinie sollte darüber hinaus nicht für Gesundheitsdienstleistungen im Sinne des Artikels 3 Buchstabe a der Richtlinie 2011/24/EU des Europäischen Parlaments und des Rates vom 9. März 2011 über die Ausübung der Patien-

tenrechte in der grenzüberschreitenden Gesundheitsversorgung[6] gelten.

(15) Die Entwicklung einer gut funktionierenden AS innerhalb der Union ist notwendig, um das Vertrauen der Verbraucher in den Binnenmarkt – unter Einschluss des elektronischen Geschäftsverkehrs – zu stärken und das Potenzial und die Möglichkeiten des grenzübergreifenden und elektronischen Handels in der Praxis auszuschöpfen. Diese Entwicklung sollte unter Wahrung der jeweiligen innerstaatlichen Rechtstraditionen auf den vorhandenen AS-Verfahren in den Mitgliedstaaten aufbauen. Sowohl bestehende als auch neu eingerichtete gut funktionierende Streitbeilegungsstellen, die den Qualitätsanforderungen dieser Richtlinie entsprechen, sollten als „AS-Stellen" im Sinne dieser Richtlinie angesehen werden. Die Verbreitung der AS kann außerdem für jene Mitgliedstaaten von Bedeutung sein, in denen es einen beträchtlichen Rückstand an anhängigen Gerichtsverfahren gibt, wodurch Unionsbürgern das Recht auf einen fairen Prozess innerhalb einer angemessenen Frist vorenthalten wird.

(16) Diese Richtlinie sollte für Streitigkeiten zwischen Verbrauchern und Unternehmern über vertragliche Verpflichtungen gelten, die sich aus sowohl online als auch offline geschlossenen Kaufverträgen oder Dienstleitungsverträgen in allen Wirtschaftssektoren außer den ausgenommenen Sektoren ergeben. Dazu sollten Streitigkeiten gehören, die sich aus dem Verkauf oder der Bereitstellung digitaler Inhalte gegen Entgelt ergeben. Diese Richtlinie sollte für Beschwerden von Verbrauchern gegen Unternehmer gelten. Sie sollte nicht für Beschwerden von Unternehmern gegen Verbraucher oder für Streitigkeiten zwischen Unternehmern gelten. Allerdings sollte sie die Mitgliedstaaten nicht daran hindern, Bestimmungen über Verfahren zur außergerichtlichen Beilegung solcher Streitigkeiten einzuführen oder beizubehalten.

(17) Die Mitgliedstaaten sollten nationale Bestimmungen für nicht unter

---

5 Siehe Seite 1 dieses Amtsblatts.
6 ABl. L 88 vom 4.4 2011, S. 45.

diese Richtlinie fallende Verfahren beibehalten oder einführen können, wie interne Beschwerdeverfahren, die vom Unternehmer betrieben werden. Solche internen Beschwerdeverfahren können ein effektives Mittel zur frühzeitigen Beilegung verbraucherrechtlicher Streitigkeiten darstellen.

(18) Die Definition des Begriffs „Verbraucher" sollte natürliche Personen, die außerhalb ihrer gewerblichen, geschäftlichen, handwerklichen oder beruflichen Tätigkeit handeln, umfassen. Wird ein Vertrag jedoch teils im Rahmen, teils außerhalb des Rahmens des Gewerbes einer Person abgeschlossen (Verträge mit doppeltem Zweck) und ist der gewerbliche Zweck so gering, dass er im Gesamtkontext des Geschäfts als nicht überwiegend erscheint, sollte die betreffende Person ebenfalls als Verbraucher gelten.

(19) Einige bestehende Rechtsakte der Union enthalten bereits Bestimmungen über AS. Damit für Rechtssicherheit gesorgt ist, sollte vorgesehen werden, dass diese Richtlinie bei Kollisionen Vorrang hat, außer es ist in ihr ausdrücklich etwas anderes vorgesehen. Insbesondere sollte diese Richtlinie die Richtlinie 2008/52/EG des Europäischen Parlaments und des Rates vom 21. Mai 2008 über bestimmte Aspekte der Mediation in Zivil- und Handelssachen[7] nicht berühren, die bereits einen Rahmen für Mediationssysteme auf Unionsebene für grenzübergreifende Streitfälle schafft, ohne dass die Anwendung jener Richtlinie auf interne Mediationssysteme ausgeschlossen wird. Die vorliegende Richtlinie soll horizontal für alle Arten von AS-Verfahren gelten, einschließlich der von der Richtlinie 2008/52/EG erfassten AS-Verfahren.

(20) Nicht nur innerhalb der Union, sondern auch innerhalb der Mitgliedstaaten gibt es sehr unterschiedliche AS-Stellen. Diese Richtlinie sollte für alle gemäß dieser Richtlinie in einer Liste geführten Stellen gelten, die auf Dauer eingerichtet sind und die Beilegung von Streitigkeiten zwischen einem Verbraucher und einem Unternehmer in einem AS-Verfah-

ren anbieten. Diese Richtlinie kann auch, wenn die Mitgliedstaaten dies beschließen, Streitbeilegungsstellen erfassen, die den Parteien verbindliche Lösungen auferlegen. Ein außergerichtliches Verfahren, das ad hoc für eine einzelne Streitigkeit zwischen einem Verbraucher und einem Unternehmer eingerichtet wird, sollte jedoch nicht als AS-Verfahren gelten.

(21) Innerhalb der Union und auch innerhalb der Mitgliedstaaten gibt es ebenso sehr unterschiedliche AS-Verfahren. Dies können Verfahren sein, mit denen eine AS-Stelle die Parteien mit dem Ziel zusammenbringt, sie zu einer gütlichen Einigung zu veranlassen, oder Verfahren, mit denen eine AS-Stelle eine Lösung vorschlägt, oder Verfahren, mit denen eine AS-Stelle eine Lösung auferlegt. Es kann sich auch um eine Kombination von zwei oder mehr derartigen Verfahren handeln. Diese Richtlinie sollte die Gestalt der AS-Verfahren in den Mitgliedstaaten unberührt lassen.

(22) Verfahren vor Streitbeilegungsstellen, bei denen die mit der Streitbeilegung betrauten natürlichen Personen ausschließlich vom Unternehmer beschäftigt werden oder ausschließlich von diesem irgendeine Art von Vergütung erhalten, sind häufig einem Interessenkonflikt ausgesetzt. Daher sollten diese Verfahren grundsätzlich aus dem Anwendungsbereich dieser Richtlinie ausgenommen werden, es sei denn, ein Mitgliedstaat beschließt, dass diese Verfahren als AS-Verfahren gemäß dieser Richtlinie anerkannt werden können, und sofern diese Stellen den in dieser Richtlinie dargelegten spezifischen Anforderungen in Bezug auf Unabhängigkeit und Unparteilichkeit vollständig genügen. AS-Stellen, die eine Streitbeilegung im Wege derartiger Verfahren anbieten, sollten einer regelmäßigen Bewertung hinsichtlich ihrer Erfüllung der Qualitätsanforderungen dieser Richtlinie, einschließlich der besonderen zusätzlichen Anforderungen, mit denen ihre Unabhängigkeit sichergestellt wird, unterworfen werden.

---

7 ABl. L 136 vom 24.5.2008, S. 3.

(23) Diese Richtlinie sollte weder für Verfahren vor vom Unternehmer betriebenen Verbraucherbeschwerdestellen noch für unmittelbare Verhandlungen zwischen den Parteien gelten. Außerdem sollte sie nicht in Fällen gelten, in denen ein Richter im Rahmen eines Gerichtsverfahrens versucht, eine gütliche Einigung herbeizuführen.

(24) Die Mitgliedstaaten sollten dafür sorgen, dass unter diese Richtlinie fallende Streitigkeiten einer AS-Stelle vorgelegt werden können, die die Anforderungen dieser Richtlinie erfüllt und gemäß der Richtlinie in einer Liste geführt wird. Die Mitgliedstaaten sollten die Möglichkeit haben, dieser Pflicht dadurch nachzukommen, dass sie entweder auf bereits bestehende gut funktionierende AS-Stellen zurückgreifen und gegebenenfalls deren Zuständigkeitsbereich anpassen, oder dadurch, dass sie die Einrichtung neuer AS-Stellen vorsehen. Diese Richtlinie sollte die Arbeit bestehender Streitbeilegungsstellen, die im Rahmen nationaler Verbraucherschutzbehörden der Mitgliedstaaten tätig sind, nicht einschränken, sofern dort staatliche Bedienstete mit der Streitbeilegung betraut sind. Staatliche Bedienstete sollten als Vertreter sowohl der Verbraucher- als auch der Unternehmerinteressen gelten. Diese Richtlinie sollte die Mitgliedstaaten nicht zur Schaffung einer speziellen AS-Stelle für jeden Einzelhandelssektor verpflichten. Falls dies erforderlich ist, um die vollständige sektorspezifische und geografische Abdeckung durch AS und den Zugang zu AS zu gewährleisten, sollten die Mitgliedstaaten die Möglichkeit haben, die Einrichtung einer ergänzenden AS-Stelle vorzusehen, die für diejenigen Streitigkeiten zuständig ist, die nicht in die Zuständigkeit anderer spezieller AS-Stellen fallen. Ergänzende AS-Stellen sollen Verbrauchern und Unternehmern Sicherheit bieten, indem gewährleistet wird, dass keine Lücken hinsichtlich des Zugangs zu AS-Stellen bestehen.

(25) Diese Richtlinie sollte die Mitgliedstaaten nicht daran hindern, Rechtsvorschriften über Verfahren zur außergerichtlichen Beilegung von verbrauchervertraglichen Streitigkeiten beizubehalten oder einzuführen, die den in dieser Richtlinie festgelegten Anforderungen genügen. Darüber hinaus sollten AS-Stellen im Hinblick auf ihren effektiven Betrieb die Möglichkeit haben, im Einklang mit den Rechtsvorschriften des Mitgliedstaats, in dem sie eingerichtet sind, Verfahrensregeln beizubehalten oder einzuführen, nach denen sie unter bestimmten Umständen ablehnen können, sich mit Streitigkeiten zu befassen, beispielsweise wenn eine Streitigkeit zu komplex ist und deshalb besser vor Gericht gelöst werden sollte. Verfahrensregeln, die es den AS-Stellen ermöglichen, die Behandlung einer Streitigkeit abzulehnen, sollten jedoch den Zugang der Verbraucher zu AS-Verfahren nicht erheblich beeinträchtigen, einschließlich im Fall von grenzübergreifenden Streitigkeiten. Die Mitgliedstaaten sollten daher bei der Festlegung von Schwellenbeträgen stets berücksichtigen, dass der tatsächliche Wert des Streitgegenstands in den einzelnen Mitgliedstaaten unterschiedlich sein kann und die Festlegung eines unverhältnismäßig hohen Schwellenwertes in einem Mitgliedstaat den Zugang zu AS-Verfahren für Verbraucher aus anderen Mitgliedstaaten beeinträchtigen könnte. Die Mitgliedstaaten sollten nicht verpflichtet sein, dafür zu sorgen, dass der Verbraucher seine Beschwerde bei einer anderen AS-Stelle einreichen kann, wenn eine AS-Stelle, bei der die Beschwerde zuerst eingereicht wurde, es aufgrund ihrer Verfahrensregeln abgelehnt hat, sich damit zu befassen. In solchen Fällen sollte gelten, dass die Mitgliedstaaten ihrer Pflicht zur Gewährleistung der vollständigen Abdeckung der AS-Stellen nachgekommen sind.

(26) Diese Richtlinie sollte es ermöglichen, dass in einem Mitgliedstaat niedergelassene Unternehmer in den Zuständigkeitsbereich einer AS-Stelle fallen, die in einem anderen Mitgliedstaat niedergelassen ist. Um die Abdeckung und den Zugang der Verbraucher zu AS in der Union zu verbessern, sollten die Mitgliedstaaten die Möglichkeit haben, zu beschließen, sich auf AS-Stellen mit Sitz in einem anderen Mitgliedstaat oder regionale, länderübergreifende

oder europaweite AS-Stellen zu stützen, wenn Unternehmer aus unterschiedlichen Mitgliedstaaten in den Zuständigkeitsbereich derselben AS-Stelle fallen. Die Inanspruchnahme von AS-Stellen mit Sitz in einem anderen Mitgliedstaat oder länderübergreifender oder europaweiter AS-Stellen sollte jedoch unbeschadet der Verantwortung der Mitgliedstaaten erfolgen, die vollständige Abdeckung durch und den Zugang zu AS-Stellen zu gewährleisten.

(27) Diese Richtlinie sollte das Recht der Mitgliedstaaten zur Beibehaltung oder Einführung von AS-Verfahren zur Beilegung mehrerer gleicher oder ähnlicher Streitigkeiten zwischen einem Unternehmer und mehreren Verbrauchern unberührt lassen. Umfassende Folgenabschätzungen zu kollektiven außergerichtlichen Vergleichen sollten durchgeführt werden, bevor diese Vergleiche auf Unionsebene vorgeschlagen werden. Ein effektives System des kollektiven Rechtsschutzes und der leichte Zugang zu AS sollten einander ergänzende und nicht sich gegenseitig ausschließende Verfahren sein.

(28) Die Verarbeitung von Informationen über unter diese Richtlinie fallende Streitigkeiten sollte mit den Regelungen zum Schutz persönlicher Daten vereinbar sein, die von den Mitgliedstaaten durch Rechts- oder Verwaltungsvorschriften zur Umsetzung der Richtlinie 95/46/EG des Europäischen Parlaments und des Rates vom 24. Oktober 1995 zum Schutz natürlicher Personen bei der Verarbeitung personenbezogener Daten und zum freien Datenverkehr[8] erlassen wurden.

(29) Vertraulichkeit und Privatsphäre sollten während des AS-Verfahrens jederzeit gewährleistet sein. Die Mitgliedstaaten sollten zum Schutz der Vertraulichkeit der AS-Verfahren in nachfolgenden zivil- und handelsrechtlichen Gerichts- oder Schiedsverfahren angeregt werden.

(30) Die Mitgliedstaaten sollten gleichwohl gewährleisten, dass AS-Stellen alle systematischen oder signifikanten Problemstellungen, die häufig auftreten und zu Streitigkeiten zwischen Verbrauchern und Unterneh-

mern führen, öffentlich zugänglich machen. Die diesbezüglichen Informationen könnten von Empfehlungen begleitet sein, wie derartige Probleme in Zukunft vermieden oder gelöst werden können, um die Standards der Unternehmer zu erhöhen und den Austausch von Informationen und bewährten Verfahren zu fördern.

(31) Die Mitgliedstaaten sollten gewährleisten, dass AS-Stellen in Bezug auf Verbraucher und Unternehmer Streitigkeiten in fairer, praktischer und verhältnismäßiger Art und Weise auf der Grundlage einer objektiven Bewertung der Umstände der Beschwerde und unter gebührender Berücksichtigung der Rechte der Parteien beilegen.

(32) Die Unabhängigkeit und Integrität der AS-Stellen ist wesentlich für das Vertrauen der Bürger darin, dass AS-Verfahren ihnen ein faires und unabhängiges Ergebnis ermöglichen. Die natürlichen Personen oder kollegialen Gremien, die für AS verantwortlich sind, sollten unabhängig von all denen sein, die ein Interesse am Ergebnis haben könnten; sie sollten darüber hinaus keinem Interessenkonflikt unterworfen sein, der sie davon abhalten könnte, eine Entscheidung in fairer, unparteiischer und unabhängiger Art und Weise zu treffen.

(33) Die mit AS betrauten natürlichen Personen sollten nur dann als unparteiisch gelten, wenn auf sie kein Druck ausgeübt werden kann, der ihre Haltung gegenüber der Streitigkeit beeinflussen könnte. Um die Unabhängigkeit ihres Handelns zu gewährleisten, sollten diese Personen auch für einen ausreichend langen Zeitraum berufen werden, und sie sollten an keine Weisungen einer Partei oder ihrer Vertreter gebunden sein.

(34) Damit keine Interessenkonflikte auftreten, sollten die mit AS betrauten natürlichen Personen alle Umstände offenlegen, die geeignet sind, ihre Unabhängigkeit und Unparteilichkeit zu beeinträchtigen oder Interessenkonflikte mit einer der Parteien der Streitigkeit, die sie beilegen sollen, entstehen zu lassen. Hierbei könnte es sich um ein direktes oder

---

8 ABl. L 281 vom 23.11.1995, S. 31.

indirektes finanzielles Interesse am Ausgang des AS-Verfahrens oder um eine persönliche oder geschäftliche Beziehung mit einer oder mehreren der Parteien innerhalb der drei Jahre vor Beginn der Amtszeit der betreffenden natürlichen Personen, einschließlich ihrer Tätigkeit – außer zum Zweck der AS – für einen Berufs- oder Wirtschaftsverband, dessen Mitglied eine der Parteien ist, oder für ein anderes Mitglied des Berufs- oder Wirtschaftsverbands handeln.

(35) Es muss insbesondere dafür gesorgt werden, dass kein derartiger Druck vorhanden ist, wenn die mit AS betrauten natürlichen Personen vom Unternehmer beschäftigt werden oder von diesem irgendeine Art von Vergütung erhalten. Daher sollten spezifische Anforderungen für den Fall vorgesehen werden, dass die Mitgliedstaaten beschließen, dass Streitbeilegungsverfahren als AS-Verfahren gemäß dieser Richtlinie gelten können. Wenn mit der AS betraute natürliche Personen ausschließlich von einem Berufs- oder Wirtschaftsverband, dessen Mitglied der Unternehmer ist, beschäftigt werden oder irgendeine Art von Vergütung erhalten, sollten ihnen ein getrennter zweckgebundener Haushalt in ausreichender Höhe für die Ausübung ihrer Aufgaben zur Verfügung stehen.

(36) Für den Erfolg der AS und besonders für das nötige Vertrauen in die sie betreffenden AS-Verfahren ist es entscheidend, dass die mit der AS betrauten natürlichen Personen über das erforderliche Fachwissen, einschließlich eines allgemeinen Rechtsverständnisses, verfügen. Insbesondere sollten diese Personen über ausreichende allgemeine Rechtskenntnisse verfügen, um die rechtlichen Folgen der Streitigkeit zu verstehen, wobei es nicht erforderlich sein sollte, dass sie für den Berufsstand der Juristen qualifiziert sind.

(37) Die Anwendung bestimmter Qualitätsgrundsätze auf AS-Verfahren stärkt das Vertrauen sowohl der Verbraucher als auch der Unternehmer in diese Verfahren. Solche Qualitätsgrundsätze wurden auf Unionsebene erstmals in den Empfehlungen 98/257/EG und 2001/310/EG

entwickelt. Diese Richtlinie verleiht einigen der in den genannten Empfehlungen der Kommission verankerten Grundsätzen Verbindlichkeit und legt damit ein Bündel von Qualitätsanforderungen fest, die für alle AS-Verfahren gelten, die von einer der Kommission gemeldeten AS-Stelle durchgeführt werden.

(38) Diese Richtlinie sollte Qualitätsanforderungen für AS-Stellen schaffen, die das gleiche Schutzniveau und die gleichen Rechte für die Verbraucher sowohl bei inländischen als auch bei grenzübergreifenden Streitigkeiten gewährleisten sollten. Die Richtlinie sollte die Mitgliedstaaten nicht daran hindern, Vorschriften zu erlassen oder beizubehalten, die über die Regelungen in dieser Richtlinie hinausgehen.

(39) AS-Stellen sollten zugänglich und transparent sein. Zur Gewährleistung der Transparenz von AS-Stellen und AS-Verfahren ist es erforderlich, dass die Parteien vor einer etwaigen Einleitung eines AS-Verfahrens klare und zugängliche Informationen erhalten, die sie benötigen, um eine fundierte Entscheidung treffen zu können. Die Bereitstellung dieser Informationen für Unternehmer sollte nicht verpflichtend sein, wenn ihre Teilnahme an AS-Verfahren durch nationales Recht vorgeschrieben ist.

(40) Gut funktionierende AS-Stellen sollten online und offline Streitbeilegungsverfahren zügig innerhalb von 90 Kalendertagen abschließen, gerechnet vom Zeitpunkt des Eingangs der vollständigen Beschwerdeakte mit allen einschlägigen Unterlagen zu der betreffenden Beschwerde bei der AS-Stelle bis zu dem Zeitpunkt, zu dem das Ergebnis des AS-Verfahrens bekannt gegeben wird. Die AS-Stelle, bei der eine Beschwerde eingereicht wurde, sollte die Parteien benachrichtigen, nachdem sie alle zur Durchführung des AS-Verfahrens nötigen Unterlagen erhalten hat. In hoch komplexen Ausnahmefällen, einschließlich in Fällen, in denen eine der Parteien aus berechtigten Gründen nicht an dem AS-Verfahren teilnehmen kann, sollten die AS-Stellen die Möglichkeit haben, die Frist zwecks Prüfung des jeweiligen Falls zu verlängern. Die Parteien sind von jeder derarti-

gen Fristverlängerung und von der zu erwartenden Zeitspanne bis zur Beilegung der Streitigkeit zu unterrichten.

(41) AS-Verfahren sollten für Verbraucher vorzugsweise kostenlos sein. Werden Kosten geltend gemacht, sollten die AS-Verfahren für die Verbraucher zugänglich, attraktiv und mit niedrigen Kosten verbunden sein. Daher sollten die Kosten eine Schutzgebühr nicht übersteigen.

(42) AS-Verfahren sollten fair sein, sodass die Parteien einer Streitigkeit in vollem Umfang über ihre Rechte und die Folgen von Entscheidungen, die sie im Rahmen eines AS-Verfahrens treffen, informiert sind. AS-Stellen sollten die Verbraucher über ihre Rechte informieren, bevor sie einer vorgeschlagenen Lösung zustimmen oder diese befolgen. Beide Parteien sollten ihre Angaben und Nachweise auch einreichen können, ohne persönlich anwesend zu sein.

(43) Eine Vereinbarung zwischen einem Verbraucher und einem Unternehmer darüber, Beschwerden bei einer AS-Stelle einzureichen, sollte für den Verbraucher nicht bindend sein, wenn sie vor dem Entstehen der Streitigkeit getroffen wurde und wenn sie dazu führt, dass dem Verbraucher das Recht entzogen wird, die Gerichte für die Beilegung des Streitfalls anzurufen. Ferner sollte bei AS-Verfahren, bei denen die Streitigkeit durch das Auferlegen einer verbindlichen Lösung beigelegt werden soll, die auferlegte Lösung nur dann verbindlich für die Parteien sein, wenn die Parteien vorher über den verbindlichen Charakter der Lösung informiert wurden und sie dies ausdrücklich akzeptiert haben. Die ausdrückliche Zustimmung des Unternehmers sollte nicht erforderlich sein, wenn in den nationalen Rechtsvorschriften bestimmt ist, dass diese Lösungen für die Unternehmer verbindlich sind.

(44) In AS-Verfahren, bei denen die Streitigkeit beigelegt werden soll, indem dem Verbraucher eine Lösung auferlegt wird, sollte die auferlegte Lösung – sofern keine Rechtskollision vorliegt – nicht dazu führen, dass der Verbraucher den Schutz

verliert, der ihm durch die Bestimmungen gewährt wird, von denen gemäß dem Recht des Mitgliedstaats, in dem der Verbraucher und der Unternehmer ihren gewöhnlichen Aufenthalt haben, nicht durch Vereinbarung abgewichen werden darf. Liegt eine Rechtskollision vor, bei der das für den Kauf- oder Dienstleistungsvertrag geltende Recht gemäß Artikel 6 Absätze 1 und 2 der Verordnung (EG) Nr. 593/2008 des Europäischen Parlaments und des Rates vom 17. Juni 2008 über das auf vertragliche Schuldverhältnisse anzuwendende Recht (Rom I)[9] bestimmt wird, so sollte die von der AS-Stelle auferlegte Lösung nicht dazu führen, dass der Verbraucher den Schutz verliert, der ihm durch die Bestimmungen gewährt wird, von denen nicht durch Vereinbarung gemäß dem Recht des Mitgliedstaats, in dem der Verbraucher seinen gewöhnlichen Aufenthalt hat, abgewichen werden darf. Liegt eine Rechtskollision vor, bei der das für den Kauf- oder Dienstleistungsvertrag geltende Recht gemäß Artikel 5 Absätze 1 bis 3 des Übereinkommens von Rom vom 19. Juni 1980 über das auf vertragliche Schuldverhältnisse anzuwendende Recht[10] bestimmt wird, so sollte die von der AS-Stelle auferlegte Lösung nicht dazu führen, dass der Verbraucher den Schutz verliert, der dem Verbraucher durch die zwingenden Vorschriften des Rechts des Mitgliedstaats, in dem der Verbraucher seinen gewöhnlichen Aufenthalt hat, gewährt wird.

(45) Das Recht auf einen wirksamen Rechtsbehelf und das Recht auf ein unparteiisches Gericht gehören zu den durch Artikel 47 der Charta der Grundrechte der Europäischen Union niedergelegten Grundrechten. Daher dürfen AS-Verfahren nicht so gestaltet sein, dass sie gerichtliche Verfahren ersetzen oder Verbrauchern oder Unternehmern das Recht nehmen, den Schutz ihrer Rechte vor Gericht einzufordern. Diese Richtlinie sollte die Parteien nicht daran hindern, ihr Recht auf Zugang zu den Gerichten wahrzuneh-

---

9 ABl. L 177 vom 4.7.2008, S. 6.
10 ABl. L 266 vom 9.10.1980, S. 1.

men. Konnte eine Streitigkeit nicht mit Hilfe eines bestimmten AS-Verfahrens, dessen Ergebnis nicht verbindlich ist, beigelegt werden, so sollten die Parteien in der Folge nicht daran gehindert werden, ein Gerichtsverfahren hinsichtlich dieser Streitigkeit einzuleiten. Es sollte den Mitgliedstaaten freistehen, die geeigneten Mittel zur Erreichung dieses Ziels zu wählen. Sie sollten die Möglichkeit haben, unter anderem vorzusehen, dass Verjährungsfristen nicht während eines AS-Verfahrens ablaufen.

(46) Um effizient tätig zu werden, sollten AS-Stellen über hinreichende personelle, materielle und finanzielle Ressourcen verfügen. Die Mitgliedstaaten sollten in ihren Hoheitsgebieten über die angemessene Form der Finanzierung von AS-Stellen entscheiden, ohne dabei die Finanzierung von bereits vorhandenen Stellen einzuschränken. Diese Richtlinie sollte die Frage unberührt lassen, ob AS-Stellen durch die öffentliche Hand oder privat oder durch eine Kombination aus beidem finanziert werden. AS-Stellen sollten jedoch dabei unterstützt werden, insbesondere Formen der privaten Finanzierung in Erwägung zu ziehen und eine Finanzierung durch die öffentliche Hand nur nach Ermessen der Mitgliedstaaten zu nutzen. Diese Richtlinie sollte nicht die Möglichkeit von Unternehmen und Berufs- und Wirtschaftsverbänden berühren, Finanzmittel für AS-Stellen bereitzustellen.

(47) Im Fall einer Streitigkeit müssen Verbraucher rasch herausfinden können, welche AS-Stellen für ihre Beschwerde zuständig sind und ob der betreffende Unternehmer sich an einem bei einer AS-Stelle eingeleiteten Verfahren beteiligen wird. Unternehmer, die sich verpflichten, AS-Stellen zur Beilegung von Streitigkeiten mit Verbrauchern einzuschalten, sollten die Verbraucher über die Adresse und die Website der AS-Stelle oder AS-Stellen informieren, die für sie zuständig ist bzw. sind. Die Informationen sollten klar, verständlich und leicht zugänglich sein, und zwar, sofern der Unternehmer eine Website besitzt, auf dieser Website und gegebenenfalls in den allgemeinen Geschäftsbedingungen für Kauf- oder Dienstleistungsverträge zwischen dem Unternehmer und dem Verbraucher. Die Unternehmer sollten die Möglichkeit haben, auf ihren Websites und in den allgemeinen Geschäftsbedingungen für die betreffenden Verträge zusätzliche Informationen zu ihren internen Streitbeilegungsverfahren oder zu anderen Möglichkeiten, wie sie zur Beilegung verbraucherrechtlicher Streitigkeiten ohne Einschaltung einer AS-Stelle direkt kontaktiert werden können, aufzuführen. Kann eine Streitigkeit nicht direkt beigelegt werden, sollte der Unternehmer dem Verbraucher auf Papier oder einem anderen dauerhaften Datenträger die Informationen zu den einschlägigen AS-Stellen bereitstellen und dabei angeben, ob er sie in Anspruch nehmen wird.

(48) Die Verpflichtung der Unternehmer, die Verbraucher über die AS-Stellen zu informieren, die für diese Unternehmer zuständig sind, sollte unbeschadet der Bestimmungen über die Information der Verbraucher über außergerichtliche Rechtsbehelfsverfahren in anderen Unionsrechtsakten, die zusätzlich zu den einschlägigen Informationspflichten gemäß dieser Richtlinie gelten sollten, gelten.

(49) Diese Richtlinie sollte nicht vorschreiben, dass Unternehmer sich an AS-Verfahren beteiligen müssen oder dass das Ergebnis solcher Verfahren für sie verbindlich ist, wenn ein Verbraucher eine Beschwerde gegen sie eingereicht hat. Um jedoch sicherzustellen, dass Verbraucher Zugang zu Rechtsbehelfen haben und nicht verpflichtet sind, auf ihre Ansprüche zu verzichten, sollten Unternehmer so weit wie möglich ermutigt werden, an AS-Verfahren teilzunehmen. Diese Richtlinie sollte daher nationale Rechtsvorschriften unberührt lassen, nach denen die Teilnahme von Unternehmern an solchen Verfahren verpflichtend ist oder durch Anreize oder Sanktionen gefördert wird oder die Ergebnisse der Verfahren für die Unternehmer bindend sind, sofern diese Rechtsvorschriften die Parteien nicht daran hindern, ihr Recht gemäß Artikel 47 der Charta der Grundrechte der Europäischen Union auf Zu-

gang zum Gerichtssystem wahrzunehmen.

(50) Um einen unnötigen Aufwand für AS-Stellen zu vermeiden, sollten die Mitgliedstaaten die Verbraucher ermutigen, vor Einreichen einer Beschwerde bei einer AS-Stelle Kontakt mit dem Unternehmer aufzunehmen, um das Problem bilateral zu lösen. In vielen Fällen würde dies den Verbrauchern ermöglichen, ihre Streitigkeiten rasch und frühzeitig beizulegen.

(51) Mitgliedstaaten sollten bei der Entwicklung von AS-Systemen Vertreter von Berufsverbänden, Wirtschaftsverbänden und Verbraucherverbänden einbeziehen, insbesondere im Hinblick auf die Grundsätze der Unparteilichkeit und Unabhängigkeit.

(52) Die Mitgliedstaaten sollten dafür sorgen, dass AS-Stellen bei der Beilegung grenzübergreifender Streitigkeiten kooperieren.

(53) Netze von AS-Stellen, wie beispielsweise das Streitbeilegungs-Netzwerk für den Finanzdienstleistungssektor „FIN-NET" im Bereich der Finanzdienstleistungen, sollten innerhalb der Union gestärkt werden. Die Mitgliedstaaten sollten den Beitritt von AS-Stellen zu solchen Netzen fördern.

(54) Eine enge Zusammenarbeit zwischen AS-Stellen und nationalen Behörden sollte die wirksame Anwendung von Rechtsakten der Union im Bereich des Verbraucherschutzes stärken. Die Kommission und die Mitgliedstaaten sollten die Zusammenarbeit zwischen den AS-Stellen unterstützen, um den Austausch von bewährten Verfahren und Fachwissen zwischen AS-Stellen zu fördern und Probleme im Zusammenhang mit der Durchführung der AS-Verfahren zu diskutieren. Diese Zusammenarbeit sollte unter anderem durch das bevorstehende Verbraucherprogramm der Union unterstützt werden.

(55) Damit gewährleistet ist, dass AS-Stellen ordnungsgemäß und effektiv funktionieren, sollten sie genau überwacht werden. Zu diesem Zwecke sollte jeder Mitgliedstaat eine oder mehrere zuständige Behörden benennen, die diese Aufgabe aus-

führen. Die Kommission und die nach dieser Richtlinie zuständigen Behörden sollten eine Liste der dieser Richtlinie entsprechenden AS-Stellen veröffentlichen und aktualisieren. Die Mitgliedstaaten sollten gewährleisten, dass die AS-Stellen, das Europäische Netz der Verbraucherzentren und gegebenenfalls die gemäß dieser Richtlinie bezeichneten Einrichtungen diese Liste auf ihren Websites durch einen Link zur Website der Kommission und wann immer möglich auf einem dauerhaften Datenträger in ihren Räumlichkeiten veröffentlichen. Außerdem sollten die Mitgliedstaaten ebenfalls einschlägige Verbraucher- und Wirtschaftsverbände dazu ermutigen, die Liste zu veröffentlichen. Die Mitgliedstaaten sollten ferner für die angemessene Verbreitung von Informationen darüber sorgen, was Verbraucher im Fall einer Streitigkeit mit einem Unternehmer machen sollten. Außerdem sollten die zuständigen Behörden regelmäßig Berichte über die Entwicklung und das Funktionieren der AS-Stellen in ihren Mitgliedstaaten veröffentlichen. Die AS-Stellen sollten den zuständigen Behörden die spezifischen Informationen liefern, auf denen diese Berichte beruhen sollten. Die Mitgliedstaaten sollten den AS-Stellen empfehlen, sich bei der Bereitstellung dieser Informationen an die Empfehlung 2010/304/EU der Kommission vom 12. Mai 2010 zur Verwendung einer harmonisierten Methodik zur Klassifizierung und Meldung von Verbraucherbeschwerden und Verbraucheranfragen[11] zu halten.

(56) Es ist notwendig, dass die Mitgliedstaaten Vorschriften über Sanktionen für Verstöße gegen die zur Einhaltung dieser Richtlinie angenommenen nationalen Bestimmungen festlegen und dafür sorgen, dass diese Vorschriften durchgesetzt werden. Die Sanktionen sollten wirksam, verhältnismäßig und abschreckend sein.

(57) Im Interesse einer verstärkten grenzübergreifenden Zusammenarbeit bei der Durchsetzung dieser Richtlinie sollte die Verordnung (EG) Nr. 2006/2004 des Europäischen

---

11 ABl. L 136 vom 2.6.2010, S. 1.

Parlaments und des Rates vom 27. Oktober 2004 über die Zusammenarbeit zwischen den für die Durchsetzung der Verbraucherschutzgesetze zuständigen nationalen Behörden („Verordnung über die Zusammenarbeit im Verbraucherschutz")[12] durch Aufnahme eines Verweises auf diese Richtlinie in ihrem Anhang geändert werden.

(58) Die Richtlinie 2009/22/EG des Europäischen Parlaments und des Rates vom 23. April 2009 über Unterlassungsklagen zum Schutz der Verbraucherinteressen[13] (Richtlinie über Unterlassungsklagen) sollte durch Aufnahme eines Verweises auf die vorliegende Richtlinie in ihren Anhang geändert werden, damit die durch die vorliegende Richtlinie geschützten kollektiven Interessen der Verbraucher gewahrt bleiben.

(59) Gemäß der Gemeinsamen Politischen Erklärung vom 28. September 2011 der Mitgliedstaaten und der Kommission zu Erläuternden Dokumenten[14] haben sich die Mitgliedstaaten verpflichtet, in begründeten Fällen zusätzlich zur Mitteilung ihrer Umsetzungsmaßnahmen ein oder mehrere Dokumente zu übermitteln, in denen der Zusammenhang zwischen den Bestandteilen einer Richtlinie und den entsprechenden Teilen nationaler Umsetzungsinstrumente erläutert wird. In Bezug auf diese Richtlinie hält der Gesetzgeber die Übermittlung derartiger Dokumente für gerechtfertigt.

(60) Da das Ziel dieser Richtlinie, nämlich durch Erreichen eines hohen Verbraucherschutzniveaus ohne Einschränkung des Zugangs der Verbraucher zu den Gerichten einen Beitrag zum reibungslosen Funktionieren des Binnenmarkts zu leisten, auf Ebene der Mitgliedstaaten nicht ausreichend verwirklicht werden kann und daher besser auf Unionsebene zu verwirklichen ist, kann die Union im Einklang mit dem in Artikel 5 des Vertrags über die Europäische Union niedergelegten Subsidiaritätsprinzip tätig werden. Entspre-

chend dem in demselben Artikel genannten Grundsatz der Verhältnismäßigkeit geht diese Verordnung nicht über das zur Erreichung dieses Ziels erforderliche Maß hinaus.

(61) Diese Richtlinie steht im Einklang mit den Grundrechten und Grundsätzen, die insbesondere in der Charta der Grundrechte der Europäischen Union, namentlich in den Artikeln 7, 8, 38 und 47, anerkannt sind.

(62) Der Europäische Datenschutzbeauftragte wurde gemäß Artikel 28 Absatz 2 der Verordnung (EG) Nr. 45/2001 des Europäischen Parlaments und des Rates vom 18. Dezember 2000 zum Schutz natürlicher Personen bei der Verarbeitung personenbezogener Daten durch die Organe und Einrichtungen der Gemeinschaft zum freien Datenverkehr[15] konsultiert und hat am 12. Januar 2012 eine Stellungnahme[16] abgegeben –

HABEN FOLGENDE RICHTLINIE ERLASSEN:

KAPITEL I ALLGEMEINE BESTIMMUNGEN

Artikel 1 Gegenstand

[1]Der Zweck dieser Richtlinie ist es, durch das Erreichen eines hohen Verbraucherschutzniveaus zum reibungslosen Funktionieren des Binnenmarkts beizutragen, indem dafür gesorgt wird, dass Verbraucher auf freiwilliger Basis Beschwerden gegen Unternehmer bei Stellen einreichen können, die unabhängige, unparteiische, transparente, effektive, schnelle und faire AS-Verfahren anbieten. [2]Diese Richtlinie berührt nicht die nationalen Rechtsvorschriften, die die Teilnahme an solchen Verfahren verbindlich vorschreiben, sofern diese Rechtsvorschriften die Parteien nicht an der Ausübung ihres Rechts auf Zugang zum Gerichtssystem hindern.

Artikel 2 Geltungsbereich

(1) Diese Richtlinie gilt für Verfahren zur außergerichtlichen Beilegung von inländischen und grenzübergreifenden Streitigkei-

---

12 ABl. L 364 vom 9.12.2004, S. 1.
13 ABl. L 110 vom 1.5.2009, S. 30.
14 ABl. C 369 vom 17.12.2011, S. 14.
15 ABl. L 8 vom 12.1.2001, S. 1.
16 ABl. C 136 vom 11.5.2012, S. 1.

ten über vertragliche Verpflichtungen aus Kaufverträgen oder Dienstleistungsverträgen zwischen einem in der Union niedergelassenen Unternehmer und einem in der Union wohnhaften Verbraucher durch Einschalten einer AS-Stelle, die eine Lösung vorschlägt oder auferlegt oder die Parteien mit dem Ziel zusammenbringt, sie zu einer gütlichen Einigung zu veranlassen.

(2) Diese Richtlinie gilt nicht für

a) Verfahren vor Streitbeilegungsstellen, bei denen die mit der Streitbeilegung betrauten natürlichen Personen ausschließlich von einem einzelnen Unternehmer beschäftigt oder bezahlt werden, es sei denn, dass die Mitgliedstaaten beschließen, solche Verfahren als AS-Verfahren gemäß dieser Richtlinie zu gestatten, und dass die in Kapitel II vorgesehenen Anforderungen, einschließlich der spezifischen Anforderungen an die Unabhängigkeit und Transparenz gemäß Artikel 6 Absatz 3, erfüllt sind;

b) Verfahren vor Verbraucherbeschwerdestellen, die vom Unternehmer betrieben werden;

c) nichtwirtschaftliche Dienstleistungen von allgemeinem Interesse;

d) Streitigkeiten zwischen Unternehmern;

e) direkte Verhandlungen zwischen dem Verbraucher und dem Unternehmer;

f) Bemühungen von Richtern um die gütliche Beilegung eines Rechtsstreits im Rahmen eines Gerichtsverfahrens, das diesen Rechtsstreit betrifft;

g) von Unternehmern gegen Verbraucher eingeleitete Verfahren;

h) Gesundheitsdienstleistungen, die von Angehörigen der Gesundheitsberufe gegenüber Patienten erbracht werden, um deren Gesundheitszustand zu beurteilen, zu erhalten oder wiederherzustellen, einschließlich der Verschreibung, Abgabe und Bereitstellung von Arzneimitteln und Medizinprodukten;

i) öffentliche Anbieter von Weiter- oder Hochschulbildung.

(3) [1]Mit dieser Richtlinie werden harmonisierte Qualitätsanforderungen für AS-Stellen und AS-Verfahren festgelegt, um dafür Sorge zu tragen, dass nach ihrer Umsetzung Verbraucher unabhängig davon, wo sie sich in der Union aufhalten, Zugang zu hochwertigen, transparenten, effektiven und fairen außergerichtlichen Rechtsbehelfsverfahren haben. [2]Die Mitgliedstaaten können über die Vorschriften dieser Richtlinie hinausgehende Regelungen beibehal-

ten oder einführen, um ein höheres Maß an Verbraucherschutz zu gewährleisten.

(4) Mit dieser Richtlinie wird anerkannt, dass es in der Zuständigkeit der Mitgliedstaaten liegt, festzulegen, ob AS-Stellen in ihrem Hoheitsgebiet Lösungen auferlegen dürfen.

Artikel 3   Verhältnis zu anderen Unionsrechtsakten

(1) Sofern in dieser Richtlinie nichts anderes vorgesehen ist, hat in dem Fall, dass eine Bestimmung dieser Richtlinie mit einer Bestimmung eines anderen Unionsrechtsakts über von einem Verbraucher gegen einen Unternehmer eingeleitete außergerichtliche Rechtsbehelfsverfahren kollidiert, die Bestimmung dieser Richtlinie Vorrang.

(2) Die Richtlinie 2008/52/EG wird durch die vorliegende Richtlinie nicht berührt.

(3) Artikel 13 der vorliegenden Richtlinie berührt nicht die Bestimmungen über Information der Verbraucher über außergerichtliche Rechtsbehelfsverfahren in anderen Unionsrechtsakten, die zusätzlich zu jenem Artikel gelten.

Artikel 4   Begriffsbestimmungen

(1) Im Sinne dieser Richtlinie bezeichnet der Ausdruck

a) „Verbraucher" jede natürliche Person, die zu Zwecken handelt, die nicht ihrer gewerblichen, geschäftlichen, handwerklichen oder beruflichen Tätigkeit zugerechnet werden können;

b) „Unternehmer" jede natürliche oder juristische Person – unabhängig davon, ob sie in privatem oder öffentlichem Eigentum steht –, die zu Zwecken handelt, die ihrer gewerblichen, geschäftlichen, handwerklichen oder beruflichen Tätigkeit zugerechnet werden können, wobei sie dies auch durch eine in ihrem Namen oder Auftrag handelnde Person tun kann;

c) „Kaufvertrag" jeden Vertrag, durch den der Unternehmer das Eigentum an Waren an den Verbraucher überträgt oder deren Übertragung zusagt und der Verbraucher hierfür den Preis zahlt oder dessen Zahlung zusagt, einschließlich Verträgen, die sowohl Waren als auch Dienstleistungen zum Gegenstand haben;

d) „Dienstleistungsvertrag" jeden Vertrag, der kein Kaufvertrag ist und nach dem der Unternehmer eine Dienstleistung für den Verbraucher erbringt oder deren Erbringung zusagt und der Verbraucher hierfür den Preis zahlt oder dessen Zahlung zusagt;

e) „inländische Streitigkeit" eine vertragliche Streitigkeit aus einem Kauf- oder Dienstleistungsvertrag, sofern der Verbraucher zum Zeitpunkt der Bestellung der Waren oder Dienstleistungen in demselben Mitgliedstaat wohnt, in dem der Unternehmer niedergelassen ist;

f) „grenzübergreifende Streitigkeit" eine vertragliche Streitigkeit aus einem Kauf- oder Dienstleistungsvertrag, sofern der Verbraucher zum Zeitpunkt der Bestellung der Waren oder Dienstleistungen in einem anderen als dem Mitgliedstaat wohnt, in dem der Unternehmer niedergelassen ist;

g) „AS-Verfahren" ein Verfahren im Sinne des Artikels 2, das den Anforderungen dieser Richtlinie genügt und von einer AS-Stelle durchgeführt wird;

h) „AS-Stelle" jede Stelle, die unabhängig von ihrer Bezeichnung auf Dauer eingerichtet ist und die Beilegung einer Streitigkeit in einem AS-Verfahren anbietet und in einer Liste gemäß Artikel 20 Absatz 2 geführt wird;

i) „zuständige Behörde" jede von einem Mitgliedstaat für die Zwecke dieser Richtlinie benannte öffentliche Stelle auf nationaler, regionaler oder lokaler Ebene.

(2) Ein Unternehmer ist dort niedergelassen, wo

– er seinen Geschäftssitz hat, falls der Unternehmer eine natürliche Person ist;

– sich sein satzungsmäßiger Sitz, seine Hauptverwaltung oder sein Geschäftssitz einschließlich einer Zweigniederlassung, Agentur oder sonstigen Niederlassung befindet, falls der Unternehmer eine Gesellschaft oder sonstige juristische Person oder eine aus natürlichen oder juristischen Personen bestehende Vereinigung ist.

(3) Eine AS-Stelle ist eingerichtet:

– wenn die Stelle von einer natürlichen Person betrieben wird, dort, wo die Stelle ihre AS-Tätigkeit ausübt;

– wenn die Stelle von einer juristischen Person oder einer aus natürlichen oder juristischen Personen bestehenden Vereinigung betrieben wird, dort, wo diese juristische Person oder die aus natürlichen oder juristischen Personen bestehende Vereinigung ihre AS-Tätigkeit ausübt;

– wenn die Stelle von einer Behörde oder sonstigen öffentlichen Einrichtung betrieben wird, dort, wo die Behörde oder sonstige öffentliche Einrichtung ihren Sitz hat.

KAPITEL II ZUGANG ZU UND ANFORDERUNGEN AN AS-STELLEN UND AS-VERFAHREN

Artikel 5 Zugang zur AS-Stellen und AS-Verfahren

(1) Die Mitgliedstaaten erleichtern den Zugang der Verbraucher zu AS-Verfahren und sorgen dafür, dass unter diese Richtlinie fallende Streitigkeiten, an denen ein in ihrem jeweiligen Hoheitsgebiet niedergelassener Unternehmer beteiligt ist, einer AS-Stelle vorgelegt werden können, die den Anforderungen dieser Richtlinie genügt.

(2) Die Mitgliedstaaten sorgen dafür, dass AS-Stellen

a) eine laufend aktualisierte Website unterhalten, die den Parteien einen einfachen Zugang zu den Informationen über das AS-Verfahren bietet und es Verbrauchern ermöglicht, Beschwerden und die erforderlichen einschlägigen Dokumente online einzureichen;

b) den Parteien auf Antrag die Informationen gemäß Buchstabe a auf einem dauerhaften Datenträger zur Verfügung stellen;

c) es den Verbrauchern gegebenenfalls ermöglichen, Beschwerden offline einzureichen;

d) den Austausch von Informationen zwischen den Parteien auf elektronischem Wege oder gegebenenfalls auf dem Postweg ermöglichen;

e) sowohl inländische als auch grenzübergreifende Streitigkeiten akzeptieren, und zwar auch Streitigkeiten, die unter die Verordnung (EU) Nr. 524/2013 fallen, und

f) in Verfahren zur Beilegung von unter diese Richtlinie fallenden Streitigkeiten die notwendigen Maßnahmen treffen, um dafür zu sorgen, dass die Verarbeitung personenbezogener Daten im Einklang mit den nationalen Rechtsvorschriften zur Umsetzung der Richtlinie 95/46/EG des Mitgliedstaats erfolgt, in dem die AS-Stelle eingerichtet ist.

(3) [1]Die Mitgliedstaaten können ihrer Verpflichtung nach Absatz 1 dadurch nachkommen, dass sie für die Einrichtung einer

ergänzenden AS-Stelle sorgen, die für diejenigen in jenem Absatz genannten Streitigkeiten zuständig ist, für deren Beilegung keine bereits existierende AS-Stelle zuständig ist. [2]Die Mitgliedstaaten können dieser Verpflichtung auch nachkommen, indem sie sich auf AS-Stellen mit Sitz in einem anderen Mitgliedstaat oder regionale, länderübergreifende oder europaweite AS-Stellen stützen, wenn Unternehmer aus unterschiedlichen Mitgliedstaaten in den Zuständigkeitsbereich derselben AS-Stelle fallen, unbeschadet ihrer Verantwortung zur Gewährleistung der vollständigen Abdeckung und des Zugangs zu AS-Stellen.

(4) Die Mitgliedstaaten können nach ihrem Ermessen den AS-Stellen gestatten, Verfahrensregeln beizubehalten und einzuführen, die es ihnen erlauben, die Bearbeitung einer Beschwerde abzulehnen, wenn

a) der Verbraucher nicht zuerst versucht hat, Kontakt mit dem betreffenden Unternehmer aufzunehmen, um seine Beschwerde zu erörtern und die Angelegenheit unmittelbar mit dem Unternehmer zu lösen;

b) die Streitigkeit mutwillig oder schikanös ist;

c) die Streitigkeit von einer anderen AS-Stelle oder einem Gericht behandelt wird oder bereits behandelt worden ist;

d) der Streitwert unter oder über einem im Voraus festgelegten Schwellenbetrag liegt;

e) der Verbraucher die Beschwerde nicht innerhalb einer im Voraus festgelegten Frist, die mindestens ein Jahr nach dem Zeitpunkt, zu dem der Verbraucher die Beschwerde beim Unternehmer eingereicht hat, beträgt, bei der AS-Stelle eingereicht hat;

f) die Behandlung dieser Art von Streitigkeit den effektiven Betrieb der AS-Stelle ansonsten ernsthaft beeinträchtigen würde.

Ist eine AS-Stelle gemäß den Verfahrensregeln nicht in der Lage, eine bei ihr eingereichte Beschwerde zu behandeln, so übermittelt die betreffende AS-Stelle beiden Parteien innerhalb von drei Wochen nach Eingang der Beschwerdeakte eine Erklärung, in der die Gründe angegeben sind, aus denen sie die Streitigkeit nicht behandeln kann.

Solche Verfahrensregeln dürfen den Zugang der Verbraucher zu AS-Verfahren, einschließlich im Fall von grenzübergreifenden Streitigkeiten, nicht erheblich beeinträchtigen.

(5) Die Mitgliedstaaten sorgen dafür, dass AS-Stellen – wenn es ihnen gestattet ist, im Voraus festgelegte Schwellenbeträge zu verwenden, um den Zugang zu AS-Verfahren zu beschränken – die Schwellenbeträge nicht in einer Höhe festsetzen, in der sie den Zugang der Verbraucher zur Bearbeitung von Beschwerden durch AS-Stellen erheblich beeinträchtigen.

(6) Ist eine AS-Stelle nach den Verfahrensregeln gemäß Absatz 4 nicht in der Lage, eine ihr vorgelegte Beschwerde zu behandeln, so ist ein Mitgliedstaat nicht verpflichtet, dafür zu sorgen, dass der Verbraucher seine Beschwerde bei einer anderen AS-Stelle einreichen kann.

(7) Ist eine AS-Stelle, die Streitigkeiten in einem speziellen Wirtschaftssektor bearbeitet, die zuständige Stelle für die Behandlung von Streitigkeiten, die einen Unternehmer betreffen, der in diesem Sektor tätig, aber nicht Mitglied der Organisation oder des Verbands ist, die/der die AS-Stelle eingerichtet hat oder Finanzmittel für sie bereitstellt, so gilt, dass der Mitgliedstaat seine Pflicht nach Absatz 1 – auch in Bezug auf Streitigkeiten, die diesen Unternehmer betreffen – erfüllt hat.

Artikel 6 Fachwissen, Unabhängigkeit und Unparteilichkeit

(1) [1]Die Mitgliedstaaten sorgen dafür, dass die mit AS betrauten natürlichen Personen über das erforderliche Fachwissen verfügen und unabhängig und unparteiisch sind. [2]Dies ist dadurch zu gewährleisten, dass sichergestellt wird, dass diese Personen

a) über das Wissen und die Fähigkeiten verfügen, die für die Arbeit im Bereich der AS oder der gerichtlichen Beilegung verbraucherrechtlicher Streitigkeiten erforderlich sind, sowie ein allgemeines Rechtsverständnis besitzen;

b) für einen Zeitraum berufen werden, der ausreichend lang ist, um die Unabhängigkeit ihres Handelns zu gewährleisten, und nicht ohne triftigen Grund ihres Amtes enthoben werden können;

c) an keine Weisungen einer Partei oder ihrer Vertreter gebunden sind;

d) in einer Weise vergütet werden, die nicht mit dem Ergebnis des Verfahrens im Zusammenhang steht;

e) der AS-Stelle unverzüglich alle Umstände offenlegen, die ihre Unabhängigkeit und Unparteilichkeit beeinträchtigen oder Interessenkonflikte mit einer der Parteien der Streitigkeit, die sie beilegen sollen, entstehen lassen könnten oder diesen Eindruck erwecken könnten. Die Verpflichtung zur Offenlegung solcher Umstände gilt ununterbrochen während des gesamten AS-Verfahrens. Sie gilt nicht, wenn die AS-Stelle nur aus einer natürlichen Person besteht.

(2) Die Mitgliedstaaten sorgen dafür, dass AS-Stellen über Verfahren verfügen, mit denen sichergestellt wird, dass – falls Umstände nach Absatz 1 Buchstabe e vorliegen –

a) die betreffende natürliche Person durch eine andere natürliche Person ersetzt wird, die mit der Durchführung des AS-Verfahrens betraut wird, oder anderenfalls

b) die betreffende natürliche Person auf die Durchführung des AS-Verfahrens verzichtet und, soweit möglich, die AS-Stelle den Parteien vorschlägt, eine andere entsprechend befugte AS-Stelle mit der Streitigkeit zu befassen; oder anderenfalls

c) die Umstände den Parteien offengelegt werden und die betreffende natürliche Person nur dann ermächtigt wird, das AS-Verfahren fortzusetzen, wenn die Parteien keine Einwände erhoben haben, nachdem sie über die Umstände und über ihr Recht, Einwände zu erheben, unterrichtet wurden.

Dieser Absatz lässt Artikel 9 Absatz 2 Buchstabe a unberührt.

Besteht die AS-Stelle nur aus einer natürlichen Person, gilt allein Unterabsatz 1 Buchstaben b und c dieses Absatzes.

(3) Wenn Mitgliedstaaten beschließen, Verfahren gemäß Artikel 2 Absatz 2 Buchstabe a als AS-Verfahren gemäß dieser Richtlinie zu gestatten, so sorgen sie dafür, dass diese Verfahren zusätzlich zu den allgemeinen Anforderungen gemäß den Absätzen 1 und 5 den folgenden spezifischen Anforderungen genügen:

a) Die mit der Streitbeilegung betrauten natürlichen Personen werden von einem kollegialen Gremium ernannt oder gehören einem solchen an, das sich aus jeweils der gleichen Anzahl von Vertretern von Verbraucherverbänden und von Vertretern des Unternehmers zusammensetzt, und werden nach einem transparenten Verfahren ernannt;

b) die Amtszeit der mit der Streitbeilegung betrauten natürlichen Personen beträgt mindestens drei Jahre, damit

die Unabhängigkeit ihres Handelns gewährleistet ist;

c) die mit der Streitbeilegung betrauten natürlichen Personen verpflichten sich, für einen Zeitraum von drei Jahren nach Ablauf ihrer in der Streitbeilegungsstelle zurückgelegten Amtszeit weder für den Unternehmer noch für einen Berufs- oder Wirtschaftsverband, dessen Mitglied der Unternehmer ist, tätig zu sein;

d) die Streitbeilegungsstelle hat keine hierarchische oder funktionale Beziehung zu dem Unternehmer und ist von den betrieblichen Einheiten des Unternehmers eindeutig getrennt und ihr steht für die Wahrnehmung ihrer Aufgaben ein ausreichender Haushalt, der vom allgemeinen Haushalt des Unternehmers getrennt ist, zur Verfügung.

(4) Wenn die mit der AS betrauten natürlichen Personen ausschließlich von einem Berufs- oder Wirtschaftsverband, dessen Mitglied der Unternehmer ist, beschäftigt oder vergütet werden, sorgen die Mitgliedstaaten dafür, dass ihnen zusätzlich zu den allgemeinen Anforderungen gemäß den Absätzen 1 und 5 ein getrennter zweckgebundener Haushalt in ausreichender Höhe für die Erfüllung ihrer Aufgaben zur Verfügung steht.

Dieser Absatz gilt nicht, wenn die betreffenden natürlichen Personen einem kollegialen Gremium angehören, das mit einer jeweils gleichen Anzahl von Vertretern des Berufs- oder Wirtschaftsverbands, von dem sie beschäftigt oder vergütet werden, und von Verbraucherverbänden besetzt ist.

(5) Die Mitgliedstaaten sorgen dafür, dass AS-Stellen, bei denen die mit der Streitbeilegung betrauten natürlichen Personen einem kollegialen Gremium angehören, mit einer jeweils gleichen Anzahl von Vertretern der Verbraucherinteressen und von Vertretern der Unternehmerinteressen besetzt sind.

(6) ¹Für die Zwecke von Absatz 1 Buchstabe a ermutigen die Mitgliedstaaten die AS-Stellen dazu, Schulungen für die mit AS betrauten natürlichen Personen zur Verfügung zu stellen. ²Werden solche Schulungen zur Verfügung gestellt, so überwachen die zuständigen Behörden die von den AS-Stellen erstellten Schulungsprogramme auf der Grundlage der Informationen, die ihnen gemäß Artikel 19 Absatz 3 Buchstabe g übermittelt werden.

Artikel 7 Transparenz

(1) Die Mitgliedstaaten sorgen dafür, dass AS-Stellen auf ihren Websites, auf Anfrage auf einem dauerhaften Datenträger sowie auf jede andere Weise, die sie für geeignet halten, in eindeutiger und leicht verständlicher Weise folgende Informationen öffentlich zugänglich machen:

a) ihre Kontaktangaben, einschließlich Postanschrift und E-Mail-Adresse;

b) die Tatsache, dass die AS-Stellen in einer Liste gemäß Artikel 20 Absatz 2 geführt sind;

c) welche natürlichen Personen mit der AS betraut sind, wie sie ernannt werden und wie lange ihre Amtszeit dauert;

d) das Fachwissen, die Unparteilichkeit und die Unabhängigkeit der mit der AS betrauten Personen, wenn sie ausschließlich von dem Unternehmer beschäftigt oder vergütet werden;

e) gegebenenfalls ob sie Netzwerken von AS-Stellen zur Erleichterung grenzübergreifender Streitbeilegung angehören;

f) für welche Arten von Streitigkeiten sie zuständig sind, einschließlich etwaiger Schwellenwerte;

g) welche Verfahrensregeln für die Beilegung einer Streitigkeit gelten sowie die Gründe, aus denen eine AS-Stelle im Einklang mit Artikel 5 Absatz 4 es ablehnen kann, eine bestimmte Streitigkeit zu bearbeiten;

h) in welchen Sprachen Beschwerden bei der AS-Stelle eingereicht werden können und in welchen Sprachen das AS-Verfahren geführt wird;

i) auf welche Regelungen sich die AS-Stelle bei der Streitbeilegung stützen kann (zum Beispiel Rechtsvorschriften, Billigkeitserwägungen, Verhaltenskodizes);

j) welche Vorbedingungen die Parteien gegebenenfalls erfüllen müssen, damit ein AS-Verfahren eingeleitet werden kann, einschließlich der Bedingung, dass der Verbraucher versucht haben muss, die Angelegenheit unmittelbar mit dem Unternehmer zu lösen;

k) ob die Parteien das Verfahren abbrechen können;

l) die Kosten, die gegebenenfalls von den Parteien zu tragen sind, einschließlich der Regelungen zur Kostentragung am Ende des Verfahrens;

m) die durchschnittliche Dauer des AS-Verfahrens;

n) die Rechtswirkung des Ergebnisses des AS-Verfahrens, einschließlich gegebenenfalls der Sanktionen bei Nichtbefolgung im Fall einer die Parteien bindenden Entscheidung;

o) gegebenenfalls die Vollstreckbarkeit der AS-Entscheidung.

(2) [1]Die Mitgliedstaaten sorgen dafür, dass AS-Stellen auf ihren Websites, auf Anfrage auf einem dauerhaften Datenträger sowie auf jede andere Weise, die sie für geeignet halten, jährliche Tätigkeitsberichte öffentlich zugänglich machen. [2]Diese Berichte enthalten folgende Informationen sowohl zu inländischen als auch zu grenzübergreifenden Streitigkeiten:

a) Anzahl der eingegangenen Streitigkeiten und Art der Beschwerden, auf die sie sich beziehen;

b) systematische oder signifikante Problemstellungen, die häufig auftreten und zu Streitigkeiten zwischen Verbrauchern und Unternehmern führen; diese Informationen können von Empfehlungen begleitet sein, wie derartige Probleme in Zukunft vermieden oder gelöst werden können, um die Standards der Unternehmer zu erhöhen und den Austausch von Informationen und bewährten Praktiken zu fördern;

c) Prozentsatz der Streitigkeiten, deren Bearbeitung eine AS-Stelle abgelehnt hat und prozentualer Anteil der verschiedenen Gründe für eine solche Ablehnung gemäß Artikel 5 Absatz 4;

d) bei den in Artikel 2 Absatz 2 Buchstabe a genannten Verfahren der jeweiligen Prozentsatz der zugunsten des Verbrauchers und zugunsten des Unternehmers vorgeschlagenen oder auferlegten Lösungen und der durch gütliche Einigung gelösten Streitigkeiten;

e) Prozentsatz der AS-Verfahren, die ergebnislos abgebrochen wurden und, sofern bekannt, die Gründe für den Abbruch;

f) durchschnittlicher Zeitaufwand für die Lösung von Streitigkeiten;

g) sofern bekannt, Prozentsatz der Fälle, in denen sich die Parteien an die Ergebnisse der AS-Verfahren gehalten haben;

h) gegebenenfalls Zusammenarbeit der AS-Stellen mit Netzwerken von AS-Stellen, die die Beilegung grenzübergreifender Streitigkeiten erleichtern.

Artikel 8   Effektivität

Die Mitgliedstaaten sorgen dafür, dass AS-Verfahren effektiv sind und die folgenden Anforderungen erfüllen:

a) Das AS-Verfahren ist für beide Parteien online und offline verfügbar und leicht zugänglich, und zwar unabhängig davon, wo sie sind;

b) die Parteien haben Zugang zu dem Verfahren, ohne einen Rechtsanwalt oder einen Rechtsberater beauftragen zu müssen, aber das Verfahren nimmt den Parteien nicht das Recht auf unabhängige Beratung oder darauf, sich in jedem Verfahrensstadium von einem Dritten vertreten oder unterstützen zu lassen;

c) das AS-Verfahren ist für Verbraucher entweder kostenlos oder gegen eine Schutzgebühr zugänglich;

d) die AS-Stelle, bei der eine Beschwerde eingereicht wurde, benachrichtigt die Parteien der Streitigkeit, sobald sie alle Unterlagen mit den erforderlichen Informationen zur Beschwerde erhalten hat;

e) das Ergebnis des AS-Verfahrens ist binnen 90 Kalendertagen nach Eingang der vollständigen Beschwerdeakte bei der AS-Stelle verfügbar. Bei hoch komplexen Streitigkeiten kann die mit der Beilegung betraute AS-Stelle die Frist von 90 Kalendertagen nach eigenem Ermessen verlängern. Die Parteien sind von jeder Verlängerung dieser Frist und von der zu erwartenden Zeitspanne bis zur Beilegung der Streitigkeit zu unterrichten.

Artikel 9   Fairness

(1) Die Mitgliedstaaten sorgen dafür, dass in AS-Verfahren

a) die Parteien die Möglichkeit haben, innerhalb einer angemessenen Frist ihre Meinung zu äußern, von der AS-Stelle die von der Gegenpartei vorgebrachten Argumente, Beweise, Unterlagen und Fakten sowie etwaige Feststellungen und Gutachten von Experten zu erhalten und hierzu Stellung nehmen zu können;

b) die Parteien darüber unterrichtet werden, dass sie keinen Rechtsanwalt oder Rechtsberater beauftragen müssen, sich jedoch in jedem Verfahrensstadium von unabhängiger Seite beraten oder von einer dritten Partei vertreten oder unterstützen lassen können;

c) den Parteien das Ergebnis des AS-Verfahrens schriftlich oder auf einem dauerhaften Datenträger mitgeteilt wird und sie eine Darlegung der Gründe, auf denen es basiert, erhalten.

(2) Die Mitgliedstaaten sorgen dafür, dass in AS-Verfahren, die auf eine Beilegung der Streitigkeit durch Vorschlag einer Lösung abzielen,

a) die Parteien in jedem Stadium die Möglichkeit haben, das Verfahren abzubrechen, wenn sie die Durchführung oder den Ablauf des Verfahrens für unbefriedigend erachten. Sie müssen vor Einleitung des Verfahrens von diesem Recht unterrichtet werden. Wenn nationale Rechtsvorschriften eine verpflichtende Teilnahme des Unternehmers an AS-Verfahren vorsehen, gilt dieser Buchstabe ausschließlich für den Verbraucher;

b) die Parteien über Folgendes informiert werden, bevor sie einer vorgeschlagenen Lösung zustimmen oder diese befolgen:

i) dass sie die Wahl haben, der vorgeschlagenen Lösung zuzustimmen oder diese zu befolgen oder nicht;

ii) dass die Beteiligung an dem Verfahren die Möglichkeit nicht ausschließt, die Durchsetzung ihrer Rechte vor Gericht zu suchen;

iii) dass die vorgeschlagene Lösung anders sein kann als das Ergebnis eines Gerichtsverfahrens, in dem Rechtsvorschriften angewandt werden;

c) die Parteien über die Rechtswirkungen informiert werden, die die Zustimmung zu einer vorgeschlagenen Lösung oder die Befolgung einer vorgeschlagenen Lösung hat, bevor sie einer vorgeschlagenen Lösung zustimmen oder diese befolgen;

d) den Parteien eine angemessene Überlegungsfrist eingeräumt wird, bevor sie einer vorgeschlagenen Lösung oder einer gütlichen Einigung zustimmen.

(3) Sehen AS-Verfahren im Einklang mit nationalem Recht vor, dass ihre Ergebnisse für den Unternehmer verbindlich werden, sobald der Verbraucher die vorgeschlagene Lösung akzeptiert hat, so gilt Artikel 9 Absatz 2 nur für den Verbraucher.

Artikel 10 Handlungsfreiheit

(1) Die Mitgliedstaaten stellen sicher, dass eine Vereinbarung zwischen einem Verbraucher und einem Unternehmer darüber, Beschwerden bei einer AS-Stelle einzureichen, für den Verbraucher nicht verbindlich ist, wenn sie vor dem Entstehen der Streitigkeit getroffen wurde und wenn sie dazu führt, dass dem Verbraucher das Recht entzogen wird, die Gerichte zur Beilegung des Streitfalls anzurufen.

(2) [1]Die Mitgliedstaaten stellen sicher, dass bei AS-Verfahren, bei denen die Streitigkeit durch das Auferlegen einer verbindlichen Lösung beigelegt werden soll, die auferlegte Lösung nur dann verbindlich für die Parteien sein kann, wenn die Parteien vorher über den verbindlichen Charakter der Lösung informiert wurden und sie dies ausdrücklich akzeptiert haben. [2]Die ausdrückliche Zustimmung des Unternehmers ist nicht erforderlich, wenn in den nationalen Rechtsvorschriften bestimmt ist, dass die Lösungen für die Unternehmer verbindlich sind.

Artikel 11 Rechtmäßigkeit

(1) Die Mitgliedstaaten sorgen dafür, dass in AS-Verfahren, bei denen die Streitigkeit mittels einer dem Verbraucher auferlegten Lösung beigelegt werden soll,

a) die auferlegte Lösung – sofern keine Rechtskollision vorliegt – nicht dazu führen darf, dass der Verbraucher den Schutz verliert, der ihm durch die Bestimmungen gewährt wird, von denen nicht durch Vereinbarung gemäß dem Recht des Mitgliedstaats, in dem der Verbraucher und der Unternehmer ihren gewöhnlichen Aufenthalt haben, abgewichen werden darf;

b) die von der AS-Stelle auferlegte Lösung – sofern eine Rechtskollision vorliegt, bei der das für den Kauf- oder Dienstleistungsvertrag geltende Recht gemäß Artikel 6 Absätze 1 und 2 der Verordnung (EG) Nr. 593/2008 bestimmt wird – nicht dazu führen darf, dass der Verbraucher den Schutz verliert, der ihm durch die Bestimmungen gewährt wird, von denen nicht durch Vereinbarung gemäß dem Recht des Mitgliedstaats, in dem er seinen gewöhnlichen Aufenthalt hat, abgewichen werden darf;

c) die von der AS-Stelle auferlegte Lösung – sofern eine Rechtskollision vorliegt, bei der das für den Kauf- oder Dienstleistungsvertrag geltende

Recht gemäß Artikel 5 Absätze 1 bis 3 des Übereinkommens von Rom vom 19. Juni 1980 über das vertragliche Schuldverhältnisse anzuwendende Recht bestimmt wird – nicht dazu führen darf, dass der Verbraucher den Schutz verliert, der ihm durch die zwingenden Vorschriften des Rechts des Mitgliedstaats, in dem er seinen gewöhnlichen Aufenthalt hat, gewährt wird.

(2) Für die Zwecke dieses Artikels wird der „gewöhnliche Aufenthalt" nach Maßgabe der Verordnung (EG) Nr. 593/2008 bestimmt.

Artikel 12 Auswirkung von AS-Verfahren auf Verjährungsfristen

(1) Die Mitgliedstaaten stellen sicher, dass die Parteien, die zur Beilegung einer Streitigkeit AS-Verfahren in Anspruch nehmen, deren Ergebnis nicht verbindlich ist, im Anschluss daran nicht durch den Ablauf der Verjährungsfristen während des AS-Verfahrens daran gehindert werden, in Bezug auf dieselbe Streitigkeit ein Gerichtsverfahren einzuleiten.

(2) Absatz 1 gilt unbeschadet der Bestimmungen über die Verjährung in internationalen Übereinkommen, denen die Mitgliedstaaten angehören.

KAPITEL III INFORMATION UND KOOPERATION

Artikel 13 Information der Verbraucher durch Unternehmer

(1) [1]Die Mitgliedstaaten sorgen dafür, dass in ihrem Hoheitsgebiet niedergelassene Unternehmer die Verbraucher über die AS-Stelle oder AS-Stellen in Kenntnis setzen, von der/denen diese Unternehmer erfasst werden, sofern diese Unternehmer sich verpflichten oder verpflichtet sind, diese Stellen zur Beilegung von Streitigkeiten mit Verbrauchern einzuschalten. [2]Zu dieser Information gehört die Website-Adresse der betreffenden AS-Stelle oder AS-Stellen.

(2) Die in Absatz 1 genannten Informationen werden auf der Website des Unternehmers – soweit vorhanden – und gegebenenfalls in den allgemeinen Geschäftsbedingungen für Kauf- oder Dienstleistungsverträge zwischen dem Unternehmer und einem Verbraucher in klarer, verständlicher und leicht zugänglicher Weise aufgeführt.

(3) ¹Die Mitgliedstaaten sorgen dafür, dass in den Fällen, in denen eine Streitigkeit zwischen einem Verbraucher und einem in ihrem Hoheitsgebiet niedergelassenen Unternehmer im Anschluss an das direkte Einreichen einer Beschwerde durch den Verbraucher beim Unternehmer nicht beigelegt werden konnte, der Unternehmer dem Verbraucher die Informationen gemäß Absatz 1 bereitstellt und dabei angibt, ob er die einschlägigen AS-Stellen zur Beilegung der Streitigkeit nutzen wird. ²Diese Informationen werden auf Papier oder einem anderen dauerhaften Datenträger bereitgestellt.

Artikel 14 Unterstützung für Verbraucher

(1) Die Mitgliedstaaten sorgen dafür, dass die Verbraucher bei Streitigkeiten, die sich aus grenzübergreifenden Kauf- und Dienstleistungsverträgen ergeben, Unterstützung erhalten können, um in einem anderen Mitgliedstaat die AS-Stelle zu finden, die für ihre grenzübergreifende Streitigkeit zuständig ist.

(2) Die Mitgliedstaaten übertragen die Zuständigkeit für die in Absatz 1 genannte Aufgabe ihren Zentren des Europäischen Netzes der Verbraucherzentren, Verbraucherverbänden oder jeder anderen Einrichtung.

Artikel 15 Allgemeine Informationen

(1) Die Mitgliedstaaten sorgen dafür, dass die AS-Stellen, die Zentren des Europäischen Netzes der Verbraucherzentren und gegebenenfalls die gemäß Artikel 14 Absatz 2 benannten Einrichtungen auf ihren Websites durch einen Link zur Website der Kommission und, wann immer möglich, auf einem dauerhaften Datenträger in ihren Räumlichkeiten die in Artikel 20 Absatz 4 genannte Liste der AS-Stellen öffentlich zugänglich machen.

(2) Die Mitgliedstaaten regen an, dass einschlägige Verbraucher- und Wirtschaftsverbände auf ihren Websites und in jeder anderen Weise, die sie für geeignet halten, die in Artikel 20 Absatz 4 genannte Liste der AS-Stellen öffentlich zugänglich machen.

(3) Die Kommission und die Mitgliedstaaten sorgen für eine angemessene Verbreitung der Informationen darüber, wie die Verbraucher Zugang zu AS-Verfahren zur Beilegung von Streitigkeiten im Rahmen dieser Richtlinie erhalten können.

(4) ¹Die Kommission und die Mitgliedstaaten ergreifen flankierende Maßnah-

men, um die Verbraucher- und Berufsverbände zu ermutigen, auf Unions- und auf nationaler Ebene die Kenntnis von AS-Stellen und ihren Verfahren zu verbessern und die Inanspruchnahme von AS durch Unternehmer und Verbraucher zu fördern. ²Diese Vereinigungen werden ferner ermutigt, den Verbrauchern Informationen über die zuständigen AS-Stellen bereitzustellen, wenn Verbraucher sich mit Beschwerden an sie wenden.

Artikel 16 Kooperation und Erfahrungsaustausch zwischen AS-Stellen

(1) Die Mitgliedstaaten sorgen dafür, dass AS-Stellen bei der Beilegung grenzübergreifender Streitigkeiten kooperieren und sich regelmäßig über bewährte Verfahren zur Beilegung von grenzübergreifenden und inländischen Streitigkeiten austauschen.

(2) Die Kommission unterstützt und erleichtert die Vernetzung nationaler AS-Stellen sowie den Austausch und die Verbreitung ihrer bewährten Verfahren und Erfahrungen.

(3) Gibt es für einen bestimmten Sektor auf Ebene der Union ein Netzwerk von AS-Stellen zur Erleichterung der Beilegung grenzübergreifender Streitigkeiten, so fördern die Mitgliedstaaten den Beitritt von AS-Stellen, die sich mit Streitigkeiten aus diesem Sektor befassen, zu diesem Netzwerk.

(4) ¹Die Kommission veröffentlicht eine Liste mit den Namen und Kontaktangaben der in Absatz 3 genannten Netzwerke. ²Die Kommission aktualisiert diese Liste, sobald dies erforderlich ist.

Artikel 17 Kooperation zwischen AS-Stellen und den für die Durchsetzung der Unionsrechtsakte über Verbraucherschutz zuständigen nationalen Behörden

(1) Die Mitgliedstaaten sorgen dafür, dass AS-Stellen und nationale Behörden, die für die Durchsetzung der Unionsrechtsakte über Verbraucherschutz der Union zuständig sind, miteinander kooperieren.

(2) ¹Diese Kooperation umfasst insbesondere den Austausch von Informationen über Geschäftspraktiken in spezifischen Wirtschaftssektoren, über die wiederholt Beschwerden von Verbrauchern eingegan-

gen sind. ²Dazu gehört auch, dass die betreffenden nationalen Behörden technische Bewertungen und Informationen zur Verfügung stellen, wenn diese für die Bearbeitung individueller Streitigkeiten erforderlich und bereits verfügbar sind.

(3) Die Mitgliedstaaten sorgen dafür, dass die Kooperation und der Informationsaustausch gemäß den Absätzen 1 und 2 den Bestimmungen der Richtlinie 95/46/EG über den Schutz personenbezogener Daten entsprechen.

(4) ¹Dieser Artikel gilt unbeschadet der Bestimmungen über das Berufs- und Geschäftsgeheimnis, die für nationale Behörden gelten, die Unionsrechtsakte über Verbraucherschutz durchsetzen. ²Die AS-Stellen unterliegen der beruflichen Geheimhaltungspflicht oder gleichwertigen Verpflichtungen zur Vertraulichkeit gemäß den Rechtsvorschriften der Mitgliedstaaten, in denen sie eingerichtet sind.

KAPITEL IV ROLLE DER ZUSTÄNDIGEN BEHÖRDEN UND DER KOMMISSION

Artikel 18 Benennung der zuständigen Behörden

(1) ¹Jeder Mitgliedstaat benennt eine zuständige Behörde, die die in den Artikeln 19 und 20 genannten Aufgaben ausübt. ²Jeder Mitgliedstaat kann mehr als eine zuständige Behörde benennen. ³In diesem Fall legt er fest, welche der zuständigen Behörden die zentrale Anlaufstelle für die Kommission ist. ⁴Jeder Mitgliedstaat teilt der Kommission die zuständige Behörde oder gegebenenfalls die zuständigen Behörden mit, einschließlich der zentralen Anlaufstelle, die er benannt hat.

(2) Die Kommission erstellt eine Liste der ihr gemäß Absatz 1 gemeldeten zuständigen Behörden, in der gegebenenfalls auch die zentralen Anlaufstellen aufgeführt sind, und veröffentlicht diese Liste im *Amtsblatt der Europäischen Union.*

Artikel 19 Informationen, die den zuständigen Behörden von den Streitbeilegungsstellen mitzuteilen sind

(1) Die Mitgliedstaaten sorgen dafür, dass in ihrem Hoheitsgebiet eingerichtete Streitbeilegungsstellen, die als AS-Stellen gemäß dieser Richtlinie angesehen und in eine Liste gemäß Artikel 20 Absatz 2 aufgenommen werden möchten, der zuständigen Behörde Folgendes mitteilen:

a) ihren Namen, Kontaktangaben und Website-Adresse;

b) Informationen zu ihrer Struktur und Finanzierung, darunter Informationen zu den mit Streitbeilegung betrauten natürlichen Personen sowie dazu, wie sie vergütet werden, wie lange ihre Amtszeit ist und von wem sie beschäftigt werden;

c) ihre Verfahrensregeln;

d) gegebenenfalls ihre Gebühren;

e) die durchschnittliche Dauer des Streitbeilegungsverfahrens;

f) in welchen Sprachen Beschwerden eingereicht werden können und in welchen Sprachen das Streitbeilegungsverfahren geführt werden kann;

g) eine Erklärung zu den Arten von Streitigkeiten, die unter das Streitbeilegungsverfahren fallen;

h) die Gründe, aus denen die Streitbeilegungsstelle die Bearbeitung einer bestimmten Streitigkeit gemäß Artikel 5 Absatz 4 ablehnen kann;

i) eine mit Gründen versehene Erklärung dazu, ob die Stelle als in den Geltungsbereich dieser Richtlinie fallende AS-Stelle zu qualifizieren ist und ob sie die Qualitätsanforderungen nach Kapitel II erfüllt.

Ergeben sich Änderungen hinsichtlich der in den Buchstaben a bis h genannten Informationen, so teilen die AS-Stellen der zuständigen Behörde diese Änderungen ohne unnötige Verzögerung mit.

(2) Wenn die Mitgliedstaaten beschließen, Verfahren gemäß Artikel 2 Absatz 2 Buchstabe a zuzulassen, sorgen sie dafür, dass AS-Stellen, die solche Verfahren durchführen, der zuständigen Behörde neben den Angaben und Erklärungen gemäß Absatz 1 auch die Informationen übermitteln, die erforderlich sind, um die Einhaltung der besonderen zusätzlichen Anforderungen an die Unabhängigkeit und Transparenz nach Artikel 6 Absatz 3 zu beurteilen.

(3) Die Mitgliedstaaten sorgen dafür, dass AS-Stellen den zuständigen Behörden alle zwei Jahre Informationen über Folgendes mitteilen:

a) Anzahl der eingegangenen Streitigkeiten und Art der Beschwerden, auf die sie sich beziehen;

b) Prozentsatz der AS-Verfahren, die ergebnislos abgebrochen wurden;

c) durchschnittlicher Zeitaufwand bei der Lösung der eingegangenen Streitfälle;

d) sofern bekannt, Prozentsatz der Fälle, in denen sich die Parteien an die Ergebnisse der AS-Verfahren gehalten haben;

e) systematische oder signifikante Problemstellungen, die häufig auftreten und zu Streitigkeiten zwischen Verbrauchern und Unternehmern führen. Die diesbezüglichen Informationen können von Empfehlungen begleitet sein, wie derartige Probleme in Zukunft vermieden oder gelöst werden können;

f) gegebenenfalls eine Einschätzung der Effektivität ihrer Kooperation mit Netzwerken von AS-Stellen zur Erleichterung grenzübergreifender Streitbeilegung;

g) gegebenenfalls Schulungen für die natürlichen Personen, die mit AS betraut sind, gemäß Artikel 6 Absatz 6;

h) eine Einschätzung der Effektivität des von der betreffenden Stelle angebotenen AS-Verfahrens und der Möglichkeiten zur Verbesserung ihrer Leistungsfähigkeit.

Artikel 20 Rolle der zuständigen Behörden und der Kommission

(1) Jede zuständige Behörde beurteilt insbesondere aufgrund der Informationen, die sie gemäß Artikel 19 Absatz 1 erhalten hat, ob die ihr gemeldeten Streitbeilegungsstellen als AS-Stellen im Sinne dieser Richtlinie anzusehen sind und die Qualitätsanforderungen von Kapitel II und von nationalen Durchführungsbestimmungen, einschließlich nationaler Bestimmungen, die – im Einklang mit dem Unionsrecht – über die Anforderungen dieser Richtlinie hinausgehen, erfüllen.

(2) Jede zuständige Behörde erstellt auf der Grundlage der Beurteilung gemäß Absatz 1 eine Liste sämtlicher AS-Stellen, die ihr gemeldet wurden und bei denen die in Absatz 1 genannten Bedingungen erfüllt sind.

Die Liste enthält folgende Angaben:

a) Name, Kontaktangaben und Website-Adressen der im ersten Unterabsatz genannten AS-Stellen;

b) gegebenenfalls ihre Gebühren;

c) in welchen Sprachen Beschwerden bei der AS-Stelle eingereicht werden können und in welchen Sprachen das AS-Verfahren geführt werden kann;

d) die Arten von Streitigkeiten, die unter das AS-Verfahren fallen;

e) die Sektoren und Kategorien der Streitigkeiten, die von jeder AS-Stelle abgedeckt werden;

f) gegebenenfalls Notwendigkeit der Anwesenheit der Parteien oder ihrer Vertreter, einschließlich der Erklärung der AS-Stelle, ob das AS-Verfahren als mündliches oder schriftliches Verfahren durchgeführt wird oder durchgeführt werden kann;

g) Verbindlichkeit oder Unverbindlichkeit des Verfahrensergebnisses und

h) die Gründe, aus denen die AS-Stelle die Bearbeitung einer bestimmten Streitigkeit gemäß Artikel 5 Absatz 4 ablehnen kann.

[1]Jede zuständige Behörde übermittelt der Kommission die im ersten Unterabsatz dieses Absatzes genannte Liste. [2]Werden der zuständigen Behörde Änderungen gemäß Artike 19 Absatz 1 Unterabsatz 2 mitgeteilt, so wird diese Liste ohne unnötige Verzögerung aktualisiert und die Kommission entsprechend informiert.

[1]Erfüllt eine gemäß dieser Richtlinie als AS-Stelle in einer Liste geführte Streitbeilegungsstelle die Anforderungen gemäß Absatz 1 nicht mehr, so nimmt die zuständige Behörde Kontakt mit dieser Streitbeilegungsstelle auf, teilt ihr mit, welche Anforderungen sie nicht erfüllt, und fordert sie auf, für deren unverzügliche Erfüllung zu sorgen. [2]Erfüllt die Streitbeilegungsstelle nach Ablauf einer Frist von drei Monaten immer noch nicht die Anforderungen gemäß Absatz 1 dieses Artikels, so streicht die zuständige Behörde die Streitbeilegungsstelle von der in Unterabsatz 1 dieses Absatzes genannten Liste. [3]Diese Liste wird ohne unnötige Verzögerung aktualisiert und die Kommission wird entsprechend informiert.

(3) [1]Hat ein Mitgliedstaat mehr als eine zuständige Behörde benannt, so werden die Liste und ihre Aktualisierungen gemäß Absatz 2 der Kommission über die in Artikel 18 Absatz 1 genannte zentrale Anlaufstelle übermittelt. [2]Diese Liste und diese Aktualisierungen beziehen sich auf alle AS-Stellen, die in dem betreffenden Mitgliedstaat eingerichtet sind.

(4) [1]Die Kommission erstellt eine Liste der ihr gemäß Absatz 2 gemeldeten AS-Stellen und aktualisiert diese Liste bei jeder Mitteilung von Änderungen. [2]Die Kommission macht diese Liste und ihre Aktualisierungen auf ihrer Website und auf einem dauerhaften Datenträger öffentlich zugänglich. [3]Die Kommission übermittelt diese Liste und ihre Aktualisierungen den zuständigen Behörden. [4]Hat ein Mitgliedstaat eine einzige Anlaufstelle gemäß Artikel 18 Absatz 1 benannt, übermittelt die

Kommission die Liste und ihre Aktualisierungen der einzigen Anlaufstelle.

(5) [1]Jede zuständige Behörde macht die konsolidierte Liste der in Absatz 4 genannten AS-Stellen auf ihrer Website öffentlich zugänglich, indem sie einen Link zu der entsprechenden Website der Kommission einstellt. [2]Zusätzlich macht jede zuständige Behörde diese konsolidierte Liste auf einem dauerhaften Datenträger öffentlich zugänglich.

(6) [1]Spätestens 9. Juli 2018 und danach alle vier Jahre veröffentlicht jede zuständige Behörde einen Bericht über die Entwicklung und die Arbeitsweise von AS-Stellen und übermittelt ihn der Kommission. [2]Dieser Bericht umfasst insbesondere

a) eine Beschreibung der bewährten Verfahren von AS-Stellen;

b) gegebenenfalls eine statistisch belegte Darlegung der Unzulänglichkeiten, die das Funktionieren von AS-Stellen zur Beilegung sowohl inländischer als auch grenzübergreifender Streitigkeiten behindern;

c) gegebenenfalls Empfehlungen dazu, wie das effektive und effiziente Funktionieren von AS-Stellen verbessert werden könnte.

(7) [1]Hat ein Mitgliedstaat gemäß Artikel 18 Absatz 1 mehr als eine zuständige Behörde benannt, so wird der Bericht gemäß Absatz 6 dieses Artikels von der zentralen Anlaufstelle gemäß Artikel 18 Absatz 1 veröffentlicht. [2]Dieser Bericht bezieht sich auf alle AS-Stellen, die in dem betreffenden Mitgliedstaat eingerichtet sind.

KAPITEL V SCHLUSSBESTIMMUNGEN

Artikel 21 Sanktionen

[1]Die Mitgliedstaaten legen fest, welche Sanktionen bei einem Verstoß gegen die insbesondere gemäß Artikel 13 erlassenen nationalen Vorschriften zu verhängen sind, und treffen die zu deren Durchsetzung erforderlichen Maßnahmen. [2]Die vorgesehenen Sanktionen müssen wirksam, verhältnismäßig und abschreckend sein.

Artikel 22 Änderung der Verordnung (EG) Nr. 2006/2004

(hier nicht wiedergegeben)

Artikel 23 Änderung der Richtlinie 2009/22/EG

(hier nicht wiedergegeben)

Artikel 24 Mitteilungen

(1) Bis zum 9. Juli 2015 teilen die Mitgliedstaaten der Kommission Folgendes mit:

a) gegebenenfalls Namen und Kontaktangaben der gemäß Artikel 14 Absatz 2 benannten Einrichtungen und

b) die gemäß Artikel 18 Absatz 1 benannten zuständigen Behörden, einschließlich gegebenenfalls der zentralen Anlaufstelle.

Die Mitgliedstaaten teilen der Kommission etwaige spätere Änderungen dieser Angaben mit.

(2) Bis zum 9. Januar 2016 übermitteln die Mitgliedstaaten der Kommission die erste Liste gemäß Artikel 20 Absatz 2.

(3) Die Kommission übermittelt den Mitgliedstaaten die in Absatz 1 Buchstabe a genannten Informationen.

Artikel 25 Umsetzung

(1) [1]Die Mitgliedstaaten setzen die erforderlichen Rechts- oder Verwaltungsvorschriften in Kraft, um dieser Richtlinie spätestens am 9. Juli 2015 nachzukommen. [2]Sie teilen der Kommission unverzüglich den Wortlaut dieser Rechtsvorschriften mit.

[1]Bei Erlass dieser Vorschriften nehmen die Mitgliedstaaten in den Vorschriften selbst oder durch einen Hinweis bei der amtlichen Veröffentlichung auf diese Richtlinie Bezug. [2]Die Mitgliedstaaten regeln die Einzelheiten dieser Bezugnahme.

(2) Die Mitgliedstaaten teilen der Kommission den Wortlaut der wichtigsten nationalen Rechtsvorschriften mit, die sie auf dem unter diese Richtlinie fallenden Gebiet erlassen.

Artikel 26 Bericht

[1]Bis zum 9. Juli 2019 und danach alle vier Jahre übermittelt die Kommission dem Europäischen Parlament, dem Rat und dem Europäischen Wirtschafts- und Sozialausschuss einen Bericht über die Anwendung dieser Richtlinie. [2]In diesem Bericht wird auf die Entwicklung und Nutzung von AS-Stellen sowie auf die Auswirkungen dieser Richtlinie auf Verbraucher und Unternehmer, insbesondere auf die Kenntnis der Verbraucher und die Akzeptanz durch die Unternehmer, eingegangen. [3]Diesem Bericht sind gegebenenfalls Vorschläge zur Änderung dieser Richtlinie beizufügen.

Artikel 27   Inkrafttreten

Diese Richtlinie tritt am zwanzigsten Tag nach ihrer Veröffentlichung im *Amtsblatt der Europäischen Union* in Kraft.

Artikel 28   Adressaten

Diese Richtlinie ist an die Mitgliedstaaten gerichtet.

Geschehen zu Straßburg am 21. Mai 2013.

Verordnung (EU) Nr. 524/2013 des Europäischen Parlaments und des Rates vom 21. Mai 2013 über die Online-Beilegung verbraucherrechtlicher Streitigkeiten und zur Änderung der Verordnung (EG) Nr. 2006/2004 und der Richtlinie 2009/22/EG (Verordnung über Online-Streitbeilegung in Verbraucherangelegenheiten)

(ABl. L 165 vom 18.6.2013, S. 1)

DAS EUROPÄISCHE PARLAMENT UND DER RAT DER EUROPÄISCHEN UNION –

gestützt auf den Vertrag über die Arbeitsweise der Europäischen Union, insbesondere auf Artikel 114,

auf Vorschlag der Europäischen Kommission,

nach Zuleitung des Entwurfs des Gesetzgebungsakts an die nationalen Parlamente,

nach Stellungnahme des Europäischen Wirtschafts- und Sozialausschusses[1],

gemäß dem ordentlichen Gesetzgebungsverfahren[2],

in Erwägung nachstehender Gründe:

(1) Gemäß Artikel 169 Absatz 1 und Artikel 169 Absatz 2 Buchstabe a des Vertrags über die Arbeitsweise der Europäischen Union (AEUV) leistet die Union durch Maßnahmen, die sie nach Artikel 114 AEUV erlässt, einen Beitrag zur Erreichung eines hohen Verbraucherschutzniveaus. Gemäß Artikel 38 der Charta der Grundrechte der Europäischen Union hat die Politik der Union ein hohes Verbraucherschutzniveau sicherzustellen.

(2) Gemäß Artikel 26 Absatz 2 AEUV soll der Binnenmarkt einen Raum ohne Binnengrenzen umfassen, in dem der freie Verkehr von Waren und Dienstleistungen gewährleistet ist. Damit die Verbraucher Vertrauen in den digitalen Binnenmarkt haben und diesen in vollem Umfang nutzen können, müssen sie Zugang zu einfachen, effizienten, schnellen und kostengünstigen Möglichkeiten

der Beilegung von Streitigkeiten haben, die sich aus dem Online-Verkauf von Waren oder der Online-Erbringung von Dienstleistungen ergeben. Dies gilt insbesondere, wenn Verbraucher Einkäufe über die Grenzen hinweg tätigen.

(3) In ihrer Mitteilung vom 13. April 2011 mit dem Titel „Binnenmarktakte – Zwölf Hebel zur Förderung von Wachstum und Vertrauen – ‚Gemeinsam für neues Wachstum'" bezeichnete die Kommission Rechtsvorschriften über alternative Streitbeilegung (im Folgenden „AS") auch für den elektronischen Geschäftsverkehr als einen der zwölf Hebel zur Förderung des Wachstums und des Vertrauens in den Binnenmarkt.

(4) Eine Fragmentierung des Binnenmarktes behindert Bemühungen um die Steigerung von Wettbewerbsfähigkeit und Wachstum. Darüber hinaus stellt die ungleichmäßige Verfügbarkeit, Qualität und Bekanntheit einfacher, effizienter, schneller und kostengünstiger Möglichkeiten zur Beilegung von Streitigkeiten, die sich aus dem Verkauf von Waren oder der Bereitstellung von Dienstleistungen innerhalb der gesamten Union ergeben, ein Hindernis auf dem Binnenmarkt dar, durch das das Vertrauen von Verbrauchern und Unternehmern in den grenzübergreifenden Ein- und Verkauf untergraben wird.

(5) In seinen Schlussfolgerungen vom 24.-25. März und vom 23. Oktober 2011 hat der Europäische Rat das Europäische Parlament und den Rat aufgefordert, bis Ende 2012 ein erstes Bündel vorrangiger Maßnahmen zu verabschieden, um dem Binnenmarkt neue Impulse zu geben.

(6) Verbraucher erfahren den Binnenmarkt in ihrem täglichen Leben als eine Realität, wenn sie reisen, einkaufen oder Zahlungen vornehmen. Verbraucher sind wichtige Akteure im Binnenmarkt und sollten daher in dessen Mittelpunkt stehen. Die digitale Dimension des Binnenmarkts ist sowohl für die Verbraucher als auch für die Unternehmer von entscheidender Bedeutung. Ver-

---

1 ABl. C 181 vom 21.6.2012, S. 99.
2 Standpunkt des Europäischen Parlaments vom 12. März 2013 (noch nicht im Amtsblatt veröffentlicht) und Beschluss des Rates vom 22. April 2013.

braucher tätigen immer häufiger Einkäufe online und immer mehr Unternehmer verkaufen online. Verbraucher und Unternehmer sollten sich bei der Online-Durchführung von Rechtsgeschäften sicher fühlen; daher ist es unerlässlich, bestehende Hindernisse zu beseitigen und das Vertrauen der Verbraucher zu stärken. Die Verfügbarkeit einer zuverlässigen und effizienten Online-Streitbeilegung (im Folgenden „OS") könnte einen großen Beitrag zur Verwirklichung dieses Ziels leisten.

(7) Die Tatsache, dass eine Möglichkeit zur einfachen und kostengünstigen Beilegung von Streitigkeiten besteht, kann das Vertrauen der Verbraucher und Unternehmer in den digitalen Binnenmarkt stärken. Noch stoßen Verbraucher und Unternehmer bei der Suche nach außergerichtlichen Lösungen jedoch auf Hindernisse, insbesondere, wenn die Streitigkeiten von grenzübergreifenden Online-Rechtsgeschäften ausgehen. Daher bleiben solche Streitigkeiten oft ungeklärt.

(8) Die OS bietet eine einfache, effiziente, schnelle und kostengünstige außergerichtliche Lösung für Streitigkeiten, die sich aus Online-Rechtsgeschäften ergeben. Allerdings fehlt es gegenwärtig an Mechanismen, die es Verbrauchern und Unternehmern erlauben, solche Streitigkeiten auf elektronischem Wege beizulegen; dies ist nachteilig für Verbraucher, stellt ein Hemmnis insbesondere für grenzübergreifende Online-Rechtsgeschäfte dar, schafft ungleiche Ausgangsvoraussetzungen für die Unternehmer und behindert so die allgemeine Entwicklung des Online-Geschäftsverkehrs.

(9) Diese Verordnung sollte für die außergerichtliche Beilegung von Streitigkeiten gelten, bei denen in der Union wohnhafte Verbraucher gegen in der Union niedergelassene Unternehmer vorgehen und die unter die Richtlinie 2013/11/EU des Europäischen Parlaments und des Rates vom 21. Mai 2013 über die alternative Beilegung verbraucherrechtlicher Streitigkeiten (Richtlinie über alternative Streitbeilegung in

Verbraucherangelegenheiten)[3] fallen.

(10) Um zu gewährleisten, dass die Plattform zur OS (im Folgenden „OS-Plattform") auch für AS-Verfahren genutzt werden kann, die es Unternehmern ermöglichen, Beschwerden gegen Verbraucher einzureichen, sollte diese Verordnung auch für die außergerichtliche Beilegung von Streitigkeiten gelten, bei denen Unternehmer gegen Verbraucher vorgehen, sofern die betreffenden AS-Verfahren von AS-Stellen angeboten werden, die in einer Liste gemäß Artikel 20 Absatz 2 der Richtlinie 2013/11/EU geführt sind. Die Anwendung dieser Verordnung auf solche Streitigkeiten sollte die Mitgliedstaaten nicht verpflichten sicherzustellen, dass die AS-Stellen solche Verfahren anbieten.

(11) Obwohl insbesondere Verbraucher und Unternehmer, die grenzübergreifende Online-Rechtsgeschäfte durchführen, Nutzen aus der OS-Plattform ziehen werden, sollte diese Verordnung auch für inländische Online-Rechtsgeschäfte gelten, um tatsächlich gleiche Wettbewerbsbedingungen im Bereich des Online-Geschäftsverkehrs zu schaffen.

(12) Die Richtlinie 2008/52/EG des Europäischen Parlaments und des Rates vom 21. Mai 2008 über bestimmte Aspekte der Mediation in Zivil- und Handelssachen[4] sollte von dieser Verordnung nicht berührt werden.

(13) Die Definition des Begriffs „Verbraucher" sollte natürliche Personen, die außerhalb ihrer gewerblichen, geschäftlichen, handwerklichen oder beruflichen Tätigkeit handeln, umfassen. Wird ein Vertrag jedoch teils im Rahmen, teils außerhalb des Rahmens des Gewerbes einer Person abgeschlossen (Verträge mit doppeltem Zweck) und ist der gewerbliche Zweck so gering, dass er im Gesamtkontext des Geschäfts als nicht überwiegend erscheint, sollte die betreffende Person ebenfalls als Verbraucher gelten.

(14) Die Definition des Begriffs „Online-Kaufvertrag oder Online-Dienstleistungsvertrag" sollte einen Kauf- oder Dienstleistungsvertrag erfas-

---

3 Siehe Seite 63 dieses Amtsblatts.
4 ABl. L 136 vom 24.5.2008, S. 3.

sen, bei dem der Unternehmer oder der Vermittler des Unternehmers Waren oder Dienstleistungen über eine Website oder auf anderem elektronischen Weg angeboten hat und der Verbraucher diese Waren oder Dienstleistungen auf dieser Website oder auf anderem elektronischen Weg bestellt hat. Dies sollte auch Fälle abdecken, in denen der Verbraucher die Website oder den anderen Dienst der Informationsgesellschaft über ein mobiles elektronisches Gerät aufruft, beispielsweise über ein Mobiltelefon.

(15) Diese Verordnung sollte weder für Streitigkeiten zwischen Verbrauchern und Unternehmern, die aus offline geschlossenen Kauf- oder Dienstleistungsverträgen erwachsen, noch für Streitigkeiten zwischen Unternehmern gelten.

(16) Diese Verordnung sollte in Verbindung mit der Richtlinie 2013/11/EU gesehen werden, wonach die Mitgliedstaaten gewährleisten müssen, dass jede Streitigkeit zwischen in der Union wohnhaften Verbrauchern und in der Union niedergelassenen Unternehmern im Zusammenhang mit dem Verkauf von Waren oder der Erbringung von Dienstleistungen einer AS-Stelle vorgelegt werden kann.

(17) Die Mitgliedstaaten sollten die Verbraucher dazu anhalten, vor der Einreichung ihrer Beschwerde über die OS-Plattform bei einer AS-Stelle auf geeignetem Wege mit dem Ziel einer gütlichen Einigung Kontakt mit dem Unternehmer aufzunehmen.

(18) Ziel dieser Verordnung ist die Einrichtung einer OS-Plattform auf Unionsebene. Die OS-Plattform sollte eine interaktive Website sein, die eine zentrale Anlaufstelle für Verbraucher und Unternehmer darstellt, die aus Online-Rechtsgeschäften entstandene Streitigkeiten außergerichtlich beilegen möchten. Die OS-Plattform sollte allgemeine Informationen über die außergerichtliche Beilegung von aus Online-Kaufverträgen und Online-Dienstleistungsverträgen erwachsenden vertraglichen Streitigkeiten zwischen Verbrauchern und Unternehmern enthalten. Verbraucher und Unter-

nehmer sollten die Möglichkeit haben, auf dieser Plattform durch Ausfüllen eines in allen Amtssprachen der Organe der Union verfügbaren Online-Formulars Beschwerden einzureichen und einschlägige Unterlagen beizufügen. Die Beschwerden sollten dann über die Plattform an die für die betreffende Streitigkeit zuständige AS-Stelle weitergeleitet werden. Die OS-Plattform sollte ein kostenloses elektronisches Fallbearbeitungsinstrument bereitstellen, das es den AS-Stellen ermöglicht, das Streitbeilegungsverfahren mit den Parteien über die OS-Plattform abzuwickeln. AS-Stellen sollten nicht verpflichtet sein, das Fallbearbeitungsinstrument zu verwenden.

(19) Die Kommission sollte für die Entwicklung, den Betrieb und die Pflege der OS-Plattform zuständig sein und die für den Betrieb der Plattform notwendige technische Ausstattung bereitstellen. Die OS-Plattform sollte eine elektronische Übersetzungsfunktion bieten, die es den Parteien und der AS-Stelle ermöglicht, gegebenenfalls Informationen, die über die OS-Plattform ausgetauscht werden und die für die Beilegung der Streitigkeit erforderlich sind, übersetzen zu lassen. Durch diese Funktion sollten – erforderlichenfalls mit menschlicher Unterstützung – alle notwendigen Übersetzungen erledigt werden können. Die Kommission sollte die Beschwerdeführer über die OS-Plattform ferner von der Möglichkeit unterrichten, dass sie um Unterstützung durch die OS-Kontaktstellen ersuchen können.

(20) Die OS-Plattform sollte den sicheren Datenaustausch mit den AS-Stellen ermöglichen und die zugrunde liegenden Prinzipien des Europäischen Interoperabilitätsrahmens achten, der gemäß dem Beschluss 2004/387/EG des Europäischen Parlaments und des Rates vom 21. April 2004 über die interoperable Erbringung europaweiter elektronischer Behördendienste (eGovernment-Dienste) für öffentliche Verwaltungen, Unternehmen und Bürger (IDABC)[5] verabschiedet wurde.

---

5 ABl. L 144 vom 30.4.2004, S. 62.

(21) Die OS-Plattform sollte insbesondere über das gemäß Anhang II des Beschlusses 2004/387/EG eingerichtete Portal „Ihr Europa" zugänglich sein, das Zugang zu europaweiten, mehrsprachigen und interaktiven Online-Informationsdiensten für Unternehmen und Bürger in der Union bietet. Die OS-Plattform sollte auf dem Portal „Ihr Europa" an herausragender Stelle platziert werden.

(22) Eine OS-Plattform auf Unionsebene sollte auf den existierenden AS-Stellen der Mitgliedstaaten aufbauen und die Rechtstraditionen der Mitgliedstaaten achten. Wird eine Beschwerde über die OS-Plattform an eine AS-Stelle weitergeleitet, sollten daher auch hinsichtlich der Kosten die dieser Stelle eigenen Verfahrensregeln gelten. In dieser Verordnung werden jedoch einige gemeinsame Regeln festgelegt, die für diese Verfahren gelten und deren Effektivität gewährleisten sollen. Dazu sollten Regeln gehören, die sicherstellen, dass für eine solche Streitbeilegung die Anwesenheit der Parteien oder ihrer Vertreter bei der AS-Stelle nicht notwendig ist, es sei denn, die Verfahrensregeln der AS-Stelle sehen diese Möglichkeit vor und die Parteien stimmen zu.

(23) Indem dafür Sorge getragen wird, dass alle in einer Liste gemäß Artikel 20 Absatz 2 der Richtlinie 2013/11/EU geführten AS-Stellen auf der OS-Plattform registriert sind, sollte eine vollständige Abdeckung bei der außergerichtlichen Online-Beilegung von Streitigkeiten, die aus Online-Kaufverträgen oder Online-Dienstleistungsverträgen erwachsen, ermöglicht werden.

(24) Durch diese Verordnung sollte keine der in der Union existierenden Online-Streitbeilegungsstellen an ihrer Arbeit gehindert werden; dies gilt auch für OS-Mechanismen. Auch sollte diese Verordnung nicht dazu führen, dass Streitbeilegungsstellen oder -mechanismen Online-Streitigkeiten, die direkt bei ihnen eingereicht wurden, nicht bearbeiten.

(25) OS-Kontaktstellen, in denen mindestens zwei OS-Berater tätig sind, sollten in allen Mitgliedstaaten benannt werden. Die OS-Kontaktstellen sollten die Parteien einer Streitigkeit, die über die OS-Plattform eingereicht wurde, unterstützen, ohne jedoch verpflichtet zu sein, mit dieser Streitigkeit verbundene Unterlagen zu übersetzen. Die Mitgliedstaaten sollten die Möglichkeit haben, ihre Zentren des Europäischen Netzes der Verbraucherzentren mit der Betreuung der OS-Kontaktstellen zu beauftragen. Die Mitgliedstaaten sollten diese Möglichkeit nutzen, damit die OS-Kontaktstellen sich uneingeschränkt auf die Erfahrung der Zentren des Europäischen Netzes der Verbraucherzentren stützen können, um die Beilegung von Streitigkeiten zwischen Verbrauchern und Unternehmern zu erleichtern. Die Kommission sollte ein Netz von OS-Kontaktstellen einrichten, um ihre Zusammenarbeit und ihre Tätigkeit zu erleichtern, und sie sollte – in Zusammenarbeit mit den Mitgliedstaaten – geeignete Schulungen für die OS-Kontaktstellen anbieten.

(26) Das Recht auf einen wirksamen Rechtsbehelf und das Recht auf ein unparteiisches Gericht gehören zu den in Artikel 47 der Charta der Grundrechte der Europäischen Union niedergelegten Grundrechten. OS ist nicht dazu bestimmt, gerichtliche Verfahren zu ersetzen und kann nicht dementsprechend gestaltet sein; außerdem sollte sie Verbrauchern oder Unternehmern nicht das Recht nehmen, die Durchsetzung ihrer Rechte vor Gericht zu suchen. Diese Verordnung sollte daher die Parteien in keiner Weise daran hindern, ihr Recht auf Zugang zum Gerichtssystem wahrzunehmen.

(27) Die Verarbeitung von Daten im Rahmen dieser Verordnung sollte strengen Sicherheitsgarantien unterliegen und den datenschutzrechtlichen Bestimmungen der Richtlinie 95/46/EG des Europäischen Parlaments und des Rates vom 24. Oktober 1995 zum Schutz natürlicher Personen bei der Verarbeitung personenbezogener Daten und zum freien Datenverkehr[6] sowie der Verordnung (EG) Nr. 45/2001 des Europäischen Parlaments und des Rates vom 18. Dezember 2000 zum Schutz natürlicher Personen bei der

---

6 ABl. L 281 vom 23.11.1995, S. 31.

Verarbeitung personenbezogener Daten durch die Organe und Einrichtungen der Gemeinschaft und zum freien Datenverkehr[7] genügen. Diese Bestimmungen sollten für die gemäß dieser Verordnung durchgeführte Verarbeitung personenbezogener Daten durch die verschiedenen Akteure der OS-Plattform gelten, unabhängig davon, ob sie alleine oder zusammen mit anderen solcher Akteure der Plattform tätig werden.

(28) Die Betroffenen sollten durch einen umfassenden Datenschutzhinweis gemäß den Artikeln 11 und 12 der Verordnung (EG) Nr. 45/2001 und den gemäß den Artikeln 10 und 11 der Richtlinie 95/46/EG erlassenen nationalen Rechtsvorschriften über die Verarbeitung ihrer personenbezogenen Daten im Rahmen der OS-Plattform unterrichtet werden und dieser zustimmen sowie über ihre diesbezüglichen Rechte unterrichtet werden; dieser Datenschutzhinweis wird von der Kommission öffentlich zugänglich gemacht und legt in klarer und verständlicher Sprache dar, welche Verarbeitungsschritte von den verschiedenen Akteuren der Plattform vorgenommen werden.

(29) Diese Verordnung sollte die Bestimmungen zur Vertraulichkeit in nationalen Rechtsvorschriften über AS unberührt lassen.

(30) Damit möglichst viele Verbraucher Kenntnis von dem Bestehen der OS-Plattform haben, sollten in der Union niedergelassene Unternehmer, die Online-Kaufverträge oder Online-Dienstleistungsverträge eingehen, auf ihren Websites einen Link zur OS-Plattform bereitstellen. Unternehmer sollten ferner ihre E-Mail-Adresse angeben, damit die Verbraucher über eine erste Anlaufstelle verfügen. Ein wesentlicher Anteil der Online-Kaufverträge und Online-Dienstleistungsverträge wird über Online-Marktplätze abgewickelt, die Verbraucher und Unternehmer zusammenführen oder Online-Rechtsgeschäfte zwischen Verbrauchern und Unternehmern erleichtern. Online-Marktplätze sind Online-Plattformen, die es Unternehmern ermöglichen, den Verbrau-

chern ihre Waren und Dienstleistungen anzubieten. Diese Online-Marktplätze sollten daher gleichermaßen verpflichtet sein, einen Link zur OS-Plattform bereitzustellen. Diese Verpflichtung sollte Artikel 13 der Richtlinie 2013/11/EU bezüglich der Pflicht der Unternehmer, Verbraucher über die AS-Verfahren in Kenntnis zu setzen, von denen diese Unternehmer erfasst werden, sowie darüber, ob sie sich dazu verpflichten, zur Beilegung von Streitigkeiten mit Verbrauchern auf AS-Verfahren zurückzugreifen, nicht berühren. Auch sollte diese Verpflichtung Artikel 6 Absatz 1 Buchstabe t und Artikel 8 der Richtlinie 2011/83/EU des Europäischen Parlaments und des Rates vom 25. Oktober 2011 über die Rechte der Verbraucher[8] unberührt lassen. Gemäß Artikel 6 Absatz 1 Buchstabe t der Richtlinie 2011/83/EU hat der Unternehmer bei Fernabsatzverträgen und bei außerhalb von Geschäftsräumen geschlossenen Verträgen den Verbraucher über die Möglichkeit des Zugangs zu einem außergerichtlichen Beschwerde- und Rechtsbehelfsverfahren, dem der Unternehmer unterworfen ist, und die Voraussetzungen für diesen Zugang zu informieren, bevor dieser durch einen Vertrag gebunden ist. Aus den gleichen Gründen sollten die Kenntnis der Verbraucher sollten die Mitgliedstaaten den einschlägigen Verbraucher- und Wirtschaftsverbänden empfehlen, auf ihren Websites einen Link zur Website der OS-Plattform bereitzustellen.

(31) Um den Kriterien, nach denen AS-Stellen ihren Zuständigkeitsbereich bestimmen, Rechnung zu tragen, sollte der Kommission die Befugnis zum Erlass von Rechtsakten gemäß Artikel 290 AEUV übertragen werden, um die Informationen anzupassen, die ein Beschwerdeführer in dem elektronischen Beschwerdeformular auf der OS-Plattform angeben muss. Bei ihren Vorbereitungsarbeiten sollte die Kommission dabei unbedingt angemessene Konsultationen unter Einbeziehung der Sachverständigenebene durchführen. Bei der Vorbereitung und Aus-

---

7 ABl. L 8 vom 12.1.2001, S. 1.
8 ABl. L 304 vom 22.11.2011, S. 64.

arbeitung delegierter Rechtsakte sollte die Kommission gewährleisten, dass die einschlägigen Dokumente dem Europäischen Parlament und dem Rat gleichzeitig, rechtzeitig und auf angemessene Weise übermittelt werden.

(32) Damit eine einheitliche Umsetzung dieser Verordnung gewährleistet ist, sollten der Kommission hinsichtlich des Betriebs der OS-Plattform, der Modalitäten der Einreichung von Beschwerden sowie der Zusammenarbeit mit dem Netz der OS-Kontaktstellen Durchführungsbefugnisse übertragen werden. Diese Befugnisse sollten gemäß der Verordnung (EU) Nr. 182/2011 des Europäischen Parlaments und des Rates vom 16. Februar 2011 zur Festlegung der allgemeinen Regeln und Grundsätze, nach denen die Mitgliedstaaten die Wahrnehmung der Durchführungsbefugnisse durch die Kommission kontrollieren[9], ausgeübt werden. Die Annahme von Durchführungsrechtsakten zum elektronischen Beschwerdeformular sollte in Anbetracht seines rein technischen Charakters im Wege des Beratungsverfahrens erfolgen. Zur Annahme der Regeln über die Modalitäten der Zusammenarbeit der Mitglieder des Netzes der OS-Kontaktstellen untereinander sollte das Prüfverfahren angewandt werden.

(33) Bei der Anwendung dieser Verordnung sollte die Kommission gegebenenfalls den Europäischen Datenschutzbeauftragten konsultieren.

(34) Da das Ziel dieser Verordnung, nämlich die Einrichtung einer gemeinsamen Regeln unterliegenden Europäischen OS-Plattform von Online-Streitigkeiten, auf Ebene der Mitgliedstaaten nicht ausreichend verwirklicht werden kann und daher wegen ihres Ausmaßes und ihrer Auswirkungen besser auf Unionsebene zu verwirklichen ist, kann die Union im Einklang mit dem in Artikel 5 des Vertrags über die Europäische Union niedergelegten Subsidiaritätsprinzip tätig werden. Entsprechend dem in demselben Artikel genannten Grundsatz der Verhältnismäßigkeit geht diese Verordnung

nicht über das zur Erreichung dieser Ziele erforderliche Maß hinaus.

(35) Diese Verordnung steht im Einklang mit den Grundrechten und Grundsätzen, die insbesondere in der Charta der Grundrechte der Europäischen Union, speziell in den Artikeln 7, 8, 38 und 47, anerkannt sind.

(36) Der Europäische Datenschutzbeauftragte wurde gemäß Artikel 28 Absatz 2 der Verordnung (EG) Nr. 45/2001 konsultiert und hat am 12. Januar 2012 eine Stellungnahme[10] abgegeben –

HABEN FOLGENDE VERORDNUNG ERLASSEN:

KAPITEL I ALLGEMEINE BESTIMMUNGEN

Artikel 1 Gegenstand

Der Zweck dieser Verordnung ist es, durch Erreichen eines hohen Verbraucherschutzniveaus zum reibungslosen Funktionieren des Binnenmarktes, insbesondere seiner digitalen Dimension, beizutragen, indem eine Europäische OS-Plattform (im Folgenden „OS-Plattform") eingerichtet wird, die eine unabhängige, unparteiische, transparente, effektive, schnelle und faire außergerichtliche Online-Beilegung von Streitigkeiten zwischen Verbrauchern und Unternehmern ermöglicht.

Artikel 2 Geltungsbereich

(1) Diese Verordnung gilt für die außergerichtliche Beilegung von Streitigkeiten über vertragliche Verpflichtungen aus Online-Kaufverträgen oder Online-Dienstleistungsverträgen zwischen einem in der Union wohnhaften Verbraucher und einem in der Union niedergelassenen Unternehmer, die durch Einschalten einer in einer Liste gemäß Artikel 20 Absatz 2 der Richtlinie 2013/11/EU geführten AS-Stelle und unter Nutzung der OS-Plattform erfolgt.

(2) Diese Verordnung gilt für die außergerichtliche Beilegung von Streitigkeiten im Sinne des Absatzes 1 dieses Artikels, bei denen ein Unternehmer gegen einen Verbraucher vorgeht, sofern die Beilegung von Streitigkeiten durch Einschalten einer AS-Stelle nach den Rechtsvorschriften des Mitgliedstaats, in dem der Verbraucher

---

9 ABl. L 55 vom 28.2.2011, S. 13.
10 ABl. C 136 vom 11.5.2012, S. 1.

seinen gewöhnlichen Aufenthalt hat, zulässig ist.

(3) ¹Die Mitgliedstaaten teilen der Kommission mit, ob die Beilegung von Streitigkeiten im Sinne des Absatzes 1, bei denen ein Unternehmer gegen einen Verbraucher vorgeht, durch Einschalten einer AS-Stelle nach ihren Rechtsvorschriften zulässig ist oder nicht. ²Bei Übermittlung der Liste gemäß Artikel 20 Absatz 2 der Richtlinie 2013/11/EU teilen die zuständigen Behörden der Kommission mit, welche AS-Stellen solche Streitigkeiten bearbeiten.

(4) Die Anwendung dieser Verordnung auf Streitigkeiten im Sinne des Absatzes 1, bei denen ein Unternehmer gegen einen Verbraucher vorgeht, verpflichtet die Mitgliedstaaten in keiner Weise dazu sicherzustellen, dass die AS-Stellen Verfahren für die außergerichtliche Beilegung solcher Streitigkeiten anbieten.

Artikel 3 Verhältnis zu anderen Rechtsakten der Europäischen Union

Die Richtlinie 2008/52/EG wird durch diese Verordnung nicht berührt.

Artikel 4 Begriffsbestimmungen

(1) Für die Zwecke dieser Verordnung bezeichnet der Ausdruck

a) „Verbraucher" einen Verbraucher im Sinne des Artikels 4 Absatz 1 Buchstabe a der Richtlinie 2013/11/EU;

b) „Unternehmer" einen Unternehmer im Sinne des Artikels 4 Absatz 1 Buchstabe b der Richtlinie 2013/11/EU;

c) „Kaufvertrag" einen Kaufvertrag im Sinne des Artikels 4 Absatz 1 Buchstabe c der Richtlinie 2013/11/EU;

d) „Dienstleistungsvertrag" einen Dienstleistungsvertrag im Sinne des Artikels 4 Absatz 1 Buchstabe d der Richtlinie 2013/11/EU;

e) „Online-Kaufvertrag oder Online-Dienstleistungsvertrag" einen Kauf- oder Dienstleistungsvertrag, bei dem der Unternehmer oder der Vermittler des Unternehmers Waren oder Dienstleistungen über eine Website oder auf anderem elektronischen Wege angeboten hat und der Verbraucher diese Waren oder Dienstleistungen auf dieser Website oder auf anderem elektronischen Wege bestellt hat;

f) „Online-Marktplatz" einen Diensteanbieter im Sinne des Artikels 2 Buchstabe b der Richtlinie 2000/31/EG des Europäischen Parlaments und des Rates vom 8. Juni 2000 über bestimmte rechtliche Aspekte der Dienste der Informationsgesellschaft, insbesondere des elektronischen Geschäftsverkehrs, im Binnenmarkt („Richtlinie über den elektronischen Geschäftsverkehr")¹¹, der es Verbrauchern und Unternehmern ermöglicht, auf der Website des Online-Marktplatzes Online-Kaufverträge und Online-Dienstleistungsverträge abzuschließen;

g) „auf elektronischem Wege" elektronische Verfahren zur Verarbeitung (einschließlich digitaler Kompression) und Speicherung von Daten, die vollständig über Kabel, Funk oder auf optischem oder anderem elektromagnetischem Wege gesendet, übermittelt und empfangen werden;

h) „Verfahren zur alternativen Streitbeilegung" (im Folgenden „AS-Verfahren") ein Verfahren zur außergerichtlichen Beilegung von Streitigkeiten im Sinne des Artikels 2 dieser Verordnung;

i) „Stelle für alternative Streitbeilegung" (im Folgenden „AS-Stelle") eine AS-Stelle im Sinne des Artikels 4 Absatz 1 Buchstabe h der Richtlinie 2013/11/EU;

j) „Beschwerdeführer" den Verbraucher oder Unternehmer, der über die OS-Plattform eine Beschwerde eingereicht hat;

k) „Beschwerdegegner" den Verbraucher oder Unternehmer, gegen den über die OS-Plattform eine Beschwerde eingereicht wurde;

l) „zuständige Behörde" eine Behörde im Sinne des Artikels 4 Absatz 1 Buchstabe i der Richtlinie 2013/11/EU;

m) „personenbezogene Daten" alle Informationen über eine bestimmte oder bestimmbare natürliche Person (im Folgenden „betroffene Person"); als bestimmbar wird eine Person angesehen, die direkt oder indirekt identifiziert werden kann, insbesondere durch Zuordnung zu einer Kennnummer oder zu einem oder mehreren spezifischen Elementen, die Ausdruck ihrer physischen, physiologischen, psychischen, wirtschaftlichen, kulturellen oder sozialen Identität sind.

---

11 ABl. L 178 vom 17.7.2000, S. 1.

(2) Der Niederlassungsort des Unternehmers und der AS-Stelle werden gemäß Artikel 4 Absätze 2 und 3 der Richtlinie 2013/11/EU bestimmt.

KAPITEL II OS-PLATTFORM

Artikel 5 Einrichtung der OS-Plattform

(1) [1]Die Kommission entwickelt die OS-Plattform und ist für den Betrieb, einschließlich sämtlicher für die Zwecke dieser Verordnung erforderlichen Übersetzungsfunktionen, die Pflege, die Finanzierung und die Datensicherheit dieser Plattform zuständig. [2]Die OS-Plattform ist benutzerfreundlich. [3]Im Hinblick auf Entwicklung, Betrieb und Pflege der OS-Plattform wird darauf geachtet, dass der Schutz der Privatsphäre der Nutzer bereits bei der Planung berücksichtigt wird („eingebauter Datenschutz"), und dass sie möglichst für alle zugänglich ist und von allen genutzt werden kann, auch von schutzbedürftigen Personen („Design für alle").

(2) [1]Die OS-Plattform stellt eine zentrale Anlaufstelle für Verbraucher und Unternehmer dar, die Streitigkeiten, die in den Anwendungsbereich dieser Verordnung fallen, außergerichtlich beilegen möchten. [2]Sie ist eine interaktive Website, auf die in allen Amtssprachen der Organe der Europäischen Union elektronisch zugegriffen werden kann; ihre Nutzung ist kostenfrei.

(3) Die Kommission macht die OS-Plattform gegebenenfalls über ihre Websites, auf denen sie Informationen für die Bürger und Unternehmen der Union veröffentlicht, und insbesondere über das Portal „Ihr Europa", das sie gemäß dem Beschluss 2004/387/EG eingerichtet hat, zugänglich.

(4) Der OS-Plattform kommen folgende Funktionen zu:

a) Bereitstellung eines elektronischen Beschwerdeformulars, das vom Beschwerdeführer gemäß Artikel 8 ausgefüllt werden kann;

b) Unterrichtung des Beschwerdegegners über die Beschwerde;

c) Ermittlung der zuständigen AS-Stelle oder der zuständigen AS-Stellen und Übermittlung der Beschwerde an die AS-Stelle, auf die sich die Parteien gemäß Artikel 9 geeinigt haben;

d) kostenlose Bereitstellung eines elektronischen Fallbearbeitungsinstruments, das es den Parteien und der AS-Stelle ermöglicht, das Streitbeile-

gungsverfahren online über die OS-Plattform durchzuführen;

e) Versorgung der Parteien und der AS-Stelle mit Übersetzungen der Informationen, die für die Streitbeilegung erforderlich sind und über die OS-Plattform ausgetauscht werden;

f) Bereitstellung eines elektronischen Formulars, mithilfe dessen die AS-Stellen die in Artikel 10 Buchstabe c genannten Informationen übermitteln;

g) Bereitstellung eines Feedback-Systems, über das sich die Parteien zur Funktionsweise der OS-Plattform und der AS-Stelle, die ihre Streitigkeit bearbeitet hat, äußern können;

h) öffentlich zugänglich Machen

   i) allgemeiner Information über AS als eine Möglichkeit zur außergerichtlichen Beilegung von Streitigkeiten;

   ii) von Informationen zu den gemäß Artikel 20 Absatz 2 der Richtlinie 2013/11/EU in einer Liste geführten AS-Stellen, die für die Bearbeitung der von dieser Verordnung erfassten Streitigkeiten zuständig sind;

   iii) eines Online-Leitfadens für die Einreichung von Beschwerden über die OS-Plattform;

   iv) von Informationen, einschließlich Kontaktangaben, über die von den Mitgliedstaaten gemäß Artikel 7 Absatz 1 dieser Verordnung benannten OS-Kontaktstellen;

   v) statistischer Daten über den Ausgang der Streitigkeiten, die über die OS-Plattform an die AS-Stellen weitergeleitet wurden.

(5) Die Kommission stellt sicher, dass die in Absatz 4 Buchstabe h genannten Informationen richtig, aktuell, eindeutig, verständlich und leicht zugänglich sind.

(6) AS-Stellen, die gemäß Artikel 20 Absatz 2 der Richtlinie 2013/11/EU in einer Liste geführt werden und für die Bearbeitung der von dieser Verordnung erfassten Streitigkeiten zuständig sind, werden elektronisch bei der OS-Plattform angemeldet.

(7) [1]Die Kommission erlässt im Wege von Durchführungsrechtsakten Maßnahmen in Bezug auf die Modalitäten der Ausübung der in Absatz 4 dieses Artikels genannten Aufgaben. [2]Die Annahme dieser Durchführungsrechtsakte erfolgt gemäß dem Prüfverfahren nach Artikel 16 Absatz 3 dieser Verordnung.

Artikel 6 Test der OS-Plattform

(1) [1]Die Kommission testet bis zum 9. Januar 2015 die technische Funktionalität und die Benutzerfreundlichkeit der OS-Plattform und des Beschwerdeformulars, auch im Hinblick auf die Übersetzung. [2]Der Test wird in Zusammenarbeit mit Sachverständigen der Mitgliedstaaten für OS sowie mit Vertretern der Verbraucher und Unternehmer durchgeführt und bewertet. [3]Die Kommission unterbreitet dem Europäischen Parlament und dem Rat einen Bericht über die Ergebnisse des Tests und ergreift gegebenenfalls geeignete Maßnahmen zur Behebung von Problemen, um das effektive Funktionieren der OS-Plattform sicherzustellen.

(2) In dem Bericht nach Absatz 1 dieses Artikels legt die Kommission zudem dar, welche technischen und organisatorischen Maßnahmen sie zu ergreifen gedenkt, um sicherzustellen, dass die OS-Plattform die Datenschutzbestimmungen der Verordnung (EG) Nr. 45/2001 erfüllt.

Artikel 7 Netz der Kontaktstellen für die OS

(1) [1]Jeder Mitgliedstaat benennt eine OS-Kontaktstelle und teilt der Kommission deren Bezeichnung und Kontaktangaben mit. [2]Die Mitgliedstaaten können die Zuständigkeit für die OS-Kontaktstellen ihren Zentren des Europäischen Netzes der Verbraucherzentren, Verbraucherverbänden oder jeder anderen Einrichtung übertragen. [3]In jeder OS-Kontaktstelle sind mindestens zwei Online-Streitbeilegungsberater tätig.

(2) Die OS-Kontaktstellen unterstützen die Beilegung der Streitigkeiten im Zusammenhang mit Beschwerden, die über die OS-Plattform eingereicht werden, indem sie

a) auf Verlangen die Kommunikation zwischen den Parteien und der zuständigen AS-Stelle erleichtern, wozu insbesondere Folgendes gehören:

    i) Hilfe bei der Einreichung der Beschwerde und gegebenenfalls der einschlägigen Unterlagen;

    ii) Versorgung der Parteien und AS-Stellen mit allgemeinen Informationen über die Rechte der Verbraucher in Bezug auf die Kauf- und Dienstleistungsverträge, die in dem Mitgliedstaat der OS-Kontaktstelle, bei der der betreffende OS-Berater tätig ist, gelten;

    iii) Bereitstellung von Informationen zur Funktionsweise der OS-Plattform;

    iv) Erläuterungen für die Parteien zu den von den ermittelten AS-Stellen angewandten Verfahrensregeln;

    v) Information des Beschwerdeführers über andere Möglichkeiten des Rechtsschutzes, wenn eine Streitbeilegung über die OS-Plattform nicht möglich ist;

b) alle zwei Jahre Übermittlung eines auf Grundlage der in Ausübung ihrer Aufgaben erworbenen praktischen Erfahrungen erstellten Tätigkeitsberichts an die Kommission und die Mitgliedstaaten.

(3) Die OS-Kontaktstelle ist nicht verpflichtet, die in Absatz 2 aufgeführten Aufgaben auszuführen, wenn die Parteien ihren gewöhnlichen Aufenthalt im selben Mitgliedstaat haben.

(4) Unbeschadet des Absatzes 3 können die Mitgliedstaaten in Anbetracht der nationalen Gegebenheiten beschließen, dass die OS-Kontaktstelle auch dann eine oder mehrere der in Absatz 2 aufgeführten Aufgaben ausführt, wenn die Parteien ihren gewöhnlichen Aufenthalt im selben Mitgliedstaat haben.

(5) Die Kommission richtet ein Netz von Kontaktstellen (im Folgenden „OS-Kontaktstellennetz") ein, das eine Zusammenarbeit der Kontaktstellen ermöglicht und zur Erfüllung der in Absatz 2 aufgeführten Aufgaben beiträgt.

(6) Mindestens zweimal im Jahr beruft die Kommission eine Versammlung der Mitglieder des OS-Kontaktstellennetzes ein, um einen Austausch bewährter Verfahren und eine Erörterung wiederkehrender Probleme beim Betrieb der OS-Plattform zu ermöglichen.

(7) [1]Die Kommission legt im Wege von Durchführungsrechtsakten Regeln in Bezug auf die Modalitäten der Zusammenarbeit der OS-Kontaktstellen untereinander fest. [2]Die Annahme dieser Durchführungsrechtsakte erfolgt gemäß dem Prüfverfahren nach Artikel 16 Absatz 3.

Artikel 8 Einreichen einer Beschwerde

(1) [1]Um eine Beschwerde auf der OS-Plattform einzureichen, füllt der Beschwerdeführer das elektronische Beschwerdeformular aus. [2]Das Beschwerdeformular ist benutzerfreundlich und über die OS-Plattform leicht zugänglich.

(2) ¹Die Angaben des Beschwerdeführers müssen zur Ermittlung der zuständigen AS-Stelle ausreichen. ²Diese Angaben sind im Anhang dieser Verordnung aufgelistet. ³Der Beschwerdeführer kann Dokumente beifügen, die seine Beschwerde unterstützen.

(3) Um den Kriterien Rechnung zu tragen, nach denen AS-Stellen, die gemäß Artikel 20 Absatz 2 der Richtlinie 2013/11/EU in einer Liste geführt sind und die für die Bearbeitung der von dieser Verordnung erfassten Streitigkeiten zuständig sind, ihren jeweiligen Zuständigkeitsbereich definieren, wird die Kommission ermächtigt, delegierte Rechtsakte gemäß Artikel 17 dieser Verordnung zu erlassen, um die im Anhang dieser Verordnung aufgeführten Informationen anzupassen.

(4) ¹Die Kommission legt die Regeln bezüglich der Einzelheiten des elektronischen Beschwerdeformulars mittels Durchführungsrechtsakten fest. ²Die Annahme dieser Durchführungsrechtsakte erfolgt gemäß dem Beratungsverfahren nach Artikel 16 Absatz 2.

(5) Über das elektronische Beschwerdeformular und seine Anlagen werden nur Daten verarbeitet, die richtig und zweckdienlich sind und nicht über den Zweck hinausgehen, für den sie erhoben werden.

Artikel 9 Bearbeitung und Übermittlung einer Beschwerde

(1) Eine über die OS-Plattform eingereichte Beschwerde wird bearbeitet, wenn alle notwendigen Felder des Beschwerdeformulars vollständig ausgefüllt wurden.

(2) Wurde das Beschwerdeformular nicht vollständig ausgefüllt, so wird dem Beschwerdeführer mitgeteilt, dass seine Beschwerde erst dann weiterbearbeitet werden kann, wenn er die fehlenden Informationen nachgereicht hat.

(3) Nach Eingang eines vollständig ausgefüllten Beschwerdeformulars übermittelt die OS-Plattform in leicht zugänglicher Weise und unverzüglich dem Beschwerdegegner in der von ihm gewählten Amtssprache der Organe der Union die Beschwerde sowie Folgendes:

a)   die Information, dass sich die Parteien auf eine zuständige AS-Stelle einigen müssen, damit die Beschwerde an diese weitergeleitet werden kann, und dass die Beschwerde nicht weiter bearbeitet wird, falls sich die Parteien

nicht einigen oder keine zuständige AS-Stelle ermittelt werden kann;

b)   Informationen über die AS-Stelle oder AS-Stellen, die für die Beschwerde zuständig ist oder sind, falls AS-Stellen im elektronischen Beschwerdeformular angegeben sind oder von der OS-Plattform auf Grundlage der darin enthaltenen Informationen ermittelt wurden;

c)   falls es sich beim Beschwerdegegner um einen Unternehmer handelt, eine Aufforderung, innerhalb von zehn Kalendertagen anzugeben,

   –   ob der Unternehmer sich verpflichtet hat oder verpflichtet ist, eine bestimmte AS-Stelle für die Beilegung von Streitigkeiten mit Verbrauchern zu nutzen, und

   –   ob der Unternehmer bereit ist, eine AS-Stelle aus den unter Buchstabe b aufgeführten AS-Stellen zu nutzen, es sei denn, er ist verpflichtet, eine bestimmte AS-Stelle nutzen;

d)   falls es sich bei dem Beschwerdegegner um einen Verbraucher handelt und der Unternehmer verpflichtet ist, eine bestimmte AS-Stelle zu nutzen, eine Aufforderung, sich innerhalb von zehn Kalendertagen mit dieser AS-Stelle einverstanden zu erklären, oder falls der Unternehmer nicht verpflichtet ist, eine bestimmte AS-Stelle zu nutzen, eine Aufforderung, eine oder mehrere AS-Stellen aus den unter Buchstabe b aufgeführten auszuwählen;

e)   Name und Kontaktangaben der OS-Kontaktstelle in dem Mitgliedstaat, in dem der Beschwerdegegner seine Niederlassung oder seinen Wohnsitz hat, sowie eine kurze Beschreibung der in Artikel 7 Absatz 2 Buchstabe a genannten Aufgaben.

(4) Nach Eingang der in Absatz 3 Buchstabe c oder d genannten Informationen des Beschwerdegegners teilt die OS-Plattform dem Beschwerdeführer in der von ihm gewählten Amtssprache der Organe der Union leicht verständlich und unverzüglich Folgendes mit:

a)   die in Absatz 3 Buchstabe a genannten Informationen,

b)   falls es sich bei dem Beschwerdeführer um einen Verbraucher handelt, Informationen über die AS-Stelle oder die AS-Stellen, die der Unternehmer gemäß Absatz 3 Buchstabe c angegeben hat, und eine Aufforderung, sich innerhalb von zehn Kalendertagen mit einer AS-Stelle einverstanden zu erklären;

c) falls es sich bei dem Beschwerdeführer um einen Unternehmer handelt und der Unternehmer nicht verpflichtet ist, eine bestimmte AS-Stelle zu nutzen, Informationen über die AS-Stelle oder die AS-Stellen, die der Verbraucher gemäß Absatz 3 Buchstabe d angegeben hat, und eine Aufforderung, sich innerhalb von zehn Kalendertagen mit einer AS-Stelle einverstanden zu erklären;

d) Name und Kontaktangaben der OS-Kontaktstelle in dem Mitgliedstaat, in dem der Beschwerdeführer seine Niederlassung oder seinen Wohnsitz hat, sowie eine kurze Beschreibung der in Artikel 7 Absatz 2 Buchstabe a genannten Aufgaben.

(5) Die in Absatz 3 Buchstabe b und Absatz 4 Buchstaben b und c genannten Informationen enthalten folgende Angaben zu jeder AS-Stelle:

a) Name, Kontaktangaben und Website-Adresse der AS-Stelle;

b) die gegebenenfalls für das AS-Verfahren anfallenden Gebühren;

c) Sprache oder Sprachen, in der/denen das AS-Verfahren durchgeführt werden kann;

d) die durchschnittliche Dauer des AS-Verfahrens;

e) die Verbindlichkeit oder Unverbindlichkeit des Ergebnisses des AS-Verfahrens;

f) die Gründe, aus denen die AS-Stelle die Bearbeitung einer bestimmten Streitigkeit gemäß Artikel 5 Absatz 4 der Richtlinie 2013/11/EU ablehnen kann.

(6) Die OS-Plattform leitet die Beschwerde automatisch und unverzüglich an die AS-Stelle weiter, auf die sich die Parteien gemäß den Absätzen 3 und 4 geeinigt haben.

(7) [1]Die AS-Stelle, an die die Beschwerde weitergeleitet wurde, teilt den Parteien unverzüglich mit, ob sie die Bearbeitung der Streitigkeit nach Artikel 5 Absatz 4 der Richtlinie 2013/11/EU übernimmt oder ablehnt. [2]Die AS-Stelle, die die Bearbeitung der Streitigkeit übernommen hat, unterrichtet die Parteien zudem über ihre Verfahrensregeln und gegebenenfalls über die Kosten des betreffenden Streitbeilegungsverfahrens.

(8) [1]Können sich die Parteien nicht innerhalb von 30 Kalendertagen nach Einreichung des Beschwerdeformulars auf eine AS-Stelle einigen oder lehnt die AS-Stelle die Bearbeitung der Streitigkeit ab, so wird die Beschwerde nicht weiter bearbeitet. [2]Der Beschwerdeführer wird darüber informiert, dass er sich an einen OS-Berater wenden kann, um allgemeine Informationen über andere Möglichkeiten des Rechtsschutzes zu erhalten.

Artikel 10 Beilegung der Streitigkeit

Eine AS-Stelle, die die Bearbeitung einer Streitigkeit gemäß Artikel 9 dieser Verordnung übernommen hat,

a) schließt das AS-Verfahren innerhalb der in Artikel 8 Buchstabe e der Richtlinie 2013/11/EU genannten Frist ab;

b) verlangt nicht die persönliche Anwesenheit der Parteien oder ihrer Vertreter, es sei denn, ihre Verfahrensregeln sehen diese Möglichkeit vor und die Parteien stimmen zu;

c) übermittelt unverzüglich folgende Angaben an die OS-Plattform:
   i) das Datum des Eingangs der Beschwerdeakte,
   ii) den Streitgegenstand,
   iii) das Datum des Abschlusses des AS-Verfahrens,
   iv) das Ergebnis des AS-Verfahrens;

d) ist nicht verpflichtet, das AS-Verfahren über die OS-Plattform durchzuführen.

Artikel 11 Datenbank

Die Kommission trifft die erforderlichen Maßnahmen zur Einrichtung und Pflege einer elektronischen Datenbank, in der die gemäß Artikel 5 Absatz 4 und Artikel 10 Buchstabe c verarbeiteten Daten gespeichert werden, wobei sie Artikel 13 Absatz 2 gebührend Rechnung trägt.

Artikel 12 Verarbeitung personenbezogener Daten

(1) [1]Zugang zu den erforderlichen Informationen im Zusammenhang mit einer Streitigkeit, die in der in Artikel 11 genannten Datenbank gespeichert sind, wird ausschließlich der AS-Stelle gewährt, an die die Streitigkeit gemäß Artikel 9 weitergeleitet wurde, und zwar zu den in Artikel 10 genannten Zwecken. [2]Den OS-Kontaktstellen wird ebenfalls soweit erforderlich Zugang zu diesen Informationen gewährt, und zwar zu den in Artikel 7 Absätze 2 und 4 genannten Zwecken.

(2) [1]Die Kommission hat zum Zweck der Überwachung der Verwendung und der

Funktionsweise der OS-Plattform sowie der Erstellung der in Artikel 21 genannten Berichte Zugang zu den gemäß Artikel 10 verarbeiteten Daten. [2]Sie verarbeitet die personenbezogenen Daten der Nutzer der OS-Plattform nur, soweit dies für den Betrieb und die Pflege der OS-Plattform – einschließlich der Überwachung der Nutzung der OS-Plattform durch die AS-Stellen und die OS-Kontaktstellen – erforderlich ist.

(3) [1]Personenbezogene Daten im Zusammenhang mit einer Streitigkeit werden in der in Absatz 1 dieses Artikels genannten Datenbank nur so lange gespeichert, wie dies erforderlich ist, um die Zwecke, zu denen sie erhoben wurden, zu erreichen und um sicherzustellen, dass die betreffenden Personen Zugang zu den Daten haben und ihre diesbezüglichen Rechte ausüben können; danach werden die Daten automatisch gelöscht, und zwar spätestens sechs Monate nach Abschluss der Streitigkeit, dessen Datum der OS-Plattform gemäß Artikel 10 Buchstabe c Ziffer iii mitgeteilt wurde. [2]Diese Speicherfrist gilt auch für personenbezogene Daten, die in den nationalen Akten der AS-Stelle oder der OS-Kontaktstelle, die die Streitigkeit bearbeitet hat, erfasst wurden, es sei denn, in den von der AS-Stelle angewendeten Verfahrensregeln oder in besonderen nationalen Rechtsvorschriften ist eine längere Speicherfrist vorgesehen.

(4) Jeder OS-Berater gilt hinsichtlich der eigenen Datenverarbeitungstätigkeit im Rahmen dieser Verordnung als für die Verarbeitung Verantwortlicher im Sinne des Artikels 2 Buchstabe d der Richtlinie 95/46/EG und stellt sicher, dass diese Tätigkeit unter Beachtung der nationalen Rechtsvorschriften stattfindet, die in dem Mitgliedstaat der OS-Kontaktstelle, bei der der betreffende OS-Berater tätig ist, gemäß der Richtlinie 95/46/EG erlassen wurden.

(5) Jede AS-Stelle gilt hinsichtlich der eigenen Datenverarbeitungstätigkeit im Rahmen dieser Verordnung als für die Verarbeitung Verantwortliche im Sinne des Artikels 2 Buchstabe d der Richtlinie 95/46/EG und stellt sicher, dass diese Tätigkeit unter Beachtung der nationalen Rechtsvorschriften stattfindet, die in dem Mitgliedstaat, in dem sie eingerichtet ist, gemäß der Richtlinie 95/46/EG erlassen wurden.

(6) Die Kommission gilt hinsichtlich ihrer Pflichten im Rahmen dieser Verordnung und der damit verbundenen Verarbeitung personenbezogener Daten als für die Verarbeitung Verantwortliche im Sinne von Artikel 2 Buchstabe d der Verordnung (EG) Nr. 45/2001.

Artikel 13   Vertraulichkeit und Sicherheit der Daten

(1) Die OS-Kontaktstellen unterliegen der beruflichen Geheimhaltungspflicht oder gleichwertigen Verpflichtungen zur Vertraulichkeit gemäß den Rechtsvorschriften des betreffenden Mitgliedstaats.

(2) Die Kommission trifft technische und organisatorische Maßnahmen gemäß Artikel 22 der Verordnung (EG) Nr. 45/2001, die geeignet sind, die Sicherheit der im Rahmen dieser Verordnung verarbeiteten Daten sicherzustellen, einschließlich einer geeigneten Überwachung des Datenzugangs, eines Sicherheitsplans und der Behandlung von Sicherheitsvorfällen.

Artikel 14   Information der Verbraucher

(1) [1]In der Union niedergelassene Unternehmer, die Online-Kaufverträge oder Online-Dienstleistungsverträge eingehen, und in der Union niedergelassene Online-Marktplätze stellen auf ihren Websites einen Link zur OS-Plattform ein. [2]Dieser Link muss für Verbraucher leicht zugänglich sein. [3]In der Union niedergelassene Unternehmer, die Online-Kaufverträge oder Online-Dienstleistungsverträge eingehen, geben zudem ihre E-Mail-Adressen an.

(2) [1]In der Union niedergelassene Unternehmer, die Online-Kaufverträge oder Online-Dienstleistungsverträge eingehen und sich verpflichtet haben oder verpflichtet sind, eine oder mehrere AS-Stellen für die Beilegung von Streitigkeiten mit Verbrauchern zu nutzen, informieren die Verbraucher über die Existenz der OS-Plattform und die Möglichkeit, diese für die Beilegung ihrer Streitigkeiten zu nutzen. [2]Sie stellen auf ihren Websites sowie, falls das Angebot über E-Mail erfolgt, in dieser E-Mail einen Link zu der OS-Plattform ein. [3]Diese Informationen sind gegebenenfalls auch in die allgemeinen Geschäftsbedingungen für Online-Kaufverträge oder Online-Dienstleistungsverträge aufzunehmen.

(3) Absätze 1 und 2 dieses Artikels gelten unbeschadet des Artikels 13 der Richtlinie 2013/11/EU und in anderen Rechtsakten der Union enthaltenen Bestimmungen über die Information der Verbraucher über außergerichtliche Rechtsbehelfsverfahren, die zusätzlich zu diesem Artikel gelten.

(4) Die in Artikel 20 Absatz 5 der Richtlinie 2013/11/EU genannte Liste der AS-Stellen und ihre aktualisierten Fassungen werden auf der OS-Plattform veröffentlicht.

(5) Die Mitgliedstaaten sorgen dafür, dass AS-Stellen, die Zentren des Europäischen Netzes der Verbraucherzentren, die zuständigen Behörden im Sinne des Artikels 18 Absatz 1 der Richtlinie 2013/11/EU und gegebenenfalls die gemäß Artikel 14 Absatz 2 der Richtlinie 2013/11/EU bezeichneten Einrichtungen auf ihren Websites einen Link zu der OS-Plattform einstellen.

(6) Die Mitgliedstaaten empfehlen den einschlägigen Verbraucher- und Wirtschaftsverbänden, auf ihren Websites einen Link zu der OS-Plattform einzustellen.

(7) Unternehmer, die verpflichtet sind, Informationen gemäß den Absätzen 1 und 2 und den in Absatz 3 genannten Bestimmungen zu veröffentlichen, veröffentlichen diese Informationen möglichst gebündelt.

Artikel 15 Rolle der zuständigen Behörden

Die zuständige Behörde des jeweiligen Mitgliedstaats beurteilt, ob die in diesem Mitgliedstaat eingerichteten AS-Stellen die in dieser Verordnung festgelegten Verpflichtungen erfüllen.

KAPITEL III SCHLUSSBESTIMMUNGEN

Artikel 16 Ausschussverfahren

(1) [1]Die Kommission wird von einem Ausschuss unterstützt. [2]Dabei handelt es sich um einen Ausschuss im Sinne der Verordnung (EU) Nr. 182/2011.

(2) Wird auf diesen Absatz Bezug genommen, so gilt Artikel 4 der Verordnung (EU) Nr. 182/2011.

(3) Wird auf diesen Absatz Bezug genommen, so gilt Artikel 5 der Verordnung (EU) Nr. 182/2011.

(4) Wird die Stellungnahme des Ausschusses gemäß den Absätzen 2 und 3 im schriftlichen Verfahren eingeholt, so wird das Verfahren ohne Ergebnis abgeschlossen, wenn der Vorsitz des Ausschusses dies innerhalb der Frist für die Abgabe der Stellungnahme beschließt oder eine einfache Mehrheit der Ausschussmitglieder dies verlangt.

Artikel 17 Ausübung der Befugnisübertragung

(1) Die Befugnis zum Erlass delegierter Rechtsakte wird der Kommission unter den in diesem Artikel festgelegten Bedingungen übertragen.

(2) Die Befugnis zum Erlass delegierter Rechtsakte gemäß Artikel 8 Absatz 3 wird der Kommission auf unbestimmte Zeit ab dem 8. Juli 2013 übertragen.

(3) [1]Die Befugnisübertragung gemäß Artikel 8 Absatz 3 kann vom Europäischen Parlament oder vom Rat jederzeit widerrufen werden. [2]Der Beschluss über den Widerruf beendet die Übertragung der in diesem Beschluss angegebenen Befugnis. [3]Er wird am Tag nach seiner Veröffentlichung im *Amtsblatt der Europäischen Union* oder zu einem darin angegebenen späteren Zeitpunkt wirksam. [4]Die Gültigkeit von delegierten Rechtsakten, die bereits in Kraft sind, wird von dem Beschluss über den Widerruf nicht berührt.

(4) Sobald die Kommission einen delegierten Rechtsakt erlässt, übermittelt sie ihn gleichzeitig dem Europäischen Parlament und dem Rat.

(5) [1]Ein gemäß Artikel 8 Absatz 3 erlassener delegierter Rechtsakt tritt nur in Kraft, wenn weder das Europäische Parlament noch der Rat innerhalb einer Frist von zwei Monaten ab dem Tag der Übermittlung des Rechtsakts an das Europäische Parlament und den Rat Einwände erhoben haben oder wenn sowohl das Europäische Parlament als auch der Rat vor Ablauf dieser Frist der Kommission mitgeteilt haben, dass sie keine Einwände erheben werden. [2]Auf Initiative des Europäischen Parlaments oder des Rates wird diese Frist um zwei Monate verlängert.

Artikel 18 Sanktionen

[1]Die Mitgliedstaaten legen fest, welche Sanktionen bei einem Verstoß gegen diese Verordnung zu verhängen sind, und treffen die zu deren Durchsetzung erforderlichen Maßnahmen. [2]Die vorgesehenen Sanktionen müssen wirksam, verhältnismäßig und abschreckend sein.

Artikel 19 Änderung der Verordnung (EG) Nr. 2006/2004

(hier nicht wiedergegeben)

Artikel 20 Änderung der Richtlinie 2009/22/EG

(hier nicht wiedergegeben)

Artikel 21 Berichte

(1) Die Kommission erstattet dem Europäischen Parlament und dem Rat jährlich und erstmals ein Jahr nach Inbetriebnahme der OS-Plattform über die Funktionsweise dieser Plattform Bericht.

(2) [1]Bis zum 9. Juli 2018 und alle drei Jahre danach legt die Kommission dem Europäischen Parlament und dem Rat einen Bericht über die Anwendung dieser Verordnung vor, in dem sie insbesondere auch auf die Benutzerfreundlichkeit des Beschwerdeformulars und die eventuell erforderliche Anpassung der im Anhang aufgeführten Informationen eingeht. [2]Diesem Bericht sind gegebenenfalls Vorschläge zur Anpassung der Verordnung beizufügen.

(3) Fallen die in den Absätzen 1 und 2 genannten Berichte im selben Jahr an, so wird nur ein einziger gemeinsamer Bericht vorgelegt.

Artikel 22 Inkrafttreten

(1) Diese Verordnung tritt am zwanzigsten Tag nach ihrer Veröffentlichung im *Amtsblatt der Europäischen Union* in Kraft.

(2) Diese Verordnung gilt ab dem 9. Januar 2016; ausgenommen sind die folgenden Bestimmungen:

–   Artikel 2 Absatz 3 und Artikel 7 Absätze 1 und 5, die ab 9. Juli 2015 gelten;
–   Artikel 5 Absätze 1 und 7, Artikel 6, Artikel 7 Absatz 7, Artikel 8 Absätze 3 und 4 und Artikel 11, 16 und 17, die ab 8. Juli 2013 gelten.

Diese Verordnung ist in allen ihren Teilen verbindlich und gilt unmittelbar in jedem Mitgliedstaat.

Anhang
Beim Einreichen einer Beschwerde anzugebende Informationen

1.   Angabe, ob es sich bei dem Beschwerdeführer um einen Verbraucher oder einen Unternehmer handelt;

2.   Name, E-Mail-Adresse und Anschrift des Verbrauchers;

3.   Name, E-Mail-Adresse und Website-Adresse sowie Anschrift des Unternehmers;

4.   gegebenenfalls Name, E-Mail-Adresse und Anschrift des Vertreters des Beschwerdeführers;

5.   Sprache(n) des Beschwerdeführers oder gegebenenfalls seines Vertreters;

6.   Sprache des Beschwerdegegners, sofern bekannt;

7.   die Art der Waren oder Dienstleistungen, auf die sich die Beschwerde bezieht;

8.   Angabe, ob das Angebot der Waren oder Dienstleistungen durch den Unternehmer und die Bestellung durch den Verbraucher über eine Website oder auf anderem elektronischen Wege erfolgt sind;

9.   Preis der erworbenen Ware oder Dienstleistung;

10. Datum, an dem der Verbraucher die Ware oder die Dienstleistung erworben hat;

11. Angabe, ob der Verbraucher direkt Kontakt mit dem Unternehmer aufgenommen hat;

12. Angabe, ob die Streitigkeit zur Zeit von einer AS-Stelle oder einem Gericht behandelt wird oder bereits von einer AS-Stelle oder einem Gericht behandelt worden ist;

13. Art der Beschwerde;

14. Beschreibung der Beschwerde;

15. falls es sich bei dem Beschwerdeführer um einen Verbraucher handelt, Angabe der AS-Stellen, zu deren Einschaltung der Unternehmer gemäß Artikel 13 Absatz 1 der Richtlinie 2013/11/EU verpflichtet ist oder sich verpflichtet hat, sofern bekannt;

16. falls es sich bei dem Beschwerdeführer um einen Unternehmer handelt, Angabe der AS-Stellen, zu deren Einschaltung der Unternehmer sich verpflichtet hat oder verpflichtet ist.

Stichwortverzeichnis

Die mageren Ziffern verweisen auf die Teile, die fetten Zahlen auf die Paragrafen (bei Teil 2) bzw die fetten Buchstaben auf die Einzelbeiträge (bei Teil 3) und die kursiven Zahlen beziehen sich auf die Randnummern. Bei Verweisen auf Teil 1 werden lediglich die Randnummern angegeben.